Utilize este código QR para
se cadastrar de forma mais rápida:

Ou, se preferir, entre em:
www.santillana.com.br/ac/app
e siga as instruções para obter o **app**.

CÓDIGO DE ACESSO:

A 00218 DICSANTL U 69804

Faça apenas um cadastro. Ele será válido para:

 MODERNA   **Richmond**    SANTILLANA ESPAÑOL

Da semente ao livro,
sustentabilidade por todo o caminho

Plantar florestas
A madeira que serve de matéria-prima para nosso papel vem de plantio renovável, ou seja, não é fruto de desmatamento. Essa prática gera milhares de empregos para agricultores e ajuda a recuperar áreas ambientais degradadas.

Fabricar papel e imprimir livros
Toda a cadeia produtiva do papel, desde a produção de celulose até a encadernação do livro, é certificada, cumprindo padrões internacionais de processamento sustentável e boas práticas ambientais.

Criar conteúdos
Os profissionais envolvidos na elaboração de nossas soluções educacionais buscam uma educação para a vida pautada por curadoria editorial, diversidade de olhares e responsabilidade socioambiental.

Construir projetos de vida
Oferecer uma solução educacional Moderna é um ato de comprometimento com o futuro das novas gerações, possibilitando uma relação de parceria entre escolas e famílias na missão de educar!

MODERNA

Apoio:

Fotografe o Código QR e conheça melhor esse caminho.
Saiba mais em *moderna.com.br/sustentavel*

Miguel Diaz y García-Talavera

Dicionário
Santillana para estudantes

ESPANHOL / PORTUGUÊS
PORTUGUÊS / ESPANHOL

4ª Edição

De acuerdo con Ortografía RAE 2010

Dirección: Sandra Possas
Edición ejecutiva de español: Roberta Amendola
Gerencia de producción: Christiane Borin
Edición ejecutiva de contenidos digitales: Adriana Pedro de Almeida
Coordinación de arte: Raquel Buim

Edición: Daiene P. S. de Melo
Asistencia editorial: Aline Araújo e Ludmila De Nardi
Revisión lingüística: Eugenia Flavian
Revisión: Adriana de Rinaldi, Adriana Silva, Ariane Dei Tos Cardenuto, Carol Gama, Cecilia Floresta, Cristiane Silva, Dhyâna Ometto, Elaine Viacek, Elza Gasparotto, Fernanda Souza, Jenifer Ianof de La Fuente, Manuel Quilarque, Marcos Visnadi, Marina Andrade, Patricia Rocco, Sandra Garcia, Sheila Folgueral, Silas Alves, Simone S. Garcia, Simone Keiko, Vinicius Oliveira

Proyecto gráfico: Igor Aoki
Edición de arte: Igor Aoki
Cubierta: Igor Aoki
Ilustración: Moa
Captura de fotos: Yan Imagens
Tratamiento de imágenes: Arleth Rodrigues, Bureau São Paulo, Marina M. Buzzinaro, Wagner Lima
Maquetación: Figurattiva Editorial, Select Editoração
Preimpresión: Alexandre Petreca, Everton L. de Oliveira Silva, Fabio N. Precendo, Hélio P. de Souza Filho, Marcio H. Kamoto, Rubens M. Rodrigues, Vitória Sousa
Impresión: Bercrom Gráfica e Editora
Lote: 284608

Equipe técnica desta edição
Dan Silva
Dária de Souza Ferraria
Egisvanda I. A. Sandes
Ianina Zubowicz
Rejane Escoto Bueno

Equipe técnica 2ª edição
Daniel Brogan
Francisco Zaragoza Zaldívar
Luana Renata Pinheiro Dias
Vanessa de Freitas Silva

Equipe técnica 1ª edição
Adrián Pablo Fanjul
Adriana Feitosa
Diana Patricia León Derisio
Gislene Lopes Bosnich
José Luiz de Lucca
Valeria Estefania Labraña Parra

Dados Internacionais de Catalogação na Publicação (CIP)
(Câmara Brasileira do Livro, SP, Brasil)

Diaz y García-Talavera, Miguel
  Dicionário Santillana para estudantes:
espanhol-português, português-espanhol / Miguel
Diaz y García-Talavera. — 4. ed. — São Paulo:
Moderna, 2014.

  1. Espanhol - Dicionários - Português
  2. Português - Dicionários - Espanhol I. Título.

14-03342
CDD-463.69
-469.36

Índices para catálogo sistemático:
1. Espanhol: Dicionários: Português 463.69
2. Espanhol-português: Dicionários 463.69
3. Português: Dicionários: Espanhol 469.36
4. Português-espanhol: Dicionários 469.36

ISBN 978-85-16-09395-2
Todos os direitos reservados.
Reprodução proibida. Art.184 do Código Penal e Lei 9.610 de 19 de fevereiro de 1998.

© Miguel Diaz y García-Talavera 2008

SANTILLANA ESPAÑOL

EDITORA MODERNA LTDA.
Rua Padre Adelino, 758 — Belenzinho
São Paulo — SP — Brasil — CEP: 03303-904
Central de atendimento ao usuário: 0800 771 8181
www.santillana.com.br
2020

Impresso no Brasil

Crédito das imagens

Página 531: Zé Paiva/Pulsar Imagens; happydancing/Shutterstock; s_oleg/Shutterstock; Vladitto/Shutterstock; Donald R. Swartz/Shutterstock; Iakov Kalinin/Shutterstock. Página 532: Aspen Photo/Shutterstock; IM_photo/Shutterstock; Alexandra Lande/Shutterstock; Pavel L Photo and Video/Shutterstock; Tumar/Shutterstock; Krzysztof Odziomek/Shutterstock. Página 533: EpicStockMedia/Shutterstock; muzsy/Shutterstock; Ammit Jack/Shutterstock; Corepics VOF/Shutterstock; Nick Stubbs/Shutterstock; Eileen Langsley Olympic Images/Alamy. Página 534: Tyler Olson/Shutterstock; Silvestre Machado/Opção Brasil Imagens; Diego Cervo/Shutterstock; absolutimages/Shutterstock; AHMAD FAIZAL YAHYA/Shutterstock; My Good Images/Shutterstock. Página 535: Maria Dryfhout/Shutterstock; Peter Macdiarmid/Getty Images; stephen/Shutterstock; aodaodaodaod/Shutterstock; Aaron Amat/Shutterstock; Tony Taylor stock/Shutterstock. Página 536: wavebreakmedia/Shutterstock; BestPhotoStudio/Shutterstock; prochasson frederic/Shutterstock; Alexeysun/Shutterstock; Dusaleev Viatcheslav/Shutterstock; MJTH/Shutterstock. Página 537: Edyta Pawlowska/Shutterstock; Africa Studio/Shutterstock; wrangler/Shutterstock; Goodluz/Shutterstock; prudkov/Shutterstock; GSPhotography/Shutterstock. Página 538: tristan tan/Shutterstock; Doru Cristache/Shutterstock; Olinchuk/Shutterstock; sevenke/Shutterstock; PeJo/Shutterstock; hxdbzxy/Shutterstock. Página 539: Diego Cervo/Shutterstock; Andresr/Shutterstock; Rubberball/Diomedia; Hiya Images/Corbis/Glow Images; CandyBox Images/Shutterstock; AVAVA/Shutterstock. Página 540: Annto/Shutterstock; Repina Valeriya/Shutterstock; TonyV3112/Shutterstock; MO_SES/Shutterstock; Matteo Gabrieli/Shutterstock; Sascha Burkard/Shutterstock. Página 541: BlueOrange Studio/Shutterstock; Horiyan/Shutterstock; Jodie Johnson/Shutterstock; Elnur/Shutterstock; Scott Leman/Shutterstock; anekoho/Shutterstock. Página 542: Zadiraka Evgenii/Shutterstock; Patrick Rolands/Shutterstock; sergioboccardo/Shutterstock; WDG Photo/Shutterstock; Shane Gross/Shutterstock; Christopher Meder/Shutterstock. Página 543: Johan Swanepoel/Shutterstock; Bishmix/Shutterstock; Anibal Trejo/Shutterstock; Volodymyr Burdiak/Shutterstock; Iakov Filimonov/Shutterstock. Página 544: mkantcom/Shutterstock; Arthur van der Kooij/Shutterstock; Vittorio Bruno/Shutterstock; Sekar B/Shutterstock; Artur Synenko/Shutterstock; Andrea Izzotti/Shutterstock; Mirek Kijewski/Shutterstock. Página 545: Kesu/Shutterstock; Justyna Kaminska/Shutterstock; Jag_cz/Shutterstock; Volosina/Shutterstock; Efired/Shutterstock; Jag_cz/Shutterstock. Página 546: Christopher Elwell/Shutterstock; Leptospira/Shutterstock; Angela Andrews/Shutterstock; Tanawat Pontchour/Shutterstock; B. and E. Dudzinscy/Shutterstock.

Aunque se hayan tomado todas las medidas para identificar y contactar a los titulares de los derechos de autor de los materiales reproducidos en esta obra, no siempre ha sido posible. La editorial se dispone a rectificar cualquier error de esta naturaleza siempre y cuando se lo notifiquen.

Embora todas as medidas tenham sido tomadas para identificar e contatar os titulares dos direitos autorais sobre os materiais reproduzidos nesta obra, isto nem sempre foi possível. A editora estará pronta a retificar quaisquer erros desta natureza assim que notificados.

Sumário

Apresentação vii

Como está estruturado este dicionário viii

A transcrição fonética xiii

Lista de abreviaturas utilizadas neste dicionário xvii

O alfabeto espanhol xxi

Seção Espanhol/Português 1

Glossário temático 599

Seção Português/Espanhol 617

Apêndices 803

Modelos de conjugação verbal em espanhol 840

Apresentação

Não é fácil a tarefa de elaborar um dicionário Espanhol/Português e Português/Espanhol. A riqueza de ambas as línguas, suas origens comuns (grega, latina, germânica e árabe) e a igualdade, identidade ou semelhança de muitos vocábulos – às vezes com igual definição, outras com significados diferentes, quase sempre múltiplos, em uma e outra língua – exigem análise cuidadosa e apresentação correta da definição de cada vocábulo.

Idealizamos este dicionário como um instrumento orientado a facilitar aos estudantes brasileiros a compreensão da língua espanhola. Seus dois *corpora*, Espanhol/Português e Português/Espanhol, servem a essa intenção, ainda que, como acontece geralmente com os dicionários bilíngues, seja dado maior destaque à língua em aprendizagem, no caso, o espanhol.

Concluímos que a simples transcrição de palavras de uma língua a outra, sobretudo no âmbito do espanhol para o português, pouco esclarece a quem consulta um dicionário. Optamos por oferecer, de maneira sucinta, o(s) significado(s) ou acepção(ões) de cada vocábulo, o que, se em algum caso não é indispensável, nunca será supérfluo. Assim, não são apresentadas somente as expressões correspondentes da outra língua, como:

coetáneo, a. *adj.* Coetâneo, a.

cuja estrutura não atende às necessidades daqueles que não sabem o significado de "coetâneo". Por isso, estabelecemos a seguinte estrutura:

> **co.e.tá.ne.o, a.** [koe'taneo] [koe'taneo]
> *adj.* Da mesma idade, da mesma época ou do mesmo tempo. Contemporâneo. ▸ Coetâneo.

Dessa forma, o consulente entenderá o significado da palavra mesmo que não a conheça em português.

No caso de vocábulos que contêm inúmeras definições, selecionamos a(s) acepção(ões) que com maior frequência é(são) empregada(s) na linguagem oral ou escrita, em detrimento da(s) de menor frequência.

Acrescentamos sinônimos a algumas entradas, ou seja, aos vocábulos que encabeçam um verbete, o que enriquece o vocabulário básico do dicionário e amplia o conhecimento lexical do usuário.

Muitos verbetes apresentam locuções, refrões e expressões idiomáticas de uso corrente, nas linguagens coloquial ou familiar e formal, cujo conhecimento será, sem dúvida, proveitoso.

Além disso, esta nova edição do dicionário, revista e atualizada, incorpora muitos dos vocábulos mais frequentemente utilizados no contexto do ensino/aprendizado do espanhol como língua estrangeira no Brasil, bem como nos materiais didáticos usados atualmente nas salas de aula, sendo assim uma valiosa ferramenta para o estudante.

São apresentados também o alfabeto espanhol, em sua estrutura atual, modelos de conjugação para os verbos em espanhol contidos na obra e apêndices organizados segundo critérios semânticos e discursivos, como o campo léxico das profissões ou do lazer ou o gênero comunicativo das mensagens.

Como está estruturado este dicionário

A. Visualização da página

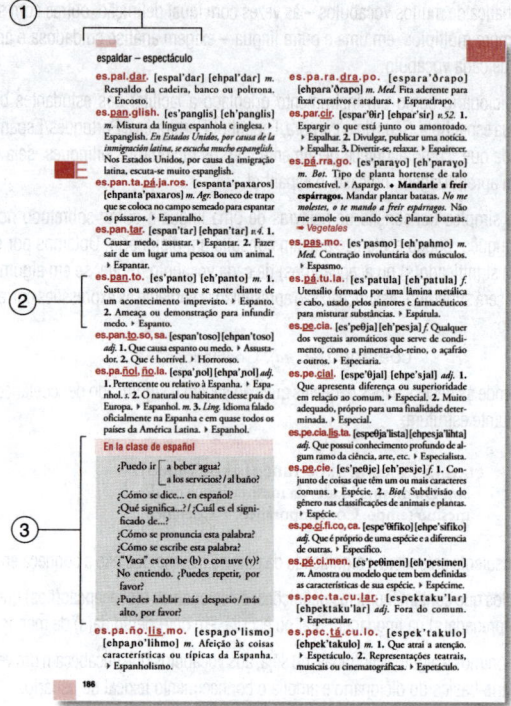

1. **Palavras-guia** – A primeira e a última palavra cujos verbetes podem ser encontrados na página.
2. **Verbete** – Conjunto de informações, significados, exemplos e locuções relacionados a determinada palavra.
3. **Boxes com estruturas comunicativas** – Pequenos quadros que apresentam estruturas comunicativas de uso corrente, relacionadas a determinada palavra da página.

B. Apresentação dos verbetes

Seção Espanhol/Português

1. **Cabeça do verbete** – Palavra que encabeça o verbete, destacada em cor, com separação silábica indicada por pontos e sílaba tônica sublinhada. Por questões didáticas, optamos por marcar apenas a sílaba mais forte nas palavras derivadas e polissílabas. Palavras de origem estrangeira são apresentadas em itálico, sem separação silábica ou indicação de sílaba tônica.

2. **Transcrição fonética** – Apresentam-se duas variedades de transcrição fonética: a primeira será a peninsular central, de Madri, e a segunda será a rio-platense, especificamente de Buenos Aires. Consulte texto sobre a transcrição fonética à pág. xiii.

3. **Classe gramatical** – Destaca-se em itálico, em letra minúscula e abreviada, após a cabeça do verbete ou antes de uma nova acepção. Consulte a lista de abreviaturas à pág. xviii.

obs.: Quando a palavra também é empregada em classificação gramatical, gênero (masculino ou feminino) ou número (singular ou plural) diferentes do recorrente e do definido no verbete, sem implicar a necessidade de outra explicação, inserimos, ao final da definição, a abreviatura *U.t.c.* (usa-se também como) seguida da abreviatura da segunda classe gramatical, ou gênero, ou número. A abreviatura *U.t.* (usa-se também) antecede outra(s) grafia(s) possível(eis) de uma mesma palavra.

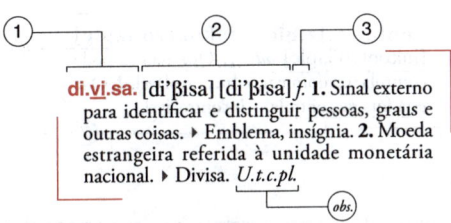

4. **Remissão ao modelo de conjugação verbal** – Após as cabeças de verbete constituídas de verbo, o consulente encontrará a abreviatura *v.* seguida de um número que indica o modelo de conjugação daquele verbo. Particípios que possam oferecer alguma dificuldade ao consulente estão listados após o modelo de conjugação. Os modelos de conjugação encontram-se ordenados a partir da pág. 840.

5. **Rubrica** – Indicação abreviada em itálico de:

a) área do conhecimento à qual diz respeito determinada palavra. Por exemplo: Geografia, História, Medicina, Zoologia etc. Essas abreviaturas estão grafadas com inicial maiúscula. Consulte a lista de abreviaturas à pág. xvii.

b) uso(s) mais particular(es) para o emprego da palavra. Por exemplo: familiar, vulgar, figurado etc. Essas abreviaturas estão grafadas com inicial minúscula. Consulte a lista de abreviaturas à pág. xvii.

c) regionalismos, isto é, das regiões em que ocorre o emprego da palavra na acepção dada. Por exemplo: Espanha, Uruguai, México etc. Essas abreviaturas estão grafadas com inicial maiúscula. Consulte a lista de abreviaturas à pág. xvii.

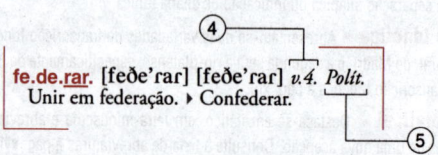

6. Número da definição — Indicação, em negrito, no início de cada diferente acepção, quando houver mais de uma.

7. Definição — Frase ou definição analítica (não por sinônimos) de cada significado da palavra.

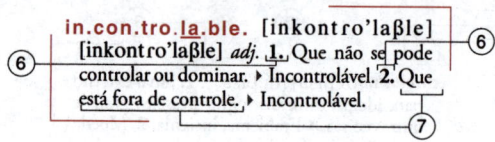

8. Remissão — Indicação de que a palavra apresenta um sinônimo e que a explicação deve ser buscada no verbete correspondente a ele.

obs.: Quando apresenta um número sobrescrito, ele indica a qual acepção, em especial, corresponde a palavra.

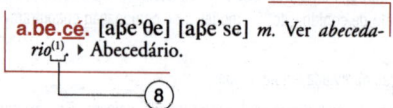

O símbolo ➠ indica que a palavra aparece nos apêndices visuais do dicionário ou que existe um apêndice relacionado ao mesmo tema daquela palavra.

9. Equivalência em português – Apresentação da versão ao português por meio de uma palavra ou conjunto de palavras antecedido do sinal ▶ .

obs.: Há palavras que, por sua particularidade, não são passíveis de versão ao português, casos em que se apresenta apenas a definição analítica.

10. Exemplos de uso – Apresentação de uma palavra em um contexto de uso possível. Segue-se ao exemplo sua versão ao português.

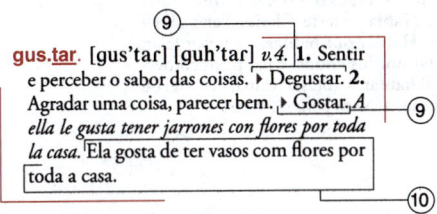

11. Informações adicionais – Apresentação de uma informação adicional, de caráter gramatical, cultural ou de outra natureza, precedida da abreviatura *obs.*.

⑪ **al.gu.no, na.** [alˈɣuno] [alˈɣuno] *adj.* **1.** Indefine pessoas ou coisas. ▶ Algum, alguma. *obs.:* Quando antecede substantivo masculino em número singular, varia para *algún*. *Mamá, traje algunas amigas para la cena.* Mamãe, trouxe algumas amigas para o jantar. *pron.* **2.** Designação indefinida de pessoas ou coisas que não se consegue ou não se pode determinar. ▶ Algum, alguma. *¿Alguno de ustedes sabe dónde está mi cuaderno?* Algum de vocês sabe onde está meu caderno? ◆ Alguno que otro. Uns poucos. *Solo alguno que otro niño no va al colegio.* Só uns poucos meninos não vão à escola.

12. Locuções – Incluíram-se a muitos verbetes palavras, locuções, refrões e expressões idiomáticas derivadas ou relacionadas à cabeça do verbete. Elas são introduzidas pelo símbolo ♦ e podem apresentar definição analítica, versão ao português e/ou exemplo de uso.

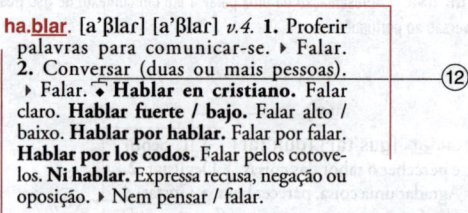

13. Falsos cognatos – As palavras que apresentam semelhança com o português na pronúncia ou na forma, mas não no significado – os falsos cognatos ou falsos amigos –, estão indicadas pelo símbolo ❑.

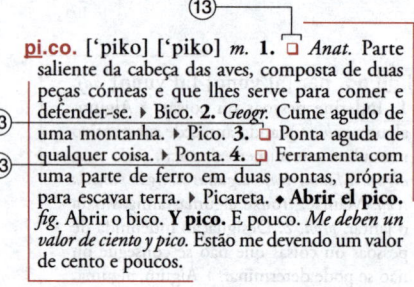

14. Abreviaturas – Para consultar a lista de abreviaturas utilizadas neste dicionário, veja a página xvii.

Seção Português/Espanhol

Nessa seção, os verbetes, sem separação silábica, marcação de sílaba tônica e indicação de falsos cognatos, apresentam um ou mais sinônimos para cada significado, além de locuções e/ou expressões idiomáticas.

A transcrição fonética

Dra. Egisvanda I. A. Sandes

A transcrição fonética neste dicionário foi feita com base no Alfabeto Fonético Internacional (*International Phonetic Alphabet/IPA*) e tem como base tanto a variedade peninsular central, de Madri, quanto a rio-platense, especificamente de Buenos Aires.

São considerados os sons em ambiente contextual, conforme descrito no quadro a seguir. Vale ressaltar que não se trata de uma transcrição fina, com todos os detalhes de coarticulação dentro da palavra, pois seria de difícil compreensão para os usuários deste dicionário.

Quanto à tonicidade da palavra, considera-se a sílaba inteira como a tônica, e não somente a vogal acentuada. É importante compreender a sílaba tônica, pois diversas palavras são heterotônicas, ou seja, são escritas da mesma maneira que o português, mas a sílaba tônica é distinta. Por exemplo, **diplomacia**, cuja sílaba tônica é **ma**, ou **demagogia**, cuja sílaba tônica é **go**. Além disso, há palavras que possuem significados distintos segundo a tonicidade:

revólver (arma)	re'βolβer	re'βolβer
revolver (mexer)	reβol'βer	reβol'βer

Compreender a tonicidade também ajuda na leitura correta dos hiatos e dos ditongos. Em uma palavra como **policía**, cuja transcrição é [poli'θia] ou [poli'sia], verifica-se que temos um hiato em [θi-a] ou [si-a], já que o ditongo seria transcrito com a semiconsoante [j], ou seja, [θja] ou [sja], como ocorre na palavra **diplomacia**, cuja transcrição é [diplo'masja] ou [diplo'maθja]. Assim sendo, as vogais, semiconsoantes e semivogais são transcritas da seguinte maneira:

Letra	Transcrição fonética	Descrição	Exemplos
a	a	vogal central aberta	cama
e	e	vogal anterior semifechada	beber
i	i	vogal anterior fechada	libro
i, y	j	semivogal em ditongo decrescente	ley, reina

i	j	semiconsoante em ditongo crescente	pierna, quiero
o	o	vogal posterior semifechada	como
u	u	vocal posterior fechada	mucho
u	u̯	semivogal em ditongo decrescente	trauma, fauna
u	w	semiconsoante em ditongo crescente	abuela, vuelo

Ainda quanto à tonicidade, vale observar que algumas palavras são átonas por natureza, logo, não possuem o acento, como é o caso dos artigos, dos determinativos possessivos, das preposições etc. Assim sendo, compreender tal aspecto também ajuda a entender o acento diacrítico, que diferencia classes gramaticais, como é o caso de **él** (pronome, portanto tônico e transcrito como [ˈel]) e **el** (artigo, portanto átono e transcrito como [el]).

Quanto à transcrição das consoantes, foram também considerados os aspectos contextuais e os principais alofones da língua, como mostra o quadro a seguir.

Letra	Transcrição fonética	Exemplos	Variedade
b	b	vela, bella, ambiente, enviar	
b	β	abuela, abnegar, avión	
ca, co, cu, qu	k	casa, queso, tranquilo	
ce, ci, z	θ	cebolla, ciudad, cazador	Peninsular
d	θ	fidelidad, ciudad, adquirir (coda silábica em meio ou final de palavra)	Peninsular
ce, ci, z	s	cebolla, ciudad, cazador	Rio-platense
ch	tʃ	muchacho, chocolate	

d	d	dama, andar, aldea	
d	ð	aduana, abogado	
d	ð	fidelidad, ciudad, adquirir (coda silábica em meio ou final de palavra)	Rio-platense
f	f	fama, infinito	
g	g	gato, ángulo	
g	ɣ	agua, abogado, agnóstico	
j, ge, gi	x	jamón, gente, gigante	
y	j	ayer, mayo (semiconsoante em meio de palavras no encontro de três vogais)	Peninsular
y	ʃ	yo, mayo, ayer (todos os contextos)	Rio-platense/*yeísmo*
l	l	alto, alma, papel	
ll	ʎ	ella, llave, calle	Peninsular
ll	ʃ	ella, llave, calle	Rio-platense/*yeísmo*
m	m	mamá, cama, ambiente	
n	n	nata, canal, aman	
ñ	ɲ	caña, mañana	
rr, r	r	ratón (início de palavra) carroza (meio de palavra)	

r	ɾ	caro, puerta, altar, bravo (em coda silábica, ou seja, final de sílaba, ou início de sílaba em meio de palavra)	
s	s	casa, sello, estos, costa	
s	h	estos, mismo, costa (em coda silábica em meio de palavra)	Rio-platense
t	t	tierra, arte	
x	ks	excelente, exagerar	

É importante ressaltar que alguns alofones, como a produção do **s** vozeado quando está em coda silábica antes de consoantes sonoras (exemplo: **mesmo**), bem como as distintas produções do **n** em posição de coda silábica em meio de palavra, de acordo com a consoante seguinte, não foram transcritos, pois se optou por uma transcrição mais geral dos sons da língua em função do público-alvo deste material.

Vale dizer o mesmo em relação às diferentes produções dos sons em ambas as variedades descritas neste dicionário. Optou-se pela transcrição dos sons mais genéricos de cada uma e mais representativos da variedade central das grandes capitais Madri e Buenos Aires.

Quanto aos vocábulos estrangeiros, muitos nomeados como novas vozes na língua espanhola, alguns foram transcritos tal qual seu original na língua de origem, como é o caso de **walkman** [ˈwɔlkmən], e outros, de acordo com a produção mais comum na língua espanhola, como **backup** [baˈkap] ou **espanglish** [esˈpanglis] ou [ehˈpanglis]. Mesmo assim, é importante entender que a pronúncia dessas palavras pode variar de acordo com o nível de conhecimento ou de aproximação que o falante possui do inglês, bem como com o nível de instrução da própria língua, sem desconsiderar a aproximação com as grandes metrópoles.

Duas observações específicas sobre a transcrição neste dicionário são: em relação à tonicidade da palavra, as siglas possuem mais de uma tônica, aspecto que é marcado na transcrição, como em **SMS** [ˈeseˈemeˈesse]; e em relação ao feminino dos substantivos, que foi eliminado na transcrição, desde que não provocasse alterações representativas, como é o caso do feminino em **–a** simplesmente.

Lista de abreviaturas utilizadas neste dicionário

Abreviatura	Português	Espanhol
adj.	adjetivo	adjetivo
adv.	advérbio	adverbio
Agr.	Agricultura	Agricultura
amb.	ambíguo	ambiguo
Amér.	América	América
Amér.Central	América Central	América Central
Anat.	Anatomia	Anatomía
ant.	antiquado	anticuado
Arg.	Argentina	Argentina
Arq.	Arquitetura	Arquitectura
art.	artigo	artículo
Astr.	Astronomia	Astronomía
Biol.	Biologia	Biología
Bol.	Bolívia	Bolivia
Bot.	Botânica	Botánica
Can.	Ilhas Canárias	Islas Canarias
Col.	Colômbia	Colombia
col.	coletivo	colectivo
com.	substantivo comum de dois gêneros	sustantivo común de dos géneros
conj.	conjunção	conjunción
contr.	contração	contracción
C.Rica	Costa Rica	Costa Rica

xvii

Cul.	Culinária	Culinaria
d.	diminutivo	diminutivo
Desp.	Desporto	Deporte
Dir.	Direito	Derecho
Equad.	Equador	Ecuador
Esp.	Espanha	España
f.	substantivo feminino	sustantivo femenino
fam.	familiar	familiar
Farm.	Farmácia	Farmacia
fig.	figurado	figurado
Fin.	Finanças	Finanzas
Fís.	Física	Física
Geogr.	Geografia	Geografía
Geol.	Geologia	Geología
Geom.	Geometria	Geometría
Hist.	História	Historia
Hond.	Honduras	Honduras
Inform.	Informática	Informática
interj.	interjeição	interjección
irreg.	irregular	irregular
Ling.	Linguagem	Lenguaje
Lit.	Literatura	Literatura
loc.	locução	locución
m.	substantivo masculino	sustantivo masculino

Mar.	Marinha	Marina
Mat.	Matemática	Matemáticas
Med.	Medicina	Medicina
Meteor.	Meteorologia	Meteorología
Méx.	México	México
Mil.	Militar	Militar
Min.	Mineral	Mineral
Mit.	Mitologia	Mitología
Mús.	Música	Música
n.	neutro	neutro
Nicar.	Nicarágua	Nicaragua
n.p.	nome próprio	nombre propio
núm.	número	número
obs.	observação	observación
Ópt.	Óptica	Óptica
Pan.	Panamá	Panamá
Part.	Particípio	Participio
pej.	pejorativo	peyorativo
pess.	pessoa/pessoal	persona/personal
p.ex.	por exemplo	por ejemplo
pl.	plural	plural
Polít.	Política	Política
p.p.	particípio passado	participio pasado
prep.	preposição	preposición

P. Rico	Porto Rico	Puerto Rico
pron.	pronome	pronombre
p.us.	pouco usado	poco usado
Quím.	Química	Química
reg.	regular	regular
Rel.	Religião	Religión
R.P.	Região rio-pratense	Río de la Plata
s.	substantivo masculino ou feminino	sustantivo masculino o femenino
sing.	singular	singular
Teat.	Teatro	Teatro
Urug.	Uruguai	Uruguay
U.t.	Usa-se também	Úsase también
U.t.c.	Usa-se também como	Úsase también como
v.	verbo	verbo
Ven.	Venezuela	Venezuela
v.p.	verbo pronominal	verbo pronominal
vulg.	vulgar	vulgar
Zool.	Zoologia	Zoología

O alfabeto espanhol

Em 2010, a Real Academia Espanhola fez uma reforma na ortografia da língua espanhola e, desde então, reconhece o abecedário espanhol como formado pelas 27 letras seguintes: a, b, c, d, e, f, g, h, i, j, k, l, m, n, ñ, o, p, q, r, s, t, u, v, w, x, y, z.

Os dígrafos – *ch, ll, gu, qu, rr* – não fazem parte do abecedário; portanto, as palavras iniciadas com esses dígrafos (exceto *rr*) figurarão no dicionário, respectivamente, dentro de *c, l, g* y *q*.

As letras em espanhol são substantivos femininos: la a, la be, la ce, la de.

As letras			
Ordem	Letra	Nome	Plural
1	A; a	la a	las aes
2	B; b	la be	las bes
3	C; c	la ce	las ces
4	D; d	la de	las des
5	E; e	la e	las es
6	F; f	la efe	las efes
7	G; g	la ge	las ges
8	H; h	la hache	las haches
9	I; i	la i	las íes
10	J; j	la jota	las jotas
11	K; k	la ka	las kas
12	L; l	la ele	las eles
13	M; m	la eme	las emes
14	N; n	la ene	las enes
15	Ñ; ñ	la eñe	las eñes
16	O; o	la o	las oes
17	P; p	la pe	las pes
18	Q; q	la cu	las cúes
19	R; r	la erre	las erres
20	S; s	la ese	las eses
21	T; t	la te	las tes
22	U; u	la u	las úes
23	V; v	la uve	las uves
24	W; w	la uve doble	las uves dobles
25	X; x	la equis	las equis
26	Y; y	la ye	las yes
27	Z; z	la zeta	las zetas

Os dígrafos	
Dígrafo	**Nome**
ch	che
ll	elle
gu	
qu	
rr	erre

Os dígrafos *lh*, *nh* e *ss* não se usam em espanhol.

Nota: O dígrafo *rr* nunca se escreve em início de palavra e não é considerado uma das letras do alfabeto espanhol.

ESPANHOL

PORTUGUÊS

A

a. [a] [a] *f.* **1.** Primeira letra do alfabeto espanhol. ▶ A. **2.** O nome dessa letra. ▶ A. *prep.* **3.** Precede objeto direto de pessoa e objetos indiretos. ▶ A. *Visité a unos viejos amigos y les llevé un regalo.* Visitei uns velhos amigos e lhes levei um presente. **4.** Em direção a. ▶ A / Para *Voy a Europa.* Vou à Europa. *Vuelve pronto a casa.* Volte logo para casa. **5.** Em determinado estágio, ponto ou posição do tempo ou do espaço. ▶ A. *Estamos a dos meses de la Navidad.* Estamos a dois meses do Natal. **6.** De determinada maneira. ▶ A. *Solo escribe cartas a mano.* Só escreve cartas à mão. **7.** Em troca de. ▶ Por. *Hoy la fruta sale a mitad de precio.* Hoje a fruta sai pela metade do preço. ◆ **A la.** À. *Voy a la clase de natación dos veces por semana.* Vou à aula de natação duas vezes por semana. **¡A que no...!** Indica desafio. ▶ Aposto que não! *¿A que no lo sabes?* Aposto que você não sabe!

á.ba.co. ['aβako] ['aβako] *m.* **1.** Tábua para cálculos. ▶ Ábaco. **2.** Quadro composto de arames e bolinhas para ensino de operações aritméticas. ▶ Ábaco.

a.bad. [a'βað] [a'βað] *s. Rel.* Superior de abadia. ▶ Abade.

a.ba.de.sa. [aβa'desa] [aβa'desa] *f. Rel.* Ver *abad.*

a.ba.de.jo. [aβa'ðexo] [aβa'ðexo] *m. Zool.* Tipo de peixe marinho. ▶ Badejo.

a.ba.dí.a. [aβa'ðia] [aβa'ðia] *f. Rel.* Mosteiro regido por um abade ou por uma abadessa. ▶ Abadia.

a.ba.jo. [a'βaxo] [a'βaxo] *adv.* **1.** Em lugar menos elevado. ▶ Abaixo. **2.** Em ponto ou plano inferior. ▶ Embaixo. ◆ **Boca abajo.** De bruços. **De arriba abajo.** De alto a baixo. **¡Abajo (algo)!** Abaixo (algo)!

a.ba.lan.zar. [aβalan'θar] [a'βalansar] *v.13. v.p.* Lançar-se em direção a. ▶ Atirar-se.

a.ba.lo.rio. [aβa'lorjo] [aβa'lorjo] *m.* Contas de vidros de várias cores. ▶ Miçanga.

a.ban.de.ra.do, da. [aβande'raðo] [aβande'raðo] *s.* **1.** Pessoa que leva a bandeira. Porta-estandarte. ▶ Porta-bandeira. **2.** Porta-voz, defensor (de alguma causa).

a.ban.do.nar. [aβando'nar] [aβando'nar] *v.4.* **1.** Deixar uma pessoa ou um lugar. ▶ Abandonar. **2.** Deixar de fazer algo que se começou. ▶ Abandonar. **3.** Não dar a devida atenção a. ▶ Ignorar. *v.p.* **4.** *fig.* Deixar-se tomar por sentimentos ou vícios. ▶ Entregar-se.

a.ban.do.no. [aβan'dono] [aβan'dono] *m.* Ato ou efeito de abandonar. Desamparo. ▶ Abandono.

a.ba.ni.car. [aβani'kar] [aβani'kar] *v.7.* Produzir vento com um leque. ▶ Abanar.

a.ba.ni.co. [aβa'niko] [aβa'niko] *m.* **1.** Peça leve para agitar o ar com o objetivo de se refrescar. ▶ Leque. **2.** *fig.* Conjunto de elementos equivalentes dentre os quais algum(ns) pode(m) ser escolhido(s). ▶ Leque. ◆ **En abanico.** Em forma de leque.

a.ba.ra.tar. [aβara'tar] [aβara'tar] *v.4.* Tornar mais barato. ▶ Baratear.

a.bar.car. [aβar'kar] [aβar'kar] *v.7.* **1.** Estar ao redor de. Cingir. ▶ Abarcar. **2.** Exercer abrangência. Incluir. ▶ Abarcar. **3.** Reter em si. Acumular. ▶ Abarcar. ◆ **El que mucho abarca poco aprieta.** Quem muito quer, nada tem.

a.ba.rro.tar. [aβaro'tar] [akae'ser] *v.4.* **1.** *fig.* Lotar, entulhar, encher em demasia. ▶ Abarrotar. *No abarrotes esta caja que no podrás cargarla.* Não encha demais esta caixa que não poderá carregá-la. **2.** Fortificar com barras. ▶ Abarrotar.

a.bas.te.cer. [aβaste'θer] [aβahte'ser] *v.24.* Fornecer algo necessário. ▶ Abastecer. *El río abastece de agua a la ciudad.* O rio abastece de água à cidade.

a.bas.te.ci.mien.to. [aβasteθi'mjento] [aβahtesi'mjento] *m.* Ato ou efeito de abastecer. ▶ Abastecimento. *El abastecimiento del buque llevó dos horas.* O abastecimento do navio demorou duas horas.

a.bas.to. [a'βasto] [a'βahto] *m.* **1.** Provisão de gêneros comestíveis. ▶ Mantimentos. **2.**

abatimiento – abogado

fig. Mais do que o necessário. ▶ Abundância. ◆ **Mercado de abastos.** Central de abastecimento. **No dar abasto.** Não dar conta.

a.ba.ti.mien.to. [aβati'mjento] [aβati'mjento] *m.* Sinal de doença, falta de energia. ▶ Abatimento.

a.ba.tir. [aβa'tir] [aβa'tir] *v.6.* **1.** Provocar a queda. ▶ Derrubar. **2.** *fig.* Fazer perder a força ou o ânimo. ▶ Abater. *La enfermedad lo abatió mucho.* A doença o abateu muito. **3.** Ver *matar.* ▶ Matar.

ab.di.car. [aβði'kar] [aβði'kar] *v.7.* Renunciar a um poder. ▶ Abdicar. *Abdicó de sus derechos en favor de sus hijos.* Abdicou de seus direitos em/a favor de seus filhos.

ab.do.men. [aβ'ðomen] [aβ'ðomen] *m. Anat.* Parte anterior do corpo humano e de outros animais vertebrados, localizado entre o tórax e a bacia. Ventre, barriga. ▶ Abdômen.

a.be.cé. [aβe'θe] [aβe'se] *m.* Ver *abecedario*[1]. ▶ Abecedário.

a.be.ce.da.rio. [aβeθe'ðarjo] [aβese'ðarjo] *m.* **1.** A sequência ordenada das letras de um idioma. ▶ Abecedário. **2.** Livro ou cartaz para alfabetizar. ▶ Cartilha.

a.be.ja. [a'βexa] [a'βexa] *f. Zool.* Inseto que vive em colmeias e produz o mel e a cera. ▶ Abelha.

a.be.jo.rro. [aβe'xoro] [aβe'xoro] *m.* **1.** *Zool.* Inseto semelhante à abelha, mas de maior tamanho, que zumbe ao voar. Abelhão. ▶ Vespa. **2.** *fig.* Pessoa que aborrece com sua conversa. ▶ Chato, abelhudo.

a.be.rra.ción. [aβera'θjon] [aβera'sjon] *f.* **1.** Ato ou comportamento que foge aos padrões de normalidade com relação à lógica e à natureza. ▶ Aberração. **2.** *Med.* Desvio físico ou mental, que contraria a normalidade. Anomalia. ▶ Aberração.

a.ber.tu.ra. [aβer'tura] [aβer'tura] *f.* **1.** Fenda, furo ou entrada em uma superfície. ▶ Abertura. **2.** Ato de abrir. ▶ Abertura. **3.** *fig.* Flexibilidade no trato com as pessoas. Franqueza. ▶ Abertura.

a.bier.to, ta. [a'βjerto] [a'βjerto] *adj.* **1.** Que não foi fechado. Destrancado. ▶ Aberto. **2.** Que não tem cobertura. Descoberto. ▶ Aberto. **3.** *fig.* Que se mostra franco. Extrovertido. ▶ Aberto.

a.bi.ga.rrar. [aβiɣa'rar] [aβiɣa'rar] *v.4.* Acumular muitas coisas sem ordem. ▶ Amontoar.

a.bis.mar. [aβis'mar] [aβih'mar] *v.4.* **1.** Precipitar no abismo. ▶ Abismar. **2.** Causar assombro. Confundir. ▶ Abismar.

a.bis.mo. [a'βismo] [a'βihmo] *m.* **1.** *Geogr.* Grande profundidade. Precipício. ▶ Abismo. **2.** *Rel.* Lugar onde os mortos são castigados. Inferno. ▶ Abismo. **3.** *fig.* Diferença muito grande. ▶ Abismo. *Entre nuestras ideas hay un abismo.* Há um abismo entre nossas ideias.

a.blan.dar. [aβlan'dar] [aβlan'dar] *v.4.* **1.** Tornar suave, macio. Amolecer. ▶ Abrandar. **2.** *fig.* Tornar dócil. Enternecer. ▶ Abrandar. **3.** *fig.* Tornar sereno. Aplacar. ▶ Abrandar.

a.blu.ción. [aβlu'θjon] [aβlu'sjon] *f.* **1.** Ato de lavar ou lavar-se. ▶ Lavatório. **2.** *Rel.* Rito de algumas religiões que consiste em purificar por meio da água. ▶ Ablução. *Los musulmanes hacen una ablución al día.* Os muçulmanos fazem uma ablução por dia.

ab.ne.ga.ción. [aβneɣa'θjon] [aβneɣa'sjon] *f.* Ato ou comportamento de renunciar ou se sacrificar por causa própria ou alheia. ▶ Abnegação.

ab.ne.ga.do, da. [aβne'ɣado] [aβne'ɣado] *adj.* Pessoa que age de forma desinteressada, fazendo sacrifícios pelos outros. ▶ Abnegado. *Es una madre abnegada; hace todo por sus hijos.* Ela é uma mãe abnegada; faz tudo pelos filhos.

a.bo.chor.nar. [aβotʃor'nar] [aβotʃor'nar] *v.4.* **1.** Provocar calor excessivo. ▶ Abafar. *El vapor de la caldera abochornó el ambiente.* O vapor da caldeira abafou o ambiente. *v.p.* **2.** *Agr.* Perder (as plantas) o viço. ▶ Murchar. *Las plantas se abochornaron por la falta de agua.* As plantas murcharam por falta de água. **3.** *fig.* Avermelhar-se o rosto em sinal de vergonha por uma ofensa ou constrangimento. ▶ Ruborizar-se, corar. *La niña se abochornó cuando oyó las palabrotas del visitante.* A menina ruborizou-se quando ouviu os palavrões do visitante.

a.bo.ga.cí.a. [aβoɣa'cia] [aβoɣa'sia] *f.* Profissão e atividade do advogado. ▶ Advocacia.

a.bo.ga.do, da. [aβo'ɣado] [aβo'ɣado] *s.* **1.** Pessoa formada e autorizada legalmente a exercer a advocacia. ▶ Advogado. **2.** *fig.* Pessoa que media assuntos em favor de outra pessoa ou uma causa. ▶ Intercessor. ◆ **Abogado del diablo.** Aquele que, nos processos de canonização, está incumbido de apresentar provas contra a pessoa em questão. ▶ Advogado do diabo. **Abogado de oficio.**

Aquele nomeado para defender os interesses do litigante ou do acusado declarado pobre. ▸ Advogado de ofício. ▹ *Profesiones*

a.bo.li.ción. [aβoli'θjon] [aβoli'sjon] *f.* Ato ou efeito de abolir. ▸ Abolição.

a.bo.lir. [aβo'lir] [aβo'lir] *v.*6. **1.** *Dir.* Fazer uma lei perder sua vigência. ▸ Revogar. **2.** Fazer perder o valor. Suprimir. ▸ Abolir. *obs.:* Verbo defectivo.

a.bo.lla.du.ra. [aβoʎa'ðura] [aβoʃa'ðura] *f.* Ato ou efeito de deformar uma superfície. Amolgadura. ▸ Amassado.

a.bo.llar. [aβo'ʎar] [aβo'ʃar] *v.*4. Produzir deformação, amassando ou golpeando. Amolgar. ▸ Amassar. *Abolló la puerta del coche con un golpe.* Amassou a porta do carro com uma baliza.

a.bo.mi.nar. [aβomi'nar] [aβomi'nar] *v.*4. Ter repulsa ou ódio por coisas ou pessoas. Detestar. ▸ Abominar. *Abomino la mentira.* Abomino as mentiras.

a.bo.na.do, da. [aβo'naðo] [aβo'naðo] *adj.* **1.** Que tem crédito. Abastado. ▸ Abonado. *s.* **2.** ❑ Pessoa que recebe um serviço periódico. ▸ Assinante. *Los abonados al servicio telefónico siempre tienen reclamaciones.* Os assinantes do serviço telefônico sempre têm reclamações. *m.* **3.** ❑ Ato de adubar a terra. ▸ Adubagem.

a.bo.nar. [aβo'nar] [aβo'nar] *v.*4. **1.** ❑ Saldar uma dívida. ▸ Pagar. **2.** Dar crédito a. Creditar. ▸ Abonar. **3.** Dar garantia. Aprovar, garantir. ▸ Afiançar. **4.** ❑ *Agr.* Lançar fertilizantes no solo que será cultivado. ▸ Adubar. *v.p.* **5.** Fazer assinatura de. ▸ Assinar. ♦ **Abonar en cuenta corriente.** Lançar em conta corrente.

a.bo.no. [a'βono] [a'βono] *m.* **1.** Inscrição, mediante pagamento, que dá direito a serviços ou vantagens. Subscrição. ▸ Assinatura. **2.** Mistura de resíduos vegetais ou animais destinada à fertilização da terra. Fertilizante. ▸ Adubo. **3.** Ato de assegurar a autenticidade ou qualidade de algo. Garantia. ▸ Abono. **4.** *(Méx. e Amér.)* Parcela referente a pagamento a prazo de dívida ou encargo. ▸ Prestação. *Comprar por abonos.* Comprar à prestação.

a.bor.da.je. [aβor'ðaxe] [aβor'ðaxe] *m.* Maneira ou método de aproximar-se de uma pessoa ou de tomar conhecimento de um assunto. ▸ Abordagem.

a.bor.dar. [aβor'ðar] [aβor'ðar] *v.*4. **1.** *Mar.* Aproximar uma embarcação de outra ou de um lugar. ▸ Atracar. **2.** *fig.* Aproximar-se de alguém com alguma finalidade. ▸ Abordar. **3.** *fig.* Tratar de um assunto. ▸ Abordar.

a.bo.ri.gen. [aβo'rixen] [aβo'rixen] *adj.* Oriundo da terra em que vive. Nativo. ▸ Aborígene. *U.t.c.com.*

a.bo.rre.cer. [aβore'θer] [aβore'ser] *v.*24. **1.** Ter aversão a uma pessoa ou coisa. Detestar, odiar. ▸ Abominar. *Aborrezco a aquellos amigos tuyos.* Abomino aqueles seus amigos. **2.** Ignorar a existência de. ▸ Repudiar. *Algunos animales aborrecen a sus crías.* Alguns animais repudiam os seus filhotes.

a.bo.rre.ci.mien.to. [aβoreθi'mjento] [aβoresi'mjento] *m.* **1.** Ato ou efeito de aborrecer. ▸ Aborrecimento. **2.** Sentimento de aversão com relação a uma pessoa ou coisa. ▸ Aversão. **3.** Atitude repulsiva. ▸ Asco.

a.bor.tar. [aβor'tar] [aβor'tar] *v.*4. **1.** *Med.* Eliminar prematuramente, de forma natural ou provocada, um feto em desenvolvimento. ▸ Abortar. **2.** Interromper um processo, um negócio.

a.bo.to.nar. [aβoto'nar] [aβoto'nar] *v.*4. Fechar com botões. ▸ Abotoar.

a.bra.si.vo, va. [aβra'siβo] [aβra'siβo] *adj.* Que tem o poder de desgastar ou polir metais por fricção. ▸ Abrasivo.

a.bra.za.de.ra. [aβraθa'ðera] [aβrasa'ðera] *f.* Peça de metal ou outro material que segura algo, envolvendo-o. Argola. ▸ Braçadeira.

a.bra.zar. [aβra'θar] [aβra'sar] *v.*13. **1.** Cingir com os braços. ▸ Abraçar. **2.** *fig.* Tomar para si uma responsabilidade. Adotar. ▸ Abraçar.

a.bra.zo. [a'βraθo] [a'βraso] *m.* Ato ou efeito de abraçar. ▸ Abraço. *Se despidieron con un fuerte abrazo.* Despediram-se com um forte abraço.

a.bre.bo.te.llas. [aβreβo'teʎas] [aβreβo'teʃas] *m.* Utensílio para abrir garrafas. ▸ Abridor.

a.bre.la.tas. [aβre'latas] [aβre'latas] *m.* Utensílio para abrir latas. ▸ Abridor.

a.bre.va.de.ro. [aβreβa'ðero] [aβreβa'ðero] *m.* Lugar onde se dá de beber ao gado. ▸ Bebedouro.

a.bre.viar. [aβre'βjar] [aβre'βjar] *v.*4. Tornar mais curto ou mais breve. Reduzir (espaço ou tempo). ▸ Abreviar.

a.bre.via.tu.ra. [aβreβja'tura] [aβreβja'tura] *f.* *Ling.* Representação de uma palavra com parte de suas letras. ▸ Abreviatura.

a.bri.dor, do.ra. [aβri'ðor] [aβri'ðor] *adj.* **1.** Que abre. ▸ Abridor. *m.* **2.** Utensílio para abrir latas e garrafas. ▸ Abridor.

a.bri.gar. [aβri'γar] [aβri'γar] *v.9.* **1.** Proteger do frio. Agasalhar. ▸ Abrigar. **2.** *fig.* Dar abrigo, proteção. Acolher. Albergar. ▸ Abrigar. *Abrigamos al niño porque hacía mucho frío.* Abrigamos a criança porque fazia muito frio.

a.bri.go. [a'βriγo] [a'βriγo] *m.* Peça de vestuário comprida e com mangas, que se usa sobre outras para se proteger do frio. ▸ Sobretudo. ➡ *Ropa*

a.bril. [a'βril] [a'βril] *m.* **1.** O quarto mês do ano. ▸ Abril. *pl.* **2.** *fig.* Anos de vida. ▸ Primaveras. *Hoy celebramos la fiesta de los quince abriles de María.* Hoje comemoramos a festa das quinze primaveras de Maria. ♦ **Estar hecho un abril.** Estar muito bonito.

a.brir. [a'βrir] [a'βrir] *v.6. p.p. irreg. abierto.* **1.** Mover porta, janela, fechadura que está fechada. Descerrar. ▸ Abrir. *Abre la ventana para que entre luz.* Abra a janela para que entre luz. **2.** Separar o que está normalmente junto, como as páginas de um livro, os olhos. ▸ Abrir. **3.** Desdobrar as partes de. Estender. ▸ Abrir. *Abre el mapa para que veamos dónde estamos.* Abra o mapa para vermos onde estamos. **4.** Dar início. Inaugurar. ▸ Abrir. *Abrió un negocio hace dos años.* Abriu um negócio há dois anos. **5.** Fazer funcionar. ▸ Acionar. **6.** Melhorar (o tempo). Clarear. ▸ Abrir. *Se abrió el cielo y enseguida se pudo ver el sol.* O céu se abriu e logo se pôde ver o sol. ♦ **Abrirse camino.** Ter êxito na vida. **Abrirse paso.** Abrir passagem. **En un abrir y cerrar de ojos.** Em um piscar de olhos.

a.bro.char. [aβro'tʃar] [aβro'tʃar] *v.4.* Fechar, unir (com botão, fivela ou broche). ▸ Abotoar. *¡Qué feo! ¡Abrocha esa camisa!* Que feio! Abotoe essa camisa!

a.bru.ma.dor, ra. [aβruma'dor] [aβruma'dor] *adj.* **1.** Que preocupa em demasia. Preocupante. **2.** Total, sem discussão. ▸ Esmagador. *El éxito abrumador del equipo se debe a su nuevo jugador.* O sucesso esmagador do time se deve ao novo jogador.

a.bru.mar. [aβru'mar] [aβru'mar] *v.4.* **1.** Oprimir com grande carga física ou moral. ▸ Sobrecarregar. **2.** *fig.* Causar grande mal. ▸ Abalar. *Lo abrumaron aquellos insultos.* Aqueles insultos o abalaram. **3.** *fig.* Embaraçar com louvores excessivos. ▸ Acanhar. *El exceso de elogios le abrumaba.* O excesso de elogios acanhava-o.

a.brup.to, ta. [a'βrupto] [a'βrupto] *adj.* **1.** Que é muito inclinado. Escarpado. ▸ Íngreme. *El terreno es muy abrupto y de difícil acceso.* O terreno é muito íngreme e de difícil acesso. **2.** *fig.* Que age com agressividade, de forma rude, áspera. ▸ Bruto.

ab.so.lu.ción. [aβsolu'θjon] [aβsolu'sjon] *f.* **1.** Ato de absolver. ▸ Absolvição. **2.** Perdão de pecados ou culpas. ▸ Absolvição.

ab.so.lu.to, ta. [aβso'luto] [aβso'luto] *adj.* **1.** Que exclui toda relação. ▸ Absoluto. **2.** Que não apresenta dependência, limite ou restrição. ▸ Absoluto. ♦ **En absoluto.** De jeito nenhum. *Esa propuesta no podemos aceptarla en absoluto.* Não podemos aceitar essa proposta de jeito nenhum.

ab.sol.ver. [aβsol'βer] [aβsol'βer] *v.56. p.p. irreg. absuelto.* **1.** *Dir.* Isentar de culpa um acusado, declarando-o inocente. Redimir. ▸ Absolver. *El tribunal decidió absolver al acusado.* O tribunal decidiu absolver o réu. **2.** Perdoar os pecados. Perdoar. ▸ Absolver.

ab.sor.ber. [aβsor'βer] [aβsor'βer] *v.5. p.p. reg. absorbido / irreg. absorto.* **1.** Fazer desaparecer algo por incorporação ou assimilação. ▸ Absorver. *Absorbió la leche derramada con una esponja.* Absorveu o leite derramado com uma esponja. **2.** Levar ao esgotamento. Consumir. ▸ Absorver. *La escalada de la montaña absorbió todas sus energías.* A escalada da montanha consumiu todas as suas energias. **3.** Atrair para si. ▸ Absorver. *Su enfermedad absorbió la preocupación de todos.* Sua doença absorveu a preocupação de todos.

ab.sor.to, ta. [aβ'sorto] [aβ'sorto] *adj.* **1.** Tomado de admiração. ▸ Absorto. **2.** Envolvido totalmente em uma atividade que pressupõe concentração. Abstraído. ▸ Absorto.

abs.te.mio, mia. [aβs'temjo] [aβh'temjo] *adj.* Que não consome bebidas alcoólicas. Sóbrio. ▸ Abstêmio. *U.t.c.s.*

abs.te.ner. [aβste'ner] [aβhte'ner] *v.26. v.p.* Renunciar a, isolar-se ou privar-se de alguma coisa. ▸ Abster-se. *Me abstuve de contestar sus insultos.* Abstive-me de responder aos seus insultos.

abs.trac.to, ta. [aβs'trakto] [aβh'trakto] *adj.* **1.** Que não tem existência real. ▸ Abstrato. **2.** Algo que é impreciso, indeterminado, vago. ▸ Abstrato. *m.* **3.** Aquilo que não tem concretude. ▸ Abstrato.

abs.tra.er. [aβstra'er] [aβhtra'er] *v.41. p.p. reg. abstraído / irreg. abstracto.* **1.** Considerar isoladamente as qualidades de um objeto. ▸ Abstrair. *v.p.* **2.** Separar mentalmente. ▸ Abstrair.

ab.suel.to, ta. [aβ'swelto] [aβ'swelto] *adj.* Declarado inocente. ▸ Absolvido.

ab.sur.do, da. [aβ'surðo] [aβ'surðo] *adj.* **1.** Que não se pode admitir. Inconcebível. ▸ Absurdo. *m.* **2.** Ato contrário à razão ou a um princípio estabelecido. Desatino, disparate. ▸ Absurdo.

a.bu.che.ar. [aβutʃe'ar] [aβutʃe'ar] *v.4.* Reprovar com gritos. ▸ Vaiar.

a.bue.lo, la. [a'βwelo] [a'βwelo] *s.* **1.** Pessoa em relação ao(s) filho(s) de seu(s) filho(s). ▸ Avô, avó. **2.** *fig.* Pessoa de idade avançada. Ancião. ▸ Idoso. ♦ **¡Cuéntaselo a tu abuela!** Conta essa para outro! **No tener abuela.** Elogiar-se a si mesmo.

a.bul.tar. [aβul'tar] [aβul'tar] *v.4.* **1.** Aumentar em volume. Avolumar, inchar. ▸ Avultar. **2.** *fig.* Aumentar a importância de algo. ▸ Exagerar. *Abultaron las noticias para causar sensación.* Exageraram as notícias para causar impressão. **3.** Fazer volume. ▸ Avultar. *Un kilo de algodón abulta más que un kilo de plomo.* Um quilo de algodão avulta mais que um quilo de chumbo.

a.bun.dan.cia. [aβun'danθja] [aβun'dansja] *f.* Grande quantidade, fartura. ▸ Abundância.

a.bu.rri.do, da. [aβu'riðo] [aβu'riðo] *adj.* **1.** Que causa tédio. ▸ Entediante. **2.** Que sente tédio. ▸ Entediado.

a.bu.rri.mien.to. [aβuri'mjento] [aβuri'mjento] *m.* **1.** Cansaço ocasionado por falta de gosto ou de interesse. ▸ Tédio. **2.** Acontecimento que causa desgosto. ▸ Aborrecimento, amolação.

a.bu.rrir. [aβu'rir] [aβu'rir] *v.6.* **1.** Causar tédio. Chatear, cansar. ▸ Entediar. *Me aburres con tus tonterías.* Você me chateia com suas bobagens. **2.** Provocar cansaço ou tédio. ▸ Entediar. *Los domingos, me aburre ver la tele.* Aos domingos, entedia-me ver televisão. *v.p.* **3.** Sentir tédio ou transtorno. ▸ Entediar-se.

a.bu.sar. [aβu'sar] [aβu'sar] *v.4.* **1.** Fazer mau uso ou usar em excesso. ▸ Abusar. *Abusa del tabaco sin pensar en las consecuencias.* Abusa do cigarro sem pensar nas consequências. **2.** Agir desonestamente com uma pessoa em condição desfavorável. ▸ Abusar.

a.bu.si.vo, va. [aβu'siβo] [aβu'siβo] *adj.* **1.** Que implica abuso. ▸ Abusivo. **2.** Que procede com abuso. ▸ Abusado.

a.bu.so. [a'βuso] [a'βuso] *m.* Uso errado, excessivo ou injusto. ▸ Abuso.

ab.yec.to, ta. [aβ'jekto] [aβ'ʃekto] *adj.* Que merece desprezo. ▸ Abjeto.

a.cá. [a'ka] [a'ka] *adv.* Neste lugar. Aqui. ▸ Cá. *No te quedes ahí. Ven acá.* Não fique aí. Venha cá. ♦ **Acá y allá.** Aqui e ali. **De... acá.** De... até agora. *Del año pasado acá, no me ha vuelto a escribir.* Do ano passado até agora, não voltou a me escrever. **De acá para allá.** De um lado para outro. *Caminó por el centro comercial de acá para allá, pero no encontró el vestido que buscaba.* Andou pelo *shopping* de um lado para outro, mas não encontrou o vestido que estava procurando.

a.ca.ba.do, da. [aka'βaðo] [aka'βaðo] *adj.* **1.** Que foi finalizado. Terminado. ▸ Acabado. **2.** *fig.* Levado à ruína, à extinção ou à morte. ▸ Destruído. *Está acabado por la bebida.* Ele está destruído pela bebida. **3.** Que recebeu acabamento. ▸ Acabado. *El edificio está muy bien acabado.* O prédio está muito bem-acabado.

a.ca.bar. [aka'βar] [aka'βar] *v.4.* **1.** Dar fim. Terminar. ▸ Acabar. *En un momento acabó con la carne.* Em um momento deu fim à carne. **2.** Ter capacidade ou condição de. ▸ Conseguir. *No acabo de entender tu comportamiento.* Não consigo entender seu comportamento. **3.** Pôr fim. Destruir. ▸ Acabar. *v.p.* **4.** Ter fim. ▸ Acabar-se. ♦ **De nunca acabar.** Sem fim. **Se acabó lo que se daba.** Acabou-se o que era doce. **¡Y san se acabó!** E ponto-final!

a.ca.de.mia. [aka'ðemja] [aka'ðemja] *f.* **1.** Sociedade criada e mantida com fins científicos, literários, artísticos. Escola livre. ▸ Academia. **2.** Estabelecimento de ensino, público ou privado. Instituição. ▸ Academia. ♦ **Academia de gimnasia.** Academia de ginástica.

a.ca.e.cer. [akae'θer] [akae'ser] *v.24.* Suceder, acontecer. ▸ Acontecer (verbo defectivo).

a.ca.llar. [aka'ʎar] [aka'ʃar] *v.4.* **1.** Fazer silenciar. ▸ Calar. **2.** *fig.* Tornar tranquilo. ▸ Acalmar.

a.ca.lo.rar. [akalo'rar] [akalo'rar] *v.4.* Causar calor. ▸ Aquecer, acalorar.

a.cam.pa.da. [akam'paða] [akam'paða] *f.* Passeio em que se dorme em uma barraca armada ao ar livre. Acampamento.

a.cam.par. [akam'paɾ] [akam'paɾ] *v.4.* Instalar-se no campo. ▶ Acampar.

a.can.ti.la.do, da. [akanti'laðo] [akanti'laðo] *adj. Geogr.* **1.** Diz-se do fundo do mar quando há formações rochosas escarpadas. ▶ Alcantilado. *U.t.c.m.* **2.** Diz-se de costa íngreme. ▶ Alcantilado. *U.t.c.m.*

a.can.to.nar. [akanto'naɾ] [akanto'naɾ] *v.4. Mil.* Distribuir as tropas por vários locais. Alojar. ▶ Acantonar. *El general acantonó sus tropas en tres pueblos.* O general acantonou as tropas em três povoados.

a.ca.pa.rar. [akapa'raɾ] [akapa'raɾ] *v.4.* **1.** Adquirir e reter coisas próprias do comércio. ▶ Estocar. *Acaparó gran cantidad de vinos para venderlos en Navidad.* Estocou grande quantidade de vinhos para vendê-los no Natal. **2.** Atrair para si, centralizar. ▶ Monopolizar.

a.ca.ra.co.la.do, da. [akarako'laðo] [akarako'laðo] *adj.* Enrolado em forma de caracol. ▶ Encaracolado.

a.ca.ri.ciar. [akari'θjaɾ] [akari'sjaɾ] *v.4.* **1.** Fazer carícias. ▶ Acariciar. **2.** Roçar de leve. Afagar. ▶ Acariciar.

a.ca.rre.ar. [akare'aɾ] [akare'aɾ] *v.4.* **1.** Transportar, levar em um carro. ▶ Acarretar. **2.** Causar, provocar danos ou problemas. ▶ Acarretar. *Tu actitud puede acarrear consecuencias.* Sua atitude pode acarretar consequências.

a.ca.rre.o. [aka'reo] [aka'reo] *m.* Transporte de um lugar para outro. ▶ Carreto.

a.ca.so. [a'kaso] [a'kaso] *m.* **1.** Acontecimento fortuito. Casualidade. ▶ Acaso. *adv.* **2.** Porventura. ▶ Talvez. *Acaso sea mejor no intervenir.* Talvez seja melhor não intervir. ♦ **Acaso.** Por acaso. ▶ Casualmente. **Por si acaso.** Por via das dúvidas. ▶ Para o caso de. *Llevo el paraguas por si acaso llueve.* Levo o guarda-chuva para o caso de chover.

a.ca.tar. [aka'taɾ] [aka'taɾ] *v.4.* Aceitar com submissão ordens, normas, leis. ▶ Acatar.

a.ca.ta.rrar. [akata'raɾ] [akata'raɾ] *v.4. v.p.* **1.** Ter muito catarro nas vias respiratórias. ▶ Encatarrar-se. **2.** Apanhar resfriado.

a.cau.da.la.do, da. [akauða'laðo] [akauða'laðo] *adj.* Ver *adinerado.* ▶ Abastado.

ac.ce.der. [akθe'ðeɾ] [akse'ðeɾ] *v.5.* **1.** Dar consentimento. Concordar. ▶ Consentir. *Accedió al pedido de sus empleados.* Consentiu o pedido de seus funcionários. **2.** Poder chegar a. ▶ Ter acesso a. *Por aquella puerta se accedía a los cuartos.* Por aquela porta se tinha acesso aos aposentos. **3.** *Inform.* Acessar.

ac.ce.si.ble. [akθe'siβle] [akse'siβle] *adj.* De fácil acesso. Inteligível. ▶ Acessível. *Su estilo es muy accesible.* Seu estilo é bem acessível.

ac.ce.so. [ak'θeso] [ak'seso] *m.* Ponto por onde se entra a um lugar. ▶ Acesso.

ac.ce.so.rio, ria. [akθe'sorjo] [akse'sorjo] *adj.* **1.** Que depende ou está ligado ao principal. Secundário. ▶ Acessório. *m.* **2.** Peça auxiliar. ▶ Acessório. *Los coches modernos tienen muchos accesorios.* Os carros modernos têm muitos acessórios.

ac.ci.den.ta.do, da. [akθiðen'taðo] [aksiðen'taðo] *adj.* **1.** Que sofreu acidente. ▶ Acidentado. *U.t.c.s. El niño accidentado fue llevado a un hospital.* O menino acidentado foi levado para um hospital. **2.** *Geogr.* Diz-se de terreno com disposição variada. Abrupto. ▶ Acidentado. *El terreno es muy accidentado.* O terreno é muito acidentado.

ac.ci.den.te. [akθi'ðente] [aksi'ðente] *m.* **1.** Acontecimento casual, imprevisto. ▶ Acidente. **2.** Acontecimento desastroso. Desgraça. ▶ Acidente. **3.** *Geogr.* Disposição variada de um terreno. ▶ Acidente. *Esa región tiene muchos accidentes, elevaciones y depresiones bruscas.* Essa região tem muitos acidentes, elevações e depressões bruscas.

ac.ción. [ak'θjon] [ak'sjon] *f.* **1.** Resultado de um feito. ▶ Ação. **2.** Resultado de uma força. ▶ Ação. *La acción del viento derribó los árboles.* A força do vento derrubou as árvores. **3.** *Dir.* Acionamento legal da justiça. ▶ Ação. *El abogado movió una acción contra el deudor.* O advogado entrou com uma ação contra o devedor. **4.** *Fin.* Parte do capital de uma sociedade anônima e o documento que o representa. ▶ Ação. *U.t.c.pl. Invirtió su capital en acciones de una compañía.* Aplicou seu capital em ações de uma empresa. ♦ **Poner en acción.** Colocar em andamento. ▶ Pôr em ação.

ac.cio.nar. [akθjo'naɾ] [aksjo'naɾ] *v.4.* **1.** Pôr em movimento. ▶ Acionar. **2.** Fazer gestos. ▶ Gesticular.

ac.cio.nis.ta. [akθjo'nista] [aksjo'nihta] *com. Fin.* Pessoa que possui ações de uma sociedade anônima. ▶ Acionista.

a.ce.char. [aθe'tʃaɾ] [ase'tʃaɾ] *v.4.* **1.** Espiar sorrateiramente. ▶ Espreitar. **2.** Esperar escondido, para um ataque. ▶ Emboscar.

a.ce.cho. [aˈθetʃo] [aˈsetʃo] *m.* Ação de vigiar, espreitar. ▶ Espreita. ◆ **Al / de / en acecho.** *locs. advs.* Observando cautelosamente. Estar à espreita. *El tigre estaba al acecho pero su presa no lo sabía.* O tigre estava à espreita mas sua presa não sabia.

a.cé.fa.lo, la. [aˈθefalo] [aˈsefalo] *adj.* **1.** Que não tem cabeça. ▶ Decapitado. **2.** *fig.* Que está sem chefe ou que não o tem. ▶ Acéfalo.

❑ **a.cei.tar.** [aθejˈtar] [asejˈtar] *v.4.* Colocar azeite, azeitar.

a.cei.te. [aˈθejte] [aˈsejte] *m.* **1.** ❑ Qualquer tipo de óleo: de cozinha, lubrificante, medicinal, e outros. ▶ Óleo. **2.** Líquido oleoso extraído da oliva e utilizado como tempero. ▶ Azeite. ◆ **Echar aceite al / en el fuego.** Pôr lenha na fogueira.

a.cei.tu.na. [aθejˈtuna] [asejˈtuna] *f. Bot.* Fruto da oliveira do qual se extrai o azeite. ▶ Azeitona.

a.ce.le.ra.ción. [aθeleraˈθjon] [aseleraˈsjon] *f.* Aumento da velocidade. ▶ Aceleração.

a.ce.le.ra.do, da. [aθeleˈrado] [aseleˈrado] *adj.* Que teve sua velocidade aumentada. ▶ Acelerado.

a.ce.le.ra.dor. [aθeleraˈðor] [aseleraˈðor] *m.* Mecanismo de um veículo para aumentar a velocidade. ▶ Acelerador. *Pisó el acelerador y salió a cien por hora.* Pisou o acelerador e partiu a cem por hora.

a.ce.le.rar. [aθeleˈrar] [aseleˈrar] *v.4.* **1.** Aumentar a velocidade. ▶ Acelerar. **2.** Acionar o acelerador de um veículo. ▶ Acelerar.

a.cel.ga. [aˈθelɣa] [aˈselɣa] *f. Bot.* Planta hortense comestível. ▶ Acelga. ◆ **Cara de acelga.** Aparência pálida. *Después de la enfermedad se quedó con cara de acelga.* Depois da doença, ficou pálida.

a.cé.mi.la. [aˈθemila] [aˈsemila] *f.* **1.** *Zool.* Besta de carga. ▶ Azêmola. **2.** *fig.* Pessoa rude e estúpida.

a.cen.to. [aˈθento] [aˈsento] *m. Ling.* **1.** Destaque que recebe uma das sílabas que formam uma palavra por meio de aumento de intensidade. ▶ Acento. **2.** Sinal gráfico que marca, em uma palavra, a sílaba que deve ser pronunciada com maior intensidade. ▶ Acento. **3.** Conjunto de particularidades que caracterizam a pronúncia de um indivíduo ou de pessoas que falam o mesmo idioma de certa região. ▶ Sotaque. *El cearense y el paulista tienen acentos diferentes.* O cearense e o paulista têm sotaques diferentes.

a.cen.tua.ción. [aθentwaˈθjon] [asentwaˈsjon] *f. Ling.* Ato de pôr acento. ▶ Acentuação.

a.cen.tuar. [aθenˈtwar] [asenˈtwar] *v.4.* **1.** *Ling.* Marcar com acento. ▶ Acentuar. *v.p.* **2.** *fig.* Adquirir maior intensidade, aumentar. ▶ Agravar-se. *Se acentuó su estado depresivo.* Agravou-se seu estado depressivo.

a.cep.ta.ción. [aθeptaˈθjon] [aseptaˈsjon] *f.* **1.** Resultado de aprovação ou concordância. ▶ Aceitação. **2.** Acolhimento manifestado por parte do público. ▶ Aceitação.

Aceptaciones

Sí, perfecto.
Bárbaro.
¡Vale!
¡Estupendo!
¡Fenómeno!
Ver *invitaciones* y *rechazos*.

---

a.cep.tar. [aθepˈtar] [asepˈtar] *v.4. p.p. aceptado.* **1.** Receber o que se oferece ou dá. ▶ Aceitar. **2.** Dar aprovação. Consentir. ▶ Aprovar. **3.** Concordar com certas condições. ▶ Aceitar. **4.** Contrair um título de débito. ▶ Aceitar.

a.ce.quia. [aˈθekja] [aˈsekja] *f.* Pequeno canal para condução de água para regar. ▶ Canal de irrigação.

a.ce.ra. [aˈθera] [aˈsera] *f.* Parte da rua reservada para pedestres. Calçada. ▶ Passeio público.

a.ce.rar. [aθeˈrar] [aseˈrar] *v.4.* **1.** Dar têmpera de aço. ▶ Acerar. **2.** Banhar em aço outros metais. ▶ Acerar.

a.cer.ca (de) [aˈθerka] [aˈserka] *adv.* A respeito de. ▶ Acerca de, sobre. *Me había llamado para hablar acerca del examen de Matemáticas.* Tinha me ligado para falar a respeito da prova de Matemática.

a.cer.ca.mien.to. [aθerkaˈmjento] [aserkaˈmjento] *m.* Ato ou efeito de aproximar(-se). ▶ Aproximação.

a.cer.car. [aθerˈkar] [aserˈkar] *v.7.* Chegar perto. ▶ Aproximar. *U.t.c.v.p. Acerca el azucarero que no lo alcanzo.* Aproxime o açucareiro, porque não o alcanço.

a.ce.ro. [aˈθero] [aˈsero] *m. Quím.* Liga de ferro endurecido. ▶ Aço. ◆ **Acero inoxidable.**

Aço inoxidável. **De acero.** Duro, forte. ▸ De aço. *Tiene nervios de acero, nada le afecta.* Tem nervos de aço, nada o abala.

a.cé.rri.mo, ma. [a'θerimo] [a'serimo] *adj.* **1.** *fig.* Muito tenaz. ▸ Obstinado. **2.** *fig.* Que não é moderado. ▸ Radical, acérrimo.

a.cer.tar. [aθer'tar] [aser'tar] *v.15.* Dar certo. ▸ Acertar. ◆ **Acertar el blanco.** Acertar no alvo.

a.cer.ti.jo. [aθer'tixo] [aser'tixo] *m.* **1.** Adivinhação a ser resolvida como passatempo. ▸ Charada. **2.** Afirmação pouco clara. ▸ Enigma.

a.cer.vo. [a'θerβo] [a'serβo] *m. col.* Conjunto de bens que integram um patrimônio. ▸ Acervo. *El museo tiene cuadros de Goya en su acervo.* O museu tem quadros de Goya em seu acervo.

a.cha.car. [atʃa'kar] [atʃa'kar] *v.7.* Atribuir a outro um delito ou culpa. Assacar. ▸ Acusar. *Lo achacó alevosamente solo por venganza.* Acusou-o deslealmente só por vingança.

a.cha.que. [a'tʃake] [a'tʃake] *m.* **1.** Ligeira indisposição. ▸ Mal-estar. **2.** *(Col.) fam.* Ataque de nervos desmotivado. Faniquito. ▸ Chilique.

a.cha.tar. [atʃa'tar] [atʃa'tar] *v.4.* Tornar alguma coisa chata, sem relevo. Aplanar. ▸ Achatar.

a.chi.car. [atʃi'kar] [atʃi'kar] *v.7.* **1.** Reduzir o tamanho de uma coisa. ▸ Reduzir. *U.t.c.v.p.v.p.* **2.** Tornar-se covarde. Amedrontar-se. ▸ Acovardar-se.

a.chi.cha.rrar. [atʃitʃa'rar] [atʃitʃa'rar] *v.4.* Fritar, assar ou torrar demais os alimentos. ▸ Torrar.

a.chi.co.ria. [atʃi'korja] [atʃi'korja] *Bot.* Tipo de verdura. ▸ Almeirão.

a.chi.na.do, da. [atʃi'naðo] [atʃi'naðo] *adj.* Que apresenta aspectos ou traços chineses. ▸ Achinesado.

a.cho.co.la.ta.do, da. [atʃokola'taðo] [atʃokola'taðo] *adj.* Que tem a cor e/ou sabor do chocolate. ▸ Achocolatado.

a.ci.ca.te. [aθi'kate] [asi'kate] *m.* **1.** Tipo de espora. ▸ Espora. **2.** *fig.* Estímulo oferecido a alguém. ▸ Incentivo.

a.ci.dez. [aθi'ðeθ] [asi'ðes] *f.* **1.** Qualidade de ácido. ▸ Acidez. **2.** Sabor desagradável na boca, provocado por excesso de acidez no estômago. ▸ Azia.

á.ci.do, da. ['aθiðo] ['asiðo] *adj.* **1.** Que tem gosto semelhante ao do limão. ▸ Azedo. *m.* **2.** *Quím.* Substância química cuja fórmula molecular inicia-se com o elemento hidrogênio. ▸ Ácido. *El ácido sulfúrico se usa en las baterías eléctricas.* O ácido sulfúrico é usado nas baterias elétricas.

a.cier.to. [a'θjerto] [a'sjerto] *m.* **1.** Efeito de acertar. ▸ Acerto. **2.** *fig.* Sensatez, prudência, tino. ▸ Acerto.

a.cla.mar. [akla'mar] [akla'mar] *v.4.* **1.** Demonstrar aprovação por meio de brados. ▸ Aclamar. **2.** Eleger por aclamação. ▸ Aclamar.

a.cla.ra.ción. [aklara'θjon] [aklara'sjon] *f.* Ato de esclarecer. Explicação. ▸ Esclarecimento.

a.cla.rar. [akla'rar] [akla'rar] *v.4.* **1.** Tornar claro. Branquear. ▸ Clarear. **2.** Lavar com água para tirar o sabão. ▸ Enxaguar. *Ya aclaré toda la ropa.* Já enxaguei toda a roupa. **3.** Tornar claro. Explicar. ▸ Esclarecer. *La profesora aclaró todas nuestras dudas.* A professora esclareceu todas as nossas dúvidas. **4.** Clarear o dia. ▸ Amanhecer. *Ya aclara el día.* Está amanhecendo.

a.cli.ma.tar. [aklima'tar] [aklima'tar] *v.4.* Adaptar a clima diferente. ▸ Aclimatar.

ac.né. [ak'ne] [ak'ne] *m. Med.* Erupção pustulosa da pele, frequente nos adolescentes. ▸ Acne. *A los quince años tenía la cara llena de acné.* Aos quinze anos tinha o rosto cheio de acne.

a.co.bar.dar. [akoβar'ðar] [akoβar'ðar] *v.4.* Provocar medo, temor ou intimidação. ▸ Acovardar. *U.t.c.v.p.*

a.co.ge.dor, do.ra. [akoxe'ðor] [akoxe'ðor] *adj.* **1.** Que oferece abrigo, refúgio ou hospedagem. ▸ Acolhedor. **2.** Que oferece conforto ou tranquilidade. ▸ Aconchegante.

a.co.ger. [ako'xer] [ako'xer] *v.11.* Dar acolhida. Hospedar. ▸ Acolher. *Lo acogió en su casa porque estaba abandonado.* Acolheu-o em sua casa porque estava abandonado.

a.co.jo.nar. [akoxo'nar] [akoxo'nar] *v.4.* **1.** Sentir medo. ▸ Apavorar. **2.** *v.p.* Apavorar-se. ▸ Amedrontar-se.

a.col.cha.do, da. [akol'tʃaðo] [akol'tʃaðo] *adj.* **1.** Que tem revestimento macio. ▸ Acolchoado. *m.* **2.** *(Arg.)* Ver *edredón*. ▸ Edredom.

a.co.me.ter. [akome'ter] [akome'ter] *v.5.* **1.** Investir com ímpeto contra alguém. Arremeter. ▸ Atacar. *Los soldados acometieron* *al enemigo.* Os soldados atacaram o inimigo. **2.** Acometer, empreender (uma tarefa).

a.co.mo.da.ción. [akomoða'θjon] [akomoða'sjon] *f.* **1.** Ato ou efeito de acomodar-se. ▸ Acomodação. **2.** Adaptação da visão às variações de distância ou luz de um objeto. ▸ Acomodação.

a.co.mo.da.do, da. [akomo'ðaðo] [akomo'ðaðo] *adj.* **1.** Que usufrui de comodidade. ▸ Acomodado. *Él está bien acomodado en su casa.* Ele está bem acomodado em sua casa. **2.** Que usufrui de estabilidade ou abundância financeira. ▸ Abastado. *Somos de una familia acomodada.* Somos de uma família abastada. **3.** Que tem preço moderado. ▸ Compatível.

a.co.mo.dar. [akomo'ðaɾ] [akomo'ðaɾ] *v.4.* **1.** Pôr em ordem. ▸ Acomodar. **2.** Tornar cômodo. ▸ Acomodar.

a.co.mo.do. [ako'moðo] [ako'moðo] *m.* **1.** Acomodar ou acodomar-se. ▸ Acomodação. **2.** Favoritismo ou preferência indevida. ▸ Oportunismo.

a.com.pa.ña.do, da. [akompa'ɲaðo] [akompa'ɲaðo] *adj.* Que tem companhia. ▸ Acompanhado.

a.com.pa.ña.mien.to. [akompaɲa'mjento] [akompaɲa'mjento] *m.* **1.** Grupo de pessoas que acompanham. ▸ Comitiva. *Sorprendió el acompañamiento que llevaba el ministro.* Surpreendeu a comitiva do ministro. **2.** *Cul.* Prato secundário que acompanha o principal. ▸ Guarnição. *En la cena estaba mejor el acompañamiento que el asado.* No jantar, a guarnição estava melhor que a carne assada. **3.** *Mús.* Parte da música que acompanha a melodia. ▸ Acompanhamento.

a.com.pa.ñar. [akompa'ɲaɾ] [akompa'ɲaɾ] *v.4.* **1.** Fazer companhia. ▸ Acompanhar. **2.** Dar acompanhamento. ▸ Acompanhar.

a.com.pa.sa.do, da. [akompa'saðo] [akompa'saðo] *adj.* **1.** Medido a compasso. ▸ Compassado. **2.** *fig.* Que se move lentamente. Vagaroso. ▸ Compassado.

a.con.di.cio.na.do, da. [akondiθjo'naðo] [akondisjo'naðo] *adj.* Que recebeu acomodação. ▸ Acomodado.

a.con.di.cio.nar. [akondiθjo'naɾ] [akondisjo'naɾ] *v.4.* Dispor em certa ordem ou de determinada maneira. Acomodar. Arrumar. ▸ Acondicionar. *Todo fue acondicionado de forma a ocupar poco espacio.* Tudo foi arrumado de forma que ocupasse pouco espaço.

a.con.go.jar. [akongo'xaɾ] [akongo'xaɾ] *v.4.* Causar ou sentir angústia. Afligir. ▸ Atormentar.

a.con.se.ja.do, da. [akonse'xaðo] [akonse'xaðo] *adj.* Que recebeu conselho. ▸ Aconselhado.

a.con.se.jar. [akonse'xaɾ] [akonse'xaɾ] *v.4.* **1.** Dar conselho. ▸ Aconselhar. **2.** Inspirar uma pessoa. ▸ Aconselhar. *v.p.* **3.** Tomar ou pedir conselho. ▸ Aconselhar-se.

a.con.te.cer. [akonte'θeɾ] [akonte'seɾ] *v.24.* Ocorrer algum fato. Suceder. ▸ Acontecer.

a.con.te.ci.mien.to. [akonteθi'mjento] [akontesi'mjento] *m.* Fato ou evento, especialmente de certa importância. ▸ Acontecimento.

a.co.pio. [a'kopjo] [a'kopjo] *m.* **1.** Acumulação de coisas. ▸ Pilha. **2.** Acúmulo de provisões. ▸ Estoque.

a.co.pla.mien.to. [akopla'mjento] [akopla'mjento] *m.* **1.** Ato ou efeito de unir ou juntar. Junção. ▸ Acoplamento. **2.** União de peças a um conjunto. Engate. ▸ Acoplamento. **3.** *Biol.* Relação sexual de dois animais. Acasalamento. ▸ Cópula.

a.co.plar. [ako'plaɾ] [ako'plaɾ] *v.4.* **1.** Unir partes. ▸ Acoplar. **2.** Unir peça(s) a um conjunto. Engatar, encaixar. ▸ Acoplar. *v.p.* **3.** Unir entre si. ▸ Acoplar. **4.** Relacionar-se sexualmente (os animais). Acasalar. ▸ Copular.

a.co.ra.za.do. [akora'θaðo] [akora'saðo] *m. Mil.* e *Mar.* Navio de guerra blindado e de grandes dimensões. Couraçado. ▸ Encouraçado.

a.cor.dar. [akoɾ'ðaɾ] [akoɾ'ðaɾ] *v.18.* **1.** Resolver de comum acordo. Decidir. ▸ Combinar. *Acordamos continuar las reuniones en grupo.* Combinamos continuar as reuniões em grupo. *v.p.* **2.** ▢ Trazer à memória. Recordar. ▸ Lembrar-se de. *Acuérdate de llevar tu merienda.* Lembre-se de levar seu lanche. ◆ **Si mal no me acuerdo.** Se não me engano. *Si mal no me acuerdo, el cumple de Roberto es el 12 de octubre.* Se não me engano, o aniversário de Roberto é em 12 de outubro.

a.cor.de. [a'koɾðe] [a'koɾðe] *adj.* **1.** De acordo com. ▸ Conforme. *m.* **2.** *Mús.* Combinação harmônica de três ou mais sons. ▸ Acorde.

a.cor.de.ón. [akorðe'on] [akorðe'on] *m.* **1.** *Mús.* Instrumento musical de sopro formado por um fole pregueado que produz som ao ser comprimido e estendido. ▸ Acordeão. **2.** (*Méx.*) Papel em que se escreve uma matéria para consultar, sem consentimento, durante uma prova. ▸ Cola. ➡ *Instrumentos musicais*

a.cor.do.nar. [akorðo'nar] [akorðo'nar] *v.4.* Amarrar com cordas. ▸ Acordoar.

a.co.rra.lar. [akora'lar] [akora'lar] *v.4.* **1.** Meter o gado no curral. ▸ Encurralar. **2.** Impelir alguém para lugar estreito ou colocar alguém em situação penosa. ▸ Encurralar.

a.cor.tar. [akor'tar] [akor'tar] *v.4.* Tornar curto, abreviado, reduzido. ▸ Encurtar.

a.co.sar. [ako'sar] [ako'sar] *v.4.* Seguir na tentativa de capturar. ▸ Perseguir, assediar.

a.co.so. [a'koso] [a'koso] *m.* Perseguição. ▸ Assédio.

a.cos.tar. [akos'tar] [akoh'tar] *v.18.* Esticar o corpo sobre uma superfície plana. ▸ Deitar. *U.t.c.v.p. Me acuesto a las once, pues tengo que despertarme temprano.* Deito às onze, porque tenho que acordar cedo.

a.cos.tum.brar. [akostum'brar] [akohtum'brar] *v.4.* **1.** Fazer adquirir costume. ▸ Acostumar. *Acostumbró a sus hijos a tener sus cosas en orden.* Acostumou seus filhos a terem suas coisas arrumadas. **2.** Ter hábito de. ▸ Costumar. *Acostumbra a pasear todos los días.* Costuma passear todos os dias.

a.co.ta.ción. [akota'θjon] [akota'sjon] *f.* **1.** Nota à parte em um escrito. ▸ Anotação. **2.** Nota escrita em uma peça de teatro com o propósito de explicar melhor os personagens e suas características. ▸ Marcação.

a.co.tar. [ako'tar] [ako'tar] *v.4.* **1.** Escrever notas à parte em um escrito. Apontar **2.** Delimitar. ▸ Demarcar.

a.cre. ['akre] ['akre] *adj.* **1.** Que tem gosto amargo, ácido e picante. ▸ Acre. *m.* **2.** *Agr.* Medida agrária de terreno. ▸ Acre.

a.cre.di.tar. [akreði'tar] [akreði'tar] *v.4.* **1.** Dar crédito ou reconhecimento, abonar. ▸ Acreditar. *La empresa debe acreditar tu firma.* A empresa deve acreditar sua firma. **2.** Reconhecer uma quitação. ▸ Quitar. **3.** Lançar em conta como crédito. ▸ Creditar.

a.cre.e.dor, do.ra. [akree'ðor] [akree'ðor] *adj.* **1.** Que tem o direito de pedir o cumprimento de uma obrigação, merecedor. *s.* **2.** Pessoa a quem se deve dinheiro ou outra coisa. ▸ Credor.

a.cri.bi.llar. [akriβi'ʎar] [akriβi'ʃar] *v.4.* Furar em muitos pontos. ▸ Crivar.

a.crí.li.co, ca. [a'kriliko] [a'kriliko] *adj.* Aplica-se a fibras e materiais plásticos obtidos por processos químicos utilizando o ácido acrílico. ▸ Acrílico.

a.cri.tud. [akri'tuθ] [akri'tuð] *f.* Qualidade ou estado do que tem sabor acre. ▸ Acidez.

a.cro.ba.cia. [akro'βaθja] [akro'βasja] *f.* Conjunto de exercícios como dar saltos, atuar no trapézio, andar na corda bamba. ▸ Acrobacia.

a.cró.ba.ta. [a'kroβata] [a'kroβata] *com.* Artista que faz acrobacias. ▸ Acrobata.

a.cro.fo.bia. [akro'foβja] [akro'foβja] *f.* Medo e vertigem produzidos por altura. ▸ Acrofobia.

ac.ta. ['akta] ['akta] *f.* Relação escrita do que se tratou e combinou em uma reunião de uma corporação. ▸ Ata. ◆ **Acta notarial.** Certidão lavrada em cartório. **Levantar acta.** Lavrar ata.

ac.ti.tud. [akti'tuθ] [akti'tuð] *f.* **1.** Postura do corpo que, geralmente, manifesta um estado de ânimo ou expressa algo segundo uma intenção. ▸ Atitude. *Siempre tuvo una actitud depresiva.* Sempre teve uma atitude depressiva. **2.** *fig.* Maneira de manifestar estados de ânimo ou predisposição. ▸ Atitude.

ac.ti.var. [akti'βar] [akti'βar] *v.4.* **1.** Tornar ativo. ▸ Ativar. **2.** *Fís.* Tornar radioativo. ▸ Ativar. **3.** Acionar, pôr em funcionamento.

ac.ti.vi.dad. [aktiβi'ðaθ] [aktiβi'ðað] *f.* **1.** Capacidade de agir. ▸ Atividade. **2.** Capacidade de agir prontamente. ▸ Atividade. *pl.* **3.** Conjunto de funções ou tarefas próprias de uma pessoa, organização ou empresa. ▸ Atividades.

ac.ti.vo, va. [ak'tiβo] [ak'tiβo] *adj.* **1.** Que procede com diligência e prontidão. ▸ Ativo. *m.* **2.** Total de bens de uma empresa ou pessoa. ▸ Ativo.

ac.to. ['akto] ['akto] *m.* **1.** Acontecimento público ou solene. Cerimônia. ▸ Ato. **2.** *Teat.* Divisão de uma peça teatral. ▸ Ato. ◆ **Acto de presencia.** Ato de presença. **Acto seguido.** Na sequência, logo depois. **En el acto.** No ato.

ac.tor. [ak'tor] [ak'tor] *m.* Profissional que interpreta um papel no teatro, no cinema ou na televisão. ▸ Ator.

ac.triz. [ak'triθ] [ak'tris] *f.* Ver *actor*.

ac.tua.ción. [aktua'θjon] [aktua'sjon] *f.* Ato ou efeito de atuar. ▸ Atuação.

ac.tual [ak'twal] [ak'twal] *adj.* Que existe no presente. ▸ Atual.

ac.tua.li.dad. [aktwali'ðaθ] [aktwali'ðað] *f.* **1.** Época presente. ▸ Atualidade. **2.** Notícia do momento atual. ▸ Atualidade.

ac.tua.li.zar. [aktwali'θar] [aktwali'sar] *v.13.* **1.** Tornar atual. ▸ Atualizar. **2.** Pôr em dia. ▸ Atualizar. **3.** Tornar efetivo. ▸ Efetivar.

ac.tual.men.te. [aktwal'mente] [aktwal'mente] *adv.* Nos dias de hoje. ▸ Atualmente.

ac.tuar. [ak'twar] [ak'twar] *v.4.* **1.** Pôr em ação. Agir. ▸ Atuar. **2.** Desempenhar um papel em filme ou peça de teatro. ▸ Atuar. *Aquella actriz siempre actuó en buenas películas.* Aquela atriz sempre atuou em bons filmes.

a.cua.re.la. [akwa'rela] [akwa'rela] *f.* **1.** Tinta diluída em água. ▸ Aquarela. **2.** A pintura feita com aquarela. ▸ Aquarela.

a.cua.rio. [a'kwarjo] [a'kwarjo] *m.* Depósito de água para conservar ou criar peixes. ▸ Aquário.

a.cuar.te.lar. [akwarte'lar] [akwarte'lar] *v.4. Mil.* Pôr a tropa em quartéis. ▸ Aquartelar.

a.cuá.ti.co, ca. [a'kwatiko] [a'kwatiko] *adj.* **1.** *Biol.* Que vive na água. ▸ Aquático. **2.** Pertencente à água. ▸ Aquático.

a.cu.chi.llar. [akutʃi'ʎar] [akutʃi'ʃar] *v.4.* Ferir ou matar com faca ou similar. ▸ Esfaquear.

a.cu.dir. [aku'ðir] [aku'ðir] *v.6.* **1.** Ir ao lugar do qual se recebeu um chamado, comparecer. ▸ Acudir. **2.** Ir em socorro de alguém. ▸ Socorrer. **3.** Apelar a um recurso ou pessoa. ▸ Recorrer.

a.cue.duc.to. [akwe'ðukto] [akwe'ðukto] *m.* Canal para conduzir água com uma finalidade determinada, abastecimento de cidades ou agricultura. Adutora. ▸ Aqueduto.

a.cuer.do. [a'kweɾðo] [a'kweɾðo] *m.* Resolução tomada em comum por várias pessoas, convênio, contrato. ▸ Acordo. ♦ **De acuerdo.** Indica concordância. ▸ Combinado. *De acuerdo, nos vemos a las ocho y cuarto en el metro.* Combinado, vemo-nos às oito e quinze no metrô.

a.cuí.fe.ro, ra. [a'kuifero] [a'kuifero] *adj.* **1.** Terreno que contém água. Aquífero. **2.** *adj. Biol.* Que contém água. ▸ Aquífero.

a.cu.mu.la.ción. [akumula'θjon] [akumula'sjon] *f.* Ato ou efeito de juntar, amontoar. ▸ Acumulação.

a.cu.mu.lar. [akumu'lar] [akumu'lar] *v.4.* Reunir em grande quantidade. Amontoar. ▸ Acumular.

a.cu.ñar. [aku'ɲar] [aku'ɲar] *v.4.* **1.** Fabricar moedas. ▸ Cunhar. **2.** Marcar em relevo com placa de ferro. ▸ Cunhar.

a.cuo.so, sa. [a'kwoso] [a'kwoso] *adj.* **1.** Que contém água. ▸ Aquoso. **2.** *Bot.* Que tem muito suco. ▸ Suculento.

a.cu.pun.tu.ra. [akupun'tura] [akupun'tura] *f. Med.* Técnica médica de procedência chinesa para tratamento de doenças que consiste em inserir pequenas agulhas em partes do corpo. ▸ Acupuntura.

a.cu.rru.car. [akuru'kar] [akuru'kar] *v.7. v.p.* Dobrar ou encolher o corpo. ▸ Encolher-se. *Se acurrucó en un rincón.* Encolheu-se em um canto.

a.cu.sa.ción. [akusa'θjon] [akusa'sjon] *f.* Ato ou efeito de atribuir a alguém a responsabilidade por uma ação. ▸ Acusação.

a.cu.sa.do, da. [aku'saðo] [aku'saðo] *s.* **1.** Pessoa a quem se acusa. ▸ Acusado. **2.** *Dir.* Pessoa que é julgada legalmente por crime ou delito. ▸ Réu.

a.cu.sar. [aku'sar] [aku'sar] *v.4.* **1.** Imputar a alguém um delito. Fazer acusações. ▸ Acusar. **2.** Delatar o responsável por determinada ação. Denunciar. ▸ Acusar. **3.** Notificar o recebimento de algo. ▸ Acusar.

a.cús.ti.ca. [a'kustika] [a'kuhtika] *f. Fís.* Estudo dos sons e de suas manifestações. ▸ Acústica.

a.cús.ti.co, ca. [a'kustiko] [a'kuhtiko] *adj.* **1.** Relativo à audição. ▸ Acústico. **2.** Relativo aos sons. ▸ Acústico.

a.da.gio. [a'ðaxjo] [a'ðaxjo] *m.* **1.** *Mús.* Composição musical de ritmo lento. ▸ Adágio. **2.** Sentença moral. Ditado. ▸ Adágio.

a.dap.ta.ción. [aðapta'θjon] [aðapta'sjon] *f.* Ato de adaptar. Ajuste. ▸ Adaptação.

a.dap.tar. [aðap'tar] [aðap'tar] *v.4.* Ajustar uma coisa a outra ou a uma circunstância. ▸ Adaptar.

a.de.cua.do, da. [aðeˈkwaðo] [aðeˈkwaðo] *adj.* **1.** Que se adaptou a uma condição. ▶ Adaptado. *El pueblo ya está adecuado a la nueva situación.* A população já está adaptada à nova situação. **2.** Que se recomenda para determinado fim. ▶ Adequado. *El cuchillo es lo adecuado para cortar la carne.* A faca é o adequado para cortar carne.

a.de.cuar. [aðeˈkwar] [aðeˈkwar] *v.4.* Conformar a espaço, situação ou condição. ▶ Adequar.

a.de.fe.sio. [aðeˈfesjo] [aðeˈfesjo] *m.* **1.** Falta de propósito. ▶ Disparate. **2.** Pessoa ou coisa muito feia. ▶ Monstrengo. **3.** Vestimenta ridícula.

a.de.lan.ta.do, da. [aðelanˈtaðo] [aðelanˈtaðo] *adj.* Que se faz ou coloca antes. ▶ Adiantado.

a.de.lan.tar. [aðelanˈtar] [aðelanˈtar] *v.4.* **1.** Mover para diante. ▶ Adiantar. *v.p.* **2.** Passar adiante. ▶ Ultrapassar. *¡Adelántate a aquel coche!* Ultrapasse aquele carro! **3.** Fazer acontecer antes do previsto. ▶ Antecipar. *Este mes adelantaron la paga.* Este mês anteciparam o salário.

a.de.lan.te. [aðeˈlante] [aðeˈlante] *adv.* **1.** À frente, mais na frente. ▶ Adiante. *Dio un paso adelante.* Deu um passo à frente. *interj.* **2.** Indica estímulo, incentivo. ▶ Avante. ◆ **En adelante.** Daqui em diante. *En adelante, quien da las órdenes seré yo.* Daqui em diante, quem dá as ordens sou eu.

a.de.lan.to. [aðeˈlanto] [aðeˈlanto] *m.* **1.** Ato ou efeito de adiantar. ▶ Adiantamento. **2.** Desenvolvimento que produz melhoria. ▶ Avanço. *Los adelantos técnicos facilitan la vida.* Os avanços técnicos facilitam a vida. **3.** Realização antecipada. ▶ Adiantamento.

a.del.ga.zar. [aðelɣaˈθar] [aðelɣaˈsar] *v.13.* Perder peso. ▶ Emagrecer.

a.de.mán. [aðeˈman] [aðeˈman] *m.* Movimento do corpo. ▶ Gesto. *Nos amenazó con ademanes vulgares.* Ameaçou-nos com gestos vulgares.

a.de.más. [aðeˈmas] [aðeˈmas] *adv.* Indica acréscimo. ▶ Além de. *Además de cantar, danza y estudia.* Além de cantar, dança e estuda.

a.den.tro. [aˈðentro] [aˈðentro] *adv.* **1.** Que está no interior ou voltado para o interior. ▶ Dentro. *m.pl.* **2.** O interior de uma pessoa. ▶ Foro íntimo. *Dije para mis adentros: ¡no voy a verlo nunca más!* Disse a mim mesma: não vou vê-lo nunca mais! ◆ **Mar adentro.** Em alto-mar.

a.dep.to, ta. [aˈðepto] [aˈðepto] *s.* Partidário de ideia, grupo ou partido. ▶ Adepto.

a.de.re.zar. [aðereˈθar] [aðereˈsar] *v.13.* **1.** *Cul.* Pôr tempero. ▶ Temperar. **2.** Pôr adornos. ▶ Enfeitar.

a.de.re.zo. [aðeˈreθo] [aðeˈreso] *m.* **1.** Qualquer ingrediente que se adiciona à comida para dar mais sabor. ▶ Tempero. **2.** Aquilo que se usa para enfeitar uma pessoa ou coisa. ▶ Enfeite.

a.deu.dar. [aðeu̯ˈdar] [aðeu̯ˈdar] *v.4.* Ter dívida. ▶ Dever.

a.dhe.rir. [aðeˈrir] [aðeˈrir] *v.20.* **1.** Grudar com cola. ▶ Colar. **2.** Concordar e seguir ideias, apoiar. ▶ Aderir.

a.dhe.si.vo, va. [aðeˈsiβo] [aðeˈsiβo] *adj.* **1.** Que tem propriedade de colar. ▶ Adesivo. *m.* **2.** Produto que tem essa propriedade. ▶ Adesivo.

a.dic.ción. [aðikˈθjon] [aðikˈsjon] *f.* Hábito daninho e compulsivo que domina a vontade de uma pessoa. ▶ Vício.

a.di.ción. [aðiˈθjon] [aðiˈsjon] *f.* **1.** Ato ou efeito de acrescentar. ▶ Adição. *Con la adición de aderezos, la comida queda más exquisita.* Com a adição de temperos, a comida fica mais saborosa. **2.** *Mat.* Operação aritmética de somar. ▶ Adição.

a.dic.ti.vo, va. [aðikˈtiβo] [aðikˈtiβo] *adj.* Que cria dependência, que vicia. ▶ Viciante.

a.dic.to, ta. [aˈðikto] [aˈðikto] *adj.* **1.** Que tem inclinação a. Muito apegado. ▶ Adicto. *s.* **2.** Dependente do consumo de drogas ou de hábitos considerados nocivos. ▶ Viciado.

a.dies.tra.mien.to. [aðjestraˈmjento] [aðjehtraˈmjento] *m.* Aprendizado e exercício para tornar(-se) destro em alguma atividade. Treinamento. ▶ Adestramento.

a.dies.trar. [aðjesˈtrar] [aðjehˈtrar] *v.4.* **1.** Tornar hábil em. Instruir. ▶ Adestrar. **2.** Domar um animal. Amestrar. ▶ Adestrar.

a.di.ne.ra.do, da. [aðineˈraðo] [aðineˈraðo] *adj.* Que tem muito dinheiro. Abonado, abastado. ▶ Endinheirado.

a.diós. [aˈðjos] [aˈðjos] *interj.* **1.** Indica despedida. ▶ Adeus; até logo. *¡Adiós, hasta mañana!* Adeus, até amanhã! *m.* **2.** Ato de dizer adeus ou acenar dando adeus. ▶ Adeus. *Tras su adiós, entró al avión y se fue.* Depois do adeus, entrou no avião e foi embora.

a.di.ta.men.to. [aðita'mento] [aðita'mento] *m.* Aquilo que se adiciona a alguma coisa. ▸ Aditamento, adendo.

a.di.ti.vo, va. [aði'tiβo] [aði'tiβo] *adj.* **1.** Que se adiciona. ▸ Aditivo. *m.* **2.** Substância que se adiciona a outra para melhorá-la, complementá-la ou alterá-la. ▸ Aditivo.

a.di.vi.nan.za. [aðiβi'nanθa] [aðiβi'nansa] *f.* **1.** Jogo de palavras, enigma para adivinhar. ▸ Adivinhação. **2.** Ato ou efeito de predizer o futuro. ▸ Adivinhação.

a.di.vi.nar. [aðiβi'nar] [aðiβi'nar] *v.4.* **1.** Tentar acertar. ▸ Dar palpite, chutar. **2.** Descobrir as coisas ocultas. ▸ Adivinhar. **3.** Prever o futuro. ▸ Adivinhar.

a.di.vi.no, na. [aði'βino] [aði'βino] *s.* Aquele que adivinha. ▸ Adivinho.

ad.je.ti.vo. [aθxe'tiβo] [aðxe'tiβo] *m. Ling.* Palavra que acompanha um substantivo qualificando-o ou determinando-o. ▸ Adjetivo.

ad.jun.tar. [aθxun'tar] [aðxun'tar] *v.4.* Enviar junto, pôr junto. Anexar. ▸ Juntar.

ad.jun.to, ta. [aθ'xunto] [að'xunto] *adj.* **1.** Que vai ou está unido com outra coisa. Adjunto. ▸ Anexo. *¿Recibiste la carta adjunta al mensaje electrónico que te envié?* Você recebeu a carta anexa ao *e-mail* que lhe mandei? **2.** Que acompanha outro como auxiliar. ▸ Adjunto. *m.* **3.** *Ling.* Termo que modifica o significado da palavra que complementa. ▸ Adjunto.

ad.mi.nis.tra.ción. [aθministra'θjon] [aðministra'sjon] *f.* Ato de administrar. ▸ Administração.

ad.mi.nis.tra.dor, do.ra. [aθministra'ðor] [aðminihtra'ðor] *adj.* **1.** Que administra. ▸ Administrador. *s.* **2.** Profissional responsável pelas tarefas administrativas. ▸ Administrador.

ad.mi.nis.trar. [aθminis'trar] [aðminih'trar] *v.4.* **1.** Gerir negócios públicos ou particulares. ▸ Administrar. **2.** *Fin.* Ordenar, dispor, organizar finanças, pôr junto. ▸ Administrar. **3.** Dar, ministrar, aplicar medicamentos. ▸ Administrar.

ad.mi.ra.ción. [aθmira'θjon] [aðmira'sjon] *f.* Ato de admirar. ▸ Admiração.

ad.mi.rar. [aθmi'rar] [aðmi'rar] *v.4.* **1.** Considerar com muita estima uma pessoa ou coisa. ▸ Admirar. *v.p.* **2.** Experimentar surpresa diante de alguma coisa inesperada. Espantar-se. ▸ Admirar-se.

ad.mi.si.ble. [aθmi'siβle] [aðmi'siβle] *adj.* Que se pode admitir. ▸ Admissível.

ad.mi.sión. [aθmi'sjon] [aðmi'sjon] *f.* Ato ou efeito de admitir. ▸ Admissão.

ad.mi.tir. [aθmi'tir] [aðmi'tir] *v.6.* Deixar acontecer. Aceitar. ▸ Admitir.

a.do.bar. [aðo'βar] [aðo'βar] *v.4. Cul.* Preparar alimentos com temperos. ▸ Temperar.

a.do.be. [a'ðoβe] [a'ðoβe] *m.* Tijolo não cozido. ▸ Adobe.

a.do.bo. [a'ðoβo] [a'ðoβo] *m. Cul.* Ingredientes adicionados ao alimento para realçar o sabor, tempero.

a.do.le.cer. [aðole'θer] [aðole'ser] *v.24.* Ver *enfermar*. ▸ Adoecer.

a.do.les.cen.cia. [aðoles'θenθja] [aðoleh'sensja] *f.* Período da vida de um indivíduo, que sucede a infância e precede a fase adulta. ▸ Adolescência.

a.do.les.cen.te. [aðoles'θente] [aðoleh'sente] *adj.* Que está na adolescência. ▸ Adolescente. *U.t.c.com.*

a.don.de. [a'ðonde] [a'ðonde] *adv.* **1.** Indica lugar de destino. Para onde. ▸ Aonde. **2.** Forma interrogativa e exclamativa de *adonde*. ▸ Aonde. *¿Adónde va ella con todas aquellas valijas?* Aonde ela vai com todas aquelas malas?

a.dop.ción. [aðop'θjon] [aðop'sjon] *f.* **1.** Ato de seguir, preferir ou escolher uma ideia, uma moda, uma doutrina ou um pensamento. ▸ Adoção. *Con la adopción de las nuevas reglas de tránsito, hemos disminuido los accidentes.* Com a adoção das novas regras de trânsito, diminuímos os acidentes. *m.* **2.** Ato de receber legalmente dentro de uma família a um filho ou filha não biológico. ▸ Adoção.

a.dop.tar. [aðop'tar] [aðop'tar] *v.4.* **1.** *Dir.* Aceitar legalmente como filho. ▸ Adotar. **2.** Tomar por seus os critérios ou costumes alheios. ▸ Adotar.

a.do.quín. [aðo'kin] [aðo'kin] *m.* Pedra de forma retangular usada na pavimentação de ruas, estradas, etc. ▸ Paralelepípedo.

a.do.qui.nar. [aðoki'nar] [aðoki'nar] *v.4.* Calçar as ruas com paralelepípedos. ▸ Empedrar.

a.do.rar. [aðo'rar] [aðo'rar] *v.4.* **1.** *Rel.* Reverenciar o que se considera divino. ▸ Adorar. **2.** Ter veneração por uma pessoa ou coisa. ▸ Adorar. **3.** Gostar muitíssimo. ▸ Adorar.

a.dor.me.cer. [aðorme'θer] [aðorme'ser] *v.24.* **1.** Causar sono. ▸ Adormecer. **2.** *fig.*

Proporcionar calma. Sossegar. ▸ Acalmar. **3.** Render-se ao sono. ▸ Adormecer. **4.** *fig.* Perder a sensibilidade. ▸ Desfalecer.

a.dor.nar. [aðor'nar] [aðor'naɾ] *v.4.* Modificar ou melhorar a aparência com enfeites. Enfeitar. ▸ Adornar.

a.dor.no. [a'ðorno] [a'ðorno] *m.* Ver *aderezo*⁽²⁾. Enfeite. ▸ Adorno.

ad.qui.rir. [aθki'rir] [aðki'riɾ] *v.20.* **1.** Conseguir com méritos próprios. Obter, conquistar. ▸ Adquirir. **2.** Conseguir com dinheiro. Comprar. ▸ Adquirir.

ad.qui.si.ción. [aθkisi'θjon] [aðkisi'sjon] *f.* Ato de adquirir. ▸ Aquisição.

a.dre.de. [a'ðreðe] [a'ðreðe] *adv.* Com premeditada intenção, de propósito. ▸ Intencionalmente.

ADSL. ['a'ðe'ese'ele] ['a'ðe'ese'ele] *f. Inform.* Sistema digital que permite transferir dados em alta velocidade através de linhas telefônicas. A sigla em inglês significa "Linha Digital Assimétrica para Assinante". ▸ ADSL.

a.dua.na. [a'ðwana] [a'ðwana] *f.* Repartição pública encarregada de vistoriar e cobrar taxas por bagagens e mercadorias em trânsito. Alfândega. ▸ Aduana.

a.dua.ne.ro, ra. [aðwa'nero] [aðwa'nero] *adj.* Relativo à aduana. Alfandegário. ▸ Aduaneiro.

a.du.cir. [aðu'θir] [aðu'sir] *v.37.* Apresentar ou alegar provas ou razões. ▸ Aduzir, alegar.

a.due.ñar. [aðwe'ɲar] [aðwe'ɲaɾ] *v.4. v.p.* Tomar posse. ▸ Apossar-se. *Se adueñó de la finca a despecho de los otros herederos.* Apossou-se da fazenda a despeito dos outros herdeiros.

a.du.la.ción. [aðula'θjon] [aðula'sjon] *f.* Ato ou efeito de adular. ▸ Adulação.

a.du.lar. [aðu'lar] [aðu'laɾ] *v.4.* Agradar alguém demasiadamente com algum objetivo. ▸ Adular, bajular.

a.du.lón, lo.na. [aðu'lon] [aðu'lon] *adj.* Que adula servilmente. ▸ Bajulador. *U.t.c.s.*

a.dul.te.rar. [aðulte'rar] [aðulte'raɾ] *v.4. fig.* Alterar a composição de. ▸ Adulterar.

a.dul.te.rio. [aðul'terjo] [aðul'terjo] *m.* Infidelidade conjugal. ▸ Adultério.

a.dul.to, ta. [a'ðulto] [a'ðulto] *adj.* **1.** Que atingiu total crescimento ou desenvolvimento. ▸ Adulto. *s.* **2.** Pessoa que está na fase adulta da vida. ▸ Adulto.

ad.ve.ni.mien.to. [aθβeni'mjento] [aðβeni'mjento] *m.* Surgimento ou chegada especialmente surpreendentes. ▸ Advento.

ad.ver.bio. [aθ'βerβjo] [að'βerβjo] *m. Ling.* Palavra invariável que acompanha um verbo, um adjetivo ou outro advérbio modificando-o e exprimindo circunstância de tempo, lugar, modo, ou outra. ▸ Advérbio.

ad.ver.sa.rio, ria. [aθβer'sarjo] [aðβer'sarjo] *s.* Pessoa em relação a outra à qual se opõe ou com quem luta. Rival. Inimigo. ▸ Adversário.

ad.ver.so, sa. [aθ'βerso] [að'βerso] *adj.* Que apresenta contrariedade. Desfavorável. ▸ Adverso.

ad.ver.ten.cia. [aθβer'tenθia] [aðβer'tensia] *f.* Ato ou efeito de advertir. Aviso. ▸ Advertência.

ad.ver.tir. [aθβer'tir] [aðβer'tiɾ] *v.20.* **1.** Concentrar a atenção em. Observar. ▸ Advertir. **2.** Dar-se conta de. Perceber. ▸ Advertir. **3.** Fazer notar. Avisar. ▸ Advertir.

a.é.re.o, a. [a'ereo] [a'ereo] *adj.* Pertencente ou relativo ao ar. ▸ Aéreo.

a.e.ro.náu.ti.ca. [aero'nautika] [aero'nautika] *f.* Atividade relativa à navegação aérea. ▸ Aeronáutica.

a.e.ro.náu.ti.co, ca. [aero'nautiko] [aero'nautiko] *adj.* Pertencente ou relativo à aeronáutica. ▸ Aeronáutico.

a.e.ro.na.ve. [aero'naβe] [aero'naβe] *f.* Veículo para transporte aéreo. ▸ Aeronave.

a.e.ro.pla.no. [aero'plano] [aero'plano] *m.* Veículo utilizado para viajar pelo ar, aeroplano. ➡ *Transporte*

a.e.ro.puer.to. [aero'pwerto] [aero'pwerto] *m.* Lugar com instalações para receber passageiros, carga e tem pista para pousos e decolagens de aviões. ▸ Aeroporto.

a.e.ro.sol. [aero'sol] [aero'sol] *m.* **1.** Suspensão de certas partículas no ar. ▸ Aerossol. **2.** Líquido que se lança em forma de aerossol e o recipiente que o mantém sob pressão. ▸ Aerossol.

a.fa.ble. [a'faβle] [a'faβle] *adj.* Que é muito educado e de trato agradável. ▸ Afável.

a.fa.ma.do, da. [afa'maðo] [afa'maðo] *adj.* Que tem fama. Célebre. ▸ Famoso.

a.fán. [a'fan] [a'fan] *m.* Desejo intenso. Ânsia, empenho. ▸ Afã. *Corrió mucho con el afán de alcanzarlo.* Correu muito no afã de alcançá-lo.

a.fa.nar. [afa'nar] [afa'naɾ] *v.4.* Dedicar-se ao trabalho com bastante empenho. ▸ Afanar.

a.fec.ción. [afek'θjon] [afek'sjon] f. **1.** Sentimento de carinho ou amizade. ▸ Afeição. **2.** *Med.* Afecção.

a.fec.ta.ción. [afekta'θjon] [afekta'sjon] f. Falta de naturalidade, pedantismo. ▸ Afetação.

a.fec.tar. [afek'tar] [afek'tar] v.4. **1.** Provocar um efeito negativo. Atingir. ▸ Afetar. *Un incendio forestal afectó la plantación.* Um incêndio florestal afetou a plantação. **2.** Fingir, aparentar.

a.fec.to, ta. [a'fekto] [a'fekto] adj. **1.** Que apresenta propensão ou inclinação a coisa ou pessoa, dado a. ▸ Afeiçoado. m. **2.** Ver *afección*. ▸ Afeto.

a.fec.tuo.so, sa. [afek'twoso] [afek'twoso] adj. Que sente ou expressa afeto, carinho, amor. ▸ Afetuoso.

a.fei.tar. [afej'tar] [afej'tar] v.4. Raspar a barba, o bigode ou o pelo. ▸ Barbear. *U.t.c.v.p.* ◆ **Lámina / Hoja de afeitar.** Lâmina de barbear.

a.fe.rrar. [afe'rar] [afe'rar] v.4. Agarrar(-se) fortemente. ▸ Aferrar. *U.t.c.v.p.*

af.ga.no, na. [af'ɣano] [af'ɣano] adj. **1.** Pertencente ou relativo ao Afeganistão. ▸ Afegão ou afegano. s. **2.** O natural ou habitante do Afeganistão. ▸ Afegão ou afegano.

a.fian.zar. [afjan'θar] [afjan'sar] v.13. **1.** Ser fiador de. ▸ Afiançar. *Afiancé a mi hermano.* Fui fiador de meu irmão. **2.** Tornar firme. ▸ Firmar. **3.** Dar certeza de. ▸ Assegurar.

a.fi.che. [a'fitʃe] [a'fitʃe] m. (*Amér.*) Ver *cartel*. ▸ Cartaz.

a.fi.ción. [afi'θjon] [afi'sjon] f. Ato ou efeito de inclinar(-se) a algo ou alguém. ▸ Inclinação.

a.fi.cio.na.do, da. [afiθjo'naðo] [aficjo'naðo] adj. **1.** Que demonstra simpatia por. Adepto. ▸ Aficionado. **2.** Fã. *Aficionado al rock.* Fã de rock. **3.** Amador (esporte, arte). *Es un cantor aficionado.* É um cantor amador.

a.fi.cio.nar. [afiθjo'nar] [aficjo'nar] v.4. **1.** Desenvolver o gosto por uma atividade. ▸ Inclinar-se. **2.** Desenvolver amor ou grande afeto por uma pessoa. ▸ Inclinar-se.

a.fi.lar. [afi'lar] [afi'lar] v.4. Dar gume a, amolar, aguçar. ▸ Afiar.

a.fi.liar. [afi'ljar] [afi'ljar] v.4. Passar a fazer parte de um grupo, partido, agremiação, etc. ▸ Filiar, afiliar. *U.t.c.v.p.*

a.fín. [a'fin] [a'fin] adj. **1.** Que tem afinidade. ▸ Afim. *com.* **2.** Parente por afinidade. ▸ Afim.

a.fi.nar. [afi'nar] [afi'nar] v.4. **1.** Dar os últimos retoques. ▸ Afinar. **2.** *Mús.* Pôr no tom justo e harmonizar instrumentos musicais. ▸ Afinar.

a.fi.ni.dad. [afini'ðað] [afiniðað] f. **1.** Proximidade, semelhança ou analogia entre duas coisas. ▸ Afinidade. **2.** Relação de parentesco que se estabelece entre os familiares de pessoas que contraíram matrimônio. Afinidade. ▸ Parentesco. **3.** Convergência de personalidades, preferências, opiniões, de duas ou mais pessoas. Simpatia. ▸ Afinidade.

a.fir.ma.ción. [afirma'θjon] [afirma'sjon] f. **1.** Ato ou efeito de afirmar. ▸ Afirmação. **2.** *Ling.* Frase que expressa asserção ou veicula informação. ▸ Afirmação.

a.fir.mar. [afir'mar] [afir'mar] v.4. **1.** Tornar firme. ▸ Afirmar. **2.** Dar certeza de. ▸ Assegurar.

a.flic.ción. [aflik'θjon] [aflik'sjon] f. Sensação de angústia, preocupação ou sofrimento físico. ▸ Aflição.

a.fli.gi.do, da. [afli'xiðo] [afli'xiðo] adj. Que sofre aflição. ▸ Aflito.

a.fli.gir. [afli'xir] [afli'xir] v.61. p.p. reg. *afligido.* Causar angústia, preocupação ou sofrimento físico. ▸ Afligir.

a.flo.jar. [aflo'xar] [aflo'xar] v.4. **1.** Diminuir a pressão ou a tensão. Desapertar. ▸ Afrouxar. **2.** *fig.* Retardar o movimento. ▸ Desacelerar.

a.fluen.te. [a'flwente] [a'flwente] adj. Diz-se do rio que deságua em outro. ▸ Afluente. *U.t.c.s.*

a.for.tu.na.da.men.te. [afortunaða'mente] [afortunaða'mente] adv. Por fortuna, por sorte. Felizmente. ▸ Afortunadamente.

a.for.tu.na.do, da. [afortu'naðo] [afortu'naðo] adj. Ver *feliz*. ▸ Afortunado, felizardo.

a.fren.ta. [a'frenta] [a'frenta] f. Vergonha que resulta de injúria ou fato injurioso. Ultraje, agressão. ▸ Afronta.

a.fron.tar. [afron'tar] [afron'tar] v.4. **1.** Colocar frente a frente. ▸ Confrontar. **2.** Enfrentar.

a.fue.ra. [a'fwera] [a'fwera] adv. **1.** Na parte externa ou em direção a ela. ▸ (Para) Fora. *Vamos afuera a ver jugar (a) los niños.* Vamos para fora ver as crianças brincarem. *f.pl.* **2.** Imediações de um ponto. ▸ Arredores. *Vivimos en las afueras del pueblo.* Moramos nas imediações da cidade.

a.ga.char. [aɣa'tʃar] [aɣa'tʃar] *v.4.* **1.** Inclinar para baixo ou abaixar uma parte do corpo. ▸ Abaixar. *v.p.* **2.** Abaixar e dobrar o corpo em direção ao solo. Encolher-se. ▸ Agachar-se.

a.ga.lla. [a'ɣaʎa] [a'ɣaʃa] *f. Anat.* Estrutura do órgão respiratório dos peixes, de muitos moluscos e crustáceos. ▸ Guelra. *pl.* Coragem, valentia

a.ga.rra.da. [aɣa'raða] [aɣa'raða] *f. fam.* Briga, discussão ou rixa. ▸ Fuzuê.

a.ga.rra.do, da. [aɣa'raðo] [aɣa'raðo] *adj.* **1.** Que não está solto. ▸ Preso. **2.** *fig.* e *fam.* Que tem apego excessivo ao dinheiro. ▸ Avarento.

a.ga.rrar. [aɣa'rar] [aɣa'rar] *v.4.* **1.** Segurar com força. ▸ Agarrar. *Agárralo que no se escape.* Agarre-o para que não fuja. **2.** Segurar-se com força a algo. ▸ Agarrar-se. **3.** Contrair doença. ▸ Pegar. *Agarró una pulmonía.* Pegou uma pneumonia. **4.** (*Amér.*) Tomar uma direção. ▸ Pegar. *Agarre la primera calle a la derecha.* Pegue a primeira rua à direita.

a.ga.sa.jar. [aɣasa'xar] [aɣasa'xar] *v.4.* Dar acolhida. ▸ Acolher.

❑ **a.ga.sa.jo.** [aɣa'saxo] [aɣa'saxo] *m.* **1.** Recepção carinhosa e festiva. ▸ Acolhimento. **2.** Presente dado como forma de afeto. ▸ Presente, brinde.

a.gen.cia. [a'xenθja] [a'xensja] *f.* **1.** Escritório no qual se tratam negócios. ▸ Agência. **2.** Firma que presta determinados serviços. ▸ Agência. ◆ **Agencia de publicidad.** Agência de propaganda. **Agencia de viajes.** Agência de viagens.

a.gen.da. [a'xenda] [a'xenda] *f.* **1.** Caderneta ou registro para anotação e controle de compromissos, encontros, telefones, etc. ▸ Agenda. **2.** Relação de assuntos a serem tratados em uma reunião. ▸ Pauta.

a.gen.te. [a'xente] [a'xente] *adj.* Que age. ▸ Agente.

a.gi.gan.ta.do, da. [axiɣan'taðo] [axiɣan'taðo] *adj.* Que excede o regular em proporções. Gigante, engrandecido. ▸ Agigantado.

a.gi.li.zar. [axili'θar] [axili'sar] *v.13.* Tornar ágil e fácil o desenvolvimento de algo. ▸ Agilizar.

a.gi.ta.ción. [axita'θjon] [axita'sjon] *f.* Ato ou efeito de agitar-se. ▸ Agitação.

a.gi.tar. [axi'tar] [axi'tar] *v.4.* **1.** Movimentar com violência e rapidez. Sacudir. ▸ Agitar. **2.** *fig.* Causar perturbação, inquietação. ▸ Agitar.

a.glo.me.ra.ción. [aɣlomera'θjon] [aɣlomera'sjon] *f.* Ato ou efeito de aglomerar. ▸ Aglomeração.

a.glo.me.rar. [aɣlome'rar] [aɣlome'rar] *v.4.* Amontoar ou reunir coisas ou pessoas. ▸ Aglomerar.

a.go.bia.do, da. [aɣo'βjaðo] [aɣo'βjaðo] *adj.* **1.** Que demonstra abatimento. Estafado. ▸ Cansado. **2.** Que padece por excessiva carga moral ou física. Exausto. ▸ Angustiado.

a.go.biar. [aɣo'βjar] [aɣo'βjar] *v.4.* Causar sofrimento, angústia. ▸ Afligir.

a.go.bio. [a'ɣoβjo] [a'ɣoβjo] *m.* **1.** Esgotamento das forças. ▸ Exaustão. **2.** *fig.* Opressão moral. ▸ Angústia.

a.go.ní.a. [aɣo'nia] [aɣo'nia] *f.* **1.** Estado daquele que está prestes a morrer. ▸ Agonia. **2.** Sofrimento extremo. ▸ Agonia.

a.go.ni.zar. [aɣoni'θar] [aɣoni'sar] *v.13.* **1.** Estar prestes a morrer. ▸ Agonizar. **2.** Sofrer ao extremo. ▸ Agonizar.

a.gos.to. [a'ɣosto] [a'ɣohto] *m.* O oitavo mês do ano. ▸ Agosto. ◆ **Hacer el agosto.** Sair ganhando. ▸ Levar vantagem.

a.go.ta.mien.to. [aɣota'mjento] [aɣota'mjento] *m.* Ver *agobio*⁽¹⁾. ▸ Exaustão. Esgotamento.

a.go.tar. [aɣo'tar] [aɣo'tar] *v.4.* **1.** Consumir totalmente. ▸ Esgotar. **2.** *fig.* Consumir todas as forças. Extenuar. ▸ Esgotar.

a.gra.da.ble. [aɣra'ðaβle] [aɣra'ðaβle] *adj.* Que produz agrado. ▸ Agradável.

a.gra.dar. [aɣra'ðar] [aɣra'ðar] *v.4.* Produzir agrado, satisfação, contentamento. ▸ Agradar.

a.gra.de.cer. [aɣraðe'θer] [aɣraðe'ser] *v.24.* Mostrar gratidão. ▸ Agradecer.

a.gra.de.ci.mien.to. [aɣraðeθi'mjento] [aɣraðesi'mjento] *m.* Ato de agradecer. ▸ Agradecimento.

Agradecimientos

A: (Muchas) Gracias.
B: De nada. / No hay de qué. / Merecido.

---

a.gra.do. [a'ɣraðo] [a'ɣraðo] *m.* Sentimento positivo e de conforto. ▸ Agrado.

a.gran.dar. [aɣranˈdar] [aɣranˈdar] v.4. Tornar maior alguma coisa. Ampliar. ▸ Engrandecer.

a.gra.rio, ria. [aˈɣrarjo] [aˈɣrarjo] adj. Agr. Pertencente ou relativo ao campo e à agricultura. ▸ Agrário.

a.gra.var. [aɣraˈβar] [aɣraˈβar] v.4. Tornar mais pesado, mais grave. Piorar. ▸ Agravar.

a.gra.vio. [aˈɣraβjo] [aˈɣraβjo] m. **1.** Ofensa moral. ▸ Insulto. Agravo. **2.** Dano material. ▸ Prejuízo. ◆ **Deshacer agravios.** Tomar satisfações. Pedir retratação.

a.gre.dir. [aɣreˈðir] [aɣreˈðir] v.31. Atacar física ou moralmente. ▸ Agredir.

a.gre.ga.do, da. [aɣreˈɣaðo] [aɣreˈɣaðo] adj. **1.** Que recebeu acréscimo. ▸ Agregado. s. **2.** Funcionário de uma embaixada que exerce atividades diplomáticas relativas à área em que é especialista. ▸ Adido. m. **3.** Conjunto de partes homogêneas que formam um corpo. ▸ Agregado.

a.gre.gar. [aɣreˈɣar] [aɣreˈɣar] v.9. Unir pessoas ou coisas a outras. Acrescentar. ▸ Agregar.

a.gre.sión. [aɣreˈsjon] [aɣreˈsjon] f. **1.** Ato de agredir. ▸ Agressão. **2.** Ato contrário ao direito de outro. ▸ Agressão.

a.gre.si.vo, va. [aɣreˈsiβo] [aɣreˈsiβo] adj. Que agride. ▸ Agressivo.

a.grí.co.la. [aˈɣrikola] [aˈɣrikola] adj. Agr. Pertencente ou relativo à agricultura. ▸ Agrícola.

a.gri.cul.tor, to.ra. [aɣrikulˈtor] [aɣrikulˈtor] s. Pessoa que lavra a terra. ▸ Agricultor.

a.gri.cul.tu.ra. [aɣrikulˈtura] [aɣrikulˈtura] f. Atividade de cultivar os campos com fins de consumo. ▸ Agricultura.

a.grie.tar. [aɣrjeˈtar] [aɣrjeˈtar] v.4. Abrir fendas ou rachaduras. Fender. ▸ Rachar.

a.grio, gria. [ˈaɣrjo] [ˈaɣrjo] adj. **1.** Que produz sensação de acidez. Azedo. ▸ Ácido. **2.** fig. Que procede com mau humor. ▸ Azedo. ◆ **Mascar las agrias.** Reprimir, disfarçar o mau humor ou o desgosto.

a.gri.sa.do, da. [aɣriˈsaðo] [aɣriˈsaðo] adj. Que tende ao cinza. ▸ Acinzentado.

a.gro.no.mí.a. [aɣronoˈmia] [aɣronoˈmia] f. Ciência que estuda as condições da atividade agrícola. ▸ Agronomia.

a.gro.pe.cua.rio, ria. [aɣropeˈkwarjo] [aɣropeˈkwarjo] adj. Agr. Pertencente ou relativo à agricultura e à criação de gado. ▸ Agropecuário.

a.gru.pa.ción. [aɣrupaˈθjon] [aɣrupaˈsjon] f. Conjunto de pessoas ou coisas agrupadas. ▸ Agrupamento.

a.gru.par. [aɣruˈpar] [aɣruˈpar] v.4. Reunir em grupo. ▸ Agrupar.

a.gua. [ˈaɣwa] [ˈaɣwa] f. Líquido insípido, incolor e inodoro que cobre a maior parte da superfície da Terra e se encontra em todos os seres vivos. ▸ Água. ◆ **Agua de borrajas.** Coisa sem importância, que não tem efeito. **Al agua patos.** Indica decisão que põe fim a uma discussão. **Como agua.** Em abundância. **Estar entre dos aguas.** Estar em dúvida. **Hacerse la boca agua.** Dar água na boca. **Sacar agua de las piedras.** Tirar leite de pedra. **Tan claro como el agua.** Cristalino como água.

a.gua.ca.te. [aɣwaˈkate] [aɣwaˈkate] m. Bot. Fruto do abacateiro. ▸ Abacate. ➨ *Frutas*

a.gua.ce.ro. [aɣwaˈθero] [aɣwaˈsero] m. Chuva forte e intensa. ▸ Aguaceiro. ➨ *Clima*

a.gua.do, da. [aˈɣwaðo] [aˈɣwaðo] adj. Que recebeu água em sua composição. ▸ Aguado.

a.gua.fies.tas. [aɣwaˈfjestas] [aɣwaˈfjehtas] com. Pessoa que perturba o divertimento dos outros. ▸ Desmancha-prazeres.

a.guan.tar. [aɣwanˈtar] [aɣwanˈtar] v.4. **1.** Não deixar cair, sustentar. ▸ Aguentar. **2.** Suportar pessoa ou situação desagradável. ▸ Aturar. *No aguanto más sus tonterías.* Não aturo mais as besteiras dele. v.p. **3.** Manter-se sem reação. ▸ Aguentar-se. **4.** Não sucumbir. Resistir. ▸ Suportar.

a.guan.te. [aˈɣwante] [aˈɣwante] m. **1.** Manutenção da tolerância. ▸ Resistência. **2.** Vigor para realizar certas atividades. ▸ Disposição.

a.guar. [aˈɣwar] [aˈɣwar] v.14. Adicionar água a outro líquido. ▸ Aguar. *Algunos taberneros aguan el vino para ganar más.* Alguns taverneiros adicionam água ao vinho para ganhar mais.

a.guar.dar. [aɣwarˈðar] [aɣwarˈðar] v.4. Estar à espera de. Esperar. ▸ Aguardar.

a.guar.dien.te. [aɣwarˈðjente] [aɣwarˈðjente] m. Bebida alcoólica resultante da destilação de frutos, raízes ou cereais. Cachaça, cana. ▸ Aguardente.

a.gu.di.zar. [aɣuðiˈθar] [aɣuðiˈsar] *v.13.* **1.** Tornar agudo. ▸ Aguçar. *v.p.* **2.** Piorar uma doença ou situação. ▸ Agravar-se.

a.gu.do, da. [aˈɣuðo] [aˈɣuðo] *adj.* **1.** Que tem ponta afiada. ▸ Pontiagudo. **2.** *fig.* Que procede com perspicácia. ▸ Perspicaz. **3.** *fig.* Diz-se de dor forte e intensa. ▸ Agudo. **4.** *Ling.* Diz-se de palavra oxítona. ▸ Agudo.

a.güe.ro. [aˈɣwero] [aˈɣwero] *m.* **1.** Presságio ou sinal de coisa futura. ▸ Agouro. **2.** A interpretação positiva ou negativa disso. ▸ Agouro.

a.gui.jón. [aɣiˈxon] [aɣiˈxon] *m.* **1.** Ponta de ferro da aguilhada. ▸ Aguilhada. **2.** *Anat.* Dardo retrátil dos insetos. ▸ Ferrão.

á.gui.la. [ˈaɣila] [ˈaɣila] *f. Zool.* Ave de rapina grande e forte. ▸ Águia. **2.** *fig.* Pessoa esperta, muito capaz. ▸ Fera. *Es un águila en gramática.* É fera em gramática.

a.gui.le.ño, ña. [aɣiˈleɲo] [aɣiˈleɲo] *adj.* Ver *aquilino.* ▸ Aquilino.

a.gui.nal.do. [aɣiˈnaldo] [aɣiˈnaldo] *m.* **1.** Salário adicional que é pago uma vez a cada ano. ▸ Décimo terceiro salário. **2.** Presente ou pequena quantidade de dinheiro que se dá no fim do ano em razão do Natal. **3.** Cantiga que se canta no Natal. ▸ Canção natalina.

a.gu.ja. [aˈɣuxa] [aˈɣuxa] *f.* **1.** Haste pequena de aço que se usa para costurar. ▸ Agulha. **2.** Ponteiro de relógio. **3.** Pequena barra imantada da bússola que indica o norte. ▸ Agulha. ◆ **Buscar una aguja en un pajar.** Procurar agulha em um palheiro.

a.gu.je.re.ar. [aɣuxereˈar] [aɣuxereˈar] *v.4.* **1.** Fazer buracos em algo, esburacar. *Los niños han agujereado todo el jardín.* As crianças esburacaram todo o jardim. **2.** Fazer furos. Perfurar.

a.gu.je.ro. [aɣuˈxero] [aɣuˈxero] *m.* Buraco artificial ou não. Orifício. ▸ Furo.

a.gu.zar. [aɣuˈθar] [aɣuˈsar] *v.13.* **1.** Tornar pontiagudo. ▸ Aguçar. **2.** *fig.* Despertar interesse ou dar estímulo. ▸ Aguçar.

ah. [a] [a] *interj.* Indica dó, surpresa ou admiração. ▸ Ah.

a.hí. [aˈi] [aˈi] *adv.* Nesse lugar ou a esse lugar. ▸ Aí. *Ahí se sienta Marcelo.* Aí quem senta é o Marcelo. ◆ **De ahí.** Daí. *De ahí se deduce que la mentira tiene piernas cortas.* Daí se deduz que a mentira tem pernas curtas. **Por ahí.** Em lugar indeterminado ou afastado. *¿Los niños? Están por ahí jugando.* E as crianças? Estão por aí brincando. **Ahí mismo.** Logo ali. Muito perto.

a.hi.ja.do, da. [aiˈxaðo] [aiˈxaðo] *s.* Pessoa em relação a seus padrinhos de batismo. ▸ Afilhado.

a.hín.co. [aˈinko] [aˈinko] *m.* Tenacidade com que se solicita alguma coisa. Empenho. ▸ Afinco.

a.ho.gar. [aoˈɣar] [aoˈɣar] *v.9.* **1.** Impedir a respiração, matar por asfixia. ▸ Afogar. **2.** Extinguir o fogo com água ou outra matéria. ▸ Abafar. *v.p.* **3.** Morrer afogado. ▸ Afogar-se. ◆ **Ahogarse en un vaso de agua.** Angustiar-se ou desesperar-se sem motivo. Fazer tempestade em um copo-d'água.

a.ho.go. [aˈoɣo] [aˈoɣo] *m.* **1.** Dificuldade para respirar, afogamento. ▸ Sufoco. **2.** *fig.* Situação difícil e desagradável. ▸ Aperto.

a.hon.dar. [aonˈdar] [aonˈdar] *v.4.* **1.** Fazer ou aumentar em profundidade um buraco na terra. ▸ Aprofundar. **2.** Aumentar a profundidade na água. ▸ Afundar. **3.** *fig.* Examinar mais detidamente. ▸ Aprofundar. *Antes de dar su opinión, prefirió ahondar el estudio del tema.* Antes de dar sua opinião, preferiu aprofundar o estudo do tema.

a.ho.ra. [aˈora] [aˈora] *adv.* **1.** Nesta hora, neste momento. Já. ▸ Agora. **2.** Nos tempos atuais. ▸ Agora. **3.** *fig.* Há pouco tempo, agora mesmo. ▸ Agora. *U.t. fam. a.ho.ri.ta. Me lo han dicho ahora.* Contaram-me agora. ◆ **Ahora bien.** Isto posto. **Ahora mismo.** Já. **Por ahora.** Por enquanto.

a.hor.car. [aorˈkar] [aorˈkar] *v.7.* Provocar estrangulamento. ▸ Enforcar.

a.ho.rrar. [aoˈrar] [aoˈrar] *v.4.* **1.** Guardar dinheiro como previsão. Economizar. ▸ Poupar. *Es sabio ahorrar para no verse en la miseria.* É sábio poupar para não ficar na miséria. **2.** *fig.* Buscar livrar-se de. ▸ Evitar. *En esos días hay que ahorrar riesgos innecesarios.* Nos dias de hoje, é preciso evitar riscos desnecessários.

a.ho.rro. [aˈoro] [aˈoro] *m.* **1.** Ato de poupar. ▸ Poupança. **2.** Quantidade poupada. ▸ Poupança. ◆ **Caja de ahorros.** Caixa econômica. **Libreta de ahorro.** Caderneta de poupança.

a.hue.car. [aweˈkar] [aweˈkar] *v.7.* Formar um buraco, tornando oco. ▸ Escavar.

a.hu.ma.do, da. [auˈmaðo] [auˈmaðo] *adj.* **1.** Diz-se do vidro escurecido. ▸ Fumê. **2.** Diz-se dos alimentos, especialmente peixes, expostos à fumaça para diminuir sua umidade.

▸ Defumado. ◆ **Jamón ahumado.** Presunto defumado.

a.hu.yen.tar. [auʝen'tar] [auʃen'tar] *v.4.* Fazer fugir, afastar, repelir. ▸ Afugentar.

ai.re. ['aɪre] ['aɪɾe] *m.* **1.** A atmosfera terrestre. ▸ Ar. **2.** O ar em movimento. ▸ Vento. **3.** *fig.* A aparência de uma pessoa. ▸ Ar. *Tiene un aire triste.* Tem um ar triste. ◆ **Aire acondicionado.** Ar-condicionado. **Al aire libre.** Ao ar livre. **Al aire de.** Como (alguém) bem entender. **Cambiar de aires.** Mudar de ares. **Vivir del aire.** Viver sem recursos econômicos. ▸ Viver de brisa. **Hacer castillos en el aire.** Fazer castelos no ar. **Tomar el aire.** Dar uma volta. **Tener un aire de.** Ser parecido com, ter um jeito de.

ai.re.ar. [aɪɾe'ar] [aɪɾe'aɾ] *v.4.* Pôr ao ar alguma coisa para secar ou tirar a umidade. ▸ Arejar. *Es conveniente airear la ropa de los armarios después del invierno.* Convém arejar as roupas dos armários após o inverno.

a.is.la.mien.to. [aisla'mjento] [aihla'mjento] *m.* **1.** Ato ou efeito de afastar, separar. ▸ Isolamento. **2.** Estado de incomunicável. ▸ Isolamento. **3.** *Fís.* Interrupção do efeito de uma corrente elétrica. ▸ Isolamento.

a.is.lan.te. [ais'lante] [aih'lante] *adj.* **1.** Que isola. ▸ Isolante. *s.* **2.** Produto que tem alguma propriedade isolante: térmica, elétrica, acústica ou os vários tipos de ondas. ▸ Isolante. ◆ **Cinta aislante.** Fita isolante.

a.is.lar. [ais'lar] [aih'laɾ] *v.4.* **1.** Deixar sem meios de comunicar-se. ▸ Isolar. *v.p.* **2.** Evitar comunicação. Retrair-se. ▸ Isolar-se.

a.já. [a'xa] [a'xa] *interj.* Expressa aprovação. Certo. ▸ Tudo bem.

a.jar. [a'xar] [a'xaɾ] *v.4.* **1.** Causar dano. ▸ Estragar. *U.t.c.v.p.* **2.** *fig.* Tratar mal. ▸ Ultrajar.

a.je.drez. [axe'ðreθ] [axe'ðɾes] *m.* **1.** Jogo em que duas pessoas movimentam, cada uma, 16 peças com diferentes nomes sobre um tabuleiro quadriculado eliminando as peças do adversário. ▸ Xadrez. **2.** Conjunto de peças para jogar xadrez. ▸ Xadrez. ◆ **Jugar al ajedrez.** Jogar xadrez. ➥ *Recreación*

a.je.no, na. [a'xeno] [a'xeno] *adj.* Que não é próprio. ▸ Alheio. *No codicies los bienes ajenos.* Não cobice os bens alheios.

a.je.trea.do, da. [axetre'aðo] [axetɾe'aðo] *adj.* Que acontece de forma turbulenta. ▸ Agitado.

a.je.tre.o. [axe'treo] [axe'tɾeo] *m.* Movimento intenso. Correria. ▸ Agitação. *El ajetreo de la ciudad a veces me da miedo.* A agitação da cidade às vezes me dá medo.

a.jí. [a'xi] [a'xi] *m. Bot. (Amér.)* **1.** Tipo de pimenta comprida. ▸ Pimenta. **2.** *Bot.* Ver *pimiento.* ▸ Pimentão.

a.jo. ['axo] ['axo] *m. Bot.* Bulbo de cheiro forte que se usa como tempero. ▸ Alho. ➥ *Vegetales*

a.jon.jo.lí. [axonxo'li] [axonxo'li] *m. Bot.* Tipo de planta herbácea cujo fruto contém pequenas sementes comestíveis. ▸ Gergelim.

a.juar. [a'xwar] [a'xwaɾ] *m.* **1.** Conjunto de roupas e outras peças que uma pessoa tem para uso. ▸ Guarda-roupa. **2.** Roupas e acessórios das noivas. ▸ Enxoval.

a.jus.tar. [axus'tar] [axuh'taɾ] *v.4.* **1.** Tornar algo adequado para determinado fim. ▸ Adaptar. **2.** Entrar em acordo. ▸ Combinar. ◆ **Ajustar las cuentas.** Acertar as contas.

a.jus.te. [a'xuste] [a'xuhte] *m.* Ato ou efeito de ajustar. ▸ Ajuste.

al. [al] [al] *contr. prep. a e art. el.* ▸ Ao. *El sábado voy al cine.* Sábado vou ao cinema.

a.la. ['ala] ['ala] *f.* **1.** Asa de ave ou de avião. ▸ Asa. *El pájaro se hirió el ala.* O pássaro machucou a asa. **2.** Parte lateral de objeto ou terreno. Lateral. ▸ Ala. **3.** Borda revirada do chapéu. ▸ Aba. ◆ **Ala delta.** Asa-delta. **Arrastrar el ala.** Paquerar. *Juan arrastra el ala por María, pero ella no le hace caso.* João fica paquerando a Maria, mas ela nem "dá bola". **Cortar / Quebrantar / Quebrar las alas.** Cortar as asas. **Dar alas.** Dar asas. **Meterse bajo el ala (de alguien).** Buscar a proteção de alguém. ▸ Ficar debaixo da saia. ➥ *Deportes*

a.la.ban.za. [ala'βanθa] [ala'βansa] *f.* Ato de louvar, elogiar. ▸ Elogio. Louvor.

a.la.bar. [ala'βar] [ala'βaɾ] *v.4.* Elogiar, louvar. ▸ Louvar.

a.la.ce.na. [ala'θena] [ala'sena] *f.* Ver *armario empotrado.* ▸ Armário embutido.

a.la.crán. [ala'kran] [ala'kɾan] *m. Zool.* Ver *escorpión.* ▸ Escorpião. ➥ *Reino animal*

a.la.gar. [ala'ɣar] [ala'ɣaɾ] *v.9.* Encher de água, inundar, encharcar. ▸ Alagar.

a.lam.bi.que. [alam'bike] [alam'bike] *m.* Aparelho que serve para destilar líquidos. ▸ Alambique.

alambrado – alcance

a.lam.bra.do, da. [alam'braðo] [alam'braðo] *adj.* **1.** Cercado com arame. ▸ Alambrado. *m.* **2.** Cerca feita de arame. ▸ Alambrado.

a.lam.brar. [alam'braɾ] [alam'braɾ] *v.4.* Rodear um espaço ou lugar com arame, alambrar.

a.lam.bre. [a'lambɾe] [a'lambɾe] *m.* Fio de qualquer metal. ▸ Arame. ♦ **Alambre de púa / espino.** Arame farpado.

a.la.me.da. [ala'meða] [ala'meða] *f.* Rua arborizada dos dois lados. ▸ Alameda.

a.lar.de. [a'laɾðe] [a'laɾðe] *m.* **1.** Exibição luxuosa ou com orgulho. Ostentação. ▸ Alarde. **2.** *Mil.* Revista militar. ▸ Inspeção. ♦ **Hacer alarde de.** Fazer alarde de.

a.lar.de.ar. [alaɾðe'aɾ] [alaɾðe'aɾ] *v.4.* Fazer alarde. ▸ Alardear.

a.lar.gar. [alaɾ'ɣaɾ] [alaɾ'ɣaɾ] *v.9.* **1.** ▢ Dar mais comprimento. ▸ Prolongar. *Alargaron la carretera que lleva al interior.* Prolongaram a estrada que leva ao interior. **2.** ▢ Fazer chegar mais longe. Estirar. ▸ Alongar. **3.** Aumentar o tempo de duração. ▸ Prolongar. *Alargaremos en dos semanas nuestras vacaciones.* Prolongaremos por duas semanas nossas férias.

a.la.ri.do. [ala'ɾiðo] [ala'ɾiðo] *m.* **1.** Grito de guerra. **2.** Clamor de vozes, gritaria. ▸ Alarido. *Los soldados atacaron con alaridos.* Os soldados atacaram com alarido.

a.lar.ma. [a'laɾma] [a'laɾma] *f.* **1.** Sinal que se dá em caso de perigo. ▸ Alarme. **2.** *fig.* Alarme dado em razão de acontecimento repentino e perigoso. ▸ Rebate. ♦ **Dar la alarma.** Dar o alarme.

a.lar.mar. [alaɾ'maɾ] [alaɾ'maɾ] *v.4.* Dar o alarme. ▸ Alarmar.

al.ba. ['alβa] ['alβa] *f.* Ver *amanecer*[(2)]. Alvorada. ▸ Alba.

al.ba.ce.a. [alβa'θea] [alβa'sea] *com. Dir.* Pessoa encarregada de executar a última vontade do testador. ▸ Inventariante.

al.ba.ha.ca. [alβa'aka] [alβa'aka] *f. Bot.* Tipo de planta hortense, de folhas verdes usadas como condimento. Manjericão. ▸ Alfavaca.

al.ba.nés, ne.sa. [alβa'nes] [alβa'nes] *adj.* **1.** Pertencente ou relativo à Albânia. ▸ Albanês. *s.* **2.** O natural ou habitante da Albânia. ▸ Albanês.

al.ba.ñil. [alβa'ɲil] [alβa'ɲil] *m.* Operário de construção. ▸ Pedreiro.

al.ba.ñi.le.rí.a. [alβaɲile'ɾia] [alβaɲile'ɾia] *f.* Arte de construir edifícios. ▸ Alvenaria.

al.ba.ri.co.que. [alβaɾi'koke] [alβaɾi'koke] *m. Bot.* Fruto do abricoteiro. Damasco. ▸ Abricó. ➾ *Frutas*

al.ba.tros. [al'βatɾos] [al'βatɾos] *m. Zool.* Grande ave marinha voadora. ▸ Albatroz. *La blancura del albatros ha inspirado a muchos poetas.* A brancura do albatroz tem inspirado muitos poetas.

al.be.drí.o. [alβe'ðɾio] [alβe'ðɾio] *m.* Resolução dependente exclusivamente da vontade. ▸ Arbítrio. ♦ **Libre albedrío.** Livre-arbítrio.

al.ber.gar. [alβeɾ'ɣaɾ] [alβeɾ'ɣaɾ] *v.9.* Dar alojamento. ▸ Hospedar. *En el convento albergaron a los peregrinos.* No convento hospedaram os peregrinos.

al.ber.gue. [al'βeɾɣe] [al'βeɾɣe] *m.* **1.** Lugar que serve de refúgio ou alojamento. ▸ Abrigo, albergue. **2.** Estabelecimento comercial que oferece acomodações a turistas. Hospedaria. ▸ Pousada.

al.bón.di.ga. [al'βondiɣa] [al'βondiɣa] *f. Cul.* Bolinho de carne. ▸ Almôndega.

al.bo.ra.da. [alβo'ɾaða] [alβo'ɾaða] *f.* Período em que amanhece o dia. Aurora. ▸ Alvorada.

al.bor.noz. [alβoɾ'noθ] [alβoɾ'nos] *m.* Peça do vestuário, semelhante a uma túnica, que se usa após o banho, roupão.

al.bo.ro.tar. [alβoɾo'taɾ] [alβoɾo'taɾ] *v.4.* **1.** Causar inquietação. Agitar. ▸ Alvoroçar. **2.** Provocar motim, sublevação. ▸ Alvoroçar.

al.bo.ro.to. [alβo'ɾoto] [alβo'ɾoto] *m.* **1.** Agitação com barulho. ▸ Alvoroço. **2.** Tumulto desordenado. ▸ Motim.

▢ **al.bo.ro.zo.** [alβo'ɾoθo] [alβo'ɾoso] *m.* Grande alegria, espalhafato. ▸ Êxtase.

ál.bum. ['alβum] ['alβum] *m.* Livro para guardar fotografias e outras lembranças. ▸ Álbum.

al.ca.cho.fa. [alka'tʃofa] [alka'tʃofa] *f. Bot.* Planta hortense comestível. ▸ Alcachofra.

al.cal.de, de.sa. [al'kalde, desa] [al'kalde, desa] *s.* Primeira autoridade do município. ▸ Prefeito.

al.cal.dí.a. [alkal'dia] [alkal'dia] *f.* Cargo de prefeito; local no qual o prefeito exerce as suas funções. ▸ Prefeitura.

al.can.ce. [al'kanθe] [al'kanse] *m.* **1.** Capacidade de alcançar ou percorrer uma distância. ▸ Alcance. **2.** Distância máxima atingível pela vista ou pelo projétil de uma arma. ▸ Alcance. **3.** *fig.* Poder de transcendência, significação ou efeito de um acontecimento. ▸ Alcance. ◆ **Fuera de alcance.** Fora de alcance. **Noticias de último alcance.** Notícias de última hora.

al.can.ta.ri.lla. [alkantaˈriʎa] [alkantaˈriʃa] *f.* **1.** Abertura ou tubulação para escoamento de águas. ▸ Bueiro. **2.** Canalização subterrânea construída para dar vazão e conduzir águas pluviais ou sujas. ▸ Esgoto.

al.can.ta.ri.lla.do. [alkantariˈʎaðo] [alkantariˈʃaðo] *m.* Conjunto de canalizações e tubulações destinadas ao escoamento de águas pluviais ou sujas. ▸ Rede de esgotos.

al.can.zar. [alkanˈθar] [alkanˈsar] *v.13.* **1.** Eliminar a distância entre si e um ponto ou coisa. ▸ Alcançar. **2.** Pegar algo que está ao alcance das mãos e passar para alguém. ▸ Passar. *¿Me alcanzas ese libro?* Pode me passar esse livro? **3.** *fig.* Conseguir o que se pretende. Atingir. ▸ Alcançar. *Ya alcancé mi objetivo.* Já atingi meu objetivo.

al.ca.pa.rra. [alkaˈpara] [alkaˈpara] *f. Bot.* Planta hortense de fruto comestível. ▸ Alcaparra.

al.co.hol. [alkoˈol] [alkoˈol] *m. Quím.* Substância líquida destilada, utilizada como combustível, em bebidas, como desinfetante, etc. ▸ Álcool.

al.co.hó.li.co, ca. [alkoˈoliko] [alkoˈoliko] *adj.* **1.** Que contém álcool. ▸ Alcoólico. **2.** Pertencente ou relativo ao álcool. ▸ Alcoólico. *s.* **3.** Pessoa viciada no consumo de álcool. ▸ Alcoólatra.

al.de.a. [alˈdea] [alˈdea] *f.* Pequeno povoado. ▸ Aldeia.

a.le.a.ción. [aleaˈθjon] [aleaˈsjon] *f. Quím.* Liga de metais previamente fundidos. ▸ Liga.

a.lea.to.rio, ria. [aleaˈtorjo] [aleaˈtorjo] *adj.* Que não é determinado por algum fator específico. ▸ Aleatório.

a.le.da.ño, ña. [aleˈðaɲo] [aleˈðaɲo] *adj.* **1.** Que limita com. Contíguo. ▸ Adjacente. *m.pl.* **2.** Campos ou região em torno de uma vila, cidade, etc. Confins. ▸ Arredores.

a.le.ga.ción. [aleɣaˈθjon] [aleɣaˈsjon] *f.* Ato ou efeito de alegar. ▸ Alegação.

a.le.gar. [aleˈɣar] [aleˈɣar] *v.9.* **1.** Trazer a favor de seu propósito. Citar. ▸ Alegar. **2.** Expor fatos e razões. ▸ Alegar.

a.le.ga.to. [aleˈɣato] [aleˈɣato] *m. Dir.* Escrito no qual um advogado apresenta provas que pretendem inocentar o cliente. ▸ Peça, alegação.

a.le.grar. [aleˈɣrar] [aleˈɣrar] *v.4.* **1.** Causar alegria. ▸ Alegrar. *v.p.* **2.** Ficar alegre. ▸ Alegrar. *Me alegré de verte.* Fiquei alegre em vê-lo.

a.le.gre. [aˈleɣre] [aˈleɣre] *adj.* **1.** Tomado de alegria. Contente. ▸ Alegre. *Estoy alegre por ti.* Estou alegre por você. **2.** Diz-se das cores vivas. ▸ Alegre. ◆ **Vida alegre.** Vida fácil.

a.le.grí.a. [aleˈɣria] [aleˈɣria] *f.* Sensação de contentamento, prazer. ▸ Alegria.

a.le.grón. [aleˈɣron] [aleˈɣron] *m.* Grande alegria.

❏ **a.le.ja.do, da.** [aleˈxaðo] [aleˈxaðo] *adj.* Que está distante. ▸ Afastado.

a.le.ja.mien.to. [alexaˈmjento] [alexaˈmjento] *m.* **1.** Ato ou efeito de afastar. ▸ Afastamento. **2.** Ato ou efeito de fazer fugir, mandar para longe. ▸ Afugentamento.

a.le.jar. [aleˈxar] [aleˈxar] *v.4.* **1.** Distanciar coisas ou pessoas. ▸ Afastar. **2.** Fazer fugir. ▸ Afugentar. *v.p.* **3.** Colocar-se a distância. ▸ Afastar-se.

a.le.mán, ma.na. [aleˈman] [aleˈman] *adj.* **1.** Pertencente ou relativo à Alemanha. ▸ Alemão, alemã. *s.* **2.** O natural ou habitante da Alemanha. ▸ Alemão, alemã. *m.* **3.** *Ling.* Idioma falado na Alemanha. ▸ Alemão.

a.len.tar. [alenˈtar] [alenˈtar] *v.15.* Infundir alento, estímulo, coragem. Animar. ▸ Alentar.

a.ler.gia. [aˈlerxja] [aˈlerxja] *f. Med.* Sensibilidade a determinadas substâncias e agentes físicos. ▸ Alergia.

a.le.ro. [aˈlero] [aˈlero] *m. Arq.* Aba do telhado. Alpendre. ▸ Beirada.

a.ler.ta. [alerˈta] [alerˈta] *adv.* **1.** Com atenção. Vigilantemente. ▸ Alerta. *f.* **2.** Sinal para estimular a atenção. ▸ Alerta. ◆ **Dar alerta.** Dar o alarme.

a.ler.tar. [alerˈtar] [alerˈtar] *v.4.* Dar alerta. ▸ Alertar.

a.le.ta. [aˈleta] [aˈleta] *f.* **1.** *Anat.* Parte do corpo dos peixes que lhes serve para a locomoção. ▸ Nadadeira. **2.** *Desp.* Calçado de borracha usado por mergulhadores. Nadadeira. ▸ Pé de pato.

a.le.vo.so, sa. [aleˈβoso] [aleˈβoso] *adj.* Que procede com perfídia, faz com traição e é sorrateiro. ▸ Aleivoso.

al.fa.be.ti.za.do, da. [alfaβeti'θaðo] [alfaβeti'saðo] *adj.* Que sabe ler e escrever. ▸ Alfabetizado.

al.fa.be.ti.zar. [alfaβeti'θar] [alfaβeti'sar] *v.13.* Ensinar a ler e escrever. ▸ Alfabetizar.

al.fa.be.to. [alfa'βeto] [alfa'βeto] *m.* **1.** Disposição convencional das letras de uma língua. ▸ Alfabeto. **2.** O conjunto das letras. ▸ Alfabeto.

al.fa.jor. [alfa'xor] [alfa'xor] *m.* (*Arg., Chile, Peru* e *Urug.*) *Cul.* Tipo de iguaria recheada e coberta com chocolate ou outro doce, especialmente de leite. ▸ *Alfajor.*

al.fa.re.rí.a. [alfare'ria] [alfare'ria] *f.* Arte de fabricar louça de barro cozido. ▸ Olaria.

al.fi.ler. [alfi'ler] [alfi'ler] *m.* **1.** Pequeno objeto de metal, com uma extremidade com ponta e a outra com cabeça que se encaixam para prender roupas ou tecidos. ▸ Alfinete. **2.** Adorno com fecho, também em forma de broche, para roupas e acessórios. Broche. ▸ Abotoadura.

al.fom.bra. [al'fombra] [al'fombra] *f.* Peça de estofo para cobrir pisos, escadas, etc. ▸ Tapete. ➡ *Muebles*

al.fom.brar. [alfom'brar] [alfom'brar] *v.4.* Pôr carpetes no chão. ▸ Acarpetar.

al.for.ja. [al'forxa] [al'forxa] *f.* Tecido firme cujas extremidades formam dois sacos fechados; geralmente, é levado ao ombro. ▸ Alforje.

al.ga.ra.bí.a. [alɣara'βia] [alɣara'βia] *f.* **1.** *Ling.* Língua árabe. **2.** Gritaria de várias pessoas ao mesmo tempo. ▸ Algazarra.

ál.ge.bra. ['alxeβra] ['alxeβra] *f. Mat.* Estudo e aplicação de operações aritméticas com fatores não numéricos. ▸ Álgebra.

al.go. ['alɣo] ['alɣo] *pron.* **1.** Designação indefinida, usada para coisas ou acontecimentos, cujo referente não se sabe ou não se pode determinar. ▸ Algo. *Algo está influyendo en el clima.* Algo está influenciando o clima. *adv.* **2.** Um tanto, até certo ponto. ▸ Um pouco. *Estoy algo cansada.* Estou um pouco cansada. ▸ Algo. ♦ **Algo es algo.** Já é alguma coisa. *Me pagaron poco, pero algo es algo.* Pagaram-me pouco, mas já é alguma coisa.

al.go.dón. [alɣo'ðon] [alɣo'ðon] *m.* **1.** *Bot.* Flor do algodoeiro. ▸ Algodão. **2.** Tecido feito com a fibra do algodão. ▸ Algodão.

al.gua.cil. [alɣwa'θil] [alɣwa'sil] *com. Dir.* Oficial de Justiça.

al.guien. ['alɣjen] ['alɣjen] *pron.* Designação indefinida de uma pessoa, que não se consegue ou não se pode determinar. ▸ Alguém.

al.gún. [al'ɣun] [al'ɣun] *adj.* Apócope de *alguno*, empregada diante de substantivos masculinos no singular. ▸ Algum. *Siempre habrá algún libro sobre el asunto.* Sempre haverá algum livro sobre o assunto.

al.gu.no, na. [al'ɣuno] [al'ɣuno] *adj.* **1.** Indefine pessoas ou coisas. ▸ Algum, alguma. *obs.:* Quando antecede substantivo masculino em número singular, varia para *algún. Mamá, trae algunas amigas para la cena.* Mamãe, traga algumas amigas para o jantar. *pron.* **2.** Designação indefinida de pessoas ou coisas que não se consegue ou não se pode determinar. ▸ Algum, alguma. *¿Alguno de ustedes sabe dónde está mi cuaderno?* Algum de vocês sabe onde está meu caderno? ♦ **Alguno que otro.** Uns poucos. *Solo alguno que otro niño no va al colegio.* Só umas poucas crianças não vão à escola.

al.ha.ja. [al'axa] [al'axa] *f.* Objeto de muito valor e estima. ▸ Joia.

al.ha.ra.ca. [ala'raka] [ala'raka] *f.* (*Amér.*) Ver *alboroto.* Estardalhaço. ▸ Alvoroço.

a.lian.za. [a'ljanθa] [a'ljansa] *f.* **1.** Ato ou efeito de unir-se. ▸ Aliança. **2.** União entre dois ou mais países, governos, pessoas. Liga. ▸ Aliança. **3.** Anel de casamento ou noivado. ▸ Aliança.

❑ **a.lias.** ['aljas] ['aljas] *adv.* **1.** Por outro nome. ▸ Também chamado de. *m.* **2.** Designação especial de uma pessoa. ▸ Apelido.

a.li.ca.te. [ali'kate] [ali'kate] *m.* Ferramenta de aço para segurar ou torcer arames. ▸ Alicate.

❑ **a.li.cien.te.** [ali'θjente] [ali'sjente] *m.* Aquilo que estimula. ▸ Incentivo. *Con el aliciente del premio ofrecido se esforzó al máximo.* Com o incentivo do prêmio oferecido, esforçou-se ao máximo.

a.lie.na.ción. [aljena'θjon] [aljena'sjon] *f.* **1.** Ato de alienar. ▸ Alienação. **2.** Afastamento de uma situação real. ▸ Alienação. **3.** *Med.* Perturbação mental. ▸ Alienação.

a.lie.nar. [alje'nar] [alje'nar] *v.4.* **1.** Tornar alheio. ▸ Alienar. *v.p.* **2.** Manter-se alheio aos acontecimentos. ▸ Alienar-se.

a.lien.to. [a'ljento] [a'ljento] *m.* **1.** Ar que se expulsa pela boca. ▸ Hálito. **2.** *fig.* Força, vigor da alma. ▸ Ânimo.

a.li.ge.rar. [alixe'raɾ][alixe'raɾ] *v.4.* **1.** Acelerar, aumentar a velocidade. ▸ Apressar. **2.** Tornar mais leve, diminuir o peso. ▸ Aliviar. *Debes aligerar el peso de tu bicicleta si quieres subir esa montaña.* Você deve aliviar o peso da bicicleta se quiser subir essa montanha.

a.li.men.ta.ción. [alimenta'θjon] [alimenta'sjon] *f.* **1.** Ato de alimentar. ▸ Alimentação. **2.** Conjunto de substâncias que um indivíduo consome para alimentar-se. ▸ Nutrição.

Escanea este código QR para ver más sobre **alimentación** www.santillana.com.br/4dsalimentacion

a.li.men.tar. [alimen'taɾ] [alimen'taɾ] *v.4.* **1.** Dar alimento a, nutrir. ▸ Alimentar. **2.** Fornecer sustento. Manter. ▸ Sustentar. **3.** Abastecer máquinas com o que precisam para funcionar. ▸ Alimentar. **4.** *fig.* Fomentar o desenvolvimento de atividades ou ideias. ▸ Alimentar.

a.li.men.ta.rio, ria. [alimen'tarjo] [alimen'tarjo] *adj.* Pertencente ou relativo a alimento ou alimentação. ▸ Alimentar. ◆ **Régimen alimentario.** Regime alimentar.

a.li.men.to. [ali'mento] [ali'mento] *m.* Tudo o que alimenta, nutre ou sustenta. ▸ Alimento.

a.li.nea.ción. [alinea'θjon] [alinea'sjon] *f.* Ato ou efeito de alinhar. ▸ Alinhamento.

a.li.ne.ar. [aline'aɾ] [aline'aɾ] *v.4.* **1.** Pôr em linha reta, em fileira. ▸ Alinhar. *v.p.* **2.** Partilhar uma ideia ou unir-se a um partido político. ▸ Alinhar-se.

a.li.ñar. [ali'ɲaɾ][ali'ɲaɾ] *v.4.* **1.** Condimentar. Temperar. **2.** Arrumar uma pessoa. ▸ Alinhar.

a.li.ño. [a'liɲo] [ali'ɲo] *m.* **1.** Ver *aderezo*[1]. ▸ Tempero. **2.** Asseio, aspecto pessoal.

a.li.sar. [ali'saɾ] [ali'saɾ] *v.4.* **1.** Tornar liso. ▸ Alisar. **2.** (*Arg.*) Ver *adular*. ▸ Adular.

a.lis.tar. [alis'taɾ] [alih'taɾ] *v.4.* **1.** Pôr em lista. ▸ Alistar. *v.p.* **2.** Inscrever-se para o serviço militar. ▸ Alistar-se.

a.li.viar. [ali'βjaɾ] [ali'βjaɾ] *v.4.* **1.** Tornar menos pesado. ▸ Aliviar. *Durante la tempestad, tiraron carga al agua para aliviar el barco.* Durante a tempestade, atiraram carga na água para aliviar o navio. **2.** *fig.* Diminuir uma dor, um sofrimento físico ou moral. ▸ Aliviar.

a.li.vio. [ali'βjo] [a'liβjo] *m.* Ato de aliviar. ▸ Alívio.

al.ji.be. [al'xiβe] [al'xiβe] *m.* Depósito subterrâneo de água. Algibe. ▸ Cisterna.

a.llá. [a'ʎa] [a'ʃa] *adv.* **1.** Em um lugar distante daquele em que se está. ▸ Lá. *Vive allá lejos.* Mora lá longe. **2.** Ver *allí*. ▸ Ali. *Dejó la caja allá.* Deixou a caixa ali. **3.** Em outros tempos. *Allá por los años veinte.* Lá pelos anos vinte. ◆ **Allá tú / él / ella.** Problema seu. **Más allá.** Além.

a.lla.nar. [aʎa'naɾ] [aʃa'naɾ] *v.4.* **1.** Tornar plano, nivelar. ▸ Aplanar. **2.** *fig.* Vencer ou superar alguma dificuldade. ▸ Superar. **3.** *fig.* Entrar na casa alheia contra a vontade de seu dono. ▸ Invadir.

a.lle.ga.do, da. [aʎe'ɣaðo] [aʃe'ɣaðo] *adj.* **1.** Que está perto ou próximo. ▸ Próximo. **2.** Diz-se de parente ou amigo muito íntimo. ▸ Chegado. *U.t.c.s.*

a.llen.de. [a'ʎende] [a'ʃende] *adv.* Do outro lado, do lado de lá, para além de. Ademais de. ▸ Além de. *Allende las fronteras hay unos montes.* Do lado de lá das fronteiras há uns montes.

a.llí. [a'ʎi] [a'ʃi] *adv.* **1.** Naquele lugar. ▸ Ali. **2.** Em lugar indicado expressa ou anteriormente. ▸ Ali.

al.ma. ['alma] ['alma] *f.* **1.** Parte não material do homem. Espírito. ▸ Alma. **2.** *fig.* Ser humano. ▸ Pessoa. *No se ve alma en la calle.* Não se vê uma pessoa na rua. **3.** *fig.* Vão interior de algumas coisas, especialmente de armas. ▸ Alma. ◆ **Alma en pena.** Alma penada. **Con (toda) el alma.** Com toda força. **No tener alma.** Não ter coração. **Partir el alma.** Partir o coração. **Pesarle en el alma.** Arrepender-se, angustiar-se. *Le pesó en el alma haber vendido su casa.* Arrependeu-se de ter vendido sua casa.

al.ma.cén. [alma'θen] [alma'sen] *m.* **1.** Depósito de mercadorias. ▸ Armazém. **2.** Estabelecimento comercial onde são vendidas por atacado as mercadorias armazenadas. ▸ Atacadista. **3.** (*Amér.*) Estabelecimento comercial onde são vendidos produtos de primeira necessidade. ▸ Mercearia. **4.** Depósito de munições e armas. ▸ Armazém. ◆ **Grandes almacenes.** Lojas de departamentos.

almacenamiento – altanería

al.ma.ce.na.mien.to. [almaθena'mjento] [almasena'mjento] *m.* Ato de armazenar. ▸ Armazenamento.

al.ma.ce.nar. [almaθe'nar] [almase'nar] *v.4.* **1.** Colocar em armazém. ▸ Armazenar. **2.** Guardar em grande quantidade como provisão. Estocar. ▸ Armazenar. **3.** *Inform.* Introduzir dados na memória de um computador. ▸ Armazenar.

al.ma.na.que. [alma'nake] [alma'nake] *m.* **1.** Folha ou bloco de folhas que indicam os dias da semana e os meses do ano, podendo assinalar feriados, fases da lua. ▸ Calendário. **2.** Publicação anual que recolhe informações de várias naturezas. Guia. ▸ Almanaque.

❏ **al.me.ja.** [al'mexa] [al'mexa] *f. Zool.* Molusco comestível. ▸ Vôngole, marisco.

al.men.dra. [al'mendra] [al'mendra] *f. Bot.* Fruto seco. ▸ Amêndoa. ➡ *Frutas*

al.mí.bar. [al'miβar] [al'miβar] *m. Cul.* Açúcar dissolvido em água e cozido até tomar consistência de xarope. ▸ Calda de açúcar.

al.mi.dón. [almi'ðon] [almi'ðon] *m.* Fécula extraída dos vegetais, com a qual se faz goma para passar roupa branca, entre outros usos. ▸ Amido.

❏ **al.mo.ha.da.** [almo'aða] [almo'aða] *f.* Saco de tecido, que contém material macio, para apoio da cabeça, sobretudo durante o sono. ▸ Travesseiro. ➡ *Muebles*

al.mo.ha.di.lla. [almoa'ðiʎa] [almoa'ðiʃa] *f.* Pequeno saco de tecido que contém material macio para encosto, assento ou enfeite. ▸ Almofada.

al.mo.ha.dón. [almoa'ðon] [almoa'ðon] *m.* Grande saco de tecido que contém material macio para assento. ▸ Almofadão.

al.mor.zar. [almor'θar] [almor'sar] *v.69.* Fazer uma refeição entre meio-dia e 14 horas. ▸ Almoçar. *Suelo almorzar a las doce.* Costumo almoçar ao meio-dia.

al.muer.zo. [al'mwerθo] [al'mwerso] *m.* **1.** Refeição rápida. ▸ Lanche. **2.** Refeição que se faz ao meio-dia ou nas primeiras horas da tarde. ▸ Almoço.

a.lo.ca.do, da. [alo'kaðo] [alo'kaðo] *adj.* Que procede com modos insanos. ▸ Adoidado.

a.lo.ja.do, da. [alo'xaðo] [alo'xaðo] *adj.* Que recebeu alojamento. Acomodado. ▸ Alojado.

a.lo.ja.mien.to. [aloxa'mjento] [aloxa'mjento] *m.* **1.** Hospedagem ou acomodação. ▸ Alojamento. **2.** *Inform.* Alojamento de *sites*. ▸ Hospedagem.

a.lo.jar. [alo'xar] [alo'xar] *v.4.* **1.** Oferecer alojamento. Acomodar. ▸ Alojar. **2.** *Mil.* Dar alojamento às tropas. **3.** *Inform.* Alojar *sites*. ▸ Hospedar.

a.lon.dra. [a'londra] [a'londra] *f. Zool.* Tipo de pássaro. ▸ Cotovia.

al.par.ga.ta. [alpar'ɣata] [alpar'ɣata] *f.* Calçado de lona com sola de cânhamo. Alpargata. ▸ Sapatilha.

al.pi.nis.mo. [alpi'nismo] [alpi'nhmo] *m. Desp.* Esporte que consiste em subir ou escalar montanhas. ▸ Alpinismo. ➡ *Deportes*

al.qui.lar. [alki'lar] [alki'lar] *v.4.* Dar ou tomar alguma coisa por tempo determinado mediante aluguel. ▸ Alugar.

al.qui.ler. [alki'ler] [alki'ler] *m.* Preço pelo qual se aluga alguma coisa. ▸ Aluguel. *Pago alquiler porque no tengo casa propia.* Pago aluguel porque não tenho casa própria. ◆ **De alquiler.** De aluguel. *Tiene dos departamentos en alquiler.* Tem dois apartamentos alugados / para alugar. **En alquiler.** (Disponível) Para alugar.

al.qui.trán. [alki'tran] [alki'tran] *m. Quím.* Líquido escuro e viscoso que se extrai do petróleo, carvão de pedra e outros minerais. ▸ Alcatrão.

al.re.de.dor. [alreðe'ðor] [alreðe'ðor] *adv.* **1.** Em volta de. ▸ Ao redor de. *Siempre quise un jardín alrededor de la casa.* Eu sempre quis um jardim ao redor da casa. **2.** Por volta de, em torno de. Aproximadamente. ▸ Cerca de. *En su último* show *en Brasil había alrededor de mil personas.* No seu último *show* no Brasil, havia cerca de mil pessoas. *m.pl.* **3.** Imediações de um ponto. ▸ Arredores.

al.ta. ['alta] ['alta] *f.* **1.** *Med.* Ato de liberar um doente por estar curado. ▸ Alta. *El médico le dio de alta tres días después de la cirugía.* O médico lhe deu alta três dias depois da cirurgia. **2.** ❏ Inscrição em uma associação. ▸ Adesão. *Me di de alta en el club de los jugadores de fútbol de mi barrio.* Associei-me ao clube dos jogadores de futebol do meu bairro. ◆ **Dar de alta.** Dar alta.

al.ta.ne.rí.a. [altane'ria] [altane'ria] *f.* Comportamento orgulhoso em demasia. ▸ Arrogância.

al.ta.ne.ro, ra. [alta'nero] [alta'nero] *adj.* Que procede com arrogância. ▸ Arrogante.

al.tar. [al'tar] [al'tar] *m. Rel.* **1.** Lugar elevado para realizar rituais religiosos. ▸ Altar. **2.** A mesa na qual se celebra o sacrifício da missa conforme os ritos cristãos. ▸ Altar. ◆ **Conducir / llevar al altar.** Levar ao altar.

al.ta.voz. [alta'βoθ] [alta'βos] *m.* Aparelho para ampliação acústica. ▸ Alto-falante.

al.te.ra.ción. [altera'θjon] [altera'sjon] *f.* Ato ou efeito de alterar. ▸ Alteração.

al.te.rar. [alte'rar] [alte'raɾ] *v.4.* **1.** Causar modificação de forma ou na essência. ▸ Alterar. **2.** Causar transtorno, perturbação. ▸ Alterar.

al.ter.ca.do. [alter'kaðo] [alter'kaðo] *m.* Disputa pela obtenção de algo, forte discussão. ▸ Disputa.

al.ter.na.dor. [alterna'ðor] [alterna'ðor] *m. Fís.* Aparelho que gera corrente alternada. ▸ Alternador.

al.ter.nar. [alter'nar] [alter'nar] *v.4.* **1.** Fazer suceder repetida e revezadamente. ▸ Alternar. *Alternar el ocio y el trabajo.* Alternar o lazer e o trabalho. **2.** Ter contato com pessoas. ▸ Relacionar-se. *Siempre que viaja, alterna con personas muy divertidas.* Sempre que viaja, relaciona-se com pessoas muito divertidas.

al.ter.na.ti.va. [alterna'tiβa] [alterna'tiβa] *f.* **1.** Opção entre duas ou mais coisas. ▸ Alternativa. **2.** Cada uma das coisas entre as quais se pode optar. ▸ Alternativa. **3.** Efeito de fazer ou dizer algo por turnos. ▸ Alternativa.

al.ter.na.ti.vo, va. [alterna'tiβo] [alterna'tiβo] *adj.* **1.** Que oferece de escolha. ▸ Alternativo. **2.** Que se realiza com alternância. ▸ Alternativo.

al.ti.ba.jos. [alti'βaxos] [alti'βaxos] *m. pl.* Contratempos. ▸ Altos e baixos. *Los altibajos del mercado se debieron a la falta de materias primas.* Os altos e baixos do mercado aconteceram devido à falta de matérias-primas.

al.ti.llo. [al'tiʎo] [al'tiʃo] *m.* Ambiente em nível próximo do teto, usado geralmente para guardar objetos ou, eventualmente, para alojamento. ▸ Sótão.

al.ti.pla.no. [alti'plano] [alti'plano] *m. Geogr.* Planície elevada. ▸ Planalto.

al.ti.tud. [alti'tuθ] [alti'tuð] *f. Geogr.* Elevação vertical acima do nível do mar. ▸ Altitude.

al.ti.vo, va. [al'tiβo] [al'tiβo] *adj.* Que procede com soberba. ▸ Altivo.

al.to, ta. ['alto] ['alto] *adj.* **1.** Que está em ponto mais elevado que o solo. ▸ Alto. **2.** De grande estatura. ▸ Alto. **3.** *fig.* Diz-se de pessoas e coisas com hierarquia. Nobre. ▸ Alto. *Siempre tuvo altos ideales.* Sempre teve altos ideais.

al.to.par.lan.te. [altopar'lante] [altopar'lante] *m.* Ver *altavoz.* ▸ Alto-falante.

al.to.rre.lie.ve. [altore'ljeβe] [altore'ljeβe] *m.* Talha ou figura que se ressalta sobre uma superfície plana. ▸ Alto-relevo. ◆ **En alto-rrelieve.** Em alto-relevo. *En el Vaticano hay preciosos trabajos en altorrelieve.* No Vaticano, há magníficos trabalhos em alto-relevo.

al.tru.is.ta. [altru'ista] [altru'ista] *adj.* **1.** Abnegado. ▸ Altruísta. *s.* **2.** Pessoa que pensa nos outros mais do que em si mesma. ▸ Altruísta.

al.tu.ra. [al'tura] [al'tura] *f.* **1.** Dimensão vertical de um corpo a partir da base. ▸ Altura. **2.** Cume das montanhas. ▸ Altura. **3.** Lugar elevado em relação a um referente em posição inferior. ▸ Altura. ◆ **A estas alturas.** No estágio em que se encontra um processo. ▸ Nesta altura. *A estas alturas no hay posibilidad de volver a empezar.* A esta altura não há possibilidade de recomeçar.

a.lu.bia. [a'luβia] [a'luβia] *f. Bot.* Planta de numerosas variedades, de grãos comestíveis. ▸ Feijão.

a.lu.ci.na.ción. [aluθina'θjon] [alusina'sjon] *f. Med.* Percepção aparente de algo que não está presente. ▸ Alucinação.

a.lud. [a'uθ] [a'luð] *m.* Massa de neve que se desprende por uma vertente. ▸ Avalanche.

a.lu.dir. [alu'ðir] [alu'ðir] *v.6.* Fazer alusão. Referir-se. ▸ Aludir.

a.lum.bra.do. [alum'braðo] [alum'braðo] *adj.* **1.** Que recebe luz. ▸ Iluminado. *m.* **2.** Iluminação pública.

a.lum.brar. [alum'brar] [alum'brar] *v.4.* **1.** Encher de luz e claridade. ▸ Iluminar. **2.** Dar à luz.

a.lu.mi.nio. [alu'minjo] [alu'minjo] *m. Quím.* Metal leve de cor prateada. ▸ Alumínio.

a.lum.no, na. [a'lumno] [a'lumno] *s.* Aquele que recebe instrução ou educação de um professor. Educando. ▸ Aluno. ➡ *En el aula*

a.lu.ni.zar. [aluni'θar] [aluni'sar] *v.13.* Pousar na superfície da Lua. ▸ Alunissar.

a.lu.ni.za.je. [aluni'θaxe] [aluni'saxe] *m.* Ato de alunissar. ▸ Alunissagem.

a.lu.sión. [alu'sjon] [alu'sjon] *f.* **1.** Ato ou efeito de aludir. ▸ Alusão. **2.** Referência vaga e indireta. ▸ Alusão.

❑ **al.za.** ['alθa] ['alsa] *f. Fin.* Aumento do valor de moedas e títulos. ▸ Alta. *El dólar está en alza.* O dólar está em alta.

al.za.mien.to. [alθa'mjento] [alsa'mjento] *m.* Crime de sublevação contra a ordem pública. Rebelião. ▸ Levante.

al.zar. [al'θaɾ] [al'saɾ] *v.13.* **1.** Mover ou direcionar para cima. ▸ Levantar. *Que alce la mano el que no está de acuerdo.* Que levante a mão aquele que não estiver de acordo. **2.** *Fin.* Elevar um preço. ▸ Aumentar. **3.** Elevar o tom da voz. ▸ Aumentar. **4.** Dar fim a castigos. ▸ Cessar.

a.ma.ble. [a'maβle] [a'maβle] *adj.* **1.** Que é digno de amor. ▸ Amável. **2.** Que agrada, procedendo com afeto, atenção, gentileza. ▸ Amável.

a.ma.do, da. [a'maðo] [a'maðo] *adj.* Que é objeto de amor. ▸ Amado.

a.ma.es.trar. [amaes'tɾaɾ] [amaeh'tɾaɾ] *v.4.* Domar um animal. ▸ Adestrar.

a.ma.gar. [ama'ɣaɾ] [ama'ɣaɾ] *v.9.* Dar sinais de que vai fazer alguma coisa, especialmente com má intenção. ▸ Insinuar, ameaçar.

❑ **a.ma.go.** [a'maɣo] [a'maɣo] *m.* Ato de ameaçar sem chegar às vias de fato. ▸ Ameaça, indício.

a.ma.man.tar. [amaman'taɾ] [amaman'taɾ] *v.4.* Dar de mamar. ▸ Amamentar.

a.ma.ne.cer. [amane'θeɾ] [amaneseɾ] *v.24.* **1.** Começar a aparecer a luz do dia. ▸ Amanhecer. *m.* **2.** O raiar do dia. Alvorada. ▸ Amanhecer.

a.man.sar. [aman'saɾ] [aman'saɾ] *v.4.* Deixar manso um animal. Domesticar. ▸ Amansar.

a.man.te. [a'mante] [a'mante] *adj.* Que tem amor por alguém ou algo. ▸ Amante.

a.ma.po.la. [ama'pola] [ama'pola] *f. Bot.* Flor silvestre de cor vermelha. ▸ Papoula.

a.mar. [a'maɾ] [a'maɾ] *v.4.* **1.** Ter amor a alguém ou a algo, querer muito bem. ▸ Amar. **2.** Ter afeto. ▸ Amar.

a.mar.ga.do, da. [amaɾ'ɣaðo] [amaɾ'ɣaðo] *adj.* Cheio de amargura, triste, amarguroso. ▸ Amargurado.

a.mar.gar. [amaɾ'ɣaɾ] [amaɾ'ɣaɾ] *v.9.* **1.** Ser ou tornar amargo. ▸ Amargar. **2.** *fig.* Causar amargura a. ▸ Amargurar.

a.mar.go, ga. [a'maɾɣo] [a'maɾɣo] *adj.* **1.** De sabor amargo como o fel. **2.** *fig.* Que causa dor ou amargura. Doloroso. ▸ Amargo. *m.* **3.** Licor de sabor amargo. ▸ *Bitter*.

a.ma.ri.llen.to, ta. [amari'ʎento] [amari'sento] *adj.* Que tende a amarelo. ▸ Amarelado.

a.ma.ri.llo, lla. [ama'riʎo] [ama'riso] *adj.* **1.** Que tem cor amarela. ▸ Amarelo. *m.* **2.** O nome dessa cor. ▸ Amarelo.

a.ma.rra. [a'maɾa] [a'maɾa] *f.* Cabo para amarração (embarcações). ▸ Amarra. ◆ **Tener amarras.** ❑ *fig.* e *fam.* Ter costas quentes/largas.

a.ma.rra.do, da. [ama'raðo] [ama'raðo] *adj.* Que se atou, prendeu. ▸ Amarrado.

a.ma.rrar. [ama'ɾaɾ] [ama'ɾaɾ] *v.4.* **1.** Atar com amarra. ▸ Amarrar. **2.** Oferecer dificuldades. ▸ Estorvar. **3.** *fig.* Prender por laços morais. ▸ Amarrar.

a.ma.sa.do, da. [ama'saðo] [ama'saðo] *adj.* Que se amassou. ▸ Amassado.

a.ma.sar. [ama'saɾ] [ama'saɾ] *v.4.* Converter em massa. ▸ Amassar.

a.ma.tis.ta. [ama'tista] [ama'tihta] *f. Geol.* Pedra semipreciosa de cor violeta. ▸ Ametista.

am.bi.ción. [ambi'θjon] [ambi'sjon] *f.* Desejo veemente de poder, riqueza, fama. ▸ Ambição.

am.bi.cio.nar. [ambiθjo'naɾ] [ambisjo'naɾ] *v.4.* Desejar com ambição. ▸ Ambicionar. *El que ambiciona lo ajeno pronto pierde lo propio.* Quem tudo quer tudo perde.

am.bi.cio.so, sa. [ambi'θjoso] [ambi'sjoso] *adj.* Que tem ambição. ▸ Ambicioso.

am.bien.tar. [ambjen'taɾ] [ambjen'taɾ] *v.4.* **1.** Criar um ambiente adequado ao fim a que se destina. ▸ Ambientar. **2.** Acostumar a um meio desconhecido. ▸ Adaptar. *U.t.c.v.p.*

am.bien.te. [am'bjente] [am'bjente] *adj.* **1.** Que está em volta de objeto ou pessoa. ▸ Ambiente. *m.* **2.** O ar que se respira, a atmosfera. ▸ Ambiente. **3.** *fig.* As condições e circunstâncias sociais, intelectuais, econômicas de uma coletividade. ▸ Ambiente.

am.bi.güe.dad. [ambiɣwe'ðaθ] [ambiɣwe'ðað] *f.* **1.** Qualidade de algo que se pode entender de vários modos. ▸ Ambiguidade. **2.** Aspecto pouco claro de um assunto, que lhe confere incerteza. ▸ Ambiguidade.

am.bi.guo, gua. [am'biɣwo] [am'biɣwo] *adj.* Que apresenta ambiguidade. ▸ Ambíguo.

ám.bi.to. ['ambito] ['ambito] *m.* **1.** Contorno de um espaço. Recinto. ▸ Âmbito. **2.** Espaço ideal atribuído às diferentes atividades. ▸ Alçada.

am.bos, bas. ['ambos] ['ambos] *adj. pl.* Os dois, um e outro. ▸ Ambos. *Ambos hermanos son médicos.* Ambos os irmãos são médicos.

a.me.dren.tar. [ameðren'tar] [ameðren'tar] *v.4.* Causar medo, temor. ▸ Amedrontar.

a.mén. [a'men] [a'men] *m.* Assim seja. ▸ Amém. ◆ **En un decir amén.** Em um piscar de olhos.

a.me.na.za. [ame'naθa] [ame'nasa] *f.* **1.** Ato, palavra ou gesto intimidativo. ▸ Ameaça. **2.** Promessa de castigo. ▸ Ameaça.

a.me.na.zar. [amena'θar] [amena'sar] *v.13.* **1.** Dirigir ameaças, intimidando. ▸ Ameaçar. **2.** Anunciar castigo. ▸ Ameaçar.

a.me.no, na. [a'meno] [a'meno] *adj.* Que causa deleite. Suave, agradável. ▸ Ameno.

a.me.ri.ca.na. [ameri'kana] [ameri'kana] *f.* Peça de vestuário com mangas longas, aberta na frente, que cobre a parte superior do corpo, até os quadris. ▸ Jaqueta.

a.me.ri.ca.nis.ta. [amerika'nista] [amerika'nihta] *com.* Pessoa versada nas línguas, usos e costumes próprios da América. ▸ Americanista.

a.me.ri.ca.no, na. [ameri'kano] [ameri'kano] *adj.* **1.** Pertencente ou relativo ao continente americano. ▸ Americano. *s.* **2.** O natural ou habitante desse continente. ▸ Americano.

a.me.tra.lla.do.ra. [ametraʎa'ðora] [ametraʃa'ðora] *f.* Arma de fogo automática de repetição. ▸ Metralhadora.

a.mi.ga.ble. [ami'ɣaβle] [ami'ɣaβle] *adj.* Dado a amizades. Amistoso. ▸ Amigável.

a.mi.go, ga. [a'miɣo] [a'miɣo] *adj.* Que está ligado a outro por laços de amizade. ▸ Amigo. *U.t.c.s.*

a.mi.no.rar. [amino'rar] [amino'rar] *v.4.* Causar redução, diminuir. ▸ Reduzir.

a.mis.tad. [amis'taθ] [amih'tað] *f.* Afeto pessoal. ▸ Amizade.

a.mis.to.so, sa. [amis'toso] [amih'toso] *adj.* **1.** Pertencente ou relativo à amizade. ▸ Amistoso. **2.** *Desp.* Diz-se de jogo realizado à parte de campeonato ou torneio. ▸ Amistoso.

am.ne.sia. [am'nesja] [am'nesja] *f. Med.* Perda total ou parcial da memória. ▸ Amnésia.

am.nis.tí.a. [amnis'tia] [amnih'tia] *f. Dir.* Extinção legal de certos delitos, com anulação das penas aplicadas. ▸ Anistia.

a.mo, ma. ['amo] ['amo] *s.* **1.** *fig.* Pessoa que tem mando sobre um âmbito. Patrão, senhor. ▸ Amo. ◆ **Ama de casa.** *Dona de casa.*

a.mo.lar. [amo'lar] [amo'lar] *v.4.* Dar poder de corte. Afiar. ▸ Amolar.

a.mol.dar. [amol'dar] [amo'dar] *v.4.* **1.** Ajustar a um molde. ▸ Moldar. **2.** *fig.* Adaptar à forma justa ou conveniente. Modelar. ▸ Moldar. *v.p.* **3.** Adaptar a conduta a um modelo ou situação. ▸ Adequar-se.

a.mo.nes.ta.ción. [amonesta'θjon] [amonehta'sjon] *f.* **1.** Notificação pública com valor de advertência. ▸ Admoestação. **2.** *Rel.* Comunicação que faz a Igreja Católica antes do casamento pedindo esclarecimento sobre os cônjuges. ▸ Proclama.

a.mo.nes.tar. [amones'tar][amoneh'tar] *v.4.* **1.** Advertir de falta. ▸ Admoestar. **2.** *Rel.* Publicar na igreja as admoestações. ▸ Proclamar.

a.mon.to.na.mien.to. [amontona'mjento] [amontona'mjento] *m.* Ato ou efeito de amontoar. Acúmulo. ▸ Amontoamento.

a.mon.to.nar. [amonto'nar] [amonto'nar] *v.4.* Empilhar desordenadamente. Pôr aos montes. ▸ Amontoar.

a.mor. [a'mor] [a'mor] *m.* **1.** Afeição profunda. ▸ Amor. **2.** Pessoa ou coisa amada. ▸ Amor. **3.** Afeto a pessoas ou coisas. ▸ Amor. **4.** Dedicação e entusiasmo no que se faz. ▸ Amor. ◆ **Hacer el amor.** Fazer amor. **¡Por amor de Dios!** Pelo amor de Deus! *Le suplico por amor de Dios que me perdone.* Suplico-lhe pelo amor de Deus que me perdoe.

a.mo.ro.so, sa. [amo'roso] [amo'roso] *adj.* **1.** Relativo ao amor. ▸ Amoroso. **2.** Que tem suavidade. Meigo. ▸ Amoroso.

a.mor.ti.gua.dor. [amortiɣwa'ðor] [amortiɣwa'ðor] *m.* Dispositivo usado em alguns aparelhos mecânicos para diminuir os efeitos de movimentos violentos. ▸ Amortecedor.

a.mor.ti.guar. [amorti'ɣwar][amorti'ɣwar] *v.14.* Tornar menos violenta alguma coisa. Suavizar, atenuar. ▸ Amortecer. *Amortiguó el golpe.* Amorteceu a batida.

a.mor.ti.zar. [amorti'θar] [amorti'sar] *v.13. Fin.* Diminuir ou extinguir dívidas. ▸ Amortizar.

am.pa.rar. [ampa'rar] [ampa'rar] *v.4.* Dar proteção, socorro ou patrocínio. ▸ Amparar.

am.pa.ro. [am'paro] [am'paro] *m.* Ato ou efeito de amparar. Proteção. ▸ Amparo.

am.pe.re. [am'pere] [am'pere] *m. Fís.* Ver *amperio*. ▸ Ampère.

am.pe.rio. [am'perjo] [am'perjo] *m. Fís.* Unidade de corrente elétrica. ▸ Ampère.

am.pliar. [am'pljar] [am'pljar] *v.4.* 1. Tornar amplo. Aumentar. ▸ Ampliar. 2. Estender a duração. ▸ Prolongar.

am.pli.fi.ca.dor, do.ra. [amplifika'ðor] [amplifika'ðor] *adj.* 1. Que aumenta, amplifica. ▸ Amplificador. *m.* 2. Aparelho que aumenta a intensidade de um fenômeno físico. ▸ Amplificador. ◆ **Amplificador de sonido.** Amplificador de som.

am.plio, plia. [‘ampljo] [‘ampljo] *adj.* 1. De grandes dimensões. Extenso, dilatado. ▸ Amplo. 2. *fig.* Que não tem restrições. ▸ Amplo.

am.pli.tud. [ampli'tuθ] [ampli'tuð] *f.* 1. Capacidade de ocupação física. Extensão. ▸ Amplitude. 2. *fig.* Capacidade de compreensão intelectual. ▸ Amplitude.

am.po.lla. [am'poʎa] [am'poʃa] *f.* 1. Elevação na pele causada por queimadura, atrito etc. ▸ Bolha. 2. Recipiente ou tubo de vidro, hermeticamente fechado. ▸ Ampola. 3. Erupção cutânea aquosa. Bolha.

am.pu.tar. [ampu'tar] [ampu'tar] *v.4. Med.* Cortar membro ou parte de um corpo. ▸ Amputar. 2. *fig.* Tirar uma parte de um todo. ▸ Recortar.

a.mue.blar. [amwe'βlar] [amwe'βlar] *v.4.* Guarnecer de móveis um local. ▸ Mobiliar.

a.mu.ra.llar. [amura'ʎar] [amura'ʃar] *v.4.* Rodear um espaço ou lugar com muralhas, amuralhar. ▸ Amurar.

a.nal. [a'nal] [a'nal] *adj.* 1. *Anat.* Pertencente ou relativo ao ânus. ▸ Anal. *m.pl.* 2. Relação de acontecimentos sucessivos no tempo. Memorial. ▸ Anais. 3. Publicação periódica do resultado da compilação de artigos e escritos sobre determinado assunto cultural, científico ou técnico. ▸ Anais. *Encontrarás muchos artículos sobre ese tema en los anales de la Historia del siglo XX.* Você encontrará muitos artigos sobre esse tema nos anais da História do século XX.

a.nal.fa.be.tis.mo. [analfaβe'tismo] [analfaβe'tihmo] *m.* Falta de instrução formal elementar. ▸ Analfabetismo.

a.nal.fa.be.to, ta. [analfa'βeto] [analfa'βeto] *adj.* Que não recebeu instrução formal elementar. ▸ Analfabeto. *U.t.c.s.*

a.nal.gé.si.co, ca. [anal'xesiko] [anal'xesiko] *adj. Med.* 1. Que suprime a dor. ▸ Analgésico. *m.* 2. Medicamento que tem essa propriedade. ▸ Analgésico.

a.ná.li.sis. [a'nalisis] [a'nalisis] *m.* Estudo das partes que compõem um todo. ▸ Análise. ◆ **Análisis clínico.** Exame clínico.

a.na.lis.ta. [ana'lista] [ana'lihta] *com.* Pessoa que faz análises químicas, médicas, matemáticas ou de qualquer ramo das ciências. ▸ Analista. *Juan es analista de sistemas en una industria de plásticos.* João é analista de sistemas em uma indústria de plásticos. ➡ *Profesiones*

a.na.li.zar. [anali'θar] [anal'isar] *v.13.* Fazer análise de alguma coisa. ▸ Analisar.

a.na.nás. [ana'nas] [ana'nas] *m. Bot.* Ver *piña.* ▸ Abacaxi. *U.t. a.na.ná.*

a.na.ran.ja.do, da. [anaran'xaðo] [anaran'xaðo] *adj.* De cor semelhante à da laranja. ▸ Alaranjado.

a.nar.quí.a. [anar'kia] [anar'kia] *f. Polít.* Ausência de governo. ▸ Anarquia.

a.na.to.mí.a. [anato'mia] [anato'mia] *f. Med.* Ciência que trata da estrutura e conformação dos corpos dos seres vivos. ▸ Anatomia.

an.ca. [‘anka] [‘anka] *f. Anat.* Cada metade da parte traseira do cavalo e de outros animais. ▸ Anca.

an.ces.tral. [anθes'tral] [anseh'tral] *adj.* Pertencente ou relativo aos antepassados. ▸ Ancestral.

an.ces.tro. [anθes'tro] [anseh'tro] *m.* Pessoa que viveu há muito tempo; geralmente refere-se a parentes anteriores aos avós.

an.cho, cha. [‘antʃo] [‘antʃo] *adj.* 1. Que tem determinada largura. ▸ Largo. *m.* 2. Ver *anchura.* ▸ Largura. ◆ **A lo ancho.** Em toda a largura. **De ancho.** De largura. *El arroyo tiene 20 metros de ancho.* O riacho tem 20 metros de largura. **Tela doble ancho.** Tecido de duas larguras. **Estar a sus anchas.** Estar à vontade. *Él está a sus anchas en su ambiente y no quiere mudar.* Ele está à vontade em seu ambiente e não quer mudar.

an.cho.a. [an'tʃoa] [an'tʃoa] *f. Zool.* Tipo de peixe. ▸ Anchova.

an.chu.ra. [an'tʃura] [an'tʃura] *f.* A menor dimensão de uma superfície plana horizontal. ▸ Largura.

an.cia.no, na. [an'θjano] [an'sjano] *adj.* Que tem muita idade. Idoso. ▸ Ancião. *U.t.c.s.*

an.cla. ['ankla] ['ankla] *f. Mar.* Peça de ferro forjado que, atirada ao fundo do mar, impede que a embarcação se mova. ▸ Âncora.

an.da.mio. [an'damjo] [an'damjo] *m.* Armação de tábuas ou vigas apoiadas e dispostas horizontalmente, sobre as quais se realizam trabalhos, sobretudo em construção. ▸ Andaime.

an.dar. [an'dar] [an'dar] *v.35.* **1.** Ir de um lugar a outro dando passos. Caminhar. ▸ Andar. **2.** Realizar determinada função (máquina, mecanismo, aparelho). ▸ Funcionar. *El reloj no anda.* O relógio não funciona. **3.** *fig.* Ficar ou permanecer em certo estado. Estar. ▸ Andar. *Anduvo un poco triste por lo del paro.* Andou um pouco triste por causa do desemprego. **4.** *fig.* Proceder de determinada forma. Ir, agir. ▸ Andar. *Anda con cuidado.* Vá com cuidado. ◆ **¡Anda!** Indica surpresa, desconfiança ou desprezo. ▸ Vai. *¡Anda! ¿De verdad ganaron el partido?* Vai! É verdade que ganharam a partida? ◆ **Andarse por las ramas.** Desviar-se do assunto.

an.dén. [an'den] [an'den] *m.* Plataforma à altura do piso dos vagões de um trem. ▸ Plataforma de embarque e desembarque.

an.dra.jo.so, sa. [andra'xoso] [andra'xoso] *adj.* Coberto de andrajos. Maltrapilho. ▸ Esfarrapado.

an.droi.de. [an'droiðe] [an'droiðe] *m.* Máquina que imita forma e movimentos humanos. ▸ Androide.

a.néc.do.ta. [a'nekðota] [a'nekðota] *f.* Episódio breve contado a título de exemplo, curiosidade ou diversão. ▸ Anedota.

a.ne.gar. [ane'ɣar] [ane'ɣar] *v.9.* **1.** Cobrir (com água ou outro líquido) um lugar. ▸ Alagar. *Las lluvias anegaron el campo de fútbol.* As chuvas alagaram o campo de futebol. **2.** Encher completamente. ▸ Inundar. *El agua anegó el barco, que se hundió.* A água inundou o navio, que naufragou.

a.ne.mia. [a'nemja] [a'nemja] *f. Med.* Diminuição da taxa de hemoglobina do sangue. Fraqueza. ▸ Anemia.

a.nes.te.sia. [anes'tesja] [aneh'tesja] *f.* **1.** Ausência ou diminuição de sensibilidade provocada por um choque ou por uma substância. ▸ Anestesia. **2.** Ato ou efeito de anestesiar. ▸ Anestesia. **3.** *Med.* Substância que tem poder de anestesiar. ▸ Anestesia.

a.nes.te.siar. [aneste'sjar] [anehte'sjar] *v.4. Med.* Tirar a sensibilidade de parte do corpo ou de todo ele. ▸ Anestesiar.

a.nes.te.sió.lo.go, ga. [aneste'sjoloɣo] [anehte'sjoloɣo] *s. Med.* Especialista em anestesia. ▸ Anestesista.

a.ne.xar. [anek'sar] [anek'sar] *v.4. Dir.* Unir uma coisa a outra com dependência dela. ▸ Anexar.

a.ne.xo, xa. [a'nekso] [a'nekso] *adj.* Unido, ligado a outro. ▸ Anexo. *U.t.c.s.*

an.fi.bio, bia. [an'fiβjo] [an'fiβjo] *adj.* **1.** *Biol.* Diz-se do animal ou da planta que vive tanto na terra como na água. ▸ Anfíbio. **2.** Que é útil tanto na água como em terra. ▸ Anfíbio. *U.t.c.s.*

an.fi.trión, trio.na. [anfi'trjon] [anfi'trjon] *s.* Pessoa que recebe convidados. ▸ Anfitrião.

án.gel. ['anxel] ['anxel] *m.* **1.** Ente espiritual. ▸ Anjo. **2.** *fig.* Pessoa muito bondosa. ▸ Anjo.

an.go.la.no, na. [ango'lano] [ango'lano] *adj.* **1.** Pertencente ou relativo à Angola. ▸ Angolano. *s.* **2.** O natural ou habitante desse país africano. ▸ Angolano.

an.gos.to, ta. [an'gosto] [an'gohto] *adj.* Sem largura. ▸ Estreito.

an.gui.la. [an'gila] [an'gila] *f. Zoo.* Peixe, fluvial e marinho, parecido com cobra, enguia.
➡ *Reino animal*

án.gu.lo. ['angulo] ['angulo] *m. Geom.* Figura formada por duas retas que partem de um ponto comum. ▸ Ângulo.

an.gus.tia. [an'gustja] [an'guhtja] *f.* Grande aflição, ansiedade. ▸ Angústia.

an.gus.tiar. [angus'tjar] [anguh'tjar] *v.4.* Provocar angústia. ▸ Angustiar.

an.he.lar. [ane'lar] [ane'lar] *v.4.* Ter ânsia ou desejo veemente de conseguir alguma coisa. ▸ Ansiar. *Insiste con anhelar lo imposible.* Insiste em desejar o impossível.

an.he.lo. [a'nelo] [a'nelo] *m.* Desejo veemente. ▸ Anseio.

a.ni.lla. [a'niʎa] [a'niʃa] *f.* **1.** Aros que permitem pendurar algum objeto. ▸ Argolas. *Las anillas de las cortinas.* As argolas das cortinas. **2.** Aparelho utilizado em ginástica que consta de duas argolas seguradas por cordas.

a.ni.llo. [a'niʎo] [a'niʃo] *m.* **1.** Aro que se leva em algum dedo da mão como adorno. ▸ Anel. **2.** Nome que se dá a algumas estruturas de forma circular. ▸ Anel. ◆ **Anillo de boda.** Anel de casamento. **Venir como anillo al dedo.** Cair como uma luva.

a.ni.ma.ción. [anima'θjon] [anima'sjon] *f.* **1.** Estimulação. Incentivo. **2.** Técnica cinematográfica que permite recriar o movimento através de imagens fixas. ▸ Animação.

a.ni.ma.dor, do.ra. [anima'ðor] [anima'ðor] *s.* Pessoa que anima festas e espetáculos. ▸ Animador.

a.ni.mad.ver.sión. [animaðβer'sjon] [animaðβer'sjon] *f.* Aversão persistente, rancor. ▸ Animosidade.

a.ni.mal. [ani'mal] [ani'mal] *adj.* **1.** Pertencente ou relativo ao reino animal. ▸ Animal. **2.** *fig.* Que procede com grosseria ou ignorância. ▸ Animal. *m.* **3.** *Biol.* Ser dotado de sensibilidade e movimento. ▸ Animal. ◆ **¡Animal!** Insulto direcionado, geralmente, a pessoas grosseiras e sem educação. ▸ (Seu) Animal!

a.ni.mar. [ani'mar] [ani'mar] *v.4.* **1.** Dar vida ou ânimo a. ▸ Animar. **2.** *fig.* Dar incentivo. Encorajar. ▸ Animar.

á.ni.mo. ['animo] ['animo] *m.* **1.** Ver *aliento*[(2)]. Coragem. ▸ Ânimo. **2.** Vontade de realizar algo. Intenção. ▸ Ânimo. *interj.* **3.** Indica incentivo. ▸ Ânimo. *¡Ánimo, que la vida es bella!* Ânimo, que a vida é bela!

a.ni.qui.lar. [aniki'lar] [aniki'lar] *v.4.* **1.** Reduzir a nada, anular. ▸ Aniquilar. **2.** Causar a destruição total de. ▸ Exterminar.

a.ni.ver.sa.rio. [aniβer'sarjo] [aniβer'sarjo] *m.* Comemoração de uma data importante. É pouco usado para referir-se ao aniversário de nascimento de uma pessoa. ▸ Aniversário. *Aniversario del descubrimiento de América.* Aniversário do descobrimento da América.

❑ **a.no.** ['ano] ['ano] *m. Anat.* Orifício que é o extremo do aparelho digestivo, por onde se excretam as fezes. ▸ Ânus.

a.no.che. [a'notʃe] [a'notʃe] *adv.* A noite entre o dia atual e o anterior. ▸ Ontem à noite.

a.no.che.cer. [anotʃe'θer] [anotʃe'ser] *v.24.* **1.** Cair a noite. ▸ Anoitecer. *m.* **2.** Tempo durante o qual se faz noite. ▸ Anoitecer.

a.no.ma.lí.a. [anoma'lia] [anoma'lia] *f.* Falta de regularidade. Anormalidade. ▸ Anomalia.

a.nó.ma.lo. [a'nomalo] [a'nomalo] *adj.* Estranho, fenômeno raro. ▸ Anômalo.

a.no.ni.ma.to. [anoni'mato] [anoni'mato] *m.* Estado de anônimo. ▸ Anonimato.

a.nó.ni.mo, ma. [a'nonimo] [a'nonimo] *adj.* **1.** De autor desconhecido ou não nomeado. ▸ Anônimo. *U.t.c.s. Se ha vuelto loco por unas llamadas anónimas.* Ficou louco por causa de uns telefonemas anônimos. *m.* **2.** Carta cujo autor não pode ser identificado. ▸ Carta anônima. *Recibió un anónimo.* Recebeu uma carta anônima.

a.nor.mal. [anor'mal] [anor'mal] *adj.* **1.** Diz-se de situação, coisa ou pessoa de característica não frequente. ▸ Anormal. **2.** Diz-se de pessoa deficiente, excepcional. ▸ Anormal.

a.no.ta.ción. [anota'θjon] [anota'sjon] *f.* Ato ou efeito de anotar. ▸ Anotação. ◆ **Anotación marginal.** Anotação feita na margem de um escrito ou documento. ▸ Averbação.

a.no.tar. [ano'tar] [ano'tar] *v.4.* Tomar nota ou apontamento. ▸ Anotar.

an.sia. ['ansja] ['ansja] *f.* Ver *ansiedad*. ▸ Ânsia.

an.sie.dad. [ansje'ðaθ] [ansje'ðað] *f.* Estado de inquietude e aflição. ▸ Ansiedade.

an.sio.so, sa. [an'sjoso] [an'sjoso] *adj.* Que tem ânsia ou desejo veemente de alguma coisa. Aflito. ▸ Ansioso.

an.ta.gó.ni.co, ca. [anta'ɣoniko] [anta'ɣoniko] *adj.* Que é contrário, oposto, antagônico. *Nosotros tenemos opiniones antagónicas.* Nós temos opiniões antagônicas.

an.ta.ño. [an'taɲo] [an'taɲo] *adv.* Em tempos remotos. ▸ Antanho.

an.te. ['ante] ['ante] *m. Zool.* **1.** Mamífero quadrúpede ruminante. ▸ Alce. *prep.* **2.** Diante de. ▸ Ante. **3.** Em comparação com. ▸ Ante. Perante. ◆ **Ante todo.** Antes de mais nada.

an.te.a.no.che. [antea'notʃe] [antea'notʃe] *adv.* A noite do dia anterior ao que passou. ▸ Noite de anteontem.

an.te.a.yer. [ante'ajer] [ante'aʃer] *adv.* O dia que antecedeu o anterior ao atual. ▸ Anteontem.

an.te.bra.zo. [ante'βraθo] [ante'βraso] *m.* Parte do braço que vai da mão até o cotovelo, antebraço. ▸ Antebraço.

an.te.ce.den.te. [anteθe'ðente] [antese'ðente] *adj.* **1.** Que antecede. Precedente. ▸

Antecedente. *m.* 2. Ato ou fato anterior. ▸ Antecedente.

an.te.ce.sor, so.ra. [anteθe'sor] [antese'sor] *adj.* 1. Anterior no tempo. ▸ Antecessor. *s.* 2. Indivíduo em relação ao que dele descende. Predecessor, antepassado. ▸ Antecessor.

an.te.la.ción. [antela'θjon] [antela'sjon] *f.* Anterioridade com que se comunica, realiza-se ou é realizado algo. ▸ Antecipação. ◆ **Con antelación.** Com antecedência. *Nos había hablado del examen con antelación.* Havia nos falado da prova com antecedência.

an.te.ma.no. (de) [ante'mano] [ante'mano] *loc.* Com antecipação, anteriormente, de antemão, previamente. ▸ De antemão.

an.te.me.ri.dia.no. [antemeri'ðjano] [antemeri'ðjano] *adj.* 1. Pertencente ou relativo ao período de tempo compreendido entre meia-noite e meio-dia. ▸ Antemeridiano. *adv.* 2. Antes do meio-dia. ▸ Antemeridiano.

an.te.na. [an'tena] [an'tena] *f.* 1. Dispositivo que serve para receber ou emitir ondas. ▸ Antena. 2. *Anat.* Apêndice articulado e sensível presente na cabeça de alguns animais. ▸ Antena.

an.te.no.che. [ante'notʃe] [ante'notʃe] *adv.* Ver *anteanoche.* ▸ Noite de anteontem.

an.te.o.jo. [ante'oxo] [ante'oxo] *m.* 1. Cilindro que contém um conjunto de lentes para auxiliar a visão dos objetos. ▸ Luneta. *pl.* 2. Instrumento binocular para ver objetos a longa distância. ▸ Binóculos. 3. (*Amér.*) Ver *gafas.* ▸ Óculos.

an.te.pa.sa.do, da. [antepa'saðo] [antepa'saðo] *adj.* 1. Tempo passado anterior a outro tempo passado. ▸ Antepassado.*m.* 2. Ver *antecesor*[(2)]. Ancestral. ▸ Antepassado.

an.te.po.ner. [antepo'ner] [antepo'ner] *v.40.* 1. Pôr antes. ▸ Antepor. 2. Optar, preferir. ▸ Antepor.

an.te.rior. [ante'rjor] [ante'rjor] *adj.* Que precede no tempo e/ou no espaço. ▸ Anterior.

an.tes. ['antes] ['antes] *adv.* 1. Em tempo anterior. Antigamente. ▸ Antes. 2. De preferência. ▸ Antes. *Antes llegar atrasado que no ir.* Antes chegar atrasado que não ir. 3. Em lugar mais próximo. Anteriormente. ▸ Antes. *La librería está antes de llegar a la esquina.* A livraria está antes de chegar à esquina. ◆ **Antes hoy que mañana.** Quanto antes melhor. **No vendas la piel antes de cazar al oso.** Antes de matar a onça, não se vende o couro. / Não conte com o ovo antes de a galinha botá-lo.

an.ti.ci.pa.ción. [antiθipa'θjon] [antisipa'sjon] *f.* Ato ou efeito de antecipar. ▸ Antecipação.

an.ti.ci.par. [antiθi'par] [antisi'par] *v.4.* 1. Fazer com que uma coisa aconteça antes do tempo previsto. ▸ Antecipar. *v.p.* 2. Antepor-se a alguém na realização de algo. ▸ Antecipar-se.

an.ti.ci.po. [anti'θipo] [anti'sipo] *m.* 1. Ato ou efeito de antecipar. ▸ Antecipação. 2. Pagamento realizado com antecipação. ▸ Adiantamento.

an.ti.cua.do, da. [anti'kwaðo] [anti'kwaðo] *adj.* 1. Que caiu em desuso. ▸ Antiquado. 2. Que procede com modos retrógrados ou tem ideias ultrapassadas. Careta. ▸ Antiquado.

an.ti.cuer.po. [anti'kwerpo] [anti'kwerpo] *m. Biol.* Cada uma das substâncias produzidas pelo organismo como reação aos elementos estranhos a ele. ▸ Anticorpo.

an.ti.faz. [anti'faθ] [anti'fas] *m.* Véu, máscara, com que se cobre o rosto, especialmente a região dos olhos. ▸ Máscara.

an.ti.gua.men.te. [antiɣwa'mente] [antiɣwa'mente] *adv.* Em tempo passado. ▸ Antigamente.

an.ti.güe.dad. [antiɣwe'ðaθ] [antiɣwe'ðað] *f.* 1. Qualidade de antigo. ▸ Idade. 2. *n.p.* Era antiga. ▸ Antiguidade. 3. Tempo de permanência em um emprego. ▸ Antiguidade. *pl.* 4. Objetos antigos. ▸ Antiguidades.

an.ti.guo, gua. [an'tiɣwo] [an'tiɣwo] *adj.* 1. Que existe há muito tempo ou existiu em tempo remoto. ▸ Antigo. 2. Que passa muito tempo em uma atividade. ▸ Antigo. 3. Diz-se do veterano. ▸ Antigo. *m.pl.* 4. Habitantes de outras épocas. ▸ Antigos.

an.ti.hé.ro.e. [anti'eroe] [anti'eroe] *m. Lit.* Personagem de uma obra de ficção que desempenha funções próprias do herói, mas difere dele por sua aparência e por seus valores. ▸ Anti-herói.

an.ti.pa.tí.a. [antipa'tia] [antipa'tia] *f.* Sentimento de aversão. ▸ Antipatia.

an.ti.pá.ti.co, ca. [anti'patiko][anti'patiko] *adj.* Que inspira antipatia. ▸ Antipático. *U.t.c.s.*

an.tí.po.da. [an'tipoða] [an'tipoða] *adj.* Diz-se de habitante que, em relação a outro do globo, se encontra em lugar diametralmente oposto. ▸ Antípoda. *U.t.c.s. Los japoneses son* *antípodas de los brasileños.* Os japoneses são antípodas dos brasileiros.

an.tí.te.sis. [an'titesis] [an'titesis] *f. Ling.* Figura pela qual se destaca a oposição entre duas palavras, situações ou ideias. ▸ Antítese.

an.ti.vi.rus. [anti'birus] [anti'birus] *m. Inform.* Programa utilizado para detectar e eliminar vírus de computadores. ▸ Antivírus.

an.to.jar. [anto'xar] [anto'xar] *v.4. v.p.* **1.** Sentir veemente desejo de alguma coisa. ▸ Ansiar. **2.** Ter vontade súbita. ▸ Ansiar. **3.** Ter desejos durante a gravidez. ▸ Ter vontade de. *Se le antojó comer fresas con mantequilla.* Teve vontade de comer morangos com manteiga.

☐ **an.to.jo.** [an'toxo] [an'toxo] *m.* Desejo vivo e passageiro, atribuído principalmente a mulheres grávidas. Desejo. ▸ Capricho.

an.to.lo.gí.a. [antolo'xia] [antolo'xia] *f. col.* Coleção de peças escolhidas de literatura, poesia, música, etc. ▸ Antologia.

an.tó.ni.mo, ma. [an'tonimo] [an'tonimo] *adj. Ling.* Diz-se das palavras que têm significados que se opõem. ▸ Antônimo. *U.t.c.m.*

an.tor.cha. [an'tortʃa] [an'tortʃa] *f.* Facho, geralmente escuro, que se acende para iluminar. Archote. ▸ Tocha. *La antorcha olímpica es el símbolo de la fraternidad universal.* A tocha olímpica é o símbolo da fraternidade universal.

an.tro. ['antro] ['antro] *m.* **1.** Cova funda e escura. Caverna. ▸ Antro. **2.** *fig.* Esconderijo de delinquentes. Arapuca, covil. ▸ Antro. **3.** *fig.* Lugar de vícios. Espelunca, pocilga. ▸ Antro.

an.tro.po.lo.gí.a. [antropolo'xia] [antropolo'xia] *f.* Ciência que estuda o homem, em suas facetas socioculturais. ▸ Antropologia.

a.nual. [a'nwal] [a'nwal] *adj.* **1.** Que se repete a cada ano. ▸ Anual. **2.** Que dura um ano. ▸ Anual.

a.nua.li.dad. [anwali'ðaθ] [anwali'ðað] *f.* **1.** Qualidade de anual. ▸ Anuidade. **2.** Quantia que se recebe ou se paga anualmente. ▸ Anuidade.

a.nu.dar. [anu'ðar] [anu'ðar] *v.4.* Fazer um ou mais nós. ▸ Dar nó.

a.nuen.cia. [a'nwenθja] [a'nwensja] *f.* Ato ou efeito de dar apoio ou aprovação. ▸ Anuência.

a.nu.la.ción. [anula'θjon] [anula'sjon] *f.* Ato ou efeito de anular. ▸ Anulação.

a.nu.lar. [anu'lar] [anu'lar] *v.4.* **1.** Tornar nulo, invalidar. ▸ Anular. *m.* **2.** O quarto dedo da mão a partir do polegar. ▸ Anular.

a.nun.cian.te. [anun'θjante] [anun'sjante] *adj.* Que anuncia. Anunciador. ▸ Anunciante. *U.t.c.s.*

a.nun.ciar. [anun'θjar] [anun'sjar] *v.4.* **1.** Dar notícia, avisar, comunicar. ▸ Anunciar. *v.p.* **2.** Fazer-se anunciar. Apresentar-se. ▸ Anunciar-se.

a.nun.cio. [a'nunθjo] [a'nunsjo] *m.* Ato ou efeito de anunciar. ▸ Anúncio. ◆ **Anuncio por palabras.** Anúncio cujo preço se fixa pelo número de palavras que contém. **Prohibido fijar anuncios.** Proibido colocar cartazes. **Tablón de anuncios.** Quadro de avisos.

an.zue.lo. [an'θwelo] [an'swelo] *m.* Pequeno gancho terminado em farpa para pescar. ▸ Anzol. ◆ **Echar / tragar el anzuelo.** Lançar / morder a isca.

a.ña.di.do, da. [aɲa'ðiðo] [aɲa'ðiðo] *adj.* **1.** Que recebeu ou serve de acréscimo, complemento. ▸ Acrescentado. *m.* **2.** Acréscimo, aditamento.

a.ña.di.du.ra. [aɲaði'ðura] [aɲaði'ðura] *f.* Aquilo que se acrescenta a alguma coisa. Aumento. ▸ Acréscimo. ◆ **Por añadidura.** Ainda por cima. *No fue a la escuela y por añadidura no nos llamó para hablar del trabajo.* Não foi à escola e ainda por cima não nos ligou para falar do trabalho.

a.ña.dir. [aɲa'ðir] [aɲa'ðir] *v.6.* Incorporar uma coisa a outra. ▸ Acrescentar. *Añade leche al puré para que quede cremoso.* Acrescente leite ao puré para que fique cremoso.

a.ñe.jo, ja. [a'ɲexo] [a'ɲexo] *adj.* Diz-se de bebida que tem mais de um ano. ▸ Envelhecido. *Los vinos añejos suelen ser los mejores.* Os vinhos envelhecidos costumam ser os melhores.

a.ñil. [a'ɲil] [a'ɲil] *adj.* **1.** Da cor anil. ▸ Anil. *m.* **2.** O nome dessa cor. ▸ Anil.

a.ño. ['aɲo] ['aɲo] *m.* **1.** Período de doze meses. ▸ Ano. **2.** *Astr.* Espaço de tempo gasto pela Terra em uma translação completa em volta do Sol. ▸ Ano. ◆ **Entrado en años.** De idade avançada. **Ganar año.** Ser aprovado em um curso. **Perder año.** Ser reprovado em um curso. **Por los años de.** Pelos anos de. *La gente abandonó el pueblo por los años de 1950.* As pessoas abandonaram o povoado pelos anos de 1950.

a.ño.ran.za. [aɲoˈranθa] [aɲoˈransa] *f.* Recordação melancólica de pessoa ou acontecimento. ▶ Saudade. *Siempre que vuelvo a mi ciudad, siento añoranza de mi infancia.* Sempre que volto a minha cidade, sinto saudade da minha infância.

a.ño.rar. [aɲoˈrar] [aɲoˈrar] *v.4.* Sentir falta de algo. ▶ Ter saudade. *Añoro mis últimas vacaciones con mi familia.* Tenho saudade das minhas últimas férias com minha família.

a.pa.ci.ble. [apaˈθiβle] [apaˈsiβle] *adj.* Ver *ameno*. ▶ Ameno. Aprazível.

a.pa.dri.nar. [apaðriˈnar] [apadriˈnar] *v.4.* **1.** Ser padrinho de alguém. Apadrinhar. **2.** Patrocinar, sustentar. ▶ Promover.

a.pa.gar. [apaˈɣar] [apaˈɣar] *v.9.* **1.** Extinguir o fogo ou a luz. Desligar. ▶ Apagar. **2.** *fig.* Atenuar os sentimentos. ▶ Apagar. *Hace mucho que el amor entre los dos se apagó.* Faz muito tempo que o amor entre os dois se apagou.

a.pa.gón. [apaˈɣon] [apaˈɣon] *m.* Interrupção transitória no fornecimento da energia elétrica. ▶ Blecaute. Apagão.

a.pa.ñar. [apaˈɲar] [apaˈɲar] *v.4.* **1.** Limpar, ordenar. ▶ Arrumar. **2.** Consertar algo quebrado. ▶ Arrumar. **3.** Apoderar-se oculta ou ilicitamente de algo. ▶ Apanhar.

a.pa.ño. [aˈpaɲo] [aˈpaɲo] *m. fam.* **1.** ❑ Arrumação, conserto feito às pressas. Remendo. **2.** ❑ Relação amorosa ou sexual, caso.

a.pa.ra.dor. [aparaˈðor] [aparaˈðor] *m.* Móvel no qual se guarda o necessário para o serviço da mesa. Bufete. ▶ Aparador.
➡ *Muebles*

a.pa.ra.to. [apaˈrato] [apaˈrato] *m.* **1.** Estrutura de poder, de força. ▶ Aparato. **2.** Exibição de pompa. Ostentação. ▶ Aparato. **3.** *Biol.* Conjunto de órgãos do corpo destinado a desempenhar certa função. ▶ Aparelho. *La hinchazón de las piernas puede ser síntoma de problemas en el aparato circulatorio.* O inchaço das pernas pode ser sintoma de problemas no aparelho circulatório. **4.** Objeto dotado de um mecanismo complexo. ▶ Aparelho. *El teléfono es un aparato que permite la comunicación verbal a distancia.* O telefone é um aparelho que permite a comunicação verbal a distância. ◆ **Aparatos de gimnasia.** Aparelhos de ginástica. **Aparato de televisión.** Aparelho de televisão.

a.par.ca.mien.to. [aparkaˈmjento] [aparkaˈmjento] *m.* **1.** Ato ou efeito de estacionar um veículo. ▶ Estacionamento. **2.** Local destinado à guarda de veículos. ▶ Estacionamento.

a.par.car. [aparˈkar] [aparˈkar] *v.7.* Parar e deixar um veículo em local público ou privado destinado a esta finalidade. ▶ Estacionar.

a.pa.re.cer. [apareˈθer] [apareˈser] *v.24.* **1.** Surgir repentinamente. ▶ Aparecer. *Apareció cuando nadie lo esperaba.* Apareceu quando ninguém o esperava. **2.** Ser achado o que estava perdido. ▶ Aparecer.

❑ **a.pa.re.ci.do, da.** [apareˈθiðo] [apareˈsiðo] *m.* Fantasma de alguém que já morreu. ▶ Assombração.

a.pa.ren.tar. [aparenˈtar] [aparenˈtar] *v.4.* **1.** Dar a entender o que não é. Simular, parecer. ▶ Aparentar. **2.** Ter aspecto de. ▶ Aparentar. *Aparenta ser una persona seria.* Aparenta ser uma pessoa séria.

a.pa.ren.te. [apaˈrente] [apaˈrente] *adj.* Que parece ser, mas não é. ▶ Aparente.

a.pa.ri.ción. [apariˈθjon] [apariˈsjon] *f.* Ato ou efeito de aparecer. ▶ Aparição. **2.** Fantasma, assombração. ▶ Aparição

a.pa.rien.cia. [apaˈrjenθia] [apaˈrjensia] *f.* **1.** Aspecto exterior de uma pessoa ou coisa. ▶ Aparência. **2.** Aquilo que parece ser mas não é. ▶ Aparência. ◆ **En apariencia.** Aparentemente. **Guardar las apariencias.** Manter as aparências. *Fingían estar felices, pero se notaba que no se llevaban bien; solo guardaban las apariencias.* Fingiam estar felizes, mas dava para notar que não se davam bem; só mantinham as aparências.

a.par.ta.do, da. [aparˈtaðo] [aparˈtaðo] *adj.* **1.** Que se encontra em lugar afastado, remoto, longínquo. ▶ Isolado. **2.** Desviado do caminho. ▶ Apartado. ◆ **Apartado de correos.** Caixa postal. *m.* **3.** Parte, subdivisão de um texto. ▶ Seção.

a.par.ta.men.to. [apartaˈmento] [apartaˈmento] *m.* Cada uma das residências que fazem parte de um edifício destinado à moradia. ▶ Apartamento.

a.par.tar. [aparˈtar] [aparˈtar] *v.4.* Provocar separação, desunião, divisão. ▶ Apartar.

a.par.te. [aˈparte] [aˈparte] *adv.* **1.** Em outro lugar, em separado. ▶ À parte. *m.* **2.** *Teat.* Monólogo ou reflexão que um ator faz em cena, como se os outros personagens não ouvissem. ▶ Aparte.

a.pa.sio.na.do, da. [apasjoˈnaðo] [apasjoˈnaðo] *adj.* Que sente paixão. ▶ Apaixonado.

a.pa.sio.nar. [apasjo'naɾ] [apasjo'naɾ] *v.4.* **1.** Despertar paixão. ▸ Apaixonar. **2.** Causar tormento. Consternar. ▸ Apaixonar. *v.p.* **3.** *fig.* Tomar paixão extrema por pessoa ou coisa. ▸ Apaixonar-se.

a.pa.tí.a. [apa'tia] [apa'tia] *f.* Falta de energia. Indolência. ▸ Apatia.

a.pe.ar. [ape'aɾ] [ape'aɾ] *v.4.* **1.** Fazer descer, abaixar, arriar. ▸ Apear. **2.** Desmontar do cavalo. ▸ Apear. *Apeó la hija del caballito.* Desceu a filha do cavalinho. **3.** Descer de veículo. ▸ Descer.

a.pe.dre.ar. [apeðɾe'aɾ] [apeðɾe'aɾ] *v.4.* **1.** Atirar pedras contra alguém ou algo. ▸ Apedrejar. **2.** Supliciar a pedradas. ▸ Apedrejar. **3.** Chover pedras de granizo. ▸ Granizar.

a.pe.gar. [ape'ɣaɾ] [ape'ɣaɾ] *v.9. v.p. fig.* Ver *encariñar*. Afeiçoar-se. ▸ Apegar-se.

a.pe.go. [a'peɣo] [a'peɣo] *m.* Ato ou efeito de apegar(-se). ▸ Apego.

a.pe.la.ción. [apela'θjon] [apela'sjon] *f.* Ato ou efeito de apelar. ▸ Apelação.

a.pe.lar. [ape'laɾ] [ape'laɾ] *v.4.* **1.** *Dir.* Solicitar ao juiz a reavaliação de uma sentença. ▸ Apelar. **2.** *fig.* Pedir auxílio. ▸ Apelar.

❏ **a.pe.lli.do.** [ape'ʎiðo] [ape'ʃiðo] *m.* Nome de família com que se identificam as pessoas. ▸ Sobrenome. *Sus apellidos son Pérez y Rojas; Pérez por parte de padre y Rojas por parte de madre.* Seus sobrenomes são Pérez e Rojas; Pérez por parte de pai e Rojas por parte de mãe.

Apellido

¿Cuál es tu / su apellido?
Mi apellido es Gómez.

a.pe.na.do. [ape'naðo] [ape'naðo] *adj.* **1.** Que sente pena. ▸ Entristecido. **2.** Que sente vergonha. ▸ Envergonhado.

❏ **a.pe.nas.** [a'penas] [a'penas] *adv.* **1.** Quase não, com dificuldade. ▸ Mal. *Apenas entra el sol por las ventanas.* Quase não entra sol pelas janelas. **2.** Imediatamente após. ▸ Assim que. *Apenas salí, empezó a llover.* Assim que saí, começou a chover. ◆ **Apenas si.** Quase não. *Era un rumor tan ligero, que apenas si se oía.* Era um barulho tão fraco, que quase não se ouvia.

a.pén.di.ce. [a'pendiθe] [a'pendise] *m.* **1.** Parte anexa a uma obra, acréscimo. ▸ Apêndice. **2.** *Anat.* Prolongação que tem o intestino. ▸ Apêndice.

a.pen.di.ci.tis. [apendi'θitis] [apendi'sitis] *f. Med.* Inflamação do apêndice. ▸ Apendicite.

a.pe.ri.ti.vo, va. [ape'ɾitiβo] [ape'ɾitiβo] *adj.* **1.** Que serve para estimular o apetite. ▸ Aperitivo. *m.* **2.** Bebida que se toma antes de uma refeição e pequena porção de alimento que a acompanha. ▸ Aperitivo.

a.per.tu.ra. [apeɾ'tuɾa] [apeɾ'tuɾa] *f.* **1.** Ato de abrir. ▸ Abertura. **2.** Início de eventos. Inauguração. ▸ Abertura. **3.** *Desp.* Lance inicial em esportes e jogos. ▸ Abertura.

a.pes.tar. [apes'taɾ] [apeh'taɾ] *v.4.* **1.** Causar ou transmitir peste. Infeccionar, contaminar. ▸ Contaminar. **2.** Cheirar mal. Feder. ▸ Empestear.

a.pe.te.cer. [apete'θeɾ] [apete'seɾ] *v.24.* Ter apetite de. Desejar. ▸ Apetecer.

a.pe.ten.cia. [ape'tenθja] [ape'tensja] *f.* Ver *apetito*. ▸ Apetência.

a.pe.ti.to. [ape'tito] [ape'tito] *m.* **1.** Instinto que impulsiona à busca da satisfação de uma necessidade. ▸ Apetite. **2.** Vontade de comer. Apetência. ▸ Apetite. **3.** Desejo sexual. ▸ Apetite.

a.pe.ti.to.so, sa. [apeti'toso] [apeti'toso] *adj.* **1.** Que desperta o apetite ou desejo. ▸ Apetitoso. **2.** Ver *sabroso*. ▸ Apetitoso.

a.pia.dar. [a'pjadaɾ] [a'pjadaɾ] *v.* **1.** Causar compaixão, pena. ▸ Apiedar. **2.** *v.p.* Compadecer-se. ▸ Apiedar-se.

á.pi.ce. ['apiθe] ['apise] *m.* **1.** Ponto mais elevado de uma coisa. Vértice, cume. ▸ Ápice. **2.** *fig.* O mais alto grau. Apogeu. ▸ Ápice. *Está en el ápice de su carrera.* Está no ápice de sua carreira.

a.pi.la.do.ra. [apila'ðoɾa] [apila'ðoɾa] *f.* Máquina que faz empilhamento. ▸ Empilhadeira.

a.pi.lar. [api'laɾ] [api'laɾ] *v.4.* Dispor ou amontoar coisas umas sobre as outras. ▸ Empilhar.

a.pio. ['apjo] ['apjo] *m. Bot.* Planta de talo comestível. Aipo. ▸ Salsão. ➡ *Vegetales*

a.pi.so.na.do.ra. [apisona'ðoɾa] [apisona'ðoɾa] *f.* Máquina para aplanar a terra. ▸ Rolo compressor.

a.pla.car. [apla'kaɾ] [apla'kaɾ] *v.7.* Proporcionar alívio. Apaziguar, acalmar. ▸ Aplacar.

a.pla.na.do.ra. [aplana'dora] [aplana'dora] *f.* Máquina niveladora de terrenos. ▸ Niveladora.

a.pla.nar. [apla'naɾ] [apla'naɾ] *v.4.* Tornar plano. Igualar, nivelar. ▸ Aplanar.

a.plas.tar. [aplas'taɾ] [aplah'taɾ] *v.4.* **1.** Apertar algo até diminuir sua grossura. Aplanar. ▸ Esmagar. **2.** *fig.* Causar derrota, humilhando. ▸ Arrasar.

a.plau.dir. [aplau̯'diɾ] [aplau̯'diɾ] *v.6.* **1.** Bater palmas em sinal de aprovação ou entusiasmo. ▸ Aplaudir. **2.** *fig.* Demonstrar com palavras ou gestos aprovação ou entusiasmo. ▸ Aplaudir.

a.plau.so. [a'plau̯so] [a'plau̯so] *m.* **1.** Aclamação com palmas. ▸ Aplauso. **2.** *fig.* Demonstração de aprovação. ▸ Aplauso. *Mis aplausos por su brillante tesis doctoral.* Meus aplausos por sua brilhante tese de doutorado.

a.pla.za.mien.to. [aplaθa'mjento] [aplasa'mjento] *m.* **1.** Ato ou efeito de adiar. ▸ Adiamento. **2.** Transferência para outro dia. ▸ Adiamento.

a.pla.zar. [apla'θaɾ] [apla'saɾ] *v.13.* **1.** Transferir para outro dia. ▸ Adiar. **2.** Dar nota baixa. ▸ Reprovar.

a.pli.ca.ción. [aplika'θjon] [aplika'sjon] *f.* **1.** Ato ou efeito de aplicar. ▸ Aplicação. **2.** Afinco e concentração no que se faz, em especial no estudo. ▸ Aplicação. *Inform.* **3.** Programa de computador. ▸ Aplicativo.

a.pli.car. [apli'kaɾ] [apli'kaɾ] *v.7.* **1.** Pôr uma coisa em contato com outra. ▸ Relacionar. *v.p.* **2.** Dedicar-se a uma atividade, especialmente aos estudos. ▸ Aplicar-se. **3.** *fig.* Utilizar conhecimentos com um fim específico. ▸ Aplicar. *Aplicó una nueva técnica.* Aplicou uma nova técnica.

a.pli.que. [a'plike] [a'plike] *m.* Luminária com um ou mais braços que se instala na parede. ▸ Aplique.

a.plo.mo. [a'plomo] [a'plomo] *m.* Ponderação nas ações. Serenidade. ▸ Prumo.

a.po.ca.lip.sis. [apoka'lipsis] [apoka'lipsis] *m. n.p. Rel.* Último livro do Novo Testamento, referente ao fim do mundo. ▸ Apocalipse.

a.pó.co.pe. [a'pokope] [a'pokope] *f.* Supressão de um ou mais sons no fim da palavra. ▸ Apócope.

a.po.de.ra.do, da. [apoðe'raðo] [apoðe'raðo] *s.* Pessoa que recebeu poderes de outro para representá-lo e agir em seu nome. ▸ Procurador.

a.po.de.rar. [apoðe'raɾ] [apoðe'raɾ] *v.4.* **1.** Dar procuração. *v.p.* **2.** Tomar posse sem permissão. ▸ Apoderar-se.

a.po.do. [a'poðo] [a'poðo] *m.* Designação especial que se emprega em lugar do nome. Alcunha, cognome. ▸ Apelido. *Era conocido por el apodo de Cantinflas.* Era conhecido pelo apelido de Cantinflas.

a.po.ge.o. [apo'xeo] [apo'xeo] *m.* **1.** *Astr.* O ponto da órbita de um astro mais distante da Terra. ▸ Apogeu. **2.** O mais alto grau. ▸ Apogeu.

a.por.tar. [apor'taɾ] [apor'taɾ] *v.4. Fin.* Participar com bens ou capital em uma atividade empresarial. ▸ Contribuir.

a.por.te. [a'porte] [a'porte] *m.* Ato ou efeito de contribuir. ▸ Contribuição.

a.po.sen.tar. [aposen'taɾ] [aposen'taɾ] *v.4.* Oferecer pousada. ▸ Hospedar. *Lo aposenté en casa durante dos días.* Hospedei-o na minha casa por dois dias.

a.po.sen.to. [apo'sento] [apo'sento] *m.* **1.** Quarto ou compartimento de casa. ▸ Cômodo. **2.** Alojamento e auxílio dado a uma pessoa. Acomodação. ▸ Hospedagem.

a.pó.si.to. [a'posito] [a'posito] *m. Med.* Curativo utilizado para cobrir pequenos ferimentos. ▸ Emplasto.

a.pós.tol. [a'postol] [a'pohtol] *m.* **1.** *Rel.* Cada um dos doze discípulos de Cristo. ▸ Apóstolo. **2.** Aquele que evangeliza. ▸ Apóstolo. **3.** Propagador de uma doutrina. ▸ Apóstolo.

a.pós.tro.fo. [a'postrofo] [a'pohtrofo] *m.* Sinal gráfico (') sobreposto, que serve para indicar a supressão de letra ou letras. ▸ Apóstrofe.

a.po.te.o.sis. [apote'osis] [apote'osis] *f.* **1.** Ato de atribuir divindade a. Deificação. ▸ Apoteose. **2.** *Teat.* Cena final, deslumbrante, de uma peça de teatro. ▸ Apoteose.

a.po.yar. [apo'jaɾ] [apo'ʃaɾ] *v.4.* **1.** Repousar uma coisa sobre outra. Encostar. ▸ Apoiar. **2.** Dar sustento. Patrocinar, amparar. ▸ Apoiar.

a.po.yo. [apo'jo] [apo'ʃo] *m.* **1.** O que serve para sustentar. Suporte, base. ▸ Apoio. **2.** *fig.* Proteção, ajuda, auxílio. ▸ Apoio.

a.pre.ciar. [apre'θjaɾ] [apre'sjaɾ] *v.4.* **1.** Sentir afeto e estima por uma pessoa. ▸ Prezar. **2.** Valorizar o mérito de algo ou alguém. ▸ Apreciar.

a.pre.cio. [a'preθjo] [a'presjo] *m.* Consideração afetuosa dispensada a alguém ou a algo. ▶ Apreço.

a.pre.hen.der. [apreen'der] [apreen'deɾ] *v.5.* Fazer apreensão de. Capturar, confiscar. ▶ Apreender.

a.pre.hen.sión. [apreen'sjon] [apreen'sjon] *f.* Ato ou efeito de apreender, capturar, deter. ▶ Apreensão.

a.pre.hen.si.vo, va. [apreen'siβo] [apreen'siβo] *adj.* Que manifesta receio. ▶ Apreensivo.

a.pre.miar. [apre'mjar] [apre'mjaɾ] *v.4.* Afobar, incitar alguém. ▶ Apressar.

a.pre.mio. [a'premjo] [a'premjo] *m.* Ato ou efeito de pressionar. Afobação. ▶ Pressão.

a.pren.der. [apren'der] [apren'deɾ] *v.5.* **1.** Adquirir conhecimentos. ▶ Aprender. **2.** Fixar algo na memória. Estudar. ▶ Aprender.

a.pren.diz, di.za. [apren'diθ] [apren'dis] *s.* Aquele que aprende um ofício ou arte. ▶ Aprendiz. ➡ *Profesiones*

a.pren.di.za.je. [aprendi'θaxe] [aprendi'saxe] *m.* Ato ou efeito de aprender algum ofício ou arte. Aprendizado. ▶ Aprendizagem.

a.pren.sión. [apren'sjon] [apren'sjon] *f.* **1.** Ato ou efeito de apreender. ▶ Apreensão. **2.** Sentimento de receio, preocupação. ▶ Apreensão.

a.pre.su.rar. [apresu'rar] [apresu'raɾ] *v.4.* Dar pressa a, tornar rápido. ▶ Apressar.

a.pre.tar. [apre'tar] [apre'taɾ] *v.15.* **1.** Envolver com força, com os braços ou com as mãos. ▶ Apertar. **2.** Exercer pressão sobre. Oprimir. ▶ Apertar. **3.** Ajustar roupas que estão folgadas. ▶ Apertar. ◆ **Apretarse el cinturón.** Conter gastos. ▶ Apertar o cinto.

a.pre.tón. [apre'ton] [apre'ton] *m.* **1.** Pressão muito forte. ▶ Aperto. **2.** Ato de agarrar com violência. ▶ Apertão. ◆ **Apretón de manos.** Aperto de mãos.

a.pre.tu.jar. [apretu'xar] [apretu'xaɾ] *v.4.* **1.** Comprimir com força. ▶ Apertar. *v.p.* **2.** Empurrar com os cotovelos. ▶ Acotovelar-se.

a.prie.to. [a'prjeto] [a'prjeto] *m.* Situação difícil. ▶ Apuro. ◆ **Estar en aprietos.** Estar em apuros.

a.pri.sa. [a'prisa] [a'prisa] *adv.* Com velocidade. ▶ Depressa.

a.pro.ba.ción. [aproβa'θjon] [aproβa'sjon] *f.* Ato ou efeito de aprovar. ▶ Aprovação.

a.pro.bar. [apro'βar] [apro'βaɾ] *v.18.* **1.** Considerar bom. ▶ Aprovar. **2.** Dar por habilitado um estudante em um exame ou concurso. ▶ Aprovar. *Lo aprobaron en el curso de Física.* Foi aprovado no curso de Física. **3.** Dar aprovação para que entre em vigor uma lei. Sancionar. ▶ Aprovar.

a.pro.piar. [apro'pjar] [apro'pjaɾ] *v.4.* **1.** Tornar apropriado. Acomodar. ▶ Adaptar. **2.** Tornar próprio ou adequado. ▶ Apropriar. *v.p.* **3.** Tomar como propriedade. ▶ Apropriar-se.

a.pro.ve.cha.do, da. [aproβe'tʃaðo] [aproβe'tʃaðo] *adj.* Que tira proveito de tudo. Aproveitador. ▶ Abusado.

a.pro.ve.cha.mien.to. [aproβetʃa'mjento] [aproβetʃa'mjento] *m.* Ato ou efeito de aproveitar. ▶ Aproveitamento.

a.pro.ve.char. [aproβe'tʃar] [aproβe'tʃaɾ] *v.4.* **1.** Tirar proveito. ▶ Aproveitar. **2.** Não desperdiçar. ▶ Aproveitar. *v.p.* **3.** Tirar proveito. Abusar. ▶ Aproveitar-se.

a.pro.vi.sio.nar. [aproβisjo'nar] [aproβisjo'naɾ] *v.4.* Ver *abastecer*. ▶ Abastecer.

a.pro.xi.ma.ción. [aproksima'θjon] [aproksima'sjon] *f.* **1.** Ato de aproximar ou aproximar-se. ▶ Aproximação. **2.** Cálculo o mais próximo possível da exatidão. Estimativa. ▶ Aproximação.

a.pro.xi.mar. [aproksi'mar] [aproksi'maɾ] *v.4.* **1.** Fazer chegar perto de. ▶ Aproximar. *v.p.* **2.** Chegar perto de. ▶ Aproximar-se.

ap.ti.tud. [apti'tuθ] [apti'tuð] *f.* **1.** Qualidade do que é apto. ▶ Aptidão. **2.** Capacidade ou idoneidade para desempenhar uma atividade ou função. Habilidade. ▶ Aptidão.

a.pun.tar. [apun'tar] [apun'taɾ] *v.4.* **1.** Direcionar uma arma de arremesso ou de fogo. ▶ Apontar. **2.** Mostrar com o dedo. Assinalar. ▶ Apontar. **3.** Tomar apontamento. Anotar. ▶ Apontar. **4.** Incluir em lista. ▶ Inscrever. **5.** *fig.* Fazer referência. ▶ Apontar. **6.** Começar a aparecer ou a manifestar-se. ▶ Despontar.

a.pun.te. [a'punte] [a'punte] *m.* Resultado do apontamento de uma informação. Anotação. ▶ Apontamento.

a.pu.ra.do, da. [apu'raðo] [apu'raðo] *adj.* Que tem pressa. Afobado. ▶ Apressado.

a.pu.rar. [apu'rar] [apu'raɾ] *v.4.* **1.** Requerer urgência. ▶ Urgir. **2.** Averiguar a verdade. ▶ Apurar. **3.** Ver *apremiar*. ▶ Apressar.

a.pu.ro. [a'puɾo] [a'puɾo] *m.* **1.** Situação angustiante. Aperto, dificuldade. ▸ Apuro. **2.** Necessidade urgente de chegar a um lugar ou realizar uma atividade. ▸ Pressa. ◆ **Sacar de un apuro.** Tirar do aperto.

a.quel, que.lla, que.llo. [a'kel, a'keʎa, a'keʎo] [a'kel, a'keʃa, a'keʃo] *pron.* Pronome demonstrativo que designa, entre duas pessoas, aquilo que física ou mentalmente está longe de ambas. ▸ Aquele, aquela, aquilo. *Aquel muchacho de azul y aquella muchacha de rosa estudian conmigo.* Aquele garoto de azul e aquela garota de rosa estudam comigo. ◆ **Aquellas, aquellos.** Forma plural de *aquella, aquel*. ▸ Aqueles, aquelas.

a.quí. [a'ki] [a'ki] *adv.* **1.** O lugar onde se está ou de onde se fala. Este lugar. ▸ Aqui. *De aquí salieron los colonizadores.* Daqui saíram os colonizadores. **2.** O tempo presente. ▸ Agora. *Lo que ha dicho hasta aquí es lo mismo que nada.* O que ele falou até agora é o mesmo que nada.

a.qui.li.no, na. [aki'lino] [aki'lino] *adj.* **1.** Próprio da águia. ▸ Aquilino. **2.** Diz-se de nariz cuja forma lembra o bico de uma águia. ▸ Aquilino.

á.ra.be. ['araβe] ['araβe] *adj.* **1.** Pertencente ou relativo à Arábia. ▸ Árabe. *com.* **2.** O natural ou habitante dessa região. ▸ Árabe. *m.* **3.** *Ling.* Idioma falado na Arábia. ▸ Árabe.

a.ran.cel. [aran'θel] [aran'sel] *m.* **1.** Tarifa de direitos alfandegários. ▸ Imposto. **2.** Tabela de taxas. ▸ Imposto.

a.ran.ce.la.rio. [aranθe'larjo] [aranse'larjo] *adj.* Relativo à alfândega. ▸ Alfandegário.

a.ran.de.la. [aran'dela] [aran'dela] *f.* Peça geralmente circular, fina e perfurada, que se coloca entre o parafuso e o objeto que o receberá. ▸ Arruela.

a.ra.ña. [a'raɲa] [a'raɲa] *f.* **1.** *Zool.* Inseto aracnídeo que produz seda, com a qual faz teias. ▸ Aranha. **2.** Luminária de diversos braços. ▸ Lustre.

a.ra.ñar. [ara'ɲar] [ara'ɲar] *v.4.* Ferir levemente com as unhas. ▸ Arranhar.

a.ra.ña.zo. [ara'ɲaθo] [ara'ɲaso] *m.* Ferida superficial da epiderme. ▸ Arranhão.

a.rar. [a'rar] [a'rar] *v.4. Agr.* Remover a terra fazendo sulcos com um arado. Sulcar. ▸ Arar.

ar.bi.tra.je. [arβi'traxe] [arβi'traxe] *m.* Ato de arbitrar. ▸ Arbitragem.

ar.bi.trar. [arβi'trar] [arβi'trar] *v.4.* Julgar como árbitro. ▸ Arbitrar.

ar.bi.tra.rio, ria. [arβi'trarjo] [arβi'trarjo] *adj.* **1.** Pertencente ou relativo ao árbitro ou à arbitragem. ▸ Arbitrário. **2.** Que apresenta arbitrariedade. ▸ Arbitrário.

ár.bi.tro, tra. ['arβitro] ['arβitro] *s.* **1.** Aquele que resolve questões por acordo das partes litigantes. ▸ Juiz. **2.** *Desp.* Juiz em competições esportivas. ▸ Árbitro.

ár.bol. ['arβol] ['arβol] *m.* **1.** *Bot.* Vegetal lenhoso que apresenta ramificações apenas na parte superior do caule. ▸ Árvore. **2.** *Mar.* Mastro de navio. ▸ Mastro. ◆ **Árbol genealógico.** Representação gráfica da ascendência de uma pessoa ou família. ▸ Árvore genealógica.

ar.bo.la.do, da. [arβo'laðo] [arβo'laðo] *adj.* Que tem muitas árvores. ▸ Arborizado.

ar.bo.le.da. [arβo'leða] [arβo'leða] *f.* Aglomeração de árvores. ▸ Arvoredo.

ar.cai.co, ca. [ar'kajko] [ar'kajko] *adj.* Que caiu em desuso. Antigo, antiquado. ▸ Arcaico.

ar.cén. [ar'θen] [ar'sen] *m.* Parte da estrada reservada para o trânsito de pedestres e veículos sem motor. ▸ Acostamento.

ar.chi.pié.la.go. [artʃi'pjelaɣo] [artʃi'pjelaɣo] *m. col.* Conjunto de ilhas agrupadas em certa extensão de mar. ▸ Arquipélago.

ar.chi.var. [artʃi'βar] [artʃi'βar] *v.4.* Guardar documentos e informações em um arquivo. ▸ Arquivar.

ar.chi.vo. [ar'tʃiβo] [ar'tʃiβo] *m.* **1.** Conjunto dos documentos de uma entidade. ▸ Arquivo. **2.** Lugar no qual se guardam documentos. ▸ Arquivo. **3.** *Inform.* Conjunto de informações armazenado em meio digital. ▸ Arquivo. **4.** (*Méx.*) Ver *cárcel.* ▸ Cárcere.

ar.ci.lla. [ar'θiʎa] [ar'siʃa] *f.* Tipo de terra branca muito fina que, misturada com água, é usada para fazer vasilhas. ▸ Argila.

ar.co. ['arko] ['arko] *m.* **1.** Qualquer porção de uma linha curva e contínua. ▸ Arco. **2.** Arma que atira setas. ▸ Arco. **3.** *Mús.* Vareta cujas extremidades são unidas por um fio forte esticado para tocar instrumentos musicais de corda. ▸ Arco. **4.** *Arq.* Curvatura de abóbada. ▸ Arco. ◆ **Arcoíris.** Arco colorido que resulta da passagem de luz solar através de gotículas de água suspensas no ar. ▸ Arco-íris. ➡ *Clima*

ar.der. [ar'ðer] [ar'ðer] *v.5.* Estar em chamas, queimar. ▸ Arder.

ar.dien.te. [aɾˈdjente] [aɾˈdjente] *adj.* **1.** Que queima. Ardente. **2.** Tomado pela paixão. ▸ Apaixonado.

ar.di.lla. [aɾˈðiʎa] [aɾˈðiʃa] *f.* **1.** *Zool.* Mamífero roedor que vive em bosques. ▸ Esquilo. **2.** *fig.* Pessoa irrequieta e de movimentos ágeis. ▸ Serelepe. ➠ *Reino animal*

á.re.a. [ˈaɾea] [ˈaɾea] *f.* **1.** Superfície delimitada. ▸ Área. **2.** *Geom.* Medida de uma superfície. ▸ Área. **3.** Extensão de terreno. ▸ Área. **4.** Ramo de atividade. ▸ Área.

a.re.na. [aˈɾena] [aˈɾena] *f.* **1.** Substância granulosa ou poeirenta, geralmente de quartzo. ▸ Areia. **2.** Área central de um circo, anfiteatro, onde se exibem lutas, espetáculos. ▸ Arena.

a.ren.que. [aˈɾenke] [aˈɾenke] *m. Zool.* Tipo de peixe marinho. ▸ Arenque.

a.re.te. [aˈɾete] [aˈɾete] *m.pl. (Amér.)* Ver *pendiente*[(4)]. ▸ Brincos.

ar.gen.ti.no, na. [aɾxenˈtino] [aɾxenˈtino] *adj.* **1.** Pertencente ou relativo à Argentina. ▸ Argentino. *s.* **2.** O natural ou habitante da Argentina. ▸ Argentino.

ar.go.lla. [aɾˈɣoʎa] [aɾˈɣoʃa] *f.* Aro de metal. ▸ Argola.

ar.got. [aɾˈɣot] [aɾˈɣot] *m. Ling.* **1.** Linguagem difícil de entender. ▸ Jargão. **2.** Linguagem específica de uma profissão ou de um grupo social. ▸ Jargão.

ar.gu.men.tar. [aɾɣumenˈtar] [aɾɣumenˈtar] *v.4.* **1.** Sustentar ou impugnar com argumentos. ▸ Argumentar. **2.** Levar adiante uma discussão. ▸ Argumentar.

ar.gu.men.to. [aɾɣuˈmento] [aɾɣuˈmento] *m.* **1.** Raciocínio que se emprega para provar, demonstrar ou convencer sobre a verdade ou não de uma proposição. ▸ Argumento. **2.** Assunto ou matéria de que trata uma obra. ▸ Argumento.

á.ri.do, da. [ˈaɾiðo] [ˈaɾiðo] *adj.* **1.** Diz-se de deserto. ▸ Árido. **2.** *fig.* Não ameno. Ácido. ▸ Árido.

A.ries. [ˈaɾjes] [ˈaɾjes] *m. n.p.* O primeiro signo zodiacal. ▸ Áries.

a.ris.co, ca. [aˈɾisko] [aˈɾihko] *adj.* Que procede com extrema aspereza. Intratável. ▸ Arisco.

a.ris.to.cra.cia. [aɾistoˈkɾaθja] [aɾihtoˈkɾasja] *f.* **1.** Governo de pessoas notáveis. ▸ Aristocracia. **2.** Classe nobre de um povo. ▸ Aristocracia.

a.ris.tó.cra.ta. [aɾisˈtokɾata] [aɾihˈtokɾata] *com.* **1.** *Polít.* Partidário da aristocracia. *U.s.c.adj.* **2.** Membro da nobreza. ▸ Aristocrata.

a.rit.mé.ti.ca. [aɾitˈmetika] [aɾitˈmetika] *f. Mat.* Ciência dos números, das suas propriedades e combinações. ▸ Aritmética.

ar.ma. [ˈaɾma] [ˈaɾma] *f.* **1.** Instrumento de ataque ou defesa. ▸ Arma. **2.** Corpo militar combatente. ♦ **De armas tomar.** Decidido.

ar.ma.di.llo. [aɾmaˈðiʎo] [aɾmaˈðiʃo] *m. Zool.* Mamífero que tem o corpo protegido por placas ósseas. ▸ Tatu. ➠ *Reino animal*

ar.ma.du.ra. [aɾmaˈðuɾa] [aɾmaˈðuɾa] *f.* Vestidura de ferro para combates. ▸ Armadura.

ar.ma.rio. [aɾˈmaɾjo] [aɾˈmaɾjo] *m.* Móvel com portas para guardar objetos. ▸ Armário. ♦ **Armario de vajilla.** Guarda-louça. **Armario empotrado.** Armário que está instalado no vão de uma parede. ▸ Armário embutido. ➠ *Muebles*

ar.ma.tos.te. [aɾmaˈtoste] [aɾmaˈtohte] *m.* Objeto grande e inútil. ▸ Trambolho.

ar.ma.zón. [aɾmaˈθon] [aɾmaˈson] *f.* Estrutura sobre a qual se monta alguma coisa. ▸ Armação.

ar.me.nio, nia. [aɾˈmenjo] [aɾˈmenjo] *adj.* **1.** Pertencente ou relativo à Armênia. ▸ Armênio. *s.* **2.** O natural ou habitante desse país. ▸ Armênio.

ar.mo.ní.a. [aɾmoˈnia] [aɾmoˈnia] *f.* **1.** *Mús.* União e combinação de sons. ▸ Harmonia. **2.** Amizade e bom relacionamento entre pessoas. ▸ Harmonia. **3.** Combinação adequada entre coisas. ▸ Harmonia.

ar.mo.ni.zar. [aɾmoniˈθaɾ] [aɾmoniˈsaɾ] *v.13.* **1.** Pôr em harmonia. Conciliar, congraçar. ▸ Harmonizar. **2.** Entrar em harmonia (duas ou mais pessoas ou coisas). ▸ Harmonizar-se.

ar.nés. [aɾˈnes] [aɾˈnes] *m.* Conjunto de armas. ▸ Armadura.

a.ro. [ˈaɾo] [ˈaɾo] *m.* **1.** Qualquer peça de forma circular, oca ou vazada. ▸ Aro. **2.** Brinco com essa forma. ▸ Brinco de argola.

a.ro.ma. [aˈɾoma] [aˈɾoma] *m.* Perfume agradável. ▸ Fragrância. Aroma.

ar.pa. [ˈaɾpa] [ˈaɾpa] *f. Mús.* Instrumento musical de forma triangular, com cordas dispostas verticalmente que se tocam com as duas mãos. ▸ Harpa. ➠ *Instrumentos musicales*

ar.pón. [aɾˈpon] [aɾˈpon] *m.* Instrumento semelhante a um dardo para pescar grandes peixes. ▸ Arpão.

ar.que.o.lo.gí.a. [aɾkeoloˈxia] [aɾkeoloˈxia] *f.* Estudo do passado da humanidade mediante os testemunhos materiais que dele subsistem. ▸ Arqueologia.

ar.qui.tec.to, ta. [aɾkiˈtekto] [aɾkiˈtekto] *s.* Profissional de arquitetura. ▸ Arquiteto.

ar.qui.tec.tu.ra. [aɾkitekˈtuɾa] [aɾkitekˈtuɾa] *f.* Arte de projetar e construir espaços organizados. ▸ Arquitetura.

a.rra.bal. [araˈβal] [araˈβal] *m.* Região afastada de uma cidade. Subúrbio. ▸ Arrabalde.

a.rrai.gar. [araiˈɣaɾ] [araiˈɣaɾ] *v.9.* **1.** *Bot.* Criar raízes. ▸ Arraigar. **2.** Fixar firmemente uma coisa. Enraizar. ▸ Arraigar.

a.rran.car. [araŋˈkaɾ] [araŋˈkaɾ] *v.7.* **1.** Puxar com violência. ▸ Arrancar. **2.** Desligar da raiz. Desarraigar. ▸ Desenraizar. **3.** *fig.* Obter algo com violência. ▸ Arrancar. **4.** *fig.* Provocar manifestação de sentimentos. ▸ Arrebatar. **5.** Fazer funcionar um motor. ▸ Arrancar.

a.rran.que. [aˈraŋke] [aˈraŋke] *m.* **1.** Ato ou efeito de arrancar. ▸ Arranque. **2.** Dispositivo que põe em movimento os motores. ▸ Arranque. *El coche paró en el medio de la carretera pues no tenía arranque.* O carro parou no meio da estrada, pois não tinha arranque.

a.rra.sar. [araˈsaɾ] [araˈsaɾ] *v.4.* **1.** Tornar raso, nivelar uma superfície. ▸ Aplanar. **2.** Levar à destruição. ▸ Arrasar.

a.rras.trar. [arasˈtɾaɾ] [arahˈtɾaɾ] *v.4.* Levar ou mover uma pessoa ou coisa puxando-a. ▸ Arrastar.

a.rre.gla.do, da. [areˈɣlaðo] [areˈɣlaðo] *adj.* **1.** Que foi ajustado, ordenado. ▸ Arrumado. **2.** Que apresenta asseio. ▸ Arrumado.

a.rre.glar. [areˈɣlaɾ] [areˈɣlaɾ] *v.4.* **1.** Submeter a regra. Ajustar, conformar. ▸ Arreglar. **2.** Pôr em ordem. ▸ Consertar, arrumar. *v.p.* **3.** Melhorar o aspecto físico. ▸ Arrumar-se.

a.rre.glo. [aˈreɣlo] [aˈreɣlo] *m.* **1.** Ato ou efeito de arreglar. ▸ Arreglo. **2.** Estabelecimento de regras e concordância. Ajuste, combinação, acerto. ▸ Acerto. *Hicimos un arreglo sobre los salarios y resolvimos el problema.* Fizemos um acerto sobre os salários e resolvemos o problema. **3.** Reparo para recuperação de bom estado. ▸ Conserto. *Su reloj no tiene arreglo.* Seu relógio não tem conserto. **4.** Adaptação de uma obra musical. ▸ Arranjo. *No me gustó el arreglo de la música que hicieron para el concierto.* Não gostei do arranjo da música que fizeram para o concerto.

a.rre.man.gar. [aremanˈgaɾ] [aremanˈgaɾ] *v.9.* **1.** Puxar para cima as mangas de uma roupa. ▸ Arregaçar. *U.t.c.v.p. Se arremangó la camisa para trabajar.* Arregaçou as mangas da camisa para trabalhar. **2.** *fig.* e *fam.* Preparar-se para pôr em prática uma decisão enérgica e imediata. ▸ Arregaçar as mangas. *Arremángate y al trabajo, que tenemos prisa.* Arregace as mangas e ao trabalho, pois temos pressa.

a.rren.dar. [arenˈdaɾ] [arenˈdaɾ] *v.15.* Ceder ou usufruir de um bem mediante pagamento de um valor em dinheiro. Alugar. ▸ Arrendar.

a.rre.pen.ti.mien.to. [arepentiˈmjento] [arepentiˈmjento] *m.* Efeito de arrepender. ▸ Arrependimento.

a.rre.pen.tir. [arepenˈtiɾ] [arepenˈtiɾ] *v.20. v.p.* Ter arrependimento por erros ou faltas cometidas. ▸ Arrepender-se.

a.rres.ta.do, da. [aresˈtaðo] [arehˈtaðo] *adj. Dir.* Que está na prisão. ▸ Preso. *U.t.c.s.*

a.rres.tar. [aresˈtaɾ] [arehˈtaɾ] *v.4. Dir.* Efetuar prisão. Prender. ▸ Arrestar.

a.rres.to. [aˈresto] [aˈrehto] *m. Dir.* Ato ou efeito de prender o acusado de um crime. ▸ Detenção.

a.rri.ba. [aˈriβa] [aˈriβa] *adv.* **1.** Em lugar mais elevado. ▸ Acima. **2.** Em ponto ou plano superior. ▸ Em cima. ◆ **Arriba del todo.** Na parte mais alta. **De arriba abajo.** De alto a baixo. **¡Manos arriba!** Mãos para o alto! **Patas arriba.** Totalmente fora de ordem. ▸ De pernas para o ar. *Su dormitorio siempre está patas arriba.* O quarto dele sempre está de pernas para o ar.

a.rrien.do. [aˈrjendo] [aˈrjendo] *m.* Ver *alquiler.* ▸ Aluguel.

a.rries.gar. [aˈrjesɣaɾ] [aˈrjehɣaɾ] *v.9.* Pôr em perigo. ▸ Arriscar.

a.rri.mar. [ariˈmaɾ] [ariˈmaɾ] *v.4.* **1.** Aproximar uma coisa a outra. ▸ Aproximar. *Arrima la silla a la mesa.* Aproxime a cadeira à mesa. **2.** Tocar as superfícies de duas coisas. ▸ Encostar. *v.p.* **3.** Apoiar-se, encostar-se.

a.rri.mo. [aˈrimo] [aˈrimo] *m.* **1.** Ato ou efeito de arrimar. ▸ Arrimo. **2.** Apoio, amparo.

a.rrin.co.nar. [arinko'naɾ] [arinko'naɾ] *v.4.* **1.** Pôr alguma coisa em um canto ou lugar afastado. ▸ Pôr no canto. **2.** *fig.* Pressionar, acuar uma pessoa. ▸ Encurralar.

a.rro.ba. [a'roβa] [a'roβa] *f. Inform.* Símbolo (@) utilizado nos correios eletrônicos para separar o nome do usuário do nome da empresa que permite a criação de tais correios. ▸ Arroba.

a.rro.di.llar. [aroði'ʎaɾ] [aroði'ʃaɾ] *v.4.* Pôr de joelhos. ▸ Ajoelhar. *U.t.c.v.p.*

a.rro.gan.cia. [aro'ɣanθja] [aro'ɣansja] *f.* Qualidade de arrogante. ▸ Arrogância.

a.rro.jar. [aro'xaɾ] [aro'xaɾ] *v.4.* **1.** Lançar para longe. ▸ Arremessar. **2.** Lançar em determinado lugar. ▸ Jogar.

a.rro.llar. [aro'ʎaɾ] [aro'ʃaɾ] *v.4.* **1.** Envolver fazendo um rolo. ▸ Enrolar. **2.** Chocar (um veículo em movimento) com uma pessoa, um animal, etc. ▸ Atropelar.

a.rro.yo. [a'rojo] [a'roʃo] *m.* Pequena corrente de água. Riacho. ▸ Arroio.

a.rroz. [a'roθ] [a'ros] *m. Bot.* Planta de semente comestível. ▸ Arroz. ♦ **Arroz hervido.** *Cul.* Arroz branco. **Arroz con leche.** *Cul.* Arroz-doce.

a.rru.ga. [a'ruɣa] [a'ruɣa] *f.* **1.** Prega na pele, efeito geralmente da idade. ▸ Ruga. **2.** Dobra irregular que aparece em tecidos ou materiais flexíveis. ▸ Franzimento.

a.rru.ga.do, da. [aru'ɣaðo] [aru'ɣaðo] *adj.* **1.** Que tem rugas (uma superfície). ▸ Enrugado. **2.** Diz-se da roupa que precisa ser passada a ferro. ▸ Amassado. **3.** Que demonstra aborrecimento na face. ▸ Emburrado.

a.rru.gar. [aru'ɣaɾ] [aru'ɣaɾ] *v.9.* **1.** Fazer rugas. ▸ Enrugar. **2.** Ter franzimento. ▸ Franzir. *v.p.* **3.** Mostrar na face enfado, aborrecimento. ▸ Franzir. ♦ **Arrugar la cara.** Demonstrar raiva no semblante. ▸ Fechar a cara.

a.rrui.nar. [aruj'naɾ] [aruj'naɾ] *v.4.* **1.** Causar ruína. ▸ Arruinar. **2.** *fig.* Ocasionar dano grave. Destruir. ▸ Arruinar.

ar.se.nal. [arse'nal] [arse'nal] *m.* **1.** Depósito de armas. ▸ Arsenal. **2.** Banco de dados, notícias, etc. para uso jornalístico.

ar.te. ['arte] ['arte] *amb.* **1.** Habilidade para fazer alguma coisa. ▸ Arte. **2.** Criação a partir de matéria, som ou imagem, com vistas à manifestação e à provocação de uma sensação estética. ▸ Arte.

ar.te.fac.to. [arte'fakto] [arte'fakto] *m.* Obra feita pela mão do homem. ▸ Artefato.

ar.te.ria. [ar'terja] [ar'terja] *f.* **1.** *Anat.* Cada um dos vasos que conduzem o sangue do coração para todo o corpo. **2.** Via pública. ▸ Logradouro.

ar.te.rios.cle.ro.sis. [arterjoskle'rosis] [arterjohkle'rosis] *f. Med.* Endurecimento das artérias. ▸ Arteriosclerose.

ar.te.sa.ní.a. [artesa'nia] [artesa'nia] *f.* Arte e obra dos artesãos. ▸ Artesanato.

ar.te.sa.no, na. [arte'sano] [arte'sano] *s.* Pessoa que, trabalhando com diversos materiais, produz peças e objetos em escala não industrial. ▸ Artesão.

ar.ti.cu.la.ción. [artikula'θjon] [artikula'sjon] *f.* **1.** *Anat.* Ponto de união de dois ou mais ossos. ▸ Articulação. **2.** Junção de duas peças. ▸ Articulação.

ar.ti.cu.lar. [artiku'laɾ] [artiku'laɾ] *v.4.* Estabelecer relações. Concatenar. ▸ Articular.

ar.tí.cu.lo. [ar'tikulo] [ar'tikulo] *m.* **1.** *Ling.* Tipo de texto de publicações periódicas. ▸ Artigo. **2.** *Ling.* Palavra variável que precede um substantivo, marcando seu gênero e número. ▸ Artigo. **3.** Mercadoria à venda em uma loja. ▸ Artigo. **4.** Divisão de leis, decretos, códigos, etc. ▸ Artigo. ♦ **Artículo de fondo.** Editorial. *El artículo de fondo del periódico de mañana tratará de la situación de la economía mundial.* O editorial do jornal de amanhã tratará da situação da economia mundial.

ar.ti.fi.cial. [artifi'θjal] [artifi'sjal] *adj.* **1.** Que não é natural. ▸ Artificial. **2.** Imitado do natural. Falso. ▸ Artificial.

ar.ti.lle.ro, ra. [arti'ʎero] [arti'ʃero] *adj.* **1.** Pertencente ou relativo à artilharia. ▸ Artilheiro. *m.* **2.** Militar de artilharia. ▸ Artilheiro.

ar.ti.ma.ña. [arti'maɲa] [arti'maɲa] *f.* **1.** Artifício ou astúcia. ▸ Artimanha. **2.** Armadilha para caçar.

ar.tis.ta. [ar'tista] [ar'tihta] *com.* **1.** Pessoa que pratica uma ou várias artes. ▸ Artista. **2.** Pessoa que atua em algum espetáculo. ▸ Artista.

ar.tri.tis. [ar'tritis] [ar'tritis] *f. Med.* Inflamação nas articulações. ▸ Artrite.

ar.zo.bis.po. [arθo'βispo] [arso'βihpo] *m. Rel.* O primeiro bispo entre os de uma congregação. ▸ Arcebispo.

as. [as] [as] *m.* **1.** Carta de baralho. ▸ Ás. **2.** *fig.* Pessoa que se destaca em uma atividade. ▸ Ás.

a.sa. ['asa] ['asa] *f.* Parte lateral de certos utensílios, própria para segurá-los. ▸ Asa.

a.sa.do. [a'saðo] [a'saðo] *m.* **1.** *Cul.* Carne preparada no forno. ▸ Carne assada. **2.** (*Arg.*) *Cul.* Carne preparada na grelha. ▸ Churrasco.

a.sa.la.ria.do, da. [asala'rjaðo] [asala'rjaðo] *adj.* Que recebe salário. ▸ Assalariado. *U.t.c.s.*

a.sal.tan.te. [asal'tante] [asal'tante] *adj.* Que pratica assaltos. ▸ Assaltante. *U.t.c.s.*

a.sal.tar. [asal'tar] [asal'tar] *v.4.* **1.** Dar assalto a. ▸ Assaltar. **2.** Atacar repentinamente. Surpreender, sobrevir. ▸ Assaltar. **3.** Acometer para roubar. ▸ Assaltar.

a.sal.to. [a'salto] [a'salto] *m.* Ato ou efeito de assaltar. ▸ Assalto.

a.sam.ble.a. [asam'blea] [asam'blea] *f.* **1.** *col.* Reunião de pessoas para discutir e tomar decisões. ▸ Assembleia. **2.** Corpo político e deliberante. ▸ Assembleia.

a.sar. [a'sar] [a'sar] *v.4.* **1.** Submeter um alimento à ação direta do fogo. ▸ Assar. **2.** *fig.* Deixar em brasa. ▸ Assar.

as.cen.den.cia. [asθen'denθja] [ahsen'densja] *f.* **1.** Série de antepassados. Estirpe. ▸ Ascendência. **2.** Origem de alguma coisa. ▸ Ascendência.

as.cen.den.te. [asθen'dente] [ahsen'dente] *adj.* Que sobe. ▸ Ascendente.

as.cen.der. [asθen'der] [ahsen'der] *v.16.* **1.** Subir a um lugar mais alto. ▸ Ascender. **2.** *fig.* Ser promovido hierarquicamente. ▸ Ascender.

as.cen.dien.te. [asθen'djente] [ahsen'djente] *adj.* Ver *antecesor*[(2)]. ▸ Ascendente.

as.cen.sión. [asθen'sjon] [ahsen'sjon] *f.* **1.** Movimento para cima. ▸ Ascensão. **2.** Inclinação do terreno. ▸ Aclive.

as.cen.sor. [asθen'sor] [ahsen'sor] *m.* Aparelho para transportar pessoas entre os andares de um edifício. ▸ Elevador.

as.cen.so.ris.ta. [asθenso'rista] [ahsenso'rihta] *com.* Pessoa encarregada de operar o elevador. ▸ Ascensorista.

as.co. ['asko] ['ahko] *m.* **1.** Impressão causada por algo que repugna. Nojo, repugnância, enjoo. ▸ Asco. **2.** Aquilo que causa asco. ♦ **Dar asco.** Dar nojo. *La ciudad está con tanta basura que da asco.* A cidade está com tanto lixo que dá nojo. **Estar hecho un asco.** Estar muito sujo. **¡Qué asco!** Que nojo!

a.se.ar. [ase'ar] [ase'ar] *v.5.* Tornar organizado, arrumado ou limpo. ▸ Assear.

a.se.diar. [ase'ðjar] [ase'ðjar] *v.4.* **1.** Bloquear por cerco a um ponto fortificado. ▸ Assediar. **2.** *fig.* Causar aborrecimentos. Importunar, acossar. ▸ Assediar.

a.se.dio. [a'seðjo] [a'seðjo] *m.* Ato ou efeito de assediar. ▸ Assédio.

a.se.gu.ra.dor, do.ra. [aseɣura'ðor] [aseɣura'ðor] *adj.* **1.** Diz-se de companhia de seguros. ▸ Segurador. *U.t.c.f.* **2.** Que ou aquele que assegura, afirma, certifica. ▸ Segurador.

a.se.gu.rar. [aseɣu'rar] [aseɣu'rar] *v.4.* **1.** Garantir mediante seguro. ▸ Assegurar. **2.** Segurar firmemente. ▸ Segurar. **3.** Dar certeza, garantia. ▸ Assegurar.

a.sen.tar. [asen'tar] [asen'tar] *v.15.* **1.** Anotar, registrar. ▸ Assentar (em livro, registro). *v.p.* **2.** Estabelecer-se em algum lugar. ▸ Assentar-se.

a.se.o. [a'seo] [a'seo] *m.* **1.** Qualidade de limpo. ▸ Asseio. **2.** Espaço destinado ao asseio. ▸ Lavabo.

a.se.qui.ble. [ase'kiβle] [ase'kiβle] *adj.* Que pode ser conseguido. ▸ Acessível.

a.se.rra.de.ro. [asera'ðero] [asera'ðero] *m.* Lugar onde se serra a madeira. ▸ Serraria.

a.se.si.nar. [asesi'nar] [asesi'nar] *v.4.* **1.** Tirar a vida de uma pessoa. ▸ Assassinar. **2.** *fig.* Fazer ou executar muito mal alguma coisa. ▸ Assassinar. *La orquesta asesinó la sinfonía.* A orquestra assassinou a sinfonia.

a.se.si.na.to. [asesi'nato] [asesi'nato] *m.* Ato de assassinar. Homicídio. ▸ Assassinato.

a.se.si.no, na. [ase'sino] [ase'sino] *adj.* Que comete assassinato. Homicida. ▸ Assassino. *U.t.c.s.*

a.se.sor, so.ra. [ase'sor] [ase'sor] *adj.* Que dá assessoria. ▸ Assessor. *U.t.c.s.*
➨ *Profesiones*

a.se.so.ra.mien.to. [asesora'mjento] [asesora'mjento] *m.* Ato ou efeito de assessorar. ▸ Assessoramento.

a.se.so.rar. [aseso'rar] [aseso'rar] *v.4.* **1.** Dar conselho. ▸ Assessorar. *v.p.* **2.** Tomar conselho de um advogado assessor. ▸ Aconselhar-se.

a.se.so.rí.a. [aseso'ria] [aseso'ria] *f.* Função e atividade de assessor. ▸ Assessoria.

a.se.ve.ra.ción. [aseβera'θjon] [aseβera'sjon] *f.* Ver *afirmación*. ▸ Afirmação. Asseveração.

as.fal.tar. [asfal'taɾ] [ahfal'taɾ] *v.4.* Cobrir de asfalto. ▸ Asfaltar.

as.fal.to. [as'falto] [ah'falto] *m.* Substância preta proveniente do petróleo que, misturada a outros materiais, se usa para pavimentar vias e impermeabilizar lajes e telhados. ▸ Asfalto.

as.fi.xia. [as'fiksja] [ah'fiksja] *f. Med.* Suspensão na respiração ou dificuldade para respirar. ▸ Asfixia.

as.fi.xiar. [asfik'sjaɾ] [ahfik'sjaɾ] *v.4.* Produzir ou provocar asfixia. ▸ Asfixiar.

a.sí. [a'si] [a'si] *adv.* **1.** De determinada maneira. ▸ Assim. *conj.* **2.** Dessa forma. ▸ Assim. ◆ *Así como así.* Sem mais nem menos. *Así o asá.* De uma maneira ou de outra. ▸ Assim ou assado. *Así que.* Portanto. *No tengo plata, así que no voy a viajar durante las vacaciones.* Não tenho dinheiro, portanto não vou viajar nas férias. *Así sea. Rel.* Amém. *Así y todo.* Mesmo assim.

a.sien.to. [a'sjento] [a'sjento] *m.* **1.** Móvel para sentar-se. ▸ Assento. **2.** Alicerce, base de um edifício. ▸ Fundação. **3.** Assentamento nos livros de contabilidade. ▸ Lançamento. ◆ **Tomar asiento.**

a.sig.na.ción. [asiɣna'θjon] [asiɣna'sjon] *f.* **1.** Ato de determinar o que corresponde a uma pessoa. ▸ Atribuição. **2.** Provisão de fundos destinada a uma finalidade determinada. ▸ Dotação.

a.sig.nar. [asiɣ'naɾ] [asiɣ'naɾ] *v.4.* **1.** Determinar o que corresponde a uma pessoa. ▸ Atribuir. **2.** Destinar fundos. ▸ Dotar.

❏ **a.sig.na.tu.ra.** [asiɣna'tuɾa] [asiɣna'tuɾa] *f.* Cada uma das áreas que compõem o programa de um curso em um estabelecimento de ensino. ▸ Disciplina.

a.si.lo. [a'silo] [a'silo] *m.* **1.** Lugar de refúgio, abrigo, amparo. ▸ Albergue, asilo. **2.** *Polít.* Proteção que o Estado concede aos perseguidos políticos. ▸ Asilo.

a.si.mi.lar. [asimi'laɾ] [asimi'laɾ] *v.4.* Compreender o que se aprende. Apreender. ▸ Assimilar.

a.si.mis.mo. [asi'mismo] [asi'mihmo] *adv.* Da mesma maneira. ▸ Também.

a.sis.ten.cia. [asis'tenθja] [asih'tensja] *f.* **1.** Ato de prestar socorro, ajuda. Auxílio. ▸ Assistência. **2.** Conjunto de espectadores. ▸ Público.

a.sis.ten.te. [asis'tente] [asih'tente] *adj.* Que presta assistência. ▸ Assistente.

a.sis.tir. [asis'tiɾ] [asih'tiɾ] *v.6.* **1.** Estar presente. ▸ Assistir. **2.** Servir temporariamente, ajudar. ▸ Assistir. **3.** Comparecer, aparecer em um lugar. ▸ Comparecer. *Los ministros no asistieron al pleito.* Os ministros não compareceram ao pleito. **4.** Acompanhar e atender um enfermo. ▸ Assistir.

as.no. ['asno] ['ahno] *m. Zool.* Animal quadrúpede empregado normalmente para transporte de carga. ▸ Asno.

a.so.cia.ción. [asoθja'θjon] [asosja'sjon] *f.* **1.** Ato ou efeito de associar(-se). ▸ Associação. **2.** Grupo de pessoas associadas. ▸ Associação.

a.so.cia.do, da. [aso'θjaðo] [aso'sjaðo] *adj.* **1.** Que faz parte de uma associação. ▸ Associado. *s.* **2.** Aquele que é membro de uma associação. Sócio. ▸ Associado.

a.so.ciar. [aso'θjaɾ] [aso'sjaɾ] *v.4.* **1.** Formar sociedade. ▸ Associar. **2.** Reunir pessoas para um fim comum. ▸ Associar.

a.so.le.ar. [asole'aɾ] [asole'aɾ] *v.4.* Expor ao sol uma coisa por algum tempo. ▸ Bronzear, tomar sol.

a.so.mar. [aso'maɾ] [aso'maɾ] *v.4.* **1.** Começar a aparecer. ▸ Despontar. **2.** Deixar ver, mostrar. ▸ Mostrar(-se). *Asómate a la puerta, para ver quién llegó.* Apareça na porta para ver quem chegou. *v.p.* **3.** Deixar-se ver. Aparecer. ▸ Assomar-se.

a.som.brar. [asom'bɾaɾ] [asom'bɾaɾ] *v.4.* Causar assombro, estranhamento. ▸ Assombrar.

a.som.bro. [a'sombɾo] [a'sombɾo] *m.* Reação ou sentimento de espanto, surpresa. ▸ Assombro.

a.som.bro.so, sa. [asom'bɾoso] [asom'bɾoso] *adj.* Que provoca assombro. ▸ Espantoso, assombroso.

as.pec.to. [as'pekto] [ah'pekto] *m.* **1.** Aparência das pessoas e dos objetos à vista. ▸ Aspecto. **2.** Ponto de vista sob o qual se considera uma questão. ▸ Aspecto.

ás.pe.ro, ra. ['aspeɾo] ['ahpeɾo] *adj.* **1.** De superfície desigual. Rugoso, crespo, grosso. ▸ Áspero. **2.** Desagradável ao paladar ou ao ouvido. ▸ Áspero. **3.** Diz-se de pessoa agressiva, ríspida, que não tem afabilidade. ▸ Áspero.

as.pi.ra.ción. [aspiɾa'θjon] [ahpiɾa'sjon] *f.* Ato ou efeito de aspirar. ▸ Aspiração.

as.pi.ra.dor, do.ra. [aspiɾa'ðoɾ] [ahpiɾa'ðoɾ] *adj.* **1.** Que aspira o ar. ▸ Aspirador. *s.* **2.** Aparelho para aspirar pó. ▸ Aspirador.

as.pi.rar. [aspi'rar] [ahpi'rar] *v.4.* **1.** Inalar o ar. Respirar. ▸ Aspirar. **2.** Ter o desejo veemente de. Almejar. ▸ Aspirar. *Aspira a encontrar su media naranja.* Aspira a encontrar sua alma gêmea.

as.que.ar. [aske'ar] [ahke'ar] *v.4.* Ter nojo, asco de algo e rejeitá-lo. Enojar. ▸ Asquear.

as.ta. ['asta] ['ahta] *f.* **1.** Arma de arremesso pontiaguda. ▸ Lança. **2.** Pau de bandeira. ▸ Mastro. **3.** *Anat.* Corno de animal. ▸ Chifre. **4.** Cabo de pincel. ◆ **A media asta.** À altura da metade da haste. ▸ A meio pau. *Las banderas fueron izadas a media asta en señal de luto.* As bandeiras foram içadas a meio pau em sinal de luto.

as.te.ris.co. [aste'risko] [ahte'rihko] *m. Ling.* Signo ortográfico (*) usado para remeter a notas ou observações. ▸ Asterisco.

as.ti.lla. [as'tiʎa] [ah'tiʃa] *f.* Fragmento lançado ao quebrar-se violentamente um objeto. ▸ Estilhaço. ◆ **De tal palo tal astilla.** Filho de peixe peixinho é.

as.ti.lle.ro. [asti'ʎero] [ahti'ʃero] *m. Mar.* Indústria; local em que se reparam e constroem navios. ▸ Estaleiro.

as.trin.gen.te. [astrin'xente] [ahtrin'xente] *adj.* Que produz compressão, especialmente remédios. ▸ Adstringente.

as.tro. ['astro] ['ahtro] *m.* **1.** *Astr.* Corpo celeste. ▸ Astro. **2.** Artista que tem fama em uma atividade ou profissão, como cinema ou TV. ▸ Astro.

as.tro.nau.ta. [astro'nauta] [ahtro'nauta] *com.* Pessoa treinada para tripular astronaves. ▸ Astronauta.

as.tro.no.mí.a. [astrono'mia] [ahtrono'mia] *f. Astr.* Ciência que estuda os astros. ▸ Astronomia.

as.tu.to, ta. [as'tuto] [ah'tuto] *adj.* Que tem astúcia. ▸ Astuto.

a.sue.to. [a'sweto] [a'sweto] *m.* Folga de um ou dois dias que se dá no trabalho, colégios, repartições públicas etc. ▸ Feriado.

a.su.mir. [asu'mir] [asu'mir] *v.6.* **1.** Tomar para si. ▸ Assumir. **2.** Aceitar uma responsabilidade. Responsabilizar-se. ▸ Assumir.

a.sun.to. [a'sunto] [a'sunto] *m.* **1.** Matéria ou objeto de que se trata. ▸ Assunto. **2.** *Ling.* Tema ou argumento de uma obra. ▸ Assunto.

a.sus.tar. [asus'tar] [asuh'tar] *v.4.* Dar ou causar susto. ▸ Assustar. *U.t.c.v.p.*

a.ta.can.te. [ata'kante] [ata'kante] *com. Desp.* Jogador que atua no ataque. ▸ Atacante.

a.ta.car. [ata'kar] [ata'kar] *v.7.* **1.** Avançar com violência. Agredir. ▸ Atacar. **2.** *fig.* Posicionar-se criticamente. Censurar. ▸ Atacar. **3.** Vir repentinamente uma doença. ▸ Pegar. **4.** Afetar negativamente. ▸ Prejudicar.

a.ta.do, da. [a'taðo] [a'taðo] *adj.* **1.** Que foi amarrado junto. ▸ Atado. *m.* **2.** Conjunto de coisas amarradas. Trouxa. ▸ Atado. **3.** (*Amér.*) Maço de cigarros. ▸ Maço.

a.ta.du.ra. [ata'ðura] [ata'ðura] *f.* **1.** Ato de atar. Ligamento. ▸ Atadura. **2.** *fig.* Enlace, ligação. ▸ União. **3.** Bandagem ◆ **Sin ataduras.** Sem impedimentos.

a.ta.jo. [a'taxo] [a'taxo] *m.* Caminho mais curto que outro para chegar a um lugar. ▸ Atalho.

a.ta.que. [a'take] [a'take] *m.* **1.** Ato agressivo. ▸ Ataque. **2.** *fig.* Dito agressivo. Insulto. ▸ Ataque. **3.** *Med.* Indisposição repentina. ▸ Mal-estar.

a.tar. [a'tar] [a'tar] *v.4.* Unir, prender. ▸ Atar. *Ata al perro, pues puede morder a alguien.* Amarre o cachorro, pois ele pode morder alguém. ◆ **No atar ni desatar.** Não resolver nada. **Loco de atar.** Doido varrido.

a.tar.de.cer. [atarðe'θer] [atarðe'ser] *v.24.* **1.** Terminar a manhã e cair a tarde. ▸ Entardecer. *m.* **2.** Último período da tarde. Ocaso. ▸ Entardecer. ➡ *Clima*

a.tas.car. [atas'kar] [atah'kar] *v.7.* **1.** Obstruir um conduto. ▸ Tapar. **2.** Atolar. *Nos atascamos en el lodo.* Ficamos presos na lama.

a.tas.co. [a'tasko] [a'tahko] *m.* **1.** Empecilho à realização de algo. ▸ Obstáculo. **2.** Ver *embotellamiento*[(2)]. ▸ Engarrafamento.

a.ta.úd. [ata'uθ] [ata'ud] *m.* Receptáculo em que se deposita um cadáver. ▸ Caixão.

a.te.mo.ri.zar. [atemori'θar] [atemori'sar] *v.13.* Causar susto, medo, temor a. Intimidar. ▸ Atemorizar.

a.ten.ción. [aten'θjon] [aten'sjon] *f.* **1.** Demonstração de respeito. Cortesia. ▸ Atenção. **2.** Ato de atender. ▸ Atenção. **3.** Estado de percepção. ▸ Atenção. **4.** Trato com o público em loja ou escritório. ▸ Atendimento. ◆ **Llamar la atención.** Atrair / Chamar a atenção. **Llamar(le) la atención (a alguien).** Chamar a atenção de. *No quiero llamarle la atención a todo momento pero él tiene que dedicarse más.* Não quero chamar a atenção dele toda hora, mas ele tem de se dedicar mais. **Horario de atención.** Horário de expediente. Horário de plantão.

a.ten.der. [aten'der] [aten'der] *v.16. p.p. reg. atendido / irreg. atento.* **1.** Dirigir a atenção a alguma coisa. ▸ Notar. **2.** Responder a chamado, ordem ou pedido. ▸ Atender. **3.** Levar em consideração uma coisa. ▸ Atender.

a.te.ner. [ate'ner] [ate'ner] *v.26. v.p.* Restringir suas ações a. ▸ Ater-se. *Al hacer el informe, aténganse a los hechos.* Ao fazer o relatório, atenham-se aos fatos.

a.ten.ta.do. [aten'taðo] [aten'taðo] *m.* **1.** Agressão ou desrespeito grave. ▸ Atentado. **2.** Agressão contra a vida ou a integridade de pessoas. ▸ Atentado.

a.ten.ta.men.te. [atenta'mente] [atenta'mente] *adv.* **1.** De forma atenciosa. Utiliza-se sobretudo ao final de correspondências formais. ▸ Atenciosamente. **2.** Com atenção. ▸ Atentamente.

a.ten.tar. [aten'tar] [aten'tar] *v.4.* Cometer atentado. ▸ Atentar.

a.ten.to, ta. [a'tento] [a'tento] *adj.* **1.** Que presta atenção. ▸ Atento. **2.** Que procede com atenção, cortesia, amabilidade. ▸ Atencioso.

a.te.nuar. [ate'nwar] [ate'nwar] *v.4.* **1.** Tornar tênue. ▸ Atenuar. **2.** Deixar mais leve uma coisa. ▸ Atenuar. **3.** *fig.* Amenizar ou diminuir uma coisa. ▸ Atenuar.

a.te.o, a. [a'teo] [a'teo] *adj.* Que não acredita ou nega a existência de Deus. ▸ Ateu. *U.t.c.s.*

a.ter.cio.pe.la.do, da. [aterθjope'laðo] [atersjope'laðo] *adj.* Semelhante ao veludo. ▸ Aveludado.

a.te.rrar. [ate'rar] [ate'rar] *v.4.* **1.** Fazer cair à terra. Derrubar, abater. ▸ Aterrar. **2.** Baixar o avião à terra. ▸ Aterrissar. **3.** Chegar à terra um navio. ▸ Atracar. **4.** Cobrir com terra. ▸ Aterrar. **5.** Provocar terror. Estarrecer. ▸ Aterrorizar.

a.te.rri.za.je. [ateri'θaxe] [ateri'saxe] *m.* Pouso de um avião. Aterragem. ▸ Aterrissagem.

a.te.rri.zar. [ateri'θar] [ateri'sar] *v.13.* Pousar, aterrar. ▸ Aterrissar.

a.te.rro.ri.zar. [ateroriθar] [aterori'sar] *v.13.* Ver *aterrar*[5]. ▸ Aterrorizar.

❑ **a.tes.ta.do.** [ates'taðo] [ateh'taðo] *adj.* Que não comporta mais. ▸ Lotado.

a.tes.ti.guar. [atesti'ɣwar] [atehti'ɣwar] *v.14.* Depor como testemunha. ▸ Testemunhar.

a.ti.bo.rrar. [atibo'rar] [atibo'rar] *v.4.* **1.** Superlotar. Abarrotar. *El cuarto estaba atiborrado de libros.* O quarto estava abarrotado de livros. **2.** *v.p.* Encher-se de comida e/ou bebida. ▸ Empanturrar-se. *Me atiborré de pasteles.* Empanturrei-me de bolos.

a.ti.nar. [ati'nar] [ati'nar] *v.4.* **1.** Acertar no alvo. ▸ Acertar. **2.** Acertar por conjeturas. ▸ Atinar.

a.tis.bar. [atis'βar] [atih'βar] *v.4.* **1.** Observar com cautela, vislumbrar. ▸ Espreitar. **2.** Estar atento. ▸ Atentar.

a.ti.zar. [ati'θar] [ati'sar] *v.13.* **1.** Avivar o fogo. ▸ Atiçar. **2.** *fig.* Fomentar as paixões. Instigar. ▸ Atiçar.

a.tlas. ['atlas] ['atlas] *m. col.* Coleção de mapas. ▸ Atlas.

a.tle.ta. [at'leta] [a'tleta] *com. Desp.* Pessoa que pratica atletismo e outros esportes. ▸ Atleta.

a.tlé.ti.co, ca. [at'letiko] [a'tletiko] *adj.* **1.** Relativo a atleta, atlético. **2.** Que tem um porte musculoso, forte, atlético.

a.tle.tis.mo. [atle'tismo] [atle'tihmo] *m. Desp.* Conjunto de esportes e normas relativas às provas de velocidade, salto e lançamento. ▸ Atletismo. ➡ *Deportes*

at.mós.fe.ra. [at'mosfera] [at'mohfera] *f. Fís.* **1.** Camada gasosa que envolve um astro. ▸ Atmosfera. **2.** Unidade de medida da pressão dos gases. ▸ Atmosfera.

a.to.lon.dra.do, da. [atolon'draðo] [atolon'draðo] *adj.* Que procede precipitadamente. Atrapalhado, afobado. ▸ Atabalhoado.

a.to.lon.drar. [atolon'drar] [atolon'drar] *v.4.* Provocar confusão. ▸ Atrapalhar.

a.to.lla.de.ro. [atoʎa'ðero] [atoʃa'ðero] *m.* Lugar onde há muita lama. ▸ Atoleiro. ♦ **Estar en un atolladero.** Não encontrar solução para um problema. ▸ Estar na lama / no fundo do poço.

á.to.mo. ['atomo] ['atomo] *m.* **1.** *Fís.* A menor partícula que se pode obter da divisão de um elemento. ▸ Átomo. **2.** *fig.* Qualquer coisa muito pequena. ▸ Átomo.

a.to.rar. [ato'rar] [ato'rar] *v.4.* **1.** Cortar lenha em toras. ▸ Atorar. **2.** Engasgar. *Se atora cuando habla.* Se engasga quando fala. **3.** Entupir. *Se atoró el caño.* O cano entupiu.

a.tor.men.tar. [atormen'tar] [atormen'tar] *v.4.* **1.** Causar aflição física. ▸ Atormentar. **2.** *fig.* Causar aflição ou inquietação moral. Importunar, apoquentar, infernizar. ▸ Atormentar.

a.tor.ni.llar. [atorni'ʎar] [atorni'ʃar] *v.4.* Prender com parafuso. ▸ Parafusar.

a.tra.ca.de.ro. [atraka'ðero] [atraka'ðero] *m. Mar.* Lugar para atracar ou comportar embarcações pequenas. ▸ Atracadouro.

a.tra.car. [atra'kar] [atra'kar] *v.7.* Fixar uma embarcação por meio de âncora que se agarra no fundo das águas. Ancorar. ▸ Atracar.

a.trac.ción. [atrak'θjon] [atrak'sjon] *f.* **1.** Ato de atrair. ▸ Atração. **2.** *Fís.* Força que atrai os corpos uns para os outros. ▸ Atração. **3.** Cada espetáculo de um parque de diversões. ▸ Atração. **4.** Sentimento de impulso recíproco entre as pessoas. ▸ Atração.

a.tra.co. [a'trako] [a'trako] *m.* Ato do bandido para roubar. ▸ Assalto.

a.trac.ti.vo, va. [atrak'tiβo] [atrak'tiβo] *adj.* **1.** Que tem a força de atrair. Atraente. ▸ Atrativo. *m.* **2.** Ver *aliciente.* Atrativo. ▸ Incentivo.

a.tra.er. [atra'er] [atra'er] *v.41.* **1.** Puxar para si. ▸ Atrair. **2.** Ganhar afeto, atenção ou preferência de uma pessoa. ▸ Cativar. **3.** *fig.* Provocar adesão. ▸ Atrair.

a.tra.gan.tar. [atraɣan'tar] [atraɣan'tar] *v.4. v.p.* Sofrer sufocação por ter algo preso na garganta. ▸ Engasgar-se.

a.tra.par. [atra'par] [atra'par] *v.4.* **1.** Segurar o que vai com velocidade. ▸ Deter. **2.** Impedir a fuga. ▸ Capturar.

a.trás. [a'tras] [a'tras] *adv.* Ver *detrás.* ▸ Atrás.

a.tra.sa.do, da. [atra'saðo] [atra'saðo] *adj.* **1.** Que não ocorreu no tempo devido. ▸ Atrasado. **2.** Que não foi pago no tempo devido. ▸ Atrasado. **3.** Que tem dívidas. ▸ Endividado.

a.tra.sar. [atra'sar] [atra'sar] *v.4.* **1.** Pôr ou ficar para trás. Retardar. ▸ Atrasar. **2.** Fazer demorar. ▸ Atrasar. **3.** Chegar tarde. ▸ Atrasar-se.

a.tra.so. [a'traso] [a'traso] *m.* Ato ou efeito de atrasar(-se). ▸ Atraso.

a.tra.ve.sar. [atraβe'sar] [atraβe'sar] *v.15.* **1.** Pôr de través. ▸ Atravessar. **2.** Passar de lado a lado. Transpor. ▸ Atravessar. **3.** Passar cruzando. Cruzar. ▸ Atravessar.

a.tre.ver. [atre'βer] [atre'βer] *v.5. v.p.* Agir com ousadia. ▸ Atrever-se.

a.tre.vi.do, da. [atre'βiðo] [atre'βiðo] *adj.* **1.** Que procede com ousadia e atrevimento. ▸ Atrevido. **2.** Que procede com insolência e desrespeito. ▸ Atrevido.

a.tre.vi.mien.to. [atreβi'mjento] [atreβi'mjento] *m.* Ato ou efeito de atrever(-se). ▸ Atrevimento.

a.tri.bu.ción. [atriβu'θjon] [atriβu'sjon] *f.* Faculdade inerente a um cargo. Prerrogativa. ▸ Atribuição.

a.tri.buir. [atri'βwir] [atri'βwir] *v.28.* **1.** Conferir qualidades. ▸ Atribuir. **2.** Determinar competências ou funções. ▸ Atribuir.

a.trio. ['atrjo] ['atrjo] *m.* **1.** *Arq.* Pátio interno de um edifício. ▸ Pórtico. **2.** Entrada de um edifício. ▸ Saguão.

a.tro.ci.dad. [atroθi'ðaθ] [atrosi'ðað] *f.* Grande crueldade. Barbaridade. ▸ Atrocidade.

a.tro.fia. [a'trofja] [a'trofja] *f. Med.* Falta de desenvolvimento de alguma parte do corpo. ▸ Atrofia.

a.tro.pe.llar. [atrope'ʎar] [atrope'ʃar] *v.4.* **1.** Derrubar ou empurrar com violência para abrir passagem. ▸ Atropelar. **2.** Passar com um veículo por cima de alguém. ▸ Atropelar. **3.** *fig.* Maltratar com ultrajes. ▸ Injuriar.

a.tro.pe.llo. [atro'peʎo] [atro'peʃo] *m.* **1.** Ato ou efeito de atropelar. ▸ Atropelo. **2.** *fig.* Insulto violento e abusivo. ▸ Injúria.

a.tún. [a'tun] [a'tun] *m. Zool.* Tipo de peixe marinho. ▸ Atum.

a.tur.dir. [atur'ðir] [atur'ðir] *v.6.* Causar aturdimento. Atordoar. ▸ Aturdir.

au.da.cia. [au̯'ðaθja] [au̯'ðasja] *f.* Coragem e determinação ao fazer algo. Ousadia. ▸ Audácia.

au.daz. [au̯'ðaθ] [au̯'ðas] *adj.* Que procede com audácia. ▸ Audaz.

au.di.ción. [au̯ði'θjon] [au̯ði'sjon] *f.* **1.** Faculdade e ato de ouvir. ▸ Audição. **2.** Concerto musical, recital ou leitura de uma obra literária em público. ▸ Audição.

au.dien.cia. [au̯'ðjenθja] [au̯'ðjensja] *f.* **1.** Reunião destinada à atenção a uma exposição, reclamação ou solicitação. ▸ Audiência. **2.** Conjunto de pessoas que dá audiência a determinado programa de rádio ou de televisão. ▸ Audiência.

au.dio.vi.sual. [au̯ðjoβi'swal] [au̯ðjoβi'swal] *adj.* Relativo simultaneamente à visão e à audição. ▸ Audiovisual.

au.di.tor, to.ra. [au̯ði'tor] [au̯ði'tor] *s.* Pessoa que faz auditoria. ▸ Auditor. ➙ *Profesiones*

au.di.to.rí.a. [au̯ðito'ria] [au̯ðito'ria] *f.* Revisão e análise da documentação e contabilidade de uma entidade. ▸ Auditoria.

au.di.to.rio. [au̯ði'torjo] [au̯ði'torjo] *m.* **1.** Lugar para realizar audiências. ▸ Auditório. **2.** Sala destinada a concertos, recitais, leituras públicas, etc. ▸ Auditório.

au.ge. ['au̯xe] ['au̯xe] *m.* O ponto mais alto. Apogeu. ▸ Auge.

❏ **au.la.** ['au̯la] ['au̯la] *f.* Recinto no qual se ministram aulas. Sala de aula. ▸ Classe.

au.llar. [au̯'ʎar] [au̯'ʃar] *v.4. Zool.* Dar uivos. ▸ Uivar.

au.lli.do. [au̯'ʎiðo] [au̯'ʃiðo] *m. Zool.* Voz dos lobos e dos cães. ▸ Uivo.

au.men.tar. [au̯men'tar] [au̯men'tar] *v.4.* Tornar maior. Acrescentar. ▸ Aumentar.

au.men.ta.ti.vo, va. [au̯menta'tiβo] [au̯menta'tiβo] *adj.* **1.** Que aumenta. ▸ Aumentativo. **2.** *Ling.* Grau aumentado de certas palavras por meio de sufixo. ▸ Aumentativo.

au.men.to. [au̯'mento] [au̯'mento] *m.* **1.** Ato ou efeito de aumentar. ▸ Aumento. **2.** Acréscimo de alguma coisa. ▸ Aumento.

aun. [au̯n] [au̯n] *adv.* **1.** De modo inclusivo. ▸ Inclusive. **2.** Além de tudo. ▸ Ainda por cima. *Llega atrasado y aun reclama de todo.* Chega atrasado e ainda por cima reclama de tudo. *conj.* **3.** A despeito de. ▸ Apesar de.

a.ún. [a'un] [a'un] *adv.* Até determinado momento. ▸ Ainda. *Aún no llegó.* Ainda não chegou. ◆ **Aún así.** Mesmo assim. **Aún cuando.** Ainda / Mesmo quando. *Nunca pide ayuda, aún cuando la necesita.* Nunca pede ajuda, mesmo quando precisa.

aun.que. ['au̯nke] ['au̯nke] *conj.* Indica que a informação que o segue não impede a outra mencionada na frase. ▸ Ainda que. *Aunque llueva, voy al cine con mis amigas.* Ainda que chova, vou ao cinema com minhas amigas.

au.re.o.la. [au̯'reola] [au̯'reola] *f.* **1.** Círculo de luz que se representa sobre a cabeça das imagens dos santos. ▸ Auréola. **2.** *fig.* Consideração moral alcançada por méritos ou virtudes. ▸ Fama. *U.t. au.réo.la.*

au.ri.cu.lar. [au̯riku'lar] [au̯riku'lar] *adj.* **1.** *Anat.* Relativo à orelha e também à aurícula do coração. ▸ Auricular. *m.* **2.** Parte de um aparelho de transmissão de som ou peça dele que se aproxima do ouvido. ▸ Fone.

au.sen.cia. [au̯'senθja] [au̯'sensja] *f.* **1.** Ato ou efeito de ausentar(-se). ▸ Ausência. **2.** Período pelo qual alguém está ausente. ▸ Ausência. **3.** Carência ou privação de algo. ▸ Ausência.

au.sen.tar. [au̯sen'tar] [au̯sen'tar] *v.4.* **1.** Fazer com que alguém parta ou se afaste de um lugar. ▸ Ausentar. *v.p.* **2.** Partir de um lugar ou afastar-se. ▸ Ausentar-se.

au.sen.te. [au̯'sente] [au̯'sente] *adj.* Que ou aquele que não está presente. ▸ Ausente. *U.t.c.com.*

aus.pi.cio. [au̯s'piθjo] [au̯h'pisjo] *m.* **1.** Fato ou sinal que prenuncia o futuro. Presságio. ▸ Auspício. **2.** Patrocínio ou favor recebido. ▸ Auspícios.

aus.te.ri.dad. [au̯steri'ðaθ] [au̯hteri'ðað] *f.* Qualidade de austero. ▸ Austeridade.

aus.te.ro, ra. [au̯s'tero] [au̯h'tero] *adj.* Que age sem excesso. Moderado. ▸ Austero.

aus.tra.lia.no, na. [au̯stra'ljano] [au̯htra'ljano] *adj.* **1.** Pertencente ou relativo à Austrália. ▸ Australiano. *s.* **2.** O natural ou habitante da Austrália. ▸ Australiano.

aus.trí.a.co, ca. [au̯s'trjako] [au̯h'trjako] *adj.* **1.** Pertencente ou relativo à Áustria. ▸ Austríaco. *s.* **2.** O natural ou habitante da Áustria. ▸ Austríaco.

au.ten.ti.car. [au̯tenti'kar] [au̯tenti'kar] *v.7.* **1.** Autorizar ou legalizar uma coisa. ▸ Autenticar. **2.** Reconhecer como autêntico. ▸ Autenticar.

au.tén.ti.co, ca. [au̯'tentiko] [au̯'tentiko] *adj.* **1.** Dado como verdadeiro, legítimo. ▸ Autêntico. **2.** Reconhecido ou autorizado legalmente. ▸ Autêntico.

au.ten.ti.fi.car. [au̯tentifi'kar] [au̯tentifi'kar] *v.7.* Ver *autenticar*. ▸ Autenticar.

au.to. ['au̯to] ['au̯to] *m.* **1.** *Dir.* Resolução judicial. ▸ Auto. **2.** *Lit.* Composição alegórica. ▸ Auto. **3.** (*Amér.*) Ver *automóvil.* ▸ Auto. *pl.* **4.** Documentação de um processo. ▸ Autos.

au.to.bús. [au̯to'βus] [au̯to'βus] *m.* Veículo urbano para transporte coletivo de trajeto determinado. ▸ Ônibus. ◆ **Andar en autobús.** Andar de ônibus. **Tomar el autobús.** Pegar o ônibus.

au.to.car. [au̯to'kar] [au̯to'kar] *m.* Ônibus para transporte entre cidades. ▸ Ônibus intermunicipal.

au.to.con.trol. [au̯tokon'trol] [au̯tokon'trol] *m.* Capacidade de dominar o próprio comportamento. ▸ Autocontrole.

au.tóc.to.no, na. [au̯'toktono] [au̯'toktono] *adj.* **1.** Pertencente ou relativo à região onde se encontra. ▶ Autóctone. *s.* **2.** O natural do lugar onde vive. Nativo. ▶ Autóctone.

au.to.e.di.ción. [au̯toedi'θjon] [au̯toedi'sjon] *Inform.* Criação de textos gráficos mediante o uso de computadores, programas de paginação e impressoras.

au.to.e.di.tar. [au̯toedi'tar] [au̯toedi'tar] *v.4. Inform.* Criar publicações utilizando um computador, um programa de diagramação e uma impressora.

au.to.es.cue.la. [au̯toes'kwela] [au̯toeh'kwela] *f.* Instituição na qual se aprende a dirigir carros. ▶ Autoescola.

au.to.es.top. [au̯tos'top] [au̯toh'top] *m.* Condução gratuita. ▶ Carona. *En la carretera, hicimos autoestop para Barcelona.* Na estrada, pedimos carona para Barcelona.

au.tó.gra.fo. [au̯'tografo] [au̯'tografo] *m.* Assinatura de uma pessoa famosa ou notável. ▶ Autógrafo.

au.to.ma.ción. [au̯toma'θjon] [au̯toma'sjon] *f.* Sistema automático pelo qual certos mecanismos controlam seu próprio funcionamento. ▶ Automação.

au.tó.ma.ta. [au̯'tomata] [au̯'tomata] *m.* **1.** Máquina que imita as formas e movimentos de um ser animado. Androide. ▶ Autômato. **2.** *fig.* e *fam.* Pessoa tola que se deixa dominar por outra. ▶ Fantoche.

au.to.ma.ti.za.ción. [au̯tomatiθa'θjon] [au̯tomatisa'sjon] *f.* Ato de automatizar. ▶ Automatização.

au.to.ma.ti.zar. [au̯tomati'θar] [au̯tomati'sar] *v.13.* Fazer com que um mecanismo funcione por si só. ▶ Automatizar.

au.to.mo.tor, to.ra. [au̯tomo'tor] [au̯tomo'tor] *adj.* Diz-se do maquinismo que executa determinados movimentos sem necessidade de intervenções. Automotriz. ▶ Automotor. *U.t.c.m.*

au.to.mó.vil. [au̯to'moβil] [au̯to'moβil] *m.* Veículo movido a motor de explosão. Carro. ▶ Automóvel.

au.to.mo.vi.lis.mo. [au̯tomoβi'lismo] [au̯tomoβi'lihmo] *m. Desp.* Esporte praticado com automóveis possantes. ▶ Automobilismo.

au.to.no.mí.a. [au̯tono'mia] [au̯tono'mia] *f.* **1.** Condição de independência de pessoas ou comunidades. ▶ Autonomia. **2.** Capacidade de funcionar ou agir por si só. ▶ Autonomia. **3.** *Polít.* Cada uma das divisões políticas da Espanha. ▶ Estado autônomo.

au.tó.no.mo, ma. [au̯'tonomo] [au̯'tonomo] *adj.* Que tem autonomia. Independente. ▶ Autônomo.

au.to.pis.ta. [au̯to'pista] [au̯to'pihta] *f.* Rodovia de alta velocidade, de pelo menos duas pistas em cada sentido, sem cruzamento de nível. ▶ Rodovia.

au.top.sia. [au̯'topsja] [au̯'topsja] *f. Med.* Exame anatômico de cadáver. ▶ Autópsia.

au.tor, to.ra. [au̯'tor] [au̯'tor] *s.* **1.** Aquele que é responsável por um feito. Criador, inventor. ▶ Autor. **2.** Aquele que produz uma obra de qualquer gênero. ▶ Autor.

au.to.ri.dad. [au̯tori'ðað] [au̯tori'ðað] *f.* **1.** Poder legítimo. ▶ Autoridade. **2.** Aquele que detém poder público. ▶ Autoridade. **3.** *fig.* Pessoa que tem prestígio. ▶ Autoridade.

au.to.ri.za.ción. [au̯toriθa'θjon] [au̯torisa'sjon] *f.* Ato ou efeito de autorizar. ▶ Autorização.

au.to.ri.zar. [au̯tori'θar] [au̯tori'sar] *v.13.* Dar permissão. Legalizar. ▶ Autorizar.

au.to.ser.vi.cio. [au̯toser'βiθjo] [au̯toser'βisjo] *m.* Estabelecimento comercial em que o cliente tem acesso direto ao produto, especialmente supermercados e restaurantes. ▶ Autosserviço. *Self-service.*

au.to.ví.a. [au̯to'bia] [au̯to'bia] *f.* Rodovia com várias pistas na qual os veículos têm permissão para circular a maior velocidade do que nas ruas da cidade. ▶ Rodovia.

au.xi.liar. [au̯ksi'ljar] [au̯ksi'ljar] *adj.* **1.** Que auxilia. ▶ Auxiliar. *m.* **2.** Pessoa que presta assistência a outro profissional. Ajudante. ▶ Auxiliar. **3.** Cargo subalterno. ▶ Auxiliar. *v.4.* **4.** Prestar auxílio. Socorrer. ▶ Auxiliar.

au.xi.lio. [au̯k'siljo] [au̯k'siljo] *m.* Ato ou efeito de auxiliar. ▶ Auxílio.

a.val. [a'βal] [a'βal] *m. Fin.* Garantia de pagamento dada por terceiro. Caução. ▶ Aval.

a.va.lan.cha. [aβa'lantʃa] [aβa'lantʃa] *f.* Massa de neve que rola das montanhas. Alude. ▶ Avalanche.

a.va.lis.ta. [aβa'lista] [aβa'lihta] *com. Fin.* Pessoa que se compromete a pagar uma dívida contraída por outra, caso essa não o faça. ▶ Fiador.

a.van.ce. [a'βanθe] [a'βanse] *m.* **1.** Ato ou efeito de avançar. ▶ Avanço. **2.** Fragmentos de um filme. ▶ *Trailer.*

a.van.za.do, da. [aβan'θaðo] [aβan'saðo] *adj.* **1.** Que se faz com antecedência. ▸ Avançado. **2.** Que se coloca adiante. ▸ Avançado.

a.van.zar. [aβan'θar] [aβan'sar] *v.13.* **1.** Ir para diante. Adiantar. ▸ Avançar. **2.** *fig.* Ter progresso. ▸ Avançar.

a.va.ro, ra. [a'βaro] [a'βaro] *adj.* Que tem apego excessivo ao dinheiro. Sovina. ▸ Avarento. *U.t.c.s.*

a.va.sa.llar. [aβasa'ʎar] [aβasa'ʃar] *v.4.* Submeter à obediência. Dominar. ▸ Avassalar.

a.ve. ['aβe] ['aβe] *f. Zool.* Classe de animais vertebrados, com penas e asas. ▸ Ave. *Hay aves que migran.* Existem aves que migram.

a.ve.lla.na. [aβe'ʎana] [aβe'ʃana] *f. Bot.* Fruto seco. ▸ Avelã. ➥ *Frutas*

a.ve.na. [a'βena] [a'βena] *f. Bot.* Planta de semente comestível. ▸ Aveia.

a.ve.ni.da. [aβe'niða] [aβe'niða] *f.* Via urbana maior e mais importante que uma rua. ▸ Avenida.

a.ven.ta.jar. [aβenta'xar] [aβenta'xar] *v.4.* Levar vantagem. ▸ Avantajar.

a.ven.tu.ra. [aβen'tura] [aβen'tura] *f.* **1.** Sucesso imprevisto. Evento. Casualidade. ▸ Aventura. **2.** Caso amoroso fortuito. ▸ Aventura.

a.ven.tu.re.ro, ra. [aβentu'rero] [aβentu'rero] *adj.* **1.** Que vive de aventuras. ▸ Aventureiro. **2.** Diz-se de indivíduo temerário e vagabundo. ▸ Aventureiro. *U.t.c.s.*

a.ver.gon.za.do, da. [aβerɣon'θaðo] [aβerɣon'saðo] *adj.* Que sente vergonha. ▸ Envergonhado.

a.ver.gon.zar. [aβerɣon'θar] [aβerɣon'sar] *v.69.* Ter ou sentir vergonha. ▸ Envergonhar. *U.t.c.v.p.*

a.ve.rí.a. [aβe'ria] [aβe'ria] *f.* Dano que estraga uma mercadoria, uma máquina ou um veículo. ▸ Avaria.

a.ve.ri.guar. [aβeri'ɣwar] [aβeri'ɣwar] *v.4.* Investigar até descobrir a verdade. Apurar. ▸ Averiguar.

a.ver.sión. [aβer'sjon] [aβer'sjon] *f.* Antipatia e repulsa que se tem por alguma pessoa ou coisa. ▸ Aversão.

a.ves.truz. [aβes'truθ] [aβeh'trus] *m. Zool.* Grande ave que não voa. ▸ Avestruz.

a.via.ción. [aβja'θjon] [aβja'sjon] *f.* **1.** Atividade relativa à condução de aviões. ▸ Aviação. **2.** Arte e ofício de pilotar aviões. ▸ Aviação.

a.via.dor, do.ra. [aβja'ðor] [aβja'ðor] *s.* **1.** Piloto preparado para conduzir um avião. ▸ Aviador. **2.** Pessoa que presta serviço na Aeronáutica. ▸ Aviador.

a.vión. [a'βjon] [a'βjon] *m.* Veículo destinado ao transporte aéreo. ▸ Avião. ➥ *Transporte*

a.vio.ne.ta. [aβjo'neta] [aβjo'neta] *f.* Avião pequeno e de pouca potência. ▸ Aviãozinho.

a.vi.sar. [aβi'sar] [aβi'sar] *v.4.* **1.** Dar notícia de um fato. Informar. ▸ Avisar. **2.** Advertir ou aconselhar sobre um fato. ▸ Avisar. **3.** Prevenir alguém sobre um fato. ▸ Avisar. ◆ **El que avisa no es traidor.** Quem avisa, amigo é.

a.vi.so. [a'βiso] [a'βiso] *m.* Ato ou efeito de avisar. ▸ Aviso. ◆ **Andar / Estar sobre (el) aviso.** Estar de sobreaviso.

a.vis.pa. [a'βispa] [a'βihpa] *f. Zool.* Tipo de inseto com ferrão. ▸ Vespa.

a.vis.pe.ro. [aβis'pero] [aβih'pero] *m.* **1.** Ninho de marimbondos. ▸ Vespeiro. **2.** *fig.* Local ou assunto perigoso. ▸ Vespeiro.

a.vi.var. [aβi'βar] [aβi'βar] *v.4.* Tornar mais vivo. ▸ Avivar.

a.xi.la. [ak'sila] [ak'sila] *f. Anat.* Cavidade situada na parte inferior da junção do braço com o tronco. ▸ Axila.

ay. [aj] [aj] *interj.* Indica dor, sofrimento e às vezes alegria. ▸ Ai.

a.yer. [a'jer] [a'ʃer] *adv.* **1.** No dia anterior ao atual. ▸ Ontem. **2.** *fig.* Em tempo anterior. ▸ Outrora.

a.yo.te. [a'jote] [a'ʃote] *m. Bot. (Méx. e Amér. Central)* Ver *calabaza*. ▸ Abóbora.

a.yu.da. [a'juða] [a'ʃuða] *f.* Ato ou efeito de auxiliar, socorrer. ▸ Ajuda. ◆ **Ayuda de costa.** Ajuda de custo.

a.yu.dan.te, ta. [aju'ðante] [aʃu'ðante] *s.* Pessoa que auxilia em certos trabalhos. Assistente. ▸ Ajudante.

a.yu.dar. [aju'ðar] [aʃu'ðar] *v.4.* **1.** Prestar auxílio. ▸ Ajudar. **2.** Ir em socorro. ▸ Ajudar.

a.yu.nar. [aju'nar] [aʃu'nar] *v.4. p.p. reg. ayunado / irreg. ayuno.* Abster-se de comer ou beber. ▸ Jejuar.

a.yu.no. [aju'no] [a'ʃuno] *m.* Abstinência de comida ou bebida. ▸ Jejum. ◆ **En ayuno / ayunas.** Sem ter tomado café da manhã. ▸ Em jejum.

a.yun.ta.mien.to. [ajunta'mjento] [aʃunta'mjento] *m.* **1.** Câmara Municipal. ▸ Prefeitura. **2.** Sede da prefeitura. ▸ Prefeitura.

a.za.ba.che. [aθa'βatʃe] [asa'βatʃe] *m.* Espécie de carvão mineral, de cor preta, brilhante, utilizada para fazer bijuterias, azeviche.

a.za.da. [a'θaða] [a'saða] *f. Agr.* Ferramenta para uso em trabalhos agrícolas. ▸ Enxada.

a.za.fa.ta. [aθa'fata] [asa'fata] *f.* Comissária de bordo. ▸ Aeromoça.

a.za.frán. [aθa'fran] [asa'fran] *m. Bot.* Planta de cuja flor se extrai um condimento. ▸ Açafrão.

❏ **a.za.har.** [aθa'aɾ] [asa'aɾ] *m. Bot.* Flor de laranjeira, limoeiro e cidreira.

a.zar. [a'θaɾ] [a'saɾ] *m.* Ver *casualidad.* Casualidade. ▸ Acaso. ◆ **Al azar.** Sem previsão. Ao acaso.

a.zo.gue. [a'θoɣe] [a'soɣe] *m. Quím.* Metal branco, brilhante, líquido, a temperatura ordinária, e mais pesado que o chumbo. Azougue. ▸ Mercúrio.

a.zo.tar. [aθo'taɾ] [aso'taɾ] *v.4.* Bater com açoite. ▸ Açoitar.

a.zo.te. [a'θote] [a'sote] *m.* Ato de açoitar. ▸ Açoite. ◆ **Besar el azote.** Abaixar a cabeça.

a.zo.te.a. [aθo'tea] [aso'tea] *f.* Cobertura plana e transitável de um prédio. ▸ Terraço.

az.te.ca. [aθ'teka] [ah'teka] *adj.* **1.** Pertencente ou relativo aos astecas. ▸ Asteca. *m.* **2.** Antigo povo que habitava a região onde atualmente se situa o México. ▸ Asteca.

a.zú.car. [a'θukaɾ] [a'sukaɾ] *m.* Substância granulada e branca, de sabor doce, extraída da cana, da beterraba e de outros vegetais, e utilizada na alimentação para adoçar. ▸ Açúcar. ◆ **Azúcar blanco.** Açúcar refinado. **Azúcar cande / candi.** Açúcar cristal. **Azúcar mascobado.** Açúcar mascavo. **Caña de azúcar.** Cana-de-açúcar.

a.zu.ca.re.ro, ra. [aθuka'reɾo] [asuka'reɾo] *s.* **1.** Fabricante ou negociante de açúcar. ▸ Açucareiro. *amb.* **2.** Recipiente no qual se põe o açúcar para guardá-lo ou levá-lo à mesa. ▸ Açucareiro.

a.zu.fre. [a'θufɾe] [a'sufɾe] *m. Quím.* Ametal de cor amarela e cheiro característico, que se fragmenta e eletriza com facilidade. ▸ Enxofre.

a.zul. [a'θul] [a'sul] *adj.* **1.** Que tem cor azul. ▸ Azul. *m.* **2.** O nome dessa cor. ▸ Azul.

a.zu.zar. [aθu'θaɾ] [asu'saɾ] *v.13.* **1.** Incitar os cães a morder. ▸ Atiçar. **2.** *fig.* Incitar bruscamente. ▸ Atiçar.

B

b. [be] [be] *f.* Segunda letra do alfabeto espanhol. ▸ B.

ba.be.ar. [baβe'ar] [baβe'ar] *v.4.* Molhar com baba. ▸ Babar.

ba.bel. [ba'βel] [ba'βel] *amb.* e *fam.* Lugar onde há confusão ou onde muitos falam sem se entender. ▸ Babel.

ba.be.ro. [ba'βeɾo] [ba'βeɾo] *m.* Peça de tecido que se prende ao pescoço das crianças pequenas, sobre a roupa, para resguardá-las da baba ou da comida. ▸ Babador.

ba.bie.ca. [ba'βjeka] [ba'βjeka] *com.* Pessoa muito tola. ▸ Boboca. *U.t.c.adj.*

ba.bor. [ba'βoɾ] [ba'βoɾ] *m. Mar.* Lado esquerdo de uma embarcação para quem olha da popa à proa. ▸ Bombordo.

❏ **ba.bo.sa.** [ba'βosa] [ba'βosa] *f. Zool.* Molusco que vive na terra úmida. ▸ Lesma.

ba.bo.so, sa. [ba'βoso] [ba'βoso] *adj.* **1.** Que solta baba. Babão. ▸ Baboso. **2.** *fig.* Que adula. ▸ Bajulador. **3.** *fig.* Diz-se de homem que dedica extrema atenção e delicadeza às mulheres. Meloso. ▸ Grudento. **4.** Bobo, tonto.

ba.bu.cha. [ba'βutʃa] [ba'βutʃa] *f.* Chinelo de couro usado pelos árabes. ▸ Babucha.

ba.ca.la.o. [baka'lao] [baka'lao] *m. Zool.* Tipo de peixe marinho. ▸ Bacalhau. ◆ **Cortar el bacalao.** Ser aquele que realmente resolve ou manda. ▸ Apitar.

ba.ca.nal. [baka'nal] [baka'nal] *m.* Festa em que os convidados, espontaneamente, entregam-se a todas as formas possíveis de prazer. ▸ Bacanal.

ba.che. ['batʃe] ['batʃe] *m.* **1.** Depressão no pavimento de vias públicas. ▸ Buraco. **2.** Queda de qualidade ou rendimento em uma atividade. ▸ Baixa. *Hubo un bache en la producción debido a la falta de materia prima.* Houve uma queda na produção por falta de matéria-prima.

ba.chi.ller. [batʃi'ʎeɾ] [batʃi'ʃeɾ] *com.* Pessoa que concluiu o ensino médio e está apta a ingressar em um curso universitário.

❏ **ba.chi.lle.ra.to.** [batʃiʎe'rato] [batʃiʃe'rato] *m.* Conjunto de estudos do ensino médio que, terminados, habilitam para o ingresso na universidade.

back-up. *m. Inform.* Ato de realizar uma cópia de segurança em arquivos digitais. Cópia de segurança. ▸ *Backup.* *Hice un* back-up *de mis archivos.* Fiz um *backup* de meus arquivos.

ba.cón. [ba'kon] [ba'kon] *m.* Toucinho defumado. ▸ *Bacon.*

bac.te.ria. [bak'terja] [bak'terja] *f. Biol.* Micro-organismo de uma só célula e desprovido de membrana celular. ▸ Bactéria.

ba.da.jo. [ba'ðaxo] [ba'ðaxo] *m.* Peça de metal para fazer soar o sino. ▸ Badalo.

ba.dén. [ba'ðen] [ba'ðen] *m.* Pequena vala para escoamento de águas. ▸ Valeta.

ba.ga.je. [ba'ɣaxe] [ba'ɣaxe] *m.* Conjunto de pertences que as pessoas levam quando viajam. ▸ Bagagem.

ba.ga.zo. [ba'ɣaθo] [ba'ɣaso] *m. Bot.* Resto de fruta ou de qualquer outra substância espremida ou triturada, como laranja ou cana-de-açúcar. ▸ Bagaço.

bah. ['ba] ['ba] *interj.* Indica incredulidade ou desprezo. ▸ Bah.

ba.hí.a. [ba'ia] [ba'ia] *f. Geogr.* Pequena entrada de mar na costa. ▸ Baía.

bai.la.ble. [baj'laβle] [baj'laβle] *adj.* Que se pode dançar. ▸ Dançante.

bai.lar. [baj'lar] [baj'lar] *v.4.* Fazer movimentos ritmados e compassados ao som de uma música. Dançar. ▸ Bailar.

bai.la.rín, ri.na. [bajla'rin] [bajla'rin] *s.* Pessoa que dança profissionalmente. ▸ Bailarino.

bai.le. ['bajle] ['bajle] *m.* **1.** Ato de dançar. ▸ Dança. **2.** Cada uma das formas de dançar. ▸ Dança. **3.** Festa com dança. ▸ Baile. ◆ **Baile de máscaras.** Baile de máscaras. **Baile de trajes.** Baile a fantasia. ➡ *Recreación*

bai.lo.te.ar. [bajlote'ar] [bajlote'ar] *v.4.* Dançar de maneira despreocupada e informal. ▸ Sacudir-se.

ba.ja. ['baxa] ['baxa] *f.* Diminuição de preço. ▸ Baixa. ◆ **Dar de baja.** Cessar uma atividade. ▸ Dar baixa.

ba.ja.da. [ba'xaða] [ba'xaða] *f.* **1.** Caminho por onde se desce de algum lugar. ▸ Descida. **2.** Inclinação de um terreno. ▸ Declive. ◆ **Bajada de aguas.** Ver *bajante*. ▸ Calha.

ba.ja.mar. [baxa'maɾ] [baxa'maɾ] *f.* **1.** Maré baixa. ▸ Baixa-mar. **2.** Tempo de duração do refluxo da maré. ▸ Maré.

ba.jan.te. [ba'xante] [ba'xante] *amb.* Tubo das edificações para escoamento das águas da chuva. ▸ Calha.

ba.jar. [ba'xaɾ] [ba'xaɾ] *v.4.* **1.** Ir para um ponto mais baixo. ▸ Descer. **2.** Fazer menor ou menos intenso. Reduzir. ▸ Diminuir. **3.** Pôr alguma coisa em lugar mais baixo. ▸ Baixar. **4.** *Inform.* Descarregar dados por meio de um canal de comunicação. ▸ Baixar.

ba.jel. [ba'xel] [ba'xel] *m. Mar.* Tipo de navio. ▸ Baixel.

ba.je.za. [ba'xeθa] [ba'xesa] *f.* **1.** Ato indigno e vil. ▸ Baixeza. **2.** *fig.* Condição de quem sofreu humilhação ou foi inferiorizado. ▸ Rebaixamento.

ba.jo, ja. ['baxo] ['baxo] *adj.* **1.** Que tem pouca altura. ▸ Baixo. **2.** Que está em nível inferior. ▸ Baixo. **3.** *fig.* Que tem modos grosseiros. ▸ Vulgar. **4.** Diz-se de som grave. ▸ Baixo. *prep.* **5.** Submetido a. ▸ Sob. *El acuerdo se realizó bajo condiciones favorables para ambas partes.* O acordo se realizou sob condições favoráveis para ambas as partes. **6.** De acordo com. ▸ Segundo. *Todos hacen sus actividades bajo las instrucciones del director.* Todos fazem suas atividades de acordo com as instruções do diretor. **7.** Inferior a. ▸ Abaixo de. *m.* **8.** *Mús.* Contrabaixo. ◆ **Bajo relieve.** Baixo-relevo. **Planta baja.** Andar térreo. **Por lo bajo.** De forma sorrateira. ➡ *Instrumentos musicales*

ba.jón. [ba'xon] [ba'xon] *m. Fin.* Queda sensível. ▸ Baixa. *La Bolsa dió un bajón inesperado.* A bolsa teve uma queda inesperada.

ba.la. ['bala] ['bala] *f.* Projétil de arma de fogo. ▸ Bala.

ba.la.da. [ba'laða] [ba'laða] *f.* **1.** *Lit.* Poema narrativo em que são reproduzidas lendas ou tradições. ▸ Balada. **2.** *Mús.* Peça musical ou canção de ritmo lento. ▸ Balada.

ba.la.lai.ca. [bala'laika] [bala'laika] *f. Mús.* Instrumento musical de cordas de uso popular na Rússia. ▸ Balalaica. ➡ *Instrumentos musicales*

ba.lan.ce. [ba'lanθe] [ba'lanse] *m.* **1.** Movimento de oscilação de um corpo. ▸ Balanço. **2.** *Fin.* Verificação das receitas e das despesas de uma empresa. ▸ Balanço.

ba.lan.ce.ar. [balanθe'aɾ] [balanse'aɾ] *v.4.* Mover algo ou alguém de um lado para outro. ▸ Balançar.

ba.lan.ce.o. [balan'θeo] [balan'seo] *m.* **1.** Movimento alternado em sentidos opostos. ▸ Balanço. **2.** Ajuste das rodas de um veículo. ▸ Balanceamento.

ba.lan.cín. [balan'θin] [balan'sin] *m.* Aparelho para diversão infantil constituído de uma tábua, com assentos em seus extremos, que oscila para cima e para baixo, apoiada em seu centro. ▸ Gangorra.

ba.lan.za. [ba'lanθa] [ba'lansa] *f.* Instrumento para determinar o peso ou a massa de um corpo. ▸ Balança.

ba.lar. [ba'laɾ] [ba'laɾ] *v.4.* Emitir balidos (ovelha, cabra). ▸ Balir.

ba.la.zo. [ba'laθo] [ba'laso] *m.* **1.** Tiro de bala. ▸ Balaço. **2.** Ferimento causado por bala.

bal.bu.cir. [balβu'θiɾ] [balβu'siɾ] *v.31.* Falar ou ler de forma ininteligível. ▸ Balbuciar.

bal.cón. [bal'kon] [bal'kon] *m.* Varanda ou sacada que tem, geralmente, grade e peitoril. ▸ Balcão.

bal.da.do, da. [bal'daðo] [baldaðo] *adj.* Que sente cansaço. ▸ Fatigado.

bal.de. [bal'de] ['balde] *m.* Recipiente para tirar ou juntar e transportar água. ▸ Balde. ◆ **De balde.** Gratuitamente. ▸ De brinde. *Compré dos camisas y me dieron una de balde.* Comprei duas camisas e me deram uma de brinde. ◆ **En balde.** Em vão.

bal.de.ar. [balde'aɾ] [balde'aɾ] *v.4.* Espalhar água com um balde. ▸ Baldear.

bal.dí.o, a. [bal'dio] [bal'dio] *adj.* Diz-se de terreno sem lavrar. ▸ Baldio.

bal.do.sa. [bal'dosa] [bal'dosa] *f.* Piso cerâmico fino próprio para pavimento. ▸ Ladrilho.

ba.le.ar. [bale'aɾ] [bale'aɾ] *v.4. (Amér.)* Ferir ou matar com bala. Atirar. ▸ Balear.

ba.li.do. [ba'liðo] [ba'liðo] *m.* Som emitido por ovelha, cabra. ▸ Balido.

ba.lís.ti.ca. [ba'listika] [ba'lihtika] *f.* Ciência que estuda a trajetória dos projéteis. ▸ Balística.

ba.lle.na. [ba'ʎena] [ba'ʃena] *f. Zool.* Grande mamífero marinho. ▸ Baleia.
➡ *Reino animal*

ba.lle.na.to. [baʎe'nato] [baʃe'nato] *m. Zool.* Filhote da baleia. ▸ Baleote.

ba.lles.ta. [ba'ʎesta] [ba'ʃehta] *f.* Máquina de guerra para arremessar setas e pedras. ▸ Catapulta.

ballet. *m.* Dança clássica com a qual se representa uma história. ▸ Balé.

bal.ne.a.rio. [balne'arjo] [balne'arjo] *m.* Lugar para banho de mar ou de rio. ▸ Balneário.

ba.lom.pié. [balom'pje] [balom'pje] *m. Desp.* Ver *fútbol.* ▸ Futebol.

ba.lón. [ba'lon] [ba'lon] *m.* Bola para jogar futebol, basquete, vôlei e outros esportes. ▸ Bola.

ba.lon.ces.to. [balon'θesto] [balon'sehto] *m. Desp.* Ver *básquet.* ▸ Basquete.

ba.lon.ma.no. [balon'mano] [balon'mano] *m. Desp.* Esporte entre duas equipes de sete jogadores que tem por objetivo a realização de gols usando só as mãos. ▸ Handebol.
➡ *Deportes*

ba.lon.vo.le.a. [balonvo'lea] [balonbo'lea] *m. Desp.* Ver *voleibol.* ▸ Vôlei. ➡ *Deportes*

bal.sa. ['balsa] ['balsa] *f.* **1.** ☐ *Geogr.* Depressão em um terreno que se enche de água de forma natural ou artificial. Charco. ▸ Pântano. **2.** *Mar.* Plataforma flutuante de madeira destinada ao transporte marítimo. ▸ Balsa.

bál.sa.mo. ['balsamo] ['balsamo] *m.* Resina aromática, obtida de alguns vegetais, que tem propriedades curativas. ▸ Bálsamo.

ba.luar.te. [ba'lwarte] [ba'lwarte] *m.* Construção destinada à defesa. ▸ Fortificação.

bam.bas. ['bambas] ['bambas] *f. pl.* **1.** Tipo de tênis, da marca registrada Bamba ou do mesmo estilo; geralmente de lona e de sola de borracha. ▸ Tênis Bamba. *adj.* **2.** *(Peru)* Diz-se de algo adulterado. Pirata. ▸ Falsificado. *Creo que me he comprado unos pantalones bamba.* Acho que comprei algumas calças falsificadas.

bam.bú. [bam'bu] [bam'bu] *m.* Ver *caña*[1]. ▸ Bambu.

ba.nal. [ba'nal] [ba'nal] *adj.* Que não tem relevância. Trivial. ▸ Banal.

ba.na.li.dad. [banali'ðaθ] [banali'ðað] *f.* Característica do que é comum, trivial. ▸ Banalidade.

ba.na.na. [ba'nana] [ba'nana] *f. (Amér.) Bot.* Fruto da bananeira. ▸ Banana.

ba.na.no. [ba'nano] [ba'nano] *m. Bot.* Planta que produz bananas. ▸ Bananeira.

ban.ca. ['banka] ['banka] *f.* **1.** Assento de madeira sem encosto. ▸ Banco. **2.** *Fin.* Conjunto de instituições bancárias. ▸ Sistema bancário. *U.t.c.s.*

ban.ca.rio, ria. [ban'karjo] [ban'karo] *adj.* Pertencente ou relativo a banco. ▸ Bancário. *U.t.c.s.*

ban.ca.rro.ta. [banka'rota] [banka'rota] *f.* **1.** *Fin.* Quebra comercial fraudulenta. Falência. ▸ Bancarrota. **2.** *fig.* Descrédito de um sistema ou doutrina. ▸ Bancarrota.

ban.co. ['banko] ['banko] *m.* **1.** Assento de madeira para várias pessoas. ▸ Banco. **2.** *Fin.* Estabelecimento público de crédito. ▸ Banco. **3.** *Zool. col.* Grande número de peixes que nadam juntos. ▸ Cardume.

ban.da. ['banda] ['banda] *f.* **1.** Fita larga distintiva de autoridade ou posição honorífica. ▸ Faixa. **2.** *col.* Grupo de pessoas. ▸ Bando. **3.** Lado de uma embarcação. ▸ Lado. **4.** *col. Mús.* Conjunto de músicos. ▸ Banda. ◆ **Banda ancha.** *Inform.* Nome que se dá à faixa de transmissão de dados, via internet, com conexões de alta velocidade. ▸ Banda larga. *Contraté un servicio de banda ancha para mi piso.* Contratei um serviço de banda larga para meu apartamento. ◆ **Banda sonora.** Trilha sonora.

ban.da.da. [ban'daða] [ban'daða] *f. Zool. col.* Grande número de aves que voam juntas. ▸ Revoada.

ban.da.zo. [ban'daθo] [ban'daso] *m. Mar.* Balanço violento de uma embarcação. ▸ Guinada.

ban.de.ja. [ban'dexa] [ban'dexa] *f.* Peça da baixela, plana e com suporte para as mãos, para levar comidas à mesa. ▸ Bandeja. ◆ **Bandeja de entrada.** *Inform.* Arquivo digital que armazena todas as mensagens recebidas por um usuário em sua conta de *e-mail.* ▸ Caixa de entrada. ◆ **Servir en bandeja (de plata).** Dar de bandeja.

ban.de.ra. [ban'dera] [ban'dera] *f.* Peça de pano que serve de distintivo e identificação de uma nação, em estado, corporação, associação ou sociedade. ▸ Bandeira. ◆ **De bandera.** De primeira. **Hacer bandera.** Dar bandeira.

ban.de.ri.lla. [bande'riʎa] [bande'riʃa] *f.* Vara, com fitas de cores e ponta de ferro em

ban.di.do, da. [ban'diðo] [ban'diðo] *adj.* **1.** Que foge da justiça. ▸ Bandido. *s.* **2.** Quem faz assaltos à mão armada. Assaltante. ▸ Bandido. *U.t.c.s.* **3.** *fig.* Malandro.

ban.do. ['bando] ['bando] *m.* **1.** *Dir.* Ordem judicial publicada por anúncios ou editais. ▸ Edital. **2.** *col.* Grande número de ladrões que atuam juntos. Quadrilha. ▸ Bando.

ban.do.le.ro, ra. [bando'lero] [bando'lero] *s.* Indivíduo que vive de assaltos à mão armada. ▸ Assaltante.

ban.do.li.na. [bando'lina] [bando'lina] *f. Mús.* Instrumento musical de quatro cordas duplas que se tocam com palhetas. ▸ Bandolim.

ban.do.ne.ón. [bandone'on] [bandone'on] *m. Mús.* Instrumento musical, semelhante ao acordeão, muito popular na Argentina. ▸ Bandônion. ➡ *Instrumentos musicales*

ban.du.rria. [ban'durja] [ban'durja] *f. Mús.* Instrumento musical, geralmente de doze cordas, semelhante à guitarra, mas com braço mais curto. ▸ Bandurra.

banner. *m. Inform.* Palavra inglesa que designa um tipo de anúncio publicitário visual que se utiliza em páginas de internet, vinculado ao anunciante. ▸ Banner.

ban.que.ro, ra. [ban'kero] [ban'kero] *s. Fin.* Proprietário de casa bancária. ▸ Banqueiro.

ban.que.ta. [ban'keta] [ban'keta] *f.* **1.** Pequeno banco individual. ▸ Banqueta. **2.** Banco utilizado para apoiar os pés. ▸ Banqueta.

ban.que.te. [ban'kete] ['bankete] *m.* **1.** Refeição suntuosa e festiva à qual comparecem várias pessoas. ▸ Banquete. **2.** Comida esplêndida. ▸ Banquete.

ban.qui.llo. [ban'kiʎo] [ban'kiʃo] *m.* **1.** *Dir.* Assento onde fica o acusado ante o tribunal em um processo criminal. ▸ Banco dos réus. **2.** *Desp.* Banco onde ficam os jogadores reservas e o treinador, fora do campo ou da quadra. ▸ Banco de reservas.

ba.ña.de.ra. [baɲa'ðera] [baɲa'ðera] *f.* Ver *bañera.* ▸ Banheira.

ba.ña.dor. [baɲa'ðor] [baɲa'ðor] *m.* **1.** Qualquer peça ou conjunto de peças de vestuário destinadas ao banho de mar ou de piscina. ▸ Traje de banho. **2.** Peça de vestuário masculino para banho. ▸ Sunga. **3.** Peça de vestuário feminino para banho. ▸ Maiô.

ba.ñar. [ba'ɲar] [ba'ɲar] *v.4.* **1.** Meter em banho. ▸ Banhar. **2.** Submergir alguma coisa em um líquido. ▸ Banhar. *v.p.* **3.** Molhar o corpo para higiene ou por lazer. Tomar banho. ▸ Banhar-se.

ba.ñe.ra. [ba'ɲera] [ba'ɲera] *f.* Grande recipiente para banhar o corpo ou parte dele. ▸ Banheira.

ba.ñis.ta. [ba'ɲista] [ba'ɲista] *adj.* Diz-se da pessoa que toma banho de mar, rio, lago ou cachoeira. ▸ Banhista.

ba.ño. ['baɲo] ['baɲo] *m.* **1.** Ato de banhar ou banhar-se. ▸ Banho. **2.** Exposição prolongada a um agente físico com uma finalidade. ▸ Banho. *Durante todo el verano trata de tomar baños de sol para broncearse.* Durante todo o verão, procure tomar banhos de sol para ficar bronzeado. **3.** Ver *bañera.* ▸ Banheira. **4.** Cômodo da casa onde estão as peças e instalações destinadas a asseio e higiene das pessoas. ▸ Banheiro. *El fontanero todavía no instaló el retrete en el cuarto de baño.* O encanador ainda não instalou o vaso sanitário no banheiro. ▸ Banheiro. ◆ **Baño (de) maría.** *Cul.* Banho-maria. **Cuarto de baño.** Ver *baño*[(4)]. ▸ Banheiro. **Malla de baño.** *(Arg.)* Ver *bañador.* ▸ Maiô. **Traje de baño.** Ver *bañador.* ▸ Traje de banho.

ba.que.te.a.do, da. [bakete'aðo] [bakete'aðo] *adj.* **1.** Que tem experiência em algum negócio ou trabalho. ▸ Escaldado. **2.** Que vive uma situação difícil, em condições desfavoráveis. ▸ Precário.

bar. ['bar] ['bar] *m.* Estabelecimento comercial onde são vendidas e servidas bebidas. Botequim. ▸ Bar.

ba.ra.ja. [ba'raxa] [ba'raxa] *f.* Conjunto de cartas de jogar. ▸ Baralho.

ba.ra.jar. [bara'xar] [bara'xar] *v.4.* Misturar as cartas do baralho. ▸ Embaralhar. ◆ **Barajárselas.** Resolver bem as situações. ▸ Virar-se. *A veces se ve apurado, pero él sabe barajárselas.* Às vezes se vê pressionado, mas ele sabe se virar.

ba.ran.da. [ba'randa] [ba'randa] *f.* Grade de sacada ou de janela. ▸ Grade.

ba.ran.di.lla. [baran'diʎa] [baran'diʃa] *f.* Ver *balcón.* ▸ Parapeito.

ba.ra.ta. [ba'rata] [ba'rata] *f.* **1.** Operação de troca. Permuta. ▸ Câmbio. **2.** Venda não efetuada. ▸ Venda simulada.

ba.ra.te.ar. [barate'ar] [barate'ar] *v.4.* **1.** Vender por baixo preço. ▸ Baratear. **2.** Conseguir um preço mais baixo. Regatear. ▸ Pechinchar.

ba.ra.ti.ja. [bara'tixa] [bara'tixa] *f.* Coisa miúda e de pouco valor. ▸ Bagatela, bugiganga.

ba.ra.to, ta. [ba'rata] [ba'rata] *adj.* Que custa pouco dinheiro. ▸ Barato.

bar.ba. ['barβa] ['barβa] *f.* **1.** *Anat.* Parte do rosto situada abaixo da boca. ▸ Queixo. **2.** O conjunto dos pelos do rosto do homem. ▸ Barba. *pl.* **3.** Rebarbas. ◆ **Afeitarse la barba o el bigote.** Fazer a barba ou tirar o bigode.
➥ *Cuerpo Humano*

bar.ba.co.a. [barβa'koa] [barβa'koa] *f.* **1.** Grelha para assar carne. ▸ Churrasqueira. **2.** *Cul.* Carne assada em grelha ao ar livre. ▸ Churrasco.

bar.ba.do, da. [bar'βaðo] [bar'βaðo] *adj.* **1.** Que tem barba. ▸ Barbado. *m.* **2.** *fig.* Homem que está na idade adulta. ▸ Barbado.

bár.ba.ra.men.te. [barβara'mente] [barβara'mente] *adv.* Com crueldade, grosseria. ▸ Barbaramente.

bar.ba.ri.dad. [barβari'ðaθ] [barβari'ðað] *f.* **1.** Ação de bárbaro. Crueldade, maldade. ▸ Barbaridade. **2.** Dito ou fato temerário. ▸ Barbaridade.

bar.ba.rie. [bar'βarje] [bar'βarje] *f.* **1.** Condição de bárbaro. Selvageria. ▸ Barbárie. **2.** Comportamento ou ato agressivo. Crueldade. ▸ Barbárie.

bár.ba.ro, ra. ['barβaro] ['barβaro] *adj.* **1.** Não civilizado. Selvagem. ▸ Bárbaro. **2.** *fig.* Que procede com crueldade. Desumano. ▸ Bárbaro. *U.t.c.s.* **3.** *(Amér.)* Fantástico.

bar.be.rí.a. [barβe'ria] [f barβe'ria] *f.* Local onde trabalha o barbeiro. ▸ Barbearia.

bar.be.ro. [bar'βero] [bar'βero] *m.* **1.** Aquele que tem a profissão de barbear e cortar o cabelo. ▸ Barbeiro. **2.** *Zool.* Tipo de inseto mastigador. ▸ Barbeiro. ➥ *Profesiones*

bar.bi.lla. [bar'βiʎa] [bar'βiʃa] *f. Anat.* Ver *barba*[1]. ▸ Queixo. ➥ *Cuerpo humano*

bar.ca. ['barka] ['barka] *f. Mar.* Pequena embarcação de pesca. ▸ Barca. ▸ Transportes

bar.co. ['barko] ['barko] *m. Mar.* **1.** Construção de madeira, ferro ou outro material que flutua na água e serve para transporte. ▸ Barco. **2.** Nome genérico de qualquer embarcação. ▸ Barco. ◆ **Barco de vapor.** Navio a vapor. **Barco de vela.** Barco a vela. ➥ *Transporte*

bar.do. ['barðo] ['barðo] *m.* **1.** *Lit.* Poeta heroico ou lírico. ▸ Bardo. **2.** *(Arg. e Urug.)* Ação que evidencia falta de atenção ou de percepção. ▸ Gafe.

ba.rí.to.no. [ba'ritono] [ba'ritono] *m. Mús.* **1.** Voz intermédia ao grave e ao agudo. ▸ Barítono. **2.** Cantor que tem essa voz. ▸ Barítono.

bar.lo.ven.to. [barlo'βento] [barlo'βento] *m.* Direção de onde sopra o vento. ▸ Barlavento.

bar.niz. [bar'niθ] [bar'nis] *m. Quím.* Produto obtido da mistura de várias substâncias resinosas que serve para proteger e embelezar superfícies. ▸ Verniz.

ba.ró.me.tro. [ba'rometro] [ba'rometro] *m.* Instrumento utilizado para medir a pressão atmosférica. ▸ Barômetro.

bar.que.ro, ra. [bar'kero] [bar'kero] *s. Mar.* Dono ou condutor de barca. ▸ Barqueiro.

ba.rra. ['bara] ['bara] *f.* **1.** Peça de metal não trabalhada. ▸ Barra. **2.** Alavanca de ferro. ▸ Barra. **3.** Grade que separa os magistrados do público em um tribunal. ▸ Barra. **4.** Pão de forma alongada. Bengala. ▸ Baguete. **5.** Móvel longo, da altura de uma mesa, em que se serve o cliente em um bar. ▸ Balcão. **6.** Grupo de amigos. ▸ Turma. ◆ **Barra de labios.** Ver *pintalabios.* ▸ Batom. **Barra fija.** Aparelho para ginástica. **Barra libre.** Sem consumação.
➥ *Muebles y electrodomésticos*

ba.rra.ba.sa.da. [baraβa'saða] [baraβa'saða] *f.* Brincadeira de mau gosto.

ba.rra.ca. [ba'raka] [ba'raka] *f.* Moradia rústica. Choupana. ▸ Barraco.

ba.rra.cu.da. [bara'kuða] [bara'kuða] *f. Zool.* Tipo de peixe marinho. ▸ Barracuda.

ba.rran.co. [ba'ranko] [ba'ranko] *m.* **1.** Lugar íngreme. Despenhadeiro. ▸ Barranco. **2.** Escavação profunda na terra. ▸ Buraco. *U.t.c.f. ba.rran.ca.* ◆ **Salir del barranco.** Sair do sufoco.

ba.rre.na. [ba'rena] [ba'rena] *f.* Aparelho manual para abrir furos. ▸ Broca.

ba.rren.de.ro, ra. [baren'dero] [baren'dero] *s.* Pessoa que tem por ofício varrer. Varredor. ▸ Gari.

ba.rre.no. [ba'reno] [ba'reno] *m.* **1.** Instrumento de aço para perfurações. ▸ Broca. **2.** Furo, perfuração.

ba.rrer. [ba'rer] [ba'reɾ] *v.5.* Limpar com vassoura. ▸ Varrer.

ba.rre.ra. [ba'rera] [ba'reɾa] *f.* **1.** Obstáculo para impedir a passagem ou cercar um lugar. ▸ Barreira. **2.** *fig.* Impedimento, censura, obstrução. ▸ Barreira.

ba.rria.da. [ba'rjaða] [ba'rjaða] *f.* **1.** Ver *barrio*. ▸ Bairro. **2.** Espaço que rodeia um núcleo, como uma cidade. Subúrbio. ▸ Periferia.

ba.rri.ca. [ba'rika] [ba'rika] *f.* Vasilha de madeira para líquidos. Tonel pequeno. ▸ Pipa.

ba.rri.ca.da. [bari'kaða] [bari'kaða] *f.* Parapeito provisório feito com diversos objetos para dificultar a passagem. ▸ Barricada.

ba.rri.ga. [ba'riɣa] [ba'riɣa] *f. Anat.* Cavidade abdominal. Abdome, ventre. ▸ Barriga.

ba.rril. [ba'ril] [ba'ril] *m.* Vaso de madeira de forma bojuda usado geralmente para guardar líquidos. ▸ Barril.

ba.rri.le.te. [bari'lete] [bari'lete] *m. (Amér.)* Ver *cometa*[2]. ▸ Pipa.

ba.rrio. ['barjo] ['barjo] *m.* Cada uma das divisões de uma cidade. ▸ Bairro.

ba.rro. ['baro] ['baro] *m.* **1.** Massa resultante da mistura de terra e água. ▸ Barro. **2.** Erupção da pele. Espinha. ▸ Acne.

ba.rrun.tar. [barun'tar] [barun'tar] *v.4.* Pressentir por algum sinal ou indício. ▸ Conjeturar.

bár.tu.los. ['bartulos] ['bartulos] *m.pl.* Objetos de uso cotidiano. ▸ Apetrechos.

ba.ru.llo. [ba'ruʎo] [ba'ruʃo] *m.* Desordem física ou sonora. ▸ Barulho.

ba.sal.to. [ba'salto] [ba'salto] *m. Geol.* Rocha vulcânica muito dura de cor escura. ▸ Basalto.

ba.sar. [ba'sar] [ba'sar] *v.4.* **1.** Apoiar sobre uma base. ▸ Basear. *v.p.* **2.** Ter fundamento. ▸ Basear-se.

bás.cu.la. ['baskula] ['bahkula] *f.* Balança para grandes pesos. ▸ Balança, báscula.

ba.se. ['base] ['base] *f.* **1.** Fundamento ou apoio principal. ▸ Base. **2.** Suporte sobre o qual descansa alguma coisa. ▸ Base.

bá.si.co, ca. ['basiko] ['basiko] *adj.* Que é essencial, que serve de base, básico.

bás.quet. ['basket] ['bahket] *m. Desp.* Esporte praticado entre duas equipes de cinco jogadores cada uma, que marcam pontos fazendo uma bola passar pela cesta do adversário, depositando-a com salto ou arremessando-a. ▸ Basquete. ➡ *Deportes*

bas.ta. ['basta] ['bahta] *interj.* Indica esgotamento, impaciência. Chega. ▸ Basta. ◆ **¡Basta ya!** Já chega!

bas.tan.te. [bas'tante] [bah'tante] *adv.* Em quantidade suficiente. ▸ Bastante.

bas.tar. [bas'tar] [bah'tar] *v.4.* Ser suficiente. ▸ Bastar.

bas.ti.dor. [basti'ðor] [bahti'ðor] *m.* **1.** Espécie de caixilho de madeira onde se prende o tecido para bordar. ▸ Bastidor. *pl.* **2.** *Teat.* Conjunto das armações e dos corredores que contornam o palco. ▸ Bastidores. ◆ **Entre bastidores.** Nos bastidores.

bas.tión. [bas'tjon] [bah'tjon] *m.* Trincheira avançada para defesa de uma fortaleza. ▸ Bastião.

bas.to, ta. ['basto] ['bahto] *adj.* **1.** Que tem forma inacabada. Rústico. ▸ Tosco. **2.** Que não tem modos. Grosseiro. ▸ Rude. *m.pl.* **3.** Um dos naipes do baralho espanhol.

bas.tón. [bas'ton] [bas'ton] *m.* **1.** Vara que se usa como apoio ao caminhar. ▸ Bengala. **2.** Sinal distintivo de autoridade ou poder. Bordão. ▸ Bastão. ◆ **Empuñar el bastón.** Mandar.

ba.su.ra. [ba'sura] [ba'suɾa] *f.* **1.** Aquilo que não presta e se joga fora. ▸ Sujeira. **2.** Restos e pedaços de alimentos e outros materiais. ▸ Lixo. **3.** *fig.* Aquilo que é desprezível. ▸ Lixo. ◆ **Cubo/ Tacho de basura.** Lata de lixo.

ba.su.ral. [basu'ral] [basu'ral] *m.* Terreno onde se acumula lixo. ▸ Lixão.

ba.su.re.ro, ra. [basu'rero] [basu'ɾero] *s.* **1.** Pessoa que recolhe o lixo. ▸ Lixeiro. *m.* **2.** Recipiente no qual se deposita o lixo. ▸ Lixeira.

ba.ta. ['bata] ['bata] *f.* Peça de vestuário folgada, com mangas e abotoada na frente, que se usa para estar em casa. ▸ Roupão.

ba.ta.lla. [ba'taʎa] [ba'taʃa] *f. Mil.* Ação de ataque e defesa. ▸ Batalha.

ba.ta.llón. [bata'ʎon] [bata'ʃon] *m. Mil.* Unidade do exército que faz parte de um regimento e é composta de várias companhias. ▸ Batalhão.

□ **ba.ta.ta.** [ba'tata] [ba'tata] *f. Bot.* Tubérculo comestível que nasce na raiz da planta de mesmo nome. ▸ Batata-doce.

ba.te.a.dor, do.ra. [batea'ðor] [batea'ðor] *s.* Aquele que rebate em um jogo de beisebol. ▸ Rebatedor.

ba.te.rí.a. [bate'ria] [bate'ria] *f.* **1.** *Mil.* Conjunto de peças de artilharia. ▸ Bateria. **2.** *Mús.* Conjunto de peças de percussão de uma banda ou orquestra. ▸ Bateria. **3.** Conjunto de utensílios de cozinha. ▸ Bateria. **4.** *Fís.* Acumulador de eletricidade. ▸ Bateria. **5.**

Grande quantidade de exames ou experimentos que se realizam em algumas ciências. ▸ Bateria.

ba.ti.da. [ba'tiða] [ba'tiða] *f.* Exploração de um terreno para caçar animais. ▸ Batida.

ba.ti.do. [ba'tiðo] [ba'tiðo] *m.* **1.** Bebida feita com leite e frutas batidos. ▸ Vitamina. **2.** Mistura de gemas e claras de ovos. ▸ Ovos batidos.

ba.ti.dor, do.ra. [bati'ðor] [bati'ðor] *adj.* **1.** Que bate. ▸ Batedor. *f.* **2.** Aparelho para misturar alimentos. ▸ Batedeira.

ba.tien.te. [ba'tjente] [ba'tjente] *m.* Ombreira onde a porta se encaixa quando se fecha. ▸ Batente.

ba.tir. [ba'tir] [ba'tir] *v.6.* **1.** Dar pancadas para derrubar. ▸ Bater. **2.** Derrotar o inimigo. ▸ Abater.

ba.tu.ta. [ba'tuta] [ba'tuta] *f. Mús.* Varinha ou bastão curto usado pelos maestros para reger a orquestra. ▸ Batuta.

ba.úl. [ba'ul] [ba'ul] *m.* Caixa retangular de madeira com tampa convexa. ▸ Baú.

bau.tis.mal. [bautis'mal] [bautih'mal] *adj. Rel.* Pertencente ou relativo ao batismo. ▸ Batismal. ♦ **Pila bautismal.** Pia batismal.

bau.tis.mo. [bau'tismo] [bau'tihmo] *m. Rel.* Primeiro dos sacramentos da Igreja Católica. ▸ Batismo.

bau.ti.zar. [bauti'θar] [bautis'ar] *v.13. Rel.* Administrar o batismo. ▸ Batizar.

ba.yo.ne.ta. [bajo'neta] [baʃo'neta] *f. Mil.* Arma pontiaguda que se adapta ao cano da espingarda. ▸ Baioneta.

ba.zar. [ba'θar] [ba'sar] *m.* **1.** No Oriente, mercado público. **2.** Loja onde são vendidos produtos de vários tipos. ▸ Bazar.

ba.zo. ['baθo] ['baso] *m. Anat.* Víscera dos vertebrados que se localiza geralmente à esquerda do estômago. ▸ Baço.

ba.zo.fia. [ba'θofja] [ba'sofja] *f.* **1.** Guisado feito com sobras de comida, bazófia. **2.** ☐ *fig.* Que ou quem não tem valor. Lixo. *Este libro es una bazofia.* Este livro é um lixo.

be. ['be] ['be] *f.* **1.** O nome da letra B. ▸ Bê. *m.* **2.** Onomatopeia que representa o som que emitem as ovelhas ou as cabras. ▸ Bê.

be.a.ti.fi.car. [beatifi'kar] [beatifi'kar] *v.7. Rel.* Tornar ou declarar beato. ▸ Beatificar.

be.a.to, ta. [be'ato] [be'ato] *s.* **1.** *Rel.* Pessoa devota e próxima da santidade por suas ações. ▸ Beato. **2.** *fig.* Pessoa excessivamente recatada. ▸ Pudico.

be.bé. [be'βe] [be'βe] *m.* Criança lactente. ▸ Bebê.

be.be.di.zo. [beβe'ðiθo] [beβe'ðiso] *m.* **1.** Bebida medicinal que se toma por via oral. **2.** Bebida à qual são atribuídas propriedades mágicas. ▸ Poção.

be.ber. [be'βer] [be'βer] *v.5.* Ingerir um líquido. ▸ Beber.

be.bi.da. [be'βiða] [be'βiða] *f.* Qualquer líquido que se bebe. ▸ Bebida.

☐ **be.ca.** ['beka] ['beka] *f.* Ajuda financeira que se concede a estudantes e pesquisadores. ▸ Bolsa de estudos.

be.ca.rio, ria. [be'karjo] [be'karjo] *s.* Indivíduo que disfruta de uma bolsa de estudos. ▸ Bolsista.

be.ce.rro, rra. [be'θero] [be'sero] *s. Zool.* Filhote da vaca, de dois anos ou pouco mais. ▸ Bezerro.

be.del, de.la. [be'ðel] [be'ðel] *s.* Pessoa responsável, em estabelecimentos de ensino, por manter a ordem e auxiliar em outras funções. ▸ Bedel.

be.dui.no, na. [be'ðwino] [be'ðwino] *s.* Árabe nômade do deserto. ▸ Beduíno.

be.go.nia. [be'ɣonja] [be'ɣonja] *f. Bot.* Tipo de planta ornamental. ▸ Begônia.

bei.con. ['bejkon] ['bejkon] *m.* Ver *bacón.* ▸ Bacon.

bei.ge. ['bejxe] ['bejxe] *adj.* **1.** De cor castanho-clara. ▸ Bege. *m.* **2.** O nome dessa cor. ▸ Bege.

béis.bol. ['bejsbol] ['bejhbol] *m. Desp.* Jogo praticado com uma bola pequena e um bastão de arremesso, do qual participam duas equipes de nove jogadores. ▸ Beisebol.
➟ *Deportes*

bel.ce.bú. [belθe'βu] [belse'βu] *m. Rel.* Entidade demoníaca. ▸ Belzebu.

bel.dad. [bel'daθ] [bel'dað] *f.* Mulher notável por sua beleza. ▸ Beldade.

be.lén. [be'len] [be'len] *m.* Representação do lugar onde nasceu Jesus. ▸ Presépio.

bel.ga. ['belɣa] ['belɣa] *adj.* **1.** Pertencente ou relativo à Bélgica. ▸ Belga. *com.* **2.** O natural ou habitante desse país. ▸ Belga.

bé.li.co, ca. ['beliko] ['beliko] *adj.* Pertencente ou relativo à guerra. ▸ Bélico.

be.li.co.so, sa. [beli'koso] [beli'koso] *adj.* **1.** Que faz guerra. Guerreiro. ▸ Belicoso. **2.** *fig.* Que age com agressividade. ▸ Violento.

be.li.ge.ran.te. [belixe'rante] [belixe'rante] *adj.* Que está em guerra. ▸ Beligerante.

be.lla.co, ca. [be'ʎako] [be'ʃako] *adj.* Que trapaceia. Patife. ▸ Velhaco. *U.t.c.s.*

be.lle.za. [be'ʎeθa] [be'ʃesa] *f.* **1.** Qualidade de perfeição que atrai. ▸ Beleza. **2.** Pessoa muito bonita. ▸ Beleza.

be.llo, lla. [be'ʎo] [be'ʃo] *adj.* **1.** Que tem beleza. ▸ Belo. **2.** Que é muito bom. Excelente. ▸ Magnífico.

be.llo.ta. [be'ʎota] [be'ʃota] *f. Bot.* Fruto da azinheira e do carvalho. ▸ Azinha.

ben.de.cir. [bende'θir] [bende'sir] *v.72. p.p. reg. bendecido / irreg. bendito.* Dar a bênção a alguma pessoa ou coisa. ▸ Abençoar.

ben.di.to, ta. [ben'dito] [ben'dito] *adj.* Que se louva. Abençoado. ▸ Bendito.

be.ne.fi.cen.cia. [benefi'θenθja] [benefi'sensja] *f.* **1.** Ato ou hábito de beneficiar. ▸ Beneficência. **2.** Instituição de caridade. ▸ Beneficência.

be.ne.fi.ciar. [benefi'θjar] [benefi'sjar] *v.4.* Fazer benefício a. ▸ Beneficiar.

be.ne.fi.cia.rio, ria. [benefi'θjarjo] [benefi'sjarjo] *adj.* Que recebeu um benefício. ▸ Beneficiário.

be.ne.fi.cio. [bene'fiθjo] [bene'fisjo] *m.* **1.** Bem que se faz ou se recebe. ▸ Benefício. **2.** Utilidade ou proveito. ▸ Lucro. ◆ **Beneficio neto.** *Fin.* Quantidade de dinheiro que resulta depois de abatidas as despesas da receita bruta em um negócio. ▸ Lucro líquido.

be.ne.mé.ri.to, ta. [bene'merito] [bene'merito] *adj.* Digno de elogios, prêmios ou louvor. Ilustre. ▸ Benemérito.

be.ne.plá.ci.to. [bene'plaθito] [bene'plasito] *m.* Demonstração de concordância. Aprovação. ▸ Beneplácito. *El presidente dio su beneplácito al nuevo embajador.* O presidente deu seu beneplácito ao novo embaixador.

be.nig.no, na. [be'niɣno] [be'niɣno] *adj.* **1.** Que gosta de fazer o bem. Benévolo. ▸ Benigno. **2.** *Med.* Diz-se de doenças ou tumores pouco danosos ao organismo. ▸ Benigno.

ben.ja.mín, mi.na. [benxa'min] [benxa'min] *s.* O filho mais novo. ▸ Caçula.

ben.te.ve.o. [bente'βeo] [bente'βeo] *m. Zool.* Ave canora de pequeno porte. ▸ Bem-te-vi. *U.t. bien.te.ve.o.*

be.o.do, da. [be'oðo] [be'oðo] *adj.* Que consumiu muita bebida alcoólica. Bêbado. ▸ Embriagado. *U.t.c.s.*

ber.be.re.cho. [berβe'retʃo] [berβe'retʃo] *m. Zool.* Pequeno molusco marinho. ▸ Vôngole, berbigão.

be.ren.je.na. [beren'xena] [beren'xena] *f. Bot.* **1.** Planta de fruto comestível. ▸ Berinjela. **2.** O fruto dessa planta. ▸ Berinjela.
➡ *Vegetales*

ber.gan.tín. [berɣan'tin] [berɣan'tin] *m. Mar.* Embarcação a vela de dois mastros. ▸ Bergantim.

ber.li.na. [ber'lina] [ber'lina] *f.* Carro de quatro rodas puxado por dois ou quatro cavalos. ▸ Carruagem.

ber.mu.das. [ber'mudas] [ber'mudas] *f.pl.* Peça de vestuário, usada na parte inferior do corpo, que cobre até os joelhos. ▸ Bermuda.
➡ *Ropa*

be.rre.ar. [bere'ar] [bere'ar] *v.4.* **1.** Produzir bramidos (bezerros e outros animais). Bramir. ▸ Berrar. **2.** Chorar muito uma criança. ▸ Berrar. **3.** *fig.* Cantar desafinadamente. ▸ Desafinar.

be.rrin.che. [be'rintʃe] [be'rintʃe] *m.* Estado de cólera provocado por uma situação não desejada ou repulsiva. ▸ Ataque. *Cogió un berrinche cuando descubrió que le habían robado.* Teve um ataque quando descobriu que tinha sido roubado. ◆ **Hacer berrinche.** Fazer birra.

☐ **be.rro.** ['bero] ['bero] *m. Bot.* Planta hortense comestível. ▸ Agrião.

be.sar. [be'sar] [be'sar] *v.4.* Tocar com os lábios. ▸ Beijar.

be.so. ['beso] ['beso] *m.* Ato ou efeito de beijar. ▸ Beijo.

bes.tia. ['bestja] ['behtja] *adj.* **1.** Que tem forma ou modo bestial. ▸ Besta. *f.* **2.** Qualquer animal quadrúpede, doméstico, de carga. ▸ Besta. **3.** Pessoa rude e muito estúpida. ▸ Besta.

bes.tial. [bes'tjal] [beh'tjal] *adj.* Próprio de besta. Brutal, irracional. ▸ Bestial.

be.tún. [be'tun] [be'tun] *m.* **1.** Nome genérico de várias substâncias naturais que, se inflamadas, liberam chama, fumaça e cheiro característicos. ▸ Betume. **2.** Mistura à base de cera empregada para lustrar e conservar o couro. ▸ Graxa para sapatos.

bi.be.rón. [biβe'ron] [biβe'ron] *m.* Recipiente para armazenar leite. Usado para alimentar bebês. ▸ Mamadeira.

bí.bli.co, ca. ['bibliko] ['bibliko] *adj.* Pertencente ou relativo à Bíblia. ▸ Bíblico.

bi.blió.fi.lo, la. [biˈβljofilo] [biˈβljofilo] s. Pessoa que tem um interesse especial por livros. ▸ Bibliófilo.

bi.blio.gra.fí.a. [biβljoɣraˈfia] [biβljoɣraˈfia] f. **1.** Conjunto de textos referentes a um assunto. ▸ Bibliografia. **2.** Relação de textos utilizados para uma produção. ▸ Bibliografia.

bi.blio.te.ca. [biβljoˈteka] [biβljoˈteka] f. **1.** col. Coleção de livros organizada e disponível para consulta. ▸ Biblioteca. **2.** Local onde se guardam os livros. ▸ Biblioteca.

bi.blio.te.ca.rio, ria. [biβljoteˈkarjo] [biβljoteˈkarjo] s. Pessoa habilitada a tratar dos serviços empreendidos em uma biblioteca. ▸ Bibliotecário.

bi.cé.fa.lo, la. [biˈθefalo] [biˈsefalo] adj. Anat. Que tem duas cabeças. ▸ Bicéfalo.

bi.cho. [ˈbitʃo] [ˈbitʃo] m. Denominação de animais imprecisa e de valor depreciativo. ▸ Bicho.

bi.ci. [ˈbiθi] [ˈbisi] f. Abreviação de *bicicleta*. ▸ Bicicleta.

bi.ci.cle.ta. [biθiˈkleta] [bisiˈkleta] f. Veículo de duas rodas constituído por guidão, selim e pedais ligados a correntes que, em movimento, fazem girar as rodas. ▸ Bicicleta.
➡ *Transporte* ➡ *Deportes*

bi.co.lor. [bikoˈlor] [bikoˈlor] adj. De duas cores. ▸ Bicolor.

bi.cor.ne. [biˈkorne] [biˈkorne] adj. Que tem dois chifres ou duas pontas. ▸ Bicorne.

bi.dón. [biˈðon] [biˈðon] m. Recipiente fechado para transporte de líquidos. ▸ Tambor, bidão.

bien. [ˈbjen] [ˈbjen] adv. **1.** De modo adequado. Devidamente. ▸ Bem. *Tú haces bien tu trabajo.* Você faz bem o seu trabalho. **2.** Em bom estado de saúde. ▸ Bem. *Estuve enfermo, pero ahora estoy bien.* Estive doente, mas agora estou bem. **3.** Em condição afortunada. ▸ Bem. *Me fue muy bien en el examen de Física.* Eu me saí muito bem na prova de Física. m. **4.** Aquilo que se opõe ao mal. ▸ Bem. *El bien siempre triunfa sobre el mal.* O bem sempre triunfa sobre o mal. **5.** Qualquer bem móvel ou imóvel. ▸ Bem. ♦ **... bien... bien...** Indica alternativa ou oposição. ▸ **... seja... seja...** *Los pañuelos pueden hacerse bien con seda bien con algodón.* Os lenços podem ser feitos seja com seda, seja com algodão. **De bien en mejor.** Cada vez melhor. **No bien.** Assim que. **Si bien.** Se bem que.

bie.nal. [bjeˈnal] [bjeˈnal] adj. Que se repete a cada dois anos. ▸ Bienal. *U.t.c.s.*

bien.a.ven.tu.ra.do, da [bjenaβentuˈraðo] [bjenaβentuˈraðo] adj. **1.** Rel. Que goza a felicidade do céu. ▸ Bem-aventurado. **2.** Afortunado, feliz. ▸ Bem-aventurado.

bien-es.tar. [bjenesˈtar] [bjenehˈtar] m. O conjunto de condições que permitem viver bem. ▸ Bem-estar.

bien.he.chor, cho.ra. [bjeneˈtʃor] [bjeneˈtʃor] adj. Que faz bem aos outros. ▸ Benfeitor. *U.t.c.s.*

bien.ve.ni.da. [bjenbeˈniða] [bjenbeˈniða] f. Recepção cortês que se dedica a alguém. ▸ Boas-vindas.

bien.ve.ni.do, da. [bjenbeˈniðo] [bjenbeˈniðo] adj. Que é recebido com agrado. ▸ Bem-vindo.

bi.fo.cal. [bifoˈkal] [bifoˈkal] adj. Que tem dois focos. ▸ Bifocal. *Mis lentes son bifocales.* Minhas lentes são bifocais.

bi.fur.ca.ción. [bifurkaˈkjon] [bifurkaˈkjon] f. Lugar onde uma via se divide em dois ramais. ▸ Bifurcação.

bi.ga.mia. [biˈɣamja] [biˈɣamja] f. Estado de um homem ou uma mulher que contraem, sendo casados, um segundo matrimônio. ▸ Bigamia.

bí.ga.mo, ma. [ˈbiɣamo] [ˈbiɣamo] adj. Que tem dois cônjuges ao mesmo tempo. ▸ Bígamo.

bi.gor.nia. [biˈɣornja] [biˈɣornja] f. Utensílio de ferro com duas pontas opostas usado para moldar metais. ▸ Bigorna.

bi.go.te. [biˈɣote] [biˈɣote] m. Pelo que nasce sobre o lábio superior. ▸ Bigode.

bi.go.tu.do, da. [biɣoˈtuðo] [biɣoˈtuðo] adj. Que tem um bigode muito grande. ▸ Bigodudo.

bi.la.te.ral. [bilateˈral] [bilateˈral] adj. Que tem dois lados, ou voltado para dois lados opostos. ▸ Bilateral.

bi.lin.güe. [biˈlingwe] [biˈlingwe] adj. Ling. **1.** Que fala duas línguas. ▸ Bilíngue. **2.** Que foi escrito em dois idiomas. ▸ Bilíngue.

bi.lla. [ˈbiʎa] [ˈbiʃa] f. Jogada típica do bilhar. ▸ Tacada.

bi.llar. [biˈʎar] [biˈʃar] m. Jogo que consiste em impelir bolas com um taco sobre uma mesa forrada de pano especial, na tentativa de encaçapá-las. ▸ Bilhar. ➡ *Recreación*

bi.lle.te. [biˈʎete] [biˈʃete] m. **1.** Mensagem breve. ▸ Bilhete. **2.** Cartão ou cédula que dá direito a viajar. ▸ Bilhete. **3.** Cartão ou cédula que dá direito ao ingresso em um lugar. ▸ Entrada. **4.** Cédula que representa uma quantia da moeda de um país e que tem poder de compra. Papel-moeda. ▸ Nota.

bi.lle.te.ro, ra. [biʎe'tero] [biʃe'tero] *s.* Carteira pequena para levar dinheiro. ▸ Carteira.

❏**bi.llón.** [bi'ʎon] [bi'ʃon] *núm.* **1.** Mil bilhões. ▸ Trilhão. *Le tocó la lotería: ¡ganó 1.000.000.000.000! ¡Sí, un billón de euros!* Ganhou na loteria: ganhou 1.000.000.000.000! Sim, um trilhão de euros! *m.* **2.** Número que representa essa quantidade. ▸ Trilhão.

bi.mes.tral. [bimes'tral] [bimeh'tral] *adj.* **1.** Que sucede ou se repete a cada dois meses. ▸ Bimestral. **2.** Que dura dois meses. ▸ Bimestral.

bi.mes.tre. [bi'mestre] [bi'mehtre] *m. col.* Período de tempo que compreende dois meses. ▸ Bimestre.

bi.nó.cu.lo. [bi'nokulo] [bi'nokulo] *m.* Instrumento composto por duas lunetas para ver a distância. ▸ Binóculo.

bio.de.gra.da.ble. [bjodeɣra'daβle] [bjodeɣra'daβle] *adj.* Substância química que pode ser decomposta por agentes biológicos. ▸ Biodegradável.

bio.gra.fí.a. [bjoɣra'fia] [bjoɣra'fia] *f.* História da vida de uma pessoa. ▸ Biografia.

bió.gra.fo, fa. ['bjoɣrafo] ['bjoɣrafo] *s.* Autor que escreve biografias. ▸ Biógrafo.

bio.lo.gí.a. [bjolo'xia] [bjolo'xia] *f.* Ciência que estuda os seres vivos. ▸ Biologia.

bio.ló.gi.co, ca. [bjo'loxiko] [bjo'loxiko] *adj.* Pertencente ou relativo à Biologia. ▸ Biológico.

bió.lo.go, ga. ['bjoloɣo] ['bjoloɣo] *s.* Pessoa especialista no que se dedica à Biologia. ▸ Biólogo.

biom.bo. ['bjombo] ['bjombo] *m.* Anteparo móvel cujas partes são articuladas por dobradiças, usado para separar ambientes. ▸ Biombo.

bi.par.ti.to, ta. [bipar'tito] [bipar'tito] *adj.* Formado ou constituído de duas partes. ▸ Bipartido.

bí.pe.do, da. ['bipeðo] ['bipeðo] *adj. Anat.* Que tem dois pés. ▸ Bípede. *U.t.c.s.*

bi.qui.ni. [bi'kini] [bi'kini] *m.* Conjunto de duas peças do vestuário feminino para banho. ▸ Biquíni. ➡ *Ropa*

bi.ro.me. [bi'rome] [bi'rome] *f. (Arg.)* Ver *bolígrafo.* ▸ Caneta esferográfica.

bi.rre.te. [bi'rete] [bi'rete] *m.* Cobertura para a cabeça usada em atos solenes, especialmente por professores, juízes e advogados. ▸ Barrete.

bi.sa.bue.lo, la. [bisa'βwelo] [bisa'βwelo] *s.* Indivíduo em relação ao(s) filho(s) de seu(s) neto(s). ▸ Bisavô, bisavó.

bi.sa.gra. [bi'saɣra] [bi'saɣra] *f.* **1.** Dobradiça de porta ou janela. Gonzo. ▸ Bisagra. **2.** Peça de metal formada de duas chapas. ▸ Bisagra. Dobradiça.

bis.nie.to, ta. [bis'njeto] [bih'njeto] *s.* Indivíduo em relação ao(s) pai(s) de seus avós. ▸ Bisneto.

bi.son.te. [bi'sonte] [bi'sonte] *m.* Mamífero ruminante e selvagem, semelhante ao touro. ▸ Bisão. ➡ *Reino animal*

bi.so.ño, ña. [bi'soɲo] [bi'soɲo] *adj.* **1.** Diz-se do soldado inexperiente. ▸ Bisonho. *U.t.c.s.* **2.** *fig.* Diz-se de pessoa nova em uma atividade. Novato. ▸ Bisonho. *U.t.c.s.*

bis.tec. [bis'tek] [bih'tek] *m. Cul.* Fatia de carne de boi frita ou grelhada. ▸ Bife.

bis.tu.rí. [bistu'ri] [bihtu'ri] *m. Med.* Instrumento cirúrgico de corte. ▸ Bisturi.

bi.su.te.rí.a. [bisute'ria] [bisute'ria] *f.* Objetos de enfeite pessoal feitos de materiais não preciosos. ▸ Bijuteria.

bit. [bit] [bit] *m. Inform.* Unidade de medida da capacidade de memória dos computadores. ▸ *Bit.*

bi.tá.co.ra. [bi'takora] [bi'takora] *f. Mar.* Suporte da bússola nos navios. ▸ Bitácula.

bi.zan.ti.no, na. [biθan'tino] [bisan'tino] *adj.* **1.** Pertencente ou relativo à antiga cidade de Bizâncio (Constantinopla), na Europa, atualmente chamada Istambul. ▸ Bizantino. **2.** *fig.* Diz-se de discurso ou discussão fútil. ▸ Bizantino.

bi.za.rro, rra. [bi'θaro] [bi'saro] *adj.* Que tem determinação e valentia. ▸ Valente, corajoso.

biz.co, ca. ['biθko] ['bihko] *adj.* Diz-se da pessoa cujos olhos não se dirigem ambos de uma só vez ao mesmo objeto. ▸ Estrábico, vesgo.

biz.co.cho. [biθ'kotʃo] [bih'kotʃo] *m. Cul.* Massa de farinha, ovos e açúcar cozida no forno. ▸ Biscoito.

biz.co.chue.lo. [biθko'tʃuelo] [bihko'tʃuelo] *m. Cul.* Bolo de consistência fofa e leve, feito com farinha de trigo, ovos e açúcar muito bem batidos. ▸ Pão de ló.

blan.co, ca. ['blanko] ['blanko] *adj.* **1.** Da

cor da neve ou do leite. ▶ Branco. m. 2. O nome dessa cor. ▶ Branco. 3. Objeto a que se dirige o tiro. ▶ Alvo. ◆ **Hacer blanco.** Acertar no alvo.

blan.dir. [blan'dir] [blan'dir] v.6. Agitar uma arma com a mão. ▶ Brandir.

blan.do, da. ['blando] ['blando] adj. 1. Que se mostra tenro ao tato. Mole. ▶ Brando. 2. Aplica-se ao clima moderado. Ameno. ▶ Brando. 3. Que é de fácil trato. Tolerante. ▶ Dócil.

blan.que.a.dor, do.ra. [blankea'ðor] [blankea'ðor] adj. 1. Que branqueia. ▶ Branqueador. m. 2. Produto empregado para branquear. ▶ Alvejante.

blan.que.ar. [blanke'ar] [blanke'ar] v.4. 1. Tornar branca uma coisa. Alvejar. ▶ Branquear. 2. Dar registro público ou legal a uma atividade não registrada. ▶ Legalizar. 3. Lavar dinheiro.

blan.que.o. [blan'keo] [blan'keo] m. Ato ou efeito de branquear. ▶ Branqueamento.

blas.fe.mar. [blasfe'mar] [blahfe'mar] v.4. 1. Proferir blasfêmias. ▶ Blasfemar. 2. *fig.* Dizer insultos. ▶ Blasfemar.

blas.fe.mia. [blas'femja] [blah'femja] f. 1. Palavra injuriosa dirigida a Deus ou à religião. ▶ Blasfêmia. 2. *fig.* Injúria contra pessoa, instituição ou coisa. ▶ Blasfêmia.

bla.són. [bla'son] [bla'son] m. Escudo de armas e peças que o compõem. ▶ Brasão.

ble.do. [ble'ðo] [ble'ðo] m. 1. *Bot.* Planta hortense comestível. Bredo. ▶ Acelga. 2. Coisa insignificante, de pouco ou nenhum valor. ▶ Bagatela. ◆ **No valer / importar un bledo.** Não valer / importar nada, não dar a mínima.

blin.da.do, da. [blin'daðo] [blin'daðo] adj. Recoberto por blindagem. ▶ Blindado.

blog. ['blog] ['blog] m. *Inform.* Palavra inglesa que designa uma página de internet, pessoal ou coletiva, que contém comentários, relatos e experiências e que costuma ser atualizada com regularidade. *Blog.* ▶ Blogue.

blo.gue.ro, ra. [blo'gero] [blo'gero] s. Pessoa que administra conteúdos e comentários de um blogue. ▶ Blogueiro.

blo.que. ['bloke] ['bloke] m. Pedaço grande de pedra, mármore ou outro material sem lavrar. ▶ Bloco.

blo.que.ar. [bloke'ar] [bloke'ar] v.4. 1. *Mil.* Cortar as comunicações de uma região ou de um exército. ▶ Bloquear. 2. Impedir o funcionamento de. ▶ Bloquear.

blo.que.o. [blo'keo] [blo'keo] m. Ato de bloquear. ▶ Bloqueio.

blu.sa. ['blusa] ['blusa] f. Peça de vestuário feminino de tecido delicado, que se usa na parte superior do corpo. Corpete, camisete. ▶ Blusa. ➠ *Ropa*

blu.són. [blu'son] [blu'son] m. Blusa longa e solta. ▶ Blusão.

bo.a. ['boa] ['boa] f. *Zool.* Cobra americana, não venenosa. ▶ Jiboia.

☐ **bo.a.to.** [bo'ato] [bo'ato] m. Aspecto suntuoso e magnífico. ▶ Pompa.

bo.be.ar. [boβe'ar] [boβe'ar] v.4. Fazer ou dizer bobagens. ▶ Bobear.

bo.bi.na. [bo'βina] [bo'βina] f. 1. Cilindro para enrolar fio. Carretel. ▶ Bobina. 2. Grande rolo de papel contínuo, usado em certas máquinas rotativas, especialmente impressoras. ▶ Bobina.

bo.bo, ba. [bo'βo, ba] ['boβo, ba] adj. Diz-se de pessoa de pouco raciocínio. Tonto. ▶ Bobo.

bo.ca. ['boka] ['boka] f. 1. *Anat.* Abertura que serve de entrada à cavidade bucal. Cavidade bucal. ▶ Boca. 2. *fig.* Abertura para entrada ou saída em alguns objetos, como forno ou canhão. ▶ Boca. ◆ **Boca abajo / arriba.** De barriga para baixo / cima. **Coserse la boca.** Não falar sobre determinado assunto. ▶ Fechar a boca. **Decir lo que se le viene a la boca.** Falar o que vem à cabeça. **Estar con la boca (pegada) a la pared.** *fig.* e *fam.* Estar contra a parede. **Hacérsele (a alguien) la boca agua.** Dar água na boca. **Írsele la boca (a alguien).** Falar demais. **Mentir con toda la boca.** Mentir na cara dura. ➠ *Cuerpo humano*

bo.ca.ca.lle. [boka'kaʎe] [boka'kaʃe] f. Entrada ou embocadura de uma rua. ▶ Cruzamento.

bo.ca.di.llo. [boka'ðiʎo] [boka'ðiʃo] m. 1. Pãozinho cortado na metade, com queijo ou frios no meio. ▶ Sanduíche. 2. Alimento leve que se come entre as refeições principais. ▶ Lanche. 3. Espaço com formato de balão utilizado nas histórias em quadrinhos para atribuir falas e pensamentos a cada personagem. ▶ Balão de fala.

bo.ca.do. [bo'kaðo] [bo'kaðo] m. Porção de alimento que se leva de uma só vez à boca. ▶ Bocado. ◆ **Bocado de Adán.** *Anat.* Pomo de adão. **Comer en un bocado / dos bocados.** Comer muito rapidamente.

bo.ca.ja.rro(a). [boka'xaro] [boka'xaro] loc. 1. De muito perto (referente a tiro de arma de

bo.ca.na.da. [boka'naða] [boka'naða] *f.* Golfada de fumaça que se expele quando se fuma. ▸ Baforada. ◆ **Bocanada de aire / viento.** Lufada de vento.

bo.ca.zas. [bo'kaθas] [bo'kasas] *com.* Pessoa que fala muito e o que não deve. Linguarudo. ▸ Tagarela. *No digas nada delante de él porque es un bocazas.* Não diga nada na frente dele porque é um linguarudo.

bo.ce.to. [bo'θeto] [bo'seto] *m.* Modelo reduzido e simples que se faz de uma obra de arte antes de sua execução. ▸ Esboço.

bo.chin.che. [bo'tʃintʃe] [bo'tʃintʃe] *m.* Grande movimento. Tumulto. ▸ Alvoroço.

bo.chor.no. [bo'tʃorno] [bo'tʃorno] *m.* **1.** Ar quente e incômodo que se levanta no estio. ▸ Mormaço. **2.** Calor sufocante de certas horas do dia ou de fogo intenso. ▸ Mormaço. **3.** *fig.* Sufocamento que sofrem as pessoas quando são gravemente ofendidas, vexadas ou irritadas. ▸ Sufoco.

bo.ci.na. [bo'θina] [bo'sina] *f.* Aparelho dos veículos que, acionado, produz som para avisar sua aproximação ou dar outro sinal. ▸ Buzina.

bo.ci.nar. [boθi'nar] [bosi'nar] *v.4.* Acionar a buzina. ▸ Buzinar.

bo.ci.na.zo. [boθi'naθo] [bosi'naso] *m.* Acionamento brusco de uma buzina. ▸ Buzinada.

bo.cio. ['boθjo] ['bosjo] *m. Med.* Ver papera[2]. ▸ Bócio.

bo.cón, co.na. [bo'kon] [bo'kon] *adj.* Pessoa que fala muito e que gosta de contar bravatas. ▸ Papudo. *U.t.c.s.*

bo.da. ['boða] ['boða] *f.* **1.** O ato solene de união em matrimônio. ▸ Casamento. **2.** A festa com que se celebra o casamento. ▸ Casamento.

bo.de.ga. [bo'ðeɣa] [bo'ðeɣa] *f.* **1.** Lugar onde se produz e guarda o vinho. ▸ Adega. **2.** ❏ *Mar.* Porão do navio. ▸ Porão.

bo.de.gón. [boðe'ɣon] [boðe'ɣon] *m.* Tipo de bar de baixo padrão. ▸ Boteco.

bo.de.gue.ro, ra. [boðe'ɣero] [boðe'ɣero] *s.* **1.** Dono de uma adega de vinhos. ▸ Adegueiro. **2.** Pessoa responsável pela produção e conservação de vinhos. ▸ Vinicultor.

bo.fe.ta.da. [bofe'taða] [bofe'taða] *f.* Golpe com a mão aberta que se dá no rosto. ▸ Bofetada.

bo.fe.tón. [bofe'ton] [bofe'ton] *m.* Bofetada muito forte. ▸ Bofetão.

bo.gar. [bo'ɣar] [bo'ɣar] *v.9. Mar.* Impulsionar uma embarcação com remos. ▸ Remar.

bo.he.mio, a. [bo'emjo] [bo'emjo] *adj.* Que gosta da noite e da arte e não se atém às convenções sociais. ▸ Boêmio. *U.t.c.s.f.* Boemia.

boi.na. ['bojna] ['bojna] *f.* Gorro chato, sem viseira e sem costuras. ▸ Boina.

bol. ['bol] ['bol] *m.* Recipiente sem alça. ▸ Cumbuca.

bo.la. ['bola] ['bola] *f.* **1.** Qualquer corpo esférico. ▸ Bola. *f.pl.* **2.** *vulg.* Os testículos. ◆ **No dar pie con bola.** Não fazer nada direito. ▸ Não dar uma dentro. *Está tan desorientado que no da pie con bola.* Está tão atrapalhado que não dá uma dentro.

bo.la.ce.ro, ra. [bola'θero] [bola'sero] *adj.* Que fala sobre o que não entende. ▸ Loroteiro. *U.t.c.s.*

bo.la.zo. [bo'laθo] [bo'laso] *m.* **1.** Batida forte com bola. ▸ Bolada. **2.** Mentira muito grande. Embuste. ▸ Lorota.

bo.le.a.do, da. [bole'aðo] [bole'aðo] *adj.* Que se atrapalha. Aturdido. ▸ Atrapalhado.

bo.le.a.do.ras. [bolea'ðoras] [bolea'ðoras] *f.pl.* Aparelho composto de três bolas de pedra envolvidas em couro e cordas, que os campeiros usam para laçar animais. ▸ Boleadeiras.

bo.le.ro. [bo'lero] [bo'lero] *m. Mús.* Música e dança popular de origem hispano-americana. ▸ Bolero.

bo.le.ta. [bo'leta] [bo'leta] *f.* **1.** Folha de papel escrita que permite a entrada a locais com controle de acesso. ▸ Entrada; bilhete. **2.** Folha de papel em que se escreve um número ou nome e se coloca dentro de uma urna ou saco para a realização de sorteios. ▸ Bilhete; cupom. **3.** Cédula com os nomes ou números de candidatos para uma votação. ▸ Cédula. **4.** Folha de papel que agentes autorizados utilizam para notificar a aplicação de multas. ▸ Multa; notificação. *El agente de tránsito me puso una boleta por exceso de velocidad.* O guarda de trânsito me deu uma multa por excesso de velocidade. **5.** Folha de papel com informações para realizar pagamentos. ▸ Boleto.

bo.le.tín. [bole'tin] [bole'tin] *m.* **1.** Publicação periódica oficial. ▸ Boletim. **2.** Comunicação noticiosa. ▸ Boletim.

bo.le.to. [bo'leto] [bo'leto] *m.* **1.** Bilhete que se utiliza para identificar um assento reservado em locais de acesso controlado ou que permite a reserva de lugar em viagens. ▶ Bilhete; passagem. *Me compré un boleto de avión.* Comprei uma passagem de avião. **2.** Folha de papel em que se escreve um número ou nome e se coloca dentro de uma urna ou saco para a realização de sorteios. ▶ Bilhete, cupom.

bo.li.che. [bo'litʃe] [bo'litʃe] *m.* **1.** Bola pequena de vidro ou de ágata que as crianças usam para brincar. ▶ Bola de gude. **2.** Jogo com bola e pinos. ▶ Boliche. **3.** *(Amér.)* Loja pequena e precária. ▶ Bazar. **4.** *(Arg.)* Ver *discoteca*⁽²⁾. ▶ Danceteria.

bó.li.do. [bo'liðo] [bo'liðo] *m. Astr.* Bola de fogo que atravessa o espaço. ▶ Meteorito.

bo.lí.gra.fo. [bo'liɣrafo] [bo'liɣrafo] *m.* Caneta cuja saída de tinta é controlada por uma bolinha de metal. ▶ Caneta esferográfica. ➠ *En el aula*

bo.lí.var. [bo'liβar] [bo'liβar] *m.* Unidade monetária da Venezuela. ▶ Bolívar.

bo.li.via.no, na. [boli'βjano] [boli'βjano] *adj.* **1.** Pertencente ou relativo à Bolívia. ▶ Boliviano. *s.* **2.** O natural ou habitante desse país. ▶ Boliviano.

bo.lle.rí.a. [boʎe'ria] [boʃe'ria] *f. Cul.* **1.** Conjunto de bolos e doces em geral. ▶ Confeitaria. *El bar ofrece una bollería variada para desayunar.* O bar oferece uma variedade de bolos para o café da manhã. **2.** Estabelecimento onde se fabricam e/ou se vendem artigos de confeitaria. ▶ Confeitaria; doceria. *¿Vamos a una bollería que está aquí cerca?* Vamos a uma confeitaria perto daqui?

bo.llo. ['boʎo] ['boʃo] *m. Cul.* Massa preparada geralmente com farinha de trigo, ovos, leite, margarina, etc. e que se assa no forno. ▶ Bolinho, pãozinho.

▫ **bo.lo.** ['bolo] ['bolo] *m.* **1.** Peça cilíndrica e arredondada que une dois objetos. ▶ Pino. **2.** Ato ou efeito de apresentar-se. ▶ Apresentação. **3.** Jogo cuja meta é derrubar um conjunto de balizas. ▶ Boliche. ➠ *Recreación*

bol.sa. ['bolsa] ['bolsa] *f.* **1.** Saco de material flexível que se emprega para guardar ou transportar coisas. Saco. ▶ Sacola. **2.** ▫ Espécie de caixa com alça longa ou curta em que se carrega a bagagem durante uma viagem. Maleta. ▶ Mala. **3.** ▫ Irregularidade na costura ou no caimento de um tecido. Ruga. ▶ Defeito. **4.** *Fin.* Mercado de valores. ▶ Bolsa.

bol.si.llo. [bol'siʎo] [bol'siʃo] *m.* Parte de uma roupa em que se podem guardar coisas. ▶ Bolso. ◆ **Tener (a alguien) en el bolsillo.** Ter alguém em suas mãos.

▫ **bol.so.** ['bolso] ['bolso] *m.* **1.** Ver *bolsa*⁽²⁾. Maleta. ▶ Mala. **2.** Espécie de sacola de couro ou outro material resistente, geralmente com alça, que é usada para carregar objetos, documentos, dinheiro etc. ▶ Bolsa. ➠ *Ropa*

bom.ba. ['bomba] ['bomba] *f.* **1.** Artefato explosivo. ▶ Bomba. **2.** Aparelho para bombear líquidos. ▶ Bomba.

bom.ba.cha. [bom'batʃa] [bom'batʃa] *f.* **1.** *(Amér.)* Ver *bragas.* ▶ Calcinha. **2.** Calça típica dos gaúchos, atada nos tornozelos. ▶ Bombachas.

bom.bar.de.ar. [bombarðe'ar] [bombarðe'ar] *v.4. Mil.* Arremessar bombas de aeronave ou projéteis de artilharia. ▶ Bombardear.

bom.ba.zo. [bom'baθo] [bom'baso] *m.* Ato ou efeito de detonar uma bomba. ▶ Explosão.

bom.be.ro, ra. [bom'bero] [bom'bero] *m.* Aquele que se dedica ao combate de incêndios. ▶ Bombeiro.

bom.bi.lla. [bom'biʎa] [bom'biʃa] *f.* **1.** Artefato com filamento incandescente. ▶ Lâmpada. **2.** *(Arg.)* Canudo para tomar mate. ▶ Canudo.

bom.bo. ['bombo] ['bombo] *m.* **1.** *Mús.* Instrumento musical de percussão semelhante ao tambor. ▶ Bumbo. **2.** Reação exagerada. ▶ Estardalhaço. **A bombo y platillo.** Com grande alarde.

bom.bón. [bom'bon] [bom'bon] *m.* Doce pequeno coberto de chocolate e geralmente recheado. ▶ Bombom. ◆ **Estar hecho un bombón.** Estar (uma pessoa ou coisa) muito agradável ou bonito. ▶ Estar um chuchu/um brinco.

bom.bo.na. [bom'bona] [bom'bona] *f.* Recipiente metálico, cilíndrico, com um orifício vedado totalmente, usado para conter a pressão de gases e certos líquidos. ▶ Botijão.

bo.na.chón, cho.na. [bona'tʃon] [bona'tʃon] *adj.* Que tem bondade natural. Dócil, amável. ▶ Bonachão.

bo.nan.za. [bo'nanθa] [bo'nansa] *f.* Período próspero. ▶ Bonança.

bon.dad. [bon'dað] [bon'dað] *f.* **1.** Qualidade daquilo que é bom. ▶ Bondade. **2.** Inclinação a fazer o bem. ▶ Bondade.

bon.da.do.so, sa. [bonda'ðoso] [bonda'ðoso] *adj.* Que procede com bondade. ▶ Bondoso.

bo.nia.to. [bo'njato] [bo'njato] *m. Bot.* Ver batata. ▸ Batata-doce. ➠ *Vegetales*

bo.ni.fi.car. [bonifi'kaɾ] [bonifi'kaɾ] *v.7.* **1.** Melhorar alguma coisa. ▸ Bonificar. **2.** Aumentar um valor a ser pago a alguém. Dar aumento. ▸ Gratificar. **3.** Reduzir um valor a ser pago por alguém. Dar desconto. ▸ Descontar.

bo.ni.to, ta. [bo'nito] [bo'nito] *adj.* **1.** Que tem formosura. Belo. ▸ Bonito. *m.* **2.** *Zool.* Tipo de peixe marinho. ▸ Bonito. ◆ **Por su cara bonita.** Pelos seus lindos olhos.

bo.no. ['bono] ['bono] *m.* Documento que representa dinheiro ou bens e pode ser trocado por um ou por outro. ▸ Bônus. *Además del sueldo recibe un bono por cien litros de gasolina.* Além do salário, ele recebe um bônus de cem litros de gasolina.

bo.que.rón. [boke'ron] [boke'ron] *m. Zool.* Tipo de peixe marinho. ▸ Boqueirão.

bo.qui.lla. [bo'kiʎa] [bo'kiʃa] *f.* **1.** Abertura inferior nas pernas das calças. ▸ Boca. **2.** Tubo no qual se encaixa o cigarro que se vai fumar. ▸ Piteira. **3.** *Mús.* Peça dos instrumentos musicais de sopro onde se assopra para produzir o som. ▸ Boquilha.

bor.da. ['borða] ['borða] *f. Mar.* A parte mais alta do costado de um navio. ▸ Borda. ◆ **Echar / Tirar por la borda.** Desfazer-se de uma pessoa ou coisa. ▸ Jogar fora (uma coisa). / Deixar de lado (uma relação). *Tiré por la borda aquel mueble horroroso que estaba a la entrada de la casa.* Joguei fora aquele móvel horrível que estava na entrada de casa.

bor.da.do. [boɾ'ðaðo] [boɾ'ðaðo] *m.* Trabalho em relevo feito com agulha. ▸ Bordado. ➠ *Recreación*

bor.dar. [boɾ'ðaɾ] [boɾ'ðaɾ] *v.4.* Fazer bordados. ▸ Bordar.

bor.de. ['borðe] ['borðe] *m.* **1.** Margem ou extremo de um lugar. Beira, orla. ▸ Borda. **2.** Margem ou extremo de um objeto. Beirada. ▸ Borda. ◆ **Al borde de.** Prestes a acontecer. ▸ À beira de. *Con eso del período de exámenes en la facultad, mi hermana está al borde de enloquecer.* Com o período de provas na faculdade, minha irmã está à beira da loucura.

bor.di.llo. [boɾ'ðiʎo] [boɾ'ðiʃo] *m.* Fila de pedras que se fixa à beira da calçada. ▸ Guia (da calçada).

bor.dón. [boɾ'ðon] [boɾ'ðon] *m.* **1.** Bastão comprido com adornos. ▸ Cajado. **2.** *Lit.* Verso que se repete ao fim de cada estrofe. Refrão.
▸ Estribilho. **3.** Palavra ou frase que uma pessoa usa repetidas vezes em sua fala. ▸ Bordão.

bo.rra.che.ra. [bora'tʃeɾa] [bora'tʃeɾa] *f.* Efeito de embriagar-se. Embriaguez. ▸ Bebedeira.

☐ **bo.rra.cho, cha.** [bo'ratʃo] [bo'ratʃo] *adj.* Que consumiu bebida alcoólica em excesso. Embriagado, ébrio. ▸ Bêbado. *U.t.c.s.*

bo.rra.dor. [bora'ðoɾ] [bora'ðoɾ] *m.* **1.** Escrito não definitivo. Minuta. ▸ Rascunho. **2.** Caderno em que se fazem anotações para posterior uso. ▸ Caderno de rascunho. **3.** Utensílio empregado para apagar escritos a giz, geralmente em lousas. ▸ Apagador. ➠ *En el aula*

bo.rrar. [bo'raɾ] [bo'raɾ] *v.4.* **1.** Tornar ilegível um escrito. ▸ Apagar. **2.** *fig.* Fazer desaparecer. Suprimir. ▸ Apagar. *Aunque lo siga intentando, nunca va a lograr borrar su error.* Mesmo que continue tentando, nunca vai apagar seu erro. **3.** *Inform.* Suprimir dados de um disco ou outro dispositivo de armazenamento de dados. Deletar. ▸ Apagar.

bo.rras.ca. [bo'raska] [bo'rahka] *f.* Temporal com fortes ventos e chuva. ▸ Borrasca.

bo.rrón. [bo'ron] [bo'ron] *m.* **1.** Mancha de tinta sobre o papel. ▸ Borrão, mancha. **2.** Algo que desonra ou prejudica a reputação ou a trajetória de algo ou alguém. ▸ Borrão, mancha, mácula.

bo.rro.so, sa. [bo'roso] [bo'roso] *adj.* **1.** Que não está transparente. ▸ Turvo. **2.** Que não está legível. ▸ Borrado. **3.** *fig.* Que não se apresenta de forma clara. ▸ Confuso. *Mis recuerdos están borrosos.* Minhas lembranças estão confusas.

bos.que. ['boske] ['bohke] *m.* Terreno extenso coberto de árvores e mata. Floresta. ▸ Bosque.

bos.te.zar. [boste'θaɾ] [bohte'saɾ] *v.13.* Abrir a boca involuntariamente e aspirar ar e expirá-lo por sono ou tédio. ▸ Bocejar.

bos.te.zo. [bos'teθo] [boh'teso] *m.* Ato de bocejar. ▸ Bocejo.

bo.ta. ['bota] ['bota] *f.* **1.** Calçado de cano alto. ▸ Bota. **2.** Recipiente de couro especial para vinho. ▸ Cantil. **3.** *Desp.* Calçado para prática de futebol. ▸ Chuteira. ➠ *Ropa*

bo.tá.ni.ca. [bo'tanika] [bo'tanika] *f.* Ramo da Biologia que estuda as plantas. ▸ Botânica.

bo.te. ['bote] ['bote] *m.* **1.** ☐ Vasilhame com tampa. ▸ Pote. **2.** *Mar.* Pequena embarcação

botella – brillante

aberta movida a remo. ▶ Bote. ◆ **Bote salvavidas.** Bote salva-vidas. ➡ *Transporte*

bo.te.lla. [bo'teʎa] [bo'tefa] *f.* Vasilha alongada, geralmente de vidro, destinada a conter líquidos. ▶ Garrafa. ◆ **Botella térmica.** Garrafa térmica.

bo.ti.ca. [bo'tika] [bo'tika] *f.* Estabelecimento onde medicamentos são feitos e vendidos. ▶ Botica.

bo.tín. [bo'tin] [bo'tin] *m.* **1.** Tipo de calçado, normalmente de couro, que cobre não somente o pé, mas também um pouco da perna. ▶ Botina. **2.** Riquezas obtidas por meio de guerra ou roubo. ▶ Butim.

❑ **bo.ti.quín.** [boti'kin] [boti'kin] *m.* Caixa ou estojo com o necessário para primeiros socorros. ▶ Caixa de primeiros socorros.

bo.tón. [bo'ton] [bo'ton] *m.* **1.** Peça pequena de material duro, com alguns furos, que se costura a certas roupas para fechá-las. ▶ Botão. **2.** Peça que se aperta para acionar um mecanismo. ▶ Botão. **3.** Broto de uma flor. ▶ Botão.

bo.to.na.du.ra. [botona'ðura] [botona'ðura] *f.* Ver *gemelo*⁽³⁾. ▶ Abotoadura.

bo.to.nes. [bo'tones] [bo'tones] *m.* Garoto empregado em hotéis, escritórios e outros estabelecimentos para levar e trazer recados. *Office-boy*, mensageiro. ▶ Contínuo.

boutique. *f.* Loja de consideradas finas. ▶ Butique.

bó.ve.da. [bo'βeða] [bo'βeða] *f. Arq.* Cobertura encurvada de uma construção. ▶ Abóbada.

bo.xe.o. [bok'seo] [bok'seo] *m. Desp.* Luta entre dois pugilistas que usam luvas especiais para golpear-se. Pugilismo. ▶ Boxe. ➡ *Deportes*

bo.ya. [bo'ja] [bo'fa] *f.* Objeto flutuante sinalizador fixado por uma corrente ao fundo do mar, lago ou rio. ▶ Boia.

bra.gas. [bra'ɣas] [bra'ɣas] *f.pl.* Peça íntima feminina para a parte inferior do corpo. ▶ Calcinha. ➡ *Ropa*

brai.lle. [bra'ile] [bra'ile] *m. Ling.* Sistema de escrita em relevo para deficientes visuais. ▶ Braile.

bra.mi.do. [bra'miðo] [bra'miðo] *m.* **1.** Rugido de fera. ▶ Bramido. **2.** Grito colérico. ▶ Bramido.

bra.sa. ['brasa] ['brasa] *f.* Fragmento de lenha ou carvão incandescente. ▶ Brasa.

bra.si.le.ño, ña. [brasi'leɲo] [brasi'leɲo] *adj.* **1.** Pertencente ou relativo ao Brasil. ▶ Brasileiro. *s.* **2.** O natural ou habitante desse país. ▶ Brasileiro.

bra.ví.o, a. [bra'βio] [bra'βio] *adj.* **1.** Diz-se de animal feroz, selvagem. Indômito. ▶ Bravo. **2.** Diz-se de pessoa rude. Rústico. ▶ Bravio.

bra.vo, va. ['braβo] ['braβo] *adj.* **1.** Que tem determinação e coragem. Esforçado. ▶ Valente. **2.** Diz-se de animal feroz. Selvagem. ▶ Bravo. **3.** *Mar.* Diz-se de mar agitado. ▶ Bravo. *interj.* **4.** Indica aprovação, entusiasmo ou aplauso. ▶ Bravo!

bra.zo. ['braθo] ['braso] *m.* **1.** *Anat.* Cada um dos dois membros superiores do corpo humano. ▶ Braço. **2.** *Anat.* Cada pata dianteira dos quadrúpedes. ▶ Braço. **3.** Apoio lateral das poltronas. ▶ Braço. **4.** *Geogr.* Ramificação de um rio ou do mar que avança terra adentro. ▶ Braço. **5.** Peça de um mecanismo ou utensílio que transmite movimento. ▶ Braço. ◆ **Con los brazos abiertos.** De braços abertos. *Fuimos a visitar a unos amigos y nos recibieron con los brazos abiertos.* Fomos visitar uns amigos e eles nos receberam de braços abertos. **Cruzarse de brazos.** Ficar de braços cruzados. *Sintió que lo iban a dejar en el paro y aún así se cruzó de brazos.* Sentiu que iam deixá-lo desempregado e mesmo assim ficou de braços cruzados. **Ponerse / Tomarse a brazos.** Lutar. **Ser el brazo derecho.** Ser o braço direito. ➡ *Cuerpo humano*

bre.ba.je. [bre'βaxe] [bre'βaxe] *m.* Bebida ruim e desagradável. ▶ Beberagem.

bre.cha. ['bretʃa] ['bretʃa] *f.* Abertura feita em uma superfície. ▶ Brecha.

bré.col. ['brekol] ['brekol] *m. Bot.* Variedade de couve, de cor escura com flores pequenas, talos salientes e folhas de recortes acentuados. ▶ Brócolis.

bre.ve. ['breβe] ['breβe] *adj.* De curta duração ou extensão. ▶ Breve.

bri.bón, bo.na. [bri'βon] [bri'βon] *adj.* Que não tem honra nem vergonha. ▶ Cafajeste.

bri.llan.te. [bri'ʎante] [bri'fante] *adj.* **1.** Que brilha. ▶ Brilhante. **2.** *fig.* Que se destaca em sua atividade. ▶ Brilhante. *m.* **3.** Diamante lapidado. ▶ Brilhante.

bri.llar. [bri'ʎar] [bri'ʃar] *v.4.* **1.** Refletir luz. Reluzir. ▸ Brilhar. **2.** *fig.* Sobressair em algum aspecto. ▸ Brilhar.

bri.llo. ['briʎo] ['briʃo] *m.* **1.** Ato ou efeito de brilhar. ▸ Brilho. **2.** Qualidade do que brilha. ▸ Brilho.

❑ **brin.car.** [brin'kar] [brin'kar] *v.7.* Dar saltos, saltar. ▸ Pular.

❑ **brin.co.** ['brinko] ['brinko] *m.* Movimento que se faz levantando os pés do solo com um pulo rápido. ▸ Salto.

brin.dar. [brin'dar] [brin'dar] *v.4.* **1.** Beber à saúde de, em honra de. ▸ Brindar. **2.** Oferecer, proporcionar. ▸ Dar. *Esa empresa brinda oportunidad de trabajo a jóvenes estudiantes.* Essa empresa oferece oportunidade de trabalho a jovens estudantes.

brin.dis. ['brindis] ['brindis] *m.* Ato de brindar. ▸ Brinde.

bri.sa. ['brisa] ['brisa] *f.* Vento suave e fresco. ▸ Brisa.

bro.cha. ['brotʃa] ['brotʃa] *f.* Pincel grosso para caiar ou para pintar portas, janelas, paredes. ▸ Brocha.

bro.che. ['brotʃe] ['brotʃe] *m.* Joia ou adorno que se usa preso à roupa. ▸ Broche. ◆ **Cerrar con broche de oro.** Finalizar com êxito. ▸ Fechar com chave de ouro.

bró.co.li. ['brokoli] ['brokoli] *m.* Hortaliça semelhante à couve-flor. ▸ Brócolis. ➠ *Vegetales*

bro.ma. ['broma] ['broma] *f.* Mentira feita por brincadeira para divertir-se ou burlar-se dos outros. ▸ Brincadeira. ◆ **Dejarse de bromas.** Parar com a / Deixar de brincadeira. **En broma.** De brincadeira. *Le escondieron los libros en broma y no le gustó.* Esconderam seus livros de brincadeira e ele não gostou.

bro.me.ar. [brome'ar] [brome'ar] *v.4.* Fazer ou dizer brincadeiras. Brincar. ▸ Caçoar. *Él bromea para divertirse y divertir a los amigos.* Ele brinca para se divertir e divertir os amigos.

bro.mis.ta. [bro'mista] [bro'mihta] *adj.* Indivíduo que gosta de fazer brincadeiras. ▸ Zombeteiro. *U.t.c.s.* Gozador. Brincalhão.

bron.ca. ['broka] ['brnka] *f.* **1.** Aborrecimento, irritação. ▸ Bronca. **2.** Protesto público. *Hay bronca por el aumento de la gasolina.* Estão protestando pelo aumento da gasolina.

bron.ce. ['bronθe] ['bronse] *m. Quím.* Liga metálica de cobre, zinco e estanho. ▸ Bronze.

bron.ce.a.dor, do.ra. [bronθea'ðor] [bronsea'ðor] *adj.* **1.** Que bronzeia. ▸ Bronzeador. *m.* **2.** Substância cosmética que produz o bronzeado da pele. ▸ Bronzeador.

bron.ce.ar. [bronθe'ar] [bronse'ar] *v.4.* **1.** Dar cor de bronze. ▸ Bronzear. **2.** Deixar morena a pele com cosméticos ou banho de sol. ▸ Bronzear.

bron.qui.tis. [bron'kitis] [bron'kitis] *f. Med.* Inflamação da mucosa interior dos brônquios. ▸ Bronquite.

bro.tar. [bro'tar] [bro'tar] *v.4.* **1.** *Bot.* Nascer da terra ou produzir brotos uma planta. ▸ Brotar. **2.** *fig.* Ter início ou começar a manifestar-se. Surgir, aparecer, aflorar. ▸ Brotar.

bro.te. ['brote] ['brote] *m.* **1.** *Bot.* Rebento de árvore. ▸ Broto. **2.** *Bot.* Capulho da flor. ▸ Botão. *Los rosales del jardín están llenos de brotes.* As roseiras do jardim estão cheias de botões. **3.** Ato de surgir ou aparecer algo imprevisto e nocivo. ▸ Indício.

browser. *m. Inform.* Crograma para acessar diversos serviços da internet, como a rede mundial de computadores, servidores, grupos de notícias ou *e-mail*. ▸ Browser.

bru.ces(de). ['bruθes] ['bruses] *loc.* Diz-se da posição do corpo caracterizada por apresentar o peitoral voltado para o solo, de barriga para baixo. De bruços. ▸ Bruços. *Él cayó de bruces.* Ele caiu de bruços. ◆ **Darse de bruces con algo o alguien.** Bater de frente com algo ou alguém.

bru.je.rí.a. [bruxe'ria] [bruxe'ria] *f.* Atividade própria de bruxos. ▸ Bruxaria.

bru.jo, ja. ['bruxo] ['bruxo] *s.* **1.** Pessoa que tem poderes sobrenaturais malignos. ▸ Bruxo. **2.** *fig.* Mulher velha e feia. ▸ Bruxa. ◆ **No creo en brujas, pero que las hay, las hay.** Não acredito em bruxas, mas que elas existem, existem.

brú.ju.la. ['bruxula] ['bruxula] *f.* Instrumento com agulha magnética que orienta para o norte, empregado sobretudo na navegação. ▸ Bússola. ◆ **Perder la brújula.** Perder o controle. *Como empresario fue un fracaso, perdió la brújula del negocio y quebró.* Como empresário foi um fracasso, perdeu o controle dos negócios e foi à falência.

bru.ma. ['bruma] ['bruma] *f.* Formação nebulosa, especialmente sobre o mar. Nevoeiro, cerração. ▸ Bruma.

bru.mo.so, sa. [bru'moso] [bru'moso] *adj.* **1.** Abundância de bruma, névoa. ▸ Brumoso, nevoento, nebuloso. **2.** Algo confuso, pouco claro. ▸ Nebuloso; obscuro; confuso. *Me contó*

brutalidad – bulto

una historia muy brumosa. Contou-me uma história confusa.

bru.ta.li.dad. [bruta'liðaθ] [bruta'liðað] *f.* **1.** Ato violento, cruel. ▶ Brutalidade. **2.** Qualidade de bruto. ▶ Brutalidade.

bru.to, ta. ['bruto] ['bruto] *adj.* **1.** Que não demonstra capacidade. Néscio. ▶ Inepto. *U.t.c.s.* **2.** Que procede com rudeza, violência, sem civilidade. ▶ Bruto. *U.t.c.s.* **3.** Sem acabamento, não refinado. ▶ Bruto. **4.** *Fin.* Aplica-se ao valor ou quantia total, sem deduções. ▶ Valor bruto.

bu.cal. [bu'kal] [bu'kal] *adj.* Pertencente ou relativo à boca. ▶ Bucal.

bu.ca.ne.ro. [buka'neɾo] [buka'neɾo] *m.* Pirata que se dedicava ao saqueio no mar. ▶ Bucaneiro.

bu.ce.ar. [buθe'aɾ] [buse'aɾ] *v.4.* **1.** Entrar na água até ficar coberto por ela. ▶ Mergulhar. **2.** Nadar submerso. ▶ Mergulhar.

bu.ce.o. [bu'θeo] [bu'seo] *m.* **1.** Ato de mergulhar. ▶ Mergulho. **2.** *Desp.* Prática esportiva de mergulho. ▶ Mergulho. ➟ *Deportes*

bu.cle. ['bukle] ['bukle] *m.* Anel formado pelos cabelos frisados. ▶ Bucle, cacho.

bu.dis.mo. [bu'ðismo] [bu'ðihmo] *m. Rel.* Religião, que se estende pela Ásia Central e Oriental, iniciada por Buda seiscentos anos antes de Cristo. ▶ Budismo.

buen. ['bwen] ['bwen] *adj.* Forma reduzida de *bueno*, empregado diante de substantivos masculinos no singular. ▶ Bom. *Tuve un buen descanso.* Tive um bom descanso.

bue.no, na. ['bweno] ['bweno] *adj.* **1.** Que tem qualidade. Bondoso. ▶ Bom. **2.** Que agrada aos sentidos. ▶ Bom. **3.** Que tem saúde. ▶ Bem. **4.** Que se encontra em bom estado. ▶ Bom. **5.** Que tem tamanho, intensidade ou importância consideráveis. ▶ Bom. *interj.* **6.** Indica hesitação, conclusão ou aprovação. ▶ Bom. ◆ **A la buena de Dios.** Ao deus-dará. *Él no se preocupa por nada, está a la buena de Dios.* Ele não se preocupa com nada, está sempre ao deus-dará. **De buena onda.** De bom humor. **Estar de buenas.** Estar de bom humor. **Por las buenas.** Por bem. *Haz las cosas por las buenas antes de que te obliguen de mala manera.* Faça as coisas por bem, antes que obriguem você a fazer à força. **Sem mais nem menos.** *Apenas habló conmigo y se desmayó; así, por las buenas.* Mal falou comigo e desmaiou, sem mais nem menos.

buey. ['bwej] ['bwej] *m. Zool.* Macho bovino usado em trabalho no campo e na alimentação. ▶ Boi. ◆ **Saber con qué buey(es) ara.** Saber com quem pode contar. ➟ *Reino animal*

bú.fa.lo, la. ['bufalo] ['bufalo] *s.* Mamífero semelhante ao touro. ▶ Búfalo. ➟ *Reino animal*

bu.fan.da. [bu'fanda] [bu'fnda] *f.* Peça de lã ou seda para abrigar o pescoço. ▶ Cachecol. ➟ *Ropa*

bu.fe.te. [bu'fete] [bu'fete] *m.* **1.** Mesa para escrever, com gavetas. ▶ Escrivaninha. **2.** *fig.* Local de trabalho de advocacia. ▶ Escritório de advocacia.

buffer. *m. Inform.* Palavra inglesa que designa o armazenamento de dados de informação digital que ficam à espera de serem processados na memória temporária dos computadores. ▶ *Buffer.*

bug. *m. Inform.* Erro ou falha que ocorre na parte física ou num programa de um computador e provoca seu mau funcionamento. ▶ *Bug.*

bu.har.di.lla. [buaɾ'ðiʎa] [buaɾ'ðiʃa] *f.* **1.** Ver *desván.* ▶ Sótão. **2.** Janela do sótão. ▶ Lucarna.

bú.ho. ['buo] ['buo] *m. Zool.* Ave de rapina noturna. ▶ Coruja.

bu.ho.ne.ro, ra. [buo'neɾo] [buo'neɾo] *s.* Vendedor ambulante. ▶ Camelô.

bui.tre. ['bujtɾe] ['bujtɾe] *m.* **1.** *Zool.* Ave de rapina de grande porte. ▶ Abutre. **2.** *fig.* Indivíduo ambicioso ou avarento. ▶ Avaro.

bu.jí.a. [bu'xia] [bu'xia] *f.* **1.** Vela de cera. ▶ Bugia. **2.** *Fís.* Unidade de medida da intensidade da luz. **3.** Peça que, nos motores, dá a faísca que faz explodir o gás combustível. ▶ Vela (de ignição).

bu.la. ['bula] ['bula] *f. Rel.* Documento, expedido pelo Papa, que concede um benefício. ▶ Bula.

búl.ga.ro, ra. ['bulɣaɾo] ['bulɣaɾo] *adj.* **1.** Pertencente ou relativo à Bulgária. ▶ Búlgaro. *s.* **2.** O natural ou habitante desse país. ▶ Búlgaro.

bu.lla. ['buʎa] ['buʃa] *f.* Gritaria ou barulho feito por uma ou várias pessoas. Barulheira. ▶ Algazarra. *Las noches de los sábados hacen una bulla en la calle que nadie logra dormir.* Nos sábados à noite, fazem uma barulheira na rua que ninguém consegue dormir.

bu.lli.cio. [bu'ʎiθjo bu'ʃisjo] [bu'ʃisjo] *m.* Rumor causado pela aglomeração de pessoas. ▶ Barulho, rebuliço.

bul.to. ['bulto] ['bulto] *m.* **1.** Volume ou tamanho de um corpo. ▶ Vulto. **2.** Corpo que não se vê com claridade. ▶ Vulto. **3.** O que se carrega em uma viagem. ▶ Bagagem. **4.** Elevação de uma superfície. ▶ Saliência. ♦ **Escurrir el bulto.** Fugir ou esquivar-se de um trabalho ou compromisso. ▶ Sair de fininho. *Es especialista en escurrir el bulto cuando hay un trabajo pesado por hacer.* É craque em sair de fininho quando tem um trabalho pesado para fazer.

bu.ñue.lo. [bu'ɲwelo] [bu'ɲwelo] *m. Cul.* Bolinho de massa de farinha, pequeno e redondo, que se frita para comer. ▶ Bolinho. *Los buñuelos son buenos en el desayuno.* Os bolinhos são bons no café da manhã.

bu.que. ['buke] ['buke] *m. Mar.* **1.** Armação de uma embarcação. ▶ Casco. **2.** Qualquer embarcação coberta, resistente e de grande porte. ▶ Navio. ➡ *Transporte*

bur.bu.ja. [bur'βuxa] [bur'βuxa] *f.* Bolha de ar ou outro gás que se forma nos líquidos em fermentação ou em ebulição. ▶ Borbulha.

bur.del. [bur'ðel] [bur'ðel] *m.* **1.** Estabelecimento onde o sexo é comercializado. ▶ Bordel. **2.** Casa em que há muita bagunça e gritaria. ▶ Zona.

bur.gués, gue.sa. [bur'ɣes] [bur'ɣes] *s.* Indivíduo da classe média ou assimilado a ela. ▶ Burguês.

bur.gue.sí.a. [burɣe'sia] [burɣe'sia] *f.* O conjunto dos burgueses. ▶ Burguesia.

bur.la. ['burla] ['burla] *f.* Ato ou efeito de burlar. ▶ Burla.

bur.lar. [bur'lar] [bur'lar] *v.4.* **1.** Fazer crer em uma inverdade. Enganar, ludibriar. ▶ Burlar. *v.p.* **2.** Fazer burla de alguém. ▶ Zombar.

bur.les.co, ca. [bur'lesko] [bur'lesko] *adj.* Diz-se do que é ridículo e cômico. ▶ Burlesco, grotesco.

bur.lón, lo.na. [bur'lon] [bur'lona] *adj.* Que ou aquele que faz zombaria. ▶ Gozador.

bu.ró. [bu'ro] [bu'ro] *m.* Móvel utilizado para escrever e guardar material de escritório. ▶ Escrivaninha. ➡ *Muebles*

bu.ro.cra.cia. [buro'kraθja] [buro'krasja] *f.* **1.** Estrutura administrativa das instituições do poder político. ▶ Burocracia. **2.** Conjunto de trâmites necessários à execução de assuntos administrativos. ▶ Burocracia. **3.** O conjunto dos burocratas. ▶ Burocracia.

bu.ró.cra.ta. [bu'rokrata] [bu'rokrata] *com.* Indivíduo que pertence à burocracia. ▶ Burocrata.

bu.rro, rra. ['buro] ['buro] *adj.* **1.** *fig.* De modos grosseiros. Bruto, estúpido. ▶ Burro. **2.** *fig.* De pouco entendimento. Ignorante. ▶ Burro. *s.* **3.** *Zool.* Animal quadrúpede de carga. Asno. ▶ Burro. ➡ *Reino animal*

bus. ['bus] ['bus] *m.* Veículo para transporte coletivo de passageiros. ▶ Ônibus.

bus.ca.dor. [buska'dor] [buska'dor] *m. Inform.* Ferramenta de informática utilizada para procurar conteúdos digitais. ▶ Buscador. *El buscador digital de la biblioteca trae informaciones importantes sobre el acervo.* O buscador digital da biblioteca traz informações importantes sobre o acervo.

bus.car. [bus'kar] [buh'kar] *v.7.* **1.** Fazer algo para achar alguma coisa. ▶ Procurar. **2.** Procurar vestígios. ▶ Buscar. ♦ **El que busca encuentra.** Quem procura, acha.

☐ **bu.se.ta.** [bu'seta] [bu'seta] *f. (Col.)* Ônibus pequeno. ▶ Micro-ônibus.

bús.que.da. ['buskeða] ['buhkeða] *f.* Ato de buscar. Procura. ▶ Busca.

bus.to. ['busto] ['buhto] *m.* **1.** Tronco humano. ▶ Busto. **2.** Escultura que representa o tronco humano. ▶ Busto. **3.** *Anat.* Par de seios femininos. ▶ Busto.

bu.ta.ca. [bu'taka] [bu'taka] *f.* **1.** Ver *sillón*. ▶ Poltrona. **2.** Cadeira nas salas de espetáculos. ▶ Poltrona. ➡ *Muebles y electrodomésticos*

bu.ti.fa.rra. [buti'fara] [buti'fara] *f. Cul.* **1.** Linguiça de origem catalã composta de carne e miúdos de porco, além de toucinho e pimenta. *Cuando estuve en Barcelona, me pusieron una buenísima butifarra.* Quando estive em Barcelona, me serviram uma deliciosa *butifarra*. **2.** *(Peru)* Lanche servido no pão francês com carne de porco, alface, cebola e pimenta peruana. *Me encanta la butifarra, un tradicional sándwich peruano.* Gosto muito de *butifarra*, um sanduíche peruano tradicional.

bu.zo. ['buθo] ['buso] *m.* **1.** Profissional que trabalha submerso na água. ▶ Mergulhador. **2.** Peça de vestuário inteiriça. ▶ Macacão. **3.** *(Arg.)* Blusa de malha. ▶ Moletom.

bu.zón. [bu'θón] [bu'son] *m.* **1.** Caixa onde se depositam correspondências. ▶ Caixa de correio. **2.** Abertura por onde se colocam as cartas em uma caixa de correio. ▶ Vão. **3.** Tampão de qualquer bueiro para entrada ou saída de águas. ▶ Tampa.

byte. *m. Inform.* Conjunto de 4, 6 ou 8 *bits* que formam uma unidade de transmissão de informações da linguagem digital. ▶ Byte. *Un* byte *suele tener 8 bits.* Um *byte* costuma ter 8 bits.

C

c. [θe] [se] *f.* Terceira letra do alfabeto espanhol. ▸ C.

ca.bal. [ka'βal] [ka'βal] *adj.* **1.** Certo ou justo em peso ou medida. ▸ Cabal. **2.** Que está completo, perfeito, exato. ▸ Cabal. ♦ **No estar en sus cabales.** Não estar em seu juízo perfeito. ▸ Estar fora de si. *Hace tantos disparates que parece no estar en sus cabales.* Faz tanta coisa errada que parece estar fora de si.

cá.ba.la. ['kaβala] ['kaβala] *f.* **1.** *Rel.* Interpretação do Antigo Testamento feita pelos judeus. ▸ Cabala. **2.** Crença em presságios tirados de casos ou fatos ocasionais. ▸ Superstição.

ca.bal.gar. [kaβal'ɣar] [kaβal'ɣar] *v.9.* Montar a cavalo, andar ou passear a cavalo. ▸ Cavalgar.

ca.bal.ga.ta. [kaβal'ɣata] [kaβal'ɣata] *f.* **1.** Reunião de pessoas a cavalo. ▸ Cavalgada. **2.** Desfile de cavaleiros, bandas de música e dançarinos nas festas populares. ▸ Cavalhadas.

ca.ba.llar. [kaβa'ʎar] [kaβa'ʃar] *adj.* **1.** Relativo a cavalo. ▸ Cavalar. **2.** Próprio de cavalo. ▸ Cavalar.

ca.ba.lle.rí.a. [kaβaʎe'ria] [kaβaʃe'ria] *f.* **1.** Animal (cavalo, mula, burro) que serve para montar. ▸ Montaria. **2.** *Mil.* Unidade militar que executa seu trabalho a cavalo. ▸ Cavalaria.

ca.ba.lle.ro. [kaβa'ʎero] [kaβa'ʃero] *adj.* **1.** Diz-se do indivíduo nobre e gentil. Senhor, fidalgo. ▸ Cavalheiro. **2.** Que anda a cavalo. ▸ Cavaleiro. **3.** *Mil.* Militar a cavalo. ▸ Cavaleiro.

ca.ba.lle.te. [kaβa'ʎete] [kaβa'ʃete] *m.* **1.** *Arq.* A parte mais alta do telhado. ▸ Cumeeira. **2.** Antigo instrumento de tortura. **3.** Armação usada como suporte. ▸ Cavalete.

ca.ba.llo. [ka'βaʎo] [ka'βaʃo] *m.* **1.** *Zool.* Animal quadrúpede de montaria. ▸ Cavalo. **2.** Peça do jogo de xadrez, que se movimenta em L. ▸ Cavalo. **3.** Figura (um cavalo com seu cavaleiro) do baralho espanhol. **4.** *(Esp.) fam.* Heroína e outras drogas fortes. ➡ *Reino animal*

ca.ba.ña. [ka'βaɲa] [ka'βaɲa] *f.* Casa rústica. Choupana. ▸ Cabana.

ca.be.ce.ar. [kaβeθe'ar] [kaβese'ar] *v.4.* **1.** Mover ou inclinar a cabeça. ▸ Cabecear. **2.** *Desp.* Bater em uma bola com a cabeça. ▸ Cabecear. **3.** Cochilar.

ca.be.ci.lla. [kaβe'θiʎa] [kaβe'siʃa] *com.* Chefe especialmente de rebeldes. Caudilho. ▸ Cabeça, dirigente.

ca.be.lle.ra. [kaβe'ʎera] [kaβe'ʃera] *f.* **1.** Os cabelos da cabeça, especialmente os fartos e longos. ▸ Cabeleira. **2.** Cabelos postiços. ▸ Peruca.

ca.be.llo. [ka'βeʎo] [ka'βeʃo] *m.* **1.** Cada um dos fios de cabelo da cabeça. ▸ Cabelo. **2.** O conjunto de todos os fios. ▸ Cabelo. *pl.* **3.** *Bot.* Parte do órgão feminino da espiga de milho, semelhante a cabelos. ▸ Estigmas.

ca.be.llu.do, da. [kaβe'ʎuðo] [kaβe'ʃuðo] *adj.* Que tem muito cabelo. ▸ Cabeludo.

ca.ber. [ka'βer] [ka'βer] *v.38.* **1.** Poder ser contida uma coisa dentro de outra. ▸ Caber. **2.** Ser adequado a uma situação. ▸ Caber. ♦ **No cabe duda.** Sem dúvida alguma. *No cabe duda de que es la persona ideal para profesor.* Sem dúvida é a pessoa ideal para professor.

ca.bes.tro. [ka'βestro] [ka'βehtro] *m.* **1.** Correia com que se prendem as cavalgaduras pela cabeça. ▸ Cabresto. **2.** Touro manso que serve de guia aos touros bravos. ▸ Cabresto.

ca.be.za. [ka'βeθa] [ka'βesa] *f.* **1.** *Anat.* Parte superior do corpo. ▸ Cabeça. **2.** Cada unidade de um rebanho. ▸ Cabeça. **3.** *fig.* Parte extrema de uma coisa. ▸ Cabeça. **4.** *fig.* Pessoa que comanda um grupo. ▸ Cabeça. ♦ **Cabeza abajo.** De ponta-cabeça. ➡ *Cuerpo humano*

ca.be.zal. [kaβe'θal] [kaβe'sal] *m.* **1.** Almofada pequena que serve de encosto para a cabeça. ▸ Almofada. **2.** Travesseiro comprido que ocupa toda a cabeceira da cama. ▸ Cabeçal. **3.** Peça de gravadores. ▸ Cabeçote.

ca.be.zu.do, da. [kaβe'θuðo] [kaβe'suðo] *adj.* **1.** Que tem a cabeça grande. ▸ Cabeçudo. **2.** Que procede com obstinação. Teimoso. ▸ Cabeçudo.

ca.bi.da. [ka'βiða] [ka'βiða] *f.* Ver *capacidad*[(1)]. ▸ Capacidade. *El autobús tiene cabida para cuarenta personas.* O ônibus tem capacidade para quarenta pessoas. ♦ **Tener cabida. 1.** Ter influência ou prestígio em algum lugar ou sobre outra pessoa. *Nuestro profesor de Química tiene gran cabida en la universidad.* Nosso professor de Química tem muito prestígio na universidade. **2.** Ter cabimento.

ca.bi.na. [ka'βina] [ka'βina] *f.* Compartimento de certos veículos, como caminhões, aviões, navios. ▸ Cabine. ♦ **Cabina de teléfono.** Cabine telefônica.

ca.biz.ba.jo, ja. [kaβiθ'baxo] [kaβih'baxo] *adj.* Que está encolhido, de cabeça inclinada, por abatimento, tristeza ou doença. ▸ Cabisbaixo.

ca.ble. ['kaβle] ['kaβle] *m.* **1.** Corda grossa de navio. ▸ Cabo. **2.** Fio condutor de energia. ▸ Cabo. ♦ **Cruzársele (a alguien) los cables.** Perder a paciência. *A Juan se le cruzaron los cables e insultó al vecino.* João perdeu a paciência e xingou o vizinho.

ca.bo. ['kaβo] ['kaβo] *m.* **1.** Ponta de terra que entra no mar. ▸ Cabo. **2.** *Mil.* Patente militar acima do soldado raso. ▸ Cabo. **3.** Parte pela qual se segura uma ferramenta ou outro objeto. ▸ Cabo. **4.** Corda grossa e forte usada nos navios. ▸ Cabo. **5.** Final de alguma coisa alongada. ▸ Ponta. ♦ **Al cabo de.** Ao fim / cabo de. *Al cabo de algún tiempo empezaron a verse los resultados.* Ao cabo de um tempo começaram a ver-se resultados.

ca.bo.ta.je. [kaβo'taxe] [kaβo'taxe] *m. Mar.* Navegação costeira entre portos de uma nação. ▸ Cabotagem.

ca.bra. ['kaβra] ['kaβra] *f. Zool.* Mamífero ruminante doméstico, fêmea do bode. ▸ Cabra. ♦ **Estar como una cabra.** Estar louco. **La cabra siempre tira al monte.** Cada um se manifesta e se comporta segundo sua origem e educação. ➡ *Reino animal*

ca.brí.o. [ka'βrio] [ka'βrio] *adj.* Pertencente ou relativo às cabras ou aos bodes. ▸ Caprino. *En algunos lugares se cría ganado cabrío.* Em alguns lugares, cria-se gado caprino.

ca.bri.ti.lla. [kaβri'tiʎa] [kaβri'tiʃa] *f.* Pele fina de animal pequeno, cabrito ou cordeiro, curtida e preparada para luvas, calçados, etc. ▸ Pelica.

ca.ca. ['kaka] ['kaka] *f. fam.* **1.** Excremento humano, especialmente na fala de crianças. ▸ Caca. **2.** *fig.* Estado de sujo, imundo. ▸ Imundície.

ca.ca.hue.te. [kaka'wete] [kaka'wete] *m. Bot.* Planta leguminosa de fruto comestível. ▸ Amendoim.

ca.ca.o. [ka'kao] [ka'kao] *m. Bot.* Fruto do cacaueiro com que se faz o chocolate. ▸ Cacau.

ca.ca.re.ar. [kakare'ar] [kakaɾe'aɾ] *v.4.* **1.** Emitir cacarejos (a galinha ou aves assemelhadas). ▸ Cacarejar. **2.** Fazer alarde de coisas de pouca importância. ▸ Cacarejar.

ca.ca.tú.a. [kaka'tua] [kaka'tua] *f. Zool.* Papagaio branco da Oceania. ▸ Cacatua.

ca.ce.rí.a. [kaθe'ria] [kase'ria] *f.* **1.** Ato ou efeito de caçar. ▸ Caçada. **2.** Esporte da caça. ▸ Caçada. ➡ *Deportes*

ca.ce.ro.la. [kaθe'rola] [kase'rola] *f.* Panela de metal com empunhaduras laterais e tampa. ▸ Caçarola.

ca.cha.lo.te. [katʃa'lote] [katʃa'lote] *m. Zool.* Mamífero marinho. ▸ Cachalote.

ca.cha.rre.rí.a. [katʃare'ria] [katʃaɾe'ria] *f.* Loja de vasilhas e panelas.

ca.cha.rro. [ka'tʃaro] [ka'tʃaɾo] *m.* **1.** Vasilha tosca. **2.** Objeto velho e sem utilidade. ▸ Traste. *Tu coche es un cacharro.* Seu carro é um traste.

ca.ché. [ka'tʃe] [ka'tʃe] *m. Inform.* Espaço de memória rápida e temporária que armazena dados que foram duplicados, ou acelera no momento de processá-los. ▸ Cache. *Mi ordenador tiene mucha memoria caché.* Meu computador tem muita memória *cache*.

☐ **ca.che.ar.** [katʃe'ar] [katʃe'aɾ] *v.4.* Apalpar as roupas de uma pessoa para saber se leva objetos proibidos. ▸ Revistar. *La policía lo cacheó para ver si llevaba drogas.* A polícia o revistou para ver se portava drogas.

ca.che.mir. [katʃe'mir] [katʃe'miɾ] *m.* Tecido fino feito de pelo de cabra misturado com lã de carneiro. ▸ Caxemira.

ca.che.te. [ka'tʃete] [ka'tʃete] *m.* **1.** *Anat.* Ver *mejilla*. ▸ Bochecha. *Mi tío tenía la manía de pellizcar mis cachetes y llamarme cachetudo.* Meu tio tinha a mania de beliscar minhas bochechas e me chamar de bochechudo. **2.** Golpe que se dá na cara com a mão aberta. ▸ Bofetada. *Recibió un insulto y respondió con un cachetazo.* Recebeu um insulto e respondeu com uma bofetada.

ca.chi.va.che. [katʃi'βatʃe] [katʃi'βatʃe] *m.* Móvel ou utensílio velho. ▸ Traste.

❑ **ca.cho.** ['katʃo] ['katʃo] *m.* Pedaço pequeno ou parte de uma coisa. ▸ Porção.

ca.chon.do, da. [ka'tʃondo] [ka'tʃondo] *adj.* Que é pouco sério e tem inclinação a obscenidades. ▸ Sarrista. ◆ **Estar cachondo.** Sentir desejo sexual.

❑ **ca.cho.rro, rra.** [ka'tʃoro] [ka'tʃoro] *s.* Cria dos mamíferos. ▸ Filhote. ➡ *Reino animal*

ca.ci.que. [ka'θike] [ka'sike] *m.* **1.** Chefe entre os indígenas de várias regiões americanas. ▸ Cacique. **2.** *fig.* Pessoa que em algum lugar tem muita preponderância política. ▸ Cacique.

❑ **ca.co.** ['kako] ['kako] *m.* Ladrão que rouba com habilidade. ▸ Gatuno.

ca.co.fo.ní.a. [kakofo'nia] [kakofo'nia] *f.* *Ling.* Repetição de sons na fala. ▸ Cacofonia.

cac.to. ['kakto] ['kakto] *m.* *Bot.* Planta espinhosa que vive em terrenos pedregosos. ▸ Cacto.

ca.da. ['kaða] ['kaða] *pron.* **1.** Indica distribuição. ▸ Cada. *Cada persona tiene derecho a un libro.* Cada pessoa tem direito a um livro. **2.** Indica totalidade dos elementos de um conjunto. ▸ Todos. *Cada día va para el colegio a la misma hora.* Todos os dias vai na mesma hora para o colégio. **3.** Indica grande tamanho ou quantidade. ▸ Cada. *Tiene cada idea, que asusta.* Tem cada ideia, que assusta. ▸ Cada. *adv.* **4.** Indica frequência. *Cada tres días.* De três em três dias. ◆ **Cada loco con su tema y cada lobo por su senda.** Cada macaco no seu galho. **Cada oveja con su pareja.** Cada macaco no seu galho. / Cada pardal / qual com seu igual.

ca.dal.so. [ka'ðalso] [ka'ðalso] *m.* Estrado alto no qual se executavam os condenados à morte. ▸ Cadafalso.

ca.dá.ver. [ka'ðaβer] [ka'ðaβer] *m.* Corpo sem vida. ▸ Cadáver.

ca.de.na. [ka'ðena] [ka'ðena] *f.* **1.** Corrente de elos metálicos unidos entre si. ▸ Corrente. **2.** Conjunto, sucessão ou grupo de coisas ou fatos relacionados entre si. ▸ Cadeia. **3.** Rede de lojas. Rede. ▸ Cadeia. *Es dueño de una cadena de tiendas de ropas.* É dono de uma rede de lojas de roupas. ◆ **Cadena de sonido.** *(Esp.)* Eletroeletrônico com funções de rádio, toca-fitas, toca-CD, entre outras. ▸ Aparelho de som. **Cadena perpetua.** Prisão perpétua. *El asesino fue condenado a cadena perpetua.* O assassino foi condenado à prisão perpétua.

ca.den.cia. [ka'ðenθja] [ka'ðensja] *f.* **1.** *Ling.* Harmonia em frases e versos. ▸ Cadência. **2.** Regularidade de sons e movimentos. ▸ Cadência. **3.** *Mús.* Ritmo, compasso na música. ▸ Cadência.

ca.de.ra. [ka'ðera] [ka'ðera] *f.* **1.** *Anat.* Cada uma das partes do corpo humano formada pelos ossos superiores da pélvis. Cadeira. ▸ Quadril. **2.** Garupa dos animais. ▸ Anca.

ca.de.te. [ka'ðete] [ka'ðete] *m.* **1.** *Mil.* Aluno de escola militar aspirante a oficial. ▸ Cadete. **2.** *(Amér.)* Aprendiz em um estabelecimento comercial. ▸ Auxiliar.

ca.du.car. [kaðu'kar] [kaðu'kar] *v.7.* **1.** Perder com a idade as faculdades mentais ou físicas. ▸ Caducar. **2.** *Dir.* Perder a legalidade por findar prazo de recurso. ▸ Caducar.

ca.du.ci.dad. [kaðuθi'ðað] [kaðusi'ðað] *f.* Perda da validade de um documento, lei ou direito. ▸ Caducidade.

ca.du.co, ca. [ka'ðuko] [ka'ðuko] *adj.* **1.** Que perdeu força, validade, crédito. ▸ Caduco. **2.** Decrépito, muito ancião. ▸ Caduco. **3.** Pouco durável. ▸ Perecível.

ca.er. [ka'er] [ka'er] *v.30.* **1.** Movimentar-se um corpo de cima para baixo. ▸ Cair. **2.** Levar uma queda. ▸ Cair. **3.** Perder o equilíbrio até dar em terra. ▸ Cair. **4.** *fig.* Ser enganado pela argúcia de outro. ▸ Cair. *Cayó en el cuento del billete premiado.* Caiu no conto do bilhete premiado. ◆ **Caerle bien / mal (a alguien) una persona.** Agradar / Desagradar (alguém) a uma pessoa. *El candidato nos cayó bien: es inteligente y está preparado.* O candidato nos agradou: é inteligente e está preparado. **Caer enfermo.** Ficar doente. **Caerse la cara de vergüenza.** Morrer de vergonha. **Estar al caer.** Estar a ponto de acontecer.

ca.fé. [ka'fe] [ka'fe] *m.* **1.** *Bot.* Semente do cafeeiro. ▸ Café. **2.** Bebida que se faz com a infusão do grão torrado e moído e água fervente. ▸ Café. **3.** Estabelecimento no qual se vende e toma essa bebida. ▸ Café. ◆ **Café solo.** Café puro. **Café ahogado.** Café americano, com bastante água. **Cortado / Café cortado.** Café com um pingo de leite. Média. ▸ Pingado.

ca.fe.tal. [kafe'tal] [kafe'tal] *m. Agr.* Plantação de cafeeiros. ▸ Cafezal.

ca.fe.ta.le.ro, ra. [kafeta'lero] [kafeta'lero] *adj. Agr.* Aquele que possui um cafezal. Cafeicultor. ▸ Cafezeiro.

ca.fe.te.ra. [kafe'tera] [kafe'tera] *f.* **1.** Máquina ou aparelho que serve para preparar café. ▸ Cafeteira. *Me regalaron una cafetera eléctrica.* Deram-me de presente uma cafeteira elétrica. **2.** Recipiente em que se leva o café à mesa. ▸ Bule. *La moza vino con la cafetera y nos sirvió café.* A garçonete veio com o bule e nos serviu café. **3.** Veículo velho que faz muito barulho. ▸ Batedeira. *Esta vieja cafetera deja a uno sordo.* Esta batedeira deixa a gente surdo.

ca.fe.te.rí.a. [kafete'ria] [kafete'ria] *f.* Local no qual se servem café e outras bebidas, aperitivos e pequenas refeições. ▸ Lanchonete.

ca.gar. [ka'ɣar] [ka'ɣar] *v.9. vulg.* **1.** Expulsar as fezes. ▸ Cagar, defecar. **2.** *fig.* e *fam.* Estragar ou sujar alguma coisa. ▸ Cagar.

ca.í.da. [ka'ida] [ka'ida] *f.* **1.** Ato ou efeito de cair. ▸ Queda. **2.** Declive de uma superfície. ▸ Descida. **3.** Caimento de cortinas e outras peças de tecido que se penduram. ▸ Caimento. **4.** Maneira como roupas se amoldam ao corpo. ▸ Caimento. ◆ **Caída de cabellos.** Queda de cabelos. **Caída de tensión.** *Fís.* Queda na corrente elétrica.

cai.mán. [kaj'man] [kaj'man] *m. Zool.* Réptil que vive nos rios da América. ▸ Jacaré.
➥ *Reino animal*

ca.ja. ['kaxa] ['kaxa] *f.* **1.** Recipiente com tampa, de madeira, de papelão, de plástico ou de metal, que serve para guardar ou transportar coisas. ▸ Caixa. **2.** Caracteres tipográficos. ▸ Clichê. **3.** Cofre forte. ▸ Cofre. **4.** Ver *ataúd.* ▸ Caixão. ◆ **Caja de ahorros.** Caixa econômica.

ca.je.ro, ra. [ka'xero] [ka'xero] *s.* Pessoa encarregada da entrada e saída de dinheiro. ▸ Caixa. ◆ **Cajero automático.** Caixa eletrônico. *Como tengo prisa, podemos sacar dinero en el cajero automático y no perdemos tiempo.* Como estou com pressa, podemos sacar dinheiro no caixa eletrônico e não perdemos tempo.

ca.je.ti.lla. [kaxe'tiʎa] [kaxe'tiʃa] *f.* **1.** Invólucro de papel ou cartolina para embalagem de cigarros. ▸ Caixa. **2.** Rapaz afeminado e presunçoso. ▸ Almofadinha.

ca.jón. [ka'xon] [ka'xon] *m.* **1.** Caixa corrediça que se ajusta a um móvel: armário, mesa, cômoda, etc. ▸ Gaveta. **2.** O espaço entre duas prateleiras de uma estante. ▸ Vão. **3.** *(Amér.)* Ver *ataúd.* ▸ Caixão. ◆ **Ser de cajón (algo).** Ser evidente. *No estudió nada durante el curso, por lo tanto era de cajón que no aprobaría.* Não estudou nada durante o curso, portanto era evidente que não passaria.

cal. ['kal] ['kal] *f.* Substância sólida branca utilizada para branquear paredes e que, ao ser misturada com água, desprende calor. ▸ Cal. ◆ **Ser de cal y canto.** Ser sólido, duradouro. **Una de cal y otra de arena.** Alternância de uma coisa boa e outra ruim.

ca.la. ['kala] ['kala] *f. Geogr.* Pequena baía. ▸ Enseada.

ca.la.ba.cín. [kalaβa'θin] [kalaβa'sin] *m. Bot.* Variedade de abóbora. ▸ Abobrinha.
➥ *Vegetales*

ca.la.ba.za. [kala'βaθa] [kala'βasa] *f. Bot.* Fruto da aboboreira. ▸ Abóbora. ◆ **Dar calabazas.** Reprovar em um exame. **Nadar sin calabazas.** Saber se virar sozinho na vida. **Salir calabaza (alguien).** Não corresponder (alguém) às expectativas, decepcionar. *Lo contrataron porque parecía ser un profesional competente, pero salió calabaza.* Contrataram-no porque parecia ser um profissional competente, mas foi uma decepção. ➥ *Vegetales*

ca.la.bo.zo. [kala'βoθo] [kala'βoso] *m.* Prisão subterrânea onde se encerram determinados presos. Masmorra. ▸ Calabouço.

ca.la.mar. [kala'mar] [kala'mar] *m. Zool.* Molusco do mar, comestível. ▸ Lula.
➥ *Reino animal*

ca.lam.bre. [ka'lambre] [ka'lambre] *m. Med.* Contração espasmódica, involuntária, dolorosa e de pouca duração de certos músculos. ▸ Cãibra.

ca.la.mi.dad. [kalami'ðað] [kalami'ðað] *f.* **1.** Desgraça ou infortúnio que atinge várias pessoas. ▸ Calamidade.

ca.lan.dria. [ka'landrja] [ka'landrja] *f. Zool.* Tipo de pássaro canoro. ▸ Cotovia.

ca.la.ña. [ka'laɲa] [ka'laɲa] *f.* Natureza de uma pessoa. ▸ Índole. *Él es de buena calaña.* Ele é de boa índole.

❑ **ca.lar.** [ka'lar] [ka'lar] *v.4.* **1.** Penetrar um líquido em um corpo permeável. ▸ Penetrar. **2.** Fazer com que um objeto pontudo atravesse outro de lado a lado. Transpor. ▸ Atravessar, transpassar.

calavera – cálido

3. Fazer furos em papel, tecido, madeira ou metal formando um desenho artístico. ▶ Bordar. **4.** *fig.* Perceber as intenções de outro. **5.** Cortar um pedaço de fruta para prová-la. ▶ Calar.

ca.la.ve.ra. [kala'βera] [kala'βera] *f.* **1.** *Anat.* Conjunto dos ossos da cabeça enquanto permanecem unidos. ▶ Caveira. *m.* **2.** *fig.* Pessoa que gosta excessivamente de farra. ▶ Farrista.

cal.car. [kal'kaɾ] [kal'kaɾ] *v.7.* Reproduzir um desenho por contato com o original. ▶ Decalcar.

cal.ce.tín. [kalθe'tin] [kalse'tin] *m.* Peça de tecido de malha que cobre o pé e parte da perna. ▶ Meia.

cal.ci.nar. [kalθi'naɾ] [kalsi'naɾ] *v.4. Quím.* Aquecer um mineral calcário até transformá-lo em cal pura. ▶ Calcinar.

cal.co. ['kalko] ['kalko] *m.* **1.** Ato ou efeito de decalcar. ▶ Decalque. **2.** Cópia que se obtém decalcando. ▶ Decalque.

cal.co.gra.fí.a. [kalkoɣra'fia] [kalkoɣra'fia] *f.* Arte de estampar com lâminas de metal gravadas. ▶ Calcografia.

cal.cu.la.dor, do.ra. [kalkula'ðoɾ] [kalkula'ðoɾ] *adj.* **1.** Que calcula. ▶ Calculador. *s.* **2.** Pessoa que faz cálculos matemáticos. ▶ Matemático. **3.** Pessoa que cuida de seus assuntos com atenção e prudência. ▶ Calculador, calculista. **4.** Aparelho que faz cálculos matemáticos por processo mecânico ou eletrônico. ▶ Calculadora. ▬ *En el aula*

cal.cu.lar. [kalku'laɾ] [kalku'laɾ] *v.4.* **1.** *Mat.* Fazer operações aritméticas. ▶ Calcular. **2.** Considerar e refletir sobre uma coisa com atenção. ▶ Calcular.

cál.cu.lo. ['kalkulo] ['kalkulo] *m.* **1.** *Mat.* Cômputo, conta ou investigação que se faz de alguma coisa por meio de operações matemáticas. ▶ Cálculo. **2.** *Med.* Corpos duros anormais que se formam em certos órgãos do ser humano e de animais. ▶ Cálculo.

cal.de.a.mien.to. [kaldea'mjento] [kaldea'mjento] *m.* Atividade de preparação para a realização de alguma tarefa ou apresentação. ▶ Aquecimento, treino, ensaio.

cal.de.ar. [kalde'aɾ] [kalde'aɾ] *v.4.* Aquecer alguma coisa para que aumente de temperatura. ▶ Esquentar.

cal.do. ['kaldo] ['kaldo] *m.* **1.** *Cul.* Prato predominantemente líquido que resulta de ferver na água alguns alimentos. Canja, sopa. ▶ Caldo. **2.** *Cul.* Molho preparado para tempero de saladas e outros pratos. ▶ Caldo. ◆ **Hacer el caldo gordo.** Ganhar bem em um negócio. **Haz de ese caldo tajadas.** Expressa pedido de algo impossível de ser feito.

ca.lé. [ka'le] [ka'le] *m.* Homem de origem cigana. ▶ Cigano.

ca.le.fac.ción. [kalefak'θjon] [kalefak'sjon] *f.* Conjunto de aparelhos que servem para aquecer um lugar. Aquecimento. ▶ Calefação. ▬ *Muebles y electrodomésticos*

ca.len.da.rio. [kalen'daɾjo] [kalen'daɾjo] *m.* **1.** Ver *almanaque*[(1)]. ▶ Calendário. **2.** Sistema de divisão do tempo. ▶ Calendário.

ca.len.ta.dor, do.ra. [kalenta'ðoɾ] [kalenta'ðoɾ] *adj.* **1.** Aquilo que aquece. ▶ Aquecedor. *m.* **2.** Aparelho que desprende calor produzido por água, vapor ou corrente elétrica. ▶ Aquecedor.

ca.len.ta.mien.to. [kalenta'mjento] [kalenta'mjento] *m.* **1.** Ato ou efeito de aquecer. ▶ Aquecimento. **2.** *Desp.* Movimentação que os esportistas fazem para aquecer os músculos antes de iniciar a atividade física. ▶ Aquecimento.

ca.len.tar. [kalen'taɾ] [kalen'taɾ] *v.15.* **1.** Tornar quente. Aquecer. ▶ Esquentar. *v.p.* **2.** *fig.* Ficar nervoso em uma disputa ou porfia. ▶ Esquentar.

ca.le.si.ta. [kale'sita] [kale'sita] *f.* Brinquedo giratório em que as crianças montam sobre cavalinhos de pau, carrinhos e outros brinquedos. ▶ Carrossel.

ca.li.brar. [kali'βɾaɾ] [kali'βɾaɾ] *v.4.* **1.** Medir o diâmetro interior das armas de fogo ou o de outros tubos. ▶ Calibrar. **2.** Dar ao arame, projétil ou à alma da arma o calibre desejado. Dar o calibre a. ▶ Calibrar.

ca.li.bre. [ka'liβɾe] [ka'liβɾe] *m.* **1.** Diâmetro interior dos canos das armas de fogo ou de outros tubos. ▶ Calibre. **2.** Diâmetro do projétil ou de um arame. ▶ Calibre.

ca.li.dad. [kali'ðaθ] [kali'ðað] *f.* Características de uma coisa que permitem avaliá-la com relação a outras de sua espécie. ▶ Qualidade. *Las porcelanas chinas son de muy buena calidad.* As porcelanas chinesas são de excelente qualidade.

ca.li.dez. [kali'ðeθ] [kali'ðes] *f.* Sensação de ardor ou calor. ▶ Calidez.

cá.li.do, da. ['kaliðo] ['kaliðo] *adj.* **1.** Que possui calor. ▶ Cálido. **2.** O clima quando faz calor. ▶ Quente.

ca.li.dos.co.pio. [kaliðos'kopjo] [kaliðok'kopjo] *m.* Cilindro ao longo do qual estão dispostos vários espelhos, de maneira que pequenos objetos coloridos colocados no tubo produzam imagens simétricas. ▸ Caleidoscópio.

ca.lien.te. [ka'ljente] [ka'ljente] *adj.* **1.** Diz-se de objeto que possui ou produz calor. ▸ Quente. **2.** *fig.* Que está encolerizado. Nervoso. ▸ Endemoniado. ♦ **En caliente.** No mesmo momento, sem deixar para depois. ▸ No calor dos fatos. *Vamos a tratar de ese problema en caliente, no vamos a esperar que se enfríe.* Vamos tratar desse problema no calor dos fatos, não vamos esperar que esfrie.

ca.li.fa. [ka'lifa] [ka'lifa] *m.* Príncipe muçulmano que é a máxima autoridade civil e religiosa. ▸ Califa.

ca.li.fi.ca.ción. [kalifika'θjon] [kalifika'sjon] *f.* **1.** Ato ou efeito de qualificar. ▸ Qualificação. **2.** Avaliação em provas e exames. ▸ Nota.

ca.li.fi.car. [kalifi'kar] [kalifi'kar] *v.7.* **1.** Avaliar e determinar qualidades ou circunstâncias. ▸ Qualificar. **2.** Avaliar um aluno em atividade, trabalho ou prova. ▸ Avaliar.

ca.li.fi.ca.ti.vo, va. [kalifika'tiβo] [kalifika'tiβo] *adj.* Que qualifica. ▸ Qualificativo.

ca.li.gra.fía. [kaligra'fia] [kaligra'fia] *f.* Escrever com letra bonita. ▸ Caligrafia.

ca.lí.gra.fo, fa. [ka'ligrafo] [ka'ligrafo] *s.* Pessoa que tem conhecimentos de caligrafia. ▸ Calígrafo.

cá.liz. [ka'liθ] [ka'lis] *m.* Copo sagrado em que se põe o vinho para ser consagrado. ▸ Cálice.

ca.llar. [ka'ʎar] [ka'ʃar] *v.4.* **1.** Não falar, ficar em silêncio. Emudecer. ▸ Calar. *Callar la verdad es ser cómplice de la mentira.* Calar a verdade é ser cúmplice da mentira. **2.** Parar de fazer som ou ruído. ♦ ¡**Calla!** Silêncio! **El que calla otorga.** Quem cala consente.

ca.lla.do, da. [ka'ʎaðo] [ka'jaðo] *adj.* Que não fala, não se expressa ou não faz ruído. ▸ Calado, quieto.

ca.lle. [ka'ʎe] [ka'ʃe] *f.* **1.** Qualquer via na cidade para circulação de veículos e pessoas. ▸ Rua. **2.** Caminho entre fileiras de árvores ou outras plantas. ▸ Rua. ♦ **Calle peatonal.** Calçadão. **Doblar la calle.** Virar a esquina. **Echar (a alguien) a la calle.** Expulsar alguém de casa, trabalho, etc. ▸ Mandar embora, demitir. *Lo echaron a la calle porque se dormía en el trabajo.* Mandaram-no embora porque dormia no trabalho.

ca.lle.je.ar. [kaʎexe'ar] [kaʃexe'ar] *v.4.* Andar pelas ruas sem rumo, a esmo. Perambular. ▸ Bater perna.

ca.lle.je.ro, ra. [kaʎe'xero] [kaʃe'xero] *adj.* **1.** Aquele que perambula pelas ruas. ▸ Andarilho, rueiro. **2.** Cachorro sem raça reconhecida. ▸ Vira-lata. *m.* **3.** Guia das ruas de uma cidade.

ca.lle.jón. [kaʎe'xon] [kaʃe'xon] *m.* Rua estreita entre casas ou muros. ▸ Beco. ♦ **Estar en un callejón sin salida.** Estar em um beco sem saída.

ca.llo. ['kaʎo] ['kaʃo] *m.* **1.** *Med.* Endurecimento produzido por atrito continuado em alguma parte do corpo, principalmente nos pés. ▸ Calo. *pl.* **2.** *Cul.* Guisado de bucho bovino. ▸ Dobradinha.

cal.ma. ['kalma] ['kalma] *f.* **1.** Suspensão ou extinção de uma situação ou sensação de intranquilidade ou aflição. ▸ Calmaria. **2.** *fig.* Situação tranquila. Sossego. ▸ Calmaria, calma. ♦ ¡**Calma!** Calma! **Después de la tormenta siempre viene la calma.** Depois da tempestade, sempre vem a bonança.

cal.man.te. [kal'mante] [kal'mante] *adj.* e *m.* Ver *sedante*. ▸ Calmante.

cal.mar. [kal'mar] [kal'mar] *v.4.* **1.** Deixar calmo, tranquilo. ▸ Acalmar. *v.p.* **2.** Ficar calmo. ▸ Acalmar-se.

cal.mo, ma. ['kalmo] ['kalmo] *adj.* Que está tranquilo, em descanso. ▸ Calmo.

cal.mo.so, sa. [kal'moso] [kal'moso] *adj.* Que está em calma. ▸ Calmo.

ca.ló. [ka'lo] [ka'lo] *m.* Língua que falam os ciganos espanhóis. ▸ Caló.

ca.lor. [ka'lor] [ka'lor] *m.* **1.** Temperatura relativamente elevada. ▸ Calor. **2.** Sensação produzida pela alta temperatura. ▸ Calor. ♦ **Ahogarse / Freírse de calor.** Sentir um calor excessivo. ▸ Morrer de calor.

ca.lo.rí.a. [kalo'ria] [kalo'ria] *f. Fís.* Unidade de medida da quantidade de energia térmica. ▸ Caloria.

ca.lo.rí.fe.ro, ra. [kalo'rifero] [kalo'rifero] *adj.* **1.** Aquilo que transmite ou produz calor. Calorígero. ▸ Calorífero. *m.* **2.** Ver *estufa*[1]. ▸ Aquecedor.

ca.lum.nia. [ka'lumnja] [ka'lumnja] *f.* Acusação falsa contra alguém. ▸ Calúnia.

ca.lu.ro.so, sa. [kalu'roso] [kalu'roso] *adj.* **1.** Que tem calor. ▶ Caloroso. **2.** Que tem entusiasmo. Eloquente. ▶ Caloroso.

cal.vo, va. ['kalβo] ['kalβo] *adj.* Que perdeu o cabelo da cabeça. Careca. ▶ Calvo.

cal.za. ['kalθa] ['kalsa] *f. p.us.* Peça do vestuário que cobria desde a cintura até os joelhos. ▶ Calça. ♦ **En calzas prietas.** No aperto.

cal.za.da. [kal'θaða] [kal'saða] *f.* **1.** Via pavimentada. ▶ Estrada. **2.** Na cidade, parte da rua reservada para o trânsito de veículos. ▶ Pista.

cal.za.do. [kal'θaðo] [kal'saðo] *m.* Peça de vestuário que serve para cobrir os pés. ▶ Calçado.

cal.zar. [kal'θar] [kal'sar] *v.13.* Vestir calçado. ▶ Calçar.

cal.zón. [kal'θon] [kal'son] *m.* Peça de vestuário masculino que vai da cintura até os joelhos. ▶ Calção.

cal.zon.ci.llos. [kalθon'θiʎos] [kalson'siʃos] *m.pl.* Peça íntima masculina para a parte inferior do corpo. ▶ Cueca. ➡ *Ropa*

ca.ma. ['kama] ['kama] *f.* **1.** Móvel em que se dorme ou repousa. ▶ Cama. **2.** Leito para doentes nos hospitais. ▶ Cama. *El hospital tiene dos mil camas.* O hospital tem dois mil leitos. ♦ **Cama de matrimonio.** Cama de casal. **Caer en cama.** Ficar doente. ▶ Cair de cama. *Cayó en cama con una gripe.* Caiu de cama com uma gripe. **Hacer la cama.** Fazer a cama. **Irse a la cama.** Deitar-se. ➡ *Muebles y electrodomésticos*

ca.ma.da. [ka'maða] [ka'maða] *f.* **1.** *Zool.* Os filhotes de um animal nascidos ao mesmo tempo. ▶ Ninhada. **2.** Conjunto de coisas ou pessoas que aparecem simultaneamente dentro de uma seriação. ▶ Leva.

ca.ma.fe.o. [kama'feo] [kama'feo] *m.* Figura talhada em relevo em ônix ou outra pedra dura e preciosa. ▶ Camafeu.

ca.ma.le.ón. [kamale'on] [kamale'on] *m. Zool.* Tipo de lagarto que muda de cor segundo o lugar em que está. ▶ Camaleão. ➡ *Reino animal*

cá.ma.ra. ['kamara] ['kamara] *f.* **1.** Tipo de salão. ▶ Câmara. **2.** Cada um dos corpos legislativos da nação. Câmara. ▶ Assembleia. **3.** Nome que adotaram algumas associações profissionais ou empresariais. ▶ Câmara. **4.** Máquina que registra imagens sobre filme ou fita de vídeo. ▶ Câmera. ♦ **Cámara lenta.** Recurso cinematográfico que registra os movimentos naturais com lentidão. ▶ Câmera lenta.

ca.ma.ra.da. [kama'raða] [kama'raða] *com.* Pessoa que tem amizade e confiança por outra. Colega. ▶ Camarada.

ca.ma.re.ro, ra. [kama'rero] [kama'rero] *s.* Empregado que serve em hotéis, restaurantes ou navios de passageiros, onde cuida das mesas, habitações e camarotes. ▶ Garçom, garçonete.

ca.ma.ro.te. [kama'rote] [kama'rote] *m. Mar.* Cada um dos compartimentos de um navio destinado a alojar passageiros. ▶ Camarote.

cam.ba.la.che. [kamba'latʃe] [kamba'latʃe] *m.* Troca ardilosa de objetos. Escambo. ▶ Cambalacho.

cam.biar. [kam'bjar] [kam'bjar] *v.4.* **1.** Substituir uma coisa por outra. ▶ Trocar. *Cambié el computador de mesa por uno portátil.* Troquei o computador de mesa por um portátil. **2.** Dar ou tomar valores ou moedas por seus equivalentes. ▶ Trocar. *Un amigo y yo cambiamos mi finca en Itajubá por su casa en Belo Horizonte.* Um amigo e eu trocamos meu sítio em Itajubá pela casa dele em Belo Horizonte. **3.** Sofrer mudança de estado, aspecto, composição ou características. ▶ Mudar. **4.** Transformar uma coisa em outra. ▶ Converter. ♦ **Cambiar de chaqueta.** Virar a casaca.

cam.bia.rio, ria. [kam'bjarjo] [kam'bjarjo] *adj.* Relativo a títulos de câmbio. ▶ Cambial.

cam.bio. ['kambjo] ['kambjo] *m.* **1.** Transformação parcial ou total. ▶ Mudança. **2.** *Fin.* Valor relativo das moedas de países diferentes. ▶ Câmbio. **3.** Dispositivo que muda a marcha dos automóveis. ▶ Câmbio. **4.** Permutação de objetos. ▶ Câmbio. **5.** Quantia recebida de volta por pagamento feito com valor superior ao da compra. ▶ Troco. ♦ **A cambio de.** Em troca de. **En cambio.** Indica adversidade. ▶ Pelo contrário, em compensação. *Él siempre está en primera fila, en cambio yo estoy siempre en la última.* Ele está sempre na primeira fila, eu, em compensação, estou sempre na última.

❑ **ca.me.lar.** [kame'lar] [kame'lar] *v.4.* Tentar conquistar a atenção de outra pessoa, adulando-a. Bajular. ▶ Galantear.

ca.me.lia. [ka'melja] [ka'melja] *f. Bot.* **1.** Tipo de arbusto florífero ornamental. ▶ Camélia. **2.** A flor desse arbusto. ▶ Camélia.

ca.me.llo, lla. [ka'meʎo] [ka'meʃo] *s.* **1.** *Zool.* Animal quadrúpede ruminante que tem duas corcovas, muito usado para carga na Ásia Central. ▸ Camelo. **2.** Aquele que trafica drogas em pequenas quantidades. ▸ Traficante. ➟ *Reino animal*

❏ **ca.me.lo.** [ka'melo] [ka'melo] *m.* **1.** Simulação com intenção de enganar. ▸ Zombaria. **2.** Notícia falsa. ▸ Mentira.

ca.me.ri.no. [kame'rino] [kame'rino] *m.* Aposento no qual os artistas se vestem e se maquiam. ▸ Camarim.

ca.mi.lla. [ka'miʎa] [ka'miʃa] *f.* Espécie de cama de lona empregada para transportar feridos. ▸ Maca.

ca.mi.nar. [kami'naɾ] [kami'naɾ] *v.4.* **1.** Andar de um lugar para outro. ▸ Caminhar. **2.** Seguir um curso. ▸ Caminhar.

ca.mi.na.ta. [kami'nata] [kami'nata] *f.* **1.** Passeio ou percurso longo e fatigante. ▸ Caminhada. **2.** Percurso curto a pé que se faz por divertimento. ▸ Caminhada.

ca.mi.no. [ka'mino] [ka'mino] *m.* **1.** Faixa de terreno que dá acesso a um lugar. ▸ Caminho. **2.** Viagem de um lugar a outro. ▸ Percurso. *Hicimos el camino entre Madrid y Santander en cuatro horas.* Fizemos o percurso entre Madri e Santander em quatro horas. **3.** *fig.* Meio de conseguir uma coisa. ▸ Recurso. *El mejor camino para aprender es estudiar.* O melhor recurso para aprender é estudar.

ca.mión. [ka'mjon] [ka'mjon] *m.* **1.** Carro de quatro ou mais rodas para transporte de cargas pesadas. ▸ Caminhão. **2.** *(Méx.)* Ver *autobús*. ▸ Ônibus. ➟ *Transporte*

ca.mio.ne.ta. [kamjo'neta] [kamjo'neta] *f.* Caminhão pequeno para cargas leves. ▸ Caminhonete. ➟ *Transporte*

ca.mi.sa. [ka'misa] [ka'misa] *f.* **1.** Peça de vestuário que serve para cobrir a parte superior do corpo e que tem gola e mangas. ▸ Camisa. ◆ **Camisa de fuerza.** Camisa de força. **Camisa de once varas.** Camisa de onze varas. Situação complicada. **Cambiar de camisa.** Mudar de opinião. **Dejarle sin camisa.** Arruinar alguém totalmente. **Jugarse hasta la camisa.** Apostar tudo. *Se jugó hasta la camisa en lo de abrir una empresa.* Apostou tudo na abertura de uma empresa. **Vender hasta la camisa.** Vender tudo o que tem.

ca.mi.se.ta. [kami'seta] [kami'seta] *f.* Camisa de malha, com ou sem mangas, sem colarinho, e ajustada ao corpo. ▸ Camiseta. *Siempre juego al fútbol con la camiseta de mi equipo preferido.* Sempre jogo futebol com a camisa do meu time preferido. ➟ *Ropa*

❏ **ca.mi.són.** [kami'son] [kami'son] *m.* Camisa comprida que se usa para dormir. ▸ Camisola.

ca.mo.rra. [ka'mora] [ka'mora] *f.* Luta provocada por briguentos. ▸ Briga.

cam.pa.men.to. [kampa'mento] [kampa'mento] *m.* Ato de acampar em lugar despovoado ou turístico. ▸ Acampamento. ◆ **Levantar el campamento.** Desmontar as instalações do acampamento a fim de partir para outro lugar. ▸ Levantar acampamento.

cam.pa.na. [kam'pana] [kam'pana] *f.* Peça de forma cônica invertida, especialmente de bronze, que produz som característico, empregada especialmente em igrejas e navios. ▸ Sino. ◆ **Doblar las campanas.** Tocar o sino em sinal de luto.

cam.pa.na.da. [kampa'naða] [kampa'naða] *f.* **1.** Batida que se dá no sino. ▸ Badalada. **2.** O som que o sino produz. ▸ Badalada.

cam.pa.na.rio. [kampa'narjo] [kampa'narjo] *m.* Torre de igreja ou outro lugar alto onde se colocam os sinos. ▸ Campanário. *Me gusta subir al campanario de la iglesia para ver el paisaje.* Gosto de subir ao campanário da igreja para ver a paisagem.

cam.pa.ni.lla. [kampa'niʎa] [kampa'niʃa] *f.* Pequena sineta de mão, sineta.

cam.pa.ña. [kam'paɲa] [kam'paɲa] *f.* **1.** Campo extenso e plano. ▸ Planície. **2.** Conjunto de atos que se realizam para atingir um objetivo. ▸ Campanha. *Estamos en campaña contra la usura.* Estamos em campanha contra a usura. ◆ **Tienda de campaña.** Barraca (de lona). *Montamos un campamento con tiendas de campaña.* Montamos um acampamento com barracas.

cam.pe.cha.no, na. [kampe'tʃano] [kampe'tʃano] *adj.* **1.** Que procede com cordialidade e naturalidade. ▸ Afável. **2.** Que se dispõe a brincadeiras e diversões. ▸ Farrista. **3.** Que não se interessa por cerimônias e formalismos. ▸ Despojado.

cam.pe.ón, o.na. [kampe'on] [kampe'on] *s.* Pessoa que obtém o primeiro lugar em uma competição. ▸ Campeão, campeã.

cam.peo.na.to. [kampeo'nato] [kampeo'nato] *m.* **1.** Disputa de um prêmio ou colocação em certos jogos e esportes. ▶ Campeonato. **2.** Resultado da vitória em um campeonato. ▶ Campeonato.

cam.pe.ra. [kam'peɾa] [kam'peɾa] *f. (Arg. e Chile)* Ver *cazadora*[(2)]. ▶ Jaqueta.

cam.pe.ro, ra. [kam'peɾo] [kam'peɾo] *adj.* **1.** Pertencente ou relativo ao campo. Rural. ▶ Campestre. **2.** Diz-se do caminhar suave de cavalo. ▶ Trote. *s.* **3.** *(Arg., Peru e Urug.)* Diz-se de pessoa com muita prática nos trabalhos do campo. ▶ Campeiro.

cam.pe.si.no, na. [kampe'sino] [kampe'sino] *adj.* **1.** Pertencente ou relativo ao campo. ▶ Campestre. *s.* **2.** Que vive e trabalha no campo. ▶ Camponês.

cam.pes.tre. [kam'pestɾe] [kam'pehtɾe] *adj.* Pertencente ou relativo ao campo. ▶ Campestre.

cam.pi.ña. [kam'piɲa] [kam'piɲa] *f.* Campo extenso e sem árvores próprio para cultivo. ▶ Campina.

cam.pis.mo. [kam'pismo] [kam'pihmo] *m.* Prática de acampar, campismo.
➡ *Recreación*

cam.po. ['kampo] ['kampo] *m.* **1.** Região não urbana. ▶ Campo. **2.** Terreno que é cultivado. ▶ Roça. **3.** Terreno reservado e preparado para a prática de esportes. ▶ Quadra esportiva. **4.** *fig.* Área ou domínio de atividade. Campo. ▶ Área. *Los ataques a reporteros causaron indignación en el campo periodístico.* Os ataques a repórteres causaram indignação na área jornalística. ◆ **Campo de concentración.** Campo de concentração. *Los prisioneros de guerra fueron internados en un campo de concentración.* Os prisioneiros foram presos em um campo de concentração. **Salir a / al campo.** Ir à luta.

cam.po.san.to. [kampo'santo] [kampo'santo] *m.* Ver *cementerio*. ▶ Cemitério.

ca.mu.flar. [kamu'flaɾ] [kamu'flaɾ] *v.4.* Dar aparência falsa a uma coisa para não ser vista ou reconhecida. Disfarçar. ▶ Camuflar.

can. ['kan] ['kan] *m.* Ver *perro*[(1)]. ▶ Cão.

ca.na. ['kana] ['kana] *f.* **1.** ▫ Cabelo encanecido, embranquecido. ▶ Cabelo branco, cãs. **2.** *fam.* Ver *cárcel.* ▶ Cárcere.

ca.na.dien.se. [kana'ðjense] [kana'ðjense] *adj.* **1.** Pertencente ou relativo ao Canadá. ▶ Canadense. *com.* **2.** O natural ou habitante do Canadá. ▶ Canadense.

ca.nal. [ka'nal] [ka'nal] *m.* **1.** Leito artificial feito na terra para conduzir água. ▶ Canal. *Los campos se recuperaron después de la construcción del canal para llevar agua para riego.* Os campos voltaram a ser produtivos depois da construção do canal para regá-los. **2.** Faixa de frequência para transmissão e recepção das ondas de rádio e de televisão. ▶ Canal. *Con el sistema de televisión por cable tenemos más opciones de canales.* Com o sistema de televisão a cabo temos mais opções de canais.

ca.na.li.za.ción. [kanaliθa'θjon] [kanalisa'sjon] *f.* Ato ou efeito de canalizar. ▶ Canalização.

ca.na.li.zar. [kanali'θaɾ] [kanali'saɾ] *v.13.* **1.** Abrir canais para condução de água. ▶ Canalizar. **2.** Regularizar a corrente de um rio ou córrego. ▶ Canalizar. **3.** *fig.* Dar espaço à manifestação de um desejo, interesse ou estado de ânimo. ▶ Canalizar.

ca.na.lla. [ka'naʎa] [ka'naʃa] *f.* **1.** *fig.* Gente ruim. ▶ Canalha. *com.* **2.** Pessoa desprezível, sem-vergonha e infame. ▶ Canalha.

ca.na.lón. [kana'lon] [kana'lon] *m.* Conduto que recebe e desvia toda a água de um telhado. ▶ Calha.

ca.na.pé. [kana'pe] [kana'pe] *m.* **1.** Pequeno pedaço de pão recoberto por algum alimento e servido como aperitivo, canapé. **2.** Espécie de sofá com encosto. ▶ Canapé.

ca.na.rio, ria. [ka'naɾjo] [ka'naɾjo] *adj.* **1.** Pertencente ou relativo às Ilhas Canárias. ▶ Canarino. *s.* **2.** O natural ou habitante dessas ilhas. ▶ Canarino. *m.* **3.** *Zool.* Tipo de pássaro canoro. ▶ Canário.

ca.nas.ta. [ka'nasta] [ka'nahta] *f.* **1.** Cesto feito de vime. ▶ Cesta. **2.** Sequência de cartas do mesmo naipe do buraco. **3.** Tipo de jogo de baralho. ▶ Canastra.

ca.nas.ti.lla. [kanas'tiʎa] [kanah'tiʃa] *f.* Cesta pequena de vime.

can.ce.la. [kan'θela] [kan'sela] *f.* Grade pequena de ferro que se põe para proteger a entrada da casa. ▶ Cancela.

can.ce.lar. [kanθe'laɾ] [kanse'laɾ] *v.4.* Tornar sem efeito. ▶ Cancelar.

cán.cer. ['kanθeɾ] ['kanseɾ] *m.* **1.** *Med.* Tumor maligno que se forma no organismo. ▶ Câncer. *n.p.* **2.** O quarto signo zodiacal (neste caso, com maiúscula). ▶ Câncer.

can.cha. ['kantʃa] ['kantʃa] *f. Desp.* Local ou campo onde se praticam esportes. ▶ Quadra.

can.ci.ller. [kanθi'ʎer] [kansi'ʃer] *m.* **1.** Funcionário de alta hierarquia em embaixadas e consulados. ▶ Chanceler. **2.** Ministro de Relações Exteriores. ▶ Chanceler. **3.** Em alguns países, chefe de Estado. ▶ Chanceler.

can.ción. [kan'θjon] [kan'sjon] *f.* Composição, em verso, que se canta. ▶ Canção.

can.cio.ne.ro. [kanθjo'nero] [kansjo'nero] *m. Lit. col.* Coleção ou livro de canções e poesias de diversos autores ou de autoria desconhecida. ▶ Cancioneiro.

can.da.do. [kan'daðo] [kan'daðo] *m.* Fechadura portátil com um gancho que deve ser passado pelas argolas ou pelos elos daquilo que se quer fechar. ▶ Cadeado. *Cerró la puerta con dos cerraduras y una cadena con un candado.* Fechou a porta com duas fechaduras e uma corrente com cadeado.

can.de.la. [kan'dela] [kan'dela] *f.* **1.** Ver *vela*(2). ▶ Vela. **2.** Ver *candelero*. ▶ Castiçal.

can.de.la.bro. [kande'laβro] [kande'laβro] *m.* Castiçal com vários braços. ▶ Candelabro.

can.de.le.ro. [kande'lero] [kande'lero] *m.* Utensílio que serve de suporte para velas. ▶ Castiçal.

can.den.te. [kan'dente] [kan'dente] *adj.* Diz-se do corpo, especialmente de metal, que se avermelha ou branqueia pela ação do calor. ▶ Incandescente.

cán.di.do, da. ['kandiðo] ['kandiðo] *adj.* Que não tem malícia. Ingênuo. ▶ Cândido.

can.di.le.ja. [kandi'lexa] [kandi'lexa] *f.* **1.** Lamparina cujo combustível é óleo ou azeite. ▶ Candeia. *pl.* **2.** *Teat.* Série de luzes à frente do proscênio do teatro. ▶ Ribalta.

can.dom.be. [kan'donβe] [kan'donβe] *m.* Dança de origem africana que apresenta ritmos fortes e características. ▶ Candombe.

ca.ne.la. [ka'nela] [ka'nela] *f.* Casca extraída do caneleiro e usada para aromatizar alimentos e dar-lhes mais sabor. ▶ Canela. ◆ **Canela en polvo / rama.** Canela em pó / pau.

ca.ne.lo, la. [ka'nelo] [ka'nelo] *m. Bot.* Árvore de casca odorífera. ▶ Caneleiro, canela. ◆ **Hacer el canelo.** *fam.* Deixar-se enganar facilmente.

can.gre.jo. [kan'grexo] [kan'grexo] *m. Zool.* Crustáceo aquático comestível. ▶ Caranguejo. ➟ *Reino animal*

can.gu.ro. [kan'guro] [kan'guro] *m. Zool.* **1.** Mamífero marsupial que habita a Austrália. ▶ Canguru. *El canguro camina dando saltos solo con las patas traseras.* O canguru anda dando saltos somente com as patas traseiras. *com.* **2.** *fig.* Pessoa, geralmente jovem, que cuida de crianças na ausência de seus pais, em troca de remuneração. ▶ Babá. ➟ *Profesiones* ➟ *Reino animal*

ca.ní.bal. [ka'niβal] [ka'niβal] *com.* **1.** Diz-se de pessoa que come carne humana. Antropófago. ▶ Canibal. **2.** Diz-se de animal que se alimenta de outros animais de sua espécie. ▶ Canibal.

ca.ni.ca. [ka'nika] [ka'nika] *f.* **1.** Jogo de crianças com bolinhas de vidro. ▶ Bolinha de gude. **2.** Cada uma das bolinhas duras com que se joga. ▶ Bolinha de gude.

ca.ní.cu.la. [ka'nikula] [ka'nikula] *f.* Época mais quente do verão. ▶ Canícula.

ca.ni.lla. [ka'niʎa] [ka'niʃa] *f.* **1.** *Anat.* Qualquer dos ossos compridos da perna, especialmente a tíbia. ▶ Canela. **2.** *(Arg. e Urug.)* Ver *grifo*(2). ▶ Torneira.

can.je. ['kanxe] ['kanxe] *m.* Substituição, especialmente em assuntos diplomáticos, militares e comerciais. ▶ Troca. ◆ **Canje de prisioneros.** Troca de prisioneiros.

can.je.ar. [kanxe'ar] [kanxe'ar] *v.4.* Efetuar troca ou substituição, geralmente de mercadorias ou documentos. ▶ Trocar. *Tuve que canjear mi permiso de conducir.* Tive que trocar minha habilitação.

❏ **ca.no, na.** ['kano] ['kano] *adj.* Que tem o cabelo branco. ▶ Grisalho.

ca.non. ['kanon] ['kanon] *m.* **1.** Padrão de conduta geralmente estabelecido pelo costume ou por normas sociais. ▶ Cânone, regra, modelo. *Un anfitrión debería conocer el canon de la buena mesa.* Um bom anfitrião deveria saber as regras de etiqueta. **2.** Imposto aplicado ao uso de serviços estatais. ▶ Imposto. *Hubo un alza en el canon de las exportaciones.* Houve uma alta no imposto das exportações.

ca.no.ni.zar. [kanoni'θar] [kanoni'sar] *v.13.* **1.** *Rel.* Declarar a Igreja alguém santo. ▶ Canonizar. **2.** *fig.* Ter em conta algo ou alguém como bom, mesmo que não o seja. ▶ Canonizar.

ca.no.ro, ra. [ka'noro] [ka'noro] *adj. Zool.* Diz-se de ave de canto melodioso. ▶ Canoro.

ca.no.so, sa. [ka'noso] [ka'noso] *adj.* De cabelos brancos. ▶ Grisalho.

can.san.cio. [kan'sanθjo] [kan'sansjo] *m.* Estado ou qualidade de cansado. ▶ Cansaço.

can.sar. [kan'sar] [kan'sar] *v.4.* **1.** Causar cansaço, fadiga. ▶ Cansar. **2.** Causar aborrecimento por importunar. Impacientar. ▶ Cansar. *v.p.* **3.** Sentir cansaço ou aborrecimento. ▶ Cansar-se.

can.si.no, na. [kan'sino] [kan'sino] *adj.* **1.** Que sente cansaço. ▶ Cansado. **2.** Que revela estar sem força, desanimado. ▶ Cansado.

can.tan.te. [kan'tante] [kan'tante] *com.* Ver *cantor*⁽²⁾. ▶ Cantor.

can.tar. [kan'tar] [kan'tar] *v.4.* **1.** Emitir com a voz sons melodiosos. ▶ Cantar. **2.** Executar com a voz (um trecho musical). ▶ Cantar. **3.** Emitir sons melodiosos (os animais). ▶ Cantar. **4.** *fig.* e *fam.* Revelar um segredo, especialmente sob pressão. ▶ Cantar. *m.* **5.** Ver *canto*⁽²⁾. Canto. ▶ Cantar.

cán.ta.ro. ['kantaro] ['kantaro] *m.* Vaso grande de barro. ▶ Cântaro. ◆ **Llover a cántaros.** Chover a cântaros, chover canivete.

can.tau.tor, to.ra. [kantau̯'tor] [kantau̯'tor] *s.* Pessoa que canta e compõe. ▶ Cantor e compositor.

can.te.ra. [kan'tera] [kan'tera] *f.* Lugar do qual se tira pedra para construção e outros fins. ▶ Pedreira.

can.te.ro. [kan'tero] [kan'tero] *m.* **1.** Pessoa que lavra as pedras para as construções. ▶ Lavrador. **2.** (*Amér.*) Pedaço de terreno com jardim ou horta. ▶ Canteiro.

cán.ti.co. ['kantiko] ['kantiko] *m. Mús.* Composição poética musical, especialmente religiosa, em louvor a Deus. ▶ Cântico.

can.ti.dad. [kanti'ðaθ] [kanti'ðað] *f.* **1.** Certo número de unidades. ▶ Quantidade. *La cantidad de automóviles en circulación es cada vez mayor.* A quantidade de veículos em circulação é cada vez maior. **2.** Porção de algo. ▶ Quantidade. *Se sirvió una buena cantidad de carne.* Serviu-se uma boa quantidade de carne.

can.ti.ga. [kan'tiɣa] [kan'tiɣa] *f.* Tipo de composição poética destinada ao canto. ▶ Cantiga.

can.tim.plo.ra. [kantim'plora] [kantim'plora] *f.* Pequeno recipiente de metal forrado de pano ou couro para transportar líquidos. ▶ Cantil.

can.ti.na. [kan'tina] [kan'tina] *f.* Estabelecimento no qual se vendem bebidas e comestíveis em quartéis, clubes, colégios. ▶ Cantina.

can.ti.ne.ro, ra. [kanti'nero] [kanti'nero] *s.* Aquele que serve bebida e comida em um estabelecimento comercial. ▶ Cantineiro.

can.to. ['kanto] ['kanto] *m.* **1.** Ato ou efeito de cantar. ▶ Canto. **2.** Arte de cantar. ▶ Canto. *Su gran vocación es el canto.* Sua grande vocação é o canto. **3.** Extremidade, ponta ou quina de alguma coisa. ▶ Canto.

can.tón. [kan'ton] [kan'ton] *m. Polít.* Divisão administrativa do território de alguns países europeus. Distrito. ▶ Cantão.

can.to.ne.ra. [kanto'nera] [kanto'nera] *f.* **1.** Prateleira adaptada a um canto da casa. ▶ Cantoneira. **2.** Proteção que se põe na beirada de livros ou móveis. ▶ Cantoneira.

can.tor, to.ra. [kan'tor] [kan'tor] *adj.* **1.** *Zool.* Diz-se de ave que canta. ▶ Cantor. *s.* **2.** Pessoa que canta por profissão, usa a voz como instrumento. ▶ Cantor.

ca.nu.to. [ka'nuto] [ka'nuto] *m.* Tubo estreito e comprido. ▶ Canudo.

ca.ña. ['kaɲa] ['kaɲa] *f. Bot.* **1.** Caule oco de algumas plantas. ▶ Cana. **2.** (*Esp.*) Jarra ou copo de cerveja. ▶ Chope. ◆ **Caña de azúcar.** Cana-de-açúcar. **Caña de pescar.** Vara de pescar. **Dar caña.** (*Esp.*) *fig.* e *fam.* Bater. ▶ Dar uma surra.

ca.ña.da. [ka'ɲaða] [ka'ɲaða] *f.* **1.** *Geogr.* Vale estreito entre duas montanhas. ▶ Canhada. **2.** Caminho reservado à passagem do gado. ▶ Canhada.

ca.ñe.ro. [ka'ɲero] [ka'ɲero] *m.* **1.** Ver *fontanero.* ▶ Encanador. **2.** Que trabalha colhendo cana. ▶ Canavieiro.

ca.ñí. [ka'ɲi] [ka'ɲi] *adj.* Que vive com ciganos e compartilha suas características e sua cultura. *U.t.c.s.*

ca.ño. ['kaɲo] ['kaɲo] *m.* Tubo de diferentes materiais, empregado em encanamentos. ▶ Cano.

ca.ñón. [ka'ɲon] [ka'ɲon] *m.* **1.** Peça de artilharia para disparar projéteis de grande calibre. ▶ Canhão. *La artillería bombardeó la fortaleza con cañones.* A artilharia bombardeou a fortaleza com canhões. **2.** *Geogr.* Passagem estreita e profunda entre duas montanhas. ▶ Desfiladeiro. *El puente sobre el cañón no está en buenas condiciones.* A ponte sobre o desfiladeiro não está em boas condições.

ca.ño.na.zo. [kaɲo'naθo] [kaɲo'naso] *m.* **1.** Disparo feito com canhão. ▸ Canhonaço. **2.** Ruído que o disparo produz. ▸ Canhonaço.

ca.os. ['kaos] ['kaos] *m.* **1.** Confusão dos elementos antes de se formar o cosmos. ▸ Caos. **2.** *fig.* Grande desordem e confusão. ▸ Caos.

ca.pa. ['kapa] ['kapa] *f.* **1.** Peça de vestuário que se usa sobre outra roupa. ▸ Capa. **2.** Aquilo que cobre ou se estende sobre alguma coisa. ▸ Cobertura. ◆ **Capa de ozono.** A camada de gases que está mais distante da superfície da Terra. ▸ Camada de ozônio.

ca.pa.cho. [ka'patʃo] [ka'patʃo] *m.* Cesta de vime para levar frutas. ▸ Cesta.

ca.pa.ci.dad. [kapaθi'ðað] [kapasi'ðað] *f.* **1.** Espaço que tem uma coisa para conter outra. ▸ Capacidade. **2.** *Inform.* Quantidade de informação que pode ser armazenada por um dispositivo de armazenamento magnético, como um disquete ou um disco rígido. ▸ Capacidade.

ca.pa.ci.ta.ción. [kapaθita'θjon] [kapasita'sjon] *f.* Ato ou efeito de capacitar(-se). ▸ Capacitação.

ca.pa.ci.tar. [kapaθi'tar] [kapasi'tar] *v.4.* Tornar alguém apto para fazer alguma coisa. ▸ Capacitar.

ca.pa.ra.zón. [kapaɾa'θon] [kapaɾa'son] *m. Anat.* Cobertura dura que protege o corpo de alguns animais. ▸ Carapaça.

ca.paz. [ka'paθ] [ka'pas] *adj.* Que está apto a fazer uma coisa determinada. ▸ Capaz. ◆ **Es capaz que.** *(Amér.)* Pode ser que.

cap.cio.so, sa. [kap'θjoso] [kap'sjoso] *adj.* **1.** Diz-se das doutrinas ou proposições enganosas. ▸ Capcioso. **2.** Diz-se de pergunta ou sugestão feita com intenção maliciosa. ▸ Capcioso.

ca.pe.llán. [kape'ʎan] [kape'ʃan] *m. Rel.* e *Mil.* Sacerdote que presta assistência religiosa a corporações e capelas particulares. ▸ Capelão. *Don Jesús es capellán del Regimiento de Infantería.* Dom Jesus é capelão do Regimento de Infantaria.

ca.pe.ru.ci.ta. [kapeɾu'θita] [kapeɾu'sita] *f.* Diminutivo de *caperuza.* ◆ **Caperucita Roja.** *Lit.* Conto clássico infantil e nome de sua protagonista. ▸ Chapeuzinho Vermelho.

ca.pe.ru.za. [kape'ɾuθa] [kape'ɾusa] *f.* **1.** Acessório para cobrir a cabeça. ▸ Capuz. **2.** Tampa da ponta ou do extremo de um objeto. ▸ Tampa. *Perdí la caperuza de mi bolígrafo.* Perdi a tampa da minha caneta.

ca.pi.cú.a. [kapi'kua] [kapi'kua] *m.* Número que é igual quando lido da esquerda para a direita ou da direita para a esquerda, como 1771 ou 24599542. ▸ Capicua.

ca.pi.lla. [ka'piʎa] [ka'piʃa] *f. Rel.* Edifício com altar contíguo a uma igreja ou que faz parte dela. ▸ Capela.

ca.pi.ro.te. [kapi'ɾote] [kapi'ɾote] *m.* Diz-se do gado que tem a cabeça de cor diferente do corpo. ▸ Capirote. **2.** Capuz (cônico e pontiagudo), capelo.

ca.pi.tal. [kapi'tal] [kapi'tal] *adj.* **1.** De importância máxima, principal. ▸ Capital. **2.** *Rel.* Aplica-se a cada um dos pecados capitais. ▸ Capital. *La soberbia es uno de los pecados capitales.* A soberba é um dos pecados capitais. *m.* **3.** *Fin.* Valor em dinheiro, bens ou títulos que compõem o patrimônio de uma pessoa, empresa ou negócio. ▸ Capital. *f.* **4.** *Polít.* Cidade sede do governo e residência oficial das autoridades de um país, estado ou município. ▸ Capital. *Roma es la capital de Italia.* Roma é a capital da Itália.

ca.pi.ta.lis.mo. [kapita'lismo] [kapita'lihmo] *m. Fin.* Sistema econômico centrado no capital. ▸ Capitalismo.

ca.pi.ta.li.zar. [kapitali'θaɾ] [kapitali'saɾ] *v.13.* **1.** Converter em capital. ▸ Capitalizar. **2.** Adicionar ao capital os lucros obtidos. ▸ Capitalizar.

ca.pi.tán. [kapi'tan] [kapi'tan] *com. Mil.* **1.** Posto na hierarquia militar. ▸ Capitão. **2.** *fig.* Chefe, autoridade. ▸ Capitão.

ca.pi.to.lio. [kapi'toljo] [kapi'toljo] *m.* **1.** *Arq.* Edifício majestoso e alto. ▸ Capitólio. **2.** Templo dedicado a Júpiter e cidadela antiga de Roma. ▸ Capitólio.

ca.pi.tu.lar. [kapitu'laɾ] [kapitu'laɾ] *v.4.* Entregar ao inimigo o que se está defendendo mediante condições. Render-se. ▸ Capitular.

ca.pí.tu.lo. [ka'pitulo] [ka'pitulo] *m. Ling.* Divisão do conteúdo de um livro ou de um texto a fim de organizá-lo e facilitar a leitura. ▸ Capítulo.

ca.pó. [ka'po] [ka'po] *m.* Cobertura que tampa o motor do automóvel. ▸ Capô.

ca.po.ta. [ka'pota] [ka'pota] *f.* Espécie de teto removível utilizado em certos veículos. ▸ Capota.

ca.po.te. [ka'pote] [ka'pote] *m.* **1.** Pedaço de pano grande utilizado para tourear.

ca.pri.cho. [ka'pritʃo] [ka'pritʃo] *m*. Propósito teimoso e sem fundamento. ▶ Capricho.

ca.pri.cho.so, sa. [kapri'tʃoso] [kapri'tʃoso] *adj*. **1.** Que age sem razão alguma. ▶ Caprichoso. **2.** Que tem caprichos. ▶ Caprichoso.

Ca.pri.cor.nio. [capri'kornjo][capri'kornjo] *m. n.p*. O décimo signo zodiacal. ▶ Capricórnio.

cap.tar. [kap'tar] [kap'tar] *v.4*. **1.** Perceber pelos sentidos. ▶ Captar. **2.** Atrair para si. ▶ Cativar. **3.** *fig*. Compreender o que se aprende. ▶ Assimilar.

cap.tu.rar. [kaptu'rar] [kaptu'rar] *v.4.* **1.** Prender alguém suspeito de ser delinquente. ▶ Capturar. **2.** Aprisionar qualquer pessoa ou animal. ▶ Capturar.

ca.pu.cha. [ka'putʃa] [ka'putʃa] *f*. Capuz que usam as mulheres do campo e os frades capuchinhos. ▶ Capucha. ➠ *Ropa*

ca.pu.chi.no, na. [kapu'tʃino] [kapu'tʃino] *s. Rel*. Religioso da ordem de São Francisco. ▶ Capuchinho.

ca.pu.llo. [ka'puʎo] [ka'puʃo] *m*. **1.** *Bot*. Invólucro da flor. Capulho. ▶ Botão. **2.** *Zool*. Invólucro do bicho-da-seda. ▶ Casulo. **3.** *fig*. e *fam*. Que procede com muita inocência. ▶ Simplório.

ca.qui. ['kaki] ['kaki] *adj*. **1.** Cor de barro. ▶ Cáqui. *m*. **2.** *Bot*. Fruto do caquizeiro. ▶ Caqui. ➠ *Frutas*

ca.ra. ['kara] ['kara] *f*. **1.** Parte anterior da cabeça humana. Rosto, face. ▶ Cara. **2.** Expressão do rosto. ▶ Cara. *José me recibió con buena cara*. José recebeu-me com uma cara boa. ▶ Cara. ◆ **Cara de acelga.** Aparência pálida. *Estaba enfermo y por eso tenía cara de acelga*. Estava doente e por isso tinha uma aparência pálida. **Cara de pascua.** Cara risonha e tranquila. **Cara de pocos amigos.** Cara amarrada. **Echar la cara o cruz.** Tirar no cara ou coroa. *Echamos la cara o cruz para decidir quién dormiría en el suelo y yo perdí*. Tiramos no cara ou coroa para decidir quem dormiria no chão e eu perdi. **Caérsele la cara de vergüenza.** Morrer de vergonha. **Echar en cara.** Jogar na cara. **La cara se lo dice.** Está na cara. **Partirle / Romperle la cara (a alguien).** Quebrar a cara de alguém. **Poner buena / mala cara.** Fazer uma cara boa / feia.

ca.ra.be.la. [kara'βela] [kara'βela] *f. Mar*. Embarcação antiga usada nas primeiras viagens dos espanhóis e portugueses à América. ▶ Caravela.

ca.ra.bi.na. [kara'βina] [kara'βina] *f*. Arma de fogo um pouco menor que o fuzil. ▶ Carabina.

ca.ra.bi.ne.ro. [karaβi'nero][karaβi'nero] *m. Mil*. Soldado profissional destinado à guarda das fronteiras e à perseguição do contrabando. ▶ Policial federal.

ca.ra.col. [kara'kol] [kara'kol] *m. Zool*. Molusco de concha fina que vive na água ou na terra. ▶ Caracol. ◆ **Escalera de caracol.** Escada em caracol.

ca.ra.co.le.ar. [karakole'ar][karakole'ar] *v.4*. Mover-se um objeto em hélice ou em espiral. ▶ Caracolear.

ca.rác.ter. [ka'rakter] [ka'rakter] *m*. **1.** Conjunto de qualidades de uma pessoa, que compõem sua personalidade e a diferenciam das demais. ▶ Caráter. **2.** Forma dos signos da escritura. ▶ Caractere. **3.** *fig*. Personalidade forte. ▶ Caráter.

ca.rac.te.rís.ti.ca. [karakte'ristika] [karakte'rihtika] *f*. Aquilo que caracteriza algo. ▶ Característica.

ca.rac.te.rís.ti.co, ca. [karakte'ristiko] [karakte'rihtiko] *adj*. Que caracteriza ou distingue uma pessoa ou coisa de seus semelhantes. ▶ Característico.

ca.rac.te.ri.zar. [karakteri'θar] [karakteri'sar] *v.13*. Permitir diferenciar por um traço particular. ▶ Caracterizar.

ca.ra.du.ra. [kara'ðura] [kara'ðura] *com*. Pessoa que não tem vergonha. ▶ Cara de pau.

ca.ra.ji.llo. [kara'xiʎo] [kara'xiʃo] *m*. Bebida que se prepara misturando anis ou *brandy* com café.

ca.ra.jo. [ka'raxo] [ka'raxo] *m*. **1.** *vulg*. O órgão sexual masculino. ▶ Pênis. *interj*. **2.** *vulg*. Indica raiva ou surpresa. ▶ Caralho.

ca.ram.ba. [ka'ramba] [ka'ramba] *interj*. Indica surpresa, admiração ou espanto. ▶ Caramba.

ca.ra.me.lo. [kara'melo] [kara'melo] *m*. Guloseima feita com açúcar derretido e essências de frutas. ▶ Bala.

ca.rá.tu.la. [ka'ratula] [ka'ratula] *f*. **1.** Capa de livro. ▶ Capa. **2.** Página inicial de livro ou caderno. ▶ Folha de rosto.

ca.ra.va.na. [kaɾa'βana] [kaɾa'βana] *f.* **1.** *col.* Comitiva de pessoas que viajam juntas. ▸ Caravana. **2.** Fileira de veículos que se forma na estrada por excesso de tráfego. ▸ Engarrafamento.

car.bón. [kaɾ'βon] [kaɾ'βon] *m.* **1.** Combustível sólido que resulta da combustão incompleta de substâncias orgânicas. ▸ Carvão. **2.** Brasa depois de apagada. ▸ Carvão. ◆ **Papel carbón.** Papel-carbono.

car.bo.ne.ro, ra. [kaɾβo'neɾo] [kaɾβo'neɾo] *adj.* **1.** Relativo ao carvão. ▸ Carvoeiro. *s.* **2.** Aquele que faz ou vende carvão. ▸ Carvoeiro.

car.ca.ja.da. [kaɾka'xaða] [kaɾka'xaða] *f.* Risada espontânea, ruidosa e prolongada. ▸ Gargalhada.

cár.cel. ['kaɾθel] ['kaɾsel] *f.* Local destinado à reclusão de presos. Prisão. ▸ Cadeia.

car.de.nal. [kaɾðe'nal] [kaɾðe'nal] *m.* **1.** Prelado do Sacro Colégio. ▸ Cardeal. **2.** *Zool.* Tipo de pássaro canoro. ▸ Cardeal. **3.** *Med.* Mancha arroxeada que se forma na pele. ▸ Hematoma.

car.di.nal. [kaɾði'nal] [kaɾði'nal] *adj.* **1.** Que é importante, principal. ▸ Cardeal. *m.* **2.** Cada um dos quatro pontos que dividem o horizonte: Norte, Sul, Leste e Oeste. ▸ Cardeal. **3.** O adjetivo numeral que expressa exclusivamente quantidade. ▸ Cardinal.

car.dio.lo.gí.a. [kaɾðjolo'xia] [kaɾðjolo'xia] *f. Med.* Parte da Medicina que se ocupa do coração, de suas funções e de suas doenças. ▸ Cardiologia.

car.di.ó.lo.go, ga. [kaɾ'ðjoloɣo] [kaɾ'ðjoloɣo] *s.* Profissional especialista em cardiologia. ▸ Cardiologista.

car.du.men. [kaɾ'ðumen] [kaɾ'ðumen] *m. col.* Grupo de peixes. ▸ Cardume.

ca.re.ar. [kaɾe'aɾ] [kaɾe'aɾ] *v.4. Dir.* Pôr uma ou várias pessoas em presença de outra ou outras com o objetivo de apurar a verdade de ditos ou fatos. ▸ Acarear.

ca.re.cer. [kaɾe'θeɾ] [kaɾe'seɾ] *v.24.* Ter falta de alguma coisa. ▸ Carecer.

ca.ren.cia. [ka'ɾenθja] [ka'ɾensja] *f.* **1.** Falta, privação de alguma coisa. ▸ Carência. **2.** Período de tempo fixado para efetivar-se algum direito ou coisa. ▸ Carência.

ca.res.tí.a. [kaɾes'tia] [kaɾes'tia] *f.* **1.** *Fin.* Alta de preços acima do valor real. ▸ Carestia. **2.** Escassez de víveres. ▸ Carestia. **3.** Encarecimento do custo de vida. ▸ Carestia.

ca.re.ta. [ka'ɾeta] [ka'ɾeta] *f.* Disfarce para cobrir o rosto. ▸ Máscara.

car.ga. ['kaɾɣa] ['kaɾɣa] *f.* **1.** Aquilo que se transporta por homem, animal ou veículo. ▸ Carga. **2.** Quantidade de explosivo que se usa para provocar uma explosão. ▸ Carga. **3.** *Fís.* Quantidade de energia elétrica acumulada em uma bateria. ▸ Carga. **4.** Ataque violento feito por força militar ou pela polícia. ▸ Investida. ◆ **Buque de carga.** Navio cargueiro. **Volver a la carga.** Persistir. ▸ Voltar à tona.

car.ga.dor, do.ra. [kaɾɣa'ðoɾ] [kaɾɣa'ðoɾ] *adj.* Que carrega. ▸ Carregador.

car.ga.men.to. [kaɾɣa'mento] [kaɾɣa'mento] *m.* **1.** Ato ou efeito de carregar. ▸ Carregar. **2.** Aquilo que se carrega. ▸ Carregamento.

car.gan.te. [kaɾ'ɣante] [kaɾ'ɣante] *adj.* Que irrita por ser enfadonho e vulgar. ▸ Maçante.

car.gar. [kaɾ'ɣaɾ] [kaɾ'ɣaɾ] *v.9.* **1.** Pôr mercadorias para transportar em um veículo. ▸ Carregar. **2.** Prover daquilo que precisa para funcionar: tinta à caneta, cartucho à arma de fogo, filme à máquina fotográfica, energia elétrica ao acumulador. ▸ Carregar. **3.** Atacar com ímpeto. ▸ Investir. **4.** Responsabilizar alguém por algum fato ou ato. ▸ Culpar. **5.** *Fin.* Impor tributos pesados. ▸ Taxar. **6.** *Inform.* Ler informações de outra fonte, copiando-as para a memória principal do computador. ▸ Carregar. **7.** Caçoar de alguém. ▸ Zombar.

car.go. ['kaɾɣo] ['kaɾɣo] *m.* **1.** Obrigação de fazer alguma coisa. ▸ Incumbência. **2.** Atribuição, posto ou emprego que tem uma pessoa. ▸ Cargo. ◆ **Con cargo a.** Com débito a. **Sin cargo.** Grátis.

car.gue.ro. [kaɾ'ɣeɾo] [kaɾ'ɣeɾo] *m.* **1.** Navio, trem ou veículo de grande porte que transporta cargas. ▸ Cargueiro. **2.** Pessoa que guia animal de carga. ▸ Cargueiro.

ca.ri.ca.tu.ra. [kaɾika'tuɾa] [kaɾika'tuɾa] *f.* **1.** Desenho burlesco em que se deformam os traços de uma pessoa. ▸ Caricatura. **2.** Obra de arte que ridiculariza o modelo. ▸ Caricatura. *pl.* **3.** *(Amér.)* Ver *dibujo animado.* ▸ Desenhos animados. *Me encantan las caricaturas de Piolín.* Adoro os desenhos animados do Piu-piu.

ca.ri.cia. [ka'ɾiθja] [ka'ɾisja] *f.* Demonstração de afeto, afago. ▸ Carícia.

ca.ri.dad. [kari'ðaθ] [kari'ðað] *f.* **1.** Sentimento ou virtude que leva a socorrer os necessitados. ▸ Caridade. **2.** *Rel.* A terceira virtude teologal. ▸ Caridade.

ca.ries. ['karjes] ['karjes] *f. Med.* Lesão que se dá em estruturas ósseas, especialmente nos dentes, comprometendo-as. ▸ Cárie.

ca.ri.lla. [ka'riʎa] [ka'riʃa] *f.* Lado de uma folha. ▸ Página, lauda.

ca.ri.ño. [ka'riɲo] [ka'riɲo] *m.* **1.** Sentimento de afeição por uma pessoa ou coisa. ▸ Carinho. **2.** Cuidado que se dedica a uma pessoa, objeto ou atividade. ▸ Carinho. *Trata con cariño tu coche nuevo para que lo disfrutes por mucho tiempo.* Trate o seu carro novo com carinho para que possa desfrutar dele por muito tempo. *interj.* **3.** Chamamento com que alguém se dirige a uma pessoa amada ou querida. ▸ Querido.

ca.ri.ño.so, sa. [kari'ɲoso] [kari'ɲoso] *adj.* Ver *afectuoso*. ▸ Carinhoso.

ca.ris.ma. [ka'risma] [ka'rihma] *m.* **1.** *Rel.* Dom de graça divina concedido por Deus. ▸ Carisma. **2.** Dom de atrair por presença ou palavras. ▸ Carisma.

car.me.sí. [karme'si] [karme'si] *adj.* **1.** De cor vermelha muito viva. ▸ Carmim. *m.* **2.** O nome dessa cor. ▸ Carmim. **3.** Tecido de seda vermelha.

car.mín. [kar'min] [kar'min] *adj. e m.* Ver *carmesí*[1, 2]. ▸ Carmim.

car.na.da. [kar'naða] [kar'naða] *f.* O que se põe em armadilhas ou instrumentos de pesca ou caça para atrair e apanhar peixes e animais terrestres. ▸ Isca.

car.ne. ['karne] ['karne] *f.* **1.** A parte não óssea do corpo dos animais. ▸ Carne. **2.** *Cul.* O alimento consistente de parte do corpo de um animal. ▸ Carne. ◆ **Carne adobada.** Carne temperada. **Carne picada.** Carne moída. **Cobrar / Criar carnes.** *fam.* Ir engordando. **Ser de carne y hueso.** Ser sensível, humano; ter sentimentos. ▸ Ser de carne e osso. *Algunas personas condenan a las otras por sus errores y no se dan cuenta de que todos somos de carne y hueso.* Algumas pessoas condenam as outras pelos seus erros e não se dão conta de que todos somos de carne e osso.

car.ne.ro. [kar'nero] [kar'neɾo] *m. Zool.* Animal mamífero doméstico que se cria por sua lã. ▸ Carneiro. *El carnero es el macho de la oveja.* O carneiro é o macho da ovelha.

car.net. [kar'net] [kar'net] *m.* ▸ Documento de identificação, carteira. *U.t.s. car.né* ◆ **Carné de conducir.** Carteira de habilitação. *Carné de identidad.* Carteira de identidade.

car.ni.ce.rí.a. [karniθe'ria] [karnise'ria] *f.* **1.** Estabelecimento onde se vende carne a varejo. ▸ Açougue. **2.** Mortandade causada por guerra ou catástrofe. ▸ Carnificina.

car.ni.ce.ro, ra. [karni'θero] [karni'seɾo] *adj.* **1.** *Zool.* Diz-se do animal que mata para comer. ▸ Carnívoro. *U.t.c.s. s.* **2.** Pessoa que vende carne. ▸ Açougueiro.

cár.ni.co, ca. ['karniko] ['karniko] *adj.* Pertencente ou relativo às carnes destinadas ao consumo humano. ▸ Cárneo.

car.ní.vo.ro, ra. [kar'niβoro] [kar'niβoɾo] *adj.* **1.** Que se alimenta de carne. ▸ Carnívoro. *m.pl.* **2.** *Zool.* Ordem dos animais que se alimentam de outros animais. ▸ Carnívoros.

ca.ro, ra. ['karo] ['karo] *adj.* **1.** Que custa muito dinheiro ou requer muito esforço. ▸ Caro. **2.** Que é muito querido. ▸ Caro.

car.pa. ['karpa] ['karpa] *f.* **1.** *Zool.* Tipo de peixe comestível de água doce. ▸ Carpa. **2.** Grande peça de tecido estendida e sustentada para formar uma tenda. ▸ Lona. *Los trabajadores levantaron la carpa del circo.* Os trabalhadores levantaram a lona do circo. ➥ *Reino animal*

❏ **car.pe.ta.** [kar'peta] [kar'peta] *f.* Pasta grande sobre a qual se escreve e em que se guardam papéis. ▸ Pasta. ➥ *En el aula*

car.pin.te.rí.a. [karpinte'ria] [karpinte'ria] *f.* **1.** Oficina de carpinteiro. ▸ Carpintaria. **2.** Profissão de carpinteiro. ▸ Carpintaria.

car.pin.te.ro, ra. [karpin'tero] [karpin'teɾo] *s.* Profissional que trabalha e esculpe em madeira. ▸ Carpinteiro. ◆ **Pájaro carpintero.** *Zool.* Pica-pau. ➥ *Profesiones*

ca.rre.ra. [ka'rera] [ka'reɾa] *f.* **1.** *Desp.* Competição de velocidade entre pessoas que correm, conduzem veículos ou montam animais. ▸ Corrida. **2.** Conjunto de estudos que habilitam alguém a exercer uma profissão. ▸ Curso universitário. ◆ **Dar carrera (a alguien).** Pagar os estudos (de alguém). **Hacer carrera.** Prosperar profissionalmente. ▸ Fazer carreira. *El médico hizo carrera como cardiólogo.* O médico fez carreira como cardiologista. **Partir de carrera.** Colocar o carro na frente dos bois. *Partieron de carrera en la ejecución del proyecto y todo salió mal.* Colocaram o carro na frente dos bois na execução do projeto, e deu tudo errado.

ca.rre.te. [ka'rete] [ka'rete] *m.* **1.** Cilindro a que se enrolam fios, arames, cordas ou fitas. ▸ Carretel. **2.** *Fís.* Rolo de filme fotográfico. ▸ Carretel. **3.** *Fís.* Circuito elétrico. ▸ Bobina. ◆ **Dar carrete (a alguien).** *fig.* Entreter uma pessoa para desviá-la de seu objetivo. ▸ Enrolar.

ca.rre.te.ra. [kare'tera] [kare'tera] *f.* Via pavimentada para o trânsito de veículos entre cidades. ▸ Estrada.

ca.rre.te.ro, ra. [kare'tero] [kare'tero] *s.* Pessoa que dirige carro ou carretas. ▸ Carreteiro.

□ **ca.rre.ti.lla.** [kare'tiʎa] [kare'tiʃa] *f.* Carrinho para transporte de materiais, especialmente de construção, composto de uma roda e dois pés de apoio sob uma caixa em que se põe a carga. ▸ Carrinho de mão.

ca.rril. [ka'ril] [ka'ril] *m.* **1.** Cada um dos trilhos de uma via férrea. ▸ Linha. **2.** Nas vias públicas, cada um dos espaços marcados para trânsito de um veículo. Pista. ▸ Faixa.

ca.rri.llo. [ka'riʎo] [ka'riʃo] *m.* **1.** *Anat.* Ver *mejilla*. ▸ Bochecha. **2.** Roda presa a um eixo. ▸ Polia.

ca.rro. ['karo] ['karo] *m.* **1.** □ Veículo de carga puxado por animais. ▸ Carroça. **2.** (*Amér.*) Ver *coche*. ▸ Automóvel. ◆ **Parar el carro.** *fig.* e *fam.* Segurar a onda. *Para el carro, que aquí no estamos para peleas.* Segure a onda, que não estamos aqui para brigar.
➡ *Transporte*

ca.rro.ña. [ka'roɲa] [ka'roɲa] *f.* **1.** Carne podre. ▸ Carniça. **2.** Pessoa, ideia ou coisa ruim e desprezível. ▸ Abjeto.

ca.rro.ñe.ro, ra. [karo'ɲero] [karo'ɲero] *adj. Zool.* Diz-se de animal que come carniça. ▸ Carniceiro. *U.t.c.s.*

ca.rro.za. [ka'roθa] [ka'rosa] *f.* Meio de transporte, de tração animal, que apresenta um toldo sobre uma armação de madeira, carruagem. ▸ Carroça. ➡ *Transporte*

ca.rrua.je. [ka'rwaxe] [ka'rwaxe] *m.* Ver *carroza*. ▸ Carruagem.

ca.rru.sel. [karu'sel] [karu'sel] *m.* Espetáculo hípico apresentado por vários cavaleiros. ▸ Carrossel.

car.ta. ['karta] ['karta] *f.* **1.** Comunicação escrita. ▸ Carta. **2.** Naipe do baralho. ▸ Carta. **3.** Representação reduzida da Terra ou de uma região do planeta. ▸ Mapa. **4.** Lista de pratos e bebidas que podem ser escolhidos em um restaurante. Cardápio. ▸ Menu. ◆ **A la carta.** Conforme cardápio. **Carta astral.** Mapa astral. **Echar las cartas.** Ler cartas para adivinhar o futuro. **Carta certificada.** Carta registrada.
➡ *Recreación*

car.ta.bón. [karta'βon] [karta'βon] *m.* Instrumento em forma de triângulo retângulo, utilizado para traçar ângulos retos ou perpendiculares. ▸ Esquadro.

car.ta.pa.cio. [karta'paθjo] [karta'pasjo] *m.* **1.** Caderno de anotações. **2.** Pasta na qual os estudantes levam seu material escolar. ▸ Fichário.

car.tel. [kar'tel] [kar'tel] *m.* Peça de papel, tecido ou outro material, escrito ou desenhado, que se afixa nas paredes para anunciar ou comunicar algo. ▸ Cartaz. ◆ **En cartel.** Em cartaz.

cár.tel. ['kartel] ['kartel] *m.* Associação de várias empresas da mesma atividade para evitar a concorrência desleal entre elas, unificando critérios de venda e preços. ▸ Cartel. *En muchos países el cártel está prohibido.* Em muitos países o cartel está proibido.

car.te.le.ra. [karte'lera] [karte'lera] *f.* **1.** Mural, quadro de avisos. **2.** Seção dos jornais dedicada a anunciar espetáculos culturais, cinematográficos, etc.

car.te.ra. [kar'tera] [kar'tera] *f.* **1.** Peça de couro ou plástico que se leva no bolso com dinheiro, cartões e documentos. ▸ Carteira. **2.** Acessório feminino, de couro ou de materiais semelhantes, para levar objetos de uso pessoal. ▸ Bolsa de mulher. **3.** □ *Polít.* Posto de ministro. ▸ Pasta. **4.** *Fin.* Valores, letras de câmbio e outros papéis comerciais de curso legal. ▸ Carteira. ◆ **Tener en cartera.** Ter em vista.

car.te.ris.ta. [karte'rista] [karte'rihta] *com.* Batedor de carteiras na via pública. ▸ Mão-leve.

car.te.ro, ra. [kar'tero] [kar'tero] *s.* Profissional que entrega cartas e outras correspondências. ▸ Carteiro.

car.tí.la.go. [kar'tilaɣo] [kar'tilaɣo] *m. Anat.* Tecido cartilaginoso dos vertebrados que forra as extremidades das superfícies articulares dos ossos. ▸ Cartilagem.

car.ti.lla. [kar'tiʎa] [kar'tiʃa] *f.* Livro pequeno que contém as primeiras letras e os rudimentos para o aprendizado da leitura. ▸ Cartilha. ◆ **No estar en la cartilla.** Ser

car.tón. [kar'ton] [kar'ton] *m.* **1.** Tipo de papel muito encorpado. ▸ Papel-cartão. **2.** Invólucro de cigarros com dez maços. ▸ Pacote. **3.** *fig.* Pessoa falsa, artificial. ▸ Fingido.

car.tu.che.ra. [kartu'tʃera] [kartu'tʃera] *f.* Caixa de couro destinada a levar cartuchos de arma de fogo. ▸ Cartucheira.

car.tu.cho. [kar'tutʃo] [kar'tutʃo] *m.* Carga de pólvora e munição encerrada em um tubo metálico para disparo de arma de fogo. ▸ Cartucho.

car.tu.li.na. [kartu'lina] [kartu'lina] *f.* Cartão fino, liso e flexível, usado em trabalhos escolares, na confecção de cartões de visita, diplomas, etc. ▸ Cartolina. *Compró varias cartulinas de colores diferentes para hacer los carteles sobre concienciación ecológica.* Comprou várias cartolinas de cores diferentes para fazer os cartazes sobre conscientização ecológica.

ca.sa. ['kasa] ['kasa] *f.* **1.** Construção destinada à habitação. ▸ Casa. **2.** Estabelecimento industrial ou mercantil. ▸ Casa. **3.** Lugar de habitação de uma família. ▸ Casa. ◆ **Caérsele (a alguien) la casa a cuestas / encima.** Desabar o céu sobre a cabeça (de alguém). **Echar / tirar la casa por la ventana.** Gastar mais que o necessário. ▸ Jogar dinheiro pela janela.

ca.sa.do, da. [ka'saðo] [ka'saðo] *adj.* Que está ligado por casamento. ▸ Casado. ◆ **El casado casa quiere.** Quem casa quer casa.

ca.sal. [ka'sal] [ka'sal] *m.* **1.** ▫ Casa de campo com acomodações rústicas. ▸ Casa de campo. **2.** *Zool.* Par de macho e fêmea. ▸ Casal.

ca.sa.mien.to. [kasa'mjento] [kasa'mjento] *m.* Cerimônia nupcial. ▸ Casamento.

ca.sar. [ka'sar] [ka'sar] *v.4.* **1.** Validar um sacerdote o sacramento do matrimônio, ou um juiz o matrimônio civil. ▸ Casar. **2.** Arrumar algumas coisas de forma que combinem entre si. ▸ Casar. *v.p.* **3.** Contrair matrimônio. ▸ Casar.

cas.ca.bel. [kaska'βel] [kahka'βel] *m.* **1.** Pequena esfera que, pelas bolinhas de metal que contém, produz som quando agitada. ▸ Guizo. **2.** *Zool.* Cobra muito venenosa que tem um guizo na extremidade da cauda. ▸ Cascavel.

cas.ca.da. [kas'kaða] [kah'kaða] *f. Geogr.* Queda-d'água provocada por desnível brusco do leito de um rio. ▸ Cascata.

cas.ca.jo. [kas'kaxo] [kah'kaxo] *m.* **1.** Lascas de pedra. ▸ Cascalho. **2.** Pedra britada, pedregulho. ▸ Cascalho.

cas.car. [kas'kar] [kah'kar] *v.7.* Bater em alguém com a mão ou outra coisa. ▸ Espancar.

cás.ca.ra. ['kaskara] ['kahkara] *f.* **1.** Invólucro exterior dos ovos, frutas, tubérculos e outros órgãos vegetais. ▸ Casca. **2.** *Bot.* Córtice das árvores. ▸ Casca. ◆ **Ser de la cáscara amarga.** Ser revoltado, rebelde, travesso.

cas.ca.rra.bias. [kaska'raβjas] [kahka'raβjas] *com.* Pessoa mal-humorada. Ranzinza. ▸ Rabugento.

cas.co. ['kasko] ['kahko] *m.* **1.** Cobertura de metal, plástico ou fibra para proteger a cabeça. ▸ Capacete. **2.** Parte externa de navio ou avião. ▸ Casco. **3.** *Zool.* Unha dos equídeos. ▸ Casco. ◆ **Casco urbano.** Centro de uma cidade. **Calentarle (a alguien) los cascos.** Inquietar (alguém) com preocupações. **Metérsele en los cascos.** Encasquetar. *Se le metió en los cascos que quería ser músico y no desistió.* Cismou que queria ser músico e não desistiu.

ca.se.rí.o. [kase'rio] [kase'rio] *m.* Pequeno grupo de casas no campo. ▸ Casario.

ca.se.ro, ra. [ka'sero] [ka'sero] *adj.* **1.** Feito em casa. ▸ Caseiro. **2.** Que prefere ficar em casa a sair. ▸ Caseiro.

ca.se.rón. [kase'ron] [kase'ron] *m.* Casa muito grande. ▸ Casarão.

ca.se.ta. [ka'seta] [ka'seta] *f.* **1.** Casa pequena. ▸ Casebre. **2.** Cabine para trocar-se de roupa na praia. **3.** Local em clubes, campos de esportes e outros lugares públicos onde as pessoas se vestem ou se despem. ▸ Vestiário.

ca.se.te. [ka'sete] [ka'sete] *m.* Fita magnética em que se grava som. ▸ Fita cassete.

ca.si. ['kasi] ['kasi] *adv.* Perto de, pouco menos de, aproximadamente. ▸ Quase. ◆ **Casi no.** Quase (que) não.

ca.si.lla. [ka'siʎa] [ka'siʃa] *f.* **1.** Casa pequena. ▸ Casebre. **2.** Espaço que, com outros, compõe o tabuleiro de um jogo de mesa, damas, xadrez e outros. ▸ Casa. *Preparamos el juego poniendo cada pieza en la casilla correspondiente.* Preparamos o jogo pondo cada peça na casa correspondente. ◆ **Salir (alguien) de sus casillas.** Sair (alguém) do sério.

ca.si.no. [ka'sino] [ka'sino] *m.* **1.** Casa de jogo. ▸ Cassino. **2.** Qualquer estabelecimento de jogo. ▸ Cassino. **3.** Lugar de reunião. ▸ Clube.

ca.so. ['kaso] ['kaso] *m.* **1.** Fato consumado. Sucesso, acontecimento. ▸ Caso. **2.** Ocasião em que tem lugar um fato. ▸ Caso. **3.** Unidade particular dentro de uma classe de coisas, pessoas ou acontecimentos. ▸ Caso. ♦ **En caso de.** Em caso de. *En caso de duda, llámame a casa.* Em caso de dúvida, me ligue em casa. **En todo caso.** Em todo caso. **Hacer caso.** Considerar. **Vamos al caso.** Vamos direto ao que interessa. **Venir al caso.** Vir ao caso.

ca.so.rio. [ka'sorjo] [ka'sorjo] *m.* Casamento feito de forma irrefletida. ▸ Casório.

cas.pa. ['kaspa] ['kahpa] *f. Med.* Conjunto de escamas brancas e muito pequenas que se formam no couro cabeludo. ▸ Caspa. *Se lava la cabeza con champú especial y no consigue acabar con la caspa.* Lava a cabeça com xampu especial e não consegue acabar com a caspa.

cas.que.te. [kas'kete] [kah'kete] *m.* Pequeno boné de pano. ▸ Casquete. ♦ **Casquete polar.** *Geogr.* Superfície da Terra compreendida entre o círculo polar e o respectivo polo, ártico (ao norte do globo) ou antártico (ao sul). ▸ Círculo polar.

cas.ta. ['kasta] ['kahta] *f.* Linhagem de família. ▸ Casta.

cas.ta.ña. [kas'taɲa] [kah'taɲa] *f.* **1.** *Bot.* Fruto do castanheiro. ▸ Castanha. **2.** Pancada que se dá na cabeça com o nó dos dedos. ▸ Cascudo. ⇒ *Frutas*

cas.ta.ño, ña. [kas'taɲo] [kah'taɲo] *adj.* Que tem a cor marrom escura, castanho.

cas.ta.ñue.la. [kasta'ɲwela] [kahta'ɲwela] *f. Mús.* Instrumento musical composto de duas peças de madeira ligadas por um cordel. ▸ Castanhola.

cas.te.lla.no, na. [kaste'ʎano] [kahte'ʃano] *adj.* **1.** Pertecente ou relativo à região de Castela, na Espanha. ▸ Castelhano. *s.* **2.** O natural ou habitante dessa região. ▸ Castelhano. *m.* **3.** *Ling.* Dialeto românico de Castela, a Velha, que deu origem à língua espanhola. ▸ Castelhano. **4.** *Ling.* O idioma dos países de fala hispânica. ▸ Castelhano.

cas.ti.gar. [kasti'ɣar] [kahti'ɣar] *v.9.* **1.** Infligir castigo a. ▸ Castigar. **2.** Fazer sofrer. Mortificar. Atormentar. ▸ Castigar.

cas.ti.go. [kas'tiɣo] [kah'tiɣo] *m.* Ato ou efeito de castigar. ▸ Castigo.

cas.ti.llo. [kas'tiʎo] [kah'tiʃo] *m.* Construção fortificada, de grandes dimensões, típica da Idade Média. ▸ Castelo.

cas.ti.zo, za. [kas'tiθo] [kah'tiso] *adj.* **1.** De boa origem e casta. ▸ Castiço. **2.** *Ling.* Diz-se dos usos linguísticos considerados "puros". ▸ Castiço.

cas.tor. *m.* [kas'tor] [kah'tor] *Zool.* Mamífero roedor. ▸ Castor.

ca.sual. [ka'swal] [ka'swal] *adj.* Que ocorre sem planejamento, previsão ou possibilidade de impedimento. ▸ Casual.

ca.sua.li.dad. [kaswali'ðaθ] [kahswali'ðað] *f.* Combinação de circunstâncias que não podem ser planejadas, previstas ou evitadas. ▸ Casualidade.

ca.ta.clis.mo. [kata'klismo] [kata'klihmo] *m. Geogr.* **1.** Desastre produzido pela água. ▸ Cataclismo. **2.** Perturbação originada por um fenômeno natural. ▸ Cataclismo.

□ **ca.ta.dor, do.ra.** [kata'ðor] [kata'ðor] *s.* Aquele que tem por profissão degustar alguma coisa: vinhos, cafés e outros. ▸ Degustador.

ca.ta.lán, la.na. [kata'lan] [kata'lan] *adj.* **1.** Pertencente ou relativo à Catalunha, região nordeste da Espanha. ▸ Catalão, catalã. *s.* **2.** O natural ou habitante dessa região. ▸ Catalão, catalã. *m.* **3.** *Ling.* Língua originária do latim falada nas quatro províncias da Catalunha, comunidade autônoma da Espanha. ▸ Catalão.

ca.ta.le.jo. [kata'lexo] [kata'lexo] *m.* Tubo extensível com lentes internas para ver a longa distância. ▸ Luneta.

ca.ta.lo.gar. [katalo'ɣar] [katalo'ɣar] *v.9.* Registrar em ordem livros, documentos, disquetes, etc. formando catálogo deles. ▸ Catalogar.

ca.tá.lo.go. [ka'taloɣo] [ka'taloɣo] *m.* Relação ordenada de livros, documentos, pessoas, objetos, etc. ▸ Catálogo.

ca.ta.ma.rán. [katama'ran] [katama'ran] *m. Mar.* **1.** Balsa de troncos usada na Índia. ▸ Catamarã. **2.** Embarcação a vela de dois cascos. ▸ Catamarã.

ca.ta.pul.ta. [kata'pulta] [kata'pulta] *f.* **1.** Antiga máquina de guerra com que se arremessavam pedras e outros projéteis. ▸ Catapulta. **2.** Mecanismo lançador de aviões em espaços reduzidos. ▸ Catapulta.

□ **ca.tar.** [ka'tar] [ka'tar] *v.4.* Provar o sabor. ▸ Degustar.

ca.ta.ra.ta. [kata'rata] [kata'rata] *f.* **1.** *Geogr.* Grande salto de água. ▸ Catarata. **2.** *Med.* Opacidade do cristalino do olho que impede a passagem dos raios luminosos. ▸ Catarata.

ca.ta.rro. [ka'taro] [ka'taro] *m. Med.* **1.** Inflamação aguda ou crônica das mucosas, com aumento da secreção da mucosa inflamada. ▸ Catarro. **2.** A secreção resultante dessa inflamação. ▸ Catarro.

ca.tás.tro.fe. [ka'tastrofe] [ka'tahtrofe] *f.* **1.** Acontecimento infausto de graves consequências. ▸ Catástrofe. **2.** *Lit.* Última parte da tragédia grega. ▸ Catástrofe.

cá.te.dra. ['kateðra] ['kateðra] *f.* **1.** Disciplina de um currículo de estudos universitários. ▸ Cadeira. **2.** Cadeira, geralmente em nível mais elevado, da qual o professor leciona, cátedra. ▸ Cadeira de professor. **3.** *Rel.* Dignidade pontifícia ou episcopal. ▸ Cátedra.

ca.te.drá.ti.co, ca. [kate'ðratiko] [kate'ðratiko] *s.* Professor titular de uma cátedra. ▸ Catedrático.

ca.te.go.rí.a. [kateɣo'ria] [kateɣo'ria] *f.* **1.** Nível que se tem em uma profissão ou atividade. ▸ Categoria. *Juan tiene la categoría de jefe de departamento.* Juan tem a categoria de chefe de departamento. **2.** *fig.* Um dos diferentes elementos de caráter classificatório empregados nas ciências. ▸ Categoria.

ca.te.que.sis. [kate'kesis] [kate'kesis] *f. Rel.* Instrução metódica sobre religião. ▸ Catequese.

ca.té.ter. [ka'teter] [ka'teter] *m.* Sonda, geralmente metálica, que se introduz em algum orifício do corpo ou feito no corpo, para explorá-lo ou dilatá-lo ou facilitar a entrada de outros instrumentos. ▸ Cateter.

ca.te.to, ta. [ka'teto] [ka'teto] *m.* Cada um dos lados de um triângulo quando formam um ângulo reto. ▸ Cateto. *El cuadrado de la hipotenusa es igual a la suma de los cuadrados de los catetos.* O quadrado da hipotenusa é igual à soma dos quadrados dos catetos.

ca.to.li.cis.mo. [katoli'θismo] [katoli'sihmo] *m. Rel.* **1.** Doutrina dos cristãos que seguem os dogmas da Igreja Católica Romana e reconhecem o Papa como autoridade máxima. ▸ Catolicismo. *El jefe espiritual del catolicismo es el Papa.* O chefe espiritual do catolicismo é o Papa. **2.** Conjunto dos que seguem essa doutrina. ▸ Catolicismo.

ca.tó.li.co, ca. [ka'toliko] [ka'toliko] *adj.* **1.** Aquele que pertence à religião da Igreja Católica e obedece a seus preceitos. ▸ Católico. *pl.* **2.** Aplicou-se aos primeiros reis da Espanha unificada, Fernando V e Isabel I, cujo reinado começou em 1476. ▸ Católicos.

ca.tor.ce. [ka'torθe] [ka'torse] *núm.* **1.** Quantidade que é uma unidade maior que 13. ▸ Catorze. *m.* **2.** Número que representa essa quantidade. ▸ Catorze.

ca.tre. ['katre] ['katre] *m.* **1.** Cama leve para uma pessoa. ▸ Catre. **2.** Pequena cama dobradiça. ▸ Catre. **3.** Leito tosco e pobre. ▸ Catre.

cau.ce. ['kauθe] ['kause] *m. Geogr.* Local pelo qual corre a água de um rio. ▸ Leito.

cau.cho. ['kautʃo] ['kautʃo] *m. Bot.* **1.** Substância produzida pela seringueira. ▸ Látex. **2.** A árvore que produz o látex. ▸ Seringueira.

cau.dal. [kau'dal] [kau'dal] *m.* **1.** Quantidade de água que corre por um rio ou canal. ▸ Caudal. *El caudal del río Amazonas es inmenso.* O caudal do rio Amazonas é imenso. **2.** Conjunto de bens e dinheiro. Fortuna. ▸ Caudal. ♦ **Echar caudal en.** Aplicar em ou gastar dinheiro com alguma coisa.

cau.di.llo. [kau'diʎo] [kau'diʃo] *m.* **1.** Aquele que dirige um bando ou facção. ▸ Caudilho. **2.** Chefe militar. ▸ Caudilho.

cau.sa. ['kausa] ['kausa] *f.* Motivo ou razão para fazer ou acontecer uma coisa. ▸ Causa.

cau.san.te. [kau'sante] [kau'sante] *adj.* Diz-se do que provoca um evento ou uma ação. ▸ Causador.

cau.sar. [kau'sar] [kau'sar] *v.4.* **1.** Produzir (uma causa) um efeito. ▸ Causar. **2.** Ser motivo de um fenômeno ou acontecimento. ▸ Causar.

cau.te.la. [kau'tela] [kau'tela] *f.* **1.** Cuidado para evitar um mal. Precaução. ▸ Cautela. **2.** Astúcia para enganar. ▸ Logro.

cau.ti.var. [kauti'βar] [kauti'βar] *v.4.* **1.** Aprisionar o inimigo. ▸ Encarcerar. **2.** Ganhar a simpatia ou a estima de alguém. ▸ Cativar.

cau.ti.ve.rio. [kauti'βerjo] [kauti'βerjo] *m.* Privação da liberdade, encarceramento. ▸ Cativeiro.

cau.ti.vo, va. [kau'tiβo] [kau'tiβo] *adj.* **1.** Que se encontra em cativeiro. ▸ Cativo. **2.** Que foi cativado ou seduzido. ▸ Cativo.

cau.to, ta. ['kauto] ['kauto] *adj.* Diz-se de pessoa ou animal que se porta com precaução. ▸ Cauto.

ca.va. ['kaβa] ['kaβa] *m.* **1.** ☐ Vinho que apresenta um aspecto semelhante ao do champanhe. ▸ Vinho espumante. *f.* **2.** Ato de revolver a terra. ▸ Cava.

ca.ver.na. [ka'βerna] [ka'βerna] *f. Geogr.* Cavidade encontrada no interior da terra. ▸ Caverna.

ca.ver.ní.co.la. [kaβer'nikola] [kaβer'nikola] *adj.* Que vive nas cavernas. ▸ Cavernícola. *U.t.c.s.*

ca.vi.lar. [kaβi'lar] [kaβi'lar] *v.4.* Pensar profundamente em alguma coisa. ▸ Refletir.

ca.ya.do. [ka'jaðo] [ka'ʃaðo] *m.* **1.** Bastão que usam os pastores. ▸ Cajado. **2.** Báculo pastoral dos bispos. Cajado. ▸ Bordão.

ca.yo. ['kajo] ['kaʃo] *m. Geogr.* Ilha rasa e arenosa. ▸ Ilhota.

ca.za. ['kaθa] ['kasa] *f.* **1.** Ato de caçar, apreender animais vivos ou matando-os. ▸ Caça. **2.** Conjunto de animais que podem ser caçados ou que foram caçados. ▸ Caça.

ca.za.dor, do.ra. [kaθa'ðor] [kasa'ðor] *adj.* **1.** Que caça. ▸ Caçador. *U.t.c.s. f.* **2.** Peça de vestuário que se fecha com botões ou zíper, com mangas compridas e gola, feita de tecido resistente, que chega até a cintura. ▸ Jaqueta.

ca.za.lla. [ka'θaʎa] [ka'saʃa] *f.* Ver *aguardiente.* ▸ Aguardente.

ca.zar. [ka'θar] [ka'sar] *v.13.* Perseguir e apanhar ou matar aves e outros animais. ▸ Caçar.

ca.zón. [ka'θon] [ka'son] *m. Zool.* Tipo de peixe marinho. ▸ Cação. ➡ *Reino animal*

ca.zue.la. [ka'θwela] [ka'swela] *f.* **1.** Cozido feito em caçarola. **2.** Galeria alta nos teatros. ▸ Poleiro.

ca.zu.rro, rra. [ka'θuro] [ka'suro] *adj.* Diz-se de pessoa desconfiada, teimosa e de poucas palavras. ▸ Casmurro.

CD. [θe'ðe] [se'ðe] *m. Inform.* Do inglês: *compact disc.* Disco no qual informações são digitalmente gravadas para serem lidas por um feixe de raios *laser.* ▸ CD.

CD-ROM. [θe'ðerom] [se'ðerom] *m. Inform.* Disco compacto de grande capacidade de armazenamento de dados digitais variados e reproduzidos através de leitura óptica. ▸ CD-ROM.

ce. [θe] [se] *f.* O nome da letra C. ▸ Cê.

ce.ba.da. [θe'βaða] [se'βaða] *f. Bot.* Planta gramínea cuja semente é usada na alimentação de animais e na fabricação de cerveja. ▸ Cevada.

ce.bi.che. [θe'βitʃe] [se'βitʃe] *m. Cul.* Prato de peixe preparado com suco de limão, cebola, sal e pimenta vermelha. ▸ Ceviche.

ce.bo. ['θeβo] ['seβo] *m.* **1.** Pedaço de alimento usado para pescar ou caçar. ▸ Isca. *Para pescar, usaba como cebo camarones muy pequeños.* Para pescar, usava como isca camarões bem pequenos. **2.** Matéria que provoca a explosão nas armas de fogo. ▸ Estopim.

ce.bo.lla. [θe'βoʎa] [se'βoʃa] *f. Bot.* Bulbo comestível de cheiro forte e sabor picante. ▸ Cebola. ➡ *Vegetales*

ce.bo.lle.ta. [θeβo'ʎeta] [seβo'ʃeta] *f. Bot.* Bulbo comestível semelhante à cebola, porém menor. ▸ Cebolinha.

ce.bo.lli.no. [θeβo'ʎino] [seβo'ʃino] *m.* **1.** Semente de cebola. ▸ Cebolinho. **2.** *fig.* Pessoa torpe e ignorante. ▸ Pateta.

ce.bra. ['θeβra] ['seβra] *f. Zool.* Animal mamífero quadrúpede de pelagem branca com listras marrons ou pretas. ▸ Zebra. ➡ *Reino animal*

ce.bú. [θe'βu] [se'βu] *m. Zool.* Variedade de boi com giba e chifres pequenos. ▸ Zebu. ➡ *Reino animal*

ce.ci.na. [θe'θina] [se'sina] *f.* Carne salgada, seca ao ar, ao sol ou defumada. ▸ Charque.

ce.der. [θe'ðer] [se'ðer] *v.5.* **1.** Dar ou transferir voluntariamente algo para outro. ▸ Ceder. *El anfitrión cedió la presidencia de la mesa al convidado de honor.* O anfitrião cedeu a presidência da mesa ao convidado de honra. **2.** Renunciar aos direitos sobre uma coisa em favor de alguém. ▸ Ceder. *Cedió sus derechos hereditarios a sus hijos.* Ele cedeu a seus filhos seus direitos hereditários.

ce.di.lla. [θe'ðiʎa] [se'ðiʃa] *f.* Nome da letra Ç, que não se usa mais em espanhol, porém se conserva em português. ▸ Cedilha.

ce.dro. ['θeðro] ['seðro] *m. Bot.* Tipo de árvore de madeira resistente. ▸ Cedro.

cé.du.la. ['θeðula] ['seðula] *f.* **1.** Documento pelo qual se reconhece uma dívida. ▸ Nota promissória. **2.** Em alguns países, documento que prova a identidade. ▸ Carteira de identidade.

ce.fa.ló.po.do. [θefa'lopoðo] [sefa'lopoðo] *adj. Zool.* Aplica-se ao molusco com cabeça grande envolta por oito ou mais tentáculos. ▸ Cefalópode.

ce.gar. [θe'ɣar] [se'ɣar] *v.45.* **1.** Tornar cego. ▸ Cegar. **2.** Impedir a visão. Ofuscar. ▸ Cegar. *v.p.* **3.** Ficar cego. ▸ Cegar-se. **4.** *fig.* Perder a noção das coisas. ▸ Cegar-se.

ce.gue.ra. [θe'ɣera] [se'ɣera] *f. Med.* Ausência completa de visão. ▸ Cegueira.

ce.ja. ['θexa] ['sexa] *f.* Reunião de pelos em forma curvilínea que nasce acima da órbita do olho. ▸ Sobrancelha. ♦ **Arquear las cejas.** Erguer / Arquear as sobrancelhas. **Hasta las cejas.** Até o pescoço. **Quemarse las cejas.** Rachar de estudar.

ce.jar. [θe'xar] [se'xar] *v.4.* Ceder em um negócio ou discussão. Recuar. ▸ Desistir.

ce.ji.jun.to, ta. [θexi'xunto] [sexi'xunto] *adj.* Que tem as sobrancelhas muito juntas e grossas. ▸ Sobrancelhudo.

ce.lar. [θe'lar] [se'lar] *v.4.* **1.** Procurar a observância das leis. ▸ Zelar. **2.** Cuidar para que os dependentes cumpram com seus deveres. ▸ Zelar. **3.** Sentir ciúme. ▸ Enciumar-se.

cel.da. ['θelda] ['selda] *f.* Quarto pequeno para alojar presos em uma cadeia. ▸ Cela. *En cada celda de aquella cárcel hay un preso.* Em cada cela daquela cadeia há um preso.

ce.le.brar. [θele'βrar] [sele'βrar] *v.4.* **1.** Louvar ruidosamente. Exaltar. ▸ Celebrar. **2.** Realizar um ato solene. ▸ Celebrar. **3.** Festejar uma data ou um acontecimento. ▸ Celebrar.

cé.le.bre. ['θeleβre] ['seleβre] *adj.* Que tem fama. Famoso. ▸ Célebre.

ce.le.ri.dad. [θeleri'ðaθ] [seleri'ðað] *f.* Qualidade do que é rápido. Velocidade. ▸ Celeridade.

ce.les.te. [θe'leste] [se'lehte] *adj.* Pertencente ou relativo ao céu. ▸ Celeste.

ce.les.tial. [θeles'tjal] [seleh'tjal] *adj.* **1.** Pertencente ao céu. ▸ Celestial. **2.** Que é perfeito, delicioso. ▸ Celestial.

ce.lo. ['θelo] ['selo] *m.* **1.** Cuidado que se tem ao fazer alguma coisa. ▸ Zelo. *No es un buen funcionario, pone poco celo en el trabajo.* Não é um bom funcionário, faz com pouco zelo o seu trabalho. **2.** Nos animais, período de procura sexual. ▸ Cio. *pl.* **3.** Receio que se sente em relação a pessoas queridas quando a atenção delas se encaminha para outras. ▸ Ciúme.

ce.lo.fán. [θelo'fan] [selo'fan] *m.* Película fina e transparente. ▸ Celofane.

ce.lo.so, sa. [θe'loso] [se'loso] *adj.* Que sente ciúmes. ▸ Ciumento.

cél.ti.co, ca. ['θeltiko] ['seltiko] *adj.* **1.** Pertencente aos celtas. ▸ Céltico. **2.** Diz-se desse povo, que ocupou parte da Espanha e de Portugal. ▸ Céltico.

cé.lu.la. ['θelula] ['selula] *f. Biol.* Unidade fundamental dos seres vivos. ▸ Célula.

ce.lu.lar. [θelu'lar] [selu'lar] *adj.* **1.** *Biol.* Pertencente ou relativo à célula. ▸ Celular. *m.* **2.** Telefone celular. ▸ Celular.

ce.lu.li.tis. [θelu'litis] [selu'litis] *f. Med.* Inflamação do tecido celular conjuntivo subcutâneo. ▸ Celulite.

ce.men.te.rio. [θe'menterjo] [se'menterjo] *m.* Lugar onde são enterrados os corpos das pessoas que morrem. ▸ Cemitério. *No sé por qué él tiene miedo a pasar frente al cementerio por la noche.* Não sei por que ele tem medo de passar em frente ao cemitério à noite.

ce.men.to. [θe'mento] [se'mento] *m.* Pó que, misturado com água, forma uma massa sólida e dura que tem múltiplos usos na construção civil. ▸ Cimento.

❏ **ce.na.** ['θena] ['sena] *f.* Última refeição do dia. Janta. ▸ Jantar. ♦ **La Última Cena.** *Rel.* A Última Ceia.

ce.na.gal. [θena'ɣal] [sena'ɣal] *m.* Lugar cheio de lama. ▸ Lamaçal.

ce.nar. [θe'nar] [se'nar] *v.4.* Fazer a última refeição do dia. ▸ Jantar.

cen.ce.rro. [θen'θerro] [sen'sero] *m.* Sino pequeno que se põe no pescoço do gado. ▸ Cincerro.

cen.dal. [θen'dal] [sen'dal] *m.* Tecido fino e transparente, feito de seda ou linho.

ce.ni.ce.ro. [θeni'θero] [seni'sero] *m.* Recipiente para depositar as cinzas e as pontas de cigarros. ▸ Cinzeiro.

ce.nit. [θe'nit] [se'nit] *m. Astr.* Ponto da esfera celeste verticalmente oposto a um ponto da Terra. ▸ Zênite.

ce.ni.cien.to, ta. [θenicxento] [senicxento] *adj.* **1.** Da cor da cinza. ▸ Cinzento. *Cuando el cielo tiene ese color ceniciento es que va a llover.* Quando o céu fica com essa cor cinzenta, vai chover. **2.** Que é esquecido ou desprezado injustamente. ▸ Desprezado. ♦ **La Cenicienta.** *Lit.* Conto clássico infantil e nome da sua protagonista. ▸ A Gata Borralheira.

ce.ni.za. [θe'niθa] [se'nisa] *f.* Resíduo da combustão de certos corpos. ▸ Cinza. ♦ **Convertir en cenizas.** Reduzir a cinzas. **Miércoles de Ceniza.** *Rel.* Quarta-feira de Cinzas.

cen.so. [θ'enso] ['senso] *m.* Recenseamento da população de uma nação ou região. ▸ Censo.

cen.sor, so.ra. [θen'sor] [sen'sor] *s.* Funcionário encarregado da revisão e censura de todo tipo de publicações, letras de música, etc. ▸ Censor.

cen.su.ra. [θen'sura] [sen'sura] *f.* **1.** Correção ou reprovação de alguma coisa. ▸ Censura. **2.** *Rel.* Condenação eclesiástica de certas obras literárias ou artísticas. ▸ Censura.

cen.su.rar. [θensu'rar] [sensu'rar] *v.4.* **1.** Exercer censura sobre. ▸ Censurar. **2.** Declarar má uma coisa. Julgar. ▸ Censurar. **3.** Exercer função de censor. ▸ Censurar.

cen.te.lla. [θen'teʎa] [sen'teʃa] *f.* **1.** *Fís.* Faísca, fagulha. ▸ Centelha. **2.** *fig.* Pessoa ou coisa muito veloz. ▸ Raio.

cen.te.na. [θen'tena] [sen'tena] *f.* Conjunto de cem unidades. ▸ Centena.

cen.te.nar. [θente'nar] [sente'nar] *m.* Que encerra o número de cem. ▸ Centena.

cen.te.na.rio, ria. [θente'narjo] [sente'narjo] *adj.* **1.** Que tem cem anos de idade. ▸ Centenário. *m.* **2.** Período de cem anos. ▸ Centenário.

cen.te.no. [θen'teno] [sen'teno] *m. Bot.* Cereal de cuja semente se faz uma farinha, que tem usos semelhantes aos da farinha de trigo. ▸ Centeio.

cen.té.si.mo, ma. [θen'tesimo] [sen'tesimo] *núm.* Que segue em ordem ao nonagésimo nono. ▸ Centésimo.

cen.tí.me.tro. [θen'timetro] [sen'timetro] *m.* Medida de comprimento, cuja abreviatura é cm, equivalente à centésima parte de um metro. ▸ Centímetro.

cén.ti.mo. ['θentimo] ['sentimo] *m.* Valor monetário equivalente ao que resulta da divisão por cem de uma unidade. ▸ Centavo.

cen.ti.ne.la. [θenti'nela] [senti'nela] *m.* **1.** Soldado que guarda um posto. ▸ Sentinela. **2.** Qualquer pessoa com essa atribuição. ▸ Sentinela.

cen.tral. [θen'tral] [sen'tral] *adj.* **1.** Pertencente ao centro ou que está nele. ▸ Central. **2.** De suma importância. Essencial. ▸ Central. *f.* **3.** Estabelecimento que coordena a distribuição de algum produto ou serviço. ▸ Central.

cen.trar. [θen'trar] [sen'trar] *v.4.* **1.** Determinar o centro de uma superfície ou volume. ▸ Centrar. *v.p.* **2.** Ter centro em. Dar ênfase. ▸ Centrar-se.

cén.tri.co, ca. ['θentriko] ['sentriko] *adj.* Pertencente ao centro ou que está nele. ▸ Central, cêntrico.

cen.tro. ['θentro] ['sentro] *m.* **1.** Ponto no interior de um círculo ou esfera do qual equidistam todos os pontos compreendidos na circunferência ou na superfície esférica. ▸ Centro. **2.** Parte central de uma cidade. ▸ Centro. **3.** Lugar onde se reúnem os membros de uma sociedade, corporação ou facção política. ▸ Centro. ◆ **Centro Comercial.** Local que reúne lojas de produtos muito variados, além de restaurantes, cinemas, teatros. ▸ *Shopping Center.*

cen.tu.ria. [θen'turia] [sen'turia] *f.* **1.** Período de cem anos. ▸ Século. **2.** *Mil.* Unidade militar de cem homens na milícia romana. ▸ Centúria.

ce.ñi.do, da. [θe'ɲiðo] [se'ɲiðo] *adj.* Diz-se daquilo que está ajustado, apertado. ▸ Justo, apertado. *No me gusta llevar camisas ceñidas.* Não gosto de usar camisas apertadas.

ce.ñir. [θe'ɲir] [se'ɲir] *v.58.* **1.** Rodear ou apertar a cintura ou outra parte do corpo. Cingir. ▸ Apertar. **2.** Abreviar uma coisa ou reduzi-la. ▸ Cortar. *v.p.* **3.** Moderar dizeres, gestos, gastos etc. Restringir-se. ▸ Limitar-se.

ce.ño. ['θeɲo] ['seɲo] *m.* Sinal de aborrecimento que se faz enrugando a testa. ▸ Cenho.

ce.pi.llar. [θepi'ʎar] [sepi'ʃar] *v.4.* **1.** Alisar, limpar ou esfregar com escova. ▸ Escovar. **2.** *fig.* Ser reprovado na escola. ▸ Não passar. ◆ **Cepillarse los dientes.** Escovar os dentes.

ce.pi.llo. [θe'piʎo] [se'piʃo] *m.* **1.** Escova para limpeza de metais. ▸ Escova de aço. **2.** Plaina pequena para alisar madeira. ▸ Cepilho. ◆ **Cepillo de dientes.** ▸ Escova de dentes.

ce.po. ['θepo] ['sepo] *m.* **1.** Pedaço de tora grossa em que se fixam algumas ferramentas. ▸ Cepo. **2.** Artefato que se prende às pernas dos animais para evitar sua fuga. ▸ Cepo.

ce.ra. ['θera] ['sera] *f.* **1.** Substância branca e gordurosa que produzem as abelhas. ▸ Cera. *Las abejas guardan la miel en el panal que fabrican con su cera.* As abelhas guardam o mel no favo que fabricam com a sua cera. **2.** *Anat.* Secreção do ouvido que protege o conduto auditivo. ▸ Cerume. **3.** Substância pastosa ou líquida para encerar. ▸ Cera. ◆ **Hacer la cera.** Depilar com cera quente.

ce.rá.mi.ca. [θe'ramika] [se'ramika] *f.* **1.** Objeto ou conjunto de objetos fabricados com

cer.ba.ta.na. [θerβa'tana] [serβa'tana] f. Tubo comprido, pelo qual se impelem setas ou bolinhas com o sopro. ▸ Zarabatana.

cer.ca. ['θerka] ['serka] f. 1. Tipo de valado ou muro que se faz para isolar um lugar. ▸ Cerca. *adv.* 2. Em local próximo. ▸ Perto. *Creo que no podemos ir a pie al cine, pues no está cerca.* Acho que não podemos ir a pé ao cinema, porque não fica perto daqui. ♦ **Cerca de.** Indica imprecisão. Aproximadamente. ▸ Cerca de. *Esos tejanos deben costar cerca de 30 euros.* Essas calças jeans devem custar cerca de 30 euros. **De cerca.** A curta distância. ▸ De perto. *Tengo que ir al oculista porque, de cerca, no veo bien.* Tenho que ir ao oculista porque, de perto, não enxergo bem.

cer.ca.do. [θer'kaðo] [ser'kaðo] m. 1. Espaço delimitado por um muro. ▸ Cercado. 2. Espécie de muro que serve para delimitar um espaço. ▸ Cerca.

cer.ca.ní.a. [θerka'nia] [serka'nia] f. 1. Qualidade de próximo. ▸ Proximidade. *pl.* 2. Arredores de um lugar. Imediações. ▸ Adjacências.

cer.ca.no, na. [θer'kano] [ser'kano] adj. Que está perto, próximo.

cer.car. [θer'kar] [ser'kar] v.7. 1. Rodear um lugar com vala, muro ou grade de forma que fique fechado e separado de outros. ▸ Cercar. 2. Sitiar cidade ou fortaleza. ▸ Cercar. 3. Assediar, encurralar uma pessoa. ▸ Cercar.

cer.da. ['θerða] ['serða] f. 1. Pelo grosso de animais, como a crina e o rabo do cavalo e o pelo do javali. ▸ Cerda. 2. Filamento de escova de dentes e outras. ▸ Cerda.

cer.do, da. ['θerðo] ['serðo] s. 1. *Zool.* Mamífero quadrúpede doméstico, de carne comestível. ▸ Porco. 2. *fig. pej.* Diz-se de quem é sujo. ▸ Porco. 3. *pej.* Diz-se de quem é gordo. ▸ Baleia. ♦ **Como un cerdo.** Em excesso. *Comi como un cerdo.* Comi em excesso. ➠ *Reino animal*

ce.re.al. [θere'al] [sere'al] adj. *Bot.* 1. Diz-se das plantas gramíneas que dão frutos farináceos, como o trigo, a cevada e o centeio. ▸ Cereal. *m.* 2. O fruto de cada uma dessas plantas. ▸ Cereal.

ce.re.bral. [θere'βral] [sere'βral] adj. 1. Relativo ao cérebro. ▸ Cerebral. 2. Próprio do intelecto. ▸ Cerebral.

ce.re.bro. [θe're βro] [se're βro] m. 1. *Anat.* Centro nervoso do encéfalo. ▸ Cérebro. 2. *fig.* Pessoa que idealiza ou dirige um plano ou ação. ▸ Cérebro.

ce.re.mo.nia. [θere'monja] [sere'monja] f. 1. Forma exterior e regular de culto religioso ou solenidade. ▸ Cerimônia. 2. Formalidade no tratamento entre pessoas que não são parentes nem amigas. ▸ Cerimônia.

ce.re.za. [θe're θa] [se'resa] f. *Bot.* 1. Fruto da cerejeira. ▸ Cereja. 2. (*Amér. Central, Col., Cuba, Pan.* e *P. Rico*) Casca do grão de café. ➠ *Frutas*

ce.re.zo. [θe're θo] [se'reso] m. *Bot.* Árvore cujo fruto é a cereja. ▸ Cerejeira.

ce.ri.lla. [θe'riʎa] [se'riʃa] f. 1. Vela fina de cera. 2. Palito de madeira com que se acende o fogo. ▸ Fósforo. 3. Cera do ouvido.

cer.ner. [θer'ner] [ser'ner] v.22. 1. Fazer passar por uma peneira. ▸ Peneirar. *v.p.* 2. Andar movendo os quadris. ▸ Requebrar.

ce.ro. ['θero] ['sero] núm. 1. Inexistência de qualquer quantidade ou valor. ▸ Zero. *m.* 2. Número que representa quantidade nula. ▸ Zero. ♦ **Al cero.** Cortar o cabelo o mais curto possível. **Bajo cero.** Abaixo de zero.

ce.rra.do, da. [θe'raðo] [se'raðo] adj. 1. Que não está aberto. ▸ Fechado. 2. Que tem pouca inteligência. ▸ Tapado. 3. Que fala pouco. ▸ Fechado. 4. Diz-se do tempo com muito nevoeiro e pouca visibilidade. ▸ Fechado.

ce.rra.du.ra. [θera'ðura] [sera'ðura] f. Peça metálica que se fixa em portas, gavetas, etc. e que se fecha com a chave correspondente. ▸ Fechadura.

ce.rra.je.rí.a. [θeraxe'ria] [seraxe'ria] f. Oficina e loja onde se fabricam e vendem fechaduras e outros objetos de ferro. ▸ Serralheria.

ce.rra.je.ro. [θera'xero] [sera'xero] m. Profissional que faz fechaduras, ferrolhos e outras peças de ferro. ▸ Serralheiro.

ce.rrar. [θe'rar] [se'rar] v.15. 1. Segurar com fechadura ou outro artefato adequado para impedir abertura de porta, janela, etc. ▸ Fechar. 2. Impedir o trânsito de uma via. ▸ Bloquear. 3. Pôr fim às atividades de uma associação, empresa ou outra entidade. ▸ Fechar. 4. Ajustar um negócio ou terminar o prazo fixado em um acordo. ▸

Findar. ◆ **Cerrar con broche de oro.** Fechar com chave de ouro.

ce.rril. [θe'ril] [se'ril] *adj.* **1.** Diz-se de pessoa obstinada, que não atende a razões. ▸ Rude. **2.** Diz-se de cavalo ou boi não domado. ▸ Bravo.

ce.rro. ['θero] ['sero] *m.* **1.** *Geogr.* Colina de pouca altura. ▸ Morro. **2.** Rocha grande e elevada. Penhasco. ▸ Cerro.

ce.rro.jo. [θe'roxo] [se'roxo] *m.* Tranca de ferro para fechar portas e janelas. ▸ Tranca. *Por la noche no dejes de pasar el cerrojo de la puerta de la calle.* À noite, não deixe de passar a tranca na porta da rua.

cer.ta.men. [θer'tamen] [ser'tamen] *m.* Concurso, geralmente cultural, para estimular e premiar habilidades. ▸ Concurso, certame.

cer.te.ro, ra. [θer'tero] [ser'tero] *adj.* Que apresenta certeza, segurança. ▸ Certeiro.

cer.te.za. [θer'teθa] [ser'tesa] *f.* Ver *certidumbre*. ▸ Certeza.

cer.ti.dum.bre. [θerti'ðumbre] [serti'ðumbre] *f.* Conhecimento seguro e claro sobre algo. ▸ Certeza.

cer.ti.fi.ca.do, da. [θertifi'kaðo] [sertifi'kaðo] *adj.* **1.** Aquilo que se certificou. ▸ Certificado. *m.* **2.** Documento que atesta uma verdade. ▸ Certificado.

cer.ti.fi.car. [θertifi'kar] [sertifi'kar] *v.7.* **1.** Dar por verdadeira alguma coisa. ▸ Certificar. **2.** Atestar a verdade de alguma coisa em documento público. ▸ Certificar.

cer.van.tis.ta. [θerβan'tista] [serβan'tihta] *adj.* Dedicado ao estudo das obras literárias de Miguel de Cervantes e aos assuntos que lhe dizem respeito. ▸ Cervantista.

cer.ve.ce.rí.a. [θerβeθe'ria] [serβese'ria] *f.* Fábrica de cervejas. ▸ Cervejaria.

cer.ve.za. [θer'βeθa] [ser'βesa] *f.* Bebida alcoólica feita de cevada e outros cereais e aromatizada com lúpulo. ▸ Cerveja.

cer.viz. [θer'βiθ] [ser'βis] *f. Anat.* Parte posterior do pescoço dos mamíferos. Cerviz. ▸ Nuca. ◆ **Bajar / Doblar la cerviz.** *fig.* Abaixar a cabeça. **Levantar la cerviz.** Ensoberbecer-se. **Ser de dura cerviz.** Ser valente.

ce.sar. [θe'sar] [se'sar] *v.4.* **1.** Fazer parar definitivamente ou apenas por algum tempo. ▸ Cessar. **2.** Afastar-se de algum emprego ou cargo. ▸ Licenciar-se.

ce.sá.rea. [θe'sarea] [se'sarea] *f. Med.* Operação em que se abre o útero para retirar o feto. ▸ Cesariana.

ce.sión. [θe'θjon] [se'sjon] *f.* Renúncia a alguma posse ou direito. ▸ Cessão.

cés.ped. ['θespeθ] ['sehpeð] *m. Bot.* Erva miúda e espessa destinada ao pasto ou à ornamentação de solos. ▸ Grama.

ces.te.rí.a. [θeste'ria] [seste'ria] *f.* Arte ou técnica de confecção de cestos a partir de fibras vegetais, tecidos ou outros materiais. ▸ Cestaria.

ces.to. ['θesto] ['sehto] *m.* Utensílio usado para guardar ou transportar coisas. ▸ Cesto.

ce.tá.ce.o, a. [θe'taθeo] [se'taseo] *adj. Zool.* Diz-se do mamífero marinho de grande tamanho que tem forma de peixe, como a baleia e o golfinho. ▸ Cetáceo.

cha.ba.ca.no, na. [tʃaβa'kano] [tʃaβa'kano] *adj.* Diz-se de coisa ou pessoa grosseira e de mau gosto. ▸ Vulgar.

cha.bo.la. [tʃa'βola] [tʃa'βola] *f.* Casa construída precariamente e em bairro pobre. ▸ Barraco.

cha.cal. [tʃa'kal] [tʃa'kal] *m. Zool.* Tipo de cão selvagem. ▸ Chacal.

cha.ci.na. [tʃa'kina] [tʃa'kina] *f. Cul.* **1.** Ver *cecina*. ▸ Charque. **2.** Carne suína ou de gado salgada e curada usada para embutidos. ▸ Chacina.

chal. [tʃal] [tʃal] *m.* Manta usada sobre os ombros para agasalhar-se. ▸ Xale.

cha.la.do, da. [tʃa'laðo] [tʃa'laðo] *adj.* Que age ou fala como louco. ▸ Maluco.

cha.lé. [tʃa'le] [tʃa'le] *m.* **1.** Residência familiar na montanha ou na praia isolada e com jardim. ▸ Chalé. **2.** ❑ Carne suína ou de gado salgada e curada usada para embutidos. ▸ Chacina.

❑ **cha.le.co.** [tʃa'leko] [tʃa'leko] *m.* Peça de vestuário sem mangas, que se fecha com botões, usada sobre a camisa. ▸ Colete. ◆ **Chaleco a prueba de balas.** Colete à prova de balas. **Chaleco salvavidas.** Colete salva-vidas. ➡ *Ropa*

cha.let. [tʃa'let] [tʃa'let] *m.* Ver *chalé*. ▸ Chalé.

cha.ma.rra. [tʃa'mara] [tʃa'mara] *f.* Peça de vestuário, utilizada no inverno, que recobre o corpo até o joelho. ▸ Samarra.

cham.pán. [tʃam'pan] [tʃam'pan] *m.* Vinho branco ou rosado, espumante, originário da França. ▸ Champanha ou champane.

cham.pa.ña. [tʃam'paɲa] [tʃam'paɲa] *m.* Ver *champán*. ▸ Champanhe.

cham.pi.ñón. [ʧampi'ɲon] [ʧampi'ɲon] *m.* Fungo comestível amplamente utilizado em culinária. ▸ Champinhom. ➜ *Vegetales*

cham.pú. [ʧam'pu] [ʧam'pu] *m.* Sabão líquido próprio para lavar o cabelo. ▸ Xampu. *El champú para niños es muy suave.* O xampu para crianças é muito suave.

chan.cle.ta. [ʧan'kleta] [ʧan'kleta] *f.* Calçado que não cobre todo o pé e se usa dentro de casa. ▸ Chinelo.

chan.clo. [ʧanklo] [ʧanklo] *m.* **1.** Calçado de madeira próprio para andar sobre lama. ▸ Tamanco. **2.** Calçado de borracha que se usa por cima dos sapatos para proteger os pés da umidade. ▸ Galocha.

chán.dal. ['ʧandal] ['ʧandal] *m. (Amér.)* Roupa esportiva que consta de calça e blusa. ▸ Agasalho.

chan.ta.je. [ʧan'taxe] [ʧan'taxe] *m.* Ameaça feita com o objetivo de extorquir dinheiro ou favores. ▸ Chantagem.

chan.ta.jis.ta. [ʧanta'xista] [ʧanta'xihta] *com.* Pessoa que pratica chantagens. ▸ Chantagista.

chan.ti.llí. [ʧanti'ʎi] [ʧanti'ʃi] *m.* Creme de leite batido, usado em confeitaria. ▸ Chantili.

chao. ['ʧao] ['ʧao] *interj.* Indica despedida. Adeus. ▸ Tchau.

cha.pa. ['ʧapa] ['ʧapa] *f.* **1.** Folha ou lâmina de metal, madeira ou outro material. ▸ Chapa. **2.** Tampa metálica que fecha hermeticamente as garrafas de vidro. ▸ Tampa. **3.** Lataria do carro. ▸ Lataria.

cha.pa.do, da. [ʧa'paðo] [ʧa'paðo] *adj.* **1.** Diz-se de pessoa moldada por hábitos de geração anterior. Antiquado. ▸ Quadrado. **2.** Aplica-se à pessoa séria, formal e gentil. ◆ **Chapado a la antigua.** Pessoa apegada às tradições.

cha.pa.rrón. [ʧapa'ron] [ʧapa'ron] *m.* Chuva muito forte. ▸ Pé-d'água.

cha.pis.ta. [ʧa'pista] [ʧa'pihta] *com.* Pessoa que trabalha com lata ou latão, especialmente em lataria de carros. ▸ Funileiro.

cha.po.te.ar. [ʧapote'ar] [ʧapote'ar] *v.4.* **1.** Produzir barulho batendo na água com as mãos ou pés. ▸ Chapinhar. **2.** Bater em água ou em lama com as mãos ou os pés. ▸ Chapinhar.

cha.pu.ce.ro, ra. [ʧapu'θero] [ʧapu'sero] *adj.* **1.** Que se fez de forma tosca, grosseira, nas coxas. ▸ Rústico. **2.** *fig.* Pessoa que trabalha mal e sem cuidado. ▸ Picareta. *U.t.c.s.*

cha.pu.rre.ar. [ʧapure'ar] [ʧapure'ar] *v.4.* Falar mal um idioma. ▸ Arranhar. *Ese extranjero apenas chapurrea un poco el portugués.* Esse estrangeiro só arranha o português.

cha.pu.za. [ʧa'puθa] [ʧa'pusa] *f.* Trabalho ou obra malfeitos, sem arte nem cuidado. ▸ Serviço malfeito, gambiarra.

☐ **cha.que.ta.** [ʧa'keta] [ʧa'keta] *f.* Peça de vestuário com mangas longas e gola, parte superior de um traje. ▸ Paletó. ◆ **Cambiar de chaqueta.** Ver *chaquetear*. ▸ Virar a casaca. ➜ *Ropa*

cha.que.te.ar. [ʧakete'ar] [ʧakete'ar] *v.4.* Mudar de opinião sem nenhum escrúpulo sempre que for conveniente. ▸ Virar a casaca.

cha.ra.da. [ʧa'raða] [ʧa'raða] *f.* Espécie de problema em que se tem de adivinhar alguma coisa. ▸ Charada.

char.ca. ['ʧarka] ['ʧarka] *f.* Depósito de água estagnada. ▸ Charco.

char.co. ['ʧarko] ['ʧarko] *m.* Água ou outro líquido que fica retido em um buraco da terra. ▸ Poça. *Con las lluvias, los caminos se quedan llenos de charcos.* Com as chuvas, os caminhos ficam cheios de poças.

char.cu.te.rí.a. [ʧarkute'ria] [ʧarkute'ria] *f.* Loja ou mercearia onde são vendidos principalmente frios e queijos. ▸ Casa de frios.

char.la. ['ʧarla] ['ʧarla] *f.* **1.** Conversa sem assunto definido. ▸ Bate-papo. **2.** Exposição de um tema em público. ▸ Palestra.

char.lar. [ʧar'lar] [ʧar'lar] *v.4.* **1.** *fam.* Manter uma conversa sem assunto definido. Bater papo. ◆ Conversar. **2.** *fam.* Falar de assuntos sem importância. Jogar conversa fora. ▸ Papear.

cha.rol. [ʧa'rol] [ʧa'rol] *m.* **1.** Verniz de muito brilho e permanente. ▸ Verniz charol. **2.** Couro envernizado com este verniz. ▸ Verniz charol. *Compró unos zapatos de charol para el baile de fin de año.* Comprou sapatos de verniz para o baile de ano-novo.

chas.ca.rri.llo. [ʧaska'riʎo] [ʧahka'riʃo] *m.* Frase de sentido duplo e engraçada. ▸ Trocadilho.

chas.co. ['ʧasko] ['ʧahko] *m.* Decepção causada por um fato inesperado. ▸ Desilusão. ◆ **Llevarse un chasco.** Ter uma desilusão. *Se llevó un chasco cuando su novia le dijo que se iba a casar con otro.* Teve uma desilusão quando sua namorada lhe disse que ia casar-se com outro.

cha.sis. ['tʃasis] ['tʃasis] *m.* Estrutura de aço em que são fixados o motor e a carroceria de um automóvel. ▸ Chassi.

chas.que.ar. [tʃaske'ar] [tʃaske'ar] *v.4.* **1.** Produzir um som seco e breve, um estalido. ▸ Estalar. *Él chasquea la lengua con mucha gracia.* Ele estala a língua com muita graça. **2.** Rir de alguém, caçoar. ▸ Zombar. *Su diversión era chasquear a su hermana.* Sua diversão era zombar da irmã.

chat. ['tʃat] ['tʃat] *m. Inform.* Serviço ou troca de mensagens através da internet que permite aos seus usuários estabelecer uma conversa em tempo real. ▸ *Chat*, bate-papo virtual.

cha.ta.rra. [tʃa'tara] [tʃa'tara] *f.* Conjunto de ferro velho e refugo de outros metais. ▸ Sucata.

▢ **cha.te.ar.** [tʃate'ar] [tʃate'ar] *v.4. Inform.* Manter uma conversação via internet.
▸ Participar de um *chat*.

cha.te.o. ['tʃateo] ['tʃateo] *m. Inform.* Ação e efeito de conversar virtualmente. ▸ Conversa ou bate-papo virtual. *En el chateo con mi tutor he podido sacar varias dudas.* Conversando com meu tutor pude tirar várias dúvidas.

cha.to, ta. ['tʃato] ['tʃato] *adj.* **1.** ▢ Que tem nariz grande e achatado. **2.** Diz-se da superfície sem relevo. ▸ Chato. *m.* **3.** ▢ Copo baixo e largo para tomar vinho. ▸ Taça de vinho.

cha.val, va.la. [tʃa'βal] [tʃa'βal] *s.* Adolescente, rapaz ou moça. ▸ Jovem.

cha.ve.ta. [tʃa'βeta] [tʃa'βeta] *f.* Prego que se coloca no furo de uma barra para impedir que se movimente ou saia aquilo que a barra segura. ▸ Chaveta. ◆ **Perder la chaveta.** Ficar louco, faltar um parafuso.

cha.yo.te. [tʃa'jote] [tʃa'ʃote] *m. Bot.* Fruto do chuchuzeiro. ▸ Chuchu. *El chayote se come generalmente cocido.* O chuchu é comido geralmente cozido. ➡ *Vegetales*

che.co, ca. ['tʃeko] ['tʃeko] *adj.* **1.** Pertencente ou relativo à República Checa.
▸ Checo. *s.* **2.** O natural ou habitante desse país. ▸ Checo.

chef. ['tʃef] ['tʃef] *m. Cul.* Grande cozinheiro e encarregado da direção da cozinha de um restaurante. ▸ Chef.

che.lo. ['tʃelo] ['tʃelo] *m. Mús. fam.* Designação informal do instrumento musical violoncelo. ▸ Celo. ➡ *Instrumentos musicales*

che.que. ['tʃeke] ['tʃeke] *m. Fin.* Documento emitido por uma pessoa que tem conta bancária e que representa uma ordem de pagamento a favor de outra pessoa.
▸ Cheque. ◆ **Cheque al portador.** Cheque que pode ser descontado por qualquer pessoa que o detenha. ▸ Cheque ao portador. **Cheque nominativo.** Cheque que somente pode ser descontado pela pessoa nele designada. ▸ Cheque nominal.

che.que.ar. [tʃeke'ar] [tʃeke'ar] *v.4.* Examinar, conferir para verificar as características.
▸ Checar.

ché.ve.re. ['tʃeβere] ['tʃeβere] *adj.* **1.** Que é agradável. ▸ Bom. *interj.* **2.** Indica satisfação.
▸ Legal! Bacana!

chi.ca.no, na. [tʃi'kano] [tʃi'kano] *adj.* Que reside nos Estados Unidos da América e tem origem mexicana. *U.t.c.s.*

chí.cha.ro. ['tʃitʃaro] ['tʃitʃaro] *m.* Espécie de feijão que se come como legume seco.
◆ **No disparar un chícharo.** Não trabalhar nada. ➡ *Vegetales*

chi.cha.rra. [tʃi'tʃara] [tʃi'tʃara] *f.* **1.** Campainha elétrica. ▸ Campainha. **2.** *Zool.* Ver *cigarra*. ▸ Cigarra.

chi.cha.rrón. [tʃitʃa'ron] [tʃitʃa'ron] *m. Cul.* Toucinho de porco em tiras ou em forma de apresuntado. ▸ Toucinho, torresmo. *Nos hemos comido unos ricos chicharrones.* Comemos um torresmo muito bom.

chi.chón. [tʃi'tʃon] [tʃi'tʃon] *m.* Calombo na testa que resulta de uma batida. ▸ Galo.

chi.cle. ['tʃikle] ['tʃikle] *m.* Goma de mascar.
▸ Chiclete.

chi.co, ca. ['tʃiko] ['tʃiko] *adj.* **1.** De pouco tamanho ou altura. ▸ Pequeno. *s.* **2.** Homem ou mulher de pouca idade. ▸ Jovem. *f.* **3.** Empregada que trabalha em serviços domésticos.
▸ Empregada doméstica.

chi.fla.do, da. [tʃi'flaðo] [tʃi'flaðo] *adj.* Que tem a razão perturbada. ▸ Maluco. *U.t.c.s.*

chi.le. ['tʃile] ['tʃile] *m. (Amér.)* Ver *ají*[1].
▸ Pimenta.

chi.le.no, na. [tʃi'leno] [tʃi'leno] *adj.* **1.** Pertencente ou relativo ao Chile. ▸ Chileno. *s.* **2.** O natural ou habitante desse país. ▸ Chileno.

chil.mo.le. [tʃil'mole] [tʃil'mole] *m. Cul.* Molho ou refogado de origem mexicana preparado com pimenta "chile" e tomate ou outro legume.

chi.llar. [tʃi'ʎar] [tʃi'ʃar] *v.4.* **1.** Emitir vozes agudas. ▸ Gritar. **2.** Imitar o som dos animais de caça.

chi.llón, llo.na. [tʃi'ʎon] [tʃi'ʃon] *adj.* **1.** Que grita muito e muito alto. ▸ Histérico. **2.** Cor muito viva. ▸ Berrante. *A algunas personas les gustan los colores chillones.* Algumas pessoas gostam de cores berrantes.

chi.me.ne.a. [tʃime'nea] [tʃime'nea] *f.* **1.** Conduto que serve para dar saída à fumaça. ▸ Chaminé. *El horno a leña de la panadería tiene una chimenea.* O forno a lenha da padaria tem uma chaminé. **2.** Espaço, em algumas casas, onde se faz fogo para que as pessoas se aqueçam. ▸ Lareira. *En invierno nos sentamos al calor de la chimenea para charlar o leer.* No inverno, sentamo-nos ao calor da lareira para conversar ou ler.

chi.mi.chu.rri. [tʃimi'tʃuri] [tʃimi'tʃuri] *m. Cul.* Molho típico do Cone Sul, à base de alho, salsinha, pimenta *ají*, sal e vinagre, que costuma ser o acompanhamento de carnes assadas. ▸ Chimichurri.

chim.pan.cé. [tʃimpan'θe] [tʃimpan'se] *m.* Grande macaco de braços muito longos e corpo peludo. ▸ Chimpanzé. ⇒ *Reino animal*

chi.na. ['tʃina] ['tʃina] *f.* **1.** Pedra pequena e geralmente redonda. ▸ Seixo. **2.** *fig.* e *fam.* Ver *dinero*. ▸ Dinheiro. ◆ **Poner chinas (a alguien).** Impor dificuldades, obstáculos.

chin.che. ['tʃintʃe] ['tʃintʃe] *m.* **1.** *Zool.* Inseto parasita que se alimenta de sangue. ▸ Percevejo. **2.** Pessoa que aborrece com suas impertinências. ▸ Chato. *Es un chinche, no deja a uno tranquilo con sus exigencias.* É um chato, não deixa ninguém tranquilo com suas exigências. **3.** Pequeno prego para fixar papel em painéis. ▸ Percevejo.

chin.che.ta. [tʃin'tʃeta] [tʃin'tʃeta] *f.* Prego pequeno de cabeça grande e circular que se usa para segurar papéis em uma superfície mole. ▸ Tachinha. *El comunicado fue fijado con chinchetas en el cuadro de avisos.* O comunicado foi fixado com tachinhas no quadro de avisos.

chin.chín. [tʃin'tʃin] [tʃin'tʃin] *m.* **1.** Onomatopeia que representa o som que produzem os pratos da bateria. **2.** Som que produz um brinde com taças ou copos. ▸ Tintim.

chi.ne.la. [tʃi'nela] [tʃi'nela] *f.* Ver *chancleta*. ▸ Chinelo.

❑ **chin.gar.** [tʃin'gar] [tʃin'gar] *v.9. fam.* **1.** Prejudicar outra pessoa. ▸ Ferrar. **2.** Agir por engano. ▸ Errar. **3.** Apropriar-se de algo que pertence a outro. ▸ Furtar. *En un momento de descuido me chingaron la cartera.* Em um momento de descuido, furtaram a minha carteira. **4.** *vulg.* Praticar o ato sexual.

chi.no, na. ['tʃino] ['tʃino] *adj.* **1.** Pertencente ou relativo à China. ▸ Chinês, chinesa. *s.* **2.** O natural ou habitante desse país. ▸ Chinês, chinesa. *m.* **3.** *Ling.* O idioma falado nessa região asiática. ▸ Chinês.

chip. ['tʃip] ['tʃip] *m. Inform.* Pequeno circuito eletrônico integrado e em forma de lâmina que realiza várias funções em computadores, celulares e outros dispositivos eletrônicos. ▸ Chip.

chi.que.ro. [tʃi'kero] [tʃi'kero] *m.* Lugar onde se guardam os porcos. ▸ Chiqueiro.

chi.ri.mo.ya. [tʃiri'moja] [tʃiri'moʃa] *f. Bot.* O fruto da pinheira. Fruta-do-conde. ▸ Pinha.

chis. ['tʃis] ['tʃis] *m.* Onomatopeia que representa pedido de silêncio. ▸ Psiu.

chis.me. ['tʃisme] ['tʃihme] *m.* Notícia verdadeira ou mentira dita com o propósito de expor a vida privada dos outros. ▸ Fofoca. ◆ **Revista de chismes.** Revista de fofocas.

chis.mo.rre.ar. [tʃismore'ar] [tʃihmore'ar] *v.4.* Falar mal dos outros. ▸ Fofocar.

chis.mo.so, sa. [tʃis'moso] [tʃih'moso] *adj.* Que conta fofocas. ▸ Fofoqueiro.

chis.pa. ['tʃispa] ['tʃihpa] *f. Fís.* Partícula acesa que salta do lume ou se produz pelo atrito de dois corpos. ▸ Faísca. ◆ **Echar chispas.** *fig.* Soltar faíscas. *A Juan como lo contraríen se pone que echa chispas.* João, sempre que o contrariam, fica soltando faíscas.

chis.pe.ar. [tʃispe'ar] [tʃihpe'ar] *v.4.* **1.** Lançar chispas. ▸ Chispar. **2.** Brilhar muito. ▸ Reluzir. **3.** Chover pouco e miúdo. ▸ Chuviscar.

chis.te. ['tʃiste] ['tʃihte] *m.* Dito breve e engraçado que provoca riso. ▸ Piada.

chis.te.ra. [tʃis'tera] [tʃih'tera] *f.* Chapéu alto e plano por cima, de cor preta ou cinza, que se usa, junto com vestimenta adequada, em grandes solenidades. ▸ Cartola.

chi.rin.gui.to. [tʃiriŋ'gito] [tʃiriŋ'gito] *m.* Estabelecimento ao ar livre que costuma servir bebidas e aperitivos. ▸ Quiosque.

chi.va.to, ta. [tʃi'βato] [tʃi'βato] *adj.* Que denuncia para obter algo em troca. Delator. ▸ Dedo-duro. *U.t.c.s.*

chi.vo. ['tʃiβo] ['tʃiβo] *m. Zool.* Filhote da cabra. ▸ Bode novo. ◆ **Chivo expiatorio.** Pessoa que é castigada por uma falta ou delito cometido por vários. ▸ Bode expiatório.

cho.can.te. [tʃo'kante] [tʃo'kante] *adj.* Que é surpreendente ou causa estranheza. ▸ Chocante.

cho.car. [tʃo'kaɾ] [tʃo'kaɾ] *v.7.* **1.** Encontrar-se violentamente uma coisa com outra. ▸ Chocar. **2.** Causar assombro ou estranhamento. ▸ Chocar.

cho.cho. ['tʃotʃo] ['tʃotʃo] *adj.* **1.** Que exagera em suas manifestações de afeto. ▸ Babão. **2.** Que perdeu a capacidade física ou mental devido à idade. ▸ Gagá.

cho.clo. ['tʃoklo] ['tʃoklo] *m. Bot. (Amér.)* Milho verde. ▸ Milho.

cho.co.la.te. [tʃoko'late] [tʃoko'late] *m.* **1.** Pasta feita de cacau, açúcar e algumas substâncias aromáticas. ▸ Chocolate. **2.** Bebida feita com chocolate dissolvido em água, à francesa, ou em leite, à espanhola. ▸ Chocolate. *Toma una taza de chocolate bien caliente y se te pasará el frío.* Tome uma xícara de chocolate bem quente que o frio passará.

chó.fer. ['tʃofeɾ] ['tʃofeɾ] *m.* Profissional que conduz um veículo automotor. Motorista. ▸ Chofer. *U.t. cho.fer.*

cho.que. ['tʃoke] ['tʃoke] *m.* **1.** Encontro violento entre dois corpos. ▸ Choque. **2.** *fig.* Situação conflituosa. ▸ Choque.

❏ **cho.ri.zo.** [tʃo'riθo] [tʃo'riso] *m. Cul.* **1.** Tripa cheia com carne de porco picada, temperada com pimentão vermelho e outros condimentos e defumada. Morcela. ▸ Chouriço. **2.** *(Arg. e Urug.)* Embutido de carne de porco. ▸ Linguiça.

cho.rro. ['tʃoro] ['tʃoro] *m.* **1.** Porção de líquido ou de gás que sai por um orifício, tubo ou torneira. ▸ Jorro. **2.** Saída abundante de algo. ▸ Jato. ◆ **A chorros.** Com abundância.

cho.za. ['tʃoθa] ['tʃosa] *f.* Cabana feita com estacas e coberta com galhos e palha. ▸ Palhoça.

chu.bas.co. [tʃu'βasko] [tʃu'βahko] *m.* Pancada de chuva com vento forte. Aguaceiro. ▸ Pé-d'água.

chu.bas.que.ro. [tʃuβas'keɾo] [tʃuβah'keɾo] *m.* Acessório, impermeável, que chega até os joelhos, e que se usa sobre a roupa para proteger da chuva. ▸ Capa de chuva.

chu.che.rí.a. [tʃutʃe'ɾia] [tʃutʃe'ɾia] *f.* Objeto de pouca importância, porém delicado. ▸ Mimo.

chu.le.ta. [tʃu'leta] [tʃu'leta] *f.* **1.** *Cul.* Costeleta com carne de boi, cordeiro, porco, etc. ▸ Chuleta. **2.** Papel escrito que se leva para colar nas provas escolares. ▸ Cola.

chu.lo, la. ['tʃulo] ['tʃulo] *adj.* **1.** Diz-se de pessoa, atitude ou dito que se caracteriza pela falta de decoro e pelo baixo nível. ▸ Chulo. *m.* **2.** Indivíduo fanfarrão que vive à custa de mulheres e trafica com elas. ▸ Gigolô. **3.** Bonito, gracioso.

chu.pa.me.dias. [tʃupa'meðjas] [tʃupa'meðjas] *com. fam.* Ver *adulón.* Bajulador. ▸ Puxa-saco.

chu.par. [tʃu'paɾ] [tʃu'paɾ] *v.4.* **1.** Sugar ou tirar com os lábios e a língua o suco ou substância de alguma coisa. Absorver. ▸ Chupar. **2.** Consumir bebida alcoólica. ▸ Beber.

chu.pa.tin.tas. [tʃupa'tintas] [tʃupa'tintas] *m. pej.* Funcionário de pouca categoria que trabalha em escritório. ▸ Escriturário.

chu.pe.te. [tʃu'pete] [tʃu'pete] *f.* **1.** Objeto de borracha em forma de pequena pera que se põe na boca das crianças para tranquilizá-las. ▸ Chupeta. *Ponle la chupa al niño para que no llore.* Dê a chupeta à criança para que não chore. *m. Cul.* **2.** Qualquer espécie de doce ou bala que está enfiado num palito e se come sugando ou mordendo. ▸ Pirulito. *A los niños les encantan los chupetines de fresa.* As crianças gostam muito de pirulito de morango.

chu.rro. ['tʃuro] ['tʃuro] *m. Cul.* Cilindro de massa frita, feito com farinha e água. ▸ Churro.

chus.ma. ['tʃusma] ['tʃuhma] *f.* Conjunto de pessoas vulgares e sem educação. ▸ Gentalha.

chu.tar. [tʃu'taɾ] [tʃu'taɾ] *v.4.* Dar pontapé com toda a força na bola. ▸ Chutar.

cibercafé. *m.* Diz-se de uma cafetería que oferece aos seus clientes o serviço de acesso à Internet. ▸ Cibercafé.

cibercultura. *f. Inform.* Refere-se à cultura que provém do uso do computador como instrumento de comunicação e expressão. ▸ *Cibercultura.*

ci.be.res.pa.cio. [θiβeɾes'paθjo] [siβeɾes'pasjo] *m. Inform.* Espaço de comunicação artificial criado por meio da Informática. ▸ Ciberespaço.

ci.ber.nau.ta. [θiβeɾ'nawta] [siβeɾ'nawta] *com. Inform.* Usuário do ciberespaço. ▸ Cibernauta.

ci.ber.né.ti.ca. [θiβeɾ'netika] [siβeɾ'netika] *f.* Ciência que estuda os sistemas de comunicação dos seres vivos e das máquinas. ▸ Cibernética.

ci.ber.né.ti.co, ca. [θiβeɾ'netiko] [siβeɾ'netiko] *adj.* Que se relaciona com a cibernética.

ci.ca.te.ro, ra. [θika'tero] [sika'tero] *adj.* Diz-se do indivíduo avaro, mesquinho, miserável. ▸ Sovina. *U.t.c.s.*

ci.ca.triz. [θika'triθ] [sika'tris] *f.* **1.** Sinal que uma ferida deixa na pele. ▸ Cicatriz. **2.** *fig.* Impressão que fica no ânimo por algum sentimento forte. ▸ Cicatriz.

ci.ce.ro.ne. [θiθe'rone] [sise'rone] *com.* Pessoa que guia viajantes mostrando-lhes o que há de importante em uma localidade ou informando sobre o que lhes é de interesse. Guia. ▸ Cicerone.

cí.cli.co, ca. ['θikliko] ['sikliko] *adj.* **1.** Pertencente ou relativo ao ciclo. ▸ Cíclico. **2.** Que se repete por ciclos. ▸ Cíclico.

ci.clis.mo. [θi'klismo] [si'klihmo] *m. Desp.* Esporte de corrida em bicicleta. ▸ Ciclismo.
➡ *Deportes*

ci.clis.ta. [θi'klista] [si'klihta] *adj.* **1.** Que sabe andar ou anda de bicicleta. ▸ Ciclista. **2.** Que pratica o ciclismo. ▸ Ciclista. **3.** Esportista que pratica o ciclismo. ▸ Ciclista. *Aquel ciclista nunca anda sin casco.* Aquele ciclista nunca anda sem capacete.

ci.clo. ['θiklo] ['siklo] *m.* **1.** Série de acontecimentos ou fenômenos que se produzem periodicamente e sempre na mesma ordem. ▸ Ciclo. **2.** Tempo que essa série ocupa. ▸ Ciclo.

ci.clón. [θi'klon] [si'klon] *m.* Vento muito forte que gira em círculos causando grandes danos conforme avança. ▸ Ciclone. ➡ *Clima*

ci.cu.ta. [θi'kuta] [si'kuta] *f. Bot.* Planta da qual se extrai óleo muito venenoso. ▸ Cicuta.

cie.go, ga. ['θjeɣo] ['sjeɣo] *adj.* **1.** Que não pode ver. ▸ Cego. *U.t.c.s.* **2.** Que está dominado por um sentimento ou afeição. ▸ Cego. *Paco está ciego de ira.* Paco está cego de raiva. ◆ **En el país de los ciegos el tuerto es el rey.** Em terra de cego, quem tem um olho é rei.

cie.lo. ['θjelo] ['sjelo] *m.* **1.** *Astr.* Espaço ilimitado em que giram os astros. ▸ Céu. **2.** A atmosfera que rodeia a Terra. ▸ Céu. **3.** *Rel.* Lugar onde Deus está presente para os bem-aventurados. ▸ Céu.

ciem.piés. [θjem'pjes] [sjem'pjes] *m. Zool.* Animal invertebrado terrestre que tem o corpo formado por vários anéis. Lacraia. ▸ Centopeia.

cien. ['θjen] ['sjen] *núm.* Apócope de *ciento*, empregada diante de substantivos. ▸ Cem.

cié.na.ga. ['θjenaɣa] ['sjenaɣa] *f.* Lugar em que há muita lama. Pântano. ▸ Lodaçal.

cien.cia. ['θjenθja] ['sjensja] *f.* **1.** Área de conhecimento metodicamente organizada. ▸ Ciência. **2.** Conhecimento profundo de alguma coisa, adquirido por estudo e experiência. ▸ Ciência.

cie.no. ['θjeno] ['sjeno] *m. Geogr.* Resíduo brando que se encontra no fundo de lagoas e em lugares úmidos. ▸ Lodo.

cien.tí.fi.co, ca. [θjen'tifiko] [sjen'tifiko] *adj.* **1.** Pertencente ou relativo à ciência. ▸ Científico. *s.* **2.** Pessoa que se dedica às ciências. ▸ Cientista.

cien.to. ['θjento] ['sjento] *núm.* **1.** Quantidade que é uma unidade maior que 99. ▸ Cem. *m.* **2.** Número que representa essa quantidade. ▸ Cem. ◆ **Por ciento.** *Mat.* Por cento. *La probabilidad de que tu equipo gane es de un treinta por ciento.* A probabilidade de que seu time ganhe é de uns trinta por cento.

cie.rre. ['θjere] ['sjere] *m.* **1.** O que serve para fechar. ▸ Fecho. **2.** Tipo de fecho usado em roupas, bolsos, etc. ▸ Zíper. **3.** Conclusão de alguma atividade. ▸ Encerramento.

cier.to, ta. ['θjerto] ['sjerto] *adj.* Que não apresenta dúvida. Verdadeiro. ▸ Certo.

cier.vo. ['θjerβo] ['sjerβo] *m. Zool.* Mamífero ruminante, que é caçado para o aproveitamento de pele, chifres e carne. ▸ Cervo.
➡ *Reino animal*

ci.fra. ['θifra] ['sifra] *f. Mat.* **1.** Número, dígito ou o signo que o representa. ▸ Cifra. **2.** Abreviatura de uma palavra. ▸ Sigla. **3.** Uma quantia de dinheiro. ▸ Cifra, montante.

ci.frar. [θi'frar] [si'frar] *v.4. Inform.* Ato de ocultar um conteúdo informático em códigos para que somente seu destinatário possa ter acesso. ▸ Cifrar, codificar.

ci.ga.la. [θi'ɣala] [si'ɣala] *f. Zool.* Crustáceo de antenas longas, comestível. ▸ Lagostim.

ci.ga.rra. [θi'ɣara] [si'ɣara] *f. Zool.* Inseto de cor esverdeada, cujo macho emite ruído estridente. ▸ Cigarra.

ci.ga.rri.llo. [θiɣa'riʎo] [siɣa'risʃo] *m.* Porção de fumo picado, envolto em um papel cilindricamente, para ser fumado. ▸ Cigarro.

ci.ga.rro. [θi'ɣaro] [si'ɣaro] *m.* **1.** ☐ Rolo de tabaco que se acende por um extremo e se fuma pelo outro. ▸ Charuto. **2.** Ver *cigarrillo*. ▸ Cigarro. **3.** Porção de fumo picado, envolto em palha de milho cilindricamente. ▸ Cigarro de palha.

ci.güe.ña. [θi'γweɲa] [si'γweɲa] *f. Zool.* Ave voadora de pernas compridas. ▶ Cegonha.

ci.lan.tro. [θi'lantro] [si'lantro] *m. Bot.* Erva aromática de folhas penatífidas e flores brancas ou avermelhadas, utilizada como condimento e erva medicinal. ▶ Coentro.

ci.lin.dro. [θi'lindro] [si'lindro] *m.* **1.** *Geom.* Corpo roliço, de diâmetro igual em todo o seu comprimento. ▶ Cilindro. **2.** Parte do motor em que o combustível é misturado e queimado. ▶ Cilindro.

ci.ma. ['θima] ['sima] *f. Geogr.* A parte mais alta de montanhas e árvores. ▶ Cume.

ci.men.tar. [θimen'tar] [simen'tar] *v.4.* Pôr os alicerces de um edifício ou obra. ▶ Alicerçar.

ci.mien.to. [θi'mjento] [si'mjento] *m.* Fundação feita de alvenaria sobre a qual se apoia a construção. ▶ Alicerce.

cinc. ['θinc] ['sinc] *m. Quím.* Metal de cor branca azulada. ▶ Zinco.

cin.ce.lar. [θinθe'lar] [sinse'lar] *v.4.* Lavrar ou esculpir com cinzel, pedras, mármores ou metais. ▶ Cinzelar.

cin.cha. ['θintʃa] ['sintʃa] *f.* Faixa de pano ou couro que segura a sela das cavalgaduras. ▶ Cilha.

cin.co. ['θinko] ['sinko] *núm.* **1.** Quantidade que é uma unidade maior que 4. ▶ Cinco. *m.* **2.** Número que representa essa quantidade. ▶ Cinco.

cin.cuen.ta. [θin'kwenta] [sin'kwenta] *núm.* **1.** Quantidade que é uma unidade maior que 49. ▶ Cinquenta. *m.* **2.** Número que representa essa quantidade. ▶ Cinquenta.

ci.ne. ['θine] ['sine] *m.* **1.** Arte e indústria da cinematografia. ▶ Cinema. **2.** Local onde se projetam filmes. ▶ Cinema.

ci.ne.as.ta. [θine'asta] [sine'ahta] *com.* Pessoa que se dedica a produções cinematográficas. ▶ Cineasta.

cí.ni.co, ca. ['θiniko] ['siniko] *adj.* Pessoa que age com descaso. ▶ Cínico.

ci.nis.mo. [θi'nismo] [si'nihmo] *m.* **1.** Qualidade de cínico. ▶ Cinismo. **2.** Falta de vergonha. Descaramento. ▶ Cinismo.

cin.ta. ['θinta] ['sinta] *f.* Tira de tecido, papel ou plástico flexível adequada ao uso a que se destina. ▶ Fita. ◆ **Cinta aislante.** Fita para proteger fios condutores de eletricidade. ▶ Fita isolante. **Cinta magnética.** Fita gravada por sistema eletromagnético. ▶ Fita magnética. **Cinta métrica.** Fita para medir. ▶ Fita métrica. ➥ *En el aula*

cin.to. ['θinto] ['sinto] *m.* Tira, geralmente de couro, utilizada para ajustar a roupa na cintura. ▶ Cinto. ➥ *Ropa*

cin.tu.ra. [θin'tura] [sin'tura] *f.* **1.** *Anat.* A parte média do corpo humano em torno do ventre. ▶ Cintura. **2.** A parte de uma peça de vestuário que rodeia o meio do corpo. ▶ Cintura.

cin.tu.rón. [θintu'ron] [sintu'ron] *m.* **1.** Tira geralmente de couro para levar pendentes as armas. ▶ Cinturão. **2.** Tira regulável que se usa para segurar uma roupa na cintura. ▶ Cinto. ◆ **Cinturón de seguridad.** Cinto de segurança. **Apretarse el cinturón.** Adotar medidas restritivas quanto ao consumo e aos gastos em tempos de escassez. ▶ Apertar o cinto. ➥ *Ropa*

ci.prés. [θi'pres] [si'pres] *m. Bot.* Árvore de madeira avermelhada e resistente. ▶ Cipreste.

cir.cen.se. [θir'θense] [sir'sense] *adj.* Pertencente ou relativo ao circo ou a seus espetáculos. ▶ Circense.

cir.co. ['θirko] ['sirko] *m.* Lugar onde se exibem espetáculos com acrobatas, animais amestrados, malabaristas, palhaços, etc. ▶ Circo.

cir.cui.to. [θir'kwito] [sir'kwito] *m.* **1.** Terreno compreendido dentro de um perímetro qualquer. ▶ Contorno. **2.** Percurso previamente fixado que termina no ponto de partida. ▶ Circuito. **3.** Linha que fecha ou limita um campo. ▶ Perímetro.

cir.cu.la.ción. [θirkula'θjon] [sirkula'sjon] *f.* Ato ou efeito de circular. ▶ Circulação.

cir.cu.lar. [θirku'lar] [sirku'lar] *v.4.* **1.** Percorrer em volta de. ▶ Circular. **2.** Mover-se em círculo. ▶ Circular. *adj.* **3.** Que tem forma de círculo. ▶ Circular.

cír.cu.lo. ['θirkulo] ['sirkulo] *m.* **1.** Espaço contido em uma circunferência. ▶ Círculo. **2.** Associação profissional ou política. ▶ Círculo. **3.** O local sede de uma dessas associações. ▶ Círculo.

cir.cun.ci.dar. [θirkunθi'ðar] [sirkunsi'ðar] *v.4. p.p. reg. circuncidado / irreg. circunciso. Med.* Cortar circularmente parte da pele que cobre a glande do pênis. ▶ Circuncidar.

cir.cun.dar. [θirkun'dar] [sirkun'dar] *v.4.* **1.** Andar em torno de. ▶ Circundar. **2.** Posicionar-se em redor de uma pessoa. Rodear. ▶ Circundar. **3.** Limitar com cerca, parede, grade, etc. Cercar. ▶ Circundar.

cir.cun.lo.quio. [θiɾkun'lokjo] [siɾkun'lokjo] *m. Ling.* Rodeio de palavras para dizer algo que se pode expressar brevemente. ▸ Circunlóquio.

cir.cuns.pec.to, ta. [θiɾkuns'pekto] [siɾkunh'pekto] *adj.* Que procede com circunspeção. Prudente. ▸ Circunspecto.

cir.cuns.tan.cia. [θiɾkuns'tanθja] [siɾkunh'tansja] *f.* **1.** Particularidade de tempo, lugar, modo, etc. que acompanha um fato. ▸ Circunstância. **2.** *Dir.* Motivo legal que agrava, atenua ou libera de responsabilidade criminal. ▸ Circunstância.

ci.rio. ['θiɾjo] ['siɾjo] *m.* Vela grande de cera. ▸ Círio.

ci.rro. ['θiɾo] ['siɾo] *m. Meteor.* Nuvem branca cuja altitude atinge até 12 mil metros. ▸ Cirro.

ci.rro.sis. [θi'rosis] [si'rosis] *f. Med.* Doença caracterizada por lesão que se forma nas vísceras, especialmente no fígado. ▸ Cirrose.

❏ **ci.rue.la.** [θi'ɾwela] [si'ɾwela] *f. Bot.* Fruto da ameixeira. ▸ Ameixa. ➡ *Frutas*

ci.ru.gí.a. [θiɾu'xia] [siɾu'xia] *f. Med.* **1.** Parte da Medicina que trata das operações ou intervenções no corpo humano. ▸ Cirurgia. **2.** Intervenção no corpo feita por médicos. ▸ Cirurgia.

ci.ru.ja.no, na. [θiɾu'xano] [siɾu'xano] *s.* Médico especializado em cirurgia. ▸ Cirurgião. ➡ *Profesiones*

❏ **cis.co.** ['θisko] ['sihko] *m.* **1.** Carvão vegetal miúdo. ▸ Cisco. **2.** *fig.* Barulho, agitação feita por várias pessoas. ▸ Alvoroço.

cis.ma. ['θisma] ['sihma] *m. Rel.* Divisão ou separação entre os membros de uma religião. ▸ Cisma. **2.** Dissidência de opiniões. ▸ Cisma.

cis.ne. ['θisne] ['sihne] *m. Zool.* Ave palmípede de penas brancas e pescoço longo. ▸ Cisne.

cis.ter.na. [θis'teɾna] [sih'teɾna] *f.* **1.** Depósito subterrâneo para recolher água da chuva ou de outras procedências. ▸ Cisterna. **2.** Recipiente que contém água e se instala nos banheiros para limpeza e higiene da louça sanitária. ▸ Caixa-d'água.

ci.ta. ['θita] ['sita] *f.* **1.** Fixação de dia, hora e lugar para que duas ou mais pessoas se encontrem com uma finalidade determinada. ▸ Encontro marcado. **2.** Encontro com dia, hora e lugar ao qual vão duas ou mais pessoas com uma finalidade. ▸ Encontro. *Tengo una cita mañana con mis amigos en el centro comercial, después de la clase.* Tenho um encontro amanhã com meus amigos no *shopping*, depois da aula. **3.** Transcrição ou reprodução das palavras de outro. ▸ Citação.

ci.tar. [θi'taɾ] [si'taɾ] *v.4.* **1.** Convocar alguém a comparecer a um determinado lugar. ▸ Citar. **2.** Combinar um encontro com alguém. ▸ Marcar. **3.** Fazer menção a pessoas ou coisas para referendar o que se afirma. ▸ Citar. **4.** Transcrever ou reproduzir palavras de outro. ▸ Citar.

cí.tri.co, ca. ['θitɾiko] ['sitɾiko] *adj.* **1.** *Bot.* Referente a plantas que produzem frutos azedos, como o limoeiro. ▸ Cítrico. **2.** *Quím.* Diz-se do ácido extraído do limão e de outros frutos azedos. ▸ Cítrico.

ciu.dad. [θju'ðað] [sju'ðað] *f.* Conglomerado populacional com densidade de moradias e de vias, e com ampla disponibilidade de bens e serviços. ▸ Cidade.

ciu.da.da.no, na. [θjuða'ðano] [sjuða'ðano] *adj.* **1.** Nascido em uma cidade ou morador das vizinhanças. ▸ Cidadão. **2.** Pertencente à cidade ou aos cidadãos. ▸ Cidadão. *s.* **3.** Pessoa que vive em uma cidade ou país e é sujeita às obrigações e direitos reconhecidos pela lei. ▸ Cidadão.

cí.vi.co, ca. ['θiβiko] ['siβiko] *adj.* Pertencente à cidade ou aos cidadãos. ▸ Cívico.

ci.vil. [θi'βil] [si'βil] *adj.* **1.** Pertencente à cidade ou aos cidadãos. ▸ Civil. **2.** Diz-se do cidadão que não é militar nem religioso. ▸ Civil. *U.t.c.com.*

ci.vi.li.za.ción. [θiβiliθa'θjon] [siβilisa'sjon] *f.* **1.** Ato de civilizar. ▸ Civilização. **2.** Conjunto de valores culturais de um povo. ▸ Civilização.

cla.mar. [kla'maɾ] [kla'maɾ] *v.4.* **1.** Pedir com veemência. ▸ Clamar. **2.** Proferir em altos brados protestando ou rogando. ▸ Clamar.

clan. ['klan] ['klan] *m.* Grupo de pessoas ou famílias de ascendência comum. ▸ Clã.

clan.des.ti.no, na. [klandes'tino] [klandeh'tino] *adj.* **1.** Que se faz ou se diz secretamente, em geral por temor à lei ou à repressão política. ▸ Clandestino. **2.** Ilegal, ilegítimo.

cla.que.ta. [kla'keta] [kla'keta] *f.* Objeto composto por duas placas de madeira unidas por uma dobradiça que, quando se chocam, produzem um ruído diante da câmera para sincronizar som e imagem. ▸ Claquete.

cla.ra. ['klaɾa] ['klaɾa] *f. Biol.* Matéria transparente que envolve a gema, dentro do ovo. ▶ Clara.

cla.ra.bo.ya. [klaɾa'βoja] [klaɾa'βoʃa] *f.* Janela que se abre no teto dos edifícios para entrar luz. ▶ Claraboia.

cla.re.ar. [klaɾe'aɾ] [klaɾe'aɾ] *v.4.* **1.** Dar claridade. ▶ Clarear. **2.** Começar a amanhecer. ▶ Clarear. **3.** Dissipar-se um nevoeiro. ▶ Clarear.

cla.ri.dad. [klaɾi'ðaθ] [klaɾi'ðað] *f.* Efeito que causa a luz em um espaço. Luminosidade. ▶ Claridade.

cla.ri.fi.car. [klaɾifi'kaɾ] [klaɾifi'kaɾ] *v.4.* **1.** Tornar claro. ▶ Iluminar. **2.** Tirar dúvidas ou certificar-se de algo. ▶ Esclarecer.

cla.ri.ne.te. [klaɾi'nete] [klaɾi'nete] *m. Mús.* Instrumento de sopro com bocal de palheta. ▶ Clarinete. ⇒ *Instrumentos musicales*

cla.ri.vi.den.te. [klaɾiβi'ðente] [klaɾiβi'ðente] *adj.* **1.** Que vê as coisas com clareza. ▶ Clarividente. **2.** Aquele que investiga minuciosamente e procede com cautela. ▶ Cauteloso. **3.** Diz-se de pessoa capaz de prever o futuro. ▶ Clarividente.

cla.ro, ra. ['klaɾo] ['klaɾo] *adj.* **1.** Luminoso, que reflete ou tem muita luz. ▶ Claro. *La sala es muy clara porque tiene cuatro ventanas.* A sala é muito clara porque tem quatro janelas. **2.** Aplica-se a cores suaves ou pouco carregadas. ▶ Claro. **3.** Que não apresenta complicações. ▶ Claro.

cla.se. ['klase] ['klase] *f.* **1.** Cada um dos tipos ou categorias de uma classificação de objetos ou pessoas. ▶ Classe. **2.** ❑ Lição dada diariamente pelo professor aos alunos. ▶ Aula. *Tenemos clases de Informática dos veces a la semana.* Temos aula de Informática duas vezes por semana. ◆ **De toda clase.** De todo tipo. *En esta tienda se encuentran discos de toda clase, desde los más antiguos hasta los más modernos.* Nesta loja encontram-se discos de todo tipo, desde os mais antigos até os mais modernos.

clá.si.co, ca. ['klasiko] ['klasiko] *adj.* Diz-se de autor ou obra tidos por modelo em literatura ou em belas-artes. ▶ Clássico.

cla.si.fi.ca.ción. [klasifika'θjon] [klasifika'sjon] *f.* Ato ou efeito de classificar. ▶ Classificação.

cla.si.fi.car. [klasifi'kaɾ] [klasifi'kaɾ] *v.7.* **1.** Ordenar ou dispor em classes. ▶ Classificar. **2.** Atingir determinado lugar em um certame. ▶ Classificar.

claus.tro. ['klaŭstɾo] ['klaŭhtɾo] *m.* Pátio interior, descoberto, de uma igreja ou convento. ▶ Claustro.

claus.tro.fo.bia. [klaŭstɾo'foβja] [klaŭhtɾo'foβja] *f. Med.* Estado mórbido de angústia e medo que sente uma pessoa ao passar ou estar em um local fechado. ▶ Claustrofobia.

clau.su.ra. [klaŭ'suɾa] [klaŭ'suɾa] *f.* **1.** Recinto fechado onde não podem entrar pessoas estranhas à comunidade. ▶ Clausura. **2.** Ato solene que encerra um evento. ▶ Encerramento. *La clausura del congreso será el viernes a las cuatro de la tarde.* O encerramento do congresso será na sexta-feira às quatro da tarde.

cla.va.do. [kla'βaðo] [kla'βaðo] *adj.* **1.** Aquilo que está fixo. ▶ Cravado. **2.** Aquilo que é parecido com outra coisa. ▶ Semelhante. **3.** Que é pontual. ▶ Em ponto. *El profesor llega clavado al trabajo.* O professor chega em ponto do trabalho.

cla.var. [kla'βaɾ] [kla'βaɾ] *v.4.* Fixar com pregos. ▶ Pregar.

cla.ve. ['klaβe] ['klaβe] *f.* **1.** Código de signos usados em mensagens confidenciais. ▶ Senha. **2.** Conjunto de regras que devem ser observadas para interpretar as mensagens em código. ▶ Chave, cifra. *El mensaje estaba en código y nadie conocía la clave.* A mensagem estava em código e ninguém conhecia a chave.

cla.vel. [kla'βel] [kla'βel] *m. Bot.* Flor do craveiro. ▶ Cravo.

cla.vi.ja. [kla'βixa] [kla'βixa] *f.* **1.** *Mús.* Peça de madeira ou de metal de certos instrumentos musicais destinada a retesar-lhes as cordas. ▶ Cravelha. **2.** Peça com dois pinos metálicos para estabelecer uma ligação elétrica. ▶ Tomada.

cla.vo. ['klaβo] ['klaβo] *m.* Peça de metal comprida e fina que serve para segurar, unir ou fixar. ▶ Prego. ◆ **Dar en el clavo.** Acertar em cheio. *Hizo un juego de la lotería deportiva y dio en el clavo.* Fez um jogo da loteria esportiva e acertou em cheio. **No dar una en el clavo.** Não dar uma dentro. *Marcelo nunca va a lograr que Verónica sea su novia: no da una en el clavo.* Marcelo nunca vai conseguir que Verônica seja sua namorada: não dá uma dentro.

cle.men.cia. [kle'menθja] [kle'mensja] *f.* Compaixão ou indulgência, ao aplicar justiça, em atenção a certas circunstâncias. ▶ Clemência.

clé.ri.go. ['kleriyo] ['kleriyo] *m. Rel.* Aquele que recebeu ordens sagradas e que pertence à Igreja Católica. ▸ Clérigo.

cle.ro. ['klero] ['klero] *m. Rel.* **1.** Conjunto dos clérigos. ▸ Clero. **2.** Classe sacerdotal na Igreja Católica. ▸ Clero.

clien.te. ['kljente] ['kljente] *com.* **1.** Pessoa que paga pelos serviços ou produtos que obtém de outro. ▸ Cliente. *Esa empresa es cliente nuestra.* Essa empresa é cliente nossa. **2.** Pessoa que usa habitualmente os serviços de um profissional. ▸ Cliente. **3.** Pessoa que está sob a proteção de outra. ▸ Tutelado. **4.** Pessoa que sempre faz suas compras no mesmo estabelecimento. ▸ Freguês.

cli.ma. ['klima] ['klima] *m. Meteor.* Conjunto de condições atmosféricas que caracterizam uma região. ▸ Clima.

cli.ma.ti.zar. [klimati'θar] [klimati'sar] *v.13.* Dar a um espaço fechado condições de temperatura e umidade agradáveis. ▸ Climatizar.

clí.max. ['klimaks] ['klimaks] *m.* Ponto culminante de um processo, acontecimento ou fenômeno. ▸ Clímax.

clí.ni.ca. ['klinika] ['klinika] *f.* **1.** Parte prática do ensino da Medicina. ▸ Clínica. **2.** Conjunto de pessoas que são atendidas por um médico. ▸ Clínica. *El doctor Rodrigo tiene una clínica numerosa.* O doutor Rodrigo tem uma clínica numerosa. **3.** Estabelecimento equipado para atender e tratar doentes. ▸ Clínica. *El enfermo fue llevado en ambulancia a una clínica.* O doente foi levado de ambulância a uma clínica.

clip. ['klip] ['klip] *m.* Peça de metal ou de plástico que serve para prender vários papéis. ▸ Clipe. *Los papeles no volaron porque estaban prendidos con un clip.* Os papéis não voaram porque estavam presos com um clipe.

cli.sé. [kli'se] [kli'se] *m.* **1.** Chapa metálica na qual está reproduzida em relevo uma imagem destinada à impressão. ▸ Clichê. **2.** Chapa fotográfica negativa. ▸ Negativo.

clo.a.ca. [klo'aka] [klo'aka] *f.* **1.** Conduto que recebe os dejetos das populações. ▸ Esgoto. **2.** Lugar sujo, imundo. ▸ Lixão.

clon. ['klon] ['klon] *m. Biol.* **1.** Conjunto de células geneticamente derivadas de uma célula original. ▸ Clone. **2.** Indivíduo geneticamente idêntico a outro. ▸ Clone.

clo.na.ción. [klona'θjon] [klona'sjon] *f.* Ato ou efeito de produzir clones. ▸ Clonagem.

clo.ro.fi.la. [kloro'fila] [kloro'fila] *f. Biol.* Pigmento das plantas verdes. ▸ Clorofila.

clo.set. ['kloset] ['kloset] *m. (Amér.)* Armário embutido utilizado para guardar roupas e sapatos. ▸ *Closet.* ➠ Muebles y electrodomésticos

club. ['kluβ] ['kluβ] *m.* **1.** Instituição cultural ou esportiva que funciona por associação de seus membros. ▸ Clube. *El club de tenis tiene muchos socios.* O clube de tênis tem muitos sócios. **2.** Local onde se reúnem os associados a um clube. ▸ Clube. *Los domingos voy al club a jugar al voliból.* Aos domingos vou ao clube jogar vôlei.

clue.co, ca. ['klweka] ['klweka] *adj.* Diz-se da galinha ou de outras aves quando estão chocando seus ovos. ▸ Choca.

co.ac.ción. [koak'θjon] [koak'sjon] *f.* Força ou pressão que se faz sobre uma pessoa para obrigá-la a fazer alguma coisa. ▸ Coação.

coa.gu.lar. [koaɣu'lar] [koaɣu'lar] *v.4.* Tornar-se sólido um líquido, especialmente o sangue. ▸ Coagular.

co.ar.ta.da. [koar'taða] [koar'taða] *f. Dir.* Prova da impossibilidade de o réu haver estado no lugar e à mesma hora em que se cometeu um crime. ▸ Álibi.

co.a.tí. [koa'ti] [koa'ti] *m. Zool.* Mamífero de focinho longo e cauda com anéis escuros, geralmente encontrado na América do Sul, e que se alimenta de frutos e pequenos animais. ▸ Quati.

co.au.tor, to.ra. [koau̯'tor] [koau̯'tor] *s.* Aquele que com outro produz uma obra. ▸ Coautor.

co.bar.de. [ko'βarðe] [ko'βarðe] *adj.* Diz-se de pessoa sem coragem. Medroso, pusilânime. ▸ Covarde.

co.bar.dí.a. [koβar'ðia] [koβar'ðia] *f.* Caráter ou qualidade de covarde. ▸ Covardia.

co.ba.ya. [ko'βaja] [ko'βaʃa] *amb. Zool.* Pequeno roedor usado em experiências científicas. ▸ Cobaia.

co.bi.jar. [koβi'xar] [koβi'xar] *v.4.* **1.** Dar albergue, acolher alguém. Abrigar. **2.** Dar afeto a uma pessoa. Amparar. ▸ Acalentar.

co.bi.jo. [ko'βixo] [ko'βixo] *m.* **1.** Lugar para proteger-se ou abrigar-se. ▸ Abrigo, refúgio. **2.** Proteção ou ajuda que uma pessoa dá a outra. ▸ Amparo.

co.bra. [ko'βra] [ko'βra] *f. Zool.* Tipo de serpente muito venenosa. Cobra-de-capelo. ▸ Naja.

co.brar. [ko'βrar] [ko'βrar] *v. 4.* **1.** Receber dinheiro ou outra coisa como pagamento. ▶ Cobrar. *He cobrado cien euros por mi servicio.* Cobrei cem euros pelo meu serviço. **2.** ☐ Ter sentimento em relação a alguém ou alguma coisa. ▶ Passar a sentir. *Le cobré cariño a aquel pequeño perro que estaba siempre en la puerta de mi casa.* Passei a sentir afeto por aquele pequeno cachorro que estava sempre na porta da minha casa.

co.bro. ['koβro] ['koβro] *m.* Resultado de receber uma importância em dinheiro como pagamento. ▶ Cobrança. *El resultado de su insistencia fue el cobro de la factura.* O resultado de sua insistência foi a cobrança da fatura. ◆ **A cobro revertido.** A cobrar (ligação telefônica).

co.ca. ['koka] ['koka] *f. Bot.* Arbusto de flores brancas e fruto vermelho que se cultiva em alguns países da América do Sul e de cujas folhas se extrai a substância para produzir cocaína. ▶ Coca.

co.ca.í.na. [koka'ina] [koka'ina] *f.* Substância tóxica, branca, que se extrai das folhas da coca e é usada como droga estimulante. ▶ Cocaína.

co.ce.ar. [koθe'ar] [kose'ar] *v.4.* **1.** Dar coices. ▶ Coicear. **2.** *fig.* Repelir energicamente alguma coisa. ▶ Rejeitar.

co.cer. [ko'θer] [ko'ser] *v.67.* Cozer os alimentos pela ação do calor. ▶ Cozinhar.

co.che. ['kotʃe] ['kotʃe] *m.* Veículo destinado ao transporte de poucas pessoas. ▶ Carro. ◆ **Coche cama.** Vagão de trem com leitos ou beliches em lugar de poltronas para viagens noturnas. ▶ Vagão-leito, carro-leito. *Nos vamos al sur en coche cama.* Vamos ao sul em vagão-leito.

co.che.ro, ra. [ko'tʃero] [ko'tʃero] *s.* **1.** Pessoa que conduz os cavalos em uma carruagem. Boleeiro. ▶ Cocheiro. *f.* **2.** Lugar onde se estacionam ou guardam veículos. ▶ Garagem. *Por la noche, no te olvides de cerrar bien la cochera.* À noite, não se esqueça de fechar bem a garagem.

co.chi.na.da. [kotʃi'naða] [kotʃi'naða] *f.* **1.** Ação pouco agradável ou educada. ▶ Gafe. **2.** *fig.* Ato indecoroso, grosseiro. ▶ Vulgaridade.

co.chi.no, na. [ko'tʃino] [ko'tʃino] *s.* **1.** *Zool.* Ver *cerdo*. ▶ Porco. **2.** *fig. pej.* Pessoa suja ou grosseira. Porco. ▶ Cochino.

co.ci.do, da. [ko'θiðo] [ko'siðo] *adj.* **1.** Que passou por cozimento. ▶ Cozido. *m.* **2.** *Cul.* Prato típico espanhol à base de carnes, batatas, legumes e grão-de-bico. ▶ Cozido.

co.ci.mien.to. [koθi'mjento] [kosi'mjento] *m.* **1.** Ato ou efeito de cozer. ▶ Cozimento. **2.** Infusão de ervas medicinais. ▶ Chá.

co.ci.na. [ko'θina] [ko'sina] *f.* **1.** Parte da casa onde se preparam os alimentos. ▶ Cozinha. **2.** Aparelho no qual se faz fogo para cozinhar. ▶ Fogão. ➡ *Muebles y electrodomésticos*

co.ci.ne.ro, ra. [koθi'nero] [kosi'nero] *s.* Profissional especializado na arte de cozinhar. ▶ Cozinheiro. *Pablo es un cocinero especializado en culinaria francesa.* Pablo é um cozinheiro especializado em culinária francesa.

co.co. ['koko] ['koko] *m. Bot.* Fruto do coqueiro. ▶ Coco. ➡ *Frutas*

co.co.dri.lo. [koko'ðrilo] [koko'ðrilo] *m. Zool.* Réptil anfíbio muito perigoso e voraz, que vive nos rios e pântanos das regiões tropicais. ▶ Crocodilo. ➡ *Reino animal*

co.co.te.ro. [koko'tero] [koko'tero] *m.* Árvore cujo fruto é o coco. ▶ Coqueiro.

cóc.tel. ['koktel] ['koktel] *m.* **1.** Bebida composta de uma mistura de licores e outros ingredientes. ▶ Coquetel. **2.** Reunião ou festa que ocorre na parte da tarde. ▶ Coquetel.

coc.te.le.ra. [kokte'lera] [kokte'lera] *f.* Recipiente em que se preparam coquetéis. ▶ Coqueteleira.

co.da.zo. [ko'ðaθo] [ko'ðaso] *m.* Golpe desferido com o cotovelo. ▶ Cotovelada.

co.de.ar.se. [koðe'arse] [koðe'arse] *v.4.* **1.** Dar cotoveladas. ▶ Acotovelar. *v.p.* **2.** Tratar socialmente com outra pessoa, de igual para igual.

co.de.ra. [ko'ðera] [ko'ðera] *f.* Peça, geralmente de couro, que se põe nas mangas, à altura dos cotovelos, de jaquetas esportivas. ▶ Cotoveleira.

có.di.ce. ['koðiθe] ['koðise] *m.* Livro antigo manuscrito e de importância histórica ou literária. ▶ Códice.

co.di.cia. [ko'ðiθja] [ko'ðisja] *f.* Desejo desmedido de riqueza e poder. ▶ Cobiça.

có.di.go. ['koðiɣo] ['koðiɣo] *m.* **1.** Conjunto de leis organizado de forma metódica e sistemática. ▶ Código. **2.** Senha usada em informações e documentos confidenciais. ▶ Código. ◆ **Código postal.** Código usado pelos Correios no encaminhamento de correspondências. ▶ Código de Endereçamento Postal (CEP).

codo – coladero

co.do. ['koðo] ['koðo] *m.* **1.** *Anat.* Parte posterior da articulação do braço com o antebraço. ▸ Cotovelo. **2.** Tubo em forma de ângulo que serve para unir dois canos. ▸ Cotovelo. ♦ **Codo a codo.** Lado a lado. *Estábamos codo a codo, pero él no me vio.* Estávamos lado a lado, mas ele não me viu. **Hablar por los codos.** ▸ Falar pelos cotovelos.
➡ *Cuerpo humano*

co.dor.niz. [koðorˈniθ] [koðorˈnis] *f. Zool.* Ave pequena de carne comestível. ▸ Codorna.

co.er.ci.ti.vo, va. [koerˈθiβo] [koersiˈtiβo] *adj.* **1.** Que exerce força, poder ou influência sobre. ▸ Coercitivo. **2.** Que refreia, contém. Coercivo. ▸ Coercitivo.

co.e.tá.ne.o, a. [koeˈtaneo] [koeˈtaneo] *adj.* Da mesma idade, da mesma época ou do mesmo tempo. Contemporâneo. ▸ Coetâneo.

co.fra.de. [koˈfraðe] [koˈfraðe] *com.* Pessoa que pertence a uma confraria. ▸ Confrade.

co.fra.dí.a. [kofraˈðia] [kofraˈðia] *f.* **1.** União de pessoas para um fim determinado. ▸ Confraria. **2.** Congregação de pessoas da mesma categoria ou profissão. Irmandade. ▸ Confraria.

co.fre. [ˈkofre] [ˈkofre] *m.* Caixa resistente de metal, geralmente com sistema de tranca, para guardar objetos de valor. ▸ Cofre.

co.ger. [koˈxer] [koˈxer] *v.11.* **1.** Apanhar com a mão. ▸ Pegar. **2.** Embarcar em um veículo. ▸ Pegar. *Cogió un autobús para ir al mercado.* Pegou um ônibus para ir ao mercado. **3.** *fig. (Amér.)* Ter relação sexual. ▸ Transar.

co.go.llo. [koˈɣoʎo] [koˈɣoʃo] *m. Bot.* A parte interior da alface, da couve e de outras hortaliças. ▸ Miolo.

co.ha.bi.tar. [koaβiˈtar] [koaβiˈtar] *v.4.* **1.** Habitar no mesmo lugar (duas ou mais pessoas). ▸ Coabitar. **2.** Viver em comum como marido e mulher. ▸ Coabitar.

co.he.cho. [koˈetʃo] [koˈetʃo] *m.* Ato de subornar um funcionário público. ▸ Suborno.

co.he.ren.cia. [koeˈrenθja] [koeˈrensja] *f.* Relação ou união de partes que formam um todo. ▸ Coerência.

co.he.sión. [koeˈsjon] [koeˈsjon] *f.* Conexão ou adesão de coisas entre si ou da matéria de que são formadas. ▸ Coesão.

co.he.te. [koˈete] [koˈete] *m.* **1.** Fogo de artifício que estoura no ar. ▸ Foguete. **2.** Engenho que se movimenta no espaço, propulsionado a jato de gases quentes. ▸ Foguete.

co.hi.bir. [koiˈβir] [koiˈβir] *v.6.* Fazer alguém perder a iniciativa. Reprimir. ▸ Coibir.

co.je.ar. [koxeˈar] [koxeˈar] *v.4.* **1.** Caminhar apoiando-se mais em uma perna do que na outra. ▸ Mancar. **2.** Balançar um móvel por ter os pés de diferentes tamanhos. ▸ Capengar.

co.jín. [koˈxin] [koˈxin] *m.* Ver *almohadilla*. ▸ Almofada. ➡ *Muebles y electrodomésticos*

co.jo, ja. [ˈkoxo] [ˈkoxo] *adj.* Que caminha com dificuldade por ter deficiência em uma das pernas. Manco. ▸ Coxo. *U.t.c.s.*

co.jo.nes. [koˈxones] [koˈxones] *m.pl. Anat. vulg.* Os testículos. ♦ **Con cojones.** Com coragem. **Estar hasta los cojones.** Estar de saco cheio.

co.jo.nu.do, da. [koxoˈnuðo] [koxoˈnuðo] *adj. vulg.* Que é muito bom e se destaca por suas boas qualidades.

col. [ˈkol] [ˈkol] *f. Bot.* Hortaliça comestível de numerosas variedades. ▸ Couve.
➡ *Vegetales*

❏ **co.la.** [ˈkola] [ˈkola] *f.* **1.** *Anat.* Extremidade saliente posterior do corpo de alguns animais. Cauda. ▸ Rabo. *El perro muestra su alegría meneando la cola.* O cachorro mostra sua alegria mexendo o rabo. **2.** ❏ Porção do tecido de uma roupa que se prolonga pela parte posterior. ▸ Cauda. *La novia llevaba un vestido con una cola de tres metros.* A noiva usava um vestido com uma cauda de três metros. **3.** ❏ Série de pessoas que se põem umas atrás das outras pela ordem de chegada. ▸ Fila. **4.** ❏ *Astr.* Esteira luminosa dos cometas. ▸ Cauda. *m.* **5.** ❏ Aquele que ocupa o último lugar em jogo ou competição. ▸ Lanterninha.

co.la.bo.rar. [kolaβoˈrar] [kolaβoˈrar] *v.4.* **1.** Trabalhar com outras pessoas em uma atividade comum. ▸ Colaborar. *Los diputados colaboran en la elaboración de las leyes.* Os deputados colaboram na elaboração das leis. **2.** Contribuir para um fim. ▸ Colaborar.

co.la.ción. [kolaˈθjon] [kolaˈsjon] *f.* **1.** Ato de empossar alguém em um cargo. ▸ Nomeação. **2.** Concessão de título ou grau. ▸ Colação. **3.** Refeição ligeira. ▸ Lanche.

❏ **co.la.da.** [koˈlaða] [koˈlaða] *f.* Ato ou efeito de lavar roupa suja, lavagem de roupa.

co.la.de.ro. [kolaˈðero] [kolaˈðero] *m.* **1.** Local estreito pelo qual se faz passar um líquido. ▶ Coador. **2.** Caminho ou passagem estreita. Viela. ▶ Beco.

co.la.dor. [kola'ðoɾ] [kola'ðoɾ] *m.* Peneira para coar composta de uma rede fina com um cabo. ▶ Coador.

co.la.du.ra. [kola'ðuɾa] [kola'ðuɾa] *f.* **1.** Ato ou efeito de coar. ▶ Filtragem. **2.** *fig.* e *fam.* Ato de dizer inconveniências e mentiras ou de cometer equívocos. ▶ Gafe.

❏ ◆ **co.lar.** [ko'laɾ] [ko'laɾ] *v.p.* **1.** Separar de um líquido as partículas sólidas nele contidas. ▶ Coar. *Prefiero colar la leche porque no me gusta la nata.* Prefiro coar o leite porque não gosto de nata. **2.** Passar por um lugar estreito. ▶ Introduzir. *Conseguió colar la mano por la ventana y coger el billetero.* Consegui introduzir a mão pela janela e pegar a carteira. *v.p.* **3.** Adiantar-se de forma desonesta na fila. ▶ Furar fila.

co.la.te.ral. [kolate'ɾal] [kolate'ɾal] *adj.* Diz-se das coisas que estão paralelas a outra principal. ▶ Colateral.

col.cha. ['kolt͡ʃa] ['kolt͡ʃa] *f.* Peça grande de tecido para cobrir a cama que serve também de adorno e de abrigo. ▶ Colcha.

col.chón. [kol't͡ʃon] [kol't͡ʃon] *m.* Peça retangular revestida de espuma ou mola, que se coloca sobre uma cama de dormir de tamanho proporcional. ▶ Colchão.

co.lec.ción. [kolek'θjon] [kolek'sjon] *f.* Efeito de colecionar. ▶ Coleção.

co.lec.cio.nar. [kolekθjo'naɾ] [koleksjo'naɾ] *v.4.* Reunir coisas da mesma classe: selos, moedas, etc. ▶ Colecionar.
➡ *Recreación*

co.lec.ta. [ko'lekta] [ko'lekta] *f.* **1.** Arrecadação de doações voluntárias para fins benéficos. ▶ Coleta. *Todos los habitantes de la ciudad participaron de la campaña de colecta de alimentos.* Todos os habitantes da cidade participaram da campanha de coleta de alimentos. **2.** *Rel.* Cada uma das orações da missa. ▶ Coleta.

co.lec.ti.va.men.te. [kolektiβa'mente] [kolektiβa'mente] *adv.* Realizar uma ação de forma coletiva. ▶ Coletivamente.

co.lec.ti.vo, va. [kolek'tiβo] [kolek'tiβo] *adj.* **1.** Que compete a muitos. ▶ Coletivo. **2.** *Ling.* Diz-se de substantivo no singular que designa várias pessoas, animais ou coisas. ▶ Coletivo. **3.** Agrupamento de indivíduos que estão unidos por motivos comuns. ▶ Associação. **4.** Ver *ómnibus.* ▶ Ônibus.

co.le.ga. [ko'leɣa] [ko'leɣa] *com.* **1.** Pessoa que mantém uma relação de amizade com outra. ▶ Colega. **2.** Pessoa com quem se trabalha. ▶ Colega de trabalho.

co.le.gia.do, da. [kole'xjaðo] [kole'xjaðo] *adj.* Pertencente a uma corporação que forma colégio. ▶ Colegiado.

co.le.gio. [ko'lexjo] [ko'leɣjo] *m.* **1.** Entidade dedicada ao ensino. Escola. ▶ Colégio. **2.** *col.* Associação ou entidade constituída por pessoas da mesma formação. ▶ Colégio.

co.le.gir. [kole'xiɾ] [kole'xiɾ] *v.47.* Inferir uma coisa de outra. ▶ Coligir.

co.le.óp.te.ro. [kole'opteɾo] [kole'opteɾo] *m.pl. Zool.* Insetos mastigadores que possuem carapaça e asas duras. ▶ Besouro, coleópteros.

có.le.ra. ['koleɾa] ['koleɾa] *f.* **1.** Acesso de ira ou fúria. ▶ Cólera. *m.* **2.** *Med.* Doença aguda, epidêmica, grave, que se manifesta com vômitos e diarreia persistentes. ▶ Cólera. ◆ **Montar en cólera.** Irar-se, encolerizar-se. Subir nas tamancas, rodar a baiana.

co.le.ta. [ko'leta] [ko'leta] *f.* Penteado em que os cabelos são presos e amarrados na parte de trás da cabeça. ▶ Rabo de cavalo.

col.ga.dor. [kolɣa'ðoɾ] [kolɣa'ðoɾ] *m.* Objeto usado para pendurar roupas no varal. ▶ Prendedor.

col.gan.te. [kol'ɣante] [kol'ɣante] *m.* **1.** Joia que pende de uma corrente no pescoço. ▶ Pingente. **2.** Berloque que pende da corrente do relógio. ▶ Pingente.

col.gar. [kol'ɣaɾ] [kol'ɣaɾ] *v.55.* **1.** Suspender a certa altura do chão. ▶ Pendurar. **2.** Pender roupas para que sequem. ▶ Pendurar. **3.** Colocar no gancho um aparelho telefônico após uma ligação. ▶ Desligar. **4.** Deixar de exercer uma profissão. ▶ Abandonar.

co.li.brí. [koli'βɾi] [koli'βɾi] *m.* Ave voadora muito pequena, de cores vivas, que se alimenta durante o voo. Beija-flor. ▶ Colibri.

có.li.co. ['koliko] ['koliko] *m. Med.* Dor aguda no ventre, produzida pela contração dos músculos. ▶ Cólica. ◆ **Cólico hepático.** *Med.* Cólica no fígado. **Cólico nefrítico.** *Med.* Cólica nos rins.

co.li.flor. [koli'floɾ] [koli'floɾ] *f. Bot.* Variedade da couve, comestível. ▶ Couve-flor.
➡ *Vegetales*

co.li.gar.se. [koli'ɣaɾse] [koli'ɣaɾse] *v.9.* **1.** Unir pessoas ou instituições com uma finalidade comum. ▶ Coligar. *v.p.* **2.**

co.li.lla. [ko'liʎa] [ko'liʃa] *f.* Toco de cigarro que se joga fora. ▶ Bituca.

co.li.na. [ko'lina] [ko'lina] *f. Geogr.* **1.** Elevação natural do terreno. ▶ Colina. **2.** Pequeno monte. ▶ Colina.

co.li.se.o. [koli'seo] [koli'seo] *m.* Sala destinada à apresentação de espetáculos públicos. ▶ Casa de espetáculos, coliseu.

co.li.sión. [koli'sjon] [koli'sjon] *f.* **1.** *Fís.* Choque recíproco de dois corpos. ▶ Colisão. **2.** *fig.* Oposição de ideias ou opiniões. ▶ Colisão.

co.llar. [ko'ʎar] [ko'ʃar] *m.* **1.** Enfeite ou adorno que rodeia o pescoço. ▶ Colar. **2.** Aro ou correia que rodeia o pescoço de um animal e que serve para segurá-lo. ▶ Coleira. *Está prohibido llevar los perros sin collar.* É proibido levar os cachorros sem coleira.

col.ma.do, da. [kol'maðo] [kol'maðo] *adj.* **1.** Que não comporta mais nada. Cheio. ▶ Repleto. *m.* **2.** Estabelecimento onde são vendidos produtos comestíveis. Empório. Quitanda. ▶ Mercado. *Hay un colmado cerca de casa donde compro lo necesario para el día.* Há um empório perto de casa onde eu compro o que preciso para o dia.

col.mar. [kol'mar] [kol'mar] *v.4.* **1.** Encher até a borda. ▶ Cumular. **2.** *fig.* Dar em abundância. ▶ Cumular.

col.me.na. [kol'mena] [kol'mena] *f.* Local em que um grupo de abelhas vive, fabrica e guarda o mel. ▶ Colmeia.

col.me.nar. [kolme'nar] [kolme'nar] *m.* Lugar em que há colmeias ou instalações próprias para abelhas. ▶ Colmeal.

col.mi.llo. [kol'miʎo] [kol'miʃo] *m. Anat.* **1.** Dente situado entre o incisivo e o molar, que serve para cortar o alimento. ▶ Dente canino. **2.** Dentes grandes que saem da boca de alguns animais, como o elefante e o javali. ▶ Presa. ◆ **Enseñar los colmillos.** Mostrar os dentes (em sinal de fúria). **Tener el colmillo retorcido.** Ser astuto, difícil de enganar.

col.mo. ['kolmo] ['kolmo] *m.* Grau máximo e insuperável. ▶ Cúmulo. ◆ **Ser el colmo.** Ser o cúmulo. **Para colmo.** E para piorar. *Las cosas no van nada bien en los negocios, y para colmo me atracaron y me robaron el dinero, el reloj y hasta la alianza.* As coisas não vão nada bem nos negócios, e para piorar me roubaram o dinheiro, o relógio e até a aliança.

co.lo.car. [kolo'kar] [kolo'kar] *v.7.* Ver *poner*[(1)]. ▶ Colocar.

co.lo.fón. [kolo'fon] [kolo'fon] *m.* **1.** Nota, ao final dos livros, que contém dados sobre a impressão. ▶ Colofão. **2.** Aquilo que põe fim a um assunto. ▶ Conclusão.

co.lom.bia.no, na. [kolom'bjano] [kolom'bjano] *adj.* **1.** Pertencente ou relativo à Colômbia. ▶ Colombiano. *s.* **2.** O natural ou habitante desse país. ▶ Colombiano.

co.lo.nia. [ko'lonja] [ko'lonja] *f.* **1.** Grupo de pessoas que se estabelece em uma outra terra. ▶ Colônia. **2.** *Polít.* Território dominado e administrado por uma nação estrangeira. ▶ Colônia. **3.** Substância fragrante usada no corpo. ▶ Colônia. **4.** *(Méx.* e *Amér. Central)* Ver *barrio.* ▶ Bairro.

co.lo.no, na. [ko'lono] [ko'lono] *s.* **1.** Pessoa que pertence a uma colônia. ▶ Colono. **2.** Trabalhador rural que lavra uma terra que é de outro. ▶ Colono.

co.lo.quio. [ko'lokjo] [ko'lokjo] *m.* **1.** Conversação entre duas ou mais pessoas. ▶ Colóquio. **2.** Reunião para tratar de assuntos de interesse comum. ▶ Colóquio.

co.lor. [ko'lor] [ko'lor] *m. Fís.* Efeito que os raios luminosos refletidos nos corpos produzem na retina. ▶ Cor.

co.lo.ra.do, da. [kolo'raðo] [kolo'raðo] *adj.* **1.** Que tem cor. ▶ Colorido. **2.** Que tem cor vermelha ou outra semelhante. ▶ Avermelhado.

co.lo.ran.te. [kolo'rante] [kolo'rante] *adj.* **1.** Diz-se do que dá cor. ▶ Colorante, corante. *m.* **2.** Substância artificial ou natural que se utiliza para tingir. ▶ Corante.

co.lo.re.ar. [kolore'ar] [kolore'ar] *v.4.* Dar cores a. ▶ Colorir.

co.lo.rín. [kolo'rin] [kolo'rin] *m.* Cor viva que contrasta com outras cores. ▶ Cor viva.

co.lo.sal. [kolo'sal] [kolo'sal] *adj.* Que tem proporções enormes. ▶ Colossal.

co.lo.so. [ko'loso] [ko'loso] *m.* **1.** Estátua de grande tamanho. ▶ Colosso. **2.** Pessoa ou coisa que, por suas qualidades, destaca-se das demais. ▶ Colosso.

co.lum.na. [ko'lumna] [ko'lumna] *f.* **1.** *Arq.* Pilar que sustenta abóbadas, tetos ou prédios ou que ornamenta alguns edifícios. ▶ Coluna. **2.** Divisão vertical de uma página. ▶ Coluna.

co.lum.na.ta. [kolum'nata] [kolum'nata] *f.* Conjunto de colunas disposto ao redor de um edifício, colunata.

co.lum.nis.ta. [kolum'nista] [kolum'nihta] *com.* Redator, articulista ou colaborador de jornal ou revista, que escreve para uma determinada seção. ▶ Colunista.

co.lum.pio. [ko'lumpjo] [ko'lumpjo] *m.* Brinquedo que consiste em um banco suspenso e uma armação para balançar. ▶ Balanço.

co.ma. ['koma] ['koma] *f.* **1.** *Ling.* Signo ortográfico (,) que indica a divisão das frases ou partes mais curtas da oração. ▶ Vírgula. *m.* **2.** *Med.* Estado em que há perda total ou parcial de consciência, sensibilidade e movimentos. ▶ Coma.

co.ma.dro.na. [koma'ðrona] [koma'ðrona] *f.* Ver *partera*. ▶ Parteira.

co.man.dan.te. [koman'dante] [koman'dante] *com.* **1.** Chefe militar de patente entre capitão e tenente-coronel. ▶ Comandante. **2.** Pessoa que pilota um avião ou barco. ▶ Comandante.

co.man.dar. [koman'dar] [koman'daɾ] *v.4.* Dirigir, em posto superior, uma unidade militar, uma praça, uma frota, etc. ▶ Comandar.

co.man.do. [ko'mando] [ko'mando] *m.* **1.** Pequeno grupo de tropas de choque, destinado a entrar em terreno inimigo ou participar de operações perigosas. ▶ Comando. **2.** *Inform.* Instrução inserida no teclado, que dirige as ações do computador ou de seus dispositivos. ▶ Comando.

co.mar.ca. [ko'marka] [ko'maɾka] *f.* Divisão judicial, administrativa e/ou política de um território, que abrange várias cidades. ▶ Comarca.

com.ba. ['komba] ['komba] *f.* **1.** Brincadeira de crianças que consiste em dar pulos sobre uma corda que se faz passar por debaixo dos pés e acima da cabeça. ▶ Pular corda. **2.** A própria corda. **3.** Curvatura de um material duro provocada por ação do tempo, umidade ou peso. ▶ Empenamento.

com.ba.te. [kom'bate] [kom'bate] *m.* Ato ou efeito de combater. ▶ Combate.

com.ba.tir. [komba'tir] [komba'tiɾ] *v.6.* Lutar contra o que se considera um mal. ▶ Combater.

com.bi.na.ción. [kombina'θjon] [kombina'sjon] *f.* **1.** Reunião de coisas em uma determinada ordem. ▶ Combinação. *La combinación de verduras, legumbres y frutas es saludable para el organismo.* A combinação de verduras, legumes e frutas é saudável para o organismo. **2.** Roupa feminina usada embaixo do vestido. ▶ Combinação. **3.** Conjunto de signos que se usam para fazer funcionar certos mecanismos. ▶ Combinação.

com.bi.nar. [kombi'nar] [kombi'naɾ] *v.4.* **1.** Juntar em certa ordem, combinar. *v.p.* **2.** Fazer um pacto, combinar.

com.bus.ti.ble. [kombus'tiβle] [kombuh'tiβle] *adj.* **1.** Que pode arder ou arde com facilidade. ▶ Combustível. *m.* **2.** *Quím.* Material que se queima para produzir calor ou energia, especialmente lenha, carvão, petróleo, etc. ▶ Combustível.

co.me.de.ro. [kome'ðero] [kome'ðero] *m.* Recipiente no qual se põe comida para os animais. ▶ Gamela.

co.me.dia. [ko'meðja] [ko'meðja] *f.* **1.** *Teat.* Obra caracterizada por tom humorístico, divertido ou de entretenimento. ▶ Comédia. **2.** *fig.* Acontecimento fingido ou de pouca seriedade. ▶ Comédia. ◆ **Hacer la comedia.** Aparentar o que na realidade não se sente. ▶ Fingir.

co.me.di.do, da. [kome'ðiðo] [kome'ðiðo] *adj.* Que procede com moderação e prudência. ▶ Comedido.

co.me.dor, do.ra. [kome'ðor] [kome'ðoɾ] *adj.* **1.** Que come muito. ▶ Comilão. *m.* **2.** Parte da casa destinada às refeições. ▶ Sala de jantar. **3.** Mobília da sala de jantar. ▶ Sala de jantar. **4.** Refeitório.

co.men.tar. [komen'tar] [komen'taɾ] *v.4.* Fazer comentários. ▶ Comentar.

co.men.ta.rio. [komen'tarjo] [komen'taɾjo] *m.* Ato ou efeito de comentar. ▶ Comentário.

co.men.ta.ris.ta. [komenta'rista] [komenta'rihta] *com.* **1.** Pessoa que escreve comentários. ▶ Comentarista. **2.** Profissional que comenta notícias em algum veículo de comunicação. ▶ Comentarista.

co.men.zar. [komen'θar] [komen'saɾ] *v.70.* Dar princípio a uma coisa. Iniciar-se (algo). ▶ Começar.

co.mer. [ko'mer] [ko'meɾ] *v.5.* Introduzir alimentos no estômago pela boca. ▶ Comer.

co.mer.cial. [komer'θjal] [komeɾ'sjal] *adj.* **1.** Relativo ao comércio e aos comerciantes. ▶ Comercial. **2.** Que tem aceitação no mercado. ▶ Comercial. *m.* **3.** Publicidade nos meios de comunicação. ▶ Comercial.

co.mer.cia.li.za.ción. [komerθjaliθa'θjon] [komeɾsjalisa'sjon] *f.* Ato ou efeito de comercializar. ▶ Comercialização.

co.mer.cian.te. [komeɾˈθjante] [komerˈsjante] *com.* Pessoa que atua profissionalmente no comércio. ▸ Comerciante.

co.mer.cio. [koˈmerθjo] [koˈmersjo] *m.* **1.** Negociação para compra, venda ou permuta de produtos. ▸ Comércio. **2.** Estabelecimento comercial. ▸ Comércio.

co.mes.ti.ble. [komesˈtiβle] [komehˈtiβle] *adj.* **1.** Que se pode comer. ▸ Comestível. *m.pl.* **2.** Todo gênero de mantimentos usados na alimentação. ▸ Comestíveis.

co.me.ta. [koˈmeta] [koˈmeta] *m.* **1.** *Astr.* Astro luminoso que descreve uma órbita muito alongada em volta do Sol. ▸ Cometa. *f.* **2.** Brinquedo de papel que, preso a um fio, se solta ao vento. Papagaio. ▸ Pipa.
➡ *Recreación*

co.me.ter. [komeˈteɾ] [komeˈteɾ] *v.5.* **1.** Praticar atos errados. Cair em culpa. ▸ Cometer. **2.** Tornar uma pessoa, por confiança ou hierarquia, responsável pela execução de alguma coisa. ▸ Incumbir.

có.mic. [ˈkomik] [ˈkomik] *m.* **1.** História em quadrinhos com desenhos. ▸ Quadrinhos. **2.** Livro ou revista que contém essas histórias. ▸ Gibi. *Los niños se entretienen leyendo cómics.* As crianças se entretêm lendo gibis.

có.mi.co, ca. [ˈkomiko] [ˈkomiko] *adj.* **1.** *Teatr.* Relativo à comédia. ▸ Cômico. *m.* **2.** *Teatr.* Ator que representa comédias. ▸ Comediante. **3.** Aquilo que diverte e faz rir. ▸ Cômico.

co.mi.da. [koˈmiða] [koˈmiða] *f.* **1.** Ato de comer. ▸ Comida. **2.** Alimento que se come. ▸ Comida. **3.** Cada uma das refeições do dia. ▸ Refeição.

co.mi.di.lla. [komiˈðiʎa] [komiˈðiʃa] *f.* Conversação ou mexerico de caráter irônico. ▸ Fofoca.

co.mien.zo. [koˈmjenθo] [koˈmjenso] *m.* Ato ou efeito de começar. ▸ Começo.

co.mi.lón, lo.na. [komiˈlon] [komiˈlon] *adj.* **1.** Diz-se da pessoa que come muito ou gosta de comer. ▸ Comilão. *f.* **2.** Refeição farta e com diversidade de pratos saborosos. ▸ Banquete. *Nos invitaron a una comilona en casa de unos amigos.* Convidaram-nos para um banquete na casa de uns amigos.

co.mi.llas. [koˈmiʎas] [koˈmiʃas] *f.pl.* *Ling.* Par de signos ortográficos (" ") que se utilizam um ao início e outro ao fim de um trecho de texto, frase ou palavra que se quer destacar pelo sentido especial que lhe foi dado. ▸ Aspas. ◆ **Entre comillas.** Entre aspas.

co.mi.sa.rí.a. [komisaˈria] [komisaˈria] *f.* Local onde se centralizam as atividades policiais de um bairro ou distrito. ▸ Delegacia.

co.mi.sa.rio, ria. [komiˈsarjo] [komiˈsarjo] *s.* O chefe de uma delegacia. ▸ Delegado.

co.mi.sión. [komiˈsjon] [komiˈsjon] *f.* **1.** Grupo de pessoas encarregadas de tratar de um assunto. ▸ Comissão. **2.** Gratificação por algum serviço prestado. ▸ Comissão.

co.mi.té. [komiˈte] [komiˈte] *m.* **1.** Grupo de pessoas escolhidas para examinar algum assunto ou questão. ▸ Comitê. **2.** Órgão diretivo em algumas organizações. ▸ Comitê.

co.mi.ti.va. [komiˈtiβa] [komiˈtiβa] *f.* Grupo de pessoas que acompanham alguém. ▸ Comitiva.

co.mo. [ˈkomo] [ˈkomo] *conj.* **1.** Indica causa. ▸ Como. *Como has llegado tarde, te quedas sin comer.* Como você chegou tarde, vai ficar sem comer. **2.** Indica função, situação ou estado. ▸ Como. *Voy a hablarte como amigo.* Vou falar como amigo. *adv.* **3.** Do modo ou da maneira que. ▸ Como. *Lo puedes hacer como quieras.* Pode fazê-lo como você quiser. **4.** Implica sentido aproximativo. Mais ou menos. ▸ Aproximadamente. *Has tardado como veinte minutos.* Você demorou aproximadamente vinte minutos. **5.** Implica sentido comparativo. ▸ Como. *Es rubio como la cerveza.* É loiro como a cerveja. ◆ **Como si.** Como se. *Lo amo como si fuera mi hermano.* Eu o amo como se fosse meu irmão. *pron.* **6.** Forma interrogativa e exclamativa de *como*. ▸ Como. *¿Cómo se llama este señor que está contigo?* Como se chama este senhor que está com você? ◆ **¡Cómo no!** Pois não! **¿Pero, cómo?** Mas, como?

có.mo.da. [ˈkomoða] [ˈkomoða] *f.* Móvel de madeira com mesa e gavetas que ocupam toda a frente. ▸ Cômoda.

co.mo.dín. [komoˈðin] [komoˈðin] *m.* **1.** Em alguns jogos de baralho, carta que pode tomar qualquer valor. ▸ Curinga. **2.** Objeto ou pessoa que pode desempenhar várias funções. ▸ Curinga.

có.mo.do, da. [ˈkomoðo] [ˈkomoðo] *adj.* Que é confortável, oportuno ou conveniente. ▸ Cômodo.

com.pa.de.cer. [kompaðe'θer] [kompaðe'ser] *v.24. v.p.* **1.** Compartilhar o sofrimento alheio. ▶ Compadecer. **2.** Ter compaixão pelo sofrimento de alguém. ▶ Apiedar-se.

com.pa.ñe.ro, ra. [kompa'ɲero] [kompa'ɲero] *s.* **1.** Cada uma das pessoas que pertencem a uma corporação. ▶ Companheiro. **2.** *Desp.* Nos jogos, cada jogador com relação aos outros do seu time. ▶ Companheiro.

com.pa.ñí.a. [kompa'ɲia] [kompa'ɲia] *f.* **1.** Pessoa com quem se convive. ▶ Companhia. **2.** Sociedade comercial ou industrial.

com.pa.ra.ble. [kompa'raβle][kompa'raβle] *adj.* Que tem um semelhante ao qual pode ou merece ser comparado. ▶ Comparável.

com.pa.ra.ción. [kompara'θjon] [kompara'sjon] *f.* Ato ou efeito de comparar. ▶ Comparação.

com.pa.rar. [kompa'rar] [kompa'rar] *v.4.* Fixar a atenção simultaneamente em dois ou mais objetos para descobrir suas relações, semelhanças ou diferenças. ▶ Comparar.

com.pa.re.cer. [kompare'θer][kompare'ser] *v.24.* Apresentar-se em local determinado. ▶ Comparecer.

❑ **com.par.sa.** [kom'parsa] [kom'parsa] *f.* Grupo de pessoas que desfilam fantasias iguais. ▶ Bloco de carnaval.

com.par.ti.mien.to. [komparti'mjento] [komparti'mjento] *m.* Cada uma das partes em que se divide um espaço. ▶ Compartimento.

com.par.tir. [kompar'tir] [kompar'tir] *v.6.* **1.** Distribuir em partes. ▶ Compartilhar. **2.** Ter participação em. ▶ Compartilhar.

com.pás. [kom'pas] [kom'pas] *m.* **1.** Instrumento de desenho que serve para traçar curvas e tomar medidas. ▶ Compasso. **2.** Instrumento para marcar o rumo. ▶ Bússola. **3.** Ritmo ou cadência de uma composição musical. ▶ Compasso.

com.pa.sión. [kompa'sjon] [kompa'sjon] *f.* Sentimento de piedade que se tem por aqueles que sofrem. ▶ Compaixão.

com.pa.trio.ta. [kompa'trjota][kompa'trjota] *com.* Pessoa da mesma pátria que outra. ▶ Compatriota.

com.pe.ler. [kompe'ler] [kompe'ler] *v.5. p.p. reg. compelido / irreg. compulso.* Obrigar, fazendo uso de força ou autoridade, que alguém faça algo contra a própria vontade. ▶ Compelir.

com.pen.diar.[kompen'djar] [kompen'djar] *v.4.* Resumir ou reduzir um texto ou um tema aos principais pontos. ▶ Compendiar, resumir. *Han compendiado muy bien los análisis de la conferencia.* Resumiram muito bem as anotações da conferência.

com.pen.dio. [kom'pendjo] [kom'pendjo] *m.* Exposição oral ou escrita de uma matéria, com precisão e brevidade. ▶ Compêndio.

com.pe.ne.trar. [kompene'trar] [kompene'trar] *v.4. v.p.* **1.** ❑ Haver confluência de ideias e sentimentos entre duas pessoas. ▶ Identificar-se. *En una empresa, las personas tienen que compenetrarse y comunicarse para alcanzar un objetivo.* Em uma empresa, as pessoas têm que se identificar e se comunicar para alcançar um objetivo. **2.** Concentrar a atenção em um assunto. ▶ Compenetrar-se.

com.pen.sa.ción. [kompensa'θjon] [kompensa'sjon] *f.* Ato ou efeito de compensar ou ser compensado. ▶ Compensação.

com.pen.sar. [kompen'sar] [kompen'sar] *v.4.* **1.** Dar alguma coisa em ressarcimento por um dano causado. ▶ Compensar. **2.** *Fin.* Atribuir valores entre contas bancárias. ▶ Compensar.

❑ **com.pe.ten.cia.** [kompe'tenθja] [kompe'tensja] *f.* **1.** Oposição entre duas ou mais pessoas que aspiram à mesma coisa. ▶ Concorrência. **2.** *Desp.* Encontro entre times ou atletas para competir. ▶ Competição.

com.pe.ten.te. [kompe'tente] [kompe'tente] *adj.* **1.** Que tem incumbência e autoridade sobre um negócio. ▶ Competente. **2.** Que conhece muito bem uma determinada atividade, técnica, arte ou disciplina. ▶ Competente. **3.** ❑ Que concorre. ▶ Concorrente.

com.pe.ti.ción. [kompeti'θjon] [kompeti'sjon] *f.* Ato ou efeito de competir. ▶ Competição.

com.pe.tir. [kompe'tir] [kompe'tir] *v.21.* Disputar (duas ou mais pessoas) aspirando obter a mesma coisa. Rivalizar. ▶ Competir.

com.pe.ti.ti.vi.dad. [kompetitiβi'ðaθ] [kompetitiβi'ðað] *f.* Que é capaz de competir, que apresenta um impulso competitivo. ▶ Competitividade.

com.pi.lar. [kompi'lar] [kompi'lar] *v.4.* Reunir, em uma obra, partes ou textos diversos de diferentes procedências. ▶ Compilar.

com.pin.che. [kom'pinʧe] [kom'pinʧe] *com.* Companheiro de diversões ou de tratos escusos. ▸ Comparsa, cúmplice.

com.pla.cer. [kompla'θer] [kompla'seɾ] *v.24.* Ser gentil, agradar a uma pessoa, satisfazer. ▸ Comprazer. *Hacen todo por complacer a los demás.* Fazem de tudo para ser agradavél com os demais.

com.ple.jo, ja. [kom'plexo] [kom'plexo] *adj.* **1.** Que se compõe de elementos distintos. ▸ Complexo. **2.** De difícil solução. Complicado. ▸ Complexo. *m.* **3.** Sistema composto por várias construções. ▸ Complexo. **4.** *Med.* Trauma psicológico. ▸ Complexo.

com.ple.men.ta.rio, ria. [komplemen'tarjo] [komplemen'tarjo] *adj.* Que completa ou complementa. ▸ Complementar.

com.ple.men.to. [komple'mento] [komple'mento] *m.* Aquilo que se acrescenta a outra coisa. ▸ Complemento.

com.ple.tar. [komple'tar] [komple'taɾ] *v.4.* **1.** Acabar ou concluir o que falta para terminar um processo. ▸ Completar. **2.** Preencher uma ficha, formulário, etc.

com.ple.to, ta. [kom'pleto] [kom'pleto] *adj.* Que não teve nenhuma parte retirada. Integral. ▸ Completo.

com.pli.ca.ción. [komplika'θjon] [komplika'sjon] *f.* Ato ou efeito de complicar. ▸ Complicação.

com.pli.ca.do, da. [kompli'kaðo] [kompli'kaðo] *adj.* Difícil de compreender. ▸ Complicado.

com.pli.car. [kompli'kar] [kompli'kaɾ] *v.7.* **1.** Dificultar a solução de alguma coisa. ▸ Complicar. **2.** Tornar algo confuso. ▸ Complicar.

cóm.pli.ce. ['kompliθe] ['komplise] *com. Dir.* Colaborador de um crime. Coautor. ▸ Cúmplice.

com.plot. [kom'plot] [kom'plot] *m.* Ação sigilosa que tem por objeto causar um mal ou iniciar ato ilícito. Conspiração. ▸ Complô.

com.po.nen.da. [kompo'nenda] [kompo'nenda] *f.* Transação ou acordo imoral entre duas ou mais pessoas para obter um benefício ou prejudicar outras. ▸ Conchavo.

com.po.nen.te. [kompo'nente] [kompo'nente] *adj.* Que entra na composição de algo. ▸ Componente.

com.po.ner. [kompo'ner] [kompo'neɾ] *v.40. p.p. irreg. compuesto.* **1.** Formar um todo com partes. ▸ Compor. **2.** Organizar ou consertar algo. ▸ Arrumar. **3.** Produzir uma obra. ▸ Compor.

com.por.ta.mien.to. [komporta'mjento] [komporta'mjento] *m.* Maneira de portar-se. ▸ Comportamento.

com.po.si.tor, to.ra. [komposi'tor] [komposi'tor] *s.* **1.** Pessoa que compõe. ▸ Compositor. **2.** Autor de composições musicais. ▸ Compositor.

com.pos.tu.ra. [kompos'tuɾa] [kompoh'tuɾa] *f.* **1.** Reunião de várias partes para a formação de um todo. ▸ Composição. **2.** Seriedade de maneiras, comedimento e boa educação. ▸ Compostura.

com.pra. ['kompra] ['kompra] *f.* **1.** Ato ou efeito de comprar. ▸ Compra. **2.** Conjunto de coisas compradas em troca de dinheiro. ▸ Compra.

com.pra.dor, do.ra. [kompra'ðor] [kompra'ðoɾ] *s.* Que realiza compras. ▸ Comprador.

com.prar. [kom'prar] [kom'praɾ] *v.4.* **1.** Adquirir algum produto em troca de dinheiro. ▸ Comprar. **2.** Conseguir o favor escuso de uma pessoa em troca de dinheiro. Subornar. ▸ Comprar.

com.pren.der. [kompren'der] [kompren'der] *v.5. p.p. reg. comprendido / irreg. compreso.* **1.** Rodear algo por todas as partes. ▸ Compreender, abranger. **2.** Apreender pelo entendimento. ▸ Compreender.

com.pren.si.ble. [kompren'siβle] [kompren'siβle] *adj.* Diz-se do que se pode compreender. ▸ Compreensível.

com.pren.sión. [kompren'sjon] [kompren'sjon] *m.* Ato ou efeito de compreender. ▸ Compreensão.

com.pren.si.vo, va. [kompren'siβo] [kompren'siβo] *adj.* Que desculpa certas falhas, complacente. ▸ Compreensivo.

com.pre.sa. [kom'presa] [kom'presa] *f.* Pano esterilizado, dobrado várias vezes, que, embebido em água ou medicamentos, se aplica em feridas ou parte dolorida do corpo. ▸ Compressa.

com.pre.sor, so.ra. [kompre'sor] [kompre'sor] *adj.* **1.** Aquilo que comprime. ▸ Compressor. *m.* **2.** Aparelho usado para comprimir gases ou líquidos. ▸ Compressor. **3.** Máquina dotada de rolo para consolidar terreno. ▸ Compressor.

com.pri.mir. [kompri'mir] [kompri'mir] *v.6. p.p. reg.* comprimido / *irreg.* compreso. **1.** Reduzir a um volume menor. ▶ Comprimir. **2.** *fig. p.us.* Causar repressão ou contenção. ▶ Comprimir.

com.pro.bar. [kompro'βar] [kompro'βar] *v.18.* **1.** Provar a veracidade de algo. ▶ Comprovar. **2.** Verificar a exatidão de fatos e informações. ▶ Comprovar.

com.pro.mi.so. [kompro'miso] [kompro'miso] *m.* **1.** Obrigação contraída em relação a uma promessa a ser cumprida. ▶ Compromisso. **2.** *Dir.* Convênio entre litigantes. ▶ Compromisso.

com.puer.ta. [kom'pwerta] [kom'pwerta] *f.* **1.** Prancha de madeira, concreto ou ferro que se usa para desviar ou parar um curso de água. ▶ Comporta. **2.** Construção que mantém as águas de uma represa. ▶ Comporta.

com.pues.to, ta. [kom'pwesto] [kom'pwehto] *adj.* **1.** Que foi formado. ▶ Composto. **2.** Que foi consertado ou arrumado. ▶ Composto.

com.pun.gi.do, da. [kompun'xido] [kompun'xio] *adj.* Que tem pesar por faltas cometidas. ▶ Constrangido.

com.pu.ta.ción. [komputa'θjon] [komputa'sjon] *f.* **1.** *Mat.* Ato de contar ou calcular. Cômputo. **2.** Computação. **2.** *Inform.* Ver *informática.* Computação. ▶ Informática.

com.pu.ta.dor, do.ra. [komputa'ðor] [komputa'ðor] *s. Inform.* Ver *ordenador.* ▶ Computador.

com.pu.tar. [kompu'tar] [kompu'tar] *v.4.* **1.** *Mat.* Contar ou calcular uma coisa por meio de números. ▶ Computar. **2.** *Inform.* Processar em computador. ▶ Computar.

co.mul.gar. [komul'ɣar] [komul'ɣar] *v.9.* **1.** *Rel.* Tomar (os cristãos) o pão que representa o corpo de Cristo. ▶ Comungar. **2.** *Rel.* Dar ou receber a comunhão. ▶ Comungar. *Nos acercamos al altar después de la consagración para comulgar.* Fomos até ao altar depois da consagração para comungar. **3.** Coincidir em ideias e pensamentos com outra pessoa. ▶ Comungar.

co.mún. [ko'mun] [ko'mun] *adj.* **1.** Que pertence ou afeta a todos. ▶ Comum. **2.** Da maior parte. ▶ Da maioria. *La opinión común es favorable al proyecto.* A opinião da maioria é favorável ao projeto. **3.** Que é frequente. ▶ Comum. ◆ **Por lo común.** Geralmente. *Por lo común cenamos a las nueve.* Geralmente jantamos às nove.

co.mu.ni.ca.ción. [komunika'θjon] [komunika'sjon] *f.* **1.** Relação que se estabelece com o outro a fim de compartilhar informações. ▶ Comunicação. **2.** Ligação estabelecida entre pontos diferentes. ▶ Comunicação.

co.mu.ni.car. [komuni'kar] [komuni'kar] *v.7.* **1.** Compartilhar, transmitir ou trocar informações. ▶ Comunicar. **2.** Estabelecer contato entre lugares. ▶ Comunicar. **3.** *(Esp.)* Dar o telefone sinal de ocupado.

co.mu.ni.dad. [komuni'ðað] [komuni'ðað] *f.* Conjunto de pessoas que têm interesses, hábitos ou opiniões comuns. ▶ Comunidade.

con. [kon] [kon] *prep.* **1.** Indica concorrência e união de pessoas ou coisas. ▶ Com. *Cuando salgo con mis amigos suelo pedir café con leche.* Quando saio com meus amigos, costumo pedir café com leite. **2.** Designa a maneira ou instrumento com que se faz uma coisa. ▶ Com. *Con voluntad se vencen las dificultades.* Com vontade se vencem as dificuldades. **3.** Indica circunstância em que se faz ou acontece algo. ▶ Com. *El verano comenzó con mucho calor.* O verão começou com muito calor. ◆ **Con el fin de.** A fim de. **Con el objeto / propósito de.** Com o objetivo de. **Con (tal) que.** Indica condição. Desde que. ▶ Contanto que. *Conseguirás todos tus objetivos con tal que te lo propongas.* Você conseguirá todos os seus objetivos, contanto que se proponha a fazê-los.

co.na.to. [ko'nato] [ko'nato] *m.* Início de alguma ação que não chega ao término. ▶ Princípio, ameaça. *El conato de incendio alarmó a los escolares y a los profesores.* A ameaça de incêndio alarmou os estudantes e os professores.

con.ce.bir. [konθe'βir] [konse'βir] *v.22.* **1.** Formar ideia, fazer conceito de alguma coisa. ▶ Conceber. **2.** Compreender os sentimentos de alguém. ▶ Conceber.

con.ce.der. [konθe'ðer] [konse'ðer] *v.5.* **1.** Dar ou outorgar alguma coisa. ▶ Conceder. **2.** Atribuir uma qualidade ou condição a uma pessoa. ▶ Conceder, conferir.

con.ce.jal, ja.la. [konθe'xal] [konse'xal] *s. Polít.* Membro de um conselho da câmara de um município. Conselheiro. ▶ Vereador.

con.ce.jo. [kon'θexo] [kon'sexo] *m.* **1.** *Polít.* Câmara de vereadores. ▶ Câmara. **2.** Sessão do conselho. ▶ Conselho.

con.cen.tra.ción. [konθentra'θjon] [konsentra'sjon] *f.* **1.** Ato ou efeito de se reunirem várias pessoas ou coisas num mesmo local. ▸ Concentração 2. *Quím.* Relação existente entre a quantidade de solvente e substância dissolvida. ▸ Concentração. 3. Estado mental que permite manter a atenção em um determinado tema. ▸ Concentração. 4. Reclusão que fazem os esportistas para preparar-se mental e fisicamente antes de competir. ▸ Concentração.

con.cen.trar. [konθen'trar] [konsen'trar] *v.4.* 1. Fazer convergir a um centro. ▸ Concentrar. 2. Tornar mais denso. ▸ Condensar. *v.p.* 3. Prestar muita atenção no que se faz. ▸ Concentrar-se.

con.cén.tri.co, ca. [kon'θentriko] [kon'sentriko] *adj.* Diz-se de figuras ou sólidos que têm o mesmo centro. Homocêntrico. ▸ Concêntrico.

con.cep.to. [kon'θepto] [kon'septo] *m.* 1. Ideia que forma o entendimento. ▸ Conceito. 2. Opinião que se tem sobre uma pessoa ou coisa. ▸ Conceito.

con.cep.tuar. [konθep'twar] [konsep'twar] *v.4.* Formar conceito de uma coisa ou pessoa. ▸ Conceituar.

con.cer.tar. [konθer'tar] [konser'tar] *v.15.* 1. Ordenar as partes de uma ou várias coisas. ▸ Ajustar. 2. Tratar, combinar o preço de alguma coisa. ▸ Apreçar. 3. *Mús.* Harmonizar entre si instrumentos musicais ou vozes. ▸ Afinar.

con.cer.tis.ta. [konθer'tista] [konser'tihta] *com. Mús.* Músico que toma parte como solista em um concerto. ▸ Solista.

con.cha. ['konʧa] ['konʧa] *f.* 1. Cobertura dura do corpo de alguns animais, como os moluscos. ▸ Concha. *En las playas se encuentran conchas de mariscos y caracoles.* Nas praias se acham conchas de mariscos e caracóis. 2. *vulg. (Amér.)* O órgão sexual feminino. ♦ **Meterse en su concha.** Viver isolado, sem trato com os outros. ▸ Viver em seu mundinho. *Sergio vive metido en su concha, sin amigos; es un solitario.* Sérgio vive em seu mundinho, sem amigos; é um solitário.

con.cien.cia. [kon'θjenθja] [kon'sjensja] *f.* 1. Conhecimento que o ser humano tem de sua própria existência. ▸ Consciência. 2. Sentido ético ou moral que rege comportamentos. ▸ Consciência.

con.cien.cia.ción. [konθjenθja'θjon] [konsjensja'sjon] *f.* Ato ou efeito de tornar ciente, de conscientizar. ▸ Conscientização.

con.cien.ciar. [konθjen'θjar] [konsjen'sjar] *v.p.* Tornar ciente, tomar consciência de algo. ▸ Conscientizar.

con.cier.to. [kon'θjerto] [kon'sjerto] *m.* 1. ☐ Boa ordem das coisas. ▸ Funcionamento. 2. Ajuste entre duas ou mais pessoas sobre um assunto. ▸ Combinação. 3. *Mús.* Espetáculo musical. ▸ Concerto, *show*.

con.ci.li.á.bu.lo. [konθili'aβulo] [konsili'aβulo] *m.* Junta ou reunião para tratar de assunto secreto. ▸ Concílio, conciliábulo.

con.ci.lia.ción. [konθilja'θjon] [konsilja'sjon] *f.* Ato ou efeito de conciliar. ▸ Conciliação.

con.ci.liar. [konθi'ljar] [konsi'ljar] *v.4.* 1. Pôr de acordo. ▸ Conciliar. 2. Ganhar o ânimo e a benevolência. Congraçar. ▸ Conciliar.

con.ci.so, sa. [kon'θiso] [kon'siso] *adj.* Que é breve e claro na exposição de um tema ou assunto. ▸ Conciso.

con.cluir. [kon'klwir] [kon'klwir] *v.32. p.p. reg. concluido | irreg. concluso.* 1. Dar término ou finalização a uma coisa ou assunto. ▸ Concluir. 2. Chegar a uma conclusão por raciocínio. Deduzir. ▸ Concluir.

con.clu.sión. [konklu'sjon] [konklu'sjon] *m.* Ato ou efeito de concluir. ▸ Conclusão.

con.clu.so, sa. [kon'kluso] [kon'kluso] *adj.* 1. Que está terminado, findo. ▸ Concluso. 2. *Dir.* Diz-se de processo judicial pronto para sentença. ▸ Concluso.

con.cor.dia. [kon'korðja] [ko'korðja] *f.* 1. Tranquilidade de ânimo. Harmonia. ▸ Concórdia. 2. *Dir.* Convênio entre pessoas que litigam. Concordância. ▸ Concórdia.

con.cre.to, ta. [kon'kreto] [kon'kreto] *adj.* 1. Que tem existência real. ▸ Concreto. 2. Algo que é preciso, determinado. ▸ Concreto. *m.* 3. Aquilo que tem concretude. ▸ Concreto.

con.cul.car. [konkul'kar] [konkul'kar] *v.7.* 1. Transgredir uma lei. ▸ Infringir. 2. Calcar algo com os pés. ▸ Pisar.

con.cu.rren.cia. [konku'renθja] [konku'rensja] *f.* Afluência de pessoas a um ato ou reunião. Afluxo. ▸ Concorrência.

con.cu.rrir. [konku'rir] [konku'rir] *v.6.* Reunir-se várias pessoas, coisas ou acontecimentos em um mesmo lugar. Afluir. ▸ Concorrer.

con.de.co.rar. [kondeko'raɾ] [kondeko'raɾ] *v.4.* Distinguir alguém com condecoração ou título honorífico. ▸ Condecorar.

con.de.na. [kon'dena] [kon'dena] *f. Dir.* Pena ou castigo que impõe um juiz ou tribunal de justiça. ▸ Condenação. *La condena que impuso el tribunal fue de diez años de prisión.* A condenação imposta pelo tribunal foi de dez anos de prisão.

con.de.na.do, da. [konde'naðo] [konde'naðo] *s. Dir.* Indivíduo que cumpre pena. ▸ Condenado.

con.de.nar. [konde'naɾ] [konde'naɾ] *v.4.* **1.** *Dir.* Declarar culpado o réu e impor a pena que lhe corresponde. ▸ Condenar. **2.** Reprovar aquilo que se tem por pernicioso. ▸ Condenar.

con.den.sa.ción. [kondensa'θjon] [kondensa'sjon] *f.* Ato ou efeito de condensar. ▸ Condensação.

con.den.sar. [konden'saɾ] [konden'saɾ] *v.4.* Converter um vapor em líquido ou sólido. ▸ Condensar.

con.des.cen.dien.te. [kondesθen'djente] [kondehsen'djente] *adj.* Que se acomoda por bondade ao gosto ou vontade de outro. Complacente. ▸ Condescendente.

con.di.ción. [kondi'θjon] [kondi'sjon] *f.* **1.** Natureza ou propriedade das coisas. ▸ Condição. **2.** Estado em que se encontra uma pessoa. ▸ Condição. **3.** Classe ou categoria social. ▸ Condição. ♦ **A condición de que.** Desde que. *Te regalo el reloj a condición de que lo uses.* Dou-lhe o relógio desde que você o use.

con.di.men.tar. [kondimen'taɾ] [kondimen'taɾ] *v.4.* Temperar os alimentos. ▸ Condimentar.

con.do.mi.nio. [kondo'minjo] [kondo'minjo] *m. Dir.* Domínio de uma coisa que pertence em comum a duas ou mais pessoas. ▸ Condomínio.

con.dón. [kon'don] [kon'don] *m. Med.* Ver *preservativo*(2). Preservativo. ▸ Camisinha.

con.do.nar. [kondo'naɾ] [kondo'naɾ] *v.4.* Comutar ou perdoar uma pena ou dívida. ▸ Perdoar.

cón.dor. ['kondoɾ] ['kondoɾ] *m. Zool.* Ave de rapina, a maior que habita os Andes. ▸ Condor.

con.duc.ción. [konduk'θjon] [konduk'sjon] *f.* Ação ou efeito de conduzir. ▸ Condução.

con.du.cir. [kondu'θiɾ] [kondu'siɾ] *v.37.* **1.** Transportar de um lugar para outro. ▸ Conduzir. **2.** Fazer chegar a um lugar. Guiar. ▸ Conduzir. **3.** Controlar a direção de um veículo. Dirigir. ▸ Conduzir.

con.duc.ta. [kon'dukta] [kon'dukta] *f.* **1.** Modo de comportar-se. ▸ Conduta. **2.** Maneira de viver. ▸ Conduta.

con.duc.to. [kon'dukto] [kon'dukto] *m.* Canal que serve para transportar líquido, sólido ou gás. ▸ Duto.

con.duc.tor, to.ra. [konduk'toɾ] [konduk'toɾ] *adj.* **1.** Aquilo que conduz. ▸ Condutor. *m.* **2.** Ver *chófer*. ▸ Motorista.

co.nec.tar. [konek'taɾ] [konek'taɾ] *v.4.* **1.** Estabelecer contato entre duas partes, ligar. ▸ Conectar. **2.** Pôr ou pôr-se em comunicação. ▸ Conectar. **3.** Acessar a Internet. ▸ Conectar.

co.ne.je.ra. [kone'xeɾa] [kone'xeɾa] *f.* Habitação dos coelhos. ▸ Toca de coelho.

co.ne.jo, ja. [ko'nexo] [ko'nexo] *s. Zool.* Mamífero roedor doméstico ou selvagem. ▸ Coelho. ➠ *Reino animal*

co.ne.xión. [konek'sjon] [konek'sjon] *f.* **1.** Enlace de uma coisa com outra. Ligação. ▸ Conexão. **2.** Relação de coerência. Nexo. ▸ Conexão.

co.ne.xo, xa. [ko'nekso] [ko'nekso] *adj.* Que está ligado com outra coisa. ▸ Conectado, conexo.

con.fe.de.ra.ción. [konfeðeɾa'θjon] [konfeðeɾa'sjon] *f.* Aliança de pessoas, grupos ou Estados. ▸ Confederação.

con.fe.ren.cia. [konfe'renθja] [konfe'rensja] *f.* **1.** Palestra sobre diferentes questões. ▸ Conferência. **2.** Exposição oral de um tema qualquer. ▸ Conferência. **3.** Comunicação telefônica interurbana. ▸ Interurbano. ♦ **Conferencia de prensa.** Entrevista coletiva. **Conferencia cumbre.** Conferência internacional que celebra chefes de Estado ou de governo. ▸ Reunião de cúpula. *Hubo varias conferencias cumbre antes de llegarse a un acuerdo sobre la Unión Europea.* Houve várias reuniões de cúpula antes de se chegar a um acordo sobre a União Europeia.

con.fe.rir. [konfe'riɾ] [konfe'riɾ] *v.17.* **1.** Dar ou conceder um favor, emprego ou direito. ▸ Conferir. **2.** Confrontar e comparar uma coisa com outra. ▸ Conferir.

con.fe.sar. [konfe'saɾ] [konfe'saɾ] *v.15. p.p. reg. confesado* / *irreg. confeso.* **1.** Expressar voluntariamente atos, ideias e pensamentos. ▶ Confessar. **2.** Reconhecer e declarar a alguém uma verdade que não é de seu interesse exclusivo. ▶ Confessar. **3.** *Rel.* Ouvir (um padre) confissões. ▶ Tomar confissões. **4.** *Rel.* Revelar pecados ante um padre em um confessionário. ▶ Confessar. *U.t.c.v.p.*

con.fe.sión. [konfe'sjon] [konfe'sjon] *f.* **1.** Declaração que alguém faz do que sabe. ▶ Confissão. **2.** *Rel.* Sacramento da Igreja Católica que consiste em relatar a um sacerdote os pecados e declarar-se arrependido. ▶ Confissão.

con.fe.so, sa. [kon'feso] [kon'feso] *adj.* Que confessou seu delito ou culpa. ▶ Confesso.

con.fia.do, da. [kon'fjaðo] [kon'fjaðo] *adj.* **1.** Que não procede com previdência. ▶ Crédulo. **2.** Que tem autoconfiança. ▶ Confiante.

con.fian.za. [kon'fjanθa] [kon'fjansa] *f.* **1.** Crença em algo ou alguém. ▶ Confiança. **2.** Comportamento seguro. ▶ Confiança.

con.fi.den.cia. [konfi'ðenθja] [konfi'ðensja] *f.* **1.** Revelação de um assunto íntimo. ▶ Confidência. **2.** Notícia reservada. ▶ Confidência.

con.fi.den.te, ta. [konfi'ðente] [konfi'ðente] *s.* **1.** Pessoa a quem se confiam segredos. ▶ Confidente. **2.** Pessoa de confiança, que se encarrega de assuntos reservados. ▶ Confidente.

con.fín. [kon'fin] [kon'fin] *m.* **1.** Limite entre territórios. ▶ Fronteira. **2.** O último limite que alcança a vista. ▶ Confim.

con.fi.na.mien.to. [konfina'mjento] [konfina'mjento] *m.* Ação de enclausurar, de tirar a liberdade de algo ou alguém. ▶ Confinamento.

con.fi.nar. [konfi'nar] [konfi'nar] *v.4.* **1.** Estar contíguo ou imediato a outro território. ▶ Limitar. **2.** Encerrar dentro de um limite. ▶ Confinar.

con.fir.mar. [konfir'mar] [konfir'mar] *v.4.* **1.** Corroborar a verdade de alguma coisa. ▶ Confirmar. **2.** Ratificar um ato anterior. ▶ Confirmar.

con.fis.car. [konfis'kar] [konfih'kar] *v.7.* Apreender em proveito do fisco. ▶ Confiscar.

con.fi.te. [kon'fite] [kon'fite] *m. Cul.* Doce em forma circular feito de açúcar e outros ingredientes, como frutas, chocolate. ▶ Confete.

con.fi.te.rí.a. [konfite'ria] [konfite'ria] *m.* Estabelecimento onde se produz e vende bolos e doces em geral. ▶ Confeitaria, doceria.

con.fi.tu.ra. [konfi'tura] [konfi'tura] *f. Cul.* Alimento coberto de açúcar. ▶ Confeito.

con.flic.ti.vo, va. [konflik'tiβo] [konflik'tiβo] *adj.* Que tem ou causa conflitos. ▶ Conflitivo. *Es una persona conflictiva, dondequiera que vaya crea problemas.* É uma pessoa conflitiva, aonde quer que vá cria problemas.

con.flic.to. [kon'flikto] [kon'flikto] *m.* **1.** *Mil.* Enfrentamento armado. ▶ Combate. **2.** *fig.* Situação de difícil saída. ▶ Conflito. **3.** Problema de ordem trabalhista entre empresários e trabalhadores. ▶ Conflito.

con.fluir. [kon'flwir] [kon'flwir] *v.32.* Fluir para um mesmo ponto, especialmente o leito de dois ou mais rios. ▶ Confluir.

con.for.mar. [konfor'mar] [konfor'mar] *v.4.* **1.** Dar forma a algo. ▶ Configurar. *El movimiento del agua del mar conforma las rocas.* O movimento da água do mar configura as rochas. **2.** Vistar um escrito com o fim de autorizá-lo. ▶ Autorizar. *Los asistentes conformaron el acta de la reunión.* Os assistentes assinaram a ata de reunião. **3.** Estar de acordo sobre algum tema. ▶ Concordar, combinar.

con.for.me. [kon'forme] [kon'forme] *adj.* **1.** Resignado e paciente na adversidade. ▶ Conformista. **2.** Que tem forma igual à de outra tida como modelo. ▶ Conforme. *adv.* **3.** De acordo com. ▶ Conforme.

con.fort. [kon'fort] [kon'fort] *m.* Comodidade proporcionada pela qualidade das coisas que usamos. ▶ Conforto. *Los asientos de cuero en los coches son de gran confort.* Os bancos de couro nos carros são de grande conforto.

con.for.ta.ble. [konfor'taβle] [konfor'taβle] *adj.* Que oferece conforto, comodidade. ▶ Confortável.

con.for.tar. [konfor'tar] [konfor'tar] *v.4.* **1.** Dar vigor, reanimar. ▶ Confortar. **2.** Dar abrigo. ▶ Confortar.

con.fra.ter.ni.zar. [konfraterni'θar] [konfraterni'sar] *v.13.* **1.** Tratar-se com amizade. ▶ Confraternizar. **2.** Conviver fraternalmente. ▶ Confraternizar.

con.fron.tar. [konfron'tar] [konfron'tar] *v.4.* **1.** Acarear uma pessoa com outra. ▶ Confrontar. **2.** Comparar escritos. Cotejar. ▶ Confrontar.

con.fun.dir. [konfun'dir] [konfun'dir] *v.6. p.p. reg. confundido / irreg. confuso.* **1.** Misturar coisas diversas de maneira que não possam ser distinguidas. ▸ Confundir. **2.** Desordenar as coisas ou perturbar os ânimos. ▸ Confundir.

con.fu.sión. [konfu'sjon] [konfu'sjon] *f.* Estado do que não apresenta ordem ou clareza. ▸ Confusão.

con.fu.so, sa. [kon'fuso] [kon'fuso] *adj.* **1.** Que não apresenta ordem. ▸ Confuso. **2.** Difícil de distinguir. ▸ Confuso.

con.ga. ['koŋga] ['koŋga] *f. Mús.* Música popular de origem cubana. ▸ Conga.

con.ge.lar. [konxe'lar] [konxe'lar] *v.4.* **1.** *Fís.* Passar um líquido ao estado sólido pela ação do frio. ▸ Congelar. *El agua se congeló en los caños y no entra en la casa.* A água se congelou nos canos e não entra na casa. **2.** *fig.* Deter o curso ou desenvolvimento normal de uma coisa. ▸ Congelar. *Fueron congeladas todas las operaciones en moneda extranjera.* Foram congeladas todas as operações em moeda estrangeira.

con.gé.ne.re. [kon'xenere] [kon'xenere] *adj.* De mesma origem, gênero ou que é derivado. ▸ Congênere. *U.t.c.s.*

con.gé.ni.to, ta. [kon'xenito] [kon'xenito] *adj.* **1.** Que é inerente a uma coisa. ▸ Congênito. **2.** Que faz parte de um indivíduo desde o seu nascimento. ▸ Congênito.

con.ges.tión. [konxes'tjon] [konxeh'tjon] *f. Med.* Acúmulo de sangue ou outro fluido que fecha a passagem em determinada parte do corpo. ▸ Congestão.

con.go.ja. [kon'ɣoxa] [kon'ɣoxa] *f.* Aflição muito intensa, geralmente sem causa conhecida. ▸ Angústia. *La madre sintió gran congoja al ver al hijo en aquella situación.* A mãe sentiu grande angústia ao ver o filho naquela situação.

con.go.le.ño, ña. [konɣo'leno] [konɣo'leno] *adj.* **1.** Pertencente ou relativo a Congo. ▸ Congolês. *s.* **2.** O natural ou habitante dessa região da África. ▸ Congolês.

con.gra.tu.la.ción. [koŋgratula'θjon] [koŋgratula'sjon] *f.* Ato ou efeito de parabenizar. ▸ Congratulação. *Irene recibió congratulaciones de todos sus amigos por haber conseguido el título de doctora.* Irene recebeu congratulações de todos os seus amigos por ter conseguido o título de doutora.

con.gre.gar. [koŋgre'ɣar] [koŋgre'ɣar] *v.9.* **1.** Juntar pessoas em um lugar. ▸ Congregar. **2.** Reunir-se em congresso. ▸ Congregar.

con.gre.so. [kon'ɣreso] [kon'ɣreso] *m.* **1.** *col.* Reunião de várias pessoas para deliberar sobre assuntos de interesse comum. ▸ Congresso. **2.** O poder legislativo de um Estado. ▸ Congresso. **3.** O edifício onde se reúnem os legisladores. ▸ Congresso.

con.grio. ['koŋgrjo] ['koŋgrjo] *m. Zool.* Tipo de peixe. ▸ Congro.

con.gruen.cia. [kon'grwenθja] [kon'grwensja] *f.* Conveniência, relação lógica entre um fato e sua finalidade. ▸ Congruência.

con.je.tu.ra. [konxe'tura] [konxe'tura] *f.* Opinião que se forma sobre algo, fundamentada em possibilidades. ▸ Conjetura.

con.jun.ción. [konxun'θjon] [konxun'sjon] *f.* **1.** Ponto de coincidência de atividades diversas. União. ▸ Conjunção. *El Renacimiento es la conjunción de las manifestaciones artísticas, literarias y políticas que siguen una línea de pensamiento común.* O Renascimento é a conjunção das manifestações artísticas, literárias e políticas que seguem uma linha de pensamento comum. **2.** *Ling.* Palavra invariável que liga duas orações ou relaciona termos dentro da mesma oração. ▸ Conjunção.

con.jun.ti.vi.tis. [konxunti'βitis] [konxunti'βitis] *f. Med.* Inflamação da conjuntiva dos olhos. ▸ Conjuntivite.

con.jun.to, ta. [kon'xunto] [kon'xunto] *adj.* **1.** Unido ou contíguo a outra coisa. ▸ Conjunto. *Una decisión conjunta sería la solución del problema.* Uma decisão conjunta seria a solução do problema. *m.* **2.** Grupo de elementos considerados como um todo, equipe. ▸ Conjunto. *Un rebaño es un conjunto de ovejas.* Um rebanho é um conjunto de ovelhas.

con.ju.ra. [kon'xura] [kon'xura] *f.* Trama, conjuração contra uma autoridade. ▸ Conjura.

con.lle.var. [konʎe'βar] [konʃe'βar] *v.4.* **1.** Sofrer, suportar algo incômodo ou pessoa impertinente. ▸ Aturar. *Conllevar el constante mal humor del gerente ya me está cansando.* Aturar o constante mal humor do gerente já está me cansando. **2.** Ter como resultado ou consequência. ▸ Implicar, supor. *Operar el cráneo conlleva serios riesgos.* Operar o crânio supõe riscos sérios.

con.me.mo.ra.ción. [konmemora'θjon] [konmemora'sjon] *f.* Ato ou festejo que se celebra em memória de uma pessoa ou coisa. ▸ Comemoração.

con.mi.go. [kon'miɣo] [kon'miɣo] *pron.* Forma do pronome pessoal *mi* quando vai precedido da preposição *con.* ▶ Comigo. *Ven conmigo a la fiesta.* Venha comigo à festa.

con.mo.ción. [konmo'θjon] [konmo'sjon] *f.* **1.** Perturbação do espírito ou do corpo. ▶ Comoção. **2.** Revolta em um território. Motim. ▶ Comoção. **3.** Movimento sísmico. ▶ Terremoto.

con.mo.ver. [konmo'βeɾ] [konmo'βeɾ] *v.56.* Provocar algum tipo de emoção ou sentimento. ▶ Comover.

con.mu.ta.ble. [konmu'taβle] [konmu'taβle] *adj.* Que se pode comutar. ▶ Comutável.

con.mu.tar. [konmu'taɾ] [konmu'taɾ] *v.4.* **1.** Trocar uma coisa por outra. ▶ Permutar. **2.** Substituir uma pena ou castigo por outro menos grave. ▶ Comutar.

con.ni.ven.cia. [konni'βenθja] [konni'βensja] *f.* Tolerância ou cumplicidade que se tem com aqueles que não observam as normas ou leis de uma comunidade. ▶ Conivência.

co.no. ['kono] ['kono] *m.* Corpo sólido de base circular terminado em ponta. ▶ Cone. ◆ **Cono Sur.** Zona da América do Sul formada por Brasil, Paraguai, Bolívia, Chile, Argentina e Uruguai. ▶ Cone Sul.

co.no.cer. [kono'θeɾ] [kono'seɾ] *v.24.* **1.** Saber a natureza, qualidades e relações das coisas. ▶ Conhecer. **2.** Ter relações sociais com alguém. ▶ Conhecer. **3.** Entender de alguma matéria ou coisa. ▶ Conhecer.

co.no.ci.do, da. [kono'θido] [kono'sido] *adj.* **1.** Pessoa ou coisa famosa. ▶ Conhecido. **2.** De que se tem conhecimento. ▶ Conhecido.

co.no.ci.mien.to. [konoθi'mjento] [konosi'mjento] *m.* Saberes adquiridos. ▶ Conhecimento.

con.que. ['konke] ['konke] *conj.* Introduz uma oração que é resultado ou consequência da oração anterior. ▶ Portanto. *Descansaste, comiste y bebiste, conque nada tienes a reclamar.* Você descansou, comeu e bebeu, portanto nada tem a reclamar.

con.quis.ta. [kon'kista] [kon'kihta] *f.* **1.** Ato ou efeito de conquistar. ▶ Conquista. **2.** Obtenção de alguma coisa pelo próprio esforço. ▶ Conquista.

con.quis.tar. [konkis'taɾ] [konkih'taɾ] *v.4.* **1.** *Mil.* Ganhar em operação de guerra um território ou outro objetivo. ▶ Conquistar.

2. Conseguir alguma coisa com esforço. ▶ Conquistar.

con.sa.bi.do, da. [konsa'βido] [konsa'βido] *adj.* **1.** Que é sabido por todos. ▶ Notório. **2.** Diz-se de informação compartilhada. ▶ Consabido.

cons.cien.te. [kons'θjente] [konh'sjente] *adj.* **1.** Que atua, quer, pensa e sente com conhecimento do que faz. ▶ Consciente. **2.** Que dispõe plenamente das faculdades e sentidos. ▶ Consciente.

con.se.cu.ción. [konseku'θjon] [konseku'sjon] *f.* Ato ou efeito de conseguir ou obter alguma coisa. ▶ Conquista, consecução.

con.se.cuen.cia. [konse'kwenθja] [konse'kwensja] *f.* **1.** Fato que resulta de outro. ▶ Consequência. **2.** Correspondência lógica entre a conduta de um indivíduo e seus princípios. ▶ Consequência.

con.se.cu.ti.vo, va. [konseku'tiβo] [konseku'tiβo] *adj.* **1.** Que se segue sem interrupção. ▶ Consecutivo. **2.** Que segue imediatamente ou é consequência do anterior. ▶ Consecutivo.

con.se.guir. [konse'ɣiɾ] [konse'ɣiɾ] *v.21.* Alcançar, obter o que se pretende ou deseja. ▶ Conseguir.

con.se.jo. [kon'sexo] [kon'sexo] *m.* **1.** Parecer ou opinião que se dá a outro para orientá-lo. ▶ Conselho. **2.** Corporação consultiva encarregada de dar pareceres ou conselhos sobre assuntos de sua incumbência. ▶ Conselho. *La publicación de esta obra se discutirá en el Consejo editorial.* A publicação desta obra será discutida no Conselho editorial.

con.sen.so. [kon'senso] [kon'senso] *m.* Consentimento ou acordo de todas as pessoas que compõem uma corporação. ▶ Consenso.

con.sen.tir. [konsen'tiɾ] [konsen'tiɾ] *v.22.* Permitir ou tolerar uma ação. ▶ Consentir.

con.ser.je. [kon'serxe] [kon'serxe] *m.* Pessoa que tem a seu cuidado a segurança, limpeza e chaves de um edifício ou repartição pública. ▶ Zelador.

con.ser.je.rí.a. [konserxe'ria] [konserxe'ria] *f.* **1.** Profissão de zelador. ▶ Zeladoria. **2.** Local que o zelador ocupa no edifício (residencial ou comercial) que está sob seus cuidados. ▶ Zeladoria.

con.ser.va. [kon'serβa] [kon'serβa] *f.* Alimento preparado a vácuo para evitar sua deterioração por algum tempo. ▸ Conserva.
♦ **En conserva.** Em conserva.

con.ser.va.ción. [konserβa'θjon] [konserβa'sjon] *f.* Ação ou efeito de manter no mesmo estado. ▸ Conservação.

con.ser.va.cio.nis.ta. [konserβaθjo'nista] [konserβasjo'nihta] *adj.* Pessoa que defende ativamente a preservação do meio ambiente. ▸ Ecologista.

con.ser.va.to.rio, ria. [konserβa'torjo] [konserβa'torjo] *adj.* **1.** Que contém e conserva alguma coisa. ▸ Conservatório. *m.* **2.** Estabelecimento em que são ensinadas as belas-artes. ▸ Conservatório.

con.si.de.ra.ble. [konsiðe'raβle] [konsiðe'raβle] *adj.* Que pode ou deve ser considerado. ▸ Considerável.

con.si.de.ra.ción. [konsiðera'θjon] [konsiðera'sjon] *f.* **1.** Atitude de respeito e atenção que se tem por uma pessoa ou por algo. ▸ Consideração. **2.** Apreço e respeito que se tem por uma pessoa em função de seus méritos. Estima. ▸ Consideração.

con.si.de.ra.do, da. [konsiðe'raðo] [konsiðe'raðo] *adj.* **1.** Que age com moderação e evita abusos. ▸ Comedido. **2.** Que é tratado com atenção e respeito. ▸ Considerado.

con.sig.nar. [konsiɣ'nar] [konsiɣ'nar] *v.4.* **1.** *Fin.* Determinar quantia de dinheiro ou renda para pagamento de dívida. ▸ Consignar. **2.** Pôr em depósito. ▸ Consignar. **3.** Entregar mercadorias a um comerciante para que as negocie. ▸ Consignar.

con.si.go. [kon'siɣo] [kon'siɣo] *pron.* Forma do pronome pessoal *si* precedida da preposição *con*. ▸ Consigo. *Él siempre lleva consigo sus documentos en orden.* Ele sempre leva consigo seus documentos em ordem.

con.si.guien.te. [konsi'ɣjente] [konsi'ɣjente] *adj.* Diz-se do que depende ou se deduz de outra coisa. ▸ Conseguinte, consecutivo.

con.sis.ten.cia. [konsis'tenθja] [konsih'tensja] *f.* Coerência entre os elementos de um conjunto. Firmeza. Estabilidade. ▸ Consistência.

con.sis.tir. [konsis'tir] [konsih'tir] *v.6.* Estar baseado em. ▸ Consistir.

con.so.la. [kon'sola] [kon'sola] *f.* **1.** Mesa que se põe junto da parede. ▸ Console **2.** Conjunto de instrumentos para controlar a operação de máquinas. ▸ Console.

con.so.li.dar. [konsoli'ðar] [konsoli'ðar] *v.4.* **1.** Tornar sólido e estável. ▸ Consolidar. **2.** *Fin.* Tornar permanente a dívida pública. ▸ Consolidar.

con.sor.cio. [kon'sorθjo] [kon'sorsjo] *m.* **1.** Comunhão de interesses do casal. ▸ Consórcio. **2.** Agrupamento de entidades ou pessoas em função de um objetivo comum. ▸ Consórcio. **3.** O conjunto dos proprietários de apartamentos de um prédio. ▸ Condomínio.

con.sor.te. [kon'sorte] [kon'sorte] *com.* **1.** Companheiro na mesma sorte. ▸ Consorte. **2.** Pessoa em relação ao seu cônjuge. ▸ Consorte.

cons.pi.rar. [konspi'rar] [konhpi'rar] *v.4.* **1.** Unir-se, várias pessoas, contra a autoridade estabelecida ou alguém que é superior. ▸ Conspirar. **2.** Tramar para dar um golpe político. ▸ Conspirar.

cons.tan.cia. [kons'tanθja] [konh'tansja] *f.* **1.** Estado ou característica de estável e permanente. ▸ Constância. **2.** Documento em que consta registrado um ato ou dito. ▸ Atestado.

cons.tar. [kons'tar] [konh'tar] *v.4.* **1.** Figurar, ficar registrada, ser certa uma coisa. ▸ Constar. *En el registro de la propiedad constan el nombre y las informaciones de los propietarios del inmueble.* No registro da propriedade, constam o nome e as informações dos proprietários do imóvel. **2.** Estar formado por. ▸ Consistir. *El curso de español consta de cuatro semestres.* O curso de espanhol consiste em quatro semestres.

cons.ta.tar. [konsta'tar] [konhta'tar] *v.4.* Estabelecer a veracidade de um fato. Comprovar. ▸ Constatar.

cons.te.la.ción. [konstela'θjon] [konhtela'sjon] *f. col. Astr.* Grupo de estrelas que recebe um nome sugerido pela sua forma. ▸ Constelação.

cons.ti.pa.do. [konsti'paðo] [konhti'paðo] *m.* Inflamação das membranas mucosas. Resfriado. ▸ Constipado.

cons.ti.tu.ción. [konstitu'θjon] [konhtitu'sjon] *f.* **1.** Qualidade e composição de uma coisa, que a faz diferente das demais. ▸ Constituição. **2.** *Polít.* Lei fundamental da organização de um Estado. ▸ Constituição.

cons.ti.tuir. [konsti'twir] [konhti'twir] *v.32.* **1.** Formar parte de um todo. ▶ Constituir. *El Sol y los planetas constituyen el Sistema Solar.* O Sol e os planetas constituem o Sistema Solar. **2.** Dar começo a. Estabelecer, fundar. ▶ Constituir.

cons.tre.ñir. [konstre'ɲir] [konhtre'ɲir] *v.21.* **1.** Obrigar alguém a fazer alguma coisa. ▶ Constranger. **2.** Limitar a iniciativa ou a atividade de outro. ▶ Constranger.

cons.truc.ción. [konstruk'θjon] [konhtruk'sjon] *f.* **1.** Ação de construir. ▶ Construção. **2.** Edifício, prédio. ▶ Construção.

cons.truc.ti.vo, va. [konstruk'tiβo] [konhtruk'tiβo] *adj.* Que serve para construir. ▶ Construtivo.

cons.truir. [kons'trwir] [konh'trwir] *v.32.* **1.** Edificar uma obra de arquitetura ou de engenharia. ▶ Construir. **2.** Produzir um objeto, máquina, etc. Fabricar. ▶ Construir.

con.sue.lo. [kon'swelo] [kon'swelo] *m.* **1.** Alívio da pena que oprime o ânimo. ▶ Consolo. **2.** Alegria por ter superado um mal. ▶ Consolo.

con.sue.tu.di.na.rio, ria. [konswetudi'narjo] [konswetudi'narjo] *adj.* Que é costumeiro ou está fundamentado nos costumes. ▶ Consuetudinário.

cón.sul. ['konsul] ['konsul] *m.* **1.** Pessoa autorizada, em uma cidade de um Estado estrangeiro, a proteger os interesses das pessoas do país que a nomeia. ▶ Cônsul, Consulesa. **2.** Magistrado que tinha, na antiga Roma, a mais alta autoridade.

con.su.la.do. [konsu'laðo] [konsu'laðo] *m.* **1.** Conjunto de pessoas que atendem aos interesses dos indivíduos de seu país e daqueles que o solicitam, em uma cidade de um país estrangeiro. ▶ Consulado. **2.** Local onde se dá esse atendimento. ▶ Consulado.

con.sul.ta. [kon'sulta] [kon'sulta] *f.* **1.** Diálogo entre profissionais para resolver um assunto. ▶ Consulta. **2.** Parecer que se pede ou se dá sobre um assunto. ▶ Consulta. **3.** Exame médico. ▶ Consulta.

con.sul.tar. [konsul'tar] [konsul'tar] *v.4.* **1.** Solicitar parecer de um especialista. ▶ Consultar. **2.** Pedir opinião ou conselho. ▶ Consultar. **3.** Procurar informação em um texto ou arquivo. ▶ Consultar.

con.su.mar. [konsu'mar] [konsu'mar] *v.4.* Terminar, completar uma coisa. ▶ Consumar.

con.su.mi.ción. [konsumi'θjon] [konsumi'sjon] *f.* Comida ou bebida que se toma em um bar ou estabelecimento similar. ▶ Consumação. *Comimos, pagamos la consumición y nos fuimos a pasear.* Comemos, pagamos a consumação e fomos passear.

con.su.mi.dor, do.ra. [konsumi'ðor] [konsumi'ðor] *adj.* Pessoa que compra para gastar em uso próprio. ▶ Consumidor. *U.t.c.s.*

con.su.mir. [konsu'mir] [konsu'mir] *v.5. p.p. reg.* consumido / *irreg.* consunto. **1.** Levar ao fim ou ao esgotamento. ▶ Consumir. **2.** Fazer uso de gêneros alimentícios ou bens não duráveis para satisfazer necessidades passageiras. ▶ Consumir. **3.** Gastar energia ou um produto energético. ▶ Consumir. **4.** *fig.* e *fam.* Desgastar física ou moralmente. ▶ Consumir. **5.** Comprar e utilizar produtos elaborados. ▶ Consumir.

con.su.mo. [kon'sumo] [kon'sumo] *m.* Ato ou efeito de consumir. ▶ Consumo.

con.ta.bi.li.dad. [kontaβili'ðaθ] [kontaβili'ðað] *f.* Técnica de desenvolver atividades contábeis. ▶ Contabilidade.

con.ta.ble. [kon'taβle] [kon'taβle] *adj.* **1.** Que pode ser contado. ▶ Contável. *com.* **2.** Pessoa responsável pela contabilidade de um negócio. ▶ Contador. *La contable presentó el balance anual de la firma y el análisis del resultado.* A contadora apresentou o balanço anual da firma e a análise do resultado.
➥ *Profesiones*

con.tac.to. [kon'takto] [kon'takto] *m.* **1.** Ato de tocar-se duas ou mais coisas. ▶ Contato. **2.** *Fís.* Ligação de duas partes de um circuito elétrico. ▶ Contato. **3.** Pessoa que se relaciona com outras. ▶ Contato.

con.ta.do, da. [kon'taðo] [kon'taðo] *adj.* Que poucas vezes acontece, pouco abundante. ▶ Raro. ♦ **Al contado.** *loc.* À vista. **Al contado y en efectivo.** À vista e em dinheiro. *Tras años de ahorro, mi hermana y mi cuñado han comprado su departamento y lo han pagado al contado y en efectivo.* Depois de anos de economia, minha irmã e meu cunhado compraram um apartamento e pagaram à vista e em dinheiro.

con.ta.dor, do.ra. [konta'ðor] [konta'ðor] *m.* **1.** Aparelho que serve para medir o consumo de água, gás, energia elétrica. ▶ Contador. Medidor. *s.* **2.** Ver *contable*[2]. Contabilista. ▶ Contador.

con.ta.giar. [konta'xjaɾ] [konta'xjaɾ] *v.4.* Transmitir uma doença. ▶ Contagiar.

con.ta.gio.so, sa. [konta'xjoso] [konta'xjoso] *adj.* Que se transmite por contágio, especialmente doença. ▶ Contagioso.

con.ta.mi.na.ción. [kontamina'θjon] [kontamina'sjon] *f.* **1.** Ação ou efeito de tornar impuro. ▶ Contaminação. **2.** Efeito de sujar, degradar o ecossistema. ▶ Poluição.

con.ta.mi.nar. [kontami'naɾ] [kontami'naɾ] *v.4.* **1.** Alterar a pureza de alguma coisa por meio de outra substância. ▶ Contaminar. **2.** *Med.* Infectar por doença contagiosa. ▶ Contaminar.

con.tar. [kon'taɾ] [kon'taɾ] *v.18.* **1.** Determinar o número de coisas. Computar. ▶ Contar. **2.** Narrar uma história real ou fictícia. ▶ Contar. ◆ **¿Qué cuentas?** Como você está?

con.tem.plar. [kontem'plaɾ] [kontem'plaɾ] *v.4.* **1.** Colocar a atenção em alguma coisa. ▶ Contemplar. **2.** Analisar um assunto. Considerar. ▶ Contemplar. **3.** Ser condescendente com alguém. ▶ Contemplar.

con.tem.po.rá.ne.o, a. [kontempo'raneo] [kontempo'raneo] *adj.* **1.** Que é do mesmo tempo de outra pessoa ou coisa. ▶ Contemporâneo. **2.** Relativo ao tempo ou à época atual. ▶ Contemporâneo. *U.t.c.s.*

con.ten.ción. [konten'θjon] [konten'sjon] *f.* **1.** Ato de conter. ▶ Contenção. **2.** Impedimento do movimento de um corpo. ◆ Contenção.

con.te.ne.dor. [kontene'ðoɾ] [kontene'ðoɾ] *m.* Embalagem grande normatizada internacionalmente para transporte de carga. ▶ Contêiner.

con.te.ner. [konte'neɾ] [konte'neɾ] *v.26.* **1.** Encerrar dentro de si alguma coisa. ▶ Conter. **2.** Deter o impulso de um corpo. ▶ Conter.

con.te.ni.do, da. [konte'niðo] [konte'niðo] *adj.* **1.** Que tem conduta moderada. ▶ Contido. *m.* **2.** O que está dentro de um pacote, caixa, vaso, etc. ◆ Conteúdo.

con.ten.to, ta. [kon'tento] [kon'tento] *adj.* Que se mostra alegre e satisfeito. ▶ Contente.

con.tes.ta.dor, do.ra. [kontesta'ðoɾ] [kontehta'ðoɾ] *adj.* **1.** Que responde. ▶ Respondedor. *m.* **2.** Aparelho ligado ao telefone que recebe, emite e registra mensagens. ▶ Secretária eletrônica.

Contestador automático

Hola, es el 734-5678 / este es el contestador automático del 734-5678 / de Manolo. Ahora mismo no puedo / podemos atenderle, pero cuando oiga el tono deje su nombre, número de teléfono y mensaje.
Ver *llamadas telefónicas* y *teléfono*.

con.tes.tar. [kontes'taɾ] [konteh'taɾ] *v.4.* **1.** Responder a algo que alguém pergunta, fala ou escreve. ▶ Responder. **2.** Atender a uma chamada telefônica. ▶ Atender.

con.tien.da. [kon'tjenda] [kon'tjenda] *f.* **1.** Luta ou ação de guerra. Contenda. ▶ Batalha. **2.** Argumentação entre pessoas de opiniões distintas. Debate. ▶ Discussão.

con.ti.go. [kon'tiɣo] [kon'tiɣo] *pron.* Forma do pronome pessoal *ti* quando vai precedido da preposição *con*. ▶ Contigo. *Yo voy contigo a París.* Eu vou contigo a Paris.

con.ti.guo, gua. [kon'tiɣwo] [kon'tiɣwo] *adj.* Que está encostado em outra coisa. Junto, adjacente. ▶ Limítrofe, contíguo.

con.ti.nen.te. [konti'nente] [konti'nente] *adj.* **1.** Que contém. ▶ Continente. *m.* **2.** Aquilo que contém algo em si. ▶ Continente. *La botella es el continente, y el vino, el contenido.* A garrafa é o continente e o vinho, o conteúdo. **3.** *Geogr.* Cada uma das grandes extensões de terra separadas pelos oceanos. ▶ Continente. *La Tierra se divide en cinco continentes.* A Terra é dividida em cinco continentes.

con.tin.gen.te. [kontin'xente] [kontin'xente] *adj.* **1.** Que pode ou não suceder. Incerto. ▶ Contingente. *m.* **2.** *Mil.* Força militar à disposição de um chefe. ▶ Contingente.

con.ti.nua.ción. [kontinwa'θjon] [kontinwa'sjon] *f.* **1.** Ato de dar seguimento a uma coisa. ▶ Continuidade. **2.** Extensão que se dá a uma superfície. ▶ Prolongamento. *La continuación de la carretera llegará hasta la frontera.* O prolongamento da estrada chegará até a fronteira. ◆ **A continuación.** Imediatamente, sem interrupção. ▶ A seguir.

con.ti.nuar. [konti'nwaɾ] [konti'nwaɾ] *v.4.* **1.** Fazer prosseguir o que começou. ▶ Continuar. **2.** Manter o curso ou a duração. ▶ Continuar.

con.to.ne.ar.se. [kontone'aɾse] [kontone'aɾse] *v.4. v.p.* Fazer movimentos afetados com os ombros e os quadris quando se anda. ▶ Rebolar.

con.tor.sión. [kontor'sjon] [kontor'sjon] *f.* Movimento irregular e violento dos músculos. ▶ Contorsão.

con.tra. ['kontra] ['kontra] *prep.* **1.** Denota oposição de uma coisa a outra. ▶ Contra. *Navegamos muchas horas contra el viento.* Navegamos muitas horas contra o vento. **2.** Indica orientação ou direção. ▶ Contra. *La estantería está contra la pared.* A estante está contra a parede. ♦ **Estar en contra de.** Opor-se ao que se diz ou se faz. ▶ Estar contra.

con.tra.ba.jo. [kontra'βaxo] [kontra'βaxo] *m. Mús.* Instrumento musical de corda e arco que tem forma de violino, porém muito maior, e que dá as notas mais baixas da música. Rabecão. ▶ Contrabaixo. ➡ *Instrumentos musicales*

con.tra.ban.do. [kontra'βando] [kontra'βando] *m.* **1.** Produção ou comércio de gêneros proibidos por lei aos particulares. ▶ Contrabando. *Tiene una destilería de licores de contrabando.* Tem uma destilaria de licores de contrabando. **2.** Mercadorias introduzidas no país ilegalmente. ▶ Contrabando. *La venta que hace es contrabando, pues las mercancías entraron en el país burlando la aduana.* A venda que ele faz é contrabando, pois as mercadorias entraram no país burlando a alfândega.

con.trac.ción. [kontrak'θjon] [kontrak'sjon] *f.* **1.** Movimento de encolher e estreitar uma parte do corpo. Retraimento. ▶ Contração. **2.** *Ling.* Redução de duas palavras a uma. ▶ Contração. *"Del" es la contracción de "de" más "el".* "Do" é a contração de "de" mais "o".

con.tra.dan.za. [kontra'ðanθa] [kontra'ðansa] *f.* Dança em que quatro ou mais pares se defrontam entre si. ▶ Contradança.

con.tra.dic.ción. [kontrak'θjon] [kontrak'sjon] *f.* Afirmação e negação que se opõem uma à outra. ▶ Contradição. *Las contradicciones indican quién es el mentiroso.* As contradições indicam quem é o mentiroso.

con.tra.er. [kontra'er] [kontra'er] *v.41.* **1.** Estreitar, juntar uma coisa com outra. ▶ Contrair. **2.** Reduzir o tamanho. ▶ Contrair.

con.tra.luz. [kontra'luθ] [kontra'lus] *amb.* Lugar oposto àquele em que a luz dá em cheio. ▶ Contraluz.

con.tra.pe.lo. [kontra'pelo] [kontra'pelo] *adv.* **1.** Contra a direção natural do pelo.
▶ Contrapelo. **2.** *fig.* Contra o curso natural das coisas. ▶ Contrapelo. ♦ **A contrapelo.** De modo inconveniente.

con.tra.po.ner. [kontrapo'ner] [kontrapo'ner] *v.40.* **1.** Comparar ou defrontar uma coisa com outra. ▶ Contrapor. **2.** Pôr uma coisa contra outra. ▶ Contrapor.

con.tra.rio, ria. [kon'trarjo] [kon'trarjo] *adj.* **1.** Que se posiciona contra uma coisa. Oposto. ▶ Contrário. *U.t.c.s.* **2.** Que tem inimizade por alguém. ▶ Rival. **3.** Que tem opinião oposta à de alguém. ▶ Contrário.

con.tra.sen.ti.do. [kontrasen'tiðo] [kontrasen'tiðo] *m.* Ver *disparate*. ▶ Absurdo.

con.tra.se.ña. [kontra'seɲa] [kontra'seɲa] *f.* Senha secreta que dá acesso a um local reservado. ▶ Senha.

con.tras.tar. [kontras'tar] [kontrah'tar] *v.4.* **1.** Comprovar a exatidão ou autenticidade de algo. ▶ Contrastar. **2.** Mostrar diferença ou oposição de coisas que se comparam. ▶ Contrastar.

con.tras.te. [kon'traste] [kon'trahte] *m.* **1.** Diferença notável entre pessoas ou coisas. ▶ Contraste. **2.** Oposição entre luz e sombra. ▶ Contraste. **3.** Marca que se grava em objetos de metais nobres como garantia de terem sido contrastados. ▶ Contraste.

con.tra.tar. [kontra'tar] [kontra'tar] *v.4.* **1.** Fazer contratação. ▶ Contratar. **2.** Ajustar um serviço com uma pessoa. ▶ Contratar.

con.tra.tiem.po. [kontra'tjempo] [kontra'tjempo] *m.* Acidente imprevisto que impede o curso normal de algo. ▶ Contratempo.

con.tra.to. [kon'trato] [kon'trato] *m.* Convenção ou acordo no qual as partes fixam os direitos e obrigações que cada um tem em determinado negócio, atividade ou assunto. ▶ Contrato.

con.tra.ve.nir. [kontraβe'nir] [kontraβe'nir] *v.42.* Agir contra lei ou regulamento. ▶ Infringir.

con.tri.bu.ción. [kontriβu'θjon] [kontriβu'sjon] *f.* **1.** Ato ou efeito de ajudar ou contribuir. ▶ Contribuição. **2.** *Fin.* Quantia que o Estado arrecada em tributos. ▶ Arrecadação. *La contribución sobre mi casa es muy alta.* O imposto sobre a minha casa é muito alto.

con.trin.can.te. [kontrin'kante] [kontrin'kante] *com.* **1.** Cada um dos que

control – coordinar

tomam parte em um concurso ou competição. Competidor. ▸ Concorrente. **2.** Aquele que pretende uma coisa em concorrência com outros. ▸ Concorrente, rival.

con.trol. [kon'trol] [kon'trol] *m.* **1.** Ato de fiscalizar ou verificar. ▸ Controle. **2.** Dispositivo com que se opera um sistema. ▸ Controle. ♦ **Tablero de control.** Conjunto de comandos com os quais se opera uma máquina ou outro aparelho. ▸ Painel de controle.

con.tro.la.dor, do.ra. [kontrola'ðor] [kontrola'ðor] *s.* Pessoa que fiscaliza e verifica. ▸ Controlador.

con.tro.lar. [kontro'lar] [kontro'lar] *v.4.* **1.** Tomar conta do sistema de operação de uma atividade. ▸ Controlar. **2.** Realizar fiscalização ou verificação de um processo em andamento ou de um procedimento a ser seguido. ▸ Controlar.

con.tun.dir. [kontun'dir] [kontun'dir] *v.6. p.p. reg.* contundido / *irreg.* contuso. *Med.* Produzir uma lesão sem ferida em um tecido orgânico por meio de choque violento ou golpe. ▸ Contundir.

con.tu.sión. [kontu'sjon] [kontu'sjon] *f.* Lesão produzida por um golpe sem ocasionar uma ferida. ▸ Contusão.

con.ven.cer. [komben'θer] [komben'ser] *v.12. p.p. reg.* convencido / *irreg.* convicto. **1.** Persuadir alguém a fazer ou não alguma coisa. ▸ Convencer. **2.** Ganhar alguém para uma opinião. ▸ Convencer.

con.ve.nien.te. [kombe'njente] [kombe'njente] *adj.* Que apresenta utilidade ou vantagem. ▸ Conveniente.

con.ve.nio. [kom'benjo] [kom'benjo] *m.* Ajuste entre duas ou mais partes. ▸ Convênio.

con.ve.nir. [kombe'nir] [kombe'nir] *v.42.* **1.** Estar adequado à determinada finalidade. ▸ Convir. *Conviene que estudies español.* Convém que você estude espanhol. **2.** Fazer acordo. ▸ Combinar.

con.ver.sa.ción. [kombersa'θjon] [kombersa'sjon] *f.* Ato de falar várias pessoas entre si. ▸ Conversação.

con.ver.sar. [komber'sar] [komber'sar] *v.4.* Manter um diálogo com alguém. ▸ Conversar.

con.ver.tir. [komber'tir] [komber'tir] *v.22.* **1.** Transformar uma coisa em outra. ▸ Converter. Tornar. **2.** Convencer alguém a mudar de ideia, de crença ou partido. ▸ Converter.

con.vic.to, ta. [kom'bikto] [kom'bikto] *adj.* Aquele que é responsável por uma infração. ▸ Réu, condenado.

con.vi.te. [kom'bite] [kom'bite] *m.* Ato de convidar. ▸ Convite.

con.vi.vir. [kom'biβir] [kom'biβir] *v.6.* Viver em comum com outro(s). ▸ Conviver.

con.vo.car. [kombo'kar] [kombo'kar] *v.7.* Chamar pessoas a comparecerem a um lugar. ▸ Convocar.

con.vo.ca.to.ria. [komboka'torja] [komboka'torja] *f.* Escrito com que se convoca. ▸ Convocação.

con.voy. [kom'boi] [kom'boi] *m.* **1.** Conjunto de navios ou caminhões que transportam carga e a escolta que os acompanha. ▸ Comboio. **2.** Composição ferroviária. ▸ Comboio.

con.yu.gal. [konju'ɣal] [konʃu'ɣal] *adj.* Relativo aos cônjuges ou ao matrimônio. ▸ Conjugal.

cón.yu.ge. ['konjuxe] ['konʃuxe] *com.* Marido em relação a sua mulher e mulher em relação a seu marido. ▸ Cônjuge.

co.ñac. [ko'ɲak] [ko'ɲak] *m.* Bebida alcoólica produzida por destilação de vinhos, originária da região de Cognac, na França. ▸ Conhaque.

co.ño. ['koɲo] ['koɲo] *m.* e *interj. vulg.* Parte externa do órgão genital feminino. ▸ Vulva.

cookie. *m. Inform.* **1.** Pequeno arquivo de texto gravado pelo navegador web no computador do usuário a comando do *site* visitado. ▸ *Cookie.* **2.** *Cul.* Biscoito de formato achatado feito principalmente com massa de farinha ou de nozes moídas. ▸ *Cookie.*

co.o.pe.ra.ción. [koopera'θjon] [koopera'sjon] *f.* Ajuda que se dá para algum fim. Auxílio. ▸ Cooperação.

co.o.pe.ra.ti.vo, va. [koopera'tiβo] [koopera'tiβo] *adj.* **1.** Que ajuda ou gosta de ajudar aos outros, principalmente nos assuntos da comunidade a que pertence. ▸ Cooperativo. *f.* **2.** Agremiação de produtores. ▸ Cooperativa.

co.or.di.na.dor, do.ra. [koorðina'ðor] [koorðina'ðor] *s.* Pessoa responsável por coordenar, organizar. ▸ Coordenador.

co.or.di.nar. [koorði'nar] [koorði'nar] *v.4.* **1.** Organizar ou classificar com certo método. ▸ Coordenar. **2.** Ser responsável por determinada tarefa. ▸ Coordenar.

co.pa. ['kopa] ['kopa] *f.* **1.** Copo com haste usado para beber vinho. ▫ O líquido que cabe em uma taça. ▸ Taça. **3.** *Bot.* A parte alta das árvores. ▸ Copa. **4.** *Desp.* Competição desportiva futebolística. ▸ Copa. **5.** *Desp.* Troféu com que se premia ao vencedor. ▸ Copa. **6.** Parte do chapéu que se ajusta à cabeça. ▸ Copa. ◆ **Irse de copas.** Sair para beber. *El último sábado fui de copas con unos amigos después de la clase de español.* No último sábado, saí para beber com uns amigos depois da aula de espanhol.

co.pe.te. [ko'pete] [ko'pete] *m.* **1.** Cabelo que se usa levantado sobre a testa. ▸ Topete. **2.** *Anat.* Penas que algumas aves têm na cabeça. ▸ Penacho.

co.pia. ['kopja] ['kopja] *f.* **1.** Escrito que reproduz textualmente outro. ▸ Cópia. **2.** Reprodução exata. ▸ Cópia.

co.pi.lo.to. [kopi'loto] [kopi'loto] *com.* **1.** Pessoa que ajuda outra a conduzir ou governar um veículo. ▸ Copiloto. **2.** Posto imediatamente inferior ao de comandante de uma aeronave. ▸ Copiloto.

co.pio.so, sa. [ko'pjoso] [ko'pjoso] *adj.* Que aparece em grande quantidade. Abundante. Numeroso. ▸ Copioso.

co.pla. ['kopla] ['kopla] *f. Lit.* Composição poética breve. ▸ Copla.

▫ **co.po.** ['kopo] ['kopo] *m.* Cada uma das partículas de neve que se precipitam do céu em certas regiões da Terra. ▸ Floco. *Los copos de nieve caían lentamente formando una alfombra blanca en los campos.* Os flocos de neve caíam lentamente formando um tapete branco nos campos.

co.que.te.ar. [kokete'aɾ] [kokete'aɾ] *v.4.* Atrair ou cativar alguém do sexo oposto. ▸ Seduzir.

co.que.te.rí.a. [kokete'ria] [kokete'ria] *f.* Atitude de se arrumar ou agir com intenção de despertar a admiração alheia. ▸ Faceirice, exibicionismo, coquetismo. *Se arregló con coquetería.* Arrumou-se com coquetismo.

co.que.te.o. [koke'teo] [koke'teo] *m.* Ato de atrair pessoas do sexo oposto.

co.que.to, ta. [ko'keto] [ko'keto] *adj.* **1.** Que cuida com esmero de seu asseio e apresentação pessoal. ▸ Atraente, galhardo. **2.** Que procura seduzir as pessoas. ▸ Sedutor. *U.t.c.s.*

co.ra.je. [ko'raxe] [ko'raxe] *m.* **1.** Qualidade de quem enfrenta o perigo. ▸ Coragem. **2.** Ânimo e frieza diante do perigo. Intrepidez. ▸ Coragem.

co.ral. [ko'ral] [ko'ral] *adj.* **1.** Relativo a coro. ▸ Coral. *m.* **2.** Conjunto dos componentes de um coro musical. ▸ Coral. **3.** *Zool.* Animal que vive fixo às rochas, formando colônias de várias cores. ▸ Coral marinho. *f.* **4.** *Zool.* Cobra venenosa de cor vermelha, com listras pretas e amarelas. ▸ Coral.
➥ *Reino animal*

co.ra.za. [ko'raθa] [ko'rasa] *f.* Revestimento de aço para proteger, especialmente navios. ▸ Couraça.

co.ra.zón. [kora'θon] [kora'son] *m. Anat.* Músculo que bombeia o sangue do corpo. ▸ Coração. ◆ **Con el corazón en la mano.** Com toda a sinceridade. **De corazón.** De coração. **Del corazón.** Refere-se à imprensa que trata de acontecimentos relacionados a artistas e pessoas famosas. **Helársele el corazón.** Ficar petrificado. *Cuando vi que me apuntaba con un revólver se me heló el corazón.* Quando vi que me apontava um revólver fiquei petrificado. **No tener corazón.** Ser insensível. **Ser todo corazón.** Ser muito bondoso. *Es todo corazón, busca hacer el bien a todo el mundo.* É muito bondoso, procura fazer o bem a todo mundo.

co.ra.zo.na.da. [koraθo'naða] [koraso'naða] *f.* Sensação de estar alguma coisa por acontecer. ▸ Pressentimento. *Tengo la corazonada de que está por ocurrir alguna cosa mala.* Tenho o pressentimento de que alguma coisa ruim está para acontecer.

cor.ba.ta. [koɾ'βata] [koɾ'βata] *f.* Tira de tecido, estreita e longa, que se usa em torno do pescoço. ▸ Gravata. ➥ *Ropa*

cor.cel. [koɾ'θel] [koɾ'sel] *m.* Cavalo veloz e muito alto. ▸ Corcel.

cor.cho. ['kortʃo] ['kortʃo] *m.* **1.** Madeira mole que compõe a casca de algumas árvores. ▸ Cortiça. **2.** Peça de cortiça para tampar garrafas. ▸ Rolha.

cor.del. [koɾ'ðel] [koɾ'ðel] *m.* Barbante fino para atar pacotes. ▸ Cordel.

cor.de.ro. [koɾ'ðero] [koɾ'ðero] *m. Zool.* Filhote da ovelha. ▸ Cordeiro. ➥ *Reino animal*

cor.dial. [koɾ'ðjal] [koɾ'ðjal] *adj.* **1.** Relativo ou pertencente ao coração. ▸ Cordial. **2.** Que procede com gentileza. ▸ Cordial.

cor.di.lle.ra. [koɾði'ʎera] [koɾði'ʃera] *f. col. Geogr.* Série de montanhas unidas entre si. ▸ Cordilheira. *La Cordillera de los Andes está* *formada por montañas muy altas.* A Cordilheira dos Andes é formada por montanhas muito altas.

cór.do.ba. ['korðoβa] ['korðoβa] *m.* Unidade monetária da Nicarágua. ▶ Córdoba.

cor.dón. [kor'ðon] [kor'ðon] *m.* **1.** Corda feita com fios flexíveis e usada para amarrar. ▶ Cordão. **2.** Corda para amarrar calçados. ▶ Cadarço.

cor.du.ra. [kor'ðura] [kor'ðura] *f.* **1.** Prudência e bom-senso. ▶ Cordura. **2.** Qualidade de pessoa sensata. ▶ Sensatez.

co.re.a.no, na. [kore'ano] [kore'ano] *adj.* **1.** Pertencente ou relativo à Coreia. ▶ Coreano. *s.* **2.** O natural ou habitante dessa região da Ásia. ▶ Coreano.

co.re.ar. [kore'ar] [kore'ar] *v.4. Mús.* Cantar várias pessoas ao mesmo tempo. ▶ Cantar em coro.

cor.ne.ta. [kor'neta] [kor'neta] *f. Mús.* **1.** Tipo de instrumento musical metálico de sopro. ▶ Corneta. *m.* **2.** Músico que toca a corneta. ▶ Corneteiro. ➠ *Instrumentos musicales*

co.ro. ['koro] ['koro] *m.* **1.** *col. Mús.* Conjunto de pessoas que cantam juntas. ▶ Coral. *En el colegio formaron un coro de niños para cantar el día de Navidad.* Na escola formaram um coral de crianças para cantar no dia de Natal. **2.** O lugar destinado a reunir as pessoas que cantam. ▶ Coro. ◆ **Hacer coro.** Unir-se a outro para apoiar suas opiniões. ▶ Fazer eco.

co.ro.na. [ko'rona] [ko'rona] *f.* **1.** Ornamento circular de metais e pedras preciosas que cinge a cabeça. ▶ Coroa. **2.** Distintivo de reis, príncipes e nobres. ▶ Coroa.

co.ro.ni.lla. [koro'niʎa] [koro'niʃa] *f.* **1.** O alto da cabeça. ▶ Cocuruto. **2.** *Rel.* Corte circular de cabelo que fazem os clérigos no alto da cabeça. ▶ Coroa.

cor.po.ra.ción. [korpora'θjon] [korpora'sjon] *f.* Comunidade de pessoas relacionadas à mesma atividade. ▶ Corporação.

cor.po.ral. [korpo'ral] [korpo'ral] *adj.* **1.** Pertencente ao corpo. ▶ Corporal. *m.* **2.** *Rel.* Pano que o sacerdote estende no altar para pôr o cálice e a hóstia. ▶ Corporal.

cor.pús.cu.lo. [kor'puskulo] [kor'puhkulo] *m. Biol.* Corpo muito pequeno. ▶ Corpúsculo.

co.rral. [ko'ral] [ko'ral] *m.* Lugar para guardar animais. ▶ Curral.

co.rre.a. [ko'rea] [ko'rea] *f.* **1.** Tira de couro. ▶ Correia. **2.** Tira para prender as calças. ▶ Cinto.

co.rrec.ción. [korek'θjon] [korek'sjon] *f.* **1.** Ato de corrigir o que está errado ou defeituoso. ▶ Correção. **2.** Castigo leve por alguma falta. ▶ Correção.

co.rrec.to, ta. [ko'rekto] [ko'rekto] *adj.* **1.** Livre de erros ou defeitos. ▶ Correto. **2.** De conduta irrepreensível, educado. ▶ Correto. **3.** Acertado, exato. ▶ Certo.

co.rre.gir. [kore'xir] [kore'xir] *v.47. p.p. reg. corregido / irreg. correcto.* **1.** Consertar o que está errado. ▶ Corrigir. **2.** Advertir alguém para melhorar sua conduta. ▶ Corrigir.

co.rre.li.gio.na.rio, ria. [korelixjo'narjo] [korelixjo'narjo] *adj.* **1.** Que professa a mesma religião que outro. ▶ Correligionário. *U.t.c.s.* **2.** Que comparte ideias ou opiniões. ▶ Correligionário. *U.t.c.s.*

co.rre.o. [ko'reo] [ko'reo] *m.* **1.** Conjunto de cartas e pacotes que se transportam e entregam. ▶ Correio. *pl.* **2.** Serviço público que transporta e entrega correspondência, cartas e pacotes. ▶ Correio. ◆ **Correo electrónico.** **1.** Sistema de envio e recebimento de mensagens via rede de computadores. ▶ Correio eletrônico. **2.** Mensagem intercambiada por meio desse sistema. ▶ E-mail.

co.rre.o.so, sa. [kore'oso] [kore'oso] *adj.* Que se pode dobrar ou estender com facilidade. ▶ Flexível.

co.rrer. [ko'rer] [ko'rer] *v.5.* **1.** Mover-se com velocidade. ▶ Correr. **2.** Andar rapidamente. ▶ Correr. **3.** Executar alguma coisa com rapidez. ▶ Correr. **4.** Passar (um rio) por um lugar. ▶ Correr. *El río Tietê corre por São Paulo.* O rio Tietê corre por São Paulo. *v.p.* **5.** Afastar-se de alguém ou de um lugar. ▶ Deslocar(-se), empurrar. **6.** Ter um orgasmo. ▶ Gozar. ◆ **A todo correr.** A toda velocidade. **Correr con los gastos.** Arcar com as despesas.

co.rre.rí.a. [kore'ria] [kore'ria] *f.* Viagem rápida, com estada em vários lugares, e que termina no ponto em que começou. ▶ Andança(s).

co.rres.pon.der. [korespon'der] [korehpon'der] *v.5.* **1.** Retribuir um afeto, favor ou acolhida proporcionalmente. ▶ Corresponder. **2.** Ser tocante ou pertencente a. ▶ Corresponder. *Trato siempre de hacer lo que a mí me corresponde.* Trato sempre de fazer o que me corresponde. **3.** Ter relação ou proporção com outra coisa. ▶ Corresponder. *v.p.* **4.** Comunicar-se por escrito com alguém. ▶ Corresponder-se.

co.rres.pon.dien.te. [korespon'djente] [korehpon'djente] *adj.* Que traz relação ou correspondência. ▶ Correspondente.

co.rres.pon.sal. [korespon'sal] [korehpon'sal] *com.* Pessoa que está a serviço de uma entidade de comunicações que transmite notícias e informações de atualidade. ▶ Correspondente. *El corresponsal en Londres informó sobre las pérdidas debidas al atentado.* O correspondente em Londres informou sobre as perdas em função do atentado.

co.rri.da. [ko'riða] [ko'riða] *f.* **1.** Ato de correr. ▶ Corrida. **2.** *(Esp.)* Canto popular andaluz. ◆ **Corrida de toros.** Tourada.

co.rri.do, da. [ko'riðo] [ko'riðo] *adj.* **1.** Que tem experiência. ▶ Experiente, vivido. **2.** Que ocorre sem interrupções. ▶ Corrido, contínuo. **3.** Que está fora de lugar. ▶ Deslocado.

co.rrien.te. [ko'rjente] [ko'rjente] *adj.* **1.** De uso comum. Fácil, sabido. ▶ Corrente. *f.* **2.** Sucessão das coisas. ▶ Corrente. **3.** Curso de água de um rio. ▶ Correnteza.

co.rro. ['koro] ['koro] *m.* **1.** Roda de pessoas que se reúnem para conversar. ▶ Roda. **2.** Espaço circular. ▶ Roda. **3.** *Fin.* Agentes da bolsa que negociam valores. ▶ Pregão.

co.rro.bo.rar. [koroβo'rar] [koroβo'rar] *v.4.* **1.** Dar apoio e força a uma pessoa. ▶ Corroborar. **2.** Reforçar as opiniões e argumentos de outro com os próprios. ▶ Corroborar.

co.rrom.per. [korom'per] [korom'per] *v.5. p.p. reg. corrompido* / *irreg. corrupto.* **1.** Alterar negativamente a forma de uma coisa. ▶ Corromper. **2.** Perverter física ou moralmente. ▶ Corromper. **3.** Desvirtuar a moral de outro com dádivas ou qualquer suborno. ▶ Corromper.

co.rrup.ción. [korup'θjon] [korup'sjon] *f.* **1.** Ato ou efeito de corromper. ▶ Corrupção. **2.** Abuso de poder em benefício econômico próprio. ▶ Corrupção.

cor.sa.rio, ria. [kor'sarjo] [kor'sarjo] *adj.* e *m.* **1.** Diz-se da embarcação ou do capitão de navio pirata. ▶ Corsário. **2.** Ver *pirata*[3]. Pirata. ▶ Corsário.

cor.ta.cés.ped. [korta'θespeð] [korta'sehpeð] *amb.* Máquina que serve para cortar grama. ▶ Cortador de grama.

cor.ta.du.ra. [korta'ðura] [korta'ðura] *f.* **1.** Ferida produzida por um instrumento cortante. ▶ Corte. **2.** *Geogr.* Passagem entre duas montanhas. ▶ Desfiladeiro.

cor.tar. [kor'tar] [kor'tar] *v.4.* **1.** Dividir uma coisa ou separar suas partes. ▶ Cortar. **2.** *fig.* Suspender, interromper uma conversação, também telefônica. ▶ Cortar. ◆ **Cortar por lo sano.** Arrancar o mal pela raíz. **Quedar / Estar cortado.** Ficar constrangido. *Fue tan grosero que me quedé cortado, sin saber qué responder.* Foi tão grosseiro que fiquei constrangido, sem saber o que responder.

cor.te. ['korte] ['korte] *m.* **1.** Incisão feita com um instrumento cortante. ▶ Corte. **2.** Gume do instrumento cortante. ▶ Corte. **3.** O tecido para fazer um traje. ▶ Corte. **4.** As peças que se cortam do tecido. ▶ Corte. *f.* **5.** Lugar onde residem os monarcas. ▶ Corte.

cor.tés. [kor'tes] [kor'tes] *adj.* Que procede com educação e respeito. ▶ Cortês.

cor.te.sa.no, na. [korte'sano] [korte'sano] *adj.* **1.** Pertencente ou relativo à corte. ▶ Cortesão. *m.* **2.** Palaciano que serve ao rei. ▶ Cortesão. *f.* **3.** Ver *prostituto.* ▶ Prostituto.

cor.te.sí.a. [korte'sia] [korte'sia] *f.* Ato ou comportamento de atenção, respeito ou afeto para com uma pessoa. ▶ Cortesia.

cor.te.za. [kor'teθa] [kor'tesa] *f.* **1.** *Bot.* Cobertura de fibra vegetal dura que protege as frutas e o caule das plantas. ▶ Casca. *Mucha gente graba sus iniciales en la corteza de los árboles.* Muitas pessoas gravam suas iniciais na casca das árvores. **2.** Parte exterior dura de algumas coisas como o queijo e o pão. ▶ Casca. *El pan italiano tiene una corteza dura.* O pão italiano tem a casca dura.

cor.ti.na. [kor'tina] [kor'tina] *f.* Peça de tecido que se pendura na frente de uma porta ou janela. ▶ Cortina. *Pusimos cortinas en las ventanas porque entraba mucho sol.* Colocamos cortinas nas janelas porque entrava muito sol.
➡ *Muebles y electrodomésticos*

cor.to, ta. ['korto] ['korto] *adj.* **1.** Que tem pouca extensão ou comprimento. ▶ Curto. **2.** Que é pequeno para aquilo a que se destina. ▶ Curto. **3.** De pouca duração. ▶ Curto. ◆ **A la corta o a la larga.** Mais cedo ou mais tarde.

cor.to.cir.cui.to. [kortoθir'kwito] [kortosir'kwito] *m.* Pane em uma instalação elétrica em que ocorre um aumento da corrente. ▶ Curto-circuito.

cor.to.me.tra.je. [kortome'traxe] [kortome'traxe] *m.* Filme de curta duração. ▶ Curta-metragem.

cor.va. ['korβa] ['korβa] *f.* Parte da perna oposta ao joelho. ▸ Curva da perna.

▫ **cor.vo, va.** ['korβo] ['korβo] *adj.* Que não é reto e muda de direção sem formar ângulos. ▸ Curvo.

co.sa. ['kosa] ['kosa] *f.* Situação, fato, qualidade, ideia ou objeto sobre o que se pensa ou se fala. ▸ Coisa. ♦ **No valer gran cosa.** Não ser grande coisa. *Ese cuadro no vale gran cosa, al artista le faltó inspiración.* Esse quadro não é grande coisa, faltou inspiração ao artista.

cos.co.rrón. [kosko'ron] [kohko'ron] *m.* Golpe dado com os nós dos dedos na cabeça. ▸ Cascudo.

co.se.cha. [ko'setʃa] [ko'setʃa] *f. Agr.* **1.** Conjunto dos frutos que a terra lavrada produz em um período de tempo. ▸ Colheita. **2.** Ato de colher os frutos na época certa. ▸ Colheita.

co.ser. [ko'seɾ] [ko'seɾ] *v.5.* Unir com agulha e fio peças de tecido, couro ou outro material a mão ou a máquina. ▸ Coser, costurar.

cos.mé.ti.co. [kos'metiko] [koh'metiko] *m.* Cada produto que se utiliza para higiene e beleza da pele e dos cabelos. ▸ Cosmético.

cós.mi.co, ca. ['kosmiko] ['kohmiko] *adj.* Relativo ao universo, ao cosmo. ▸ Cósmico.

cos.mo.nau.ta. [kosmo'nau̯ta] [kohmo'nau̯ta] *com.* Tripulante de nave espacial. ▸ Cosmonauta.

cos.mos. ['kosmos] ['kohmos] *m.* Espaço exterior à Terra. O universo. ▸ Cosmo.

cos.qui.llas. [kos'kiʎas] [koh'kiʃas] *f.pl.* Sensação tátil que produz riso. ▸ Cócegas. ♦ **Hacerle cosquillas.** Despertar a curiosidade.

cos.ta. ['kosta] ['kohta] *f.* **1.** *Geogr.* Orla marítima. ▸ Litoral. **2.** *Geogr.* Borda do lago. ▸ Costa. **3.** *Geogr.* Margem do rio. ▸ Costa. *pl.* **4.** *fig. Dir.* Gastos judiciais. ▸ Custas. ♦ **A costa de.** À custa de. **A toda costa.** A qualquer custo.

cos.ta.do. [kos'taðo] [koh'taðo] *m.* **1.** *Anat.* Parte lateral do corpo humano que fica entre o peito e as costas ▸ Lado. *Fue al médico porque está sintiendo un dolor en el costado derecho.* Foi ao médico porque está sentindo uma dor no lado direito. **2.** Parte que fica à esquerda ou à direita de um corpo ou de um objeto. ▸ Lado. *El buque atracó con el costado de babor junto al muelle.* O navio atracou com o lado de bombordo junto ao cais.

cos.tal. [kos'tal] [koh'tal] *adj.* **1.** Relativo às costelas. ▸ Costal. *m.* **2.** Saco grande de tecido grosseiro que se usa para transportar grãos e outros produtos. ▸ Saca.

cos.ta.ne.ro, a. [kosta'neɾo] [kohta'neɾo] *adj.* **1.** Que está ou procede da costa. ▸ Costeiro. *f.* **2.** Faixa de terra que bordeia o mar. ▸ Orla.

cos.tar. [kos'taɾ] [koh'taɾ] *v.18.* **1.** Ter um preço ou valor determinado. ▸ Custar. **2.** Causar prejuízo ou perda. ▸ Custar.

cos.ta.rri.cen.se. [kostari'θense] [kohtari'sense] *adj.* **1.** Pertencente ou relativo à Costa Rica. ▸ Costa-riquenho. *com.* **2.** O natural ou habitante desse país. ▸ Costa-riquenho. ♦ **Colón costarricense.** Unidade monetária da Costa Rica.

cos.te. ['koste] ['kohte] *m. Esp.* Despesa feita para adquirir ou produzir uma coisa. ▸ Custo.

cos.te.ar. [koste'aɾ] [kohte'aɾ] *v.4.* Financiar os gastos. ▸ Custear.

cos.ti.lla. [kos'tiʎa] [koh'tiʃa] *f. Anat.* Cada um dos ossos curvos que formam a caixa torácica. ▸ Costela.

cos.to. [kos'to] [koh'to] *m.* Valor que paga-se por algo. ▸ Custo.

cos.to.so, sa. [kos'toso] [koh'toso] *adj.* **1.** Que tem um preço muito alto. ▸ Custoso. **2.** Trabalhoso e difícil de fazer. ▸ Custoso, árduo.

cos.tra. ['kostɾa] ['kohtɾa] *f.* **1.** Capa exterior dura e seca sobre uma superfície. ▸ Crosta. *El barniz formó una costra protectora en la mesa.* O verniz formou uma crosta protetora sobre a mesa. **2.** Capa dura que se forma sobre uma ferida. ▸ Casca. *La herida ya se curó, solo queda la costra.* A ferida já sarou, só resta a casca.

cos.tum.bre. [kos'tumbɾe] [koh'tumbɾe] *f.* Prática habitual de proceder ou proceder. ▸ Costume.

co.ta. ['kota] ['kota] *f.* **1.** Traje de couro ou malha de ferro usada para proteção. ▸ Cota. **2.** A altura de um ponto em relação ao nível do mar ou a outro ponto. ▸ Altitude, cota.

co.te.jar. [kote'xaɾ] [kote'xaɾ] *v.4.* Confrontar uma coisa com outra. Cotejar. ▸ Aferir, conferir.

co.ti.lla. [ko'tiʎa] [ko'tiʃa] *com.* Pessoa que faz fofocas. Mexeriqueiro. ▸ Fofoqueiro. *U.t.c.adj.*

co.ti.lle.o. [koti'ʎeo] [koti'ʃeo] *m.* **1.** Ato ou efeito de fazer mexericos. ▸ Fofoca. **2.** Rumor verdadeiro ou falso com que se pretende criar inimizade entre pessoas. Intriga. ▸ Fofoca. *Como no trabaja, pasa el día contando cotilleos de todas las vecinas.* Como não trabalha, passa o dia contando fofocas de todas as vizinhas.

co.ti.llón. [koti'ʎon] [koti'ʃon] *m.* **1.** Conjunto de acessórios, brinquedos e enfeites para festas. ▸ *Kit* festa. **2.** Dança antiga que indicava o fim do baile. ▸ Cotilhão.

co.ti.za.ción. [kotiθa'θjon] [kotisa'sjon] *f.* **1.** Pagamento de prestações públicas. ▸ Contribuição. **2.** Valor público ou geral de algo. ▸ Cotação.

co.ti.zar. [koti'θar] [koti'sar] *v.13.* **1.** Contribuir para uma despesa comum. ▸ Cotizar. **2.** *Fin.* Publicar nas bolsas o preço dos títulos ali negociados. ▸ Cotar. **3.** *(Amér.) Fin.* Impor o pagamento de uma quota. ▸ Cotizar.

co.to. ['koto] ['koto] *m.* **1.** Terreno reservado para caça, pesca ou alguma outra finalidade. ▸ Reserva. *Los guardas vigilan para que los cazadores furtivos no entren en los cotos.* Os guardas vigiam para que os caçadores furtivos não entrem nas reservas. **2.** Sinal de pedra que se coloca para marcar os limites de um terreno. ▸ Baliza. ◆ **Poner coto.** Pôr fim.

co.yun.tu.ra. [kojun'tura] [koʃun'tura] *f.* **1.** *Anat.* União móvel de um osso com outro. ▸ Articulação. **2.** Situação pontual. ▸ Conjuntura.

coz. ['koθ] ['kos] *f. Zool.* Golpe dado pelos animais com as patas para trás. ▸ Coice.

crá.ne.o. ['kraneo] ['kraneo] *m. Anat.* Caixa óssea que encerra o cérebro. ▸ Crânio.

crá.pu.la. ['krapula] ['krapula] *m.* Homem de conduta desonesta. ▸ Crápula.

crá.ter. ['krater] ['krater] *m. Geogr.* Abertura pela qual o vulcão expele lava, cinza, fumaça e outras matérias. ▸ Cratera.

cre.a.ción. [krea'θjon] [krea'sjon] *f.* Ação ou efeito de criar. ▸ Criação.

cre.a.dor, do.ra. [krea'ðor] [krea'ðor] *adj.* Que produz, estabelece ou funda algo. ▸ Criador. *U.t.c.s.*

cre.ar. [kre'ar] [kre'ar] *v.4.* **1.** Fazer nascer ou dar vida a uma coisa. ▸ Criar. **2.** Produzir algo do nada. ▸ Criar. *Dios creó el universo.* Deus criou o universo.

cre.a.ti.vo, va. [krea'tiβo] [krea'tiβo] *adj.* Aquele que é inventivo, que tem criatividade. ▸ Criativo.

cre.cer. [kre'θer] [kre'ser] *v.24.* **1.** *Biol.* Aumento ou desenvolvimento natural dos seres orgânicos. ▸ Crescer. **2.** *Biol.* Aumentar a estatura das crianças. ▸ Crescer. **3.** Receber ou adquirir elementos para aumentar seu tamanho, quantidade ou qualidade. ▸ Crescer.

cre.ci.da. [kre'θiða] [kre'siða] *f.* Aumento do caudal de um rio. ▸ Cheia.

cré.di.to. ['kreðito] ['kreðito] *m.* **1.** *Fin.* Quantidade de dinheiro que se empresta a alguém mediante garantia de devolução. ▸ Crédito. *El coche lo compré con un crédito que me concedió el banco.* Comprei o carro com um crédito concedido pelo banco. **2.** Aceitação de uma coisa como certa e verdadeira. ▸ Crédito. *El tribunal dio crédito al abogado porque todo había sido probado.* O tribunal deu crédito ao advogado porque tudo havia sido provado. **3.** Boa reputação ou conceito de uma coisa ou pessoa. ▸ Fama. *Los coches de esa marca tienen crédito de ser muy buenos.* Os carros dessa marca têm fama de ser muito bons.

cré.du.lo, la. ['kreðulo] ['kreðulo] *adj.* **1.** Que crê com facilidade. ▸ Crédulo. **2.** Que procede com boa-fé. ▸ Ingênuo.

cre.en.cia. [kre'enθja] [kre'ensja] *f.* **1.** *Rel.* Conjunto de ideias religiosas nas quais acreditam muitas pessoas. Fé. ▸ Crença. **2.** Pensamento tido por verdadeiro. ▸ Crença. *Tengo la firme creencia de que no habrá guerra.* Tenho a firme crença de que não haverá guerra.

cre.er. [kre'er] [kre'er] *v.46.* **1.** Considerar uma coisa como possível ou provável. Acreditar. ▸ Crer. *Creo que va a llover esta tarde.* Creio que vai chover esta tarde. **2.** Julgar uma coisa como verdadeira sem precisar demonstrá-la. ▸ Acreditar. *Creo que ha dicho la verdad.* Acredito que disse a verdade. **3.** *Rel.* Estar ciente da verdade de suas crenças religiosas. Ter fé. ▸ Crer.

cre.í.ble. [kre'iβle] [kre'iβle] *adj.* Que tem crédito, que se pode acreditar. ▸ Crível.

cre.í.do, da. [kre'iðo] [kre'iðo] *adj.* **1.** Que procede com arrogância. ▸ Convencido. **2.** Que tem demasiada autoconfiança. ▸ Presunçoso.

cre.ma. ['krema] ['krema] *f.* **1.** Substância gordurosa do leite. ▸ Nata. *Me gusta la leche con mucha crema.* Eu gosto do leite com muita nata. **2.** Produto pastoso usado para limpeza ou conservação de alguma coisa. Pasta. ▸ Graxa. *Doy crema a mis zapatos para mantenerlos limpios* *y conservados.* Passo graxa nos meus sapatos para mantê-los limpos e conservados. **3.** *Cul.* Massa pastosa, leve, feita com leite, que se põe nos doces. ▶ Creme. **4.** *fig.* O mais seleto. ▶ Nata. *adj.* **5.** Cor semelhante ao bege. ▶ Creme.

cre.ma.lle.ra. [kremaˈʎera] [kremaˈʃera] *f.* Fecho metálico ou de outro material duro usado no fechamento de roupas, bolsas, carteiras, etc. ▶ Zíper.

cre.pi.tar. [krepiˈtar] [krepiˈtaɾ] *v.4.* Dar estalos a lenha ao arder. Pipocar. ▶ Crepitar.

cre.pús.cu.lo. [kreˈpuskulo] [kreˈpuhkulo] *m.* Claridade própria dos períodos do dia em que o Sol, embora escondido, está próximo do horizonte. ▶ Crepúsculo.

cres.ta. [ˈkresta] [ˈkrehta] *f.* *Anat.* Carnosidade vermelha que têm na cabeça os galos, as galinhas e outras aves. ▶ Crista. **2.** Cume da onda, geralmente espumosa. ▶ Crista. ◆ **Estar en la cresta de la onda.** Estar no apogeu. Estar com tudo. ▶ Estar na crista da onda.

cre.yen.te. [kreˈʝente] [kreˈʃente] *adj.* **1.** *Rel.* Aquele que crê ou que professa uma religião determinada. ▶ Crente. *Francisco es de una familia muy creyente.* Francisco é de uma família muito crente. **2.** Aquele que acredita em algo. ▶ Crente.

crí.a. [ˈkria] [ˈkria] *f.* **1.** Ato de criar, alimentar e cuidar de um animal ou pessoa. ▶ Cria, criação. **2.** O filhote de um animal ou criança pequena. ▶ Cria.

cria.de.ro. [krjaˈðero] [krjaˈðero] *m.* Lugar destinado à criação de animais ou plantas. Estufa. ▶ Viveiro.

cria.do, da. [ˈkrjaðo] [ˈkrjaðo] *s.* **1.** Pessoa contratada para serviços domésticos. ▶ Criado. **2.** *ant.* Pessoa que recebe de outra alimento e educação.

❏ **crian.za.** [ˈkrjanθa] [ˈkrjansa] *f.* **1.** Ato ou efeito de criar durante o tempo de amamentação. ▶ Aleitamento. *El periodo de crianza es importante para el futuro del niño.* O tempo de aleitamento é muito importante para o futuro da criança. **2.** Processo que se segue para a elaboração de vinhos. ▶ Produção de vinhos. *En el sur de Brasil hay excelentes regiones para crianza.* No sul do Brasil há excelentes regiões para produção de vinhos. **3.** Ato de criar, especialmente animais. ▶ Criação.

criar. [ˈkrjar] [ˈkrjaɾ] *v.4.* **1.** Alimentar, cuidar e educar as crianças desde seu nascimento. ▶ Criar. **2.** Alimentar e cuidar de animais ou plantas para negócio ou por lazer. ▶ Criar.

❏ **cria.tu.ra.** [krjaˈtura] [krjaˈtuɾa] *f.* **1.** Criança recém-nascida ou de pouca idade. ▶ Criança. **2.** Pessoa adulta que se comporta como uma criança. ▶ Criança.

cri.men. [ˈkrimen] [ˈkrimen] *m.* Delito cometido por uma pessoa e que implica consequências graves. ▶ Crime. *Está preso por haber cometido un crimen.* Está preso por ter cometido um crime.

cri.mi.nal. [krimiˈnal] [krimiˈnal] *adj. Dir.* **1.** ❏ Diz-se da pessoa que cometeu um crime. ▶ Criminoso. *U.t.c.com.* **2.** Relativo a crime. ▶ Criminal.

cri.mi.na.lis.ta. [krimina'lista] [krimina'lihta] *com. Dir.* Profissional que trata de assuntos de direito penal. ▶ Criminalista.

crin. [ˈkrin] [ˈkrin] *f. Anat.* Conjunto de pelos que têm os cavalos e outros animais no pescoço, na cabeça e na cauda. ▶ Crina.

crí.o, a. [ˈkrio] [ˈkrio] *s.* Criança de poucos meses. ▶ Bebê.

crio.llo, lla. [ˈkrjoʎo] [ˈkrjoʃo] *adj.* **1.** Diz-se de descendente de espanhóis nascido na América. ▶ Crioulo. *U.t.c.s.* **2.** Próprio da América Hispânica. *En la época de la independencia, los criollos deseaban tener más participación en la toma de decisiones.* Na época da independência, os crioulos desejavam ter maior participação na tomada de decisões.

cri.sá.li.da. [kriˈsaliða] [kriˈsaliða] *f. Zool.* Estado intermediário de um inseto entre larva e adulto. ▶ Crisálida. *Los capullos de seda tienen dentro una crisálida de mariposa.* Os casulos da seda têm dentro uma crisálida de borboleta.

cri.san.te.mo. [krisanˈtemo] [krisanˈtemo] *m. Bot.* Planta florífera ornamental. ▶ Crisântemo.

cri.sis. [ˈkrisis] [ˈkrisis] *f.* Situação grave e difícil que se apresenta no desenvolvimento de um processo qualquer. ▶ Crise. *El aumento de la criminalidad está originando una grave crisis social.* O aumento da criminalidade está originando uma grave crise social.

cris.tal. [krisˈtal] [krihˈtal] *m.* **1.** Corpo sólido, incolor e transparente que se obtém da fusão de alguns minerais. ▶ Cristal. **2.** Vidro. *El cristal de la ventana está rajado.* O vidro da janela está rachado.

cris.ta.le.rí.a. [kristaleˈria] [krihtaleˈria] *f.* **1.** Lugar em que se fabricam ou vendem

cristianar – cu

objetos de cristal. ▸ Vidraçaria. **2.** Conjunto de peças de cristal. ▸ Cristaleira.

cris.tia.nar. [kristja'nar] [krihtja'nar] *v.4. Rel.* Tornar cristão, batizando. ▸ Cristianizar.

cris.tia.nis.mo. [kristja'nismo] [krihtja'nihmo] *m. Rel.* Religião dos que seguem a Jesus Cristo como Filho de Deus. ▸ Cristianismo. *En el Cristianismo es fundamental amar a Dios sobre todas las cosas y al prójimo como a sí mismo.* No Cristianismo é fundamental amar a Deus sobre todas as coisas e ao próximo como a si mesmo.

cris.tia.no, na. [kris'tjano] [krih'tjano] *adj. Rel.* Aquele que é batizado e pratica a religião pregada por Jesus Cristo. ▸ Cristão.

cri.te.rio. [kri'terjo] [kri'terjo] *m.* **1.** Norma para conhecer a verdade. ▸ Critério. **2.** Princípio que rege um julgamento. ▸ Critério.

crí.ti.ca. ['kritika] ['kritika] *f.* **1.** Arte de julgar o mérito de. ▸ Crítica. **2.** Censura da conduta de alguém. ▸ Crítica.

cri.ti.car. [kriti'kar] [kriti'kar] *v.7.* **1.** Fazer a crítica de. ▸ Criticar. **2.** Submeter a julgamento. ▸ Criticar.

crí.ti.co, ca. ['kritiko] ['kritiko] *adj.* **1.** Relativo à crítica ou à crise. ▸ Crítico. *s.* **2.** Profissional que faz críticas. ▸ Crítico.

cro.mo. ['kromo] ['kromo] *m.* **1.** Adesivo ou estampa com figuras em geral coloridas. ▸ Cromo, figurinha. **2.** *Quím.* Elemento químico usado no revestimento de metais. ▸ Cromo.

cró.ni.ca. ['kronika] ['kronika] *f.* **1.** Narração histórica em que se observa a ordem cronológica. ▸ Crônica. **2.** Informação, noticiário ou comentário sobre temas de atualidade. ▸ Crônica.

cró.ni.co, ca. ['kroniko] ['kroniko] *adj.* **1.** Que dura muito, especialmente doença. ▸ Crônico. **2.** Que é perseverante. ▸ Persistente.

cro.nis.ta. [kro'nista] [kro'nihta] *com.* Pessoa que escreve crônicas. ▸ Cronista.

cro.que.ta. [kro'keta] [kro'keta] *f. Cul.* Massa feita com farinha de trigo e leite, à qual se agrega carne, peixe, bacalhau ou qualquer outro alimento, e com a qual se fazem bolinhos de forma oval que são fritos em óleo. ▸ Croquete.

cró.ta.lo. ['krotalo] ['krotalo] *m.* **1.** *Mús.* Antigo instrumento musical semelhante às castanholas. ▸ Crótalo. **2.** *Zool.* Cobra venenosa da América que faz barulho com a cauda. ▸ Cascavel.

cru.ce. ['kruθe] ['kruse] *m.* **1.** Ponto ou lugar no qual se encontram duas ou mais coisas formando uma cruz. ▸ Encruzilhada. **2.** Faixa pela qual os pedestres atravessam uma estrada. ▸ Faixa de pedestres.

cru.ce.ro. [kru'θero] [kru'sero] *m.* **1.** Viagem de lazer em navio. ▸ Cruzeiro. **2.** Cruz, geralmente de pedra, que se encontra erguida em adros, cemitérios, praças, cruzamento de caminhos, etc. ▸ Cruzeiro. **3.** *Mil.* Navio de guerra, fortemente armado, de grande velocidade. ▸ Cruzador.

cru.cial. [kru'θjal] [kru'sjal] *adj.* **1.** Que tem forma de cruz. ▸ Crucial. **2.** Diz-se do momento em que se toma uma decisão importante. ▸ Crucial.

cru.ci.fi.jo. [kruθi'fixo] [krusi'fixo] *m. Rel.* Imagem que representa o sacrifício de Jesus Cristo, pregado na cruz. ▸ Crucifixo.

cru.ci.gra.ma. [kruθi'ɣrama] [krusi'ɣrama] *m.* Forma de entretenimento que consiste em preencher espaços em branco combinando palavras horizontal e verticalmente. ▸ Palavras cruzadas.

cru.do, da. ['kruðo] ['kruðo] *adj.* Diz-se de alimento que não está cozido. ▸ Cru.

cruel. ['krwel] ['krwel] *adj.* **1.** Que faz pessoas ou animais sofrerem. ▸ Cruel. **2.** Que se deleita com os padecimentos alheios. ▸ Cruel.

cru.jien.te. [kru'xjente] [kru'xjente] *adj.* Que se quebra ao ser mordido e faz barulho. ▸ Crocante.

cru.jir. [kru'xir] [kru'xir] *v.6. Fís.* Fazer ruído ao sofrer atrito. ▸ Ranger. *Nuestras pisadas hicieron crujir los escalones.* Nossos passos fizeram os degraus rangerem.

cruz. ['kruθ] ['krus] *f.* **1.** Figura composta por duas retas que se cortam formando ângulos retos. ▸ Cruz. **2.** *Rel.* Imagem ou figura que é símbolo dos cristãos por representar os pedaços de madeira cruzados em que morreu Cristo. ▸ Cruz.

cru.za.do, da. [kru'θaðo] [kru'saðo] *adj.* **1.** Disposto em cruz. ▸ Cruzado. **2.** Aquele cuja ascendência é formada por mais de uma etnia. ▸ Miscigenado.

cru.zar. [kru'θar] [kru'sar] *v.13.* **1.** Passar de um lado a outro. ▸ Cruzar. **2.** *Fin.* Traçar duas linhas paralelas em um cheque. ▸ Cruzar. **3.** Acasalar animais de diferentes raças. ▸ Cruzar. **4.** Atravessar a rua. ▸ Cruzar.

❏ **cu.** [ku] [ku] *f.* O nome da letra Q. ▸ Que.

cua.der.no. [kwa'ðerno] [kwa'ðerno] *m.* Conjunto de folhas de papel unidas como um livro. ▶ Caderno. ➡ *En el aula*

cua.dra. ['kwaðra] ['kwaðra] *f.* **1.** Lugar para recolher os cavalos. Cavalariça. ▶ Estrebaria. **2.** Espaço entre uma esquina e outra do mesmo lado de uma rua. Quarteirão. ▶ Quadra. **3.** Conjunto de cavalos de corrida. ▶ Haras.

cua.dra.do, da. [kwa'ðraðo] [kwa'ðraðo] *adj.* **1.** Figura plana fechada por quatro retas iguais que formam quatro ângulos retos. ▶ Quadrado. *m.* **2.** Produto que resulta de multiplicar um número por si mesmo. ▶ Quadrado. *El cuadrado de cinco es veinticinco.* O quadrado de cinco é vinte e cinco.

cua.dra.gé.si.mo, ma. [kwaðra'xesimo] [kwaðra'xesimo] *núm.* Que segue em ordem ao trigésimo nono. ▶ Quadragésimo.

cua.drar. [kwa'ðrar] [kwa'ðraɾ] *v.4.* Dar forma de quadro ou de quadrado. Quadricular. ▶ Quadrar.

cua.dri.lla. [kwa'ðriʎa] [kwa'ðriʃa] *f.* Grupo de pessoas reunidas para um fim. ▶ Quadrilha.

cua.dro. ['kwaðro] ['kwaðro] *m.* **1.** Desenho ou pintura limitada externamente por uma moldura. ▶ Quadro. **2.** Conjunto de informações sobre um determinado assunto. ▶ Quadro. *Los médicos hicieron un cuadro clínico completo.* Os médicos fizeram um quadro clínico completo. ◆ **A cuadros.** Xadrez. *El dibujo a cuadros en las telas es típico de Escocia.* O desenho xadrez nos tecidos é típico da Escócia.

cua.drú.pe.do, da. [kwa'ðrupeðo] [kwa'ðrupeðo] *adj. Zool.* Diz-se de animal que tem quatro patas. ▶ Quadrúpede. *U.t.c.s.*

cuá.dru.ple. ['kwaðruple] ['kwaðruple] *núm.* **1.** O resultado de multiplicar um número ou quantidade por quatro. ▶ Múltiplo de quatro. *m.* **2.** *Mat.* Quantidade quatro vezes maior que outra. ▶ Quádruplo.

cua.ja.do, da. [kwa'xaðo] [kwa'xaðo] *adj.* **1.** Que fica paralisado por medo ou surpresa. ▶ Pasmo. *f.* **2.** *Cul.* Certo alimento que se faz com leite e outros ingredientes. ▶ Coalhada.

cua.jo. ['kwaxo] ['kwaxo] *m.* Fermento que se obtém do estômago dos mamíferos. ▶ Coalho.

cual. ['kwal] ['kwal] *pron.* **1.** Designa pessoa ou coisa da qual se tem conhecimento anterior. ▶ Qual. *Firmaron un acuerdo mediante el cual se perdonaba la deuda.* Assinaram um acordo mediante o qual a dívida era perdoada. **2.** Forma interrogativa e exclamativa de *cual*. ▶ Qual. *No me dijiste todavía cuál de estos vas a querer.* Você não me disse ainda qual destes vai querer.

cua.les.quie.ra. [kwales'kjera] [kwaleh'kjera] *pron.* Forma plural de *cualquiera*. ▶ Quaisquer.

cua.li.dad. [kwaliðaθ] [kwaliðað] *f.* **1.** Característica que diferencia as pessoas, seres vivos e coisas. ▶ Qualidade. **2.** Modo de ser de uma pessoa ou coisa. Jeito. Caráter. ▶ Qualidade.

cual.quier. [kwal'kjer] [kwal'kjeɾ] *pron.* Forma apocopada de *cualquiera*, empregada diante de substantivos. ▶ Qualquer. *Cualquier persona entiende lo que estoy planteando.* Qualquer pessoa entende o que eu estou expondo.

cual.quie.ra. [kwal'kjera] [kwal'kjera] *pron.* Designação indefinida de pessoa ou coisa que não se interessa determinar. ▶ Qualquer um/uma.

cuan.do. ['kwando] ['kwando] *adv.* **1.** Indica o tempo ou momento em que sucede algo. ▶ Quando. *Fue entonces cuando decidí viajar.* Foi naquele momento quando decidi viajar. *conj.* **2.** Indica a oportunidade ou condição em que se faz ou fará uma coisa. ▶ Quando. *Te llevaré a pasear cuando te portes bien.* Levarei você para passear quando você se comportar bem. *pron.* **3.** Forma interrogativa e exclamativa de *cuando*. ▶ Quando. *¿Cuándo vas a hacer lo que me prometiste?* Quando você vai fazer o que me prometeu? ◆ **De cuando en cuando.** Algumas vezes. ▶ De tempos em tempos. De vez em quando.

cuan.tí.a. [kwan'tia] [kwan'tia] *f.* **1.** Número determinado de coisas, que pode ser aumentado ou diminuído. ▶ Quantia. **2.** Valor fixado em dinheiro. ▶ Quantia.

cuan.to, ta. ['kwanto] ['kwanto] *adj.* **1.** A quantidade de determinada coisa. ▶ Quanto. *Ven cuantas veces quieras.* Venha quantas vezes você quiser. *adv.* **2.** Indica uma quantidade. ▶ Quanto. *Que coman y beban cuanto quieran.* Que comam e bebam quanto quiserem. *pron.* **3.** Forma interrogativa e exclamativa de *cuanto*. ▶ Quanto. *¡Qué bueno que llegaste! ¡No sabes cuánto te esperé!* Que bom que você chegou! Não sabe quanto eu esperei por você! ◆ **Unos cuantos.** Alguns. *Compré unos cuantos dulces, no muchos.* Comprei alguns doces, não muitos.

cua.ren.ta. [kwa'renta] [kwa'rεnta] *núm.* **1.** Quantidade que é uma unidade maior que 39. ▸ Quarenta. *m.* **2.** Número que representa essa quantidade. ▸ Quarenta.

cua.ren.te.na. [kwaren'tena] [kwarεn'tεna] *f.* **1.** *Med.* Isolamento durante quarenta dias de pessoas ou animais suspeitos de doença contagiosa. ▸ Quarentena. **2.** Período de quarenta dias. ▸ Quarentena.

cuar.tel. [kwar'tel] [kwar'tɛl] *m. Mil.* Edifício destinado a alojamento da tropa. ▸ Quartel. *Los soldados que están de servicio permanecen en el cuartel.* Os soldados que estão em serviço permanecem no quartel. ◆ **Cuartel general.** *Mil.* Lugar no qual se estabelece o comandante de uma unidade militar e seu estado-maior. ▸ Quartel-general. *El general de la división estableció su cuartel general cerca del frente.* O general da divisão estabeleceu seu quartel-general perto do *front*.

cuar.te.to. [kwar'teto] [kwar'tɛto] *m.* **1.** *Mús.* Conjunto musical de quatro integrantes. ▸ Quarteto. **2.** Combinação métrica de quatro versos. ▸ Quadra.

cuar.ti.lla. [kwar'tiʎa] [kwar'tiʃa] *f.* Folha de papel para escrever. ▸ Papel de carta.

cuar.to, ta. ['kwarto] ['kwarto] *adj.* **1.** A quarta parte de um todo, especialmente de cada hora, o que corresponde, neste caso, a quinze minutos. ▸ Quarto. *Queremos ver la película de las ocho y cuarto. ¿Qué te parece?* Queremos ver o filme das oito e quinze. O que você acha? *m.* **2.** Parte de uma residência. ▸ Cômodo, quarto. **3.** Cada uma das partes daquilo que se divide em quatro partes iguais. ▸ Quarto. *núm.* **4.** Que segue em ordem ao terceiro. ▸ Quarto. ◆ **Cuarto de baño.** Ver *baño*[(4)]. ▸ Banheiro.

cuar.zo. ['kwarθo] ['kwarso] *m.* Mineral muito duro encontrado em rochas e areias. ▸ Quartzo.

cua.tre.ro, ra. [kwa'trero] [kwa'trεro] *adj.* Que rouba qualquer tipo de gado. ▸ Ladrão de gado. *U.t.c.s.*

cua.tri.mes.tre. [kwatri'mestre] [kwatri'mεhtrε] *m.* Período que abarca quatro meses. ▸ Quadrimestre.

cua.tri.mo.tor. [kwatrimo'tor] [kwatrimo'tor] *adj.* **1.** Que tem quatro motores. ▸ Quadrimotor. *m.* **2.** Avião provido de quatro motores. ▸ Quadrimotor.

cua.tro. ['kwatro] ['kwatro] *núm.* **1.** Quantidade que é uma unidade maior que 3. ▸ Quatro. *m.* **2.** Número que representa essa quantidade. ▸ Quatro.

cua.tro.cien.tos, tas. [kwatro'θjentos] [kwatro'sjentos] *núm.* **1.** Quantidade que é uma unidade maior que 399. ▸ Quatrocentos. *m.* **2.** Número que representa essa quantidade. ▸ Quatrocentos.

cu.ba. ['kuβa] ['kuβa] *f.* **1.** Vasilha grande, de madeira, que serve para guardar vinho, azeite ou outros líquidos. ▸ Cuba, tonel. **2.** *fig.* Pessoa que bebe muito. ▸ Esponja.

cu.ba.no, na. [ku'βano] [ku'βano] *adj.* **1.** Pertencente ou relativo à Cuba. ▸ Cubano. *s.* **2.** O natural ou habitante desse país da América Central. ▸ Cubano.

cu.ber.te.rí.a. [kuβerte'ria] [kuβerte'ria] *f.* **1.** Jogo de talheres composto de colher, garfo, faca e outras peças. ▸ Faqueiro. **2.** Estojo em que se guardam os talheres. ▸ Faqueiro.

cu.bí.cu.lo. [ku'βikulo] [ku'βikulo] *m.* **1.** Aposento pequeno. ▸ Cubículo. **2.** *Rel.* Cela de convento sem luxo nem conforto. ▸ Cubículo. ◆ **Cubículo de la ducha.** Boxe.

☐ **cu.bier.ta.** [ku'βjerta] [ku'βjεrta] *f.* Cobertura, geralmente de papel, que protege um livro, uma revista, ou outra publicação em papel. ▸ Capa.

cu.bier.to, ta. [ku'βjerto] [ku'βjεrto] *adj.* **1.** Que foi resguardado, abrigado. ▸ Coberto. *m.* **2.** Cada utensílio que se usa nas refeições para servir e cortar os alimentos e levá-los à boca. ▸ Talher. **3.** Talher para cada uma das pessoas que estão na mesa. ▸ Serviço de mesa.

cu.bil. [ku'βil] [ku'βil] *m.* Lugar no qual se abrigam os animais para dormir. Toca. ▸ Covil.

cu.bo. ['kuβo] ['kuβo] *m.* Recipiente de metal ou madeira que serve para transportar água ou tirá-la de um poço. ▸ Balde. ◆ **Cubo de la basura.** Balde para acúmulo de pequenas quantidades de lixo. ▸ Lata de lixo.
➡ *En el aula*

cu.brir. [ku'βrir] [ku'βrir] *v.6. p.p. irreg. cubierto.* **1.** Tapar ou ocultar algo ou alguma coisa. ▸ Cobrir. *El tejado cubre la casa.* O telhado cobre a casa. **2.** Estender um material flexível sobre uma superfície. ▸ Cobrir. *Antes de poner la mesa, cúbrela con un mantel.* Antes de pôr a mesa, cubra-a com uma toalha. **3.** Impedir que sofra algum dano. ▸ Proteger, dar cobertura.

cu.ca.ra.cha. [kuka'ratʃa] [kuka'ratʃa] *f.* *Zool.* Inseto onívoro, de corpo oval e antenas compridas. ▸ Barata.

cu.cha.ra. [ku'tʃar] [ku'tʃar] *f.* Instrumento com um cabo e um pequeno recipiente oval e côncavo que se usa para levar alimentos à boca, especialmente os líquidos e pastosos. ▸ Colher. *La sopa se toma con cuchara.* A sopa se toma com colher. ◆ **Meter la cuchara.** Meter o bedelho.

cu.cha.ra.da. [kutʃa'raða] [kutʃa'raða] *f.* Quantidade de uma coisa que cabe em uma colher. ▸ Colherada.

cu.cha.ri.lla. [kutʃa'riʎa] [kutʃa'riʃa] *f.* Colher pequena para café ou chá. ▸ Colherinha.

cu.cha.rón. [kutʃa'ron] [kutʃa'ron] *m.* Instrumento em forma de meia esfera com cabo que se usa para passar líquidos de um lugar para outro ou servir alimentos na mesa. ▸ Concha.

cu.chi.che.ar. [kutʃitʃe'ar] [kutʃitʃe'ar] *v.4.* Falar em voz baixa ao ouvido de alguém. ▸ Cochichar.

cu.chi.lla. [ku'tʃiʎa] [ku'tʃiʃa] *f.* Objeto plano de metal muito afiado, que serve para cortar. ▸ Navalha.

cu.chi.llo. [ku'tʃiʎo] [ku'tʃiʃo] *m.* Instrumento para cortar de um só gume e com cabo. ▸ Faca.

cu.chi.tril. [kutʃi'tril] [kutʃi'tril] *m.* Casa ou habitação pequena e suja. ▸ Chiqueiro.

cu.cli.llas.(en) [ku'kliʎas] [ku'klifas] *loc.* Posição de agachar-se dobrando os joelhos. ▸ De cócoras.

❏ **cu.co, ca.** ['kuko] ['kuko] *adj.* **1.** Que é bonito, que está benfeito. ▸ Bonito. *Ese joyero es muy cuco.* Esse porta-joias é muito bonito. **2.** Pessoa esperta, que tem habilidade para enganar e não ser enganado. ▸ Astuto. *m.* **3.** Personagem imaginário utilizado para assustar as crianças. ▸ Bicho-papão.

cu.cu.ru.cho. [kuku'rutʃo] [kuku'rutʃo] *m.* Canudo de papel ou casquinha para pôr balas, sorvete ou outras guloseimas. ▸ Casquinha.

❏ **cue.ca.** ['kweka] ['kweka] *f.* **1.** Dança popular do oeste da América do Sul. ▸ Cueca. **2.** Dança folclórica do Chile. ▸ Cueca.

❏ **cue.llo.** ['kweʎo] ['kweʃo] *m.* **1.** *Anat.* Parte do corpo entre a cabeça e o tronco. ▸ Pescoço. *Puse en el cuello el collar de perlas que me regaló Daniel.* Pus no pescoço o colar de pérolas que Daniel me deu de presente. **2.** Parte da roupa que cobre total ou parcialmente o pescoço. ▸ Gola. ◆ **Cuello duro.** Colarinho engomado. ➡ *Cuerpo humano*

cuen.ca. ['kwenka] ['kwenka] *f.* **1.** *Anat.* Cavidade óssea na qual se aloja o globo ocular. ▸ Órbita. **2.** *Geogr.* Território cujas águas afluem para o mesmo rio. ▸ Bacia.

cuen.co. ['kwenko] ['kwenko] *m.* Recipiente de barro, sem bordas, que serve para tomar alimentos líquidos. ▸ Terrina.

cuen.ta. ['kwenta] ['kwenta] *f.* **1.** *Mat.* Operação aritmética que se faz para calcular números. ▸ Conta. **2.** Papel em que se anota o que uma pessoa deve pagar em uma loja, restaurante, hotel e outros lugares. ▸ Conta. *Cuando terminamos la cena, el camarero nos trajo la cuenta.* Quando terminamos o jantar, o garçom nos trouxe a conta. **3.** *Fin.* Registro bancário de valores sob o nome de uma pessoa ou entidade. ▸ Conta. *Juan tiene siempre algún dinero en su cuenta corriente.* João tem sempre algum dinheiro em sua conta corrente. ◆ **Dar cuenta de.** Dar fim a alguma coisa, destruindo-a ou arruinando-a. ▸ Dar cabo de. **Darse cuenta.** ▸ Perceber.

cuen.ta.cuen.tos. [kwenta'kwentos] [kwenta'kwentos] *com.* Pessoa que narra uma história em público. ▸ Contador de histórias.

cuen.to. ['kwento] ['kwento] *m.* **1.** *Lit.* História breve e imaginária feita com fins estéticos, morais ou lúdicos. ▸ Conto. **2.** Mentira que se conta para obter alguma vantagem. ▸ Conto. ◆ **Cuento de nunca acabar.** Assunto ou negócio que se complica e nunca acaba. ▸ História sem fim. *Los problemas de este coche son un cuento de nunca acabar.* Os problemas deste carro são uma história sem fim. **Dejarse de cuentos.** Deixar de histórias. **Venir a cuento.** Vir ao caso. **Cuento chino.** História sem pé nem cabeça. **Cuento de viejas.** História da carochinha. **Cuento de hadas.** Conto de fada.

cuer.da. ['kwerða] ['kwerða] *f.* **1.** Peça de fios unidos e retorcidos. ▸ Corda. **2.** *Mús.* Cada um dos diferentes fios que produzem o som nos instrumentos musicais de corda. ▸ Corda. ◆ **Cuerdas vocales.** *Anat.* Ligamentos musculares da faringe que permitem a emissão de voz. ▸ Cordas vocais. **En la cuerda floja.** Na corda bamba. **Tener cuerda para rato.** Falar muito.

cuer.do, da. ['kwerðo] ['kwerðo] *adj.* **1.** Que está em seu juízo. ▸ Lúcido. **2.** Que procede com prudência. ▸ Sensato. *U.t.c.s.*

cuer.no. ['kwerno] ['kwerno] *m. Anat.* Saliência óssea da cabeça de alguns animais. ▸ Chifre. ♦ **Meter / poner cuernos.** *vulg.* Trair a pessoa com quem se relaciona. ▸ Botar chifre.

cue.ro. ['kwero] ['kwero] *m.* Pele de animais curtida para diferentes usos. ▸ Couro. ♦ **Cuero cabelludo.** Couro cabeludo.

cuer.po. ['kwerpo] ['kwerpo] *m.* **1.** Designação da individualidade material dos seres vivos. ▸ Corpo. **2.** Parte do vestido que cobre dos ombros até a cintura. ▸ Corpo. **3.** Conjunto de pessoas que exercem a mesma função em uma instituição. ▸ Corpo. *El cuerpo de bomberos salvó a las víctimas de la inundación.* O corpo de bombeiros salvou as vítimas da inundação. **4.** *Astr.* e *Fís.* Objeto diferenciado de outros de seu entorno. ▸ Corpo. ♦ **Cuerpo del delito.** Objeto ou sinal que prova um crime ou um ato contra lei. ▸ Corpo de delito.

cuer.vo. ['kwerβo] ['kwerβo] *m. Zool.* Pássaro preto que se alimenta de carne. ▸ Corvo.

cues.ta. ['kwesta] ['kwehta] *f. Geogr.* Terreno íngreme, escarpado. ▸ Ladeira. ♦ **A cuestas.** Nas costas. **Ir cuesta arriba / abajo.** Ir ladeira acima / abaixo. *Él va cuesta arriba, prosperando, pero su hermano va cuesta abajo, arruinándose.* Ele vai ladeira acima, prosperando, mas seu irmão vai ladeira abaixo, arruinando-se.

cues.tión. [kwes'tjon] [kweh'tjon] *f.* Matéria discutível. ▸ Questão. ♦ **Cuestión de.** Questão de. *No es cuestión de castigar por cualquier tontería.* Não é questão de castigar por qualquer bobagem. **En cuestión de.** Em matéria de.

cues.tio.na.mien.to. [kwestjona'mjento] [kwehtjona'mjento] *m.* Proposta que questiona algo tido como certo. ▸ Questionamento.

cues.tio.nar. [kwestjo'nar] [kwehtjo'nar] *v.4.* Pôr em discussão uma ideia. ▸ Questionar.

cue.va. ['kweβa] ['kweβa] *f.* **1.** *Geogr.* Cavidade subterrânea, caverna, gruta. ▸ Cova. **2.** Local em que se reúnem ou são acolhidas pessoas de mal viver. ▸ Antro.

cui.dar. [kwi'ðar] [kwi'ðar] *v.4.* **1.** Fazer com cuidado e atenção. ▸ Cuidar. **2.** Tomar conta dos interesses de alguém. ▸ Cuidar. **3.** Atender ou tomar conta de uma pessoa doente ou que precisa de ajuda. ▸ Cuidar.

cu.la.ta. [ku'lata] [ku'lata] *f.* Parte posterior de uma arma de fogo. ▸ Culatra.

cu.le.bra. [ku'leβra] [ku'leβra] *f. Zool.* Réptil de corpo cilíndrico, longo e sem pés. ▸ Cobra. ➥ *Reino animal*

cu.le.brón. [kule'βron] [kule'βron] *m.* **1.** Homem muito astuto e dissimulado. ▸ Ardiloso. **2.** Pessoa intrigante e de má reputação. ▸ Cobra. **3.** Novela longa e melodramática. ▸ Telenovela.

cu.li.na.rio, ria. [kuli'narjo] [kuli'narjo] *adj.* **1.** Relativo à cozinha. ▸ Culinário. *f.* **2.** Arte de cozinhar. ▸ Culinária. ➥ *Recreación*

cul.mi.na.ción. [kulmina'θjon] [kulmina'sjon] *f.* **1.** Chegada ao ponto mais alto ou máximo de algo. ▸ Culminação. **2.** Término de uma atividade. ▸ Finalização.

cul.mi.nar. [kulmi'nar] [kulmi'nar] *v.4.* **1.** Chegar uma coisa ao cume. ▸ Culminar. **2.** Dar fim a uma tarefa. ▸ Culminar.

cu.lo. ['kulo] ['kulo] *m. vulg.* Ver *ano.* ▸ Ânus. ♦ **Caerse de culo.** Ficar impressionado e sem reação diante de algo inesperado. ▸ Cair de quatro. **Culo de botella.** Fundo da garrafa. **Lamer el culo.** *vulg.* Puxar o saco.

cul.pa. ['kulpa] ['kulpa] *f.* **1.** Falta mais ou menos grave cometida com conhecimento de sua ilicitude. ▸ Culpa. **2.** Responsabilidade de um fato imputável a uma pessoa. ▸ Culpa.

cul.pa.ble. [kul'paβle] [kul'paβle] *adj.* **1.** Que se pode culpar. ▸ Culpável. **2.** Que é responsável por um delito. ▸ Culpado. *U.t.c.com.*

cul.po.so, sa. [kul'poso] [kul'poso] *adj.* Diz-se de uma ação que atenta contra a lei ou a moral. ▸ Culposo.

cul.ti.va.dor, do.ra. [kultiβa'ðor] [kultiβa'ðor] *adj.* Que cultiva. ▸ Cultivador, cultor.

cul.ti.var. [kulti'βar] [kulti'βar] *v.4.* **1.** *Agr.* Tratar a terra e plantar para obter frutos. ▸ Cultivar. **2.** Fazer com que se desenvolvam micro-organismos com fins científicos. ▸ Cultivar. **3.** Desenvolver faculdades, atividades ou relações. ▸ Cultivar.

cul.to, ta. ['kulto] ['kulto] *adj.* **1.** Que tem conhecimento. ▸ Culto. *m.* **2.** *Rel.* Conjunto de ritos e cerimônias com que se rende homenagem de caráter religioso. ▸ Culto.

cul.tu.ra. [kul'tuɾa] [kul'tuɾa] *f.* **1.** O conjunto dos produtos da atividade humana. ▶ Cultura. *La cultura enriquece al hombre.* A cultura enriquece o homem. **2.** Conjunto de conhecimentos acumulados e socialmente valorizados que constituem patrimônio da sociedade. ▶ Cultura. **3.** A mentalidade de uma coletividade e suas manifestações. ▶ Cultura.

cul.tu.ral. [kultu'ral] [kultu'ral] *adj.* Relativo à cultura. ▶ Cultural.

cum.bre. [' kumbɾe] [' kumbɾe] *f.* **1.** *Geogr.* Topo de uma montanha. ▶ Cume. **2.** A maior elevação de uma coisa. Auge. ▶ Cume. **3.** Reunião de chefes de Estado. ▶ Cúpula.

cum.ple.a.ños. [kumple'aɲos] [kumple'aɲos] *m.* Dia em que uma pessoa completa um ano, ou mais, de idade. ▶ Aniversário.

cum.pli.do, da. [kum'plido] [kum'plido] *adj.* **1.** Algo que está finalizado ou completo. ▶ Acabado. *m.* **2.** Ato educado ou atento de uma pessoa. ▶ Gentileza.

cum.pli.men.tar. [kumplimen'tar] [kumplimen'tar] *v.4.* **1.** Fazer cumprimento, saudar. ▶ Cumprimentar. **2.** ☐ Tornar efetivo, realizar. ▶ Cumprir. **3.** ☐ Preencher formulário.

cum.plir. [kum'plir] [kum'plir] *v.6.* **1.** Executar um dever, um desejo ou uma promessa. ▶ Cumprir. *El presidente cumplió todo lo que prometió.* O presidente cumpriu tudo o que prometeu. **2.** Completar anos de nascimento. ▶ Fazer aniversário. *Mi padre cumple hoy cincuenta años.* Meu pai completa hoje cinquenta anos. *v.p.* **3.** Ser o tempo ou dia em que termina uma obrigação ou prazo. ▶ Esgotar-se, vencer. *Mañana se cumple el plazo de la hipoteca.* Amanhã vence o prazo da hipoteca.

cú.mu.lo. [' kumulo] [' kumulo] *m.* Monte de objetos. ▶ Acúmulo.

cu.na. [' kuna] [' kuna] *f.* **1.** Leito de criança. ▶ Berço. *Acuesta al niño en la cuna para que duerma.* Deita a criança no berço para que durma. **2.** *fig.* Pátria ou lugar de nascimento de alguém. ▶ Berço. *Nazaret fue la cuna de Jesús.* Nazaré foi o berço de Jesus. **3.** Origem ou princípio de alguma coisa. ▶ Berço. ♦ **Canción de cuna.** Cantiga de ninar.

cu.ne.ta. [ku'neta] [ku'neta] *f.* Escoadouro que se faz em ambos os lados das ruas, estradas ou caminhos. ▶ Sarjeta.

cu.ña.do, da. [ku'ɲaðo] [ku'ɲaðo] *s.* Irmão da pessoa com quem se está casado. ▶ Cunhado.

cu.ño. [' kuɲo] [' kuɲo] *m.* **1.** Peça de ferro utilizada para gravar moedas. ▶ Cunho. **2.** Selo, marca, distintivo. ▶ Cunho.

cuo.ta. [' kwota] [' kwota] *f.* Ver *plazo*. ▶ Prestação.

cu.po. [' kupo] [' kupo] *m.* **1.** Parte proporcional de algo que corresponde a uma entidade ou a uma pessoa. ▶ Cota. *Cada automóvil tendrá un cupo de cien litros de gasolina por mes.* Cada automóvel terá uma cota de cem litros de gasolina por mês. **2.** Quantidade de vagas disponíveis. ▶ Cota.

cu.pón. [ku'pon] [ku'pon] *m. Fin.* Parte destacável de um título para cobrança de rendimentos. ▶ Cupom.

cú.pu.la. [' kupula] [' kupula] *f.* **1.** *Arq.* Parte superior côncava de certos edifícios. ▶ Cúpula. **2.** Conjunto dos dirigentes de uma organização. ▶ Cúpula.

cu.ra. [' kuɾa] [' kuɾa] *f.* **1.** *Rel.* Sacerdote da Igreja Católica. ▶ Padre. *El cura de San Sebastián celebra misa a las ocho de la mañana.* O padre de São Sebastião celebra missa às oito da manhã. **2.** Ato ou efeito de recobrar a saúde por meio de tratamento. ▶ Cura.

cu.rar. [ku'ɾar] [ku'ɾar] *v.4.* Fazer com que recobre a saúde. ▶ Curar. *Se curó de la tos con una inyección.* Curou-se da tosse com uma injeção.

cur.da. [' kurða] [' kurða] *f.* **1.** Estado da pessoa que se encontra bêbada. ▶ Bebedeira. *m.* **2.** Aquele que tomou uma bebedeira. ▶ Bêbado.

cu.rio.so, sa. [ku'ɾjoso] [ku'ɾjoso] *adj.* **1.** Que tem interesse por conhecer. ▶ Curioso. **2.** Que ocasiona interesse por alguma particularidade. ▶ Interessante. **3.** Que quer ver e saber de tudo. ▶ Curioso.

☐ **cu.rrar.** [ku'rar] [ku'rar] *v.4.* **1.** Ver *trabajar*[1]. ▶ Trabalhar. **2.** Ver *robar*. ▶ Roubar.

cur.sar. [kur'sar] [kur'sar] *v.4.* Estudar um conteúdo assistindo às aulas em um estabelecimento de ensino. ▶ Cursar.

cur.si. [' kursi] [' kursi] *adj.* Que acredita ser fino e elegante, porém não o é. ▶ Cafona.

cur.si.llo. [kur'siʎo] [kur'siʝo] *m.* Curso de pouca duração sobre um assunto determinado. ▶ Curso breve. *Estoy haciendo un cursillo titulado Literatura Brasileña en el siglo veinte.* Estou fazendo um curso chamado Literatura Brasileira no século vinte.

cur.so. ['kurso] ['kuɾso] *m.* **1.** Período do ano dedicado às aulas em um estabelecimento de ensino. ▶ Ano letivo. **2.** Estudo sobre uma disciplina desenvolvido com regularidade. ▶ Curso. *Me he inscrito en un curso de dibujo artístico.* Inscrevi-me em um curso de desenho artístico. **3.** Caminho que se segue. ▶ Curso. *Acompañando el curso del río se llega a la ciudad.* Acompanhando o curso do rio chega-se à cidade.

cur.sor. [kur'sor] [kuɾ'soɾ] *m. Inform.* Signo que serve como indicador e que se movimenta por meio do *mouse* na tela do monitor de um computador. ▶ Cursor.

cur.va. ['kurβa] ['kuɾβa] *f.* **1.** Linha que não é reta em nenhuma de suas partes. ▶ Curva. *La circunferencia es una curva cerrada.* A circunferência é uma curva fechada. **2.** Virada ou mudança de direção em uma estrada ou caminho. ▶ Curva. *En las carreteras hay que poner mucha atención en las curvas.* Nas estradas deve-se prestar muita atenção nas curvas.

cur.var. [kur'βar] [kuɾ'βaɾ] *v.4.* Dar forma de curva. ▶ Curvar.

cús.pi.de. ['kuspiðe] ['kuhpiðe] *f.* **1.** *Geogr.* Cume pontiagudo das montanhas. ▶ Cume. **2.** O grau mais alto de alguma coisa. ▶ Apogeu.

cus.to.diar. [kusto'ðjar] [kuhto'ðjaɾ] *v.4.* **1.** Conservar em custódia. ▶ Custodiar. **2.** Guardar com cuidado. ▶ Manter em custódia.

cu.tre. ['kutre] ['kutɾe] *adj.* **1.** Que procede com avareza. ▶ Mesquinho. **2.** Que tem um péssimo aspecto exterior. ▶ Chinfrim. **3.** De baixa qualidade. ▶ Inferior.

cu.yo, ya. ['kujo] ['kujo] *pron.* Estabelece relação de posse do substantivo que o antecede sobre o substantivo que o sucede. ▶ Cujo. *Este es el amigo cuya casa yo compré.* Este é o amigo cuja casa eu comprei.

D

d. [de] [de] *f.* Quarta letra do alfabeto espanhol. ▶ D.

dac.ti.lar. [dakti'lar] [dakti'laɾ] *adj.* Pertencente ou relativo aos dedos. ▶ Digital. ◆ **Huella dactilar.** Impressão digital.

dac.ti.lo.gra.fí.a. [daktiloɣra'fia] [daktiloɣra'fia] *f.* Técnica de escrita com máquina de datilografar. ▶ Datilografia.

dac.ti.ló.gra.fo, fa. [dakti'loɣrafo] [dakti'loɣrafo] *s.* Profissional que escreve com máquina de datilografar. ▶ Datilógrafo.

dá.di.va. [ˈdaðiβa] [ˈdaðiβa] *f.* Algo que se dá espontaneamente. ▶ Dádiva.

da.di.vo.so, sa. [daði'βoso] [daði'βoso] *adj.* Que procede com generosidade. ▶ Dadivoso.

da.do. [ˈdaðo] [ˈdaðo] *m.* Peça cúbica de material duro, marcada com pontos nas faces, que se usa para jogar. ▶ Dado.
➡ *Recreación*

da.ga. [ˈdaɣa] [ˈdaɣa] *f.* Arma branca de dois gumes. ▶ Adaga.

da.lia. [ˈdalja] [ˈdalja] *f. Bot.* **1.** Planta florífera ornamental. ▶ Dália. **2.** A flor dessa planta. ▶ Dália.

dál.ma.ta. [ˈdalmata] [ˈdalmata] *adj. Zool.* Diz-se do cão de raça de pelo branco com manchas pretas. ▶ Dálmata. *U.t.c.s.*

dal.tó.ni.co, ca. [dal'toniko] [dal'toniko] *adj. Med.* Que não percebe ou que confunde algumas cores, principalmente a vermelha e a verde. ▶ Daltônico.

da.ma. [ˈdama] [ˈdama] *f.* **1.** Tratamento respeitoso e galante dirigido a uma mulher. Senhora. ▶ Dama. **2.** A esposa do primeiro mandatário de uma comunidade. ▶ Dama. ◆ **Dama de noche.** *Bot.* Dama-da-noite.

da.mas.co. [daˈmasko] [daˈmahko] *m. Bot.* Ver *albaricoque*. ▶ Damasco.

dam.ni.fi.ca.do, da. [damnifiˈkaðo] [damnifiˈkaðo] *adj.* **1.** Que sofreu graves danos. ▶ Danificado. **2.** Que sofreu prejuízo, dor ou aborrecimento. ▶ Vítima.

dam.ni.fi.car. [damnifiˈkar] [damnifiˈkaɾ] *v.7.* Causar dano. Prejudicar. ▶ Danificar.

da.nés, ne.sa. [daˈnes] [daˈnes] *adj.* **1.** Pertencente ou relativo à Dinamarca. ▶ Dinamarquês. *s.* **2.** O natural ou habitante da Dinamarca. ▶ Dinamarquês.

dan.tes.co, ca. [danˈtesko] [danˈtehko] *adj.* **1.** Característico de Dante Alighieri. ▶ Dantesco. **2.** *fig.* Que causa horror. ▶ Dantesco.

dan.za. [ˈdanθa] [ˈdansa] *f.* **1.** Ato de dançar. ▶ Dança. **2.** Divertimento em que várias pessoas dançam. ▶ Dança.

dan.zar. [danˈθar] [danˈsar] *v.13.* Executar uma dança. ▶ Dançar.

dan.za.rín, ri.na. [danθaˈrin] [dansaˈrin] *s.* Que dança com desenvoltura. ▶ Pé de valsa. *U.t.c.adj.*

da.ñar. [daˈɲar] [daˈɲar] *v.4.* **1.** Causar prejuízo, dor ou moléstia a alguém. ▶ Danificar. **2.** Estragar uma coisa. ▶ Danificar.

da.ñi.no, na. [daˈɲino] [daˈɲino] *adj.* **1.** Que causa dano. ▶ Daninho. **2.** *Zool.* Diz-se de animal predador. ▶ Daninho.

da.ño. [ˈdaɲo] [ˈdaɲo] *m.* **1.** Mal que se faz a alguém ou a algo. ▶ Dano. **2.** Prejuízo causado por fenômenos da natureza. ▶ Dano.

dar. [ˈdar] [ˈdar] *v.43.* **1.** Ceder alguma coisa a alguém sem ter nada em troca. ▶ Dar. **2.** Bater em alguém ou em algo. ▶ Dar. ◆ **¡Dale (que dale)!** Indica reprovação por teimosia ou burrice. ▶ Dá-lhe! **Dar a conocer.** Fazer notar ou fazer saber. ▶ Dar a conhecer. **Dar al traste.** Acabar. *El orden de disminuir los gastos ha dado al traste con mis planes de comprarme un coche.* A ordem de diminuir os gastos acabou com meus planos de comprar um carro. **Dar con.** Encontrar ocasionalmente com. **Dar igual.** Não fazer diferença. ▶ Dar na mesma. **Dar la gana.** Dar na telha. *Siempre hace lo que le da la gana, sin razonar mucho.* Sempre faz o que lhe dá na telha, sem pensar muito. **Dar la vuelta.** Virar. **Darse prisa.** Apressar-se.

dar.do. ['darðo] ['darðo] *m.* **1.** Pequena lança que se atira com a mão. ▸ Dardo. **2.** Frase dita com agressividade. ▸ Disparo.
➡ *Recreación*

dá.til. ['datil] ['datil] *m. Bot.* Fruto comestível de algumas palmeiras. ▸ Tâmara. ➡ *Frutas*

da.to. ['dato] ['dato] *m.* **1.** Informação necessária para chegar ao conhecimento de algo. ▸ Dado. **2.** *Inform.* Informação mensurável ou estatística que um computador pode processar, armazenar ou recuperar. ▸ Dado.

de. [de] [de] *f.* **1.** O nome da letra D. ▸ Dê. *prep.* **2.** Indica posse, propriedade. ▸ De. *El coche de Carmen.* O carro de Carmen. **3.** Indica a matéria de que é feita uma coisa. ▸ De. *El reloj es de oro.* O relógio é de ouro. **4.** Indica o que contém ou pode conter uma coisa. ▸ De. *Dame un vaso de vino.* Dê-me um copo de vinho. **5.** Indica natureza, condição ou caráter. ▸ De. *Es un caballo de pura raza.* É um cavalo de pura raça. **6.** Indica procedência. ▸ De. *Martín es de Galicia.* Martim é da Galícia.

de.am.bu.lar. [deambu'lar] [deambu'lar] *v.4.* Caminhar pelo prazer de passear. ▸ Andar.

de.ba.jo. [de'βaxo] [de'βaxo] *adv.* **1.** Em lugar inferior. ▸ Debaixo. **2.** *fig.* Em posição submissa. ▸ Por baixo.

de.ba.te. [de'βate] [de'βate] *m.* Discussão sobre um assunto entre duas ou mais pessoas. ▸ Debate.

de.ba.tir. [deβa'tir] [deβa'tir] *v.6.* Discutir duas ou mais pessoas com pontos de vista diferentes. ▸ Debater.

de.ber. [de'βer] [de'βer] *v.5.* **1.** Estar obrigado. ▸ Dever. **2.** Ter dívida com alguém. ▸ Dever. *v.p.* **3.** Ter por causa e ser consequência de. ▸ Dever-se. *m.* **4.** Ordem, compromisso ou dívida a que se está obrigado. ▸ Dever.

dé.bil. ['deβil] ['deβil] *adj.* **1.** De pouco vigor físico. ▸ Fraco. **2.** Que apresenta pouco ânimo ou vontade, que cede facilmente aos outros. ▸ Fraco.

de.bi.li.dad. [deβili'ðað] [deβili'ðað] *f.* Falta de resistência ou força. ▸ Debilidade, fraqueza.

de.bi.li.tar. [deβili'tar] [deβili'tar] *v.4.* Diminuir a força, o vigor ou o poder de uma pessoa ou coisa. ▸ Debilitar.

dé.bi.to. ['deβito] ['deβito] *m.* Quantidade de dinheiro que se deve pagar. ▸ Débito.

de.but. [de'βut] [de'βut] *m.* Primeira apresentação ao público de um espetáculo. ▸ Estreia.

de.bu.tar. [deβu'tar] [deβu'tar] *v.4.* Apresentar-se pela primeira vez em uma atividade. ▸ Estrear. *El grupo debutó ayer con gran éxito.* O grupo estreou ontem com grande êxito.

de.ca.er. [deka'er] [deka'er] *v.30.* **1.** Ir para baixo. ▸ Decair. **2.** Perder posses ou posição. ▸ Decair.

de.ca.no, na. [de'kano] [de'kano] *s.* **1.** Membro mais antigo de uma comunidade ou corporação. ▸ Decano. *U.t.c.adj.* **2.** Que foi nomeado ou eleito para dirigir uma instituição universitária. ▸ Reitor.

de.can.tar. [dekan'tar] [dekan'tar] *v.4. Quím.* Separar sedimentos de um líquido, deixando-o em repouso. ▸ Decantar.

de.ce.na. [de'θena] [de'sena] *f.* Grupo ou conjunto de dez. ▸ Dezena.

de.cen.cia. [de'θenθja] [de'sensja] *f.* **1.** Qualidade de decoro, de honestidade e moralidade que corresponde a cada pessoa ou coisa. ▸ Decência. **2.** Dignidade nos atos e nas palavras que uma pessoa está obrigada a ter. ▸ Decência.

de.cen.te. [de'θente] [de'sente] *adj.* **1.** Correspondente à moral e aos bons costumes. ▸ Decente. **2.** Conforme a decência. ▸ Decente.

de.ce.so. [de'θeso] [de'seso] *m.* Morte de uma pessoa. ▸ Falecimento, óbito.

de.ci.be.lio. [deθi'βeljo] [desi'βeljo] *m.* Unidade de medida da intensidade do som. ▸ Decibel.

de.ci.di.do, da. [deθi'ðiðo] [desi'ðiðo] *adj.* **1.** Que procede com firmeza. ▸ Decidido. **2.** Que atua com decisão. ▸ Decidido.

de.ci.dir. [deθi'ðir] [desi'ðir] *v.6.* **1.** Formar juízo sobre alguma coisa. ▸ Decidir. **2.** Tomar uma decisão sobre algo. Resolver. ▸ Decidir.

dé.ci.mo, ma. ['deθimo] ['desimo] *núm.* Que segue em ordem ao nono. ▸ Décimo.

de.ci.moc.ta.vo, va. [deθimok'taβo] [desimok'taβo] *núm.* Que segue em ordem ao décimo sétimo. ▸ Décimo oitavo.

de.ci.mo.cuar.to, ta. [deθimo'kwarto] [desimo'kwarto] *núm.* Que segue em ordem ao décimo terceiro. ▸ Décimo quarto.

de.ci.mo.no.ve.no, na. [deθimono'βeno] [desimono'βeno] *núm.* Que segue em ordem ao décimo oitavo. ▸ Décimo nono.

de.ci.mo.quin.to, ta. [deθimo'kinto] [desimo'kinto] *núm.* Que segue em ordem ao décimo quarto. ▸ Décimo quinto.

de.ci.mo.sép.ti.mo, ma. [deθimo'septimo] [desimo'septimo] *núm.* Que segue em ordem ao décimo sexto. ▸ Décimo sétimo.

de.ci.mo.sex.to, ta. [deθimo'seksto] [desimo'sekhto] *núm.* Que segue em ordem ao décimo quinto. ▸ Décimo sexto.

de.ci.mo.ter.ce.ro, ra. [deθimoter'θero] [desimoter'sero] *núm.* Que segue em ordem ao décimo segundo. ▸ Décimo terceiro.

de.cir. [de'θir] [de'sir] *v.29. p.p. irreg. dicho.* Expressar pensamentos com palavras. ▸ Dizer. ◆ **Como quien no dice nada.** Como quem não quer nada. **¡Quién lo diría!** Quem diria! **Decir por decir.** Falar por falar. **¿Diga? / ¿Dígame?** Saudação usada ao atender o telefone. ▸ Alô. **Es decir.** Isto é. **Es un decir.** É modo de falar. **No decir ni mu.** Não dar nem um pio. **¡No me diga(s)!** Indica surpresa ou contrariedade. ▸ Não me diga!

de.ci.sión. [deθi'sjon] [desi'sjon] *f.* **1.** Determinação que se toma com relação a um assunto sobre o qual se tinha dúvida. Resolução. ▸ Decisão. **2.** Firmeza de caráter. ▸ Decisão.

de.cla.mar. [dekla'mar] [dekla'mar] *v.4.* **1.** Recitar prosa ou verso com a entonação apropriada ao texto. ▸ Declamar. **2.** Falar com veemência e entusiasmo. ▸ Declamar.

de.cla.ra.ción. [deklara'θjon] [deklara'sjon] *f.* **1.** Explicação do que é duvidoso ou ignorado. ▸ Declaração. **2.** Manifestação do ânimo ou da intenção. ▸ Declaração. **3.** *Dir.* Depoimento ante autoridade judicial. ▸ Declaração.

de.cla.rar. [dekla'rar] [dekla'rar] *v.4.* **1.** Manifestar o que está oculto ou não se entende. ▸ Declarar. **2.** Manifestar intenção ou afeto. ▸ Declarar. **3.** Informar na alfândega o que se leva na bagagem. ▸ Declarar. **4.** Informar ao fisco. ▸ Declarar.

de.cli.na.ción. [deklina'θjon] [deklina'sjon] *f.* **1.** Queda, declive ou descida de um terreno. ▸ Declinação. **2.** *Astr.* Distância de um astro ao equador. ▸ Declinação. **3.** *Ling.* Em algumas línguas, série ordenada das formas de caso que apresenta uma palavra. ▸ Declinação.

de.cli.ve. [de'kliβe] [de'kliβe] *m.* **1.** Pendor ou inclinação de terreno. ▸ Declive. **2.** Inclinação de uma superfície. ▸ Declive.

de.co.mi.so. [deko'miso] [deko'miso] *m. Dir.* Apreensão de bens em favor do fisco contra quem comercializa mercadorias proibidas. ▸ Confisco.

de.co.ra.ción. [dekora'θjon] [dekora'sjon] *f.* **1.** Conjunto de elementos que compõem um ambiente. Ornamentação. ▸ Decoração. **2.** Arte de decorar ambientes. ▸ Decoração.

de.co.rar. [deko'rar] [deko'rar] *v.4.* Enfeitar uma coisa ou lugar. ▸ Decorar.

de.co.ro. [de'koro] [de'koro] *m.* Comportamento e atributo da pessoa tida como decente ou conforme determinada moral. ▸ Decoro.

de.cre.cer. [dekre'θer] [dekre'ser] *v.24.* Tornar-se menor. Diminuir. ▸ Decrescer.

de.cré.pi.to, ta. [de'krepito] [de'krepito] *adj.* Diz-se de pessoa ou coisa muito velha. ▸ Decrépito.

de.cre.to. [de'kreto] [de'kreto] *m. Polít.* Determinação do chefe de Estado, de seu governo ou de um tribunal ou juiz sobre qualquer matéria de sua competência. ▸ Decreto.

de.cur.so. [de'kurso] [de'kurso] *m.* Sucessão de coisas. ▸ Decurso.

de.di.ca.ción. [deðika'θjon] [deðika'sjon] *f.* Ato ou efeito de dedicar(-se). ▸ Dedicação.

de.di.car. [deði'kar] [deði'kar] *v.7.* **1.** Destinar uma coisa a um fim determinado. ▸ Dedicar. **2.** Dirigir a uma pessoa um favor ou homenagem. ▸ Dedicar. *v.p.* **3.** Concentrar-se na realização de algo. ▸ Dedicar-se.

de.di.ca.to.ria. [deðika'torja] [deðika'torja] *f.* Palavras dirigidas a uma pessoa a quem se dedica um ato ou uma obra. ▸ Dedicatória.

de.do. ['deðo] ['deðo] *m. Anat.* Cada um dos prolongamentos articulados da mão e do pé do homem ou dos animais. ▸ Dedo. ◆ **Al dedillo.** Com perfeição. ▸ De cor. *El taxista conoce la ciudad al dedillo.* O taxista conhece a cidade de cor. **Dedo gordo.** Dedo polegar. **A dos dedos de.** A dois passos de. **Chuparse los dedos.** Estar muito satisfeito. **No tener dos dedos de frente.** Não enxergar um palmo à frente do nariz. ➠ *Cuerpo humano*

de.du.cir. [deðu'θir] [deðu'sir] *v.37.* **1.** Tirar consequências de um fato ou princípio. Inferir. ▸ Deduzir. **2.** Descontar alguma parte de uma quantidade. Subtrair. ▸ Deduzir.

de.fec.to. [de'fekto] [de'fekto] *m.* **1.** Falta de uma ou de todas as qualidades essenciais. ▸ Defeito. **2.** Imperfeição física ou moral em uma pessoa. ▸ Defeito.

de.fen.der. [defen'deɾ] [defen'deɾ] *v.16.* Guardar ou proteger contra um ataque. ▸ Defender. ◆ **Defender a capa y espada.** Defender com unhas e dentes.

de.fe.nes.trar. [defenes'tɾaɾ] [defeneh'tɾaɾ] *v.4.* Atirar algo ou alguém pela janela. ▸ Jogar, defenestrar.

de.fen.sa. [de'fensa] [de'fensa] *f.* **1.** Ato de repelir um ataque. ▸ Defesa. **2.** Obra de fortificação que serve para defender um lugar. ▸ Defesa. **3.** *Desp.* No jogo de futebol, por exemplo, cada um dos jogadores que se situam diante do goleiro de sua equipe. ▸ Defesa.

de.fe.ren.cia. [defe'ɾenθja] [defe'ɾensja] *f.* **1.** Conduta condescendente e respeitosa. ▸ Deferência. **2.** Mostra de respeito e cortesia. ▸ Deferência.

de.fi.cien.te. [defi'θjente] [defi'sjente] *adj.* **1.** Que apresenta defeito. ▸ Deficiente. **2.** Diz-se de pessoa que sofre ou é portador de algum tipo de deficiência. ▸ Deficiente. *U.t.c.com.*

dé.fi.cit. ['defiθit] ['defisit] *m.* **1.** Falta ou deficiência de algo que é necessário. ▸ Déficit. **2.** *Fin.* Saldo negativo. ▸ Déficit.

de.fi.ni.ción. [defini'θjon] [defini'sjon] *f.* Enunciado com o qual se explica alguma coisa. ▸ Definição.

de.fi.nir. [defi'niɾ] [defi'niɾ] *v.6.* **1.** Enunciar, com tentativa de clareza e precisão, o significado de uma palavra ou a natureza de uma pessoa ou coisa. ▸ Definir. **2.** Resolver uma coisa duvidosa. ▸ Definir.

de.fla.grar. [defla'ɣɾaɾ] [defla'ɣɾaɾ] *v.4.* Arder uma coisa subitamente com chama. ▸ Incendiar, deflagrar.

de.fo.lia.ción. [defolja'θjon] [defolja'sjon] *f. Bot.* Queda prematura das folhas de uma planta. ▸ Desfolhação.

de.for.mar. [defoɾ'maɾ] [defoɾ'maɾ] *v.4.* Fazer com que algo perca sua forma. ▸ Deformar.

de.for.me. [de'foɾme] [de'foɾme] *adj.* **1.** Que perdeu a sua forma regular. ▸ Disforme. **2.** Desproporcional ou irregular na forma. ▸ Disforme.

de.frau.dar. [defɾau̯'ðaɾ] [defɾau̯'ðaɾ] *v.4.* **1.** Privar alguém de seus direitos. ▸ Despojar. **2.** Deixar de pagar tributos e impostos. ▸ Lesar. **3.** Perder a confiança em alguém. ▸ Decepcionar.

de.ge.ne.rar. [dexene'ɾaɾ] [dexene'ɾaɾ] *v.4.* **1.** Perder as qualidades. ▸ Degenerar. **2.** Deixar de corresponder (alguém) às virtudes a que está obrigado por sua condição. ▸ Degenerar.

de.glu.tir. [deɣlu'tiɾ] [deɣlu'tiɾ] *v.6.* Engolir alimentos ou substância sólida ou líquida. ▸ Deglutir.

de.go.llar. [deɣo'ʎaɾ] [deɣo'ʃaɾ] *v.4.* Cortar o pescoço de uma pessoa ou de um animal. ▸ Degolar.

dei.fi.car. [dejfi'kaɾ] [dejfi'kaɾ] *v.7.* **1.** Fazer ou supor divina uma pessoa ou coisa. ▸ Endeusar. **2.** Louvar em excesso uma pessoa. ▸ Endeusar.

de.ja.do, da. [de'xaðo] [de'xaðo] *adj.* Que não cuida da própria aparência. Descuidado. ▸ Desleixado.

de.jar. [de'xaɾ] [de'xaɾ] *v.4.* **1.** Soltar, largar ou abandonar alguma coisa. ▸ Deixar. **2.** Retirar-se ou afastar-se de algo ou de alguém. ▸ Deixar. **3.** Não impedir. Permitir. ▸ Deixar. *Pedro no deja que los niños jueguen en la calle.* Pedro não deixa que as crianças brinquem na rua. ◆ **¡Déjame en paz!** Deixe-me em paz! **Dejar de cuentos.** Contar outra. ▸ Deixar de histórias. *¡Ya, ya, déjate de cuentos! La verdad es que no quieres y ya está.* Está bem, deixe de histórias! A verdade é que você não quer e pronto. **Dejar (a alguien) plantado.** Fazer (alguém) esperar. ▸ Deixar (alguém) plantado.

del. [del] [del] *contr. prep.* de e *art.* el. ▸ Do.

de.la.ción. [dela'θjon] [dela'sjon] *f.* **1.** Informação sobre um fato censurável. Denúncia. Acusação. ▸ Delação. **2.** *Dir.* Abandono de bens. ▸ Alienação.

de.lan.tal. [delan'tal] [delan'tal] *m.* Peça de vestuário que se usa para proteger a roupa em certas atividades. ▸ Avental.

de.lan.te. [de'lante] [de'lante] *adv.* Indica anterioridade espacial. Na frente de. ▸ Diante. *Ponte en la fila delante de ese señor.* Fique na fila na frente desse senhor. ◆ **Delante de.** Perante. ▸ Diante de.

de.lan.te.ro, ra. [delan'teɾo] [delan'teɾo] *adj.* **1.** Que está ou vai à frente. ▸ Dianteiro. **2.** Diz-se dos braços dos quadrúpedes. ▸ Dianteiro. *s.* **3.** *Desp.* Jogador que atua na linha dianteira. Ver *atacante*. ▸ Atacante. *f.* **4.** Parte da frente de algo. ▸ Frente. **5.** Espaço que indica adiantamento de uma pessoa em relação a outra. ▸

Dianteira. ◆ **Coger / Tomar la delantera.** Tomar a dianteira.

de.la.tar. [dela'tar] [dela'tar] *v.4.* Revelar à autoridade o autor de um crime. ▸ Delatar.

de.le.ga.do, da. [dele'ɣaðo] [dele'ɣaðo] *adj.* **1.** Que recebeu autorização de uma pessoa ou grupo para representá-lo. Representante. ▸ Procurador. *U.t.c.s.* **2.** Que tem a responsabilidade sobre um serviço ou representação de autoridade. Responsável. ▸ Representante. *U.t.c.s.*

de.le.tre.ar. [deletre'ar] [deletre'ar] *v.4.* Pronunciar separadamente as letras de cada sílaba e as sílabas de cada palavra. ▸ Soletrar.

de.lez.na.ble. [deleθ'naβle] [deles'naβle] *adj.* **1.** Que se quebra ou desfaz com facilidade. ▸ Frágil. **2.** Pouco durável, de pouca resistência. ▸ Frágil. **3.** Que merece desprezo. Ruim, repudiável. ▸ Desprezível.

del.fín. [del'fin] [del'fin] *m. Zool.* Mamífero marinho muito sociável, que vive nos mares temperados e tropicais. ▸ Golfinho. ➠ *Reino animal*

del.ga.dez. [delɣa'ðeθ] [delɣa'ðeð] *f.* Qualidade daquele que é magro. ▸ Magreza.

del.ga.do, da. [del'ɣaðo] [del'ɣaðo] *adj.* **1.** De poucas carnes. ▸ Magro. **2.** Que não é grosso. ▸ Fino.

de.li.be.rar. [deliβe'rar] [deliβe'rar] *v.4.* **1.** Considerar os motivos de uma decisão antes de tomá-la. ▸ Refletir. **2.** Resolver ou decidir uma coisa depois de estudá-la. ▸ Deliberar.

de.li.ca.de.za. [delika'ðeθa] [delika'ðesa] *f.* Atenção e bom tratamento com as pessoas e as coisas. ▸ Delicadeza.

de.li.cia. [de'liθja] [de'lisja] *f.* Agrado aos sentidos ou à inteligência. ▸ Delícia.

de.lin.cuen.cia. [delin'kwenθja] [delin'kwensja] *f.* **1.** Conjunto de delitos em geral. ▸ Delinquência. **2.** O âmbito e a atividade de delinquir. ▸ Delinquência.

de.li.ne.an.te. [deline'ante] [deline'ante] *com.* Especialista em fazer projetos, planos, plantas de obras, croquis. ▸ Projetista.

de.li.ne.ar. [deline'ar] [deline'ar] *v.4.* **1.** Fazer os traços gerais de uma figura. ▸ Delinear. **2.** *fig.* Idealizar, planejar algo. ▸ Delinear.

de.lin.quir. [delin'kir] [delin'kir] *v.8.* Cometer delito, crime ou falta. ▸ Delinquir.

de.li.rio. [de'lirjo] [de'lirjo] *m.* **1.** *Med.* Transtorno mental motivado por causas diversas. ▸ Delírio. **2.** Perturbação da razão. ▸ Delírio.

de.li.to. [de'lito] [de'lito] *m. Dir.* Ato ou omissão voluntária punida pela lei com pena grave. ▸ Delito.

del.ta. ['delta] ['delta] *m.* **1.** *Geogr.* Terreno compreendido entre os braços de um rio em sua desembocadura. ▸ Delta. *f.* **2.** Quarta letra do alfabeto grego. ▸ Delta.

de.ma.go.gia. [dema'ɣoxja] [dema'ɣoxja] *f.* Promessas e bajulação do povo com fins políticos. ▸ Demagogia.

de.man.da. [de'manda] [de'manda] *f.* **1.** Ato ou efeito de demandar. ▸ Demanda. **2.** *Dir.* Pedido que se faz em um processo judicial. ▸ Litígio. **3.** No comércio, movimento complementar da oferta. ▸ Demanda. ◆ **Ir en demanda de.** Ir à procura de.

de.man.dar. [deman'dar] [deman'dar] *v.4.* **1.** Encaminhar pedido. ▸ Solicitar. **2.** *Dir.* Tentar ato judicial contra alguém. ▸ Solicitar.

de.mar.ca.ción. [demarka'θjon] [demarka'sjon] *f.* Nas divisões de terras, parte que corresponde a cada um. ▸ Demarcação.

de.más. [de'mas] [de'mas] *adj.* **1.** Referente aos outros elementos de uma série. ▸ Demais. Sempre vem precedido dos artigos *lo, la, los, las. pron.* **2.** Indica essa referência. ▸ Demais. Sempre vem precedido dos artigos *lo, la, los, las. Solo llegaron el presidente y el gobernador, los demás llegarán mañana.* Só chegaram o presidente e o governador, os demais chegarão amanhã.

de.ma.sí.a. [dema'sia] [dema'sia] *f.* **1.** Aquilo que é demais. ▸ Demasia. **2.** Comportamento insolente. ▸ Abuso. ◆ **En demasía.** Em demasia, excessivamente.

de.ma.sia.do, da. [dema'sjaðo] [dema'sjaðo] *adv.* **1.** Em excesso. ▸ Excessivamente, demais. *Habló demasiado en la reunión.* Falou excessivamente na reunião. *adj.* **2.** Que é em demasia, que supera o justo ou necessário. ▸ Demasiado. *En esta tienda, hay demasiados productos para pocos clientes.* Nesta loja, há demasiados produtos para poucos clientes.

de.men.cia. [de'menθja] [de'mensja] *f.* Transtorno da razão, loucura. ▸ Demência.

de.mé.ri.to. [de'merito] [de'merito] *m.* **1.** Falta de mérito. ▸ Demérito. **2.** Situação de desmerecimento. ▸ Demérito.

de.mo.cra.cia. [demo'kraθja] [demo'krasja] *f. Polít.* Regime baseado na constituição dos poderes governamental e legislativo por meio do voto popular. ▸ Democra<u>ci</u>a.

de.<u>mó</u>.cra.ta. [de'mokrata] [de'mokrata] *com. Polít.* Partidário da democracia. *U.t.c.adj.* ▸ Demó<u>cra</u>ta.

de.mo.gra.<u>fí</u>.a. [demoɣra'fia] [demoɣra'fia] *f.* Estudo estatístico das populações. ▸ Demografia.

de.mo.<u>ler</u>. [demo'leɾ] [demo'leɾ] *v.19.* Destruir uma construção, de forma física ou figurativa. Arruinar. ▸ Demolir.

de.<u>mo</u>.nio. [de'monjo] [de'monjo] *m. Rel.* **1.** Anjo que, ao se rebelar contra Deus, foi enviado ao Inferno. ▸ Demônio. **2.** Um dos inimigos da alma, segundo a doutrina cristã. ▸ Demônio.

de.<u>mo</u>.ra. [de'mora] [de'mora] *f.* Atraso na execução de algo. ▸ Demora.

de.mo.<u>rar</u>. [demo'raɾ] [demo'raɾ] *v.4.* Ver *atrasar*. ▸ Demorar.

de.mos.<u>trar</u>. [demos'tɾaɾ] [demoh'tɾaɾ] *v.18.* Expor com evidências. ▸ Demonstrar.

de.ne.<u>gar</u>. [dene'ɣaɾ] [dene'ɣaɾ] *v.45.* Não conceder o que se pede ou solicita. Recusar. ▸ Denegar.

de.ni.<u>gran</u>.te. [deni'ɣɾante] [deni'ɣɾante] *adj.* Que ocasiona humilhação. ▸ Humilhante.

de.ni.<u>grar</u>. [deni'ɣɾaɾ] [deni'ɣɾaɾ] *v.4.* **1.** Atribuir imagem negativa. ▸ Difamar, denegrir. **2.** Tratar alguém com desprezo. ▸ Humilhar.

de.no.mi.<u>nar</u>. [denomi'naɾ] [denomi'naɾ] *v.4.* Dar nome ou designar com um título. ▸ Denominar.

de.no.<u>tar</u>. [deno'taɾ] [deno'taɾ] *v.4.* **1.** Indicar ou significar por meio de notas ou sinais. ▸ Denotar. **2.** *Ling.* Significar uma palavra em sentido próprio, não figurado. ▸ Denotar.

den.si.<u>dad</u>. [densi'ðaθ] [densi'ðað] *f. Fís.* Relação entre a massa e o volume de um corpo. ▸ Densidade. ◆ **Densidad de población.** *Geogr.* Densidade demográfica.

<u>den</u>.so, sa. ['denso] ['denso] *adj.* Que tem muita matéria em pouco volume. ▸ Denso.

den.<u>tal</u>. [den'tal] [den'tal] *adj. Anat.* Relativo aos dentes. ▸ Dental.

den.te.<u>lla</u>.da. [dente'ʎaða] [dente'ʃaða] *f.* **1.** Ferimento feito com os dentes. ▸ Mordida. **2.** Marca de dentada. ▸ Mordida.

den.ti.<u>ción</u>. [denti'θjon] [denti'sjon] *f. Anat.* Fase de formação e nascimento dos dentes. ▸ Dentição.

den.<u>tí</u>.fri.co, ca. [den'tifɾiko] [den'tifɾiko] *adj.* Diz-se dos produtos que servem para limpar os dentes. ▸ Dentifrício. *U.t.c.s.*

den.<u>tis</u>.ta. [den'tista] [den'tihta] *com. Med.* Ver *odontólogo*. ▸ Dentista.

<u>den</u>.tro. ['dentɾo] ['dentɾo] *adv.* **1.** Na parte interior. ▸ Dentro. **2.** Período de tempo a partir do presente. ▸ Dentro. *Juan se casa dentro de seis meses.* João se casa dentro de seis meses.

den.<u>tu</u>.do, da. [den'tuðo] [den'tuðo] *adj.* Diz-se daquele que tem os dentes muito grandes. ▸ Dentuço.

de.nun.<u>ciar</u>. [denun'θjaɾ] [denun'sjaɾ] *v.4.* Comunicar ou declarar oficialmente o estado ilegal de alguma coisa. ▸ Denunciar.

de.pa.<u>rar</u>. [depa'raɾ] [depa'raɾ] *v.4.* **1.** Pôr na frente, apresentar. ▸ Deparar. **2.** Colocar à disposição. ▸ Proporcionar. *v.p.* **3.** Encontrar algo ou alguém. ▸ Deparar-se.

de.par.ta.<u>men</u>.to. [departa'mento] [departa'mento] *m.* **1.** ▢ *(Amér.)* Ver *apartamento*. ▸ Apartamento. **2.** Seção ou ramo da administração pública e privada. ▸ Departamento.

de.par.<u>tir</u>. [depar'tiɾ] [depar'tiɾ] *v.6.* Conversar (duas ou mais pessoas) sobre um assunto. ▸ Dialogar.

de.pen.<u>den</u>.cia. [depen'denθja] [depen'densja] *f.* **1.** Subordinação a um poder maior. ▸ Dependência. **2.** Cada cômodo ou espaço dedicado aos serviços de uma casa. ▸ Dependência. **3.** Edificação contígua a um edifício. ▸ Dependência.

de.pen.<u>der</u>. [depen'deɾ] [depen'deɾ] *v.5.* **1.** Estar subordinado a alguém ou a algo. ▸ Depender. **2.** Viver sob a proteção de alguém. ▸ Depender.

de.pen.<u>dien</u>.te, ta. [depen'djente] [depen'djente] *adj.* **1.** Que depende de algo ou alguém. ▸ Dependente. *s.* **2.** Pessoa que atende aos clientes nas lojas. ▸ Balconista.
➠ *Profesiones*

de.plo.<u>rar</u>. [deplo'raɾ] [deplo'raɾ] *v.4.* Sentir de maneira intensamente negativa. ▸ Deplorar, lamentar. *El presidente deploró los asesinatos en las manifestaciones.* O presidente lamentou os assassinatos nas manifestações.

de.po.<u>ner</u>. [depo'neɾ] [depo'neɾ] *v.40.* **1.** Afastar de si, pôr de lado. ▸ Depor. **2.** Destituir

deportar – derrocar

alguém de seu cargo ou emprego. Depor. ▶ Demitir. **3.** *Dir.* Declarar ou testemunhar ante uma autoridade judicial. ▶ Depor.

de.por.tar. [depor'tar] [depor'taɾ] *v.4.* Mandar alguém embora de um país. ▶ Deportar.

de.por.te. [de'porte] [de'poɾte] *m.* Exercício físico praticado individualmente ou em grupo, como competição ou recreação. ▶ Esporte.

Escanea este código QR para ver más sobre **deporte**
www.santillana.com.br/4dsdeporte

de.por.tis.ta. [depor'tista] [depor'tihta] *com. Desp.* Pessoa que pratica algum esporte. ▶ Esportista. *U.t.c.adj.*

de.por.ti.vo, va. [depor'tiβo] [depor'tiβo] *adj.* Relativo ao esporte. ▶ Esportivo. ◆ **Zapato deportivo.** Ver *zapatilla*⁽³⁾. ▶ Tênis. ➡ *Ropa*

de.po.si.tar. [deposi'tar] [deposi'taɾ] *v.4.* **1.** Pôr alguma coisa sob custódia. ▶ Depositar. **2.** Guardar em lugar seguro. ▶ Depositar. **3.** Em um líquido, assentar-se o que está em suspensão. ▶ Depositar.

de.pó.si.to. [de'posito] [de'posito] *m.* **1.** Lugar ou recipiente em que se guarda algo. ▶ Depósito. **2.** A coisa depositada. ▶ Depósito.

de.pra.var. [depra'βar] [depra'βaɾ] *v.4.* **1.** Depravar, corromper. *v.p.* **2.** Depravar-se, corromper-se.

de.pre.ciar. [depre'θjar] [depre'sjaɾ] *v.4.* Baixar o valor ou preço de algo. ▶ Depreciar.

de.pre.da.dor, do.ra. [depreða'ðor] [depreða'ðoɾ] *adj.* **1.** Aquele que destrói com violência. Vândalo. ▶ Depredador. *U.t.c.s.* **2.** Diz-se de animal que caça outros de diferente espécie. ▶ Predador. *U.t.c.s.*

de.pre.sión. [depre'sjon] [depre'sjon] *f.* **1.** *Geogr.* Baixa de terreno ou outra superfície. ▶ Depressão. **2.** *Fin.* Desaceleração na atividade econômica. ▶ Depressão. **3.** Abatimento físico ou moral. ▶ Depressão.

de.pri.sa. [de'prisa] [de'prisa] *adv.* Com pressa. Velozmente. ▶ Depressa.

de.pu.ra.do.ra. [depuɾa'ðora] [depuɾa'ðora] *f.* Aparelho ou instalação para purificar algo, especialmente água. ▶ Depurador.

de.pu.rar. [depu'rar] [depu'raɾ] *v.4.* Pôr em ordem. Limpar. ▶ Afinar, depurar.

de.re.cho, cha. [de'retʃo] [de'retʃo] *adj.* **1.** Relativo à mão ou ao lado direito. ▶ Direito. **2.** Que não apresenta desvio. Reto. ▶ Direito. *m.* **3.** Conjunto de preceitos legais. ▶ Direito. **4.** Faculdade do homem que lhe permite fazer legitimamente aquilo que lhe convém. ▶ Direito. *f.* **5.** *Polít.* Grupo dos políticos conservadores. ▶ Direita. **6.** *Polít.* Grupo de pessoas que professam ideias conservadoras. ▶ Direita. ◆ **A la derecha.** À direita. **A mano derecha.** À direita. **¡No hay derecho!** Não é justo!

de.ri.va. [de'riβa] [de'riβa] *f. Mar.* Desvio da rota de uma embarcação causado por correntes de vento ou marítimas. ▶ Deriva. ◆ **A la deriva.** Sem propósito fixo, à mercê das circunstâncias. ▶ À deriva.

de.ri.va.do, da. [deri'βaðo] [deri'βaðo] *adj.* **1.** Que se obtém ou se origina de outro produto. ▶ Derivado. *U.t.c.s.* **2.** *Ling.* Diz-se de palavra formada por derivação de outra. ▶ Derivado. *U.t.c.s.*

de.ri.var. [deri'βar] [deri'βaɾ] *v.4.* **1.** Desviar de seu curso. ▶ Derivar. **2.** Ter (alguma coisa) origem em (outra). ▶ Derivar.

der.ma.tó.lo.go, ga. [derma'toloɣo] [derma'toloɣo] *s. Med.* Médico especializado nas enfermidades da pele. ▶ Dermatologista.

der.mis. ['dermis] ['deɾmis] *f. Anat.* A segunda camada da pele, situada abaixo da epiderme. ▶ Derme.

de.rra.mar. [dera'mar] [dera'maɾ] *v.4.* Jogar um líquido fora do recipiente. ▶ Derramar.

de.rra.me. [de'rame] [de'rame] *m.* **1.** ☐ Ato ou efeito de derramar. ▶ Derramamento. **2.** *Med.* Deslocamento sanguíneo anormal no organismo. ▶ Derrame.

de.rra.par. [dera'par] [dera'paɾ] *v.4.* Escorregar lateralmente (diz-se de um veículo). ▶ Derrapar.

de.rre.tir. [dere'tir] [dere'tiɾ] *v.21.* Fundir, pelo calor, uma coisa sólida ou congelada. Tornar líquido. ▶ Derreter.

de.rri.bar. [deri'βar] [deri'βaɾ] *v.4.* **1.** Demolir, lançar por terra qualquer construção. ▶ Derrubar. **2.** Fazer cair no chão uma pessoa, animal ou coisa. ▶ Derrubar.

de.rro.car. [dero'kar] [dero'kaɾ] *v.7.* **1.** Jogar alguma coisa de uma rocha ou lugar alto. ▶ Arremessar. **2.** Afastar uma pessoa de seu cargo ou posição. ▶ Destituir.

de.rro.cha.dor, do.ra. [deroˈtʃaˈðoɾ] [deroˈtʃaˈðoɾ] *adj.* Aquele que gasta muito. ▶ Esbanjador. *Gastó todo su sueldo en ropas, es un derrochador.* Gastou todo seu salário em roupas, é um esbanjador.

de.rro.char. [deroˈtʃaɾ] [deroˈtʃaɾ] *v.4.* Gastar em excesso. ▶ Esbanjar.

de.rro.che. [deˈrotʃe] [deˈrotʃe] *m.* **1.** Uso desnecessário e excessivo de alguma coisa. ▶ Esbanjamento. **2.** Gasto desnecessário. ▶ Desperdício.

de.rro.ta. [deˈrota] [deˈrota] *f.* **1.** Perda de uma disputa. ▶ Derrota. **2.** Vitória total do oponente. ▶ Derrota.

de.rro.te.ro. [deroˈteɾo] [deroˈteɾo] *m.* **1.** *Mar.* Linha na carta de navegação que mostra o rumo a seguir. Rota. ▶ Roteiro. **2.** Percurso seguido por alguém. ▶ Rota.

de.rrum.bar. [derumˈbaɾ] [derumˈbaɾ] *v.4.* Fazer cair. ▶ Derrubar. *U.t.c.v.p.*

de.rrum.be. [deˈrumbe] [deˈrumbe] *m.* **1.** Lugar de onde é fácil cair. Despenhadeiro. ▶ Precipício. **2.** Ato ou efeito de vir abaixo. ▶ Desmoronamento.

de.sa.bri.do, da. [desaˈβɾiðo] [desaˈβɾiðo] *adj.* **1.** Diz-se de alimento que não tem gosto. ▶ Insípido. **2.** Áspero no trato. Rude. ▶ Ríspido.

de.sa.bri.gar. [desaβɾiˈɣaɾ] [desaβɾiˈɣaɾ] *v.9.* Tirar a roupa, desproteger do frio. ▶ Desagasalhar. *Tengo frío porque estoy desabrigado.* Sinto frio porque estou desagasalhado.

❑ **de.sa.bro.char.** [desaβɾoˈtʃaɾ] [desaβɾoˈtʃaɾ] *v.4.* Tirar ou soltar os fechos e botões de uma roupa. ▶ Desabotoar.

de.sa.ca.tar. [desakaˈtaɾ] [desakaˈtaɾ] *v.4.* **1.** Faltar ao devido respeito para com alguém. ▶ Desacatar. **2.** Não acatar a lei ou uma ordem de um superior. ▶ Desacatar.

de.sa.ca.to. [desaˈkato] [desaˈkato] *m.* **1.** Desrespeito aos superiores. ▶ Desacato. **2.** *Dir.* Delito que se comete quando se insulta ou ameaça uma autoridade. ▶ Desacato.

de.sa.cier.to. [desaˈθjeɾto] [desaˈsjeɾto] *m.* **1.** Dito ou fato errado. ▶ Desacerto. **2.** Aquilo que não deu certo. ▶ Desacerto.

de.sa.con.se.jar. [desakonseˈxaɾ] [desakonseˈxaɾ] *v.4.* Dissuadir alguém de algo que já tenha sido resolvido. ▶ Desaconselhar.

de.sa.cor.de. [desaˈkoɾðe] [desaˈkoɾðe] *adj.* Que não é igual nem está de acordo com outra coisa. ▶ Discorde.

de.sac.ti.var. [desaktiˈβaɾ] [desaktiˈβaɾ] *v.4.* **1.** Deixar sem atividade. ▶ Desativar. **2.** Inutilizar os dispositivos de uma bomba antes da explosão. ▶ Desativar.

de.sa.fiar. [desaˈfjaɾ] [desaˈfjaɾ] *v.4.* **1.** Provocar uma pessoa para uma competição ou luta. ▶ Desafiar. **2.** Enfrentar as dificuldades com determinação e coragem. ▶ Desafiar.

de.sa.fí.o. [desaˈfio] [desaˈfio] *m.* **1.** Ato de desafiar. ▶ Desafio. **2.** Provocação dirigida a uma pessoa a fim de enfrentá-la física ou moralmente. ▶ Desafio. **3.** *fig.* Situação difícil que se enfrenta. ▶ Desafio.

de.sa.for.tu.na.do, da. [desafoɾtuˈnaðo] [desafoɾtuˈnaðo] *adj.* **1.** Que não tem sorte nem felicidade. ▶ Desafortunado, infeliz. **2.** Que não acontece em momento oportuno. ▶ Desafortunado.

de.sa.gra.da.ble. [desaɣɾaˈðaβle] [desaɣɾaˈðaβle] *adj.* Que causa incômodo ou repugnância. ▶ Desagradável.

de.sa.gra.do. [desaˈɣɾaðo] [desaˈɣɾaðo] *m.* Desprazer que causa uma pessoa ou coisa. Desgosto, descontentamento. ▶ Desagrado.

de.sa.gra.vio. [desaˈɣɾaβjo] [desaˈɣɾaβjo] *m.* Reparação de uma ofensa ou injúria feita a uma pessoa. ▶ Desagravo.

de.sa.guar. [desaˈɣwaɾ] [desaˈɣwaɾ] *v.4.* **1.** Tirar a água de um lugar ou recipiente. ▶ Desaguar. **2.** Desembocar um rio em mar, lago ou outro rio. ▶ Desaguar.

de.sa.güe. [deˈsaɣwe] [deˈsaɣwe] *m.* **1.** Conduto de saída das águas. ▶ Desaguadouro. **2.** Esgoto.

de.sa.ho.ga.do, da. [desaoˈɣaðo] [desaoˈɣaðo] *adj.* **1.** Que procede com atrevimento, insolência. ▶ Folgado. **2.** Diz-se de lugar livre e espaçoso. ▶ Folgado.

de.sa.ho.gar. [desaoˈɣaɾ] [desaoˈɣaɾ] *v.9.* **1.** Aliviar a outra pessoa em seus trabalhos ou necessidades. ▶ Desafogar. *v.p.* **2.** Livrar-se de dívidas e compromissos contraídos. ▶ Desafogar. **3.** Expressar emoções ou angústias contidas. ▶ Desabafar.

de.sai.re. [deˈsaiɾe] [deˈsaiɾe] *m.* **1.** Desprezo que se demonstra por uma pessoa. ▶ Indiferença. **2.** Falta de gentileza. ▶ Indelicadeza.

de.sa.len.tar. [desalenˈtaɾ] [desalenˈtaɾ] *v.15.* **1.** Dificultar a respiração por fadiga ou cansaço. ▸ Desalentar. **2.** Tirar o ânimo, desencorajar. ▸ Desalentar.

de.sa.li.ño. [desa'liɲo] [desa'liɲo] *m.* **1.** Descuido nas roupas e no asseio pessoal. ▸ Desalinho. **2.** Descuido, omissão no cumprimento das obrigações. ▸ Negligência.

de.sal.ma.do, da. [desal'maðo] [desal'maðo] *adj.* Que demonstra maus sentimentos. Cruel, desumano. ▸ Desalmado.

de.sa.lo.jo. [desa'loxo] [desa'loxo] *m.* Desocupação de um local ou moradia por decisão judicial. ▸ Despejo.

de.sa.mor. [desa'mor] [desa'moɾ] *m.* **1.** Falta de amor ou amizade. ▸ Desamor. **2.** Falta de afeto pelas coisas. ▸ Desafeto.

de.sam.pa.rar. [desampa'rar] [desampa'raɾ] *v.4.* **1.** Abandonar uma pessoa que precisa de ajuda. ▸ Desamparar. **2.** Não dar proteção. ▸ Desamparar.

de.san.dar. [desan'dar] [desan'daɾ] *v.35.* Voltar atrás no caminho já percorrido. ▸ Retroceder.

de.san.grar. [desan'ɣrar] [desan'ɣraɾ] *v.4.* Tirar excessivamente o sangue de pessoa ou animal. Exaurir. ▸ Dessangrar.

de.sa.ni.mar. [desani'mar] [desani'maɾ] *v.4.* Tirar o ânimo, desalentar, desencorajar. ▸ Desanimar.

de.sá.ni.mo. [de'sanimo] [de'sanimo] *m.* Estado daquele que não tem coragem nem vontade. ▸ Desânimo.

de.sa.nu.dar. [desanu'ðar] [desanu'ðaɾ] *v.4.* **1.** Desfazer um nó ou um laço. ▸ Desatar. **2.** Pôr em ordem o que está emaranhado. Desenredar. ▸ Desatar.

de.sa.pa.re.cer. [desapare'θer] [desapare'seɾ] *v.24.* Deixar de ser vista uma pessoa ou coisa. ▸ Desaparecer.

de.sa.per.ci.bi.do, da. [desaperθi'βiðo] [desapersi'βiðo] *adj.* **1.** Que não se encontra preparado para certa situação. Desavisado. ▸ Desprevenido. **2.** Que não é percebido. ▸ Despercebido.

de.sa.pro.ve.char. [desaproβe'tʃar] [desaproβe'tʃaɾ] *v.4.* **1.** Não obter o máximo rendimento de uma coisa. ▸ Desperdiçar. **2.** Deixar passar uma oportunidade. ▸ Desperdiçar. **3.** Empregar mal ou não aproveitar devidamente. ▸ Desperdiçar, desaproveitar.

de.sar.mar. [desar'mar] [desaɾ'maɾ] *v.4.* **1.** Desmanchar um objeto composto de várias peças. ▸ Desmontar. **2.** *Mil.* Obrigar a entregar as armas. ▸ Desarmar. **3.** *Mil.* Reduzir o efetivo de um exército. ▸ Desarmar.

de.sa.rrai.gar. [desarai'ɣar] [desaɾai'ɣaɾ] *v.9.* **1.** Arrancar uma árvore ou planta pela raiz. ▸ Desarraigar. *v.p.* **2.** *fig.* Sair do lugar de origem. Desenraizar. ▸ Migrar.

de.sa.rre.gla.do, da. [desare'ɣlaðo] [desaɾe'ɣlaðo] *adj.* **1.** Que se excede no uso das coisas. ▸ Desregrado. **2.** Que não põe ordem em suas coisas. ▸ Desordenado. **3.** Que não tem cuidado ao vestir-se. ▸ Desleixado.

de.sa.rre.glo. [desa'reɣlo] [desa'ɾeɣlo] *m.* Falta de ordem. ▸ Desordem.

de.sa.rro.llar. [desaro'ʎar] [desaɾo'ʃaɾ] *v.4.* **1.** Dar incremento a uma atividade. ▸ Desenvolver. **2.** Dar andamento a um projeto. ▸ Desenvolver.

de.sa.rro.llo. [desa'roʎo] [desa'ɾoʃo] *m.* Crescimento das atividades produtivas de um país ou região. ▸ Desenvolvimento. *La industria siderúrgica tuvo un desarrollo notable.* A indústria siderúrgica teve um desenvolvimento notável.

de.sa.rro.par. [desaro'par] [desaɾo'paɾ] *v.4.* Tirar ou afastar a roupa. ▸ Despir.

de.sa.rru.gar. [desaru'ɣar] [desaɾu'ɣaɾ] *v.9.* Retirar as rugas. ▸ Desenrugar.

de.sa.sir. [desa'sir] [desa'siɾ] *v.25.* Desprender o que está preso ou amarrado. ▸ Soltar.

de.sas.tre. [de'sastre] [de'sahtɾe] *m.* Acontecimento infeliz e lamentável. ▸ Desastre.

de.sas.tro.so, sa. [desas'troso] [desah'tɾoso] *adj.* Que causa ou provém de desastre. ▸ Desastroso.

de.sa.tar. [desa'tar] [desa'taɾ] *v.4.* **1.** Soltar uma coisa de outra. ▸ Desatar. **2.** Esclarecer mal-entendidos. ▸ Esclarecer. *v.p.* **3.** Falar demais. ▸ Tagarelar.

de.sa.ten.to, ta. [desa'tento] [desa'tento] *adj.* **1.** Que não presta atenção. Distraído. ▸ Desatento. *U.t.c.s.* **2.** Que não procede com educação. ▸ Mal-educado, descortês. *U.t.c.s.*

de.sa.ti.no. [desa'tino] [desa'tino] *m.* **1.** Ato ou dito disparatado. ▸ Desatino. **2.** Ação imprudente, com pouco juízo. ▸ Desatino.

de.sa.ve.nen.cia. [desaβe'nenθja] [desaβe'nensja] *f.* Desentendimento entre pessoas. ▸ Desavença.

de.sa.yu.nar. [desaju'nar] [desaʃu'naɾ] *v.4.* **1.** Tomar a primeira refeição do dia. Desjejuar. ▸ Tomar café da manhã. *Esteban desayuna antes*

de ir al trabajo. Esteban toma café da manhã antes de ir trabalhar. *v.p.* **2.** Tomar conhecimento de uma notícia ou acontecimento. ▸ Inteirar-se. *Solo se desayunó de la prueba en la víspera.* Só se inteirou da prova na véspera.

de.sa.yu.no. [desa'juno] [desa'ʃuno] *m.* Primeira refeição do dia. Desjejum. ▸ Café da manhã. *En el desayuno, en casa, siempre tomamos café con leche y pan con mantequilla.* No café da manhã, em casa, sempre tomamos café com leite e pão com manteiga.

des.ban.dar. [desβan'dar] [dehβan'dar] *v.4.* **1.** Fugir de maneira desordenada. ▸ Debandar. *El grupo se desbandó a pie.* O grupo debandou a pé. **2.** Separar-se de um grupo. ▸ Dispersar.

des.ba.ra.jus.te. [desβara'xuste] [dehβara'xuhte] *m.* Confusão e desordem nas coisas e forma de vida. ▸ Desarranjo.

des.bas.tar. [desβas'tar] [dehβah'tar] *v.4.* **1.** Tornar menos grosseiro. ▸ Retocar. **2.** Afinar ou lixar uma peça. ▸ Polir.

des.bo.car. [desβo'kar] [dehβo'kar] *v.7.* **1.** Quebrar ou deformar a boca de um objeto. ▸ Desbocar. **2.** *Ling.* Descomedir-se na linguagem com obscenidades ou inconveniências. ▸ Desbocar-se.

des.bra.var. [desβra'βar] [dehβra'βar] *v.4.* Ver *amansar*. ▸ Desbravar.

des.ca.ba.lar. [deskaβa'lar] [dehkaβa'lar] *v.4.* **1.** Retirar partes de algo, deixando-o incompleto. ▸ Desmontar. **2.** Deixar sem equilíbrio. ▸ Desequilibrar.

des.ca.be.lla.do, da. [deskaβe'ʎaðo] [dehkaβe'ʃaðo] *adj.* Que está fora de ordem ou razão. Descabido. ▸ Absurdo, disparatado.

des.ca.la.bro. [deska'laβro] [dehka'laβro] *m.* Grande dano, perda ou infortúnio. ▸ Descalabro.

des.cal.ci.fi.ca.ción. [deskalθifika'θjon] [dehkalsifika'sjon] *f. Biol.* Ato ou efeito de diminuir a quantidade de cálcio ou seus compostos em ossos, tecido, etc. ▸ Descalcificação.

des.ca.li.fi.car. [deskalifi'kar] [dehkalifi'kar] *v.7.* **1.** Considerar alguém como sem aptidão para alguma tarefa. ▸ Desqualificar. **2.** Deixar alguém fora de uma competição. ▸ Desqualificar.

des.cal.zo, za. [des'kalθo] [deh'kalso] *adj.* Que não usa calçado nos pés. ▸ Descalço.

des.cam.pa.do, da. [deskam'paðo] [dehkam'paðo] *adj.* Diz-se de terreno sem árvores, descoberto. ▸ Descampado.

des.can.sar. [deskan'sar] [dehkan'sar] *v.4.* **1.** Recuperar, ficando em repouso, as forças que perdeu. ▸ Descansar. **2.** Repousar, dormir depois de um esforço. ▸ Descansar.

des.can.so. [des'kanso] [deh'kanso] *m.* **1.** Pausa ou folga no trabalho. ▸ Descanso. **2.** Alívio na fadiga ou nas dificuldades. ▸ Descanso.

des.ca.po.ta.ble. [deskapo'taβle] [dehkapo'taβle] *adj.* Diz-se do carro que tem capota dobrável. ▸ Conversível.

des.ca.ra.do, da. [deska'raðo] [dehka'raðo] *adj.* **1.** Que fala e age sem vergonha nem respeito. ▸ Descarado. *U.t.c.s.* **2.** Que não tem pudor. ▸ Descarado. *U.t.c.s.*

des.car.gar. [deskar'ɣar] [dehkar'ɣar] *v.9.* **1.** Tirar a carga de um navio, trem ou outro veículo. ▸ Descarregar. **2.** Disparar arma de fogo. ▸ Descarregar. **3.** Tirar a munição de uma arma de fogo. ▸ Descarregar. **4.** *Inform.* Copiar no computador um programa da internet. Fazer *download*. ▸ Baixar.

des.car.na.do, da. [deskar'naðo] [dehkar'naðo] *adj.* Diz-se de assunto desagradável exposto sem paliativos. ▸ Nu e cru.

des.ca.ro. [des'karo] [deh'karo] *m.* Falta de respeito. Insolência. ▸ Descaramento.

des.ca.rri.lar. [deskarri'lar] [dehkari'lar] *v.4.* **1.** Sair dos trilhos. ▸ Descarrilar. **2.** *fig.* Desviar-se do bom caminho. ▸ Perder-se.

des.cen.der. [desθen'der] [dehsen'der] *v.16.* **1.** Passar de um lugar alto para outro baixo. ▸ Descer. **2.** Proceder de uma pessoa ou linhagem. ▸ Descender. *Su abuelo desciende de los árabes.* Seu avô descende dos árabes.

des.cen.dien.te. [desθen'djente] [dehsen'djente] *com.* Pessoa, como filho, neto, que descende de outra. ▸ Descendente.

des.cen.so. [des'θenso] [deh'senso] *m.* **1.** Passagem de um estado ou posição para outro inferior. ▸ Rebaixamento. **2.** Ato de descer. ▸ Descida.

des.cen.tra.li.zar. [desθentrali'θar] [dehsentrali'sar] *v.13.* **1.** Separar do centro. ▸ Descentralizar. **2.** *Polít.* Transferir a diversas corporações parte do poder supremo do Estado. ▸ Descentralizar.

des.cen.trar. [desθen'trar] [dehsen'trar] *v.4.* Desviar ou tirar do centro geométrico. ▸ Descentrar.

des.ci.frar. [desθi'fraɾ] [dehsi'fraɾ] *v.4.* Esclarecer o que está escrito em código. ▸ Decifrar.

des.cla.si.fi.ca.do, da. [desklasifi'kaðo] [dehklasifi'kaðo] *s.* **1.** Que não teve classificação. ▸ Desclassificado. *adj.* **2.** Que não tem classe, desprezível. ▸ Desclassificado.

des.co.di.fi.car. [deskoðifi'kaɾ] [dehkoðifi'kaɾ] *v.7.* Aplicar as regras do código de uma mensagem escrita com caracteres desconhecidos para obter seu conteúdo. ▸ Decodificar.

des.co.llar. [desko'ʎaɾ] [dehko'ʃaɾ] *v.18.* Destacar-se positivamente acima do convencional. ▸ Sobressair.

des.co.lo.rar. [deskolo'raɾ] [dehkolo'raɾ] *v.4.* Fazer perder a cor. Desbotar. ▸ Descolorir. *U.t. descolorir.*

des.com.po.ner. [deskompo'neɾ] [dehkompo'neɾ] *v.40. p.p. irreg. descompuesto.* **1.** Separar as diversas partes que formam um composto. ▸ Decompor. *v.p.* **2.** *fig.* Perder a calma. ▸ Descompor-se. **3.** *Biol.* Apodrecer uma substância orgânica. ▸ Decompor-se.

des.com.pre.sión. [deskompre'sjon] [dehkompre'sjon] *f.* Redução da pressão a que está submetido um gás ou um líquido. ▸ Descompressão.

des.com.pues.to, ta. [deskom'pwesto] [dehkom'pwehto] *adj.* **1.** Que sofreu decomposição. ▸ Decomposto. **2.** Que teve a ordem ou unidade desfeita. ▸ Descomposto, transtornado. **3.** Que não demonstra educação e respeito aos demais. Mal-educado. **4.** *(Amér. Central, Chile, Peru e P. Rico)* Ver *borracho*. ▸ Bêbado.

des.co.mu.nal. [deskomu'nal] [dehkomu'nal] *adj.* Muito distante do comum, colossal, extraordinário. ▸ Descomunal.

des.con.cer.tar. [deskonθeɾ'taɾ] [dehkonseɾ'taɾ] *v.4.* Surpreender, confundir. ▸ Desconcertar.

des.con.char. [deskon'tʃaɾ] [dehkon'tʃaɾ] *v.4.* Remover de uma parede ou outra superfície parte de sua cobertura ou caiação. ▸ Descascar.

des.con.cier.to. [deskon'θjeɾto] [dehkon'sjeɾto] *m.* **1.** Desarranjo das partes de um corpo ou de uma máquina. ▸ Desconserto. **2.** Confusão devido a surpresa. ▸ Desconcerto.

des.co.nec.tar. [deskonek'taɾ] [dehkonek'taɾ] *v.4.* **1.** Interromper uma conexão elétrica. ▸ Desconectar. **2.** Interromper uma conexão ou comunicação. ▸ Desconectar, desligar. **3.** *fig.* Perder o contato com alguém. ▸ Perder contato.

des.con.fia.do, da. [deskon'fjaðo] [dehkon'fjaðo] *adj.* Que tem desconfiança e suspeita dos outros. ▸ Desconfiado. *U.t.c.s.*

des.con.fian.za. [deskon'fjanθa] [dehkon'fjansa] *f.* Falta de confiança. Suspeita. ▸ Desconfiança.

des.con.fiar. [deskon'fjaɾ] [dehkon'fjaɾ] *v.4.* Não crer. Suspeitar. ▸ Desconfiar.

des.con.ge.lar. [deskonxe'laɾ] [dehkonxe'laɾ] *v.4.* **1.** Fazer com que pare o congelamento de uma coisa para que volte a seu estado natural. ▸ Descongelar. **2.** Tirar o gelo acumulado em um congelador. ▸ Descongelar.

des.co.no.ci.do, da. [deskono'θiðo] [dehkono'siðo] *adj.* Que não é conhecido. Incógnito. ▸ Desconhecido. *U.t.c.s.*

des.con.so.lar. [deskonso'laɾ] [dehkonso'laɾ] *v.18.* Privar de consolo, entristecer, amargurar. ▸ Desconsolar.

des.con.sue.lo. [deskon'swelo] [dehkon'swelo] *m.* Desalento e aflição por falta de consolo. ▸ Desconsolo.

des.con.tar. [deskon'taɾ] [dehkon'taɾ] *v.18.* Diminuir uma quantia a ser paga. Dar desconto. ▸ Descontar.

des.con.ten.to, ta. [deskon'tento] [dehkon'tento] *adj.* Que não está satisfeito. ▸ Descontente.

des.con.trol. [deskon'tɾol] [dehkon'tɾol] *m.* **1.** Falta de ordem, controle ou disciplina. ▸ Descontrole. **2.** Falta de orientação. ▸ Descontrole.

des.con.vo.car. [deskombo'kaɾ] [dehkombo'kaɾ] *v.7.* **1.** Anular uma convocação. ▸ Desconvocar. **2.** Cancelar um ato público. ▸ Desconvocar.

des.cor.cha.dor. [deskoɾtʃa'ðoɾ] [dehkoɾtʃa'ðoɾ] *m.* Ver *sacacorchos*. ▸ Saca-rolhas.

des.cor.char. [deskoɾ'tʃaɾ] [dehkoɾ'tʃaɾ] *v.4.* **1.** Extrair a cortiça de certa árvore chamada sobreiro. **2.** Tirar a rolha de uma garrafa. ▸ Desrolhar, desarrolhar.

des.cor.tés. [deskoɾ'tes] [dehkoɾ'tes] *adj.* Que não procede com cortesia e boas maneiras. Grosseiro. ▸ Descortês. *U.t.c.s.*

des.cré.di.to. [des'kreðito] [deh'kreðito] *m.* Perda de reputação das pessoas ou do valor das coisas. ▸ Descrédito.

des.cri.bir. [deskri'βir] [dehkri'βir] *v.6. p.p. irreg. descrito.* **1.** Dizer como é uma pessoa ou um objeto. ▸ Descrever. **2.** Desenhar uma coisa para mostrar como é. ▸ Descrever.

des.crip.ción. [deskrip'θjon] [dehkrip'sjon] *f.* **1.** Ato ou efeito de descrever. ▸ Descrição. **2.** *Ling.* Exposição oral ou escrita de um fato. ▸ Descrição. **3.** Relação de bens ou objetos. ▸ Inventário.

Descripciones

¿Cómo eres (tú)? / ¿Cómo es usted?

Soy
moreno / blanco / negro / morocho.
alto / bajo / mediano.
niño / joven / anciano / mayor.
feo / bonito / bello / hermoso / guapo.
rubio / moreno / pelirrojo / castaño.
debilucho / débil / fuerte / forzudo / robusto.
gordito / delgado / flaco / gordo / llenito.
calvo / barbudo / melenudo / pecoso.

Tengo ojos
azules / verdes / negros / castaños.

Mi pelo es
rubio / castaño.
liso o lacio / rizado.
teñido.
corto / largo.

---

des.cuar.ti.zar. [deskwarti'θar] [dehkwarti'sar] *v.13.* Partir um corpo em várias partes. ▸ Esquartejar.

des.cu.bri.dor, do.ra. [deskuβri'ðor] [dehkuβri'ðor] *adj.* Que encontra uma coisa não conhecida. ▸ Descobridor. *U.t.c.s.*

des.cu.bri.mien.to. [deskuβri'mjento] [dehkuβri'mjento] *m.* Ato ou efeito de descobrir. Descoberta. ▸ Descobrimento.

des.cu.brir. [desku'βrir] [dehku'βrir] *v.6. p.p. irreg. descubierto.* **1.** Tirar a cobertura do que está coberto. ▸ Descobrir. **2.** Achar o que estava oculto e ignorado. ▸ Descobrir.

des.cuen.to. [des'kwento] [deh'kwento] *m.* **1.** Baixa no valor de uma dívida ou de um preço. ▸ Desconto. **2.** Período que o juiz de uma competição esportiva acrescenta ao final dessa, para compensar perdas ocorridas durante a partida. ▸ Desconto.

des.cui.da.do, da. [deskwi'ðaðo] [dehkwi'ðaðo] *adj.* **1.** Que se omite com relação àquilo que tem que fazer. ▸ Descuidado. **2.** Que não cuida de sua aparência. Descuidado. ▸ Desleixado.

des.cui.do. [des'kwiðo] [deh'kwiðo] *m.* **1.** Falta de atenção. ▸ Descuido. **2.** Falta de cautela. ▸ Descuido.

des.de. ['desðe] ['dehðe] *prep.* Indica o momento ou o lugar de onde procede, ou de onde se inicia uma ação, ou a partir do qual se começa a contar tempo ou distância. Desde. ▸ De. *Tienes que leer desde la página 15 hasta el final.* Você tem de ler da página 15 até o final. ♦ **Desde luego.** Sem dúvida, claro.

des.dén. [des'ðen] [deh'ðen] *m.* **1.** Ato de desdenhar. ▸ Desdém. **2.** Indiferença e altivez que denotam menosprezo. ▸ Desdém.

des.den.ta.do, da. [desðen'taðo] [dehðen'taðo] *adj.* Que não tem ou perdeu os dentes. ▸ Desdentado.

des.de.ñar. [desðe'ɲar] [dehðe'ɲar] *v.4.* **1.** Tratar uma pessoa ou coisa com desprezo. ▸ Desdenhar. **2.** Ter em menor conta as coisas julgadas indecorosas. ▸ Desdenhar.

des.de.ño.so, sa. [desðe'ɲoso] [dehðe'ɲoso] *adj.* Que desdenha. ▸ Desdenhoso. *U.t.c.s.*

des.di.cha. [des'ðitʃa] [deh'ðitʃa] *f.* **1.** Acontecimento que causa dor e sofrimento. ▸ Desdita. **2.** Pobreza máxima. ▸ Miséria.

des.do.blar. [desðo'βlar] [dehðo'βlar] *v.4.* Estender uma coisa que estava dobrada. ▸ Desdobrar.

de.se.a.ble. [dese'aβle] [dese'aβle] *adj.* Que merece ser ou é desejado. ▸ Desejável.

de.se.ar. [dese'ar] [dese'ar] *v.4.* **1.** Ter desejo, vontade ou ambição de possuir ou disfrutar algo. ▸ Desejar. **2.** Esperar ansiosamente que algo aconteça. ▸ Desejar. **3.** Sentir desejo sexual por alguém. ▸ Desejar.

de.se.car. [dese'kar] [dese'kar] *v.7.* **1.** Drenar águas de terrenos encharcados. ▸ Drenar. **2.** Extrair a umidade de um objeto ou lugar. ▸ Secar.

de.se.cha.ble. [deseˈtʃaβle] [deseˈtʃaβle] *adj.* **1.** Que pode ou deve ser dispensado. ▶ Descartável. **2.** Que já não pode ser aproveitado. ▶ Inutilizável. **3.** Diz-se dos produtos feitos para serem usados somente uma vez. ▶ Descartável.

de.se.char. [deseˈtʃar] [deseˈtʃar] *v.4.* **1.** Demonstrar desaprovação ou resistência. ▶ Reprovar. **2.** Dar menor valor que o real. ▶ Menosprezar. **3.** Abandonar ou afastar de si algo. ▶ Desprezar. **4.** Descartar.

de.se.cho. [deˈsetʃo] [deˈsetʃo] *m.* Aquilo que fica depois de extrair o melhor ou mais útil de uma coisa. ▶ Resíduo.

de.sem.ba.ra.zar. [desembaraˈθar] [desembaraˈsar] *v.13.* **1.** Afastar um estorvo. ▶ Livrar-se. **2.** Deixar livre, desocupar. ▶ Livrar.

de.sem.bo.car. [desembarˈkar] [desembarˈkar] *v.7.* **1.** Retirar do navio e pôr em terra o que foi embarcado. ▶ Desembarcar. **2.** Descer (uma pessoa) de trem, ônibus, navio ou avião. ▶ Desembarcar.

de.sem.bar.que. [desemˈbarke] [desemˈbarke] *m.* Ato de desembarcar. ▶ Desembarque. *El desembarque será diez minutos después de la llegada.* O desembarque será dez minutos após a chegada.

de.sem.bo.ca.du.ra. [desembokaˈðura] [desembokaˈðura] *f.* **1.** *Geogr.* Lugar por onde um rio chega ao mar, a um lago ou a outro rio. ▶ Desembocadura. **2.** Confluência de ruas ou estradas. ▶ Cruzamento.

de.sem.bol.so. [desemˈbolso] [desemˈbolso] *m.* Despesa paga à vista, em dinheiro. ▶ Desembolso.

de.sem.bo.zar. [desemboˈθar] [desemboˈsar] *v.13.* Descobrir a real intenção de uma pessoa. ▶ Desmascarar.

de.sem.bra.gar. [desembraˈɣar] [desembraˈɣar] *v.9.* Desengrenar um mecanismo do eixo motor. ▶ Desengatar.

de.sem.bu.char. [desembuˈtʃar] [desembuˈtʃar] *v.4.* **1.** Expelir o que se tem no bucho. ▶ Desembuchar. **2.** Revelar o que se sabe sobre um assunto. ▶ Desembuchar.

de.se.me.jan.za. [desemeˈxanθa] [desemeˈxansa] *f.* Falta de semelhança. Diferença. ▶ Dessemelhança.

de.sem.pa.tar. [desempaˈtar] [desempaˈtar] *v.4.* Desfazer a igualdade em uma votação ou competição. ▶ Desempatar.

de.sem.pe.ñar. [desempeˈɲar] [desempeˈɲar] *v.4.* **1.** Resgatar o que estava em posse de outro em garantia de um empréstimo. ▶ Reaver. **2.** Exercer uma profissão, realizar uma tarefa. ▶ Desempenhar.

de.sem.pe.ño. [desemˈpeɲo] [desemˈpeɲo] *m.* Ato ou efeito de desempenhar. ▶ Desempenho.

de.sem.ple.o. [desemˈpleo] [desemˈpleo] *m.* Falta de emprego. Desocupação involuntária. ▶ Desemprego.

de.sen.ca.de.nar. [desenkaðeˈnar] [desenkaðeˈnar] *v.4.* **1.** Soltar quem ou o que está amarrado com corrente. ▶ Desencadear. **2.** Provocar uma série de consequências em cadeia. ▶ Desencadear. *La muerte de César desencadenó una guerra civil.* A morte de César desencadeou uma guerra civil.

de.sen.ca.llar. [desenkaˈʎar] [desenkaˈʃar] *v.4.* Pôr para flutuar uma embarcação encalhada. ▶ Desencalhar.

de.sen.can.to. [desenˈkanto] [desenˈkanto] *m.* Perda de encanto, confiança ou ilusão. ▶ Desencanto.

de.sen.chu.far. [desentʃuˈfar] [desentʃuˈfar] *v.4.* Tirar da tomada. ▶ Desplugar.

de.sen.fa.dar. [desenfaˈðar] [desenfaˈðar] *v.4.* Tirar o enfado de. Divertir, distrair. ▶ Desenfadar.

de.sen.fo.que. [desenˈfoke] [desenˈfoke] *m.* Ausência ou defeito no enfoque. ▶ Desenfoque.

de.sen.fre.na.do, da. [desenfreˈnaðo] [desenfreˈnaðo] *adj.* **1.** Que se comporta de forma dissoluta e com violência. ▶ Desenfreado. **2.** Que não tem freio. ▶ Desenfreado. *U.t.c.s.*

de.sen.ga.ñar. [desenɣaˈɲar] [desenɣaˈɲar] *v.4.* **1.** Fazer reconhecer o engano ou erro. ▶ Desenganar. **2.** Tirar as esperanças ou ilusões. ▶ Desenganar.

des.en.he.brar. [deseneˈβrar] [deseneˈβrar] *v.4.* Tirar a linha da agulha. ▶ Desenfiar.

de.sen.la.ce. [desenˈlaθe] [desenˈlase] *m.* Solução que se dá a um assunto ou uma dificuldade. ▶ Desenlace.

de.sen.mas.ca.rar. [desenmaskaˈrar] [desenmahkaˈrar] *v.4.* **1.** Tirar a máscara do rosto. ▶ Desmascarar. **2.** Pôr às claras as intenções de uma pessoa. ▶ Desmascarar.

de.sen.mo.he.cer. [desenmoeˈθer] [desenmoeˈser] *v.24.* Limpar ou tirar o mofo. ▶ Desembolorar.

de.sen.si.llar. [desensiˈʎar] [desensiˈʃar] *v.4.* Tirar a sela de uma cavalgadura. ▸ Desselar.

de.sen.to.nar. [desentoˈnar][desentoˈnar] *v.4.* **1.** Estar uma pessoa ou coisa fora de seu meio. ▸ Destoar. **2.** Mudar a entonação da voz. Desafinar. ▸ Destoar.

de.sen.tra.ñar. [desentraˈɲar] [desentraˈɲar] *v.4.* **1.** Arrancar as entranhas. ▸ Estripar. **2.** Averiguar o mais íntimo de uma pessoa ou matéria. ▸ Desvendar.

de.sen.vai.nar. [desembajˈnar] [desembajˈnar] *v.4.* Tirar da bainha o sabre ou a espada. ▸ Desembainhar.

de.sen.vol.tu.ra. [desembolˈtura] [desembolˈtura] *f.* **1.** *fig.* Desembaraço no comportamento. ▸ Desenvoltura. **2.** *fig.* Facilidade e fluência ao falar. ▸ Desenvoltura.

❏ **de.sen.vol.ver.** [desembolˈβer] [desembolˈβer] *v.56. p.p. irreg. desenvuelto.* **1.** Tirar o envoltório. ▸ Desembrulhar. *v.p.* **2.** Ter habilidade ou facilidade para relacionar-se. ▸ Ter desenvoltura.

❏ **de.sen.vol.vi.mien.to.**[desembolβiˈmjento] [desembolβiˈmjento] *m.* **1.** Ato ou efeito de desembrulhar. **2.** Desempenho, desenvoltura.

de.sen.vuel.to, ta. [desemˈbwelto] [desemˈbwelto] *adj.* **1.** Que procede com desembaraço. Extrovertido. ▸ Desenvolto. **2.** *fig.* Que tem desenvoltura. ▸ Desenvolto.

de.se.o. [deˈseo] [deˈseo] *m.* **1.** Apetite intenso por conhecer, possuir ou desfrutar de uma coisa. ▸ Desejo. **2.** A coisa desejada. ▸ Desejo.

de.ser.ción. [deserˈθjon] [deserˈsjon] *f. Mil.* Ato de abandonar (um militar) seu exército. ▸ Deserção.

de.sér.ti.co, ca. [deˈsertiko] [deˈsertiko] *adj.* **1.** Que é próprio, pertencente ou relativo ao deserto. ▸ Desértico. **2.** Diz-se da região que se assemelha a um deserto. ▸ Desértico.

de.ses.pe.ra.ción. [desesperaˈθjon] [desehperaˈsjon] *f.* **1.** Perda da esperança. ▸ Desespero. **2.** Reação de intensa angústia ante um acontecimento. ▸ Desespero.

de.ses.pe.ra.do, da. [desespeˈrado] [desehpeˈrado] *adj.* **1.** Possuído pelo desespero. ▸ Desesperado. *U.t.c.s.* **2.** Que perdeu a esperança. ▸ Descsperado.

de.ses.pe.rar. [desespeˈrar][desehpeˈrar] *v.4.* **1.** Perder a esperança de conseguir alguma coisa. ▸ Desesperar. **2.** Causar desespero. ▸ Desesperar. *v.p.* **3.** Entrar em desespero. ▸ Desesperar-se.

des.fa.cha.tez. [desfatʃaˈteθ] [dehfatʃaˈtes] *f.* Falta de vergonha. ▸ Desfaçatez.

des.fal.car. [desfalˈkar] [dehfalˈkar] *v.7.* **1.** Tirar parte de uma coisa. ▸ Desfalcar. **2.** Defraudar, apropriar-se daquilo que se tem sob custódia. ▸ Desfalcar.

des.fa.sar. [desfaˈsar] [dehfaˈsar] *v.4.* **1.** Pôr fora de fase. ▸ Desfasar. *v.p.* **2.** Não se ajustar a uma situação. ▸ Estar deslocado.

des.fi.gu.rar. [desfiɣuˈrar] [dehfiɣuˈrar] *v.4.* **1.** Alterar o aspecto das coisas. ▸ Desfigurar. **2.** Contar algo alterando suas verdadeiras circunstâncias. ▸ Desfigurar. **3.** Mudar o semblante por uma emoção forte. ▸ Desfigurar.

des.fi.la.de.ro. [desfilaˈðero] [dehfilaˈðero] *m. Geogr.* Passagem estreita entre montanhas. ▸ Desfiladeiro.

des.fi.lar. [desfiˈlar] [dehfiˈlar] *v.4.* **1.** Marchar em filas uns após outros. ▸ Desfilar. **2.** *Mil.* Passar unidades militares em formação ante uma autoridade ou ponto de homenagem. ▸ Desfilar. **3.** Apresentar-se em passarela ou outras instalações à vista do público. ▸ Desfilar.

des.ga.jar. [desɣaˈxar] [dehɣaˈxar] *v.4. Bot.* Cortar os galhos de uma árvore ou planta. ▸ Podar.

des.ga.na. [desˈɣana] [dehˈɣana] *f.* Falta de vontade ou estímulo para executar algo. ▸ Desestímulo.

des.gar.ba.do, da. [desɣarˈβaðo] [dehɣarˈβaðo] *adj.* Que não tem garbo. ▸ Deselegante, desajeitado.

des.ga.rrón. [desɣaˈron] [dehɣaˈron] *m.* Rasgo grande feito em roupa ou tecido. ▸ Rasgão.

des.gas.tar. [desɣasˈtar] [dehɣahˈtar] *v.4.* Desbastar aos poucos, pelo uso, parte de uma coisa. ▸ Desgastar.

des.go.bier.no. [desɣoˈβjerno] [dehɣoˈβjerno] *m.* **1.** *Polít.* Ausência ou deficiência em governo ou administração. ▸ Desgoverno. **2.** Falta de ordem ou regras. ▸ Desordem.

des.gra.cia. [desˈɣraθja] [dehˈɣrasja] *f.* **1.** Acontecimento funesto que causa aflição. ▸ Desgraça. **2.** Sorte adversa. ▸ Desgraça.

❏ **des.gra.sar.** [desɣraˈsar] [dehɣraˈsar] *v.4.* Tirar a gordura de algo. ▸ Desengordurar.

des.gre.ñar. [desɣre'ɲar] [dehɣre'ɲar] v.4. Ver *despeinar*. ▸ Despentear.

des.ha.bi.tar. [desaβi'tar] [desaβi'tar] v.4. **1.** Deixar de morar em um lugar ou casa. ▸ Desabitar. **2.** Deixar um território sem habitantes. ▸ Desabitar.

des.ha.bi.tuar. [desaβi'twar] [desaβi'twar] v.4. Fazer perder (pessoa ou animal) um hábito ou costume. ▸ Desacostumar.

des.ha.cer. [desa'θer] [desa'ser] v.33. **1.** Desmanchar ou destruir o que está feito. ▸ Desfazer. **2.** Tirar a forma ou figura de uma coisa. ▸ Desfazer.

des.hi.dra.tar. [desiðra'tar] [desiðra'tar] v.4. *Biol.* Privar corpo ou organismo de água. ▸ Desidratar.

des.hie.lo. [des'jelo] [deh'jelo] *m.* Aquecimento do gelo ou da neve. ▸ Degelo.

des.hi.lar. [desi'lar] [desi'lar] v.4. Tirar os fios de um tecido. ▸ Desfiar.

des.hin.char. [desin'tʃar] [desin'tʃar] v.4. *Med.* Desinflamar a parte do corpo que estava intumescida. ▸ Desinchar.

des.ho.jar. [deso'xar] [deso'xar] v.4. **1.** *Bot.* Tirar as folhas de uma planta ou as pétalas de uma flor. ▸ Desfolhar. **2.** Arrancar as folhas de um livro ou revista. ▸ Desfolhar.

des.ho.je. [des'oxe] [des'oxe] *m. Bot.* Queda das folhas de uma planta ou árvore. ▸ Desfolha.

des.ho.nes.to, ta. [deso'nesto] [deso'nehto] *adj.* Que não procede com honestidade. ▸ Desonesto.

des.ho.nor. [deso'nor] [deso'nor] *m.* Perda da honra. ▸ Desonra.

des.ho.ra(a). [des'ora] [des'ora] *loc.* **1.** Fora de hora. **2.** Tempo inoportuno, não conveniente.

des.hue.sar. [deswe'sar] [deswe'sar] v.4. **1.** Tirar os ossos de um animal. ▸ Desossar. **2.** Tirar o caroço das frutas.

de.si.de.ra.ta. [desiðe'rata] [desiðe'rata] *f.* Conjunto daquilo que se deseja. ▸ Meta.

de.si.dia. [de'siðja] [de'siðja] *f.* Conduta negligente. Desleixo. ▸ Descaso.

de.sier.to, ta. [de'sjerto] [de'sjerto] *adj.* **1.** Diz-se de lugar sem população nem construções. ▸ Deserto. **2.** *Geogr.* Diz-se de extensa região árida e desabitada. ▸ Deserto. *m.* **3.** O nome que se dá a essas regiões. ▸ Deserto. ◆ **Predicar en el desierto.** Dar conselhos a quem não os deseja nem atende.

de.sig.nar. [desiɣ'nar] [desiɣ'nar] v.4. **1.** Dar nome. ▸ Designar. **2.** Destinar uma pessoa ou coisa a determinado fim. ▸ Designar. **3.** Indicar uma pessoa para cargo ou emprego. ▸ Designar.

de.si.gual. [desi'ɣwal] [desi'ɣwal] *adj.* **1.** Que é diferente. ▸ Desigual. **2.** Que apresenta variação. Irregular. ▸ Desigual.

de.si.lu.sión. [desilu'sjon] [desilu'sjon] *f.* Perda do que se esperava com ilusão. Decepção. ▸ Desilusão.

de.sin.fec.tan.te. [desinfek'tante] [desinfek'tante] *m.* Substância usada para desinfetar. ▸ Desinfetante.

de.sin.fec.tar. [desinfek'tar] [desinfek'tar] v.4. Sanear eliminando as causas de infecção. ▸ Desinfetar.

de.sin.te.rés. [desinte'res] [desinte'res] *m.* **1.** Desprendimento de todo proveito pessoal. Indiferença. ▸ Desinteresse. **2.** Falta de interesse ou preocupação. Despreocupação. ▸ Desinteresse.

de.sin.to.xi.car. [desintoksi'kar] [desintoksi'kar] v.7. Combater a intoxicação ou seus efeitos. ▸ Desintoxicar.

de.sis.tir. [desis'tir] [desih'tir] v.6. Não prosseguir em um projeto em elaboração ou em execução. ▸ Desistir.

des.le.al. [desle'al] [dehle'al] *adj.* Que age sem lealdade. Traidor. ▸ Desleal. *U.t.c.s.*

des.liz. [des'liθ] [deh'lis] *m.* **1.** Derrapada sobre uma superfície lisa. ▸ Deslize. **2.** *fig.* Desvio do bom comportamento. ▸ Deslize.

des.li.zar. [desli'θar] [dehli'sar] v.13. Escorregar mansamente por uma superfície. ▸ Deslizar.

des.lu.cir. [deslu'θir] [dehlu'sir] v.71. Tirar o atrativo a uma coisa, diminuir seu mérito. ▸ Ofuscar.

des.lum.bra.dor, do.ra. [deslumβra'ðor] [dehlumβra'ðor] *adj.* **1.** Que deslumbra. ▸ Deslumbrador. **2.** Esplêndido, maravilhoso. ▸ Deslumbrador.

des.lum.bran.te. [deslum'βrante] [dehlum'βrante] *adj.* Que fascina. ▸ Deslumbrante.

des.lum.brar. [deslum'βrar] [dehlum'βrar] v.4. Produzir uma ótima impressão. ▸ Deslumbrar.

des.ma.drar. [desma'ðrar] [dehma'ðrar] v.4. **1.** Separar as crias do gado da mãe, para

desmadre – despatarrar

que não mamem. ▸ Desmamar. *v.p.* **2.** *fig.* e *fam.* Passar a ter uma conduta condenável. ▸ Desandar.

des.ma.dre. [des'maðɾe] [deh'maðɾe] *m.* Perda da ordem. ▸ Confusão, barafunda.

des.mán. [des'man] [deh'man] *m.* **1.** Ação excessiva, abusiva ou fora da lei. Abuso. ▸ Desmando. **2.** Fato infeliz. ▸ Desgraça.

des.man.char. [desman'tʃar] [dehman'tʃar] *v.4.* **1.** ▢ Abandonar um grupo de amigos. **2.** Tirar manchas de algo.

des.ma.yo. [des'majo] [deh'maʃo] *m. Med.* Privação provisória de sentido. ▸ Desmaio.

des.men.tir. [desmen'tir] [dehmen'tir] *v.22.* Sustentar e provar que uma pessoa ou informação é mentirosa ou falsa. ▸ Desmentir.

des.mi.ga.jar. [desmiɣa'xar] [dehmiɣa'xar] *v.4.* Fazer em migalhas. ▸ Esmigalhar.

des.mi.li.ta.ri.zar. [desmilitari'θar] [dehmilitari'sar] *v.13. Mil.* Tirar o caráter militar de uma coletividade ou região. ▸ Desmilitarizar.

des.mo.char. [desmo'tʃar] [dehmo'tʃar] *v.4.* **1.** Cortar os chifres dos animais. ▸ Despontar. **2.** Cortar a parte superior das árvores. ▸ Podar.

des.mon.tar. [desmon'tar] [dehmon'tar] *v.4.* Desfazer algo que foi montado ou estruturado. ▸ Desmontar.

des.mon.te. [des'monte] [deh'monte] *m.* Desflorestamento de monte ou mata alta. ▸ Desmatamento.

des.mo.ti.var. [desmoti'βar] [dehmoti'βar] *v.4.* Fazer perder o interesse por alguém ou alguma coisa. ▸ Desmotivar.

des.na.tar. [desna'tar] [dehna'tar] *v.4.* Tirar a nata do leite. ▸ Desnatar.

des.ni.vel. [desni'βel] [dehni'βel] *m.* Diferença de altura entre dois ou mais pontos ou superfícies. ▸ Desnível.

des.nu.cle.a.ri.za.ción. [desnukleariθa'θjon][dehnuklearisa'sjon] *f. Mil.* Redução ou eliminação das armas ou instalações nucleares de um território. ▸ Desnuclearização.

des.nu.dar. [desnu'ðar] [dehnu'ðar] *v.4.* Tirar a roupa ou alguma peça. ▸ Desnudar. *U.t.c.v.p.*

des.nu.do, da. [des'nuðo] [deh'nuðo] *adj.* Que está sem roupa. ▸ Nu. ◆ **Al desnudo.** Sem ocultamento. ▸ Às claras.

des.nu.tri.ción. [desnutɾi'θjon] [dehnutɾi'sjon] *f. Med.* Consequência da falta de alimentação. ▸ Desnutrição.

de.so.be.de.cer. [desoβeðe'θer] [desoβeðe'ser] *v.24.* Não seguir (alguém) lei ou autoridade. ▸ Desobedecer.

de.so.cu.pa.do, da. [desoku'paðo] [desoku'paðo] *adj.* **1.** Que não tem ocupação. Ocioso. ▸ Desocupado. **2.** Diz-se de local onde não há coisas ou pessoas. Vazio. ▸ Desocupado. **3.** Que não tem trabalho. ▸ Desempregado. *U.t.c.s.*

de.so.cu.par. [desoku'par] [desoku'par] *v.4.* Deixar um lugar livre e desimpedido. ▸ Desocupar.

de.so.do.ran.te. [desodo'rante] [desodo'rante] *m.* Substância para desodorizar. ▸ Desodorante.

de.so.do.ri.zar. [desodoɾi'θar] [desodoɾi'sar] *v.13.* Eliminar os maus odores. ▸ Desodorizar.

de.so.ír. [deso'ir] [deso'ir] *v.44.* Ignorar um conselho. ▸ Não ouvir.

de.so.lar. [deso'lar] [deso'lar] *v.4.* Devastar e arruinar um lugar ou região. Destruir, arrasar. ▸ Desolar.

de.sor.den. [de'sorðen] [de'sorðen] *m.* Alteração da ordem. Confusão. ▸ Desordem.

de.sor.de.na.do, da. [desorðe'naðo] [desorðe'naðo] *adj.* **1.** Que não tem ordem. ▸ Desordenado. **2.** Que age sem método nem ordem em suas coisas. ▸ Desordenado.

de.so.var. [deso'βar] [deso'βar] *v.4. Zool.* Pôr ovos, especialmente as fêmeas dos peixes e dos anfíbios. ▸ Desovar.

des.pa.bi.lar. [despaβi'lar] [dehpaβi'lar] *v.4.* **1.** Tirar o pavio de velas. **2.** *fig.* Dar incentivo, motivação. ▸ Estimular. **3.** *fig.* Acordar, reagir.

des.pa.cho. [des'patʃo] [deh'patʃo] *m.* Sala de trabalho ou estudo em casa ou no local de trabalho. ▸ Escritório.

des.pa.cio. [des'paθjo] [deh'pasjo] *adv.* Em ritmo lento. ▸ Devagar.

des.par.pa.jo. [despar'paxo] [dehpar'paxo] *m.* **1.** Facilidade e naturalidade ao fazer as coisas. ▸ Desenvoltura. **2.** Falta de vergonha. ▸ Sem--vergonhice.

des.pa.ta.rrar. [despata'rar] [dehpata'rar] *v.4.* **1.** Abrir bem as pernas. *v.p.* **2.** Cair de pernas abertas.

des.pa.vo.ri.do, da. [despaβo'riðo] [dehpaβo'riðo] *adj.* Que está cheio de pavor. ▸ Apavorado.

des.pe.char. [despe'tʃar] [dehpe'tʃar] *v.4.* Sentir ou causar ressentimento. ▸ Despeitar.

des.pec.ti.vo, va. [despek'tiβo] [dehpek'tiβo] *adj.* Que revela desprezo, menosprezo. ▸ Depreciativo.

des.pe.da.zar. [despeða'θar] [dehpeða'sar] *v.13.* Dividir um corpo em pedaços. ▸ Despedaçar.

des.pe.di.da. [despe'ðiða] [dehpe'ðiða] *f.* **1.** Ato de despedir alguém. ▸ Despedida. **2.** Ato de dizer adeus. ▸ Despedida.

des.pe.dir. [despe'ðir] [dehpe'ðir] *v.53.* **1.** Dispensar os serviços de alguém. ▸ Despedir. *v.p.* **2.** Dizer adeus ou separar-se de alguém que está de saída. ▸ Despedir(-se).

des.pe.gar. [despe'ɣar] [dehpe'ɣar] *v.9.* **1.** Separar duas coisas que estavam juntas. ▸ Descolar. **2.** Despegar-se (uma aeronave) da terra ou da água. ▸ Decolar.

des.pe.go. [des'peɣo] [deh'peɣo] *m.* **1.** Falta de afeto ou interesse. ▸ Desapego. **2.** Afastamento das pessoas ou das coisas. ▸ Desapego.

des.pe.gue. [des'peɣe] [deh'peɣe] *m.* Ato de elevar-se um avião ao sair do aeroporto. ▸ Decolagem.

des.pei.nar. [despej'nar] [dehpej'nar] *v.4.* Desmanchar um penteado. ▸ Despentear.

des.pe.ja.do, da. [despe'xaðo] [dehpe'xaðo] *adj.* Diz-se do céu sem nuvens. ▸ Aberto.

des.pe.jar. [despe'xar] [dehpe'xar] *v.4.* **1.** Desocupar um lugar ou espaço. ▸ Desobstruir. **2.** Vazar o conteúdo de um objeto qualquer. ▸ Despejar. **3.** ◻ Ficar claro (o tempo). Abrir. ▸ Clarear. **4.** *fig.* Deixar claro um assunto. ▸ Esclarecer.

des.pen.sa. [des'pensa] [deh'pensa] *f.* Lugar da casa, navio, hotel, etc. onde se guardam os mantimentos. ▸ Despensa.

des.pe.ña.de.ro. [despeɲa'ðero] [dehpeɲa'ðero] *m. Geogr.* Precipício ou lugar alto e íngreme. ▸ Despenhadeiro.

des.per.di.ciar. [desperði'θjar] [dehperði'sjar] *v.4.* **1.** Gastar sem necessidade. Esbanjar dinheiro. ▸ Desperdiçar. **2.** Não aproveitar (oportunidades, etc.). ▸ Desperdiçar.

des.per.fec.to. [desper'fekto] [dehper'fekto] *m.* Defeito que diminui o valor ou a utilidade das coisas. ▸ Imperfeição.

des.per.ta.dor, do.ra. [desperta'ðor] [dehperta'ðor] *s.* **1.** Pessoa que tem por função despertar outras. ▸ Despertador. *m.* **2.** Relógio com um dispositivo para soar em hora predeterminada. ▸ Despertador.

des.per.tar. [desper'tar] [dehper'tar] *v.15. p.p. reg. despertado/irreg. despierto.* **1.** Interromper o sono. Acordar. ▸ Despertar. **2.** *fig.* Trazer à memória algo que estava esquecido. ▸ Despertar.

des.pia.da.do, da. [despja'ðaðo] [dehpja'ðaðo] *adj.* Que não tem piedade. Cruel. Desumano. ▸ Impiedoso.

◻ **des.pi.do.** [des'piðo] [deh'piðo] *m.* Ocasião em que alguém é desligado do emprego. ▸ Demissão.

des.pier.to, ta. [des'pjerto] [deh'pjerto] *adj.* **1.** Que não está dormindo. ▸ Acordado. **2.** *fig.* Ágil nas atividades que realiza. ▸ Rápido, vivo.

des.pil.fa.rrar. [despilfa'rar] [dehpilfa'rar] *v.4.* Gastar muito. ▸ Esbanjar.

des.pil.fa.rro. [despil'faro] [dehpil'faro] *m.* Ver *derroche*. Esbanjamento. ▸ Desperdício.

des.pis.ta.do, da. [despis'taðo] [dehpih'taðo] *adj.* **1.** Que não percebe o que acontece ao redor. Avoado. ▸ Distraído. **2.** Que perdeu a pista. ▸ Desgovernado.

des.pis.tar. [despis'tar] [dehpih'tar] *v.4.* **1.** Fazer perder a pista. ▸ Despistar. **2.** *fig.* Iludir com enganos, fingimentos. Dissimular. ▸ Despistar. *v.p.* **3.** Estar desorientado. ▸ Perder-se.

des.plan.te. [des'plante] [deh'plante] *m.* **1.** Dito ou ato arrogante e descarado. ▸ Desplante. **2.** *Desp.* Posição de esgrima. ▸ Desplante.

des.pla.za.mien.to. [desplaθa'mjento] [dehplasa'mjento] *m.* Ato ou efeito de deslocar. ▸ Deslocamento.

des.pla.zar. [despla'θar] [dehpla'sar] *v.13.* Mover ou tirar do lugar. ▸ Deslocar.

des.ple.gar. [desple'ɣar] [dehple'ɣar] *v.45.* **1.** Estender o que está dobrado. ▸ Desdobrar. **2.** *fig.* Esclarecer o que está duvidoso. ▸ Esclarecer. **3.** *fig.* Expor um assunto. Explicar. ▸ Explanar.

des.plie.gue. [des'pljeɣe] [deh'pljeɣe] *m.* **1.** *Mil.* Movimento tático de abertura que fazem as tropas em uma batalha. ▸ Dispersão. **2.** Demonstração, exibição em sequência. *Un despliegue de ejercicios acrobáticos.* Uma sequência de exercícios acrobáticos.

des.plo.mar. [desplo'mar] [dehplo'mar] *v.4. v.p.* **1.** Perder a posição vertical um edifício ou outra construção. ▸ Desabar. **2.** Perder por um momento os sentidos. ▸ Desfalecer.

des.plu.mar. [desplu'mar] [dehplu'mar] *v.4.* **1.** Arrancar as penas de uma ave. ▸ Depenar. **2.** *fig.* Deixar alguém sem dinheiro. ▸ Depenar.

des.po.bla.do, da. [despo'βlaðo] [dehpo'βlaðo] *s.* Lugar que não tem população, mas que em outro tempo foi habitado. ▸ Despovoado.

des.po.blar. [despo'βlar] [dehpo'βlar] *v.18.* Converter em deserto o que estava habitado. ▸ Despovoar.

des.po.se.er. [despose'er] [dehpose'er] *v.46.* Privar alguém da posse de alguma coisa. Expropriar. ▸ Desapossar.

dés.po.ta. ['despota] ['dehpota] *com.* **1.** *fig.* Pessoa que trata com severidade a seus subordinados. ▸ Déspota. **2.** Autoridade que abusa de seu poder. ▸ Déspota.

des.pó.ti.co, ca. [des'potiko] [deh'potiko] *adj.* Diz-se do comportamento de déspota. Tirânico. ▸ Despótico.

des.pre.cia.ble. [despre'θjaβle] [dehpre'sjaβle] *adj.* Que é merecedor de desprezo. ▸ Desprezível.

des.pre.ciar. [despre'θjar] [dehpre'sjar] *v.4.* Não considerar, não conferir valor a algo ou a alguém, depreciar. ▸ Desprezar.

des.pre.cio. [des'preθjo] [deh'presjo] *m.* **1.** Falta de apreço. ▸ Desprezo. **2.** Ver *desdén.* Desdém. ▸ Desprezo.

des.pren.der. [despren'der] [dehpren'der] *v.5.* **1.** Desunir o que estava unido. ▸ Desprender. **2.** Tirar alguma coisa de si mesmo. ▸ Desprender.

des.pren.di.mien.to. [desprendi'mjento] [dehprendi'mjento] *m.* Atitude altruísta. ▸ Abnegação, desprendimento.

des.pres.ti.giar. [despresti'xjar] [dehprehti'xjar] *v.4.* **1.** Tirar o prestígio de alguém. ▸ Desprestigiar. *v.p.* **2.** Perder o prestígio que tinha. ▸ Desprestigiar-se.

des.pre.ve.ni.do, da. [despreβe'niðo] [dehpreβe'niðo] *adj.* **1.** Desprovido do necessário. ▸ Desprevenido. **2.** Que não está preparado nem advertido para algo. ▸ Desprevenido.

des.pro.por.ción. [despropor'θjon] [dehpropor'sjon] *f.* Desigualdade de proporção entre coisas relacionadas entre si. ▸ Desproporção.

des.pués. [des'pwes] [deh'pwes] *adv.* **1.** Mais adiante, em tempo posterior. ▸ Depois. *Ahora vamos a trabajar, después iremos a cenar.* Agora vamos trabalhar, depois iremos jantar. **2.** Mais longe, com referência a um ponto determinado. ▸ Depois. *La librería está después de la plaza.* A livraria fica depois da praça.

des.pun.tar. [despun'tar] [dehpun'tar] *v.4.* **1.** Sobressair em alguma atividade. ▸ Despontar. **2.** *Bot.* Brotar as plantas e as árvores. ▸ Nascer. **3.** *fig.* Começar a aparecer. ▸ Surgir.

des.qui.ciar. [deski'θjar] [dehki'sjar] *v.4.* **1.** Desencaixar ou tirar das dobradiças uma porta, janela, etc. ▸ Desquiciar. **2.** Exasperar alguém. ▸ Enervar.

❑ **des.qui.tar.** [deski'tar] [dehki'tar] *v.4.* **1.** Recuperar uma perda, sobretudo em jogo. ▸ Recuperar. **2.** *fig.* Tomar satisfações. ▸ Vingar-se.

des.ta.ca.men.to. [destaka'mento] [dehtaka'mento] *m. Mil.* Parte da tropa separada da unidade principal. ▸ Destacamento.

des.ta.car. [desta'kar] [dehta'kar] *v.7.* **1.** Pôr em destaque. ▸ Destacar. **2.** Pôr em relevo os méritos ou qualidades de uma pessoa ou coisa. ▸ Destacar. **3.** *Mil.* Separar da unidade principal parte da tropa para uma ação especial. ▸ Destacar.

des.ta.jo. [des'taxo] [deh'taxo] *m.* Obra contratada por um preço prefixado. ▸ Empreitada. ♦ **A destajo.** Por empreitada.

des.ta.par. [desta'par] [dehta'par] *v.4.* **1.** Tirar a tampa ou a cobertura. ▸ Destapar. **2.** *fig.* Descobrir o que está oculto ou encoberto. ▸ Descobrir.

des.tar.ta.la.do, da. [destarta'laðo] [dehtarta'laðo] *adj.* Diz-se daquilo que está mal cuidado, velho, caindo aos pedaços.

des.te.llar. [deste'ʎar] [dehte'ʃar] *v.4. Fís.* Emitir faíscas ou raios de luz intensos e de pouca duração. ▸ Cintilar.

des.te.llo. [des'teʎo] [deh'teʃo] *m.* Centelha ou raio de luz que acende e apaga com muita rapidez. ▸ Faísca.

des.te.ñir. [deste'ɲir] [dehte'ɲir] *v.58.* **1.** Soltar tinta. ▸ Desbotar. **2.** Borrar, apagar as cores. Descorar. ▸ Desbotar. *U.t.c.v.p.*

des.te.rrar. [deste'rar] [dehte'rar] *v.15.* Expulsar alguém de um território ou lugar, exilar. Banir. ▸ Desterrar.

des.tie.rro. [des'tjero] [deh'tjero] *m.* Pena de banimento, exílio. ▸ Desterro.

des.ti.le.rí.a. [destile'ria] [dehtile'ria] *f.* Fábrica onde se faz destilação. ▸ Destilaria.

des.ti.na.ta.rio, ria. [destina'tarjo] [dehtina'tarjo] *s.* Pessoa a quem se endereça ou designa alguma coisa. ▸ Destinatário.

des.ti.no. [des'tino] [deh'tino] *m.* **1.** Fim para o qual se reserva alguma coisa. ▸ Desfecho. **2.** Lugar para onde alguém se dirige. ▸ Destino. **3.** Emprego, ocupação ou cargo que tem uma pessoa. ▸ Trabalho.

des.ti.tuir. [desti'twir] [dehti'twir] *v.32.* Privar alguém de autoridade, dignidade ou emprego. ▸ Destituir.

des.tor.ni.lla.dor. [destorniʎa'ðor] [dehtorniʃa'ðor] *m.* Ferramenta para colocar e tirar parafusos. ▸ Chave de fenda.

des.tre.za. [des'treθa] [deh'tresa] *f.* Habilidade com que se faz uma coisa. Perícia. ▸ Destreza.

des.tro.nar. [destro'nar] [dehtro'nar] *v.4.* Destituir da soberania. Derrubar do trono. ▸ Destronar.

des.tro.zar. [destro'θar] [dehtro'sar] *v.13.* Deixar em pedaços. ▸ Destroçar.

des.truc.tor, to.ra. [destruk'tor] [dehtruk'tor] *adj.* **1.** Que quebra e estraga as coisas. ▸ Destruidor. *m.* **2.** *Mil.* Navio de guerra muito veloz e bem armado para missões de escolta. ▸ Corveta.

des.truir. [des'trwir] [deh'trwir] *v.32.* **1.** Desfazer, demolir, assolar uma coisa material. ▸ Destruir. **2.** *fig.* Atacar com veemência as opiniões ou a moral de alguém. ▸ Destruir.

de.su.sar. [desu'sar] [desu'sar] *v.4.* Perder ou deixar o uso de algo. Não usar. ▸ Desusar.

de.su.so. [de'suso] [de'suso] *m.* Falta de uso ou qualidade do que é antiquado. ▸ Desuso. ◆ **En desuso**. Fora de uso. ▸ Fora de moda.

des.va.li.do, da. [desβa'liðo][dehβa'liðo] *adj.* Privado de ajuda e socorro. ▸ Desvalido.

des.va.lo.ri.zar. [desβalori'θar] [dehβalori'sar] *v.13.* **1.** Perder ou tirar o valor das coisas. ▸ Desvalorizar. **2.** Desprestigiar uma pessoa ou coisa. ▸ Desvalorizar.

des.ván. [des'βan] [deh'βan] *m.* A parte mais alta da casa, imediatamente abaixo do telhado. ▸ Sótão.

des.va.riar. [desβa'rjar] [dehβa'rjar] *v.4.* Dizer loucuras ou disparates. Delirar. ▸ Desvairar.

des.va.rí.o. [desβa'rio] [dehβa'rio] *m.* Ato ou efeito de desvairar. Delírio. ▸ Desvario.

des.ve.lar. [desβe'lar] [dehβe'lar] *v.4.* **1.** Não deixar dormir, tirar o sono. ▸ Desvelar. **2.** Pôr muita atenção no que se faz. ▸ Compenetrar-se. **3.** Descobrir, pôr à vista. ▸ Desvendar.

des.ven.ta.ja. [desβen'taxa] [dehβen'taxa] *f.* Situação de inferioridade ou prejuízo de alguma coisa ou pessoa, comparada a outra. ▸ Desvantagem.

des.ven.tu.ra. [desβen'tura] [dehβen'tura] *f.* Acontecimento infeliz. Desgraça. ▸ Desventura.

des.ver.güen.za. [desβer'ɣwenθa] [dehβer'ɣwensa] *f.* **1.** Falta de vergonha. ▸ Sem-vergonhice. **2.** Dito ou ato desonesto, impudico ou insolente. ▸ Desonestidade.

des.viar. [des'βjar] [deh'βjar] *v.4.* **1.** Provocar afastamento de certo lugar ou caminho. ▸ Desviar. **2.** Afastar alguém de um propósito ou intenção. ▸ Desviar.

des.ví.o. [des'βio] [deh'βio] *m.* Caminho que se afasta da estrada principal. ▸ Desvio.

de.ta.lle. [de'taʎe] [de'taʃe] *m.* Parte ou fragmento de uma coisa ou assunto. Pormenor. ▸ Detalhe.

de.ta.llis.ta. [deta'ʎista] [deta'ʃihta] *adj.* **1.** Que se atém a detalhes. ▸ Detalhista. **2.** Que vende a varejo. ▸ Varejista. *Es un comerciante detallista.* É um comerciante varejista.

de.tec.tar. [detek'tar] [detek'tar] *v.4.* Tornar perceptível o que não pode ser observado diretamente. ▸ Detectar.

de.tec.ti.ve. [detek'tiβe] [detek'tiβe] *com.* Investigador que age por conta própria ou por contrato. ▸ Detetive.

de.te.ner. [dete'ner] [dete'ner] *v.26.* **1.** Sustar, fazer parar uma coisa ou impedir que continue. ▸ Deter. **2.** Privar de liberdade por um tempo breve. ▸ Deter.

de.ten.tar. [deten'tar] [deten'tar] *v.4.* **1.** Reter alguma coisa que pertence a outrem. ▸

detergente – diafragma

Reter. **2.** Exercer ilegitimamente algum poder ou cargo público.

de.ter.gen.te. [deter'xente] [deter'xente] *m.* Substância química utilizada para limpar talheres, louças e outros utensílios de cozinha. ▸ Detergente. *U.t.c.adj.*

de.te.rio.rar. [deterjo'rar] [deterjo'rar] *v.4.* Degenerar, uma coisa, sua condição natural. ▸ Deteriorar.

de.te.rio.ro. [dete'rjoro] [dete'rjoro] *m.* Ato ou efeito de deteriorar. ▸ Deterioração.

de.ter.mi.na.ción. [determina'θjon] [determina'sjon] *m.* **1.** Ato ou efeito de determinar. ▸ Determinação. **2.** Maneira ousada de proceder. ▸ Determinação.

de.ter.mi.na.do, da. [determi'naðo] [determi'naðo] *adj.* **1.** Que se determinou. ▸ Determinado. **2.** Um em especial. ▸ Determinado. *Si en determinada fecha no presentas los documentos, te cobran multa.* Se em determinada data você não apresentar os documentos, eles lhe cobram multa.

de.ter.mi.nar. [determi'nar] [determi'nar] *v.4.* **1.** Tomar uma resolução. ▸ Determinar. **2.** Definir critérios ou pré-requisitos para realizar uma atividade. ▸ Determinar. **3.** Definir o alcance de alguma coisa ou conceito. ▸ Determinar.

de.tes.tar. [detes'tar] [deteh'tar] *v.4.* Ter aversão e antipatia por alguém ou algo. ▸ Detestar.

de.to.na.dor, do.ra. [detona'ðor] [detona'ðor] *adj.* **1.** Diz-se de substância ou dispositivo que inicia uma explosão. ▸ Detonador. *m.* **2.** Mecanismo que tem a propriedade de iniciar uma explosão. ▸ Detonador.

de.to.nar. [deto'nar] [deto'nar] *v.4.* Iniciar uma explosão ou um estouro. ▸ Detonar.

de.trac.tor, to.ra. [detrak'tor] [detrak'tor] *adj.* Que fala mal dos outros, que difama. ▸ Difamador. *U.t.c.s.*

de.trás. [de'tras] [de'tras] *adv.* Na parte posterior, depois. ▸ Atrás. ♦ **Por detrás. 1.** Na parte de trás. ▸ Atrás. **2.** Pelas costas. ▸ Por trás.

deu.da. ['deuða] ['deuða] *f.* **1.** *Fin.* Quantia de dinheiro que se deve. ▸ Dívida. **2.** Favor que se deve. ▸ Dívida.

deu.dor, do.ra. [deu'ðor] [deu'ðor] *adj.* Que deve ou está obrigado a pagar uma dívida. ▸ Devedor. *U.t.c.s.*

de.va.luar. [deβa'lwar] [deβa'lwar] *v.4.* Rebaixar o valor de uma moeda ou de outra coisa. Depreciar. ▸ Desvalorizar.

de.vo.ción. [deβo'θjon] [deβo'sjon] *f.* **1.** *Rel.* Sentimento religioso de veneração. ▸ Devoção. **2.** Objeto de veneração. ▸ Devoção.

de.vol.ver. [deβol'βer] [deβol'βer] *v.56. p.p. irreg. devuelto.* **1.** Restituir uma coisa à pessoa que a possuía. ▸ Devolver. **2.** Corresponder a um favor ou ofensa. ▸ Devolver. **3.** Expelir algo que se tinha comido. ▸ Vomitar.

de.vo.rar. [deβo'rar] [deβo'rar] *v.4.* **1.** Comer (um animal) a presa. ▸ Devorar. **2.** Comer com avidez. ▸ Devorar.

dí.a. ['dia] ['dia] *m.* **1.** Período de 24 horas de duração no qual a Terra dá uma volta ao redor de seu eixo. ▸ Dia. **2.** Tempo que dura a claridade do Sol. ▸ Dia. **3.** Tempo compreendido entre duas meias noites. ▸ Dia. ♦ **Al día.** Atualizado. ▸ Em dia. **Día del Santo.** Data (somente às vezes coincidente com a data do aniversário) em que cada pessoa celebra, com direito a presente, o dia do santo cujo nome leva. **Día de San Valentín. / Día de los Enamorados.** Data festiva comemorada em muitos países no dia 14 de fevereiro, durante a qual casais costumam trocar presentes. ▸ Dia dos Namorados. **Día festivo.** Feriado. **Día laborable / hábil.** Dia útil. **Del día.** Fresco, recente. **Día y noche.** Noite e dia. **El día menos pensado.** Quando menos se espera. **Hoy (en) día.** Hoje em dia. **Vivir al día.** Viver com o dinheiro contado. **¡Buenos días! / ¡Buen día!** Bom dia!

dia.blo. ['djaβlo] ['djaβlo] *m. Rel.* Ente que, em algumas religiões, representa as forças do mal. ▸ Diabo. ♦ **Al diablo.** Indica irritação intensa. *¡Al diablo con tus mentiras!* Pro inferno com suas mentiras! **¿Cómo / Qué / Dónde diablos...?** Como / O que / Onde diabos...? **Pobre diablo.** Pobre diabo.

dia.blu.ra. [dja'βlura] [dja'βlura] *f.* **1.** Travessura de criança. ▸ Diabrura. **2.** Ato temerário. ▸ Diabrura.

dia.de.ma. [dja'ðema] [dja'ðema] *f.* **1.** Faixa de fita que cinge a cabeça. ▸ Diadema. **2.** Coroa circular simples. ▸ Diadema.

diá.fa.no, na. [di'afano] [di'afano] *adj.* Diz-se do corpo através do qual passa a luz. Translúcido. ▸ Diáfano.

dia.frag.ma. [dja'frayma] [dja'frayma] *m.* **1.** *Anat.* Músculo que separa a cavidade torácica da abdominal. ▸ Diafragma. **2.**

diá.lo.go. [di'aloɣo] [di'aloɣo] *m.* **1.** Exposição de ideias feita por duas ou mais pessoas alternadamente. ▶ Diálogo. **2.** Discussão em que se procura avença. ▶ Diálogo.

dia.man.te. [dja'mante] [dja'mante] *m.* Pedra preciosa diáfana, brilhante e muito dura, formada de carbono puro. ▶ Diamante.

diá.me.tro. [di'ametro] [di'ametro] *m.* Linha reta que une dois pontos de uma circunferência passando pelo centro. ▶ Diâmetro.

dia.pa.són. [djapa'son] [djapa'son] *m. Mús.* Instrumento que se usa para regular ou afinar as vozes e os instrumentos musicais. ▶ Diapasão.

dia.po.si.ti.va. [djaposi'tiβa] [djaposi'tiβa] *f.* Fotografia impressa sobre matéria apropriada para projeção. Dispositivo. ▶ *Slide*.

dia.rio, ria. ['djarjo] ['djarjo] *adj.* **1.** Que ocorre todos os dias. ▶ Diário. *m.* **2.** Impresso informativo que se publica diariamente. ▶ Jornal. ◆ **A diario.** Todos os dias.

dia.rre.a. [dja'rea] [dja'rea] *f. Med.* Evacuação frequente de fezes líquidas. ▶ Diarreia.

di.bu.jan.te. [diβu'xante] [diβu'xante] *com.* Pessoa que se dedica à arte do desenho. ▶ Desenhista.

di.bu.jar. [diβu'xar] [diβu'xar] *v.4.* **1.** Delinear a figura de um corpo ou objeto. ▶ Desenhar. **2.** Descrever uma emoção ou uma coisa inanimada. ▶ Desenhar.

di.bu.jo. [di'βuxo] [di'βuxo] *m.* Representação por meio de linhas, e às vezes também de cores. ▶ Desenho. ◆ **Dibujo animado.** Desenho animado. ➡ *Recreación*

dic.cio.na.rio. [dikθjo'narjo] [diksjo'narjo] *m. col.* Livro no qual se recolhem em ordem alfabética expressões ou palavras de uma ou mais línguas ou de uma ciência ou matéria determinada. ▶ Dicionário. *He comprado un diccionario de informática.* Comprei um dicionário de informática.

dic.cio.na.ris.ta. [dikθjona'rista] [diksjona'rihta] *com.* Pessoa que estuda e compõe dicionários. ▶ Dicionarista.

di.cha. ['ditʃa] ['ditʃa] *f.* Estado de alegria. ▶ Felicidade.

di.cha.ra.che.ro, ra. [ditʃara'tʃero] [ditʃara'tʃero] *adj.* Que diz coisas engraçadas e oportunas. Brincalhão. ▶ Falador.

di.cho, cha. ['ditʃo] ['ditʃo] *adj.* **1.** Que já foi mencionado. ▶ Dito. *m.* **2.** Palavra ou conjunto de palavras que encerram uma sentença. ▶ Dito. ◆ **Del dicho al hecho hay mucho trecho.** Entre dizer e fazer, há muita diferença.

di.cho.so, sa. [di'tʃoso] [di'tʃoso] *adj.* **1.** Ver *feliz.* Afortunado. ▶ Feliz. **2.** Que traz prosperidade.

di.ciem.bre. [di'θjembre] [di'sjembre] *m.* O último dos doze meses do ano. ▶ Dezembro.

dic.ta.do. [dik'taðo] [dik'taðo] *m.* **1.** Exercício que consiste em escrever o que é lido por alguém. ▶ Ditado. **2.** O texto desse exercício. ▶ Ditado. **3.** Ordem, imposição, ditame. ▶ Ditado.

dic.ta.du.ra. [dikta'ðura] [dikta'ðura] *f. Polít.* Governo que se impõe autoritariamente em um país após golpe contra o governo vigente. ▶ Ditadura.

dic.ta.men. [dik'tamen] [dik'tamen] *m.* Opinião técnica e juízo que se forma ou emite sobre uma pessoa, instituição ou assunto. ▶ Parecer.

dic.ta.to.rial. [diktato'rjal] [diktato'rjal] *adj.* Forma de governo absoluto. ▶ Ditatorial.

di.dác.ti.ca. [di'daktika] [di'daktika] *f.* **1.** Doutrina do ensino. ▶ Didática. **2.** Arte de instruir, educar, ensinar. ▶ Didática.

die.ci.nue.ve. [djeθi'nweβe] [djesi'nweβe] *núm.* **1.** Quantidade que é uma unidade maior que 18. ▶ Dezenove. *m.* **2.** Número que representa essa quantidade. ▶ Dezenove.

die.ci.o.cho. [dje'θjotʃo] [dje'sjotʃo] *núm.* **1.** Quantidade que é uma unidade maior que 17. ▶ Dezoito. *m.* **2.** Número que representa essa quantidade. ▶ Dezoito.

die.ci.séis. [djeθi'sejs] [djesi'sejs] *núm.* **1.** Quantidade que é uma unidade maior que 15. ▶ Dezesseis. *m.* **2.** Número que representa essa quantidade. ▶ Dezesseis.

die.ci.sie.te. [djeθi'sjete] [djesi'sjete] *núm.* **1.** Quantidade que é uma unidade maior que 16. ▶ Dezessete. *m.* **2.** Número que representa essa quantidade. ▶ Dezessete.

dien.te. ['djente] ['djente] *m.* **1.** *Anat.* Cada uma das peças duras que se encaixam nos maxilares para a mastigação. ▶ Dente. **2.** Cada uma das pontas dos pentes. ▶ Dente. **3.** Cada uma das pontas que têm algumas ferramentas. ▶ Dente. ➡ *Cuerpo humano*

dies.tro, tra. ['djestro] ['djehtro] *adj.* **1.** Que fica do lado direito. ▶ Destro. **2.** Que usa preferentemente a mão direita. ▶

die.ta. ['djeta] ['djeta] *f.* **1.** Regime alimentar. ▸ Dieta. **2.** Conjunto de alimentos prescrito pelo médico. ▸ Dieta.

die.té.ti.ca. [dje'tetika] [dje'tetika] *f.* Ciência que trata da alimentação e dos alimentos. ▸ Dietética.

diez. ['djeθ] ['djes] *núm.* **1.** Quantidade que é uma unidade maior que 9. ▸ Dez. *m.* **2.** Número que representa essa quantidade. ▸ Dez.

diez.mar. [djeθ'maɾ] [djeh'maɾ] *v.4.* **1.** Tirar a décima parte. ▸ Dar o dízimo. **2.** Causar muitas mortes em uma calamidade qualquer, como guerra, terremoto, etc. ▸ Dizimar.

di.fa.ma.ción. [difama'θjon] [difama'sjon] *f.* Calúnia, mentira que se diz para desacreditar alguém. ▸ Difamação.

di.fa.mar. [difa'maɾ] [difa'maɾ] *v.4.* **1.** Divulgar infâmias contra alguém. ▸ Difamar. **2.** Pôr uma pessoa, instituição, etc. em baixo conceito. ▸ Difamar.

di.fe.ren.cia. [dife'renθja] [dife'rensja] *f.* **1.** Característica que permite distinguir uma coisa de outra(s). ▸ Diferença. **2.** Distinção entre quantidades. Resto. ▸ Diferença.

di.fe.ren.cial. [diferen'θjal] [diferen'sjal] *adj.* **1.** Relativo à diferença entre coisas. ▸ Diferencial. *m.* **2.** Peça, nos veículos de motor, que possibilita que duas rodas no mesmo eixo possam girar em velocidades diferentes. ▸ Diferencial.

di.fe.ren.ciar. [diferen'θjaɾ] [diferen'sjaɾ] *v.4.* Ter capacidade de reconhecer diferenças ou de distinguir entre coisas diferentes. ▸ Diferenciar.

di.fe.ren.te. [dife'rente] [dife'rente] *adj.* Que não é igual. Diverso, distinto. ▸ Diferente.

di.fí.cil. [di'fiθil] [di'fisil] *adj.* **1.** Que não se alcança sem muito esforço. ▸ Difícil. **2.** *fig.* Insatisfeito e pouco tratável. ▸ Difícil.

di.fi.cul.tad. [difikul'taθ] [difikul'tað] *f.* Inconveniente que atrapalha a realização de algo. ▸ Dificuldade.

di.fi.cul.tar. [difikul'taɾ] [difikul'taɾ] *v.4.* Tornar difícil uma coisa pondo novos inconvenientes. ▸ Dificultar.

di.fu.mi.nar. [difumi'naɾ] [difumi'naɾ] *v.4.* Desvanecer as cores com esfuminho. ▸ Esfumar.

di.fun.dir. [difun'diɾ] [difun'diɾ] *v.6. p.p. reg. difundido / irreg. difuso.* **1.** Divulgar uma mensagem. ▸ Difundir. **2.** Propagar conhecimentos ou notícias. ▸ Difundir.

di.fu.sión. [difu'sjon] [difu'sjon] *f.* Ato ou efeito de difundir. ▸ Difusão.

di.fu.so, sa. [di'fuso] [di'fuso] *adj.* **1.** Que não apresenta precisão. Incerto. ▸ Difuso. **2.** Que faz uso excessivo de palavras. ▸ Prolixo.

di.ge.rir. [dixe'riɾ] [dixe'riɾ] *v.20.* Converter os alimentos em substância própria para a nutrição. ▸ Digerir.

di.ges.tión. [dixes'tjon] [dixeh'tjon] *f.* Processo mediante o qual o organismo digere os alimentos. ▸ Digestão.

di.ges.ti.vo, va. [dixes'tiβo] [dixeh'tiβo] *adj.* **1.** Relativo à digestão. ▸ Digestivo. **2.** Que facilita a digestão. ▸ Digestivo.

di.gi.tal. [dixi'tal] [dixi'tal] *adj.* **1.** Relativo aos dedos. ▸ Digital. **2.** Diz-se de qualquer aparelho de medida representada com dígitos (números). ▸ Digital. **3.** Que está feito para ser operado com os dedos. ▸ Digital.

di.gi.tar. [dixi'taɾ] [dixi'taɾ] *v.4.* Inserir dados em um computador por meio das teclas, teclar. ▸ Digitar.

dig.nar. [diɣ'naɾ] [diɣ'naɾ] *v.4. v.p.* **1.** Ter a bondade de fazer um favor. ▸ Dignar-se. **2.** Fazer algo por ou para bem de alguém. ▸ Dignar-se.

dig.ni.dad. [diɣni'ðaθ] [diɣni'ðað] *f.* **1.** Qualidade de digno. ▸ Dignidade. **2.** Aquele que possui honra. ▸ Dignidade.

dig.no, na. ['diɣno] ['diɣno] *adj.* **1.** Merecedor de prêmio ou castigo. ▸ Digno. **2.** Honesto e capaz. ▸ Digno.

di.la.ción. [dila'θjon] [dila'sjon] *f.* Demora ou adiamento de algo por algum tempo. ▸ Dilação.

di.la.pi.dar. [dilapi'ðaɾ] [dilapi'ðaɾ] *v.4.* Esbanjar os bens próprios ou os que se tem a seus cuidados. ▸ Dilapidar.

di.la.ta.ción. [dilata'θjon] [dilata'sjon] *f.* Aumento do volume de qualquer corpo. ▸ Dilatação.

di.la.ta.do, da. [dila'taðo] [dila'taðo] *adj.* Que apresenta amplidão, extensão. Numeroso. ▸ Dilatado.

di.la.tar. [dila'taɾ] [dila'taɾ] *v.4.* **1.** Tornar maior uma coisa, aumentar seu volume. ▸ Dilatar. **2.** Retardar o tempo de execução de uma coisa. ▸ Dilatar.

di.lec.to, ta. [di'lekto] [di'lekto] *adj.* **1.** Que recebe mais afeto ou amor que outro. ▸ Predileto. **2.** Usa-se para cabeçalho cortês em cartas de caráter formal. *Dilecto Señor...* Prezado Senhor...

di.le.ma. [di'lema] [di'lema] *m.* Situação complicada com alternativas de soluções contraditórias. ▸ Dilema.

di.li.gen.te. [dili'xente] [dili'xente] *adj.* Que faz as coisas com rapidez e cuidado. ▸ Diligente.

di.lu.ci.dar. [diluθi'ðar] [dilusi'ðar] *v.4.* Esclarecer um assunto ou argumento de uma obra. Explicar quando há dúvidas. ▸ Elucidar.

di.lui.do, da. [di'lwiðo] [di'lwiðo] *adj.* Que foi misturado com água. ▸ Diluído.

di.lu.ir. [di'lwir] [di'lwir] *v.32.* Adicionar líquido nas dissoluções. Misturar com água. ▸ Diluir.

di.lu.vio. [di'luβjo] [di'luβjo] *m.* Chuva muito intensa e prolongada. ▸ Dilúvio.

di.ma.nar. [dima'nar] [dima'nar] *v.4.* **1.** Fluir a água de sua fonte ou manancial. ▸ Brotar. **2.** Ter origem, proceder de uma coisa. ▸ Emanar.

di.men.sión. [dimen'sjon] [dimen'sjon] *f.* Extensão ou volume de um corpo ou superfície. ▸ Dimensão.

di.mi.nu.ti.vo, va. [diminu'tiβo] [diminu'tiβo] *adj.* **1.** Que tem propriedade de diminuir. ▸ Diminutivo. *m.* **2.** *Ling.* Grau diminuído de certas palavras por meio de sufixo. ▸ Diminutivo.

di.mi.tir. [dimi'tir] [dimi'tir] *v.6.* Renunciar a cargo ou benefício. ▸ Renunciar.

di.ná.mi.co, ca. [di'namiko] [di'namiko] *adj.* **1.** Relativo à força que produz movimento. ▸ Dinâmico. **2.** Que é cheio de energia e iniciativa. ▸ Dinâmico.

di.na.mi.ta. [dina'mita] [dina'mita] *f. Quím.* Mistura explosiva de nitroglicerina com um corpo absorvente. ▸ Dinamite.

di.nas.tí.a. [dinas'tia] [dinah'tia] *f.* Série de príncipes soberanos de um país pertencentes à mesma família. ▸ Dinastia.

di.ne.ral. [dine'ral] [dine'ral] *m.* Grande quantidade de dinheiro. ▸ Dinheirama.

di.ne.ro. [di'neɾo] [di'neɾo] *m.* Moeda corrente usada como meio de câmbio. ▸ Dinheiro. ◆ **Dinero al contado.** Dinheiro vivo.

di.no.sau.rio. [dino'sau̯ɾjo] [dino'sau̯ɾjo] *m. Zool.* Designação comum a diversos répteis fósseis extintos há mais de 65 milhões de anos. ▸ Dinossauro.

dió.ce.sis. ['djoθesis] ['djosesis] *f. Rel.* Distrito ou território sobre o qual um bispo exerce poder espiritual. ▸ Diocese.

dios. ['djos] ['djos] *m. n.p. Rel.* **1.** Nas religiões monoteístas, ser supremo, todo-poderoso, eterno, criador de todas as coisas. ▸ Deus. **2.** Qualquer uma das deidades de algumas religiões. ▸ Deus.

dio.sa. ['djosa] ['djosa] *f. n.p. Rel.* Divindade feminina. ▸ Deusa.

di.plo.ma. [di'ploma] [di'ploma] *m.* Documento oficial com o qual se confere um grau acadêmico, distinção ou prêmio. ▸ Diploma.

di.plo.ma.cia. [diplo'maθja] [diplo'masja] *f. Polít.* Profissão nas relações exteriores ou negócios estrangeiros dos Estados. ▸ Diplomacia.

di.plo.má.ti.co, ca. [diplo'matiko] [diplo'matiko] *adj. Polít.* **1.** Pertencente ou relativo à diplomacia. ▸ Diplomático. *s.* **2.** Pessoa que representa um país em suas relações diplomáticas. ▸ Diplomata.

di.pu.ta.do, da. [dipu'taðo] [dipu'taðo] *s. Polít.* Pessoa nomeada por eleição popular como representante em uma câmara legislativa. ▸ Deputado.

di.que. ['dike] ['dike] *m.* **1.** Barreira artificial feita para conter as águas. ▸ Dique. **2.** Cais construído para proteger e atracar os navios. ▸ Dique.

di.rec.ción. [diɾek'θjon] [diɾek'sjon] *f.* **1.** Caminho ou rumo que um corpo segue em seu movimento. ▸ Direção. **2.** ▯ Endereço onde se encontra uma pessoa ou entidade. ▸ Endereço. **3.** Diretoria de uma empresa, sociedade, entidade, etc. ▸ Direção. ◆ **Dirección general.** Diretoria-geral.

> **Dirección**
>
> **A:** ¿Dónde vives (tú)? / ¿Dónde vive usted?; ¿Me das tu dirección? / ¿Me da su dirección?
>
> **B:** Vivo en la calle / avenida..., número...
>
> **A:** ¿Dónde está?
>
> **B:** Está en el barrio...

di.rec.to, ta. [di'rekto] [di'rekto] *adj.* **1.** Que vai em linha reta. ▶ Direto. **2.** Que vai de um lugar a outro sem deter-se em pontos intermediários. ▶ Direto. ◆ **En directo.** Ao vivo.

di.rec.tor, to.ra. [direk'tor] [direk'tor] *adj.* **1.** Que dirige ou orienta uma ação ou uma coisa. ▶ Diretor. *s.* **2.** Pessoa que organiza ou dirige uma atividade ou grupo de pessoas. ▶ Diretor. *El director fue genial en la conducción de la escuela.* O diretor foi genial na condução da escola. ➡ *Profesiones*

di.rec.to.rio. [direk'torjo] [direk'torjo] *m.* **1.** Comissão diretora de um partido político ou entidade pública. ▶ Diretório. **2.** Agenda ou lista de endereços. ▶ Lista. **3.** Equipe que dirige uma instituição. ▶ Diretoria.

di.rec.triz. [direk'triθ] [direk'tris] *f.* Conjunto de normas para a execução de alguma coisa. ▶ Diretriz.

di.ri.gen.te. [diri'xente] [diri'xente] *adj. com.* Aquele que tem o poder de orientar, que toma decisões. ▶ Dirigente.

di.ri.gi.ble. [diri'xiβle] [diri'xiβle] *adj.* **1.** Que pode ser dirigido, conduzido. ▶ Dirigível. *m.* **2.** Aeróstato, balão. ▶ Dirigível.

di.ri.gir. [diri'xir] [diri'xir] *v.61.* **1.** Levar uma coisa a um lugar determinado. ▶ Dirigir. **2.** Orientar a quem realiza um trabalho. ▶ Dirigir.

di.ri.mir. [diri'mir] [diri'mir] *v.6.* **1.** Solucionar, resolver uma controvérsia. ▶ Dirimir. **2.** Provocar desunião. ▶ Desfazer, dissolver.

dis.ca.pa.ci.dad. [diskapaθi'ðað] [dihkapasi'ðað] *f.* Que não tem capacidade. ▶ Incapacidade.

dis.ca.pa.ci.ta.do, da. [diskapaθi'taðo] [dihkapasi'taðo] *adj.* **1.** Que não está capacitado. ▶ Incapacitado. *s.* **2.** Portador de deficiência física ou intelectual. ▶ Deficiente.

dis.cer.nir. [disθer'nir] [dihser'nir] *v.17.* **1.** Distinguir uma coisa de outra. ▶ Discernir. **2.** Discriminar as coisas pela diferença que há entre elas. ▶ Discernir.

dis.ci.pli.na. [disθi'plina] [dihsi'plina] *f.* **1.** Sujeição a um planejamento ou norma. ▶ Disciplina. **2.** Divisão das áreas do conhecimento. ▶ Disciplina.

dis.ci.pli.na.do, da. [disθipli'naðo] [dihsipli'naðo] *adj.* **1.** Que tem rigor para desenvolver uma tarefa. ▶ Disciplinado. **2.** Que se põe sob disciplina. ▶ Disciplinado.

dis.cí.pu.lo, la. [dis'θipulo] [dih'sipulo] *s.* Pessoa que aprende uma ciência, arte ou profissão sob a orientação de um mestre. Aluno, estudante. ▶ Discípulo.

dis.co. ['disko] ['dihko] *m.* **1.** Objeto circular plano e pesado usado nos jogos olímpicos. ▶ Disco. *El discóbolo es una famosa estatua griega que representa un atleta lanzando un disco.* O discóbolo é uma famosa estátua grega que representa um atleta arremessando um disco. **2.** Peça circular plana que contém sons e imagens reproduzíveis. ▶ Disco. **3.** Qualquer figura circular plana. ◆ **Disco compacto.** Disco de longa duração que se reproduz por meio de um raio *laser*. ▶ CD. **Disco duro.** *Inform.* Parte do computador onde são armazenados os dados. ▶ Disco rígido.

dís.co.lo, la. ['diskolo] ['dihkolo] *adj.* **1.** Diz-se de criança ou adolescente rebelde. ▶ Insolente. *U.t.c.s.* **2.** Que não aprende. ▶ Indisciplinado.

dis.con.for.me. [diskon'forme] [dihkon'forme] *adj.* **1.** Que não tem forma igual a outra considerada como modelo. ▶ Disforme. **2.** Que não obtém acordo nas opiniões ou intenções. ▶ Desconforme. **3.** Que não dá conformidade para algo. ▶ Inconformado.

dis.cor.dar. [diskor'ðar] [dihkor'ðar] *v.18.* Ter uma opinião diferente da opinião de outra pessoa. ▶ Discordar.

dis.co.te.ca. [disko'teka] [dihko'teka] *f.* **1.** *col.* Coleção de discos sonoros. ▶ Discoteca. **2.** Local público onde se dança ao som de música. Danceteria. ▶ Discoteca.

dis.cre.ción. [diskre'θjon] [dihkre'sjon] *f.* Qualidade de quem é discreto. ▶ Discrição.

dis.cre.pan.cia. [diskre'panθja] [dihkre'pansja] *f.* **1.** Diferença que resulta da comparação entre duas ou mais coisas. ▶ Discrepância. **2.** Divergência de opiniões ou de ideias. ▶ Discrepância.

dis.cre.to, ta. [dis'kreto] [dih'kreto] *adj.* **1.** Que procede com reserva e prudência. ▶ Discreto. **2.** Que não apresenta excessos. Moderado. ▶ Discreto. *Su forma de vestir es muy discreta.* Sua forma de vestir é muito discreta.

dis.cri.mi.nar. [diskrimi'nar] [dihkrimi'nar] *v.4.* **1.** Separar, distinguir, diferenciar uma coisa de outra. ▶ Discriminar. **2.** Dar tratamento inferior a uma pessoa ou coletividade por algum motivo ou por preconceito. ▶ Discriminar.

dis.cul.pa. [dis'kulpa] [dih'kulpa] *f.* **1.**

discurso – dispensar

Motivo que se apresenta para perdoar uma culpa. ▶ Desculpa. **2.** Ato de desculpar ou desculpar-se. ▶ Desculpa.

dis.cur.so. [dis'kurso] [dih'kurso] *m.* **1.** Fala dirigida ao público. ▶ Discurso. **2.** Série de palavras ou frases com que se expressam sentimentos ou pensamentos. ▶ Discurso.

dis.cu.sión. [disku'sjon] [dihku'sjon] *f.* Controvérsia, debate sobre um assunto do qual se tem diferentes opiniões. ▶ Discussão.

dis.cu.tir. [disku'tir] [dihku'tir] *v.6.* **1.** Questionar e alegar razões contra o parecer de outro. ▶ Discutir. **2.** Examinar uma matéria entre várias pessoas. ▶ Discutir.

❏ **di.se.car.** [dise'kar] [dise'kar] *v.7.* Preparar os animais mortos para que conservem a aparência de quando estavam vivos. ▶ Empalhar.

di.se.mi.nar. [disemi'nar] [disemi'nar] *v.4.* Separar e situar em lugares diferentes os componentes de uma ou várias coisas. Espalhar. ▶ Disseminar.

di.sen.tir. [disen'tir] [disen'tir] *v.22.* Não estar de acordo sobre um assunto determinado. Discrepar. ▶ Discordar, dissentir.

di.se.ña.dor, do.ra. [diseɲa'ðor] [diseɲa'ðor] *s.* **1.** Ver *dibujante.* ▶ Desenhista. **2.** *Designer.* ➡ Profesiones

❏ **di.se.ñar.** [dise'ɲar] [dise'ɲar] *v.4.* Fazer esboço ou projeto de algo. ▶ Projetar.

di.se.ño. [di'seɲo] [di'seɲo] *m.* **1.** Ver *dibujo.* ▶ Desenho. **2.** Projeto, *design.*

di.ser.ta.ción. [diserta'θjon] [diserta'sjon] *f. Ling.* Exposição argumentativa, escrita ou oral, desenvolvida sobre um assunto. ▶ Dissertação.

dis.fraz. [dis'fraθ] [dih'fras] *m.* **1.** Artifício que se usa para que uma coisa não seja conhecida. ▶ Disfarce. **2.** Traje de simulação que se usa em algumas festas. Disfarce. ▶ Fantasia.

dis.fra.zar. [disfra'θar] [dihfra'sar] *v.13.* **1.** Desfigurar a forma natural das pessoas ou das coisas para que não sejam reconhecidas. ▶ Disfarçar. **2.** Dissimular com fingimento o que se sente. ▶ Disfarçar.

dis.fru.tar. [disfru'tar] [dihfru'tar] *v.4.* Usufruir, tirar proveito. ▶ Desfrutar.

dis.gre.gar. [disɣre'ɣar] [dihɣre'ɣar] *v.9.* Separar, desunir o que estava unido. ▶ Desagregar.

dis.gus.tar. [disɣus'tar] [dihɣuh'tar] *v.4.* Causar desgosto. ▶ Aborrecer.

dis.gus.to. [dis'ɣusto] [dih'ɣuhto] *m.* **1.** Pesar causado por uma contrariedade. ▶ Desgosto. **2.** Aborrecimento que causa uma pessoa ou coisa. ▶ Desgosto.

di.si.den.te. [disi'ðente] [disi'ðente] *adj.* Que discorda ou diverge da opinião geral. ▶ Dissidente. *U.t.c.s.*

di.si.mu.lar. [disimu'lar] [disimu'lar] *v.4.* **1.** Não deixar ver algo que se sente ou padece. Encobrir. ▶ Dissimular. **2.** Fingir não ver ou não saber algo que está errado. Encobrir. ▶ Dissimular.

dis.la.te. [dis'late] [dih'late] *m.* Fato ou dito absurdo. ▶ Disparate.

dis.lo.car. [dislo'kar] [dihlo'kar] *v.7.* Tirar uma coisa de seu lugar. ▶ Deslocar.

dis.mi.nu.ción. [disminu'θjon] [dihminu'sjon] *f.* Redução, perda física ou moral de uma coisa. ▶ Diminuição.

dis.mi.nuir. [dismi'nwir] [dihmi'nwir] *v.28.* Tornar menor em tamanho, intensidade ou número. ▶ Diminuir.

di.so.ciar. [diso'θjar] [diso'sjar] *v.4.* **1.** Separar uma coisa de outra à qual estava unida. ▶ Dissociar. **2.** Separar os diversos componentes de uma substância. ▶ Dissociar.

di.so.lu.to, ta. [diso'luto] [diso'luto] *adj.* Libertino, entregue a vícios. ▶ Dissoluto. *U.t.c.s.*

di.sol.ver. [disol'βer] [disol'βer] *v.56. p.p. irreg. disuelto.* Desunir ou desintegrar um sólido por meio de um líquido. ▶ Dissolver.

di.so.nan.cia. [diso'nanθja] [diso'nansja] *f. Mús.* Acorde que não tem harmonia. ▶ Dissonância.

di.so.nar. [diso'nar] [diso'nar] *v.18.* Produzir sons desafinados e sem harmonia. Destoar. ▶ Dissonar.

dis.par. [dis'par] [dih'par] *adj.* Que é desigual, diferente ou diverso. ▶ Díspar.

dis.pa.rar. [dispa'rar] [dihpa'rar] *v.4.* **1.** Arremessar uma coisa com violência. ▶ Disparar. **2.** Apertar o gatilho de uma arma de fogo. ▶ Disparar. ◆ **Disparar al blanco.** Alvejar.

dis.pa.ra.te. [dispa'rate] [dihpa'rate] *m.* Fato ou dito que não tem sentido, absurdo. ▶ Disparate.

dis.pen.dio. [dis'pendjo] [dih'pendjo] *m.* Gasto excessivo e desnecessário. ▶ Dispêndio.

dis.pen.sa. [dis'pensa] [dih'pensa] *f.* Ato ou efeito de dispensar. ▶ Dispensa.

dis.pen.sar. [dispen'sar] [dihpen'sar] *v.4.*

1. Isentar de alguma obrigação. ▸ Dispensar. **2.** Desculpar uma falta leve que se tenha cometido. ▸ Dispensar.

dis.pen.sa.rio. [dispen'sarjo] [dihpen'sarjo] *m.* Estabelecimento particular ou governamental onde se atendem doentes pobres que não são internados. ▸ Ambulatório.

dis.per.sar. [disper'sar] [dihper'sar] *v.4.* **1.** Separar e espalhar o que estava ordenado. ▸ Dispersar. **2.** Dirigir a atenção a coisas diferentes, sem concentrar-se em nenhuma delas. ▸ Dispersar.

dis.pli.cen.te. [displi'θente] [dihpli'sente] *adj.* **1.** Que desagrada e desgosta. ▸ Displicente. *U.t.c.s.* **2.** Que não tem interesse pelas coisas, indiferente. ▸ Desinteressado. *U.t.c.s.*

dis.po.ner. [dispo'ner] [dihpo'ner] *v.40.* **1.** Pôr as coisas em ordem. ▸ Dispor. **2.** Mandar o que deve ser feito. ▸ Ordenar. **3.** Usar livremente. ▸ Dispor.

dis.po.ni.ble. [dispo'niβle] [dihpo'niβle] *adj.* **1.** De que se pode dispor. ▸ Disponível. **2.** Que está livre de impedimento para prestar serviços a outra pessoa. ▸ Disponível.

dis.po.si.ti.vo. [disposi'tiβo] [dihposi'tiβo] *m.* Mecanismo ou aparelho que deve produzir uma ação prevista. ▸ Dispositivo.

dis.pu.tar. [dispu'tar] [dihpu'tar] *v.4.* **1.** Porfiar, discutir com veemência. ▸ Disputar. **2.** Concorrer várias pessoas para alcançar uma coisa. Competir, rivalizar. ▸ Disputar.

dis.tan.cia. [dis'tanθja] [dih'tansja] *f.* **1.** Espaço ou intervalo de tempo entre dois pontos. ▸ Distância. **2.** *fig.* Afastamento, desafeto entre pessoas. ▸ Distância.

dis.tan.te. [dis'tante] [dih'tante] *adj.* **1.** Que está em um lugar afastado, remoto. ▸ Distante. **2.** *fig.* Que evita a intimidade com outras pessoas. ▸ Distante.

dis.tar. [dis'tar] [dih'tar] *v.4.* Estar uma coisa longe de outra no tempo ou no espaço. ▸ Distar.

dis.ten.sión. [disten'sjon] [dihten'sjon] *f. Med.* Torção violenta dos músculos ou dos ligamentos devido à sustentação de uma articulação. ▸ Distensão.

dis.tin.ción. [distin'θjon] [dihtin'sjon] *f.* **1.** Diferença pela qual uma coisa não é igual a outra. ▸ Distinção. **2.** Honra concedida a alguém. ▸ Distinção. **3.** Elegância de maneiras. ▸ Distinção.

dis.tin.guir. [distin'ɣir] [dihtin'ɣir] *v.10.* **1.** Perceber a diferença que há entre duas ou mais coisas. ▸ Distinguir. **2.** Tornar notável uma coisa. ▸ Distinguir. **3.** Conceder a alguém uma dignidade ou privilégio. ▸ Distinguir.

dis.tin.to, ta. [dis'tinto] [dih'tinto] *adj.* Que não é o mesmo, nem se confunde com outro. Diferente. ▸ Distinto.

dis.tra.er. [distra'er] [dihtra'er] *v.41.* **1.** Divertir ou entreter as pessoas. ▸ Distrair. **2.** Desviar a atenção de uma pessoa ou animal para outro ponto ou objeto. ▸ Distrair.

dis.tra.í.do, da. [distra'ido] [dihtra'ido] *adj.* Que não percebe o que acontece ao seu redor. ▸ Distraído. *U.t.c.s.*

dis.tri.bu.ción. [distriβu'θjon] [dihtriβu'sjon] *f.* Ato de repartir algo entre vários destinatários. ▸ Distribuição.

dis.tri.to. [dis'trito] [dih'trito] *m.* Cada uma das divisões de uma cidade ou território a cargo de uma autoridade judicial, política ou administrativa. ▸ Distrito.

dis.tur.bio. [dis'turβjo] [dih'turβjo] *m.* Perturbação da ordem ou da tranquilidade. ▸ Distúrbio.

dis.yun.ti.va. [disjun'tiβa] [disjun'tiβa] *f.* Necessidade de escolher uma entre duas coisas. Dilema. ▸ Encruzilhada.

diur.no, na. ['djurno] ['djurno] *adj.* **1.** Pertencente ao dia. ▸ Diurno. **2.** Que habitualmente se faz ou sucede durante o dia. ▸ Diurno.

di.va.gar. [diβa'ɣar] [diβa'ɣar] *v.9.* **1.** Sair do assunto que se está tratando. ▸ Divagar. **2.** Falar ou escrever sem nexo nem propósito determinado. ▸ Divagar.

di.ván. [di'βan] [di'βan] *m.* Espécie de sofá sem encosto. ▸ Divã. ▬ *Muebles y electrodomésticos*

di.ver.gen.cia. [diβer'xenθja] [diβer'xensja] *f.* Diversidade de opiniões ou pareceres. ▸ Divergência.

di.ver.gir. [diβer'xir] [diβer'xir] *v.61.* **1.** Afastar-se progressivamente uma linha da outra. ▸ Divergir. **2.** Não estar de acordo, discordar. ▸ Divergir.

di.ver.sión. [diβer'sjon] [diβer'sjon] *f.* Ato ou atividade que entretém ou recreia. Divertimento. ▸ Diversão.

di.ver.ti.do, da. [diβer'tiðo] [diβer'tiðo] *adj.* Que causa humor, alegria. ▸ Divertido.

di.ver.tir. [diβeɾ'tiɾ] [diβeɾ'tiɾ] *v.17.* **1.** Alegrar as pessoas. ▸ Divertir. **2.** Proporcionar recreação. Entreter. ▸ Divertir.

di.vi.den.do. [diβi'ðendo] [diβi'ðendo] *m.* **1.** *Mat.* Número para dividir por um divisor. ▸ Dividendo. **2.** *Fin.* Lucro que corresponde a cada ação em uma empresa mercantil. ▸ Dividendo.

di.vi.dir. [diβi'ðiɾ] [diβi'ðiɾ] *v.6. p.p. reg. dividido / irreg. diviso.* **1.** Partir, separar em partes. ▸ Dividir. *El acuerdo se divide en doce cláusulas.* O acordo está dividido em doze cláusulas. **2.** Repartir entre vários. ▸ Distribuir. *El padre dividió sus bienes entre sus hijos.* O pai distribuiu seus bens entre seus filhos. **3.** *Mat.* Operação aritmética para averiguar as vezes que uma quantidade está contida em outra. ▸ Dividir.

di.vi.ni.dad. [diβini'ðaθ] [diβini'ðað] *f. Rel.* Diz-se de deuses e outras entidades que são objeto de devoção. ▸ Divindade.

di.vi.no, na. [di'βino] [di'βino] *adj.* **1.** *Rel.* Pertencente ou relativo aos deuses. ▸ Divino. **2.** *fig.* Que apresenta perfeição. Sublime, insuperável. ▸ Divino.

di.vi.sa. [di'βisa] [di'βisa] *f.* **1.** Sinal externo para identificar e distinguir pessoas, graus e outras coisas. ▸ Emblema, insígnia. **2.** Moeda estrangeira referida à unidade monetária nacional. ▸ Divisa. *U.t.c.pl.*

di.vi.sar. [diβi'saɾ] [diβi'saɾ] *v.4.* Ver, não muito claramente, algo que está longe. ▸ Divisar.

di.vi.sión. [diβi'sjon] [diβi'sjon] *f.* **1.** Ato ou efeito de dividir. ▸ Divisão. **2.** *Mat.* Operação de dividir. ▸ Divisão.

di.vi.sor. [diβi'soɾ] [diβi'soɾ] *Mat.* Número pelo qual se divide. ▸ Divisor.

di.vor.cia.do, da. [diβoɾ'θjaðo] [diβoɾ'sjaðo] *adj.* Diz-se daquele que desfez o vínculo conjugal. ▸ Divorciado.

di.vul.ga.ción. [diβulɣa'θjon][diβulɣa'sjon] *f.* Ato de difundir, de divulgar. ▸ Divulgação.

di.vul.gar. [diβul'ɣaɾ] [diβul'ɣaɾ] *v.9.* **1.** Tornar conhecida uma coisa. ▸ Divulgar. **2.** Publicar, pôr ao alcance do público uma notícia ou informação. ▸ Divulgar.

DNI. (*Documento Nacional de Identidad*). Documento de identidade espanhol.

do.bla.di.llo. [doβla'ðiʎo] [doβla'ðiʃo] *m.* Borda de um tecido dobrada duas vezes para dentro e costurada, para arrematar uma roupa. ▸ Barra.

do.bla.do, da. [do'βlaðo] [do'βlaðo] *adj.* Que foi dobrado. ▸ Dobrado.

do.bla.je. [do'βlaxe] [do'βlaxe] *m.* Transposição de uma língua para outra que se faz na parte falada dos filmes. ▸ Dublagem.

do.blar. [do'βlaɾ] [do'βlaɾ] *v.4.* **1.** Aumentar duplicando. ▸ Dobrar. **2.** Fazer tocar-se duas partes de um corpo flexível. ▸ Dobrar. **3.** Alterar o rumo que leva. ▸ Virar. *Dobló la segunda calle después de la escuela.* Virou a segunda rua depois da escola. **4.** *fig.* Fazer mudar de opinião ou de atitude. ▸ Dobrar. **5.** Soar os sinos. ▸ Dobrar. **6.** Dublar um filme. ▸ Dublar.

do.ble. ['doβle] ['doβle] *m.* **1.** *Mat.* Quantidade duas vezes maior que outra. ▸ Dobro. *Veinte es el doble de diez.* Vinte é o dobro de dez. **2.** Pessoa muito parecida com outra. ▸ Sósia. **3.** Pessoa que substitui um ator nas filmagens. ▸ Dublê.

do.ble.gar. [doβle'ɣaɾ] [doβle'ɣaɾ] *v.9. fig.* Fazer com que alguém desista de um propósito ou se preste a outra coisa. ▸ Dobrar.

do.ble.te. [do'βlete] [do'βlete] *m.* Pedaço de vidro que imita pedra preciosa. ▸ Pedra falsa.

❑ **do.ce.** ['doθe] ['dose] *núm.* **1.** Quantidade que é uma unidade maior que 11. ▸ Doze. *m.* **2.** Número que representa essa quantidade. ▸ Doze.

do.ce.na. [do'θena] [do'sena] *f.* Conjunto de doze coisas. ▸ Dúzia.

do.cen.cia. [do'θenθja] [do'sensja] *f.* Prática e exercício do profissional do ensino. ▸ Docência.

do.cen.te. [do'θente] [do'sente] *com.* Profissional do ensino. ▸ Docente.

dó.cil. ['doθil] ['dosil] *adj.* **1.** Que procede com docilidade. ▸ Dócil. **2.** Diz-se de animal obediente. ▸ Dócil.

doc.to, ta. ['dokto] ['dokto] *adj.* Pessoa que tem profundos conhecimentos em alguma matéria de estudo. ▸ Douto. *U.t.c.s.*

doc.tor, to.ra. [dok'toɾ] [dok'toɾ] *s.* **1.** Ver *médico*. ▸ Doutor. **2.** Que atinge o doutorado em alguma área. ▸ Doutor.

doc.tri.na. [dok'trina] [dok'trina] *f.* Conjunto de princípios que sustentam uma ideia religiosa, política ou filosófica. ▸ Doutrina.

do.cu.men.tal. [dokumen'tal] [dokumen'tal] *adj.* **1.** Que se refere a documentos. ▸ Documental. *m.* **2.** Filme informativo tomado da realidade. ▸ Documentário.

do.cu.men.tar. [dokumen'taɾ] [dokumen'taɾ] *v.4.* Provar ou demonstrar com documentos a verdade de uma coisa. ▸ Documentar.

do.cu.men.to. [doku'mento] [doku'mento] *m.* **1.** Escrito destinado a instruir sobre algum fato. ▸ Documento. **2.** Declaração escrita que serve de prova. ▸ Documento. **3.** Prova de identidade. ▸ Documento.

dog.ma. ['doɣma] ['doɣma] *m.* Proposição fundamental de uma religião ou de uma ciência. ▸ Dogma.

dog.má.ti.co, ca. [doɣ'matiko] [doɣ'matiko] *adj.* Aquele que segue uma regra com excessiva rigidez sem questioná-la. ▸ Dogmático.

dó.lar. ['dolar] ['dolaɾ] *m.* Unidade monetária dos Estados Unidos da América. ▸ Dólar. ♦ **Dólar americano.** Unidade monetária oficial do Equador e de Porto Rico.

do.len.cia. [do'lenθja] [do'lensja] *f.* Falta de saúde, enfermidade. ▸ Doença.

do.ler. [do'leɾ] [do'leɾ] *v.56.* Sentir ou causar dor. ▸ Doer.

do.lo. ['dolo] ['dolo] *m.* **1.** Má-fé, fraude, engano. ▸ Dolo. **2.** *Dir.* Intenção deliberada de cometer um crime ou delito. ▸ Dolo.

do.lor. [do'loɾ] [do'loɾ] *m.* **1.** Sensação incômoda e desagradável produzida por uma lesão externa ou uma anormalidade interna. ▸ Dor. *Un dolor interno es una señal de que algo no va bien.* Uma dor interna é um sinal de que algo não vai bem. **2.** *fig.* Sentimento de pena, de tristeza. ▸ Dor.

do.lo.ri.do, da. [dolo'ɾiðo] [dolo'ɾiðo] *adj.* Que padece e sente dor física ou moral. ▸ Dolorido.

do.lo.ro.so, sa. [dolo'ɾoso] [dolo'ɾoso] *adj.* Que provoca dor física ou moral. ▸ Doloroso.

do.ma.dor, do.ra. [doma'ðoɾ] [doma'ðoɾ] *s.* **1.** Pessoa que adestra ou domestica animais. ▸ Adestrador. **2.** Pessoa que exibe feras adestradas. ▸ Adestrador, domador.

do.mes.ti.car. [domesti'kaɾ] [domehti'kaɾ] *v.7.* Ver *amansar.* ▸ Domesticar.

do.més.ti.co, ca. [do'mestiko] [do'mehtiko] *adj.* **1.** Relativo ao lar. ▸ Doméstico. **2.** Diz-se de animal que se cria na companhia do homem. ▸ Doméstico. *f.* **3.** Pessoa que serve como empregada em uma casa. ▸ Doméstica.

do.mi.ci.lio. [domi'θiljo] [domi'siljo] *m.* **1.** Lugar de residência permanente onde se considera estabelecida legalmente uma pessoa. ▸ Domicílio. **2.** Sede de uma entidade. ▸ Sede.

do.mi.nar. [domi'naɾ] [domi'naɾ] *v.4.* **1.** Conhecer muito bem uma arte, ciência ou matéria. ▸ Dominar. **2.** Ter poder sobre coisas ou pessoas. ▸ Dominar.

do.min.go. [do'minɣo] [do'minɣo] *m.* O sétimo dia da semana, contando de segunda-feira. ▸ Domingo.

do.mi.ni.cal. [domini'kal] [domini'kal] *adj.* Relativo ao domingo. ▸ Dominical.

do.mi.ni.ca.no, na. [domini'kano] [domini'kano] *adj.* **1.** Pertencente ou relativo à República Dominicana. ▸ Dominicano. *s.* **2.** O natural ou habitante desse país. ▸ Dominicano.

do.mi.nio. [do'minjo] [do'minjo] *m.* **1.** Extensão de território pertencente a uma pessoa ou ao Estado. ▸ Domínio. **2.** Faculdade que uma pessoa tem de usar e dispor do que é de sua propriedade. ▸ Domínio. **3.** *fig.* Área, âmbito. ▸ Domínio.

do.mi.nó. [domi'no] [domi'no] *m.* **1.** Jogo de mesa em que se usam 28 pequenas peças retangulares, divididas em dois espaços iguais gravados com pontos de um a seis em cada espaço ou em branco. ▸ Dominó. **2.** Conjunto das peças com que se joga dominó. ▸ Dominó.
➥ *Recreación*

don. ['don] ['don] *m.* **1.** Dádiva ou presente que se recebe. ▸ Dom. **2.** *Rel.* No cristianismo, habilidade ou tendência que se recebe de Deus. ▸ Dom. **3.** Habilidade especial de uma pessoa. Talento. ▸ Dom. **4.** Forma de tratamento dispensada a homens adultos, e que precede seu nome. ▸ Seu. *Hola, don Joaquín.* Oi, seu Joaquim. ♦ **Don de gentes.** Grande capacidade de comunicação. *Soy profesora y tengo don de gentes.* Sou professora e tenho facilidade de comunicação.

do.na.ción. [dona'θjon] [dona'sjon] *f.* Ato ou efeito de doar. ▸ Doação.

do.nai.re. [do'naiɾe] [do'naiɾe] *m.* **1.** Graça no que se diz e no que se faz. ▸ Garbo. **2.** Elegância e agilidade nos movimentos. ▸ Garbo.

do.nan.te. [do'nante] [do'nante] *com.* Aquele que faz uma doação. ▸ Doador.

do.nar. [do'naɾ] [do'naɾ] *v.4.* **1.** Dar gratuitamente a outro alguma coisa. ▸ Doar. **2.** Transferir sem ônus um direito sobre um bem ou objeto. ▸ Doar.

don.ce.lla. [don'θeʎa] [don'seʎa] *f.* Mulher que não teve relações sexuais. Virgem. ▸ Donzela.

don.de. ['donde] ['donde] *adv.* **1.** Indica o lugar em que acontece uma coisa. ▸ Onde. *Fue en la isla de Matan donde Magallanes murió asesinado.* Foi na ilha de Matan onde Magalhães morreu assassinado. **2.** Indica para que direção, para que lugar. ▸ Aonde. *¿Dónde quieres ir?* Aonde você quer ir? *pron.* **3.** Forma interrogativa ou exclamativa de *donde*. Acentuado nesses casos. *Me pregunto por dónde andabas que aún no te había encontrado.* Pergunto-me por onde você andava que ainda não a tinha encontrado. ♦ **De donde.** Indica procedência, lugar de origem. ▸ De onde. *El sur es de donde vienen las frentes frías.* O sul é de onde vêm as frentes frias. **Hacia donde.** Indica direção, sentido, lugar de destino. ▸ Para onde. *Me dirigí hacia donde me indicaron que estaba la plaza.* Dirigi-me para onde me indicaram que estava a praça. **Por donde.** Indica o lugar por onde se passa. ▸ Por onde. *El camino más corto es por donde fuimos ayer.* O caminho mais curto é por onde fomos ontem.

do.ña. ['doɲa] ['doɲa] *f.* Tratamento respeitoso dirigido a mulheres, especialmente casadas ou viúvas, e que precede o nome. ▸ Dona.

do.ra.do, da. [do'raðo] [do'raðo] *adj.* **1.** Da cor do ouro. ▸ Dourado. *m.* **2.** Objeto revestido de camada de ouro. ▸ Revestimento em ouro.

dor.mi.lón, lo.na. [dormi'lon] [dormi'lon] *adj.* Que dorme muito. ▸ Dorminhoco. *U.t.c.s.*

dor.mir. [dor'mir] [dor'mir] *v.23.* **1.** Estar entregue ao sono. ▸ Dormir. *v.p.* **2.** Entregar-se ao sono. Adormecer. ▸ Dormir.

dor.mi.to.rio. [dormi'torjo] [dormi'torjo] *m.* **1.** Cômodo de uma residência destinado para dormir. ▸ Quarto. *La casa que compramos tiene tres dormitorios.* A casa que compramos tem três dormitórios. **2.** Mobília de dormitório. ▸ Dormitório. ♦ **Ciudad dormitorio.** Pequena cidade que se forma próxima a um complexo industrial, habitada por trabalhadores desse complexo. Vila de trabalhadores. ▸ Cidade-dormitório.

dor.sal. [dor'sal] [dor'sal] *adj.* Que tem relação com o dorso. ▸ Dorsal.

dor.so. ['dorso] ['dorso] *m.* *Anat.* **A** parte de trás do corpo dos animais. ▸ Dorso. **2.** A parte de trás ou costas de alguma coisa. ▸ Costas. **3.** O lado contrário de uma folha de papel. ▸ Verso.

dos. ['dos] ['dos] *núm.* **1.** Quantidade que é uma unidade maior que 1. ▸ Dois, duas. *Las dos vinieron, pero como no te encontraron, se fueron.* As duas vieram, mas como não lhe encontraram, foram embora. *m.* **2.** Número que representa essa quantidade. ▸ Dois. *Tengo dos pares de zapatos.* Tenho dois pares de sapatos.

dos.cien.tos, tas. [dos'θjentos] [doh'sjentos] *núm.* **1.** Quantidade que é uma unidade maior que 199. ▸ Duzentos. *m.* **2.** Número que representa essa quantidade. ▸ Duzentos.

do.si.fi.car. [dosifi'kar] [dosifi'kar] *v.7.* **1.** Graduar as doses de um remédio. ▸ Dosar, dosificar. **2.** Dividir em doses ou porções. ▸ Dosar, dosificar.

do.sis. ['dosis] ['dosis] *f.* Pequena quantidade de um remédio que se dá periodicamente a um doente. ▸ Dose.

do.ta.ción. [dota'θjon] [dota'sjon] *f.* Número prefixado de pessoas alocadas/lotadas em um determinado serviço ou atividade. ▸ Quadro de funcionários.

download. *m. Inform.* Baixar ou descarregar um arquivo em um computador. *Haga el download gratis.* Faça o *download* grátis. *U.t.c.s.*

dra.gar. [dra'ɣar] [dra'ɣar] *v.9.* Limpar ou escavar o fundo do mar, de um rio ou de um lago com uma draga. ▸ Dragar.

dra.gón. [dra'ɣon] [dra'ɣon] *m.* Monstro fabuloso, semelhante a um lagarto. ▸ Dragão.

dra.ma. ['drama] ['drama] *m. Teat.* Peça de teatro em que se narra uma tragédia, às vezes misturada com algo cômico. ▸ Drama.

dra.ma.tur.go, ga. [drama'turɣo] [drama'turɣo] *s.* Autor de obras dramáticas. ▸ Dramaturgo.

drás.ti.co, ca. ['drastiko] ['drahtiko] *adj.* De natureza radical. Rigoroso. ▸ Drástico.

drive. *m. Inform.* Dispositivo usado para ler, gravar ou eliminar dados em um meio de armazenamento, unidade de disco. Acionador. ▸ *Drive.*

dro.ga. ['droɣa] ['droɣa] *f.* **1.** Substância ou preparado que se usa em medicina. ▸ Droga. **2.** Substância de efeito estimulante, depressivo, narcótico ou alucinógeno que, em geral, vicia. ▸ Droga.

dro.ga.dic.to, ta. [droɣa'ðikto] [droɣa'ðikto] *adj.* Habituado ao consumo de drogas. Viciado. ▸ Drogado. *U.t.c.s.*

dro.gue.rí.a. [droɣe'ria] [droɣe'ria] *f.* Loja na qual se vendem medicamentos, bem como artigos para higiene, tinturas e outros. ▸ Drogaria.

dro.me.da.rio. [drome'ðarjo] [drome'ðarjo] *m. Zool.* Mamífero ruminante que tem uma corcova. ▸ Dromedário.

du.bi.ta.ti.vo, va. [duβita'tiβo] [duβita'tiβo] *adj.* Que se sente em dúvida. Duvidoso. ▸ Dubitativo.

du.cha. ['dutʃa] ['dutʃa] *f.* **1.** Aparelho ou instalação que serve para jorrar água em forma de chuva. Chuveiro. ▸ Ducha. **2.** O banho que se toma com água de chuveiro. ▸ Ducha.

du.char. [du'tʃar] [du'tʃar] *v.4. v.p.* Tomar banho. ▸ Banhar-se.

du.cho, cha. ['dutʃo] ['dutʃo] *adj.* Que atua com habilidade. ▸ Jeitoso.

duc.ti.li.dad. [duktili'ðaθ] [duktili'ðað] *f.* Que tem flexibilidade. ▸ Ductilidade.

du.da. ['duða] ['duða] *f.* Questão relativa a um assunto que requer solução. ▸ Dúvida.
♦ **Sin duda.** Sem dúvida.

du.do.so, sa. [du'ðoso] [du'ðoso] *adj.* Que inspira dúvida. ▸ Duvidoso.

due.lo. ['dwelo] ['dwelo] *m.* **1.** Combate entre duas pessoas, resultado de desafio. ▸ Duelo. **2.** Tristeza pela morte de alguém. ▸ Luto.

duen.de. ['dwende] ['dwende] *m.* Ser imaginário das lendas celtas, que aparece como um anão verde brincalhão. ▸ Duende.

due.ño, ña. ['dweɲo] ['dweɲo] *s.* **1.** Pessoa que dispõe de posses. ▸ Dono. **2.** A pessoa em relação a suas propriedades. ▸ Dono.

dul.ce. ['dulθe] ['dulse] *adj.* **1.** Que tem sabor não azedo nem amargo. ▸ Doce. *m.* **2.** Alimento preparado com açúcar. ▸ Doce. ♦ **Dulce de leche.** Doce de leite.

dul.ci.fi.ca.do, da. [dulθifi'kaðo] [dulsifi'kaðo] *adj.* Ver *edulcorado*. ▸ Adoçado.

dul.ci.fi.car. [dulθifi'kar] [dulsifi'kar] *v.7.* Ver *edulcorar*. ▸ Adoçar.

dul.zón, zo.na. [dul'θon] [dul'son] *adj.* **1.** Ver *edulcorado*. ▸ Adoçado. **2.** Adocicado. *Un vino dulzón.* Um vinho adocicado.

dul.zor. [dul'θor] [dul'sor] *m.* Que tem doçura. *Hay un dulzor natural en este plato.* Esse prato tem uma doçura natural.

duo.dé.ci.mo, ma. [dwo'deθimo] [dwo'desimo] *núm.* Que segue em ordem ao décimo primeiro. Décimo segundo. ▸ Duodécimo. *No salió bien en la carrera, llegó en duodécimo lugar.* Não foi bem na corrida, chegou em duodécimo lugar.

du.pli.ca.ción. [duplika'θjon] [duplika'sjon] *f.* **1.** Ato de duplicar. ▸ Duplicação. **2.** Repetir uma coisa que existe. ▸ Duplicação.

du.pli.car. [dupli'kar] [dupli'kar] *v.7.* **1.** Tornar dupla uma coisa. ▸ Duplicar. **2.** Multiplicar por dois. ▸ Duplicar. **3.** Aumentar ao dobro. ▸ Duplicar.

du.ra.ble. [du'raβle] [du'raβle] *adj.* Que dura ou tem condições de durar muito tempo. Duradouro. ▸ Durável.

du.ra.de.ro, ra. [dura'ðero] [dura'ðero] *adj.* Que tem longa duração. ▸ Duradouro.

du.ran.te. [du'rante] [du'rante] *prep.* Denota simultaneidade entre dois ou mais fatos ou entre um fato e um período. ▸ Durante. *Nevó durante todo el invierno.* Nevou durante todo o inverno.

du.raz.no. [du'raθno] [du'rahno] *m. Bot. (Amér.)* Ver *melocotón*. ▸ Pêssego. → *Frutas*

du.re.za. [du'reθa] [du'resa] *f.* **1.** Qualidade de duro. ▸ Dureza. **2.** Resistência de um mineral ao ser riscado por outro. ▸ Dureza.

dur.mien.te. [dur'mjente] [dur'mjente] *adj.* **1.** Que está adormecido. ▸ Dormente. *m.* **2.** Peça de madeira grossa e forte em que se apoia o trilho da estrada de ferro. ▸ Dormente.

du.ro, ra. ['duro] ['duro] *adj.* **1.** Diz-se do corpo que resiste, ao ser riscado, esmagado ou deformado. ▸ Duro. **2.** Que tem resistência física. Forte. ▸ Duro. **3.** *fig.* Que procede com severidade excessiva. Intolerante. ▸ Duro. **4.** *(Esp.)* Moeda de cinco pesetas. ▸ Duro. ♦ **No tener ni un duro.** Não ter dinheiro. ▸ Não ter nem um centavo.

DVD. ['de'uβe'ðe] ['de'uβe'ðe] *m.* **1.** Abreviatura inglesa de *Digital Versatile Disc*. ▸ DVD **2.** Aparelho que serve de suporte para discos em versão digital. ▸ Reprodutor de *DVD*. **3.** Discos em versão digital destinados ao aparelho *DVD*.

E

e. [e] [e] *f.* **1.** Quinta letra do alfabeto espanhol. ▸ E. **2.** O nome dessa letra. ▸ E. *conj.* **3.** Variação da conjunção *y*, empregada diante de palavra começada por *i* ou *hi*. ▸ E. *Hermanos, no; somos padre e hijo.* Irmãos, não; somos pai e filho.

e.ba.nis.ta. [eβa'nista] [eβa'nihta] *com.* Pessoa que trabalha com madeiras finas, especialmente ébano. ▸ Marceneiro, ebanista.

e.ba.nis.te.rí.a [eβaniste'ria] [eβanihte'ria] *f.* **1.** Oficina na qual se trabalha com ébano e outras madeiras finas. ▸ Marcenaria. **2.** Arte do ebanista. ▸ Marcenaria.

é.ba.no. ['eβano] ['eβano] *m.* **1.** *Bot.* Árvore de madeira preta, muito dura e resistente. ▸ Ébano. **2.** A madeira dessa árvore. ▸ Ébano.

e.brio, bria. ['eβrjo] ['eβrjo] *adj.* Que consome habitualmente bebidas alcoólicas ou que está bêbado. ▸ Ébrio.

e.bu.lli.ción. [eβuʎi'θjon] [eβuʃi'sjon] *f.* **1.** Ato de ferver, fervura. ▸ Ebulição. **2.** Estado de agitação em uma comunidade ou entre várias pessoas. ▸ Ebulição.

ec.ce.ma. [ek'θema] [ek'sema] *m. Med.* Doença da pele com formação de crostas. ▸ Eczema.

e.char. [e'tʃar] [e'tʃar] *v.4.* **1.** Afastar algo para longe, dando-lhe impulso. Fazer sair. ▸ Jogar. *No echen papeles al suelo.* Não joguem papéis no chão. **2.** Mandar embora de um lugar ou emprego. ▸ Despedir. *Por llegar siempre tarde, lo echaron a la calle.* Por chegar sempre tarde, mandaram-no embora. *v.p.* **3.** Estender o corpo em um leito ou outro lugar. ▸ Deitar. *Las vacas se echan para dormir.* As vacas deitam para dormir. **4.** Chocar ovos (as aves). ◆ **Echar a perder.** Arruinar. ▸ Pôr a perder. **Echar a rodar. 1.** Começar alguma coisa. ▸ Começar. *Luego de las vacaciones, echó a rodar el campeonato de otoño.* Depois das férias, começou o campeonato de outono. **2.** Apresentar, demonstrar, expor; geralmente utilizado para eventos artísticos. ▸ Demonstrar. *La violinista echó a rodar todo su talento ante un público enmudecido.* A violinista demonstrou todo o seu talento diante do público emudecido. **Echar de menos.** Sentir falta. ▸ Ter saudade. **Echar en cara.** Jogar na cara. *Después de tantos años, todavía se lo echan en cara.* Depois de tantos anos, ainda lhe jogam isso na cara. **Echar encima.** Iminente, próximo. Estar próximo. *Se nos está echando encima la noche, mejor volvamos a casa.* Está anoitecendo, melhor voltarmos para casa. **Echar mano de.** Lançar mão de. *Para traducir esos textos, hay que echar mano de un buen diccionario.* Para traduzir esses textos, é preciso lançar mão de um bom dicionário. **Echar una mano.** Dar ajuda, assistência. ▸ Dar uma mão. *Terminamos de pintar la casa porque los vecinos nos echaron una mano.* Terminamos de pintar a casa porque os vizinhos nos deram uma mão. **Echar un vistazo.** Dar uma olhada. **Echarse a perder.** Estragar-se. ▸ Pôr-se a perder. *Faltó energía eléctrica y se echó a perder lo que estaba en la nevera.* Faltou força e estragou-se o que estava na geladeira. **Echarse a temblar.** Começar a tremer. *Apenas nos quedamos a oscuras, me eché a temblar.* Assim que ficou escuro, comecei a tremer.

e.clec.ti.cis.mo. [eklekti'θismo] [eklekti'sihmo] *m.* Modo de atuar adotando uma postura que agrega doutrinas diversas. ▸ Ecletismo.

e.cléc.ti.co, ca. [e'klektiko] [e'klektiko] *adj.* Que pratica o ecletismo. ▸ Eclético.

e.cle.siás.ti.co, ca. [eklesi'astiko] [eklesi'ahtiko] *adj. Rel.* **1.** Pertencente à Igreja. ▸ Eclesiástico. *m.* **2.** Pessoa que recebeu ordens sagradas. Sacerdote, clérigo. ▸ Eclesiástico.

e.clip.sar. [eklip'sar] [eklip'sar] *v.4.* **1.** *Astr.* Ocultar um astro a outro. ▸ Eclipsar. **2.** *fig.* Deixar de ser visto (pessoa ou coisa). ▸ Eclipsar.

e.clip.se. [e'klipse] [e'klipse] *m. Astr.* Ocultação de um astro pela interposição de outro corpo celeste. No eclipse do Sol, por exemplo, a Lua se interpõe entre a Terra e o Sol e impede que ele seja visto. ▸ Eclipse.

e.clo.sión. [eklo'sjon] [eklo'sjon] *f. Biol.* Ato de abrir-se um botão (de flor) ou de quebrar-se um ovo para sair a cria. ▶ Desabrochamento, eclosão.

e.co. ['eko] ['eko] *m.* Repetição de um som refletido por um corpo duro. ▶ Eco.

e.co.lo.gí.a. [ekolo'xia] [ekolo'xia] *f. Biol.* Ciência que estuda as relações dos seres vivos entre si e com o ambiente em que vivem. ▶ Ecologia.

e.co.ló.gi.co, ca. [eko'loxiko] [eko'loxiko] *adj. Biol.* Pertencente ou relativo à ecologia. ▶ Ecológico.

e.co.lo.gis.ta. [ekolo'xista] [ekolo'xihta] *com.* Aquele que estuda as formas de preservar a natureza e de protegê-la de atos de agressão. ▶ Ecologista.

e.co.no.mí.a. [ekono'mia] [ekono'mia] *f. Fin.* **1.** Poupança de dinheiro, tempo ou trabalho. ▶ Economia. **2.** Administração inteligente dos bens. ▶ Economia. **3.** Ciência que trata da produção e distribuição da riqueza. ▶ Economia.

e.co.nó.mi.co, ca. [eko'nomiko] [eko'nomiko] *adj. Fin.* **1.** Pertencente ou relativo à economia. ▶ Econômico. **2.** Que é barato, que exige pouco gasto. ▶ Econômico.

e.co.no.mis.ta. [ekono'mista] [ekono'mihta] *com. Fin.* Profissional da economia. ▶ Economista. ➡ *Profesiones*

e.co.no.mi.zar. [ekonomi'θaɾ] [ekonomi'saɾ] *v.13. Fin.* Diminuir as despesas e poupar para o futuro. ▶ Economizar.

e.co.sis.te.ma. [ekosis'tema] [ekosih'tema] *m. Biol.* Conjunto formado pelos seres vivos e a natureza que os rodeia. ▶ Ecossistema.

e.cuá.ni.me. [e'kwanime] [e'kwanime] *adj.* Que tem bom-senso, prudência. Ponderado. ▶ Equânime.

e.cua.to.ria.no, na. [ekwato'ɾjano] [ekwato'ɾjano] *adj.* **1.** Pertencente ou relativo ao Equador. ▶ Equatoriano. *s.* **2.** O natural ou habitante desse país da América do Sul. ▶ Equatoriano.

e.cues.tre. [e'kwestɾe] [e'kwehtɾe] *adj.* Relativo à cavalaria, a cavaleiros ou a cavalos. ▶ Equestre.

ec.ze.ma. [ek'θema] [ek'sema] *m. Med.* Ver *eccema*.

e.dad. [e'ðaθ] [e'ðað] *f.* **1.** Tempo de vida das pessoas e de outros seres vivos. ▶ Idade. **2.** Período histórico. Era, época. ▶ Idade.

Edad

¿Cuál es tu / su edad? / ¿Cuántos años tienes (tú) / tiene (usted)?

Tengo ⎡ once / doce / trece / catorce / quince / dieciséis / diecisiete / dieciocho / diecinueve / veinte ⎤ años.

e.de.ma. [e'ðema] [e'ðema] *m. Med.* Inchaço ocasionado por acúmulo de líquido em tecido ou órgão. ▶ Edema.

e.dén. [e'ðen] [e'ðen] *m.* **1.** *n.p. Rel.* Segundo a Bíblia, lugar perfeito onde Deus colocou Adão e Eva. ▶ Éden. **2.** *fig.* Lugar extremamente tranquilo e agradável. ▶ Éden.

e.di.ción. [eði'θjon] [eði'sjon] *f.* **1.** Impressão ou reprodução de uma obra. ▶ Edição. **2.** Conjunto de exemplares de um livro ou obra impressos de uma vez. ▶ Edição.

e.dic.to. [e'ðikto] [e'ðikto] *m. Dir.* Publicação de autoridade competente, que transmite ordem ou mandado ou dá aviso de assunto de interesse geral. ▶ Edital.

e.di.fi.ca.ción. [eðifika'θjon] [eðifika'sjon] *f.* Construção de um edifício. ▶ Edificação.

e.di.fi.car. [eðifi'kaɾ] [eðifi'kaɾ] *v.7.* **1.** Erguer, construir um edifício. ▶ Edificar. **2.** *fig.* Infundir, nos outros, sentimentos de piedade e virtude. ▶ Edificar.

e.di.fi.cio. [eði'fiθjo] [eði'fisjo] *m.* Construção que se destina a moradia ou uso análogo. Prédio. ▶ Edifício.

e.di.tar. [eði'taɾ] [eði'taɾ] *v.4.* Publicar, por meio da imprensa, livros, jornais, revistas, etc. ▶ Editar.

e.di.tor, to.ra. [eði'toɾ] [eði'toɾ] *s.* Pessoa que publica, por meio da imprensa ou outro veículo, livros, jornais, revistas, etc. ▶ Editor.

e.di.to.rial. [eðito'ɾjal] [eðito'ɾjal] *adj.* **1.** Relativo a editor ou edições. ▶ Editorial. *m.* **2.** Artigo de fundo geralmente não assinado que

e.dre.dón. [eðre'don] [eðre'don] *m.* Cobertor acolchoado internamente com algodão ou lã. ▶ Edredom.

e.du.ca.ción. [eðuka'θjon] [eðuka'sjon] *f.* **1.** Aplicação de métodos visando a formação e o desenvolvimento físico, intelectual e moral de um ser humano. ▶ Educação. **2.** Qualidade de quem é gentil. ▶ Educação.

e.du.ca.do, da. [eðu'kaðo] [eðu'kaðo] *adj.* **1.** Que é correto. Gentil. ▶ Educado. **2.** Que recebeu ensino escolar. ▶ Educado.

e.du.ca.dor, do.ra. [eðuka'ðor] [eðuka'ðor] *adj.* Que ensina, instrui, educa. ▶ Educador. *U.t.c.s.*

e.du.car. [eðu'kar] [eðu'kar] *v.7.* Exercer a atividade de educação. ▶ Educar.

e.dul.co.ra.do, da. [eðulko'raðo] [eðulko'raðo] *adj.* De sabor doce. ▶ Adoçado.

e.dul.co.ran.te. [eðulko'rante] [eðulko'rante] *m.* Substância sintética utilizada para adoçar alimentos e bebidas. ▶ Adoçante.

e.dul.co.rar. [eðulko'rar] [eðulko'rar] *v.4.* Tornar doce por meio da adição de açúcar, mel ou adoçante. ▶ Adoçar.

e.fec.ti.vo, va. [efek'tiβo] [efek'tiβo] *adj.* **1.** Que é real e verdadeiro. ▶ Efetivo. **2.** Que produz efeito. Eficaz. ▶ Efetivo. *m.* **3.** O dinheiro que se pode dispor em moeda ou papel-moeda. ◆ **Efectivo disponible.** Dinheiro disponível. **En efectivo. 1.** À vista. *No me gusta pagar a plazos; siempre que compro algo, pago en efectivo.* Não gosto de pagar a prazo; sempre que compro algo, pago à vista. **2.** Em espécie, em dinheiro.

e.fec.to. [e'fekto] [e'fekto] *m.* **1.** Resultado de uma causa. ▶ Efeito. **2.** Fim que se procura com um ato ou conduta. ▶ Efeito. ◆ **Efecto invernadero.** Fenômeno pelo qual determinados gases da atmosfera retêm energia do solo esquentada pela radiação solar, aumentando a temperatura atmosférica. ▶ Efeito estufa.

e.fec.tuar. [efek'twar] [efek'twar] *v.4.* **1.** Realizar, executar algo. ▶ Efetuar. *v.p.* **2.** Tornar-se efetiva (uma coisa). ▶ Efetuar-se.

e.fe.mé.ri.de. [efe'meriðe] [efe'meriðe] *f.* **1.** Acontecimento notável que se lembra no dia de seu aniversário. ▶ Efeméride. **2.** Comemoração do aniversário do acontecimento. ▶ Efeméride.

e.fe.mé.ri.des. [efe'meriðes] [efe'meriðes] *f.pl.* **1.** Livro ou agenda em que se registram os acontecimentos de cada dia. ▶ Efemérides. **2.** Relação de fatos diferentes acontecidos na mesma data, porém em anos diferentes. ▶ Efemérides.

e.fi.ca.cia. [efi'kaθja] [efi'kasja] *f.* Capacidade de conseguir efeito. ▶ Eficácia.

e.fi.caz. [efi'kaθ] [efi'kas] *adj.* **1.** Que obtém com êxito aquilo a que se propõe. ▶ Eficaz. **2.** Que dá bom resultado. ▶ Eficaz. **3.** Que produz efeito. ▶ Eficaz.

e.fi.cien.cia. [efi'θjenθja] [efi'sjensja] *f.* Virtude para produzir um efeito determinado. ▶ Eficiência.

e.fi.cien.te. [efi'θjente] [efi'sjente] *adj.* Que tem eficiência. ▶ Eficiente.

e.fí.me.ro, ra. [e'fimero] [e'fimero] *adj.* **1.** Que tem duração curta. ▶ Efêmero. **2.** Que é passageiro. ▶ Efêmero.

e.fu.sión. [efu'sjon] [efu'sjon] *f.* **1.** Ato de verter um líquido. ▶ Efusão. **2.** Sentimento generoso e alegre de amizade ou afeto. Veemência. ▶ Efusão.

e.go. ['eɣo] ['eɣo] *m.* O *eu*, no sentido de personalidade. ▶ Ego. *obs.:* Termo da Psicologia.

e.go.cén.tri.co, ca. [eɣo'θentriko] [eɣo'sentriko] *adj.* Pessoa que se considera o centro das atenções, demonstrando pouco ou nada de interesse pelos outros. ▶ Egocêntrico.

e.go.cen.tris.mo. [eɣoθen'trismo] [eɣosen'trihmo] *m.* Comportamentos ou atitudes de uma pessoa que delatam um exaltado interesse por si mesmo. ▶ Egocentrismo.

e.go.ís.mo. [eɣo'ismo] [eɣo'ihmo] *m.* Excessivo interesse por si mesmo e indiferença ao interesse dos outros. ▶ Egoísmo.

e.gre.gio, gia. [e'ɣrexjo] [e'ɣrexjo] *adj.* Que é insigne, ilustre. ▶ Egrégio.

e.je.cu.ción. [exeku'θjon] [exeku'sjon] *f.* **1.** Ato ou feito de executar. ▶ Execução. **2.** *Dir.* Cumprimento de uma decisão judicial. ▶ Execução.

e.je.cu.tar. [exeku'tar] [exeku'tar] *v.4.* **1.** Levar a efeito, realizar alguma coisa. Efetuar. ▶ Executar. **2.** *Mús.* Tocar ou cantar uma peça musical. ▶ Executar. **3.** *Inform.* Interpretar e levar a cabo uma instrução. ▶ Executar. **4.** Tirar a vida. ▶ Executar.

e.je.cu.ti.vo, va. [exeku'tiβo] [exeku'tiβo] *s.* **1.** Pessoa que desempenha cargo diretivo em empresa ou corporação. ▶ Executivo. *m.*

ejemplar – electroencefalograma

2. Diretoria de uma sociedade ou corporação. ▸ Executivo. ◆ **Poder ejecutivo.** Poder Executivo.

e.jem.plar. [exem'plaɾ] [exem'plaɾ] *adj.* **1.** Que serve como exemplo. ▸ Exemplar. *m.* **2.** Cada um dos objetos copiados do mesmo modelo original. ▸ Exemplar, via.

e.jem.plo. [e'xemplo] [e'xemplo] *m.* **1.** Conduta que pode induzir outros a imitá-la. ▸ Exemplo. **2.** Cláusula que se cita para ilustrar algo que se tenha dito ou escrito. ▸ Exemplo.

e.jer.cer. [exer'θer] [exer'ser] *v.12.* Praticar as tarefas próprias de uma profissão ou cargo. ▸ Exercer.

e.jer.ci.cio. [exer'θiθjo] [exer'sisjo] *m.* **1.** Ato de desempenhar uma profissão ou dedicar-se a alguma atividade. ▸ Exercício. **2.** Repetição de movimento corporal feita para conservar ou alcançar a boa forma física. ▸ Exercício. **3.** Repetição de atividade intelectual feita para alcançar ou aperfeiçoar a aprendizagem de um tema. ▸ Exercício. **4.** Tempo durante o qual vigora uma lei ou orçamento. ▸ Exercício.

e.jer.ci.tar. [exerθi'tar] [exersi'tar] *v.4.* **1.** Praticar uma arte, ofício ou profissão. ▸ Exercitar. **2.** Aprender algo mediante sua prática. ▸ Exercitar.

e.jér.ci.to. [e'xerθito] [e'xersito] *m.* **1.** *Mil.* Conjunto de homens e mulheres, equipamentos e armas que compõem as forças armadas de uma nação. ▸ Exército. **2.** Grande número de pessoas agrupadas para uma determinada finalidade. ▸ Exército.

el. [el] [el] *art.* Indica determinação definida, masculina e singular do nome que precede. ▸ O.

él, e.lla. ['el, 'eʎa] ['el, 'eʃa] *pron.pess.* Designam a 3ª pessoa do singular, nos gêneros masculino e feminino, respectivamente. ▸ Ele, ela.

e.la.bo.ra.ción. [elaβora'θjon] [elaβora'sjon] *f.* Preparação e execução cuidadosa de algo. ▸ Elaboração.

e.la.bo.rar. [elaβo'rar] [elaβo'rar] *v.4.* **1.** Transformar algo por meio de um trabalho adequado. ▸ Elaborar. **2.** Preparar ou traçar um plano complexo. ▸ Elaborar.

e.las.ti.ci.dad. [elastiθi'ðaθ] [elahtisi'ðað] *f.* **1.** Propriedade do elástico. ▸ Elasticidade. **2.** Capacidade de conseguir flexibilidade dos músculos e articulações do corpo. ▸ Elasticidade.

e.lás.ti.co, ca. [e'lastiko] [e'lahtiko] *adj.* Diz-se do corpo que recobra sua figura original quando cessa a ação que o alterava. ▸ Elástico.

e.le. ['ele] ['ele] *f.* O nome da letra L. ▸ Ele.

e.lec.ción. [elek'θjon] [elek'sjon] *f.* **1.** Ato de selecionar alguém para um cargo, prêmio ou outra coisa. ▸ Eleição. **2.** *Polít.* A escolha de uma pessoa, por meio de votos, para ocupar um cargo público. ▸ Eleição.

e.lec.ti.vo, va. [elek'tiβo] [elek'tiβo] *adj.* Que resulta de uma eleição. ▸ Eletivo.

e.lec.to.ra.do. [elekto'raðo] [elekto'raðo] *m. Polít.* Conjunto de eleitores. ▸ Eleitorado.

e.lec.to.ral. [elekto'ral] [elekto'ral] *adj.* Relativo ao direito de eleger ou a eleições. ▸ Eleitoral. *Los políticos invierten dinero en la campaña electoral.* Os políticos investem dinheiro na campanha eleitoral.

e.lec.tri.ci.dad. [elektriθi'ðaθ] [elektrisi'ðað] *f. Fís.* Forma de energia produzida por fricção ou aquecimento de certos corpos. ▸ Eletricidade.

e.lec.tri.cis.ta. [elektri'θista] [elektri'sihta] *adj.* **1.** Que ou aquele que se ocupa da eletricidade. ▸ Eletricista. *com.* **2.** Profissional especializado em instalações elétricas. ▸ Eletricista.
➡ *Profesiones*

e.léc.tri.co, ca. [e'lektriko] [e'lektriko] *adj. Fís.* Que tem, transmite ou funciona com eletricidade. ▸ Elétrico.

e.lec.tri.fi.car. [elektrifi'kar] [elektrifi'kar] *v.7.* Fazer com que um sistema mecânico funcione com energia elétrica. ▸ Eletrificar.

e.lec.tri.zar. [elektri'θar] [elektri'sar] *v.13. Fís.* Produzir eletricidade em um corpo ou carregá-lo de. ▸ Eletrizar.

e.lec.tro.car.dio.gra.ma. [elektrokarðjo'ɣrama] [elektrokarðjo'ɣrama] *m. Med.* **1.** Gráfico que representa a atividade do coração. ▸ Eletrocardiograma. **2.** Exame pelo qual se obtém esse gráfico. ▸ Eletrocardiograma.

e.lec.tro.do. [elek'troðo] [elek'troðo] *m. Fís.* Extremo de um condutor que leva ou recebe uma corrente elétrica. ▸ Eletrodo.

e.lec.tro.do.més.ti.co. [elektroðo'mestiko] [elektroðo'mehtiko] *m.* Aparelho elétrico de utilidade no lar. ▸ Eletrodoméstico.

e.lec.tro.en.ce.fa.lo.gra.ma. [elektroenθefalo'ɣrama] [elektroensefalo'ɣrama] *m. Med.* **1.** Gráfico que representa a atividade elétrica do cérebro. ▸ Eletroencefalograma. **2.** Exame pelo qual se obtém esse gráfico. ▸ Eletroencefalograma.

e.lec.trón. [elek'tron] [elek'tron] *m. Fís.* Partícula carregada de eletricidade negativa, que faz parte do átomo. ▸ Elétron.

e.lec.tró.ni.co, ca. [elek'troniko] [elek'troniko] *adj.* **1.** Pertencente ou relativo à eletrônica. ▸ Eletrônico. *f.* **2.** Ciência que estuda o movimento dos elétrons e sua aplicação. ▸ Eletrônica. ♦ **Correo electrónico.** Correio eletrônico. ▸ E-mail.

e.le.fan.te, ta. [ele'fante] [ele'fante] *s. Zool.* O maior dos animais terrestres. ▸ Elefante.
➡ *Reino animal*

e.le.gan.cia. [ele'ɣanθja] [ele'ɣansja] *f.* **1.** Bom gosto e estilo no vestir. ▸ Elegância. **2.** Forma delicada de expressar os pensamentos. ▸ Elegância.

e.le.gan.te. [ele'ɣante] [ele'ɣante] *adj.* **1.** Dotado de graça, nobreza e simplicidade. ▸ Elegante. **2.** Que se veste com simplicidade e bom gosto. ▸ Elegante.

e.le.gí.a. [ele'xia] [ele'xia] *f. Lit.* ou *Mús.* Composição poética ou musical sobre tema triste. ▸ Elegia.

e.le.gir. [ele'xir] [ele'xir] *v.47. p.p. reg. elegido / irreg. electo.* Preferir, escolher uma pessoa ou coisa para um fim determinado. ▸ Eleger, escolher.

e.le.men.tal. [elemen'tal] [elemen'tal] *adj.* **1.** De fácil compreensão, evidente. ▸ Elementar. **2.** Diz-se de cada rudimento ou princípio de uma ciência ou arte. ▸ Elementar.

e.le.men.to. [ele'mento] [ele'mento] *m.* **1.** Cada substância simples que compõe um corpo. ▸ Elemento. **2.** *Biol.* Ambiente em que se desenvolve e habita um ser vivo. ▸ Elemento. **3.** Cada parte de um todo. ▸ Elemento.

e.len.co. [e'lenko] [e'lenko] *m.* **1.** *col.* Relação, catálogo, índice de pessoas ou coisas. ▸ Elenco. **2.** Conjunto de artistas de uma peça teatral ou de um filme. ▸ Elenco.

e.le.va.ción. [eleβa'θjon] [eleβa'sjon] *f.* Ato ou efeito de elevar. ▸ Elevação.

e.le.va.do, da. [ele'βaðo] [ele'βaðo] *adj.* **1.** Que se destaca por suas boas qualidades. Sublime. ▸ Elevado. **2.** Que está a grande altura. ▸ Elevado.

e.le.var. [ele'βar] [ele'βar] *v.4.* **1.** Alçar ou levantar alguma coisa. ▸ Elevar. **2.** Melhorar a condição social ou política de alguém. ▸ Elevar.

e.li.dir. [eli'ðir] [eli'ðir] *v.6.* Desvanecer, suprimir uma coisa. ▸ Elidir.

e.li.mi.na.ción. [elimina'θjon] [elimina'sjon] *f.* **1.** Ato ou efeito de fazer desaparecer. ▸ Eliminação. **2.** Ação de fazer sair do organismo. ▸ Eliminação.

e.li.mi.nar. [elimi'nar] [elimi'nar] *v.4.* **1.** Prescindir de uma coisa. ▸ Eliminar. **2.** Expulsar, excluir uma ou várias pessoas de uma sociedade ou corporação. ▸ Eliminar.

é.li.te. ['elite] ['elite] *f.* Minoria que se destaca em uma atividade ou que possui privilégios. ▸ Elite.

e.li.tis.ta. [eli'tista] [eli'tihta] *adj.* Que é partidário do predomínio das elites. ▸ Elitista.

e.llo. ['eʎo] ['eʃo] *pron. n.* Forma pronominal neutra de terceira pessoa. Não tem plural. ▸ Isto, isso, aquilo. *No firmamos el acta porque ello sería algo contrario a nuestra opinión.* Não assinamos a ata porque isto seria algo contrário à nossa opinião.

e.llos, llas. ['eʎos] ['eʃos] *pron.pess.* Forma plural de *él, ella,* respectivamente. ▸ Eles, elas.

e.lo.cuen.cia. [elo'kwenθja] [elo'kwensja] *f.* Arte de falar com fluência e eficácia. ▸ Eloquência.

e.lo.cuen.te. [elo'kwente] [elo'kwente] *adj.* Que fala de forma convincente, persuasiva. ▸ Eloquente.

e.lo.giar. [elo'xjar] [elo'xjar] *v.4.* Enaltecer uma pessoa, instituição ou coisa. ▸ Elogiar.

e.lo.gio. [e'loxjo] [e'loxjo] *m.* Ato ou efeito de elogiar. ▸ Elogio.

e.lon.ga.ción. [elonga'θjon] [elonga'sjon] *f. Med.* **1.** Exercício físico que tem por objetivo esticar algum membro do corpo. ▸ Alongamento. **2.** Luxação.

e.lu.dir. [elu'ðir] [elu'ðir] *v.6.* **1.** Contornar um empecilho ou problema. ▸ Evitar. **2.** Impedir algo com astúcia. ▸ Eludir.

e-mail. [e'majl] [e'majl] *m. Inform.* Ver *correo electrónico.* ▸ E-mail.

e.ma.nar. [ema'nar] [ema'nar] *v.4.* **1.** Proceder de uma coisa de cuja substância se participa. ▸ Emanar. **2.** Emitir, desprender de si. ▸ Emanar. *Su persona emana simpatía.* Sua pessoa emana simpatia.

em.ba.ja.da. [emba'xaða] [emba'xaða] *f.* **1.** Residência do embaixador ou representação diplomática. ▸ Embaixada. **2.** Grupo de funcionários que trabalham para um embaixador. ▸ Embaixada.

embajador – embrión

em.ba.ja.dor, do.ra. [embaxa'ðoɾ] [embaxa'ðoɾ] s. **1.** Pessoa que representa o próprio país em um território estrangeiro. ▸ Embaixador. **2.** Mensageiro. ▸ Emissário. *Esta mujer ha ganado reconocimiento mundial por ser una embajadora de la paz.* Esta mulher ganhou reconhecimento mundial por ser uma embaixadora da paz.

em.ba.la.je. [emba'laxe] [emba'laxe] m. Invólucro ou recipiente usado para embalar uma coisa. ▸ Embalagem.

em.bal.sa.mar. [embalsa'maɾ] [embalsa'maɾ] v.4. Tratar um cadáver com substâncias que o preservem da putrefação. ▸ Embalsamar.

em.bal.sar. [embal'saɾ] [embal'saɾ] v.4. Acumular água em lugar previamente adaptado para esse fim. ▸ Represar.

em.bal.se. [em'balse] [em'balse] m. Depósito de grande capacidade para recolher águas, que se forma construindo um dique na boca de um vale. ▸ Represa.

❑ **em.ba.ra.za.da.** [embara'θaða] [embara'saða] adj. Aplica-se à mulher que está esperando um filho. ▸ Grávida.

em.ba.ra.zar. [embara'θaɾ] [embara'saɾ] v.13. **1.** ❑ Ficar grávida. ▸ Engravidar. **2.** Tornar algo difícil. ▸ Embaraçar.

em.ba.ra.zo. [emba'raθo] [emba'raso] m. **1.** Obstáculo que impossibilita o prosseguimento de um ato ou situação. ▸ Embaraço. **2.** ❑ Estado em que se encontra uma mulher que espera um filho. ▸ Gravidez. *Durante el embarazo, la mujer tiene que ponerse bajo cuidados de un médico.* Durante a gravidez, a mulher tem que se colocar sob os cuidados de um médico.

em.ba.ra.zo.so, sa. [embara'θoso] [embara'soso] adj. Que causa incômodo, que estorva. ▸ Embaraçoso.

em.bar.ca.ción. [embaɾka'θjon] [embaɾka'sjon] f. **1.** Construção destinada a navegar: barco, navio, etc. ▸ Embarcação. **2.** Ato de entrar em um barco. ▸ Embarque.

em.bar.ca.de.ro. [embaɾka'ðeɾo] [embaɾka'ðeɾo] m. Lugar preparado para embarcar mercadorias e pessoas. Cais. ▸ Embarcadouro.

em.bar.car. [embaɾ'kaɾ] [embaɾ'kaɾ] v.7. Ocupar (pessoas) ou introduzir (coisas) em embarcação, trem, ônibus ou avião. ▸ Embarcar.

em.bar.gar. [embaɾ'ɣaɾ] [embaɾ'ɣaɾ] v.9. **1.** Impedir, deter o uso ou disponibilidade de alguma coisa. ▸ Embargar. **2.** *fig.* Reprimir um sentimento. ▸ Conter.

em.bar.go. [em'baɾɣo] [em'baɾɣo] m. Obstáculo, impedimento. ▸ Embargo.
◆ **Sin embargo.** *loc. conj.* Indica oposição. ▸ No entanto.

em.bar.que. [em'baɾke] [em'baɾke] m. Ato de embarcar, de pôr a bordo de um navio, trem ou avião. ▸ Embarque.

em.ba.te. [em'bate] [em'bate] m. **1.** *Geogr.* Choque impetuoso das ondas do mar contra a costa. ▸ Embate. **2.** Pancada contra alguma coisa resistente. ▸ Embate.

em.bau.car. [embau̯'kaɾ] [embau̯'kaɾ] v.7. Enganar uma pessoa aproveitando-se de sua inexperiência ou ingenuidade. ▸ Tapear.

em.be.lle.cer. [embeʎe'θeɾ] [embeʃe'seɾ] v.24. Tornar ou deixar bela uma pessoa ou coisa. ▸ Embelezar.

em.bes.ti.da. [embes'tiða] [embeh'tiða] f. Ato ou efeito de investir contra alguém. ▸ Ataque, investida.

em.ble.ma. [em'βlema] [em'βlema] m. **1.** Símbolo com que se representa uma figura e que leva escrito um lema. ▸ Emblema. **2.** Qualquer insígnia ou alegoria que representa simbolicamente alguma coisa. ▸ Emblema.

em.bo.rra.char. [embora'tʃaɾ] [embora'tʃaɾ] v.4. *v.p.* Consumir bebidas alcoólicas em excesso. ▸ Embebedar-se.

em.bos.ca.da. [embos'kaða] [emboh'kaða] f. Ocultação para atacar alguém de surpresa. Cilada. ▸ Emboscada.

em.bo.te.lla.mien.to. [emboteʎa'mjento] [emboteʃa'mjento] m. **1.** Ato de pôr em garrafas líquidos ou outra coisa. ▸ Engarrafamento. **2.** Congestionamento de veículos no trânsito. ▸ Engarrafamento.

em.bo.te.llar. [embote'ʎaɾ] [embote'ʃaɾ] v.4. **1.** Meter em frascos ou garrafas. ▸ Engarrafar. **2.** Dificultar o trânsito por excesso de veículos. Congestionar. ▸ Engarrafar.

em.bo.zo. [em'boθo] [em'boso] m. A parte de uma capa com que se cobre o rosto. ▸ Embuço.

em.bria.gar. [emβɾja'ɣaɾ] [emβɾja'ɣaɾ] v.9. **1.** Causar embriaguez. ▸ Embriagar. *v.p.* **2.** Perder o domínio de si por consumir bebida alcoólica em excesso. ▸ Embriagar-se.

em.bri.ón. [emβɾj'on] [emβɾj'on] m. Ser vivo nas primeiras fases de desenvolvimento. ▸ Embrião.

em.bro.llar. [emβro'ʎar] [emβro'ʃar] *v.4.* Complicar, confundir as coisas. ▸ Embrulhar.

em.bro.mar. [emβro'mar] [emβro'mar] *v.4.* **1.** ▫ Fazer uma brincadeira irônica, maliciosa ou malévola com alguém. ▸ Zombar. *Él embroma a los amigos por diversión.* Ele zomba dos amigos por diversão. **2.** Enganar com trapaças. Tapear. Enrolar. ▸ Embromar. *Embromó a los padres con unas excusas inventadas.* Embromou os pais com umas desculpas inventadas. *v.p.* **3.** *fig.* Ficar prejudicado. ▸ Ferrar-se.

em.bru.jar. [emβru'xar] [emβru'xar] *v.4.* Perturbar uma pessoa com práticas supersticiosas. ▸ Enfeitiçar.

em.bru.jo. [em'βruxo] [em'βruxo] *m.* **1.** Ato ou efeito de enfeitiçar. ▸ Feitiço. **2.** Fascinação, atração que se sente por uma pessoa ou coisa. ▸ Feitiço.

em.bru.te.cer. [emβrute'θer] [emβrute'ser] *v.24.* **1.** Tornar menos delicado ou mais bruto. ▸ Embrutecer. **2.** Tornar-se burro. ▸ Emburrecer.

em.bu.cha.do. [embu'tʃaðo] [embu'tʃaðo] *m. Cul.* Tripa recheada com carne de porco preparada de diversas formas. ▸ Embutido.

em.bu.do. [em'buðo] [em'buðo] *m.* Utensílio de forma cônica que serve para transvasar líquidos. ▸ Funil.

em.bus.te. [em'buste] [em'buhte] *m.* **1.** Mentira ardilosa e bem tramada. ▸ Embuste. **2.** Joia de pouco valor. ▸ Bijuteria.

em.bu.ti.do. [embu'tiðo] [embu'tiðo] *m.* **1.** Tripa recheada com carne picada. ▸ Embutido. **2.** Que está fixo em algo. ▸ Embutido.

em.bu.tir. [embu'tir] [embu'tir] *v.6.* Encher uma coisa com outra e comprimi-la. ▸ Rechear.

e.me. ['eme] ['eme] *f.* O nome da letra M. ▸ Eme.

e.mer.ger. [emer'xer] [emer'xer] *v.11.* **1.** Sair da água ou de outro líquido. ▸ Emergir. **2.** Passar a mostrar-se. Aparecer. ▸ Manifestar-se.

e.mé.ri.to, ta. [e'merito] [e'merito] *adj.* Que se aposenta e recebe um prêmio por seus serviços. ▸ Emérito.

e.mi.gran.te. [emi'ɣrante] [emi'ɣrante] *adj.* Que se traslada de seu país para estabelecer-se em outro. ▸ Emigrante. *U.t.c.s.*

e.mi.nen.te. [emi'nente] [emi'nente] *adj.* Que se destaca sobre outros de sua espécie por alguma qualidade elevada. ▸ Eminente.

e.mi.sa.rio, ria. [emi'sarjo] [emi'sarjo] *s.* Mensageiro enviado para comunicar ou negociar algo importante. ▸ Emissário.

e.mi.tir. [emi'tir] [emi'tir] *v.6.* **1.** Produzir e pôr em circulação papel-moeda, notas e outros valores. ▸ Emitir. **2.** Manifestar por escrito ou de viva voz uma opinião ou parecer. ▸ Emitir.

e.mo.ción. [emo'θjon] [emo'sjon] *f.* Estado de ânimo produzido por um fato ou lembrança que comove ou abala. ▸ Emoção.

e.mo.cio.nar. [emoθjo'nar] [emosjo'nar] *v.4.* **1.** Comover o ânimo. Impressionar. ▸ Emocionar. **2.** Causar emoção. ▸ Emocionar.

e.mo.lu.men.to. [emolu'mento] [emolu'mento] *m.* Remuneração adicional correspondente a um cargo ou emprego. ▸ Emolumento.

e.mo.ti.co.no. [emoti'kono] [emoti'kono] *m. Inform.* Símbolo que representa uma expressão facial, usada em comunicações eletrônicas para explicar sentimentos. ▸ Emoticon.

em.pa.car. [empa'kar] [empa'kar] *v.7.* **1.** Fazer pacotes, embrulhar. ▸ Empacotar. **2.** (*Amér.*) Fazer as malas. *Una semana antes de las vacaciones, yo ya había empacado todo lo que necesitaba.* Uma semana antes das férias, eu já havia empacotado tudo o que eu precisava.

em.pa.cho. [em'patʃo] [em'patʃo] *m.* **1.** Dificuldade ou estorvo que se encontra para fazer alguma coisa. ▸ Empecilho. **2.** *Med.* Sensação desagradável, efeito de comer em excesso. ▸ Congestão.

em.pa.dro.nar. [empaðro'nar] [empaðro'nar] *v.4.* Arrolar ou inscrever os habitantes de um território ou população. ▸ Recensear.

em.pa.la.gar. [empala'ɣar] [empala'ɣar] *v.p.9.* **1.** Ficar enjoado após comer muita comida doce. ▸ Enjoar. **2.** Provocar aborrecimento por demonstrar excessivo amor por outro. ▸ Aborrecer, sufocar. *Es tan amoroso que me empalaga.* É tão amoroso que me sufoca.

em.pa.la.go.so, sa. [empala'ɣoso] [empala'ɣoso] *adj.* **1.** Comida enjoativa por ser muito doce. ▸ Enjoativo. **2.** Pessoa que cansa por ser extremamente carinhosa. Pegajoso. ▸ Meloso.

em.pal.me. [em'palme] [em'palme] *m.* **1.** União ou ligação de um trem com outro. ▸ Junção. **2.** Estrada que cruza com outra. ▸ Cruzamento.

em.pa.na.da. [empa'naða] [empa'naða] *f. Cul.* Massa de farinha recheada com carne ou verduras e assada. Empada, salteña. ▶ Empanada.

em.pa.nar. [empa'naɾ] [empa'naɾ] *v.4. Cul.* Cobrir carne ou outro alimento apropriado com farinha de rosca para fritá-lo. ▶ Empanar.

em.pa.ni.zar. [empani'θaɾ] [empani'saɾ] *v.13. Amér. Cul.* Ver *empanar*.

em.pa.ñar. [empa'ɲaɾ] [empa'ɲaɾ] *v.4.* Tirar o brilho ou a transparência de uma superfície ou lâmina de vidro. ▶ Embaçar.

em.pa.par. [empa'paɾ] [empa'paɾ] *v.4.* **1.** Deixar ou ficar encharcado. Ensopar. ▶ Empapar. **2.** *fig.* Estudar muito bem uma matéria. ▶ Ter na ponta da língua.

em.pa.que. [em'pake] [em'pake] *m.* **1.** Falta de naturalidade ou de sensibilidade. ▶ Afetação, empáfia. **2.** Invólucro. ▶ Embrulho.

em.pa.que.tar. [empake'taɾ] [empake'taɾ] *v.4.* **1.** Embalar. ▶ Empacotar. *v.p.* **2.** ☐ Acomodar várias pessoas em um lugar pequeno. ▶ Amontoar-se. *Para poder escuchar la conferencia, nos empaquetamos todos en la sala de mi jefe.* Para poder escutar a conferência, nos amontoamos todos na sala do meu chefe.

em.pa.re.da.do, da. [empare'ðaðo] [empare'ðaðo] *adj.* **1.** Que está entre quatro paredes. Emparedado. ▶ Preso. *m.* **2.** ☐ *Cul.* Porção de presunto cru ou outro frio entre duas fatias de pão de forma. ▶ Sanduíche.

em.pa.re.dar. [empare'ðaɾ] [empare'ðaɾ] *v.4.* **1.** Prender uma pessoa entre paredes. ▶ Emparedar. **2.** Esconder uma coisa dentro de uma parede ou entre duas. ▶ Emparedar.

em.pa.ren.tar. [emparen'taɾ] [emparen'taɾ] *v.4.* Contrair relação de parentesco por via matrimonial. ▶ Aparentar.

em.pas.tar. [empas'taɾ] [empah'taɾ] *v.4.* Cobrir de pasta ou massa. ▶ Empastar.

em.pa.tar. [empa'taɾ] [empa'taɾ] *v.4.* Obter, em qualquer competição ou votação, o mesmo número de pontos ou votos do(s) adversário(s). ▶ Empatar.

em.pa.te. [em'pate] [em'pate] *m.* Situação em que o resultado de uma disputa é o mesmo para dois ou mais oponentes. ▶ Empate. *La elección terminó en empate.* A eleição terminou en empate.

em.pei.ne. [em'peine] [em'peine] *m. Anat.* A parte de cima do pé, entre o começo dos dedos e a canela. ▶ Peito do pé.

em.pe.ño. [em'peɲo] [em'peɲo] *m.* **1.** *Dir.* Compromisso de pagar uma dívida garantida por algum bem. ▶ Penhora. **2.** Desejo veemente de fazer ou conseguir uma coisa. ▶ Empenho.

em.pe.o.rar. [empeo'raɾ] [empeo'raɾ] *v.4.* Alterar negativamente uma situação. ▶ Piorar.

em.pe.que.ñe.cer. [empekeɲe'θeɾ] [empekeɲe'seɾ] *v.24.* **1.** Diminuir uma coisa, torná-la menor. ▶ Reduzir. **2.** Minguar a importância ou estima de algo ou alguém. ▶ Minimizar.

em.pe.ra.dor, triz. [empera'ðoɾ] [empera'ðoɾ] *s.* **1.** *Polít.* Supremo dignitário de um império. ▶ Imperador. *f.* **2.** Esposa do imperador. ▶ Imperatriz.

em.pe.ri.fo.llar. [emperifo'ʎaɾ] [emperifo'jaɾ] *v.p.4.* Enfeitar-se ou enfeitar outra pessoa com muito esmero. ▶ Ataviar-se, produzir-se. *Estuvo cuatro horas emperifollándose para ir a su cita.* Ficou se enfeitando por quatro horas para ir ao encontro.

em.pe.ri.fo.lla.do, da. [emperifo'ʎaðo] [emperifo'ʃaðo] *adj.* Pessoa muito bem vestida. ▶ Ataviado, emperifolhado.

em.pe.zar. [empe'θaɾ] [empe'saɾ] *v.70.* Dar ou ter princípio uma coisa. Iniciar. ▶ Começar.

em.pi.nar. [empi'naɾ] [empi'naɾ] *v.4.* **1.** Elevar alguma coisa. Levantar. ▶ Empinar. **2.** Pôr-se sobre a ponta dos pés. Elevar. ▶ Equilibrar. **3.** Pôr-se (um quadrúpede) sobre as patas traseiras, levantando as dianteiras. ▶ Equilibrar, empinar.

em.pi.ris.mo. [empi'rismo] [empi'rihmo] *m.* Doutrina filosófica segundo a qual todo conhecimento tem sua origem na experiência. ▶ Empirismo.

em.pla.zar. [empla'θaɾ] [empla'saɾ] *v.13.* Citar uma pessoa, dando-lhe prazo para que se apresente a fim de justificar algo. ▶ Convocar, citar.

em.ple.a.do, da. [emple'aðo] [emple'aðo] *s.* Pessoa que tem uma ocupação ou exerce uma função pela qual recebe remuneração. ▶ Empregado, funcionário. ➡ *Profesiones*

em.ple.ar. [emple'aɾ] [emple'aɾ] *v.4.* **1.** Dar emprego a alguém. ▶ Empregar. **2.** Usar para determinada finalidade. ▶ Empregar.

em.ple.o. [em'pleo] [em'pleo] *m.* Destino, ocupação ou serviço remunerado que se presta a alguém. ▶ Emprego.

em.po.bre.cer. [empobre'θeɾ] [empobre'seɾ] *v.24.* **1.** Ficar ou fazer ficar em estado de pobreza. Depauperar. ▶ Empobrecer. **2.** *Agr.* Fazer perder a fertilidade (terra). Infertilizar. ▶ Esterilizar.

em.po.llar. [empoʎar] [empoʃar] *v.4.* **1.** *Zool.* Incubar (as aves) seus ovos. ▸ Chocar. **2.** Estudar muito bem as lições.

em.po.rio. [em'porjo] [em'porjo] *m.* **1.** Centro de comércio internacional. ▸ Empório. **2.** Lugar notável pelo desenvolvimento do comércio, das ciências ou das artes. ▸ Centro. **3.** Grande estabelecimento onde se pode comprar de tudo para a casa. ▸ Empório.

em.po.trar. [empo'trar] [empo'trar] *v.4.* Introduzir e fixar uma coisa na parede ou no chão. ▸ Embutir. *El piso tiene roperos empotrados.* O apartamento tem armários embutidos.

em.pren.der. [empren'der] [empren'der] *v.5.* Começar um projeto, uma tarefa, um negócio que implica certo grau de dificuldade. ▸ Empreender.

em.pre.sa. [em'presa] [em'presa] *f.* **1.** Aquilo que se aceita fazer mesmo que apresente desafios. ▸ Empresa. **2.** Casa ou sociedade econômica destinada à produção ou venda de produtos e serviços, visando geralmente ao lucro. ▸ Empresa.

em.prés.ti.to. [em'prestito] [em'prehtito] *m. Fin.* **1.** Ato de tomar dinheiro emprestado. ▸ Empréstimo. **2.** A quantidade de dinheiro emprestada. ▸ Empréstimo.

em.pu.jar. [empu'xar] [empu'xar] *v.4.* Fazer força contra uma coisa para movê-la ou rejeitá-la. ▸ Empurrar.

em.pu.jón. [empu'xon] [empu'xon] *m.* Impulso que se dá com força para afastar uma coisa ou pessoa. ▸ Empurrão.

em.pu.ña.du.ra. [empuɲa'ðura] [empuɲa'ðura] *f.* **1.** Parte pela qual se seguram as armas. ▸ Empunhadura. **2.** Parte por onde se segura um objeto. ▸ Cabo.

en. [en] [en] *prep.* Indica em que lugar, tempo ou de que modo se realiza o processo ao qual se refere. ▸ Em.

e.na.gua. [e'naɣwa] [e'naɣwa] *f.* Saia usada sob o vestido pelas mulheres. ▸ Anágua.

e.na.je.na.ción. [enaxena'θjon] [enaxena'sjon] *f.* Ato ou efeito de alienar. ▸ Alienação.

e.na.je.nar. [enaxe'nar] [enaxe'nar] *v.4.* Transferir a outra pessoa domínio, direito ou posse de algo. ▸ Alienar.

e.nal.te.cer. [enalte'θer] [enalte'ser] *v.24.* Elogiar uma pessoa ou coisa por seus méritos ou qualidades. Exaltar. ▸ Enaltecer.

e.na.mo.ra.do, da. [enamo'raðo] [enamo'raðo] *adj.* **1.** Que está encantado por algo. ▸ Enamorado. *U.t.c.s.* **2.** Que sente amor por alguém. ▸ Enamorado, apaixonado. *U.t.c.s.*

e.na.mo.rar. [enamo'rar] [enamo'rar] *v.4.* **1.** Procurar inspirar amor em uma pessoa. ▸ Enamorar. *El lindo paisaje enamoraba a los novios.* A linda paisagem enamorava os noivos. *v.p.* **2.** Passar a sentir amor por uma pessoa ou, figurativamente, por alguma coisa. ▸ Enamorar-se.

e.na.no, na. [e'nano] [e'nano] *adj.* **1.** *fig.* Diminuto, pequeno em sua espécie. ▸ Anão. *s.* **2.** Pessoa muito pequena. ▸ Anão. ◆ **Blancanieves y los siete enanos.** *Lit.* Conto clássico infantil e nomes de seus protagonistas. ▸ Branca de Neve e os sete anões.

e.nar.bo.lar. [enarβo'lar] [enarβo'lar] *v.4.* Tremular uma bandeira ou estandarte. ▸ Desfraldar.

e.nar.de.cer. [enarðe'θer] [enarðe'ser] *v.24.* Avivar uma luta ou disputa. Inflamar. ▸ Excitar.

en.ca.be.za.mien.to. [enkaβeθa'mjento] [enkaβesa'mjento] *m. Ling.* **1.** Conjunto de palavras com as quais se começa um texto. ▸ Cabeçalho. **2.** Conjunto de fórmulas predeterminadas usadas para iniciar um documento com finalidades específicas. ▸ Cabeçalho.

en.ca.be.zar. [enkaβe'θar] [enkaβe'sar] *v.13.* **1.** Chefiar um grupo de pessoas. ▸ Encabeçar. **2.** *Ling.* Pôr um cabeçalho em um documento. ▸ Encabeçar. **3.** *Ling.* Pôr cabeçalho em um texto. ▸ Encabeçar.

en.ca.bri.tar. [enkaβri'tar] [enkaβri'tar] *v.4. v.p.* Erguer-se (o cavalo) sobre as patas traseiras, levantando as dianteiras. ▸ Empinar-se.

en.ca.de.nar. [enkaðe'nar] [enkaðe'nar] *v.4.* **1.** Unir ou prender com corrente. ▸ Acorrentar. **2.** *fig.* Estabelecer elo. ▸ Encadear. **3.** *fig.* Impedir a ação. ▸ Acorrentar.

en.ca.jar. [enka'xar] [enka'xar] *v.4.* **1.** Colocar uma coisa ou parte dela dentro de outra. ▸ Encaixar. *La llave encaja en la cerradura.* A chave encaixa na fechadura. **2.** Fazer uma citação apropriada em um escrito ou conversa. ▸ Adendar.

en.ca.je. [en'kaxe] [en'kaxe] *m.* **1.** Ato de encaixar uma coisa em outra. ▸ Encaixe. **2.** Lugar no qual se encaixa uma coisa. ▸ Encaixe. **3.** Tecido decorativo trabalhado manualmente ou a máquina, que tem desenhos formados pelo fio que o forma. ▸ Renda. *Los encajes hechos a* *mano son muy caros.* As rendas feitas à mão são muito caras.

en.ca.llar. [enka'ʎaɾ] [enka'ʃaɾ] *v.4.* Ficar presa uma embarcação na areia ou nas rochas, especialmente do mar. ▸ Encalhar.

en.ca.lle.cer. [enkaʎe'θeɾ] [enkaʃe'seɾ] *v.24. Anat.* Endurecer a pele, em alguma parte do corpo, formando calos. ▸ Calejar.

en.ca.mi.nar. [enkami'naɾ] [enkami'naɾ] *v.4.* Fazer chegar a um ponto por certos meios. ▸ Encaminhar.

en.ca.ne.cer. [enkane'θeɾ] [enkane'seɾ] *v.24.* Ficarem brancos os cabelos. ▸ Grisalhar.

en.can.ta.do, da. [enkan'tado] [enkan'tado] *adj.* Que foi tomado de encanto. ▸ Encantado.
 ♦ **¡Encantado(a)!** Encantado! Expressa satisfação ao ser apresentado a uma pessoa. ▸ Encantado.

en.can.ta.dor, do.ra. [enkanta'doɾ] [enkanta'doɾ] *adj.* **1.** Que encanta. ▸ Encantador. *U.t.c.s.* **2.** *fig.* Que causa muito boa impressão. Maravilhoso. ▸ Encantador. *m.* **3.** Mágico que faz encantamentos. Prestidigitador. ▸ Encantador.

en.can.tar. [enkan'taɾ] [enkan'taɾ] *v.4.* **1.** Submeter a encanto. ▸ Encantar. **2.** Exercer domínio ou despertar a admiração de alguém. ▸ Encantar.

en.can.to. [en'kanto] [en'kanto] *m.* Pessoa ou coisa que seduz por sua beleza ou exotismo. ▸ Encanto.

en.ca.po.tar. [enkapo'taɾ] [enkapo'taɾ] *v.4. v.p.* **1.** Vestir-se ou cobrir-se com uma capa ou capote. Encapuzar-se. ▸ Encapotar-se. **2.** *fig.* Cobrir o céu de nuvens tormentosas. ▸ Encobrir.

en.ca.ra.mar. [enkara'maɾ] [enkara'maɾ] *v.4.* Pôr no alto uma pessoa ou coisa. ▸ Elevar.

en.ca.rar. [enka'raɾ] [enka'raɾ] *v.4.* **1.** Enfrentar alguém em atitude violenta ou agressiva. ▸ Encarar. **2.** *fig.* Fazer frente a uma dificuldade ou problema com firme vontade de resolvê-lo. ▸ Encarar.

en.car.ce.lar. [enkaɾθe'laɾ] [enkaɾse'laɾ] *v.4.* Aprisionar uma pessoa, encerrando-a no cárcere. ▸ Encarcerar.

en.car.ga.do, da. [enkaɾ'ɣado] [enkaɾ'ɣado] *s.* Aquele que tem a função de realizar ou coordenar algo. ▸ Encarregado.

en.car.gar. [enkaɾ'ɣaɾ] [enkaɾ'ɣaɾ] *v.9.* **1.** Pôr uma coisa sob os cuidados de alguém. ▸ Encarregar. **2.** Nomear alguém responsável por fazer alguma coisa. Encomendar. ▸ Encarregar.

en.ca.ri.ñar. [enkari'ɲaɾ] [enkari'ɲaɾ] *v.4. v.p.* Ter ou passar a ter carinho por alguém. ▸ Afeiçoar-se.

en.car.na.ción. [enkaɾna'θjon] [enkaɾna'sjon] *f. Rel.* Processo de incorporação de um espírito em um corpo. ▸ Encarnação.

en.car.na.do, da. [enkaɾ'nado] [enkaɾ'nado] *adj.* **1.** Da cor da carne, vermelho ou escarlate. ▸ Encarnado. *m.* **2.** O nome dessa cor. ▸ Encarnado.

en.car.ni.za.do, da. [enkaɾni'θado] [enkaɾni'sado] *adj.* Diz-se do que é extremamente violento. ▸ Aguerrido. *La pelea fue encarnizada.* A luta foi aguerrida.

en.ca.rri.lar. [enkari'laɾ] [enkari'laɾ] *v.4.* **1.** Pôr um veículo sobre os trilhos. ▸ Encarrilhar. **2.** *fig.* Dirigir ou orientar uma pessoa pelo caminho certo. ▸ Encarrilhar.

en.ca.si.llar. [enkasi'ʎaɾ] [enkasi'ʃaɾ] *v.4.* Distribuir pessoas ou coisas em grupos de mesmas características. ▸ Classificar.

en.cas.que.tar. [enkaske'taɾ] [enkahke'taɾ] *v.4.* **1.** Cobrir a cabeça, desajeitadamente, com casquete, capuz, etc. ▸ Encapuçar. **2.** Colocar alguma ideia fixa na cabeça. ▸ Encasquetar.

en.cau.sar. [enkaʊ'saɾ] [enkaʊ'saɾ] *v.4. Dir.* Formar um processo legal contra alguém. ▸ Processar.

en.cau.zar. [enkaʊ'θaɾ] [enkaʊ'saɾ] *v.13.* **1.** Encaminhar por meio de canais. ▸ Canalizar. **2.** *fig.* Direcionar com bom-senso um assunto, uma discussão, um debate. ▸ Canalizar.

en.cé.fa.lo. [en'θefalo] [en'sefalo] *m. Anat.* Órgãos que fazem parte do sistema nervoso e estão contidos na cavidade do crânio. ▸ Encéfalo.

en.cen.de.dor. [enθende'doɾ] [ensende'doɾ] *m.* Pequena câmara que contém um líquido inflamável que se acende no contato com uma faísca, produzida no atrito com uma pedra, e que se usa para acender cigarros e para outros fins. ▸ Isqueiro.

en.cen.der. [enθen'deɾ] [ensen'deɾ] *v.16. p.p. encendido.* **1.** Pôr fogo em alguma coisa. Incendiar. ▸ Acender. **2.** *Fís.* Acionar um circuito elétrico. ▸ Acender.

en.cen.di.do, da. [enθen'dido] [ensen'dido] *adj.* Que se acendeu. ▸ Aceso.

en.ce.ra.do. [enθe'rado] [ense'rado] *m.* Superfície retangular negra que se usa para escrever com giz. Quadro-negro. ▸ Lousa.

en.ce.rar. [enθe'raɾ] [ense'raɾ] *v.4.* Pôr cera. ▶ Encerar.

en.ce.rrar. [enθe'raɾ] [ense'raɾ] *v.15.* Prender uma pessoa ou animal em um lugar do qual não possa sair. ▶ Encerrar.

en.ce.rro.na. [enθe'rona] [ense'rona] *f.* Situação criada para obrigar alguém a fazer algo contra sua vontade. ▶ Cilada.

en.chi.la.da. [entʃi'laða] [entʃi'laða] *m.* Torta de milho frita com recheio de carne, verdura ou queijo, temperada com molho picante. ▶ Torta de milho.

en.chu.fa.do, da. [entʃu'faðo] [entʃu'faðo] *adj.* Que foi conectado para transmitir eletricidade. ▶ Ligado.

en.chu.far. [entʃu'faɾ] [entʃu'faɾ] *v.4.* **1.** Ajustar duas peças preparadas para fazer chegar a eletricidade da rede a um aparelho. Conectar. ▶ Ligar. *Por la mañana, lo primero que hace es enchufar el televisor para ver las noticias.* De manhã, a primeira coisa que ele faz é ligar a televisão para ver as notícias. **2.** *fig.* Colocar uma pessoa em um cargo ou destino como favor pessoal. ▶ Recomendar.

en.chu.fe. [en'tʃufe] [en'tʃufe] *m.* **1.** Peça de aparelho elétrico com fio, feita de material isolante, que contém pinos metálicos que se encaixam em outra peça ligada à rede elétrica para fazer o aparelho funcionar. ▶ Plugue. **2.** Orifício por onde chega a energia elétrica. ▶ Tomada.

en.cí.a. [en'θia] [en'sia] *f. Anat.* Mucosa que cobre os maxilares e protege os dentes. ▶ Gengiva.

en.ci.clo.pe.dia. [enθiklo'peðja] [ensiklo'peðja] *f. col.* Obra que trata dos conhecimentos universais ou específicos de um campo do saber. ▶ Enciclopédia.

en.cie.rro. [en'θjero] [en'sjero] *m.* **1.** Ação e resultado de encerrar. ▶ Encerramento. **2.** Lugar onde se encerra alguém ou algo. ▶ Encerro.

en.ci.ma. [en'θima] [en'sima] *adv.* **1.** Em lugar ou posto superior em relação a outro. ▶ Acima. **2.** Imediata ou relativamente situado sobre certo ponto. ▶ Em cima.

en.ci.na. [en'θina] [en'sina] *f. Bot.* Tipo de árvore. ▶ Azinheira.

en.claus.trar. [enklaus'traɾ] [enklauh'traɾ] *v.4.* **1.** Meter em convento, encerrar no claustro. ▶ Enclausurar. **2.** *fig.* Esconder algo em um lugar oculto. ▶ Ocultar.

en.cla.ve. [en'klaβe] [en'klaβe] *m. Geogr.* Lugar ou território incluído em outro de características étnicas, administrativas ou políticas diferentes. ▶ Enclave.

en.clen.que. [en'klenke] [en'klenke] *adj.* Que adoece com facilidade. ▶ Frágil.

en.co.le.ri.zar. [enkoleri'θaɾ] [enkoleri'saɾ] *v.13.* Fazer com que alguém fique colérico, irado. ▶ Encolerizar.

en.con.tra.do, da. [enkon'traðo] [enkon'traðo] *adj.* Que se encontrou. ▶ Encontrado.

en.con.trar. [enkon'traɾ] [enkon'traɾ] *v.18.* **1.** Dar com pessoa ou coisa, voluntária ou involuntariamente. ▶ Encontrar. **2.** Estar em um mesmo lugar várias pessoas. ▶ Encontrar. **3.** Estar de certa forma. ▶ Encontrar. *Me encuentro un poco enfermo.* Eu me encontro um pouco doente. **4.** Ter certa impressão. ▶ Achar. *Los encuentro muy preocupados con el del examen.* Acho que eles estão muito preocupados com a prova. ♦ **Encontrar (alguien) la horma de su zapato.** Encontrar a alma gêmea.

en.crip.tar. [enkrip'taɾ] [enkrip'taɾ] *v.4. Inform.* Codificar dados eletrônicos para que outras pessoas, além das designadas, não possam lê-los. Cifrar. ▶ Criptografar.

en.cru.ci.ja.da. [enkruθi'xaða] [enkrusi'xaða] *f.* **1.** Lugar onde se cruzam duas ou mais ruas ou caminhos. ▶ Encruzilhada. **2.** *fig.* Situação difícil na qual não se sabe o que fazer. ▶ Encruzilhada.

en.cua.drar. [enkwa'ðraɾ] [enkwa'ðraɾ] *v.4.* **1.** Encaixar uma coisa dentro de outra. Emoldurar. ▶ Enquadrar. **2.** Distribuir as pessoas conforme um esquema de organização determinado. ▶ Enquadrar.

en.cu.bier.to, ta. [enku'βjerto] [enku'βjerto] *adj.* Que foi oculto. Acobertado. ▶ Encoberto.

en.cu.brir. [enku'βrir] [enku'βrir] *v.6. p.p. irreg. encubierto.* Ocultar uma coisa ou impedir que se tenha conhecimento dela. Acobertar. ▶ Encobrir.

en.cuen.tro. [en'kwentro] [en'kwentro] *m.* **1.** Competição esportiva. ▶ Partida. **2.** Estar em companhia de certas pessoas. ▶ Encontro.

en.cues.ta. [en'kwesta] [en'kwehta] *f.* Conjunto de dados obtidos consultando-se as pessoas sobre algum aspecto da atividade humana. Enquete. ▶ Pesquisa.

en.cues.ta.dor, do.ra. [enkwes'taðor] [enkweh'taðor] *s.* Pessoa que faz enquetes, pesquisas. ▶ Pesquisador.

en.de.ble. [en'deβle] [en'deβle] *adj.* Fraco, de resistência insuficiente. ▶ Frágil.

en.de.mia. [en'demia] [en'demia] *f. Med.* Doença que se restringe a um determinado local e época. ▶ Endemia.

en.dé.mi.co, ca. [en'demiko] [en'demiko] *adj.* **1.** *Med.* Relativo às doenças que existem em um lugar. ▶ Endêmico. **2.** Peculiar a determinada região ou população. ▶ Endêmico.

❏ **en.de.re.zar.** [endere'θar] [endere'sar] *v.13.* Pôr direito o que está torto ou desviado da linha reta. ▶ Endireitar.

en.do.cri.nó.lo.go, ga. [endokri'noloɣo] [endokri'noloɣo] *s. Med.* Especialista em endocrinologia. ▶ Endocrinologista.

en.do.sar. [endo'sar] [endo'sar] *v.4.* **1.** Passar uma responsabilidade a outro. ▶ Endossar, transferir. **2.** Ceder a favor de outro um documento de crédito. ▶ Endossar, transferir.

en.do.so. [en'doso] [en'doso] *m.* Ato ou efeito de endossar. ▶ Endosso.

en.dul.za.do, da. [endul'θaðo] [endul'saðo] *adj.* Ver *edulcorado*. ▶ Adoçado.

en.dul.zar. [endul'θar] [endul'sar] *v.13.* Ver *edulcorar*. ▶ Adoçar.

en.du.re.cer. [enðure'θer] [enðure'ser] *v.24.* **1.** Deixar dura uma coisa. ▶ Endurecer. **2.** Fortalecer o corpo por meio de exercícios de ginástica. Enrijecer. ▶ Endurecer. **3.** *fig.* Tornar-se rigoroso. ▶ Endurecer.

e.ne. ['ene] ['ene] *f.* O nome da letra N. ▶ Ene.

e.ne.mi.go, ga. [ene'miɣo] [ene'miɣo] *s.* Que não é amigo, adversário. ▶ Inimigo. *Él es un buen político, no tiene enemigos.* Ele é um bom político, não tem inimigos.

e.ner.gé.ti.co, ca. [ener'xetiko] [ener'xetiko] *adj.* **1.** Que produz energia. ▶ Energético. *f.* **2.** Ciência que trata da energia. ▶ Energética.

e.ner.gí.a. [ener'xia] [ener'xia] *f.* **1.** Maneira decidida de se fazer alguma coisa. ▶ Firmeza. **2.** Força que se aplica para produzir trabalho mecânico. ▶ Energia.

e.nér.gi.co, ca. [e'nerxiko] [e'nerxiko] *adj.* **1.** Que tem energia ou é relativo a ela. ▶ Enérgico. **2.** Que procede com vigor e força de vontade. ▶ Enérgico.

e.ner.gú.me.no, na. [ener'ɣumeno] [ener'ɣumeno] *s.* Pessoa muito rude e grossa, que se isola. ▶ Intratável, energúmeno.

e.ne.ro. [e'nero] [e'nero] *m.* O primeiro mês do ano. ▶ Janeiro.

e.né.si.mo, ma. [e'nesimo] [e'nesimo] *adj.* Diz-se do número indeterminado de vezes que uma coisa se repete. ▶ Enésimo. *¡Es la enésima vez que te digo que no hagas eso!* É a enésima vez que eu falo para você não fazer isso!

en.fa.da.do, da. [enfa'ðaðo] [enfa'ðaðo] *adj.* Que demonstra aborrecimento. ▶ Aborrecido.

en.fa.dar. [enfa'ðar] [enfa'ðar] *v.4.* Provocar aborrecimento. ▶ Enfadar.

en.fa.do. [en'faðo] [en'faðo] *m.* Sentimento de irritação por causa de uma pessoa ou uma situação. ▶ Aborrecimento.

én.fa.sis. ['enfasis] ['enfasis] *m.* **1.** Maneira de falar que dá força às palavras. ▶ Ênfase. **2.** *Ling.* Força de expressão ou de entonação para realçar a importância do que se diz. ▶ Ênfase.

en.fa.ti.zar. [enfati'θar] [enfati'sar] *v.13.* Destacar a expressão do que se diz. ▶ Enfatizar.

en.fer.mar. [enfer'mar] [enfer'mar] *v.4.* Ficar doente. ▶ Adoecer. *No se cuidaba y acabó enfermando.* Não se cuidava e acabou adoecendo. *U.t.c.v.p.*

en.fer.me.dad. [enferme'ðað] [enferme'ðað] *f.* Falta de saúde, moléstia. ▶ Doença, enfermidade.

en.fer.me.ro, ra. [enfer'mero] [enfer'mero] *s.* Aquele que tem a função de auxiliar o médico no trato com os doentes. ▶ Enfermeiro.
➡ *Profesiones*

en.fer.mo, ma. [en'fermo] [en'fermo] *adj.* Que sofre ou padece de uma doença. Enfermo. ▶ Doente. *Juan está enfermo y no puede ir a trabajar.* Juan está doente e não pode ir trabalhar. *U.t.c.s.*

en.fi.lar. [enfi'lar] [enfi'lar] *v.4.* **1.** Pôr em fila várias coisas ou pessoas. ▶ Enfileirar. **2.** Iniciar o percurso de uma estrada ou qualquer outra via. ▶ Pegar, posicionar-se. *Enfiló la vía Anhanguera y no paró hasta llegar a Jundiaí.* Pegou a via Anhanguera e não parou até chegar em Jundiaí.

en.fo.car. [enfo'kar] [enfo'kar] *v.7.* Centrar foco em um objeto ou em um objetivo. Abordar. ▶ Enfocar.

en.fo.que. [en'foke] [en'foke] *m.* Ato de enfocar. ▶ Enfoque.

en.fras.car. [enfras'kar] [enfrah'kar] *v.7.* **1.** Colocar em frascos. ▶ Enfrascar, engarrafar. **2.** *v.p.* Dedicar-se com intensidade ou exclusividade a alguma coisa. ▶ Concentrar-se.

en.fren.ta.mien.to. [enfrenta'mjento] [enfrenta'mjento] *m.* Ato ou efeito de defrontar. ▸ Enfrentamento.

en.fren.tar. [enfren'tar] [enfren'tar] *v.4.* **1.** Colocar frente a frente. ▸ Enfrentar. **2.** Dispor-se ante alguém ou algo. ▸ Enfrentar.

en.fria.mien.to. [enfrja'mjento] [enfrja'mjento] *m.* **1.** Ato de deixar frio ou mais frio. ▸ Resfriamento. **2.** *Med.* Doença das vias respiratórias ocasionada pelo frio. ▸ Resfriado.

en.friar. [en'frjar] [en'frjar] *v.4.* **1.** Fazer que uma coisa perca o calor. Esfriar. ▸ Resfriar. **2.** *fig.* Diminuir o afeto ou amizade que se tinha por alguém. Esfriar. ▸ Esfriar. **3.** *fig.* Acalmar os ânimos após uma discussão. ▸ Esfriar.

en.fun.dar. [enfun'dar] [enfun'dar] *v.4.* Colocar dentro de coldre, bainha, etc. ▸ Embainhar.

en.fu.re.cer. [enfure'θer] [enfure'ser] *v.24.* Deixar nervoso, fazer perder a calma. Encolerizar. ▸ Enfurecer.

en.fu.rru.ñar. [enfuru'ɲar] [enfuru'ɲar] *v.4. v.p.* Fechar a cara. ▸ Zangar-se, enfadar-se.

en.gan.char. [engan'tʃar] [engan'tʃar] *v.4.* **1.** Prender ou sustentar uma coisa com gancho. ▸ Enganchar. **2.** Atrelar animais a uma carruagem. ▸ Enganchar. **3.** *fig.* Fazer cair em sedução ou em vício. Cair. ▸ Tombar.

en.gan.che. [en'gantʃe] [en'gantʃe] *m.* Peça que une um ou mais vagões a uma locomotiva, veículo, carroça. ▸ Engate, acoplamento.

en.ga.ña.bo.bos. [eŋgaɲa'βoβos] [eŋgaɲa'βoβos] *com.* Aquele que tenta enganar os outros. ▸ Enganador.

en.ga.ñar. [eŋga'ɲar] [eŋga'ɲar] *v.4.* Crer ou fazer que creiam que algo não é verdadeiro. ▸ Enganar.

en.ga.ño. [eŋ'gaɲo] [eŋ'gaɲo] *m.* **1.** Falta de verdade no que se diz ou se faz. ▸ Engano. **2.** Erro cometido por alguém com ou sem intenção de fraudar. ▸ Engano.

en.gar.zar. [eŋgar'θar] [eŋgar'sar] *v.13.* Unir uma coisa com outra formando corrente. ▸ Encadear.

en.ga.tu.sar. [eŋgatu'sar] [eŋgatu'sar] *v.4.* Ganhar a vontade de alguém para conseguir alguma coisa. ▸ Enrolar.

en.glo.bar. [eŋglo'βar] [eŋglo'βar] *v.4.* Juntar várias coisas em uma só ou abarcar todas de uma vez. ▸ Englobar.

en.go.mi.na.do, da. [eŋgomi'naðo] [eŋgomi'naðo] *adj.* Pessoa que passa gel no cabelo para penteá-lo.

en.go.rro. [eŋ'goro] [eŋ'goro] *m.* Obstáculo ou impedimento para a realização de alguma coisa. ▸ Empecilho.

en.gra.na.je. [eŋgra'naxe] [eŋgra'naxe] *m.* **1.** Conjunto de peças de uma máquina que transmite um movimento de rotação de um eixo para outro. ▸ Engrenagem. **2.** Conjunto de dentes das peças que serve para engrenar. ▸ Engrenagem.

en.gra.nar. [eŋgra'nar] [eŋgra'nar] *v.4.* Encaixar os dentes de uma engrenagem entre os dentes de outra. ▸ Engrenar.

en.gran.de.cer. [eŋgrande'θer] [eŋgrande'ser] *v.24.* **1.** Aumentar, tornar grande uma coisa. ▸ Engrandecer. **2.** Exaltar, elevar uma pessoa a grau ou dignidade superior. ▸ Engrandecer.

❑ **en.gra.sa.do, da.** [eŋgra'saðo] [eŋgra'saðo] *adj.* Que está untado com óleo. ▸ Engordurado.

❑ **en.gra.sar.** [eŋgra'sar] [eŋgra'sar] *v.4.* **1.** Passar substância oleosa em algo com a finalidade de diminuir o atrito. ▸ Lubrificar. **2.** Untar com óleo. ▸ Engordurar.

en.gre.í.do, da. [eŋgre'iðo] [eŋgre'iðo] *adj.* Ver *creído.* Presunçoso. ▸ Convencido.

en.gro.sar. [eŋgro'sar] [eŋgro'sar] *v.18.* **1.** Fazer grossa e mais encorpada uma coisa. ▸ Engrossar. **2.** Tornar mais numeroso um grupo de pessoas. ▸ Engrossar.

en.gru.do. [eŋ'gruðo] [eŋ'gruðo] *m.* **1.** Cola feita de farinha de trigo e água. ▸ Goma. **2.** Cola forte, feita de casco de cavalo, para colar madeira. ▸ Cola de madeira.

en.he.brar. [ene'βrar] [ene'βrar] *v.4.* Enfiar a linha na agulha. ▸ Enfiar.

en.ho.ra.bue.na. [enora'βwena] [enora'βwena] *f.* Felicitação por algum acontecimento ou fato feliz, como aniversário, formatura, casamento, etc. ▸ Parabéns. ♦ **Dar la enhorabuena.** Dar os parabéns. *Todos me dieron la enhorabuena cuando dije que estaba embarazada.* Todos me deram os parabéns quando eu disse que estava grávida.

e.nig.ma. [e'niɣma] [e'niɣma] *m.* Conjunto de palavras que, ao serem decodificadas, transmitem uma mensagem. ▸ Enigma.

e.nig.má.ti.co, ca. [eniɣ'matiko] [eniɣ'matiko] *adj.* Que tem significado obscuro e misterioso. ▸ Enigmático.

en.ja.bo.nar. [enxaβo'nar] [enxaβo'naɾ] *v.4. v.p.* Lavar com água e sabão. ▸ Ensaboar.

en.jau.lar. [enxau̯'lar] [enxau̯'laɾ] *v.4.* **1.** Prender dentro de uma jaula. ▸ Enjaular. **2.** Aprisionar alguém no cárcere. Encarcerar. ▸ Enjaular.

en.jua.gar. [enxwa'ɣar] [enxwa'ɣaɾ] *v.9.* Lavar várias vezes, só com água, para tirar o sabão. ▸ Enxaguar.

en.ju.gar. [enxu'ɣar] [enxu'ɣaɾ] *v.9. p.p. reg. enjugado / irreg. enjuto.* Secar com um pano. ▸ Enxugar.

en.ju.to, ta. [en'xuto] [en'xuto] *adj.* Muito magro. ▸ Enxuto.

en.la.ce. [en'laθe] [en'lase] *m.* **1.** União de duas coisas. ▸ Enlace. **2.** Pessoa que intermedia a comunicação entre duas ou mais pessoas. ▸ Mensageiro. **3.** *fig.* Ver *boda*. Casamento. ▸ Enlace. **4.** *Inform.* Conexão virtual que interliga diferentes páginas ou documentos. ▸ Link.

en.la.dri.llar. [enlaðri'ʎar] [enlaðri'ʃaɾ] *v.4.* Revestir ou construir com tijolos. ▸ Entijolar.

en.la.zar. [enla'θar] [enla'saɾ] *v.13.* **1.** Atar objetos, unir pessoas ou ideias. ▸ Enlaçar. **2.** Prender com laço. ▸ Enlaçar.

en.lo.que.cer. [enloke'θer] [enloke'seɾ] *v.24.* **1.** Fazer alguém perder o juízo. ▸ Enlouquecer. **2.** Virar louco. ▸ Enlouquecer.

en.ma.ra.ñar. [enmaɾa'ɲar] [enmaɾa'ɲaɾ] *v.4.* **1.** Enredar fios, cabelos ou outras fibras. ▸ Emaranhar. **2.** *fig.* Complicar um assunto e torná-lo ininteligível. ▸ Emaranhar.

en.mas.ca.rar. [enmaska'rar] [enmahka'raɾ] *v.4.* **1.** Cobrir o rosto com máscara. ▸ Mascarar. *fig.* **2.** Disfarçar, camuflar. ▸ Mascarar.

en.mien.da. [en'mjenda] [en'mjenda] *f.* **1.** Correção que se faz no que está errado. ▸ Emenda. **2.** Proposta de adição ou modificação em um projeto, documento ou lei. ▸ Emenda.

en.mo.he.cer. [enmoe'θer] [enmoe'seɾ] *v.24.* Cobrir-se de mofo. ▸ Mofar.

en.mu.de.cer. [enmuðe'θer] [enmuðe'seɾ] *v.24.* **1.** Perder a faculdade de falar. ▸ Emudecer. **2.** Ficar calado, não querer falar. ▸ Emudecer.

❑ **e.no.ja.do, da.** [eno'xaðo] [eno'xaðo] *adj.* Diz-se de pessoa que, por algum motivo, se irritou ou ficou magoada com algo ou alguém. ▸ Zangado.

❑ **e.no.jar.** [eno'xar] [eno'xaɾ] *v.4.* Causar enfado, molestar. ▸ Irritar.

e.no.jo. [e'noxo] [e'noxo] *m.* Aborrecimento causado por uma ofensa ou atitude de outra pessoa. Raiva. ▸ Irritação.

e.nor.me. [e'norme] [e'noɾme] *adj.* Muito grande, descomunal. ▸ Enorme.

en.rai.zar. [enrai̯'θar] [enrai̯'saɾ] *v.13.* **1.** Fixar-se na terra pela raiz. ▸ Arraigar. **2.** Criar raízes. ▸ Enraizar.

en.re.dar. [enre'ðar] [enre'ðaɾ] *v.4.* **1.** Colocar redes para caçar ou pescar. **2.** Emaranhar uma coisa com outra. ▸ Enredar. **3.** *fig.* Complicar, criar problemas. ▸ Enrolar.

en.re.do. [en'reðo] [en'reðo] *m.* **1.** *fig.* Coisa que está confusa, complicada. ▸ Enredo. **2.** Brincadeira de criança. ▸ Travessura. **3.** Emaranhado de fios ou outras fibras. ▸ Enredo.

en.re.ja.do. [enre'xaðo] [enre'xaðo] *m.* Cerca, geralmente de ferro, que se instala para proteger e impedir o acesso a um edifício, jardim ou outro lugar. ▸ Grade.

en.ri.que.cer. [enrike'θer] [enrike'seɾ] *v.24. v.p.* **1.** Tornar-se rico. ▸ Enriquecer. **2.** Ter desenvolvimento. Prosperar. ▸ Enriquecer.

en.ro.je.cer. [enroxe'θer] [enroxe'seɾ] *v.24.* Ficar vermelha uma coisa com o calor ou o fogo. ▸ Enrubescer.

❑ **en.ro.lar.** [enro'lar] [enro'laɾ] *v.4.* **1.** Contratar uma pessoa como tripulante de um navio mercante. ▸ Alistar. *v.p.* **2.** Inscrever-se no exército, em partido político ou corporação. ▸ Filiar-se.

en.ro.llar. [enro'ʎar] [enro'ʃaɾ] *v.4. v.p.* **1.** Ver *liar*[(4)]. ▸ Ficar. *Enrique se enrolló con Guadalupe en la fiesta de Mercedes.* Enrique ficou com Guadalupe na festa da Mercedes. **2.** Dar forma de rolo. ▸ Enrolar.

en.ros.car. [enros'kar] [enroh'kaɾ] *v.7.* **1.** Pôr em forma de rosca. ▸ Enroscar. **2.** Introduzir uma coisa torcendo a volta da rosca. ▸ Enroscar.

en.sa.la.da. [ensa'laða] [ensa'laða] *f. Cul.* Prato composto de várias hortaliças e legumes cortados, misturados e temperados com sal, azeite, vinagre ou limão e outros temperos. ▸ Salada.

en.sa.la.de.ra. [ensala'ðera] [ensala'ðeɾa] *f.* Recipiente próprio para servir salada. ▸ Saladeira.

en.sa.la.di.lla. [ensala'ðiʎa] [ensala'ðiʃa] *f. Cul.* Salada feita com batata, ervilha, cenoura e ovos cozidos e temperada com molho de maionese. ▸ Salada russa.

en.sal.zar. [ensal'θar] [ensal'sar] *v.13.* Exaltar alguém ou alguma coisa por suas boas qualidades. ▸ Elogiar.

en.sam.blar. [ensam'blar] [ensam'blar] *v.4.* Ato de unir ou encaixar duas ou mais peças de uma estrutura. ▸ Ensamblar.

en.san.char. [ensan'tʃar] [ensan'tʃar] *v.4.* Fazer mais largo. ▸ Alargar.

en.sar.tar. [ensar'tar] [ensar'tar] *v.4.* Atravessar um fio ou arame por contas, pérolas, anéis e outros objetos. ▸ Enfiar.

en.sa.yar. [ensa'jar] [ensa'ʃar] *v.4.* **1.** Experimentar, testar uma coisa antes de praticá-la. ▸ Ensaiar. **2.** Treinar a execução de um espetáculo ou outro ato para apresentá-lo ao público. ▸ Ensaiar.

en.sa.yo. [en'sajo] [en'saʃo] *m.* **1.** Ato de ensaiar. ▸ Ensaio. **2.** Escrito no qual o autor expõe seus pensamentos sobre um determinado tema. ▸ Ensaio.

en.se.gui.da. [ense'ɣiða] [ense'ɣiða] *adv.* **1.** Sem perda de tempo. ▸ Imediatamente. **2.** Em posição posterior ou próxima. ▸ Em seguida.

en.se.na.da. [ense'naða] [ense'naða] *f. Geogr.* Parte de mar que adentra a terra. ▸ Enseada.

en.se.ñan.za. [ense'ɲanθa] [ense'ɲansa] *f.* **1.** Atividade de transmitir conhecimentos e instruções. ▸ Ensino. **2.** Conjunto de conhecimentos que se transmite a outro. ▸ Ensino.

en.se.ñar. [ense'ɲar] [ense'ɲar] *v.4.* **1.** Transmitir a outro conhecimentos ou técnicas. ▸ Ensinar. ❏ Expor uma coisa. ▸ Mostrar.

en.se.res. [en'seres] [en'seres] *m.pl.* **1.** Móveis e outras coisas que se têm em casa. ▸ Utensílios. **2.** Conjunto de ferramentas de um profissional. ▸ Utensílios.

en.som.bre.cer. [ensombre'θer] [ensombre'ser] *v.24.* **1.** Cobrir-se de sombras, escurecer. ▸ Sombrear. *v.p.* **2.** *fig.* Ficar penalizado, aflito. ▸ Entristecer-se.

en.sor.ti.ja.do, da. [ensorti'xaðo] [ensorti'xaðo] *adj.* Diz-se do cabelo anelado, que forma cachos. ▸ Cacheado. *María tiene el pelo ensortijado, pero no muy crespo.* Maria tem o cabelo cacheado, porém não muito crespo.

en.su.ciar. [ensu'θjar] [ensu'sjar] *v.4.* **1.** Manchar, emporcalhar alguma coisa. ▸ Sujar. **2.** *fig.* Manchar o bom nome com vícios ou ações indignas. ▸ Sujar.

en.sue.ño. [en'sweɲo] [en'sweɲo] *m.* Sonho ou fantasia imaginado por alguém. ▸ Sonho.

en.ta.blar. [enta'βlar] [enta'βlar] *v.4.* **1.** Cercar ou cobrir com tábuas. ▸ Entabuar. **2.** Iniciar uma conversa, amizade, relacionamento. ▸ Entabular.

en.te. ['ente] ['ente] *m.* **1.** Aquilo que existe ou pode existir. ▸ Ente. **2.** Instituição ou empresa pública ou privada. ▸ Entidade.

en.ten.der. [enten'der] [enten'der] *v.16.* **1.** Compreender com clareza. ▸ Entender. **2.** Perceber a intenção de outra pessoa pelo que faz ou diz. ▸ Entender.

en.ten.di.do, da. [enten'diðo] [enten'diðo] *adj.* Que conhece bem sua área ou profissão. Especialista. ▸ Entendido.

en.te.ra.do, da. [ente'raðo] [ente'raðo] *adj.* **1.** Que conhece, que sabe sobre alguma coisa ou matéria. Inteirado. ▸ Informado. **2.** Que procede com determinado orgulho e soberba. Fanfarrão. ▸ Presunçoso.

en.te.rar. [ente'rar] [ente'rar] *v.4.* Informar ou instruir uma pessoa sobre algo em qualquer assunto. ▸ Inteirar.

en.te.re.za. [ente'reθa] [ente'resa] *f.* **1.** *fig.* Inteireza e retidão nos atos e comportamento. ▸ Integridade. **2.** *fig.* Imparcialidade nas decisões. ▸ Integridade.

en.ter.ne.cer. [enterne'θer] [enterne'ser] *v.24.* **1.** Tornar terno, amoroso. ▸ Enternecer. **2.** Tornar sensível a. ▸ Enternecer.

en.te.ro, ra. [en'tero] [en'tero] *adj.* **1.** Que está completo, sem falta alguma. ▸ Inteiro. **2.** *fig.* Diz-se de pessoa reta e justa. ▸ Íntegro. ♦ **Leche entera.** Leite integral.

en.te.rrar. [ente'rar] [ente'rar] *v.15.* **1.** Pôr embaixo da terra. ▸ Enterrar. **2.** Dar sepultura a um cadáver. ▸ Enterrar. **3.** Esconder, cobrindo uma coisa com outras. ▸ Enterrar.

en.ti.dad. [enti'ðaθ] [enti'ðað] *f.* **1.** Aquilo que constitui a essência ou forma de um ser. ▸ Entidade. **2.** Coletividade considerada como unidade. ▸ Entidade.

en.to.na.ción. [entona'θjon] [entona'sjon] *f.* Ver *pronunciación*. ▸ Entonação.

en.to.nar. [ento'nar] [ento'nar] *v.4.* **1.** *Mús.* Iniciar um canto para marcar o tom a seguir. ▸ Entoar. **2.** *Med.* Fortalecer o organismo de um convalescente com exercícios e alimentação. ▶ Tonificar.

en.ta.llar. [enta'ʎaɾ] [enta'ʃaɾ] *v.4.* Fazer escultura ou entalhe em madeira. ▶ Esculpir, entalhar.

en.ton.ces. [en'tonθes] [en'tonses] *adv.* **1.** Naquele momento ou ocasião. ▶ Então. *Lo llamé la semana pasada; hasta entonces no me había dicho nada.* Liguei para ele na semana passada; até então não tinha me dito nada. **2.** Em tal caso ou situação. ▶ Então. *El vecino se disculpó y entonces no hubo discusión.* O vizinho pediu desculpas e então não houve discussão. **3.** Em momento futuro. ▶ Então. *Esperaré que termine tu discurso y entonces lo rebatiré punto por punto.* Deixarei que ele acabe seu discurso e então o refutarei integralmente. **4.** Em consequência. ▶ Então.

☐ **en.tor.nar.** [entor'naɾ] [entor'naɾ] *v.4.* Deixar uma porta ou janela sem abrir ou fechar por completo. ▶ Entreabrir.

en.tor.no. [en'torno] [en'torno] *m.* Ambiente que rodeia. ▶ Entorno.

en.tor.pe.cer. [entorpe'θeɾ] [entorpe'seɾ] *v.24.* **1.** Conturbar o entendimento, perturbar o espírito. ▶ Entorpecer. **2.** *fig.* Pôr obstáculos, dificultar ou retardar alguma coisa. ▶ Entorpecer.

en.tra.da. [en'traða] [en'traða] *f.* **1.** Porta, abertura no espaço por onde se entra em um lugar. ▶ Entrada. **2.** Bilhete ou ingresso para assistir a um espetáculo. ▶ Entrada.

en.tra.ma.do. [entra'maðo] [entra'maðo] *m.* Entrecruzamento de lâminas de metal usado nas construções. ▶ Vergalhão.

en.tran.te. [en'trante] [en'trante] *adj.* **1.** Malha ou armação metálica flexível usada no reforço de paredes, pisos, etc. Diz-se de semana, mês, ano, etc. que vem imediatamente depois do atual. ▶ Próximo. *La semana entrante empieza el curso.* Na próxima semana começa o curso. **2.** *fig.* Diz-se de pessoa que está começando em um emprego ou profissão. ▶ Ingressante. *U.t.c.s.*

en.tra.ña. [en'traɲa] [en'traɲa] *f.* **1.** *Anat.* Cada um dos órgãos internos do corpo humano e dos animais. ▶ Entranha. **2.** *fig.* O essencial de um assunto. ▶ Entranha.

en.tra.ña.ble. [entra'ɲaβle] [entra'ɲaβle] *adj.* **1.** Pertencente ou relativo à intimidade. ▶ Íntimo. *s.* **2.** Pessoa querida ou com a qual se tem muita amizade. ▶ Íntimo. **3.** Pessoa muito afetuosa. ▶ Carinhoso.

en.tra.ñar. [entra'ɲaɾ] [entra'ɲaɾ] *v.4.* **1.** Penetrar muito fundo. ▶ Entranhar. **2.** Conter dentro de si. ▶ Entranhar.

en.trar. [en'traɾ] [en'traɾ] *v.4.* **1.** Passar de um lugar para outro. ▶ Adentrar. **2.** Introduzir uma coisa em outra. ▶ Enfiar. **3.** Ser admitido, começar a fazer parte de uma corporação. ▶ Entrar. ♦ **No entrarle a uno algo.** Não conseguir aprender. *A Ignacio no le entran las Matemáticas ni a martillazos.* Ignacio não consegue aprender Matemática nem à força.

en.tre. ['entre] ['entre] *prep.* **1.** Indica estado intermediário. ▶ Entre. **2.** Indica ação conjunta. *Comemos una pizza entre cuatro personas.* Nós quatro comemos uma *pizza*.

en.tre.a.brir. [entrea'βriɾ] [entrea'βriɾ] *v.6. p.p. irreg.* entreabierto. Abrir só um pouco uma porta ou janela. ▶ Entreabrir.

en.tre.ac.to. [entre'akto] [entre'akto] *m. Teat.* Período de tempo entre dois atos de uma representação de teatro, circo ou outro espetáculo. ▶ Intervalo.

en.tre.di.cho. [entre'ðitʃo] [entre'ðitʃo] *m.* **1.** Proibição de fazer ou dizer alguma coisa. ▶ Interdição. **2.** Dúvida sobre a veracidade de algo. ▶ Suspeita.

en.tre.ga. [en'treɣa] [en'treɣa] *f.* **1.** Ato ou feito de entregar. ▶ Entrega. **2.** O objeto que se entregou. Encomenda. ▶ Entrega.

en.tre.gar. [entre'ɣaɾ] [entre'ɣaɾ] *v.9. p.p. reg. entregado.* **1.** Deixar aos cuidados de alguém uma pessoa ou coisa. ▶ Entregar. *v.p.* **2.** Submeter-se a alguém. Render-se. ▶ Entregar-se.

en.tre.la.za.do. [entrela'θaðo] [entrela'saðo] *m.* **1.** Ação e efeito de entrelaçar, unir. ▶ Entrelaçado. **2.** Enfeite formado por elementos que se entrelaçam uns com outros. ▶ Entrelaçado.

en.tre.més. [entre'mes] [entre'mes] *m.* Conjunto de alimentos, como azeitonas, presunto, etc., que são servidos antes do início da refeição principal. ▶ Antepasto.

en.tre.me.ter. [entreme'teɾ] [entreme'teɾ] *v.5. v.p.* Ver *entrometer*[2]. ▶ Intrometer-se. *Ese individuo se entremete en los asuntos de los demás.* Esse indivíduo se intromete nos assuntos dos demais.

en.tre.me.ti.do, da. [entreme'tiðo] [entreme'tiðo] *s.* Que se intromete, enxerido. ▶ Intrometido.

en.tre.na.dor, do.ra. [entrena'ðoɾ] [entrena'ðoɾ] *s.* Aquele que dirige ou orienta o treino. ▶ Treinador.

en.tre.na.mien.to. [entrena'mjento] [entrena'mjẽtu] *m.* Preparo empreendido antes da realização de determinada atividade. ▶ Treinamento. ➟ *Recreación*

en.tre.nar. [entre'nar] [entre'nar] *v.4.* Preparar, adestrar pessoas ou animais para determinada prática. ▶ Treinar.

en.tre.sa.car. [entresa'kar] [entresa'kar] *v.7.* Selecionar uma coisa que está entre outras. ▶ Extrair.

en.tre.sue.lo. [entre'swelo] [entre'swelo] *m.* Andar situado entre o térreo e o primeiro andar. ▶ Sobreloja.

en.tre.tan.to. [entre'tanto] [entre'tanto] *adv.* Neste meio-tempo, entrementes. ▶ Entretanto.

en.tre.te.ner. [entrete'ner] [entrete'ner] *v.26.* **1.** Distrair de alguma forma para aliviar uma contrariedade ou desgosto. ▶ Entreter. **2.** Retardar a solução de um problema ou negócio com pretextos inventados. Distrair. ▶ Entreter.

en.tre.tiem.po. [entre'tjempo] [entre'tjẽmpo] *m.* Tempo de primavera ou de outono, próximo do verão, e de temperatura suave. ▶ Meia-estação.

en.tre.ver. [entre'βer] [entre'βer] *v.48. p.p. irreg. entrevisto.* **1.** Ver com dificuldade uma coisa. ▶ Entrever. **2.** *fig.* Pressentir ou suspeitar algo. ▶ Entrever.

en.tris.te.cer. [entriste'θer] [entrihte'ser] *v.24.* **1.** Causar tristeza, afligir uma pessoa. ▶ Entristecer. *v.p.* **2.** Pôr-se triste e melancólico. ▶ Entristecer.

en.tro.me.ter. [entrome'ter] [entrome'ter] *v.5.* **1.** Colocar uma coisa entre outras. Intercalar. ▶ Interpor. *v.p.* **2.** Interferir em algo sem ter sido convidado. ▶ Intrometer-se.

en.tron.car. [entron'kar] [entron'kar] *v.7.* **1.** Ligar-se por parentesco. ▶ Entroncar. **2.** Unir linhas de transporte. ▶ Entroncar.

en.tro.ni.zar. [entroni'θar] [entroni'sar] *v.13.* **1.** Elevar à mais alta dignidade. ▶ Entronizar. **2.** Pôr no trono, colocar em estado elevado. ▶ Entronizar.

en.tuer.to. [en'twerto] [en'twerto] *m.* Agravo injusto que se faz a uma pessoa. ▶ Ofensa.

en.tu.me.cer. [entume'θer] [entume'ser] *v.24. Anat.* Entorpecer o movimento de um membro. Enrijecer. ▶ Intumescer.

en.tur.biar. [entur'βjar] [entur'βjar] *v.4.* **1.** Perder (a água) sua transparência. ▶ Turvar. **2.** Escurecer o que estava claro e limpo. ▶ Turvar.

en.tu.sias.mar. [entusjas'mar] [entusjah'mar] *v.4.* Provocar entusiasmo. ▶ Entusiasmar.

en.tu.sias.mo. [entu'sjasmo] [entu'sjahmo] *m.* **1.** Inspiração exaltada de quem fala ou escreve. ▶ Entusiasmo. **2.** Estado de alegria e exaltação. ▶ Entusiasmo.

e.nu.me.rar. [enume'rar] [enume'rar] *v.4.* Relacionar sequencialmente as partes de um conjunto. ▶ Enumerar.

e.nun.cia.do. [enun'θjaðo] [enun'sjaðo] *m.* **1.** Conjunto de dados que compõem um problema. ▶ Enunciado. **2.** Exposição breve e simples de uma ideia. ▶ Enunciado.

en.va.se. [em'base] [em'base] *m.* **1.** Recipiente no qual se conservam ou transportam líquidos especialmente. Frasco. ▶ Vasilhame. **2.** Tudo o que contém artigos de comércio para transportá-los ou conservá-los. ▶ Embalagem.

en.ve.je.cer. [embexe'θer] [embexe'ser] *v.24.* **1.** Tornar(-se) velho. ▶ Envelhecer. **2.** Perder o viço. ▶ Envelhecer.

en.ve.je.ci.mien.to. [embexeθi'mjento] [embexesi'mjẽntu] *m. Biol.* Mudanças fisiológicas e físicas provocadas pelo passar do tempo nos seres vivos. ▶ Envelhecimento. **2.** Ato ou efeito de ficar mais velho. ▶ Envelhecimento.

en.ve.ne.nar. [embene'nar] [embene'nar] *v.4.* **1.** Contaminar com substância tóxica. ▶ Envenenar. *v.p.* **2.** Sofrer intoxicação. ▶ Intoxicar-se. **3.** *fig.* Transmitir doutrinas ou crenças falsas e perniciosas. ▶ Envenenar.

en.ver.ga.du.ra. [emberɣa'ðura] [emberɣa'ðura] *f.* **1.** *Mar.* A parte mais larga de uma vela. **2.** *Zool.* Distância entre as pontas das asas abertas de uma ave. ▶ Envergadura. **3.** Distância máxima entre os extremos das asas de um avião. ▶ Envergadura.

en.vés. [em'bes] [em'bes] *m.* Parte oposta à superfície de uma coisa. ▶ Verso.

en.viar. [em'bjar] [em'bjar] *v.4.* Mandar, encaminhar alguém ou fazer com que alguma coisa seja levada a alguma parte. ▶ Enviar.

en.vi.dia. [em'biðja] [em'biðja] *f.* **1.** Desgosto ou pesar pela posse de bens e conquistas dos outros. ▶ Inveja. **2.** Desejo de possuir algo que outros têm. ▶ Inveja.

en.vi.dio.so, sa. [embi'ðjoso] [embi'ðjoso] *adj.* Que tem inveja. ▶ Invejoso. *U.t.c.s.*

en.vi.le.cer. [embile'θer] [embile'ser] *v.24.* **1.** Tornar vil e rebaixar uma pessoa ou coisa. ▶ Aviltar. **2.** Perder (uma pessoa) a estima que tinha. ▶ Aviltar.

en.ví.o. [em'bio] [em'bio] *m.* Entrega de alguma coisa em seu destino. Remessa. ▶ Envio.

en.vol.to.rio. [embol'torjo] [embol'torjo] *m.* Algo utilizado para envolver, cobrir, encapar. ▶ Embalagem, invólucro.

en.vol.ver. [embol'βer] [embol'βer] *v.56. p.p. irreg. envuelto.* **1.** Rodear uma coisa por todas as partes. ▶ Envolver. **2.** *fig.* Enredar uma pessoa em um assunto ou negócio. ▶ Envolver. **3.** Embrulhar alguma coisa com papel ou outro material similar. ▶ Envolver.

en.ye.sar. [enje'sar] [enʃe'sar] *v.4.* **1.** Cobrir, revestir uma coisa com gesso. ▶ Engessar. **2.** *Med.* Aplicar um aparelho ortopédico feito com gesso. ▶ Engessar.

e.ó.li.co, ca. [e'oliko] [e'oliko] *adj.* **1.** Relativo a Éolo, deus do vento na mitologia grega. ▶ Eólico. **2.** Relativo ao vento ou acionado por ele. ▶ Eólico.

e.pi.ce.no, na. [epi'θeno] [epi'seno] *adj. Ling.* Diz-se da palavra que é comum aos dois gêneros. ▶ Epiceno.

e.pi.cen.tro. [epi'θentro] [epi'sentro] *m. Geogr.* Ponto na superfície da Terra onde o sismo é mais intenso. ▶ Epicentro.

é.pi.co, ca. ['epiko] ['epiko] *adj. Lit.* Relativo à epopeia e à poesia heroica. ▶ Épico. ◆ **Poesia épica.** Gênero poético narrativo que conta os grandes atos de heróis reais ou imaginários. ▶ Poesia épica.

e.pi.de.mia. [epi'ðemja] [epi'ðemja] *f. Med.* Surto de doença contagiosa que se propaga por uma região afetando ao mesmo tempo numerosas pessoas. ▶ Epidemia.

e.pí.gra.fe. [e'piɣrafe] [e'piɣrafe] *m. Lit.* **1.** Resumo explicativo que precede cada uma das divisões de uma obra científica ou literária. ▶ Epígrafe. **2.** Título ou frase que serve de tema a uma obra científica ou literária. ▶ Epígrafe.

e.pi.lep.sia. [epi'lepsja] [epi'lepsja] *f. Med.* Doença caracterizada especialmente por repentinas perdas dos sentidos e ataques convulsivos. ▶ Epilepsia.

e.pí.lo.go. [e'piloɣo] [e'piloɣo] *m. Lit.* **1.** Recapitulação do que foi dito em uma composição literária. ▶ Epílogo. **2.** Última parte de uma obra. ▶ Epílogo.

e.pi.so.dio. [epi'soðjo] [epi'soðjo] *m.* **1.** *Lit.* Cada uma das ações ou partes que integram a ação principal de uma obra literária. ▶ Episódio. **2.** Acontecimento ligado a outros que formam um conjunto. ▶ Episódio.

e.pís.to.la. [e'pistola] [e'pihtola] *f.* **1.** Carta ou missiva que se escreve para alguém. ▶ Epístola. **2.** *Lit.* Composição poética em forma de carta. ▶ Epístola. **3.** *Rel.* Parte da missa. ▶ Epístola.

e.pis.to.lar. [episto'lar] [epihto'lar] *adj.* **1.** Relativo a epístola. ▶ Epistolar. **2.** Referente a correspondência escrita. ▶ Epistolar.

é.po.ca. ['epoka] ['epoka] *f.* **1.** Período de tempo que se diferencia pelos fatos históricos ocorridos ou pelas pessoas notáveis que nele viveram. ▶ Época. **2.** Tempo em que devem ser feitas determinadas coisas. ▶ Época.

e.po.pe.ya. [epo'peja] [epo'peʃa] *f. Lit.* Poema longo sobre assuntos épicos. ▶ Epopeia.

e.qui.dad. [eki'ðaθ] [eki'ðað] *f.* **1.** Justa distribuição das coisas. ▶ Equidade. **2.** Disposição para dar a cada pessoa o merecido e justo. ▶ Equidade.

e.qui.li.brio. [eki'liβrjo] [eki'liβrjo] *m.* **1.** Imobilidade ou conservação de um corpo sobre o qual atuam duas forças iguais e opostas. ▶ Equilíbrio. **2.** *fig.* Sensatez e mesura nos atos e opiniões. ▶ Equilíbrio.

e.qui.no, na. [e'kino] [e'kino] *adj.* Pertencente ou relativo ao cavalo. ▶ Equino.

e.qui.pa.je. [eki'paxe] [eki'paxe] *m.* **1.** Conjunto de roupas e objetos pessoais que se levam nas viagens. ▶ Bagagem. **2.** Malas que contêm as coisas de uso pessoal do viajante. ▶ Bagagem.

e.qui.pa.ra.ción. [ekipara'θjon] [ekipara'sjon] *f.* Ato ou efeito de tornar duas coisas iguais. ▶ Equiparação.

e.qui.po. [e'kipo] [e'kipo] *m.* **1.** Grupo de pessoas organizado para uma finalidade determinada, tais como pesquisa, estudo ou competição esportiva. ▶ Equipe. **2.** Conjunto de roupas e outras coisas para uso privativo. ▶ Equipamento. **3.** Conjunto de utensílios, instrumentos e aparelhos usados para um fim determinado. ▶ Equipamento. **4.** Esportistas de uma equipe. ▶ Time. ◆ **Equipo de sonido / música.** Eletroeletrônico com funções de rádio, toca-fitas, toca-CD, entre outras. ▶ Aparelho de som.

e.quis. ['ekis] ['ekis] *f.* O nome da letra X. ▶ Xis.

e.qui.ta.ción. [ekita'θjon] [ekita'sjon] *f. Desp.* Prática e arte de montar a cavalo. ▶ Equitação. → *Deportes*

e.qui.ta.ti.vo, va. [ekita'tiβo] [ekita'tiβo] *adj.* **1.** Que tem equidade. ▶ Equitativo. **2.** Que procede com retidão e justiça. ▶ Equitativo.

e.qui.va.ler. [ekiβa'ler] [ekiβa'ler] *v.59.* Ter uma coisa valor, sentido ou qualidade semelhante ou igual a outra. ▶ Equivaler.

e.qui.vo.ca.ción. [ekiβoka'θjon] [ekiβoka'sjon] *f.* **1.** Ato ou efeito de equivocar-se. ▶ Equívoco. **2.** Situação desacertada. ▶ Equívoco.

e.qui.vo.car. [ekiβo'kar] [ekiβo'kar] *v.7.* Entender ou transmitir em sentido ou de maneira imprópria. Equivocar. *U.t.c.v.p.* ▶ Errar.

e.quí.vo.co, ca. [e'kiβoko] [e'kiβoko] *adj.* **1.** Diz-se de assunto ou situação duvidosa. ▶ Equívoco. *m.* **2.** Expressão confusa. ▶ Equívoco.

er.guir. [er'ɣir] [er'ɣir] *v.49.* Levantar uma coisa. ▶ Erguer.

e.ri.gir. [eri'xir] [eri'xir] *v.61.* **1.** Fundar uma associação ou entidade. ▶ Instituir. **2.** Conferir a uma pessoa uma categoria que anteriormente não tinha. Outorgar. ▶ Erigir. **3.** Erguer, levantar. ▶ Erigir.

e.ri.zo. [e'riθo] [e'riso] *m.* **1.** *Zool.* Mamífero que tem o corpo coberto de espinhos. ▶ Ouriço. **2.** *fig.* Pessoa de temperamento agressivo e intratável. ▶ Arisco. → *Reino animal*

er.mi.ta. [er'mita] [er'mita] *f.* Santuário ou capela pequena. ▶ Ermida.

er.mi.ta.ño, ña. [ermi'taɲo] [ermi'taɲo] *s.* **1.** Monge que vive em uma ermida e cuida dela. ▶ Ermitão. **2.** Pessoa que vive solitária. ▶ Ermitão.

e.ro.sión. [ero'sjon] [ero'sjon] *f. Geogr.* Desgaste produzido na superfície da terra pela ação das águas ou do vento. ▶ Erosão.

e.rran.te. [e'rante] [e'rante] *adj.* Que não fixa residência em parte alguma e anda sem destino de uma parte para outra. Nômade. ▶ Errante. *U.t.c.s.*

e.rrar. [e'rar] [e'rar] *v.50.* **1.** Cometer erro. ▶ Errar. **2.** Andar vagueando de um lado para outro. ▶ Perambular.

e.rra.ta. [e'rata] [e'rata] *f.* **1.** Correção, impressa ou manuscrita, de alguma informação errada, incorreta. ▶ Errata. **2.** Verificação e correção dos erros impressos. ▶ Errata.

e.rre. ['ere] ['ere] *f.* O nome da letra R. ▶ Erre.

e.rror. [e'ror] [e'ror] *m.* **1.** Conceito falso sobre alguma coisa. ▶ Erro. **2.** Coisa ou ação errada, equivocada. ▶ Erro.

e.ru.di.ción. [eruði'θjon] [eruði'sjon] *f.* Grande conhecimento sobre uma ou várias matérias. ▶ Erudição.

e.ru.di.to, ta. [eru'ðito] [eru'ðito] *adj.* Que revela muito saber em várias ciências, artes e outras matérias. ▶ Erudito.

es.bel.to, ta. [es'βelto] [eh'βelto] *adj.* Que tem elegância e é proporcional em sua altura e largura. ▶ Esbelto.

es.bi.rro. [es'βiro] [eh'βiro] *m.* Oficial inferior de Justiça. ▶ Esbirro.

es.bo.zar. [esβo'θar] [ehβo'sar] *v.13.* **1.** Dar o conceito ou plano prévio de um projeto ou uma obra. ▶ Esboçar. **2.** *fig.* Insinuar gestos ou movimentos. ▶ Esboçar.

es.bo.zo. [es'βoθo] [eh'βoso] *m.* **1.** Delineamento inicial de um desenho ou pintura. ▶ Esboço. **2.** Compilação de dados e informações que servirão de orientação para uma obra literária ou científica. ▶ Esboço.

es.ca.bro.so, sa. [eska'βroso] [ehka'βroso] *adj.* **1.** *Geogr.* Diz-se de terreno desigual, cheio de buracos e obstáculos. ▶ Acidentado. **2.** Diz-se de assunto indecoroso, inconveniente. ▶ Escabroso.

es.ca.bu.llir. [eskaβu'ʎir] [ehkaβu'ʃir] *v.6. v.p.* **1.** Escapar de algum lugar. ▶ Escapulir. **2.** Sair de uma doença ou de um perigo. ▶ Escapulir. **3.** Fugir de uma dificuldade. ▶ Esquivar-se, escafeder-se.

es.ca.fan.dra. [eska'fanðra] [ehka'fanðra] *f.* **1.** Equipamento hermeticamente fechado usado pelos mergulhadores para imersão e trabalho em grandes profundidades. ▶ Escafandro. **2.** Vestimenta de astronauta. ▶ Traje espacial.

es.ca.la. [es'kala] [eh'kala] *f.* **1.** Parada que fazem navios, aviões, trens e ônibus entre os pontos de origem e destino. ▶ Escala. **2.** Escada, feita de madeira e cordas, usada nos barcos. ▶ Escala.

es.ca.la.da. [eska'laða] [ehka'laða] *f.* **1.** Subida a grande altura. ▶ Escalada. **2.** Aumento rápido de alguma coisa como preços,

es.ca.la.fón. [eskala'fon] [ehkala'fon] *m.* Lista de pessoas de uma corporação, ordenadas hierarquicamente segundo sua antiguidade, cargo, mérito ou qualquer outra qualificação. ▸ Hierarquia, escalão.

es.ca.lar. [eska'lar] [ehka'lar] *v.4.* Subir a um lugar íngreme, especialmente montanhas. ▸ Escalar.

es.cal.dar. [eskal'dar] [ehkal'dar] *v.4.* Banhar em água fervente alguma coisa, especialmente um animal morto. ▸ Escaldar. *Escaldó el pollo para arrancarle las plumas.* Escaldou o frango para tirar as penas.

es.ca.le.ra. [eska'lera] [ehka'lera] *f.* Série de degraus fixos ou em um conjunto móvel que serve para subir ou descer de um lugar para outro. ▸ Escada.

es.ca.le.ri.lla. [eskale'riʎa] [ehkale'riʃa] *f.* Pequena escada. ▸ Escadinha. *La escalerilla conducía al aparcamiento.* A escadinha conduzia ao estacionamento.

es.ca.li.na.ta. [eskali'nata] [ehkali'nata] *f. Arq.* Escada ampla e geralmente artística, construída na parte externa e principal de um edifício. ▸ Escadaria.

es.ca.lo.frí.o. [eskalo'frio] [ehkalo'frio] *m.* **1.** Sensação de frio repentina e violenta que às vezes precede um ataque de febre. ▸ Calafrio. **2.** Sensação semelhante produzida por uma emoção intensa. ▸ Calafrio.

es.ca.lón. [eska'lon] [ehka'lon] *m.* Na escada de um edifício, cada uma das partes em que se apoia o pé para subir ou descer. ▸ Degrau.

es.ca.lo.nar. [eskalo'nar] [ehkalo'nar] *v.4. v.p.* **1.** Colocar pessoas ou coisas no tempo e espaço de forma ordenada. ▸ Escalonar. **2.** *v.p.* Escalonar-se, agrupar-se. *Los militares se escalonaron para controlar la zona.* Os militares escalonaram-se para controlar a área.

es.ca.lo.pe. [eska'lope] [ehka'lope] *m. Cul.* Bife fino preparado de maneiras diversas. ▸ Escalope.

es.ca.mo.te.ar. [eskamote'ar] [ehkamote'ar] *v.4.* **1.** Fazer desaparecer alguma coisa na frente de uma ou várias pessoas. ▸ Escamotear. **2.** Furtar alguma coisa com grande habilidade e astúcia. ▸ Escamotear.

es.cam.par. [eskam'par] [ehkam'par] *v.4.* **1.** Parar de chover. ▸ Serenar (o tempo). **2.** Clarear-se o céu. ▸ Abrir.

es.cán.da.lo. [es'kandalo] [eh'kandalo] *m.* **1.** Alvoroço, tumulto, barulho. ▸ Escândalo. **2.** *fig.* Situação que gera irritação. ▸ Escândalo.

es.ca.near. [eskane'ar] [ehkane'ar] *v.4.* Digitalizar um documento utilizando um escâner. ▸ Escanear.

es.cá.ner. [es'kaner] [eh'kaner] *m.* **1.** *Med.* Aparelho eletrônico usado em Medicina para examinar o corpo humano. ▸ Tomógrafo. **2.** *Inform.* Dispositivo eletrônico que permite converter digitalmente um documento em imagem. ▸ Escâner.

es.ca.ño. [es'kaɲo] [eh'kaɲo] *m.* **1.** Banco com encosto para três ou mais pessoas. ▸ Assento. **2.** *Polít.* Cadeira dos parlamentares nas Câmaras. ▸ Posto.

es.ca.pa.da. [eska'paða] [ehka'paða] *f.* Ato ou efeito de escapar. ▸ Escapada.

es.ca.par. [eska'par] [ehka'par] *v.4.* Livrar-se ou salvar-se de algo ou alguém. ▸ Escapar.

es.ca.pa.ra.te. [eskapa'rate] [ehkapa'rate] *m.* Lugar na fachada das lojas, geralmente protegido por vidro, para colocar à vista do público amostras do que nelas se vende. ▸ Vitrine.

es.ca.pe. [es'kape] [eh'kape] *m.* **1.** Saída dos gases de um motor e conduto pelo qual saem os gases. ▸ Escapamento. **2.** Saída apressada de um lugar ameaçado por um perigo. ▸ Fuga. **3.** Vazamento.

es.ca.pu.la.rio. [eskapu'larjo] [ehkapu'larjo] *m. Rel.* Tira ou pedaço de pano com uma imagem de santo usado por alguns devotos para proteção. ▸ Escapulário.

es.ca.ra.ba.jo. [eskara'βaxo] [ehkara'βaxo] *m. Zool.* Besouro que causa danos às plantações. ▸ Escaravelho.

es.car.bar. [eskar'bar] [ehkar'bar] *v.4.* **1.** Remover a terra fazendo buracos. ▸ Escavar. **2.** Fazer averiguações sobre algo que existe mas é desconhecido. ▸ Investigar, fuçar.

❏ **es.car.ce.o.** [eskar'θeo] [ehkar'seo] *m.* **1.** Movimento de pequenas ondas na superfície do mar. ▸ Marola. **2.** Ensaio antes de fazer alguma coisa. ▸ Teste, prova.

es.car.cha. [es'kartʃa] [eh'kartʃa] *f.* Orvalho congelado. ▸ Geada. ➥ *Clima*

es.car.char. [eskar'tʃar] [ehkar'tʃar] *v.4.* **1.** Congelar-se o orvalho que cai durante a noite. ▸ Gear. **2.** *Cul.* Preparar doces cobertos com açúcar cristalizado, especialmente frutas. ▸ Cristalizar.

es.car.la.ta. [eskar'lata] [ehkar'lata] *f.* De cor vermelho-vivo e rutilante. ▶ Escarlate. *U.t.c.adj.*

es.car.men.tar. [eskarmen'tar] [ehkarmen'tar] *v.15.* **1.** Corrigir, castigar com rigor aquele que errou. ▶ Escarmentar. **2.** Aprender a evitar, por ter visto ou experimentado, situações perigosas. ▶ Tornar-se escaldado.

es.car.pa.do, da. [eskar'paðo] [ehkar'paðo] *adj.* **1.** Que tem ladeira muito inclinada. Íngreme. ▶ Escarpado. **2.** Que apresenta altura perigosa para subir ou descer. Íngreme. ▶ Escarpado.

es.ca.sez. [eska'seθ] [ehka'ses] *f.* Falta de alguma coisa, produto ou gênero. ▶ Escassez.

es.ca.so, sa. [es'kaso] [eh'kaso] *adj.* Diz-se do que é pouco, limitado, em pequena quantidade. ▶ Escasso.

es.ce.na. [es'θena] [eh'sena] *f. Teat.* **1.** Ver *escenario*[1][2][3]. ▶ Cenário. **2.** Parte de um ato. ▶ Cena.

es.ce.na.rio. [esθe'narjo] [ehse'narjo] *m.* **1.** *Teat.* Parte do teatro onde os atores fazem a representação ante o público. ▶ Palco. **2.** Visão geral de uma situação. ▶ Cena. **3.** Conjunto de elementos que compõem o espaço onde se apresenta um espetáculo. ▶ Cenário.

es.ce.no.gra.fí.a. [esθenoɣra'fia] [ehsenoɣra'fia] *f.* **1.** *Teat.* Arte de realizar decorações cênicas. ▶ Cenografia. **2.** Instalação de um cenário para a representação de uma peça de teatro. ▶ Cenografia.

es.cep.ti.cis.mo. [esθepti'θismo] [ehsepti'sihmo] *m.* **1.** Doutrina filosófica que nega ao homem a capacidade de apreender, de conhecer as verdades universais. ▶ Ceticismo. **2.** Atitude daquele que tende a não crer em nada. ▶ Ceticismo.

es.cin.dir. [esθin'dir] [ehsin'dir] *v.6.* Dividir, separar alguma coisa. ▶ Cindir.

es.cla.va. [es'klaβa] [eh'klaβa] *f.* Bracelete simples sem fecho. ▶ Pulseira.

es.cla.vi.tud. [esklaβi'tuθ] [ehklaβi'tus] *f.* **1.** Relativo a servidão forçada. ▶ Escravidão. **2.** Estado de dependência. ▶ Escravidão.

es.cla.vo, va. [es'klaβo] [eh'klaβo] *adj.* Que forçadamente está obrigado e submetido, em regime de escravidão, às ordens de alguém. Escravizado. ▶ Escravo. *U.t.c.s.*

es.co.ba. [es'koβa] [eh'koβa] *f.* Utensílio feito de fibras usado para varrer pavimentos. ▶ Vassoura.

es.co.bi.lla. [esko'βiʎa] [ehko'βiʃa] *f.* **1.** Pequena escova de cerda usada para a limpeza. ▶ Escovinha. **2.** Aparelho de borracha para limpar o vidro do carro. ▶ Limpador.

es.co.ger. [esko'xer] [ehko'xer] *v.11.* Eleger, selecionar uma ou mais coisas ou pessoas entre outras. ▶ Escolher.

es.co.lar. [esko'lar] [ehko'lar] *adj.* **1.** Relativo à escola ou ao estudante. ▶ Escolar. *com.* **2.** Aluno ou aluna que frequenta a escola. ▶ Estudante.

es.co.llo. [es'koʎo] [eh'koʃo] *m.* **1.** Rochedo que está à flor-d'água. Abrolho. ▶ Escolho. **2.** *fig.* Obstáculo que se impõe à realização de algo. ▶ Empecilho.

es.col.ta. [es'kolta] [eh'kolta] *f.* Unidade militar ou da Marinha ou pessoas especializadas que acompanham outras como proteção ou em sinal de honra. ▶ Escolta.

es.col.tar. [eskol'tar] [ehkol'tar] *v.4.* Acompanhar pessoas ou coisas para protegê-las ou honrá-las. ▶ Escoltar.

es.com.bre.ra. [eskom'brera] [ehkom'brera] *f.* Lugar onde se jogam os escombros e o entulho procedente de demolição de construções. ▶ Lixão.

es.com.bro. [es'kombro] [eh'kombro] *m.* **1.** Monte de pedras e terra que se produz ao perfurar uma mina. ▶ Escombro. **2.** Entulho formado por toda classe de materiais oriundos da demolição de uma construção. ▶ Escombro.

es.con.der. [eskon'der] [ehkon'der] *v.5.* Ocultar uma pessoa ou coisa. ▶ Esconder.

es.con.di.te. [eskon'dite] [ehkon'dite] *m.* **1.** Lugar próprio para esconder(-se). ▶ Esconderijo. **2.** Brincadeira infantil que consiste em que um jogador tente encontrar os outros que se esconderam. ▶ Esconde-esconde. ♦ **Jugar al escondite.** Brincar de esconde-esconde.

es.con.dri.jo. [eskon'drixo] [ehkon'drixo] *m.* Lugar para esconder-se ou para guardar com segurança alguma coisa. ▶ Esconderijo.

es.co.pe.ta. [esko'peta] [ehko'peta] *f.* Arma de fogo portátil com um ou dois canos, usada para caçar. ▶ Escopeta.

es.co.ria. [es'korja] [eh'korja] *f.* **1.** Impurezas que se separam dos metais quando são fundidos. ▶ Escória. **2.** *fig.* Coisa ou pessoa vil e de nenhuma estima. ▶ Escória.

Es.cor.pio. [es'korpjo] [eh'korpjo] *m. n.p.* O oitavo signo zodiacal. ▶ Escorpião.

es.cor.pi.ón. [eskorpi'on] [ehkorpi'on] *m. Zool.* Aracnídeo cujo abdome é dividido em doze segmentos, dos quais os últimos formam uma cauda com aguilhão que expulsa substância venenosa. ▸ Escorpião.

es.co.te. [es'kote] [eh'kote] *m.* Abertura das roupas, sobretudo femininas, feita entre os ombros e para acomodar-se ao pescoço. ▸ Decote.

es.co.ti.lla. [esko'tiʎa] [ehko'tiʃa] *f. Mar.* Cada uma das aberturas que têm os navios em qualquer pavimento da embarcação. ▸ Escotilha.

es.co.zor. [esko'θor] [ehko'sor] *m. Med.* Sensação dolorosa como a que produz uma queimadura. ▸ Ardência.

es.cri.bir. [eskri'βir] [ehkri'βir] *v.6. p.p. irreg. escrito.* **1.** Representar as palavras com letras. ▸ Escrever. **2.** *Mús.* Traçar as notas e demais signos da música. ▸ Escrever. **3.** Redigir textos. ▸ Escrever.

es.cri.to. [es'krito] [eh'krito] *m.* **1.** Carta, documento ou qualquer papel manuscrito ou impresso. **2.** Composição científica ou literária. ▸ Escrito.

es.cri.tor, to.ra. [eskri'tor] [ehkri'tor] *s.* **1.** Pessoa que escreve. ▸ Escritor. **2.** Autor de obras científicas ou literárias. ▸ Escritor.

❏ **es.cri.to.rio.** [eskri'torjo] [ehkri'torjo] *m.* **1.** Móvel para escrever, que se usa para o trabalho. ▸ Escrivaninha. ➡ Muebles y electrodomésticos **2.** *Inform.* Conjunto de ícones presentes na tela de um computador que facilita a interação entre os usuários e os programas. ▸ Área de trabalho.

es.cri.tu.ra. [eskri'tura] [ehkri'tura] *f.* **1.** Sistema de signos utilizados para escrever. ▸ Escritura. **2.** Documento autêntico redigido perante um escrivão público. ▸ Escritura. **3.** Ato ou efeito de escrever. ▸ Escrita.

es.crú.pu.lo. [es'krupulo] [eh'krupulo] *m.* Prevenção moral que leva à hesitação. ▸ Escrúpulo.

es.cru.pu.lo.so, sa. [eskrupu'loso] [ehkrupu'loso] *adj.* Que age com escrúpulo. ▸ Escrupuloso. *U.t.c.s.*

es.cru.ti.nio. [eskru'tinjo] [ehkru'tinjo] *m.* **1.** Contagem dos votos em uma decisão corporativa ou eleição. ▸ Escrutínio. **2.** Exame minucioso de alguma coisa para ter completo conhecimento dela. ▸ Escrutínio.

es.cua.dra. [es'kwaðra] [eh'kwaðra] *f.* **1.** *col.* Conjunto de navios de guerra. ▸ Esquadra. **2.** Peça de material duro em ângulo reto usada em desenho. ▸ Esquadro.

es.cua.dri.lla. [eskwa'ðriʎa] [ehkwa'ðriʃa] *f. Mil.* **1.** Grupo de navios de guerra de pequeno porte. ▸ Esquadrilha. **2.** Unidade de aviação composta por vários aviões. ▸ Esquadrilha.

es.cua.drón. [eskwa'ðron] [ehkwa'ðron] *m. Mil.* Unidade militar de cavalaria. ▸ Esquadrão.

es.cu.cha. [es'kutʃa] [eh'kutʃa] *f.* Ato de escutar. ▸ Escuta.

es.cu.char. [esku'tʃar] [ehku'tʃar] *v.4.* **1.** Ouvir com atenção. ▸ Escutar. **2.** Seguir um conselho. ▸ Escutar. **3.** Atender a um aviso. ▸ Escutar.

es.cu.dar. [esku'ðar] [ehku'ðar] *v.4.* Defender de um ato ameaçador, de um perigo.

es.cu.de.rí.a. [eskuðe'ria] [ehkuðe'ria] *f.* Grupo de carros de uma mesma equipe de corridas. ▸ Escuderia.

es.cu.do. [es'kuðo] [eh'kuðo] *m.* **1.** Arma defensiva para cobrir o corpo e protegê-lo da agressão de armas dos adversários. ▸ Escudo. **2.** Peça em que se representam os brasões de um Estado, corporação ou família. ▸ Escudo.

es.cue.la. [es'kwela] [eh'kwela] *f.* **1.** Estabelecimento público ou privado dedicado ao ensino. ▸ Escola. **2.** Conjunto de pessoas que têm o mesmo estilo em arte ou literatura em uma determinada época ou lugar. ▸ Escola.

es.cul.tor, to.ra. [eskul'tor] [ehkul'tor] *s.* Pessoa que pratica a arte da escultura. ▸ Escultor.

es.cul.tu.ra. [eskul'tura] [ehkul'tura] *f.* **1.** Arte de esculpir ou modelar figuras em mármore, pedra, bronze ou outros materiais. ▸ Escultura. **2.** Obra feita por escultor. ▸ Escultura.

es.cu.rri.di.zo, za. [eskurri'ðiθo] [ehkuri'ðiso] *adj.* **1.** Que faz escorregar. ▸ Escorregadio. **2.** De superfície lisa, própria para deslizar. ▸ Escorregadio.

es.cu.rrir. [esku'rir] [ehku'rir] *v.6.* Despejar todo o líquido de uma vasilha. ▸ Escorrer.

es.drú.ju.lo, la. [es'ðruxulo] [eh'ðruxulo] *adj. Ling.* Ver *proparoxítono.* ▸ Proparoxítono.

e.se. ['ese] ['ese] *f.* O nome da letra S. ▸ Esse.

e.se, sa, so. ['ese] ['ese] *pron.* Pronome demonstrativo com que alguém designa aquele ou aquilo que está perto da pessoa com quem fala, ou com que se refere a algo que mencionou há pouco tempo. ▶ Esse, essa, isso.

e.sen.cia. [e'senθja] [e'sensja] *f.* **1.** *fig.* Aquilo que constitui a natureza permanente e invariável das coisas. ▶ Essência. **2.** Líquido concentrado de uma substância aromática, perfume. ▶ Essência.

e.sen.cial. [esen'θjal] [esen'sjal] *adj.* **1.** Diz-se de parte sem a qual algo não existiria. Indispensável. ▶ Essencial. **2.** Pertencente à essência das coisas. ▶ Essencial.

es.fin.ge. [es'finxe] [eh'finxe] *f.* Monstro fabuloso alado, com cabeça e tórax humanos, e corpo e pés de leão. ▶ Esfinge.

es.for.zar. [esfor'θar] [ehfor'sar] *v.69.* **1.** Comunicar ou exigir força. ▶ Esforçar. *En la oficina hay poca luz y por eso esfuerzo mucho la vista.* No escritório há pouca luz e, por isso, forço muito a visão. *v.p.* **2.** Procurar com afinco fazer ou conseguir alguma coisa. ▶ Esforçar-se.

es.fuer.zo. [es'fwerθo] [eh'fwerso] *m.* **1.** Coragem. ▶ Valentia. *Con mucho esfuerzo enfrentó a sus adversarios.* Com muita coragem enfrentou seus adversários. **2.** Aquilo que se faz com grande trabalho e força de vontade apesar das dificuldades. ▶ Esforço. *Terminó la competición con gran esfuerzo pero llegó en primer lugar.* Terminou a competição com muito esforço, mas chegou em primeiro lugar. **3.** Ato de utilizar recursos econômicos fora do alcance para conseguir um propósito específico. ▶ Esforço. *Compré un auto nuevo haciendo un gran esfuerzo económico.* Comprei um carro novo fazendo muita economia.

es.fu.mar. [esfu'mar] [ehfu'mar] *v.4.* Atenuar a cor de um desenho para produzir sombras. ▶ Esfumar.

es.gri.ma. [es'ɣrima] [eh'ɣrima] *f. Desp.* Esporte que se pratica, entre duas pessoas, com espada, sabre ou florete. ▶ Esgrima.
➡ *Deportes*

es.gri.mis.ta. [esɣri'mista] [ehɣri'mihta] *com.* Aquele que pratica a esgrima. ▶ Esgrimista.

es.guin.ce. [es'ɣinθe] [eh'ɣinse] *m. Med.* Estiramento doloroso de uma articulação, músculo, órgão ou nervo. ▶ Distensão. *Resbaló y se produjo un esguince en el tobillo.* Escorregou e teve uma distensão no tornozelo.

es.la.bón. [esla'βon] [ehla'βon] *m.* Peça com forma de argola ou anel que se une com outras formando uma corrente. ▶ Elo.

es.lo.gan. [es'logan] [eh'logan] *m.* Palavra, frase ou oração breve e original usada para publicidade ou propaganda. ▶ *Slogan*.

es.mal.te. [es'malte] [eh'malte] *m.* **1.** Verniz vítreo que se aplica sobre porcelana e metais como ornamentação. ▶ Esmalte. **2.** Cosmético para pintar as unhas. ▶ Esmalte.

es.me.ral.da. [esme'ralda] [ehme'ralda] *f.* Pedra preciosa de cor verde, muito apreciada como joia. ▶ Esmeralda.

es.me.rar. [esme'rar] [ehme'rar] *v.4.* **1.** Limpar dando brilho. ▶ Lustrar. *v.p.* **2.** Dedicar máximo cuidado e empenho, buscando a perfeição. ▶ Esmerar-se.

es.me.ro. [es'mero] [eh'mero] *m.* Muito cuidado e capricho em fazer as coisas. ▶ Esmero.

es.mi.rria.do, da. [esmi'rjaðo] [ehmi'rjaðo] *adj.* Raquítico e sem força (pessoa, animal ou planta). ▶ Mirrado.

e.so.té.ri.co, ca. [eso'teriko] [eso'teriko] *adj.* **1.** Que é de difícil acesso ou impenetrável. ▶ Hermético. **2.** *Rel.* Doutrina religiosa para iniciados. ▶ Esotérico.

es.pa.cial. [espa'θjal] [ehpa'sjal] *adj.* Relativo ao espaço. ▶ Espacial.

es.pa.ciar. [espa'θjar] [ehpa'sjar] *v.4.* **1.** Deixar espaço ou lugar livre entre as coisas. ▶ Espaçar. **2.** Fixar tempo para realizar ou cumprir alguma coisa. ▶ Espaçar.

es.pa.cio. [es'paθjo] [eh'pasjo] *m.* **1.** Capacidade de terreno, sítio ou lugar. ▶ Espaço. **2.** Transcurso de tempo entre dois momentos. ▶ Espaço. **3.** Dimensão de lugar. ▶ Espaço.

es.pa.cio.so, sa. [espa'θjoso] [ehpa'sjoso] *adj.* Que apresenta amplidão. Vasto. ▶ Espaçoso.

es.pa.da. [es'paða] [eh'paða] *f.* Arma branca longa, reta, aguçada e cortante. ▶ Espada.

es.pa.da.chín. [espaða'tʃin] [ehpaða'tʃin] *m.* Indivíduo hábil no manejo da espada. ▶ Espadachim.

es.pa.gue.ti. [espa'ɣeti] [ehpa'ɣeti] *m. Cul.* Massa de farinha de trigo, água e ovos que tem forma de cilindro longo e fino. ▶ Espaguete.

es.pal.da. [es'palda] [eh'palda] *f.* **1.** *Anat.* Parte posterior do corpo humano, dos ombros até a cintura. ▶ Costas. *U.t.c.pl.* **2.** Parte da roupa que corresponde às costas. ▶ Costas. *U.t.c.pl.* ◆ **Caerse de espaldas.** Cair de costas.
➡ *Cuerpo humano*

es.pal.dar. [espal'daɾ] [ehpal'daɾ] *m.* Respaldo da cadeira, banco ou poltrona. ▸ Encosto.

es.pan.glish. [es'panglis] [eh'panglis] *m.* Mistura da língua espanhola e inglesa. ▸ *Espanglish. En Estados Unidos, por causa de la inmigración latina, se escucha mucho espanglish.* Nos Estados Unidos, por causa da imigração latina, escuta-se muito espanglish.

es.pan.ta.pá.ja.ros. [espanta'paxaros] [ehpanta'paxaros] *m. Agr.* Boneco de trapo que se coloca no campo semeado para espantar os pássaros. ▸ Espantalho.

es.pan.tar. [espan'taɾ] [ehpan'taɾ] *v.4.* **1.** Causar medo, assustar. ▸ Espantar. **2.** Fazer sair de um lugar uma pessoa ou um animal. ▸ Espantar.

es.pan.to. [es'panto] [eh'panto] *m.* **1.** Susto ou assombro que se sente diante de um acontecimento imprevisto. ▸ Espanto. **2.** Ameaça ou demonstração para infundir medo. ▸ Espanto.

es.pan.to.so, sa. [espan'toso] [ehpan'toso] *adj.* **1.** Que causa espanto ou medo. ▸ Assustador. **2.** Que é horrível. ▸ Horroroso.

es.pa.ñol, ño.la. [espa'ɲol] [ehpa'ɲol] *adj.* **1.** Pertencente ou relativo à Espanha. ▸ Espanhol. *s.* **2.** O natural ou habitante desse país da Europa. ▸ Espanhol. *m.* **3.** *Ling.* Idioma falado oficialmente na Espanha e em quase todos os países da América Latina. ▸ Espanhol.

En la clase de español

¿Puedo ir ⎡ a beber agua?
⎣ a los servicios? / al baño?

¿Cómo se dice... en español?

¿Qué significa...? / ¿Cuál es el significado de...?

¿Cómo se pronuncia esta palabra?

¿Cómo se escribe esta palabra?

¿"Vaca" es con be (b) o con uve (v)?

No entiendo. ¿Puedes repetir, por favor?

¿Puedes hablar más despacio / más alto, por favor?

---

es.pa.ño.lis.mo. [espaɲo'lismo] [ehpaɲo'lihmo] *m.* Afeição às coisas características ou típicas da Espanha. ▸ Espanholismo.

es.pa.ra.dra.po. [espara'ðrapo] [ehpara'ðrapo] *m. Med.* Fita aderente para fixar curativos e ataduras. ▸ Esparadrapo.

es.par.cir. [espaɾ'θiɾ] [ehpaɾ'siɾ] *v.52.* **1.** Espargir o que está junto ou amontoado. ▸ Espalhar. **2.** Divulgar, publicar uma notícia. ▸ Espalhar. **3.** Divertir-se, relaxar. ▸ Espairecer.

es.pá.rra.go. [es'paraɣo] [eh'paraɣo] *m. Bot.* Tipo de planta hortense de talo comestível. ▸ Aspargo. ♦ **Mandarle a freír espárragos.** Mandar plantar batatas. *No me molestes, o te mando a freír espárragos.* Não me amole ou mando você plantar batatas.
➠ *Vegetales*

es.pas.mo. [es'pasmo] [eh'pahmo] *m. Med.* Contração involuntária dos músculos. ▸ Espasmo.

es.pá.tu.la. [es'patula] [eh'patula] *f.* Utensílio formado por uma lâmina metálica e cabo, usado pelos pintores e farmacêuticos para misturar substâncias. ▸ Espátula.

es.pe.cia. [es'peθja] [eh'pesja] *f.* Qualquer dos vegetais aromáticos que serve de condimento, como a pimenta-do-reino, o açafrão e outros. ▸ Especiaria.

es.pe.cial. [espe'θjal] [ehpe'sjal] *adj.* **1.** Que apresenta diferença ou superioridade em relação ao comum. ▸ Especial. **2.** Muito adequado, próprio para uma finalidade determinada. ▸ Especial.

es.pe.cia.lis.ta. [espeθja'lista] [ehpesja'lihta] *adj.* Que possui conhecimento profundo de algum ramo da ciência, arte, etc. ▸ Especialista.

es.pe.cie. [es'peθje] [eh'pesje] *f.* **1.** Conjunto de coisas que têm um ou mais caracteres comuns. ▸ Espécie. **2.** *Biol.* Subdivisão do gênero nas classificações de animais e plantas. ▸ Espécie.

es.pe.cí.fi.co, ca. [espe'θifiko] [ehpe'sifiko] *adj.* Que é próprio de uma espécie e a diferencia de outras. ▸ Específico.

es.pé.ci.men. [es'peθimen] [eh'pesimen] *m.* Amostra ou modelo que tem bem definidas as características de sua espécie. ▸ Espécime.

es.pec.ta.cu.lar. [espektaku'laɾ] [ehpektaku'laɾ] *adj.* Fora do comum. ▸ Espetacular.

es.pec.tá.cu.lo. [espek'takulo] [ehpek'takulo] *m.* **1.** Que atrai a atenção. ▸ Espetáculo. **2.** Representação teatral, musical ou cinematográfica. ▸ Espetáculo.

es.pec.ta.dor, do.ra. [espekta'ðoɾ] [ehpekta'ðoɾ] *adj.* **1.** Que observa com atenção alguma coisa. ▶ Espectador. Que assiste a um espetáculo. ▶ Espectador. *U.t.c.s.*

es.pec.tro. [es'pektɾo] [eh'pektɾo] *m.* **1.** *Fís.* Resultado da dispersão de radiações luminosas ou ondas sonoras. ▶ Espectro. **2.** Fantasma ou outra aparição que algumas pessoas dizem ver. ▶ Espectro.

es.pe.cu.la.dor, do.ra. [espekula'ðoɾ] [ehpekula'ðoɾ] *adj.* **1.** Que cria argumentos e teorias sobretudo com a intenção de polemizar. ▶ Especulador. **2.** *Fin.* Que efetua operações comerciais para obter lucro com as variações de preços. ▶ Especulador.

es.pe.cu.lar. [espeku'laɾ] [ehpeku'laɾ] *v.4.* **1.** *Fin.* Efetuar operações comerciais ou financeiras para obter benefícios com o aumento de preços. ▶ Especular. **2.** Agir tentando tirar proveito. ▶ Especular.

es.pe.jis.mo. [espe'xismo] [ehpe'xihmo] *m. Fís.* Efeito óptico devido à reflexão total da luz. ▶ Miragem.

es.pe.jo. [es'pexo] [eh'pexo] *m.* **1.** Superfície de vidro tratada com mercúrio que reflete a luz e as imagens. ▶ Espelho. **2.** *fig.* Modelo que deve ser imitado. ▶ Espelho. ➡ *Muebles y electrodomésticos*

es.pe.ran.za. [espe'ranθa] [ehpe'ransa] *f.* Confiança em que acontecerá aquilo que se deseja. ▶ Esperança. ◆ **La esperanza es lo último que se pierde.** A esperança é a última que morre.

es.pe.rar. [espe'raɾ] [ehpe'raɾ] *v.4.* **1.** Confiar em que sucederá aquilo que se deseja. ▶ Esperar. **2.** Aguardar uma pessoa ou um acontecimento. ▶ Esperar.

es.pe.so, sa. [es'peso] [eh'peso] *adj.* Diz-se de massa, fluido ou gás muito denso. ▶ Espesso.

es.pe.su.ra. [espe'suɾa] [ehpe'suɾa] *f.* Qualidade de espesso. ▶ Espessura.

es.pe.tar. [espe'taɾ] [ehpe'taɾ] *v.4. Cul.* Transpassar carne, peixe, aves, com um instrumento pontiagudo, para assá-los. ▶ Espetar.

es.pe.tón. [espe'ton] [ehpe'ton] *m.* Ferro comprido, com ponta, usado como assador ou como estoque. ▶ Espeto.

es.pí.a. [es'pia] [eh'pia] *com.* Pessoa que procura saber segredos ou assuntos de interesse de quem a contratou. ▶ Espião.

es.piar. [es'pjaɾ] [eh'pjaɾ] *v.4.* **1.** Tentar conseguir informações secretas. ▶ Espionar. **2.** Observar com dissimulação aquilo que não está visível. ▶ Espiar.

es.pi.ga. [es'piɣa] [eh'piɣa] *f. Bot.* Parte das plantas gramíneas em que se produz o grão. ▶ Espiga.

es.pi.na. [es'pina] [eh'pina] *f. Anat.* **1.** Osso do peixe. ▶ Espinha. **2.** O nome da coluna dos animais vertebrados. ▶ Espinha. **3.** *Bot.* As hastes de certas plantas como a roseira. ▶ Espinha. ◆ **Tener la espina clavada.** Estar magoado por uma ofensa ou dano recebido. **Dar (algo) a uno mala espina.** Deixar com a pulga atrás da orelha.

es.pi.na.ca. [espi'naka] [ehpi'naka] *f. Bot.* Tipo de hortaliça comestível. ▶ Espinafre. ➡ *Vegetales*

es.pi.nal. [espi'nal] [ehpi'nal] *adj. Anat.* Relativo à espinha dorsal, à coluna vertebral. ▶ Espinhal.

es.pi.na.zo. [espi'naθo] [ehpi'naso] *m. Anat.* Ver *espina*[(2)]. ▶ Espinhaço.

es.pi.ni.lla. [espi'niʎa] [ehpi'niʃa] *f.* Acúmulo de secreção das glândulas sebáceas na pele. ▶ Espinha. ➡ *Cuerpo humano*

es.pi.no.so, sa. [espi'noso] [ehpi'noso] *adj.* **1.** Que tem espinhos. ▶ Espinhoso. **2.** Diz-se de assunto difícil e desagradável. ▶ Espinhoso.

es.pi.ra.ción. [espiɾa'θjon] [ehpiɾa'sjon] *f. Biol.* Ato de expelir o ar dos pulmões. ▶ Expiração.

es.pi.ral. [espi'ral] [ehpi'ral] *f.* Linha curva que gira em torno de uma ponta separando-se mais a cada volta. ▶ Espiral.

es.pi.rar. [espi'raɾ] [ehpi'raɾ] *v.4. Biol.* Expelir o ar dos pulmões. ▶ Expirar.

es.pí.ri.tu. [es'piɾitu] [eh'piɾitu] *m.* **1.** Parte subjetiva do ser humano. ▶ Espírito. **2.** Força e virtude que anima à ação. ▶ Espírito.

es.plén.di.do, da. [es'plendiðo] [eh'plendiðo] *adj.* **1.** Que é admirável, magnífico. ▶ Esplêndido. **2.** Que procede com liberalidade, generosidade. Desprendido. ▶ Esplêndido.

es.plen.dor. [esplen'doɾ] [ehplen'doɾ] *m.* **1.** Brilho intenso de luz. ▶ Esplendor. **2.** Beleza e suntuosidade que têm alguns lugares. ▶ Esplendor.

es.po.le.ar. [espole'aɾ] [ehpole'aɾ] *v.4.* **1.** Picar com as esporas o cavalo ou outro animal

es.po.le.ta. [espo'leta] [ehpo'leta] *f.* Peça que, em projétil, bomba, etc., provoca a explosão da carga ao se chocar com uma superfície dura. ▶ Espoleta.

es.po.lón. [espo'lon] [ehpo'lon] *m. Zool.* Apêndice em forma de chifre que têm no tarso de algumas aves galináceas. ▶ Esporão.

es.pol.vo.re.ar. [espolβore'ar] [ehpolβore'ar] *v.4.* Cobrir de pó. ▶ Polvilhar.

es.pon.ja. [es'ponxa] [eh'ponxa] *f.* **1.** Objeto poroso que absorve água, utilizado para a limpeza. ▶ Esponja. **2.** *Zool.* Animal marinho que vive em colônia. ▶ Esponja.

es.pon.tá.ne.o, a. [espon'taneo] [ehpon'taneo] *adj.* Que acontece de forma natural, sem ser provocado nem solicitado. ▶ Espontâneo.

es.po.rá.di.co, ca. [espo'radiko] [ehpo'radiko] *adj.* Que é ocasional, incomum ou infrequente. ▶ Esporádico.

❏ **es.po.sar.** [espo'sar] [ehpo'sar] *v.4.* Prender com algemas. ▶ Algemar.

❏ **es.po.sas.** [es'posas] [eh'posas] *f.pl.* Par de argolas utilizado para prender alguém pelos pulsos. ▶ Algemas.

es.po.so, sa. [es'poso] [eh'poso] *s.* Homem ou mulher em relação à pessoa com quem se casou. ▶ Esposa.

es.pue.la. [es'pwela] [eh'pwela] *f.* Utensílio de metal provido de uma rodela dentada, que, atada ao calçado, serve para picar a montaria. ▶ Espora.

es.pu.ma.de.ra. [espuma'ðera] [ehpuma'ðera] *f.* Utensílio de cozinha para retirar alimentos de uma panela, escorrendo-os. ▶ Escumadeira.

es.que.lé.ti.co, ca. [eske'letiko] [ehke'letiko] *adj.* **1.** *Anat.* Pertencente ou relativo ao esqueleto. ▶ Esquelético. **2.** *fig.* Diz-se de pessoa ou animal muito magro. ▶ Esquelético.

es.que.le.to. [eske'leto] [ehke'leto] *m.* **1.** *Anat.* Conjunto de ossos que suportam e protegem as partes moles dos animais. ▶ Esqueleto. **2.** *Arq.* Armação de madeira ou ferro feita nas construções para fortalecê-las ou sustentá-las. ▶ Esqueleto.

es.quí. [es'ki] [eh'ki] *m.* **1.** Patim longo de madeira, próprio para deslizar na neve ou na água. ▶ Esqui. **2.** *Desp.* Prática esportiva de esqui. ▶ Esqui. ➙ *Deportes*

es.quia.dor, do.ra. [eskja'ðor] [ehkja'ðor] *s. Desp.* Pessoa que pratica esqui. ▶ Esquiador.

es.quiar. [es'kjar] [eh'kjar] *v.4. Desp.* Esporte que consiste em deslizar sobre a neve ou sobre a água usando esquis. ▶ Esquiar.

es.qui.lar. [eski'lar] [ehki'lar] *v.4.* Cortar o pelo das ovelhas, lã, ou de outros animais. ▶ Tosquiar.

es.qui.mal. [eski'mal] [ehki'mal] *adj.* **1.** Diz-se do povo de origem mongólica que habita as terras próximas ao Polo Norte. ▶ Esquimó. **2.** Pertencente ou relativo àquele povo ou àquelas regiões. ▶ Esquimó. *com.* **3.** O natural ou habitante dessas regiões. ▶ Esquimó.

es.qui.na. [es'kina] [eh'kina] *f.* **1.** Lugar em que convergem dois lados de uma coisa. ▶ Esquina. **2.** *Arq.* Canto exterior de uma construção que dá para duas vias. ▶ Esquina.

es.qui.var. [eski'βar] [ehki'βar] *v.4.* **1.** Fugir daquilo que pode causar algum mal ou prejuízo. ▶ Esquivar. **2.** Evitar o contato com pessoas que não agradam. ▶ Esquivar.

es.qui.vo, va. [es'kiβo] [eh'kiβo] *adj.* Que procede de forma arisca, desconfiada. ▶ Esquivo.

es.qui.zo.fré.ni.co, ca. [eskiðo'freniko] [ehkiso'freniko] *adj. Med.* Diz-se de doente mental que se isola e perde o contato com o meio em que se encontra. ▶ Esquizofrênico.

es.ta.bi.li.zar. [estaβili'θar] [ehtaβili'sar] *v.13.* **1.** Produzir ou conferir permanência, duração temporal ou firmeza espacial. ▶ Estabilizar. **2.** *Polít.* Conseguir que algumas atividades como política, economia e finanças se fixem e não tenham altas ou baixas imprevistas. ▶ Estabilizar.

es.ta.ble.cer. [estaβle'θer] [ehtaβle'ser] *v.24.* **1.** Fazer estável ou firme. ▶ Estabelecer. **2.** Instituir ou fundar alguma coisa. ▶ Estabelecer. **3.** Demonstrar uma teoria. ▶ Estabelecer. **4.** Fixar residência ou abrir um negócio em alguma parte. ▶ Estabelecer-se.

es.ta.ble.ci.mien.to. [estaβleθi'mjento] [ehtaβlesi'mjento] *m.* **1.** Casa comercial. ▶ Estabelecimento. **2.** Ato de criar, fundação. ▶ Estabelecimento.

es.ta.blo. [es'taβlo] [eh'taβlo] *m.* Lugar coberto onde se recolhe o gado para descanso e alimentação. ▶ Estábulo.

es.ta.ca. [es'taka] [eh'taka] *f.* **1.** *Bot.* Galho verde plantado para que se reproduza uma árvore. ▶ Muda. **2.** Pau que se fixa na terra com diversos propósitos. ▶ Estaca.

es.ta.ción. [esta'θjon] [ehta'sjon] *f.* **1.** Cada uma das quatro partes em que se divide o ano. ▶ Estação. **2.** Lugar onde param ou permanecem estacionados veículos de transporte coletivo de passageiros. ▶ Estação. ◆ **Estación de servicio.** Posto de gasolina.

es.ta.cio.nar. [estaθjo'nar] [ehtasjo'naɾ] *v.4.* **1.** Ficar parado por um longo período. ▶ Estacionar. **2.** Deixar um veículo parado em algum lugar. ▶ Estacionar.

es.ta.dí.a. [esta'ðia] [ehta'ðia] *f.* Permanência em um lugar. ▶ Estadia.

es.ta.dis.ta. [esta'ðista] [ehta'ðihta] *com. Polít.* Pessoa considerada muito apta para dirigir um Estado. ▶ Estadista.

es.ta.dís.ti.ca. [esta'ðistika] [ehta'ðihtika] *f.* **1.** Conjunto de elementos numéricos relativos a um fato social ou econômico. ▶ Estatística. **2.** Representação e explicação sistematizadas por observações quantitativas. ▶ Estatística.

es.ta.do. [es'taðo] [eh'taðo] *m.* **1.** País soberano e seu governo. ▶ Estado. **2.** Território de um país independente. ▶ Estado. **3.** Situação em que se encontra uma pessoa ou coisa. ▶ Estado.

Estado civil

¿Estás casado / soltero / viudo?

No, estoy ⎡ soltero.
         ⎢ viudo.
         ⎣ separado.

Sí, estoy casado.

---

es.ta.do.u.ni.den.se. [estaðouni'ðense] [ehtaðouni'ðense] *adj.* Natural dos Estados Unidos. ▶ Americano. *U.t.c.s.*

❏ **es.ta.fa.** [es'tafa] [eh'tafa] *f.* Fraude cometida por alguém que obtém dinheiro ou alguma coisa de forma ardilosa ou negocia o que não lhe pertence. ▶ Estelionato.

❏ **es.ta.fa.dor, do.ra.** [estafa'ðor] [ehtafa'ðoɾ] *s.* Pessoa que obtém dinheiro ou coisas de valor com trapaça. ▶ Estelionatário.

❏ **es.ta.far.** [esta'far] [ehta'faɾ] *v.4.* Apropriar-se de dinheiro ou coisas de valor mediante estelionato ou com intenção de não pagar. ▶ Extorquir.

es.ta.fe.ta. [esta'feta] [ehta'feta] *f.* **1.** Agência do serviço de correio para recebimento e expedição da correspondência. ▶ Agência de correio. **2.** Mensageiro que leva correspondência. ▶ Estafeta.

es.ta.lac.ti.ta. [estalak'tita] [ehtalak'tita] *f. Geol.* Concreção calcária que se forma no teto das cavernas por infiltração de água que contém cálcio. ▶ Estalactite.

es.ta.lag.mi.ta. [estalaɣ'mita] [ehtalaɣ'mita] *f. Geol.* Concreção calcária que se forma no solo das cavernas pelas gotas de água que contêm cálcio e caem do teto. ▶ Estalagmite.

❏ **es.ta.llar.** [esta'ʎar] [ehta'ʃaɾ] *v.4.* **1.** Quebrar-se algo com força e de maneira súbita. ▶ Estourar. *El vaso estalló con el agua caliente.* O copo estourou com a água fervendo. **2.** Provocar a explosão repentina de algo. ▶ Explodir. **3.** Sobrevir com violência alguma coisa. ▶ Estourar. *El 14 de julio de 1789, estalló la Revolución francesa.* Em 14 de julho de 1789, estourou a Revolução Francesa.

es.ta.men.to. [esta'mento] [ehta'mento] *m.* Grupo de pessoas da mesma classe socioeconômica. ▶ Estamento.

es.tam.pa. [es'tampa] [eh'tampa] *f.* Reprodução de um desenho ou pintura. ▶ Estampa. ◆ **Ser la fiel / viva estampa de alguien.** Ser a cara / cópia de alguém.

es.tam.par. [estam'par] [ehtam'paɾ] *v.4.* **1.** Imprimir desenhos ou figuras em papel ou tecido. ▶ Estampar. **2.** ❏ Jogar um objeto ou empurrar com violência uma pessoa fazendo-a chocar-se contra uma superfície dura. ▶ Arremessar.

es.tam.pi.da. [estam'piða] [ehtam'piða] *f.* Fuga impetuosa que faz um grupo numeroso de animais. ▶ Estouro.

es.tam.pi.do. [estam'piðo] [ehtam'piðo] *m.* Ruído forte como o que faz o disparo de um canhão. ▶ Estampido.

es.tam.pi.lla. [estam'piʎa] [ehtam'piʃa] *f.* **1.** Instrumento, geralmente de borracha, que traz informações para serem estampadas em documentos ou outros papéis. ▶ Carimbo. **2.** *(Amér.)* Selo postal. ▶ Selo.

es.tan.cia. [es'tanθja] [eh'tansja] *f.* **1.** Parte de uma casa. ▶ Cômodo. **2.** Permanência, durante determinado tempo, em determinado lugar. ▸ Estada. **3.** *(Amér.)* Grande propriedade rural. ▸ Fazenda.

es.tan.co. [es'tanko] [eh'tanko] *m*. Pequena loja onde se vendem cigarros, charutos, fumo e artigos diversos para fumantes. ▸ Tabacaria.

es.tán.dar. [es'tandar] [eh'tandar] *adj*. **1.** Que serve de modelo ou referência. ▸ Padrão. *m*. **2.** Modelo, nível, referência usada como parâmetro. ▸ Padrão. ◆ **Estándar de vida.** Padrão de vida.

es.tan.dar.te. [estan'darte] [ehtan'darte] *m*. Insígnia militar e das corporações civis ou religiosas. ▸ Estandarte.

es.tan.que. [es'tanke] [eh'tanke] *m*. Construção feita para recolher água com fins utilitários. ▸ Tanque.

es.tan.te. [es'tante] [eh'tante] *m*. **1.** ▢ Cada uma das tábuas horizontais e dispostas paralelamente em certos móveis, especialmente estantes. ▸ Prateleira. **2.** Móvel com várias prateleiras, para pôr livros e objetos pequenos. ▸ Estante. ➡ *Muebles y electrodomésticos*

es.tan.te.rí.a. [estante'ria] [ehtante'ria] *f*. Ver *estante*[(2)]. ▸ Estante.

es.ta.ño. [es'taɲo] [eh'taɲo] *m. Quím*. **1.** Elemento químico. ▸ Estanho. **2.** Metal ▸ Estanho.

es.tar. [es'tar] [eh'tar] *v.2*. **1.** Existir ou encontrar-se em um lugar. ▸ Estar. **2.** Encontrar-se em certa situação ou estado. ▸ Estar. *La leche está ácida.* O leite está estragado. **3.** Encontrar-se de determinado modo. ▸ Estar. *Aquel hombre está en peligro.* Aquele homem está em perigo. **4.** Sentir-se ou achar-se. ▸ Estar. *Trabajamos mucho y estamos muy cansados.* Trabalhamos muito e estamos muito cansados. ◆ **Estar de onda.** Estar na moda. *Esa canción está de onda.* Essa música está na moda. **Estar en alza.** *Fin*. Estar em alta. *¡Ay, esa crisis! Los precios todos están en alza.* Ai, essa crise! Todos os preços estão em alta. **Estar hasta los topes.** Estar lotado. *Como hoy es el último día de la exposición en el museo, está hasta los topes.* Como hoje é o último dia da exposição no museu, está lotado. **Estar por la labor.** Estar de acordo. *Hagan lo que hagan, deben saber que yo no estaba por la labor.* Façam o que fizerem, saibam que eu não estava de acordo. **Estar por las nubes.** Estar muito caro, ter um preço muito alto. Estar nas alturas. *El precio del nuevo modelo de teléfono móvil está por las nubes.* O preço do novo modelo de telefone celular está nas alturas.

es.ta.tal. [esta'tal] [ehta'tal] *adj. Polít*. Pertencente ou relativo ao Estado. ▸ Estatal.

es.tá.ti.co, ca. [es'tatiko] [eh'tatiko] *adj*. **1.** Que permanece no mesmo estado, que não tem mudanças. ▸ Estático. **2.** Que fica paralisado, sem movimento, por medo ou emoção. ▸ Estático.

es.ta.tua. [es'tatwa] [eh'tatwa] *f*. Obra de escultura que representa seres. ▸ Estátua.

es.ta.tua.ria. [esta'twarja] [ehta'twarja] *f*. Arte de fazer estátuas. ▸ Estatuária.

es.ta.tua.rio, ria. [esta'twarjo] [ehta'twarjo] *s*. Escultor que faz estátuas. ▸ Estatuário.

es.ta.tu.ra. [esta'tura] [ehta'tura] *f*. Medida vertical de uma pessoa, geralmente em metros ou centímetros, que expressa o comprimento desde os pés até a cabeça. Altura. ▸ Estatura.

es.ta.tu.to. [esta'tuto] [ehta'tuto] *m*. Lei básica de Estado, corporação ou associação. ▸ Estatuto.

es.te. ['este] ['ehte] *m. n.p*. Ponto do horizonte situado à direita de uma pessoa que tem à sua esquerda o Oeste, e à sua frente o Norte. ▸ Leste.

es.te, ta. ['este] ['ehte] *pron*. Pronome demonstrativo com que uma pessoa designa aquele ou aquilo que está perto de si, ou com que se refere a algo que tenha acabado de mencionar. ▸ Este, esta.

es.te.la. [es'tela] [eh'tela] *f*. Sulco de espuma e água removida que uma embarcação deixa quando navega. ▸ Rastro.

es.te.lar. [este'lar] [ehte'lar] *adj*. **1.** Pertencente ou relativo às estrelas. ▸ Estelar. **2.** *fig*. Diz-se de coisa ou pessoa de grande categoria e muito popular. ▸ Estrela.

es.te.pa. [es'tepa] [eh'tepa] *f. Geogr*. Planície deserta árida e muito extensa. ▸ Estepe.

es.ter.co.le.ro. [esterko'lero] [ehterko'lero] *m*. **1.** Lugar onde se recolhe o estrume. ▸ Estrumeira. **2.** Pessoa que trata do estrume.

es.té.re.o, a. [es'tereo] [eh'tereo] *adj*. **1.** Forma abreviada de *estereofónico*. ▸ Estéreo. *m*. **2.** Unidade de medida, equivalente ao volume de um metro cúbico, utilizada para medir volume de lenha. ▸ Estéreo.

es.te.re.o.ti.po. [estereo'tipo] [ehtereo'tipo] *m. fig*. Imagem ou conceito unilateral e não

es.te.ri.li.zar. [esterili'θaɾ] [ehterili'saɾ] *v. 13.* Submeter as coisas a processos que destruam a totalidade dos germes que nelas existam. ▸ Esterilizar.

es.té.ti.co, ca. [es'tetika] [eh'tetika] *adj.* **1.** Relativo à estética. ▸ Estética. *f.* **2.** Filosofia do belo na arte. ▸ Estética. **3.** Ciência que trata do belo nas produções artísticas. ▸ Estética.

es.te.ti.cis.ta. [esteti'θista] [ehteti'sihta] *com.* Profissional que cuida do embelezamento de seus clientes. ▸ Esteticista.

es.te.tos.co.pio. [estetos'kopjo] [ehtetoh'kopjo] *m. Med.* Aparelho utilizado em medicina para ouvir ruídos no peito e no abdome dos pacientes. ▸ Estetoscópio.

es.ti.bar. [esti'βaɾ] [ehti'βaɾ] *v. 4.* **1.** Carregar ou descarregar um navio. ▸ Estivar. **2.** Arrumar a carga a bordo de uma embarcação distribuindo seu peso de forma que haja equilíbrio. ▸ Estivar.

es.tiér.col. [es'tjerkol] [eh'tjerkol] *m.* Excremento do gado. Esterco. ▸ Estrume.

es.tig.ma. [es'tiɣma] [eh'tiɣma] *m.* **1.** Marca ou sinal no corpo, natural ou feito com alguma finalidade. ▸ Estigma. **2.** *fig.* Qualidade que é atribuída a alguém. ▸ Estigma.

es.ti.le.te. [esti'lete] [ehti'lete] *m.* Instrumento com lâmina fina e ponta afiada, usado sobretudo para cortar papel. ▸ Estilete.

es.ti.lis.ta. [esti'lista] [ehti'lihta] *com.* **1.** Especialista em moda. ▸ Estilista. **2.** Escritor que apresenta um estilo característico. ▸ Estilista.

es.ti.li.zar. [estili'θaɾ] [ehtili'saɾ] *v. 13.* **1.** Dar nova forma a alguma coisa melhorando sua aparência. **2.** *fig.* Emagrecer a silhueta corporal. ▸ Estilizar.

es.ti.lo. [es'tilo] [eh'tilo] *m.* **1.** Forma peculiar que cada artista ou literato dá a suas obras. ▸ Estilo. **2.** Maneira de ser e comportar-se de cada pessoa, que a diferencia das demais. ▸ Estilo. **3.** Corrente artística, literária ou arquitetônica de uma época ou região. ▸ Estilo. ◆ **Algo por el estilo.** Algo parecido. Do gênero. *Quisiera una camisa a rayas o algo por el estilo.* Gostaria de uma camisa listrada ou coisa parecida.

es.ti.ma. [es'tima] [eh'tima] *f.* Consideração e apreço que se tem por uma pessoa ou coisa. ▸ Estima.

es.ti.mar. [esti'maɾ] [ehti'maɾ] *v. 4.* **1.** Ter afeição por uma pessoa ou coisa. ▸ Estimar. **2.** Avaliar, pôr preço nas coisas. ▸ Apreçar. **3.** Formar juízo ou opinião. Ajuizar. ▸ Opinar.

es.ti.mu.lan.te. [estimu'lante] [ehtimu'lante] *adj.* Que estimula. ▸ Estimulante.

es.ti.mu.lar. [estimu'laɾ] [ehtimu'laɾ] *v. 4.* **1.** Dar estímulo. ▸ Estimular. **2.** Levar à ação. ▸ Estimular.

es.tí.mu.lo. [es'timulo] [eh'timulo] *m.* Aquilo que provoca resposta em uma pessoa ou animal. ▸ Estímulo.

es.tí.o. [es'tio] [eh'tio] *m.* Estação calorosa do ano entre a primavera e o outono. ▸ Estio, verão.

es.ti.pu.lar. [estipu'laɾ] [ehtipu'laɾ] *v. 4.* Colocar como condição, fixar. ▸ Estipular.

es.ti.ra.mien.to. [estira'mjento] [ehtira'mjento] *m.* Ato de alongar-se. ▸ Alongamento.

es.ti.rar. [esti'raɾ] [ehti'raɾ] *v. 4.* **1.** Estender uma coisa para alongá-la. ▸ Estirar. **2.** Tornar liso. Alisar. ▸ Estirar. **3.** Esticar.

es.ti.rón. [esti'ron] [ehti'ron] *m.* **1.** Crescimento rápido em altura. ▸ Espichada. **2.** Dilatar. Estirar algo com força. ▸ Esticada.

es.ti.val. [esti'βal] [ehti'βal] *adj.* Concernente ao verão ou ao estio. ▸ Estival.

es.to. ['esto] ['ehto] *pron. n.* Pronome demonstrativo com que uma pessoa designa aquilo que está perto de si, ou com que se refere a algo que tenha acabado de mencionar. ▸ Isto.

es.to.ca.da. [esto'kaða] [ehto'kaða] *f.* Golpe que se dá com a ponta da espada ou estoque. ▸ Estocada.

es.toi.co, ca. [es'tojko] [eh'tojko] *adj.* **1.** Referente a pessoa de princípios morais rígidos. ▸ Estoico. **2.** *fig.* Calmo, tranquilo. ▸ Estoico.

❏ **es.to.fa.do.** [esto'faðo] [ehto'faðo] *m. Cul.* Prato que se faz com carne e azeite, alho, cebola e outros condimentos. ▸ Guisado. *Hoy almorzamos estofado de ternera.* Hoje almoçamos guisado de vitela.

es.to.la. [es'tola] [eh'tola] *f.* **1.** Antiga vestimenta dos gregos e dos romanos. ▸ Estola. **2.** *Rel.* Ornamento que usam os sacerdotes quando administram os sacramentos. ▸ Estola. **3.** Peça de pele usada por mulheres sobre os ombros. ▸ Estola.

es.to.ma.cal. [estoma'kal] [ehtoma'kal] *adj.* **1.** Relativo a estômago. ▸ Estomacal.

2. Que é bom para o estômago e facilita a digestão. ▸ Digestivo.

es.tó.ma.go. [es'tomaɣo] [eh'tomaɣo] *m. Anat.* Víscera entre o esôfago e o duodeno onde se faz a digestão dos alimentos ingeridos. ▸ Estômago. ➥ *Cuerpo humano*

es.to.que. [es'toke] [eh'toke] *m.* Espada estreita da qual somente a ponta aguda pode ferir. ▸ Estoque.

es.tor.bar. [estor'βar] [ehtor'βar] *v.4.* **1.** Pôr impedimentos, dificultar a realização de alguma coisa. ▸ Estorvar. **2.** *fig.* Causar incômodo. Molestar. ▸ Estorvar.

es.tor.bo. [es'torβo] [eh'torβo] *m.* Pessoa, animal ou coisa que estorva, atrapalha ou incomoda. ▸ Estorvo.

es.tor.nu.dar. [estornu'ðar] [ehtornu'ðar] *v.4.* Soltar pelo nariz o ar dos pulmões, de forma involuntária e violenta. ▸ Espirrar.

es.tor.nu.do. [estor'nuðo] [ehtor'nuðo] *m. Med.* Expiração violenta e involuntária do ar dos pulmões pelo nariz. ▸ Espirro.

es.tos, tas. ['estos] ['ehtos] *pron.* Forma plural de *este* e *esta*, respectivamente. ▸ Estes, estas.

es.tra.go. [es'traɣo] [eh'traɣo] *m.* **1.** Destruição causada por algum fenômeno da natureza como terremoto, furacão ou inundação. ▸ Estrago. **2.** Destruição feita pela guerra. Ruína. ▸ Estrago.

es.tram.bó.ti.co, ca. [estram'botiko] [ehtram'botiko] *adj.* Que não apresenta ordem nem regularidade. ▸ Estrambótico.

es.tra.ta.ge.ma. [estrata'xema] [ehtrata'xema] *f.* Astúcia, fingimento artificioso para enganar os outros. Ardil. ▸ Estratagema.

es.tra.te.gia. [estra'texja] [ehtra'texja] *f.* **1.** Modo de dirigir um assunto. ▸ Estratégia. **2.** *Mil.* Arte e ciência de dirigir operações militares. ▸ Estratégia.

es.tra.to. [es'trato] [eh'trato] *m.* **1.** *Meteor.* Nuvem baixa que se apresenta em forma de faixa no horizonte. ▸ Estrato. **2.** *Geol.* Camada de minério que constitui os terrenos sedimentares. ▸ Estrato.

es.tre.char. [estre'tʃar] [ehtre'tʃar] *v.4.* **1.** Diminuir a largura de uma roupa ou outra coisa. ▸ Estreitar. **2.** *fig.* Tornar mais íntima a amizade entre pessoas. ▸ Estreitar. **3.** *fig.* Reduzir os gastos ou despesas. ▸ Diminuir.

es.tre.cho, cha. [es'tretʃo] [eh'tretʃo] *adj.* **1.** Que tem pouca largura. ▸ Estreito. **2.** Que está justo ou apertado. ▸ Estreito. **3.** *fig.* Que procede com avareza. ▸ Avaro. *m.* **4.** *Geogr.* Passagem de mar compreendida entre duas terras próximas. ▸ Estreito.

es.tre.lla. [es'treʎa] [eh'treʃa] *f. Astr.* Cada um dos corpos celestes que têm luz própria. ▸ Estrela. ♦ **Tener una buena / mala estrella.** Ter boa / má sorte. *Unos nacen con estrella y otros nacen estrellados.* Uns nascem com sorte e outros nascem azarados. **Estrella fugaz.** *Astr.* Corpo luminoso que cruza o espaço em grande velocidade. ▸ Estrela cadente. **Estrella de mar.** *Zool.* Animal marinho plano que tem cinco braços unidos ao corpo formando uma estrela. ▸ Estrela-do-mar. ➥ *Reino animal*

es.tre.llar. [estre'ʎar] [ehtre'ʃar] *v.4.* **1.** Encher ou enfeitar de estrelas. ▸ Estrelar. **2.** ◻ Lançar com força uma coisa contra outra, estraçalhando-a. ▸ Arremessar. *v.p.* **3.** ◻ Bater com força contra uma superfície ou objeto duro. Chocar. ▸ Bater. *Juan se estrelló contra un poste y con el choque acabó con el coche.* João bateu contra um poste e com o choque acabou com o carro. ♦ **Huevo estrellado.** *Cul.* Ovo frito.

es.tre.me.cer. [estreme'θer] [ehtreme'ser] *v.24.* **1.** Fazer tremer. ▸ Estremecer. **2.** *fig.* Sentir medo ou sobressalto. ▸ Estremecer.

es.tre.nar. [estre'nar] [ehtre'nar] *v.4.* **1.** Usar uma coisa pela primeira vez. ▸ Estrear. **2.** Executar ou apresentar pela primeira vez um espetáculo público. ▸ Estrear.

es.tre.no. [es'treno] [eh'treno] *m.* **1.** Uso de uma coisa pela primeira vez. ▸ Estreia. **2.** Apresentação pública de um espetáculo pela primeira vez. ▸ Estreia.

es.tre.ñi.mien.to. [estreɲi'mjento] [ehtreɲi'mjento] *m. Med.* Prisão de ventre por alguma desordem no intestino. ▸ Constipação.

es.tré.pi.to. [es'trepito] [eh'trepito] *m.* **1.** Barulho muito grande, ruído forte. Estrondo. ▸ Estampido. **2.** *fig.* Ostentação na apresentação de algo. ▸ Estrépito.

es.trí.a. [es'tria] [eh'tria] *f.* **1.** *Arq.* Sulco vertical que se faz nas colunas. ▸ Estria. **2.** *Med.* Cada um dos riscos que surgem na pele por estiramento excessivo. ▸ Estria.

es.triar. [es'trjar] [eh'trjar] *v.4.* Fazer estrias em uma superfície. ▸ Estriar.

es.tri.bar. [es'triβar] [ehtri'βar] *v.4.* **1.** Apoiar uma coisa em outra que está fixa e firme. ▸ Estribar. **2.** *(Arg.)* Apoiar, o ginete, o pé na estribeira da sela. ▸ Estribar. **3.** *fig.* Consistir em. ▸ Estribar.

es.tri.bi.llo. [estri'βiʎo] [ehtri'βiʃo] *m.* **1.** *Mús.* e *Lit.* Expressão que se repete depois de cada estrofe em algumas composições líricas. Refrão. ▸ Estribilho. **2.** *Ling.* Palavra ou frase que, por hábito vicioso, uma pessoa repete a propósito de tudo. ▸ Bordão.

es.tri.bo. [es'triβo] [eh'triβo] *m.* **1.** Peça de metal ou madeira na qual o cavaleiro apoia o pé. ▸ Estribo. **2.** Degrau que alguns veículos têm para subir ou descer. ▸ Estribo. ♦ **Perder los estribos.** Perder a cabeça. Sair do sério. ▸ Perder as estribeiras.

es.tri.bor. [estri'βor] [ehtri'βor] *m. Mar.* Lado direito do navio, olhando da popa para a proa. ▸ Estibordo.

es.tri.den.te. [estri'ðente] [ehtri'ðente] *adj.* Que produz som forte, sibilante, que incomoda. ▸ Estridente.

es.tro.fa. [es'trofa] [eh'trofa] *f. Lit.* Grupo de versos ordenados de igual modo em algumas composições poéticas. ▸ Estrofe.

es.tro.pa.jo. [estro'paxo] [ehtro'paxo] *m.* Bucha feita de fibras vegetais, plástico, fio metálico ou outra matéria, que se usa para esfregar e polir. ▸ Esfregão.

es.tro.pe.a.do, da. [estrope'aðo] [ehtrope'aðo] *adj.* **1.** Que sofreu dano. Lesado. ▸ Estropiado. **2.** Que foi inutilizado. Estragado. ▸ Estropiado.

es.tro.pe.ar. [estrope'ar] [ehtrope'ar] *v.4.* **1.** Causar dano físico a uma pessoa. Lesar. ▸ Estropiar. **2.** Inutilizar uma coisa por fazer mau uso dela. Estragar. ▸ Estropiar.

es.tro.pi.cio. [estro'piθjo] [ehtro'pisjo] *m.* **1.** Quebra de coisas por acidente, sem grandes consequências. ▸ Estropício. **2.** Estrondo. ▸ Estropício.

es.truc.tu.ra. [estruk'tura] [ehtruk'tura] *f.* Organização dos elementos que formam um todo. ▸ Estrutura.

es.truen.do. [es'trwendo] [eh'trwendo] *m.* **1.** Ruído forte. ▸ Estrondo. **2.** *fig.* Confusão ruidosa causada por várias pessoas. Tumulto. ▸ Alvoroço.

es.tru.ja.do, da. [estru'xaðo] [ehtru'xaðo] *adj.* **1.** Que foi apertado, pressionado. ▸ Espremido. **2.** Amassado.

es.tru.jar. [estru'xar] [ehtru'xar] *v.4.* **1.** Apertar uma roupa lavada para tirar dela o líquido. ▸ Espremer. **2.** *fig.* Tirar de uma pessoa ou coisa o máximo possível. ▸ Espremer. **3.** Amarrotar. ▸ Amassar.

es.tua.rio. [es'twarjo] [eh'twarjo] *m. Geogr.* Desembocadura de um rio caudaloso no mar. ▸ Delta.

es.tu.che. [es'tutʃe] [eh'tutʃe] *m.* **1.** Compartimento ou invólucro onde se guardam pequenos objetos de valor ou de estimação. ▸ Caixa. **2.** *Med.* Compartimento no qual se guardam instrumentos cirúrgicos. ▸ Estojo. **3.** Caixa ou invólucro para guardar e carregar materiais escolares de pequenas dimensões. ▸ Estojo. ➥ *En el aula*

es.tu.dian.te. [estu'ðjante] [ehtu'ðjante] *com.* Aquele que estuda, que adquire conhecimentos em um estabelecimento de ensino. ▸ Estudante. ➥ *En el aula*

es.tu.diar. [estu'ðjar] [ehtu'ðjar] *v.4.* **1.** Dedicar-se aos estudos, à aquisição de conhecimento. ▸ Estudar. **2.** Analisar determinado assunto. ▸ Estudar.

es.tu.dio. [es'tuðjo] [eh'tuðjo] *m.* **1.** ▫ Esforço intelectual aplicado ao conhecimento de algo. ▸ Estudo. **2.** ▫ Obra na qual um autor expõe uma questão. ▸ Estudo. **3.** Sala ou local onde trabalha uma pessoa de profissão intelectual ou artística. ▸ Estúdio.

es.tu.fa. [es'tufa] [eh'tufa] *f.* **1.** Artefato que se põe em um local para aquecê-lo. ▸ Aquecedor. **2.** Recinto destinado a cultivar plantas e flores. ▸ Estufa.

es.tu.pe.fac.ción. [estupefak'θjon] [ehtupefak'sjon] *f.* Assombro, estupor ou admiração por um acontecimento ou notícia. ▸ Estupefação.

es.tu.pen.do, da. [estu'pendo] [ehtu'pendo] *adj.* Diz-se de qualquer coisa muito boa, admirável, maravilhosa. ▸ Estupendo, magnífico. *U.t.c.interj.*

es.tú.pi.do, da. [es'tupiðo] [eh'tupiðo] *adj.* **1.** Que tem muito pouca inteligência. ▸ Limitado. **2.** Que procede com grosseria. Mal-educado, bronco. ▸ Estúpido.

e.ta.pa. [e'tapa] [e'tapa] *f.* **1.** Período de tempo no qual se desenvolve uma ação. ▸ Etapa. **2.** Trecho de caminho que se percorre de um ponto a outro. ▸ Etapa. **3.** *Mil.* Ração que se dá à tropa em campanha. ▸ Etapa.

et.cé.te.ra. [et'θetera] [et'setera] Expressão proveniente do latim que se usa geralmente abreviada (etc.), ao final de uma frase ou enumeração, para substituir elementos que se subentendem ou que são dispensáveis. ▸ Etcétera. *U.t.c.s.m.*

é.ter. ['eteɾ] ['eteɾ] *m. Quím.* Substância líquida inflamável empregada na Medicina como anestésico. ▸ Éter.

e.té.re.o, a. [e'teɾeo] [e'teɾeo] *adj.* **1.** Relativo ao éter. ▸ Etéreo. **2.** Da natureza do éter. ▸ Etéreo. **3.** Pertencente ao céu. Sublime. ▸ Etéreo.

e.ter.ni.dad. [eterni'ðaθ] [eterni'ðað] *f.* **1.** Sem princípio nem fim. ▸ Eternidade. **2.** Vida perdurável da alma depois da morte do corpo, segundo a crença de algumas religiões. ▸ Eternidade.

e.ter.ni.zar. [eterni'θaɾ] [eterni'saɾ] *v.13.* **1.** Prolongar indefinidamente. ▸ Eternizar. **2.** Tornar eterna a duração de uma coisa. ▸ Eternizar.

é.ti.ca. ['etika] ['etika] *f.* Parte da Filosofia responsável pelo estudo dos valores morais e dos princípios sociais. ▸ Ética.

é.ti.co, ca. ['etiko] ['etiko] *adj.* Que observa rigorosamente as normas da moral e do comportamento da comunidade à qual pertence. ▸ Ético.

e.ti.mo.lo.gí.a. [etimolo'xia] [etimolo'xia] *f. Ling.* Estudo da origem das palavras e suas modificações através do tempo. ▸ Etimologia.

e.ti.que.ta. [eti'keta] [eti'keta] *f.* **1.** Conjunto de procedimentos que se devem observar nos atos solenes. ▸ Etiqueta. **2.** Rótulo que se coloca nas mercadorias para identificação da marca e da qualidade. Selo de qualidade. ▸ Etiqueta. ♦ **De etiqueta. 1.** Traje próprio para quem exerce certa função. ▸ Uniforme. **2.** Traje ou vestido que deve ser usado em determinados eventos. ▸ De gala.

et.nia. ['etnja] ['etnja] *f.* Comunidade humana definida pela língua e cultura, primordialmente. ▸ Etinia.

eu.fo.ní.a. [eufo'nia] [euɸo'nia] *f.* Som agradável na fala. ▸ Eufonia.

eu.fo.ria. [eu'forja] [eu'ɸorja] *f.* Sensação de bem-estar, otimismo. ▸ Euforia.

eu.ro. ['euɾo] ['euɾo] *m.* Moeda comum aos países da União Europeia, em circulação desde 1º de janeiro de 2002. ▸ Euro.

eu.ro.pe.o, a. [euɾo'peo] [euɾo'peo] *adj.* **1.** Pertencente ou relativo à Europa. ▸ Europeu, europeia. *s.* **2.** O natural ou habitante desse continente. ▸ Europeu, europeia.

eus.ke.ra. [eus'kera] [euh'kera] *m. Ling.* Ver *vasco*. ▸ Basco. *U.t. eus.que.ra*

e.va.cua.to.rio. [eβakwa'torjo] [eβakwa'torjo] *m.* Lugar público destinado, nas cidades, para as pessoas fazerem suas necessidades fisiológicas. ▸ Banheiro público.

e.va.dir. [eβa'ðiɾ] [eβa'ðiɾ] *v.6.* **1.** Evitar um dano ou perigo. ▸ Evadir. *v.p.* **2.** Fugir de um lugar onde se está preso. ▸ Evadir-se.

e.va.lua.ción. [eβalwa'θjon] [eβalwa'sjon] *f.* Ato de avaliar e seu resultado. ▸ Avaliação.

e.va.luar. [eβa'lwaɾ] [eβa'lwaɾ] *v.4.* **1.** Calcular ou estimar o valor de uma coisa. ▸ Avaliar. **2.** Apurar o nível de conhecimentos, idoneidade ou suficiência de um aluno ou profissional. ▸ Avaliar.

e.va.lua.ti.vo, va. [eβalwa'tiβo] [eβalwa'tiβo] *adj.* Que avalia, que reconhece a intensidade de. ▸ Avaliativo.

e.van.ge.lio. [eβan'xeljo] [eβan'xeljo] *m. Rel.* História e doutrina de Jesus Cristo contidas nos escritos dos quatro evangelistas. ▸ Evangelho.

e.va.po.rar. [eβapo'ɾaɾ] [eβapo'ɾaɾ] *v.4.* **1.** Reduzir um líquido ao estado de vapor. ▸ Evaporar. **2.** *fig.* Desaparecer uma pessoa ou coisa sem ser percebida. ▸ Evaporar.

e.va.sión. [eβa'sjon] [eβa'sjon] *f.* **1.** Retirada para evitar uma situação difícil. ▸ Evasão. **2.** Ato ou efeito de fugir. Escapada. ▸ Evasão.

e.ven.to. [e'βento] [e'βento] *m.* Fato, acontecimento. ▸ Evento.

e.ven.tual. [eβen'twal] [eβen'twal] *adj.* **1.** Que está sujeito a mudança, temporário. ▸ Eventual. **2.** Que presta serviços de maneira provisória. ▸ Temporário. **3.** Que pode acontecer. Possível. ▸ Eventual.

e.vi.den.cia. [eβi'ðenθja] [eβi'ðensja] *f.* Fato ou coisa que leva a uma certeza sobre algo. ▸ Evidência.

e.vi.tar. [eβi'taɾ] [eβi'taɾ] *v.4.* **1.** Impedir a ocorrência de algo. ▸ Evitar. **2.** Afastar-se de pessoas ou coisas desagradáveis. ▸ Evitar.

e.vo.car. [eβo'kaɾ] [eβo'kaɾ] *v.7.* Recordar, trazer à memória ou à imaginação alguma coisa do sucesso do passado. Lembrar. ▸ Evocar.

e.vo.lu.ción. [eβolu'θjon] [eβolu'sjon] *f.* **1.** Desenvolvimento das coisas ou dos organismos que gradualmente passam de um estado a outro. ▸ Evolução. **2.** Progresso ou transformação das ideias ou teorias. ▸ Evolução.

e.vo.lu.cio.nar. [eβoluθjo'naɾ] [eβolusjo'naɾ] *v.4.* **1.** Mover-se em trajetória curva. ▸ Evolucionar. **2.** Mudar de estado ou de estágio. ▸ Evoluir.

e.xa.cer.bar. [eksaθerˈβar] [eksaserˈβar] *v.4. v.p.* Irritar, causar aborrecimento grande. ▸ Exasperar.

e.xac.ti.tud. [eksaktiˈtuθ] [eksaktiˈtuð] *f.* Pontualidade e fidelidade na execução de uma coisa. ▸ Exatidão.

e.xa.ge.rar. [eksaxeˈrar] [eksaxeˈrar] *v.4.* Dar ou atribuir proporções excessivas a alguma coisa. ▸ Exagerar.

e.xa.men. [eˈksamen] [eˈksamen] *m.* **1.** Indagação que se faz sobre as qualidades e circunstâncias de coisa ou fato. ▸ Exame. **2.** Avaliação para comprovar o aproveitamento nos estudos. Exame. ▸ Prova.

ex.car.ce.lar. [ekskarθeˈlar] [ekhkarseˈlar] *v.4. Dir.* Livrar do cárcere, soltar um preso por ordem judicial. Desencarcerar. ▸ Excarcerar.

ex.ca.var. [ekskaˈβar] [ekhkaˈβar] *v.4.* **1.** Fazer buraco, vala ou poço na terra. ▸ Escavar. **2.** Tirar terra em volta das plantas para beneficiá-las. ▸ Escavar.

ex.ce.len.cia. [eksθeˈlenθja] [ekseˈlensja] *f.* **1.** Superioridade em qualidade e perfeição. ▸ Excelência. **2.** Tratamento honorífico que se dá a algumas pessoas por sua dignidade ou cargo. ▸ Excelência.

ex.ce.len.te. [eksθeˈlente] [ekseˈlente] *adj.* Que se destaca por suas boas qualidades. Ótimo. ▸ Excelente. *U.t.c.interj.*

ex.cén.tri.co, ca. [eksˈθentriko] [ekˈsentriko] *adj.* **1.** Que está fora do centro ou tem centro diferente. ▸ Excêntrico. **2.** De caráter ou modos extravagantes. ▸ Excêntrico.

ex.cep.ción. [eksθepˈθjon] [eksepˈsjon] *f.* **1.** Pessoa, animal ou coisa que apresenta condição diferenciada comparada às demais de sua espécie. ▸ Exceção. **2.** Exclusão de uma pessoa ou coisa da regra comum. ▸ Exceção.

ex.cep.to. [eksˈθepto] [ekˈsepto] *prep.* Sem incluir. ▸ Exceto.

ex.ce.si.vo, va. [eksθeˈsiβo] [ekseˈsiβo] *adj.* Que excede ao que é normal na sua classe. ▸ Excessivo.

ex.ce.so. [eksˈθeso] [ekˈseso] *m.* Que é maior ou mais intenso que o considerado normal. ▸ Excesso.

ex.ci.ta.ción. [eksθitaˈθjon] [eksitaˈsjon] *f.* Ato ou efeito de excitar(-se). ▸ Excitação.

ex.ci.tar. [eksθiˈtar] [eksiˈtar] *v.4.* **1.** Provocar estímulo. ▸ Excitar. **2.** *Biol.* Aumentar a atividade de uma parte do corpo. ▸ Excitar. *v.p.* **3.** Alterar-se por um sentimento. ▸ Excitar-se.

ex.cla.ma.ción. [eksklamaˈθjon] [ehklamaˈsjon] *f.* Palavra, frase, grito ou voz que expressa um sentimento. ▸ Exclamação.

ex.cla.mar. [eksklaˈmar] [ehklaˈmar] *v.4.* Emitir palavras com veemência para dar vigor ao que se diz. ▸ Exclamar.

ex.cluir. [eksˈklwir] [ehˈklwir] *v.28. p.p. reg. excluido | irreg. excluso.* **1.** Afastar definitivamente uma pessoa ou coisa do lugar que ocupava. ▸ Excluir. **2.** Negar a possibilidade de alguma coisa. ▸ Excluir. **3.** Serem duas coisas incompatíveis. ▸ Excluir.

ex.clu.sión. [eksklusˈjon] [ehkluˈsjon] *f.* Ato ou efeito de excluir. ▸ Exclusão.

ex.clu.si.ve. [eksˈkluˈsiβe] [ehkluˈsiβe] *adv.* Sem levar em conta o último número ou a última coisa mencionada. Com exceção de. ▸ Exclusive.

ex.clu.si.vi.dad. [eksklusiβiˈðaθ] [ehklusiβiˈðað] *f.* **1.** Propriedade do que é exclusivo. ▸ Exclusividade. **2.** Direito exclusivo a algo. ▸ Exclusividade.

ex.clu.si.vo, va. [eksˈkluˈsiβo] [ehkluˈsiβo] *adj.* **1.** Que exclui ou tem força para excluir. ▸ Exclusivo. **2.** Único, que não tem igual. ▸ Exclusivo.

ex.cur.sión. [ekskurˈsjon] [ehkurˈsjon] *f.* Viagem a passeio ou de pesquisa. ▸ Excursão.

ex.cur.sio.nis.mo. [ekskursjoˈnismo] [ehkursjoˈnihmo] *m.* Prática de realizar excursões com finalidade recreativa ou educativa. ▸ Excursionismo. ➡ *Recreación*

ex.cu.sa. [eksˈkusa] [ehˈkusa] *f.* Justificativa que se dá por um ato involuntário ou de consequências inesperadas que prejudica outrem. ▸ Desculpa.

ex.cu.sar. [eksku'sar] [ehkuˈsar] *v.4. v.p.* Desculpar-se ou demonstrar que não se tem culpa. ▸ Justificar-se. **2.** Impedir um problema ou situação desagradável. ▸ Evitar.

e.xen.ción. [eksenˈθjon] [eksenˈsjon] *f.* Liberdade que tem uma pessoa para eximir-se de alguma obrigação. ▸ Isenção.

e.xen.to, ta. [eˈksento] [eˈksento] *adj.* Que é livre, desobrigado de algo por algum motivo. ▸ Isento.

ex.ha.lar. [eksaˈlar] [eksaˈlar] *v.4.* Desprender gases, vapores ou cheiros. ▸ Exalar.

ex.haus.to, ta. [eˈksausto] [eˈksauhto] *adj.* Totalmente esgotado. ▸ Exausto.

ex.hi.bir. [eksi'βir] [eksi'βir] *v.6.* Mostrar em público. ▸ Exibir. *U.t.c.v.p.*

ex.hor.tar. [eksor'tar] [eksor'tar] *v.4.* Incitar com palavras uma pessoa para que faça ou deixe de fazer alguma coisa. ▸ Exortar.

e.xi.gen.cia. [eksi'xenθja] [eksi'xensja] *f.* Obrigatoriedade em se fazer algo. ▸ Exigência.

e.xi.gir. [eksi'xir] [eksi'xir] *v.61.* Pedir com insistência algo a que se tem direito. ▸ Exigir.

e.xi.guo, gua. [e'ksiɣwo] [e'ksiɣwo] *adj.* Que é pouco, escasso, insuficiente. ▸ Exíguo.

e.xi.mir. [eksi'mir] [eksi'mir] *v.6. p.p. reg. eximido / reg. exento.* **1.** Liberar de cargas, obrigações, culpas, etc. Isentar. ▸ Eximir. **2.** ▯Considerar alguém aprovado em disciplina escolar. ▸ Aprovar. *U.t.c.v.p.*

e.xis.ten.cia. [eksis'tenθja] [eksih'tensja] *f.* **1.** Vida do ser humano. ▸ Existência. *pl.* **2.** Acúmulo de mercadorias. ▸ Estoque.

e.xis.tir. [eksis'tir] [eksih'tir] *v.6.* Ser em um dado momento. Haver. ▸ Existir.

é.xi.to. ['eksito] ['eksito] *m.* **1.** Resultado com sucesso de uma atividade qualquer. ▸ Êxito. **2.** Boa aceitação que tem uma pessoa ou coisa. ▸ Êxito.

e.xi.to.so, sa. [eksi'toso] [eksi'toso] *adj.* Que recebe aceitação popular. ▸ Bem-sucedido.

é.xo.do. ['eksoðo] ['eksoðo] *m.* Saída, emigração de um povo ou de muitas pessoas. ▸ Êxodo.

e.xor.bi.tan.te. [eksorβi'tante] [eksorβi'tante] *adj.* Que sai da órbita, dos limites normais. ▸ Exorbitante.

e.xó.ti.co, ca. [e'ksotiko] [e'ksotiko] *adj.* Pessoa, obra ou objeto que chama a atenção por traços que resultam de proceder de outra cultura. ▸ Exótico.

ex.pan.sión. [ekspan'sjon] [ehpan'sjon] *f.* Ato de estender-se, dilatar-se. ▸ Expansão.

ex.pa.triar. [ekspa'trjar] [ehpa'trjar] *v.4.* **1.** Fazer sair, expulsar da pátria. ▸ Expatriar. *v.p.* **2.** Sair da pátria por vontade própria. ▸ Expatriar-se.

ex.pec.ta.ti.va. [ekspekta'tiβa] [ehpekta'tiβa] *f.* Esperança de conseguir algo, contando com um acontecimento. ▸ Expectativa.

ex.pe.di.ción. [ekspeði'θjon] [ehpeði'sjon] *f.* **1.** Traslado a um ponto distante para cumprir uma missão. ▸ Expedição. **2.** Facilidade para dizer ou fazer alguma coisa. Eloquência. ▸ Expansividade.

ex.pe.dir. [ekspe'ðir] [ehpe'ðir] *v.53.* **1.** Remeter mercadorias, correspondência ou alguma outra coisa de um lugar para outro. ▸ Expedir. **2.** Pronunciar com autoridade uma ordem, auto ou decreto. ▸ Expedir.

ex.pe.di.to, ta. [ekspe'ðito] [ehpe'ðito] *adj.* Pronto para atuar. ▸ Expedito.

ex.pe.ler. [ekspe'ler] [ehpe'ler] *v.5. p.p. reg. expelido / irreg. expulso.* **1.** Desprender algo, lançando-o para fora (uma máquina). ▸ Expelir. **2.** *Biol.* Liberar ou expulsar algo (um organismo). ▸ Expelir.

ex.pen.der. [ekspen'der] [ehpen'der] *v.5.* **1.** Fazer gastos. ▸ Despender. **2.** Vender mercadorias em pequenas quantidades. ▸ Vender (no varejo).

ex.pe.rien.cia. [ekspe'rjenθja] [ehpe'rjensja] *f.* **1.** Conhecimento ou sabedoria que se adquire com o uso, a prática ou a observação. ▸ Experiência. **2.** Ensaio ou prova com que se busca um resultado. Experimento. ▸ Experiência.

ex.pe.ri.men.to. [eksperi'mento] [ehperi'mento] *m.* **1.** Prova e exame prático das propriedades de uma coisa. ▸ Experimento. **2.** Operação destinada a comprovar determinadas hipóteses. ▸ Experimento.

ex.per.to, ta. [eks'perto] [eh'perto] *adj.* Perito em alguma matéria. ▸ Experto, especialista.

ex.piar. [eks'pjar] [eh'pjar] *v.4.* **1.** *Rel.* Purificar-se das culpas por meio de algum sacrifício. ▸ Expiar. **2.** *Dir.* Cumprir pena judicial por algum crime ou delito. ▸ Expiar.

ex.pla.yar. [ekspla'jar] [ehpla'ʃar] *v.4.* **1.** Difundir uma notícia ou comentário. ▸ Alastrar. **2.** Confiar a uma pessoa um segredo ou intimidade. ▸ Confidenciar.

ex.pli.car. [ekspli'kar] [ehpli'kar] *v.7.* **1.** Expor uma matéria ou assunto de maneira ordenada e facilitando sua compreensão. ▸ Explicar. **2.** Dar a conhecer a causa ou motivo de alguma coisa. ▸ Explicar.

ex.plí.ci.to, ta. [eks'pliθito] [eh'plisito] *adj.* Que está claro e expresso. ▸ Explícito.

ex.plo.ra.ción. [eksplora'θjon] [ehplora'sjon] *f.* Ato ou efeito de explorar. ▸ Exploração.

ex.plo.ra.dor, do.ra. [eksplora'ðor] [ehplora'ðor] *adj.* **1.** Que reconhece ou averigua uma coisa. ▸ Pesquisador. **2.** Que viaja por regiões pouco conhecidas à procura de algo. ▸ Explorador. *U.t.c.s.*

ex.plo.rar. [eksplo'rar] [ehplo'raɾ] *v.4.* Reconhecer ou inquirir uma coisa ou lugar. Investigar. ▸ Explorar.

ex.plo.sión. [eksplo'sjon] [ehplo'sjon] *f.* Estouro, detonação produzida pela liberação repentina de um gás comprimido ou produzido subitamente. ▸ Explosão.

ex.plo.ta.ción. [eksplota'θjon] [ehplota'sjon] *f.* Ato de tirar proveito de uma pessoa ou coisa. ▸ Exploração.

ex.plo.tar. [eksplo'tar] [ehplo'taɾ] *v.4.* **1.** Estourar ou fazer estourar um artefato que contém explosivo. ▸ Explodir. **2.** *fig.* Aproveitar-se das características e/ou aspectos de uma pessoa, objeto ou negócio em benefício próprio. ▸ Explorar.

ex.po.nen.te. [ekspo'nente] [ehpo'nente] *adj.* **1.** Que expõe. ▸ Exponente. *m.* **2.** Pessoa ou coisa representativa e notável em um ramo do saber. ▸ Expoente. **3.** *Mat.* Número que indica a potência a que deve ser elevado o número ou expressão à qual está sobrescrito. ▸ Expoente.

ex.po.ner. [ekspo'ner] [ehpo'neɾ] *v.40.* *p.p. irreg. expuesto.* **1.** Mostrar uma coisa para que seja vista. ▸ Expor. **2.** Dar a conhecer. ▸ Expor. **3.** Expor ao risco de perder-se ou sofrer dano. ▸ Expor. *U.t.c.v.p.*

ex.por.ta.ción. [eksporta'θjon] [ehporta'sjon] *f.* Ato ou efeito de exportar. ▸ Exportação.

ex.por.tar. [ekspor'tar] [ehpoɾ'taɾ] *v.4.* *Polít.* Enviar ou remeter produtos comercializados com outro país para seu destino. ▸ Exportar.

ex.pre.sar. [ekspre'sar] [ehpɾe'saɾ] *v.4.* *p.p. reg. expresado / irreg. expreso.* **1.** Manifestar com palavras ou gestos o que se quer transmitir. ▸ Expressar. **2.** Dar-se a entender por palavras. ▸ Expressar.

ex.pre.sión. [ekspre'sjon] [ehpɾe'sjon] *f.* *Ling.* Palavra ou locução usada para manifestar o pensamento ou sentimento de quem fala ou escreve. ▸ Expressão.

ex.pre.si.vo, va. [ekspre'siβo] [ehpɾe'siβo] *adj.* Que manifesta, com vivacidade nas palavras ou gestos, o que pensa ou sente. ▸ Expressivo.

ex.pre.so, sa. [eks'preso] [eh'pɾeso] *adj.* **1.** Que não dá margem a dúvidas. Claro. ▸ Expresso. *m.* **2.** Trem rápido, de ponto a ponto. ▸ Expresso. **3.** Café de máquina. ▸ Expresso.

ex.pri.mir. [ekspri'mir] [ehpɾi'miɾ] *v.6.* **1.** Comprimir, apertar uma coisa para extrair dela o suco ou líquido. ▸ Espremer. **2.** Ver *expresar.* Expressar. ▸ Exprimir.

ex.pues.to, ta. [eks'pwesto] [eh'pwehto] *adj.* **1.** Que oferece riscos. ▸ Arriscado. *Es muy expuesto caminar por la noche.* É muito arriscado andar à noite. **2.** À mostra. ▸ Exposto.

❑ **ex.qui.si.to, ta.** [ekski'sito] [ehki'sito] *adj.* **1.** De extraordinária qualidade e bom gosto. ▸ Excelente. **2.** *Cul.* De excelente sabor. ▸ Delicioso.

éx.ta.sis. ['ekstasis] ['ehtasis] *m.* Arrebatamento íntimo. ▸ Êxtase.

ex.ten.der. [eksten'der] [ehten'deɾ] *v.16.* *p.p. reg. extendido / irreg. extenso.* **1.** Espalhar o que está amontoado ou denso. ▸ Estender. **2.** Aumentar o tamanho de uma coisa. ▸ Estender. **3.** Desdobrar ou desenrolar o que está dobrado ou enrolado. ▸ Estender.

ex.ten.sión. [eksten'sjon] [ehten'sjon] *f.* **1.** Superfície de uma coisa, área. ▸ Extensão. **2.** Linha telefônica ligada a uma pequena central. ▸ Extensão.

ex.ten.si.vo, va. [eksten'siβo] [ehten'siβo] *adj.* Que se estende ou se pode estender ou aplicar a mais coisas. ▸ Extensivo.

ex.te.nuar. [ekste'nwar] [ehte'nwaɾ] *v.4.* **1.** Enfraquecer, debilitar ao máximo. ▸ Extenuar. **2.** Esgotar as forças. ▸ Extenuar.

ex.te.rior. [ekste'rjor] [ehte'ɾjoɾ] *adj.* **1.** Que está na parte de fora. ▸ Exterior. **2.** *Polít.* Relativo a outros países ou lugares. ▸ Exterior. *m.* **3.** Superfície externa dos corpos. ▸ Exterior. **4.** *Polít.* As nações estrangeiras. ▸ Exterior.

ex.ter.mi.nar. [ekstermi'nar] [ehteɾmi'naɾ] *v.4.* **1.** Destruir totalmente pessoas ou coisas. Aniquilar. ▸ Exterminar. **2.** Eliminar os agentes causadores de doenças ou pragas. ▸ Exterminar.

ex.ter.mi.nio. [ekster'minjo] [ehteɾ'minjo] *m.* Ato ou efeito de exterminar. ▸ Extermínio.

ex.ter.no, na. [eks'terno] [eh'teɾno] *adj.* **1.** Que está do lado de fora. ▸ Externo. **2.** Diz-se de aluno que só permanece no colégio durante as horas de aula. ▸ Externo.

ex.tin.ción. [ekstin'θjon] [ehtin'sjon] *f.* Ato ou efeito de extinguir. ▸ Extinção.

ex.tin.guir. [ekstin'gir] [ehtin'gir] *v. 10. p.p. reg. extinguido / irreg. extinto.* **1.** Fazer com que cesse de queimar. ▸ Extinguir. **2.** Fazer com que cesse de existir. ▸ Extinguir. *v.p.* **3.** Levar-se ou ser levado à extinção. ▸ Extinguir-se.

ex.tor.sión. [ekstor'sjon] [ehtor'sjon] *f.* **1.** Ato abusivo ou violento que causa dano ou prejuízo. ▸ Extorsão. **2.** Ato de usurpar um bem usando força física ou moral. ▸ Extorsão.

ex.trac.ción. [ekstrak'θjon] [ehtrak'sjon] *f.* **1.** Ato de extrair. ▸ Extração. **2.** Retirada de um minério de uma jazida. ▸ Extração.

ex.trac.to. [eks'trakto] [eh'trakto] *m.* **1.** Resumo de um escrito do qual se transcreve o essencial. ▸ Extrato. **2.** *Quím.* e *Farm.* Produto obtido por concentração ou condensação de outro. ▸ Extrato.

ex.tra.di.ción. [ekstraði'θjon] [ehtraði'sjon] *f. Dir.* Entrega de um réu pelas autoridades de um país às autoridades de outro país que o reclama. ▸ Extradição.

ex.tra.er. [ekstra'er] [ehtra'er] *v.41.* **1.** Tirar algo do lugar onde está. ▸ Extrair. **2.** Separar uma substância de outra que a contém. Destilar. ▸ Extrair.

ex.tran.je.ro, ra. [ekstran'xero] [ehtran'xero] *adj.* **1.** Natural de uma nação diferente daquela em que está. ▸ Estrangeiro. *U.t.c.s. m.* **2.** Qualquer nação que não seja a própria. ▸ Estrangeiro.

❑ **ex.tra.ñar.** [ekstra'ɲar] [ehtra'ɲar] *v.4.* Sentir falta de alguma pessoa ou coisa. ▸ Sentir saudade.

ex.tra.ñe.za. [ekstra'ɲeθa] [ehtra'ɲesa] *f.* Ato ou efeito de estranhar. ▸ Estranheza.

ex.tra.ño, ña. [eks'traɲo] [eh'traɲo] *adj.* **1.** Que não pertence ao meio ou lugar em que se encontra. ▸ Estranho. **2.** Que não é próprio da natureza ou condição de uma coisa da qual faz parte. ▸ Estranho. *U.t.c.s.*

ex.tra.or.di.na.rio, ria. [ekstraorði'narjo] [ehtraorði'narjo] *adj.* **1.** Que está fora da ordem natural ou comum das coisas. ▸ Extraordinário. **2.** Que se agrega ao ordinário. ▸ Extraordinário.

ex.tra.po.lar. [ekstrapo'lar] [ehtrapo'lar] *v.4. fig.* Aplicar resultados ou conclusões obtidas em um campo para outro. ▸ Extrapolar.

ex.tra.te.rres.tre. [ekstrate'restre] [ehtrate'rehtre] *adj.* **1.** *Astr.* Diz-se do espaço exterior da Terra ou o que procede dele. ▸ Extraterrestre. *m.* **2.** Supostos seres ou objetos vindos do espaço exterior à Terra. ▸ Extraterrestre.

ex.tra.va.gan.te. [ekstraβa'ɣante] [ehtraβa'ɣante] *adj.* **1.** Que está fora do modo dito comum de agir. ▸ Extravagante. **2.** Que fala, veste ou procede de forma não convencional. ▸ Extravagante.

ex.tra.viar. [ekstra'βjar] [ehtra'βjar] *v.4.* **1.** Fazer perder o caminho certo. ▸ Extraviar. **2.** Desviar uma pessoa dos bons costumes. ▸ Extraviar. **3.** Perder uma coisa. ▸ Extraviar. *U.t.c.v.p.*

ex.tra.ví.o. [ekstra'βio] [ehtra'βio] *m.* Ato ou efeito de extraviar. ▸ Extravio.

ex.tre.mar. [ekstre'mar] [ehtre'mar] *v.4.* **1.** Levar uma coisa às últimas consequências. ▸ Extremar. **2.** Fazer uma coisa com a máxima habilidade e esmero. ▸ Caprichar.

ex.tre.ma.da.men.te. [ekstremaða'mente] [ehtremaða'mente] *adv.* De modo a levar ao extremo. ▸ Extremamente.

ex.tre.mi.dad. [ekstremi'ðaθ] [ehtremi'ðað] *f.* **1.** Parte extrema de uma coisa. ▸ Extremidade. **2.** *Anat.* Os braços e pernas das pessoas e as patas, cabeça e rabo dos animais. ▸ Extremidade.

ex.tre.mo, ma. [eks'tremo] [eh'tremo] *adj.* **1.** Que está nos extremos. ▸ Extremo. *m.* **2.** A parte primeira e a última de uma coisa, princípio e fim dela. ▸ Extremo. **3.** O ponto mais distante. ▸ Extremo. ◆ **Extrema derecha / izquierda.** *Polít.* Posições doutrinárias e ideológicas radicais. ▸ Extrema direita / esquerda. **Extremo derecho / izquierdo.** *Desp.* Jogador que ocupa em um jogo de campo a posição extrema à direita ou à esquerda. ▸ Lateral direito / esquerdo. **Extremo Oriente.** *Geogr.* Diz-se dos países situados ao leste do meridiano 100. ▸ Extremo Oriente.

ex.tro.ver.ti.do, da. [ekstroβer'tiðo] [ehtroβer'tiðo] *adj.* Que se relaciona abertamente. ▸ Extrovertido.

e.ya.cu.lar. [ejaku'lar] [eʃaku'lar] *v.4. Biol.* Expelir ou lançar com rapidez e força o conteúdo de um órgão, cavidade ou depósito, especialmente o sêmen. ▸ Ejacular.

e.yec.tar. [ejek'tar] [eʃek'tar] *v.4.* Lançar com força, separar subitamente uma coisa de outra. ▸ Ejetar.

F

f. ['efe] ['efe] *f.* Sexta letra del alfabeto español. ▸ F.

fá.bri.ca. ['faβrika] ['faβrika] *f.* Establecimiento industrial equipado com máquinas e instrumentos para produzir determinados objetos ou aparelhos. ▸ Fábrica.

fa.bri.can.te. [faβri'kante] [faβri'kante] *adj.* **1.** Que fabrica. ▸ Fabricante. *s.* **2.** Proprietário de fábrica ou aquele que a dirige. Industrial. ▸ Fabricante.

fa.bri.car. [faβri'kaɾ] [faβri'kaɾ] *v.7.* **1.** Produzir objetos em série. ▸ Fabricar. **2.** Construir um edifício ou outra obra de alvenaria. ▸ Construir.

fa.bril. [fa'βɾil] [fa'βɾil] *adj.* **1.** Relativo às fábricas e às suas operações. ▸ Fabril. **2.** Relativo aos fabricantes e operários das fábricas. ▸ Fabril.

fá.bu.la. ['faβula] ['faβula] *f. Lit.* Narração que geralmente contém uma lição moral. ▸ Fábula.

fa.bu.lo.so, sa. [faβu'loso] [faβu'loso] *adj.* **1.** Que não tem fundamento real. Imaginário, inventado. ▸ Fabuloso. **2.** *fig.* Que não oferece credibilidade. ▸ Inacreditável.

fac.ción. [fak'θjon] [fak'sjon] *f.* **1.** Grupo de pessoas que se amotina contra a ordem estabelecida. ▸ Facção. **2.** *Anat.* Qualquer parte do rosto humano. ▸ Traço, feição.

fac.cio.so, sa. [fak'θjoso] [fak'sjoso] *adj.* Pertencente a uma facção. ▸ Faccioso.

fa.ce.ta. [fa'θeta] [fa'seta] *f.* **1.** Cada uma das faces das pedras preciosas talhadas. ▸ Faceta. **2.** *fig.* Cada um dos aspectos que apresenta um assunto. ▸ Faceta.

fa.cha. [fa'tʃa] ['fatʃa] *f.* Maneira de apresentar-se, aspecto. ▸ Aparência, cara. *Con esa facha, no te dejarán salir.* Com essa cara, não vão te deixar sair.

fa.cha.da. [fa'tʃaða] [fa'tʃaða] *f. Arq.* Parte exterior e principal de um edifício. ▸ Fachada.

fa.cial. [fa'θjal] [fa'sjal] *adj. Anat.* Pertencente ou relativo ao rosto. ▸ Facial.

fá.cil. ['faθil] ['fasil] *adj.* Que se pode fazer sem grande esforço. ▸ Fácil.

fa.ci.li.dad. [faθili'ðaθ] [fasili'ðað] *f.* Habilidade para fazer algo sem grande esforço. ▸ Facilidade.

fa.ci.li.tar. [faθili'taɾ] [fasili'taɾ] *v.4.* Tornar fácil ou possível a execução de algo. ▸ Facilitar.

fa.ci.ne.ro.so, sa. [faθine'roso] [fasine'roso] *adj.* **1.** Que comete crimes perversos. ▸ Facínora. *s.* **2.** Criminoso perverso que comete crimes com crueldade. ▸ Facínora.

fac.sí.mil. [fak'simil] [fak'simil] *m.* Reprodução fiel de assinatura, escrito, desenho, etc. ▸ Fac-símile.

fac.ti.ble. [fak'tiβle] [fak'tiβle] *adj.* Que se pode fazer. ▸ Factível.

fac.tor. [fak'toɾ] [fak'toɾ] *m.* Elemento que contribui para um resultado. ▸ Fator.

fac.to.rí.a. [fakto'ria] [fakto'ria] *f.* Estabelecimento de comércio, fábrica ou complexo industrial. ▸ Fábrica.

fac.tu.ra. [fak'tuɾa] [fak'tuɾa] *f.* Documento que acompanha a remessa de mercadorias discriminando classe, quantidade e preço. ▸ Fatura. *El pintor ya me pasó la factura del trabajo que hizo en mi casa.* O pintor já me passou a fatura do serviço que fez em minha casa. ◆ **Pasar factura.** *fig.* Abalar (negativamente). *Si no cumples lo que habías prometido, vas a pasar factura.* Se não cumprir o que prometeu, você vai pagar por isso.

fac.tu.ra.ción. [faktuɾa'θjon] [faktuɾa'sjon] *f.* Soma ou conjunto de mercadorias faturadas. ▸ Faturamento.

fac.tu.rar. [faktu'ɾaɾ] [faktu'ɾaɾ] *v.4. Fin.* Emitir a fatura das mercadorias vendidas. ▸ Faturar.

fa.cul.tad. [fakul'taθ] [fakul'tað] *f.* **1.** Autoridade ou direito para fazer alguma coisa. ▸ Faculdade. **2.** Cada uma das grandes divisões de uma universidade, correspondente a um ramo do saber. ▸ Faculdade.

fa.cul.tar. [fakul'tar] [fakul'tar] *v.4.* Dar autoridade a alguém para fazer alguma coisa que não poderia sem autorização. ▸ Facultar.

fa.cul.ta.ti.vo, va. [fakulta'tiβo] [fakulta'tiβo] *adj.* **1.** ☐ Pertencente a uma instituição universitária. ▸ Universitário. **2.** Que não é obrigatório. ▸ Facultativo.

fa.e.na. [fa'ena] [fa'ena] *f.* Trabalho físico ou mental excessivo, que exige muito esforço. ▸ Afã, faina.

fa.e.nar. [fae'nar] [fae'nar] *v.4.* Matar animais e preparar sua carne para o consumo. ▸ Abater.

fa.got. [fa'ɣot] [fa'ɣot] *m. Mús.* Instrumento musical de sopro. ▸ Fagote. ➡ *Instrumentos musicales*

fai.sán. [faj'san] [faj'san] m. *Zool.* Ave de caça originária da Ásia, apreciada por sua carne, do tamanho de um galo, de crista com plumas, cauda longa e bastante colorida no caso dos machos. ▸ Faisão.

fa.ja. ['faxa] ['faxa] *f.* **1.** Peça de vestuário interior, elástica, que cobre da cintura ao início das pernas, antigamente usada pelas mulheres. ▸ Cinta-liga. **2.** Qualquer listra, inclusive imaginária, com mais comprimento do que altura. ▸ Faixa.

fa.jar. [fa'xar] [fa'xar] *v.4.* **1.** Envolver com faixa uma parte do corpo. ▸ Enfaixar. **2.** *fam.* Bater em alguém. ▸ Espancar.

fa.jo. ['faxo] ['faxo] *m.* Pequeno embrulho, pacote. ▸ Maço.

fa.la.cia. [fa'laθja] [fa'lasja] *f.* Engano, fraude ou mentira com que se tenta prejudicar o outro. ▸ Falácia.

fa.lan.ge. [fa'lanxe] [fa'lanxe] *f.* **1.** *Anat.* Cada um dos ossos dos dedos. **2.** *Mil.* Unidade do antigo exército grego. ▸ Falange. **3.** *Polít.* Conjunto de pessoas unidas por um ideal político e social. ▸ Legião.

fa.laz. [fa'laθ] [fa'las] *adj.* Que engana ou diz mentiras com a intenção de prejudicar. ▸ Falaz.

fal.da. ['falda] ['falda] *f.* **1.** Peça de vestuário feminina que se ajusta à cintura e cobre quadris e pernas. ▸ Saia. **2.** *Geogr.* O início da subida das montanhas. ▸ Sopé. ♦ **Falda pantalón.** Saia-calça. ➡ *Ropa*

fal.de.ro, ra. [fal'dero] [fal'dero] *adj.* Que gosta de estar entre mulheres. ▸ Mulherengo. ♦ **Perro faldero.** Cachorro pequeno que gosta de ficar no colo dos seus donos.

fal.dón. [fal'don] [fal'don] *m.* Parte baixa de saia, cortina ou toalha de mesa. ▸ Barra.

fa.lla. ['faʎa] ['faʃa] *f.* **1.** Defeito de alguma coisa que diminui sua beleza ou seu valor. ▸ Falha. **2.** *fig.* Negligência no cumprimento de uma obrigação. ▸ Falha. **3.** *Geogr.* Fenda produzida por movimentos geológicos em um terreno. ▸ Falha.

fa.llar. [fa'ʎar] [fa'ʃar] *v.4.* Não funcionar uma coisa. ▸ Falhar.

fa.lle.cer. [faʎe'θer] [faʃe'ser] *v. 24.* Deixar de viver; morrer. ▸ Falecer.

fa.lle.ci.do, da. [faʎe'θiðo] [faʃe'siðo] *adj. ant.* Que está sem forças, debilitado. ▸ Desfalecido.

fa.lli.do, da. [fa'ʎiðo] [fa'ʃiðo] *adj.* Que ficou sem efeito, que não se realizou. ▸ Fracassado.

fa.llo. [fa'ʎo] [fa'ʃo] *m.* **1.** *Dir.* Pronunciamento de um Tribunal de Justiça que decide um litígio ou processo. ▸ Sentença. **2.** Erro cometido por uma pessoa. ▸ Falha. **3.** Defeito em um mecanismo. ▸ Falha.

fal.sa.rio, ria. [fal'sarjo] [fal'sarjo] *adj.* **1.** Que falsifica. ▸ Falsário. *U.t.c.s.* **2.** *fig.* Que engana com falsidades e mentiras. ▸ Falsário.

fal.se.ar. [false'ar] [false'ar] *v.4.* Adulterar uma coisa, falsificar. ▸ Falsear.

fal.se.dad. [false'ðaθ] [false'ðað] *f.* Falta de verdade, calúnia. ▸ Falsidade.

fal.se.te. [fal'sete] [fal'sete] *m.* Voz mais aguda que a natural. ▸ Falsete.

fal.si.fi.ca.ción. [falsifika'θjon] [falsifika'sjon] *f.* **1.** Ato ou efeito de falsificar. ▸ Falsificação. **2.** *Dir.* Crime de falsidade por faltar com a verdade em um documento público. ▸ Estelionato.

fal.si.fi.car. [falsifi'kar] [falsifi'kar] *v.7.* **1.** Tornar falso. ▸ Falsificar. **2.** Produzir algo falso ou ilegal. ▸ Falsificar.

fal.so, sa. ['falso] ['falso] *adj.* **1.** Que finge. ▸ Falso. **2.** Contrário à verdade, que não é certo. ▸ Falso.

fal.ta. ['falta] ['falta] *f.* **1.** Carência ou privação de alguma coisa. **2.** Ausência de uma pessoa do lugar onde deveria estar. ▸ Falta. ♦ **Echar en falta.** Sentir falta. *Estoy echando en falta el desayuno con leche fresca y pan recién salido del horno.* Estou sentindo falta do café da manhã com leite fresco e pão recém-saído do forno. **(No) Hacer falta.**

(Não) Ser necessário. *Hace falta una nueva ley de tránsito más severa.* É necessária uma nova lei de trânsito mais severa. **Sin falta.** Sem falta.

fal.tar. [fal'tar] [fal'taɾ] *v.4.* **1.** Deixar de comparecer a um encontro ou obrigação. ▸ Faltar. **2.** Carecer do que se precisa para uma coisa que se quer fazer. ▸ Faltar. ◆ **Faltar poco para...** Faltar pouco para... *¡Falta poco para mi fiesta de cumpleaños!* Falta pouco para a minha festa de aniversário! *¡No faltaría más!* Imagine!

fal.to, ta. ['falto] ['falto] *adj.* Desprovido ou carente de algo. ▸ Carente.

fa.ma. ['fama] ['fama] *f.* Reputação de uma pessoa. ▸ Fama.

fa.mé.li.co, ca. [fa'meliko] [fa'meliko] *adj.* **1.** Que está com fome. ▸ Faminto. **2.** *fig.* Que padece de fome há certo tempo. ▸ Faminto.

fa.mi.lia. [fa'milja] [fa'milja] *f.* **1.** Grupo de pessoas aparentadas que vivem, geralmente, na mesma casa. ▸ Família. **2.** Conjunto de ascendentes, descendentes, colaterais e afins, unidos por parentesco. ▸ Família.

Familia

Mi padre está casado con mi madre.
El hijo de mi tía es mi primo y el de mi hermana es mi sobrino.
El segundo esposo de la madre de mi novia es su padrastro.
La hija de mi cuñado es bisnieta de mi abuela.
Mi abuelo tiene una nuera, quien está casada con mi padre, y un yerno, quien está casado con mi tía.
El suegro de mi cuñado es mi padre.

fa.mi.liar. [fami'ljar] [fami'ljaɾ] *adj.* **1.** Pertencente ou relativo à família. ▸ Familiar. **2.** Que se dá de forma afetuosa e sem cerimônia. ▸ Familiar. *El relacionamiento entre ellos es muy simple y familiar.* O relacionamento entre eles é muito simples e familiar. **3.** Diz-se de assunto conhecido. ▸ Familiar. **4.** *Ling.* Diz-se da linguagem empregada em situações coloquiais, correntes. ▸ Familiar. **5.** Pessoa ligada a outra por laços familiares. ▸ Parente.

fa.mi.lia.ri.zar. [familjari'θaɾ] [familjari'saɾ] *v.13.* **1.** Tornar uma coisa familiar ou comum. ▸ Familiarizar. **2.** Habituar ou acostumar a uma situação nova. ▸ Familiarizar.

fa.mo.so, sa. [fa'moso] [fa'moso] *adj.* Que é célebre e notável. ▸ Famoso.

fa.nal. [fa'nal] [fa'nal] *m.* **1.** Farol grande que se coloca na entrada dos portos para guia das embarcações. Fanal. ▸ Farol. **2.** Lâmpada de luz muito forte que os pescadores usam durante a noite para atrair os peixes. ▸ Facho.

fa.ná.ti.co, ca. [fa'natiko] [fa'natiko] *adj.* **1.** Que se dedica intensamente a alguma coisa. ▸ Fanático. **2.** Que defende com fervor suas opiniões. ▸ Fanático.

fan.dan.go. [fan'dango] [fan'dango] *m.* Canto e dança de origem espanhola, muito comuns na Andaluzia, com acompanhamento de violão, castanholas e, às vezes, pratos e violino. ▸ Fandango.

fan.fa.rrón, rro.na. [fanfa'ron] [fanfa'ron] *adj.* Que faz alarde do que não é, especialmente de valentia. ▸ Fanfarrão.

fan.go. [fan'go] [fan'go] *m.* Resíduo formado a partir da mistura de terra, água e matéria orgânica que se aglutina no fundo de rios, lagos, etc. ▸ Lodo.

fan.go.so, sa. [fan'goso] [fan'goso] *adj.* **1.** Diz-se de terreno cheio de lama. ▸ Lamacento. **2.** Que tem a consistência da lama. ▸ Lamacento.

fan.ta.se.ar. [fantase'ar] [fantase'aɾ] *v.4.* **1.** Deixar livre a imaginação. Idealizar. ▸ Fantasiar. **2.** Imaginar algo fantástico. ▸ Fantasiar.

fan.ta.sí.a. [fanta'sia] [fanta'sia] *f.* **1.** Faculdade da mente humana para criar ou imaginar ideias ou imagens. ▸ Fantasia. **2.** Conto, romance ou pensamento elevado e criativo. ▸ Fantasia. **3.** Enfeite que imita uma joia. ▸ Bijuteria. ◆ **De fantasía.** De enfeite. ▸ De bijuteria. *Las perlas de ese collar no son auténticas, son de fantasía.* As pérolas desse colar não são autênticas, são de bijuteria.

fan.ta.sio.so, sa. [fanta'sjoso] [fanta'sjoso] *adj.* **1.** Que se deixa levar pela imaginação. ▸ Fantasioso. **2.** Que contém fantasia. ▸ Fantasioso.

fan.tas.ma. [fan'tasma] [fan'tahma] *m.* Imagem que não é real, criada pela imaginação. Imagem ilusória. ▸ Fantasma.

fan.tas.ma.go.rí.a. [fantasmaɣo'ria] [fantahmaɣo'ria] *f.* Arte de representar figuras luminosas por meio de uma ilusão óptica. ▸ Fantasmagoria.

fan.tás.ti.co, ca. [fan'tastiko] [fan'tahtiko] *adj.* **1.** Que não corresponde à realidade, que é imaginário. ▸ Fantástico. **2.** *fig.* Fora do comum. Incrível, maravilhoso. ▸ Fantástico.

fan.to.che. [fan'tɔʃe] [fan'tɔʃe] *m.* **1.** Marionete que se movimenta por meio de fios. ▸ Fantoche. **2.** *fig.* Pessoa que não tem personalidade. ▸ Fantoche.

fa.quir. [fa'kir] [fa'kir] *m. Rel.* **1.** Religioso maometano que vive de esmolas e com a maior austeridade. ▸ Faquir. **2.** Asceta hindu que se mostra insensível à dor. ▸ Faquir.

fa.rán.du.la. [fa'randula] [fa'randula] *f. Teat.* **1.** Grupo de artistas que trabalhavam em teatro ambulante. Saltimbanco. ▸ Farândola. **2.** O ambiente relacionado a atores e atrizes em geral.

far.fu.llar. [farfu'ʎar] [farfu'ʃar] *v.4.* **1.** Falar depressa e estabanadamente. ▸ Tagarelar. *No consiguió nada porque farfullaba de una forma que nadie lo entendió.* Não conseguiu nada porque tagarelava de uma forma que ninguém o entendeu. **2.** Fazer algazarra. ▸ Bagunçar.

far.ma.céu.ti.co, ca. [farma'θeu̯tiko] [farma'seu̯tiko] *adj. Farm.* **1.** Pertencente ou relativo à farmácia. ▸ Farmacêutico. *Miguel trabaja en un laboratorio farmacéutico.* Miguel trabalha em um laboratório farmacêutico. *s.* **2.** Pessoa que faz ou vende remédios. Boticário. ▸ Farmacêutico. **3.** Profissional formado em Farmácia. ▸ Farmacêutico. ➡ *Profesiones*

far.ma.cia. [far'maθja] [far'masja] *f.* **1.** *Farm.* Ciência que ensina como preparar remédios a partir de produtos naturais ou de substâncias de laboratório. ▸ Farmacologia. **2.** Estabelecimento comercial onde se produzem ou se vendem medicamentos. ▸ Farmácia.

fár.ma.co. ['farmako] ['farmako] *m. Farm.* Substância preparada em farmácia ou laboratório farmacêutico que serve para curar, acalmar ou evitar enfermidades. Fármaco. ▸ Medicamento.

❑ **fa.ro.** ['faro] ['faro] *m. Mar.* Torre alta com luz intermitente, situada à beira-mar para alertar os navegantes da proximidade da terra. ▸ Farol.

fa.rol. [fa'rol] [fa'rol] *m.* Utensílio feito de material transparente, como vidro, que protege um foco luminoso. ▸ Lanterna, farol (automóvel).

fa.ro.la. [fa'rola] [fa'rola] *f.* Farol grande, geralmente com vários braços, próprio para iluminar espaços e vias públicas. ▸ Poste de iluminação.

fa.ro.le.ro, ra. [faro'lero] [faro'lero] *adj.* **1.** *fig.* Que gosta de ser visto, de chamar atenção. ▸ Presunçoso. *m.* **2.** Pessoa encarregada de cuidar dos faróis. ▸ Faroleiro.

fa.rra. ['fara] ['fara] *f.* Festa ou qualquer divertimento. Folia. ▸ Farra.

far.sa. ['farsa] ['farsa] *f. Teat.* **1.** Peça de teatro cômica e breve, de origem clássica. ▸ Farsa. **2.** Fingimento ou ato com intenção de enganar. ▸ Farsa.

far.san.te. [far'sante] [far'sante] *com.* **1.** Pessoa que representa farsas. ▸ Comediante. **2.** Pessoa que finge o que não sente ou que se pretende passar pelo que não é. ▸ Farsante.

fas.ci.nan.te. [fasθi'nante] [fasi'nante] *adj.* Que atrai. Encantador. ▸ Fascinante.

fas.ci.nar. [fasθi'nar] [fasi'nar] *v.4.* Atrair, encantar. ▸ Fascinar.

fa.se. ['fase] ['fase] *f.* **1.** *Astr.* Cada um dos diferentes aspectos que vemos da Lua e de alguns planetas. ▸ Fase. **2.** Etapa que forma parte de uma série ou de um processo. ▸ Fase. *La infancia es la primera fase de la vida.* A infância é a primeira fase da vida.

fas.ti.diar. [fasti'ðjar] [fahti'ðjar] *v.4.* Aborrecer ou molestar alguém. ▸ Amolar. *Ese individuo me fastidia repitiendo cien veces lo que dice.* Esse indivíduo me amola repetindo cem vezes o que diz.

fas.ti.dio. [fas'tiðjo] [fah'tiðjo] *m.* Ato ou efeito de amolar. ▸ Amolação.

fas.ti.dio.so, sa. [fasti'ðjoso] [fahti'ðjoso] *adj.* Que causa tédio. Enfadonho. ▸ Fastidioso.

fas.to, ta. ['fasto] ['fahto] *adj.* Relativo, na antiga Roma, ao dia de tratar dos negócios públicos e administrar justiça. ▸ Fasto.

fas.tuo.so, sa. [fas'twoso] [fah'twoso] *adj.* Que gosta de fausto e pompa. Ostentador. ▸ Faustuoso.

fa.tal. [fa'tal] [fa'tal] *adj.* **1.** Que acontece inevitavelmente. ▸ Fatal. *adv.* **2.** De maneira desastrosa. ▸ Péssimo. *El día me resultó fatal.* Meu dia foi péssimo.

fa.tí.di.co, ca. [fa'tiðiko] [fa'tiðiko] *adj.* **1.** Que mostra o que acontecerá no futuro, especialmente desgraças. ▸ Profético. **2.** Nefasto, ruim. ▸ Fatídico.

fa.ti.ga. [fa'tiɣa] [fa'tiɣa] *f.* Cansaço por esforço intenso e prolongado. ▸ Fadiga.

fa.ti.gar. [fati'ɣar] [fati'ɣar] *v.9.* **1.** Causar fadiga o excesso de trabalho ou um esforço ao

fa.tuo, tua. ['fatwo] ['fatwo] *adj.* Que apresenta petulância e vaidade. ▶ Tolo , fátuo. *Ese tipo no me gusta, es fatuo y pretensioso.* Não gosto desse cara, é tolo e pretensioso. ◆ **Fuego fatuo.** Fogo-fátuo.

fau.na. ['fauna] ['fauna] *f. col. Zool.* Conjunto dos animais próprios de um país, região ou época. ▶ Fauna.

fa.vor. [fa'βor] [fa'βor] *m.* **1.** Ajuda, socorro ou auxílio que se dá a alguém. *Me hizo un favor y quiero agradecérselo.* Ele me fez um favor e quero agradecê-lo. **2.** Obséquio, benefício ou honra que se concede por algum mérito. ▶ Favor. ◆ **A / En favor de.** Em beneficio de alguém. ▶ A / Em favor de. *Fue creado un fondo de ayuda en favor de los necesitados.* Foi criado um fundo de ajuda em favor dos necessitados. **Por favor.** Expressão de cortesia que precede um pedido. ▶ Por favor. *Por favor, ¿me alcanzas la sal?* Por favor, me passe o sal?

fa.vo.ra.ble. [faβo'raβle] [faβo'raβle] *adj.* Que apresenta condição ou posição propícia, vantajosa. ▶ Favorável.

fa.vo.re.cer. [faβore'θer] [faβore'ser] *v.24.* **1.** Ajudar, amparar alguém. ▶ Favorecer. **2.** Apoiar um projeto, empresa ou opinião. ▶ Favorecer. *La comisión favoreció la aprobación de nuestro proyecto.* A comissão favoreceu a aprovação do nosso projeto. **3.** Melhorar a aparência. ▶ Cair bem. *Ese traje te favorece, pareces más joven.* Esse vestido lhe cai bem, você parece mais jovem.

fa.vo.ri.tis.mo. [faβori'tismo] [faβori'tihmo] *m.* Inclinação a acolher ou conceder favores injustos ou ilegais. ▶ Favoritismo.

fa.vo.ri.to, ta. [faβo'rito] [faβo'rito] *adj.* **1.** Que ou aquele que goza de simpatia ou preferência. ▶ Favorito. **2.** Que goza de maior possibilidade de ganhar uma competição ou concurso. ▶ Favorito. *U.t.c.s.*

fax. ['faks] ['faks] *m.* **1.** Sistema de comunicação que permite mandar mensagens escritas pelo telefone. ▶ Fax. **2.** Papel no qual fica impressa a mensagem. ▶ Fax.

☐ **faz.** ['faθ] ['fas] *f.* **1.** *Anat.* Parte anterior da cabeça das pessoas. Rosto. ▶ Face. **2.** Superfície ou lado de uma coisa. ▶ Face. **3.** Lado principal das moedas e das medalhas. ▶ Face.

fe. ['fe] ['fe] *f.* **1.** *Rel.* Crença em algo por convicção religiosa. ▶ Fé. **2.** Confiança que se tem em uma pessoa ou coisa. ▶ Fé. ◆ **De buena / mala fe.** De boa / má-fé.

fe.al.dad. [feal'ðaθ] [feal'ðað] *f.* Falta de beleza, feiura. ▶ Fealdade.

fe.bre.ro. [fe'βrero] [fe'βrero] *m.* O segundo mês do ano. ▶ Fevereiro.

fe.bril. [fe'βril] [fe'βril] *adj.* **1.** *Med.* Relativo à febre. ▶ Febril. **2.** *Med.* Que tem febre. ▶ Febril. **3.** *fig.* Que é muito ativo. Exaltado. ▶ Inquieto.

☐ **fe.cha.** ['fetʃa] ['fetʃa] *f.* **1.** Data ou tempo em que acontece algo. ▶ Data. **2.** Data ou indicação de lugar e tempo em que se faz ou acontece uma coisa, usada especialmente ao princípio de cartas e documentos. *El documento tiene fecha del 12 de octubre de 2002.* O documento tem data de 12 de outubro de 2002.

☐ **fe.char.** [fe'tʃar] [fe'tʃar] *v.4.* **1.** Pôr data em um escrito. ▶ Datar. **2.** Determinar a data de um documento, obra de arte, acontecimento ou sucesso. ▶ Datar.

fe.cho.rí.a. [fetʃo'ria] [fetʃo'ria] *f.* Ato reprovável, desonesto ou criminoso. Sacanagem. ▶ Malandragem.

fé.cu.la. ['fekula] ['fekula] *f.* Substância que se extrai de alguns tubérculos ou sementes e se usa como alimento para pessoas e animais. ▶ Fécula.

fe.cun.do, da. [fe'kundo] [fe'kundo] *adj.* **1.** Que produz ou se reproduz naturalmente. ▶ Fecundo, fértil. **2.** Que produz muitos resultados. ▶ Fecundo.

fe.de.ra.ción. [feðera'θjon] [feðera'sjon] *f. Polít.* **1.** União política entre nações, estados ou corporações. ▶ Federação. **2.** Estado, entidade ou organismo que resulta dessa união. ▶ Federação.

fe.de.ral. [feðe'ral] [feðe'ral] *adj. Polít.* Relativo a uma federação, união ou governo central. ▶ Federal.

fe.de.rar. [feðe'rar] [feðe'rar] *v.4. Polít.* Unir em federação. ▶ Confederar.

fe.ha.cien.te. [fea'θjente] [fea'sjente] *adj.* Que merece crédito. Digno de fé. ▶ Fidedigno.

fe.li.ci.dad. [feliθi'ðaθ] [felisi'ðað] *f.* Estado de ânimo de quem está satisfeito com o que faz e com o que tem. ▶ Felicidade. ◆ **¡Felicidades!** Cumprimento por aniversário (de idade). ▶ Felicidades.

felicitación – ferrocarril

fe.li.ci.ta.ción. [feliθita'θjon] [felisita'sjon] *f.* **1.** Cumprimento, saudação, parabéns que são dados a uma pessoa por algum motivo. ▸ Felicitação. *Le mandamos un fax a Enrique con nuestra felicitación por su matrimonio.* Mandamos um fax para Enrique com nossa felicitação por seu casamento. **2.** Cartão, telegrama, mensagem com que se felicita alguém. ▸ Felicitação. *Me envió una felicitación por Internet por la aprobación en los exámenes.* Ele me mandou uma felicitação via internet pela aprovação nas provas. ♦ **¡Felicitaciones!** Cumprimento por um acontecimento importante, um êxito ou uma comemoração. Parabéns. ▸ Felicitações. *Supe que te promovieron por el trabajo sobre prevención de accidentes. ¡Felicitaciones!* Soube que você foi promovido pelo trabalho sobre prevenção de acidentes. Parabéns!

fe.li.ci.tar. [feliθi'tar] [felisi'tar] *v.4.* Cumprimentar alguém por um sucesso. Parabenizar. ▸ Felicitar.

fe.li.grés, gre.sa. [feli'ɣres] [feli'ɣres] *s. Rel.* Pessoa que pertence a determinada paróquia. ▸ Paroquiano.

fe.li.no, na. [fe'lino] [fe'lino] *adj. Zool.* Relativo aos animais mamíferos carnívoros pertencentes à família dos felídeos, como o tigre, a pantera, o leão e o gato. ▸ Felino.

fe.liz. [fe'liθ] [fe'lis] *adj.* **1.** Que sente felicidade. ▸ Feliz. **2.** Que causa e/ou acontece com felicidade. ▸ Feliz.

fe.lón, lo.na. [fe'lon] [fe'lon] *adj.* Que comete traição. Desleal. ▸ Traidor.

fel.pa. ['felpa] ['felpa] *f.* Tecido com pelo em um lado que dá bom agasalho e se usa para confeccionar roupas de inverno. ▸ Felpa.

fel.pu.do, da. [fel'puðo] [fel'puðo] *adj.* **1.** Que tem felpa, peludo. ▸ Felpudo, peludo. *m.* **2.** Peça de tecido grosso, usada na entrada das casas para limpeza da sola dos sapatos. ▸ Capacho.

fe.me.ni.no, na. [feme'nino] [feme'nino] *adj.* **1.** Pertencente ou relativo às fêmeas. ▸ Feminino. **2.** *Ling.* Diz-se do gênero das palavras que designam ou se relacionam a seres do sexo feminino ou que são assim considerados. ▸ Feminino.

fe.mi.nis.mo. [femi'nismo] [femi'nihmo] *m.* Movimento social que reivindica para as mulheres os mesmos direitos dos homens. ▸ Feminismo.

fe.no.me.nal. [fenome'nal] [fenome'nal] *adj.* **1.** Que se apresenta muito grande em relação aos de sua espécie. ▸ Fenomenal. **2.** Diz-se do que é muito bom, admirável. ▸ Fenomenal. *U.t.c.interj.*

fe.nó.me.no. [fe'nomeno] [fe'nomeno] *m.* **1.** Fato ou manifestação de qualquer ordem. ▸ Fenômeno. **2.** Coisa extraordinária e surpreendente. ▸ Fenômeno. **3.** *fig.* Pessoa ou animal monstruoso. ▸ Fenômeno. *adj.* **4.** *fig.* Que é magnífico, sensacional. ▸ Fenomenal. *adv.* **5.** De maneira perfeita. ▸ Excelente, sensacional. *Las vacaciones me las pasé fenómeno.* Tive umas férias sensacionais.

fe.o, a. ['feo] ['feo] *adj.* **1.** Que não tem beleza. ▸ Feio. **2.** De aspecto desagradável. ▸ Feio.

fe.raz. [fe'raθ] [fe'ras] *adj.* De grande poder de produção. ▸ Fértil.

fé.re.tro. ['feretro] ['feretro] *m.* Espécie de caixa com tampa, em geral de madeira, utilizada para enterrar os mortos. ▸ Féretro, caixão.

❏ **fe.ria.** ['ferja] ['ferja] *f.* **1.** Mercado de produtos do campo que se instala em local público em dias determinados. ▸ Feira. **2.** Dia de descanso ou de folga. ▸ Folga. **3.** Exposição de produtos industriais ou comerciais. ▸ Feira.

fe.rial. [fe'rjal] [fe'rjal] *adj.* Pertencente às feiras ou aos dias da semana. ▸ Ferial.

fer.men.tar. [fermen'tar] [fermen'tar] *v.4. Quím.* Produzir fermentação (processo químico utilizado na fabricação de bebidas). ▸ Fermentar.

fe.roz. [fe'roθ] [fe'ros] *adj.* **1.** Animal que costuma atacar. ▸ Feroz. **2.** *fig.* Que procede com muita agressividade. ▸ Feroz.

fé.rre.o, a. ['fereo] ['fereo] *adj.* **1.** Relativo ao ferro. ▸ Férreo. **2.** Feito de ferro. ▸ Férreo. **3.** *fig.* De grande força de vontade, inflexível. ▸ Férreo.

fe.rre.te.rí.a. [ferete'ria] [ferete'ria] *f.* **1.** Estabelecimento comercial onde se vendem objetos de metal. Serralheria. ▸ Loja de ferragens. **2.** Conjunto de objetos de ferro. ▸ Ferragem.

fe.rre.te.ro, ra. [fere'tero] [fere'tero] *s.* Proprietário ou encarregado de uma loja de ferragens. ▸ Serralheiro.

fe.rro.ca.rril. [feroka'ril] [feroka'ril] *m.* **1.** Via formada por um par de trilhos de ferro sobre os quais circulam os trens. ▸ Ferrovia. **2.** A série de trens puxados por uma locomotiva que circulam sobre essas vias. ▸ Trem. **3.** Sistema de transporte formado por trens que circulam sobre trilhos e que compreende o conjunto de instalações, veículos e pessoas que operam esse meio de transporte. ▶ Ferrovia.

fe.rro.via.rio, ria. [fero'βjarjo] [fero'βjarjo] *adj.* **1.** Pertencente ou relativo a estradas de ferro. ▶ Ferroviário. *m.* **2.** Empregado em estrada de ferro. ▶ Ferroviário.

fér.til. ['fertil] ['fertil] *adj. Agr.* **1.** Diz-se da terra que produz muito. ▶ Fértil. **2.** Diz-se de quem tem condições de reproduzir-se. **3.** *fig.* Diz-se de ano ou colheita de abundante produção agrícola. ▶ Fértil.

fer.ti.li.zan.te. [fertili'θante] [fertili'sante] *adj.* **1.** Que fertiliza. ▶ Fertilizante. **2.** Ver *abono*[(2)]. ▶ Fertilizante.

fer.ti.li.zar. [fertili'θar] [fertili'sar] *v.13. Agr.* Tornar a terra produtiva com adubos ou outras técnicas. ▶ Fertilizar.

fer.vien.te. [fer'βjente] [fer'βjente] *adj.* Diz-se do que ferve, que está em ebulição. ▶ Fervente.

fer.vor. [fer'βor] [fer'βor] *m.* **1.** *Rel.* Grande zelo por assuntos de religião. ▶ Fervor. **2.** *fig.* Entusiasmo e dedicação com que se faz uma coisa. ▶ Fervor.

fes.te.jar. [feste'xar] [fehte'xar] *v.4.* **1.** Comemorar algo com festa. ▶ Festejar. *Todos los años se festeja el Día de la Independencia.* Todo ano se comemora o Dia da Independência. **2.** Fazer festa em homenagem a alguém. ▶ Festejar. **3.** ▫ Procurar atrair o afeto ou amor de uma pessoa. ▶ Paquerar. *Claudia aprovechó el paseo para festejar a Federico.* Claudia aproveitou o passeio para paquerar Frederico.

fes.tín. [fes'tin] [feh'tin] *m.* Festa com música, dança, comida e bebida. ▶ Festança.

fes.ti.val. [festi'βal] [fehti'βal] *m.* **1.** Festa musical com a participação de várias bandas. ▶ Festival. **2.** Conjunto de representações dedicadas a um artista ou a uma arte. ▶ Festival.

fes.ti.vi.dad. [festiβi'ðaθ] [fehtiβi'ðað] *f.* Dia em que se celebra uma festa comemorativa. ▶ Festividade.

fes.ti.vo, va. [fes'tiβo] [feh'tiβo] *adj.* **1.** Que age com alegria e otimismo. ▶ Festivo. **2.** Que é digno de celebrar-se com festa. ▶ Festivo. ♦ **Día festivo.** Feriado. *Aunque mañana es día festivo, vamos a la escuela a colaborar como voluntarios.* Amanhã, mesmo sendo feriado, vamos à escola colaborar como voluntários.

fe.ta. ['feta] ['feta] *m. Cul.* Tipo de queijo branco e salgado de origem grega, elaborado com leite de cabra e ovelha. ▶ Feta, queijo feta.

fe.ti.che. [fe'titʃe] [fe'titʃe] *m.* **1.** Objeto animado ou inanimado ao qual se atribuem poderes sobrenaturais. ▶ Ídolo. **2.** Objeto ao qual se atribui a capacidade de dar sorte. Amuleto. ▶ Fetiche. **3.** Objeto animado ou inanimado ao qual se atribuem qualidades mágicas ou eróticas. ▶ Fetiche.

fé.ti.do, da. ['fetiðo] ['fetiðo] *adj.* Que tem mau cheiro, que exala mau odor. Fedorento. ▶ Fétido.

feu.dal. [feu'ðal] [feu'ðal] *adj. Polít.* Relativo à organização política e social baseada nos feudos. ▶ Feudal.

feu.do. ['feuðo] ['feuðo] *m. Polít.* Território, na Idade Média, sob o domínio político e militar de um senhor feudal. ▶ Feudo.

fi.a.ble. [fi'aβle] [fi'aβle] *adj.* Digno de credibilidade. ▶ Confiável. *Algunos políticos son poco fiables.* Alguns políticos são pouco confiáveis.

fia.dor, do.ra. [fja'ðor] [fja'ðor] *s.* Pessoa que se compromete a cumprir uma obrigação de pagamento caso o obrigado principal não o faça. ▶ Fiador.

fiam.bre. ['fjambre] ['fjambre] *m.* **1.** *Cul.* Carne preparada de diversas formas. Frios em geral. ▶ Frios. **2.** Ver *cadáver*. ▶ Presunto.

fiam.bre.ra. [fjam'brera] [fjam'brera] *f.* Recipiente para levar ou guardar frios ou comida. ▶ Marmita.

fian.za. ['fjanθa] ['fjansa] *f.* **1.** Obrigação que uma pessoa se compromete a cumprir caso a primeira pessoa comprometida não o faça. ▶ Fiança. **2.** Algo que se deixa em garantia. Caução. ▶ Fiança.

fiar. ['fjar] ['fjar] *v.4. Fin.* Vender sem receber o valor no momento da venda. Fazer fiado. ▶ Fiar. *Tuvo que vender la tienda porque vendía fiado y nadie le pagaba.* Teve que vender a loja porque vendia fiado e ninguém lhe pagava. ♦ **Ser de fiar.** Ser de confiança. *El tesorero es de fiar:* trabaja con nosotros hace 10 años y no hay nada en contra de él. O tesoureiro é de confiança: trabalha conosco há 10 anos e não há nada contra ele.

fias.co. ['fjasko] ['fjahko] *m.* Coisa malsucedida, fracasso. ▶ Fiasco.

fi.bra. ['fiβra] ['fiβra] *f.* **1.** *Biol.* Cada um dos filamentos que entram na composição dos tecidos de vegetais ou animais. ▶ Fibra. **2.** Filamento obtido por processos químicos, de principal uso na fabricação de tecidos. ▶ Fibra. **3.** *Inform. Ópt.* Fio muito fino e composto de material transparente que permite a transmissão de dados a grandes distâncias e com maior rapidez através de ondas de luz. ▸ Fibra óptica.

fi.bro.so, sa. [fi'βroso] [fi'βroso] *adj.* Que tem fibras em abundância em sua composição. ▸ Fibroso.

fic.ción. [fik'θjon] [fik'sjon] *f.* Algo não real, imaginado. Invenção. ▸ Ficção. ◆ **Ciencia ficción.** Gênero literário ou cinematográfico de enredo imaginário baseado em conhecimentos científicos. ▸ Ficção científica.

fi.cha. ['fitʃa] ['fitʃa] *f.* **1.** Formulário em que se anotam o nome e demais dados de pessoas ou coisas para registro ou controle. Prontuário. ▸ Ficha. **2.** Cada uma das peças que se usam em alguns jogos. ▸ Ficha.

fi.cha.do, da. [fi'tʃaðo] [fi'tʃaðo] *adj.* **1.** Que tem ficha. ▸ Fichado. **2.** ◻ Que tem contrato com uma equipe esportiva. ▸ Contratado.

fi.char. [fi'tʃar] [fi'tʃar] *v.4.* Anotar, em fichas, dados que interessam para uma determinada finalidade. ▸ Fichar.

fic.ti.cio, cia. [fik'tiθjo] [fik'tisjo] *adj.* Que não é real. Imaginário. ▸ Fictício.

fi.de.dig.no, na. [fiðe'ðiɣno] [fiðe'ðiɣno] *adj.* Que merece crédito. Digno de fé. ▸ Fidedigno.

fi.de.o. [fi'ðeo] [fi'ðeo] *m.* **1.** *Cul.* Massa de farinha de trigo em forma de corda fina. ▸ Espaguete. **2.** *fig.* Pessoa muito magra. Magrelo. ▸ Palito. *Margarita está tan delgadita que parece un fideo.* Margarita está tão magrinha que parece um palito.

fie.bre. ['fjeβre] ['fjeβre] *f.* **1.** *Med.* Elevação da temperatura normal do corpo. ▸ Febre. **2.** Agitação viva e ardorosa. ▸ Febre.

fiel. ['fjel] ['fjel] *adj.* **1.** Que procede com lealdade e constância. ▸ Fiel. **2.** Conforme à verdade. Exato. ▸ Fiel. *m.* **3.** Agulha que se movimenta na caixa da balança e se equilibra quando os pesos comparados têm igualdade. ▸ Fiel da balança.

fiel.tro. ['fjeltro] ['fjeltro] *m.* Espécie de pano feito de lã que se usa principalmente na fabricação de chapéus. ▸ Feltro.

fie.ra. ['fjera] ['fjera] *f.* **1.** Animal selvagem carnívoro, feroz. ▸ Fera. **2.** *fig.* Pessoa cruel e de caráter violento. ▸ Fera.

fie.re.za. [fje'reθa] [fje'resa] *f.* **1.** Qualidade agressiva das feras. ▸ Ferocidade. **2.** *fig.* Ato de desumanidade, crueldade. ▸ Ferocidade.

fie.ro, ra. ['fjero] ['fjero] *adj.* **1.** Pertencente ou relativo às feras. Selvagem. ▸ Feroz. **2.** *fig.* Que não se dispõe à convivência. Intratável. ▸ Insociável.

fies.ta. ['fjesta] ['fjehta] *f.* **1.** Dia em que se comemora uma solenidade nacional ou religiosa. ▸ Festa. **2.** Reunião de pessoas para celebrar algum sucesso ou para divertir-se. ▸ Festa. ◆ **Estar de fiesta.** Estar em festa. *Ganó un premio en la lotería y está de fiesta.* Ganhou na loteria e está em festa. **No estar para fiestas.** Não estar para brincadeira. *Las cosas no le están saliendo bien y no está para fiestas.* As coisas não estão lhe saindo bem e ele não está para brincadeiras.

fies.tu.qui. [fjes'tuki] [fjeh'tuki] *f.* Celebração informal, divertimento. ▸ Festinha.

fi.gu.ra. [fi'ɣura] [fi'ɣura] *f.* **1.** Forma exterior de um corpo. ▸ Figura. **2.** Desenho ou pintura que representa o corpo humano. ▸ Figura.

fi.gu.ra.do, da. [fiɣu'raðo] [fiɣu'raðo] *adj. Ling.* Aplica-se ao uso de certas palavras com sentido diferente daquele que é o literal. ▸ Figurado.

fi.gu.rar. [fiɣu'rar] [fiɣu'rar] *v.4.* **1.** Esboçar e formar a figura do corpo humano. ▸ Figurar. **2.** Destacar-se por alguma qualidade ou atividade. Despontar. ▸ Figurar. **3.** Fazer parte de uma lista definida. ▸ Constar. *Todas las circunstancias del accidente figuran en el informe de la policía.* Todas as circunstâncias do acidente constam no relatório da polícia. *v.p.* **4.** Supor algo que se desconhece. ▸ Imaginar. ◆ **¡Figúrate!** Veja só!

fi.gu.ra.ti.vo, va. [fiɣura'tiβo] [fiɣura'tiβo] *adj.* **1.** Que representa ou é figura de outra coisa. ▸ Figurativo. **2.** Diz-se da arte e dos artistas que representam coisas reais em oposição aos artistas abstratos. ▸ Figurativo.

fi.gu.rín. [fiɣu'rin] [fiɣu'rin] *m.* Desenho ou modelo para vestidos, sapatos e outras peças de vestuário. ▸ Figurino. ◆ **Estar hecho un figurín.** Estar na moda. *Felipe es vanidoso, siempre está hecho un figurín.* Felipe é vaidoso, sempre está na moda.

fi.gu.rón. [fiɣu'ron] [fiɣu'ron] *m.* Indivíduo vaidoso que aparenta mais do que realmente é. ▸ Figurão.

fi.ja.ción. [fixa'θjon] [fixa'sjon] *f.* **1.** Ato ou efeito de fixar. ▸ Fixação. **2.** Preocupação por alguma coisa que ocupa a mente. ▸ Fixação.

fi.jar. [fi'xar] [fi'xar] *v.4. p.p. reg. fijado/ irreg. fijo.* **1.** Pregar ou colar uma peça com outra. ▸ Fixar. *v.p.* **2.** Prestar atenção. ▸ Atentar. ♦ **¡Fíjate!** Preste atenção!

fi.jo, ja. ['fixo] ['fixo] *adj.* **1.** Que está firme. ▸ Fixo. **2.** Que está estabelecido com caráter permanente, sem alteração. ▸ Fixo. *La empresa paga los sueldos en día fijo.* A firma paga os salários em dia fixo. ♦ **De fijo.** Sem dúvida. ♦ Com (toda) certeza. *De fijo que mañana será dada la noticia.* Com toda certeza, amanhã será dada a notícia.

fi.la. ['fila] ['fila] *f.* Série de pessoas ou coisas colocadas em fileira. ▸ Fila.

fi.la.men.to. [fila'mento] [fila'mento] *m.* **1.** Fio de diâmetro muito pequeno. ▸ Filamento. **2.** Arame muito fino que se torna incandescente no interior das lâmpadas. ▸ Filamento.

fi.lan.tro.pí.a. [filantro'pia] [filantro'pia] *f.* Dedicação altruísta ao próximo. ▸ Filantropia.

fi.lán.tro.po, pa. [fi'lantropo] [fi'lantropo] *s.* Pessoa que age pelo bem de seus semelhantes e os auxilia. ▸ Filantropo.

fi.lar.mó.ni.co, ca. [filar'moniko] [filar'moniko] *adj.* Diz-se da pessoa que se dedica à música ▸ Filarmônico, amante da música. *Soy filarmónico y tengo una banda.* Sou amante da música e tenho uma banda. *adj.* **2.** *Mús.* Refere-se a orquestras e sociedades musicais. ▸ Filarmônico.

fi.la.te.lia. [fila'telja] [fila'telja] *f.* Dedicação ao estudo e à coleção de selos. ▸ Filatelia.

fi.le.te. [fi'lete] [fi'lete] *m. Cul.* Fatia de carne de boi magra, macia e limpa. ▸ Filé.

fi.lial. [fi'lial] [fi'lial] *adj.* **1.** Relativo ou próprio de filho. ▸ Filial. **2.** Diz-se de estabelecimento que depende de uma matriz. ▸ Filial.

fi.li.gra.na. [fili'ɣrana] [fili'ɣrana] *f.* **1.** Peça feita com fios de ouro ou prata entrelaçados. ▸ Filigrana. **2.** Marca feita no papel quando de sua fabricação, visível somente contra a luz. ▸ Filigrana.

fi.li.pi.no, na. [fili'pino] [fili'pino] *adj.* **1.** Pertencente ou relativo às Filipinas. ▸ Filipino. *s.* **2.** O natural ou habitante dessas ilhas. ▸ Filipino.

film. ['film] ['film] *m.* Ver *filme*. ▸ Filme.

fil.me. ['filme] ['filme] *m.* Sequência de imagens registradas de modo cinematográfico. ▸ Filme.

fi.lo. ['filo] ['filo] *m.* Lado afiado de instrumento de corte. ▸ Gume.

fi.lo.lo.gí.a. [filolo'xia] [filolo'xia] *f. Ling.* Ciência que estuda a cultura dos povos por meio dos escritos por eles deixados. ▸ Filologia.

fi.lón. [fi'lon] [fi'lon] *m.* **1.** Concentração de metal nas minas. Veio. ▸ Filão. **2.** *fig.* Negócio do qual se espera tirar grande proveito. ▸ Filão.

fi.lo.so.fí.a. [filoso'fia] [filoso'fia] *f.* Ciência que busca compreender a realidade em sua totalidade, transformando-a de maneira superadora. ▸ Filosofia.

fi.lo.só.fi.co, ca. [filo'sofiko] [filo'sofiko] *adj.* Pertencente ou relativo à Filosofia. ▸ Filosófico.

fi.ló.so.fo, fa. [fi'losofo] [fi'losofo] *s.* Pessoa que dedica-se à Filosofia. ▸ Filósofo.

fil.tra.ción. [filtra'θjon] [filtra'sjon] *f.* Ato de fazer passar um líquido por uma superfície porosa para separar as partículas sólidas que contiver. Filtragem. ▸ Filtração.

fil.trar. [fil'trar] [fil'trar] *v.4.* **1.** Fazer passar um líquido por um filtro. ▸ Filtrar. **2.** *fig.* Selecionar dados para confirmar uma informação. ▸ Filtrar.

fil.tro. ['filtro] ['filtro] *m.* **1.** Pano ou papel para coar líquidos. ▸ Filtro. **2.** Massa de areia ou pedras pequenas para clarificar água. ▸ Filtro. ♦ **Filtro de aire.** Filtro que absorve as impurezas do ar ou impede sua passagem. ▸ Filtro de ar. **Filtro de aceite.** Filtro que se usa nos motores para filtrar o óleo lubrificante. ▸ Filtro de óleo.

fin. ['fin] ['fin] *m.* **1.** Termo, remate ou consumação de uma coisa. ▸ Fim. **2.** Intenção, objetivo ou motivo de uma ação. ▸ Fim. ♦ **A fin de.** Com o objetivo de. **Al fin de cuentas.** Afinal de contas. **A fin / fines de.** No final de. *Recibimos el sueldo a fin de mes.* Recebemos o salário no final do mês. **Al fin y al cabo.** No fim das contas. *Aunque es él el responsable de la producción, al fin y al cabo somos nosotros los únicos culpables de los errores.* Mesmo sendo ele o responsável pela produção, no fim das contas nós somos os únicos culpados pelos erros. **Fin de semana.** Fim de semana. **Sin fin.** Sem fim.

fi.nal. [fi'nal] [fi'nal] *adj.* **1.** Que arremata, fecha ou aperfeiçoa uma coisa. *f.* **2.** Última e decisiva competição em um campeonato ou concurso. ▸ Final. *m.* **3.** Término ou fim de uma ação ou de uma coisa.

▶ Final. ◆ **Cuarto de final.** *Desp.* Quartas de final. **Por final.** Finalmente. **Punto final.** *Ling.* Ponto-final.

fi.na.li.dad. [finali'ðaθ] [finali'ðað] *f.* Objetivo ou razão pela qual se faz algo. ▶ Finalidade.

fi.na.lis.ta. [fina'lista] [fina'lihta] *com.* Cada um dos participantes de um concurso ou competição, que chega à prova final. ▶ Finalista.

fi.na.li.zar. [finali'θar] [finali'sar] *v.13.* **1.** Pôr fim a uma obra. ▶ Finalizar. **2.** Consumir-se ou acabar-se (algo). ▶ Finalizar.

fi.nan.cia.ción. [finanθja'θjon] [finansja'sjon] *f.* Ato ou efeito de financiar. ▶ Financiamento.

fi.nan.ciar. [finan'θjar] [finan'sjar] *v.4.* Dar o dinheiro necessário para o custeio de uma empresa, obra ou atividade. ▶ Financiar.

fi.nan.cie.ra. [finan'θjeɾa] [finan'sjeɾa] *f. Fin.* Instituição ou organismo que empresta o dinheiro necessário para uma compra ou para atender uma despesa. ▶ Financeira. *Conseguí lo que faltaba para comprar el coche en una financiera.* Consegui o que faltava para comprar o carro em uma financeira.

fi.nan.cie.ro, ra. [finan'θjeɾo] [finan'sjeɾo] *adj. Fin.* **1.** Pertencente ou relativo a finanças. ▶ Financeiro. *s.* **2.** Pessoa versada em finanças. ▶ Financista. *La empresa está asesorada por un financiero de reconocida competencia.* A firma está assessorada por um financista de reconhecida competência.

fi.nan.zas. [fi'nanθas] [fi'nansas] *f.pl.* Conjunto de dinheiro, bens e valores que compõem o capital de um estado, empresa ou pessoa. ▶ Finanças.

❑ **fin.ca.** ['finka] ['finka] *f.* **1.** Propriedade imóvel, especialmente rural. ▶ Sítio. **2.** Propriedade rural dedicada a atividades produtivas. ▶ Fazenda.

fi.ne.za. [fi'neθa] [fi'nesa] *f.* **1.** Pureza e bondade de uma coisa. Delicadeza. ▶ Fineza. **2.** Comportamento de afeto e benevolência que uma pessoa tem para com os outros. Delicadeza. ▶ Fineza.

fin.gir. [fin'xir] [fin'xir] *v.61.* **1.** Simular o que não é real. ▶ Fingir. **2.** Aparentar o que não se é. ▶ Fingir.

fi.ni.qui.tar. [finiki'tar] [finiki'tar] *v.4.* **1.** *Fin.* Saldar uma conta. ▶ Quitar. **2.** Dar fim, acabar com uma coisa. ▶ Quitar.

fi.ni.to, ta. [fi'nito] [fi'nito] *adj.* Que tem fim ou término. ▶ Finito.

fin.lan.dés, de.sa. [finlan'des] [finlan'des] *adj.* **1.** Pertencente ou relativo à Finlândia. ▶ Finlandês. *s.* **2.** O natural ou habitante da Finlândia. ▶ Finlandês.

fi.no, na. ['fino] ['fino] *adj.* **1.** Que apresenta delicadeza na forma e boa qualidade. ▶ Fino. **2.** Que é muito educado, afetuoso e elegante. ▶ Fino.

fir.ma. ['firma] ['firma] *f.* **1.** Assinatura de uma pessoa, seu nome e sobrenome. ▶ Firma. **2.** Empresa ou estabelecimento comercial. ▶ Firma. ◆ **Dar firma en blanco.** Dar a uma pessoa a faculdade de tratar com toda liberdade um assunto ou um negócio. ▶ Dar carta branca. *A Gonzalo le dieron firma en blanco para tratar de los negocios de la empresa.* Deram a Gonzalo carta branca para tratar dos negócios da firma.

fir.ma.men.to. [firma'mento] [firma'mento] *m. Astr.* Abóbada celeste em que estão os astros. ▶ Firmamento.

fir.man.te. [fir'mante] [fir'mante] *adj.* Que assina. ▶ Assinante.

fir.mar. [fir'mar] [fir'mar] *v.4.* Pôr a assinatura em um documento ou carta. ▶ Firmar, assinar.

fir.me. ['firme] ['firme] *adj.* **1.** Que não tem movimento. Estável. Fixo. ▶ Firme. **2.** *fig.* Que é forte, que não se deixa dominar. ▶ Firme. ◆ **¡Firme!** *Mil.* Voz de comando militar para que os soldados se perfilem. ▶ Sentido!

fir.me.za. [fir'meθa] [fir'mesa] *f.* **1.** Qualidade de firme. ▶ Firmeza. **2.** Força moral de quem não se deixa dominar nem abater. ▶ Firmeza. **3.** Constância e continuidade na execução das coisas. ▶ Firmeza.

fis.cal. [fis'kal] [fih'kal] *adj.* **1.** Relativo ao fisco. ▶ Fiscal. *com.* **2.** Pessoa que representa e exerce o Ministério Público nos tribunais. ▶ Promotor.

fis.co. ['fisko] ['fihko] *m. Polít.* Tesouro público. Fazenda, erário. ▶ Fisco.

fis.gar. [fis'ɣar] [fih'ɣar] *v.9.* **1.** Xeretar a vida alheia. **2.** Pescar com fisga ou arpão. ▶ Fisgar. **3.** Agarrar e segurar o peixe com rapidez. ▶ Fisgar.

fis.gón, go.na. [fis'ɣon] [fih'ɣon] *adj.* Que se intromete na vida dos outros. ▶ Xereta.

fí.si.ca. ['fisika] ['fisika] *f.* Ciência que estuda as propriedades da matéria e da energia. ▶ Física.

fí.si.co, ca. ['fisiko] ['fisiko] *adj*. **1.** Relativo ao aspecto material dos seres. ▶ Físico. *s*. **2.** *Fís*. Especialista em Física. ▶ Físico. *m*. **3.** Exterior de uma pessoa, sua constituição e natureza. ▶ Físico.

fi.sio.lo.gí.a. [fisjolo'xia] [fisjolo'xia] *f. Biol*. Ciência que estuda as funções das células e órgãos dos seres vivos. ▶ Fisiologia.

fi.sio.te.ra.pia. [fisjote'rapja] [fisjote'rapja] *f. Med*. Tratamento das doenças por meio de agentes naturais, como ar, calor, água, etc., ou mecânicos, como massagem, ginástica, etc. ▶ Fisioterapia.

fi.so.no.mí.a. [fisono'mia] [fisono'mia] *f*. **1.** Aspecto do rosto de uma pessoa. ▶ Fisionomia. *Desde niño tiene una fisonomía preocupada*. Desde criança tem uma fisionomia preocupada. **2.** *fig*. Aspecto que distingue uma coisa de outra. ▶ Fisionomia.

fi.so.no.mis.ta. [fisono'mista] [fisono'mihta] *adj*. **1.** Que tem facilidade para lembrar e distinguir as pessoas pelo rosto. ▶ Fisionomista. *s*. **2.** Pessoa que estuda a fisionomia. ▶ Fisionomista.

fi.su.ra. [fi'sura] [fi'sura] *f*. Fenda que se produz em um objeto. ▶ Fissura.

flá.ci.do, da. ['flaθiðo] ['flasiðo] *adj*. Que não tem consistência. ▶ Flácido.

▢**fla.co, ca.** ['flako] ['flako] *adj*. **1.** Que tem pouca carne. ▶ Magro. *interj*. **2.** *(Arg.)* Chamamento empregado em situações informais. Cara. ▶ Meu. *Y entonces, flaco. ¿Qué tal?* E então, cara. Tudo bem?

fla.ge.lar. [flaxe'lar] [flaxe'lar] *v.4*. Castigar com açoites, maltratar. Açoitar. ▶ Flagelar.

fla.gran.te. [fla'ɣrante] [fla'ɣrante] *adj*. Que não requer prova. Evidente. ▶ Flagrante.

fla.ma. ['flama] ['flama] *f*. **1.** Reflexo da chama. ▶ Labareda. **2.** Calor muito forte. ▶ Flama.

fla.man.te. [fla'mante] [fla'mante] *adj*. **1.** Que desprende chamas. ▶ Flamante. **2.** Que é novo em uma atividade ou classe. ▶ Iniciante. **3.** Que é muito novo e apreciável. ▶ Novo / novinho em folha. *No sé cómo consiguió dinero para comprarse aquel coche flamante*. Não sei como conseguiu dinheiro para comprar aquele carro novinho em folha.

fla.me.ar. [flame'ar] [flame'ar] *v.4. fig*. Esticar as velas de um navio ou uma bandeira. Tremular. ▶ Desfraldar.

fla.men.co, ca. [fla'menko] [fla'menko] *adj*. **1.** Pertencente ou relativo a Flandres. ▶ Flandrense. *s*. **2.** O natural ou habitante de Flandres. ▶ Flandrense. *m*. **3.** Conjunto de manifestações artísticas de traços ciganos, próprias da região da Andaluzia, principalmente a música e a dança que leva esse nome. ▶ Flamenco.

flan. ['flan] ['flan] *m. Cul*. Doce feito com leite, ovos e açúcar e cozido em banho-maria. Flã. ▶ Pudim.

flan.co. ['flanko] ['flanko] *m. Mil*. **1.** Lado ou costado de uma embarcação. ▶ Flanco. **2.** Lado de uma unidade militar em formação de combate. ▶ Flanco.

flan.que.ar. [flaŋke'ar] [flaŋke'ar] *v.4*. **1.** Estar colocado ao lado ou flanco de uma coisa. Ladear. ▶ Flanquear. **2.** *Mil*. Marchar ao lado de algo ou de alguém. ▶ Flanquear.

fla.que.ar. [flake'ar] [flake'ar] *v.4*. Tornar-se fraco, debilitar-se. Perder a força. ▶ Fraquejar.

fla.que.za. [fla'keθa] [fla'kesa] *f*. Falta de força, vitalidade ou energia. Debilidade. ▶ Fraqueza.

flash. *m*. Dispositivo que, acoplado ou não a uma máquina fotográfica, produz um clarão rápido e intenso que favorece fotografar lugares pouco iluminados. ▶ Flash.

fla.tu.len.cia. [flatu'lenθja] [flatu'lensja] *f. Med*. Acúmulo de gases no estômago ou no intestino. ▶ Flatulência.

flau.ta. ['flau̯ta] ['flau̯ta] *f. Mús*. Instrumento musical de sopro. ▶ Flauta. ➡ *Instrumentos musicales*

flau.tín. [flau̯'tin] [flau̯'tin] *f. Mús*. Instrumento musical de sopro. ▶ Flautim. ➡ *Instrumentos musicales*

flau.tis.ta. [flau̯'tista] [flau̯'tihta] *com. Mús*. Tocador de flauta. ▶ Flautista.

fle.cha. ['fletʃa] ['fletʃa] *f*. Seta que se lança com um arco flexível e uma corda esticada que a impulsiona. ▶ Flecha.

fle.cha.zo. [fle'tʃaðo] [fle'tʃaso] *m*. **1.** Ato de disparar a flecha. ▶ Flechada. *Abatió la caza con un flechazo*. Abateu a caça com uma flechada. **2.** Dano ou ferida que causa a flecha. ▶ Flechada. *Tiene una flechada en el hombro izquierdo*. Tem uma flechada no ombro esquerdo. **3.** *fig*. Amor repentino. ▶ Amor à primeira vista. *Fue un flechazo: la amé desde que la vi*. Foi amor à primeira vista: amei-a desde que a vi.

fle.co. ['fleko] ['fleko] *m.* **1.** Enfeite que se faz com fios e cordinhas que pendem de uma fita e se usa como adorno de colchas, toalhas de mesa, etc. ▸ Franja. **2.** Porção de cabelo recortado que cobre a testa. ▸ Franja.

fle.ma. ['flema] ['flema] *f.* **1.** *Med.* Mucosidade que se forma nas vias respiratórias e se expulsa pela boca. ▸ Catarro. **2.** Qualidade de pessoa que não perde a calma. Serenidade. ▸ Fleuma. *En los momentos críticos, hay que obrar con flema.* Em momentos críticos, deve-se agir com serenidade.

fle.qui.llo. [fle'kiʎo] [fle'kiʃo] *m. (Esp.)* Cabelo que foi cortado e penteado sobre a testa. ▸ Franja.

fle.tar. [fle'tar] [fle'taɾ] *v.*4. **1.** Contratar o transporte de mercadorias em um navio, avião ou veículo terrestre. ▸ Fretar. **2.** Tomar ou ceder a frete parte ou a totalidade de um meio de transporte de cargas. ▸ Fretar.

fle.te. ['flete] ['flete] *m.* Preço estipulado pelo aluguel de embarcação, avião, caminhão, etc. ou parte deles para o transporte. ▸ Frete. *Pagaremos un flete de trescientos euros.* Pagaremos um frete de trezentos euros.

fle.xi.ble. [flek'siβle] [flek'siβle] *adj.* **1.** Que se pode dobrar ou curvar. ▸ Flexível. **2.** Diz-se da pessoa que se mostra disposta a considerar os pontos de vista dos outros. ▸ Flexível.

fle.xión. [flek'sjon] [flek'sjon] *f.* Ato ou efeito de dobrar o corpo ou parte dele. ▸ Flexão.

fle.xio.nar. [fleksjo'nar] [fleksjo'naɾ] *v.*4. **1.** Fazer flexões com o corpo ou parte dele. ▸ Flexionar. **2.** *Gram.* Fazer flexões em uma palavra. ▸ Flexionar.

fle.xo. ['flekso] ['flekso] *m.* Luminária de mesa com foco de luz direcionado por uma haste flexível. ▸ Luminária de mesa. *Nos compramos un nuevo flexo para el escritorio.* Compramos uma nova luminária para a escrivaninha.

flir.te.ar. [flirte'ar] [flirte'aɾ] *v.*4. Mostrar interesse em relação a outra pessoa, mas sem comprometimento. ▸ Flertar, paquerar. *A mi primo le encanta flirtear cuando sale por la noche.* Meu primo adora flertar quando sai de noite.

flo.je.ar. [floxe'ar] [floxe'aɾ] *v.*4. Agir ou trabalhar com negligência ou preguiça. ▸ Afrouxar.

flo.je.dad. [floxe'ðað] [floxe'ðað] *f.* Fraqueza em alguma coisa. ▸ Frouxidão.

flo.jo, ja. ['floxo] ['floxo] *adj.* Que não tem muita força de vontade. Débil. ▸ Frouxo.

flor. ['flor] ['flor] *f. Bot.* Órgão de reprodução de muitas plantas, que têm geralmente cores vivas e cheiro agradável. ▸ Flor. ♦ **A flor de agua/tierra.** Na superfície ou perto da superfície da água/terra. ♦ **À superfície de. La flor y nata.** A fina flor. ▸ Nata. *A la fiesta del gobernador asistió la flor y nata de la sociedad.* Na festa do governador, estava presente a fina flor da sociedade.

flo.ra. ['flora] ['flora] *f. col. Bot.* Conjunto de plantas de uma região ou país. ▸ Flora.

flo.ral. [flo'ral] [flo'ral] *adj.* Pertencente ou relativo às flores. ▸ Floral.

flo.re.cer. [flore'θer] [flore'seɾ] *v.*24. **1.** *Bot.* Nascer flores na planta. ▸ Florescer. **2.** *fig.* Prosperar (negócio ou atividade). ▸ Florescer.

flo.re.rí.a. [flore'ria] [flore'ria] *f.* Ver *floristería.* ▸ Floricultura.

flo.re.ro, ra. [flo'rero] [flo'reɾo] *adj.* **1.** Diz-se de pessoa que cultiva e vende flores. ▸ Floricultor. *m.* **2.** Vaso para pôr flores. ▸ Vaso. *Le regalamos un ramo de rosas y lo puso en un florero de porcelana.* Nós lhe demos um buquê de rosas e ele o colocou em um vaso de porcelana.

flo.res.ta. [flo'resta] [flo'rehta] *f.* Terreno povoado de árvores. Mata, bosque. ▸ Floresta.

flo.ri.cul.tor, to.ra. [florikul'tor][florikul'tor] *s.* Pessoa dedicada ao cultivo de flores. ▸ Floricultor.

flo.ri.do, da. [flo'riðo] [flo'riðo] *adj.* **1.** Que tem flores. ▸ Florido. **2.** *fig.* Que tem elegância e bom gosto. ▸ Elegante. **3.** Diz-se do estilo ou linguajar excessivamente enfeitado. ▸ Floreado.

flo.ris.ta. [flo'rista] [flo'rihta] *com.* Aquele que cultiva ou vende flores. ▸ Florista.

flo.ris.te.rí.a. [floriste'ria] [florihte'ria] *f.* Estabelecimento comercial onde se vendem flores e plantas de adorno. ▸ Floricultura.

flo.ta. ['flota] ['flota] *f. col.* Conjunto de embarcações, aviões ou veículos para transporte terrestre dedicados ao mesmo fim. ▸ Frota.

flo.ta.dor. [flota'ðor] [flota'ðoɾ] *m.* **1.** Objeto destinado a flutuar em um líquido. ▸ Boia. **2.** Boia destinada a manter uma pessoa na superfície da água. ▸ Colete salva-vidas.

flo.tar. [flo'tar] [flo'taɾ] *v.*4. Manter-se um corpo na superfície de um líquido. ▸ Flutuar.

flo.ti.lla. [flo'tiʎa] [flo'tiʃa] *f. col.* Frota composta de embarcações pequenas. ▶ Flotilha.

fluc.tuar. [fluk'twaɾ] [fluk'twaɾ] *v.4.* **1.** Movimentar-se (um corpo) sobre as águas. ▶ Flutuar. **2.** Movimentar-se em vaivém. Oscilar. ▶ Flutuar.

fluen.cia. ['flwenθja] ['flwensja] *f.* Qualidade do que flui. ▶ Fluidez.

flui.dez. [flwi'ðeθ] [flwi'ðes] *f.* **1.** Qualidade dos líquidos e gases de adaptar sua forma ao recipiente que os contém. ▶ Fluidez. **2.** *Ling.* Falar fluentemente. ▶ Fluência.

flui.do, da. ['flwiðo] ['flwiðo] *adj.* **1.** Diz-se de certas substâncias, como líquidos ou gases. ▶ Fluido. *U.t.c.m.* **2.** Que discorre com naturalidade. ▶ Fluente.

fluir. ['flwiɾ] ['flwiɾ] *v.32.* **1.** Escorrer um líquido ou vazar um gás. ▶ Fluir. *El agua de la fuente fluye por una grieta de la roca.* A água da fonte flui por uma fenda da rocha. **2.** *fig.* Desenvolver com facilidade ideias ou falas. ▶ Fluir. *Es estupendo cómo le fluye bien el discurso.* É maravilhoso como seu discurso flui bem.

flu.jo. ['fluxo] ['fluxo] *m.* **1.** Movimento de avanço e recuo das águas do mar. ▶ Fluxo. **2.** Descarga de um líquido para o exterior. ▶ Jato. **3.** *fig.* Sucessão de acontecimentos, pessoas, etc. ▶ Fluxo.

fluo.res.cen.cia. [flwores'θenθja] [flwores'sensja] *f.* Iluminação especial que emana de algumas substâncias quando expostas à ação de certos raios. ▶ Fluorescência.

flu.vial. [flu'βjal] [flu'βjal] *adj. Geogr.* Pertencente ou relativo aos rios. ▶ Fluvial.

fo.bia. ['foβja] ['foβja] *f.* Aversão ou temor mórbido ante certos objetos ou situações. ▶ Fobia.

fo.ca. ['foka] ['foka] *f. Zool.* Animal mamífero que vive nos mares frios e se alimenta de peixes. ▶ Foca. ➡ *Reino animal*

fo.co. ['foko] ['foko] *m.* **1.** Lâmpada elétrica de luz muito intensa. ▶ Foco. **2.** *fig.* Ponto central que exerce influência sobre outros. ▶ Foco. **3.** *Fís.* Ponto de reunião de raios caloríficos ou luminosos. ▶ Foco.

fo.ga.ta. [fo'ɣata] [fo'ɣata] *f.* Fogo que provoca muita chama, labareda. ▶ Fogueira.

❏ **fo.gón.** [fo'ɣon] [fo'ɣon] *m.* **1.** Ver *cocina*[(2)]. ▶ Fogão. **2.** Fogo de lenha que se faz no chão para cozinhar e aquecer-se. ▶ Fogueira.

fo.go.na.zo. [foɣo'naθo] [foɣo'naso] *m.* Chama instantânea produzida por algumas matérias inflamáveis, como a pólvora. ▶ Labareda.

fo.go.ne.ro, ra. [foɣo'neɾo] [foɣo'neɾo] *s.* Pessoa encarregada de cuidar do fogo em máquinas e caldeiras. ▶ Foguista.

fol.clor. [fol'kloɾ] [fol'kloɾ] *m.* Ver *folclore*. ▶ Folclore.

fol.clo.re. [fol'klore] [fol'klore] *m.* Conjunto de costumes, música, artesanato e tradições de um povo. ▶ Folclore.

fo.liar. [fo'ljaɾ] [fo'ljaɾ] *v.4.* ❏ Colocar números nas folhas de um livro ou caderno. ▶ Numerar. **2.** Relativo à folha. ▶ Foliáceo.

fo.lla.je. [fo'ʎaxe] [fo'ʃaxe] *m. Bot.* Conjunto de folhas das árvores e outras plantas. ▶ Folhagem.

fo.llar. [fo'ʎaɾ] [fo'ʃaɾ] *v.4.* **1.** Cobrir de folhas. ▶ Folhar. **2.** *vulg.* Ter uma relação sexual. ▶ Transar.

fo.lle.tín. [foʎe'tin] [foʃe'tin] *m.* Narrativa de pouco valor literário destinada ao grande público. ▶ Folhetim.

fo.lle.ti.nes.co, ca. [foʎeti'nesko] [foʃeti'nehko] *adj.* Relativo aos folhetins. ▶ Folhetinesco.

fo.lle.to. [fo'ʎeto] [fo'ʃeto] *m.* Publicação de poucas páginas, destinada a difusão ou propaganda. ▶ Folheto.

fo.llón. [fo'ʎon] [fo'ʃon] *m.* Bagunça, discussão tumultuosa. ▶ Encrenca.

fo.men.tar. [fomen'taɾ] [fomen'taɾ] *v.4.* **1.** Promover ou dar impulso à realização de uma coisa. ▶ Fomentar. **2.** *Med.* Aplicar, em uma parte enferma do corpo, panos com um medicamento líquido. ▶ Fomentar.

fo.men.to. [fo'mento] [fo'mento] *m.* **1.** *Med.* Medicamento líquido que se aplica com compressas. ▶ Fomento. **2.** Apoio, auxílio ou proteção que se dá a uma atividade ou pessoa. ▶ Fomento.

fon.da. ['fonda] ['fonda] *f.* Estabelecimento que oferece hospedagem e serve comidas. ▶ Estalagem.

fon.de.ar. [fonde'aɾ] [fonde'aɾ] *v.4.* Ver *atracar*. ▶ Ancorar.

fon.do. ['fondo] ['fondo] *m.* **1.** Parte inferior de uma coisa oca. ▶ Fundo. **2.** Superfície sólida sob águas de mar, rios, lagos, etc. ▶ Fundo. *m.pl.* **3.** Qualquer quantia de dinheiro destinada a um fim. Verbas. ▶ Fundos. *Contamos con fondos suficientes* *para construir nuestra casa.* Contamos com fundos suficientes para construir nossa casa. ◆ **Fondo de escritorio.** *Inform.* Imagem sobre a qual ficam visíveis os ícones de utilização do computador. ▸ Fundo de tela. **A fondo.** Até o limite do possível. ▸ A fundo. *El proyecto fue estudiado a fondo.* O projeto foi estudado a fundo.

fo.ne.ma. [fo'nema] [fo'nema] *f. Ling.* Cada uma das unidades fonológicas mínimas (sons) que dentro do sistema de uma língua podem contrastar-se e apresentar significados diferentes. ▸ Fonema. *Es importante conocer los fonemas del idioma que quieres aprender.* É importante conhecer os fonemas do idioma que se quer aprender.

fo.né.ti.ca. [fo'netika] [fo'netika] *f. Ling.* Estudo dos sons de uma língua. ▸ Fonética.

fon.ta.na. [fon'tana] [fon'tana] *f. Geogr.* Lugar do qual emana água da terra. Fonte. ▸ Manancial.

fon.ta.ne.rí.a. [fontane'ria] [fontane'ria] *f.* **1.** Técnica de canalizar e conduzir as águas. ▸ Encanamento. **2.** Conjunto de condutos pelo qual se distribui a água. ▸ Encanamento.

fon.ta.ne.ro, ra. [fonta'nero] [fonta'nero] *s.* Pessoa que trabalha com encanamentos. ▸ Encanador. → *Profesiones*

fo.ra.ji.do, da. [fora'xiðo] [fora'xiðo] *adj.* **1.** Que foge da Justiça. ▸ Foragido. *s.* **2.** Pessoa que vive desterrada ou escondida por ter cometido um delito. ▸ Foragido.

fo.rá.ne.o, a. [fo'raneo] [fo'raneo] *adj.* Que é de terra alheia, distante. ▸ Forasteiro.

fo.ras.te.ro, ra. [foras'tero] [forah'tero] *adj.* Que não é do lugar onde está no momento. ▸ Forasteiro.

for.ce.je.ar. [forθexe'ar] [forsexe'ar] *v.4.* Fazer força para vencer uma resistência. ▸ Esforçar-se ou debater-se. *El hombre forcejeó con el bandido hasta librarse.* O homem se debateu com o bandido até se livrar dele.

fo.ren.se. [fo'rense] [fo'rense] *adj.* Relativo ao foro judicial, aos tribunais de Justiça. ▸ Forense.

fo.res.ta. [fo'resta] [fo'rehta] *f.* Ver *floresta.* ▸ Floresta.

fo.res.ta.ción. [foresta'θjon] [forehta'sjon] *f.* Ação ou efeito de plantar árvores e plantas numa área. ▸ Florestação. *La forestación de zonas urbanas es uno de los retos del nuevo gobierno.* A florestação de zonas urbanas é um dos desafios do novo governo.

fo.res.tal. [fores'tal] [foreh'tal] *adj.* Que trata das florestas e do aproveitamento de matas e bosques. ▸ Florestal.

for.jar. [for'xar] [for'xar] *v.4.* Dar forma, com martelo, ao metal aquecido na forja. ▸ Forjar.

for.ma. ['forma] ['forma] *f.* Feição exterior de uma coisa. ▸ Forma.

for.ma.ción. [forma'θjon] [forma'sjon] *f.* **1.** Ato ou efeito de formar. ▸ Formação. **2.** *Geol.* Conjunto de rochas que apresentam constituição semelhante. ▸ Formação. **3.** *Mil.* Reunião ordenada de uma unidade militar. ▸ Formação.

for.mal. [for'mal] [for'mal] *adj.* **1.** Pertencente ou relativo à forma. ▸ Formal. **2.** Que se atém a convenções, a fórmulas estabelecidas. ▸ Formal.

for.ma.li.dad. [formali'ðaθ] [formali'ðað] *f.* Modo de proceder segundo convenções. ▸ Formalidade.

for.ma.li.zar. [formali'θar] [formali'sar] *v.13.* Revestir uma coisa dos requisitos legais. ▸ Formalizar.

for.mar. [for'mar] [for'mar] *v.4.* **1.** Dar forma. ▸ Formar. *El escultor formó una bella estatua con un pedazo de mármol.* O escultor formou uma bela estátua com um pedaço de mármore. **2.** Criar, educar e instruir uma pessoa. ▸ Formar. *El preceptor dedica ocho horas por día para formar al niño.* O preceptor dedica oito horas por dia para formar a criança. **3.** Colocar uma pessoa entre outras em uma formação ou cortejo. ▸ Alinhar-se. ◆ **Formar parte.** Fazer parte.

for.ma.te.ar. [formate'ar] [formate'ar] *v.4.* **1.** Dar uma forma ou apresentação determinada a um documento. ▸ Formatar. **2.** *Inform.* Preparar um disco magnético para receber dados. ▸ Formatar.

for.ma.ti.vo, va. [forma'tiβo] [forma'tiβo] *adj.* Que forma ou que dá forma. ▸ Formativo.

for.mi.da.ble. [formi'ðaβle] [formi'ðaβle] *adj.* **1.** Que inspira assombro. ▸ Formidável. **2.** Que desperta admiração ou entusiasmo. ▸ Formidável.

fór.mu.la. ['formula] ['formula] *f.* **1.** *Ling.* Forma fixa de redigir um documento. ▸ Fórmula. **2.** *Quím.* Relação dos componentes de um produto químico. ▸ Fórmula.

3. *Mat.* Equação ou regra matemática. ▸ Fórmula.

for.mu.lar. [formu'lar] [formu'lar] *v.4.* **1.** Pôr em termos claros todo enunciado. ▸ Formular. **2.** Expressar, manifestar uma opinião ou proposta. ▸ Formular.

for.mu.la.rio. [formu'larjo] [formu'larjo] *m.* **1.** Livro ou escrito contendo fórmulas que devem ser observadas para petição ou execução de alguma coisa. ▸ Formulário. **2.** Impresso com espaços em branco a serem preenchidos. ▸ Formulário.

for.ni.do, da. [for'niðo] [for'niðo] *adj.* De corpo robusto, forte. ▸ Fornido.

fo.ro. ['foro] ['foro] *m.* **1.** Local onde os tribunais de Justiça julgam os processos judiciais. ▸ Foro. **2.** Reunião para discutir assuntos de interesse. ▸ Foro. **3.** ❑ *Teat.* Saída no fundo do palco nos teatros.

fo.rra.je. [fo'raxe] [fo'raxe] *m.* Capim, verde ou seco, conservado em silos e destinado à alimentação do gado. ▸ Forragem.

fo.rrar. [fo'rar] [fo'rar] *v.4.* **1.** Pôr forro em alguma coisa. Revestir, encapar. ▸ Forrar. *v.p.* **2.** *fam.* Juntar muito dinheiro. ▸ Enriquecer-se. *Se forró negociando con los buscadores de oro.* Enriqueceu negociando com os garimpeiros.

fo.rro. ['foro] ['foro] *m.* **1.** Abrigo ou cobertura com que se reveste uma coisa. ▸ Forro. **2.** Cobertura externa de livro. ▸ Capa.

for.ta.le.cer. [fortale'θer] [fortale'ser] *v.24.* Tornar mais forte ou vigoroso. ▸ Fortalecer.

for.ta.le.za. [forta'leθa] [forta'lesa] *f.* **1.** Lugar fortificado. ▸ Fortaleza. **2.** *fig.* Defesa natural que tem um lugar devido à sua localização geográfica. ▸ Fortaleza. **3.** *fig.* Força e vigor. ▸ Fortaleza.

for.ti.fi.ca.ción. [fortifika'θjon] [fortifika'sjon] *f.* Obra ou conjunto de obras feitas para defesa de um lugar. ▸ Fortificação.

for.ti.fi.car. [fortifi'kar] [fortifi'kar] *v.7.* Fazer obras de defesa em um lugar qualquer. ▸ Fortificar.

for.tín. [for'tin] [for'tin] *m. Mil.* Obra que se faz na linha de frente de um exército para melhorar sua defesa. ▸ Fortim.

for.tui.to, ta. [for'twito] [for'twito] *adj.* Que não se espera. Casual. ▸ Fortuito.

for.tu.na. [for'tuna] [for'tuna] *f.* **1.** Circunstância favorável a pessoas ou coisas. Boa sorte. ▸ Fortuna. **2.** Conjunto de bens e capital pertencentes a uma pessoa, empresa ou corporação. ▸ Fortuna. ◆ **Por fortuna.** Por sorte. **Probar fortuna.** Tentar a sorte. *Tanto probó fortuna en el casino que se quedó sin nada.* Tanto tentou a sorte no cassino que ficou sem nada.

for.zar. [for'θar] [for'sar] *v.69.* Obrigar com força física a fazer algo. ▸ Forçar.

for.zo.so, sa. [for'θoso] [for'soso] *adj.* Que é obrigatório, inevitável. ▸ Forçoso.

for.zu.do, da. [for'θuðo] [for'suðo] *adj.* Que tem muita força. ▸ Vigoroso.

fos.fo.res.cen.te. [fosfores'θente] [fohforeh'sente] *adj.* Que, friccionado ou submetido a uma descarga elétrica, se torna luminoso. ▸ Fluorescente.

fós.fo.ro. ['fosforo] ['fohforo]. *m.* **1.** *Quím.* Elemento fluorescente e inflamável que se encontra nos organismos vivos. ▸ Fósforo. **2.** Palito pequeno com cabeça fosfórica vermelha que serve para produzir fogo. ▸ Fósforo.

fó.sil. ['fosil] ['fosil] *m. Geol.* Substância de origem orgânica petrificada que se encontra nas camadas terrestres. ▸ Fóssil.

fo.si.li.zar. [fosili'θar] [fosili'sar] *v.13. v.p. Biol.* Tornar-se fóssil, petrificar-se um corpo orgânico. ▸ Fossilizar-se.

fo.so. ['foso] ['foso] *m.* **1.** Local embaixo do palco no teatro. ▸ Fosso. **2.** Escavação feita ao redor do castelo para impedir o acesso de inimigos ou estranhos. ▸ Fosso.

fo.to.co.pia. [foto'kopja] [foto'kopja] *f.* Cópia obtida por processo fotográfico. Xerocópia. ▸ Fotocópia.

fo.to.gra.fí.a. [fotoɣra'fia] [fotoɣra'fia] *f.* Arte ou processo de reproduzir imagens. ▸ Fotografia. ➡ *Recreación*

fo.to.gra.fiar. [fotoɣra'fjar] [fotoɣra'fjar] *v.4.* Reproduzir uma imagem por meio de fotografia. ▸ Fotografar.

fo.tó.gra.fo, fa. [fo'toɣrafo] [fo'toɣrafo] *s.* Pessoa que se dedica a tirar fotografias. ▸ Fotógrafo.

fo.to.gra.ma. [foto'ɣrama] [foto'ɣrama] *m.* Qualquer das imagens que se sucedem em um filme cinematográfico. ▸ Fotograma.

fo.tó.me.tro. [fo'tometro] [fo'tometro] *m. Fís.* Instrumento para medir a intensidade da luz. ▸ Fotômetro.

fo.to.mon.ta.je. [fotomon'taxe] [fotomon'taxe] *m.* Técnica de reunir imagens diferentes para criar uma nova foto.

fotosíntesis – frase

▶ Fotomontagem. *El fotomontaje del evento dejó sorprendida a mucha gente.* A fotomontagem do evento deixou muita gente surpresa.

fo.to.sín.te.sis. [foto'sintesis] [foto'sintesis] *f. Bot.* Propriedade que têm as plantas verdes de transformar as substâncias minerais em alimento orgânico pela ação da energia da luz solar. ▶ Fotossíntese.

fra.ca.sa.do, da. [fraka'saðo] [fraka'saðo] *adj.* Que não conseguiu realizar seus intentos ou aspirações. ▶ Fracassado.

fra.ca.sar. [fraka'sar] [fraka'sar] *v.4.* **1.** Frustrar-se uma pretensão ou um projeto. ▶ Fracassar. **2.** Ter resultado negativo em um negócio. ▶ Fracassar.

fra.ca.so. [fra'kaso] [fra'kaso] *m.* Malogro, resultado adverso de uma atividade ou negócio. ▶ Fracasso.

frac.ción. [frak'θjon] [frak'sjon] *f.* Cada uma das partes em que se divide uma coisa. ▶ Fração.

frac.cio.nar. [frakθjo'nar] [fraksjo'nar] *v.4.* Dividir uma coisa em partes ou frações. Fragmentar. ▶ Fracionar.

frac.tu.ra. [frak'tura] [frak'tura] *f. Med.* Quebra de ossos devido a violência externa. ▶ Fratura.

fra.gan.cia. [fra'ɣanθja] [fra'ɣansja] *f.* Cheiro suave e muito agradável. ▶ Fragrância.

fra.ga.ta. [fra'ɣata] [fra'ɣata] *f. Mar.* Navio de três mastros que se adaptou muito bem a operações de guerra. ▶ Fragata.

frá.gil. ['fraxil] ['fraxil] *adj.* **1.** Que quebra com facilidade. ▶ Frágil. **2.** *fig.* Que apresenta fraqueza ou vulnerabilidade. ▶ Frágil.

frag.men.to. [fraɣ'mento] [fraɣ'mento] *m.* **1.** Parte ou pedaço de uma coisa quebrada. ▶ Fragmento. **2.** Parte selecionada de uma obra literária ou musical. ▶ Fragmento.

fra.gor. [fra'ɣor] [fra'ɣor] *m.* Ruído estrondoso. Estrépito. ▶ Fragor.

fra.gua. ['fraɣwa] ['fraɣwa] *f.* **1.** Fornalha na qual se aquecem peças de metal a serem forjadas. ▶ Forja. **2.** Oficina onde está instalada a fornalha. ▶ Forjaria.

fra.guar. [fra'ɣwar] [fra'ɣwar] *v.4.* **1.** Forjar metais. ▶ Forjar. **2.** Endurecer as massas usadas em construção, cimento, gesso, etc. ▶ Forjar.

frai.le. ['fraile] ['fraile] *m. Rel.* Religioso, ligado por votos solenes, que vive em um convento, sujeito às regras de uma ordem religiosa. ▶ Frade.

fram.bue.sa. [fram'bwesa] [fram'bwesa] *f. Bot.* Fruto da framboeseira. ▶ Framboesa.
➡ *Frutas*

fran.cés, ce.sa. [fran'θes] [fran'ses] *adj.* **1.** Pertencente ou relativo à França. ▶ Francês. *s.* **2.** O natural ou habitante da França. ▶ Francês. *m.* **3.** *Ling.* Idioma falado nesse país. ▶ Francês.

fran.co, ca. ['franko] ['franko] *adj.* **1.** Pertencente ou relativo à França. ▶ Franco. **2.** Que adota uma postura aberta e sincera. ▶ Franco. *m.* **3.** *Fin.* Moeda francesa que vigorou até o dia 1º de janeiro de 2002, quando foi substituída pelo euro. ▶ Franco.

fran.co.ti.ra.dor, do.ra. [frankotira'ðor] [frankotira'ðor] *s.* **1.** *Mil.* Combatente que não pertence ao exército regular. ▶ Franco-atirador. **2.** Pessoa que atua isoladamente em uma atividade sem observar a disciplina do grupo. ▶ Franco-atirador.

fra.ne.la. [fra'nela] [fra'nela] *f.* Tecido fino de lã ou algodão ligeiramente aveludado que se usa para confecção de roupa de inverno. ▶ Flanela.

fran.ja. ['franxa] ['franxa] *f.* **1.** Guarnição tecida de fio de ouro, prata ou seda que serve para adornar e guarnecer os vestidos e outras prendas. ▶ Franja. **2.** Superfície mais comprida que larga. ▶ Faixa, listra.

fran.que.ar. [franke'ar] [franke'ar] *v.4.* Eliminar os impedimentos que dificultam o curso normal de uma coisa. ▶ Desobstruir.

fran.que.za. [fran'keθa] [fran'kesa] *f.* Qualidade daquele que procede com sinceridade. ▶ Franqueza.

fran.qui.cia. [fran'kiθja] [fran'kisja] *f.* Concessão de direitos por parte de uma empresa detentora de um produto, serviço ou marca e que permite ao beneficiário a reprodução e usufruto do negócio mediante o pagamento e o cumprimento de normas. ▶ Franquia. *Han abierto una franquicia de chocolate venezolano.* Abriram uma franquia de chocolate venezuelano.

fras.co. ['frasko] ['frahko] *m.* Recipiente de gargalo estreito que serve para conter líquidos, substâncias em pó, comprimidos, etc. ▶ Frasco.

fra.se. ['frase] ['frase] *f. Ling.* Conjunto de palavras que formam uma unidade de funcionamento autônomo. ▶ Frase.

fra.ter.nal. [frater'nal] [frater'nal] *adj.* **1.** Relativo a irmãos. ▶ Fraternal. **2.** Diz-se de amizade muito íntima. ▶ Fraternal.

fra.ter.ni.dad. [fraterni'ðaθ] [fraterni'ðað] *f.* Afeto entre irmãos ou entre os que se tratam como tal. ▶ Fraternidade.

fra.tri.ci.dio. [fratri'θiðjo] [fratri'siðjo] *m.* Assassinato de irmão. ▶ Fratricídio.

frau.de. ['frauðe] ['frauðe] *m.* **1.** Ato ou efeito de prejudicar alguém com uma trapaça. ▶ Fraude. **2.** Desonestidade que envolve enganação e mentira para tirar proveito de alguém ou de algo. ▶ Fraude.

frau.du.len.to, ta. [frauðu'lento] [frauðu'lento] *adj.* Que resulta de intenção de fraudar. ▶ Fraudulento.

fra.za.da. [fra'θaða] [fra'saða] *f.* Cobertor peludo. ▶ Cobertor.

fre.cuen.cia. [fre'kwenθja] [fre'kwensja] *f.* Número de vezes que se repete um fato por unidade de tempo. ▶ Frequência.

fre.cuen.tar. [frekwen'tar] [frekwen'tar] *v.4.* Visitar repetidamente uma casa ou um lugar. ▶ Frequentar.

fre.cuen.te. [fre'kwente] [fre'kwente] *adj.* Que é usual e comum. ▶ Frequente.

fre.ga.de.ro. [freɣa'ðero] [freɣa'ðero] *m.* **1.** Recipiente que se usa para lavar utensílios de cozinha. ▶ Pia. *Tenemos que desatascar el fregadero para que podamos lavar los platos.* Temos que desentupir a pia para podermos lavar os pratos. **2.** O móvel que geralmente se instala sob a pia. ▶ Gabinete.
➡ *Muebles y electrodomésticos*

fre.ga.do, da. [fre'ɣaðo] [fre'ɣaðo] *adj.* **1.** *fig.* Que tem mau caráter. ▶ Velhaco. **2.** Que causa incômodo. ▶ Impertinente. *Ese individuo es tan fregado que no hay quien lo aguante.* Esse indivíduo é tão impertinente que não há quem o aguente. *m.* **3.** Resultado de esfregar. ▶ Esfregação.

fre.gar. [fre'ɣar] [fre'ɣar] *v.45.* Lavar uma superfície friccionando-a com uma esponja ou escova. ▶ Esfregar.

fre.go.na. [fre'ɣona] [fre'ɣona] *f.* **1.** Designação pejorativa de pessoa que auxilia em serviços de limpeza ou de cozinha. **2.** Utensílio para esfregar o chão. ▶ Esfregão.

fre.ír. [fre'ir] [fre'ir] *v.36. p.p. reg. freído/ irreg. frito.* Frigir alimentos com azeite, outro óleo ou gordura até poder comer. ▶ Fritar. ◆ **Ir a freír espárragos.** Ir plantar batatas.

fre.nar. [fre'nar] [fre'nar] *v.4.* **1.** Moderar ou parar com o freio o movimento de uma máquina ou um veículo. Brecar. ▶ Frear. **2.** *fig.* Moderar um impulso. ▶ Frear.

fre.na.zo. [fre'naθo] [fre'naso] *m.* Ato de frear inesperada e violentamente. ▶ Freada.

fre.ne.sí. [frene'si] [frene'si] *m.* Violenta exaltação do espírito. Arrebatamento. ▶ Frenesi.

fre.né.ti.co, ca. [fre'netiko] [fre'netiko] *adj.* Que tem frenesi. Furioso, enraivecido. ▶ Frenético.

fre.ni.llo. [fre'niʎo] [fre'niʃo] *m. Anat.* Membrana que prende a língua à parte baixa da boca. ▶ Freio. ◆ **No tener frenillo en la lengua.** Dizer o que deve ser dito sem medo ou vergonha. ▶ Não ter papas na língua.

fre.no. ['freno] ['freno] *m.* **1.** Mecanismo que serve para moderar ou parar o movimento de máquinas e veículos. ▶ Freio. **2.** Instrumento de ferro composto de várias peças que se põe na boca das cavalgaduras para governá-las e dirigi-las. ▶ Cabresto.

fren.te. ['frente] ['frente] *f.* **1.** ▢ *Anat.* Parte superior do rosto. ▶ Testa. *m.* **2.** Superfície dianteira de uma coisa. Fachada. ▶ Frente. **3.** Frente de batalha. ▶ Frente. ◆ **Al frente de.** À frente de. **En frente de.** Em frente de. *En frente de mi casa, cruzando la calle, hay una farmacia.* Em frente da minha casa, atravessando a rua, há uma farmácia. **Frente frío.** Frente fria. **Hacer frente.** Enfrentar. *El perrito de mi vecina hizo frente al mío.* O cãozinho de minha vizinha enfrentou o meu. **Traerlo escrito en la frente.** Ter estampado / escrito na testa.
➡ *Cuerpo humano* ➡ *Clima*

fre.sa. ['fresa] ['fresa] *f.* **1.** ▢ *Bot.* Fruto do morangueiro. ▶ Morango. **2.** Ferramenta mecânica formada por dentes metálicos que se usa para fazer furos em metais. ▶ Fresa. ➡ *Frutas*

fres.ca.les. [fres'kales] [freh'kales] *com.* Indivíduo que não tem vergonha. ▶ Cara de pau.

fres.co, ca. ['fresko] ['frehko] *adj.* **1.** Que apresenta temperatura moderadamente fria em relação a outra. ▶ Fresco. **2.** Feito ou colhido há pouco tempo. ▶ Fresco. *Estas peras son muy frescas; me dijeron en la feria que fueron cogidas esta mañana.* Estas peras são frescas; disseram-me na feira que foram colhidas hoje de manhã. **3.** *fig.* Que não foi congelado. ▸ Fresco. ♦ **Tomar el fresco.** Refrescar-se. *Después del partido, los jugadores tomaron el fresco descansando a la sombra.* Depois da partida, os jogadores se refrescaram descansando na sombra.

fres.cu.ra. [fresˈkura] [frehˈkura] *f.* **1.** Qualidade de fresco. ▸ Frescor. **2.** *fig.* Característica de lugar ameno e agradável com vegetação abundante. ▸ Frescor. **3.** ▢ *fig.* Desembaraço exagerado no trato com as pessoas. ▸ Descaramento.

fres.no. [ˈfresno] [ˈfrehno] *m. Bot.* Tipo de árvore. ▸ Freixo.

frial.dad. [frjalˈdaθ] [frjalˈðað] *f. fig.* Pouco interesse pelas coisas. Insensibilidade. ▸ Frieza.

fric.ción. [frikˈθjon] [frikˈsjon] *f.* **1.** Atrito de dois objetos em contato. ▸ Fricção. **2.** *fig.* Desavença entre pessoas ou coletividades. ▸ Atrito.

fric.cio.nar. [frikθjoˈnar] [friksjoˈnar] *v.4.* Fazer fricção. Esfregar. ▸ Friccionar.

frie.ga. [ˈfrjeɣa] [ˈfrjeɣa] *f. Med.* Tratamento que consiste em esfregar com um pano ou com a mão alguma parte externa do corpo. ▸ Fricção.

frie.ga.pla.tos. [frjeɣaˈplatos] [frjeɣaˈplatos] *m.* Aparelho eletrodoméstico para lavagem de utensílios de cozinha. ▸ Lava-louça. Ver *lavaplatos*.

fri.go.rí.fi.co, ca. [friɣoˈrifiko] [friɣpˈrifiko] *adj.* **1.** Que produz artificialmente baixíssima temperatura. ▸ Frigorífico. *m.* **2.** Aparelho que conserva alimentos ou bebidas por refrigeração. ▸ Geladeira.
➡ *Muebles y electrodomésticos*

fri.jol. [friˈxol] [friˈxol] *m. Bot.* Fruto do feijoeiro. ▸ Feijão.

fri.ki. [ˈfriki] [ˈfriki] *adj.* **1.** Maneira coloquial utilizada para se referir a alguém extravagante. ▸ Estranho. **2.** Pessoa que tem adoração por algo. Fã. Fanático.

frí.o, a. [ˈfrio] [ˈfrio] *adj.* **1.** Diz-se dos corpos cuja temperatura é muito inferior à do ambiente. ▸ Frio. **2.** Diz-se de pessoa que mostra indiferença, insensibilidade. ▸ Frio. ♦ **En frío.** Livre de pressões e de influências. ▸ De cabeça fria. *Las decisiones importantes hay que tomarlas en frío.* As decisões importantes devem ser tomadas de cabeça fria. **No dar / entrar frío ni calor.** Ser indiferente. ▸ Dar na mesma. **Quedarse frío.** Ficar gelado / frio. *Cuando vio la velocidad con que venía el autobús, se quedó frío.* Quando viu a velocidade com que o ônibus vinha, gelou.

frio.le.ro, ra. [frjoˈlero] [frjoˈlero] *adj.* Que apresenta grande sensibilidade ao frio. ▸ Friorento.

fri.to, ta. [ˈfrito] [ˈfrito] *adj.* Que foi cozido em gordura ou azeite. ▸ Frito. ♦ **Tener / Traer a uno frito.** Incomodar, aborrecer, encher o saco. **Estar frito.** *fig.* Estar em situação difícil. ▸ Estar frito.

fri.tu.ra. [friˈtura] [friˈtura] *f. Cul.* Alimento frito. ▸ Fritura.

fri.vo.li.dad. [friβoliˈðaθ] [friβoliˈðað] *f.* Diz-se do que é inconstante e de pouca importância ou valor. ▸ Frivolidade.

frí.vo.lo, la. [ˈfriβolo] [ˈfriβolo] *adj.* Que não tem profundidade. Superficial. ▸ Frívolo.

fron.do.so, sa. [fronˈdoso] [fronˈdoso] *adj.* Rico em árvores que têm ramos e folhagem abundantes. ▸ Frondoso.

fron.tal. [fronˈtal] [fronˈtal] *adj.* **1.** Relativo à parte dianteira de alguma coisa. ▸ Frontal. *m.* **2.** *Anat.* Osso da testa. ▸ Frontal.

fron.te.ra. [fronˈtera] [fronˈtera] *f. Polít.* Linha divisória entre dois territórios de diferente administração. ▸ Fronteira.

fron.te.ri.zo, za. [fronteˈriθo] [fronteˈriso] *adj.* Que vive ou fica na fronteira. ▸ Fronteiriço.

fro.tar. [froˈtar] [froˈtar] *v.4.* Passar muitas vezes uma coisa sobre outra com força. ▸ Esfregar. *Aladín frotó la lámpara maravillosa y salió de ella un genio.* Aladim esfregou a lâmpada maravilhosa e saiu dela um gênio.

fruc.tí.fe.ro, ra. [frukˈtifero] [frukˈtifero] *adj.* **1.** Que produz fruto. ▸ Frutífero. **2.** *fig.* Que dá bons resultados. ▸ Frutífero.

fruc.ti.fi.car. [fruktifiˈkar] [fruktifiˈkar] *v.7.* **1.** Dar frutos. ▸ Frutificar. **2.** *fig.* Ter utilidade. ▸ Frutificar.

fru.gal. [fruˈɣal] [fruˈɣal] *adj.* Moderado ao comer e beber. ▸ Frugal.

frui.ción. [frwiˈθjon] [frwiˈsjon] *f.* Gozo intenso no bem que se tem. ▸ Fruição.

frun.cir. [frunˈθir] [frunˈsir] *v.52.* **1.** Enrugar a testa em sinal de raiva ou preocupação. ▸ Franzir. **2.** Fazer rugas em um tecido. ▸ Franzir.

frus.le.rí.a. [frusleˈria] [fruhleˈria] *f.*

Algo de pouco valor e sem importância. Bagatela. ▸ Mixaria.

frus.tra.ción. [frustra'θjon] [fruhtra'sjon] *f.* Malogro de qualquer coisa que se projetou somente ou que se iniciou e não se acabou. ▸ Frustração.

frus.trar. [frus'trar] [fruh'trar] *v.4.* Deixar sem efeito, malograr uma tentativa. ▸ Frustrar.

fru.ta. ['fruta] ['fruta] *f. Bot.* Fruto comestível de algumas plantas e árvores. ▸ Fruta. ◆ **Ensalada de frutas.** *Cul.* Salada de frutas. **Fruta del tiempo.** 1. *Bot.* Fruta que se come na mesma estação em que amadurece. ▸ Fruta da época. 2. *fig.* Acontecimento comum em determinadas situações ou épocas. ▸ Sazonal.

fru.tal. [fru'tal] [fru'tal] *adj.* Que dá frutas. ▸ Frutífero.

fru.te.rí.a. [frute'ria] [frute'ria] *f.* Estabelecimento comercial ou posto onde se vendem frutas. ▸ Quitanda.

fru.te.ro, ra. [fru'tero] [fru'tero] *adj.* **1.** Que serve para carregar ou conter fruta. ▸ Fruteiro. *s.* **2.** Pessoa que negocia com fruta. *m.* **3.** Recipiente especial para pôr ou guardar a fruta. ▸ Fruteira.

fru.ti.lla. [fru'tiʎa] [fru'tiʃa] *f. (Amér.)* Ver **fresa.** ▸ Morango.

fru.to. ['fruto] ['fruto] *m. Bot.* Parte do órgão de reprodução das plantas que protege as sementes. ▸ Fruto. ◆ **Fruto seco.** Fruta seca. **Sacar fruto.** ▸ Tirar proveito.

fue.go. ['fweɣo] ['fweɣo] *m.* **1.** Calor e luz produzidos por combustão ou por fricção. ▸ Fogo. **2.** Matéria acesa em brasa ou chama. **3.** Efeito de disparar armas de fogo. ▸ Fogo. **4.** *fig.* Ardor próprio de sentimentos intensos. ▸ Fogo. ◆ **A fuego lento.** Fogo baixo que se recomenda para cozinhar alguns alimentos. ▸ Em fogo brando. **A fuego y hierro/sangre.** A ferro e fogo. **Estar entre dos fuegos.** Estar entre a cruz e a espada. **Fuego fatuo.** Chama do gás que se desprende de matérias orgânicas em putrefação. ▸ Fogo-fátuo. **Fuegos artificiales.** Fogos de artifício. **Prenderse fuego.** Pegar fogo.

fue.lle. ['fweʎe] ['wefʃe] *m.* Aparelho destinado a produzir vento. ▸ Fole.

fuen.te. ['fwente] ['fwente] *f.* **1.** *Geogr.* Manancial de água. Nascente. ▸ Fonte. **2.** Bica de água potável. ▸ Fonte. **3.** *Arq.* Construção com bica por onde jorra água. ▸ Fonte. **4.** *Inform.* Tipo de letra a escolher em editores de texto digital. ▸ Fonte, letra. **5.** ❑ *Cul.* Prato grande e oval para servir comidas. ▸ Travessa.

fue.ra. ['fwera] ['fwera] *adv.* No exterior de qualquer coisa ou lugar. ▸ Fora. ◆ **¡Fuera!** Fora! *Largo de aquí, fuera, no quiero veros ni en pintura.* Fora daqui, fora, não quero vê-los nem pintados de ouro. **Fuera de.** Sem incluir em um conjunto ou grupo determinado. ▸ Exceto. *Fuera de las de terror, me gusta todo tipo de películas.* Exceto os de terror, gosto de todo tipo de filme.

fue.ro. ['fwero] ['fwero] *m.* **1.** Compilação de leis e privilégios que tem uma localidade ou corporação. ▸ Foro. **2.** Âmbito de exercício da justiça pública. ▸ Foro. ◆ **Fuero interior/interno/de la conciencia.** Faculdade pessoal para discernir ética ou moralmente. ▸ Foro íntimo.

fuer.te. ['fwerte] ['fwerte] *adj.* **1.** Que tem grande força. ▸ Forte. *Un viento fuerte derribó nuestro árbol favorito.* Um vento forte derrubou nossa árvore favorita. **2.** Que tem muita força física. Robusto. Corpulento. ▸ Forte. *Adolfo es tan fuerte que puede levantar cien kilos.* Adolfo é tão forte que pode levantar cem quilos. *m.* **3.** *Arq.* Construção protegida por obras de defesa. ▸ Forte.

fuer.za. ['fwerθa] ['fwersa] *f.* **1.** Capacidade para vencer resistência. ▸ Força. **2.** *Fís.* Energia aplicada para modificar o estado de repouso ou de movimento de um corpo. ▸ Força. ◆ **A fuerza de.** À força de. **Por la fuerza.** À força.

fu.ga. ['fuɣa] ['fuɣa] *f.* **1.** Saída ou retirada às pressas. ▸ Fuga. **2.** Saída imprevista de um gás ou um líquido. ▸ Vazamento.

fu.ga.ci.dad. [fuɣaθi'ðað] [fuɣasi'ðað] *f.* Qualidade de fugaz. ▸ Fugacidade.

fu.gar. [fu'ɣar] [fu'ɣar] *v.9.* **1.** Escapar de um lugar onde se está preso ou se tem obrigação de estar. ▸ Fugir. **2.** *v.p.* Escapar-se.

fu.gaz. [fu'ɣaθ] [fu'ɣas] *adj.* **1.** Que passa rápido e desaparece. ▸ Fugaz. *Solo pudo disfrutar de un momento fugaz de tranquilidad.* Só pôde desfrutar de um momento fugaz de tranquilidade. **2.** Que se esquece em muito pouco tempo. Efêmero. ▸ Fugaz. ◆ **Estrella fugaz.** *Astr.* Estrela cadente.

fu.gi.ti.vo, va. [fuxi'tiβo] [fuxi'tiβo] *adj.* Que foge e se esconde. ▸ Fugitivo. *U.t.c.s.*

fu.la.no, na. [fu'lano] [fu'lano] *s.* Alusão ou referência vaga a uma terceira pessoa hipotética ou indeterminada. ▸ Fulano. ◆ **Fulano, mengano y zutano.** Fulano, sicrano e beltrano.

fu.lar. [fu'laɾ] [fu'laɾ] *m.* Faixa larga de tecido, geralmente utilizado ao redor do pescoço. ▸ Echarpe, lenço. *Mi padre me regaló un lindo fular azul.* Meu pai me presenteou com uma linda echarpe azul.

ful.gor. [ful'ɣoɾ] [ful'ɣoɾ] *m.* Brilho intenso, resplendor cintilante. ▸ Fulgor.

fu.lle.rí.a. [fuʎe'ria] [fuʃe'ria] *f.* Enganação que se comete em jogo. ▸ Trapaça.

ful.mi.nar. [fulmi'naɾ] [fulmi'naɾ] *v.4.* **1.** Matar instantaneamente por descarga elétrica. ▸ Fulminar. **2.** Ferir ou danificar com raio. ▸ Fulminar.

fu.ma.dor, do.ra. [fuma'ðoɾ] [fuma'ðoɾ] *adj.* Que tem o hábito de fumar. ▸ Fumante. *U.t.c.s.*

fu.mar. [fu'maɾ] [fu'maɾ] *v.4.* **1.** Inalar ou aspirar e expulsar o fumo de um cigarro, charuto ou cachimbo. ▸ Fumar. *Está con tos porque fuma demasiado.* Tem tosse porque fuma demais. *v.p.* **2.** *fig.* e *fam.* Deixar de ir à aula. ▸ Cabular.

fu.mi.gar. [fumi'ɣaɾ] [fumi'ɣaɾ] *v.9.* Defumar o ambiente por meio de fumo, gás ou vapores adequados. ▸ Defumar.

fun.ción. [fun'θjon] [fun'sjon] *f.* **1.** Utilidade ou propósito que algum ser ou coisa tem em determinado sistema ou âmbito. ▸ Função. **2.** Exercício de um cargo ou emprego. Atribuição. ▸ Função. *El contador tiene la función de llevar la contabilidad de la empresa.* O contador tem a função de cuidar da contabilidade da empresa. **3.** Apresentação de filme ou espetáculo. ▸ Sessão.

fun.cio.na.mien.to. [funθjona'mjento] [funsjona'mjento] *m.* Ato ou efeito de funcionar. ▸ Funcionamento.

fun.cio.nar. [funθjo'naɾ] [funsjo'naɾ] *v.4.* Executar tarefas ou atividades inerentes à função. ▸ Funcionar.

fun.cio.na.rio, ria. [funθjo'naɾjo] [funsjo'naɾjo] *s.* Pessoa que desempenha um emprego público. ▸ Servidor público.

❏ **fun.da.** ['funda] ['funda] *f.* Cobertura ou bolsa com a qual se envolve uma coisa para protegê-la ou conservá-la. ▸ Capa. *Cristiana tiene fundas para todos sus aparatos.* Cristiana tem capas para todos os seus aparelhos. ◆ **Funda de almohada.** Roupa de cama para travesseiro. ▸ Fronha.

fun.da.dor, do.ra. [funda'ðoɾ] [funda'ðoɾ] *adj.* Que funda, cria ou inicia alguma coisa. ▸ Fundador. *U.t.c.s.*

fun.da.men.tal. [fundamen'tal] [fundamen'tal] *adj.* Que serve de fundamento ou é essencial em alguma coisa. ▸ Fundamental.

fun.da.men.tar. [fundamen'taɾ] [fundamen'taɾ] *v.4.* **1.** Fazer as fundações ou alicerces de um edifício. ▸ Fundamentar. **2.** Segurar, tornar firme uma argumentação. ▸ Fundamentar. **3.** Instituir, criar. ▸ Fundar.

fun.da.men.to. [funda'mento] [funda'mento] *m.* **1.** Base de um edifício. ▸ Fundamento. **2.** Argumento que sustenta uma ideia. ▸ Fundamento, alicerce.

fun.dar. [fun'daɾ] [fun'daɾ] *v.4.* **1.** Construir, edificar, apoiar uma coisa material sobre outra. ▸ Fundar. **2.** Apoiar algo com motivos e razões certas. ▸ Fundamentar.

fun.di.ción. [fundi'θjon] [fundi'sjon] *f.* Usina onde se fundem metais. ▸ Fundição.

fun.dir. [fun'diɾ] [fun'diɾ] *v.6.* **1.** Derreter e liquefazer metais, minerais e outros corpos sólidos. ▸ Fundir. **2.** Dar forma em molde aos metais fundidos. ▸ Fundir. *v.p.* **3.** *(Amér.) fig. Fin.* Arruinar-se economicamente. ▸ Falir. *El comerciante se fundió porque abusaba en los precios.* O comerciante faliu porque abusava nos preços.

fun.gi.ble. [fun'xiβle] [fun'xiβle] *adj.* Que se consome com o uso. ▸ Fungível, desgastável, consumível.

fur.gón. [fuɾ'ɣon] [fuɾ'ɣon] *m.* **1.** Vagão de trem destinado ao transporte de mercadorias, bagagens e correspondência. ▸ Furgão. **2.** Pequeno caminhão fechado para transporte de carga. ▸ Furgão. ➡ *Transporte*

fur.go.ne.ta. [fuɾɣo'neta] [fuɾɣo'neta] *f.* Veículo semelhante a um furgão, porém menor, empregado no transporte de mercadorias. ▸ Utilitário. ➡ *Transporte*

fu.ria. ['fuɾja] ['fuɾja] *f.* **1.** Agitação violenta. ▸ Fúria. **2.** Ira exaltada. ▸ Fúria.

fu.rio.so, sa. [fu'ɾjoso] [fu'ɾjoso] *adj.* Que demonstra muita raiva em momento e por motivo determinados. ▸ Furioso.

fur.ti.vo, va. [fuɾ'tiβo] [fuɾ'tiβo] *adj.* Que faz as coisas às escondidas. ▸ Furtivo.

fu.se.la.je. [fuse'laxe] [fuse'laxe] *m.* Corpo do avião onde vão os passageiros ou a carga. ▸ Fuselagem.

fu.sil. [fu'sil] [fu'sil] *m.* Arma de fogo portátil, de cano longo. ▸ Fuzil.

fu.sión. [fu'sjon] [fu'sjon] *f.* **1.** União de interesses, ideias ou partidos. ▸ Fusão. **2.** Efeito de fundir ou fundir-se os metais. ▸ Fusão.

fu.sio.nar. [fusjo'nar] [fusjo'nar] *v.4.* Fazer fusão, integrar partes de algo com o intuito de transformar num único elemento. ▸ Fusionar, fundir. *El evento de gastronomía fusionó la cocina de diferentes países.* O evento gastronômico fundiu a cozinha de diferentes países.

fus.ta. ['fusta] ['fuhta] *f.* Vara com uma correia em um extremo que se usa para estimular os cavalos. ▸ Chicote.

fus.ti.gar. [fusti'ɣar] [fuhti'ɣar] *v.9.* **1.** Dar açoites. ▸ Açoitar. **2.** *fig.* Censurar com dureza. ▸ Censurar.

fút.bol. ['futβol] ['futβol] *m. Desp.* Esporte praticado entre duas equipes que marcam pontos fazendo uma bola transpassar o gol adversário, que é defendido por um dos onze jogadores que formam cada time. ▸ Futebol. ◆ **Jugar al fútbol.** Jogar futebol.
➡ Deportes

fut.bo.lín. [futβo'lin] [futβo'lin] m. Tipo de jogo de futebol disputado por duas pessoas que acionam mecanicamente 22 bonecos (jogadores) dentro de uma mesa em formato de caixa. ▸ Pebolim, totó. *Jugamos al futbolín durante toda la noche.* Jogamos pebolim durante toda a noite.

fú.til. ['futil] ['futil] *adj.* Que desperta pouco interesse e tem pouca importância. ▸ Fútil.

fu.tu.ris.mo. [futu'rismo] [futu'rihmo] *m.* Atitude artística orientada para o futuro. ▸ Futurismo. *El futurismo comenzó en 1909 con el poeta italiano Tomás Marinetti.* O futurismo começou em 1909 com o poeta italiano Tomás Marinetti.

fu.tu.ro, ra. [fu'turo] [fu'turo] *adj.* **1.** Que está por vir. Vindouro. ▸ Futuro. *s.* **2.** O tempo que está por vir. ▸ Futuro. **3.** *Ling.* Tempo verbal que denota ações que poderão acontecer ou acontecerão. ▸ Futuro.

fu.tu.ro.lo.gí.a. [futurolo'xia] [futurolo'xia] *f.* Conjunto de estudos que se propõem a predizer o futuro. ▸ Futurologia.

fu.tu.ró.lo.go, ga. [futu'roloɣo] [futu'roloɣo] *s.* Pessoa dedicada ao estudo da futurologia. ▸ Futurólogo.

G

g. ['xe] ['xe] *f.* Sétima letra do alfabeto espanhol. ▸ G.

ga.bán. [ga'βan] [ga'βan] *m.* Peça de vestuário de mangas compridas, usada sobre outras roupas para abrigar do frio. ▸ Sobretudo.

ga.bar.di.na. [gaβaɾ'ðina] [gaβaɾ'ðina] *f.* Capa de chuva. ▸ Gabardina.

ga.bi.ne.te. [gaβi'nete] [gaβi'nete] *m.* **1.** Sala ou escritório de trabalho. ▸ Gabinete. **2.** Grupo de pessoas que auxiliam ou assessoram uma autoridade. ▸ Gabinete.

ga.ce.la. [ga'θela] [ga'sela] *f. Zool.* Antílope do norte da África muito ágil e veloz. ▸ Gazela.

ga.ce.ta. [ga'θeta] [ga'seta] *f.* Publicação com periodicidade definida dedicada a uma atividade determinada. ▸ Gazeta.

ga.cha. ['gatʃa] ['gatʃa] *f.* Massa mole composta de farinha cozida com água e sal. ▸ Papa.

ga.fas. ['gafas] ['gafas] *f. pl.* Par de lentes, sustentadas por uma haste, que se coloca próximo dos olhos para enxergar melhor. ▸ Óculos. ➠ *Ropa*

ga.gá. [ga'ɣa] [ga'ɣa] *adj.* Pessoa idosa sem perfeitas condições mentais. ▸ Gagá.

gai.ta. ['gaita] ['gaita] *f. Mús.* Instrumento de sopro. ▸ Gaita. ♦ **Gaita gallega.** *Mús.* Gaita típica da Galícia, no norte da Espanha. ▸ Gaita galega. *La gaita gallega no es igual a la escocesa.* A gaita galega não é igual à escocesa. ➠ *Instrumentos musicales*

ga.je. ['gaxe] ['gaxe] *m.* Remuneração paga ou recebida por serviço ou trabalho. ▸ Salário. ♦ **Gajes del oficio.** Incômodo ou prejuízo que causam algumas profissões. ▸ Ossos do ofício.

ga.jo. ['gaxo] ['gaxo] *m. Bot.* **1.** Gomo de fruta. ▸ Gomo. **2.** Ramo de árvore. ▸ Galho.

ga.la. ['gala] ['gala] *f.* **1.** Traje especial para solenidades. ▸ Gala. **2.** Atuação artística de caráter excepcional. ▸ Gala. ♦ **Ir/Vestir de gala.** Vestir-se de maneira especial. ▸ Usar traje de gala. *La fiesta será especial y habrá que vestir de gala.* A festa será especial e deve-se vestir de gala.

ga.lác.ti.co, ca. [ga'laktiko] [ga'laktiko] *adj. Astr.* Relativo às galáxias, em especial à Via Láctea. ▸ Galáctico.

ga.lán. [ga'lan] [ga'lan] *m.* Ator que faz o papel de homem ou moço atraente e bonito em peça de teatro, televisão ou cinema. ▸ Galã.

ga.lan.te. [ga'lante] [ga'lante] *adj.* Pessoa extremamente gentil. ▸ Galante. *Él ha sido muy galante con ella.* Ele foi muito galante com ela.

ga.lan.te.ar. [galante'aɾ] [galante'aɾ] *v.4.* Fazer a corte a uma mulher, lisonjear. ▸ Galantear.

ga.lá.pa.go. [ga'lapaɣo] [ga'lapaɣo] *m. Zool.* Tartaruga de água doce. ▸ Cágado.

ga.lar.dón. [galaɾ'ðon] [galaɾ'ðon] *m.* Prêmio ou recompensa concedida por uma ação ou serviço. ▸ Galardão.

ga.la.xia. [ga'laksja] [ga'laksja] *f. Astr.* Conjunto de astros, nebulosas e outros corpos do qual faz parte nosso sistema solar. ▸ Galáxia.

ga.le.ón. [gale'on] [gale'on] *m. Mar.* Navio de vela, de três ou quatro mastros, muito usado no comércio entre a Espanha e a América. ▸ Galeão.

ga.le.ra. [ga'lera] [ga'lera] *f.* **1.** *Mar.* Embarcação a vela, com remos, preferida pelos romanos em suas campanhas. ▸ Galera. **2.** ☐ Chapéu alto e cilíndrico, que os homens costumavam usar em ocasiões de gala. ▸ Cartola.

ga.le.rí.a. [gale'ria] [gale'ria] *f.* **1.** Corredor subterrâneo das minas. ▸ Galeria. **2.** Loja em que se expõem e vendem quadros e outras obras de arte. ▸ Galeria. **3.** Espaço de passeio com diversas lojas. ▸ Galeria.

ga.lés, le.sa. [ga'les] [ga'les] *adj.* **1.** Pertencente ou relativo ao principado britânico País de Gales. ▸ Galês. *s.* **2.** O natural ou habitante desse principado. ▸ Galês. *m.* **3.** *Ling.* Idioma de origem céltica que se fala em Gales. ▸ Galês.

gal.go, ga. ['galɣo] ['galɣo] *adj. Zool.* Aplica-se à raça de cães de corrida, muito magros e velozes. ▸ Galgo.

ga.li.cis.mo. [gali'θismo] [gali'sihmo] *m. Ling.* Palavra ou expressão de origem francesa usada em outro idioma. ▶ Galicismo.

gal.pón. [gal'pon] [gal'pon] *m.* Grande cômodo utilizado como depósito. ▶ Galpão.

ga.llar.dí.a. [gaʎar'ðia] [gaʃar'ðia] *f.* **1.** Elegância e desenvoltura nos movimentos. ▶ Galhardia. **2.** Decisão e esforço ao executar alguma coisa. ▶ Galhardia.

ga.llar.do, da. [ga'ʎarðo] [ga'ʃarðo] *adj.* Que procede com desembaraço e valentia. ▶ Galhardo.

ga.lle.go, ga. [ga'ʎeɣo] [ga'ʃeɣo] *adj.* **1.** Pertencente ou relativo à Galícia. ▶ Galego. *s.* **2.** O natural ou habitante dessa região do norte da Espanha. ▶ Galego. *m.* **3.** *Ling.* Idioma falado na região da Galícia, um dos quatro mais falados na Espanha. ▶ Galego.

ga.lle.ta. [ga'ʎeta] [ga'ʃeta] *f. Cul.* Biscoito feito com farinha, leite e outros ingredientes. ▶ Biscoito, bolacha.

❑ **ga.lle.te.ro, ra.** [gaʎe'tero] [gaʃe'tero] *adj.* **1.** Que se refere a bolachas. *m.* **2.** Recipiente em que se guardam bolachas.

ga.lli.na. [ga'ʎina] [ga'ʃina] *f.* **1.** *Zool.* Ave doméstica, fêmea do galo. ▶ Galinha. **2.** *fig.* Pessoa que tem medo de tudo. ▶ Covarde. *Ese es un gallina, tiene miedo hasta a las cucarachas.* Esse é um medroso, tem medo até de baratas. ◆ **Acostarse con las gallinas.** Ir dormir muito cedo. ▶ Dormir com as galinhas. **Estar con la piel de gallina.** Estar arrepiado (de frio, de medo ou de emoção). **Gallina ciega.** Jogo no qual um dos participantes, de olhos vendados, deve pegar outro e dizer o nome desse. ▶ Cabra-cega.

ga.lli.ná.ce.o, a. [gaʎi'naθeo] [gaʃi'naseo] *adj. Zool.* Diz-se da ordem de aves a que pertencem a galinha, o faisão, a perdiz e outras. ▶ Galináceo.

ga.lli.ne.ro. [gaʎi'nero] [gaʃi'nero] *m.* **1.** Curral ou cercado no qual estão as galinhas. ▶ Galinheiro. **2.** Lugar em que há confusão e gritos. ▶ Galinheiro.

ga.lli.to. [ga'ʎito] [ga'ʃito] *m. fig.* Indivíduo metido a valente, presunçoso e fanfarrão. ▶ Galo de briga.

ga.llo. ['gaʎo] ['gaʃo] *m. Zool.* Macho da galinha. ▶ Galo. ◆ **Bajar el gallo.** Parar de ser altaneiro ou soberbo com os outros. ▶ Baixar a crista. **Patas de gallo.** *Anat.* Rugas que, a certa idade, aparecem no ângulo externo dos olhos. ▶ Pés-de-galinha. ➡ *Reino animal*

ga.lo, la. ['galo] ['galo] *adj.* Pertencente ou relativo à Gália, região da França. ▶ Gaulês.

ga.lón. [ga'lon] [ga'lon] *m.* **1.** *Mil.* Fita fixada em algum lugar da farda, que serve como distintivo de classe no Exército. ▶ Galão. **2.** Medida de capacidade para líquidos equivalente a 4,5 litros na Grã-Bretanha e 3,8 litros na América do Norte. ▶ Galão.

ga.lo.pan.te. [galo'pante] [galo'pante] *adj.* Relativo a processos de desenvolvimento muito rápido, especialmente com referência a certas doenças. ▶ Galopante.

ga.lo.par. [galo'par] [galo'par] *v.4.* **1.** Cavalgar um animal que corre a galope. ▶ Galopar. **2.** Correr a galope (um cavalo ou outro quadrúpede). ▶ Galopar.

ga.lo.pe. [ga'lope] [ga'lope] *m.* A corrida mais rápida do cavalo e de outros animais. ▶ Galope.

gal.va.ni.za.ción. [galβaniθa'θjon] [galβanisa'sjon] *f.* Ato ou efeito de galvanizar. ▶ Galvanização.

gal.va.ni.zar. [galβani'θar] [galβani'sar] *v.13.* Dar um banho de zinco fundido a uma peça de metal para evitar que se oxide. ▶ Galvanizar.

ga.ma. ['gama] ['gama] *f.* **1.** *Mús.* Escala musical, sucessão de sons. ▶ Gama. **2.** *fig.* Escala de cores. ▶ Gama. **3.** Terceira letra grega. ▶ Gama.

❑ **gam.ba.** ['gamba] ['gamba] *f. Zool.* Espécie de camarão de tamanho médio do Mar Mediterrâneo. ➡ *Reino animal*

gam.be.rra.da. [gam'beraða] [gam'beraða] *f.* Ação própria de um arruaceiro. Arruaça. ▶ Molecagem.

gam.be.rro, rra. [gam'bero] [gam'bero] *adj.* Que comete atos de grosseria. ▶ Vândalo.

ga.mo, ma. ['gamo] ['gamo] *s. Zool.* Antílope muito semelhante ao veado. ▶ Cervo.

ga.na. ['gana] ['gana] *f.* Desejo de fazer ou não fazer alguma coisa ou de que algo aconteça. Vontade. ▶ Gana. *U.t.c.pl.* ◆ **De buena / mala gana.** Com boa / má vontade. *Haz las cosas de buena gana; si las haces de mala gana, seguro saldrán mal.* Faça as coisas com boa vontade; se as fizer com má vontade, com certeza darão errado. **Hacer lo que le da la gana.** Fazer o que tem vontade, sem pensar nos demais. ▶ Fazer o que dá na telha. *No voy a ver esa película porque no me da la gana.* Não assisto a esse filme porque não quero, e

ganadería – garbo

ponto-final. **Quedarse con las ganas.** Ficar a ver navios. *Sacó para bailar a María, pero se quedó con las ganas porque ella lo rechazó.* Convidou Maria para dançar, mas ficou a ver navios porque ela o desprezou. **Tener ganas de.** Ter vontade de. *Tengo ganas de pasar unos días pescando sin pensar en problemas.* Estou com vontade de passar uns dias pescando sem pensar em problemas.

ga.na.de.rí.a. [ganaðeˈria] [ganaðeˈria] *f.* Atividade econômica que consiste na criação e comercialização de gado. ▸ Pecuária.

ga.na.de.ro, ra. [ganaˈðero] [ganaˈðero] *s.* Pessoa que cria, trata e negocia gado. ▸ Pecuarista.

ga.na.do. [gaˈnaðo] [gaˈnaðo] *m.* Conjunto de animais criados para consumo (em geral, mamíferos de porte). ▸ Gado. ◆ **Ganado mayor.** Gado que se compõe de animais grandes, como equinos, bovinos e muares. ▸ Gado grosso. **Ganado menor.** Gado que inclui porcos, cabras e carneiros. ▸ Gado miúdo.

ga.na.dor, do.ra. [ganaˈðor] [ganaˈðor] *adj.* Que ganha um prêmio, uma competição, um sorteio, um concurso, etc. ▸ Ganhador. *U.t.c.s.*

❑ **ga.nan.cia.** [gaˈnanθja] [gaˈnansja] *f.* Ganho que se obtém no exercício do comércio ou outra atividade lucrativa. ▸ Lucro. ◆ **Ganancias y pérdidas.** *Fin.* Resultado positivo ou negativo dos negócios, apurado pelo sistema de contabilidade de uma empresa, referido a um período de tempo. ▸ Perdas e ganhos.

❑ **ga.nan.cio.so, sa.** [ganan'θjoso] [ganan'sjoso] *adj.* Que apresenta ganhos. ▸ Lucrativo.

ga.nar. [gaˈnar] [gaˈnar] *v.4. p.p. ganado.* **1.** Obter ganho em atividade no trabalho. ▸ Ganhar. **2.** Conquistar um lugar, um posto. ▸ Ganhar. *En el partido de ayer, River Plate le ganó a Independiente por 3 a 1.* No jogo de ontem, o River Plate ganhou do Independiente por 3 a 1.

gan.chi.llo. [ganˈtʃiʎo] [ganˈtʃiʃo] *m.* **1.** Renda feita com agulha com um gancho no extremo mais fino. ▸ Crochê. **2.** Agulha apropriada para a confecção do crochê. ▸ Agulha de crochê.

gan.cho. [ˈgantʃo] [ˈgantʃo] *m.* **1.** Peça recurvada de metal que serve para suspender ou pendurar qualquer coisa. ▸ Gancho. **2.** ❑ *fig.* e *fam.* Poder de atração que tem uma pessoa ou coisa. ▸ Atrativo; atraente. *Aquel actor tiene mucho gancho.* Aquele ator é muito atraente.

gan.dul, du.la. [ganˈdul] [ganˈdul] *adj.* Que não gosta de trabalhar. Preguiçoso, folgado. Vagabundo. ▸ Gandulo.

gan.du.le.ar. [ganduleˈar] [ganduleˈar] *v.4.* Comportar-se como um vadio. ▸ Vadiar.

gan.du.le.rí.a. [ganduleˈria] [ganduleˈria] *f.* Qualidade de vagabundo. ▸ Vadiagem.

gan.ga. [ˈganga] [ˈganga] *f.* Coisa que se adquire a preço baixíssimo. ▸ Pechincha.

gan.go.so, sa. [ganˈgoso] [ganˈgoso] *adj. Ling.* Que fala com ressonância nasal. ▸ Fanhoso.

gan.so, sa. [ˈganso] [ˈganso] *s. Zool.* Tipo de ave palmípede. ▸ Ganso.

gan.zú.a. [ganˈθua] [ganˈsua] *f.* Ferro dobrado em uma ponta com que se pode abrir fechaduras, usado especialmente por ladrões. Chave falsa. ▸ Gazua.

ga.ñán. [gaˈɲan] [gaˈɲan] *m.* **1.** Assalariado rural. **2.** Indivíduo rude. ▸ Bronco.

ga.ra.ba.to. [garaˈβato] [garaˈβato] *m.* Escritura ou desenho feito sem cuidado. ▸ Rabisco.

ga.ra.je. [gaˈraxe] [gaˈraxe] *m.* Local destinado a guardar automóveis. Estacionamento. ▸ Garagem.

ga.ran.tí.a. [garanˈtia] [garanˈtia] *f.* **1.** Efeito de garantir compromisso, promessa. ▸ Garantia. **2.** Fiança ou penhora feita para assegurar alguma coisa. ▸ Garantia. **3.** Compromisso formal pelo qual um fabricante se obriga a reparar gratuitamente a coisa vendida em caso de avaria. ▸ Garantia.

ga.ran.ti.zar. [garantiˈθar] [garantiˈsar] *v.13.* Dar garantia. Afiançar. ▸ Garantir.

ga.ra.pi.ñar. [garapiˈɲar] [garapiˈɲar] *v.4. Cul.* Torrar frutos secos com açúcar ou banhá-los em calda grossa de açúcar. ▸ Confeitar.

gar.ban.zo. [garˈβanθo] [garˈβanso] *m. Bot.* Tipo de planta leguminosa de semente comestível. ▸ Grão-de-bico. ◆ **Garbanzo negro.** *fig.* Pessoa reprovada por seus hábitos. ▸ Ovelha negra. *Victor es el garbanzo negro de la familia desde niño.* Victor é a ovelha negra da família desde pequeno. **Echarle garbanzos (a uno).** *fig.* e *fam.* Provocar. **Tropezar en un garbanzo.** Encontrar dificuldade em tudo.

gar.bo. [ˈgarβo] [ˈgarβo] *m.* **1.** Graça e perfeição dadas às coisas. ▸ Garbo. **2.** Galhardia e elegância natural que têm algumas pessoas. ▸ Garbo. **3.** Forma distinta de comportamento. *Solo ella tiene ese garbo.* Somente ela tem essa elegância.

gar.bo.so, sa. [gar'βoso] [gar'βoso] *adj.* Que apresenta elegância, aprumo, galhardia. ▸ Garboso.

❏ **gar.fio.** ['garfjo] ['garfjo] *m.* Instrumento de ferro, curvo, que serve para aferrar algum objeto. ▸ Gancho.

gar.gan.ta. [gar'ɣanta] [gar'ɣanta] *f.* **1.** *Anat.* Parte anterior do pescoço. ▸ Garganta. **2.** *Anat.* Parte interna dessa região do corpo. ▸ Garganta. **3.** *Geogr.* Passagem estreita entre duas montanhas. ▸ Garganta. ♦ **Nudo en la garganta.** *fig.* Nó na garganta.

gar.gan.ti.lla. [garɣan'tiʎa] [garɣan'tiʃa] *f.* Colar ajustado ao pescoço usado como enfeite. ▸ Gargantilha.

gár.ga.ra. ['garɣara] ['garɣara] *f.* Ato de agitar um líquido na boca com a cabeça voltada acima. ▸ Gargarejo.

gár.go.la. ['garɣola] ['garɣola] *f.* Parte final do cano ou canal pelo qual escoa a água do telhado ou de uma fonte. ▸ Gárgula.

ga.ri.ta. [ga'rita] [ga'rita] *f.* **1.** *Mil.* Abrigo para sentinela em um posto militar. ▸ Guarita. **2.** Local fechado situado à entrada de edifícios para que porteiros ou guardas possam controlar a entrada e a saída de pessoas e veículos. ▸ Guarita.

ga.ri.to. [ga'rito] [ga'rito] *m.* Estabelecimento ilegal frequentado geralmente por jogadores trapaceiros. ▸ Casa de jogos clandestina.

❏ **ga.rra.fa.** [ga'rafa] [ga'rafa] *f.* **1.** Vasilha grande de vidro, com gargalo comprido e estreito, usada para guardar ou transportar líquidos. ▸ Garrafão. *Se rompió la garrafa del aceite y fue un desastre.* O garrafão do azeite se quebrou e foi um desastre. **2.** Ver *bombona*. ▸ Botijão.

ga.rra.pa.ta. [gara'pata] [gara'pata] *f. Zool.* Aracnídeo com duas unhas nas patas, com as quais se agarra ao corpo de mamíferos ou aves para alimentar-se do sangue deles. ▸ Carrapato. *Las garrapatas son parásitos que transmiten enfermedades.* Os carrapatos são parasitas que transmitem doenças.

ga.rro.ta.zo. [garo'taθo] [garo'taso] *m.* Golpe violento dado com um porrete. ▸ Paulada.

ga.rro.te. [ga'rote] [ga'rote] *m.* **1.** ❏ Pau grosso e forte usado como bastão. ▸ Cajado. **2.** Pau utilizado, com uma corda, na tortura ou no estrangulamento de pessoas. ▸ Garrote.

gas. ['gas] ['gas] *m.* **1.** Produto utilizado como combustível. ▸ Gás. **2.** *Fís.* Fluido extremamente compressível. ▸ Gás.

ga.sa. ['gasa] ['gasa] *f.* **1.** Tipo de tecido fino. ▸ Seda. **2.** *Med.* Tecido de algodão que se usa em cirurgia para cobrir feridas. ▸ Gaze.

❏ **ga.se.o.sa.** [gase'osa] [gase'osa] *f.* Bebida efervescente sem álcool. ▸ Refrigerante.

ga.so.duc.to. [gaso'ðukto] [gaso'ðukto] *m.* Tubulação de capacidade e comprimento adequados para conduzir a distância gás combustível. ▸ Gasoduto.

ga.só.le.o. [ga'soleo] [ga'soleo] *m.* Combustível derivado da destilação do petróleo. ▸ Gasóleo.

ga.so.li.na. [gaso'lina] [gaso'lina] *f.* Combustível inflamável extraído do petróleo. ▸ Gasolina.

ga.so.li.ne.ra. [gasoli'neɾa] [gasoli'neɾa] *f.* Posto de venda de gasolina. ▸ Posto de gasolina.

gas.ta.do, da. [gas'taðo] [gah'taðo] *adj.* **1.** Que se deteriorou pelo uso ou pelo tempo. ▸ Gasto. **2.** Diz-se de assunto ou expressão excessivamente usados ou discutidos. ▸ Batido.

gas.tar. [gas'tar] [gah'tar] *v.4.* **1.** Diminuir ou deteriorar uma coisa pelo uso. ▸ Gastar. **2.** Consumir, acabar com o que se tem. ▸ Gastar.

gas.to. ['gasto] ['gahto] *m.* **1.** Custo de aquisição, manutenção e conservação das coisas. ▸ Despesa. **2.** Consumo de diversos materiais utilizados em uma atividade ou profissão. ▸ Gasto.

gás.tri.co, ca. ['gastriko] ['gahtriko] *adj. Med.* Pertencente ou relativo ao estômago. ▸ Gástrico.

gas.tro.no.mí.a. [gastrono'mia] [gahtrono'mia] *f. Cul.* Atividade profissional de elaboração e comercialização de comidas. ▸ Gastronomia.

gas.tro.nó.mi.co, ca. [gastro'nomiko] [gahtro'nomiko] *adj. Cul.* Relativo à gastronomia. ▸ Gastronômico.

gas.tró.no.mo, ma. [gas'tronomo] [gah'tronomo] *s. Cul.* Pessoa entendida em gastronomia. ▸ Gastrônomo.

ga.te.ar. [gate'ar] [gate'ar] *v.4. fam.* Andar de gatinhas, usando os joelhos e as mãos. ▸ Engatinhar.

ga.ti.llo. [ga'tiʎo] [ga'tiʃo] *m.* Peça do mecanismo de disparo das armas de fogo que, quando puxada, libera a agulha de percussão e produz o disparo do projétil. ▸ Gatilho.

ga.to, ta. ['gato] ['gato] *s. Zool.* Mamífero felino, doméstico. ▶ Gato. ♦ **Haber gato encerrado.** Haver segredo ou mistério em algum assunto. ▶ Nesse mato tem coelho. **Ser/haber cuatro gatos.** Ser/ter uns gatos-pingados. *El estreno de la comedia fue un fracaso, había solo cuatro gatos en el teatro.* A estreia da comédia foi um fracasso, havia só uns gatos-pingados no teatro. ➥ *Reino animal*

gau.cho, cha. ['gautʃo] ['gautʃo] *adj.* **1.** Pertencente ou relativo aos boiadeiros que eram assim denominados. ▶ Gaúcho. *s.* **2.** Boiadeiro seminômade dedicado principalmente à captura de gado selvagem, que habitou as planícies da Argentina e do Uruguai até o século XIX.

ga.vi.lán. [ga'βilan] [ga'βilan] *m. Zool.* Ave de rapina muito voraz. ▶ Gavião.

ga.vi.lla. [ga'βiʎa] [ga'βiʃa] *f. fig.* Grupo de pessoas de má vida. ▶ Gangue.

ga.vio.ta. [ga'βjota] [ga'βjota] *f. Zool.* Tipo de ave litorânea. ▶ Gaivota.

ga.za.po. [ga'θapo] [ga'sapo] *m. Zool.* Filhote do coelho.

gaz.pa.cho. [gaθ'patʃo] [gah'patʃo] *m. Cul. (Esp.)* Sopa que se come fria, feita com tomate, pão, azeite, vinagre, sal, alho, cebola e outros temperos. ▶ Gaspacho.

ge. ['xe] ['xe] *f.* O nome que recebe a letra G. ▶ Gê.

géi.ser. ['xejser] ['xejser] *m. Geogr.* Fonte que lança jatos intermitentes de água fervente. ▶ Gêiser.

gel. ['xel] ['xel] *m.* Substância intermediária entre um sólido e um líquido, com consistência semelhante à da gelatina. ▶ Gel.

ge.la.ti.na. [xela'tina] [xela'tina] *f.* Substância que se extrai de ossos e tecidos cartilaginosos e se usa para fazer doce. ▶ Gelatina.

gé.li.do, da. ['xeliðo] ['xeliðo] *adj.* Que está gelado, muito frio. ▶ Gélido.

ge.ma. ['xema] ['xema] *f.* Pedra preciosa. ▶ Gema.

ge.me.lo, la. [xe'melo] [xe'melo] *adj.* **1.** Diz-se dos irmãos nascidos do mesmo parto. ▶ Gêmeo. *m.pl.* **2.** *Ópt.* Instrumento óptico para ver a distância. ▶ Binóculo. **3.** Prendedor para punhos de camisa. ▶ Abotoadura.

Gé.mi.nis. ['xeminis] ['xeminis] *m. n.p.* O terceiro signo zodiacal. ▶ Gêmeos.

ge.mir. [xe'mir] [xe'mir] *v.21.* Expressar com queixas e voz lastimosa um sentimento de pena ou uma dor física. ▶ Gemer.

gen. ['xen] ['xen] *m. Biol.* Parte do DNA relacionada à transmissão hereditária de caracteres. ▶ Gene.

ge.ne.a.lo.gí.a. [xenealo'xia] [xenealo'xia] *f.* **1.** Série de ascendentes de pessoa ou animal. ▶ Genealogia. **2.** Estudo da origem das famílias. ▶ Genealogia.

ge.ne.ra.ción. [xenera'θjon] [xenera'sjon] *f.* Descendentes em linha reta, linhagem. ▶ Geração.

ge.ne.ra.dor, do.ra. [xenera'ðor] [xenera'ðor] *adj.* **1.** Que gera ou produz energia. ▶ Gerador. *s.* **2.** Máquina que transforma energia mecânica em elétrica. ▶ Gerador de energia.

ge.ne.ral. [xene'ral] [xene'ral] *adj.* **1.** ❑ Comum a todos ou à maioria. ▶ Geral. **2.** ❑ Comum aos indivíduos ou elementos de um mesmo gênero. ▶ Geral. *m.* **3.** *Mil.* Oficial militar pertencente à categoria mais alta de um exército. ▶ General. *El nuevo general pasó revista a la tropa.* O novo general passou a tropa em revista. ♦ **Cónsul general.** Cônsul-geral. **En general.** Em geral. *En general no llueve en esta época.* Em geral, não chove nesta época. **Huelga general.** Greve geral.

ge.ne.ra.li.dad. [xenerali'ðaθ] [xenerali'ðað] *f.* **1.** Qualidade daquilo que é geral. ▶ Generalidade. **2.** Falta de precisão no que se escreve ou fala. ▶ Generalidade.

ge.ne.ra.li.zar. [xenerali'θar] [xenerali'sar] *v.13.* **1.** Tornar pública ou comum alguma coisa. ▶ Generalizar. **2.** Estender um conceito a todo um gênero de coisas. ▶ Generalizar.

ge.ne.rar. [xene'rar] [xene'rar] *v.4.* Produzir, dar existência a alguma coisa. ▶ Gerar.

ge.ne.ra.ti.vo, va. [xenera'tiβo] [xenera'tiβo] *adj.* Que tem poder ou virtude de gerar. ▶ Generativo.

ge.né.ri.co, ca. [xe'neriko] [xe'neriko] *adj.* **1.** Que é comum a várias espécies. ▶ Genérico. *Antílope es un nombre genérico que designa a varias especies de animales con características comunes.* Antílope é um nome genérico que designa várias espécies de animais que têm características comuns. *s.* **2.** *Ling.* Substantivo que designa entidades não enumeráveis. ▶ Genérico.

gé.ne.ro. ['xenero] ['xenero] *m.* **1.** Conjunto de seres que têm caracteres comuns, especialmente quanto à sexualidade. ▶ Gênero. **2.** Classe ou tipo a que pertencem pessoas ou coisas. ▶ Gênero. **3.** *Ling.* Categoria gramatical que classifica os nomes de uma língua em: feminino, masculino ou neutro; animado ou inanimado. ▶ Gênero.

ge.ne.ro.so, sa. [xene′roso] [xene′roso] *adj.* **1.** Que realiza atos de nobreza. ▸ Generoso. **2.** Que procede com liberalidade. Dadivoso, bondoso. ▸ Generoso.

gé.ne.sis. [′xenesis] [′xenesis] *f.* **1.** Origem, princípio, processo ou causa de uma coisa. ▸ Gênese. **2.** *n.p. Rel.* Primeiro livro do Antigo Testamento, que trata da origem do mundo segundo essa obra. ▸ Gênese.

ge.né.ti.ca. [xe′netika] [xe′netika] *f. Biol.* Ramo da Biologia que estuda as leis que determinam a herança biológica nos seres vivos. ▸ Genética.

ge.nial. [xe′njal] [xe′njal] *adj.* **1.** Que revela criatividade acima do comum. ▸ Genial. **2.** Que é magnífico, extraordinário. ▸ Genial.

ge.nio. [′xenjo] [′xenjo] *m.* **1.** Temperamento, disposição de ânimo. ▸ Gênio. **2.** Sujeito dotado de muito talento ou dom para algo. ▸ Gênio.

ge.no.ci.dio. [xeno′θiðjo] [xeno′siðjo] *m.* Extermínio de grupos humanos. ▸ Genocídio.

ge.no.ma. [xe′noma] [xe′noma] *m. Biol.* Conjunto de informação genética de um indivíduo. ▸ Genoma.

gen.te. [′xente] [′xente] *f.* Povo, população, grupo de pessoas. ▸ Gente. ♦ **Gente de bien.** Pessoas honestas e de bom proceder. ▸ Gente de bem. **La gente.** As pessoas, de forma geral. *El alcohol no es tan inofensivo como piensa la gente.* O álcool não é tão inofensivo quanto as pessoas pensam.

gen.til. [xen′til] [xen′til] *adj.* Amável, atencioso com os outros. ▸ Gentil.

gen.ti.li.cio, cia. [xenti′liθjo] [xenti′lisjo] *adj.* Relativo à linhagem, família ou lugar de origem. ▸ Gentílico. *U.t.c.s.*

gen.tí.o. [xen′tio] [xen′tio] *m.* Grande aglomeração de pessoas em um lugar. ▸ Multidão.

gen.tu.za. [xen′tuθa] [xen′tusa] *f.* Grupo de pessoas desprezíveis. Ralé. ▸ Gentalha.

ge.nui.no, na. [xe′nwino] [xe′nwino] *adj.* Que não apresenta mistura nem alteração. ▸ Genuíno.

ge.o.gra.fí.a. [xeoɣra′fia] [xeoɣra′fia] *f. Geogr.* Ciência que descreve os aspectos físicos da Terra e estuda as relações entre a natureza e a intervenção humana sobre ela. ▸ Geografia.

ge.ó.gra.fo, fa. [xe′oɣrafo] [xe′oɣrafo] *s. Geogr.* Pessoa dedicada ao estudo da Geografia. ▸ Geógrafo.

ge.o.lo.gí.a. [xeolo′xia] [xeolo′xia] *f. Geol.* Ciência que estuda a origem e a formação exterior e interior do globo terrestre. ▸ Geologia.

ge.ó.lo.go, ga. [xe′oloɣo] [xe′oloɣo] *s. Geol.* Pessoa dedicada à Geologia. ▸ Geólogo.

ge.o.me.trí.a. [xeomet′ria] [xeomet′ria] *f. Mat.* Parte da Matemática que estuda propriedades, formas e dimensões de corpos e de figuras. ▸ Geometria.

ge.ra.nio. [xe′ranjo] [xe′ranjo] *m. Bot.* Tipo de planta florífera e ornamental. ▸ Gerânio.

ge.ren.cia. [xe′renθja] [xe′rensja] *f.* Cargo de gestão e execução em uma entidade ou empresa pública ou privada. ▸ Gerência.

ge.ren.te. [xe′rente] [xe′rente] *com.* Pessoa que dirige as atividades de uma empresa ou sociedade. ▸ Gerente. ▪ *Profesiones*

ge.ria.tra. [xe′rjatra] [xe′rjatra] *com. Med.* Médico especializado em tratamento de pessoas idosas. ▸ Geriatra.

ge.ria.trí.a. [xerja′tria] [xerja′tria] *f. Med.* Especialidade da Medicina que estuda o envelhecimento e as doenças que ele acarreta. ▸ Geriatria.

ger.ma.ní.a. [xerma′nia] [xerma′nia] *f.* Jeito de falar dos malandros e ladrões. ▸ Jargão.

ger.má.ni.co, ca. [xer′maniko] [xer′maniko] *adj.* **1.** Relativo à Alemanha ou aos germânicos. ▸ Germânico. *m.* **2.** *Ling.* Diz-se do conjunto das línguas dos povos germânicos. ▸ Germânico.

ger.men. [′xermen] [′xermen] *m.* **1.** Rudimento de um novo organismo. ▸ Germe. **2.** *Bot.* Parte da semente da qual se forma a planta. ▸ Germe.

ger.mi.nar. [xermi′nar] [xermi′nar] *v.4. Bot.* Brotar e começar a desenvolver-se (as sementes das plantas). ▸ Germinar.

ge.run.dio. [xe′runðjo] [xe′runðjo] *m. Ling.* Forma verbal invariável que se forma do infinitivo, cuja terminação regular para verbos em *-ar* é *-ando* e para verbos em *-er* e em *-ir*, *-iendo*. ▸ Gerúndio.

ges.ta. [′xesta] [′xehta] *f.* Façanha guerreira histórica ou fantástica. ▸ Gesta.

ges.tar. [xes′tar] [xeh′tar] *v.4.* Dar origem. ▸ Gestar.

ges.ti.cu.lar. [xestiku′lar] [xehtiku′lar] *v.4.* **1.** Fazer gestos. Acenar. ▸ Gesticular. **2.** Expressar-se com mímica. ▸ Gesticular.

ges.tión. [xes′tjon] [xeh′tjon] *f.* Ato de gerir ou administrar. ▸ Gestão.

ges.tio.nar. [xestjo'naɾ] [xehtjo'naɾ] *v.4.* Realizar os atos necessários para conseguir uma coisa. ▸ Tramitar.

ges.to. ['xesto] ['xehto] *m.* Movimento do rosto ou das mãos com o qual se busca expressar algo. ▸ Gesto.

ges.tor, to.ra. [xes'toɾ] [xeh'toɾ] *adj.* **1.** Que gerencia ou administra. Gestor. ▸ Gerente. *s.* **2.** Pessoa que participa da administração de uma empresa. Gestor. ▸ Gerente. *Dos gestores dirigen y administran la empresa.* Dois gerentes dirigem e administram a empresa.

ges.to.rí.a. [xesto'ria] [xehto'ria] *f.* Estabelecimento no qual trabalham pessoas que se ocupam de assuntos de encaminhamento administrativo. Despachante. ▸ Consultoria. *La gestoría de Ricardo es especializada en la gestión de asuntos en el Ministerio de Hacienda.* A consultoria de Ricardo é especializada na gestão de assuntos no Ministério da Fazenda.

gi.ba. ['xiβa] ['xiβa] *f. Anat.* Saliência que têm no dorso alguns animais, como o camelo. ▸ Corcova.

gif. m. Inform. Abreviatura inglesa de *Graphics Interchange Format*, um formato de imagem muito usado na internet. ♦ ***Gif animado.*** Imagens gráficas utilizadas em mensagens computadorizadas. *Vi un gif animado en mi correo.* Vi um *gif* animado no meu *e-mail*.

gigabit. m. Inform. Do inglês. Unidade de medida múltiplo do *bit*, que vale 1.024 *megabits*. ▸ Gigabite.

gigabyte. m. Inform. Do inglês. Unidade de medida múltiplo do *byte*, que vale 1.024 *megabytes*. ▸ Gigabaite.

gi.gan.te. [xi'ɣante] [xi'ɣante] *adj.* **1.** Muito maior do que se considera normal. ▸ Gigante. **2.** De estatura muito grande. ▸ Gigante. *U.t.c.s.*

gi.gan.tes.co, ca. [xiɣan'tesko] [xiɣan'tehko] *adj.* **1.** Que tem estatura de gigante. ▸ Gigantesco. **2.** *fig.* Excessivamente desproporcional aos de sua linhagem. ▸ Gigantesco.

gil. ['xil] ['xil] *adj.* (*Amér.*) Expressão coloquial utilizada para designar uma pessoa boba. ▸ Otário.

gi.li.po.llas. [xili'poʎas] [xili'poʃas] *adj.* (*Esp.*) Que é pouco inteligente. Estúpido. ▸ Imbecil. *U.t.c.com. Ese gilipollas me enfada con sus tonterías.* Esse imbecil me aborrece com suas idiotices.

gim.na.sia. [xim'nasja] [xim'nasja] *f. Desp.* Conjunto de exercícios físicos destinados a fortalecer e dar flexibilidade ao corpo. ▸ Ginástica. ♦ ***Gimnasia pasiva.*** *Desp.* Ginástica passiva. ➡ *Deportes*

gim.na.sio. [xim'nasjo] [xim'nasjo] *m.* Local destinado à prática de ginástica. ▸ Ginásio / Academia.

gim.nás.ti.co, ca. [xim'nastiko] [xim'nahtiko] *adj.* Que se refere ou é relativo à ginástica. ▸ Ginástico.

gi.mo.te.ar. [ximote'aɾ] [ximote'aɾ] *v.4.* Apelar com insistência e por motivo fútil. ▸ Choramingar.

gi.mo.te.o. [ximo'teo] [ximo'teo] *m.* Choro das crianças, choradeira sem justificativa. ▸ Manha.

gi.ne.bra. [xi'neβra] [xi'neβra] *f.* Bebida destilada altamente alcoólica. ▸ Gim.

□ **gi.ra.** ['xira] ['xira] *f.* **1.** Saída de uma ou várias pessoas por diferentes lugares, voltando ao ponto de partida. ▸ Passeio, *tour*. **2.** Série de apresentações de um grupo teatral ou de um artista, sucessivas e em diferentes lugares. ▸ Turnê.

gi.rar. [xi'raɾ] [xi'raɾ] *v.4.* **1.** Dar voltas (algo) sobre um eixo ou em volta de um ponto. ▸ Girar. **2.** Mudar a direção inicial. ▸ Girar. *Antonio giró con el coche a la derecha para no chocarlo.* Antônio virou com o carro à direita para não batê-lo.

gi.ra.sol. [xira'sol] [xira'sol] *m. Bot.* Planta florífera de sementes pretas comestíveis, das quais se extrai óleo. ▸ Girassol.

gi.ra.to.rio, ria. [xira'torjo] [xira'torjo] *adj.* **1.** Que se movimenta descrevendo círculos. ▸ Giratório. **2.** Que gira sobre seu eixo. ▸ Giratório.

gi.ro. ['xiro] ['xiro] *m.* **1.** Ato ou efeito de girar. ▸ Giro. **2.** Direção que se dá a um negócio por mudança da orientação anterior. ▸ Giro, guinada. ♦ ***Giro postal.*** Vale postal. *Manuel le manda dinero a su madre por giro postal.* Manuel manda dinheiro à sua mãe por vale postal.

gi.ta.ne.rí.a. [xitane'ria] [xitane'ria] *f.* **1.** Reunião ou conjunto de ciganos. ▸ Ciganaria. **2.** Ato ou comportamento de cigano. ▸ Ciganaria.

gi.ta.no, na. [xi'tano] [xi'tano] *adj. e s.* Diz-se do indivíduo de um povo nômade, possivelmente originário da Índia, presente em toda a Europa e grande parte da América. ▸ Cigano.

gla.cial. [gla'θjal] [gla'sjal] *adj.* **1.** Pertencente ou relativo ao gelo. ▸ Glacial. **2.** Muito

frio, gelado. ▸ Glacial. **3.** *fig.* Que não tem animação. ▸ Inanimado.

gla.ciar. [glaˈθjar] [glaˈsjar] *m.* Massa de gelo acumulada na parte mais alta das montanhas. ▸ Geleira.

gla.dia.dor, do.ra. [glaðjaˈðor] [glaðjaˈðor] *s.* Indivíduo que, nos jogos públicos da Roma Antiga, lutava com outros ou com feras. ▸ Gladiador.

glán.du.la. [ˈglandula] [ˈglandula] *f. Anat.* Grupo de células que, nos seres vivos, fabricam substâncias destinadas a agir no organismo. ▸ Glândula.

glo.bal. [gloˈβal] [gloˈβal] *adj.* Tomado em sua totalidade, por inteiro. ▸ Global.

glo.ba.li.za.ción. [gloβaliθaˈθjon] [gloβalisaˈsjon] *f. Geogr.* Tendência, datada do século XX, à interação e integração econômica dos países do globo e à difusão de informação entre eles. ▸ Globalização.

glo.bo. [ˈgloβo] [ˈgloβo] *m.* **1.** A esfera terrestre, a Terra, o planeta que habitamos. ▸ Globo. **2.** ▫ Artefato de material leve e flexível que se enche de gás. ▸ Balão. **3.** ▫ Brinquedo de látex que se enche de ar, para decoração de festas. ▸ Bexiga. ♦ **Globo terráqueo.** Globo terrestre.

gló.bu.lo. [ˈgloβulo] [ˈgloβulo] *m.* **1.** Pequeno corpo esférico. ▸ Glóbulo. **2.** *Biol.* Célula do sangue que apresenta forma de globo. ▸ Glóbulo.

glo.ria. [ˈglorja] [ˈglorja] *f.* **1.** Reputação, fama e honra que resulta de conquistas excepcionais de uma pessoa. ▸ Glória. **2.** *Rel.* Lugar dos bem-aventurados. ▸ Glória. **3.** Estado de extrema satisfação. ▸ Glória. ♦ **Estar en la gloria.** Estar muito feliz, nas nuvens. *Paco está en la gloria, terminó Arquitectura y ya está trabajando en su primer proyecto.* Paco está muito feliz, terminou Arquitetura e já está trabalhando em seu primeiro projeto.

glo.rie.ta. [gloˈrjeta] [gloˈrjeta] *f.* **1.** Praça geralmente pequena onde desembocam várias ruas. ▸ Largo. **2.** *Arq.* Construção circular com teto, para jardins ou praças. ▸ Coreto.

glo.ri.fi.car. [glorifiˈkar] [glorifiˈkar] *v.7.* Dar glória a alguém. ▸ Glorificar.

glo.sa. [ˈglosa] [ˈglosa] *f. Lit.* Explicação à margem de um texto difícil de entender. ▸ Glosa.

glo.sar. [gloˈsar] [gloˈsar] *v.4.* Comentar palavras ou ditos próprios ou de outros. ▸ Glosar.

glo.tón, to.na. [gloˈton] [gloˈton] *adj.* Que come muito e com avidez. ▸ Glutão. *U.t.c.s.*

gno.mo. [ˈgnomo] [ˈgnomo] *m.* Ser imaginário ao qual se atribui a tarefa de cuidar da Terra. ▸ Gnomo.

go.ber.na.dor, do.ra. [goβernaˈðor] [goβernaˈðor] *s. Polít.* Chefe de governo de uma província ou estado. ▸ Governador.

go.ber.nan.ta. [goβerˈnanta] [goβerˈnanta] *f.* Mulher encarregada da administração de uma residência ou instituição. ▸ Governanta.

go.ber.nan.te. [goβerˈnante] [goβerˈnante] *adj.* Que governa por direito próprio ou por delegação de autoridade superior. ▸ Governante. *U.t.c.s.*

go.ber.nar. [goβerˈnar] [goβerˈnar] *v.15.* **1.** Ter autoridade para mandar ou reger um Estado. ▸ Governar. **2.** Dirigir ou guiar (uma embarcação, um veículo, o gado, etc.). ▸ Governar.

go.bier.no. [goˈβjerno] [goˈβjerno] *m. Polít.* Grupo de pessoas que formam o quadro de autoridades máximas de um Estado. ▸ Governo.

go.do. [ˈgoðo] [ˈgoðo] *adj.* Pessoa de um antigo povo germânico que invadiu grande parte do império romano. ▸ Godo. *U.t.c.s.*

go.le.ta. [goˈleta] [goˈleta] *f. Mar.* Tipo de veleiro, de dois ou três mastros, pequeno e veloz. ▸ Escuna.

golf. [ˈgolf] [ˈgolf] *m. Desp.* Jogo de origem escocesa que consiste em impelir bolinhas com um taco especial, a fim de depositá-las em buracos distribuídos em um grande terreno. ▸ Golfe. ➡ *Deportes*

gol.fo, fa. [ˈgolfo] [ˈgolfo] *s.* **1.** ▫ Pessoa que se beneficia enganando as pessoas. ▸ Golpista. *U.t.c.adj. Por la noche, la zona del puerto se llena de golfos.* À noite, a região do porto fica cheia de golpistas. *m.* **2.** *Geogr.* Grande extensão de mar situada entre dois cabos. ▸ Golfo. *El golfo de Vizcaya está en el mar Cantábrico.* O golfo de Biscaia fica no mar Cantábrico.

go.lon.dri.na. [golonˈðrina] [golonˈðrina] *f. Zool.* Ave migratória pequena, de cor preta, que procura passar o inverno longe do frio. ▸ Andorinha. ➡ *Reino animal*

go.lo.si.na. [goloˈsina] [goloˈsina] *f. Cul.* Manjar delicado, doce, geralmente mais saboroso que nutritivo. ▸ Guloseima.

go.lo.so, sa. [goˈloso] [goˈloso] *adj.* Que gosta muito de gulodices, sobretudo doces. ▸ Guloso. *U.t.c.s.*

gol.pa.zo. [gol'paθo] [gol'paso] *m.* Golpe violento ou barulhento. ▸ Pancada.

gol.pe. ['golpe] ['golpe] *m.* **1.** Batida entre duas coisas que se chocam. ▸ Golpe. **2.** Acontecimento súbito provocado ou acidental. ▸ Golpe. ♦ **De golpe.** De maneira impensada, precipitada. ▸ De repente. **Golpe bajo. 1.** *Desp.* Aquele que o boxeador dá em seu adversário abaixo da cintura. ▸ Golpe baixo. **2.** *fig.* Procedimento desleal e desprezível. ▸ Golpe baixo. **Golpe de Estado.** *Polít.* Substituição do governo legalmente constituído de um país por um governo de exceção, violando sua Constituição e com uso de força. ▸ Golpe de Estado. **Golpe de suerte.** Jogada de sorte. **Parar el golpe.** Evitar um mal que ameaçava. ▸ Defender-se de um ataque.

gol.pe.ar. [golpe'ar] [golpe'ar] *v.4.* Dar golpes repetidos em uma pessoa ou coisa. Bater. ▸ Golpear.

gol.pe.te.ar. [golpete'ar] [golpete'ar] *v.4.* Dar toques continuados e pouco fortes. ▸ Tamborilar.

gol.pis.ta. [gol'pista] [gol'pihta] *adj. Polít.* **1.** Pertencente ou relativo a golpe de Estado. ▸ Golpista. **2.** Que tem participação em um golpe de Estado. ▸ Golpista. *U.t.c.com.*

go.ma. ['goma] ['goma] *f.* **1.** Substância elástica extraída de algumas plantas. ▸ Goma, seringa. **2.** ▫ *(Arg.)* Ver *neumático*[3]. ▸ Pneu. **3.** ▫ *Med.* Ver *preservativo*[2]. ▸ Preservativo. ♦ **Goma de borrar.** Pedaço de borracha usado para apagar palavra ou desenho em papel. ▸ Borracha.

go.me.rí.a. [gome'ria] [gome'ria] *f. (Arg.)* Local de venda ou reparação de pneus. ▸ Borracharia. *Voy a la gomería para que arreglen un neumático que está agujereado.* Vou à borracharia para que consertem um pneu que está furado.

go.mi.na. [go'mina] [go'mina] *f.* Fixador de cabelo. ▸ Gel.

gón.do.la. ['gondola] ['gondola] *f.* Pequena embarcação de remos, originária de Veneza, usada para passeio e transporte de pessoas. ▸ Gôndola.

gor.din.flón, flo.na. [gorðin'flon] [gorðin'flon] *adj.* Gordo demais. ▸ Gorducho.

gor.do, da. ['gorðo] ['gorðo] *adj.* Que tem desproporção entre peso e altura, com superioridade do primeiro. ▸ Gordo. ♦ **Algo gordo.** Algo muito importante ou sério. **Dedo gordo.** *Anat.* Dedão dos pés. **Hacer la vista gorda.** Fazer vista grossa. **Pez gordo.** Pessoa de muita importância ou muito rica. ▸ Peixe graúdo. **Premio gordo.** O maior prêmio de algum tipo de jogo. *El gordo de fin de año será de millones de euros.* O grande prêmio da loteria de fim de ano será de milhões de euros.

gor.du.ra. [gor'ðura] [gor'ðura] *f.* **1.** *Anat.* Tecido adiposo presente entre os órgãos e ao redor das vísceras. ▸ Gordura. **2.** Abundância de carnes e gorduras em pessoas e animais. ▸ Obesidade.

go.ri.la. [go'rila] [go'rila] *m.* **1.** *Zool.* Macaco de grande porte. ▸ Gorila. **2.** *fig.* Ver *guardaespaldas*. ▸ Guarda-costas. ➡ Reino animal

gor.je.ar. [gorxe'ar] [gorxe'ar] *v.4.* Cantar (os pássaros). Trinar. ▸ Gorjear.

go.rra. ['gora] ['gora] *f.* Peça de vestuário para cobrir a cabeça. ▸ Boina / boné. ♦ **De gorra.** À custa de outros. *Come y bebe de gorra, pues a la hora de pagar nunca tiene dinero.* Come e bebe à custa dos outros, pois na hora de pagar nunca tem dinheiro. ➡ Ropa

go.rrión. [go'rjon] [go'rjon] *m. Zool.* Tipo de pássaro pequeno. ▸ Pardal.

go.rro. ['goro] ['goro] *m.* Peça de vestuário geralmente feita de lã para cobrir a cabeça. ▸ Gorro. ♦ **Estar hasta el gorro.** Não suportar mais. ▸ Estar cheio. *Estoy hasta el gorro de las demoras de estos autobuses.* Estou cheio das demoras desses ônibus. ➡ Ropa

gós.pel. ['gospel] ['gohpel] *m. Rel.* Música religiosa. ▸ Gospel.

go.ta. ['gota] ['gota] *f.* **1.** Pingo de água ou de outro líquido que adquire forma esférica ao cair. ▸ Gota. **2.** *fig.* Quantidade muito pequena de líquido. ▸ Gota. *Tengo sed pero no encuentro ni gota de bebida.* Estou com sede, mas não encontro nem uma gota de bebida. **3.** *Med.* Enfermidade nas articulações. ▸ Gota. *m.pl.* **4.** Medicamento administrado em gotas. ♦ **Caer cuatro gotas.** Cair uns pingos de chuva. **Gota a gota.** Pouco a pouco. **(Hacer algo) Gota a gota.** (Fazer algo) Devagar e com cuidado. ▸ Pouco a pouco. **Ser la última gota.** Ser suficiente para acabar com a paciência de uma pessoa. ▸ Ser a gota-d'água. **Sudar la gota gorda.** Esforçar-se para conseguir algo. ▸ Dar tudo de si.

go.te.ar. [gote'ar] [gote'ar] *v.4.* Cair (um líquido) gota a gota. ▸ Gotejar.

go.te.ra. [go'tera] [go'tera] *f.* Infiltração de água através de um teto ou telhado. ▸ Goteira.

gó.ti.co, ca. ['gotiko] ['gotiko] *adj.* **1.** Relativo ou pertencente a godo. ▸ Gótico. **2.** Diz-se do estilo artístico e arquitetônico predominante na Europa entre o século XII e o Renascimento. ▸ Gótico.

go.zar. [go'θar] [go'sar] *v.13.* **1.** Possuir e desfrutar das vantagens de algo útil ou agradável. ▸ Gozar. *Goza plenamente todas las oportunidades que le tocan.* Goza plenamente todas as oportunidades que lhe aparecem. **2.** Sentir prazer, alegria ou diversão. ▸ Gozar.

go.zo. ['goθo] ['goso] *m.* Satisfação que se sente por aquilo que se tem ou se espera ter. ▸ Gozo. ◆ **No caber en sí de gozo.** Não caber em si de contente.

gra.ba.ción. [graβa'θjon] [graβa'sjon] *f.* Ato de gravar, em fitas ou discos, dados, imagens e/ou sons. ▸ Gravação.

gra.ba.do. [gra'βaðo] [gra'βaðo] *m.* Estampa que se produz por meio da impressão de lâminas gravadas. ▸ Gravura.

gra.ba.dor, do.ra. [graβa'ðor] [graβa'ðor] *adj.* **1.** Que grava. ▸ Gravador. *f.* **2.** Aparelho que serve para gravar sons e reproduzi-los. ▸ Gravador.

gra.bar. [gra'βar] [gra'βar] *v.4.* **1.** Esculpir letras, imagens ou figuras sobre uma superfície. ▸ Gravar. **2.** Registrar imagens e sons em fitas ou discos. ▸ Gravar.

gra.cia. ['graθja] ['grasja] *f.* **1.** Atrativo natural que têm algumas pessoas. ▸ Graça. **2.** Concessão gratuita que se dá ou faz a uma pessoa, como benefício ou favor. ▸ Graça. ◆ **Dar las gracias.** Agradecer. **Gracias a ti.** Eu que agradeço./Obrigado(a) eu. **Muchas gracias.** Muito obrigado(a). **No estar de/para gracias.** Estar mal-humorado. ▸ Não estar para brincadeiras. **Tiro de gracia.** Tiro de misericórdia.

gra.cias. ['graθjas] ['grasjas] *f. pl.* Expressão empregada para agradecer por um favor recebido. ▸ Obrigado(a).

gra.cio.so, sa. [gra'θjoso] [gra'sjoso] *adj.* Que tem muita graça. Divertido, espirituoso. ▸ Engraçado.

gra.da. ['graða] ['graða] *f.* Série de assentos dispostos em degraus para acomodar o público nos estádios, teatros, etc. Galeria. ▸ Arquibancada.

gra.do. ['graðo] ['graðo] *m.* **1.** Título obtido ao superar alguns níveis de estudo. ▸ Grau. **2.** Posição ocupada dentro de uma hierarquia. ▸ Grau. **3.** Cada uma das gerações que marcam o parentesco entre as pessoas. ▸ Grau. **4.** *Mat.* Cada uma das 360 partes em que se divide uma circunferência; emprega-se também para medir ângulos. ▸ Grau. **5.** Unidade adotada para medir a temperatura. ▸ Grau.

gra.dua.ción. [graðwa'θjon] [graðwa'sjon] *f.* **1.** Ato ou efeito de graduar(-se). ▸ Graduação. **2.** Quantidade proporcional de álcool que contém uma bebida. ▸ Teor alcoólico. **3.** Categoria de um militar ou funcionário público, hierarquia. ▸ Graduação.

gra.duar. [gra'ðwar] [gra'ðwar] *v.4.* **1.** Assinalar os graus em que se divide uma coisa. ▸ Graduar. *v.p.* **2.** Obter título na conclusão do ensino médio ou superior. ▸ Graduar.

gra.fí.a. [gra'fia] [gra'fia] *f. Ling.* Modo de escrever ou representar os sons. ▸ Grafia.

grá.fi.co, ca. ['grafiko] ['grafiko] *adj.* Diz-se de descrição, operação ou demonstração que se representa por meio de figuras ou signos. ▸ Gráfico. *U.t.c.m.*

gra.fis.ta. [gra'fista] [gra'fihta] *s.* Especialista em desenho gráfico. ▸ Grafista.

gra.fi.to. [gra'fito] [gra'fito] *m.* **1.** Escritura ou desenho feito à mão pelos antigos nas paredes dos monumentos. **2.** Mineral de cor preta usado na fabricação de lápis. ▸ Grafite. **3.** Rabiscos, desenhos ou letras feitos com *spray* de tinta nas paredes, muros, monumentos, etc. de uma cidade. ▸ Grafite.

gra.fo.lo.gí.a. [grafolo'xia] [grafolo'xia] *f.* Estudo de características das pessoas por meio da forma de escrever. ▸ Grafologia.

gra.ge.a. [gra'xea] [gra'xea] *f. Farm.* Comprimido pequeno, redondo e coberto de uma camada doce. ▸ Drágea.

gra.ma. ['grama] ['grama] *f.* Erva rasteira e fina que se cultiva para formar prados. ▸ Grama.

gra.má.ti.ca. [gra'matika] [gra'matika] *f. Ling.* Disciplina que estuda os elementos e a formação de uma língua. ▸ Gramática.

gra.mo. ['gramo] ['gramo] *m.* Unidade de peso. ▸ Grama.

gran. ['gran] ['gran] *adj.* **1.** Principal ou primeiro em uma hierarquia. ▸ Grão. *Gran maestre de San Juan.* Grão-mestre de São João. **2.** Forma reduzida de *grande*, empregada diante de substantivos no singular. ▸ Grande. *Te presento a una gran amiga mía.* Apresento-lhe uma grande amiga minha.

gra.na. [ˈgrana] [ˈgrana] *f.* **1.** *Bot.* Semente miúda de vários vegetais. **2.** Cor vermelha forte.

gra.na.da. [graˈnaða] [graˈnaða] *f.* **1.** ▫ *Bot.* Fruto da romãzeira. ▸ Romã. **2.** Projétil oco carregado com um explosivo para ser lançado a mão ou por canhão e que explode ao cair. ▸ Granada.

gra.na.do, da. [graˈnaðo] [graˈnaðo] *m.* **1.** *Bot.* Árvore que dá a romã. ▸ Romãzeira. *adj.* **2.** Notável por algum mérito ou qualidade. ▸ Ilustre.

gra.nar. [graˈnar] [graˈnar] *v.4. Bot.* **1.** Formar-se e nascer o grão nas plantas gramíneas. ▸ Germinar. **2.** Amadurecer (as sementes). ▸ Germinar.

gra.na.te. [graˈnate] [graˈnate] *m.* **1.** Pedra fina de cores variadas. ▸ Granada. **2.** Vinho (cor). ▸ Bordô.

gran.de. [ˈgrande] [ˈgrande] *adj.* **1.** Que supera em tamanho, número ou qualquer atributo ao que é comum e regular. ▸ Grande. **2.** Diz-se da pessoa de idade avançada. ▸ Idoso. ♦ **A lo grande.** Em grande estilo. *Celebró su boda a lo grande, allí no faltaba nada.* Celebrou seu casamento em grande estilo, não faltava nada.

gran.de.za. [granˈdeθa] [granˈdesa] *f.* **1.** Tamanho excessivo de uma coisa em relação a outra do mesmo gênero. Qualidade ou propriedade do que é grande. ▸ Grandeza. **2.** *Astr.* Grau de intensidade da luz das estrelas. ▸ Grandeza. **3.** Magnitude. ▸ Grandeza.

gran.di.lo.cuen.cia. [grandiloˈkwenθja] [grandiloˈkwensja] *f.* Capacidade de falar e escrever com qualidade de estilo muito elevada. ▸ Grandiloquência.

gran.dio.so, sa. [granˈdjoso] [granˈdjoso] *adj.* Que sobressai. Magnificente, imponente, elevado. ▸ Grandioso.

gran.du.llón, llo.na. [granduˈʎon] [granduˈʃon] *adj.* **1.** Que é muito grande. ▸ Grandalhão. **2.** Termo pejorativo para referir-se a jovens que têm atitudes ou comportamentos considerados próprios de crianças. ▸ Criançãо.

gra.nel. [graˈnel] [graˈnel] *adj.* **1.** Relativo a produtos vendidos sem embalagem. ▸ A granel. **2.** Oferecido em abundância. A rodo. ▸ A granel.

gra.ne.ro. [graˈnero] [graˈnero] *m.* Lugar no qual se guarda o grão a salvo do sol e da chuva. ▸ Celeiro.

gra.ni.to. [graˈnito] [graˈnito] *m.* Rocha dura muito utilizada em construção para revestir pisos, escadas, etc. ▸ Granito.

gra.ni.za.do, da. [graniˈθaðo] [graniˈsaðo] *adj.* Diz-se de bebida feita com gelo moído. ▸ Raspadinha. *U.t.c.m.*

gra.ni.zo. [graˈniθo] [graˈniso] *m. Meteor.* Pequena pedra de gelo ou grande gota de água congelada que se precipita como chuva. ▸ Granizo. ➙ *Clima*

gran.ja. [ˈgranxa] [ˈgranxa] *f.* Sítio dedicado preferentemente à criação de animais domésticos de produção. ▸ Granja.

gran.je.ro, ra. [granˈxero] [granˈxero] *s.* Pessoa que atende ou cuida de uma granja ou sítio. ▸ Granjeiro.

gra.no. [ˈgrano] [ˈgrano] *m.* **1.** *Bot.* Semente ou fruto de muitos vegetais, como trigo, feijão, arroz, soja, etc. ▸ Grão. **2.** Porção ou parte muito pequena, como areia. ▸ Grão. **3.** Ver *barro*⁽²⁾. Acne. ▸ Espinha. ♦ **Ir al grano.** Ir direto ao assunto. ▸ Ir ao que interessa. *Me quieres decir algo. Vamos al grano, ¿eh?* Você quer dizer alguma coisa. Vamos ao que interessa, tá?

gra.nu.ja. [graˈnuxa] [graˈnuxa] *m.* Pessoa que tem habilidade para enganar e finge ser muito honesta. ▸ Charlatão.

gra.pa. [ˈgrapa] [ˈgrapa] *f.* Peça de metal dobrada para segurar ou manter unidas duas ou mais folhas de papel ou outras coisas. ▸ Grampo.

gra.pa.do.ra. [grapaˈðora] [grapaˈðora] *f.* Aparelho para grampear papéis. ▸ Grampeador.

gra.par. [graˈpar] [graˈpar] *v.4.* Unir, segurar papéis ou outras coisas com um ou vários grampos. ▸ Grampear.

▫ **gra.sa.** [ˈgrasa] [ˈgrasa] *f.* Banha ou sebo de animal. ▸ Gordura.

gra.sien.to, ta. [graˈsjento] [graˈsjento] *adj.* Que está cheio de sebo ou gordura. ▸ Gordurento.

gra.tén(al). [graˈten] [graˈten] *loc. Cul.* Ver *gratín*.

gra.ti.fi.ca.ción. [gratifikaˈθjon] [gratifikaˈsjon] *f.* Ato ou efeito de gratificar. ▸ Gratificação.

gra.ti.fi.car. [gratifiˈkar] [gratifiˈkar] *v.7.* Recompensar com prêmio ou gratificação. ▸ Gratificar.

gra.tín(al). [gra'tin] [gra'tin] *loc. Cul.* Modo de preparo de um alimento que é levado ao forno e tostado em sua superfície. ▸ Gratinado.

gra.tis. ['gratis] ['gratis] *adv.* Sem qualquer custo. ▸ Grátis.

gra.ti.tud. [grati'tuθ] [grati'tuð] *f.* Reconhecimento que se dedica a alguém por um acontecimento. ▸ Gratidão.

gra.to, ta. ['grato] ['grato] *adj.* **1.** Que causa satisfação, gosto, agrado. ▸ Grato. **2.** Que está agradecido. ▸ Grato.

gra.tui.to, ta. [gra'twito] [gra'twito] *adj.* **1.** Feito ou dado de graça. Grátis. ▸ Gratuito. **2.** Diz-se de ato ofensivo arbitrário, sem fundamento. ▸ Gratuito. *Las acusaciones que me diriges son gratuitas: no las puedes probar.* As acusações que você me dirige são arbitrárias: você não pode provar.

❏ **gra.var.** [gra'βar] [gra'βar] *v.4.* Sobrecarregar com taxas ou impostos. ▸ Onerar. *Los artículos de lujo o superfluos son gravados con tasas e impuestos altos.* Os artigos de luxo ou supérfluos são onerados com altas taxas e impostos.

gra.ve. ['graβe] ['graβe] *adj.* **1.** Relativo a fato ou assunto que pode trazer más consequências. ▸ Grave. **2.** Diz-se de pessoa séria, que inspira respeito. ▸ Circunspecto. **3.** *Mús.* Aplica-se às notas situadas no registro inferior de certos instrumentos ou da voz de certos cantores, baixo. ▸ Grave. **4.** Diz-se do som de frequência lenta. ▸ Grave. **5.** Aplica-se ao tempo do compasso lento, de caráter solene. ▸ Grave. **6.** *Ling.* Aplica-se às palavras cuja sílaba tônica é a penúltima. ▸ Paroxítona.

gra.vi.lla. [gra'βiʎa] [gra'βiʝa] *f.* Pedra britada. ▸ Cascalho.

gra.vi.ta.ción. [graβita'θjon] [graβita'sjon] *f.* Força atrativa mútua que atua entre duas massas. ▸ Gravitação.

gra.vi.tar. [graβi'tar] [graβi'tar] *v.4.* **1.** *Astr.* Mover-se em volta de um astro atraído por ele. ▸ Gravitar. *La Luna gravita en torno de la Tierra.* A Lua gravita em volta da Terra. **2.** Descansar um corpo sobre outro. ▸ Gravitar.

gre.ga.rio, ria. [gre'ɣarjo] [gre'ɣarjo] *adj.* Diz-se de animal que naturalmente se junta com outros de sua espécie, formando rebanho ou manada. ▸ Gregário.

gre.go.ria.no, na. [greɣo'rjano] [greɣo'rjano] *adj.* **1.** Relativo ao calendário que vigora atualmente, instituído pelo Papa Gregório XIII. ▸ Calendário gregoriano. **2.** *Rel.* Relativo ao canto religioso da Igreja Católica reformado pelo Papa Gregório I. ▸ Gregoriano. **3.** *Rel.* Relativo aos rituais atribuídos ao santo Papa Gregório I. ▸ Gregoriano.

gre.mio. ['gremjo] ['gremjo] *m.* Corporação formada por pessoas da mesma profissão. ▸ Grêmio.

gre.ña. ['greɲa] ['greɲa] *f.* Cabeleira descomposta e emaranhada. ▸ Grenha.

gres.ca. ['greska] ['grehka] *f.* Bate-boca com muitos gritos. ▸ Gritaria.

grey. ['grej] ['grej] *f.* **1.** Rebanho de gado miúdo. ▸ Grei. **2.** Grupo de pessoas que têm alguma coisa em comum, como religião, nacionalidade, partido. ▸ Grei.

grie.go, ga. ['grjeɣo] ['grjeɣo] *adj.* **1.** Pertencente ou relativo à Grécia. ▸ Grego. *s.* **2.** O natural ou habitante da Grécia. ▸ Grego. *m.* **3.** *Ling.* Idioma falado nesse país. ▸ Grego.

grie.ta. ['grjeta] ['grjeta] *f.* Fenda ou rachadura que se faz naturalmente na terra ou em qualquer corpo sólido. ▸ Greta.

gri.fo. ['grifo] ['grifo] *m.* **1.** Chave de metal que se coloca na ponta de um cano que conduz líquidos para regular sua saída. ▸ Torneira. **2.** Animal mitológico que tem a cabeça de águia e as garras de leão. ▸ Grifo.

gri.lle.te. [gri'ʎete] [gri'ʝete] *m.* Arco de ferro unido a uma corrente que serve para prender os prisioneiros pelo tornozelo. ▸ Grilhão.

gri.llo. ['griʎo] ['griʝo] *m. Zool.* Inseto que produz ruído ao mover as asas. ▸ Grilo.

grin.go, ga. ['gringo] ['gringo] *adj.* **1.** Diz-se de estrangeiro que não fala a língua local, especialmente falantes de inglês. ▸ Gringo. **2.** *(Amér.)* Que é natural dos Estados Unidos da América. ▸ Ianque. *U.t.c.s.*

gri.pe. ['gripe] ['gripe] *f. Med.* Doença epidêmica que produz febre, dor de cabeça e catarro. ▸ Gripe.

gris. ['gris] ['gris] *adj.* **1.** Cor que se obtém misturando branco com preto. ▸ Cinza. *m.* **2.** A cor obtida dessa mistura. ▸ Cinza.

gri.sá.ce.o, a. [gri'saθeo] [gri'saseo] *adj.* De cor semelhante ao cinza. ▸ Cinzento.

gri.tar. [gri'tar] [gri'tar] *v.4.* **1.** Aumentar o tom de voz. ▸ Gritar. **2.** Chamar aos gritos. ▸ Gritar.

gri.to. ['grito] ['grito] *m.* Expressão proferida com voz muito alta. Berro. ▸ Grito. ◆ **Pe-**

dir / Estar pidiendo a gritos. Precisar de algo urgentemente. *Ese chaval está pidiendo a gritos un buen baño.* Esse rapaz está precisando urgentemente de um bom banho.

gro.gui. ['groɣi] ['groɣi] *adj.* **1.** *Desp.* Diz-se de boxeador que foi nocauteado na luta. Atordoado. ▸ Grogue. **2.** *fig.* Que está tonto por sono ou cansaço. ▸ Grogue. *Se echó a dormir porque estaba grogui de sueño.* Foi dormir porque estava grogue de sono.

gro.se.lla. [gro'seʎa] [gro'seʃa] *f. Bot.* Fruto da groselheira. ▸ Groselha. ➡ *Frutas*

gro.se.rí.a. [grose'ria] [grose'ria] *f.* **1.** Falta grave de educação e respeito. ▸ Grosseria. **2.** Vulgaridade que ofende e incomoda os outros. ▸ Grosseria.

gro.sor. [gro'sor] [gro'soɾ] *m.* **1.** Corpulência de um objeto. ▸ Grossura. **2.** Espessura, densidade de um líquido ou massa. ▸ Espessura.

gro.tes.co, ca. [gro'tesko] [gro'tehko] *adj.* **1.** Escabroso e extravagante. ▸ Grotesco. **2.** De mau gosto. ▸ Grosseiro.

grú.a. ['grua] ['grua] *f.* **1.** Máquina que serve para levantar coisas pesadas e levá-las de um lugar a outro. ▸ Guindaste. **2.** Veículo utilizado para rebocar outro. ▸ Guincho.

grue.so, sa. ['grweso] ['grweso] *adj.* **1.** Corpulento, que excede o normal. ▸ Grosso. **2.** Que tem muito volume. ▸ Volumoso. **3.** Ver *gordo.* ▸ Gordo.

gru.lla. ['gruʎa] ['gruʃa] *f. Bot.* Ave pertencente à ordem Gruiformes. ▸ Grou.

gru.me.te. [gru'mete] [gru'mete] *m. Mar.* Aprendiz de marinheiro. ▸ Grumete.

gru.mo. ['grumo] ['grumo] *m.* Pequeno coágulo que se forma dentro de uma substância líquida. ▸ Grumo.

gru.ñir. [gru'ɲir] [gru'ɲiɾ] *v.54.* Mostrar desgosto ou desagrado por alguma coisa rangendo os dentes. ▸ Grunhir, rosnar.

gru.ñón, ño.na. [gru'ɲon] [gru'ɲon] *adj.* **1.** Que grunhe. ▸ Grunhidor. **2.** Que dá bronca por qualquer coisa. Reclamão. ▸ Resmungão.

gru.pa. ['grupa] ['grupa] *f. Anat.* Ancas de uma cavalgadura. ▸ Garupa.

gru.po. ['grupo] ['grupo] *m.* **1.** Conjunto de indivíduos ou de objetos que têm algo em comum. ▸ Grupo. **2.** União de pessoas para uma finalidade. ▸ Grupo. *El grupo para el trabajo de Matemáticas ya está formado.* O grupo para o trabalho de Matemática já está formado. ◆ **Grupo electrógeno.** Equipamento que serve para produzir energia elétrica. ▸ Gerador de força. *En el hospital tenemos un grupo electrógeno por si falta energía eléctrica.* No hospital temos um gerador de força para o caso de faltar energia elétrica.

gru.ta. ['gruta] ['gruta] *f.* **1.** *Geogr.* Caverna natural ou artificial. ▸ Gruta. **2.** Estância subterrânea que imita as cavernas naturais. ▸ Gruta.

gua.ca.ma.yo. [gwaka'majo] [gwaka'maʃo] *m. Zool.* Tipo de ave da América Latina, que tem penas de cores diferentes. ▸ Arara.

gua.ca.mo.le. [gwaka'mole] [gwaka'mole] *m. Cul. (Amér. Central, Cuba e Méx.)* Salada que se prepara com abacate moído, cebola, tomate, pimenta vermelha, limão e azeite.

gua.da.ña. [gwa'ðaɲa] [gwa'ðaɲa] *f. Agr.* Objeto grande que se maneja com as duas mãos e se usa para ceifar. ▸ Foice.

gua.gua. ['gwaɣwa] ['gwaɣwa] *f.* **1.** Criança muito pequena. ▸ Neném. **2.** Ver *autobús.* ▸ Ônibus.

guan.ta.zo. [gwan'taθo] [gwan'taso] *m.* **1.** Golpe que se dá com a mão aberta. ▸ Bofetada. **2.** Tapa na cara. ▸ Bofetada.

guan.te. ['gwante] ['gwante] *m.* Peça para cobrir ou proteger a mão, feita de material apropriado ao fim para o qual se destina. ▸ Luva. *U.t.c.pl.* ◆ **Adobar los guantes.** Subornar (alguém). ▸ Molhar as mãos. ▸ Subornar. **Sentar como un guante.** Cair como uma luva. ➡ *Ropa*

guan.te.ra. [gwan'tera] [gwan'tera] *f.* Porta-luvas do carro. ▸ Porta-luvas.

gua.pe.tón, to.na. [gwape'ton] [gwape'ton] *adj.* **1.** Que é metido a bonitão. ▸ Gostosão. **2.** Que se vangloria de ser valente sem o ser. ▸ Fanfarrão. *A aquel guapetón le dieron una paliza y paró de ser valiente.* Aquele fanfarrão recebeu uma surra e parou de ser valente.

gua.po, pa. ['gwapo] ['gwapo] *adj.* **1.** De boa aparência. ▸ Bonito. **2.** Que ignora os perigos. ▸ Temerário.

guar.da. ['gwarða] ['gwarða] *com.* Pessoa que tem a seu cargo a conservação de uma coisa. ▸ Guarda. **2.** Pessoa incumbida de proteger outra ou alguma coisa. ▸ Guarda. *f.* **3.** Borda enfeitada de um tecido. ▸ Bainha.

guar.da.ba.rre.ra. [gwarðaβa'rera] [gwarðaβa'reɾa] *com.* Pessoa que, nas estradas de ferro, cuida da segurança de uma passagem de nível.

guar.da.ba.rros. [gwarða'βaros] [gwarða'βaros] *m.* Parte da carroceria do veículo que cobre as rodas para evitar que, ao rodar, essas espalhem lama, pedras ou sujeira por elas levantadas. ▶ Para-lama.

guar.da.bos.que. [gwarða'βoske] [gwarða'βohke] *com.* Pessoa encarregada de fiscalizar agressões a bosques, florestas e matas. ▶ Guarda-florestal.

❏ **guar.da.cos.tas.** [gwarða'kostas] [gwarða'kohtas] *m. Mar.* Navio de pequeno porte, armado, destinado a patrulhar ao longo da costa para impedir o contrabando. ▶ Guarda-costas. Barco da guarda costeira.

guar.da.es.pal.das. [gwarðaes'paldas] [gwarðaeh'paldas] *com.* Pessoa que acompanha outra para protegê-la e defendê-la de qualquer agressão. ▶ Guarda-costas.

guar.da.jo.yas. [gwarða'xojas] [gwarða'xoʃas] *m.* Caixa em que se guardam joias e outros objetos de valor. ▶ Cofre.

guar.da.me.ta. [gwarða'meta] [gwarða'meta] *com. Desp.* Jogador de uma equipe esportiva que defende o gol, o arco ou a meta. ▶ Goleiro.

guar.da.pol.vo. [gwarða'polβo] [gwarða'polβo] *m.* Peça leve, geralmente branca, que alguns profissionais usam sobre a roupa para resguardá-la. ▶ Avental.

guar.dar. [gwar'ðar] [gwar'ðar] *v.4.* **1.** Cuidar, colocar uma coisa em lugar seguro. ▶ Guardar. **2.** Observar e cumprir aquilo a que se está obrigado. ▶ Guardar. *Todos están obligados a guardar el reglamento de la empresa.* Todos obrigados a cumprir as normas da empresa. **3.** Não gastar. Poupar. ▶ Guardar.

guar.de.rí.a. [gwarðe'ria] [gwarðe'ria] *f.* Estabelecimento em que se cuidam e atendem-se crianças de pouca idade. ▶ Creche.

guar.dia. ['gwarðja] ['gwarðja] *f.* **1.** Ato ou efeito de guardar, vigiar. ▶ Guarda. **2.** Conjunto de soldados ou pessoas armadas que protegem alguém ou um posto. ▶ Guarda. **3.** *Desp.* No boxe e na esgrima, postura defensiva. ▶ Guarda. **4.** ❏ Horário de serviço em que atuam profissionais de certas áreas. ▶ Plantão. ◆ **Farmacia de guardia / día y noche.** Farmácia de plantão / dia e noite. **Poner en guardia.** Ficar / Deixar em alerta.

guar.dián, dia.na. [gwar'ðjan] [gwar'ðjan] *s.* Pessoa que guarda uma coisa e cuida dela. ▶ Guardião, guardiã.

gua.re.cer. [gware'θer] [gware'ser] *v.24.* **1.** Amparar e preservar alguém de algum mal. ▶ Proteger. **2.** Guardar, conservar e segurar alguma coisa. ▶ Proteger.

gua.ri.da. [gwa'riða] [gwa'riða] *f.* **1.** Lugar no qual se refugia um animal. ▶ Guarida. **2.** Abrigo para se proteger de um dano ou perigo. ▶ Guarida.

gua.ris.mo. [gwa'rismo] [gwa'rihmo] *m.* Cada um dos signos que expressam quantidade. ▶ Algarismo.

guar.ni.ción. [gwarni'θjon] [gwarni'sjon] *f.* **1.** Alimento servido junto ao prato principal. ▶ Acompanhamento. **2.** Tipo de adorno utilizado em roupas e objetos.

gua.rra.da. [gwa'raða] [gwa'raða] *f.* **1.** Ação suja, pouco agradável ou pouco educada. ▶ Porqueira. **2.** Comportamento baixo e indecente. ▶ Canalhice.

gua.rre.rí.a. [gware'ria] [gware'ria] *f.* Ver *porquería.* ▶ Porcaria.

gua.rro, rra. ['gwaro] ['gwaro] *s.* **1.** *Zool.* Animal suíno. ▶ Porco. **2.** *fig.* Pessoa suja, imunda. ▶ Porco. **3.** Pessoa indecente, vil. ▶ Canalha.

gua.sa. ['gwasa] ['gwasa] *f.* Burla pesada e sem graça. ▶ Zombaria.

gua.són, so.na. [gwa'son] [gwa'son] *adj.* Que gosta de fazer burla ou gozação dos outros. ▶ Gozador.

gua.te.mal.te.co, ca. [gwatemal'teko] [gwatemal'teko] *adj.* **1.** Pertencente ou relativo à Guatemala. ▶ Guatemalteco ou guatemalense. *s.* **2.** O natural ou habitante da Guatemala. ▶ Guatemalteco ou guatemalense.

guau. ['gwau̯] ['gwau̯] *m.* Onomatopeia que representa o som que emite o cachorro. ▶ Au.

guay. ['gwai̯] ['gwai̯] *interj.* Forma poética antiga que expressa lamento. ▶ Ai.

gua.ya.ba. [gwa'jaβa] [gwa'ʃaβa] *f.* **1.** *Bot.* Fruto da goiabeira. ▶ Goiaba. **2.** *Cul.* Doce que se faz com a goiaba. ▶ Goiabada. ➡ *Frutas*

gua.ya.nés, ne.sa. [gwaja'nes] [gwaʃa'nes] *adj.* **1.** Pertencente ou relativo às Guianas. ▶ Guianense. *s.* **2.** O natural ou habitante das Guianas. ▶ Guianense.

gu.ber.na.men.tal. [guβerna'mental] [guβerna'mental] *adj.* Referente ao Governo do Estado. ▶ Governamental.

gu.ber.na.ti.vo, va. [guβerna'tiβo] [guβerna'tiβo] *adj.* Pertencente ou relativo ao governo. ▶ Governamental.

gue.rra. ['gera] ['gera] *f.* Luta armada entre duas ou mais nações ou entre bandos inimigos do mesmo país. ▶ Guerra. ◆ **Buque de guerra.** *Mil.* Navio de guerra.

gue.rri.lla. [ge'riʎa] [ge'riʃa] *f.* **1.** Luta armada realizada por pequenos grupos constituídos irregularmente com a intenção de derrubar o poder dominante. ▸ Guerrilha. **2.** Organização que pratica essa luta. ▸ Guerrilha.

gue.rri.lle.ro, ra. [geri'ʎero] [geri'ʃero] *s.* Combatente que pertence a uma guerrilha. ▸ Guerrilheiro.

gue.to. ['geto] ['geto] *m.* **1.** *Hist.* Bairro de uma cidade europeia, que outrora todo judeu era obrigado a residir. ▸ Gueto. **2.** Bairro em que vivem pessoas, imigrantes ou marginalizados pela sociedade. ▸ Gueto.

guí.a. ['gia] ['gia] *com.* **1.** Pessoa que ensina um caminho a outra. ▸ Guia. *f.* **2.** Livro ou folheto que dá instruções ou explicações. ▸ Guia.

gui.ar. [gi'ar] [gi'ar] *v.4.* **1.** Ir à frente para mostrar o caminho. ▸ Guiar. **2.** Conduzir um automóvel ou outro veículo. Guiar. ▸ Dirigir.

gui.llo.ti.na. [giʎo'tina] [giʃo'tina] *f.* Instrumento para decapitar os condenados à morte. ▸ Guilhotina.

guin.di.lla. [gin'diʎa] [gin'diʃa] *f. Bot.* Fruto pequeno e ardido utilizado como condimento. ▸ Pimenta-malagueta.

gui.ñar. [gi'ɲar] [gi'ɲar] *v.4.* Fechar um olho momentaneamente mantendo o outro aberto. ▸ Piscar.

gui.ñol. [gi'ɲol] [gi'ɲol] *m. Teat.* Representação teatral interpretada com fantoches ou títeres. ▸ Teatro de marionetes.

guion. ['gjon] ['gjon] *m.* **1.** Bandeira levada à frente da procissão. ▸ Guião. **2.** Estandarte que se levava na frente das tropas. ▸ Guião. **3.** Escrito no qual se ordenam algumas ideias que podem ou devem ser consultadas posteriormente para um fim. ▸ Roteiro. **4.** Texto que expõe, tecnicamente, o desenvolvimento do argumento de filmes, novelas, programas de rádio ou televisão. ▸ Roteiro. **5.** *Ling.* Signo ortográfico (-) com que se indica a separação de uma palavra ao final de uma linha e com que se unem dois elementos de uma palavra composta. ▸ Hífen. ◆ **Guion largo.** *Ling.* Signo ortográfico (—) que antecede cada fala de um interlocutor de um diálogo ou que antecede e segue frases separando-as dentro de um período. ▸ Travessão.

guio.nis.ta. [gjo'nista] [gjo'nihta] *s.* Que escreve roteiros. ▸ Roteirista.

qui.ri. ['giri] ['giri] *m.* Expressão coloquial utilizada para designar os estrangeiros.

guir.nal.da. [gir'nalda] [gir'nalda] *f.* **1.** Coroa de flores que se põe na cabeça. ▸ Grinalda. **2.** Enfeite comprido para festas. ▸ Guirlanda.

gui.san.te. [gi'sante] [gi'sante] *m. Bot. (Esp.)* Planta cujo fruto é uma semente comestível. ▸ Ervilha. ➠ *Vegetales*

gui.sar. [gi'sar] [gi'sar] *v.4.* **1.** Passar em gordura, azeite ou óleo fervente, antes de cozinhar. ▸ Refogar. **2.** Preparar alimentos sob a ação do fogo. ▸ Cozinhar.

❏ **gui.so.** ['giso] ['giso] *m. Cul.* Comida feita com refogado ou picado de carne. ▸ Guisado.

❏ **gui.ta.rra.** [gi'tara] [gi'tara] *f. Mús.* Instrumento musical de seis cordas, muito popular, usado sobretudo para acompanhar canto. ▸ Violão. ◆ **Guitarra eléctrica.** *Mús.* Guitarra. ➠ *Instrumentos musicales*

gui.ta.rris.ta. [gita'rista] [gita'rihta] *com.* **1.** ❏ *Mús.* Pessoa que toca violão. ▸ Violonista. **2.** Pessoa que toca guitarra. ▸ Guitarrista.

gu.la. ['gula] ['gula] *f.* Apetite excessivo e desordenado. ▸ Gula.

gu.sa.no. [gu'sano] [gu'sano] *m.* **1.** *Zool.* Nome comum dado às larvas de alguns insetos. ▸ Verme. **2.** *pej.* Pessoa desprezível. ▸ Verme. *Ese individuo es un gusano, no es digno de estar entre nosotros.* Esse indivíduo é um verme, não é digno de estar entre nós. ◆ **Gusano de la conciencia.** Peso na consciência. **Gusano de seda.** *Zool.* Bicho-da-seda. ➠ *Reino animal*

gus.tar. [gus'tar] [guh'tar] *v.4.* **1.** Sentir e perceber o sabor das coisas. ▸ Degustar. **2.** Agradar uma coisa, parecer bem. ▸ Gostar. *A ella le gusta tener jarrones con flores por toda la casa.* Ela gosta de ter vasos com flores pela casa toda.

Gustar

> Yo (no) le gusto.
> Tú me gustas.
> No me gusta la blusa verde.
> Me gustan las blusas azules.
> Nos gusta el profesor de Matemáticas.
> Le gustan los profesores de esa escuela.
> Os gusta cantar, bailar y estudiar.
> Vosotros me gustáis.
> Les gustan las películas de terror.

gus.ta.ti.vo, va. [gusta'tiβo] [guhta'tiβo] *adj.* Relativo ao sentido do paladar. ▸ Gustativo.

gus.ta.zo. [gus'taθo] [guh'taso] *m.* Satisfação grande que alguém dá a si mesmo ou a outro. ▸ Grande satisfação.

gus.to. ['gusto] ['guhto] *m.* **1.** Sentido com o qual se distingue o sabor das coisas. ▸ Paladar; gosto. *El gusto está localizado en las papilas de la lengua.* O paladar está localizado nas papilas da língua. **2.** Conjunto de critérios próprios de uma pessoa com os quais ela julga as coisas e situações ao seu redor. ▸ Gosto. ♦ **Con mucho gusto.** Expressa aceitação de pedido e/ou oferta ou disposição. ▸ Com muito prazer. **(No) Estar a gusto.** (Não) Sentir-se bem ao estar em um lugar ou realizar uma atividade. ▸ (Não) Estar à vontade. **¡Mucho gusto!** Expressa satisfação ao ser apresentado a uma pessoa. ▸ Muito prazer. **Sobre gustos no hay nada escrito.** Gosto não se discute.

gus.to.so, sa. [gus'toso] [guh'toso] *adj.* **1.** Que tem sabor bom, agradável. Saboroso. ▸ Gostoso. **2.** Que sente gosto ou faz com gosto uma coisa. ▸ Gostoso.

gu.tu.ral. [gutu'ral] [gutu'ral] *adj.* **1.** *Anat.* Pertencente ou relativo à garganta. ▸ Gutural. **2.** Relativo ao som emitido pela garganta. ▸ Gutural.

H

h. ['atʃe] ['atʃe] *f.* Oitava letra do alfabeto espanhol. ▶ H.

ha.ba. ['aβa] ['aβa] *f. Bot.* Tipo de planta leguminosa de semente comestível. ▶ Fava. ◆ **En todas partes se cuecen habas.** Expressa que certos inconvenientes não são exclusivos do lugar ou da pessoa de que se trata. ▶ Pode acontecer com qualquer um. **Ser habas contadas. 1.** Ser assunto tratado com certeza e transparência. ▶ Serem favas contadas. **2.** Estar em número fixo e reduzido. ▶ Estar contado.

ha.ba.ne.ro, ra. [aβa'nero] [aβa'nero] *adj.* **1.** Pertencente ou relativo a Havana, capital de Cuba. ▶ Havanês, havanesa. *s.* **2.** O natural ou habitante de Havana. ▶ Havanês, havanesa.

ha.ba.no. [a'βano] [a'βano] *m.* Charuto feito em Cuba ou com tabaco desse país. ▶ Havano.

ha.ber. [a'βer] [a'βer] *v.3.* **1.** Existir ou estar algo em algum lugar. ▶ Haver. *Hay personas de una crueldad increíble.* Há pessoas de uma crueldade incrível. **2.** Dar-se em certo momento. Ocorrer. ▶ Acontecer. *Ayer hubo un desastre muy grave en la carretera del norte.* Ontem aconteceu um acidente grave na estrada do norte. ◆ **Haber que.** Precisar, ser necessário. *Hay que hacer ejercicios físicos todos los días.* É necessário fazer exercícios físicos todos os dias.

ha.bi.chue.la. [aβi'kwela] [aβi'kwela] *f. Bot.* Feijão-verde. ▶ Vagem.

há.bil. ['aβil] ['aβil] *adj.* **1.** Esperto e disposto a fazer muitas coisas. ▶ Hábil. **2.** Diz-se de dia que não é feriado. ▶ Dia útil.

ha.bi.li.dad. [aβili'ðaθ] [aβili'ðað] *f.* Capacidade e destreza para fazer ou executar algo. ▶ Habilidade.

ha.bi.li.do.so, sa. [aβili'ðoso] [aβili'ðoso] *adj.* Que tem habilidade. ▶ Habilidoso.

ha.bi.li.ta.ción. [aβilita'θjon] [aβilita'sjon] *f.* Resultado de preparação para um fim determinado. ▶ Habilitação.

ha.bi.li.ta.do, da. [aβili'taðo] [aβili'taðo] *adj.* Que tem capacidade e autorização para realizar algo. ▶ Habilitado.

ha.bi.li.tar. [aβili'tar] [aβili'tar] *v.4.* Tornar apto para um fim determinado. ▶ Habilitar.

ha.bi.ta.ble. [aβi'taβle] [aβi'taβle] *com.* Que apresenta condições de ser habitado. ▶ Habitável.

ha.bi.ta.ción. [aβita'θjon] [aβita'sjon] *f.* **1.** Edifício destinado a residência. ▶ Habitação. **2.** Cada parte de uma moradia. ▶ Cômodo. **3.** Ver *dormitorio*[(1)]. ▶ Quarto.

ha.bi.tá.cu.lo. [aβi'takulo] [aβi'takulo] *m. Biol.* Lugar que apresenta condições favoráveis para a sobrevivência de uma espécie animal ou vegetal. ▶ Hábitat.

ha.bi.tan.te. [aβi'tante] [aβi'tante] *adj.* **1.** Que habita, reside ou vive em um lugar. Residente. ▶ Habitante. *com.* **2.** Cada uma das pessoas que residem em um lugar. ▶ Habitante.

ha.bi.tar. [aβi'tar] [aβi'tar] *v.4.* Viver em. Morar, residir. ▶ Habitar.

há.bi.tat. ['aβitat] ['aβitat] *m. Biol.* **1.** Ambiente de uma espécie vegetal ou animal. ▶ Hábitat. **2.** Conjunto de condições de um lugar adequadas ao desenvolvimento de uma espécie animal ou vegetal. ▶ Hábitat.

há.bi.to. ['aβito] ['aβito] *m.* **1.** Costume ou facilidade que se adquire pela prática continuada de um ato ou exercício. ▶ Hábito. **2.** *Rel.* Vestimenta que usam os religiosos. ▶ Hábito. ◆ **El hábito no hace al monje.** O hábito não faz o monge.

ha.bi.tual. [aβi'twal] [aβi'twal] *adj.* Que se faz por costume. Rotineiro. ▶ Habitual.

ha.bi.tuar. [aβi'twar] [aβi'twar] *v.4. v.p.* Costumar fazer alguma coisa com frequência. ▶ Habituar(-se).

ha.bla. ['aβla] ['aβla] *f.* **1.** Faculdade e ato de falar. ▶ Fala. **2.** Mensagens linguísticas expressas oralmente. ▶ Fala. ◆ **Quedarse sin habla.** Perder a fala.

ha.bla.dor, do.ra. [aβla'ðor] [aβla'ðor] *adj.* **1.** Que fala muito, tagarela. ▸ Falante. *s.* **2.** Aquele que fala o que não deve. ▸ Falador. **3.** *(Méx.)* Ver *fanfarrón*. ▸ Fanfarrão.

ha.bla.du.rí.a. [aβlaðu'ria] [aβlaðu'ria] *f.* **1.** Dito inoportuno ou mentiroso que injuria alguém. ▸ Falatório. **2.** Fala que não tem fundamento. ▸ Boato.

ha.blan.te. [a'βlante] [a'βlante] *adj.* **1.** Que fala. ▸ Falante. *com.* **2.** *Ling.* Pessoa que fala uma língua. ▸ Falante. *Se expresan en español más de cuatrocientos millones de hablantes.* Mais de quatrocentos milhões de falantes se expressam em espanhol.

ha.blar. [a'βlar] [a'βlar] *v.4.* **1.** Proferir palavras para comunicar-se. ▸ Falar. **2.** Conversar (duas ou mais pessoas). ▸ Falar. ◆ **Hablar en cristiano.** Falar claro. **Hablar fuerte / bajo.** Falar alto / baixo. **Hablar por hablar.** Falar por falar. **Hablar por los codos.** Falar pelos cotovelos. **Ni hablar.** Expressa recusa, negação ou oposição. ▸ Nem pensar / falar.

ha.ce.dor, do.ra. [aθe'ðor] [ase'ðor] *adj.* **1.** Que faz, causa ou executa alguma coisa. ▸ Realizador. *s.* **2.** Pessoa que dirige ou administra uma fazenda. ▸ Gestor.

ha.cen.da.do, da. [aθen'daðo] [asen'daðo] *adj.* **1.** Que possui grandes fazendas. ▸ Fazendeiro. **2.** Diz-se do fazendeiro dedicado à criação de gado. ▸ Pecuarista.

ha.cen.dis.ta. [aθen'dista] [asen'dihta] *com. Fin.* Pessoa especializada em teoria e administração da fazenda pública. ▸ Financista.

ha.cen.do.so, sa. [aθen'doso] [asen'doso] *adj.* Diz-se de pessoa ativa e trabalhadora, diligente nas tarefas domésticas. ▸ Laborioso.

ha.cer. [a'θer] [a'ser] *v.33. p.p. irreg. hecho.* **1.** Produzir ou fabricar alguma coisa. ▸ Fazer. **2.** Formar algo com a imaginação. ▸ Fazer. *Hace muchos planes para el futuro.* Ele faz muitos planos para o futuro. **3.** Pôr em prática. ▸ Fazer, executar. *Los arquitectos hicieron la planta de la casa de acuerdo con las instrucciones recibidas.* Os arquitetos fizeram a planta da casa de acordo com as instruções recebidas. **4.** Conter em si. ▸ Comportar. *El depósito del agua hace cien metros cúbicos.* O depósito de água comporta cem metros cúbicos. **5.** Produzir uma causa. ▸ Causar, ocasionar. *Las inundaciones producidas por las lluvias hacen estragos enormes.* As inundações produzidas pelas chuvas causam estragos enormes. ◆ **El que la hace la paga.** Aqui se faz, aqui se paga. **Estar hecho.** Ter adquirido um costume ou hábito. ▸ Estar habituado. *Está hecho a un desayuno abundante y por eso no almuerza.* Ele está habituado a um café da manhã abundante e, por isso, não almoça. **Hacer caso.** Expressão coloquial utilizada para designar o ato de prestar atenção em algo ou alguém. Dar ouvidos. *Hay que hacerles caso a los mayores.* É preciso dar ouvidos aos mais velhos. **Hacer de cuenta.** Expressão coloquial utilizada para designar fingimento ou imaginação. Fazer de conta. *Vamos a hacer de cuenta que se pasó así.* Vamos fazer de conta que aconteceu assim. **Hacer de las suyas.** Fazer das suas. **Hacer la maleta.** Fazer a mala. **Hacer otro tanto.** Fazer o mesmo. *He hecho gimnasia y ya adelgacé un poco. ¿Por qué no haces tú otro tanto?* Fiz ginástica e já emagreci um pouco. Por que você não faz o mesmo? **Hacer saber.** Informar. *Señorita Rubio, hágales saber de la reunión a las catorce.* Senhorita Rubio, informe-os da reunião às catorze horas. **Hacerse el sueco.** *Esp.* Fingir não compreender ou escutar algo. Fazer ouvido de mercador / ouvidos mocos. *Se hizo el sueco y se marchó.* Fez ouvido de mercador e foi embora.

ha.cha. ['atʃa] ['atʃa] *f.* Ferramenta cortante com cabo, para cortar lenha. ▸ Machado.

ha.cha.zo. [a'tʃaðo] [a'tʃaso] *m.* Golpe dado com machado. ▸ Machadada.

ha.che. ['atʃe] ['atʃe] *f.* O nome da letra H. ▸ Agá.

ha.cia. ['aθja] ['asja] *prep.* **1.** Indica o lugar ou direção em que está uma coisa. ▸ Para. *Noruega está hacia el Norte.* Noruega está para o norte. **2.** Indica o lugar aproximado no qual sucede uma coisa. ▸ Pelos lados de. *Hacia Campinas está lloviendo.* Pelos lados de Campinas está chovendo. **3.** Indica rumo que se está tomando. ▸ Para. *Voy hacia mi tierra.* Vou para minha terra. ▸ Por volta de. *Fuimos a dormir hacia las once.* Fomos dormir por volta das onze horas.

ha.cien.da. [a'θjenda] [a'sjenda] *f.* **1.** Propriedade rural dedicada à agricultura ou criação de gado. ▸ Fazenda. **2.** Conjunto de bens pertencentes a uma pessoa ou corporação. ▸ Patrimônio. ◆ **Ministerio de Hacienda.** Ministério da Fazenda.

ha.ci.nar. [aθi'nar] [asi'nar] *v.4.* Amontoar coisas umas sobre as outras. ▸ Empilhar.

hacker. *m. Inform.* Do inglês. Ver *pirata informático.* ▸ Ciberpirata.

ha.da. ['aða] ['aða] *f.* Nas histórias infantojuvenis, entidade feminina com poderes mágicos. ▸ Fada.

hai.tia.no, na. [aj'tjano] [aj'tjano] *adj.* **1.** Pertencente ou relativo ao Haiti. ▸ Haitiano. *s.* **2.** O natural ou habitante do Haiti. ▸ Haitiano.

ha.la. ['ala] ['ala] *interj.* Usa-se para dar ânimo ou infundir entusiasmo. ▸ Vamos! *¡Hala, hala, date prisa!* Vamos, vamos, apresse-se!

ha.la.ga.dor, do.ra. [alaɣa'ðor] [alaɣa'ðor] *adj.* **1.** Que mostra afeto ou agrado, sinceros ou não, com palavras ou ações. ▸ Bajulador, lisonjeiro. **2.** Que proporciona agrado. ▸ Agradável.

ha.la.gar. [ala'ɣar] [ala'ɣar] *v.9.* **1.** Dar motivo de satisfação. ▸ Agradar. **2.** Dizer palavras agradáveis para conseguir um benefício em proveito próprio. ▸ Lisonjear.

ha.la.go. [a'laɣo] [a'laɣo] *m.* Ato ou efeito de bajular. ▸ Lisonja.

ha.la.güe.ño, ña. [ala'ɣeɲo] [ala'ɣeɲo] *adj.* **1.** Que satisfaz ou dá esperança. Alentador. ▸ Animador. **2.** Que atrai com delicadeza e bajulações. ▸ Adulador.

ha.lar. [a'lar] [a'lar] *v.4.* Mover algo para si. ▸ Puxar.

hal.cón. [al'kon] [al'kon] *m. Zool.* Ave de rapina que se treina para caçar outras aves. ▸ Falcão.

há.li.to. ['alito] ['alito] *m.* **1.** Ar expirado pela boca. ▸ Hálito. **2.** *Lit.* Sopro suave de vento. ▸ Brisa.

ha.lla.do, da. [a'ʎaðo] [a'ʃaðo] *adj.* Que se encontrou. ▸ Encontrado.

ha.llar. [a'ʎar] [a'ʃar] *v.4.* **1.** Encontrar uma pessoa ou coisa voluntária ou involuntariamente. ▸ Achar. **2.** Encontrar algo que não se conhecia. ▸ Descobrir.

ha.llaz.go. [a'ʎaθɣo] [a'ʃaʰɣo] *m.* Descoberta de algo ou alguém que estava oculto. ▸ Achado.

ha.lo. ['alo] ['alo] *m.* **1.** Círculo de luz difusa que se forma em torno de um corpo luminoso. ▸ Halo. **2.** *fig.* Prestígio e fama que tem uma pessoa pelos seus atos. ▸ Reconhecimento. **3.** Disco luminoso que circunda a cabeça de seres sagrados. ▸ Auréola.

hal.te.ro.fi.lia. [altero'filja] [altero'filja] *f. Desp.* Prática esportiva de levantamento de halteres. ▸ Halterofilismo.

ha.ma.ca. [a'maka] [a'maka] *f.* **1.** Tecido grosso ou de malha que, pendurado pelos extremos, é usado como leito ou balanço. ▸ Rede. **2.** Brinquedo de praça usado para balançar o corpo. ▸ Balança.

ham.bre. ['ambre] ['ambre] *f.* **1.** Apetência e necessidade de comer. ▸ Fome. **2.** Falta de alimentos básicos, que causa miséria e desnutrição em uma região. ▸ Fome. ◆ **A buen hambre no hay pan duro.** Quem tem fome não escolhe comida. **Huelga de hambre.** Abstinência de comida que uma pessoa ou grupo faz em sinal de protesto ou para conseguir alguma coisa. ▸ Greve de fome. **Matar el hambre.** Saciar-se, comer quando se está com muita fome. ▸ Saciar / matar a fome.

ham.brien.to, ta. [am'brjento] [am'brjento] *adj.* Que está com muita fome ou necessidade de comer. ▸ Faminto, esfomeado.

ham.bur.que.sa. [ambur'ɣesa] [ambur'ɣesa] *f. Cul.* Massa de carne moída com vários temperos, de forma redonda e achatada, que se come frita ou na chapa. ▸ Hambúrguer.

ham.bur.gue.se.rí.a. [amburɣese'ria] [amburɣese'ria] *f.* Estabelecimento em que são servidos lanches. ▸ Lanchonete e hamburgueria.

ham.pa. ['ampa] ['ampa] *f.* Ambiente e vida de marginais. ▸ Marginalidade.

háms.ter. ['xamster] ['xamhter] *m.* Mamífero roedor pouco maior que o rato. ▸ *Hamster.*
➥ *Reino animal*

han.gar. [an'gar] [an'gar] *m.* Galpão fechado para abrigo de aviões. ▸ Hangar.

ha.ra.gán, ga.na. [ara'ɣan] [ara'ɣan] *adj.* **1.** Que não quer trabalhar. Vadio. ▸ Vagabundo. **2.** Preguiçoso.

ha.ra.po. [a'rapo] [a'rapo] *m.* Roupa velha e muito usada. ▸ Farrapo.

hardware. *m. Inform.* Do inglês. Conjunto das partes físicas constituintes do computador. ▸ *Hardware.*

ha.ri.na. [a'rina] [a'rina] *f.* Pó a que se reduzem os cereais e outras sementes quando moídos. ▸ Farinha. ◆ **Ser harina de otro costal.** Ser uma coisa muito diferente do assunto de que se trata. ▸ Não ter nada ver. Ser farinha de outro saco.

har.pi.lle.ra. [arpi'ʎera] [arpi'ʃera] *f.* Tecido muito rústico e forte, usado para confeccionar sacas. ▸ Juta.

har.tar. [ar'tar] [ar'tar] *v.4. p.p. reg. hartado / irreg. harto.* **1.** Saciar o desejo de comer ou beber. ▸ Fartar. **2.** *fig.* Encher a paciência dos outros. Pentelhar, aporrinhar. ▸ Amolar. *v.p.* **3.** Satisfazer com excesso um desejo ou necessidade. ▸ Fartar-se.

har.to, ta. [ˈarto] [ˈarto] *adj.* **1.** Que está cheio e satisfeito. ▶ Farto. **2.** Que está aborrecido ou cansado de alguma coisa. ▶ Farto.

har.tu.ra. [arˈtura] [arˈtura] *f.* **1.** Abundância de coisas. ▶ Fartura. **2.** Estado de farto. ▶ Fartura.

has.ta. [ˈasta] [ˈahta] *prep.* Indica um limite no tempo, no espaço ou nas ações. ▶ Até. ♦ **Hasta que.** Até que. *Me quedo aquí hasta que vuelvas.* Fico aqui até que você volte.

has.tiar. [asˈtjar] [ahˈtjar] *v.4.* Cansar, causar aversão ou desgosto. ▶ Aborrecer.

has.tí.o. [asˈtio] [ahˈtio] *m.* **1.** Aversão a comida. ▶ Fastio. **2.** *fig.* Desgosto por tédio. ▶ Aborrecimento.

haz. [ˈaθ] [ˈas] *m.* **1.** Porção amarrada de ervas, lenha e outras coisas semelhantes. ▶ Feixe. **2.** Conjunto de raios luminosos propagados continuamente de um mesmo ponto de origem. ▶ Feixe. ▶ Facho.

ha.za.ña. [aˈθaɲa] [aˈsaɲa] *f.* Ato heroico, proeza. ▶ Façanha.

haz.me.rre.ír. [aθmereˈir] [ahmereˈir] *m.* Pessoa ridícula e extravagante que é alvo de chacota. ▶ Palhaço.

he.bi.lla. [eˈβiʎa] [eˈβiʃa] *f.* Peça que une as duas pontas de uma fita ou correia que segura alguma coisa. ▶ Fivela.

he.bra. [ˈeβra] [ˈeβra] *f.* **1.** Fio para costurar. ▶ Linha. **2.** Qualquer filamento de origem vegetal ou animal. ▶ Fio. ♦ **Pegar la hebra.** Começar uma conversa e prorrogá-la sem necessidade.

he.brai.co, ca. [eˈβraiko] [eˈβraiko] *adj.* Ver *hebreo*. ▶ Hebraico.

he.bre.o, a. [eˈβreo] [eˈβreo] *adj.* **1.** Pertencente ou relativo ao povo originário da Ásia ocidental que conquistou e habitou a Palestina, do qual descendem os atuais judeus. ▶ Hebreu, hebreia. **2.** *Rel.* Que professa o judaísmo. ▶ Hebreu, hebreia. *s.* **3.** Indivíduo desse povo. ▶ Hebreu, hebreia. *m.* **4.** *Ling.* Idioma falado pelos hebreus. Hebraico. ▶ Hebreu.

he.ca.tom.be. [ekaˈtombe] [ekaˈtombe] *f.* **1.** Sacrifício de cem bois que antigamente faziam alguns povos. ▶ Hecatombe. **2.** Mortandade de pessoas, catástrofe ou desgraça. ▶ Hecatombe.

he.chi.ce.rí.a. [etʃiθeˈria] [etʃiseˈria] *f.* Arte ou ato supersticioso de enfeitiçar. ▶ Feitiçaria.

he.chi.ce.ro, ra. [etʃiˈθero] [etʃiˈsero] *s.* Pessoa que faz magia. Mago. ▶ Feiticeiro.

he.chi.zar. [etʃiˈθar] [etʃiˈsar] *v.13.* **1.** Fazer mal a alguém por meio de práticas supersticiosas. ▶ Enfeitiçar. **2.** *fig.* Despertar admiração ou afeto. ▶ Encantar.

he.chi.zo. [eˈtʃiθo] [eˈtʃiso] *m.* Ato ou efeito de enfeitiçar. ▶ Feitiço. *Yo creo en las brujas y en sus hechizos.* Eu acredito nas bruxas e em seus feitiços.

he.cho, cha. [ˈetʃo] [ˈetʃo] *adj.* **1.** Que está realizado, acabado, maduro. ▶ Feito. *m.* **2.** Ato ou acontecimento consumado e irreversível. ▶ Fato. **3.** Ato ou comportamento notável de uma pessoa. ▶ Feito. ♦ **A lo hecho, pecho.** Indica que se deve encarar, assumir o que se fez. **De hecho.** Com efeito, efetivamente. ▶ De fato. **Eso está hecho.** Pode contar com isso. ▶ Não dá outra. **Estar hecho polvo.** Estar exausto. ▶ Estar só o pó. **¡Hecho!** Indica aceitação de um acordo. ♦ Combinado! **Hecho y derecho.** Bem formado, sem defeitos. ▶ Tudo nos conformes.

he.chu.ra. [eˈtʃura] [eˈtʃura] *f.* **1.** Ato ou efeito de fazer. ▶ Feitura. **2.** Forma exterior ou figura que se dá às coisas. ▶ Feitio.

he.der. [eˈðer] [eˈðer] *v.16.* Exalar mau cheiro. ▶ Feder.

he.dion.do, da. [eˈðjondo] [eˈðjondo] *adj.* Repugnante, nojento pelo que é e pelo que faz. ▶ Hediondo.

he.do.nis.mo. [eðoˈnismo] [eðoˈnihmo] *m.* Doutrina filosófica que considera o prazer o fim supremo da vida. ▶ Hedonismo.

he.dor. [eˈðor] [eˈðor] *m.* Cheiro desagradável e penetrante. ▶ Fedor.

he.ge.mo.ní.a. [exemoˈnia] [exemoˈnia] *f. Polít.* **1.** Supremacia que um Estado exerce sobre outros. ▶ Hegemonia. **2.** Preponderância política. ▶ Hegemonia.

he.ge.mó.ni.co, ca. [exeˈmoniko] [exeˈmoniko] *adj. Polít.* Pertencente ou relativo à hegemonia. ▶ Hegemônico.

❏ **he.la.da.** [eˈlaða] [eˈlaða] *f.* Congelamento de um líquido produzido pelo tempo frio. ▶ Geada.

❏ **he.la.de.rí.a.** [elaðeˈria] [elaðeˈria] *f.* Local em que se fazem e vendem sorvetes. ▶ Sorveteria.

he.la.de.ro, ra. [elaˈðero] [elaˈðero] *s.* **1.** Pessoa que fabrica ou vende sorvetes. ▶ Sorveteiro. *f.* **2.** Ver *nevera*. ▶ Geladeira.

he.la.do, da. [e'laðo] [e'laðo] *adj.* **1.** Muito frio. ▸ Gelado. **2.** *fig.* Diz-se de pessoa paralisada, atônita, pasma. ▸ Gelado. *m.* **3.** ❏ Doce congelado feito com suco de frutas, leite ou outros ingredientes. ▸ Sorvete.

he.lar. [e'lar] [e'lar] *v.15.* **1.** Solidificar pela ação do frio. ▸ Congelar. **2.** *fig.* Causar espanto ou medo. ▸ Gelar.

he.le.cho. [e'letʃo] [e'letʃo] *m. Bot.* Planta ornamental. ▸ Samambaia.

he.lé.ni.co, ca. [e'leniko] [e'leniko] *adj.* Pertencente ou relativo à Grécia ou aos helenos. ▸ Helênico.

he.le.nis.mo. [ele'nismo] [ele'nihmo] *m.* **1.** *Ling.* Construção própria da língua grega. ▸ Helenismo. **2.** Conjunto das ideias e costumes dos gregos. ▸ Helenismo.

he.le.nis.ta. [ele'nista] [ele'nihta] *com.* Pessoa versada na língua, cultura e literatura gregas. ▸ Helenista.

he.le.no, na. [e'leno] [e'leno] *adj.* **1.** Pertencente a qualquer um dos povos que se instalaram na Grécia e deram princípio à civilização grega. ▸ Heleno. *s.* **2.** Indivíduo desse povo. ▸ Heleno.

hé.li.ce. ['eliθe] ['elise] *f.* Conjunto de pás que giram ao redor de um eixo e produzem a força propulsora de navios e aviões. ▸ Hélice.

he.li.cóp.te.ro. [eli'koptero] [eli'koptero] *m.* Aeronave provida de uma hélice horizontal que lhe permite elevar-se e descer verticalmente. ▸ Helicóptero. ▪ *Transporte*

he.lio. ['eljo] ['eljo] *m. Quím.* Gás menos denso que o ar usado em dirigíveis e globos. ▸ Hélio.

he.li.puer.to. [eli'pwerto] [eli'pwerto] *m.* Pista destinada ao pouso e à decolagem de helicópteros, no alto de edifícios, geralmente comerciais. ▸ Heliporto.

hem.bra. ['embra] ['embra] *f.* Todo ser do sexo feminino. ▸ Fêmea.

he.me.ro.te.ca. [emero'teka] [emero'teka] *f. col.* Local no qual se guardam e ficam à disposição do público jornais, revistas e outras publicações periódicas. ▸ Hemeroteca.

he.mis.fe.rio. [emis'ferjo] [emih'ferjo] *m.* **1.** Metade de uma esfera. ▸ Hemisfério. **2.** *Geogr.* Metade da esfera terrestre, dividida pela linha do Equador. ▸ Hemisfério.

he.mo.diá.li.sis. [emo'ðialisis] [emo'ðialisis] *f. Med.* Purificação do sangue realizada artificialmente. ▸ Hemodiálise.

he.mo.fi.lia. [emo'filja] [emo'filja] *f. Med.* Doença relacionada à deficiência sanguínea. ▸ Hemofilia.

he.mo.rra.gia. [emo'raxja] [emo'raxja] *f. Med.* Extravasamento de sangue em qualquer parte do corpo. ▸ Hemorragia.

he.mo.rroi.de. [emo'rojðe] [emo'rojðe] *f. Med.* Inflamação dolorosa das veias situadas ao redor do ânus. ▸ Hemorroida.

hen.chir. [en'tʃir] [en'tʃir] *v.22.* Ocupar totalmente um espaço com algo. ▸ Encher.

hen.der. [en'der] [en'der] *v.16.* **1.** Abrir ou rachar um corpo sólido. ▸ Rachar, varar. **2.** Abrir passagem, varar, sulcar. ▸ Fender. Passar.

hen.di.du.ra. [endi'ðura] [endi'ðura] *f.* **1.** Corte profundo em um corpo sólido. ▸ Rachadura. **2.** Greta ou fenda em uma superfície. ▸ Rachadura.

he.no. ['eno] ['eno] *m.* Erva ceifada e seca para alimentação do gado. ▸ Feno.

he.pa.ti.tis. [epa'titis] [epa'titis] *f. Med.* Inflamação do fígado. ▸ Hepatite.

he.rál.di.ca. [e'raldika] [e'raldika] *f.* **1.** Estudo e arte dos brasões. ▸ Heráldica. **2.** Conjunto de emblemas e signos dos brasões. ▸ Heráldica.

he.ral.do. [e'raldo] [e'raldo] *m.* Pessoa que leva uma notícia ou mensagem. Arauto. ▸ Mensageiro, porta-voz.

her.bá.ce.o, a. [er'βaθeo] [er'βaseo] *adj. Bot.* Que tem natureza ou consistência de erva. ▸ Herbáceo.

her.bi.ci.da. [erβi'θiða] [erβi'siða] *adj.* **1.** Que tem propriedades de combater e eliminar ervas daninhas. ▸ Herbicida. *m.* **2.** Produto químico que tem essa propriedade. ▸ Herbicida.

her.bí.vo.ro, ra. [er'βiβoro] [er'βiβoro] *adj. Zool.* Que se alimenta de ervas e outros vegetais. ▸ Herbívoro.

her.bo.la.rio, ria. [erβo'larjo] [erβo'larjo] *s.* **1.** Pessoa que cultiva e vende plantas medicinais. ▸ Herbanário. *m.* **2.** Loja em que se vendem ervas e plantas medicinais. ▸ Herbanário.

her.bo.ris.te.rí.a. [erβoriste'ria] [erβorihte'ria] *f.* Ver *herbolario*[(2)]. ▸ Herbanário.

her.cú.le.o, a. [er'kuleo] [er'kuleo] *adj.* **1.** Pertencente ou relativo a Hércules. ▸ Hercúleo. **2.** *fig.* Que, como Hércules, tem força extraordinária. ▸ Hercúleo.

he.re.dad. [ere'ðaθ] [ere'ðað] *f.* Propriedade rural e geralmente de um só dono. ▸ Herdade.

he.re.dar. [ere'ðar] [ere'ðar] *v.4.* Receber, por herança, bens e direitos de um parente. ▶ Herdar.

he.re.je. [e'rexe] [e'rexe] *com. Rel.* Pessoa que mantém, com persistência, ideias consideradas equivocadas dentro de uma doutrina religiosa. ▶ Herege.

he.re.jí.a. [ere'xia] [ere'xia] *f. Rel.* Interpretação, doutrina ou sistema teológico condenado pela Igreja. ▶ Heresia.

he.ren.cia. [e'renθja] [e'rensja] *f.* Conjunto de bens, direitos e obrigações que, ao morrer uma pessoa, são transmitidos a seus herdeiros ou legatários. ▶ Herança. ♦ **Herencia genética.** *Biol.* Conjunto de caracteres que os seres vivos recebem de seus pais biológicos. ▶ Herança genética.

he.ri.da. [e'riða] [e'riða] *f.* **1.** Dano com perfuração ou corte no corpo de uma pessoa ou de um animal. ▶ Ferida. **2.** *fig.* Ofensa moral ou mágoa. ▶ Ferida.

he.ri.do, da. [e'riðo] [e'riðo] *adj.* Que sofreu uma perfuração ou corte em seu corpo. ▶ Ferido.

he.rir. [e'rir] [e'rir] *v. 22.* **1.** Causar dano, machucar uma pessoa ou animal. ▶ Ferir. **2.** Ofender uma pessoa com palavras ou escritos. ▶ Ferir.

her.ma.nar. [erma'nar] [erma'nar] *v.4.* Tornar uma pessoa irmã de outra de forma espiritual. ▶ Irmanar.

her.man.dad. [erman'ðaθ] [erman'ðað] *f.* **1.** Relação de parentesco que há entre filhos de mesmo pai e/ou mãe. Fraternidade. ▶ Irmandade. **2.** Confraria ou associação entre pessoas para um fim religioso, social ou comunitário. ▶ Irmandade.

her.ma.no, na. [er'mano] [er'mano] *s.* Indivíduo em relação ao filho ou à filha de seu pai e/ou mãe. Irmão. ♦ **Hermano gemelo.** Irmão gêmeo muito parecido ou quase idêntico. **Hermano mayor / menor.** Irmão mais velho / mais novo. **Hermano mellizo.** Irmão gêmeo. **Medio hermano.** Aquele que é irmão somente por parte de pai ou de mãe. ▶ Meio-irmão.

her.mé.ti.co, ca. [er'metiko] [er'metiko] *adj.* **1.** Diz-se do que se fecha de forma que nada pode penetrá-lo. Vedado. ▶ Hermético. **2.** *fig.* De compreensão muito difícil. Complicado. ▶ Hermético. **3.** Relativo a ciências ocultas, especialmente à alquimia. ▶ Hermético. **4.** Relativo ao ocultismo do filósofo egípcio Hermes Trismegisto. ▶ Hermético.

her.mo.so, sa. [er'moso] [er'moso] *adj.* Belo entre seus semelhantes. ▶ Formoso.

her.mo.su.ra. [ermo'sura] [ermo'sura] *f.* Qualidade de algo ou alguém que é formoso. ▶ Formosura.

hé.roe. ['eroe] ['eroe] *m.* Pessoa de valor extraordinário ou magnânimo. ▶ Herói.

he.roi.co, ca. [e'rojko] [e'rojko] *adj.* Diz-se da pessoa famosa por suas façanhas ou virtudes. ▶ Heroico.

he.ro.í.na. [ero'ina] [ero'ina] *f.* **1.** Ver *héroe*. ▶ Heroína. **2.** Substância derivada do ópio, que se usa na Medicina como sedativo e, fora dela, como entorpecente muito potente e que gera forte dependência. ▶ Heroína.

he.rra.dor. [era'ðor] [era'ðor] *m.* Profissional que faz e ajusta as ferraduras nos cavalos. ▶ Ferrador.

he.rra.du.ra. [era'ðura] [era'ðura] *f.* Peça de ferro que se ajusta e se prega aos cascos dos cavalos para protegê-los. ▶ Ferradura.

he.rra.je. [e'raxe] [e'raxe] *m.* Conjunto de peças de ferro ou de aço que se empregam em edificações, artefatos, etc. ▶ Ferragem.

he.rra.mien.ta. [era'mjenta] [era'mjenta] *f.* Instrumento ou utensílio com que trabalham alguns profissionais e artesãos. ▶ Ferramenta.

he.rrar. [e'rar] [e'rar] *v.15.* **1.** Ajustar e pregar as ferraduras aos cascos das cavalarias. ▶ Ferrar. **2.** Marcar o gado com ferro quente. ▶ Marcar.

he.rre.rí.a. [ere'ria] [ere'ria] *f.* Fábrica de ferragens. Oficina de ferreiros. ▶ Ferraria.

he.rre.ro, ra. [e'rero] [e'rero] *s.* Artífice que trabalha com ferro. ▶ Ferreiro. ♦ **En casa de herrero, cuchillo de palo.** Em casa de ferreiro, espeto de pau.

he.rrum.bre. [e'rumbre] [e'rumbre] *f. Quím.* Óxido que se forma na superfície do ferro exposto à umidade. ▶ Ferrugem.

her.vi.dor. [erβi'ðor] [erβi'ðor] *m.* Utensílio de cozinha usado para ferver líquidos, especialmente água. ▶ Chaleira.

her.vir. [er'βir] [er'βir] *v.22.* Produzir ou entrar em estado de ebulição. ▶ Ferver.

hez. ['eθ] ['es] *f.* **1.** Matéria que se deposita no fundo de um recipiente que contém um líquido. Resíduo. ▶ Sedimento. **2.** Pessoa ou coisa desprezível. ▶ Escória. *pl.* **3.** Matéria sólida que se expulsa pelo ânus. ▶ Fezes.

hi.ber.na.ción. [iβerna'θjon] [iβerna'sjon] *f. Biol.* Sono letárgico de alguns animais e vegetais no período de inverno. ▶ Hibernação.

hi.ber.nar. [iβer'nar] [iβer'nar] *v.4.* Cair ou permanecer em estado de entorpecimento. ▶ Hibernar.

hí.bri.do, da. [i'βriðo] [i'βriðo] *adj. Biol.* Originário do cruzamento de espécies diferentes que não se reproduzem. ▶ Híbrido.

hi.dal.go, ga. [i'ðalɣo] [i'ðalɣo] *s.* Denominação de origem medieval para pessoa que pertence a uma família nobre e distinta. ▶ Fidalgo.

hi.dra.ta.ción. [iðrata'θjon] [iðrata'sjon] *f.* **1.** Ato de repor água em determinado corpo. ▶ Hidratação. **2.** Tratamento estético realizado na pele ou no cabelo. ▶ Hidratação.

hi.dra.tar. [iðra'tar] [iðra'tar] *v.4.* **1.** Acrescentar água na composição de um sólido. ▶ Hidratar. **2.** Restabelecer a umidade normal de pele, cabelos, etc. ▶ Hidratar. *U.t.c.v.p.*

hi.dro.a.vión. [iðroa'βjon] [iðroa'βjon] *m.* Avião equipado com flutuadores para pousar na água. ▶ Hidroavião. → *Transporte*

hi.dro.ce.fa.lia. [iðroθe'falja] [iðrose'falja] *f. Med.* Doença caracterizada por uma dilatação anormal do encéfalo. ▶ Hidrocefalia.

hi.dró.ge.no. [i'ðroxeno] [i'ðroxeno] *m. Quím.* Gás incolor, leve e inflamável que compõe diversas substâncias, entre elas a água. ▶ Hidrogênio.

hi.dró.li.sis. [i'ðrolisis] [i'ðrolisis] *f. Quím.* Reação em que ocorre perda de água. ▶ Hidrólise.

hi.dro.lo.gí.a. [iðrolo'xia] [iðrolo'xia] *f. Geogr.* Parte das ciências naturais que estuda as águas. ▶ Hidrologia.

hi.dros.fe.ra. [iðros'fera] [iðroh'fera] *f. Geogr.* Parte da Terra coberta de água. ▶ Hidrosfera.

hie.dra. [i'jeðra] [i'jeðra] *f. Bot.* Trepadeira sempre verde, de folhas brilhantes, que cresce fixando-se nas paredes. ▶ Hera. *La fachada de mi casa está cubierta de hiedra.* A fachada da minha casa está coberta de hera.

hie.lo. ['jelo] ['jelo] *m.* Água transformada em corpo sólido por efeito do frio. ▶ Gelo. ◆ **Hielo seco.** *Quím.* Gelo seco. **Quedarse de hielo.** Ficar paralisado de susto. **Romper el hielo.** Acabar com uma situação tensa ou desagradável. ▶ Quebrar o gelo.

hie.na. ['jena] ['jena] *f.* **1.** *Zool.* Animal carnívoro que se alimenta de carniça. ▶ Hiena. **2.** *fig.* Pessoa de maus instintos, cruel. ▶ Víbora.

hier.ba. ['jerβa] ['jerβa] *f. Bot.* Qualquer planta pequena de caule tenro e que serve para pastagem. ▶ Capim, erva. ◆ **Ver crecer la hierba.** Perceber tudo o que acontece à sua volta.

hier.ba.bue.na. [jerβa'βwena] [jerβa'βwena] *f. Bot.* Tipo de planta hortense utilizada como condimento e para fazer chás. ▶ Hortelã.

hie.rro. ['jero] ['jero] *m. Quím.* Metal de extenso uso e grande número de aplicações. ▶ Ferro.

hí.ga.do. [i'ɣaðo] [i'ɣaðo] *m. Anat.* Órgão do corpo que realiza sínteses e transformações complexas de diversas substâncias. ▶ Fígado. *El consumo excesivo de bebidas alcohólicas damnifica el hígado.* O consumo excessivo de bebidas alcoólicas prejudica o fígado.

hi.gie.ne. [i'xjene] [i'xjene] *f.* **1.** *Med.* Parte da Medicina que se ocupa da prevenção de enfermidades. ▶ Higiene. **2.** Asseio pessoal e limpeza de cidades e moradias. ▶ Higiene.

hi.gi.é.ni.co, ca. [ixi'eniko] [ixi'eniko] *adj.* Pertencente ou relativo à higiene. ▶ Higiênico. ◆ **Compresa higiénica.** Absorvente descartável usado pelas mulheres para retenção do fluxo menstrual. ▶ Absorvente higiênico. **Papel higiénico.** Papel delicado que se usa para higiene após a evacuação. ▶ Papel higiênico.

hi.go. ['iɣo] ['iɣo] *m. Bot.* Fruto da figueira. ▶ Figo. ◆ **Estar hecho un higo.** Estar muito enrugado. **Higo chumbo.** *Bot.* Figo-da-índia. **Higo pasado.** *Bot.* Figo que fica quase seco e muito doce após exposto ao sol. ▶ Figo em passa.

hi.gue.ra. [i'ɣera] [i'ɣera] *f.* Pequena árvore frutífera originária da costa do Mediterrâneo. ▶ Figueira. ◆ **Estar en la higuera.** Não perceber nada, não prestar atenção. ▶ Estar no mundo da lua.

hi.jas.tro, tra. [i'xastro] [i'xahtro] *s.* Indivíduo em relação ao seu padrasto ou madrasta. ▶ Enteado.

hi.jo, ja. ['ixo] ['ixo] *s.* Indivíduo em relação aos seus pais. ▶ Filho. ◆ **Hijo de papi / papá.** Filho de pais ricos, dos quais depende totalmente. ▶ Filhinho de papai. **Hijo de puta.** *vulg.* Insulto proferido por raiva ou falta de educação. ▶ Filho da puta.

hi.jue.lo. [i'xwelo] [i'xwelo] *m. Bot.* Gomo de planta, rebento. ▶ Broto.

hi.la.cha. [i'latʃa] [i'latʃa] *f.* Fio que se desprende de um tecido. ▶ Fiapo.

hi.la.do. [i'laðo] [i'laðo] *m.* Porção de linho, lã, algodão, seda, etc. reduzida a fio. ▸ Fio.

hi.lar. [i'laɾ] [i'laɾ] *v.4.* Fazer fio com linho, lã, algodão, seda, etc. ▸ Fiar.

hi.la.ran.te. [ila'rante] [ila'rante] *adj.* Que é muito engraçado e produz alegria e riso. ▸ Hilariante. ◆ **Gas hilarante.** *Quím.* Gás anestésico que produz sensação de alegria. ▸ Gás hilariante.

hi.le.ra. [i'leɾa] [i'leɾa] *f.* Formação em fila de pessoas ou coisas. ▸ Fileira.

hi.lo. ['ilo] ['ilo] *m.* Fibra feita de plantas têxteis ou pelo de animais que se usa para costurar ou para tecelagem. ▸ Fio. ◆ **Cortar el hilo.** Interromper. **Hilo de voz.** Fio de voz. **Perder el hilo.** Perder o fio da meada.

hil.ván. [il'βan] [il'βan] *m.* Ponto largo que se dá para fixar o que será costurado. ▸ Alinhavo.

hil.va.nar. [ilβa'naɾ] [ilβa'naɾ] *v.4.* Unir a ponto largo, com alinhavos. ▸ Alinhavar.

him.no. ['imno] ['imno] *m.* **1.** Canto acompanhado de música em honra e representação de uma nação ou de um Estado. ▸ Hino. **2.** Canção em louvor de uma pessoa ou acontecimento notável. ▸ Hino.

hin.ca.pié. [inka'pje] [inka'pje] *m.* Insistência em algo que se afirma, se propõe ou se solicita. ▸ Empenho. ◆ **Hacer hincapié.** Insistir. *El presidente hizo hincapié en que todos se pronunciaran sobre el asunto.* O presidente insistiu para que todos se pronunciassem sobre o assunto.

hin.car. [in'kaɾ] [in'kaɾ] *v.7.* Cravar, fixar, introduzir uma coisa em outra. ▸ Fincar.

hin.cha. ['intʃa] ['intʃa] *com.* **1.** Seguidor entusiasta de uma equipe esportiva. ▸ Torcedor. **2.** *fig.* Pessoa que admira alguém famoso ou não. ▸ Fã.

hin.cha.ble. [in'tʃaβle] [in'tʃaβle] *adj.* Que pode aumentar de volume. ▸ Inflável.

hin.cha.da. [in'tʃaða] [in'tʃaða] *f.* **1.** Grupo de torcedores. ▸ Torcida. **2.** Grupo de fãs. ▸ Fã-clube.

hin.cha.do, da. [in'tʃaðo] [in'tʃaðo] *adj.* **1.** *fig.* Enfatuado, cheio de si. ▸ Inchado. **2.** Diz-se do estilo repleto de expressões repetidas. ▸ Redundante.

hin.char. [in'tʃaɾ] [in'tʃaɾ] *v.4.* **1.** Aumentar o volume de alguma coisa. ▸ Inchar. **2.** *Desp.* *(Arg.)* Ter predileção por um time. ▸ Torcer.

hin.cha.zón. [intʃa'θon] [intʃa'son] *m.* Aumento do volume de alguma parte do corpo por receber um golpe ou por doença. ▸ Inchaço.

hin.dú. [in'du] [in'du] *adj.* **1.** Pertencente ou relativo à Índia. ▸ Indiano, hindu. *s.* **2.** O natural ou habitante da Índia. ▸ Indiano. **3.** *Rel.* Pessoa que professa o hinduísmo ou a religião hindu. ▸ Hinduísta.

hin.duis.mo. [in'dwismo] [in'dwihmo] *m. Rel.* Religião predominante na Índia. ▸ Hinduísmo.

hi.no.jo. [i'noxo] [i'noxo] *m. Bot.* Tipo de planta silvestre usada na Medicina como condimento e em infusões. Anis. ▸ Erva-doce.

hi.pér.bo.le. [i'peɾβole] [i'peɾβole] *f. Ling.* Figura de linguagem que consiste em expressar uma ideia de maneira exagerada ou enfática. ▸ Hipérbole.

hi.per.sen.si.ble. [ipeɾsen'siβle] [ipeɾsen'siβle] *adj.* Muito sensível a estímulos físicos ou emocionais. ▸ Hipersensível.

hi.per.tex.to. [ipeɾ'teksto] [ipeɾ'tekhto] *m. Inform.* Texto digital com conexões que permitem o acesso a remissões. ▸ Hipertexto.

hi.per.vín.cu.lo. [ipeɾ'βinkulo] [ipeɾ'βinkulo] *m. Inform.* Documento digital com conexões que possibilitam o acesso a outros recursos. ▸ *Hyperlink.*

hí.pi.ca. ['ipika] ['ipika] *f. Desp.* Esporte que se pratica sobre cavalo. Equitação. ▸ Hipismo.

hí.pi.co, ca. ['ipiko] ['ipiko] *adj.* Pertencente ou relativo a cavalo. ▸ Hípico.

hip.no.tis.mo. [ipno'tismo] [ipno'tihmo] *m.* Método para produzir sono artificial. ▸ Hipnotismo.

hip.no.ti.zar. [ipnoti'θaɾ] [ipnoti'saɾ] *v.13.* Fazer cair em hipnose ou sono provocado. ▸ Hipnotizar.

hi.po. ['ipo] ['ipo] *m. Med.* Movimento convulsivo do músculo diafragma, que produz uma parada momentânea da respiração. ▸ Soluço. ◆ **De quitar el hipo.** Deslumbrante pela beleza ou pelas qualidades. ▸ De tirar o fôlego / De cair o queixo.

hi.po.a.ler.gé.ni.co, ca. [ipoaleɾ'xeniko] [ipoaleɾ'xeniko] *adj.* Que produz reação alérgica reduzida. ▸ Hipoalergênico.

hi.po.con.drí.a. [ipokon'dɾia] [ipokon'dɾia] *f. Med.* Estado de depressão e preocupação doentia com a saúde. ▸ Hipocondria.

hi.po.con.drí.a.co, ca. [ipokon'driako] [ipokon'driako] *adj. Med.* Que padece de hipocondria. ▸ Hipocondríaco.

hi.po.co.rís.ti.co, ca. [ipoko'ristiko] [ipoko'rihtiko] *adj.* Designação carinhosa, familiar ou eufêmica que se faz a alguém a partir do nome próprio. Apelido. ▸ Hipocorístico.

hi.po.cre.sí.a. [ipokɾe'sia] [ipokɾe'sia] *f.* Fingimento de um sentimento nobre que não se tem. ▸ Hipocrisia.

hi.pó.cri.ta. [i'pokrita] [i'pokrita] *adj.* Que atua com hipocrisia. Falso, mentiroso. ▸ Hipócrita. *U.t.c.com.*

hi.po.dér.mi.co, ca. [ipo'ðermiko] [ipo'ðermiko] *adj. Anat.* Que está sob a pele. Subcutâneo. ▸ Hipodérmico.

hi.pó.dro.mo. [i'poðromo] [i'poðromo] *m.* Pista em que se realizam corridas de cavalos e outros esportes hípicos. ▸ Hipódromo.

hi.po.pó.ta.mo. [ipo'potamo] [ipo'potamo] *m. Zool.* Mamífero de grande porte que se encontra geralmente em rios e lagos ou próximo a eles. ▸ Hipopótamo. → *Reino animal*

hi.po.te.car. [ipote'kaɾ] [ipote'kaɾ] *v.7.* Garantir o cumprimento de uma obrigação onerando com hipoteca um bem imóvel. ▸ Hipotecar.

hi.po.ter.mia. [ipo'termja] [ipo'termja] *f.* Baixa na temperatura normal do corpo. ▸ Hipotermia.

hi.pó.te.sis. [i'potesis] [i'potesis] *f.* 1. Suposição de algo possível ou impossível para chegar a uma conclusão. ▸ Hipótese. 2. Teoria demonstrável. ▸ Hipótese.

hi.rien.te. [i'ɾiente] [i'ɾiente] *adj.* 1. Que fere. ▸ Feridor. 2. Que provoca um dano físico ou moral, que fere. ▸ Ofensivo.

hir.su.to, ta. [iɾ'suto] [iɾ'suto] *adj.* 1. Que possui pelo cerdoso, espesso e duro. ▸ Hirsuto. 2. Que está coberto de espinhas. Eriçado. ▸ Hirsuto.

hi.so.po. [i'sopo] [i'sopo] *m.* Palito com algodão nas pontas, usado para higiene pessoal. ▸ Cotonete.

his.pá.ni.co, ca. [is'paniko] [ih'paniko] *adj.* Pertencente ou relativo aos povos e culturas de língua espanhola. ▸ Hispânico.

his.pa.nis.mo. [ispa'nismo] [ihpa'nihmo] *m.* Conjunto de estudos sobre as culturas hispânicas. ▸ Hispanismo.

his.pa.no.a.me.ri.ca.no, na. [ispanoameɾi'kano] [ihpanoameɾi'kano] *adj. e s.* Relativo aos países de língua espanhola na América. ▸ Hispano-americano.

his.pa.no.ha.blan.te. [ispanoa'βlante] [ihpanoa'βlante] *adj.* Que tem o espanhol como língua materna. ▸ Hispanofalante. *U.t.c.com.*

his.te.ria. [is'terja] [ih'terja] *f.* 1. *Med.* Atitude psicológica caracterizada pela aflição em relação ao que se deseja. ▸ Histeria. 2. Estado de excitação nervosa. ▸ Histeria.

his.té.ri.co, ca. [is'teriko] [ih'teriko] *adj.* 1. *Med.* Que padece de histeria. ▸ Histérico. 2. *fig.* Que se irrita com facilidade. ▸ Histérico.

his.to.lo.gí.a. [istolo'xia] [ihtolo'xia] *f. Med.* Ramo da Biologia que estuda os tecidos orgânicos. ▸ Histologia.

his.to.ria. [is'torja] [ih'torja] *f.* 1. *Hist.* Ciência que estuda as transformações ocorridas no desenvolvimento da humanidade no passado e no presente, considerando e avaliando as condições herdadas e seus desdobramentos futuros. ▸ História. 2. *fig.* Narração de um fato qualquer, real ou imaginário. ▸ História. ♦ **Dejarse de historias.** Deixar de histórias.

his.to.ria.dor, do.ra. [istorja'ðor] [ihtorja'ðor] *s. Hist.* Especialista em História. ▸ Historiador.

his.to.rial. [isto'rjal] [ihto'rjal] *m.* Descrição minuciosa dos antecedentes de alguém ou algo. ▸ Histórico.

his.to.rie.ta. [isto'rjeta] [ihto'rjeta] *f.* 1. Conto breve sobre algo sem importância. ▸ Historieta. 2. Série de desenhos em quadrinhos que constituem um relato. ▸ História em quadrinhos.

hi.to. ['ito] ['ito] *m.* 1. Poste de pouca altura, usado para sinalizar caminhos e estradas. Marco, mourão. ▸ Baliza. *Me perdí porque en la carretera no había hitos para señalar el camino.* Perdi-me porque na estrada não havia balizas para sinalizar o caminho. 2. Que tem grande popularidade ou sucesso. ▸ *Hit.*

ho.ci.car. [oθi'kaɾ] [osi'kaɾ] *v.7.* Remover a terra com o focinho. ▸ Afocinhar.

ho.ci.co. [o'θiko] [o'siko] *m. Zool.* Parte da cabeça de alguns animais que compreende boca, narinas e queixo. ▸ Focinho. ♦ **Meter el hocico.** Intrometer-se em assuntos alheios. ▸ Meter o focinho.

hockey. *m.* Do inglês. Ver *jóquey*. ▶ Hóquei.
➡ *Deportes*

ho.gar. [o'ɣar] [o'ɣar] *m.* **1.** Fogo de lenha para aquecimento de ambientes. ▶ Lareira. **2.** *fig.* Residência onde mora uma pessoa ou família. ▶ Lar.

ho.ga.re.ño, ña. [oɣa'reɲo] [oɣa'reɲo] *adj.* Que gosta da vida em sua casa e de sua família. ▶ Caseiro.

ho.ga.za. [oɣa'θa] [oɣa'sa] *f. Cul.* Peça inteira e grande de pão. ▶ Fogaça.

ho.gue.ra. [o'ɣera] [o'ɣera] *f.* Fogo feito ao ar livre ou na lareira, geralmente com lenha. ▶ Fogueira.

ho.ja. ['oxa] ['oxa] *f.* **1.** Lâmina delgada de qualquer material, como papel, plástico, metal, etc. ▶ Folha. **2.** *Bot.* Apêndice que se desenvolve nos ramos das plantas, geralmente de cor verde. ▶ Folha. ◆ **Hoja de afeitar.** Lâmina de barbear. **No haber vuelta de hoja.** Expressa que uma coisa é de uma forma determinada e não pode ser de outra. ▶ Não ter como mudar. *Las cosas son como son y no hay vuelta de hoja.* As coisas são como são, e não tem como mudar.

ho.ja.la.ta. [oxa'lata] [oxa'lata] *f.* Lâmina de ferro ou aço, chapa, lata. ▶ Folha de flandres.

ho.jal.dre. [o'xaldre] [o'xaldre] *m. Cul.* Massa de farinha com manteiga que, ao cozinhar-se no forno, forma folhas delgadas. ▶ Massa folhada.

ho.ja.ras.ca. [oxa'raska] [oxa'rahka] *f.* Monte de folhas que caíram das árvores. ▶ Folhagem.

ho.je.ar. [oxe'ar] [oxe'ar] *v.4.* Passar ou movimentar rapidamente as folhas de um livro. ▶ Folhear.

ho.la. ['ola] ['ola] *interj.* Expressão usada informalmente para cumprimentar-se. Olá. ▶ Oi. *¡Hola! ¿Qué tal estás?* Oi! Como vai você?

ho.lan.dés, de.sa. [olan'des] [olan'des] *adj.* **1.** Pertencente ou relativo à Holanda. ▶ Holandês. *s.* **2.** O natural ou habitante da Holanda. ▶ Holandês.

ho.lan.de.sa. [olan'desa] [olan'desa] *f.* Folha de papel de tamanho e qualidade de padrão internacional. ▶ Papel A4.

hol.ga.do, da. [ol'ɣaðo] [ol'ɣaðo] *adj.* Que é grande para o que contém. ▶ Folgado. *Siempre usa zapatos bien holgados.* Sempre usa sapatos bem folgados.

hol.gar. [ol'ɣar] [ol'ɣar] *v.55.* Ser desnecessário ou estar demais. ▶ Sobrar.

hol.ga.zán, za.na. [olɣa'θan] [olɣa'san] *adj.* Que não gosta de trabalhar, folgado. ▶ Vagabundo.

hol.ga.za.ne.rí.a. [olɣaθane'ria] [olɣasane'ria] *f.* Aversão ao trabalho. ▶ Vagabundagem.

hol.gu.ra. [ol'ɣura] [ol'ɣura] *f.* Espaço que fica entre duas peças que deveriam encaixar-se. ▶ Folga.

ho.llar. [o'ʎar] [o'ʃar] *v.19.* Comprimir algo com os pés. ▶ Pisar.

ho.llín. [o'ʎin] [o'ʃin] *m.* Fumaça poeirenta proveniente de queimada que se deposita em qualquer superfície. ▶ Fuligem.

ho.lo.caus.to. [olo'kausto] [olo'kauhto] *m.* **1.** Sacrifício que envolve a morte de seres humanos. ▶ Holocausto. **2.** *Hist.* Matança de judeus realizada pelos nazistas durante a Segunda Guerra Mundial. ▶ Holocausto.

ho.lo.gra.ma. [olo'ɣrama] [olo'ɣrama] *m.* Representação gráfica que se constitui a partir da reprodução de uma imagem tridimensional. ▶ Holograma.

hom.bra.da. [om'braða] [om'braða] *f.* Ato de um ser humano esforçado e generoso. ▶ Façanha.

hom.bre. ['ombre] ['ombre] *m.* **1.** Ser animal racional. ▶ Homem. **2.** Denominação que abrange todo o gênero humano. ▶ Homem. **3.** Pessoa do sexo masculino. ▶ Homem. *interj.* **4.** Indica surpresa, assombro. ▶ Nossa! ◆ **Hombre rana.** Homem que, munido do equipamento adequado, faz trabalhos sob a água. ▶ Mergulhador.

hom.bre.ra. [om'brera] [om'brera] *f.* Acessório de vestuário preso ao ombro das roupas. ▶ Ombreira.

hom.brí.a. [om'bria] [om'bria] *f.* Nobreza de caráter, altivez justificada. ▶ Hombridade.

hom.bro. ['ombro] ['ombro] *m. Anat.* Parte superior e lateral do corpo humano. ▶ Ombro. ◆ **Encoger-se de hombros.** Encolher os/dar de ombros. **Mirar por encima del hombro.** Desprezar uma pessoa, achar-se superior a outro. ▶ Olhar por cima dos ombros. **Tener la cabeza sobre los hombros.** Ter a cabeça no lugar. ➡ *Cuerpo humano*

hom.bru.no, na. [om'bruno] [om'bruno] *adj.* **1.** Relativo ao homem. Viril. ▶ Masculinizado. **2.** Que tem jeito de homem. ▶ Masculinizado.

ho.me.na.je. [ome'naxe] [ome'naxe] *m.* Ato que se celebra em honra a uma ou várias pessoas. ▸ Homenagem.

ho.me.ó.pa.ta. [ome'opata] [ome'opata] *com.* Médico especialista em homeopatia. ▸ Homeopata.

ho.me.o.pa.tí.a. [omeopa'tia] [omeopa'tia] *f.* Sistema de tratamento de doenças por meio de agentes que têm a propriedade de produzir em uma pessoa sadia sinais e sintomas semelhantes a essas doenças. ▸ Homeopatia.

ho.mi.ci.da. [omi'θiða] [omi'siða] *adj.* Que causa a morte de alguém. ▸ Homicida. *U.t.c.com.*

ho.mo.gé.ne.o, a. [omo'xeneo] [omo'xeneo] *adj.* Que é formado por elementos da mesma natureza ou tipo. ▸ Homogêneo.

ho.mo.lo.gar. [omolo'ɣar] [omolo'ɣar] *v.9.* **1.** Pôr duas coisas em relação de igualdade. Equiparar. ▸ Igualar. **2.** Confirmar (uma autoridade competente) um resultado ou um acordo entre partes. ▸ Homologar.

ho.mo.ni.mia. [omo'nimja] [omo'nimja] *f.* Qualidade de homônimo. ▸ Homonímia.

ho.mó.ni.mo, ma. [o'monimo] [o'monimo] *adj.* **1.** *Ling.* Diz-se de palavras com igual forma e som, mas com significados diferentes. ▸ Homônimo. **2.** Que tem o mesmo nome que outra pessoa. ▸ Xará.

ho.mo.se.xual. [omose'kswal] [omose'kswal] *adj.* **1.** Homossexual. *com.* **2.** Que tem relações sexuais com pessoas do mesmo sexo ou sente atração por elas. ▸ Homossexual.

ho.mo.se.xua.li.dad. [omosekswali'ðaθ] [omosekswali'ðað] *f.* Vínculo sexual ou atração por pessoas do mesmo sexo. ▸ Homossexualidade.

hon.da. ['onda] ['onda] *f.* Aparelho para arremesso de pedras feito com tira de couro ou corda. ▸ Estilingue.

hon.do, da. ['ondo] ['ondo] *adj.* Que tem profundidade. ▸ Profundo.

hon.do.na.da. [ondo'naða] [ondo'naða] *f. Geogr.* Espaço de terreno que está mais baixo que o circundante. ▸ Depressão, baixio.

hon.du.ra. [on'dura] [on'dura] *f.* Profundidade de uma coisa, do mar, de um poço, de uma caverna. ▸ Profundeza.

hon.du.re.ño, ña. [ondu'reɲo] [ondu'reɲo] *adj.* **1.** Pertencente ou relativo a Honduras. ▸ Hondurenho. *s.* **2.** O natural ou habitante de Honduras. ▸ Hondurenho.

ho.nes.ti.dad. [onesti'ðaθ] [onehti'ðað] *f.* Qualidade da pessoa ou daquilo que é honesto. ▸ Honestidade.

ho.nes.to, ta. [o'nesto] [o'nehto] *adj.* Que tem decoro. Decente. ▸ Honesto.

hon.go. ['ongo] ['ongo] *m.* Micro-organismo desprovido de clorofila, como os bolores e fermentos. ▸ Fungo.

ho.nor. [o'nor] [o'nor] *m.* Qualidade moral da pessoa que cumpre seus deveres com relação a si e aos outros. ▸ Honra. ♦ **Medalla de honor.** Medalha de honra.

ho.no.ra.bi.li.dad. [onoraβili'ðaθ] [onoraβili'ðað] *f.* Qualidade de quem é digno de receber honras. ▸ Honorabilidade.

ho.no.ra.ble. [ono'raβle] [ono'raβle] *adj.* Que merece respeito e admiração. ▸ Honorável.

ho.no.ra.rio, ria. [ono'rarjo] [ono'rarjo] *adj.* **1.** Que tem a honraria de um cargo como reconhecimento de méritos ou qualidades. ▸ Honorários. *m.pl.* **2.** Remuneração que recebe um profissional liberal por seus serviços. ▸ Honorários. *Ganamos la causa, pero los honorarios del abogado fueron altos.* Ganhamos a causa, mas os honorários do advogado foram altos.

hon.ra. ['onra] ['onra] *f.* Respeito que uma pessoa tem pela própria dignidade e bom nome. ▸ Honra.

hon.ra.dez. [onra'deθ] [onra'des] *f.* Integridade de caráter e retidão nas ações. ▸ Honradez.

hon.ra.do, da. [on'raðo] [on'raðo] *adj.* Que procede com honra, honestidade e integridade. ▸ Honrado.

hon.rar. [on'rar] [on'rar] *v.4.* **1.** Conferir honras. ▸ Honrar. **2.** Enaltecer uma pessoa pelos seus méritos. ▸ Honrar.

hon.ro.so, sa. [on'roso] [on'roso] *adj.* Que dá honra, que enobrece. ▸ Honroso.

ho.ra. ['ora] ['ora] *f.* Medida de tempo equivalente a uma das 24 partes em que se divide o dia solar. ▸ Hora. ♦ **A la hora de.** No momento de. **A las... horas.** Às... horas. **¿A qué hora...?** A que horas...? **Es hora de.** Está na hora de. **Horas bajas.** Momentos de desânimo. **Pedir horas.** Marcar uma entrevista profissional. **¿Qué hora es?** Que horas são? **Tener muchas horas de vuelo.** Ter muita experiência. ▸ Ter muitos quilômetros rodados.

Hora

A: ¿Qué hora es? / ¿Me puedes / puede decir la hora, por favor?
B: Es la una y cuarto.
Son las dos menos veinte.
Son las cuatro en punto.
A: ¿A qué hora vamos al cine?
B: A las diez de la noche.

ho.ra.rio, ria. [oˈrarjo] [oˈrarjo] *adj.* **1.** Relativo às horas. ▸ Horário. *m.* **2.** Quadro indicador das horas em que se devem executar determinados atos. ▸ Quadro de horários. **3.** Ponteiro indicador das horas nos relógios. ▸ Ponteiro das horas. ☞ *En el aula*

hor.cha.ta. [orˈtʃata] [orˈtʃata] *f.* Bebida refrescante própria da Espanha, preparada com o suco de um tubérculo chamado chufa, água e açúcar.

hor.da. [ˈorða] [ˈorða] *f.* **1.** Tribo nômade e selvagem. ▸ Horda. **2.** Bando de indivíduos que agem com violência. Turba. ▸ Horda.

ho.ri.zon.te. [oriˈθonte] [oriˈsonte] *m.* Círculo que limita o alcance de nossa vista da superfície terrestre, em que o céu parece juntar-se à terra. ▸ Horizonte.

hor.ma. [ˈorma] [ˈorma] *f.* Molde que se usa para fundir ou formar alguma coisa. ▸ Forma. ♦ **Encontrar (uno) la horma de su zapato.** **1.** Encontrar (alguém) a tampa de sua panela. **2.** Achar aquilo que se deseja.

hor.mi.ga. [orˈmiɣa] [orˈmiɣa] *f. Zool.* Tipo de inseto pequeno que vive em colônias. ▸ Formiga.

hor.mi.gón. [ormiˈɣon] [ormiˈɣon] *m.* Mistura de cimento, cal, areia, pedra britada e água que se usa em construções. ▸ Concreto. ♦ **Hormigón armado.** Concreto reforçado com armação de ferro ou de aço. ▸ Concreto armado.

hor.mi.go.ne.ra. [ormiɣoˈnera] [ormiɣoˈnera] *f.* **1.** Máquina que serve para fazer a mistura do concreto. ▸ Betoneira. **2.** Veículo de grande tamanho que transporta e mistura o concreto. ▸ Betoneira.

hor.mi.gue.o. [ormiˈɣeo] [ormiˈɣeo] *m. Med.* Sentir, em alguma parte do corpo, algo como se por ela estivesse caminhando um monte de formigas. Comichão. ▸ Formigamento.

hor.mo.na. [orˈmona] [orˈmona] *f.* Substância que altera as atividades de determinado órgão. ▸ Hormônio.

hor.mo.nal. [ormoˈnal] [ormoˈnal] *adj.* Que se refere a hormônios. ▸ Hormonal.

hor.na.da. [orˈnaða] [orˈnaða] *f.* Quantidade de alguma coisa que se cozinha no forno de uma só vez. ▸ Fornada.

hor.ne.ar. [orneˈar] [orneˈar] *v.4.* **1.** Trabalhar na boca do forno. ▸ Fornear. **2.** Preparar comida no forno. ▸ Assar.

hor.ne.ro, ra. [orˈnero] [orˈnero] *s.* **1.** Pessoa que tem a profissão de pôr o forno no ponto e assar o pão. ▸ Forneiro. *m.* **2.** Operário encarregado da operação e do serviço de um forno industrial. ▸ Foguista. **3.** *Zool.* Tipo de pássaro que faz seu ninho com barro e em forma de forno. ▸ João-de-barro.

hor.ni.llo. [orˈniʎo] [orˈniʃo] *m.* Utensílio pequeno portátil para cozinhar ou aquecer. ▸ Fogareiro.

hor.no. [ˈorno] [ˈorno] *m.* **1.** Construção apropriada para atingir em seu interior altas temperaturas. ▸ Forno. **2.** A parte do fogão destinada a assar. ▸ Forno. ♦ **Alto horno.** Forno especialmente construído para atingir altas temperaturas, usado na indústria siderúrgica. ▸ Alto-forno.

ho.rren.do, da. [oˈrendo] [oˈrendo] *adj.* Que causa horror. ▸ Horrendo.

ho.rri.ble. [oˈriβle] [oˈriβle] *adj.* Que repele ou dá medo. ▸ Horrível.

ho.rri.pi.lar. [oripiˈlar] [oripiˈlar] *v.4.* **1.** Fazer com que se ericem os cabelos. ▸ Arrepiar. **2.** Causar horror e espanto. ▸ Arrepiar.

ho.rrí.so.no, na. [oˈrisono] [oˈrisono] *adj.* Diz-se do som aterrador, que causa horror. ▸ Horríssono.

ho.rror. [oˈror] [oˈror] *m.* **1.** Sentimento intenso de medo ou aversão por alguma coisa ou alguém. ▸ Horror. **2.** Aquilo ou aquele que causa medo ou aversão. ▸ Horror.

ho.rro.ri.zar. [ororiˈθar] [ororiˈsar] *v.13.* Causar horror, apavorar. ▸ Horrorizar.

hor.ta.li.za. [ortaˈliθa] [ortaˈlisa] *f. Bot.* Planta que se cultiva em horta para consumo. ▸ Hortaliça.

hor.te.la.no, na. [orteˈlano] [orteˈlano] *adj.* **1.** Pertencente ou relativo a horta. ▸ Hortense. *s.* **2.** Aquele que cultiva e cuida de hortas. Hortelão. ▸ Horticultor.

hor.tí.co.la. [orˈtikola] [orˈtikola] *adj.* **1.** Pertencente ou relativo à horticultura. ▸ Hortícola. *m.* **2.** Vegetal comestível produzido em horta. ▸ Hortifrutícola.

hor.ti.cul.tu.ra. [ortikul'tura] [ortikul'tura] *f.* Arte de cultivar hortas. ▸ Horticultura.

hos.co, ca. ['osko] ['ohko] *adj.* Que não gosta da vida social. Insociável. ▸ Intratável.

hos.pe.da.je. [ospe'ðaxe] [ohpe'ðaxe] *m.* **1.** Alojamento que se dá a uma pessoa. ▸ Hospedagem. **2.** Preço que se paga por estar hospedado. ▸ Diária.

hos.pe.dar. [ospe'ðaɾ] [ohpe'ðaɾ] *v.4.* Receber como hóspede, alojar. ▸ Hospedar.

▫ **hos.pi.cio.** [os'piθjo] [oh'pisjo] *m.* Asilo para crianças pobres. ▸ Orfanato.

hos.pi.tal. [ospi'tal] [ohpi'tal] *m.* Estabelecimento destinado ao atendimento e tratamento de doentes. ▸ Hospital.

hos.pi.ta.la.rio, ria. [ospita'larjo] [ohpita'larjo] *adj.* **1.** Ambiente que hospeda. ▸ Hospitaleiro. **2.** Referente ao espaço hospitalar. ▸ Hospitalar.

hos.pi.ta.li.dad. [ospitali'ðaθ] [ohpitali'ðað] *f.* **1.** Bom recebimento e tratamento que se dá aos visitantes. ▸ Hospitalidade. **2.** Acolhida aos necessitados. ▸ Hospitalidade.

hos.que.dad. [oske'ðaθ] [ohke'ðað] *f.* Qualidade de ser intratável. ▸ Aspereza.

hos.tal. [os'tal] [oh'tal] *m.* Estabelecimento onde se hospedam viajantes. ▸ Pensão.

hos.te.rí.a. [oste'ria] [ohte'ria] *f.* Lugar que serve de pouso por um curto período de tempo. ▸ Pousada.

hos.tia. ['ostja] ['ohtja] *f.* **1.** *Rel.* Peça delgada e redonda de pão ázimo que se consagra para a comunhão dos cristãos católicos. ▸ Hóstia. **2.** ▫ *vulg.* Golpe com a mão aberta. ▸ Bofetada. ♦ **Dar una(s) / de hostia(s).** Descer a mão. **¡Hostia!** Indica surpresa, assombro, admiração. ▸ Jesus!

hos.ti.gar. [osti'ɣar] [ohti'ɣar] *v.9.* **1.** Açoitar com vara. ▸ Fustigar. **2.** Incitar alguém para que faça algo. ▸ Atiçar. **3.** Perseguir e molestar uma pessoa. ▸ Fustigar.

hos.til. [os'til] [oh'til] *adj.* Que procede com agressividade e provocações. ▸ Hostil.

hos.ti.li.zar. [ostili'θar] [ohtili'sar] *v.13.* Atacar, agredir, molestar alguém com insistência. ▸ Hostilizar.

ho.tel. [o'tel] [o'tel] *m.* Estabelecimento onde se alojam pessoas em quartos ou apartamentos mediante pagamento. ▸ Hotel.

hoy. ['oj] ['oj] *adv.* **1.** Neste dia, no dia presente. ▸ Hoje. **2.** Atualmente, neste tempo. ▸ Hoje. ♦ **Hoy (en) día.** Nos dias de hoje. ▸ Hoje em dia. **Por hoy.** Por agora.

ho.yo. ['ojo] ['ojo] *m.* Profundidade natural ou feita na terra com alguma finalidade. ▸ Buraco.

ho.yue.lo. [o'jwelo] [o'ʃwelo] *m.* Pontos presentes no queixo e na bochecha. ▸ Covinha.

hoz. ['oθ] ['os] *m.* **1.** Ferramenta de corte para ceifar. ▸ Foice. **2.** *Geogr.* Vale estreito e profundo entre montanhas. ▸ Desfiladeiro. **3.** Desembocadura de rio. ▸ Foz.

ho.zar. [o'θar] [o'sar] *v.13.* Remover e levantar a terra com o focinho. ▸ Fuçar.

hu.cha. ['utʃa] ['utʃa] *f.* Caixa de madeira ou metal para guardar dinheiro. ▸ Cofre.

hue.co, ca. ['weko] ['weko] *adj.* **1.** Que tem vazio seu interior. ▸ Oco. **2.** *fig.* Diz-se do indivíduo sem personalidade. ▸ Oco. *m.* **3.** Abertura feita em uma parede. Vão. ▸ Buraco. **4.** Espaço vazio de algumas tarefas escolares que deve ser completado. ▸ Lacuna. ♦ **Hacer un hueco.** Abrir um espaço. *Haz un hueco en tu ropero para el traje nuevo.* Abra um espaço no seu guarda-roupa para o terno novo.

huel.ga. ['welɣa] ['welɣa] *f.* Interrupção do trabalho que os trabalhadores fazem para apoiar o pedido de alguma reivindicação que os favorece. ▸ Greve. ♦ **Huelga de hambre.** Abstinência de comida que uma pessoa ou grupo faz em sinal de protesto ou para conseguir alguma coisa. ▸ Greve de fome. **Huelga general.** Suspensão do trabalho que fazem ao mesmo tempo todas as categorias de trabalhadores reivindicando alguma coisa que interessa a todas ou por motivos políticos. ▸ Greve geral.

huel.guis.ta. [wel'ɣista] [wel'ɣihta] *com.* Trabalhador ou qualquer pessoa que participa de uma greve. ▸ Grevista.

hue.lla. ['weʎa] ['weʃa] *f.* Vestígio deixado no solo pelo pé. Pegada. ▸ Rastro. ♦ **Huella dactilar / digital.** Impressão digital.

huér.fa.no, na. ['werfano] ['werfano] *adj.* Que perdeu pai e/ou mãe. ▸ Órfão. *U.t.c.s.*

hue.ro, ra. ['wero] ['wero] *adj. fig.* Vazio, sem substância. ▸ Vão. ♦ **Huevo huero.** Ovo que apodrece por não ter formado pinto. ▸ Ovo choco, gorado. **Salir huero.** Fracassar.

huer.ta. ['werta] ['werta] *f.* Terreno dedicado ao cultivo de hortaliças e árvores frutíferas. ▸ Horta.

huer.to. ['werto] ['werto] *m.* Terreno cultivado de uma chácara. ▸ Horta pequena, horto.

hue.so. ['weso] ['weso] *m. Anat.* Cada uma das peças duras que formam o esqueleto dos vertebrados. ▸ Osso. ◆ **A otro perro con ese hueso.** Indica percepção de engano ou mentira. ▸ Vá cantar em outra freguesia. **Estar calado / empapado hasta los huesos.** Estar ensopado. **Estar / Ponerse / Quedarse en los huesos.** Estar pele e osso.

hués.ped, pe.da. ['wespeθ] ['wehpeð] *s.* Pessoa que se aloja em casa de outra ou em hospedaria. ▸ Hóspede.

hue.su.do, da. [we'suðo] [we'suðo] *adj.* Que tem muito osso (mais do que carne). ▸ Ossudo.

hue.va. ['weβa] ['weβa] *f.* Conjunto formado pelos ovinhos dos peixes. ▸ Ova.

hue.ve.rí.a. [weβe'ria] [weβe'ria] *f.* Estabelecimento em que se vendem ovos. ▸ Granja.

hue.ve.ro, ra. [we'βero] [we'βero] *s.* Pessoa que trata e negocia ovos. ▸ Granjeiro.

hue.vo. ['weβo] ['weβo] *m.* Corpo formado pelas aves e outros animais, em cujo interior se desenvolve um novo indivíduo da espécie. ▸ Ovo. ◆ **Cacarear y no poner huevo.** Prometer muito e não cumprir. **Estar hasta los huevos.** Estar de saco cheio. **Huevo duro.** *Cul.* Ovo cozido. **Huevo estrellado / frito.** *Cul.* Ovo frito. **Huevos hilados.** *Cul.* Fios de ovos. **Huevo revuelto.** *Cul.* Forma de preparo do ovo. ▸ Ovo mexido.

hue.vón. [we'βon] [we'βon] *adj. vulg.* **1.** *(Amér.)* Que procede com lentidão. Lerdo. ▸ Pateta. **2.** *(Méx.)* Ver *perezoso*(1). ▸ Preguiçoso.

hui.da. ['wiða] ['wiða] *f.* Fuga precipitada de um lugar por perigo ou outro motivo que se quer evitar. ▸ Evasão.

hui.di.zo, za. [wi'ðiθo] [wi'ðiso] *adj.* **1.** Que evita relacionar-se com os outros. ▸ Fugidio. **2.** Diz-se do animal que foge e se esconde. ▸ Fugidio.

huir. ['wir] ['wir] *v.28.* Afastar-se depressa de um lugar por medo ou outro motivo. ▸ Fugir.

hu.le. ['ule] ['ule] *m.* **1.** Pano ou tecido impermeabilizado e pintado em um de seus lados. ▸ Oleado. **2.** Látex. ▸ Borracha.

hu.lla. ['uʎa] ['uʃa] *f.* Carvão fóssil, chamado mineral ou de pedra, com o qual se faz o coque, combustível de alto poder calorífero. ▸ Hulha.

hu.ma.ni.dad. [umani'ðaθ] [umani'ðað] *f.* **1.** O conjunto de pessoas que habitam a Terra. ▸ Humanidade. **2.** *Hist.* O mesmo conjunto, considerado historicamente. ▸ Humanidade. **3.** *fig.* Benevolência e afabilidade próprias de algumas pessoas. ▸ Humanidade.

hu.ma.ni.ta.rio, ria. [umani'tarjo] [umani'tarjo] *adj.* Que ama os seus semelhantes e procura o bem da humanidade. ▸ Humanitário.

hu.ma.ni.zar. [umani'θar] [umani'sar] *v.13.* Tornar humano. ▸ Humanizar.

hu.ma.no, na. [u'mano] [u'mano] *adj.* **1.** Pertencente ou relativo à humanidade. ▸ Humano. *U.t.c.s.* **2.** *fig.* Que se compadece das desgraças alheias. ▸ Humano. *m.pl.* **3.** Conjunto de todos os homens. ▸ Humanidade.

hu.ma.re.da. [uma'reða] [uma'reða] *f.* Grande quantidade de fumaça. ▸ Fumaceira.

hu.me.an.te. [ume'ante] [ume'ante] *adj.* Que está desprendendo fumaça ou vapor. ▸ Fumegante.

hu.me.ar. [ume'ar] [ume'ar] *v.4.* Lançar fumo ou um gás semelhante à fumaça. ▸ Fumegar.

hu.me.dad. [ume'ðaθ] [ume'ðað] *f.* **1.** Qualidade de úmido. ▸ Umidade. **2.** Água vaporizada que se mistura com o ar. ▸ Umidade.

hu.me.de.cer. [umeðe'θer] [umeðe'ser] *v.24.* Produzir ou causar umidade com água. ▸ Umedecer.

hú.me.do, da. ['umeðo] ['umeðo] *adj.* **1.** Que tem a natureza da água. ▸ Úmido. **2.** Levemente molhado. ▸ Úmido. **3.** *Geogr.* Diz-se da região onde chove muito. ▸ Úmido.

hu.mil.dad. [umil'ðaθ] [umil'ðað] *f.* Qualidade de ser humilde. ▸ Humildade.

hu.mil.de. [u'milde] [u'milde] *adj.* **1.** Que é simples, sem luxos nem adornos. ▸ Humilde. **2.** Que vive e procede modestamente. Despretensioso. ▸ Humilde.

hu.mi.lla.ción. [umiʎa'θjon] [umiʃa'sjon] *f.* Ato ou efeito de humilhar(-se). Vexame. ▸ Humilhação.

hu.mi.llar. [umi'ʎar] [umi'ʃar] *v.4.* **1.** Tratar alguém com desprezo ou soberba. ▸ Humilhar. *v.p.* **2.** Proceder com humildade. ▸ Ser humilde.

▢ **hu.mo.** ['umo] ['umo] *m.* **1.** Produto gasoso que se desprende dos corpos em combustão ou muito aquecidos. ▸ Fumaça. **2.** Qualidade de presunçoso, vaidoso. ▸ Presunção. ◆ **Cortina de humo.** Cortina de fumaça. **Echar humo.** *fig.* Estar muito aborrecido ou furioso. ▸ Soltar fogo / faísca.

hu.mor. [u'moɾ] [u'moɾ] *m.* **1.** *Biol.* Qualquer líquido contido no corpo de um animal. ▶ Humor. **2.** *fig.* Temperamento, gênio ou condição de uma pessoa. ▶ Humor. **3.** Veia cômica, graça. ▶ Humor. **4.** Disposição para empreender algo. ▶ Humor. ◆ **Estar de buen/mal humor.** Estar de bom/mau humor. **Humor negro.** Diversão à custa de situações que normalmente provocariam pena ou terror. ▶ Humor negro. **Sentido del humor.** Senso de humor.

hu.mo.rís.mo. [umo'ɾismo] [umo'rihmo] *m.* Maneira engraçada ou irônica de ver as coisas. ▶ Humor.

hu.mo.rís.ta. [umo'ɾista] [umo'rihta] *com.* **1.** Pessoa que escreve obras de humor. ▶ Humorista. **2.** Pessoa que atua como profissional do humorismo em espetáculos públicos. ▶ Humorista.

hu.mus. ['umus] ['umus] *m. Biol.* Terra com matéria orgânica. Terra vegetal. ▶ Húmus.

hun.di.mien.to. [undi'mjento] [undi'mjento] *m.* Ato ou efeito de afundar. ▶ Afundamento.

hun.dir. [un'diɾ] [un'diɾ] *v.6.* **1.** Fazer ir para o fundo. Submergir. ▶ Afundar. **2.** Submergir-se um navio. Naufragar. ▶ Afundar. **3.** Fracassar um negócio ou uma empresa. Ir à falência. ▶ Falir.

hún.ga.ro, ra. ['ungaɾo] ['ungaɾo] *adj.* **1.** Pertencente ou relativo à Hungria. ▶ Húngaro. *s.* **2.** O natural ou habitante da Hungria. ▶ Húngaro. *m.* **3.** *Ling.* Idioma falado na Hungria e na Transilvânia. ▶ Húngaro.

hu.ra.cán. [uɾa'kan] [uɾa'kan] *m. Meteor.* Tempestade com vento forte que gira em círculos e que é muito perigosa. ▶ Furacão. ➡ *Clima*

hu.ra.ca.na.do, da. [uɾaka'naðo] [uɾaka'naðo] *adj.* Que tem a violência ou as características de um furacão. ▶ Impetuoso.

hu.ra.ño, ña. [u'raɲo] [u'raɲo] *adj.* Que evita relacionar-se com outras pessoas. ▶ Arredio.

hur.gar. [uɾ'ɣaɾ] [uɾ'ɣaɾ] *v.9.* Revolver o interior de algo. ▶ Remexer.

hu.rra. ['ura] ['ura] *interj.* Grito de alegria ou entusiasmo. ▶ Hurra!

hur.tar. [uɾ'taɾ] [uɾ'taɾ] *v.4.* Levar ou desviar para si mesmo o que é de outro. ▶ Furtar.

hur.ta.di.llas(a). [uɾta'diʎas] [uɾta'diʃas] *loc.* Sem que ninguém perceba. ▶ Às escondidas. *Salió de la casa a hurtadillas para que no lo vieran.* Saiu da casa às escondidas para não ser visto.

hur.to. ['uɾto] ['uɾto] *m.* **1.** Ato ou efeito de furtar. ▶ Furto. **2.** Objeto furtado. ▶ Furto.

hus.me.ar. [usme'aɾ] [uhme'aɾ] *v.4.* **1.** Seguir ou acompanhar levado pelo faro. ▶ Farejar. **2.** *fig.* Procurar saber uma coisa sem alarde. ▶ Farejar. **3.** Xeretar. ▶ Fuçar.

hu.so. ['uso] ['uso] *m.* **1.** *Geogr.* Cada um dos vinte e quatro meridianos em que se divide a superfície da Terra, igualmente espaçados, que regem a mesma hora. Fuso horário. ▶ Fuso. **2.** Instrumento manual de madeira que serve para fiar. ▶ Fuso.

huy. ['ui̯] ['ui̯] *interj.* Expressão espontânea motivada por dor ou medo. ▶ Ui.

i. ['i] ['i] *f.* **1.** Nona letra do alfabeto espanhol. ▸ I. **2.** O nome dessa letra. ▸ I. ♦ **Poner los puntos sobre las íes.** Pôr os pingos nos is.

i.bé.ri.co, ca. [i'βeriko] [i'βeriko] *adj.* **1.** Pertencente ou relativo à Península Ibérica. ▸ Ibérico. *s.* **2.** O natural ou habitante dessa região da Europa. ▸ Ibérico.

i.be.ris.mo. [iβe'rismo] [iβe'rihmo] *m.* **1.** Estudo da língua e cultura dos iberos. ▸ Iberismo. **2.** *Polít.* Tendência política que preconiza a união política entre Espanha e Portugal. ▸ Iberismo.

i.be.ro.a.me.ri.ca.no, na. [iβeroameri'kano] [iβeroameri'kano] *adj.* **1.** Pertencente ou relativo aos povos das regiões da América colonizadas por Espanha ou Portugal. ▸ Ibero-americano. **2.** Que tem origem ou localização na América portuguesa e espanhola. ▸ Ibero-americano.

i.ce.berg. [iθe'βery] [ise'βery] *m. Geogr.* Grande massa de gelo flutuante que se forma nas regiões ártica e antártica da Terra. ▸ *Iceberg.*

i.co.no. [i'kono] [i'kono] *m.* **1.** Imagem religiosa. ▸ Ícone. **2.** Signo que representa um objeto ou ideia com a que mantém certa semelhança. ▸ Ícone. *U.t. í.co.no.* **3.** *m. Inform.* Representação gráfica de funcionalidades e programas presentes em aparelhos digitais. ▸ Ícone.

i.co.no.clas.ta. [ikono'klasta] [ikono'klahta] *adj.* Diz-se de algo ou de alguém que não aceita a adoração de imagens ou as destrói. ▸ Iconoclasta. *U.t.c.com.*

i.co.no.gra.fí.a. [ikonoɣra'fia] [ikonoɣra'fia] *f.* Descrição ou estudo de imagens, quadros, estátuas ou monumentos, em especial dos antigos. ▸ Iconografia.

i.da. ['iða] ['iða] *f.* Ato de ir de um lugar a outro. ▸ Ida.

i.de.a. [i'ðea] [i'ðea] *f.* **1.** Resultado do conhecimento. ▸ Ideia. **2.** Representação mental de uma coisa. ▸ Ideia. **3.** Intenção de fazer uma coisa. ▸ Ideia. **4.** Opinião formada sobre pessoas ou coisas. ▸ Ideia. ♦ **Hacerse a la idea de.** Acostumar-se com a ideia de. *No me hago a la idea de que se fue para siempre.* Não me acostumo com a ideia de que foi embora para sempre.

i.de.a.do, da. [iðe'aðo] [iðe'aðo] *adj.* Diz-se de algo que se imagina, inventa ou se fantasia. ▸ Ideado, idealizado. *Una máquina ideada por un joven aprendiz vence un importante concurso internacional.* Uma máquina idealizada por um jovem aprendiz vence um importante concurso internacional.

i.de.al. [iðe'al] [iðe'al] *adj.* **1.** Pertencente ou relativo à ideia. ▸ Ideal. **2.** Que não existe concretamente. ▸ Ideal. *m.* **3.** Aquilo que se tem como modelo. ▸ Ideal.

i.de.a.lis.mo. [iðea'lismo] [iðea'lihmo] *m.* Sistema filosófico que considera a ideia como princípio do conhecimento. ▸ Idealismo.

i.de.a.lis.ta. [iðea'lista] [iðea'lihta] *adj.* **1.** Que professa o idealismo. ▸ Idealista. **2.** Diz-se do pensamento que não considera fatores da realidade. ▸ Idealista.

i.de.a.li.za.ción. [iðealiθa'θjon] [iðealisa'sjon] *f.* Ato de idealizar. ▸ Idealização.

i.de.a.li.za.dor, do.ra. [iðealiθa'ðor] [iðealisa'ðor] *adj.* Que, em sua fantasia, cria imagens ideais. ▸ Idealizador.

i.de.a.li.zar. [iðeali'θar] [iðeali'sar] *v.13.* Atribuir a algo ou a alguém características ideais, sem embasamento material. ▸ Idealizar. *obs.:* Não se utiliza com o sentido de "planejar", "conceber" ou "inventar".

i.de.al.men.te. [iðeal'mente] [iðeal'mente] *adv.* De modo ideal. ▸ Idealmente.

i.de.ar. [iðe'ar] [iðe'ar] *v.4.* **1.** Formar ideia de uma coisa. ▸ Idear. **2.** Projetar ou inventar algo. ▸ Idear.

í.dem. ['iðem] ['iðem] *pron.* Pronome latino empregado para evitar repetições. O mesmo. ▸ Idem. *Yo quiero un bistec con patatas y él ídem.* Eu quero um bife com batatas e ele, idem. ♦ **Ídem de ídem.** O mesmo que já foi falado.

i.den.ti.ca.men.te. [iðentika'mente] [iðentika'mente] *adv.* De maneira idêntica, com identidade. ▶ Identicamente.

i.dén.ti.co, ca. [i'ðentiko] [i'ðentiko] *adj.* Que é perfeitamente igual à coisa com a qual se compara. ▶ Idêntico.

i.den.ti.dad. [iðenti'ðaθ] [iðenti'ðað] *f.* Qualidade de idêntico. ▶ Identidade. ♦ **Cédula / Tarjeta de identidad.** Carteira de identidade.

i.den.ti.fi.ca.ble. [iðentifi'kaβle] [iðentifi'kaβle] *adj.* Que pode ser identificado. ▶ Identificável.

i.den.ti.fi.ca.ción. [iðentifika'θjon] [iðentifika'sjon] *f.* Ato ou efeito de identificar ou identificar-se. ▶ Identificação.

i.den.ti.fi.car. [iðentifi'kar] [iðentifi'kar] *v.7.* **1.** Tornar idênticas duas coisas diferentes. ▶ Identificar. **2.** *Dir.* Verificar se uma pessoa ou coisa é a mesma que se supõe ser. ▶ Identificar. *v.p.* **3.** Provar a própria identidade. ▶ Identificar-se. **4.** Representar-se em semelhança ou inclusão em relação a pessoas, grupos ou atitudes. ▶ Identificar-se.

i.de.o.gra.fí.a. [iðeoɣra'fia] [iðeoɣra'fia] *f.* Representação de ideias ou palavras por meio de símbolos. ▶ Ideografia.

i.de.o.gra.ma. [iðeo'ɣrama] [iðeo'ɣrama] *m.* Imagem gráfica que representa uma ideia, especialmente aquelas que denominam os caracteres de escrita de línguas como o chinês e o japonês. ▶ Ideograma.

i.de.o.lo.gí.a. [iðeolo'xia] [iðeolo'xia] *f.* **1.** *Polít.* e *Rel.* Conjunto de ideias que caracterizam um sistema político ou religioso. ▶ Ideologia. **2.** Crença não científica referente à vida social ou política. ▶ Ideologia.

i.de.ó.lo.go, ga. [iðe'ologo] [iðe'ologo] *s.* Pessoa que que cria ou advoga uma ideologia. ▶ Ideólogo.

i.dí.li.co, ca. [i'ðiliko] [i'ðiliko] *adj.* Relativo a idílio. ▶ Idílico.

i.di.lio. [i'ðiljo] [i'ðiljo] *m.* **1.** Relação amorosa geralmente breve e intensa. ▶ Idílio. **2.** *Lit.* Composição narrativa ou poética oriunda da tradição bucólica e centrada na relação entre a vida humana e a paisagem do campo. ▶ Idílio.

i.dio.ma. [i'ðjoma] [i'ðjoma] *m. Ling.* A língua nacional, na percepção do povo que a fala. ▶ Idioma.

i.dio.má.ti.co, ca. [iðjo'matiko] [iðjo'matiko] *adj.* Que é próprio e característico de um idioma determinado. ▶ Idiomático.

i.dio.sin.cra.sia. [iðjosin'krasja] [iðjosin'krasja] *f.* Maneira de ser, sentir e comportar-se peculiar de uma pessoa ou comunidade. ▶ Idiossincrasia.

i.dio.ta. [i'ðjota] [i'ðjota] *adj.* **1.** Que tem pouca inteligência. ▶ Idiota. **2.** Que acredita ser o que não é. ▶ Idiota.

i.dio.tez. [iðjo'teθ] [iðjo'tes] *f.* Qualidade, ato ou dito próprio do idiota. ▶ Idiotice.

☐ **i.do, da.** ['iðo] ['iðo] *adj.* Que não tem juízo. Pancada. ▶ Tantã.

i.dó.la.tra. [i'ðolatra] [i'ðolatra] *adj.* Que adora ídolos. ▶ Idólatra. *U.t.c.com.*

i.do.la.trar. [iðola'trar] [iðola'trar] *v.4.* **1.** Adorar ídolos. ▶ Idolatrar. **2.** Amar excessivamente uma pessoa ou coisa. ▶ Idolatrar.

i.do.la.trí.a. [iðola'tria] [iðola'tria] *f.* **1.** Culto que se presta aos ídolos. ▶ Idolatria. **2.** Amor veemente a uma pessoa ou coisa. ▶ Idolatria.

í.do.lo. [i'ðolo] [i'ðolo] *m.* **1.** Figura ou imagem de uma divindade. ▶ Ídolo. **2.** Pessoa ou coisa excessivamente admirada. ▶ Ídolo.

i.do.nei.dad. [iðonei̯'ðaθ] [iðonei̯'ðað] *f.* Competência para exercer determinada atividade. ▶ Idoneidade.

i.dó.ne.o, a. [i'ðoneo] [i'ðoneo] *adj.* Que é competente ou adequado para alguma coisa ou atividade. ▶ Idôneo.

i.gle.sia. [i'ɣlesja] [i'ɣlesja] *f. Rel.* **1.** Templo cristão. ▶ Igreja. **2.** Conjunto de fiéis e autoridades nas diversas religiões cristãs. ▶ Igreja.

i.glú. [i'ɣlu] [i'ɣlu] *m.* Refúgio de inverno do esquimó, construído com blocos de gelo. ▶ Iglu.

ig.ni.ción. [iɣni'θjon] [iɣni'sjon] *f.* Início de uma combustão. ▶ Ignição.

ig.no.mi.nia. [iɣno'minja] [iɣno'minja] *f.* Afronta pública. ▶ Ignomínia.

ig.no.ran.cia. [iɣno'ranθja] [iɣno'ransja] *f.* **1.** Desconhecimento sobre algo. ▶ Ignorância. **2.** Falta de estudos. ▶ Ignorância.

ig.no.ran.te. [iɣno'rante] [iɣno'rante] *adj.* **1.** Que não recebeu instrução. ▶ Ignorante. **2.** Que procede com grosseria, brutalidade. ▶ Ignorante.

ig.no.rar. [iɣno'rar] [iɣno'rar] *v.4.* Não saber, desconhecer. ▶ Ignorar.

ig.no.to, ta. [iɣˈnoto] [iɣˈnoto] *adj.* Não conhecido nem descoberto. ▸ Ignoto.

i.gual. [iˈɣwal] [iˈɣwal] *adj.* **1.** Da mesma natureza, quantidade ou qualidade de outra coisa. ▸ Igual. **2.** Da mesma classe e condição. ▸ Igual. ◆ **Dar igual.** Ser indiferente. ◆ Dar na mesma. *A mí me da igual si Marco viene o no.* Para mim dá na mesma se o Marco vem ou não.

i.gua.lar. [iɣwaˈlar] [iɣwaˈlar] *v.4.* **1.** Tornar igual. ▸ Igualar. **2.** Pôr no mesmo nível. ▸ Igualar.

i.gual.dad. [iɣwalˈðaθ] [iɣwalˈðað] *f.* Conformidade ou uniformidade de uma coisa com outra, em natureza, forma, quantidade ou qualidade. ▸ Igualdade.

i.gua.li.ta.rio, ria. [iɣwaliˈtarjo] [iɣwaliˈtarjo] *adj.* Que procura a igualdade ou resulta dela. ▸ Igualitário.

i.gual.men.te. [iɣwalˈmente] [iɣwalˈmente] *adv.* Da mesma forma, do mesmo jeito. Com igualdade. ▸ Igualmente.

i.gua.na. [iˈɣwana] [iˈɣwana] *f. Zool.* Tipo de réptil americano. ▸ Iguana.

i.le.gal. [ileˈɣal] [ileˈɣal] *adj.* Que é contra a lei. ▸ Ilegal.

i.le.ga.li.dad. [ileɣaliˈðaθ] [ileɣaliˈðað] *f.* Contrariedade às leis. ▸ Ilegalidade.

i.le.gi.ble. [ileˈxiβle] [ileˈxiβle] *adj.* Que não dá condições de leitura. ▸ Ilegível.

i.le.gi.ti.mar. [ilexitiˈmar] [ilexitiˈmar] *v.4.* Tornar ilegítimo aquilo que se tinha como legítimo. ▸ Ilegitimar.

i.le.gí.ti.mo, ma. [ileˈxitimo] [ileˈxitimo] *adj.* Que é falso ou falsificado, que não é autêntico. ▸ Ilegítimo.

i.le.so, sa. [iˈleso] [iˈleso] *adj.* Que não sofreu lesão ou dano. ▸ Ileso.

i.le.tra.do, da. [ileˈtraðo] [ileˈtraðo] *adj.* Que não sabe ler nem escrever. ▸ Iletrado.

i.lí.ci.to, ta. [iˈliθito] [iˈlisito] *adj.* Que é contrário ao direito. ▸ Ilícito.

i.li.mi.ta.do, da. [ilimiˈtaðo] [ilimiˈtaðo] *adj.* Que não tem limites. ▸ Ilimitado.

i.ló.gi.co, ca. [iˈloxiko] [iˈloxiko] *adj.* Que carece de lógica ou que vai contra seus preceitos. ▸ Ilógico.

i.lu.mi.na.ción. [iluminaˈθjon] [iluminaˈsjon] *f.* **1.** Resultado de iluminar. ▸ Iluminação. **2.** Conjunto de luzes que dão claridade a um lugar. ▸ Iluminação.

i.lu.mi.na.do, da. [ilumiˈnaðo] [ilumiˈnaðo] *adj.* **1.** Diz-se de local que tem claridade. ▸ Iluminado. *s.* **2.** Diz-se de pessoa que se julga inspirada. ▸ Iluminado.

i.lu.mi.nar. [ilumiˈnar] [ilumiˈnar] *v.4.* Dar luz ou tornar claro. ▸ Iluminar.

i.lu.mi.na.ria. [ilumiˈnarja] [ilumiˈnarja] *f.* Luz que se põe como adorno ou em sinal de festa. ▸ Luminária.

i.lu.sión. [iluˈsjon] [iluˈsjon] *f.* **1.** Esperança de que algo muito desejado aconteça. ▸ Ilusão. *Ella tiene la ilusión de que algún día su hijo vuelva a casa.* Ela tem a ilusão de que algum dia seu filho volte para casa. **2.** Interpretação errônea de um fato. ▸ Ilusão. *Ella tiene la ilusión de que él la ama porque le dio un regalo de cumpleaños.* Ela tem a ilusão de que ele a ama porque lhe deu um presente de aniversário. **3.** *fig.* Complacência com alguém ou com algo. ▸ Prazer. ◆ **Hacerse ilusiones.** Ter uma expectativa errada. **Tener ilusión.** Desejar.

i.lu.sio.nar. [ilusjoˈnar] [ilusjoˈnar] *v.4.* **1.** Fazer crer em algo especialmente atrativo. ▸ Iludir. **2.** Causar ilusão. ▸ Iludir.

i.lu.sio.nis.mo. [ilusjoˈnismo] [ilusjoˈnihmo] *m.* Arte de mudar, fazer desaparecer ou aparecer objetos sem que o espectador perceba. ▸ Ilusionismo.

i.lu.sio.nis.ta. [ilusjoˈnista] [ilusjoˈnihta] *com.* Artista que pratica o ilusionismo. Prestidigitador. Mágico. ▸ Ilusionista.

i.lu.so, sa. [iˈluso] [iˈluso] *adj.* Que acredita facilmente em fantasias. ▸ Sonhador.

i.lu.so.rio, ria. [iluˈsorjo] [iluˈsorjo] *adj.* Que produz ilusão. Falso, enganoso. ▸ Ilusório.

i.lus.tra.ción. [ilustraˈθjon] [iluhtraˈsjon] *f.* **1.** Estampa, gravura ou desenho que enfeita ou ilustra um livro ou publicação. ▸ Ilustração. **2.** Conjunto de conhecimentos. ▸ Ilustração. **3.** Movimento filosófico do século XVIII. ▸ Ilustração.

i.lus.tra.do, da. [ilusˈtraðo] [iluhˈtraðo] *adj.* **1.** Que tem instrução. Culto. ▸ Ilustrado. **2.** Que traz gravuras para facilitar o entendimento do texto. ▸ Ilustrado.

i.lus.trar. [ilusˈtrar] [iluhˈtrar] *v.4.* **1.** Ornamentar um livro ou uma publicação com gravuras ou desenhos alusivos ao texto. ▸ Ilustrar. **2.** Instruir uma pessoa sobre uma ou várias matérias. ▸ Ilustrar.

i.lus.tre. [iˈlustre] [iˈluhtre] *adj.* **1.** Que se destaca por alguma qualidade notável. ▸ Ilustre. **2.** Aplica-se, em comunicações

escritas ou públicas, como tratamento, a determinadas pessoas, por seu cargo ou posição. ▸ Ilustre. *Al Ilustre Señor Presidente del Consejo, mis cordiales saludos.* Ao Ilustre Senhor Presidente do Conselho, meus cumprimentos.

i.ma.gen. [i'maxen] [i'maxen] *f.* **1.** Representação de um objeto. ▸ Imagem. **2.** Desenho, pintura ou escultura de uma divindade ou personagem sagrada. ▸ Imagem. ♦ **Ser la viva imagen de.** Parecer-se muito com. ▸ Ser a cara de. *Ese niño es la viva imagen de su padre.* Esse menino é a cara do pai.

i.ma.gi.na.ción. [imaxina'θjon] [imaxina'sjon] *f.* **1.** Faculdade de imaginar coisas. ▸ Imaginação. **2.** Imagem formada pela fantasia. ▸ Imaginação. ♦ **¡Ni por imaginación!** Nem sonhando!

i.ma.gi.nar. [imaxi'nar] [imaxi'nar] *v.4.* **1.** Criar uma coisa na imaginação, inventar. ▸ Imaginar. **2.** Supor ou suspeitar sem ter certeza. ▸ Imaginar.

i.ma.gi.na.rio, ria. [imaxi'narjo] [imaxi'narjo] *adj.* **1.** Que não existe na realidade, mas apenas na imaginação. ▸ Imaginário. *m.* **2.** Conjunto das crenças e das percepções de uma coletividade. ▸ Imaginário.

i.ma.gi.na.ti.vo, va. [imaxina'tiβo] [imaxina'tiβo] *adj.* Que está sempre pensando ou imaginando. ▸ Imaginativo.

i.ma.gi.ne.rí.a. [imaxine'ria] [imaxine'ria] *f.* Estátua ou pintura de imagens sacras.

i.mán. [i'man] [i'man] *m.* **1.** *Fís.* Óxido de ferro magnético que tem a propriedade de atrair o ferro, o aço e outros corpos. ▸ Ímã. **2.** A agulha da bússola. ▸ Ímã. **3.** Chefe religioso ou político dos muçulmanos. ▸ Imã.

i.man.tar. [iman'tar] [iman'tar] *v.4.* Dar a propriedade magnética a um corpo. ▸ Imantar.

im.ba.ti.do, da. [imba'tiðo] [imba'tiðo] *adj.* Que nunca foi vencido. ▸ Invicto.

im.bé.cil. [im'beθil] [im'besil] *adj.* Que age com pouco raciocínio. ▸ Imbecil. *U.t.c.com.*

im.ber.be. [im'berβe] [im'berβe] *adj.* Que não tem barba. ▸ Imberbe.

im.bo.rra.ble. [imbo'raβle] [imbo'raβle] *adj.* Que não se pode apagar. ▸ Indelével.

im.buir. [im'bwir] [im'bwir] *v.28.* Persuadir alguém de ou sobre alguma coisa. ▸ Infundir.

i.mi.ta.ble. [imi'taβle] [imi'taβle] *adj.* Que se pode reproduzir ou copiar. ▸ Imitável.

i.mi.ta.ción. [imita'θjon] [imita'sjon] *f.* **1.** Ato ou efeito de copiar, reproduzir, imitar. ▸ Imitação. **2.** Aquilo que foi copiado. ▸ Imitação.

i.mi.ta.dor, do.ra. [imita'ðor] [imita'ðor] *adj.* Que imita, plagia ou copia. ▸ Imitador. *U.t.c.s.*

i.mi.tar. [imi'tar] [imi'tar] *v.4.* **1.** Fazer o que os outros fazem. ▸ Imitar. **2.** Reproduzir, plagiar, copiar. ▸ Imitar.

i.mi.ta.ti.vo, va. [imita'tiβo] [imita'tiβo] *adj.* **1.** Que gosta de imitar ou de ser imitado. ▸ Imitativo. **2.** Que é fácil de imitar. ▸ Imitativo.

im.pa.cien.cia. [impa'θjenθja] [impa'sjensja] *f.* Sofreguidão produzida por algo que se espera e demora a acontecer. ▸ Impaciência.

im.pa.cien.tar. [impaθjen'tar] [impasjen'tar] *v.4.* **1.** Fazer alguém perder a paciência. ▸ Impacientar. **2.** Perder a paciência. ▸ Impacientar(-se).

im.pac.tar. [impak'tar] [impak'tar] *v.4.* **1.** Causar um choque físico. ▸ Impactar. **2.** Causar impressão com notícia ou acontecimento. ▸ Impactar.

im.pac.to. [im'pakto] [im'pakto] *m.* **1.** Choque físico entre dois objetos em movimento. ▸ Impacto. **2.** Golpe emocional que um acontecimento desastroso causa nas pessoas. ▸ Impacto.

im.par. [im'par] [im'par] *adj.* **1.** Que não tem igual, excepcional. ▸ Ímpar. **2.** *Mat.* Diz-se de cada número terminado em 1, 3, 5, 7, 9 que não pode ser dividido exatamente por 2. ▸ Ímpar. *U.t.c.s.*

im.par.cial. [impar'θjal] [impar'sjal] *adj.* Que procede com retidão e justiça, sem favorecer nem prejudicar alguém em particular. ▸ Imparcial.

im.par.tir. [impar'tir] [impar'tir] *v.6.* **1.** Repartir uma coisa. Distribuir. ▸ Dar. **2.** Comunicar uma coisa. ▸ Dar. *Los superiores imparten sus instrucciones a través de sus auxiliares.* Os superiores dão suas instruções pelos seus auxiliares. **3.** Transmitir ensinamentos. ▸ Ensinar. *El profe me dijo que imparte clases también en la universidad.* O professor me disse que ensina também na universidade.

im.pa.si.ble. [impa'siβle] [impa'siβle] *adj.* Insensível à dor ou às paixões. ▸ Impassível.

im.pa.vi.dez. [impaβi'ðeθ] [impaβi'ðes] *f.* Qualidade de impávido. ▸ Impavidez.

im.pá.vi.do, da. [im'paβiðo] [im'paβiðo] *adj.* **1.** Que não tem medo. ▸ Impávido. **2.** Que não se perturba ante situações adversas ou de perigo. ▸ Impávido.

im.pe.ca.ble. [impe'kaβle] [impe'kaβle] *adj.* **1.** Que não tem imperfeições e cujo comportamento é correto. ▸ Impecável. **2.** Que tem acabamento perfeito. ▸ Impecável.

im.pe.di.men.to. [impeði'mento] [impeði'mento] *m.* Empecilho que embaraça a realização de uma coisa. Obstáculo. ▸ Impedimento.

im.pe.dir. [impe'ðiɾ] [impe'ðiɾ] *v.53.* Impossibilitar a realização de alguma coisa. ▸ Impedir.

im.pe.ler. [impe'leɾ] [impe'leɾ] *v.5.* **1.** Empurrar para produzir movimento. ▸ Impelir. **2.** Incitar, estimular alguém a fazer alguma coisa. ▸ Impelir.

im.pe.ne.tra.ble. [impene'traβle] [impene'traβle] *adj.* **1.** Que é hermético, em que não se pode entrar. ▸ Impenetrável. **2.** *fig.* Diz-se do que não se pode compreender nem decifrar. ▸ Impenetrável.

im.pen.sa.ble. [impen'saβle] [impen'saβle] *adj.* Que é absurdo. ▸ Impensável.

im.pen.sa.do, da. [impen'saðo] [impen'saðo] *adj.* Que acontece sem pensar nem esperar. ▸ Imprevisto.

im.pe.ran.te. [impe'ɾante] [impe'ɾante] *adj.* Que se generaliza e domina em um lugar ou situação. Predominante. ▸ Imperante.

im.pe.ra.ti.vo, va. [impeɾa'tiβo] [impeɾa'tiβo] *adj.* **1.** Que impera ou manda com autoritarismo. ▸ Imperativo. **2.** *Ling.* Aplica-se ao modo verbal que expressa mandato, ordem, pedido, súplica. ▸ Imperativo.

im.per.cep.ti.ble. [imperθep'tiβle] [impersep'tiβle] *adj.* **1.** Que não se pode perceber nem distinguir. ▸ Imperceptível. **2.** Que não tem significância. ▸ Imperceptível.

im.per.di.ble. [imper'ðiβle] [imper'ðiβle] *adj.* **1.** Que não pode ser perdido. ▸ Imperdível. *m.* **2.** ☐ Alfinete de segurança.

im.per.do.na.ble. [imperðo'naβle] [imperðo'naβle] *adj.* Que não tem perdão ou não se deve perdoar. ▸ Imperdoável.

im.per.fec.to, ta. [imper'fekto] [imper'fekto] *adj.* **1.** Que teve somente início. Inconcluso. ▸ Imperfeito. **2.** Que apresenta defeito ou incorreção. ▸ Imperfeito. **3.** *Ling.* Aplica-se às formas verbais que indicam ação incompleta, especialmente no passado. ▸ Imperfeito.

im.pe.rial. [impe'rjal] [impe'rjal] *adj.* Relativo ao império ou ao imperador. ▸ Imperial.

im.pe.ria.lis.mo. [imperja'lismo] [imperja'lihmo] *m. Polít.* Atitude de um Estado que procura dominar outro pela força das armas ou pela dominação econômica. ▸ Imperialismo.

im.pe.ri.cia. [impe'ɾiθja] [impe'risja] *f.* **1.** Falta de habilidade. ▸ Imperícia. **2.** Falta de competência ou de experiência. ▸ Imperícia.

im.pe.rio.so, sa. [impe'ɾjoso] [impe'ɾjoso] *adj.* **1.** Que precisa ser tratado com urgência. ▸ Imperioso. **2.** Diz-se da ordem dada de maneira autoritária. ▸ Imperioso.

im.per.me.a.ble. [imperme'aβle] [imperme'aβle] *adj.* **1.** Que não deixa passar líquidos. ▸ Impermeável. *m.* **2.** Capa feita com tecido impermeável que protege da chuva. Impermeável. ▸ Capa de chuva.

im.per.so.nal. [imperso'nal] [imperso'nal] *adj.* **1.** Que não se refere a pessoas. ▸ Impessoal. **2.** Que não se aplica a ninguém em particular. ▸ Impessoal. **3.** *Ling.* Aplica-se aos verbos que não indicam sujeito e se empregam na 3ª pessoa, especialmente no singular. ▸ Impessoal.

im.per.ti.nen.cia. [imperti'nenθja] [imperti'nensja] *f.* **1.** Dito ou ato inconveniente, fora de propósito. ▸ Impertinência. **2.** Importunidade molesta e enfadonha. ▸ Impertinência.

im.per.ti.nen.te. [imperti'nente] [imperti'nente] *adj.* Que irrita com seus atos ou ditos. Inoportuno. ▸ Impertinente.

im.per.tur.ba.ble. [impertur'βaβle] [impertur'βaβle] *adj.* Que não se altera nem perde a tranquilidade. ▸ Imperturbável.

ím.pe.tu. ['impetu] ['impetu] *m.* **1.** Impulso violento que se dá a uma coisa. ▸ Ímpeto. **2.** Veemência e energia com que atua uma pessoa. ▸ Ímpeto.

im.pe.tuo.so, sa. [impe'twoso] [impe'twoso] *adj.* Que age por impulso, sem refletir. Precipitado. ▸ Impetuoso.

im.pí.o, a. [im'pio] [im'pio] *adj.* Que não tem religião. Agnóstico. ▸ Ímpio.

im.pla.ca.ble. [impla'kaβle] [impla'kaβle] *adj.* **1.** Que não se pode aplacar. ▸ Implacável. **2.** Inflexível, rigoroso. ▸ Implacável.

im.plan.ta.ción. [implanta'θjon] [implanta'sjon] *f.* **1.** Ato ou efeito de implantar. ▶ Implantação. **2.** Enxerto de uma coisa em outra. ▶ Implantação.

im.plan.tar. [implan'tar] [implan'tar] *v.4.* **1.** Estabelecer e pôr em execução algo novo. ▶ Implantar. **2.** Fazer implantes. Plantar, encaixar, enxertar. ▶ Implantar.

im.pli.ca.ción. [implika'θjon] [implika'sjon] *f.* Repercussão ou consequência de uma coisa. ▶ Implicação.

im.pli.car. [impli'kar] [impli'kar] *v.7.* **1.** Fazer uma pessoa participar de uma ação. Envolver. ▶ Implicar. *Simón, siendo pintor, está implicado en la organización de la exposición.* Simón, sendo pintor, está envolvido na organização da exposição. **2.** *fig.* Ter como consequência. Conter, significar, levar em si. ▶ Implicar. *La reforma de la avenida implica gastos muy altos.* A reforma da avenida implica gastos muito altos.

im.plí.ci.to, ta. [im'pliθito] [im'plisito] *adj.* **1.** Que está incluído em outra coisa. ▶ Implícito. **2.** Que se subentende. Tácito. ▶ Implícito.

im.plo.rar. [implo'rar] [implo'rar] *v.4.* Pedir com súplicas, rogar. ▶ Implorar.

im.po.lu.to, ta. [impo'luto] [impo'luto] *adj.* Que não tem mancha. Limpo e puro. ▶ Impoluto.

im.pon.de.ra.ble. [imponde'raβle] [imponde'raβle] *adj.* **1.** De peso indefinido. ▶ Imponderável. **2.** Diz-se de circunstância cujas consequências não se podem estimar. ▶ Imponderável.

im.po.nen.te. [impo'nente] [impo'nente] *adj.* **1.** Que possui alguma qualidade extraordinária. ▶ Imponente. **2.** Que se impõe por sua grandeza. Grandioso. ▶ Imponente.

im.po.ner. [impo'ner] [impo'ner] *v.40. p.p. irreg. impuesto.* Tornar obrigatório. ▶ Impor.

im.po.pu.lar. [impopu'lar] [impopu'lar] *adj.* Que não tem aceitação de outras pessoas. ▶ Impopular.

im.por.ta.ción. [importa'θjon] [importa'sjon] *f.* **1.** Aquilo que vem do exterior ou procede de outro país. ▶ Importação. **2.** Conjunto de mercadorias importadas. ▶ Importação.

im.por.tan.cia. [impor'tanθja] [impor'tansja] *f.* **1.** Qualidade daquilo que é conveniente, interessante ou imprescindível. ▶ Importância. **2.** Conceito elevado de uma pessoa por sua dignidade ou suas qualidades. ▶ Importância.

im.por.tan.te. [impor'tante] [impor'tante] *adj.* **1.** Que tem importância. ▶ Importante. **2.** Que é necessário fazer. ▶ Importante.

im.por.tar. [impor'tar] [impor'tar] *v.4.* **1.** Introduzir em um país mercadorias estrangeiras. ▶ Importar. **2.** Ter importância, ter valor para alguém. ▶ Importar. ◆ **Importar un bledo / cuerno / pito / pepino / rabo.** Não importar nada. **¿(Y) A mí qué me importa?** E (o que tenho) eu com isso? *Si quieres comer o no, ¿a mí qué me importa?* Se você quer comer ou não, o que eu tenho com isso?

im.por.te. [im'porte] [im'porte] *m.* Montante de um crédito, dívida ou saldo. ▶ Quantia.

im.por.tu.nar. [importu'nar] [importu'nar] *v.4.* Incomodar com repetidas súplicas ou pretensões. ▶ Importunar.

im.po.si.bi.li.ta.do, da. [imposiβili'tado] [imposiβili'tado] *adj.* Que não pode exercer ou desempenhar uma função ou atividade. ▶ Impossibilitado.

im.po.si.bi.li.tar. [imposiβili'tar] [imposiβili'tar] *v.4.* **1.** Tirar a possibilidade de fazer alguma coisa. ▶ Impossibilitar. **2.** Tornar impossível, impedir. ▶ Impossibilitar.

im.po.si.ble. [impo'siβle] [impo'siβle] *adj.* **1.** Que não pode acontecer ou que é muito difícil que aconteça. ▶ Impossível. **2.** *fig.* Diz-se de estado de pessoa ou do assunto enfadonho, intolerável. ▶ Impossível. *Cuando está de mal humor se pone imposible; lo mejor es dejarlo solo.* Quando está de mau humor fica impossível; é melhor deixá-lo sozinho. **3.** Que não se consegue porque está fora do alcance. ▶ Impossível.

im.po.si.ción. [imposi'θjon] [imposi'sjon] *f.* Ato de impor. ▶ Imposição.

im.pos.ter.ga.ble. [imposter'ɣaβle] [impohter'ɣaβle] *adj.* Que não se pode adiar ou deixar para trás. ▶ Impostergável.

im.pos.tor, to.ra. [impos'tor] [impoh'tor] *s.* Pessoa que assume a identidade de outra, fazendo-se passar por quem não é. ▶ Impostor. *U.t.c.adj.*

im.pos.tu.ra. [impos'tura] [impoh'tura] *f.* Artifício para iludir. ▶ Impostura.

im.prac.ti.ca.ble. [imprakti'kaβle] [imprakti'kaβle] *adj.* **1.** Que não se pode executar. ▶ Impraticável. **2.** Diz-se de caminho ou lugar intransitável. ▶ Impraticável.

im.pre.ca.ción. [impɾeka'θjon] [impɾeka'sjon] *f.* Ato de rogar praga contra algo ou alguém. Maldição. ▸ Imprecação.

im.pre.car. [impɾe'kaɾ] [impɾe'kaɾ] *v.7.* Expressar desejo de que alguém sofra mal ou dano. Praguejar. ▸ Imprecar.

im.pre.ci.sión. [impɾeθi'sjon] [impɾesi'sjon] *f.* Indefinição ou ambiguidade no que se diz ou faz. ▸ Imprecisão.

im.pre.ci.so, sa. [impɾe'θiso] [impɾe'siso] *adj.* **1.** Que não é determinado ou exato. ▸ Impreciso. **2.** Que apresenta ambiguidade ou indefinição. ▸ Impreciso.

im.preg.nar. [impɾeɣ'naɾ] [impɾeɣ'naɾ] *v.4.* Molhar uma coisa até que não absorva mais líquido. ▸ Impregnar.

im.pren.ta. [im'pɾenta] [im'pɾenta] *f.* **1.** Atividade de imprimir. ▸ Impressão. **2.** Oficina na qual se imprime. ▸ Gráfica. **3.** Máquina para imprimir. ▸ Impressora. ◆ **En imprenta.** No prelo. **Letra de imprenta.** Letra bastão/letra de forma.

im.pres.cin.di.ble. [impɾesθin'diβle] [impɾesin'diβle] *adj.* Que é absolutamente necessário, de que não se pode abrir mão. ▸ Imprescindível.

im.pre.sión. [impɾe'sjon] [impɾe'sjon] *f.* **1.** Resultado de imprimir. ▸ Impressão. **2.** *fig.* Sensação causada por alguém ou algum acontecimento extraordinário. ▸ Impressão.

im.pre.sio.na.ble. [impɾesjo'naβle] [impɾesjo'naβle] *adj.* Fácil de impressionar ou de receber impressões. ▸ Impressionável.

im.pre.sio.nan.te. [impɾesjo'nante] [impɾesjo'nante] *adj.* Que causa grande admiração ou assombro. ▸ Impressionante.

im.pre.sio.nar. [impɾesjo'naɾ] [impɾesjo'naɾ] *v.4.* **1.** Causar impressão. Comover. ▸ Impressionar. **2.** Fixar uma ideia ou sentimento no ânimo de outro. ▸ Impressionar.

im.pre.sio.nis.mo. [impɾesjo'nismo] [impɾesjo'nihmo] *m.* Tendência artística que tenta reproduzir a percepção dinâmica das cores e formas. ▸ Impressionismo.

im.pre.so.ra. [impɾe'soɾa] [impɾe'soɾa] *f. Inform.* Equipamento periférico que se conecta a um computador para imprimir os resultados de um processamento. ▸ Impressora.

im.pre.vi.si.ble. [impɾeβi'siβle] [impɾeβi'siβle] *adj.* Que não se pode prever. ▸ Imprevisível.

im.pre.vis.to, ta. [impɾe'βisto] [impɾe'βihto] *adj.* Diz-se de acontecimento ou fato súbito, inesperado. ▸ Imprevisto. *U.t.c.s.*

im.pri.mir. [impɾi'miɾ] [impɾi'miɾ] *v.6. p.p. reg. imprimido / irreg. impreso.* Estampar em papel ou outro material letras ou outros caracteres gráficos por um processo adequado. ▸ Imprimir.

im.pro.ba.ble. [impɾo'βaβle] [impɾo'βaβle] *adj.* Que não é provável. ▸ Improvável.

ím.pro.bo, ba. ['impɾoβo] ['impɾoβo] *adj.* **1.** Que procede com más intenções. ▸ Ímprobo. **2.** Relativo ao trabalho ou esforço excessivo. ▸ Ímprobo. *Fue un trabajo ímprobo desviar las aguas que inundaban la ciudad.* Foi um esforço ímprobo desviar as águas que alagavam a cidade.

im.pro.ce.den.te. [impɾoθe'ðente] [impɾose'ðente] *adj.* **1.** Que não é oportuno ou conveniente. ▸ Improcedente. **2.** Que não se justifica. ▸ Improcedente.

im.pro.duc.ti.vo, va. [impɾoðuk'tiβo] [impɾoðuk'tiβo] *adj.* Que não produz. Estéril. ▸ Improdutivo.

im.pro.nun.cia.ble. [impɾonun'θjaβle] [impɾonun'sjaβle] *adj.* **1.** Impossível ou muito difícil de pronunciar. ▸ Impronunciável. **2.** Que não deve ser dito para não ofender. ▸ Impronunciável.

im.pro.pe.rio. [impɾo'peɾjo] [impɾo'peɾjo] *m.* Injúria grave dita diretamente a uma pessoa. ▸ Impropério.

im.pro.pio, pia. [im'pɾopjo] [im'pɾopjo] *adj.* **1.** Que não tem as qualidades que convém. ▸ Impróprio. **2.** Que é estranho ou não corresponde a uma pessoa ou coisa. ▸ Impróprio.

im.pro.rro.ga.ble. [impɾoro'ɣaβle] [impɾoro'ɣaβle] *adj.* **1.** Que não se pode prorrogar. ▸ Improrrogável. **2.** Que deve acabar no prazo ou tempo fixado. ▸ Improrrogável.

im.pro.vi.sa.ción. [impɾoβisa'θjon] [impɾoβisa'sjon] *f.* Ato ou efeito de improvisar. ▸ Improvisação.

im.pro.vi.sar. [impɾoβi'saɾ] [impɾoβi'saɾ] *v.4.* Fazer uma coisa sem prévia preparação. ▸ Improvisar.

im.pro.vi.so, sa. [impɾo'βiso] [impɾo'βiso] *adj.* Que se realiza sem planejamento. ▸ Improviso. ◆ **De improviso.** Sem preparação prévia. ▸ De improviso.

im.pru.den.cia. [impɾu'ðenθja] [impɾu'ðensja] *f.* **1.** Ato ou dito inconveniente. ▸ Imprudência. **2.** Negligência que pode ter consequências graves. ▸ Imprudência.

im.pru.den.te. [impɾu'ðente] [impɾu'ðente] *adj.* **1.** Que não tem prudência. ▸ Imprudente.

2. Que não prevê as consequências de seus atos. ▸ Imprudente.

im.pu.bli.ca.ble. [impuβli'kaβle] [impuβli'kaβle] *adj.* Que não se permite publicar, por seu conteúdo ou natureza. ▸ Impublicável.

im.pues.to, ta. [im'pwesto] [im'pwehto] *adj.* **1.** Que não se faz ou recebe de espontânea vontade. ▸ Imposto. *m.* **2.** Tributo que as pessoas e as organizações pagam obrigatoriamente ao Governo. ▸ Imposto.

im.pug.nar. [impuɣ'nar] [impuɣ'naɾ] *v.4.* **1.** Declarar contrariedade. ▸ Refutar. **2.** Dizer em contrário. ▸ Contradizer. **3.** Demonstrar oposição. ▸ Opor-se. **4.** Contestar a validade de. ▸ Impugnar.

im.pul.sar. [impul'sar] [impul'saɾ] *v.4.* **1.** Estimular alguém a fazer alguma coisa. Impulsionar. ▸ Impelir. *La ilusión de una posición brillante lo impulsa a estudiar intensamente.* A ilusão de uma posição de destaque o impele a estudar intensamente. **2.** *fig.* Levar a algum ponto. ▸ Impulsionar. **3.** Pôr em movimento um objeto aplicando uma força. Impulsionar. ▸ Impelir. **4.** Incentivar, promover uma ação ou atividade. ▸ Impulsionar. *Las ventas de Navidad impulsan el comercio.* As vendas de Natal impulsionam o comércio.

im.pul.si.vo, va. [impul'siβo] [impul'siβo] *adj.* Diz-se da pessoa que atua sem pensar nas consequências de seus atos. ▸ Impulsivo.

im.pul.so. [im'pulso] [im'pulso] *m.* **1.** Força que leva um corpo ao movimento. ▸ Impulso. **2.** Motivo que induz a fazer algo de maneira súbita. ▸ Impulso. ♦ **Coger / Tener impulso.** Tomar impulso. *Los atletas corren para tener impulso cuando saltan.* Os atletas correm para tomar impulso quando saltam.

im.pul.sor, so.ra. [impul'sor] [impul'soɾ] *adj.* Que dá impulso ou estimula. ▸ Impulsor.

im.pu.ne. [im'pune] [im'pune] *adj.* Que merece castigo, porém não o recebeu. ▸ Impune.

im.pu.ni.dad. [impuni'ðaθ] [impuni'ðað] *f.* Falta de castigo merecido. ▸ Impunidade.

im.pun.tual. [impun'twal] [impun'twal] *adj.* Que não está ou não chega na hora marcada. ▸ Impontual.

im.pu.re.za. [impu'reθa] [impu'resa] *f.* **1.** Condição de impuro. ▸ Impureza. **2.** Matéria estranha que se encontra em uma substância e a contamina. ▸ Impureza.

im.pu.ro, ra. [im'puro] [im'puɾo] *adj.* Que está contaminado ou adulterado. ▸ Impuro.

im.pu.tar. [impu'tar] [impu'taɾ] *v.4.* Atribuir a alguém a responsabilidade ou culpa por algum delito ou falta. ▸ Imputar.

i.na.ca.ba.do, da. [inaka'βaðo] [inaka'βaðo] *adj.* **1.** Não terminado. ▸ Inacabado. **2.** Imperfeito por falta de acabamento. ▸ Inacabado.

i.nac.ce.si.ble. [inakθe'siβle] [inakse'siβle] *adj.* Que não se pode alcançar ou aonde não se pode chegar. ▸ Inacessível.

i.nac.ción. [inak'θjon] [inak'sjon] *f.* Inércia ou falta de ação. ▸ Inação.

i.na.cep.ta.ble. [inaθep'taβle] [inasep'taβle] *adj.* Que não pode ser aceito ou admitido. ▸ Inaceitável.

i.nac.ti.vo, va. [inak'tiβo] [inak'tiβo] *adj.* **1.** Que não tem ação nem movimento. Inerte. ▸ Inativo. **2.** Que não está em atividade. ▸ Inativo.

i.na.dap.ta.do, da. [inaðap'taðo] [inaðap'taðo] *adj.* Que não se sente bem onde está ou com o que faz. ▸ Inadaptado.

i.na.de.cua.do, da. [inade'kwaðo] [inade'kwaðo] *adj.* Que não é adequado à finalidade que se pretende. ▸ Inadequado.

i.nad.mi.si.ble. [inadmi'siβle] [inadmi'siβle] *adj.* Que não se pode admitir. ▸ Inadmissível.

i.na.go.ta.ble. [inaɣo'taβle] [inaɣo'taβle] *adj.* Que não se acaba. Inextinguível. ▸ Inesgotável. *Los recursos naturales no son inagotables.* Os recursos naturais não são inesgotáveis.

i.na.guan.ta.ble. [inaɣwan'taβle] [inaɣwan'taβle] *adj.* Que não se pode aguentar ou sofrer. ▸ Insuportável. *La situación de los niños en zonas de guerra es inaguantable.* A situação das crianças em zonas de guerra é insuportável.

i.na.lám.bri.co, ca. [ina'lambriko] [ina'lambriko] *adj.* Relativo ao sistema de comunicação elétrica sem fio condutor. ▸ Sem fio. ♦ **Teléfono inalámbrico.** Telefone sem fio.

i.na.lie.na.ble. [inalje'naβle] [inalje'naβle] *adj.* Que não se pode transferir ou ceder. ▸ Inalienável.

i.nal.te.ra.ble. [inalte'raβle] [inalte'raβle] *adj.* Que não se altera nem pode ser alterado. ▸ Inalterável.

i.na.ni.ción. [inani'θjon] [inani'sjon] *f. Med.* Estado grave de fraqueza por falta de alimentação ou doença prolongada. ▸ Inanição.

i.na.ni.ma.do, da. [inani'maðo] [inani'maðo] *adj.* Que perdeu os sentidos ou não tem vida. Desacordado. ▸ Inanimado.

i.na.pe.ten.cia. [inape'tenθja] [inape'tensja] *f.* Falta de apetite ou de vontade de comer. ▸ Inapetência.

i.na.pe.ten.te. [inape'tente] [inape'tente] *adj.* Que não tem apetite. ▸ Inapetente.

i.na.pla.za.ble. [inapla'θaβle] [inapla'saβle] *adj.* Que não pode ser adiado. Urgente. ▸ Inadiável.

i.na.pli.ca.ble. [inapli'kaβle] [inapli'kaβle] *adj.* Que não tem aplicação em ou para aquilo que se pretende. ▸ Inaplicável.

i.na.pre.cia.ble. [inapre'θjaβle] [inapre'sjaβle] *adj.* Que não se pode apreciar por ser de muito valor ou mérito ou por ser muito pequeno. Inestimável. ▸ Inapreciável.

i.na.pro.pia.do, da. [inapro'pjaðo] [inapro'pjaðo] *adj.* Diz-se do que não é apropriado, do que é impróprio. ▸ Inapropriado. *Hablar alto durante un evento es inapropiado.* Falar alto durante um evento é inapropriado.

i.na.se.qui.ble. [inase'kiβle] [inase'kiβle] *adj.* Impossível de obter ou de alcançar. ▸ Inacessível.

i.na.sis.ten.cia. [inasis'tenθja] [inasih'tensja] *f.* **1.** Falta de pessoas presentes. ▸ Ausência. **2.** Falta de ajuda ou socorro. ▸ Desassistência.

i.nau.di.ble. [inaṷ'ðiβle] [inaṷ'ðiβle] *adj.* Que não se pode ouvir. ▸ Inaudível.

i.nau.di.to, ta. [inaṷ'ðito] [inaṷ'ðito] *adj.* Nunca ouvido. Surpreendente. ▸ Inaudito.

i.nau.gu.ra.ción. [inaṷɣura'θjon] [inaṷɣura'sjon] *f.* Ato inaugural de uma atividade ou estabelecimento. ▸ Inauguração.

i.nau.gu.rar. [inaṷɣu'rar] [inaṷɣu'rar] *v.4.* Abrir pela primeira vez. Estrear. ▸ Inaugurar.

in.ca. ['inka] ['inka] *adj.* **1.** Pertencente ou relativo ao povo indígena que, até a chegada dos espanhóis, habitava a região oeste da América do Sul. ▸ Inca. *U.t.c.m.pl. com.* **2.** O natural ou habitante dessa região. ▸ Inca. *m.* **3.** Denominação que se dava ao soberano que governava o império incaico. ▸ Inca.

in.cal.cu.la.ble. [inkalku'laβle] [inkalku'laβle] *adj.* Que não se pode calcular. ▸ Incalculável.

in.can.des.cen.cia. [inkandes'θenθja] [inkandeh'sensja] *f.* Qualidade de incandescente. ▸ Incandescência.

in.can.des.cen.te. [inkandes'θente] [inkandeh'sente] *adj. Fís.* Diz-se da matéria que fica vermelha ou branqueia pela ação do calor. ▸ Incandescente.

in.can.sa.ble. [inkan'saβle] [inkan'saβle] *adj.* Que nunca se cansa. Infatigável. ▸ Incansável.

in.ca.pa.ci.dad. [inkapaθi'ðað] [inkapasi'ðað] *f.* Falta de condições físicas ou de inteligência para realizar alguma coisa. ▸ Incapacidade.

in.ca.pa.ci.tar. [inkapaθi'tar] [inkapasi'tar] *v.4.* **1.** Tornar incapaz. ▸ Incapacitar. **2.** Inabilitar uma pessoa para realizar determinados atos. ▸ Incapacitar.

in.ca.paz. [inka'paθ] [inka'pas] *adj.* **1.** Que não tem capacidade para fazer uma coisa. Inapto. ▸ Incapaz. **2.** *fig.* Desprovido de talento. ▸ Incapaz.

in.cau.tar. [inkaṷ'tar] [inkaṷ'tar] *v.4. v.p.* Tomar posse legalmente de dinheiro ou bens de uma pessoa. ▸ Confiscar.

in.cau.to. [in'kaṷto] [in'kaṷto] *adj.* **1.** Que não tem cautela. Imprudente. ▸ Incauto. **2.** Ingênuo, fácil de enganar. ▸ Incauto.

in.cen.diar. [inθen'djar] [insen'djar] *v.4.* Atear fogo, fazer arder. ▸ Incendiar.

in.cen.dia.rio, ria. [inθen'djarjo] [insen'djarjo] *adj.* **1.** Diz-se de artefato preparado para produzir incêndio. ▸ Incendiário. *m.* **2.** Pessoa que coloca fogo em alguma coisa. ▸ Incendiário.

in.cen.dio. [in'θendjo] [in'sendjo] *m.* Fogo que se propaga causando desastre. ▸ Incêndio.

in.cen.ti.var. [inθenti'βar] [insenti'βar] *v.4.* Estimular para que algo se amplie ou aumente. ▸ Incentivar.

in.cen.ti.vo. [inθen'tiβo] [insen'tiβo] *m.* Aquilo que incentiva. Estímulo. ▸ Incentivo.

in.cer.ti.dum.bre. [inθerti'ðumbre] [inserti'ðumbre] *f.* Falta de certeza ou segurança sobre uma coisa. Hesitação. Dúvida. ▸ Incerteza.

in.ce.san.te. [inθe'sante] [inse'sante] *adj.* Que se processa de forma contínua, ininterrupta. ▸ Incessante.

in.ces.to. [in'θesto] [in'sehto] *m.* Relação carnal entre parentes dentro dos graus de parentesco em que se proíbe o matrimônio. ▸ Incesto. *La obra* Edipo Rey, *de Sófocles, trae la historia de incesto más conocida de la Literatura.* A obra *Édipo Rei*, de Sófocles, traz a história de incesto mais conhecida da Literatura.

in.ci.den.cia. [inθi'ðenθja] [insi'ðensja] *f.* **1.** Qualidade ou caráter do que é incidente.

▶ Incidência. **2.** Número de casos em porcentagem ou, generalizando, sua repercussão em algo. ▶ Incidência.

in.ci.den.tal. [inθiðen'tal] [insiðen'tal] *adj.* Diz-se de fato ocasional e sem importância relacionado com um assunto principal. ▶ Incidental.

in.ci.den.te. [inθi'ðente] [insi'ðente] *m.* **1.** Algo que sobrevém relacionado com um acontecimento principal. ▶ Incidente. *U.t.c.adj. Un incidente inesperado lo obligó a reconsiderar el asunto.* Um incidente inesperado obrigou-o a reconsiderar o assunto. **2.** Ato de violência física ou verbal, de curta duração. ▶ Incidente. *La violenta discusión entre dos diputados fue un incidente deplorable.* A violenta discussão entre dois deputados foi um incidente deplorável.

in.ci.dir. [inθi'ðiɾ] [insi'ðiɾ] *v.6.* Causar efeito uma coisa em outra. ▶ Incidir.

in.cien.so. [in'θjenso] [in'sjenso] *m.* Resina aromática, extraída de certas árvores, que se queima em determinadas cerimônias religiosas ou para perfumar o ambiente. ▶ Incenso.

in.cier.to, ta. [in'θjerto] [in'sjerto] *adj.* Que não é seguro. ▶ Incerto.

in.ci.ne.ra.ción. [inθineɾa'θjon] [insineɾa'sjon] *f.* Resultado de incinerar. ▶ Incineração.

in.ci.ne.rar. [inθine'raɾ] [insine'raɾ] *v.4.* Queimar uma coisa até ficar reduzida a cinzas. ▶ Incinerar.

in.ci.pien.te. [inθi'pjente] [insi'pjente] *adj.* Que está começando. Principiante. ▶ Incipiente.

in.ci.sión. [inθi'sjon] [insi'sjon] *f.* **1.** Abertura que se faz com um instrumento cortante. ▶ Incisão. **2.** *Med.* Corte que faz o cirurgião para operar. ▶ Incisão.

in.ci.si.vo, va. [inθi'siβo] [insi'siβo] *adj.* **1.** Que serve ou é próprio para cortar ou abrir. ▶ Incisivo. *m.* **2.** *Anat.* Dente que é próprio para cortar os alimentos. ▶ Incisivo.

in.ci.so, sa. [in'θiso] [in'siso] *adj.* **1.** Que está marcado, gravado ou cortado. ▶ Inciso. **2.** *Ling.* Diz-se de frase que se intercala em um texto para algum esclarecimento. ▶ Inciso.

in.ci.tar. [inθi'taɾ] [insi'taɾ] *v.4.* Estimular alguém a executar alguma coisa. ▶ Incitar.

in.cle.men.cia. [inkle'menθja] [inkle'mensja] *f.* **1.** Falta de piedade. ▶ Inclemência. **2.** Rigor do tempo. ▶ Inclemência.

in.cli.na.ción. [inklina'θjon] [inklina'sjon] *f.* Ato ou efeito de inclinar(-se). ▶ Inclinação.

in.cli.nar. [inkli'naɾ] [inkli'naɾ] *v.4.* **1.** Desviar uma coisa do prumo. ▶ Inclinar. **2.** *fig.* Persuadir alguém a que faça ou diga o que duvidava fazer ou dizer. ▶ Inclinar. *v.p.* **3.** Mostrar tendência ou propensão. ▶ Inclinar-se.

in.cluir. [in'klwiɾ] [in'klwiɾ] *v.28. p.p. reg. incluido/ irreg. incluso.* **1.** Anexar alguma coisa, real ou figurativamente. ▶ Incluir. **2.** Conter, abranger. ▶ Incluir.

in.clu.sión. [inklu'sjon] [inklu'sjon] *f.* Ato de incluir. ▶ Inclusão.

in.clu.si.ve. [inklu'siβe] [inklu'siβe] *adv.* Com inclusão de pessoa ou coisa. ▶ Inclusive. *Hay que leer entre las páginas once y veinte, ambas inclusive.* Devem ser lidas as páginas de 11 a 20, ambas inclusive.

in.clu.so, sa. [in'kluso] [in'kluso] *adj.* **1.** Que foi incluído. ▶ Incluso. *adv.* **2.** Com inclusão de uma pessoa ou coisa. ▶ Inclusive. *prep.* **3.** Indica maior força ou grau em uma comparação. Até. ▶ Inclusive. *Es una situación delicada, incluso peligrosa.* É uma situação delicada, inclusive perigosa. **4.** Indica uma dificuldade que não impede que se realize uma ação. Até mesmo. ▶ Inclusive. *Incluso sin equipamiento, conseguiré escalar la montaña.* Inclusive sem equipamento, eu conseguirei escalar a montanha.

in.cóg.ni.to, ta. [in'koɣnito] [in'koɣnito] *adj.* **1.** Que não quer ser reconhecido. Desconhecido. ▶ Incógnito. **2.** Que não se conhece. Desconhecido. ▶ Incógnito. ◆ **De incógnito.** Sem dar-se a conhecer. Secretamente. *El príncipe viajaba de incógnito porque quería pasar inadvertido.* O príncipe viajava secretamente porque queria passar despercebido.

in.co.he.ren.cia. [inkoe'ɾenθja] [inkoe'ɾensja] *f.* Falta de relação lógica entre coisas que deveriam estar relacionadas. ▶ Incoerência.

in.co.he.ren.te. [inkoe'ɾente] [inkoe'ɾente] *adj.* Que não possui uma relação lógica entre suas partes. Discrepante. ▶ Incoerente.

in.co.lo.ro, ra. [inko'loɾo] [inko'loɾo] *adj.* Que não tem cor. ▶ Incolor.

in.co.mo.dar. [inkomo'ðaɾ] [inkomo'ðaɾ] *v.4.* **1.** Causar desconforto. ▶ Incomodar. **2.** Molestar ou aborrecer uma pessoa. ▶ Incomodar.

in.co.mo.di.dad. [inkomoði'ðaθ] [inkomoði'ðað] *f.* Falta de comodidade. ▶ Desconforto.

in.có.mo.do, da. [in'komoðo] [in'komoðo] *adj.* **1.** Que não tem comodidade. ▶ Incômodo. **2.** Que incomoda, molesta, aborrece. ▶ Incômodo.

in.com.pa.ra.ble. [inkompa'raβle] [inkompa'raβle] *adj.* Que não pode ser comparado a coisa ou pessoa alguma. Único. ▶ Incomparável.

in.com.pa.ti.ble. [inkompa'tiβle] [inkompa'tiβle] *adj.* Que não combina por ser diferente. Inconciliável. ▶ Incompatível.

in.com.pe.ten.cia. [inkompe'tenθja] [inkompe'tensja] *f.* **1.** Falta de habilidade e de conhecimentos. ▶ Incompetência. **2.** Incapacidade para o desempenho de uma função. ▶ Incompetência.

in.com.pe.ten.te. [inkompe'tente] [inkompe'tente] *adj.* Que não tem competência. Incapaz. ▶ Incompetente.

in.com.ple.to, ta. [inkom'pleto] [inkom'pleto] *adj.* **1.** Que está sem terminar. Inacabado. ▶ Incompleto. **2.** Que não dispõe de todas as suas partes. ▶ Incompleto.

in.com.pren.di.do, da. [inkompren'diðo] [inkompren'diðo] *adj.* **1.** *fig.* Que não é compreendido. ▶ Incompreendido. **2.** Diz-se da pessoa cujo mérito não é apreciado. ▶ Incompreendido. *U.t.c.s.*

in.com.pren.si.ble. [inkompɾen'siβle] [inkompɾen'siβle] *adj.* Que não se pode entender. ▶ Incompreensível.

in.com.pre.si.ble. [inkompɾe'siβle] [inkompɾe'siβle] *adj.* Que não se pode comprimir ou reduzir de volume. ▶ Incompressível.

in.co.mu.ni.car. [inkomuni'kar] [inkomuni'kar] *v.7.* Isolar, deixar pessoas ou coisas sem comunicação. ▶ Incomunicar.

in.con.ce.bi.ble. [inkonθe'βiβle] [inkonse'βiβle] *adj.* Que não pode ser compreendido ou concebido. Inacreditável. ▶ Inconcebível.

in.con.clu.so, sa. [inkon'kluso] [inkon'kluso] *adj.* Que não está acabado. ▶ Inconcluso.

in.con.di.cio.nal. [inkondiθjo'nal] [inkondisjo'nal] *adj.* Que não admite nem está sujeito a condições. Irrestrito. ▶ Incondicional.

in.co.ne.xo, xa. [inko'nekso] [inko'nekso] *adj.* Que não tem nexo. Disparatado. ▶ Inconexo.

in.con.fe.sa.ble. [inkonfe'saβle] [inkonfe'saβle] *adj.* Que não pode se confessar nem admitir por ética ou por vergonha. ▶ Inconfessável.

in.con.fun.di.ble. [inkonfun'diβle] [inkonfun'diβle] *adj.* **1.** Que não se confunde. ▶ Inconfundível. **2.** Que tem características próprias, bem definidas. ▶ Inconfundível.

in.con.gruen.cia. [inkon'gɾwenθja] [inkon'gɾwensja] *f.* **1.** Oposição ou falta de relação entre as coisas de um conjunto ou parte delas. ▶ Incongruência. **2.** Sucessão de manifestações ou atos contraditórios de uma pessoa. ▶ Incongruência.

in.con.gruen.te. [inkon'gɾwente] [inkon'gɾwente] *adj.* Que é contraditório ou incoerente. ▶ Incongruente.

in.con.men.su.ra.ble. [inkonmensu'raβle] [inkonmensu'raβle] *adj.* Que, por sua magnitude, não se pode medir. Imensurável. ▶ Incomensurável.

in.cons.cien.cia. [inkons'θjenθja] [inkons'sjensja] *f.* **1.** Estado da pessoa desacordada. ▶ Inconsciência. **2.** Estado em que o indivíduo não percebe as consequências de suas palavras ou atos. ▶ Inconsciência.

in.cons.cien.te. [inkons'θjente] [inkons'sjente] *adj.* **1.** Que perdeu os sentidos. Desacordado. ▶ Inconsciente. **2.** Que não responde por seus atos. Irresponsável. ▶ Inconsciente. *U.t.c.com. m.* **3.** Conjunto de processos psíquicos individuais sobre os quais não atua nem tem domínio a consciência. ▶ Inconsciente. *obs.:* Termo da Psicologia.

in.con.sis.ten.te. [inkonsis'tente] [inkonsih'tente] *adj.* **1.** Que se quebra com facilidade. Frágil. ▶ Inconsistente. **2.** Diz-se de justificativa ou argumentação muito fraca. ▶ Inconsistente.

in.con.so.la.ble. [inkonso'laβle] [inkonso'laβle] *adj.* Que não tem consolo ou resignação ante uma adversidade. ▶ Inconsolável.

in.cons.tan.cia. [inkons'tanθja] [inkonh'tansja] *f.* **1.** Falta de estabilidade e permanência de uma coisa. ▶ Inconstância. **2.** Facilidade para mudar de opinião ou de atitude. ▶ Inconstância.

in.cons.tan.te. [inkons'tante] [inkonh'tante] *adj.* Que muda de opinião, pensamentos ou conduta com facilidade. Volúvel. ▸ Inconstante.

in.con.ta.ble. [inkon'taβle] [inkon'taβle] *adj.* Muito numeroso, difícil de contar. ▸ Incontável.

in.con.tro.la.ble. [inkontro'laβle] [inkontro'laβle] *adj.* **1.** Que não se pode controlar ou dominar. ▸ Incontrolável. **2.** Que está fora de controle. ▸ Incontrolável.

in.con.ve.nien.cia. [inkombe'njenθja] [inkombe'njensja] *f.* **1.** Falta de comodidade ou conveniência. ▸ Inconveniência. **2.** Dito ou ato grosseiro. ▸ Inconveniência.

in.con.ve.nien.te. [inkombe'njente] [inkombe'njente] *adj.* **1.** Que não se comporta de forma conveniente. Grosseiro, inoportuno. ▸ Inconveniente. *m.* **2.** Obstáculo que dificulta ou impede a realização de uma coisa. ▸ Inconveniente.

in.cor.po.ra.ción. [inkorpora'θjon] [inkorpora'sjon] *f.* Ato de se unir ou unir algo a um grupo ou instituição. ▸ Incorporação.

in.cor.po.rar. [inkorpo'rar] [inkorpo'raɾ] *v.4.* **1.** Unir uma coisa a outra. Agregar. ▸ Incorporar. **2.** Reunir várias pessoas para formar um grupo. ▸ Incorporar. *v.p.* **3.** Tomar posse de. Assumir. ▸ Incorporar(-se). **4.** Levantar o corpo. ▸ Incorporar-se.

in.co.rrec.to, ta. [inko'rekto] [inko'rekto] *adj.* Que não é correto nem está certo. ▸ Incorreto.

in.co.rre.gi.ble. [inkore'xiβle] [inkore'xiβle] *adj.* **1.** Que não se pode corrigir. ▸ Incorrigível. **2.** Que age incorretamente e persiste no erro. ▸ Incorrigível.

in.cre.du.li.dad. [inkreðuli'ðaθ] [inkreðuli'ðað] *f.* Dificuldade de crer em algo. ▸ Incredulidade.

in.cré.du.lo, la. [in'kreðulo] [in'kreðulo] *adj.* **1.** Que não crê. Descrente. ▸ Incrédulo. *U.t.c.s.* **2.** *Rel.* Que não tem fé religiosa. ▸ Incrédulo.

in.cre.í.ble. [inkre'iβle] [inkre'iβle] *adj.* Inacreditável ou muito difícil de crer. ▸ Incrível.

in.cre.men.tar. [inkremen'tar] [inkremen'taɾ] *v.4.* Aumentar uma coisa em quantidade ou em tamanho. ▸ Incrementar.

in.cre.men.to. [inkre'mento] [inkre'mento] *m.* Ato de crescer ou de aumentar. ▸ Incremento.

in.cri.mi.nar. [inkrimi'nar] [inkrimi'naɾ] *v.4.* Acusar de algum crime ou delito. ▸ Incriminar.

in.crus.ta.ción. [inkrusta'θjon] [inkruhta'sjon] *f.* Adorno que se faz em uma superfície lisa com um material nobre que se embute a pressão. ▸ Incrustação.

in.crus.tar. [inkrus'tar] [inkruh'taɾ] *v.4.* Embutir, em uma superfície lisa e dura, pedras, metais ou madeira, formando desenhos. ▸ Incrustar.

in.cu.ba.do.ra. [inkuβa'ðora] [inkuβa'ðoɾa] *f.* **1.** Aparelho para chocar ovos. ▸ Incubadora. **2.** *Med.* Berço aquecido e coberto com vidro para pôr crianças prematuras. ▸ Incubadora.

in.cu.bar. [inku'βar] [inku'βaɾ] *v.4.* **1.** *Zool.* Chocar ovos. ▸ Incubar. *v.p.* **2.** *Med.* Desenvolver-se uma enfermidade sem manifestar-se. ▸ Incubar-se. *La gripe se incuba durante un período de cinco a ocho días.* A gripe incuba-se durante um período de cinco a oito dias.

in.cul.car. [inkul'kar] [inkul'kaɾ] *v.7.* Transmitir a outro opiniões próprias, influenciando-o. ▸ Inculcar.

in.cul.par. [inkul'par] [inkul'paɾ] *v.4.* Acusar alguém de alguma coisa ou ato ilícito. ▸ Recriminar.

in.cul.to, ta. [in'kulto] [in'kulto] *adj.* *Agr.* Diz-se de terreno que não está cultivado. ▸ Inculto. **2.** Com poucos conhecimentos e pouca educação. ▸ Inculto.

in.cul.tu.ra. [inkul'tura] [inkul'tuɾa] *f.* **1.** Falta de cultura nas pessoas. ▸ Incultura. **2.** *Agr.* Falta de cultivo nas terras. ▸ Incultura.

in.cum.ben.cia. [inkum'benθja] [inkum'bensja] *f.* Obrigação e alçada para fazer alguma coisa. ▸ Incumbência.

in.cum.bir. [inkum'bir] [inkum'biɾ] *v.6.* **1.** Dar incumbência a, encarregar alguém de fazer alguma coisa. ▸ Incumbir. **2.** Corresponder ou ter como obrigação. ▸ Incumbir.

in.cum.plir. [inkum'plir] [inkum'pliɾ] *v.6.* **1.** Não fazer aquilo que se está obrigado a fazer. ▸ Descumprir. **2.** Não atender a um compromisso assumido. ▸ Descumprir.

in.cu.rrir. [inku'rir] [inku'riɾ] *v.6. p.p. incurrido / irreg. incurso.* Cometer algum tipo de erro. ▸ Incorrer. *Incurrió en un gran delito.* Incorreu em um grande delito.

in.cur.sión. [inkur'sjon] [inkur'sjon] *f.* **1.** Invasão temporária ao campo inimigo. ▸ Incursão. **2.** Passagem breve por um lugar. ▸ Incursão. **3.** Experiência com algum trabalho diferente do habitual. ▸ Incursão.

in.cur.sio.nar. [inkursio'nar] [inkursio'nar] *v.*4. **1.** Fazer excursões, ir a certos locais esporadicamente. ▸ Excursionar, fazer excursão. **2.** Invadir locais militarmente. ▸ Invadir, fazer explorações.

in.da.gar. [inda'ɣar] [inda'ɣar] *v.*9. Tentar averiguar. Investigar. ▸ Indagar.

in.de.bi.do, da. [inde'βiðo] [inde'βiðo] *adj.* **1.** Que não é obrigatório. ▸ Indevido. **2.** Que não é justo ou lícito. ▸ Indevido.

in.de.cen.te. [inde'θente] [inde'sente] *adj.* Diz-se de pessoa, coisa ou assunto indecoroso, desonesto. ▸ Indecente.

in.de.ci.ble. [inde'θiβle] [inde'siβle] *adj.* Que não se pode dizer nem explicar. Inenarrável. ▸ Indizível.

in.de.ci.sión. [indeθi'sjon] [indesi'sjon] *f.* Falta de decisão. Hesitação. ▸ Indecisão.

in.de.ci.so, sa. [inde'θiso] [inde'siso] *adj.* **1.** Que está pendente de resolução. ▸ Indeciso. **2.** Que não decide. Irresoluto, vacilante. ▸ Indeciso.

in.de.co.ro.so, sa. [indeko'roso] [indeko'roso] *adj.* Que não tem decoro. Vergonhoso. ▸ Indecoroso.

in.de.fec.ti.ble. [indefek'tiβle] [indefek'tiβle] *adj.* Que não pode falhar. ▸ Indefectível.

in.de.fen.so, sa. [inde'fenso] [inde'fenso] *adj.* Que não tem condição de defender-se. ▸ Indefeso.

in.de.fi.ni.do, da. [indefi'niðo] [indefi'niðo] *adj.* **1.** Que não está definido. ▸ Indefinido. **2.** Que não tem término. Ilimitado. ▸ Indefinido. **3.** *Ling.* Aplica-se aos pronomes e artigos que indicam uma determinação imprecisa do referente. ▸ Indefinido. ◆ **Pretérito Indefinido.** *Ling.* Diz-se do Pretérito Perfeito Simples em língua espanhola.

in.de.for.ma.ble. [indefor'maβle] [indefor'maβle] *adj.* Que não perde a forma. ▸ Indeformável.

in.de.le.ble. [inde'leβle] [inde'leβle] *adj.* Que não se desvanece. Indestrutível. ▸ Indelével.

in.dem.ni.zar. [indemni'θar] [indemni'sar] *v.*13. Ressarcir de um dano ou prejuízo. ▸ Indenizar.

in.de.pen.den.cia. [indepen'denθja] [indepen'densja] *f.* Qualidade ou condição de independente. Autonomia, liberdade. ▸ Independência.

in.de.pen.dien.te. [indepen'djente] [indepen'djente] *adj.* **1.** Que não tem dependência. ▸ Independente. **2.** Que é livre, autônomo. ▸ Independente.

in.de.pen.di.zar. [independi'θar] [independi'sar] *v.*13. **1.** Tornar independente. ▸ Independentizar. *v.p.* **2.** Tornar-se independente. ▸ Independentizar(-se).

in.des.crip.ti.ble. [indeskrip'tiβle] [indehkrip'tiβle] *adj.* Que não é possível explicar ou descrever. ▸ Indescritível.

in.de.se.a.ble. [indese'aβle] [indese'aβle] *adj.* **1.** Que não se deseja. ▸ Indesejável. **2.** Pouco grato, indigno e detestável. ▸ Indesejável.

in.des.truc.ti.ble. [indestruk'tiβle] [indehtruk'tiβle] *adj.* Que não se pode destruir. ▸ Indestrutível.

in.de.ter.mi.na.do, da. [indetermi'naðo] [indetermi'naðo] *adj.* Que não é determinado. ▸ Indeterminado.

in.di.ca.ción. [indika'θjon] [indika'sjon] *f.* **1.** Ato ou efeito de indicar. ▸ Indicação. **2.** Sinal que mostra como chegar a um lugar ou ao conhecimento de uma coisa. ▸ Indicação.

in.di.ca.dor, do.ra. [indika'ðor] [indika'ðor] *adj.* Que serve para indicar. ▸ Indicador.

in.di.car. [indi'kar] [indi'kar] *v.*7. **1.** Mostrar uma coisa com sinais. ▸ Indicar. **2.** *Med.* Receitar remédios (o médico). ▸ Indicar.

in.di.ca.ti.vo, va. [indika'tiβo] [indika'tiβo] *adj.* **1.** Que indica ou serve para indicar. ▸ Indicativo. **2.** *Ling.* Aplica-se ao modo verbal que enuncia a ação do verbo como real. ▸ Indicativo.

ín.di.ce. ['indiθe] ['indise] *m.* Enumeração breve e ordenada do conteúdo de uma obra ou livro. Sumário. ▸ Índice. ◆ **Dedo índice.** Dedo indicador. *El dedo índice de la mano está entre el pulgar y el medio.* O dedo indicador da mão está entre o polegar e o médio.

in.di.cio. [in'diθjo] [in'disjo] *m.* Vestígio ou sinal que permite supor a existência de algo. ▸ Indício.

in.di.fe.ren.cia. [indife'renθja] [indife'rensja] *f.* Estado da pessoa que não mostra interesse nem desdém por coisa alguma. ▸ Indiferença.

in.di.fe.ren.te. [indife'rrente] [indife'rente] *adj.* **1.** Que não apresenta tendência ou inclinação a uma coisa nem a outra. ▶ Indiferente. **2.** Que pode ser de uma maneira ou de outra. ▶ Indiferente. **3.** Que não desperta interesse nem afeto. ▶ Indiferente.

in.dí.ge.na. [in'dixena] [in'dixena] *adj.* **1.** Natural do país de que se trata. ▶ Indígena. *U.t.c.com.* **2.** Relativo a índio[(1)]. Índio. ▶ Indígena. *U.t.c.com.*

in.di.gen.cia. [indi'xenθja] [indi'xensja] *f.* Falta de recursos próprios básicos para subsistir. ▶ Indigência.

in.di.gen.te. [indi'xente] [indi'xente] *adj.* Que não tem recursos básicos para subsistir. ▶ Indigente. *U.t.c.com.*

in.di.ges.tar. [indixes'tar] [indixeh'tar] *v.4. v.p.* Relativo a uma comida ou a um alimento que causa indigestão. ▶ Ter indigestão.

in.di.ges.tión. [indixes'tjon] [indixeh'tjon] *f. Med.* Transtorno motivado pela má digestão. ▶ Indigestão.

in.dig.na.ción. [indiɣna'θjon] [indiɣna'sjon] *f.* Repulsa, enfado de alguém provocado pela conduta de outro. ▶ Indignação.

in.dig.nan.te. [indiɣ'nante] [indiɣ'nante] *adj.* Que produz enfado, que aborrece e irrita. ▶ Indignante.

in.dig.nar. [indiɣ'nar] [indiɣ'nar] *v.4.* Causar indignação, irritação. ▶ Indignar.

in.dig.no, na. [in'diɣno] [in'diɣno] *adj.* Desprezível e sem mérito para coisa alguma. ▶ Indigno.

in.dio, dia. ['indjo] ['indjo] *adj.* **1.** Pertencente ou relativo a algum dos povos da América que já habitavam esse continente antes da conquista pelos europeus. ▶ Índio. *U.t.c.s.* **2.** Pertencente ou relativo à Índia. ▶ Indiano. *s.* **3.** O natural ou habitante desse país. ▶ Indiano. ◆ **Fila india.** Fila indiana.

in.di.rec.to, ta. [indi'rekto] [indi'rekto] *adj.* **1.** Que não vai diretamente ao fim para o qual se dirige. ▶ Indireto. **2.** Que tem mediação. ▶ Indireto.

in.dis.ci.pli.na. [indisθi'plina] [indisi'plina] *f.* Falta de adequação a uma ordem ou a um comportamento imposto. Desobediência. ▶ Indisciplina.

in.dis.ci.pli.na.do, da. [indisθipli'naðo] [indisipli'naðo] *adj.* Que não tem disciplina. ▶ Indisciplinado.

in.dis.cre.ción. [indiskre'θjon] [indihkre'sjon] *f.* Imprudência cometida por meio de ato ou dito. ▶ Indiscrição.

in.dis.cre.to, ta. [indis'kreto] [indih'kreto] *adj.* Que dá ou procura informações que, em determinado contexto, não deveriam ser expostas. ▶ Indiscreto.

in.dis.cri.mi.na.do, da. [indiskrimi'naðo] [indihkrimi'naðo] *adj.* **1.** Que não estabelece diferenças. ▶ Indiscriminado. **2.** Que não se diferencia dos demais. ▶ Indiscriminado.

in.dis.cu.ti.ble. [indisku'tiβle] [indihku'tiβle] *adj.* Que é evidente e não pode ser discutido. ▶ Indiscutível.

in.di.so.lu.ble. [indiso'luβle] [indiso'luβle] *adj.* Que não se dissolve. ▶ Indissolúvel.

in.dis.pen.sa.ble. [indispen'saβle] [indihpen'saβle] *adj.* Que é essencial, imprescindível. ▶ Indispensável.

in.dis.po.ner. [indispo'ner] [indihpo'ner] *v.40. p.p. irreg. indispuesto.* **1.** Fazer com que as pessoas deixem de ser amigas. ▶ Indispor. *Lo que los ha indispuesto es que a los dos les gusta la misma chica.* O que os indispôs é que os dois gostam da mesma garota. *v.p.* **2.** Ter a saúde levemente alterada. ▶ Indispor-se.

in.dis.po.si.ción. [indisposi'θjon] [indihposi'sjon] *f.* **1.** *Med.* Pequeno desarranjo na saúde. ▶ Indisposição. **2.** Falta de disposição para uma coisa. ▶ Indisposição.

in.dis.pues.to, ta. [indis'pwesto] [indih'pwehto] *adj. Med.* Que está com uma doença leve, com uma pequena alteração na saúde. ▶ Indisposto.

in.dis.tin.to, ta. [indis'tinto] [indih'tinto] *adj.* **1.** Que não se distingue com clareza. ▶ Indistinto. **2.** Que não tem diferença de outra coisa. ▶ Indistinto.

in.di.vi.dual. [indiβi'ðwal] [indiβi'ðwal] *adj.* **1.** Relativo ao indivíduo. ▶ Individual. **2.** Que corresponde ou é somente para uma pessoa. ▶ Individual.

in.di.vi.dua.lis.mo. [indiβiðwa'lismo] [indiβiðwa'lihmo] *m.* **1.** Atitude antissocial. ▶ Individualismo. **2.** Doutrina filosófica que considera o indivíduo acima de tudo. ▶ Individualismo.

in.di.vi.dua.lis.ta. [indiβiðwa'lista] [indiβiðwa'lihta] *adj.* **1.** Partidário do individualismo. ▶ Individualista. **2.** Que vive e atua sem ter em conta os outros. ▶ Individualista. *U.t.c.s.*

in.di.vi.dua.li.zar. [indiβiðwali'θaɾ] [indiβiðwali'saɾ] *v. 13.* Tratar com particularidade. Particularizar. ▶ Individualizar.

in.di.vi.duo. [indi'βiðwo] [indi'βiðwo] *m.* **1.** Pessoa, animal ou vegetal com respeito à sua espécie. ▶ Indivíduo. **2.** Exemplar de uma espécie qualquer. ▶ Indivíduo.

in.di.vi.si.ble. [indiβi'siβle] [indiβi'siβle] *adj.* Que não se pode dividir. ▶ Indivisível.

ín.do.le. ['indole] ['indole] *f.* **1.** Temperamento natural de cada pessoa. ▶ Índole. **2.** Natureza, condição e qualidade das coisas. ▶ Característica.

in.do.len.cia. [indo'lenθja] [indo'lensja] *f.* Falta de vontade ou iniciativa. Preguiça. ▶ Indolência.

in.do.len.te. [indo'lente] [indo'lente] *adj.* Que não tem iniciativa. Preguiçoso, apático. ▶ Indolente.

in.do.lo.ro, ra. [indo'loro] [indo'loro] *adj.* Que não causa dor. ▶ Indolor.

in.do.ma.ble. [indo'maβle] [indo'maβle] *adj.* Que não se pode ou não se deixa domar. ▶ Indomável.

in.dó.mi.to, ta. [in'domito] [in'domito] *adj.* **1.** Que não está domado. ▶ Indômito. **2.** Difícil de domar. ▶ Indômito. **3.** *fig.* Diz-se de pessoa que não se deixa submeter. ▶ Indômito.

in.duc.ción. [induk'θjon] [induk'sjon] *f.* **1.** Instigação para conseguir que certa pessoa faça uma coisa. ▶ Indução. **2.** Raciocínio que parte de indícios. ▶ Indução. **3.** Transmissão de energia elétrica. ▶ Indução.

in.du.cir. [indu'θir] [indu'sir] *v. 37.* Instigar ou persuadir alguém para que faça uma coisa. ▶ Induzir.

in.duc.tor, to.ra. [induk'tor] [induk'tor] *adj.* Que induz. ▶ Indutor.

in.du.da.ble. [indu'ðaβle] [indu'ðaβle] *adj.* **1.** Que não tem dúvida. ▶ Indubitável. **2.** Excelente, claro e patente. ▶ Indubitável.

in.dul.gen.cia. [indul'xenθja] [indul'xensja] *f.* Remissão das penas. Clemência, tolerância. ▶ Indulgência.

in.dul.gen.te. [indul'xente] [indul'xente] *adj.* De boa índole, pronto para perdoar. ▶ Indulgente.

in.dul.tar. [indul'tar] [indul'tar] *v. 4.* Perdoar total ou parcialmente uma pena. ▶ Indultar.

in.dul.to. [in'dulto] [in'dulto] *m.* Graça que se concede perdoando uma pena imposta. ▶ Indulto.

in.du.men.ta.ria. [indumen'tarja] [indumen'tarja] *f.* Conjunto de roupas que veste uma pessoa. ▶ Indumentária.

in.dus.tria. [in'dustrja] [in'duhtrja] *f.* Conjunto de instalações e máquinas destinadas a produzir. ▶ Indústria.

in.dus.trial. [indus'trjal] [induh'trjal] *adj.* **1.** Pertencente ou relativo à indústria. ▶ Industrial. *m.* **2.** Empresário, dono ou responsável por uma indústria. ▶ Industrial.

in.dus.tria.li.zar. [industrjali'θar] [induhtrjali'sar] *v. 13.* **1.** Estabelecer ou facilitar o estabelecimento de indústrias. ▶ Industrializar. **2.** Transformar matéria-prima e insumos em um determinado produto. ▶ Industrializar.

i.né.di.to, ta. [i'nedito] [i'nedito] *adj.* **1.** Escrito e não publicado. ▶ Inédito. **2.** *fig.* Nunca visto. Novo, original. ▶ Inédito.

i.ne.fa.ble. [ine'faβle] [ine'faβle] *adj.* Que não se pode explicar com palavras. ▶ Inefável.

i.ne.fi.ca.cia. [inefi'kaθja] [inefi'kasja] *f.* Falta de energia ou capacidade para fazer alguma coisa. ▶ Ineficácia.

i.ne.fi.caz. [inefi'kaθ] [inefi'kas] *adj.* Que não produz efeito. Inútil. ▶ Ineficaz.

i.ne.fi.cien.te. [inefi'θjente] [inefi'sjente] *adj.* Que não produz efeito. ▶ Ineficiente.

i.ne.lu.di.ble. [inelu'ðiβle] [inelu'ðiβle] *adj.* Que não se pode eludir. Inevitável. ▶ Ineludível.

i.ne.na.rra.ble. [inena'raβle] [inena'raβle] *adj.* Que não se pode narrar ou descrever. ▶ Inenarrável.

i.nep.ti.tud. [inepti'tuθ] [inepti'tuð] *f.* Falta de capacidade ou de inteligência. ▶ Inépcia.

i.nep.to, ta. [i'nepto] [i'nepto] *adj.* **1.** Que não tem aptidão. ▶ Inepto. **2.** Que não tem capacidade. Néscio. ▶ Inepto.

i.ne.quí.vo.co, ca. [ine'kiβoko] [ine'kiβoko] *adj.* Que não gera dúvida. Claro, evidente. ▶ Inequívoco.

i.ner.cia. [i'nerθja] [i'nersja] *f.* **1.** *Fís.* Tendência dos corpos a manter seu estado na falta de intervenção de outra força. ▶ Inércia. **2.** *fig.* Fraqueza ou preguiça nas pessoas. ▶ Inércia.

i.ner.te. [i'nerte] [i'nerte] *adj.* Que não tem força. Desfalecido. ▶ Inerte.

i.nes.cru.ta.ble. [ineskru'taβle] [inehkru'taβle] *adj.* Que não se pode escrutar ou averiguar. ▸ Inescrutável.

i.nes.pe.ra.do, da. [inespe'raðo] [inehpe'raðo] *adj.* Que acontece sem esperar. Imprevisto. ▸ Inesperado.

i.nes.ta.ble. [ines'taβle] [ineh'taβle] *adj.* Que muda com frequência ou com facilidade. ▸ Instável.

i.nes.ti.ma.ble. [inesti'maβle] [inehti'maβle] *adj.* Que tem valor tão alto que não se pode calcular. ▸ Inestimável.

i.ne.vi.ta.ble. [ineβi'taβle] [ineβi'taβle] *adj.* Que não se pode evitar. ▸ Inevitável.

i.ne.xac.to, ta. [ine'ksakto] [ine'ksakto] *adj.* **1.** Que não tem exatidão. ▸ Inexato. **2.** Que está errado. ▸ Inexato.

i.nex.cu.sa.ble. [inieksku'saβle] [inehku'saβle] *adj.* Que não tem escusa nem desculpa. ▸ Imperdoável.

i.ne.xis.ten.cia. [ineksis'tenθja] [ineksih'tensja] *f.* Falta de existência. Carência. ▸ Inexistência.

i.ne.xis.ten.te. [ineksis'tente] [ineksih'tente] *adj.* **1.** Que não existe. ▸ Inexistente. **2.** Que é absolutamente nulo, como se não existisse. ▸ Inexistente.

i.ne.xo.ra.ble. [inekso'raβle] [inekso'raβle] *adj.* **1.** Indiferente a lamentações. ▸ Inexorável. **2.** Que não pode ser evitado. ▸ Inexorável.

i.nex.per.to, ta. [ineks'perto] [ineh'perto] *adj.* **1.** Que não tem experiência. ▸ Inexperiente. **2.** Ingênuo, fácil de enganar. ▸ Inexperiente. *U.t.c.s.*

i.nex.pli.ca.ble. [inekspli'kaβle] [inehpli'kaβle] *adj.* Que não tem explicação. ▸ Inexplicável.

i.nex.plo.ra.do, da. [inekesplo'raðo] [inehplo'raðo] *adj.* Não explorado, desconhecido. ▸ Inexplorado.

i.nex.pug.na.ble. [inekspuɣ'naβle] [inehpuɣ'naβle] *adj.* À prova de ataques. Invencível. ▸ Inexpugnável.

i.nex.tin.gui.ble. [inekstin'giβle] [inehtin'giβle] *adj.* Que não se pode extinguir. ▸ Inextinguível.

in.fa.li.ble. [infa'liβle] [infa'liβle] *adj.* **1.** Que não falha nunca, não comete erros. ▸ Infalível. *Sé que no soy infalible, todos cometemos algún error.* Sei que não sou infalível, todos cometemos algum erro. **2.** Que tem precisão. Exato.
▸ Infalível. *Podemos confiar en él, sus cálculos son infalibles.* Podemos confiar nele, seus cálculos são infalíveis.

in.fa.mar. [infa'mar] [infa'mar] *v.4.* Desonrar ou ofender uma pessoa. ▸ Difamar.

in.fa.me. [in'fame] [in'fame] *adj.* Que não tem honra nem estima. Vil. ▸ Infame.

in.fan.cia. [in'fanθja] [in'fansja] *f.* Período da vida humana desde o nascimento até a adolescência. ▸ Infância.

in.fan.te, ta. [in'fante] [in'fante] *s.* **1.** Criança. ▸ Infante. **2.** Filho não primogênito dos reis de Portugal ou da Espanha. ▸ Infante. **3.** Parente do rei a quem se concedeu o título de infante. ▸ Infante. **4.** *Mil.* Militar de infantaria. ▸ Infante.

in.fan.te.rí.a. [infante'ria] [infante'ria] *f. Mil.* Tropa a pé ou motorizada que ocupa o terreno. ▸ Infantaria.

in.fan.til. [infan'til] [infan'til] *adj.* **1.** Que diz respeito à infância, às crianças. ▸ Infantil. **2.** *fig.* Diz-se de adulto ingênuo, que se comporta como criança. ▸ Infantil.

in.fa.ti.ga.ble. [infati'ɣaβle] [infati'ɣaβle] *adj.* Que não sente fadiga ou cansaço. Incansável. ▸ Infatigável.

in.fec.ción. [infek'θjon] [infek'sjon] *f. Med.* Doença adquirida por contágio ou contaminação. ▸ Infecção.

in.fec.cio.so, sa. [infek'θjoso] [infek'sjoso] *adj.* **1.** Que causa infecção. Contagioso. ▸ Infeccioso. **2.** Que resulta de uma infecção. ▸ Infeccioso.

in.fec.tar. [infek'tar] [infek'tar] *v.4.* **1.** *Med.* Transmitir os germes de uma enfermidade. Contagiar. ▸ Infectar. **2.** Corromper com ideias distorcidas ou maus exemplos. ▸ Contaminar.

in.fec.to, ta. [in'fekto] [in'fekto] *adj.* **1.** Que tem infecção. ▸ Infecto. **2.** Que exala mau cheiro. Pestilento. ▸ Infecto.

in.fe.cun.do, da. [infe'kundo] [infe'kundo] *adj.* Que não se reproduz ou não dá fruto. Estéril. ▸ Infecundo.

in.fe.li.ci.dad. [infeliθi'ðaθ] [infelisi'ðað] *f.* **1.** Tristeza ou contrariedade causada por um infortúnio ou desgraça. ▸ Infelicidade. **2.** Fato ou acontecimento que causa tristeza. ▸ Infelicidade.

in.fe.liz. [infe'liθ] [infe'lis] *adj.* Que não é feliz, desventurado. ▸ Infeliz.

in.fe.rior. [infe'rjoɾ] [infe'rjoɾ] *adj.* **1.** Que está abaixo ou mais abaixo de outra coisa. ▶ Inferior. **2.** Que é menos que outra coisa em qualidade ou quantidade. ▶ Inferior. *Las cosas muy baratas son de calidad inferior.* As coisas muito baratas são de qualidade inferior. *com.* **3.** Diz-se, com sentido pejorativo, de pessoa subalterna, subordinada profissionalmente a outra. Subalterno. ▶ Inferior. *Las instrucciones del gerente son seguidas por sus inferiores.* As instruções do gerente são seguidas por seus subalternos.

in.fe.rio.ri.dad. [inferjori'ðaθ] [inferjori'ðað] *f.* **1.** Qualidade de inferior. ▶ Inferioridade. **2.** Posição de uma coisa que em algum sentido é inferior a outra. ▶ Inferioridade.

in.fe.rir. [infe'rir] [infe'rir] *v.22.* Chegar a conclusões por raciocínio. ▶ Inferir.

in.fer.nal. [infer'nal] [infer'nal] *adj.* **1.** Pertencente ou relativo ao inferno. ▶ Infernal. **2.** Muito ruim e prejudicial. ▶ Infernal.

in.fes.tar. [infes'tar] [infes'tar] *v.4.* **1.** Causar estragos em lugares ou coisas. ▶ Infestar. **2.** Encher um local com grande quantidade de pessoas ou coisas. ▶ Infestar. **3.** Multiplicar-se (animais ou plantas) causando danos. ▶ Infestar. *La mala hierba infestó el jardín.* A erva daninha infestou o jardim.

in.fier.ni.llo. [infier'niʎo] [infier'niʃo] *m.* Pequeno fogão para aquecer pouca quantidade de alguma coisa. ▶ Fogareiro.

in.fier.no. [in'fjerno] [in'fjerno] *m.* **1.** *Rel.* Lugar ao qual, segundo a religião cristã, vão as almas dos pecadores que morrem em pecado mortal. ▶ Inferno. **2.** *fig.* Situação tormentosa de martírio ou desordem. ▶ Inferno. *Ese cliente me llama diez veces al día y hace de mi vida un infierno.* Esse cliente me liga dez vezes por dia e faz da minha vida um inferno.

in.fil.tra.ción. [infiltra'θjon] [infiltra'sjon] *f.* Penetração de água ou outro líquido em um corpo sólido. ▶ Infiltração.

in.fil.trar. [infil'trar] [infil'trar] *v.4.* **1.** Embeber um corpo sólido poroso. ▶ Infiltrar. *v.p.* **2.** *fig.* Introduzir-se alguém em um lugar para obter informações, espionar, sabotar. ▶ Infiltrar-se.

ín.fi.mo, ma. ['infimo] ['infimo] *adj.* **1.** Que está mais baixo. ▶ Ínfimo. **2.** Que está em último lugar por ter menor importância. ▶ Ínfimo. **3.** Diz-se do mais vil e desprezível. ▶ Ínfimo. **4.** Pequeníssimo. ▶ Ínfimo.

in.fi.ni.dad. [infini'ðaθ] [infini'ðað] *f.* Grande quantidade de coisas ou pessoas. ▶ Infinidade.

in.fi.ni.ti.vo. [infini'tiβo] [infini'tiβo] *m. Ling.* Modo verbal que constitui o verbo não flexionado em número nem em pessoa. ▶ Infinitivo.

in.fi.ni.to, ta. [infi'nito] [infi'nito] *adj.* Que não tem princípio nem fim. Ilimitado. ▶ Infinito.

in.fla.ción. [infla'θjon] [infla'sjon] *f. Fin.* Fenômeno econômico que se manifesta pela desvalorização da moeda e acarreta aumento de preços. ▶ Inflação.

in.fla.ma.ción. [inflama'θjon] [inflama'sjon] *f. Med.* Inchaço que aparece em alguma parte do corpo por doença ou golpe. ▶ Inflamação.

in.fla.mar. [infla'mar] [infla'mar] *v.4.* **1.** Atear fogo em algo que arde imediatamente. ▶ Inflamar. **2.** *Med.* Contrair inflamação. ▶ Inflamar. **3.** *fig.* Entusiasmar outros a fazer alguma coisa em conjunto. ▶ Inflamar. *Con su discurso, inflamó los ánimos de los manifestantes.* Com seu discurso, inflamou os ânimos dos manifestantes.

in.fla.ma.to.rio, ria. [inflama'torjo] [inflama'torjo] *adj.* Que causa inflamação. ▶ Inflamatório.

in.flar. [in'flar] [in'flar] *v.4.* Encher com ar ou qualquer gás um artefato elástico, como bola, pneu, balão. ▶ Inflar.

in.fle.xi.ble. [infle'ksiβle] [infle'ksiβle] *adj.* **1.** Diz-se de material rígido, que não se pode dobrar, entortar ou torcer. ▶ Inflexível. **2.** *fig.* Diz-se de pessoa que dificilmente muda de atitude ou de opinião. ▶ Inflexível.

in.fle.xión. [infle'ksjon] [infle'ksjon] *f.* **1.** Torcedura ou curvatura que se faz no que era reto e plano. ▶ Inflexão. *Aquella curva es peligrosa, tiene una inflexión muy cerrada.* Aquela curva é perigosa, tem uma inflexão muito fechada. **2.** Tom que alguém dá à voz segundo o próprio estado de ânimo. Modulação. ▶ Inflexão. *Notó en la voz de su amigo una inflexión triste.* Percebeu na voz do amigo uma inflexão triste.

in.fli.gir. [infli'xir] [infli'xir] *v.61.* **1.** Causar danos ou prejuízos. ▶ Infligir. **2.** Impor castigo a quem o merece. ▶ Infligir.

in.fluen.cia. [in'flwenθja] [in'flwensja] *f.* **1.** Efeito de um agente sobre algo ou alguém. ▶ Influência. **2.** Poder de uma pessoa no âmbito de suas atividades. ▶ Influência.

in.flu.ir. [in'flwir] [in'flwir] *v.28*. **1.** *Fís*. Produzir certo efeito. ▶ Influir. *La Luna influye en las mareas.* A Lua influi nas marés. **2.** *fig.* Exercer influência ou pressionar moralmente. ▶ Influir.

in.flu.jo. [in'fluxo] [in'fluxo] *m.* **1.** Influência que uma pessoa ou coisa exerce sobre outra. ▶ Influxo. **2.** Fluxo da maré. ▶ Influxo.

in.flu.yen.te. [influ'jente] [influ'ʃente] *adj.* **1.** Diz-se da pessoa que tem influência. ▶ Influente. **2.** Diz-se de coisa que influi sobre outra. ▶ Influente.

in.for.ma.ción. [informa'θjon] [informa'sjon] *f.* Notícia ou conhecimento de alguma coisa. ▶ Informação.

Informaciones

A: ¿Cómo ⎡ puedo ir ⎤ al cine?
　　　　　 ⎢ voy 　　 ⎥
　　　　　 ⎣ se va 　 ⎦

B: Toma el metro / autobús.
　　 Baja en...
　　 Sigue todo recto y toma la primera
　　 a la izquierda / derecha.

A: ¿Dónde <u>está la</u> carnicería? /
　　 ¿Dónde <u>hay una</u> carnicería?

B: Está... / Hay una ⎡ a cincuenta
　　　　　　　　　　　 ⎢ metros.
　　　　　　　　　　　 ⎢ en la calle Lima.
　　　　　　　　　　　 ⎢ en la esquina.
　　　　　　　　　　　 ⎣ a dos cuadras.

in.for.ma.dor, do.ra. [informa'ðor] [informa'ðor] *adj.* **1.** Que informa. ▶ Informador. *s.* **2.** Jornalista que atua em qualquer veículo de comunicação. ▶ Jornalista.

in.for.mal. [infor'mal] [infor'mal] *adj.* **1.** Que não segue procedimentos ou regras convencionais. ▶ Informal. **2.** *fig.* Que não cumpre com seus compromissos ou obrigações. ▶ Descumpridor.

in.for.ma.li.dad. [informali'ðað] [informali'ðað] *f.* Ausência de procedimentos ou regras convencionais. ▶ Informalidade.

in.for.man.te. [infor'mante] [infor'mante] *com.* Aquele que, por encomenda, procura e dá informações sobre alguém ou alguma coisa. ▶ Informante.

in.for.mar. [infor'mar] [infor'mar] *v.4*. Dar notícia ou transmitir conhecimento de um assunto. ▶ Informar.

in.for.má.ti.ca. [infor'matika] [infor'matika] *f.* Disciplina que estuda o processamento de dados por computador e desenvolve técnicas para esse fim. ▶ Informática.

in.for.má.ti.co, ca. [infor'matiko] [infor'matiko] *adj.* Pertencente ou relativo à informática. ▶ Informático. *U.t.c.s.*

in.for.ma.ti.zar. [informati'θar] [informati'sar] *v.13*. Implantar sistemas e métodos de informática. ▶ Informatizar.

in.for.me. [in'forme] [in'forme] *m.* Texto informativo que se faz relatando ordenadamente um processo ou acontecimento. Relatório. ▶ Informe.

in.for.tu.na.do, da. [infortu'naðo] [infortu'naðo] *adj.* **1.** Que não tem sorte. Azarado. ▶ Desafortunado. **2.** Que ocorre fora de tempo ou de propósito. Inoportuno. ▶ Infortunado.

in.for.tu.nio. [infor'tunjo] [infor'tunjo] *m.* **1.** Estado de desgraça. ▶ Infortúnio. **2.** Acontecimento desventurado. ▶ Infortúnio.

in.frac.ción. [infrak'θjon] [infrak'sjon] *f.* Ato ou feito de infringir. Transgressão. ▶ Infração.

in.frac.tor, to.ra. [infrak'tor] [infrak'tor] *adj.* Que pratica atos contra a lei ou a moral. ▶ Infrator. *U.t.c.s.*

in.fra.es.truc.tu.ra. [infraestruk'tura] [infraehtruk'tura] *f.* **1.** Parte de uma construção que fica abaixo do nível do terreno. Fundação. ▶ Alicerce. **2.** Conjunto de mão de obra, máquinas, instalações e construções que participam de alguma atividade produtiva ou de serviços. ▶ Infraestrutura.

in.fra.rro.jo, ja. [infra'roxo] [infra'roxo] *adj. Fís.* Aplica-se à radiação que se propaga a partir da cor vermelha. ▶ Infravermelho.

in.fre.cuen.te. [infre'kwente] [infre'kwente] *adj.* Que acontece poucas vezes. ▶ Infrequente.

in.frin.gir. [infrin'xir] [infrin'xir] *v.61*. Transgredir leis, ordens, normas, etc. ▶ Infringir.

in.fruc.tuo.so, sa. [infruk'twoso] [infruk'twoso] *adj.* Que não é de utilidade ao fim que se pretende. ▶ Infrutífero.

in.fun.da.do, da. [infun'daðo] [infun'daðo] *adj.* Que não tem fundamento nem justificativa. ▶ Infundado.

in.fun.dio. [in'fundjo] [in'fundjo] *m.* Mentira geralmente tendenciosa. ▸ Calúnia.

in.fun.dir. [infun'dir] [infun'dir] *v.6. p.p. reg. infundido / irreg. infuso.* Inspirar um sentimento de amizade, de fé, de medo. ▸ Infundir.

in.fu.sión. [infu'sjon] [infu'sjon] *f.* Chá de ervas aromáticas ou medicinais. ▸ Infusão.

in.fu.so, sa. [in'fuso] [in'fuso] *adj.* Que se obtém sem esforço e de graça. ▸ Infuso.

in.ge.niar. [inxe'njar] [inxe'njar] *v.4.* **1.** Maquinar, dar um jeito. Idear. ▸ Engenhar. **2.** Planejar, com engenhosidade, modos para conseguir ou executar uma coisa. Engendrar. ▸ Engenhar. *U.t.c.v.p.*

in.ge.nie.rí.a. [inxenje'ria] [inxenje'ria] *f.* Estuda o funcionamento de diversos tipos de produção humana e desenvolve técnicas para essa produção. ▸ Engenharia.

in.ge.nie.ro, ra. [inxe'njero] [inxe'njero] *s.* Profissional formado em Engenharia. ▸ Engenheiro. ➠ *Profesiones*

in.ge.nio. [in'xenjo] [in'xenjo] *m.* **1.** Faculdade dos seres humanos de inventar ou resolver. ▸ Engenho. **2.** Usina para industrializar produtos agrícolas. ▸ Engenho.

in.ge.nio.so, sa. [inxe'njoso] [inxe'njoso] *adj.* Que possui engenho ou habilidade. ▸ Engenhoso.

in.gen.te. [in'xente] [in'xente] *adj.* Muito grande, desmedido. ▸ Ingente.

in.ge.nui.dad. [inxenwi'ðaθ] [inxenwi'ðað] *f.* Boa-fé, veracidade no que se faz ou se diz. ▸ Ingenuidade.

in.ge.nuo, nua. [in'xenwo] [in'xenwo] *adj.* Que não tem malícia. Sincero. ▸ Ingênuo.

in.ge.rir. [inxe'rir] [inxe'rir] *v.22.* O ato de tragar o que se come ou se bebe. ▸ Ingerir.

in.ges.ta. [in'xesta] [in'xehta] *f.* Determinadas substâncias que se ingerem; determinada dieta. ▸ Ingestão, dieta. *Los médicos no recomiendan la ingesta de altas cantidades de sal.* Os médicos não recomendam a ingestão de altas quantidades de sal.

in.gle. ['ingle] ['ingle] *f. Anat.* Parte do corpo onde se junta a perna com o tronco. ▸ Virilha.

in.glés, gle.sa. [in'gles] [in'gles] *adj.* **1.** Pertencente ou relativo à Inglaterra. ▸ Inglês. *s.* **2.** O natural ou habitante desse país. ▸ Inglês. *m.* **3.** *Ling.* Idioma falado na Inglaterra e em outros países por ela colonizados. ▸ Inglês.

in.gra.ti.tud. [ingrati'tuθ] [ingrati'tuð] *f.* Falta de agradecimento por algum benefício recebido. ▸ Ingratidão.

in.gra.to, ta. [in'grato] [in'grato] *adj.* **1.** Que esquece e não agradece os benefícios que recebe. ▸ Ingrato. **2.** Diz-se do serviço trabalhoso ou custoso e de pouco rendimento. ▸ Ingrato.

in.gre.dien.te. [ingre'ðjente] [ingre'ðjente] *m.* Qualquer elemento que, junto com outros, compõe um remédio, comida, bebida ou outro composto. ▸ Ingrediente.

in.gre.sar. [ingre'sar] [ingre'sar] *v.4.* **1.** Entrar como membro de uma corporação ou entidade. ▸ Ingressar. *Él quiere ser militar y se está preparando para ingresar en la Academia de Artillería.* Ele quer ser militar e está se preparando para ingressar na Academia de Artilharia. **2.** *Fin.* Depositar ou guardar dinheiro em um banco. ▸ Depositar. **3.** Dar entrada em hospital ou clínica médica. ▸ Internar.

in.gre.so. [in'greso] [in'greso] *m.* **1.** Admissão, entrada a um lugar, emprego, escola, etc. ▸ Ingresso. **2.** Dinheiro que se recebe como renda ou pagamento de serviços. ▸ Rendimentos. ♦ **Hacer un ingreso.** *Fin.* Fazer um depósito no banco.

in.ha.bi.li.tar. [inaβili'tar] [inaβili'tar] *v.4.* Declarar alguém incapaz para exercer cargos ou exercitar direitos. ▸ Inabilitar.

in.ha.bi.ta.ble. [inaβi'taβle] [inaβi'taβle] *adj.* Que não se pode habitar. ▸ Inabitável.

in.ha.la.ción. [inala'θjon] [inala'sjon] *f. Med.* Aspirar um gás ou líquido pulverizado como tratamento de uma doença. ▸ Inalação.

in.ha.la.dor. [inala'ðor] [inala'ðor] *m.* Aparelho para inalações. ▸ Inalador.

in.ha.lar. [ina'lar] [ina'lar] *v.4.* Aspirar por inalação. ▸ Inalar.

in.he.ren.te. [ine'rente] [ine'rente] *adj.* Que não pode ser separado da coisa ou pessoa à qual se une por sua natureza. ▸ Inerente.

in.hi.bi.ción. [iniβi'θjon] [iniβi'sjon] *f.* Abstenção ou impedimento momentâneo que uma pessoa tem para fazer ou dizer alguma coisa. ▸ Inibição.

in.hi.bir. [ini'βir] [ini'βir] *v.6.* Impedir a manifestação da personalidade de outro. ▸ Inibir.

in.hós.pi.to, ta. [i'nospito] [i'nohpito] *adj.* Diz-se de lugar sem conforto e pouco acolhedor. ▸ Inóspito.

in.hu.ma.no, na. [inu'mano] [inu'mano] *adj.* Que não tem nenhuma das boas qualidades dos humanos. ▶ Desumano.

in.hu.mar. [inu'maɾ] [inu'maɾ] *v.4.* Sepultar, enterrar o corpo de uma pessoa morta. ▶ Inumar.

i.ni.cia.ción. [iniθja'θjon] [inisja'sjon] *f.* Ato de dar princípio a uma coisa ou processo. Começo. ▶ Iniciação.

i.ni.cial. [ini'θjal] [ini'sjal] *adj.* **1.** Relativo à origem ou ao princípio das coisas. ▶ Inicial. *f.* **2.** *Ling.* Letra com a qual começa uma palavra. ▶ Inicial.

i.ni.ciar. [ini'θjaɾ] [ini'sjaɾ] *v.4.* **1.** Começar ou promover uma coisa. ▶ Iniciar. **2.** Dar as primeiras noções. ▶ Iniciar. *v.p.* **3.** Introduzir-se, receber os rudimentos de algo. ▶ Iniciar-se.

i.ni.cia.ti.va. [iniθja'tiβa] [inisja'tiβa] *f.* **1.** Ideia que dá começo a uma ação. ▶ Iniciativa. **2.** Qualidade de quem concebe projetos ou ideias e os leva à prática. ▶ Iniciativa.

i.ni.cio. [i'niθjo] [i'nisjo] *m.* Ato de iniciar. Começo. ▶ Início.

i.ni.gua.la.ble. [iniɣwa'laβle] [iniɣwa'laβle] *adj.* Que não tem igual nem pode ser igualado. ▶ Inigualável.

i.nin.te.li.gi.ble. [ininteli'xiβle] [ininteli'xiβle] *adj.* Que não se entende. Incompreensível. ▶ Ininteligível.

in.je.ren.cia. [inxe'ɾenθja] [inxe'ɾensja] *f.* Intervenção que uma pessoa faz em assunto ou negócio de outros. ▶ Ingerência.

in.je.rir. [inxe'ɾiɾ] [inxe'ɾiɾ] *v.20. p.p. reg. injerido* / *irreg. injerto.* **1.** *Bot.* Enxertar plantas. ▶ Enxertar. **2.** Colocar uma coisa dentro de outra. ▶ Inserir. **3.** Tomar parte em assunto alheio. ▶ Intrometer-se.

in.jer.tar. [inxeɾ'taɾ] [inxeɾ'taɾ] *v.4. Bot.* Ato de introduzir uma parte viva de uma planta em outra. ▶ Enxertar.

in.jer.to. [in'xeɾto] [in'xeɾto] *m. Agr.* Ato ou efeito de enxertar. ▶ Enxerto.

in.ju.ria. [in'xuɾja] [in'xuɾja] *f.* Ofensa, agressão verbal ou física que se faz a alguém. ▶ Injúria.

in.ju.riar. [inxu'ɾjaɾ] [inxu'ɾjaɾ] *v.4.* Dirigir uma ofensa ao nome ou à honra de alguém. ▶ Injuriar.

in.jus.ti.cia. [inxus'tiθja] [inxuh'tisja] *f.* **1.** Ato contrário à justiça. ▶ Injustiça. **2.** Ato injusto. Iniquidade. ▶ Injustiça.

in.jus.ti.fi.ca.ble. [inxustifi'kaβle] [inxuhtifi'kaβle] *adj.* Que não se pode justificar. ▶ Injustificável.

in.jus.to, ta. [in'xusto] [in'xuhto] *adj.* Que denota injustiça. Arbitrário. ▶ Injusto.

in.ma.cu.la.do, da. [inmaku'laðo] [inmaku'laðo] *adj.* Que não tem mancha. Puro. ▶ Imaculado.

in.ma.du.rez. [inmaðu'ɾeθ] [inmaðu'ɾes] *f.* Condição de proceder e pensar decorrente de pouca idade ou inexperiência. ▶ Imaturidade.

in.ma.du.ro, ra. [inma'ðuɾo] [inma'ðuɾo] *adj.* Que ainda não alcançou a maturidade. ▶ Imaturo.

in.ma.nen.te. [inma'nente] [inma'nente] *adj.* Diz-se daquilo que supostamente pode ser explicado por sua própria estrutura. ▶ Imanente.

in.ma.te.rial. [inmate'ɾjal] [inmate'ɾjal] *adj.* Que não tem matéria. Incorpóreo, espiritual. ▶ Imaterial.

in.me.dia.to, ta. [inme'ðjato] [inme'ðjato] *adj.* **1.** Que está ou fica muito perto. Contíguo. ▶ Imediato. **2.** Que está antes ou logo depois. ▶ Imediato. ◆ **De inmediato.** Imediatamente.

in.me.jo.ra.ble. [inmexo'ɾaβle] [inmexo'ɾaβle] *adj. com.* Diz-se de algo que não pode ser melhor ou melhorado. Perfeito. ▶ Insuperável. *Todos estaban muy contentos, la noche había sido inmejorable.* Todos estavam muito contentes, a noite havia sido perfeita.

in.me.mo.rial. [inmemo'ɾjal] [inmemo'ɾjal] *adj.* Que não pode ser lembrado por ser algo muito antigo. ▶ Imemorial.

in.men.si.dad. [inmensi'ðaθ] [inmensi'dad] *f.* Quantidade ou extensão muito grande. ▶ Imensidão. *Hay una inmensidad de nuevos documentos en esta carpeta.* Há uma imensidão de novos documentos nesta pasta.

in.men.so, sa. [in'menso] [in'menso] *adj.* **1.** Que não tem medida. Infinito, ilimitado. ▶ Imenso. **2.** Muito grande, muito difícil de medir ou contar. ▶ Imenso.

in.me.re.ci.do, da. [inmeɾe'θiðo] [inmeɾe'siðo] *adj.* Não merecido. ▶ Imerecido.

in.mer.sión. [inmeɾ'sjon] [inmeɾ'sjon] *f.* Ato de penetrar na água ou em outro líquido. Mergulho. ▶ Imersão.

in.mer.so, sa. [in'merso] [in'mεrso] *adj.* Que está coberto por um líquido. Submerso. ▶ Imerso.

in.mi.gra.ción. [inmiɣra'θjon] [inmiɣra'sjon] *f.* Ato de sair do próprio país e chegar a outro para fixar residência e/ou trabalhar, de modo permanente ou não. ▶ Imigração. *La inmigración de jóvenes a otros países es un fenómeno creciente en ciertas zonas de Sudamérica.* A imigração de jovens a outros países é um fenômeno crescente em certas zonas da América do Sul.

in.mi.gran.te. [inmi'ɣrante] [inmi'ɣrante] *com.* Pessoa que chega a um país e se estabelece nele. ▶ Imigrante. *U.t.c.adj.*

in.mi.grar. [inmi'ɣraɾ] [inmi'ɣraɾ] *v.4.* Entrar em um país para fixar residência. ▶ Imigrar.

in.mi.nen.te. [inmi'nente] [inmi'nente] *adj.* **1.** Que acontecerá em breve. ▶ Iminente. **2.** Certo e imediato. ▶ Iminente.

in.mo.bi.lia.ria. [inmoβi'ljarja] [inmoβi'ljarja] *f.* Empresa que constrói, vende e administra imóveis. Construtora. ▶ Incorporadora.

in.mo.bi.lia.rio, ria. [inmoβi'ljarjo] [inmoβi'ljarjo] *adj.* **1.** Pertencente ou relativo a imóveis. Imobiliário. *s.* **2.** Pessoa que se dedica aos negócios imobiliários. ▶ Imobiliário.

in.mo.ral. [inmo'ral] [inmo'ral] *adj.* **1.** Contrário à moral. ▶ Imoral. **2.** Que denota desonestidade. Impudico. ▶ Imoral.

in.mor.tal. [inmor'tal] [inmor'tal] *adj.* **1.** Que é perpétuo, eterno. ▶ Imortal. **2.** *fig.* Diz-se de pessoa ou coisa consagrada pela fama. ▶ Imortal.

in.mor.ta.li.zar. [inmortali'θaɾ] [inmortali'saɾ] *v.13.* Tornar perpétua uma coisa na memória dos seres humanos. ▶ Imortalizar.

in.mó.vil. [in'moβil] [in'moβil] *adj.* Que não se move. Parado, inalterável. ▶ Imóvel.

in.mo.vi.li.dad. [inmoβili'ðaθ] [inmoβili'ðað] *f.* Qualidade do que não se pode mover. ▶ Imobilidade.

in.mo.vi.li.za.ción. [inmoβiliθa'θjon] [inmoβilisa'sjon] *f.* Resultado de imobilizar. Paralisação. ▶ Imobilização.

in.mo.vi.li.zar. [inmoβili'θaɾ] [inmoβili'saɾ] *v.13.* Fazer uma coisa ficar imóvel. Fixar, estabilizar. ▶ Imobilizar.

in.mue.ble. [in'mweβle] [in'mweβle] *m. Dir.* Casa, edifício, terreno urbano ou rural que pode ser delimitado como propriedade. ▶ Imóvel.

in.mun.do, da. [in'mundo] [in'mundo] *adj.* **1.** Muito sujo. ▶ Imundo. **2.** *fig.* Perverso, vil. ▶ Imundo.

in.mu.ne. [in'mune] [in'mune] *adj.* **1.** *Biol.* Que está protegido contra alguma doença. ▶ Imune. **2.** Que está isento de algumas obrigações. ▶ Imune. **3.** *fig.* Que não se deixa atingir por críticas, provocações, etc. ▶ Imune.

in.mu.ni.dad. [inmuni'ðaθ] [inmuni'ðað] *f.* **1.** *Biol.* Resistência a doenças. ▶ Imunidade. **2.** Privilégio que se concede a alguém em virtude do cargo que exerce e que consiste em não poder ser objeto de alguns procedimentos policiais ou jurídicos. ▶ Imunidade.

in.mu.ni.zar. [inmuni'θaɾ] [inmuni'saɾ] *v.13.* Tornar imune. ▶ Imunizar.

in.mu.no.ló.gi.co, ca. [inmuno'loxiko] [inmuno'loxiko] *adj.* Relativo ao estudo da resistência do organismo. ▶ Imunológico.

in.mu.ta.ble. [inmu'taβle] [inmu'taβle] *adj.* Que não se altera nem muda. ▶ Imutável.

in.mu.tar. [inmu'taɾ] [inmu'taɾ] *v.4.* **1.** Transformar uma coisa. ▶ Alterar. *v.p.* **2.** *fig.* Sentir uma emoção e manifestá-la com um gesto ou mudança no tom da voz. ▶ Alterar-se.

in.na.to, ta. [in'nato] [in'nato] *adj.* Diz-se da qualidade que tem um ser desde seu nascimento. ▶ Inato.

in.ne.ce.sa.rio, ria. [inneθe'sarjo] [innese'sarjo] *adj.* Que não precisa ser levado em conta. Supérfluo. ▶ Desnecessário.

in.ne.ga.ble. [inne'ɣaβle] [inne'ɣaβle] *adj.* Que não se pode negar. Evidente, indiscutível. ▶ Inegável.

in.no.ble. [in'noβle] [in'noβle] *adj.* Que não tem dignidade. Vil, baixo. ▶ Ignóbil.

in.no.va.dor, do.ra. [innoβa'ðor] [innoβa'ðor] *adj.* Que muda ou altera as coisas introduzindo novidades. ▶ Inovador.

in.no.var. [inno'βar] [inno'βar] *v.4.* Mudar ou alterar as coisas. ▶ Inovar.

in.nu.me.ra.ble. [innume'raβle] [innume'raβle] *adj.* **1.** Que não se pode numerar nem contar. Incontável. ▶ Inumerável. **2.** Que é extraordinariamente numeroso, muito abundante. ▶ Inumerável.

i.no.cen.cia. [ino'θenθja] [ino'sensja] *f.* **1.** Carência de culpa. ▶ Inocência. **2.** Pureza de alma. Candura, simplicidade. ▶ Inocência.

❏ **i.no.cen.ta.da.** [inoθen'taða] [inosen'taða] *f.* Engano de uma pessoa por falta de malícia ou de atenção. ▶ Ingenuidade.

i.no.cen.te. [ino'θente] [ino'sente] *adj.* **1.** Que não tem culpa. ▸ Inocente. **2.** Que não tem malícia, fácil de enganar. ▸ Inocente.

i.no.cen.tón, to.na. [inoθen'ton] [inosen'ton] *adj.* Muito ingênuo. ▸ Simplório.

i.no.cuo, cua. [i'nokwo] [i'nokwo] *adj.* Que não faz mal. Inofensivo. ▸ Inócuo.

i.no.do.ro, ra. [ino'ðoro] [ino'ðoro] *adj.* **1.** Que não tem cheiro. ▸ Inodoro. *m.* **2.** ▢ Louça do banheiro utilizada para urinar e defecar. ▸ Vaso sanitário.

i.no.fen.si.vo, va. [inofen'siβo] [inofen'siβo] *adj.* Que não ofende nem faz mal. ▸ Inofensivo.

i.nol.vi.da.ble. [inolβi'ðaβle] [inolβi'ðaβle] *adj.* Que não se esquece nem se pode esquecer. ▸ Inesquecível.

i.no.pe.ran.te. [inope'rante] [inope'rante] *adj.* **1.** Que está fora de atividade. ▸ Inoperante. **2.** Que não tem competência ou eficácia. Inútil. ▸ Inoperante.

i.no.pia. [i'nopja] [i'nopja] *f.* **1.** Pobreza, escassez, penúria em que se encontra uma pessoa. ▸ Inópia. **2.** Desconhecimento das coisas que todo mundo sabe. ▸ Inópia.

i.no.por.tu.no, na. [inopor'tuno] [inopor'tuno] *adj.* Que está fora de tempo ou é inconveniente. ▸ Inoportuno.

i.nor.gá.ni.co, ca. [inor'γaniko] [inor'γaniko] *adj.* Que não é um ser com vida nem dele provém. ▸ Inorgânico.

i.no.xi.da.ble. [inoksi'ðaβle] [inoksi'ðaβle] *adj.* Que não se oxida. ▸ Inoxidável. ♦ **Acero inoxidable.** Aço inoxidável.

in.quie.tan.te. [inkje'tante] [inkje'tante] *adj.* Que causa preocupação. Inquietador. ▸ Inquietante.

in.quie.tar. [inkje'tar] [inkje'tar] *v.4.* Tirar a tranquilidade, perturbar. ▸ Inquietar.

in.quie.to, ta. [in'kjeto] [in'kjeto] *adj.* **1.** Que não fica quieto. Buliçoso. ▸ Inquieto. **2.** Que gosta de mudar de lugar. Irrequieto. ▸ Inquieto.

in.quie.tud. [inkje'tuθ] [inkje'tuð] *f.* Qualidade de inquieto. Inquietação. ▸ Inquietude.

in.qui.li.no, na. [inki'lino] [inki'lino] *s.* Locatário de imóvel residencial. ▸ Inquilino.

in.qui.na. [in'kina] [in'kina] *f.* Aversão, má vontade que se tem com alguém. ▸ Antipatia.

in.qui.rir. [inki'rir] [inki'rir] *v.20.* **1.** Procurar informações sobre alguma pessoa ou coisa. ▸ Indagar. ▸ Inquirir. **2.** Examinar cuidadosamente uma coisa. ▸ Inquirir.

in.qui.si.ción. [inkisi'θjon] [inkisi'sjon] *f.* **1.** Ato ou efeito de inquirir. ▸ Inquisição. **2.** *n.p. Rel.* Tribunal da Igreja Católica nos séculos XVI a XVIII que inquiria e castigava, até com pena de morte, os que não se submetiam ao catolicismo. ▸ Inquisição.

in.sa.lu.bre. [insa'luβre] [insa'luβre] *adj.* Prejudicial à saúde. Nocivo. ▸ Insalubre.

in.sal.va.ble. [insal'βaβle] [insal'βaβle] *adj.* Que não se pode salvar. Intransponível, insuperável. ▸ Insanável.

in.sa.no, na. [in'sano] [in'sano] *adj.* **1.** Que apresenta demência. Louco. ▸ Insano. **2.** Que é prejudicial à saúde. ▸ Insalubre.

in.sa.tis.fe.cho, cha. [insatis'fetʃo] [insatih'fetʃo] *adj.* Que não sente satisfação. ▸ Insatisfeito.

ins.cri.bir. [inskri'βir] [inhkri'βir] *v.6. p.p. irreg. inscrito.* **1.** Gravar palavras em uma superfície lisa e dura. ▸ Inscrever. **2.** Assentar em registro. ▸ Inscrever. *v.p.* **3.** Incluir o próprio nome em uma lista para determinado fim. ▸ Inscrever-se.

ins.crip.ción. [inskrip'θjon] [inhkrip'sjon] *f.* Ato ou efeito de inscrever. ▸ Inscrição.

ins.cri.to, ta. [ins'krito] [inh'krito] *adj.* Que foi registrado em algum cadastro ou relação. ▸ Inscrito.

in.sec.ti.ci.da. [insekti'θiða] [insekti'siða] *m.* Substância utilizada para matar insetos. ▸ Inseticida.

in.sec.tí.vo.ro, ra. [insek'tiβoro] [insek'tiβoro] *adj.* Que se alimenta de insetos. ▸ Insetívoro.

in.sec.to. [in'sekto] [in'sekto] *m. Zool.* Classe de animais que têm três pares de patas e um par de antenas, o corpo dividido em três partes: cabeça, tórax e abdômen. ▸ Inseto.

in.se.gu.ri.dad. [inseγuri'ðaθ] [inseγuri'ðas] *f.* **1.** Sensação ou sentimento de não estar protegido. ▸ Insegurança. *La inseguridad es un sentimiento recurrente en las grandes ciudades.* A insegurança é um sentimento recorrente nas grandes cidades. **2.** Falta de confiança em si mesmo. ▸ Insegurança. *No hay razones para que la inseguridad te domine a la hora del examen.* Não há razões para que a insegurança domine você na hora da prova.

in.se.gu.ro, ra. [inse'γuro] [inse'γuro] *adj.* **1.** Que não tem ou que não apresenta segurança. ▸ Inseguro. **2.** Que não tem ou que não apresenta certeza. ▸ Inseguro.

in.sen.sa.tez. [insensa'teθ] [insensa'tes] *f.* Ausência de bom senso ou de razão. ▶ Insensatez.

in.sen.sa.to, ta. [insen'sato] [insen'sato] *adj.* Que mostra insensatez. ▶ Insensato.

in.sen.si.bi.li.zar. [insensiβili'θar] [insensiβili'sar] *v.13.* Tornar insensível. ▶ Insensibilizar.

in.sen.si.ble. [insen'siβle] [insen'siβle] *adj.* **1.** Que não sente dor física. ▶ Insensível. **2.** *fig.* Que se apresenta indiferente à desgraça ou pena dos outros. ▶ Insensível. **3.** Que não reage ao contato com os outros. ▶ Insensível.

in.se.pa.ra.ble. [insepa'raβle] [insepa'raβle] *adj.* Que não se pode separar nem dividir. ▶ Inseparável.

in.ser.ción. [inser'θjon] [inser'sjon] *f.* Ato ou efeito de inserir, incluir, intercalar. ▶ Inserção.

in.ser.tar. [inser'tar] [inser'tar] *v.4. p.p. reg. insertado / irreg. inserto.* Incluir ou introduzir uma coisa em outra. ▶ Insertar.

in.ser.vi.ble. [inser'βiβle] [inser'βiβle] *adj.* Que não presta. Inútil. ▶ Imprestável.

in.si.dia. [in'siðja] [in'siðja] *f.* Trama mal-intencionada para prejudicar alguém. ▶ Insídia.

in.si.dio.so, sa. [insi'ðjoso] [insi'ðjoso] *adj.* Diz-se de pessoa ardilosa e intrigante que procura vantagens sorrateiramente. ▶ Insidioso.

in.sig.ne. [in'siɣne] [in'siɣne] *adj.* Notável, ilustre e famoso por algum mérito. ▶ Insigne.

in.sig.nia. [in'siɣnja] [in'siɣnja] *f.* Distintivo honorífico ou emblema. ▶ Insígnia.

in.sig.ni.fi.can.cia. [insiɣnifi'kanθja] [insiɣnifi'kansja] *f.* Coisa pequena e sem importância. Bagatela, ninharia. ▶ Insignificância.

in.sig.ni.fi.can.te. [insiɣnifi'kante] [insiɣnifi'kante] *adj.* Que tem pouca importância. ▶ Insignificante.

in.si.nua.ción. [insinwa'θjon] [insinwa'sjon] *f.* Ato ou efeito de insinuar. ▶ Insinuação.

in.si.nuar. [insi'nwar] [insi'nwar] *v.4.* Sugerir, aludir sem mencionar. Dar a entender. ▶ Insinuar.

in.sí.pi.do, da. [in'sipiðo] [in'sipiðo] *adj.* Que não tem gosto. ▶ Insípido.

in.sis.ten.cia. [insis'tenθja] [insih'tensja] *f.* Teimosia, contumácia em torno de uma coisa. ▶ Insistência.

in.sis.ten.te. [insis'tente] [insih'tente] *adj.* Que insiste na mesma coisa. Teimoso. ▶ Insistente.

in.sis.tir. [insis'tir] [insih'tir] *v.6.* Persistir ou manter-se firme em uma coisa. Teimar. ▶ Insistir.

in.so.la.ción. [insola'θjon] [insola'sjon] *f. Med.* Febre e mal-estar produzidos por permanecer muito tempo sob o sol. ▶ Insolação.

in.so.len.cia. [inso'lenθja] [inso'lensja] *f.* **1.** Ato ou efeito ofensivo e insultante. ▶ Insolência. **2.** Qualidade de atrevido. Descaramento. ▶ Insolência.

in.so.len.te. [inso'lente] [inso'lente] *adj.* Diz-se de pessoa atrevida e desavergonhada. ▶ Insolente.

in.só.li.to, ta. [in'solito] [in'solito] *adj.* Diz-se de fato inusual e extraordinário. ▶ Insólito.

in.so.lu.ble. [inso'luβle] [inso'luβle] *adj.* **1.** Que não se dissolve. ▶ Insolúvel. **2.** Diz-se de assunto que não se pode resolver. ▶ Insolúvel.

in.sol.ven.cia. [insol'βenθja] [insol'βensja] *f. Fin.* Situação em que as dívidas são maiores que o que se tem para pagar. Falência. Inadimplência. ▶ Insolvência.

in.sol.ven.te. [insol'βente] [insol'βente] *adj. Fin.* Que não tem com que pagar. Inadimplente. ▶ Insolvente.

in.som.ne. [in'somne] [in'somne] *adj.* Que não tem vontade ou não consegue dormir. ▶ Insone.

in.som.nio. [in'somnjo] [in'somnjo] *m.* Falta de sono. Vigília. ▶ Insônia.

in.son.da.ble. [inson'daβle] [inson'daβle] *adj.* **1.** Que não se pode sondar porque é muito profundo. ▶ Insondável. **2.** *fig.* Que não se pode saber nem averiguar. ▶ Insondável.

in.so.no.ri.zar. [insonori'θar] [insonori'sar] *v.13.* Acondicionar um lugar de forma que não haja entrada ou saída de som. ▶ Isolar acusticamente.

in.so.por.ta.ble. [insopor'taβle] [insopor'taβle] *adj. com.* Diz-se do que não é possível aguentar. Que provoca dor, sofrimento ou incômodo. ▶ Insuportável. *Ella tenía una relación insoportable con sus vecinos.* Ela tinha uma relação insuportável com seus vizinhos.

in.sos.pe.cha.do, da. [insospe'tʃaðo] [insohpe'tʃaðo] *adj.* Que não se pode imaginar. Insuspeitado. ▶ Inesperado. *Me ocurrió una aventura insospechada.* Aconteceu comigo uma aventura inesperada.

in.sos.te.ni.ble. [insoste'niβle] [insohte'niβle] *adj. com.* Diz-se do que não se pode sustentar. ▸ Insustentável. *Seguir con tanto trabajo puede llegar a ser insostenible.* Continuar com tanto trabalho pode chegar a ser insustentável.

ins.pec.ción. [inspek'θjon] [inhpek'sjon] *f.* Vistoria ou exame que se faz de uma coisa a fim de verificar suas condições. ▸ Inspeção.

ins.pec.cio.nar. [inspekθjo'nar] [inhpeksjo'nar] *v.4.* Examinar atentamente uma coisa. ▸ Inspecionar.

ins.pi.ra.ción. [inspira'θjon] [inhpira'sjon] *f.* Estímulo que impulsiona a produzir: obras de arte (o artista), poesias (o poeta), obras literárias (o literato), discursos (o orador). ▸ Inspiração.

ins.pi.rar. [inspi'rar] [inhpi'rar] *v.4.* **1.** Estimular a capacidade criativa do artista, literato, etc. ▸ Inspirar. **2.** *Biol.* Encher os pulmões de ar. ▸ Inspirar.

ins.ta.la.ción. [instala'θjon] [inhtala'sjon] *f.* Conjunto de coisas dispostas de forma conveniente ao fim a que se destinam. ▸ Instalação.

ins.ta.lar. [insta'lar] [inhta'lar] *v.4.* **1.** Estabelecer, colocar cada coisa no lugar devido para servir-se delas. ▸ Instalar. *v.p.* **2.** Fixar residência. ▸ Instalar-se.

ins.tan.cia. [ins'tanθja] [inh'tansja] *f.* **1.** Documento que se dirige a uma autoridade para fazer um pedido. ▸ Petição. **2.** *Dir.* Grau de jurisdição dos tribunais de justiça. ▸ Instância. **3.** *fig.* Nível, etapa. ▸ Instância.

ins.tan.tá.ne.a. [instan'tanea] [inhtan'tanea] *f.* Impressão fotográfica que se faz no momento. ▸ Instantânea.

ins.tan.tá.ne.o, a. [instan'taneo] [inhtan'taneo] *adj.* Que é repentino, momentâneo. Súbito. ▸ Instantâneo.

ins.tan.te. [ins'tante] [inh'tante] *m.* Tempo muito breve, momento. ▸ Instante. ◆ **Al instante.** Logo, rápido. ▸ É pra já. *¡Mozo! Un café, por favor. Al instante, señor.* Garçom! Um café, por favor. É pra já, senhor.

ins.tar. [ins'tar] [inh'tar] *v.4.* Insistir em uma súplica ou petição. ▸ Instar.

ins.tau.rar. [instau̯'rar] [inhtau̯'rar] *v.4.* Estabelecer ou fundar algo novo. ▸ Instaurar.

ins.ti.ga.dor, do.ra. [instiɣa'ðor] [inhtiɣa'ðor] *adj.* Que estimula a fazer alguma coisa. Incitador. ▸ Instigador.

ins.ti.gar. [insti'ɣar] [inhti'ɣar] *v.9.* Induzir a fazer algo. Incitar. ▸ Instigar.

ins.tin.ti.vo, va. [instin'tiβo] [inhtin'tiβo] *adj.* Que corresponde ao instinto. ▸ Instintivo.

ins.tin.to. [ins'tinto] [inh'tinto] *m.* Comportamento básico dos seres vivos, tendente à sobrevivência. ▸ Instinto.

ins.ti.tu.ción. [institu'θjon] [inhtitu'sjon] *f.* **1.** Estabelecimento ou fundação de algo. ▸ Instituição. **2.** Organismo que desempenha uma função na sociedade. ▸ Instituição.

ins.ti.tu.cio.nal. [instituθjo'nal] [inhtitusjo'nal] *adj.* Que está vinculado a uma instituição ou sujeito a suas normas. ▸ Institucional.

ins.ti.tuir. [insti'twir] [inhti'twir] *v.28.* **1.** Fundar um instituto, garantindo-lhe condições de conservação e funcionamento. ▸ Instituir. **2.** Dar princípio a algo novo. Constituir. ▸ Instituir.

ins.ti.tu.to. [insti'tuto] [inhti'tuto] *m.* Entidade onde se pesquisa, estuda ou orienta sobre determinada matéria. ▸ Instituto.

ins.truc.ción. [instruk'θjon] [inhtruk'sjon] *f.* **1.** Conjunto de conhecimentos. ▸ Instrução. **2.** Conjunto de normas que regem uma atividade. ▸ Instrução. **3.** Conjunto de regras ou advertências para determinado fim. ▸ Instrução. ◆ **Instrucción militar.** *Mil.* Treinamento militar.

ins.truc.ti.vo, va. [instruk'tiβo] [inhtruk'tiβo] *adj.* **1.** Que serve para instruir. ▸ Instrutivo. **2.** Que é educativo. ▸ Instrutivo.

ins.truc.tor, to.ra. [instruk'tor] [inhtruk'tor] *adj.* Que instrui. ▸ Instrutor. *U.t.c.s.*

ins.truir. [ins'trwir] [inh'trwir] *v.28.* Transmitir conhecimentos. ▸ Instruir.

ins.tru.men.tal. [instrumen'tal] [inhtrumen'tal] *adj.* **1.** Pertencente ou relativo a instrumento. ▸ Instrumental. **2.** Que tem função de instrumento. ▸ Instrumental. *m.* **3.** Conjunto de objetos, ferramentas ou instrumentos usados em uma atividade determinada. ▸ Instrumentos. *Los médicos usan instrumental quirúrgico para las operaciones.* Os médicos usam instrumentos cirúrgicos para as operações.

ins.tru.men.tar. [instrumen'tar] [inhtrumen'tar] *v.4. Mús.* Escrever para cada instrumento a parte que lhe corresponde de uma peça musical. ▸ Instrumentar.

ins.tru.men.tis.ta. [instrumen'tista] [inht‌rumen'tihta] *com.* **1.** Músico que toca um instrumento. ▸ Instrumentista. **2.** *Med.* Pessoa que, durante uma cirurgia, vai entregando ao cirurgião o instrumento cirúrgico de que ele precisa. ▸ Instrumentista.

ins.tru.men.to. [instru'mento] [inht‌ru'mento] *m.* **1.** Artefato que produz som musical. ▸ Instrumento. **2.** Aquilo que serve para executar um trabalho. Ferramenta. ▸ Instrumento. **3.** *Dir.* Documento comprovante de algum direito ou prerrogativa. ▸ Instrumento.

in.su.bor.di.na.ción. [insuβoɾðina'θjon] [insuβoɾðina'sjon] *f.* Ato de rebeldia, indisciplina ou desobediência. ▸ Insubordinação.

in.su.bor.di.nar. [insuβoɾði'naɾ] [insuβoɾði'naɾ] *v.4.* **1.** Quebrantar o dever de subordinação. ▸ Insubordinar. **2.** Induzir a revolta ou motim. Sublevar. ▸ Insubordinar.

in.su.fi.cien.cia. [insufi'θjenθja] [insufi'sjensja] *f.* **1.** Escassez de uma coisa. ▸ Insuficiência. **2.** *Med.* Deficiência de um órgão que o impede de executar perfeitamente sua função. ▸ Insuficiência.

in.su.fi.cien.te. [insufi'θjente] [insufi'sjente] *adj.* Que não é suficiente ou completo. ▸ Insuficiente.

in.su.fri.ble. [insu'fɾiβle] [insu'fɾiβle] *adj.* Relativo ao sofrimento insuportável. ▸ Insofrível.

in.su.lar. [insu'laɾ] [insu'laɾ] *adj.* **1.** Pertencente ou relativo a ilha. ▸ Insular. *com.* **2.** O natural ou habitante de uma ilha. Insulano. ▸ Ilhéu.

in.sul.so, sa. [in'sulso] [in'sulso] *adj.* **1.** Que não tem sabor. Insípido. ▸ Insosso. **2.** *fig.* Diz-se do que não apresenta graça ou atrativo. ▸ Insosso.

in.sul.tar. [insul'taɾ] [insul'taɾ] *v.4.* Ofender com palavras. Injuriar. ▸ Insultar.

in.sul.to. [in'sulto] [in'sulto] *m.* Afronta que se faz a uma pessoa. ▸ Insulto.

in.su.pe.ra.ble. [insupe'ɾaβle] [insupe'ɾaβle] *adj.* Que não se pode superar. ▸ Insuperável.

in.su.rrec.ción. [insurek'θjon] [insurek'sjon] *f.* Revolta contra o poder estabelecido. Sublevação. ▸ Insurreição.

in.su.rrec.to, ta. [insu'rekto] [insu'rekto] *adj.* Que se opõe a um poder. ▸ Insurreto.

in.sus.tan.cial. [insustan'θjal] [insuhtan'sjal] *adj.* **1.** Que não tem substância. ▸ Insubstancial. **2.** Aplica-se a obras sem conteúdo, sem interesse. ▸ Insubstancial.

in.sus.ti.tui.ble. [insusti't‌wiβle] [insuhti't‌wiβle] *adj.* Que não pode ser substituído. ▸ Insubstituível.

in.ta.cha.ble. [inta't‌ʃaβle] [inta't‌ʃaβle] *adj.* Que não admite nem merece reprovação ou crítica. ▸ Irrepreensível.

in.tac.to, ta. [in'takto] [in'takto] *adj.* **1.** Que não foi tocado. ▸ Intacto. **2.** *fig.* Que não sofreu alteração nem dano. ▸ Intacto.

in.tan.gi.ble. [intan'xiβle] [intan'xiβle] *adj.* Que não pode ou não deve ser tocado. ▸ Intangível.

in.te.gra.ción. [inteɣɾa'θjon] [inteɣɾa'sjon] *f.* Ato ou efeito de integrar. ▸ Integração.

in.te.gral. [inte'ɣɾal] [inte'ɣɾal] *adj.* Que não teve nenhuma parte retirada. Total, completo. ▸ Integral.

in.te.gran.te. [inte'ɣɾante] [inte'ɣɾante] *adj.* Que faz parte, que integra um todo. ▸ Integrante.

in.te.grar. [inte'ɣɾaɾ] [inte'ɣɾaɾ] *v.4.* **1.** Fazer parte de algo. ▸ Integrar. **2.** Dar integridade. ▸ Integrar. *v.p.* **3.** Unir-se a um grupo para formar parte dele. ▸ Integrar-se.

in.te.gri.dad. [inteɣɾi'ðaθ] [inteɣɾi'ðað] *f.* Qualidade de íntegro. ▸ Integridade.

ín.te.gro, gra. ['inteɣɾo] ['inteɣɾo] *adj.* **1.** Que não carece de parte alguma. ▸ Íntegro. **2.** *fig.* Que tem procedimentos corretos e honestos. ▸ Íntegro.

in.te.lec.to. [inte'lekto] [inte'lekto] *m.* Capacidade humana de processar a percepção e formar conceitos. ▸ Intelecto.

in.te.lec.tual. [intelek't‌wal] [intelek't‌wal] *adj.* **1.** Relativo ao entendimento ou intelecto. ▸ Intelectual. *com.* **2.** Pessoa dedicada ao estudo ou à produção artística ou científica. ▸ Intelectual.

in.te.li.gen.cia. [inteli'xenθja] [inteli'xensja] *f.* **1.** Capacidade de entender e compreender. ▸ Inteligência. **2.** Conjunto de faculdades mentais que contribuem para o conhecimento, o raciocínio, etc. ▸ Inteligência.

in.te.li.gen.te. [inteli'xente] [inteli'xente] *adj.* Que entende, compreende, raciocina e tem memória. ▸ Inteligente. *U.t.c.com.*

in.te.li.gi.ble. [inteli'xiβle] [inteli'xiβle] *adj.* Que pode ser entendido. Compreensível. ▸ Inteligível.

in.tem.pe.rie. [intem'peɾje] [intem'peɾje] *f.* Inclemência do tempo. ▸ Intempérie. ◆ **A la intemperie.** A céu aberto, ao relento. Na intempérie. *Perdimos la llave de casa y nos quedamos a la intemperie.* Perdemos a chave de casa e ficamos ao relento.

in.tem.pes.ti.vo, va. [intempes'tiβo] [intempeh'tiβo] *adj.* **1.** Que está fora de tempo próprio. ▸ Intempestivo. **2.** Que chega sem ser esperado. Surpreendente. ▸ Intempestivo.

in.ten.ción. [inten'θjon] [inten'sjon] *f.* Propósito ou desejo de fazer alguma coisa. ▸ Intenção.

in.ten.cio.na.da.men.te [intenθjonaða'mente] [intensjonaða'mente] *adv.* Que se pratica com determinada intenção. ▸ Intencionalmente.

in.ten.cio.na.do, da. [intenθjo'naðo] [intensjo'naðo] *adj.* **1.** Que tem alguma intenção. ▸ Intencional. **2.** Que não é casual nem fortuito, que é propositado. ▸ Intencional.

in.ten.den.cia. [inten'denθja] [inten'densja] *f.* **1.** Direção e governo de um serviço ou corporação. ▸ Superintendência. **2.** ▢ *(Urug. e Arg.)* Governo de um município ou departamento. Governo municipal. ▸ Prefeitura. **3.** Corpo militar que fornece tudo o que precisam as Forças Armadas. ▸ Superintendência.

in.ten.si.dad. [intensi'ðaθ] [intensi'ðað] *f.* **1.** Grau de energia ou tensão de uma coisa. ▸ Intensidade. **2.** Veemência dos sentimentos. ▸ Intensidade.

in.ten.si.fi.car. [intensifi'kar] [intensifi'kar] *v.7.* Fazer com que uma coisa ganhe ou aumente em intensidade. ▸ Intensificar.

in.ten.si.vo, va. [inten'siβo] [inten'siβo] *adj.* Mais ativo, veemente e intenso que habitualmente. ▸ Intensivo.

in.ten.so, sa. [in'tenso] [in'tenso] *adj.* **1.** Que é muito veemente e vivo. ▸ Intenso. **2.** Que se faz sentir com intensidade. ▸ Intenso.

in.ten.tar. [inten'tar] [inten'tar] *v.4.* **1.** Tratar de fazer alguma coisa. ▸ Tentar. **2.** Planejar e iniciar a execução de uma coisa. ▸ Tentar.

in.ten.to. [in'tento] [in'tento] *m.* **1.** Propósito de conseguir algo. Intenção. ▸ Intento. **2.** Experiência, teste. ▸ Tentativa.

in.ten.to.na. [inten'tona] [inten'tona] *f. Polít.* Conspiração seguida de rebelião que pretende derrubar um governo. ▸ Intentona.

in.te.rac.ción. [interak'θjon] [interak'sjon] *f.* Ação recíproca que se realiza entre duas ou mais coisas ou pessoas. ▸ Interação.

in.te.rac.tuar. [interak'twar] [interak'twar] *v.4.* Exercer uma ação mútua afetando ou influenciando o desenvolvimento do outro. ▸ Interagir. *Los alumnos tienen que interactuar más durante las clases de conversación.* Os alunos têm que interagir mais durante as aulas de conversação.

in.ter.ca.lar. [interka'lar] [interka'lar] *v.4.* Pôr alguma coisa no meio de outras. Interpor. ▸ Intercalar.

in.ter.cam.biar. [interkam'bjar] [interkam'bjar] *v.4.* Trocar, dois ou mais países, pessoas ou instituições entre si, prestação de serviços, ideias, conhecimentos, resultados de pesquisas, etc. ▸ Intercambiar.

in.ter.cam.bio. [inter'kambjo] [inter'kambjo] *m.* **1.** Resultado de troca. Permuta. ▸ Intercâmbio. **2.** Relação comercial ou cultural entre instituições ou países. ▸ Intercâmbio.

in.ter.ce.der. [interθe'ðer] [interse'ðer] *v.5.* Intervir de alguma forma em favor de alguém. ▸ Interceder.

in.ter.cep.tar. [interθep'tar] [intersep'tar] *v.4.* **1.** Impedir que uma coisa chegue a seu destino. ▸ Interceptar. **2.** Interditar uma via de comunicação. ▸ Interceptar.

in.ter.ce.sor, so.ra. [interθe'sor] [interse'sor] *adj.* Que intercede ou intervém em algo ou em favor de outro. ▸ Intercessor. *U.t.c.s.*

in.ter.cos.tal. [interkos'tal] [interkoh'tal] *adj. Anat.* Que está entre as costelas. ▸ Intercostal.

in.ter.de.pen.den.cia. [interðepen'denθja] [interðepen'densja] *f.* Relação de dependência mútua ou recíproca entre duas ou mais pessoas ou coisas. ▸ Interdependência.

in.te.rés. [inte'res] [inte'res] *m.* **1.** Atenção ou cuidado que se dispensa a uma pessoa ou coisa que se estima. ▸ Interesse. **2.** ▢ *Fin.* Diferença produzida por capital aplicado. ▸ Juros. *Julio aplica su dinero para que le rinda algún interés.* Julio investe seu dinheiro para que lhe renda algum juro.

in.te.re.sa.do, da. [intere'saðo] [intere'saðo] *adj.* **1.** Que tem interesse em algo. ▸ Interessado. **2.** Que só cuida dos assuntos de seu próprio interesse. ▸ Interesseiro.

in.te.re.san.te. [intere'sante] [intere'sante] *adj.* Que é importante e atraente, que é digno de interesse. ▸ Interessante.

in.te.re.sar. [intere'sar] [intere'sar] *v.4.* Provocar interesse ou atenção. ▸ Interessar. *U.t.c.u.p.*

in.te.res.te.lar. [intereste'lar] [interehte'lar] *adj. Astr.* Que se situa entre as estrelas ou entre os astros em geral de uma galáxia. Intersideral. ▶ Interestelar.

in.ter.faz. [inter'faθ] [inter'fas] f. *Inform.* Elemento que possibilita uma conexão física e funcional entre dois sistemas ou partes deles, sem o qual não poderiam ser conectados diretamente. ▶ Interface.

in.ter.fe.ren.cia. [interfe'renθja] [interfe'rensja] f. **1.** Ação que se interpõe no desenvolvimento normal de outra. ▶ Interferência. **2.** *Fís.* Ação recíproca das ondas capaz de produzir aumento, diminuição ou neutralização do movimento ondulatório. ▶ Interferência.

in.ter.fe.rir. [interfe'rir] [interfe'rir] v.22. **1.** Produzir interferência. ▶ Interferir. **2.** Interpor algo ou intervir no desenvolvimento de uma coisa ou atividade. ▶ Interferir.

ín.te.rin. ['interin] ['interin] m. Meio-tempo, intervalo. ▶ Ínterim.

in.te.ri.no, na. [inte'rino] [inte'rino] adj. Que ocupa um cargo ou desempenha uma função provisoriamente. ▶ Interino.

in.te.rior. [inte'rjor] [inte'rjor] adj. **1.** Que está dentro. ▶ Interior. m. **2.** Parte interna de alguma coisa. ▶ Interior. **3.** Todos os lugares que não são capital. ▶ Interior. ◆ **Ropa interior.** Roupa íntima.

in.te.rio.ri.dad. [interjori'ðaθ] [interjori'ðað] f. **1.** Qualidade de interior. ▶ Interioridade. pl. **2.** Algo privado, geralmente confidencial, de uma pessoa, família ou corporação. ▶ Intimidade.

in.te.rio.ri.zar. [interjori'θar] [interjori'sar] v.13. Assimilar e adotar uma ideia, princípio, sentimento, etc. ▶ Interiorizar.

in.ter.jec.ción. [interxek'θjon] [interxek'sjon] f. *Ling.* Palavra ou frase dita em tom exclamativo, que expressa uma reação súbita ou um sentimento profundo, de valor positivo ou negativo. ▶ Interjeição.

in.ter.li.ne.al. [interline'al] [interline'al] adj. Que está escrito ou impresso entre duas linhas. ▶ Interlinear.

in.ter.lo.cu.tor, to.ra. [interloku'tor] [interloku'tor] s. Cada uma das pessoas que participam de um diálogo. ▶ Interlocutor.

in.ter.lu.dio. [inter'luðjo] [inter'luðjo] m. *Mús.* Trecho musical que se executa entre as partes de uma composição. ▶ Interlúdio.

in.ter.me.dia.rio, ria. [interme'ðjarjo] [interme'ðjarjo] adj. Que atua como representante ou atravessador em operações comerciais. ▶ Intermediário. *U.t.c.s.*

in.ter.me.dio, dia. [inter'meðjo] [inter'meðjo] adj. **1.** Que está entre extremos. ▶ Intermediário. m. **2.** Espaço de tempo que há entre dois momentos fixados. ▶ Intervalo.

in.ter.mi.na.ble. [intermi'naβle] [intermi'naβle] adj. Que não acaba nunca, que não tem fim. ▶ Interminável.

in.ter.mi.nis.te.rial. [interministe'rjal] [interminihte'rjal] adj. Que depende de vários ministérios ou os relaciona entre si. ▶ Interministerial.

in.ter.mi.ten.te. [intermi'tente] [intermi'tente] adj. **1.** Que apresenta interrupções sucessivas. Descontínuo. ▶ Intermitente. m. **2.** Cada forma convencionada para que o condutor de um veículo informe aos demais suas ações no tráfego. ▶ Pisca-pisca. ◆ **Poner el intermitente.** Dar seta (no tráfego).

in.ter.na.cio.nal. [internaθjo'nal] [internasjo'nal] adj. Diz-se de qualquer atividade em que estão envolvidas duas ou mais nações. ▶ Internacional.

in.ter.na.cio.na.li.zar. [internaθjonali'θar] [internasjonali'sar] v.13. Tornar internacional, submeter à autoridade conjunta de várias nações. ▶ Internacionalizar.

▫ **in.ter.na.do.** [inter'nado] [inter'nado] m. Estabelecimento onde vivem internos, alunos ou outras pessoas. ▶ Internato. ◆ **Medio internado / Seminternado.** Semi-internato. **Régimen de internado.** Regime de internato.

in.ter.nar. [inter'nar] [inter'nar] v.4. **1.** Ingressar (uma pessoa) em um asilo, hospital, prisão ou outro lugar de reclusão. ▶ Internar. **2.** Ir ou levar para dentro, para o interior. ▶ Embrenhar-se. v.p. **3.** Aprofundar, concentrar-se. ▶ Internar-se.

in.ter.nau.ta. [inter'nauta] [inter'nauta] com. *Inform.* Usuário da internet. ▶ Internauta. *Los internautas tienen acceso a miles de informaciones a cada búsqueda.* Os internautas têm acesso a milhares de informações a cada pesquisa.

Internet. [inter'net] [inter'net] f. *Inform.* Rede mundial de comunicação que permite, por meio de computadores interligados, troca de informações e transferência de músicas, imagens e textos entre diferentes usuários. ▶ Internet.

in.ter.nis.ta. [inter'nista] [inter'nihta] adj. com. *Med.* Diz-se do médico que exerce a Medicina clínica. Internista, médico generalista. ▶ Clínico geral. *Mi médico de familia es internista, siempre paso por su consulta.* Meu médico de família é clínico geral, sempre me consulto com ele.

in.ter.no, na. [in'terno] [in'terno] *adj.* **1.** Que estuda e vive durante o curso em um colégio. ▸ Interno. *U.t.c.s.* **2.** Diz-se do médico residente em um hospital ou clínica. ▸ Residente. *U.t.c.s.*

in.ter.par.la.men.ta.rio, ria. [interparlamen'tarjo] [interparlamen'tarjo] *adj.* Diz-se da organização que enlaça a atividade dos parlamentares de vários países. ▸ Interparlamentar.

in.ter.pe.lar. [interpe'lar] [interpe'lar] *v.4.* Interrogar uma pessoa sobre um assunto do qual se presume que ela tem conhecimento. ▸ Interpelar.

in.ter.po.lar. [interpo'lar] [interpo'lar] *v.4.* **1.** Pôr uma coisa entre outras. ▸ Interpolar. **2.** *Ling.* Intercalar em um texto palavras ou frases para esclarecê-lo ou modificá-lo. ▸ Interpolar.

in.ter.po.ner. [interpo'ner] [interpo'ner] *v.40. p.p. irreg. interpuesto.* Pôr algo entre coisas ou pessoas. ▸ Interpor.

in.ter.pre.ta.ción. [interpreta'θjon] [interpreta'sjon] *f.* **1.** Ato ou efeito de interpretar. ▸ Interpretação. **2.** *Teat.* Representação de uma obra teatral ou cinematográfica. ▸ Interpretação.

in.ter.pre.tar. [interpre'tar] [interpre'tar] *v.4.* **1.** Captar e explicar o sentido de uma coisa. ▸ Interpretar. **2.** *Teat.* Representar uma obra teatral ou cinematográfica. ▸ Interpretar.

in.tér.pre.te. [in'terprete] [in'terprete] *com.* **1.** *Ling.* Aquele que serve de intermediário no diálogo entre pessoas que falam línguas diferentes. ▸ Intérprete. **2.** *Teat.* Artista que representa uma obra de teatro. ▸ Intérprete.

in.te.rro.ga.ción. [interoɣa'θjon] [interoɣa'sjon] *f.* **1.** Ato ou efeito de interrogar. Pergunta, interpelação. ▸ Interrogação. **2.** *Ling.* Cada um dos dois signos ortográficos (¿?) que em espanhol se colocam um (¿) antes e o outro (?) depois de uma pergunta. ▸ Interrogação. *¿Vamos al cine?* Vamos ao cinema?

in.te.rro.gan.te. [intero'ɣante] [intero'ɣante] *adj.* **1.** Que interpela, que interroga. ▸ Interrogante. *amb.* **2.** Questão duvidosa ou desconhecida. ▸ Incógnita. ◆ **Punto interrogante.** *Ling.* Ponto de interrogação.

in.te.rro.gar. [intero'ɣar] [intero'ɣar] *v.9.* **1.** Fazer pergunta(s). Inquirir. ▸ Interrogar. **2.** Submeter a interrogatório. ▸ Interrogar.

in.te.rro.ga.to.rio. [interoɣa'torjo] [interoɣa'torjo] *m.* **1.** Conjunto de perguntas geralmente formuladas por escrito. ▸ Questionário. **2.** Ato ou efeito de dirigir perguntas (o juiz, a polícia) a uma pessoa que deve respondê-las. ▸ Interrogatório.

in.te.rrum.pir. [interum'pir] [interum'pir] *v.6.* **1.** Cessar a continuidade de uma coisa. ▸ Interromper. **2.** Intervir uma pessoa com sua palavra enquanto outra está falando. ▸ Interromper.

in.te.rrup.ción. [interup'θjon] [interup'sjon] *f.* Ato ou efeito de interromper. Parada. ▸ Interrupção.

in.te.rrup.tor. [interup'tor] [interup'tor] *adj.* **1.** Que causa interrupção. ▸ Interruptor. *m.* **2.** Dispositivo destinado a estabelecer e interromper um circuito elétrico. ▸ Interruptor.

in.ter.sec.ción. [intersek'θjon] [intersek'sjon] *f. Mat.* Ponto em que se cruzam duas linhas ou superfícies. ▸ Intersecção.

in.te.rur.ba.no, na. [interur'βano] [interur'βano] *adj.* Diz-se de relações, movimentação ou comunicações entre cidades. ▸ Interurbano. ◆ **Conferencia interurbana.** Comunicação telefônica entre pessoas que estão em diferentes cidades. ▸ Ligação interurbana.

in.ter.va.lo. [inter'βalo] [inter'βalo] *m.* Espaço ou distância que há de um tempo a outro ou de um lugar a outro. ▸ Intervalo.

in.ter.ven.ción. [interβen'θjon] [interβen'sjon] *f.* **1.** *Med.* Operação cirúrgica. ▸ Intervenção. **2.** Ação direta de uma autoridade em questões de sua competência. ▸ Intervenção.

in.ter.ve.nir. [interβe'nir] [interβe'nir] *v.42.* **1.** Tomar parte nos assuntos dos outros. ▸ Intervir. **2.** Participar ativamente em um ato ou evento. ▸ Intervir. **3.** Interpor-se uma autoridade. ▸ Intervir. **4.** *Med.* Fazer uma intervenção cirúrgica. Operar. ▸ Intervir.

in.ter.ven.tor, to.ra. [interβen'tor] [interβen'tor] *s.* Pessoa designada pelo poder público para intervir em uma instituição. ▸ Interventor.

in.ti.mar. [inti'mar] [inti'mar] *v.4.* **1.** Convocar alguém com autoridade para fazer ou cumprir algo. ▸ Intimar. **2.** ▢ *fig.* Estreitar amizade. ▸ Ficar íntimo.

in.ti.mi.da.ción. [intimiða'θjon] [intimiða'sjon] *f.* Ato ou efeito de intimidar(-se). ▸ Intimidação.

in.ti.mi.dar. [intimi'ðaɾ] [intimi'ðaɾ] *v.4.* **1.** Causar ou infundir medo. Amedrontar. ▸ Intimidar. *v.p.* **2.** Ficar com medo. Amedrontar-se. ▸ Intimidar-se.

in.ti.mis.mo. [inti'mismo] [inti'mihmo] *m.* Tendência artística que trata sobre temas da vida familiar. ▸ Intimismo.

in.ti.mis.ta. [inti'mista] [inti'mihta] *adj.* Diz-se de escritor que escreve ou artista plástico que executa obras sobre a vida íntima familiar. ▸ Intimista.

ín.ti.mo, ma. ['intimo] ['intimo] *adj.* **1.** Relativo ao interior ou interno. Âmago. ▸ Íntimo. **2.** Unido a outra pessoa por uma grande amizade. ▸ Íntimo. **3.** Pertencente ou relativo à intimidade. ▸ Íntimo.

in.to.ca.ble. [into'kaβle] [into'kaβle] *adj.* Que não se pode ou não se deve tocar. ▸ Intocável.

in.to.le.ra.ble. [intole'raβle] [intole'raβle] *adj.* Que não se pode tolerar. Insuportável. ▸ Intolerável.

in.to.le.ran.te. [intole'rante] [intole'rante] *adj.* Que não tem tolerância. Intransigente. ▸ Intolerante.

in.to.xi.ca.ción. [intoksika'θjon] [intoksika'sjon] *f. Med.* Envenenamento causado por uma substância tóxica ingerida ou aspirada. ▸ Intoxicação.

in.to.xi.car. [intoksi'kaɾ] [intoksi'kaɾ] *v.7. Med.* Causar mal ao organismo (um veneno, alimento ou droga). ▸ Intoxicar.

in.tra.du.ci.ble. [intraðu'θiβle] [intraðu'siβle] *adj. Ling.* Que não se pode traduzir. ▸ Intraduzível.

in.tra.mus.cu.lar. [intramusku'laɾ] [intramuhku'laɾ] *adj.* **1.** *Anat.* Relativo ao interior de um músculo. ▸ Intramuscular. **2.** Que se aplica dentro de um músculo. ▸ Intramuscular.

intranet. *f. Inform.* Rede local de computadores que atende aos limites internos de comunicação, na qual todos utilizam os mesmos programas e protocolos na internet. ▸ Intranet. *La* intranet *de la empresa tiene mucha información importante y facilita nuestro trabajo diario.* A intranet da empresa tem muita informação importante e facilita nosso trabalho diário.

in.tran.qui.li.dad. [intrankili'ðaθ] [intrankili'ðað] *f.* Qualidade de quem ou que não é tranquilo. ▸ Intranquilidade.

in.tran.qui.li.zar. [intrankili'θaɾ] [intrankili'saɾ] *v.13.* Tirar ou perder o sossego. Preocupar. ▸ Intranquilizar.

in.tran.qui.lo, la. [intran'kilo] [intran'kilo] *adj.* Que está preocupado ou inquieto. ▸ Intranquilo.

in.trans.fe.ri.ble. [intransfe'riβle] [intranhfe'riβle] *adj.* Que não se pode transferir. Inalienável. ▸ Intransferível.

in.tran.si.gen.cia. [intransi'xenθja] [intransi'xensja] *f.* Condição de não ceder a pedidos ou pressões. Intolerância. ▸ Intransigência.

in.tran.si.gen.te. [intransi'xente] [intransi'xente] *adj.* Que não cede nem faz acordo. ▸ Intransigente.

in.tran.si.ta.ble. [intransi'taβle] [intransi'taβle] *adj.* Diz-se do lugar pelo qual não se pode transitar ou onde está proibido o trânsito. Intrafegável. ▸ Intransitável.

in.tras.cen.den.cia. [intrasθen'denθja] [intrasen'densja] *f.* Qualidade de supérfluo e sem transcendência. ▸ Intranscendência.

in.tras.cen.den.te. [intrasθen'dente] [intrasen'dente] *adj.* Que não tem transcendência. ▸ Intranscendente.

in.tra.ta.ble. [intra'taβle] [intra'taβle] *adj.* Diz-se da pessoa áspera, desagradável e descortês. ▸ Intratável.

in.tra.ve.no.so, sa. [intraβe'noso] [intraβe'noso] *adj.* **1.** *Anat.* Relativo ao interior da veia. ▸ Intravenoso. **2.** Que se aplica no interior da veia. ▸ Intravenoso.

in.tré.pi.do, da. [in'trepiðo] [in'trepiðo] *adj.* Que enfrenta os perigos sem medo. Ousado, audaz. ▸ Intrépido.

in.tri.ga. [in'triɣa] [in'triɣa] *f.* Trama que se desenvolve com astúcia e segredo para conseguir alguma coisa. Maquinação. ▸ Intriga.

in.tri.gar. [intri'ɣaɾ] [intri'ɣaɾ] *v.9.* **1.** Criar inimizade com mexericos. Enredar. ▸ Intrigar. **2.** Excitar a curiosidade. ▸ Intrigar.

in.trin.car. [intrin'kaɾ] [intrin'kaɾ] *v.7.* Complicar ou enredar uma coisa ou assunto. ▸ Intrincar.

in.trín.se.co, ca. [in'trinseko] [in'trinseko] *adj.* Diz-se de condição própria, inerente ou essencial de alguma coisa. ▸ Intrínseco.

in.tro.duc.ción. [introðuk'θjon] [introðuk'sjon] *f.* **1.** Texto impresso nas páginas iniciais de um livro que antecipa seus conteúdos. ▸ Introdução. **2.** Ato ou efeito de dar entrada ou introduzir. ▸ Introdução.

in.tro.du.cir. [introðu'θir] [introðu'sir] *v.37.* **1.** Fazer entrar uma coisa em outra, ou uma pessoa em um lugar. ▸ Introduzir. **2.** Apresentar alguém para fazer parte de um grupo ou associação. ▸ Introduzir.

in.tro.duc.tor, to.ra. [introðuk'tor] [introðuk'tor] *adj.* Que introduz. ▸ Introdutor.

in.tro.mi.sión. [intromi'sjon] [intromi'sjon] *f.* Interferência não solicitada e indesejada em assuntos alheios. ▸ Intromissão.

in.tros.pec.ción. [introspek'θjon] [introhpek'sjon] *f.* Observação que uma pessoa faz do seu íntimo, de seus sentimentos e pensamentos. ▸ Introspecção.

in.tros.pec.ti.vo, va. [introspek'tiβo] [introhpek'tiβo] *adj.* Que examina a si mesmo. ▸ Introspectivo.

in.tro.ver.ti.do, da. [introβer'tiðo] [introβer'tiðo] *adj.* Que apresenta dificuldade para comunicar-se. ▸ Introvertido. *U.t.c.s.*

in.tru.sión. [intru'sjon] [intru'sjon] *f.* Ato de apropriar-se de uma prerrogativa ou de um cargo não concedido. ▸ Intrusão.

in.tru.so, sa. [in'truso] [in'truso] *adj.* **1.** Que se situa em um cargo ou posição sem ter direito. ▸ Intruso. **2.** Que comparece a uma festa ou reunião sem ser convidado. Penetra. ▸ Intruso. *U.t.c.s.*

in.tui.ción. [intwi'θjon] [intwi'sjon] *f.* Percepção íntima de uma verdade ou razão. ▸ Intuição.

in.tuir. [in'twir] [in'twir] *v.28.* Pressentir, perceber uma verdade ainda não exposta. ▸ Intuir.

in.tui.ti.vo, va. [intwi'tiβo] [intwi'tiβo] *adj.* Que tem a faculdade de intuir. ▸ Intuitivo.

i.nun.da.ción. [inunda'θjon] [inunda'sjon] *f.* **1.** Alagamento de uma área ou região por excesso de água. ▸ Inundação. **2.** *fig.* Grande quantidade de algo. ▸ Inundação. ▸ *Clima*

i.nun.dar. [inun'ðar] [inun'ðar] *v.4.* Cobrir de água uma área extensa de terreno. Alagar. ▸ Inundar.

i.nu.si.ta.do, da. [inusi'taðo] [inusi'taðo] *adj.* Que não é frequente nem esperado. Insólito. ▸ Inusitado.

i.nu.sual. [inu'swal] [inu'swal] *adj.* Que acontece poucas vezes. Excepcional. ▸ Inusitado.

i.nú.til. [i'nutil] [i'nutil] *adj.* Que não serve para nada. Desnecessário. ▸ Inútil.

i.nu.ti.li.zar. [inutili'θar] [inutili'sar] *v.13.* Tornar inútil uma coisa. ▸ Inutilizar.

in.va.dir. [imba'ðir] [imba'ðir] *v.6.* **1.** Ocupar pela força um território ou lugar. ▸ Invadir. **2.** *fig.* Apoderar-se de alguém um sentimento ou estado de ânimo. ▸ Invadir. *Lo invadió una profunda tristeza.* Uma profunda tristeza o invadiu.

in.va.li.dar. [imbali'ðar] [imbali'ðar] *v.4.* Tornar inválida ou nula uma coisa. Anular. ▸ Invalidar.

in.va.ria.ble. [imba'rjaβle] [imba'rjaβle] *adj.* Que não apresenta mudança de estado ou condições. ▸ Invariável.

in.va.sor, so.ra. [imba'sor] [imba'sor] *adj.* Que invade e se estabelece em espaço alheio. ▸ Invasor. *U.t.c.s.*

in.ven.ci.ble. [imben'θiβle] [imben'siβle] *adj.* Que não pode ser vencido. ▸ Invencível.

in.ven.ción. [imben'θjon] [imben'sjon] *f.* **1.** Ato de inventar. ▸ Invenção. **2.** Resultado do invento. ▸ Invenção. **3.** *fig.* Argumento falso. ▸ Invenção.

in.ven.tar. [imben'tar] [imben'tar] *v.4.* **1.** Descobrir uma coisa nova ou não conhecida. ▸ Inventar. **2.** *fig.* Criar fatos falsos. Mentir. ▸ Inventar.

in.ven.ta.riar. [imbenta'rjar] [imbenta'rjar] *v.4.* **1.** Relacionar os bens de uma pessoa ou comunidade. Arrolar. ▸ Inventariar. **2.** Incluir um bem em um inventário. ▸ Inventariar.

in.ven.ta.rio. [imben'tarjo] [imben'tarjo] *m.* Relação de bens que constituem o patrimônio de uma pessoa, firma ou corporação. ▸ Inventário.

in.ven.to. [im'bento] [im'bento] *m.* **1.** Resultado de inventar. ▸ Invento. **2.** A coisa criada ou inventada. ▸ Invento.

in.ven.tor, to.ra. [imben'tor] [imben'tor] *adj.* Diz-se daquele que cria, inventa. ▸ Inventor. *U.t.c.s.*

in.ver.na.de.ro. [imberna'ðero] [imberna'ðero] *m.* **1.** Lugar preparado para proteger as plantas do frio. ▸ Estufa.

2. Campo reservado para pasto do gado no inverno. ▶ Invernada. ◆ **Efecto invernadero.** *Biol.* Efeito estufa.

in.ver.nal. [imberˈnal] [imberˈnal] *adj.* Pertencente ou relativo ao inverno. ▶ Invernal.

in.ver.nar. [imberˈnar] [imberˈnar] *v.15.* Passar o inverno em um lugar. ▶ Hibernar. *obs.:* Geralmente, refere-se a animais.

in.ve.ro.sí.mil. [imberoˈsimil] [imberoˈsimil] *adj.* Que não tem aparência nem traços de verdadeiro. ▶ Inverossímil.

in.ver.sión. [imberˈsjon] [imberˈsjon] *f.* **1.** Ato ou efeito de inverter. ▶ Inversão. **2.** ▫ *Fin.* Aplicação de capital em um negócio ou operação financeira. ▶ Investimento.

in.ver.sio.nis.ta. [imbersjoˈnista] [imbersjoˈnihta] *adj. com. Econ.* Diz-se de quem aplica bens ou dinheiro no mercado de capitais com o fim de obter lucros. ▶ Investidor. *Los inversionistas están al tanto de las oscilaciones del mercado de capitales.* Os investidores estão a par das oscilações do mercado de capital.

in.ver.so, sa. [imˈberso] [imˈberso] *adj.* Que é oposto ou contrário. ▶ Inverso.

▫**in.ver.sor, so.ra.** [imberˈsor] [imberˈsor] *Fin.* Que aplica dinheiro para ter lucros. ▶ Investidor. *U.t.c.s.*

in.ver.te.bra.do, da. [imberteˈβraðo] [imberteˈβraðo] *adj.* **1.** Que não tem coluna espinhal ou vértebras. ▶ Invertebrado. *m.pl.* **2.** *Zool.* Classe dos animais invertebrados. ▶ Invertebrados.

in.ver.tir. [imberˈtir] [imberˈtir] *v.22. p.p. reg. invertido / irreg. inverso.* **1.** Alterar a ordem natural das coisas. ▶ Inverter. **2.** ▫ *Fin.* Aplicar capital em negócios. ▶ Investir.

in.ves.ti.du.ra. [imbestiˈðura] [imbehtiˈðura] *f.* Cerimônia do ato de posse de certos cargos ou dignidades. ▶ Investidura.

in.ves.ti.ga.ción. [imbestiɣaˈθjon] [imbehtiɣaˈsjon] *f.* **1.** Ação para descobrir alguma coisa. ▶ Investigação. **2.** Pesquisa científica. ▶ Pesquisa.

in.ves.ti.ga.dor, do.ra. [imbestiɣaˈðor] [imbehtiɣaˈðor] *adj.* **1.** Que investiga para esclarecer um fato ou assunto. ▶ Investigador. *s.* **2.** Pessoa que faz pesquisas científicas, históricas, literárias, etc. ▶ Pesquisador. ➡ *Profesiones*

in.ves.ti.gar. [imbestiˈɣar] [imbehtiˈɣar] *v.9.* **1.** Fazer diligências para descobrir ou esclarecer uma coisa. ▶ Investigar. **2.** Fazer pesquisas nos ramos de ciência, artes, idiomas, etc. ▶ Pesquisar. Investigar.

in.ves.tir. [imbesˈtir] [imbehˈtir] *v.53.* Conferir um título honorífico, dignidade ou cargo importante a uma pessoa. ▶ Empossar.

in.via.ble. [imˈbjaβle] [imˈbjaβle] *adj.* Diz-se daquilo que não apresenta possibilidade de ser realizado. ▶ Inviável.

in.vic.to, ta. [imˈbikto] [imˈbikto] *adj.* Que nunca foi vencido. ▶ Invicto.

in.vier.no. [imˈbjerno] [imˈbjerno] *m.* Estação mais fria do ano, que antecede a primavera e que se estende, no hemisfério norte, de 21 de dezembro a 20 de março, e no hemisfério sul, de 21 de junho a 21 de setembro. ▶ Inverno. ➡ *Clima*

in.vio.la.ble. [imbjoˈlaβle] [imbjoˈlaβle] *adj.* Que não se pode ou não se deve violar ou profanar. ▶ Inviolável.

in.vi.si.ble. [imbiˈsiβle] [imbiˈsiβle] *adj.* Que não pode ser visto. ▶ Invisível.

in.vi.ta.ción. [imbitaˈθjon] [imbitaˈsjon] *f.* Ato ou efeito de convidar. ▶ Convite.

Invitaciones

¿Vamos a { bailar? / salir? / jugar al fútbol? }

¿Vamos al cine?
¿Quieres ir a la playa?
Ver *aceptaciones* e *rechazos*.

---

in.vi.ta.do, da. [imbiˈtaðo] [imbiˈtaðo] *s.* **1.** Pessoa que recebeu um convite. ▶ Convidado. **2.** Pessoa que comparece a uma festa ou outro evento para o qual foi convidada. ▶ Convidado.

in.vi.tar. [imbiˈtar] [imbiˈtar] *v.4.* **1.** Solicitar de alguém sua presença em um evento, festa ou comemoração. ▶ Convidar. **2.** Oferecer algo, especialmente bebida ou comida, com intenção de arcar com os gastos que provenham desse ato. Bancar. ▶ Convidar. **3.** Estimular alguém a fazer algo. ▶ Convidar.

in.vo.ca.ción. [imbokaˈθjon] [imbokaˈsjon] *v.4. f.* Ato ou efeito de invocar. ▶ Invocação.

in.vo.car. [imbo'kar] [imbo'kaɾ] *v.7.* Recorrer a lei ou costume, como meio de defesa. ▸ Invocar.

in.vo.lu.crar. [imbolu'krar] [imbolu'kɾaɾ] *v.4.* **1.** Acusar alguém de um crime. ▸ Envolver. **2.** Conseguir que alguém pratique um crime. ▸ Envolver. **3.** Fazer participar de uma ação, um projeto, um assunto. ▸ Envolver(-se). *Los preparativos de la fiesta involucraron a toda la familia.* Os preparativos da festa envolveram toda a família.

in.vo.lun.ta.rio, ria. [imbolun'tarjo] [imbolun'taɾjo] *adj.* Que se fez sem vontade, contrária a ela ou de forma inconsciente. ▸ Involuntário.

in.vul.ne.ra.ble. [imbulne'raβle] [imbulne'raβle] *adj.* **1.** Que não pode ser ferido. ▸ Invulnerável. **2.** Que não se afeta com o que lhe dizem ou fazem. ▸ Invulnerável.

in.yec.ción. [injek'θjon] [inʃek'sjon] *f.* **1.** Ato ou efeito de injetar. ▸ Injeção. **2.** O fluido que se injeta. ▸ Injeção.

in.yec.tar. [injek'tar] [inʃek'taɾ] *v.4.* Introduzir sob pressão em um corpo ou cavidade um líquido, fluido ou gás. ▸ Injetar.

ir. ['ir] ['iɾ] *v.57.* **1.** Ato de partir de um lugar em direção a outro. ▸ Ir. **2.** Levar ou conduzir a algum lugar. ▸ Ir. *Esta carretera va a Roma.* Esta estrada vai para Roma. **3.** Ter um período de duração. ▸ Ir. *El curso va del 1.º de febrero al 15 de julio.* O curso vai de 1º de fevereiro a 15 de julho. *v.p.* **4.** Deixar um lugar. ▸ Ir embora. **5.** Morrer ou estar morrendo. ▸ Ir-se. ◆ **¿Cómo te/le va?** Como vai você/o(a) senhor(a)? **Ir a lo mío/tuyo.** Cuidar do que é meu/seu. **Ir a su aire.** Atuar sem se importar com a opinião dos demais. ▸ Agir de maneira autêntica. *El chico no quiso llevar corbata y acudió a su aire a la entrevista de trabajo.* O garoto não quis usar gravata e agiu de maneira autêntica na entrevista de trabalho. **Ir a su bola.** Atuar de modo despreocupado e sem se importar com os demais. ▸ Agir no próprio ritmo. *La chica come muy despacio, no le importa la fila que se forma en el salón, va a su bola.* A menina come muito devagar, não se importa com a fila que se forma no salão, vai no seu ritmo. **Ir bien/mal.** Sair-se bem/mal. **Ir tirando.** Ir levando (a vida). **Ir(se) de punta en blanco.** Vestir-se de modo impecável. ▸ Ir bem-vestido. *El invitado principal iba de punta en blanco por el salón.* O convidado principal ia bem-vestido pelo salão. **Ir(se) por las ramas.** Desviar-se do tema principal de uma conversa. ▸ Divagar, fugir do assunto. *En las reuniones, el director general suele irse por las ramas y no habla lo esencial.* Nas reuniões, o diretor-geral costuma divagar e não fala o essencial. **Ni va ni viene.** Fica em cima do muro. **¡Qué va!** De jeito nenhum! **Sin ir más lejos.** Sem mais delongas. **¡Vaya! 1.** Expressa extrema satisfação. *¡Vaya! ¡El fin de semana próximo hará sol!* Oba! No fim de semana que vem vai fazer sol! **2.** Expressa extrema decepção. *¡Vaya! Se acabó la exposición que queríamos tanto ver.* Droga! Acabou a exposição que queríamos tanto ver. **¡Vaya...!** Expressa intensificação da qualidade positiva ou negativa do substantivo que a segue. *¡Vaya amigo que me presentaste!* Que amigo que você me apresentou!

Ir

Yo voy	al club. / a la escuela. / a comprar unas frutas.
Tú vas	al cine. / a la playa. / a hablar con la profe.
Él / Ella / Usted va	al parque. / a la panadería. / a conocernos.
Nosotros / Nosotras vamos	al teatro. / a la iglesia. / a comer.
Vosotros / Vosotras vais	al banco. / a la discoteca. / a la tienda.
Ellos / Ellas / Ustedes van	al aeropuerto. / a la librería. / a acostarse.

i.ra. ['ira] ['iɾa] *f.* Cólera, sentimento de raiva ou indignação. ▸ Ira.

i.ra.ní. [ira'ni] [iɾa'ni] *adj.* **1.** Pertencente ou relativo ao Irã. ▸ Iraniano. **2.** O natural ou habitante desse país. ▸ Iraniano. *U.t.c.s.*

i.ra.quí. [ira'ki] [iɾa'ki] *adj.* **1.** Pertencente ou relativo ao Iraque. ▸ Iraquiano. **2.** O natural

i.ras.ci.ble. [iras'θiβle] [ira'siβle] *adj.* Que se encoleriza por qualquer coisa. ▸ Irascível.

i.ris. ['iris] ['iris] *m.* **1.** *Meteor.* O arco de sete cores que se forma em quedas-d'água e, em alguns dias de chuva, nas nuvens. ▸ Arco-íris. **2.** *Anat.* Membrana de cor do olho em cujo centro está a pupila. ▸ Íris.

ir.lan.dés, de.sa. [irlan'des] [irlan'des] *adj.* **1.** Pertencente ou relativo à Irlanda. ▸ Irlandês. *s.* **2.** O natural ou habitante da Irlanda. ▸ Irlandês.

i.ro.ní.a. [iro'nia] [iro'nia] *f.* Fala em que se dá a entender o contrário do que está sendo dito. ▸ Ironia. *obs.:* Emprega-se, geralmente, com intenção humorística ou de burla discreta.

i.ró.ni.co, ca. [i'roniko] [i'roniko] *adj.* Que denota ou contém ironia. ▸ Irônico.

i.ro.ni.zar. [ironi'θar] [ironi'sar] *v.13.* Falar com ironia. ▸ Ironizar.

i.rra.cio.nal. [iraθjo'nal] [irasjo'nal] *adj.* Oposto à razão ou que está fora dela. ▸ Irracional.

i.rra.diar. [ira'ðjar] [ira'ðjar] *v.4.* **1.** Emitir raios de luz, calor ou outra energia. **2.** *fig.* Transmitir, propagar, difundir. ▸ Irradiar.

i.rre.al. [ire'al] [ire'al] *adj.* Que não é real. Imaginário. ▸ Irreal.

i.rre.a.li.za.ble. [reali'θaβle] [reali'saβle] *adj.* Que não se pode realizar. ▸ Irrealizável.

i.rre.ba.ti.ble. [ireβa'tiβle] [ireβa'tiβle] *adj.* Que não se pode refutar. ▸ Irrefutável.

i.rre.con.ci.lia.ble. [irekonθi'ljaβle] [irekonsi'ljaβle] *adj.* Que não apresenta possibilidade de reconciliação. ▸ Irreconciliável.

i.rre.cu.pe.ra.ble. [irekupe'raβle] [irekupe'raβle] *adj.* Que não se pode recuperar. ▸ Irrecuperável.

i.rre.duc.ti.ble. [ireðuk'tiβle] [ireðuk'tiβle] *adj.* **1.** Que não se pode reduzir ou simplificar. ▸ Irredutível. **2.** Que não abandona uma postura ou atitude. ▸ Irredutível.

i.rre.em.pla.za.ble. [ireempla'θaβle] [ireempla'saβle] *adj.* Que não se pode substituir. ▸ Insubstituível.

i.rre.fle.xi.vo, va. [irefle'ksiβo] [irefle'ksiβo] *adj.* **1.** Que não reflexiona. ▸ Irreflexivo. **2.** Que atua e fala sem refletir. ▸ Irreflexivo.

i.rre.fu.ta.ble. [irefu'taβle] [irefu'taβle] *adj.* Que não se pode refutar ou contestar. ▸ Irrefutável.

i.rre.gu.lar. [iregu'lar] [iregu'lar] *adj.* **1.** Que está fora da ordem regular das coisas. ▸ Irregular. **2.** *Ling.* Que não segue um paradigma ou uma regra. ▸ Irregular.

i.rre.le.van.te. [irele'βante] [irele'βante] *adj.* Que não tem importância. Insignificante. ▸ Irrelevante.

i.rre.mi.si.ble. [iremi'siβle] [iremi'siβle] *adj.* Que não pode ser perdoado. ▸ Irremissível.

i.rre.pa.ra.ble. [irepa'raβle] [irepa'raβle] *adj.* Que não se pode reparar. Imperdoável. ▸ Irreparável.

i.rre.pri.mi.ble. [irepri'miβle] [irepri'miβle] *adj.* Que não se pode reprimir. Irrefreável. ▸ Irreprimível.

i.rre.pro.cha.ble. [irepro'kaβle] [irepro'kaβle] *adj.* Que não merece repreensão. Incensurável. ▸ Irreprochável.

i.rre.sis.ti.ble. [iresis'tiβle] [iresih'tiβle] *adj.* **1.** Diz-se da pessoa que tem muita simpatia e atrativo. ▸ Irresistível. **2.** Diz de alguma coisa diante da qual é impossível resistir. ▸ Irresistível.

i.rre.so.lu.ble. [ireso'luβle] [ireso'luβle] *adj.* Que não se resolve ou não pode ser resolvido. ▸ Insolúvel.

i.rres.pon.sa.ble. [irespon'saβle] [irehpon'saβle] *adj.* **1.** Que não tem responsabilidade. ▸ Irresponsável. **2.** Que adota decisões importantes sem refletir. ▸ Irresponsável. *U.t.c.com.*

i.rre.ve.ren.cia. [ireβe'renθja] [ireβe'rensja] *f.* Falta de respeito. Grosseria. ▸ Irreverência.

i.rre.ve.ren.te. [ireβe'rente] [ireβe'rente] *adj.* Que procede de forma desatenta e malcriada. ▸ Irreverente.

i.rre.ver.si.ble. [ireβer'siβle] [ireβer'siβle] *adj.* Que não pode voltar a um estado ou condição anterior. ▸ Irreversível.

i.rre.vo.ca.ble. [ireβo'kaβle] [ireβo'kaβle] *adj.* Que não se pode revogar nem anular. ▸ Irrevogável.

i.rri.gar. [iri'ɣar] [iri'ɣar] *v.9.* **1.** *Biol.* Fornecer um líquido a alguma parte do corpo. ▸ Irrigar. **2.** Dirigir o rego de água a um terreno. ▸ Irrigar.

i.rri.so.rio, ria. [iri'sorjo] [iri'sorjo] *adj.* **1.** Que provoca risos. ▸ Risível. **2.** Diz-se de coisa pequena, sem importância, desprezível. ▸ Irrisório.

i.rri.ta.ble. [iri'taβle] [iri'taβle] *adj.* Que se irrita com facilidade. ▸ Irritável.

i.rri.ta.ción. [irita'θjon] [irita'sjon] *f.* Enfado ou indignação que sente uma pessoa. ▸ Irritação.

i.rri.tan.te. [iri'tante] [iri'tante] *adj.* Que produz irritação. ▸ Irritante.

i.rri.tar. [iri'taɾ] [iri'taɾ] *v.4.* **1.** Deixar uma pessoa muito nervosa, encolerizar. ▸ Irritar. **2.** *Med.* Provocar inflamação na pele ou em uma mucosa. ▸ Irritar. *El olor de la gasolina me irrita los bronquios.* O cheiro da gasolina me irrita os brônquios.

i.rrum.pir. [irum'piɾ] [irum'piɾ] *v.6.* Entrar violentamente em um lugar. Invadir. ▸ Irromper.

i.rrup.ción. [irup'θjon] [irup'sjon] *f.* Invasão ou aparecimento súbito. ▸ Irrupção.

is.la. ['isla] ['ihla] *f.* **1.** *Geogr.* Porção de terra cercada de água. ▸ Ilha. **2.** *fig.* Coisa ou lugar isolado. ▸ Ilha.

is.lam. [is'lam] [ih'lam] *m. Rel.* Conjunto de povos que seguem o islamismo. ▸ Islã.

is.lá.mi.co, ca. [is'lamiko] [ih'lamiko] *adj. Rel.* **1.** Pertencente ou relativo ao islamismo. ▸ Islâmico. **2.** Diz-se da pessoa que segue essa religião. ▸ Islâmico.

is.la.mis.mo. [isla'mismo] [ihla'mihmo] *m. Rel.* Conjunto de dogmas e preceitos morais que constituem a religião de Maomé, surgida no século VII no Oriente Médio. ▸ Islamismo. *El libro sagrado del islamismo es el Corán.* O livro sagrado do islamismo é o Corão.

is.lan.dés, de.sa. [islan'des] [ihlan'des] *adj.* **1.** Pertencente ou relativo à Islândia. ▸ Islandês. *s.* **2.** O natural ou habitante dessa ilha do Atlântico Norte. ▸ Islandês. *m.* **3.** *Ling.* Idioma falado nessa ilha. ▸ Islandês.

is.le.ño, ña. [is'leɲo] [ih'leɲo] *s.* O natural ou habitante de uma ilha. Insulano. ▸ Ilhéu.

is.lo.te. [is'lote] [ih'lote] *m. Geogr.* Pequena ilha. ▸ Ilhota.

i.so.tó.ni.co, ca. [iso'toniko] [iso'toniko] *adj. Quím.* Diz-se de uma solução que na mesma temperatura que outra tem a mesma pressão osmótica. ▸ Isotônico.

is.ra.e.lí. [israe'li] [ihrae'li] *adj.* **1.** Pertencente ou relativo a Israel. ▸ Israelense. *com.* **2.** O natural ou habitante desse país. ▸ Israelense.

ist.mo. ['istmo] ['ihtmo] *m. Geogr.* Faixa de terra que une uma península a um continente. ▸ Istmo.

i.ta.lia.nis.mo. [italja'nismo] [italja'nihmo] *m. Ling.* Locução ou palavra italiana usada em outra língua. ▸ Italianismo.

i.ta.lia.no, na. [ita'ljano] [ita'ljano] *adj.* **1.** Pertencente ou relativo à Itália. ▸ Italiano. *s.* **2.** O natural ou habitante desse país da Europa. ▸ Italiano. *m.* **3.** *Ling.* Idioma falado nesse país. ▸ Italiano.

i.tá.li.co, ca. [i'taliko] [i'taliko] *adj.* **1.** Relativo à Itália. ▸ Itálico. *m.* **2.** Tipo de letra que imita o manuscrito. ▸ Itálico.

i.ti.ne.ran.te. [itine'ɾante] [itine'ɾante] *adj.* Que vai de um lugar a outro. ▸ Itinerante.

i.ti.ne.ra.rio. [itine'ɾarjo] [itine'ɾarjo] *m.* Rota que se segue para chegar a um lugar. Roteiro. ▸ Itinerário.

IVA. *(Esp.) (Impuesto de Valor Añadido).* Imposto que se aplica sobre o consumo de transações comerciais e serviços. ▸ Imposto de Valor Agregado. *El IVA. tuvo un alza de un 2% el último mes.* O IVA teve um aumento de 2% no último mês.

i.zar. [i'θaɾ] [i'saɾ] *v.13.* Fazer subir, levantar uma coisa puxando de uma corda que a segura. ▸ Içar.

iz.quier.do, da. [iθ'kjeɾðo] [ih'kjeɾðo] *adj.* **1.** Relativo à mão ou ao lado esquerdo. ▸ Esquerdo. **2.** Diz-se da pessoa que se vale com preferência ou exclusivamente da mão esquerda para escrever ou fazer qualquer coisa. ▸ Canhoto. *f.* **3.** Lado relativo à mão esquerda de uma pessoa, a partir do seu ponto de vista. ▸ Esquerda. **4.** *Polít.* Grupo de políticos de partidos que reivindicam mudanças sociais. ▸ Esquerda.

♦ **A la izquierda.** À esquerda. **De izquierda(s).** Designa pessoas, partidos ou grupos de ideias esquerdistas. ▸ De esquerda. **Ser un cero a la izquierda.** Não ter importância alguma. ▸ Ser um zero à esquerda.

J

j. ['jota] ['jota] *f.* Décima letra do alfabeto espanhol. ▶ Jota.

ja.ba.lí, li.na. [xaβa'li] [xaβa'li] *s. Zool.* Mamífero suíno que é a variedade selvagem do porco. Porco-do-mato. ▶ Javali.

ja.ba.li.na. [xaβa'lina] [xaβa'lina] *f.* Arma usada para caçar. ▶ Lança. ➥ *Deportes*

ja.bón. [xa'βon] [xa'βon] *m.* Massa que se obtém por um processo químico e se usa para limpeza e higiene pessoal. ▶ Sabão. ◆ **Jabón de fran.** Sabão em pedra. **Jabón en pastilla / de tocador**. Tipo de sabão perfumado, utilizado para tomar banho. ▶ Sabonete. **Jabón en polvo**. Sabão em pó.

ja.bo.ne.ra. [xaβo'nera] [xaβo'nera] *f.* Recipiente para pôr ou guardar o sabonete. ▶ Saboneteira.

ja.bo.no.so, sa. [xaβo'noso] [xaβo'noso] *adj.* Que tem a natureza do sabão. ▶ Saponáceo.

❑ **ja.ca.** ['xaka] ['xaka] *f.* Cavalo de pouca altura, muito adequado para a prática de polo.

ja.cin.to. [xa'θinto] [xa'sinto] *m. Bot.* Planta cultivada como ornamental e/ou pela essência aromática. ▶ Jacinto.

jac.tan.cia. [xak'tanθja] [xak'tansja] *f.* Elogio que uma pessoa faz a si mesma. Presunção. ▶ Jactância.

jac.tar. [xak'tar] [xak'tar] *v.4. v.p.* Vangloriar-se de atos ou ditos. ▶ Jactar-se.

ja.de. ['xaðe] ['xaðe] *m.* Pedra semipreciosa muito dura e de cor esverdeada. ▶ Jade.

ja.de.ar. [xaðe'ar] [xaðe'ar] *v.4.* Respirar ansiosamente. ▶ Ofegar.

ja.guar. [xa'ɣwar] [xa'ɣwar] *m. Zool.* Mamífero felino de grande porte. Onça-pintada. ▶ Jaguar. ➥ *Reino animal*

ja.lar. [xa'lar] [xa'lar] *v.4.* **1.** Atrair puxando por corda. ▶ Puxar. **2.** Comer com muito apetite. ▶ Devorar.

ja.le.a. [xa'lea] [xa'lea] *f. Cul.* Alimento transparente de consistência gelatinosa feito com frutas e açúcar. ▶ Geleia.

ja.le.ar. [xale'ar] [xale'ar] *v.4* Incentivar a. ▶ Animar. *El técnico jaleó a los jugadores.* O técnico incentivou os jogadores.

ja.le.o. [xa'leo] [xa'leo] *m.* **1.** Ato ou efeito de animar. ▶ Animação. **2.** Divertimento muito animado. ▶ Festa. **3.** Tumulto com gritaria. ▶ Alvoroço.

ja.lón. [xa'lon] [xa'lon] *m.* Estaca ou outro objeto que marca um limite ou ponto de referência. ▶ Baliza. ◆ **Jalón de orejas.** Puxão de orelhas. **Dar jalón.** *(Amér.)* Dar carona.

ja.lo.nar. [xalo'nar] [xalo'nar] *v.4.* Delimitar com balizas um terreno, uma estrada, um campo, etc. ▶ Balizar. *Jalonaron la carretera junto a las cunetas para evitar accidentes.* Balizaram a estrada junto às sarjetas para evitar acidentes.

ja.mai.ca.no, na. [xamai̯'kano] [xamai̯'kano] *adj.* **1.** Pertencente ou relativo à Jamaica. ▶ Jamaicano. *s.* **2.** O natural ou habitante da Jamaica. ▶ Jamaicano.

ja.más. [xa'mas] [xa'mas] *adv.* Em tempo nenhum. Nunca. ▶ Jamais. ◆ **Jamás de los jamases.** Nunca, jamais. ▶ Absolutamente não.

ja.món. [xa'mon] [xa'mon] *m. Cul.* Pernil de porco defumado (presunto cru) ou prensado e cozido (presunto cozido). ▶ Presunto. ◆ **Jamón de jabugo.** *Cul.* Presunto cru, de porco ibérico, de azinheiral, montês, curado sem sal. **Jamón serrano.** *Cul.* Presunto cru. **Jamón York.** *Cul.* Presunto cozido ao vinho branco, próprio para lanches e mistos-quentes. **Un jamón con chorreras.** Negativa inapelável a um pedido exagerado.

ja.po.nés, ne.sa. [xapo'nes] [xapo'nes] *adj.* **1.** Pertencente ou relativo ao Japão. ▶ Japonês. *s.* **2.** O natural ou habitante do Japão. ▶ Japonês. *m.* **3.** *Ling.* Idioma falado no Japão. ▶ Japonês.

ja.que. ['xake] ['xake] *m.* Lance no jogo de xadrez em que um jogador ameaça o rei do adversário. ▶ Xeque. ◆ **Jaque mate.** Jogada de xadrez que liquida o rei e a partida. ▶ Xeque-mate.

ja.que.ca. [xa'keka] [xa'keka] *f. Med.* Crise repentina de forte dor de cabeça. ▸ Enxaqueca.

ja.ra.be. [xa'raβe] [xa'raβe] *m.* Bebida muito doce ou medicinal, feita com suco de frutas ou substâncias medicinais. ▸ Xarope. ◆ **Jarabe de palo.** Castigo físico. ▸ Corretivo. **Jarabe de pico.** Promessa que se faz sem intenção de cumprir. ▸ Lábia.

jar.dín. [xar'ðin] [xar'ðin] *m.* Terreno em que são cultivadas plantas ornamentais. ▸ Jardim. ◆ **Jardín de infantes.** Escola na qual crianças menores de seis anos são preparadas para passar ao Ensino Fundamental. ▸ Jardim de infância e pré-primário.

jar.di.ne.ra. [xarði'nera] [xarði'nera] *f.* Lugar fixo com terra para plantar ou pôr vasos com plantas de adorno. ▸ Jardineira.

jar.di.ne.rí.a. [xarðine'ria] [xarðine'ria] *f.* **1.** Arte de cultivar jardins. ▸ Jardinagem. **2.** Ofício do jardineiro. ▸ Jardinagem.

jar.di.ne.ro, ra. [xarði'nero] [xarði'nero] *s.* Pessoa que sabe jardinagem e cuida de jardins. ▸ Jardineiro.

ja.rra. ['xara] ['xara] *f.* Vasilha de barro, porcelana ou vidro de boca larga e duas asas. ▸ Jarra.

ja.rro. ['xaro] ['xaro] *m.* Vasilha de barro, louça, vidro ou metal, com bico e uma asa. ▸ Jarro. ◆ **A jarros.** Em abundância. ▸ Aos cântaros. *Con la nueva fábrica está ganando dinero a jarros.* Com a nova fábrica está ganhando dinheiro aos cântaros.

ja.rrón. [xa'ron] [xa'ron] *m.* Peça de vidro, porcelana ou cristal que se usa para pôr flores ou como adorno. ▸ Vaso.

jas.pe. ['xaspe] ['xahpe] *m.* Pedra opaca de várias cores. ▸ Jaspe.

jau.la. ['xau̯la] ['xau̯la] *f.* **1.** Casinha para pássaros. ▸ Gaiola. **2.** Prisão para feras. ▸ Jaula **3.** *fig.* e *fam.* Ver *cárcel*. Prisão. ▸ Jaula.

jau.rí.a. [xau̯'ria] [xau̯'ria] *f. col.* Grupo de cães. ▸ Matilha.

jaz.mín. [xaθ'min] [xah'min] *m. Bot.* Tipo de planta florífera. ▸ Jasmim.

je.fa.tu.ra. [xefa'tura] [xefa'tura] *f.* **1.** Cargo de chefe. Chefatura. ▸ Chefia. **2.** Escritório em que fica a chefia. ▸ Chefia.

je.fe, fa. ['xefe] ['xefe] *s.* O superior em um grupo, uma corporação ou uma empresa. ▸ Chefe.

jen.gi.bre. [xen'xiβre] [xen'xiβre] *m. Bot.* Planta da Índia da qual se extrai uma substância aromática e picante usada na Medicina e como condimento. ▸ Gengibre.

je.rar.quí.a. [xerar'kia] [xerar'kia] *f.* Gradação de pessoas, valores ou autoridades. ▸ Hierarquia.

je.rez. [xe'reθ] [xe'res] *m.* Tipo de vinho branco, seco, que se produz na região de Jerez, Espanha. ▸ Xerez.

jer.ga. ['xerɣa] ['xerɣa] *f. Ling.* Linguagem peculiar àqueles que exercem a mesma profissão ou pertencem a um mesmo grupo social. ▸ Jargão. ◆ **Jerga médica.** Jargão médico.

jer.gón. [xer'ɣon] [xer'ɣon] *m.* Colchão de palha que geralmente se põe entre o estrado e o verdadeiro colchão. ▸ Enxergão.

❑ **je.ri.gon.za.** [xeri'ɣonθa] [xeri'ɣonsa] *f. Ling.* Jeito de falar que ninguém entende. ▸ Palavrório. ◆ **Andar en jerigonzas.** *fig.* e *fam.* Falar em rodeios ou insinuar algo.

je.rin.ga. [xe'ringa] [xe'ringa] *f. Med.* Aparelho apropriado para aplicação de injeções. ▸ Seringa.

je.rin.gar. [xerin'gar] [xerin'gar] *v.9.* Fazer perder a paciência. Enfadar. ▸ Molestar.

je.ro.glí.fi.co, ca. [xero'ɣlifiko] [xero'ɣlifiko] *adj. Ling.* Diz-se da escritura em que o significado das palavras se representa com figuras ou símbolos. ▸ Hieroglífico. *U.t.c.s.*

jer.sey. [xer'sej] [xer'sej] *m.* Do inglês. Peça de vestuário, confeccionada com lã ou outra fibra, que se usa para abrigo da parte superior do corpo. Blusa, suéter. ▸ Malha.

je.sui.ta. [xe'swita] [xe'swita] *m. Rel.* Sacerdote da Companhia de Jesus, fundada por Santo Inácio de Loyola. ▸ Jesuíta.

je.ta. ['xeta] ['xeta] *f.* **1.** *Anat.* Focinho de porco. ▸ Fuça. **2.** Cara de desgosto ou raiva. Tromba. ▸ Fuça. **3.** *fam.* Rosto humano. ▸ Cara. ◆ **Estar con tanta jeta.** Ter cara de estar desgostoso ou mal-humorado. ▸ Ficar de cara amarrada. *¡Está con tanta jeta porque le dijeron que no ganaría el concurso!* Ficou de cara amarrada porque lhe disseram que não ganharia o concurso! **Tener jeta.** Ser cara de pau.

jí.ca.ra. ['xikara] ['xikara] *f.* Chávena de madeira ou louça que se usa para tomar bebidas quentes. ▸ Xícara.

jil.gue.ro. [xil'ɣero] [xil'ɣero] *m. Zool.* Tipo de pássaro canoro. ▸ Pintassilgo. ◆ **De**

padres cantores, hijos jilgueros. Filho de peixe peixinho é.

ji.ne.te. [xi'nete] [xi'nete] *m.* **1.** Pessoa especialista em equitação. ▸ Cavaleiro. **2.** Soldado de cavalaria. ▸ Cavaleiro. **3.** Que monta cavalos de corrida. ▸ Jóquei.

ji.ra.fa. [xi'rafa] [xi'rafa] *f. Zool.* Mamífero de grande porte, notável por seu pescoço longo. ▸ Girafa. ➡ *Reino animal*

ji.rón. [xi'ron] [xi'ron] *m.* Tira ou pedaço de tecido que se arranca de uma roupa ou outra peça. ▸ Retalho.

jockey. *m.* Ver *yóquey*. ▸ Jóquei.

jo.co.si.dad. [xokosi'ðaθ] [xokosi'ðað] *f.* Qualidade de jocoso. Graça, humorismo. ▸ Jocosidade.

jo.co.so, sa. [xo'koso] [xo'koso] *adj.* Que tem graça e faz rir. Divertido. ▸ Jocoso.

jo.der. [xo'ðer] [xo'ðer] *v.5.* **1.** *vulg.* Praticar o ato sexual. **2.** *fig.* Causar aborrecimento. Incomodar. Encher o saco. ▸ Molestar. **3.** *fig.* Colocar a perder. ▸ Arruinar. ◆ *vulg.* **¡Joder!** Expressa enfado, irritação, assombro. ▸ Mas que coisa! *vulg.* **¡No jodas!** Não diga! Não brinque!

jo.di.do. [xo'ðiðo] [xo'ðiðo] *adj. vulg.* Expressão coloquial utilizada para designar alguém que não está bem. ▸ Na pior.

jogging. *m.* Do inglês. **1.** Roupa esportiva que consta de calça e blusa. ▸ Agasalho. **2.** *Desp.* Prática esportiva de corrida. ▸ *Cooper*.

jol.go.rio. [xol'ɣorjo] [xol'ɣorjo] *m.* Festa alegre e ruidosa. ▸ Pândega.

jo.li.nes. [xo'lines] [xo'lines] *interj. (Esp.)* Ver *caramba*. ▸ Caramba.

jó.quey. ['xokej] ['xokej] *m.* Jogo entre duas equipes em que é necessário introduzir um disco ou uma bola manipulada com um bastão em um gol. ▸ Hóquei. ➡ *Deportes*

jor.na.da. [xor'naða] [xor'naða] *f.* **1.** Tempo de duração do trabalho diário. ▸ Jornada. **2.** Caminho que se faz em um dia. ▸ Jornada. ◆ **Jornada completa.** Tempo máximo de trabalho diário fixado por lei. ▸ Período integral. *La jornada completa de los empleados de banco es de seis horas.* O período integral de trabalho dos bancários é de seis horas. **Jornada intensiva.** Jornada que se realiza sem interrupção. ▸ Jornada contínua. *En verano, tenemos jornada intensiva.* No verão, trabalhamos em jornada contínua.

jor.nal. [xor'nal] [xor'nal] *m.* O que se paga a uma pessoa por dia de trabalho. Diária. ▸ Féria.

jor.na.le.ro, ra. [xorna'lero] [xorna'lero] *s.* Pessoa que recebe por dia trabalhado. ▸ Diarista.

jo.ro.ba. [xo'roβa] [xo'roβa] *f.* **1.** Deformação que algumas pessoas têm na coluna vertebral. ▸ Corcunda. **2.** *Zool.* Giba do camelo, do dromedário e de outros animais. ▸ Corcova.

jo.ro.ba.do, da. [xoro'βaðo] [xoro'βaðo] *adj.* Que tem corcova ou giba. ▸ Corcunda. ◆ **El jorobado de Notre Dame.** *Lit.* Conto clássico. ▸ O corcunda de Notre Dame.

jo.ro.bar. [xoro'βar] [xoro'βar] *v.4.* Molestar com insistência. Aborrecer. ▸ Chatear. *¡Cuánto joroba con sus majaderías!* Como chateia com suas bobagens!

jo.ta. ['xota] ['xota] *f.* **1.** O nome da letra J. ▸ Jota. **2.** Música, canto e dança, originária de Aragão, Espanha. ◆ **No entender / saber ni una jota.** Não entender / saber nada / patavina. *El profesor le preguntó la lección y no sabía ni jota.* O professor perguntou-lhe a lição e ele não sabia patavina.

jo.ven. ['xoβen] ['xoβen] *adj.* Que tem pouca idade. ▸ Jovem. *U.t.c.s.*

jo.vial. [xo'βjal] [xo'βjal] *adj.* Que é alegre e tem bom caráter. ▸ Jovial.

jo.ya. ['xoja] ['xoja] *f.* Peça para adorno do corpo feita com metais nobres e pedras preciosas. ▸ Joia.

jo.ye.rí.a. [xoje'ria] [xoʃe'ria] *f.* Oficina em que se fabricam joias; estabelecimento comercial no qual se vendem joias. ▸ Joalheria.

jo.ye.ro, ra. [xo'jero] [xo'ʃero] *s.* **1.** Pessoa que faz ou vende joias. ▸ Joalheiro. *m.* **2.** Estojo para guardar joias. ▸ Porta-joias.

joystick. *m.* Do inglês. Dispositivo de entrada, usado em jogos de computador ou vídeo que possui botões e/ou alavanca utilizados para comandar certas ações. Controle. ▸ *Joystick*.

jua.ne.te. [xwa'nete] [xwa'nete] *m.* **1.** *Anat.* Deformação crônica em articulação dos dedos do pé. ▸ Joanete. **2.** *Mar.* Vela superior à gávea. ▸ Joanete.

ju.bi.la.ción. [xuβila'θjon] [xuβila'sjon] *f.* Pensão que se recebe ao parar de trabalhar por idade, doença ou outro motivo lícito. ▸ Aposentadoria.

ju.bi.la.do, da. [xuβi'laðo] [xuβi'laðo] *adj.* Que deixou de trabalhar e recebe uma pensão. ▸ Aposentado. *U.t.c.s.*

ju.bi.lar. [xuβi'lar] [xuβi'lar] *v.4.* **1.** Conceder a uma pessoa o direito a receber aposentadoria e os benefícios que correspondem à condição de aposentado. ▶ Aposentar. *v.p.* **2.** Passar a receber aposentadoria. ▶ Aposentar-se.

ju.bi.le.o. [xuβi'leo] [xuβi'leo] *m.* Comemoração de 25 anos de um acontecimento, como casamento, formatura e docência. ▶ Jubileu.

jú.bi.lo. ['xuβilo] ['xuβilo] *m.* Grande alegria manifestada. ▶ Júbilo.

ju.bón. [xu'βon] [xu'βon] *m.* Peça de vestuário antiga que cobre desde os ombros até o início das pernas. ▶ Gibão.

ju.dai.co, ca. [xu'ðai̯ko] [xu'ðai̯ko] *adj. Rel.* Pertencente ou relativo aos judeus. ▶ Judaico.

ju.da.ís.mo. [xuða'ismo] [xuða'ihmo] *m. Rel.* Religião dos judeus que seguem a lei de Moisés. ▶ Judaísmo.

ju.das. ['xuðas] ['xuðas] *m.* **1.** Indivíduo em quem não se pode confiar. ▶ Judas. **2.** Homem aleivoso, traidor. ▶ Judas.

❑ **ju.dí.a.** [xu'ðia] [xu'ðia] *f. Bot.* Tipo de planta leguminosa de sementes comestíveis. ▶ Feijão. ◆ **Judía verde.** *Bot.* Vagem.
➡ *Vegetales*

ju.di.cial. [xuði'θjal] [xuði'sjal] *adj.* Pertencente ou relativo ao juízo, à administração de Justiça ou à judicatura. ▶ Judicial.

ju.dí.o, a. [xu'ðio] [xu'ðio] *adj.* **1.** *Rel.* Pertencente ou relativo aos judeus. ▶ Judeu. **2.** Pertencente ou relativo à Judeia. ▶ Judeu. *s.* **3.** *Rel.* Aquele que professa a lei de Moisés. ▶ Judeu. **4.** Do povo relacionado à tradição judaica. ▶ Judeu.

ju.do. ['xuðo] ['xuðo] *m.* Luta de origem japonesa que se pratica como esporte. ▶ Judô. *U.t.* **yu.do.** ➡ *Deportes*

jue.go. ['xweɣo] ['xweɣo] *m.* **1.** Competição esportiva. ▶ Jogo. **2.** Cada atividade recreativa submetida a regras. ▶ Jogo. **3.** Entretenimento de salão, como baralho, xadrez, bilhar e outros. ▶ Jogo. **4.** Conjunto de objetos que se complementam e servem ao mesmo fim. ▶ Jogo. **5.** Conjunto de atividades recreativas ou divertimento. ▶ Brincadeira. ◆ **Juegos de azar.** Jogos cujo andamento e resultado dependem da sorte. ▶ Jogos de azar. *La ruleta y el bingo son juegos de azar.* A roleta e o bingo são jogos de azar.

juer.ga. ['xwerɣa] ['xwerɣa] *f.* Diversão muito animada de várias pessoas. ▶ Farra. ◆ **Correr(se) una juerga.** Participar de uma farra.

juer.guis.ta. [xwer'ɣista] [xwer'ɣihta] *adj.* Que gosta de farra. Festeiro. ▶ Farrista. *U.t.c.s.*

jue.ves. ['xweβes] ['xweβes] *m.* O quarto dia da semana após o domingo. ▶ Quinta-feira.

juez. ['xweθ] ['xwes] *com.* **1.** *Dir.* Pessoa que tem autoridade para julgar e sentenciar. ▶ Juiz. **2.** *Desp.* Pessoa que, em concursos ou competições, cuida de que sejam observadas as regras estabelecidas. Árbitro. ▶ Juiz.

jue.za. ['xweθa] ['xwesa] *f.* Feminino de *juez.* Ver *juez.* ▶ Juíza.

ju.ga.da. [xu'ɣaða] [xu'ɣaða] *f.* **1.** Lance de jogo. ▶ Jogada. **2.** Ação ruim e inesperada que prejudica uma pessoa. ▶ Tramoia. *¡Vaya jugada! ¡Me dejaron fuera del equipo!* Que tramoia! Eles me deixaram de fora do time!

ju.ga.dor, do.ra. [xuɣa'ðor] [xuɣa'ðor] *s.* **1.** Pessoa que participa individualmente ou como membro de uma equipe em jogos ou competições. ▶ Jogador. **2.** Pessoa viciada em jogos de azar. ▶ Jogador.

ju.gar. [xu'ɣar] [xu'ɣar] *v.63.* **1.** Fazer alguma coisa apenas por entretenimento ou diversão. ▶ Brincar. *En las vacaciones pasábamos toda la tarde jugando al aire libre.* Nas férias passávamos toda a tarde brincando ao ar livre. **2.** Dizer ou fazer brincadeira. ▶ Brincar. **3.** Participar em jogos de azar. ▶ Jogar. *Todas las noches nos reunimos para jugar al póquer.* Toda noite nos reunimos para jogar pôquer. ◆ **El que juega con fuego termina quemado.** Quem brinca com fogo acaba se queimando. **Jugar al fútbol / baloncesto / voleibol / tenis / béisbol, etc.** Jogar futebol / basquete / vôlei / tênis / beisebol, etc. *Juego al fútbol con mis amigos todos los domingos.* Jogo futebol com meus amigos todos os domingos. **Jugar con fuego.** Brincar com fogo. **Jugar con muñecas.** Brincar de boneca. **¿Qué te juegas a que...?** Quanto você aposta que...?

ju.ga.rre.ta. [xuɣa'reta] [xuɣa'reta] *f.* Ato ou dito para enganar alguém com a intenção de tirar alguma vantagem. ▶ Sacanagem.

ju.glar. [xu'ɣlar] [xu'ɣlar] *m.* Trovador ou intérprete (medieval) que, por dinheiro, cantava e recitava poesias ante o povo. ▶ Jogral.

ju.gla.res.co.ca. [xuɣlaˈresko][xuɣlaˈrehko] *adj*. Pertencente ou relativo a jogral. ▸ Jogralesco.

ju.gla.rí.a. [xuɣlaˈria][xuɣlaˈria] *f*. Arte e esperteza dos jograis. ▸ Jogralidade.

ju.go. [ˈxuɣo][ˈxuɣo] *m*. Líquido que se extrai de frutas ou outras partes dos vegetais. ▸ Suco. ◆ **Sacar el jugo.** Tirar o máximo proveito. *Le saca el jugo a todos los negocios que emprende.* Tira o máximo proveito de todos os negócios que empreende.

ju.go.so, sa. [xuˈɣoso][xuˈɣoso] *adj*. **1.** Que tem suco. ▸ Suculento. **2.** *fig*. Que rende proveito ou lucro. ▸ Lucrativo.

ju.gue.te. [xuˈɣete][xuˈɣete] *m*. **1.** Objeto com que as crianças brincam. ▸ Brinquedo. **2.** *fig*. Pessoa ou coisa que se deixa manipular. ▸ Fantoche.

ju.gue.te.ar. [xuɣeteˈar][xuɣeteˈar] *v.4*. **1.** Entreter-se com brinquedos. ▸ Brincar. **2.** Movimentar distraído uma coisa com as mãos. ▸ Brincar.

ju.gue.te.rí.a. [xuɣeteˈria][xuɣeteˈria] *f*. Estabelecimento comercial no qual se vendem brinquedos. ▸ Loja de brinquedos.

ju.gue.tón, to.na. [xuɣeˈton][xuɣeˈton] *adj*. **1.** Que gosta de brincar. ▸ Brincalhão. **2.** Que demonstra alegria. Divertido. ▸ Brincalhão.

jui.cio. [ˈxwiθjo][ˈxwisjo] *m*. **1.** Ato de julgar. Julgamento. ▸ Juízo. **2.** Parecer ou opinião sobre uma coisa. ▸ Juízo. *A juicio de los ingenieros el proyecto es inviable.* Segundo o parecer dos engenheiros, o projeto é inviável. **3.** Razão, cordura. ▸ Juízo. ◆ **Muela del juicio.** *Anat.* O terceiro molar. ▸ Dente do juízo / siso. **A mi / su juicio.** No meu / seu entender.

jui.cio.so, sa. [xwiˈθjoso][xwiˈsjoso] *adj*. Que age com sensatez. ▸ Sensato.

ju.lio. [ˈxuljo][ˈxuljo] *m*. O sétimo mês do ano. ▸ Julho.

ju.men.to. [xuˈmento][xuˈmento] *m*. **1.** *Zool.* Mamífero herbívoro quadrúpede usado como animal de carga. ▸ Jumento. **2.** *fig.* Pessoa ignorante e de pouca inteligência. ▸ Jumento.

jun.cal. [xunˈkal][xunˈkal] *adj*. **1.** *Bot.* Pertencente ou relativo ao junco. ▸ Juncáceo. **2.** Que tem aparência esbelta, elegante. ▸ Esguio. *m*. **3.** Lugar onde vegetam juncos. ▸ Juncal.

jun.co. [ˈxunko][ˈxunko] *m*. *Bot*. Cana, originária da Índia, utilizada para fazer móveis. ▸ Junco.

jun.gla. [ˈxungla][ˈxungla] *f*. Território rico em vegetação e em animais selvagens. Floresta. ▸ Selva.

ju.nio. [ˈxunjo][ˈxunjo] *m*. O sexto mês do ano. ▸ Junho.

jun.que.ra. [xunˈkeɾa][xunˈkeɾa] *f*. Terreno no qual há grande quantidade de juncos. ▸ Junqueira.

jun.ta. [ˈxunta][ˈxunta] *f*. **1.** Conjunto de pessoas que dirigem uma coletividade. ▸ Junta. **2.** Reunião dessas pessoas para tratar e decidir sobre os assuntos da coletividade. ▸ Assembleia.

jun.tar. [xunˈtaɾ][xunˈtaɾ] *v.4*. *p.p. reg. juntado / irreg. junto*. **1.** Colocar no mesmo lugar. Reunir, agrupar. ▸ Juntar. *Juntamos las mesas para acercarnos.* Juntamos as mesas para nos aproximarmos. **2.** Guardar dinheiro. Poupar. ▸ Juntar. *Abrió una cuenta y consiguió juntar dinero para comprar su casa.* Abriu uma conta e conseguiu juntar dinheiro para comprar sua casa.

jun.to, ta. [ˈxunto][ˈxunto] *adj*. Que está muito próximo. ▸ Junto. ◆ **En junto.** No total. *Sumó lo que tenía en los bancos y en junto tenía lo suficiente para pagar la facultad.* Somou o que tinha nos bancos e no total tinha o suficiente para pagar a faculdade. **Junto a.** Perto de. *Mercedes está junto al profesor.* Mercedes está perto do professor. **Junto con.** Em companhia de. ▸ Junto com. *Fuimos a la playa junto con la familia de Miguel.* Fomos à praia junto com a família de Miguel. **Todo junto.** Várias coisas ao mesmo tempo. ▸ Tudo junto. *Pon en la licuadora los huevos, la leche y el azúcar, todo junto.* Coloque no liquidificador os ovos, o leite e o açúcar, tudo junto.

jun.tu.ra. [xunˈtuɾa][xunˈtuɾa] *f*. **1.** Linha de união entre duas coisas. ▸ Intersecção. **2.** *Anat.* Articulação dos ossos. ▸ Junta.

Jú.pi.ter. [ˈxupiteɾ][ˈxupiteɾ] *m. n.p. Astr.* Planeta do Sistema Solar, o quinto a partir do Sol. ▸ Júpiter.

ju.ra. [ˈxuɾa][ˈxuɾa] *f*. Ato de jurar submissão, obediência e fidelidade. Juramento. ▸ Jura.

ju.ra.do, da. [xuˈɾaðo][xuˈɾaðo] *adj*. **1.** Que prestou juramento. ▸ Jurado. *m*. **2.** *Dir.* Cada um dos membros do júri. ▸ Jurado. **3.** Tipo de tribunal. ▸ Júri. ◆ **Traductor jurado.** *Dir.* Tradutor juramentado.

ju.ra.men.to. [xuɾaˈmento][xuɾaˈmento] *m*. Afirmação ou negação de uma coisa pondo

jurar – juzgar

a si mesmo ou a outrem por testemunha. ▶ Juramento.

ju.rar. [xu'rar] [xu'rar] *v.4.* Fazer juramento ou jura. ▶ Jurar. ◆ **Jurársela.** Jurar vingança. *Lo ofendieron y él se la juró.* Ofenderam-no e ele jurou vingança.

ju.rá.si.co, ca. [xu'rasiko] [xu'rasiko] *adj.* Pertencente ou relativo ao período, há milhões de anos, em que os dinossauros predominavam na Terra. ▶ Jurássico.

ju.rí.di.co, ca. [xu'riðiko] [xu'riðiko] *adj.* Pertencente ou relativo ao Direito. ▶ Jurídico.

ju.ris.dic.ción. [xurisðik'θjon] [xurihðik'sjon] *f. Dir.* Território sobre o qual um juiz exerce sua autoridade. ▶ Jurisdição.

ju.ris.dic.cio.nal. [xurisðikθjo'nal] [xurihðiksjo'nal] *adj. Dir.* Pertencente ou relativo a uma jurisdição. ▶ Jurisdicional.

ju.ris.pru.den.cia. [xurispru'ðenθja] [xurihpru'ðensja] *f. Dir.* **1.** Interpretação reiterada que os tribunais dão à lei. ▶ Jurisprudência. **2.** Doutrina contida nas sentenças dos tribunais de Justiça. ▶ Jurisprudência.

ju.ris.ta. [xu'rista] [xu'rihta] *com. Dir.* Pessoa que estuda e professa o Direito. ▶ Jurista.

❑ **ju.ro.** ['xuro] ['xuro] *m.* Direito de propriedade.

jus.ta. ['xusta] ['xuhta] *f.* **1.** Combate entre dois homens a cavalo e armados com lança que se praticava na Idade Média. ▶ Justa. **2.** *fig.* Competição, desafio. Embate. ▶ Torneio.

jus.ta.men.te. [xusta'mente] [xuhta'mente] *adv.* Nem mais, nem menos. Na medida exata. ▶ Justamente.

jus.ti.cia. [xus'tiθja] [xuh'tisja] *f.* **1.** Conformidade com o que é direito. ▶ Justiça. *Mi jefe hizo la distribución de las tareas con justicia.* Meu chefe fez a distribuição das tarefas com justiça. **2.** Conjunto de procedimentos e instituições que regulam a vida jurídica de um Estado. ▶ Justiça. *obs.:* Escreve-se, geralmente, com maiúscula. ◆ **Hacer justicia.** Fazer justiça.

jus.ti.cie.ro, ra. [xusti'θjero] [xuhti'sjero] *adj.* **1.** ❑ Rigoroso e imparcial na aplicação da lei. ▶ Justo. **2.** Diz-se de quem fez justiça por conta própria. ▶ Justiceiro.

jus.ti.fi.ca.ción. [xustifika'θjon] [xuhtifika'sjon] *f.* Razão que explica o motivo ou a causa de uma coisa. Justificativa. ▶ Justificação.

jus.ti.fi.ca.do, da. [xustifi'kaðo] [xuhtifi'kaðo] *adj.* Que tem justificativa. ▶ Justificado.

jus.ti.fi.can.te. [xustifi'kante] [xuhtifi'kante] *adj.* Que legitima uma verdade com testemunha, documento ou outra prova. ▶ Justificativa. *U.t.c.s.*

jus.ti.fi.car. [xustifi'kar] [xuhtifi'kar] *v.7.* **1.** Provar uma coisa com razões convincentes, testemunhas ou documentos. *v.p.* **2.** Desculpar-se com uma justificativa. ▶ Justificar-se.

jus.to, ta. ['xusto] ['xuhto] *adj.* **1.** Que age com equidade e justiça. ▶ Justo. **2.** Exato em número, peso ou medida. ▶ Justo. **3.** Apertado ou ajustado a outra coisa. ▶ Justo.

ju.ve.nil. [xuβe'nil] [xuβe'nil] *adj.* **1.** Próprio de jovem. ▶ Juvenil. **2.** *Biol.* Relativo à fase da vida anterior à fase adulta. ▶ Juvenil.

ju.ven.tud. [xuβen'tuθ] [xuβen'tuð] *f.* **1.** Fase da vida que precede a adulta. ▶ Juventude. **2.** O conjunto de todas as pessoas que estão na idade juvenil. ▶ Juventude.

juz.ga.do. [xuθ'ɣaðo] [xuh'ɣaðo] *m. Dir.* **1.** Estabelecimento em que atua um juiz. Vara. ▶ Tribunal. **2.** Local em que se julga. ▶ Tribunal.

juz.gar. [xuθ'ɣar] [xuh'ɣar] *v.9.* **1.** Deliberar sobre um assunto e sentenciar, quem tem autoridade para isso, segundo a lei e a Justiça. ▶ Julgar. **2.** Formular uma opinião sobre algo ou alguém. ▶ Julgar.

K

k. ['ka] ['ka] *f.* Décima primeira letra do alfabeto espanhol. ▶ Cá.

ka. ['ka] ['ka] *f.* O nome da letra K. ▶ Cá.

ka.ki. ['kaki] ['kaki] *m.* Ver *caqui*.

ka.ra.te. [ka'rate] [ka'rate] *m. Desp.* Luta japonesa defensiva. ▶ Caratê.

ka.ra.te.ca. [kara'teka] [kara'teka] *com.* Pessoa que pratica caratê. ▶ Carateca.

ka.yak. [ka'jak] [ka'ʃak] *m. Desp.* Ver *piragua*⁽²⁾. ▶ Caiaque. ➡ *Deportes*

ke.bab. [ke'βaβ] [ke'βaβ] *m. Cul.* Carne em fatias, assada no espeto ou servida como recheio de pão sírio. ▶ Kebab.

ké.fir. ['kefir] ['kefir] *m.* Bebida originada do leite fermentado artificialmente. ▶ Quefir.

kel.vin. ['kelβin] ['kelβin] *m. Fís.* Unidade de medida de temperatura em cuja escala o zero grau equivale ao zero absoluto. ▶ Kelvin.

ker.més. [ker'mes] [ker'mes] *f.* Festa popular ao ar livre com baile, concursos, brincadeiras e outras diversões. ▶ Quermesse.

ketchup. *m. Cul.* Molho consistente e de sabor levemente adocicado, feito de tomate em conserva e outros condimentos. ▶ Ketchup.

ki.lo. ['kilo] ['kilo] *m.* **1.** Abreviatura de *kilogramo*. Ver *kilogramo*. ▶ Quilo. **2.** *fig.* Milhão de pesetas.

ki.lo.ca.lo.rí.a. [kilokalo'ria] [kilokalo'ria] *f.* Unidade de energia térmica igual a mil calorias. ▶ Quilocaloria.

ki.lo.gra.mo. [kilo'ɣramo] [kilo'ɣramo] *m.* Unidade de massa equivalente a mil gramas. Quilo. ▶ Quilograma.

ki.lo.mé.tri.co, ca. [kilo'metriko] [kilo'metriko] *adj.* **1.** Relativo a quilômetro. ▶ Quilométrico. **2.** *fig.* Que tem grande comprimento. ▶ Quilométrico.

ki.ló.me.tro. [ki'lometro] [ki'lometro] *m.* Medida de comprimento equivalente a mil metros. ▶ Quilômetro.

ki.lo.va.tio. [kilo'βatjo] [kilo'βatjo] *m. Fís.* Unidade de medida potencial equivalente a 1000 watts. ▶ Quilowatt.

ki.mo.no. [ki'mono] [ki'mono] *m.* Vestimenta típica do Japão. ▶ Quimono.

kios.co. ['kjosko] ['kjohko] *m.* Ver *quiosco*. ▶ Banca de jornal.

kitsch. *adj.* Que é considerado antiquado e inapropriado, de mau gosto conforme os parâmetros estéticos contemporâneos. ▶ *Kitsch. Aquella ilustración es* kitsch. Aquela ilustração é *kitsch*.

ki.wi. ['kiwi] ['kiwi] *m.* **1.** *Zool.* Ave da Nova Zelândia. ▶ Quivi. **2.** *Bot.* Tipo de planta frutífera, de casca marrom e polpa verde. ▶ Quiuí.

ko.a.la. [ko'ala] [ko'ala] *m. Zool.* Mamífero marsupial australiano de pelo cinza, que vive em árvores e se alimenta de ramos. ▶ Coala.
➡ *Reino animal*

L

l. ['ele] ['ele] *f.* Décima segunda letra do alfabeto espanhol. ▸ L.

☐ **la.** ['la] ['la] *art.* **1.** Forma feminina de *el*. ▸ A. *pron.pess.* **2.** Corresponde à terceira pessoa do singular no feminino e exerce função de objeto direto. ▸ A/la. *¿La pintura? Sí, tienen que mirarla y decirme si ya la han visto antes.* A tela? Sim, vocês têm que observá-la e dizer-me se já a tinham visto antes.

la.be.rin.to. [laβe'rinto] [laβe'rinto] *m.* **1.** Construção ou jardim feito de tal forma que aquele que entra dificilmente encontra a saída. ▸ Labirinto. **2.** *Anat.* Parte interna da orelha. ▸ Labirinto. **3.** *fig.* Espaço no qual é fácil perder-se. ▸ Labirinto.

la.bia. ['laβja] ['laβja] *f.* Jeito de falar engraçado e persuasivo. ▸ Lábia.

la.bial. [la'βjal] [la'βjal] *adj.* **1.** Relativo aos lábios. ▸ Labial. **2.** *Ling.* Diz-se do som que se pronuncia com os lábios. ▸ Labial.

la.bio. ['laβjo] ['laβjo] *m. Anat.* Cada uma das partes externas, superior e inferior, da boca. ▸ Lábio. ◆ **Cerrar los labios.** Fechar a boca. **Lápiz de labios.** Batom. **Morderse los labios.** Morder a língua. **No descoser / despegar los labios.** Não abrir a boca. *El proyecto es secreto, que nadie despegue los labios si preguntan algo.* O projeto é confidencial, que ninguém abra a boca se perguntarem algo.
➡ *Cuerpo humano*

la.bor. [la'βor] [la'βor] *f.* **1.** Ato ou efeito de trabalhar. ▸ Labor. **2.** Adorno feito a mão em um tecido. ▸ Bordado. ◆ **Labor de punto.** Tricô. **Labores domésticas.** Prendas domésticas. / Trabalhos domésticos. **No estar por la labor.** Não estar de acordo. *No estoy por la labor de viajar todas las semanas, antes dimito.* Não estou de acordo com viagens todas as semanas; antes, me demito.

la.bo.ra.ble. [laβo'raβle] [laβo'raβle] *adj.* **1.** Que propicia trabalho. ▸ Trabalhável. **2.** Diz-se dos dias destinados ao trabalho produtivo. ▸ Útil.

la.bo.ral. [laβo'ral] [laβo'ral] *adj.* Pertencente ou relativo ao trabalho. ▸ Trabalhista.

la.bo.rar. [laβo'rar] [laβo'rar] *v.4.* **1.** Trabalhar em qualquer atividade ou profissão. ▸ Labutar. **2.** Lutar para conseguir alguma coisa ou objetivo. ▸ Labutar.

la.bo.ra.to.rio. [laβora'torjo] [laβora'torjo] *m.* Local aparelhado para fazer experiências químicas ou produzir medicamentos. ▸ Laboratório.

la.bo.rio.so, sa. [laβo'rjoso] [laβo'rjoso] *adj.* **1.** Que gosta de trabalhar. ▸ Laborioso. **2.** Diz-se do trabalho cansativo e demorado. ▸ Laborioso.

la.bra.dor, do.ra. [laβra'ðor] [laβra'ðor] *adj. Agr.* Que cultiva terras. ▸ Lavrador. *U.t.c.s. m.* **2.** *Zool.* Uma raça de cães. ▸ Labrador.

la.bran.za. [la'βranθa] [la'βransa] *f. Agr.* **1.** Preparação do campo para cultivo. ▸ Lavoura. **2.** Terra lavrada. ▸ Lavoura.

la.brar. [la'βrar] [la'βrar] *v.4.* **1.** *Agr.* Trabalhar na terra. Cultivar. ▸ Lavrar. **2.** Talhar madeira ou metal fazendo desenhos ou figuras. Marchetar. ▸ Esculpir, entalhar.

la.brie.go, ga. [la'βrjeɣo] [la'βrjeɣo] *s. Agr.* Pessoa que trabalha a terra. ▸ Lavrador.

la.ca. ['laka] ['laka] *f.* **1.** Verniz duro e brilhante de cor vermelha. ▸ Laca. **2.** Corante vermelho que se extrai do pau-de-pernambuco. ▸ Laca.

la.ca.yo. [la'kajo] [la'kaʃo] *m.* **1.** Criado que serve e acompanha seu amo. ▸ Lacaio. **2.** *fig.* Indivíduo sem dignidade, servil e bajulador. ▸ Lacaio.

la.ce.rar. [laθe'rar] [lase'rar] *v.4.* Causar dano. Ferir, rasgar, machucar. ▸ Dilacerar.

la.cio, cia. [la'θjo] ['lasjo] *adj.* Diz-se de cabelo liso. ▸ Liso.

la.cón. [la'kon] [la'kon] *m. Cul.* Carne de porco defumada. ▸ *Bacon*.

la.có.ni.co, ca. [la'koniko] [la'koniko] *adj.* Diz-se da pessoa de poucas palavras, breve e concisa. ▸ Lacônico.

☐ **la.cra.** ['lakra] ['lakra] *f.* **1.** *Med.* Sinal que deixa uma doença. ▸ Sequela. **2.** Defeito físico ou moral que marca alguém. ▸ Sequela. **3.** Ser vil, desprezível. ▸ Escória.

la.crar. [la'kɾaɾ] [la'kɾaɾ] *v.4.* **1.** *Med.* ❏ Contrair uma doença. ▸ Adoecer. **2.** *fig. p. us.* ❏ Prejudicar uma pessoa em seus interesses. ▸ Prejudicar. **3.** Fechar ou selar com lacre. ▸ Lacrar.

la.cre. ['lakɾe] ['lakɾe] *m.* Massa sólida tingida de vermelho que se usava para fechar e para selar documentos em sinal de autenticidade. ▸ Lacre.

la.cri.mal. [lakɾi'mal] [lakɾi'mal] *adj. Anat.* Diz-se da glândula que segrega as lágrimas. ▸ Lacrimal.

la.cri.mó.ge.no, na. [lakɾi'moxeno] [lakɾi'moxeno] *adj.* Diz-se de gás ou qualquer substância que provoca a secreção das lágrimas. ▸ Lacrimogêneo.

la.cri.mo.so, sa. [lakɾi'moso] [lakɾi'moso] *adj.* **1.** Que tem lágrimas. ▸ Lacrimoso. **2.** Que se lamenta ou se queixa a toda hora. ▸ Chorão.

lac.tan.cia. [lak'tanθja] [lak'tansja] *f.* **1.** Ato de amamentar. ▸ Lactação. **2.** Período em que a mãe produz leite. ▸ Lactação.

lac.tan.te. [lak'tante] [lak'tante] *adj.* **1.** Que mama. ▸ Lactente. **2.** Que produz leite para amamentar. ▸ Lactante.

lác.te.o, a. ['lakteo] ['lakteo] *adj.* **1.** Pertencente ou relativo ao leite. ▸ Lácteo. **2.** Derivado do leite. ▸ Laticínio.

lac.to.sa. [lak'tosa] [lak'tosa] *f.* Açúcar que se extrai do leite. ▸ Lactose.

la.de.ar. [lade'aɾ] [lade'aɾ] *v.4.* **1.** Inclinar e torcer uma coisa para um lado. ▸ Ladear. **2.** Andar ou ficar ao lado de uma pessoa ou coisa. ▸ Ladear.

la.de.ra. [la'ðeɾa] [la'ðeɾa] *f.* **1.** Terreno inclinado. Declive. ▸ Ladeira. **2.** *Geogr.* Encosta de uma montanha. ▸ Ladeira.

la.di.lla. [la'ðiʎa] [la'ðiʃa] *f.* Inseto de cor amarela que vive nas partes do corpo humano que têm pelo. ▸ Chato. ◆ **Pegarse como ladilla.** Grudar como carrapato.

la.di.no, na. [la'ðino] [la'ðino] *adj.* **1.** Que age com manha ou astúcia. ▸ Ladino. *m.* **2.** *Ling.* Linguagem religiosa dos sefarditas, judeus que povoaram a Península Ibérica. ▸ Ladino. **3.** *Méx.* Índio mestiço que fala espanhol. ▸ Mestiço.

la.do. ['laðo] ['laðo] *m.* **1.** Parte lateral de qualquer coisa. ▸ Lado. **2.** Verso e reverso de moeda ou medalha. ▸ Lado. **3.** Parte de um lugar. Região. ▸ Lado. *La casa está en el lado norte de la ciudad.* A casa está na região norte da cidade. ◆ **Al lado.** Muito perto. ▸ Ao / Do lado. **Cada uno por su lado.** Cada um na sua. **Dar de lado.** Voltar as costas. **Mirar de lado. 1.** Olhar com desprezo ou com raiva. ▸ Olhar de lado. **2.** Olhar de modo sorrateiro ou dissimulado. ▸ Olhar de lado. Olhar de esguelha. *¿Por qué me miras de lado y no me encaras?* Por que você me olha de lado e não me encara?

la.drar. [la'ðɾaɾ] [la'ðɾaɾ] *v.4.* Dar latidos. Latir. ▸ Ladrar.

la.dri.do. [la'ðɾiðo] [la'ðɾiðo] *m.* Voz que emite um cão. ▸ Latido.

❏**la.dri.llo.** [la'ðɾiʎo] [la'ðɾiʃo] *m.* Massa de barro cozido de forma retangular que se utiliza na construção de paredes. ▸ Tijolo.

la.drón, dro.na. [la'ðɾon] [la'ðɾon] *adj.* **1.** Aquele que furta ou rouba. ▸ Ladrão. *m.* **2.** ❏ Plugue de três orifícios. ▸ Benjamim.

la.gar.ti.ja. [laɣaɾ'tixa] [laɣaɾ'tixa] *f. Zool.* Lagarto muito pequeno, geralmente noturno, que se alimenta de insetos. ▸ Lagartixa. ➡ *Reino animal*

la.gar.to, ta. [la'ɣaɾto] [la'ɣaɾto] *s. Zool.* **1.** Réptil terrestre, ágil e inofensivo, útil à agricultura pela grande quantidade de insetos que come. ▸ Lagarto. ➡ *Reino animal*

la.go. ['laɣo] ['laɣo] *m. Geogr.* Grande quantidade de água, geralmente doce, que se encontra em depressões de terreno. ▸ Lago.

lá.gri.ma. ['laɣɾima] ['laɣɾima] *f.* Cada uma das gotas do líquido que segrega a glândula lacrimal. ▸ Lágrima. ◆ **Saltarle / Saltársele las lágrimas.** Chorar de maneira espontânea e imediata ao tomar conhecimento de um acontecimento muito triste ou muito alegre. ▸ Desabar a chorar. / Cair no choro.

la.gri.mal. [laɣɾi'mal] [laɣɾi'mal] *adj.* Ver *lacrimal.* ▸ Lacrimal.

la.gu.na. [la'ɣuna] [la'ɣuna] *f.* **1.** *Geogr.* Depósito natural de água, menor que um lago. ▸ Lagoa. **2.** *fig.* Espaço em branco em material impresso, por texto apagado ou suprimido. ▸ Lacuna. **3.** *fig.* Defeito, falha em um conjunto ou em uma série. ▸ Lacuna.

lai.co, ca. ['lajko] ['lajko] *adj.* **1.** Que não segue nem pertence a uma ordem religiosa. ▸ Leigo. *U.t.c.s.* **2.** Diz-se da escola em que não se ensina religião. ▸ Laico.

la.ís.mo. [la'ismo] [la'ihmo] *m. Ling.* Na Espanha, uso do pronome pessoal objeto direto *la* em casos em que a norma indica a utilização de *le*.

la.ja. ['laxa] ['laxa] *f.* Pedra plana e lisa. ▶ Lasca.

la.ma. ['lama] ['lama] *f.* Lodo ou barro mole que geralmente se forma com água da chuva. ▶ Lama.

la.me.cu.los. [lame'kulos] [lame'kulos] *com. vulg.* Ver *adulón*. Baba-ovo. ▶ Bajulador.

la.men.ta.ble. [lamen'taβle] [lamen'taβle] *adj.* **1.** Aquilo por que se lamenta. ▶ Lamentável. **2.** Que provoca choro ou tristeza. ▶ Lamentável.

la.men.ta.ción. [lamenta'θjon] [lamenta'sjon] *f.* Expressão de pena com pranto e queixa. ▶ Lamentação.

la.men.tar. [lamen'tar] [lamen'tar] *v.4.* **1.** Prantear com gemidos. ▶ Lamentar. **2.** Sentir pena ou arrependimento por alguma coisa. ▶ Lamentar. ◆ **Lo lamento.** Sinto muito.

la.men.to. [la'mento] [la'mento] *m.* Queixa com choro ou outras manifestações de aflição. ▶ Lamento.

la.men.to.so, sa. [lamen'toso] [lamen'toso] *adj.* **1.** Que infunde tristeza. ▶ Lamentoso. **2.** Que se lamenta. ▶ Lamentoso.

la.mer. [la'mer] [la'mer] *v.5.* **1.** Passar a língua por alguma coisa. ▶ Lamber. **2.** Tocar com suavidade uma coisa ao passar por ela. ▶ Roçar.

la.mi.do, da. [la'miðo] [la'miðo] *adj.* **1.** Que lambeu. ▶ Lambido. **2.** *fig.* Diz-se de pessoa muito magra. ▶ Magricelo. **3.** Diz-se de pessoa muito enfeitada. ▶ Emperiquitado.

lá.mi.na. ['lamina] ['lamina] *f.* **1.** Placa fina de metal. ▶ Lâmina. **2.** Figura estampada em papel ou outra matéria. ▶ Estampa.

la.mi.na.ción. [lamina'θjon] [lamina'sjon] *f.* Ato de reduzir a lâminas. ▶ Laminação.

la.mi.na.dor, do.ra. [lamina'ðor] [lamina'ðor] *amb.* **1.** Máquina que serve para fazer lâminas de metal. ▶ Laminadora. *s.* **2.** Profissional que faz lâminas. ▶ Laminador.

la.mi.nar. [lami'nar] [lami'nar] *v.4.* Dar forma de lâmina. ▶ Laminar.

lám.pa.ra. ['lampara] ['lampara] *f.* **1.** Artefato que emite luz. ▶ Lâmpada. **2.** Luminária, abajur, lustre ou qualquer outro objeto que serve de suporte para um foco de luz. ▶ Lâmpada.

lam.pa.re.ro, ra. [lampa'rero] [lampa'rero] *s.* Pessoa que fabrica ou vende lâmpadas. ▶ Lampadeiro.

lam.pa.ri.lla. [lampa'riʎa] [lampa'riʃa] *f.* Pequeno disco, com um pavio no centro que flutua em óleo, que se acende para obter luz atenuada. ▶ Lamparina.

lam.pa.rón. [lampa'ron] [lampa'ron] *m.* Mancha, especialmente de gordura, em tecido. ▶ Mancha de gordura.

lam.pi.ño, ña. [lam'piɲo] [lam'piɲo] *adj.* Que não tem barba. ▶ Imberbe.

la.na. ['lana] ['lana] *f.* Pelo do carneiro, da ovelha e de outros animais que se pode fiar para fazer tecidos. ▶ Lã. ◆ **Ir por lana y volver trasquilado.** Tentar beneficiar-se à custa dos outros e sair perdendo. ▶ Ir buscar lã e sair tosquiado.

la.nar. [la'nar] [la'nar] *adj.* Diz-se do gado ovino e outros animais que têm lã. Lanar. ▶ Lanoso.

lan.ce. ['lanθe] ['lanse] *m.* **1.** Ato ou efeito de lançar. ▶ Lance. **2.** Situação crítica ou difícil. ▶ Lance. **3.** *Desp.* Jogada importante ou decisiva. ▶ Lance.

lan.ce.o.la.do, da. [lanθeo'laðo] [lanseo'laðo] *adj. Bot.* Diz-se da folha, de árvore ou outra planta, que tem forma de ponta de lança. ▶ Lanceolado.

lan.ce.ro. [lan'θero] [lan'sero] *m. Mil.* Soldado cuja arma de luta é a lança. ▶ Lançador.

lan.ce.ta. [lan'θeta] [lan'seta] *f. Med.* Instrumento de dois gumes e ponta afiada usado em cirurgias para pequenos cortes. ▶ Lanceta.

lan.cha. ['lantʃa] ['lantʃa] *f.* **1.** *Mar.* Embarcação a remo ou motor, para resgate, navegação costeira e esportiva. ▶ Lancha. **2.** *Mil.* ◻ Navio de guerra, pequeno e veloz, preparado para lançamento de torpedos. ◆ **Lancha motora.** Embarcação pequena provida de motor, geralmente dedicada à pesca. Barco a motor. ➠ *Transporte*

lan.gos.ta. [lan'gosta] [lan'gohta] *f. Zool.* **1.** Crustáceo marinho comestível. ▶ Lagosta. **2.** ◻ Inseto voraz muito temido pelos agricultores. ▶ Gafanhoto. ➠ *Reino animal*

lan.gos.ti.no. [langos'tino] [langoh'tino] *m. Zool.* Crustáceo comestível. ▶ Lagostim. ➠ *Reino animal*

lan.gui.de.cer. [langiðe'θer] [langiðe'ser] *v.24.* Perder o espírito ou a força. ▶ Languescer.

lan.gui.dez. [langi'ðeθ] [langi'ðes] *f.* Falta de energia por fraqueza, doença ou apatia. ▶ Languidez.

lán.gui.do, da. ['langiðo] ['langiðo] *adj.* Diz-se de pessoa de pouco espírito, valor ou energia. ▶ Lânguido.

la.nu.do, da. [la'nuðo] [la'nuðo] *adj.* Que tem muita lã. ▶ Lanoso.

lan.za. ['lanθa] ['lansa] *f.* Arma ofensiva composta de uma haste de madeira com ponta de ferro afiada. ▶ Lança. ◆ **A punta de lanza.** Sem fazer concessões. ▶ A ferro e fogo. **Estar con la lanza en riste.** Estar preparado para defender-se física e moralmente. ▶ Estar com a lança em riste. **No haber / quedar lanza enhiesta.** Não deixar pedra sobre pedra.

lan.za.co.he.tes. [lanθako'etes] [lansako'etes] *m.* Instalação destinada a disparar foguetes. ▶ Lança-foguetes.

lan.za.de.ra. [lanθa'ðera] [lansa'ðera] *f. fig.* Pessoa inquieta, turbulenta, que não fica parada. Serelepe. ▶ Irrequieta.

lan.za.lla.mas. [lanθa'ʎamas] [lansa'ʃamas] *m.* Aparelho que lança um jato de líquido incendiado. ▶ Lança-chamas.

lan.za.mien.to. [lanθa'mjento] [lansa'mjento] *m.* **1.** Ato de lançar uma coisa. ▶ Lançamento. **2.** Ato no qual se mostra ao público pela primeira vez uma obra literária ou uma coleção de obras de arte. ▶ Lançamento.

lan.zar. [lan'θar] [lan'sar] *v.13.* **1.** Arremessar com força um objeto. ▶ Lançar. **2.** Deixar livre. Soltar. ▶ Dar. *Con el susto, lanzó un grito que hizo despertar a todos los vecinos.* Com o susto, lançou um grito que fez acordar todos os vizinhos.

la.pa.ros.co.pia. [laparos'kopja] [laparoh'kopja] *f. Med.* Endoscopia realizada na região abdominal. ▶ Laparoscopia.

❏ **la.pi.ce.ra.** [lapi'θera] [lapi'sera] *f. (Amér.)* Ver *bolígrafo*. ▶ Caneta esferográfica.

la.pi.ce.ro. [lapi'θero] [lapi'sero] *m.* Objeto de forma tubular que comporta pequenas barras de grafite para escrever ou desenhar. ▶ Lapiseira.

lá.pi.da. ['lapiða] ['lapiða] *f.* Pedra plana que contém uma inscrição. ▶ Lápide.

la.pi.dar. [lapi'ðar] [lapi'ðar] *v.4.* Lançar pedras. ▶ Apedrejar.

la.pi.da.rio, ria. [lapi'ðarjo] [lapi'ðarjo] *adj.* **1.** Relativo às pedras preciosas. ▶ Lapidário. *s.* **2.** Pessoa que lapida pedras preciosas. ▶ Lapidador. **3.** Pessoa que faz inscrições em lápides. ▶ Lapidador.

lá.piz. ['lapiθ] ['lapis] *m.* Barra de grafite embutida em um cilindro ou prisma de madeira para escrever ou desenhar. ▶ Lápis.
➡ *En el aula*

lap.so. ['lapso] ['lapso] *m.* **1.** Passagem ou transcurso de tempo. ▶ Lapso. **2.** Ato que implica erro. Falha. ▶ Lapso.

lap.sus. ['lapsus] ['lapsus] *m.* Falta ou erro cometido por descuido. ▶ Lapso.

laptop. *f. Inform.* Computador compacto e portátil. ▶ Laptop.

lar.gar. [lar'ɣar] [lar'ɣar] *v.9.* **1.** Soltar, deixar livre, abrir mão do que não é bom. ▶ Largar. **2.** *fig.* Dizer algo indevido ou inoportuno. ▶ Soltar. *v.p.* **3.** *fam.* Ir embora rápida ou sorrateiramente. ▶ Sumir.

❏ **lar.go, ga.** ['larɣo] ['larɣo] *adj.* **1.** Tem certa longitude. Comprido, extenso. ▶ Longo. **2.** De duração extensa. Demorado, extenso. ▶ Longo. *m.* **3.** Medida da extensão longitudinal de um objeto. ▶ Comprimento. ◆ **A la larga.** Muito tempo depois. ▶ No final das contas. **A lo largo.** A grande distância. ▶ Ao longe. **A lo largo de.** Ao longo de. **¡Largo! / ¡Largo de aquí!** Fora! / Fora daqui! **Largo y tendido.** Demoradamente.

lar.go.me.tra.je. [larɣome'traxe] [larɣome'traxe] *m.* Filme com mais de 60 minutos de duração. ▶ Longa-metragem.

lar.que.ro. [lar'ɣero] [lar'ɣero] *m.* **1.** Viga de madeira que se coloca horizontalmente em um móvel ou construção. ▶ Caibro. **2.** *Desp.* Trave superior horizontal do gol, no futebol ou outros esportes. ▶ Travessão.

lar.que.za. [lar'ɣeθa] [lar'ɣesa] *f.* **1.** Generosidade ou liberalidade de alguém. ▶ Espontaneidade. **2.** Amplidão de uma coisa. ▶ Largura.

❏ **lar.gu.ra.** [lar'ɣura] [lar'ɣura] *f.* A maior dimensão de uma superfície plana horizontal. Dimensão longitudinal. ▶ Comprimento.

la.rin.ge. [la'rinxe] [la'rinxe] *f. Anat.* Órgão essencial para produzir a voz, situado entre a faringe e a traqueia. ▶ Laringe.

la.rín.ge.o, a. [la'rinxeo] [la'rinxeo] *adj. Anat.* Pertencente ou relativo à laringe. ▶ Laríngeo.

la.rin.gi.tis. [larin'xitis] [larin'xitis] *f. Med.* Inflamação da laringe. ▶ Laringite.

lar.va. ['larβa] ['larβa] *f. Zool.* Primeira fase da metamorfose dos insetos depois de saírem do ovo. ▸ Larva.

lá.ser. ['laseɾ] ['laseɾ] *m.* **1.** Raio de luz com concentração intensa de energia. ▸ **Laser. 2.** O dispositivo que produz o raio de luz. ▸ *Laser.*

lás.ti.ma. ['lastima] ['lahtima] *f.* **1.** Compaixão, pena que se sente pela desgraça de alguém. ▸ Lástima. **2.** Coisa ou pessoa que causa desgosto. ▸ Lástima. ◆ **Dar / Hacer lástima.** Dar pena. **Estar hecho una lástima.** Estar um trapo. ¡**Qué lástima!** Que pena!

las.ti.ma.du.ra. [lastima'ðuɾa] [lahtima'ðuɾa] *f.* Efeito de lastimar ou ferir. ▸ Ferimento.

las.ti.mar. [lasti'maɾ] [lahti'maɾ] *v.4.* **1.** Ferir ou causar dano. Machucar. ▸ Lastimar. **2.** *fig.* Ofender alguém em sua honra ou estima. ▸ Ferir.

las.ti.mo.so, sa. [lasti'moso] [lahti'moso] *adj.* **1.** Que inspira lástima. ▸ Lastimoso. **2.** Que está em estado deplorável, lamentável. ▸ Lastimável.

la.ta. ['lata] ['lata] *f.* **1.** Lâmina de ferro estanhado. ▸ Lata. **2.** Recipiente feito com esse material. ▸ Lata. **3.** ❑ *fig.* Indivíduo maçante, que incomoda. Mala. ▸ Chato. ◆ **Dar la lata.** *fig.* e *fam.* Encher o saco. ¡**Qué lata!** *fig.* e *fam.* Que droga! **Ser una lata.** *fig.* e *fam.* Ser uma droga. *Las propagandas de aquella gaseosa son una lata.* As propagandas daquele refrigerante são uma droga.

la.ten.te. [la'tente] [la'tente] *adj.* Que está oculto, ainda não manifesto. ▸ Latente.

la.te.ral. [late'ral] [late'ral] *adj.* **1.** Situado ao lado de uma coisa. ▸ Lateral. **2.** Que está fora da linha mediana vertical de um corpo. ▸ Lateral.

❑ **la.ti.do.** [la'tiðo] [la'tiðo] *m. Biol.* Batimento ritmado do coração ou pulsação percebida nas artérias. Batida. ▸ Pulsação.

la.ti.fun.dio. [lati'fundjo] [lati'fundjo] *m.* Propriedade rural de grande extensão. ▸ Latifúndio.

la.ti.fun.dis.ta. [latifun'dista] [latifun'dihta] *adj.* **1.** Pertencente ou relativo ao latifúndio. ▸ Latifundiário. *com.* **2.** Pessoa que possui um ou vários latifúndios. ▸ Latifundiário. *U.t.c.adj.*

la.ti.ga.zo. [lati'ɣaθo] [lati'ɣaso] *m.* Golpe dado com chicote. ▸ Chicotada.

lá.ti.go. ['latiɣo] ['latiɣo] *m.* Açoite de couro ou corda com que se bate nos animais. ▸ Chicote.

la.tín. [la'tin] [la'tin] *m. Ling.* Língua do Lácio falada pelos antigos romanos, da qual derivam o português e o espanhol, entre outras línguas. ▸ Latim.

la.ti.no, na. [la'tino] [la'tino] *adj.* Que procede de um lugar onde se fala uma língua derivada do latim. ▸ Latino.

la.ti.no.a.me.ri.ca.no, na. [latinoameɾi'kano] [latinoameɾi'kano] *adj.* **1.** Pertencente ou relativo ao conjunto ou a um dos países da América de língua espanhola, portuguesa ou francesa. ▸ Latino-americano. *s.* **2.** O natural ou habitante de algum desses países. ▸ Latino-americano.

❑ **la.tir.** [la'tir] [la'tir] *v.6. Biol. fig.* Dar batidas (o coração) ou pulsar (as artérias). ▸ Pulsar.

la.ti.tud. [lati'tuθ] [lati'tuð] *f. Geogr.* Distância que há entre um ponto da superfície da Terra e o Equador, medida em graus no meridiano correspondente. ▸ Latitude.

la.to, ta. ['lato] ['lato] *adj.* Que apresenta extensão. ▸ Dilatado.

la.tón. [la'ton] [la'ton] *m. Quím.* Liga de cobre e zinco. ▸ Latão.

la.to.so, sa. [la'toso] [la'toso] *adj.* Que aborrece com conversas que não interessam a ninguém. Maçante. ▸ Chato.

lau.da.ble. [lau'ðaβle] [lau'ðaβle] *adj.* Diz-se da pessoa ou coisa digna de ser elogiada. ▸ Louvável.

lau.re.a.do, da. [lauɾe'aðo] [lauɾe'aðo] *adj.* Diz-se da pessoa que, por algum mérito, foi homenageada ou premiada. ▸ Laureado.

lau.re.ar. [lauɾe'ar] [lauɾe'ar] *v.4.* Homenagear ou premiar uma pessoa por seus méritos. ▸ Laurear.

lau.rel. [lau'rel] [lau'rel] *m. Bot.* Árvore cujas folhas são apreciadas como condimento. ▸ Louro. ◆ **Dormirse sobre / en los laureles.** Viver de glórias passadas. *Un campeón no debe dormirse en los laureles.* Um campeão não deve viver de glórias passadas.

la.va. ['laβa] ['laβa] *f. Geol.* Matéria incandescente, em fusão, expelida pela cratera dos vulcões. ▸ Lava.

la.va.ble. [la'βaβle] [la'βaβle] *adj.* **1.** Que se pode lavar. ▸ Lavável. **2.** Diz-se do tecido que não encolhe nem desbota ao lavar-se. ▸ Lavável.

la.va.bo. [la'βaβo] [la'βaβo] *m.* Pia, com torneiras, utilizada para lavagens. ▸ Lavabo.

la.va.de.ro. [laβa'ðero] [laβa'ðero] *m.* **1.** Parte de uma casa equipada para lavagem de roupa. ▶ Área de serviço. **2.** Tanque onde se lavam as roupas. ▶ Tanque.

la.va.do, da. [la'βaðo] [la'βaðo] *adj.* **1.** Que recebeu lavagem. ▶ Lavado. *m.* **2.** Ato ou efeito de lavar. ▶ Lavagem. ♦ **Lavado de cerebro.** *fig.* Lavagem cerebral. **Lavacoches.** Pessoa que lava os carros em garagens e postos de serviços. ▶ Lavador de carros.

la.va.do.ra. [laβa'ðora] [laβa'ðora] *f.* Máquina de lavar roupas. ▶ Lavadora.

la.va.ma.nos. [laβa'manos] [laβa'manos] *m.* Conjunto composto de um depósito de água com torneira e uma pia para lavar-se as mãos. Pia. ▶ Lavabo.

la.van.da. [la'βanda] [la'βanda] *f. Bot.* Planta de cujas folhas se extrai um óleo usado na preparação de perfumes. ▶ Lavanda.

la.van.de.rí.a. [laβande'ria] [laβande'ria] *f.* Estabelecimento com equipamento para lavagem de roupas. ▶ Lavanderia.

la.van.de.ro, ra. [laβan'dero] [laβan'dero] *s.* Pessoa que tem por ofício lavar roupas. ▶ Lavadeiro.

la.va.pla.tos. [laβa'platos] [laβa'platos] *m.* Máquina elétrica para lavar louça e utensílios de cozinha. ▶ Lava-louças.

la.var. [la'βar] [la'βar] *v.4.* **1.** Limpar uma coisa com água e, normalmente, com sabão. ▶ Lavar. **2.** Tirar um defeito ou mancha. ▶ Lavar. **3.** *fig.* Cancelar um descrédito.

la.va.to.rio. [laβa'torjo] [laβa'torjo] *m.* **1.** Ato de lavar ou lavar-se. ▶ Lavagem. **2.** *(Amér.)* Pia de banheiro. ▶ Lavatório.

la.va.va.ji.llas. [laβaβa'xiʎas] [laβaβa'xiʃas] *m.* Ver *lavaplatos*. ▶ Lava-louças.

la.xan.te. [la'ksante] [la'ksante] *m. Med.* Medicamento que serve para facilitar a evacuação. ▶ Laxante.

la.xo, xa. ['lakso] ['lakso] *adj.* Que não tem a tensão que deveria ter. ▶ Frouxo.

la.za.da. [la'θaða] [la'saða] *f.* Nó corredio que se desata com facilidade puxando uma das pontas da corda ou fita com que está feito. ▶ Laçada.

la.zar. [la'θar] [la'sar] *v.13.* **1.** Prender com laço. Atar. ▶ Laçar. **2.** Amarrar um animal. ▶ Laçar.

la.za.ri.llo. [laθa'riʎo] [lasa'riʃo] *m.* Pessoa ou cão que acompanha e serve de guia a um cego.

la.zo. ['laθo] ['laso] *m.* **1.** Corda com nó corredio para enlaçar bois, cavalos e outros animais. ▶ Laço. **2.** Adorno ou enfeite feito com fitas de cores. ▶ Laço. **3.** *fig.* União entre pessoas, como casamento, amizade. Enlace. ▶ Laço.

le. ['le] ['le] *pron.pess.* Corresponde à terceira pessoa do singular (*él, ella* e *usted*) e exerce função de objeto indireto. ▶ Lhe / Ao senhor / À senhora / A você. *No se acuerda de que le di las llaves.* Ele não se lembra de que eu lhe dei as chaves.

le.al. [le'al] [le'al] *adj.* Que dedica fidelidade no trato ou desempenho de um cargo. ▶ Leal.

le.al.tad. [leal'taθ] [leal'taθ] *f.* Comportamento da pessoa que é fiel e leal aos outros e com os compromissos que assume. ▶ Lealdade.

leasing. *m.* Forma contratual relacionada à renda que se tem de algo. Arrendamento. ▶ *Leasing.*

lec.ción. [lek'θjon] [lek'sjon] *f.* **1.** Parte de uma matéria que se ensina e se aprende de uma vez. ▶ Lição. **2.** Cada um dos capítulos em que está dividido um livro didático. ▶ Lição.

le.cha.da. [le'tʃaða] [le'tʃaða] *f.* Massa leve à base de cal para dar acabamento às paredes e outras superfícies nas construções. ▶ Reboco.

le.chal. [le'tʃal] [le'tʃal] *adj.* Que ainda mama. Filhote. ▶ Cria. *U.t.c.com.*

le.che. ['letʃe] ['letʃe] *f.* Líquido branco que as fêmeas dos mamíferos segregam pelas mamas para alimentar suas crias. ▶ Leite. ♦ **Leche descremada.** *Cul.* Leite desnatado. **Leche en polvo.** *Cul.* Leite em pó. **¡Qué mala leche!** Que má sorte! Que azar! **Tener mala leche.** Ter más intenções.

le.che.ra. [le'tʃera] [le'tʃera] *f.* Recipiente em que se transporta o leite. ▶ Leiteira.

le.che.rí.a. [letʃe'ria] [letʃe'ria] *f.* Local ou posto onde se vende leite. ▶ Leiteria.

le.che.ro, ra. [le'tʃero] [le'tʃero] *adj.* **1.** Diz-se de animal que produz leite. ▶ Leiteiro. **2.** Que tem as propriedades do leite. ▶ Lácteo. *s.* **3.** Vendedor de leite. ▶ Leiteiro.

le.cho. ['letʃo] ['letʃo] *m.* **1.** Cama para descansar e dormir. ▶ Leito. **2.** *Geol.* Cada uma das camadas, divisões ou níveis dos terrenos sedimentários. ▶ Leito. **3.** *fig. Geogr.* Lugar por onde um rio corre normalmente. ▶ Leito. ♦ **Lecho de muerte.** Leito de morte. **Lecho de rosas.** Mar de rosas.

le.chón, cho.na. [le'tʃon] [le'tʃon] *s. Zool.* **1.** Filhote de porco que ainda mama. ▶ Leitão, leitoa. **2.** Porco novo. ▶ Leitão, leitoa.

le.cho.so, sa. [le'tʃoso] [le'tʃoso] *adj.* Que tem as qualidades ou o aspecto do leite. Lácteo. ▸ Leitoso.

le.chu.ga. [le'tʃuɣa] [le'tʃuɣa] *f. Bot.* Planta hortense comestível. ▸ Alface. ◆ **Como una lechuga. Ser más fresco que una lechuga.** *fig.* e *fam.* Ser muito descarado. ➠ *Vegetales*

le.chu.gui.no. [letʃu'ɣino] [letʃu'ɣino] *m. fig.* Homem jovem que procura vestir-se muito bem e andar sempre na moda. ▸ Mauricinho.

le.chu.za. [le'tʃuθa] [le'tʃusa] *f. Zool.* Ave de rapina, noturna, que se alimenta de camundongos e insetos. ▸ Coruja.

lec.ti.vo, va. [lek'tiβo] [lek'tiβo] *adj.* Diz-se do período em que acontecem oficialmente as aulas nas escolas. ▸ Ano letivo.

lec.to.es.cri.tu.ra. [lektoeskri'tura] [lektoehkri'tura] *f.* **1.** Ensino realizado com enfoque na leitura e escrita, simultaneamente. **2.** Capacidade de ler e escrever.

lec.tor, to.ra. [lek'tor] [lek'tor] *adj.* Que lê. ▸ Leitor.

lec.tu.ra. [lek'tura] [lek'tura] *f.* **1.** Ato, arte ou hábito de ler. ▸ Leitura. **2.** Aquilo que se lê. ▸ Leitura.

le.er. [le'er] [le'er] *v.46.* Ver o que está escrito, com conhecimento das respectivas palavras e do significado do texto que elas compõem. ▸ Ler. ➠ *Recreación*

le.ga.ción. [leɣa'θjon] [leɣa'sjon] *f. Polít.* **1.** Cargo de uma pessoa que representa um governo ante outro governo estrangeiro. ▸ Delegação. **2.** Sede da Delegação. ▸ Delegação. **3.** Pessoal da Delegação. ▸ Delegação.

le.ga.do. [le'ɣaðo] [le'ɣaðo] *m.* **1.** *Polít.* Pessoa que tem a legação de um governo. ▸ Legado. **2.** *Dir.* Quantia ou bens deixados em testamento a uma pessoa que não é necessariamente herdeira. ▸ Herança. **3.** O que se transmite à posteridade. ▸ Legado.

le.ga.jo. [le'ɣaxo] [le'ɣaxo] *m.* Conjunto de documentos relativos a um assunto, processo ou matéria. ▸ Dossiê.

le.gal. [le'ɣal] [le'ɣal] *adj.* **1.** Prescrito por lei e conforme ela. ▸ Legal. **2.** Diz-se da pessoa fiel e correta no cumprimento de suas obrigações. ▸ Legal.

le.ga.li.dad. [leɣali'ðað] [leɣali'ðað] *f.* **1.** Qualidade do que é legal. ▸ Legalidade. **2.** *Polít.* Regime político estabelecido pela lei fundamental do Estado. ▸ Legalidade.

le.ga.li.za.ción. [leɣaliθa'θjon] [leɣalisa'sjon] *f.* **1.** Ato de legalizar. ▸ Legalização. **2.** Certificado que garante a autenticidade de um documento ou de uma firma. ▸ Legalização.

le.ga.li.zar. [leɣali'θar] [leɣali'sar] *v.13.* **1.** Tornar legal uma coisa. ▸ Legalizar. **2.** Legitimar e certificar a autenticidade de um documento ou de uma firma. ▸ Legalizar.

le.ga.ña. [le'ɣaɲa] [le'ɣaɲa] *f.* Secreção dos olhos que se acumula nas bordas das pálpebras. ▸ Remela.

le.ga.ño.so, sa. [leɣa'ɲoso] [leɣa'ɲoso] *adj.* Que tem remela. ▸ Remelento.

le.gar. [le'ɣar] [le'ɣar] *v.9.* **1.** *Dir.* Deixar uma pessoa a outra algum bem em seu testamento. ▸ Legar. **2.** Enviar uma pessoa como legado junto a um governo de outro país. ▸ Legar. **3.** Deixar uma civilização, um legado. ▸ Legar.

le.gen.da.rio. [lexen'darjo] [lexen'darjo] *adj.* Relativo a lendas. Lendário. ▸ Legendário. *m.* **2.** Livro de vidas de santos. ▸ Legendário.

le.gi.ble. [le'xiβle] [le'xiβle] *adj.* Que permite leitura. ▸ Legível.

le.gión. [le'xjon] [le'xjon] *f.* **1.** *Mil.* Corpo da antiga milícia romana. ▸ Legião. **2.** *Mil.* Corpo de tropa especial de alguns exércitos modernos. ▸ Legião. **3.** *fig.* Multidão de pessoas ou de qualquer coisa. ▸ Legião.

le.gio.na.rio, ria. [lexjo'narjo] [lexjo'narjo] *adj.* **1.** Pertencente ou relativo a uma legião. ▸ Legionário. **2.** *Mil.* Aplica-se ao soldado das legiões romanas ou das legiões dos exércitos atuais. ▸ Legionário. *U.t.c.m.*

le.gis.la.ción. [lexisla'θjon] [lexihla'sjon] *f.* **1.** Conjunto de leis de um estado, país ou nação. ▸ Legislação. **2.** Conjunto de leis que regem uma matéria determinada. ▸ Legislação.

le.gis.la.dor, do.ra. [lexisla'ðor] [lexihla'ðor] *adj.* **1.** Que legisla ou faz a lei. ▸ Legislador. *s.* **2.** Cada um dos membros das instituições legislativas de um país. ▸ Legislador.

le.gis.lar. [lexis'lar] [lexih'lar] *v.4.* Fazer ou estabelecer leis. ▸ Legislar.

le.gis.la.ti.vo, va. [lexisla'tiβo] [lexihla'tiβo] *adj.* Relativo ao direito, dever e faculdade de fazer ou reformar as leis. ▸ Legislativo.

le.gis.la.tu.ra. [lexisla'tuɾa] [lexihla'tuɾa] *f.* **1.** Período em que funcionam os corpos legislativos. ▸ Legislatura. **2.** Tempo durante o qual os legisladores exercem seus mandatos. ▸ Legislatura.

le.gi.ti.mar. [lexiti'maɾ] [lexiti'maɾ] *v.4.* **1.** Tornar legítimo. ▸ Legitimar. **2.** Reconhecer a autenticidade de uma coisa ou uma qualidade de alguém. ▸ Legitimar.

le.gí.ti.mo, ma. [le'xitimo] [le'xitimo] *adj.* **1.** Conforme às leis. ▸ Legítimo. **2.** Que é certo, genuíno, autêntico. ▸ Legítimo.

le.go, ga. [´leɣo] [´leɣo] *adj.* **1.** Que é estranho ou desconhece um assunto. ▸ Leigo. **2.** *Rel.* Que não segue nenhuma orientação religiosa. ▸ Leigo.

le.gua. [´leɣwa] [´leɣwa] *f.* Medida de longitude equivalente a pouco mais de 5.570 metros. ▸ Légua.

le.gum.bre. [le´ɣumbɾe] [le´ɣumbɾe] *f. Bot.* **1.** Fruto das plantas leguminosas. ▸ Legume. **2.** Fruto ou semente que se cria em vagem. ▸ Legume.

le.gu.mi.no.so, sa. [leɣumi´noso] [leɣumi´noso] *adj. Bot.* Diz-se de cada uma das plantas que se caracterizam por frutificarem em vagem. ▸ Leguminoso.

le.í.do, da. [le´iðo] [le´iðo] *adj.* Diz-se da pessoa que leu muito e é instruída, erudita. ▸ Lido.

le.ís.mo. [le´ismo] [le´ihmo] *m. Ling.* Na Espanha, uso dos pronomes de objeto indireto *le* e *les* em lugar dos pronomes de objeto direto *lo*, *los*, *la* ou *las*.

le.ja.ní.a. [lexa´nia] [lexa´nia] *f.* Parte remota ou distante de um lugar. ▸ Lonjura.

le.ja.no, na. [le´xano] [le´xano] *adj.* Que está longe no espaço ou no tempo. ▸ Longínquo.

le.jí.a. [le´xia] [le´xia] *f.* Água sanitária preparada com cloro. ▸ Lixívia.

le.jos. [´lexos] [´lexos] *adv.* Em lugar ou tempo distante ou remoto. ▸ Longe. ◆ **A lo lejos.** Ao longe. **De lejos.** De longe. **Ir demasiado lejos.** Ir longe demais. **Lejos de.** Longe de.

le.lo, la. [´lelo] [´lelo] *adj.* **1.** Simples e distraído ao extremo. ▸ Lesado. *U.t.c.s.* **2.** Tonto, biruta. ▸ Lelé.

le.ma. [´lema] [´lema] *m.* Norma que regula a conduta de alguém. ▸ Lema.

len.ce.rí.a. [lenθe´ria] [lense´ria] *f.* **1.** Roupa íntima feminina. ▸ Lingerie. **2.** Estabelecimento comercial onde se vende *lingerie*. ▸ Loja de *lingerie*.

len.gua. [´lengwa] [´lengwa] *f.* **1.** *Anat.* Músculo situado na cavidade da boca que serve para degustar, ajudar a engolir e articular os sons da voz. ▸ Língua. **2.** *Ling.* Sistema de comunicação próprio de uma comunidade ou nação. ▸ Língua. ◆ **Lengua de fuego.** Labareda. **Morderse la lengua.** Ficar calado. Morder a língua. **No tener pelos en la lengua.** Não ter papas na língua.

len.gua.do. [len´gwaðo] [len´gwaðo] *m. Zool.* Tipo de peixe. ▸ Linguado.

len.gua.je. [len´gwaxe] [len´gwaxe] *m.* **1.** *Ling.* Capacidade humana de produzir sentido mediante o emprego de palavras ou signos. ▸ Linguagem. **2.** *Ling.* A atividade derivada dessa capacidade. ▸ Linguagem. **3.** Sistema de signos não linguísticos. ▸ Linguagem.

len.gua.raz. [lengwa´raθ] [lengwa´ras] *adj.* **1.** Que é maledicente e fala demais. ▸ Linguarudo. *m.* **2.** Pessoa que fazia vez de intérprete entre indígenas e falantes de espanhol.

len.güe.ta.zo. [lengwe´taθo] [lengwe´taso] *m.* Ato de passar a língua por algum doce ou outro alimento. ▸ Lambida.

len.te. [´lente] [´lente] *amb.* **1.** Disco de material transparente que se utiliza em vários instrumentos ópticos. ▸ Lente. *m.pl.* **2.** Ver *gafas*. ▸ Óculos.

len.te.ja. [len´texa] [len´texa] *f. Bot.* Planta leguminosa de fruto comestível. ▸ Lentilha.
➡ *Vegetales*

len.te.jue.la. [lente´xwela] [lente´xwela] *f.* Pequena placa circular brilhante que se cose aos vestidos e outras roupas como enfeite. ▸ Lantejoula.

▫**len.ti.lla.** [len´tiʎa] [len´tiʃa] *f.* Pequena lente de material mole e transparente que se coloca diretamente sobre a córnea. ▸ Lente de contato.

len.ti.tud. [lenti´tuθ] [lenti´tuð] *f.* **1.** Qualidade de lento. ▸ Lentidão. **2.** Desenvolvimento vagaroso da execução ou do acontecer de algo. ▸ Lentidão.

len.to, ta. [´lento] [´lento] *adj.* Demorado, tardio e pausado no movimento e na ação. ▸ Lento. ◆ **A fuego lento.** *Cul.* Recomendação de cozimento para alguns alimentos. A temperatura moderada. ▸ Em fogo brando. **A paso lento.** Em marcha lenta.

le.ña. ['leɲa] ['leɲa] *f.* Parte das árvores que, cortada em pedaços, se utiliza como combustível. ▶ Lenha. ◆ **Añadir / Echar leña al fuego.** ▶ Botar lenha na fogueira. **Leña muerta.** Lenha seca e caída. **Leña viva.** Madeira cortada das árvores.

le.ña.dor, do.ra. [leɲa'ðor] [leɲa'ðor] *s.* Pessoa que corta e prepara a lenha para queimar. ▶ Lenhador.

le.ñe.ra. [le'ɲera] [le'ɲera] *f.* Lugar onde se guarda a lenha. ▶ Lenheira.

le.ño. ['leɲo] ['leɲo] *m.* Tronco de árvore cortado e sem ramos. ▶ Tora. ◆ **Dormir como un leño.** Dormir como uma pedra.

le.ño.so, sa. [le'ɲoso] [le'ɲoso] *adj.* Que tem a natureza, o aspecto e/ou a consistência da madeira. ▶ Lenhoso.

Le.o. ['leo] ['leo] *m. n.p.* **1.** O quinto signo zodiacal, representado por um leão. ▶ Leão. **2.** *Astr.* O nome da constelação que tem forma de leão. ▶ Leão.

le.ón, o.na. [le'on] [le'on] *s. Zool.* Animal mamífero, felino, carnívoro, de cabeça grande. ▶ Leão. ◆ **Diente de león.** Dente-de-leão. **León marino.** *Zool.* Mamífero que vive nos mares frios e tem as extremidades posteriores em forma de nadadeiras, para se locomover e nadar. ▶ Leão-marinho. ➡ *Reino animal*

le.o.par.do. [leo'parðo] [leo'parðo] *m. Zool.* Animal mamífero, carnívoro, de pele amarelada com manchas pretas. ▶ Leopardo. ➡ *Reino animal*

le.o.tar.do. [leo'tarðo] [leo'tarðo] *m.* **1.** Meia-calça de lã, que cobre desde a cintura até os pés, usada no inverno. ▶ Meia-calça. **2.** Roupa de malha elástica inteiriça e colante. ▶ *Collant.*

le.pra. ['lepra] ['lepra] *f. Med.* Doença crônica, infecciosa, que produz manchas na pele. Lepra. ▶ Hanseníase.

le.pro.so, sa. [le'proso] [le'proso] *adj. Med.* Que padece de lepra. Hanseniano. ▶ Leproso. *U.t.c.s.*

ler.do, da. ['lerðo] ['lerðo] *adj.* **1.** Lento e pesado nos movimentos. ▶ Lerdo. **2.** *fig.* Que leva mais tempo para compreender ou executar uma coisa. ▶ Lento.

les. ['les] ['les] *pron. pess.* Forma plural de *le.* ▶ Lhes / A vocês / Aos senhores / Às senhoras.

les.bia.na. [les'βjana] [leh'βjana] *f.* Mulher homossexual. ▶ Lésbica.

lés.bi.co, ca. ['lesβiko] ['lehβiko] *adj.* Pertencente ou relativo às lésbicas. ▶ Lésbico.

le.sión. [le'sjon] [le'sjon] *f.* **1.** *Med.* Dano físico causado por um golpe ou enfermidade. ▶ Lesão. **2.** Violação de um direito com prejuízo de alguém. ▶ Lesão.

le.sio.na.do, da. [lesjo'naðo] [lesjo'naðo] *adj.* Que sofreu um dano físico causado por uma ferida, golpe ou enfermidade. ▶ Lesado.

le.sio.nar. [lesjo'nar] [lesjo'nar] *v.4.* **1.** Causar lesão. Ferir. ▶ Lesar. **2.** *fig.* Prejudicar o crédito ou a reputação de alguém. ▶ Lesar.

le.si.vo, va. [le'siβo] [le'siβo] *adj.* Que causa ou pode causar lesão, dano ou prejuízo. ▶ Lesivo.

le.so, sa. ['leso] ['leso] *adj.* **1.** Que recebeu ofensa ou sofreu dano. Lesado. ▶ Leso. **2.** De mente transtornada. ▶ Lesado.

le.tal. [le'tal] [le'tal] *adj.* Que produz a morte. Mortífero. ▶ Letal.

le.ta.ní.a. [leta'nia] [leta'nia] *f.* **1.** *Rel.* Oração formada por uma série de súplicas consecutivas. ▶ Ladainha. **2.** *fig.* e *fam.* Lista ou relação cansativa de nomes ou assuntos. ▶ Ladainha.

le.tar.go. [le'tarɣo] [le'tarɣo] *m.* Sono prolongado, apatia e desânimo. ▶ Letargia.

le.tra. ['letra] ['letra] *f. Ling.* **1.** Cada um dos signos gráficos com que se representam os sons de uma língua. ▶ Letra. **2.** Forma de traçar os signos escritos própria de uma pessoa, época ou lugar. ▶ Letra. **3.** *Mús.* Conjunto de palavras composto para ser cantado. ▶ Letra. *pl.* **4.** Área de conhecimento que abrange a Linguística e os estudos literários. ▶ Letras. ◆ **Al pie de la letra.** Ao pé da letra. **Atarse a la letra.** Interpretar um texto segundo o significado denotativo das palavras. **Letra de imprenta / molde.** A que se escreve à mão em maiúscula e de forma clara. ▶ Letra bastão / de forma. **Letra por letra.** Sem tirar nem pôr. Tintim por tintim.

le.tra.do, da. [le'traðo] [le'traðo] *adj.* **1.** Diz-se da pessoa instruída, erudita. ▶ Letrado. *s.* **2.** Formado em Direito. ▶ Advogado.

le.tre.ro. [le'trero] [le'trero] *m.* **1.** Palavra ou conjunto de palavras escritas em uma placa para advertir ou notificar uma coisa. ▶ Letreiro. **2.** Texto, inserido em imagens de vídeos ou filmes, cujo idioma é diferente daquele que traz o vídeo ou o filme. ▶ Legenda.

leu.ce.mia. [leu̯'θemja] [leu̯'semja] *f. Med.* Doença caracterizada por grande aumento do número de leucócitos no sangue. ▶ Leucemia.

leu.co.ci.to. [leu̯ko'θito] [leu̯ko'sito] *m. Biol.* Glóbulo branco do sangue que protege o organismo contra processos infecciosos. ▶ Leucócito.

le.va.du.ra. [leβa'ðura] [leβa'ðura] *f. Quím.* Substância constituída por micro-organismos que fazem fermentar o corpo com o qual se mistura. ▶ Levedura.

le.van.ta.mien.to. [leβanta'mjento] [leβanta'mjento] *m.* Insurreição popular. Sublevação. ▶ Revolta.

le.van.tar. [leβan'tar] [leβan'tar] *v.4.* **1.** Deslocar uma coisa para cima. ▶ Suspender. **2.** Pôr(-se) em pé a pessoa que está sentada ou deitada. ▶ Levantar. **3.** Erguer a cabeça e olhar para o alto. ▶ Levantar. **4.** Fabricar algo do ponto inicial. Construir, edificar. ▶ Levantar.

le.van.te. [le'βante] [le'βante] *m.* **1.** Ponto por onde começa a aparecer o Sol. Nascente. ▶ Oriente. **2.** Países do Mediterrâneo oriental. ▶ Levante. **3.** Ver *levantamiento*. ▶ Revolta.

❑ **le.var.** [le'βar] [le'βar] *v.4. Mar.* Recolher a âncora do navio. ▶ Içar.

le.ve. ['leβe] ['leβe] *adj.* **1.** De pouco peso. ▶ Leve. **2.** De pouca importância, que não é grave. ▶ Leve.

le.vi.tar. [leβi'tar] [leβi'tar] *v.4.* Flutuar no espaço sem interferência de agentes físicos conhecidos. ▶ Levitar.

lé.xi.co, ca. ['leksiko] ['leksiko] *adj. Ling.* **1.** Relativo ao vocabulário de uma língua. ▶ Léxico. *m.* **2.** Vocabulário próprio de um povo, de um grupo social, de determinada atividade, etc. ▶ Léxico.

le.xi.co.gra.fí.a. [leksikoɣra'fia] [leksikoɣra'fia] *f. Ling.* Teoria e técnica de compor dicionários. ▶ Lexicografia.

le.xi.co.grá.fi.co, ca. [leksiko'ɣrafiko] [leksiko'ɣrafiko] *adj. Ling.* Pertencente ou relativo à lexicografia. ▶ Lexicográfico.

le.xi.có.gra.fo, fa. [leksi'koɣrafo] [leksi'koɣrafo] *s. Ling.* Pessoa com conhecimentos e experiência em lexicografia. ▶ Lexicógrafo.

ley. ['lej] ['lej] *f.* Preceito aprovado pelo Poder Legislativo que rege as relações dos cidadãos entre si e dos cidadãos com o Estado. ▶ Lei. ◆ **Decreto ley.** *Dir.* Dispositivo legal com força de lei que promulga o Poder Executivo em determinadas circunstâncias. ▶ Decreto-lei.

le.yen.da. [le'jenda] [le'ʃenda] *f.* **1.** Narração popular de caráter fantástico que se propõe a explicar a origem de algo. ▶ Lenda. **2.** Texto explicativo que acompanha um quadro, foto, figura, etc. ▶ Legenda.

lia.na. ['ljana] ['ljana] *f. Bot.* Planta que cresce apoiando-se nas árvores até chegar à copa. ▶ Cipó.

liar. ['ljar] ['ljar] *v.4.* **1.** Amarrar com cordas. Ligar. Liar. ▶ Atar. **2.** Empacotar uma coisa envolvendo-a com papéis. ▶ Embrulhar. **3.** *fig.* e *fam.* Envolver uma pessoa em um assunto complicado. ▶ Enrolar. **4.** Ter envolvimento emocional superficial e passageiro, especialmente de poucas horas. ▶ Ficar.

li.bé.lu.la. [li'βelula] [li'βelula] *f. Zool.* Inseto de corpo e asas alongadas. ▶ Libélula.

li.be.ra.ción. [liβera'θjon] [liβera'sjon] *f.* **1.** Ato de pôr em liberdade. ▶ Liberação. **2.** Documento que prova que uma obrigação ou condição foi cumprida. ▶ Quitação.

li.be.ral. [liβe'ral] [liβe'ral] *adj.* **1.** Que procede com generosidade e franqueza. ▶ Liberal. **2.** *Polít.* Favorável à liberdade e independência dos cidadãos em suas ideias políticas e religiosas. ▶ Liberal.

li.be.ra.li.dad. [liβerali'ðaθ] [liβerali'ðað] *f.* Virtude de dar sem esperar retribuição. Liberalidade. ▶ Altruísmo.

li.be.ra.lis.mo. [liβera'lismo] [liβera'lihmo] *m. Polít.* Doutrina política que consiste em deixar o mercado regular à economia. ▶ Liberalismo.

li.be.rar. [liβe'rar] [liβe'raɾ] *v.4.* **1.** Pôr em liberdade, tornar livre. ▶ Liberar. **2.** Desobrigar alguém de um compromisso. ▶ Liberar.

li.ber.tad. [liβer'taθ] [liβer'tað] *f.* **1.** Estado de quem é livre, sem coerção. ▶ Liberdade. **2.** Autonomia de ação. ▶ Liberdade. ◆ **Libertad condicional.** Benefício que se concede àqueles que cumprem pena. ▶ Liberdade condicional. *El ladrón salió de la cárcel en libertad condicional.* O ladrão saiu da prisão em liberdade condicional. **Libertad de prensa.** Faculdade de imprimir e divulgar notícias, opiniões, comentários, etc. ▶ Liberdade de imprensa.

li.ber.ta.dor, do.ra. [liβerta'ðor] [liβerta'ðor] *adj.* **1.** Que põe em liberdade ou solta aquele que está amarrado, preso ou de alguma forma subjugado fisicamente. ▶ Libertador. *m.* **2.** *Hist.* Na América, denominação dada aos heróis da Independência, como José de San Martín, entre outros.

li.ber.tar. [liβer'tar] [liβer'tar] *v.4.* Tornar livre, pôr em liberdade quem está preso ou atado. ▶ Libertar.

li.ber.ta.rio, ria. [liβerˈtarjo] [liβerˈtarjo] *adj. Polít.* Que pretende a liberdade. ▸ Libertário.

li.ber.ti.na.je. [liβertiˈnaxe] [liβertiˈnaxe] *m.* Ação própria de libertino. ▸ Libertinagem.

li.ber.ti.no, na. [liβerˈtino] [liβerˈtino] *adj.* Termo figurativo com que se censura aquele que não observa normas morais vigentes. ▸ Libertino. *U.t.c.s.*

li.bi.di.no.so, sa. [liβiðiˈnoso] [liβiðiˈnoso] *adj.* Que tem muita sensualidade. ▸ Libidinoso.

li.bi.do. [liˈβiðo] [liˈβiðo] *f.* Desejo sexual. ▸ Libido.

li.bra. [ˈliβra] [ˈliβra] *f.* **1.** *Fin.* Moeda do Reino Unido da Grã-Bretanha, da Irlanda do Norte e de outros países. ▸ Libra. **2.** Medida de capacidade e de peso. ▸ Libra. **3.** *n.p.* O sétimo signo zodiacal (neste caso, com maiúscula). ▸ Libra.

li.bra.mien.to. [liβraˈmjento] [liβraˈmjento] *m.* **1.** Ato ou efeito de liberar. ▸ Liberação. **2.** *Fin.* Liberação ou ordem escrita de pagamento. ▸ Liberação.

li.brar. [liˈβrar] [liˈβrar] *v.4.* **1.** Salvar alguém de um mal ou perigo. ▸ Livrar. **2.** *Fin.* Emitir ordem de pagamento. ▸ Liberar.

li.bre. [ˈliβre] [ˈliβre] *adj.* **1.** Que pode dispor de si. ▸ Livre. **2.** Diz-se do espaço ou lugar que não está ocupado. ▸ Livre. **3.** Relativo ao tempo que uma pessoa tem para fazer o que quiser. ▸ Livre. ♦ **Al aire libre.** Ao ar livre, a céu aberto. **Libre de.** Sem qualquer impedimento ou embaraço algum. Isento de. ▸ Livre de.

li.bre.cam.bio. [liβreˈkambjo] [liβreˈkambjo] *m. Fin.* Permuta de dinheiro ou mercadorias, entre duas nações, sem impostos de aduana. Forma econômica que permite a livre comercialização. ▸ Livre-câmbio.

li.bre.rí.a. [liβreˈria] [liβreˈria] *f.* **1.** Estabelecimento comercial onde se vendem livros. ▸ Livraria. **2.** Móvel com prateleiras onde se colocam livros. ▸ Estante.

li.bre.ro, ra. [liˈβrero] [liˈβrero] *s.* Pessoa que vende livros. ▸ Livreiro.

li.bre.ta. [liˈβreta] [liˈβreta] *f.* Pequeno caderno onde se fazem anotações ou contas. ▸ Livreto. ♦ **Libreta de ahorros.** *Fin.* Caderneta de poupança.

li.bro. [ˈliβro] [ˈliβro] *m.* Organização em volume de folhas impressas ou manuscritas. ▸ Livro. ♦ **Libro electrónico.** Versão digitalizada de um livro impresso. ▸ Livro eletrônico.
➡ *En el aula*

li.cen.cia. [liˈθenθja] [liˈsensja] *f.* **1.** Faculdade ou permissão para fazer alguma coisa. ▸ Licença. **2.** Documento que atesta uma permissão. ▸ Licença.

li.cen.cia.do, da. [liθenˈθjaðo] [lisenˈsjaðo] *s.* Pessoa que obteve grau de ensino superior em uma universidade. Bacharel. ▸ Licenciado.

li.cen.ciar. [liθenˈθjar] [lisenˈsjar] *v.4.* **1.** Conferir o grau de licenciado. ▸ Licenciar. **2.** Dar permissão ou licença. ▸ Licenciar.

li.cen.cia.tu.ra. [liθenθjaˈtura] [lisensjaˈtura] *f.* **1.** Grau de licenciado. ▸ Licenciatura. **2.** Ato de receber o grau de licenciado. ▸ Licenciatura. **3.** Curso universitário que é necessário seguir para alcançar esse grau. ▸ Licenciatura.

li.cen.cio.so, sa. [liθenˈθjoso] [lisenˈsjoso] *adj.* Ver *libertino*. Libertino. ▸ Libertino.

li.ce.o. [liˈθeo] [liˈseo] *m.* **1.** Estabelecimento de ensino de grau secundário. ▸ Liceu. **2.** Nome que usam algumas sociedades literárias ou artísticas. ▸ Liceu.

li.ci.ta.ción. [liθitaˈθjon] [lisitaˈsjon] *f. Dir.* Ato ou efeito de licitar. ▸ Licitação.

li.ci.tar. [liθiˈtar] [lisiˈtar] *v.4.* Oferecer preço por alguma coisa em leilão. ▸ Licitar.

lí.ci.to, ta. [ˈliθito] [ˈlisito] *adj.* Que é justo e permitido por lei. ▸ Lícito.

li.cor. [liˈkor] [liˈkor] *m.* Bebida destilada feita com água, álcool, açúcar e essências aromáticas. ▸ Licor.

li.co.re.ra. [likoˈrera] [likoˈrera] *f.* Utensílio de mesa onde se colocam as garrafas e os copos para licor. ▸ Licoreiro.

li.cua.ción. [likwaˈθjon] [likwaˈsjon] *f. Quím.* Ato de passar um corpo para estado líquido. ▸ Liquefação.

li.cua.do. [liˈkwaðo] [liˈkwaðo] *adj.* Tipo de bebida à base de frutas. ▸ Vitamina.

li.cua.do.ra. [likwaˈðora] [likwaˈðora] *f.* Aparelho elétrico para liquefazer frutas e outros alimentos. ▸ Liquidificador.

li.cuar. [liˈkwar] [liˈkwar] *v.4.* Tornar líquida uma coisa sólida ou gasosa. ▸ Liquefazer.

lid. [ˈlið] [ˈlið] *f.* **1.** *Dir.* Questão judicial. ▸ Lide. **2.** Ato de combater ou pelejar. ▸ Lide.

lí.der. [ˈliðer] [ˈliðer] *com.* **1.** Chefe ou condutor de um grupo ou coletividade de pessoas. ▸ Líder. **2.** *Desp.* Esportista que está em primeiro lugar em uma competição. ▸ Líder.

li.de.raz.go. [liðe'rahɣo] [liðe'rahʝo] *m.* **1.** Condição de superioridade de empresa, produto ou setor econômico com relação àqueles com os quais compete. ▸ Liderança. **2.** Condição de líder. ▸ Liderança.

li.diar. [li'ðjar] [li'ðjar] *v.4.* **1.** Lutar com o touro. ▸ Tourear. **2.** Ação que envolve disputa física. ▸ Brigar.

lie.bre. ['ljeβre] ['ljeβre] *f. Zool.* Coelho selvagem. ▸ Lebre. ◆ **Levantar la liebre.** Deixar transparecer algo que se mantinha oculto. ▸ Dar bandeira. Levantar a lebre.
➥ Reino animal

lien.zo. ['ljenθo] ['ljenso] *m.* **1.** Tecido que se fabrica com linho, cânhamo ou algodão. ▸ Lenço. **2.** Tecido sobre o qual se faz um quadro. ▸ Tela.

li.ga. ['liɣa] ['liɣa] *f.* **1.** Fita elástica para segurar as meias. ▸ Liga. **2.** Aliança entre dois ou mais países que têm um objetivo comum. ▸ Liga. **3.** *Desp.* Competição esportiva em que as equipes devem jogar entre si. ▸ Liga.

li.ga.du.ra. [liɣa'ðura] [liɣa'ðura] *f.* **1.** Venda ou liga que mantém uma coisa unida a outra. ▸ Ligadura. **2.** *Med.* Amarração de vasos ou órgãos com sutura. ▸ Ligadura.

li.ga.men.to. [liɣa'mento] [liɣa'mento] *m.* **1.** Ato ou efeito de ligar. ▸ Ligamento. *Anat.* **2.** Faixa de tecido fibroso que interliga ossos articulados ou suporta vísceras. ▸ Ligamento.

li.ga.mien.to. [liɣa'mjento] [liɣa'mjento] *m.* **1.** Ato ou efeito de juntar uma coisa com outra. ▸ Ligação. **2.** União e conformidade entre pessoas em relação a uma coisa sobre a qual têm a mesma opinião. ▸ Ligação.

li.gar. [li'ɣar] [li'ɣar] *v.9.* **1.** Enlaçar, unir uma coisa com outra. ▸ Ligar. *Llegamos a una conclusión ligando las informaciones que nos daban.* Chegamos a uma conclusão ligando as informações que nos davam. **2.** ❏ *fig.* e *fam.* Ter um envolvimento amoroso passageiro. ▸ Ficar.

li.ga.zón. [liɣa'θon] [liɣa'son] *f.* União, enlace de uma coisa com outra. ▸ Ligação.

li.ge.ra.men.te. [lixera'mente] [lixera'mente] *adv.* **1.** Que ocorre com agilidade, rapidez. ▸ Rapidamente. **2.** Com leveza ou pouca intensidade. ▸ Ligeiramente.

li.ge.re.za. [lixe'reθa] [lixe'resa] *f.* **1.** Pouco peso de uma coisa. ▸ Leveza. **2.** Fato ou dito leviano, pouco meditado. ▸ Ligeireza.

li.ge.ro, ra. [li'xero] [li'xero] *adj.* **1.** ❏ De pouco peso. ▸ Leve. **2.** Que se movimenta com rapidez e agilidade. ▸ Ligeiro. **3.** Diz-se de cavalo de sela ágil. ▸ Ligeiro. ◆ **A la ligera.** Rápido e sem pensar.

li.ja. ['lixa] ['lixa] *f.* Papel com areia fina de vidro aderida para polir paredes, madeiras ou metais. ▸ Lixa. ◆ **Papel de lija.** Lixa.

li.jar. [li'xar] [li'xar] *v.4.* Polir ou limpar com lixa. ▸ Lixar.

li.la. ['lila] ['lila] *f.* **1.** *Bot.* Arbusto que dá flores de cor violeta e cheiro muito agradável. ▸ Lilás. **2.** *Bot.* A flor desse arbusto. ▸ Lilás. **3.** O perfume que se extrai da flor. ▸ Lilás. **4.** A cor dessa flor. ▸ Lilás.

li.ma. ['lima] ['lima] *f.* **1.** Ferramenta de aço que serve para raspar, polir ou desbastar metais e outras matérias duras. ▸ Lima. **2.** *Bot.* Fruto da limeira. ▸ Lima. ➥ Frutas

li.ma.du.ra. [lima'ðura] [lima'ðura] *f.* Pó ou partículas que se arrancam de um metal ao ser limado. ▸ Limalha.

li.mar. [li'mar] [li'mar] *v.4.* Desgastar ou polir com lima. ▸ Limar.

lim.bo. ['limbo] ['limbo] *m. Rel.* Lugar para onde, segundo a doutrina cristã, vão as almas dos que, antes de ter uso da razão, morrem sem estar batizados. ▸ Limbo.

li.mi.ta.ción. [limita'θjon] [limita'sjon] *f.* Ato de limitar(-se). Restrição. ▸ Limitação.

li.mi.ta.do, da. [limi'taðo] [limi'taðo] *adj.* **1.** Que tem limites. ▸ Limitado. **2.** Restrito a algo determinado. ▸ Limitado. **3.** *fig.* Diz-se da pessoa de pouca inteligência. ▸ Limitado.

li.mi.tar. [limi'tar] [limi'tar] *v.4.* **1.** Pôr limites a uma coisa. Demarcar. ▸ Limitar. **2.** Reduzir a determinadas proporções. ▸ Limitar.

lí.mi.te. ['limite] ['limite] *m.* **1.** Término, linha de demarcação, fronteira entre dois países, estados, municípios e outras divisões territoriais. ▸ Limite. **2.** Ponto máximo ao que se pode chegar. ▸ Limite.

li.mí.tro.fe. [li'mitrofe] [li'mitrofe] *adj.* Contíguo à fronteira de uma região. ▸ Limítrofe.

li.mo. ['limo] ['limo] *m.* Película verde que se forma onde há água parada. ▸ Limo.

li.món. [li'mon] [li'mon] *m. Bot.* Fruto do limoeiro. ▸ Limão. ➥ Frutas

li.mo.na.da. [limo'naða] [limo'naða] *f.* Bebida preparada com suco de limão, água e açúcar. ▸ Limonada.

li.mo.ne.ro. [limo'nero] [limo'nero] *m. Bot.* Árvore que produz o limão. ▸ Limoeiro.

li.mos.na. [li'mosna] [li'mohna] *f.* **1.** Contribuição que se dá a uma instituição beneficente. ▸ Donativo. **2.** Pequena quantia que se dá a pessoas que pedem em locais públicos. ▸ Esmola.

li.mos.ne.ro, ra. [limos'nero] [limoh'nero] *adj.* **1.** Que dá esmolas. ▸ Esmoleiro. *s.* **2.** Que pede esmola. Pedinte. ▸ Mendigo.

lim.pia. ['limpja] ['limpja] *f.* Ato ou efeito de limpar. ▸ Limpeza.

lim.pia.bo.tas. [limpja'βotas] [limpja'βotas] *com.* Pessoa que tem por ofício limpar e lustrar botas e sapatos. ▸ Engraxate.

lim.pia.cris.ta.les. [limpjakris'tales] [limpjakrih'tales] *com.* Lavador de janelas. ▸ Limpa-vidros.

lim.pia.dor, do.ra. [limpja'ðor] [limpja'ðor] *adj.* Que limpa. ▸ Limpador.

lim.pia.pa.ra.bri.sas. [limpjapara'βrisas] [limpjapara'βrisas] *m.* Mecanismo que se adapta à parte exterior do para-brisa para limpá-lo. ▸ Limpador de para-brisa.

lim.piar. [lim'pjar] [lim'pjar] *v.4. p.p. limpiado.* **1.** Tirar a sujeira, fazer faxina. ▸ Limpar. **2.** *fig.* Deixar os outros sem dinheiro roubando, furtando ou ganhando no jogo. ▸ Limpar.

lim.pie.za. [lim'pjeθa] [lim'pjesa] *f.* **1.** Qualidade do que é limpo, asseado. ▸ Limpeza. **2.** Ato ou efeito de limpar. ▸ Limpeza. **3.** *fig.* Honestidade nos negócios. ▸ Limpeza. ◆ **Hacer la limpieza.** Fazer faxina. **Limpieza en seco.** Processo de limpeza sem utilização de água em tecidos ou roupas. ▸ Lavagem a seco.

lim.pio, pia. ['limpjo] ['limpjo] *adj.* **1.** Que não tem ou não apresenta sujeira. ▸ Limpo. **2.** Que tem o hábito de assear-se. ▸ Limpo. **3.** Que não tem mistura. Puro. ▸ Limpo. ◆ **Escribir / Pasar / Poner en limpio.** ▸ Passar a limpo. **Sacar en limpio.** Tirar a limpo.

li.mu.si.na. [limu'sina] [limu'sina] *f.* Automóvel de luxo, fechado e muito grande. ▸ Limusine.

li.na.je. [li'naxe] [li'naxe] *m.* **1.** Ascendência e descendência de qualquer família. ▸ Linhagem. **2.** Classe ou condição de uma coisa. ▸ Linhagem.

li.na.za. [li'naθa] [li'nasa] *f. Bot.* Semente do linho. ▸ Linhaça.

lin.ce. ['linθe] ['linse] *m. Zool.* Mamífero carnívoro que vive principalmente no centro e no norte da Europa. ▸ Lince. ➠ *Reino Animal*

lin.cha.mien.to. [lintʃa'mjento] [lintʃa'mjento] *m.* Ação conjunta de um grupo numeroso de pessoas, com o objetivo de matar o suspeito de um crime. ▸ Linchamento.

lin.char. [lin'tʃar] [lin'tʃar] *v.4.* Matar, entre vários, uma ou mais pessoas suspeitas de ter cometido um crime. ▸ Linchar.

lin.dar. [lin'dar] [lin'dar] *v.4.* Estar contíguos dois terrenos, territórios ou fazendas. ▸ Lindar.

lin.de. ['linde] ['linde] *amb.* **1.** Linha real ou imaginária que separa territórios. ▸ Limite. **2.** Término ou fim de algo. ▸ Limite.

lin.de.ro, ra. [lin'dero] [lin'dero] *adj.* Que é limítrofe a uma região ou fronteira. ▸ Fronteiriço.

lin.do, da. ['lindo] ['lindo] *adj.* Que tem formosura, beleza. Agradável à vista. ▸ Lindo. ◆ **De lo lindo.** Maravilhosamente. ▸ Ao máximo. *La fiesta de Manuel fue formidable, nos divertimos de lo lindo.* A festa de Manuel foi formidável, nos divertimos a valer.

lí.ne.a. ['linea] ['linea] *f.* **1.** *Geom.* Traço comprido sobre uma superfície. ▸ Linha. **2.** Serviço regular de transporte terrestre, marítimo ou aéreo. ▸ Linha. ◆ **En / De primera línea.** Da melhor qualidade. **En Línea.** *adj. Inform.* Estado que indica a conexão a uma rede. ▸ On-line.

li.ne.al. [line'al] [line'al] *adj.* **1.** Relativo a linhas. ▸ Linear. **2.** Semelhante a uma linha. ▸ Linear.

lin.fa. ['linfa] ['linfa] *f. Biol.* Parte do plasma sanguíneo, importante por seu desempenho no sistema imunológico. ▸ Linfa.

lin.fá.ti.co, ca. [lin'fatiko] [lin'fatiko] *adj. Biol.* **1.** Pertencente ou relativo à linfa ou aos linfócitos. ▸ Linfático. **2.** Em que predomina a linfa. ▸ Linfático.

lin.güis.ta. [lin'gwista] [lin'gwihta] *com. Ling.* Pessoa versada em Linguística. ▸ Linguista.

lin.güís.ti.ca. [liŋ'gwistika] [liŋ'gwihtika] *f. Ling.* Ciência que estuda a linguagem. ▸ Linguística.

lin.güís.ti.co, ca. [lin'gwistiko] [lin'gwihtiko] *adj. Ling.* Pertencente ou relativo à linguística e à linguagem. ▸ Linguístico.

li.ni.men.to. [lini'mento] [lini'mento] *m. Med.* Medicamento para fricções preparado com óleos balsâmicos. ▸ Linimento.

link. *m. Inform.* Atalho pelo qual se é direcionado a outro documento ou página eletrônica. Ligação. ▶ *Link*.

li.no. ['lino] ['lino] *m. Bot.* Planta da qual se obtém uma fibra têxtil com que se fazem tecidos finos. ▶ Linho.

lin.ter.na. [lin'terna] [lin'terna] *f.* Aparelho elétrico portátil que serve para projetar luz. ▶ Lanterna.

lí.o. ['lio] ['lio] *m.* **1.** Trouxa de roupas ou outras coisas amarradas. ▶ Trouxa. **2.** *fig.* Confusão, barulho e desordem que ninguém entende. ▶ Confusão. ♦ **Hacerse un lío.** Atrapalhar-se.

lio.so, sa. ['ljoso] ['ljoso] *adj.* Diz-se de pessoa intrigante, que procura complicar a vida dos outros. Mexeriqueiro. ▶ Intrigante.

li.po.suc.ción. [liposuk'θjon] [liposuk'sjon] *f. Med.* Processo clínico realizado para a retirada de gordura corporal. ▶ Lipoaspiração.

li.quen. ['liken] ['liken] *m. Bot.* Corpo resultante da associação simbiótica de cogumelos com algas. ▶ Líquen.

li.qui.da.ción. [likiða'θjon] [likiða'sjon] *f.* Venda de mercadorias, por preço inferior ao do mercado, que faz um estabelecimento comercial. ▶ Liquidação.

li.qui.dar. [liki'ðar] [liki'ðar] *v.4.* **1.** Vender mercadorias em um estabelecimento comercial por preço inferior ao já praticado. ▶ Liquidar. **2.** Dar fim, término. Encerrar. ▶ Liquidar. **3.** *fig.* Pagar totalmente uma conta. Saldar. ▶ Liquidar.

lí.qui.do, da. ['likiðo] ['likiðo] *adj.* **1.** Diz-se do corpo que toma a forma do recipiente que o contém, como o vinho, a água, o mercúrio. ▶ Líquido. **2.** *Fin.* Diz-se de quantia em dinheiro livre de ônus e outros encargos. ▶ Líquido.

li.ra. ['lira] ['lira] *f. Mús.* **1.** Antigo instrumento musical de cordas que se tocava com os dedos de ambas as mãos. ▶ Lira. **2.** Moeda oficial da Itália e outros países, hoje substituída pelo euro. ▶ Lira.

lí.ri.ca. ['lirika] ['lirika] *f. Lit.* Gênero literário sentimental que se expressa em poemas líricos. ▶ Lírica.

lí.ri.co, ca. ['liriko] ['liriko] *adj.* **1.** *Lit.* e *Mús.* Relativo à lira ou à sua música, à poesia ou à lírica. ▶ Lírico. **2.** *Teat.* e *Mús.* Diz-se das obras musicais de teatro. ▶ Lírico. **3.** Relativo à ópera. ▶ Lírico.

li.rio. ['lirjo] ['lirjo] *m. Bot.* Gênero de plantas de flores muito aromáticas. ▶ Lírio.

li.ris.mo. [li'rismo] [li'rihmo] *m. Lit.* **1.** Qualidade de lírico. ▶ Lirismo. **2.** *Lit.* Pertencente ou relativo às características da poesia lírica. ▶ Lirismo.

li.so, sa. ['liso] ['liso] *adj.* **1.** Diz-se de superfície que não apresenta asperezas, realces ou rugas. ▶ Liso. **2.** Diz-se do tecido que tem só uma cor. ▶ Liso. ♦ **Liso y llano.** Simples e fácil.

li.son.ja. [li'sonxa] [li'sonxa] *f.* Louvor ou agrado por interesse. Lisonja. ▶ Bajulação.

li.son.je.ar. [lisonxe'ar] [lisonxe'ar] *v.4.* **1.** Procurar agradar com lisonjas. ▶ Lisonjear. **2.** *fig.* Causar deleite. Agradar. ▶ Lisonjear.

li.son.je.ro, ra. [lison'xero] [lison'xero] *adj.* **1.** Que lisonjeia, agrada ou satisfaz o orgulho. ▶ Lisonjeiro. **2.** *fig.* Que causa deleite. Aprazível. ▶ Lisonjeiro.

lis.ta. ['lista] ['lihta] *f.* **1.** Tira comprida e estreita de papel, tela, couro ou similar. Fita. ▶ Lista. **2.** Enumeração metódica de pessoas, coisas, quantias, etc. ▶ Lista. **3.** Risca que se faz em tecido, papel ou outra coisa. ▶ Listra.

lis.ta.do. [lis'taðo] [lih'taðo] *adj.* **1.** Que forma ou tem listas ou listras. ▶ Listrado. *m.* **2.** Enumeração de coisas ou pessoas. Lista. ▶ Listagem.

lis.tín. [lis'tin] [lih'tin] *m.* Publicação com o nome, endereço e número de telefone dos assinantes do serviço telefônico. ▶ Lista telefônica.

lis.to, ta. ['listo] ['lihto] *adj.* **1.** Diligente e sagaz. ▶ Esperto. **2.** Preparado, disposto para fazer uma coisa. Esperto. ▶ Pronto. **3.** Que está terminado. ▶ Pronto. ♦ **¡Listo!** Pronto! **Pasarse de listo.** Considerar-se muito esperto. ▶ Dar uma de esperto.

lis.tón. [lis'ton] [lih'ton] *m.* **1.** Tira larga de madeira de seção quadrada. ▶ Sarrafo. **2.** Fita estreita de seda. ▶ Fita.

li.te.ra. [li'tera] [li'tera] *f.* **1.** Cama estreita que se usa nos navios e nos trens. ▶ Liteira. **2.** Cada um dos leitos de um trem. ▶ Liteira. **3.** O móvel formado por leitos sobrepostos. ▶ Beliche. **4.** Espécie de cadeira coberta, sustentada por dois varais e conduzida por homens ou cavalarias. ▶ Liteira.

li.te.ral. [lite'ral] [lite'ral] *adj. Ling.* **1.** Conforme à letra ou ao sentido exato do texto. ▶ Literal. **2.** Aplica-se às traduções nas quais se vertem, dentro do possível, as palavras do original. ▶ Literal.

li.te.ra.rio, ria. [lite'rarjo] [lite'rarjo] *adj. Ling.* e *Lit.* Relativo à literatura ou às letras. ▸ Literário.

li.te.ra.to, ta. [lite'rato] [lite'rato] *s. Lit.* **1.** Pessoa que aprecia algum gênero de literatura. ▸ Literato. **2.** Pessoa versada em literatura. ▸ Literato. **3.** Profissional das Letras. ▸ Literato.

li.te.ra.tu.ra. [litera'tura] [litera'tura] *f. Lit.* **1.** Conjunto das produções literárias de uma nação, de uma época ou de um gênero. ▸ Literatura. **2.** Teoria das composições literárias. ▸ Literatura.

li.ti.gio. [li'titxjo] [li'titxjo] *m.* **1.** *Dir.* Disputa em juízo. ▸ Litígio. **2.** Ato ou efeito de disputar. ▸ Litígio.

li.to.gra.fi.a. [litoɣra'fia] [litoɣra'fia] *f.* Arte de desenhar ou gravar em pedra. ▸ Litografia.

li.to.ral. [lito'ral] [lito'ral] *adj. Geogr.* **1.** Relativo à beira-mar. Litorâneo. ▸ Litoral. *m.* **2.** Costa, terreno banhado pelo mar ou situado à beira-mar. ▸ Litoral.

li.tos.fe.ra. [litos'fera] [litoh'fera] *f. Geol.* A parte sólida da camada externa do globo terrestre. ▸ Litosfera.

li.tro. ['litro] ['litro] *m.* Unidade de capacidade do sistema métrico decimal que equivale ao conteúdo de um decímetro cúbico. ▸ Litro.

li.tur.gia. [li'turxja] [li'turxja] *f.* Ordem e forma em que se celebram os ofícios e ritos religiosos. ▸ Liturgia.

li.via.no, na. [li'βjano] [li'βjano] *adj.* **1.** ▫ De pouco peso. ▸ Leve. **2.** Diz-se da pessoa que muda com facilidade de ideias ou conduta. ▸ Volúvel.

li.vi.dez. [liβi'ðeθ] [liβi'ðes] *f.* Qualidade ou estado de lívido. ▸ Lividez.

lí.vi.do, da. ['liβiðo] ['liβiðo] *adj.* Que apresenta palidez intensa. ▸ Lívido.

living. *m.* Parte da casa em que ocorrem reuniões. ▸ Sala de estar.

lla.ga. ['ʎaɣa] ['ʝaɣa] *f.* **1.** *Med.* Ferida em pessoas e em animais. ▸ Chaga. **2.** *fig.* Qualquer coisa que penaliza ou causa dor. ▸ Chaga.

lla.ma. ['ʎama] ['ʝama] *f.* **1.** ▫ Labareda que se desprende dos corpos que ardem emitindo luz e calor. ▸ Chama. **2.** *Zool.* Mamífero ruminante de pelo lanoso e comprido, da América do Sul. ▸ Lhama. ➡ *Reino animal*

lla.ma.da. [ʎa'maða] [ʝa'maða] *f.* **1.** Ato de chamar. ▸ Chamada. **2.** Ligação telefônica. ▸ Chamada.

Llamadas telefónicas

En casa

¡Ring!

A: ¿Diga? / ¿Dígame? / Hola. / ¿Sí?

B: ¿Hablo con la casa de Vera? / ¿Está Vera?

A: Sí, ¿quién quiere hablar con ella? / ¿De parte de quién? / ¿Con quién hablo?

B: Soy... / De parte de...

A: Ahora se pone. Ahora viene. / Sí, un momento. / De momento no puede atender. / De momento no está disponible.

En el trabajo

A: ¿Diga? / ¿Dígame? / MCE, buenos días.

B: ¿Está el señor Fernández?

A: Sí, ¿de parte de quién?

B: Soy... / De parte de...

A: Ahora se pone. / Ahora no se puede poner.

B: Muchas gracias. / No hay problema. Muchas gracias.

A: De nada.

lla.ma.do. [ʎa'maðo] [ʝa'maðo] *m.* Ver *llamamiento*. ▸ Chamado.

lla.ma.dor, do.ra. [ʎama'ðor] [ʝama'ðor] *s.* **1.** Pessoa que chama. ▸ Chamador. *m.* **2.** Peça de metal que se põe na parte de fora das portas para chamar batendo. ▸ Aldrava.

lla.ma.mien.to. [ʎama'mjento] [ʝama'mjento] *m.* **1.** Ato de chamar. ▸ Chamado. **2.** Ato de invocar, de chamar. ▸ Apelo.

lla.mar. [ʎa'mar] [ʝa'mar] *v.4.* **1.** Dizer em voz alta o nome de uma pessoa. ▸ Chamar. **2.** Convocar alguém a comparecer, atrair. ▸ Chamar. **3.** Fazer um telefonema, uma ligação. Ligar. ▸ Telefonar. *v.p.* **4.** Atender por certo nome ou apelido. ▸ Chamar-se. *Se llama Francisco, pero le dicen Paco.* Chama-se Francisco, mas o chamam de Paco.

lla.ma.ra.da. [ʎama'raða] [ʃama'raða] *f.* Chamas muito intensas. ▸ Labareda.

lla.ma.ti.vo, va. [ʎama'tiβo] [ʃama'tiβo] *adj.* Que atrai ou chama a atenção. ▸ Chamativo.

lla.me.ar. [ʎame'ar] [ʃame'ar] *v.4.* Deitar chamas. Arder, chamejar. ▸ Flamejar.

lla.ne.za. [ʎa'neθa] [ʃa'nesa] *f.* Atitude afável e franca. ▸ Lhaneza.

lla.no, na. [ʎano] [ʃano] *adj.* **1.** Diz-se de pessoa simples e amável. ▸ Meiga. *m.pl.* **2.** *Geogr.* Grande área sem desníveis, coberta de ervas. Lhanos. ▸ Planície. **3.** Palavra cuja sílaba tônica é a penúltima. ▸ Paroxítona. *f.* **4.** Ferramenta que serve para estender o gesso ou a argamassa. ▸ Desempenadeira. ♦ **Plato llano.** Prato raso.

llan.ta. ['ʎanta] ['ʃanta] *f.* **1.** Círculo metálico exterior à roda de carruagens e carroças. **2.** *(Amér.)* A própria roda. ▸ Roda. **3.** Cobertura de borracha que reveste a roda. ▸ Pneu. ♦ **Llanta de goma.** Calota (de pneu).

llan.to. ['ʎanto] ['ʃanto] *m.* **1.** Ato de chorar. ▸ Pranto. **2.** Choro com lamentação e lágrimas. ▸ Pranto. ♦ **Anegarse en llanto.** Afogar-se em prantos.

lla.nu.ra. [ʎa'nura] [ʃa'nura] *f.* **1.** Igualdade da superfície de uma coisa. ▸ Lisura. **2.** Campo ou terreno plano e extenso sem altos nem baixos. ▸ Planície.

lla.ve. ['ʎaβe] ['ʃaβe] *f.* **1.** Peça de metal que abre a fechadura. ▸ Chave. **2.** Cada uma das ferramentas que servem para apertar ou afrouxar porcas e parafusos. ▸ Chave. **3.** Cada um de um par de sinais gráficos { } que serve para encerrar elementos agregados e relacioná-los com os elementos que o antepõem ou que o seguem. ▸ Chave.

lla.ve.ro. [ʎa'βero] [ʃa'βero] *m.* **1.** Utensílio em que se seguram as chaves para evitar sua perda. ▸ Chaveiro. **2.** Pessoa que tem a seu cargo a custódia de chaves. ▸ Chaveiro.

lle.ga.da. [ʎe'ɣaða] [ʃe'ɣaða] *f.* Ato ou efeito de chegar a um lugar. ▸ Chegada.

lle.gar. [ʎe'ɣar] [ʃe'ɣar] *v.9. p.p.* llegado. **1.** Alcançar o término de um deslocamento. ▸ Chegar. **2.** Atingir uma posição ou estado pelo qual se lutou. ▸ Chegar. ♦ **Llegar a ser.** Tornar-se. **Llegar y besar.** Chegar e sair.

lle.nar. [ʎe'nar] [ʃe'nar] *v.4.* **1.** Ocupar totalmente com alguma coisa um espaço ou recipiente vazio. ▸ Encher. **2.** Ocupar todos os lugares em um local ou recinto. ▸ Encher. **3.** Completar um documento com dados necessários. ▸ Preencher.

lle.no, na. ['ʎeno] ['ʃeno] *adj.* Que está completamente ocupado. ▸ Cheio. ♦ **De lleno.** Em cheio. *El tiro acertó de lleno el centro del blanco.* O tiro acertou em cheio o centro do alvo. **Estar lleno.** *fig.* e *fam.* Estar satisfeito, bem alimentado. ▸ Estar cheio. **Luna llena.** *Astr.* Fase em que a Lua reflete a luz solar em toda a sua superfície. ▸ Lua cheia.

lle.va.de.ro, ra. [ʎeβa'ðero] [ʃeβa'ðero] *adj.* Que pode ser tolerado. ▸ Suportável.

lle.var. [ʎe'βar] [ʃe'βar] *v.4.* **1.** Transportar uma coisa de um lugar para outro. ▸ Levar. **2.** Conduzir um veículo. ▸ Dirigir. **3.** Ir com alguém a um lugar. ▸ Acompanhar. **4.** Trazer no corpo qualquer peça de vestuário. ▸ Vestir. **5.** Demorar certo tempo para alcançar um fim. ▸ Levar. ♦ **Llevar a cabo / efecto.** Pôr em prática. **Llevar adelante.** Prosseguir, continuar. **Llevarse bien/mal.** Dar-se bem/mal. **Llevar en cuenta** *v.4.* Refletir sobre. ▸ Levar em consideração.

llo.rar. [ʎo'rar] [ʃo'rar] *v.4.* Derramar lágrimas por um sentimento ou emoção ou por uma dor física. ▸ Chorar. ♦ **El que no llora no mama.** Quem não chora, não mama. **Llorar a moco tendido.** Chorar desesperadamente.

llo.ri.que.o. [ʎori'keo] [ʃori'keo] *m.* Choro sem força, longo e sem motivo sério. ▸ Choramingo.

llo.ro. ['ʎoro] ['ʃoro] *m.* Ato de chorar. Pranto. ▸ Choro.

llo.rón, ro.na. [ʎo'ron] [ʃo'ron] *adj.* **1.** Que chora muito e facilmente. ▸ Chorão. *s.* **2.** *fig.* Pessoa que se queixa por qualquer coisa. ▸ Chorão. *m.* **3.** *Bot.* Tipo de árvore originária da Ásia. ▸ Chorão.

llo.ro.so, sa. [ʎo'roso] [ʃo'roso] *adj.* **1.** Que não tem alegria de viver. ▸ Choroso. **2.** Diz-se das coisas que causam tristeza ou choro. ▸ Choroso.

llo.ver. [ʎo'βer] [ʃo'βer] *v.56.* **1.** Haver precipitação de água das nuvens. ▸ Chover. **2.** Cair alguma coisa do alto em abundância. ▸ Chover. ♦ **A secas y sin llover.** Sem aviso. **Llover a cántaros.** Chover canivetes. **Llover sobre mojado.** Chover no molhado.

llo.viz.na. [ʎo'βiθna] [ʃo'βihna] *f.* Chuva miúda que cai levemente. Chuvisco. ▸ Garoa.
➡ *Clima*

llo.viz.nar. [ʎoβiθ'nar] [ʃoβih'nar] *v.4.* Cair chuva miúda. Garoar. ▸ Chuviscar.

llu.via. ['ʎuβja] ['ʃuβja] *f.* **1.** Ato de chover. ▸ Chuva. **2.** Água que cai em gotas das nuvens. ▸ Chuva. ♦ **Lluvia meona.** Chuvisco.
➡ *Clima*

llu.vio.so, sa. [ʎu'βjoso] [ʃu'βjoso] *adj.* Diz-se da época ou da região em que chove muito. ▸ Chuvoso.

lo. ['lo] ['lo] *art. m.* **1.** Generaliza o adjetivo ou advérbio que acompanha. ▸ O. *Lo complicado es que todos han venido pero pocos han ayudado.* O complicado é que todos vieram mas poucos ajudaram. **2.** Funciona como demonstrativo neutro seguido de "que". ▸ O. *obs.:* a) Não varia em gênero nem em número. *¡Lo bonitas que están esas flores!* Como estão bonitas essas flores! *¡Lo tarde que has llegado!* Como você chegou tarde! b) Seguido de um possessivo ou de um nome antecedido da preposição *de*, indica propriedade, casa ou lugar possuído pela pessoa marcada. *Después de la película, fuimos a lo de Guadalupe.* Depois do filme, fomos à casa de Guadalupe.

lo, la. ['lo] ['lo] *pron.* Formas masculina e feminina oblíquas de terceira pessoa com função de objeto direto. ▸ O, a. *Cuando lo encuentres, dile que luego voy a su casa a verlo.* Quando você o encontrar, diga-lhe que logo vou à casa dele para vê-lo.

lo.ba.to. [lo'βato] [lo'βato] *m. Zool.* Filhote do lobo. ▸ Lobinho. ▸ Lobato.

lo.bo, ba. ['lobo] ['lobo] *s. Zool.* Animal selvagem carniceiro que ataca os rebanhos de ovelhas. ▸ Lobo. ♦ **Lobo de mar.** *fig.* Marinheiro que passou sua vida navegando. ▸ Lobo do mar. **Lobo marino.** *Zool.* Animal mamífero anfíbio que vive em mares frios. ▸ Lobo-marinho. *El lobo marino es parecido a la foca.* O lobo-marinho é semelhante à foca.
➡ *Reino animal*

ló.bre.go, ga. ['loβreɣo] ['loβreɣo] *adj.* Assustador, escuro e tenebroso. ▸ Lôbrego.

ló.bu.lo. ['loβulo] ['loβulo] *m. Anat.* **1.** Parte baixa da orelha das pessoas. ▸ Lóbulo. **2.** Parte arredondada e saliente de um órgão qualquer. ▸ Lóbulo.

lo.cal. [lo'kal] [lo'kal] *adj.* **1.** Pertencente ou relativo a um território, comarca ou país. ▸ Local. *m.* **2.** Lugar cercado, fechado e coberto. Loja, negócio. ▸ Local. *Tiene un local en Calle Florida.* Tem uma loja na Rua Florida.

lo.ca.li.dad. [lokali'ðaθ] [lokali'ðað] *f.* **1.** Lugar determinado ou povoado. ▸ Localidade. **2.** Cada uma das vagas ou assentos em um local de espetáculos. Poltrona. ▸ Assento.

lo.ca.lis.mo. [loka'lismo] [loka'lihmo] *m.* Preferência por determinado lugar ou comarca. ▸ Localismo.

lo.ca.li.za.ción. [lokaliθa'θjon] [lokalisa'sjon] *f.* Ato ou efeito de localizar. ▸ Localização.

lo.ca.li.zar. [lokali'θar] [lokali'sar] *v.13.* **1.** Fixar, colocar em lugar certo e determinado. ▸ Localizar. **2.** Averiguar o lugar onde se encontra uma pessoa ou coisa. ▸ Localizar.

lo.ción. [lo'θjon] [lo'sjon] *f.* **1.** Líquido perfumado para asseio. ▸ Loção. **2.** Líquido próprio para lavagens medicinais. ▸ Loção.

lo.co, ca. ['loko] ['loko] *adj.* **1.** *Med.* Que perdeu a razão. ▸ Louco. **2.** *fig.* De pouco juízo, imprudente. Louco. ▸ Aloprado. *U.t.c.s.* ♦ **A lo loco.** Sem pensar nem medir consequências. ▸ Loucamente. **Cada loco con su tema.** Cada louco com sua mania. **Hacerse el loco.** Fingir não saber ou não entender uma coisa. Dissimular. ▸ Dar uma de louco. **Loco de atar.** Doido varrido, louco de amarrar.

lo.co.mo.ción. [lokomo'θjon] [lokomo'sjon] *f.* Ato de andar ou de trasladar-se de um lugar para outro. ▸ Locomoção.

lo.co.mo.to.ra. [lokomo'tora] [lokomo'tora] *f.* Máquina provida de motor, que se move sobre trilhos e puxa os vagões de um trem. ▸ Locomotiva.

lo.co.mo.triz. [lokomo'triθ] [lokomo'tris] *adj.* Que faz locomoção. ▸ Locomotriz.

lo.cua.ci.dad. [lokwaθi'ðaθ] [lokwasi'ðað] *f.* Qualidade de loquaz. Verbosidade. ▸ Loquacidade.

lo.cuaz. [lo'kwaθ] [lo'kwas] *adj.* Que fala muito ou em demasia. ▸ Loquaz.

lo.cu.ción. [loku'θjon] [loku'sjon] *f.* **1.** Maneira especial de falar. ▸ Eloquência. **2.** *Ling.* Grupo de palavras que formam um sentido único. ▸ Locução. **3.** Fala de locutor. ▸ Locução.

lo.cu.ra. [lo'kura] [lo'kura] *f.* **1.** *Med.* Doença mental com perda do juízo e do uso da razão. ▸ Loucura. **2.** Insensatez, aventura

lo.cu.tor, to.ra. [loku'tor] [loku'tor] *s.* Pessoa que, em uma radioemissora, apresenta os programas e dá notícias e outras informações pelo microfone. ▶ Locutor.

lo.cu.to.rio. [loku'torjo] [loku'torjo] *m.* **1.** Compartimento separado por grades onde se permite que pessoas recolhidas em conventos e presidiários falem com as pessoas de fora. ▶ Locutório. **2.** Lugar utilizado para a realização de chamadas telefônicas.

lo.da.zal. [loða'θal] [loða'sal] *m.* Lugar em que há muito lodo. ▶ Lodaçal.

lo.do. [loðo] [loðo] *m.* Mistura de terra e água, especialmente a que se forma com água de chuva. ▶ Lama.

lo.gia. ['loxja] ['loxja] *f.* **1.** Casa da associação maçônica. **2.** Assembleia de maçons. ▶ Loja maçônica.

ló.gi.ca. ['loxika] ['loxika] *f.* Ciência que expõe as leis, modos e formas do conhecimento científico, do raciocínio e do verdadeiro saber. ▶ Lógica.

ló.gi.co, ca. ['loxiko] ['loxiko] *adj.* **1.** Que está de acordo com as regras da lógica. ▶ Lógico. **2.** Diz-se da consequência natural de um fato cujos antecedentes justificam o sucedido. ▶ Lógico.

login. *m.* Do inglês. *Inform.* Identificação que permite o acesso a um determinado sistema. ▶ *Login.*

lo.gís.ti.ca. [lo'xistika] [lo'xihtika] *f.* **1.** Parte da ciência militar que trata do movimento e do aprovisionamento das tropas em campanha. ▶ Logística. **2.** Forma de lógica que utiliza os símbolos matemáticos para expressar-se. ▶ Logística. **3.** Método, estratégia para alcançar um fim. ▶ Logística.

lo.gís.ti.co, ca. [lo'xistiko] [lo'xihtiko] *adj.* Pertencente ou relativo à logística. ▶ Logístico.

lo.go.ti.po. [loɣo'tipo] [loɣo'tipo] *m.* Representação gráfica de uma marca comercial. ▶ Logotipo.

lo.gra.do, da. [lo'ɣraðo] [lo'ɣraðo] *adj.* Que chegou à sua perfeição ou que se saiu bem. Benfeito. ▶ Realizado. *La combinación de colores está muy bien lograda en esta pintura.* A combinação de cores está muito bem realizada neste quadro.

lo.grar. [lo'ɣrar] [lo'ɣrar] *v. 4.* Conseguir ou obter o que se deseja. Alcançar. ▶ Conseguir. *¿Has logrado tu propósito de aprender español?* Você alcançou o seu propósito de aprender espanhol?

lo.gro. ['loɣro] ['loɣro] *m.* Ato ou efeito de conseguir. Sucesso. ▶ Êxito.

lo.ís.mo. [lo'ismo] [lo'ihmo] *m. Ling.* Utilização do pronome *lo* em lugar do pronome *le.*

lo.ma. ['loma] ['loma] *f. Geogr.* Montanha de pouca altura e prolongada. ▶ Colina.

lom.briz. [lom'briθ] [lom'bris] *f. Zool.* **1.** Minhoca comprida que vive em terrenos úmidos e se alimenta da terra. ▶ Minhoca. **2.** Verme parasita dos intestinos. ▶ Lombriga.

lo.mo. ['lomo] ['lomo] *m.* **1.** *Anat.* Cada um dos dois músculos tenros que têm os porcos e os bois na região renal e nas ancas. ▶ Lombo. **2.** Nos quadrúpedes, a parte do corpo desde o dorso até as ancas. ▶ Lombo.

lo.na. ['lona] ['lona] *f.* Tecido forte e grosso de cânhamo, algodão ou linho, usado para velas de embarcações, cobertura e barracas. ▶ Lona.

lon.cha. ['lontʃa] ['lontʃa] *f.* **1.** Cada um dos pedaços em que se cortam os frios, presunto, lombo, peito de peru, etc. ▶ Fatia. **2.** Pedra plana e fina para revestimento. ▶ Laje.

lon.ga.ni.za. [longa'niθa] [longa'nisa] *f.* Carne de porco picada ou moída e temperada, embutida em tripa. ▶ Linguiça.

lon.ge.vi.dad. [lonxeβi'ðaθ] [lonxeβi'ðað] *f.* **1.** Qualidade de longevo. ▶ Longevidade. **2.** Longa duração da vida. ▶ Longevidade.

lon.ge.vo, va. [lon'xeβo] [lon'xeβo] *adj.* Que atingiu muita idade. ▶ Longevo.

lon.gi.tud. [lonxi'tuθ] [lonxi'tuð] *f.* **1.** Extensão linear máxima de uma superfície. ▶ Comprimento. **2.** *Geogr.* Distância entre um ponto e o Meridiano de Greenwich, medida em graus no Equador. ▶ Longitude. ◆ **Salto de longitud.** *Desp.* Prova atlética que consiste em correr para tomar impulso e pular horizontalmente na tentativa de cobrir o maior espaço possível. ▶ Salto em distância.

lon.gi.tu.di.nal. [lonxituði'nal] [lonxituði'nal] *adj.* **1.** Relativo à maior dimensão. ▶ Longitudinal. **2.** Feito ou colocado de comprido. ▶ Longitudinal.

lon.ja. ['lonxa] ['lonxa] *f.* **1.** Casa de contratação de mercadorias. ▸ Bolsa de comércio. **2.** Porção de algo comestível. ▸ Fatia.

lo.ro. ['loɾo] ['loɾo] *m. Zool.* Tipo de ave que reproduz a voz humana e articula palavras. Louro. ▸ Papagaio.

los, las. ['los] ['los] *art.* **1.** Formas plurais dos artigos masculino *el* e neutro *lo* e do artigo feminino *la*, respectivamente. ▸ Os, as. *Los amigos de las hermanas de Patricia han llegado.* Os amigos das irmãs da Patricia chegaram. *pron.* **2.** Formas plurais dos pronomes *lo* e *la*. ▸ Os, as / Los, las. *Cuando los encuentres, diles que luego voy a su casa a verlos.* Quando você os encontrar, diga-lhes que logo vou à casa deles para vê-los.

lo.sa. ['losa] ['losa] *f.* Tipo de pedra utilizada para revestir o piso ou cobrir o teto. ▸ Laje.

lo.se.ta. [lo'seta] [lo'seta] *f.* Mosaico ou ladrilho plano e liso para cobrir o piso. ▸ Ladrilho.

lo.te. ['lote] ['lote] *m.* **1.** Cada uma das partes em que se divide alguma coisa que se há de distribuir entre várias pessoas. ▸ Lote. **2.** Objeto ou grupo de objetos leiloados de uma vez. ▸ Lote. **3.** Pequena área de terreno destinada a edificação ou agricultura. ▸ Lote.

lo.te.rí.a. [lote'ria] [lote'ria] *f.* Jogo de azar que tem várias modalidades e, em comum, sorteio de números. ▸ Loteria. ◆ **Sacarse la lotería.** Ganhar na loteria.

❏ **lo.to.** ['loto] ['loto] *m. Bot.* Tipo de planta aquática e florífera, de sementes comestíveis. ▸ Lótus.

lo.za. ['loθa] ['losa] *f.* Barro fino, cozido e envernizado com que se fazem peças para serviço de mesa. ▸ Louça.

lo.za.no, na. [lo'θano] [lo'sano] *adj.* Que tem vitalidade e robustez. ▸ Viçoso.

lu.bri.can.te. [luβɾi'kante] [luβɾi'kante] *adj.* Diz-se de toda substância que serve para lubrificar. ▸ Lubrificante.

lu.bri.car. [luβɾi'kaɾ] [luβɾi'kaɾ] *v.7.* Tornar lúbrica ou escorregadia uma coisa pela ação de um lubrificante. ▸ Lubrificar.

lu.bri.fi.ca.ción. [luβɾifika'θjon] [luβɾifika'sjon] *f.* Ato ou efeito de lubrificar. ▸ Lubrificação.

lu.bri.fi.car. [luβɾifi'kaɾ] [luβɾifi'kaɾ] *v.7.* Tornar lúbrico, untar com óleo, graxa ou grafite para atenuar os efeitos do atrito. ▸ Lubrificar.

lu.ce.ro. [lu'θeɾo] [lu'seɾo] *m.* **1.** *Astr.* Astro grande e brilhante. ▸ Estrela. **2.** Coisa que emite luz. ▸ Luzeiro. **3.** *Astr.* O planeta Vênus. ▸ Vênus.

lu.cha. ['lutʃa] ['lutʃa] *f.* **1.** Combate entre dois lutadores, em que cada um pretende vencer o outro. ▸ Luta. **2.** *Polít.* Combate entre forças de países em guerra. ▸ Luta.
➡ **Deportes**

lu.cha.dor, do.ra. [lutʃa'ðoɾ] [lutʃa'ðoɾ] *m.* Aquele que luta. ▸ Lutador.

lu.char. [lu'tʃaɾ] [lu'tʃaɾ] *v.4.* **1.** Travar luta, combate. ▸ Lutar. **2.** *Desp.* Combater (dois atletas) em lides esportivas. ▸ Lutar. **3.** *fig.* Trabalhar duro para progredir na vida. ▸ Lutar.

lu.ci.dez. [luθi'ðeθ] [lusi'ðes] *f.* **1.** Qualidade de lúcido. ▸ Lucidez. **2.** Clareza de inteligência. ▸ Lucidez.

lú.ci.do, da. [lu'θiðo] [lu'siðo] *adj.* Que tem consciência do que faz, consciente. ▸ Lúcido.

lu.ciér.na.ga. [lu'θjeɾnaɣa] [lu'sjeɾnaɣa] *f. Zool.* Inseto que emite uma luz fluorescente de cor branco-esverdeada. ▸ Vaga-lume.

lu.cir. [lu'θiɾ] [lu'siɾ] *v.71.* **1.** Irradiar luz. Resplandecer. ▸ Luzir. **2.** *fig.* Render (um esforço) bons resultados. ▸ Aparecer. **3.** Sobressair, brilhar. ▸ Destacar-se. **4.** Ostentar, desfilar. ▸ Exibir(-se). *La princesa lucía un collar de diamantes.* A princesa exibia um colar de diamantes.

lu.crar. [lu'kɾaɾ] [lu'kɾaɾ] *v.4.* Tirar proveito de um negócio ou atividade. ▸ Lucrar.

lu.cra.ti.vo, va. [lukɾa'tiβo] [lukɾa'tiβo] *adj.* Que produz ganho ou lucro. ▸ Lucrativo.

lu.cro. ['lukɾo] ['lukɾo] *m.* Ganho ou proveito que se obtém de um negócio ou atividade. ▸ Lucro.

lu.cu.brar. [luku'βɾaɾ] [luku'βɾaɾ] *v.4.* Meditar imaginando coisas sem muito fundamento. ▸ Elucubrar.

lú.di.co, ca. ['luðiko] ['luðiko] *adj.* Pertencente ou relativo ao jogo. ▸ Lúdico.

lu.do.pa.tí.a. [luðopa'tia] [luðopa'tia] *f.* Vício em jogos de azar. ▸ Ludopatia.

lue.go. ['lweɣo] ['lweɣo] *adv.* **1.** Após o momento da fala ou ação mencionada. ▸ Depois. *Primero hicieron las tareas, luego fueron al cine.*

lugar – luterano

Primeiro fizeram os deveres, depois foram ao cinema. *conj.* **2.** Em conclusão. ▸ Logo. *Pienso, luego existo.* Penso, logo existo. ♦ **Desde luego.** Sem dúvida. **Hasta luego.** Despedida dirigida a pessoa que será vista em pouco tempo. ▸ Até logo.

lu.gar. [luˈɣar] [luˈɣar] *m.* **1.** Espaço que se pode ocupar. ▸ Lugar. **2.** Localidade ou povoado. ▸ Lugarejo. ♦ **Hacer lugar.** Fazer espaço. **Tener lugar.** Ocorrer, acontecer. ▸ Ter lugar.

lu.ga.re.ño, ña. [luɣaˈreɲo] [luɣaˈreɲo] *adj.* **1.** Que habita um povoado. ▸ Aldeão, aldeã. **2.** Que é próprio de um lugar. ▸ Regional.

lu.gar.te.nien.te. [luɣarteˈnjente] [luɣarteˈnjente] *com.* Pessoa que tem autoridade para atuar no lugar de outra. *Para resolver el asunto mandó a su lugarteniente.* Para solucionar o assunto mandou seu lugar-tenente. ▸ Lugar-tenente.

lú.gu.bre. [ˈluɣuβre] [ˈluɣuβre] *adj.* **1.** Relativo ao luto. Fúnebre. ▸ Lúgubre. **2.** Que é muito triste. Melancólico. ▸ Lúgubre.

lu.jo. [ˈluxo] [ˈluxo] *m.* **1.** Ostentação ou magnificência desnecessária. ▸ Luxo. **2.** Exagero no consumo. ▸ Luxo.

lu.jo.so, sa. [luˈxoso] [luˈxoso] *adj.* Diz-se daquilo que é suntuoso, esplêndido. ▸ Luxuoso.

lu.ju.ria. [luˈxurja] [luˈxurja] *f.* Deleite relacionado ao desejo sexual. ▸ Luxúria.

lum.bar. [lumˈbar] [lumˈbar] *adj. Anat.* Diz-se da região do corpo que corresponde ao lombo. ▸ Lombar.

lum.bre. [ˈlumbre] [ˈlumbre] *f.* **1.** Matéria combustível acesa. ▸ Lume. **2.** Fogo aceso com alguma finalidade. ▸ Lume. **3.** Luz irradiada por um combustível aceso. ▸ Lume.

lum.bre.ra. [lumˈbrera] [lumˈbrera] *f.* **1.** *ant.* Utensílio para dar luz. ▸ Fogaréu. **2.** *fig.* Pessoa com muitos conhecimentos. ▸ Sábio.

lu.mi.na.ria. [lumiˈnarja] [lumiˈnarja] *f.* **1.** Pequeno recipiente com um líquido iluminante. ▸ Lamparina. **2.** Aquilo que ilumina. ▸ Luminária.

lu.na. [ˈluna] [ˈluna] *f. Astr.* Astro satélite natural da Terra que avistamos à noite. ▸ Lua. ♦ **Estar de mala luna.** Estar de mau humor. **Luna creciente.** Lua crescente. **Luna de miel.** Lua de mel. **Luna llena.** Lua cheia. **Luna menguante.** Lua minguante. **Luna nueva.** Lua nova.

lu.nar. [luˈnar] [luˈnar] *adj.* **1.** *Astr.* Pertencente ou relativo à Lua. ▸ Lunar. *m.* **2.** Pequena mancha no rosto ou outra parte do corpo. ▸ Pinta.

lu.ná.ti.co, ca. [luˈnatiko] [luˈnatiko] *adj.* **1.** Ver *loco*[(1)]. ▸ Louco. **2.** Visionário, que projeta ou espera coisas irrealizáveis. ▸ Lunático. *U.t.c.s.*

lu.nes. [ˈlunes] [ˈlunes] *m.* Primeiro dia da semana depois de domingo. ▸ Segunda-feira.

lu.ne.ta. [luˈneta] [luˈneta] *f. Ópt.* Vidro pequeno que auxilia a vista, colocado em aparelhos ópticos. ▸ Lente.

lun.far.do. [lunˈfarðo] [lunˈfarðo] *m.* *(Arg.)* Linguagem que, originariamente, pertencia aos marginais de Buenos Aires e que se difundiu a outros setores, tendo muita expressão no tango até os anos de 1960. ▸ Gíria. *obs.:* Algumas das suas formas foram definitivamente incorporadas à fala argentina.

lu.pa. [ˈlupa] [ˈlupa] *f. Ópt.* Lente convergente de aumento. ▸ Lupa.

lú.pu.lo. [ˈlupulo] [ˈlupulo] *m. Bot.* Planta trepadeira cujo fruto se usa para dar sabor à cerveja. ▸ Lúpulo.

lu.pus. [ˈlupus] [ˈlupus] *m.* Doença inflamatória autoimune. ▸ Lúpus

lu.so, sa. [ˈluso] [ˈluso] *adj.* **1.** Pertencente ou relativo a Portugal. ▸ Luso. *s.* **2.** O natural ou habitante desse país. ▸ Luso.

lus.trar. [lusˈtrar] [luhˈtrar] *v.4.* Dar brilho a uma coisa, como metais, pedras, sapatos, etc. ▸ Lustrar.

lus.tre. [ˈlustre] [ˈluhtre] *m.* **1.** Reflexo que dão as coisas lustradas. ▸ Lustre. **2.** *fig.* Esplendor, glória. ▸ Lustre.

lus.tro. [ˈlustro] [ˈluhtro] *m.* Espaço de tempo de cinco anos. ▸ Lustro.

lus.tro.so, sa. [lusˈtroso] [luhˈtroso] *adj.* Que brilha, reluz. Polido. ▸ Lustroso.

lu.te.ra.nis.mo. [luteraˈnismo] [luteraˈnihmo] *m. Rel.* Doutrina protestante criada pelo teólogo alemão Martinho Lutero. ▸ Luteranismo.

lu.te.ra.no, na. [luteˈrano] [luteˈrano] *adj. Rel.* Diz-se do seguidor da seita de Lutero. ▸ Luterano.

lu.to. ['luto] ['luto] *m.* Manifestação do sentimento de pesar e dor pela morte de alguém. ▸ Luto. ◆ **Llevar / Ponerse el luto.** Vestir luto.

lu.xa.ción. [luksa'θjon] [luksa'sjon] *f.* *Med.* Deslocamento de um osso da sua articulação. ▸ Luxação.

luz. ['luθ] ['lus] *f.* **1.** Claridade que torna os objetos visíveis. ▸ Luz. **2.** Utensílio ou aparelho que irradia claridade. ▸ Luz. **3.** *fig.* Esperança de solução de algo que parecia não tê-la. ▸ Luz. ◆ **A la luz de.** De acordo com. *A la luz de este autor nuestras ideas tienen sentido.* De acordo com este autor nossas ideias fazem sentido. **Luz de posición.** Lanterna (no carro). **Sacar a la luz.** Elucidar. **Tener pocas luces.** Ter pouco entendimento. **Ver la luz.** Nascer.

M

m. ['eme] ['eme] *f.* Décima terceira letra do alfabeto espanhol. ▶ M.

ma.ca.bro, bra. [ma'kaβro] [ma'kaβɾo] *adj.* **1.** Relativo à morte e às coisas fúnebres. ▶ Macabro. **2.** *fig.* Perverso.

ma.ca.nu.do, da. [maka'nuðo] [maka'nuðo] *adj. (Amér.)* **1.** Que é muito bem considerado. ▶ Excelente. **2.** Diz-se de quem é agradável, atencioso. ▶ Gente fina.

ma.ca.rrón. [maka'ron] [maka'ron] *m. Cul.* Massa feita com farinha de trigo, ovos e água, a que se dá diferentes formas para fazer pratos variados. ▶ Macarrão.

ma.ca.ró.ni.co, ca. [maka'roniko] [maka'roniko] *adj.* Falado ou escrito de maneira incorreta em um idioma. ▶ Macarrônico. *Él hablaba un francés macarrónico, tendría que estudiar un poco más.* Ele falava um francês macarrônico, teria que estudar um pouco mais.

ma.ce.do.nia. [maθe'ðonja] [mase'ðonja] *f. Cul.* Sobremesa feita com várias frutas e açúcar. ▶ Salada de frutas.

ma.ce.rar. [maθe'ɾaɾ] [mase'ɾaɾ] *v.4.* Submergir um sólido em um líquido para amolecê-lo. Macerar. ▶ Amolecer.

ma.ce.ta. [ma'θeta] [ma'seta] *f.* Recipiente de barro ou outro material para plantas ornamentais. ▶ Vaso.

ma.ce.te.ro. [maθe'teɾo] [mase'teɾo] *m.* Suporte de ferro ou de madeira para colocar vasos de plantas. ▶ Suporte para vasos.

ma.cha.ca.do.ra. [matʃaka'ðoɾa] [matʃaka'ðoɾa] *f.* Máquina para quebrar pedras. ▶ Britadeira.

ma.cha.car. [matʃa'kaɾ] [matʃa'kaɾ] *v.7.* **1.** Golpear várias vezes um corpo sólido até transformá-lo em pedaços pequenos. Triturar. ▶ Esmagar. **2.** Tratar repetidas vezes de um mesmo assunto. ▶ Insistir.

ma.cha.cón, co.na. [matʃa'kon] [matʃa'kon] *adj.* Que incomoda pela insistência. ▶ Chato.

ma.cha.que.o. [matʃa'keo] [matʃa'keo] *m.* **1.** Ato ou efeito de quebrar, esmagar ou triturar. ▶ Macetado. **2.** Porfia ou insistência sobre um assunto.

ma.che.te. [ma'tʃete] [ma'tʃete] *m.* Arma branca curta e pesada de um só gume. ▶ Facão.

ma.che.te.ro. [matʃe'teɾo] [matʃe'teɾo] *m.* Indivíduo que abre caminho na floresta com um facão.

ma.chis.mo. [ma'tʃismo] [ma'tʃihmo] *m.* **1.** Atitude de domínio ou superioridade que alguns homens adotam ante uma ou todas as mulheres. ▶ Machismo. **2.** Ideologia que atribui superioridade ao homem em relação à mulher. ▶ Machismo.

ma.cho. ['matʃo] ['matʃo] *m.* **1.** Animal do sexo masculino. ▶ Macho. *U.t.c.adj.* **2.** *fig.* Diz-se do homem para enfatizar sua masculinidade. ▶ Macho.

ma.cho.te. [ma'tʃote] [ma'tʃote] *m. fam.* Homem que faz alarde de ser forte, valente, corajoso. ▶ Machão.

ma.ci.zo, za. [ma'θiθo] [ma'siso] *adj.* **1.** Que não é oco. Compacto, sólido. ▶ Maciço. *m.* **2.** *Geogr.* Grupo de montanhas rochosas unidas ou muito próximas. ▶ Maciço.

ma.cro.bió.ti.co, ca. [makroβi'otiko] [makroβi'otiko] *adj.* **1.** Relativo à macrobiótica. ▶ Macrobiótico. *f.* **2.** Estudo voltado para a saúde, especialmente a alimentar, e o consequente prolongamento da vida. ▶ Macrobiótica.

ma.cro.cos.mo. [makɾo'kosmo] [makɾo'kohmo] *m.* **1.** O universo considerado como uma unidade composta de cada uma das partes que o constituem. ▶ Macrocosmo. **2.** Conjunto englobante considerado em relação a seus elementos constitutivos. ▶ Macrocosmo.

ma.cros.có.pi.co, ca. [makros'kopiko] [makroh'kopiko] *adj. Biol.* Que pode ser visto a olho nu, sem auxílio de microscópio. ▶ Macroscópico.

ma.de.ja. [ma'ðexa] [ma'ðexa] *f.* **1.** ▢ Fio recolhido de forma que possa ser usado com facilidade. ▶ Meada. **2.** ▢ Qualquer coisa que está enrolada ou desordenada. ▶ Meada. **3.** Feixe de cabelo, mecha. ▶ Madeixa.

ma.de.ra. [ma'ðeɾa] [ma'ðeɾa] *f.* Tronco e ramos principais das árvores, útil para construção ou fabricação de móveis, casas e muitos outros bens. ▸ Madeira. ◆ **Tocar madera.** Bater na madeira.

ma.de.re.ro, ra. [maðe'reɾo] [maðe'reɾo] *s.* **1.** Pessoa que trabalha no corte de árvores. ▸ Madeireiro. **2.** Empresa ou empresário que tem indústria para tratar a madeira. ▸ Madeireiro.

ma.de.ro. [ma'ðeɾo] [ma'ðeɾo] *m.* Peça ou tronco grosso de madeira. ▸ Viga.

ma.do.na. [ma'ðona] [ma'ðona] *f.* Quadro ou imagem que representa a Virgem Maria. ▸ Madona.

ma.drás. [ma'ðɾas] [ma'ðɾas] *m.* Tecido fino de algodão com fios de seda que se usa em camisas, lenços, gravatas etc. ▸ Madras.

ma.dras.tra. [ma'ðɾastɾa] [ma'ðɾahtɾa] *f.* Mulher em relação aos filhos que seu marido teve com outra(s) mulher(es). ▸ Madrasta.

ma.dre. ['maðɾe] ['maðɾe] *f.* **1.** ▢ Mulher que tem ou teve filhos. ▸ Mãe. **2.** ▢ *Zool.* Animal fêmea que tem ou teve filhotes. ▸ Mãe. **3.** *Rel.* Modo de chamar as freiras. ▸ Madre. ◆ ¡**La madre que te/lo/os/los parió!** *vulg.* Dirige-se a pessoa(s) pela(s) qual(quais) se sente cólera repentina. É expressão vulgar. **La madre del cordero.** Designa a razão ou motivo de uma coisa ser ou não. *Quieren ganar más dinero, y esa es la madre del cordero.* Querem ganhar mais dinheiro, esse é o motivo. ¡**Madre de Dios!** Mãe do céu!

ma.dre.per.la. [maðɾe'peɾla] [maðɾe'peɾla] *f. Zool.* Molusco que se cria no fundo do mar e se peças pelo nácar da concha e pela pérola que às vezes há em seu interior. ▸ Madrepérola.

ma.dre.sel.va. [maðɾe'selβa] [maðɾe'selβa] *f. Bot.* Planta trepadeira e florífera. ▸ Madressilva.

ma.dri.gal. [maðɾi'ɣal] [maðɾi'ɣal] *m.* **1.** *Lit.* Composição poética breve sobre tema amoroso. ▸ Madrigal. **2.** *Mús.* Composição musical para coro, sem orquestra, sobre um texto lírico. ▸ Madrigal.

ma.dri.gue.ra. [maðɾi'ɣeɾa] [maðɾi'ɣeɾa] *f.* **1.** Local onde habitam alguns animais. ▸ Toca. **2.** *fig.* Lugar onde se reúnem pessoas suspeitas. ▸ Covil.

ma.dri.na. [ma'ðɾina] [ma'ðɾina] *f.* Mulher que apresenta uma pessoa para receber sacramento, honra ou grau. ▸ Madrinha.

ma.dru.ga.da. [maðɾu'ɣaða] [maðɾu'ɣaða] *f.* Período entre a meia-noite e o amanhecer. ▸ Madrugada.

ma.dru.ga.dor, do.ra. [maðɾuɣa'ðoɾ] [maðɾuɣa'ðoɾ] *adj.* **1.** Que tem costume de madrugar. ▸ Madrugador. **2.** *fig.* Que não perde tempo. ▸ Esperto.

ma.dru.gar. [maðɾu'ɣaɾ] [maðɾu'ɣaɾ] *v.9.* Acordar e levantar-se muito cedo, antes do amanhecer. ▸ Madrugar. ◆ **No por mucho madrugar amanece más temprano.** Não adianta se apressar em certas coisas.

ma.dru.gón. [maðɾu'ɣon] [maðɾu'ɣon] *m.* Ato de madrugar.

ma.du.ra.ción. [maðuɾa'θjon] [maðuɾa'sjon] *f.* Ato ou efeito de madurar. ▸ Maduração.

ma.du.rar. [maðu'ɾaɾ] [maðu'ɾaɾ] *v.4.* **1.** Sazonar-se os frutos. Madurar. ▸ Amadurecer. **2.** *fig.* Adquirir juízo e prudência. ▸ Amadurecer. **3.** *fig.* Refletir sobre projeto, ideia, etc. ▸ Amadurecer.

ma.du.rez. [maðu'reθ] [maðu'res] *f.* **1.** *Bot.* Estado maduro dos frutos. Madureza. ▸ Maturidade. **2.** Fase adulta nas pessoas. ▸ Maturidade. **3.** *fig.* Comportamento sensato. Sensatez. ▸ Maturidade.

ma.du.ro, ra. [ma'ðuɾo] [ma'ðuɾo] *adj.* **1.** *Bot.* Que está no ponto culminante de seu desenvolvimento. ▸ Maduro. **2.** *fig.* Diz-se de pessoa, especialmente adulta, que mostra sensatez. ▸ Maduro.

ma.es.tre.sa.la. [maestɾe'sala] [maehtɾe'sala] *m.* **1.** Empregado principal em uma casa real. ▸ Mestre-sala, mestre de cerimônias. **2.** Chefe de garçons de um hotel ou restaurante. ▸ Maître.

ma.es.trí.a. [maes'tɾia] [maeh'tɾia] *f.* **1.** Habilidade em executar uma coisa. ▸ Mestria. **2.** Curso de pós-graduação que confere o título de mestre. ▸ Mestrado.

ma.es.tro, tra. [ma'estɾo] [ma'ehtɾo] *adj.* **1.** Diz-se de pessoa ou obra de mérito. ▸ Mestre. **2.** Que tem prática e habilidade em alguma coisa. ▸ Mestre. *s.* **3.** Pessoa que ensina ciência ou arte ou tem título para fazê-lo. ▸ Mestre. **4.** Professor licenciado. ▸ Licenciado. **5.** Professor que leciona no ensino fundamental. ▸ Professor. **6.** Diretor de orquestra. Maestro. ▸ Regente. ◆ **Llave maestra.** Chave mestra. **Maestro de obras.** Mestre de obras. ➡ *En el aula* ➡ *Profesión*

ma.ga.cín. [maɣa'θin] [maɣa'sin] *m.* Publicação periódica com assuntos diversos. ▸ Magazine.

mag.da.le.na. [maɣða'lena] [maɣða'lena] *f. Cul.* Doce feito com farinha, ovos e azeite, cozido ao forno. ▸ Madalena.

ma.gia. ['maxja] ['maxja] *f.* Arte de produzir, por meio de certas técnicas, fenômenos extraordinários que parecem sobrenaturais. ▸ Magia. ◆ **Por arte de magia.** Em um passe de mágica.

má.gi.co, ca. ['maxiko] ['maxiko] *adj.* **1.** Relativo à magia. ▸ Mágico. **2.** Diz-se de pessoa ou coisa maravilhosa, extraordinária. ▸ Mágico. *U.t.c.s.*

ma.gis.té.rio. [maxis'terjo] [maxih'terjo] *m.* **1.** Grau, cargo ou profissão de professor. ▸ Magistério. **2.** Classe dos professores. ▸ Magistério.

ma.gis.tra.do. [maxis'trado] [maxih'trado] *m.* Dignidade e cargo de juiz ou ministro de Tribunal Superior. ▸ Magistrado.

ma.gis.tral. [maxis'tral] [maxih'tral] *adj.* **1.** Pertencente ou relativo ao exercício do magistério. ▸ Magistral. **2.** Diz-se do que se faz com maestria. ▸ Magistral.

ma.gis.tral.men.te. [maxistral'mente] [maxihtral'mente] *adv.* **1.** Com perícia ou maestria. ▸ Magistralmente. **2.** Com atitude e comportamento de mestre. ▸ Magistralmente.

ma.gis.tra.tu.ra. [maxistra'tura] [maxihtra'tura] *f.* **1.** Posição e dignidade de magistrado. ▸ Magistratura. **2.** Tempo que se está no cargo de magistrado. **3.** Classe dos magistrados. ▸ Magistratura.

mag.ma. ['maɣma] ['maɣma] *m. Geogr.* Massa fluida e incandescente existente no interior da Terra que, ao esfriar-se, solidifica-se. Lava vulcânica. ▸ Magma.

mag.na.ni.mi.dad. [maɣnanimi'ðaθ] [maɣnanimi'ðað] *f.* **1.** Qualidade de magnânimo. ▸ Magnanimidade. **2.** Grandeza de ânimo. Generosidade. ▸ Magnanimidade.

mag.ná.ni.mo, ma. [maɣ'nanimo] [maɣ'nanimo] *adj.* Diz-se de pessoa generosa e bondosa, que ajuda e protege quem precisa. ▸ Magnânimo.

mag.na.te. [maɣ'nate] [maɣ'nate] *com.* Pessoa muito rica e poderosa. ▸ Magnata.

mag.né.ti.co, ca. [maɣ'netiko] [maɣ'netiko] *adj.* Que tem as propriedades de atração do ímã. ▸ Magnético.

mag.ne.tis.mo. [maɣne'tismo] [maɣne'tihmo] *m.* **1.** Poder atrativo do ferro magnético ou pedra-ímã. ▸ Magnetismo. **2.** *fig.* Atração que alguém exerce sobre a vontade de uma ou mais pessoas. ▸ Magnetismo.

mag.ne.ti.zar. [maɣneti'θar] [maɣneti'sar] *v.13.* **1.** Comunicar magnetismo a um corpo. Imantar. ▸ Magnetizar. **2.** *fig.* Atrair ou encantar pessoas. ▸ Magnetizar.

mag.ni.fi.car. [maɣnifi'kar] [maɣnifi'kar] *v.7.* Engrandecer louvando uma pessoa ou coisa. Glorificar. ▸ Magnificar.

mag.ni.fi.cen.cia. [maɣnifi'θenθja] [maɣnifi'sensja] *f.* **1.** Liberalidade e disposição para grandes gastos, investimentos ou empresas. ▸ Magnificência. **2.** Grandeza externa e visível. Ostentação. ▸ Magnificência.

mag.ní.fi.co, ca. [maɣ'nifiko] [maɣ'nifiko] *adj.* **1.** Que é admirável por sua excelência. ▸ Magnífico. **2.** Aplica-se, como título de honra, ao reitor de universidade. ▸ Magnífico.

mag.ni.tud. [maɣni'tuθ] [maɣni'tuð] *f.* **1.** Tamanho ou volume de um corpo. ▸ Magnitude. **2.** Grandeza, excelência ou importância de uma coisa. ▸ Magnitude.

mag.no, na. ['maɣno] ['maɣno] *adj.* Diz-se daquele ou daquilo que é grandioso ou ilustre. ▸ Magno.

mag.no.lia. [maɣ'nolja] [maɣ'nolja] *f. Bot.* **1.** Tipo de árvore frutífera e florífera. ▸ Magnólia. **2.** A flor e o fruto dessa árvore. ▸ Magnólia.

ma.go, ga. ['maɣo] ['maɣo] *adj.* **1.** Diz-se de cada um dos três reis que, segundo a tradição cristã, foram adorar a Jesus recém-nascido. ▸ Mago. *U.t.c.s.* *s.* **2.** Pessoa que faz mágica em um espetáculo. Ilusionista. ▸ Mágico.

ma.gro, gra. ['maɣro] ['maɣro] *adj.* Diz-se de carnes e outros alimentos quando têm pouca gordura. ▸ Magro.

ma.gu.lla.du.ra. [maɣuʎa'ðura] [maɣuʃa'ðura] *f. Med.* Lesão interna causada por um golpe. ▸ Contusão.

ma.gu.llar. [maɣu'ʎar] [maɣu'ʃar] *v.4.* *Med.* Causar dano por golpe ou de outra forma sem produzir ferida. ▸ Contundir.

ma.ho.me.ta.no, na. [maome'tano] [maome'tano] *adj. Rel.* **1.** Que professa a religião islâmica. ▸ Maometano. **2.** Relativo a Maomé ou à religião que ele fundou. ▸ Maometano.

ma.ho.me.tis.mo. [maome'tismo] [maome'tihmo] *m. Rel.* Religião fundada por Maomé, também chamada islamismo e muçulmanismo. ▸ Maometismo.

mail. Do inglês. *m. Inform.* Ver *e-mail*. ▸ E-mail.

mai.llot. [maiˈʎot] [maiˈʃot] *m.* Peça de vestuário, ajustada ao corpo, usada por banhistas, ciclistas e outros, desenhada de acordo com a atividade de quem a usa. ▸ Maiô.

ma.íz. [maˈiθ] [maˈis] *m. Bot.* Tipo de planta gramínea de grãos comestíveis. ▸ Milho.

mai.zal. [maiˈθal] [maiˈsal] *m.* Terreno destinado ao cultivo de milho. ▸ Milharal.

ma.ja.da. [maˈxaða] [maˈxaða] *f.* **1.** Local onde se recolhe à noite o gado. ▸ Curral. **2.** *Col.* Conjunto de ovelhas. ▸ Oviário.

ma.ja.de.rí.a. [maxaðeˈria] [maxaðeˈria] *f.* Bobagem repetida. ▸ Tolice.

ma.ja.de.ro, ra. [maxaˈðero] [maxaˈðero] *adj.* Que amola com tolices. ▸ Tolo.

ma.jes.tad. [maxesˈtað] [maxehˈtað] *f.* Tratamento que se dá a imperadores e reis. ▸ Majestade.

ma.jes.tuo.so, sa. [maxesˈtwoso] [maxehˈtwoso] *adj.* Que tem majestade. Augusto. ▸ Majestoso.

ma.jo, ja. [ˈmaxo] [ˈmaxo] *adj.* **1.** Diz-se de pessoa que agrada por sua simpatia. ▸ Simpático. **2.** Diz-se de pessoa ou objeto bonito, agradável. ▸ Belo. **3.** Que se veste com presunção. ▸ Excêntrico.

mal. [ˈmal] [ˈmal] *adv.* **1.** De maneira contrária ao que se considera bom. ▸ Mal. **2.** Em más condições. ▸ Mal. *adj.* **3.** Forma reduzida de *malo*, empregada diante de substantivos masculinos no singular. ▸ Mau. *Tuve un mal auspicio.* Tive um mau pressentimento. *m.* **4.** Aquilo que se opõe ao bem. ▸ Mal. ◆ **Caerle mal una persona a otra.** Despertar antipatia. Não ir com a cara de alguém. **Mal de ojo.** Crendice supersticiosa segundo a qual uma pessoa pode causar mal a outra só com o olhar. Olho gordo. ▸ Mau-olhado. **Menos mal que.** Ainda bem que. ▸ Menos mal. *Victor chocó con su coche, menos mal que a él no le pasó nada.* Victor bateu o carro, menos mal que não aconteceu nada com ele.

ma.la.bar. [malaˈβar] [malaˈβar] *adj.* Diz-se do tipo de jogos de habilidade apresentados normalmente no circo. ▸ Malabarismo.

ma.la.ba.ris.mo. [malaβaˈrismo] [malaβaˈrihmo] *m.* Arte de jogos de habilidade que consiste em manter objetos em equilíbrio fazendo movimentos e jogando-os para o ar. ▸ Malabarismo.

ma.la.ba.ris.ta. [malaβaˈrista] [malaβaˈrihta] *com.* Pessoa que pratica malabares. ▸ Malabarista.

ma.la.con.se.ja.do, da. [malakonseˈxaðo] [malakonseˈxaðo] *adj.* Que atua indevidamente, levado por maus conselhos. ▸ Mal-aconselhado.

ma.la.con.se.jar. [malakonseˈxar] [malakonseˈxar] *v.4.* Dar maus conselhos por malícia. ▸ Dar maus conselhos.

ma.la.cos.tum.bra.do, da. [malakostumˈbraðo] [malakohtumˈbraðo] *adj.* **1.** Que tem maus hábitos ou costumes. ▸ Mal-acostumado. **2.** *fig.* Que recebe muito mimo. ▸ Mal-acostumado.

ma.la.cos.tum.brar. [malakostumˈbrar] [malakohtumˈbrar] *v.4.* Permitir que uma pessoa proceda de forma errada e não corrigi-la. ▸ Acostumar mal.

ma.lan.drín, dri.na. [malanˈdrin] [malanˈdrin] *adj.* Que abusa da confiança dos outros. ▸ Malandro.

ma.la.ven.tu.ra. [malaβenˈtura] [malaβenˈtura] *f.* Acontecimento infeliz. Infortúnio, desgraça. ▸ Desventura.

mal.ca.sa.do, da. [malkaˈsaðo] [malkaˈsaðo] *adj.* Diz-se da pessoa que não é feliz em seu casamento. ▸ Malcasado.

mal.co.mer. [malkoˈmer] [malkoˈmer] *v.5.* Comer pouco e sem gosto pela má qualidade da comida. ▸ Comer mal.

mal.cria.do, da. [malˈkrjaðo] [malˈkrjaðo] *adj.* Que não tem educação. Vulgar, grosseiro. ▸ Malcriado.

mal.criar. [malˈkrjar] [malˈkrjar] *v.4.* Educar os dependentes permitindo que façam o que querem e bem entendem. ▸ Criar mal.

mal.dad. [malˈdað] [malˈdað] *f.* **1.** Qualidade de mau. ▸ Maldade. **2.** Ação injusta e perversa. ▸ Maldade.

mal.de.cir. [maldeˈθir] [maldeˈsir] *v.72. p.p. reg. maldecido / irreg. maldito.* **1.** Desejar desgraças para uma pessoa ou coisa. Amaldiçoar. ▸ Maldizer. **2.** Falar mal de alguém. ▸ Maldizer.

mal.di.ción. [maldiˈθjon] [maldiˈsjon] *f.* Imprecação, praga que é dirigida contra uma pessoa para que lhe aconteça algum dano. ▸ Maldição.

mal.di.to, ta. [malˈdito] [malˈdito] *adj.* **1.** Que recebeu maldição. Amaldiçoado. ▸ Maldito. **2.** Que é perverso, tem más intenções e maus costumes. ▸ Maldito. ◆ **¡Maldito sea!** Expressa raiva. ▸ Maldito seja!

ma.le.a.ble. [male'aβle] [male'aβle] *adj.* **1.** *Quím.* Aplica-se ao metal que se pode distender em lâmina. ▸ Maleável. **2.** *fig.* Diz-se de pessoa flexível, dócil, que se deixa influenciar facilmente. ▸ Maleável.

ma.le.an.te. [male'ante] [male'ante] *com.* Pessoa que vive de roubos, contrabando e outros delitos. Delinquente. ▸ Marginal.

ma.le.cón. [male'kon] [male'kon] *m.* Muralha que se faz para proteger um lugar das águas. ▸ Dique.

ma.le.di.cen.cia. [maleði'θenθja] [maleði'sensja] *f.* Hábito de maldizer e difamar. ▸ Maledicência.

ma.le.du.ca.do, da. [maleðu'kaðo] [maleðu'kaðo] *adj.* Que procede com grosseria e desrespeito. ▸ Mal-educado.

ma.le.fi.cio. [male'fiθjo] [male'fisjo] *m.* Dano que se pretende causar. ▸ Malefício.

ma.lé.fi.co, ca. [ma'lefiko] [ma'lefiko] *adj.* Que causa dano ou faz mal. Daninho. ▸ Maléfico.

ma.len.ten.di.do. [malenten'diðo] [malenten'diðo] *m.* **1.** Erro no entendimento de algo. ▸ Mal-entendido. **2.** Palavra ou dito mal interpretado ou mal compreendido. ▸ Mal-entendido.

ma.les.tar. [males'tar] [maleh'tar] *m.* **1.** Indisposição física ou moral. ▸ Mal-estar. **2.** Desassossego de motivo desconhecido. ▸ Mal-estar.

❏ **ma.le.ta.** [ma'leta] [ma'leta] *f.* **1.** Caixa de couro, lona ou outro material que serve para levar roupas e outras coisas em viagens. ▸ Mala. *Mi maleta está extraviada desde ayer.* Minha mala está perdida desde ontem. **2.** *fig.* e *fam.* Pessoa que não exerce bem sua profissão. ▸ Picareta. ➠ *En el aula*

ma.le.te.ro, ra. [male'tero] [male'tero] *s.* **1.** Funcionário que, nos portos, aeroportos, estações de trem ou rodoviária, transporta bagagens. ▸ Carregador. *m.* **2.** Parte dos veículos em que se leva a bagagem. ▸ Porta-malas, bagageiro. **3.** Lugar nas residências onde se guardam as malas. ▸ Maleiro.

ma.le.tín. [male'tin] [male'tin] *m.* **1.** Mala pequena que se leva na mão com as coisas de que precisa durante a viagem. ▸ Maleta. **2.** Valise retangular geralmente usada para levar documentos. ▸ Pasta.

ma.lé.vo.lo, la. [ma'leβolo] [ma'leβolo] *adj.* **1.** Que gosta de fazer mal. ▸ Malévolo. **2.** Diz-se daquilo que se faz ou diz com intenção de prejudicar alguém. ▸ Malévolo.

ma.le.za. [ma'leθa] [ma'lesa] *f.* **1.** ❏ Bosque de arbustos muito espesso. ▸ Matagal. **2.** Abundância de ervas daninhas que prejudicam as culturas. Mato. ▸ Matagal.

mal.for.ma.ción. [malforma'θjon] [malforma'sjon] *f.* Que não está bem desenvolvido, malformado. ▸ Má-formação.

mal.gas.tar. [malɣas'tar] [malɣah'tar] *v.4.* Gastar dinheiro com coisas supérfluas. ▸ Esbanjar.

mal.ha.bla.do, da. [mala'βlaðo] [mala'βlaðo] *adj.* Que fala empregando palavrões. Boca-suja. ▸ Desbocado. *U.t.c.s.*

mal.he.chor, cho.ra. [male'tʃor] [male'tʃor] *adj.* Diz-se do criminoso habitual. Bandido contumaz. ▸ Malfeitor.

mal.he.rir. [male'rir] [male'rir] *v.22.* Causar ferimento. ▸ Ferir.

mal.hu.mor. [malu'mor] [malu'mor] *m.* Mudança de humor provocada por alguma contrariedade. ▸ Mau humor.

mal.hu.mo.ra.do, da. [malumo'raðo] [malumo'raðo] *adj.* Que tem mau humor. Contrariado, irritado. ▸ Mal-humorado.

ma.li.cia. [ma'liθja] [ma'lisja] *f.* **1.** Atitude de especial percepção para o que é considerado ruim. ▸ Malícia. **2.** Ocultamento intencional de algo que pode ser prejudicial para outros. ▸ Perspicácia.

ma.li.ciar. [mali'θjar] [mali'sjar] *v.4.* Interpretar com malícia, tomar em mau sentido. ▸ Maliciar.

ma.li.cio.so, sa. [mali'θjoso] [mali'sjoso] *adj.* **1.** Que atribui má intenção aos outros. ▸ Malicioso. **2.** Que age com astúcia para enganar os outros. ▸ Malicioso.

ma.lig.no, na. [ma'liɣno] [ma'liɣno] *adj.* **1.** Propenso à maldade. ▸ Maligno. **2.** *Med.* Diz-se de doença grave e de difícil cura. ▸ Maligno.

ma.lin.ten.cio.na.do, da. [malinten'θjo'naðo] [malintensjo'naðo] *adj.* Que age com má intenção. ▸ Mal-intencionado.

ma.lin.ter.pre.tar. [malinterpre'tar] [malinterpre'tar] *v.4.* Interpretar, entender ou julgar de modo equivocado algo ou alguém. ▸ Interpretar mal. *A veces se malinterpreta una noticia.* Às vezes uma notícia é mal interpretada.

mall. *m.* (*Amér.*) Palavra do inglês que significa Centro Comercial. ▸ *Shopping. Fuimos a un nuevo mall hoy.* Fomos a um novo *shopping* hoje.

ma.lla. ['maʎa] ['maʃa] *f.* **1.** Peça de vestuário de tecido fino e elástico que se ajusta ao corpo. Colante. ▸ Maiô. **2.** Pano de textura semelhante à da malha. ▸ Malha. **3.** Malha, rede. ◆ **Malla de baño.** *(Arg.)* Ver *bañador*[(3)]. ▸ Maiô.

mal.me.ter. [malme'ter] [malme'ter] *v.5.* Induzir alguém a ficar inimigo de outra pessoa. Indispor. ▸ Inimizar.

mal.na.ci.do, da. [malna'θiðo] [malna'siðo] *adj.* Diz-se de alguém considerado desgraçado, de valor negativo. ▸ Malnascido.

ma.lo, la. ['malo] ['malo] *adj.* **1.** Que faz mal à saúde. ▸ Mau. **2.** Que não tem a qualidade que deveria ter. ▸ Mau. **3.** Que tem maus sentimentos, índole ruim. ▸ Mau. ◆ **De mala gana.** De má vontade. **De mala manera.** Com maus modos. **¡Mala suerte!** Azar. **Por las buenas o por las malas.** Por bem ou por mal.

ma.lo.gra.do, da. [malo'ɣraðo] [malo'ɣraðo] *adj.* Que não alcançou sua finalidade. ▸ Malogrado.

ma.lo.grar. [malo'ɣrar] [malo'ɣrar] *v.4.* **1.** Fracassar na busca de um propósito. ▸ Malograr. **2.** Não concluir (uma pessoa ou coisa) o seu natural desenvolvimento. ▸ Malograr.

ma.lo.lien.te. [malo'ljente] [malo'ljente] *adj.* Que tem mau cheiro. Fedorento. ▸ Malcheiroso.

mal.pen.sa.do, da. [malpen'saðo] [malpen'saðo] *adj.* Diz-se da pessoa que sempre pensa mal sobre o que dizem ou fazem os outros. ▸ Malicioso, desconfiado. *U.t.c.s.*

mal.que.ren.cia. [malke'renθja] [malke'rensja] *f.* Má vontade ou antipatia contra uma pessoa ou coisa. ▸ Malquerença.

mal.sa.no, na. [mal'sano] [mal'sano] *adj.* **1.** Que faz mal para a saúde. Insalubre. ▸ Malsão. **2.** Que tem pouca saúde. Doentio, enfermiço. ▸ Malsão.

mal.so.nan.te. [malso'nante] [malso'nante] *adj.* **1.** Que produz som desafinado. ▸ Mal sonante. **2.** Diz-se de palavra grosseira e vulgar que escandaliza. ▸ Malsonante.

mal.ta. ['malta] ['malta] *f. Bot.* Cevada tratada para ser empregada na fabricação da cerveja e de outras bebidas. ▸ Malte.

mal.tra.tar. [maltra'tar] [maltra'tar] *v.4.* **1.** Lesar física ou moralmente as pessoas. ▸ Maltratar. **2.** Causar dano ou estragar as coisas. Infligir maus-tratos. ▸ Maltratar.

mal.tra.to. [mal'trato] [mal'trato] *m.* Ato ou efeito de maltratar ou maltratar-se. Abuso. ▸ Maus-tratos.

mal.tre.cho, cha. [mal'tretʃo] [mal'tretʃo] *adj.* Que está quebrado, desgastado ou estragado. ▸ Maltratado.

mal.va. ['malβa] ['malβa] *f. Bot.* Tipo de planta florífera. ▸ Malva.

mal.va.do, da. [mal'βaðo] [mal'βaðo] *adj.* Diz-se da pessoa perversa, que pratica atos cruéis. ▸ Malvado. *U.t.c.s.*

mal.ven.der. [malβen'der] [malβen'der] *v.5.* Vender a baixo preço, com pouco ou nenhum lucro. ▸ Vender na bacia das almas.

mal.ver.sar. [malβer'sar] [malβer'sar] *v.4. Polít.* Investir ilicitamente dinheiro público em operações não autorizadas. ▸ Malversar.

mal.vi.vir. [malβi'βir] [malβi'βir] *v.6.* Viver na pobreza, passar necessidade. ▸ Viver mal.

ma.ma. ['mama] ['mama] *f. Anat.* Órgão das fêmeas dos mamíferos que produz o leite. ▸ Mama.

ma.má. [ma'ma] [ma'ma] *f.* Tratamento carinhoso dado pelos filhos às mães. ▸ Mamãe.

ma.ma.do, da. [ma'maðo] [ma'maðo] *adj.* Ver *borracho*. ▸ Bêbado.

ma.mar. [ma'mar] [ma'mar] *v.4.* **1.** Sugar, os filhotes dos mamíferos, o leite de suas mães para alimentar-se. ▸ Mamar. *v.p.* **2.** Ver *emborrachar*. ▸ Embriagar-se.

ma.ma.rra.cho. [mama'ratʃo] [mama'ratʃo] *m.* Figura ou pessoa feia e ridícula. ▸ Mostrengo.

mam.bo. ['mambo] ['mambo] *m. Mús.* Música e dança muito alegre procedente de Cuba. ▸ Mambo.

ma.me.lu.co. [mame'luko] [mame'luko] *m.* **1.** *Mil.* Soldado turco de unidade formada por escravos. **2.** *(Méx.)* Peça de roupa inteiriça que não cobre os braços. ▸ Macacão.

ma.mí.fe.ro, ra. [ma'mifero] [ma'mifero] *adj. Zool.* **1.** Diz-se dos animais que se alimentam do leite da mãe. ▸ Mamífero. *m.pl.* **2.** A classe desses animais. ▸ Mamífero.

ma.món. [ma'mon] [ma'mon] *m.* **1.** *Bot.* Árvore que produz o mamão. ▸ Mamoeiro. **2.** *Bot.* Esse fruto. ▸ Mamão. **3.** *(Arg.)* Ver *borracho*. ▸ Bêbado.

ma.mo.tre.to. [mamo'treto] [mamo'treto] *m.* **1.** Móvel grande e pouco útil. ▸ Trambolho. **2.** *fig.* Livro grande, pesado e geralmente ruim. ▸ Calhamaço.

mam.pa.ra. [mam'para] [mam'para] *f.* Placa de madeira ou outro material que se usa para isolar um lugar ou cobrir uma porta. ▸ Biombo.

mam.po.rro. [mam'poro] [mam'poro] *m.* Pancada dada na cabeça com o punho fechado. Soco. ▶ Murro.

mam.pos.te.rí.a. [mamposte'ria] [mampohte'ria] *f. Arq.* Obra de construção feita com pedras e/ou tijolos. ▶ Alvenaria.

ma.mut. [ma'mut] [ma'mut] *m. Zool.* Espécie de elefante da era pré-histórica. ▶ Mamute.

ma.na.da. [ma'naða] [ma'naða] *f. col.* Grupo de animais que está aos cuidados de um pastor. ▶ Rebanho.

má.na.ger. ['manaxeɾ] ['manaxeɾ] *com.* Responsável por uma empresa ou instituição. ▶ Gerente.

ma.nan.tial. [manan'tjal] [manan'tjal] *m.* Lugar onde brota água. Nascente. ▶ Manancial.

ma.nar. [ma'naɾ] [ma'naɾ] *v.4.* Brotar ou sair água ou outro líquido. Jorrar. ▶ Manar.

ma.na.tí. [mana'ti] [mana'ti] *m. Zool.* Nome comum a várias espécies de mamíferos aquáticos que vivem nas costas do mar do Caribe e nos rios da região. ▶ Peixe-boi.

ma.na.zas. [ma'naθas] [ma'nasas] *adj.* **1.** Diz-se da pessoa com mãos muito grandes. **2.** Que não tem facilidade para trabalhos manuais. ▶ Mãozudo.

man.ce.bo, ba. [man'θeβo] [man'seβo] *m.* Pessoa jovem e solteira. ▶ Mancebo.

man.cha. ['mantʃa] ['mantʃa] *f.* **1.** Marca de sujeira que uma coisa deixa em um corpo. ▶ Mancha. **2.** *Astr.* Cada uma das partes escuras do Sol ou da Lua. ▶ Mancha.

man.char. [man'tʃaɾ] [man'tʃaɾ] *v.4.* Produzir manchas em uma superfície. ▶ Manchar.

man.ci.llar. [manθi'ʎaɾ] [mansi'ʃaɾ] *v.4.* Manchar o nome de uma pessoa ou família. ▶ Denegrir.

man.co, ca. ['manko] ['manko] *adj.* Diz-se de pessoa ou animal ao qual falta um braço ou uma mão. ▶ Maneta / Perneta.

man.co.mu.nar. [mankomu'naɾ] [mankomu'naɾ] *v.4.* Unir pessoas, forças ou capital para uma finalidade comum. ▶ Mancomunar.

man.da.de.ro, ra. [manda'ðeɾo] [manda'ðeɾo] *s.* Encarregado de levar ou trazer coisas. ▶ Contínuo.

man.da.do, da. [man'daðo] [man'daðo] *s.* **1.** Serviço, em geral, de trazer ou levar coisas. ▶ Mandado. *m.* **2.** Aviso levados ou deixados a outrem. ▶ Recado.

man.da.más. [manda'mas] [manda'mas] *com.* **1.** Pessoa que faz ostentação de sua autoridade. ▶ Mandachuva. **2.** O chefe máximo em uma comunidade. ▶ Mandachuva.

man.da.mien.to. [manda'mjento] [manda'mjento] *m.* **1.** Ordem de superior a um inferior. ▶ Ordem. **2.** *Rel.* Cada um dos preceitos da Lei de Deus e da Igreja, segundo o catolicismo. ▶ Mandamento.

man.dar. [man'daɾ] [man'daɾ] *v.4.* **1.** Dar ordem, governar, ter o mando. ▶ Mandar. **2.** Enviar uma pessoa ou remeter uma coisa. ▶ Mandar.

man.da.rín, ri.na. [manda'rin] [manda'rin] *m.* **1.** Autoridade do antigo sistema imperial chinês. ▶ Mandarim. **2.** *fig.* Pessoa que tem poder em uma comunidade. ▶ Mandarim.

man.da.ri.na. [manda'rina] [manda'rina] *f. Bot.* Fruta semelhante à laranja. ▶ Tangerina, mexerica. ➡ *Frutas*

man.da.ta.rio, ria. [manda'tarjo] [manda'tarjo] *s.* **1.** Pessoa que representa uma outra. ▶ Procurador. **2.** *Polít.* Pessoa que ocupa, por eleição, um cargo no governo de um país. ▶ Mandatário.

man.da.to. [man'dato] [man'dato] *m. Polít.* **1.** Representação que se confere aos eleitos para cargos políticos. ▶ Mandato. **2.** O período que dura essa representação. ▶ Mandato. **3.** O tempo ou período em que alguém atua como mandatário. ▶ Mandato.

man.dí.bu.la. [man'diβula] [man'diβula] *f. Anat.* Cada uma das peças ósseas em que estão implantados os dentes. ▶ Mandíbula.

man.dil. [man'dil] [man'dil] *m.* Peça de couro ou tecido grosso que serve para proteger a roupa. ▶ Avental.

man.dio.ca. [man'djoka] [man'djoka] *f. Bot.* **1.** Arbusto de raiz comestível. Mandioca. ▶ Macaxeira. **2.** Fécula da raiz desse arbusto. Mandioca. ▶ Macaxeira.

man.do. ['mando] ['mando] *m.* **1.** Autoridade e poder de que são investidas algumas pessoas. ▶ Comando. **2.** Dispositivo para acionar ou comandar o funcionamento de um mecanismo. ▶ Controle. ◆ **Mando a distancia.** Controle remoto.

man.do.li.na. [mando'lina] [mando'lina] *f. Mús.* Instrumento musical de quatro cordas semelhante ao alaúde. ▶ Bandolim.

man.dón, do.na. [man'don] [man'don] *adj.* Que manda mais do que deve, que se excede em autoridade. ▶ Mandão. *U.t.c.s.*

man.dril. [man'dril] [man'dɾil] *m.* **1.** *Zool.* Macaco da costa ocidental da África que tem o nariz vermelho e azul e é muito agressivo. ▸ Mandril. **2.** Peça de madeira ou metal, cilíndrica, que segura o que se vai tornear. ▸ Mandril.

ma.ne.ci.lla. [mane'θiʎa] [mane'siʃa] *f.* **1.** Mãozinha impressa para indicar alguma coisa. **2.** Ver *manilla*[(2)]. ▸ Ponteiro.

ma.ne.ja.ble. [mane'xaβle] [mane'xaβle] *adj.* Que é fácil de manobrar ou manejar. ▸ Manejável.

ma.ne.jar. [mane'xaɾ] [mane'xaɾ] *v.4.* **1.** Fazer uso de uma coisa com as mãos. ▸ Manusear. **2.** *(Amér.)* Guiar um automóvel. Conduzir. ▸ Dirigir.

ma.ne.jo. [ma'nexo] [ma'nexo] *m.* **1.** Ato ou efeito de manejar de alguma coisa. ▸ Manuseio. **2.** Direção ou gestão de um negócio. Administração. ▸ Manejo.

ma.ne.ra. [ma'neɾa] [ma'neɾa] *f.* Modo ou forma de fazer as coisas. ▸ Maneira. ◆ **De manera que.** De maneira que. **De ninguna manera.** De jeito nenhum. **No hay manera.** Não tem jeito.

man.ga. ['manga] ['manga] *f.* **1.** Parte de uma vestimenta que cobre todo o braço ou parte dele. ▸ Manga. **2.** ▢ Tubo de forma cônica usado em encanamentos, irrigação, etc. ▸ Mangueira. **3.** História em quadrinhos em estilo japonês. ▸ Mangá. **4.** Cone de pano que indica a direção do vento. ▸ Biruta. ◆ **Manga de agua.** Tromba-d'água. **Tener algo en la manga.** Ter algo escondido na manga.

man.ga.ne.so. [manga'neso] [manga'neso] *m. Quím.* Metal refratário muito oxidável, que se usa na fabricação do aço. ▸ Manganês.

man.gar. [man'gaɾ] [man'gaɾ] *v.9.* **1.** Furtar ou roubar. ▸ Surrupiar. **2.** Pedir dinheiro sem assumi-lo como empréstimo. ▸ Calotear.

man.glar. [man'glaɾ] [man'glaɾ] *m.* Terreno de regiões costeiras tropicais que são inundados pelas marés, onde crescem árvores e vegetação de água salobre. ▸ Mangue.

man.go. ['mango] ['mango] *m.* **1.** *Bot.* O fruto da mangueira. ▸ Manga. **2.** Parte pela qual é segurado um objeto. ▸ Cabo. **3.** *fam.* Unidade de dinheiro. ▸ Tostão. ◆ **Tener la sartén por el mango.** Estar com a faca e o queijo na mão. → *Frutas*

man.gue.ra. [man'geɾa] [man'geɾa] *f.* Tubo de lona, borracha ou outro material flexível usado para conduzir água. ▸ Mangueira.

ma.ní. [ma'ni] [ma'ni] *m.* Planta que dá o fruto seco de mesmo nome. ▸ Amendoim.

ma.ní.a. [ma'nia] [ma'nia] *f.* **1.** Repetição irracional de comportamentos. ▸ Mania. **2.** Aferro habitual a pessoas ou coisas. ▸ Mania. **3.** *Med.* Tipo de perturbação psíquica. ▸ Mania.

ma.nia.co, ca. [ma'njako] [ma'njako] *adj. Med.* Que padece de mania. ▸ Maníaco. *U.t.c.s. U.t. ma.ní.a.co.*

ma.nia.tar. [manja'taɾ] [manja'taɾ] *v.4.* **1.** Amarrar as mãos. Prender. ▸ Manietar. **2.** *fig.* Impedir alguém de agir. ▸ Deter.

ma.niá.ti.co, ca. [mani'atiko] [mani'atiko] *adj.* Que tem manias. ▸ Maníaco. *U.t.c.s.*

ma.ni.co.mio. [mani'komjo] [mani'komjo] *m. Med.* Hospital especializado no tratamento de doentes mentais. ▸ Manicômio.

ma.ni.cor.to, ta. [mani'koɾto] [mani'koɾto] *adj.* Diz-se de pessoa extremamente econômica. Mão de vaca. ▸ Sovina. *U.t.c.s.*

ma.ni.cu.ro, ra. [mani'kuɾo] [mani'kuɾo] *s.* Pessoa que tem por ofício cuidar das mãos, especialmente das unhas. ▸ Manicure.

ma.ni.do, da. [ma'niðo] [ma'niðo] *adj.* **1.** Que está começando a apodrecer, especialmente alimentos. **2.** Diz-se de assuntos ou temas repetidamente tratados. ▸ Batido.

ma.nie.ris.mo. [manje'ɾismo] [manje'ɾihmo] *m.* Estilo artístico difundido pela Europa no século XVI, que combina traços do Renascimento e do Barroco. ▸ Maneirismo.

ma.nie.ris.ta. [manje'ɾista] [manje'ɾihta] *adj.* Diz-se do artista que cultivava o estilo próprio do maneirismo. ▸ Maneirista.

ma.ni.fes.ta.ción. [manifesta'θjon] [manifehta'sjon] *f.* **1.** Ato ou efeito de manifestar. ▸ Manifestação. **2.** Passeata que se faz como demonstração de protesto ou reivindicação de alguma coisa. ▸ Manifestação.

ma.ni.fes.tan.te. [manifes'tante] [manifeh'tante] *s.* Pessoa que participa de uma manifestação pública. ▸ Manifestante.

ma.ni.fes.tar. [manifes'taɾ] [manifeh'taɾ] *v.15. p.p. reg. manifestado / irreg. manifiesto.* **1.** Dar a conhecer por gesto, dito ou ato. ▸ Manifestar. **2.** Tomar parte em uma manifestação pública. ▸ Manifestar.

ma.ni.fies.to, ta. [mani'fjesto] [mani'fjehto] *adj.* **1.** Diz-se do que é óbvio, claro e evidente. ▸ Manifesto. *m.* **2.** Texto que expõe os princípios de uma corrente de pensamentos. ▸ Manifesto.

ma.ni.ja. [ma'nixa] [ma'nixa] *f.* Braçadeira de metal para segurar ou levantar alguma coisa. Puxador. ▸ Alça.

ma.ni.lla. [ma'niʎa] [ma'niʃa] *f.* **1.** Pulseira ou aro de metal que se usa nos pulsos como adorno. ▸ Manilha. **2.** Cada um dos ponteiros de um relógio. ▸ Ponteiro. **3.** Tranqueta que se move ou gira para abrir uma porta. ▸ Trinco.

ma.nio.bra. [ma'njoβɾa] [ma'njoβɾa] *f.* **1.** Operação que se faz com um veículo para situá-lo como se deseja. ▸ Manobra. *pl.* **2.** *fig.* Atitude que se toma deliberadamente para manejar uma situação complexa. ▸ Manobra. *pl.* **3.** Exercícios de treinamento que faz o exército. ▸ Manobras.

ma.nio.brar. [manjo'βɾaɾ] [manjo'βɾaɾ] *v.4.* **1.** Executar manobras. ▸ Manobrar. **2.** Encaminhar ou dirigir com habilidade. ▸ Manobrar.

ma.ni.pu.la.ción. [manipula'θjon] [manipula'sjon] *f.* Ato ou modo de manipular. ▸ Manipulação.

ma.ni.pu.la.dor, do.ra. [manipula'ðoɾ] [manipula'ðoɾ] *adj.* Que manipula. ▸ Manipulador.

ma.ni.pu.lar. [manipu'laɾ] [manipu'laɾ] *v.4.* **1.** Operar com as mãos uma coisa. ▸ Manipular. **2.** Alterar alguém, a seu modo e geralmente em favor próprio, o andamento de uma situação. ▸ Manipular.

ma.ni.que.ís.mo. [manike'ismo] [manike'ihmo] *m.* Doutrina do pensador persa Maniqueu que fundamenta toda a realidade em dois princípios criadores: um para o bem e outro para o mal. ▸ Maniqueísmo.

ma.ni.que.o, a. [mani'keo] [mani'keo] *adj.* Diz-se do seguidor do maniqueísmo. ▸ Maniqueísta.

ma.ni.quí. [mani'ki] [mani'ki] *m.* **1.** Molde imitando parte do corpo humano, o tronco, que se usa para experimentar ou expor vestimentas. ▸ Manequim. **2.** Profissional que veste e desfila roupas para que sejam vistas por interessados em moda. ▸ Manequim.

ma.ni.tas. [ma'nitas] [ma'nitas] *adj.* Que tem muita habilidade para trabalhos manuais. ▸ Mão de fada. *U.t.c.s.*

ma.ni.ve.la. [mani'βela] [mani'βela] *f.* Peça de ferro que, encaixada no eixo de uma máquina, serve para iniciar o movimento desta. ▸ Manivela.

man.jar. [man'xaɾ] [man'xaɾ] *m. Cul.* Comida seleta muito bem preparada. ▸ Manjar dos deuses.

ma.no. ['mano] ['mano] *f. Anat.* **1.** O extremo dos braços dos seres humanos, do pulso à ponta dos dedos. ▸ Mão. **2.** As quatro extremidades dos membros dos símios. ▸ Mão. **3.** Os pés dianteiros dos quadrúpedes. ▸ Mão. ◆ **A mano. 1.** Sem instrumento. ▸ A mão. **2.** Que está a pouca distância. ▸ À mão. **A mano derecha/izquierda.** À direita/esquerda. **Cambiar de manos.** Mudar de dono. **De la mano.** De mãos dadas. **Echar mano de.** Auxiliar-se de uma pessoa ou coisa. ▸ Lançar mão de. **Echar una mano.** Dar uma mão. **Frotarse las manos.** Esfregar as mãos (de alegria). **Irse de la mano.** Perder o controle de algo. **¡Manos arriba!** Mãos ao alto!
➡ *Cuerpo humano*

ma.no.jo. [ma'noxo] [ma'noxo] *m.* Conjunto de coisas que se pode pegar com a mão. ▸ Maço. ◆ **Manojo de llaves.** Molho de chaves. **Manojo de verduras.** Maço de verduras.

ma.no.pla. [ma'nopla] [ma'nopla] *f.* **1.** Luva de ferro, parte de uma armadura. ▸ Manopla. **2.** *fig.* Mão grande. ▸ Manopla. **3.** Luva sem separação para os dedos, apenas para o polegar. ▸ Luva.

ma.no.se.ar. [manose'aɾ] [manose'aɾ] *v.4.* Segurar ou tocar repetidamente uma coisa. ▸ Manusear.

ma.no.ta.zo. [mano'taθo] [mano'taso] *m.* Golpe forte dado com a mão. ▸ Mãozada.

ma.no.te.ar. [manote'aɾ] [manote'aɾ] *v.4.* **1.** Gesticular com as mãos para enfatizar o que se diz. ▸ Gesticular. **2.** Golpear com as mãos. ▸ Estapear. **3.** *fig.* Furtar com a mão. ▸ Surrupiar.

man.sal.va(a). [man'salβa] [man'salβa] *loc.* **1.** Sem nenhum perigo, sem risco. ▸ A salvo. **2.** Em grande quantidade. ▸ Aos montes.

man.se.dum.bre. [manse'ðumbɾe] [manse'ðumbɾe] *f.* Índole pacífica. Sossego. ▸ Mansidão.

man.sión. [man'sjon] [man'sjon] *f.* Residência grande e luxuosa. ▸ Mansão.

man.so, sa. ['manso] ['manso] *adj.* **1.** Que procede sem agressividade. ▸ Manso. **2.** Diz-se dos animais que não são bravos. ▸ Manso.

man.ta. ['manta] ['manta] *f.* Pano de lã ou algodão que serve para abrigar-se do frio. ▸ Manta.

man.te.ca. [man'teka] [man'teka] *f.* **1.** *(Arg.)* Gordura que se tira do leite, especialmente da vaca. ▸ Manteiga. **2.** Gordura animal, especialmente a do porco. ▸ Banha.

man.te.ca.da. [mante'kaða] [mante'kaða] *f. Cul.* **1.** Fatia de pão com manteiga e açúcar. **2.** Bolo pequeno feito com muita manteiga. ▶ Amanteigado.

man.te.ca.do. [mante'kaðo] [mante'kaðo] *m. Cul.* **1.** Sorvete feito com ovos, leite e açúcar. **2.** Ver *mantecada*(2).

man.te.co.so, sa. [mante'koso] [mante'koso] *adj.* Que tem muita manteiga ou se assemelha à manteiga. ▶ Manteigoso.

man.tel. [man'tel] [man'tel] *m.* Peça de linho ou algodão com que se cobre a mesa nas refeições. ▶ Toalha de mesa.

man.te.le.rí.a. [mantele'ria] [mantele'ria] *f.* Jogo de toalha e guardanapos para a mesa de jantar. ▶ Jogo de mesa.

man.te.ner. [mante'neɾ] [mante'neɾ] *v.26.* **1.** Prover alguém do que é necessário. Sustentar. ▶ Manter. **2.** Conservar um estado original. ▶ Manter. **3.** Continuar aquilo que se está executando. ▶ Manter.

man.te.ni.do, da. [mante'niðo] [mante'niðo] *adj.* **1.** Que recebe seu sustento de outra pessoa. Mantido. ▶ Dependente. **2.** Diz-se do ato que não tem interrupção. Ininterrupto.

man.te.ni.mien.to. [manteni'mjento] [manteni'mjento] *m.* Conjunto de operações e cuidados necessários para que máquinas, empresas, edifícios, etc. funcionem adequadamente. ▶ Manutenção.

man.te.que.ra. [mante'keɾa] [mante'keɾa] *f.* Vasilha em que se coloca a manteiga. ▶ Manteigueira.

man.te.qui.lla. [mante'kiʎa] [mante'kiʃa] *f.* Produto obtido do leite da vaca. ▶ Manteiga.

man.ti.lla. [man'tiʎa] [man'tiʃa] *f.* Manto fino de seda ou outro tecido que usam as mulheres para cobrir a cabeça. ▶ Mantilha.

man.ti.llo. [man'tiʎo] [man'tiʃo] *m. Geol.* Camada superior do solo formada pela decomposição de matéria orgânica. Terra vegetal. ▶ Húmus.

man.tis. [man'tis] [man'tis] *f. Zool.* Inseto de tamanho médio, muito voraz, que mantém as patas dianteiras em atitude semelhante à de uma pessoa em oração. ▶ Louva-deus.

man.to. ['manto] ['manto] *m.* **1.** Peça sem mangas que se usa por cima da roupa, sobre os ombros. ▶ Manto. **2.** *fig.* O que encobre ou oculta uma coisa. ▶ Manto.

man.tón. [man'ton] [man'ton] *m.* Peça de abrigo que se põe sobre os ombros. ▶ Xale.

ma.nua.ble. [ma'nwaβle] [ma'nwaβle] *adj.* De fácil manuseio. ▶ Manejável.

ma.nual. [ma'nwal] [ma'nwal] *adj.* **1.** Que se executa com as mãos. ▶ Manual. *m.* **2.** Folheto que acompanha alguns aparelhos e explica para que servem e como devem ser usados. ▶ Manual.

ma.nua.li.dad. [manwali'ðaθ] [manwali'ðað] *f.* Trabalho que se executa com as mãos. ▶ Trabalhos manuais. *Us. no pl.*

ma.nu.brio. [ma'nuβɾjo] [ma'nuβɾjo] *m.* **1.** Peça de ferro para dar voltas ao eixo de um mecanismo. ▶ Manivela. **2.** *(Arg.)* Barra de direção da bicicleta. ▶ Guidom (mais us.).

ma.nu.fac.tu.ra. [manufak'tuɾa] [manufak'tuɾa] *f.* Produto feito à mão ou com auxílio de máquinas. ▶ Manufatura.

ma.nu.fac.tu.rar. [manufaktu'ɾaɾ] [manufaktu'ɾaɾ] *v.4.* Fabricar com equipamentos mecânicos, máquinas. ▶ Manufaturar.

ma.nus.cri.to, ta. [manus'kɾito] [manuh'kɾito] *adj.* **1.** Que está escrito à mão. ▶ Manuscrito. *m.* **2.** Papel ou livro escrito à mão. ▶ Manuscrito. *El descubrimiento de manuscritos egipcios ha facilitado el estudio de la Historia Antigua.* A descoberta de manuscritos egípcios facilitou o estudo da História Antiga.

ma.nu.ten.ción. [manuten'θjon] [manuten'sjon] *f.* **1.** Conjunto de operações destinadas a manter os meios de produção de uma empresa em perfeitas condições. ▶ Manutenção. **2.** Prover alguém do necessário. Sustento. ▶ Manutenção.

man.za.na. [man'θana] [man'sana] *f.* **1.** *Bot.* Fruto da macieira. ▶ Maçã. **2.** Ver *cuadra*(2). Quarteirão. ▶ Quadra. ◆ **A vuelta de manzana.** Na rua oposta do mesmo quarteirão. ▶ Na rua de trás. **Dar la vuelta a la manzana.** Dar uma volta no quarteirão.
➧ *Frutas*

man.za.ni.lla. [manθa'niʎa] [mansa'niʃa] *f. Bot.* Erva de flores cheirosas com as quais se faz uma infusão digestiva e antifebril. ▶ Camomila.

man.za.no. [man'θano] [man'sano] *m. Bot.* Árvore que produz as maçãs. ▶ Macieira.

ma.ña. ['maɲa] ['maɲa] *f.* **1.** Habilidade para fazer as coisas. ▶ Manha. **2.** Vício ou mau costume. ▶ Manha.

ma.ña.na. [ma'ɲana] [ma'ɲana] *f.* **1.** O dia posterior ao atual. ▶ Amanhã. **2.** Espaço de tempo entre o amanhecer e o meio-dia. ▸ Manhã. *adv.* **3.** No dia posterior ao atual. ▸ Amanhã. ♦ **¡Hasta mañana!** Até amanhã! **Mañana por la mañana / tarde / noche.** Amanhã de manhã / tarde / noite. **Pasado mañana.** Depois de amanhã.

ma.ña.ne.ro, ra. [maɲa'nero] [maɲa'neɾo] *adj.* **1.** Pertencente ou relativo à manhã. ▸ Matinal. **2.** Diz-se de pessoa que gosta de fazer suas coisas pela manhã. ▸ Madrugador.

ma.ña.ni.ta. [maɲa'nita] [maɲa'nita] *f.* **1.** Pequena capa que cobre os ombros e as costas para se usar dentro de casa nas primeiras horas do dia. ▸ Bolero. *pl.* **2.** *(Méx.)* Música popular cantada no aniversário das mulheres.

ma.ño.so, sa. [ma'ɲoso] [ma'ɲoso] *adj.* Que tem manha. Astucioso. ▸ Manhoso.

ma.pa. ['mapa] ['mapa] *m. Geogr.* Representação geográfica de um território. ▸ Mapa. ♦ **Borrar (a uno) del mapa.** Matar (alguém). ➡ *En el aula*

ma.pa.che. [ma'patʃe] [ma'patʃe] *m. Zool.* Mamífero carniceiro de pele cinza, da América do Norte. ▸ Guaxinim, racum.

ma.pa.mun.di. [mapa'mundi] [mapa'mundi] *m.* Mapa que representa toda a Terra dividida em dois hemisférios. ▸ Mapa-múndi.

ma.pu.che. [ma'putʃe] [ma'putʃe] *adj.* **1.** Diz-se dos índios originários da região chilena de Arauco. ▸ Mapuche. *m.* **2.** *Ling.* Língua dos índios mapuches. ▸ Mapuche.

ma.que.ta. [ma'keta] [ma'keta] *f.* Modelo em tamanho reduzido de uma construção, monumento ou outro objeto. ▸ Maquete.

ma.que.tis.ta. [make'tista] [make'tihta] *com.* Especialista em fazer maquetes. ▸ Maquetista.

ma.qui.lla.dor, do.ra. [makiʎa'ðor] [makiʃa'ðor] *s.* Profissional que se dedica a maquiar em estabelecimentos de beleza, teatros, estúdios cinematográficos, etc. ▸ Maquiador.

ma.qui.lla.je. [maki'ʎaxe] [maki'ʃaxe] *m.* **1.** Ato ou efeito de maquiar. ▸ Maquiagem. **2.** Produto cosmético usado para maquiar. ▸ Maquiagem.

ma.qui.llar. [maki'ʎar] [maki'ʃar] *v.4.* **1.** Aplicar cosméticos no corpo, especialmente no rosto, para embelezá-lo. Maquilar. ▸ Maquiar. **2.** *fig.* Dar a um assunto aparência melhor do que a verdadeira. ▸ Maquiar.

má.qui.na. ['makina] ['makina] *f.* Conjunto de peças combinadas para receber energia e produzir o efeito para o qual foi projetado. ▸ Máquina. ♦ **Máquina de vapor.** Máquina a vapor. **Máquina tragaperras.** Máquina de jogos de azar que funcionam ao introduzir moedas. ▸ Máquina caça-níquel.

ma.qui.na.ción. [makina'θjon] [makina'sjon] *f.* Intriga sigilosa dirigida a um fim escuso. ▸ Maquinação.

ma.qui.nal. [maki'nal] [maki'nal] *adj.* **1.** Que diz respeito às máquinas. ▸ Maquinal. **2.** Diz-se dos atos e movimentos executados sem pensar. ▸ Maquinal.

ma.qui.nar. [maki'nar] [maki'naɾ] *v.4.* Tramar algo secretamente. ▸ Maquinar.

ma.qui.na.ria. [maki'narja] [maki'naɾja] *f.* Conjunto de máquinas para uma finalidade determinada. ▸ Maquinaria.

ma.qui.ni.lla. [maki'niʎa] [maki'niʃa] *f.* Máquina de barbear. ▸ Barbeador elétrico. *U.t. maquinilla de afeitar.*

ma.qui.nis.mo. [maki'nismo] [maki'nihmo] *m.* Aumento progressivo do uso das máquinas na indústria moderna. ▸ Mecanização.

ma.qui.nis.ta. [maki'nista] [maki'nihta] *com.* **1.** Pessoa que inventa, desenha ou fabrica máquinas. ▸ Maquinista. **2.** Pessoa que dirige ou opera uma máquina. ▸ Maquinista.

mar. ['mar] ['maɾ] *m.* Massa de água salgada que cobre a maior parte da superfície da Terra. ▸ Mar. *U.t.c.f.* ♦ **Alta mar.** Parte do mar longe da costa. ▸ Alto-mar. **Hacerse a la mar.** Levantar âncora e partir mar adentro. ▸ Lançar-se ao mar. **La mar de.** Muito. *Eso está la mar de bueno.* Isso está muito bom.

ma.ra.ca. [ma'raka] [ma'ɾaka] *f. Mús.* Chocalho, feito com uma bola dura oca que contém grãos ou pedrinhas, e que se chacoalha para acompanhar uma música. Chocalho. ▸ Maraca.

ma.ra.cu.yá. [maraku'ja] [maɾaku'ʃa] *m. Bot.* Fruta amarela, de sabor forte. ▸ Maracujá.

ma.ra.ña. [ma'raɲa] [ma'ɾaɲa] *f.* **1.** Lugar coberto de mato. ▸ Matagal. **2.** Fibras, fios ou cabelos enredados. ▸ Emaranhado.

ma.ras.mo. [ma'rasmo] [ma'ɾahmo] *m.* Extrema debilidade do corpo humano. Estagnação. ▸ Marasmo.

ma.ra.tón. [mara'ton] [maɾa'ton] *m.* **1.** Corrida esportiva pedestre de resistência, de longitude de 42 quilômetros e 195 metros. ▸ Maratona. **2.** *fig.* Percurso longo e esforçado. ▸ Maratona. ➡ *Deportes*

ma.ra.vi.lla. [maɾa'βiʎa] [maɾa'βiʃa] *f.* Fato ou coisa que causa admiração. ▸ Maravilha. ◆ **De maravilla.** Maravilhosamente.

ma.ra.vi.llar. [maɾaβi'ʎaɾ] [maɾaβi'ʃaɾ] *v.4.* Causar admiração. Deslumbrar. ▸ Maravilhar.

ma.ra.vi.llo.so, sa. [maɾaβi'ʎoso] [maɾaβi'ʃoso] *adj.* Que deslumbra por sua beleza ou outra qualidade extraordinária. ▸ Maravilhoso.

mar.ca. ['maɾka] ['maɾka] *f.* **1.** Nome distintivo que um fabricante põe em seus produtos. ▸ Marca. **2.** Sinal feito em pessoa, animal ou coisa para diferenciá-lo de outros. ▸ Marca. **3.** *Desp.* O melhor resultado obtido em um esporte. ▸ Marca. ◆ **De marca.** Diz-se daqueles produtos de marca reconhecida. ▸ De marca. de grife.

mar.ca.dor, do.ra. [maɾka'ðoɾ] [maɾka'ðoɾ] *s.* **1.** Que marca. ▸ Marcador. *m.* **2.** Painel em que se anotam os pontos ou gols em uma competição esportiva. ▸ Placar. **3.** Caneta para assinalar palavras de um texto. ▸ Marca-texto. ➡ *En el aula*

mar.ca.pa.sos. [maɾka'pasos] [maɾka'pasos] *m. Med.* Aparelho eletrônico que, introduzido no organismo, estimula o funcionamento rítmico do coração. ▸ Marcapasso.

mar.car. [maɾ'kaɾ] [maɾ'kaɾ] *v.7.* **1.** Pôr marca ou sinal. Assinalar. ▸ Marcar. **2.** *Desp.* Fazer pontos. ▸ Marcar. **3.** *Desp.* Fazer o possível para que o jogador adversário não atue livremente. ▸ Marcar.

mar.cha. ['maɾtʃa] ['maɾtʃa] *f.* **1.** Ato ou efeito de marchar. ▸ Marcha. **2.** Velocidade de um veículo. ▸ Marcha. **3.** *Mús.* Peça de música de ritmo fixo que marca a passagem em um desfile. ▸ Marcha. **4.** Deslocamento simultâneo de várias pessoas com um mesmo destino. ▸ Marcha. **5.** Funcionamento de um mecanismo ou instituição. ▸ Funcionamento. **6.** *fig.* Desenvolvimento de um projeto. ▸ Andamento. ◆ **Dar marcha atrás.** Desistir, retroceder. **Estar en marcha.** Estar em andamento. *La construcción está en marcha y cerca de terminarse.* A construção está em andamento e próxima do fim. **Llevar mucha marcha.** Ser muito animado para tudo. **Marcha atrás.** Marcha a ré. **Poner en marcha.** Pôr em funcionamento.

mar.chan.te. [maɾ'tʃante] [maɾ'tʃante] *com.* Negociante que compra e/ou vende obras de arte. ▸ Marchand.

mar.char. [maɾ'tʃaɾ] [maɾ'tʃaɾ] *v.4.* **1.** Dirigir-se a um lugar. ▸ Ir. **2.** Caminhar de forma compassada. ▸ Marchar. *v.p.* **3.** Sair de um lugar em direção a outro. ▸ Ir embora.

mar.chi.tar. [maɾtʃi'taɾ] [maɾtʃi'taɾ] *v.4. p.p. reg. marchitado.* **1.** Perder o frescor as flores e plantas. ▸ Murchar. **2.** *fig.* Perder o viço e a animação. ▸ Murchar.

mar.chi.to, ta. [maɾ'tʃito] [maɾ'tʃito] *adj.* Que perdeu o viço, a frescura e a força. ▸ Murcho.

mar.cho.so, sa. [maɾ'tʃoso] [maɾ'tʃoso] *adj.* Diz-se de pessoa animada, sempre disposta. ▸ Motivada.

mar.cial. [maɾ'θjal] [maɾ'sjal] *adj. Mil.* Pertencente ao exército ou aos militares. ▸ Marcial. ◆ **Artes marciales.** Conjunto de tradicionais técnicas de luta do Extremo Oriente. ▸ Artes marciais.

mar.co. ['maɾko] ['maɾko] *m.* **1.** Marco em que se encaixa a porta ou janela. ▸ Batente. **2.** Material que guarnece um quadro. ▸ Moldura. **3.** *Fin.* Moeda alemã que vigorou até o dia 1º de janeiro de 2002, quando foi substituída pelo euro. ▸ Marco. **4.** *fig.* Contexto. ▸ Âmbito. ➡ *Muebles y electrodomésticos*

ma.re.a. [ma'ɾea] [ma'ɾea] *f.* Fluxo e refluxo periódico das águas do mar. ▸ Maré. ◆ **Marea negra.** Mancha de petróleo no mar que pode causar graves danos, principalmente nas proximidades da costa. ▸ Mancha de óleo.

ma.re.a.do, da. [maɾe'aðo] [maɾe'aðo] *adj.* **1.** Que passa a sentir um mal-estar pelo movimento do veículo em que está. ▸ Enjoado. **2.** Ligeiramente bêbado. ▸ Alto.

ma.re.ar. [maɾe'aɾ] [maɾe'aɾ] *v.4. v.p.* Ter mal-estar pelo movimento próprio ou do veículo em que se está. ▸ Enjoar.

ma.re.ja.da. [maɾe'xaða] [maɾe'xaða] *f. Mar.* Movimento do mar com grandes ondas. ▸ Marulho.

ma.re.mo.to. [maɾe'moto] [maɾe'moto] *m. Geogr.* Agitação violenta das águas por terremoto que acontece no fundo do mar. ▸ Maremoto.

ma.re.o. [ma'ɾeo] [ma'ɾeo] *m.* Resultado de marear. ▸ Enjoo.

ma.re.ó.gra.fo. [maɾe'oɣɾafo] [maɾe'oɣɾafo] *m. Mar.* Instrumento que registra graficamente o nível das águas do mar. ▸ Mareógrafo.

mar.fil. [maɾ'fil] [maɾ'fil] *m.* **1.** Matéria que constitui a presa dos elefantes. ▸ Marfim. **2.** Matéria branca e dura dos dentes. ▸ Marfim.

mar.ga.ri.na. [marɣa'rina] [marɣa'rina] *f. Cul.* Produto gorduroso, semelhante à manteiga, que se extrai de óleos vegetais e gorduras animais e se utiliza na alimentação. ▸ Margarina.

mar.ga.ri.ta. [marɣa'rita] [marɣa'rita] *f. Bot.* Planta campestre e florífera. ▸ Margarida. ♦ **Echar margaritas a puercos.** *fig.* Dirigir discurso, afeto ou generosidade a quem não merece. ▸ Atirar pérolas aos porcos.

mar.gen. ['marxen] ['marxen] *amb.* **1.** Extremidade ou beira de uma coisa. ▸ Margem. **2.** *Fin.* Lucro que se pode obter em um negócio. ▸ Margem. ♦ **Al margen.** À margem, de fora.

mar.gi.na.ción. [marxina'θjon] [marxina'sjon] *f.* Ato ou efeito de pôr à margem. Exclusão. ▸ Marginalização.

mar.gi.na.do, da. [marxi'naðo] [marxi'naðo] *adj.* Diz-se da pessoa ou grupo levado à exclusão social. ▸ Marginalizado. *U.t.c.s.*

mar.gi.nal. [marxi'nal] [marxi'nal] *adj.* **1.** Que está à margem. ▸ Marginal. **2.** Diz-se do assunto, questão, etc. de importância secundária. ▸ Marginal. **3.** Pessoa que vive socialmente excluída da sociedade. ▸ Marginal.

mar.gi.nar. [marxi'nar] [marxi'nar] *v.4.* **1.** Pôr anotações na margem de um texto. **2.** Preterir ou deixar uma pessoa ou grupo em condições sociais de exclusão. ▸ Marginalizar.

ma.ria.chi. [ma'rjatʃi] [ma'rjatʃi] *m. (Méx.) Mús.* **1.** Música popular mexicana. **2.** Banda que interpreta essa música. **3.** Cada um dos membros da banda.

ma.ria.no, na. [ma'rjano] [ma'rjano] *adj. Rel.* Pertencente ou relativo a Maria, mãe de Jesus, ou a seu culto. ▸ Mariano.

ma.ri.ca. [ma'rika] [ma'rika] *m. pej.* Homem afeminado ou homossexual. ▸ Maricas.

ma.ri.cón, co.na. [mari'kon] [mari'kon] *s. pej.* **1.** Ver *marica*. **2.** (*Col.* e *Arg.*) Covarde, medroso. ▸ Bunda-mole. *obs.*: É usado como insulto.

ma.ri.co.ne.ra. [mariko'nera] [mariko'nera] *f.* Bolsa de mão para homens. ▸ Capanga, pochete.

ma.ri.da.je. [mari'ðaxe] [mari'ðaxe] *m.* Relacionamento dos casados ou de questões que se complementam. Casamento. ▸ Maridagem.

ma.ri.do. [ma'riðo] [ma'riðo] *m.* Estado civil de um homem em relação à mulher com a qual está casado. ▸ Marido.

ma.ri.hua.na. [mari'wana] [mari'wana] *f. Bot.* Cânhamo índico cujas folhas, preparadas para fumar, agem como entorpecente. ▸ Maconha. *U.t. ma.ri.gua.na* e *ma.ri.jua.na*.

ma.ri.ma.cho. [mari'matʃo] [mari'matʃo] *m. fam.* Mulher que se comporta como um homem, ou tem aparência de homem. ▸ Machona.

ma.ri.ne.rí.a. [marine'ria] [marine'ria] *f.* **1.** Pessoal de bordo de um navio. ▸ Marujada. **2.** Ofício dos marinheiros. ▸ Marinharia.

ma.ri.ne.ro, ra. [mari'nero] [mari'nero] *adj.* **1.** Pertencente ou relativo à Marinha ou aos marinheiros. ▸ Marinheiro. **2.** Quem trabalha em uma embarcação. ▸ Marinheiro. *U.t.c.s.*

ma.ri.no, na. [ma'rino] [ma'rino] *adj.* **1.** Pertencente ou relativo ao mar. ▸ Marinho. **2.** *Biol.* Que habita o mar ou dele provém. ▸ Marinho. *m.* **3.** Marinheiro. *f.* **4.** *Mil.* Força armada regular que age no espaço marítimo de um Estado nacional. ▸ Marinha.

ma.rio.ne.ta. [marjo'neta] [marjo'neta] *f.* Fantoche que é movimentado com fio. ▸ Marionete.

ma.ri.po.sa. [mari'posa] [mari'posa] *f.* **1.** *Zool.* Inseto de asas muito grandes, em relação a seu corpo, com variedade de desenhos e cores. ▸ Borboleta. **2.** *Desp.* Estilo em que se nada de bruços, batendo os dois braços ao mesmo tempo e as duas pernas juntas. ▸ (Nado) Borboleta. **3.** ▫ *fam.* Homem afeminado ou homossexual.

ma.ri.qui.ta. [mari'kita] [mari'kita] *f. Zool.* Inseto pequeno e redondo que tem manchas pretas nas asas. ▸ Joaninha.

ma.ris.ca.da. [maris'kaða] [marih'kaða] *f. Cul.* Prato preparado com frutos do mar. ▸ Mariscada.

ma.ris.cal. [maris'kal] [marih'kal] *m. Mil.* Em alguns países, grau máximo do exército. ▸ Marechal.

ma.ris.co. [ma'risko] [ma'rihko] *m. Zool.* Animal marinho invertebrado comestível. Fruto do mar. ▸ Marisco.

ma.ris.ma. [ma'risma] [ma'rihma] *f. Geogr.* Terreno baixo e pantanoso que é inundado pelas águas do mar. ▸ Marisma.

ma.ris.que.rí.a. [mariske'ria] [marihke'ria] *f.* Local ou estabelecimento no qual se vendem ou se consomem mariscos.

ma.ri.tal. [mari'tal] [mari'tal] *adj.* Relativo ao marido ou à vida do casal. ▸ Marital.

ma.rí.ti.mo, ma. [ma'ritimo] [ma'ritimo] *adj.* Pertencente ou relativo ao mar. ▸ Marítimo.

marketing. *m.* Do inglês. Ver *mercadotecnia*. ▸ Marketing.

mar.mi.ta. [mar'mita] [mar'mita] *f.* Recipiente de metal com tampa ajustada, para transporte de comida. ▸ Marmita.

már.mol. ['marmol] ['marmol] *m.* Pedra caliça que apresenta cores, manchas e veios diferentes, e que é usada na confecção de certas peças decorativas e como revestimento de piso. ▸ Mármore.

mar.mo.le.rí.a. [marmole'ria] [marmole'ria] *f.* **1.** Oficina na qual se trabalha o mármore. ▸ Marmoraria. **2.** Conjunto de mármores que há em um determinado lugar. ▸ Marmoraria.

mar.mó.re.o, a. [mar'moreo] [mar'moreo] *adj.* Que é semelhante ao mármore. ▸ Marmóreo.

mar.mo.ta. [mar'mota] [mar'mota] *f.* **1.** *Zool.* Mamífero roedor que vive nas montanhas da Europa. ▸ Marmota. **2.** ▫ *fig.* Ver *dormilón.* ▸ Dorminhoco.

mar.mo.te.ar. [marmote'ar] [marmote'ar] *v.4.* Falar mal de alguém em voz baixa. Murmurar. ▸ Cochichar.

ma.ro.ma. [ma'roma] [ma'roma] *f.* Corda grossa e forte que usam os equilibristas para seu número no circo. Corda bamba. ▸ Maroma.

ma.ro.me.ro, ra. [maro'mero] [maro'mero] *s.* Equilibrista ou acrobata que trabalha na corda bamba. ▸ Funâmbulo.

mar.qués, que.sa. [mar'kes] [mar'kes] *s.* Título de nobreza inferior ao do duque e superior ao de conde. ▸ Marquês.

mar.que.si.na. [marke'sina] [marke'sina] *f.* Cobertura na fachada dos edifícios destinada a proteger da chuva e do sol. ▸ Marquise.

ma.rra.na.da. [mara'naða] [mara'naða] *f.* **1.** Coisa suja. ▸ Porcaria. **2.** Ação indecorosa ou grosseira. ▸ Porqueira.

ma.rra.no, na. [ma'rano] [ma'rano] *s.* **1.** Animal suíno. ▸ Porco. **2.** *fig.* e *fam.* Sujo. ▸ Porco.

ma.rras(de). ['maras] ['maraʜ] *loc.* Que é sabido. ▸ Notório.

ma.rras.qui.no. [maras'kino] [maraʜ'kino] *m.* Licor feito com suco de cerejas amargas e muito açúcar. ▸ Marasquino.

ma.rrón. [ma'ron] [ma'ron] *adj.* **1.** Da cor da casca da castanha. Castanho. ▸ Marrom. *m.* **2.** O nome dessa cor. ▸ Marrom. *m.* **3.** Coisa que amola, ruim ou desagradável. ▸ Problema.

ma.rro.quí. [maro'ki] [maro'ki] *adj.* **1.** Pertencente ou relativo ao Marrocos. ▸ Marroquino. *com.* **2.** O natural ou habitante desse país. ▸ Marroquino.

ma.rro.qui.ne.rí.a. [marokine'ria] [marokine'ria] *f.* Indústria de artigos de couro ou similares, como: carteiras, bolsas, etc. ▸ Indústria de artigos de couro.

mar.su.pial. [marsu'pial] [marsu'pial] *adj. Zool.* Diz-se dos mamíferos cujas fêmeas têm no ventre uma bolsa em que carregam os filhotes durante o período de amamentação. ▸ Marsupial. *U.t.c.s.*

mar.tes. ['martes] ['martes] *m.* O segundo dia da semana depois do domingo. ▸ Terça-feira.

mar.ti.lla.zo. [marti'ʎaθo] [marti'ʃaso] *m.* Golpe forte dado com martelo. ▸ Martelada.

mar.ti.lle.ar. [martiʎe'ar] [martiʃe'ar] *v.4.* **1.** Dar repetidos golpes com martelo. ▸ Martelar. **2.** *fig.* Importunar com a repetição de um ato que perturba. ▸ Martelar.

mar.ti.lle.o. [marti'ʎeo] [marti'ʃeo] *m.* **1.** Ato ou efeito de martelar. ▸ Martelagem. **2.** Qualquer ruído ou barulho semelhante às pancadas repetidas do martelo. ▸ Martelada.

mar.ti.llo. [mar'tiʎo] [mar'tiʃo] *m.* Ferramenta com cabo de madeira e cabeça de ferro destinada a bater, quebrar e cravar pregos em madeiras, paredes, etc. ▸ Martelo.

már.tir. ['martir] ['martir] *com.* **1.** *Rel.* Pessoa que sofreu tormentos ou a morte por sustentar sua fé. ▸ Mártir. **2.** *fig.* Pessoa que morre ou padece por defender suas convicções ou causas. ▸ Mártir.

mar.ti.rio. [mar'tirjo] [mar'tirjo] *m.* **1.** *Rel.* Suplício ou morte de mártir por defender sua fé religiosa. ▸ Martírio. **2.** *fig.* Qualquer sofrimento ou dor de grande intensidade. ▸ Martírio.

mar.ti.ri.zar. [martiri'θar] [martiri'sar] *v.13.* **1.** *Rel.* Atormentar ou tirar a vida de alguém por motivos religiosos. ▸ Martirizar. **2.** *fig.* Atormentar ou tirar a vida de alguém por motivos vários. ▸ Martirizar.

mar.xis.mo. [mar'ksismo] [mar'ksihmo] *m.* Corrente de pensamento e de ação política fundamentada no chamado "materialismo histórico", concepção econômico-social formulada no século XIX por Karl Marx e Friedrich Engels. ▸ Marxismo.

mar.xis.ta. [maɾˈksista] [maɾˈksihta] *adj.* Que professa, pertence ou se relaciona ao Marxismo. ▸ Marxista. *U.t.c.s.*

mar.zo. [ˈmaɾθo] [ˈmaɾso] *m.* O terceiro mês do ano. ▸ Março.

mas. [mas] [mas] *conj. ant.* Ver *pero*. ▸ Mas. *obs.:* É mais usada em textos literários.

más. [ˈmas] [ˈmas] *adv.* **1.** Que é superior, maior ou mais intenso. ▸ Mais. **2.** Que soma ou acrescenta. ▸ Mais. ♦ **¿Algo más?** Mais alguma coisa? **A más no poder.** Até não poder mais. *Se esforzó a más no poder estudiando, pero no obtuvo la plaza.* Esforçou-se o máximo possível estudando, mas não ganhou a vaga. **De lo más.** Extremamente. *Este tejido es de lo más caro.* Este tecido é extremamente caro. **De más.** A mais. *Tu informe trae datos de más.* O seu relatório traz dados a mais. **Nada más.** Mais nada. ▸ Sem mais nem menos. **Sin más ni más.** De repente. *Estábamos hablando tranquilamente y sin más ni más empezó a gritar.* Estávamos falando tranquilamente e de repente começou a gritar.

ma.sa. [ˈmasa] [ˈmasa] *f.* **1.** Qualquer tipo de mistura homogênea manipulável. ▸ Massa. **2.** *Fís.* Magnitude que expressa a quantidade de matéria que contém um corpo. ▸ Massa. **3.** Multidão, quando considerada no seu aspecto sociopolítico. ▸ Massa. **4.** A população ou partes significativas dela. ▸ Massa.

ma.sa.crar. [masaˈkɾaɾ] [masaˈkɾaɾ] *v.4.* Cometer cruelmente uma matança ou assassinato coletivo. ▸ Massacrar.

ma.sa.cre. [maˈsakɾe] [maˈsakɾe] *f.* Matança de pessoas. Chacina. ▸ Massacre.

ma.sa.je. [maˈsaxe] [maˈsaxe] *m.* Processo terapêutico que consiste em pressionar ou friccionar músculos do corpo. ▸ Massagem.

ma.sa.jis.ta. [masaˈxista] [masaˈxihta] *com.* Pessoa cuja profissão é fazer massagens. ▸ Massagista.

mas.ca.du.ra. [maskaˈðuɾa] [mahkaˈðuɾa] *f.* Ato ou efeito de mastigar. ▸ Mastigação.

mas.car. [masˈkaɾ] [mahˈkaɾ] *v.7.* **1.** Triturar algo com os dentes. Mastigar. ▸ Mascar. *v.p.* **2.** ▢ Perceber que algo importante vai acontecer. ▸ Pescar.

más.ca.ra. [ˈmaskaɾa] [ˈmahkaɾa] *f.* Peça que se adapta ao rosto para escondê-lo ou para protegê-lo. ▸ Máscara. ♦ **Quitarse la máscara.** Deixar de fingir e mostrar-se como realmente é. ▸ Tirar a máscara. **Máscara de pestañas (mascarilla de).** Produto cosmético que recobre, colorindo ou não, a superfície dos cílios com finalidade estética. ▸ Máscara para cílios.

mas.ca.ra.da. [maskaˈɾaða] [mahkaˈɾaða] *f.* Festa de pessoas mascaradas. Mascarada. ▸ Baile de máscaras.

mas.ca.rar. [maskaˈɾaɾ] [mahkaˈɾaɾ] *v.4.* **1.** Pintar o rosto com carvão ou tintas coloridas. ▸ Mascarar. **2.** Disfarçar com máscara. ▸ Mascarar.

mas.ca.ri.lla. [maskaˈɾiʎa] [mahkaˈɾiʃa] *f.* **1.** Máscara que cobre desde a testa até o lábio superior. ▸ Máscara. **2.** Substância cosmética que se aplica no rosto para melhorar a aparência. ▸ Máscara.

mas.ca.rón. [maskaˈɾon] [mahkaˈɾon] *m.* **1.** Figura, geralmente de madeira, que se coloca como adorno no alto da proa de alguns barcos. ▸ Carranca. **2.** Cara disforme ou fantástica que se usa como ornamento em arquitetura. ▸ Carranca.

mas.co.ta. [masˈkota] [mahˈkota] *f.* Animal adotado em um lar. ▸ Animal de estimação.

mas.cu.li.ni.dad. [maskuliniˈðaθ] [mahkuliniˈðað] *f.* Qualidade de masculino. ▸ Masculinidade.

mas.cu.li.no, na. [maskuˈlino] [mahkuˈlino] *adj.* **1.** Relativo ao homem ou ao animal macho. ▸ Masculino. **2.** *Ling.* Diz-se do gênero das palavras que designam ou se relacionam a seres do gênero masculino ou que são assim considerados. ▸ Masculino.

mas.cu.llar. [maskuˈʎaɾ] [mahkuˈʃaɾ] *v.4.* Falar de forma que não se entende. ▸ Resmungar.

ma.si.lla. [maˈsiʎa] [maˈsiʃa] *f.* Massa de vidraceiro para fixar vidros ou vedação. ▸ Massinha.

ma.si.vo, va. [maˈsiβo] [maˈsiβo] *adj.* Diz-se daquilo que circula ou é consumido por muita gente. ▸ Massivo.

ma.són, so.na. [maˈson] [maˈson] *s.* Membro da maçonaria. ▸ Maçom.

ma.so.ne.rí.a. [masoneˈɾia] [masoneˈɾia] *f.* Sociedade secreta. ▸ Maçonaria.

ma.só.ni.co, ca. [maˈsoniko] [maˈsoniko] *adj.* Pertencente ou relativo à maçonaria. ▸ Maçônico.

mas.tec.to.mí.a. [mastektoˈmia] [mahtektoˈmia] *f.* Intervenção cirúrgica para a remoção ou extirpação de uma mama. ▸ Mastectomia.

más.ter. ['master] ['mahter] *m.* Curso realizado após os estudos universitários. ▸ Pós-graduação, mestrado.

mas.ti.ca.ción. [mastika'θjon] [mahtika'sjon] *f.* Ato ou efeito de mastigar. ▸ Mastigação.

mas.ti.car. [masti'kar] [mahti'kar] *v.7.* Triturar a comida com os dentes. ▸ Mastigar.

más.til. ['mastil] ['mahtil] *m.* **1.** Pau de uma embarcação. ▸ Mastro. **2.** Pau que sustenta a lona do circo. ▸ Mastro.

mas.tín. [mas'tin] [mah'tin] *m. Zool.* Cão pertencente a uma raça de grande tamanho e força, próprio para guarda. ▸ Mastim.

mas.to.don.te. [masto'ðonte] [mahto'ðonte] *m.* **1.** *Zool.* Mamífero fóssil da Pré-História semelhante ao elefante. ▸ Mastodonte. **2.** *fig.* Pessoa, animal ou objeto exageradamente grande. ▸ Mastodonte.

mas.tuer.zo. [mas'twerθo] [mah'twerso] *m.* Aquilo que aborrece com bobagens. ▸ Estúpido. *U.t.c.adj.*

mas.tur.ba.ción. [masturβa'θjon] [mahturβa'sjon] *f.* Prática de autossatisfação sexual. ▸ Masturbação.

▫**ma.ta.** ['mata] ['mata] *f.* Planta de pouco tamanho. ▸ Moita.

ma.ta.ca.ba.llo(a). [mataka'βaʎo] [mataka'βaʃo] *loc.* De forma muito rápida. ▸ Apressadamente.

ma.ta.de.ro. [mata'ðero] [mata'ðero] *m.* Local onde se abatem os animais destinados a consumo. ▸ Matadouro.

ma.ta.dor, do.ra. [mata'ðor] [mata'ðor] *adj.* **1.** Que mata. ▸ Matador. *U.t.c.s.* **2.** *fig.* Que oferece dificuldade. ▸ Esgotante. **3.** Que é muito feio e de mau gosto. ▸ De matar. *m.* **4.** O toureiro que sacrifica o touro. ▸ Matador.

ma.ta.mos.cas. [mata'moskas] [mata'mohkas] *m.* Instrumento para matar moscas e outros insetos. ▸ Mata-moscas.

ma.tan.za. [ma'tanθa] [ma'tansa] *f.* **1.** Ato ou efeito de matar. ▸ Matança. **2.** Assassinato de várias pessoas. ▸ Matança. **3.** Abate de porcos e preparação de suas partes para consumo. ▸ Matança.

ma.tar. [ma'tar] [ma'tar] *v.4. p.p.* matado. Tirar a vida de qualquer ser. ▸ Matar. ◆ **Matarlas callando.** Agir sorrateiramente. ▸ Agir na moita. *Las mata callando para conseguir lo que desea.* Ele age na moita para conseguir o que deseja.

ma.ta.ri.fe. [mata'rife] [mata'rife] *m.* Indivíduo que mata as reses em um matadouro.

ma.ta.rra.sa(a). [mata'rasa] [mata'rasa] *f. loc.* **1.** Corte total de árvores de uma determinada vegetação e o posterior reflorestamento com sementes das espécies que foram taladas. ▸ Tipo de reflorestamento. **2.** Cortar à maneira de.

ma.ta.sie.te. [mata'sjete] [mata'sjete] *m.* Indivíduo petulante que se gaba de ser valente. ▸ Valentão.

ma.te. ['mate] ['mate] *adj.* **1.** Que não tem brilho. Mate. ▸ Fosco. *m.* **2.** Ver *jaque*. ▸ Xeque-mate. **3.** Bebida que resulta da infusão da erva-mate. ▸ Chimarrão. **4.** ▫ Recipiente em que se toma essa bebida. ▸ Cuia.

ma.te.má.ti.cas. [mate'matikas] [mate'matikas] *f. Mat.* Ciência que estuda os números, figuras, funções e as relações que se estabelecem entre eles. ▸ Matemática. *U.t.c.sing.*

ma.te.má.ti.co, ca. [mate'matiko] [mate'matiko] *adj. Mat.* **1.** Relativo à Matemática. ▸ Matemático. **2.** Comprovadamente exato. ▸ Matemático. *s.* **3.** Pessoa versada em Matemática. ▸ Matemático.

ma.te.ria. [ma'terja] [ma'terja] *f.* **1.** Qualquer substância que ocupa lugar no espaço. ▸ Matéria. **2.** Assunto de uma obra literária, científica, etc. ▸ Matéria. **3.** Disciplina de uma grade escolar. ▸ Disciplina, matéria.

ma.te.rial. [mate'rjal] [mate'rjal] *adj.* **1.** Que é relativo à matéria. ▸ Material. *m.* **2.** Conjunto dos elementos ou materiais necessários em uma obra ou atividade. ▸ Material.

ma.te.ria.lis.mo. [materja'lismo] [materja'lihmo] *m.* **1.** Nome genérico dado a várias correntes filosóficas que têm em comum privilegiar as condições materiais na compreensão da realidade. ▸ Materialismo. **2.** Diz-se do comportamento que tende a preservar os bens materiais. ▸ Materialismo.

ma.te.ria.lis.ta. [materja'lista] [materja'lihta] *adj.* **1.** Diz-se da pessoa partidária do materialismo. ▸ Materialista. **2.** Que dá valor somente aos bens materiais. ▸ Materialista.

ma.te.ria.li.zar. [materjali'θar] [materjali'sar] *v.13.* Tornar material alguma coisa que não é. ▸ Materializar. *U.t.c.v.p.*

ma.ter.nal. [mater'nal] [mater'nal] *adj.* Próprio ou referente à mãe. ▸ Maternal.

ma.ter.ni.dad. [materni'ðaθ] [materni'ðað] *f.* **1.** Estado ou qualidade de mãe. ▸ Maternidade. **2.** Hospital para assistência a partos. ▸ Maternidade.

ma.ter.no, na. [ma'tɛrno] [ma'tɛrno] *adj.* Pertencente ou relativo à mãe. ▸ Materno.

ma.ti.nal. [mati'nal] [mati'nal] *adj.* Que corresponde à manhã ou relativo a ela. ▸ Matinal.

ma.tiz. [ma'tiθ] [ma'tis] *m.* **1.** Gradação de uma cor em que não há perda da tonalidade essencial. ▸ Matiz. **2.** *fig.* Tom, traço. ▸ Matiz.

ma.ti.zar. [mati'θar] [mati'sar] *v.13.* Dar a uma coisa cores diversas de forma que o conjunto resulte agradável. ▸ Matizar.

ma.to.jo. [ma'toxo] [ma'toxo] *m.* Planta de monte, espessa e de pouca altura. ▸ Moita.

ma.tón. [ma'ton] [ma'ton] *m. fig.* e *fam.* **1.** Homem briguento que procura intimidar os outros. ▸ Maioral. **2.** Homem que atua como guarda-costas. ▸ Capanga.

ma.to.rral. [mato'ral] [mato'ral] *m.* Campo sem cultivo, tomado por mato. ▸ Matagal.

ma.tra.ca. [ma'traka] [ma'traka] *f.* Instrumento de madeira formado por pequenas tábuas que se agitam para fazer barulho. ▸ Matraca.

ma.triar.ca. [ma'trjarka] [ma'trjarka] *f.* **1.** Mulher que exerce autoridade em uma formação social de matriarcado. ▸ Matriarca. **2.** *fig.* Diz-se de mãe de família com muita autoridade no lar. ▸ Matriarca.

ma.triar.cal. [matrjar'kal] [matrjar'kal] *adj.* **1.** Diz-se da autoridade da matriarca. ▸ Matriarcal. **2.** Relativo ao matriarcado. ▸ Matriarcal.

ma.trí.cu.la. [ma'trikula] [ma'trikula] *f.* **1.** Registro oficial de pessoas, bens ou coisas, que se faz para um fim determinado, por lei ou regulamento. Cadastro. ▸ Matrícula. **2.** Inscrição em um estabelecimento de ensino. ▸ Matrícula. **3.** Número da chapa de veículo. ▸ Placa.

ma.tri.cu.la.ción. [matrikula'θjon] [matrikula'sjon]. *f.* Ato ou efeito de matricular(-se). ▸ Matrícula.

ma.tri.cu.lar. [matriku'lar] [matriku'lar] *v.4.* Inscrever ou cadastrar nos registros de matrícula. ▸ Matricular. *U.t.c.v.p.*

ma.tri.mo.nial. [matrimo'njal][matrimo'njal] *adj.* Pertencente ou relativo ao matrimônio. ▸ Matrimonial. ♦ **Cama matrimonial.** Cama de casal.

ma.tri.mo.nio. [matri'monjo][matri'monjo] *m.* **1.** União entre duas pessoas mediante ritos religiosos e/ou formalidades legais. ▸ Matrimônio. **2.** *fam.* Par de pessoas que têm uma relação amorosa e/ou sexual. ▸ Casal.

ma.triz. [ma'triθ] [ma'tris] *f.* **1.** Sede de uma organização. ▸ Matriz. **2.** *Anat.* Órgão das fêmeas dos mamíferos em que as crias são desenvolvidas. ▸ Útero. **3.** Molde com que se dá forma a alguma coisa. ▸ Matriz. **4.** Canhoto de talão de cheque. ▸ Canhoto.

ma.tro.na. [ma'trona] [ma'trona] *f.* Mãe de família muito dedicada. ▸ Matrona.

ma.tun.go, ga. [ma'tungo] [ma'tungo] *adj.* Diz-se do cavalo fraco, pouco resistente. ▸ Pangaré. *U.t.c.s.*

ma.tu.ti.no, na. [matu'tino] [matu'tino] *adj.* **1.** Pertencente ou relativo às horas da manhã. Matinal. ▸ Matutino. **2.** Que acontece ou se faz pela manhã. ▸ Matutino.

mau.llar. [mau'ʎar] [mau'ʃar] *v.4.* Dar miados (o gato). ▸ Miar.

mau.lli.do. [mau'ʎiðo] [mau'ʃiðo] *m.* Som que emite o gato. ▸ Miado.

mau.so.le.o. [mauso'leo] [mauso'leo] *m.* Tumba ou sepulcro construído com suntuosidade. ▸ Mausoléu.

ma.xi.lar. [maksi'lar] [maksi'lar] *adj. Anat.* **1.** Pertencente ou relativo à mandíbula. ▸ Maxilar. *m.* **2.** Cada um dos ossos da boca. ▸ Maxilar.

má.xi.ma. ['maksima] ['maksima] *f.* **1.** Axioma ou sentença moral. ▸ Máxima. **2.** Norma que rege a atividade de uma faculdade ou ciência. ▸ Máxima.

má.xi.mo, ma. ['maksimo] ['maksimo] *adj.* **1.** Que representa o maior ou o mais expressivo entre os de sua natureza. ▸ Máximo. **2.** Que representa o limite de grandeza a que pode chegar uma coisa. ▸ Máximo. ♦ **Como máximo.** No máximo.

ma.ya. ['maja] ['maʃa] *adj.* **1.** Pertencente a uma das principais civilizações aborígines da América Central que falam a língua maia. ▸ Maia. *f.* **2.** Festa popular nos primeiros dias de maio.

ma.yes.tá.ti.co, ca. [majes'tatiko][maʃeh'tatiko] *adj.* Relativo a majestade ou poder supremo. Majestoso. ▸ Majestático.

ma.yo. ['majo] ['maʃo] *m.* O quinto mês do ano. ▸ Maio.

ma.yo.ne.sa. [majo'nesa] [maʃo'nesa] *f. Cul.* Molho pastoso composto de azeite, gema de ovo, limão e sal. ▸ Maionese.

ma.yor. [ma'jor] [ma'ʃor] *adj.* **1.** Que excede a outra coisa em tamanho, quantidade ou qualidade. ▸ Maior. **2.** ◻ Diz-se de pessoa que tem mais idade que outra à qual se compara.

▶ Mais velho. **3.** Diz-se da pessoa que alcançou a maioridade legal. ▶ Maior. **4.** ▫ Diz-se da pessoa de idade avançada. ▶ Idoso. ♦ **Al por mayor.** No atacado.

ma.yo.ral. [majo'ral] [maʃo'ral] *m.* Capataz que dirige um grupo de trabalhadores, especialmente na agricultura. ▶ Maioral.

ma.yo.raz.go. [majo'raθɣo] [maʃo'rahɣo] *m. Dir.* **1.** Direito que tinha o primogênito de herdar os bens vinculados do possuidor. ▶ Morgado. **2.** O conjunto de bens vinculados ao morgado. ▶ Morgado.

ma.yor.do.mo. [major'ðomo] [maʃor'ðomo] *m.* **1.** Empregado em casa ou fazenda que tem a seu encargo a organização e a direção dos serviços domésticos. ▶ Mordomo. **2.** Administrador em algumas comunidades e associações. ▶ Mordomo.

ma.yo.rí.al. [majo'ria] [maʃo'ria] *f.* **1.** Idade fixada por lei para que uma pessoa tenha exercício pleno de seus direitos. ▶ Maioridade. **2.** A maior parte de um conjunto de coisas. ▶ Maioria.

ma.yo.ris.ta. [majo'rista] [maʃo'rihta] *com.* **1.** Comerciante que vende por atacado. ▶ Atacadista. **2.** Comércio em que se vende ou se compra no atacado. ▶ Atacadista.

ma.yo.ri.ta.rio, ria. [majori'tarjo] [maʃori'tarjo] *adj.* **1.** Que constitui maioria. ▶ Majoritário. **2.** Pertencente ou relativo à maioria. ▶ Majoritário.

ma.yús.cu.lo, la. [ma'juskulo] [ma'ʃuhkulo] *adj.* Que é muito grande. Enorme. ▶ Maiúsculo. ♦ **Letra mayúscula.** Letra de maior tamanho e forma diferente que se escreve na primeira palavra de um parágrafo, no início dos nomes e sobrenomes de pessoas e em outros casos definidos na gramática. ▶ Maiúscula.

ma.za.co.te. [maθa'kote] [masa'kote] *m.* **1.** *Cul.* Comida seca e grossa. ▶ Grude. **2.** Mistura de pedra triturada, cimento e areia. ▶ Concreto, massa.

ma.za.pán. [maθa'pan] [masa'pan] *m. Cul.* Massa feita com amêndoas moídas e açúcar de confeiteiro. Maçapão. ▶ Marzipã.

maz.mo.rra. [maθ'mora] [mah'mora] *f.* Prisão subterrânea, escura, fria e úmida. ▶ Masmorra.

ma.zo. ['maθo] ['maso] *m.* **1.** Martelo grande de madeira. ▶ Maço. **2.** Conjunto de coisas juntas e atadas. ▶ Maço. **3.** Conjunto de naipes. ▶ Baralho.

ma.zor.ca. [ma'θorka] [ma'sorka] *f. Bot.* Espiga de milho ou de outro grão duro. ▶ Espiga. ➡ *Vegetales*

me. ['me] ['me] *pron.pess.* Corresponde à primeira pessoa do singular (*yo*) e exerce função de objeto direto ou indireto. ▶ Me/a mim. *Págame lo que me debes.* Pague-me o que você me deve.

me.a.da. [me'aða] [me'aða] *f.* Porção de urina que se expele de uma vez. ▶ *Vulg.* Mijada.

me.a.de.ro. [mea'ðero] [mea'ðero] *m.* Local usado para urinar. ▶ Mictório.

me.an.dro. [me'andro] [me'andro] *m.* Cada uma das curvas que descreve o curso de um rio. ▶ Meandro.

me.ar. [me'ar] [me'ar] *v.4.* Ver *orinar*. ▶ Mijar.

me.cá.ni.ca. [me'kanika] [me'kanika] *f. Fís.* Parte da Física que estuda as leis do movimento e do equilíbrio dos corpos. ▶ Mecânica.

me.cá.ni.co, ca. [me'kaniko] [me'kaniko] *adj.* **1.** Pertencente ou relativo à mecânica. ▶ Mecânico. **2.** Diz-se de oficinas nas quais se consertam aparelhos mecânicos. *s.* **3.** Pessoa dedicada à conservação e conserto de máquinas. ▶ Mecânico. ♦ **Escalera mecánica.** Escada rolante. **Taller mecánico.** Oficina mecânica. ➡ *Profesión*

me.ca.nis.mo. [meka'nismo] [meka'nihmo] *m.* **1.** Conjunto das partes adequadamente dispostas de uma máquina. ▶ Mecanismo. **2.** Funcionamento mecânico. ▶ Mecanismo.

me.ca.ni.zar. [mekani'θar] [mekani'sar] *v.13.* **1.** Implantar ou aumentar o uso de máquinas na indústria. ▶ Mecanizar. **2.** Adaptar a ação humana à regularidade da máquina. ▶ Mecanizar.

me.ca.nó.gra.fo, fa. [meka'noɣrafo] [meka'noɣrafo] *s.* **1.** Pessoa que tem o ofício de escrever à máquina. ▶ Datilógrafo. **2.** Pessoa que escreve à máquina com habilidade. ▶ Datilógrafo.

me.ce.do.ra. [meθe'ðora] [mese'ðora] *f.* **1.** Cadeira com pés que permitem a quem nela se senta balançar-se para a frente e para trás. ▶ Cadeira de balanço. **2.** Brinquedo de criança para balançar. ▶ Balanço.

me.ce.nas. [me'θenas] [me'senas] *m.* Pessoa que patrocina as letras ou as artes e ajuda a literatos ou artistas. ▶ Mecenas.

me.cer. [me'θer] [me'ser] *v.24.* **1.** Agitar um líquido para que se misture. Misturar. ▶ Mexer. **2.** Fazer uma coisa oscilar de um lado para outro sem que mude de lugar. Balançar. ▶ Mexer.

me.cha. ['metʃa] ['metʃa] *f.* **1.** Corda feita de fios que queimam com facilidade. ▶ Mecha. **2.** Porção de cabelo pintado, natural ou de cor diferente do resto. ▶ Mecha.

me.che.ro. [me'tʃero] [me'tʃero] *m.* Ver *encendedor.* ▶ Isqueiro.

me.chón. [me'tʃon] [me'tʃon] *m.* Porção de cabelo ou fios diferentes dos demais. ▶ Mecha.

me.da.lla. [me'ðaʎa] [me'ðaʃa] *f.* Peça de metal, com alguma inscrição, que se concede a alguém em reconhecimento de um mérito ou como lembrança de uma comemoração. ▶ Medalha.

me.da.llón. [meða'ʎon] [meða'ʃon] *m.* Peça de enfeite que geralmente se leva pendurada ao pescoço, podendo-se guardar em seu interior uma foto ou lembrança. ▶ Medalhão.

mé.da.no. ['meðano] ['meðano] *m. Geogr.* Monte de areia que o vento forma e deforma. ▶ Duna.

me.dia. ['meðja] ['meðja] *f.* **1.** Parte que equivale à metade de algo. ▶ Metade. **2.** Ver *calcetín.* ▶ Meia. **3.** ❑ Peça do vestuário feminino que cobre o pé e a perna. ▶ Meia--calça. ◆ **A medias. 1.** Pela metade. *Hicimos nuestro trabajo y nos han pagado a medias.* Fizemos nosso trabalho e nos pagaram pela metade. **2.** Meio a meio. *Fijamos que haríamos el trabajo juntos y el pago lo dividiríamos a medias.* Combinamos que faríamos o trabalho juntos e que dividiríamos o pagamento meio a meio. ➡ *Ropa*

me.dia.ción. [meðja'θjon] [meðja'sjon] *f.* Ato ou efeito de mediar. ▶ Mediação.

me.dia.do, da. [me'ðjaðo] [me'ðjaðo] *adj.* Diz-se do que contém somente a metade de sua capacidade. ▶ Pela metade. ◆ **A mediados de.** Em meados de. *Solo podré pagarte a mediados del mes que viene.* Só poderei te pagar em meados do mês que vem.

me.dia.dor, do.ra. [meðja'ðor] [meðja'ðor] *s.* Pessoa que intervém em um assunto a fim de conciliar diferenças entre os interessados. ▶ Mediador.

me.dia.lu.na. [meðja'luna] [meðja'luna] *f.* **1.** *Astr.* Aspecto que a Lua apresenta no quarto crescente. ▶ Meia-lua. **2.** Qualquer coisa em forma de meia-lua. ▶ Meia-lua. **3.** *Cul. (Arg.)* Pãozinho de massa folhada. ▶ *Croissant.*

me.dia.ne.ra. [meðja'nera] [meðja'nera] *f. Arq.* Parede comum a duas construções contíguas ou casas geminadas. ▶ Parede-meia.

me.dia.ní.a. [meðja'nia] [meðja'nia] *f.* **1.** Ponto mediano entre dois extremos. ▶ Mediano. **2.** *fig.* Falta de qualidades em uma pessoa ou coisa. ▶ Mediano.

me.dia.no, na. [me'ðjano] [me'ðjano] *adj.* **1.** Nem muito nem pouco. Médio. ▶ Mediano. *f.* **2.** *Geom.* A reta traçada em um triângulo que vai de um vértice ao centro do lado oposto. ▶ Mediana.

me.dia.no.che. [meðja'notʃe] [meðja'notʃe] *f.* Período do dia em que o Sol está em posição oposta à que costuma estar ao meio-dia. ▶ Meia-noite.

me.dian.te. [me'ðjante] [me'ðjante] *prep.* Por meio de, com ajuda de. ▶ Mediante.

me.diar. [me'ðjar] [me'ðjar] *v.4.* **1.** Interceder ou pedir em favor de uma pessoa. ▶ Mediar. **2.** Intervir em uma discórdia procurando conciliação. ▶ Mediar.

me.dia.to, ta. [me'ðjato] [me'ðjato] *adj.* Que mantém relação com outras coisas por intermédio de uma terceira. Intermediário. ▶ Mediato.

me.di.ca.ble. [meði'kaβle] [meði'kaβle] *adj.* Que pode ser medicado. ▶ Medicável.

me.di.ca.ción. [meðika'θjon] [meðika'sjon] *f. Med.* **1.** Administração de medicamentos para curar. ▶ Medicação. **2.** Conjunto de remédios que têm a mesma finalidade. ▶ Medicação.

me.di.ca.men.to. [meðika'mento] [meðika'mento] *m. Med.* e *Farm.* Substância que serve para prevenir, curar ou aliviar uma doença. ▶ Medicamento.

me.di.car. [meði'kar] [meði'kar] *v.7. Med.* Ato de administrar os remédios prescritos. ▶ Medicar.

me.di.cas.tro. [meði'kastro] [meði'kahtro] *m.* Aquele que medica sem ser médico. Charlatão, curandeiro. ▶ Medicastro.

me.di.ci.na. [meði'θina] [meði'sina] *f.* **1.** *Med.* Nome genérico das ciências da saúde humana. ▶ Medicina. **2.** *Med.* e *Farm.* Cada substância que, agindo em um organismo, tem o poder de prevenir, combater ou aliviar uma doença ou de reparar danos ou sequelas por ela causados. Medicamento. ▶ Remédio.

me.di.ci.nal. [meðiθi'nal] [meðisi'nal] *adj.* Que tem propriedades curativas. ▶ Medicinal.

me.di.ción. [meði'θjon] [meði'sjon] *f.* Ato ou efeito de medir. ▶ Medição.

mé.di.co, ca. ['meðiko] ['meðiko] *s. Med.* Pessoa que, após estudar, é autorizada legalmente a exercer a Medicina. ▸ Médico. ♦ **Médico de cabecera.** Médico de família.
➥ *Profesión*

me.di.da. [me'ðiða] [me'ðiða] *f.* **1.** Ato ou efeito de medir. ▸ Medida. **2.** Previsão de ação para conseguir ou evitar alguma coisa. ▸ Medida. **3.** Unidade que se emprega para medir (metro, litro, quilograma, etc.). ▸ Medida. **4.** Resolução de um órgão de poder público. ▸ Medida. ♦ **A medida.** Sob medida. *Iván no compra ropa hecha, prefiere hacer los trajes a medida.* Ivan não compra roupa pronta, prefere fazer os ternos sob medida. **Tomar medidas.** Tomar providências.

me.di.dor. [meði'ðor] [meði'ðor] *m.* Aparelho que serve para medir. ▸ Medidor.

me.die.val. [meðje'βal] [meðje'βal] *adj.* Pertencente ou relativo à Idade Média. ▸ Medieval.

me.die.va.lis.ta. [meðjeβa'lista] [meðjeβa'lihta] *com.* Pessoa versada no conhecimento da Idade Média. ▸ Medievalista.

me.dio, dia. ['meðjo] ['meðjo] *adj.* **1.** ☐ Igual à metade de uma coisa. ▸ Meio. *No, gracias; de verdad, solo quiero medio pan.* Não, obrigado; só quero mesmo meio pão. **2.** Que está entre dois extremos. ▸ Mediano. *m.* **3.** Ponto entre dois extremos. ▸ Meio. **4.** *Desp.* No futebol e em outros esportes, jogadores que se situam entre os de defesa e os de ataque. ▸ Meia. **5.** ☐ O que serve para determinado fim. ▸ Meio. **6.** ☐ Conjunto de circunstâncias. Ambiente. ▸ Meio. *f.* **7.** ☐ A metade de uma hora, correspondente a 30 minutos. ▸ Meia. *Son las siete y media de la mañana.* São sete e meia da manhã. *adv.* **8.** ☐ Não completamente. ▸ Meio. *obs.:* É invariável. *No ha querido la carne porque estaba medio quemada.* Ela não quis a carne porque estava meio queimada. ♦ **Medios de comunicación.** Veículos que servem para dar informação ou entretenimento, como televisão, revistas, etc. ▸ Meios de comunicação. **Quitar de en medio.** Tirar da frente. *Si ese individuo sigue molestando, quítalo de en medio.* Se esse indivíduo continuar incomodando, tire-o daqui.

me.dio.am.bien.tal. [meðjoambjen'tal] [meðjoambjen'tal] *adj.* Diz-se do que se refere ao meio ambiente. ▸ Ambiental.

me.dio.am.bien.te. [meðjoam'bjente] [meðjoam'bjente] Conjunto de circunstâncias físicas que nos rodeiam. ▸ Meio ambiente.

Escanea este código QR para ver más sobre **medioambiente** www.santillana.com.br/4dsmedio

me.dio.cre. [me'ðjokre] [me'ðjokre] *adj.* **1.** De qualidade baixa. Ruim. ▸ Medíocre. **2.** De pouco mérito e valor. ▸ Medíocre.

me.dio.dí.a. [meðjo'ðia] [meðjo'ðia] *m.* Período do dia em que o Sol está no ponto mais alto de sua elevação sobre o horizonte. ▸ Meio-dia.

me.dir. [me'ðir] [me'ðir] *v.53.* **1.** Determinar quantas vezes uma unidade está contida em uma quantidade. ▸ Medir. **2.** *fig.* Adequar ações a uma situação. ▸ Medir. *Mide tus palabras para no ofender a los demás.* Meça suas palavras para não ofender os outros.

me.di.ta.ción. [meðita'θjon] [meðita'sjon] *f.* **1.** Oração mental. ▸ Meditação. **2.** Contemplação. ▸ Meditação.

me.di.tar. [meði'tar] [meði'tar] *v.4.* Refletir sobre uma coisa com atenção. ▸ Meditar.

me.di.te.rrá.neo, a. [meðite'raneo] [meðite'raneo] *adj.* Diz-se do que está rodeado de terra. ▸ Mediterrâneo. *El mar Mediterráneo está rodeado por las costas del sur de Europa y las del norte de África.* O mar Mediterrâneo está rodeado pelas costas do sul da Europa e as do norte da África.

mé.dium. ['meðjum] ['meðjum] *com.* Pessoa à qual se atribuem poderes mentais extraordinários e capacidade de comunicar-se com espíritos. ▸ Médium.

me.drar. [me'ðrar] [me'ðrar] *v.4.* **1.** Crescer animais e plantas. ▸ Medrar. **2.** Progredir (uma pessoa) econômica e socialmente. ▸ Medrar. **3.** Estar em abundância, haver muito de algo. ▸ Medrar.

me.dro.so, sa. [me'ðroso] [me'ðroso] *adj.* Que tem medo de qualquer coisa. ▸ Medroso. *U.t.c.s.*

mé.du.la. ['meðula] ['meðula] *f.* **1.** *Bot.* Parte interna do cilindro do caule. ▸ Medula. **2.** *Biol.* Substância presente no interior dos ossos. Tutano. ▸ Medula. **3.** *Anat.* Prolongamento do encéfalo situado no interior e ao longo da coluna vertebral, que comunica o cérebro com os demais órgãos e membros do corpo. ▸ Medula. *U.t.* me.du.la.

me.du.lar. [meðu'lar] [meðu'lar] *adj.* **1.** *Anat.* Pertencente ou relativo à medula. ▸ Medular. **2.** *fig.* Que é essencial ou fundamental para alguma coisa. ▸ Medular.

me.du.sa. [me'ðusa] [me'ðusa] *f. Zool.* Animal marinho de corpo transparente, com tentáculos que queimam a pele humana. ▸ Água-viva. ➡ *Reino animal*

me.ga.fo.ní.a. [meɣafo'nia] [meɣafo'nia] *f. Fís.* Técnica relativa aos aparelhos sonoros e sua instalação, com a finalidade de aumentar o volume do som. ▸ Megafonia.

me.gá.fo.no. [me'ɣafono] [me'ɣafono] *m.* Artefato que serve para aumentar o volume da voz ao se falar por meio dele. ▸ Megafone.

me.ga.li.to. [meɣa'lito] [meɣa'lito] *m.* Monumento pré-histórico construído com grandes blocos de pedra. ▸ Megálito.

me.ga.lo.ma.ní.a. [meɣaloma'nia] [meɣaloma'nia] *f.* Mania de grandeza. ▸ Megalomania.

me.ga.ló.po.lis. [meɣa'lopolis] [meɣa'lopolis] *f.* Concentração urbana de proporções gigantescas. ▸ Megalópole.

me.ji.ca.nis.mo. [mexika'nismo] [mexika'nihmo] *m.* Aquilo que é característico dos mexicanos. ▸ Mexicanismo.

me.ji.ca.no, na. [mexi'kano] [mexi'kano] *adj.* e *s.* Ver *mexicano.* ▸ Mexicano.

me.ji.lla. [me'xiʎa] [me'xiʃa] *f. Anat.* Cada uma das partes laterais do rosto, à altura da boca. ▸ Bochecha. ➡ *Cuerpo humano*

me.ji.llón. [mexi'ʎon] [mexi'ʃon] *m. Zool.* Molusco marinho pequeno que vive nas rochas. ▸ Mexilhão.

me.jor. [me'xor] [me'xor] *adj.* **1.** Superior a outra coisa com a qual se compara. ▸ Melhor. **2.** Que é mais conveniente, acertado ou sensato. ▸ Melhor. ♦ **A lo mejor.** Talvez. *Si consigo un buen empleo, a lo mejor puedo comprar un coche.* Se eu conseguir um bom emprego, talvez possa comprar um carro. **Tanto mejor.** Melhor ainda.

me.jo.ra. [me'xora] [me'xora] *f.* Ato ou efeito de melhorar. Melhoramento. Melhoria. ▸ Melhora.

me.jo.rar. [mexo'rar] [mexo'rar] *v.4.* **1.** Tornar melhor uma coisa. ▸ Melhorar. **2.** Recuperar a saúde. ▸ Melhorar.

me.jo.rí.a. [mexo'ria] [mexo'ria] *f.* Mudança para melhor estado. ▸ Melhoria.

me.la.do, da. [me'laðo] [me'laðo] *adj.* **1.** Da cor do mel. ▸ Cor de mel. *m.* **2.** Xarope que se obtém por evaporação do suco da cana-de-açúcar. ▸ Melado.

me.lan.co.lí.a. [melanko'lia] [melanko'lia] *f.* Estado de tristeza e depressão, caracterizado pela perda de interesse por qualquer coisa. ▸ Melancolia.

me.lan.có.li.co, ca. [melan'koliko] [melan'koliko] *adj.* Que tem melancolia. ▸ Melancólico. *U.t.c.s.*

me.la.ni.na. [mela'nina] [mela'nina] *f. Biol.* Pigmento escuro que existe nas células dos animais vertebrados, ao qual se deve a cor da pele e dos pelos. ▸ Melanina.

me.la.za. [me'laθa] [me'lasa] *f.* Líquido viscoso muito doce, resíduo da fabricação do açúcar. ▸ Melaço.

me.le.na. [me'lena] [me'lena] *f.* **1.** Cabelo comprido que cai sobre os ombros. ▸ Melena. **2.** Crina de leão. ▸ Juba do leão.

me.le.nu.do, da. [mele'nuðo] [mele'nuðo] *adj.* Que tem cabelo abundante e muito comprido. Cabeludo. ▸ Melenudo. *U.t.c.s.*

me.lí.fluo, flua. [me'liflwo] [me'liflwo] *adj.* **1.** Que contém mel ou se assemelha a ele. ▸ Melífluo. **2.** Que procede com delicadeza e suavidade. ▸ Melífluo.

me.lin.dre. [me'lindre] [me'lindre] *m.* **1.** *Cul.* Bolo que leva mel. ▸ Melindre. **2.** Delicadeza afetada e excessiva em palavras ou movimentos. ▸ Melindre.

me.lin.dro.so, sa. [melin'droso] [melin'droso] *adj.* Que procede com delicadeza excessiva. ▸ Melindroso. *U.t.c.s.*

me.lla.do, da. [me'ʎaðo] [me'ʃaðo] *adj.* Diz-se do instrumento cortante que perdeu o poder de corte. ▸ Cego.

me.llar. [me'ʎar] [me'ʃar] *v.4.* Quebrar ou embotar o gume de um instrumento de corte. ▸ Cegar.

me.lli.zo, za. [me'ʎiθo] [me'ʃiso] *adj. Biol.* Que foi gerado no mesmo ventre e ao mesmo tempo que um ou mais fetos. ▸ Gêmeo. *U.t.c.s.*

me.lo.co.tón. [meloko'ton] [meloko'ton] *m. Bot.* Fruto do pessegueiro. ▸ Pêssego. ➡ *Frutas*

me.lo.co.to.ne.ro. [melokoto'nero] [melokoto'nero] *m. Bot.* Árvore cujo fruto é o pêssego. ▸ Pessegueiro.

me.lo.dí.a. [melo'ðia] [melo'ðia] *f.* **1.** Suavidade da voz ou do som de um instrumento musical. ▶ Melodia. **2.** *Mús.* Parte da música que trata da formação dos períodos musicais inter-relacionando harmonicamente o tempo do canto e dos sons. ▶ Melodia. **3.** *Mús.* Sons musicais ordenados independentemente do acompanhamento. ▶ Melodia.

me.ló.di.co, ca. [me'loðiko] [me'loðiko] *adj.* **1.** *Mús.* Relativo à melodia. ▶ Melódico. **2.** Que é agradável ao ouvido. ▶ Melódico.

me.lo.dra.ma. [melo'ðrama] [melo'ðrama] *m.* **1.** *Mús.* e *Teat.* Drama acompanhado de música instrumental. ▶ Ópera. **2.** Diz-se, em geral, de um estilo de narrações ou peças em que se enfatiza a manifestação de angústias e paixões. ▶ Melodrama.

me.lo.ma.ní.a. [meloma'nia] [meloma'nia] *f. Mús.* Paixão intensa pela música. ▶ Melomania.

me.ló.ma.no, na. [me'lomano] [me'lomano] *s.* Pessoa aficionada por música. ▶ Melomaníaco.

me.lón. [me'lon] [me'lon] *m. Bot.* Fruto do meloeiro. ▶ Melão. ➡ *Frutas*

me.lo.so, sa. [me'loso] [me'loso] *adj.* **1.** Da qualidade ou natureza do mel. Adoçicado. ▶ Meloso. **2.** *fig.* Afetado.

mem.bra.na. [mem'brana] [mem'brana] *f. Biol.* Tecido orgânico laminado e flexível. ▶ Membrana.

mem.bra.no.so, sa. [membra'noso] [membra'noso] *adj. Biol.* Que se compõe de membranas ou que tem a natureza delas. ▶ Membranoso.

mem.bre.te. [mem'bɾete] [mem'bɾete] *m.* **1.** □ Nome de uma pessoa ou corporação que se põe na parte inicial ou final de um documento ou no alto do papel de carta. ▶ Timbre. **2.** Anotação que se faz para lembrar alguma coisa. ▶ Lembrete.

mem.bri.llo. [mem'bɾiʎo] [mem'bɾiʃo] *m.* **1.** *Bot.* Fruto do marmeleiro. ▶ Marmelo. **2.** *Cul.* O doce dessa fruta. ▶ Marmelada.

me.mo.ra.ble. [memo'raβle] [memo'raβle] *adj.* Que é digno de ser lembrado por seus méritos, qualidades ou feitos. ▶ Memorável.

me.mo.rán.dum. [memo'randum] [memo'randum] *m.* Comunicação escrita sobre um assunto em andamento. ▶ Memorando.

me.mo.ria. [me'moɾja] [me'moɾja] *f.* **1.** Faculdade de reter o que se aprende e de lembrar coisas do passado. ▶ Memória. **2.** Monumento para lembrança ou homenagem de acontecimento ou personalidade. ▶ Monumento. ◆ **De memoria.** De cor.

me.mo.rial. [memo'rjal] [memo'rjal] *m.* Descrição pormenorizada de um acontecimento ou assunto de interesse. ▶ Memorial.

me.mo.ri.za.ción. [memoɾiθa'θjon] [memorisa'sjon] *f.* Ato de trazer à memória. ▶ Memorização.

me.mo.ri.zar. [memoɾi'θaɾ] [memori'saɾ] *v.13.* Fixar na memória alguma coisa. Decorar. ▶ Memorizar.

men.ción. [men'θjon] [men'sjon] *f.* **1.** Referência a uma pessoa ou coisa determinada. ▶ Menção. **2.** Tipo de premiação. ▶ Menção.

men.cio.nar. [menθjo'naɾ] [mensjo'naɾ] *v.4.* **1.** Fazer menção a uma pessoa. ▶ Mencionar. **2.** Referir-se a uma coisa para torná-la conhecida. ▶ Mencionar.

men.daz. [men'daθ] [men'das] *adj.* Que procede com falsidade e hipocrisia. ▶ Mendaz.

men.di.can.te. [mendi'kante] [mendi'kante] *adj.* Que pede esmolas de porta em porta. Mendigo. ▶ Mendicante. *U.t.c.s.*

men.di.ci.dad. [mendiθi'ðað] [mendisi'ðað] *f.* **1.** Estado e situação de pedinte. ▶ Mendicidade. **2.** Ato de mendigar. ▶ Mendicidade.

men.di.gar. [mendi'ɣaɾ] [mendi'ɣaɾ] *v.9.* Pedir esmolas. ▶ Mendigar.

men.di.go, ga. [men'diɣo] [men'diɣo] *s.* Pessoa indigente que pede esmolas para viver. ▶ Mendigo.

men.dru.go. [men'druɣo] [men'druɣo] *m.* **1.** Pedaço de pão velho e duro. ▶ Marroque. **2.** *fig.* e *fam.* Homem rude e bruto. ▶ Bronco.

me.ne.ar. [mene'aɾ] [mene'aɾ] *v.4.* Balançar uma coisa de uma parte a outra. Mexer. Balançar. ▶ Menear.

me.ne.o. [me'neo] [me'neo] *m.* Ato ou efeito de menear. Oscilação. ▶ Meneio.

me.nes.ter. [menes'teɾ] [meneh'teɾ] *m.* **1.** Aquilo que é necessário. ▶ Mister. **2.** Profissão, ofício ou ocupação habitual. ▶ Mister. ◆ **Haber menester.** Necessitar. **Ser menester.** Ser preciso.

me.nes.te.ro.so, sa. [meneste'roso] [menehte'roso] *adj.* Que não tem o mais necessário. ▶ Carente. *U.t.c.s.*

me.nes.tra. [me'nestra] [me'nehtra] *f. Cul.* Cozido feito com legumes e carne. ▶ Minestra.

men.ga.no, na. [men'gano] [men'gano] *s.* Alusão ou referência vaga a uma terceira pessoa hipotética ou indeterminada, empregada após menção de uma primeira. ▶ Sicrano. ◆ **Fulano, mengano y zutano.** Fulano, sicrano e beltrano.

men.gua. ['mengwa] ['mengwa] *f.* Diminuição de quantidade, qualidade ou valor de uma coisa. ▶ Míngua.

men.guan.te. [men'gwante] [men'gwante] *adj.* **1.** Que mingua, que está diminuindo. ▶ Minguante. **2.** *Astr.* Aplica-se à Lua entre a fase cheia e a nova. ▶ Minguante. *f.* **3.** Maré vazante. ▶ Minguante.

men.guar. [men'gwar] [men'gwaɾ] *v.14.* Diminuir ou consumir-se uma coisa aos poucos. ▶ Minguar.

❏ **me.ni.na.** [me'nina] [me'nina] *f.* Dama de família nobre que entrava muito jovem a serviço da rainha ou das infantas. ▶ Dama de honra.

me.nin.ge. [me'ninxe] [me'ninxe] *f. Anat.* Membrana que envolve o encéfalo e a medula espinhal. ▶ Meninge.

me.nin.gi.tis. [menin'xitis] [menin'xitis] *f. Med.* Inflamação das meninges. ▶ Meningite.

❏ **me.ni.no.** [me'nino] [me'nino] *m.* Cavalheiro de família nobre que desde muito jovem entrava para o serviço da casa real. ▶ Pajem.

me.nis.co. [me'nisko] [me'nihko] *m. Anat.* Cartilagem que forma parte do joelho e serve para facilitar o movimento da articulação. ▶ Menisco.

me.no.pau.sia. [meno'pausja] [meno'pausja] *f. Biol.* Interrupção natural da menstruação da mulher. ▶ Menopausa.

me.nor. [me'nor] [me'noɾ] *adj.* **1.** Que é inferior a outra coisa em tamanho, quantidade ou qualidade. ▶ Menor. **2.** Diz-se da pessoa que tem menos idade que outra. ▶ Mais novo. **3.** Diz-se da pessoa que não alcançou a maioridade legal. ▶ Menor. ◆ **Al por menor.** Em pequenas quantidades. ▶ No varejo. *Miguel ha abierto un almacén para vender comestibles al por menor.* Miguel abriu uma mercearia para vender comestíveis no varejo.

me.nos. ['menos] ['menos] *adv.* Que é inferior, de menor tamanho ou intensidade. ▶ Menos. ◆ **Al / Por lo menos.** Pelo menos. *Por lo menos tengo derecho a defenderme.* Pelo menos tenho o direito de me defender. **De menos.** A menos. *Compré dos metros de tela y cuando la medí en casa tenía veinte centímetros de menos.* Comprei dois metros de tecido e quando o medi em casa tinha vinte centímetros a menos. **Echar de menos.** Ter saudades.

me.nos.ca.bar. [menoska'βar] [menohka'βaɾ] *v.4.* **1.** Diminuir as coisas tirando delas uma parte. ▶ Reduzir. **2.** *fig.* Causar descrédito na honra e boa fama de uma pessoa. ▶ Desonrar, desdenhar.

me.nos.ca.bo. [menos'kaβo] [menoh'kaβo] *m.* Ato ou efeito de reduzir. ▶ Desdém.

me.nos.pre.cia.ble. [menospre'θjaβle] [menohpre'sjaβle] *adj.* Que merece menosprezo. ▶ Desprezível.

me.nos.pre.ciar. [menospre'θjar] [menohpre'sjaɾ] *v.4.* Ter em pouco apreço. Desprezar. ▶ Menosprezar.

me.nos.pre.cio. [menos'preθjo] [menoh'presjo] *m.* **1.** Pouco apreço ou estima. ▶ Menosprezo. **2.** Tratamento indiferente, desdenhoso. Desprezo. ▶ Menosprezo.

men.sa.je. [men'saxe] [men'saxe] *m.* **1.** Recado que uma pessoa envia a outra. ▶ Mensagem. **2.** *Polít.* Comunicação oficial entre os poderes ou órgãos de um país. ▶ Mensagem.

men.sa.je.rí.a. [mensaxe'ria] [mensaxe'ria] *f.* **1.** Serviço de distribuição de cartas e pacotes em uma cidade. ▶ Serviço de malote. **2.** Empresa que presta esse serviço.

men.sa.je.ro, ra. [mensa'xero] [mensa'xero] *s.* Pessoa que leva mensagens. Mensageiro. Motoboy. ▶ *Office-boy.*

mens.trua.ción. [menstɾwa'θjon] [menhtɾwa'sjon] *f. Biol.* Fluxo sanguíneo uterino eliminado pela vagina periodicamente. ▶ Menstruação.

men.sual. [men'swal] [men'swal] *adj.* **1.** Que acontece ou se repete a cada mês. ▶ Mensal. **2.** Que dura um mês. ▶ Mensal.

men.sua.li.dad. [menswali'ðaθ] [menswali'ðað] *f.* **1.** Ordenado ou retribuição que recebe um empregado por mês. ▶ Salário. **2.** Quantia que se paga mensalmente por algum serviço. ▶ Mensalidade.

men.ta. ['menta] ['menta] *f. Bot.* Planta de folhas muito verdes, com as quais se fabrica o licor de mesmo nome. ▶ Menta.

men.tal. [men'tal] [men'tal] *adj.* Pertencente ou relativo à mente. ▶ Mental.

men.ta.li.dad. [mentali'ðaθ] [mentali'ðað] *f.* Cultura e modo de pensar de uma pessoa, povo ou geração. ▶ Mentalidade.

men.ta.li.zar. [mentali'θar] [mentali'saɾ] *v.13.* Preparar a mente de alguém de um modo ou para um fim determinado. ▶ Mentalizar.

men.tar. [men'tar] [men'taɾ] *v.15.* Dizer o nome de uma coisa ou pessoa. ▶ Mencionar.

men.te. ['mente] ['mente] *f.* Capacidade intelectual, inteligência, vontade. ▶ Mente. ◆ **Tener en mente.** Ter em mente.

men.te.ca.to, ta. [mente'kato] [mente'kato] *adj.* Privado da razão. ▶ Mentecapto. *U.t.c.s.*

men.tir. [men'tir] [men'tir] *v.22.* Manifestar o contrário do que se sabe ou pensa, faltando à verdade. ▶ Mentir.

men.ti.ra. [men'tiɾa] [men'tiɾa] *f.* **1.** Manifestação contrária ao que se sabe ou se pensa. ▶ Mentira. **2.** Aquilo que não é verdade. ▶ Mentira. ◆ **Parece mentira.** É incrível. ▶ Parece mentira. *Parece mentira que haya tanta crueldad en el mundo.* Parece mentira que haja tanta crueldade no mundo.

men.ti.ri.lla(de). [menti'riʎa] [menti'riʃa] *loc.* Brincadeira, mentira pequena e sem importância. ▶ De mentirinha. *U.t. de mentirijillas.*

men.ti.ro.so, sa. [menti'roso] [menti'roso] *adj.* **1.** Que tem costume de mentir. ▶ Mentiroso. *U.t.c.s.* **2.** Que não é verdadeiro. Falso, enganoso. ▶ Mentiroso.

men.tol. [men'tol] [men'tol] *m.* Parte sólida da essência da menta. ▶ Mentol.

men.to.la.do, da. [mento'laðo] [mento'laðo] *adj.* Que contém mentol. ▶ Mentolado.

men.tón. [men'ton] [men'ton] *m. Anat.* Proeminência do maxilar inferior. ▶ Queixo.

men.tor. [men'tor] [men'tor] *m.* Pessoa que guia, ensina ou aconselha a outra. Conselheiro. ▶ Mentor.

me.nú. [me'nu] [me'nu] *m.* **1.** Conjunto de pratos que formam uma refeição. ▶ Menu. **2.** Lista de pratos que se oferecem para escolha em um restaurante ou bar. ▶ Cardápio. **3.** *Inform.* Lista de funções ou programas que se apresentam no monitor de um computador em funcionamento. ▶ Menu.

me.nu.de.ar. [menuðe'ar] [menuðe'ar] *v.4.* Executar uma coisa muitas vezes, frequentemente. ▶ Amiudar.

me.nu.den.cia. [menu'ðenθja] [menu'ðensja] *f.* Exatidão com que se considera uma coisa sem omitir os mínimos detalhes. ▶ Minúcia.

me.nu.de.o. [menu'ðeo] [menu'ðeo] *m.* Venda a varejo, a miúdo. ▶ Varejo.

me.nu.do, da. [me'nuðo] [me'nuðo] *adj.* **1.** Pequeno, de pouca estatura e magro. ▶ Miúdo. **2.** *fig.* Que não tem importância. Desprezível. ▶ Miúdo. ◆ **A menudo.** Amiúde. ▶ Com frequencia. *Marco va a menudo a visitar a su madre.* Marco vai com frequência visitar sua mãe.

me.ñi.que. [me'ɲike] [me'ɲike] *adj.* Diz-se do menor dedo da mão. ▶ Mindinho. *U.t.c.s.*

me.o.llo. [me'oʎo] [me'oʃo] *m.* **1.** *Biol.* Massa encefálica. ▶ Cérebro. **2.** *Biol.* Ver *médula*[2]. ▶ Medula. **3.** *fig.* O mais importante de um assunto ou negócio. ▶ Cerne.

me.ón, o.na. [me'on] [me'on] *adj.* Diz-se da criança que urina com frequência. ▶ Mijão.

me.que.tre.fe. [meke'trefe] [meke'trefe] *m.* Homem intrometido, abelhudo e de pouco proveito. ▶ Patife.

mer.ca.der. [merka'ðer] [merka'ðer] *m.* Comerciante que negocia com mercadorias de venda fácil. ▶ Mercador.

mer.ca.de.rí.a. [merkaðe'ria] [merkaðe'ria] *f.* Conjunto de artigos com os quais se faz comércio. ▶ Mercadoria.

mer.ca.do. [mer'kaðo] [mer'kaðo] *m.* **1.** Lugar de venda, compra ou permuta de mercadorias ou serviços. **2.** Povoação em que há grande movimento comercial. ▶ Mercado. ◆ **Mercado negro.** Comércio ilegal ou informal. Mercado negro. Mercado paralelo.

mer.ca.do.tec.nia. [merkaðo'teknja] [merkaðo'teknja] *f.* Conjunto de princípios e estratégias que se aplicam para estimular a demanda ou consumo de um produto. *Marketing.* ▶ Mercadologia.

mer.can.cí.a. [merkan'θia] [merkan'sia] *f.* Qualquer produto que possa ser objeto de trato ou venda. ▶ Mercadoria.

mer.can.te. [mer'kante] [mer'kante] *adj.* Relativo ao comércio ou ao movimento comercial. ▶ Mercantil.

mer.can.til. [merkan'til] [merkan'til] *adj.* Relativo ao comerciante, à mercadoria ou ao comércio. Comercial. ▶ Mercantil.

mer.can.ti.lis.mo. [merkanti'lismo] [merkanti'lihmo] *m.* Sistema econômico que atende em primeiro lugar ao desenvolvimento do comércio. ▶ Mercantilismo.

mer.can.ti.lis.ta. [merkanti'lista] [merkanti'lihta] *adj.* **1.** Pertencente ou relativo ao mercantilismo. ▶ Mercantilista. **2.** Que é partidário do mercantilismo. ▶ Mercantilista. *U.t.c.s.*

mer.ced. [mer'θeθ] [mer'seð] *f.* **1.** Benefício ou graça que se dá a uma pessoa. ▶ Mercê. **2.** Vontade ou arbítrio de uma pessoa. ▶ Mercê. ◆ **A merced de.** À mercê de. *No es una ley justa, deja al trabajador a merced del empresario.* Não é uma lei justa, deixa o trabalhador à mercê do empresário.

mer.ce.na.rio, ria. [merθe'narjo] [merse'narjo] *adj.* **1.** Que só se interessa por dinheiro. ▸ Mercenário. *m.* **2.** *Mil.* Militar de qualquer patente que vende seus serviços a um país estrangeiro. ▸ Mercenário.

☐ **mer.ce.rí.a.** [merθe'ria] [merse'ria]. *f.* **1.** Comércio de botões, alfinetes, linha para costura e outras miudezas e de pouco valor. ▸ Armarinho. **2.** Estabelecimento onde esses produtos são vendidos. ▸ Armarinho.

mer.cu.rio. [mer'kurjo] [mer'kurjo] *m.* **1.** *Quím.* Metal branco, brilhante, líquido, a temperatura ordinária, e mais pesado que o chumbo. ▸ Mercúrio. **2.** *Astr.* Planeta mais próximo do sol. ▸ Mercúrio (inicial maiúsc.).

me.re.cer. [mere'θer] [mere'ser] *v.24.* Tornar-se credor de um prêmio ou de um castigo. ▸ Merecer.

me.re.ci.mien.to. [mereθi'mjento] [meresi'mjento] *m.* **1.** Ato ou efeito de merecer. ▸ Merecimento. **2.** Mérito que se tem por alguma coisa. ▸ Merecimento.

me.ren.dar. [meren'dar] [meren'dar] *v.15.* Fazer uma refeição leve na parte da tarde. Lanchar. ▸ Merendar.

me.ren.de.ro. [meren'dero] [meren'dero] *m.* Estabelecimento que serve lanches para consumo rápido. ▸ Lanchonete.

me.ren.gue. [me'renge] [me'renge] *m.* **1.** *Cul.* Doce feito com clara de ovo e açúcar. Merengue. ▸ Suspiro. **2.** *Mús.* Dança típica do Caribe. ▸ Merengue.

me.ri.dia.no, na. [meri'ðjano] [meri'ðjano] *adj.* **1.** Pertencente ou relativo à hora do meio-dia. ▸ Meridiano. *m.* **2.** *Geogr.* Linha imaginária que passa pelos polos e une pontos de mesma longitude. ▸ Meridiano.

me.ri.dio.nal. [meriðjo'nal] [meriðjo'nal] *adj.* Pertencente ou relativo ao Sul. Austral. ▸ Meridional.

me.rien.da. [me'rjenda] [me'rjenda] *f.* Refeição leve que se faz entre o almoço e o jantar. ▸ Merenda.

mé.ri.to. ['merito] ['merito] *m.* Ato que torna uma pessoa digna de prêmio ou de elogio. Merecimento. ▸ Mérito.

me.ri.to.rio, ria. [meri'torjo] [meri'torjo] *adj.* Que é digno de prêmio ou de louvor Merecedor. ▸ Meritório.

mer.lu.za. [mer'luθa] [mer'lusa] *f.* **1.** *Zool.* Tipo de peixe marinho. ▸ Merluza. **2.** *fig.* e *fam.* Forte bebedeira. ▸ Pileque.

mer.mar. [mer'mar] [mer'mar] *v.4.* Diminuir uma coisa ou consumir parte dela. Diminuir. ▸ Minguar.

☐ **mer.me.la.da.** [merme'laða] [merme'laða] *f.* Ver *jalea.* ▸ Geleia.

me.ro, ra. ['mero] ['mero] *adj.* **1.** Que não tem misturas. ▸ Puro. **2.** Sem importância. Simples. ▸ Mero. *m.* **3.** *Zool.* Tipo de peixe. ▸ Mero.

me.ro.de.ar. [meroðe'ar] [meroðe'ar] *v.4.* Andar, uma pessoa ou várias juntas, por um campo ou lugar, procurando uma oportunidade para fazer algo ilícito. Rondar. ▸ Espreitar.

mes. ['mes] ['mes] *m.* **1.** Cada uma das doze partes em que se divide o ano. ▸ Mês. **2.** Período compreendido entre um dia determinado de um mês e outro de igual número do mês seguinte. ▸ Mês.

me.sa. ['mesa] ['mesa] *f.* Móvel composto de uma lâmina horizontal sustentada por um ou vários pés que se usa para comer, escrever, etc. ▸ Mesa. ♦ **Mesa de noche.** Criado-mudo. **Mesa redonda.** Reunião de pessoas da mesma hierarquia ou igual categoria. ▸ Mesa-redonda.
➧ *Muebles y electrodomésticos*

me.se.ro, ra. [me'sero] [me'sero] *s.* Pessoa que serve a mesa em bares e restaurantes. ▸ Garçom, garçonete.

me.se.ta. [me'seta] [me'seta] *f.* **1.** *Geogr.* Planalto extenso situado a certa altura sobre o nível do mar. ▸ Meseta. **2.** Parte de piso horizontal em que termina um lance de escada ou que intermedeia dois lances. ▸ Patamar.

me.si.lla. [me'siʎa] [me'siʃa] *f.* Mesa pequena e baixa. ▸ Mesinha. ♦ **Mesilla de noche.** Criado-mudo. *U.t. mesita de noche.*
➧ *Muebles y electrodomésticos*

me.són. [me'son] [me'son] *m.* Hospedaria, geralmente situada à beira da estrada. ▸ Estalagem.

me.so.ne.ro, ra. [meso'nero] [meso'nero] *s.* Pessoa que atende os hóspedes na estalagem. ▸ Estalajadeiro.

mes.ti.za.je. [mesti'θaxe] [mehti'saxe] *m.* **1.** Cruzamento de etnias diferentes. ▸ Miscigenação. **2.** Mistura de culturas diferentes que dão origem a uma nova. ▸ Mestiçagem.

mes.ti.zo, za. [mes'tiθo] [meh'tiso] *adj.* **1.** Diz-se de pessoa cujos pais não são da mesma etnia. Miscigenado. ▸ Mestiço. **2.** *Biol.* Diz-se de animal ou vegetal que resulta do cruzamento de espécies diferentes. ▸ Cruzado.

me.su.ra. [me'sura] [me'suɾa] *f.* **1.** Compostura na atitude e nos gestos. ▸ Mesura. **2.** Demonstração de cortesia e respeito. ▸ Mesura.

me.su.rar. [mesu'raɾ] [mesu'raɾ] *v.4.* Moderar as atitudes e os impulsos. ▸ Mesurar.

me.ta. ['meta] ['meta] *f.* **1.** Fim a que se dirigem os atos de uma pessoa. ▸ Meta. **2.** *Desp.* Alvo ou limite que deve ser atingido nos esportes. ▸ Meta.

me.ta.bó.li.co, ca. [metaˈβoliko] [metaˈβoliko] *adj. Biol.* Pertencente ou relativo ao metabolismo. ▸ Metabólico.

me.ta.bo.lis.mo. [metaβoˈlismo] [metaβoˈlihmo] *m. Biol.* Conjunto de reações químicas que se produzem continuamente nas células vivas. ▸ Metabolismo.

me.ta.car.po. [metaˈkarpo] [metaˈkaɾpo] *m. Anat.* Cada um dos cinco ossos que os seres humanos têm na mão entre o pulso e a primeira falange dos dedos. ▸ Metacarpo.

me.ta.fí.si.co, ca. [metaˈfisiko] [metaˈfisiko] *adj.* **1.** Pertencente ou relativo à metafísica. ▸ Metafísico. *f.* **2.** Parte da Filosofia que trata do ser e de seus princípios. ▸ Metafísica.

me.tá.fo.ra. [meˈtafora] [meˈtafora] *f. Ling.* Figura de linguagem em que a significação habitual da palavra é substituída por outra, em virtude de alguma relação de semelhança. ▸ Metáfora.

me.ta.fó.ri.co, ca. [metaˈforiko] [metaˈforiko] *adj. Ling.* Que contém ou que abunda em metáforas. ▸ Metafórico.

me.tal. [meˈtal] [meˈtal] *m. Quím.* Cada um dos elementos químicos duros, à exceção do mercúrio, que é condutor do calor e da eletricidade. ▸ Metal.

me.ta.len.gua.je. [metalenˈgwaxe] [metalenˈgwaxe] *m. Ling.* Função da linguagem caracterizada pelo uso do próprio código para sua explicação. ▸ Metalinguagem.

me.tá.li.co, ca. [meˈtaliko] [meˈtaliko] *adj.* **1.** De metal ou pertencente aos metais. ▸ Metálico. *m.* **2.** Ver *dinero.* ▸ Dinheiro.

me.ta.lur.gia. [metaˈlurxja] [metaˈluɾxja] *f.* **1.** Técnica de extrair dos minérios os metais que contêm. ▸ Metalurgia. **2.** Ciência que estuda as propriedades dos metais. ▸ Metalurgia. **3.** Conjunto de indústrias que fabricam objetos de metal. ▸ Metalurgia.

me.ta.lúr.gi.co, ca. [metaˈlurxiko] [metaˈluɾxiko] *adj.* **1.** Pertencente ou relativo à metalurgia. ▸ Metalúrgico. *s.* **2.** Pessoa que trabalha na metalurgia ou se dedica a seu estudo. ▸ Metalúrgico.

me.ta.mór.fi.co, ca. [metaˈmorfiko] [metaˈmoɾfiko] *adj. Geol.* Diz-se de minério ou rocha que sofreu um processo de metamorfismo. ▸ Metamórfico.

me.ta.mor.fis.mo. [metamorˈfismo] [metamoɾˈfihmo] *m. Geol.* Processo natural pelo qual se produz a transformação de um minério ou de uma rocha. ▸ Metamorfismo.

me.ta.mor.fo.sis. [metamorˈfosis] [metamoɾˈfosis] *f.* **1.** Transformação de uma coisa em outra. ▸ Metamorfose. **2.** *fig.* Mudança no caráter ou temperamento de uma pessoa. ▸ Metamorfose. **3.** *Biol.* Mudança de forma e gênero de vida que experimentam alguns animais. ▸ Metamorfose.

me.te.ó.ri.co, ca. [meteˈoriko] [meteˈoriko] *adj. Meteor.* Pertencente ou relativo aos meteoros. ▸ Meteórico.

me.te.o.ri.to. [meteoˈrito] [meteoˈrito] *m. Astr.* Fragmento sólido que, procedente do espaço, cai sobre a Terra. ▸ Meteorito.

me.te.o.ro. [meteˈoro] [meteˈoro] *m. Meteor.* Qualquer fenômeno atmosférico como a chuva, o raio, o arco-íris e outros. ▸ Meteoro.

me.te.o.ro.lo.gí.a. [meteoroloˈxia] [meteoroloˈxia] *f. Meteor.* Ciência que trata da atmosfera e dos fenômenos naturais que nela acontecem. ▸ Meteorologia.

me.te.o.ro.ló.gi.co, ca. [meteoroˈloxiko] [meteoroˈloxiko] *adj. Meteor.* Pertencente ou relativo à meteorologia. ▸ Meteorológico.

me.te.o.ró.lo.go, ga. [meteoˈroloɣo] [meteoˈroloɣo] *s. Meteor.* Pessoa especializada em meteorologia. ▸ Meteorologista.

me.ter. [meˈter] [meˈteɾ] *v.5.* **1.** Colocar uma coisa dentro de outra. ▸ Meter. **2.** Introduzir alguém em um lugar, assunto ou negócio. ▸ Meter. *Metieron al ladrón en la cárcel.* Colocaram o ladrão na cadeia. ♦ **Estar muy metido en.** Estar muito empenhado em. **Meter la pata.** Ser inconveniente. ▸ Dar uma mancada. Pisar na bola.

me.ti.cu.lo.si.dad. [metikuloˈsiðað] [metikuloˈsiðað] *f.* Qualidade de meticuloso. ▸ Meticulosidade.

me.ti.cu.lo.so, sa. [metikuˈloso] [metikuˈloso] *adj.* **1.** Que atende a todos os pormenores de um assunto ou negócio. Minucioso. ▸ Meticuloso. **2.** Que procede com cautela. ▸ Meticuloso.

▫**me.ti.do, da.** [meˈtiðo] [meˈtiðo] *adj.* Diz-se de pessoa intrometida, que procura saber os assuntos dos outros. ▸ Intrometido.

me.tó.di.co, ca. [me'toðiko] [me'toðiko] *adj.* **1.** Que se faz com método. ▸ Metódico. **2.** Que tem ou apresenta método. ▸ Metódico.

mé.to.do. ['metoðo] ['metoðo] *m.* **1.** Modo ordenado de fazer uma coisa. ▸ Método. **2.** Modo de agir ou costume que cada um tem. ▸ Método.

me.to.do.lo.gí.a. [metoðolo'xia] [metoðolo'xia] *f.* **1.** Ciência que estuda os métodos de aquisição de conhecimentos. ▸ Metodologia. **2.** Conjunto de métodos aplicados em uma pesquisa. ▸ Metodologia.

me.to.ni.mi.a. [meto'nimja] [meto'nimja] *f. Ling.* Figura de linguagem que consiste em nomear um objeto com palavra designativa de outro, com o qual o primeiro tem determinada relação. ▸ Metonímia.

me.tra.je. [me'traxe] [me'traxe] *m.* **1.** Comprimento de um filme cinematográfico. ▸ Metragem. **2.** Medida em quantidade de metros. ▸ Metragem.

me.tra.lle.ta. [metra'ʎeta] [metra'ʃeta] *f.* Arma de fogo portátil de repetição. ▸ Metralhadora.

mé.tri.co, ca. ['metriko] ['metriko] *adj.* **1.** Relativo ao metro ou medida. ▸ Métrico. **2.** *Ling.* Relativo ao metro ou medida do verso. ▸ Métrico. *f.* **3.** *Lit.* Na poesia, a medida dos versos, suas classes e combinações. ▸ Métrica.

me.tro. ['metro] ['metro] *m.* **1.** Unidade de comprimento, base do sistema métrico decimal. ▸ Metro. **2.** *Lit.* Medida que tem cada classe de verso. ▸ Metro. **3.** ❑ Abreviatura de *metropolitano*. Trem subterrâneo. ▸ Metrô.
➡ *Transporte*

me.tró.po.li. [me'tropoli] [me'tropoli] *f.* **1.** Cidade principal ou capital de uma província ou estado. ▸ Metrópole. **2.** Igreja episcopal da qual dependem outras. ▸ Metrópole. **3.** *Polít.* Nação em relação a suas colônias. ▸ Metrópole.

me.tro.po.li.ta.no, na. [metropoli'tano] [metropoli'tano] *adj.* **1.** Pertencente ou relativo à metrópole. ▸ Metropolitano. *m.* **2.** Trem subterrâneo. ▸ Metrô.

me.xi.ca.no, na. [meksi'kano] [meksi'kano] *adj.* **1.** Pertencente ou relativo ao México. ▸ Mexicano. *s.* **2.** O natural ou habitante desse país da América do Norte. ▸ Mexicano.

mez.cla. ['meθkla] ['mehkla] *f.* **1.** Mistura de várias substâncias ou coisas. ▸ Mescla. **2.** Tecido feito com fios de diferentes cores. ▸ Mescla. **3.** Massa de cal, areia e água usada na construção civil. ▸ Argamassa.

mez.clar. [meθ'klar] [meh'klar] *v.4.* **1.** Misturar umas coisas com outras. ▸ Mesclar. **2.** Mudar a ordem das coisas. ▸ Mesclar.

mez.quin.dad. [meθkin'ðaθ] [mehkin'ðað] *f.* **1.** Qualidade de mesquinho. ▸ Mesquinhez. **2.** Ato ou coisa mesquinha. Mesquinharia. ▸ Mesquinhez.

mez.qui.no, na. [meθ'kino] [meh'kino] *adj.* **1.** *p. us.* Que não possui generosidade. Avaro. ▸ Mesquinho. **2.** Que não tem nobreza de espírito. ▸ Mesquinho.

mez.qui.ta. [meθ'kita] [meh'kita] *f. Rel.* Templo religioso muçulmano. ▸ Mesquita.

mi. ['mi] ['mi] *pron.* **1.** Corresponde à primeira pessoa do singular (*yo*) e antecede substantivos femininos e masculinos em singular indicando posse. ▸ Meu, minha. *Mi hermana dijo que la bicicleta de Sebastián es más bonita que la mía.* Minha irmã disse que a bicicleta de Sebastián é mais bonita que a minha. O plural é *mis. m.* **2.** *Mús.* Nota musical. ▸ Mi.

mí. ['mi] ['mi] *pron.pess.* Corresponde à primeira pessoa do singular (*yo*) e, antecedido de uma preposição, exceto *con*, exerce função de objeto. ▸ Mim. *¿Este regalo es para mí?* Este presente é para mim?

miau. ['mjau̯] ['mjau̯] *m.* Onomatopeia que representa o som emitido pelo gato. ▸ Miau.

mi.ca. ['mika] ['mika] *f. Geol.* Mineral composto de lâminas muito finas, transparentes e de várias cores, que forma parte de algumas rochas. ▸ Mica.

mi.che.lín. [mitʃe'lin] [mitʃe'lin] *m. fam.* Acumulação de gordura que se forma em alguma parte do corpo, principalmente em volta da cintura. ▸ Pneu.

mi.co. ['miko] ['miko] *m. Zool.* Macaquinho pequeno de cauda comprida e felpuda. ▸ Sagui.

mi.co.sis. [mi'kosis] [mi'kosis] *f. Med.* Processo infeccioso produzido por fungos em alguma parte do organismo. ▸ Micose.

mi.cra. ['mikra] ['mikra] *f.* Medida de longitude correspondente à milésima parte de um milímetro, que se utiliza em medições microscópicas. ▸ Micra.

mi.cro.bio. [mi'kroβjo] [mi'kroβjo] *m. Biol.* Ser vivo, organizado, que só pode ser visto com microscópio. ▸ Micróbio.

mi.cro.bús. [mikro'βus] [mikro'βus] *m.* Ônibus de menor tamanho que o normal. ▸ Micro-ônibus.

mi.cro.cé.fa.lo, la. [mikro'θefalo] [mikroh'sefalo] *adj.* **1.** *Zool.* Diz-se do animal que tem a cabeça pequena em relação ao tamanho do corpo. ▸ Microcéfalo. **2.** Diz-se de pessoa que tem o cérebro muito menor que o normal. ▸ Microcéfalo. *U.t.c.s.*

mi.cro.chip. [mikro'tʃip] [mikro'tʃip] *m. Inform.* Pequena peça miniaturizada que contém um circuito integrado, utilizada em diversos dispositivos eletrônicos e que realiza inúmeras funções através de circuitos. ▸ Microchip.

mi.cro.cli.ma. [mikro'klima] [mikro'klima] *m. Geogr.* Conjunto de condições climáticas que se dão em uma área reduzida. ▸ Microclima.

mi.cro.cos.mo. [mikro'kosmo] [mikro'kohmo] *m.* **1.** O mundo pequeno, miniatura do universo. ▸ Microcosmo. **2.** O oposto a macrocosmo. ▸ Microcosmo.

mi.cro.fil.me. [mikro'filme] [mikro'filme] *m.* Película de pequeno tamanho na qual se reproduzem documentos para arquivo ou registro. ▸ Microfilme.

mi.cró.fo.no. [mi'krofono] [mi'krofono] *m.* Aparelho que transforma as ondas sonoras aumentando sua intensidade. ▸ Microfone.

mi.cro.on.da. [mikro'onda] [mikro'onda] *f. Fís.* Onda eletromagnética de longitude compreendida entre um milímetro e um metro. ▸ Micro-onda.

mi.cro.on.das. [mikro'ondas] [mikro'ondas] *m.* Forno que cozinha ou aquece os alimentos pela ação de radiações eletromagnéticas. ▸ Forno de micro-ondas. ➡ *Muebles y electrodomésticos*

mi.cro.or.ga.nis.mo. [mikroorɣa'nismo] [mikroorɣa'nihmo] *m. Biol.* Ser vivo microscópico. ▸ Micro-organismo.

mi.cro.pro.ce.sa.dor. [mikroproθesa'ðor] [mikroprosesa'ðor] *m. Inform.* Circuito constituído por milhares de transistores integrados em uma pequena lâmina e realiza funções específicas em aparelhos eletrônicos digitais. ▸ Microprocessador.

mi.cros.có.pi.co, ca. [mikros'kopiko] [mikroh'kopiko] *adj.* Que só pode ser visto com microscópio, pelo seu tamanho muito reduzido. ▸ Microscópico.

mi.cros.co.pio. [mikros'kopjo] [mikroh'kopjo] *m. Ópt.* Instrumento óptico destinado a observar o que é extremamente pequeno. ▸ Microscópio.

mie.do. ['mjeðo] ['mjeðo] *m.* Angústia ante uma situação de perigo real ou imaginário. ▸ Medo. ◆ **De miedo.** Impressionante.

mie.do.so, sa. [mje'ðoso] [mje'ðoso] *adj.* Que tem medo de tudo. ▸ Medroso.

miel. ['mjel] ['mjel] *f.* Substância produzida pelas abelhas a partir do pólen das flores para alimento das crias. ▸ Mel. ◆ **Luna de miel.** Lua de mel. **Miel de caña.** Licor denso destilado do sumo da cana doce. ▸ Melaço.

miem.bro. ['mjembro] ['mjembro] *m.* **1.** Qualquer das extremidades do ser humano ou dos animais. ▸ Membro. **2.** Pessoa que faz parte de uma associação ou comunidade. ▸ Membro.

mien.tras. ['mjentras] ['mjentras] *conj.* Durante o tempo em que. ▸ Enquanto. *No me vuelvas a buscar mientras no me digas si somos o no novios.* Não volte a me procurar enquanto não me disser se somos ou não namorados. ◆ **Mientras tanto.** Enquanto isso. *Augusto trabaja y tú mientras tanto te diviertes.* Augusto trabalha e enquanto isso você se diverte.

miér.co.les. ['mjerkoles] ['mjerkoles] *m.* **1.** O terceiro dia da semana depois do domingo. ▸ Quarta-feira. *interj.* **2.** Indica aborrecimento. Droga! *¡Miércoles! Se me olvidaron las llaves otra vez.* Droga! Esqueci as chaves outra vez.

mier.da. ['mjerða] ['mjerða] *f. vulg.* Excremento resultante da digestão de alimentos. ▸ Merda. ◆ **¡Mierda!** Manifestação de raiva ou frustração. Que merda! **¡Vete a la mierda!** Ofensa dirigida com muito desprezo a alguém. Vá à merda!

mi.ga. ['miɣa] ['miɣa] *f.* **1.** Parte interior e mais mole do pão. ▸ Miolo. **2.** Farelo de pão ou outra coisa. ▸ Migalha.

mi.ga.ja. [mi'ɣaxa] [mi'ɣaxa] *f.* Parte do pão que se desprende ao cortá-lo ou parti-lo. ▸ Migalha.

mi.gra.ción. [miɣra'θjon] [miɣra'sjon] *f.* **1.** Ato ou efeito de passar de um território ou país para outro para estabelecer-se nele. ▸ Migração. **2.** *Zool.* Deslocamento anual de uma população animal. ▸ Migração.

mi.gra.ña. [mi'ɣraɲa] [mi'ɣraɲa] *f. Med.* Dor que se sente, a intervalos, em uma parte da cabeça. ▸ Enxaqueca.

mi.grar. [mi'ɣrar] [mi'ɣrar] *v.4.* **1.** Sair de um território para estabelecer-se em outro. ▸ Migrar. **2.** *Zool.* Mudar periodicamente de lugar, especialmente as aves. ▸ Migrar.

mi.gra.to.rio, ria. [miɣra'torjo] [miɣra'torjo] *adj.* Pertencente ou relativo à migração de pessoas, ou ao deslocamento periódico de certos animais. ▶ Migratório.

mil. ['mil] ['mil] *núm.* **1.** Quantidade que é uma unidade maior que 999. ▶ Mil. *m.* **2.** Número que representa essa quantidade. ▶ Mil.

mi.la.ne.sa. [mila'nesa] [mila'nesa] *f. Cul.* Filé empanado. ▶ Milanesa.

mi.la.gre.ro, ra. [mila'ɣrero] [mila'ɣrero] *adj.* Diz-se da pessoa que em qualquer coisa vê um milagre e, também, daquela que julga fazer milagres. ▶ Milagreiro.

mi.la.gro. [mi'laɣro] [mi'laɣro] *m.* Feito que não se explicaria por algumas leis naturais, senão pela intervenção divina. ▶ Milagre.

mi.la.gro.so, sa. [mila'ɣroso] [mila'ɣroso] *adj.* Que excederia às forças e faculdades da natureza. ▶ Milagroso.

mi.le.na.rio, ria. [mile'narjo] [mile'narjo] *adj.* Diz-se do que tem duração ou antiguidade de um ou mais milênios. ▶ Milenar.

mi.le.nio. [mi'lenjo] [mi'lenjo] *m.* Período de mil anos. ▶ Milênio.

mil.ho.jas. [mi'loxas] [mi'loxas] *amb. Cul.* Doce feito com creme e massa folhada. ▶ Mil-folhas.

mi.li. ['mili] ['mili] *f.* Forma reduzida de *milicia.* ▶ Serviço militar. *Helio está en la mili.* Helio está fazendo o serviço militar.

mi.li.cia. [mi'liθja] [mi'lisja] *f.* **1.** A força militar de um país. ▶ Milícia. **2.** Serviço ou profissão militar. ▶ Milícia.

mi.li.gra.mo. [mili'ɣramo] [mili'ɣramo] *m.* Medida de massa que corresponde à milésima parte de um grama. ▶ Miligrama.

mi.li.li.tro. [mili'litro] [mili'litro] *m.* Medida de capacidade que corresponde à milésima parte de um litro. ▶ Mililitro.

mi.lí.me.tro. [mi'limetro] [mi'limetro] *m.* Medida de longitude que corresponde à milésima parte de um metro. ▶ Milímetro.

mi.li.tan.te. [mili'tante] [mili'tante] *adj.* Que participa ativamente de um grupo político. ▶ Militante. *U.t.c.s.*

mi.li.tar. [mili'tar] [mili'tar] *adj.* **1.** Pertencente ou relativo à milícia ou à guerra. ▶ Militar. **2.** Que professa a milícia. ▶ Militar.

mi.li.ta.ris.mo. [milita'rismo] [milita'rihmo] *m. Mil.* Predomínio da política ou do espírito militar em uma nação. ▶ Militarismo.

mi.li.ta.ris.ta. [milita'rista] [milita'rihta] *adj.* **1.** Pertencente ou relativo ao militarismo. ▶ Militarista. *s.* **2.** Pessoa partidária do militarismo. ▶ Militarista.

mi.li.ta.ri.zar. [militari'θar] [militari'sar] *v.13. Mil.* **1.** Dar feição militar à organização de uma coletividade. ▶ Militarizar. **2.** Submeter os cidadãos comuns à disciplina militar. ▶ Militarizar.

mi.lla. ['miʎa] ['miʃa] *f.* Medida itinerária, usada principalmente no mar, que corresponde a 1.852 metros. ▶ Milha marítima.

mi.llar. [mi'ʎar] [mi'ʃar] *m.* Conjunto de mil unidades. ▶ Milhar.

mi.llón. [mi'ʎon] [mi'ʃon] *núm.* **1.** Mil milhares. ▶ Milhão. *m.* **2.** Número que representa essa quantidade. ▶ Milhão. ◆ **Mil millones.** Bilhão.

mi.llo.na.da. [miʎo'naða] [miʃo'naða] *f.* Quantidade muito grande de dinheiro. ▶ Rios de dinheiro.

mi.llo.na.rio, ria. [miʎo'narjo] [miʃo'narjo] *adj.* **1.** Que possui um milhão ou mais de unidades monetárias. ▶ Milionário. **2.** Que tem uma grande fortuna. ▶ Milionário.

mi.lon.ga. [mi'longa] [mi'longa] *f.* Música popular da região do Rio da Prata, que se canta e dança acompanhada por violão.

mi.mar. [mi'mar] [mi'mar] *v.4.* Tratar com mimo. ▶ Mimar.

mim.bre. ['mimbre] ['mimbre] *m.* Cada uma das varas flexíveis que produz o vimeiro. ▶ Vime.

mim.bre.ra. [mim'brera] [mim'brera] *f. Bot.* Arbusto que nasce perto dos rios, do qual se extrai o vime para fazer móveis, cestos e outros objetos. ▶ Vimeiro.

mi.me.sis. [mi'mesis] [mi'mesis] *f.* Imitação geralmente jocosa de gestos, palavras, modo de falar e voz de outra pessoa. ▶ Mimese. *U.t. mí.me.sis.*

mi.mé.ti.co, ca. [mi'metiko] [mi'metiko] *adj.* **1.** Que imita por mimese. ▶ Mimético. **2.** Que imita por mimetismo. ▶ Mimético.

mi.me.tis.mo. [mime'tismo] [mime'tihmo] *m. Biol.* Propriedade que têm alguns animais e plantas de tomar a cor e configuração de outros animais ou plantas do meio em que vivem. ▶ Mimetismo.

mí.mi.ca. ['mimika] ['mimika] *f.* Arte de imitar, representar ou expressar-se por gestos ou atitudes, sem palavras. ▶ Mímica.

mi.mo. ['mimo] ['mimo] *m.* **1.** Demonstração de afeto. ▸ Mimo. **2.** Delicadeza excessiva no trato das crianças. ▸ Mimo.

mi.mo.so, sa. [mi'moso] [mi'moso] *adj.* **1.** Que gosta de ser mimado. ▸ Mimoso. **2.** Que está acostumado a mimos. ▸ Mimoso. *f.* **3.** *Bot.* Gênero de plantas que compreende muitas espécies, das quais algumas contraem as folhas quando tocadas. ▸ Mimosa.

mi.na. ['mina] ['mina] *f.* **1.** Lugar onde há mineiros. ▸ Mina. **2.** Escavação que se faz para extrair minérios. ▸ Mina. **3.** Artefato explosivo para impedir a passagem ou a navegação por algum lugar. ▸ Mina. **4.** Grafite de lápis ou lapiseira. ▸ Grafite. **5.** *fig.* Atividade à qual se dedica pouco tempo, investimento ou esforço e da qual se obtém bastante lucro ou vantagem. ▸ Mina. **6.** *fam.* Mulher em qualquer idade. Dona. ▸ Mina. ◆ **Encontrar una mina.** *fig.* Encontrar um meio de viver com pouco trabalho.

mi.nar. [mi'nar] [mi'nar] *v.4.* **1.** Abrir túneis ou caminhos subterrâneos. ▸ Minar. **2.** Colocar minas explosivas no mar ou enterrá-las. ▸ Minar.

mi.ne.ral. [mine'ral] [mine'ral] *adj. Min.* **1.** Pertencente ao grupo de substâncias inorgânicas. ▸ Mineral. **2.** Originado dos mananciais de águas que contêm minerais. ▸ Mineral. **3.** Mineral ou rocha que podem ser extraídos para fins econômicos. ▸ Minério.

mi.ne.ra.lo.gí.a. [mineralo'xia] [mineralo'xia] *f. Min.* Ciência que estuda os minerais. ▸ Mineralogia.

mi.ne.rí.a. [mine'ria] [mine'ria] *f.* Ato de extrair, com fins comerciais, os minérios das minas. ▸ Mineração.

mi.ne.ro, ra. [mi'nero] [mi'nero] *s.* **1.** Pessoa que trabalha nas minas. ▸ Mineiro. **2.** Pessoa ou entidade que explora minas. ▸ Mineiro.

mi.nia.tu.ra. [minja'tura] [minja'tura] *f.* **1.** Algo pequeno ou reduzido. ▸ Miniatura. **2.** Trabalho, geralmente artístico, que confere tamanho diminuto como característica principal. ▸ Miniatura.

mi.ni.fal.da. [mini'falda] [mini'falda] *f.* Saia de comprimento acima do joelho. ▸ Minissaia.

mi.ni.fun.dio. [mini'fundjo] [mini'fundjo] *m.* **1.** Propriedade rural de reduzida extensão. ▸ Minifúndio. **2.** Divisão da propriedade rural em lotes pequenos de terra. ▸ Minifúndio.

mí.ni.ma. ['minima] ['minima] *f.* **1.** Coisa ou parte muito pequena. ▸ Minúcia. **2.** *Meteor.* Temperatura mais baixa a que chega a atmosfera em um período de tempo determinado. ▸ Mínima.

mi.ni.mi.zar. [minimi'θar] [minimi'sar] *v.13.* **1.** Reduzir o volume de uma coisa. ▸ Minimizar. **2.** Tirar importância de algo. Menosprezar. ▸ Minimizar.

mí.ni.mo, ma. ['minimo] ['minimo] *adj.* Que tem o menor tamanho entre os de sua espécie. ▸ Mínimo. ◆ **Como mínimo.** No mínimo. *Dijo que acepta doce mil como mínimo por el coche.* Ele disse que aceita doze mil, no mínimo, pelo carro. **Lo más mínimo.** Nada, nem um pouco.

❏**mi.ni.no, na.** [mi'nino] [mi'nino] *s.* Gato doméstico, geralmente muito mimado. ▸ Bichano.

mi.nis.te.rial. [ministe'rjal] [minihte'rjal] *adj. Polít.* Pertencente ao governo, ao ministério ou a algum dos ministros de uma nação. ▸ Ministerial.

mi.nis.te.rio. [minis'terjo] [minih'terjo] *m. Polít.* **1.** Governo de uma nação democrática. ▸ Poder Executivo. **2.** Cada um dos departamentos em que se divide o governo dessa nação. ▸ Ministério.

mi.nis.tro, tra. [mi'nistro] [mi'nihtro] *s. Polít.* **1.** Titular de um departamento ou ministério em que se divide o governo. ▸ Ministro. **2.** Representante ou agente diplomático. ▸ Ministro. ◆ **Primer ministro.** Primeiro-ministro.

mi.no.rí.a. [mino'ria] [mino'ria] *f.* **1.** Inferioridade em número. ▸ Minoria. **2.** Parte menos numerosa que, em uma corporação, sustenta uma postura ou atitude diferente à dos outros. ▸ Minoria.

mi.no.ris.ta. [mino'rista] [mino'rihta] *com.* Comerciante que vende a varejo. ▸ Varejista.

mi.no.ri.ta.rio, ria. [minori'tarjo] [minori'tarjo] *adj.* **1.** Pertencente ou relativo à minoria. ▸ Minoritário. **2.** Que está em minoria numérica. ▸ Minoritário.

mi.nu.cia. [mi'nuθja] [mi'nusja] *f.* **1.** Coisa de pouco valor ou importância. ▸ Minúcia. **2.** Detalhe, pormenor. ▸ Minúcia.

mi.nu.cio.si.dad. [minuθjosi'ðaθ] [minusjosi'ðað] *f.* Qualidade de minucioso. ▸ Minúcia.

mi.nu.cio.so, sa. [minu'θjoso] [minu'sjoso] *adj.* **1.** Que atende às menores coisas. ▸ Minucioso. **2.** Que cuida de todos os detalhes com muita atenção. ▸ Minucioso.

mi.nús.cu.la. [mi'nuskula] [mi'nuhkula] *f.* Letra pequena que se usa na escrita. ▸ Minúscula. *U.t.c.s.*

mi.nús.cu.lo, la. [mi'nuskulo] [mi'nuhkulo] *adj.* **1.** De muito pequenas dimensões. ▸ Minúsculo. **2.** Que significa muito pouco. Irrelevante. ▸ Minúsculo.

mi.nus.va.lí.a. [minusβa'lia] [minuhβa'lia] *f.* Diminuição do valor de algo. Depreciação. ▸ Subestimação.

mi.nus.vá.li.do, da. [minus'βaliðo] [minuh'βaliðo] *adj.* Diz-se da pessoa que tem alguma incapacidade para realizar determinados trabalhos, exercícios ou esportes. ▸ Pessoa com deficiência. *U.t.c.s.*

mi.nu.ta. [mi'nuta] [mi'nuta] *f.* Rascunho que se faz de um documento ou qualquer outro escrito, anotando o essencial como guia da redação definitiva. ▸ Minuta.

mi.nu.te.ro. [minu'tero] [minu'teɾo] *m.* Ponteiro que assinala os minutos no relógio. ▸ Ponteiro dos minutos.

mi.nu.to. [mi'nuto] [mi'nuto] *m.* **1.** Sexagésima parte de uma hora. ▸ Minuto. **2.** *Mat.* Sexagésima parte de um grau. ▸ Minuto.

mí.o, a. ['mio] ['mio] *pron.* Corresponde à primeira pessoa do singular (*yo*) e indica posse. ▸ Meu, minha. *obs.:* Não se emprega diante de substantivo. *Mi hermano dijo que el coche de Sebastián es más moderno que el mío.* Meu irmão disse que o carro de Sebastián é mais moderno que o meu. O plural é *mios, as*.

mio.car.dio. [mjo'karðjo] [mjo'karðjo] *m. Anat.* Parte musculosa do coração. ▸ Miocárdio.

mio.pe. ['mjope] ['mjope] *adj. Med.* Diz-se do olho ou da pessoa que tem miopia. ▸ Míope.

mio.pí.a. [mjo'pia] [mjo'pia] *f. Med.* Defeito da visão que faz a pessoa enxergar mal os objetos que estão longe. ▸ Miopia.

mi.ra. ['mira] ['mira] *f.* **1.** Peça que, em certos instrumentos, serve para direcionar a visão. ▸ Mira. **2.** Aparelho para fixar a pontaria nas armas de fogo. ▸ Mira.

mi.ra.da. [mi'raða] [mi'raða] *f.* **1.** Ato ou efeito de olhar. Mirada. ▸ Olhada. **2.** Modo de olhar, expressão dos olhos. ▸ Olhar. ◆ **Echar una mirada.** Dar uma olhada.

mi.ra.dor. [mira'ðor] [miɾa'ðoɾ] *m.* Lugar cuja localização permite olhar e observar. ▸ Mirante.

mi.ra.mien.to. [mira'mjento] [miɾa'mjento] *m.* **1.** Ato de mirar, atender ou considerar uma coisa. Atenção. ▸ Consideração. **2.** Respeito e atenção que se tem no trato com as pessoas. ▸ Consideração. ◆ **Sin miramientos.** Sem parar para considerar; com absoluta resolução. ▸ Com firmeza.

mi.rar. [mi'rar] [mi'raɾ] *v.4.* **1.** Fixar a vista em algo ou alguém. ▸ Olhar. **2.** Observar com atenção. ▸ Fitar. ◆ **¡Mira!** Olha! **Mira lo que haces.** Veja lá o que você vai fazer. **¡Mira quién habla!** Olha quem fala!

mi.ri.lla. [mi'riʎa] [mi'riʃa] *f.* Abertura feita em uma casa que permite ver quem bate à porta. ▸ Olho mágico.

mir.lo. ['mirlo] ['mirlo] *m. Zool.* Tipo de pássaro que aprende a imitar a voz humana. ▸ Melro.

mi.rón, ro.na. [mi'ron] [mi'ron] *adj.* Que olha com indiscrição. Abelhudo. ▸ Curioso. *U. t. c. s.*

mi.rra. ['mira] ['mira] *f.* Resina aromática que provém de uma árvore da Arábia e com a qual se elabora o incenso. ▸ Mirra.

mi.sa. ['misa] ['misa] *f. Rel.* Cerimônia em que a Igreja Católica recorda a Última Ceia de Jesus Cristo e a mensagem que nela se dá à humanidade. ▸ Missa. ◆ **Decir misa.** *Rel.* Celebrar missa.

mi.se.ra.ble. [mise'raβle] [mise'raβle] *adj.* **1.** Diz-se de pessoa muito pobre, infeliz. ▸ Miserável. **2.** Diz-se de pessoa mesquinha, perversa ou canalha. ▸ Miserável.

mi.se.ria. [mi'serja] [mi'seɾja] *f.* **1.** Falta do mínimo necessário. Pobreza extrema. ▸ Miséria. **2.** *Fig.* Quantidade insignificante ou muito pequena de qualquer coisa. ▸ Miséria.

mi.se.ri.cor.dia. [miseri'korðja] [miseɾi'korðja] *f.* Sentimento de compaixão pelas desgraças e misérias alheias. ▸ Misericórdia.

mi.sil. [mi'sil] [mi'sil] *m.* Projétil autopropulsado, de grande alcance, guiado eletronicamente. ▸ Míssil.

mi.sión. [mi'sjon] [mi'sjon] *f.* **1.** Incumbência que se dá a uma pessoa para negociar ou resolver um assunto. ▸ Missão. **2.** *Rel.* Casa ou igreja dos missionários religiosos. ▸ Missão. *pl.* **3.** Nome genérico das regiões da América do Sul que foram colonizadas pelos jesuítas. ▸ Missões.

mi.sio.ne.ro, ra. [misjo'nero] [misjo'nɛɾo] *adj. Rel.* Que prega a religião cristã em terra de não cristãos. ▶ Missionário. *U.t.c.s.*

mis.mo, ma. ['mismo] ['mihmo] *adj.* **1.** Que é idêntico a outra coisa. ▶ Mesmo. **2.** Que é o próprio e não outro. ▶ Mesmo. ♦ **Es lo mismo.** Tanto faz. ▶ Dá na mesma. **Estar / Hallarse en las mismas.** Estar na mesma situação de antes. ▶ Estar / Ficar na mesma. *Aun después de la ayuda financiera que le dimos, se lo gastó todo y hoy está en las mismas.* Mesmo depois da ajuda financeira que lhe demos, gastou tudo e está na mesma.

mis.te.rio. [mis'terjo] [mih'teɾjo] *m.* **1.** Qualquer coisa que não se compreende ou não se pode explicar. ▶ Mistério. **2.** Assunto secreto ou muito reservado. ▶ Mistério.

mís.ti.ca. ['mistika] ['mihtika] *f.* Parte da teologia que trata da vida espiritual e contemplativa e do conhecimento e direcionamento dos espíritos. ▶ Mística.

mís.ti.co, ca. ['mistiko] ['mihtiko] *adj.* Pertencente ou relativo à mística ou ao misticismo. ▶ Místico.

mis.ti.fi.car. [mistifi'kar] [mihtifi'kaɾ] *v.7.* Exagerar a relevância de algo. Enganar. ▶ Mistificar.

mi.tad. [mi'tað] [mi'tað] *f.* Cada uma das duas partes iguais em que se divide uma coisa. ▶ Metade. ♦ **A mitad de precio.** Pela metade do preço. **Mitad y mitad.** Meio a meio.

mi.tin. ['mitin] ['mitin] *m.* Reunião pública para manifestar-se sobre assuntos políticos ou sociais. ▶ Comício.

mi.to. ['mito] ['mito] *m.* **1.** Narrativa heroica, exemplar ou de longa tradição, que ocupa um lugar central na cultura de um ou mais povos. ▶ Mito. **2.** *fig.* Pessoa ou acontecimento de grande transcendência na memória de uma coletividade. ▶ Mito. **3.** *fig.* Fato a que se dá exagerada relevância. ▶ Mito.

mix.to, ta. ['miksto] ['miksto] *adj.* **1.** Mesclado e incorporado a uma coisa. ▶ Misto. **2.** Resultado de misturar várias coisas. ▶ Misto. **3.** Ver *mestizo.* ▶ Mestiço.

mo.bi.lia.rio. [moβi'ljarjo] [moβi'ljaɾjo] *m.* Conjunto de móveis de uma casa. ▶ Mobiliário.

mo.chi.la. [mo'tʃila] [mo'tʃila] *f.* Bolsa de lona ou de outro material, com alças que se prendem às costas daquele que a carrega. ▶ Mochila.

mo.ción. [mo'θjon] [mo'sjon] *f.* Proposta que se faz em uma assembleia. ▶ Moção.

mo.co. ['moko] ['moko] *m.* **1.** *Biol.* Substância densa que segregam as membranas mucosas, especialmente a do nariz. Ranho. ▶ Muco. **2.** *Anat.* Apêndice carnoso que o peru tem sobre o bico. ▶ Carúncula. ♦ **Llorar a moco tendido.** Chorar muito e com grande sentimento. ▶ Chorar como criança. **No ser moco de pavo.** Ter importância / valor.

mo.co.so, sa. [mo'koso] [mo'koso] *adj.* **1.** Que tem o nariz cheio de muco. ▶ Mucoso. **2.** Aplica-se, com tom pejorativo, a crianças malcriadas e a rapazes que se comportam como crianças. Criançola. ▶ Moleque. *U.t.c.s.*

mo.da. ['moða] ['moða] *f.* **1.** Estilo que se dá às coisas em um determinado tempo ou lugar. ▶ Moda. **2.** Mudança periódica de estilo. ▶ Moda. ♦ **Estar de moda.** Estar em uso roupas, tecidos, cores, calçados, etc. de um determinado estilo. ▶ Estar na moda. **Pasar(se) de moda.** Ficar antiquado. ▶ Sair da moda. *María no usa nada que se haya pasado de moda.* Maria não usa nada que esteja fora de moda.

mo.dal. [mo'ðal] [mo'ðal] *adj.* **1.** Relativo ao modo de ser e comportar-se de cada pessoa. ▶ Modo. *m.pl.* **2.** Maneira de comportar-se. ▶ Modos. *No me cae bien ese individuo, sus modales no son los de una persona educada.* Não gosto desse sujeito, seus modos não são de pessoa educada.

mo.de.lar. [moðe'lar] [moðe'laɾ] *v.4.* Formar figuras ou adornos. ▶ Modelar.

mo.de.lis.ta. [moðe'lista] [moðe'lihta] *com.* **1.** ▢ Operário que faz moldes. ▶ Moldador. **2.** Profissional especializado em fazer modelos para reprodução na indústria ou artesanato. ▶ Estilista.

mo.de.lo. [mo'ðelo] [mo'ðelo] *m.* **1.** Objeto para ser reproduzido ou imitado. ▶ Modelo. *com.* **2.** Pessoa que veste roupas para exibição ou desfiles. ▶ Modelo.

mó.dem. ['moðem] ['moðem] *m. Inform.* Dispositivo que converte sinais digitais para a transmissão de dados entre computadores através de linha telefônica, fibra óptica, satélite, etc. ▶ Modem. *La operadora ya ha instalado el módem en nuestro piso.* A operadora já instalou o modem em nosso andar.

mo.de.ra.do, da. [moðe'raðo] [moðe'raðo] *adj.* **1.** Que não é exagerado. ▶ Moderado. **2.** Que mantém uma atitude razoável e prudente ante qualquer situação. ▶ Moderado.

mo.de.ra.dor, do.ra. [moðeɾa'ðoɾ] [moðeɾa'ðoɾ] *s.* Pessoa que preside ou dirige um debate, assembleia ou reunião de grupo, e evita atritos e exageradas manifestações. ▸ Moderador.

mo.de.rar. [moðe'ɾaɾ] [moðe'ɾaɾ] *v.4.* Manter em um nível razoável. ▸ Moderar.

mo.der.nis.mo. [moðeɾ'nismo] [moðeɾ'nihmo] *m.* Nome genérico dado a vários movimentos artísticos e literários surgidos no fim do século XIX e no XX. ▸ Modernismo.

mo.der.ni.zar. [moðeɾni'θaɾ] [moðeɾni'saɾ] *v.13.* **1.** Fazer que alguém ou algo se torne moderno. ▸ Modernizar. **2.** Acomodar aos usos atuais. ▸ Modernizar.

mo.der.no, na. [mo'ðeɾno] [mo'ðeɾno] *adj.* **1.** Pertencente ao tempo atual. ▸ Moderno. **2.** Que surgiu em contraposição ao clássico. ▸ Moderno.

mo.des.tia. [mo'ðestja] [mo'ðehtja] *f.* **1.** Qualidade de humilde. ▸ Modéstia. **2.** Falta de vaidade. Simplicidade. ▸ Modéstia.

mo.des.to, ta. [mo'ðesto] [mo'ðehto] *adj.* Que procede com simplicidade e moderação. ▸ Modesto.

mó.di.co, ca. ['moðiko] ['moðiko] *adj.* Que não excede o que é possível. Moderado. ▸ Módico.

mo.di.fi.ca.ción. [moðifika'θjon] [moðifika'sjon] *f.* **1.** Ato ou efeito de modificar ou alterar as coisas. ▸ Modificação. **2.** *Biol.* Mudança que alguns seres vivos sofrem por influência do meio em que vivem. ▸ Modificação.

mo.di.fi.car. [moðifi'kaɾ] [moðifi'kaɾ] *v.7.* Transformar uma coisa, mudando alguma de suas características. ▸ Modificar.

mo.dis.to, ta. [mo'ðisto] [mo'ðihto] *s.* **1.** Pessoa que tem por ofício fazer roupas de senhora. ▸ Costureiro. **2.** Pessoa que tem uma grife de desenho de roupas. ▸ Estilista.

mo.do. ['moðo] ['moðo] *m.* **1.** Forma de ser ou comportar-se. ▸ Modo. **2.** Forma particular de fazer alguma coisa. ▸ Modo. ◆ **De cualquier modo.** De qualquer maneira. **De todos modos.** Em todo caso, de qualquer forma. *Yo creo en sus promesas, pero de todos modos, que las ponga por escrito.* Eu acredito em suas promessas, mas, de qualquer forma, que as registre por escrito. **En cierto modo.** De certa forma.

mo.do.rra. [mo'ðoɾa] [mo'ðoɾa] *f.* **1.** Estado de sonolência, indolência. ▸ Modorra. **2.** *Med.* Doença que ataca o cérebro das ovelhas. ▸ Modorra.

mo.do.so, sa. [mo'ðoso] [mo'ðoso] *adj.* Que tem bons modos e compostura em sua conduta. ▸ Respeitoso.

mo.du.la.ción. [moðula'θjon] [moðula'sjon] *f.* **1.** Ato ou efeito de modular. ▸ Modulação. **2.** *Fís.* Modificação da frequência ou amplitude das ondas elétricas. ▸ Modulação.

mo.du.lar. [moðu'laɾ] [moðu'laɾ] *v.4.* **1.** Mudar o tom de voz. ▸ Modular. **2.** *Mús.* Passar um instrumento musical de um tom a outro. ▸ Afinar.

mó.du.lo. ['moðulo] ['moðulo] *m.* **1.** Aquilo que serve de medida ou modelo. ▸ Módulo. ▸ Modelo. **2.** Peça ou conjunto de peças iguais que se empregam em uma construção. ▸ Módulo. **3.** Parte de um conjunto que pode ser considerada isoladamente. ▸ Módulo.

mo.fa. ['mofa] ['mofa] *f.* Zombaria e escárnio que se faz de uma pessoa. Gozação. ▸ Mofa.

mo.far. [mo'faɾ] [mo'faɾ] *v.4.* Fazer mofa ou gozação, de alguém, com palavras ou gestos. ▸ Gozar, zombar.

mo.fe.ta. [mo'feta] [mo'feta] *f.* **1.** *Quím.* Gás nocivo que se desprende das minas e outros lugares do subsolo. ▸ Gás carbônico. **2.** *Zool.* Mamífero marsupial carnívoro da América que expele um gás pestilento para defender-se. ▸ Gambá. ➡ *Reino animal*

mo.fle.te. [mo'flete] [mo'flete] *m.* Bochecha carnuda. ▸ Bochechão.

mo.fle.tu.do, da. [mofle'tuðo] [mofle'tuðo] *adj.* Que tem bochechas bem gordas. ▸ Bochechudo.

mo.go.llón. [moɣo'ʎon] [moɣo'ʃon] *m.* **1.** Pessoa que entra em uma festa sem ser convidada. Bico. ▸ Penetra. **2.** Quantidade grande de coisas ou pessoas. ▸ Monte.

mo.ho. ['moo] ['moo] *m.* Camada esverdeada que se cria, em ambientes úmidos, nas substâncias orgânicas. ▸ Mofo.

mo.ho.so, sa. [mo'oso] [mo'oso] *adj.* Que tem mofo, bolor. Embolorado. ▸ Mofado.

moi.sés. [moj'ses] [moj'ses] *m.* Berço de vime portátil que se usa como leito de criança. ▸ Moisés.

mo.ja.ma. [mo'xama] [mo'xama] *f. Culin.* Carne defumada de atum. ▸ Atum defumado.

mo.jar. [mo'xaɾ] [mo'xaɾ] *v.4.* Umedecer uma coisa com água ou outro líquido. ▶ Molhar.

mo.ji.ga.te.rí.a. [moxiɣate'ria] [moxiɣate'ria] *f.* Próprio de quem faz alarde de religiosidade. ▶ Fanatismo.

mo.ji.ga.to, ta. [moxi'ɣato] [moxi'ɣato] *adj.* Que finge ser muito religioso. Beato. ▶ Fanático.

mo.ji.to. [mo'xito] [mo'xito] *m. Cul.* Bebida alcoólica de origem cubana que se prepara com rum, suco de limão, açúcar, água com gás, gelo e hortelã. ▶ *Mojito.*

mo.jón. [mo'xon] [mo'xon] *m.* Peça que se coloca como sinal do limite entre terrenos contíguos ou fronteiras. ▶ Mourão.

mo.lar. [mo'laɾ] [mo'laɾ] *adj. Anat.* Diz-se de cada um dos dentes dos quatro grupos que estão atrás dos caninos. ▶ Molar.

mol.de. ['molde] ['molde] *m.* Instrumento ou peça que serve para dar forma ou corpo a uma coisa. ▶ Molde. ◆ **Letra de molde.** Letra de forma. **Pan de molde.** *Cul.* Pão de forma.

mol.de.ar. [molde'aɾ] [molde'aɾ] *v.4.* **1.** Fundir e vazar no molde. ▶ Moldar. **2.** Dar forma ou contorno a uma coisa. Modelar. ▶ Moldar.

mol.du.ra. [mol'duɾa] [mol'duɾa] *f.* **1.** Caixilho para guarnecer quadros. ▶ Moldura. **2.** *Arq.* Ornato saliente de perfil uniforme nas obras de arquitetura. ▶ Moldura.

mo.le. ['mole] ['mole] *f.* **1.** Coisa de grande volume. ▶ Mole. **2.** *Arq.* Construção de grandes proporções. ▶ Mole.

mo.lé.cu.la. [mo'lekula] [mo'lekula] *f. Quím.* Conjunto de átomos que constituem a menor quantidade de matéria que pode existir em estado livre. ▶ Molécula.

mo.le.cu.lar. [moleku'laɾ] [moleku'laɾ] *adj. Quím.* Pertencente ou relativo às moléculas. ▶ Molecular.

mo.ler. [mo'leɾ] [mo'leɾ] *v.19.* Triturar uma coisa até reduzi-la a pó. ▶ Moer.

mo.les.tar. [moles'taɾ] [moleh'taɾ] *v.4.* **1.** Causar dano ou prejuízo. Atrapalhar. ▶ Molestar. **2.** Dirigir ofensa. ▶ Ofender. **3.** Encher a paciência. ▶ Amolar.

mo.les.tia. [mo'lestja] [mo'lehtja] *f.* **1.** Incômodo causado por um dano físico ou falta de saúde. ▶ Moléstia. **2.** Perturbação por algo ou alguém que incomoda. ▶ Amolação.

mo.les.to, ta. [mo'lesto] [mo'lehto] *adj.* **1.** Que causa ou sente moléstia ou mal-estar. ▶ Molesto. **2.** Que chateia ou incomoda. ▶ Chato.

mo.lien.da. [mo'ljenda] [mo'ljenda] *f.* **1.** Ato de moer ou triturar grãos e outras coisas. ▶ Moenda. **2.** Tempo que dura a operação de moer alguma coisa como cana-de-açúcar, azeitonas, etc. ▶ Moenda.

mo.li.ne.ro, ra. [moli'neɾo] [moli'neɾo] *s.* Pessoa que tem a seu cargo um moinho. ▶ Moleiro.

❏**mo.li.ne.te.** [moli'nete] [moli'nete] *m.* **1.** Ventilador que se coloca em um vidro ou porta para renovar o ar do interior. ▶ Depurador de ar. **2.** Mecanismo giratório que se instala, para controle, em entradas de lugares movimentados, em ônibus, etc. ▶ Catraca. **3.** Brinquedo de criança em forma de estrela ou rodinha que gira com o vento. ▶ Cata-vento.

mo.li.ni.llo. [moli'niʎo] [moli'niʃo] *m.* Artefato doméstico com o qual se moem café, pão e outros alimentos. ▶ Moedor.

mo.li.no. [mo'lino] [mo'lino] *m.* **1.** Máquina para moer grãos. ▶ Moinho. **2.** Engenho para triturar qualquer coisa. ▶ Moinho.

mo.lle.ja. [mo'ʎexa] [mo'ʃexa] *f. Anat.* Músculo do estômago das aves. ▶ Moela.

mo.lle.ra. [mo'ʎeɾa] [mo'ʃeɾa] *f. Anat.* Parte membranosa do crânio dos recém-nascidos. ▶ Moleira. ◆ **Ser duro de mollera. 1.** Ser teimoso. **2.** Ter dificuldade de aprender. ▶ Limitado.

mo.lus.co. [mo'lusko] [mo'luhko] *adj. Zool.* Diz-se dos animais de corpo mole que não têm vértebras nem articulações. ▶ Molusco. *U.t.c.m.*

mo.men.tá.ne.o, a. [momen'taneo] [momen'taneo] *adj.* Que dura apenas um momento. ▶ Momentâneo.

mo.men.to. [mo'mento] [mo'mento] *m.* **1.** Espaço muito breve de tempo. ▶ Momento. **2.** Ocasião ou circunstância oportuna para fazer alguma coisa. ▶ Momento. ◆ **De momento.** Por ora. *De momento no tenemos lo que usted pide, lo recibiremos mañana.* Por ora não temos o que o senhor está pedindo, receberemos amanhã. **De un momento a otro.** Sem demora, brevemente. ▶ De uma hora para outra.

mo.mia. ['momja] ['momja] *f.* Cadáver conservado por meio de embalsamamento. ▶ Múmia.

mo.mi.fi.car. [momifi'kaɾ] [momifi'kaɾ] *v.7.* Tornar múmia um cadáver. ▶ Mumificar.

mo.na. ['mona] ['mona] *f.* **1.** *fam.* Bebedeira. ▶ Pileque. **2.** Fêmea do macaco. ▶ Macaca.

mo.na.da. [mo'naða] [mo'naða] *f.* **1.** Ação própria de um macaco. ▸ Macaquice. **2.** Gracinha de criança. ▸ Criancice. **3.** Criança bonita. ▸ Anjo.

mo.nar.ca. [mo'naɾka] [mo'naɾka] *m. Polít.* Rei ou príncipe soberano de um Estado. ▸ Monarca.

mo.nar.qui.a. [monaɾ'kia] [monaɾ'kia] *f. Polít.* Forma de governo na qual o poder é exercido por um monarca. ▸ Monarquia.

mo.nár.qui.co, ca. [mo'naɾkiko] [mo'naɾkiko] *adj. Polít.* **1.** Relativo ao monarca ou à monarquia. ▸ Monárquico. **2.** Que é partidário da monarquia. ▸ Monárquico.

mo.nas.te.ri.o. [monas'teɾjo] [monah'teɾjo] *m. Rel.* Convento em que vive uma comunidade religiosa composta de monges. ▸ Mosteiro.

mon.da.di.en.tes. [monda'djente] [monda'djente] *m.* Pauzinho com as extremidades aguçadas próprio para limpar os dentes. ▸ Palito (de dentes).

mon.da.du.ra. [monda'ðuɾa] [monda'ðuɾa] *f.* Resíduo de algo que foi descascado. ▸ Casca. Pele.

mon.dar. [mon'daɾ] [mon'daɾ] *v.4.* Tirar a casca das frutas, a pele dos tubérculos e dos legumes. ▸ Descascar.

mo.ne.da. [mo'neða] [mo'neða] *f.* **1.** Peça de metal representativa do valor das coisas que por ela se trocam. ▸ Moeda. **2.** *Fin.* Unidade monetária de uma nação. ▸ Moeda. ♦ **Pagar con / en la misma moneda.** Pagar na mesma moeda. *Dolores no me ayudó. Yo le pagaré con la misma moneda.* Dolores não me ajudou. Eu lhe pagarei na mesma moeda.

mo.ne.de.ro. [mone'ðeɾo] [mone'ðeɾo] *m.* Bolsa ou espécie de caixinha que serve para levar moedas. Porta-moedas. ▸ Moedeiro.

mo.ne.rí.a. [mone'ɾia] [mone'ɾia] *f.* **1.** Gesto ou ação engraçada das crianças. ▸ Criancice. **2.** Ato próprio de um macaco. ▸ Macaquice.

mo.ne.ta.rio, ria. [mone'taɾjo] [mone'taɾjo] *adj. Fin.* Pertencente ou relativo às moedas em geral ou à moeda de uma nação. ▸ Monetário.

mon.gol, go.la. [mon'gol] [mon'gol] *adj.* **1.** Pertencente ou relativo à Mongólia. ▸ Mongol. *s.* **2.** O natural ou habitante desse país. ▸ Mongol.

mo.ni.go.te. [moni'ɣote] [moni'ɣote] *m. fig.* e *fam.* **1.** Pessoa ignorante, sem vontade própria. ▸ Mosca-morta. **2.** Boneco ou figura grotesca. ▸ Monstrengo.

mo.ni.tor, to.ra. [moni'toɾ] [moni'toɾ] *s.* **1.** Pessoa que orienta o aprendizado de outros. ▸ Monitor. *m.* **2.** Aparelho que revela a presença de radiações. ▸ Monitor. **3.** Aparelho receptor de imagens que procedem de um aparelho emissor. ▸ Monitor.

mo.ni.to.re.ar. [monitoɾe'aɾ] [monitoɾe'aɾ] *v.4.* **1.** Observar um processo por meio de aparelhos monitores. ▸ Monitorar. **2.** *fig.* Acompanhar passo a passo o andamento de um processo ou de uma tarefa. ▸ Monitorar.

mo.ni.to.re.o. [monito'ɾeo] [monito'ɾeo] *m.* Ato de monitorar. ▸ Monitoramento.

mon.je, ja. ['monxe] ['monxe] *s. Rel.* Pessoa religiosa ligada por votos a uma ordem aprovada pela Igreja e que vive em um mosteiro e se sujeita a suas regras. ▸ Monge, monja.

mon.jil. [mon'xil] [mon'xil] *adj. Rel.* **1.** Próprio das monjas ou relativo a elas. ▸ Mongil. *m.* **2.** Hábito ou túnica de monja. ▸ Mongil.

mo.no, na. ['mono] ['mono] *adj.* **1.** Que apresenta beleza, graça, especialmente crianças e miudezas. ▸ Gracioso. *s.* **2.** *Zool.* Nome genérico com que se designam os símios. ▸ Macaco. **3.** *fig.* Pessoa que se assemelha a um macaco, nos gestos ou no semblante. ▸ Macaco. *m.* **4.** Peça de vestuário inteiriça, usada por homens ou por mulheres. ▸ Macacão. ♦ **Aunque la mona se vista de seda, mona se queda.** O hábito não faz o monge. **Ser el último mono.** Ser uma pessoa sem importância, esquecida por todos. ▸ Ser um zero à esquerda. **¿Tengo monos en la cara?** Tenho cara de palhaço? *Me estás molestando con tu mirada insistente, ¿acaso tengo monos en la cara?* Você está me incomodando com seu olhar insistente, por acaso tenho cara de palhaço? ➡ *Reino animal*

mo.no.cro.mo, ma. [mono'kɾomo] [mono'kɾomo] *adj.* Que tem uma só cor. Monocromático. ▸ Monocromo.

mo.nó.cu.lo, la. [mo'nokulo] [mo'nokulo] *adj.* **1.** Que possui apenas uma lente. ▸ Monóculo. *U.t.c.s. m.* **2.** Lente para um só olho. ▸ Monóculo.

mo.no.cul.ti.vo. [monokul'tiβo] [monokul'tiβo] *m. Agr.* Cultivo de uma única espécie vegetal. ▸ Monocultura.

mo.no.ga.mia. [mono'ɣamja] [mono'ɣamja] *f.* Regime familiar ou estrutura social, jurídica ou religiosa que impõe ao homem ou à mulher ter apenas um cônjuge. ▸ Monogamia.

mo.nó.ga.mo, ma. [mo'noɣamo] [mo'noɣamo] *adj.* Que tem um só cônjuge. ▸ Monógamo.

mo.no.gra.fí.a. [monoɣra'fia] [monoɣra'fia] *f.* Estudo, descrição ou tratado dedicado a um assunto específico. ▶ Monografia.

mo.no.grá.fi.co, ca. [mono'ɣrafiko] [mono'ɣrafiko] *adj.* Pertencente ou relativo à monografia. ▶ Monográfico.

mo.no.lin.güe. [mono'lingwe] [mono'lingwe] *adj.* **1.** Diz-se de um escrito em apenas um idioma. ▶ Monolíngue. **2.** Diz-se da pessoa que fala somente uma língua. ▶ Monolíngue.

mo.no.lí.ti.co, ca. [mono'litiko] [mono'litiko] *adj. Min.* **1.** Pertencente ou relativo ao monolito. ▶ Monolítico. **2.** Que é feito de uma só pedra. ▶ Monolítico.

mo.no.li.to. [mono'lito] [mono'lito] *m.* **1.** *Min.* Pedra de grandes dimensões. ▶ Monolito. **2.** Obra ou monumento feito de um só bloco de pedra. ▶ Monolito.

mo.nó.lo.go. [mo'noloɣo] [mo'noloɣo] *m. Teat.* Obra dramática ou cena de uma peça teatral em que fala um só personagem. ▶ Monólogo.

mo.no.pa.tín. [monopa'tin] [monopa'tin] *m.* Pranchinha de madeira montada sobre rodas com a qual as pessoas deslizam dando impulso com um pé. ▶ Skate. ↠ *Recreación*

mo.no.po.lio. [mono'poljo] [mono'poljo] *m.* **1.** Exercício exclusivo de uma atividade comercial ou industrial. ▶ Monopólio. **2.** Convênio feito entre comerciantes para vender ao mesmo preço. ▶ Cartel.

mo.no.po.li.zar. [monopoli'θar] [monopoli'sar] *v.13.* Assumir o exclusivo aproveitamento de uma indústria, comércio ou negócio. ▶ Monopolizar.

mo.no.rra.íl. [monora'il] [monora'il] *m.* Trem que corre sobre um só trilho. ▶ Monotrilho.

mo.no.sí.la.bo, ba. [mono'silaβo] [mono'silaβo] *adj. Ling.* Diz-se de palavra que só tem uma sílaba. ▶ Monossílabo. *U.t.c.s.*

mo.no.te.ís.mo. [monote'ismo] [monote'ihmo] *m. Rel.* Doutrina dos que reconhecem a existência de um só Deus. ▶ Monoteísmo.

mo.no.to.ní.a. [monoto'nia] [monoto'nia] *f.* **1.** *Ling.* Repetição uniforme do tom ou da voz. ▶ Monotonia. **2.** Falta de variedade em alguma coisa. ▶ Monotonia.

mo.nó.to.no, na. [mo'notono] [mo'notono] *adj.* Que provoca cansaço pela repetitividade. ▶ Monótono.

mon.se.ñor. [monse'ɲor] [monse'ɲor] *m. Rel.* Título de honra que concede o papa a determinados eclesiásticos. ▶ Monsenhor.

mon.ser.ga. [mon'serɣa] [mon'serɣa] *f. Ling.* **1.** Linguagem confusa e cansativa. ▶ Lengalenga. **2.** Discurso ou exposição fastidiosa, sem interesse. Ladainha. ▶ Lengalenga.

mons.truo. ['monstrwo] ['monhtrwo] *m.* **1.** Ser fantástico e horroroso imaginado por relatos ou lendas. ▶ Monstro. **2.** Pessoa ou coisa muito grande ou de conformação extravagante. ▶ Monstro.

mons.truo.si.dad. [monstrwosi'ðaθ] [monhtrwosi'ðað] *f.* **1.** Grande fealdade física ou moral. ▶ Monstruosidade. **2.** Coisa desproporcionada, fora do normal. ▶ Monstruosidade. **3.** Ato cruel ou malvado. ▶ Monstruosidade.

mon.ta. ['monta] ['monta] *f.* Valor, qualidade ou estima em que se considera um animal ou coisa. ▶ Monta. ◆ **De poca monta.** De pouca importância.

mon.ta.car.gas. [monta'karɣas] [monta'karɣas] *m.* Elevador destinado ao transporte vertical de cargas. ▶ Monta-cargas.

mon.ta.dor, do.ra. [monta'ðor] [monta'ðor] *s.* Pessoa especializada na montagem de máquinas e aparelhos. ▶ Montador.

mon.ta.je. [mon'taxe] [mon'taxe] *m.* **1.** Ato ou efeito de pôr em seu lugar as peças de uma máquina ou aparelho. ▶ Montagem. **2.** Fazer a edição de um filme, programa, etc. ▶ Montagem.

mon.tan.te. [mon'tante] [mon'tante] *m.* **1.** Soma de vários valores ou que tem determinada quantia. ▶ Montante. **2.** Subida da maré. ▶ Montante.

mon.ta.ña. [mon'taɲa] [mon'taɲa] *f.* **1.** *Geogr.* Grande elevação natural do terreno. ▶ Montanha. **2.** *fig.* Grande pilha de coisas. ▶ Montanha.

mon.ta.ñe.ro, ra. [monta'ɲero] [monta'ɲero] *s. Desp.* Pessoa que pratica o montanhismo. Alpinista. ▶ Montanhista.

mon.ta.ñés, ñe.sa. [monta'ɲes] [monta'ɲes] *adj.* **1.** *Geogr.* Relativo à montanha. ▶ Montanhês. **2.** Que nasceu ou vive em uma montanha. ▶ Montanhês.

mon.ta.ñis.mo. [monta'ɲismo] [monta'ɲihmo] *m. Desp.* Ver *alpinismo*. Alpinismo. ▶ Montanhismo. ↠ *Deportes*

mon.ta.ño.so, sa. [monta'ɲoso] [monta'ɲoso] *adj. Geogr.* **1.** Diz-se de região com montanhas. ▶ Montanhoso. **2.** Diz-se de terreno acidentado. ▶ Montanhoso.

mon.tar. [mon'taɾ] [mon'taɾ] *v.13.* **1.** Ir a cavalo. Cavalgar. ▸ Montar. **2.** Subir e andar em um veículo de duas rodas. ▸ Andar. **3.** Juntar e ajustar as peças de algo. Armar. ▸ Montar. **4.** Fazer a montagem de um filme, programa, etc. ▸ Montar. ◆ **Montar en bici.** Andar de bicicleta.

mon.ta.raz. [monta'raθ] [monta'ras] *adj.* **1.** Que está habituado à vida nos montes. ▸ Montanhês. **2.** *Zool.* Diz-se do animal que nasce e vive nos montes. ▸ Montanhês.

mon.te. ['monte] ['monte] *m. Geogr.* **1.** Grande elevação do terreno. ▸ Monte. **2.** Região coberta de árvores ou arbustos. ▸ Bosque. **3.** Área coberta de vegetação selvagem. ▸ Mato.

mon.te.rí.a. [monte'ria] [monte'ria] *f.* Caça de animais de grande porte. ▸ Caçada.

mon.te.ro, ra. [mon'tero] [mon'tero] *s.* Pessoa que procura e segue a caça no monte. ▸ Monteiro.

mon.tés. [mon'tes] [mon'tes] *adj.* **1.** *Geogr.* Pertencente ou relativo à montanha. ▸ Montanhês. **2.** Que anda, está ou se cria no monte. ▸ Montanhês.

mon.tón. [mon'ton] [mon'ton] *m.* **1.** Grande número de pessoas ou coisas reunidas em um lugar. ▸ Multidão. **2.** Pilha desordenada de coisas diferentes. ▸ Montão. ◆ **A montones.** Aos montes / montões. *Ha comprado tantos libros que hoy los tiene a montones.* Comprou tantos livros que hoje os tem aos montes.

mon.tu.ra. [mon'tuɾa] [mon'tuɾa] *f.* **1.** Sela e arreios da cavalgadura. ▸ Montaria. **2.** Sustentação das lentes dos óculos. ▸ Armação.

---

mo.nu.men.to. [monu'mento] [monu'mento] *m.* Obra ou estátua em memória de uma pessoa ou fato memorável. ▸ Monumento.

Escanea este código QR para ver más sobre **monumento** www.santillana.com.br/4dsmonumento

---

mo.ño. ['moɲo] ['moɲo] *m.* **1.** Conjunto de penas na cabeça de algumas aves. ▸ Penacho. **2.** Penteado que fazem as mulheres de cabelo muito comprido. ▸ Coque. **3.** Tipo de gravata. ▸ Borboleta. **4.** Enfeite feito com fitas. ▸ Laço.

mo.pa. ['mopa] ['mopa] *f.* Tipo de vassoura que se usa para limpar e dar brilho ao chão. ▸ Esfregão.

mo.ra. ['mora] ['moɾa] *f. Bot.* **1.** Fruto da amoreira. ▸ Amora. **2.** Fruto da amoreira-branca ou amoreira do Brasil, menor que o anterior. ▸ Amora. ➦ *Frutas*

mo.ra.da. [mo'raða] [mo'raða] *f.* Casa ou cômodo destinado à residência. ▸ Morada.

mo.ra.do, da. [mo'raðo] [mo'raðo] *adj.* De cor entre carmim e azul. ▸ Roxo.

mo.ral. [mo'ral] [mo'ral] *adj.* **1.** Que está de acordo com os bons costumes e comportamento ético da sociedade. ▸ Moral. *f.* **2.** Conjunto de princípios que ordenam os comportamentos considerados corretos em cada setor de uma formação social. ▸ Moral.

mo.ra.le.ja. [mora'lexa] [mora'lexa] *f. Lit.* Lição ou ensinamento que encerra um conto, fábula ou história. ▸ Moral da história.

mo.ra.li.zar. [morali'θaɾ] [morali'saɾ] *v.13.* Tornar conforme com os princípios da moral. ▸ Moralizar.

mo.ra.to.ria. [mora'torja] [mora'torja] *f.* Prazo que se dá para cumprir uma obrigação vencida. ▸ Moratória.

mor.bo. ['morβo] ['morβo] *m.* **1.** *Med.* Perda da saúde do corpo. ▸ Doença. *El morbo adquirió proporciones de epidemia.* A doença adquiriu proporções de epidemia. **2.** Gosto pelas coisas desagradáveis ou que vão contra a moral. ▸ Morbidez. *Él va a ver esas películas sangrientas por morbo.* Ele vai ver esses filmes sangrentos por morbidez.

mor.bo.so, sa. [mor'βoso] [mor'βoso] *adj.* **1.** Que tem inclinação ao desagradável. ▸ Mórbido. **2.** *Med.* Diz-se de agente mórbido que causa doenças. ▸ Morboso.

mor.ci.lla. [mor'θiʎa] [mor'siʎa] *f. Cul.* Frios feitos com sangue de porco comprimido em uma tripa e condimentados com cebola e diferentes temperos. Chouriço. ▸ Morcela.

mor.daz. [mor'ðaθ] [mor'ðas] *adj.* **1.** Que é corrosivo. ▸ Mordaz. **2.** Diz-se da pessoa que critica com burla ou ironia só para prejudicar. ▸ Mordaz.

mor.da.za. [mor'ðaθa] [mor'ðaða] *f.* Instrumento que se põe na boca de alguém para que não possa falar. ▸ Mordaça.

mor.der. [mor'ðer] [mor'ðer] *v.19.* Comprimir, apertar ou ferir com os dentes. ▸ Morder.

mor.dis.co. [mor'ðisko] [mor'ðihko] *m.* **1.** Ato de morder levemente. ▸ Mordidela. **2.** Sinal que deixa uma mordida. ▸ Dentada.

▫**mo.re.na.** [mo'rena] [mo'rena] *f.* Peixe marinho comestível, semelhante à enguia, de um metro de comprimento ou pouco mais, sem escamas, de cor amarela e com manchas de cor marrom. ▸ Moreia.

mo.re.no, na. [mo'reno] [mo'reno] *adj.* Diz-se de pessoa de pele não muito clara e cabelo preto. ▸ Moreno.

mo.re.rí.a. [more'ria] [more'ria] *f.* Bairro em que vivem os mouros.

mo.re.tón. [more'ton] [more'ton] *m.* Mancha na pele provocada por um golpe. ▸ Mancha-roxa.

mo.ri.ge.rar. [morixe'rar] [morixe'rar] *v.4.* Manter nos limites convenientes, evitando os excessos. ▸ Moderar.

mo.rir. [mo'rir] [mo'rir] *v.23. p.p. irreg. muerto.* **1.** Acabar a vida. ▸ Morrer. **2.** Chegar uma coisa a seu fim. ▸ Morrer. **3.** *fig.* Sentir veemente desejo de algo. ▸ Morrer. ◆ **Morirse de ganas.** Morrer de vontade.

mo.ris.co, ca. [mo'risko] [mo'rihko] *adj.* Relativo ao povo mouro. *U.t.c.s.* ▸ *Mourisco.*

mor.món, mo.na. [mor'mon,] [mor'mon] *s.* Pessoa que pratica o mormonismo ou adepta a essa seita religiosa nascida nos Estados Unidos em 1830. ▸ Mórmon.

mo.ro, ra. ['moro] ['moro] *adj.* Diz-se do natural ou habitante do norte ou noroeste da África. ▸ Mouro. *U.t.c.s.* ◆ **Moros y cristianos.** Festa pública em que se encena uma luta entre mouros e cristãos.

mo.ro.cho, cha. [mo'rotʃo] [mo'rotʃo] *adj.* Que tem a pele amarronzada e o cabelo preto. ▸ Moreno.

mo.ro.so, sa. [mo'roso] [mo'roso] *adj.* Que não tem pontualidade. Vagaroso, lento. ▸ Moroso.

mo.rri.ña. [mo'riɲa] [mo'riɲa] *f. fam.* Lembrança nostálgica de coisas, pessoas ou lugares. ▸ Saudade.

mo.rro, rra. [mo'ro] [mo'ro] *s. (Méx.)* Ver *novio*[1]. ▸ Namorado.

mo.rrón. [mo'ron] [mo'ron] *adj. Bot.* Diz-se do pimentão vermelho, doce e carnudo. ▸ Pimentão.

mor.sa. ['morsa] ['morsa] *f. Zool.* Mamífero carniceiro que vive em mares frios. ▸ Morsa.

mor.se. ['morse] ['morse] *m.* **1.** Sistema de telegrafia que utiliza um código de traços e pontos na comunicação. ▸ Código morse. **2.** Alfabeto utilizado em dito sistema. ▸ Morse.

mor.ta.de.la. [morta'ðela] [morta'ðela] *f. Cul.* Frios preparados com carne de porco e de boi moídas e toucinho, condimentados com pimenta-do-reino e outros temperos. ▸ Mortadela.

mor.ta.li.dad. [mortali'ðaθ] [mortali'ðaθ] *f. Geogr.* Índice apurado do número proporcional de falecimentos em população ou período determinados. ▸ Taxa de mortalidade.

mor.te.ci.no, na. [morte'θino] [morte'sino] *adj.* Que não tem força. Fraco. ▸ Macilento.

mor.te.ro. [mor'tero] [mor'tero] *m.* **1.** Mistura feita com cimento, cal e areia. ▸ Argamassa. **2.** Recipiente de madeira ou metal que serve para triturar especiarias ou sementes. ▸ Pilão.

mor.tí.fe.ro, ra. [mor'tifero] [mor'tifero] *adj.* Que produz a morte. Mortal. ▸ Mortífero.

mor.ti.fi.car. [mortifi'kar] [mortifi'kar] *v.7.* **1.** Causar desgosto ou mágoa. Afligir. ▸ Mortificar. **2.** Infligir sofrimento em alguma parte do corpo. ▸ Mortificar.

mor.tuo.rio, ria. [mor'tworjo] [mor'tworjo] *adj.* Diz-se do que se refere a funerais, defuntos. ▸ Mortuário, fúnebre.

mo.ru.no, na. [mo'runo] [mo'runo] *adj.* Pertencente ou relativo aos povos árabes. ◆ **Pincho moruno.** *Cul.* Carne em pedaços que se assa e se serve no espeto. Churrasquinho. ▸ Espetinho.

mo.sai.co. [mo'sajko] [mo'sajko] *m.* Peça para decoração ou revestimento de pisos feita com pedras pequenas de diferentes cores. ▸ Mosaico.

mos.ca. ['moska] ['mohka] *f.* **1.** *Zool.* Inseto voador de duas asas. ▸ Mosca. **2.** *fig.* Pessoa impertinente e desagradável. ▸ Intrometido.

mos.ca.tel. [moska'tel] [mohka'tel] *adj.* **1.** Diz-se do vinhedo que produz uma uva muito doce. ▸ Moscatel. **2.** *Bot.* Tipo de uva produzida por esse vinhedo. ▸ Moscatel. **3.** Diz-se do vinho doce feito com a uva moscatel. ▸ Moscatel.

mos.que.ar. [moske'ar] [mohke'ar] *v.4.* **1.** Molestar, incomodar. ▸ Chatear. **2.** Causar desconfiança. ▸ Suspeitar.

mos.que.te.ro. [moske'tero] [mohke'tero] *m. Mil.* Soldado provido de uma espingarda chamada mosquete. ▸ Mosqueteiro.

mos.qui.te.ro. [moski'tero] [mohki'tero]

m. Rede muito fina que se usa como cortina em torno da cama para impedir a picada de mosquitos e outros insetos durante o sono. ▸ Mosquiteiro.

mos.qui.to. [mos'kito] [moh'kito] *m. Zool.* Inseto voador de duas asas cuja fêmea se alimenta de sangue, dando picadas que produzem leve inflamação e coceira. Mosquito. ▸ Pernilongo.

mos.ta.cho. [mos'taʧo] [moh'taʧo] *m.* Bigode grande, com muito pelo. ▸ Bigodão.

mos.ta.za. [mos'taθa] [moh'tasa] *f.* **1.** Planta de folhas grandes, flores amarelas e sementes pretas por fora e amarelas por dentro. ▸ Mostarda. **2.** *Cul.* Molho de cor amarelada feito com a semente da mostarda. ▸ Mostarda.

mos.tra.dor. [mostra'ðor] [mohtra'ðor] *m.* **1.** Móvel comprido de loja ou outro local para atender o público. ▸ Balcão. **2.** Dispositivo que permite visualizar os dados fornecidos por um aparelho de medida. Visor. ▸ Mostrador.

mos.trar. [mos'trar] [moh'trar] *v.18.* **1.** Manifestar ou pôr à vista uma coisa. ▸ Mostrar. *v.p.* **2.** Chamar a atenção sobre si mesmo ou dar a conhecer-se. ▸ Mostrar-se.

mo.ta. ['mota] ['mota] *f.* **1.** Pequena bolinha que se forma em tecidos. ▸ Bolinha. **2.** Mancha, marca ou desenho arredondado ou muito pequeno, especialmente na pelagem de alguns animais. ▸ Malha.

❏**mo.te.** ['mote] ['mote] *m.* Apelido que se dá a uma pessoa por alguma qualidade. ▸ Apelido.

mo.te.a.do. [mote'aðo] [mote'aðo] *adj.* Que apresenta manchas arredondadas de cor diferente do restante da superfície. ▸ Malhado.

mo.te.ar. [mote'ar] [mote'ar] *v.4.* Manchar um tecido com bolinhas coloridas para que fique mais bonito e alegre. ▸ Salpicar.

mo.tel. [mo'tel] [mo'tel] *m.* Estabelecimento situado geralmente nas proximidades de estradas, que oferece alojamento a casais com saídas independentes e vagas para automóveis. ▸ Motel.

mo.tín. [mo'tin] [mo'tin] *m.* Rebelião contra a autoridade estabelecida. ▸ Motim.

mo.ti.var. [moti'βar] [moti'βar] *v.4.* **1.** Ser a causa de um acontecimento. ▸ Motivar. **2.** Provocar interesse em fazer uma coisa. ▸ Motivar.

mo.ti.vo. [mo'tiβo] [mo'tiβo] *m.* **1.** Causa ou razão para fazer alguma coisa. ▸ Motivo. **2.** Tema ou assunto de uma obra artística ou literária. ▸ Motivo.

mo.to. ['moto] ['moto] *f.* Abreviação de *motocicleta.* ▸ Moto.

mo.to.ci.cle.ta. [motoθi'kleta] [motosi'kleta] *f.* Veículo motorizado, de duas rodas, para uma ou duas pessoas. Moto. ▸ Motocicleta.
➨ *Transporte*

mo.to.ci.clis.mo. [motoθi'klismo] [motosi'klihmo] *m. Desp.* Esporte de corrida com motocicletas. ▸ Motociclismo.
➨ *Deportes*

mo.to.ci.clis.ta. [motoθi'klista] [motosi'klihta] *com.* Aquele que dirige motocicleta. ▸ Motociclista.

mo.to.nie.ve. [moto'njeβe] [moto'njeβe] *f.* Veículo motorizado para locomoção na neve. ▸ *Snowmobile*. ➨ *Transporte*

mo.tor, to.ra. [mo'tor] [mo'tor] *adj.* **1.** Que produz movimento. ▸ Motor. *m.* **2.** Máquina destinada à produção de movimento a partir de uma fonte de energia. ▸ Motor. ◆ **Motor de búsqueda.** Sistema digital informático que localiza informações armazenadas em páginas *web* ou em arquivos locais de um computador. ▸ Motor de pesquisa, ferramenta de busca.

mo.to.ris.ta. [moto'rista] [moto'rihta] *Desp.* Pessoa que pratica o motociclismo. ▸ Motociclista.

mo.to.ri.zar. [motori'θar] [motori'sar] *v.13.* Substituir os equipamentos manuais por motorizados na indústria ou em qualquer atividade. ▸ Motorizar.

mo.triz. [mo'triθ] [mo'tris] *adj.* Diz-se da força que produz movimento. ▸ Motriz.

mouse. ['mauze] ['maus] Do inglês. *m. Inform.* Ver *ratón*. ▸ *Mouse*.

mo.ve.di.zo, za. [moβe'ðiθo] [moβe'ðiso] *adj.* **1.** Que se move ou é movimentado com facilidade. ▸ Movediço. **2.** Diz-se de animal que não fica parado. ▸ Agitado.

mo.ver. [mo'βer] [mo'βer] *v.56.* **1.** Deslocar um objeto de um lugar para outro. ▸ Mover. **2.** Provocar uma ação ou um comportamento. ▸ Incitar.

mó.vil. ['moβil] ['moβil] *adj.* **1.** Que pode mover-se ou se move por si mesmo. ▸ Móvel. *m.* **2.** Telefone celular. Telemóvel. ▸ Celular.

mo.vi.li.dad. [moβili'ðaθ] [moβili'ðað] *f.* Qualidade ou propriedade do que é móvel. ▸ Mobilidade.

mo.vi.li.zar. [moβili'θar] [moβili'sar] *v.13.* Pôr em movimento coisas ou pessoas com uma finalidade determinada. ▸ Mobilizar.

mo.vi.mien.to. [moβiˈmjento] [moβiˈmjento] *m.* **1.** Estado dos corpos enquanto mudam de lugar ou posição. ▸ Movimento. **2.** Desenvolvimento de uma tendência política, social, artística, etc. ▸ Movimento. **3.** Alterações na conta corrente, na bolsa de valores, etc. ▸ Movimentação.

mo.zam.bi.que.ño, ña. [moθambiˈkeɲo] [mosambiˈkeɲo] *adj.* **1.** Pertencente ou relativo a Moçambique. ▸ Moçambicano. *s.* **2.** O natural ou habitante desse país. ▸ Moçambicano.

mo.zá.ra.be. [moˈθaraβe] [moˈsaraβe] *adj. Rel.* Diz-se do cristão hispânico que vivia na Espanha muçulmana. ▸ Moçárabe.

mo.zo, za. [ˈmoθo] [ˈmoso] *adj.* **1.** Que tem pouca idade e não é casado. ▸ Moço. *s.* **2.** ▫ Ver *camarero*.

mu. [ˈmu] [ˈmu] *m.* Onomatopeia que representa o som que emitem os touros e as vacas. ▸ Mu. ◆ **No decir ni mu.** Permanecer em completo silêncio. ▸ Não dar nem um pio.

mu.cha.cho, cha. [muˈtʃatʃo] [muˈtʃatʃo] *s.* **1.** Homem ou mulher muito jovem. ▸ Garoto. **2.** Pessoa que realiza trabalhos domésticos. ▸ Trabalhador doméstico.

mu.che.dum.bre. [mutʃeˈðumbre] [mutʃeˈðumbre] *f. col.* Grande quantidade de pessoas reunidas em um lugar. ▸ Multidão.

mu.cho, cha. [ˈmutʃo] [ˈmutʃo] *adj.* **1.** Que excede ao normal ou preciso. ▸ Muito. *He estudiado en muchas escuelas y tengo muchos amigos.* Estudei em muitas escolas e tenho muitos amigos. *adv.* **2.** Em grande intensidade ou quantidade. ▸ Muito. *obs.:* É palavra invariável em gênero e número e é usada sobretudo como complemento de verbos. *Trabajé mucho ese fin de semana.* Trabalhei muito esse fim de semana. ◆ **Como mucho.** Se muito. *En la manifestación habría como mucho unas cien personas.* Na manifestação deveria ter, se muito, umas cem pessoas. **Mucho gusto.** Expressão com que se reage ao ser apresentado a uma pessoa. ▸ Muito prazer.

mu.da. [ˈmuða] [ˈmuða] *f.* **1.** *Zool.* Troca de penas das aves, de pele dos répteis e de pelo de alguns mamíferos. ▸ Muda. **2.** Conjunto de roupas para trocar uma só vez. ▸ Muda.

mu.dan.za. [muˈðanθa] [muˈðansa] *f.* Traslado que se faz de uma casa para outra. ▸ Mudança.

mu.dar. [muˈðar] [muˈðar] *v.4.* **1.** Deixar ou afastar uma coisa que se tem e tomar outra em seu lugar. Trocar. ▸ Mudar. **2.** Passar a ter outro comportamento. ▸ Mudar. **3.** Trocar de residência ou de lugar. ▸ Mudar.

mu.dé.jar. [muˈðexar] [muˈðexar] *adj.* **1.** Aplicava-se ao árabe muçulmano que vivia na Espanha entre os cristãos, após a Reconquista, sem renunciar à sua religião. ▸ Mudéjar. **2.** Aplica-se ao estilo artístico que mistura elementos românicos e góticos com elementos mouriscos. ▸ Mudéjar. *El arte mudéjar floreció en España entre los siglos VIII y XVI.* A arte mudéjar floresceu na Espanha entre os séculos VIII e XVI.

mu.do, da. [ˈmuðo] [ˈmuðo] *adj.* Que não tem a faculdade de falar. ▸ Mudo. *U.t.c.s.*

mue.ble. [ˈmweβle] [ˈmweβle] *m.* Cada uma das peças da mobília de uma residência ou de qualquer outro local. ▸ Móvel.

mue.ca. [ˈmweka] [ˈmweka] *f.* Gesto feito com o rosto para expressar tristeza, alegria ou gozação. ▸ Careta.

mue.la. [ˈmwela] [ˈmwela] *f.* **1.** *Anat.* Cada um dos dentes posteriores aos caninos. ▸ Molar. **2.** Pedra circular do moinho para moer ou triturar. ▸ Mó. ◆ **Muela del juicio.** *Anat.* Dente do siso.

mue.lle. [ˈmweʎe] [ˈmweʃe] *m.* **1.** *Arq.* Construção à beira-mar para atracar navios. ▸ Cais. **2.** Construção junto aos trilhos do trem para embarque e desembarque. ▸ Plataforma. **3.** Peça elástica, geralmente espiralada e de metal, que pode recobrar a forma após ter sido comprimida ou estendida. ▸ Mola. ◆ **Colchón de muelles.** Colchão de molas.

muer.te. [ˈmwerte] [ˈmwerte] *f.* **1.** Término da vida dos seres vivos. Falecimento. ▸ Morte. **2.** Ser imaginário que tira a vida, representado por um esqueleto armado de foice. ▸ Morte. ◆ **A muerte.** Até a morte. **De mala muerte.** De pouco valor. ▸ Desprezível. *Trabaja mucho, pero le pagan un sueldo de mala muerte.* Trabalha muito, mas lhe pagam um salário desprezível.

muer.to, ta. [ˈmwerto] [ˈmwerto] *adj.* Que não está vivo, que já não tem vida. ▸ Morto. ◆ **Echarle (a uno) el muerto.** Transferir (a alguém) a culpa. **Estar muerto por.** *fig.* Desejar intensamente alguma coisa. ▸ Morrer de vontade de. *Guadalupe está muerta por tener una casa.* Guadalupe morre de vontade de ter sua casa.

mues.ca. ['mweska] ['mwehka] *f.* Cavidade feita em uma peça para encaixar outra. ▶ Entalhe.

mues.tra. ['mwestra] ['mwehtra] *f.* Pequena porção de qualquer mercadoria para seu exame. ▶ Amostra.

mues.tra.rio. [mwes'trarjo] [mweh'trarjo] *m.* Coleção de amostras de mercadorias. ▶ Mostruário.

mues.tre.o. [mwes'treo] [mweh'treo] *m.* Ato ou efeito de selecionar amostras significativas para inferir informações. ▶ Amostragem.

mu.gi.do. [mu'xiðo] [mu'xiðo] *m.* Som que emitem o touro e a vaca. ▶ Mugido.

mu.gir. [mu'xir] [mu'xir] *v.61.* Emitir mugidos (o touro e a vaca). ▶ Mugir.

mu.gre. ['muɣre] ['muɣre] *f.* Sujeira. ▶ Imundície.

mu.grien.to, ta. [mu'ɣrjento] [mu'ɣrjento] *adj.* Que apresenta muita sujeira. ▶ Imundo.

mu.jer. [mu'xer] [mu'xer] *f.* **1.** Ser humano do sexo feminino. ▶ Mulher. **2.** Estado civil de uma mulher em relação ao homem com o qual está casada. ▶ Esposa. ◆ **Mujer mayor.** Mulher com mais de 60 anos.

mu.je.rie.go. [muxe'rjeɣo] [muxe'rjeɣo] *adj.* Diz-se do homem muito dado às mulheres. ▶ Mulherengo.

mu.je.rí.o. [muxe'rio] [muxe'rio] *m.* Reunião ou conjunto de muitas mulheres. ▶ Mulherio.

mu.la.dar. [mula'ðar] [mula'ðar] *m.* **1.** Lugar onde se joga o lixo das casas. ▶ Lixeira. **2.** Depósito de lixo de uma região ou cidade. ▶ Aterro sanitário.

mu.la.to, ta. [mu'lato] [mu'lato] *adj.* Aplica-se ao filho ou filha de pai branco e mãe negra ou vice-versa. ▶ Mulato.

mu.le.ta. [mu'leta] [mu'leta] *f.* Bastão destinado ao apoio do tronco para que pessoas com deficiência temporária ou permanente em um dos membros inferiores caminhem. ▶ Muleta.

mu.le.ti.lla. [mule'tiʎa] [mule'tiʃa] *f. Ling.* Palavra geralmente desnecessária em uma conversação, que se usa como apoio ou costume ao falar. ▶ Bordão. *El palestrante no pudo decir una frase completa sin hacer uso de muletillas.* O palestrante não conseguiu dizer uma frase completa sem fazer uso de bordões.

mu.lli.do, da. [mu'ʎiðo] [mu'ʃiðo] *adj.* Que é brando e esponjoso. ▶ Fofo.

mu.lo, la. ['mulo] ['mulo] *s. Zool.* Filhote, geralmente estéril, de burro e égua ou de cavalo e burra, usado para montaria, carga ou tiro. ▶ Mula. → *Reino animal*

mul.ta. ['multa] ['multa] *f. Dir.* Pena pecuniária por uma infração, delito ou descumprimento de uma obrigação quando pactuada. ▶ Multa.

mul.ti.co.lor. [multiko'lor] [multiko'lor] *adj.* Que tem muitas cores. Policromo, multicolorido. ▶ Multicor.

mul.ti.me.dia. [multi'meðja] [multi'meðja] *adj.* Meios diversos utilizados simultaneamente na transmissão de uma informação. ▶ Multimídia.

mul.ti.mi.llo.na.rio, ria. [multimiʎo'narjo] [multimiʃo'narjo] *adj. Fin.* Diz-se da pessoa que tem vários milhões em dinheiro. ▶ Multimilionário.

mul.ti.na.cio.nal. [multinaθjo'nal] [multinasjo'nal] *adj.* **1.** Pertencente ou relativo a várias nações. ▶ Multinacional. *f.* **2.** Sociedade ou empresa cujas atividades são estabelecidas em diversos países. ▶ Multinacional.

múl.ti.ple. ['multiple] ['multiple] *adj.* **1.** Que não é simples nem único. Variado. ▶ Múltiplo. **2.** Que está formado por vários elementos. ▶ Múltiplo.

mul.ti.pli.ca.ble. [multipli'kaβle] [multipli'kaβle] *adj.* Que pode ser multiplicado. ▶ Multiplicável.

mul.ti.pli.car. [multipli'kar] [multipli'kar] *v.7.* **1.** Reproduzir ou aumentar o número de elementos de um conjunto. ▶ Multiplicar. **2.** Realizar a operação aritmética que consiste em calcular o produto de dois fatores. ▶ Multiplicar.

múl.ti.plo, pla. ['multiplo] ['multiplo] *adj.* **1.** *Ling.* Diz-se dos adjetivos ou substantivos numerais que indicam multiplicação. ▶ Múltiplo. **2.** *Mat.* Diz-se do número que pode ser dividido exatamente por outro. ▶ Múltiplo.

mul.ti.tud. [multi'tuθ] [multi'tuð] *f.* Grande quantidade ou ajuntamento de pessoas ou coisas. ▶ Multidão.

mun.da.nal. [munda'nal] [munda'nal] *adj.* Pertencente ou relativo à humanidade, ao mundo humano. ▶ Mundano.

mun.da.no, na. [mun'dano] [mun'dano] *adj.* Que se dedica à boa vida e seus prazeres. ▶ Mundano.

mun.dial. [mun'djal] [mun'djal] *adj.* **1.** Que se estende ou se relaciona a todo o mundo. ▶ Mundial. *m.* **2.** *Desp.* Campeonato esportivo do qual podem participar todas as nações do mundo. ▶ Mundial.

mun.di.llo. [mun'diʎo] [mun'diʃo] *m.* Grupo de pessoas que têm algo em comum, como posição social, carreira ou profissão. ▸ Círculo.

mun.do. ['mundo] ['mundo] *m.* **1.** Conjunto de todos os elementos que formam o planeta Terra. ▸ Mundo. **2.** *Astr.* O planeta Terra. ▸ Mundo. **3.** A totalidade do gênero humano. ▸ Humanidade. ♦ **Caérsele a uno el mundo encima.** Ficar abalado e sem ânimo. ▸ Cair / Desabar o mundo sobre a cabeça. **Correr mundo.** Viajar por vários países.

mu.ni.ción. [muni'θjon] [muni'sjon] *f.* Carga que se põe nas armas de fogo. ▸ Munição.

mu.ni.ci.pal. [muniθi'pal] [munisi'pal] *adj. Polít.* **1.** Relativo ao município. ▸ Municipal. **2.** Diz-se dos bens imóveis que pertencem ao município. ▸ Municipal.

mu.ni.ci.pio. [muni'θipjo] [muni'sipjo] *m. Políl.* Conjunto de habitantes e região sob a jurisdição de uma prefeitura. ▸ Município.

mu.ñe.ca. [mu'ɲeka] [mu'ɲeka] *f.* **1.** Ver *muñeco*. ▸ Boneca. **2.** *Anat.* Parte do corpo que liga o braço à mão. Pulso. ▸ Munheca. ➡ *Cuerpo humano*

mu.ñe.co, ca. [mu'ɲeko] [mu'ɲeko] *s.* **1.** Figura reduzida de homem ou mulher, feita de pasta, madeira ou outro material. ▸ Boneco. **2.** Boneco utilizado em vitrines para expor roupas. ▸ Manequim.

mu.ral. [mu'ral] [mu'ral] *adj.* **1.** Que está feito sobre um muro ou parede. ▸ Mural. *s.* **2.** Pintura artística feita em uma parede. ▸ Mural.

mu.ra.lis.ta. [mura'lista] [mura'lihta] *com.* Artista que pinta suas obras em muros ou paredes. ▸ Muralista.

mu.ra.lla. [mu'raʎa] [mu'raʃa] *f.* Muro ou obra que protege um lugar ou território de ataques e outras agressões. ▸ Muralha.

mur.cié.la.go. [mur'θjelaɣo] [mur'sjelaɣo] *m. Zool.* Mamífero voador noturno cujas asas são membranas e que emite vibrações para orientar-se. ▸ Morcego. ➡ *Reino animal*

mur.ga. ['murɣa] ['murɣa] *f. Mús.* Banda de músicos populares, de rua. ▸ Banda de rua. *La murga animó la fiesta en el pueblo.* A banda de rua animou a festa na comunidade.

mur.mu.llo. [mur'muʎo] [mur'muʃo] *m.* **1.** Modo de falar muito baixo que mal se ouve. ▸ Sussurro. **2.** Barulho leve e continuado. ▸ Murmúrio.

mur.mu.ra.ción. [murmura'θjon] [murmura'sjon] *f.* Ato de falar mal e em prejuízo de quem não está presente. ▸ Fofoca.

mur.mu.ra.dor, do.ra. [murmura'ðor] [murmura'ðor] *adj.* Que fala mal de pessoas que estão ausentes. ▸ Maledicente. *U.t.c.s.*

mur.mu.rar. [murmu'rar] [murmu'rar] *v.4.* **1.** Falar baixo manifestando queixa ou desgosto por alguma coisa. ▸ Murmurar. **2.** Conversar em prejuízo de alguém ausente. ▸ Fofocar. **3.** Fazer ruído as folhas das árvores ou uma corrente de água. ▸ Murmurar.

mu.ro. ['muro] ['muro] *m.* Parede que serve para isolar ou proteger um lugar ou construção. ▸ Muro.

mus. ['mus] ['mus] *m.* Jogo de cartas espanhol que se joga em pares. ▸ Mus. *¿Sabes jugar al mus?* Você sabe jogar mus?

mus.cu.la.ción. [muskula'θjon] [muhkula'sjon] *f. Desp.* Conjunto de exercícios que visam ao fortalecimento da musculatura. ▸ Musculação.

mús.cu.lo. ['muskulo] ['muhkulo] *m. Anat.* Cada um dos órgãos fibrosos que compõem todo o corpo e que permitem a movimentação de suas partes sob comando do cérebro. ▸ Músculo.

mus.cu.lo.so, sa. [musku'loso] [muhku'loso] *adj.* Diz-se de pessoa dotada de músculos bem desenvolvidos e delineados. ▸ Musculoso.

mu.se.o. [mu'seo] [mu'seo] *m.* Local onde se expõem e guardam obras e objetos de interesse cultural, científico, artístico, histórico e outros, para seu exame e estudo. ▸ Museu.

mus.go. ['musɣo] ['muhɣo] *m. Bot.* Planta que se desenvolve em lugares sombrios e úmidos. ▸ Musgo.

mú.si.ca. ['musika] ['musika] *f. Mús.* Arte de combinar os sons agradáveis ao ouvido. ▸ Música.

mu.si.cal. [musi'kal] [musi'kal] *adj. Mús.* **1.** Pertencente ou relativo à música. ▸ Musical. **2.** Diz-se do espetáculo em que a música é o elemento principal. ▸ Musical. *U.t.c.s.*

mú.si.co, ca. ['musiko] ['musiko] *s. Mús.* Profissional da música que toca algum instrumento ou compõe peças musicais. ▸ Músico, musicista.

mu.si.co.lo.gí.a. [musikolo'xia] [musikolo'xia] *f. Mús.* Estudo científico da música, sua teoria e sua história. ▸ Musicologia.

mu.si.tar. [musi'tar] [musi'tar] *v.4. Ling.* Falar de forma difícil de entender. Cochichar. ▸ Sussurrar.

mus.lo. ['muslo] ['muhlo] *m. Anat.* Parte da perna que fica entre o quadril e o joelho. ▸ Coxa. ➡ *Cuerpo humano*

mus.tio, tia. ['mustjo] ['muhtjo] *adj.* **1.** Que está triste ou abatido. ▸ Murcho. **2.** *Bot.* Diz-se da planta que perdeu a vitalidade por falta de água. ▸ Murcha.

mu.sul.mán, ma.na. [musul'man] [musul'man] *adj. Rel.* Que professa a religião fundada por Maomé. ▸ Muçulmano. *U.t.c.s.*

mu.ta.ción. [muta'θjon] [muta'sjon] *f.* Ato ou efeito de mudar. ▸ Mutação.

mu.tan.te. [mu'tante] [mu'tante] *adj.* Que muda para se adaptar a novas circunstâncias ou ambientes. ▸ Mutante.

mu.tar. [mu'tar] [mu'tar] *v.4. v.p.* Transformar um ser ou uma espécie através do tempo. ▸ Mutar.

mu.ti.la.do, da. [muti'laðo] [muti'laðo] *adj.* Que sofreu mutilação. ▸ Mutilado.

mu.ti.lar. [muti'lar] [muti'lar] *v.4.* Cortar ou amputar um membro ou parte do corpo. ▸ Mutilar.

mu.tis. ['mutis] ['mutis] *m. Teat.* Aviso que se dá ao ator que está no palco para indicar que deve sair da cena. ▸ Deixa. ♦ **Hacer mutis por el foro.** Sair de fininho.

mu.tis.mo. [mu'tismo] [mu'tihmo] *m.* Silêncio e isolamento, voluntário ou imposto, de uma pessoa. ▸ Mutismo.

mu.tua.lis.mo. [mutwa'lismo] [mutwa'lihmo] *m.* Regime de prestações recíprocas entre associados a uma corporação mútua. ▸ Mutualismo.

mu.tua.lis.ta. [mutwa'lista] [mutwa'lihta] *adj.* Que faz parte de uma mutualidade ou sociedade de ajuda recíproca. Consorciado. ▸ Mutuário.

mu.tua.men.te. [mutwa'mente] [mutwa'mente] *adv.* Que ocorre de forma recíproca. ▸ Mutuamente.

mu.tuo, tua. ['mutwo] ['mutwo] *adj.* Diz-se da ação recíproca entre duas ou mais pessoas, animais ou coisas. ▸ Mútuo. *U.t.c.s.*

muy. ['muj] ['muj] *adv.* **1.** Forma reduzida de *mucho*, empregada diante de adjetivos e advérbios. ▸ Muito. *obs.:* É palavra invariável em gênero e número. *Aunque ustedes hayan llegado muy dispuestos, no los puedo atender pues es muy tarde.* Mesmo vocês tendo chegado muito dispostos, eu não posso atendê-los porque é muito tarde. **2.** Denota grau superlativo daquilo que expressa a palavra à qual se antepõe. ▸ Muito. *El pastel de cumpleaños estaba exquisito.* O bolo de aniversário estava uma delícia.

N

n. ['ene] ['ene] *f.* Décima quarta letra do alfabeto espanhol. ▸ N.

na.bo. ['naβo] ['naβo] *m. Bot.* Planta cultivada por sua raiz comestível. ▸ Nabo.

na.cer. [na'θer] [na'ser] *v.24. p.p. reg. nacido / irreg. nato.* **1.** Começar a ter vida fora do ventre materno. Vir à luz. ▸ Nascer. **2.** *Bot.* Brotar uma planta ou uma flor. ▸ Nascer. **3.** *Zool.* Sair do ovo um filhote de animal ovíparo. ▸ Nascer.

na.ci.do, da. [na'θiðo] [na'siðo] *adj.* Que veio à luz. ▸ Nascido.

na.cien.te. [na'θjente] [na'sjente] *m.* **1.** Que nasce. ▸ Nascente. **2.** Ponto cardeal no qual aparece o Sol. Oriente, Leste. ▸ Nascente. **3.** *fig.* Lugar onde brota um manancial ou rio. ▸ Nascente.

na.ci.mien.to. [naθi'mjento] [nasi'mjento] *m.* **1.** Ato ou efeito de nascer. ▸ Nascimento. **2.** Lugar onde uma pessoa tem sua origem. ▸ Nascimento. ♦ **De nacimiento.** Deficiência física ou mental que se tem desde o nascimento. De nascença. ▸ Congênito. *La hemofilia es una enfermedad de nacimiento.* A hemofilia é uma doença de nascença.

na.ción. [na'θjon] [na'sjon] *f. Polít.* Conjunto dos habitantes de um país regido pelo mesmo governo e o território que ocupa. ▸ Nação.

na.cio.nal. [naθjo'nal] [nasjo'nal] *adj. Polít.* Pertencente ou relativo à nação. ▸ Nacional.

na.cio.na.li.dad. [naθjonali'ðaθ] [nasjonali'ðað] *f. Polít.* **1.** Condição dos indivíduos de uma nação. ▸ Nacionalidade. **2.** Estado próprio da pessoa nascida ou naturalizada em uma nação. ▸ Nacionalidade.

Nacionalidades

¿De dónde eres (tú)? /
¿De dónde es (usted)?
¿De dónde sois (vosotros)? /
¿De dónde son (ustedes)?
Soy / Somos de (nombre del país).
Soy de Brasil. / Somos de Uruguay.
Soy / Somos (nacionalidad).
Soy brasileño. / Somos uruguayos.

na.cio.na.lis.mo. [naθjona'lismo] [nasjona'lihmo] *m. Polít.* **1.** Preferência por tudo o que é próprio da nação. ▸ Nacionalismo. **2.** Aspiração de um povo em constituir-se como Estado independente. ▸ Nacionalismo.

na.cio.na.lis.ta. [naθjona'lista] [nasjona'lihta] *adj. Polít.* Que é partidário do nacionalismo. ▸ Nacionalista.

na.cio.na.li.za.ción. [naθjonaliθa'θjon] [nasjonalisa'sjon] *f. Polít.* Ato ou efeito de nacionalizar(-se). ▸ Nacionalização.

na.cio.na.li.zar. [naθjonali'θar] [nasjonali'sar] *v.13. Polít.* **1.** Tornar nacionais em um país pessoas ou coisas de outro. ▸ Nacionalizar. *v.p.* **2.** Tornar-se, por vontade própria, natural de um país. Naturalizar-se. ▸ Nacionalizar-se.

na.da. ['naða] ['naða] *f.* **1.** Carência absoluta de todo o ser. A não existência. ▸ Nada. **2.** Aquilo que é mínimo, sem nenhuma importância. ▸ Nada. *pron.* **3.** Nenhuma coisa, negação absoluta das coisas. ▸ Nada. *adv.* **4.** De nenhuma maneira. ▸ De jeito nenhum. ♦ **Como si nada.** Sem dar a menor importância. ▸ Como se não fosse nada. *Hablan de miles de millones de euros como si nada.* Falam de bilhões de euros como se não fosse nada. **Para nada.** De jeito nenhum. *No voy a restaurantes para nada.* Não vou a restaurantes de jeito nenhum.

▫ **na.da.de.ra.** [naða'ðera] [naða'ðera] *f.* Artefato que se enche de ar para manter flutuando uma pessoa que não sabe nadar. ▸ Boia.

na.da.dor, do.ra. [naða'ðor] [naða'ðor] *adj.* **1.** Que nada ou sabe nadar. ▸ Nadador. *s.* **2.** *Desp.* Pessoa que pratica o esporte da natação. ▸ Nadador.

na.dar. [na'ðar] [na'ðar] *v.4.* Flutuar e movimentar-se na água com impulso próprio e sem apoio. ▶ Nadar. *Es fantástico, nada 100 metros sin parar.* É fantástico, ele nada 100 metros sem parar.

na.de.rí.a. [naðe'ria] [naðe'ria] *f.* Algo sem importância, que não significa nada. ▶ Ninharia.

na.die. ['naðje] ['naðje] *pron.* **1.** Nenhuma pessoa. ▶ Ninguém. *m.* **2.** Pessoa sem merecimento e sem importância. ▶ Ninguém. ◆ **Ser un don nadie.** Ser um zé-ninguém.

naf.ta. ['nafta] ['nafta] *f.* **1.** Subproduto derivado do petróleo natural que se obtém na destilação da gasolina. ▶ Nafta. **2.** *(Arg.)* Ver *gasolina.* ▶ Gasolina.

ná.huatl. ['nawatl] ['nawatl] *m.* **1.** Língua falada pelos povos náuatles, originários do México e parte da América Central. ▶ Náuatle. *adj.* **2.** Relativo ao povo náuatle. ▶ Náuatle.

nai.lon. ['najlon] ['najlon] *m.* **1.** Fibra têxtil sintética elástica e muito resistente. ▶ Náilon. **2.** O tecido feito com esta fibra. ▶ Náilon.

nai.pe. ['najpe] ['najpe] *m.* Cada uma das cartas do baralho. ▶ Naipe. ➡ *Recreación*

nal.ga. ['nalɣa] ['nalɣa] *f. Anat.* Cada uma das duas partes do corpo formada pelo músculo glúteo. ▶ Nádega. ➡ *Cuerpo humano*

na.na. ['nana] ['nana] *f. Mús.* Canção para ninar as crianças. ▶ Canção de ninar.

na.ran.ja. [na'ranxa] [na'ranxa] *f.* **1.** *Bot.* Fruto da laranjeira. ▶ Laranja. **2.** Cor entre vermelho e amarelo. ▶ Laranja. *U.t.c.adj.* ◆ **Ser la media naranja.** Ser a outra metade da laranja. Ser a tampa da panela. ➡ *Frutas*

na.ran.ja.da. [naran'xaða] [naran'xaða] *f.* Bebida feita com suco de laranja. ▶ Laranjada.

na.ran.jo. [na'ranxo] [na'ranxo] *m. Bot.* Árvore florífera cujo fruto é a laranja. ▶ Laranjeira.

nar.ci.sis.mo. [narθi'sismo] [narsi'sihmo] *m.* Admiração exagerada por si próprio. ▶ Narcisismo.

nar.có.ti.co, ca. [nar'kotiko] [nar'kotiko] *adj.* **1.** Que produz relaxamento dos músculos e embotamento dos sentidos. ▶ Narcótico. *m.* **2.** Substância entorpecente com essas propriedades. ▶ Narcótico.

nar.co.trá.fi.co. [narko'trafiko] [narko'trafiko] *m.* Comércio de drogas tóxicas. ▶ Narcotráfico.

na.ri.gón, go.na. [nari'ɣon] [nari'ɣon] *m.* **1.** Argola que se põe no focinho do boi para segurá-lo melhor. *adj.* **2.** Que tem o nariz grande. ▶ Narigudo.

na.ri.gu.do, da. [nari'ɣuðo] [nari'ɣuðo] *adj.* Que tem o nariz grande. ▶ Narigudo.

na.riz. [na'riθ] [na'ris] *f. Anat.* Parte saliente do rosto entre a fronte e a boca, que é o órgão do olfato. ▶ Nariz. ◆ **Nariz aguileña.** *Anat.* Nariz aquilino. **Nariz respingona.** *Anat.* Nariz arrebitado. ➡ *Cuerpo humano*

na.rra.ción. [nara'θjon] [nara'sjon] *f. Ling.* Exposição escrita ou oral de uma história ou de um fato real ou fictício. ▶ Narração.

na.rra.dor, do.ra. [nara'ðor] [nara'ðor] *s. Ling.* Pessoa que narra histórias ou contos. ▶ Narrador.

na.rrar. [na'rar] [na'rar] *v.4. Ling.* **1.** Relatar um sucesso ou acontecimento. ▶ Narrar. **2.** Contar ou expor um fato verdadeiro ou imaginário. ▶ Narrar.

na.rra.ti.va. [nara'tiβa] [nara'tiβa] *f.* **1.** *Ling.* Ato ou efeito de narrar. ▶ Narrativa. **2.** *Lit.* Classificação que inclui o romance, o romancete e o conto. ▶ Narrativa.

na.rra.ti.vo, va. [nara'tiβo] [nara'tiβo] *adj.* Pertencente ou relativo à narração. ▶ Narrativo.

na.sal. [na'sal] [na'sal] *adj.* **1.** *Anat.* Pertencente ou relativo ao nariz. ▶ Nasal. **2.** *Ling.* Diz-se do som modificado pelo nariz. ▶ Nasal.

na.ta. ['nata] ['nata] *f.* **1.** Substância que o leite forma em sua superfície quando deixado em repouso. ▶ Nata. **2.** *fig.* O melhor e mais estimado de qualquer coisa. ▶ Nata.

na.ta.ción. [nata'θjon] [nata'sjon] *f.* **1.** Ato de nadar. ▶ Natação. **2.** *Desp.* Esporte de nado. ▶ Natação. **3.** Prática desse esporte. ▶ Natação. ➡ *Deportes*

na.tal. [na'tal] [na'tal] *adj.* **1.** Relativo ao nascimento. ▶ Natal. **2.** Referente ao lugar onde nasceu uma pessoa. ▶ Natal.

na.ta.li.cio, cia. [nata'liθjo] [nata'lisjo] *adj.* Pertencente ou relativo ao dia do nascimento. ▶ Natalício.

na.ta.li.dad. [natali'ðaθ] [natali'ðað] *f. Geogr.* Índice apurado do número de nascimentos em população ou período determinado. ▶ Taxa de natalidade.

na.ta.to.rio, ria. [nata'torjo] [nata'torjo] *adj.* **1.** Referente à natação. ▶ Natatório. **2.** Que serve para nadar. ▶ Natatório.

na.ti.lla. [na'tiʎa] [na'tiʃa] *f.pl. Cul.* Doce que se faz com gemas de ovos, leite, açúcar e um aromatizante natural, como chocolate, café, baunilha, etc.

na.ti.vo, va. [na'tiβo] [na'tiβo] *adj.* **1.** Pertencente ao país ou lugar em que nasce uma pessoa. ▸ Nativo. **2.** Diz-se de determinada pessoa em relação ao lugar onde nasceu. ▸ Nativo. *U.t.c.s.*

na.to, ta. ['nato] ['nato] *adj.* Diz-se de característica de nascença. ▸ Nato.

na.tu.ral. [natu'ral] [natu'ral] *adj.* **1.** Pertencente à natureza. ▸ Natural. **2.** Nativo de um lugar ou país. ▸ Natural. ◆ **Al natural.** Sem aditivos nem condimentos. ▸ Ao natural.

na.tu.ra.le.za. [natura'leθa] [natura'lesa] *f.* **1.** Conjunto, ordem e disposição de tudo aquilo que compõe o universo. ▸ Natureza. **2.** Qualidade e propriedade essencial atribuída às coisas, pessoas e animais. ▸ Natureza.

na.tu.ra.li.dad. [naturali'ðaθ] [naturali'ðað] *f.* **1.** Qualidade do que é natural. ▸ Naturalidade. **2.** Espontaneidade e simplicidade no trato e maneira de proceder. ▸ Naturalidade.

na.tu.ra.lis.mo. [natura'lismo] [natura'lihmo] *m.* Doutrina filosófica que atribui tudo à natureza como primeiro princípio. ▸ Naturalismo.

na.tu.ra.lis.ta. [natura'lista] [natura'lihta] *com.* Pessoa que professa as ciências naturais. ▸ Naturalista.

na.tu.ra.li.zar. [naturali'θar] [naturali'sar] *v.13. Polít.* **1.** Conceder a um estrangeiro os mesmos direitos e obrigações que têm os nascidos no país. ▸ Naturalizar. *v.p.* **2.** Adquirir os direitos de cidadão do país quem é estrangeiro. ▸ Naturalizar-se.

na.tu.ral.men.te. [natural'mente] [natural'mente] *adv.* **1.** De modo natural. ▸ Naturalmente. **2.** Conforme às leis da natureza. ▸ Naturalmente.

na.tu.ris.mo. [natu'rismo] [natu'rihmo] *m.* Doutrina que atribui aos agentes naturais a virtude de proporcionar uma vida saudável. ▸ Naturismo.

na.tu.ris.ta. [natu'rista] [natu'rihta] *adj.* Que é partidário do naturismo. ▸ Naturista.

nau.fra.gar. [naufra'ɣar] [naufra'ɣar] *v.9.* Afundar ou perder-se uma embarcação. Ir a pique. ▸ Naufragar.

nau.fra.gio. [nau'fraxjo] [nau'fraxjo] *m.* **1.** Perda da embarcação. ▸ Naufrágio. **2.** Ato ou efeito de naufragar. ▸ Naufrágio.

náu.fra.go, ga. ['naufraɣo] ['naufraɣo] *adj.* Que sofreu naufrágio. ▸ Náufrago.

náu.se.a. ['nausea] ['nausea] *f.* **1.** Vontade de vomitar. Enjoo. ▸ Náusea. **2.** Repugnância ou repulsão causada por alguma coisa. ▸ Náusea.

nau.se.a.bun.do, da. [nausea'βundo] [nausea'βundo] *adj.* Que causa ou produz náuseas. Repugnante. ▸ Nauseabundo.

náu.ti.ca. ['nautika] ['nautika] *f.* Ciência ou arte de navegar. ▸ Náutica.

náu.ti.co, ca. ['nautiko] ['nautiko] *adj.* Pertencente ou relativo à navegação. ▸ Náutico.

na.va.ja. [na'βaxa] [na'βaxa] *f.* **1.** Faca cuja lâmina está articulada a um cabo sobre o qual se dobra para proteger o fio. ▸ Navalha. **2.** *Zool.* Molusco marinho comestível. ▸ Marisco.

na.va.ja.zo. [naβa'xaθo] [naβa'xaso] *m.* Ato ou efeito de ferir com uma navalha. ▸ Navalhada.

na.val. [na'βal] [na'βal] *adj.* Referente às naves ou à navegação. ▸ Naval.

na.ve. ['naβe] ['naβe] *f.* **1.** Qualquer tipo de embarcação, navio ou barco. ▸ Nave. **2.** *Arq.* Espaço na igreja entre a entrada e o santuário. ▸ Nave.

na.ve.ga.ble. [naβe'ɣaβle] [naβe'ɣaβle] *adj. Geogr.* Diz-se de espaço coberto de água onde se pode navegar. ▸ Navegável.

na.ve.ga.ción. [naβeɣa'θjon] [naβeɣa'sjon] *f.* **1.** Atividade de navegar. ▸ Navegação. **2.** Viagem que se faz com uma embarcação. ▸ Navegação.

na.ve.ga.dor, do.ra. [naβeɣa'ðor] [naβeɣa'ðor] *s.* **1.** Aquele que navega. ▸ Navegador. *m.* **2.** *Inform.* Ver *browser*. ▸ Browser.

na.ve.gan.te. [naβe'ɣante] [naβe'ɣante] *com.* Pessoa que tem conhecimento em navegação. ▸ Navegante.

na.ve.gar. [naβe'ɣar] [naβe'ɣar] *v.9.* **1.** Viajar ou ir pela água em embarcação. ▸ Navegar. **2.** Avançar o navio ou embarcação pelo mar, rio ou lago. ▸ Navegar. **3.** *Inform.* Consultar a Internet. ▸ Navegar.

na.vi.dad. [naβi'ðaθ] [naβi'ðað] *f.* **1.** Dia em que se comemora o nascimento de Cristo. ▸ Natal. **2.** O tempo imediato a este dia e à festividade dos Reis. ▸ Natal.

na.vi.de.ño, ña. [naβi'ðeɲo] [naβi'ðeɲo] *adj.* Pertencente ou relativo à época do Natal. ▸ Natalino.

na.ví.o. [na'βio] [na'βio] *m.* **1.** Embarcação grande para o transporte de cargas e/ou passageiros. ▸ Navio. **2.** *Mil.* Embarcação de guerra. ▸ Navio.

ne.bli.na. [ne'βlina] [ne'βlina] *f. Meteor.* Névoa pouco densa e baixa. ▸ Neblina. ➔ *Clima*

ne.bli.no.so, sa. [neβli'noso] [neβli'noso] *adj. Meteor.* Diz-se do dia ou da atmosfera em que há névoa baixa. ▸ Nebuloso, neblinoso.

ne.bu.li.za.dor, do.ra. [neβuliθa'ðoɾ] [neβulisa'ðoɾ] *adj. Fís.* Aplica-se ao aparelho elétrico que serve para atomizar. Vaporizador. ▸ Nebulizador.

ne.bu.lo.so, sa. [neβu'loso] [neβu'loso] *adj.* **1.** Que apresenta névoa com frequência ou está coberto por nuvens. ▸ Nebuloso. **2.** *fig.* Diz-se de assunto que não está claro, difícil de entender. ▸ Nebuloso. *f. Astr.* **3.** Matéria cósmica celeste difusa e luminosa. ▸ Nebulosa. **4.** Massa estelar ainda em formação. ▸ Nebulosa.

ne.ce.dad. [neθe'ðaθ] [nese'ðað] *f.* **1.** Qualidade de néscio, idiota. Necedade. ▸ Estupidez. **2.** Fato ou dito estúpido. Necedade. ▸ Estupidez.

ne.ce.sa.rio, ria. [neθe'saɾjo] [nese'saɾjo] *adj.* **1.** Que é inevitável ou imprescindível. ▸ Necessário. **2.** Que tem motivos para ser feito. ▸ Necessário. ◆ **Es necesario que.** É necessário que. É preciso que.

ne.ce.ser. [neθe'seɾ] [nese'seɾ] *m.* Estojo pequeno com diversos objetos de toucador, próprio para viagens. ▸ *Nécessaire*.

ne.ce.si.dad. [neθesi'ðaθ] [nesesi'ðað] *f.* **1.** Tudo aquilo que não pode faltar ou a que é impossível resistir. ▸ Necessidade. **2.** Carência das coisas de que se precisa para viver. ▸ Necessidade. ◆ **De primera necesidad.** De que não se pode prescindir. ▸ De primeira necessidade.

ne.ce.si.ta.do, da. [neθesi'taðo] [nesesi'taðo] *adj.* Que carece do necessário. Pobre. ▸ Necessitado.

ne.ce.si.tar. [neθesi'taɾ] [nesesi'taɾ] *v.4.* **1.** Ter necessidade de alguma pessoa ou coisa. ▸ Necessitar. **2.** Estar obrigado por alguma razão a executar uma coisa. ▸ Necessitar.

ne.cio, cia. ['neθjo] ['nesjo] *adj.* **1.** Que, por ignorância, não sabe o que deveria saber. ▸ Néscio. **2.** Que procede com imprudência. ▸ Néscio.

ne.cro.lo.gí.a. [nekɾolo'xia] [nekɾolo'xia] *f.* Notícia ou biografia de pessoa falecida há pouco tempo. ▸ Necrologia.

ne.cró.po.lis. [ne'kɾopolis] [ne'kɾopolis] *f.* Cemitério de grande extensão, com muitos monumentos fúnebres. ▸ Necrópole.

néc.tar. ['nektaɾ] ['nektaɾ] *m.* **1.** Bebida dos deuses. ▸ Néctar. **2.** Licor suave e adocicado que se destaca por sua excelente qualidade. ▸ Néctar. **3.** *Biol.* Substância doce das flores que as abelhas sugam para fazer o mel. ▸ Néctar.

ne.fas.to, ta. [ne'fasto] [ne'fahto] *adj.* Diz-se do dia, momento ou período no tempo em que tenham acontecido desgraças ou acontecimentos funestos. ▸ Nefasto.

ne.ga.ble. [ne'ɣaβle] [ne'ɣaβle] *adj.* Que pode ser negado. ▸ Negável.

ne.ga.ción. [neɣa'θjon] [neɣa'sjon] *f.* **1.** Ato ou efeito de negar. Recusa. ▸ Negação. **2.** Carência ou falta total de uma coisa. ▸ Negação. **3.** *Ling.* Frase que expressa rejeição ou contradição. ▸ Negação.

ne.ga.do, da. [ne'ɣaðo] [ne'ɣaðo] *adj.* **1.** Que não tem capacidade ou é totalmente inepto para uma coisa. ▸ Negação. **2.** *Rel.* Diz-se dos antigos cristãos que renegavam a fé. ▸ Negado.

ne.gar. [ne'ɣaɾ] [ne'ɣaɾ] *v.45.* **1.** Não reconhecer ou não admitir a existência de uma coisa. ▸ Negar. **2.** Dizer não a alguém que faz um pedido. ▸ Negar.

ne.ga.ti.va. [neɣa'tiβa] [neɣa'tiβa] *f.* Recusa do que se pede. Negação. ▸ Negativa.

ne.ga.ti.vo, va. [neɣa'tiβo] [neɣa'tiβo] *adj.* **1.** Que inclui negação ou contradição. ▸ Negativo. **2.** Que é contraproducente ou nulo. ▸ Negativo. *m.* **3.** Filme fotográfico ou radiográfico que reproduz as imagens com as cores e os claros e escuros alterados. ▸ Negativo.

ne.gli.gen.cia. [neɣli'xenθja] [neɣli'xensja] *f.* **1.** Falta de atenção ao fazer uma coisa. Descuido. ▸ Negligência. **2.** Ato de deixar de fazer o que deveria ser feito. Omissão. ▸ Negligência.

ne.gli.gen.te. [neɣli'xente] [neɣli'xente] *adj.* Que não tem cuidado no que faz ou que não faz o que deve. ▸ Negligente.

ne.go.cia.ción. [neɣoθja'θjon] [neɣosja'sjon] *f.* Ato ou efeito de fazer negócios. ▸ Negociação.

ne.go.cia.dor, do.ra. [neɣoθja'ðoɾ] [neɣosja'ðoɾ] *adj.* Que gere e trata de negócios ou assuntos importantes. ▸ Negociador.

ne.go.cian.te. [neɣo'θjante] [neɣo'sjante] *adj.* Que comercia mercadorias ou qualquer coisa que possa ser comprada e vendida. Comerciante. ▸ Negociante.

ne.go.ciar. [neɣo'θjaɾ] [neɣo'sjaɾ] *v.4.* **1.** Comerciar comprando e vendendo mercadorias. ▸ Negociar. **2.** *Polít.* Tratar por via diplomática acordos ou convenções entre nações. ▸ Negociar.

ne.go.cio. [ne'ɣoθjo] [ne'ɣosjo] *m.* **1.** Ocupação em comprar e vender para obter lucro. ▸ Negócio. **2.** O local onde se vendem mercadorias. ▸ Loja. ◆ **Negocio redondo.** Negócio da China.

Escanea este código QR para ver más sobre **negocio** www.santillana.com.br/4dsnegocio

ne.gri.ta. [ne'ɣɾita] [ne'ɣɾita] *f.* Tipo de letra de imprensa, de traços mais grossos que os das letras comuns, usado para destacar alguma parte do texto. ▸ Negrito.

ne.gro, gra. ['neɣɾo] ['neɣɾo] *s.* **1.** Pessoa de descendência africana. ▸ Negro. *adj.* **2.** Que é de cor escura. Preto. ▸ Negro ◆ **Estar o ponerse negro.** *pej.* Estar muito irritado. **Tener la negra.** *pej.* Não ter sorte.

ne.mo.tec.nia. [nemo'teknja] [nemo'teknja] *f.* **1.** Arte que procura aumentar a capacidade da memória. ▸ Mnemônica. **2.** Meio auxiliar de decorar o que é difícil de reter. ▸ Mnemônica.

ne.mo.téc.ni.co, ca. [nemo'tekniko] [nemo'tekniko] *adj.* Que serve para auxiliar a memória. ▸ Mnemotécnico.

ne.ne, na. ['nene] ['nene] *s.* **1.** Criança de pouca idade. ▸ Nenê. **2.** Forma carinhosa de falar ou se referir aos filhos. ▸ Filhão, filhota.

ne.o.cla.si.cis.mo. [neoklasi'θihmo] [neoklasi'sihmo] *m.* Movimento literário e artístico que tenta restaurar o gosto e estilo dos clássicos da Antiguidade. ▸ Neoclassicismo.

ne.o.clá.si.co, ca. [neo'klasiko] [neo'klasiko] *adj.* Partidário do neoclassicismo que imita os clássicos da Grécia ou Roma. ▸ Neoclássico.

ne.o.la.ti.no, na. [neola'tino] [neola'tino] *adj. Ling.* Diz-se daquilo que deriva do latim. ▸ Neolatino.

ne.o.lo.gis.mo. [neolo'xismo] [neolo'xihmo] *m. Ling.* Palavra nova ou sentido novo desta que se incorpora a uma língua. ▸ Neologismo.

ne.ón. [ne'on] [ne'on] *m. Quím.* Gás raro que se encontra no ar e que é empregado em lâmpadas para iluminação. ▸ Néon.

ne.o.ze.lan.dés, de.sa. [neoθelan'des] [neoselan'des] *adj.* **1.** Pertencente ou relativo à Nova Zelândia. ▸ Neozelandês. *s.* **2.** O natural ou habitante desse país. ▸ Neozelandês.

ne.po.tis.mo. [nepo'tismo] [nepo'tihmo] *m. Polít.* Hábito de nomear parentes para cargos remunerados. ▸ Nepotismo.

Nep.tu.no. [nep'tuno] [nep'tuno] *m. n.p. Astr.* **1.** Planeta do sistema solar, o oitavo a partir do Sol. ▸ Netuno. **2.** *Mit.* Deus do mar. ▸ Netuno.

ner.va.du.ra. [nerβa'ðura] [nerβa'ðura] *f.* **1.** *Arq.* Arco, nervo ou conjunto de arcos que sustentam a abóbada em uma construção. ▸ Nervura. **2.** *Bot.* Conjunto de nervos das folhas das plantas. ▸ Nervura.

ner.vio. ['nerβjo] ['nerβjo] *m.* **1.** *Anat.* Cada um dos condutos compostos de filamentos que comunica o cérebro com todo o corpo. ▸ Nervo. **2.** *Bot.* Fibra das folhas das plantas. ▸ Nervura. **3.** *Arq.* Arco que serve para formar a estrutura da abóbada. ▸ Nervura. ◆ **Poner los nervios de punta.** Deixar alguém muito irritado. *Es tan impertinente que le pone los nervios de punta a cualquiera.* É tão impertinente que deixa qualquer um irritado. **Ser puro nervio.** Ser muito ativo e irrequieto. *Daniel es puro nervio, es admirable la energía y el ánimo que pone en su trabajo.* Daniel é muito ativo, é admirável a energia e o ânimo que coloca em seu trabalho.

ner.vio.sis.mo. [nerβjo'sismo] [nerβjo'sihmo] *m.* Estado de tensão nervosa. ▸ Nervosismo.

ner.vio.so, sa. [ner'βjoso] [ner'βjoso] *adj.* **1.** Que tem nervos. ▸ Nervoso. **2.** Diz-se da pessoa irritadiça. ▸ Nervoso.

ne.ta.men.te. [neta'mente] [neta'mente] *adv.* De forma nítida, indubitável. ▸ Claramente.

ne.ti.que.ta. [neti'keta] [neti'keta] *f. Inform.* Comportamento esperado entre os usuários da internet. ▸ Netiqueta.

❏ **ne.to, ta.** ['neto] ['neto] *adj.* **1.** Limpo, puro, claro e bem definido. ▸ Nítido. **2.** *Fin.* Ver *líquido*[(2)]. ▸ Líquido. ♦ **Peso neto.** Peso líquido.

neu.má.ti.co, ca. [neu̯'matiko] [neu̯'matiko] *adj.* **1.** Aplica-se a aparelho que opera com pressão de ar. ▸ Pneumático. **2.** Aplica-se à câmara de ar para as rodas dos veículos. ▸ Pneumático. *m.* **3.** Pneu de borracha para as rodas dos veículos. ▸ Pneu.

neu.mo.lo.gí.a. [neu̯molo'xia] [neu̯molo'xia] *f. Med.* Estudo das doenças dos pulmões e das vias respiratórias. ▸ Pneumologia.

neu.mo.ní.a. [neu̯mo'nia] [neu̯mo'nia] *f. Med.* Inflamação dos pulmões. ▸ Pneumonia.

neu.ral.gia. [neu̯'ralxja] [neu̯'ralxja] *f. Med.* Dor contínua no curso de um nervo ou de suas ramificações. Neuralgia. ▸ Nevralgia.

neu.rál.gi.co, ca. [neu̯'ralxiko] [neu̯'ralxiko] *adj.* **1.** *Med.* Relativo ou semelhante à nevralgia. ▸ Nevrálgico. **2.** Diz-se daquilo que se considera decisivo em um assunto ou uma questão. ▸ Nevrálgico.

neu.ri.tis. [neu̯'ritis] [neu̯'ritis] *f. Med.* Inflamação de um nervo e suas ramificações com dor e outros sintomas. ▸ Neurite.

neu.ro.ci.ru.gí.a. [neu̯roθiru'xia] [neu̯rosiru'xia] *f. Med.* Cirurgia do sistema nervoso. ▸ Neurocirurgia.

neu.ro.lo.gí.a. [neu̯rolo'xia] [neu̯rolo'xia] *f. Med.* Parte da Medicina que estuda o sistema nervoso e as doenças que o acomete. ▸ Neurologia.

neu.ro.ló.gi.co, ca. [neu̯ro'loxiko] [neu̯ro'loxiko] *adj. Med.* Relativo à neurologia. ▸ Neurológico.

neu.ró.lo.go, ga. [neu̯'roloɣo] [neu̯'roloɣo] *s. Med.* Pessoa especializada em neurologia. ▸ Neurologista.

neu.ro.na. [neu̯'rona] [neu̯'rona] *f. Biol.* Célula nervosa que transmite os impulsos fundamentais. ▸ Neurônio.

neu.ro.sis. [neu̯'rosis] [neu̯'rosis] *f. Med.* Nome dado a diferentes perturbações psíquicas que se manifestam mediante comportamentos como obsessão, fobia e outras alterações nervosas. ▸ Neurose.

neu.ró.ti.co, ca. [neu̯'rotiko] [neu̯'rotiko] *adj. Med.* **1.** Pertencente ou relativo à neurose. ▸ Neurótico. **2.** Que padece de neurose. ▸ Neurótico.

neu.tral. [neu̯'tral] [neu̯'tral] *adj.* Que não toma partido de ninguém em caso de luta, contenda ou diferenças. ▸ Neutro.

neu.tra.li.dad. [neu̯trali'ðaθ] [neu̯trali'ðað] *f.* Qualidade ou atitude de neutro. Imparcialidade. ▸ Neutralidade.

neu.tra.li.za.ción. [neu̯traliθa'θjon] [neu̯tralisa'sjon] *f.* Ato ou efeito de neutralizar. ▸ Neutralização.

neu.tra.li.zar. [neu̯trali'θar] [neu̯trali'sar] *v.13.* **1.** Tornar neutro. ▸ Neutralizar. **2.** Debilitar o efeito de uma ação pela oposição de outra ação contrária. ▸ Neutralizar.

neu.tro, tra. ['neu̯tro] ['neu̯tro] *adj.* **1.** Que se abstém de intervir em assuntos alheios. Indiferente. ▸ Neutro. **2.** *Ling.* Diz-se do gênero das palavras que não designam e/ou se relacionam a seres do sexo masculino nem feminino ou que não são consideradas de um ou outro gênero. ▸ Neutro.

neu.trón. [neu̯'tron] [neu̯'tron] *m. Fís.* Partícula nuclear sem carga elétrica. ▸ Nêutron.

ne.va.da. [ne'βaða] [ne'βaða] *f. Meteor.* **1.** Ato ou efeito de nevar. ▸ Nevada. **2.** Quantidade de neve que cai durante um tempo sem interrupção. ▸ Nevada.

ne.va.do, da. [ne'βaðo] [ne'βaðo] *adj.* **1.** Que está coberto de neve. ▸ Nevado. **2.** Que tem a cor ou a textura da neve. ▸ Nevado.

ne.var. [ne'βar] [ne'βar] *v.15.* **1.** *Meteor.* Cair neve. ▸ Nevar. **2.** Tornar branco como a neve. ▸ Nevar.

ne.vas.ca. [ne'βaska] [ne'βahka] *f. Meteor.* **1.** Ato de nevar. ▸ Nevasca. **2.** Cair neve com vento. ▸ Nevasca.

ne.ve.ra. [ne'βera] [ne'βera] *f. (Esp.)* Eletrodoméstico com dispositivo para baixar a temperatura em seu interior, cuja utilidade é conservar, especialmente, alimentos e bebidas. ▸ Geladeira. ➠ *Muebles y electrodomésticos*

ne.vis.ca. [ne'βiska] [ne'βihka] *f. Meteor.* Neve muito fina que cai por pouco tempo. ▸ Neve fina.

ne.xo. ['nekso] ['nekso] *m.* Conexão, vínculo de uma coisa com outra. ▸ Nexo.

ni. ['ni] ['ni] *conj.* Enlaça orações, frases ou palavras de uma mesma oração gramatical que denotam negação; pode vir precedida ou seguida de outras também negativas.

▸ Nem. *Ni hace ni le dice a otro que haga, así no podemos seguir.* Não faz nem manda alguém fazer, assim não podemos continuar.

ni.ca.ra.güen.se. [nikara'ɣwense] [nikara'ɣwense] *adj.* **1.** Pertencente ou relativo à Nicarágua. ▸ Nicaraguense. *s.* **2.** O natural ou habitante desse país da América Central. ▸ Nicaraguense.

ni.cho. ['nitʃo] ['nitʃo] *m.* Cavidade na parede para colocar uma estátua, um jarro ou outro objeto de adorno. ▸ Nicho.

ni.co.ti.na. [niko'tina] [niko'tina] *f.* Substância venenosa que se extrai do tabaco e que se emprega na fabricação de cigarros e de inseticidas. ▸ Nicotina.

ni.da.da. [ni'ðaða] [ni'ðaða] *f.* **1.** Conjunto de ovos que há em um ninho. ▸ Ninhada. **2.** Filhotes das aves enquanto estão no ninho. ▸ Ninhada.

ni.dal. [ni'ðal] [ni'ðal] *m.* Lugar onde as aves domésticas costumam botar seus ovos. ▸ Ninho.

ni.di.fi.car. [niðifi'kar] [niðifi'kar] *v.7.* Fazer (as aves) seus ninhos. ▸ Nidificar.

ni.do. ['niðo] ['niðo] *m.* Construção que formam as aves na época de cria para botar e chocar seus ovos. ▸ Ninho.

nie.bla. ['njeβla] ['njeβla] *f. Meteor.* Nuvem muito baixa que dificulta a visão. Cerração. ▸ Névoa. ➟ *Clima*

nie.to, ta. ['njeto] ['njeto] *s.* Indivíduo em relação ao avô e/ou à avó. ▸ Neto.

nie.ve. ['njeβe] ['njeβe] *f. Meteor.* Precipitação da água em estado sólido que se desprende das nuvens e chega ao solo em flocos brancos. ▸ Neve. ➟ *Clima*

ni.ge.ria.no, na. [nixe'rjano] [nixe'rjano] *adj.* **1.** Pertencente ou relativo à Nigéria. ▸ Nigeriano. *s.* **2.** O natural ou habitante desse país. ▸ Nigeriano.

ni.hi.lis.mo. [nii'lismo] [nii'lihmo] *m.* **1.** Doutrina filosófica que nega crenças não demonstradas. ▸ Niilismo. **2.** Atitude incrédula ou carente de fé. ▸ Niilismo.

ni.hi.lis.ta. [nii'lista] [nii'lihta] *adj.* **1.** Partidário do niilismo. ▸ Niilista. **2.** Relativo ao niilismo. ▸ Niilista.

ni.lón. [ni'lon] [ni'lon] *m.* Ver *nailon*. ▸ Náilon.

ni.mie.dad. [nimje'ðaθ] [nimje'ðað] *f.* Coisa pequena, insignificante. ▸ Ninharia.

ni.mio, mia. ['nimjo] ['nimjo] *adj.* Que não tem importância. ▸ Insignificante.

nin.fa. ['ninfa] ['ninfa] *f.* **1.** *Zool.* Forma intermediária dos insetos, entre larva e adulto. ▸ Ninfa. **2.** Divindade das águas, dos bosques, dos montes. Nereida. ▸ Ninfa. **3.** *fig.* Mulher jovem e bonita. ▸ Ninfa.

nin.gún. [nin'gun] [nin'gun] *adj.* Forma reduzida de *ninguno*, empregada diante de substantivos masculinos em número singular. ▸ Nenhum.

nin.gu.ne.ar. [ningune'ar] [ningune'ar] *v.4.* Ter uma pessoa em pouco apreço. ▸ Menosprezar.

nin.gu.no, na. [nin'guno] [nin'guno] *adj.* **1.** Nem uma pessoa ou coisa. ▸ Nenhum. *obs.:* Quando antecede substantivo masculino em número singular, varia para *ningún*. *No ha venido ninguna amiga mía.* Não veio nenhuma amiga minha. *pron.* **2.** Nem uma pessoa ou coisa dentre um grupo. ▸ Nenhum. *Ninguno de nosotros dijo que vendría.* Nenhum de nós disse que viria.

ni.ñe.rí.a. [niɲe'ria] [niɲe'ria] *f.* Ato de criança ou próprio de criança. Pubescência. ▸ Criancice.

ni.ñe.ro, ra. [ni'ɲero] [ni'ɲero] *adj.* **1.** Aquele que gosta de crianças ou de coisas próprias de crianças. *f.* **2.** Aquele que se dedica a cuidar de crianças. ▸ Babá. *Trabajé como niñera para costear los estudios.* Trabalhei como babá para custear os estudos.

ni.ñez. [ni'ɲeθ] [ni'ɲes] *f.* Fase da vida que dura do nascimento à adolescência. ▸ Infância.

▢ **ni.ño, ña.** ['niɲo] ['niɲo] *s.* **1.** Pessoa que tem poucos anos de vida, que está ainda na infância ou na pré-adolescência. Guri. ▸ Criança. *f.* **2.** Menina dos olhos. ▸ Pupila.

ni.pón, po.na. [ni'pon] [ni'pon] *adj.* **1.** Pertencente ou relativo ao Japão. ▸ Nipônico. *s.* **2.** O natural ou habitante desse país asiático. ▸ Nipônico.

ní.quel. ['nikel] ['nikel] *m.* **1.** *Quím.* Metal branco e muito duro. ▸ Níquel. **2.** Designação genérica das moedas feitas com esse metal. ▸ Níquel.

ni.que.la.dor, do.ra. [nikela'ðor] [nikela'ðor] *s.* Pessoa que tem por ofício niquelar. ▸ Niquelador.

ni.que.lar. [nike'lar] [nike'lar] *v.4.* Cobrir outro metal com um banho de níquel. ▸ Niquelar.

nís.pe.ro. ['nispero] ['nihpero] *m. Bot.* Fruto da nespereira. ▸ Nêspera.

ni.ti.dez. [niti'ðeθ] [niti'ðes] *f.* Qualidade de nítido. Clareza, limpidez. ▸ Nitidez.

ní.ti.do, da. ['nitiðo] ['nitiðo] *adj.* **1.** Que tem brilho, clareza, limpidez. ▸ Nítido. **2.** Que não é confuso. ▸ Nítido.

ni.tra.to. [ni'trato] [ni'trato] *m. Quím.* Sal que se forma pela ação do ácido nítrico sobre os óxidos metálicos, usado como adubo na agricultura. ▸ Nitrato.

ni.tró.ge.no. [ni'troxeno] [ni'troxeno] *m. Quím.* Elemento gasoso que se encontra na atmosfera. ▸ Nitrogênio.

ni.tro.gli.ce.ri.na. [nitroɣliθe'rina] [nitroɣlise'rina] *f. Quím.* Explosivo de alta potência, muito perigoso porque explode por choque ou impacto. ▸ Nitroglicerina.

ni.vel. [ni'βel] [ni'βel] *m.* **1.** Grau de altura a que chega ou que tem uma coisa. ▸ Nível. **2.** Plano horizontal. ▸ Nível. **3.** Instrumento para verificar se um plano está horizontal. ▸ Nível.

ni.ve.la.ción. [niβela'θjon] [niβela'sjon] *f.* Ato ou efeito de nivelar. ▸ Nivelamento.

ni.ve.lar. [niβe'lar] [niβe'lar] *v.4.* **1.** Verificar, com o nível, a inclinação de um plano e corrigi-la, se necessário, para a posição horizontal. ▸ Nivelar. **2.** Pôr duas ou mais coisas à mesma altura. ▸ Nivelar.

ní.ve.o, a. ['niβeo] ['niβeo] *adj.* Que tem a brancura da neve. Níveo. ▸ Alvo.

❏ **no.** ['no] ['no] *adv.* **1.** Exprime negação, inexistência, recusa. ▸ Não. **2.** Apenas. *Son dos pesos no más.* São dois pesos apenas. **3.** Perto. *Queda allí no más.* Fica logo ali. ♦ **No bien.** Assim que. *No bien amaneza saldremos de viaje.* Assim que amanhecer viajaremos. **No más.** Basta de. *No más pedir por favor, ahora exigimos.* Basta de pedir por favor, agora estamos exigindo. **¿Cómo no?** Resposta positiva a um pedido. ▸ Pois não?

no.bel. [no'βel] [no'βel] *m.* Prêmio criado por Alfred Nobel outorgado a pessoas destacadas em diversas áreas do conhecimento. ▸ Nobel.

no.bi.lia.rio, ria. [noβi'ljarjo] [noβi'ljarjo] *adj.* **1.** Relativo à nobreza. ▸ Nobiliário. **2.** Aplica-se ao livro que trata da genealogia das famílias. ▸ Nobiliário.

no.ble. ['noβle] ['noβle] *adj.* **1.** Que é notável, ilustre, célebre. ▸ Nobre. **2.** Relativo ou próprio dos fidalgos. ▸ Nobre. **3.** Diz-se de sentimentos elevados. ▸ Nobre.

no.ble.men.te. [noβle'mente] [noβle'mente] *adv.* De forma nobre. ▸ Nobremente.

no.ble.za. [no'βleθa] [no'βlesa] *f.* **1.** Qualidade de nobre. ▸ Nobreza. **2.** Conjunto de pessoas nobres. ▸ Nobreza.

no.che. ['notʃe] ['notʃe] *f.* Espaço de tempo entre o crepúsculo da tarde e o amanhecer. ▸ Noite. ♦ **¡Buenas noches!** Boa noite! **De la noche a la mañana.** Em um breve espaço de tempo. ▸ Da noite para o dia. *Se arruinó en un casino de la noche a la mañana.* Arruinou-se em um cassino da noite para o dia. **Pasar la noche en blanco.** Passar a noite em claro. **Por la noche.** De noite.

no.che.bue.na. [notʃe'βwena] [notʃe'βwena] *f.* A noite do dia 24 de dezembro. ▸ Noite de Natal.

no.che.ro. [no'tʃero] [no'tʃero] *m. (Chile e Urug.)* Pessoa que faz serviço de guarda ou plantão durante a noite. Plantonista noturno. ▸ Vigia noturno.

no.che.vie.ja. [notʃe'βjexa] [notʃe'βjexa] *f.* A noite do dia 31 de dezembro de cada ano. ▸ Réveillon.

no.ción. [no'θjon] [no'sjon] *f.* **1.** Conhecimento ou ideia que se tem de uma coisa. ▸ Noção. **2.** Conhecimento elementar de uma matéria. ▸ Noção.

no.ci.vi.dad. [noθiβi'ðaθ] [nosiβi'ðad] *f.* Qualidade de nocivo ou danoso. ▸ Nocividade.

no.ci.vo, va. [no'θiβo] [no'siβo] *adj.* Que é prejudicial ou causa dano. ▸ Nocivo.

noc.tám.bu.lo, la. [nok'tambulo] [nok'tambulo] *adj.* Que anda vagando durante a noite. ▸ Notâmbulo, notívago.

noc.tur.ni.dad. [nokturni'ðaθ] [nokturni'ðad] *f.* Qualidade ou condição de noturno. ▸ Noturnidade.

noc.tur.no, na. [nok'turno] [nok'turno] *adj.* Que ocorre ou tem lugar à noite. ▸ Noturno.

nó.du.lo. ['noðulo] ['noðulo] *m.* Concentração de pequeno volume de uma substância mineral em torno de um ponto. ▸ Nódulo.

no.gal. [no'ɣal] [no'ɣal] *m. Bot.* Árvore de grande porte, apreciada por seu fruto, a noz, e por sua madeira. ▸ Nogueira.

nó.ma.da. ['nomaða] ['nomaða] *adj.* Diz-se de pessoa, família ou povo que não tem habitação fixa e vive circulando pelo mundo. ▶ Nômade.

no.ma.dis.mo. [noma'ðismo] [noma'ðihmo] *m.* Sistema nômade ou estado social de vida. ▶ Nomadismo.

no.más. [no'mas] [no'mas] *adv.* **1.** Apenas, somente. *Atrévase nomás a tocar en mi puerta, que lo llevan preso.* Atreva-se apenas a tocar minha porta, que vão levá-lo preso. **2.** Com certeza. ▶ Sem dúvida. *Asistiremos a tu fiesta, nomás.* Iremos à sua festa, sem dúvida.

nom.bra.do, da. [nom'braðo] [nom'braðo] *adj.* Que tem fama. ▶ Renomado.

nom.bra.mien.to. [nombra'mjento] [nombra'mjento] *m.* **1.** Ato ou efeito de nomear. ▶ Nomeação. **2.** Documento no qual consta a designação de alguém para um cargo ou emprego. ▶ Nomeação.

nom.brar. [nom'brar] [nom'brar] *v.4.* **1.** Chamar ou designar pelo nome uma pessoa. ▶ Nomear. **2.** Eleger uma pessoa para um cargo ou emprego. ▶ Nomear.

nom.bre. ['nombre] ['nombre] *m.* **1.** Palavra com que se designa cada pessoa. ▶ Nome. **2.** Vocábulo que designa uma coisa. ▶ Nome. **3.** Substantivo. ♦ **En nombre de.** Em nome de. **Nombre de pila.** Nome que uma pessoa recebe dos pais ao nascer. ▶ Nome de batismo.

Nombre

A: ¿Cómo te llamas (tú)? / ¿Cómo se llama usted?

B: Mi nombre es... / Me llamo... / Soy...

---

no.men.cla.tu.ra. [nomenkla'tura] [nomenkla'tura] *f.* Conjunto de palavras técnicas próprias de uma ciência ou arte. ▶ Nomenclatura.

nó.mi.na. ['nomina] ['nomina] *f.* **1.** Lista ou catálogo de nomes de pessoas. ▶ Catálogo. **2.** Folha de pagamento de funcionários públicos ou de empresa privada. ▶ Folha de pagamento.

no.mi.na.ción. [nomina'θjon] [nomina'sjon] *f.* **1.** Ato ou efeito de nomear. ▶ Nomeação. **2.** Ter seu nome indicado a um prêmio. ▶ Indicação.

no.mi.nal. [nomi'nal] [nomi'nal] *adj* **1.** Relativo ao nome ou ao substantivo. ▶ Nominal. **2.** Que só existe no nome. ▶ Nominal.. ▶ Nominal.

no.mi.nar. [nomi'nar] [nomi'nar] *v.4.* Dar nome a pessoa ou coisa. Designar. ▶ Nomear.

no.mi.na.ti.vo, va. [nomina'tiβo] [nomina'tiβo] *adj.* Aplica-se a títulos ou documentos que se emitem em nome da pessoa à qual se destinam. Nominal. ▶ Nominativo.

non. ['non] ['non] *adj.* Diz-se do número que, dividido por dois, não tem como resultado um número inteiro (um, três, cinco, sete, nove e todos os terminados nestes algarismos). ▶ Ímpar. *obs.:* O plural *nones,* emprega-se como advérbio de negação. *Me preguntó si le prestaba dinero y yo le dije que nones.* Ele me perguntou se eu lhe emprestaria dinheiro e eu disse que não. ♦ **Pares o nones.** Jogo que se faz para decidir quem faz ou ganha uma coisa. ▶ Par ou ímpar.

no.na.da. [no'naða] [no'naða] *f.* Coisa de insignificante valor. ▶ Mixaria.

no.na.gé.si.mo, ma. [nona'xesimo] [nona'xesimo] *núm.* Que segue em ordem ao octogésimo nono. ▶ Nonagésimo.

no.na.to, ta. [no'nato] [no'nato] *adj.* Que não nasceu naturalmente, e sim por operação cesariana. ▶ Nonato.

no.pal. [no'pal] [no'pal] *m. Bot.* Cacto originário do México, que dá o figo-da-índia. ▶ Nopal.

no.que.ar. [noke'ar] [noke'ar] *v.4. Desp.* No boxe, vencer por deixar fora de combate o adversário por um período mínimo de dez segundos. ▶ Nocautear.

nor.des.te. [nor'ðeste] [nor'ðehte] *m.* **1.** Ponto no horizonte entre o Norte e o Leste à mesma distância de ambos. ▶ Nordeste. **2.** *Meteor.* Vento que sopra dessa direção. ▶ Nordeste.

nór.di.co, ca. ['norðiko] ['norðiko] *adj.* **1.** Oriundo do norte da Europa. ▶ Nórdico. **2.** *Ling.* e *Lit.* Diz-se da língua e literatura dos países do norte da Europa. ▶ Nórdico.

no.res.te. [no'reste] [no'rehte] *m.* **1.** Ponto cardinal entre o Norte e o Leste. ▶ Nordeste. **2.** Região geográfica situada neste ponto. ▶ Nordeste.

nor.ma. ['norma] ['norma] *f.* **1.** Preceito que obriga a que a conduta das pessoas se ajuste às regras e aos bons costumes da comunidade. ▶ Norma. **2.** *Ling.* Tradição de correção gramatical considerada como modelo. ▶ Norma.

nor.mal. [nor'mal] [nor'mal] *adj.* Diz-se daquilo que é costumeiro ou que aparece como adequado à maioria de seu tipo ou espécie. ▶ Normal.

nor.ma.li.dad. [normali'ðaθ] [normali'ðað] *f.* Qualidade ou condição de normal. ▸ Normalidade.

nor.ma.li.zar. [normali'θar] [normali'sar] *v.13.* **1.** Tornar normal ou voltar ao estado normal. ▸ Normalizar. **2.** Regularizar, padronizar. ▸ Normalizar.

nor.ma.ti.va. [norma'tiβa] [norma'tiβa] *f.* Conjunto de normas que regem uma determinada matéria ou atividade. ▸ Normativa.

nor.ma.ti.vo, va. [norma'tiβo] [norma'tiβo] *adj.* Que tem qualidade ou força de norma. ▸ Normativo.

no.ro.es.te. [noro'este] [noro'ehte] *m.* Ponto do horizonte entre o Norte e o Oeste a igual distância de ambos. ▸ Noroeste.

nor.te. ['norte] ['norte] *m.* **1.** *n.p.* Ponto do horizonte situado à frente de uma pessoa que tem à sua direita o Leste ou o Oriente. ▸ Norte. **2.** *Astr.* Orientação que dá aos navegantes a Estrela Polar. ▸ Norte. **3.** *Meteor.* Vento que vem do norte. ▸ Norte.

nor.te.a.me.ri.ca.no, na. [norteameri'kano] [norteameri'kano] *adj.* **1.** Pertencente ou relativo a um dos países da América do Norte: México, Estados Unidos ou Canadá. ▸ Norte-americano. **2.** Pertencente ou relativo aos Estados Unidos. ▸ Norte-americano. *s.* **3.** O natural ou habitante dessa região. ▸ Norte-americano. **4.** O natural ou habitante dos Estados Unidos. ▸ Norte-americano.

nor.te.ar. [norte'ar] [norte'ar] *v.4.* Direcionar para o norte. ▸ Nortear.

nor.te.ño, ña. [nor'teɲo] [nor'teɲo] *adj.* **1.** Pertencente ou relativo ao norte. ▸ Nortista. **2.** Que está situado ou vive na parte norte de um país. ▸ Nortista.

nos. [nos] [nos] *pron.pess.* Corresponde à primeira pessoa do plural e exerce função de objeto direto ou indireto. ▸ Nos.

no.so.tros, tras. [no'sotros] [no'sotros] *pron.pess.* Designa a 1ª pessoa do plural, nos gêneros masculino e feminino, respectivamente, e exerce função de sujeito ou de complemento de qualquer preposição. ▸ Nós. ◆ **Con nosotros.** Conosco.

nos.tal.gia. [nos'talxja] [noh'talxja] *f.* Sentimento de tristeza ou pena que se tem por estar longe do que se ama ou pela lembrança do que se teve no passado. ▸ Nostalgia.

nos.tál.gi.co, ca. [nos'talxiko] [noh'talxiko] *adj.* Que sofre de nostalgia. ▸ Nostálgico.

no.ta. ['nota] ['nota] *f.* **1.** Sinal que se põe em uma coisa para reconhecê-la. ▸ Nota. **2.** Mensagem breve escrita. ▸ Nota. **3.** Pontuação em avaliação. ▸ Nota. **4.** *Mús.* Som da escala musical. ▸ Nota. ◆ **Dar la nota.** Chamar a atenção. **Nota al pie de página.** Nota de rodapé. **Tomar nota.** Anotar.

no.ta.bi.li.dad. [notaβili'ðaθ] [notaβili'ðað] *f.* **1.** Qualidade de notável. ▸ Notabilidade. **2.** Apreço que merece uma pessoa por suas boas qualidades ou por seus méritos. ▸ Notabilidade.

no.ta.ble. [no'taβle] [no'taβle] *adj.* **1.** Diz-se do que é grande ou importante. ▸ Notável. **2.** Diz-se de pessoa que tem extrema importância em uma comunidade. ▸ Notável.

no.ta.ción. [nota'θjon] [nota'sjon] *f.* Ato ou efeito de notar ou pôr sinais. ▸ Anotação.

no.tar. [no'tar] [no'tar] *v.4.* **1.** Observar ou perceber algo real ou imaginário. ▸ Notar. *v.p.* **2.** Ser ou estar notável, perceptível. ▸ Notar-se. ◆ **Hacerse notar.** Aparecer, ser visto. *Es un vanidoso que quiere hacerse notar con sus extravagancias.* É um vaidoso que quer aparecer com suas extravagâncias.

no.ta.rí.a. [nota'ria] [nota'ria] *f.* Local onde o tabelião exerce sua função. ▸ Cartório de notas.

no.ta.ria.do, da. [nota'rjaðo] [nota'rjaðo] *adj.* Diz-se do que está afiançado com fé notarial. ▸ Notariado.

no.ta.rial. [nota'rjal] [nota'rjal] *adj.* **1.** Relativo ao notário. ▸ Notarial. **2.** Que foi feito ou autorizado por notário. ▸ Notarial.

no.ta.rio, ria. [no'tarjo] [no'tarjo] *s.* Escrivão público, tabelião autorizado para dar fé dos atos perante ele realizados no exercício de sua função. ▸ Notário.

no.ti.cia. [no'tiθja] [no'tisja] *f.* Informação de algo recente ou de que não se tinha conhecimento. ▸ Notícia.

no.ti.cia.rio. [noti'θjarjo] [noti'sjarjo] *m.* Filme cinematográfico, programa de rádio ou televisão ou jornal em que se divulgam notícias diversas, geralmente breves. ▸ Noticiário.

no.ti.cie.ro. [noti'θjero] [noti'sjero] *adj.* **1.** Que informa. ▸ Noticiador, informativo. *m.* **2.** *Arg.* e *Urug.* Programa de rádio ou televisão que informa. ▸ Noticiário.

no.ti.ción. [noti'θjon] [noti'sjon] *m.* **1.** Notícia importante. ▶ Manchete. **2.** Notícia difícil de crer. ▶ Bomba.

no.ti.cio.so, sa. [noti'θjoso] [noti'sjoso] *adj.* **1.** Que sabe ou tem notícia de uma coisa. ▶ Noticioso. **2.** Que defende ou publica notícias. ▶ Noticioso, noticiário.

no.ti.fi.ca.ción. [notifika'θjon] [notifika'sjon] *f.* **1.** Ato ou efeito de notificar. ▶ Notificação. **2.** Documento formal de intimação, informação ou convocação. ▶ Notificação.

no.ti.fi.car. [notifi'kar] [notifi'kar] *v.7.* Fazer saber formalmente uma resolução de autoridade. ▶ Notificar.

no.to.rie.dad. [notorje'ðaθ] [notorje'ðað] *f.* **1.** Estado ou qualidade de notório. ▶ Notoriedade. **2.** Fama que tem alguém ou alguma coisa. Celebridade. ▶ Notoriedade.

no.to.rio, ria. [no'torjo] [no'torjo] *adj.* **1.** Que é público e sabido por todos. ▶ Notório. **2.** Que está claro ou é evidente. ▶ Notório.

no.va.to, ta. [no'βato] [no'βato] *adj.* Principiante em qualquer atividade ou matéria, especialmente em uma universidade ou escola superior. Novato. ▶ Calouro.

no.ve.cien.tos, tas. [noβe'θjentos] [noβe'sjentos] *núm.* **1.** Quantidade que é uma unidade maior que 899. ▶ Novecentos. *m.* **2.** Número que representa essa quantidade. ▶ Novecentos.

no.ve.dad. [noβe'ðaθ] [noβe'ðað] *f.* **1.** Coisa nova ou mudança produzida em uma coisa. ▶ Novidade. **2.** Peças de vestuário ou outros objetos de uso adequados à moda. ▶ Novidade.

no.ve.do.so, sa. [noβe'ðoso] [noβe'ðoso] *adj.* **1.** Que gosta de contar novidades. ▶ Novidadeiro. **2.** Que é novo, recente. ▶ Inovador.

no.vel. [no'βel] [no'βel] *adj.* Diz-se de artista ou profissional que tem pouca experiência ou acaba de iniciar sua atividade. ▶ Novel.

no.ve.la. [no'βela] [no'βela] *f.* **1.** *Lit.* Narrativa em prosa, mais extensa que o conto, de ações e sentimentos de personagens. ▶ Romance. **2.** Telenovela. ▶ Novela.

❏ **no.ve.lar.** [noβe'lar] [noβe'lar] *v.4. Lit.* Compor romances, escrevê-los ou criá-los a partir de um acontecimento real. ▶ Romancear.

no.ve.les.co, ca. [noβe'lesko] [noβe'lehko] *adj. Lit.* Próprio e característico de romance. ▶ Romanesco.

no.ve.lis.ta. [noβe'lista] [noβe'lihta] *com. Lit.* Escritor que compõe romances. ▶ Romancista.

no.ve.li.zar. [noβeli'θar] [noβeli'sar] *v.13.* Dar a uma narração forma e características de romance. ▶ Romancear.

no.ve.lón. [noβe'lon] [noβe'lon] *m. Lit.* Romance extenso e, de forma geral, exageradamente dramático. ▶ Dramalhão.

no.ve.no, na. [no'βeno] [no'βeno] *núm.* **1.** Que segue em ordem ao oitavo. ▶ Nono. *f.* **2.** *Rel.* Ofício religioso, que se pratica durante nove dias, em que se invoca a ajuda de Deus, da Virgem ou dos santos. ▶ Novena.

no.ven.ta. [no'βenta] [no'βenta] *núm.* **1.** Quantidade que é uma unidade maior que 89. ▶ Noventa. *m.* **2.** Número que representa essa quantidade. ▶ Noventa.

no.viaz.go. [no'βjaθɣo] [no'βjahɣo] *m.* **1.** Período em que duas pessoas namoram. ▶ Namoro. **2.** Período em que se fica noivo. ▶ Noivado.

no.vi.cio, cia. [no'βiθjo] [no'βisjo] *s.* **1.** *Rel.* Pessoa que está no convento se preparando para professar. ▶ Noviço. **2.** Pessoa que é inexperiente em alguma atividade ou profissão. ▶ Noviço, novato.

no.viem.bre. [no'βjembre] [no'βjembre] *m.* O décimo primeiro mês do ano. ▶ Novembro.

no.vi.llo, lla. [no'βiʎo] [no'βiʃo] *s.* Boi ou vaca de pouca idade, de dois a três anos. ▶ Novilho.

no.vio, via. ['noβjo] ['noβjo] *s.* **1.** ❏ Pessoa em relação a outra que namora. ▶ Namorado. **2.** Pessoa em relação a outra com a qual se propõe a casar. ▶ Noivo.

nu.ba.rrón. [nuβa'ron] [nuβa'ron] *m. Meteor.* Nuvem grande, escura e densa que aparece separada das outras. ▶ Nuvarrão.

nu.be. ['nuβe] ['nuβe] *f.* **1.** *Meteor.* Massa de vapor de água suspensa na atmosfera que, ao condensar-se, produz a chuva. ▶ Nuvem. **2.** *fig.* Grande quantidade de algo que vai pelo ar. ▶ Nuvem. ♦ **Estar / Vivir en las nubes.** Ser muito distraído. ▶ Andar / Viver nas nuvens. ➡ *Clima*

nu.bla.do, da. [nu'βlaðo] [nu'βlaðo] *adj.* **1.** *Meteor.* Coberto de nuvens que ameaçam tormenta. ▶ Nublado. **2.** *fig.* Que causa tristeza ou preocupação. ▶ Lúgubre.

nu.blar. [nu'βlaɾ] [nu'βlaɾ] *v.4. Meteor.* **1.** Cobrir de nuvens. ▶ Nublar. **2.** Escurecer o dia pela cobertura de nuvens. ▶ Nublar.

nu.blo.so, sa. [nu'βloso] [nu'βloso] *adj.* **1.** Que está nublado. ▶ Nebuloso. **2.** *Meteor.* Diz-se do céu encoberto de nuvens. ▶ Nebuloso.

nu.bo.si.dad. [nuβosi'ðaθ] [nuβosi'ðað] *f.* Estado ou condição de nebuloso. ▶ Nebulosidade.

nu.bo.so, sa. [nu'βoso] [nu'βoso] *adj. Meteor.* Coberto de nuvens. ▶ Nublado.

nu.ca. ['nuka] ['nuka] *f. Anat.* Parte posterior do pescoço que se une à cabeça. ▶ Nuca.

nu.cle.ar. [nukle'aɾ] [nukle'aɾ] *adj.* **1.** Pertencente ao núcleo. ▶ Nuclear. **2.** *Fís.* Relativo ao núcleo dos átomos. ▶ Nuclear.

nú.cle.o. ['nukleo] ['nukleo] *m.* **1.** *Biol.* Parte interna e central das células. ▶ Núcleo. **2.** *Fís.* Parte central do átomo que contém carga elétrica positiva. ▶ Núcleo. **3.** *fig.* Centro ou miolo de qualquer coisa. ▶ Núcleo.

nu.di.llo. [nu'ðiʎo] [nu'ðiʃo] *m. Anat.* Parte exterior da articulação das falanges dos dedos. ▶ Nó.

nu.do. [nu'ðo] [nu'ðo] *m.* **1.** Laço apertado feito com corda ou coisa semelhante. ▶ Nó. **2.** Parte dura da madeira. ▶ Nó. **3.** Medida de longitude igual à milha marítima. ▶ Nó. ◆ **Nudo ciego.** Nó apertado e difícil de desatar. ▶ Nó cego. **Hacerse / Tener un nudo en la garganta.** Ficar com / Ter um nó na garganta.

nu.do.so, sa. [nu'ðoso] [nu'ðoso] *adj.* Que tem nós. ▶ Nodoso.

nue.ra. ['nweɾa] ['nweɾa] *f.* Mulher em relação à mãe e ao pai do homem com o qual se casou. ▶ Nora.

nues.tro, tra. ['nwestɾo] ['nwehtɾo] *pron.* Corresponde à primeira pessoa do plural e indica posse. ▶ Nosso. ◆ **Lo nuestro.** Forma como um casal se refere ao seu relacionamento ou as pessoas se referem às coisas de seu país. *¡Lo nuestro es fenomenal!* Nosso relacionamento é maravilhoso! *A todos nos parece que lo nuestro es mejor.* Todos achamos que nossas coisas são melhores.

nue.va.men.te. [nweβa'mente] [nweβa'mente] *adv.* Outra vez, de novo. ▶ Novamente.

nue.ve. ['nweβe] ['nweβe] *núm.* **1.** Quantidade que é uma unidade maior que 8. ▶ Nove. *m.* **2.** Número que representa essa quantidade. ▶ Nove.

nue.vo, va. ['nweβo] ['nweβo] *adj.* **1.** Que não tem uso. ▶ Novo. **2.** Que se vê ou se ouve pela primeira vez. ▶ Novo. **3.** Aplica-se à pessoa que se incorpora a um lugar ou a um grupo. ▶ Novo. *f.* Notícia de algo da qual não se tinha conhecimento anterior. ▶ Nova, novidade. ◆ **Buena nueva.** Nas religiões cristãs, evangelho. ▶ Boa nova.

nuez. ['nweθ] ['nwes] *f.* **1.** *Bot.* Fruto da nogueira. ▶ Noz. **2.** *Anat.* Proeminência que se forma na parte frontal do pescoço do homem. ▶ Pomo de adão. ➠ *Frutas*

nu.li.dad. [nuli'ðaθ] [nuli'ðað] *f.* **1.** Qualidade que anula a validade de uma coisa. ▶ Nulidade. **2.** *fig.* Falta de capacidade de uma pessoa. ▶ Inaptidão.

nu.lo, la. ['nulo] ['nulo] *adj.* **1.** Que se estima como não existente. ▶ Nulo. **2.** Que é incapaz física ou moralmente de ocupar um cargo. ▶ Inapto.

nu.men. ['numen] ['numen] *m.* **1.** Cada deus da mitologia clássica. ▶ Nume. **2.** Inspiração do artista e do escritor. ▶ Nume.

nu.me.ra.ción. [numeɾa'θjon] [numeɾa'sjon] *f.* **1.** Ato de numerar. ▶ Numeração. **2.** Formação, leitura e escrita dos números segundo o sistema introduzido pelos árabes na Europa. ▶ Numeração.

nu.me.ral. [nume'ɾal] [nume'ɾal] *adj.* Pertencente ou relativo ao número. ▶ Numeral.

nu.me.rar. [nume'ɾaɾ] [nume'ɾaɾ] *v.4.* **1.** Contar pela ordem dos números. ▶ Numerar. **2.** Marcar com números. ▶ Numerar.

nu.me.ra.rio, ria. [nume'ɾaɾjo] [nume'ɾaɾjo] *adj. Fin.* **1.** Aplica-se à moeda em circulação, dinheiro efetivo. ▶ Numerário. *s.* **2.** Refere-se à pessoa que ocupa um lugar fixo dentro de um corpo de profissionais.

nu.mé.ri.co, ca. [nu'meɾiko] [nu'meɾiko] *adj.* **1.** Pertencente ou relativo aos números. ▶ Numérico. **2.** Que indica número. ▶ Numérico.

nú.me.ro. ['numeɾo] ['numeɾo] *m.* **1.** Expressão de quantidade. ▶ Número. **2.** Cada uma das edições de uma publicação. ▶ Número. **3.** Cada uma das partes em que se divide um espetáculo. ▶ Número. **4.** Os algarismos de zero a nove e suas combinações que representam quantidades. ▶ Número. **5.** *Ling.* Categoria gramatical que classifica as palavras em singular e plural. ▶ Número.

♦ **Hacer número.** Marcar presença. *Vamos a la conferencia de prensa del presidente, pues tenemos que hacer número.* Vamos à entrevista coletiva do presidente, pois temos de marcar presença. **Hacer números.** Fazer cálculos. ▸ Calcular. *Tenemos que hacer números antes de entrar en ese negocio.* Temos de fazer cálculos antes de entrar nesse negócio.

nu.me.ro.so, sa. [nume'roso] [nume'roso] *adj.* Que inclui grande número de pessoas ou coisas. ▸ Numeroso.

nu.mis.má.ti.co, ca. [numis'matiko] [numih'matiko] *s.* **1.** Pessoa dedicada à numismática e que possui grande conhecimento dessa ciência. ▸ Numismático. *f.* **2.** Ciência que trata das moedas e medalhas. ▸ Numismática.

nun.ca. ['nunka] ['nunka] *adv.* Em tempo algum, jamais. Nenhuma vez. ▸ Nunca. ♦ **Nunca dar ni un palo al agua.** Não levantar/mover uma palha.

nun.cio. ['nunθjo] ['nunsjo] *m. Rel.* Representante diplomático do Papa, mensageiro do Vaticano. ▸ Núncio.

nup.cial. [nup'θjal] [nup'sjal] *adj.* Pertencente ou relativo às núpcias. ▸ Nupcial.

nup.cias. ['nupθjas] ['nupsjas] *f.pl.* Casamento. ▸ Núpcias.

nu.tria. ['nutɾja] ['nutɾja] *f. Zool.* Mamífero de hábitos aquáticos, de pelo espesso e muito suave. ▸ Lontra. ➡ *Reino animal*

nu.tri.ción. [nutɾi'θjon] [nutɾi'sjon] *f.* Ato ou efeito de nutrir ou alimentar-se. ▸ Nutrição.

nu.tri.do, da. [nu'tɾiðo] [nu'tɾiðo] *adj.* Bem alimentado, gordo e robusto. ▸ Nutrido.

nu.tri.men.tal. [nutɾimen'tal] [nutɾimen'tal] *adj.* **1.** Próprio para nutrir. ▸ Nutrimental. **2.** Que serve como alimento. ▸ Nutrimental, nutritivo.

nu.trir. [nu'tɾir] [nu'tɾir] *v.6. Biol.* Aumentar a substância do corpo animal ou vegetal por meio de alimentos. ▸ Nutrir.

nu.tri.ti.vo, va. [nutɾi'tiβo] [nutɾi'tiβo] *adj.* **1.** Próprio para nutrir. ▸ Nutritivo. **2.** Que é rico em nutrientes. ▸ Nutritivo.

Ñ

ñ. ['eɲe] ['eɲe] *f.* Décima quinta letra do alfabeto espanhol.

ñan.dú. [ɲan'du] [ɲan'du] *m. Zool.* Tipo de ave americana de grande porte. ▸ Ema.

ña.pa. ['ɲapa] ['ɲapa] *f. (Amér.)* Obséquio dado pela compra de algo. ▸ Brinde.

ña.to, ta. ['ɲato] ['ɲato] *adj.* Que tem o nariz achatado e pouco proeminente.

ño.ñe.rí.a. [ɲoɲe'ria] [ɲoɲe'ria] *f.* Ação ou dito de pessoa tola. Bobeira. ▸ Tolice.

ño.ñez. [ɲo'ɲeθ] [ɲo'ɲes] *f.* **1.** Qualidade de tolo. ▸ Tolice. **2.** Bobagem dita por tolo. ▸ Tolice.

ño.ño, ña. ['ɲoɲo] ['ɲoɲo] *adj.* Que não tem graça. ▸ Tolo.

ño.qui. ['ɲoki] ['ɲoki] *m. Cul.* Massa cozida feita com batata, farinha de trigo, manteiga, ovos, leite e queijo. ▸ Nhoque.

ñu. ['ɲu] ['ɲu] *m. Zool.* Antílope da África do Sul que parece um cavalinho com cabeça de touro. ▸ Gnu.

O

o. ['o] ['o] *f.* **1.** Décima sexta letra do alfabeto espanhol. ▶ O. **2.** O nome dessa letra. ▶ O. *conj.* **3.** Enlaça orações, frases ou palavras de uma mesma oração que denotam alternativa, exclusão, dúvida, incerteza ou hesitação e pode vir precedida ou seguida de outras também alternativas. ▶ Ou. *Ustedes tienen que decidir si quieren vino blanco o tinto o si van a tomar gaseosa.* Vocês têm que decidir se querem vinho branco ou tinto ou se vão tomar refrigerante.

o.a.sis. [o'asis] [o'asis] *m. Geogr.* Região com vegetação, isolada nos grandes desertos. ▶ Oásis.

ob.ce.ca.ción. [oβθeka'θjon] [oβseka'sjon] *f.* Ofuscamento tenaz e persistente. ▶ Obsessão.

ob.ce.car. [oβθe'kar] [oβse'kar] *v.7.* **1.** Tornar-se contumaz em um erro. Cegar, ofuscar. ▶ Obcecar. **2.** Perder o discernimento, tornar-se cego. ▶ Obcecar.

o.be.de.cer. [oβeðe'θer] [oβeðe'ser] *v.24.* **1.** Cumprir ordens de quem tem autoridade para mandar. ▶ Obedecer. **2.** Ceder (um animal) docilmente ao mando de seu dono. ▶ Obedecer. **3.** *fig.* Ter origem em. ▶ Decorrer. *La pobreza obedece a la injusticia social.* A pobreza decorre da injustiça social.

o.be.dien.cia. [oβe'ðjenθja] [oβe'ðjensja] *f.* Ato de acatar ordens. ▶ Obediência.

o.be.dien.te. [oβe'ðjente] [oβe'ðjente] *adj.* Que procede com obediência. ▶ Obediente.

o.be.lis.co. [oβe'lisko] [oβe'lihko] *m. Arq.* Coluna muito alta, de quatro lados, que se afunila progressivamente e termina em formato de ponta piramidal; serve de adorno em lugares públicos ou como monumento comemorativo. ▶ Obelisco.

o.ber.tu.ra. [oβer'tura] [oβer'tura] *f. Mús.* Peça de música instrumental com a qual começa ópera ou outra composição lírica. Abertura. ▶ Prelúdio.

o.be.si.dad. [oβesi'ðaθ] [oβesi'ðað] *f.* Qualidade de obeso. ▶ Obesidade.

o.be.so, sa. [o'βeso] [o'βeso] *adj.* Que tem muita gordura, que está gordo. ▶ Obeso.

o.bis.pa.do. [oβis'paðo] [oβih'paðo] *m. Rel.* Território onde um bispo exerce sua jurisdição. Diocese. ▶ Bispado.

o.bis.pal. [oβis'pal] [oβih'pal] *adj. Rel.* Pertencente ou relativo ao bispo. ▶ Episcopal.

o.bis.po. [o'βispo] [o'βihpo] *m. Rel.* Prelado superior de uma diocese. ▶ Bispo.

ó.bi.to. ['oβito] ['oβito] *m.* Falecimento de uma pessoa. ▶ Óbito.

o.bi.tua.rio. [oβi'twarjo] [oβi'twarjo] *m.* Livro utilizado para registrar mortes e enterros. ▶ Obituário.

ob.je.ción. [oβxe'θjon] [oβxe'sjon] *f.* Aquilo que se opõe a uma opinião ou proposição. ▶ Objeção.

ob.je.tar. [oβxe'tar] [oβxe'tar] *v.4.* Alegar em sentido contrário ao que se tem dito ou tentado. ▶ Objetar.

ob.je.ti.vi.dad. [oβxetiβi'ðaθ] [oβxetiβi'ðað] *f.* Imparcialidade. ▶ Objetividade.

ob.je.ti.va.men.te. [oβxetiβa'mente] [oβxetiβa'mente] *adv.* De maneira objetiva, sem paixão nem preconceito. ▶ Objetivamente.

ob.je.ti.var. [oβxeti'βar] [oβxeti'βar] *v.4.* Tornar objetivo algo que não é, como uma ideia ou um sentimento. ▶ Objetivar.

ob.je.ti.vo, va. [oβxe'tiβo] [oβxe'tiβo] *adj.* **1.** Que diz respeito ao exterior, em oposição ao espírito. ▶ Objetivo. **2.** Que expõe ou faz crítica das coisas afastando quaisquer sentimentos pessoais. ▶ Objetivo. *m.* **3.** Objeto, fim ou intenção. ▶ Objetivo. *f.* **4.** *Ópt.* Lente de câmera fotográfica. ▶ Objetiva.

ob.je.to. [oβ'xeto] [oβ'xeto] *m.* **1.** Tudo o que pode ser matéria de conhecimento. ▶ Objeto. **2.** Finalidade à qual se encaminha uma ação. ▶ Objeto.

o.bli.cuo, cua. [o'βlikwo] [o'βlikwo] *adj.* Que vai de forma não perpendicular. ▶ Oblíquo.

o.bli.ga.ción. [oβliγa'θjon] [oβliγa'sjon] *f.* **1.** Exigência imposta pela moral, lei ou autoridade. ▸ Obrigação. **2.** Dever que se tem de assistir à família. ▸ Obrigação. **3.** *Fin.* Título de crédito no qual o emissor reconhece uma dívida. ▸ Obrigação.

Obligaciones

Personales

Debes / Necesitas estudiar.

Tenemos que viajar esta semana.

Impersonales

Hay que pagar para entrar en el cine.

Se debe hacer algo.

Es necesario ayudar a las víctimas.

---

o.bli.ga.do, da. [oβli'ɣaðo] [oβli'ɣaðo] *adj.* Que deve fazer algo por necessidade ou imposição legal. ▸ Obrigado.

o.bli.gar. [oβli'ɣar] [oβli'ɣar] *v.9.* Impor a obrigação de. ▸ Obrigar.

o.bli.ga.to.rie.dad. [oβliɣatorje'ðaθ] [oβliɣatorje'ðað] *f.* Qualidade de obrigatório. ▸ Obrigatoriedade.

o.bli.ga.to.rio, ria. [oβliɣa'torjo] [oβliɣa'torjo] *adj.* Que deve ser feito por necessidade ou imposição legal. ▸ Obrigatório.

o.bli.te.ra.ción. [oβlitera'θjon] [oβlitera'sjon] *f.* Ato ou efeito de anular. ▸ Obliteração.

o.bo.e. [o'βoe] [o'βoe] *m. Mús.* **1.** Instrumento musical de sopro. ▸ Oboé. **2.** Pessoa que toca o oboé. ▸ Oboísta. ➡ *Instrumentos musicales*

o.bra. ['oβra] ['oβra] *f.* **1.** Resultado de um trabalho ou uma execução. ▸ Obra. **2.** Qualquer construção em andamento, como edifício, estrada, ponte, etc. ▸ Obra. **3.** Trabalho literário, científico ou artístico. ▸ Obra. ♦ **Obra maestra.** Obra-prima.

o.bra.dor. [oβra'ðor] [oβra'ðor] *m.* Local onde trabalham artesãos ou profissionais independentes. Oficina. ▸ Ateliê.

o.brar. [o'βrar] [o'βrar] *v.4.* **1.** Converter em obra. ▸ Obrar. **2.** Produzir ou ter efeito. ▸ Obrar. **3.** Estar nas mãos ou em poder de. ▸ Encontrar-se. **4.** Evacuar as fezes. ▸ Defecar.

o.bre.ro, ra. [o'βrero] [o'βrero] *s.* Trabalhador manual remunerado por seus serviços. ▸ Operário.

obs.ce.no, na. [oβs'θeno] [oβ'seno] *adj.* Que fere o pudor, a decência e/ou a moral. ▸ Obsceno.

obs.cu.re.cer. [oβskure'θer] [oβhkure'ser] *v.24.* **1.** Tornar obscuro, pouco visível ou compreensível. ▸ Obscurecer. **2.** Cair a noite. Anoitecer. ▸ Escurecer.

obs.cu.ri.dad. [oβskuri'ðaθ] [oβhkuri'ðað] *f.* **1.** Falta de luz para perceber as coisas. ▸ Obscuridade. **2.** *Ling.* Falta de clareza no estilo. ▸ Obscuridade.

obs.cu.ro, ra. [oβs'kuro] [oβh'kuro] *adj.* **1.** Que carece de luz e claridade. ▸ Escuro. **2.** Confuso, difícil de entender. ▸ Obscuro.

ob.se.quiar. [oβse'kjar] [oβse'kjar] *v.4.* Agradar uma pessoa com presentes ou favores. ▸ Obsequiar.

ob.se.quio. [oβ'sekjo] [oβ'sekjo] *m.* **1.** Ato de obsequiar. ▸ Obséquio. **2.** Favor que se faz. ▸ Obséquio.

ob.se.quio.so, sa. [oβse'kjoso] [oβse'kjoso] *adj.* Que procede com atenção e afabilidade. ▸ Obsequioso.

ob.ser.va.ble. [oβser'βaβle] [oβser'βaβle] *adj.* Que pode ser observado. ▸ Observável.

ob.ser.va.ción. [oβserβa'θjon] [oβserβa'sjon] *f.* Ato ou efeito de observar. ▸ Observação.

ob.ser.va.dor, do.ra. [oβserβa'ðor] [oβserβa'ðor] *adj.* **1.** Diz-se de pessoa que observa. ▸ Observador. *s.* **2.** Pessoa que assiste a um acontecimento político, social, científico, etc. para depois informar sobre ele. ▸ Observador.

ob.ser.van.cia. [oβser'βanθja] [oβser'βansja] *f.* **1.** Cumprimento fiel e exato da lei e outras disposições. ▸ Observância. **2.** Acatamento e respeito por idosos e por superiores. ▸ Observância.

ob.ser.van.te. [oβser'βante] [oβser'βante] *adj.* Que observa boa conduta e cumpre o que se manda. ▸ Observante.

ob.ser.var. [oβser'βar] [oβser'βar] *v.4.* **1.** Examinar atentamente uma coisa. ▸ Observar. **2.** Cumprir o que se manda ou se ordena. ▸ Observar.

ob.ser.va.to.rio. [oβserβa'torjo] [oβserβa'torjo] *m.* Conjunto de edifícios, instrumentos e aparelhos destinados a observações astronômicas, meteorológicas e outras de caráter científico. ▸ Observatório.

ob.se.sión. [oβse'sjon] [oβse'sjon] *f.* Ideia fixa que ocupa a mente. ▸ Obsessão.

ob.se.sio.na.do, da. [oβsesjo'naðo] [oβsesjo'naðo] *adj.* Pessoa que persiste em uma ideia e não consegue afastá-la da mente.

▸ Obcecado. *Está obsesionado con ganar el partido de fútbol; ¡no habla de otra cosa!* Está obcecado em vencer o jogo de futebol; não fala em outra coisa!

ob.se.sio.nar. [oβsesjo'nar] [oβsesjo'nar] *v.4.* Causar obsessão. ▸ Obcecar.

ob.se.si.vo, va. [oβse'siβo] [oβse'siβo] *adj.* **1.** Pertencente ou relativo à obsessão. ▸ Obsessivo. **2.** Que causa obsessão. ▸ Obsessivo.

ob.se.so, sa. [oβ'seso] [oβ'seso] *adj.* Possuído por uma ideia fixa. ▸ Obcecado. *U.t.c.s.*

ob.so.les.cen.te. [oβsoles'θente] [oβsole'sente] *adj.* Que está caindo em desuso ou está ficando ultrapassado. ▸ Obsoleto.

ob.so.le.to, ta. [oβso'leto] [oβso'leto] *adj.* Inadequado às circunstâncias atuais. Antiquado, superado. ▸ Obsoleto.

obs.tá.cu.lo. [oβs'takulo] [oβh'takulo] *m.* Aquilo que embaraça o desenvolvimento normal de alguma coisa. Inconveniente. Empecilho. ▸ Obstáculo. ◆ **Carrera de obstáculos.** Corrida com obstáculos.

obs.tan.te (no). [oβs'tante] [oβh'tante] *loc.* Apesar de, contudo. ▸ Não obstante. *Se tomaron todas las medidas de seguridad recomendadas; no obstante es necesario tener mucha prudencia.* Todas as medidas de segurança recomendadas foram tomadas; não obstante é necessário ter muita prudência.

obs.tar. [oβs'tar] [oβh'tar] *v.4.* **1.** Causar embaraço, impedir. ▸ Obstar. **2.** Ser uma coisa oposta a outra. ▸ Obstar.

obs.te.tri.cia. [oβste'triθja] [oβhte'trisja] *f. Med.* Parte da Medicina que se ocupa e cuida do desenvolvimento dos fetos e do seu nascimento. ▸ Obstetrícia.

obs.ti.na.ción. [oβstina'θjon] [oβhtina'sjon] *f.* Teimosia e persistência em manter uma opinião ou um propósito. ▸ Obstinação.

obs.ti.na.do, da. [oβsti'naðo] [oβhti'naðo] *adj.* Persistente em seus desígnios. Teimoso, cabeçudo. ▸ Obstinado.

obs.ti.nar. [oβsti'nar] [oβhti'nar] *v.4. v.p.* Persistir em uma ideia, opinião ou intenção. Teimar. ▸ Obstinar(-se).

obs.truc.ción. [oβstruk'θjon] [oβhtruk'sjon] *f.* Ato ou efeito de obstruir ou entupir. ▸ Obstrução.

obs.truir. [oβs'trwir] [oβh'trwir] *v.32.* **1.** Impedir a passagem. ▸ Obstruir. **2.** Entupir um conduto de líquidos ou gases. ▸ Obstruir.

ob.ten.ción. [oβten'θjon] [oβten'sjon] *f.* Ato ou efeito de obter. ▸ Obtenção.

ob.te.ner. [oβte'ner] [oβte'ner] *v.26.* Conseguir uma coisa que se merece ou se solicita. ▸ Obter.

ob.tu.ra.ción. [oβtura'θjon] [oβtura'sjon] *f.* Ato ou efeito de tapar uma cavidade. ▸ Obturação.

ob.tu.ra.dor, do.ra. [oβtura'ðor] [oβtura'ðor] *adj.* **1.** Diz-se do que serve para obturar ou tampar. ▸ Obturador. *U.t.c.s. m.* **2.** Dispositivo que controla o tempo de exposição do filme à luminosidade na câmera fotográfica. ▸ Obturador.

ob.tu.so, sa. [oβ'tuso] [oβ'tuso] *adj.* **1.** Que não é pontiagudo. Rombo. ▸ Obtuso. **2.** Que tem pouca inteligência. ▸ Obtuso.

ob.vio, via. ['oββjo] ['oββjo] *adj.* Que não desperta dúvida nem requer esclarecimento. Claro. Evidente. ▸ Óbvio.

❏ **o.ca.** ['oka] ['oka] *f. Zool.* Tipo de ave palmípede. ▸ Ganso.

o.ca.sión. [okasi'on] [okasi'on] *f.* Oportunidade que se oferece para conseguir alguma coisa. ▸ Ocasião. ◆ **De ocasión.** Em liquidação.

o.ca.sio.nal. [okasjo'nal] [okasjo'nal] *adj.* **1.** Diz-se de algo que sobrevém acidentalmente. ▸ Ocasional. **2.** Diz-se do que é propiciado por uma oportunidade ou ocasião. ▸ Ocasional.

o.ca.sio.nal.men.te. [okasjonal'mente] [okasjonal'mente] *adv.* Por ocasião de alguma circunstância. De vez em quando. ▸ Ocasionalmente.

o.ca.sio.nar. [okasjo'nar] [okasjo'nar] *v.4.* Motivar ou provocar um acontecimento. ▸ Ocasionar.

o.ca.so. [o'kaso] [o'kaso] *m.* **1.** *Astr.* Transposição do horizonte pelo Sol ou outro astro. Crepúsculo. ▸ Ocaso. **2.** *fig.* Declínio de uma pessoa, coisa ou situação. Decadência. ▸ Ocaso.

oc.ci.den.tal. [okθiðen'tal] [oksiðen'tal] *adj.* **1.** *Geogr.* Pertencente ou relativo ao ocidente. ▸ Ocidental. **2.** *Geogr.* Que fica para o lado do oeste. Poente. ▸ Ocidental. *s.* **3.** O natural ou habitante do ocidente. ▸ Ocidental.

oc.ci.den.te. [okθi'ðente] [oksi'ðente] *m. Geogr.* **1.** Lado do horizonte no qual se põe o Sol. Oeste. ▸ Ocidente. **2.** Zona da Terra em que estão a América e as regiões da Europa e da África próximas ao Oceano Atlântico. ▸ Ocidente.

oc.ci.pi.tal. [okθipi'tal] [oksipi'tal] *adj. Anat.* Pertencente ou relativo ao osso occipício. ▶ Occipital.

o.ce.á.ni.co, ca. [oθe'aniko] [ose'aniko] *adj.* **1.** *Geogr.* Relativo ao oceano. ▶ Oceânico. **2.** *Biol.* Que se cria e vive no oceano. ▶ Oceânico.

o.cé.a.no. [o'θeano] [o'seano] *m.* **1.** *Geogr.* Grande extensão de água salgada que cobre a maior parte da superfície da Terra. ▶ Oceano. **2.** *Geogr.* Cada um dos cinco grandes mares em que se divide o oceano: Atlântico, Pacífico, Índico, Boreal ou Ártico e Austral ou Antártico. ▶ Oceano. **3.** *fig.* Grande quantidade de coisas. ▶ Oceano.

o.ce.a.no.gra.fí.a. [oθeanoɣra'fia] [oseanoɣra'fia] *f.* Ciência que estuda os mares, seus fenômenos, sua fauna e flora. ▶ Oceanografia.

o.ce.a.no.grá.fi.co, ca. [oθeano'ɣrafiko] [oseano'ɣrafiko] *adj.* Relativo à oceanografia. ▶ Oceanográfico.

o.ce.a.nó.gra.fo, fa. [oθea'noɣrafo] [osea'noɣrafo] *s.* Pessoa dedicada à oceanografia. ▶ Oceanógrafo.

o.chen.ta. [o'tʃenta] [o'tʃenta] *núm.* **1.** Quantidade que é uma unidade maior que 79. ▶ Oitenta. *m.* **2.** Número que representa essa quantidade. ▶ Oitenta.

o.cho. [o'tʃo] [o'tʃo] *núm.* **1.** Quantidade que é uma unidade maior que 7. ▶ Oito. *m.* **2.** Número que representa essa quantidade. ▶ Oito.

o.cho.cien.tos, tas. [otʃo'θjentos][otʃo'sjentos] *núm.* **1.** Quantidade que é uma unidade maior que 799. ▶ Oitocentos. *m.* **2.** Número que representa essa quantidade. ▶ Oitocentos.

o.cio. [o'θjo] ['osjo] *m.* **1.** Descanso do trabalho. ▶ Ócio. **2.** Tempo livre de uma pessoa. ▶ Ócio. **3.** Atividade prazerosa praticada no tempo livre. Ócio. ▶ Lazer.

Escanea este código QR para ver más sobre **ocio**
www.santillana.com.br/4dsocio

o.cio.si.dad. [oθjosi'ðað] [osjosi'ðað] *f.* Estado de ocioso. ▶ Ociosidade.

o.cio.so, sa. [o'θjoso] [o'sjoso] *adj.* Diz-se da pessoa que não tem afazeres. ▶ Ocioso. *U.t.c.s.*

o.clu.sión. [oklu'sjon] [oklu'sjon] *f.* Fechamento ou interrupção do curso normal de uma coisa por um conduto. ▶ Oclusão.

o.clu.si.vo, va. [oklu'siβo] [oklu'siβo] *adj.* **1.** Pertencente ou relativo à oclusão. ▶ Oclusivo. **2.** Que causa oclusão. ▶ Oclusivo.

o.cre. ['okre] ['okre] *adj.* **1.** Que tem a cor do ocre. ▶ Ocre. *m.* **2.** *Min.* Mineral amarelo que se emprega como corante em tintas. ▶ Ocre.

oc.tá.go.no. [ok'taɣono] [ok'taɣono] *m. Geom.* Ver *octógono*. ▶ Octógono.

oc.ta.va. [ok'taβa] [ok'taβa] *f. Lit.* **1.** Estrofe de oito versos. ▶ Oitava. **2.** Estância de oito versos decassílabos. ▶ Oitava. **3.** Poema em que se combinam de diversas formas oito versos. ▶ Oitava.

oc.ta.vi.lla. [okta'βiʎa] [okta'βiʃa] *f. Polít.* Impresso breve de propaganda política. ▶ Santinho.

oc.ta.vo, va. [ok'taβo] [ok'taβo] *núm.* Que segue em ordem ao sétimo. ▶ Oitavo.

oc.to.ge.na.rio, ria. [oktoxe'narjo] [oktoxe'narjo] *adj.* Que tem mais de oitenta anos e menos de noventa. ▶ Octogenário. *U.t.c.s.*

oc.to.gé.si.mo, ma. [okto'xesimo] [okto'xesimo] *núm.* Que segue em ordem ao septuagésimo nono. ▶ Octogésimo.

oc.to.go.nal. [oktoɣo'nal] [oktoɣo'nal] *adj.* Pertencente ou relativo ao octógono. ▶ Octogonal.

oc.tó.go.no. [ok'toɣono] [ok'toɣono] *m. Geom.* Figura geométrica plana que tem oito ângulos e oito lados. ▶ Octógono.

oc.to.sí.la.bo, ba. [okto'silaβo] [okto'silaβo] *adj.* **1.** *Ling.* Que está formado por oito sílabas. ▶ Octossílabo. *m.* **2.** *Lit.* Verso de oito sílabas. ▶ Octossílabo.

oc.tu.bre. [ok'tuβre] [ok'tuβre] *m.* O décimo mês do ano. ▶ Outubro.

o.cu.lar. [oku'lar] [oku'lar] *adj.* **1.** Pertencente ou relativo aos olhos. ▶ Ocular. *m.* **2.** *Ópt.* Sistema de lentes de um aparelho óptico que amplia a imagem. ▶ Ocular.

o.cu.lis.ta. [oku'lista] [oku'lihta] *com. Med.* Médico especialista em doenças dos olhos. Oftalmologista. ▶ Oculista.

o.cul.ta.men.te. [okulta'mente] [okulta'mente] *adv.* Sem que se ouça, veja ou perceba. ▶ Ocultamente.

o.cul.tar. [okul'tar] [okul'tar] *v.4.* **1.** Encobrir algo à vista, impedindo que seja visto. Esconder. ▶ Ocultar. **2.** Não dizer o que poderia ser dito. ▶ Ocultar.

o.cul.tis.mo. [okul'tismo] [okul'tihmo] *m.* Crenças e teorias que defendem a existência de forças sobrenaturais. ▶ Ocultismo.

o.cul.to, ta. [o'kulto] [o'kulto] *adj.* Que não se deixa ver nem sentir. Escondido. ◊ Oculto. ◆ **De oculto.** Incógnito, sem ser visto. **En oculto.** Em segredo.

o.cu.pa.ción. [okupa'θjon] [okupa'sjon] *f.* **1.** Ato de ocupar-se de algo. ▶ Ocupação. **2.** Ocupação remunerada. Trabalho. ▶ Emprego. **3.** *Mil.* Conquista de um território. Posse. Invasão. ▶ Ocupação.

o.cu.pa.cio.nal. [okupaθjo'nal] [okupasjo'nal] *adj.* Pertencente ou relativo à ocupação. ▶ Ocupacional.

o.cu.pan.te. [oku'pante] [oku'pante] *adj.* Que ocupa um lugar. ▶ Ocupante. *U.t.c.s.*

o.cu.par. [oku'paɾ] [oku'paɾ] *v.4.* **1.** Invadir e instalar-se em um lugar. ▶ Ocupar. **2.** Incumbir a outro um trabalho ou uma tarefa. ▶ Ocupar. **3.** Pôr atenção em um assunto ou negócio. ▶ Ocupar. *v.p.* **4.** Dedicar-se a um trabalho, um exercício ou uma tarefa. ▶ Ocupar-se.

o.cu.rren.cia. [oku'renθja] [oku'rensja] *f.* **1.** Aquilo que acontece. ▶ Ocorrência. **2.** Ideia ou pensamento original. ▶ Ocorrência. **3.** Comentário espirituoso, agudo. ▶ Graça.

o.cu.rren.te. [oku'rente] [oku'rente] *adj.* Diz-se da pessoa criativa, que tem boas ideias. Engenhoso. ▶ Criativo.

o.cu.rrir. [oku'rir] [oku'rir] *v.6.* **1.** Suceder uma coisa. Acontecer. ▶ Ocorrer. **2.** Vir à mente uma ideia repentinamente. ▶ Ocorrer.

o.da. ['oða] ['oða] *f. Lit.* Composição poética do gênero lírico. ▶ Ode.

o.diar. [o'ðjaɾ] [o'ðjaɾ] *v.4.* Detestar profundamente. ▶ Odiar.

o.dio. ['oðjo] ['oðjo] *m.* Sentimento de aversão e raiva contra uma pessoa ou coisa. ▶ Ódio.

o.dio.so, sa. [o'ðjoso] [o'ðjoso] *adj.* **1.** Que provoca ódio. ▶ Odioso. **2.** Que é desprezível e repugnante. ▶ Odioso.

o.di.se.a. [oði'sea] [oði'sea] *f.* **1.** Viagem na qual acontecem diversas aventuras. ▶ Odisseia. **2.** *fig.* Sucessão de peripécias que acontecem a uma pessoa. ▶ Odisseia.

o.don.to.lo.gí.a. [oðontolo'xia] [oðontolo'xia] *f. Med.* Especialidade cujo objeto de estudo são os dentes e suas doenças. ▶ Odontologia.

o.don.tó.lo.go, ga. [oðon'toloɣo] [oðon'toloɣo] *s. Med.* Pessoa diplomada em odontologia. Dentista. ▶ Odontologista.

o.do.rí.fe.ro, ra. [oðo'rifeɾo] [oðo'rifeɾo] *adj.* Que tem bom cheiro. Perfumado. ▶ Odorífero.

o.dre. ['oðre] ['oðre] *m.* Saco feito com couro, que serve para guardar vinho, azeite e outros líquidos. ▶ Odre.

o.es.te. [o'este] [o'ehte] *m. n.p.* Ponto do horizonte situado à esquerda de uma pessoa que tem à sua frente o Norte e à sua direita o Leste. Ocidente, poente. ▶ Oeste.

o.fen.der. [ofen'deɾ] [ofen'deɾ] *v.5.* **1.** Atacar moralmente uma pessoa. ▶ Ofender. **2.** Fazer mal a alguém fisicamente. Ferir. ▶ Ofender.

o.fen.di.do, da. [ofen'diðo] [ofen'diðo] *adj.* Que foi maltratado ou injuriado. ▶ Ofendido. *U.t.c.s.*

o.fen.sa. [o'fensa] [o'fensa] *f.* **1.** Ato ou efeito de ofender. ▶ Ofensa. **2.** Agressão física ou moral. ▶ Ofensa.

o.fen.si.vo, va. [ofen'siβo] [ofen'siβo] *adj.* **1.** Que ofende ou pode ofender ou agredir. ▶ Ofensivo. *f.* **2.** Situação ou estado em que está quem ofende ou ataca. ▶ Ofensiva.

o.fen.sor, so.ra. [ofen'sor] [ofen'sor] *adj.* Que ofende ou agride. Agressor. ▶ Ofensor. *U.t.c.s.*

o.fer.ta. [o'ferta] [o'ferta] *f.* **1.** Promessa de dar, cumprir ou executar uma coisa. ▶ Oferta. **2.** Ato de oferecer para venda mercadorias por preço abaixo do valor normal. ▶ Oferta. **3.** Aquilo que é oferecido, presente. Promoção. ▶ Oferta.

o.fer.tar. [ofeɾ'taɾ] [ofeɾ'taɾ] *v.4.* **1.** Oferecer para venda um produto. ▶ Disponibilizar. **2.** Dar alguma coisa voluntariamente. ▶ Ofertar.

o.fi.cial. [ofi'θjal] [ofi'sjal] *m.* **1.** Pessoa que prepara para seu superior o andamento dos assuntos em um escritório. ▶ Oficial. **2.** Pessoa que terminou o aprendizado de um ofício. ▶ Oficial.

o.fi.cia.la. [ofi'θjala] [ofi'sjala] *f.* Ver *oficial.*

o.fi.cian.te. [ofi'θjante] [ofi'sjante] *m. Rel.* Sacerdote que oficia ou celebra o ofício religioso. ▶ Oficiante.

o.fi.ciar. [ofi'θjaɾ] [ofi'sjaɾ] *v.4.* **1.** Comunicar uma coisa oficialmente e por escrito. ▶ Oficiar. **2.** *Rel.* Celebrar o ofício religioso. ▶ Oficiar.

o.fi.ci.na. [ofi'θina] [ofi'sina] *f.* **1.** Local de trabalho de atividades administrativas. ▸ Escritório. **2.** Departamento ou agência pública. ▸ Repartição.

o.fi.ci.nis.ta. [ofiθi'nista] [ofisi'nihta] *com.* Pessoa que trabalha em um escritório. Auxiliar administrativo. ▸ Escriturário.

o.fi.cio. [o'fiθjo] [o'fisjo] *m.* **1.** Profissão ou ocupação habitual. ▸ Ofício. **2.** Comunicação pública referente ao serviço público. ▸ Ofício.

o.fi.cio.sa.men.te. [ofiθjosa'mente] [ofisjosa'mente] *adv.* Em caráter não oficial. ▸ Extraoficial.

o.fi.cio.so, sa. [ofi'θjoso] [ofi'sjoso] *adj.* **1.** Que presta serviços, que é solícito. ▸ Serviçal. **2.** Que não tem caráter oficial, embora provenha de uma autoridade reconhecida. ▸ Oficioso.

o.fre.cer. [ofre'θer] [ofre'ser] *v.24.* Prometer dar, fazer ou dizer alguma coisa. ▸ Oferecer.

o.fre.ci.mien.to. [ofreθi'mjento] [ofresi'mjento] *m.* Ato ou efeito de oferecer. ▸ Oferecimento.

o.fren.da. [o'frenda] [o'frenda] *f.* Objeto que se oferece. ▸ Oferenda.

o.fren.dar. [ofren'dar] [ofren'dar] *v.4.* Oferecer sacrifícios aos deuses como sinal de adoração. ▸ Oferendar.

of.tál.mi.co, ca. [of'talmiko] [of'talmiko] *adj. Anat.* e *Med.* Pertencente ou relativo aos olhos ou à oftalmia. ▸ Oftálmico.

of.tal.mo.lo.gí.a. [oftalmolo'xia] [oftalmolo'xia] *f. Med.* Parte da medicina que se ocupa das doenças dos olhos e dos distúrbios da visão. ▸ Oftalmologia.

of.tal.mó.lo.go, ga. [oftal'moloɣo] [oftal'moloɣo] *s. Med.* Médico especialista em oftalmologia. ▸ Oftalmologista.

o.fus.ca.mien.to. [ofuska'mjento] [ofuhka'mjento] *m.* Efeito de ofuscar. Ofuscação. ▸ Ofuscamento.

o.fus.car. [ofus'kar] [ofuh'kar] *v.7.* **1.** Obscurecer, deslumbrar ou turvar a vista. ▸ Ofuscar. **2.** *fig.* Confundir as ideias, conturbar. ▸ Ofuscar.

o.gro. ['oɣro] ['oɣro] *m.* **1.** Gigante da mitologia do norte da Europa. ▸ Ogro. **2.** *fig.* Pessoa insociável ou de mau caráter. ▸ Ogro.

oh. ['o] ['o] *interj.* Expressa alegria, surpresa, pena, etc. ▸ Oh! *¡Oh! ¡Qué bonito el regalo que me has dado!* Oh! Que lindo o presente que você me deu!

o.í.do. [o'iðo] [o'iðo] *m.* **1.** Sentido que permite perceber os sons. ▸ Audição. **2.** *Anat.* Cada um dos órgãos da audição. Ouvido. ▸ Orelha. **3.** *Mús.* Aptidão para captar sons musicais com relativa precisão. ▸ Ouvido absoluto. ◆ **Abrir / Aguzar los oídos.** Escutar com atenção. ▸ Abrir os ouvidos. **Al oído.** Ao pé do ouvido.

o.ír. [o'ir] [o'ir] *v.44.* **1.** Perceber os sons pelo sentido da audição. ▸ Ouvir. **2.** Atender alguém que suplica ou pede ajuda. ▸ Ouvir. ◆ **¡Oye! / ¡Oiga!** Emprega-se em conversas, para chamar a atenção do interlocutor. ▸ Escuta! / Escute!

o.jal. [o'xal] [o'xal] *m.* Abertura na qual ficam os botões para unir ou fechar duas partes de uma roupa. ▸ Casa.

o.ja.lá. [oxa'la] [oxa'la] *interj.* Indica desejo. Tomara. ▸ Oxalá. *¡Ojalá te repongas pronto!* Tomara que você se recupere logo.

o.je.a.da. [oxe'aða] [oxe'aða] *f.* Observação rápida de uma pessoa ou coisa. ▸ Olhadela. ◆ **Dar / Echar una ojeada.** Dar uma olhada.

o.je.ar. [oxe'ar] [oxe'ar] *v.4.* Dirigir a vista para algo de forma superficial, sem prestar muita atenção. ▸ Dar uma olhada.

o.je.o. [o'xeo] [o'xeo] *m.* Ato ou efeito de olhar. Olhada rápida. ▸ Olhadela.

o.je.ra. [o'xera] [o'xera] *f.* Mancha que aparece na base das pálpebras inferiores dos olhos. ▸ Olheira. *U.t.c.pl.*

o.je.ri.za. [oxe'riθa] [oxe'risa] *f.* Aversão, antipatia e má vontade contra alguém ou alguma coisa. ▸ Ojeriza.

o.je.ro.so, sa. [oxe'roso] [oxe'roso] *adj.* Que tem olheiras. ▸ Olheirento.

o.ji.val. [oxi'βal] [oxi'βal] *adj.* **1.** Que tem forma de ogiva. ▸ Ogival. **2.** *Arq.* Diz-se do estilo arquitetônico dominante na Idade Média. ▸ Ogival.

o.jo. ['oxo] ['oxo] *m.* **1.** *Anat.* Órgão de visão nos animais e no ser humano. ▸ Olho. **2.** Pequeno orifício da agulha ou de outros utensílios e ferramentas. ▸ Olho. *interj.* **3.** Indica advertência. ▸ Cuidado! *¡Ojo con los productos vencidos!* Cuidado com os produtos vencidos! ◆ **Mal de ojo.** Mau-olhado. **No pegar (el) ojo.** Não dormir. ▸ Não pregar o olho. **No quitar ojo.** Não tirar o olho. ➥ *Cuerpo humano*

o.la. ['ola] ['ola] *f.* Vaga que se forma na superfície do mar. ▸ Onda. ◆ **Ola de calor / frío.** *Meteor.* Fenômeno da atmosfera que produz uma mudança na temperatura de um lugar. ▸ Onda de calor / frio.

o.lé. [o'le] [o'le] *interj.* Grito com que se anima e aplaude artistas de espetáculos e esportistas. ▸ Olé.

o.le.a.da. [ole'aða] [ole'aða] *f.* **1.** Onda grande. ▸ Vagalhão. **2.** Choque violento da onda. ▸ Ondada.

o.le.a.gi.no.so, sa. [oleaxi'noso] [oleaxi'noso] *adj.* Que contém óleo. Oleoso. ▸ Oleaginoso.

o.le.a.je. [ole'axe] [ole'axe] *m.* Movimento continuado das ondas. Fluxo. ▸ Rebentação.

o.le.ar. [ole'aɾ] [ole'aɾ] *v.4.* Produzir ondas, como o mar. ▸ Ondear.

ó.le.o. ['oleo] ['oleo] *m.* **1.** Substância oleaginosa extraída da oliveira. ▸ Azeite. **2.** Designação genérica de substâncias gordurosas líquidas. ▸ Óleo. **3.** Técnica de pintura sobre tela. ▸ Óleo.

o.le.o.duc.to. [oleo'ðukto] [oleo'ðukto] *m.* Conjunto de canos, bombas e outros aparelhos para conduzir o petróleo a longa distância. ▸ Oleoduto.

o.le.o.gra.fí.a. [oleoɣra'fia] [oleoɣra'fia] *f.* Impressão em cores, geralmente sobre tecido, que imita um quadro a óleo. ▸ Oleografia.

o.le.o.so, sa. [ole'oso] [ole'oso] *adj.* Que contém óleo ou alguma de suas propriedades. ▸ Oleoso.

o.ler. [o'leɾ] [o'leɾ] *v.64.* **1.** Perceber odores. ▸ Cheirar. **2.** Expelir cheiro. ▸ Exalar. ◆ **Esto no huele bien.** Expressa falta de clareza e indício para desconfiança. ▸ Isso não está cheirando bem.

ol.fa.te.ar. [olfate'aɾ] [olfate'aɾ] *v.4.* Cheirar com insistência procurando alguma coisa. ▸ Farejar.

ol.fa.te.o. [olfa'teo] [olfa'teo] *m.* Ato ou efeito de farejar. ▸ Farejo.

ol.fa.ti.vo, va. [olfa'tiβo] [olfa'tiβo] *adj.* Pertencente ou relativo ao sentido do olfato. ▸ Olfativo.

ol.fa.to. [ol'fato] [ol'fato] *m.* **1.** Sentido com o qual os seres animados percebem os odores. ▸ Olfato. **2.** *fig.* Percepção aguçada para descobrir o que está encoberto. ▸ Olfato.

o.li.gar.ca. [oli'ɣaɾka] [oli'ɣaɾka] *m. Polít.* Cada uma das pessoas que compõem uma oligarquia. ▸ Oligarca.

o.li.gar.quí.a. [oliɣaɾ'kia] [oliɣaɾ'kia] *f. Polít.* Forma de governo na qual o poder é exercido por um reduzido grupo de pessoas da mesma classe, partido ou família. ▸ Oligarquia.

o.li.gár.qui.co, ca. [oli'ɣaɾkiko] [oli'ɣaɾkiko] *adj. Polít.* Pertencente à oligarquia. ▸ Oligárquico.

o.lim.pia.da. [olim'pjaða] [olim'pjaða] *f. Desp.* Competição mundial de jogos esportivos que se realiza a cada quatro anos em memória dos jogos que eram celebrados na antiga cidade de Olímpia, na Grécia, por sua intenção de confraternização entre todos os povos. ▸ Olimpíadas. *U.t. o.lim.pí.a.da.*

o.lím.pi.co, ca. [o'limpiko] [o'limpiko] *adj.* **1.** Pertencente ou relativo às olimpíadas. ▸ Olímpico. **2.** Que tem ou teve participação em alguma olimpíada. ▸ Olímpico.

o.lim.po. [o'limpo] [o'limpo] *n.p.* Conjunto dos deuses e deusas da mitologia grega, que moravam no monte Olimpo. ▸ Olimpo.

o.lis.que.ar. [oliske'aɾ] [olihke'aɾ] *v.4.* Caminhar (um animal) cheirando o solo. ▸ Farejar.

o.li.va. [o'liβa] [o'liβa] *f. Bot.* Ver *aceituna*. Azeitona. ▸ Oliva.

o.li.var. [oli'βaɾ] [oli'βaɾ] *m.* Terreno plantado de oliveiras. ▸ Oliveiral.

o.li.va.re.ro, ra. [oliβa'ɾeɾo] [oliβa'ɾeɾo] *adj.* **1.** Pertencente ou relativo à cultura da oliveira ou às indústrias derivadas. ▸ Azeitoneiro. **2.** Que se dedica a essa cultura. ▸ Azeitoneiro. *U.t.c.s.*

o.li.vo. [o'liβo] [o'liβo] *m. Bot.* Árvore cujo fruto é a azeitona. ▸ Oliveira.

o.lla. ['oʎa] ['oʃa] *f.* Vasilha de barro ou metal em que se põem os alimentos para cozinhar sobre o fogo. ▸ Panela. ◆ **Olla exprés / a presión.** Panela de pressão.

ol.mo. ['olmo] ['olmo] *m. Bot.* Árvore de caule grosso e reto com copa frondosa. ▸ Olmo.

o.lor. [o'loɾ] [o'loɾ] *m.* Cheiro que é percebido pelo olfato. ▸ Odor.

o.lo.ro.so, sa. [olo'ɾoso] [olo'ɾoso] *adj.* Que exala aroma, fragrância. ▸ Cheiroso.

ol.vi.da.di.zo, za. [olβiða'ðiθo] [olβiða'ðiso] *adj.* **1.** Que esquece facilmente. ▸ Esquecido. **2.** *fig.* Diz-se de pessoa que esquece ou finge esquecer os favores que recebeu. Mal-agradecido. ▸ Ingrato.

ol.vi.dar. [olβi'ðaɾ] [olβi'ðaɾ] *v.4.* Deixar de ter na memória. ▸ Esquecer. *U.t.c.v.p.*

ol.vi.do. [ol'βiðo] [ol'βiðo] *m.* Ato ou efeito de perder a memória de uma pessoa, coisa ou assunto. ▸ Esquecimento.

om.bli.go. [om'bliɣo] [om'bliɣo] *m. Anat.* Pequena cicatriz enrugada, no meio do ventre, resultante do corte do cordão umbilical. ▸ Umbigo. ➡ *Cuerpo humano*

o.mi.sión. [omi'sjon] [omi'sjon] *f.* **1.** Ausência de ação. ▸ Omissão. **2.** Falta, lacuna ou ausência de algo que era necessário fazer e não se fez. ▸ Omissão.

o.mi.so, sa. [o'miso] [o'miso] *adj.* Diz-se de pessoa que, por fraqueza ou descuido, não faz o que deve fazer. ▸ Omisso.

o.mi.tir. [omi'tir] [omi'tir] *v.6. p.p. reg. omitido / irreg. omiso.* **1.** Abster-se de fazer uma coisa. ▸ Omitir. **2.** Não informar o que deve ser informado. ▸ Omitir.

óm.ni.bus. ['omniβus] ['omniβus] *m. (Amér.)* Veículo para transporte coletivo de passageiros que percorre itinerário predeterminado. ▸ Ônibus.

om.ni.po.ten.cia. [omnipo'tenθja] [omnipo'tensja] *f.* **1.** Poder sem limites. ▸ Onipotência. **2.** Autoridade absoluta. ▸ Onipotência.

om.ni.po.ten.te. [omnipo'tente] [omnipo'tente] *adj.* Que pode tudo. ▸ Onipotente.

om.ni.pre.sen.cia. [omnipre'senθja] [omnipre'sensja] *f.* Presença em todo lugar ao mesmo tempo. ▸ Onipresença.

om.ni.pre.sen.te. [omnipre'sente] [omnipre'sente] *adj.* Que está presente em toda parte. ▸ Onipresente.

om.nis.cien.cia. [omnis'θjenθja] [omnis'sjensja] *f.* Conhecimento de todos os acontecimentos reais e possíveis. ▸ Onisciência.

om.nis.cien.te. [omnis'θjente] [omnis'sjente] *adj.* **1.** Que sabe tudo. ▸ Onisciente. **2.** Diz-se de quem tem sabedoria e conhecimento de muitas coisas. ▸ Onisciente.

om.ní.vo.ro, ra. [om'niβoro] [om'niβoro] *adj. Zool.* Aplica-se aos animais que se alimentam de toda classe de substâncias orgânicas. ▸ Onívoro. *U.t.c.s.*

o.mó.pla.to. [o'moplato] [o'moplato] *m. Anat.* Cada um dos dois ossos quase planos situados nas costas. ▸ Omoplata.

on.ce. ['onθe] ['onse] *núm.* **1.** Quantidade que é uma unidade maior que 10. ▸ Onze. *m.* **2.** Número que representa essa quantidade. ▸ Onze.

on.co.lo.gí.a. [onkolo'xia] [onkolo'xia] *f. Med.* Parte da Medicina que estuda os tumores cancerígenos e seu tratamento. ▸ Oncologia.

on.da. ['onda] ['onda] *f.* **1.** Ondulação que se produz quando se perturba a superfície de um líquido. ▸ Onda. **2.** Curva que se forma em algumas coisas flexíveis. ▸ Onda. **3.** *Fís.* Forma de propagar impulsos elétricos ou magnéticos, produzidos por aparelhos diversos, que recebem nomes específicos e podem ser de natureza eletromagnética, sonora, luminosa, etc. ▸ Onda. ◆ **Captar la onda.** Entender uma insinuação feita com sutileza. **Estar de buena / mala onda.** Estar de bom / mau humor.

on.de.a.do. [onde'aðo] [onde'aðo] *m.* Qualquer coisa que tem ondas. Sinuoso. ▸ Ondeado.

on.de.ar. [onde'ar] [onde'ar] *v.4.* **1.** Mover-se (a água) em ondulação. ▸ Ondear. **2.** Agitar com ondas. Tremular. ▸ Ondear.

on.du.la.ción. [ondula'θjon] [ondula'sjon] *f.* **1.** Ato ou efeito de ondular. ▸ Ondulação. **2.** Formação em ondas de uma coisa. ▸ Ondulação.

on.du.la.do, da. [ondu'laðo] [ondu'laðo] *adj.* Diz-se dos corpos cuja superfície forma pequenas ondas. ▸ Ondulado.

on.du.lar. [ondu'lar] [ondu'lar] *v.4.* **1.** Mover-se formando ondas. ▸ Ondular. **2.** Fazer ondas no cabelo. ▸ Ondular.

o.ne.ro.so, sa. [one'roso] [one'roso] *adj.* **1.** Que é pesado, incômodo e representa uma carga para alguém. ▸ Oneroso. **2.** Que gera altos gastos. Dispendioso. ▸ Oneroso.

ó.ni.ce. ['oniθe] ['onise] *f. Min.* Ágata de cores claras e escuras com a qual se faz joias. ▸ Ônix.

o.ni.ma.ní.a. [onjoma'nia] [onjoma'nia] *f.* Transtorno psicológico identificado em uma pessoa que demonstra um desejo exagerado de realizar compras. Compulsão por comprar. ▸ Oniomania.

o.ní.ri.co, ca. [o'niriko] [o'niriko] *adj.* Próprio dos sonhos ou pertencente a eles. ▸ Onírico.

on-line. Estar conectado à internet. ▸ On-line.

o.no.más.ti.ca. [ono'mastika] [ono'mahtika] *f.* **1.** Ciência que trata do estudo dos nomes próprios. ▸ Onomástica. **2.** Dia em que a pessoa celebra o santo que lhe deu o nome. Ver *Día de Santo.* ▸ Data.

o.no.ma.to.pe.ya. [onomato'peja] [onomato'peʃa] *f. Ling.* Palavra que representa um som natural. ▸ Onomatopeia.

on.to.lo.gí.a. [ontolo'xia] [ontolo'xia]

f. Parte da Filosofia que se ocupa do ser. ▸ Ontologia.

on.za. ['onθa] ['onsa] *f.* **1.** Medida de peso inglesa. ▸ Onça. **2.** *Fin.* Antiga moeda espanhola de ouro. ▸ Onça. **3.** *Zool.* Mamífero carnívoro felino semelhante à pantera. ▸ Onça.

o.pa.co, ca. [o'pako] [o'pako] *adj.* **1.** Que não deixa passar a luz. ▸ Opaco. **2.** Que não tem brilho. Fosco. ▸ Opaco.

ó.pa.lo. ['opalo] ['opalo] *m. Min.* Mineral duro de diversas cores. ▸ Opala.

op.ción. [op'θjon] [op'sjon] *f.* **1.** Cada uma das coisas que se oferecem à escolha. ▸ Opção. **2.** Resultado de optar. ▸ Opção.

op.cio.nal. [opθjo'nal] [opsjo'nal] *adj.* **1.** Relativo à opção. ▸ Opcional. **2.** Que se pode escolher ou não, segundo a vontade da pessoa. ▸ Opcional.

ó.pe.ra. ['opera] ['opera] *f. Lit.* e *Teat.* **1.** Poema dramático musical cujo texto ou diálogo é cantado. ▸ Ópera. **2.** O gênero formado por essa classe de obras. ▸ Ópera. **3.** O teatro ou local onde se apresentam. ▸ Ópera.

o.pe.ra.ción. [opera'θjon] [opera'sjon] *f.* **1.** Ato ou efeito de operar. ▸ Operação. **2.** Execução de alguma coisa que produza o resultado desejado. ▸ Operação.

o.pe.ra.dor, do.ra. [opera'ðor] [opera'ðor] *s.* **1.** Pessoa encarregada de fazer funcionar certos aparelhos. ▸ Operador. **2.** Pessoa ou mecanismo que realiza determinadas operações. ▸ Operador.

o.pe.rar. [ope'rar] [ope'rar] *v.4.* **1.** Realizar ou executar atos ou operações. ▸ Operar. **2.** *Med.* Realizar operações cirúrgicas. **3.** Acionar ou dirigir maquinismos ou aparelhos para obter resultados. ▸ Operar.

o.pe.ra.rio, ria. [ope'rarjo] [ope'rarjo] *s.* Trabalhador assalariado. ▸ Operário.

o.pe.ra.ti.vo, va. [opera'tiβo] [opera'tiβo] *adj.* Que serve para executar a função para a qual foi criado e programado. Operacional. ▸ Operativo.

o.pe.re.ta. [ope'reta] [ope'reta] *f. Teat.* e *Mús.* Espetáculo musical de teatro, leve e alegre. ▸ Opereta.

o.pi.nar. [opi'nar] [opi'nar] *v.4.* Expressar a opinião que se tem sobre alguma coisa. ▸ Opinar.

o.pi.nión. [opi'njon] [opi'njon] *f.* **1.** Juízo que se forma sobre uma coisa. ▸ Opinião. **2.** Conceito que se tem sobre uma pessoa ou coisa. ▸ Opinião. ◆ **Cambiar de opinión.** Mudar de opinião.

Opiniones

Me parece que...
Creo / Pienso que... Yo que tú...

o.pio. ['opjo] ['opjo] *m. Quím.* Droga que se obtém da papoula, usada na Medicina como narcótico. ▸ Ópio.

o.po.ner. [opo'ner] [opo'ner] *v.40. p.p. irreg. opuesto.* **1.** Pôr uma coisa contra outra para impedir seu efeito. ▸ Opor. **2.** Apresentar em oposição. ▸ Opor.

o.por.to. [o'porto] [o'porto] *m.* Vinho de cor escura e levemente doce que se faz na cidade portuguesa do Porto. ▸ Vinho do Porto.

o.por.tu.ni.dad. [oportuni'ðað] [oportuni'ðað] *f.* **1.** Qualidade de oportuno. ▸ Oportunidade. **2.** Conveniência de tempo e de lugar. ▸ Oportunidade.

o.por.tu.nis.mo. [oportu'nismo] [oportu'nihmo] *m.* Atitude daquele que quer aproveitar ao máximo as circunstâncias para obter o maior benefício possível. ▸ Oportunismo.

o.por.tu.nis.ta. [oportu'nista] [oportu'nihta] *adj.* **1.** Pertencente ou relativo ao oportunismo. ▸ Oportunista. **2.** Que procede com oportunismo. ▸ Oportunista.

o.por.tu.no, na. [opor'tuno] [opor'tuno] *adj.* **1.** Que vem a tempo ou quando convém. ▸ Oportuno. **2.** Que tem uma intervenção acertada em algum assunto. ▸ Oportuno.

o.po.si.ción. [oposi'θjon] [oposi'sjon] *f.* **1.** Ato ou efeito de opor ou opor-se. ▸ Oposição. **2.** Força contrária a uma ação. ▸ Oposição. **3.** *Polít.* Grupo político que não está de acordo com o governo. ▸ Oposição. *f. pl.* **4.** ☐ Concurso público ou exame seletivo. ▸ Concurso.

o.po.si.tor, to.ra. [oposi'tor] [oposi'tor] *s.* Pessoa que se opõe a outra em qualquer assunto ou tema. ▸ Opositor.

o.pre.sión. [opre'sjon] [opre'sjon] *f.* **1.** Ato ou efeito de oprimir. ▸ Opressão. **2.** Incômodo produzido por algo que oprime. ▸ Opressão.

o.pre.sor, so.ra. [opre'sor] [opre'sor] *adj.* Que abusa de autoridade para tiranizar ou oprimir. ▸ Opressor. *U.t.c.s.*

o.pri.mir. [opri'mir] [opri'mir] *v.6. p.p. reg. oprimido / irreg. opreso.* **1.** Fazer pressão sobre uma coisa. ▸ Oprimir. **2.** Submeter e humilhar um povo, tiranizando-o. ▸ Oprimir.

op.tar. [op'tar] [op'tar] *v.4.* **1.** Escolher uma coisa entre duas ou mais. ▸ Optar. **2.** Exercer o direito de opção que se tem em uma causa ou negócio. ▸ Optar.

op.ta.ti.vo, va. [opta'tiβo] [opta'tiβo] *adj.* Que oferece opção. ▸ Optativo.

óp.ti.ca. ['optika] ['optika] *f.* **1.** *Fís.* Parte da Física que estuda as leis e os fenômenos da luz. ▸ Óptica. **2.** Loja onde se vendem aparelhos de óptica. ▸ Óptica. **3.** *fig.* Ponto de vista. ▸ Óptica.

óp.ti.co, ca. ['optiko] ['optiko] *adj.* **1.** *Anat.* Relativo à visão ou aos olhos. ▸ Óptico. *s.* **2.** Especialista em óptica. ▸ Óptico. **3.** Pessoa que fabrica e vende instrumentos de óptica. ▸ Óptico.

op.ti.mis.mo. [opti'mismo] [opti'mihmo] *m.* Atitude de ver os aspectos positivos das coisas. ▸ Otimismo.

op.ti.mis.ta. [opti'mista] [opti'mihta] *adj.* Diz-se de pessoa que possui otimismo. ▸ Otimista. *U.t.c.s.*

op.ti.mi.za.ción. [optimiθa'θjon] [optimisa'sjon] *f.* Ato de otimizar. ▸ Otimização.

op.ti.mi.zar. [optimi'θar] [optimi'sar] *v.13.* Procurar a melhor forma de realizar alguma atividade. ▸ Otimizar.

óp.ti.mo, ma. ['optimo] ['optimo] *adj.* Que não pode ser melhor. Muito bom. ▸ Ótimo.

o.pues.to, ta. [o'pwesto] [o'pwehto] *adj.* Que está em oposição. Contrário. ▸ Oposto.

o.pu.len.cia. [opu'lenθja] [opu'lensja] *f.* Grande riqueza em bens. Abundância. ▸ Opulência.

o.pu.len.to, ta. [opu'lento] [opu'lento] *adj.* Que tem opulência, fartura. ▸ Opulento.

o.que.dad. [oke'ðaθ] [oke'ðað] *f.* Espaço vazio no interior de um corpo. ▸ Oco.

o.ra.ción. [ora'θjon] [ora'sjon] *f.* **1.** *Ling.* Palavra ou conjunto de palavras com as quais se expressa um sentido completo. ▸ Oração. **2.** Discurso ou fala em público para comover os ouvintes. ▸ Oração. **3.** *Rel.* Súplica ou reza que se faz a um deus, a um santo ou a uma divindade. ▸ Oração.

o.ra.cio.nal. [oraθjo'nal] [orasjo'nal] *m.* Livro composto de orações ou que trata delas. ▸ Oracional.

o.rá.cu.lo. [o'rakulo] [o'rakulo] *m.* **1.** Resposta, inspirada pelos deuses, que um sacerdote dava às consultas das pessoas. ▸ Oráculo. **2.** Lugar ou estátua que respondia às consultas e orientava o crente. ▸ Oráculo.

o.ra.dor, do.ra. [ora'ðor] [ora'ðor] *s.* **1.** Pessoa que fala em público, pronuncia discursos ou conferências. ▸ Orador. **2.** Aquele que tem o dom da palavra. ▸ Orador.

o.ral. [o'ral] [o'ral] *adj.* **1.** Pertencente ou relativo à boca. ▸ Oral. **2.** Expresso de viva-voz. Verbal. ▸ Oral.

o.ran.gu.tán. [orangu'tan] [orangu'tan] *m. Zool.* Grande macaco de até dois metros de altura, que vive em Sumatra e Bornéu. ▸ Orangotango.

o.rar. [o'rar] [o'rar] *v.4.* **1.** Falar em público. ▸ Discursar. **2.** *Rel.* Fazer oração a um deus. Rezar. ▸ Orar.

o.ra.to.ria. [ora'torja] [ora'torja] *f.* Arte de falar em público com eloquência. ▸ Oratória.

o.ra.to.rio. [ora'torjo] [ora'torjo] *m.* **1.** Nicho ou armário com imagens religiosas. ▸ Oratório. **2.** *Mús.* e *Rel.* Composição musical e drama sobre assunto religioso. ▸ Oratório.

or.be. ['orβe] ['orβe] *m.* **1.** Ver *mundo*(1). Mundo. ▸ Orbe. **2.** Forma circular. Redondeza, círculo. ▸ Orbe.

ór.bi.ta. ['orβita] ['orβita] *f.* **1.** *Astr.* Trajetória que um corpo percorre no espaço. ▸ Órbita. **2.** *Anat.* Cavidade do olho. ▸ Órbita.

or.bi.tal. [orβi'tal] [orβi'tal] *adj.* **1.** *Astr.* Relativo à trajetória dos astros. ▸ Orbital. **2.** *Anat.* Relativo à cavidade ocular. ▸ Orbital.

or.ca. ['orka] ['orka] *f. Zool.* Mamífero marinho, que chega a dez metros de comprimento, de cor preto-azulada por cima e branca por baixo. ▸ Orca.

or.den. ['orðen] ['orðen] *amb.* **1.** Disposição das coisas no lugar certo. ▸ Ordem. **2.** Regra de fazer as coisas. ▸ Ordem. **3.** Ato de ordenar. ▸ Ordem. *f.* **4.** *Rel.* Congregação religiosa cujos indivíduos vivem sob regras estabelecidas por seu fundador. ▸ Ordem. ♦ **Del orden de.** Da ordem de.

or.de.na.ción. [orðena'θjon] [orðena'sjon] *f.* **1.** Ato ou efeito de ordenar(-se). ▸ Ordenação. **2.** Boa disposição das coisas. ▸ Ordenação. **3.** Composição de um quadro. ▸ Ordenação.

or.de.na.da.men.te. [orðenaða'mente] [orðenaða'mente] *adv.* De maneira metódica, proporcional e em seu devido tempo. ▸ Ordenadamente.

or.de.na.do, da. [orðe'naðo] [orðe'naðo]

adj. 1. Diz-se da pessoa metódica, que atua com ordem. ▸ Ordenado. **2.** Que está posto em ordem, organizado. ▸ Ordenado.

or.de.na.dor. [orðena'ðor] [orðena'ðor] *m. (Esp.) Inform.* Máquina eletrônica dotada de memória e capaz de aceitar uma entrada estruturada de informação, processá-la e produzir os resultados do processamento. ▸ Computador (PC).

or.de.na.mien.to. [orðena'mjento] [orðena'mjento] *m.* **1.** Conjunto de preceitos que se deve seguir na execução de uma coisa ou atividade. ▸ Ordenamento. **2.** Ordenação ou arrumação das coisas. ▸ Ordenamento.

or.de.nan.cis.ta. [orðenan'θista] [orðenan'sihta] *adj.* Diz-se de pessoa em cargo superior que cumpre e aplica com rigor regulamentos ou ordenanças.

or.de.nan.za. [orðe'nanθa] [orðe'nansa] *f.* Conjunto de preceitos referentes a uma matéria. ▸ Ordenança. *U.t.c.pl.*

or.de.nar. [orðe'nar] [orðe'nar] *v.4.* **1.** Dispor, pôr em ordem. ▸ Ordenar. **2.** Encaminhar, dirigir a um fim. ▸ Ordenar. **3.** Mandar que se faça uma coisa. ▸ Ordenar. *v.p.* **4.** *Rel.* Receber as ordens sagradas de uma congregação religiosa. ▸ Ordenar.

or.de.ña.dor, do.ra. [orðeɲa'ðor] [orðeɲa'ðor] *s.* **1.** Pessoa que tem por ofício ordenhar vacas. ▸ Ordenhador. *f.* **2.** Máquina de sucção para tirar o leite das vacas. ▸ Ordenhador.

or.de.ñar. [orðe'ɲar] [orðe'ɲar] *v.4.* Tirar o leite de um animal, seja vaca, ovelha ou cabra. ▸ Ordenhar.

or.de.ño. [or'ðeɲo] [or'ðeɲo] *m.* Ato ou efeito de ordenhar. ▸ Ordenha.

or.di.nal. [orði'nal] [orði'nal] *adj.* **1.** Que indica ordem ou série. ▸ Ordinal. **2.** *Ling.* Aplica-se às palavras que indicam ordem, aplica-se a números. ▸ Ordinal.

or.di.na.ria.men.te. [orðinarja'mente] [orðinarja'mente] *adv.* **1.** Com frequência, regularidade. Habitualmente. ▸ Ordinariamente. **2.** Sem educação. Grosseiramente. ▸ Ordinariamente.

or.di.na.rio, ria. [orði'narjo] [orði'narjo] *adj.* **1.** Que sucede usualmente. Comum. ▸ Ordinário. **2.** Que não é nobre. ▸ Plebeu. **3.** Vulgar, sem educação. ▸ Ordinário. **4.** Diz-se de coisa de qualidade inferior. ▸ Ordinário. ♦ **De ordinario.** Normalmente. *De ordinario los trenes pasan por esta estación en el horario previsto.* Normalmente os trens passam por esta estação na hora prevista.

o.re.ar. [ore'ar] [ore'ar] *v.4.* Fazer com que o ar circule em determinado ambiente. ▸ Arejar.

o.ré.ga.no. [o'reɣano] [o'reɣano] *m. Bot.* Planta silvestre, florífera e aromática. ▸ Orégano. ♦ **No es orégano todo el monte.** Nem tudo é fácil, claro e bonito. ▸ Nem tudo são flores.

o.re.ja. [o'rexa] [o'rexa] *f. Anat.* **1.** Concha auditiva do ouvido. ▸ Orelha. **2.** Parte externa do órgão do sentido da audição. ▸ Orelha. ➡ *Cuerpo humano*

o.re.je.ra. [ore'xera] [ore'xera] *f.* Cada uma das duas peças de um boné que se abaixa para proteger as orelhas. ▸ Orelheira.

o.re.jón, jo.na. [ore'xon] [ore'xon] *adj.* **1.** Ver *orejudo.* ▸ Orelhudo. *m.* **2.** Pedaço de fruta, especialmente do pêssego, seca ao sol.

o.re.ju.do, da. [ore'xuðo] [ore'xuðo] *adj.* Que tem orelhas grandes ou compridas. ▸ Orelhudo.

o.re.o. [o'reo] [o'reo] *m.* **1.** Ato ou efeito de expor ao vento. ▸ Arejamento. **2.** Sopro de vento. ▸ Arejamento.

or.fa.na.to. [orfa'nato] [orfa'nato] *m.* Instituição que acolhe crianças e jovens desamparados. ▸ Orfanato.

or.fan.dad. [orfan'ðað] [orfan'ðað] *f.* **1.** Estado de órfão. ▸ Orfandade. **2.** Desamparo de uma criança por falta de pais ou protetores. ▸ Orfandade.

or.fe.bre. [or'feβre] [or'feβre] *s.* Pessoa que lavra objetos artísticos de ouro e prata. ▸ Ourives.

or.fe.bre.rí.a. [orfeβre'ria] [orfeβre'ria] *f.* **1.** Arte do ourives. ▸ Ourivesaria. **2.** Oficina ou estabelecimento de ourives.

or.gan.dí. [orɣan'di] [orɣan'di] *m.* Tecido branco de algodão, muito leve e transparente. ▸ Organdi.

or.gá.ni.co, ca. [or'ɣaniko] [or'ɣaniko] *adj.* **1.** *Biol.* Aplica-se ao corpo organizado, com aptidão para viver. ▸ Orgânico. **2.** Relativo à organização de uma corporação ou entidade. ▸ Orgânico.

or.ga.ni.gra.ma. [orɣani'ɣrama] [orɣani'ɣrama] *m.* Gráfico da organização de uma entidade, empresa ou operação. ▸ Organograma.

or.ga.ni.lle.ro, ra. [orɣani'ʎero] [orɣani'ʃero] *s. Mús.* Pessoa que toca o realejo, geralmente pelas ruas, para receber dinheiro.

or.ga.ni.llo. [orɣa'niʎo] [orɣa'niʃo] *m. Mús.* Instrumento musical de fole e teclado que toca girando-se uma manivela. ▸ Realejo.

or.ga.nis.mo. [orɣa'nismo] [orɣa'nihmo] *m.* **1.** *Biol.* Conjunto de órgãos do corpo animal ou vegetal. ▸ Organismo. **2.** *fig.* Conjunto de locais, instalações e empregos que formam uma instituição dedicada a um fim determinado. Órgão. ▸ Organismo.

or.ga.nis.ta. [orɣa'nista] [orɣa'nihta] *com. Mús.* Pessoa que professa a arte de tocar o órgão. ▸ Organista.

or.ga.ni.za.ción. [orɣaniθa'θjon] [orɣanisa'sjon] *f.* **1.** Ato ou efeito de organizar. ▸ Organização. **2.** *Biol.* Disposição funcional dos órgãos de um corpo animal ou vegetal. ▸ Organização. **3.** Conjunto de pessoas que se organizam para atingir uma finalidade determinada. ▸ Organização.

or.ga.ni.za.do, da. [orɣani'θaðo] [orɣani'saðo] *adj.* **1.** Que contém disposição conveniente para alcançar uma finalidade. ▸ Organizado. **2.** Que está disposto de forma ordenada, metódica. ▸ Organizado.

or.ga.ni.za.dor, do.ra. [orɣaniθa'ðor] [orɣanisa'ðor] *adj.* Que organiza ou tem especial aptidão para organizar. ▸ Organizador.

or.ga.ni.zar. [orɣani'θar] [orɣani'sar] *v.13.* **1.** Pôr em ordem. ▸ Organizar. **2.** Dispor as coisas de forma adequada à sua finalidade. ▸ Organizar. *v.p.* **3.** Distribuir-se funções entre pessoas. ▸ Organizar-se.

ór.ga.no. ['orɣano] ['orɣano] *m.* **1.** *Mús.* Instrumento musical de sopro, tocado em teclado. ▸ Órgão. **2.** *Biol.* Parte de um ser, vegetal ou animal, que exerce uma função. ▸ Órgão. ➟ *Instrumentos musicales*

or.gí.a. [or'xia] [or'xia] *f.* **1.** Festa em honra ao deus Baco. Bacanal. ▸ Orgia. **2.** Festa na qual não há moderação. ▸ Orgia.

or.gu.llo. [or'ɣuʎo] [or'ɣuʃo] *m.* Excesso de estima de si mesmo. Arrogância. ▸ Orgulho.

or.gu.llo.so, sa. [orɣu'ʎoso] [orɣu'ʃoso] *adj.* Que tem orgulho. ▸ Orgulhoso. *U.t.c.s.*

o.rien.ta.ción. [orjenta'θjon] [orjenta'sjon] *f.* **1.** Ato ou efeito de orientar(-se). ▸ Orientação. **2.** Posição ou direção de uma coisa com relação a um ponto cardeal. ▸ Orientação.

o.rien.ta.dor, do.ra. [orjenta'ðor] [orjenta'ðor] *adj.* **1.** Que orienta alguém em um estudo ou trabalho. ▸ Orientador. *U.t.c.s.* **2.** Que guia, dirige ou assinala a direção a seguir. ▸ Orientador. *U.t.c.s.*

o.rien.tal. [orjen'tal] [orjen'tal] *adj.* **1.** *Geogr.* Pertencente ou relativo à região do Oriente. ▸ Oriental. **2.** *Geogr.* Que fica para o lado do leste. Oriente. ▸ Oriental. *s.* **3.** O natural ou habitante do Oriente. ▸ Oriental. **4.** Diz-se do povo do Uruguai. ▸ Uruguaio.

o.rien.ta.lis.mo. [orjenta'lismo] [orjenta'lihmo] *m.* Estudo e conhecimento da cultura e civilização dos povos orientais. ▸ Orientalismo.

o.rien.ta.lis.ta. [orjenta'lista] [orjenta'lihta] *com.* Pessoa que estuda a língua, história, literatura, etc. dos países do Oriente. ▸ Orientalista.

o.rien.tar. [orjen'tar] [orjen'tar] *v.4.* **1.** Determinar a posição de uma coisa com relação aos pontos cardeais. ▸ Orientar. **2.** Encaminhar uma coisa a uma finalidade determinada. ▸ Orientar. **3.** Dar a alguém uma informação ignorada, mas necessária, para que se alcance determinada finalidade. ▸ Orientar.

o.rien.te. [o'rjente] [o'rjente] *m. Geogr.* **1.** Lado do horizonte no qual nasce o Sol. ▸ Oriente. **2.** *n.p.* Zona da Terra onde estão a Ásia e as regiões da Europa e África próximas a ela. ▸ Oriente.

o.ri.fi.cio. [ori'fiθjo] [ori'fisjo] *m.* Entrada, buraco ou abertura de pequenas dimensões. ▸ Orifício.

o.ri.gen. [o'rixen] [o'rixen] *m.* **1.** Causa primária de uma coisa. Raiz, manancial. ▸ Origem. **2.** Lugar de origem. Berço. ▸ Origem.

o.ri.gi.nal. [orixi'nal] [orixi'nal] *adj.* **1.** Relativo à origem. ▸ Original. **2.** Diz-se de obra de qualquer gênero produzida por seu autor sem ser cópia, imitação ou tradução de outra. ▸ Original. *U.t.c.s.* **3.** Aplica-se a pessoas ou coisas singulares, estranhas, diferentes do comum. Exótico. ▸ Original.

o.ri.gi.na.li.dad. [orixinali'ðaθ] [orixinali'ðað] *f.* **1.** Qualidade de original. ▸ Originalidade. **2.** Comportamento ou atitude originais, pouco comuns. ▸ Originalidade.

o.ri.gi.nar. [orixi'nar] [orixi'nar] *v.4.* **1.** Dar origem a. ▸ Originar. **2.** Ser proveniente de. ▸ Originar(-se).

o.ri.gi.na.rio, ria. [orixi'narjo] [orixi'narjo] *adj.* **1.** Que dá origem a uma pessoa ou coisa. ▸ Originário. **2.** Que traz sua origem de algum lugar, pessoa ou coisa. ▸ Originário.

o.ri.lla. [o'riʎa] [o'riʃa] *f.* **1.** Termo, limite ou extremo da extensão superficial de alguma coisa. ▸ Borda. **2.** Margem de uma região banhada por água. ▸ Orla. **3.** Beirada de um tecido. ▸ Borda. ◆ **A la orilla.** Às margens. ▸ À beira-mar. *Fuimos a la orilla del mar a mariscar.* Fomos à beira-mar para pegar mariscos.

o.ri.llar. [ori'ʎar] [ori'ʃar] *v.4.* **1.** Levar a cabo um assunto. ▸ Concluir. **2.** Rematar a bainha de um tecido ou pano. ▸ Fazer a barra. **3.** Aproximar da borda ou margem. ▸ Beirar.

o.rín. [o'rin] [o'rin] *m. Quím.* Óxido avermelhado que se forma na superfície do ferro. ▸ Ferrugem.

o.ri.na. [o'rina] [o'rina] *f. Biol.* Líquido amarelo segregado pelos rins. ▸ Urina.

o.ri.nal. [ori'nal] [ori'nal] *m.* Vaso utilizado para recolher a urina e as fezes. Urinol. ▸ Penico.

o.ri.nar. [ori'nar] [ori'nar] *v.4. Biol.* Expelir naturalmente (o aparelho urinário) a urina. ▸ Urinar.

o.riun.do, da. [o'rjundo] [o'rjundo] *adj.* Que traz sua origem de algum lugar. Originário. ▸ Oriundo.

❑ **or.la.** ['orla] ['orla] *f.* **1.** Borda de pano, tecido ou vestido com algum adorno. Bainha. ▸ Barra. **2.** Desenho que se faz nas margens do papel. ▸ Margem.

or.lar. [or'lar] [or'lar] *v.4.* Enfeitar um vestido ou outra coisa na margem ou borda. ▸ Margear.

or.na.men.ta.ción. [ornamenta'θjon] [ornamenta'sjon] *f.* Ato ou efeito de ornamentar. ▸ Ornamentação.

or.na.men.tal. [ornamen'tal] [ornamen'tal] *adj.* **1.** Relativo a ornamentação e ornamentos. ▸ Ornamental. **2.** Que é próprio para adornos. ▸ Ornamental.

or.na.men.tar. [ornamen'tar] [ornamen'tar] *v.4.* Enfeitar com adornos. ▸ Ornamentar.

or.na.men.to. [orna'mento] [orna'mento] *m.* Adorno que enfeita ou embeleza. ▸ Ornamento.

or.nar. [or'nar] [or'nar] *v.4.* Guarnecer com adornos ou enfeites. Decorar. ▸ Ornar.

or.na.to. [or'nato] [or'nato] *m.* **1.** Resultado de ornar. ▸ Ornato. **2.** Aquilo que orna. Adorno. ▸ Ornato.

or.ni.to.lo.gí.a. [ornitolo'xia] [ornitolo'xia] *f. Zool.* Parte da Zoologia que trata das aves. ▸ Ornitologia.

or.ni.tó.lo.go, ga. [orni'toloɣo] [orni'toloɣo] *s. Zool.* Especialista em aves. ▸ Ornitólogo.

or.ni.to.rrin.co. [ornito'rinko] [ornito'rinko] *m.* Mamífero australiano que não tem mamas, notável por sua semelhança com as aves: tem bico, faz ninho e bota ovos para reproduzir. ▸ Ornitorrinco. ➠ *Reino animal*

o.ro. ['oro] ['oro] *m.* Metal precioso muito pesado. ▸ Ouro. ◆ **No es oro todo lo que reluce.** Nem tudo o que reluz é ouro.

o.ro.gé.ne.sis. [oro'xenesis] [oro'xenesis] *f. Geol.* Parte da Geologia que estuda a formação das montanhas. ▸ Orogenia.

o.ro.gra.fí.a. [oroɣra'fia] [oroɣra'fia] *f. Geogr.* **1.** Parte da Geografia física que trata da descrição das montanhas. ▸ Orografia. **2.** Conjunto dos montes de uma região, de um país, etc. ▸ Orografia.

or.ques.ta. [or'kesta] [or'kehta] *f.* **1.** *Mús.* Conjunto de músicos que, dirigidos por um regente, executam peças para concertos. ▸ Orquestra. **2.** *Teat.* Lugar do teatro onde se posicionam os músicos. ▸ Orquestra.

or.ques.tar. [orkes'tar] [orkeh'tar] *v.4.* **1.** *Mús.* Adaptar uma peça musical aos diversos instrumentos de uma orquestra. ▸ Orquestrar. **2.** *fig.* Ver *planear*[1]. ▸ Planejar.

or.quí.de.a. [or'kiðea] [or'kiðea] *f. Bot.* Flor das plantas orquidáceas, que tem formas e cores muito raras e belas. ▸ Orquídea.

or.ti.ga. [or'tiɣa] [or'tiɣa] *f. Bot.* Planta cuja haste e folhas produzem na pele das pessoas um ardor semelhante ao das queimaduras. ▸ Urtiga.

or.to. ['orto] ['orto] *m.* **1.** Momento em que começa a aparecer o Sol no horizonte. ▸ Orto. **2.** *Astr.* Nascimento de um astro, sua aparição no horizonte. ▸ Orto.

or.to.don.cia. [orto'ðonθja] [orto'ðonsja] *f. Med.* Parte da odontologia que trata da correção da posição dos dentes. ▸ Ortodontia.

or.to.do.xia. [orto'ðoksja] [orto'ðoksja] *f. Rel.* Qualidade de ortodoxo. ▸ Ortodoxia.

or.to.do.xo, xa. [orto'ðokso] [orto'ðokso] *adj.* Que segue com rigidez princípios ou doutrinas. ▸ Ortodoxo.

or.to.gra.fí.a. [ortoɣra'fia] [ortoɣra'fia] *f. Ling.* Convenção para a escrita que determina o uso de letras e outros sinais em casos em que pode haver variação. ▸ Ortografia.

or.to.grá.fi.co, ca. [orto'ɣrafiko] [orto'ɣrafiko] *adj. Ling.* Pertencente ou relativo à ortografia. ▸ Ortográfico.

or.to.pe.dia. [orto'peðja] [orto'peðja] *f. Med.* Especialidade da Medicina que trata de corrigir ou evitar as deformidades do corpo humano e as afecções dos ossos e das articulações. ▸ Ortopedia.

or.to.pé.di.co, ca. [orto'peðiko] [orto'peðiko] *adj. Med.* **1.** Pertencente ou relativo à ortopedia. ▸ Ortopédico. **2.** Aplica-se aos aparelhos que se usam em ortopedia. ▸ Ortopédico.

or.to.pe.dis.ta. [ortope'ðista] [ortope'ðihta] *com. Med.* Médico especialista em ortopedia. ▸ Ortopedista.

o.ru.ga. [o'ruɣa] [o'ruɣa] *f.* **1.** *Zool.* Larva de alguns insetos. ▸ Lagarta. **2.** Correia lateral em volta das rodas de um veículo que lhe permite vencer obstáculos. ▸ Esteira.

o.ru.jo. [o'ruxo] [o'ruxo] *m.* **1.** Casca e caroço que fica depois de espremer as uvas. ▸ Bagaço. **2.** Resíduo da azeitona moída e prensada. ▸ Bagaço.

or.zue.lo. [or'θwelo] [or'swelo] *m. Med.* Tumor pequeno que nasce na borda das pálpebras. ▸ Terçol.

❑ **os.** ['os] ['os] *pron. pess.* Corresponde à segunda pessoa do plural (*vosotros, vosotras*) e exerce função de objeto direto ou indireto. ▸ Vos / Lhes / A vocês. *Os deseo muchas felicidades en vuestro matrimonio.* Desejo-lhes muitas felicidades no seu casamento.

o.sa.dí.a. [osa'ðia] [osa'ðia] *f.* **1.** Algo que se faz sem pensar nas consequências. ▸ Ousadia. **2.** Qualidade de atrevido, audaz. ▸ Ousadia.

o.sa.do, da. [o'saðo] [o'saðo] *adj.* Que procede com ousadia. Atrevido. ▸ Ousado.

o.sa.men.ta. [osa'menta] [osa'menta] *f. Anat.* Esqueleto de ser humano ou de animal. ▸ Ossada.

o.sar. [o'sar] [o'sar] *v.4.* Empreender alguma coisa com audácia. Atrever-se. ▸ Ousar.

o.sa.rio. [o'sarjo] [o'sarjo] *m.* Lugar onde se guardam os ossos. ▸ Ossário.

os.ci.la.ción. [osθila'θjon] [osila'sjon] *f.* **1.** Movimento de vaivém. ▸ Oscilação. **2.** Variação que têm as coisas instáveis, como temperatura e velocidade do vento. ▸ Oscilação.

os.ci.la.dor. [osθila'ðor] [osila'ðor] *m. Fís.* Aparelho que produz oscilações elétricas ou mecânicas. ▸ Oscilador.

os.ci.lan.te. [osθi'lante] [osi'lante] *adj.* **1.** Que oscila, que tem vaivém como o pêndulo de um relógio. ▸ Oscilante. **2.** Que é variável. ▸ Oscilante.

os.ci.lar. [osθi'lar] [osi'lar] *v.4.* **1.** Efetuar movimentos de vaivém. ▸ Oscilar. **2.** Crescer e diminuir a intensidade de algumas manifestações ou fenômenos. ▸ Oscilar.

os.cu.ran.tis.mo. [oskuran'tismo] [ohkuran'tihmo] *m.* Oposição à divulgação de conhecimentos ao povo para que permaneça na ignorância. ▸ Obscurantismo.

os.cu.ran.tis.ta. [oskuran'tista] [ohkuran'tihta] *adj.* Partidário do obscurantismo. ▸ Obscurantista. *U.t.c.s.*

os.cu.re.cer. [oskure'θer] [ohkure'ser] *v.24.* **1.** Tornar escuro, privar de luz. ▸ Escurecer. **2.** Tornar incompreensível uma coisa. ▸ Obscurecer. **3.** Diminuir a luz do Sol ao entardecer. ▸ Escurecer.

os.cu.ri.dad. [oskuri'ðaθ] [ohkuri'ðað] *f.* **1.** Falta de luz para ver as coisas. ▸ Escuridão. **2.** Falta de clareza no que se fala ou se escreve. ▸ Obscuridade.

os.cu.ro, ra. [os'kuro] [oh'kuro] *adj.* **1.** Que não dispõe de luz. ▸ Escuro. **2.** Diz-se da cor que é próxima do preto. ▸ Escuro. **3.** *fig.* Que é confuso, pouco inteligível. ▸ Obscuro. **4.** *fig.* Que apresenta incerteza, perigo. Temeroso. ▸ Obscuro. ◆ **A oscuras.** Sem compreender o que se ouve ou se lê. ▸ Às escuras.

ó.se.o, a. ['oseo] ['oseo] *adj.* **1.** Da natureza do osso. ▸ Ósseo. **2.** Que é de osso. ▸ Ósseo.

ós.mo.sis. ['osmosis] ['ohmosis] *f.* **1.** *Biol.* Passagem de líquidos de diferentes densidades através de uma membrana que os separa. ▸ Osmose. **2.** *fig.* Influência recíproca entre dois elementos em contato. ▸ Osmose. *U.t. os.mo.sis.*

❑ **o.so, sa.** ['oso] ['oso] *s. Zool.* Mamífero carnívoro de grandes proporções. ▸ Urso.
➥ *Reino animal*

os.ten.si.ble. [osten'siβle] [ohten'siβle] *adj.* Que pode manifestar-se ou mostrar-se. ▸ Ostentável.

os.ten.si.vo, va. [osten'siβo] [ohten'siβo] *adj.* Que se mostra com alarde. ▸ Ostensivo.

os.ten.ta.ción. [ostenta'θjon] [ohtenta'sjon] *f.* **1.** Magnificência exterior. Exibição. ▸ Ostentação. **2.** Aparição vaidosa. Jactância e vanglória. ▸ Ostentação.

os.ten.tar. [osten'tar] [ohten'tar] *v.4.* **1.** Mostrar com orgulho. ▸ Ostentar. **2.** Mostrar ou exibir com aparato. ▸ Ostentar.

os.ten.to.so, sa. [osten'toso] [ohten'toso] *adj.* Que é digno de ver-se. Pomposo, magnífico. ▸ Ostentoso.

os.te.o.lo.gí.a. [osteolo'xia] [ohteolo'xia] *f. Med.* Parte da anatomia que trata dos ossos. ▸ Osteologia.

os.te.o.pa.tí.a. [osteopa'tia] [ohteopa'tia] *f. Med.* Qualquer doença dos ossos. ▸ Osteopatia.

os.tra. ['ostra] ['ohtra] *f.* **1.** *Zool.* Molusco marinho comestível. ▸ Ostra. **2.** *fig.* Pessoa tristonha, aborrecida, que não larga outra. ▸ Ostra. **3.** *fig.* Pessoa que se isola. ▸ Ostra. ♦ **Aburrirse como una ostra.** *fig.* e *fam.* Entediar-se. ▸ Morrer de tédio.

os.tra.cis.mo. [ostra'θismo] [ohtra'sihmo] *m. Polít.* **1.** Desterro político por tempo determinado. ▸ Ostracismo. **2.** Afastamento ou exclusão das funções públicas imposto a alguém. ▸ Ostracismo.

o.su.no, na. [o'suno] [o'suno] *adj.* Relativo ao urso, próprio do urso. ▸ Ursino.

o.te.a.dor. [otea'ðor] [otea'ðor] *m.* **1.** Que observa com cuidado procurando encontrar algo. ▸ Esquadrinhador. **2.** Que divisa algo distante desde um lugar elevado. ▸ Observador. *Jorge está oteando el horizonte desde lo alto de la montaña.* Jorge está observando o horizonte do alto da montanha.

o.te.ar. [ote'ar] [ote'ar] *v.4.* Observar atentamente de um lugar elevado. ▸ Vigiar.

o.ti.tis. [o'titis] [o'titis] *f. Med.* Inflamação do órgão do ouvido. ▸ Otite.

o.to.ñal. [oto'ɲal] [oto'ɲal] *adj.* **1.** Próprio do outono ou pertencente a ele. ▸ Outonal. **2.** *fig.* Diz-se da fase da vida de uma pessoa que está no início da velhice. ▸ Outonal.

o.to.ño. [o'toɲo] [o'toɲo] *m.* Estação do ano que antecede o inverno e se estende, no hemisfério norte, de 22 de setembro a 20 de dezembro, e no hemisfério sul, de 21 de março a 20 de junho. ▸ Outono. ➡ *Clima*

o.tor.gar. [otor'ɣar] [otor'ɣar] *v.9.* **1.** Conceder uma coisa que se pede ou se pergunta. ▸ Outorgar. **2.** Fazer procuração ou contrato perante tabelião. ▸ Outorgar. **3.** Dar licença. Permitir. ▸ Outorgar. ♦ **Quien calla, otorga.** Quem cala, consente.

o.to.rri.no.la.rin.go.lo.gí.a. [otorinolaringolo'xia] [otorinolaringolo'xia] *f. Med.* Parte da Medicina que trata das doenças do ouvido, do nariz e da laringe. ▸ Otorrinolaringologia.

o.to.rri.no.la.rin.gó.lo.go, ga. [otorinolarin'goloɣo] [otorinolarin'goloɣo] *s. Med.* Médico especialista em enfermidades do ouvido, do nariz e da laringe. ▸ Otorrinolaringologista.

o.tro, tra. ['otro] ['otro] *adj.* **1.** Aplica-se a pessoa ou coisa diferente daquela da qual se fala. ▸ Outro. *No, aquel no, hablo de otro compacto.* Não, aquele não, estou falando de outro *CD. pron.* **2.** Pessoa ou coisa diferente daquela à qual nos referimos. ▸ Outro. *Con sus locuras, parece otro.* Por suas loucuras, parece ser outro.

o.tro.ra. [o'trora] [o'trora] *adv. p. us.* Em outro tempo. ▸ Outrora.

o.va.ción. [oβa'θjon] [oβa'sjon] *f.* Manifestação pública de entusiasmo e apreço, aplauso, aclamação. ▸ Ovação.

o.va.cio.nar. [oβaθjo'nar] [oβasjo'nar] *v.4.* Aclamar, tributar um aplauso ruidoso. ▸ Ovacionar.

o.val. [o'βal] [o'βal] *adj.* Que tem forma ou figura de ovo. ▸ Oval.

o.va.la.do, da. [oβa'laðo] [oβa'laðo] *adj.* Que tem ou recebeu formato de ovo. ▸ Ovalado.

o.ve.ja. [o'βexa] [o'βexa] *f. Zool.* Fêmea do carneiro. ▸ Ovelha. ♦ **Oveja negra.** *fig.* Pessoa que, por seu comportamento não convencional, não é bem-vista em uma coletividade. ▸ Ovelha negra.

o.ve.je.ro, ra. [oβe'xero] [oβe'xero] *s.* **1.** Pastor de ovelhas. ▸ Pastor. **2.** Cão treinado para cuidar e guiar as ovelhas. ▸ Cão pastor.

o.ve.ju.no, na. [oβe'xuno] [oβe'xuno] *adj.* Pertencente ou relativo às ovelhas. ▸ Ovino.

o.ve.rol. [oβe'rol] [oβe'rol] *m.* Roupa de trabalho de peça única. ▸ Macacão.

o.vi.llar. [oβi'ʎar] [oβi'ʃar] *v.4.* **1.** Fazer novelos. ▸ Enovelar. *v.p.* **2.** Encolher-se em forma de novelo. ▸ Enovelar-se.

o.vi.llo. [o'βiʎo] [o'βiʃo] *m.* Bola que se forma enrolando fio de seda, algodão, lã, etc. ▸ Novelo. ♦ **Hacerse un ovillo.** Encolher-se de medo, dor ou outra causa.

o.vi.no, na. [o'βino] [o'βino] *adj.* Aplica-se ao gado lanar, em especial às ovelhas e aos carneiros. ▸ Ovino.

o.ví.pa.ro, ra. [o'βiparo] [o'βiparo] *adj.* Diz-se de animal que põe ovos como aves, répteis, insetos e outros. ▸ Ovíparo. *U.t.c.s.*

ov.ni. ['oβni] ['oβni] *m.* Objeto voador não identificado, geralmente relacionado com seres extraterrestres. ▸ Óvni.

o.voi.de. [o'βojðe] [o'βojðe] *adj.* Que tem forma ou figura de ovo. ▸ Ovoide. *U.t.c.m.*

o.vu.lar. [oβu'lar] [oβu'lar] *v.4.* **1.** *Biol.* Produzir óvulos, acontecer a ovulação. ▸ Ovular. *adj.* **2.** *Biol.* Pertencente ou relativo ao óvulo ou à ovulação. ▸ Ovular. **3.** Que tem forma de ovo. Oval. ▸ Ovular.

ó.vu.lo. ['oβulo] ['oβulo] *m. Biol.* Cada uma das células femininas da reprodução que se formam nos ovários. ▸ Óvulo.

o.xi.da.ble. [oksi'ðaβle] [oksi'ðaβle] *adj. Quím.* Que pode oxidar. ▸ Oxidável.

o.xi.da.ción. [oksiða'θjon] [oksiða'sjon] *f.* Ato ou efeito de oxidar(-se). ▸ Oxidação.

o.xi.dar. [oksi'ðar] [oksi'ðar] *v.4. Quím.* Transformar um corpo pela ação do oxigênio ou de um oxidante. Enferrujar. ▸ Oxidar.

ó.xi.do. ['oksiðo] ['oksiðo] *m. Quím.* Combinação do oxigênio com um metal. Ferrugem. ▸ Óxido.

o.xi.ge.na.ción. [oksixena'θjon] [oksixena'sjon] *f.* Ato ou efeito de oxigenar. ▸ Oxigenação.

o.xi.ge.na.do, da. [oksixe'naðo] [oksixe'naðo] *adj.* Que contém oxigênio. ▸ Oxigenado.

o.xi.ge.nar. [oksixe'nar] [oksixe'nar] *v.4.* **1.** *Quím.* Combinar o oxigênio formando óxidos. ▸ Oxigenar. *v.p.* **2.** *fig.* Respirar ao ar livre. Arejar. ▸ Refrescar-se.

o.xí.ge.no. [o'ksixeno] [o'ksixeno] *m. Quím.* Gás que se encontra no ar, na água, nos óxidos e na maior parte dos ácidos e das substâncias orgânicas. ▸ Oxigênio.

o.xí.to.na. [o'ksitona] [o'ksitona] *f. Ling.* Palavra cujo acento recai na última sílaba. ▸ Oxítona.

o.yen.te. [o'jente] [o'ʃente] *adj.* **1.** Que ouve, que está ouvindo. ▸ Ouvinte. **2.** Aplica-se ao estudante que assiste às aulas em um centro de ensino sem estar matriculado. ▸ Ouvinte.

o.zo.no. [o'θono] [o'sono] *m. Quím.* Gás transparente, de cor azul, que é uma variedade alotrópica do oxigênio. ▸ Ozônio. ◆ **Capa de ozono.** Ver *capa*.

P

p. [pe] [pe] *f.* Décima sétima letra do alfabeto espanhol. ▸ P.

pa.be.llón. [paβe'ʎon] [paβe'ʃon] *m.* **1.** Bandeira nacional. ▸ Pavilhão. **2.** Parte de uma grande construção. ▸ Pavilhão. **3.** *Anat.* A parte exterior e cartilaginosa da orelha. ▸ Pavilhão auricular.

pa.bi.lo. [pa'βilo] [pa'βilo] *m.* Mecha que está no centro da vela, à qual se ateia fogo para dar luz. ▸ Pavio.

pá.bu.lo. ['paβulo] ['paβulo] *m.* Alimento que serve para o sustento. ▸ Comida.

pa.ca. ['paka] ['paka] *f. Zool.* Mamífero roedor, de carne comestível. ▸ Paca.

pa.ca.to, ta. [pa'kato] [pa'kato] *adj.* **1.** Que é tranquilo, sossegado ou tem muitos escrúpulos. ▸ Pacato. *U.t.c.s.* **2.** ▫ De moral conservadora. ▸ Conservador.

pa.cer. [pa'θer] [pa'ser] *v.24.* Comer (o gado) a erva que cresce naturalmente no campo. ▸ Pastar.

pa.cho.rra. [pa'tʃora] [pa'tʃora] *f. fam.* Estado de tranquilidade, indolência, fleuma. ▸ Pachorra.

pa.cien.cia. [pa'θjenθja] [pa'sjensja] *f.* **1.** Capacidade de suportar algo com tranquilidade. ▸ Paciência. **2.** Capacidade para fazer coisas minuciosas. ▸ Paciência. **3.** Faculdade de saber esperar quando se deseja muito algo. ▸ Paciência.

pa.cien.te. [pa'θjente] [pa'sjente] *adj.* **1.** Que tem paciência. ▸ Paciente. *com.* **2.** *Med.* Pessoa que está sob cuidados médicos. ▸ Paciente.

pa.cien.zu.do, da. [paθjen'θudo] [pasjen'sudo] *adj.* Que tem muita paciência. ▸ Paciente.

pa.ci.fi.ca.ción. [paθifika'θjon] [pasifika'sjon] *f.* **1.** Ato ou efeito de pacificar. ▸ Pacificação. **2.** *Polít.* Acordo de paz que dá fim a uma guerra. ▸ Pacificação.

pa.ci.fi.car. [paθifi'kar] [pasifi'kar] *v.7.* **1.** Restituir a paz onde houve guerra. ▸ Pacificar. **2.** Reconciliar aqueles que estão em discórdia. Apaziguar. ▸ Pacificar.

pa.cí.fi.co, ca. [pa'θifiko] [pa'sifiko] *adj.* Que não provoca nem participa de lutas ou desavenças. Tranquilo, sossegado. ▸ Pacífico.

pa.co. ['pako] ['pako] *m.* **1.** Combatente que, isolado e oculto, dispara sobre o inimigo. ▸ Franco-atirador. **2.** *Zool.* Tipo de ruminante proveniente da América do Sul. ▸ Alpaca.

pac.tar. [pak'tar] [pak'tar] *v.4.* Convencionar algo entre duas ou mais pessoas. Pactuar. ▸ Combinar.

pac.to. ['pakto] ['pakto] *m.* Acordo ou convenção entre duas ou mais partes que se comprometem a cumprir um tratado. ▸ Pacto.

pa.de.cer. [pade'θer] [pade'ser] *v.24.* Sofrer com uma doença, dor ou castigo. ▸ Padecer.

pa.de.ci.mien.to. [padeθi'mjento] [padesi'mjento] *m.* Ato ou efeito de padecer ou sofrer um dano, doença, injúria ou qualquer outro mal. ▸ Padecimento.

pá.del. ['padel] ['padel] *m. Desp.* Jogo disputado entre duplas, utilizando-se bola e raquetes. ▸ *Paddle* / padel.

pa.dras.tro. [pa'ðrastro] [pa'ðrahtro] *m.* Homem em relação aos filhos que sua esposa teve com outro(s) homem(ns). ▸ Padrasto.

pa.dra.zo. [pa'ðraθo] [pa'ðraso] *m.* Pai muito indulgente e benévolo com seus filhos. ▸ Paizão.

pa.dre. ['paðre] ['paðre] *m.* **1.** ▫ Homem em relação a seu(s) filho(s). ▸ Pai. **2.** *Rel.* Sacerdote, presbítero e religiosos de algumas ordens da Igreja Católica. ▸ Padre.

pa.dre.nues.tro. [paðre'nwestro] [paðre'nwehtro] *m. Rel.* Oração dirigida a Deus. ▸ Pai-nosso.

pa.dri.naz.go. [paðri'naθɣo] [paðri'nahɣo] *m.* **1.** Ato de apadrinhar ou tornar-se padrinho. ▸ Apadrinhamento. **2.** *fig.* Proteção ou patrocínio que se dá a uma pessoa. ▸ Apadrinhamento.

pa.dri.no. [pa'ðrino] [pa'ðrino] *m.* **1.** *Rel.* Homem que assiste e adquire parentesco espiritual com aquele(s) que recebe(m) o sacramento de batismo, confirmação, matrimônio ou ordem. ▸ Padrinho. **2.** Homem que apresenta e acompanha uma pessoa que recebe uma honra ou grau. ▸ Padrinho.

▫**pa.drón.** [pa'ðron] [pa'ðron] *m.* Registro, principalmente de cidadãos. ▸ Cadastro.

pa.e.lla. [pa'eʎa] [pa'eʃa] *f. Cul.* Prato feito com arroz, carne, peixe, mariscos, legumes e outros ingredientes, originário de Valência, na Espanha. ▸ Paelha.

pa.ga. ['paɣa] ['paya] *f.* **1.** Quantidade de dinheiro que se dá em pagamento. ▸ Pagamento. **2.** Salário de um funcionário. Remuneração. ▸ Pagamento. ♦ **Colegio de paga.** *(Méx.)* Colégio particular. **Paga extraordinaria.** Salário extra.

pa.ga.dor, do.ra. [paɣa'ðoɾ] [paɣa'ðoɾ] *adj.* **1.** Que tem a incumbência de fazer pagamentos em nome de uma entidade pública ou privada. ▸ Pagador. **2.** Aplica-se, em documentos comerciais e financeiros, à parte que paga. ▸ Sacado. *U.t.c.s.*

pa.ga.nis.mo. [paɣa'nismo] [paɣa'nihmo] *m. Rel.* Religião dos pagãos. ▸ Paganismo.

pa.ga.no, na. [pa'ɣano] [pa'yano] *adj. Rel.* **1.** Diz-se, nas religiões monoteístas, do idólatra ou politeísta, especialmente os antigos gregos e romanos. ▸ Pagão. *U.t.c.s.* **2.** Diz-se de pessoa que não está batizada. ▸ Pagão. *U.t.c.s.*

pa.gar. [pa'ɣaɾ] [pa'yaɾ] *v.9. p.p. pagado.* **1.** Quitar uma dívida. ▸ Pagar. **2.** *fig.* Expiar delito ou falta cometida com a pena correspondente. ▸ Pagar. **3.** *fig.* Pagar com afeto, amor, respeito, etc. o mesmo sentimento. ▸ Retribuir. ♦ **Estamos pagados.** Estamos quites. **Pagar al contado.** Pagar à vista.

pa.ga.ré. [paɣa'ɾe] [paɣa'ɾe] *m.* Título de crédito por uma quantia fixa que se deve pagar em tempo determinado. ▸ Promissória.

pá.gi.na. ['paxina] ['paxina] *f.* **1.** Cada uma das faces de uma folha de um livro ou de um caderno. ▸ Página. **2.** O escrito ou impresso naquelas faces. ▸ Página. **3.** *Inform.* Plataforma situada em uma rede de informática, na qual o internauta tem a possibilidade de navegar pela rede mundial de computadores. ▸ Página.

pa.gi.na.ción. [paxina'θjon] [paxina'sjon] *f.* Marcação com números da ordem das páginas de um escrito ou impresso. ▸ Paginação.

pa.gi.nar. [paxi'naɾ] [paxi'naɾ] *v.4.* Enumerar páginas por ordem. ▸ Paginar.

pa.go. ['paɣo] ['payo] *m.* Entrega de dinheiro ou espécie que se deve. ▸ Pagamento. ♦ **De pago.** Privado, que não é gratuito. **Ser mal pago.** Ser um mal-agradecido.

pa.ís. [pa'is] [pa'is] *m.* Nação, região ou território. ▸ País.

pai.sa.je. [pai̯'saxe] [pai̯'saxe] *m.* **1.** Panorama que se vê de um lugar. ▸ Paisagem. **2.** Pintura ou desenho que representa essa região. ▸ Paisagem.

pai.sa.jis.ta. [paisa'xista] [pai̯sa'xihta] *com.* **1.** Artista que pinta paisagens. ▸ Paisagista. **2.** Pessoa que cria parques e jardins e cuida da planificação e conservação do entorno. ▸ Paisagista.

pai.sa.no, na. [pai̯'sano] [pai̯'sano] *adj.* Que é do mesmo lugar que outro. ▸ Patrício. *U.t.c.s.*

pa.ja. ['paxa] ['paxa] *f.* **1.** *Bot.* Caule das plantas gramíneas depois de seco e de ter sido separado do grão. ▸ Palha. **2.** Canudo para sorver líquidos. ▸ Canudinho. ♦ **Ver la paja en el ojo del vecino y no la viga en el nuestro.** Ver o cisco no olho do outro e não ver a viga no seu próprio.

pa.jar. [pa'xaɾ] [pa'xaɾ] *m.* Lugar onde se guarda a palha. ▸ Palheiro.

pá.ja.ra. ['paxaɾa] ['paxaɾa] *f.* Brinquedo de papel colorido e armação leve que se solta ao vento preso por uma linha. Papagaio, quadrado. ▸ Pipa. ♦ **Pájara pinta.** Jogo de prendas.

pa.ja.re.ar. [paxaɾe'aɾ] [paxaɾe'aɾ] *v.4. fig.* Passar o tempo sem ocupar-se em coisa útil. ▸ Vadiar. ♦ **Pajarear por ahí.** Andar por aí.

pá.ja.ro. ['paxaɾo] ['paxaɾo] *m. Zool.* Qualquer espécie de ave, especialmente os pássaros pequenos. Passarinho. ▸ Pássaro. ♦ **Matar dos pájaros de una pedrada / un tiro.** *fig.* e *fam.* Matar dois coelhos com uma cajadada só. **Pájaro carpintero.** *Zool.* Pica-pau.

pa.la. ['pala] ['pala] *f.* **1.** Ferramenta composta de uma folha de ferro côncava e cabo de madeira que serve para pegar terra ou misturar materiais. ▸ Pá. **2.** Parte larga do remo que entra na água para impulsionar a embarcação. ▸ Pá. **3.** *Anat.* Cada dente plano e cortante que possui uma única raiz e está situado na parte dianteira da arcada dentária superior, entre os caninos. ▸ Incisivo.

pa.la.bra. [pa'laβɾa] [pa'laβɾa] *f.* **1.** *Ling.* Som ou conjunto de sons orais em que os falantes de uma língua reconhecem uma significação. ▸ Palavra. **2.** *Ling.* Representação gráfica desses sons. ▸ Palavra. **3.** Direito ou turno que tem uma pessoa de falar nas assembleias políticas ou em outras ocasiões. ▸ Palavra. ♦ **A buen entendedor, pocas palabras bastan.** Para bom entendedor, meia palavra basta. **Comerse palabras.** *fig.* Engolir palavras. **Cuatro palabras.** Poucas palavras. **Dejarle con la palabra en la boca.** Deixar falando. **Medias palabras.** Meias palavras. **Ni palabra.** Patavina. **No decir palabra.** Não abrir a boca. **Quitarle la(s) palabra(s) de la boca.** Tirar as palavras da boca.

pa.la.bre.ja. [pala'βrexa] [pala'βrexa] *f.* Palavra sem importância ou desnecessária em um discurso ou escrito. ▸ Palavrório.

pa.la.bre.rí.a. [palaβre'ria] [palaβre'ria] *f. Ling.* Uso exagerado de palavras com pouco nexo e sem importância. ▸ Palavrório.

pa.la.bro.ta. [pala'βrota] [pala'βrota] *f.* Expressão ofensiva, indecente ou grosseira. ▸ Palavrão.

pa.la.ce.te. [pala'θete] [pala'sete] *m.* Casa construída à semelhança de um palácio, porém menor. ▸ Palacete.

pa.la.cio. [pa'laθjo] [pa'lasjo] *m.* **1.** Casa grande e suntuosa, residência de reis ou pessoas ilustres. ▸ Palácio. **2.** Edifício onde funcionam altos órgãos do Estado. ▸ Palácio.

pa.la.dar. [pala'ðar] [pala'ðar] *m.* **1.** *Anat.* Parte interior e superior da boca. Céu da boca. ▸ Palato. **2.** *fig.* Gosto e sabor que se percebe nos alimentos ou em outras coisas. ▸ Paladar.

pa.la.de.ar. [palaðe'ar] [palaðe'ar] *v.4.* **1.** Experimentar ou tomar alimento ou manjar, aos poucos, para sentir melhor seu gosto. ▸ Degustar. **2.** Desfrutar pensando em alguma coisa que agrada muito. ▸ Desfrutar.

pa.la.dín. [pala'ðin] [pala'ðin] *m.* Homem corajoso, defensor de alguma causa. ▸ Paladino.

pa.la.fi.to. [pala'fito] [pala'fito] *m.* Habitação construída sobre estacas em terreno alagado. ▸ Palafita.

pa.lan.ca. [pa'lanka] [pa'lanka] *f.* Barra de material resistente usada para mover ou erguer algo pesado. ▸ Alavanca.

pa.lan.ga.na. [palan'gana] [palan'gana] *f.* Recipiente circular pouco profundo usado para lavar-se. ▸ Bacia.

pa.la.tal. [pala'tal] [pala'tal] *adj. Anat.* **1.** Pertencente ou relativo ao palato. ▸ Palatal. **2.** Próprio do palato. ▸ Palatal.

pa.la.zo. [pala'θo] [pala'so] *m.* Golpe dado com uma pá. ♦ **Caer como un palazo.** *fig.* Ser inesperado. ▸ Cair como uma bomba.

□**pal.co.** ['palko] ['palko] *m. Teat.* **1.** Cada parte do teatro destinada a poucos espectadores. ▸ Camarote. **2.** A parte de uma sala de espetáculos que se destina aos espectadores. ▸ Plateia.

pa.le.ó.ge.no, na. [pale'oxeno] [pale'oxeno] *adj. Biol.* Diz-se da era cronológica em que surgiram os animais de organização celular rudimentar e se desenvolveram os invertebrados. ▸ Paleozoico. *U.t.c.m.*

pa.le.on.to.lo.gí.a. [paleontolo'xia] [paleontolo'xia] *f. Biol.* Ciência que estuda formas extintas de vida. ▸ Paleontologia.

pa.le.on.tó.lo.go, ga. [paleon'toloɣo] [paleon'toloɣo] *s. Biol.* Pessoa versada em paleontologia. ▸ Paleontólogo.

pa.les.ti.no, na. [pales'tino] [paleh'tino] *adj.* **1.** Pertencente ou relativo à Palestina. ▸ Palestino. *s.* **2.** O natural ou habitante desse país. ▸ Palestino.

pa.les.tra. [pa'lestra] [pa'lehtra] *f.* **1.** □ Lugar onde se luta em torneios. ▸ Arena. **2.** Conferência breve sobre assunto científico ou literário. ▸ Palestra.

pa.le.ta. [pa'leta] [pa'leta] *f.* **1.** Placa, geralmente de madeira, que o pintor segura com o polegar e na qual dispõe as tintas para pintar. ▸ Palheta. **2.** Colher crivada de furos para tirar a espuma dos líquidos. ▸ Escumadeira. **3.** Utensílio utilizado pelos pedreiros para misturar cal, areia e água. ▸ Colher de pedreiro. **4.** Sorvete solidificado em uma das extremidades de um pauzinho. ▸ Picolé.

pa.le.ti.lla. [pale'tiʎa] [pale'tiʃa] *f. Anat.* Cada um dos ossos das costas. ▸ Omoplata.

pa.liar. [pa'ljar] [pa'ljar] *v.4.* **1.** Disfarçar ou atenuar faltas ou defeitos de alguém. ▸ Encobrir. **2.** *fig.* Atenuar um aborrecimento ou pena. ▸ Paliar. **3.** *fig.* Justificar uma coisa. ▸ Desculpar-se.

pa.lia.ti.vo, va. [palja'tiβo] [palja'tiβo] *adj.* Diz-se daquilo que atenua sem eliminar, especialmente medicamentos para certas dores ou doenças. ▸ Paliativo. *U.t.c.s.*

pa.li.de.cer. [paliðe'θer] [paliðe'ser] *v.24.* Ficar pálido. ▸ Empalidecer.

pa.li.dez. [pali'ðeθ] [pali'ðes] *f.* **1.** Qualidade de pálido. ▸ Palidez. **2.** Descoloração da pele humana. ▸ Palidez.

pá.li.do, da. ['paliðo] ['paliðo] *adj.* **1.** Que apresenta palidez, que está descorado. ▸ Pálido. **2.** *fig.* Diz-se de obra literária de conteúdo fraco, desanimado.

pa.li.du.cho, cha. [pali'ðutʃo] [pali'ðutʃo] *adj.* Que está ou tem propensão à palidez. ▸ Pálido.

pa.li.lle.ro, ra. [pali'ʎero] [pali'ʃero] *s.* **1.** Aquele que fabrica ou vende palitos. **2.** Estojo ou utensílio onde se colocam os palitos. ▸ Paliteiro.

pa.li.llo. [pa'liʎo] [pa'liʃo] *m.* **1.** Pau pequeno com que se toca o tambor. ▸ Baqueta. *pl.* **2.** Par de varetas usadas para comer, especialmente em países orientais. ▸ *Hashi. m.* **3.** Agulha usada para trabalhos manuais de tricô. ▸ Agulha de tricô. *com.* **4.** *fig.* e *fam.* Pessoa muito magra. ▸ Pau de virar tripa. ◆ **Tocar todos los palillos.** *fam.* Mexer os pauzinhos.

pa.li.za. [pa'liθa] [pa'lisa] *f.* **1.** Grande quantidade de golpes dados com pau. Pancadaria. ▸ Surra. **2.** *fig.* Esforço que produz esgotamento. ▸ Pauleira. **3.** *fig.* Pessoa ou coisa não muito agradável, que chega até a incomodar. ▸ Chato.

pa.lla.dor. [paʎa'ðoɾ] [paʃa'ðoɾ] *m.* Ver *payador.* ▸ Repentista.

pal.ma. ['palma] ['palma] *f.* **1.** *Bot.* Folha da palmeira. ▸ Palma. **2.** *Anat.* Face anterior da mão. ▸ Palma. ◆ **Batir palmas.** Bater palmas. **Llevarse la palma.** Sobressair-se em algo, merecendo o aplauso geral. Colher os louros da vitória.

pal.ma.da. [pal'maða] [pal'maða] *f.* **1.** Golpe dado com a palma da mão. Tapa. ▸ Palmada. **2.** Barulho que se faz ao bater as mãos quando se aplaude. ▸ Palmas.

pal.mar. [pal'maɾ] [pal'maɾ] *v.4.* **1.** Morrer uma pessoa ou animal. ▸ Morrer. *adj.* **2.** Expressar-se com as palmas das mãos. ▸ Palmar. **3.** Pertencente à palma da mão. ▸ Palmar. *m.* **4.** Lugar onde se plantam palmeiras. ▸ Palmeiral.

pal.ma.rio, ria. [pal'maɾjo] [pal'maɾjo] *adj.* Que não deixa dúvidas. Patente. ▸ Evidente.

pal.me.ra. [pal'meɾa] [pal'meɾa] *f. Bot.* Árvore típica de regiões quentes. ▸ Palmeira.

pal.me.ral. [palme'ral] [palme'ral] *m.* Plantação ou bosque de palmeiras. ▸ Palmeiral.

pal.mo. ['palmo] ['palmo] *m.* **1.** Distância que há entre a ponta do dedo polegar e a do mínimo, estando a mão aberta e estendida. ▸ Palmo. **2.** Medida de longitude de 22 cm. ▸ Palmo.

pal.mo.te.ar. [palmote'aɾ] [palmote'aɾ] *v.4.* **1.** Bater as palmas das mãos uma contra a outra. ▸ Aplaudir. **2.** Dar palmadas nas costas. ▸ Saudar.

pal.mo.te.o. [palmo'teo] [palmo'teo] *m.* Ato de aplaudir, de bater palmas. ▸ Aplauso.

pa.lo. ['palo] ['palo] *m.* **1.** Pedaço de madeira, geralmente cilíndrico e comprido. ▸ Pau. **2.** Golpe dado com um pau. ▸ Paulada. **3.** *Desp.* Instrumento com que se golpeia a bola em esportes como o beisebol, o golfe, o polo, etc. ▸ Taco. **4.** *Mar.* Cada pedaço de madeira perpendicular à quilha de uma embarcação, destinado a sustentar as velas. ▸ Mastro. ◆ **A palo seco.** Sem comer nem beber. **Dar palos de ciego.** Dar com os burros n'água. **De tal palo, tal astilla.** Tal pai, tal filho. **Echar a palos.** *fig.* Expulsar alguém de forma rude. **Palo de agua.** Pé-d'água.

pa.lo.mar. [palo'maɾ] [palo'maɾ] *m.* Lugar onde se criam pombas. ▸ Pombal.

pa.lo.me.ta. [palo'meta] [palo'meta] *f.* **1.** *Zool.* Tipo de peixe marinho comestível. **2.** Artefato de três peças, em forma de triângulo, que serve para sustentar tábuas. ▸ Cavalete.

pa.lo.mi.ta. [palo'mita] [palo'mita] *f. Cul.* Grãos de milho torrados e estourados ao fogo. ▸ Pipoca. *U.t.c.pl.* ◆ **Palomitas de maíz.** Pipoca.

pa.lo.mo, ma. [pa'lomo] [pa'lomo] *s. Zool.* Tipo de ave doméstica. ▸ Pombo, pomba. ◆ **Paloma mensajera.** Pombo-correio.

pal.pa.ble. [pal'paβle] [pal'paβle] *adj.* **1.** Que se pode tocar com as mãos. ▸ Palpável. **2.** *fig.* Que é evidente. ▸ Palpável.

pal.par. [pal'paɾ] [pal'paɾ] *v.4.* Tocar uma coisa com os dedos ou a mão toda para examiná-la. ▸ Apalpar.

pal.pi.ta.ción. [palpita'θjon] [palpita'sjon] *f.* **1.** *Biol.* Movimento interno e involuntário de algumas partes do corpo. ▸ Palpitação. **2.** *Med.* Batida do coração mais acelerada do que o normal. ▸ Palpitação.

pal.pi.tan.te. [palpi'tante] [palpi'tante] *adj.* **1.** Que tem palpitações. ▸ Palpitante. **2.** Diz-se de assunto atual e de grande interesse. ▸ Palpitante.

pal.pi.tar. [palpi'taɾ] [palpi'taɾ] *v.4.* **1.** *Biol.* Bater o coração. ▸ Palpitar. **2.** Ter palpitações. ▸ Palpitar.

pál.pi.to. ['palpito] ['palpito] *m.* Intuição que uma pessoa tem sobre alguma coisa ou acontecimento. Pressentimento. ▸ Palpite.

pal.ta. ['palta] ['palta] *f. Bot. (Amér.)* Ver *aguacate.* ▸ Abacate.

pa.lu.dis.mo. [palu'ðismo] [palu'ðihmo] *m. Med.* Doença manifestada com febre transmitida por certo mosquito. Malária. ▸ Paludismo.

pa.lur.do, da. [pa'luɾðo] [pa'luɾðo] *adj. pej.* Diz-se de pessoa tosca, grosseira e sem instrução. ▸ Bronco. *U.t.c.s.*

pa.me.la. [pa'mela] [pa'mela] *f.* Chapéu de palha de copa baixa e abas largas, usado pelas mulheres no verão para proteger-se do sol. ▸ Capelinha.

pam.pa. ['pampa] ['pampa] *f. Geogr.* Grande extensão de terra plana e sem árvores. ▸ Pampa.

pam.pe.ro, ra. [pam'pero] [pam'pero] *adj.* **1.** Que vive no pampa. ▸ Pampiano. *U.t.c.s.* **2.** *Meteor.* Diz-se do vento forte procedente do pampa. Minuano. ▸ Pampeiro. *U.t.c.m.*

pan. ['pan] ['pan] *m. Cul.* Porção de massa de farinha de trigo e água, feita no forno, que serve de alimento. ▸ Pão. ◆ **Al pan, pan y al vino, vino.** As coisas claras e certas. **Pan de molde.** *Cul.* Pão de forma. **Ser pan comido.** *fig.* e *fam.* Ser muito fácil de conseguir. ▸ Ser moleza.

pa.na. ['pana] ['pana] *f.* Tecido grosso, semelhante ao veludo. ▸ Veludo cotelê.

pa.na.ce.a. [pana'θea] [pana'sea] *f.* Substância à qual se atribui a propriedade de curar várias doenças. ▸ Panaceia.

pa.na.de.rí.a. [panaðe'ria] [panaðe'ria] *f.* Estabelecimento onde se fabrica e/ou vende pão. ▸ Padaria.

pa.na.de.ro, ra. [pana'ðero] [pana'ðero] *s.* Pessoa que tem por ofício fazer ou vender pães. ▸ Padeiro. ▰ *Profesiones*

pa.nal. [pa'nal] [pa'nal] *m. Biol.* Conjunto de alvéolos construído pelas abelhas para depósito do mel. ▸ Favo.

pa.na.má. [pana'ma] [pana'ma] *m.* Chapéu de abas recolhidas, feito com fibras vegetais, muito usado no verão. ▸ Panamá.

pa.na.me.ño, ña. [pana'meɲo] [pana'meɲo] *adj.* **1.** Pertencente ou relativo ao Panamá. ▸ Panamenho. *s.* **2.** O natural ou habitante desse país da América Central. ▸ Panamenho.

pa.na.me.ri.ca.no, na. [panameri'kano] [panameri'kano] *adj.* **1.** Pertencente ou relativo ao pan-americanismo. ▸ Pan-americano. *U.t.c.s.* **2.** Pertencente ou relativo a toda a América. ▸ Pan-americano.

pan.car.ta. [pan'karta] [pan'karta] *f.* Tecido ou papelão que se exibe em reuniões públicas com mensagens, petições, protestos, etc. Faixa. ▸ Cartaz.

pan.ce.ta. [pan'θeta] [pan'seta] *f.* Toucinho de porco magro, salgado e defumado. *Bacon.* ▸ Toucinho.

pan.cho, cha. ['pantʃo] ['pantʃo] *adj. fam.* **1.** Diz-se da pessoa tranquila, sossegada, que não se altera. ▸ Calmo. **2.** Que está satisfeito. ▸ Sossegado. *m.* **3.** *Cul.* Pão que, cortado, se recheia com salsicha. ▸ Cachorro-quente.

pán.cre.as. ['pankreas] ['pankreas] *m. Anat.* Glândula abdominal que produz uma secreção digestiva e a insulina, que neutraliza o excesso de açúcar no organismo. ▸ Pâncreas.

pan.da. ['panda] ['panda] *f.* **1.** ☐ Grupo formado para fazer algum dano. ▸ Quadrilha. **2.** ☐ Reunião de várias pessoas para divertir-se. Moçada, rapaziada. ▸ Galera. *m.* **3.** Mamífero da família dos ursídeos. ▸ Panda. ▰ *Reino animal*

pan.de.mia. [pan'demja] [pan'demja] *f.* Epidemia generalizada que se estende a outros países ou regiões e afeta a muitas pessoas. ▸ Pandemia.

pan.de.re.ta. [pande'reta] [pande'reta] *f. Mús.* Pequeno pandeiro com guizos e soalhas. ▸ Pandeireta.

pan.de.ro. [pan'dero] [pan'dero] *m. Mús.* Instrumento rústico formado por um círculo de madeira coberto por pele esticada e provido de guizos e soalhas, que se tange batendo na pele com os dedos ou com toda a mão. ▸ Pandeiro. ▰ *Instrumentos musicales*

pan.di.lla. [pan'diʎa] [pan'diʃa] *f.* **1.** Grupo de amigos. ▸ Turma. **2.** Grupo de pessoas organizadas para o crime. Quadrilha. ▸ Gangue.

pa.ne.ci.llo. [pane'θiʎo] [pane'siʃo] *m. Cul.* Pão pequeno, que se consome geralmente no café da manhã. ▸ Pãozinho.

pa.nel. [pa'nel] [pa'nel] *m.* **1.** Moldura de portas ou janelas. ▸ Painel. **2.** Lâmina de madeira ou outro material que se usa para dividir espaços. ▸ Painel. **3.** Tabuleiro para colocar avisos. ▸ Painel.

pa.ne.ra. [pa'nera] [pa'nera] *f.* **1.** Lugar onde se guardam os cereais com os quais se faz o pão. ▸ Pote. **2.** Recipiente em que se serve o pão na mesa. ▸ Paneiro.

pan.fle.to. [pan'fleto] [pan'fleto] *m.* Escrito satírico ou difamatório. ▸ Panfleto.

pá.ni.co. ['paniko] ['paniko] *m.* Medo, pavor muito grande e descontrolado. ▸ Pânico.

pa.ni.fi.ca.do.ra. [panifika'ðora] [panifika'ðora] *f.* **1.** Estabelecimento onde se produz pão. ▸ Panificadora. **2.** Padaria ou indústria de panificação. ▸ Panificadora.

pa.no.ra.ma. [pano'rama] [pano'rama] *m.* **1.** Paisagem muito extensa, que se vê de um ponto de observação. ▸ Panorama. **2.** *fig.* Visão global que se tem sobre um tema ou situação. ▸ Panorama.

pan.ta.lla. [pan'taʎa] [pan'taʃa] *f.* **1.** Lâmina que se coloca diante ou em volta de uma luz para diminuir sua intensidade. Tela. ▸ Quebra-luz. **2.** Superfície plana em que se projetam imagens, como filmes ou outro material para projeção. ▸ Tela. **3.** Parte dos aparelhos eletrônicos em que aparecem as imagens, como em televisão e computadores. ▸ Tela.

pan.ta.lón. [panta'lon] [panta'lon] *m.* Peça de vestuário usada por homens e mulheres para cobrir o quadril e as pernas. *U.t.c.pl.* ◆ **Bajarse los pantalones.** *fig.* e *fam.* Baixar as calças. **Pantalón acampanado.** Calça boca de sino. **Pantalón vaquero.** Calça jeans. *m.pl. pan.ta.lo.nes.* ▸ Calça. ➨ *Ropa*

pan.ta.no. [pan'tano] [pan'tano] *m.* **1.** *Geogr.* Grande extensão de terra alagadiça onde se recolhem e detêm as águas. ▸ Pântano. **2.** *fig.* Dificuldade ou obstáculo pelo qual devemos passar para chegar à meta proposta. ▸ Pântano.

pan.ta.no.so, sa. [panta'noso] [panta'noso] *adj. Geogr.* Diz-se do terreno que tem pântanos. Alagadiço. ▸ Pantanoso.

pan.te.ís.mo. [pante'ismo] [pante'ihmo] *m.* Tendência filosófica segundo a qual Deus é o conjunto de tudo quanto existe. ▸ Panteísmo.

pan.te.ón. [pante'on] [pante'on] *m.* **1.** *Rel.* Templo, na antiga Roma, dedicado a todos os deuses. ▸ Panteão. **2.** Monumento funerário em que se conservam os restos das pessoas. ▸ Jazigo.

pan.te.ra. [pan'teɾa] [pan'teɾa] *f. Zool.* Animal mamífero felino de pele manchada. ▸ Leopardo. ◆ **Pantera negra.** *Zool.* Pantera negra. ➨ *Reino animal*

pan.to.mi.ma. [panto'mima] [panto'mima] *f.* **1.** *Teat.* Representação teatral por meio de figuras e gestos, sem palavras. Mímica. ▸ Pantomima. **2.** *fig.* Ato de fingir algo que não se sente. ▸ Pantomima.

pan.to.rri.lla. [panto'riʎa] [panto'riʃa] *f. Anat.* Parte posterior da perna. Barriga da perna. ▸ Panturrilha.

pan.tu.fla. [pan'tufla] [pan'tufla] *f.* Chinelo que se usa dentro de casa para conforto e agasalho do pé. ▸ Pantufa.

pan.za. ['panθa] ['pansa] *f. Anat.* **1.** Ventre grande. Pança. ▸ Barriga. **2.** A primeira das quatro cavidades do estômago dos ruminantes. ▸ Rúmen.

pan.zu.do, da. [pan'θuðo] [pan'suðo] *adj.* Que tem barriga proeminente. ▸ Barrigudo.

pa.ñal. [pa'ɲal] [pa'ɲal] *m.* Peça de tecido suave com que se envolvem os quadris dos bebês nos primeiros meses de vida. ▸ Fralda. ◆ **Estar en pañales.** Estar apenas começando.

pa.ño. ['paɲo] ['paɲo] *m.* **1.** Tecido de lã ou qualquer outro fio. ▸ Pano. **2.** *Mar.* Cada vela desfraldada que leva um navio. ▸ Pano. ◆ **Paño de cocina.** Ver *repasador.* ▸ Pano de prato.

pa.ñol. [pa'ɲol] [pa'ɲol] *m. Mar.* Compartimentos para guardar ferramentas, alimentos, munições, etc. ▸ Paiol.

pa.ño.le.ta. [paɲo'leta] [paɲo'leta] *f.* **1.** Peça de tecido que se põe em torno do pescoço como adorno ou agasalho. ▸ Echarpe. **2.** Gravata, que faz parte do traje dos toureiros, da mesma cor da faixa.

pa.ño.lón. [paɲo'lon] [paɲo'lon] *m.* Echarpe grande, geralmente de lã, para abrigar os ombros e as costas. ▸ Xale.

pa.ñue.lo. [pa'ɲwelo] [pa'ɲwelo] *m.* Peça de tecido pequena que se leva no bolso para diversos usos. ▸ Lenço.

pa.pa. ['papa] ['papa] *m.* **1.** *Rel.* Chefe supremo da Igreja Católica. ▸ Papa. *f.* **2.** ▫ *Bot.* Ver *patata.* ▸ Batata.

pa.pá. [pa'pa] [pa'pa] *m.* Tratamento carinhoso dado, especialmente pelas crianças, ao pai. ▸ Papai.

pa.pa.ble. [pa'paβle] [pa'paβle] *adj. Rel.* Diz-se do cardeal que se reputa merecedor de ser eleito papa. ▸ Papável.

pa.pa.da. [pa'paða] [pa'paða] *f. Anat.* Acúmulo carnoso que se forma embaixo do queixo. ▸ Papada.

pa.pa.do. [pa'paðo] [pa'paðo] *m. Rel.* **1.** Dignidade de papa. ▸ Papado. **2.** Tempo de pontificado de um papa. ▸ Papado.

pa.pa.ga.yo. [papa'ɣayo] [papa'ɣaʃo] *m. Zool.* Ave própria das regiões tropicais, que aprende a repetir palavras e frases completas. ▸ Papagaio. ◆ **Hablar como un papagayo.** Falar como uma matraca. ▸ Tagarelar.

pa.pal. [pa'pal] [pa'pal] *adj. Rel.* Pertencente ou relativo ao papa. ▸ Papal.

pa.pa.lo.te. [papa'lote] [papa'lote] *m.* (*Cuba, Hond.* e *Méx.*) Brinquedo feito de papel e fio, lançado e mantido suspenso no ar. ▸ Pipa. Papagaio. Raia.

pa.pa.mos.cas. [papa'moskas] [papa'mohkas] *m.* **1.** *Zool.* Pássaro que apanha moscas. ▸ Papa-moscas. **2.** *fam.* Pessoa distraída. ▸ Lesado.

pa.pa.na.tas. [papa'natas] [papa'naʃas] *com. fig.* e *fam.* Pessoa simples, crédula e ingênua, fácil de ser enganada. ▶ Trouxa.

pa.pa.ya. [pa'paja] [pa'paʃa] *f. Bot.* Nome comum dado a todas as variedades de mamão ou papaia. ▶ Mamão. → *Frutas*

pa.pel. [pa'pel] [pa'pel] *m.* **1.** Folha fina feita com pasta de matéria fibrosa, usada para escrever, imprimir, embrulhar, etc. ▶ Papel. **2.** *Teat.* Personagem de uma obra dramática representada por ator ou atriz. ▶ Papel. **3.** *fig.* Cargo ou função que uma pessoa desempenha em alguma situação de interpretação. ▶ Papel. ◆ **Papel de aluminio.** Papel-alumínio. **Papel carbón.** Papel-carbono. **Papel higiénico.** Papel higiênico.

pa.pe.le.o. [pape'leo] [pape'leo] *m.* Excesso de trâmites na resolução de um assunto. ▶ Burocracia.

pa.pe.le.ra. [pape'lera] [pape'leɾa] *f.* **1.** Estabelecimento destinado à fabricação de papel. ▶ Fábrica de papel. **2.** Recipiente para jogar os papéis inúteis. Papeleira. ▶ Lixeira. **3.** *p.us.* Armário para guardar papéis. ▶ Papeleira. → *En el aula*

pa.pe.le.rí.a. [papele'ria] [papele'ɾia] *f.* Loja onde se vendem artigos de papel e outros artigos de escritório. ▶ Papelaria.

pa.pe.le.ta. [pape'leta] [pape'leta] *f.* **1.** Formulário para emitir voto nas eleições. ▶ Cédula. **2.** Em diversos procedimentos administrativos, papel que serve como prova ou registro de algo. ▶ Canhoto. **3.** Folha que recebe o aluno com a qualificação obtida em uma prova. ▶ Boletim.

pa.pe.lón. [pape'lon] [pape'lon] *m. fig.* Grande vexame que causa vergonha. ▶ Papelão.

pa.pe.lu.cho. [pape'lutʃo] [pape'lutʃo] *m.* Papel escrito ou impresso, cujo conteúdo é desprezível. ▶ Papelucho.

pa.pe.ra. [pa'pera] [pa'peɾa] *f. Med.* **1.** Inflamação das parótidas, as glândulas secretoras da saliva. ▶ Caxumba. **2.** Inflamação da tireoide. ▶ Bócio.

pa.pi.la. [pa'pila] [pa'pila] *f. Anat.* Cada uma das pequenas saliências na pele e nas membranas mucosas, e especialmente as da língua, com as quais se sentem os sabores. ▶ Papila.

pa.pi.lla. [pa'piʎa] [pa'piʃa] *f. Cul.* Alimento feito com farinha, leite e outros ingredientes, leve e suave, próprio para crianças e doentes e que se serve também como sobremesa. ▶ Mingau. ◆ **Echar/Arrojar hasta la papilla.** Vomitar muito. Pôr tudo pra fora.

pa.pi.ro. [pa'piro] [pa'piɾo] *m.* **1.** *Bot.* Planta que era utilizada para fazer papel, barcos, choupanas, etc. ▶ Papiro. **2.** Lâmina extraída do caule de uma planta oriental sobre a qual se pode escrever. ▶ Papiro.

pa.po. ['papo] ['papo] *m. Anat.* **1.** Parte avultada do animal, entre o queixo e o pescoço. ▶ Papo. **2.** Papo das aves. ▶ Papo.

❏ **pa.que.te.** [pa'kete] [pa'kete] *m.* **1.** Embrulho bem-disposto de alguma coisa. ▶ Pacote. **2.** Conjunto de coisas que têm relação entre si. ▶ Pacote. ◆ **Paquete de medidas.** *Polít.* Pacote de medidas.

pa.que.te.rí.a. [pakete'ria] [pakete'ɾia] *f.* Bom gosto no trajar e na decoração das casas. ▶ Elegância.

pa.qui.der.mo. [paki'ðermo] [paki'ðeɾmo] *adj. Zool.* Diz-se da classe dos animais que têm a pele muito dura e grossa, onívoro como o javali ou herbívoro como o elefante. ▶ Paquiderme.

pa.quis.ta.ní. [pakista'ni] [pakihta'ni] *adj.* **1.** Pertencente ou relativo ao Paquistão. ▶ Paquistanês. *com.* **2.** O natural ou habitante desse país asiático. ▶ Paquistanês.

par. ['par] ['paɾ] *adj.* **1.** *Mat.* Aplica-se ao número dois e a todos os seus múltiplos. ▶ Par. **2.** Que é igual ou muito semelhante. ▶ Par. *m.* **3.** Conjunto de duas pessoas ou coisas da mesma espécie. ▶ Par. ◆ **A la par.** Juntamente, ao mesmo tempo. **Jugar a pares y nones.** Tirar par ou ímpar. **Sin par.** Sem igual.

pa.ra. ['para] ['paɾa] *prep.* **1.** Indica término ao qual se encaminha uma ação. ▶ Para. **2.** Indica destino. ▶ Para. **3.** Indica finalidade. ▶ Para. *Todos se están preparando para el examen.* Todos estão se preparando para a prova.

pa.ra.bién. [para'βjen] [paɾa'βjen] *m.* Felicitação que se dá a uma pessoa por um êxito ou um acontecimento feliz que lhe diz respeito. ▶ Parabéns.

pa.rá.bo.la. [pa'raβola] [pa'ɾaβola] *f.* **1.** Narrativa alegórica da qual se deduz um ensinamento moral. ▶ Parábola. **2.** *Geom.* Curva plana com pontos equidistantes de um ponto fixo e de uma reta fixa. ▶ Parábola.

pa.ra.bri.sas. [para'βrisas] [paɾa'βɾisas] *m.* Vidro do automóvel que protege do vento e condutor e os passageiros. ▶ Para-brisa.

pa.ra.ca.í.das. [paraka'iðas] [paɾaka'iðas] *m.* Artefato feito de tecido leve e resistente que, acionado, diminui a velocidade de queda das pessoas ou coisas que se lançam de grandes alturas. ▶ Paraquedas.

pa.ra.cai.dis.mo. [paɾakaj'ðismo] [paɾakaj'ðihmo] *m.* Prática de se lançar ou saltar de paraquedas. ▸ Paraquedismo.

pa.ra.cai.dis.ta. [paɾakaj'ðista] [paɾakaj'ðihta] *com.* **1.** *Desp.* Pessoa especialista em descidas de paraquedas. ▸ Paraquedista. **2.** Soldado treinado para servir no corpo dos paraquedistas. ▸ Paraquedista.

pa.ra.cho.ques. [para'tʃokes] [para'tʃokes] *m. Mec.* Peça colocada nas partes dianteira e traseira dos automóveis, destinada a amortecer choques. ▸ Para-choque.

pa.ra.da. [pa'raða] [pa'raða] *f.* **1.** Ato de parar. ▸ Parada. **2.** Ponto de concentração de táxis. Parada. ▸ Ponto. **3.** Ponto em que os ônibus de transporte coletivo se detêm para subida ou descida de passageiros. Parada. ▸ Ponto. **4.** Desfile cívico. ▸ Parada. ♦ **Parada de autobús.** Ponto de ônibus.

pa.ra.de.ro. [para'ðero] [para'ðero] *m.* Lugar onde está uma pessoa ou coisa. ▸ Paradeiro.

pa.ra.dig.ma. [para'ðiɣma] [para'ðiɣma] *m.* Exemplo que serve de norma, modelo. ▸ Paradigma.

pa.ra.dig.má.ti.co, ca. [paraðiɣ'matiko] [paraðiɣ'matiko] *adj.* Pertencente ou relativo a paradigma. ▸ Paradigmático.

pa.ra.di.sí.a.co, ca. [paraði'siako] [paraði'siako] *adj.* Pertencente ou relativo ao paraíso. Celestial. ▸ Paradisíaco.

pa.ra.do, da. [pa'raðo] [pa'raðo] *adj.* **1.** Diz-se da pessoa tímida, que fala pouco e não tem iniciativa. ▸ Parado. **2.** Aplica-se à pessoa que está sem emprego. ▸ Desempregado. **3.** Que não tem movimento. Imobilizado. ▸ Parado.

pa.ra.do.ja. [para'ðoxa] [para'ðoxa] *f.* Ideia ou frase que resulta contrária ao sentido previsto em determinada situação. ▸ Paradoxo.

pa.ra.dó.ji.co, ca. [para'ðoxiko] [para'ðoxiko] *adj.* Que encerra paradoxo ou faz uso dele. ▸ Paradoxal.

pa.ra.dón. [para'ðon] [para'ðon] *m. Desp.* Defesa de grande dificuldade, realizada pelo goleiro em uma partida de futebol. *¡Qué paradón ha hecho Valdés!* Que defesa fez o Valdés! ▸ Defesa.

pa.ra.dor. [para'ðor] [para'ðor] *m.* **1.** Hotel de luxo cujas instalações respeitam a arte e as tradições do lugar. ▸ Hotel. **2.** Estabelecimento que aluga quartos para hóspedes. ▸ Pousada.

pa.ra.fer.na.lia. [parafer'nalja] [parafer'nalja] *f.* Conjunto de atos rituais e apetrechos que envolvem determinadas cerimônias. ▸ Parafernália.

pa.ra.fi.na. [para'fina] [para'fina] *f. Quím.* Substância sólida que se obtém como subproduto da destilação do petróleo e tem aplicações industriais e farmacêuticas. ▸ Parafina.

pa.ra.fra.se.ar. [parafrase'ar] [parafrase'ar] *v.4.* Interpretar um texto para torná-lo mais claro e inteligível. ▸ Parafrasear.

pa.rá.fra.sis. [pa'rafrasis] [pa'rafrasis] *f.* Interpretação ou nova apresentação de um texto, dando-lhe um enfoque diferente. ▸ Paráfrase.

pa.ra.guas. [pa'raɣwas] [pa'raɣwas] *m.* Utensílio portátil feito de varetas móveis cobertas de tecido impermeável, utilizado para resguardar-se da chuva. ▸ Guarda-chuva.

pa.ra.gua.yo, ya. [para'ɣwajo] [para'ɣwaʃo] *adj.* **1.** Pertencente ou relativo ao Paraguai. ▸ Paraguaio. *s.* **2.** O natural ou habitante desse país da América do Sul. ▸ Paraguaio.

pa.ra.güe.ro. [para'ɣwero] [para'ɣwero] *s.* Móvel próprio para acomodar guarda-chuvas e bengalas. ▸ Mancebo.

pa.ra.í.so. [para'iso] [para'iso] *m.* **1.** *Rel.* Éden ou jardim de delícias. ▸ Paraíso. **2.** *fig.* Qualquer lugar muito ameno. ▸ Paraíso. ♦ **Ave del paraíso.** Ave-do-paraíso.

pa.ra.je. [pa'raxe] [pa'raxe] *m.* Lugar onde se para. ▸ Paragem.

pa.ra.le.la. [para'lela] [para'lela] *f.* **1.** *Geom.* Linha ou superfície equidistante de outra em toda sua extensão. ▸ Paralela. *pl.* **2.** *Desp.* Aparelho de ginástica composto de duas barras paralelas. ▸ Paralela.

pa.ra.le.le.pí.pe.do. [paralele'pipeðo] [paralele'pipeðo] *m. Geom.* Sólido geométrico limitado por seis paralelogramos, dos quais os opostos são iguais e paralelos. ▸ Paralelepípedo.

pa.ra.le.lis.mo. [parale'lismo] [parale'lihmo] *m.* Qualidade de paralelo ou continuada igualdade de distância entre linhas ou planos. ▸ Paralelismo.

pa.ra.le.lo, la. [para'lelo] [para'lelo] *adj.* **1.** *Geom.* Designativo de linhas ou planos equidistantes entre si. ▸ Paralelo. *m.* **2.** *Geogr.* Cada um dos círculos menores paralelos ao Equador. ▸ Paralelo. **3.** Comparação de uma coisa com outra. ▸ Paralelo.

pa.ra.le.lo.gra.mo. [paralelo'ɣramo] [paralelo'ɣramo] *m. Geom.* Tipo de quadrilátero. ▶ Paralelogramo.

pa.rá.li.sis. [pa'ralisis] [pa'ralisis] *f. Med.* Redução ou cessação dos movimentos de uma ou várias partes do corpo. ▶ Paralisia. ◆ **Parálisis infantil.** *Med.* Paralisia infantil.

pa.ra.lí.ti.co, ca. [para'litiko] [para'litiko] *adj. Med.* Diz-se daquele que padece de paralisia. ▶ Portador de paralisia. Paralítico. *U.t.c.s.*

pa.ra.li.za.ción. [paraliθa'θjon] [paralisa'sjon] *f.* **1.** Interrupção que experimenta uma coisa dotada de movimento. ▶ Paralisação. **2.** Interrupção provisória ou definitiva das atividades de uma empresa. ▶ Paralisação.

pa.ra.li.zar. [parali'θar] [parali'sar] *v.13.* Deter ou impedir a ação e o movimento de uma coisa. ▶ Paralisar.

pa.rá.me.tro. [pa'rametro] [pa'rametro] *m.* Elemento conhecido que permite compreender um problema ou um assunto. ▶ Parâmetro.

pa.ra.mi.li.tar. [paramili'tar] [paramili'tar] *adj. Polít.* Diz-se de organizações de cidadãos que exercem funções públicas com estrutura e disciplina de tipo militar. ▶ Paramilitar.

pa.ram.ne.sia. [param'nesja] [param'nesja] *f. Med.* Transtorno da memória caracterizado pelo esquecimento ou confusão das palavras. ▶ Paramnésia.

pá.ra.mo. ['paramo] ['paramo] *m. Geogr.* **1.** Planície deserta e desabrigada, especialmente os campos das altas montanhas andinas. ▶ Páramo. **2.** Qualquer paragem fria e exposta a todos os ventos. ▶ Páramo. **3.** Região pedregosa e sem vegetação. ▶ Agreste.

pa.ran.gón. [paran'gon] [paran'gon] *m.* Correspondência entre duas coisas. ▶ Comparação.

pa.ran.go.nar. [parango'nar] [parango'nar] *v.4.* Fazer comparação de uma coisa com outra. ▶ Comparar.

pa.ra.nin.fo, fa. [para'ninfo] [para'ninfo] *m.* **1.** Salão nobre em algumas universidades. ▶ Salão. **2.** Representante escolhido como patrono, que discursa na cerimônia. Padrinho, protetor ou testemunha. ▶ Paraninfo.

pa.ra.no.ia. [para'noja] [para'noʃa] *f. Med.* Tipo de transtorno psicológico, do qual um dos sintomas é a sensação de perseguição. ▶ Paranoia.

pa.ra.noi.co, ca. [para'nojko] [para'nojko] *adj. Med.* **1.** Relativo à paranoia. ▶ Paranoico. **2.** Que padece de paranoia. ▶ Paranoico.

pa.ra.pen.te. [para'pente] [para'pente] *m. Desp.* **1.** Esporte aéreo realizado com um tipo de paraquedas. ▶ Parapente. **2.** Tipo de paraquedas utilizado em regiões montanhosas. ▶ Parapente.

pa.ra.pe.to. [para'peto] [para'peto] *m.* **1.** *Arq.* Parede ou resguardo à altura do peito, que se põe em pontes, escadas, etc. para evitar quedas. ▶ Parapeito. **2.** Parte superior de uma trincheira. ▶ Parapeito.

pa.ra.ple.jí.a. [paraple'xia] [paraple'xia] *f. Med.* Paralisia da parte inferior do corpo. ▶ Paraplegia.

pa.ra.plé.ji.co, ca. [para'plexiko] [para'plexiko] *adj. Med.* Que padece de paraplegia. ▶ Paraplégico. *U.t.c.s.*

pa.ra.psi.co.lo.gí.a. [parapsikolo'xia] [parapsikolo'xia] *f.* Conjunto de práticas não científicas que pressupõem vínculos entre a vida psíquica e fenômenos não explicados. ▶ Parapsicologia.

pa.ra.psi.có.lo.go, ga. [parapsi'koloɣo] [parapsi'koloɣo] *s.* Pessoa que se ocupa da parapsicologia. ▶ Parapsicólogo.

pa.rar. [pa'rar] [pa'rar] *v.4.* **1.** Cessar o movimento ou a ação, não continuar. ▶ Parar. **2.** Habitar, permanecer em um lugar. ▶ Hospedar-se. **3.** Deter e impedir o movimento ou a ação de alguém. ▶ Parar. ◆ **Quedar/Salir bien/malparado.** Sair-se bem/mal.

pa.ra.rra.yos. [para'rajos] [para'raʃos] *m.* Aparelho que atrai as descargas elétricas das nuvens (os raios) e as conduz a um meio que as neutraliza. ▶ Para-raios.

pa.ra.sim.pá.ti.co, ca. [parasim'patiko] [parasim'patiko] *adj. Biol.* Um dos sistemas nervosos neurovegetativos. ▶ Parassimpático.

pa.ra.si.ta.rio, ria. [parasi'tarjo] [parasi'tarjo] *adj. Biol.* Pertencente ou relativo aos parasitas. ▶ Parasitário.

pa.ra.si.tis.mo. [parasi'tismo] [parasi'tihmo] *m.* **1.** *Biol.* Estado ou modo de vida dos parasitas. ▶ Parasitismo. **2.** *fig.* Hábito daqueles que vivem à custa do esforço de outrem. ▶ Parasitismo.

pa.rá.si.to, ta. [pa'rasito] [pa'rasito] *adj.* **1.** *Biol.* Diz-se do animal ou vegetal que vive à custa de outro de diferente espécie, do qual se alimenta, sem matá-lo. ▶ Parasita. *U.t.c.s.* **2.** *fig.* Que vive à custa dos outros. ▶ Parasita.

pa.ra.si.to.lo.gí.a. [parasitolo'xia] [parasitolo'xia] *f. Biol.* Parte da Biologia que trata dos seres parasitas. ▶ Parasitologia.

pa.ra.sol. [para'sol] [para'sol] *m.* Sombrinha que serve para resguardar-se do sol. ▸ Guarda-sol.

par.ce.la.[par'θela] [par'sela] *f.* **1.** ▫ Terreno pequeno. ▸ Lote. **2.** Parte pequena de alguma coisa. ▸ Parcela.

▫**par.ce.lar.** [parθe'lar] [parse'lar] *v.4.* Dividir um terreno em partes para facilitar sua venda ou utilização. ▸ Lotear.

par.che. ['partʃe] ['partʃe] *m.* Pedaço de material flexível que se cola sobre outro para vedar um buraco ou rachadura. ▸ Remendo.

par.chís. [par'tʃis] [par'tʃis] *m.* Jogo que se pratica em um tabuleiro movimentando fichas coloridas segundo o número que sai em um dado. ▸ Ludo. ➡ *Recreación*

par.cial. [par'θjal] [par'sjal] *adj.* **1.** Que não é completo e se compõe de apenas uma parte. ▸ Parcial. **2.** Que julga ou resolve segundo conveniência. ▸ Parcial.

par.cia.li.dad.[parθjali'ðaθ] [parsjali'ðað] *f.* **1.** Qualidade de parcial. ▸ Parcialidade. **2.** Prevenção a favor ou contra pessoas ou coisas, que resulta em falta de neutralidade. ▸ Parcialidade.

par.co, ca. ['parko] ['parko] *adj.* **1.** Moderado no uso ou na concessão das coisas. ▸ Parco. **2.** Sóbrio e moderado no consumo de comidas e bebidas. ▸ Parco.

par.di.llo. [par'ðiʎo] [par'ðiso] *m. Zool.* Tipo de pássaro canoro. ▸ Pardal.

par.do, da. ['parðo] ['parðo] *adj.* **1.** Que tem cor entre o amarelo e o castanho. ▸ Pardo. **2.** *(Amér.)* Diz-se do mestiço. ▸ Pardo. *U.t.c.s.*

pa.re.a.do, da. [pare'aðo] [pare'aðo] *adj.* Que forma um par com outra coisa. ▸ Pareado.

pa.re.ar. [pare'ar] [pare'ar] *v.4.* **1.** Juntar, igualar duas coisas. ▸ Parear. **2.** Formar pares de coisas, colocando-as de dois em dois. ▸ Parear.

pa.re.cer. [pare'θer] [pare'ser] *v.24.* **1.** Ter determinada aparência ou aspecto. ▸ Parecer. *m.* **2.** Opinião, laudo ou ditame que uma pessoa, com autoridade e conhecimento, emite sobre um assunto. ▸ Parecer.

pa.re.ci.do, da. [pare'θiðo] [pare'siðo] *adj.* **1.** Diz-se daquilo que é semelhante a outra coisa. ▸ Parecido. **2.** Diz-se da pessoa que tem semelhança com outra. ▸ Parecido.

pa.red. [pa'reθ] [pa'reð] *f.* Obra vertical (muro) que fecha ou limita espaços. ▸ Parede. ◆ **Reloj de pared.** Relógio de parede. **Salirse por las paredes.** *fig.* Subir pelas paredes.

pa.re.dón. [pare'ðon] [pare'ðon] *m.* **1.** Parede alta e extensa. ▸ Paredão. **2.** *Arq.* Muro deteriorado de uma construção antiga. ▸ Ruína. **3.** Lugar, geralmente diante de uma parede, onde se mata por fuzilamento. ▸ Paredão.

pa.re.ja. [pa'rexa] [pa'rexa] *f.* **1.** Conjunto de duas pessoas, animais ou coisas. ▸ Parelha. **2.** Duas pessoas que têm um relacionamento estável, que pode ser um namoro ou casamento. ▸ Casal. *Mi pareja es Miriam.* Minha parceira é Miriam. *obs.:* Quando precedido de pronome possessivo, refere-se ao parceiro ou parceira. **3.** Companheiro ou companheira em um baile ou dança. ▸ Par.

pa.re.jo, ja. [pa'rexo] [pa'rexo] *adj.* Diz-se de coisas que têm uma propriedade ou qualidade em grau semelhante. ▸ Parelho.

pa.ren.tes.co.[paren'tesko] [paren'tehko] *m.* Vínculo familiar por consanguinidade ou afinidade. ▸ Parentesco.

pa.rén.te.sis. [pa'rentesis] [pa'rentesis] *m. Ling.* Oração ou frase incidental, formando sentido à parte, encerrada entre os signos (), a cada um dos quais se dá o mesmo nome. ▸ Parêntese. ◆ **Abrir el paréntesis.** Abrir parêntese. **Cerrar el paréntesis.** Fechar parêntese. **Entre paréntesis.** Entre parênteses.

pa.re.o. [pa'reo] [pa'reo] *m.* Efeito de parear ou unir uma coisa com outra. ▸ Páreo.

pa.ri.dad. [pari'ðaθ] [pari'ðað] *f.* Semelhança ou equivalência entre duas coisas. ▸ Paridade.

pa.rien.te, ta. [pa'rjente] [pa'rjente] *adj.* **1.** Cada um dos ascendentes, descendentes e colaterais, tanto consanguíneos como por afinidade, de um indivíduo. ▸ Parente. *U.t.c.s.* **2.** Indivíduo em relação a cada um dos membros de sua família. ▸ Parente.

pa.rie.tal. [parje'tal] [parje'tal] *adj.* **1.** Relativo à parede, próprio para pendurar à parede. ▸ Parietal. *m.* **2.** *Anat.* Cada um dos ossos súpero-laterais do crânio. ▸ Parietal.

pa.ri.pé. [pari'pe] [pari'pe] *m.* Expressão coloquial utilizada para designar um ato de simulação ou fingimento. ▸ Fita (fazer). Arremedo. *La situación fue un paripé.* Foi um arremedo só a situação.

pa.rir. [pa'rir] [pa'rir] *v.6.* Expulsar do ventre o filho que concebeu. Dar à luz. ▸ Parir.

parking. *m.* Ver *aparcamiento*[(2)]. ▸ Estacionamento.

par.la.men.tar.[parlamen'tar] [parlamen'tar] *v.4.* Entabular conversas para resolver conflitos ou antagonismos entre entidades, estados, nações, etc. ▸ Parlamentar.

par.la.men.ta.rio, ria. [parlamen'tarjo] [parlamen'tarjo] *adj.* **1.** Pertencente ou relativo a parlamento judicial ou político. ▶ Parlamentar. *s.* **2.** Emissário que vai a parlamento. ▶ Parlamentar. **3.** Membro de um parlamento. ▶ Parlamentar.

par.la.men.ta.ris.mo. [parlamenta'rismo] [parlamenta'rihmo] *m. Polít.* Sistema político em que o Poder Legislativo está confiado ao Parlamento, ante o qual são responsáveis os ministros. ▶ Parlamentarismo.

par.la.men.to. [parla'mento] [parla'mento] *m.* **1.** *Polít.* Câmara ou assembleia legislativa nacional ou estadual. ▶ Parlamento. **2.** *Teat.* Fala extensa. ▶ Parlamento.

par.lan.chín, chi.na. [parlan'tʃin] [parlan'tʃin] *adj. fam.* **1.** Que fala muito e fora de tempo. ▶ Falador. **2.** Que fala o que não deve. ▶ Falador.

par.lan.te. [par'lante] [par'lante] *m.* **1.** Que fala. ▶ Falante. **2.** Ver *altavoz*. ▶ Alto-falante.

par.lar. [par'lar] [par'lar] *v.4.* Falar muito e não dizer nada. ▶ Tagarelar.

par.lo.te.ar. [parlote'ar] [parlote'ar] *v.4.* Falar muito por entretenimento ou diversão sobre assuntos sem importância. ▶ Tagarelar.

par.né. [par'ne] [par'ne] *m. fam.* **1.** Ver *dinero*. ▶ Dinheiro. **2.** Tudo o que alguém tem de valor. ▶ Riqueza.

pa.ro. ['paro] ['paro] *m.* **1.** Ato ou efeito de parar. ▶ Parada. **2.** Interrupção de um movimento. ▶ Parada. **3.** Falta de ocupação. ▶ Desemprego. **4.** Greve curta. ▶ Paralisação. ♦ **Estar en el paro.** Estar desempregado. *Mi hermano está en el paro hace seis meses.* Meu irmão está desempregado há seis meses.

pa.ro.dia. [pa'roðja] [pa'roðja] *f.* Representação imitativa, com propósito irônico, de um texto ou de atitudes de uma pessoa. ▶ Paródia.

pa.ro.diar. [paro'ðjar] [paro'ðjar] *v.4.* Fazer uma paródia. ▶ Parodiar.

pa.ró.ti.da. [pa'rotiða] [pa'rotiða] *f. Anat.* Cada uma das glândulas salivares situadas abaixo dos ouvidos. ▶ Parótida.

pa.ro.ti.di.tis. [paroti'ðitis] [paroti'ðitis] *f.* Inflamação da glândula parótida. ▶ Caxumba.

pa.ro.xis.mo. [paro'ksismo] [paro'ksihmo] *m.* **1.** *Med.* Estado crítico no desenvolvimento de uma doença. ▶ Paroxismo. **2.** Exaltação exagerada de um sentimento ou manifestação. ▶ Paroxismo.

pa.ro.xí.to.no, na. [paro'ksitono] [paro'ksitono] *adj. Ling.* Aplica-se à palavra que tem o acento tônico na penúltima sílaba. ▶ Paroxítono. *U.t.c.s.*

par.pa.de.ar. [parpaðe'ar] [parpaðe'ar] *v.4.* Abrir e fechar rapidamente os olhos. ▶ Piscar.

par.pa.de.o. [parpa'ðeo] [parpa'ðeo] *m.* Ato ou efeito de piscar. ▶ Piscada.

pár.pa.do. ['parpaðo] ['parpaðo] *m. Anat.* Cada uma das membranas móveis que cobrem e protegem os olhos. ▶ Pálpebra.

par.que. ['parke] ['parke] *m.* Terreno, em uma cidade, com jardins e árvores, destinado ao lazer e ornamentação. ▶ Parque. ♦ **Parque de diversiones.** Parque de diversões.

par.que.a.mien.to. [parkea'mjento] [parkea'mjento] *m.* Ver *aparcamiento*⁽²⁾. ▶ Estacionamento.

par.que.ar. [parke'ar] [parke'ar] *v.4.* Ver *aparcar.* ▶ Estacionar.

pa.rra. ['para] ['para] *f.* Videira. ▶ Parreira.

pa.rra.fa.da. [para'faða] [para'faða] *f. fam.* Diálogo extenso e pesado. Discussão. ▶ Quebra-pau.

pá.rra.fo. ['parafo] ['parafo] *m. Ling.* **1.** Parte de um texto escrito que começa em início de linha e termina em ponto. ▶ Parágrafo. **2.** Sinal ortográfico (§) com o qual se indica essa divisão. ▶ Parágrafo.

pa.rral. [pa'ral] [pa'ral] *m.* Conjunto de videiras suspensas no alto com uma armação de madeira. ▶ Parreiral.

pa.rran.da. [pa'randa] [pa'randa] *f.* **1.** Grupo de pessoas que saem à noite tocando instrumentos de música e cantando para divertir-se. ▶ Banda. **2.** *fig.* Ver *juerga*. Diversão. ▶ Farra.

pa.rran.de.ar. [parande'ar] [parande'ar] *v.4. fam.* Andar de farra. ▶ Farrear.

pa.rri.ci.da. [pari'θiða] [pari'siða] *com.* Pessoa que matou pai, mãe ou qualquer ascendente. ▶ Parricida. *U.t.c.adj.*

pa.rri.ci.dio. [pari'θiðjo] [pari'siðjo] *m.* Crime cometido por quem mata um ascendente. ▶ Parricídio.

pa.rri.lla. [pa'riʎa] [pa'riʃa] *f.* **1.** Grade de ferro com pés para assar ou torrar alimentos na brasa. ▶ Grelha. **2.** Local onde se servem carne e outros alimentos assados na grelha à vista dos clientes. ▶ Churrascaria. **3.** A carne que é assada na grelha. ▶ Churrasco.

pa.rri.lla.da. [pariˈʎaða] [pariˈʃaða] *f. Cul.* **1.** Prato composto de peixe e outros frutos do mar assados na brasa. **2.** (*Arg.*) Prato composto de carnes, miúdos, linguiça e frango assados na brasa. ▸ Churrasco.

pá.rro.co. [ˈparoko] [ˈparoko] *m. Rel.* Sacerdote de uma paróquia. Vigário. ▸ Pároco.

pa.rro.quia. [paˈrokja] [paˈrokja] *f. Rel.* **1.** Igreja onde o pároco oficia para uma freguesia. ▸ Paróquia. **2.** Território sob a ação e orientação espiritual de um pároco. ▸ Paróquia.

pa.rro.quial. [paroˈkjal] [paroˈkjal] *adj. Rel.* Relativo ao pároco ou à paróquia. ▸ Paroquial.

pa.rro.quia.no, na. [paroˈkjano] [paroˈkjano] *adj. Rel.* Pertencente a uma paróquia. ▸ Paroquiano. *U.t.c.s.*

par.si.mo.nia. [parsiˈmonja] [parsiˈmonja] *f.* **1.** Moderação, sobriedade no consumo e nos gastos. Poupança. ▸ Parcimônia. **2.** Calma e temperança nas atitudes e paixões. ▸ Parcimônia.

par.si.mo.nio.so, sa. [parsimoˈnjoso] [parsimoˈnjoso] *adj.* **1.** Que é tranquilo e faz as coisas devagar. ▸ Parcimonioso. **2.** Moderado nos gastos. Econômico. ▸ Parcimonioso.

par.te. [ˈparte] [ˈparte] *f.* **1.** Porção determinada ou indeterminada de um todo. ▸ Parte. **2.** Cada uma das pessoas que contratam um negócio entre si. ▸ Parte. **3.** *Dir.* Cada um dos litigantes em um processo judicial. ▸ Parte. **4.** Cada um dos setores que se opõem ou lutam. ▸ Parte. **5.** Porção que corresponde a alguém em uma repartição ou distribuição. ▸ Parte. **6.** Cada um dos aspectos em que se pode considerar uma pessoa ou coisa. ▸ Parte. *m.* **7.** Documento que notifica algo. ▸ Notificação. ♦ **De parte a parte.** De um lado a outro. **Formar parte.** Fazer parte. **Parte médico.** *Med.* Boletim médico. **Por mi parte.** Da minha parte.

par.te.nue.ces. [parteˈnweθes] [parteˈnweses] *m.* Instrumento usado para quebrar nozes. ▸ Quebra-nozes.

par.te.ra. [parˈtera] [parˈtera] *f.* Mulher que auxilia em partos. ▸ Parteira.

par.ti.ble. [parˈtiβle] [parˈtiβle] *adj.* Que se pode ou se deve partir. ▸ Partível.

par.ti.ción. [partiˈθjon] [partiˈsjon] *f.* Ato de dividir alguma coisa entre várias pessoas. ▸ Repartição.

par.ti.ci.pa.ción. [partiθipaˈθjon] [partisipaˈsjon] *f.* **1.** Ato ou efeito de tomar parte em alguma atividade ou evento. ▸ Participação. **2.** Notícia ou aviso transmitido a alguém. Participação. ▸ Notificação.

par.ti.ci.pan.te. [partiθiˈpante] [partisiˈpante] *adj.* Que tem participação. ▸ Participante. *U.t.c.s.*

par.ti.ci.par. [partiθiˈpar] [partisiˈpar] *v.4.* **1.** Tomar parte ativa em alguma coisa. ▸ Participar. **2.** Receber uma parte de algo. ▸ Participar. **3.** Comunicar, inteirar ou dar notícia de alguma coisa. ▸ Participar.

par.tí.ci.pe. [parˈtiθipe] [parˈtisipe] *adj.* **1.** Que participa ou tem parte em alguma coisa. ▸ Partícipe. **2.** Que faz parte de. ▸ Partícipe.

par.ti.ci.pio. [partiˈθipjo] [partiˈsipjo] *m. Ling.* Forma não pessoal de cada verbo, que tem aplicação como verbo e como adjetivo. ▸ Particípio.

par.tí.cu.la. [parˈtikula] [parˈtikula] *f. Fís.* Pequena parte da matéria. ▸ Partícula.

par.ti.cu.lar. [partikuˈlar] [partikuˈlar] *adj.* **1.** Que é próprio ou característico de uma coisa. ▸ Particular. **2.** Que é próprio, característico ou íntimo de alguém. ▸ Particular. **3.** Diz-se do que é privado, que não é de propriedade ou uso público. ▸ Particular. ♦ **En particular.** Em particular. **Sin otro particular.** Sem mais o que dizer.

par.ti.cu.la.ri.dad. [partikulariˈðaθ] [partikulariˈðað] *f.* Pormenor que torna uma coisa diferente de outras similares. ▸ Particularidade.

par.ti.cu.la.ris.mo. [partikulaˈrismo] [partikulaˈrihmo] *m.* Preferência que se dá ao interesse particular sobre o público ou geral. ▸ Particularismo.

par.ti.cu.la.ri.za.ción. [partikulariθaˈθjon] [partikularisaˈsjon] *f.* Ato ou efeito de particularizar. ▸ Particularização.

par.ti.cu.la.ri.zar. [partikulariˈθar] [partikulariˈsar] *v.13.* Aplicar uma noção geral a um ou vários casos específicos. ▸ Particularizar.

par.ti.cu.lar.men.te. [partikularˈmente] [partikularˈmente] *adv.* De forma particular ou com caráter privado. ▸ Particularmente.

par.ti.da. [parˈtiða] [parˈtiða] *f.* **1.** Ato de partir ou sair de um lugar ou ponto. ▸ Partida. **2.** Documento que atesta registro de nascimento, casamento ou óbito. ▸ Certidão. **3.** Porção de mercadorias destinadas ao comércio. ▸ Lote. **4.** Jogo, conjunto de jogadas. ▸ Partida.

par.ti.da.rio, ria. [parti'ðarjo] [parti'ðarjo] *adj.* **1.** Pertencente ou adepto de um partido. ▸ Partidário. *U.t.c.s.* **2.** *Polít.* Que concorda com uma ideia ou postulado político e o defende. ▸ Partidário. *U.t.c.s.*

par.ti.dis.mo. [parti'ðismo] [parti'ðihmo] *m. Polít.* Adesão às ideias e às decisões do partido em que milita. Proselitismo. ▸ Partidarismo.

par.ti.do, da. [par'tiðo] [par'tiðo] *adj.* **1.** Dividido em partes. ▸ Partido. *m.* **2.** *Polít.* Organização criada com base em interesses e opiniões comuns, visando à luta política. ▸ Partido. **3.** *Desp.* Competição esportiva entre duas equipes ou dois jogadores. Partida. ▸ Jogo.

par.ti.dor. [parti'ðor] [parti'ðor] *m.* **1.** Aquele que divide ou reparte uma coisa. Distribuidor. ▸ Repartidor. **2.** Instrumento com que se parte ou quebra algo. ▸ Partidor.

par.tir. [par'tir] [par'tir] *v.6.* **1.** Dividir uma coisa em partes. ▸ Partir. **2.** Quebrar a casca dura de alguns frutos. ▸ Partir. **3.** Pôr-se à caminho de um lugar. ▸ Partir.

par.ti.ti.vo, va. [parti'tiβo] [parti'tiβo] *adj.* **1.** Que pode partir-se ou dividir-se. ▸ Partitivo. **2.** *Ling.* Que expressa uma parte de um todo, como: *medio, tercio*, etc. ▸ Partitivo.

par.ti.tu.ra. [parti'tura] [parti'tura] *f. Mús.* Texto gráfico completo de uma obra musical para vozes ou orquestra. ▸ Partitura.

par.to. ['parto] ['parto] *m.* Ato de parir. ▸ Parto.

par.tu.rien.ta. [partu'rjenta] [partu'rjenta] *adj.* Diz-se da mulher que está parindo ou acaba de dar à luz. ▸ Parturiente. *U.t.c.f.*

par.vu.la.rio. [parβu'larjo] [parβu'larjo] *m.* Estabelecimento onde se cuidam e educam crianças. ▸ Jardim de infância.

par.vu.lez. [parβu'leθ] [parβu'les] *f.* Candidez própria de criança. ▸ Ingenuidade.

pár.vu.lo, la. ['parβulo] ['parβulo] *adj.* **1.** Diz-se de pessoa de pouca idade. ▸ Criança. *U.t.c.s.* **2.** *fig.* Aplica-se à pessoa ingênua e fácil de enganar. Criança. ▸ Ingênuo.

pa.sa. ['pasa] ['pasa] *f. Bot.* Uva que se deixa na videira até ficar quase seca ou que se deixa secar ao sol. ▸ Passa.

pa.sa.ble. [pa'saβle] [pa'saβle] *adj.* Que se pode aceitar. ▸ Passável.

pa.sa.ca.lle. [pasa'kaʎe] [pasa'kaʃe] *m.* Faixa colocada em altura, de um lado ao outro da rua, para propaganda. ▸ Faixa.

pa.sa.da. [pa'saða] [pa'saða] *f.* Ato de revisar ou conferir um trabalho. ▸ Revisão. *Vamos a dar una pasada a lo que ya está listo.* Vamos fazer uma revisão do que já está pronto. ◆ **De pasada.** De passagem.

pa.sa.de.ra. [pasa'ðera] [pasa'ðera] *f.* Qualquer coisa que se coloca para atravessar a pé uma corrente de água. ▸ Pinguela.

pa.sa.di.zo. [pasa'ðiθo] [pasa'ðiso] *m.* Galeria de comunicação que nas casas ou nas ruas serve para ir de um lugar a outro. ▸ Corredor.

pa.sa.do, da. [pa'saðo] [pa'saðo] *adj.* **1.** Que passou. ▸ Passado. **2.** Diz-se de alimento podre. ▸ Passado. *m.* **3.** Tempo que passou e coisas que aconteceram nele. ▸ Passado.

pa.sa.dor. [pasa'ðor] [pasa'ðor] *m.* **1.** Prendedor grande que as mulheres usam para prender o cabelo. ▸ Passador, prendedor de cabelo, pregador de cabelo. **2.** ❑ Fecho que se coloca em uma folha de porta ou janela para fechá-la. Trinco. ▸ Trava. ◆ **Colocar el pasador.** Passar a trava.

pa.sa.je. [pa'saxe] [pa'saxe] *m.* **1.** Bilhete de viagem ou preço que se paga por ele para o transporte de pessoas em qualquer veículo. ▸ Passagem. **2.** Conjunto de passageiros que viajam no mesmo veículo. ▸ Passageiros. **3.** Ato de passar de uma parte a outra. ▸ Passagem.

pa.sa.je.ro, ra. [pasa'xero] [pasa'xero] *adj.* **1.** Que viaja em um veículo sem dirigi-lo. ▸ Passageiro. *U.t.c.s.* **2.** Que passa em pouco tempo, que não é permanente. ▸ Passageiro.

pa.sa.ma.nos. [pasa'manos] [pasa'manos] *m.* Peça que se coloca nas escadas e passagens por lugares altos ou perigosos, para apoio das mãos e proteção de quedas. ▸ Corrimão.

pa.sa.mon.ta.ñas. [pasamon'taɲas] [pasamon'taɲas] *m.* Gorro ou capuz usado para proteger-se do frio, que cobre toda a cabeça, menos os olhos e o nariz, até o pescoço. ▸ Gorro.

pa.san.te. [pa'sante] [pa'sante] *com.* Estudante que, formado ou não, faz um estágio, especialmente em advocacia. ▸ Estagiário.

pa.san.tí.a. [pasan'tia] [pasan'tia] *f.* **1.** Etapa de prática de um aprendizado adquirido. ▸ Estágio. **2.** Tempo que dura o estágio. ▸ Estágio.

pa.sa.por.te. [pasa'porte] [pasa'porte] *m.* Documento que identifica e libera seu portador na passagem de um país a outro. ▸ Passaporte.

pa.sar. [pa'saɾ] [pa'saɾ] *v.4.* **1.** Levar de um lugar a outro. ▶ Passar. **2.** Introduzir por uma fronteira mercadorias de contrabando. ▶ Passar. **3.** Sair-se bem nas provas escolares de fim de curso. ▶ Passar. **4.** Padecer com resistência. ▶ Tolerar. **5.** Mover-se de um lugar a outro. ▶ Passar. **6.** Ocupar o tempo. ▶ Passar. **7.** Ocorrer algo. ▶ Acontecer. *v.p.* **8.** Valer-se excessivamente de uma qualidade. ▶ Abusar, extrapolar. **9.** Superar o normal ou esperado. Exceder. ▶ Passar. **10.** Projetar um filme no cinema ou na televisão. Exibir. ▶ Passar. ◆ **Pasar de largo.** Passar longe. **Pasar de la raya.** Passar dos limites. **Pasarla bien.** Desfrutar (a vida, a ocasião). **¿Qué pasó?** O que foi?/O que está acontecendo?

pa.sa.re.la. [pasa'rela] [pasa'rela] *f.* **1.** Ponte pequena ou provisória destinada ao uso exclusivo de pedestres. ▶ Passarela. **2.** Corredor estreito e elevado, destinado a desfile de modelos ou artistas especialmente exibindo roupas. ▶ Passarela.

pa.sa.tiem.po. [pasa'tjempo] [pasa'tjempo] *m.* **1.** Entretenimento para tempo em que se está ocioso. ▶ Passatempo. **2.** Ocupação ligeira e agradável. ▶ Passatempo.

pas.cal. [pas'kal] [pah'kal] *m. Fís.* Unidade de medida de pressão. ▶ Pascal.

pas.cua. ['paskwa] ['pahkwa] *f. n.p. Rel.* **1.** Festa anual dos cristãos, em memória da ressurreição de Cristo, que ocorre no domingo subsequente ao de Ramos. ▶ Páscoa. **2.** Festa anual dos hebreus em memória de sua libertação e saída do Egito. ▶ Páscoa. ◆ **Felices Pascuas.** Feliz Páscoa.

pa.se. ['pase] ['pase] *m.* **1.** Licença que permite passar ou transitar por um lugar reservado. ▶ Passe. **2.** Licença para transportar produtos sujeitos a controle. ▶ Passe. **3.** *Desp.* Em qualquer jogo, ato ou efeito de passar a bola. ▶ Passe. **4.** *Rel.* No espiritismo, imposição das mãos sobre a cabeça de uma pessoa com o fim de receber ajuda do plano espiritual. ▶ Passe.

pa.se.an.te. [pase'ante] [pase'ante] *s.* Pessoa que está de passeio. Passeador. ▶ Passeante.

pa.se.ar. [pase'aɾ] [pase'aɾ] *v.4.* Ir a pé ou em veículo por entretenimento ou por exercício. ▶ Passear. ◆ **¡Vete a pasear cabritas!** Vá pentear macacos!

pa.se.o. [pa'seo] [pa'seo] *m.* **1.** Lugar ou praça pública para passear. ▶ Passeio. **2.** Distância curta que se pode percorrer passeando. ▶ Passeio. ➡ *Recreación*

pa.si.llo. [pa'siʎo] [pa'siʝo] *m.* **1.** Passagem estreita de qualquer edifício. ▶ Corredor. **2.** *Desp.* Jogada de futebol passando a bola pelas pernas. ▶ Drible.

pa.sión. [pa'sjon] [pa'sjon] *f.* **1.** Sentimento de desejo muito intenso. ▶ Paixão. **2.** Entusiasmo e afeição por uma coisa. ▶ Paixão.

pa.sio.nal. [pasjo'nal] [pasjo'nal] *adj.* Relativo à paixão. ▶ Passional.

pa.si.va.men.te. [pasiβa'mente] [pasiβa'mente] *adv.* Sem ação nem reação. ▶ Passivamente.

pa.si.vo, va. [pa'siβo] [pa'siβo] *adj.* **1.** Que não realiza ações e é apenas objeto delas. ▶ Passivo. **2.** *Ling.* Que não pratica a ação do verbo, mas sofre a ação dele. ▶ Passivo. *m.* **3.** *Fin.* O total dos débitos que tem contra si uma pessoa ou entidade. ▶ Passivo.

pas.ma.do, da. [pas'maðo] [pah'maðo] *adj.* Que procede com assombro. ▶ Pasmado.

pas.mar. [pas'maɾ] [pah'maɾ] *v.4. fig.* Causar assombro ou admiração. ▶ Pasmar.

pas.mo. ['pasmo] ['pahmo] *m.* **1.** *Med.* Sensação ruim causada por resfriado. ▶ Mal-estar. **2.** *fig.* Admiração ou assombro intensos. ▶ Pasmo.

pa.so. ['paso] ['paso] *m.* **1.** Lugar ou construção que dá acesso a outra parte. ▶ Passagem. **2.** Movimento contínuo com que anda um ser animado. ▶ Passo. **3.** Marcas que ficam impressas ao andar. ▶ Pegadas. **4.** *Geogr.* Estreito de mar. ▶ Estreito. ◆ **Abrir paso.** Abrir passagem. **Ceder/Cerrar el paso.** Permitir/Impedir a passagem. **Paso a nivel.** Passagem de nível. **Paso de cebra/peatones.** Faixa de pedestres. **Salir del paso.** Fazer algo depressa e malfeito só para se livrar.

pa.so.do.ble. [paso'ðoβle] [paso'ðoβle] *m.* **1.** *Mús.* Peça de música muito popular na Espanha. ▶ *Pasodoble*. **2.** Dança que segue o compasso dessa música. ▶ *Pasodoble*.

pa.so.ta. [pa'sota] [pa'sota] *com.* Pessoa apagada, que não demonstra interesse por nada. ▶ Apático.

pas.quín. [pas'kin] [pah'kin] *m.* Escrito anônimo afixado em lugar público, com expressões satíricas ou críticas contra algo ou alguém. ▶ Pasquim.

pas.ta. ['pasta] ['pahta] *f.* **1.** *Cul.* Qualquer massa que contém farinha de trigo e outros ingredientes, para preparo de pães, bolos, doces, macarrão, etc. ▶ Pasta. **2.** Ver *dinero.* ▶ Dinheiro. *No tengo pasta.* Não tenho dinheiro. ◆ **Pasta dentífrica/de dientes.** Pasta dental.

pas.tar. [pas'tar] [pah'tar] *v.4.* **1.** Levar o gado ao pasto. ▸ Pastar. **2.** Comer erva não ceifada (o gado). ▸ Pastar.

☐ **pas.tel.** [pas'tel] [pah'tel] *m. Cul.* Massa de farinha e manteiga cozida ao forno, em geral recheada de creme ou doce, e às vezes de carne, fruta ou peixe. ▸ Torta. ♦ **Pastel de chocolate.** Bolo de chocolate. **Pastel de carne.** Torta salgada de carne.

☐ **pas.te.le.rí.a.** [pastele'ria] [pahtele'ria] *f.* Estabelecimento onde se fazem ou vendem bolos, tortas e outros doces. ▸ Confeitaria.

☐ **pas.te.le.ro, ra.** [paste'lero] [pahte'lero] *s.* **1.** Pessoa que tem por ofício fazer ou vender doces. ▸ Confeiteiro. **2.** Ver *adulón*. ▸ Bajulador.

pas.teu.ri.zar. [pasteuri'θar] [pahteuri'sar] *v.13.* Esterilizar alimentos líquidos elevando a temperatura até um determinado nível e, a seguir, esfriando-os rapidamente. ▸ Pasteurizar.

pas.ti.che. [pas'titʃe] [pah'titʃe] *m.* Tipo extremo de paródia, em que aquilo que se imita resulta irreconhecível. ▸ Pastiche.

pas.ti.lla. [pas'tiʎa] [pah'tiʃa] *f.* **1.** Porção muito pequena de massa composta de açúcar e alguma substância de sabor agradável. ▸ Bala. **2.** *Farm.* Pequena porção de remédio. ▸ Pastilha. ♦ **Pastilla de jabón.** Pedra de sabão.

pas.ti.zal. [pasti'θal] [pahti'sal] *m.* Terreno de abundante e boa erva para alimento do gado. ▸ Pasto.

pas.to. ['pasto] ['pahto] *m.* **1.** *Bot.* Erva crescida naturalmente, que o gado pasta na terra. Capim. ▸ Pastagem. **2.** Lugar onde pasta o gado. ▸ Pasto.

pas.tor, to.ra. [pas'tor] [pah'tor] *s.* **1.** Pessoa que cuida de um rebanho e o guia. ▸ Pastor. *m.* **2.** *Rel.* Bispo ou eclesiástico que tem fiéis a ele encomendados. ▸ Pastor.

pas.to.ral. [pasto'ral] [pahto'ral] *adj.* **1.** Relativo ao pastor de gado. ▸ Pastoral. **2.** *Rel.* Relativo ao prelado ou pastor de almas. ▸ Pastoral. *f.* **3.** *Lit.* e *Mús.* Poesia ou música inspirada na vida dos pastores. ▸ Pastoral.

pas.to.re.ar. [pastore'ar] [pahtore'ar] *v.4.* Levar o gado ao campo e cuidar dele enquanto pasta. ▸ Pastorear.

pas.to.re.o. [pasto'reo] [pahto'reo] *m.* Ato ou efeito de levar o gado para pastar. ▸ Pastoreio.

pas.to.ril. [pasto'ril] [pahto'ril] *adj.* Próprio e característico dos pastores, ou relativo à sua vida. ▸ Pastoril.

pas.to.so, sa. [pas'toso] [pah'toso] *adj.* **1.** Diz-se das coisas suaves e moles como uma massa. ▸ Pastoso. **2.** Diz-se da voz arrastada e pouco clara. ▸ Pastoso.

pa.ta. ['pata] ['pata] *f.* **1.** *Anat.* Pé e perna dos animais. ▸ Pata. **2.** Pé de móvel. ▸ Perna. **3.** *Zool.* Fêmea do pato. ▸ Pata. ♦ **A cuatro patas.** De quatro. **Dar mala pata.** Ter má sorte. **Meter la pata.** Cometer uma gafe. ▸ Dar um fora. **Pata de gallo.** Pé de galinha. **Patas arriba.** De pernas para o ar.

pa.ta.cón. [pata'kon] [pata'kon] *m.* Moeda de prata antiga. ▸ Patacão.

pa.ta.da. [pa'taða] [pa'taða] *f.* Golpe dado com o pé por uma pessoa ou com a pata por um animal. ▸ Patada. ♦ **A patadas.** Com chutes. **Una patada en el culo.** Um pé na bunda.

pa.ta.le.ar. [patale'ar] [patale'ar] *v.4.* **1.** Movimentar as pernas ou patas com violência para ferir ou defender-se. ▸ Chutar. **2.** *fig.* Dar patadas com força no chão por estar bravo ou nervoso. ▸ Sapatear.

pa.ta.le.ta. [pata'leta] [pata'leta] *f. fig.* e *fam.* Enfado ou desgosto que se expressa com gestos e berros. ▸ Chilique.

pa.ta.ta. [pa'tata] [pa'tata] (*Esp.*) *f. Bot.* Tubérculo originário da América do Sul, rico em carboidratos. ▸ Batata. ♦ **Patata frita.** *Cul.* Batata frita. ➡ *Vegetales*

pa.ta.tús. [pata'tus] [pata'tus] *m. fam.* Grande comoção, motivada por algo que impressiona ou assusta. Desmaio leve; ataque de nervos. ▸ Treco.

pa.té. [pa'te] [pa'te] *m. Cul.* Pasta comestível feita com fígado de aves ou de porco. ▸ Patê.

pa.te.ar. [pate'ar] [pate'ar] *v.4.* **1.** Maltratar ou ferir com a pata. ▸ Coicear. **2.** Passar pisoteando. ▸ Pisotear. **3.** Mostrar (o público) desaprovação a um espetáculo, ator, orador, etc. golpeando com os pés no chão. ▸ Sapatear. **4.** Golpear com o pé. ▸ Chutar.

pa.ten.ta.do, da. [paten'taðo] [paten'taðo] *adj.* Que recebeu patente. ▸ Patenteado.

pa.ten.tar. [paten'tar] [paten'tar] *v.4. Dir.* Registrar um processo, modelo, invenção, fórmula para assegurar o direito de seu uso exclusivo. ▸ Patentear.

pa.ten.te. [pa'tente] [pa'tente] *adj.* **1.** Que é óbvio, claro e não suscita dúvida. ▸ Patente. *f.* **2.** Documento oficial em que se reconhece a propriedade de um invento ou outras coisas a uma pessoa, autorizando-a a exercê-la segundo os termos do próprio documento. ▸ Patente.

pa.ter.nal. [pater'nal] [pater'nal] *adj.* Que é próprio do afeto, carinho e cuidados do pai. ▶ Paternal.

pa.ter.na.lis.mo. [paterna'lismo] [paterna'lihmo] *m.* Propensão a exercer autoridade, fora da família, de forma paternal. ▶ Paternalismo.

pa.ter.na.lis.ta. [paterna'lista] [paterna'lihta] *adj.* Diz-se daquele que adota o paternalismo como forma de conduta. ▶ Paternalista. *U.t.c.s.*

pa.ter.ni.dad. [paterni'daθ] [paterni'dað] *f.* Qualidade de pai. ▶ Paternidade.

pa.ter.no, na. [pa'terno] [pa'terno] *adj.* Pertencente ou próprio de pai. ▶ Paterno.

pa.té.ti.co, ca. [pa'tetiko] [pa'tetiko] *adj.* **1.** Diz-se daquilo que move e agita o ânimo, inspirando afetos veementes. ▶ Patético. **2.** Que provoca riso. Ridículo. ▶ Patético.

pa.tí.bu.lo. [pa'tiβulo] [pa'tiβulo] *m.* Cadafalso ou lugar em que se executa a pena de morte. ▶ Patíbulo.

pa.ti.lla. [pa'tiʎa] [pa'tiʃa] *f.* Porção da barba que se deixa crescer até o nível da parte baixa das orelhas. ▶ Costeleta.

pa.tín. [pa'tin] [pa'tin] *m.* **1.** Calçado que tem, na parte inferior, uma lâmina vertical para patinar sobre gelo, ou dois pares de rodas para deslizar-se sobre uma superfície dura e lisa. ▶ Patim. **2.** ☐ Prancha com rodas de patins. ▶ Skate. ➠ *Recreación*

pa.ti.na.dor, do.ra. [patina'ðor] [patina'ðor] *s.* Pessoa que pratica a patinação. ▶ Patinador.

pa.ti.na.je. [pati'naxe] [pati'naxe] *m.* **1.** Ato de patinar. ▶ Patinação. **2.** *Desp.* Prática esportiva sobre patins. ▶ Patinação. ➠ *Deportes*

pa.ti.nar. [pati'nar] [pati'nar] *v.4.* **1.** Deslizar-se ou ir rodando com patins, sobre gelo ou superfície plana, dura e muito lisa. ▶ Patinar. **2.** Escorregar as rodas de um veículo sem rodar, ou girar as rodas sem avançar. ▶ Patinar.

pa.ti.na.zo. [pati'naθo] [pati'naso] *m.* Ato ou efeito de patinar uma ou mais rodas de um veículo ou aparelho com rodas. ▶ Derrapante.

pa.ti.ne.te. [pati'nete] [pati'nete] *m.* Brinquedo com guidão composto de uma prancha sobre rodas, sobre a qual se apoia um pé para tomar impulso tocando o chão com o outro. ▶ Patinete.

pa.tio. ['patjo] ['patjo] *m.* **1.** Espaço que se deixa descoberto para luz e ventilação em casas e outros edifícios. ▶ Quintal, pátio. **2.** *Teat.* Pavimento entre o palco e os camarotes. ▶ Plateia.

pa.ti.tuer.to, ta. [pati'twerto] [pati'twerto] *adj.* Que tem as pernas ou as patas tortas. ▶ Perna torta.

pa.ti.zam.bo, ba. [pati'θambo] [pati'sambo] *adj.* Que tem as pernas voltadas para fora e que junta muito os joelhos. ▶ Perna torta. *U.t.c.s.*

pa.to, ta. ['pato] ['pato] *s. Zool.* Nome comum a várias espécies de aves palmípedes que passam a maior parte do tempo perto de regiões com água e produzem som característico. ▶ Pato.

pa.to.ge.nia. [pato'xenja] [pato'xenja] *f. Med.* Ramo da Patologia que estuda a origem e o desenvolvimento das doenças. ▶ Patogênese.

pa.tó.ge.no, na. [pa'toxeno] [pa'toxeno] *adj. Med.* Diz-se dos elementos e meios que facilitam o surgimento e o desenvolvimento das doenças. ▶ Patogênico.

pa.to.lo.gí.a. [patolo'xia] [patolo'xia] *f.* Parte da Medicina que trata das origens, sintomas e natureza das doenças. ▶ Patologia.

pa.tra.ña. [pa'traɲa] [pa'traɲa] *f.* História mentirosa e enganosa. Boato. ▶ Patranha.

pa.tria. ['patrja] ['patrja] *f. Polít.* Lugar, cidade ou país de nascimento ou a que se está vinculado por razões jurídicas, históricas ou familiares. ▶ Pátria.

pa.triar.ca. [pa'trjarka] [pa'trjarka] *m.* **1.** *fig.* Pessoa que, por sua idade e sabedoria, exerce autoridade em uma família ou comunidade. ▶ Patriarca. **2.** *Rel.* Título concedido aos bispos das igrejas de Alexandria, Constantinopla e Jerusalém. ▶ Patriarca. **3.** *Rel.* Nome de fundadores de algumas ordens religiosas. ▶ Patriarca.

pa.triar.ca.do. [patrjar'kaðo] [patrjar'kaðo] *m.* **1.** Modo de organização social em que prevalece a autoridade masculina no âmbito familiar e, por extensão, na sociedade toda. ▶ Patriarcado. **2.** Dignidade ou jurisdição de patriarca. ▶ Patriarcado. **3.** *Rel.* Diocese cujo prelado é um patriarca. ▶ Patriarcado.

pa.triar.cal. [patrjar'kal] [patrjar'kal] *adj.* Pertencente ou relativo ao patriarca e à sua autoridade. ▶ Patriarcal.

pa.tri.cio, cia. [pa'triθjo] [pa'trisjo] *s.* **1.** Pessoa que se destaca por sua nobreza ou riqueza. ▶ Nobre, quatrocentão. **2.** Indivíduo da classe social privilegiada da antiga Roma. ▶ Patrício.

pa.tri.mo.nial. [patrimo'njal] [patrimo'njal] *adj.* Pertencente ou relativo ao patrimônio. ▶ Patrimonial.

pa.tri.mo.nio. [patri'monjo] [patri'monjo] *m.* Conjunto de bens de propriedade de uma pessoa ou entidade. ▶ Patrimônio.

pa.trio, tria. ['patrjo] ['patrjo] *adj.* **1.** Pertencente à pátria. ▶ Pátrio. **2.** Pertencente ou proveniente do pai. ▶ Pátrio.

pa.trio.ta. [pa'trjota] [pa'trjota] *com.* Pessoa que tem amor à sua pátria. ▶ Patriota.

pa.trió.ti.co, ca. [pa'trjotiko] [pa'trjotiko] *adj.* Pertencente ou relativo ao patriota ou à pátria. ▶ Patriótico.

pa.trio.tis.mo. [patrjo'tismo] [patrjo'tihmo] *m.* Sentimento e conduta próprios da pessoa que ama sua pátria. ▶ Patriotismo.

pa.tro.ci.na.dor, do.ra. [patroθina'ðor] [patrosina'ðor] *adj.* Que protege, ajuda ou ampara financeiramente uma pessoa, associação, evento, etc. ▶ Patrocinador. *U.t.c.s.*

pa.tro.ci.nar. [patroθi'nar] [patrosi'nar] *v.4.* Subvencionar uma competição esportiva, concurso, programa de rádio ou televisão ou qualquer outro evento público para ter publicidade. ▶ Patrocinar.

pa.tro.ci.nio. [patro'θinjo] [patro'sinjo] *m.* **1.** Proteção ou ajuda para realizar uma atividade ou desenvolver um projeto. ▶ Patrocínio. **2.** Subsídio pecuniário para obter publicidade. ▶ Patrocínio.

pa.trón, tro.na. [pa'tron] [pa'tron] *s.* Pessoa que tem empregados na empresa de que é proprietário. ▶ Patrão.

pa.tro.nal. [patro'nal] [patro'nal] *adj.* Pertencente ao patrão, ao patrono ou ao patronato. ▶ Patronal.

pa.tro.ní.mi.co, ca. [patro'nimiko] [patro'nimiko] *adj.* *Ling.* Diz-se de sobrenome formado por derivação do nome do pai ou da pátria. ▶ Patronímico. *U.t.c.s.*

pa.tro.no, na. [pa'trono] [pa'trono] *s.* Santo escolhido como protetor de uma comunidade, cidade, país, etc. ▶ Patrono.

pa.tru.lla. [pa'truʎa] [pa'truʃa] *f.* Grupo de soldados ou policiais em serviço de vigilância. ▶ Patrulha.

pa.tru.llar. [patru'ʎar] [patru'ʃar] *v.4.* **1.** Fazer ronda (uma patrulha). ▶ Patrulhar. **2.** *Polít.* Vigiar a costa e o mar de um território com navios, e o espaço aéreo, com aviões. ▶ Patrulhar.

pa.tru.lle.ro, ra. [patru'ʎero] [patru'ʃero] *adj.* **1.** Diz-se do navio de guerra e do avião destinados a patrulhar. ▶ Patrulheiro. *U.t.c.s. m.* **2.** Veículo usado pela polícia para vigilância e segurança pública. ▶ Viatura.

pau.la.ti.no, na. [paṷla'tino] [paṷla'tino] *adj.* Que procede ou acontece aos poucos. ▶ Paulatino.

pau.pe.ris.mo. [paṷpe'rismo] [paṷpe'rihmo] *m.* Estado permanente de pobreza de setores de uma população. ▶ Pauperismo.

pau.pé.rri.mo, ma. [paṷ'perimo] [paṷ'perimo] *adj.* Que está no mais alto grau de pobreza. Miserável, pobríssimo. ▶ Paupérrimo.

pau.sa. ['paṷsa] ['paṷsa] *f.* **1.** Interrupção breve do movimento ou da ação. ▶ Pausa. **2.** *Mús.* Pequeno intervalo que se faz em uma peça de música ou canto. ▶ Pausa.

pau.sa.do, da. [paṷ'saðo] [paṷ'saðo] *adj.* **1.** Que procede ou se realiza sem pressa. ▶ Pausado. **2.** Que se intercala com pausas. ▶ Pausado.

pau.ta. ['paṷta] ['paṷta] *f.* **1.** Instrumento que serve para traçar linhas no papel para guiar o que nele se escreve. ▶ Pauta. **2.** Norma ou modelo de conduta, para a realização de algo. ▶ Padrão.

pau.tar. [paṷ'tar] [paṷ'tar] *v.4.* **1.** Dar normas para a execução de alguma coisa. ▶ Pautar. **2.** Traçar linhas em papel (especialmente as do pentagrama). ▶ Pautar.

pa.va. ['paβa] ['paβa] *f.* Recipiente com asa e bico, para esquentar água. ▶ Chaleira.

pa.va.da. [pa'βaða] [pa'βaða] *f.* Ver *tontería*. ▶ Bobagem.

pa.ve.sa. [pa'βesa] [pa'βesa] *f.* Parte de matéria que se desprende de algo que queima e se converte em cinza. ▶ Fagulha. ♦ **Estar hecho una pavesa.** *fig.* e *fam.* Estar muito fraco e cansado. ▶ Estar um trapo.

pa.vi.men.ta.ción. [paβimenta'θjon] [paβimenta'sjon] *f.* Ato ou efeito de pavimentar. ▶ Pavimentação.

pa.vi.men.tar. [paβimen'tar] [paβimen'tar] *v.4.* Cobrir o solo com asfalto ou outros materiais. ▶ Pavimentar.

pa.vi.men.to. [paβi'mento] [paβi'mento] *m.* **1.** Recobrimento artificial do solo. ▶ Pavimento. **2.** Recobrimento do piso. ▶ Revestimento.

pa.vo, va. ['paβo] ['paβo] *s.* **1.** *Zool.* Grande ave galinácea, doméstica. ▶ Peru. **2.** *fig.* e *fam.* Pessoa com pouca graça. ▶ Sem sal. ♦ **Pavo real.** *Zool.* Pavão.

pa.vo.ne.ar. [paβone'aɾ] [paβone'aɾ] *v.4.* Fazer ostentação ou exibir com vaidade algo que se tem ou que se pretende ser. ▶ Pavonear. *U.t.c.v.p.*

pa.vo.ne.o. [paβo'neo] [paβo'neo] *m.* Ato de pavonear(-se). ▶ Vanglória.

pa.vor. [pa'βoɾ] [pa'βoɾ] *m.* Medo intenso. Terror. ▶ Pavor.

pa.vo.ro.so, sa. [paβo'roso] [paβo'roso] *adj.* Que causa pavor. Apavorante. ▶ Pavoroso.

pa.ya.dor, do.ra. [paja'ðoɾ] [paʃa'ðoɾ] *s.* Cantor popular que desafia outro a uma concorrência em que se improvisam versos. ▶ Repentista.

pa.ya.sa.da. [paja'saða] [paʃa'saða] *f.* **1.** Ato ou dito próprio de palhaço. ▶ Palhaçada. **2.** Cena ridícula ou burlesca. ▶ Palhaçada.

pa.ya.so, sa. [pa'jaso] [pa'ʃaso] *s.* **1.** Artista de circo que faz brincadeiras e diz pilhérias para fazer o público rir. ▶ Palhaço. *adj.* **2.** *fig.* Diz-se de pessoa de pouco juízo, que provoca risos. ▶ Palhaço.

paz. ['paθ] ['pas] *f.* **1.** Situação de tranquilidade, entre os povos e as pessoas, em que não há guerra. ▶ Paz. **2.** *fig.* Tranquilidade, sossego. ▶ Paz. ◆ **Hacer las paces.** Fazer as pazes.

pe. ['pe] ['pe] *f.* O nome da letra P. ▶ Pê. ◆ **De pe a pa.** *fam.* De cabo a rabo.

pe.a.je. [pe'axe] [pe'axe] *m.* **1.** Quantidade de dinheiro que se paga para transitar por determinado lugar. ▶ Pedágio. **2.** Lugar em que se paga o pedágio. ▶ Pedágio.

pe.a.na. [pe'ana] [pe'ana] *f.* Base, apoio ou pé para colocar uma imagem religiosa, figura ou outra coisa. ▶ Pedestal.

pe.a.tón, to.na. [pea'ton] [pea'ton] *s.* Pessoa que vai a pé por uma via pública. ▶ Pedestre. ◆ **Paso de peatones.** Faixa de pedestres.

pe.a.to.nal. [peato'nal] [peato'nal] *adj.* **1.** Pertencente ou relativo ao pedestre. **2.** Aplica-se à rua ou ao lugar para uso exclusivo de pedestres. ◆ **Calle peatonal.** Calçadão.

pe.ca. ['peka] ['peka] *f.* Pequena mancha na pele, especialmente no rosto, que aumenta de tamanho por efeito do sol. ▶ Sarda.

pe.ca.do. [pe'kaðo] [pe'kaðo] *m.* **1.** *Rel.* Transgressão voluntária de leis ou preceitos religiosos. ▶ Pecado. **2.** *fig.* Qualquer coisa que se afasta do que se considera reto e justo. ▶ Pecado. ◆ **Se dice el pecado, pero no el pecador.** Conta-se o milagre, mas não o santo.

pe.ca.dor, do.ra. [peka'ðoɾ] [peka'ðoɾ] *adj.* Que peca ou que tem propensão para pecar. ▶ Pecador. *U.t.c.s.*

pe.ca.mi.no.so, sa. [pekami'noso] [pekami'noso] *adj. Rel.* **1.** Pertencente ou relativo ao pecado ou ao pecador. ▶ Pecaminoso. **2.** Que contém pecado. ▶ Pecaminoso.

pe.car. [pe'kaɾ] [pe'kaɾ] *v.7.* **1.** *Rel.* Cometer pecado. ▶ Pecar. **2.** *fig.* Faltar ao que é considerado devido e justo. ▶ Pecar.

pe.ce.ra. [pe'θeɾa] [pe'seɾa] *f.* Recipiente transparente de vidro, com água para pôr peixes. ▶ Aquário.

pe.che.ra. [pe'tʃeɾa] [pe'tʃeɾa] *f.* **1.** Peça de vestuário que se coloca sobre a camisa. ▶ Peitilho. **2.** *Anat.* Região, na mulher, que vai do pescoço até o início dos seios. ▶ Colo.

pe.cho. ['petʃo] ['petʃo] *m. Anat.* **1.** Parte do corpo entre a cabeça e o ventre. ▶ Tórax. **2.** Parte anterior externa do tórax. ▶ Peito. **3.** Cada uma das mamas da mulher. ▶ Seio. **4.** *fig.* Valor, força. ▶ Peito. ◆ **Tomar a pecho.** Levar a sério.

pe.chu.ga. [pe'tʃuɣa] [pe'tʃuɣa] *f. Anat.* Peito de ave.

pe.co.so, sa. [pe'koso] [pe'koso] *adj.* Que tem sardas. ▶ Sardento.

pec.to.ral. [pekto'ral] [pekto'ral] *adj. Anat.* Pertencente ou relativo ao peito. ▶ Peitoral.

pe.cua.ria. [pe'kwaɾja] [pe'kwaɾja] *f.* Atividade de criar gado para fins econômicos ou de consumo. ▶ Pecuária.

pe.cua.rio, ria. [pe'kwaɾjo] [pe'kwaɾjo] *adj.* Relativo à pecuária. ▶ Pecuário.

pe.cu.la.do. [peku'laðo] [peku'laðo] *m. Dir.* Furto do dinheiro público feito por aquele que o administra. ▶ Peculato.

pe.cu.liar. [peku'ljaɾ] [peku'ljaɾ] *adj.* Próprio ou privativo de cada pessoa ou coisa. ▶ Peculiar.

pe.cu.lia.ri.dad. [pekuljaɾi'ðað] [pekuljaɾi'ðað] *f.* **1.** Qualidade de peculiar. ▶ Peculiaridade. **2.** Pormenor ou signo característico. ▶ Peculiaridade.

pe.cu.lio. [pe'kuljo] [pe'kuljo] *m.* **1.** Massa de bens sobre os quais se reconhece, ao filho de família, o direito de usufruir suas rendas. ▶ Pecúlio. **2.** Dinheiro que, particularmente, cada pessoa tem. ▶ Pecúlio.

pe.cu.nia.rio, ria. [peku'njaɾjo] [peku'njaɾjo] *adj. Fin.* Relativo ao dinheiro efetivo. ▶ Pecuniário.

pe.da.go.gí.a. [peðaɣo'xia] [peðaɣo'xia] f. Ciência que se ocupa do estudo da educação e do ensino. ▶ Pedagogia.

pe.da.gó.gi.co, ca. [peða'ɣoxiko] [peða'ɣoxiko] adj. **1.** Que diz respeito à Pedagogia. ▶ Pedagógico. **2.** Diz-se do que se expõe e serve para educar e ensinar. ▶ Pedagógico.

pe.da.go.go, ga. [peða'ɣoɣo] [peða'ɣoɣo] s. Pessoa versada em Pedagogia, que tem como profissão educar e ensinar. ▶ Pedagogo.

pe.dal. [pe'ðal] [pe'ðal] m. **1.** Alavanca que se aciona com o pé para produzir movimento. ▶ Pedal. **2.** Mús. Peça que tem o piano, o órgão, a harpa e outros instrumentos sobre a qual se assenta o pé para modificar o som. ▶ Pedal.

pe.da.le.ar. [peðale'aɾ] [peðale'aɾ] v.4. **1.** Mover os pedais de uma máquina. ▶ Pedalar. **2.** Andar de bicicleta. ▶ Pedalar.

pe.dan.te. [pe'ðante] [pe'ðante] adj. Diz-se da pessoa que em todo momento quer fazer alarde de sua erudição. ▶ Pedante. U.t.c.s.

pe.dan.te.rí.a. [peðante'ria] [peðante'ria] f. Dito ou ato de pedante. ▶ Pedantismo.

pe.da.zo. [pe'ðaθo] [pe'ðaso] m. Parte ou porção separada de uma coisa. ▶ Pedaço. ◆ **A pedazos.** Em pedaços. **Caerse a pedazos.** Cair aos pedaços. **Estar hecho pedazos.** Estar moído. **Hacerse pedazos.** Espatifar-se. **Ser un pedazo de pan.** fig. e fam. Ser uma pessoa muito boa. ▶ Ser um anjo de bondade.

pe.de.ras.ta. [peðe'rasta] [peðe'rahta] com. Aquele que comete pederastia. ▶ Pederasta.

pe.de.ras.tia. [peðe'rastja] [peðe'rahtja] f. Abuso sexual de crianças. ▶ Pederastia, pedofilia.

pe.der.nal. [peðeɾ'nal] [peðeɾ'nal] m. Pedra que dá faísca ao chocar com ferro ou aço e se usa para acender fogo. ▶ Pederneira.

pe.des.tal. [peðes'tal] [peðeh'tal] m. **1.** Base de pedra, metal ou madeira que sustenta uma estátua ou coluna. ▶ Pedestal. **2.** Peça em que se segura ou fixa uma coisa. ▶ Pedestal.

pe.dia.tra. [pe'ðjatra] [pe'ðjatra] com. Med. Médico especialista em pediatria. ▶ Pediatra.

pe.dia.trí.a. [peðja'tria] [peðja'tria] f. Med. Ramo da Medicina que se ocupa da saúde e das enfermidades das crianças. ▶ Pediatria.

pe.di.cu.ro, ra. [peði'kuro] [peði'kuro] s. Profissional que tem por ofício cuidar dos pés. ▶ Pedicuro.

pe.di.da. [pe'ðiða] [pe'ðiða] f. Solicitação que faz um homem aos pais de uma mulher para casar com ela. ▶ Pedido de casamento.

pe.di.do. [pe'ðiðo] [pe'ðiðo] m. Encargo de qualquer coisa, feito a uma outra pessoa. ▶ Pedido.

pe.di.grí. [peði'ɣri] [peði'ɣri] m. Genealogia de um animal e o documento que a atesta. ▶ Pedigree.

pe.di.güe.ño, ña. [peði'ɣweɲo] [peði'ɣweɲo] adj. Que pede com frequência e de forma insistente. ▶ Pidão, pidona. U.t.c.s.

pe.dir. [pe'ðiɾ] [pe'ðiɾ] v.53. **1.** Solicitar que se faça ou dê uma coisa de graça ou por justiça. ▶ Pedir. **2.** Pôr preço às mercadorias ou qualquer coisa que se quer vender. ▶ Pedir. **3.** Ter desejo de. Querer. ▶ Pedir.

pe.do. ['peðo] ['peðo] m. vulg. Peido.

pe.dra.da. [pe'ðraða] [pe'ðraða] f. **1.** Ato de atirar com força uma pedra. ▶ Pedrada. **2.** Golpe que se dá com a pedra que se atira. ▶ Pedrada.

pe.dre.gal. [peðre'ɣal] [peðre'ɣal] m. Terreno coberto de pedras soltas. ▶ Pedregal.

pe.dre.go.so, sa. [peðre'ɣoso] [peðre'ɣoso] adj. Diz-se do terreno que tem muitas pedras. ▶ Pedregoso.

pe.dre.rí.a. [peðre'ria] [peðre'ria] f. **1.** Conjunto de pedras preciosas. ▶ Pedraria. **2.** Conjunto de joias montadas com diamantes, esmeraldas, rubis e outras pedras preciosas. ▶ Pedraria.

pe.dris.co. [pe'ðrisko] [pe'ðrihko] m. Meteor. Pedregulhos de gelo que caem das nuvens em grande quantidade e com violência. ▶ Granizo.

pe.drus.co. [pe'ðrusko] [pe'ðruhko] m. fam. Pedra grande sem cinzelar. ▶ Pedra bruta.

❏**pe.ga.** ['peɣa] ['peɣa] f. **1.** Ato de colar. ▶ Colagem. **2.** Substância que serve para colar. ▶ Cola.

❏**pe.ga.da.** [pe'ɣaða] [pe'ɣaða] f. fam. Potência que os atletas podem conferir a seus golpes. Batida. ▶ Soco.

pe.ga.di.zo, za. [peɣa'ðiθo] [peɣa'ðiso] adj. **1.** Que se memoriza com facilidade. ▶ Pegajoso. **2.** Que se passa para outras pessoas, especialmente doença. ▶ Contagioso. **3.** Que se introduz nas festas ou em outros lugares sem convite, para comer e divertir-se. Bico. ▶ Penetra.

pe.ga.jo.so, sa. [peɣa'xoso] [peɣa'xoso] adj. **1.** Que adere facilmente. ▶ Pegajoso. **2.** Que se pega facilmente de outras pessoas. ▶ Contagioso. **3.** fig. e fam. Que é excessivamente afetivo ou carinhoso. ▶ Grudento.

pe.ga.men.to. [peɣa'mento] [peɣa'mento] *m.* Substância que se utiliza para colar ou grudar objetos. Grude. ▸ Cola. ➡ *En el aula*

▫**pe.gar.** [pe'ɣar] [pe'ɣar] *v.9. p.p. pegado.* **1.** Agredir ou maltratar fisicamente alguém com golpes. ▸ Bater. **2.** Unir duas coisas com cola, costura ou de outra forma. ▸ Colar.

pe.ga.ti.na. [peɣa'tina] [peɣa'tina] *f.* Material colante que leva impressa propaganda política, comercial, etc. ▸ Adesivo.

pe.go.te. [pe'ɣote] [pe'ɣote] *m.* **1.** Coisa que se agrega a outra com a qual não combina ou a faz perder valor. ▸ Remendo. **2.** Pessoa que se introduz em um grupo com o qual não tem afinidade. ▸ Bicão.

pei.na.do. [pej'nado] [pej'nado] *m.* Cada uma das diversas formas de arrumar o cabelo. ▸ Penteado.

pei.na.dor, do.ra. [pejna'ðor] [pejna'ðor] *adj.* Que penteia. ▸ Penteador.

pei.nar. [pej'nar] [pej'nar] *v.4.* Desembaraçar ou compor o próprio cabelo ou o de outra pessoa. ▸ Pentear. *U.t.c.v.p. Solo voy a cepillarme los dientes y a peinarme el pelo, y ya salgo de casa.* Só vou escovar os dentes e pentear meu cabelo, e já saio de casa.

pei.ne. ['pejne] ['pejne] *m.* Utensílio de material duro com dentes muito juntos que se utiliza para desemaranhar e compor o cabelo. ▸ Pente.

pei.ne.ta. [pej'neta] [pej'neta] *f.* Pente convexo que as mulheres usam como enfeite ou para prender o cabelo. ▸ Piranha.

pe.la.do, da. [pe'laðo] [pe'laðo] *adj.* **1.** ▫ Que perdeu as características naturais de sua classe. ▸ Desclassificado. **2.** ▫ *(Amér.)* Que não tem cabelo. ▸ Careca. *U.t.c.s.* **3.** Que está sem dinheiro. Liso. ▸ Duro. *U.t.c.s.*

pe.la.ga.tos. [pela'ɣatos] [pela'ɣatos] *m. fig.* e *fam.* Pessoa pobre, sem dinheiro e sem futuro. ▸ Zé-ninguém.

pe.la.je. [pe'laxe] [pe'laxe] *m.* **1.** Quantidade de pelo ou lã que tem um animal. ▸ Pelagem. **2.** Qualidade do pelo ou da lã que tem um animal. ▸ Pelagem.

pe.lar. [pe'lar] [pe'lar] *v.4.* **1.** Cortar ou raspar (cabelo, bigode). ▸ Pelar. **2.** Tirar a pele ou descascar frutas, legumes, etc. ▸ Descascar. **3.** Tirar as penas de uma ave. Pelar. ▸ Depenar. **4.** *fig.* e *fam.* Tirar o dinheiro de alguém. ▸ Depenar. *v.p.* **5.** Desprender-se a pele por excesso de sol, machucado, etc. ▸ Descascar. ♦ **Duro de pelar. 1.** Difícil de conseguir ou executar. **2.** Diz-se da pessoa difícil de convencer. **Que pela.** *fig.* e *fam.* Excessivamente quente ou frio.

pel.da.ño. [pel'daɲo] [pel'daɲo] *m.* Cada uma das partes da escada em que se apoia o pé para subir ou descer. ▸ Degrau.

pe.le.a. [pe'lea] [pe'lea] *f.* Ato ou efeito de brigar ou pelejar. ▸ Briga.

pe.le.ar. [pele'ar] [pele'ar] *v.4.* **1.** Combater ou lutar com ou sem armas ou só com palavras. ▸ Brigar. **2.** Lutar para conseguir uma coisa ou para segurá-la. Pelejar. ▸ Brigar.

pe.le.le. [pe'lele] [pe'lele] *m.* **1.** Boneco de pano e palha de figura humana que se faz para diversão no carnaval. ▸ Fantoche. **2.** *fig.* Pessoa que é manipulada por outros. ▸ Fantoche.

pe.le.ón, o.na. [pele'on] [pele'on] *adj.* Diz-se de pessoa que por qualquer coisa provoca uma briga. ▸ Briguento. ♦ **Vino peleón.** Vinho de má qualidade. ▸ Vinho ordinário.

pe.le.te.rí.a. [pelete'ria] [pelete'ria] *f.* **1.** Ofício de preparar as peles finas para seu aproveitamento. ▸ Peleteria. **2.** Estabelecimento onde se vendem peles finas e o conjunto delas. ▸ Peleteria.

pe.le.te.ro, ra. [pele'tero] [pele'tero] *s.* Pessoa que tem por ofício trabalhar com peles finas ou vendê-las. ▸ Peleiro.

pe.lia.gu.do, da. [pelja'ɣuðo] [pelja'ɣuðo] *adj. fig.* e *fam.* Que apresenta dificuldade de entendimento ou de resolução. ▸ Cabeludo.

pe.lí.ca.no. [pe'likano] [pe'likano] *m. Zool.* Ave aquática que tem na mandíbula inferior do bico uma bolsa em que guarda alimentos, especialmente peixes. ▸ Pelicano.

pe.lí.cu.la. [pe'likula] [pe'likula] *f.* **1.** Filme gravado para projeção em cinema ou televisão. Película. ▸ Filme. **2.** Fita de celuloide para impressão fotográfica. ▸ Película. **3.** Pele ou membrana muito delgada e fina. ▸ Película. ♦ **Película en blanco y negro.** Filme em preto e branco.

pe.li.cu.le.ro, ra. [peliku'lero] [peliku'lero] *adj.* **1.** Diz-se de quem gosta muito de cinema. ▸ Cinemeiro. ▸ Cinematográfico. **2.** *fig.* e *fam.* Que cria fantasias e se deixa levar pela imaginação. ▸ Fantasioso.

pe.li.grar. [peli'ɣrar] [peli'ɣrar] *v.4.* Estar exposto a um perigo. Perigar. ▸ Periclitar.

pe.li.gro. [pe'liɣro] [pe'liɣro] *m.* Risco iminente de que alguma coisa grave aconteça. ▸ Perigo. ♦ **Correr peligro.** Correr perigo.

pe.li.gro.si.dad. [peliɣrosi'ðaθ] [peliɣrosi'ðað] *f.* **1.** Qualidade de perigoso. ▶ Periculosidade. **2.** Situação de exposição ao perigo. ▶ Periculosidade.

pe.li.gro.so, sa. [peli'ɣroso] [peli'ɣroso] *adj.* **1.** Que apresenta risco ou pode causar dano. ▶ Perigoso. **2.** Diz-se da pessoa de caráter violento ou criminoso. ▶ Perigoso.

pe.li.rro.jo, ja. [peli'roxo] [peli'roxo] *adj.* Que tem o cabelo avermelhado. ▶ Ruivo. *U.t.c.s.*

pe.lla. ['peʎa] ['peʃa] *f.* **1.** Massa que se aperta e toma forma de bola. ▶ Bolota. **2.** Banha tal como se tira do porco. ▶ Banha de porco.

pe.lle.jo. [pe'ʎexo] [pe'ʃexo] *m.* **1.** Cobertura exterior do corpo de ser humano, de animal e de algumas frutas. ▶ Pele. **2.** Couro costurado para conter vinho, azeite ou outro líquido. ▶ Odre. ◆ **Jugarse el pellejo.** *fig.* e *fam.* Arriscar a vida. ▶ Arriscar a pele. **Salvar el pellejo.** Salvar a pele.

pe.lli.za. [pe'ʎiθa] [pe'ʃisa] *f.* Peça de vestuário para abrigar-se, feita ou forrada com peles finas. ▶ Casaco de pele.

pe.lliz.car. [peʎiθ'kar] [peʃih'kar] *v.7.* **1.** Apertar com os dedos uma pequena porção de pele para causar dor. ▶ Beliscar. **2.** Pegar um pedacinho de comida. ▶ Beliscar.

pe.lliz.co. [pe'ʎiθko] [pe'ʃihko] *m.* **1.** Ato de beliscar. ▶ Beliscão. **2.** Marca que deixa na pele um beliscão. ▶ Beliscão. **3.** Quantidade pequena que se tira de uma coisa. ▶ Beliscão.

pel.ma. ['pelma] ['pelma] *com. fig.* e *fam.* Pessoa maçante e inoportuna. Chato. ▶ Irritante.

pel.ma.zo, za. [pel'maθo] [pel'maso] *s.* Ver *pelma*. ▶ Irritante.

pe.lo. ['pelo] ['pelo] *m. Anat.* **1.** ◻ Conjunto de pelos presentes na cabeça humana. ▶ Cabelo. **2.** Cada filamento ou o conjunto deles presente na pele dos mamíferos. ▶ Pêlo. ◆ **Caérsele el pelo.** *fig.* e *fam.* Receber um castigo. **Estar en un pelo.** Estar a ponto de. **No tener pelos en la lengua.** Não ter papas na língua. **No vérsele el pelo.** *fig.* e *fam.* Não ver alguém há algum tempo. **Ponérsele los pelos de punta.** Arrepiar-se de frio/susto. **Tomar el pelo.** *fig.* e *fam.* Tirar um sarro. **Un pelo.** *fig.* e *fam.* Muito pouco.
➡ *Cuerpo humano*

pe.lón, lo.na. [pe'lon] [pe'lon] *adj.* **1.** Que não tem ou tem muito pouco pelo. ▶ Pelado. **2.** Que tem a cabeça raspada. ▶ Careca. **3.** *(Equad.)* Que tem muito pelo. ▶ Peludo. **4.** Que não tem dinheiro. ▶ Duro.

pe.lo.ta. [pe'lota] [pe'lota] *f.* Bola de borracha forrada de lã, couro ou outro material, adequada ao jogo ao qual se destina: futebol, basquete, tênis, golfe, pelota basca, etc. ▶ Bola. ◆ **Devolver la pelota.** *fig.* e *fam.* Contradizer o outro usando os mesmos argumentos. ▶ Devolver a bola. **Hacer la pelota.** Puxar o saco.

pe.lo.ta.zo. [pelo'taθo] [pelo'taso] *m.* Golpe, intencional ou acidental, dado com uma bola. ▶ Bolada.

pe.lo.te.ar. [pelote'ar] [pelote'ar] *v.4.* **1.** Brincar com uma bola. ▶ Bater bola. **2.** Jogar bola por entretenimento, sem formalidade. ▶ Bater bola.

pe.lo.te.ra. [pelo'tera] [pelo'tera] *f. fam.* Revolta de todos contra todos. Arruaça. ▶ Briga.

pe.lo.tón. [pelo'ton] [pelo'ton] *m.* **1.** ◻ *fig.* Conjunto desordenado de pessoas. ▶ Multidão. **2.** *Mil.* Unidade de tropa comandada por um suboficial. ▶ Pelotão.

pe.lu.ca. [pe'luka] [pe'luka] *f.* Cabeleira postiça. ▶ Peruca.

pe.lu.che. [pe'lutʃe] [pe'lutʃe] *m.* **1.** Tecido de pelo comprido feito com diversas fibras. ▶ Pelúcia. **2.** Brinquedo feito com pelúcia. ▶ Bicho de pelúcia. ◆ **Osito de peluche.** Ursinho de pelúcia.

pe.lu.do, da. [pe'luðo] [pe'luðo] *adj.* **1.** ◻ Que tem muito cabelo. ▶ Cabeludo. **2.** Que tem muito pelo. ▶ Peludo.

pe.lu.que.rí.a. [peluke'ria] [peluke'ria] *f.* Estabelecimento onde se corta, penteia ou tinge o cabelo. ▶ Cabeleireiro.

pe.lu.que.ro, ra. [pelu'kero] [pelu'kero] *s.* **1.** Profissional que trata do cabelo. ▶ Cabeleireiro. **2.** Dono de um salão de cabeleireiro ou de beleza. ▶ Cabeleireiro.
➡ *Profesiones*

pe.lu.sa. [pe'lusa] [pe'lusa] *f.* **1.** Fios miúdos que se desprendem dos tecidos. ▶ Fiapos. **2.** Fragmentos do ar que se acumulam embaixo dos móveis. ▶ Poeira.

pel.vis. ['pelβis] ['pelβis] *f. Anat.* Parte inferior do corpo, onde se encontram o intestino, a bexiga e órgãos genitais. ▶ Pélvis.

pe.na. ['pena] ['pena] *f.* **1.** Castigo imposto por autoridade a quem cometeu um delito ou falta. ▶ Pena. **2.** Dor, tristeza ou sofrimento causado por algo que afeta o sentimento. ▶ Pena. ◆ **Merecer la pena.** Valer a pena.

pe.na.cho. [pe'natʃo] [pe'natʃo] *m.* 1. *Anat.* Penas que algumas aves têm na cabeça. ▸ Penacho. 2. Enfeite de penas usado na cabeça ou que adorna chapéus. ▸ Penacho.

pe.na.do, da. [pe'naðo] [pe'naðo] *s.* 1. Criminoso condenado a cumprir um castigo ou pena. ▸ Condenado. 2. Presidiário que está cumprindo pena. Preso. ▸ Condenado.

pe.nal. [pe'nal] [pe'nal] *adj. Dir.* Pertencente ou relativo ao crime e às leis e instituições destinadas a combatê-lo. ▸ Penal.

pe.na.li.dad. [penali'ðað] [penali'ðað] *f. Dir.* Sanção imposta pela lei penal. ▸ Penalidade.

pe.na.li.zar. [penali'θar] [penali'sar] *v.* 13. Impor pena, sanção ou castigo. ▸ Penalizar.

pe.nal.ti. [pe'nalti] [pe'nalti] *m. Desp.* Em alguns esportes, penalidade máxima que se impõe por faltas cometidas em competição ou jogo. ▸ Pênalti. ♦ **Casarse de penalti.** *fam.* Casar-se por causa de gravidez.

pe.nar. [pe'nar] [pe'nar] *v.* 4. 1. *Dir.* Determinar a pena para um delito ou uma falta. ▸ Penalizar. 2. Padecer uma pena ou dor. Afligir-se. ▸ Penar.

pen.de.jo. [pen'dexo] [pen'dexo] *m. vulg.* 1. Pelo que nasce na região do púbis. ▸ Pentelho. 2. Pessoa aborrecida, maçante. ▸ Pentelho.

pen.den.cie.ro, ra. [penden'θjero] [penden'sjero] *adj.* Que provoca disputas ou discussões propositadamente. Briguento. ▸ Encrenqueiro.

pen.der. [pen'der] [pen'der] *v.* 5. 1. Estar uma coisa pendurada ou inclinada. ▸ Pender. 2. Estar pendente. ▸ Depender.

pen.dien.te. [pen'djente] [pen'djente] *adj.* 1. Que está dependurado. ▸ Pendente. 2. Diz-se de assunto em estudo, ainda não resolvido. ▸ Pendente. 3. Que está inclinado ou é íngreme. ▸ Inclinado. *m.* 4. Adorno usado na orelha, especialmente pelas mulheres. ▸ Brinco.

pen.dón. [pen'don] [pen'don] *m.* 1. Insígnia ou estandarte usado em solenidades por unidades militares ou confrarias religiosas. ▸ Pendão. 2. *fig.* Pessoa de vida irregular e desordenada. ▸ Vadio.

pen.du.lar. [pendu'lar] [pendu'lar] *adj.* Próprio do pêndulo ou relativo a ele. ▸ Pendular.

pén.du.lo. ['pendulo] ['pendulo] *m.* 1. Corpo que oscila suspenso de um ponto fixo por um fio ou vareta. ▸ Pêndulo. 2. *Astr.* Relógio que se usa nos observatórios astronômicos para marcar tempos espaciais. ▸ Pêndulo.

pe.ne. ['pene] ['pene] *m. Anat.* Órgão sexual masculino. ▸ Pênis.

pe.ne.tra.ble. [pene'traβle] [pene'traβle] *adj.* Que se pode penetrar facilmente. ▸ Penetrável.

pe.ne.tra.ción. [penetra'θjon] [penetra'sjon] *f.* 1. Ato ou efeito de penetrar. ▸ Penetração. 2. Facilidade de compreensão. Perspicácia. ▸ Penetração.

pe.ne.trar. [pene'trar] [pene'trar] *v.* 4. 1. Adentrar um espaço. ▸ Penetrar. 2. Compreender ou descobrir uma coisa difícil de entender. ▸ Penetrar. 3. Fazer-se sentir de forma intensa e violenta o frio ou outra sensação incômoda. ▸ Penetrar.

pe.ni.ci.li.na. [peniθi'lina] [penisi'lina] *f. Farm.* Substância antibiótica que se extrai de um fungo e se usa para combater doenças produzidas por certos micro-organismos. ▸ Penicilina.

pe.nín.su.la. [pe'ninsula] [pe'ninsula] *f. Geogr.* Porção de terra cercada de água por todas as partes, exceto por uma que se une ao continente. ▸ Península.

pe.ni.su.lar. [peninsu'lar] [peninsu'lar] *adj.* 1. *Geogr.* Pertencente ou relativo a uma península. ▸ Peninsular. 2. Que nasceu ou vive em uma península. ▸ Peninsular. *U.t.c.com.* 3. Relativo à Península Ibérica, em oposição às ilhas Canárias e Baleares. ▸ Peninsular.

pe.ni.ten.cia. [peni'tenθja] [peni'tensja] *f.* 1. *fig.* Castigo ou tarefa incômoda que se recebe. ▸ Penitência. 2. *Rel.* Sacramento que consiste no perdão dos pecados, pela absolvição do sacerdote, àquele que se arrepende. ▸ Penitência.

pe.ni.ten.cia.rí.a. [penitenθja'ria] [penitensja'ria] *f.* Estabelecimento onde ficam encarcerados presos condenados pela Justiça. ▸ Penitenciária.

pe.ni.ten.cia.rio, ria. [peniten'θjarjo] [peniten'sjarjo] *adj.* Aplica-se aos sistemas adotados para castigo e correção dos presos. ▸ Penitenciário.

pe.ni.ten.te. [peni'tente] [peni'tente] *com. Rel.* Pessoa que faz penitência ou que confessa seus pecados. ▸ Penitente.

pe.no.so, sa. [pe'noso] [pe'noso] *adj.* 1. Que causa pena. ▸ Penoso. 2. Que é difícil e desagradável. ▸ Penoso. 3. De muito má qualidade. ▸ Lamentável.

pen.sa.dor, do.ra. [pensa'ðor] [pensa'ðor] *adj.* Que pensa, medita e reflete profundamente. ▶ Pensador.

pen.sa.mien.to. [pensa'mjento] [pensa'mjento] *m.* **1.** Conjunto de ideias de uma pessoa ou coletividade. ▶ Pensamento. **2.** Capacidade de formar na mente análises da realidade. ▶ Pensamento. ♦ **En un pensamiento.** *fig.* Em um instante.

pen.sar. [pen'sar] [pen'sar] *v.15.* **1.** Ter a mente em atividade. ▶ Pensar. **2.** Examinar com cuidado uma coisa e refletir sobre ela. ▶ Pensar. **3.** Ter a intenção de fazer uma coisa. ▶ Pensar. ♦ **Ni pensarlo.** *fig.* Nem pensar. **Pensar mal.** Pensar mal de.

pen.sa.ti.vo, va. [pensa'tiβo] [pensa'tiβo] *adj.* Que medita intensamente e está absorto em seus pensamentos. ▶ Pensativo.

pen.sión. [pen'sjon] [pen'sjon] *f.* **1.** Renda paga vitaliciamente, ou por certo tempo, pelo Estado ou empresa particular, a alguém com ou sem rendas. ▶ Pensão. **2.** Casa de hóspedes de caráter familiar. ▶ Pensão. ♦ **Media pensión.** Meia pensão. **Pensión completa.** Pensão completa.

pen.sio.nis.ta. [pensjo'nista] [pensjo'nihta] *com.* **1.** Pessoa que tem direito a receber uma pensão. ▶ Pensionista. **2.** Pessoa que está em lugar onde, mediante pagamento, tem hospedagem. ▶ Pensionista.

pen.tá.go.no. [pen'taɣono] [pen'taɣono] *m. Geom.* Figura geométrica de cinco lados e cinco ângulos. ▶ Pentágono.

pen.ta.gra.ma. [penta'ɣrama] [penta'ɣrama] *m. Mús.* O conjunto de cinco retas paralelas e equidistantes onde se escreve a música. ▶ Pauta musical.

pen.ta.sí.la.bo, ba. [penta'silaβo] [penta'silaβo] *adj. Ling.* Diz-se de palavra que tem cinco sílabas. ▶ Pentassílabo.

pe.num.bra. [pe'numbra] [pe'numbra] *f.* Sombra entre a luz e a obscuridade. ▶ Penumbra.

pe.nu.ria. [pe'nurja] [pe'nurja] *f.* **1.** Situação de pobreza ou miséria. ▶ Penúria. **2.** Falta das coisas mais básicas para sobreviver. ▶ Penúria.

pe.ñas.co. [pe'ɲasko] [pe'ɲahko] *m. Geogr.* Rocha grande e elevada. ▶ Penhasco.

pe.ñón. [pe'ɲon] [pe'ɲon] *m. Geogr.* Montanha cheia de rochas. ▶ Rochedo.

pe.ón, o.na. [pe'on] [pe'on] *m.* Operário que realiza serviços braçais. ▶ Peão.

pe.on.za. [pe'onθa] [pe'onsa] *f.* Brinquedo em forma de cone, feito de madeira e com ponta de ferro, que se faz girar com um cordão. ▶ Pião.

pe.or. [pe'or] [pe'or] *adj.* Que é de qualidade inferior em relação a outra coisa com a qual se compara. ▶ Pior.

pe.pa. [pe'pa] [pe'pa] *f.* Tipo de semente de algumas frutas. Pepita. ▶ Semente.

pe.pi.ni.llo. [pepi'niʎo] [pepi'niʃo] *m. Bot.* Variedade pequena de pepino. ▶ Pepino japonês.

pe.pi.no. [pe'pino] [pe'pino] *m.* **1.** *Bot.* Fruto comestível do pepineiro. ▶ Pepino. **2.** *fig.* Coisa que não tem nenhum valor. ▶ Bobagem. ♦ **Importar un pepino.** Não ter importância. ➠ *Vegetales*

pe.pi.ta. [pe'pita] [pe'pita] *f.* **1.** ▫ Semente de algumas frutas, como melão, pera, maçã, etc. ▶ Semente. **2.** Pedaço pequeno de metais, especialmente ouro, que se encontra em terrenos de aluvião. ▶ Pepita.

pe.que.ñez. [peke'neθ] [peke'nes] *f.* **1.** Qualidade de pequeno. ▶ Pequenez. **2.** Coisa de pouca importância. ▶ Insignificância.

pe.que.ño, ña. [pe'keɲo] [pe'keɲo] *adj.* **1.** Que é inferior em tamanho, número ou qualquer atributo ao que é comum e regular. ▶ Pequeno. **2.** Diz-se de criança de pouca idade. ▶ Pequeno. *U.t.c.s.* ♦ **En pequeño.** Em miniatura.

pe.ra. ['pera] ['pera] *f. Bot.* Fruto da pereira. ▶ Pera. ♦ **Pedir peras al olmo.** Pretender que alguém faça algo para o que não foi educado nem está preparado. Tirar leite de pedra. ➠ *Frutas*

pe.ral. [pe'ral] [pe'ral] *m. Bot.* Árvore frutífera de madeira firme e indeformável. ▶ Pereira.

per.cal. [per'kal] [per'kal] *m.* Tecido leve de algodão, branco ou colorido. ▶ Percal.

per.can.ce. [per'kanθe] [per'kanse] *m.* Contratempo, dano ou prejuízo imprevisto. ▶ Percalço. ♦ **Percances del oficio.** Ossos do ofício.

per.ca.tar. [perka'tar] [perka'tar] *v.4. v.p.* Tomar conhecimento claro e perceptível de algo. Perceber. ▶ Aperceber-se.

per.cep.ción. [perθep'θjon] [persep'sjon] *f.* **1.** Efeito de uma impressão material sobre os sentidos. ▶ Percepção. **2.** Recebimento de algo a que se tem direito. ▶ Percepção.

per.cep.ti.ble. [perθep'tiβle] [persep'tiβle] *adj.* **1.** Que é ou pode ser percebido. ▸ Perceptível. **2.** Que se pode receber ou cobrar. ▸ Perceptível.

per.cha. ['pertʃa] ['pertʃa] *f.* Utensílio leve que consta de um suporte para pendurar roupa e um gancho para suspendê-la de um ponto fixo. ▸ Cabide.

per.che.ro. [per'tʃero] [per'tʃero] *m.* Lugar ou barra onde se suspendem os cabides. ▸ Cabideiro. ◆ **Perchero de pared.** Cabideiro.

per.che.rón, ro.na. [pertʃe'ron] [pertʃe'ron] *adj.* Aplica-se à raça de cavalos francesa, notável por sua força e resistência. ▸ Percherão. *U.t.c.s.*

per.ci.bir. [perθi'βir] [persi'βir] *v.6.* **1.** Receber, pelos sentidos, imagens ou impressões externas. ▸ Perceber. **2.** Compreender ou tomar conhecimento de uma coisa. ▸ Perceber. **3.** Receber uma coisa, especialmente cobrar um salário ou outra quantia. ▸ Receber.

per.cu.sión. [perku'sjon] [perku'sjon] *f.* **1.** Efeito de percutir. ▸ Percussão. **2.** Choque ou embate de dois corpos. ▸ Percussão. **3.** *Mús.* Conjunto de instrumentos que produzem música ao serem tocados. ▸ Percussão. **4.** *Med.* Método para pesquisar o corpo humano tocando com os dedos. ▸ Percussão.

per.cu.tir. [perku'tir] [perku'tir] *v.6.* **1.** Dar repetidos golpes. ▸ Percutir. **2.** *Mús.* Tocar um instrumento musical de percussão. ▸ Percutir.

per.de.dor, do.ra. [perðe'ðor] [perðe'ðor] *adj.* **1.** Que perde em uma competição. ▸ Perdedor. *U.t.c.s.* **2.** Que perde habitualmente em jogos ou apostas. ▸ Perdedor. *U.t.c.s.* **3.** *fig.* Que se dá mal na vida. ▸ Perdedor.

per.der. [per'ðer] [per'ðer] *v.16.* **1.** Ser privado ou deixar de ter, ocupar ou tomar uma coisa que se tinha. ▸ Perder. **2.** Extraviar algo. ▸ Perder. **3.** Não ganhar em competição, jogo ou qualquer coisa em que se concorre com outros participantes. ▸ Perder. ◆ **¡Piérdete!** Suma!

per.di.ción. [perði'θjon] [perði'sjon] *f.* Ruína ou dano grave e irreparável a pessoas ou coisas. ▸ Perdição.

pér.di.da. ['perðiða] ['perðiða] *f.* **1.** Privação do que se possuía. ▸ Perda. **2.** Quantidade ou coisa que se perdeu. ▸ Perda. **3.** Escape ou fuga de um fluido. ▸ Vazamento.

per.di.do, da. [per'ðiðo] [per'ðiðo] *adj.* **1.** Que não se encontra. Extraviado. ▸ Perdido. **2.** *fig.* Pessoa imoral e viciosa. ▸ Perdido. ◆ **Estar perdido por una persona.** Estar profundamente apaixonado.

per.di.gón. [perði'ɣon] [perði'ɣon] *m.* **1.** Filhote de perdiz. ▸ Perdigoto. **2.** Bolinha de chumbo usada como munição para caçar perdizes. ▸ Chumbinho.

per.diz. [per'ðiθ] [per'ðis] *f. Zool.* Tipo de ave montesa de carne comestível. ▸ Perdiz.

per.dón. [per'ðon] [per'ðon] *m.* Remissão da pena merecida, da ofensa recebida ou da dívida ou obrigação pendente. ▸ Perdão. ◆ **Con perdón.** Com o perdão da palavra. **Pedir perdón.** Pedir perdão.

per.do.nar. [perðo'nar] [perðo'nar] *v.4.* Esquecer dívida, ofensa, delito ou falta sofrida. ▸ Perdoar.

per.du.rar. [perðu'rar] [perðu'rar] *v.4.* **1.** Ter continuidade, durar muito. ▸ Perdurar. **2.** Manter-se no mesmo estado. ▸ Perdurar.

pe.re.ce.de.ro, ra. [pereθe'ðero] [perese'ðero] *adj.* Que tem pouca durabilidade, que acaba ou perece em pouco tempo. ▸ Perecível.

pe.re.cer. [pere'θer] [pere'ser] *v.24.* **1.** Deixar de ser. Morrer. ▸ Perecer. **2.** Acabar-se ou extinguir-se algo. ▸ Perecer.

pe.re.gri.na.ción. [pereɣrina'θjon] [pereɣrina'sjon] *f.* **1.** Ato ou efeito de peregrinar. ▸ Peregrinação. **2.** Viagem por terras estranhas. ▸ Peregrinação. **3.** *Rel.* Viagem a um lugar considerado sagrado, que se faz especialmente caminhando. ▸ Peregrinação.

pe.re.gri.nar. [pereɣri'nar] [pereɣri'nar] *v.4.* **1.** *Rel.* Ir em romaria a um santuário por devoção ou voto. ▸ Peregrinar. **2.** *fig.* e *fam.* Andar de um lugar para outro procurando ou resolvendo algo. ▸ Perambular.

pe.re.gri.no, na. [pere'ɣrino] [pere'ɣrino] *adj.* **1.** *Rel.* Diz-se de pessoa que vai visitar um santuário. ▸ Peregrino. **2.** *fig.* Que anda por terras estranhas. ▸ Peregrino. **3.** Que não é frequente. ▸ Raro.

pe.re.jil. [pere'ɣrino] [pere'ɣrino] *m. Bot.* Erva usada na alimentação como condimento. Cheiro-verde. ▸ Salsinha. ➡ *Vegetales*

pe.ren.ne. [pe'renne] [pe'renne] *adj.* Que tem continuidade. Ininterrupto. ▸ Perene.

pe.ren.to.rio, ria. [peren'torjo] [peren'torjo] *adj.* **1.** *Dir.* Que é a última coisa. Último prazo. Definitivo. Decisivo. ▸ Peremptório. **2.** Que é urgente ou exige rapidez. Inadiável. ▸ Peremptório.

pe.re.za. [pe'reθa] [pe'resa] *f.* **1.** Indolência, descuido nas coisas ou tarefas às quais se está obrigado. ▸ Preguiça. **2.** Aversão ao trabalho e ao esforço físico ou mental. ▸ Preguiça. **3.** Sensação de cansaço que impede de realizar tarefas. ▸ Preguiça.

pe.re.zo.so, sa. [peɾeˈθoso] [peɾeˈsoso] *adj.* **1.** Negligente naquilo que se está obrigado a executar. ▸ Preguiçoso. **2.** Que gosta de descansar mais que qualquer outra coisa. ▸ Preguiçoso. *m.* **3.** *Zool.* Animal mamífero e herbívoro, com braços compridos e lento nos movimentos. ▸ Bicho-preguiça.

per.fec.ción. [peɾfekˈθjon] [peɾfekˈsjon] *f.* **1.** Qualidade de perfeito. ▸ Perfeição. **2.** Maior grau de excelência possível. ▸ Perfeição.

per.fec.cio.nar. [peɾfekθjoˈnaɾ] [peɾfeksjoˈnaɾ] *v.4.* Melhorar uma coisa ou torná-la mais perfeita. ▸ Aperfeiçoar.

per.fec.cio.nis.mo. [peɾfekθjoˈnismo] [peɾfeksjoˈnihmo] *m.* Tendência obsessiva a desenvolver um trabalho com detalhamento. Procura excessiva da perfeição. ▸ Perfeccionismo.

per.fec.cio.nis.ta. [peɾfekθjoˈnista] [peɾfeksjoˈnihta] *adj.* Que procura perfeição em tudo o que faz ou trata. ▸ Perfeccionista.

per.fec.to, ta. [peɾˈfekto] [peɾˈfekto] *adj.* **1.** Que não precisa ficar melhor do que é. ▸ Perfeito. **2.** Que não tem defeito. ▸ Perfeito. *interj.* **3.** Indica satisfação. ▸ Perfeito. **4.** *Ling.* Aplica-se às formas verbais que expressam ação já concluída em relação a algum momento. ▸ Perfeito.

per.fi.dia. [peɾˈfiðja] [peɾˈfiðja] *f.* Ato de traição ou deslealdade. ▸ Perfídia.

pér.fi.do, da. [ˈpeɾfiðo] [ˈpeɾfiðo] *adj.* Que procede com deslealdade e traição. ▸ Pérfido.

per.fil. [peɾˈfil] [peɾˈfil] *m.* **1.** Delineamento de um corpo ou parte dele, especialmente o rosto, visto de lado. ▸ Perfil. **2.** *fig.* Conjunto de traços que caracterizam uma pessoa ou coisa. ▸ Perfil.

per.fi.lar. [peɾfiˈlaɾ] [peɾfiˈlaɾ] *v.4.* **1.** Apresentar ou tirar o perfil de uma coisa. ▸ Perfilar. *v.p.* **2.** Começar a adquirir forma. ▸ Esboçar-se. **3.** Apresentar um aspecto particular. ▸ Apresentar-se.

per.fo.ra.ción. [peɾfoɾaˈθjon] [peɾfoɾaˈsjon] *f.* Ato ou efeito de perfurar. ▸ Perfuração.

per.fo.rar. [peɾfoˈraɾ] [peɾfoˈraɾ] *v.4.* Furar alguma coisa atravessando-a. ▸ Perfurar.

per.fu.mar. [peɾfuˈmaɾ] [peɾfuˈmaɾ] *v.4.* **1.** Aromatizar um ambiente queimando matérias aromáticas. ▸ Perfumar. *v.p.* **2.** Espalhar perfume no corpo todo ou em parte dele. ▸ Perfumar-se.

per.fu.me. [peɾˈfume] [peɾˈfume] *m.* **1.** Odor que exalam as substâncias aromáticas. ▸ Perfume. **2.** Produto líquido elaborado quimicamente para perfumar o corpo ou um ambiente. ▸ Perfume.

per.fu.me.rí.a. [peɾfumeˈria] [peɾfumeˈria] *f.* **1.** Arte de criar e preparar perfumes. Perfumaria. ▸ **2.** Estabelecimento onde os perfumes são fabricados e/ou vendidos. ▸ Perfumaria.

per.ga.mi.no. [peɾɣaˈmino] [peɾɣaˈmino] *m.* **1.** Pele, especialmente de cordeiro, preparada para receber inscrições. ▸ Pergaminho. **2.** Documento escrito nesse tipo de pele. ▸ Pergaminho.

pér.go.la. [ˈpeɾɣola] [ˈpeɾɣola] *f.* Armação que sustenta plantas trepadeiras. Caramanchão. ▸ Pérgula.

pe.ri.cia. [peˈɾiθja] [peˈɾisja] *f.* Conhecimento, experiência e habilidade em uma ciência, arte ou ofício. ▸ Perícia.

pe.ri.fe.ria. [peɾiˈfeɾja] [peɾiˈfeɾja] *f.* **1.** *Geom.* Contorno de um círculo. Circunferência. ▸ Periferia. **2.** Espaço que rodeia um núcleo, especialmente uma cidade. ▸ Periferia.

pe.ri.fé.ri.co, ca. [peɾiˈfeɾiko] [peɾiˈfeɾiko] *adj.* **1.** Pertencente ou relativo à periferia. ▸ Periférico. **2.** Que se encontra na periferia de uma cidade. Suburbano. ▸ Periférico. *m.* **3.** *Inform.* Diz-se da unidade externa do computador. ▸ Periférico.

pe.ri.fo.llos. [peɾiˈfoʎos] [peɾiˈfoʃos] *m.pl. fig.* e *fam.* Enfeite exagerado usado por mulher na roupa e/ou no cabelo. ▸ Penduricalho.

pe.rí.fra.sis. [peˈɾifɾasis] [peˈɾifɾasis] *f. Ling.* **1.** Grupo de palavras formado por um verbo auxiliar conjugado seguido de outro verbo no infinitivo, gerúndio ou particípio. ▸ Perífrase. **2.** Figura que consiste em exprimir por uma frase o que podia ser expresso por uma palavra. Perífrase. ▸ Circunlóquio.

pe.ri.lla. [peˈɾiʎa] [peˈɾiʃa] *f.* **1.** Porção de pelo que o homem pode deixar crescer no queixo. ▸ Cavanhaque. **2.** Artefato que serve para pôr em funcionamento alguma coisa e que tem mecanismo de giro. ▸ Botão.

pe.rí.me.tro. [peˈɾimetɾo] [peˈɾimetɾo] *m. Geom.* Contorno de uma superfície ou de uma figura. ▸ Perímetro.

pe.ri.no.la. [peɾiˈnola] [peɾiˈnola] *f.* Pião pequeno que se faz girar com os dedos, em jogos de aposta. ▸ Piorra.

pe.ri.ó.di.co, ca. [peɾiˈoðiko] [peɾiˈoðiko] *adj.* **1.** Que se repete com frequência a intervalos determinados. ▸ Periódico. *m.* **2.** Impresso informativo que se publica periodicamente. ▸ Jornal.

pe.rio.dis.mo. [peɾjo'ðismo] [peɾjo'ðihmo] *m.* Atividade ou profissão de jornalista. ▸ Jornalismo.

pe.rio.dis.ta. [peɾjo'ðista] [peɾjo'ðihta] *com.* **1.** Pessoa que dirige um jornal ou redige matérias. ▸ Jornalista. **2.** Profissional que coleta dados e os transforma em notícias e em outras matérias publicadas no jornal ou em outros meios de comunicação. ▸ Jornalista.

pe.rio.dís.ti.co, ca. [peɾjo'ðistiko] [peɾjo'ðihtiko] *adj.* Relativo a jornais ou a jornalistas. ▸ Jornalístico.

pe.rí.o.do. [pe'ɾioðo] [pe'ɾioðo] *m.* **1.** Espaço de tempo decorrido entre dois fatos ou entre o início e o término de uma situação ou acontecimento. ▸ Período. **2.** *Biol.* Menstruação das mulheres e fêmeas de certos animais. ▸ Menstruação. **3.** *Mat.* Número ou conjunto de números decimais que se repetem indefinidamente após a vírgula. ▸ Dízima periódica. **4.** *Ling.* Expressão formada por orações simples. ▸ Período. *U.t. pe.rí.o.do.*

pe.ri.pe.cia. [peɾi'peθja] [peɾi'pesja] *f.* Acidente imprevisto que muda o estado das coisas. ▸ Peripécia.

pe.ri.que.te. [peɾi'kete] [peɾi'kete] *m. fam.* Brevíssimo espaço de tempo. ▸ Instante. ♦ **En un periquete.** Em um instante.

pe.ris.co.pio. [peɾis'kopjo] [peɾih'kopjo] *m. Ópt.* Aparelho óptico que permite enxergar por sobre um obstáculo que impede a visão direta. ▸ Periscópio.

pe.ri.ta.je. [peɾi'taxe] [peɾi'taxe] *m.* Trabalho ou estudo que realiza um perito. ▸ Perícia.

pe.ri.to, ta. [pe'ɾito] [pe'ɾito] *adj.* Que tem amplos conhecimentos em uma matéria, ciência ou arte. ▸ Perito. *U.t.c.s.*

per.ju.di.car. [peɾxuði'kaɾ] [peɾxuði'kaɾ] *v.7.* Causar prejuízo ou dano material ou moral a coisas ou pessoas. ▸ Prejudicar.

per.ju.di.cial. [peɾxuði'θjal] [peɾxuði'sjal] *adj.* Que prejudica ou pode prejudicar. ▸ Prejudicial.

per.jui.cio. [peɾ'xwiθjo] [peɾ'xwisjo] *m.* **1.** Efeito de prejudicar ou de causar dano. ▸ Prejuízo. **2.** Sofrer perdas nos negócios. ▸ Prejuízo.

per.ju.rio. [peɾ'xuɾjo] [peɾ'xuɾjo] *m.* Juramento falso. ▸ Perjúrio.

per.ju.ro, ra. [peɾ'xuɾo] [peɾ'xuɾo] *adj.* **1.** Que quebra maliciosamente um juramento feito. ▸ Perjuro. **2.** Que jura em falso propositadamente. ▸ Perjuro.

per.la. ['peɾla] ['peɾla] *f.* **1.** *Biol.* Glóbulo duro, branco e perolado que se forma no interior das conchas de alguns moluscos e com o qual se fazem joias. ▸ Pérola. **2.** *fig.* Pessoa de excelentes qualidades ou coisa preciosa na sua classe. ▸ Pérola.

per.ma.ne.cer. [peɾmane'θeɾ] [peɾmane'seɾ] *v.24.* Manter-se sem mudanças no mesmo lugar, estado, posição ou qualidade. ▸ Permanecer.

per.ma.nen.cia. [peɾma'nenθja] [peɾma'nensja] *f.* Ato ou efeito de permanecer. ▸ Permanência.

per.ma.nen.te. [peɾma'nente] [peɾma'nente] *adj.* **1.** Que se conserva estável ou se mantém por muito tempo. ▸ Permanente. *f.* **2.** Ondulação artificial do cabelo que se mantém durante longo tempo. ▸ Permanente.

per.me.a.ble. [peɾme'aβle] [peɾme'aβle] *adj.* Que pode ser penetrado por água ou outro fluido. ▸ Permeável.

per.mi.si.ble. [peɾmi'siβle] [peɾmi'siβle] *adj.* Que se pode permitir ou autorizar. ▸ Permissível.

per.mi.si.vo, va. [peɾmi'siβo] [peɾmi'siβo] *adj.* **1.** Que permite fazer uma coisa com facilidade. ▸ Tolerante. **2.** Tolerante em relação a atitudes ou comportamentos considerados inadequados. ▸ Permissivo.

per.mi.so. [peɾ'miso] [peɾ'miso] *m.* Consentimento para fazer ou dizer alguma coisa. ▸ Permissão. ♦ **¿Con permiso?** Com licença?

per.mi.tir. [peɾmi'tiɾ] [peɾmi'tiɾ] *v.6.* **1.** Consentir ou autorizar que se faça ou deixe de fazer alguma coisa. ▸ Permitir. **2.** Não impedir um fato que se pode evitar. ▸ Permitir. **3.** Tornar possível alguma coisa. ▸ Permitir. *u.p.* **4.** Conseguir os meios para fazer alguma coisa. ▸ Permitir-se.

per.mu.ta. [peɾ'muta] [peɾ'muta] *f.* Ato de dar uma coisa para receber outra. ▸ Permuta.

per.mu.tar. [peɾmu'taɾ] [peɾmu'taɾ] *v.4.* Ato ou efeito de trocar uma coisa por outra. ▸ Permutar.

per.ni.cio.so, sa. [peɾni'θjoso] [peɾni'sjoso] *adj.* **1.** Que é nocivo ou prejudicial. ▸ Pernicioso. **2.** Que causa danos. ▸ Pernicioso.

per.nil. [peɾ'nil] [peɾ'nil] *m. Anat.* Perna traseira do porco. ▸ Pernil.

per.no. ['peɾno] ['peɾno] *m.* Prego grosso de ferro, com cabeça por um extremo e um parafuso pelo outro lado, que é apertado por uma porca. Chumbador. ▸ Parafuso.

per.noc.tar. [peɾnok'taɾ] [peɾnok'taɾ] *v.4.* Passar a noite em casa ou lugar alheio. ▸ Pernoitar.

pe.ro. ['pero] ['pero] *conj.* **1.** Indica contraposição ou adversidade entre a ideia ou o elemento ao qual se pospõe e aquele que o antecede. ▸ Mas. *Sé que te esforzaste, pero no me gustó el resultado.* Sei que você se esforçou, mas não gostei do resultado. **2.** Emprega-se ao princípio de uma fala, para introduzir um questionamento. ▸ Mas. *Pero ¿dónde será la fiesta?* Mas onde vai ser a festa? *m.* **3.** *fam.* Problema ou dificuldade. ▸ Porém.

pe.ro.né. [pero'ne] [pero'ne] *m. Anat.* Osso longo e fino da perna, situado atrás da tíbia, com a qual se articula. ▸ Perônio.

per.pen.di.cu.lar. [perpendiku'laɾ] [perpendiku'laɾ] *adj. Geom.* Que se dirige sobre uma linha ou um plano, formando ângulo reto. ▸ Perpendicular.

per.pe.trar. [perpe'tɾaɾ] [perpe'tɾaɾ] *v.4.* Cometer ou consumar um delito ou ato condenável. ▸ Perpetrar.

per.pe.tuar. [perpe'twaɾ] [perpe'twaɾ] *v.4.* Tornar duradoura alguma coisa. ▸ Perpetuar.

per.pe.tuo, tua. [per'petwo] [per'petwo] *adj.* Que não tem fim. ▸ Perpétuo.

per.ple.ji.dad. [perplexi'ðaθ] [perplexi'ðað] *f.* Estado de espanto sobre o que deve ser feito. ▸ Perplexidade.

per.ple.jo, ja. [per'plexo] [per'plexo] *adj.* Que está indeciso ante uma situação inesperada. Irresoluto. ▸ Perplexo.

pe.rra.da. [pe'raða] [pe'raða] *f.* **1.** Conjunto de cães. ▸ Cachorrada. **2.** *fig.* Ato de traição ou engano. ▸ Cachorrada.

pe.rre.ra. [pe'rera] [pe'rera] *f.* **1.** Lugar onde se abrigam cães. ▸ Canil. **2.** Carro para recolher os cachorros da rua. ▸ Carrocinha.

pe.rre.rí.a. [pere'ria] [pere'ria] *f.* **1.** Bando de cães. ▸ Cachorrada. **2.** *fig.* Conjunto de pessoas sacanas. Súcia. ▸ Cachorrada. **3.** *fig.* Ato ofensivo contra uma pessoa ou coisa. ▸ Cachorrada.

pe.rri.to. [pe'rito] [pe'rito] *m. Cul.* Ver *pancho*[3]. ▸ Cachorro-quente.

pe.rro, rra. ['pero] ['pero] *s.* **1.** *Zool.* Designação comum aos cães de todas as raças. ▸ Cão. **2.** *fig.* Indivíduo malandro. ▸ Cachorro. ◆ **A otro perro con ese hueso.** Vá contar para outro. **De perro(s).** *fam.* Muito ruim. **Morir como un perro.** Morrer completamente abandonado. **Muerto el perro, se acabó la rabia.** Suprimida a causa, cessam os efeitos. **Perro caliente.** *Cul.* Ver *pancho*[3]. ▸ Cachorro-quente. ➡ *Reino animal*

pe.rru.no, na. [pe'runo] [pe'runo] *adj.* Relativo ou próprio de cães ou cachorros. ▸ Canino.

per.sa. ['persa] ['persa] *adj.* **1.** Pertencente ou relativo à Pérsia. ▸ Persa. *U.t.c.s. com.* **2.** O natural ou habitante da Pérsia. ▸ Persa. *m.* **3.** *Ling.* Idioma dos persas. ▸ Persa.

per.se.cu.ción. [perseku'θjon] [perseku'sjon] *f.* **1.** Ato ou efeito de perseguir. ▸ Perseguição. **2.** Insistência enfadonha com que alguém atormenta outra pessoa. ▸ Perseguição.

per.se.cu.to.rio, ria. [perseku'toɾjo] [perseku'toɾjo] *adj.* Que implica perseguição ou se refere a ela. ▸ Persecutório.

per.se.gui.ble. [perse'ɣiβle] [perse'ɣiβle] *adj.* Que pode ser perseguido. ▸ Perseguível.

per.se.gui.dor, do.ra. [perse'ɣiðor] [perse'ɣiðor] *adj.* **1.** Que incomoda ou causa sofrimento. ▸ Perseguidor. *U.t.c.s.* **2.** Que persegue quem está fugindo. ▸ Perseguidor. *U.t.c.s.*

per.se.guir. [perse'ɣir] [perse'ɣir] *v.21.* **1.** Seguir de perto aquele que foge. ▸ Perseguir. **2.** *fig.* Procurar que alguém sofra causando-lhe o maior dano possível. ▸ Perseguir.

per.se.ve.ran.cia. [perseβe'ranθja] [perseβe'ransja] *f.* Constância na virtude e forma de vida correta. ▸ Perseverança.

per.se.ve.rar. [perseβe'rar] [perseβe'rar] *v.4.* **1.** Manter-se constante nas atitudes e opiniões. ▸ Perseverar. **2.** Não desistir daquilo que começa. ▸ Perseverar.

per.sia.na. [per'sjana] [per'sjana] *f.* Cortina formada por lâminas móveis, que serve para graduar a entrada de luz em um local. ▸ Persiana.

per.sig.nar. [persiɣ'naɾ] [persiɣ'naɾ] *v.4. Rel.* Fazer o sinal da cruz. ▸ Benzer(-se). *U.t.c.v.p.*

per.sis.ten.cia. [persis'tenθja] [persih'tensja] *f.* **1.** Qualidade daquilo que existe e dura muito tempo. ▸ Persistência. **2.** Constância nas ideias e firmeza nas opiniões. ▸ Persistência.

per.sis.tir. [persis'tir] [persih'tir] *v.6.* **1.** Manter-se firme ou constante em uma coisa. ▸ Persistir. **2.** Durar por longo tempo. ▸ Persistir.

per.so.na. [per'sona] [per'sona] *f.* **1.** Indivíduo da espécie humana. ▸ Pessoa. **2.** *Ling.* Categoria gramatical que indica o papel de um elemento em uma comunicação, e se classifica em 1ª, 2ª e 3ª pessoa do singular e do plural. ▸ Pessoa. **3.** *Dir.* Sujeito de direito. ▸ Pessoa. ◆ **En persona.** Em pessoa.

per.so.na.je. [perso'naxe] [perso'naxe] *m.* **1.** Pessoa importante na vida pública. ▸ Personagem. **2.** Cada um dos seres idealizados por um escritor que aparecem em uma obra literária, teatral ou cinematográfica. ▸ Personagem.

per.so.nal. [perso'nal] [perso'nal] *adj.* **1.** Pertencente a uma pessoa ou próprio dela. ▶ Pessoal. **2.** *fig.* Íntimo, privado. ▶ Pessoal. *m.* **3.** Conjunto de pessoas que trabalham na mesma dependência ou empresa. ▶ Pessoal.

per.so.na.li.dad. [personali'ðaθ] [personali'ðað] *f.* **1.** Atributos de uma pessoa que a diferenciam das outras. ▶ Personalidade. **2.** *fig.* Pessoa que se destaca em uma atividade ou comunidade. ▶ Personalidade.

per.so.na.lis.mo. [persona'lismo] [persona'lihmo] *m.* **1.** *Polít.* Tipo de liderança atrelada à imagem de um indivíduo. ▶ Personalismo. **2.** Ato de subordinar o interesse comum à conveniência própria. ▶ Individualismo.

per.so.na.lis.ta. [persona'lista] [persona'lihta] *adj.* **1.** Relativo ao personalismo. ▶ Personalista. **2.** Que procede em defesa somente dos próprios interesses. Personalista. ▶ Individualista.

per.so.na.li.zar. [personali'θar] [personali'sar] *v.13.* Dar caráter pessoal a alguma coisa. Individualizar. ▶ Personalizar.

per.so.nal.men.te. [personal'mente] [personal'mente] *adv.* Em pessoa, por si mesmo. ▶ Pessoalmente.

per.so.ne.ro, ra. [perso'nero] [perso'nero] *s.* Pessoa que representa negócios alheios. ▶ Procurador.

per.so.ni.fi.car. [personifi'kar] [personifi'kar] *v.7.* **1.** *Ling.* Atribuir a animais ou coisas qualidades próprias das pessoas. Antropomorfizar. ▶ Personificar. **2.** Representar qualquer qualidade ou conceito na pessoa de alguém. ▶ Personificar.

pers.pec.ti.va. [perspek'tiβa] [perhpek'tiβa] *f.* **1.** Arte de representar em uma superfície plana objetos nas três dimensões. ▶ Perspectiva. **2.** Conjunto de objetos que se apresentam à vista do espectador. ▶ Perspectiva.

pers.pi.ca.cia. [perspika'θja] [perhpikasja] *f.* **1.** Agudeza e penetração da vista. ▶ Perspicácia. **2.** *fig.* Sagacidade, agudeza de entendimento. ▶ Perspicácia.

pers.pi.caz. [perspika'θ] [perhpikas] *adj.* **1.** Diz-se do olhar claro e penetrante. ▶ Perspicaz. **2.** *fig.* Que tem sagacidade. ▶ Perspicaz.

per.sua.dir. [perswaðir] [perswaðir] *v.6.* Convencer alguém com razões para crer ou fazer alguma coisa. ▶ Persuadir.

per.sua.sión. [perswa'sjon] [perswa'sjon] *f.* **1.** Ato ou efeito de persuadir. ▶ Persuasão. **2.** Opinião que se forma embasada em um fundamento certo. ▶ Persuasão.

per.sua.si.vo, va. [perswa'siβo] [perswa'siβo] *adj.* Que tem força e habilidade para persuadir. ▶ Persuasivo.

per.te.ne.cer. [pertene'θer] [pertene'ser] *v.24.* **1.** Ser uma coisa própria de uma pessoa ou ser-lhe devida. ▶ Pertencer. **2.** Ter uma coisa relação com outra ou ser parte integrante dela. ▶ Pertencer. **3.** Fazer parte de um grupo ou sociedade. ▶ Pertencer.

per.te.nen.cia. [perte'nenθja] [perte'nensja] *f.* **1.** Direito que alguém tem à propriedade de uma coisa. ▶ Posse. *pl.* **2.** Coisas que pertencem a alguém. ▶ Pertences.

per.ti.naz. [perti'naθ] [perti'nas] *adj.* **1.** Que é obstinado em suas resoluções. ▶ Tenaz. **2.** Que é persistente ou durável. ▶ Tenaz.

per.ti.nen.te. [perti'nente] [perti'nente] *adj.* Diz-se do que vem a propósito de um assunto ou situação. ▶ Pertinente.

per.tre.char. [pertre'tʃar] [pertre'tʃar] *v.4.* Abastecer, dispor ou preparar o necessário para uma ação ou execução de uma coisa. ▶ Prover.

per.tre.chos. [per'tretʃos] [per'tretʃos] *m.pl.* **1.** Conjunto de instrumentos, armas, munições e demais elementos necessários para um exército. ▶ Apetrechos. **2.** *fig.* Instrumentos necessários para fazer algo. ▶ Apetrechos.

per.tur.ba.ción. [perturβa'θjon] [perturβa'sjon] *f.* **1.** Ato ou efeito de perturbar. ▶ Perturbação. **2.** Distúrbio ou transtorno causado por fenômenos físicos ou psíquicos. ▶ Perturbação.

per.tur.bar. [pertur'βar] [pertur'βar] *v.4.* **1.** Alterar ou transtornar a ordem ou o sossego de algo ou de alguém. ▶ Perturbar. **2.** Fazer perder a calma ou tranquilidade. ▶ Perturbar.

pe.rua.no, na. [pe'rwano] [pe'rwano] *adj.* **1.** Pertencente ou relativo ao Peru. ▶ Peruano. *s.* **2.** O natural ou habitante desse país da América do Sul. ▶ Peruano.

per.ver.si.dad. [perβersi'ðaθ] [perβersi'ðað] *f.* Qualidade de perverso. Maldade. ▶ Perversidade.

per.ver.sión. [perβer'sjon] [perβer'sjon] *f.* Ato ou efeito de perverter(-se). Depravação, devassidão. ▶ Perversão.

per.ver.so, sa. [per'βerso] [per'βerso] *adj.* **1.** Que é depravado, devasso. Pervertido. ▶ Perverso. *U.t.c.s.* **2.** Que causa dano moral ou material intencionalmente. ▶ Perverso. *U.t.c.s.*

per.ver.tir. [perβer'tir] [perβer'tir] *v.22.* Conduzir à perversão. ▶ Perverter.

pe.sa. ['pesa] ['pesa] *f.* **1.** Peça metálica de peso conhecido que serve de referência para determinar o peso das moedas de ouro ou prata. ▶ Fiel. **2.** *Desp.* Peça de diversos pesos, que se usa na prática do halterofilismo ou da ginástica. ▶ Haltere.

pe.sa.dez. [pesa'ðeθ] [pesa'ðes] *f.* **1.** Qualidade de pesado. ▶ Peso. **2.** *fig.* Insistência abusiva de indivíduo que aborrece com suas pretensões. ▶ Chatice. **3.** Sensação incômoda que se experimenta na cabeça, no estômago ou no corpo. ▶ Peso.

pe.sa.di.lla. [pesa'ðiʎa] [pesa'ðiʃa] *f.* **1.** Sonho que causa angústia durante o sono. ▶ Pesadelo. **2.** *fig.* Preocupação grave causada por alguma adversidade. ▶ Pesadelo. **3.** *fig.* Pessoa ou coisa incômoda. ▶ Chato.

pe.sa.do, da. [pe'saðo] [pe'saðo] *adj.* **1.** Que tem muito peso. ▶ Pesado. **2.** *fig.* Que é difícil de suportar. ▶ Chato. **3.** *fig.* Que demanda muita atenção ou é difícil de fazer. ▶ Pesado. *f.* **4.** Ver *pesaje.* ▶ Pesagem.

pe.sa.dum.bre. [pesa'ðumβre] [pesa'ðumβre] *f. fig.* Padecimento físico ou moral. Tristeza. ▶ Pesar.

pe.sa.je. [pe'saxe] [pe'saxe] *m.* Ato ou efeito de pesar. ▶ Pesagem.

pé.sa.me. ['pesame] ['pesame] *m.* Expressão de condolência pela morte de alguém ou por algum infortúnio. ▶ Pêsames.

pe.sar. [pe'sar] [pe'sar] *v.4.* **1.** Ter gravidade ou peso. ▶ Pesar. **2.** Causar um ato ou dito arrependimento ou dor. ▶ Pesar. *m.* **3.** Sentimento de dor interior por alguma coisa malfeita. ▶ Pesar. **4.** Dor, desgosto ante um acontecimento que aborrece. ▶ Pesar. ◆ **A pesar de.** Apesar de. **Pese a.** Apesar de.

pe.sa.ro.so, sa. [pesa'roso] [pesa'roso] *adj.* Que está arrependido do que fez ou disse. ▶ Pesaroso.

pes.ca. ['peska] ['pehka] *f.* **1.** Ato ou efeito de pescar. ▶ Pesca. **2.** O que se pesca ou se tem pescado. ▶ Pesca. ◆ **Pesca de arrastre.** Pesca de arrasto. Arrastão.

pes.ca.de.rí.a. [peskaðe'ria] [pehkaðe'ria] *f.* Posto ou estabelecimento onde se vende peixe. ▶ Peixaria.

pes.ca.de.ro, ra. [peska'ðero] [pehka'ðero] *s.* Pessoa que vende peixe a varejo. ▶ Peixeiro.

pes.ca.do. [pes'kaðo] [peh'kaðo] *m.* **1.** Peixe comestível tirado da água e posto à venda. ▶ Pescado. **2.** *Cul.* Peixe preparado para ser comido. ▶ Pescado.

pes.ca.dor, do.ra. [peska'ðor] [pehka'ðor] *s.* Pessoa que pesca por ofício ou por lazer. ▶ Pescador.

pes.car. [pes'kar] [peh'kar] *v.7.* **1.** Tirar ou tentar tirar da água peixes e outros animais úteis para as pessoas. ▶ Pescar. **2.** *fig.* e *fam.* Contrair uma enfermidade. ▶ Pegar. ◆ **Caña de pescar.** Vara de pescar. ➡ *Recreación*

pes.cue.zo. [pes'kweθo] [peh'kweso] *m. Anat.* Parte do corpo humano ou de animal entre a cabeça e o tronco. ▶ Pescoço.

pe.se.bre. [pe'seβre] [pe'seβre] *m.* **1.** Tabuleiro em que se coloca comida para gado. ▶ Cocho. **2.** Lugar destinado à manjedoura ou a vários cochos. ▶ Manjedoura. **3.** *Rel.* Conjunto de objetos e figuras que representam o nascimento do menino Jesus. ▶ Presépio.

pe.se.ta. [pe'seta] [pe'seta] *f.* Moeda espanhola que vigorou até o dia 1º de janeiro de 2002, quando foi substituída pelo euro. ▶ Peseta. ◆ **Cambiar la peseta.** *fig.* e *fam.* Vomitar por enjoo ou embriaguez. **Mirar la peseta.** Regular um pouco os gastos.

pe.se.te.ro, ra. [pese'tero] [pese'tero] *adj.* Diz-se da pessoa que gosta demais do dinheiro. Avaro, unha de fome. ▶ Sovina.

pe.si.mis.mo. [pesi'mismo] [pesi'mihmo] *m.* Propensão a ver e julgar pelo aspecto desfavorável. Derrotismo. ▶ Pessimismo.

pe.si.mis.ta. [pesi'mista] [pesi'mihta] *adj.* Que vê e julga considerando o aspecto mais desfavorável das coisas. ▶ Pessimista. *U.t.c.s.*

pé.si.mo, ma. ['pesimo] ['pesimo] *adj.* Que não pode ser pior. Muito ruim. ▶ Péssimo.

pe.so. ['peso] ['peso] *m.* **1.** Peça de metal que serve para equilibrar a balança. ▶ Peso. **2.** *Fís.* Efeito da força de gravidade da Terra. ▶ Peso. **3.** *Fin.* Unidade monetária de vários países latino-americanos. ▶ Peso. **4.** *fig.* Carga, dor ou preocupação que aflige alguém. ▶ Angústia. ◆ **De peso.** De importância, influência. **Peso gallo.** *Desp.* Peso-galo. **Peso ligero.** *Desp.* Peso leve. **Peso mosca.** *Desp.* Peso-mosca. **Peso neto.** Peso líquido. **Peso pluma.** *Desp.* Peso-pena.

pes.pun.te. [pes'punte] [peh'punte] *m.* Trabalho de costura com pontadas unidas como faz a máquina de costura. ▸ Pesponto.

pes.pun.te.ar. [pespunte'ar] [pehpunte'ar] *v.4.* Fazer pespontos à mão ou à máquina. ▸ Pespontar.

pes.que.ro, ra. [pes'kero] [peh'kero] *adj.* Diz-se da embarcação dedicada à pesca e das indústrias relacionadas com a pesca ou o peixe. ▸ Pesqueiro.

❏ **pes.qui.sa.** [pes'kisa] [peh'kisa] *f.* Indagação que se faz de uma coisa para conhecimento de sua realidade e circunstâncias, especialmente para a atividade policial no esclarecimento de crimes. ▸ Inquérito. *obs.:* Não se emprega no âmbito escolar, acadêmico ou científico.

pes.ta.ña. [pes'taɲa] [peh'taɲa] *f.* **1.** *Anat.* Cada um dos pelos que há nas bordas das pálpebras e o conjunto deles. Cílio. ▸ Pestana. **2.** ❏ Dobra em peça de vestuário que esconde costuras ou botões. ▸ Pesponto. ◆ **No pegar pestaña.** Não dormir. **Quemarse las pestañas.** *fig.* e *fam.* Estudar como um louco.

pes.ta.ñe.ar. [pestaɲe'ar] [pehtaɲe'ar] *v.4.* **1.** Mover as pálpebras. ▸ Pestanejar. **2.** Abrir e fechar os olhos repetidamente. ▸ Pestanejar.

pes.ta.ñe.o. [pesta'ɲeo] [pehta'ɲeo] *m.* Movimento rápido e repetido das pálpebras. ▸ Pestanejo.

pes.te. ['peste] ['pehte] *f.* **1.** *Med.* Doença epidêmica grave que causa muitas mortes. ▸ Peste. **2.** Mau cheiro. ▸ Fedor.

pes.ti.ci.da. [pesti'θiða] [pehti'siða] *adj.* Que se destina a combater pragas, especialmente na agricultura. ▸ Pesticida. *U.t.c.m.*

pes.ti.len.cia. [pesti'lenθja] [pehti'lensja] *f.* Mau cheiro. ▸ Pestilência.

pes.ti.len.te. [pesti'lente] [pehti'lente] *adj.* Que exala mau cheiro. ▸ Pestilento.

pes.ti.llo. [pes'tiʎo] [peh'tiʃo] *m.* Pequena tranca corrediça de ferro com que se fecham portas e janelas. ▸ Trava.

pe.ta.ca. [pe'taka] [pe'taka] *f.* **1.** Estojo de couro ou metal para pôr cigarros ou tabaco picado. ▸ Cigarreira. **2.** Pequena garrafa achatada para levar bebida. ▸ Garrafa de bolso. ◆ **Hacer la petaca.** Armar uma cama de gato.

pé.ta.lo. ['petalo] ['petalo] *m. Bot.* Folha modificada das plantas que se forma na corola da flor. ▸ Pétala.

pe.ta.te. [pe'tate] [pe'tate] *m.* **1.** Embrulho humilde que contém roupas e outros artigos básicos para sobreviver. ▸ Trouxa. **2.** Esteira de folhas de palmeira. ▸ Esteira.

pe.ti.ción. [peti'θjon] [peti'sjon] *f.* **1.** Ato de pedir. Requerimento. ▸ Petição. **2.** Escrito em que se solicita alguma coisa. ▸ Petição.

pe.ti.so, sa. [pe'tiso] [pe'tiso] *s.* **1.** Cavalo de pernas pequenas. *U.t.c.* *adj.* **2.** Pessoa de baixa estatura.

pé.tre.o, a. ['petreo] ['petreo] *adj.* **1.** De pedra, rocha ou penhasco. ▸ Pétreo. **2.** Que se assemelha à pedra em matéria ou qualidade. ▸ Pétreo.

pe.tri.fi.car. [petrifi'kar] [petrifi'kar] *v.7.* **1.** Transformar ou converter em pedra. ▸ Petrificar. **2.** *fig.* Deixar alguém imóvel de terror. ▸ Petrificar.

pe.tró.le.o. [pe'troleo] [pe'troleo] *m.* Líquido oleaginoso que se encontra no subsolo, do qual se extraem vários subprodutos indispensáveis para a vida moderna. ▸ Petróleo.

pe.tro.le.ro, ra. [petro'lero] [petro'lero] *adj.* **1.** Pertencente ou relativo à extração de petróleo. ▸ Petroleiro. *m.* **2.** Navio especialmente construído para o transporte de petróleo. ▸ Petroleiro. *s.* **3.** Pessoa relacionada ou que trabalha na prospecção ou extração de petróleo ou na indústria petrolífera. ▸ Petroleiro.

pe.tro.lí.fe.ro, ra. [petro'lifero] [petro'lifero] *adj.* **1.** Relativo ao petróleo e seus derivados. ▸ Petrolífero. **2.** Que contém petróleo. ▸ Petrolífero.

pe.tro.quí.mi.co, ca. [petro'kimiko] [petro'kimiko] *adj.* Relativo à indústria que utiliza o petróleo como matéria-prima. ▸ Petroquímico.

pe.tu.lan.cia. [petu'lanθja] [petu'lansja] *f.* **1.** Descaramento e falta de modéstia. Insolência. ▸ Petulância. **2.** Presunção ridícula. ▸ Petulância.

pe.tu.lan.te. [petu'lante] [petu'lante] *adj.* Que procede com insolência e sem-vergonhice. ▸ Petulante.

pe.tu.nia. [pe'tunja] [pe'tunja] *f. Bot.* Tipo de flor. ▸ Petúnia.

pe.yo.ra.ti.vo, va. [pejora'tiβo] [peʃora'tiβo] *adj. Ling.* Diz-se de palavra ou expressão que indica intenção depreciativa ou desfavorável. ▸ Pejorativo.

pez. ['peθ] ['pes] *m.* **1.** *Zool.* Animal vertebrado, aquático. ▸ Peixe. *f.* **2.** Substância resinosa negra que se extrai do alcatrão. ▸ Piche. ➠ *Reino animal*

pe.zón. [pe'θon] [pe'son] *m. Anat.* Parte que sobressai de cada mama das fêmeas. ▸ Mamilo.

pe.zu.ña. [pe'θuɲa] [pe'suɲa] f. Anat. Cada um dos dedos cobertos de unha dos animais de pata fendida, aberta. ▶ Casco.

pia.do.so, sa. [pja'ðoso] [pja'ðoso] adj. Que procura socorrer ou fazer bem aos que precisam de ajuda. ▶ Piedoso.

pia.nis.ta. [pja'nista] [pja'nihta] com. Mús. Pessoa que toca piano. ▶ Pianista.

pia.no. ['pjano] ['pjano] m. Mús. Instrumento musical de cordas que vibram e produzem som quando são golpeadas por um martelo de madeira acionado pelo teclado. ▶ Piano.
➡ *Instrumentos musicales*

piar. ['pjaɾ] ['pjaɾ] v.4. Emitir pios (alguns pássaros e o pintinho). ▶ Piar.

pi.be, ba. ['piβe] ['piβe] s. (Arg.) Ver niño(1). ▶ Menino.

pi.ca.da. [pi'kaða] [pi'kaða] f. 1. Ver *picadura*. ▶ Picada. 2. (Arg.) Aperitivo. ▶ Petisco.

pi.ca.de.ro. [pika'ðeɾo] [pika'ðeɾo] m. 1. Lugar onde se adestram os cavalos ou se ensina a montar. ▶ Picadeiro. 2. (Arg.) Lugar onde se apresentam os espetáculos de circo. ▶ Picadeiro.

pi.ca.di.llo. [pika'ðiʎo] [pika'ðiʃo] m. Cul. Prato feito com carne cortada em pedaços miúdos, verduras e alhos. ▶ Picadinho.

pi.ca.do, da. [pi'kaðo] [pi'kaðo] adj. 1. fig. e fam. Que está magoado ou ofendido por algo. ▶ Ferido. 2. Diz-se do mar quando está agitado por ondas pequenas. Revolto. ▶ Encapelado.

pi.ca.du.ra. [pika'ðuɾa] [pika'ðuɾa] f. 1. Ato ou efeito de picar alguma coisa. ▶ Picada. 2. Bicada ou mordedura de ave, inseto ou réptil. ▶ Picada.

pi.ca.flor. [pika'floɾ] [pika'floɾ] m. Zool. Ver *colibrí*. ▶ Beija-flor.

pi.can.te. [pi'kante] [pi'kante] adj. 1. Cul. Diz-se do alimento, especialmente molho, muito apimentado, de sabor ardido. ▶ Picante. 2. fig. Diz-se da piada ou do conto mordaz que ofende o pudor. ▶ Picante. m. 3. Molho de pimenta.

pi.ca.por.te. [pika'poɾte] [pika'poɾte] m. 1. Dispositivo para fechar portas e janelas. ▶ Fechadura. 2. Aldrava ou maçaneta para chamar ou avisar. ▶ Maçaneta.

pi.car. [pi'kaɾ] [pi'kaɾ] v.7. 1. Ferir com algum objeto pontiagudo. ▶ Picar. 2. Cortar ou dividir alguma coisa em pedaços muito miúdos. ▶ Picar. 3. Produzir ardor ou comichão. ▶ Picar. 4. Morder ou ferir com o bico ou a boca (certos animais). ▶ Picar. 5. Morder a isca (o peixe) posta no anzol. ▶ Picar.

pi.car.dí.a. [pikaɾ'ðia] [pikaɾ'ðia] f. 1. Travessura de criança que não tem má intenção. ▶ Picardia. 2. Astúcia para enganar. Velhacaria. ▶ Picardia.

pi.ca.res.ca. [pika'reska] [pika'rehka] f. Lit. Gênero literário formado por obras sobre os pícaros. ▶ Picaresca.

pi.ca.res.co, ca. [pika'resko] [pika'rehko] adj. Lit. Diz-se da produção literária que narra a vida dos pícaros e deste gênero de literatura. ▶ Picaresco.

pí.ca.ro, ra. ['pikaɾo] ['pikaɾo] adj. 1. Diz-se do indivíduo que é vil, desonesto e sem-vergonha. ▶ Pícaro. U.t.c.s. s. 2. Denominação feita com simpatia sobre alguém que tem habilidade para enganar e para burlar a lei. ▶ Malandro. 3. Personagem de histórias populares, astuto e transgressor. ▶ Pícaro. 4. Criança ou moleque travesso e manhoso, cujas travessuras despertam certa simpatia. ▶ Pícaro.

pi.ca.zón. [pika'θon] [pika'son] f. Incômodo que produz ardor em alguma parte do corpo. ▶ Comichão.

pi.chin.cha. [pi'tʃintʃa] [pi'tʃintʃa] f. Objeto ou coisa em oferta. ▶ Pechincha.

pi.chin.che.ro, ra. [pitʃin'tʃeɾo] [pitʃin'tʃeɾo] adj. Que procura pechinchas. ▶ Pechincheiro.

pi.co. ['piko] ['piko] m. 1. ▢ Anat. Parte saliente da cabeça das aves, composta de duas peças córneas e que lhes serve para comer e defender-se. ▶ Bico. 2. Geogr. Cume agudo de uma montanha. ▶ Pico. 3. Ponta aguda de qualquer coisa. ▶ Ponta. 4. ▢ Ferramenta com uma parte de ferro em duas pontas, própria para escavar terra. ▶ Picareta. ◆ **Abrir el pico.** fig. Abrir o bico. **Y pico.** E pouco. *Me deben un valor de ciento y pico.* Estão me devendo um valor de cento e poucos.

pi.cor. [pi'koɾ] [pi'koɾ] m. Comichão incômoda que se sente em alguma parte do corpo. ▶ Coceira.

pi.co.ta.zo. [piko'taθo] [piko'taso] m. Ato ou efeito da picada ou bicada de réptil, ave ou inseto. ▶ Picada.

pi.co.te.ar. [pikote'aɾ] [pikote'aɾ] v.4. 1. Bater ou ferir (as aves) com o bico. ▶ Bicar. 2. Comer um pouco de cada uma das coisas que se servem em festas ou reuniões. ▶ Beliscar.

pic.tó.ri.co, ca. [pik'toɾiko] [pik'toɾiko] adj. 1. Pertencente ou relativo à pintura. ▶ Pictórico. 2. Diz-se de objeto, paisagem ou pessoa adequados para serem representados em pintura. ▶ Pictórico.

pi.cu.do, da. [pi'kuðo] [pi'kuðo] *adj.* **1.** *Anat.* Que tem bico grande. ▸ Bicudo. **2.** *fig.* Que fala demais ou diz o que não deve. ▸ Bicudo.

pie. ['pje] ['pje] *m.* **1.** *Anat.* Parte inferior do corpo humano que assenta no chão. ▸ Pé. **2.** Base em que se apoia alguma coisa. ▸ Pé. **3.** Medida inglesa de comprimento equivalente a 12 polegadas. ▸ Pé. ◆ **Al pie de la letra.** Ao pé da letra. **En pie.** De pé. **Hacer pie.** Dar pé (na água). **No dar pie con bola.** *fig.* Não acertar uma. ▸ Não dar uma dentro. **Poner pies en polvorosa.** Fugir, escapar o mais rápido possível. ▸ Pernas pra que te quero! ➡ *Cuerpo humano*

pie.dad. [pje'ðaθ] [pje'ðað] *f.* **1.** *Rel.* Sentimento de devoção às coisas santas. ▸ Piedade. **2.** Compaixão pelo próximo em desgraça. ▸ Piedade.

pie.dra. ['pjeðra] ['pjeðra] *f.* **1.** *Geogr.* Corpo duro e sólido da natureza das rochas. ▸ Pedra. **2.** *Med.* Concreção anormal que se forma em alguns órgãos, especialmente nos rins e na bexiga. Cálculo. ▸ Pedra. **3.** *fig.* Fundamento ou base de algo. ▸ Pedra. ◆ **De piedra.** Atônito, paralisado de surpresa. **Piedra pómez.** Pedra-pomes. **Tirar la piedra y esconder la mano.** *fig.* Atirar a pedra e esconder a mão.

piel. ['pjel] ['pjel] *f. Anat.* **1.** Cobertura externa do corpo dos seres humanos. ▸ Pele. **2.** Couro dos animais. ▸ Pele. **3.** *Bot.* Capa delgada e fina que cobre algumas frutas. Pele. ▸ Casca.

pie.le.ro, ra. [pje'lero] [pje'lero] *adj.* **1.** Negociante de peles. ▸ Peleiro. **2.** Preparador de peles. ▸ Peleiro.

pier.na. ['pjerna] ['pjerna] *f. Anat.* **1.** Cada membro inferior dos seres humanos. ▸ Perna. **2.** Parte dessa extremidade entre o joelho e o pé. ▸ Perna. **3.** Coxa dos quadrúpedes e das aves. ▸ Perna. ◆ **Dormir a pierna suelta.** Dormir por muito tempo e profundamente. **Estirar las piernas.** Esticar as pernas. ➡ *Cuerpo humano*

pie.za. ['pjeθa] ['pjesa] *f.* **1.** Cada uma das partes que compõem um artefato. ▸ Peça. **2.** Porção de tecido que se fabrica de uma vez. ▸ Peça. **3.** Qualquer uma das partes em que se divide uma casa. ▸ Cômodo. **4.** Cada objeto com existência individual. ▸ Peça.

pí.fa.no. ['pifano] ['pifano] *m. Mús.* Instrumento musical de sopro semelhante à flauta, de som muito agudo, e usado pelas bandas militares. ▸ Pífano.

pi.fia. ['pifja] ['pifja] *f.* Ato ou dito desacertado. Lapso. Gafe. ▸ Erro.

pi.fiar. [pi'fjar] [pi'fjar] *v.4.* **1.** Fazer soar muito alto a flauta. **2.** Gozar ou fazer burla para humilhar. ▸ Escarnecer. **3.** Equivocar-se. ▸ Errar.

pig.men.tar. [piɣmen'tar] [piɣmen'tar] *v.4.* **1.** Dar cor a algo. ▸ Pigmentar. **2.** Produzir coloração anormal na pele. ▸ Pigmentar.

pig.men.to. [piɣ'mento] [piɣ'mento] *m. Biol.* Matéria corante natural ou artificial que se usa na fabricação de tintas. ▸ Pigmento.

pig.me.o, a. [piɣ'meo] [piɣ'meo] *s.* Indivíduo pertencente aos povos anões que vivem na região equatorial da África. ▸ Pigmeu.

pig.no.rar. [piɣno'rar] [piɣno'rar] *v.4.* Dar ou deixar em garantia. ▸ Penhorar.

pi.ja.ma. [pi'xama] [pi'xama] *m.* Roupa de tecido leve, composta de blusa e calça, que se usa para dormir. ▸ Pijama.

pi.jo.te.rí.a. [pixote'ria] [pixote'ria] *f. fam.* Avareza. ▸ Mesquinhez.

pi.jo.te.ro, ra. [pixo'tero] [pixo'tero] *adj. fam.* Ver *avaro*. ▸ Mesquinho.

pi.la. ['pila] ['pila] *f.* **1.** Monte de coisas que se colocam umas sobre outras. ▸ Pilha. **2.** Peça de pedra ou outra matéria côncava para pôr água. ▸ Pia. **3.** *Fís.* Recipiente que contém sistema que transforma energia química em elétrica. ▸ Pilha. ◆ **Nombre de pila.** *Rel.* Nome de batismo. **Pila bautismal.** Pia batismal. **Ponerse las pilas.** Ficar esperto, acordar.

pi.lar. [pi'lar] [pi'lar] *m. Arq.* Coluna que sustenta alguma coisa. ▸ Pilar.

pi.las.tra. [pi'lastra] [pi'lahtra] *f. Arq.* Coluna ou pilar de quatro faces. ▸ Pilastra.

píl.do.ra. ['pildora] ['pildora] *f. Farm.* Comprimido, geralmente redondo, para ser tomado por via oral. ▸ Pílula. ◆ **Dorar la píldora.** Dourar a pílula. **Píldora anticonceptiva.** *Farm.* Pílula anticoncepcional. **Tragarse la píldora.** Acreditar em mentiras. ▸ Cair.

pi.le.ta. [pi'leta] [pi'leta] *f.* **1.** Pia para lavar louça. ▸ Pia de cozinha. **2.** Pia de pedra ou cimento para lavar roupas. ▸ Tanque. **3.** Tanque onde o gado bebe água. ▸ Cocho. **4.** Ver *piscina*[(2)]. ▸ Piscina.

pi.lla.je. [pi'ʎaxe] [pi'ʃaxe] *m.* **1.** Roubo ou rapina que faz um grupo de malfeitores. ▸ Pilhagem. **2.** *Mil.* Saque feito por soldados em país inimigo. ▸ Pilhagem.

pi.llar. [pi'ʎar] [pi'ʃar] *v.4.* **1.** Furtar, roubar ou dedicar-se à pilhagem. ▸ Pilhar. **2.** Surpreender alguém em flagrante delito. Flagrar. ▸ Pilhar.

3. Pegar ou agarrar uma pessoa ou coisa. ▸ Pilhar. **4.** Acontecer algo em momento não esperado. ▸ Pilhar.

pi.lle.rí.a. [piʎe'ria] [piʃe'ria] *f. fam.* **1.** Qualidade de safado. ▸ Safadeza. **2.** Quadrilha de malandros. ▸ Malandragem.

pi.llo, lla. ['piʎo] ['piʃo] *adj.* **1.** Que não tem educação. ▸ Safado. **2.** Que procura vantagens em tudo. Ardiloso. ▸ Malandro.

pi.llue.lo, la. [pi'ʎwelo] [pi'ʃwelo] *adj.* Diz-se de criança que faz travessuras. ▸ Endiabrado. *U.t.c.s.*

pi.lón. [pi'lon] [pi'lon] *m.* Reservatório público de água para diversos usos. ▸ Tanque.

pi.lo.so, sa. [pi'loso] [pi'loso] *adj. Biol.* **1.** Pertencente ou relativo ao pelo. ▸ Piloso. **2.** Que tem muito pelo. ▸ Peludo.

pi.lo.ta.je. [pilo'taxe] [pilo'taxe] *m.* Atividade do piloto. ▸ Pilotagem.

pi.lo.tar. [pilo'tar] [pilo'tar] *v.4.* Dirigir um veículo, uma embarcação, um avião, etc. ▸ Pilotar.

pi.lo.to. [pi'loto] [pi'loto] *com.* **1.** Aquele que comanda um navio, um avião, um automóvel, etc. ▸ Piloto. **2.** O imediato do capitão em um navio mercante. ▸ Piloto. **3.** Luz num aparelho elétrico que serve para sinalizar seu funcionamento. ➡ *Profesiones*

pil.tra.fa. [pil'trafa] [pil'trafa] *f.* Pessoa de aparência fraca e cansada. ▸ Trapo.

pi.men.ta.da. [pimen'taða] [pimen'taða] *f. Cul.* Comida de sabor muito picante.

pi.men.te.ro. [pimen'tero] [pimen'tero] *m.* **1.** *Bot.* Designação comum a várias plantas que produzem frutos ou sementes de gosto picante. ▸ Pimenteiro. **2.** Recipiente que contém pimenta. ▸ Pimenteiro.

❏ **pi.men.tón.** [pimen'ton] [pimen'ton] *m.* Pó que se faz moendo pimentões vermelhos, secos, picantes ou doces. ▸ Páprica.

pi.mien.ta. [pi'mjenta] [pi'mjenta] *f. Bot.* Fruto ou semente de um pimenteiro. ▸ Pimenta.

pi.mien.to. [pi'mjento] [pi'mjento] *m. Bot.* Planta originária da América, de diversas variedades, cujos frutos podem ser verdes, vermelhos e amarelos. ▸ Pimentão. ➡ *Vegetales*

pim.pón. [pim'pon] [pim'pon] *m. Desp.* **1.** Jogo semelhante ao tênis que se joga com uma bolinha leve e pequenas raquetes sobre uma mesa separada em duas partes por uma rede. ▸ Pingue-pongue. **2.** A bola utilizada neste jogo. ▸ Bola de pingue-pongue. ➡ *Deportes*

pi.na.co.te.ca. [pinako'teka] [pinako'teka] *f.* **1.** *col.* Coleção de pinturas. ▸ Pinacoteca. **2.** Galeria ou museu de pinturas. ▸ Pinacoteca.

pi.nar. [pi'nar] [pi'nar] *m.* Lugar povoado de pinheiros. ▸ Pinheiral.

pin.cel. [pin'θel] [pin'sel] *m.* Tufo de pelos com cabo próprio, que serve para espalhar tinta sobre uma superfície. ▸ Pincel.

pin.ce.la.da. [pinθe'laða] [pinse'laða] *f.* **1.** Traço ou toque que o pintor faz com o pincel. ▸ Pincelada. **2.** *fig.* Ideia ou pensamento que dá um caráter próprio a um discurso ou uma obra. ▸ Toque.

pin.cha.dis.cos. [pintʃa'ðiskos] [pintʃa'ðihkos] *com.* Pessoa encarregada do som e da seleção dos discos em uma discoteca. ▸ DJ.

pin.char. [pin'tʃar] [pin'tʃar] *v.4.* **1.** Ferir ou furar com algo pontiagudo. ▸ Espetar. **2.** *(Esp.) Inform.* Fazer clique com o *mouse*. ▸ Clicar. ◆ **Ni pinchar ni cortar.** Não cheirar nem feder.

pin.cha.zo. [pin'tʃaθo] [pin'tʃaso] *m.* **1.** Ato ou efeito de espetar. ▸ Espetada. **2.** Ato ou efeito de furar. ▸ Furo. **3.** *Med.* Ato de furar a pele com agulha para introduzir no sangue um remédio líquido. ▸ Picada.

pin.che. ['pintʃe] ['pintʃe] *com.* Pessoa que presta serviços auxiliares na cozinha. ▸ Ajudante de cozinha.

pin.cho. ['pintʃo] ['pintʃo] *m.* Pequena porção de um aperitivo qualquer. ▸ Espetinho. ◆ **Pincho moruno.** Espetinho de carne.

pin.gar. [pin'gar] [pin'gar] *v.9.* Deixar cair um líquido por gotas. ▸ Gotejar.

pin.go. ['pingo] ['pingo] *m.* **1.** Pessoa que gosta muito de sair para se divertir. ▸ Farrista. **2.** Denominação afetuosa para o cavalo. ◆ **Andar / Estar / Ir de pingo.** Andar de / Cair na farra.

pin.güi.no. [pin'gwino] [pin'gwino] *m. Zool.* Ave originária da região antártica, que não voa e se alimenta de peixes. ▸ Pinguim.

❏ **pi.no, na.** ['pino] ['pino] *adj.* **1.** *Geogr.* Diz-se de ladeira muito íngreme. ▸ Íngreme. **2.** Que apresenta inclinação. Espigado. ▸ Empinado. *m.* **3.** *Bot.* Árvore de caule reto e alto e folhas com pontas agudas. ▸ Pinheiro.

pin.ta. ['pinta] ['pinta] *f.* **1.** Pequena mancha nas penas, no pelo ou na pele dos animais. ▸ Pinta. **2.** Aparência das pessoas ou coisas pelas quais se conhece sua índole ou qualidade. ▸ Pinta.

in.ta.da. [pin'taða] [pin'taða] *f.* **1.** Ato de fazer pinturas em paredes e muros. **2.** Grafitagem. **2.** Conjunto de palavras ou desenhos feitos nos muros. ▸ Pichação.

in.ta.do, da. [pin'taðo] [pin'taðo] *adj.* Que foi coberto de tinta, matizada de diversas cores, para adorno ou para proteção. Colorido. ▸ Pintado.

in.ta.la.bios. [pinta'laβjos] [pinta'laβjos] *m.* Cosmético em forma de barra que se usa para dar cor aos lábios. ▸ Batom.

in.tar. [pin'tar] [pin'tar] *v.4.* **1.** Fazer uma representação artística com formas e cores sobre uma superfície. ▸ Pintar. **2.** Cobrir com tinta colorida. ▸ Pintar. **3.** Aplicar maquiagem no rosto. ▸ Pintar-se.

in.ta.ú.ñas. [pinta'uɲas] [pinta'uɲas] *m.* Cosmético que se aplica nas unhas para colori-las ou protegê-las. ▸ Esmalte.

in.tor, to.ra. [pin'tor] [pin'tor] *s.* **1.** Artista plástico que trabalha com pintura. ▸ Pintor. **2.** Profissional que tem por ofício pintar portas, paredes, móveis, etc. ▸ Pintor.

in.to.res.co, ca. [pinto'resko] [pinto'rehko] *adj.* Que é típico de uma cultura e resulta visualmente agradável. ▸ Pitoresco.

in.tu.ra. [pin'tura] [pin'tura] *f.* **1.** Arte de pintar. ▸ Pintura. **2.** Tela em que está pintada uma obra de arte. ▸ Pintura. **3.** Qualquer tipo ou classe de material para pintar. ▸ Tinta. **4.** *fig.* Descrição animada, feita verbalmente, de uma pessoa ou coisa. ▸ Pintura. ◆ **Pintura al óleo.** Pintura a óleo. **Pintura al pastel.** Pintura em que se usa tom pastel. ➡ *Recreación*

in.za. ['pinθa] ['pinsa] *f.* **1.** Instrumento de metal que serve para pegar coisas pequenas. ▸ Pinça. **2.** Prega que se faz em um tecido para dar-lhe uma forma determinada. ▸ Pence. **3.** Ver *alicate*. ▸ Alicate. **4.** *Zool.* Apêndice das patas dos crustáceos. ▸ Pinça.

pi.ña. ['piɲa] ['piɲa] *f. Bot.* Planta e fruto de uma variedade americana de ananás. ▸ Abacaxi. ➡ *Frutas*

pi.ña.ta. [pi'ɲata] [pi'ɲata] *f.* Recipiente de barro ou outro material cheio de doces, que se pendura para ser quebrado com uma paulada em uma festa no primeiro domingo da Quaresma ou em festa de criança. ▸ Piñata.

pi.ñón. [pi'ɲon] [pi'ɲon] *m. Bot.* **1.** Semente do pinheiro. ▸ Pinhão. **2.** Amêndoa comestível da semente de algumas variedades de pinheiro. ▸ Pinhão.

pí.o, a. ['pio] ['pio] *adj.* **1.** *Rel.* Que tem devoção e inclinação à piedade. ▸ Piedoso. *m.* **2.** Som que emitem alguns pássaros e os pintinhos. ▸ Pio. ◆ **No decir (ni) pío.** *fig.* Não abrir a boca. ▸ Não dar um pio.

pio.jo. ['pjoxo] ['pjoxo] *m. Zool.* Tipo de inseto parasita. ▸ Piolho.

pio.jo.so, sa. [pjo'xoso] [pjo'xoso] *adj.* **1.** Que tem piolhos. ▸ Piolhento. *U.t.c.s.* **2.** *fig.* Que procede com avareza. ▸ Avaro. *U.t.c.s.* **3.** *fig.* Que anda sujo e maltrapilho. ▸ Esfarrapado.

pio.ne.ro, ra. [pio'nero] [pio'nero] *s.* **1.** Pessoa que inicia a prática de certa atividade. ▸ Pioneiro. **2.** Aquele que se antecipa a algo. Precursor. ▸ Pioneiro. *U.t.c.s.*

pi.pa. ['pipa] ['pipa] *f.* **1.** ◻ Artefato para fumar tabaco ou outra erva cujo fumo se aspira. ▸ Cachimbo. **2.** Recipiente para guardar ou transportar vinho, azeite ou outros líquidos. Tonel. ▸ Barril.

pi.pe.ta. [pi'peta] [pi'peta] *f.* Tubo de vidro que serve para tirar líquidos de um recipiente e pôr em outro. ▸ Pipeta.

pi.pí. [pi'pi] [pi'pi] *m.* Em linguagem infantil, urina. ▸ Xixi.

◻**pi.que.** ['pike] ['pike] *m.* Rivalidade. ▸ Rixa. ◆ **Irse a pique.** Ir a pique.

pi.qué. [pi'ke] [pi'ke] *s. m.* Tecido de algodão ou linho. ▸ Piquê.

pi.que.ta. [pi'keta] [pi'keta] *f.* Ferramenta de ferro e cabo de madeira usada pelos pedreiros para arrancar pedras. ▸ Picareta.

pi.que.te. [pi'kete] [pi'kete] *m.* **1.** *Mil.* Grupo de soldados que faz um serviço extraordinário. ▸ Piquete. **2.** Grupo de grevistas que atua nos locais de trabalho impedindo a entrada. ▸ Piquete.

pi.ra. ['pira] ['pira] *f.* Fogo que se faz com lenha, geralmente para queimar algo. ▸ Fogueira.

pi.ra.do, da. [pi'raðo] [pi'raðo] *adj. fam.* Diz-se de pessoa aloucada. Doido. ▸ Pirado. *U.t.c.s.*

pi.ra.gua. [pi'raɣwa] [pi'raɣwa] *f.* **1.** Canoa grande usada pelos índios da América para, geralmente, navegar pelos rios. ▸ Piroga. **2.** Embarcação pequena e leve movida a remo de duas pás, para esporte ou recreio. ▸ Caiaque. ➡ *Transporte*

pi.ra.mi.dal. [pirami'ðal] [pirami'ðal] *adj.* Que tem forma de pirâmide. ▸ Piramidal.

pi.rá.mi.de. [pi'ramiðe] [pi'ramiðe] *f. Geom.* Corpo sólido cuja base é um polígono, de onde partem lados triangulares que se unem em um ponto, o vértice. ▶ Pirâmide.

pi.ra.ña. [pi'raɲa] [pi'raɲa] *f. Zool.* Tipo de peixe voraz, de água doce. ▶ Piranha.

pi.rar. [pi'rar] [pi'rar] *v.4. v.p.* **1.** Fugir, dar o fora. ▶ Safar-se. **2.** ❏ Faltar a uma aula sem motivo justificado. ▶ Cabular. **3.** Ver *enloquecer*. Enlouquecer. ▶ Pirar.

pi.ra.ta. [pi'rata] [pi'rata] *adj.* **1.** Que é cópia clandestina de livros, CDs ou qualquer criação alheia. ▶ Pirata. **2.** Que é resultado de cópia e venda clandestina. ▶ Pirata. *m.* **3.** Pessoa que assalta e rouba navios no mar. ▶ Pirata. ◆ **Pirata informático.** Indivíduo com conhecimentos de informática que eventualmente os utiliza para violar sistemas ou exercer outras atividades ilegais, *hacker*. Ciberpirata.

pi.ra.te.ar. [pirate'ar] [pirate'ar] *v.4.* **1.** Cometer delitos contra a propriedade intelectual. ▶ Piratear. **2.** Assaltar e roubar navios. ▶ Piratear.

pi.ra.te.rí.a. [pirate'ria] [pirate'ria] *f.* Atividade de pirata. ▶ Pirataria.

pi.ró.ma.no, na. [pi'romano] [pi'romano] *adj. Med.* Diz-se da pessoa que tem tendência doentia a provocar incêndios. Incendiário. ▶ Piromaníaco. *U.t.c.s.*

pi.ró.me.tro. [pi'rometro] [pi'rometro] *m.* Instrumento com que se avaliam as temperaturas muito elevadas. ▶ Pirômetro.

pi.ro.pe.ar. [pirope'ar] [pirope'ar] *v.4.* Dizer elogios para agradar. ▶ Galantear.

pi.ro.po. [pi'ropo] [pi'ropo] *m.* Lisonja dita para elogiar ou agradar. Galanteio. ▶ Cantada.

pi.ros.co.pio. [piros'kopjo] [piroh'kopjo] *m. Fís.* Instrumento que se utiliza para o estudo da radiação e da reflexão do calor. ▶ Piroscópio.

pi.ro.tec.nia. [piro'teknja] [piro'teknja] *f.* Conjunto de conhecimentos necessários para a preparação de fogos de artifício. ▶ Pirotecnia.

pi.rue.ta. [pi'rweta] [pi'rweta] *f.* **1.** Cabriola ou salto que se dá em algumas danças. ▶ Pirueta. **2.** Volta rápida que dá o cavalo apoiado somente nas patas traseiras. ▶ Pirueta. **3.** *fig.* Ato com o qual se soluciona uma situação urgente e difícil. ▶ Acrobacia.

pi.ru.lí. [piru'li] [piru'li] *m.* Doce de forma cônica feito com mel ou açúcar solidificado, para ser chupado. ▶ Pirulito.

pis. ['pis] ['pis] *m.* Ver *orina.* ▶ Xixi. ◆ **Hace pis.** Fazer xixi.

pi.sa.da. [pi'saða] [pi'saða] *f.* Sinal que o pé deixa na terra. ▶ Pegada.

pi.sa.pa.pe.les. [pisapa'peles] [pisapa'peles] *m.* Peso que se põe em cima dos papéis para que não se movam nem sejam levados pelo vento. ▶ Peso.

pi.sar. [pi'sar] [pi'sar] *v.4.* **1.** Pôr o pé sobre alguma coisa. ▶ Pisar. **2.** Pôr sucessivamente os pés no chão para andar. ▶ Pisar. **3.** *fig.* Maltratar moralmente uma pessoa. Humilhar. ▶ Pisar.

pis.ci.cul.tor, to.ra. [pisθikul'tor] [pisikul'tor] *s.* Pessoa dedicada à criação de peixes. ▶ Piscicultor.

pis.ci.cul.tu.ra. [pisθikul'tura] [pisikul'tura] *f.* **1.** Atividade de povoar os rios com peixes. ▶ Piscicultura. **2.** Criação de peixes em granja para essa finalidade. ▶ Piscicultura.

pis.ci.na. [pis'θina] [pi'sina] *f.* **1.** Reservatório de água para criar peixes. ▶ Piscina. **2.** Grande tanque para banhar-se e praticar natação e outros esportes aquáticos. ▶ Piscina.
➡ *Recreación*

Pis.cis. ['pisθis] ['pisis] *m. n.p.* O último signo do zodíaco. ▶ Peixes.

pi.so. ['piso] ['piso] *m.* **1.** Pavimento natural ou artificial de ruas, caminhos, construções, etc. ▶ Chão. **2.** ❏ Ver *apartamento.* ▶ Apartamento. **3.** ❏ Cada pavimento em edifício de vários andares. ▶ Andar. **4.** ❏ Parte do calçado que fica embaixo do pé e que toca o solo. ▶ Solado. ◆ **Piso alto.** Piso superior.

pi.so.te.ar. [pisote'ar] [pisote'ar] *v.4.* **1.** Pisar repetidamente estragando o que se pisa. Espezinhar. ▶ Pisotear. **2.** *fig.* Maltratar ou desprezar uma pessoa causando-lhe danos morais. ▶ Humilhar.

pi.so.tón. [piso'ton] [piso'ton] *m.* Pisada forte sobre o pé de outro ou sobre outra coisa. ▶ Pisão.

pis.ta. ['pista] ['pihta] *f.* **1.** Rastro que deixam os animais ou pessoas por onde passam. ▶ Pista. **2.** Espaço reservado para a prática de esportes ou para dança em salões e discotecas. ▶ Pista. **3.** ❏ Cada um dos espaços físicos de um material como disco ou CD, que recebe uma gravação contínua ou por partes. ▶ Faixa. **4.** Terreno especialmente construído para aterrissagem e decolagem de aviões. ▶ Pista. **5.** *fig.* Conjunto de indícios ou sinais que podem levar a uma conclusão. Dica. ▶ Pista.

pis.ta.cho. [pis'tatʃo] [pih'tatʃo] *m. Bot.* Fruto seco comestível, com casca muito dura de cor marrom e semente verde. ▸ Pistache.

pis.ti.lo. [pis'tilo] [pih'tilo] *m. Bot.* Elemento feminino das plantas, que se encontra nas flores. ▸ Pistilo.

pis.to.la. [pis'tola] [pih'tola] *f.* Arma de fogo de cano curto que se carrega pela culatra com pente de balas. ▸ Pistola.

pis.to.le.ra. [pisto'leɾa] [pihto'leɾa] *f.* Estojo da pistola. ▸ Coldre.

pis.to.le.ro, ra. [pisto'leɾo] [pihto'leɾo] *s.* Pessoa que utiliza uma pistola para praticar atos ilícitos. ▸ Pistoleiro.

pis.to.le.ta.zo. [pistole'taθo] [pihtole'taso] *m.* **1.** Ato de disparar com pistola e o ruído que o disparo faz. ▸ Pistolada. **2.** Dano produzido pelo disparo da pistola. ▸ Pistolaço.

pis.tón. [pis'ton] [pih'ton] *m.* **1.** Peça que se move no interior do cilindro de um motor. ▸ Pistom. **2.** *Mús.* Chave em forma de êmbolo que têm alguns instrumentos musicais de sopro. ▸ Pistom.

pi.ta. ['pita] ['pita] *f.* **1.** *Bot.* Planta própria de terrenos secos, de folhas compridas e carnosas, com cujas fibras se fazem fios e cordas. ▸ Piteira. **2.** *fig.* Manifestação sonora do público diante de um espetáculo ou outro evento por algo que não gostou. ▸ Vaia. **3.** Forma que se usa para chamar as galinhas.

▢ **pi.ta.da** [pi'taða] [pi'taða] *f.* Som produzido por assovio de muitas pessoas ao mesmo tempo. ▸ Vaia.

▢ **pi.tar.** [pi'tar] [pi'tar] *v.***4.** Produzir assovio com um apito. ▸ Apitar.

pi.ti.do. [pi'tiðo] [pi'tiðo] *m.* **1.** Silvo do apito. ▸ Assovio. **2.** Som agudo e prolongado produzido pela boca. ▸ Assovio.

pi.ti.lle.ra. [piti'ʎeɾa] [piti'ʃeɾa] *f.* Peça de couro, de metal ou de outro material para pôr cigarros e levar no bolso. ▸ Cigarreira.

pi.ti.llo. [pi'tiʎo] [pi'tiʃo] *m.* Ver *cigarrillo*. ▸ Cigarro.

pi.to. ['pito] ['pito] *m.* **1.** Instrumento pequeno que produz um som agudo quando se sopra nele, usado para chamar a atenção ou dar aviso de alguma coisa. ▸ Apito. **2.** Ver *bocina*. ▸ Buzina. **3.** *fam.* e *vulg.* Ver *pene*. ◆ **Entre pitos y flautas.** Entre mortos e feridos. **No importarle un pito.** *fig.* e *fam.* Não ligar / dar a mínima.

pi.tón. [pi'ton] [pi'ton] *m.* **1.** *Zool.* Cobra de grande tamanho, da África e da Ásia. ▸ Píton. **2.** ▢ Cano em forma de cone que sai da parte superior de certos recipientes. ▸ Gargalo.

pi.to.ni.sa. [pito'nisa] [pito'nisa] *f.* **1.** Mulher que prediz o futuro. Profetisa. **2.** Sacerdotisa na Grécia antiga. ▸ Pitonisa.

pi.vo.te. [pi'βote] [pi'βote] *m.* Peça principal que em alguns mecanismos serve para sustentar outra. ▸ Pivô.

pi.xel. ['piksel] ['piksel] *m. Inform.* Menor elemento que constitui uma imagem digital, capaz de transmitir uma determinada cor. ▸ Píxel.

pi.ya.ma. [pi'jama] [pi'ʃama] *m.* Ver *pijama*. ▸ Pijama.

pi.za.rra. [pi'θara] [pi'saɾa] *f.* **1.** Quadro usado nas escolas para explicar as matérias escrevendo ou desenhando com giz. Quadro-negro. ▸ Lousa. **2.** Rocha de cor preta, que se divide com facilidade em folhas planas e delgadas. ▸ Ardósia. ➡ *En el aula*

pi.za.rrón. [piθa'ron] [pisa'ron] *m. (Amér.)* Ver *pizarra*. ▸ Lousa.

piz.ca. ['piθka] ['piska] *f.* Quantidade muito pequena de alguma coisa. Punhado. ▸ Pitada ◆ **Ni pizca.** *fam.* Nadinha.

pizza. f. Cul. Massa de farinha plana, fina e redonda, sobre a qual se colocam ingredientes diversos, como molho, tomate, queijo, etc. e que se leva ao forno. ▸ Pizza.

pi.zze.rí.a. [pitse'ria] [pitse'ria] *f.* Restaurante no qual se fazem e vendem *pizzas*. ▸ Pizzaria.

pla.ca. ['plaka] ['plaka] *f.* **1.** Lâmina delgada de material rígido. ▸ Placa. **2.** Chapa colocada em lugar visível para indicar, avisar ou anunciar alguma coisa. ▸ Placa. **3.** ▢ Objeto, geralmente de metal, que os policiais usam no uniforme como distintivo. ▸ Distintivo. *f.* **4.** *Inform.* Dispositivo de *hardware* responsável pelas funções vitais do aparelho eletrônico. ▸ Placa. ◆ **Placa aceleradora.** Placa aceleradora. **Placa madre.** Placa-mãe. **Placa de sonido.** Placa de som. **Placa de video.** Placa de vídeo.

pla.cen.ta. [pla'θenta] [pla'senta] *f. Biol.* Tecido carnoso e esponjoso, que se desenvolve dentro do útero no período de gravidez para proteger o bebê. ▸ Placenta.

pla.cen.te.ro, ra. [plaθen'teɾo] [plasen'teɾo] *adj.* Que proporciona prazer ou alegria. Agradável. ▸ Prazeroso.

pla.cer. [pla'θeɾ] [pla'seɾ] *v.***24. 1.** Causar agrado. ▸ Agradar. *obs.:* Verbo defectivo. *m.* **2.** Alegria, satisfação ou divertimento. ▸ Prazer.

pla.ci.dez. [plaθi'ðeθ] [plasi'ðes] *f.* Qualidade de plácido. Tranquilidade. ▸ Placidez.

plá.ci.do, da. ['plaθiðo] ['plasiðo] *adj.* Que não tem perturbação. Sossegado, tranquilo. ▶ Plácido.

pla.ga. ['playa] ['playa] *f.* **1.** Calamidade grande que aflige uma comunidade ou um povo. ▶ Praga. **2.** *fig.* Abundância de coisas perniciosas ou desagradáveis. ▶ Praga.

pla.gar. [pla'ɣaɾ] [pla'ɣaɾ] *v.9.* Encher ou cobrir de algo nocivo ou pernicioso. ▶ Infestar.

pla.giar. [pla'xjaɾ] [pla'xjaɾ] *v.4.* Copiar obras de outro e apresentá-las como próprias. ▶ Plagiar.

pla.gio. ['plaxjo] ['plaxjo] *m.* Ato ou efeito de plagiar. ▶ Plágio.

plan. ['plan] ['plan] *m.* **1.** Projeto de alguma coisa que se apresenta de forma sumária. ▶ Plano. **2.** Passos ou atos a serem seguidos para se chegar a um resultado. ▶ Plano. **3.** ▫ *fam.* Relacionamento amoroso ou sexual passageiro. ▶ Caso.

pla.na. ['plana] ['plana] *f.* Cada um dos dois lados de uma folha de papel. ▶ Página. ◆ **Primera plana.** Manchete de jornal.

plan.cha. ['plantʃa] ['plantʃa] *f.* **1.** Aparelho para passar roupa. ▶ Ferro elétrico. **2.** Chapa de ferro que se usa para assar ou tostar alimentos. ▶ Chapa. ◆ **A la plancha.** Grelhado na chapa.

plan.cha.do, da. [plan'tʃaðo] [plan'tʃaðo] *adj.* Ato ou efeito de passar a roupa.

plan.char. [plan'tʃaɾ] [plan'tʃaɾ] *v.4.* Passar o ferro quente sobre a roupa. ▶ Passar a ferro.

plan.cha.zo. [plan'tʃaθo] [plan'tʃaso] *m.* **1.** Ato ou dito desacertado. ▶ Fora. **2.** Encontro marcado entre duas pessoas ao qual uma delas não comparece. Furo. ▶ Bolo. **3.** Queda na piscina com o corpo em posição totalmente horizontal. ▶ Barrigada.

pla.ne.a.dor. [planea'ðoɾ] [planea'ðoɾ] *m.* Aeroplano sem motor, mais pesado que o ar e com estrutura de avião. ▶ Planador.
➡ *Transporte*

pla.ne.ar. [plane'aɾ] [plane'aɾ] *v.4.* **1.** Projetar ou fazer planos para o futuro ou para uma obra específica. ▶ Planejar. **2.** Sustentar-se no voo como um planador, especialmente as aves, sem mover as asas. ▶ Planar.

pla.ne.ta. [pla'neta] [pla'neta] *m. Astr.* **1.** Corpo sólido celeste que gira em volta de uma estrela. ▶ Planeta. **2.** Astro do Sistema Solar que gira ao redor do Sol, do qual recebe luz e calor. ▶ Planeta.

pla.ne.ta.rio, ria. [plane'tarjo] [plane'tarjo] *adj. Astr.* **1.** Pertencente ou relativo aos planetas. ▶ Planetário. *m.* **2.** Aparelho que representa e reproduz os movimentos dos planetas do Sistema Solar. ▶ Planetário. **3.** Sala de espetáculos em que se usa esse aparelho. ▶ Planetário.

pla.ni.cie. [pla'niθje] [pla'nisje] *f. Geog.* Grande extensão de terreno plano. ▶ Planície.

pla.ni.fi.ca.ción. [planifika'θjon] [planifika'sjon] *f.* Ato ou efeito de planificar ou planejar. Planejamento. ▶ Planificação.

pla.ni.fi.ca.dor, do.ra. [planifika'ðoɾ] [planifika'ðoɾ] *adj.* Que elabora projeto para execução de uma obra. ▶ Planejador.

pla.ni.fi.car. [planifi'kaɾ] [planifi'kaɾ] *v.7.* **1.** Planejar a execução de uma obra. ▶ Projetar. **2.** Fazer plano ou projeto de uma ação. ▶ Projetar.

pla.no, na. ['plano] ['plano] *adj.* **1.** Que reto; não apresenta desníveis. ▶ Liso. *m.* **2.** Representação gráfica de um terreno ou de planta de um edifício. Planta. ▶ Plano.

plan.ta. ['planta] ['planta] *f.* **1.** *Bot.* Denominação genérica dos vegetais. ▶ Planta. **2.** *Anat.* Parte inferior do pé. ▶ Planta. **3.** Desenho em que se mostra como é ou será uma coisa para ser construída. ▶ Planta. **4.** Andar ou pavimento de um prédio ou edifício de apartamentos. ▶ Andar. **5.** Instalação industrial onde se processa matéria-prima ou se produz energia. ▶ Usina. ◆ **Planta alta.** Piso superior. **Planta baja.** Piso inferior. ▶ Térreo.

plan.ta.ción. [planta'θjon] [planta'sjon] *f.* **1.** Ato ou efeito de plantar. ▶ Plantação. **2.** Fazenda, conjunto do que se cultiva. ▶ Plantação. **3.** Terreno em que se cultivam plantas da mesma classe. ▶ Plantação.

plan.tar. [plan'taɾ] [plan'taɾ] *v.4.* Introduzir na terra brotos e outras hastes de plantas ou bulbos para que criem raízes e cresçam. ▶ Plantar. ◆ **Bien plantado.** Que tem boa presença.

plan.te.a.mien.to. [plantea'mjento] [plantea'mjento] *m.* Ato e forma de mostrar ou expor um assunto ou questão. ▶ Exposição.

plan.te.ar. [plante'aɾ] [plante'aɾ] *v.4.* Mostrar ou dar a conhecer um assunto. ▶ Expor.

plan.tel. [plan'tel] [plan'tel] *m.* **1.** Estabelecimento de educação. ▶ Instituição de ensino. **2.** *Desp.* Conjunto de jogadores de um clube esportivo. ▶ Time.

plan.ti.lla. [plan'tiʎa] [plan'tiʃa] *f.* **1.** Peça de tecido, couro ou cortiça com que interiormente se cobre a planta do calçado. ▶ Palmilha. **2.** Quadro de funcionários de uma empresa ou repartição pública. ▶ Folha. **3.** Molde ou forma para fazer alguma coisa. ▶ Modelo. ◆ **Plantilla ortopédica.** Palmilha ortopédica.

plan.tí.o. [plan'tio] [plan'tio] *m.* **1.** Ato de plantar. ▸ Plantio. **2.** Conjunto de plantas que se cultivam em um terreno. ▸ Plantio.

plan.tón. [plan'ton] [plan'ton] *m.* **1.** Muda de árvore para ser transplantada. ▸ Muda. **2.** Aquele que espera alguém por muito tempo. ▸ Plantado. ♦ **Dar un plantón.** Atrasar muito a um compromisso. **Estar de/en plantón.** Estar plantado, esperando alguém.

pla.ñi.de.ra. [plaɲi'ðera] [plaɲi'ðera] *f.* Mulher que recebe para chorar nos funerais. ▸ Carpideira.

pla.qué. [pla'ke] [pla'ke] *m.* Lâmina metálica dourada com que se revestem vários objetos de metal. ▸ Plaquê.

pla.que.ta. [pla'keta] [pla'keta] *f.* **1.** *Biol.* Elemento coagulante do sangue. ▸ Plaqueta. **2.** Lâmina de madeira ou outro material que se usa para cobrir o piso. ▸ Plaqueta.

plas.ma. ['plasma] ['plahma] *m. Biol.* Parte líquida do sangue. ▸ Plasma.

plas.mar. [plas'mar] [plah'mar] *v.4.* **1.** Modelar gesso, barro ou outra matéria para dar-lhe uma forma determinada. ▸ Plasmar. **2.** Representar (ideia, sentimento) em um meio físico. ▸ Estampar.

plás.ti.ca. ['plastika] ['plahtika] *f.* **1.** Arte de pintar ou modelar coisas de barro e gesso. ▸ Modelagem. **2.** *Med.* Cirurgia que visa reparar ou embelezar uma parte do corpo humano. ▸ Plástica.

plás.ti.co, ca. ['plastiko] ['plahtiko] *adj.* **1.** Que pode ser modelado. ▸ Plástico. *U.t.c.s.* **2.** Relativo a artes como a escultura e a pintura. ▸ Plástico. *m.* **3.** Matéria sintética, de grande maleabilidade e aderência. ▸ Plástico.

plas.ti.fi.car. [plastifi'kar] [plahtifi'kar] *v.7.* Cobrir com uma lâmina de material plástico. ▸ Plastificar.

plas.ti.li.na. [plasti'lina] [plahti'lina] *f.* Material mole e pastoso usado em escolas, especialmente pré-escolas, para modelar formas. Massinha. ▸ Massa de modelar.

pla.ta. ['plata] ['plata] *f.* **1.** *Quím.* Metal precioso branco e brilhante. ▸ Prata. **2.** Moeda cunhada de prata. ▸ Prata. **3.** Ver *dinero*. ▸ Dinheiro.

pla.ta.for.ma. [plata'forma] [plata'forma] *f.* **1.** Tablado ao ar livre e algo elevado em que sobe alguma pessoa para falar, ou sobre o qual se colocam coisas longe do chão. ▸ Plataforma. **2.** Área de embarque e desembarque de passageiros ou carga de trens, metrôs, etc. ▸ Plataforma. **3.** *fig.* Programa ou conjunto de reivindicações ou exigências que apresenta um grupo político, sindical, etc. ▸ Plataforma.

pla.ta.nal. [plata'nal] [plata'nal] *m.* **1.** Plantação de bananeiras. ▸ Bananal. **2.** Terreno em que há muitas bananeiras. ▸ Bananal.

pla.ta.ne.ra. [plata'nera] [plata'nera] *f. Bot.* Planta herbácea de grande porte cujo fruto é a banana. ▸ Bananeira.

pla.ta.ne.ro, ra. [plata'nero] [plata'nero] *adj.* **1.** Aplica-se ao terreno em que se cultivam bananeiras. ▸ Bananal. **2.** Que cultiva bananeiras ou negocia com bananas. ▸ Bananeiro.

plá.ta.no. ['platano] ['platano] *m. Bot.* **1.** Ver *banana*. ▸ Banana. **2.** Árvore de uma altura entre quinze e vinte metros que dá boa sombra, apreciada por sua madeira. ▸ Plátano. ➡ *Frutas*

pla.te.a. [pla'tea] [pla'tea] *f. Teat.* Parte baixa do teatro, destinada ao público. ▸ Plateia.

pla.te.ar. [pla'tear] [pla'tear] *v.4.* Cobrir ou banhar em prata. ▸ Pratear.

pla.te.res.co, ca. [plate'resko] [plate'rehko] *adj.* Aplica-se ao estilo de ornamentação em que se usam adornos de prata. ▸ Plateresco. *U.t.c.s.*

pla.te.rí.a. [plate'ria] [plate'ria] *f.* **1.** Arte e ofício de prateiro. ▸ Prataria. **2.** Conjunto de objetos de prata. ▸ Prataria.

plá.ti.ca. ['platika] ['platika] *f.* Ato de falar uma ou várias pessoas com outra(s). ▸ Conversa.

pla.ti.car. [plati'kar] [plati'kar] *v.7.* Ver *conversar*. ▸ Conversar.

pla.ti.llo. [pla'tiʎo] [pla'tiʃo] *m.* **1.** Prato pequeno. ▸ Pires. **2.** Cada uma das peças em forma de prato que tem uma balança. ▸ Prato. **3.** *Mús.* Instrumento musical composto de duas peças de metal em forma de prato que, ao se tocarem, produzem um som alto. ▸ Prato. ♦ **Platillo volador/volante.** Disco voador. ➡ *Instrumentos musicales*

pla.ti.na. [pla'tina] [pla'tina] *f.* Parte do microscópio em que se coloca o objeto ou a lâmina que se quer observar. ▸ Platina.

pla.ti.no. [pla'tino] [pla'tino] *m. Quím.* Metal precioso de cor semelhante à da prata, muito pesado e dificilmente fusível. ▸ Platina.

pla.to. ['plato] ['plato] *m.* **1.** Recipiente achatado e redondo usado para servir os alimentos. ▸ Prato. **2.** *Cul.* Cada uma das comidas preparadas para uma refeição. ▸ Prato. ♦ **Pagar los platos rotos.** Pagar o pato.

pla.tó.ni.co, ca. [pla'toniko] [pla'toniko] *adj.* **1.** Que segue a escola e filosofia de Platão. ▸ Platônico. *U.t.c.s.* **2.** *fig.* Diz-se do carinho mantido em segredo, sem manifestar-se. ▸ Platônico.

pla.to.nis.mo. [plato'nismo] [plato'nihmo] *m.* Doutrina filosófica de Platão. ▸ Platonismo.

plau.si.ble. [plau̯'siβle] [plau̯'siβle] *adj.* Que pode ser atendido ou recomendado. Razoável. ▸ Plausível.

pla.ya. ['plaja] ['plaʃa] *f. Geogr.* **1.** Beira do mar coberta de areia. ▸ Praia. **2.** Parte do mar contígua a essa beira. ▸ Praia.

pla.ye.ra. [pla'jera] [pla'ʃera] *f.* Tipo de calçado de verão com sola de borracha, que se usa nas praias. ▸ Chinelo.

pla.ye.ro, ra. [pla'jero] [pla'ʃero] *adj.* Pertencente ou relativo à praia. ▸ Praiano. *U.t.c.s.*

pla.za. ['plaθa] ['plasa] *f.* **1.** Lugar espaçoso dentro da cidade para reunião dos moradores, celebração de festas, realização de feiras e mercados públicos. ▸ Praça. **2.** Lugar no qual cabe uma pessoa ou uma coisa. ▸ Vaga. **3.** Posto de trabalho. Emprego. ▸ Vaga.

pla.zo. ['plaθo] ['plaso] *m.* **1.** Cada parte de uma quantia que se deve pagar em duas ou mais vezes. ▸ Prestação. **2.** Tempo que se dá para fazer uma coisa. ▸ Prazo.

ple.a.mar. [plea'mar] [plea'mar] *f.* Nível mais alto que alcança o mar na maré. ▸ Preamar.

ple.be. ['pleβe] ['pleβe] *f. Polít.* O conjunto de cidadãos comuns de uma população. ▸ Plebe.

ple.be.yo, ya. [ple'βejo] [ple'βeʃo] *adj.* Diz-se da pessoa que não tem título de nobreza. ▸ Plebeu. *U.t.c.s.*

ple.bis.ci.to. [pleβis'θito] [pleβi'sito] *m. Polít.* Consulta que se faz à população de um país sobre assunto fundamental, que se submete a voto para sua aprovação ou não. ▸ Plebiscito.

ple.ga.ble. [ple'ɣaβle] [ple'ɣaβle] *adj.* Que pode ser dobrado uma ou mais vezes. ▸ Dobrável.

ple.ga.dor, do.ra. [pleɣa'ðor] [pleɣa'ðor] *adj.* Que dobra. ▸ Dobrador.

ple.gar. [ple'ɣar] [ple'ɣar] *v.45.* **1.** Fazer dobras. Plissar. ▸ Dobrar. *v.p.* **2.** Ver *rendir*. ▸ Render-se.

ple.ga.ria. [ple'ɣarja] [ple'ɣarja] *f.* Rogo ou pedido que se faz com humildade. Prece. ▸ Súplica.

plei.te.ar. [plei̯te'ar] [plei̯te'ar] *v.4.* **1.** *Dir.* Litigar judicialmente sobre uma coisa. ▸ Pleitear. **2.** Defender duas, ou mais pessoas, opiniões ou pensamentos que se opõem. ▸ Discutir.

plei.to. ['plei̯to] ['plei̯to] *m.* **1.** *Dir.* Questão ou disputa judicial entre partes. ▸ Pleito. **2.** Rivalidade entre pessoas. ▸ Pleito.

ple.na.rio, ria. [ple'narjo] [ple'narjo] *adj.* **1.** Que está completo ou repleto. Cheio. ▸ Pleno. *f.* **2.** Reunião ou assembleia de uma corporação. ▸ Plenária.

ple.ni.tud. [pleni'tuθ] [pleni'tuð] *f.* **1.** Qualidade de pleno. Totalidade. ▸ Plenitude. **2.** Momento culminante de algo. ▸ Plenitude.

ple.no, na. ['pleno] ['pleno] *adj.* **1.** Que está cheio ou completo. ▸ Pleno. **2.** Diz-se do momento culminante ou central de algo. ▸ Pleno.

ple.o.nas.mo. [pleo'nasmo] [pleo'nahmo] *m. Ling.* Emprego de palavras desnecessárias em frase ou oração. ▸ Pleonasmo.

pleu.ra. ['pleu̯ra] ['pleu̯ra] *f. Anat.* Tecido que cobre os pulmões. ▸ Pleura.

ple.xo. ['plekso] ['plekso] *m. Anat.* Entrelaçamento de várias ramificações de nervos ou de quaisquer vasos sanguíneos. ▸ Plexo.

plie.go. ['pljeɣo] ['pljeɣo] *m.* **1.** Folha de papel geralmente dobrada ao meio. **2.** Documento em que constam as cláusulas de um contrato ou condições de uma concessão.

plie.gue. ['pljeɣe] ['pljeɣe] *m.* Dobra que se faz em uma coisa. ▸ Prega.

pli.sar. [pli'sar] [pli'sar] *v.4.* Preguear ou franzir com enfeites um tecido ou material flexível. ▸ Plissar.

plo.ma.da. [plo'maða] [plo'maða] *f.* Peça de chumbo pendurada em uma corda que serve para determinar a linha vertical. ▸ Prumo.

plo.me.ro, ra. [plo'mero] [plo'mero] *s.* Ver *fontanero*. ▸ Encanador.

plo.mi.zo, za. [plo'miθo] [plo'miso] *adj.* Que contém chumbo ou material semelhante. ▸ Plúmbeo.

plo.mo. ['plomo] ['plomo] *m. Quím.* Metal pesado de cor cinza. ▸ Chumbo. ◆ **Caer a plomo.** *fig. e fam.* Cair com tudo. **Con pies de plomo.** Pisando em ovos.

plu.ma. ['pluma] ['pluma] *f.* **1.** *Anat.* Cada uma das peças de que está coberto o corpo das aves. ▸ Pena. **2.** Peça de metal acanalada e com ponta, que se usa para escrever. ▸ Pena.

plu.ma.je. [plu'maxe] [plu'maxe] *m. Anat.* Conjunto de penas que cobrem o corpo de uma ave. ▶ Plumagem.

plu.ma.zo. [plu'maθo] [plu'maso] *m.* Forte traçado realizado com uma pena.

plu.me.ro. [plu'mero] [plu'mero] *m.* Maço de penas presas por um cabo e que servem para tirar o pó de superfícies. ▶ Espanador. ◆ **Vérsele el plumero.** *fig.* e *fam.* Descobrir suas verdadeiras intenções.

plu.mí.fe.ro, ra. [plu'mifero] [plu'mifero] *adj.* Que tem penas. ▶ Plumoso.

plu.mi.lla. [plu'miʎa] [plu'miʃa] *f.* Ponta pequena de metal que se coloca na parte externa da pena. ▶ Pena.

plu.món. [plu'mon] [plu'mon] *m.* Pena muito leve e suave que as aves têm debaixo das penas externas.

plu.ral. [plu'ral] [plu'ral] *adj.* **1.** Que é ou indica mais de um. ▶ Plural. **2.** *Ling.* Aplica-se ao número gramatical que indica mais de um. ▶ Plural. *U.t.c.s.*

plu.ra.li.dad. [plurali'ðaθ] [plurali'ðað] *f.* **1.** Quantidade ou número grande de uma coisa. ▶ Pluralidade. **2.** Diversidade, variedade de aspectos, opiniões, etc. ▶ Pluralidade.

plu.ra.lis.mo. [plura'lismo] [plura'lihmo] *m.* Sistema que reconhece e admite as diferenças (políticas, religiosas, etc.). ▶ Pluralismo.

plu.ra.li.zar. [plurali'θar] [plurali'sar] *v.13.* Pôr no plural. ▶ Pluralizar.

plu.ri.ce.lu.lar. [pluriθelu'lar] [pluriselu'lar] *adj. Biol.* Diz-se de animais e plantas cujos corpos estão formados por muitas células. ▶ Pluricelular.

plu.ri.par.ti.dis.mo. [pluriparti'ðismo] [pluriparti'ðihmo] *m. Polít.* Sistema político em que há mais de um partido. ▶ Pluripartidarismo.

plu.ri.par.ti.dis.ta. [pluriparti'ðista] [pluriparti'ðihta] *adj. Polít.* Pertencente ou relativo ao pluripartidarismo. ▶ Pluripartidário.

plus. ['plus] ['plus] *m.* Aquilo que se dá a mais, especialmente em circunstâncias extraordinárias. ▶ Gratificação.

plus.cuam.per.fec.to. [pluskwamper'fekto] [pluhkwamper'fekto] *adj. Ling.* Aplica-se ao tempo verbal que expressa uma ação passada com relação a outra também passada. ▶ Mais-que-perfeito.

plus.va.lí.a. [plusβa'lia] [pluhβa'lia] *f.* Em economia, diz-se do valor agregado pelo trabalho e apropriado pelo capitalista. ▶ Mais-valia.

plu.to.nio. [plu'tonjo] [plu'tonjo] *m. Quím.* Elemento químico usado para produzir energia nuclear. ▶ Plutônio.

plu.vial. [plu'βjal] [plu'βjal] *adj. Meteor.* Relativo à chuva ou ao estudo da frequência de chuvas de uma região. ▶ Pluvial.

plu.vió.me.tro. [pluβi'ometro] [pluβi'ometro] *m.* Aparelho que serve para medir a chuva que cai em lugar e tempo determinados. ▶ Pluviômetro.

po.bla.ción. [poβla'θjon] [poβla'sjon] *f.* **1.** Conjunto de pessoas que habitam a Terra ou algum lugar determinado dela. ▶ População. **2.** Conjunto de edifícios e espaços de uma cidade. ▶ Bairro.

po.bla.do. [po'βlaðo] [po'βlaðo] *m.* **1.** Lugar com povoação. ▶ Povoado. **2.** Pequeno lugar habitado. ▶ Povoado.

po.bla.dor, do.ra. [poβla'ðor] [poβla'ðor] *adj.* **1.** Habitante de um lugar. ▶ Povoador. *U.t.c.s.* **2.** Fundador de uma comunidade humana. Colonizador. ▶ Povoador. *U.t.c.s.*

po.bla.mien.to. [poβla'mjento] [poβla'mjento] *m.* **1.** Ato ou efeito de povoar. ▶ Povoamento. **2.** Assentamento de uma povoação em um determinado lugar. ▶ Povoamento.

po.blar. [po'βlar] [po'βlar] *v.18.* Ocupar uma região com pessoas que passarão a viver e a trabalhar nela. ▶ Povoar.

po.bre. ['poβre] ['poβre] *adj.* **1.** Que não tem o indispensável para viver. ▶ Pobre. *U.t.c.s.* **2.** *fig.* Que não tem felicidade ou alegria. ▶ Pobre. **3.** Que tem pouco valor ou qualidade. ▶ Pobre. ◆ **¡Pobre de mí!** Pobre/Ai de mim! **¡Pobre de ti!** Ai de você!

po.bre.za. [po'βreθa] [po'βresa] *f.* **1.** Qualidade de pobre. ▶ Pobreza. **2.** Estado em que se encontram as pessoas que não têm o necessário para viver. ▶ Pobreza.

po.cil.ga. [po'θilɣa] [po'silɣa] *f.* **1.** Estábulo para porcos. ▶ Pocilga. **2.** *fig.* e *fam.* Qualquer lugar sujo e com mau cheiro. ▶ Pocilga.

pó.ci.ma. ['poθima] ['posima] *f.* Bebida medicinal feita com vegetais. ▶ Poção.

po.ción. [po'θjon] [po'sjon] *f.* Bebida, especialmente medicinal. ▶ Poção.

po.co, ca. ['poko] ['poko] *adj.* **1.** Que é escasso ou limitado em relação ao normal ou necessário. ▶ Pouco. *adv.* **2.** Em número ou quantidade insuficiente. ▶ Pouco.

po.da.dor, do.ra. [poða'ðoɾ] [poða'ðoɾ] *adj.* Que poda, que corta arbustos e ramos. ▶ Podador. *U.t.c.s*

po.dar. [po'ðaɾ] [po'ðaɾ] *v.4.* Cortar alguns galhos ou ramos de árvores ou outras plantas para que adquiram maior vigor. ▶ Podar.

po.der. [po'ðeɾ] [po'ðeɾ] *v.60.* **1.** Ter capacidade, condições ou vontade para executar algo. ▶ Poder. *m.* **2.** Domínio ou autoridade para mandar ou executar uma coisa. ▶ Poder. **3.** *Polít.* Capacidade e ação de mando que realizam, em diferentes âmbitos, as pessoas que representam as instituições, sobretudo as do governo. ▶ Poder. **4.** Posse atual de algo. ▶ Poder. **5.** Qualidade de forte, capaz. Vigor. ▶ Poder. ◆ **¿Se puede?** Com licença?

po.de.rí.o. [poðe'rio] [poðe'rio] *m.* **1.** Faculdade de fazer ou impedir algo. ▶ Poderio. **2.** Autoridade e domínio sobre os outros. ▶ Poderio.

po.de.ro.so, sa. [poðe'roso] [poðe'roso] *adj.* Que tem poder. ▶ Poderoso. *U.t.c.s.*

po.dio. ['poðjo] ['poðjo] *m. Desp.* Local ao qual sobem os esportistas vencedores em uma competição para serem homenageados, receber seus prêmios e saudar o público. ▶ Pódio.

po.do.lo.gí.a. [poðolo'xia] [poðolo'xia] *f. Med.* Ramo da ortopedia que trata das doenças e deformidades dos pés. ▶ Podologia.

po.dó.lo.go, ga. [po'ðoloɣo] [po'ðoloɣo] *s. Med.* Profissional que se dedica ao tratamento das enfermidades ou cuidados dos pés. ▶ Podólogo.

po.dre.dum.bre. [poðre'ðumbre] [poðre'ðumbre] *f.* **1.** Decomposição material das coisas. ▶ Podridão. **2.** Corrupção moral nas pessoas. ▶ Podridão.

po.dri.do, da. [po'ðriðo] [po'ðriðo] *adj.* **1.** Que apodreceu. ▶ Podre. **2.** *fig.* Diz-se da pessoa ou instituição que está corrompida ou dominada pela imoralidade. ▶ Podre.

po.e.ma. [po'ema] [po'ema] *m. Lit.* Obra literária de natureza poética, em verso ou em prosa. ▶ Poema.

po.e.sí.a. [poe'sia] [poe'sia] *f. Lit.* Composição poética. ▶ Poesia.

po.e.ta. [po'eta] [po'eta] *com.* Quem compõe obras poéticas. ▶ Poeta.

po.é.ti.ca. [po'etika] [po'etika] *f. Lit.* Arte de fazer versos. Poesia. ▶ Poética.

po.é.ti.co, ca. [po'etiko] [po'etiko] *adj. Lit.* Pertencente ou relativo à poesia. ▶ Poético.

po.e.ti.sa. [poe'tisa] [poe'tisa] *f.* Mulher que compõe obras poéticas. ▶ Poetisa.

po.la.co, ca. [po'lako] [po'lako] *adj.* **1.** Pertencente ou relativo à Polônia. ▶ Polonês. *s.* **2.** O natural ou habitante da Polônia. ▶ Polonês.

po.lai.na. [po'laina] [po'laina] *f.* Peça de couro ou pano grosso que cobre a perna, do joelho ao tornozelo. ▶ Polaina.

po.lar. [po'laɾ] [po'laɾ] *adj. Geogr.* Pertencente ou relativo aos polos norte e sul da Terra. ▶ Polar.

pol.ca. ['polka] ['polka] *f.* **1.** Dança de origem polonesa, de movimento rápido. ▶ Polca. **2.** *Mús.* Música dessa dança. ▶ Polca.

po.le.a. [po'lea] [po'lea] *f.* Roda que gira sobre um eixo, acanalada em sua borda, pela qual passa uma corda que, em uma ponta, recebe a potência e, na outra, a resistência. ▶ Polia.

po.lé.mi.ca. [po'lemika] [po'lemika] *f.* Discussão pública sobre qualquer assunto: jurídico, político, literário. ▶ Polêmica.

po.lé.mi.co, ca. [po'lemiko] [po'lemiko] *adj.* Que provoca discussões ou controvérsias. ▶ Polêmico.

po.len. ['polen] ['polen] *m. Biol.* Poeira muito fina que escapa das flores e serve para fecundar os óvulos de outra planta. ▶ Pólen.

po.li.cí.a. [poli'θia] [poli'sia] *f.* **1.** Corpo encarregado de cuidar da ordem pública. ▶ Polícia. *s.* **2.** Agente de polícia. ▶ Policial. ◆ **Comisaría de policía.** Delegacia de polícia.

po.li.cia.co, ca. [poli'θjako] [poli'sjako] *adj.* Ver *policial*. ▶ Policial. *U.t. po.li.ci.a.co.*

po.li.cial. [poli'θjal] [poli'sjal] *adj.* Pertencente ou relativo à polícia. ▶ Policial. ◆ **Película policial.** Filme policial.

po.li.clí.ni.ca. [poli'klinika] [poli'klinika] *f.* Consultório de várias especialidades. ▶ Policlínica.

po.li.cro.mí.a. [polikro'mia] [polikro'mia] *f.* **1.** Conjunto de várias cores. ▶ Policromia. **2.** Estado de um corpo em que há diferentes cores. ▶ Policromia.

po.li.de.por.ti.vo. [poliðepoɾ'tiβo] [poliðepoɾ'tiβo] *m.* Instalação pública onde se praticam diversos esportes. ▶ Ginásio poliesportivo.

po.lie.dro. [po'ljeðro] [po'ljeðro] *m. Geom.* Sólido limitado por superfícies planas. ▶ Poliedro.

po.liés.ter. [po'ljesteɾ] [po'ljehteɾ] *m. Quím.* Resina obtida por processos químicos e empregada na fabricação de fibras, recobrimento de lâminas, etc. ▶ Poliéster.

po.li.fa.cé.ti.co, ca. [polifa'θetiko] [polifa'setiko] *adj.* **1.** Que oferece vários aspectos. Multifacetado. ▶ Polifacético. **2.** Que tem várias aptidões. ▶ Polivalente.

po.li.fo.ní.a. [polifo'nia] [polifo'nia] *f. Mús.* Conjunto de sons musicais simultâneos e harmônicos. ▶ Polifonia.

po.li.fó.ni.co, ca. [poli'foniko] [poli'foniko] *adj. Mús.* Pertencente ou relativo à polifonia. ▶ Polifônico.

po.li.ga.mia. [poli'ɣamja] [poli'ɣamja] *f. Rel.* Regime familiar em que uma pessoa tem vários cônjuges ao mesmo tempo. ▶ Poligamia.

po.lí.ga.mo, ma. [po'liɣamo] [po'liɣamo] *adj.* **1.** Diz-se do animal que se junta com várias fêmeas da espécie a que pertence. ▶ Polígamo. *U.t.c.s.* **2.** Diz-se da pessoa que pratica a poligamia. ▶ Polígamo.

po.lí.glo.to, ta. [po'liɣloto] [po'liɣloto] *adj. Ling.* Diz-se da pessoa versada em várias línguas ou que tem conhecimento prático de diversos idiomas. ▶ Poliglota. *U.t.c.s.*

po.li.go.nal. [poliɣo'nal] [poliɣo'nal] *adj. Geom.* **1.** Relativo ao polígono. ▶ Poligonal. **2.** Que tem muitos ângulos. ▶ Poligonal. **3.** Que tem por base um polígono. ▶ Poligonal.

po.lí.go.no. [po'liɣono] [po'liɣono] *m.* **1.** *Geom.* Porção de plano limitado por linhas retas. ▶ Polígono. **2.** Zona urbana destinada a uma determinada atividade: industrial, residencial. ▶ Polo. **3.** *Mil.* Terreno delimitado, destinado a treinamento e experiências de artilharia. ▶ Polígono.

po.li.lla. [po'liʎa] [po'liʃa] *f. Zool.* Pequeno inseto que rói papel e tecidos. ▶ Traça.

po.li.ne.sio, sia. [poli'nesjo] [poli'nesjo] *adj.* **1.** Pertencente ou relativo à Polinésia. ▶ Polinésio. *s.* **2.** O natural ou habitante da Polinésia. ▶ Polinésio.

po.li.ni.zar. [polini'θar] [polini'sar] *v.13.* Passar o pólen de uma flor do estame onde se produz para o pistilo em que germinará. ▶ Polinizar.

po.li.no.mio. [poli'nomjo] [poli'nomjo] *m. Mat.* Expressão algébrica composta de mais de dois termos, separados por sinais. ▶ Polinômio.

po.lio.mie.li.tis. [poljomje'litis] [poljomje'litis] *f. Med.* Grupo de doenças muito graves, que se previnem com vacinas, e que têm como consequência paralisia ou atrofia dos músculos das pernas. ▶ Poliomielite.

po.li.se.mia. [poli'semja] [poli'semja] *f. Ling.* Qualidade ou fato de uma palavra ter vários significados. ▶ Polissemia.

po.li.sí.la.bo, ba. [poli'silaβo] [poli'silaβo] *adj. Ling.* Aplica-se às palavras que têm mais de três sílabas. ▶ Polissílabo. *U.t.c.s.*

po.li.sín.de.ton. [poli'sindeton] [poli'sindeton] *m. Ling.* Figura de linguagem que consiste em unir vários elementos. ▶ Polissíndeto.

po.li.téc.ni.co, ca. [poli'tekniko] [poli'tekniko] *adj.* Aplica-se ao centro de ensino onde se formam profissionais em algum ramo técnico. ▶ Politécnico.

po.li.te.ís.mo. [polite'ismo] [polite'ihmo] *m.* Crença na existência de muitos deuses. ▶ Politeísmo.

po.li.te.ís.ta. [polite'ista] [polite'ihta] *adj.* Relativo ao politeísmo. ▶ Politeísta.

po.lí.ti.co, ca. [po'litiko] [po'litiko] *adj. Polít.* **1.** Pertencente ou relativo à doutrina ou atividade política. ▶ Político. **2.** Que procede com cortesia, habilidade. ▶ Político. *f.* **3.** Estruturação do poder público nas sociedades. ▶ Política. **4.** Comportamento habitual de uma pessoa ou instituição em relação a determinadas questões. ▶ Política. **5.** Diretrizes que regem a atuação de pessoa ou entidade em um determinado campo. ▶ Política.

po.li.ti.zar. [politi'θar] [politi'sar] *v.13.* **1.** Dar conteúdo político aos atos e ideias. ▶ Politizar. **2.** Criar nos cidadãos interesse pelos assuntos políticos. ▶ Politizar.

po.li.tó.lo.go, ga. [poli'toloɣo] [poli'toloɣo] *s.* Especialista em questões políticas. ▶ Politicólogo.

po.li.va.len.te. [poliβa'lente] [poliβa'lente] *adj.* **1.** Que possui ou tem vários valores. ▶ Polivalente. **2.** *Med.* Diz-se de vacina ou soro que tem ação sobre diferentes micróbios. ▶ Polivalente. **3.** *Quím.* Aplica-se a elemento químico que tem várias valências. ▶ Polivalente.

pó.li.za. ['poliθa] ['polisa] *f.* Contrato de seguro de qualquer classe. ▶ Apólice.

po.lle.ra. [po'ʎera] [po'ʃera] *f. (Amér.)* Ver *falda*[1]. ▶ Saia.

po.lle.rí.a. [poʎe'ria] [poʃe'ria] *f.* Estabelecimento onde se vendem frangos, galinhas, codornas e outras aves comestíveis e seus ovos. ▶ Avícola.

po.lle.ro, ra. [po'ʎero] [po'ʃero] *s.* Pessoa que tem criação e vende frangos, ovos e outras aves. ▶ Granjeiro.

po.lli.no, na. [po'ʎino] [po'ʃino] *s.* **1.** Animal quadrúpede de carga. Jumento, burrico. ▸ Jegue. **2.** *fig. pej.* Pessoa de pouca inteligência, simples e rude. ▸ Asno. *U.t.c.adj.*

po.lli.to, ta. [po'ʎito] [po'ʃito] *s. fig.* Menino ou menina jovem. Garoto. ▸ Frangote.

po.llo, lla. ['poʎo] ['poʃo] *s. Zool.* Cada cria das galinhas. ▸ Frango.

po.lo. ['polo] ['polo] *m.* **1.** *Astr.* e *Geogr.* Cada um dos extremos do eixo de giro da Terra. ▸ Polo. **2.** *Geogr.* Espaço contíguo a um polo terrestre. ▸ Polo. **3.** *Fís.* Cada uma das extremidades de um circuito elétrico. ▸ Polo. **4.** Sorvete de palito. ▸ Picolé. **5.** *Desp.* Esporte que consiste em golpear, montado a cavalo, uma bola com o taco na meta adversária. ▸ Polo.

pol.tro.na. [pol'trona] [pol'trona] *f.* Assento largo, acolchoado, com braços. ▸ Poltrona.

po.lu.ción. [polu'θjon] [polu'sjon] *f.* Contaminação do ar ou da água produzida pela emanação de resíduos de processos industriais ou biológicos. ▸ Poluição.

pol.va.re.da. [polβa'reða] [polβa'reða] *f.* Nuvem de pó que se levanta da terra pelo vento ou outra causa. ▸ Poeirada.

pol.ve.ra. [pol'βera] [pol'βera] *f.* Recipiente em que se põe o pó de arroz e a borla com a qual se aplica no rosto. ▸ Pó de arroz.

pol.vo. ['polβo] ['polβo] *m.* **1.** Fragmentos miúdos de terra muito seca. Poeira. ▸ Pó. **2.** Partículas sólidas que flutuam no ar e pousam sobre os objetos. ▸ Pó. ♦ **Estar hecho polvo.** *fig.* Estar destroçado. **Polvo de arroz.** Pó de arroz.

pól.vo.ra. ['polβora] ['polβora] *f.* Mistura explosiva de salitre, enxofre, carvão e outros ingredientes que se usa em munição e fogos de artifício. ▸ Pólvora.

pol.vo.rien.to, ta. [polβo'rjento] [polβo'rjento] *adj.* Que tem muito pó ou está com muita poeira. ▸ Empoeirado.

pol.vo.rín. [polβo'rin] [polβo'rin] *m.* **1.** Lugar onde se guarda pólvora, munição ou qualquer material explosivo. ▸ Paiol. **2.** Situação em que há um conflito iminente. ▸ Barril de pólvora.

pol.vo.rón. [polβo'ron] [polβo'ron] *m. Cul.* Doce em forma de torta pequena, cozido no forno, feito com farinha, manteiga, amêndoas moídas e açúcar. ▸ Amanteigado.

po.ma.da. [po'maða] [po'maða] *f.* Mistura de uma substância gordurosa e outros ingredientes, que se emprega como cosmético ou medicamento. ▸ Pomada.

po.me.lo. [po'melo] [po'melo] *m. Bot.* Fruto cítrico, pouco doce, variedade da laranja. Toranja, *grapefruit.* ▸ Pomelo.

po.mo. ['pomo] ['pomo] *m.* **1.** Peça para puxar, abrir ou fechar uma porta, janela ou outro objeto móvel. ▸ Maçaneta. **2.** Recipiente flexível para substâncias pastosas, como creme dental. ▸ Bisnaga.

pom.pa. ['pompa] ['pompa] *f.* **1.** Acompanhamento suntuoso que se faz em um evento ou acontecimento importante. ▸ Pompa. **2.** Bola que se forma na água por causa do ar. ▸ Bolha.

pom.po.so, sa. [pom'poso] [pom'poso] *adj.* **1.** Que apresenta pompa. ▸ Pomposo. **2.** Que é luxuoso. ▸ Pomposo.

pó.mu.lo. ['pomulo] ['pomulo] *m. Anat.* Osso e saliência das maças do rosto. ▸ Pômulo.

pon.che. ['pontʃe] ['pontʃe] *m.* Bebida que se faz misturando rum com água, limão e açúcar. ▸ Ponche.

pon.cho. ['pontʃo] ['pontʃo] *m.* Capa de abrigo quadrada com uma abertura no centro para passar a cabeça. ▸ Poncho.

pon.de.rar. [ponde'rar] [ponde'rar] *v.4.* **1.** Examinar com atenção algum assunto. ▸ Ponderar. **2.** Elogiar demais uma coisa ou pessoa. ▸ Lisonjear. **3.** Procurar o equilíbrio das coisas. ▸ Ponderar.

po.nen.cia. [po'nenθja] [po'nensja] *f.* **1.** Proposta sobre um assunto que se submete a exame e resolução de uma assembleia. ▸ Moção. **2.** Exposição de um tema perante um auditório. ▸ Palestra.

po.ner. [po'ner] [po'ner] *v.40. p.p. irreg. puesto.* **1.** Colocar em um lugar uma pessoa ou coisa. ▸ Pôr. **2.** Representar uma obra no teatro ou projetar um filme no cinema ou televisão. ▸ Exibir. **3.** Botar ovos (as aves). ▸ Pôr. **4.** Admitir uma hipótese. ▸ Supor. *Pongamos que sea así.* Suponhamos que seja assim. **5.** Ter como conteúdo. Conter. ▸ Apresentar. *¿Qué pone el papel?* O que diz no papel? *v.p.* **6.** Colocar uma roupa no próprio corpo. ▸ Vestir. **7.** Ficar transitoriamente em uma posição ou estado. ▸ Ficar.

po.ni. ['poni] ['poni] *m. Zool.* Cavalo originário da Bretanha, pequeno e dócil, porém muito fino e ágil. ▸ Pônei. ➡ *Reino animal*

po.nien.te. [po'njente] [po'njente] *m.* Ponto no horizonte por onde se põe o Sol. Ocidente. ▸ Poente.

pon.ti.fi.cal. [pontifi'kal] [pontifi'kal] *adj. Rel.* Relativo aos pontífices e à dignidade episcopal. ▸ Pontifical.

pon.ti.fi.car. [pontifi'kar] [pontifi'kar] *v.7. Rel.* **1.** Obter a bênção do pontífice. ▸ Pontificar. **2.** Celebrar missa com a capa pontifical. ▸ Pontificar.

pon.tí.fi.ce. [pon'tifiθe] [pon'tifise] *m. Rel.* **1.** Bispo ou prelado que dirige uma diocese. ▸ Pontífice. **2.** Autoridade máxima da Igreja Católica. ▸ Papa.

pon.zo.ña. [pon'θoɲa] [pon'soɲa] *f.* Substância venenosa, prejudicial à saúde ou que pode ser mortal. ▸ Peçonha.

po.pa. ['popa] ['popa] *f. Mar.* Parte posterior de uma embarcação. ▸ Popa.

po.pu.la.che.ro, ra. [popula'tʃero] [popula'tʃero] *adj.* Pertencente ou relativo à massa de uma população. ▸ Popularesco.

po.pu.la.cho. [popu'latʃo] [popu'latʃo] *m.* Termo pejorativo para denominar a massa da população. ▸ Povão.

po.pu.lar. [popu'lar] [popu'lar] *adj.* **1.** Que é peculiar do povo ou procede dele. ▸ Popular. **2.** Que é conhecido e estimado por muitas pessoas. ▸ Popular. **3.** Que está ao alcance dos menos favorecidos econômica ou culturalmente. ▸ Popular.

po.pu.la.ri.dad. [populari'ðaθ] [populari'ðað] *f.* Aceitação e fama que tem uma pessoa ou uma coisa entre a massa de uma população. ▸ Popularidade.

po.pu.la.ri.zar. [populari'θar] [populari'sar] *v.13.* **1.** Tornar popular uma pessoa ou coisa. ▸ Popularizar. **2.** Difundir entre o povo alguma coisa. ▸ Popularizar.

po.pu.lis.mo. [popu'lismo] [popu'lihmo] *m. Polít.* Governo ou tendência que explora necessidades dos setores populares para conseguir adesão. ▸ Populismo.

po.pu.lis.ta. [popu'lista] [popu'lihta] *adj.* **1.** Pertencente ou relativo ao populismo. ▸ Populista. *com.* **2.** Partidário do populismo. ▸ Populista.

po.pu.lo.so, sa. [popu'loso] [popu'loso] *adj.* Aplica-se ao país, estado, cidade, bairro ou lugar que está muito povoado. ▸ Populoso.

po.pu.rrí. [popu'ri] [popu'ri] *m.* **1.** *Mús.* Peça de música composta com fragmentos de outras. ▸ *Pot-pourri*. **2.** Mistura de coisas diversas. ▸ *Pot-pourri*.

pó.quer. ['poker] ['poker] *m.* Jogo de cartas que inclui apostas. ▸ Pôquer.

por. ['por] [por] *prep.* **1.** Indica o lugar por onde se passa. ▸ Por. **2.** Indica o lugar de maneira aproximada. ▸ Perto. **3.** Indica uma parte ou lugar certo. ▸ Por. **4.** Indica tempo. ▸ Em. **5.** Indica causa ou razão. Por causa de. ▸ Por. **6.** Indica meio ou instrumento pelo qual se faz uma coisa. ▸ Por. **7.** Indica o preço, proporção. ▸ Por. **8.** Indica multiplicação. ▸ Vezes. ♦ **Por qué.** Forma interrogativa de *porque*. ▸ Por que. **Por tanto.** Portanto.

por.ce.la.na. [porθe'lana] [porse'lana] *f.* **1.** Produto cerâmico com que se fabrica louça fina. ▸ Porcelana. **2.** Objeto fabricado com esse produto. ▸ Porcelana.

por.cen.ta.je. [porθen'taxe] [porsen'taxe] *m.* Relação entre um valor determinado e um total referido a uma coisa. ▸ Porcentagem.

por.che. ['portʃe] ['portʃe] *m.* **1.** Espaço amplo que dá entrada a alguns templos e edifícios nobres. ▸ Pórtico. **2.** Terraço com cobertura na parte da frente das casas. ▸ Varanda.

por.ci.no, na. [por'θino] [por'sino] *adj.* Relativo ao porco. ▸ Suíno.

por.ción. [por'θjon] [por'sjon] *f.* **1.** Parte separada de outra maior ou principal. ▸ Porção. **2.** Quantidade que corresponde a cada partícipe na distribuição de alguma coisa. ▸ Porção.

por.dio.se.ro, ra. [porðjo'sero] [porðjo'sero] *adj.* Diz-se daquele que pede esmola. ▸ Pedinte. *U.t.c.s.*

por.fiar. [por'fjar] [por'fjar] *v.4.* **1.** Disputar com obstinação e tenacidade. ▸ Porfiar. **2.** Importunar repetidamente para conseguir uma coisa. ▸ Porfiar.

por.me.nor. [porme'nor] [porme'nor] *m.* Conjunto de circunstâncias secundárias que envolvem uma coisa ou um assunto. ▸ Pormenor.

por.no. ['porno] ['porno] *adj. fam.* Ver *pornografía*. ▸ Pornô.

por.no.gra.fí.a. [pornoɣra'fia] [pornoɣra'fia] *f.* Caráter dos textos ou filmes que apresentam ou descrevem atos sexuais de modo explícito e destacado. ▸ Pornografia.

por.no.grá.fi.co, ca. [porno'ɣrafiko] [porno'ɣrafiko] *adj.* Que apresenta ou descreve atos sexuais. ▸ Pornográfico.

po.ro. ['poro] ['poro] *m. Biol.* Orifício não visível a olho nu que há na pele dos animais e na casca dos vegetais. ▸ Poro.

po.ro.so, sa. [po'roso] [po'roso] *adj.* Que tem poros ou é permeável. ▸ Poroso.

po.ro.to. [po'roto] [po'roto] *m. Bot. (Arg.)* Nome comum que se dá às numerosas variedades de feijão que se cultivam na América meridional. ▸ Feijão.

por.que. ['porke] ['porke] *conj.* Indica causa ou razão. ▸ Porque.

por.qué. [por'ke] [por'ke] *m.* Causa ou razão. ▸ Porquê.

por.que.rí.a. [porke'ria] [porke'ria] *f.* **1.** *fam.* Sujeira, lixo ou imundice. ▸ Porcaria. **2.** *fig.* e *fam.* Ato grosseiro, de falta de educação. ▸ Porcaria. **3.** *fig.* e *fam.* Coisa de pouco valor, que não agrada. ▸ Porcaria.

por.que.ri.za. [porke'riða] [porke'risa] *f.* Lugar onde se criam e se recolhem os porcos. Pocilga. ▸ Chiqueiro.

❏ **po.rra.** ['pora] ['pora] *f.* Bastão usado por policiais para reprimir violentamente. ▸ Cassetete.

po.rra.zo. [po'raθo] [po'raso] *m.* Golpe que se recebe ou se dá com um cassetete ou por choque com algo duro. Pancada. ▸ Cacetada.

po.rro. ['poro] ['poro] *m. fam.* Cigarro de maconha ou de haxixe misturado com tabaco. ▸ Baseado.

po.rrón. [po'ron] [po'ron] *m.* Vasilha de barro ou vidro que serve para guardar líquidos e para beber. ▸ Moringa.

por.ta.a.vio.nes. [portaa'βjones] [portaa'βjones] *m. Mil.* Navio de guerra que transporta aviões e está preparado para pousos e decolagens. ▸ Porta-aviões.

por.ta.da [por'taða] [por'taða] *f.* **1.** Porta principal de um edifício, geralmente grande e ornamentada. ▸ Portal. **2.** Primeira capa dos livros onde constam o título da obra, nome do autor, etc. ▸ Capa.

por.ta.dor, do.ra. [porta'ðor] [porta'ðor] *adj.* **1.** Diz-se da pessoa que leva ou traz uma coisa de uma parte a outra. ▸ Portador. *U.t.c.s. s.* **2.** Pessoa que leva no corpo o germe de uma enfermidade e a propaga. ▸ Portador.

por.ta.e.qui.pa.je. [portaeki'paxe] [portaeki'paxe] *m.* Espaço que os automóveis de passeio têm para levar malas e outros objetos. Bagageiro. ▸ Porta-malas.

por.ta.fo.lio. [porta'foljo] [porta'foljo] *m.* Pasta para levar documentos ou outros papéis. ▸ Pasta.

por.tal. [por'tal] [por'tal] *m.* **1.** ❏ Primeira dependência de uma casa, pela qual se entra e tem acesso às demais. ▸ Saguão. **2.** Pórtico de um templo ou edifício suntuoso. ▸ Portal. **3.** *Inform.* Página *web* que reúne outras subpáginas contando, em geral, com vasto conteúdo. ▸ Portal.

por.ta.lám.pa.ras. [porta'lamparas] [porta'lamparas] *m.* Parte metálica na qual se rosqueia a lâmpada e segura sua conexão com o circuito elétrico. ▸ Soquete.

por.ta.mi.nas. [porta'minas] [porta'minas] *m.* Ver *lapicero*. ▸ Lapiseira.

por.tar. [por'tar] [por'tar] *v.4.* **1.** Levar ou trazer algo, carregar. ▸ Portar. *v.p.* **2.** Atuar ou proceder de determinada maneira. ▸ Portar-se.

por.ta.rre.tra.tos. [portare'tratos] [portare'tratos] *m.* Moldura de metal, madeira, couro ou outro material que se usa para colocar retratos ou fotografias. ▸ Porta-retratos.

por.tá.til. [por'tatil] [por'tatil] *adj.* Que pode ser transportado com as mãos. ▸ Portátil.

por.ta.voz. [porta'βoθ] [porta'βos] *m.* Pessoa que fala em nome de outrem ou de uma corporação. ▸ Porta-voz.

por.ta.zo. [por'taθo] [por'taso] *m.* Golpe forte que se dá ao fechar uma porta ou que dá a porta movida pelo vento. ▸ Batida de porta.

por.te. ['porte] ['porte] *m.* **1.** Quantia que se paga pelo transporte de uma coisa. ▸ Frete. **2.** Capacidade ou tamanho de um veículo, edifício ou navio. ▸ Porte. **3.** Aparência, comportamento e disposição de uma pessoa. ▸ Porte.

por.ten.to.so, sa. [porten'toso] [porten'toso] *adj.* Que é talentoso e produz admiração. ▸ Portentoso.

por.te.ño, ña. [por'teɲo] [por'teɲo] *adj.* **1.** Pertencente ou relativo às cidades de Cortés, em Honduras, Valparaíso, no Chile, e Buenos Aires, na Argentina. ▸ Portenho. *s.* **2.** O natural ou habitante de uma dessas regiões. ▸ Portenho. *adj.* **3.** Diz-se de pessoa que nasce em uma cidade com porto. ▸ Portenho. *U.t.c.s.*

por.te.rí.a. [porte'ria] [porte'ria] *f.* **1.** Local, nos estabelecimentos públicos ou privados, em que um porteiro controla a entrada e saída de veículos e de pessoas. ▸ Portaria. **2.** *Desp.* No futebol e em outros semelhantes, trave retangular pela qual a bola tem de entrar para marcar ponto. ▸ Gol.

por.te.ro, ra. [por'tero] [por'tero] *s.* **1.** Funcionário encarregado de vigiar e controlar a entrada e saída de pessoas ou veículos em um estabelecimento ou em um prédio. ▸ Porteiro. **2.** *Desp.* Jogador que defende o gol. ▸ Goleiro. ◆ **Portero automático / eléctrico.** Porteiro eletrônico.

pór.ti.co. ['portiko] ['portiko] *m. Arq.* Átrio alto com colunas que se constrói na frente de alguns edifícios. ▸ Pórtico.

por.to.rri.que.ño, ña. [portori'keɲo] [portori'keɲo] *adj.* **1.** Pertencente ou relativo a Porto Rico. ▸ Porto-riquenho. *s.* **2.** O natural ou habitante desse país da América Central. ▸ Porto-riquenho.

por.tua.rio, ria. [por'twarjo] [por'twarjo] *adj.* Pertencente ou relativo ao porto ou a obras que nele se realizam. ▸ Portuário.

por.tu.gués, gue.sa. [portu'ɣes] [portu'ɣes] *adj.* **1.** Pertencente ou relativo a Portugal. ▸ Português. *s.* **2.** O natural ou habitante desse país europeu. ▸ Português. *m.* **3.** *Ling.* O idioma falado em Portugal, no Brasil e em outros países de colônia portuguesa. ▸ Português.

por.ve.nir. [porβe'nir] [porβe'nir] *m.* **1.** O tempo futuro. ▸ Porvir. **2.** Situação futura na vida de uma pessoa, empresa, país, etc. ▸ Porvir.

po.sa.da. [po'saða] [po'saða] *f.* Casa de hóspedes, geralmente para hospedagem curta. ▸ Pousada.

po.sa.de.ro, ra. [posa'ðero] [posa'ðero] *s.* Pessoa que tem uma casa de hóspedes como negócio e cobra por dar pousada. ▸ Dono de pousada.

po.sar. [po'sar] [po'sar] *v.4.* **1.** Ficar quieto em uma posição para ser fotografado ou servir de modelo a um pintor ou escultor. ▸ Posar. **2.** Descansar ou repousar. ▸ Pousar.

po.sa.va.sos. [posa'βasos] [posa'βasos] *m.* Suporte utilizado para que os copos de bebidas não manchem nem estraguem a mesa. ▸ Porta-copos.

pos.da.ta. [pos'ðata] [poh'ðata] *f.* Aquilo que se escreve depois de assinar uma carta para frisar ou alertar alguma coisa. ▸ Pós-escrito.

po.se. [pose] [pose] *f.* **1.** Postura física. ▸ Porte. **2.** Forma de falar ou comportamento afetados, sem naturalidade. ▸ Pose.

po.se.e.dor, do.ra. [posee'ðor] [posee'ðor] *adj.* Que possui ou tem a posse de alguma coisa. ▸ Possuidor. *U.t.c.s.*

po.se.er. [pose'er] [pose'er] *v.46. p.p. reg. poseído / irreg. poseso.* Ter uma pessoa a posse de alguma coisa. ▸ Possuir.

po.se.í.do, da. [pose'ido] [pose'ido] *adj.* **1.** Que está dominado por um estado de ânimo. ▸ Possuído. **2.** *Rel.* Que estaria dominado por um espírito. ▸ Possuído.

po.se.sión. [pose'sjon] [pose'sjon] *f.* **1.** Ato de possuir, ter ou ser dono. ▸ Posse. **2.** A coisa possuída. ▸ Posse. **3.** Território ocupado por um país que fica sob sua autoridade e administração. ▸ Possessão. **4.** *Rel.* Segundo o espiritismo, tomada do corpo de um ser humano por um espírito. ▸ Possessão. ◆ **Tomar posesión.** Tomar posse.

po.se.si.vo, va. [pose'siβo] [pose'siβo] *adj.* **1.** Que tem uma atitude de posse com as pessoas que ama. ▸ Possessivo. **2.** *Ling.* Diz-se dos pronomes e dos adjetivos que indicam posse. ▸ Possessivo.

po.se.so, sa. [po'seso] [po'seso] *adj. Rel.* Diz-se de quem está possuído por um espírito, geralmente maligno. ▸ Possesso.

pos.gra.do. [pos'ɣraðo] [poh'ɣraðo] *m.* Curso superior posterior à graduação universitária, que confere títulos, como o de mestre ou doutor. ▸ Pós-graduação.

pos.gra.dua.do, da. [posɣra'ðwaðo] [pohɣra'ðwaðo] *adj.* Que concluiu uma pós-graduação. ▸ Pós-graduado.

pos.gue.rra. [pos'ɣera] [poh'ɣera] *f.* Tempo que segue ao término de uma guerra. ▸ Pós-guerra.

po.si.bi.li.dad. [posiβili'ðað] [posiβili'ðað] *f.* **1.** Qualidade de possível. ▸ Possibilidade. **2.** Condição de poder fazer ou não uma coisa. ▸ Possibilidade.

po.si.bi.li.tar. [posiβili'tar] [posiβili'tar] *v.4.* Tornar possível algo difícil de fazer ou realizar. ▸ Possibilitar.

po.si.ble. [po'siβle] [po'siβle] *adj.* **1.** Que pode ser ou acontecer. ▸ Possível. **2.** Que se pode executar ou realizar. ▸ Possível. **3.** Que não apresenta dificuldade. ▸ Possível.

po.si.ción. [posi'θjon] [posi'sjon] *f.* **1.** Condição social de cada pessoa em relação às outras. ▸ Posição. **2.** Maneira de pensar e opinar em relação a alguma coisa. ▸ Posição. **3.** Postura física. ▸ Posição.

po.si.ti.vis.mo. [positi'βismo] [positi'βihmo] *m.* Filosofia que se baseia na observação do ambiente natural, tentando dessa maneira interpretar a sociedade, sem considerar a atividade humana. ▸ Positivismo.

po.si.ti.vis.ta. [positi'βista] [positi'βihta] *s.* Adepto do positivismo. ▸ Positivista.

po.si.ti.vo, va. [posi'tiβo] [posi'tiβo] *adj.* **1.** Que é certo. Verdadeiro. ▸ Positivo. **2.** Útil ou prático. ▸ Positivo.

pos.mo.der.ni.dad. [posmoðerni'ðað] [pohmoðerni'ðað] *f.* Movimento artístico e cultural do final do século XX. Caracterizado pela oposição ao racionalismo e pelo culto predominante das formas, o individualismo e a falta de compromisso social. ▸ Pós-modernidade.

pos.mo.der.no, na. [posmo'ðerno] [pohmo'ðerno] *adj.* Relativo ao pós-modernismo. ▸ Pós-moderno.

pos.na.tal. [posna'tal] [pohna'tal] *adj.* Que ocorre após o nascimento. ▸ Pós-natal.

po.so.lo.gí.a. [posolo'xia] [posolo'xia] *f. Med.* Indicação das doses de medicamentos em que devem ser administradas. ▸ Posologia.

pos.po.ner. [pospo'ner] [pohpo'ner] *v.40. p.p. irreg. pospuesto.* **1.** Pôr uma pessoa ou coisa depois de outra. ▸ Pospor. **2.** Preterir uma pessoa dando preferência a outra. ▸ Preferir.

pos.ta. ['posta] ['pohta] *f.* **1.** Fatia, posta. **2.** Onde se fazia a troca dos cavalos que conduziam diligência ou outro veículo de serviço público. ▸ Posta.

pos.tal. [pos'tal] [poh'tal] *adj.* **1.** Relativo aos correios e suas atividades. ▸ Postal. **2.** Diz-se dos serviços que prestam as agências de correio. ▸ Postal. *f.* **3.** Cartão com uma estampa em um lado e o espaço reservado para correspondência em outro. ▸ Postal. ♦ **Giro postal.** Vale postal.

pos.te. ['poste] ['pohte] *m.* Coluna de madeira, pedra ou cimento colocada verticalmente para servir de apoio ou sinal. ▸ Poste.

pós.ter. ['poster] ['pohter] *m.* Cartaz, geralmente litografia, que se pendura na parede como decoração. ▸ Pôster.

pos.ter.gar. [poster'γar] [pohter'γar] *v.9.* **1.** Adiar uma coisa no tempo, deixar para depois. ▸ Postergar. **2.** Colocar nos últimos lugares. ▸ Postergar. **3.** Prejudicar alguém para beneficiar outro que tem menos méritos. Desdenhar. ▸ Preterir.

pos.te.ri.dad. [posteri'ðaθ] [pohteri'ðað] *f.* **1.** O tempo futuro. ▸ Posteridade. **2.** Cada geração futura procedente da mesma origem. ▸ Posteridade.

pos.te.rior. [poste'rjor] [pohte'rjor] *adj.* Que vem depois em ordem ou posição. ▸ Posterior.

pos.ti.zo, za. [pos'tiθo] [poh'tiso] *adj.* Que é imitado. Artificial. ▸ Postiço.

post.me.ri.dia.no, na. [postmeri'ðjano] [pohtmeri'ðjano] *adj.* Depois do meio-dia. ▸ Pós-meridiano.

pos.to.pe.ra.to.rio, ria. [postopera'torjo] [pohtopera'torjo] *adj.* Que sobrevém a uma cirurgia. ▸ Pós-operatório.

pos.tra.ción. [postra'θjon] [pohtra'sjon] *f.* **1.** Ato de derrubar. ▸ Prostração. **2.** *fig.* Vergonha, vexame. ▸ Humilhação.

pos.trar. [pos'trar] [poh'trar] *v.4.* **1.** Humilhar ou render uma pessoa ou coisa. ▸ Prostrar. *v.p.* **2.** Ficar fraco, debilitado. ▸ Prostrar-se. **3.** Ajoelhar-se diante de alguém ou de algo em sinal de respeito, veneração ou súplica. ▸ Prostrar-se.

pos.tre. ['postre] ['pohtre] *m.* Fruta, sorvete, doce e outros alimentos que se servem em porções pequenas ao final das refeições e antes do café. ▸ Sobremesa. ♦ **A la postre.** Por último, por fim.

pos.tre.ro, ra. [pos'trero] [poh'trero] *adj.* **1.** Que é o último em uma lista ou série. Lanterna. ▸ Derradeiro. **2.** Diz-se da parte mais afastada ou última de um lugar. ▸ Derradeiro.

pos.tri.me.rí.a. [postrime'ria] [pohtrime'ria] *f.* Último período de tempo de uma coisa. ▸ Ocaso.

pos.tu.la.do. [postu'laðo] [pohtu'laðo] *m.* Proposição cuja verdade se admite sem provas. ▸ Postulado.

pos.tu.lar. [postu'lar] [pohtu'lar] *v.4.* **1.** Estabelecer um postulado. ▸ Postular. *v.p.* **2.** Candidatar-se a um posto ou função. ▸ Postular-se.

pós.tu.mo, ma. ['postumo] ['pohtumo] *adj.* **1.** Diz-se do filho que nasce depois da morte do pai. ▸ Póstumo. **2.** Aplica-se à obra de um autor que se conhece e publica após sua morte. ▸ Póstumo.

pos.tu.ra. [pos'tura] [poh'tura] *f.* **1.** Posição que adota uma pessoa. ▸ Postura. **2.** □ Ato de plantar árvores ou outras plantas. ▸ Plantio. **3.** Quantia que se aposta ou se oferece. ▸ Lance.

pos.ven.ta. [pos'βenta] [poh'βenta] *f.* Diz-se do prazo que se oferece para o cuidado e o conserto de mercadorias após serem vendidas. ▸ Garantia.

po.ta.ble. [po'taβle] [po'taβle] *adj.* Diz-se da água ou de qualquer outro líquido que se pode beber sem dano. ▸ Potável.

po.ta.je. [po'taxe] [po'taxe] *m.* Caldo gorduroso com legumes. Caldo. ▸ Sopa.

po.ta.sio. [po'tasjo] [po'tasjo] *m. Quím.* Elemento químico branco-azulado, encontrado em diversas hortaliças. ▸ Potássio.

po.te. ['pote] ['pote] *m.* Vasilha, com tampa de barro, porcelana, plástico ou vidro, usada para conservar alimentos. ▸ Pote.

po.ten.cia. [po'tenθja] [po'tensja] *f.* **1.** Capacidad para executar uma coisa ou produzir um efeito. ▶ Potência. **2.** *Polít.* Poder e força de uma nação ou Estado soberano. ▶ Potência. **3.** *Mat.* Produto da multiplicação de um número por si mesmo uma ou mais vezes. ▶ Potência. **4.** *Fís.* Energia produzida ou consumida por unidade de tempo. ▶ Potência.

po.ten.cia.bi.li.dad. [potenθjaβili'ðað] [potensjaβili'ðað] *f.* Qualidade do que é potencial. ▶ Potencialidade.

po.ten.cial. [poten'θjal] [poten'sjal] *adj.* **1.** Que é possível e pode vir a ser. ▶ Potencial. **2.** Força ou poder de que se dispõe para chegar a um fim. ▶ Potencial. **3.** *Fís.* Energia acumulada em um condutor. ▶ Potencial.

po.ten.ciar. [poten'θjar] [poten'sjar] *v.4.* Transferir potência para uma coisa ou aumentar a que já tem. ▶ Potenciar.

po.ten.ció.me.tro. [potenθi'ometro] [potensi'ometro] *m.* Mecanismo para medir a potência. ▶ Potenciômetro.

po.ten.te. [po'tente] [po'tente] *adj.* **1.** Que tem poder. ▶ Potente. **2.** Que tem potência. ▶ Potente.

po.to.sí. [poto'si] [poto'si] *m.* Algo que tem grande valor. *Este objeto vale un potosí.* Este objeto vale ouro.

po.tro, tra. ['potro] ['potro] *s. Zool.* Cavalo ou égua jovens. ▶ Potro. ➠ *Reino animal*

po.zo. ['poθo] ['poso] *m.* Buraco que se faz na terra para procurar minerais ou para enterrar coisas. ▶ Poço.

prac.ti.ca.ble. [prakti'kaβle] [prakti'kaβle] *adj.* Que se pode praticar ou realizar. ▶ Praticável.

prac.ti.can.te. [prakti'kante] [prakti'kante] *adj.* **1.** Que pratica. ▶ Praticante. **2.** *Rel.* Que atua em uma religião. ▶ Praticante. **3.** ▫ Estudante que, formado ou não, faz um estágio. ▶ Estagiário.

prac.ti.car. [prakti'kar] [prakti'kar] *v.7.* **1.** Pôr em prática uma coisa que se aprendeu. ▶ Praticar. **2.** Realizar atos para adquirir experiência ou destreza em uma profissão. ▶ Praticar.

prác.ti.co, ca. ['praktiko] ['praktiko] *adj.* **1.** Que tem experiência em um ofício ou em uma ocupação. ▶ Prático. *f.* **2.** Destreza adquirida com o desenvolvimento continuado de uma atividade. ▶ Prática. **3.** Exercício obrigatório que se faz para poder desempenhar algumas profissões. ▶ Prática.

pra.de.ra. [pra'ðera] [pra'ðera] *f.* Lugar do campo, plano e com erva. ▶ Pradaria.

pra.do. ['praðo] ['praðo] *m. Geogr.* Terra úmida, com abundante erva que serve de pasto. ▶ Pasto.

prag.má.ti.co, ca. [praɣ'matiko] [praɣ'matiko] *adj.* **1.** Relativo ao pragmatismo. ▶ Pragmático. *f.* **2.** *Ling.* Estudo das relações entre a linguagem e seu contexto social. ▶ Pragmática.

prag.ma.tis.mo. [praɣma'tismo] [praɣma'tihmo] *m.* Tipo de pensamento que dá prioridade àquilo que considera prático. ▶ Pragmatismo.

pre.ám.bu.lo. [pre'ambulo] [pre'ambulo] *m.* Aquilo que se diz antes de entrar na matéria principal de uma exposição ou discurso. ▶ Preâmbulo.

pre.ca.len.ta.mien.to. [prekalenta'mjento] [prekalenta'mjento] *m. Desp.* Conjunto de exercícios leves que servem para aquecer o corpo antes de fazer um esforço físico. ▶ Aquecimento.

pre.ca.rio, ria. [pre'karjo] [pre'karjo] *adj.* **1.** Que tem pouca estabilidade. ▶ Precário. **2.** Que não apresenta meios ou recursos suficientes. ▶ Precário.

pre.cau.ción. [prekau̯'θjon] [prekau̯'sjon] *f.* Cautela para prevenir dificuldades ou danos que possam acontecer. ▶ Precaução.

pre.ca.ver. [preka'βer] [preka'βer] *v.5.* Prevenir um risco, dano ou perigo. ▶ Precaver.

pre.ca.vi.do, da. [preka'βiðo] [preka'βiðo] *adj.* Que procede com precaução. ▶ Precavido.

pre.ce.den.te. [preθe'ðente] [prese'ðente] *m.* Ato anterior, de iguais circunstâncias, que serve para julgar fatos posteriores. Antecedente. ▶ Precedente.

pre.ce.der. [preθe'ðer] [prese'ðer] *v.5.* **1.** Vir antes ou estar anteposto. ▶ Preceder. **2.** Estar ou chegar antes, anteceder. ▶ Preceder.

pre.cep.ti.vo, va. [preθep'tiβo] [presep'tiβo] *adj.* **1.** Que contém preceitos. ▶ Preceptivo. **2.** Que tem forma ou natureza de preceito. ▶ Preceptivo.

pre.cep.to. [pre'θepto] [pre'septo] *m.* Mandado, ordem ou regra que deve ser observada e cumprida pelos membros da comunidade em que se aplica. ▶ Preceito.

pre.cep.tor, to.ra. [preθep'tor] [presep'tor] *s.* Pessoa que instrui, educa e ensina como professor particular de uma família. ▶ Preceptor.

pre.ciar. [pre'θjar] [pre'sjar] *v.4.* **1.** Valorizar, apreciar uma pessoa ou coisa. ▸ Prezar. **2.** Calcular o valor aproximado. ▸ Estimar. *v.p.* **3.** Ser presumido por uma qualidade própria. ▸ Vangloriar-se.

pre.cin.to. [pre'θinto] [pre'sinto] *m.* Aquilo que serve para manter fechado um objeto ou lugar e evitar que seja aberto fora de tempo. ▸ Lacre.

pre.cio. ['preθjo] ['presjo] *m.* **1.** Valor com que se estima um objeto ou serviço. ▸ Preço. **2.** Valor em dinheiro de um objeto ou o que se dá a uma coisa para sua venda. ▸ Preço. **3.** *fig.* Grau de esforço que se emprega para alcançar ou conseguir algo. ▸ Preço. ♦ **Alzar el precio.** Subir o preço.

pre.cio.si.dad. [preθjosi'ðað] [presjosi'ðað] *f.* **1.** Qualidade de precioso. ▸ Preciosidade. **2.** Pessoa, animal ou coisa muito bonita. ▸ Preciosidade.

pre.cio.so, sa. [pre'θjoso] [pre'sjoso] *adj.* **1.** Excelente e digno de estimação. ▸ Precioso. **2.** De muito valor ou de elevado preço. ▸ Precioso. **3.** Diz-se de pessoa ou coisa muito bonita. ▸ Precioso.

pre.ci.pi.cio. [preθi'piθjo] [presi'pisjo] *m.* Despenhadeiro perigoso. Abismo. ▸ Precipício.

pre.ci.pi.ta.ción. [preθipita'θjon] [presipita'sjon] *f.* **1.** Decisão ou atitude tomada às pressas e sem refletir. ▸ Precipitação. **2.** *Meteor.* Chuva ou granizo que cai das nuvens. ▸ Precipitação.

pre.ci.pi.tar. [preθipi'tar] [presipi'tar] *v.4.* **1.** Jogar de um lugar alto. Despenhar. ▸ Precipitar. **2.** Apressar o acontecimento de algum fato. ▸ Precipitar. *U.t.c.v.p.*

pre.ci.sar. [preθi'sar] [presi'sar] *v.4.* **1.** Fixar ou determinar de modo exato. ▸ Precisar. **2.** Necessitar de alguma coisa de que não se pode prescindir. ▸ Precisar.

pre.ci.sión. [preθi'sjon] [presi'sjon] *f.* Qualidade de preciso ou exato. ▸ Precisão.

pre.ci.so, sa. [pre'θiso] [pre'siso] *adj.* **1.** Que é necessário para uma finalidade. Indispensável. ▸ Preciso. **2.** Que não contém erros. Exato. ▸ Preciso.

pre.co.ci.dad. [prekoθi'ðað] [prekosi'ðað] *f.* Qualidade do que é prematuro, nascido ou acontecido antes do tempo normal. ▸ Precocidade.

pre.co.ci.na.do, da. [prekoθi'naðo] [prekosi'naðo] *adj.* *Cul.* Diz-se de comida que se compra feita, para ser aquecida ou consumida fria. ▸ Pré-cozido.

pre.con.ce.bir. [prekonθe'βir] [prekonse'βir] *v.21.* Definir e fixar com anterioridade algo que se vai dizer ou executar. ▸ Preconceber.

pre.co.ni.zar. [prekoni'θar] [prekoni'sar] *v.13.* **1.** Louvar publicamente uma pessoa ou coisa. ▸ Preconizar. **2.** Pregar algo que se considera bom. Apregoar. ▸ Preconizar.

pre.coz. [pre'koθ] [pre'kos] *adj.* **1.** Diz-se daquilo que acontece antes do habitualmente esperado. ▸ Precoce. **2.** Diz-se da pessoa jovem que tem inteligência, talento ou outra qualidade superior à habitual em sua idade. ▸ Precoce. **3.** Aplica-se à fruta que amadurece antes de seu tempo normal. ▸ Precoce.

pre.cur.sor, so.ra. [prekur'sor] [prekur'sor] *adj.* Que vai adiante, que anuncia com antecipação. ▸ Precursor. *U.t.c.s.*

pre.da.dor, do.ra. [preða'ðor] [preða'ðor] *adj.* **1.** Diz-se de animal que se alimenta de outros animais. ▸ Predador. **2.** ❑ Que saqueia, destrói. Depredador. ▸ Saqueador.

pre.de.ce.sor, so.ra. [preðeθe'sor] [preðese'sor] *s.* Pessoa que antecedeu a outra em um emprego ou cargo. ▸ Predecessor.

pre.de.cir. [preðe'θir] [preðe'sir] *v.29. p.p. irreg. predicho.* Dizer algo com antecipação. ▸ Predizer.

pre.des.ti.nar. [preðesti'nar] [preðehti'nar] *v.4.* Destinar antecipadamente uma coisa para uma finalidade. ▸ Predestinar.

pre.de.ter.mi.nar. [preðetermi'nar] [preðetermi'nar] *v.4.* Resolver com antecipação uma coisa. ▸ Predeterminar.

pré.di.ca. ['preðika] ['preðika] *f.* **1.** Sermão ou palestra que se diz na igreja. ▸ Prédica. **2.** Discurso veemente. ▸ Prédica.

pre.di.ca.ción. [preðika'θjon] [preðika'sjon] *f.* Ato de predicar. ▸ Predicação.

pre.di.ca.do. [preði'kaðo] [preði'kaðo] *m.* *Ling.* Parte de uma oração excetuando-se o sujeito. ▸ Predicado.

pre.di.ca.dor, do.ra. [preðika'ðor] [preðika'ðor] *adj.* Que prega uma religião. ▸ Pregador. *U.t.c.s.*

pre.di.ca.men.to. [preðika'mento] [preðika'mento] *m.* Crédito de uma pessoa por suas ações ou comportamento. ▸ Prestígio.

pre.di.car. [preði'kar] [preði'kar] *v.7.* **1.** Afirmar algo sobre coisas, pessoas ou fatos. ▸ Predicar. **2.** *Rel.* Pregar um dogma religioso. ▸ Predicar.

pre.dic.ción. [preðik'θjon] [preðik'sjon] *f.* **1.** Ato de predizer. ▸ Predição. **2.** Palavras com que se dá a conhecer um vaticínio. ▸ Predição.

pre.di.lec.ción. [preðilek'θjon] [preðilek'sjon] *f.* Preferência por uma pessoa ou coisa. ▸ Predileção.

pre.di.lec.to, ta. [preði'lekto] [preði'lekto] *adj.* Que é preferido ou apreciado de modo especial. ▸ Predileto.

❑ **pre.dio.** ['preðjo] ['preðjo] *m.* Qualquer propriedade imóvel, mesmo um terreno. ▸ Imóvel.

pre.dis.po.ner. [preðispo'ner] [preðihpo'ner] *v.40. p.p. irreg. predispuesto.* Dispor antecipadamente alguma coisa para uma finalidade determinada. ▸ Predispor.

pre.dis.po.si.ción. [preðisposi'θjon] [preðihposi'sjon] *f.* **1.** Ato ou efeito de predispor(-se). ▸ Predisposição. **2.** Inclinação ou atitude favorável. ▸ Predisposição.

pre.do.mi.nar. [preðomi'nar] [preðomi'nar] *v.4.* **1.** Existir em maior quantidade ou intensidade. ▸ Predominar. **2.** Ser mais alto que tudo o que está a seu redor. ▸ Predominar. **3.** Ser o que tem mais influência entre as pessoas de uma comunidade. ▸ Predominar.

pre.do.mi.nio. [preðo'minjo] [preðo'minjo] *m.* Superioridade que se tem sobre uma pessoa ou coisa. ▸ Predomínio.

pre.e.le.gir. [preele'xir] [preele'xir] *v.47.* Escolher com antecipação. ▸ Preeleger.

pre.e.mi.nen.te. [preemi'nente] [preemi'nente] *adj.* **1.** Que está mais elevado. Proeminente. ▸ Preeminente. **2.** Que recebeu merecidas honras. ▸ Preeminente.

pre.es.co.lar. [preesko'lar] [preehko'lar] *adj.* Que antecede o período escolar. ▸ Pré-escolar.

pre.es.ta.ble.ci.do, da. [preestaβle'θiðo] [preehtaβle'siðo] *adj.* Estabelecido com anterioridade. ▸ Preestabelecido.

pre.es.tre.no. [prees'treno] [preeh'treno] *f.* Apresentação teatral ou exibição cinematográfica, que antecede a primeira apresentação ao público. ▸ Pré-estreia.

pre.e.xis.tir. [preeksis'tir] [preeksih'tir] *v.6.* Existir antes de alguma coisa. ▸ Preexistir.

pre.fa.bri.ca.do, da. [prefaβri'kaðo] [prefaβri'kaðo] *adj.* Feito com elementos fabricados de antemão. ▸ Pré-fabricado.

pre.fa.cio. [pre'faθjo] [pre'fasjo] *m.* Esclarecimento que antecede uma obra escrita, prólogo. ▸ Prefácio.

pre.fec.to. [pre'fekto] [pre'fekto] *m. Rel.* Pessoa que dirige e governa uma comunidade da igreja. ▸ Prefeito.

pre.fec.tu.ra. [prefek'tura] [prefek'tura] *f. Rel.* Cargo no escritório do prefeito. ▸ Prefeitura.

pre.fe.ren.cia. [prefe'renθja] [prefe'rensja] *f.* **1.** Primazia ou vantagem que uma pessoa ou coisa tem sobre outra. ▸ Preferência. **2.** Escolha de uma coisa ou pessoa entre várias. ▸ Preferência.

pre.fe.ren.te. [prefe'rente] [prefe'rente] *adj.* **1.** Que tem preferência. ▸ Preferencial. **2.** Que desfruta algum favor. ▸ Preferencial.

pre.fe.ri.ble. [prefe'riβle] [prefe'riβle] *adj.* Que é melhor ou mais adequado. ▸ Preferível.

pre.fe.rir. [prefe'rir] [prefe'rir] *v.22.* **1.** Dar preferência a uma coisa entre outras. ▸ Escolher. **2.** Ser uma coisa melhor que outra em algum aspecto. ▸ Preferir.

pre.fi.jar. [prefi'xar] [prefi'xar] *v.4.* Estabelecer antecipadamente uma coisa. ▸ Prefixar.

pre.fi.jo. [pre'fixo] [pre'fixo] *m. Ling.* **1.** Elemento que se antepõe a uma palavra para formar outra nova. ▸ Prefixo. **2.** Combinação de números ou letras que se colocam antes dos números de telefone de determinada região. ▸ Prefixo.

pre.gón. [pre'ɣon] [pre'ɣon] *m.* Divulgação pública que se faz de viva-voz para anunciar algo de interesse de todos os cidadãos. ▸ Pregão.

pre.go.nar. [preɣo'nar] [preɣo'nar] *v.4.* Publicar em voz alta uma coisa para que seja conhecida por todos. ▸ Apregoar.

pre.go.ne.ro, ra. [preɣo'nero] [preɣo'nero] *adj.* Que se dedica a apregoar uma notícia para que todos a conheçam. ▸ Pregoeiro. *U.t.c.s.*

pre.gun.ta. [pre'ɣunta] [pre'ɣunta] *f. Ling.* Frase que se diz ou escreve buscando conhecer uma informação, geralmente dita com entonação diferente e escrita entre pontos de interrogação (¿ ?). ▸ Pergunta.

pre.gun.tar. [preɣun'tar] [preɣun'tar] *v.4.* Fazer perguntas a alguém. ▸ Perguntar.

pre.gun.tón, to.na. [preɣun'ton] [preɣun'ton] *adj.* **1.** Que faz muitas perguntas. ▸ Questionador. **2.** Diz-se do curioso que quer saber coisas dos outros. ▸ Questionador.

pre.his.to.ria. [preis'torja] [preih'torja] *f. Biol.* Período da humanidade anterior à escrita e ao uso de metais. ▸ Pré-história.

pre.his.tó.ri.co, ca. [preis'toriko] [preih'toriko] *adj.* Pertencente ou relativo à pré-história. ▸ Pré-histórico.

☐ **pre.jui.cio.** [pre'xwiθjo] [pre'xwisjo] *m.* Conceito formado sem conhecimento do assunto, da pessoa ou da situação. ▸ Preconceito.

pre.juz.gar. [prexuθ'ɣar] [prexuh'ɣar] *v.9.* Julgar as coisas antes do tempo oportuno e sem o devido estudo. ▸ Prejulgar.

pre.la.do. [pre'laðo] [pre'laðo] *m. Rel.* Superior da igreja que tem algum cargo dentro dela. ▸ Prelado.

pre.li.mi.nar. [prelimi'nar] [prelimi'nar] *adj.* **1.** Que antecede algum assunto ou fato principal. ▸ Preliminar. *m.pl.* **2.** Ações prévias a algum fato. ▸ Preliminares.

pre.lu.diar. [prelu'ðjar] [prelu'ðjar] *v.4. Mús.* Preparar ou dar entrada a uma obra musical antes de começar sua execução. ▸ Preludiar.

pre.lu.dio. [pre'luðjo] [pre'luðjo] *m.* **1.** O que precede ou é começo de uma coisa. ▸ Prelúdio. **2.** *Mús.* O que se canta ou toca para fixar o tom. ▸ Prelúdio.

pre.ma.tu.ro, ra. [prema'turo] [prema'turo] *adj.* Que acontece antes do tempo. ▸ Prematuro.

pre.me.di.ta.ción. [premeðita'θjon] [premeðita'sjon] *f.* **1.** Reflexão cuidadosa sobre uma coisa antes de executar. ▸ Premeditação. **2.** *Dir.* Pensamento e organização prévios a uma ação criminosa. ▸ Premeditação.

pre.me.di.tar. [premeði'tar] [premeði'tar] *v.4.* Pensar e refletir detidamente sobre uma coisa antes de realizá-la. ▸ Premeditar.

pre.miar. [pre'mjar] [pre'mjar] *v.4.* Recompensar com honras, valores ou objetos os serviços ou méritos de alguém. ▸ Premiar.

pre.mio. ['premjo] ['premjo] *m.* **1.** Recompensa que se dá por algum mérito ou serviço. ▸ Prêmio. **2.** Aquilo que se recebe por ganhar em loterias, sorteios ou concursos. ▸ Prêmio. ◆ **Premio gordo.** O maior prêmio da loteria, que se sorteia em alguma data especial.

pre.mi.sa. [pre'misa] [pre'misa] *f.* Afirmação que se aceita como certa e serve de base para uma conclusão. ▸ Premissa.

pre.mo.lar. [premo'lar] [premo'lar] *adj. Anat.* Aplica-se ao dente que está situado atrás do canino. ▸ Pré-molar.

pre.mo.ni.ción. [premoni'θjon] [premoni'sjon] *f.* Sinal que anuncia um acontecimento futuro. ▸ Premonição.

pre.mo.ni.to.rio, ria. [premoni'torjo] [premoni'torjo] *adj.* Pertencente ou relativo à premonição. ▸ Premonitório.

pre.mu.ra. [pre'mura] [pre'mura] *f.* Ter pressa por alguma coisa. ▸ Premência.

pre.na.tal. [prena'tal] [prena'tal] *adj.* Que ocorre ou existe antes do nascimento. ▸ Pré-natal.

pren.da. ['prenda] ['prenda] *f.* **1.** Objeto que se penhora como garantia do cumprimento de uma obrigação. ▸ Penhora. **2.** Joia, obra de arte, móvel ou qualquer objeto valioso de uma casa. ▸ Bem. **3.** Peça de vestuário do homem e da mulher. ▸ Roupa.

pren.de.dor. [prende'ðor] [prende'ðor] *m.* **1.** Peça que se usa para segurar alguma roupa ou acessório ou como adorno. Broche. ▸ Prendedor. **2.** Pregador de roupa. ▸ Prendedor.

pren.der. [pren'der] [pren'der] *v.5. p.p. reg. prendido I irreg. preso.* **1.** Unir uma coisa a outra. ▸ Prender. **2.** Deter, encerrar na cadeia ou num lugar similar. ▸ Prender. **3.** Pôr fogo numa coisa. ▸ Queimar. **4.** Acionar um mecanismo elétrico. ▸ Ligar.

pren.di.mien.to. [prendi'mjento] [prendi'mjento] *m.* Ato de prender ou capturar. ▸ Prisão.

pren.sa. ['prensa] ['prensa] *f.* **1.** Máquina que serve para comprimir. ▸ Prensa. **2.** ☐ Conjunto de jornais e outros meios de comunicação. ▸ Imprensa. **3.** ☐ Conjunto de pessoas dedicadas ao jornalismo. ▸ Imprensa. ◆ **Conferencia/Rueda de prensa.** Entrevista coletiva. **Dar a la prensa.** Imprimir e publicar uma obra. **Prensa amarilla.** Imprensa marrom. **Tener buena/mala prensa.** Ter boa/má fama.

pren.sar. [pren'sar] [pren'sar] *v.4.* Comprimir alguma coisa em uma prensa ou de outra forma. ▸ Prensar.

pre.nun.ciar. [prenun'θjar] [prenun'sjar] *v.4.* **1.** Anunciar com antecedência. ▸ Prenunciar. **2.** Dar indício de algo negativo. ▸ Ameaçar.

pre.ñar. [pre'ɲar] [pre'ɲar] *v.4. Biol.* Fecundar (o macho) a fêmea. ▸ Engravidar.

pre.ñez. [pre'ɲeθ] [pre'ɲes] *f.* Estado de fêmea grávida. ▸ Prenhez.

pre.o.cu.pa.ción. [preokupa'θjon] [preokupa'sjon] *f.* Ato ou efeito de preocupar(-se). ▸ Preocupação.

pre.o.cu.par. [preoku'par] [preoku'par] *v.4.* **1.** Produzir temor ou inquietação por algo que aconteceu ou vai acontecer. ▸ Preocupar. *v.p.* **2.** Dedicar atenção a uma pessoa ou coisa. ▸ Preocupar-se.

pre.pa.ra.ción. [prepara'θjon] [prepara'sjon] f. **1.** Ato ou efeito de preparar ou preparar-se. ▶ Preparação. s. **2.** Conhecimento que alguém tem em determinada matéria. ▶ Preparação.

pre.pa.ra.dor, do.ra. [prepara'ðor] [prepara'ðor] s. Pessoa que prepara e treina um esportista, uma equipe esportiva ou um animal de competição. Treinador. ▶ Preparador.

pre.pa.rar. [prepa'rar] [prepa'rar] v.4. **1.** Capacitar uma pessoa para uma ação futura. ▶ Preparar. **2.** Realizar as operações apropriadas para obter um resultado. ▶ Preparar. v.p. **3.** Tornar-se apto para uma ação futura. ▶ Preparar-se.

pre.pa.ra.ti.vo, va. [prepara'tiβo] [prepara'tiβo] adj. Diz-se do que se faz para preparar algo. ▶ Preparativo. U.t.c.m.pl.

pre.pon.de.ran.cia. [preponde'ranθja] [preponde'ransja] f. **1.** Maior importância de uma coisa com respeito a outra. ▶ Preponderância. **2.** Superioridade, autoridade ou poder que tem uma pessoa em uma comunidade. ▶ Preponderância.

pre.po.si.ción. [preposi'θjon] [preposi'sjon] f. Ling. Classe de palavras invariáveis que indicam uma relação entre os elementos de uma oração. ▶ Preposição.

pre.po.ten.cia. [prepo'tenθja] [prepo'tensja] f. Qualidade de prepotente. ▶ Prepotência.

pre.po.ten.te. [prepo'tente] [prepo'tente] adj. **1.** Que abusa de seu poder, despótico. ▶ Prepotente. **2.** Que procede com agressividade. ▶ Prepotente.

pre.pu.cio. [pre'puθjo] [pre'pusjo] m. Anat. Pele que cobre a glande do pênis. ▶ Prepúcio.

pre.rro.ga.ti.va. [preroɣa'tiβa] [preroɣa'tiβa] f. Privilégio que se concede a uma ou várias pessoas de acordo com o emprego ou cargo que elas têm. ▶ Prerrogativa.

pre.sa. ['presa] ['presa] f. **1.** Coisa roubada ou tomada de seu dono de forma ilícita. ▶ Saque. **2.** ❏ Barragem para conter e armazenar água. ▶ Represa. **3.** Anat. Dente de animal carnívoro. ▶ Presa.

pre.sa.giar. [presa'xjar] [presa'xjar] v.4. Interpretar por sinais uma coisa ou fato futuro. ▶ Pressagiar.

pre.sa.gio. [pre'saxjo] [pre'saxjo] m. Sinal que é interpretado como anúncio de um evento futuro. ▶ Presságio.

pres.bi.te.ria.no, na. [presβite'rjano] [presβite'rjano] adj. Rel. Diz-se do protestante que não reconhece a autoridade episcopal, nem admite hierarquia eclesiástica superior à dos presbíteros. ▶ Presbiteriano.

pres.bí.te.ro. [pres'βitero] [preh'βitero] m. Rel. Pessoa que pode celebrar uma missa pela Igreja Católica. Sacerdote. ▶ Padre.

pres.cin.di.ble. [presθin'diβle] [presin'diβle] adj. Que se pode dispensar, que não é essencial. ▶ Prescindível.

pres.cin.dir. [presθin'dir] [presin'dir] v.6. Considerar desnecessária uma pessoa ou coisa. ▶ Prescindir.

pres.cri.bir. [preskri'βir] [prehkri'βir] v.6. p.p. irreg. prescrito. **1.** Ordenar, determinar, preceituar uma coisa. ▶ Prescrever. **2.** Receitar remédios. ▶ Prescrever. **3.** Dir. Ficar sem efeito um direito ou uma obrigação por transcurso de prazo legal. ▶ Prescrever.

pres.cri.to, ta. [pres'krito] [preh'krito] part. irreg. **1.** Que foi determinado ou estabelecido. ▶ Prescrito. **2.** Que foi indicado por um médico. ▶ Prescrito. **3.** Que perdeu a validade. ▶ Prescrito.

pre.sen.cia. [pre'senθja] [pre'sensja] f. **1.** Assistência ou existência de uma pessoa ou coisa em um lugar. ▶ Presença. **2.** Aparência, figura e disposição de uma pessoa. ▶ Presença. ◆ **Presencia de ánimo.** Presença de espírito.

pre.sen.ciar. [presen'θjar] [presen'sjar] v.4. Encontrar-se presente, assistir a um evento ou acontecimento. ▶ Presenciar.

pre.sen.ta.ble. [presen'taβle] [presen'taβle] adj. Que se pode apresentar ou ser apresentado. ▶ Apresentável.

pre.sen.ta.ción. [presenta'θjon] [presenta'sjon] f. **1.** Aparência exterior de algo. ▶ Apresentação. **2.** Ato ou efeito de apresentar pessoas para que se conheçam. ▶ Apresentação.

Presentaciones

Formales

A: Mire, le presento a la señora Gómez.
B: Mucho gusto (en conocerle).
C: Encantada. / El gusto es mío.

Informales

A: Mira, te presento a Miguel. / Mira, este es Miguel. Miguel, esta es Rosa.
B: Hola, mucho gusto (en conocerte).
C: Encantada. / El gusto es mío.

pre.sen.ta.dor, do.ra. [presenta'ðor] [presenta'ðoɾ] *s.* Pessoa que apresenta e comenta um espetáculo ou um programa de televisão ou rádio. ▸ Apresentador.

pre.sen.tar. [presen'tar] [presen'taɾ] *v.4.* **1.** Dar a conhecer uma coisa mostrando-a a alguém. ▸ Apresentar. **2.** Dar o nome de uma pessoa a outra na presença de ambas para que se conheçam. ▸ Apresentar. **3.** Ter determinadas características. ▸ Apresentar. **4.** Anunciar um espetáculo, um programa de televisão, rádio. ▸ Apresentar. *v.p.* **5.** Dar o próprio nome para ser conhecido. ▸ Apresentar-se.

pre.sen.te. [pre'sente] [pre'sente] *adj.* **1.** Que está no mesmo lugar que outra pessoa. ▸ Presente. *U.t.c.s.* **2.** Diz-se do tempo ou época atual. ▸ Presente. *U.t.c.s.*

pre.sen.ti.mien.to. [presenti'mjento] [presenti'mjento] *m.* Ato ou efeito de pressentir. ▸ Pressentimento.

pre.sen.tir. [presen'tir] [presen'tiɾ] *v.22.* Ter a sensação de que algo vai acontecer. Pressagiar. ▸ Pressentir.

pre.ser.var. [preser'βar] [preser'βaɾ] *v.4.* Resguardar ou proteger uma pessoa, animal ou coisa de algum dano ou perigo. ▸ Preservar.

pre.ser.va.ti.vo. [preserβa'tiβo] [preserβa'tiβo] *adj.* **1.** Que preserva. ▸ Preservativo. *m.* **2.** *Med.* Proteção muito fina de látex que se coloca sobre o pênis e que impede a passagem de esperma e a contaminação por doenças sexualmente transmissíveis. Camisinha. ▸ Preservativo.

pre.si.den.cia. [presi'ðenθja] [presi'ðensja] *f.* **1.** Dignidade ou cargo de presidente. ▸ Presidência. **2.** Local onde o presidente exerce suas funções. ▸ Presidência.

pre.si.den.cial. [presiðen'θjal] [presiðen'sjal] *adj.* Pertencente ou relativo ao presidente ou à presidência. ▸ Presidencial.

pre.si.den.te, ta. [presi'ðente] [presi'ðente] *s.* **1.** Pessoa que preside. ▸ Presidente. **2.** Cabeça ou superior de um governo, tribunal, sociedade ou outra corporação. ▸ Presidente.

pre.si.dia.rio, ria. [presi'ðjarjo] [presi'ðjaɾjo] *s.* Pessoa que está em um presídio cumprindo condenação por um delito. ▸ Presidiário.

pre.si.dio. [pre'siðjo] [pre'siðjo] *m.* Prisão onde cumprem suas penas os condenados por delitos graves. Penitenciária. ▸ Presídio.

pre.si.dir. [presi'ðir] [presi'ðiɾ] *v.6.* **1.** Ter a primeira posição hierárquica em uma nação, estado, corporação ou sociedade. ▸ Presidir. **2.** Conduzir um ato ou reunião. ▸ Presidir.

pre.si.lla. [pre'siʎa] [pre'siʃa] *f.* Tira, de pano ou couro, para apertar ou prender alguma coisa. ▸ Presilha.

pre.sión. [pre'sjon] [pre'sjon] *f.* **1.** Ato ou efeito de pressionar. ▸ Pressão. **2.** *fig.* Força ou coação que se faz sobre uma pessoa ou coletividade. ▸ Pressão. **3.** *Fís.* Força que exerce um corpo sobre outro. ▸ Pressão. ♦ **Olla a presión.** Panela de pressão. **Presión arterial.** *Biol.* Pressão arterial. **Presión atmosférica.** *Meteor.* Pressão atmosférica.

pre.sio.nar. [presjo'nar] [presjo'naɾ] *v.4.* Exercer pressão sobre alguma pessoa ou coisa. ▸ Pressionar.

pre.so, sa. ['preso] ['preso] *adj.* Diz-se da pessoa que cumpre pena em uma prisão. Presidiário. ▸ Preso. *U.t.c.s.*

pres.ta.ción. [presta'θjon] [prehta'sjon] *f.* Coisa ou serviço prestado por uma pessoa, instituição ou empresa. ▸ Préstimo.

pres.ta.mis.ta. [presta'mista] [prehta'mihta] *com.* Pessoa que empresta dinheiro a juros. ▸ Agiota.

prés.ta.mo. ['prestamo] ['prehtamo] *m.* **1.** Dinheiro que o estado ou uma corporação toma dando alguma garantia. ▸ Empréstimo. **2.** Dinheiro que toma uma pessoa para devolvê-lo. ▸ Empréstimo.

pres.tar. [pres'tar] [preh'taɾ] *v.4.* **1.** Ceder temporariamente algo para ser utilizado e depois devolvido. ▸ Emprestar. **2.** Emprestar dinheiro gratuitamente ou a juros. ▸ Emprestar.

pres.te.za. [pres'teθa] [preh'tesa] *f.* Prontidão, ligeireza em fazer ou dizer alguma coisa. ▸ Presteza.

pres.ti.di.gi.ta.dor, do.ra. [prestiðixita'ðor] [prehtiðixita'ðoɾ] *s.* Pessoa que, com movimentos muito rápidos das mãos, faz jogos e truques. Ilusionista. ▸ Prestidigitador.

pres.ti.giar. [presti'xjar] [prehti'xjaɾ] *v.4.* Dar boa fama, autoridade ou importância a uma pessoa ou corporação. ▸ Prestigiar.

pres.ti.gio. [pres'tixjo] [preh'tixjo] *m.* Estima, autoridade e renome que tem por base o mérito ou boa qualidade de uma pessoa ou coisa. ▸ Prestígio.

pres.ti.gio.so, sa. [presti'xjoso] [prehti'xjoso] *adj.* Que tem prestígio. ▸ Prestigioso.

pres.to, ta. ['presto] ['prehto] *adj.* **1.** Rápido na execução de uma coisa. ▶ Presto. **2.** Disposto ou preparado para uma finalidade. ▶ Pronto. *m.* **3.** *Mús.* Movimento musical muito rápido. ▶ Presto.

pre.su.mi.do, da. [presu'miðo] [presu'miðo] *adj.* Diz-se do indivíduo que é vaidoso, presunçoso. ▶ Presumido.

pre.su.mir. [presu'mir] [presu'mir] *v.6. p.p. reg. presumido / irreg. presunto.* **1.** Supor ou suspeitar uma coisa apenas por indícios ou sinais. ▶ Presumir. **2.** Ter de si mesmo conceito mais alto do que o real. ▶ Vangloriar-se.

pre.sun.ción. [presun'θjon] [presun'sjon] *f.* **1.** Aquilo que se tem por verdadeiro enquanto não se prova o contrário. ▶ Presunção. **2.** Qualidade de pessoa que se tem em um conceito mais elevado do que o real. Vaidade. ▶ Presunção.

▫**pre.sun.to, ta.** [pre'sunto] [pre'sunto] *adj.* Que se supõe, suspeita-se ou se presume ser causa ou autor de uma coisa ou fato. ▶ Suposto.

pre.sun.tuo.so, sa. [presun'twoso] [presun'twoso] *adj.* Que procede com exagerada presunção e orgulho. ▶ Presunçoso. *U.t.c.s.*

pre.su.po.ner. [presupo'ner] [presupo'ner] *v.40. p.p. irreg. presupuesto.* Dar por certa uma coisa para tratar de outra com ela relacionada. ▶ Pressupor.

pre.su.pues.to. [presu'pwesto] [presu'pwehto] *m.* **1.** Coisa que se considera pressuposta. ▶ Pressuposto. **2.** ▫ Cálculo de receitas e despesas. ▶ Orçamento. **3.** ▫ Cálculo antecipado do custo de uma obra. ▶ Orçamento.

pre.su.ro.so, sa. [presu'roso] [presu'roso] *adj.* **1.** Que é rápido, veloz. ▶ Apressado. **2.** Que está com pressa. ▶ Apressado.

pre.ten.der. [preten'der] [preten'der] *v.5. p.p. reg. pretendido / irreg. pretenso.* **1.** Querer e fazer algo para conseguir alguma coisa. ▶ Pretender. **2.** Procurar namoro com uma mulher para casar com ela. ▶ Pretender.

pre.ten.dien.te. [preten'djente] [preten'djente] *adj.* **1.** Aspirante a um emprego ou cargo público. ▶ Pretendente. *U.t.c.s.* **2.** Que pede uma pessoa em matrimônio. ▶ Pretendente. *U.t.c.s.*

pre.ten.sión. [preten'sjon] [preten'sjon] *f.* **1.** Direito que alguém julga ter sobre alguma coisa. ▶ Pretensão. **2.** Aspiração a alguma coisa que está acima das possibilidades de alguém. ▶ Pretensão.

pre.té.ri.to, ta. [pre'terito] [pre'terito] *adj.* **1.** Que pertence ao passado. ▶ Pretérito. **2.** Que existiu ou ocorreu no passado. ▶ Pretérito. **3.** *Ling.* Aplica-se ao tempo que expressa uma ação anterior ao presente. ▶ Pretérito.

pre.tex.to. [pre'teksto] [pre'teksto] *m.* Motivo simulado que se alega para fazer ou não fazer uma coisa. ▶ Pretexto.

pre.til. [pre'til] [pre'til] *m.* Resguardo que se constrói, especialmente nas pontes, para proteger de quedas. Parapeito. ▶ Mureta.

pre.va.le.cer. [preβale'θer] [preβale'ser] *v.24.* Sobressair ou ter (uma pessoa ou coisa) alguma superioridade entre outras. ▶ Prevalecer.

pre.ven.ción. [preβen'θjon] [preβen'sjon] *f.* **1.** Medida que se toma para evitar um risco. ▶ Prevenção. **2.** Conceito desfavorável que se tem contra alguém ou alguma coisa. ▶ Prevenção.

pre.ve.ni.do, da. [preβe'niðo] [preβe'niðo] *adj.* **1.** Que procede com prevenções. ▶ Prevenido. **2.** Que está disposto e preparado para uma coisa. ▶ Preparado.

pre.ve.nir. [preβe'nir] [preβe'nir] *v.42.* **1.** Preparar com antecedência as coisas necessárias para uma finalidade. ▶ Prevenir. **2.** Evitar ou impedir algo que possa causar dano ou prejuízo. ▶ Prevenir. **3.** Advertir, informar ou avisar alguém de algo. ▶ Prevenir.

pre.ver. [pre'βer] [pre'βer] *v.48. p.p. irreg. previsto.* **1.** Ver com antecipação. ▶ Prever. **2.** Presumir por alguns sinais ou indícios algo que pode acontecer. ▶ Prever.

pre.vi.den.cia. [preβi'ðenθja] [preβi'ðensja] *f.* Ato ou qualidade de quem é previdente. ▶ Previdência.

pre.vio, via. ['preβjo] ['preβjo] *adj.* Que vai na frente ou que acontece primeiro. Antecipado. ▶ Prévio.

pre.vi.si.ble. [preβi'siβle] [preβi'siβle] *adj.* Que pode ser previsto. ▶ Previsível.

pre.vi.sión. [preβi'sjon] [preβi'sjon] *f.* Ato ou efeito de prever. ▶ Previsão.

pre.vi.sor, so.ra. [preβi'sor] [preβi'sor] *adj.* Que prevê ou que previne. Previsor. ▶ Previdente. *U.t.c.s.*

prie.to, ta. ['prjeto] ['prjeto] *adj.* **1.** ▫ Que fica muito apertado ou justo. ▶ Apertado. **2.** Aplica-se à cor muito escura, quase preta. ▶ Preto.

▫**pri.ma.** ['prima] ['prima] *f.* **1.** Quantidade de dinheiro que se dá como prêmio. ▶ Recompensa. **2.** Quantia que o segurado paga ao segurador por uma determinada cobertura por um seguro. ▶ Prêmio.

pri.ma.cí.a. [prima'θia] [prima'sia] *f.* Superioridade que uma coisa tem em relação a outra de sua mesma espécie. ▸ Primazia.

pri.mar. [pri'mar] [pri'maɾ] *v.4.* Ser o primeiro ou principal. ▸ Sobressair.

pri.ma.rio, ria. [pri'marjo] [pri'marjo] *adj.* **1.** Principal ou primeiro em ordem ou grau. ▸ Primário. **2.** Pouco civilizado. ▸ Primitivo. ◆ **Enseñanza primaria.** Ensino primário.

pri.ma.te. [pri'mate] [pri'mate] *adj. Zool.* Aplica-se à ordem de mamíferos que compreende os seres humanos e os animais que têm maior semelhança com ele. ▸ Primata. *U.t.c.m.pl.*

pri.ma.ve.ra. [prima'βera] [prima'βeɾa] *f.* Estação do ano que antecede o verão e que se estende, no hemisfério norte, de 21 de março a 20 de junho, e no hemisfério sul, de 22 de setembro a 20 de dezembro. ▸ Primavera. ➡ *Clima*

pri.ma.ve.ral. [primaβe'ral] [primaβe'ral] *adj.* Pertencente ou relativo à primavera. ▸ Primaveril.

pri.mer. [pri'mer] [pri'meɾ] *núm.* Forma reduzida de *primero*, empregada diante de substantivos no singular. ▸ Primeiro.

pri.me.ra. [pri'mera] [pri'meɾa] *f.* Marcha do motor do carro que se utiliza para começar a rodar. ▸ Primeira. ◆ **A la primera de cambio.** Na primeira oportunidade. **De buenas a primeras.** Sem mais nem menos.

pri.me.ri.zo, za. [prime'riθo] [prime'riso] *adj.* Que faz pela primeira vez uma coisa ou que começa a exercer uma arte ou profissão. ▸ Principiante. *U.t.c.s.*

pri.me.ro, ra. [pri'mero] [pri'meɾo] *núm.* Que antecede ao segundo em ordem. ▸ Primeiro. ◆ **A primeros de.** Nos primeiros dias de, no começo de.

pri.mi.cia. [pri'miθja] [pri'misja] *f.* **1.** Primeiro fruto de qualquer coisa. ▸ Primícias. **2.** Notícia ou fato que se dá a conhecer pela primeira vez. ▸ Primícias.

pri.mi.ti.vis.mo. [primiti'βismo] [primiti'βihmo] *m.* **1.** Qualidade ou caráter do que é primitivo. ▸ Primitivismo. **2.** Tendência artística que se inspira na ingenuidade de forma e no sentimento de arte dos povos primitivos. ▸ Primitivismo.

pri.mi.ti.vo, va. [primi'tiβo] [primi'tiβo] *adj.* **1.** Pertencente ou relativo às origens ou aos primeiros tempos de alguma coisa. ▸ Primitivo. **2.** Aplica-se aos povos de civilização pouco desenvolvida. ▸ Primitivo. *U.t.c.s.* **3.** De natureza rudimentar, elementar. ▸ Primitivo.

pri.mo, ma. ['primo] ['primo] *s.* Indivíduo em relação ao(s) filho(s) de seus tios. ▸ Primo. ◆ **Primo hermano.** Primo-irmão.

pri.mo.gé.ni.to, ta. [primo'xenito] [primo'xenito] *adj.* Aplica-se ao filho que nasce primeiro. ▸ Primogênito. *U.t.c.s.*

pri.mor. [pri'mor] [pri'moɾ] *m.* **1.** Esmero, habilidade e cuidado em fazer ou dizer alguma coisa. ▸ Primor. **2.** Arte, beleza e perfeição de uma obra. ▸ Primor.

pri.mor.dial. [primor'ðjal] [primor'ðjal] *adj.* Que é fundamental e se organiza ou ordena em primeiro lugar. ▸ Primordial.

pri.mo.ro.so, sa. [primo'roso] [primo'roso] *adj.* Que é muito bonito e delicado. ▸ Primoroso.

prin.ce.sa. [prin'θesa] [prin'sesa] *f.* **1.** Título que se dá à filha do rei, herdeira do trono. ▸ Princesa. **2.** Mulher que se casa com um príncipe. ▸ Princesa.

prin.ci.pa.do. [prinθi'paðo] [prinsi'paðo] *m.* **1.** Título ou dignidade de príncipe. ▸ Principado. **2.** Território ou lugar subordinado ao poder de um príncipe. ▸ Principado.

prin.ci.pal. [prinθi'pal] [prinsi'pal] *adj.* **1.** Diz-se da pessoa ou coisa que tem o primeiro lugar em importância. ▸ Principal. **2.** Que não é acessório. Essencial, fundamental. ▸ Principal.

prín.ci.pe. ['prinθipe] ['prinsipe] *m.* **1.** Título que se dá ao filho do rei, sucessor no trono. ▸ Príncipe. **2.** Homem que se casa com uma princesa. ▸ Príncipe. **3.** Soberano de um principado. ▸ Príncipe. ◆ **Príncipe azul.** *fig.* Príncipe encantado.

prin.ci.pian.te. [prinθi'pjante] [prinsi'pjante] *adj.* Que está começando a aprender ou exercer um ofício, profissão ou qualquer outra atividade. ▸ Principiante. *U.t.c.s.*

prin.ci.piar. [prinθi'pjar] [prinsi'pjaɾ] *v.4.* Dar início, começar alguma coisa. ▸ Principiar.

prin.ci.pio. [prin'θipjo] [prin'sipjo] *m.* **1.** Início, começo ou ponto de partida de alguma coisa. ▸ Princípio. **2.** Norma fundamental, não escrita, que rege ações e atitudes. ▸ Princípio. **3.** Base, origem ou razão fundamental sobre a qual se discorre em qualquer assunto. ▸ Princípio. **4.** *Fís.* e *Quím.* Qualquer coisa que entra na composição de um corpo. ▸ Princípio. ◆ **Al principio.** No começo. **A principios de.** No começo de. **Del principio al fin.** Do começo ao fim.

prin.gar. [prin'gar] [prin'gaɾ] *v.9.* **1.** Passar gordura em. ▸ Engordurar. **2.** Expressão coloquial utilizada para designar alguém que trabalha muito.

prior, prio.ra. ['pɾjoɾ] ['pɾjoɾ] *s. Rel.* Superior de um convento ou comunidade religiosa. ▸ Prior.

prio.ri.dad. [pɾjoɾi'ðaθ] [pɾjoɾi'ðað] *f.* **1.** Anterioridade no tempo ou na ordem de uma coisa em relação a outra. ▸ Prioridade. **2.** Qualidade do que está em primeiro lugar. ▸ Prioridade.

pri.sa. ['pɾisa] ['pɾisa] *f.* **1.** Rapidez com que acontece ou se executa uma coisa. ▸ Pressa. **2.** Desejo ou necessidade de fazer uma coisa com urgência. ▸ Pressa. ♦ **Correr prisa.** Ser urgente. **Darse prisa.** Acelerar, apressar-se. **De prisa.** Depressa.

pri.sión. [pɾi'sjon] [pɾi'sjon] *f.* **1.** Ato ou efeito de prender. ▸ Prisão. **2.** Cárcere ou lugar onde ficam os presos. ▸ Prisão.

pri.sio.ne.ro, ra. [pɾisjo'neɾo] [pɾisjo'neɾo] *s.* **1.** Pessoa que está na prisão. ▸ Prisioneiro. **2.** Militar que, estando em guerra, é capturado pelo inimigo. ▸ Prisioneiro. **3.** *fig.* Pessoa que está dominada por um sentimento. ▸ Prisioneiro.

pris.ma. ['pɾisma] ['pɾihma] *m.* **1.** *Geom.* Sólido limitado lateralmente por paralelogramos e cujas bases estão formadas por polígonos iguais e paralelos. ▸ Prisma. **2.** Ponto de vista, perspectiva. ▸ Prisma.

pri.va.ción. [pɾiβa'θjon] [pɾiβa'sjon] *f.* **1.** Falta de uma coisa a que se está acostumado. ▸ Privação. **2.** Carência de algo que é necessário. ▸ Privação.

pri.va.do, da. [pɾi'βaðo] [pɾi'βaðo] *adj.* **1.** Que se faz em família sem formalidade nem cerimônias. ▸ Privado. **2.** Que é particular e pessoal de cada indivíduo. ▸ Privado.

pri.var. [pɾi'βaɾ] [pɾi'βaɾ] *v.4.* **1.** Tirar de alguém alguma coisa que possuía. ▸ Privar. **2.** Proibir de fazer algo que se fazia e se gostava de fazer. ▸ Privar.

pri.va.ti.vo, va. [pɾiβa'tiβo] [pɾiβa'tiβo] *adj.* Que é próprio e peculiar de uma coisa ou pessoa. ▸ Privativo.

pri.va.ti.zar. [pɾiβati'θaɾ] [pɾiβati'saɾ] *v.13.* Transferir uma empresa ou serviço público para a propriedade privada. ▸ Privatizar.

pri.vi.le.gio. [pɾiβi'lexjo] [pɾiβi'lexjo] *m.* Vantagem exclusiva concedida a alguém por algum mérito ou outra circunstância pessoal. ▸ Privilégio.

pro. ['pɾo] ['pɾo] *amb.* **1.** Ver *provecho.* ▸ Proveito. *prep.* **2.** A favor, em defesa. ▸ Pró. ♦ **El pro y el contra.** Os prós e os contras. **En pro de.** Em prol de.

pro.a. ['pɾoa] ['pɾoa] *f. Mar.* Parte dianteira do navio, em forma de ângulo agudo, com a qual corta as águas. ▸ Proa.

pro.ba.bi.li.dad. [pɾoβaβili'ðaθ] [pɾoβaβili'ðað] *f.* **1.** Qualidade do que é provável. ▸ Probabilidade. **2.** Indício de possibilidade. ▸ Probabilidade.

pro.ba.ble. [pɾo'βaβle] [pɾo'βaβle] *adj.* **1.** Que pode acontecer. ▸ Provável. **2.** Que se pode provar. ▸ Provável.

pro.ba.dor, do.ra. [pɾoβa'ðoɾ] [pɾoβa'ðoɾ] *s.* **1.** Profissional especializado que degusta alimentos ou bebidas para avaliar sua qualidade. ▸ Degustador. *m.* **2.** Parte de uma loja onde os clientes experimentam as roupas que pretendem comprar. ▸ Provador.

pro.bar. [pɾo'βaɾ] [pɾo'βaɾ] *v.18.* **1.** Justificar a certeza de um fato ou a verdade de uma afirmação de forma que não possa haver dúvidas. ▸ Provar. **2.** Experimentar as qualidades de pessoas ou coisas. ▸ Provar. **3.** Degustar comida ou bebida. Experimentar. ▸ Provar. **4.** Fazer uma tentativa. ▸ Tentar.

pro.be.ta. [pɾo'βeta] [pɾo'βeta] *f.* Espécie de redoma pequena, graduada, para manipular gases ou líquidos. ▸ Proveta.

pro.ble.ma. [pɾo'βlema] [pɾo'βlema] *m.* **1.** Dificuldade que não tem solução fácil. ▸ Problema. **2.** Conjunto de fatos ou circunstâncias que interferem no desenvolvimento de uma coisa. ▸ Problema. **3.** Preocupação e o motivo que a causa. ▸ Problema. **4.** *Mat.* Proposição que fornece alguns dados que permitem encontrar outros mediante cálculo. ▸ Problema.

pro.ble.má.ti.co, ca. [pɾoβle'matiko] [pɾoβle'matiko] *adj.* Que é duvidoso ou incerto. ▸ Problemático.

pro.ca.ci.dad. [pɾokaθi'ðaθ] [pɾokasi'ðað] *f.* Qualidade de insolente. ▸ Insolência.

pro.caz. [pɾo'kaθ] [pɾo'kas] *adj.* Que fala ou age sem vergonha ou de modo atrevido. ▸ Insolente.

pro.ce.den.cia. [pɾoθe'ðenθja] [pɾose'ðensja] *f.* Origem de uma pessoa ou coisa. ▸ Procedência.

pro.ce.den.te. [pɾoθe'ðente] [pɾose'ðente] *adj.* **1.** Que procede de uma coisa ou descende de uma pessoa. ▸ Procedente. **2.** Que é pertinente. ▸ Procedente.

pro.ce.der. [proθe'ðer] [prose'ðer] *v.5.* **1.** Ter origem em um determinado lugar. ▸ Proceder. **2.** Nascer ou originar-se uma coisa de outra. ▸ Proceder. **3.** Passar a executar uma coisa à qual precedem algumas providências. ▸ Proceder. **4.** Comportar-se, agir de forma adequada. ▸ Proceder. *m.* **5.** Modo e forma de comportar-se uma pessoa. ▸ Procedimento.

pro.ce.di.mien.to. [proθeði'mjento] [proseði'mjento] *m.* Método e pauta que se deve seguir na execução de algumas coisas. ▸ Procedimento.

pro.ce.sa.dor. [proθesa'ðor] [prosesa'ðor] *m. Inform.* Parte de um computador que efetua o tratamento completo de uma série de dados. ▸ Processador. ♦ **Procesador de texto.** Editor de texto.

pro.ce.sar. [proθe'sar] [prose'sar] *v.4.* **1.** *Dir.* Declarar uma pessoa como suposto réu de delito. ▸ Processar. **2.** Submeter dados a uma série de operações programadas para se chegar a um resultado. ▸ Processar. **3.** Submeter a processamento industrial, agrícola, etc. Beneficiar. ▸ Processar.

pro.ce.sión. [proθe'sjon] [prose'sjon] *f.* Ida de um lugar a outro, de muitas pessoas, com uma finalidade pública ou religiosa. ▸ Procissão. ♦ **Andar / Ir por dentro la procesión.** *fig.* e *fam.* Sentir pena, raiva, dor sem demonstrar.

pro.ce.so. [pro'θeso] [pro'seso] *m.* **1.** Conjunto de fases sucessivas e necessárias em uma operação para se chegar a um resultado. ▸ Processo. **2.** Ação judicial. ▸ Processo.

pro.cla.mar. [prokla'mar] [prokla'mar] *v.4.* **1.** Declarar em alta voz uma coisa para que seja conhecida por todos. ▸ Proclamar. **2.** Aclamar uma pessoa com palavras de elogio ou louvor. ▸ Proclamar. **3.** Promulgar, decretar. ▸ Proclamar.

pro.cli.sis. [pro'klisis] [pro'klisis] *Ling.* Posição do pronome átono antes do verbo. ▸ Próclise.

pro.cli.ve. [pro'kliβe] [pro'kliβe] *adj.* **1.** Que está inclinado para a frente ou para baixo. ▸ Íngreme. **2.** Que tem tendência a algo. ▸ Tendencioso.

pro.cre.a.ción. [prokrea'θjon] [prokrea'sjon] *f.* Ato ou efeito de criar. ▸ Procriação.

pro.cre.ar. [prokre'ar] [prokre'ar] *v.4.* Criar (um animal) um membro da mesma espécie. Gerar. ▸ Procriar.

proc.to.lo.gí.a. [proktolo'xia] [proktolo'xia] *f. Med.* Ramo da medicina que estuda o reto. ▸ Proctologia.

❏ **pro.cu.ra.** [pro'kura] [pro'kura] *f.* Ato ou efeito de tentar. ▸ Tentativa.

pro.cu.ra.dor, do.ra. [pro'kuraðor] [pro'kuraðor] *s.* Pessoa que tem procuração de outra para atuar em seu nome. ▸ Procurador.

pro.cu.rar. [proku'rar] [proku'rar] *v.4.* Fazer esforços para que aconteça ou se consiga algo que é necessário ou que se deseja. ▸ Procurar.

pro.di.gar. [pro'ðiɣar] [pro'ðiɣar] *v.9.* Dissipar ou gastar dinheiro ou outra coisa excessivamente. ▸ Esbanjar.

pro.di.gio. [pro'ðixjo] [pro'ðixjo] *m.* **1.** Sucesso extraordinário que excede os limites normais da natureza. ▸ Prodígio. **2.** Coisa rara e primorosa. ▸ Prodígio.

pro.di.gio.so, sa. [proði'xjoso] [proði'xjoso] *adj.* Que não se pode explicar por causas naturais e que provoca admiração. Prodigioso. ▸ Milagroso.

pró.di.go, ga. ['proðiɣo] ['proðiɣo] *adj.* Aplica-se ao que tem ou produz grande quantidade de algo. ▸ Pródigo.

pro.duc.ción. [proðuk'θjon] [proðuk'sjon] *f.* **1.** Ato ou efeito de produzir. ▸ Produção. **2.** A coisa produzida. ▸ Produção. **3.** Soma dos produtos da terra ou da indústria de uma região ou país. ▸ Produção.

pro.du.cir. [proðu'θir] [proðu'sir] *v.37.* **1.** Fabricar produtos. ▸ Produzir. **2.** Criar coisas ou serviços com valor econômico. ▸ Produzir. **3.** Dar fruto os cultivos, as árvores e as plantas que há na terra. ▸ Produzir.

pro.duc.ti.vi.dad. [proðuktiβi'ðað] [proðuktiβi'ðað] *f.* Qualidade do processo produtivo. ▸ Produtividade.

pro.duc.ti.vo, va. [proðuk'tiβo] [proðuk'tiβo] *adj.* **1.** Que produz. ▸ Produtivo. **2.** Que é útil e proveitoso. Rentável. ▸ Produtivo.

pro.duc.to. [pro'ðukto] [pro'ðukto] *m.* **1.** Coisa produzida. ▸ Produto. **2.** Ganho que se tem na venda de mercadorias ou outras coisas. ▸ Lucro.

pro.duc.tor, to.ra. [proðuk'tor] [proðuk'tor] *s.* **1.** Cada uma das pessoas que contribuem com capital ou trabalho na produção de bens ou serviços. ▸ Produtor. **2.** Pessoa que cuida da parte financeira e comercial para a realização de um filme, CD, programa de televisão, etc. ▸ Produtor. *f.* **3.** Empresa ou grupo de pessoas que se dedicam à produção cinematográfica ou de música. ▸ Produtora.

pro.e.za. [pro'eθa] [pro'esa] *f.* Ato de valor, façanha realizada por altruísmo, obrigação ou em competição esportiva. ▸ Proeza.

pro.fa.nar. [profa'nar] [profa'nar] *v.4.* **1.** *Rel.* Tratar uma coisa considerada sagrada sem o devido respeito. ▶ Profanar. **2.** Fazer uso indigno de coisas respeitáveis. ▶ Profanar.

pro.fa.no, na. [pro'fano] [pro'fano] *adj. Rel.* Que não é considerado sagrado. ▶ Profano.

pro.fe. ['profe] ['profe] *com.* Tratamento de confiança dado pelos alunos a seus professores.

pro.fe.cí.a. [profe'θia] [profe'sia] *f.* Predição de algo futuro feita por um profeta. ▶ Profecia.

pro.fe.rir. [profe'rir] [profe'rir] *v.22.* Pronunciar, dizer ou articular palavras em voz alta e clara. ▶ Proferir.

pro.fe.sar. [profe'sar] [profe'sar] *v.4.* **1.** Exercer ou ensinar uma ciência, arte ou ofício. ▶ Professar. **2.** *Rel.* Obrigar-se a cumprir os votos feitos ao ingressar em uma ordem religiosa. ▶ Professar.

pro.fe.sión. [profe'sjon] [profe'sjon] *f.* Emprego, faculdade ou ofício que uma pessoa tem e exerce. ▶ Profissão.

Escanea este código QR para ver más sobre **profesión** www.santillana.com.br/4dsprofesion

Profesiones

¿A qué te dedicas? /
¿A qué se dedica usted?
¿Qué haces (tú) / hace (usted)?
¿En qué trabajas / trabaja?

Soy (profesión).

Me dedico ⎧ a la enseñanza.
⎨ a los estudios.
⎩ al arreglo de coches.

¿Dónde trabajas / trabaja?

Trabajo en ⎧ un restaurante.
⎩ una tienda de ropas.

pro.fe.sio.nal. [profesjo'nal] [profesjo'nal] *adj.* **1.** Diz-se da pessoa que exerce uma profissão. ▶ Profissional. *U.t.c.s.* **2.** Aplica-se àquilo que é feito por profissionais e não por amadores. ▶ Profissional.

pro.fe.sio.na.li.dad. [profesjonali'ðaθ] [profesjonali'ðað] *f.* Qualidade do profissional. ▶ Profissionalismo.

pro.fe.sor, so.ra. [profe'sor] [profe'sor] *s.* Pessoa habilitada a ensinar e dedicada ao ensino em uma universidade, colégio, instituto ou por conta própria. ▶ Professor. ▸ *Profesiones*

pro.fe.so.ra.do. [profeso'raðo] [profeso'raðo] *m.* **1.** Cargo de professor. ▶ Magistério. **2.** Curso de formação de professores. ▶ Licenciatura. **3.** Conjunto de professores. ▶ Professorado.

pro.fe.ta. [pro'feta] [pro'feta] *m.* Homem a quem se atribui o dom de predizer o futuro. ▶ Profeta.

pro.fe.ti.sa. [profe'tisa] [profe'tisa] *f.* Mulher a quem se atribui o dom de predizer o futuro. ▶ Profetisa.

pro.fe.ti.zar. [profeti'θar] [profeti'sar] *v.13.* **1.** Anunciar ou predizer coisas futuras. ▶ Profetizar. **2.** Prever algo por intuição ou pressentimento. ▶ Profetizar.

pro.fi.la.xis [profi'laksis] [profi'laksis] *f. Med.* Prática preventiva contra enfermidades. ▶ Profilaxia.

pro.fun.di.dad. [profundi'ðaθ] [profundi'ðað] *f.* Qualidade de profundo. ▶ Profundidade.

pro.fun.di.zar. [profundi'θar] [profundi'sar] *v.13.* **1.** Cavar fundo na terra para fazer um buraco ou valeta. ▶ Escavar. **2.** *fig.* Examinar e estudar uma coisa para aprimorar seu conhecimento. ▶ Aprofundar.

pro.fun.do, da. [pro'fundo] [pro'fundo] *adj.* **1.** Que tem o fundo muito distante da superfície. ▶ Profundo. **2.** *fig.* Diz-se de uma dor ou sentimento muito intenso. ▶ Profundo. **3.** *fig.* Difícil, complexo, grave. ▶ Profundo. *m.* **4.** A parte mais funda ou íntima de uma coisa. ▶ Profundo.

pro.fu.sión. [profu'sjon] [profu'sjon] *f.* Ver *abundancia*. Abundância. ▶ Profusão.

pro.fu.so, sa. [pro'fuso] [pro'fuso] *adj.* Que existe em abundância. ▶ Profuso.

pro.ge.ni.tor, to.ra. [proxeni'tor] [proxeni'tor] *s.* **1.** Parente em linha reta ascendente de uma pessoa. ▶ Progenitor. **2.** O pai ou a mãe. ▶ Progenitor. *m.pl.* **3.** O homem e a mulher que têm um ou mais filhos. ▶ Progenitor.

pro.gra.ma. [pro'ɣrama] [pro'ɣrama] *m.* **1.** *Inform.* Conjunto de instruções que permite a um computador realizar determinadas operações. ▶ Programa. **2.** Escrito em que se informa o assunto e pauta de um ato público qualquer. ▶ Programa. **3.** Cada unidade temática que constitui as transmissões radiofônicas ou televisivas. ▶ Programa. **4.** Sistema e distribuição das disciplinas que compõem um curso. ▶ Programa.

pro.gra.ma.ción. [proɣrama'θjon] [proɣrama'sjon] f. 1. Ato ou efeito de programar. ▶ Programação. 2. Conjunto dos programas de rádio ou de televisão. ▶ Programação.

pro.gra.ma.dor, do.ra. [proɣrama'ðor] [proɣrama'ðor] s. Inform. Pessoa que elabora programas para computadores. ▶ Programador.
➡ *Profesiones*

pro.gra.mar. [proɣra'mar] [proɣra'mar] v.4. 1. Inform. Elaborar programas para computadores. ▶ Programar. 2. Estabelecer o programa de realização de um evento, espetáculo ou projeto. ▶ Programar.

pro.gre.sar. [proɣre'sar] [proɣre'sar] v.4. 1. Fazer progresso, avançar. ▶ Progredir. 2. Alcançar progresso alguém ou algo em algum aspecto ou matéria. ▶ Progredir.

pro.gre.sión. [proɣre'sjon] [proɣre'sjon] f. Ato de avançar ou seguir. ▶ Progressão.

pro.gre.sis.mo. [proɣre'sismo] [proɣre'sihmo] m. Qualidade de progressista. ▶ Progressismo.

pro.gre.sis.ta. [proɣre'sista] [proɣre'sihta] adj. Polít. Diz-se de tendências ou dirigentes que procuram reformas sociais e econômicas dentro do sistema vigente. ▶ Progressista.

pro.gre.si.vo, va. [proɣre'siβo] [proɣre'siβo] adj. Que avança de forma contínua. ▶ Progressivo.

pro.gre.so. [pro'ɣreso] [pro'ɣreso] m. 1. Ato de ir para a frente, avançar. ▶ Progresso. 2. Melhora das condições de vida em todos os níveis sociais. ▶ Progresso.

pro.hi.bi.ción. [proiβi'θjon] [proiβi'sjon] f. Ato ou efeito de proibir. ▶ Proibição.

pro.hi.bir. [proi'βir] [proi'βir] v.6. Não permitir que se faça algo ou se use alguma coisa. ▶ Proibir.

pro.hi.bi.ti.vo, va. [proiβi'tiβo] [proiβi'tiβo] adj. 1. Diz-se do que proíbe ou é proibido. ▶ Proibitivo. 2. fig. Aplica-se àquilo que por alguma circunstância não está ao alcance de todos. ▶ Proibitivo.

pró.ji.mo. ['proximo] ['proximo] m. Qualquer pessoa em relação a outra. Semelhante. ▶ Próximo. ◆ **No tener prójimo.** Ser egoísta.

pro.le. ['prole] ['prole] f. Filhos ou descendentes de alguém. ▶ Prole.

pro.le.ta.ria.do. [prole'tarjaðo] [prole'tarjaðo] m. Segmento da sociedade constituído pelas pessoas da classe trabalhadora. ▶ Proletariado.

pro.le.ta.rio, ria. [prole'tarjo] [prole'tarjo] adj. 1. Pertencente ou relativo à classe trabalhadora. ▶ Proletário. s. 2. Pessoa da classe trabalhadora. ▶ Proletário.

pro.li.fe.ra.ción. [prolifera'θjon] [prolifera'sjon] f. Ato ou efeito de multiplicar-se. ▶ Proliferação.

pro.li.fe.rar. [prolife'rar] [prolife'rar] v.4. Reproduzir-se ou aumentar rapidamente em número. ▶ Proliferar.

pro.li.jo, ja. [pro'lixo] [pro'lixo] adj. 1. Prolongado ou caprichado em excesso. ▶ Prolixo. 2. Arrumado, ordenado. ▶ Caprichoso.

pro.lo.gar. [prolo'ɣar] [prolo'ɣar] v.9. Escrever o prólogo de uma obra. ▶ Prefaciar.

pró.lo.go. ['proloɣo] ['proloɣo] m. Escrito de abertura de uma obra literária ou de qualquer livro. Prefácio. ▶ Prólogo.

pro.lon.ga.ción. [prolonga'θjon] [prolonga'sjon] f. Ato ou efeito de prolongar. ▶ Prolongamento.

pro.lon.gar. [prolon'gar] [prolon'gar] v.9. 1. Dilatar ou estender uma coisa em seu comprimento. ▶ Alongar. 2. Aumentar o tempo de duração de uma coisa. ▶ Prolongar.

pro.me.dio. [pro'meðjo] [pro'meðjo] m. Mat. Número igual à média de um conjunto de quantidades. ▶ Média.

pro.me.sa. [pro'mesa] [pro'mesa] f. 1. Expressão da vontade de dar a uma pessoa ou fazer por ela alguma coisa. ▶ Promessa. 2. fig. Pessoa ou coisa da qual se espera muito por suas qualidades especiais. ▶ Promessa. 3. Rel. Oferecimento de uma obra piedosa a Deus ou aos santos. ▶ Promessa.

pro.me.te.dor, do.ra. [promete'ðor] [promete'ðor] adj. 1. Que estimula a espera por algo bom. ▶ Promissor. U.t.c.s. 2. Que faz promessas. ▶ Promotedor. U.t.c.s.

pro.me.ter. [prome'ter] [prome'ter] v.5. 1. Expressar o firme propósito de dizer ou fazer alguma coisa. ▶ Prometer. v.p. 2. Dar-se mutuamente (os noivos) palavra de casamento. ▶ Prometer-se.

pro.me.ti.do, da. [prome'tiðo] [prome'tiðo] s. 1. Objeto de uma promessa. ▶ Prometido. 2. Pessoa em relação àquela com a qual vai se casar. ▶ Prometido. ◆ **Lo prometido es deuda.** Promessa é dívida.

pro.mi.nen.cia. [promi'nenθja] [promi'nensja] f. Elevação de uma coisa sobre o que está em seu contorno. ▶ Proeminência.

pro.mi.nen.te. [promi'nente] [promi'nente] *adj.* **1.** Que se eleva sobre seu contorno. ▸ Proeminente. **2.** *fig.* Que se destaca por suas qualidades. ▸ Proeminente.

pro.mis.cui.dad. [promiskwi'ðaθ] [promihkwi'ðað] *f.* Qualidade de promíscuo. ▸ Promiscuidade.

pro.mis.cuo, cua. [pro'miskwo] [pro'mihkwo] *adj.* Que tem relações sexuais com muitas pessoas. ▸ Promíscuo. *U.t.c.s.*

pro.mo.ción. [promo'θjon] [promo'sjon] *f.* **1.** Ato ou efeito de promover. ▸ Promoção. **2.** Conjunto de pessoas que obtiveram ao mesmo tempo um grau ou emprego. ▸ Turma.

pro.mo.cio.nar. [promoθjo'nar] [promosjo'nar] *v.4.* Elevar ou fazer valer um artigo comercial, uma qualidade, uma pessoa, etc. ▸ Promover.

pro.mo.tor, to.ra. [promo'tor] [promo'tor] *adj.* Diz-se daquele que promove. ▸ Promotor. *U.t.c.s.*

pro.mo.ver. [promo'βer] [promo'βer] *v.56.* **1.** Elevar uma pessoa a uma posição, cargo ou emprego superior ao que tinha. ▸ Promover. **2.** Iniciar ou adiantar uma coisa procurando sua realização. ▸ Promover.

pro.mul.gar. [promul'ɣar] [promul'ɣar] *v.9.* Publicar um ato ou lei em forma solene para conhecimento geral. ▸ Promulgar.

pro.nom.bre. [pro'nomβre] [pro'nomβre] *m. Ling.* Classe de palavras que denota os seres ou se refere a eles, considerados como pessoas do discurso. ▸ Pronome.

pro.no.mi.nal. [pronomi'nal] [pronomi'nal] *adj.* Relativo ao pronome. ▸ Pronominal.

pro.nos.ti.car. [pronosti'kar] [pronohti'kar] *v.7.* Conjeturar por sinais e indícios o futuro. ▸ Prognosticar.

pro.nós.ti.co. [pro'nostiko] [pro'nohtiko] *m.* **1.** Previsão fundamentada de uma situação futura. ▸ Prognóstico. **2.** *Med.* Juízo que forma o médico sobre a evolução de uma doença pelos sintomas que apresenta o enfermo. ▸ Prognóstico. **3.** *Meteor.* Previsão do tempo.

pron.ti.tud. [pronti'tuθ] [pronti'tuð] *f.* Qualidade de rápido ou veloz. ▸ Prontidão.

pron.to, ta. ['pronto] ['pronto] *adj.* **1.** Que está preparado para a execução de algo. ▸ Pronto. *adv.* **2.** Dentro de pouco tempo. ▸ Logo. *m.* **3.** *fam.* Ataque inesperado de algum mal. **4.** Antes do previsto. ▸ Cedo. ◆ **De pronto.** De repente. **Hasta pronto.** Indica despedida. ▸ Até breve.

pro.nun.cia.ción. [pronunθja'θjon] [pronunsja'sjon] *f. Ling.* **1.** Ato ou efeito de pronunciar. ▸ Pronúncia. **2.** Maneira de pronunciar. ▸ Pronúncia.

pro.nun.cia.do, da. [pronun'θjaðo] [pronun'sjaðo] *adj.* **1.** Que sobressai. ▸ Pronunciado. **2.** Muito chamativo. ▸ Pronunciado.

pro.nun.cia.mien.to. [pronunθja'mjento] [pronunsja'mjento] *m.* Ato de pronunciar-se individual ou coletivamente. ▸ Pronunciamento.

pro.nun.ciar. [pronun'θjar] [pronun'sjar] *v.4. Ling.* **1.** Emitir ou articular sons para falar. ▸ Pronunciar. **2.** Fazer um discurso ou conferência. ▸ Pronunciar.

pro.pa.ga.ción. [propaɣa'θjon] [propaɣa'sjon] *f.* Ato ou efeito de propagar(-se). ▸ Propagação.

pro.pa.gan.da. [propa'ɣanda] [propa'ɣanda] *f.* Ato ou efeito de divulgar uma ideia, produto ou serviço com a finalidade de atrair adeptos ou compradores. ▸ Propaganda.

pro.pa.gan.dis.ta. [propaɣan'dista] [propaɣan'dihta] *adj.* **1.** Diz-se da pessoa que prepara material de propaganda. ▸ Propagandista. *U.t.c.s.* **2.** Que faz propaganda. ▸ Propagandista. *U.t.c.s.*

pro.pa.gar. [propa'ɣar] [propa'ɣar] *v.9.* **1.** Aumentar em número. ▸ Propagar. *U.t.c.v.p.* **2.** *fig.* Ter maior alcance. Estender-se. ▸ Propagar-se.

pro.pa.ro.xí.to.no, na. [proparo'ksitono] [proparo'ksitono] *adj. Ling.* Aplica-se à palavra que recebe acento tônico na antepenúltima sílaba. ▸ Proparoxítona.

pro.pa.sar. [propa'sar] [propa'sar] *v.4.* Ir muito além do devido. ▸ Ultrapassar.

pro.pen.der. [propen'der] [propen'der] *v.5. p.p. reg.* propendido / *irreg.* propenso. Ter inclinação por. ▸ Propender.

pro.pen.sión. [propen'sjon] [propen'sjon] *f.* Ato ou efeito de inclinar-se por algo ou alguém. ▸ Propensão.

pro.pen.so, sa. [pro'penso] [pro'penso] *adj.* Que apresenta tendência a uma determinada coisa. Inclinado. ▸ Propenso.

pro.pi.ciar. [propi'θjar] [propi'sjar] *v.4.* Favorecer, tornar possível a execução de algo. ▸ Propiciar.

pro.pi.cio, cia. [pro'piθjo] [pro'pisjo] *adj.* **1.** Inclinado a fazer bem. ▸ Propício. **2.** Diz-se do momento que é oportuno para alguma coisa. ▸ Propício.

pro.pie.dad. [propje'ðaθ] [propje'ðað] *f.* **1.** Direito de possuir e usar uma coisa e poder dispor dela sem mais limites que os estabelecidos por lei. ▸ Propriedade. **2.** Atributo ou qualidade essencial de uma pessoa ou coisa. ▸ Propriedade.

pro.pie.ta.rio, ria. [propje'tarjo] [propje'tarjo] *adj.* Que tem direito de propriedade sobre uma coisa. ▸ Proprietário. *U.t.c.s.*

pro.pi.na. [pro'pina] [pro'pina] *f.* Gratificação pequena que se dá por um serviço que não é remunerado ou como complemento da remuneração por um serviço eventual. ▸ Gorjeta.

pro.pio, pia. ['propjo] ['propjo] *adj.* **1.** Pertencente a alguém. ▸ Próprio. **2.** Peculiar de cada pessoa ou coisa. Característico. ▸ Próprio. **3.** Que é conveniente, adequado à finalidade a que se destina. ▸ Próprio. **4.** Natural, que não é postiço nem artificial. ▸ Próprio. **5.** Referente à pessoa que fala ou de quem se fala. ▸ Próprio.

pro.pó.le.os. [pro'poleos] [pro'poleos] *m.* Substância resinosa e odorífera empregada pelas abelhas na construção e manutenção da colmeia. Própolis. ▸ Própole.

pro.po.ner. [propo'ner] [propo'neɾ] *v.40. p.p. irreg. propuesto.* **1.** Sugerir a realização ou não de uma coisa. ▸ Propor. **2.** Apresentar argumentos a favor ou contra uma questão. ▸ Propor.

pro.por.ción. [propor'θjon] [propor'sjon] *f.* **1.** Relação das partes de um todo entre si ou entre cada uma delas e o todo. ▸ Proporção. **2.** A maior ou menor dimensão de uma coisa. ▸ Proporção. ♦ **A proporción que.** À medida que.

pro.por.cio.nar. [proporθjo'nar] [proporsjo'naɾ] *v.4.* **1.** Compor uma coisa com a devida correspondência entre suas partes. ▸ Proporcionar. **2.** Dar ou pôr à disposição de alguém o que precisa para uma finalidade determinada. Fornecer. ▸ Proporcionar.

pro.po.si.ción. [proposi'θjon] [proposi'sjon] *f.* **1.** Oferecimento ou convite para fazer uma coisa determinada. ▸ Proposta. **2.** *Ling.* Oração que está coordenada ou subordinada a outra e que faz parte de uma oração composta. ▸ Proposição.

pro.pó.si.to. [pro'posito] [pro'posito] *m.* **1.** Intenção de fazer ou de não fazer algo. ▸ Propósito. **2.** Objetivo ou finalidade a que se dirige uma atividade. ▸ Propósito.

pro.pues.ta. [pro'pwesta] [pro'pwehta] *f.* **1.** Oferecimento que se faz a alguém de uma coisa em troca de outra. ▸ Proposta. **2.** Ideia ou projeto de um assunto que se apresenta aos superiores para aprovação. ▸ Proposta.

pro.pul.sar. [propul'sar] [propul'saɾ] *v.4.* **1.** Impelir para diante, impulsionar. ▸ Propulsar. **2.** Reagir negativamente. Repelir. ▸ Propulsar.

pro.pul.sión. [propul'sjon] [propul'sjon] *f.* **1.** Ato ou efeito de propulsar. ▸ Propulsão. **2.** Impulso que se dá a um objeto ou veículo pela expulsão violenta de gases no sentido oposto à marcha. ▸ Propulsão. ♦ **Propulsión a chorro.** Propulsão a jato.

pro.pul.sor, so.ra. [propul'sor] [propul'soɾ] *adj.* **1.** Que produz movimento em outros mecanismos. ▸ Propulsor. *m.* **2.** Motor de propulsão ou a jato. ▸ Motor a propulsão.

pro.rra.te.o. [prora'teo] [prora'teo] *m.* Repartição proporcional que se faz de uma coisa entre as pessoas. ▸ Rateio.

pró.rro.ga. ['proroɣa] ['proroɣa] *f.* **1.** Continuação por período determinado de algo que está em andamento. ▸ Prorrogação. **2.** Adiamento do início de uma coisa que se está obrigado a fazer. ▸ Prorrogação. **3.** *Desp.* Período acrescentado ao tempo regulamentar de jogo. ▸ Prorrogação.

pro.rro.ga.ble. [proro'ɣaβle] [proro'ɣaβle] *adj.* Que se pode atrasar ou prorrogar. ▸ Prorrogável.

pro.rro.gar. [proro'ɣar] [proro'ɣaɾ] *v.9.* **1.** Continuar, prolongar uma situação por tempo determinado. ▸ Prorrogar. **2.** Adiar o começo de algo cujo início já havia sido fixado. ▸ Prorrogar.

pro.sa. ['prosa] ['prosa] *f. Ling.* Forma não versificada da linguagem oral ou escrita. ▸ Prosa.

pro.sai.co, ca. [pro'saiko] [pro'saiko] *adj.* **1.** Relativo à prosa ou escrito em prosa. ▸ Prosaico. **2.** *fig.* Aplica-se ao que é vulgar, desinteressante. ▸ Prosaico.

pros.cri.bir. [proskri'βir] [prohkri'βiɾ] *v.6. p.p. irreg. proscrito.* **1.** Expulsar alguém de seu país. ▸ Proscrever. **2.** *fig.* Proibir um costume ou o uso de algo por ser ilícito ou prejudicial. ▸ Proscrever.

pros.cri.to, ta. [pros'krito] [proh'krito] *adj.* Que foi expulso ou desterrado. ▸ Proscrito.

pro.se.guir. [prose'ɣir] [prose'ɣiɾ] *v.21.* Continuar, dar seguimento a algo que foi começado. ▸ Prosseguir.

pro.se.li.tis.mo. [proseli'tismo] [proseli'tihmo] *m.* Atividade encaminhada a atrair partidários para uma facção, doutrina ou partido político. ▸ Proselitismo.

pro.se.li.tis.ta. [proseli'tista] [proseli'tihta] *adj.* **1.** Pertencente ou relativo ao proselitismo. ▸ Proselitista. **2.** Partidário do proselitismo. ▸ Proselitista.

pro.sé.li.to. [pro'selito] [pro'selito] *m.* **1.** Pagão que abraçara a religião judaica. ▸ Prosélito. **2.** Aquele que adotou uma religião diferente da sua. ▸ Prosélito.

pro.sis.ta. [pro'sista] [pro'sihta] *com. Lit.* Pessoa que escreve obras literárias em prosa. ▸ Prosador.

pro.so.dia. [pro'sodja] [pro'sodja] *f. Ling.* Estudo do ritmo e da entoação na fala. ▸ Prosódia.

pro.so.po.pe.ya. [prosopo'peja] [prosopo'pefa] *f. Ling.* Figura de linguagem que consiste em atribuir qualidades dos seres animados às coisas que não têm vida. ▸ Prosopopeia.

pros.pec.ción. [prospek'θjon] [prohpek'sjon] *f.* **1.** Exploração do subsolo com a finalidade de descobrir alguma coisa de interesse: minerais, água, etc. ▸ Prospecção. **2.** Exploração de possibilidades futuras embasada em indícios presentes. ▸ Prospecção.

pros.pec.to. [pros'pekto] [proh'pekto] *m.* **1.** Anúncio breve que se faz ao público sobre alguma coisa. ▸ Prospecto. **2.** Folheto ou bula que acompanha os remédios, com informações sobre sua composição, uso e finalidade. ▸ Bula.

pros.pe.rar. [prospe'rar] [prohpe'rar] *v.4.* Melhorar de condição econômica e social. ▸ Prosperar.

pros.pe.ri.dad. [prosperi'ðaθ] [prohperi'ðað] *f.* Desenvolvimento favorável das coisas ou situações. ▸ Prosperidade.

prós.pe.ro, ra. ['prospero] ['prohpero] *adj.* **1.** Que tem êxito nos negócios. ▸ Próspero. **2.** Diz-se de época favorável. ▸ Próspero.

prós.ta.ta. ['prostata] ['prohtata] *f. Anat.* Glândula que faz parte do aparelho sexual masculino e se situa na parte inferior do colo da bexiga. ▸ Próstata.

pros.tí.bu.lo. [pros'tiβulo] [proh'tiβulo] *m.* Lugar de prostituição. Bordel. ▸ Prostíbulo.

pros.ti.tu.ción. [prostitu'θjon] [prohtitu'sjon] *f.* Atividade de quem mantém relações sexuais com outros em troca de dinheiro. ▸ Prostituição.

pros.ti.tu.to, ta. [prosti'tuto] [prohti'tuto] *s.* Pessoa que tem relações sexuais em troca de dinheiro. ▸ Prostituto.

pro.ta.go.nis.ta. [protaɣo'nista] [protaɣo'nihta] *com.* Personagem principal em uma obra literária ou cinematográfica. ▸ Protagonista.

pro.ta.go.ni.zar. [protaɣoni'θar] [protaɣoni'sar] *v.13.* Representar o papel principal em uma peça de teatro ou filme. ▸ Protagonizar.

pro.tec.ción. [protek'θjon] [protek'sjon] *f.* **1.** Ato ou efeito de proteger. ▸ Proteção. **2.** Coisa que protege ou ampara. ▸ Proteção.

pro.tec.cio.nis.mo. [protekθjo'nismo] [proteksjo'nihmo] *m. Polít.* Doutrina que defende a economia de um país perante outros países. ▸ Protecionismo.

pro.tec.cio.nis.ta. [protekθjo'nista] [proteksjo'nihta] *adj. Polít.* Pertencente ou relativo ao protecionismo. ▸ Protecionista.

pro.tec.tor, to.ra. [protek'tor] [protek'tor] *adj.* **1.** Que defende ou protege. ▸ Protetor. **2.** Acessório ou roupa que serve para proteger. ▸ Protetor.

pro.te.ger. [prote'xer] [prote'xer] *v.11.* Amparar, resguardar uma pessoa, animal ou coisa de um prejuízo ou perigo. ▸ Proteger.

pro.te.gi.do, da. [prote'xiðo] [prote'xiðo] *adj.* Que goza de proteção. ▸ Protegido.

pro.te.í.na. [prote'ina] [prote'ina] *f. Biol.* Denominação genérica de certas substâncias que compõem todos os tecidos e órgãos do corpo. ▸ Proteína.

pró.te.sis. ['protesis] ['protesis] *f.* **1.** Substituição de uma parte do corpo por uma peça artificial. ▸ Prótese. **2.** Peça ou aparelho que se usa na prótese. ▸ Prótese.

pro.tes.ta. [pro'testa] [pro'tehta] *f.* Declaração denunciando alguma irregularidade ou deficiência para que seja corrigida. ▸ Protesto.

pro.tes.tan.te. [protes'tante] [proteh'tante] *adj. Rel.* Que pratica o protestantismo. ▸ Protestante.

pro.tes.tan.tis.mo. [protestan'tismo] [protehtan'tihmo] *m. Rel.* Crença religiosa dos que seguem a doutrina de Lutero. ▸ Protestantismo.

pro.tes.tar. [protes'tar] [proteh'tar] *v.4.* **1.** Expressar alguém sua queixa ou contrariedade a alguma coisa que o prejudica. ▸ Protestar. **2.** Declarar alguém sua intenção de executar uma coisa. ▸ Protestar. **3.** Fazer o protesto de uma letra de câmbio. ▸ Protestar.

pro.tes.to. [pro'testo] [pro'tehto] *m.* **1.** Ato ou efeito de protestar. ▶ Protesto. **2.** Ato jurídico pelo qual o portador de um título comercial declara que este não foi aceito ou pago no prazo devido. ▶ Protesto.

pro.tes.tón, to.na. [protes'ton] [proteh'ton] *adj.* Que protesta ou reclama com impertinência e despropósito. ▶ Rabugento.

pro.to.co.lo. [proto'kolo] [proto'kolo] *m.* Regra estabelecida por acordo ou costume que rege a forma de se desenvolverem atos oficiais, relacionamento diplomático, etc. ▶ Protocolo.

pro.tón. [pro'ton] [pro'ton] *m. Fís.* Partícula que compõe o núcleo do átomo. ▶ Próton.

pro.to.ti.po. [proto'tipo] [proto'tipo] *m.* Exemplar primeiro e original que serve de modelo aos sucessivos. ▶ Protótipo.

pro.to.zo.a.rio. [protoθo'arjo] [protoso'arjo] *adj. Zool.* Diz-se dos animais formados de uma só célula. ▶ Protozoário.

pro.tu.be.ran.cia. [protuβe'ranθja] [protuβe'ransja] *f.* Elevação ou saliência de uma superfície. ▶ Protuberância.

pro.ve.cho. [pro'βetʃo] [pro'βetʃo] *m.* **1.** Benefício que se tira de alguma coisa ou pessoa. ▶ Proveito. **2.** Vantagem ou lucro que se proporciona a outro. ▶ Proveito. ◆ **¡Buen provecho!** Bom proveito!

pro.ve.cho.so, sa. [proβe'tʃoso] [proβe'tʃoso] *adj.* **1.** Que dá proveito. ▶ Proveitoso. **2.** Que tem utilidade. ▶ Proveitoso.

pro.ve.e.dor, do.ra. [proβee'ðor] [proβee'ðor] *s.* **1.** □ Pessoa ou empresa que abastece grandes clientes de mercadorias por atacado. ▶ Fornecedor. *m.* **2.** *Inform.* Empresa que fornece ao usuário ou a contrata conexão à Internet. ▶ Provedor.

pro.ve.er. [proβe'er] [proβe'er] *v.47. p.p. reg. proveído / irreg. provisto.* **1.** Fornecer o necessário para uma finalidade. Proporcionar. ▶ Prover. **2.** Tratar da resolução de. ▶ Providenciar. **3.** Nomear alguém para ocupar um emprego ou cargo. ▶ Prover.

pro.ve.nir. [proβe'nir] [proβe'nir] *v.42.* Ter origem, proceder. ▶ Provir.

pro.ver.bial. [proβer'βjal] [proβer'βjal] *adj.* Pertencente ou relativo a um ou a todos os provérbios. ▶ Proverbial.

pro.ver.bio. [pro'βerβjo] [pro'βerβjo] *m.* Máxima breve que tem um conteúdo moral ou doutrinal. ▶ Provérbio.

pro.vi.den.cia. [proβi'ðenθja] [proβi'ðensja] *f.* Medida tomada com a finalidade de corrigir ou evitar alguma coisa. ▶ Providência.

pro.vin.cia. [pro'βinθja] [pro'βinsja] *f.* Divisão territorial e administrativa em que se dividem certos Estados ou países. ▶ Província.

pro.vin.cial. [proβin'θjal] [proβin'sjal] *adj.* Pertencente ou relativo à província. ▶ Provincial.

pro.vin.cia.no, na. [proβin'θjano] [proβin'sjano] *adj.* **1.** Que nasceu e vive em uma província. ▶ Provinciano. *U.t.c.s.* **2.** Diz-se de pessoa de costumes simples e vida tranquila. ▶ Provinciano.

pro.vi.sión. [proβi'sjon] [proβi'sjon] *f.* Quantidade de mantimentos, especialmente de víveres, que se tem como reserva. ▶ Provisão. ◆ **Provisión de fondos.** Reserva de fundos.

pro.vi.sio.nal. [proβisjo'nal] [proβisjo'nal] *adj.* **1.** Diz-se do que se faz ou se tem temporariamente. ▶ Provisório. **2.** Que não é definitivo. ▶ Provisório.

pro.vo.ca.ción. [proβoka'θjon] [proβoka'sjon] *f.* **1.** Ato ou efeito de provocar. ▶ Provocação. **2.** Desafio dirigido a alguém com palavras ofensivas e insultos. ▶ Provocação.

pro.vo.ca.dor, do.ra. [proβoka'ðor] [proβoka'ðor] *adj.* Que provoca. ▶ Provocador.

pro.vo.car. [proβo'kar] [proβo'kar] *v.7.* **1.** Incitar alguém para que, desafiado, faça uma coisa. ▶ Provocar. **2.** Irritar ou estimular uma pessoa para que brigue. ▶ Provocar. **3.** Produzir uma reação ou resposta. ▶ Provocar.

pro.vo.ca.ti.vo, va. [proβoka'tiβo] [proβoka'tiβo] *adj.* Que provoca, especialmente desejo. ▶ Provocativo.

pro.xi.mi.dad. [proksimi'ðað] [proksimi'ðað] *f.* **1.** Qualidade de próximo. ▶ Proximidade. *pl.* **2.** Ver *alrededor*[(3)]. ▶ Arredores.

pró.xi.mo, ma. ['proksimo] ['proksimo] *adj.* **1.** Que está perto ou não muito longe no espaço ou no tempo. ▶ Próximo. **2.** Que é imediatamente posterior. Seguinte. ▶ Próximo.

pro.yec.ción. [projek'θjon] [proʃek'sjon] *f.* **1.** Ato ou efeito de projetar. ▶ Projeção. **2.** Imagem que se fixa em uma superfície plana, geralmente branca, transportada por um foco luminoso. ▶ Projeção.

pro.yec.tar. [projek'tar] [proʃek'tar] v.4. **1.** Lançar, arremessar um objeto. ▸ Projetar. **2.** Propor um plano para a execução de uma coisa. ▸ Projetar. **3.** Idealizar e desenhar a planta de um edifício ou qualquer outra construção. ▸ Projetar. **4.** fig. Transferir imaginariamente as características de uma coisa na avaliação de outra. ▸ Projetar.

pro.yec.til. [projek'til] [proʃek'til] m. Bala que, pela ação de um explosivo, é lançada por uma arma de fogo. ▸ Projétil.

pro.yec.tis.ta. [projek'tista] [proʃek'tihta] adj. Ver *delineante*. ▸ Projetista.

pro.yec.to. [pro'jekto] [pro'ʃekto] m. **1.** Plano ou intenção de executar algo. ▸ Projeto. **2.** Planta ou desenho que mostra o que se vai executar. ▸ Projeto.

pro.yec.tor. [projek'tor] [proʃek'tor] m. **1.** Aparelho que serve para projetar imagens. ▸ Projetor. **2.** Aparelho com o qual se obtém um raio luminoso de grande intensidade e distância. ▸ Projetor.

pru.den.cia. [pru'ðenθja] [pru'ðensja] f. **1.** Qualidade de prudente. Moderação, precaução. ▸ Prudência. **2.** Maturidade e sensatez. ▸ Prudência.

pru.den.te. [pru'ðente] [pru'ðente] adj. Que procede com prudência. ▸ Prudente.

prue.ba. ['prweβa] ['prweβa] f. **1.** Meio com que se pretende demonstrar a verdade ou falsidade de algo. ▸ Prova. **2.** Experiência que se faz para saber o resultado de algo. ▸ Teste. **3.** Exame que se faz para saber o conhecimento que alguém tem sobre uma matéria. ▸ Prova. ◆ **A prueba de.** À prova de. **Poner a prueba.** Pôr à prova.

psi.coa.ná.li.sis. [sikoa'nalisis] [sikoa'nalisis] m. Método terapêutico formulado por Sigmund Freud que se dedica a estudar e tratar problemas psíquicos mediante a análise do inconsciente. ▸ Psicanálise.

psi.coa.na.lis.ta. [sikoana'lista] [sikoana'lihta] com. Pessoa que se dedica à psicanálise. ▸ Psicanalista.

psi.co.lo.gí.a. [sikolo'xia] [sikolo'xia] f. Ciência que trata da mente. ▸ Psicologia.

psi.co.ló.gi.co, ca. [siko'loxiko] [siko'loxiko] adj. Pertencente ou relativo à psicologia. ▸ Psicológico.

psi.có.lo.go, ga. [si'koloɣo] [si'koloɣo] s. Profissional que se dedica à psicologia. ▸ Psicólogo.

psi.có.pa.ta. [si'kopata] [si'kopata] com. Med. **1.** Em termos gerais, doente mental. ▸ Psicopata. **2.** Pessoa que procura doentiamente o sofrimento dos outros. ▸ Psicopata.

psi.co.sis. [si'kosis] [si'kosis] f. Med. Alteração da estrutura psíquica, que pode dar lugar a diversos quadros clínicos severos. ▸ Psicose.

psi.co.so.má.ti.co, ca. [sikoso'matiko] [sikoso'matiko] adj. Med. Diz-se de manifestações corporais oriundas de problemas psíquicos. ▸ Psicossomático.

psi.co.te.ra.pia. [sikote'rapja] [sikote'rapja] f. Terapia psicológica. ▸ Psicoterapia.

psi.quia.tra. [si'kjatra] [si'kjatra] com. Med. Médico especialista em enfermidades mentais e em seu tratamento. ▸ Psiquiatra.

psi.quia.trí.a. [sikja'tria] [sikja'tria] f. Parte da Medicina que trata das doenças mentais. ▸ Psiquiatria.

psí.qui.co, ca. ['sikiko] ['sikiko] adj. Pertencente ou relativo à mente. ▸ Psíquico.

pú.a. ['pua] ['pua] f. **1.** Haste rígida que termina em ponta aguda. ▸ Pua. **2.** ▫ Cada um dos espinhos de alguns animais ou plantas, como o ouriço e os cactos. ▸ Espinho. **3.** ▫ Mús. Haste que se usa para tocar alguns instrumentos musicais de corda. ▸ Palheta.

pu.ber.tad. [puβer'taθ] [puβer'tað] f. Biol. Período da vida humana no qual se produzem mudanças físicas, as quais tornam possível a reprodução. ▸ Puberdade.

pu.bis. ['puβis] ['puβis] m. Anat. Parte inferior do ventre, que na puberdade se cobre de pelos. ▸ Púbis.

pu.bli.ca.ción. [puβlika'θjon] [puβlika'sjon] f. **1.** Ato ou efeito de publicar. ▸ Publicação. **2.** Obra que se imprime e se coloca à venda. ▸ Publicação.

pu.bli.car. [puβli'kar] [puβli'kar] v.7. **1.** Dar a conhecer, por qualquer meio de comunicação, algo que se julga de interesse geral. ▸ Publicar. **2.** Tornar público algo que era segredo. ▸ Publicar. **3.** Imprimir e distribuir um jornal, livro ou revista. ▸ Publicar.

pu.bli.ci.dad. [puβliθi'ðaθ] [puβlisi'ðað] f. **1.** Conjunto de meios que se empregam para divulgar ou estender o conhecimento de uma coisa. ▸ Publicidade. **2.** Divulgação de notícias ou anúncios de caráter comercial. ▸ Publicidade.

pu.bli.cis.ta. [puβli'θista] [puβli'sihta] com. **1.** Pessoa que escreve sobre direito público ou política. ▸ Publicista. **2.** Profissional de propaganda. ▸ Publicitário.

pu.bli.ci.ta.rio, ria. [puβliθi'tarjo] [puβlisi'tarjo] *adj.* **1.** Relativo à publicidade. ▸ Publicitário. *s.* **2.** Pessoa que se dedica à publicidade. ▸ Publicitário.

pú.bli.co, ca. ['puβliko] ['puβliko] *adj.* **1.** Pertencente a toda a população. ▸ Público. **2.** Que é notório e sabido por todos. ▸ Público. *m.* **3.** Conjunto das pessoas que comparecem a um lugar, espetáculo ou outro evento. ▸ Público. ◆ **Atención al público.** Atendimento ao público. **Dar al público.** Publicar. **De/En público.** Em público.

pu.cha. ['putʃa] ['putʃa] *f.* Forma eufemística de *puta*. ▸ Puxa. ◆ **¡Pucha!** Indica admiração ou espanto. ▸ Puxa! *¡Pucha! ¡Qué rápido viniste!* Puxa! Como você veio rápido!

pu.che.ro. [pu'tʃero] [pu'tʃero] *m.* **1.** Vasilha de barro para cozinhar. ▸ Panela de barro. **2.** *Cul.* Prato preparado com legumes, verduras e carne cozidos. **3.** *fig.* e *fam.* Gesto que faz a criança antes de começar a chorar. ▸ Beicinho. ◆ **Dar para empinar el puchero.** Dar para o gasto.

pú.di.co, ca. ['puðiko] ['puðiko] *adj.* Que tem ou mostra pudor. ▸ Pudico.

pu.dien.te. [pu'ðjente] [pu'ðjente] *adj.* Diz-se de pessoa que tem poder e dinheiro. ▸ Rico.

pu.dor. [pu'ðor] [pu'ðor] *m.* Sentimento de recato com respeito ao que pode ferir a honestidade, a modéstia ou a decência. ▸ Pudor.

pu.do.ro.so, sa. [puðo'roso] [puðo'roso] *adj.* Ver *púdico*. ▸ Pudico.

pu.drir. [pu'ðrir] [pu'ðrir] *v.6.* Corromper(se) uma matéria orgânica. ▸ Apodrecer. *U.t.c.v.p.*

pue.ble.ri.no, na. [pweβle'rino] [pweβle'rino] *adj.* Que nasceu ou vive em um povoado ou lugar pequeno. ▸ Interiorano.

pue.blo. ['pweβlo] ['pweβlo] *m.* **1.** Conjunto de pessoas de um lugar, região ou país. ▸ Povo. **2.** Conjunto de pessoas que têm algo comum, como religião, etnia, cultura, etc. ▸ Povo. **3.** Cidade pequena geralmente do interior ▸ Povoado.

puen.te. ['pwente] ['pwente] *m.* **1.** Via que se constrói para passar de um lado a outro de um rio, depressão do terreno ou outro obstáculo semelhante. ▸ Ponte. **2.** Peça usada pelos dentistas para fixar dentes artificiais aos naturais. ▸ Ponte. **3.** *Mar.* Plataforma onde se encontra o posto de comando do capitão de um navio. ▸ Ponte. **4.** Dia(s) entre um fim de semana e um feriado, ou vice-versa, que se aproveita(m) para descansar. Emenda. ▸ Ponte. **5.** Peça central da armação de óculos, que une as duas lentes. ▸ Ponte. ◆ **Hacer puente.** Emendar (em feriado prolongado). **Puente colgante.** Ponte pênsil.

puenting. *m.* Esporte em que a pessoa pula de uma ponte amarrada a uma corda elástica. ▸ *Bungee-jump*. *U.t. puentismo.* ➙ Deportes

puer.co, ca. ['pwerko] ['pwerko] *adj.* **1.** Que está sujo ou produz asco. ▸ Porco. *s.* **2.** *Zool.* Ver *cerdo*⁽¹⁾. ▸ Porco.

pue.ri.cul.tor, to.ra. [pwerikul'tor] [pwerikul'tor] *s.* Indivíduo que se dedica à puericultura. ▸ Puericultor.

pue.ri.cul.tu.ra. [pwerikul'tura] [pwerikul'tura] *f.* Ciência que se dedica à criação e ao cuidado das crianças durante os primeiros anos de vida. ▸ Puericultura.

pue.ril. [pwe'ril] [pwe'ril] *adj.* **1.** Próprio de criança. ▸ Pueril. **2.** Que tem pouco valor ou pouca importância. ▸ Pueril.

pue.rro. ['pwero] ['pwero] *m. Bot.* Hortaliça de caule comestível, utilizado como condimento. ▸ Alho-poró. ➙ Vegetales

puer.ta. ['pwerta] ['pwerta] *f.* **1.** Abertura retangular feita na parede de uma construção para entrada e saída. ▸ Porta. **2.** Peça de madeira ou metal que, fixada de alguma forma ao batente, serve para fechá-la. ▸ Porta. **3.** Qualquer abertura que serve para entrada ou saída. ▸ Porta.

puer.to. ['pwerto] ['pwerto] *m.* **1.** Lugar no litoral ou à beira de um rio construído para realizar as operações de carga e descarga de mercadorias e embarque e desembarque de passageiros das embarcações. ▸ Porto. **2.** Meio pelo qual se trocam informações entre dois sistemas na área de informática. ▸ Interface.

puer.to.rri.que.ño, ña. [pwertori'keɲo] [pwertori'keɲo] *adj.* **1.** Pertencente ou relativo a Porto Rico. ▸ Porto-riquenho. *s.* **2.** O natural ou habitante dessa ilha da América Central. ▸ Porto-riquenho. *U.t. portorriqueño.*

pues. ['pwes] ['pwes] *conj.* **1.** Indica causa ou razão. ▸ Porque. **2.** Intensifica uma frase. ▸ Pois. ◆ **Pues no.** Não mesmo.

pues.ta. ['pwesta] ['pwehta] *f.* Oferta que se faz em um leilão, superior ao último preço oferecido. ▸ Lance. ◆ **Puesta a punto.** *Check-up*. **Puesta del sol.** Pôr do sol. **Puesta en marcha.** Pontapé inicial, arranque.

pues.to, ta. ['pwesto] ['pwehto] *adj.* **1.** Que está bem vestido. ▸ Elegante. **2.** Que tem muitos conhecimentos sobre uma matéria. ▸ Inteirado. *m.* **3.** Espaço que ocupa ou corresponde a uma pessoa ou coisa. Posto. ▸ Lugar. ◆ **Puesto que.** Visto que.

puf. ['puf] ['puf] *m.* Sofá pequeno e mole. ▸ Pufe.

pú.gil. ['puxil] ['puxil] *m. Desp.* Pessoa que pratica o boxe. ▸ Pugilista.

pu.gi.la.to. [puxi'lato] [puxi'lato] *m. Desp.* Ver *boxeo*. Boxe. ▸ Pugilismo.

pu.gi.lis.mo. [puxi'lismo] [puxi'lihmo] *m. Desp.* Ver *boxeo*. Boxe. ▸ Pugilismo.

pug.na. ['puɣna] ['puɣna] *f.* **1.** Rivalidade entre pessoas, bandos ou nações. ▸ Rixa. **2.** Briga ou batalha entre grupos de diferentes ideologias. ▸ Pugna.

pug.nar. [puɣ'nar] [puɣ'nar] *v.4.* Lutar ou combater e insistir com esforço para alcançar alguma coisa. ▸ Lutar.

pu.ja. ['puxa] ['puxa] *f.* Ato ou efeito de oferecer quantidade de dinheiro maior que as oferecidas na mesma situação. ▸ Lance.

pu.jan.te. [pu'xante] [pu'xante] *adj.* Que põe muita força para dar impulso ou executar uma ação. ▸ Pujante.

pu.jan.za. [pu'xanθa] [pu'xansa] *f.* Força grande. ▸ Pujança.

pu.jar. [pu'xar] [pu'xar] *v.4.* **1.** Oferecer quantidade de dinheiro maior que as oferecidas na mesma situação. ▸ Dar um lance. **2.** Esforçar-se para realizar uma coisa. ▸ Lutar.

pul.cri.tud. [pulkri'tuð] [pulkri'tuð] *adj.* Qualidade de pulcro. ▸ Asseio.

pul.cro, cra. ['pulkro] ['pulkro] *adj.* Que se cuida tanto em asseio e limpeza como em comportamento. ▸ Pulcro.

pul.ga. ['pulɣa] ['pulɣa] *f. Zool.* Tipo de inseto parasita. ▸ Pulga. ♦ **Tener la pulga detrás de la oreja.** Ficar com a pulga atrás da orelha. **Tener malas pulgas.** *fig.* e *fam.* Ser mal-humorado, impaciente.

pul.ga.da. [pul'ɣaða] [pul'ɣaða] *f.* Medida inglesa de comprimento equivalente a 25,4 milímetros. ▸ Polegada.

pul.gar. [pul'ɣar] [pul'ɣar] *m. Anat.* Primeiro dedo da mão, o mais curto e grosso. ▸ Polegar.
➥ *Cuerpo humano*

pul.gón. [pul'ɣon] [pul'ɣon] *m.* Inseto muito pequeno, de cores marrom e verde, que vive nos vegetais. ▸ Pulgão.

pu.li.men.tar. [pulimen'tar] [pulimen'tar] *v.4.* Manter o brilho de um objeto. ▸ Polir.

pu.lir. [pu'lir] [pu'lir] *v.6.* Dar lustre a uma coisa, brunir. ▸ Polir.

pu.lla. ['puʎa] ['puʃa] *f.* Expressão que se utiliza para magoar uma pessoa ou feri-la. ▸ Alfinetada.

pul.món. [pul'mon] [pul'mon] *m. Med.* Órgão brando e esponjoso da respiração dos seres humanos e dos animais vertebrados que respiram fora da água. ▸ Pulmão.

pul.mo.nar. [pulmo'nar] [pulmo'nar] *adj. Anat.* Pertencente ou relativo aos pulmões. ▸ Pulmonar.

pul.mo.ní.a. [pulmo'nia] [pulmo'nia] *f. Med.* Infecção do tecido pulmonar. ▸ Pneumonia.

pu.ló.ver. [pu'loβer] [pu'loβer] *m.* Ver *jersey*. Malha. ▸ Pulôver.

pul.pa. ['pulpa] ['pulpa] *f.* **1.** Parte mole das frutas. ▸ Polpa. **2.** Parte das árvores rica em celulose que serve para fabricar papel. ▸ Polpa. ♦ **Pulpa dentaria.** Polpa dentária.

pul.pe.rí.a. [pulpe'ria] [pulpe'ria] *f.* Loja onde se vendem comestíveis, bebidas e gêneros pertencentes à drogaria. ▸ Armazém.

púl.pi.to. ['pulpito] ['pulpito] *m.* Plataforma pequena que há nas igrejas, de onde se fala aos assistentes. ▸ Púlpito.

pul.po. ['pulpo] ['pulpo] *m. Zool.* Molusco que se caracteriza por seus oito tentáculos com ventosas. ▸ Polvo. ➥ *Reino animal*

pul.sa.ción. [pulsa'θjon] [pulsa'sjon] *f.* **1.** Ato ou efeito de pulsar. ▸ Pulsação. **2.** *Biol.* Batimento cardíaco. ▸ Pulsação.

pul.sa.dor. [pulsa'ðor] [pulsa'ðor] *m.* Botão que serve para pôr em funcionamento um mecanismo. ▸ Botão.

pul.sar. [pul'sar] [pul'sar] *v.4.* **1.** Perceber algo com a mão ou com a ponta dos dedos. ▸ Tatear. **2.** Reconhecer o estado do pulso ou batimento das artérias. ▸ Ver o batimento. **3.** Apertar o botão ou tecla de um mecanismo. ▸ Acionar.

pul.se.ra. [pul'sera] [pul'sera] *f.* Bracelete que se leva no pulso como enfeite. ▸ Pulseira. ♦ **Reloj de pulsera.** Relógio de pulso.

pul.so. ['pulso] ['pulso] *m.* **1.** Batimento das artérias que se percebe em várias partes do corpo. ▸ Pulsação. **2.** Firmeza na mão para executar trabalhos de precisão. ▸ Pulso. **3.** Parte do braço que se une à mão. Punho. ▸ Pulso. ♦ **Tomar el pulso.** Medir a pulsação.

pul.ve.ri.zar. [pulβeri'θar] [pulβeri'sar] *v.13.* **1.** Reduzir a pó uma coisa. ▸ Pulverizar. *U.t.c.v.p.* **2.** Borrifar um líquido, com um aparelho adequado, em partículas muito tênues. ▸ Pulverizar. *U.t.c.v.p.*

pu.ma. ['puma] ['puma] *m. Zool.* Animal mamífero felino procedente da América. ▸ Puma.
➥ *Reino animal*

pun.ción. [pun'θjon] [pun'sjon] *f. Med.* Operação que consiste em atravessar os tecidos com um instrumento, para chegar a um órgão ou buraco e examinar seu conteúdo. ▸ Punção.

pu.ni.ción. [puni'θjon] [puni'sjon] *f.* Ato ou efeito de punir. ▸ Punição.

pun.ta. ['punta] ['punta] *f.* **1.** Extremo de uma coisa que pode ser cortante. ▸ Ponta. **2.** Prego de tamanho pequeno. ▸ Prego. **3.** *Geogr.* Parte da terra comprida e de pouca extensão que entra no mar. ▸ Pontal.

pun.ta.da. [pun'taða] [pun'taða] *f.* **1.** Cada um dos furos feitos com agulha para costurar um tecido, couro ou similar. ▸ Ponto. **2.** Dor penetrante. ▸ Pontada.

pun.ta.je. [pun'taxe] [pun'taxe] *m.* Pontuação obtida em uma prova. ▸ Pontuação.

❑ **pun.tal.** [pun'tal] [pun'tal] *m.* Pontalete de madeira para segurar algo que ameaça cair. ▸ Escora.

pun.ta.pié. [punta'pje] [punta'pje] *m.* Golpe que se dá com a ponta do pé. ▸ Pontapé.

pun.te.ar. [punte'ar] [punte'ar] *v.4.* Desenhar, pintar ou gravar com pontos. ▸ Pontilhar.

pun.te.ra. [pun'teɾa] [pun'teɾa] *f.* Parte do calçado ou da meia que cobre a ponta do pé. ▸ Biqueira.

pun.te.rí.a. [punte'ria] [punte'ria] *f.* **1.** Habilidade do atirador para acertar no alvo. ▸ Pontaria. **2.** Ato de apontar uma arma na direção do alvo. ▸ Pontaria.

pun.te.ro, ra. [pun'teɾo] [pun'teɾo] *adj.* **1.** Que se destaca dentro de seu gênero ou categoria. ▸ Dianteiro. **2.** Que tem boa pontaria com uma arma. ▸ Certeiro. *m.* **3.** Agulha de qualquer aparelho com mostrador. ▸ Ponteiro. **4.** *Desp.* Em alguns esportes, aquele que atua no ataque. ▸ Atacante. **5.** *Inform.* Flechinha com a qual se escolhem funções na tela do computador. ▸ Cursor.

pun.tia.gu.do, da. [puntja'ɣuðo] [puntja'ɣuðo] *adj.* Que tem a ponta aguda. ▸ Pontiagudo.

pun.ti.lla. [pun'tiʎa] [pun'tiʃa] *f.* Renda fina que se usa para adornar vestidos e outras peças de tecido. ♦ **Andar de puntillas.** Andar na ponta dos pés.

pun.to. ['punto] ['punto] *m.* **1.** Sinal circular pequeno que se destaca na superfície. ▸ Ponto. **2.** Passada de uma agulha com fio. ▸ Ponto. **3.** Nó pequeno feito com fio. ▸ Ponto. **4.** Lugar ou localização. ▸ Ponto. **5.** Unidade que serve para valorizar ou contar. ▸ Ponto. **6.** Assunto ou matéria da qual se trata. ▸ Ponto. **7.** Parte de uma matéria. ▸ Ponto. **8.** *Ling.* Sinal circular de pequeno tamanho que se emprega na escritura para indicar o final de uma oração. ▸ Ponto-final. **9.** ❑ *Ling.* Sinal que se escreve sobre as letras *i* e *j*. ▸ Pingo. ♦ **Dos puntos.** *Ling.* Dois-pontos. **En punto.** Em ponto. **Estar en su punto.** Estar no ponto. **Punto en boca.** *fig.* Boca fechada. **Punto muerto.** Ponto morto. **Puntos suspensivos.** *Ling.* Reticências. **Punto y aparte.** *Ling.* Ponto e parágrafo. **Punto y coma.** *Ling.* Ponto e vírgula. **Punto y seguido.** *Ling.* Ponto, no mesmo parágrafo.

pun.tua.ción. [puntwa'θjon] [puntwa'sjon] *f. Ling.* Conjunto dos sinais gráficos que servem para precisar o sentido das orações escritas. ▸ Pontuação.

pun.tual. [pun'twal] [pun'twal] *adj.* **1.** Diligente e exato em fazer as coisas e no cumprimento de seus compromissos. ▸ Pontual. **2.** Feito no tempo preciso em que ficou combinado fazê-lo. ▸ Pontual.

pun.tua.li.dad. [puntwali'ðaθ] [puntwali'ðað] *f.* Qualidade de pontual. ▸ Pontualidade.

pun.tua.li.zar. [puntwali'θaɾ] [puntwali'saɾ] *v.13.* Descrever um feito sem esquecer nada. ▸ Detalhar.

pun.tuar. [pun'twaɾ] [pun'twaɾ] *v.4. Ling.* Pôr em um escrito os sinais de pontuação. ▸ Pontuar.

pun.za.da. [pun'θaða] [pun'saða] *f.* Ferida feita por um objeto pontiagudo, como agulha e alfinete. ▸ Agulhada.

pun.zar. [pun'θaɾ] [pun'saɾ] *v.13.* Ferir com um objeto que tem ponta. ▸ Espetar.

pun.zón. [pun'θon] [pun'son] *m.* Instrumento pontiagudo para furar ou gravar. ▸ Punção.

pu.ña.do. [pu'ɲaðo] [pu'ɲaðo] *m.* Quantidade de algo que cabe na mão fechada. ▸ Punhado.

pu.ñal. [pu'ɲal] [pu'ɲal] *m.* Arma de aço de vinte a trinta centímetros de comprimento, que fere com a ponta. Adaga. ▸ Punhal.

pu.ña.la.da. [puɲa'laða] [puɲa'laða] *f.* Golpe com arma branca ou punhal. ▸ Punhalada.

pu.ñe.ta.zo. [puɲe'taðo] [puɲe'taso] *m.* Golpe que se dá com a mão fechada. Soco. ▸ Murro.

pu.ño. ['puɲo] ['puɲo] *m.* **1.** *Anat.* A mão fechada. ▸ Punho. **2.** Parte da manga das roupas que contorna o pulso. ▸ Punho. **3.** Parte pela qual se pegam alguns utensílios. ▸ Cabo. ♦ **De su puño y letra.** De próprio punho.

pu.pa. ['pupa] ['pupa] *f.* Inflamação que ocorre na região labial. ▸ Herpes labial.

pu.pi.la. [pu'pila] [pu'pila] *f. Anat.* Abertura circular do olho, de cor preta, através da qual passa a luz. ▸ Pupila.

pu.pi.lo, la. [pu'pilo] [pu'pilo] *s.* **1.** Menor de idade órfão ou órfã em relação a seu tutor. ▸ Pupilo. **2.** Estudante que se hospeda em casa particular por um preço ajustado. ▸ Pupilo.

pu.pi.tre. [pu'pitɾe] [pu'pitɾe] *m.* Móvel com tampa inclinada, usado para escrever, principalmente pelos alunos, nas escolas. ▸ Carteira escolar. ➡ *En el aula*

pu.ra.san.gre. [puɾa'sanɣɾe] [puɾa'sanɣɾe] *m.* Cavalo muito fino e de grande porte. ▸ Puro-sangue.

pu.rê. [pu'ɾe] [pu'ɾe] *m. Cul.* Prato que se prepara fervendo e amassando batatas, legumes ou verduras para conseguir uma pasta espessa. ▸ Purê.

pu.re.za. [pu'ɾeθa] [pu'ɾesa] *f.* Qualidade de puro, sem mácula. ▸ Pureza.

pur.gar. [puɾ'ɣaɾ] [puɾ'ɣaɾ] *v.9.* **1.** Purificar tirando o que há de mau. ▸ Expurgar. **2.** Expulsar de um tubo ou gasoduto gás ou líquido que impeça seu bom funcionamento. ▸ Desobstruir. **3.** Sofrer castigo para expiar faltas. ▸ Purgar.

pur.ga.to.rio. [puɾɣa'toɾjo] [puɾɣa'toɾjo] *m. Rel.* Para os cristãos, lugar onde as almas dos justos acabam de purgar suas faltas, a fim de serem admitidas na bem-aventurança. ▸ Purgatório.

pu.ri.fi.car. [puɾifi'kaɾ] [puɾifi'kaɾ] *v.7.* Tirar de uma coisa aquilo que é estranho a ela ou que a torna impura. ▸ Purificar.

pu.ris.ta. [pu'ɾista] [pu'ɾihta] *adj.* Que se preocupa escrupulosamente com a pureza da linguagem. ▸ Purista.

pu.ri.ta.nis.mo. [puɾita'nismo] [puɾita'nihmo] *m. Rel.* Seita protestante que pretende interpretar com todo o rigor a letra da Bíblia. ▸ Puritanismo.

pu.ri.ta.no, na. [puɾi'tano] [puɾi'tano] *adj.* **1.** *Rel.* Que se refere ao puritanismo. ▸ Puritano. *m.* **2.** *Rel.* Sectário do puritanismo. ▸ Puritano. **3.** Diz-se de quem é muito rigoroso no tocante à moral. ▸ Puritano.

pu.ro, ra. ['puɾo] ['puɾo] *adj.* **1.** Que não contém mistura. ▸ Puro. **2.** Que procede com desinteresse e honestidade. ▸ Puro. *m.* **3.** ❏ Rolo de folhas secas de tabaco que se fuma. ▸ Charuto.

púr.pu.ra. ['puɾpuɾa] ['puɾpuɾa] *adj.* De cor forte vermelha. ▸ Púrpura.

pur.pu.ri.na. [puɾpu'ɾina] [puɾpu'ɾina] *f.* Pintura de brilho metálico, de cor dourada ou prateada. ▸ Purpurina.

pus. ['pus] ['pus] *m.* Líquido espesso branco ou amarelo que se forma nos tecidos infectados e flui pelas feridas. ▸ Pus.

pu.si.lâ.ni.me. [pusi'lanime] [pusi'lanime] *adj.* **1.** Que não tem garra ou coragem para empreender alguma coisa. ▸ Pusilânime. **2.** Que se acovarda ante uma adversidade e não a enfrenta. ▸ Pusilânime.

pús.tu.la. ['pustula] ['puhtula] *f. Med.* Bolsa pequena cheia de pus que se forma na pele. ▸ Pústula.

pu.to, ta. ['puto] ['puto] *adj.* **1.** Qualifica negativamente. ▸ Puto. *Estuve esperando el puto autobús por cuarenta y cinco minutos.* Fiquei esperando o puto do ônibus por quarenta e cinco minutos. **2.** Qualifica positivamente. ▸ Puto. *Tuve una puta suerte: no estuve ni tres minutos en la parada.* Tive uma puta sorte: não fiquei nem três minutos no ponto. *m.* **3.** *vulg.* Ver *prostituto*. ▸ Prostituto.

pu.tre.fac.ción. [putɾefak'θjon] [putɾefak'sjon] *f.* Decomposição de matéria orgânica. ▸ Putrefação.

pu.tre.fac.to, ta. [putɾe'fakto] [putɾe'fakto] *adj.* Que está podre ou em decomposição. Putrefato. ▸ Podre.

py.me. ['pime] ['pime] *f.* Acrônimo de pequena e média empresa. Empresa de porte médio ou pequeno.

Q

q. [ku] [ku] *f.* Décima oitava letra do alfabeto espanhol. ▸ Q.

quá.sar. ['kasar] ['kasar] *m. Astr.* Corpo celeste de aparência estelar que se desloca a grande velocidade. ▸ Quasar.

que. [ke] [ke] *pron.* **1.** Antecede orações adjetivas. ▸ Que. *Debemos comer alimentos que sean nutritivos.* Devemos comer alimentos que sejam nutritivos. *conj.* **2.** Indica causa ou consequência de frase anterior ou comparação com ela. ▸ Que. *Estudió tanto que aprobó el examen.* Estudou tanto que passou na prova. **3.** Conecta orações subordinadas. ▸ Que. *Ella me pidió que la esperase.* Ela pediu que eu a esperasse. **4.** Forma interrogativa de *que*. ▸ Que. *¿Qué día es hoy?* Que dia é hoje? **5.** Forma exclamativa de *que*. ▸ Que. *Mira, ¡qué caro está el vino!* Olhe, como o vinho está caro! ♦ **¿Qué tal?** Como vai? **Sin qué ni para qué.** Sem motivo nenhum. ▸ Sem mais nem menos. **¿Y qué?** E daí?

que.bra.di.zo, za. [keβra'ðiθo] [keβra'ðiso] *adj.* **1.** Que se quebra com facilidade. Frágil. ▸ Quebradiço. **2.** *fig.* Diz-se de quem tem pouca saúde ou integridade moral. ▸ Frágil.

que.bra.do, da. [ke'βraðo] [ke'βraðo] *adj.* **1.** Que foi à falência. Falido. ▸ Quebrado. *U.t.c.s.* **2.** *Geogr.* Diz-se de terreno acidentado, com altos e depressões. ▸ Desnivelado. **3.** Que se rompeu. ▸ Quebrado.

que.bra.du.ra. [keβra'dura] [keβra'dura] *f.* **1.** Ato ou efeito de quebrar(-se); romper-se. ▸ Quebradura. **2.** Qualquer tipo de abertura ou ruptura. ▸ Quebradura, ruptura, fenda. **3.** Ruptura de algum osso. ▸ Fratura. *El deportista sufrió una quebradura de mandíbula en el partido.* O atleta sofreu uma fratura mandibular durante o jogo.

que.bran.tar. [keβran'tar] [keβran'tar] *v.4.* **1.** Reduzir a pedaços. Arrasar. ▸ Quebrar. **2.** *fig.* Não obedecer ou não cumprir lei, obrigação, palavra ou tratado. ▸ Quebrar. **3.** *fig.* Vencer uma dificuldade ou um obstáculo que impede a realização de alguma coisa. ▸ Quebrantar. **4.** Debilitar a saúde ou o moral. Alquebrar. ▸ Quebrantar.

que.bran.to. [ke'βranto] [ke'βranto] *m.* **1.** Desfalecimento, falta de força ou de ânimo. ▸ Quebranto. **2.** *fig.* Grande perda ou dano material ou moral. ▸ Quebranto.

que.brar. [ke'βrar] [ke'βrar] *v.15.* **1.** Interromper a continuação de uma coisa. ▸ Quebrar. **2.** Falir uma empresa ou negócio. ▸ Quebrar. **3.** Romper ou fazer em pedaços. ▸ Quebrar.

que.chua. ['ketʃwa] ['ketʃwa] *adj.* **1.** Pertencente ou relativo ao povo indígena do Peru descendente dos incas. ▸ Quíchua. *U.t.c.s. com.* **2.** O descendente desse povo. ▸ Quíchua. *m.* **3.** *Ling.* O idioma falado por esse povo. ▸ Quíchua.

❏ **que.da.** ['keða] ['keða] *f.* Hora da noite que, em alguns povoados, é assinalada com o toque de sino para que as pessoas se recolham. ▸ Toque de recolher.

que.dar. [ke'ðar] [ke'ðar] *v.4.* **1.** Estar em um lugar com intenção de permanecer nele. ▸ Ficar. **2.** Sobrar ou restar parte de uma coisa. ▸ Ficar. **3.** Pôr-se de acordo. Convir. ▸ Combinar. **4.** Resultar ao final de um processo. ▸ Ficar. ♦ **¿En qué quedamos?** Como ficamos? **Quedar atrás.** Ficar para trás. **Quedar bien / mal.** Ficar bem / mal.

que.do, da. ['keðo] ['keðo] *adv.* **1.** Falar em voz baixa ou que quase não se ouve. ▸ Sussurrando. **2.** Com cuidado. ▸ Carinhosamente. **3.** Aos poucos, devagar.

que.ha.cer. [kea'θer] [kea'ser] *m.* Tarefa que se tem de fazer. Ocupação. ▸ Afazer. *U.t.pl.*

que.ja. [ke'xa] [ke'xa] *f.* **1.** Expressão de dor, pena ou ressentimento. ▸ Queixa. **2.** *Dir.* Acusação ou protesto que se faz perante autoridade competente por ofensa ou dano recebido. ▸ Queixa.

que.jar. [ke'xar] [ke'xar] *v.4. v.p.* **1.** Expressar com a voz dor ou pena que se sente. ▸ Queixar-se. **2.** Manifestar desconformidade com algo ou alguém. ▸ Queixar-se.

que.ji.do. [ke'xiðo] [ke'xiðo] *m.* Voz espontânea motivada por dor ou pena. Queixume. ▸ Gemido.

que.ma. ['kema] ['kema] *f.* **1.** Ato ou efeito de queimar(-se). ▶ Queima. **2.** Acidente ou incidente com fogo. ▶ Incêndio.

que.ma.de.ro. [kema'ðeɾo] [kema'ðeɾo] *m.* Lugar destinado à queima de lixo e de desperdícios de toda classe que possam ser destruídos pelo fogo. ▶ Incinerador.

que.ma.do, da. [ke'maðo] [ke'maðo] *adj.* **1.** Diz-se de vegetação consumida, toda ou em parte, pelo fogo. ▶ Queimado. **2.** Diz-se de coisa que queimou ou está queimando. ▶ Queimado. *U.t.c.m.*

que.ma.du.ra. [kema'ðuɾa] [kema'ðuɾa] *f.* Dano que o fogo produz em um tecido orgânico, um objeto muito quente ou uma substância cáustica. ▶ Queimadura.

que.mar. [ke'maɾ] [ke'maɾ] *v.4.* **1.** Consumir com fogo ou esquentar muito. ▶ Queimar. **2.** Estar quente demais. ▶ Queimar. **3.** Secar uma planta em decorrência de calor ou frio excessivo. ▶ Queimar. **4.** Causar uma sensação de ardor (algo quente, picante ou urticante). ▶ Queimar.

que.ma.rro.pa(a). [kema'ropa] [kema'ropa] *loc.* Modo de disparo com uma arma de fogo a uma distância muito próxima do alvo. ▶ À queima-roupa.

que.ma.zón. [kema'θon] [kema'son] *f.* Ardor causado por algo picante ou urticante. ▶ Queimação.

que.pis. ['kepis] ['kepis] *m.* Tipo de boné usado por militares de vários países. ▶ Quepe.

que.re.lla. [ke'reʎa] [ke'reʃa] *f.* **1.** Acusação que apresenta uma pessoa contra quem de alguma forma a ofendeu. ▶ Querela. **2.** Discórdia, contenda.

que.re.llar. [kere'ʎaɾ] [kere'ʃaɾ] *v.4. v.p.* **1.** Manifestar ressentimento contra alguém. ▶ Querelar. **2.** Apresentar queixa contra uma pessoa. ▶ Querelar.

que.rer. [ke'reɾ] [ke'reɾ] *v.39.* **1.** Desejar ou apetecer alguma coisa. ▶ Querer. **2.** Amar, ter afeto ou carinho por uma pessoa. ▶ Querer. **3.** Sentimento de afeto. ▶ Bem-querer. ◆ **Como quiera que.** De qualquer modo. **Querer es poder.** Querer é poder. **¿Qué más quieres?** O que mais você quer? **Que quiera, que no quiera.** Quer queira, quer não.

que.ro.se.no. [keɾo'seno] [keɾo'seno] *m.* Derivado do petróleo que se usa como combustível em aviões, lamparinas, etc. ▶ Querosene.

que.ru.bín. [keɾu'βin] [keɾu'βin] *m.* **1.** *Rel.* Cada um dos anjos que compõem o segundo coro celestial. ▶ Querubim. **2.** *fig.* Pessoa, especialmente criança, de grande beleza. ▶ Querubim.

que.sa.di.lla. [kesa'diʎa] [kesa'diʃa] *f. Cul.* Tipo de sanduíche mexicano à base de pão de farinha de trigo ou milho, de pouca espessura, de formato arredondado e não muito grande (*tortilla*), que costuma ser servido dobrado ao meio, acompanhado de queijo derretido e outros ingredientes. ▶ Quesadilla.

que.se.ro, ra. [ke'seɾo] [ke'seɾo] *adj.* **1.** Diz-se da pessoa que gosta muito de queijos. ▶ Queijeiro. *m.* **2.** Pessoa que faz ou vende queijos. ▶ Queijeiro. *f.* **3.** Prato com tampa para guardar ou servir queijos. ▶ Queijeira.

que.so. ['keso] ['keso] *m.* Alimento que se faz coalhando o leite de vaca, ovelha ou cabra, cujo tipo é resultado da escolha do método de fabricação. ▶ Queijo.

qui.cio. ['kiθjo] ['kisjo] *m.* Lado das portas e janelas em que se colocam as dobradiças. Gonzo. ▶ Quício. ◆ **Sacar de quicio.** Fazer perder a paciência.

quie.bra. ['kjeβɾa] ['kjeβɾa] *f.* **1.** *Geogr.* Abertura ou fenda da terra nas montanhas. ▶ Fenda. **2.** Falência de um comerciante ou empresa, indústria, banco, etc. ▶ Quebra.

quie.bro. ['kjeβɾo] ['kjeβɾo] *m.* Gesto que se faz com o corpo dobrando-o pela cintura em sinal de respeito ou galanteria. ▶ Requebro.

quien. [kjen] [kjen] *pron.* **1.** Antecede oração adjetiva referente a ser humano. ▶ Quem. **2.** Antecede orações substantivas. ▶ Quem. *Quien corra más rápido ganará la carrera.* Quem correr mais rápido ganhará a corrida. *U.t.pl.* Quienes. **3.** Forma interrogativa de *quien.* ▶ Quem. *¿Quién ha dejado las cosas en el piso?* Quem deixou as coisas no chão? **4.** Forma exclamativa de *quien.* ▶ Quem. *¡Quién se lo iba a imaginar!* Quem iria imaginar uma coisa assim!

quien.quie.ra. [kjen'kjeɾa] [kjen'kjeɾa] *pron.* **1.** Uma pessoa qualquer, seja quem for. ▶ Quem quer. *Quienquiera que cometa un delito debe ser condenado.* Quem quer que cometa um delito deve ser condenado. **2.** Forma reduzida de *quienquiera,* empregada diante de substantivos masculinos no singular. ▶ Quem quer.

quie.to, ta. ['kjeto] ['kjeto] *adj.* **1.** Que não fez ou não tem movimento. Parado. ▶ Quieto. **2.** Que é calmo, sossegado. ▶ Quieto.

quie.tud. [kje'tuθ] [kje'tuð] *f.* **1.** Qualidade de quieto. ▸ Quietude. **2.** Paz e tranquilidade, sossego nas pessoas e nas coisas. ▸ Quietude.

qui.ja.da. [ki'xaða] [ki'xaða] *f. Anat.* Cada uma das duas mandíbulas dos vertebrados que têm dentes. ▸ Queixada.

qui.jo.te. [ki'xote] [ki'xote] *m.* **1.** *n.p. Lit.* Personagem principal do romance *El Ingenioso Caballero Don Quijote de la Mancha*, de Miguel de Cervantes. ▸ Quixote. **2.** *fig.* Homem para o qual o ideal está sempre acima da conveniência. ▸ Quixote. **3.** *fig.* Homem que, por sua aparência e caráter, lembra o personagem homônimo criado por Miguel de Cervantes. ▸ Quixote.

qui.jo.tes.co, ca. [kixo'tesko] [kixo'tehko] *adj.* **1.** Próprio de Dom Quixote ou da obra homônima de Miguel de Cervantes. ▸ Quixotesco. **2.** *fig.* Comportamento exageradamente idealista. ▸ Quixotesco.

qui.la.te. [ki'late] [ki'late] *m.* **1.** Unidade de peso para pérolas e pedras preciosas. ▸ Quilate. **2.** Unidade que mede a proporção de ouro puro em liga com outros metais. ▸ Quilate.

qui.lla. [ˈkiʎa] [ˈkiʃa] *f.* Peça forte de ferro ou madeira, que vai de popa a proa pela parte inferior de uma embarcação, na qual se assenta toda sua estrutura. ▸ Quilha.

qui.lo. [ˈkilo] [ˈkilo] *m.* Ver *kilo*. ▸ Quilo.

qui.lo.mé.tri.co, ca. [kiloˈmetriko] [kiloˈmetriko] *m.* Ver *kilométrico*. ▸ Quilométrico.

qui.me.ra. [kiˈmeɾa] [kiˈmeɾa] *f.* Algo que se imagina como possível ou verdadeiro, e não é. Ilusão. ▸ Quimera.

quí.mi.co, ca. [ˈkimiko] [ˈkimiko] *adj.* **1.** *Quím.* Pertencente ou relativo à Química. ▸ Químico. *f.* **2.** *Quím.* Ciência que estuda as transformações das substâncias sem que se alterem os elementos que as compõem. ▸ Química. *s.* **3.** Pessoa especialista em Química. ▸ Químico.

qui.mio.te.ra.pia. [kimjoteˈrapja] [kimjoteˈrapja] *f. Med.* Uso de produtos químicos para tratamento de doenças. ▸ Quimioterapia.

qui.mo.no. [kiˈmono] [kiˈmono] *m.* Túnica japonesa aberta e de mangas largas. ▸ Quimono.

qui.na. [ˈkina] [ˈkina] *f.* **1.** Conjunto de cinco objetos. ▸ Quina. **2.** Substância que se extrai da casca de uma árvore e que se usa em Medicina como remédio contra a febre. ▸ Quina.

quin.ca.lle.rí.a. [kinkaʎeˈria] [kiˈkaʃeˈria] *f.* Local em que são vendidos metais e/ou objetos em geral de pouco valor. *Me compré unas tijeras en una quincallería aquí cerca.* Comprei uma tesoura em uma lojinha aqui perto. ▸ Bodega.

quin.ce. [ˈkinθe] [ˈkinse] *núm.* **1.** Quantidade que é uma unidade maior que catorze. ▸ Quinze. *m.* **2.** Número que representa essa quantidade. ▸ Quinze.

quin.ce.a.ñe.ro, ra. [kinθeaˈɲero] [kinseaˈɲero] *adj.* Diz-se do que é típico dos adolescentes ou de quem possui quinze anos. ▸ Adolescente. *U.t.c.s.*

quin.ce.na. [kinˈθena] [kinˈsena] *f.* **1.** Período de quinze dias. ▸ Quinzena. **2.** Salário que se paga a cada quinze dias. ▸ Vale. **3.** Conjunto de quinze unidades. ▸ Quinzena.

quin.cua.gé.si.mo, ma. [kinkwaˈxesimo] [kinkwaˈxesimo] *núm.* Que segue em ordem ao quadragésimo nono. ▸ Quinquagésimo.

qui.nie.la. [kiˈnjela] [kiˈnjela] *f.* Jogo de azar que consiste em acertar os resultados de uma competição esportiva. ▸ Loteria esportiva.

qui.nien.tos, tas. [kiˈnjentos] [kiˈnjentos] *núm.* **1.** Quantidade que é uma unidade maior que 499. ▸ Quinhentos. *m.* **2.** Número que representa essa quantidade. ▸ Quinhentos.

qui.nu.a. [kiˈnua] [kiˈnua] *f. Bot.* Planta nativa dos Andes cujas sementes são comestíveis e altamente nutritivas. ▸ Quinoa. *En la región andina la gente toma la quinua con leche ya por la mañana.* Na região andina, as pessoas comem quinoa com leite pela manhã.

quin.ta. [ˈkinta] [ˈkinta] *f.* **1.** Propriedade rural, normalmente com casa de habitação. ▸ Quinta. **2.** Terreno próprio para cultivo. Sítio. ▸ Quinta.

quin.ta.e.sen.cia. [kintaeˈsenθja] [kintaeˈsensja] *f.* **1.** O mais puro e mais fino de alguma coisa. ▸ Quintessência. **2.** Requinte ou perfeição insuperável. ▸ Quintessência.

quin.tal. [kinˈtal] [kinˈtal] *m.* Medida de massa ou peso equivalente a cem quilogramas. ▸ Quintal.

quin.to, ta. [ˈkinto] [ˈkinto] *núm.* **1.** Que segue em ordem ao quarto. ▸ Quinto. *m.* **2.** ❑ Moço designado para incorporar-se ao serviço militar. ▸ Recruta.

quín.tu.ple. [ˈkintuple] [ˈkintuple] *núm.* Ver *quíntuplo*. ▸ Quíntuplo.

quín.tu.plo, pla. [ˈkintuplo] [ˈkintuplo] *núm.* **1.** O resultado de multiplicar um número ou quantidade por cinco. ▸ Múltiplo de cinco. *m.* **2.** *Mat.* Quantidade cinco vezes maior que outra. ▸ Quíntuplo.

quios.co. ['kjosko] ['kjohko] *m.* Banca em que são vendidos jornais, revistas, loteria, selos e outras miudezas. ▶ Banca de jornal. *U.t.* <u>kios</u>.co.

quios.que.ro, ra. [kjos'keɾo] [kjoh'keɾo] *s.* Pessoa que trabalha em um quiosque, especialmente em uma banca de jornais. ▶ Jornaleiro.

qui.qui.ri.quí. [kikiɾi'ki] [kikiɾi'ki] *m.* Onomatopeia que representa o som que emite o galo. ▶ Cocoricó.

qui.ró.fa.no. [ki'ɾofano] [ki'ɾofano] *m. Med.* Sala destinada e equipada para operações cirúrgicas. Sala de cirurgia. ▶ Quirófano.

qui.ro.man.cia. [kiɾo'manθja] [kiɾo'mansja] *f.* Suposta habilidade de adivinhar as circunstâncias ou o futuro de uma pessoa pelas linhas da palma da mão. ▶ Quiromancia.

qui.ro.mán.ti.co, ca. [kiɾo'mantiko] [kiɾo'mantiko] *adj.* **1.** Pertencente ou relativo à quiromancia. ▶ Quiromântico. *s.* **2.** Pessoa que a pratica. ▶ Quiromante.

qui.ro.prác.ti.co, ca. [kiɾo'pɾaktiko] [kiɾo'pɾaktiko] *s. Med.* Terapeuta que usa massagens como técnica de cura de doenças ósseas. ▶ Quiroprático.

qui.rúr.gi.co, ca. [ki'ɾuɾxiko] [ki'ɾuɾxiko] *adj. Med.* Relativo à cirurgia. ▶ Cirúrgico.

quis.qui.llo.so, sa. [kiski'ʎoso] [kihki'ʃoso] *adj.* **1.** Que é excessivamente sensível a certos comentários e atitudes. ▶ Melindroso. **2.** Que se preocupa com coisas pequenas e sem importância. ▶ Cheio de nove-horas.

quis.te. ['kiste] ['kihte] *m. Med.* Tumor formado por um caroço de conteúdo líquido ou semilíquido em um órgão do corpo. ▶ Cisto.

qui.ta.es.mal.te. [kitaes'malte] [kitaeh'malte] *m.* Líquido utilizado para remover esmalte das unhas. Geralmente contém acetona na composição. ▶ Removedor de esmaltes.

qui.ta.man.chas. [kita'mantʃas] [kita'mantʃas] *m.* Produto natural ou preparado que serve para tirar manchas. ▶ Tira-manchas.

qui.ta.nie.ves. [kita'njeβes] [kita'njeβes] *m.* Máquina para limpar ou tirar a neve de estradas e outras vias públicas. ▶ Limpa-neve.

❑ **qui.tar.** [ki'taɾ] [ki'taɾ] *v.4.* **1.** Retirar uma coisa do lugar em que estava e levá-la para outro. Tirar. ▶ Mover. **2.** Pegar alguma coisa de alguém. ▶ Tirar. *v.p.* **3.** Tirar a roupa do próprio corpo. ▶ Despir-se.

qui.ta.sol. [kita'sol] [kita'sol] *m.* Cobertura que tem forma de guarda-chuva para resguardar-se do sol. ▶ Guarda-sol.

qui.zá. [ki'θa] [ki'sa] *adv.* De maneira incerta. Quem sabe. ▶ Talvez. *Quizá dentro de dos horas tengamos los resultados.* Talvez dentro de duas horas tenhamos os resultados. *U.t. qui.<u>zás</u>.*

quó.rum. ['koɾum] ['koɾum] *m.* **1.** Número mínimo de pessoas que devem estar presentes para realizar uma assembleia ou reunião. ▶ Quórum. **2.** Número de votos afirmativos necessários para aprovar algo ou para chegar a um acordo. ▶ Quórum.

R

r. ['ere] ['ere] *f.* Décima nona letra do alfabeto espanhol. ▶ R.

ra.ba.da. [ra'βaða] [ra'βaða] *f. Anat.* Quarto traseiro do boi ou de outra rês próprio para alimentação. ▶ Picanha.

ra.ba.di.lla. [raβa'ðiʎa] [raβa'ðiʃa] *f. Anat.* Extremo inferior da coluna vertebral. ▶ Cóccix.

ra.bal. [ra'βal] [ra'βal] *m.* Bairro extremo de uma cidade. Periferia, subúrbio. ▶ Arrabalde.

ra.ba.ni.to. [raβa'nito] [raβa'nito] *m. Cul.* Planta de flores brancas e raiz carnosa comestível, de sabor um pouco picante, consumida em saladas. ▶ Rabanete.

rá.ba.no. ['raβano] ['raβano] *m.* **1.** *Bot.* Planta de raiz polpuda e redonda de sabor picante. ▶ Rabanete. **2.** A raiz comestível dessa planta. Ver *rabanito*. ♦ **(No) importar un rábano.** *fig.* e *fam.* Não dar a mínima. ➡ *Vegetales*

ra.bí. [ra'βi] [ra'βi] *m.* Título de honra que os judeus conferem aos sábios da lei. ▶ Rabino.

ra.bia. ['raβja] ['raβja] *f.* **1.** *Med.* Doença de alguns animais que se transmite às pessoas por mordida. ▶ Raiva. **2.** *fig.* Ira, cólera contra algo ou alguém. ▶ Raiva.

ra.biar. [ra'βjar] [ra'βjar] *v.4.* **1.** Despertar raiva. ▶ Enraivecer. **2.** *fig.* Debater-se com fúria. ▶ Encolerizar-se.

ra.bie.ta. [ra'βjeta] [ra'βjeta] *f. fig.* e *fam.* Aborrecimento geralmente causado por motivo bobo e por pouco tempo. ▶ Chilique.

ra.bi.llo. [ra'βiʎo] [ra'βiʃo] *m. Bot.* Parte das plantas que sustenta as folhas e os frutos. ▶ Talo. ♦ **Mirar con el rabillo del ojo.** Olhar com o rabo dos olhos.

ra.bi.no. [ra'βino] [ra'βino] *m. Rel.* Ministro do culto judaico. ▶ Rabino.

ra.bio.so, sa. [ra'βjoso] [ra'βjoso] *adj.* **1.** *Med.* Diz-se de animal ou pessoa que padece de raiva. ▶ Raivoso. *U.t.c.s.* **2.** *fig.* Que está enfurecido. ▶ Raivoso.

ra.bo. [ra'βo] [ra'βo] *m.* **1.** *Anat.* Cauda dos animais. ▶ Rabo. **2.** *Bot.* Cabo, haste (de vegetais). ▶ Talo. ♦ **Mirar con el rabo del ojo.** Olhar com o rabo dos olhos. **Salir con el rabo entre las piernas.** Sair com o rabo entre as pernas.

rá.ca.no, na. ['rakano] ['rakano] *adj.* **1.** Diz-se de quem é vagaroso. ▶ Preguiçoso. **2.** Diz-se de quem é extremamente agarrado a bens materiais. Não quer gastar o próprio dinheiro para nada; não é generoso. ▶ Mesquinho, sovina, avaro.

□**ra.cha.** ['ratʃa] ['ratʃa] *f.* **1.** Golpe de vento forte e de pouca duração. ▶ Rajada. **2.** Período breve, bom ou ruim, em qualquer atividade. ▶ Fase. **3.** Pedaço de madeira cortada para lenha. Graveto. ▶ Tora.

ra.cial. [ra'θjal] [ra'sjal] *adj.* Próprio ou relativo à raça. ▶ Racial.

ra.ci.mo. [ra'θimo] [ra'simo] *m.* **1.** Conjunto de uvas unidas a um talho. ▶ Cacho. **2.** Conjunto de outras frutas e flores cujos pedúnculos se juntam. ▶ Cacho.

ra.cio.ci.nar. [raθjoθi'nar] [rasjosi'nar] *v.4.* Usar a razão para conhecer, decidir ou julgar. ▶ Raciocinar.

ra.cio.ci.nio. [raθjo'θinjo] [rasjo'sinjo] *m.* **1.** Ato ou efeito de raciocinar. ▶ Raciocínio. **2.** Série de ideias e argumentos que levam a uma conclusão. ▶ Raciocínio.

ra.ción. [ra'θjon] [ra'sjon] *f.* **1.** Porção de alimentos que se dá para comer a uma pessoa ou animal. ▶ Ração. **2.** Quantidade de determinado alimento que se serve em restaurantes e outros lugares públicos. ▶ Porção. ♦ **Ración de hambre.** Salário de fome.

ra.cio.nal. [raθjo'nal] [rasjo'nal] *adj.* **1.** Pertencente ou relativo à razão. ▶ Racional. **2.** Conforme à razão. ▶ Racional. **3.** Que faz uso da razão, que raciocina. ▶ Racional. **4.** Que se deduz pela razão. ▶ Racional.

ra.cio.na.lis.mo. [raθjona'lismo] [rasjona'lihmo] *m.* Doutrina filosófica segundo a qual a razão é o único meio de chegar ao conhecimento. ▶ Racionalismo.

ra.cio.na.li.zar. [raθjonali'θar] [rasjonali'sar] *v.13.* Organizar de forma que se obtenha melhor resultado com menor esforço. ▶ Racionalizar.

ra.cio.na.mien.to. [raθjona'mjento] [rasjona'mjento] *m.* **1.** Ato ou efeito de racionar. ▶ Racionamento. **2.** Tabelamento de certos víveres ou bens escassos para o consumo das pessoas. ▶ Racionamento.

ra.cio.nar. [raθjo'nar] [rasjo'nar] *v.4.* Estabelecer o limite máximo que corresponde a cada pessoa de alguma coisa essencial que escasseia. ▶ Racionar.

ra.cis.mo. [ra'θismo] [ra'sihmo] *m.* Crime de hostilidade, opressão, de um grupo ou indivíduo, em relação a um ou mais indivíduos de outro grupo étnico. ▶ Racismo.

ra.cis.ta. [ra'θista] [ra'sihta] *adj.* Que discrimina ou oprime todo aquele que não é de sua etnia. ▶ Racista.

ra.da. ['raða] ['raða] *f. Geogr.* Pequena baía em que se podem ancorar navios. ▶ Enseada.

ra.dar. [ra'ðar] [ra'ðar] *m.* Sistema que detecta e permite descobrir a presença e posição de um corpo que não se vê. ▶ Radar.

ra.dia.ción. [raðja'θjon] [raðja'sjon] *f. Fís.* Energia ondulatória ou partículas materiais que se propagam pelo espaço. ▶ Radiação.

ra.diac.ti.vi.dad. [raðjakti̯βi'ðaθ] [raðjaktiβi'ðað] *f. Fís.* Radiações que emitem alguns corpos procedentes da decomposição de seus átomos. ▶ Radioatividade.

ra.diac.ti.vo, va. [raðjak'tiβo] [raðjak'tiβo] *adj. Fís.* Diz-se dos corpos cujos átomos se desintegram espontaneamente e emitem radiação. ▶ Radioativo.

ra.dia.dor. [raðja'ðor] [raðja'ðor] *m.* **1.** Aparelho pelo qual circula um fluido quente para aquecer o ambiente em locais fechados. Aquecedor. ▶ Aparelho de calefação. **2.** *Mec.* Aparelho que serve para refrigerar o calor dos motores de explosão. ▶ Radiador. ➠ *Muebles y electrodomésticos.*

ra.dial. [ra'ðjal] [ra'ðjal] *adj.* **1.** Que parte de um centro. ▶ Radial. **2.** Pertencente ou relativo ao raio. ▶ Radial.

ra.dian.te. [ra'ðjante] [ra'ðjante] *adj.* **1.** Que emite radiação. ▶ Radiante. **2.** Que brilha. ▶ Radiante. **3.** *fig.* Que sente e manifesta grande alegria. ▶ Radiante.

ra.diar. [ra'ðjar] [ra'ðjar] *v.4.* **1.** *Fís.* Emitir radiações. ▶ Radiar. **2.** *Med.* Tratar doenças com raios X. **3.** Transmitir por rádio. ▶ Irradiar.

ra.di.cal. [raði'kal] [raði'kal] *adj.* **1.** Pertencente ou relativo à raiz. ▶ Radical. **2.** *Polít.* Partidário de reformas profundas. ▶ Radical. **3.** Diz-se de pessoa intransigente. ▶ Radical. *U.t.c.m.* **4.** *Ling.* Parte invariável de uma palavra. ▶ Radical. **5.** *Mat.* Ver *raíz*[(4)]. ▶ Radical.

ra.di.ca.lis.mo. [raðika'lismo] [raðika'lihmo] *m.* Conjunto de ideias que pretendem reformar a ordem social, política ou econômica. ▶ Radicalismo.

ra.di.ca.li.zar. [raðikali'θar] [raðikali'sar] *v.13.* **1.** Tornar mais radical uma atitude ou tese. ▶ Radicalizar. **2.** Fazer com que alguém adote uma postura radical. ▶ Radicalizar.

ra.di.car. [raði'kar] [raði'kar] *v.7.* **1.** Fixar residência. ▶ Radicar. **2.** *fig.* Estar fundada uma coisa em outra, consistir. ▶ Radicar. *v.p.* **3.** Estabelecer-se determinada coisa em um lugar. ▶ Radicar-se.

ra.dies.te.sia. [raðjes'tesja] [raðjeh'tesja] *f.* **1.** Sensibilidade às radiações. ▶ Radioestesia. **2.** Sensibilidade especial para captar certas radiações, utilizada para descobrir mananciais subterrâneos, minas, etc. ▶ Radioestesia.

ra.dio. ['raðjo] ['raðjo] *m.* **1.** *Geom.* Linha reta que vai do centro a um ponto da circunferência. ▶ Raio. **2.** *Quím.* Elemento químico metálico. ▶ Rádio. **3.** *Anat.* Osso externo do antebraço. ▶ Rádio. *f.* **4.** Aparelho receptor de ondas sonoras. ▶ Rádio. **5.** Organização e equipamentos que emitem ondas sonoras. ▶ Rádio. ◆ **Radio de acción.** Raio de ação.

ra.dio.a.fi.cio.na.do, da. [raðjoafiθjo'naðo] [raðjoafisjo'naðo] *s.* Pessoa que tem autorização para emitir e receber mensagens radiadas. ▶ Radioamador.

ra.dio.ca.se.te. [raðjoka'sete] [raðjoka'sete] *m.* Aparelho eletrônico composto de um rádio e um toca-fitas. ▶ Radiogravador.

ra.dio.di.fu.sión. [raðjoðifu'sjon] [raðjoðifu'sjon] *f.* **1.** Emissão radiotelefônica destinada ao público. ▶ Radiodifusão. **2.** Empresa dedicada a fazer essas emissões. ▶ Radiodifusora.

ra.dio.fo.ní.a. [raðjofo'nia] [raðjofo'nia] *f.* Ver *radiotelefonía.* ▶ Radiofonia.

ra.dio.fó.ni.co, ca. [raðjo'foniko] [raðjo'foniko] *adj.* **1.** Pertencente ou relativo à radiofonia. ▶ Radiofônico. **2.** Que se difunde por radiofonia. ▶ Radiofônico.

ra.dio.gra.fí.a. [raðjoɣra'fia] [raðjoɣra'fia] *f.* **1.** Processo de fotografar a estrutura interna do corpo por meio dos raios X. ▶ Radiografia. **2.** A fotografia obtida por esse processo. ▶ Radiografia.

ra.dio.lo.gí.a. [raðjolo'xia] [raðjolo'xia] *f. Med.* Estudo das radiações e de seus efeitos nas pessoas, e seu uso no diagnóstico e tratamento de doenças. ▸ Radiologia.

ra.dio.rre.cep.tor. [raðjoreθep'tor] [raðjoresep'tor] *m.* Aparelho que recebe e transforma em sinais ou sons as emitidas pelo radiotransmissor. ▸ Radiorreceptor.

ra.dios.co.pia. [raðjos'kopja] [raðjoh'kopja] *f. Med.* Exame do interior do corpo humano realizado por meio de tela fluorescente, mediante o emprego de raios X. ▸ Radioscopia.

ra.dio.te.le.fo.ní.a. [raðjotelefo'nia] [raðjotelefo'nia] *f.* Sistema de comunicação telefônica por meio de ondas de rádio hertzianas. ▸ Radiotelefonia.

ra.dio.te.le.fó.ni.co, ca. [raðjotele'foniko] [raðjotele'foniko] *adj.* Pertencente ou relativo à radiotelefonia. ▸ Radiotelefônico.

ra.dio.te.le.gra.fí.a. [raðjoteleɣra'fia] [raðjoteleɣra'fia] *f.* Sistema de comunicação de sinais telegráficos por meio de ondas hertzianas. ▸ Radiotelegrafia.

ra.dio.te.le.grá.fi.co, ca. [raðjotele'ɣrafiko] [raðjotele'ɣrafiko] *adj.* Pertencente ou relativo à radiotelegrafia. ▸ Radiotelegráfico.

ra.dio.te.ra.pia. [raðjote'rapja] [raðjote'rapja] *f. Med.* 1. Tratamento de doenças por meio de toda classe de raios, em especial os raios X. ▸ Radioterapia. 2. Uso terapêutico do rádio e de outras substâncias radioativas. ▸ Radioterapia.

ra.dio.trans.mi.sor. [raðjotransmi'sor] [raðjotranhmi'sor] *m.* Aparelho usado em radiotelegrafia e radiotelefonia para produzir e emitir ondas portadoras de sinais e sons. ▸ Radiotransmissor.

ra.dio.yen.te. [raðjo'jente] [raðjo'ʃente] *com.* Pessoa que ouve o que se transmite por emissões radiotelefônicas. ▸ Ouvinte.

ra.er. [ra'er] [ra'er] *v.66.* Limpar uma superfície esfregando com um instrumento áspero ou cortante. ▸ Raspar.

rá.fa.ga. ['rafaɣa] ['rafaɣa] *f.* 1. Golpe de vento forte e de pouca duração. ▸ Rajada. 2. Conjunto de projéteis que, em sucessão muito rápida, dispara uma arma de fogo automática. ▸ Rajada. ◆ **Ráfaga de ametralladora.** Rajada de metralhadora.

ra.gú. [ra'ɣu] [ra'ɣu] *m. Cul.* Guisado de carne com batatas, cenouras e vagem, muito popular na França. ▸ Ragu.

ra.í.do, da. [ra'iðo] [ra'iðo] *adj.* Diz-se de roupa ou qualquer tecido muito gasto pelo uso. ▸ Puído.

ra.íl. [ra'il] [ra'il] *m.* Superfície de rolamento de uma via, especialmente a ferroviária. Carril. ▸ Trilho.

ra.íz. [ra'iθ] [ra'is] *f.* 1. *Bot.* Órgão das plantas responsável pela absorção de água e sais do solo. ▸ Raiz. 2. Causa ou origem de algo. ▸ Raiz. 3. *Anat.* Parte dos dentes dos vertebrados que está encravada no alvéolo dentário. ▸ Raiz. 4. *Mat.* Potência fracionária de um número. ▸ Raiz. 5. *Ling.* Elemento que forma a base de uma palavra. ▸ Raiz. ◆ **A raíz de.** Por causa de, em consequência de. **Echar raíces.** Fixar-se. **Raíz cuadrada.** *Mat.* Raiz quadrada. **Raíz cúbica.** *Mat.* Raiz cúbica.

ra.ja. ['raxa] ['raxa] *f.* 1. Pedaço de uma fruta grande, como melão ou melancia. ▸ Fatia. 2. Pedaço de madeira cortada com machado em forma adequada para queimar. ▸ Lenha. 3. Fenda, abertura ou quebra de uma coisa. ▸ Racha.

ra.já. [ra'xa] [ra'xa] *m.* Soberano da Índia. ▸ Marajá. ◆ **Vivir como um rajá.** Viver como um marajá.

ra.jar. [ra'xar] [ra'xar] *v.4.* 1. Dividir em pedaços no sentido do comprimento. ▸ Rachar. 2. Cortar em fatias. ▸ Fatiar. 3. Dizer ou contar muitas mentiras, especialmente para se fazer de valente. ▸ Gabar-se. *v.p.* 4. *fig.* e *fam.* Recuar no último momento. ▸ Desistir.

ra.ja.ta.bla(a). [raxa'taβla] [raxa'taβla] *loc.* Com retidão. ▸ À risca. *Durante el viaje de su madre, cumplió a rajatabla las instrucciones que ella le había dado.* Durante a viagem de sua mãe, cumpriu à risca as instruções que ela tinha dado.

ra.le.a. [ra'lea] [ra'lea] *f. pej.* Refere-se pejorativamente à massa do povo. ▸ Ralé.

ra.len.ti.zar. [ralenti'θar] [ralenti'sar] *v.13.* Tornar mais lento um processo ou atividade. ▸ Desacelerar. *Las nuevas tasas han ralentizado la venta de coches nuevos este mes.* As novas taxas desaceleraram a venda de carros novos este mês.

ra.lla.dor. [raʎa'ðor] [raʃa'ðor] *m.* Utensílio de cozinha que serve para ralar queijo, casca de limão, pão e outras coisas. ▸ Ralador.

ra.lla.du.ra. [raʎa'ðura] [raʃa'ðura] *f.* 1. Risco que faz o ralador na parte que sofreu atrito. ▸ Ralado. 2. O que fica ralado. ▸ Raladura.

ra.llar. [ra'ʎar] [ra'ʃar] *v.4.* Reduzir a migalhas uma coisa passando-a pelo ralador. ▸ Ralar.

ra.lo, la. ['ralo] ['ralo] *adj.* **1.** Que tem menos densidade do que deveria. ▸ Ralo. **2.** Pouco espesso. ▸ Ralo.

ra.ma. ['rama] ['rama] *f.* **1.** *Bot.* Cada uma das partes que nascem do caule de uma planta ou árvore. Galho. ▸ Ramo. **2.** Caixilho de ferro com que os tipógrafos apertam as formas de impressão. ▸ Rama. **3.** Grupo de pessoas que têm sua origem no mesmo tronco. ▸ Família genealógica. ♦ **Irse por las ramas.** Desviar do assunto. **De rama en rama.** De galho em galho.

ra.ma.dán. [rama'ðan] [rama'ðan] *m. Rel.* Nono mês do ano lunar dos muçulmanos, durante o qual praticam rigoroso jejum. ▸ Ramadã.

ra.ma.je. [ra'maxe] [ra'maxe] *m.* Conjunto de ramos de uma ou mais árvores. ▸ Ramagem.

ra.mal. [ra'mal] [ra'mal] *m.* **1.** Cada um dos fios que compõem uma corda. ▸ Ramal. **2.** Desvio ou ramificação que parte de uma via principal. ▸ Ramal.

ra.ma.la.zo. [rama'laθo] [rama'laso] *m.* **1.** Golpe dado com uma corda. ▸ Chicotada. **2.** A marca que deixa esse golpe. ▸ Vergão.

ram.bla. ['rambla] ['rambla] *f.* **1.** Sulco pelo qual correm as águas da chuva. ▸ Ravina. **2.** Rua larga e com árvores, geralmente com passeio para pedestres no meio. ▸ Calçadão. **3.** (*Arg.* e *Urug.*) Avenida que margeia lago, rio ou mar. ▸ Calçadão.

ra.me.ra. [ra'meɾa] [ra'meɾa] *f. pej.* Ver *prostituta.* ▸ Rameira.

ra.mi.fi.ca.ción. [ramifika'θjon] [ramifika'sjon] *f.* **1.** Extensão e divisão em ramos. ▸ Ramificação. **2.** Parte de uma coisa que deriva de outras. ▸ Ramificação. **3.** *Anat.* Divisão e extensão das artérias, veias e nervos. ▸ Ramificação.

ra.mi.fi.car. [ramifi'kar] [ramifi'kar] *v.7.* **1.** Brotar ramos nas plantas. ▸ Ramificar. **2.** *fig.* Estender-se as consequências de um fato ou sucesso. ▸ Ramificar. *v.p.* **3.** Dividir-se em ramos. ▸ Ramificar.

ra.mi.lle.te. [rami'ʎete] [rami'ʃete] *m.* **1.** Ramo pequeno de flores, buquê. ▸ Ramalhete. **2.** Adorno de mesa composto de peças ou figuras de metal ou mármore. ▸ Bibelô.

ra.mo. ['ramo] ['ramo] *m.* **1.** *Bot.* Divisão e subdivisão dos galhos. ▸ Ramo. **2.** Conjunto de flores, ramos, ervas ou de umas e outras coisas, naturais ou artificiais. **3.** *fig.* Cada uma das partes do saber. Área. ▸ Ramo.

ram.pa. ['rampa] ['rampa] *f.* **1.** Plano inclinado, disposto para que se suba e desça por ele. ▸ Rampa. **2.** Trecho em declive. Ladeira. ▸ Rampa.

ram.par. [ram'par] [ram'par] *v.4.* **1.** Deslizar pelo chão como os répteis. ▸ Arrastar. *U.t.c.v.p.* **2.** Ficar (um quadrúpede) levantado sobre as patas traseiras. ▸ Empinar-se.

ram.plón, plo.na. [ram'plon] [ram'plon] *adj.* **1.** Diz-se do calçado rústico, de sola grossa e larga. ▸ Ordinário. **2.** Diz-se de indivíduo grosseiro e de mau gosto. ▸ Tosco.

ra.na. ['rana] ['rana] *f. Zool.* Batráquio de cor verde que vive nas proximidades da água e emite sons durante a noite. ▸ Rã. ♦ **Cuando las ranas críen pelo.** *fig.* e *fam.* No Dia de São Nunca. **Hombre rana.** Homem-rã. **Salir rana.** Dar zebra. ➡ *Reino animal*

ran.che.ro, ra. [ran'tʃero] [ran'tʃero] *s.* **1.** Pessoa que dirige um rancho. ▸ Rancheiro. *f.* **2.** Nome que se dá à música e à dança popular de vários países da América. ▸ Rancheira. *adj.* **3.** Pertencente ou relativo ao rancho. ▸ Rancheiro.

ran.cho. ['rantʃo] ['rantʃo] *m.* **1.** (*Amér.*) Fazenda dedicada preferencialmente à criação de cavalos e bois. ▸ Rancho. **2.** Lugar fora da cidade em que se estabelecem várias famílias. ▸ Rancho. **3.** Comida que se faz para muitas pessoas, especialmente presos e soldados. ▸ Rancho.

ran.cio, cia. ['ranθjo] ['ransjo] *adj.* Diz-se de alimento que tem o gosto alterado com o passar do tempo. ▸ Rançoso.

ran.go. ['rango] ['rango] *m.* Posição que ocupa uma pessoa em seu meio profissional ou social. ▸ Categoria.

ranking. *m.* Ver *ranquin.* ▸ Ranking.

ran.quin. ['rankin] ['rankin] *m.* Classificação de maior a menor. ▸ Ranking.

ra.nu.ra. [ra'nuɾa] [ra'nuɾa] *f.* Sulco estreito e comprido que se faz em madeira ou outro material duro para encaixe ou guia de algo. ▸ Ranhura.

ra.pa.du.ra. [rapa'ðuɾa] [rapa'ðuɾa] *f.* Ato ou efeito de raspar a cabeça ou barbear-se.

ra.par. [ra'par] [ra'par] *v.4.* **1.** Raspar a cabeça. ▸ Raspar. **2.** Fazer a barba. ▸ Barbear-se.

ra.paz. [ra'paθ] [ra'pas] *adj.* **1.** Que se dedica ao roubo, furto ou rapina. ▸ Ladrão. *pl.* **2.** Aplica-se às aves de rapina. ▸ Rapace, rapinante. *U.t.c.s.*

ra.pel. [ra'pel] [ra'pel] *m. Desp.* Técnica de descida com o auxílio de cordas, por superfícies verticais e que apresentam algum tipo de dificuldade, como paredes rochosas. ▸ Rapel. *Mis amigos quieren que yo practique el rapel este fin de semana.* Meus amigos querem que eu pratique rapel neste fim de semana.

ra.pi.dez. [rapi'ðeθ] [rapi'ðes] *f.* **1.** Velocidade ou movimento acelerado. ▸ Rapidez. **2.** Qualidade de rápido. ▸ Rapidez.

rá.pi.do, da. ['rapiðo] ['rapiðo] *adj.* **1.** Que se faz ou acontece a grande velocidade, muito depressa. ▸ Rápido. **2.** Que se faz sem a devida atenção. ▸ Rápido.

ra.pi.ña. [ra'piɲa] [ra'piɲa] *f.* Roubo ou saque feito em grupo. ▸ Rapina.

ra.pi.ñar. [rapi'ɲar] [rapi'ɲar] *v.4.* Roubar ou saquear. ▸ Rapinar.

ra.po.se.ar. [rapose'ar] [rapose'ar] *v.4.* Atuar com estratagemas ou trapaças no jogo ou nos negócios. ▸ Ludibriar

ra.po.so, sa. [ra'poso] [ra'poso] *s.* Pouco usado. Ver *zorro*. ▸ Raposa.

rap.tar. [rap'tar] [rap'tar] *v.4.* Prender uma pessoa contra sua vontade, geralmente para alguma finalidade ilícita. ▸ Raptar.

rap.to. ['rapto] ['rapto] *m.* **1.** Ato de arrebatar uma pessoa pela força ou com engano. ▸ Rapto. **2.** Sequestro de pessoas com a finalidade de exigir resgate. ▸ Rapto. **3.** Estado provocado por uma emoção forte. ▸ Rapto.

ra.que.ta. [ra'keta] [ra'keta] *f. Desp.* Pá de forma oval com cabo e borda de madeira que é usada para impelir a bola no jogo de tênis e em outros esportes. ▸ Raquete.

ra.quí.ti.co, ca. [ra'kitiko] [ra'kitiko] *adj. fig.* **1.** Aplica-se às pessoas muito magras e pouco desenvolvidas fisicamente. ▸ Raquítico. **2.** Diz-se de coisa pequena e mesquinha. ▸ Raquítico.

ra.qui.tis.mo. [raki'tismo] [raki'tihmo] *m. Med.* Estado físico ou doença originada por falta de alimentação e de higiene e que produz debilidade geral. ▸ Raquitismo.

ra.re.za. [ra'reθa] [ra'resa] *f.* **1.** Forma extravagante de atuar ou comportar-se. ▸ Esquisitice, mania. **2.** Coisa rara ou estranha. ▸ Raridade.

ra.ri.dad. [rari'ðað] [rari'ðað] *f.* **1.** Qualidade de raro. ▸ Raridade. **2.** Coisa rara. ▸ Raridade.

ra.ro, ra. ['raro] ['raro] *adj.* **1.** Pouco comum ou frequente. Extraordinário. ▸ Raro. **2.** Diz-se de pessoa extravagante, que gosta de ser ou parecer diferente. ▸ Exótico, esquisito. **3.** Escasso dentro de sua classe ou espécie. ▸ Raro.

ras. ['ras] ['ras] *m.* Igualdade na superfície ou na altura das coisas. ▸ Nivelamento. ◆ **A ras.** Quase tocando uma coisa. ▸ Raspando.

ra.san.te. [ra'sante] [ra'sante] *adj.* Que passa muito perto do chão. ▸ Rasante.

ra.sar. [ra'sar] [ra'sar] *v.4.* Roçar um objeto no outro. ▸ Raspar.

ras.ca.cie.los. [raska'θjelos] [rahka'sjelos] *m.* Prédio de grande altura e com muitos andares. ▸ Arranha-céus.

ras.car. [ras'kar] [rah'kar] *v.7.* Raspar a pele com um objeto áspero ou com as unhas onde se sente coceira. ▸ Coçar. *U.t.c.v.p.* ◆ **Rascarse la barriga.** *fam.* Estar sem fazer nada. ▸ Ficar coçando.

ra.se.ra. [ra'sera] [ra'sera] *f.* Grande colher com furos que se usa na cozinha para retirar a fritura da frigideira. ▸ Escumadeira.

ras.ga.do, da. [ras'ɣaðo] [rah'ɣaðo] *adj.* **1.** Diz-se de uma varanda ou de uma janela que, quando grandes, recebem muita luz e proporcionam muito espaço. ▸ Espaçoso. **2.** Diz-se da boca ou dos olhos quando possuem tamanho alongado ou grande. ▸ Grande. *La chica tenía la boca rasgada, su sonrisa nos llamaba la atención.* A menina tinha uma boca grande, e seu sorriso nos chamava atenção.

ras.ga.du.ra. [rasɣa'ðura] [rahɣa'ðura] *f.* **1.** Ato ou efeito de rasgar. ▸ Rasgo. **2.** Rasgo grande em um tecido. ▸ Rasgão.

ras.gar. [ras'ɣar] [rah'ɣar] *v.9.* Partir em pedaços, só com as mãos, papel, peles e outros materiais sem usar tesoura ou outro instrumento. ▸ Rasgar.

❏ **ras.go.** ['rasɣo] ['rahɣo] *m.* Peculiaridade, propriedade ou traço distintivo. ▸ Traço.

ras.gue.ar. [rasɣe'ar] [rahɣe'ar] *v.4. Mús.* Tocar o violão ou outro instrumento roçando várias cordas ao mesmo tempo com a ponta dos dedos. ▸ Dedilhar.

ras.gue.o. [ras'ɣeo] [rah'ɣeo] *m. Mús.* Ato ou efeito de tocar o violão roçando várias cordas de uma vez. ▸ Dedilhado.

ras.gu.ñar. [rasɣu'ɲar] [rahɣu'ɲar] *v.4.* **1.** Produzir risco em uma superfície, passando as unhas ou um instrumento cortante. ▸ Arranhar. **2.** Fazer um desenho experimental, não definitivo. Rascunhar. ▸ Esboçar.

ras.gu.ño. [ras'ɣuɲo] [rah'ɣuɲo] *m.* **1.** Pequena ferida ou corte feito com as unhas. ▸ Arranhão. **2.** Desenho esboçado. Rascunho. ▸ Esboço.

ra.so, sa. ['raso] ['raso] *adj.* **1.** Que é liso e plano, sem asperezas. ▸ Raso. *U.t.c.s. m.* **2.** Tecido de seda fino e brilhante. ▸ Raso. ◆ **Al raso.** A céu aberto.

ras.pa. ['raspa] ['rahpa] *f.* Parte fina, como um fio, que sai da casca dos cereais. ▸ Casca.

ras.pa.du.ra. [raspa'ðura] [rahpa'ðura] *f.* **1.** Ato ou efeito de raspar. ▸ Raspadura. **2.** Aquilo que se tira da superfície raspando. ▸ Raspa.

ras.par. [ras'par] [rah'par] *v.4.* **1.** Desbastar a superfície de uma coisa tirando-lhe alguma parte. ▸ Raspar. **2.** Passar roçando. ▸ Raspar. **3.** Produzir uma sensação desagradável na pele. ▸ Raspar. **4.** Provocar (uma bebida) ardor ou irritação na garganta. ▸ Raspar.

ras.pón. [ras'pon] [rah'pon] *m.* Ver *rasguño*[1]. Raspão. ▸ Arranhão.

ras.po.na.zo. [raspo'naθo] [rahpo'naso] *m.* Lesão ou erosão superficial causada por um arranhão. ▸ Raspão.

ras.po.so, sa. [ras'poso] [rah'poso] *adj.* **1.** Áspero ao tato ou ao paladar. ▸ Áspero. **2.** *fig.* De difícil trato. ▸ Áspero. **3.** Diz-se da peça de roupa em mau estado e daquele que a veste. ▸ Maltrapilho.

ras.ta.cue.ro. [rasta'kwero] [rahta'kwero] *com.* Pessoa rica e arrogante, porém inculta e ignorante. ▸ Rastaquera.

ras.tre.ar. [rastre'ar] [rahtre'ar] *v.4.* **1.** Buscar, seguindo um rastro. ▸ Rastrear. **2.** Investigar uma coisa a partir de conjeturas e sinais. ▸ Rastrear.

ras.tre.o. [ras'treo] [rah'treo] *m.* Ato de rastrear ou seguir uma pista. ▸ Rastreamento.

ras.tre.ro, ra. [ras'trero] [rah'trero] *adj.* **1.** Que se arrasta. ▸ Rasteiro. **2.** *fig.* Diz-se de pessoa vil e desprezível. ▸ Rasteiro.

ras.tri.llar. [rastri'ʎar] [rahtri'ʃar] *v.4.* Limpar com rastelo o terreno de capim. ▸ Capinar, rastelar.

ras.tri.llo. [ras'triʎo] [rah'triʃo] *m.* Instrumento empregado na agricultura e na jardinagem, com cabo que forma um T com a parte inferior, dentada, que serve para juntar palha, folhas e para outros usos semelhantes. ▸ Ancinho, rastelo.

ras.tro. ['rastro] ['rahtro] *m.* **1.** Utensílio de ferro com cabo que se usa para pegar erva ou palha. ▸ Ancinho. **2.** Vestígio que denuncia a passagem de animal ou pessoa. ▸ Rastro. **3.** Feira na qual se costuma vender todo tipo de objetos, velhos ou novos. ▸ Mercado das pulgas. **4.** (*Amér.*) Lugar onde se abate o gado. ▸ Matadouro.

ras.tro.jo. [ras'troxo] [rah'troxo] *m.* **1.** Resto dos caules dos cereais que fica na terra depois da ceifa. ▸ Restolho. **2.** O terreno depois da ceifa até ser semeado. ▸ Restolho.

▫**ra.su.rar.** [rasu'rar] [rasu'rar] *v.4.* **1.** Raspar os pelos do corpo. ▸ Raspar. **2.** Aparar a barba. ▸ Fazer a barba. *U.t.c.v.p.*

ra.ta. ['rata] ['rata] *f. Zool.* **1.** Ver *ratón*[1]. ▸ Ratazana. **2.** Rato pequeno, de pelo branco e olhos vermelhos, empregado em experimentos científicos. ▸ Camundongo. **3.** *fig.* Pessoa desprezível. ♦ **Hacerse la rata.** *fig.* (*Arg.*) Cabular as aulas. **Más pobre que las ratas / que una rata.** *fig.* e *fam.* Muito pobre. ➡ *Reino animal*

ra.te.ar. [rate'ar] [rate'ar] *v.4.* **1.** Dividir ou distribuir proporcionalmente. ▸ Ratear. **2.** Furtar com sagacidade coisas pequenas. ▸ Passar a mão (sorrateiramente).

ra.te.o. [ra'teo] [ra'teo] *m.* Ato ou efeito de distribuir proporcionalmente alguma coisa. ▸ Rateio.

ra.te.rí.a. [rate'ria] [rate'ria] *f.* Furto de coisas de pouco valor. ▸ Surrupio.

ra.te.ro, ra. [ra'tero] [ra'tero] *adj.* Que furta coisas de pouco valor. ▸ Surrupiador. *U.t.c.s.*

ra.ti.ci.da. [rati'θiða] [rati'siða] *m.* Substância venenosa que se usa para exterminar ratos, ratazanas e camundongos. ▸ Raticida.

ra.ti.fi.car. [ratifi'kar] [ratifi'kar] *v.7.* Confirmar atos, palavras ou escritos como verdadeiros e certos. ▸ Ratificar.

▫**ra.to.** ['rato] ['rato] *m.* Espaço de tempo de pouca duração. ▸ Instante. ♦ **A cada rato.** A toda hora. **Al poco rato.** Pouco tempo depois. **A ratos.** Às vezes. **De rato en rato.** De tempos em tempos. **Para rato.** Por um bom tempo. **Pasar el rato.** Passar o tempo. **Un rato.** Um minuto / instante / momento.

ra.tón, to.na. [ra'ton] [ra'ton] *s.* **1.** *Zool.* Roedor que vive nas casas, no campo ou no esgoto e pode transmitir doenças aos seres humanos. ▸ Rato, camundongo. *m.* **2.** *Inform.* Acessório manual que permite acessar uma palavra, imagem, executar um comando, etc. na tela do computador. ▸ Mouse. ➡ *Reino animal*

ra.to.ne.ra. [rato'nera] [rato'nera] *f.* Armadilha para pegar camundongos. ▸ Ratoeira. ♦ **Caer en la ratonera.** Cair na armadilha.

rau.dal. [rau̯'ðal] [rau̯'ðal] *m.* **1.** Caudal de água que corre rápido e com força. ▸ Torrente. **2.** *fig.* Grande abundância ou fluência. ▸ Torrente.

rau.do, da. ['rau̯ðo] ['rau̯ðo] *adj.* Que é muito rápido ou precipitado. ▸ Veloz.

ra.vio.les. [ra'βjoles] [ra'βjoles] *m.pl. Cul.* Pequenos pedaços de massa recheados de carne, verduras ou queijo, que são cozidos e servidos com molho. ▸ Ravióli.

ra.ya. ['raja] ['raʃa] *f.* **1.** Linha ou sinal comprido e estreito que se faz em um corpo. ▸ Risca, raia. **2.** Risca na cabeça que se faz para dividir os cabelos com o pente. ▸ Risca. **3.** Prega vertical feita na roupa com o ferro de passar. ▸ Vinco. **4.** Dose de cocaína. ▸ Carreira. **5.** *Zool.* Tipo de peixe marinho ou de água doce. ▸ Raia. ♦ **A raya.** Dentro dos limites. ▸ Na linha. **A rayas.** Listrado (especialmente roupas). **Pasar de la raya.** Passar dos limites. **Tres en raya.** Jogo da velha. ➡ *Reino animal*

ra.ya.do, da. [ra'jaðo] [ra'ʃaðo] *adj.* Diz-se do conjunto de linhas de um papel ou tecido. ▸ Riscado.

ra.ya.no, na. [ra'jano] [ra'ʃano] *adj.* **1.** Que confina ou limita com uma coisa. ▸ Limítrofe. **2.** Que está na linha que divide dois territórios. ▸ Limítrofe.

ra.yar. [ra'jar] [ra'ʃar] *v.4.* **1.** Fazer riscos ou sublinhar. ▸ Riscar. **2.** Riscar uma superfície lisa com raias ou incisões. ▸ Riscar.

ra.yo. ['rajo] ['raʃo] *m.* **1.** Linha de luz que procede de um corpo luminoso. ▸ Raio. **2.** Faísca elétrica de grande intensidade produzida por descarga entre duas nuvens ou entre uma nuvem e a terra. ▸ Raio. ♦ **Echar rayos.** *fig.* Estar irado ou com muita raiva. ▸ Soltar fogo pelas ventas; cuspir fogo. **Rayo láser.** Raio *laser*. **Rayos X.** Raios X.

ra.yue.la. [ra'jwela] [ra'ʃwela] *f.* Tipo de brincadeira infantil. ▸ Amarelinha.

ra.za. ['raθa] ['rasa] *f.* Qualidade da origem ou linhagem, casta. ▸ Raça. ♦ **De raza.** De raça. **Perro de raza.** Cachorro de raça.

ra.zón. [ra'θon] [ra'son] *f.* **1.** Uso adequado das faculdades intelectuais. ▸ Razão. **2.** Argumentação ou demonstração que se aduz em apoio de alguma coisa. ▸ Razão. ♦ **A razón de.** Na proporção de. **Tener razón.** Ter razão.

ra.zo.na.ble. [raθo'naβle] [raso'naβle] *adj.* Que é justo e está de acordo com a razão. ▸ Razoável.

ra.zo.na.do, da. [raθo'nado] [raso'nado] *adj.* Fundamentado em razões, documentos ou provas. ▸ Embasado.

ra.zo.na.mien.to. [raθona'mjento] [rasona'mjento] *m.* Série de conceitos encaminhados para demonstrar uma coisa ou persuadir as pessoas. ▸ Raciocínio.

ra.zo.nar. [raθo'nar] [raso'nar] *v.4.* Refletir, ordenando ideias na mente, para chegar a uma conclusão. ▸ Raciocinar.

re. ['re] ['re] *m. Mús.* A segunda nota da escala musical. ▸ Ré.

re.a.brir. [rea'βrir] [rea'βrir] *v.6. p.p. irreg. reabierto.* Voltar a abrir. ▸ Reabrir.

re.ac.ción. [reak'θjon] [reak'sjon] *f.* **1.** Ação que se opõe a outra ação. ▸ Reação. **2.** Forma de comportamento diante de um estímulo. ▸ Reação.

re.ac.cio.nar. [reakθjo'nar] [reaksjo'nar] *v.4.* **1.** Começar a recuperar (alguém ou algo) a atividade que se tinha perdido. ▸ Reagir. **2.** Opor-se a algo que não se pode admitir. ▸ Reagir.

re.ac.cio.na.rio, ria. [reakθjo'narjo] [reaksjo'narjo] *adj. Polít.* **1.** Que pretende restabelecer o que foi abolido. ▸ Reacionário. *U.t.c.s.* **2.** Que se opõe às inovações. ▸ Reacionário.

re.a.cio, cia. [re'aθjo] [re'asjo] *adj.* Que mostra resistência a aceitar ou fazer algo. ▸ Reticente.

re.ac.ti.va.ción. [reaktiβa'θjon] [reaktiβa'sjon] *f.* **1.** Ato ou efeito de reativar. ▸ Reativação. **2.** Retorno ao estado ativo. ▸ Reativação.

re.ac.ti.var. [reakti'βar] [reakti'βar] *v.4.* Tornar novamente ativo. ▸ Reativar.

re.ac.ti.vo, va. [reak'tiβo] [reak'tiβo] *adj.* Que produz reação. ▸ Reativo. *U.t.c.m.*

re.ac.tor. [reak'tor] [reak'tor] *m.* **1.** Motor de propulsão a jato. ▸ Reator. **2.** Avião equipado com motor de reação. ▸ Reator. ♦ **Reactor nuclear.** Reator nuclear.

re.ad.mi.sión. [reaðmi'sjon] [reaðsmi'sjon] *f.* Admissão pela segunda ou mais vezes. ▸ Readmissão.

re.ad.mi.tir. [reaðmi'tir] [reaðmi'tir] *v.6.* Tornar a admitir. ▸ Readmitir.

re.a.fir.mar. [reafir'mar] [reafir'mar] *v.4.* **1.** Voltar a afirmar. ▸ Reafirmar. **2.** Insistir em uma afirmação. ▸ Reafirmar.

re.a.gru.par. [reaɣru'par] [reaɣru'par] *v.4.* Agrupar de novo ou de forma diferente da anterior. ▸ Reagrupar.

re.a.jus.tar. [reaxus'tar] [reaxuh'tar] *v.4.* **1.** Tornar a ajustar. ▸ Reajustar. **2.** Aumentar ou diminuir preços, salários, impostos, etc. ▸ Reajustar.

re.a.jus.te. [rea'xuste] [rea'xuhte] *m.* Ato ou efeito de reajustar. ▸ Reajuste.

re.al. [re'al] [re'al] *adj.* **1.** Que tem existência verdadeira. ▸ Real. **2.** Pertencente ou relativo ao rei ou à realeza. ▸ Real. **3.** *fig.* De proporções grandiosas, suntuosas. ▸ Real. *m.* **4.** Antiga moeda espanhola. ▸ Real.

re.al.ce. [re'alθe] [re'alse] *m.* **1.** Adorno em relevo na superfície de uma coisa. ▸ Realce. **2.** *fig.* Grandeza destacada. ▸ Realce.

re.a.le.za. [rea'leθa] [rea'lesa] *f.* **1.** Dignidade do rei e da família real. ▸ Realeza. **2.** Conjunto de famílias reais. ▸ Realeza.

re.a.li.dad. [reali'ðaθ] [reali'ðað] *f.* **1.** Qualidade do que existe efetivamente. ▸ Realidade. **2.** Aquilo que é efetivo e tem valor prático. ▸ Realidade. ◆ **En realidad.** Na realidade.

re.a.lis.mo. [rea'lismo] [rea'lihmo] *m.* **1.** Forma de ver e apresentar coisas exatamente como são. ▸ Realismo. **2.** *Políti.* Doutrina política favorável à monarquia. ▸ Realismo. **3.** Movimento artístico que prega objetividade e um certo rigor científico, oposto ao Romantismo. ▸ Realismo.

re.a.lis.ta. [rea'lista] [rea'lihta] *adj.* **1.** Que atua com senso prático e se ajusta à realidade. ▸ Realista. **2.** *Políti.* Partidário do monarquismo. ▸ Realista. **3.** Partidário do movimento artístico realista. ▸ Realista. *U.t.c.s.*

re.a.li.za.ble. [reali'θaβle] [reali'saβle] *adj.* Que se pode realizar. ▸ Realizável.

re.a.li.za.ción. [realiθa'θjon] [realisa'sjon] *f.* Ato ou efeito de realizar(-se). ▸ Realização.

re.a.li.zar. [reali'θar] [reali'sar] *v.13.* **1.** Pôr em prática alguma coisa ou executar uma ação. ▸ Realizar. **2.** Transformar em dinheiro. ▸ Realizar. *v.p.* **3.** Sentir-se satisfeito por haver conseguido o que se aspirava. ▸ Realizar-se.

re.al.zar. [real'θar] [real'sar] *v.13.* Elevar ou destacar uma coisa dentre outras. ▸ Realçar.

re.a.ni.mar. [reani'mar] [reani'mar] *v.4.* **1.** Restituir os sentidos, o ânimo, as forças. *U.t.c.v.p.* **2.** Fazer com que alguém desacordado recobre os sentidos. ▸ Reanimar. *U.t.c.v.p.*

re.a.nu.dar. [reanu'ðar] [reanu'ðar] *v.4.* Continuar o que se tinha interrompido. ▸ Reatar.

re.a.pa.re.cer. [reapare'θer] [reapare'ser] *v.24.* Voltar a mostrar-se ou a aparecer. Ressurgir. ▸ Reaparecer.

re.a.per.tu.ra. [reaper'tura] [reaper'tura] *f.* Ato de voltar ao funcionamento um estabelecimento que tinha suspendido suas atividades. ▸ Reabertura.

re.ar.mar. [rear'mar] [rear'mar] *v.4.* Equipar novamente com armas ou reforçar o armamento de uma força militar ou policial. ▸ Rearmar.

re.ar.me. [re'arme] [re'arme] *m.* Ato ou efeito de voltar a armar(-se). ▸ Rearmamento.

re.a.vi.var. [reaβi'βar] [reaβi'βar] *v.4.* **1.** Voltar à vida. ▸ Reavivar. **2.** Adquirir novo ânimo para viver. ▸ Reavivar. **3.** Avivar novamente. Estimular, reacender. ▸ Reavivar.

re.ba.ja. [re'βaxa] [re'βaxa] *f.* **1.** Desconto nos preços. ▸ Abatimento. *pl.* **2.** Venda de mercadorias a preços mais baixos durante um período determinado. ▸ Liquidação.

re.ba.jar. [reβa'xar] [reβa'xar] *v.4.* **1.** Fazer mais baixo o nível ou a altura de um terreno ou outra coisa. ▸ Rebaixar. **2.** *fig.* Desacreditar ou humilhar uma pessoa. ▸ Rebaixar. **3.** Deixar mais baixo o preço de uma coisa. ▸ Reduzir. ◆ **Hacer una rebaja.** Dar um desconto.

re.ba.na.da. [reβa'naða] [reβa'naða] *f.* Porção fina e comprida que se tira de uma coisa, especialmente de pão. ▸ Fatia.

re.ba.nar. [reβa'nar] [reβa'nar] *v.4.* Cortar em fatias. ▸ Fatiar.

re.ba.ñar. [reβa'ɲar] [reβa'ɲar] *v.4.* **1.** Recolher alguma coisa sem deixar nada. ▸ Arrebanhar. **2.** Pegar para comer os resíduos de comida de um prato ou vasilha. ▸ Arrebanhar.

re.ba.ño. [re'βaɲo] [re'βaɲo] *m. col.* **1.** Conjunto de cabeças de gado ou ovelhas. ▸ Rebanho. **2.** *fig. Rel.* Congregação de fiéis em relação aos pastores espirituais. ▸ Rebanho.

re.ba.sar. [reβa'sar] [reβa'sar] *v.4.* **1.** Passar dos limites permitidos. ▸ Ultrapassar. **2.** Deixar para trás um limite, ponto ou lugar. ▸ Ultrapassar.

re.ba.tir. [reβa'tir] [reβa'tir] *v.6.* **1.** Afastar ou rejeitar com violência. ▸ Rebater. **2.** Contrapor argumentos a uma afirmação alheia. ▸ Rebater.

re.ba.to. [re'βato] [re'βato] *m.* **1.** Convocação de vizinhos de uma comunidade feita por toque de sinos ou outro sinal. ▸ Chamado. **2.** Sinal sonoro ocasionado por algum acontecimento perigoso. ▸ Rebate. ◆ **De rebato.** De repente.

re.be.lar. [reβe'lar] [reβe'lar] *v.4. v.p.* **1.** Sublevar-se contra a ordem legalmente estabelecida. ▸ Rebelar-se. **2.** Opor resistência. ▸ Rebelar-se.

re.bel.de. [re'βelde] [re'βelde] *adj.* Que se rebela. ▸ Rebelde. *U.t.c.s.*

re.bel.dí.a. [reβel'dia] [reβel'dia] *f.* **1.** Qualidade e ato próprio do rebelde. ▸ Rebeldia. **2.** *Dir.* Situação em que se encontra aquele que não obedece a uma intimação judicial. ▸ Rebeldia. ◆ **En rebeldía.** À revelia.

re.be.lión. [reβe'ljon] [reβe'ljon] *f.* Ato ou efeito de sublevar(-se), rebelar(-se). ▶ Rebelião.

re.blan.de.cer. [reβlande'θer] [reβlande'ser] *v.24.* Tornar mole uma coisa ou suavizá-la. ▶ Amolecer.

re.bo.bi.na.do. [reβoβi'naðo] [reβoβi'naðo] *m.* Ato ou efeito de rebobinar. ▶ Rebobinado.

re.bo.bi.nar. [reβoβi'nar] [reβoβi'nar] *v.4.* **1.** Substituir o fio de uma bobina elétrica por outro. ▶ Rebobinar. **2.** Fazer que um fio ou fita se desenrole de um carretel para enrolar-se em outro. ▶ Rebobinar.

re.bor.de. [re'βorðe] [re'βorðe] *m.* Faixa estreita e voltada para fora na borda de alguma coisa. ▶ Rebordo.

re.bo.sar. [reβo'sar] [reβo'sar] *v.4.* **1.** Derramar-se um líquido por cima da borda de um recipiente. ▶ Transbordar. **2.** Haver ou ter muito de alguma coisa. ▶ Abundar.

re.bo.tar. [reβo'tar] [reβo'tar] *v.4.* **1.** Pular um corpo ao bater contra uma superfície dura. ▶ Rebater. **2.** Pular repetidamente, um corpo elástico, sobre o chão ou sobre outro corpo. ▶ Rebater. *v.p.* **3.** Ficar fora de si. ▶ Irritar-se.

re.bo.te. [re'βote] [re'βote] *m.* **1.** Ato ou efeito de rebater. ▶ Rebote. **2.** Cada um dos pulos que, depois do primeiro, dá o corpo que rebate. ▶ Rebote.

re.bo.zar. [reβo'θar] [reβo'sar] *v.13.* **1.** Cobrir o rosto com capa ou manto. ▶ Encobrir. **2.** *Cul.* Banhar um alimento em ovos batidos, farinha ou outra coisa. ▶ Empanar. **3.** *fig.* Encobrir ou dissimular intenções ou propósitos. ▶ Omitir.

re.bo.zo. [re'βoθo] [re'βoso] *m.* **1.** Jeito de levar a capa ou o manto cobrindo o rosto. ▶ Embuço. **2.** *fig.* Simulação, pretexto para ocultar algo. ▶ Omissão. ◆ **De rebozo.** De modo oculto. **Sin rebozo.** Francamente.

re.bro.tar. [reβro'tar] [reβro'tar] *v.4.* **1.** *Bot.* Voltar a brotar (as plantas). ▶ Renascer. **2.** Renascer o que parecia estar perdido. ▶ Reviver.

re.bu.llir. [reβu'ʎir] [reβu'ʃir] *v.51.* **1.** Começar ou tornar a mover o que estava parado. ▶ Remexer. **2.** Voltar a ter ânimo. ▶ Reanimar.

re.bus.car. [reβus'kar] [reβuh'kar] *v.7.* **1.** Procurar ou buscar com cuidado. ▶ Rebuscar. **2.** *Agr.* Pegar os frutos que ficam no campo após a colheita. ▶ Recolher.

re.buz.nar. [reβuθ'nar] [reβuh'nar] *v.4.* Emitir zurros (o burro). ▶ Zurrar.

re.buz.no. [re'βuθno] [re'βuhno] *m.* Som que emite o burro. Orneio. ▶ Zurro.

re.ca.bar. [reka'βar] [reka'βar] *v.4.* **1.** Pedir com súplicas aquilo que se deseja. ▶ Suplicar. **2.** Reclamar uma coisa à qual se tem direito. ▶ Exigir. **3.** Levantar, recolher dados, informações. ▶ Arrecadar.

re.ca.de.ro, ra. [reka'ðero] [reka'ðero] *s.* Pessoa que leva recados ou mensagens de um lugar para outro. ▶ Mensageiro.

re.ca.do. [re'kaðo] [re'kaðo] *m.* **1.** Mensagem ou resposta recebida indiretamente. ▶ Recado. **2.** Encargo que deve ser atendido. ▶ Encomenda. **3.** Compras diárias feitas para a provisão da casa em mercados, lojas, feiras, etc. ▶ Compra.

re.ca.er. [reka'er] [reka'er] *v.30.* **1.** Cair novamente em uma doença, vício ou erro que se teve anteriormente. ▶ Recair. **2.** Assumir por direito ou obrigação um benefício ou uma responsabilidade. ▶ Recair.

re.ca.í.da. [reka'iða] [reka'iða] *f.* Ato ou efeito de recair. ▶ Recaída.

re.ca.lar. [reka'lar] [reka'lar] *v.4. Mar.* Chegar um navio a um ponto da costa para carga ou descarga. ▶ Recalar.

re.cal.car. [rekal'kar] [rekal'kar] *v.7.* **1.** Encher um recipiente apertando o conteúdo para que caiba mais. ▶ Recalcar. **2.** Falar devagar e com força de expressão para dar maior ênfase ao que se disse. Repisar. ▶ Reforçar, recalcar.

re.cal.ci.tran.te. [rekalθi'trante] [rekalsi'trante] *adj.* Aferrado a uma opinião ou conduta sem querer saber se está certo ou errado. Teimoso. ▶ Recalcitrante.

re.ca.len.tar. [rekalen'tar] [rekalen'tar] *v.15.* Tornar a aquecer ou esquentar demais uma coisa. ▶ Reaquecer, requentar.

re.cam.bio. [re'kambjo] [re'kambjo] *m.* Peça destinada a substituir outra igual, de uma máquina, aparelho ou instrumento. ▶ Reposição. ◆ **De recambio.** De reposição. **Volver el recambio.** *fig.* Pagar com a mesma moeda.

re.ca.pa.ci.tar. [rekapaθi'tar] [rekapasi'tar] *v.4.* Refletir criticamente sobre os próprios atos. ▶ Meditar.

re.ca.pi.tu.la.ción. [rekapitula'θjon] [rekapitula'sjon] *f.* Ato ou efeito de recapitular, resumo. ▶ Recapitulação.

re.ca.pi.tu.lar. [rekapitu'lar] [rekapitu'lar] *v.4.* Resumir de forma ordenada o que se expressou anteriormente. ▶ Recapitular.

re.car.ga.do, da. [rekarˈɣaðo] [rekarˈɣaðo] *adj.* **1.** Que tem muita carga. ▶ Sobrecarregado. **2.** Diz-se de objeto ou pintura que tem excesso de enfeites ou de cores. ▶ Carregado.

re.car.gar. [rekarˈɣar] [rekarˈɣar] *v.9.* **1.** Voltar a carregar. ▶ Recarregar. **2.** *fig.* Aumentar uma quota de imposto ou outra prestação que se está devendo. ▶ Reajustar. **3.** Carregar demais. ▶ Sobrecarregar.

re.car.go. [reˈkarɣo] [reˈkarɣo] *m.* Quantidade ou porcentagem que se aumenta em um preço ou taxa. Aumento. ▶ Correção.

re.ca.ta.do, da. [rekaˈtaðo] [rekaˈtaðo] *adj.* Diz-se de pessoa honesta e discreta. ▶ Recatado.

re.ca.to. [reˈkato] [reˈkato] *m.* Atitude de prudência, cautela, reserva. ▶ Recato.

re.cau.chu.tar. [rekau̯tʃuˈtar] [rekau̯tʃuˈtar] *v.4.* Tornar a cobrir de borracha a parte desgastada de um pneu. ▶ Recauchutar.

re.cau.da.ción. [rekau̯ðaˈθjon] [rekau̯ðaˈsjon] *f.* **1.** Ato ou efeito de cobrar, em dinheiro ou bens, dívidas, impostos ou outras obrigações. ▶ Arrecadação. **2.** Órgão público que recolhe contribuições fiscais. ▶ Fazenda.

re.cau.da.dor, do.ra. [rekau̯ðaˈðor] [rekau̯ðaˈðor] *s.* Entidade encarregada da cobrança de impostos e outras receitas públicas. ▶ Arrecadador.

re.cau.dar. [rekau̯ˈðar] [rekau̯ˈðar] *v.4.* Cobrar ou receber tributos e receitas públicas ou outros pagamentos em dinheiro ou em bens. ▶ Arrecadar.

re.cau.do. [reˈkau̯ðo] [reˈkau̯ðo] *m.* **1.** Ato de arrecadar. ▶ Cobrança. **2.** Cautela antecipada e cuidado na custódia de dinheiro, bens e valores. ▶ Caução.

re.ce.lar. [reθeˈlar] [reseˈlar] *v.4.* Temer, desconfiar e suspeitar de algo ou de alguém. ▶ Recear.

re.ce.lo. [reˈθelo] [reˈselo] *m.* **1.** Ato ou efeito de recear. ▶ Receio. **2.** Suspeita, desconfiança. ▶ Receio.

re.ce.lo.so, sa. [reθeˈloso] [reseˈloso] *adj.* Que tem receio ou suspeita de tudo. Desconfiado. ▶ Receoso.

re.cep.ción. [reθepˈθjon] [resepˈsjon] *f.* **1.** Ato ou festa que se celebra para recepcionar uma pessoa importante. ▶ Recepção. **2.** Local destinado ao recebimento de pessoas ou coisas. ▶ Recepção.

re.cep.cio.nis.ta. [reθepθjoˈnista] [resepsjoˈnihta] *com.* Pessoa encarregada de atender o público em uma empresa. ▶ Recepcionista.

re.cep.tá.cu.lo. [reθepˈtakulo] [resepˈtakulo] *m.* Lugar em que se recolhe alguma coisa. ▶ Receptáculo.

re.cep.ti.vo, va. [reθepˈtiβo] [resepˈtiβo] *adj.* Que recebe ou tem condições de receber. ▶ Receptivo.

re.cep.tor, ra. [reθepˈtor] [resepˈtor] *m.* **1.** Aparelho que serve para receber ondas emitidas por aparatos emissores. ▶ Receptor. *adj.* **2.** Que recebe algo ou alguém. **3.** *Ling.* Na conversação, papel de quem ouve. ▶ Receptor.

re.ce.sión. [reθeˈsjon] [reseˈsjon] *f. Fin.* Queda nas atividades econômicas, geralmente temporária. ▶ Recessão.

re.ce.si.vo, va. [reθeˈsiβo] [reseˈsiβo] *adj.* Que provoca recessão. ▶ Recessivo.

re.ce.so. [reˈθeso] [reˈseso] *m.* Suspensão temporária das atividades de um órgão legislativo ou judiciário. ▶ Recesso.

re.ce.ta. [reˈθeta] [reˈseta] *f.* **1.** *Med.* Prescrição facultativa e nota escrita dessa prescrição. ▶ Receita. **2.** Anotação dos elementos ou ingredientes necessários para compor uma coisa, especialmente uma comida, e o modo de, a partir deles, fazer essa composição. ▶ Receita.

re.ce.tar. [reθeˈtar] [reseˈtar] *v.4.* Formular uma receita. ▶ Receitar.

re.cha.zar. [retʃaˈθar] [retʃaˈsar] *v.13.* **1.** *Fís.* Resistir um corpo a outro, forçando-o a afastar-se. ▶ Rechaçar. **2.** *fig.* Rejeitar uma coisa, não aceitá-la. ▶ Rechaçar.

re.cha.zo. [reˈtʃaθo] [reˈtʃaso] *m.* **1.** Ato ou efeito de rechaçar. ▶ Rechaço. **2.** Retrocesso que faz um corpo ao encontrar, em seu movimento, uma resistência. ▶ Rechaço.

Rechazos

No, gracias. Hoy no puedo/quiero/
tengo ganas.
Lo siento, pero no...
Lo siento, es que...
      Ver *invitaciones* e *aceptaciones*.

re.chi.fla. [reˈtʃifla] [reˈtʃifla] *f.* Som insistente que se faz em sinal de desaprovação de alguma coisa. ▶ Vaia.

re.chi.nar. [retʃiˈnar] [retʃiˈnar] *v.4.* **1.** Fazer uma coisa um som estridente pelo atrito com outra. ▶ Arranhar. **2.** *fig.* Participar com desgosto de alguma coisa ou fazê-la com repugnância. ▶ Chiar.

re.chis.tar. [retʃisˈtar] [retʃihˈtar] *v.4.* **1.** Produzir algum tipo de som com a intenção de falar. ▸ Chiar. **2.** Contestar, reclamar quando não se está de acordo sobre um tema. ▸ Resmungar.

re.chon.cho, cha. [reˈtʃontʃo] [reˈtʃontʃo] *adj.* Diz-se de pessoa muito gorda. ▸ Rechonchudo.

re.ci.bi.dor. [reθiβiˈðor] [resiβiˈðor] *m.* Espaço destinado, em um edifício ou residência, à entrada e saída de pessoas, e que é anterior às outras dependências. ▸ Saguão, hall.

re.ci.bi.mien.to. [reθiβiˈmjento] [resiβiˈmjento] *m.* **1.** Ato de receber. ▸ Recebimento. **2.** Acolhida, boa ou não, que se faz ao que vem de fora. ▸ Recepção.

re.ci.bir. [reθiˈβir] [resiˈβir] *v.6.* **1.** Aceitar o que é ganho ou recebido. ▸ Receber. **2.** Admitir (uma pessoa), em sua residência, convidados para uma festa ou reunião. ▸ Receber. **3.** Admitir, aceitar, aprovar uma coisa. ▸ Receber. *v.p.* **4.** Graduar-se. ▸ Formar-se. *Se recibió de arquitecto.* Formou-se arquiteto (em arquitetura).

re.ci.bo. [reˈθiβo] [reˈsiβo] *m.* **1.** Ato ou efeito de receber. ▸ Recibo. **2.** Documento assinado em que se declara ter recebido dinheiro ou outra coisa. ▸ Recibo.

re.ci.cla.je. [reθiˈklaxe] [resiˈklaxe] *m.* **1.** Ato ou efeito de reciclar. ▸ Reciclagem. **2.** Transformação ou aproveitamento de uma coisa para um uso ou destino novo. ▸ Reciclagem.

re.ci.clar. [reθiˈklar] [resiˈklar] *v.4.* **1.** Reaproveitar materiais como vidro, papel e outros, para transformá-los em matéria-prima de novos objetos. ▸ Reciclar. **2.** Dar formação complementar a profissionais, para atualizá-los em novas técnicas ou processos. ▸ Reciclar.

re.cién. [reˈθjen] [reˈsjen] *adv.* **1.** Feito ou acontecido pouco tempo antes de outro momento. ▸ Nem bem. *Recién desayuné y ya tengo hambre.* Nem bem tomei o café da manhã e já estou com fome. **2.** Há pouco tempo, recentemente. ▸ Recém. *Recién llegado.* Recém-chegado.

re.cien.te. [reˈθjente] [reˈsjente] *adj.* Que foi feito ou ocorreu há pouco tempo. ▸ Recente.

re.cien.te.men.te. [reθjenteˈmente] [resjenteˈmente] *adv.* Pouco tempo antes. ▸ Recentemente.

re.cin.to. [reˈθinto] [reˈsinto] *m.* **1.** Espaço compreendido dentro de limites bem definidos. ▸ Recinto. **2.** Ambiente no qual se realizam determinadas atividades. ▸ Recinto.

re.cio, cia. [ˈreθjo] [ˈresjo] *adj.* **1.** Diz-se de pessoa que mostra uma atitude decidida e um pouco rude. ▸ Bronco. *adv.* **2.** Forte, com força. *Habla recio que no se escucha.* Fale alto pois não se ouve.

re.ci.pien.te. [reθiˈpjente] [resiˈpjente] *m.* Utensílio destinado a guardar ou conservar algo. ▸ Recipiente.

re.ci.pro.ci.dad. [reθiproθiˈðað] [resiprosiˈðað] *f.* Correspondência mútua de uma pessoa ou coisa com outra. ▸ Reciprocidade.

re.cí.pro.co, ca. [reˈθiproko] [reˈsiproko] *adj.* **1.** Que estabelece uma correspondência igual entre dois elementos. ▸ Recíproco. **2.** Que é dado e recebido. ▸ Recíproco.

re.ci.ta.ción. [reθitaˈθjon] [resitaˈsjon] *f.* Ato de recitar. ▸ Recitação.

re.ci.ta.do. [reθiˈtaðo] [resiˈtaðo] *m.* Fragmento ou composição que se recita. ▸ Récita.

re.ci.tal. [reθiˈtal] [resiˈtal] *m.* **1.** *Mús.* Concerto composto de várias obras executadas por um ou vários músicos. ▸ Recital. **2.** *Lit.* Leitura ou recitação de composições poéticas. ▸ Recital.

re.ci.tar. [reθiˈtar] [resiˈtar] *v.4.* **1.** Pronunciar ou dizer em voz alta um discurso ou oração. ▸ Recitar. **2.** Declamar, de cor e em voz alta, versos ou trechos literários. ▸ Recitar.

re.cla.ma.ción. [reklamaˈθjon] [reklamaˈsjon] *f.* Protesto que se faz contra uma coisa, alegando injustiça ou expressando desacordo. ▸ Reclamação.

re.cla.mar. [reklaˈmar] [reklaˈmar] *v.4.* **1.** Protestar contra uma coisa, opor-se a ela de palavra ou por escrito. ▸ Reclamar. **2.** Reivindicar ou exigir uma coisa quando se tem direito. ▸ Reclamar.

re.cla.mo. [reˈklamo] [reˈklamo] *m.* **1.** Propaganda de um produto ou serviço, espetáculo, doutrina, etc. ▸ Propaganda, anúncio, reclame. **2.** *fig.* Qualquer coisa que atrai ou convida. ▸ Reclamo.

re.cli.na.ción. [reklinaˈθjon] [reklinaˈsjon] *f.* Ato ou efeito de reclinar(-se). ▸ Reclinação.

re.cli.nar. [rekliˈnar] [rekliˈnar] *v.4.* Inclinar uma coisa apoiando-a em outra. ▸ Reclinar. *U.t.c.v.p.*

re.cli.na.to.rio. [reklinaˈtorjo] [reklinaˈtorjo] *m.* **1.** Objeto próprio para alguém reclinar-se para descansar. ▸ Móvel reclinável. **2.** Móvel apropriado para ajoelhar-se e rezar. Reclinatório. ▸ Genuflexório.

re.cluir. [re'klwir] [re'klwiɾ] *v.28. p.p. reg. recluido/ irreg. recluso.* Pôr em reclusão. ▶ Encerrar.

re.clu.sión. [reklu'sjon] [reklu'sjon] *f.* **1.** Encerramento ou prisão voluntária ou forçada. ▶ Reclusão. **2.** Lugar em que se está recluso. ▶ Reclusão.

re.clu.so, sa. [re'kluso] [re'kluso] *adj.* Que está preso, prisioneiro ou isolado em algum lugar. ▶ Recluso.

re.clu.ta. [re'kluta] [re'kluta] *com.* **1.** Aquele que, por livre e própria vontade, se alista como soldado. ▶ Recruta. **2.** Homem jovem, alistado em recrutamento forçoso para o serviço militar. ▶ Recruta.

re.clu.tar. [reklu'tar] [reklu'taɾ] *v.4.* **1.** Convocar para o serviço militar obrigatório os jovens com certa idade. ▶ Recrutar. **2.** *fig.* Convocar e reunir pessoas para uma finalidade determinada. ▶ Recrutar.

re.co.brar. [reko'βrar] [reko'βraɾ] *v.4.* **1.** Tomar de volta ou adquirir o que antes se tinha ou possuía. Reaver. ▶ Recobrar. *v.p.* **2.** Voltar ao normal após uma doença ou um dano sofrido. Recuperar-se. ▶ Recobrar-se.

re.co.cer. [reko'θer] [reko'seɾ] *v.67.* Voltar a cozinhar ou prolongar o cozimento. ▶ Recozer.

re.co.chi.ne.o. [rekotʃi'neo] [rekotʃi'neo] *m. fam.* Brincadeira, normalmente incômoda, que se realiza a partir de algo que alguém diz ou faz. ▶ Zoeira, zombaria. *Hay que tener cuidado con el tono de uno tan recochineo en el trabajo.* É preciso ter cuidado com o tom das brincadeiras no trabalho.

re.co.do. [re'koðo] [re'koðo] *m.* Ângulo curvo, semelhante ao de um cotovelo, que formam os rios, as ruas, estradas, etc. ▶ Curva.

re.co.ge.dor. [rekoxe'ðor] [rekoxe'ðoɾ] *m.* Instrumento utilizado para recolher coisas do solo. ▶ Pá.

re.co.ge.pe.lo.tas. [rekoxepe'lotas] [rekoxepe'lotas] *com. Desp.* Pessoa encarregada de recolher a bola que sai da área de jogo, como quadras de tênis e campos de futebol, e devolvê-la aos jogadores para que se continue a partida. ▶ Gandula. *El recogepelotas del último partido actuó de manera ejemplar.* O gandula do último jogo atuou de maneira exemplar.

re.co.ger. [reko'xer] [reko'xeɾ] *v.11.* **1.** *Agr.* Fazer a colheita dos frutos no campo. ▶ Recolher. **2.** Apanhar algo que caiu no chão. ▶ Recolher. *v.p.* **3.** Retirar-se a algum lugar, longe do convívio com outras pessoas. ▶ Recolher-se.

re.co.gi.do, da. [reko'xiðo] [reko'xiðo] *adj.* **1.** Que vive alheio ao relacionamento com as pessoas. ▶ Recolhido. *f.* **2.** Ação ou efeito de coletar objetos de diferentes categorias e reuni-los por semelhança de matéria-prima com o objetivo de reciclá-los. ▶ Coleta (seletiva). *La recogida selectiva es fundamental a la sostenibilidad de los recursos medioambientales.* A coleta seletiva é fundamental para a sustentabilidade dos recursos do meio ambiente. *f.* **3.** *Agr.* Ato de colher os frutos de uma plantação. ▶ Colheita.

re.co.gi.mien.to. [rekoxi'mjento] [rekoxi'mjento] *m.* Ato ou efeito de recolher(-se). ▶ Recolhimento.

re.co.lec.ción. [rekolek'θjon] [rekolek'sjon] *f.* **1.** *Agr.* Ato de colher os alimentos cultivados no solo. ▶ Colheita. **2.** Cobrança de dinheiro. ▶ Arrecadação, coleta.

re.co.lec.tar. [rekolek'tar] [rekolek'taɾ] *v.4.* **1.** Juntar novamente pessoas ou coisas dispersas. ▶ Reunir. **2.** *Agr.* Fazer a colheita. ▶ Colher. **3.** Recopilar dados, informações, etc. ▶ Coletar.

re.co.lec.tor, to.ra. [rekolek'tor] [rekolek'toɾ] *m.* **1.** Pessoa ou entidade encarregada da cobrança de tributos ou rendas públicas. ▶ Arrecadador. **2.** Profissional que recolhe o lixo nas ruas. ▶ Lixeiro.

re.co.le.to, ta. [reko'leto] [reko'leto] *m. Rel.* Frade que guarda clausura. ▶ Recoleto.

re.co.men.da.ble. [rekomen'daβle] [rekomen'daβle] *adj.* **1.** Que pode ser recomendado. ▶ Recomendável. **2.** Digno de confiança e estima. ▶ Recomendável.

re.co.men.da.ción. [rekomenda'θjon] [rekomenda'sjon] *f.* **1.** Indicação com elogios de uma pessoa ou coisa que se faz a outra para uma finalidade determinada. ▶ Recomendação. **2.** Conselho que dá a alguém. ▶ Recomendação.

re.co.men.dar. [rekomen'dar] [rekomen'daɾ] *v.15.* **1.** Apresentar alguém a outra pessoa destacando suas boas qualidades. ▶ Recomendar. **2.** Aconselhar a uma pessoa alguma coisa para seu bem. ▶ Recomendar.

re.co.men.zar. [rekomen'θar] [rekomen'saɾ] *v.70.* Começar de novo. ▶ Recomeçar.

re.com.pen.sa. [rekom'pensa] [rekom'pensa] *f.* Retribuição que se concede ou dá por algum mérito ou serviço prestado. ▶ Recompensa.

re.com.pen.sar. [rekompen'sar] [rekompen'saɾ] *v.4.* **1.** Retribuir ou remunerar um serviço. ▶ Recompensar. **2.** Premiar um favor, virtude ou mérito. ▶ Recompensar.

re.com.po.ner. [rekompo'neɾ] [rekompo'neɾ] *v.40. p.p. irreg. recompuesto.* Compor novamente, melhorando, reparando ou consertando. ▸ Recompor.

re.con.ci.lia.ción. [rekonθilja'θjon] [rekonsilja'sjon] *f.* **1.** Ato ou efeito de reconciliar(-se). ▸ Reconciliação. **2.** Paz acordada entre facções em luta. ▸ Reconciliação.

re.con.ci.liar. [rekonθi'ljaɾ] [rekonsi'ljaɾ] *v.4.* Renovar uma amizade ou relação que se tinha perdido entre duas pessoas ou partes. ▸ Reconciliar. *U.t.c.v.p.*

re.cón.di.to, ta. [re'kondito] [re'kondito] *adj.* Que é muito íntimo, reservado, oculto. ▸ Recôndito.

re.con.for.tan.te. [rekonfoɾ'tante] [rekonfoɾ'tante] *adj.* Que revigora e dá nova força. ▸ Reconfortante.

re.con.for.tar. [rekonfoɾ'taɾ] [rekonfoɾ'taɾ] *v.4.* **1.** Dar nova energia. Animar. ▸ Reanimar.

re.co.no.cer. [rekono'θeɾ] [rekono'seɾ] *v.24.* **1.** Observar ou examinar uma pessoa ou coisa para ter a certeza de que é a mesma que se conhecia. ▸ Reconhecer. **2.** Mostrar agradecimento por algum bem recebido. ▸ Reconhecer. **3.** Identificar a legitimidade de uma obrigação em seu nome, como firma, documento, etc. ▸ Reconhecer.

re.co.no.ci.ble. [rekono'θiβle] [rekono'siβle] *adj.* Que pode ser reconhecido. ▸ Reconhecível.

re.co.no.ci.do, da. [rekono'θiðo] [rekono'siðo] *adj.* **1.** Que permite que se conheça sua identidade, natureza e circunstâncias. ▸ Reconhecido. **2.** Que demonstra agradecimento por um bem que foi recebido. Grato. ▸ Reconhecido.

re.co.no.ci.mien.to. [rekonoθi'mjento] [rekonosi'mjento] *m.* **1.** Ato de reconhecer ou examinar uma pessoa ou coisa. ▸ Reconhecimento. **2.** Gratidão por um benefício ou favor recebido. ▸ Reconhecimento. ◆ **Reconocimiento médico.** *Med.* Exame médico.

re.con.quis.ta. [rekon'kista] [rekon'kihta] *f.* Recuperação de um território ou outra coisa que se havia perdido anteriormente. ▸ Reconquista.

re.con.quis.tar. [rekonkis'taɾ] [rekonkih'taɾ] *v.4.* **1.** Tornar a conquistar uma região, uma cidade ou um país ocupado militarmente por outro. ▸ Reconquistar. **2.** *fig.* Recuperar o afeto e respeito dos outros ou algum bem material perdido. ▸ Reconquistar.

re.con.si.de.rar. [rekonsiðe'raɾ] [rekonsiðe'raɾ] *v.4.* Considerar novamente. ▸ Reconsiderar.

re.cons.ti.tuir. [rekonsti'twiɾ] [rekonhti'twiɾ] *v.32.* **1.** Tornar a constituir, refazer. ▸ Reconstituir. **2.** Fazer recuperar (um organismo vivo) suas condições normais. ▸ Reconstituir.

re.cons.ti.tu.yen.te. [rekonstitu'jente] [rekonhtitu'ʃente] *adj.* **1.** Que reconstitui. ▸ Reconstituinte. **2.** *Farm.* Que tem propriedade tônica e fortificante. ▸ Reconstituinte. *U.t.c.s.*

re.cons.truc.ción. [rekonstruk'θjon] [rekonhtruk'sjon] *f.* Restauração ou nova construção de uma casa ou outra obra de engenharia. ▸ Reconstrução.

re.cons.truir. [rekons'trwiɾ] [rekonh'trwiɾ] *v.28.* **1.** Tornar a construir. ▸ Reconstruir. **2.** *fig.* Trazer à memória lembranças ou ideias. ▸ Reconstruir.

re.con.tar. [rekon'taɾ] [rekon'taɾ] *v.18.* **1.** Contar mais de uma vez o número de coisas. ▸ Recontar. **2.** Informar ou referir pela segunda vez um fato ou acontecimento. ▸ Recontar.

re.con.ve.nir. [rekombe'niɾ] [rekombe'niɾ] *v.42.* Chamar a atenção ou repreender alguém pelo que tinha feito ou dito. ▸ Recriminar.

re.con.ver.tir. [rekombeɾ'tiɾ] [rekombeɾ'tiɾ] *v.22.* **1.** Fazer que volte à situação anterior o que tinha sido mudado. ▸ Reverter. **2.** Modificar a estrutura de algo. ▸ Reestruturar.

re.co.pi.la.ción. [rekopila'θjon] [rekopila'sjon] *f.* **1.** Resumo de uma obra ou discurso. ▸ Compilação. **2.** Coleção de escritos diversos. ▸ Compilação, recopilação.

re.co.pi.lar. [rekopi'laɾ] [rekopi'laɾ] *v.4.* **1.** Reunir em compêndio. ▸ Compilar. **2.** Recolher ou unir diversas coisas. ▸ Compilar, recopilar.

ré.cord. ['rekoɾð] ['rekoɾð] *m.* **1.** *Desp.* Melhor marca ou resultado conseguido em competições esportivas. ▸ Recorde. **2.** *fig.* Resultado máximo ou mínimo em qualquer atividade. ▸ Recorde.

re.cor.da.ción. [rekoɾða'θjon] [rekoɾða'sjon] *f.* **1.** Ato ou efeito de recordar(-se). ▸ Recordação. **2.** Assunto, coisa ou pessoa recordada. ▸ Recordação.

re.cor.dar. [rekoɾ'ðaɾ] [rekoɾ'ðaɾ] *v.18.* **1.** Trazer à memória uma coisa, lembrar. ▸ Recordar. **2.** *(Arg.* e *Méx.)* Despertar alguém que está dormindo. ▸ Acordar.

re.cor.da.to.rio, ria. [rekoɾða'toɾjo] [rekoɾða'toɾjo] *s.* Aviso ou outro meio que se destina a fazer lembrar alguma coisa. ▸ Lembrete.

re.co.rrer. [reko'reɾ] [reko'reɾ] *v.5.* **1.** Efetuar um trajeto ou atravessar um lugar em toda sua extensão. ▶ Percorrer. **2.** Olhar com cuidado para averiguar aquilo que se deseja saber ou encontrar. ▶ Examinar. **3.** Repassar ou ler muito por cima um escrito. ▶ Passar os olhos.

re.co.rri.do. [koko'riðo] [reko'riðo] *m.* **1.** Espaço que percorre ou tem de percorrer uma pessoa ou coisa. ▶ Percurso. **2.** Rota ou itinerário prefixado. ▶ Percurso.

re.cor.ta.ble. [rekoɾ'taβle] [rekoɾ'taβle] *m.* Folha de cartolina com figuras que as crianças recortam para aprender brincando.

re.cor.tar. [rekoɾ'taɾ] [rekoɾ'taɾ] *v.4.* **1.** Cortar o papel ou outro material. ▶ Recortar. **2.** Cortar sobras. ▶ Refilar. *v.p.* **3.** Desenhar o contorno de uma coisa sobre outra. ▶ Contornar.

re.cor.te. [re'koɾte] [re'koɾte] *m.* **1.** Ato ou efeito de recortar. ▶ Recorte. *pl.* **2.** Porções que sobram de alguma coisa. ▶ Retalhos.

re.cos.tar. [rekos'taɾ] [rekoh'taɾ] *v.18.* **1.** Reclinar (em pé ou sentado) a parte superior do corpo. ▶ Recostar. **2.** Inclinar uma coisa sobre outra. ▶ Recostar. *v.p.* **3.** Descansar deitado durante um breve tempo / um tempo curto. ▶ Recostar-se.

re.co.ve.co. [reko'βeko] [reko'βeko] *m.* **1.** Lugar escondido ou pouco conhecido de uma cidade. ▶ Recanto. **2.** Em casas e prédios, espaço entre cantos ou que deve ser contornado. ▶ Reentrância.

re.cre.a.ción. [rekɾea'θjon] [rekɾea'sjon] *f.* Atividade para divertimento ou relaxamento. ▶ Recreação, lazer.

re.cre.ar. [rekɾe'aɾ] [rekɾe'aɾ] *v.4.* **1.** Criar ou produzir novamente alguma coisa. ▶ Recriar. **2.** Proporcionar entretenimento. Divertir. ▶ Recrear.

re.cre.a.ti.vo, va. [rekɾea'tiβo] [rekɾea'tiβo] *adj.* Que recreia ou pode promover recreação. ▶ Recreativo.

re.cre.o. [re'kɾeo] [re'kɾeo] *m.* Tempo em meio a um dia de aula que se dá aos alunos nos colégios para descansarem ou brincarem. Intervalo. ▶ Recreio.

re.cri.mi.nar. [rekɾimi'naɾ] [rekɾimi'naɾ] *v.4.* Repreender uma pessoa por seu comportamento. ▶ Recriminar.

re.cru.de.cer. [rekɾuðe'θeɾ] [rekɾuðe'seɾ] *v.24.* **1.** Agravar-se um mal físico ou moral. ▶ Recrudescer. **2.** Piorar uma situação que não era boa. ▶ Recrudescer.

rec.ta. ['rekta] ['rekta] *f. Geom.* Linha que não tem curvas nem ângulos. ▶ Reta.

rec.tan.gu.lar. [rektangu'laɾ] [rektangu'laɾ] *adj.* Diz-se de figura que tem um ou mais ângulos retos. ▶ Retangular.

rec.tán.gu.lo, la. [rek'tangulo] [rek'tangulo] *adj.* **1.** Que tem ângulos retos. ▶ Retângulo. *m.* **2.** *Geom.* Figura geométrica com quatro ângulos retos e dois lados contíguos de diferente medida. ▶ Retângulo.

rec.ti.fi.ca.dor, do.ra. [rektifika'ðoɾ] [rektifika'ðoɾ] *m.* **1.** *Fís.* Aparelho que converte a corrente elétrica alternada em contínua. ▶ Transformador. **2.** *Mec.* Operário mecânico que trabalha em uma retificadora. ▶ Retificador. *f.* **3.** Máquina que se usa para retificar peças metálicas. ▶ Retificadora. **4.** Oficina na qual se retificam motores. ▶ Retífica.

rec.ti.fi.car. [rektifi'kaɾ] [rektifi'kaɾ] *v.7.* **1.** Dar a uma peça metálica as medidas certas. ▶ Retificar. **2.** Corrigir o que está errado. ▶ Retificar. **3.** Modificar a própria opinião. ▶ Retificar.

rec.ti.lí.ne.o, a. [rekti'lineo] [rekti'lineo] *adj. Geom.* Diz-se de figura que se compõe de linhas retas. ▶ Retilíneo.

rec.ti.tud. [rekti'tuθ] [rekti'tuð] *f.* **1.** Qualidade de reto. ▶ Retidão. **2.** Justa razão ou conhecimento prático do que devemos dizer ou fazer. Retitude. ▶ Retidão.

rec.to, ta. ['rekto] ['rekto] *adj.* **1.** Que não se inclina a um lado nem a outro, nem tem curvas ou ângulos. ▶ Reto. *m.* **2.** *Geom.* Aplica-se ao ângulo formado por duas retas perpendiculares. ▶ Reto. **3.** *fig.* Aplica-se à pessoa justa e honesta. ▶ Reto. *m.* **4.** *Anat.* Parte final do intestino grosso que termina no ânus. ▶ Reto.

rec.tor, to.ra. [rek'toɾ] [rek'toɾ] *s.* **1.** Pessoa que tem a seu cargo o governo de uma comunidade. ▶ Reitor. **2.** Superior de uma universidade ou centro de estudos superiores. ▶ Reitor.

rec.to.ra.do. [rekto'raðo] [rekto'raðo] *m.* Exercício do cargo de reitor e tempo que o exerce. ▶ Reitorado.

rec.to.rí.a. [rekto'ria] [rekto'ria] *f.* Local em que o reitor exerce sua função. ▶ Reitoria.

re.cua.dro. [reˈkwaðro] [reˈkwaðro] *m.* Espaço, no jornal ou em outra publicação, marcado por bordas para ressaltar uma informação. Quadro. ▸ Boxe.

re.cu.brir. [rekuˈβrir] [rekuˈβrir] *v.6. p.p. irreg. recubierto.* **1.** Tornar a cobrir. ▸ Recobrir. **2.** Pôr revestimento ou cobertura. ▸ Recobrir.

re.cuen.to. [reˈkwento] [reˈkwento] *m.* Comprovação do número de elementos que formam um conjunto. ▸ Contagem.

re.cuer.do. [reˈkwerðo] [reˈkwerðo] *m.* **1.** Lembrança que se tem de uma coisa passada. ▸ Recordação. **2.** Coisa que se dá de presente em sinal de apreço. ▸ Lembrança. *pl.* **3.** Saudações afetuosas a um ausente por escrito ou por intermédio de outra pessoa. ▸ Lembranças.

re.cu.lar. [rekuˈlar] [rekuˈlar] *v.4.* **1.** Andar para trás. Retroceder. ▸ Recuar. **2.** *fig.* Desistir alguém de sua opinião ou propósito. ▸ Recuar.

re.cu.pe.ra.ción. [rekuperaˈθjon] [rekuperaˈsjon] *f.* Ato ou efeito de recuperar(-se). ▸ Recuperação.

re.cu.pe.rar. [rekupeˈrar] [rekupeˈrar] *v.4.* **1.** Tornar a ter o que estava perdido. ▸ Recuperar. *v.p.* **2.** Restabelecer as condições normais de saúde. ▸ Recuperar-se. **3.** *fig.* Voltar à normalidade depois de passar por uma situação difícil. ▸ Recuperar-se.

re.cu.rrir. [rekuˈrir] [rekuˈrir] *v.6.* **1.** Dirigir-se a alguém para solicitar ajuda. ▸ Recorrer. **2.** Empregar meios não comuns para conseguir ou resolver algo. ▸ Recorrer.

re.cur.so. [reˈkurso] [reˈkurso] *m.* **1.** Meio que serve para conseguir o que se pretende. ▸ Recurso. **2.** Memorial, solicitação ou petição que se apresenta por escrito. ▸ Recurso. *pl.* **3.** Bens ou meios que tem uma pessoa ou empresa para subsistir. ▸ Recursos.

re.cu.sa.ción. [rekusaˈθjon] [rekusaˈsjon] *f.* Ato ou efeito de rejeitar uma coisa, ideia, petição, etc. ▸ Recusa.

re.cu.sar. [rekuˈsar] [rekuˈsar] *v.4.* Não admitir ou aceitar uma coisa. ▸ Recusar.

red. [ˈreθ] [ˈreð] *f.* **1.** Aparelho feito com fios, cordas ou arames que serve para pescar, caçar e outras finalidades. ▸ Rede. **2.** Conjunto de instalações feitas para atender a um serviço público, como fornecimento de água e energia elétrica. ▸ Rede. **3.** *Inform.* Sistema eletrônico de informação. ▸ Rede. **4.** Estabelecimentos de comércio distribuídos em vários lugares e pertencentes a uma só empresa ou sob uma mesma direção. ▸ Rede.

re.dac.ción. [reðakˈθjon] [reðakˈsjon] *f.* **1.** Ato ou efeito de redigir. ▸ Redação. **2.** Conjunto de redatores. ▸ Redação. **3.** Local em que se redige. ▸ Redação. **4.** Composição escrita como exercício na escola. ▸ Redação.

re.dac.tar. [reðakˈtar] [reðakˈtar] *v.4.* Registrar, por escrito e posteriormente, acontecimentos ou pensamentos. ▸ Redigir.

re.dac.tor, to.ra. [reðakˈtor] [reðakˈtor] *adj.* Que redige ou escreve habitualmente, em caráter profissional, para um jornal, revista ou outra publicação. ▸ Redator. *U.t.c.s.*

re.da.da. [reˈðaða] [reˈðaða] *f. fig.* Operação policial, rápida e de surpresa, para capturar pessoas procuradas. *Blitz.* ▸ Batida.

re.de.ci.lla. [reðeˈθiʎa] [reðeˈsiʃa] *f.* Rede ou malha muito fina que as mulheres usam para manter o penteado. ▸ Rede.

re.de.dor. [reðeˈðor] [reðeˈðor] *m.* Aquilo que limita certo espaço ou do corpo. Contorno. ▸ Redor. ♦ **Al rededor / alrededor / en rededor.** Ao redor.

re.den.ción. [reðenˈθjon] [reðenˈsjon] *f.* Ato ou efeito de redimir(-se). ▸ Redenção.

re.den.tor, to.ra. [reðenˈtor] [reðenˈtor] *adj.* **1.** Que redime ou salva o outro de um mal. ▸ Redentor. *U.t.c.s. m.* **2.** *Rel.* Aplica-se especialmente a Jesus Cristo. ▸ Redentor.

re.dil. [reˈðil] [reˈðil] *m.* Curral cercado para recolher gado menor. ▸ Redil.

re.di.mir. [reðiˈmir] [reðiˈmir] *v.6.* **1.** Livrar do cativeiro ou da escravidão pagando um preço. ▸ Remir, resgatar. **2.** Deixar livre de ônus. ▸ Isentar.

ré.di.to. [ˈreðito] [ˈreðito] *m.* **1.** Rendimento ou juros que dá um capital aplicado. ▸ Rendimento. **2.** *Fin.* Arrecadação, procedente de diversas fontes, que fazem as repartições públicas. ▸ Receita.

re.do.blar. [reðoˈβlar] [reðoˈβlar] *v.4.* **1.** Aumentar uma coisa ao dobro do que era antes. ▸ Redobrar. **2.** Emitir rufos (um tambor). ▸ Rufar. **3.** Soar o sino. ▸ Dobrar.

re.do.ble. [reˈðoβle] [reˈðoβle] *m. Mús.* Toque vivo e rápido do tambor ou do bombo. ▸ Rufo do tambor.

re.do.ma. [reˈðoma] [reˈðoma] *f.* Vasilha de vidro larga no fundo e estreita na boca usada nos laboratórios. ▸ Pipeta.

re.don.de.ar. [reðonde'aɾ] [reðonde'aɾ] *v.4.* **1.** Tornar redondo, em forma de círculo. ▸ Arredondar. **2.** *fig.* Acabar ou completar algo de forma satisfatória. ▸ Arredondar. **3.** *Mat.* Desprezar os valores fracionários inferiores à unidade. ▸ Arredondar.

re.don.dez. [reðon'deθ] [reðon'des] *f.* Qualidade do que é redondo. ▸ Redondez.

re.don.di.lla. [reðon'diʎa] [reðon'diʃa] *f.* **1.** *Ling.* Tipo de letra redonda. ▸ Redondo. **2.** *Lit.* Combinação métrica usada pelos poetas em seus versos. ▸ Redondilha.

re.don.do, da. [re'ðondo] [re'ðondo] *adj.* **1.** De figura ou forma esférica ou circular ou semelhante a elas. ▸ Redondo. **2.** *fig.* Que apresenta perfeição. Completo, benfeito. ▸ Redondo. ◆ **Salir algo redondo.** Sair perfeito.

re.duc.ción. [reðuk'θjon] [reðuk'sjon] *f.* **1.** Ato ou efeito de reduzir. ▸ Redução. **2.** *Med.* Ato de fazer voltar a seu lugar ossos que saíram de sua articulação ou juntar as partes de um osso fraturado. ▸ Redução. **3.** *Rel.* Na América espanhola, diz-se de povoados habitados por indígenas convertidos ao cristianismo.

re.du.ci.do, da. [reðu'θiðo] [reðu'siðo] *adj.* **1.** Que é estreito, pequeno ou limitado. ▸ Reduzido. **2.** Que teve seu tamanho ou volume diminuído. ▸ Reduzido.

re.du.cir. [reðu'θiɾ] [reðu'siɾ] *v.37.* **1.** Tornar menor. Diminuir. ▸ Reduzir. **2.** Resumir em poucas palavras um discurso ou escrito. Editar. ▸ Reduzir.

re.duc.to. [re'ðukto] [re'ðukto] *m.* **1.** Lugar no qual se conservam costumes e tradições antigas desaparecidas em outras partes. ▸ Reduto. **2.** Lugar em que um grupo resiste aos ataques do inimigo. ▸ Reduto.

re.duc.tor, to.ra. [reðuk'toɾ] [reðuk'toɾ] *adj.* Que reduz ou serve para reduzir. ▸ Redutor.

re.dun.dan.cia. [reðun'danθja] [reðun'dansja] *f. Ling.* Repetição ou uso excessivo de uma palavra ou conceito. ▸ Redundância.

re.dun.dan.te. [reðun'dante] [reðun'dante] *adj.* Que repete várias vezes. Repetitivo. ▸ Redundante.

re.du.pli.ca.ción. [reðuplika'θjon] [reðuplika'sjon] *f.* Ato ou efeito de duplicar. ▸ Duplicação.

re.du.pli.car. [reðupli'kaɾ] [reðupli'kaɾ] *v.7.* Aumentar uma coisa ao dobro. ▸ Duplicar.

re.e.di.ción. [reeði'θjon] [reeði'sjon] *f.* **1.** Ato de reeditar. ▸ Reedição. **2.** Nova edição de um livro, revista ou outra publicação. ▸ Reedição.

re.e.di.tar. [reeði'taɾ] [reeði'taɾ] *v.4.* Voltar a editar. ▸ Reeditar.

re.e.le.gir. [reele'xiɾ] [reele'xiɾ] *v.47. p.p. reg. reelegido/ irreg. reelecto.* Tornar a eleger. ▸ Reeleger.

re.em.bol.sar. [reembol'saɾ] [reembol'saɾ] *v.4.* Dar de volta ou restituir uma quantia que se tinha tomado anteriormente. ▸ Reembolsar.

re.em.bol.so. [reem'bolso] [reem'bolso] *m.* **1.** Ato ou efeito de reembolsar ou ser reembolsado. ▸ Reembolso. **2.** Recebimento de encomenda pelo correio mediante o pagamento de seu preço. ▸ Reembolso.

re.em.pla.zar. [reempla'θaɾ] [reempla'saɾ] *v.70.* **1.** Substituir uma coisa por outra. ▸ Substituir. **2.** Suceder alguém temporária ou definitivamente em um emprego ou cargo. ▸ Substituir.

re.em.pla.zo. [reem'plaθo] [reem'plaso] *m.* **1.** Ato ou efeito de substituir. ▸ Substituição. **2.** Colocação de uma pessoa ou coisa em lugar de outra. ▸ Substituição.

re.en.car.na.ción. [reenkaɾna'θjon] [reenkaɾna'sjon] *f. Rel.* Para algumas religiões, efeito de tomar uma nova natureza. ▸ Reencarnação.

re.en.car.nar. [reenkaɾ'naɾ] [reenkaɾ'naɾ] *v.4. Rel.* Para algumas religiões, tomar uma nova natureza. ▸ Reencarnar.

re.es.truc.tu.rar. [reestruktu'raɾ] [reehtruktu'raɾ] *v.4.* Modificar a estrutura de algo com o objetivo de reorganizar, dar novas bases. ▸ Reestruturar. *Muchas empresas tuvieron que reestructurar su negocio tras la última crisis económica.* Muitas empresas tiveram que reestruturar seus negócios por causa da última crise econômica.

re.fac.ción. [refak'θjon] [refak'sjon] *f.* **1.** Consumo moderado de um alimento para repor forças. ▸ Refeição, lanche. **2.** Reparação do que estava danificado ou estragado. ▸ Conserto.

re.fe.ren.cia. [refe'renθja] [refe'rensja] *f.* **1.** Vínculo entre uma informação e a coisa ou assunto de que ela trata. ▸ Referência. **2.** Informação que se dá a respeito das qualidades de uma pessoa ou coisa. ▸ Referência. *U.t.c.pl.*

re.fe.rén.dum. [refe'rendum] [refe'rendum] *m.* **1.** Ato de submeter uma lei ou proposta de interesse geral à ratificação pelo povo. ▸ Referendo. **2.** Pedido que um agente diplomático faz a seu governo de novas instruções sobre um assunto importante. ▸ Referendo.

re.fe.ren.te. [refeˈrente] [refeˈrente] *adj.* Que faz alusão ou expressa relação a outra coisa. ▸ Referente.

re.fe.rir. [refeˈrir] [refeˈrir] *v.22.* **1.** Dar a conhecer um fato, contar. ▸ Referir. *v.p.* **2.** Fazer menção a. ▸ Referir-se.

re.fi.lón(de). [refjˈlon] [refjˈlon] *loc.* **1.** Sem precisão, de soslaio. **2.** *fig.* De passagem, ao passar.

re.fi.nar. [refiˈnar] [refiˈnar] *v.4.* Tornar mais fina uma coisa separando as impurezas. ▸ Refinar.

re.fi.ne.rí.a. [refineˈria] [refineˈria] *f.* Instalação industrial em que se purifica ou refina um produto para sua comercialização. ▸ Refinaria.

re.flec.tor, ra. [reflekˈtor] [reflekˈtor] *s.* **1.** Aparelho que emite um raio de luz em uma determinada direção. ▸ Refletor. **2.** *Fís.* Artefato de superfície espelhada que reflete a luz. ▸ Refletor.

re.fle.jar. [refleˈxar] [refleˈxar] *v.4.* **1.** Mostrar (uma superfície lisa e brilhante) a imagem de algo. ▸ Refletir. **2.** *fig.* Manifestar ou dar a entender uma coisa. ▸ Refletir.

re.fle.jo. [reˈflexo] [reˈflexo] *m.* **1.** Imagem de uma pessoa ou coisa refletida em uma superfície. ▸ Reflexo. **2.** *fig.* Aquilo que reproduz ou mostra outra coisa. ▸ Reflexo. **3.** Reação imediata a um estímulo ou agressão. ▸ Reflexo.

re.fle.xión. [reflekˈsjon] [reflekˈsjon] *f.* **1.** Efeito de refletir a luz ou uma imagem. ▸ Reflexão. **2.** Ato ou efeito de pensar sobre um assunto. ▸ Reflexão.

re.fle.xio.nar. [refleksjoˈnar] [refleksjoˈnar] *v.4.* Pensar e considerar com muita atenção uma coisa. ▸ Refletir.

re.fle.xi.vo, va. [refleˈksiβo] [refleˈksiβo] *adj.* **1.** Que reflete a luz, o calor, o som ou a imagem. ▸ Reflexivo. **2.** Que só opina sobre um assunto após pensar e considerá-lo bem. ▸ Reflexivo.

re.fle.xo.lo.gí.a. [refleksoloˈxia] [refleksoloˈxia] *f. Med.* Estudo da técnica de massagens que, se aplicadas em pontos específicos do corpo, podem estimular a capacidade de cura do organismo. ▸ Reflexologia.

re.fluir. [reˈflwir] [reˈflwir] *v.32.* Correr para trás ou retroceder. ▸ Refluir.

re.flu.jo. [reˈfluxo] [reˈfluxo] *m.* Movimento de descida da maré. ▸ Refluxo.

re.fo.res.ta.ción. [reforestaˈθjon] [reforehtaˈsjon] *f.* Ato ou efeito de reflorestar. ▸ Reflorestamento.

re.for.ma. [reˈforma] [reˈforma] *f.* **1.** O que se executa para melhorar ou consertar uma coisa. ▸ Reforma. **2.** *n.p.* Movimento religioso que deu origem ao protestantismo. ▸ Reforma.

re.for.mar. [reforˈmar] [reforˈmar] *v.4.* **1.** Refazer ou modificar algo para melhorá-lo. ▸ Reformar. **2.** Corrigir a conduta de uma pessoa para que abandone hábitos inadequados. ▸ Reformar.

re.for.ma.to.rio. [reformaˈtorjo] [reformaˈtorjo] *m.* Estabelecimento que trata de corrigir a conduta de jovens. ▸ Reformatório.

re.for.mis.mo. [reforˈmismo] [reforˈmihmo] *m.* Doutrina que tenta melhorar a situação social por meio de reformas. ▸ Reformismo.

re.for.mis.ta. [reforˈmista] [reforˈmihta] *adj.* Partidário ou executor de reformas. ▸ Reformista. *U.t.c.s.*

re.for.zar. [reforˈθar] [reforˈsar] *v.69.* **1.** Aumentar as forças. ▸ Reforçar. **2.** Fortalecer o que está fraco ou debilitado. ▸ Reforçar.

re.frac.ción. [refrakˈθjon] [refrakˈsjon] *f. Fís.* Propriedade que têm alguns corpos de duplicar a imagem dos objetos. ▸ Refração.

re.frac.tar. [refrakˈtar] [refrakˈtar] *v.4.* Fazer um raio de luz mudar de direção ao passar de um meio para outro de diferente densidade. ▸ Refratar.

re.frac.ta.rio, ria. [refrakˈtarjo] [refrakˈtarjo] *adj. Fís.* e *Quím.* Aplica-se a material que resiste à ação do fogo sem alterar-se. ▸ Refratário.

re.frán. [reˈfran] [reˈfran] *m.* Sentença proveniente da sabedoria popular que contém um ensinamento. Refrão. ▸ Provérbio.

re.fra.ne.ro. [refraˈnero] [refraˈnero] *m.* **1.** Conjunto de provérbios compilados por alguém. ▸ Adagiário. **2.** Pessoa que a tudo aplica um refrão. ▸ Adagieiro.

re.fre.gar. [refreˈɣar] [refreˈɣar] *v.45.* **1.** Esfregar ou friccionar uma coisa com outra. ▸ Esfregar. **2.** *fig.* e *fam.* Dizer a uma pessoa coisa ofensiva de forma insistente. ▸ Jogar na cara.

re.fre.nar. [refreˈnar] [refreˈnar] *v.4. fig.* Conter ou reprimir a força ou a violência de algo. ▸ Frear.

re.fren.dar. [refrenˈdar] [refrenˈdar] *v.4.* **1.** Autorizar um documento com a firma da autoridade que garante sua autenticidade. ▸ Referendar. **2.** Corroborar uma coisa afirmando sua validade. ▸ Referendar.

re.fres.car. [refresˈkar] [refrehˈkar] *v.7.* Diminuir o calor de uma coisa, esfriar. ▸ Refrescar. *U.t.c.v.p.*

re.fres.co. [re'fresko] [re'freʃko] *m.* Bebida adocicada, geralmente gasosa, consumida fria ou gelada. ▶ Refrigerante.

re.frie.ga. [re'frjeɣa] [re'frjeɣa] *f.* **1.** Batalha de pouca importância entre exércitos. ▶ Luta, escaramuça. **2.** Briga violenta entre grupos rivais. ▶ Luta, combate.

re.fri.ge.ra.ción. [refrixera'θjon] [refrixera'sjon] *f.* Sistema utilizado para baixar a temperatura sem chegar a congelar. ▶ Refrigeração.

re.fri.ge.ra.dor, do.ra. [refrixera'ðor] [refrixera'ðor] *adj.* **1.** Diz-se dos aparelhos e instalações que servem para refrigerar. ▶ Refrigerador. *U.t.c.s.* **2.** (*Amér.*) Eletrodoméstico para refrigerar alimentos e bebidas. ▶ Geladeira.

re.fri.ge.ran.te. [refrixe'rante] [refrixe'rante] *adj.* **1.** Aquilo que refrigera. ▶ Refrigerante. *m.* **2.** *Quím.* Recipiente, com água, preparado para fazer baixar a temperatura de um fluido. ▶ Refrigerante. *obs.:* Não se aplica à bebida gasosa.

re.fri.ge.rar. [refrixe'rar] [refrixe'rar] *v.4.* **1.** Tornar mais frio um ambiente fechado. ▶ Refrigerar. **2.** Esfriar, em câmaras frias, alimentos ou qualquer produto para sua conservação. ▶ Refrigerar.

re.fri.ge.rio. [refri'xerjo] [refri'xerjo] *m.* Alimentação que se faz fora da hora habitual de refeição. ▶ Lanche.

re.fuer.zo. [re'fwerθo] [re'fwerso] *m.* **1.** Maior resistência que se dá a uma coisa. ▶ Reforço. **2.** Ajuda que se presta a alguém em caso de necessidade. ▶ Reforço.

re.fu.giar. [refu'xjar] [refu'xjar] *v.4.* Acolher ou amparar alguém que está sendo perseguido ou que foge de algum mal. ▶ Refugiar.

re.fu.gio. [re'fuxjo] [re'fuxjo] *m.* Lugar adequado para procurar asilo ou refugiar-se. ▶ Refúgio. ◆ **Refugio atómico.** Abrigo nuclear.

re.ful.gen.te. [reful'xente] [reful'xente] *adj.* Que emite resplendor ou tem brilho intenso. Resplandecente. ▶ Refulgente.

re.fun.di.ción. [refundi'θjon] [refundi'sjon] *f.* **1.** Efeito de fundir ou refundir. ▶ Refundição. **2.** Obra refundida. ▶ Refundição.

re.fun.dir. [refun'dir] [refun'dir] *v.6.* **1.** Fundir um metal mais de uma vez. ▶ Refundir. **2.** *fig.* Dar nova forma a uma obra. ▶ Refundir.

re.fun.fu.ñar. [refunfu'ɲar] [refunfu'ɲar] *v.4.* Falar palavras confusas, que não se entendem, quando se está nervoso ou de mau humor. ▶ Resmungar.

re.fu.tar. [refu'tar] [refu'tar] *v.4.* Rebater com argumentos o que outros dizem. ▶ Refutar.

re.ga.de.ra. [reɣa'ðera] [reɣa'ðera] *f.* Recipiente portátil próprio para regar plantas. ▶ Regador.

re.ga.dí.o. [reɣa'ðio] [reɣa'ðio] *m.* Terreno situado em lugar onde se dispõe de água e pode ser regado. ▶ Regadio.

re.ga.lar. [reɣa'lar] [reɣa'lar] *v.4.* **1.** Dar a alguém, sem receber nada em troca, uma coisa como demonstração de afeto ou agradecimento. ▶ Presentear. **2.** Fazer mimos com expressões de afeto. ▶ Mimar.

re.ga.lí.a. [reɣa'lia] [reɣa'lia] *f.* Privilégio que alguém tem ou se concede por algum motivo lícito. ▶ Regalia.

re.ga.liz. [reɣa'liθ] [reɣa'lis] *m.* **1.** *Bot.* Planta florífera cujo caule se usa para fazer doces. ▶ Alcaçuz. **2.** Pasta feita com o caule da planta e que se utiliza para fazer doces e balas. ▶ Alcaçuz.

re.ga.lo. [re'ɣalo] [re'ɣalo] *m.* Objeto que se recebe sem dar nada em troca. ▶ Presente.

re.ga.lón, lo.na. [reɣa'lon] [reɣa'lon] *adj.* Que recebe muitos mimos. ▶ Mimado.

re.ga.ña.dien.tes(a). [reɣaɲa'ðjentes] [reɣaɲa'ðjentes] *loc.* Contra a vontade. ▶ A contragosto.

re.ga.ñar. [reɣa'ɲar] [reɣa'ɲar] *v.4.* **1.** Fazer caretas por enfado ou burla. ▶ Caretear. **2.** Repreender, geralmente as crianças. ▶ Chamar a atenção, dar bronca.

re.ga.ñón. [reɣa'ɲon] [reɣa'ɲon] *adj. fam.* Diz-se de pessoa que briga e discute por qualquer coisa. ▶ Rabugento.

re.gar. [re'ɣar] [re'ɣar] *v.45.* **1.** Espalhar água sobre a terra para dar vida às plantas. ▶ Regar. **2.** Molhar, com água, o chão para refrescar ou limpar. ▶ Regar.

re.ga.ta. [re'ɣata] [re'ɣata] *f. Mar.* Competição esportiva de barcos a vela, motor ou remo. ▶ Regata.

re.ga.te. [re'ɣate] [re'ɣate] *m.* **1.** Movimento rápido do corpo para separar-se ou fugir de algo. ▶ Desvio. **2.** *Desp.* Movimento que faz o jogador de futebol para evitar que lhe tirem a bola. ▶ Finta.

re.ga.te.ar. [reɣate'ar] [reɣate'ar] *v.4.* **1.** Solicitar baixa no preço de um produto. ▶ Pechinchar. **2.** Participar de regatas.

re.ga.zo. [re'ɣaθo] [re'ɣaso] *m. Anat.* Parte do corpo entre a cintura e os joelhos de uma pessoa sentada. ▸ Colo.

re.gen.cia. [re'xenθja] [re'xensja] *f.* **1.** Ato de reger, governar ou dirigir um país, comunidade ou empresa. ▸ Regência. **2.** Governo de um Estado durante a menoridade, ausência ou incapacidade de seu legítimo príncipe. ▸ Regência.

re.ge.ne.ra.dor, do.ra. [rexenera'ðor] [rexenera'ðor] *adj.* Que regenera. ▸ Regenerador. *U.t.c.s.*

re.ge.ne.rar. [rexene'rar] [rexene'rar] *v.4.* **1.** Restabelecer ou melhorar uma coisa que perdeu sua qualidade. ▸ Regenerar. **2.** Fazer com que uma pessoa abandone maus hábitos ou condutas reprováveis. ▸ Regenerar.

re.gen.tar. [rexen'tar] [rexen'tar] *v.4.* Desempenhar um cargo ou emprego de direção. ▸ Gerenciar.

re.gen.te. [re'xente] [re'xente] *com.* Pessoa que governa um Estado durante a menoridade ou incapacidade do príncipe. ▸ Regente.

re.gi.dor, do.ra. [rexi'ðor] [rexi'ðor] *adj.* Que rege ou governa. ▸ Regente.

ré.gi.men. ['reximen] ['reximen] *m.* **1.** *Polít.* Sistema político pelo qual se rege um país. ▸ Regime. **2.** Conjunto de normas que regulamentam o exercício de uma profissão ou atividade. ▸ Estatuto. **3.** Prescrição relativa à alimentação de uma pessoa. ▸ Dieta, regime. **4.** *Ling.* Regra estabelecida do uso de palavras com ou sem determinadas preposições ou verbos. ▸ Regência.

re.gi.mien.to. [rexi'mjento] [rexi'mjento] *m. Mil.* Formação de soldados. ▸ Regimento.

re.gio, gia. ['rexjo] ['rexjo] *adj.* **1.** Pertencente ou relativo ao rei ou à realeza. ▸ Régio. **2.** *fig.* Que apresenta suntuosidade, luxo. ▸ Régio.

re.gión. [re'xjon] [re'xjon] *f.* **1.** Porção de território delimitada por alguma característica física, étnica ou administrativa. ▸ Região. **2.** Cada uma das partes em que se divide o território de uma nação. ▸ Região. **3.** *Anat.* Cada uma das partes em que se divide o corpo dos animais. ▸ Região.

re.gio.nal. [rexjo'nal] [rexjo'nal] *adj.* Pertencente ou relativo a uma região. ▸ Regional.

re.gio.na.lis.mo. [rexjona'lismo] [rexjona'lihmo] *m.* **1.** Tendência separatista nos habitantes de uma região. ▸ Regionalismo. **2.** *Ling.* Palavra ou expressão peculiar de uma determinada região. ▸ Regionalismo.

re.gio.na.lis.ta. [rexjona'lista] [rexjona'lihta] *adj.* **1.** Partidário do regionalismo. ▸ Regionalista. *U.t.c.s.* **2.** Que tem e demonstra muito afeto por uma região. ▸ Regionalista.

re.gir. [re'xir] [re'xir] *v.47.* **1.** Dirigir, governar ou mandar. ▸ Reger. **2.** Guiar, levar ou conduzir uma coisa. ▸ Reger. **3.** Estar vigente. ▸ Vigorar.

re.gis.tra.dor, do.ra. [rexistra'ðor] [rexihtra'ðor] *adj.* **1.** Aplica-se a qualquer aparelho que mede e registra os dados relativos a sua função: pressão, temperatura, etc. ▸ Registrador. *s.* **2.** Ajudante de escrivão em registros civis. ▸ Escrevente.

re.gis.trar. [rexis'trar] [rexih'trar] *v.4.* **1.** Examinar algo ou alguém procurando qualquer coisa que possa estar oculta. ▸ Vasculhar. **2.** Transcrever nos livros de um registro público resoluções de autoridades ou atos jurídicos de particulares. ▸ Registrar. **3.** Declarar mercadorias, gêneros ou bens para que sejam examinados ou anotados. ▸ Registrar. **4.** Fazer anotação ou assinalação. ▸ Marcar.

re.gis.tro. [re'xistro] [re'xihtro] *m.* **1.** Ato ou efeito de registrar. ▸ Registro. **2.** Transcrição de um documento que fica nos livros de registro. ▸ Registro. **3.** Busca que se faz nas bagagens e nas pessoas em uma alfândega. ▸ Controle. **4.** *Mús.* Parte da escala musical que corresponde à voz humana. ▸ Registro.

re.gla. ['reɣla] ['reɣla] *f.* **1.** Instrumento de metal, madeira ou plástico, de forma retangular, que serve para traçar linhas e medir distâncias curtas. ▸ Régua. **2.** Conjunto de normas que são impostas em uma comunidade. ▸ Regra. **3.** *Biol.* Ver *menstruación*. ▸ Menstruação. ◆ **Por regla general.** Via de regra.

re.gla.men.tar. [reɣlamen'tar] [reɣlamen'tar] *v.4.* Estabelecer as normas que devem ser observadas em uma instituição ou uma atividade determinada. ▸ Regulamentar.

re.gla.men.ta.rio, ria. [reɣlamen'tarjo] [reɣlamen'tarjo] *adj.* Pertencente ou relativo ao regulamento ou exigido por alguma disposição obrigatória. Institucional. ▸ Regulamentar.

re.gla.men.to. [reɣla'mento] [reɣla'mento] *m.* **1.** Coleção ordenada de regras ou preceitos que se dá para a execução de uma lei. ▸ Procedimento, regulamento. **2.** Estatuto pelo qual é regida uma corporação. ▸ Regulamento.

re.glar. [re'ɣlar] [re'ɣlar] *v.4.* **1.** Fazer linhas retas utilizando uma régua. ▸ Pautar, regrar. **2.** Sujeitar às regras. ▸ Regrar.

re.go.ci.jar. [reɣoθi'xar] [reɣosi'xar] *v.4.* Causar alegria, divertir. ▸ Regozijar(-se). *U.t.c.v.p.*

re.go.ci.jo. [reɣo'θixo] [reɣo'sixo] *m.* Gozo intenso, franco e expansivo. Júbilo. ▸ Regozijo.

re.go.de.ar. [reɣoðe'ar] [reɣoðe'ar] *v.4. v.p. fam.* **1.** Divertir-se à custa dos outros, com malícia e insistência. ▸ Regozijar-se. **2.** Deleitar-se com algo agradável. Curtir. ▸ Regozijar-se.

re.go.de.o. [reɣo'ðeo] [reɣo'ðeo] *m.* Ato ou efeito de regozijar-se. ▸ Regozijo.

re.gor.de.te, ta. [reɣor'ðete] [reɣor'ðete] *adj. fam.* Diz-se de pessoa pequena e gorda, especialmente criança. ▸ Gorducho.

re.gre.sar. [reɣre'sar] [reɣre'sar] *v.4.* **1.** Retornar ao lugar do qual se saiu. ▸ Regressar. **2.** Restituir algo a seu possuidor legítimo. ▸ Devolver.

re.gre.sión. [reɣre'sjon] [reɣre'sjon] *f.* Ato de voltar para trás. Retrocesso. ▸ Regressão.

re.gre.so. [re'ɣreso] [re'ɣreso] *m.* **1.** Ato de regressar. ▸ Regresso. **2.** Volta ao lugar de origem. ▸ Regresso.

re.gue.ro. [re'ɣero] [re'ɣero] *m.* **1.** Marca que fica de uma coisa que é derramada. ▸ Rastro. **2.** Pequeno sulco de água ou de outro líquido. ▸ Rego. ♦ **Ser un reguero de pólvora.** *fig.* Ser um rastro de pólvora.

re.gu.la.ción. [reɣula'θjon] [reɣula'sjon] *f.* Ato ou efeito de regular ou ajustar um mecanismo ou motor. ▸ Regulagem.

re.gu.la.dor, do.ra. [reɣula'ðor] [reɣula'ðor] *m.* **1.** Mecanismo que serve para tornar uniforme o rendimento de uma máquina. ▸ Regulador. *adj.* **2.** Que regulariza. ▸ Regulador.

re.gu.lar. [reɣu'lar] [reɣu'lar] *v.4.* **1.** Ajustar ou computar uma coisa por comparação. ▸ Regular. **2.** Ajustar o funcionamento de um sistema a determinadas finalidades. ▸ Regular. *adj.* **3.** Que está ajustado e conforme às regras. ▸ Regular. **4.** Que não tem mudanças, que é normal. ▸ Regular. **5.** *Ling.* Que segue um paradigma ou regra. ▸ Regular. **6.** De tamanho ou condição igual ou inferior à média. ▸ Regular. ♦ **Por lo regular.** Geralmente.

re.gu.la.ri.dad. [reɣulari'ðaθ] [reɣulari'ðað] *f.* **1.** Qualidade de regular. ▸ Regularidade. **2.** Qualidade do que está conforme uma regra. Regrado. ▸ Regularidade.

re.gur.gi.tar. [reɣurxi'tar] [reɣurxi'tar] *v.4.* Expelir pela boca, sem esforço e sem vomitar, substâncias sólidas ou líquidas que há no esôfago ou no estômago. ▸ Regurgitar.

re.ha.bi.li.ta.ción. [reaβilita'θjon] [reaβilita'sjon] *f.* **1.** Ato ou efeito de reabilitar. ▸ Reabilitação. **2.** *Dir.* Ato de restituir a uma pessoa a posse do que lhe foi tirado. ▸ Reabilitação. **3.** *Med.* Recuperação da forma ou função anteriores à doença ou lesão. ▸ Reabilitação.

re.ha.bi.li.tar. [reaβili'tar] [reaβili'tar] *v.4.* Habilitar de novo ou restituir uma pessoa ou coisa a seu estado anterior. ▸ Reabilitar.

re.ha.cer. [rea'θer] [rea'ser] *v.33. p.p. irreg. rehecho.* **1.** Tornar a fazer o que se havia desfeito ou feito mal. ▸ Refazer. *v.p.* **2.** Mostrar tranquilidade depois de um choque emocional forte. ▸ Refazer-se.

re.hén. [re'en] [re'en] *com.* Pessoa que alguém retém para obrigar um terceiro a satisfazer suas condições. ▸ Refém.

re.hi.le.te. [rei'lete] [rei'lete] *m.* Brinquedo composto de uma pequena bola com penas de ave que se lança ao ar com uma raquete. ▸ Peteca.

re.ho.gar. [reo'ɣar] [reo'ɣar] *v.9.* Fritar em manteiga ou azeite um alimento condimentado. ▸ Refogar.

re.huir. [re'wir] [re'wir] *v.28.* **1.** Retirar ou afastar uma coisa por temor de um risco. ▸ Evitar. **2.** Afastar-se do trato ou companhia de alguém. ▸ Evitar, esquivar.

re.hu.sar. [reu'sar] [reu'sar] *v.4.* **1.** Não aceitar uma coisa. Rejeitar. ▸ Recusar. **2.** Negar um pedido, não atender, indeferir. ▸ Recusar.

re.im.pre.sión. [reimpre'sjon] [reimpre'sjon] *f.* **1.** Ato ou efeito de reimprimir. ▸ Reimpressão. **2.** Conjunto de exemplares impressos de uma vez. ▸ Reimpressão.

re.im.pri.mir. [reimpri'mir] [reimpri'mir] *v.6. p.p. reg. reimprimido / irreg. reimpreso.* Repetir a impressão de uma obra ou escrito. ▸ Reimprimir.

rei.na. ['reina] ['reina] *f.* **1.** Mulher que exerce a majestade real. ▸ Rainha. **2.** Esposa do rei. ▸ Rainha. **3.** Peça do jogo de xadrez, a mais importante depois do rei. ▸ Rainha.

rei.na.do. [rei'naðo] [rei'naðo] *m.* Período de tempo em que governa um rei ou rainha. ▸ Reinado.

rei.nar. [rei'nar] [rei'nar] *v.4.* **1.** Exercer em uma monarquia a chefia da nação. ▸ Reinar. **2.** *fig.* Persistir, ter continuidade. ▸ Insistir. **3.** Dominar ou ter predomínio uma pessoa ou coisa sobre outra. ▸ Reinar.

rein.ci.den.cia. [reinθi'ðenθja] [reinsi'ðensja] *f.* Ato ou efeito de repetir uma falta, delito ou outra coisa. ▸ Reincidência.

rein.ci.den.te. [rejnθi'ðente] [rejnsi'ðente] *adj.* Que repete o mesmo erro ou a mesma falta. ▸ Reincidente.

rein.ci.dir. [rejnθi'ðir] [rejnsi'ðir] *v.6.* Tornar a cometer o mesmo erro, falta ou delito. ▸ Reincidir.

rein.cor.po.rar. [rejnkorpo'rar] [rejnkorpo'rar] *v.4.* Voltar a agregar ou unir o que se tinha separado de alguém ou de alguma coisa. ▸ Reincorporar.

rei.no. ['rejno] ['rejno] *m.* **1.** *Polít.* Território ou estado que é regido por um rei ou rainha. ▸ Reino. **2.** *Biol.* Cada uma das grandes subdivisões que se consideram na natureza: animal, vegetal, mineral. ▸ Reino. **3.** Qualquer território que antigamente tinha seu próprio rei. ▸ Reino.

rein.te.grar. [rejnte'ɣrar] [rejnte'ɣrar] *v.4.* Restituir integralmente uma coisa a sua origem ou lugar de que foi retirada. ▸ Reintegrar.

rein.te.gro. [rejn'teɣro] [rejn'teɣro] *m.* Pagamento ou devolução do que se devia ou se possuía temporariamente. ▸ Reembolso.

re.ír. [re'ir] [re'ir] *v.36.* Expressar espontaneamente alegria, manifestada com voz desarticulada e gestos do rosto. ▸ Rir. *U.t.c.v.p.*

rei.te.rar. [rejte'rar] [rejte'rar] *v.4.* Voltar a pedir, dizer ou fazer uma coisa. ▸ Reiterar.

rei.te.ra.ti.vo, va. [rejtera'tiβo] [rejtera'tiβo] *adj.* Que tem a propriedade de reiterar-se ou repetir-se. Repetitivo. ▸ Reiterativo.

rei.vin.di.ca.ción. [rejβindika'θjon] [rejβindika'sjon] *f.* Ato ou efeito de reivindicar. ▸ Reivindicação.

rei.vin.di.car. [rejβindi'kar] [rejβindi'kar] *v.7.* Reclamar ou recuperar alguém o que por direito lhe pertence. ▸ Reivindicar.

re.ja. ['rexa] ['rexa] *f.* Estrutura de madeira ou barras metálicas que forma uma cerca de proteção em volta de uma casa ou em portas e janelas. ▸ Grade.

re.ji.lla. [re'xiʎa] [re'xiʃa] *f.* **1.** Armação de barras de metal para sustentar o que se vai pôr em fornos, fornalhas, etc. ▸ Grelha. **2.** Fibras vegetais entrelaçadas que servem para fazer o encosto e o assento de cadeiras. ▸ Palhinha. **3.** Treliça ou rede de arame fino que se põe na janela do confessionário e em outros lugares semelhantes por privacidade ou recato. ▸ Grade. **4.** Rede que se coloca em portas ou janelas para evitar a entrada de insetos. ▸ Tela.

re.ju.ve.ne.cer. [rexuβene'θer] [rexuβene'ser] *v.24.* Remoçar ou recuperar as forças perdidas. ▸ Rejuvenescer.

re.la.ción. [rela'θjon] [rela'sjon] *f.* **1.** Correspondência de uma coisa com outra. ▸ Relação. **2.** Lista de nomes de pessoas ou de objetos, ordenada segundo a necessidade de sua finalidade. ▸ Relação. **3.** Conexão, correspondência, trato, comunicação de uma pessoa com outra. ▸ Relação. *pl.* **4.** Relacionamento amoroso ou de amizade. ▸ Relações.

re.la.cio.nar. [relaθjo'nar] [relasjo'nar] *v.4.* **1.** Pôr coisas em relação ou pessoas em contato. ▸ Relacionar. **2.** Fazer relação de um acontecimento ou assunto. ▸ Relacionar.

re.la.ja.ción. [relaxa'θjon] [relaxa'sjon] *f.* **1.** Ato ou efeito de relaxar. ▸ Relaxamento. **2.** Perda da moralidade ou dos bons costumes. ▸ Despudor.

re.la.jar. [rela'xar] [rela'xar] *v.4.* **1.** Afrouxar a pressão ou força de uma coisa. ▸ Relaxar. **2.** *fig.* Tornar menos severo o cumprimento das leis ou normas sociais. ▸ Relaxar. *v.p.* **3.** *fig.* Distrair-se com alguma coisa ou descansar física e mentalmente. ▸ Relaxar-se.

re.la.jo. [re'laxo] [re'laxo] *m.* **1.** Falta de seriedade e comedimento. ▸ Desleixo. **2.** *(Amér.)* Confusão, desordem. ▸ Bagunça.

re.lám.pa.go. [re'lampaɣo] [re'lampaɣo] *m.* Resplendor intenso produzido nas nuvens por uma descarga elétrica. ▸ Relâmpago. ➡ *Clima*

re.lam.pa.gue.ar. [relampaɣe'ar] [relampaɣe'ar] *v.4.* Produzirem-se relâmpagos. ▸ Relampejar.

re.lam.pa.gue.o. [relampa'ɣeo] [relampa'ɣeo] *m.* Fato de relampejar. ▸ Relampejo.

re.la.tar. [rela'tar] [rela'tar] *v.4.* Contar um fato oralmente ou por escrito. ▸ Relatar.

re.la.ti.vi.dad. [relatiβi'ðað] [relatiβi'ðað] *f.* Qualidade ou estado de relativo, condicional ou interdependente. ▸ Relatividade.

re.la.ti.vo, va. [rela'tiβo] [rela'tiβo] *adj.* **1.** Que tem ou estabelece relação com uma pessoa ou coisa. ▸ Relativo. **2.** Que é pouca coisa ou tem pouca intensidade. ▸ Relativo. **3.** Que não é absoluto. ▸ Relativo. **4.** *Ling.* Aplica-se ao pronome que retoma elemento já mencionado. ▸ Relativo.

re.la.to. [re'lato] [re'lato] *m.* Narração ou conhecimento que se dá de um fato. ▸ Relato.

re.lax. [re'laks] [re'laks] *m.* Diminuição de um estado de esgotamento nervoso, produzido com recursos adequados. ▸ Relaxamento.

re.le.er. [rele'eɾ] [rele'eɾ] *v.58.* Tornar a ler, ou ler muitas vezes. ▸ Reler.

re.le.gar. [rele'ɣaɾ] [rele'ɣaɾ] *v.9.* **1.** Desterrar de um lugar. ▸ Relegar. **2.** *fig.* Afastar ou prescindir de algo ou de alguém. ▸ Relegar.

re.len.te. [re'lente] [re'lente] *m.* Umidade que se sente durante a noite. ▸ Sereno, relento.

re.le.van.te. [rele'βante] [rele'βante] *adj.* **1.** Que é importante e sobressai em seu meio. ▸ Relevante. **2.** Diz-se de assunto ou serviço de grande importância. ▸ Relevante.

re.le.var. [rele'βaɾ] [rele'βaɾ] *v.4.* **1.** Liberar de uma obrigação. ▸ Relevar. **2.** ▢ Destituir de um emprego ou cargo. ▸ Desonerar. **3.** ▢ Substituir uma pessoa por outra. ▸ Substituir, revezar.

▢**re.le.vo.** [re'leβo] [re'leβo] *m.* Ato de colocar uma pessoa ocupando emprego, cargo, etc. de outra. ▸ Revezamento, substituição.

re.li.ca.rio. [reli'karjo] [reli'karjo] *m.* Caixa ou estojo em que estão guardadas as relíquias. ▸ Relicário.

re.lie.ve. [re'ljeβe] [re'ljeβe] *m.* **1.** *Geogr.* Conjunto de formas que acidentam a superfície da Terra. ▸ Relevo. **2.** *fig.* Importância ou fama de uma pessoa ou coisa. ▸ Destaque. **3.** Realce que apresentam algumas coisas pintadas. ▸ Relevo. ♦ **Alto relieve.** Alto-relevo. *U.t. Au.to.rre.lie.ve.* **Bajo relieve.** Baixo-relevo. *U.t. Ba.jo.rre.lie.ve.* **Poner de relieve.** *fig.* Colocar em destaque.

re.li.gión. [reli'xjon] [reli'xjon] *f. Rel.* Conjunto de crenças, práticas e princípios com que o ser humano se sente próximo de Deus. ▸ Religião.

re.li.gio.si.dad. [relixjosi'ðaθ] [relixjosi'ðað] *f. Rel.* **1.** Qualidade de religioso. ▸ Religiosidade. **2.** Observância dos princípios e mandatos da religião. ▸ Religiosidade.

re.li.gio.so, sa. [reli'xjoso] [reli'xjoso] *adj. Rel.* **1.** Que tem religião e a professa com fé. ▸ Religioso. *U.t.c.s.* **2.** Pertencente a uma ordem religiosa.

re.lin.char. [relin'tʃaɾ] [relin'tʃaɾ] *v.4.* Emitir som (o cavalo). ▸ Relinchar.

re.lin.cho. [re'lintʃo] [re'lintʃo] *m.* Som que emite o cavalo. ▸ Relincho.

re.li.quia. [re'likja] [re'likja] *f.* **1.** Objeto que por qualquer motivo é muito estimado por uma pessoa, família ou comunidade. ▸ Relíquia. **2.** *fig.* Objeto velho ou antigo. ▸ Relíquia.

re.lle.nar. [reʎe'naɾ] [reʃe'naɾ] *v.4.* **1.** Colocar dados ou informações pedidas, por escrito, em um formulário qualquer. ▸ Preencher. **2.** Incrementar o sabor ou as propriedades nutritivas de um alimento com recheio. ▸ Rechear.

re.lle.no, na. [re'ʎeno] [re'ʃeno] *adj.* **1.** Muito cheio. ▸ Repleto. *m.* **2.** Preparado que se faz para rechear alguma coisa. ▸ Recheio.

re.loj. [re'lox] [re'lox] *m.* Instrumento mecânico que serve para medir o tempo ou dividir o dia em horas, minutos e segundos. ▸ Relógio. ♦ **Reloj de arena.** Ampulheta. **Reloj de cuco.** Cuco. **Reloj de pulsera.** Relógio de pulso.

re.lo.je.rí.a. [reloxe'ria] [reloxe'ria] *f.* **1.** Oficina que conserta ou vende relógios. ▸ Relojoaria. **2.** Arte e técnica de fazer relógios. ▸ Relojoaria. ♦ **Bomba de relojería.** Bomba-relógio.

re.lo.je.ro, ra. [relo'xeɾo] [relo'xeɾo] *s.* Pessoa que faz, conserta ou vende relógios. ▸ Relojoeiro.

re.lu.cir. [relu'θiɾ] [relu'siɾ] *v.71.* **1.** Emitir ou refletir luz uma coisa. ▸ Reluzir. **2.** *fig.* Sobressair-se em alguma atividade. ▸ Destacar-se.

re.lum.brar. [relum'βɾaɾ] [relum'βɾaɾ] *v.4.* Brilhar ou luzir muito. ▸ Resplandecer.

re.ma.cha.do.ra. [remat͡ʃa'ðoɾa] [remat͡ʃa'ðoɾa] *f.* Máquina que serve para rebitar. ▸ Rebitadeira.

re.ma.che. [re'mat͡ʃe] [re'mat͡ʃe] *m.* Prego de duas cabeças para unir permanentemente peças de metal. ▸ Rebite.

re.ma.nen.te. [rema'nente] [rema'nente] *m.* O que fica ou sobra de algo e se guarda ou reserva para outra vez. ▸ Remanescente.

re.man.gar. [reman'gaɾ] [reman'gaɾ] *v.9.* Recolher as mangas da camisa ou outra roupa, dobrando-as sobre o braço. ▸ Arregaçar.

re.man.so. [re'manso] [re'manso] *m.* **1.** Parada aparente que faz uma corrente de água. ▸ Remanso. **2.** Ponto no qual a correnteza perde força. ▸ Remanso.

re.mar. [re'maɾ] [re'maɾ] *v.4.* Impelir uma embarcação na água movendo os remos. ▸ Remar.

re.ma.tar. [rema'taɾ] [rema'taɾ] *v.4.* **1.** Dar remate ou concluir uma coisa. ▸ Arrematar. **2.** Dar morte ao animal que está muito ferido. ▸ Sacrificar. **3.** Comprar ou vender em leilão público. ▸ Arrematar.

re.ma.te. [re'mate] [re'mate] *m.* **1.** Acabamento que se dá na parte superior de algumas construções. ▸ Remate. **2.** Cessão dos bens que são vendidos em leilão. ▸ Arremate. **3.** Fim ou conclusão de uma coisa. ▸ Encerramento.

re.me.cer. [reme'θer] [reme'ser] *v.12.* **1.** Mover ou sacudir algo para que se misture. ▸ Agitar. **2.** Mover algo de modo compassado sem que saia do lugar. ▸ Balançar. *La madre remecía la cuna con mucho cuidado.* A mãe balançava o berço com muito cuidado.

re.me.dar. [reme'ðar] [reme'ðar] *v.4.* **1.** Imitar uma coisa, fazê-la semelhante a outra. ▸ Arremedar. **2.** Fazer burla de alguém imitando seus gestos e movimentos e repetindo suas palavras. ▸ Arremedar.

re.me.dia.ble. [reme'ðjaβle] [reme'ðjaβle] *adj.* Que pode ter remédio ou se pode remediar. ▸ Remediável.

re.me.diar. [reme'ðjar] [reme'ðjar] *v.4.* Corrigir ou socorrer um dano ou necessidade. ▸ Remediar.

re.me.dio. [re'meðjo] [re'meðjo] *m.* **1.** Medida que se toma para reparar um dano. Remédio. ▸ Recurso. **2.** O que serve para tratar ou curar uma doença. ▸ Remédio. ◆ **No tener más remedio.** Não ter mais jeito. **Poner remedio.** Ajeitar a situação. **¿Qué remedio?** Fazer o quê?

re.me.do. [re'meðo] [re'meðo] *m.* Imitação ridícula ou grosseira de uma coisa. ▸ Arremedo.

re.me.mo.rar. [rememo'rar] [rememo'rar] *v.4.* Relembrar, trazer à memória algum fato notável do passado. ▸ Rememorar.

re.men.dar. [remen'dar] [remen'dar] *v.15.* Consertar o que está velho ou quebrado. ▸ Remendar.

re.me.ra. [re'mera] [re'mera] *f. (Arg.)* Ver *camiseta*. ▸ Camiseta.

re.me.ro, ra. [re'mero] [re'mero] *m.* Pessoa que trabalha remando em uma embarcação. ▸ Remador.

re.me.sa. [re'mesa] [re'mesa] *f.* **1.** Envio que se faz de uma coisa de uma parte a outra. ▸ Remessa. **2.** A coisa enviada de cada vez, especialmente dinheiro. ▸ Remessa.

re.mien.do. [re'mjendo] [re'mjendo] *m.* **1.** Pedaço de pano ou outro tecido que se costura tapando o que está rasgado. ▸ Remendo. **2.** Conserto provisório que se faz em caso de urgência. ▸ Remendo.

re.mi.nis.cen.cia. [reminis'θenθja] [remini'sensja] *f.* **1.** Ato de vir à memória uma coisa que aconteceu. ▸ Reminiscência. **2.** Lembrança pouco clara ou imprecisa de algo. ▸ Reminiscência.

re.mi.sión. [remi'sjon] [remi'sjon] *f.* **1.** Ato de remeter. ▸ Remissão. **2.** Ato de perdoar ou aliviar uma pena. ▸ Remissão.

re.mi.so, sa. [re'miso] [re'miso] *adj.* Que tem pouca energia, fraco. ▸ Remisso.

re.mi.ten.te. [remi'tente] [remi'tente] *adj.* **1.** Que envia ou remete. ▸ Remetente. *com.* **2.** Pessoa cujo nome consta no espaço reservado para a identificação de quem envia. ▸ Remetente.

re.mi.tir. [remi'tir] [remi'tir] *v.6.* Enviar, mandar, expedir uma coisa a alguém. ▸ Remeter.

re.mo. ['remo] ['remo] *m.* **1.** Instrumento de madeira em forma de pá estreita que serve para impulsionar a embarcação fazendo força na água. ▸ Remo. **2.** *Desp.* Prática esportiva que consiste em percorrer determinada distância em uma embarcação movida com remos. ▸ Remo.

re.mo.de.lar. [remoðe'lar] [remoðe'lar] *v.4.* Dar uma forma nova a uma coisa. ▸ Remodelar.

re.mo.jar. [remo'xar] [remo'xar] *v.4.* Empapar em água uma coisa, pôr de molho. ▸ Encharcar.

re.mo.jo. [re'moxo] [re'moxo] *m.* Ato de empapar em água ou deixar de molho uma coisa. ▸ Molho.

re.mo.jón. [remo'xon] [remo'xon] *m.* Banho que consiste em submergir-se em rio, lago ou mar. ▸ Mergulho.

re.mo.la.cha. [remo'latʃa] [remo'latʃa] *f. Bot.* Planta de cuja raiz, de cor vermelha, extrai-se açúcar. ▸ Beterraba. → *Vegetales*

re.mol.ca.dor. [remolka'ðor] [remolka'ðor] *m.* **1.** Aparelho ou veículo que serve para rebocar. ▸ Rebocador. **2.** Embarcação equipada com um motor potente que se usa para auxiliar nas manobras dos grandes navios. ▸ Rebocador.

re.mol.car. [remol'kar] [remol'kar] *v.7.* Levar uma embarcação ou outra coisa sobre a água, puxando-a por meio de uma corda. ▸ Rebocar.

re.mo.li.no. [remo'lino] [remo'lino] *m.* **1.** Movimento giratório e rápido do ar ou da água. ▸ Redemoinho. **2.** Retorcimento do cabelo em uma parte do corpo do ser humano ou do animal. ▸ Redemoinho. **3.** *fig.* Multidão ou confusão entre pessoas provocada por uma desordem. ▸ Balbúrdia. ◆ **Remolino de papel.** Ver *veleta*[(2)]. ▸ Cata-vento.

re.mo.lón, lo.na. [remo'lon] [remo'lon] *adj.* Que leva muito tempo para fazer qualquer coisa. Lerdo. ▸ Molenga. *U.t.c.s.*

re.mol.que. [re'molke] [re'molke] *m.* **1.** Ato ou efeito de rebocar. ▸ Reboque. **2.** Cabo ou corda que se acopla a uma embarcação para rebocá-la. ▸ Reboque. **3.** Veículo rebocado por outro. ▸ Reboque.

re.mon.tar. [remon'taɾ] [remon'taɾ] *v.4.* **1.** Navegar contra a corrente de um rio. ▸ Remontar. **2.** Elevar no ar uma pipa ou papagaio. ▸ Remontar.

ré.mo.ra. ['remoɾa] ['remoɾa] *f.* **1.** *Zool.* Peixe marinho que se adere a objetos flutuantes ou a outros peixes. ▸ Rêmora. **2.** *fig.* Qualquer coisa que impede ou dificulta o movimento de outra. ▸ Obstáculo, estorvo.

re.mor.di.mien.to. [remoɾði'mjento] [remoɾði'mjento] *m.* Arrependimento ou pesar que se sente quando se comete uma falta, um erro. ▸ Remorso.

re.mo.to, ta. [re'moto] [re'moto] *adj.* **1.** Que está afastado ou distante no espaço. ▸ Remoto. **2.** Que está quase esquecido no tempo. ▸ Remoto.

re.mo.ver. [remo'βeɾ] [remo'βeɾ] *v.56.* **1.** Mudar uma coisa de um lugar para outro. ▸ Remover. **2.** Remexer ou agitar uma coisa. ▸ Remover.

re.mu.ne.ra.ción. [remuneɾa'θjon] [remuneɾa'sjon] *f.* O que se dá ou serve para remunerar uma coisa ou serviço. ▸ Remuneração.

re.mu.ne.rar. [remune'raɾ] [remune'raɾ] *v.4.* **1.** Retribuir de alguma forma um serviço ou trabalho. ▸ Remunerar. **2.** Remunerar com algo um mérito. ▸ Recompensar.

re.na.cen.tis.ta. [renaθen'tista] [renasen'tihta] *adj.* **1.** Pertencente ou relativo ao Renascimento. ▸ Renascentista. **2.** Que estuda e pratica a arte e a cultura do Renascimento. ▸ Renascentista. *U.t.c.s.*

re.na.cer. [rena'θeɾ] [rena'seɾ] *v.24.* **1.** Voltar a nascer. ▸ Renascer. **2.** Voltar a viver uma planta que estava aparentemente perdida. ▸ Renascer. *fig.* **3.** Recuperar as forças. ▸ Renascer.

re.na.ci.mien.to. [renaθi'mjento] [renasi'mjento] *m.* **1.** Ato de renascer. ▸ Renascimento. **2.** Época que começa em meados do século XV e que se caracteriza pelo estudo da Antiguidade clássica grega e latina e pelo renascimento das cidades e da atividade mercantil. ▸ Renascença.

re.nal. [re'nal] [re'nal] *adj. Anat.* Pertencente ou relativo aos rins. ▸ Renal. ♦ **Cólico renal.** *Med.* Cólica renal.

ren.ci.lla. [ren'θiʎa] [ren'sifa] *f.* Desavença ou querela entre duas ou mais pessoas. ▸ Ressentimento.

ren.co, ca. ['renko] ['renko] *adj.* Diz-se de quem sofreu alguma lesão no quadril ou nas pernas e como sequela apresenta uma mais curta que a outra. ▸ Manco, coxo.

ren.cor. [ren'koɾ] [ren'koɾ] *m.* Ressentimento ou ódio profundo e guardado. ▸ Rancor.

ren.co.ro.so, sa. [renko'roso] [renko'roso] *adj.* Que sente e guarda rancor contra um acontecimento ou uma pessoa. ▸ Rancoroso. *U.t.c.s.*

ren.di.ción. [rendi'θjon] [rendi'sjon] *f.* Ato ou efeito de render ou render-se. ▸ Rendição.

ren.di.ja. [ren'dixa] [ren'dixa] *f.* Abertura comprida e estreita que se produz em um corpo sólido. ▸ Fresta.

ren.di.mien.to. [rendi'mjento] [rendi'mjento] *m.* **1.** Lucro que proporciona uma pessoa ou uma coisa. ▸ Rendimento. **2.** Produtividade ou eficiência no desempenho de uma atividade. ▸ Rendimento.

ren.dir. [ren'diɾ] [ren'diɾ] *v.21.* **1.** Vencer um inimigo e obrigá-lo a se entregar. ▸ Render. **2.** Dar fruto ou ter utilidade (uma pessoa ou coisa). ▸ Render. *v.p.* **3.** Dar-se por vencido. Entregar-se. ▸ Render-se.

re.ne.ga.do, da. [rene'ɣaðo] [rene'ɣaðo] *adj. Rel.* Que abandona sua religião e adota outra. ▸ Renegado.

re.ne.gar. [rene'ɣaɾ] [rene'ɣaɾ] *v.45.* **1.** *Rel.* Passar de uma religião para outra. ▸ Renegar. **2.** Proferir injúrias e insultos contra alguém. ▸ Renegar. **3.** Sentir ódio. Abominar. ▸ Renegar.

ren.glón. [ren'glon] [ren'glon] *m.* **1.** Linha de palavras escritas ou impressas. ▸ Linha. **2.** Cada uma das linhas horizontais do papel pautado. ▸ Linha. ♦ **A renglón seguido.** Na sequência. **Leer entre renglones.** Ler nas entrelinhas.

ren.go, ga. ['rengo] ['rengo] *adj.* Que sofreu lesão nos quadris. ▸ Coxo.

re.no. ['reno] ['reno] *m. Zool.* Mamífero ruminante das regiões setentrionais. ▸ Rena.
➥ *Reino animal*

re.nom.bra.do, da. [renom'βɾaðo] [renom'βɾaðo] *adj.* Ver *nombrado.* ▸ Renomado.

re.nom.bre. [re'nombɾe] [re'nombɾe] *m.* Fama que tem uma pessoa por seus atos ou méritos. ▸ Renome.

re.no.va.ción. [reno'ßa'θjon] [renoßa'sjon] *f.* Ato ou efeito de renovar(-se). ▸ Renovação.

re.no.var. [reno'ßar] [reno'ßar] *v.18.* **1.** Fazer ficar como novo. ▸ Renovar. **2.** Fazer com que uma coisa volte a seu estado primitivo. ▸ Renovar. **3.** Dar nova energia a algo, transformá-lo. ▸ Renovar.

ren.que.ar. [renke'ar] [renke'ar] *v.4.* Andar coxeando. ▸ Mancar.

ren.ta. ['renta] ['renta] *f.* **1.** Rendimento ou benefício econômico que dá uma coisa. ▸ Renda. **2.** Qualquer aumento da riqueza de uma pessoa. ▸ Renda. **3.** Valor pago pelo arrendamento de uma propriedade. ▸ Aluguel.

ren.ta.bi.li.dad. [rentaßili'ðað] [rentaßili'ðað] *f.* **1.** Qualidade ou estado de algo que produz renda ou rendimento. ▸ Rentabilidade. **2.** Capacidade de produzir renda. ▸ Rentabilidade.

ren.ta.ble. [ren'taßle] [ren'taßle] *adj.* Que produz ou tem capacidade de produzir renda. ▸ Rentável.

ren.tar. [ren'tar] [ren'tar] *v.4.* **1.** Produzir anualmente renda, benefício ou utilidade. ▸ Render. **2.** (*Amér.*) Tomar em arrendamento. ▸ Alugar.

ren.tis.ta. [ren'tista] [ren'tihta] *com.* **1.** Pessoa que tem conhecimento ou prática nas matérias da Fazenda Pública. ▸ Analista tributário. **2.** Aquele que vive das rendas de propriedades ou investimentos. ▸ Rentista.

re.nue.vo. [re'nweßo] [re'nweßo] *m.* Ver *retoño.* ▸ Broto.

re.nun.cia. [re'nunθja] [re'nunsja] *f.* **1.** Ato de demitir-se ou de abdicar voluntariamente de uma coisa ou um direito. ▸ Renúncia. **2.** Documento que contém uma renúncia. ▸ Renúncia.

re.nun.ciar. [renun'θjar] [renun'sjar] *v.4.* **1.** Recusar ou rejeitar uma coisa. ▸ Renunciar. **2.** Desistir de emprego, cargo, etc. ▸ Renunciar.

re.ñir. [re'ɲir] [re'ɲir] *v.21.* **1.** Não condizer. ▸ Disparatar. **2.** Repreender, admoestar energicamente ou com ameaças. ▸ Brigar.

re.o. ['reo] ['reo] *com. Dir.* O demandado em um juízo civil. ▸ Réu, ré.

re.o.jo(de). [re'oxo] [re'oxo] *loc.* De esguelha. ▸ **Mirar de reojo**. Olhar de soslaio/com o rabo dos olhos

re.or.ga.ni.zar. [reorɣani'θar] [reorɣani'sar] *v.13.* **1.** Voltar a organizar uma coisa. ▸ Reorganizar. **2.** Organizar uma coisa de maneira diferente e mais eficiente. ▸ Reorganizar.

re.pa.ra.ción. [repara'θjon] [repara'sjon] *f.* **1.** Conserto de coisas materiais malfeitas ou quebradas. ▸ Reparação. **2.** Desagravo, satisfação que se dá a alguém por uma ofensa, dano ou injúria. ▸ Reparação.

re.pa.rar. [repa'rar] [repa'rar] *v.4.* **1.** Consertar uma coisa que está quebrada ou estragada. ▸ Consertar. **2.** Dar satisfação ao ofendido. ▸ Reparar. **3.** Restabelecer as forças, dar novo vigor. ▸ Recuperar. **4.** Olhar com cuidado, deter-se, notar. ▸ Reparar.

re.pa.ro. [re'paro] [re'paro] *m.* **1.** Obra que se faz para restaurar alguma coisa que está deteriorada. ▸ Reparo. **2.** Objeção sobre uma coisa que se observou para assinalar nela algum defeito. ▸ Reparo.

re.par.tir. [repar'tir] [repar'tir] *v.6.* **1.** Distribuir uma coisa dividindo-a em partes. Dividir. ▸ Repartir. **2.** Entregar a pessoas diferentes as coisas que devem receber. ▸ Repartir.

re.par.to. [re'parto] [re'parto] *m.* **1.** Ato ou efeito de repartir ou distribuir. ▸ Partilha. **2.** Relação de personagens de uma obra para teatro, cinema ou televisão e dos atores que os interpretam. ▸ Elenco.

re.pa.sa.dor. [repasa'ðor] [repasa'ðor] *m.* Pano usado na cozinha para secar louça. ▸ Pano de prato.

re.pa.sar. [repa'sar] [repa'sar] *v.4.* **1.** Tornar a passar por um mesmo lugar. ▸ Repassar. **2.** Estudar de novo uma lição ou qualquer outra coisa que se havia estudado. Fazer revisão. ▸ Repassar. **3.** Voltar a olhar, examinar ou registrar uma coisa. ▸ Repassar.

re.pa.so. [re'paso] [re'paso] *m.* **1.** Estudo breve que se faz de algo que já foi estudado. ▸ Revisão. **2.** Exame ou inspeção de uma coisa depois de pronta. ▸ Revisão.

re.pa.tria.ción. [repatrja'θjon] [repatrja'sjon] *f.* Ato de repatriar(-se). ▸ Repatriação.

re.pa.triar. [repa'trjar] [repa'trjar] *v.4.* Restituir à pátria de origem. ▸ Repatriar.

re.pe.cho. [re'petʃo] [re'petʃo] *m. Geogr.* Ladeira bem acentuada, porém de pouca extensão. ▸ Encosta.

re.pe.len.te. [repe'lente] [repe'lente] *adj.* **1.** Que lança algo de si com violência. ▸ Repelente. **2.** *fig.* Que provoca repulsão. Repugnante. ▸ Repelente. *m.* **3.** Produto que contém substância usada para afastar animais, especialmente insetos. ▸ Repelente.

re.pe.ler. [repe'leɾ] [repe'leɾ] *v.5.* **1.** Rejeitar uma ideia ou proposta. ▸ Repelir. **2.** Causar repugnância ou aversão. ▸ Repelir.

re.pe.lón. [repe'lon] [repe'lon] *m.* **1.** Puxão de cabelo. **2.** Porção ou parte pequena que se arranca de uma coisa de forma violenta e intempestiva. ▸ Chumaço. ♦ **A repelones.** *fig.* e *fam.* Tomando aos poucos com dificuldade e resistência. ▸ Aos trancos. **De repelón.** De leve. ▸ De raspão.

re.pe.lús. [repe'lus] [repe'lus] *m.* Estremecimento súbito por causa de um susto, temor ou espanto. ▸ Calafrio.

re.pe.luz.no. [repe'luθno] [repe'luhno] *m.* Ver *repelús*. ▸ Calafrio.

re.pen.te. [re'pente] [re'pente] *m.* Movimento inesperado de pessoas ou animais. ▸ Repente. ♦ **De repente.** De repente.

re.pen.ti.no, na. [repen'tino] [repen'tino] *adj.* Que não se esperava nem estava previsto. ▸ Repentino.

re.per.cu.sión. [reperku'sjon] [reperku'sjon] *f.* **1.** Ato ou efeito de repercutir. ▸ Repercussão. **2.** Circunstância de ter muita transcendência uma coisa. ▸ Repercussão.

re.per.cu.tir. [reperku'tiɾ] [reperku'tiɾ] *v.6.* **1.** Transcender, causar efeito uma coisa em outras. ▸ Repercutir. **2.** Produzir eco (um som). ▸ Repercutir.

re.per.to.rio. [reper'torjo] [reper'torjo] *m.* **1.** Registro que cita, de forma abreviada, acontecimentos notáveis e outras informações exploradas com mais profundidade em outros escritos. ▸ Repertório. **2.** Relação de peças de teatro ou música que uma companhia ou orquestra tem preparadas para apresentar. ▸ Repertório. **3.** *fig.* Conjunto de expressões. ▸ Repertório.

re.pe.ti.ción. [repeti'θjon] [repeti'sjon] *f.* Ato de repetir(-se). ▸ Repetição.

re.pe.tir. [repe'tiɾ] [repe'tiɾ] *v.21.* **1.** Tornar a fazer o que se tinha feito ou dizer o que se havia dito. ▸ Repetir. **2.** Acontecer a mesma coisa várias vezes. ▸ Repetir.

re.pe.ti.ti.vo, va. [repeti'tiβo] [repeti'tiβo] *adj.* **1.** Que se repete. ▸ Repetitivo. **2.** Que sempre faz ou diz o mesmo. ▸ Repetitivo.

re.pi.car. [repi'kaɾ] [repi'kaɾ] *v.7.* **1.** Tocar ou tanger os sinos em sinal de festa. ▸ Repicar. **2.** Cortar uma coisa em pedaços miúdos. ▸ Picar. **3.** Furar uma coisa em vários lugares com um instrumento pontiagudo. ▸ Repicar.

re.pi.que. [re'pike] [re'pike] *m.* **1.** Ato ou efeito de repicar os sinos. ▸ Repique. **2.** *fig.* Pequena disputa ou discussão entre duas pessoas.

re.pi.sa. [re'pisa] [re'pisa] *f.* Peça de madeira, vidro ou outro material, que serve para pôr livros ou outros objetos. ▸ Prateleira.

re.pi.tien.te. [repi'tjente] [repi'tjente] *adj.* Estudante que repete um ano escolar, principalmente por não ter passado nas provas. ▸ Repetente. *U.t.c.s.*

re.plan.tar. [replan'taɾ] [replan'taɾ] *v.4.* **1.** Plantar novamente. ▸ Replantar. **2.** Transplantar um vegetal de um viveiro para o lugar definitivo de crescimento. ▸ Replantar.

re.plan.te.ar. [replante'aɾ] [replante'aɾ] *v.4.* Voltar a expor ou considerar um assunto ou problema que já foi estudado para novo estudo ou consideração. ▸ Reconsiderar, reformular.

re.ple.gar. [reple'ɣaɾ] [reple'ɣaɾ] *v.45.* **1.** Dobrar bem ou dobrar muitas vezes. ▸ Redobrar. *v.p.* **2.** *Mil.* Recuar ordenadamente tropas que avançaram além do previsto ou conveniente.

re.ple.to, ta. [re'pleto] [re'pleto] *adj.* Que está cheio de tal forma que não tem lugar para mais nada. ▸ Repleto.

ré.pli.ca. ['replika] ['replika] *f.* **1.** Discurso em que se contesta uma opinião ou proposta de outro. ▸ Réplica. **2.** Cópia de uma obra artística que reproduz com fidelidade a original. ▸ Réplica.

re.pli.car. [repli'kaɾ] [repli'kaɾ] *v.7.* Arguir contra o que se propõe ou manda. Contestar. ▸ Replicar.

re.plie.gue. [re'pljeɣe] [re'pljeɣe] *m.* **1.** Prega dupla ou irregular. ▸ Dobra. **2.** *Mil.* Ato ou efeito de recuar as tropas. ▸ Recuo.

re.po.bla.ción. [repoβla'θjon] [repoβla'sjon] *f.* Ato ou efeito de repovoar. ▸ Repovoamento.

re.po.blar. [repo'βlaɾ] [repo'βlaɾ] *v.18.* Povoar um território que foi despovoado. ▸ Repovoar.

re.po.llo. [re'poʎo] [re'poʃo] *m. Bot.* Variedade de couve. ▸ Repolho. ➡ *Vegetales*

re.po.ner. [repo'neɾ] [repo'neɾ] *v.40. p.p. irreg. repuesto.* **1.** Restituir cargo ou posição a uma pessoa ou coisa que o detinha anteriormente. ▸ Restituir. **2.** Completar o que falta em algo por tê-lo tirado antes. ▸ Repor. *v.p.* **3.** Recuperar-se de uma doença ou mal-estar. ▸ Recuperar-se.

re.por.ta.je. [repor'taxe] [repor'taxe] *m.* Trabalho jornalístico de caráter informativo sobre temas de interesse geral. ▸ Reportagem.

re.por.tar. [repor'tar] [repor'tar] *v.4.* **1.** Reprimir ou moderar uma emoção ou impulso. ▸ Conter. **2.** Produzir algum benefício ou acarretar um prejuízo. ▸ Acarretar. **3.** Informar ou noticiar por qualquer meio de comunicação. ▸ Noticiar.

re.por.te. [re'porte] [re'porte] *m.* Informação sobre atividades internas que se dá aos superiores em empresas, organizações, etc. ▸ Relatório.

re.por.te.ro, ra. [repor'tero] [repor'tero] *adj.* Aplica-se ao jornalista que faz as reportagens. ▸ Repórter. *U.t.c.s.*

re.po.sar. [repo'sar] [repo'sar] *v.4.* Descansar dormindo ou permanecendo quieto durante um tempo. ▸ Repousar.

re.po.si.ción. [reposi'θjon] [reposi'sjon] *f.* Ato ou efeito de repor. ▸ Reposição.

re.po.so. [re'poso] [re'poso] *m.* Ato ou efeito de repousar. ▸ Repouso.

re.pos.te.rí.a. [reposte'ria] [repohte'ria] *f.* **1.** Arte e ofício de doceiro e produtos que ele faz. ▸ Confeitaria. **2.** Local em que se fabricam ou vendem doces, pastas, etc. ▸ Confeitaria.

re.pos.te.ro, ra. [repos'tero] [repoh'tero] *s.* Pessoa que tem por ofício fazer pastas, doces e licores. ▸ Confeiteiro.

re.pren.der. [repren'der] [repren'der] *v.5.* Corrigir, censurar ou admoestar alguém, desaprovando algo que fez ou disse. ▸ Repreender.

re.pren.sión. [repren'sjon] [repren'sjon] *f.* Ato de repreender. ▸ Repreensão.

re.pre.sa. [re'presa] [re'presa] *f.* **1.** Ato de represar. ▸ Represamento. **2.** Qualquer obra destinada à acumulação de água para diversos fins. Dique. ▸ Represa, barragem. **3.** Acumulação de algumas coisas não materiais, tais como sentimentos. ▸ Represa.

re.pre.sa.lia. [repre'salja] [repre'salja] *f.* Ato praticado contra alguém que provocou um dano, causando-lhe outro mais intenso. ▸ Represália.

re.pre.sar. [repre'sar] [repre'sar] *v.4.* Deter ou estancar água corrente. ▸ Represar.

re.pre.sen.ta.ción. [representa'θjon] [representa'sjon] *f.* **1.** Ato ou efeito de representar. ▸ Representação. **2.** Figura, imagem ou ideia que substitui a realidade. ▸ Representação.

re.pre.sen.tan.te. [represen'tante] [represen'tante] *com.* Pessoa credenciada que atua em nome de outra, de uma entidade ou corporação. ▸ Representante.

re.pre.sen.tar. [represen'tar] [represen'tar] *v.4.* **1.** Substituir alguém ou desempenhar sua função ou a de uma entidade ou empresa. ▸ Representar. **2.** Interpretar um papel de obra teatral, cinematográfica ou televisiva. ▸ Representar. **3.** Ser a imagem ou o símbolo de uma coisa. ▸ Representar. **4.** Significar muito ou pouco uma pessoa ou coisa. ▸ Representar.

re.pre.sen.ta.ti.vi.dad. [representatiβi'ðaθ] [representatiβi'ðað] *f.* Qualidade de representativo. ▸ Representatividade.

re.pre.sen.ta.ti.vo, va. [representa'tiβo] [representa'tiβo] *adj.* Que representa, que é próprio para representar. ▸ Representativo.

re.pre.sión. [repre'sjon] [repre'sjon] *f.* Ato ou efeito de reprimir. ▸ Repressão.

re.pre.si.vo, va. [repre'siβo] [repre'siβo] *adj.* Que reprime. ▸ Repressivo.

re.pri.men.da. [repri'menda] [repri'menda] *f.* Repreensão feita com severidade e veemência. ▸ Reprimenda.

re.pri.mir. [repri'mir] [repri'mir] *v.6.* **1.** Deter um impulso. ▸ Reprimir. **2.** *Polít.* Conter (o poder público), com violência, protestos ou rebeliões. ▸ Reprimir. *v.p.* **3.** Reprimir sentimentos ou desejos. Refrear. ▸ Conter-se.

re.pro.bar. [repro'βar] [repro'βar] *v.18.* Não aprovar, rejeitar uma coisa por não ter as qualidades ou condições exigidas. ▸ Reprovar.

re.pro.char. [repro'tʃar] [repro'tʃar] *v.4.* Chamar a atenção de alguém por algo que, mesmo não sendo falta, causa aborrecimento. ▸ Advertir.

re.pro.che. [re'protʃe] [re'protʃe] *m.* Palavras ou ato com que se recrimina ou reprova. ▸ Reprovação.

re.pro.duc.ción. [reproðuk'θjon] [reproðuk'sjon] *f.* **1.** Ato ou efeito de reproduzir(-se). ▸ Reprodução. **2.** Cópia de texto, objeto ou obra de arte. ▸ Reprodução.

re.pro.du.cir. [reproðu'θir] [reproðu'sir] *v.37.* **1.** Tornar a produzir ou produzir novamente. ▸ Reproduzir. **2.** Fazer uma ou várias cópias de um objeto ou obra originais. ▸ Reproduzir. *v.p.* **3.** Procriar (uma espécie). ▸ Reproduzir(-se).

re.pro.duc.ti.vo, va. [reproðuk'tiβo] [reproðuk'tiβo] *adj.* Que pode se reproduzir. ▸ Reprodutivo.

re.pro.duc.tor, to.ra. [reproðuk'tor] [reproðuk'tor] *adj.* **1.** Que reproduz ou pode reproduzir. ▶ Reprodutor. *U.t.c.s.* **2.** *Biol.* Animal reservado à reprodução, destinado a melhorar a raça. ▶ Reprodutor.

rep.tar. [rep'tar] [rep'tar] *v.4.* Mover-se como os répteis. ▶ Rastejar.

rep.til. [rep'til] [rep'til] *adj. Zool.* Aplica-se à classe de animais vertebrados que não têm pés, como as cobras, ou que os têm muito pequenos, como os jacarés e as tartarugas. ▶ Réptil. *U.t.c.s.*

re.pú.bli.ca. [re'puβlika] [re'puβlika] *f. Polít.* **1.** Forma de governo representativo exercido por cidadãos eleitos pelo povo. ▶ República. **2.** Nação ou Estado que possui essa forma de governo. ▶ República.

re.pu.bli.ca.no, na. [repuβli'kano] [repuβli'kano] *adj. Polít.* **1.** Pertencente ou relativo à república. ▶ Republicano. **2.** Partidário dessa forma de governo. ▶ Republicano. *U.t.c.s.*

re.pu.diar. [repu'ðjar] [repu'ðjar] *v.4.* Rechaçar algo, não aceitá-lo. ▶ Repudiar.

re.pues.to. [re'pwesto] [re'pwehto] *m.* **1.** Provisão de alimentos ou outra coisa que se faz como reserva para uma necessidade. ▶ Provisão. **2.** Autopeça ou parte de um mecanismo disposta para substituir outra igual. ▶ Reserva. ♦ **De repuesto.** De reserva, reposição.

re.pug.nan.cia. [repuɣ'nanθja] [repuɣ'nansja] *f.* **1.** Repulsa ou incompatibilidade entre duas ou mais coisas. ▶ Repugnância. **2.** Aversão a alguma coisa ou pessoa. ▶ Repugnância.

re.pug.nan.te. [repuɣ'nante] [repuɣ'nante] *adj.* Que causa repugnância ou aversão. ▶ Repugnante.

re.pug.nar. [repuɣ'nar] [repuɣ'nar] *v.4.* **1.** Causar aversão, nojo ou asco. ▶ Repugnar. **2.** Negar-se a fazer uma coisa ou fazê-la obrigado pela força. ▶ Repugnar.

re.pul.sa. [re'pulsa] [re'pulsa] *f.* **1.** Ato ou efeito de repelir ou repulsar. ▶ Repulsa. **2.** Aversão profunda a alguma coisa. ▶ Repulsa.

re.pul.sión. [repul'sjon] [repul'sjon] *f.* **1.** Ato ou efeito de repelir. ▶ Repulsão. **2.** Sentimento de repugnância, aversão. ▶ Repulsão.

re.pul.si.vo, va. [repul'siβo] [repul'siβo] *adj.* Que causa repugnância ou aversão. ▶ Repulsivo.

re.pu.ta.ción. [reputa'θjon] [reputa'sjon] *f.* Imagem, boa ou má, que uma pessoa tem perante as outras. ▶ Reputação.

re.pu.tar. [repu'tar] [repu'tar] *v.4.* **1.** Formar opinião sobre uma pessoa ou coisa. ▶ Reputar. **2.** Apreciar ou estimar o mérito de algo ou alguém. ▶ Reputar.

re.que.brar. [reke'βrar] [reke'βrar] *v.15.* Lisonjear ou agradar a uma pessoa, especialmente uma mulher. Galantear. ▶ Cantar.

re.que.rir. [reke'rir] [reke'rir] *v.22.* Avisar com autoridade pública e obrigação de comparecimento. ▶ Requerer.

re.que.són. [reke'son] [reke'son] *m.* Pasta alimentícia produzida a partir do queijo. ▶ Requeijão.

re.quie.bro. [re'kjeβro] [re'kjeβro] *m.* Dito ou expressão com que se galanteia. ▶ Galanteio.

ré.quiem. ['rekjem] ['rekjem] *m.* **1.** Missa por defuntos. ▶ Réquiem. **2.** *Mús.* Composição musical criada para acompanhar o cortejo fúnebre. ▶ Réquiem.

re.qui.sa. [re'kisa] [re'kisa] *f.* Revista ou inspeção das pessoas ou das dependências de um estabelecimento. ▶ Vistoria, revista.

re.qui.sar. [reki'sar] [reki'sar] *v.4. Dir.* Expropriar ou exigir legalmente animais ou bens considerados necessários para o bem público. ▶ Requisitar.

re.qui.si.to. [reki'sito] [reki'sito] *m.* Circunstância ou condição necessária para a execução ou realização de uma coisa. ▶ Requisito.

res. ['res] ['res] *f.* Qualquer animal quadrúpede doméstico, como o boi e a ovelha, ou selvagem, como o veado e o javali, que é de alguma forma aproveitado pelo ser humano. ▶ Rês. ♦ **Res de vientre.** Matriz.

re.sa.bio. [re'saβjo] [re'saβjo] *m.* **1.** Sabor desagradável que deixa uma coisa. ▶ Ressaibo. **2.** Mau hábito que adquire uma pessoa ou animal. Vício. ▶ Resquício.

re.sa.ca. [re'saka] [re'saka] *f.* **1.** Movimento de retrocesso da água depois que a onda atinge a praia. ▶ Ressaca. **2.** Mal-estar que sente uma pessoa depois de uma bebedeira. ▶ Ressaca.

re.sa.la.do, da. [resa'laðo] [resa'laðo] *adj. fig.* e *fam.* Que tem charme. ▶ Charmoso.

re.sal.tar. [resal'tar] [resal'tar] *v.4.* Ter melhores características ou desempenho do que outros de sua classe. Ressaltar. ▶ Destacar(-se).

re.sar.cir. [resar'θir] [resar'sir] *v.52.* **1.** Indenizar ou reparar um dano causado por alguém. ▶ Ressarcir. **2.** Pedir desculpas por um agravo. ▶ Ressarcir.

res.ba.la.di.zo, za. [resβala'ðiθo] [rehβala'ðiso] *adj.* Que escorrega ou faz escorregar. ▶ Escorregadio.

res.ba.lar. [resβa'lar] [rehβa'lar] *v.4.* Resvalar ou deslizar-se sobre uma superfície lisa. ▶ Escorregar.

res.ba.lón. [resβa'lon] [rehβa'lon] *m.* **1.** Deslize violento e inesperado que faz cair no chão. ▶ Escorregão. **2.** *fig.* e *fam.* Ato de indiscrição. Deslize. ▶ Gafe.

res.ca.tar. [reska'tar] [rehka'tar] *v.4.* **1.** Recuperar, com dinheiro ou pela força, pessoa ou coisa que foi levada como instrumento para extorquir dinheiro. ▶ Resgatar. **2.** Livrar de uma situação de risco, salvar. ▶ Resgatar.

res.ca.te. [res'kate] [reh'kate] *m.* **1.** Ato ou efeito de resgatar. ▶ Resgate. **2.** Dinheiro que se pede ou se dá para resgatar algo ou alguém. ▶ Resgate.

res.cin.dir. [resθin'dir] [resin'dir] *v.6.* Deixar sem efeito um contrato ou cancelar um compromisso. ▶ Rescindir.

re.se.car. [re'sekar] [re'sekar] *v.7.* Secar demais uma coisa. ▶ Ressecar.

re.se.co, ca. [re'seko] [re'seko] *adj.* **1.** Diz-se de indivíduo magro e enxuto. ▶ Seco. *m.* **2.** Sensação de secura na boca. ▶ Secura.

re.sen.ti.mien.to. [resenti'mjento] [resenti'mjento] *m.* Mágoa ou rancor por uma ofensa ou desprezo recebido. ▶ Ressentimento.

re.sen.tir. [resen'tir] [resen'tir] *v.22. v.p.* **1.** Ter sentimento ou mágoa por uma coisa. ▶ Ressentir-se. **2.** Fraquejar ou perder forças por doença ou idade avançada. ▶ Ressentir-se.

re.se.ña. [re'seɲa] [re'seɲa] *f.* **1.** Anotação que se faz para identificação de uma pessoa, animal ou coisa. ▶ Resenha. **2.** *Lit.* Notícia ou exame de uma obra literária ou científica. ▶ Resenha.

re.se.ñar. [rese'ɲar] [rese'ɲar] *v.4.* **1.** Descrever os traços de uma pessoa, animal ou coisa. ▶ Resenhar. **2.** Dar notícia, fazer uma resenha. ▶ Resenhar.

re.ser.va. [re'serβa] [re'serβa] *f.* **1.** Guarda que se faz de uma coisa para ser usada a seu tempo. ▶ Reserva. **2.** Cautela para não revelar algo que se sabe e não convém divulgar. ▶ Discrição. **3.** Atitude de receio, desconfiança ou desacordo perante algo ou alguém. ▶ Reserva. **4.** Vinho ou licor com no mínimo três anos de safra. *m.* **5.** *Desp.* Jogador que não é titular. ▶ Reserva. *pl.* **6.** Recursos disponíveis para o caso de uma necessidade. ▶ Reservas.

re.ser.va.do, da. [reser'βaðo] [reser'βaðo] *adj.* **1.** Que procede com cautela e discrição. ▶ Reservado. *m.* **2.** Local destinado somente a pessoas ou usos determinados. ▶ Reservado.

re.ser.var. [reser'βar] [reser'βar] *v.4.* **1.** Guardar algo para o futuro. ▶ Reservar. **2.** Destinar um lugar ou coisa para algum uso exclusivo. ▶ Reservar. **3.** Fazer reserva em hotel, restaurante, etc. ▶ Reservar.

res.fria.do. [res'frjaðo] [reh'frjaðo] *m. Med.* Indisposição física causada por infecção viral. ▶ Resfriado.

res.friar. [res'frjar] [reh'frjar] *v.4. v.p.* Adoecer com resfriado ou catarro. ▶ Resfriar.

res.frí.o. [res'frio] [reh'frio] *m. Med.* Ver *resfriado*. ▶ Resfriado.

res.guar.dar. [resɣwar'ðar] [rehɣwar'ðar] *v.4.* **1.** Defender, proteger, guardar com cuidado. ▶ Resguardar. *v.p.* **2.** Agir com cautela para evitar um mal, dano ou prejuízo. ▶ Resguardar(-se).

res.guar.do. [res'ɣwarðo] [reh'ɣwarðo] *m.* **1.** Documento que prova haver-se realizado determinada gestão, pagamento ou entrega. ▶ Recibo. **2.** Segurança em que se coloca uma coisa. ▶ Resguardo.

re.si.den.cia. [resi'ðenθja] [resi'ðensja] *f.* Lugar, edifício ou casa em que se mora. ▶ Residência.

re.si.den.cial. [resiðen'θjal] [resiðen'sjal] *adj.* **1.** Diz-se de bairro ou parte de uma cidade que se reserva para moradias. ▶ Residencial. *m.* **2.** (*Amér.*) Albergue popular. ▶ Pensão.

re.si.den.te. [resi'ðente] [resi'ðente] *adj.* Aplica-se à pessoa em relação ao lugar em que reside. ▶ Residente.

re.si.dir. [resi'ðir] [resi'ðir] *v.6.* Estar estabelecido ou morar em um lugar. ▶ Residir. **2.** Consistir (um problema, um assunto). ▶ Residir.

re.si.dual. [resi'ðwal] [resi'ðwal] *adj.* Aplica-se à parte restante. ▶ Residual.

re.si.duo. [re'siðwo] [re'siðwo] *m.* **1.** Parte ou resto que fica de um todo. ▶ Resíduo. **2.** *Mat.* Resultado da subtração. ▶ Resto. **3.** Material que fica depois de realizado um trabalho ou operação. ▶ Resíduo. *U.t.c.pl.* **4.** O que se joga fora porque não serve. Restos. ▶ Resíduos.

re.sig.na.ción. [resiɣna'θjon] [resiɣna'sjon] *f.* Conformidade e paciência nas adversidades. ▶ Resignação.

re.sig.nar. [resiɣ'naɾ] [resiɣ'naɾ] *v.4.* **1.** Entregar uma autoridade ou mando a outra. Renunciar. ▶ Resignar. *v.p.* **2.** Conformar-se na adversidade. ▶ Resignar-se.

re.si.lien.cia. [resi'ljenθia] [resi'ljensia] *f. Fís.* **1.** Capacidade que um material apresenta de retornar a sua forma original após ter sido exposto a algum tipo de deformação. ▶ Resiliência **2.** *Psicol.* Capacidade de se recuperar ou se adaptar sem dificuldades a situações adversas ou de grande tensão. *Me han dicho que tengo que desarrollar la resiliencia y ser más flexible.* Me disseram que tenho que desenvolver a resiliência e ser mais flexível.

re.si.na. [re'sina] [re'sina] *f.* **1.** *Biol.* Substância sólida ou pastosa segregada por certos vegetais. ▶ Resina. **2.** Matéria semelhante de origem orgânica ou obtida por processos químicos. ▶ Resina.

re.sis.ten.cia. [resis'tenθja] [resih'tensja] *f.* **1.** Capacidade para resistir. ▶ Resistência. **2.** *Fís.* Força que se opõe a outra. ▶ Resistência. **3.** *Fís.* Dificuldade que oferece um artefato elétrico na passagem da corrente, que se transforma em calor. ▶ Resistência. **4.** *Polít.* Oposição clandestina a invasores de um território ou a uma ditadura. ▶ Resistência. **5.** *Biol.* Vitalidade com que o organismo resiste às doenças. ▶ Resistência.

re.sis.ten.te. [resis'tente] [resih'tente] *adj.* **1.** Que é forte e não quebra com facilidade. ▶ Resistente. **2.** Que tem estrutura física adequada para desempenhar esforços físicos. ▶ Resistente.

re.sis.tir. [resis'tiɾ] [resih'tiɾ] *v.6.* **1.** Opor-se a um corpo ou uma força. ▶ Resistir. **2.** Aguentar ou sofrer agressões sem abalar-se. ▶ Resistir.

re.so.lu.ción. [resolu'θjon] [resolu'sjon] *f.* **1.** Atividade e disposição para resolver. ▶ Resolução. **2.** Coisa que se decide ou se executa sem atrasos nem dúvidas. ▶ Resolução. **3.** *Dir.* Laudo, sentença, veredito. ▶ Resolução.

re.so.lu.ti.vo, va. [resolu'tiβo] [resolu'tiβo] *adj.* **1.** Que tem disposição para resolver. ▶ Resolutivo. **2.** Que tem capacidade para decidir e resolver. ▶ Resolutivo.

re.sol.ver. [resol'βeɾ] [resol'βeɾ] *v.56. p.p. irreg. resuelto.* **1.** Decidir o que se vai fazer, entre várias possibilidades. ▶ Resolver. **2.** Achar a solução de um problema. ▶ Resolver. **3.** *Dir.* Dar (o juiz) uma sentença.

re.so.nan.cia. [reso'nanθja] [reso'nansja] *f.* **1.** Prolongação do som, que vai diminuindo por graus. ▶ Ressonância. **2.** Som produzido por repercussão de outro. ▶ Ressonância. ◆ **Resonância magnética.** *Med.* Ressonância Magnética.

re.so.nar. [reso'naɾ] [reso'naɾ] *v.18.* Produzir som por repercussão de outro. ▶ Ressoar.

re.so.plar. [reso'plaɾ] [reso'plaɾ] *v.4.* Expelir o ar pela boca com força. ▶ Bufar.

re.sor.te. [re'sorte] [re'sorte] *m.* **1.** Peça de metal que dá impulso ou resistência e recobra sua posição normal. ▶ Mola. **2.** *fig.* Meio de que alguém se vale para lograr um fim. ▶ Recurso.

res.pal.dar. [respal'daɾ] [rehpal'daɾ] *v.4.* **1.** Dar garantia ou apoio. ▶ Respaldar. *m.* **2.** Parte da cadeira, poltrona ou banco em que se descansam as costas. Espaldar. ▶ Encosto.

res.pal.do. [res'paldo] [reh'paldo] *m.* **1.** O encosto das cadeiras. ▶ Recosto. **2.** Ato de respaldar, apoiar. ▶ Apoio, respaldo.

res.pec.ti.va.men.te. [respektiβa'mente] [rehpektiβa'mente] *adv.* **1.** Com relação a cada coisa separadamente. ▶ Respectivamente. **2.** Segundo a relação ou conveniência necessária a cada caso. ▶ Respectivamente.

res.pec.ti.vo, va. [respek'tiβo] [rehpek'tiβo] *adj.* Relativo a cada um separadamente. ▶ Respectivo.

res.pec.to. [res'pekto] [reh'pekto] *m.* Relação ou proporção de uma coisa com outra. ▶ Respeito. ◆ **Con respecto a.** Em relação a. No que diz respeito a.

res.pe.ta.ble. [respe'taβle] [rehpe'taβle] *adj.* **1.** Que é digno de respeito. ▶ Respeitável. **2.** Tratamento dirigido ao público em um espetáculo de teatro ou outros. ▶ Respeitável.

res.pe.tar. [respe'taɾ] [rehpe'taɾ] *v.4.* Ter respeito e consideração com as pessoas ou coisas que merecem. ▶ Respeitar.

res.pe.to. [res'peto] [reh'peto] *m.* Acatamento, consideração ou deferência que se tem para com alguém. ▶ Respeito. ◆ **De respeto.** Respeitável. **Faltar el respeto.** Faltar com o respeito.

res.pe.tuo.sa.men.te. [respetwosa'mente] [rehpetwosa'mente] *adv.* Diz-se do que ocorre com consideração, de forma respeitosa. ▶ Respeitosamente.

res.pe.tuo.so, sa. [respe'twoso] [rehpe'twoso] *adj.* Que tem ou observa cortesia e respeito. ▶ Respeitoso.

res.pin.go. [res'pingo] [reh'pingo] *m.* **1.** Salto que dá um animal para defender-se de

res.pin.gón, go.na. [respin'gon][rehpin'gon] *adj.* **1.** Diz-se de alguma parte do corpo que seja inclinada para cima. ▶ Arrebitado. *Charo tiene la nariz respingona.* Charo tem o nariz arrebitado. **2.** Diz-se da roupa que apresenta a ponta virada ou torta. ▶ Enrolado; levantado. *Ese vestido me queda respingón, no me gusta nada.* Este vestido fica torto em mim. Não me agrada.

res.pi.ra.ción. [respira'θjon][rehpira'sjon] *f.* **1.** Ato ou efeito de respirar. ▶ Respiração. **2.** Entrada e saída de ar livre em um local fechado. ◆ Respiração. ◆ **Quedarse sin respiración.** Ficar sem fôlego.

res.pi.ra.de.ro. [respira'ðeɾo][rehpira'ðeɾo] *m.* Orifício pelo qual entra e sai o ar. ▶ Respiradouro.

res.pi.rar. [respi'ɾaɾ][rehpi'ɾaɾ] *v.4.* **1.** Absorver o ar para dele aproveitar o oxigênio e expelir o resto. ▶ Respirar. **2.** *fig.* Descansar para recuperar-se depois de um esforço ou trabalho intenso. ▶ Respirar.

res.pi.ra.to.rio, ria. [respira'toɾjo][rehpira'toɾjo] *adj.* Que serve para a respiração ou a facilita. ▶ Respiratório.

res.pi.ro. [res'piɾo][reh'piɾo] *m.* **1.** Ato ou efeito de respirar. ▶ Respiração. **2.** *fig.* Tempo de descanso no trabalho para recuperar forças. Folga. ▶ Respiro.

res.plan.de.cer. [resplande'θeɾ][rehplande'seɾ] *v.24.* **1.** Emitir raios de luz. ▶ Resplandecer. **2.** *fig.* Expressar alegria ou satisfação. ▶ Resplandecer.

res.plan.dor. [resplan'doɾ][rehplan'doɾ] *m.* Luz muito clara ou brilhante que lança um corpo luminoso. ▶ Resplendor.

res.pon.der. [respon'deɾ][rehpon'deɾ] *v.5.* **1.** Contestar, dar resposta ao que se pergunta. ▶ Responder. **2.** Corresponder a uma ação realizada por outro. ▶ Responder. **3.** Atender a uma solicitação ou pedido. ▶ Responder.

res.pon.dón, do.na. [respon'don][rehpon'don] *adj.* Que responde a todos sem razão, educação nem respeito. ▶ Respondão. *U.t.c.s.*

res.pon.sa.bi.li.dad. [responsaβili'ðað][rehponsaβili'ðað] *f.* **1.** Qualidade de responsável. ▶ Responsabilidade. **2.** Obrigação de reparar a consequência de uma ação que causou prejuízo a outro. ▶ Responsabilidade.

res.pon.sa.bi.li.zar. [responsaβili'θaɾ][rehponsaβili'saɾ] *v.13.* Atribuir a alguém responsabilidade por alguma coisa. ▶ Responsabilizar. *U.t.c.v.p.*

res.pon.sa.ble. [respon'saβle][rehpon'saβle] *adj.* **1.** Que tem responsabilidade. ▶ Responsável. **2.** Diz-se da pessoa que põe cuidado naquilo que faz ou diz. ▶ Responsável.

res.pues.ta. [res'pwesta][reh'pwehta] *f.* **1.** Palavra(s) ou ato(s) com que se responde a uma pergunta ou a um chamado. ▶ Resposta. **2.** Resolução de um exercício ou atividade. ▶ Resposta.

Respuestas

No cabe duda.
Seguramente.
Sí.
Sin duda.
Por supuesto.

De ningún modo.
No.
Por nada del mundo.
Ni pensarlo.
De ninguna manera.
(No) Estoy de acuerdo.
(No) Pienso como tú / usted.
(No) Pienso / Creo ser así.
Palabra de honor.
Te / Le doy mi palabra.
Te / Se lo aseguro.
Seguro que sí.
No lo sé.
No sé (nada).
No me ha pasado por la cabeza.
Nunca lo había planteado / supuesto / imaginado.
Me figuro que sí/no.
No sé qué decirte.

res.que.bra.jar. [reskeβra'xaɾ][rehkeβra'xaɾ] *v.4.* Fender superficialmente um corpo duro. ▶ Rachar.

res.que.mor. [reske'moɾ][rehke'moɾ] *m.* Sentimento de inquietação que se recebe da própria consciência por algo penoso. ▶ Dissabor.

res.qui.cio. [res'kiθjo] [reh'kisjo] *m.* **1.** Abertura pequena em portas e janelas que resulta da ação do tempo. ▸ Fresta. **2.** Traço, vestígio. ▸ Resquício.

res.ta. ['resta] ['rehta] *f. Mat.* **1.** Operação aritmética de subtrair. ▸ Subtração. **2.** Resultado da subtração. ▸ Resto.

res.ta.ble.cer. [restaβle'θer] [rehtaβle'ser] *v.24.* **1.** Restituir uma coisa ao estado que antes tinha. ▸ Restabelecer. *v.p.* **2.** Recuperar-se uma pessoa de uma doença ou dano. ▸ Restabelecer(-se).

res.ta.llar. [resta'ʎar] [rehta'ʃar] *v.4.* Som breve e seco produzido por uma coisa que se racha, quebra ou arrebenta subitamente, ou pelo choque ou atrito momentâneo e violento de uma coisa com outra. ▸ Estalar.

res.tan.te. [res'tante] [reh'tante] *adj.* Que resta. ▸ Restante.

res.ta.ñar. [resta'ɲar] [rehta'ɲar] *v.4.* **1.** Cobrir ou banhar um objeto com estanho pela segunda vez. ▸ Estanhar. **2.** Deter o curso de um líquido, uma hemorragia, etc. ▸ Estancar.

res.tar. [res'tar] [reh'tar] *v.4.* **1.** *Mat.* Determinar a diferença entre duas quantidades por meio de operação matemática. ▸ Subtrair. **2.** Reduzir algo tirando-lhe uma parte. ▸ Diminuir. ♦ **Restar importancia a.** ▸ Tirar a importância de.

res.tau.ra.ción. [restau̯ra'θjon] [rehtau̯ra'sjon] *f.* **1.** Ato ou efeito de restaurar. ▸ Restauração. **2.** Reposição no trono de um rei destronado. ▸ Restauração.

res.tau.ran.te. [restau̯'rante] [rehtau̯'rante] *m.* Estabelecimento em que são servidas comidas e bebidas ao consumidor. ▸ Restaurante.

res.tau.rar. [restau̯'rar] [rehtau̯'rar] *v.4.* Reparar ou recuperar uma obra de arte ou um monumento. ▸ Restaurar.

res.ti.tu.ción. [restitu'θjon] [rehtitu'sjon] *f.* **1.** Ato ou efeito de restituir. ▸ Restituição. **2.** Voltar uma coisa ao estado que tinha antes. ▸ Restituição.

res.ti.tuir. [resti'twir] [rehti'twir] *v.28.* **1.** Devolver uma coisa a quem a detinha antes. ▸ Restituir. **2.** Restabelecer ou devolver ao estado anterior uma coisa. ▸ Restituir.

res.to. ['resto] ['rehto] *m.* **1.** Parte que fica de algo ou alguma coisa. ▸ Resto. **2.** *Mat.* Resultado da subtração. ▸ Resto. *pl.* **3.** Sobras de comida. ▸ Restos.

res.to.rán. [resto'ran] [rehto'ran] *m.* Ver *restaurante*. ▸ Restaurante.

res.tre.gar. [restre'ɣar] [rehtre'ɣar] *v.45.* Friccionar uma coisa com outra. ▸ Esfregar.

res.tre.gón. [restre'ɣon] [rehtre'ɣon] *m.* Ato de esfregar com força o que se quer limpar. ▸ Esfregação.

res.tric.ción. [restrik'θjon] [rehtrik'sjon] *f.* Ato ou efeito de restringir, limitar ou reduzir. ▸ Restrição.

res.trin.gir. [restrin'xir] [rehtrin'xir] *v.61.* **1.** Reduzir a limites menores, limitar. ▸ Restringir. **2.** Tornar mais estreito, apertado. ▸ Restringir.

re.su.ci.tar. [resuθi'tar] [resusi'tar] *v.4.* **1.** Fazer voltar um morto à vida. ▸ Ressuscitar. **2.** *fig.* e *fam.* Restabelecer, renovar, dar nova vida a uma coisa. ▸ Ressuscitar. **3.** Voltar à vida. ▸ Ressuscitar.

re.sue.llo. [re'sweʎo] [re'sweʃo] *m.* Respiração ofegante que se produz por um esforço ou outra causa. ▸ Fôlego.

re.suel.to, ta. [re'swelto] [re'swelto] *adj.* **1.** Que procede com resolução ou arrojo. ▸ Arrojado. **2.** Diz-se do assunto ou problema para o qual se encontrou solução. ▸ Resolvido.

re.sul.ta.do. [resul'taðo] [resul'taðo] *m.* Fruto de um fato, operação ou deliberação. ▸ Resultado.

re.sul.tan.te. [resul'tante] [resul'tante] *adj.* Que equivale a um conjunto de coisas que se reuniram. ▸ Resultante.

re.sul.tar. [resul'tar] [resul'tar] *v.4.* **1.** Ter origem uma coisa de outra. ▸ Resultar. **2.** Ter bom ou mau resultado. ▸ Resultar.

re.su.men. [re'sumen] [re'sumen] *m.* Exposição do essencial de um assunto ou matéria. ▸ Resumo.

re.su.mir. [resu'mir] [resu'mir] *v.6.* **1.** Reduzir a termos breves e precisos. ▸ Resumir. *v.p.* **2.** Converter-se, compreender-se, resolver-se uma coisa em outra. ▸ Resumir-se.

re.sur.gir. [resur'xir] [resur'xir] *v.61.* Surgir de novo, voltar a aparecer. ▸ Ressurgir.

re.su.rrec.ción. [resurek'θjon] [resurek'sjon] *f.* Ato de ressuscitar, voltar à vida. ▸ Ressurreição.

re.ta.blo. [re'taβlo] [re'taβlo] *m.* **1.** Pequeno palco em que se representa com figuras uma história ou fato. ▸ Retábulo. **2.** Obra artística ou de arquitetura que decora um altar. ▸ Retábulo.

re.ta.co, ca. [re'tako] [re'tako] *adj. fam.* Diz-se da pessoa de baixa estatura. ▸ Tampinha. *U.t.c.s.*

re.ta.guar.dia. [reta'ɣwarðja] [reta'ɣwarðja] *f.* **1.** *Mil.* Parte de um exército que fica mais longe da frente de batalha. ▸ Retaguarda. **2.**

Mil. Zona não ocupada pelo exército de um país em guerra. ▶ Retaguarda.

re.ta.hí.la. [reta'ila] [reta'ila] *f.* **1.** Série de muitas coisas que estão, acontecem ou são mencionadas por sua ordem. ▶ Sucessão. **2.** Relação ou conto monótono e cansativo. ▶ Ladainha.

re.tal. [re'tal] [re'tal] *m.* Pedaço que sobra de um tecido, pele, metal ou outra coisa depois de utilizar o que se precisava. Rebarba. ▶ Retalho.

re.tar. [re'tar] [re'tar] *v.4.* **1.** Provocar para luta ou competição. ▶ Desafiar. **2.** Dar bronca. ▶ Repreender.

re.tar.dar. [retar'ðar] [retar'ðar] *v.4.* Atrasar, dificultar ou estender a execução de uma coisa. ▶ Retardar.

re.tar.do. [re'tarðo] [re'tarðo] *m.* Ato ou efeito de retardar. Atraso. ▶ Demora.

re.ta.zo. [re'taθo] [re'taso] *m.* **1.** Pedaço de pano ou tecido. ▶ Retalho. **2.** Parte ou fragmento de um discurso. ▶ Trecho.

re.tén. [re'ten] [re'ten] *m.* **1.** Reserva ou provisão que se tem de alguma coisa. ▶ Estoque. **2.** *Mil.* Tropa que fica de prontidão. ▶ Retaguarda.

re.ten.ción. [reten'θjon] [reten'sjon] *f.* **1.** Ato ou efeito de reter. ▶ Retenção. **2.** Parte de um salário que fica retido. ▶ Retenção. **3.** Detenção ou circulação lenta dos veículos em decorrência de aglomeração ou outro problema. ▶ Congestionamento.

re.te.ner. [rete'ner] [rete'ner] *v.26.* **1.** Interromper o curso normal de algo. ▶ Reter. **2.** Conservar na memória uma coisa. ▶ Reter. **3.** Suspender o pagamento de uma remuneração por alguma razão legal. ▶ Reter.

re.ten.ti.va. [reten'tiβa] [reten'tiβa] *f.* Faculdade de lembrar e reter na memória. ▶ Retentiva, retenção.

re.ti.cen.cia. [reti'θenθja] [reti'sensja] *f.* Efeito de dizer só parte de uma coisa. ▶ Reticência.

re.ti.cen.te. [reti'θente] [reti'sente] *adj.* **1.** Que não diz tudo o que sabe, por reserva ou desconfiança. ▶ Reticente. **2.** Que sugere saber mais do que diz. ▶ Reticente.

re.ti.cu.lar. [retiku'lar] [retiku'lar] *adj.* Que tem figura, linhas ou nervuras de rede. ▶ Reticular.

re.ti.na. [re'tina] [re'tina] *f. Anat.* Membrana que recobre a parte interna do olho e que contém as células que captam os sinais luminosos. ▶ Retina.

re.ti.ra.da. [reti'raða] [reti'raða] *f.* Ato ou efeito de retirar-se ou retroceder. ▶ Retirada.

re.ti.ra.do, da. [reti'raðo] [reti'raðo] *adj.* **1.** Que está distante de um lugar. ▶ Afastado. **2.** Que vive isolado do convívio com outras pessoas. ▶ Retirado. **3.** Diz-se do trabalhador que deixa de exercer suas atividades, mas conserva seus direitos. ▶ Aposentado. *U.t.c.s.*

re.ti.rar. [reti'rar] [reti'rar] *v.4.* **1.** Separar uma pessoa ou coisa de outra ou de um lugar. ▶ Afastar. *v.p.* **2.** Ir dormir. ▶ Retirar-se. **3.** Deixar de exercer uma atividade remunerada. ▶ Aposentar-se.

re.ti.ro. [re'tiro] [re'tiro] *m.* **1.** Lugar distante da agitação da cidade. ▶ Retiro. **2.** Ato de retirar-se a um lugar para descanso e tranquilidade. ▶ Retiro. **3.** Ato de aposentar(-se). ▶ Aposentadoria.

❏ **re.to.** ['reto] ['reto] *m.* **1.** Provocação ou convite para lutar. ▶ Desafio. **2.** Convite para competir ou provar superioridade. ▶ Desafio. **3.** Objetivo que se constitui em estímulo e desafio. ▶ Desafio. **4.** Ver *represión*. Repreensão. ▶ Reprimenda.

re.to.car. [reto'kar] [reto'kar] *v.7.* **1.** Dar a um desenho, quadro ou fotografia uma correção final para tirar imperfeições. ▶ Retocar. **2.** Renovar a maquiagem de uma pessoa. ▶ Retocar.

re.to.ñar. [reto'ɲar] [reto'ɲar] *v.4. Bot.* Renascer uma planta. ▶ Brotar.

re.to.ño. [re'toɲo] [re'toɲo] *m.* Gomo ou rebento novo em uma planta. ▶ Broto.

re.to.que. [re'toke] [re'toke] *m.* Correção final que se dá a qualquer obra para reparar pequenos defeitos. ▶ Retoque.

re.tor.cer. [retor'θer] [retor'ser] *v.67.* **1.** Torcer muito uma coisa. ▶ Retorcer. **2.** *fig.* Interpretar uma coisa mudando seu sentido. ▶ Distorcer. *v.p.* **3.** Fazer movimento, contorções, por causa de uma dor aguda, riso, etc. ▶ Retorcer(-se).

re.tor.ci.do, da. [retor'θiðo] [retor'siðo] *adj.* **1.** Diz-se do sentido deturpado que se deu a uma coisa. ▶ Distorcido. **2.** *fig.* Aplica-se à pessoa que não manifesta com sinceridade suas intenções. ▶ Dissimulado.

re.tor.ci.jón. [retorθi'xon] [retorsi'xon] *m. Med.* Contorção grande em alguma parte do corpo. ▶ Cólica.

re.tó.ri.ca. [re'torika] [re'torika] *f.* Emprego persuasivo da linguagem. ▶ Retórica. ◆ **Venir con retóricas.** Argumentar com razões que não vêm ao caso.

re.tó.ri.co, ca. [re'toriko] [re'toriko] *adj.* Pertencente ou relativo à retórica. ▶ Retórico.

re.tor.nar. [retor'nar] [retor'nar] *v.14.* **1.** Voltar ao ponto de partida. ▶ Retornar. **2.** Fazer voltar. ▶ Retornar.

re.tor.no. [re'torno] [re'torno] *m.* **1.** Pagamento ou recompensa que se dá por um benefício recebido. ▸ Devolução. **2.** Devolução de sobra de dinheiro que foi dado como pagamento de uma mercadoria. ▸ Troco. *obs.*: Não se aplica a "resposta", nem a "dar a volta em rodovia".

re.tor.sión. [retor'sjon] [retor'sjon] *f.* Ato ou efeito de retorcer ou retorcer-se. ▸ Torção.

re.tor.ti.jón. [retorti'xon] [retorti'xon] *m. fam.* Dor abdominal aguda. ▸ Cólica.

re.to.zar. [reto'θar] [reto'sar] *v.13.* Brincar e pular alegremente (os animais jovens). ▸ Saltitar.

re.trac.tar. [retrak'tar] [retrak'tar] *v.4.* Anular expressamente o que se disse. ▸ Retratar. *U.t.c.v.p.*

re.trác.til. [re'traktil] [re'traktil] *adj.* **1.** Que se retrai ou se pode retrair. ▸ Retrátil. **2.** *Zool.* Diz-se das partes do corpo de um animal que se retraem, ficando ocultas, tais como as unhas dos felídeos. ▸ Retrátil.

re.tra.er. [retra'er] [retra'er] *v.41. v.p.* Buscar proteção. Refugiar-se. ▸ Retrair.

re.tra.í.do, da. [retra'ido] [retra'ido] *adj.* **1.** Que gosta da solidão e se refugia em lugar afastado. ▸ Retraído. **2.** *fig.* Que se comunica pouco, por timidez. Tímido. ▸ Retraído.

re.trans.mi.sión. [retransmi'sjon] [retranhmi'sjon] *f.* Ato ou efeito de retransmitir. ▸ Retransmissão.

re.trans.mi.tir. [retransmi'tir] [retranhmi'tir] *v.6.* Transmitir a outro(a) uma mensagem recebida. ▸ Retransmitir.

re.tra.sa.do, da. [retra'saðo] [retra'saðo] *adj.* **1.** Diz-se de pessoa, animal ou planta que não tem o desenvolvimento normal de sua idade. ▸ Atrasado. **2.** *Med.* Diz-se da pessoa que apresenta deficiência em sua capacidade mental. ▸ Deficiente mental. *U.t.c.s.*

re.tra.sar. [retra'sar] [retra'sar] *v.4.* **1.** Retardar ou suspender a execução de uma coisa. ▸ Atrasar. *v.p.* **2.** Chegar tarde a alguma parte. ▸ Atrasar-se.

re.tra.so. [re'traso] [re'traso] *m.* **1.** Ato ou efeito de atrasar(-se). ▸ Atraso. **2.** Tempo que se atrasou. ▸ Atraso.

re.tra.tar. [retra'tar] [retra'tar] *v.4.* **1.** Copiar, desenhar ou fotografar a figura de uma pessoa ou coisa. ▸ Retratar. **2.** Descrever a figura ou caráter de uma pessoa. ▸ Retratar.

re.tra.to. [re'trato] [re'trato] *m.* **1.** Pintura ou efígie que representa uma pessoa ou coisa. ▸ Retrato. **2.** Descrição das qualidades físicas e morais de uma pessoa. Perfil. ▸ Retrato. **3.** *fig.* Aquilo que se assemelha muito com uma pessoa ou coisa. Cópia. ▸ Retrato. ♦ **Ser el vivo retrato de.** *fig.* Parecer-se muito com. Ser a cara de.

re.tre.te. [re'trete] [re'trete] *m.* Ver *inodoro*[(2)]. ▸ Vaso sanitário.

re.tri.bu.ción. [retriβu'θjon] [retriβu'sjon] *f.* O que se dá como pagamento, recompensa ou prêmio por um objeto ou serviço. ▸ Retribuição.

re.tri.buir. [retri'βwir] [retri'βwir] *v.28.* Pagar ou recompensar um serviço ou favor. ▸ Retribuir.

re.tro.ac.ti.vo, va. [retroak'tiβo] [retroak'tiβo] *adj.* Que tem efeito sobre o passado. ▸ Retroativo.

re.tro.ce.der. [retroθe'ðer] [retrose'ðer] *v.5.* **1.** Recuar, voltar para trás. ▸ Retroceder. **2.** Deter-se ante um perigo ou um obstáculo. ▸ Retroceder.

re.tro.ce.so. [retro'θeso] [retro'seso] *m.* Ato ou efeito de retroceder. ▸ Retrocesso.

re.tró.gra.do, da. [re'troɣraðo] [re'troɣraðo] *adj.* Que está ligado aferradamente a ideias e costumes próprios de tempos passados. ▸ Retrógrado.

re.tros.pec.ti.vo, va. [retrospek'tiβo] [retrohpek'tiβo] *adj.* Que se refere a tempo passado. ▸ Retrospectivo.

re.tro.vi.sor. [retroβi'sor] [retroβi'sor] *m.* Espelho por meio do qual uma pessoa pode ver, estando em um veículo, o que está atrás dela. ▸ Retrovisor.

re.tum.bar. [retum'bar] [retum'bar] *v.4.* Ressoar muito, fazer grande ruído ou estrondo. ▸ Retumbar.

reu.ma.tis.mo. [reuma'tismo] [reuma'tihmo] *m. Med.* Doença que se manifesta com dores e inflamação nas articulações e nos músculos do corpo. ▸ Reumatismo.

reu.ma.tó.lo.go, ga. [reuma'toloɣo] [reuma'toloɣo] *s. Med.* Especialista em reumatologia. ▸ Reumatologista.

reu.nión. [reu'njon] [reu'njon] *f.* **1.** Ato ou efeito de reunir ou reunir-se. ▸ Reunião. **2.** Conjunto de pessoas reunidas. ▸ Reunião.
➥ *Recreación*

reu.nir. [reu'nir] [reu'nir] *v.6.* Juntar, congregar, amontoar determinadas coisas para colecioná-las ou para outra finalidade. ▸ Reunir.

re.va.li.dar. [reβali'ðar] [reβali'ðar] *v.4.* Confirmar ou dar novo valor a uma coisa. ▸ Revalidar.

re.va.lo.ri.zar. [reβalori'θar] [reβalori'sar] *v.13.* **1.** Devolver ou readquirir valor ou estima

perdida. ▶ Revalorizar. **2.** Aumentar o valor de uma coisa. ▶ Revalorizar.

re.van.cha. [reˈβantʃa] [reˈβantʃa] *f.* **1.** Reação ante uma ofensa ou dano recebido. ▶ Desforra. **2.** *Desp.* Jogar uma nova partida para tentar derrotar aquele que venceu na partida anterior. ▶ Revanche.

re.ve.la.ción. [reβelaˈθjon] [reβelaˈsjon] *f.* Descobrimento de uma verdade que se mantinha oculta. ▶ Revelação.

re.ve.la.do. [reβeˈlaðo] [reβeˈlaðo] *m.* Conjunto de operações necessárias para revelar imagens fotográficas. ▶ Revelação.

re.ve.lar. [reβeˈlar] [reβeˈlar] *v.4.* **1.** Descobrir ou manifestar o que é segredo. ▶ Revelar. Desvendar. **2.** Proporcionar indícios ou certeza de algo. ▶ Revelar. **3.** Fazer visível a imagem impressa na placa ou película fotográfica. ▶ Revelar.

re.ven.der. [reβenˈder] [reβenˈder] *v.5.* Vender a terceiros o que tinha sido comprado para negociar, ou comprado há pouco tempo. ▶ Revender.

re.ven.ta. [reˈβenta] [reˈβenta] *f.* **1.** Ato ou efeito de revender. ▶ Revenda. **2.** Ato de vender a terceiros aquilo que se comprou com essa finalidade. ▶ Revenda.

re.ven.tar. [reβenˈtar] [reβenˈtar] *v.4.* **1.** Explodir uma coisa por não poder suportar a pressão interior. Estourar. ▶ Arrebentar. *col.* **2.** Ter desejo forte por algo. ▶ Ansiar.

re.ver. [reˈβer] [reˈβer] *v.48.* Tornar a ver. ▶ Rever.

re.ver.be.rar. [reβerβeˈrar] [reβerβeˈrar] *v.5.* Diz-se da propriedade da luz de se refletir em uma superfície. ▶ Reverberar.

re.ver.be.ro. [reβerˈβero] [reβerˈβero] *m.* Efeito de refletir-se a luz em uma superfície espelhada. ▶ Revérbero.

re.ver.de.cer. [reβerðeˈθer] [reβerðeˈser] *v.24.* Recobrar o verdor as plantas e os cultivos que estavam secos e sem vida. ▶ Reverdecer.

re.ve.ren.cia. [reβeˈrenθja] [reβeˈrensja] *f.* **1.** Respeito que tem uma pessoa por outra. ▶ Reverência. **2.** Inclinação do corpo em sinal de respeito ou veneração. ▶ Reverência.

re.ver.si.ble. [reβerˈsiβle] [reβerˈsiβle] *adj.* **1.** Que pode voltar a um estado ou condição anterior. ▶ Reversível. **2.** Diz-se da peça de roupa que pode ser usada pelos dois lados, pois ambos têm igual acabamento. ▶ Dupla face.

re.ver.so. [reˈβerso] [reˈβerso] *m.* Parte oposta à frente de uma coisa. ▶ Verso.

re.ver.tir. [reβerˈtir] [reβerˈtir] *v.22.* Voltar uma coisa ao estado ou condição que teve antes. ▶ Reverter.

re.vés. [reˈβes] [reˈβes] *m.* **1.** Parte oposta à frente de uma coisa. ▶ Verso. **2.** Golpe que se dá com a mão voltada para dentro. ▶ Murro. **3.** *fig.* Infortúnio, desgraça ou contratempo. ▶ Revés. ♦ **Al revés.** **1.** Ao contrário. **2.** Ao avesso.

re.ves.ti.mien.to. [reβestiˈmjento] [reβehtiˈmjento] *m.* Cobertura que se dá a uma superfície como proteção ou adorno. ▶ Revestimento.

re.ves.tir. [reβesˈtir] [reβehˈtir] *v.53.* **1.** Cobrir com revestimento. ▶ Revestir. **2.** *fig.* Apresentar uma coisa determinado aspecto, qualidade ou caráter. ▶ Revestir. *U.t.c.v.p.*

re.vi.sar. [reβiˈsar] [reβiˈsar] *v.4.* Submeter uma coisa a novo exame. Reexaminar. ▶ Revisar.

re.vi.sión. [reβiˈsjon] [reβiˈsjon] *f.* **1.** Ato de revisar. ▶ Revisão. **2.** Verificação da qualidade ou do estado de uma coisa. ▶ Revisão.

re.vi.sor, so.ra. [reβiˈsor] [reβiˈsor] *s.* Pessoa que tem por ofício revisar ou reconhecer. ▶ Revisor.

re.vis.ta. [reˈβista] [reˈβihta] *f.* **1.** Inspeção que um chefe faz das pessoas ou coisas submetidas a sua autoridade. ▶ Revista. **2.** Publicação periódica com várias matérias ou sobre uma em especial. ▶ Revista. **3.** *Teatr.* Espetáculo teatral frívolo com diálogo e música. ▶ Teatro de revista. ♦ **Revista del corazón.** Revista de fofocas.

re.vi.vir. [reβiˈβir] [reβiˈβir] *v.6.* **1.** Voltar a si o que parecia estar morto. ▶ Reviver. **2.** *fig.* Reavivar ou reproduzir-se uma coisa. ▶ Reviver.

re.vo.ca.ble. [reβoˈkaβle] [reβoˈkaβle] *adj.* Que se pode ou se deve revogar. ▶ Revogável.

re.vo.car. [reβoˈkar] [reβoˈkar] *v.7.* Anular, deixar sem efeito. ▶ Revogar.

re.vol.car. [reβolˈkar] [reβolˈkar] *v.68.* **1.** Derrubar e maltratar. ▶ Arrastar. **2.** *fig.* Vencer e humilhar o interlocutor em uma discussão ou controvérsia. ▶ Maltratar. *u.p.* **3.** Revirar-se, esfregar-se em algo. ▶ Rolar.

re.vo.lo.te.ar. [reβoloteˈar] [reβoloteˈar] *v.4.* **1.** Voar dando voltas em um pequeno espaço. ▶ Voltear. **2.** Vir uma coisa pelo espaço dando giros. ▶ Voltear.

re.vol.ti.jo. [reβolˈtixo] [reβolˈtixo] *m.* Conjunto de muitas coisas sem ordem nem método. ▶ Confusão.

re.vol.to.so, sa. [reβolˈtoso] [reβolˈtoso] *adj.* **1.** Que participa de uma revolta. ▶ Revoltoso. *U.t.c.s.* **2.** Que está sempre em atividade. Irrequieto. ▶ Agitado.

re.vo.lu.ción. [reβolu'θjon] [reβolu'sjon] *f.* **1.** Alteração completa nas estruturas da sociedade. ▸ Revolução. **2.** *fig.* Alteração rápida e profunda de qualquer coisa. ▸ Revolução. **3.** *Mec.* Giro que dá uma peça sobre seu eixo. ▸ Revolução.

re.vo.lu.cio.nar. [reβoluθjo'nar] [reβolusjo'nar] *v.4.* Incitar à revolução. ▸ Revolucionar.

re.vo.lu.cio.na.rio, ria. [reβoluθjo'narjo] [reβolusjo'narjo] *adj.* **1.** Relativo a ou próprio da revolução. ▸ Revolucionário. **2.** Que produz alteração completa na forma de viver em sociedade. ▸ Revolucionário. *s.* **3.** Pessoa que apoia ou participa de uma revolução. ▸ Revolucionário. *U.t.c.adj.*

re.vol.ver. [reβol'βer] [reβol'βer] *v.56. p.p. irreg.* revuelto. Remexer nas coisas alterando sua ordem. ▸ Revolver.

re.vól.ver. [re'βolβer] [re'βolβer] *m.* Arma de fogo de curto alcance munida de um tambor giratório no qual se colocam as balas. ▸ Revólver.

re.vue.lo. [re'βwelo] [re'βwelo] *m.* **1.** Movimento circular no voo das aves. ▸ Giro. **2.** *fig.* Confusão ou agitação entre as pessoas. ▸ Rebuliço. ◆ **De revuelo.** *fig.* Pronta e rapidamente.

re.vuel.to, ta. [re'βwelto] [re'βwelto] *adj.* **1.** Que foi revolvido. ▸ Revolto. *f.* **2.** Rebelião ou alteração da ordem pública. ▸ Revolta. ◆ **Huevos revueltos.** *Cul.* Ovos mexidos.

rey. ['rej] ['rej] *m.* **1.** Monarca ou príncipe soberano de uma nação. ▸ Rei. **2.** Peça principal do jogo de xadrez. ▸ Rei.

re.yer.ta. [re'jerta] [re'ʃerta] *f.* Briga ou discórdia entre duas ou mais pessoas. ▸ Refrega.

re.zar. [re'θar] [re'sar] *v.13. Rel.* Orar, fazer oração. ▸ Rezar.

re.zo. ['reθo] ['reso] *m. Rel.* Oração que se reza. ▸ Reza.

re.zon.gar. [reθon'gar] [reson'gar] *v.9.* **1.** Falar baixo protestando contra o que faz ou está obrigado a fazer. ▸ Resmungar. **2.** Mostrar mau humor falando por entre dentes. ▸ Resmungar.

re.zon.gón, go.na. [reθon'gon] [reson'gon] *adj.* Que resmunga por qualquer coisa. ▸ Resmungão. *U.t.c.s.*

re.zu.mar. [reθu'mar] [resu'mar] *v.4.* Sair (a água ou outro líquido) de um corpo em gotículas. Gotejar. ▸ Ressumar.

ria.chue.lo. [rja'tʃwelo] [rja'tʃwelo] *m. Geogr.* Rio pequeno de pouco caudal. ▸ Riacho.

ria.da. ['rjaða] ['rjaða] *f.* Enchente de rio, inundação. ▸ Cheia.

ri.be.ra. [ri'βera] [ri'βera] *f. Geogr.* **1.** Orla marítima. ▸ Ribeira. **2.** Beira ou margem do rio. ▸ Ribeira.

ri.be.re.ño, ña. [riβe'reɲo] [riβe'reɲo] *adj. Geogr.* **1.** Pertencente à ribeira do mar ou do rio. ▸ Ribeirinho. **2.** Aplica-se à pessoa que mora perto do mar ou da margem de um rio. ▸ Ribeirinho. *U.t.c.s.*

ri.be.te.ar. [riβete'ar] [riβete'ar] *v.4.* Guarnecer com tira de pano à beira de um vestido ou qualquer peça de tecido. ▸ Debruar.

ri.ca.chón, cho.na. [rika'tʃon] [rika'tʃon] *adj.* Que tem muitos bens e dinheiro. ▸ Ricaço.

ri.ci.no. [ri'θino] [ri'sino] *m. Bot.* Planta originária da África, da qual se extrai um óleo de mesmo nome. ▸ Rícino.

ri.co, ca. ['riko] ['riko] *adj.* **1.** Que tem riqueza, dinheiro e bens. ▸ Rico. *U.t.c.s.* **2.** De sabor agradável. Gostoso. ▸ Saboroso. ◆ **¡Qué rico!** Que gostoso!

ri.di.cu.lez. [riðiku'leθ] [riðiku'les] *f.* **1.** Dito ou ato extravagante. ▸ Ridicularia. **2.** Coisa pequena e de pouco valor. Bagatela. ▸ Mixaria.

ri.di.cu.li.zar. [riðikuli'θar] [riðikuli'sar] *v.13.* Fazer burla de alguém, ou de coisa feita por uma pessoa, pela extravagância ou defeitos que tem. ▸ Ridicularizar.

ri.dí.cu.lo, la. [ri'ðikulo] [ri'ðikulo] *adj.* Que provoca riso ou escárnio, pela extravagância. ▸ Ridículo. ◆ **Quedar en ridículo.** Cair no ridículo.

rie.go. ['rjeɣo] ['rjeɣo] *m.* **1.** Ato ou efeito de regar. ▸ Irrigação. **2.** Água disponível para regar. ▸ Rega. ◆ **Riego sanguíneo.** *Biol.* Irrigação sanguínea.

riel. ['rjel] ['rjel] *m.* Carril de uma via férrea. ▸ Trilho.

rien.da. ['rjenda] ['rjenda] *f.* Correia que serve para dirigir ou governar o cavalo. ▸ Rédea. *U.t.c.pl.* ◆ **Dar rienda suelta.** Dar asas. **Tomar las riendas de.** *fig.* Passar a controlar. ▸ Tomar as rédeas de.

ries.go. ['rjesɣo] ['rjehɣo] *m.* Possibilidade de perigo, dano ou perda em um negócio ou em alguma situação. ▸ Risco.

ri.fa. ['rifa] ['rifa] *f.* Sorteio de uma prenda entre várias pessoas. ▸ Rifa.

ri.far. [ri'far] [ri'far] *v.4.* Sortear um número que dá direito a uma prenda à qual concorrem várias pessoas. ▸ Rifar.

ri.fle. ['rifle] ['rifle] *m.* Arma de fogo de cano longo, estriado no interior. Rifle. Fuzil. ▶ Espingarda.

ri.gi.dez. [rixi'ðeθ] [rixi'ðes] *f.* Qualidade de rígido. ▶ Rigidez.

rí.gi.do, da. ['rixiðo] ['rixiðo] *adj.* **1.** Que não pode ser dobrado ou torcido. ▶ Rígido. **2.** *fig.* Que procede com rigor e austeridade. ▶ Rígido.

ri.gor. [ri'ɣor] [ri'ɣor] *m.* **1.** Severidade excessiva no comportamento e no trato de uma pessoa. ▶ Rigor. **2.** Intensidade, veemência. ▶ Rigor. ◆ **Ser de rigor.** Ser de praxe.

ri.gu.ro.so, sa. [riɣu'roso] [riɣu'roso] *adj.* **1.** Muito severo e rígido. ▶ Rigoroso. **2.** Diz-se de um mal ou desgraça de grandes proporções. Inclemente. ▶ Rigoroso.

ri.ma. ['rima] ['rima] *f. Lit.* **1.** Composição em verso de gênero lírico. ▶ Rima. **2.** Uniformidade de sons no fim de dois ou mais versos. ▶ Rima.

ri.mar. [ri'mar] [ri'mar] *v.4.* **1.** Compor em verso. ▶ Rimar. **2.** Ter uma palavra semelhança com outra nos seus últimos sons. ▶ Rimar.

rí.mel. ['rimel] ['rimel] *m.* Cosmético utilizado para colorir e realçar os cílios. Máscara de cílios. ▶ Rímel.

rin.cón. [rin'kon] [rin'kon] *m.* **1.** Ângulo que forma o encontro de duas paredes ou duas superfícies. ▶ Canto. **2.** *fig.* Esconderijo ou lugar afastado. ▶ Canto.

rin.co.ne.ra. [rinko'nera] [rinko'nera] *f.* Móvel de forma triangular, próprio para ocupar o canto de um ambiente. ▶ Cantoneira.

ri.ni.tis. [ri'nitis] [ri'nitis] *f. Med.* Inflamação da mucosa das fossas nasais. ▶ Rinite.

ri.no.ce.ron.te. [rinoθe'ronte] [rinose'ronte] *m. Zool.* Mamífero corpulento que habita zonas quentes da Ásia e da África. ▶ Rinoceronte. ➔ *Reino animal*

ri.ña. ['riɲa] ['riɲa] *f.* Briga entre duas ou mais pessoas. ▶ Rixa.

ri.ñón. [ri'ɲon] [ri'ɲon] *m. Anat.* Cada uma das glândulas secretoras da urina, que limpam o sangue de impurezas. ▶ Rim. ◆ **Costar un riñón.** *fig.* e *fam.* Custar os olhos da cara.

rí.o. ['rio] ['rio] *m.* **1.** Corrente de água doce que corre pela terra e vai desembocar em outro rio, em um lago ou no mar. ▶ Rio. **2.** *fig.* Grande abundância de qualquer coisa. ▶ Mar.

ri.que.za. [ri'keθa] [ri'kesa] *f.* **1.** Abundância de bens, coisas preciosas e dinheiro. ▶ Riqueza. **2.** Abundância de qualidades e atributos positivos em algo ou alguém. ▶ Riqueza.

ri.sa. ['risa] ['risa] *f.* Manifestação de alegria que se expressa com a voz e as contrações do rosto. Risada. ▶ Riso. ◆ **Comerse la risa.** *fig.* e *fam.* Conter o riso. **Morirse / Mearse / Partirse de risa.** *fig.* e *fam.* Morrer de rir. **Reventar de risa.** *fig.* e *fam.* Rebentar de rir. **Tomar a risa.** Levar na brincadeira.

ris.co. ['risko] ['rihko] *m. Geogr.* Penhasco alto e escarpado, perigoso e difícil de escalar. ▶ Rochedo.

ri.si.ble. [ri'siβle] [ri'siβle] *adj.* Que causa riso ou dá motivo para rir. ▶ Risível.

ri.so.ta.da. [riso'taða] [riso'taða] *f.* Riso convulsivo e ruidoso. ▶ Gargalhada.

ris.tra. ['ristra] ['rihtra] *f. col.* Trança de folhas e caules secos com alhos ou cebolas. ▶ Réstia.

ri.sue.ño, ña. [ri'sweɲo] [ri'sweɲo] *adj.* **1.** Que ri com facilidade. ▶ Risonho. **2.** *fig.* Que tem rosto que infunde alegria. ▶ Risonho.

rít.mi.co, ca. ['ritmiko] ['ritmiko] *adj.* **1.** Pertencente ao ritmo. ▶ Rítmico. **2.** Que tem ritmo. ▶ Rítmico.

rit.mo. ['ritmo] ['ritmo] *m.* Alternância periódica de sons similares em um verso ou em uma música. ▶ Ritmo.

ri.to. ['rito] ['rito] *m.* Conjunto de regras estabelecidas para as cerimônias. ▶ Rito.

ri.tual. [ri'twal] [ri'twal] *adj.* **1.** Pertencente ou relativo ao rito. ▶ Ritual. *m.* **2.** *Rel.* Conjunto de ritos de uma religião ou de uma igreja. ▶ Ritual.

ri.val. [ri'βal] [ri'βal] *adj.* Diz-se de quem compete com outro procurando obter uma mesma coisa ou superá-lo. ▶ Rival. *U.t.c.s.*

ri.va.li.dad. [riβali'ðaθ] [riβali'ðaθ] *f.* Antagonismo produzido por emulação ou competição intensas. ▶ Rivalidade.

ri.va.li.zar. [riβali'θar] [riβali'sar] *v.13.* Competir duas ou mais pessoas para obter uma coisa à qual todos aspiram. ▶ Rivalizar.

ri.zar. [ri'θar] [ri'sar] *v.13.* **1.** Formar artificialmente no cabelo anéis ou cachos. ▶ Enrolar. **2.** Mover (o vento) o mar, formando ondas pequenas. ▶ Eriçar. *v.p.* **3.** Enrolar o cabelo naturalmente. ▶ Encaracolar-se.

ri.zo. ['riθo] ['riso] *m.* Mecha de cabelo que tem forma de anel. ▶ Cacho.

ró.ba.lo. ['roβalo] ['roβalo] *m. Zool.* Tipo de peixe marinho. ▶ Robalo.

ro.bar. [ro'βar] [ro'βar] *v.4.* Tomar para si com violência ou fraude alguma coisa de outro. ▸ Roubar.

ro.ble. ['roβle] ['roβle] *m. Bot.* Árvore cuja madeira se emprega, entre outros fins, na fabricação de tonéis de envelhecimento de vinhos. ▸ Carvalho.

ro.bo. ['roβo] ['roβo] *m.* **1.** Ato ou efeito de roubar. ▸ Roubo. **2.** A coisa roubada. ▸ Roubo. ♦ **Robo a mano armada.** Roubo à mão armada.

ro.bot. [ro'βot] [ro'βot] *m.* Aparelho eletrônico que executa automaticamente operações programadas, especialmente em linhas industriais. ▸ Robô.

ro.bus.to, ta. [ro'βusto] [ro'βuhto] *adj.* Que é forte e vigoroso. ▸ Robusto.

ro.ca. ['roka] ['roka] *f.* **1.** Pedra muito dura e grande. ▸ Rocha. **2.** *Geogr.* Penhasco que se eleva na terra ou no mar. ▸ Rocha. ♦ **Ir a ver al señor Roca.** (*Esp.*) Ir ao banheiro.

ro.cam.bo.les.co, ca. [rokambo'lesko] [rokambo'lehko] *adj.* Diz-se de quem realiza aventuras extraordinárias, inacreditáveis. O termo refere-se a Rocambole, um herói aventureiro criado pelo escritor Ponson du Terrail. ▸ Extraordinário; incrível. *Mi último viaje fue rocambolesco, me pasó de todo, nadie podía creerlo.* Minha última viagem foi incrível, aconteceu de tudo, se eu contar ninguém acredita.

ro.ce. ['roθe] ['rose] *m.* **1.** Atrito leve. ▸ Rusga. **2.** *fig.* Trato ou comunicação com algumas pessoas. ▸ Contato.

ro.ciar. [ro'θjar] [ro'sjar] *v.4.* **1.** Espalhar água ou líquido em pequenas gotas. ▸ Borrifar. **2.** Precipitar-se orvalho ou garoa. ▸ Gotejar. **3.** *fig.* Cair um conjunto de coisas pelo chão. ▸ Espalhar.

ro.cín. [ro'θin] [ro'sin] *m.* Cavalo que não presta, fraco ou velho. ▸ Pangaré. ♦ **Ir de rocín a ruin.** Ir de mal a pior.

ro.cí.o. [ro'θio] [ro'sio] *m.* Pequenas gotas de água que se precipitam durante a noite e ao amanhecer e que se acumulam em plantas ou em outras superfícies expostas ao tempo. Sereno. ▸ Orvalho. ➡ *Clima*

ro.co.so. [ro'koso] [ro'koso] *adj. Geogr.* Coberto ou formado por rochas. ▸ Rochoso.

ro.da.da. [ro'ðaða] [ro'ðaða] *f.* Marca que deixa a roda de um veículo no solo por onde passa. ▸ Sulco.

ro.da.ja. [ro'ðaxa] [ro'ðaxa] *f.* **1.** Peça circular de metal ou madeira. ▸ Rodela. **2.** Fatia redonda de alguns alimentos. ▸ Rodela.

ro.da.je. [ro'ðaxe] [ro'ðaxe] *m.* **1.** Conjunto de rodas. ▸ Rodagem. **2.** Quantidade de quilômetros percorridos por um veículo. ▸ Quilometragem. **3.** Ato de filmar. ▸ Filmagem.

ro.da.mien.to. [roða'mjento] [roða'mjento] *m. Mec.* Peça mecânica composta de uma coroa de bolas, destinada a facilitar o giro de um eixo. ▸ Rolamento.

ro.da.pié. [roða'pje] [roða'pje] *m.* Friso nas paredes junto do chão. ▸ Rodapé.

ro.dar. [ro'ðar] [ro'ðar] *v.18.* **1.** Mover(-se) girando ou rolando. ▸ Rodar. **2.** Mover(-se) por meio de rodas. ▸ Rodar. **3.** Cair rolando por um declive. ▸ Rodar. **4.** Filmar. ▸ Rodar.

ro.de.ar. [roðe'ar] [roðe'ar] *v.4.* Cercar ou circundar uma coisa. ▸ Rodear.

ro.de.o. [ro'ðeo] [ro'ðeo] *m.* **1.** Volta no caminho, que aumenta o percurso. ▸ Desvio. **2.** Lugar no qual se reúne o gado maior, para descanso ou venda. ▸ Rodeio. **3.** *fig.* Subterfúgio ou pretexto para fazer ou não uma coisa. ▸ Rodeio. **4.** Em alguns países americanos, esporte que consiste em montar cavalos e bois bravos e laçá-los. ▸ Rodeio.

ro.di.lla. [ro'ðiʎa] [ro'ðiʃa] *f. Anat.* Parte do corpo em que se une a coxa à perna. ▸ Joelho. ➡ *Cuerpo humano*

ro.di.lle.ra. [roði'ʎera] [roði'ʃera] *f.* **1.** Cobertura do joelho para proteção ou ornato. ▸ Joelheira. **2.** Remendo que se faz em calças na parte que cobre o joelho. ▸ Joelheira.

ro.di.llo. [ro'ðiʎo] [ro'ðiʃo] *m.* **1.** Madeira cilíndrica e forte sobre a qual são movimentados objetos pesados. ▸ Rolamento. **2.** Rolo para estender a tinta nas fôrmas tipográficas. ▸ Rolo. **3.** Cilindro de madeira para esticar a massa. ▸ Pau de macarrão.

ro.e.dor, do.ra. [roe'ðor] [roe'ðor] *adj.* **1.** Que rói. ▸ Roedor. **2.** *Zool.* Aplica-se ao conjunto dos mamíferos que roem. ▸ Roedor. *U.t.c.m.pl.*

ro.er. [ro'er] [ro'er] *v.65.* **1.** Descarnar os ossos com os dentes. ▸ Roer. **2.** Consumir aos poucos qualquer coisa. ▸ Roer. **3.** *fig.* Molestar, inquietar interiormente. ▸ Roer.

ro.gar. [ro'ɣar] [ro'ɣar] *v.55.* Pedir por favor, suplicar. ▸ Rogar.

ro.ga.ti.va. [roɣa'tiβa] [roɣa'tiβa] *f.* Oração, prece, reza pública que se faz para pedir auxílio a uma necessidade grave. ▸ Rogativa.

ro.jez. [ro'xeθ] [ro'xes] *f.* **1.** Qualidade de vermelho. ▸ Vermelhidão. **2.** Mancha vermelha na pele. ▸ Vermelhidão.

ro.ji.zo, za. [ro'xiθo] [ro'xiso] *adj.* **1.** De cor semelhante ao vermelho. ▸ Avermelhado. **2.** De cor semelhante ao roxo. ▸ Arroxeado.

ro.jo, ja. ['roxo] ['roxo] *adj.* **1.** De cor vermelha. ▸ Vermelho. **2.** Diz-se do cabelo loiro quase avermelhado. ▸ Ruivo. *m.* **3.** O nome dessa cor. ▸ Vermelho. ♦ **Ponerse rojo.** Ficar vermelho.

rol. ['rol] ['rol] *m.* **1.** Catálogo, lista ou relação de pessoas ou coisas. ▸ Rol. **2.** ▫ Função que cabe a alguém. ▸ Papel.

ro.lli.zo, za. [ro'ʎiθo] [ro'ʎiso] *adj.* **1.** Que tem forma de rolo. ▸ Roliço. **2.** Diz-se de pessoa gorda e robusta. ▸ Roliço.

ro.llo. ['roʎo] ['roʎo] *m.* **1.** Peça cilíndrica comprida. ▸ Rolo. **2.** Peça de tecido ou de papel ou película fotográfica enrolada. ▸ Rolo. ♦ **¡Qué rollo!** Que confusão! **Ser un rollo.** *fig.* e *fam.* Ser muito chato. **Tener mucho rollo.** *fig.* e *fam.* Ser muito estúpido.

ro.man.ce. [ro'manθe] [ro'manse] *adj.* **1.** *Ling.* Aplica-se a cada uma das línguas originárias do latim. ▸ Romance. *U.t.c.s. m.* **2.** Composição poética narrativa, em verso curto, geralmente de origem popular. ▸ Romance. **3.** Relacionamento amoroso passageiro. ▸ Romance. *m.pl.* **4.** *fig.* Desculpas nas quais não se pode acreditar. ▸ Desculpas esfarrapadas. *obs.*: Não se aplica à obra em prosa.

ro.man.ce.ar. [romanθe'ar] [romanse'ar] *v.4.* **1.** Traduzir para o romance ou língua vulgar. ▸ Romancear. **2.** *p.us.* Explicar a oração espanhola para vertê-la ao latim. ▸ Romancear.

ro.man.ce.ro. [roman'θero] [roman'sero] *m.* Livro ou coleção de romances. Cancioneiro. ▸ Romanceiro.

ro.má.ni.co, ca. [ro'maniko] [ro'maniko] *adj.* **1.** *Arq.* Diz-se do estilo de arquitetura religiosa anterior ao gótico. ▸ Românico. *pl.* **2.** *Ling.* Diz-se das línguas derivadas do latim. ▸ Românicas.

ro.ma.nis.ta. [roma'nista] [roma'nihta] *com.* **1.** Pessoa versada nas línguas românicas e em suas correspondentes literaturas. ▸ Romanista. **2.** Pessoa versada em direito romano. ▸ Romanista.

ro.man.ti.cis.mo. [romanti'θismo] [romanti'sihmo] *m.* **1.** *Lit.* Movimento literário do século XIX, caracterizado pela exaltação do indivíduo, pelo exotismo e pelo panteísmo. ▸ Romantismo. **2.** Qualidade de romântico. Sentimentalismo. ▸ Romanticismo.

ro.mán.ti.co, ca. [ro'mantiko] [ro'mantiko] *adj.* **1.** *Lit.* Relativo ao movimento literário do romantismo. ▸ Romântico. *U.t.c.s.* **2.** Diz-se de pessoa sentimental, generosa e sonhadora. ▸ Romântico.

rom.bo. ['rombo] ['rombo] *m. Geom.* Figura plana de quatro lados e ângulos opostos iguais. ▸ Losango.

ro.me.rí.a. [rome'ria] [rome'ria] *f.* **1.** *Rel.* Peregrinação a algum santuário. ▸ Romaria. **2.** Grande número de pessoas que afluem a um lugar pelo mesmo motivo. ▸ Romaria.

ro.me.ro, ra. [ro'mero] [ro'mero] *adj.* **1.** Aplica-se a todo aquele que participa de romaria. ▸ Romeiro. *m.* **2.** *Bot.* Tipo de arbusto. Alecrim. ▸ Rosmaninho.

ro.mo, ma. ['romo] ['romo] *adj.* Que é obtuso e sem ponta. ▸ Arredondado.

rom.pe.ca.be.zas. [rompeka'βeθas] [rompeka'βesas] *m.* **1.** Brinquedo que consiste em compor uma figura fragmentada, juntando pedaços que se encaixam. ▸ Quebra-cabeça. **2.** *fig.* Problema ou charada de difícil solução. ▸ Quebra-cabeça.

rom.pe.hie.los. [rompe'jelos] [rompe'jelos] *m. Mar.* Embarcação de forma, resistência e potência adequadas para abrir caminho nos mares gelados. ▸ Quebra-gelo.

rom.pe.o.las. [rompe'olas] [rompe'olas] *m.* Dique avançado no mar para proteger um porto ou uma parte da costa. ▸ Quebra-mar.

rom.per. [rom'per] [rom'per] *v.5. p.p. reg. rompido / irreg. roto.* **1.** Tornar ou fazer (algo) em pedaços. ▸ Quebrar. **2.** Dar por terminada uma amizade ou outra relação entre pessoas. ▸ Romper. ♦ **Romperle la cara.** Quebrar a cara de.

rom.pien.te. [rom'pjente] [rom'pjente] *m. Geogr.* Rochedo onde arrebentam as ondas. ▸ Encosta.

rom.pi.mien.to. [rompi'mjento] [rompi'mjento] *m.* **1.** Ato ou efeito de romper(-se). Rompimento. ▸ Ruptura. **2.** *fig.* Desavença ou quebra de compromisso ou relações sociais. ▸ Rompimento.

ron. ['ron] ['ron] *m.* Bebida alcoólica que se obtém destilando melado e suco de cana-de-açúcar. ▸ Rum.

ron.car. [ron'kar] [ron'kaɾ] *v.7.* **1.** Fazer ruído bronco ao respirar quando se dorme. ▸ Roncar. **2.** *fig.* Fazer ruído surdo (o mar, o vento ou alguns instrumentos). ▸ Roncar. **3.** *fig.* e *fam.* Esbravejar ou ameaçar em vão. ▸ Vociferar.

ron.cha. ['rontʃa] ['rontʃa] *f.* Vestígio de picada de inseto. ▸ Picada.

▫**ron.co, ca.** ['ronko] ['ronko] *adj.* Diz-se da voz ou do som áspero. ▸ Rouco.

ron.da. ['ronda] ['ronda] *f.* **1.** Grupo de pessoas que andam rondando. ▸ Ronda. **2.** Patrulha de soldados que faz vigilância. ▸ Ronda. **3.** Grupo de pessoas em círculo, de mãos dadas para dançar ou brincar. ▸ Roda.

ron.dar. [ron'dar] [ron'daɾ] *v.4.* **1.** Fazer ciranda. ▸ Rodar. **2.** Percorrer as ruas de noite para fazer serenatas, namorar ou passear. ▸ Fazer trovas, *footing*.

ron.que.ra. [ron'kera] [ron'keɾa] *f. Med.* Afecção da laringe, que muda a voz, tornando-a rouca e pouco sonora. ▸ Rouquidão.

ron.qui.do. [ron'kiðo] [ron'kiðo] *m.* **1.** Ruído ou som que se faz roncando. ▸ Ronco. **2.** Som rouco. ▸ Ronco.

ron.ro.ne.ar. [ronrone'ar] [ronrone'aɾ] *v.4.* Barulho produzido pelos gatos quando estão contentes. ▸ Ronronar.

ro.ña. ['roɲa] ['roɲa] *f.* Sujeira encardida, difícil de limpar. ▸ Cascão.

ro.ño.so, sa. [ro'ɲoso] [ro'ɲoso] *adj. pej.* **1.** Que tem cascão. ▸ Cascudo. **2.** *fig.* e *fam.* Que procede com avareza. ▸ Mesquinho.

ro.pa. ['ropa] ['ropa] *f.* **1.** Vestimenta para o corpo. ▸ Roupa. **2.** Peças de tecidos variados para o serviço de cama, mesa e banho. ▸ Roupa. ♦ **A quemarropa.** À queima-roupa. **Ropa interior.** Roupa íntima. **Ropa vieja. 1.** Roupa velha. **2.** *Cul.* Guisado de carne.

ro.pa.je. [ro'paxe] [ro'paxe] *m.* Conjunto de roupas de uma pessoa. ▸ Roupagem.

ro.pe.ro. [ro'pero] [ro'peɾo] *m.* Armário para guardar roupas. ▸ Guarda-roupa.

ro.sa. ['rosa] ['rosa] *adj.* **1.** Diz-se da cor vermelha esmaecida. ▸ Rosa. *m.* **2.** O nome dessa cor. ▸ Rosa. *f.* **3.** *Bot.* Flor da roseira. ▸ Rosa. ♦ **Rosa de los vientos.** *Geogr.* Rosa dos ventos. **Salsa rosa.** *Cul.* Molho *rosé*. **Ver todo de color de rosa.** *fig.* Ser muito otimista.

ro.sá.ce.o, a. [ro'saθeo] [ro'saseo] *adj.* De cor semelhante à rosa. ▸ Rosáceo.

ro.sa.do, da. [ro'saðo] [ro'saðo] *adj.* **1.** De cor rosa. ▸ Rosado. **2.** Composto de rosas. ▸ Rosado.

ro.sal. [ro'sal] [ro'sal] *m. Bot.* Planta florífera ornamental. ▸ Roseira.

ro.sa.rio. [ro'sarjo] [ro'saɾjo] *m.* **1.** *Rel.* Conjunto de rezas. ▸ Rosário. **2.** Objeto próprio para a reza do rosário. ▸ Rosário.

ros.ca. ['roska] ['rohka] *f.* **1.** Espiral do parafuso e da porca. ▸ Rosca. **2.** Cada uma das voltas de uma espiral, ou o conjunto delas. ▸ Rosca. **3.** *Cul.* Bolo circular, oco no centro. ▸ Rosca. ♦ **Pasarse de rosca.** Exceder-se.

ros.qui.lla. [ros'kiʎa] [roh'kiʃa] *f. Cul.* Doce em forma de argola feito com farinha e coberto com açúcar. ▸ Rosquinha.

ros.tro. ['rostro] ['rohtro] *m. Anat.* Parte anterior da cabeça. Face. ▸ Rosto.

ro.ta.ción. [rota'θjon] [rota'sjon] *f.* **1.** Ato ou efeito de rodar. ▸ Rotação. **2.** Movimento de um corpo ao redor de seu eixo. ▸ Rotação.

ro.tar. [ro'tar] [ro'taɾ] *v.4.* **1.** Girar continuamente. ▸ Rodar. *v.p.* **2.** Alternar-se em um lugar ou função. ▸ Revezar-se.

ro.ta.ti.vo, va. [rota'tiβo] [rota'tiβo] *adj.* **1.** Diz-se do movimento continuado e a grande velocidade com que imprime a máquina rotativa. ▸ Rotativo. *f.* **2.** Máquina impressora. ▸ Rotativa.

ro.to, ta. ['roto] ['roto] *adj.* **1.** Que está quebrado. ▸ Quebrado. **2.** Que tem as roupas rasgadas. Esfarrapado. ▸ Roto. *U.t.c.s.*

ro.ton.da. [ro'tonda] [ro'tonda] *f.* Praça circular. ▸ Rotatória.

ro.tor. [ro'tor] [ro'toɾ] *m. Fís.* Parte giratória de uma máquina eletromagnética ou de uma turbina. ▸ Rotor.

ró.tu.la. ['rotula] ['rotula] *f. Anat.* Osso da parte anterior da articulação da tíbia com o fêmur. ▸ Rótula.

ro.tu.la.dor. [rotula'ðor] [rotula'ðoɾ] *m.* **1.** Instrumento que escreve ou desenha mediante um pincel de feltro. ▸ Pincel atômico. *f.* **2.** Aparelho para rotular. ▸ Rotuladora.

ro.tu.lar. [rotu'lar] [rotu'laɾ] *v.4.* Pôr um rótulo em alguma coisa ou em algum lugar. ▸ Rotular.

ró.tu.lo. ['rotulo] ['rotulo] *m.* Inscrição colada em embalagens e recipientes, que indica seu conteúdo. ▸ Rótulo.

ro.tun.do, da. [ro'tundo] [ro'tundo] *adj.* **1.** *Ling.* Aplica-se à voz cheia e sonora. ▸ Categórico. **2.** Diz-se de resposta precisa e definitiva. ▸ Categórico.

ro.tu.ra. [ro'tuɾa] [ro'tuɾa] *f.* **1.** Ato ou efeito de quebrar ou quebrar-se. ▸ Ruptura. **2.** Fenda ou trinca em um corpo sólido. ▸ Ruptura.

ro.tu.rar. [rotu'ɾaɾ] [rotu'ɾaɾ] *v.4. Agr.* Lavrar pela primeira vez um campo para ser cultivado. ▸ Arar.

router. m. Inform. Equipamento utilizado para encaminhar e transmitir blocos de informações entre diferentes redes de informática. ▸ Roteador.

ro.za.du.ra. [roθa'ðuɾa] [rosa'ðuɾa] *f.* **1.** Ato ou efeito da fricção de uma coisa com outra. ▸ Raspão. **2.** Ferida superficial. ▸ Raspão.

ro.zar. [ro'θaɾ] [ro'saɾ] *v.13. Agr.* Limpar a terra de mato e ervas antes de lavrá-la. ▸ Roçar. **2.** Tocar levemente uma coisa com outra. ▸ Roçar.

rua.no, na. ['rwano] ['rwano] *adj.* **1.** Diz-se do cavalo que não tem o pelo de uma só cor. ▸ Ruão. *m.* **2.** *(Arg.)* Cavalo alazão com crina e rabo brancos. ▸ Ruão.

ru.bé.o.la. [ru'βeola] [ru'βeola] *f. Med.* Infecção eruptiva por vírus, que acomete especialmente na infância. ▸ Rubéola.

ru.bí. [ru'βi] [ru'βi] *m.* Pedra preciosa de cor vermelha, muito brilhante e dura. ▸ Rubi.

ru.bio, bia. ['ruβjo] ['ruβjo] *adj.* **1.** Diz-se do cabelo de cor semelhante à cor do ouro. ▸ Loiro. **2.** Que tem o cabelo dessa cor. ▸ Loiro.

ru.blo. ['ruβlo] ['ruβlo] *m. Fin.* Unidade monetária básica da Rússia. ▸ Rublo.

ru.bor. [ru'βoɾ] [ru'βoɾ] *m.* **1.** Cor vermelha muito viva. ▸ Rubor. **2.** Cor da face por efeito de vergonha ou pudor. ▸ Rubor.

ru.bo.ri.zar. [ruβoɾi'θaɾ] [ruβoɾi'saɾ] *v.13.* **1.** Causar rubor ou vergonha. ▸ Ruborizar. *v.p.* **2.** Ter vergonha, encabular-se. ▸ Ruborizar-se.

ru.bo.ro.so, sa. [ruβo'roso] [ruβo'roso] *adj.* Que está enrubescido. ▸ Corado.

rú.bri.ca. ['ruβɾika] ['ruβɾika] *f.* Sinal ou guarda que cada pessoa faz no fim de seu nome. ▸ Rubrica.

ru.bri.car. [ruβɾi'kaɾ] [ruβɾi'kaɾ] *v.7.* Pôr uma pessoa sua rubrica ao final de um escrito ou documento. ▸ Rubricar.

ru.bro, bra. ['ruβɾo] ['ruβɾo] *adj.* Ver *rojo*. ▸ Vermelho, rubro.

ru.de.za. [ru'ðeθa] [ru'ðesa] *f.* **1.** Qualidade de rude, aspereza. ▸ Rudeza. **2.** Estupidez, pobreza de espírito. ▸ Rudeza.

ru.di.men.ta.rio, ria. [ruðimen'taɾjo] [ruðimen'taɾjo] *adj.* **1.** Pertencente ou relativo a rudimento. ▸ Rudimentar. **2.** Pouco desenvolvido. ▸ Rudimentar.

ru.di.men.to. [ruði'mento] [ruði'mento] *m.* **1.** *Biol.* Primeira fase do desenvolvimento de um ser vivo. ▸ Rudimento. **2.** Conhecimento básico de uma ciência, arte ou profissão. ▸ Rudimento.

ru.do, da. ['ruðo] ['ruðo] *adj.* Que procede com grosseria. Grosseiro. ▸ Rude.

rue.ca. ['rweka] ['rweka] *f.* Aparelho para fiar. ▸ Roca.

rue.da. ['rweða] ['rweða] *f.* **1.** Peça circular que gira sobre um eixo. ▸ Roda. **2.** Círculo de pessoas que têm amizade entre si. ▸ Roda.

rue.do. ['rweðo] ['rweðo] *m.* Reforço que se coloca na parte inferior de uma roupa. ▸ Barra.

rue.go. ['rweɣo] ['rweɣo] *m.* Súplica que faz alguém para receber uma concessão. ▸ Rogo.

ru.fián. [ru'fjan] [ru'fjan] *m.* **1.** Homem que explora prostitutas. ▸ Rufião. **2.** *fig.* Homem sem honra, perverso. Desprezível. ▸ Rufião.

rugby. m. Desp. Esporte praticado por duas equipes de quinze jogadores, cuja meta é levar a bola até um ponto determinado. ▸ *Rugby.* ➡ Deportes

ru.gi.do. [ru'xiðo] [ru'xiðo] *m.* **1.** Voz do leão. ▸ Rugir. **2.** Grito de pessoa que está colérica, fora de razão. ▸ Rugir.

ru.go.so, sa. [ru'ɣoso] [ru'ɣoso] *adj.* Que tem rugas, pregas ou que se encrespou. ▸ Enrugado.

rui.do. ['rwiðo] ['rwiðo] *m.* **1.** Som confuso, mais ou menos forte. ▸ Ruído. **2.** Ruído produzido por briga ou tumulto. ▸ Barulho. ◆ **Mucho ruido y pocas nueces.** *fig.* e *fam.* Muito barulho por nada.

rui.do.so, sa. [rwi'ðoso] [rwi'ðoso] *adj.* **1.** Que faz ruído. Barulhento. ▸ Ruidoso. **2.** *fig.* Que tem fama. ▸ Ruidoso.

ruin. ['rwin] ['rwin] *adj.* **1.** Diz-se da pessoa vil e desprezível. ▸ Ruim. **2.** Aplica-se também à coisa de má qualidade. ▸ Ruim.

rui.na. ['rwina] ['rwina] *f.* **1.** Ato ou efeito de ruir. ▸ Ruína. **2.** *fig.* Perda grande de bens. ▸ Ruína. *pl.* **3.** Restos de construções arruinadas pelo tempo ou por catástrofe. ▸ Ruínas.

rui.no.so, sa. [rwi'noso] [rwi'noso] *adj.* **1.** Que ameaça ruína. ▸ Ruinoso. **2.** Que causa ruína. ▸ Ruinoso.

rui.se.ñor. [rwise'ɲoɾ] [rwise'ɲoɾ] *m. Zool.* Tipo de pássaro canoro. ▸ Rouxinol.

ru.le.ro. [ru'leɾo] [ru'leɾo] *m.* Ver *rulo*⁽²⁾. ▸ Bobe.

ru.le.ta. [ru'leta] [ru'leta] *f.* Jogo de azar comum nos cassinos. ▸ Roleta.

ru.lo. ['rulo] ['rulo] *m.* **1.** Porção de cabelo enrolado. ▸ Cacho. **2.** Pequeno cilindro perfurado no qual se envolvem os cabelos para enrolá-los. ▸ Bobe.

rum.ba. ['rumba] ['rumba] *f.* Música e dança populares originárias de Cuba. ▸ Rumba.

rum.bo. ['rumbo] ['rumbo] *m.* Caminho ou senda que alguém se propõe seguir. ▸ Rumo.

rum.bo.so, sa. [rum'boso] [rum'boso] *adj.* Diz-se de pessoa liberal e generosa, que gosta de divertir-se. ▸ Festeiro. ◆ **Fiesta rumbosa.** Festa de arromba.

ru.mian.te. [ru'mjante] [ru'mjante] *adj.* Aplica-se aos animais que têm o estômago composto de quatro cavidades. ▸ Ruminante. *U.t.c.s.*

ru.miar. [ru'mjaɾ] [ru'mjaɾ] *v.4.* **1.** Tornar a mastigar (o ruminante) o que já havia ido para o estômago. ▸ Ruminar. **2.** *fig.* e *fam.* Considerar alguma coisa com mais vagar e reflexão. ▸ Ruminar.

ru.mor. [ru'moɾ] [ru'moɾ] *m.* **1.** Notícia vaga sem confirmação e de desconhecida procedência. Boato. ▸ Rumor. **2.** Ruído confuso de vozes. ▸ Burburinho.

ru.mo.re.ar. [rumore'aɾ] [rumore'aɾ] *v.4.* **1.** Soar como um murmúrio contínuo de vozes baixas. ▸ Murmurar. **2.** Difundir-se entre as pessoas um boato ou notícia vaga. ▸ Fofocar.

ru.pes.tre. [ru'pestre] [ru'pehtɾe] *adj.* Aplica-se às pinturas e desenhos pré-históricos que existem em algumas rochas e cavernas. ▸ Rupestre.

rup.tu.ra. [rup'tuɾa] [rup'tuɾa] *f.* **1.** Ato ou efeito de romper(-se). ▸ Ruptura. **2.** Rompimento de relações entre pessoas ou nações. ▸ Ruptura.

ru.ral. [ru'ral] [ru'ral] *adj. Agr.* Pertencente ou relativo ao campo e à lavoura. ▸ Rural.

ru.so, sa. ['ruso] ['ruso] *adj.* **1.** Pertencente ou relativo à Rússia. ▸ Russo. *s.* **2.** O natural ou habitante desse país. ▸ Russo. *m.* **3.** *Ling.* O idioma falado nesse país. ▸ Russo.

rus.ti.ci.dad. [rustiθi'ðaθ] [ruhtisi'ðað] *f.* Qualidade de rústico. ▸ Rusticidade.

rús.ti.co, ca. ['rustiko] ['ruhtiko] *adj.* **1.** Pertencente ou relativo ao campo. ▸ Rústico. **2.** Tosco, sem acabamento. ▸ Rústico.

ru.ta. ['ruta] ['ruta] *f.* **1.** Itinerário de uma viagem. ▸ Rota. **2.** Caminho entre cidades. ▸ Estrada. **3.** *fig.* Caminho ou direção que se toma para um propósito. ▸ Rota.

ru.ti.lan.te. [ruti'lante] [ruti'lante] *adj.* Que resplandece. Cintilante. Brilhante. ▸ Rutilante.

ru.ti.na. [ru'tina] [ru'tina] *f.* **1.** Hábito adquirido pela prática continuada de uma ação. ▸ Rotina. **2.** *Inform.* Sequência de instruções de um programa. ▸ Rotina.

ru.ti.na.rio, ria. [ruti'naɾjo] [ruti'naɾjo] *adj.* **1.** Que se faz ou pratica por hábito. ▸ Rotineiro. **2.** Diz-se da pessoa que age por rotina. ▸ Rotineiro.

S

s. ['ese] ['ese] *f.* Vigésima letra do alfabeto espanhol. ▶ S.

sá.ba.do. [sa'βaðo] [sa'βaðo] *m.* O dia da semana que antecede o domingo. ▶ Sábado.

sa.ba.na. [sa'βana] [sa'βana] *f. Geogr.* Extensa planície tropical ou subtropical com árvores ou arbustos. ▶ Savana.

sá.ba.na. ['saβana] ['saβana] *f.* Cada uma das duas peças de tecido suave que se colocam no colchão para se deitar entre elas. ▶ Lençol.

sa.ba.ñón. [saβa'ɲon] [saβa'ɲon] *m. Med.* Ulceração da pele dos dedos causada pelo frio. ▶ Frieira.

sa.bá.ti.co, ca. [sa'βatiko] [sa'βatiko] *adj.* **1.** Diz-se do ano ou período em que determinados profissionais têm direito a um afastamento remunerado de suas tarefas. ▶ Sabático. **2.** *Rel.* Diz-se de cada sétimo ano para os judeus. ▶ Sabático.

sa.be.lo.to.do. [saβelo'toðo] [saβelo'toðo] *adj. fam.* Que acredita ser sábio sem o ser. Sabe-tudo. ▶ Sabichão.

sa.ber. [sa'βer] [sa'βer] *v.34.* **1.** Conhecer, ter conhecimento. ▶ Saber. **2.** Estar informado. ▶ Saber. **3.** Ter uma coisa semelhança com outra. ▶ Parecer-se. *m.* **4.** Conhecimento de uma matéria, ciência ou arte. ▶ Saber. **5.** Ciência ou conjunto de conhecimentos. ▶ Saber. ♦ **A saber.** Isto é. **Qué sé yo.** Sei lá. **Saberle mal / bien (algo) a uno.** Desagradar. / Agradar. *Me supo mal lo de tu hermano.* Desagradou-me o que aconteceu ao seu irmão. **¡Y qué sé yo!** E nem sei mais o quê.

sa.bi.du.rí.a. [saβiðu'ria] [saβiðu'ria] *f.* Conhecimento profundo em várias matérias. ▶ Sabedoria.

sa.bien.das(a). [sa'βjendas] [sa'βjendas] *loc.* Com conhecimento de causa e efeito. ▶ De propósito. *No fue casual, lo hizo a sabiendas.* Não foi casualidade, ele o fez de propósito.

sa.bio, bia. ['saβjo] ['saβjo] *adj.* Diz-se de pessoa que possui sabedoria. ▶ Sábio. *U.t.c.s.*

sa.bion.do, da. [sa'βjondo] [sa'βjondo] *adj.* Que ostenta saber tudo, mas não sabe nada. ▶ Pedante.

sa.bla.zo. [sa'βlaθo] [sa'βlaso] *m.* **1.** Golpe ou ferida feita com sabre. **2.** *fig.* e *fam.* Ato de obter dinheiro de alguém sem intenção de devolvê-lo. ▶ Calote.

sa.ble. ['saβle] ['saβle] *m.* Arma branca comprida e curva de um só corte. ▶ Sabre.

sa.bor. [sa'βor] [sa'βor] *m.* **1.** Sensação que os alimentos produzem no palato. ▶ Sabor. **2.** Qualidade que têm os alimentos de produzir essa sensação. ▶ Sabor.

sa.bo.re.ar. [saβore'ar] [saβore'ar] *v.4.* **1.** Degustar com deleite o sabor do que se come. ▶ Saborear. **2.** *fig.* Apreciar com atenção e devagar as coisas que agradam. ▶ Saborear.

sa.bo.ta.je. [saβo'taxe] [saβo'taxe] *m.* **1.** Dano produzido em algo propositadamente, como reivindicação e/ou vingança. ▶ Sabotagem. **2.** *fig.* Oposição a uma ideia ou a um projeto com ações dissimuladas que dificultam a execução. ▶ Sabotagem.

sa.bo.te.ar. [saβote'ar] [saβote'ar] *v.4.* Praticar atos de sabotagem. ▶ Sabotar.

sa.bro.so, sa. [sa'βroso] [sa'βroso] *adj.* Agradável ao paladar. Gostoso. ▶ Saboroso.

sa.bue.so. [sa'βweso] [sa'βweso] *adj.* **1.** Diz-se do cão de caça de grande porte e dotado de olfato extraordinário. ▶ Sabujo. *U.t.c.s. m.* **2.** *fig.* Pessoa que investiga. ▶ Investigador.

sa.ca.cor.chos. [saka'kortʃos] [saka'kortʃos] *m.* Instrumento com haste em espiral e cabo que serve para tirar tampas de cortiça das garrafas. ▶ Saca-rolhas.

sa.ca.pun.tas. [saka'puntas] [saka'puntas] *m.* Instrumento para apontar lápis. ▶ Apontador. ➡ *En el aula*

sa.car. [sa'kar] [sa'kar] *v.7.* **1.** Retirar algo do lugar em que estava guardado. ▶ Tirar. **2.**

Descobrir por indícios ou deduzir a causa pela consequência. ▶ Sacar. **3.** ❏ Ganhar algo por sorte. ▶ Ganhar. **4.** ❏ Afastar uma pessoa ou coisa de um lugar ou uma situação. ▶ Tirar. **5.** Conseguir uma coisa. ▶ Obter. **6.** ❏ Comprar (bilhetes, entradas etc.). **7.** ❏ Fazer uma fotografia ou retrato. ▶ Tirar. **8.** *Desp.* Dar impulso inicial a uma bola em um jogo de vôlei. ▶ Sacar. ◆ **Sacar en limpio.** Tirar a limpo. **Sacar(le a alguien) de sus casillas.** Tirar do sério. *Es un muchacho bastante maduro, pero a veces dice cosas que me sacan de mis casillas.* Ele é um garoto muito maduro, mas, às vezes, diz umas coisas que me tiram do sério.

sa.ca.ri.na. [saka'rina] [saka'rina] *f.* Produto químico de poder adoçante. ▶ Sacarina.

sa.ca.ro.sa. [saka'rosa] [saka'rosa] *f.* Substância proveniente da cana-de-açúcar e da beterraba usada para adoçar bebidas, xaropes etc. ▶ Sacarose.

sa.cer.do.cio. [saθer'ðoθjo] [saser'ðosjo] *m.* **1.** *Rel.* Ministério e exercício próprio do sacerdote. ▶ Sacerdócio. **2.** *fig.* Dedicação ativa ao desempenho de uma profissão ou ministério elevado e nobre. ▶ Sacerdócio.

sa.cer.do.tal. [saθerðo'tal] [saserðo'tal] *adj. Rel.* Pertencente ou relativo ao sacerdote. ▶ Sacerdotal.

sa.cer.do.te. [saθer'ðote] [saser'ðote] *m. Rel.* **1.** Homem consagrado a um culto religioso. ▶ Sacerdote. **2.** Na Igreja Católica, aquele que recebeu o sacramento da ordem. ▶ Sacerdote.

sa.cer.do.ti.sa. [saθerðo'tisa] [saserðo'tisa] *f. Rel.* Mulher que exerce o sacerdócio. ▶ Sacerdotisa.

sa.ciar. [sa'θjar] [sa'sjar] *v.4.* **1.** Ficar farto de comida ou de bebida. ▶ Saciar. **2.** *fig.* Satisfação total de necessidade do espírito ou da mente. ▶ Saciar.

sa.cie.dad. [saθje'ðað] [sasje'ðað] *f.* Fartura, satisfação total de desejo ou apetite. ▶ Saciedade. ◆ **Hasta la saciedad.** *fig.* Até não poder mais.

sa.co. ['sako] ['sako] *m.* **1.** Bolsa de papel, tecido ou couro para guardar ou transportar coisas. ▶ Saco. **2.** ❏ Ver *chaqueta*. Casaco. ▶ Paletó. ◆ **Saco de dormir.** Saco de dormir.

sa.cra.men.tal. [sakramen'tal] [sakramen'tal] *adj.* Pertencente ou relativo aos sacramentos. ▶ Sacramental.

sa.cra.men.tar. [sakramen'tar] [sakramen'tar] *v.4. Rel.* **1.** Administrar o sagrado viático aos enfermos. ▶ Sacramentar. **2.** Consagrar a hóstia no sacramento da Eucaristia. ▶ Sacramentar.

sa.cra.men.to. [sakra'mento] [sakra'mento] *m. Rel.* No cristianismo, práticas que se consideram santificadas, como o batismo, a comunhão ou a união matrimonial. ▶ Sacramento.

sa.cri.fi.car. [sakrifi'kar] [sakrifi'kar] *v.7.* **1.** *Rel.* Fazer sacrifício, oferecer ou dar uma coisa em reconhecimento de alguma divindade. ▶ Sacrificar. **2.** Abater o gado para consumo. ▶ Sacrificar. **3.** *fig.* Arriscar, aventurar ou expor alguma coisa a um mal ou perigo para evitar algo maior. ▶ Sacrificar. *v.p.* **4.** *fig.* Realizar grandes esforços. ▶ Sacrificar-se.

sa.cri.fi.cio. [sakri'fiθjo] [sakri'fisjo] *m.* **1.** *Rel.* Coisa consagrada, oferecida a alguma divindade como homenagem ou expiação. ▶ Sacrifício. **2.** *fig.* Ato de abnegação, perigo ou trabalho a que se submete uma pessoa pelo bem de outros. ▶ Sacrifício.

sa.cri.le.gio. [sakri'lexjo] [sakri'lexjo] *m. Rel.* Profanação de objeto, pessoa ou lugar considerados sagrados. ▶ Sacrilégio.

sa.cris.tán. [sakris'tan] [sakrih'tan] *m. Rel.* Aquele que nas igrejas cuida dos ornamentos e ajuda o sacerdote nos ofícios religiosos. ▶ Sacristão.

sa.cris.ta.na. [sakris'tana] [sakrih'tana] *f. Rel.* Religiosa que em um convento cuida da sacristia. ▶ Sacristã.

sa.cris.tí.a. [sakris'tia] [sakrih'tia] *f. Rel.* Lugar nas igrejas em que se guardam os ornamentos e outros objetos do culto. ▶ Sacristia.

sa.cro, cra. ['sakro] ['sakro] *adj.* **1.** *Anat.* Referente à região do corpo em que está situado o osso sacro. ▶ Sacro. **2.** Que é sagrado ou se refere a algo sagrado. ▶ Sacro. *m.* **3.** Osso posterior, próximo ao ânus. ▶ Sacro.

sa.cu.di.da. [saku'ðiða] [saku'ðiða] *f.* Ato ou efeito de sacudir(-se). Chacoalhada. ▶ Sacudida.

sa.cu.dir. [saku'ðir] [saku'ðir] *v.6.* Agitar algo com movimentos rápidos. Chacoalhar. ▶ Sacudir.

sa.fa.ri. [sa'fari] [sa'fari] *m.* Expedição que se faz em algumas regiões da África para caça ou para observar e/ou fotografar animais selvagens. ▶ Safári.

sa.ga. ['saɣa] ['saɣa] *f.* Relato das vicissitudes de uma família, comunidade ou região. ▶ Saga.

sa.ga.ci.dad. [saɣaθi'ðaθ] [saɣasi'ðað] *f.* Qualidade de sagaz. Perspicácia. ▶ Sagacidade.

sa.gaz. [sa'ɣaθ] [sa'ɣas] *adj.* Que tem perspicácia e astúcia. ▶ Sagaz.

Sa.gi.ta.rio. [saxi'tarjo] [saxi'tarjo] *m.* O nono signo zodiacal. ▶ Sagitário.

sa.gra.do, da. [sa'ɣraðo] [sa'ɣrado] *adj.* **1.** Que, na religião, é considerado digno de veneração e respeito. ▶ Sagrado. **2.** Intocável, inviolável. ▶ Sagrado.

sahu.mar. [sau'mar] [sau'mar] *v.4.* Submeter uma coisa à ação de fumo aromático a fim de que exale bom cheiro. Defumar. ▶ Incensar.

sahu.me.rio. [sau'merjo] [sau'merjo] *m.* **1.** Fumaça produzida por uma matéria aromática. **2.** Substância aromática que, ao ser queimada, produz fumaça. ▶ Incenso.

sa.jón, jo.na. [sa'xon] [sa'xon] *adj.* Aplica-se ao povo de origem germânica que se estabeleceu na Inglaterra no século V. ▶ Saxão. *U.t.c.s.*

sa.ke. ['sake] ['sake] *m.* Bebida alcoólica feita de arroz. ▶ Saquê.

sal. ['sal] ['sal] *f.* **1.** Substância branca solúvel em água, muito abundante no mar e usada para temperar e conservar alimentos. Cloreto de sódio. ▶ Sal. **2.** *fig.* Elegância e graça nos movimentos, simpatia e graça nas pessoas. ▶ Sal. *pl.* **3.** Substância perfumada que se dissolve na água para banhos. ▶ Sais.

sa.la. ['sala] ['sala] *f.* **1.** Cômodo principal de uma casa. ▶ Sala. **2.** Local espaçoso próprio para determinadas atividades, como conferências, tribunais de justiça, danças etc. ▶ Sala.

sa.la.do, da. [sa'laðo] [sa'laðo] *adj.* **1.** Temperado ou tratado com sal. ▶ Salgado. **2.** Aplica-se à pessoa que tem graça e simpatia. ▶ Brincalhão. **3.** *fig.* e *fam.* Diz-se de preço alto, caro. ▶ Salgado.

sa.la.me. [sa'lame] [sa'lame] *m.* Ver *salami*. ▶ Salame.

sa.la.mi. [sa'lami] [sa'lami] *m.* Embutido preparado com carne de vaca ou de porco. ▶ Salame.

sa.lar. [sa'lar] [sa'lar] *v.4.* **1.** Temperar com sal. ▶ Salgar. **2.** Curar com sal a carne ou o peixe. ▶ Salgar. *m.* **3.** Espécie de deserto de sal.

sa.la.rial. [sala'rjal] [sala'rjal] *adj.* Pertencente ou relativo ao salário ou a outra forma de remuneração por trabalho. ▶ Salarial.

sa.la.rio. [sa'larjo] [sa'larjo] *m.* Quantidade de dinheiro com que se remuneram os trabalhadores. ▶ Salário.

sal.chi.cha. [sal'tʃitʃa] [sal'tʃitʃa] *f.* Embutido recheado de carne moída e temperada com sal e especiarias. ▶ Salsicha. ◆ **Perro salchicha.** Cachorro bassê.

sal.chi.chón. [saltʃi'tʃon] [saltʃi'tʃon] *m.* Embutido de presunto, toucinho e pimenta-do-reino prensado e curado. ▶ Salsichão.

sal.dar. [sal'dar] [sal'dar] *v.4.* **1.** Liquidar totalmente uma dívida. ▶ Saldar. **2.** Vender uma mercadoria abaixo do preço para que acabe rapidamente. ▶ Liquidar.

sal.do. ['saldo] ['saldo] *m. Fin.* **1.** Pagamento final de uma dívida ou obrigação. ▶ Saldo. **2.** Valor de uma conta (negativo ou positivo). ▶ Saldo. **3.** Resto de mercadorias que geralmente são vendidas a preço baixo. ▶ Saldão. ◆ **Saldo acreedor.** Saldo credor. **Saldo deudor.** Saldo devedor.

sa.le.ro. [sa'lero] [sa'lero] *m.* **1.** Pequeno recipiente no qual se põe o sal para seu uso na mesa. ▶ Saleiro. **2.** Local em que se guarda o sal. ▶ Saleiro. **3.** *fig.* e *fam.* Garbo, distinção que têm algumas pessoas. ▶ Graça.

sa.le.ro.so, sa. [sale'roso] [sale'roso] *adj.* Que procede com temperamento e comportamento agradáveis. ▶ Gracioso. *U.t.c.s.*

sa.li.da. [sa'liða] [sa'liða] *f.* **1.** Lugar pelo qual se sai. ▶ Saída. **2.** Ponto de partida de uma competição esportiva de velocidade. ▶ Saída. **3.** *fig.* Meio ou razão com que se vence uma dificuldade ou perigo. ▶ Saída. ◆ **Callejón sin salida.** Beco sem saída.

sa.lien.te. [sa'ljente] [sa'ljente] *m.* **1.** Parte que sobressai em alguma coisa. ▶ Saliente. **2.** Ponto do horizonte em que nasce o sol. Este. ▶ Oriente.

sa.li.na. [sa'lina] [sa'lina] *f.* **1.** Lugar onde abunda o sal em estado natural. ▶ Salina. **2.** Mina de sal. ▶ Salina.

sa.li.ni.dad. [salini'ðaθ] [salini'ðað] *f.* **1.** Qualidade de salino. ▶ Salinidade. **2.** Proporção de sais que contém a água do mar. ▶ Salinidade.

sa.li.no, na. [sa'lino] [sa'lino] *adj.* **1.** Aplica-se ao que naturalmente contém sal. ▶ Salino. **2.** Que tem as características do sal. ▶ Salino.

sa.lir. [sa'lir] [sa'lir] *v.27.* **1.** Partir de um lugar para outro. ▶ Sair. **2.** Aparecer, manifestar-se, descobrir uma coisa. ▶ Sair.

3. Nascer uma planta ou um galho em uma árvore. ▸ Brotar. **4.** Libertar-se de algo. ▸ Escapar. **5.** Ter um custo ou preço. ▸ Brotar. ◆ **A lo que salga.** *fig.* e *fam.* Seja o que Deus quiser. **Salir bien / mal.** Dar certo / errado. **Salirse con la suya.** Fazer (alguém) o que bem entende sem ligar para a opinião alheia. **Salir de compras.** Sair para fazer compras. **Salir de copas.** Sair, geralmente à noite, para se divertir e consumir bebidas. *El grupo de turistas quedó en salir de copas hoy por la noche.* O grupo de turistas combinou de sair para tomar algo hoje à noite.

Salir de compras

A: A sus órdenes. / ¿En qué puedo servirle / ayudarle?

B: Quiero ver...

A: ¿De qué color / talla?

B: Puede ser el azul, talla 38.

A: ¿Paga al contado?

B: Sí, y en efectivo. / No, a plazos con tarjeta de crédito.

sa.li.tre. [sa'litre] [sa'litɾe] *m.* Nitrato de potássio. ▸ Salitre.

sa.li.va. [sa'liβa] [sa'liβa] *f.* Biol. Líquido que algumas glândulas segregam na boca e que tem a função de preparar os alimentos para a digestão. ▸ Saliva.

sa.li.va.zo. [sali'βaθo] [sali'βaso] *m.* Porção de saliva que se cospe de uma vez. ▸ Cuspida.

sal.mo. ['salmo] ['salmo] *m.* Rel. Composição ou cântico sagrado em louvor a Deus. ▸ Salmo.

sal.món. [sal'mon] [sal'mon] *m.* **1.** Zool. Tipo de peixe marinho. ▸ Salmão. **2.** Cor rósea como a da carne do salmão. ▸ Salmão.
➥ *Reino animal*

sal.mo.re.jo. [salmo'rexo] [salmo'ɾexo] *m.* Cul. Prato típico do sul da Espanha, parecido com o *gazpacho*. Prepara-se com pão, ovo, tomate, pimentão, alho, sal e água, tudo triturado e misturado como um purê. *Me comí un salmorejo divino en Andalucía, región sur de España.* Comi um *salmorejo* divino em Andaluzia, região sul da Espanha.

sal.mue.ra. [sal'mwera] [sal'mweɾa] *f.* Água com sal. ▸ Salmoura.

sa.lo.bre. [sa'loβre] [sa'loβɾe] *adj.* Que tem um leve sabor de sal. ▸ Salobro.

sa.lón. [sa'lon] [sa'lon] *m.* **1.** Ver *sala*. ▸ Sala. **2.** Sala grande de uma casa em que se recebem visitas, destinada a festas e reuniões. ▸ Salão. **3.** Sala de grandes dimensões destinada às reuniões de uma corporação. ▸ Salão.

sal.pi.ca.de.ro. [salpika'ðero] [salpika'ðeɾo] *m.* Painel de controle de um veículo, situado na frente do motorista. ▸ Painel.

sal.pi.ca.du.ra. [salpika'ðura] [salpika'ðuɾa] *f.* Ato ou efeito de salpicar. ▸ Salpicamento.

sal.pi.car. [salpi'kar] [salpi'kaɾ] *v.7.* **1.** Espalhar em gotas miúdas. ▸ Salpicar. **2.** Borrifar água ou outro líquido qualquer. ▸ Salpicar.

sal.pi.cón. [salpi'kon] [salpi'kon] *m.* Cul. Comida fria preparada com carne vermelha, frango ou peixe e vegetais. ▸ Salpicão.

sal.pi.men.tar. [salpimen'tar] [salpimen'taɾ] *v.15.* Temperar algo com sal e pimenta. ▸ Sal-pimentar. *Hay que salpimentar la carne antes de prepararla.* É preciso sal-pimentar a carne antes de prepará-la.

sal.sa. ['salsa] ['salsa] *f.* **1.** ▢ Cul. Composição de várias substâncias que se faz para condimentar e acompanhar outros alimentos. ▸ Molho. **2.** Tipo de música e dança caribenha. ▸ Salsa. ◆ **Salsa blanca.** Cul. Molho branco. **Salsa tártara.** Cul. Molho tártaro.

sal.se.ra. [sal'sera] [sal'seɾa] *f.* Cumbuca na qual se serve molho. Molheira. ▸ Salseira.

sal.ta.dor, do.ra. [salta'ðor] [salta'ðoɾ] *adj. Zool.* **1.** Diz-se dos insetos que dão grandes saltos, como a pulga e o gafanhoto. ▸ Saltador. *s.* **2.** Atleta especializado em provas de salto. ▸ Saltador.

sal.ta.mon.tes. [salta'montes] [salta'montes] *m. Zool.* Inseto que se alimenta de vegetais e causa grandes danos às plantações. ▸ Gafanhoto.

sal.tar. [sal'tar] [sal'taɾ] *v.4.* **1.** Elevar-se do chão com impulso das pernas ou por rebote de alguma coisa. ▸ Saltar. **2.** Lançar-se de uma altura. ▸ Saltar. **3.** Desprender(-se de) uma coisa que estava unida ou fixa. ▸ Soltar(-se). **4.** Dizer algo inesperado em uma conversa. ▸ Soltar. **5.** Sobressair muito uma coisa. ▸ Saltar. *v.p.* **6.** Infringir uma lei, um preceito etc. ▸ Passar por cima. ◆ **Saltar a la vista.** Saltar aos olhos. **Saltar a la palestra.** *loc.* Diz-se de alguém que toma parte ativa em uma discussão ou luta. ▸ Aceitar um desafio, uma luta. *La alcaldesa saltó a la palestra y empezó a hacer* *consultas públicas sobre el presupuesto mensual de la ciudad.* A prefeita aceitou o desafio e começou a fazer consultas públicas sobre o orçamento mensal da cidade.

sal.ta.rín, ri.na. [salta'rin] [salta'rin] *adj.* Diz-se de pessoa irrequieta e de pouco juízo. ▸ Doido.

sal.te.a.dor, do.ra. [saltea'ðor] [saltea'ðor] *s.* Pessoa que assalta e rouba em caminhos e lugares ermos. ▸ Salteador.

sal.te.ar. [salte'ar] [salte'ar] *v.4.* **1.** Atacar de surpresa para roubar. ▸ Saltear. **2.** Começar uma coisa e passar a outra sem concluí-la. ▸ Saltear. **3.** *Cul.* Cozinhar alimento em manteiga ou óleo fervente. ▸ Refogar.

sal.tim.ban.qui. [saltim'baŋki] [saltim'baŋki] *m.* Acrobata de circo e espetáculos ao ar livre. ▸ Saltimbanco.

sal.to. ['salto] ['salto] *m.* **1.** Ato de saltar. ▸ Salto. **2.** *Geogr.* Lugar muito elevado. ▸ Despenhadeiro. **3.** *Geogr.* Cachoeira, queda-d'água. ▸ Salto. ◆ **A saltos.** Aos pulos. **Salto largo.** Salto em distância. ➡ *Deportes*

sal.tón, to.na. [sal'ton] [sal'ton] *adj.* **1.** Que anda aos pulos ou pula muito. ▸ Saltitante. **2.** Que sai fora do lugar. ▸ Saliente.

sa.lu.bre. [sa'luβre] [sa'luβre] *adj.* Que é bom para a saúde, salutar. ▸ Saudável.

sa.lu.bri.dad. [saluβri'ðað] [saluβri'ðað] *f.* Qualidade de salubre. ▸ Salubridade.

sa.lud. [sa'luθ] [sa'luð] *f.* Estado são do corpo e da mente. ▸ Saúde.

Escanea este código QR para ver más sobre **salud**
www.santillana.com.br/4dssalud

sa.lu.da.ble. [salu'ðaβle] [salu'ðaβle] *adj.* **1.** Que dá, conserva ou restabelece a saúde. Sadio. ▸ Saudável. **2.** De boa saúde, de aspecto são. ▸ Saudável.

sa.lu.dar. [salu'ðar] [salu'ðar] *v.4.* Cumprimentar pessoas. ▸ Saudar.

sa.lu.do. [salu'ðo] [salu'ðo] *m.* **1.** Ato de saudar. ▸ Saudação. **2.** Palavra, gesto ou expressão para cumprimentar. ▸ Saudação. *pl.* **3.** Expressões corteses. ▸ Saudações.

Saludos

Informales
A: Buenas./¡Hola! ¿Qué tal?/¿Cómo estás?/¿Cómo te va?
B: (Muy) Bien, ¿y tú?
A: Bien también./(Estoy) Fenomenal/Estupendamente. (Estoy) Mal/Fatal.

Formales
A: ¡Buenos días/tardes/noches! ¿Cómo está (usted)?
B: Bien, gracias, ¿y usted?
A: Bien también.

sal.va. ['salβa] ['salβa] *f.* Saudação feita com disparos simultâneos de armas de fogo. ▸ Salva. ◆ **Salva de aplausos.** Salva de palmas.

sal.va.ción. [salβa'θjon] [salβa'sjon] *f.* **1.** Ato ou efeito de salvar(-se). ▸ Salvação. **2.** Livrar-se de um perigo ou mal iminente. ▸ Salvação.

sal.va.do. [sal'βaðo] [sal'βaðo] *m.* Casca dos cereais que se separa depois de moídos. ▸ Farelo.

sal.va.dor, do.ra. [salβa'ðor] [salβa'ðor] *adj.* **1.** Que salva. ▸ Salvador. **2.** *n.p. Rel.* Para os cristãos, Jesus Cristo. ▸ Salvador.

sal.va.do.re.ño, ña. [salβaðo'reɲo] [salβaðo'reɲo] *adj.* **1.** Pertencente ou relativo a El Salvador. ▸ Salvadorenho. *s.* **2.** Natural ou habitante desse país da América Central. ▸ Salvadorenho.

sal.va.guar.dar. [salβaɣwar'ðar] [salβaɣwar'ðar] *v.4.* Pôr em boa guarda, defender ou proteger uma pessoa ou coisa. ▸ Salvaguardar.

sal.va.guar.dia. [salβa'ɣwarðja] [salβa'ɣwarðja] *f.* **1.** Defesa ou proteção que se dá a uma pessoa. ▸ Salvaguarda. **2.** Salvo-conduto para facilitar a movimentação de uma pessoa dentro de um país. ▸ Salvaguarda.

sal.va.ja.da. [salβa'xaða] [salβa'xaða] *f.* Ato de violência, especialmente a que se comete durante uma guerra. ▸ Selvageria.

sal.va.je. [sal'βaxe] [sal'βaxe] *adj.* **1.** Diz-se dos animais que não são domésticos. ▸ Selvagem. **2.** *fig.* Extremamente feroz, bravio. ▸ Selvagem.

sal.va.man.te.les. [salβaman'teles] [salβaman'teles] *m.* Peça de tecido ou outro material similar que se usa para proteger a mesa ou a toalha de mesa do calor de panelas, travessas etc. ▶ Descanso de panela.

sal.va.men.to. [salβa'mento] [salβa'mento] *m.* **1.** Ato ou efeito de salvar(-se). ▶ Salvamento. **2.** Lugar de segurança. ▶ Porto seguro.

sal.va.pan.ta.lla. [salβapan'taʎa] [salβapan'taʃa] *m. Inform.* Imagem que é ativada de forma automática em um computador ligado quando não está sendo usado. Descanso de tela. ▶ Proteção de tela. *Siempre actualizo mi salvapantalla, me encanta elegir nuevos temas.* Sempre atualizo minha proteção de tela, adoro escolher novos temas. *U.t.pl.*

sal.var. [sal'βar] [sal'βar] *v.4. p.p. reg. salvado / irreg. salvo.* **1.** Livrar de um risco ou perigo, pôr a salvo. ▶ Salvar. **2.** Excetuar, deixar à parte, excluir uma coisa daquilo que se diz ou faz. ▶ Salvar. *U.t.c.v.p.* ◆ **Sálvese el que pueda.** Salve-se quem puder.

sal.va.vi.das. [salβa'βiðas] [salβa'βiðas] *com. Mar.* **1.** Aparelhos de diversos tipos que flutuam e permitem manter-se na superfície da água. ▶ Salva-vidas. **2.** Embarcação para salvar náufragos ou pessoas em perigo de afogar-se. ▶ Barco salva-vidas. **3.** *(Amér.)* Nadador que toma conta dos banhistas na praia. ▶ Salva-vidas.

sal.ve.dad. [salβe'ðaθ] [salβe'ðað] *f.* **1.** Argumentação que se usa como justificativa para o que se vai dizer ou fazer. ▶ Desculpa. **2.** Nota pela qual se ressalva uma emenda em um documento. ▶ Ressalva.

sal.via. ['salβja] ['salβja] *f. Bot.* Tipo de erva aromática que se emprega na Medicina e na Culinária. ▶ Sálvia.

sal.vo, va. ['salβo] ['salβo] *adj.* **1.** Que está livre de risco, perigo ou doença. ▶ Salvo. *adv.* **2.** Exceto. ▶ Salvo. ◆ **A salvo.** A salvo. **Sano y salvo.** São e salvo.

sal.vo.con.duc.to. [salβokon'dukto] [salβokon'dukto] *m.* Documento expedido para que uma pessoa possa transitar livremente por um determinado lugar. ▶ Salvo-conduto.

sam.ba. ['samba] ['samba] *f.* Ritmo de música e tipo de dança popular no Brasil. ▶ Samba.

sa.mu.ray. [samu'raj] [samu'raj] *m.* No antigo sistema feudal japonês, guerreiro e membro da casta militar. ▶ Samurai.

san. ['san] ['san] *adj.* Forma reduzida de *santo*, usada diante dos nomes de todos os santos, exceto Domingo, Turíbio, Tomás e Tomé.

▶ São. ◆ **San se acabó.** *fam.* Não se fala mais no assunto. E fim de papo. *U.t. san.se.a.ca.bó.*

sa.na.dor, do.ra. [sana'ðor] [sana'ðor] *adj.* Diz-se da pessoa que tem a capacidade de curar, sanar. ▶ Curador.

sa.nar. [sa'nar] [sa'nar] *v.4.* **1.** Restituir a alguém a saúde perdida. ▶ Sarar. **2.** Recobrar (o doente) a saúde. ▶ Sarar.

sa.na.to.rio. [sana'torjo] [sana'torjo] *m.* Estabelecimento hospitalar para atendimento de enfermos que precisam de tratamento prolongado. ▶ Sanatório.

san.ción. [san'θjon] [san'sjon] *f.* **1.** *Polít.* Ato solene por meio do qual o chefe de Estado confirma uma lei ou estatuto. ▶ Sanção. **2.** Pena ou castigo que a lei determina para aqueles que a infringem. ▶ Sanção.

san.cio.nar. [sanθjo'nar] [sansjo'nar] *v.4.* **1.** Dar força de lei a uma disposição. ▶ Sancionar. **2.** Aplicar uma pena ou castigo. ▶ Sancionar.

san.co.cho. [san'kotʃo] [san'kotʃo] *m. Cul.* Prato composto por carne, mandioca, banana e outros ingredientes e que costuma ser servido no almoço. ▶ Cozido. *Al regresar del cole, vi que mi madre nos había preparado un riquísimo sancocho.* Ao voltar do colégio, vi que minha mãe nos tinha preparado um delicioso cozido.

san.da.lia. [san'dalja] [san'dalja] *f.* **1.** Calçado leve e aberto composto de uma sola presa ao pé por meio de correias ou tiras. ▶ Sandália. **2.** Sapato leve e aberto que se usa geralmente na primavera e no verão. ▶ Sandália.

sán.da.lo. ['sandalo] ['sandalo] *m.* Madeira resistente e aromática procedente da Índia. ▶ Sândalo.

san.dez. [san'deθ] [san'des] *f.* Bobagem que se diz ou faz. Tolice. ▶ Sandice.

san.dí.a. [san'dia] [san'dia] *f. Bot.* Planta frutífera e o seu fruto, grande e suculento. ▶ Melancia.

sánd.wich. ['sandwitʃ] ['sandwitʃ] *m.* Lanche feito com duas fatias de pão, entre as quais se colocam presunto, queijo ou outros frios e alimentos. ▶ Sanduíche.

sa.ne.a.mien.to. [sanea'mjento] [sanea'mjento] *m.* Conjunto de técnicas, equipamentos e serviços destinados a manter as condições higiênicas de um edifício ou de uma comunidade. ▶ Saneamento.

sa.ne.ar. [sane'ar] [sane'ar] *v.4.* **1.** Afiançar o reparo ou satisfação de um dano que pode sobrevir. Reparar. ▶ Sanear. **2.** Dar condições de salubridade a um edifício ou lugar e preservá-lo de qualquer fonte de contaminação. ▶ Sanear.

san.grar. [san'grar] [san'grar] *v.4.* **1.** *Med.* Abrir uma veia para deixar sair certa quantidade de sangue. ▶ Sangrar. **2.** Perder sangue por alguma parte do corpo. ▶ Sangrar.

san.gre. ['sangre] ['sangɾe] *f. Biol.* Líquido vermelho que percorre o corpo circulando pelas veias e artérias. ▶ Sangue. ◆ **Malasangre.** *fig.* e *fam.* Diz-se de pessoa com más intenções. **Tener sangre de horchata.** *fig.* e *fam.* Ter sangue de barata.

san.grí.a. [san'gria] [san'gria] *f.* **1.** Ato ou efeito de sangrar. ▶ Sangria. **2.** Bebida refrescante à base de água, vinho, açúcar, limão e frutas em pedaços. ▶ Sangria. **3.** *fig.* Perda econômica muito grande. ▶ Sangria.

san.grien.to, ta. [san'gɾjento] [san'gɾjento] *adj.* **1.** Que tem sangue ou manchas de sangue. ▶ Sangrento. **2.** Diz-se de episódio ou luta em que houve muitos mortos e feridos. ▶ Sangrento.

san.gui.jue.la. [sangi'xwela] [sangi'xwela] *f.* **1.** *Zool.* Verme aquático provido de ventosas com que suga o sangue de outros animais para se alimentar. ▶ Sanguessuga. **2.** *fig.* e *fam.* Pessoa que explora as outras. ▶ Sanguessuga.

san.gui.na.rio, ria. [sangi'naɾjo] [sangi'naɾjo] *adj.* Aplica-se a pessoas e animais de temperamento feroz e cruel. ▶ Sanguinário.

san.guí.ne.o, a. [san'gineo] [san'gineo] *adj.* **1.** Que contém sangue. ▶ Sanguíneo. **2.** Da cor do sangue. ▶ Sanguíneo. **3.** Pertencente ao sangue. ▶ Sanguíneo. ◆ **Grupo sanguíneo.** Tipo sanguíneo.

san.gui.no.len.to, ta. [sangino'lento] [sangino'lento] *adj.* **1.** Em que há abundante derramamento de sangue. ▶ Sanguinolento. **2.** Que está misturado com sangue. ▶ Sanguinolento.

sa.ni.dad. [sani'ðaθ] [sani'ðað] *f.* **1.** Qualidade de são ou saudável. ▶ Sanidade. **2.** Conjunto de serviços governamentais destinados a preservar e cuidar da saúde dos cidadãos. ▶ Sanidade.

sa.ni.ta.rio, ria. [sani'taɾjo] [sani'taɾjo] *adj.* **1.** Pertencente ou relativo à sanidade. ▶ Sanitário. **2.** Pertencente ou relativo às instalações higiênicas de uma casa, edifício, cidade etc. ▶ Sanitário.

sa.no, na. ['sano] ['sano] *adj.* **1.** Que tem boa saúde. ▶ São. **2.** Que não prejudica e é bom para a saúde. ▶ Saudável. **3.** *fig.* Livre de erros ou vícios. Íntegro. ▶ São. ◆ **Cortar por lo sano.** *fig.* e *fam.* Cortar o mal pela raiz.

san.se.a.ca.bó. [sanseaka'βo] [sanseaka'βo] *interj.* Expressão utilizada para dar por finalizado um assunto. ▶ Fim de papo. *No quiero enfadarme, ¡sanseacabó! Ya hemos terminado con este tema, ni una palabra más.* Não quero ficar irritada, fim de papo! Já encerramos esse assunto, nem mais uma palavra.

san.tia.mén(en un). [santia'men] [santia'men] *loc.* Em um instante, em um momento. ▶ Em um piscar de olhos.

san.ti.dad. [santi'ðaθ] [santi'ðað] *f. Rel.* **1.** Qualidade de santo. ▶ Santidade. **2.** Tratamento honorífico que se dá ao papa. ▶ Santidade.

san.ti.fi.car. [santifi'kar] [santifi'kar] *v.7. Rel.* **1.** Dedicar a Deus uma coisa. ▶ Santificar. **2.** Reconhecer a quem se considera santo, honrando-o como tal. ▶ Santificar.

san.ti.guar. [santi'ɣwar] [santi'ɣwar] *v.14.* Fazer o sinal da cruz. ▶ Persignar. *U.t.c.v.p.*

san.to, ta. ['santo] ['santo] *adj.* **1.** *Rel.* Diz-se da pessoa a quem a Igreja declara santa. ▶ Santo. *U.t.c.s.* **2.** *fig.* Aplica-se à pessoa de especial virtude e exemplo. ▶ Santo. *U.t.c.s.* **3.** Que não pode ser violado nem profanado. ▶ Sagrado. *m.* **4.** A imagem de um santo. ▶ Santo. ◆ **¿A santo de qué?** A troco de quê?

san.tua.rio. [san'twaɾjo] [san'twaɾjo] *m.* Templo em que se venera a imagem ou relíquia de um santo. ▶ Santuário.

san.tu.rrón, rro.na. [santu'ron] [santu'ron] *adj.* **1.** Pessoa que segue a religião de forma exagerada. Fanático. ▶ Beato. **2.** Pessoa que simula ser devota. ▶ Santarrão. *U.t.c.s.*

sa.ña. ['saɲa] ['saɲa] *f.* Raiva contra algo ou alguém. ▶ Rancor.

sa.ñu.do, da. [sa'ɲuðo] [sa'ɲuðo] *adj.* Propenso a sentir ou ter rancor. ▶ Rancoroso.

sa.pien.cia. [sa'pjenθja] [sa'pjensja] *f.* Conhecimento adquirido sobre um assunto por meio de estudo. Sabedoria. ▶ Sapiência.

sa.po. ['sapo] ['sapo] *m.* **1.** *Zool.* Anfíbio pequeno que vive perto da água. ▶ Sapo. **2.** *fig.* Indivíduo que desagrada por seu aspecto físico. ➠ *Reino animal*

sa.que. ['sake] ['sake] *m.* **1.** Ato de sacar. ▶ Saque. **2.** *Desp.* Ato de iniciar um jogo de bola. ▶ Saque. *obs.*: não se aplica ao ato de fazer retirada de dinheiro.

sa.que.ar. [sake'aɾ] [sake'aɾ] *v.4.* Apoderar-se violentamente de tudo ou parte do que há em um lugar. Pilhar. ▶ Saquear.

sa.que.o. [sa'keo] [sa'keo] *m.* **1.** Ato ou efeito de saquear. ▶ Saque. **2.** Roubo feito por um grupo armado. ▶ Saque.

sa.ram.pión. [saram'pjon] [saram'pjon] *m. Med.* Doença contagiosa que se manifesta com manchas vermelhas em todo o corpo e sintomas semelhantes aos da gripe. ▶ Sarampo.

sa.ra.o. [sa'rao] [sa'rao] *m.* Reunião festiva, geralmente noturna, com música e dança. ▶ Sarau.

sar.cas.mo. [saɾ'kasmo] [saɾ'kahmo] *m.* Burla, ironia mordaz e cruel com que se ofende pessoas. ▶ Sarcasmo.

sar.cás.ti.co, ca. [saɾ'kastiko] [saɾ'kahtiko] *adj.* Que denota, implica ou se relaciona ao sarcasmo. ▶ Sarcástico.

sar.có.fa.go. [saɾ'kofaɣo] [saɾ'kofaɣo] *m.* Obra de pedra em que se dá sepultura a um cadáver. ▶ Sarcófago.

sar.da.na. [saɾ'ðana] [saɾ'ðana] *f.* Música e dança tradicionais da Catalunha, Espanha.

sar.di.na. [saɾ'ðina] [saɾ'ðina] *f. Zool.* Tipo de peixe. ▶ Sardinha. ➡ *Reino animal*

sar.gen.to. [saɾ'xento] [saɾ'xento] *m.* **1.** Militar com graduação imediatamente superior à do cabo. ▶ Sargento. **2.** *fig.* Homem autoritário. ▶ Sargento.

sar.na. ['saɾna] ['saɾna] *f. Med.* Doença contagiosa provocada por um ácaro que causa avermelhamento e inchaço da pele. ▶ Sarna.

sar.no.so, sa. [saɾ'noso] [saɾ'noso] *adj.* Que tem sarna. ▶ Sarnento. *U.t.c.s.*

sar.pu.lli.do. [saɾpu'ʎiðo] [saɾpu'ʃiðo] *m. Med.* Erupção leve na pele formada por pequenos grânulos. ▶ Brotoeja.

sa.rro. ['saro] ['saro] *m.* **1.** Sedimento que alguns líquidos deixam no recipiente. ▶ Borra. **2.** Substância de natureza calcárea, que se adere aos dentes, deixando-os amarelos. ▶ Tártaro.

sar.ta. ['saɾta] ['saɾta] *f.* **1.** Série de coisas colocadas em ordem. ▶ Série. **2.** *fig.* Fileira de pessoas ou coisas postas umas atrás das outras. ▶ Fileira.

sar.tén. [saɾ'ten] [saɾ'ten] *f.* Utensílio de cozinha pouco fundo, próprio para fritar. ▶ Frigideira. ◆ **Tener la sartén por el mango.** *fig.* e *fam.* Ter a faca e o queijo na mão.

sar.te.na.da. [saɾte'naða] [saɾte'naða] *f.* Aquilo que se frita de uma vez na frigideira ou o que cabe nela. ▶ Fritada.

sas.tre, tra. ['sastre] ['sahtre] *s.* Profissional que tem por ofício cortar e costurar roupas, especialmente para homens. ▶ Alfaiate.

sas.tre.rí.a. [sastre'ria] [sahtre'ria] *f.* **1.** Profissão de alfaiate. ▶ Alfaiataria. **2.** Loja ou oficina do alfaiate. ▶ Alfaiataria.

sa.té.li.te. [sa'telite] [sa'telite] *m.* **1.** *Astr.* Corpo celeste que não tem brilho próprio, reflete a luz do Sol e gira em torno de um planeta. ▶ Satélite. **2.** *fig.* Pessoa ou coisa que depende ou está próxima de outra. ▶ Satélite. ◆ **Satélite artificial.** *Astr.* Satélite artificial.

sa.tén. [sa'ten] [sa'ten] *m.* Tecido de seda fino e lustroso. ▶ Cetim.

sa.ti.na.do, da. [sati'naðo] [sati'naðo] *adj.* Que é liso e lustroso como o cetim. ▶ Acetinado.

sa.ti.nar. [sati'naɾ] [sati'naɾ] *v.4.* Dar acabamento lustroso ao papel ou tecido por meio de pressão. ▶ Acetinar.

sá.ti.ra. ['satira] ['satira] *f.* Escrito ou discurso cuja finalidade é censurar ou expor ao ridículo pessoas ou coisas. ▶ Sátira.

sa.tí.ri.co, ca. [sa'tiriko] [sa'tiriko] *adj.* Diz-se do escritor que escreve sátiras. ▶ Satírico. *U.t.c.s.*

sa.ti.ri.zar. [satiri'θaɾ] [satiri'saɾ] *v.13.* **1.** Escrever ou compor sátiras. ▶ Satirizar. **2.** Ridicularizar, escarnecer ironicamente uma ou mais pessoas. ▶ Satirizar.

sa.tis.fac.ción. [satisfak'θjon] [satihfak'sjon] *f.* **1.** Reparação de uma injúria, ofensa ou dano cometido contra outro. ▶ Satisfação. **2.** Contentamento por algo que se fez ou se está fazendo. ▶ Satisfação.

sa.tis.fa.cer. [satisfa'θeɾ] [satihfa'seɾ] *v.33. p.p. irreg. satisfecho.* **1.** Desfazer uma ofensa ou injúria. ▶ Reparar. **2.** Pagar integralmente uma dívida. ▶ Liquidar. **3.** Atender ou remediar um desejo ou uma necessidade. ▶ Satisfazer.

sa.tis.fac.to.rio, ria. [satisfak'toɾjo] [satihfak'toɾjo] *adj.* **1.** Que é suficiente para pagar determinada coisa. ▶ Satisfatório. **2.** Diz-se da razão aceita em reparo de uma ofensa. ▶ Satisfatório. **3.** Que é grato e próspero. ▶ Satisfatório.

sa.tis.fe.cho, cha. [satis'fetʃo] [satih'fetʃo] *adj.* **1.** Que tem o suficiente e não deseja mais. ▶ Satisfeito. **2.** Que está contente. ▶ Satisfeito.

sa.tu.ra.ción. [satura'θjon] [satura'sjon] *f.* **1.** Ato ou efeito de saturar(-se). ▸ Saturação. **2.** Estado de satisfação de comida ou de bebida. ▸ Saciedade.

sa.tu.rar. [satu'rar] [satu'rar] *v.4.* **1.** Fartar-se de comida ou de bebida. ▸ Saciar(-se). **2.** Encher algo totalmente. ▸ Saturar. **3.** *Quím.* Dissolver um corpo em um fluido até que este não se dissolva mais. ▸ Saturar.

sau.ce. ['sauθe] ['sause] *m. Bot.* Árvore que cresce à beira dos rios, sendo algumas espécies cultivadas como plantas de adorno. Salgueiro. ▸ Chorão.

sau.na. ['sauna] ['sauna] *f.* **1.** Banho de calor úmido ou seco que se toma por higiene ou terapia. ▸ Sauna. **2.** Local em que se podem tomar esses banhos. ▸ Sauna.

sa.via. ['saβja] ['saβja] *f.* **1.** *Bot.* Líquido que circula pelo interior das plantas do qual elas aproveitam os elementos para sua nutrição. ▸ Seiva. **2.** *fig.* Energia, elemento vivificador. ▸ Seiva.

sa.xo. ['sakso] ['sakso] *m. Mús.* **1.** Forma reduzida de *saxofón*. Sax. Ver *saxofón*. ▸ Saxofone. **2.** Forma reduzida de saxofonista. ▸ Saxofonista.

sa.xo.fón. [sakso'fon] [sakso'fon] *m. Mús.* Instrumento musical de metal e vento. ▸ Saxofone. → *Instrumentos musicales*

sa.ya. ['saja] ['saja] *f.* **1.** Peça do vestuário feminino de uso interior que cobre o quadril e as pernas, com comprimento variável. ▸ Anágua. **2.** Espécie de túnica que os homens usavam.

sa.zón. [sa'θon] [sa'son] *f.* Tempo de maturação das frutas. Sazão. ▸ Estação. ◆ **A la sazón.** Naquele momento.

sa.zo.nar. [saθo'nar] [saso'nar] *v.4.* Temperar as comidas. ▸ Sazonar.

se. [se] [se] *pron.pess.* **1.** Corresponde à terceira pessoa reflexiva do singular e do plural e exerce função de objeto direto e indireto. ▸ Se / A si próprio. *Todos los días se levanta a las ocho, se ducha, desayuna y va al trabajo.* Todos os dias levanta às oito, toma um banho, o café da manhã e vai para o trabalho. **2.** Variação do pronome *le* quando utilizado junto a *lo, la, los* e *las*. *Me dijo que no le contara nada, pero se lo conté.* Ele me disse para não lhe contar nada, mas eu contei. **3.** Indica impessoalidade. ▸ Se. *Se sabe muy poco sobre los aztecas.* Sabe-se muito pouco sobre os astecas. **4.** Indica voz passiva. ▸ Se. *Se alquilan coches.* Alugam-se carros.

se.bá.ce.o, a. [se'βaθeo] [se'βaseo] *adj.* Pertencente ou relativo a sebo. ▸ Sebáceo.

se.bo. ['seβo] ['seβo] *m.* Gordura sólida e dura de animais que se alimentam de vegetais e que serve para fazer sabão, velas, além de outros usos. ▸ Sebo.

se.bo.rre.a. [seβo'rea] [seβo'rea] *f. Med.* Aumento da secreção das glândulas sebáceas da pele. ▸ Seborreia.

se.bo.so, sa. [se'βoso] [se'βoso] *adj.* Que tem sebo ou está coberto dele. ▸ Seboso.

se.ca.de.ro. [seka'ðero] [seka'ðero] *m.* Lugar próprio para a secagem natural ou artificial de frutas e outros produtos. ▸ Secador.

se.ca.do. [se'kaðo] [se'kaðo] *m.* Ato ou efeito de secar(-se). ▸ Secagem.

se.ca.dor, do.ra. [seka'ðor] [seka'ðor] *s.* Designação comum a aparelhos destinados a secar mãos, cabelos, roupas etc. ▸ Secador.

se.can.te. [se'kante] [se'kante] *adj.* **1.** Que seca. ▸ Secante. *U.t.c.s.* **2.** Que tem a propriedade de absorver um líquido por contato. ▸ Secante. *f.* **3.** *Geom.* Linhas ou superfícies que cortam outras. ▸ Secante.

se.car. [se'kar] [se'kar] *v.7.* **1.** Enxugar a umidade ou fazer com que se evapore pelo calor ou pelo ar. ▸ Secar. **2.** Tirar, com um pano ou uma toalha, o líquido que está em uma superfície. ▸ Secar. *v.p.* **3.** Enxugar-se, fazendo perder a umidade. ▸ Secar-se.

sec.ción. [sek'θjon] [sek'sjon] *f.* **1.** Separação que se faz em um corpo sólido com instrumento cortante. ▸ Seção. **2.** Cada uma das partes em que se divide uma instituição. Departamento. ▸ Seção.

sec.cio.nar. [sekθjo'nar] [seksjo'nar] *v.4.* Dividir em seções, cortar, fracionar. ▸ Seccionar.

se.ce.sión. [seθe'sjon] [sese'sjon] *f. Polít.* Ato de separar de uma nação parte de seu povo e território. Separação. ▸ Secessão.

se.co, ca. ['seko] ['seko] *adj.* **1.** Que não tem suco nem umidade. ▸ Seco. **2.** *Bot.* Aplica-se ao vegetal que perdeu verdor e vigor por falta de água. ▸ Seco. **3.** *Meteor.* Aplica-se ao tempo em que não chove. ▸ Seco. **4.** *Geogr.* Diz-se dos rios, lagos etc. com pouca água. ▸ Seco. **5.** Fraco ou de poucas carnes. ▸ Seco. **6.** *fig.* Áspero no modo ou trato. ▸ Seco. **7.** Diz-se de bebidas alcoólicas com sabor pouco doce. ▸ Seco. ◆ **A secas.** A seco, sem mais nada. **En seco. 1.** Bruscamente. **2.** De repente.

se.cre.ción. [sekre'θjon] [sekre'sjon] *f.* **1.** Ato ou efeito de secretar. ▸ Secreção. **2.** *Biol.* Matéria líquida secretada pelas glândulas. ▸ Secreção.

se.cre.tar. [sekre'tar] [sekre'tar] *v.4. Biol.* Sair das glândulas matérias elaboradas por elas, as quais o organismo utiliza em algumas funções. ▸ Secretar.

se.cre.ta.rí.a. [sekreta'ria] [sekreta'ria] *f.* **1.** Escritório no qual trabalha um secretário. ▸ Secretaria. **2.** Seção de uma instituição ou repartição pública em que se realizam tarefas administrativas. ▸ Secretaria.

se.cre.ta.rio, ria. [sekre'tarjo] [sekre'tarjo] *s.* **1.** Pessoa encarregada de redigir as atas das assembleias, dar fé dos acordos, guardar os documentos etc. de uma corporação. ▸ Secretário. **2.** Máximo dirigente em algumas instituições. ▸ Secretário. ➨ *Profesiones*

se.cre.ter. [sekre'ter] [sekre'ter] *m.* Móvel ou mesa para escrever e guardar documentos. ▸ Escrivaninha.

se.cre.to, ta. [se'kreto] [se'kreto] *adj.* **1.** Que se oculta ao conhecimento do público. ▸ Secreto. *m.* **2.** Assunto que é conhecido por poucos e deve ser mantido em sigilo. ▸ Segredo. ♦ **En secreto.** Em segredo.

se.cre.tor, to.ra. [sekre'tor] [sekre'tor] *adj. Biol.* Aplica-se aos órgãos do corpo que secretam ou têm a faculdade de secretar. ▸ Secretor.

sec.ta. ['sekta] ['sekta] *f.* Conjunto de seguidores de uma doutrina religiosa e/ou ideológica que se separam da crença geral. ▸ Seita.

sec.ta.rio, ria. [sek'tarjo] [sek'tarjo] *adj.* **1.** Pertencente a uma seita. ▸ Sectário. *U.t.c.s.* **2.** Diz-se da pessoa fanática por uma doutrina religiosa, política ou filosófica. ▸ Sectário.

sec.tor. [sek'tor] [sek'tor] *m.* **1.** Parte de uma coletividade que apresenta características peculiares. ▸ Setor. **2.** Âmbito ou recinto destinado a uma determinada atividade ou função. ▸ Setor.

se.cue.la. [se'kwela] [se'kwela] *f.* **1.** Consequência ou resultado de uma ação. ▸ Sequela. **2.** Perturbação ou lesão que fica após uma doença ou um traumatismo. ▸ Sequela.

se.cuen.cia. [se'kwenθja] [se'kwensja] *f.* **1.** Continuidade, sucessão ordenada. ▸ Sequência. **2.** Sucessão de coisas que têm relação entre si. ▸ Sequência.

se.cues.tra.dor, do.ra. [sekwestra'ðor] [sekwehtra'ðor] *adj.* **1.** Que sequestra. ▸ Sequestrador. *U.t.c.s.* **2.** Que pratica ou praticou sequestro. ▸ Sequestrador. *U.t.c.s.*

se.cues.trar. [sekwes'trar] [sekweh'trar] *v.4.* **1.** Reter uma pessoa contra sua vontade para exigir resgate ou outra intenção criminosa. ▸ Sequestrar. **2.** *Dir.* Apreender bens por decisão e ordem de um tribunal de justiça. ▸ Sequestrar.

se.cues.tro. [se'kwestro] [se'kwehtro] *m.* **1.** Ato ou efeito de sequestrar ou privar uma pessoa de liberdade. ▸ Sequestro. **2.** *Dir.* Depósito judicial de bens. Embargo. ▸ Confisco.

se.cu.lar. [seku'lar] [seku'lar] *adj.* **1.** Que acontece ou se repete a cada século. ▸ Secular. **2.** Que existe por séculos. ▸ Secular. **3.** Não religioso, temporal. ▸ Secular.

se.cun.dar. [sekun'dar] [sekun'dar] *v.4.* Apoiar, cooperar ou ajudar alguém na realização de seus propósitos. ▸ Secundar.

se.cun.da.rio, ria. [sekun'darjo] [sekun'darjo] *adj.* **1.** Que não é principal nem de primeira ordem. Acessório. ▸ Secundário. **2.** Aplica-se ao grau de ensino posterior ao primário e anterior ao superior. Secundário. ▸ Médio.

se.cuo.ya. [se'kwoja] [se'kwoʃa] *f. Bot.* Tipo de árvore conífera, própria da Califórnia. ▸ Sequoia.

sed. ['seθ] ['seð] *f.* **1.** Sensação responsável por alertar falta de água no organismo. ▸ Sede. **2.** Necessidade de beber. ▸ Sede. **3.** *Biol.* Necessidade de água ou de umidade que têm certos organismos. ▸ Sede. **4.** *fig.* Desejo ardente de alguma coisa. ▸ Sede.

se.da. ['seða] ['seða] *f.* **1.** *Biol.* Fio feito com o filamento produzido pelo bicho-da-seda. ▸ Seda. **2.** Tecido fino e suave fabricado com esse fio. ▸ Seda. ♦ **Como una seda.** *fig.* e *fam.* **1.** Muito suave ao tato. ▸ Sedoso. **2.** De caráter dócil e suave. ▸ Meigo. **Gusano de seda.** Bicho-da-seda.

se.dan.te. [se'ðante] [se'ðante] *adj.* **1.** Que acalma a tensão nervosa e provoca sono. ▸ Sedativo. *U.t.c.s. m.* **2.** *Med.* Medicamento tranquilizante que possui essas propriedades. ▸ Sedativo.

se.dar. [se'ðar] [se'ðar] *v.4.* Acalmar, sossegar com palavras ou sedativos. ▸ Sedar.

se.de. ['seðe] ['seðe] *f.* Domicílio legal de uma entidade econômica, corporação ou sociedade. ▸ Sede.

se.den.ta.rio, ria. [seðen'tarjo] [seðen'tarjo] *adj.* **1.** Aplica-se à profissão ou vida de pouco movimento. ▶ Sedentário. **2.** Diz-se, em oposição aos nômades, das pessoas que estabelecem moradia em um mesmo lugar. ▶ Sedentário.

se.di.ción. [seði'θjon] [seði'sjon] *f.* Levante popular contra a autoridade constituída ou a ordem pública. Revolta, motim. ▶ Sedição.

se.dien.to, ta. [se'ðjento] [se'ðjento] *adj.* **1.** Que tem ou está com sede. ▶ Sedento. **2.** *fig.* Ávido, que tem grande desejo de alguma coisa. Sedento. ▶ Sedento.

se.di.men.ta.ción. [seðimenta'θjon] [seðimenta'sjon] *f.* Ato ou efeito de sedimentar(-se). ▶ Sedimentação.

se.di.men.tar. [seðimen'tar] [seðimen'tar] *v.4.* **1.** Depositarem-se no fundo de um recipiente, que contém um líquido, as partículas sólidas que estão em suspensão. ▶ Decantar. *v.p.* **2.** Formar sedimento as matérias suspensas em um líquido. ▶ Sedimentar.

se.di.men.to. [seði'mento] [seði'mento] *m.* Substância que estava suspensa em um líquido e se depositou no fundo do recipiente por ação da gravidade. ▶ Sedimento.

se.do.so, sa. [se'ðoso] [se'ðoso] *adj.* **1.** Que é suave e liso como a seda. ▶ Sedoso. **2.** Que se assemelha à seda. ▶ Sedoso.

se.duc.ción. [seðuk'θjon] [seðuk'sjon] *f.* Ato ou efeito de seduzir. ▶ Sedução.

se.du.cir. [seðu'θir] [seðu'sir] *v.37.* **1.** Tentar agradar alguém com o objetivo de obter algo em troca. ▶ Seduzir. **2.** *fig.* Atrair positivamente a atenção de alguém ou de várias pessoas. ▶ Seduzir. **3.** *fig.* Convencer com enganos ou promessas. ▶ Seduzir.

se.duc.tor, to.ra. [seðuk'tor] [seðuk'tor] *adj.* Que seduz ou tem poder de sedução. ▶ Sedutor. *U.t.c.s.*

se.far.dí. [sefar'ði] [sefar'ði] *adj.* Diz-se dos judeus de origem espanhola ou do Mediterrâneo Oriental. Sefardim. ▶ Sefardi. *U.t.c.s.*

se.ga.do.ra. [seɣa'ðora] [seɣa'ðora] *f.* Máquina para ceifar ou cortar ervas e cereais. ▶ Ceifadeira.

se.gar. [se'ɣar] [se'ɣar] *v.45.* Ceifar ervas e/ou cereais com foice ou máquina. ▶ Segar.

se.glar. [se'ɣlar] [se'ɣlar] *adj. Rel.* Pertencente ao mundo. ▶ Secular.

seg.men.tar. [seɣmen'tar] [seɣmen'tar] *v.4.* Fragmentar ou dividir em segmentos. ▶ Segmentar.

seg.men.to. [seɣ'mento] [seɣ'mento] *m.* Parte separada de um objeto, de um elemento geométrico ou de um corpo. ▶ Segmento.

se.gre.ga.ción. [seɣreɣa'θjon] [seɣreɣa'sjon] *f.* Ato ou efeito de segregar ou separar. ▶ Segregação.

se.gre.gar. [seɣre'ɣar] [seɣre'ɣar] *v.9.* **1.** Separar ou afastar uma coisa de outra. ▶ Segregar. **2.** Dar trato diferente a um grupo de pessoas da mesma comunidade em virtude de sua religião, etnia ou outra circunstância. ▶ Segregar.

se.gui.do, da. [se'ɣiðo] [se'ɣiðo] *adj.* **1.** Que não sofre interrupção de lugar ou tempo. ▶ Seguido. *adv.* **2.** Com frequência. ▶ Seguidamente. **3.** Reto, sem desvios. ♦ **En seguida.** Em seguida.

se.gui.dor, do.ra. [seɣi'ðor] [seɣi'ðor] *adj.* **1.** Que ou aquele que segue. ▶ Seguidor. *U.t.c.s.* **2.** *Polít.* Aplica-se ao partidário de uma doutrina ou partido político. ▶ Seguidor. *U.t.c.s.*

se.gui.mien.to. [seɣi'mjento] [seɣi'mjento] *m.* Ato ou efeito de seguir ou acompanhar. Seguimento. ▶ Acompanhamento.

se.guir. [se'ɣir] [se'ɣir] *v.21.* **1.** Ir depois ou atrás de alguém. ▶ Seguir. **2.** Continuar algo já iniciado. Prosseguir. ▶ Seguir. **3.** Imitar ou fazer uma coisa seguindo o exemplo de outra. ▶ Seguir. **4.** Perseguir ou ir em busca de alguém. ▶ Seguir. *v.p.* **5.** Suceder uma coisa a outra. ▶ Seguir.

se.gún. [se'ɣun] [se'ɣun] *prep.* **1.** Conforme ou de acordo com alguma coisa. ▶ Segundo. *adv.* **2.** Conforme, dependendo de.

se.gun.de.ro. [seɣun'dero] [seɣun'dero] *m.* Agulha que indica os segundos no relógio. ▶ Ponteiro dos segundos.

se.gun.do, da. [se'ɣundo] [se'ɣundo] *núm.* **1.** Que segue imediatamente em ordem ao primeiro. ▶ Segundo. *m.* **2.** Pessoa que em uma instituição segue imediatamente à principal. ▶ Segundo. **3.** Cada uma das sessenta partes em que se divide o minuto. ▶ Segundo.

se.gun.dón, do.na. [seɣun'don] [seɣun'don] *s.* **1.** Segundo filho de uma família. **2.** *fig.* e *fam.* Pessoa que ocupa um posto ou cargo inferior ao de maior categoria.

se.gu.ra.men.te. [seɣura'mente] [seɣura'mente] *adv.* **1.** De modo seguro. ▶ Seguramente. **2.** Que é muito possível. Certamente. ▶ Seguramente.

se.gu.ri.dad. [seɣuri'ðað] [seɣuri'ðað] *f.* **1.** Qualidade de seguro. ▶ Segurança. **2.** Estado das coisas que não oferecem nem correm perigo. ▶ Segurança. ◆ **Seguridad social.** Previdência social.

se.gu.ro, ra. [se'ɣuɾo] [se'ɣuɾo] *adj.* **1.** Que está livre de perigo, dano ou risco. ▶ Seguro. **2.** Que é certo e não oferece dúvida. ▶ Seguro. *m.* **3.** Contrato pelo qual são ressarcidos a uma pessoa perdas ou danos de um bem. ▶ Seguro. **4.** Mecanismo que impede o funcionamento indesejado de um aparelho, utensílio ou máquina. ▶ Trava.

seis. ['sejs] ['sejs] *núm.* **1.** Quantidade que é uma unidade maior que 5. ▶ Seis. *m.* **2.** Número que representa essa quantidade. ▶ Seis.

seis.cien.tos, tas. [sejs'θjentos] [sej'sjentos] *núm.* **1.** Quantidade que é uma unidade maior que 599. ▶ Seiscentos. *m.* **2.** Número que representa essa quantidade. ▶ Seiscentos.

se.lec.ción. [selek'θjon] [selek'sjon] *f.* **1.** Ato ou efeito de eleger uma ou várias pessoas ou coisas que estão entre outras. ▶ Seleção. **2.** *Desp.* Equipe de atletas escolhidos dentre os vários times para participar de competições internacionais. ▶ Seleção.

se.lec.cio.nar. [selekθjo'naɾ] [seleksjo'naɾ] *v.4.* Escolher, por meio de seleção, pessoa, animal ou coisa mais qualificada para a finalidade a que se destina. ▶ Selecionar.

se.lec.ti.vi.dad. [selektiβi'ðaθ] [selektiβi'ðað] *f.* **1.** Função de selecionar ou eleger. ▶ Seletividade. **2.** Conjunto de provas que se fazem para ter acesso à universidade. ▶ Vestibular.

se.lec.ti.vo, va. [selek'tiβo] [selek'tiβo] *adj.* **1.** Relativo à seleção. ▶ Seletivo. **2.** Que faz seleção. ▶ Seletivo.

se.lec.to, ta. [se'lekto] [se'lekto] *adj.* Que é considerado melhor entre os de sua espécie. ▶ Seleto.

se.llar. [se'ʎaɾ] [se'ʃaɾ] *v.4.* **1.** Pôr o selo. ▶ Selar. **2.** Estampar, imprimir algo em outra coisa. ▶ Selar. **3.** *fig.* Concluir, pôr fim a uma coisa ou assunto. ▶ Selar. **4.** *fig.* Fechar hermeticamente um recipiente ou local. Vedar. ▶ Selar.

se.llo. ['seʎo] ['seʃo] *m.* **1.** Sinete que se estampa como garantia de autenticidade nos documentos. ▶ Carimbo. **2.** Estampilha que se usa para franquear correspondência que se envia pelo correio. ▶ Selo.

sel.va. ['selβa] ['selβa] *f.* **1.** *Geogr.* Floresta extensa, povoada de árvores, geralmente com profusão de animais. ▶ Selva. **2.** *fig.* Desordem, confusão de coisas. ▶ Bagunça.

sel.vá.ti.co, ca. [sel'βatiko] [sel'βatiko] *adj.* Relativo à selva ou que nela se cria. ▶ Selvagem.

se.má.fo.ro. [se'mafoɾo] [se'mafoɾo] *m.* **1.** Aparelho emissor de sinais ópticos para comunicação com embarcações que navegam próximo da costa. ▶ Farol. **2.** Aparelho elétrico para regular o trânsito de veículos por meio de um código de cores. Farol. Sinal. Sinaleiro. ▶ Semáforo.

se.ma.na. [se'mana] [se'mana] *f.* Período de sete dias consecutivos que compreende segunda-feira, terça-feira, quarta-feira, quinta-feira, sexta-feira, sábado e domingo. ▶ Semana. ◆ **Entre semana.** Durante a semana.

se.ma.nal. [sema'nal] [sema'nal] *adj.* **1.** Que acontece ou se repete a cada semana. ▶ Semanal. **2.** Que tem duração de uma semana. ▶ Semanal.

se.ma.na.rio. [sema'naɾjo] [sema'naɾjo] *m.* **1.** Jornal ou revista gráfica que se publica uma vez por semana. ▶ Semanário. **2.** Conjunto ou jogo de sete coisas que têm relação entre si.

se.mán.ti.co, ca. [se'mantiko] [se'mantiko] *adj. Ling.* **1.** Referente à semântica. ▶ Semântico. *f.* **2.** Estudo da significação. ▶ Semântica.

sem.blan.te. [sem'blante] [sem'blante] *m.* **1.** Face ou rosto humano. ▶ Semblante. **2.** Expressão no rosto de um sentimento ou emoção. ▶ Semblante.

sem.blan.za. [sem'blanθa] [sem'blansa] *f.* Exposição breve da vida de uma pessoa. ▶ Pequena biografia.

sem.bra.do, da. [sem'bɾaðo] [sem'bɾaðo] *s. Agr.* Terra que recebeu sementes, ainda que não tenha germinado. ▶ Semeado.

sem.bra.dor, do.ra. [sembɾa'ðoɾ] [sembɾa'ðoɾ] *adj.* **1.** Que semeia. ▶ Semeador. *U.t.c.s. f.* **2.** Máquina para semear. ▶ Semeadora.

sem.brar. [sem'bɾaɾ] [sem'bɾaɾ] *v.15.* **1.** Espalhar sementes na terra já preparada para recebê-las. ▶ Semear. **2.** *fig.* Fazer alguma coisa de que se vai obter proveito. ▶ Semear. **3.** *fig.* Esparramar, espargir, espalhar algo. ▶ Semear.

se.me.jan.te. [seme'xante] [seme'xante] *adj.* **1.** Que se parece a uma pessoa ou coisa. ▶ Semelhante. *U.t.c.s.* **2.** *Geom.* Diz-se de duas figuras que só diferem pelo tamanho e cujas partes têm, respectivamente, a mesma proporção. ▶ Semelhante. *m.* **3.** Qualquer pessoa em relação a outra. Próximo. ▶ Semelhante.

se.me.jan.za. [seme'xanθa] [seme'xansa] *f.* Qualidade de semelhante ou parecido. ▶ Semelhança.

se.me.jar. ['seme'xaɾ] [seme'xaɾ] *v.4.* Parecer-se uma pessoa ou coisa a outra; ser semelhante. ▶ Assemelhar(-se). *U.t.c.v.p.*

se.men. ['semen] ['semen] *m. Biol.* Líquido que contém espermatozoides, produzido e expelido pelos órgãos reprodutores masculinos. ▶ Sêmen.

se.men.te.ra. [semen'teɾa] [semen'teɾa] *f.* **1.** Aquilo que se semeia. ▶ Sementeira. **2.** Tempo próprio para semear. ▶ Estação. **3.** A terra semeada. Plantio. ▶ Sementeira.

se.mes.tral. [semes'tɾal] [semeh'tɾal] *adj.* **1.** Que acontece ou se repete a cada semestre. ▶ Semestral. **2.** Que dura um semestre. ▶ Semestral.

se.mes.tre. [se'mestɾe] [se'mehtɾe] *m.* Espaço de tempo de seis meses. ▶ Semestre.

se.mi.cir.cu.lar. [semiθiɾku'laɾ] [semisiɾku'laɾ] *adj.* Que tem forma de semicírculo ou similar. ▶ Semicircular.

se.mi.cír.cu.lo. [semi'θiɾkulo] [semi'siɾkulo] *m. Geom.* Cada uma das duas partes de um círculo que são separadas por um diâmetro. ▶ Semicírculo.

se.mi.cir.cun.fe.ren.cia. [semiθiɾkunfe'renθja] [semisiɾkunfe'rensja] *f. Geom.* Cada uma das duas metades de uma circunferência. ▶ Semicircunferência.

se.mi.diós, dio.sa. [semi'ðjos] [semi'ðjos] *s.* Na mitologia, filho de um deus e de um mortal. ▶ Semideus.

se.mies.co.ta.do, da. [semjesko'taðo] [semjehko'taðo] *adj.* Diz-se do corte feito em uma peça de roupa, na altura do pescoço, e que cria um efeito discreto. ▶ Semidecotado. *El vestido era elegante y le quedaba muy bien, era amarillo y semiescotado.* O vestido era elegante e caía-lhe muito bem, era amarelo e semidecotado.

se.mi.es.fe.ra. [semies'feɾa] [semieh'feɾa] *f.* Metade de uma esfera. ▶ Semiesfera.

se.mi.fi.nal. [semifi'nal] [semifi'nal] *f. Desp.* Cada uma das duas penúltimas competições de um campeonato esportivo por eliminação. ▶ Semifinal. *U.t.c.pl.*

se.mi.lla. [se'miʎa] [se'miʃa] *f.* **1.** Designação comum aos grãos das plantas que, ao caírem na terra ou serem semeados, produzem outras plantas. ▶ Semente. **2.** *fig.* Coisa que dá origem ou causa outras. ▶ Semente.

se.mi.lle.ro. [semi'ʎeɾo] [semi'ʃeɾo] *m.* Lugar em que são semeados os vegetais para depois serem transplantados. ▶ Sementeira.

se.mi.na.rio. [semi'naɾjo] [semi'naɾjo] *m.* **1.** Reunião de estudos a respeito de determinado assunto. ▶ Seminário. **2.** *Rel.* Local no qual cursam seus estudos aqueles que se preparam para ser sacerdotes. ▶ Seminário.

se.mi.na.ris.ta. [semina'ɾista] [semina'ɾihta] *m. Rel.* Aluno de um seminário. ▶ Seminarista.

se.mi.rrec.ta. [semi'rekta] [semi'rekta] *f. Geom.* Parte de uma reta limitada por um ponto. ▶ Semirreta.

se.mi.ta. [se'mita] [se'mita] *adj.* Diz-se dos árabes, hebreus e outros povos do Oriente Médio e do norte da África. ▶ Semita. *U.t.c.s.*

se.mí.ti.co, ca. [se'mitiko] [se'mitiko] *adj.* Pertencente ou relativo aos semitas. ▶ Semítico.

se.mi.to.no. [semi'tono] [semi'tono] *m. Mús.* Cada uma das duas partes em que é dividido um tom. ▶ Meio-tom.

se.mi.vo.cal. [semiβo'kal] [semiβo'kal] *f.* Diz-se das vogais *i* e *u* quando formam ditongo com uma vogal anterior. ▶ Semivogal.

sé.mo.la. ['semola] ['semola] *f.* **1.** Trigo sem casca. ▶ Sêmola. **2.** Pasta de farinha reduzida a grãos miúdos que se usa para o preparo de sopas. ▶ Sêmola.

se.na.do. [se'naðo] [se'naðo] *m. Polít.* **1.** Uma das câmaras do Poder Legislativo nos países com sistema de governo confederado. ▶ Senado. **2.** Edifício ou local em que tem sua sede e se reúne o senado. ▶ Senado. *obs.:* Escrita com inicial maiúscula.

se.na.dor, do.ra. [sena'ðoɾ] [sena'ðoɾ] *s. Polít.* Pessoa que é membro do Senado. ▶ Senador.

sen.ci.llez. [senθi'ʎeθ] [sensi'ʃes] *f.* Qualidade de simples. ▶ Simplicidade.

sen.ci.llo, lla. [sen'θiʎo] [sen'siʃo] *adj.* **1.** Que não apresenta dificuldades. ▶ Simples. **2.** Que não tem adorno nem ostentação. ▶ Simples. **3.** *fig.* Ver *ingenuo.* Ingênuo. ▶ Simples. *m.* **4.** Dinheiro miúdo. ▶ Trocado.

sen.da. ['senda] ['senda] *f.* **1.** Vereda usada para a passagem de pedestres e gado menor. ▶ Senda. **2.** *fig.* Procedimento para fazer ou conseguir algo. ▶ Senda.

sen.de.ris.mo. [sende'ɾismo] [sende'ɾihmo] *m. Desp.* Atividade esportiva que consiste em percorrer trilhas e caminhos campestres. ▶ Trilha. *Vamos a una quinta que contará con monitores de senderismo y de deportes acuáticos.* Vamos a um

sen.de.ro. [sen'deɾo] [sen'deɾo] *m.* Caminho ou vereda. ▸ Senda.

se.nec.tud. [senek'tuθ] [senek'tuð] *f.* Período da vida que geralmente começa depois dos sessenta anos. Velhice. ▸ Senectude.

se.ne.ga.lés, le.sa. [seneɣa'les] [seneɣa'les] *adj.* **1.** Pertencente ou relativo ao Senegal. ▸ Senegalês. *s.* **2.** O natural ou habitante desse país. ▸ Senegalês.

se.nil. [se'nil] [se'nil] *adj.* Que está idoso e apresenta decadência física e/ou mental. ▸ Senil.

se.ni.li.dad. [senili'ðaθ] [senili'ðað] *f.* Qualidade ou estado de senil. ▸ Senilidade.

se.no. ['seno] ['seno] *m.* **1.** *Anat.* Cada mama da mulher. ▸ Seio. **2.** *fig.* Parte interna de alguma coisa. ▸ Cerne. **3.** *fig.* Aquilo que dá amparo, proteção, consolo etc. ▸ Regaço.
➡ *Cuerpo humano*

sen.sa.ción. [sensa'θjon] [sensa'sjon] *f.* **1.** Impressão que as coisas produzem no espírito. ▸ Sensação. **2.** Emoção produzida por um acontecimento ou notícia importante. ▸ Sensação.

sen.sa.cio.nal. [sensaθjo'nal] [sensasjo'nal] *adj.* Aplica-se a pessoas, coisas, sucessos etc. que, por sua importância, causam sensação. ▸ Sensacional.

sen.sa.cio.na.lis.mo. [sensaθjona'lismo] [sensasjona'lihmo] *m.* Forma ou modo de divulgação de notícias, com o propósito de impactar ou chocar a opinião pública. ▸ Sensacionalismo.

sen.sa.cio.na.lis.ta. [sensaθjona'lista] [sensasjona'lihta] *adj.* **1.** Relativo ao sensacionalismo. ▸ Sensacionalista. *U.t.c.s.* **2.** Que faz uso do sensacionalismo. ▸ Sensacionalista. *U.t.c.s.*

sen.sa.tez. [sensa'teθ] [sensa'tes] *f.* **1.** Qualidade de sensato. ▸ Sensatez. **2.** *Bom senso* e prudência de uma pessoa. ▸ Sensatez.

sen.sa.to, ta. [sen'sato] [sen'sato] *adj.* Que é prudente, ajuizado. ▸ Sensato.

sen.si.bi.li.dad. [sensiβili'ðaθ] [sensiβili'ðað] *f.* **1.** Faculdade de sentir, própria dos seres animados. ▸ Sensibilidade. **2.** Propensão do ser humano a sentir compaixão, humanidade e ternura. ▸ Sensibilidade. **3.** Capacidade de resposta a pequenos estímulos. ▸ Sensibilidade. **4.** Grau de precisão de certos instrumentos utilizados com fins científicos. ▸ Sensibilidade.

sen.si.bi.li.zar. [sensiβili'θaɾ] [sensiβili'saɾ] *v.13.* Tornar sensível, despertar sentimentos. ▸ Sensibilizar.

sen.si.ble. [sen'siβle] [sen'siβle] *adj.* **1.** Que se percebe pelos sentidos. ▸ Sensível. **2.** Diz-se da pessoa que mostra sensibilidade. ▸ Sensível.

sen.si.ble.rí.a. [sensiβle'ria] [sensiβle'ria] *f.* Sentimentalismo exagerado. Pieguice. ▸ Melindre.

sen.si.ble.ro, ra. [sensi'βleɾo] [sensi'βleɾo] *adj.* Diz-se da pessoa que mostra sensibilidade excessiva. ▸ Piegas. *U.t.c.s.*

sen.si.ti.vo, va. [sensi'tiβo] [sensi'tiβo] *adj.* **1.** Que tem capacidade para sentir. ▸ Sensível. **2.** Pertencente aos sentidos. ▸ Sensitivo. *f.* **3.** *Bot.* Planta cujas folhas se retraem quando tocadas. ▸ Dormideira.

sen.sor. [sen'soɾ] [sen'soɾ] *m.* Qualquer mecanismo capaz de detectar e identificar certa informação. ▸ Sensor.

sen.so.rial. [senso'rjal] [senso'rjal] *adj.* Pertencente ou relativo à faculdade de sentir. ▸ Sensorial.

sen.so.rio, ria. [sen'sorjo] [sen'sorjo] *adj.* **1.** Próprio para transmitir sensações. ▸ Sensório. *m.* **2.** *Med. Anat.* Parte do cérebro considerada o centro comum de todas as sensações. ▸ Sensório.

sen.sual. [sen'swal] [sen'swal] *adj.* **1.** Relativo aos sentidos ou aos órgãos dos sentidos. ▸ Sensorial. **2.** Relativo à sensualidade, ao desejo carnal. ▸ Sensual.

sen.sua.li.dad. [senswali'ðaθ] [senswali'ðað] *f.* Qualidade de sensual. ▸ Sensualidade.

sen.ta.da. [sen'taða] [sen'taða] *f.* Ação em que várias pessoas permanecem sentadas no chão por um longo período de tempo em sinal de protesto por algum fato ou acontecimento. ♦ **De una sentada.** De uma vez.

sen.tar. [sen'taɾ] [sen'taɾ] *v.15.* **1.** Tomar assento. ▸ Sentar(-se). *U.t.c.v.p.* **2.** Dar como certa alguma coisa. ▸ Garantir. **3.** *fig.* e *fam.* Fazer bem ou mal ao estômago alguma comida ou bebida. ▸ Cair (bem ou mal).

sen.ten.cia. [sen'tenθja] [sen'tensja] *f.* **1.** *Dir.* Resolução judicial que termina um processo. ▸ Sentença. **2.** Decisão de uma controvérsia. ▸ Sentença. **3.** Dito que envolve moralidade. Ditado. ▸ Provérbio.

sen.ten.ciar. [senten'θjaɾ] [senten'sjaɾ] *v.4.* **1.** Proferir uma sentença. ▸ Sentenciar. **2.** *Dir.* Condenar por sentença em matéria penal. ▸ Sentenciar. **3.** *fig.* e *fam.* Destinar uma coisa a determinado fim. ▸ Sentenciar.

sen.ti.do. [sen'tiðo] [sen'tiðo] *m.* **1.** Cada uma das faculdades de perceber, com o corpo, impressões do mundo exterior. ▸ Sentido. **2.** Razão de ser de uma coisa. ▸ Sentido. **3.** Cada interpretação que pode suscitar um dito, escrito, gesto, acontecimento etc. ▸ Sentido. **4.** *Ling.* Significado específico de uma expressão em um contexto. ▸ Sentido. **5.** Direção espacial. ▸ Sentido. ◆ **Doble sentido.** Duplo sentido. **Sentido común.** Senso comum. **Sentido del humor.** Senso de humor.

sen.ti.men.tal. [sentimen'tal] [sentimen'tal] *adj.* **1.** Que expressa sentimentos compassivos ou de afeto. ▸ Sentimental. **2.** Que expressa sensibilidade de um modo ridículo. ▸ Sentimental. *U.t.c.s.*

sen.ti.mien.to. [senti'mjento] [senti'mjento] *m.* **1.** Emoção ou condição psicológica decorrente de afeto ou aversão. ▸ Sentimento. **2.** Pena ou mágoa por um acontecimento, por algo que causa dor. ▸ Sentimento.

sen.tir. [sen'tiɾ] [sen'tiɾ] *v.22.* **1.** Perceber pelos sentidos. ▸ Sentir. **2.** Experimentar sensações produzidas por fatores externos ou internos. ▸ Sentir. *m.* **3.** Sentimento do espírito. ▸ Sentir. **4.** Modo de ver as coisas, opinião, juízo de alguém. ▸ Sentir. ◆ **Lo siento mucho.** Sinto muito. **Sin sentir.** Sem se dar conta, sem perceber.

se.ña. ['seɲa] ['seɲa] *f.* **1.** Aceno, gesto combinado entre duas ou mais pessoas. ▸ Sinal. **2.** Meio que se emprega para se lembrar de ou representar alguma coisa. ▸ Senha. **3.** Dinheiro adiantado por um serviço. Sinal. ▸ Adiantamento. *pl.* **4.** ▫ Traços que diferenciam uma pessoa das demais. ▸ Sinais. ◆ **Dar señas de.** Dar sinais de. **Hablar por señas.** Comunicar-se por sinais.

se.ñal. [se'ɲal] [se'ɲal] *f.* **1.** Marca para distinguir as coisas. ▸ Sinal. **2.** Vestígio ou impressão que fica de uma coisa. ▸ Sinal. **3.** Marca que fica no corpo em consequência de uma ferida. Cicatriz. ▸ Sinal. **4.** Indício ou mostra não material de algo. ▸ Sinal.

se.ña.lar. [seɲa'laɾ] [seɲa'laɾ] *v.4.* **1.** Pôr sinal em alguma coisa. Marcar. ▸ Assinalar. **2.** Determinar, fixar tempo, lugar ou pessoa. ▸ Assinalar. **3.** Pôr assinatura, firma ou rubrica em um escrito. ▸ Assinar.

se.ña.li.za.ción. [seɲaliθa'θjon] [seɲalisa'sjon] *f.* **1.** Ato ou efeito de sinalizar. ▸ Sinalização. **2.** Conjunto de sinais que se colocam nas estradas ou nas ruas das cidades para orientar e ordenar o trânsito de veículos e pedestres. ▸ Sinalização.

se.ña.li.zar. [seɲali'θaɾ] [seɲali'saɾ] *v.13.* Colocar nas estradas e outras vias de comunicação sinais indicativos para o trânsito de veículos ou pessoas. ▸ Sinalizar.

se.ñor, ño.ra. [se'ɲoɾ] [se'ɲoɾ] *adj.* **1.** Que tem propriedade ou exerce domínio. ▸ Senhor. *U.t.c.s. s.* **2.** Tratamento cortês e respeitoso dirigido direta ou indiretamente a uma pessoa. *obs.:* Em comunicações formais, usa-se seguido do sobrenome da pessoa. Em caso de tratamento indireto, vem precedido do artigo. ▸ Senhor. *El señor Fuentes te ha llamado.* O senhor Fuentes ligou para você.

se.ño.re.ar. [seɲore'aɾ] [seɲore'aɾ] *v.4.* **1.** Dominar, tomar posse, mandar como senhor. ▸ Senhorear. **2.** Ter influência moral sobre. ▸ Senhorear. *v.p.* **3.** Apossar-se, apoderar-se. ▸ Assenhorear-se.

se.ño.rí.o. [seɲo'rjo] [seɲo'rjo] *m.* **1.** Domínio ou mando sobre uma coisa. ▸ Senhorio. **2.** Território que pertence ao senhor. ▸ Senhorio.

se.ño.ri.to, ta. [seɲo'rito] [seɲo'rito] *s.* **1.** Termo pejorativo aplicado a filho de família rica ou que age como se o fosse. ▸ Filhinho de papai. *f.* **2.** Tratamento de cortesia dirigido à mulher solteira jovem. ▸ Senhorita.

se.ñue.lo. [se'ɲwelo] [se'ɲwelo] *m.* **1.** Qualquer coisa que serve para atrair aves ou outros animais a uma armadilha. ▸ Isca. **2.** *(Arg.* e *Bol.)* Boi manso que serve de guia ao rebanho. ▸ Sinuelo.

se.pa.ra.ble. [sepa'raβle] [sepa'raβle] *adj.* Que pode separar-se ou ser separado. ▸ Separável.

se.pa.ra.ción. [separa'θjon] [separa'sjon] *f.* Ato ou efeito de separar(-se). ▸ Separação.

se.pa.rar. [sepa'raɾ] [sepa'raɾ] *v.4.* **1.** Estabelecer distância entre duas ou mais coisas ou pessoas. Afastar. ▸ Separar. **2.** Desunir o que está junto. ▸ Separar. **3.** Escolher em um conjunto de coisas aquelas que são iguais ou da mesma espécie para formar um grupo à parte. ▸ Separar. *v.p.* **4.** Interromper (os cônjuges) a vida em comum. ▸ Separar-se.

se.pa.ra.ta. [sepa'rata] [sepa'rata] *f.* Impressão à parte de um artigo ou capítulo publicado em uma revista ou livro. ▸ Separata.

se.pa.ra.tis.mo. [separa'tismo] [separa'tihmo] *m. Polít.* Movimento político que pretende a independência de um povo ou de uma região que ocupa determinado território. ▶ Separatismo.

se.pa.ra.tis.ta. [separa'tista] [separa'tihta] *adj. Polít.* Pertencente ou relativo ao separatismo. ▶ Separatista.

se.pe.lio. [se'peljo] [se'peljo] *m. Rel.* Sepultamento conforme ritos religiosos. ▶ Enterro.

se.pia. ['sepja] ['sepja] *f.* **1.** *Zool.* Molusco de corpo curto e achatado que produz uma tinta negra. ▶ Siba. **2.** Matéria corante que se extrai da siba. ▶ Sépia. **3.** *m.* Cor entre o acinzentado e o amarronzado. ▶ Sépia.

sep.ten.trio.nal. [septentrjo'nal] [septentrjo'nal] *adj.* Referente ao polo norte da Terra. ▶ Setentrional.

sép.ti.co, ca. ['septiko] ['septiko] *adj. Med.* Portador de germes infecciosos. ▶ Séptico. ◆ **Fosa séptica.** Fossa séptica.

sep.tiem.bre. [sep'tjembre] [sep'tjembre] *m.* Nono mês do ano. ▶ Setembro. *U.t. se.tiem.bre.*

sép.ti.mo, ma. ['septimo] ['septimo] *núm.* Que segue em ordem ao sexto. ▶ Sétimo.

sep.tua.gé.si.mo, ma. [septwa'xesimo] [septwa'xesimo] *núm.* Que segue em ordem ao sexagésimo nono. ▶ Septuagésimo.

se.pul.cral. [sepul'kral] [sepul'kral] *adj.* **1.** Pertencente ou relativo ao sepulcro. ▶ Sepulcral. **2.** Que provoca medo. ▶ Lúgubre.

se.pul.cro. [se'pulkro] [se'pulkro] *m.* Túmulo, monumento funerário destinado a guardar o corpo de uma ou mais pessoas. ▶ Sepulcro.

se.pul.tar. [sepul'tar] [sepul'tar] *v.4. p.p. reg. sepultado / irreg. sepulto.* **1.** Enterrar, dar sepultura a um corpo. ▶ Sepultar. **2.** *fig.* Ocultar alguma coisa enterrando-a. ▶ Sepultar.

se.pul.tu.ra. [sepul'tura] [sepul'tura] *f.* **1.** Cova, jazigo, lugar no qual se sepulta. ▶ Sepultura. **2.** Ato de enterrar. ▶ Sepultamento.

se.pul.tu.re.ro, ra. [sepultu'rero] [sepultu'rero] *s.* Indivíduo que tem por ofício enterrar e cuidar do cemitério. ▶ Coveiro.

se.que.dad. [seke'ðaθ] [seke'ðað] *f.* **1.** Qualidade de seco. ▶ Secura. **2.** *fig.* Frieza, aspereza, dureza no trato com as pessoas. ▶ Secura. *U.t.c.pl.*

se.quí.a. [se'kia] [se'kia] *f.* Tempo seco, estiagem prolongada. ▶ Seca. ➠ *Clima*

sé.qui.to. ['sekito] ['sekito] *m.* Cortejo que acompanha alguém como homenagem ou por amizade. Comitiva. ▶ Séquito.

ser. ['ser] ['ser] *v.1.* **1.** Indica qualidade ou condição atribuída a algo. ▶ Ser. **2.** Seguido de no particípio, forma a voz passiva. ▶ Ser. **3.** Ter existência. ▶ Ser. **4.** Acontecer de determinada maneira. ▶ Ser. **5.** Indica tempo. ▶ Ser. *Es la una y cuarto.* É uma e quinze. *m.* **6.** Qualquer coisa existente, especialmente as que têm vida. ▶ Ser. **7.** Essência e natureza das coisas. ▶ Ser. ◆ **Sea lo que sea.** Seja o que for.

se.ra.fín. [sera'fin] [sera'fin] *m.* **1.** *Rel.* Anjo da primeira hierarquia. ▶ Serafim. **2.** *fig.* Pessoa de beleza rara. ▶ Serafim.

ser.bio, bia. ['serβjo] ['serβjo] *adj.* **1.** Pertencente ou relativo à Sérvia. ▶ Sérvio. *s.* **2.** Natural ou habitante desse país. ▶ Sérvio.

se.re.nar. [sere'nar] [sere'nar] *v.4.* **1.** Sossegar, acalmar. ▶ Serenar. **2.** *fig.* Apaziguar distúrbios ou tumultos feitos por pessoas. ▶ Acalmar.

se.re.na.ta. [sere'nata] [sere'nata] *f. Mús.* Música que se toca ao ar livre durante a noite para agradar ou homenagear uma ou várias pessoas. ▶ Serenata.

se.re.ni.dad. [sereni'ðaθ] [sereni'ðað] *f.* Sossego, tranquilidade e presença de ânimo. ▶ Serenidade.

se.re.no, na. [se'reno] [se'reno] *adj.* **1.** Aplica-se ao tempo claro, limpo, sem nuvens nem vento. ▶ Sereno. **2.** *fig.* Diz-se de pessoa sossegada, tranquila. ▶ Sereno. *m.* **3.** Umidade que durante a noite se encontra na atmosfera. Relento, orvalho. ▶ Sereno. **4.** Guarda-noturno que cuida da segurança de uma rua ou de um bairro. ▶ Vigia. ◆ **Al sereno.** Ao relento.

se.rial. [se'rjal] [se'rjal] *adj.* **1.** Pertencente ou relativo a uma série. ▶ Serial. *m.* **2.** Obra televisiva ou radiofônica que se transmite em intervalos regulares. ▶ Seriado.

se.rie. ['serje] ['serje] *f.* Conjunto de coisas relacionadas entre si, que acontecem ordenadamente. ▶ Série.

se.rie.dad. [serje'ðaθ] [serje'ðað] *f.* **1.** Qualidade de sério. ▶ Seriedade. **2.** Modo de comportar-se de pessoa íntegra e reta. ▶ Seriedade.

se.rio, ria. ['serjo] ['serjo] *adj.* **1.** Que cumpre pontualmente seus compromissos e obrigações. ▶ Sério. **2.** Aplica-se a assunto importante e de consideração exata. Grave. ▶ Sério. **3.** Severo, sisudo no semblante. ▶ Sério. ◆ **En serio.** Sem brincadeira. ▶ Falando sério.

ser.món. [ser'mon] [ser'mon] *m. Rel.* **1.** Discurso que predica o sacerdote para o ensino da doutrina cristã. ▶ Sermão. **2.** *fig.* Repreensão insistente e longa. ▶ Sermão.

ser.mo.ne.ar. [sermone'ar] [sermone'ar] *v.4.* **1.** *Rel.* Pregar, dizer sermões. ▶ Exortar. **2.** Passar sermão. ▶ Repreender.

ser.pen.te.ar. [serpente'ar] [serpente'ar] *v.4.* Andar ou deslizar como uma cobra ou serpente. ▶ Serpentear.

ser.pen.tín. [serpen'tin] [serpen'tin] *m.* Tubo de metal comprido e em espiral para arrefecer líquidos. ▶ Serpentina.

ser.pen.ti.na. [serpen'tina] [serpen'tina] *f.* Fita enrolada de papel colorido que se usa em festas para brincar. ▶ Serpentina.

ser.pien.te. [ser'pjente] [ser'pjente] *f. Zool.* Réptil venenoso, de corpo alongado, que não tem pés e se desloca deslizando pelo chão. ▶ Cobra. ➡ **Reino animal**

se.rra.ní.a. [sera'nia] [sera'nia] *f. Geogr.* Conjunto de montanhas e serras que cruzam um terreno formando uma cordilheira. ▶ Serrania.

se.rra.no, na. [se'rano] [se'rano] *adj.* **1.** Pertencente ou relativo às serras, às serranias ou a seus moradores. ▶ Serrano. *s.* **2.** Natural ou habitante de uma serra ou de uma serrania. ▶ Serrano.

se.rrar. [se'rar] [se'rar] *v.15.* Cortar ou dividir com a serra. ▶ Serrar.

se.rre.rí.a. [sere'ria] [sere'ria] *f.* Estabelecimento industrial em que se cortam madeiras. ▶ Serraria.

se.rrín. [se'rin] [se'rin] *m.* Conjunto de partículas que se desprendem da madeira quando se corta com serra. Farelo de madeira. ▶ Serragem.

se.rru.cho. [se'rutʃo] [se'rutʃo] *m.* Serra manual que consiste em uma lâmina de aço dentada com cabo para segurá-la. ▶ Serrote.

ser.vi.cial. [serβi'θjal] [serβi'sjal] *adj.* Que gosta de atender os outros. Atencioso. ▶ Prestativo.

ser.vi.cio. [ser'βiθjo] [ser'βisjo] *m.* **1.** Ato ou efeito de servir. ▶ Serviço. **2.** Conjunto de utensílios que se usam para servir uma mesa. ▶ Baixela. **3.** Utilidade ou proveito que resulta da ação de uma pessoa para outra. **4.** Ver *baño*(4). ▶ Banheiro. *U.t.c.pl.*

ser.vi.dor, do.ra. [serβi'ðor] [serβi'ðor] *s.* **1.** Pessoa que serve. Servente. ▶ Servidor. **2.** Pessoa que é prestativa, diligente. ▶ Servidor. **3.** *Inform.* Sistema que está conectado permanentemente à internet e que oferece acesso ou algum tipo de serviço: páginas *web*, diretórios, *e-mail.* ▶ Servidor.

ser.vi.lle.ta. [serβi'ʎeta] [serβi'ʃeta] *f.* Peça de tecido ou papel especial que se põe na mesa para uso durante a refeição. ▶ Guardanapo.

ser.vi.lle.te.ro. [serβiʎe'tero] [serβiʃe'tero] *m.* Objeto em que se colocam os guardanapos de papel ou um guardanapo individual de tecido. ▶ Porta-guardanapos.

ser.vir. [ser'βir] [ser'βir] *v.21.* **1.** Prestar serviço ou estar ao serviço de outro. ▶ Servir. **2.** Ser um instrumento ou máquina próprio(a) para um determinado fim. ▶ Servir. **3.** Ser de utilidade, valer. ▶ Servir. **4.** Pôr à mesa alimentos ou bebidas. ▶ Servir. *v.p.* **5.** Valer-se de uma coisa para uso próprio. ▶ Servir-se. **6.** Pegar e colocar alimentos no próprio prato. ▶ Servir-se. ◆ **Ir servido.** Sair desfavorecido ou decepcionado. **No servir de nada.** Não servir para nada.

sé.sa.mo. [ˈsesamo] [ˈsesamo] *m. Bot.* Ver *ajonjolí.* ▶ Gergelim.

se.se.ar. [sese'ar] [sese'ar] *v.4. Ling.* Pronunciar as letras *c* e *z* como *s*.

se.sen.ta. [se'senta] [se'senta] *núm.* **1.** Quantidade que é uma unidade maior que 59. ▶ Sessenta. *m.* **2.** Número que representa essa quantidade. ▶ Sessenta.

se.sen.tón, to.na. [sesen'ton] [sesen'ton] *adj. fam.* **1.** Que completou sessenta anos. ▶ Sexagenário. **2.** Que tem de sessenta a sessenta e nove anos. ▶ Sessentão.

se.se.o. [se'seo] [se'seo] *m. Ling.* Efeito da pronúncia das letras *c* e *z* como *s*.

ses.gar. [sesˈɣar] [sehˈɣar] *v.9.* Cortar ou partir obliquamente. ▶ Enviesar.

ses.go, ga. [ˈsesɣo] [ˈsehɣo] *adj.* Cortado ou situado obliquamente. Torcido. ▶ Sesgo.

se.sión. [se'sjon] [se'sjon] *f.* **1.** Cada uma das funções de um espetáculo que se celebra em diferentes horas no mesmo dia. ▶ Sessão. **2.** Tempo dedicado a uma atividade. ▶ Sessão. **3.** Conferência entre várias pessoas para determinar uma coisa. ▶ Sessão. ◆ **Levantar la sesión.** Encerrar a sessão.

se.so. [ˈseso] [ˈseso] *m.* **1.** *Biol.* Massa de tecido nervoso contida na cavidade craniana. Miolo. ▶ Cérebro. *U.t.c.pl.* **2.** *fig.* Ato ou atitude prudente. ▶ Juízo. ◆ **Calentarse los sesos.** *fig.* e *fam.* Esquentar a cabeça. **Perder el seso.** *fig.* Perder o juízo.

ses.te.ar. [seste'ar] [sehte'ar] *v.4.* Passar a sesta dormindo ou descansando. ▶ Sestear.

se.su.do, da. [se'suðo] [se'suðo] *adj.* Que é sensato e prudente. ▶ Sensato.

☐**se.ta.** ['seta] ['seta] *f.* Qualquer espécie de cogumelo, comestível ou venenoso. ▶ Cogumelo.

se.te.cien.tos, tas. [sete'θjentos] [sete'sjentos] *núm.* **1.** Quantidade que é uma unidade maior que 699. ▶ Setecentos. *m.* **2.** Número que representa essa quantidade. ▶ Setecentos.

se.ten.ta. [se'tenta] [se'tenta] *núm.* **1.** Quantidade que é uma unidade maior que 69. ▶ Setenta. *m.* **2.** Número que representa essa quantidade. ▶ Setenta.

se.to. ['seto] ['seto] *m.* **1.** Cerca feita de paus ou varas entretecidas. ▶ Sebe. **2.** Cerca feita com arbustos ou matas vivas. ▶ Sebe. ◆ **Seto vivo.** Cerca viva.

seu.dó.ni.mo, ma. [seu'ðonimo] [seu'ðonimo] *adj.* **1.** Diz-se de autor que publica suas obras com um nome falso. ▶ Pseudônimo. **2.** Aplica-se também à obra desse autor. ▶ Pseudônimo. *m.* **3.** Nome falso ou suposto. ▶ Pseudônimo.

se.ve.ri.dad. [seβeri'ðaθ] [seβeri'ðað] *f.* **1.** Qualidade de severo. ▶ Severidade. **2.** Rigor e austeridade que se observa em uma pessoa. ▶ Severidade.

se.ve.ro, ra. [se'βero] [se'βero] *adj.* **1.** Rigoroso, duro no trato e no castigo. ▶ Severo. **2.** Exato e rígido na observância das leis. ▶ Severo. **3.** *Med.* Diz-se de doença grave. ▶ Severa.

se.vi.lla.nas. [seβi'ʎanas] [seβi'ʃanas] *f. pl.* Canto popular de Sevilha, Espanha. ▶ Sevilhana.

se.xa.gé.si.mo, ma. [seksa'xesimo] [seksa'xesimo] *núm.* Que segue em ordem ao quinquagésimo nono. ▶ Sexagésimo.

se.xo. ['sekso] ['sekso] *m.* **1.** *Biol.* Conjunto das características que distinguem os machos das fêmeas entre os seres vivos. ▶ Sexo. **2.** *Anat.* Cada órgão genital. ▶ Sexo. **3.** Conjunto de seres do mesmo sexo. ▶ Sexo.

sex.te.to. [seks'teto] [seks'teto] *m.* **1.** *Lit.* Composição poética de seis versos em arte maior. ▶ Sextilha. **2.** *Mús.* Composição musical para seis instrumentos ou seis vozes e o conjunto desses seis instrumentos ou vozes. ▶ Sextilha.

sex.to, ta. ['seksto] ['seksto] *núm.* Que segue em ordem ao quinto. ▶ Sexto.

se.xual. [se'kswal] [se'kswal] *adj.* Pertencente ou relativo a sexo. ▶ Sexual.

se.xua.li.dad. [sekswali'ðaθ] [sekswali'ðað] *f.* Conjunto de condições que caracterizam cada sexo. ▶ Sexualidade.

shopping. *m.* Ver *centro comercial.* ▶ *Shopping center.*

si. [si] [si] *conj.* **1.** Indica condição. ▶ Se. *Adolfo se comprará una casa si consigue un aumento de sueldo.* Adolfo comprará uma casa se conseguir um aumento de salário. **2.** Introduz frases interrogativas indiretas. ▶ Se. *Todavía no sé si voy a hacer la prueba o no.* Ainda não sei se vou fazer a prova ou não. *m.* **3.** *Mús.* Sétima nota da escala musical. ▶ Si. ◆ **Como si.** Indica comparação. ▶ Como se.

sí. ['si] ['si] *adv.* **1.** Exprime afirmação, existência, aceitação, concordância. ▶ Sim. *pron.pess.* **2.** Corresponde à terceira pessoa reflexiva do singular e do plural, antecedido de preposição, exceto *con.* ▶ Si. *obs.:* Com a preposição *con*, varia para *consigo.* ◆ **De por sí.** Em si mesmo. **Fuera de sí.** Fora de si.

sia.més, me.sa. [sja'mes] [sja'mes] *adj.* **1.** Pertencente, relativo ao natural do Sião, Tailândia. ▶ Siamês. **2.** Aplica-se a cada um dos irmãos gêmeos que nascem unidos por alguma parte do corpo. ▶ Siamês. *U.t.c.pl.*

si.be.ria.no, na. [siβe'rjano] [siβe'rjano] *adj.* **1.** Pertencente ou relativo à Sibéria, Federação Russa. ▶ Siberiano. *s.* **2.** Natural ou habitante dessa região. ▶ Siberiano.

si.bi.la. [si'βila] [si'βila] *f.* Profetisa da Antiguidade. ▶ Sibila.

si.ca.rio. [si'karjo] [si'karjo] *m.* Assassino que mata a mando de alguém que lhe paga para tal. Sicário. ▶ Matador de aluguel.

si.co.a.ná.li.sis. [sikoa'nalisis] [sikoa'nalisis] *m.* Ver *psicoanálisis.* ▶ Psicanálise.

si.co.lo.gí.a. [sikolo'xia] [sikolo'xia] *f.* Ver *psicología.* ▶ Psicologia.

si.có.lo.go, ga. [si'koloɣo] [si'koloɣo] *s.* Ver *psicólogo.* ▶ Psicólogo.

si.có.pa.ta. [si'kopata] [si'kopata] *com. Med.* Ver *psicópata.* ▶ Psicopata.

si.co.sis. [si'kosis] [si'kosis] *f. Med.* Ver *psicosis.* ▶ Psicose.

si.co.te.ra.pia. [sikote'rapja] [sikote'rapja] *f.* Ver *psicoterapia.* ▶ Psicoterapia.

si.da. ['siða] ['siða] *m. Med.* Abreviatura de Síndrome de Imunodeficiência Adquirida, doença transmissível e que provoca uma séria deficiência imunológica. ▶ Aids.

si.de.car. [siðe'kar] [siðe'kar] *m.* Banco adicional apoiado em uma roda que se prende ao lado de uma motocicleta. ▶ *Sidecar.*

si.de.ral. [siðe'ral] [siðe'ral] *adj. Astr.* Pertencente ou relativo às estrelas ou aos astros. ▶ Sideral.

si.de.rur.gia. [siðe'rurxja] [siðe'rurxja] *f.* **1.** Arte de trabalhar o ferro. ▶ Siderurgia. **2.** Técnica de obter o ferro a partir do minério. ▶ Siderurgia.

si.dra. ['siðra] ['siðra] *f.* Bebida alcoólica que se obtém por fermentação do suco da maçã. ▶ Sidra.

siem.bra. ['sjembra] ['sjembra] *f. Agr.* Ato de semear, de espargir as sementes no campo. Plantio. ▶ Semeadura.

siem.pre. ['sjempre] ['sjempre] *adv.* **1.** Em todo ou em qualquer tempo. ▶ Sempre. **2.** Em todo caso ou em qualquer circunstância. ▶ Sempre. ◆ **Desde siempre.** A vida toda. Desde que o mundo é mundo. **Lo de siempre.** O mesmo de sempre. **Siempre jamás.** Sempre. **Siempre que.** Contanto que. **Siempre y cuando.** Contanto que.

siem.pre.vi.va. [sjempre'βiβa] [sjempre'βiβa] *f. Bot.* Tipo de planta florífera. ▶ Sempre-viva.

sien. ['sjen] ['sjen] *f. Anat.* Cada uma das partes laterais da cabeça, da orelha até a testa. ▶ Têmpora.

sier.pe. ['sjerpe] ['sjerpe] *f.* **1.** *Zool.* Serpente de grande porte. ▶ Serpe. **2.** *fig.* Indivíduo monstruoso física e moralmente. ▶ Serpe.

sie.rra. ['sjera] ['sjera] *f.* **1.** Instrumento para serrar ou cortar. ▶ Serra. **2.** *Geogr.* Cordilheira de montes e penhascos. ▶ Serra.

sier.vo, va. ['sjerβo] ['sjerβo] *s.* **1.** Pessoa submetida a qualquer tipo de domínio ou tirania. ▶ Servo. **2.** *Rel.* Religioso de uma ordem ou comunidade da qual se considera servidor. ▶ Servo. **3.** *Rel.* Pessoa que serve a Deus e guarda seus preceitos. ▶ Servo.

sies.ta. ['sjesta] ['sjehta] *f.* Período posterior ao meio-dia quando se dorme ou se descansa. ▶ Sesta.

sie.te. ['sjete] ['sjete] *núm.* **1.** Quantidade que é uma unidade maior que 6. ▶ Sete. *m.* **2.** Número que representa essa quantidade. ▶ Sete. ◆ **Más que siete.** *fig.* e *fam.* Muitíssimo. **Siete y media.** Carteado. ▶ Sete e meio.

sí.fi.lis. ['sifilis] ['sifilis] *f. Med.* Tipo de doença sexualmente transmissível. ▶ Sífilis.

si.fón. [si'fon] [si'fon] *m.* **1.** Tubo recurvado de ramos desiguais que serve para tirar água de uma vasilha. ▶ Sifão. **2.** Garrafa hermeticamente fechada, com dispositivo para abrir e fechar, na qual se põe água gasosa sob pressão. ▶ Sifão.

si.gi.lo. [si'xilo] [si'xilo] *m.* **1.** Selo ou sinete para estampar em papel os signos gravados que tem. ▶ Carimbo. **2.** Segredo que se guarda de uma situação, assunto ou notícia. ▶ Sigilo.

si.gi.lo.so, sa. [sixi'loso] [sixi'loso] *adj.* **1.** Que guarda sigilo. ▶ Sigiloso. **2.** Que não deve ser divulgado, secreto. ▶ Sigiloso.

si.gla. ['sixla] ['sixla] *f.* **1.** Letra inicial ou conjunto de letras iniciais empregadas como abreviatura de uma palavra. ▶ Sigla. **2.** Qualquer signo que serve para reduzir o que se escreve. ▶ Sigla.

si.glo. ['sixlo] ['sixlo] *m.* Espaço de tempo de cem anos. ▶ Século.

sig.na.ta.rio, ria. [sixna'tarjo] [sixna'tarjo] *adj.* Diz-se de pessoa que assina um documento ou qualquer outro escrito. ▶ Signatário. *U.t.c.s.*

sig.na.tu.ra. [sixna'tura] [sixna'tura] *f.* Marca colocada nas coisas para diferenciá-las de outras. ▶ Assinatura.

sig.ni.fi.ca.ción. [sixnifika'θjon] [sixnifika'sjon] *f.* Sentido de uma palavra ou frase. ▶ Significação.

sig.ni.fi.ca.do. [sixnifi'kaðo] [sixnifi'kaðo] *m. Ling.* Sentido ou referência das palavras ou frases. ▶ Significado.

sig.ni.fi.car. [sixnifi'kar] [sixnifi'kar] *v.7.* **1.** Ser uma coisa representação ou signo de outra. ▶ Significar. **2.** Representar algo que é importante. ▶ Significar.

sig.ni.fi.ca.ti.vo, va. [sixnifika'tiβo] [sixnifika'tiβo] *adj.* **1.** Que é expressivo. ▶ Significativo. **2.** Que representa ou significa algum valor. ▶ Significativo.

sig.no. ['sixno] ['sixno] *m.* **1.** Indício ou sinal de algo. ▶ Signo. **2.** Caracteres usados na escrita ou na impressão. ▶ Signo. **3.** Cada uma das doze partes do zodíaco. ▶ Signo. ◆ **Signo de exclamación / interrogación.** *Ling.* Ponto de exclamação / interrogação. **Signos de puntuación.** *Ling.* Sinais de pontuação.

si.guien.te. [si'γjente] [si'γjente] *adj.* **1.** Que segue. ▶ Seguinte. **2.** Imediatamente posterior. ▶ Seguinte. **3.** Que vem depois. ▶ Seguinte.

sí.la.ba. ['silaβa] ['silaβa] *f. Ling.* Som ou grupo de sons articulados e pronunciados de uma só vez. ▸ Sílaba. ◆ **Sílaba átona / tónica.** *Ling.* Sílaba átona / tónica.

si.la.be.ar. [silaβe'aɾ] [silaβe'aɾ] *v.4. Ling.* Dizer ou escrever separadamente cada sílaba de uma palavra. ▸ Silabar.

si.la.be.o. [sila'βeo] [sila'βeo] *m.* Ato ou efeito de separar sílabas. ▸ Separação silábica.

sil.bar. [sil'βaɾ] [sil'βaɾ] *v.4.* **1.** Produzir, expulsando ar por entre os lábios, um som agudo. Assoviar. ▸ Silvar. **2.** Manifestar desagrado ou desaprovação com assobios. ▸ Vaiar.

sil.ba.to. [sil'βato] [sil'βato] *m.* Todo aparelho que produz um som contínuo e sem variações quando o ar passa por seu interior. ▸ Apito.

sil.bi.do. [sil'βiðo] [sil'βiðo] *m.* Ato ou efeito de assoviar. ▸ Assovio.

sil.bo. ['silβo] ['silβo] *m.* Ver *silbido*. ▸ Assovio.

si.len.cia.dor. [silenθja'ðoɾ] [silensja'ðoɾ] *m.* Aparelho que se acopla ao tubo de saída de gases de um motor ou ao cano de uma arma de fogo para diminuir ruídos. ▸ Silenciador.

si.len.ciar. [silen'θjaɾ] [silen'sjaɾ] *v.4.* **1.** Calar, não dizer o que deve ser dito, omitir. ▸ Silenciar. **2.** Fazer alguém parar de falar. ▸ Silenciar.

si.len.cio. [si'lenθjo] [si'lensjo] *m.* Ausência de qualquer barulho ou som. ▸ Silêncio. ◆ **En silencio.** Em silêncio. **Entregar al silencio.** Esquecer, não mencionar mais.

si.len.cio.so, sa. [silen'θjoso] [silen'sjoso] *adj.* **1.** Diz-se da pessoa que se cala ou tem o costume de ficar calado. ▸ Silencioso. **2.** Aplica-se ao lugar ou tempo em que há ou se guarda silêncio. ▸ Silencioso.

si.li.cio. [si'liθjo] [si'lisjo] *m. Quím.* Elemento químico muito abundante na Terra, componente da maioria das rochas. ▸ Silício.

si.li.co.na. [sili'kona] [sili'kona] *f. Quím.* Material artificial composto principalmente por silício e oxigênio. ▸ Silicone.

si.li.co.sis. [sili'kosis] [sili'kosis] *f. Med.* Doença respiratória muito grave que afeta principalmente as pessoas que trabalham nas minas e pedreiras. ▸ Silicose.

si.lla. ['siʎa] ['siʃa] *f.* **1.** Assento com encosto para uma pessoa. ▸ Cadeira. **2.** Aparelho que se põe na cavalgadura para assento do cavaleiro. ▸ Sela. ◆ **Silla de ruedas.** Cadeira de rodas.
➡ *Muebles y electrodomésticos*

si.llín. [si'ʎin] [si'ʃin] *m.* **1.** Sela de montar pequena. ▸ Selim. **2.** Assento de bicicleta e outros veículos análogos. ▸ Selim.

si.llón. [si'ʎon] [si'ʃon] *m.* Assento com braços, maior e mais confortável que a cadeira comum. ▸ Poltrona. ➡ *Muebles y electrodomésticos*

si.lo. ['silo] ['silo] *m.* Lugar subterrâneo ou construção especial em que se guardam grãos e forragem. ▸ Silo.

si.lo.gis.mo. [silo'xismo] [silo'xismo] *m.* Raciocínio formado por três proposições, em que a última se deduz das outras duas. ▸ Silogismo.

si.lue.ta. [si'lweta] [si'lweta] *f.* **1.** Desenho feito seguindo o contorno da sombra de um objeto. ▸ Silhueta. **2.** Contorno de uma figura. ▸ Silhueta.

sil.ves.tre. [sil'βestre] [sil'βehtre] *adj.* Nascido naturalmente, que não é cultivado. ▸ Silvestre.

sim.bó.li.co, ca. [sim'boliko] [sim'boliko] *adj.* Pertencente, relativo ao símbolo ou expressado por meio dele. ▸ Simbólico.

sim.bo.li.zar. [simboli'θaɾ] [simboli'saɾ] *v.13.* Servir uma coisa como símbolo de outra. ▸ Simbolizar.

sím.bo.lo. ['simbolo] ['simbolo] *m.* Coisa que se adota ou se toma como representação de outra. ▸ Símbolo.

si.me.trí.a. [sime'tria] [sime'tria] *f.* Correspondência em forma, medida e posição das partes de um todo. ▸ Simetria.

si.mien.te. [si'mjente] [si'mjente] *f. Bot.* Parte do fruto dos vegetais da qual nasce uma nova planta. ▸ Semente.

sí.mil. ['simil] ['simil] *adj.* **1.** Semelhante, parecido a outro. ▸ Símile. *m.* **2.** Comparação, semelhança entre duas coisas. ▸ Símile.

si.mi.lar. [simi'laɾ] [simi'laɾ] *adj.* Que tem semelhança ou analogia com algo. ▸ Similar.

si.mi.li.tud. [simili'tuθ] [simili'tuð] *f.* Semelhança, similaridade. ▸ Similitude.

si.mio. ['simjo] ['simjo] *m.* Animal hominídeo. Macaco. ▸ Símio.

sim.pa.tí.a. [simpa'tia] [simpa'tia] *f.* **1.** Inclinação afetiva entre pessoas. ▸ Simpatia. **2.** Modo de ser e caráter de uma pessoa que a tornam agradável aos demais. ▸ Simpatia.

sim.pá.ti.co, ca. [sim'patiko] [sim'patiko] *adj.* Que inspira simpatia. ▸ Simpático.

sim.pa.ti.cón, co.na. [simpati'kon] [simpati'kon] *adj. fam.* Diz-se da pessoa que causa simpatia à primeira vista.

sim.pa.ti.zar. [simpati'θar] [simpati'sar] *v.13.* **1.** Sentir simpatia. ▸ Simpatizar. **2.** Considerar-se (duas pessoas) mutuamente agradáveis. ▸ Simpatizar.

sim.ple. ['simple] ['simple] *adj.* **1.** Que não apresenta complicações nem dificuldades. ▸ Simples. **2.** Que não é composto, que é puro. ▸ Simples. **3.** Que não tem malícia. ▸ Simples.

sim.ple.za. [sim'pleθa] [sim'plesa] *f.* **1.** Coisa sem importância. ▸ Bobagem. **2.** Qualidade do que é simples e do que é fácil. ▸ Simplicidade.

sim.pli.fi.car. [simplifi'kar] [simplifi'kaɾ] *v.7.* Tornar mais simples, mais fácil ou menos complicada uma situação, um pensamento ou um ponto de vista. ▸ Simplificar.

sim.plis.ta. [sim'plista] [sim'plihta] *adj.* Diz-se daquele que simplifica demais ou tem tendência para simplificar. ▸ Simplista. *U.t.c.s.*

sim.plón, plo.na. [sim'plon] [sim'plon] *adj.* Que é simples e ingênuo em excesso. ▸ Simplório. *U.t.c.s.*

sim.po.sio. [sim'posio] [sim'posio] *m.* Reunião de pessoas especializadas em determinado tema na qual se expõe um assunto a ele referente. ▸ Simpósio.

si.mu.la.ción. [simula'θjon] [simula'sjon] *f.* **1.** Ato de simular. ▸ Simulação. **2.** Ato ou atitude falsa. Fingimento. ▸ Simulação.

si.mu.la.cro. [simu'lakro] [simu'lakro] *m.* **1.** Imagem feita à semelhança de uma coisa ou pessoa. ▸ Simulacro. **2.** Ficção, imitação, falsificação. ▸ Simulacro.

si.mu.lar. [simu'lar] [simu'laɾ] *v.4.* Representar uma coisa fazendo-a parecer o que não é. ▸ Simular.

si.mul.tá.ne.o, a. [simul'taneo] [simul'taneo] *adj.* Diz-se do que se faz ou acontece ao mesmo tempo. ▸ Simultâneo.

sin. [sin] [sin] *prep.* Designa carência ou falta de alguma coisa. ▸ Sem. ♦ **Sin embargo.** Mas, no entanto, não obstante.

si.na.go.ga. [sina'ɣoɣa] [sina'ɣoɣa] *f. Rel.* Templo judeu. ▸ Sinagoga.

sin.ce.ro, ra. [sin'θero] [sin'sero] *adj.* Que atua com veracidade, sem fingimentos nem reticências. ▸ Sincero.

sín.co.pe. ['siŋkope] ['siŋkope] *m. Med.* Perda súbita da consciência e da sensibilidade, causada pela suspensão momentânea da ação do coração. ▸ Síncope.

sin.cro.ní.a. [siŋkro'nia] [siŋkro'nia] *f.* Coincidência de fatos no tempo. ▸ Sincronia.

sin.cro.ni.zar. [siŋkroni'θar] [siŋkroni'sar] *v.13.* Fazer com que coincidam no tempo dois ou mais movimentos ou fenômenos. ▸ Sincronizar.

sin.di.cal. [sindi'kal] [sindi'kal] *adj.* Pertencente ou relativo a sindicato. ▸ Sindical.

sin.di.ca.lis.ta. [sindika'lista] [sindika'lihta] *com.* Relativo a sindicatos ou a sindicalismo. ▸ Sindicalista.

sin.di.ca.to. [sindi'kato] [sindi'kato] *m.* Associação de trabalhadores ou empresários que trata dos interesses da classe correspondente. ▸ Sindicato.

sín.di.co. ['sindiko] ['sindiko] *m.* Pessoa eleita por uma comunidade para cuidar de interesses comuns. ▸ Síndico.

sín.dro.me. ['sindrome] ['sindrome] *m.* **1.** Conjunto de sintomas que caracterizam uma doença. ▸ Síndrome. **2.** Conjunto de sinais característicos de uma situação determinada. ▸ Síndrome. ♦ **Síndrome de inmunodeficiencia adquirida (sida).** *Med.* Síndrome de imunodeficiência adquirida. ▸ Aids.

sin.fín. [sin'fin] [sin'fin] *m.* Quantidade indeterminada. Infinidade. ▸ Sem-fim.

sin.fo.ní.a. [sinfo'nia] [sinfo'nia] *f. Mús.* Conjunto musical de vozes e/ou instrumentos. ▸ Sinfonia. **2.** Composição musical para orquestra com vários movimentos. ▸ Sinfonia.

sin.fó.ni.co, ca. [sin'foniko] [sin'foniko] *adj. Mús.* **1.** Pertencente ou relativo à sinfonia. ▸ Sinfônico. *f.* **2.** Orquestra formada por diversos músicos que tocam diferentes instrumentos. ▸ Orquestra sinfônica.

sin.gu.lar. [siŋgu'lar] [siŋgu'laɾ] *adj.* **1.** Que não tem par, que é único em sua espécie. ▸ Singular. **2.** Extraordinário, raro ou excelente. ▸ Singular. **3.** *Ling.* Que não é plural. ▸ Singular.

sin.gu.la.ri.zar. [siŋgulari'θar] [siŋgulari'sar] *v.13.* **1.** Tornar singular, distinguir dos outros. ▸ Singularizar. **2.** Fazer exceção. ▸ Singularizar.

si.nies.tro, tra. [si'njestro] [si'njehtro] *adj.* **1.** Diz-se da parte ou lugar que está do lado da mão esquerda. ▸ Sinistro. **2.** *fig.* Aplica-se àquilo que produz inquietação negativa.

▶ Sinistro. *m.* **3.** Acidente ou acontecimento que causa danos ou prejuízos graves que podem ser indenizados por uma companhia de seguros. ▶ Sinistro. *f.* **4.** A mão esquerda. ▶ Sinistra.

sin.nú.me.ro. [sin'numero] [sin'numero] *m.* Número indeterminado ou incalculável de pessoas ou coisas. ▶ Sem-número.

si.no. ['sino] ['sino] *m.* **1.** Fado, destino que cada pessoa tem independentemente de sua vontade. ▶ Sina. *conj.* **2.** Contrapõe a um conceito negativo outro positivo. ▶ Mas sim. *No quiero ser abogado sino médico.* Não quero ser advogado, mas sim médico. **3.** Com exceção de. Exceto. ▶ A não ser. *Nadie comía sino él.* Ninguém comia, a não ser ele. **4.** Antecedido por uma frase negativa, equivale a "apenas", "só". ▶ Somente. *No quiero sino que vengan.* Quero somente que venham.

si.nó.ni.mo, ma. [si'nonimo] [si'nonimo] *adj. Ling.* Diz-se dos vocábulos ou expressões que têm significado igual ou semelhante. ▶ Sinônimo. *U.t.c.m.*

si.nop.sis. [si'nopsis] [si'nopsis] *f.* **1.** Composição gráfica que mostra ou representa coisas relacionadas entre si. ▶ Esquema. **2.** Sumário ou resumo que apresenta uma matéria em seus aspectos essenciais. ▶ Sinopse.

si.nóp.ti.co, ca. [si'noptiko] [si'noptiko] *adj.* Que tem forma ou caracteres de sinopse. ▶ Sinóptico.

sin.ra.zón. [sinra'θon] [sinra'son] *f.* **1.** Ato ou conceito infundado ou injusto. ▶ Sem-razão. **2.** Ato feito contra a justiça e fora do razoável ou devido. ▶ Sem-razão.

sin.sa.bor. [sinsa'βor] [sinsa'βor] *m.* **1.** Falta de sabor em algo que se come. ▶ Insipidez. **2.** *fig.* Ato ou acontecimento desagradável que causa ou pode causar desgostos. ▶ Dissabor.

sin.tác.ti.co, ca. [sin'taktiko] [sin'taktiko] *adj. Ling.* Pertencente ou relativo à sintaxe. ▶ Sintático.

sin.ta.xis. [sin'taksis] [sin'taksis] *f. Ling.* Relação e ordem das palavras e dos segmentos de uma frase segundo um modo particular em cada língua. ▶ Sintaxe.

sín.te.sis. ['sintesis] ['sintesis] *f.* **1.** Composição de elementos diferentes para formar um todo coerente. ▶ Síntese. **2.** *Quím.* Método que reúne elementos simples para formar um composto complexo. ▶ Síntese. **3.** *Lit.* Resenha literária ou científica. ▶ Síntese.

sin.té.ti.co, ca. [sin'tetiko] [sin'tetiko] *adj.* **1.** Que envolve síntese. ▶ Sintético. **2.** Diz-se de produtos obtidos por processos artificiais que reproduzem a composição e as propriedades dos produtos naturais. ▶ Sintético.

sin.te.ti.zar. [sinteti'θar] [sinteti'sar] *v.13.* Fazer síntese. ▶ Sintetizar.

sín.to.ma. ['sintoma] ['sintoma] *m.* **1.** *Med.* Fenômeno revelador de uma doença. ▶ Sintoma. **2.** *fig.* Indício ou sinal de uma coisa que está acontecendo ou vai acontecer. ▶ Sintoma.

sin.to.ní.a. [sinto'nia] [sinto'nia] *f.* **1.** Ato de sintonizar um aparelho de rádio ou televisão em uma emissora. ▶ Sintonia. **2.** *fig.* Harmonia, reciprocidade entre as pessoas. ▶ Sintonia.

sin.to.ni.zar. [sintoni'θar] [sintoni'sar] *v.13.* **1.** Ajustar um aparelho receptor de rádio ou televisão ao comprimento da onda proveniente do posto emissor. ▶ Sintonizar. **2.** *fig.* Coincidir (duas ou mais pessoas) em pensamento ou sentimento. Harmonizar. ▶ Sintonizar.

si.nuo.so, sa. [si'nwoso] [si'nwoso] *adj.* Que tem ondulações, tortuoso, que segue ou descreve uma linha irregular. ▶ Sinuoso.

si.nu.si.tis. [sinu'sitis] [sinu'sitis] *f. Med.* Inflamação dos seios da face. ▶ Sinusite.

sin.ver.güen.za. [simber'ɣwenθa] [simber'ɣwensa] *adj.* **1.** Diz-se da pessoa que comete atos ilegais em proveito próprio. ▶ Sem-vergonha. *U.t.c.s.* **2.** Diz-se de indivíduo descarado e imoral. ▶ Sem-vergonha. *U.t.c.s.*

si.quia.tra. [si'kjatra] [si'kjatra] *com. Med.* Ver *psiquiatra*. ▶ Psiquiatra.

si.quia.trí.a. [sikja'tria] [sikja'tria] *f. Med.* Ver *psiquiatría*. ▶ Psiquiatria.

si.quie.ra. [si'kjera] [si'kjera] *adv.* Expressa ideia de limitação ou restrição. Ao menos, pelo menos. ▶ Sequer. *Ni siquiera ellos supieron de lo ocurrido.* Nem sequer eles souberam do que aconteceu.

si.re.na. [si'rena] [si'rena] *f.* **1.** Ninfa marinha com busto de mulher e corpo de peixe que, com seu canto, atrai os navegantes. ▶ Sereia. **2.** Aparelho para produzir som de alerta ou aviso sobre alguma coisa. ▶ Sirene.

si.rio, ria. ['sirjo] ['sirjo] *adj.* **1.** Pertencente ou relativo à Síria. ▶ Sírio. *s.* **2.** Natural ou habitante da Síria. ▶ Sírio.

sir.vien.te, ta. [sir'βjente] [sir'βjente] *s.* Pessoa que presta serviços domésticos a outra. ▶ Trabalhador doméstico.

si.sa. ['sisa] ['sisa] *f.* **1.** Pequeno furto. ▶ Surrupio. **2.** Corte feito em uma roupa na parte que se amolda à axila. ▶ Cava.

si.sar. [si'sar] [si'sar] *v.4.* **1.** Cometer furtos de pouco valor. ▶ Surrupiar. **2.** Ajustar a cava das roupas. ▶ Fazer cava.

sís.mi.co, ca. ['sismiko] ['sihmiko] *adj. Geogr.* Pertencente ou relativo a terremoto. ▶ Sísmico.

sis.mo. ['sismo] ['sihmo] *m. Geogr.* Movimento do interior da Terra. Terremoto. ▶ Sismo.

sis.mó.gra.fo. [sis'moɣrafo] [sih'moɣrafo] *m. Geogr.* Instrumento que mede e registra a intensidade e direção de um terremoto. ▶ Sismógrafo.

sis.te.ma. [sis'tema] [sih'tema] *m.* **1.** Estrutura em que as partes têm funções que as diferenciam e relacionam. ▶ Sistema. **2.** Conjunto de princípios de uma matéria. ▶ Sistema. **3.** *Polít.* Forma de governo ou constituição política ou social de um Estado. ▶ Sistema. ◆ **Sistema operativo.** *m. Inform.* Conjunto de programas de informática que permite a administração eficaz dos recursos disponíveis em um computador. ▶ Sistema operacional. *Me gustaría saber cuáles son las opciones de sistemas operativos.* Eu gostaria de saber quais são as opções de sistemas operacionais.

sis.te.má.ti.co, ca. [siste'matiko] [sihte'matiko] *adj.* **1.** Que segue ou se ajusta a um sistema. ▶ Sistemático. **2.** Diz-se da pessoa que atua com constância e regularidade na sua vida e nas suas atividades. ▶ Sistemático.

si.tiar. [si'tjar] [si'tjar] *v.4.* Cercar, assediar um determinado espaço para impor sujeição. ▶ Sitiar.

si.tio. [si'tjo] [si'tjo] *m.* **1.** Local determinado. ▶ Lugar. **2.** *Inform.* Conjunto de páginas disponibilizadas na internet por uma pessoa ou instituição. ▶ Site. **3.** Ato ou efeito de sitiar. Bloqueio, cerco. ▶ Sítio. ◆ **Poner en su sitio.** Pôr (alguém) no seu lugar.

si.to, ta. ['sito] ['sito] *adj.* Que está situado em um lugar determinado. ▶ Sito.

si.tua.ción. [sitwa'θjon] [sitwa'sjon] *f.* **1.** Ato ou efeito de situar ou situar-se. ▶ Situação. **2.** Disposição de uma coisa em relação ao lugar que ocupa. ▶ Situação. **3.** Estado ou constituição de coisas e pessoas. ▶ Situação.

si.tuar. [si'twar] [si'twar] *v.4.* Pôr uma pessoa ou coisa em determinado lugar ou situação. ▶ Situar. *U.t.c.v.p.*

skate. *m.* Ver *monopatín.* ▶ Skate.

SMS. ['ese'eme'ese] ['ese'eme'ese] *m.* **1.** Abreviatura inglesa de *Short Message Service.* ▶ SMS. **2.** Mensagem de texto utilizada em aparelhos móveis. ▶ Mensagem de texto.

so. [so] [so] *prep.* Antiga preposição de lugar, hoje sem uso, a não ser em algumas expressões fixas. ▶ Sob. ◆ **So pena de.** Sob pena de. **So pretexto de.** Sob pretexto de.

so.ba.co. [so'βako] [so'βako] *m. Anat.* Ver *axila.* ▶ Sovaco.

so.ba.do, da. [so'βaðo] [so'βaðo] *adj.* **1.** *Cul.* Aplica-se ao pão que tem azeite ou manteiga em sua composição. ▶ Sovado. *U.t.c.s.* **2.** Diz-se de objeto muito usado. ▶ Surrado.

so.bar. [so'βar] [so'βar] *v.4.* **1.** Amassar uma coisa a fim de amolecê-la e deixá-la suave. ▶ Sovar. **2.** *fig.* Castigar com alguns golpes. Sovar. ▶ Golpear.

so.be.ra.no, na. [soβe'rano] [soβe'rano] *adj.* **1.** Que exerce ou possui autoridade suprema e independente. ▶ Soberano. *U.t.c.s.* **2.** Que é elevado, excelente, não superado. ▶ Soberano.

so.ber.bia. [so'βerβja] [so'βerβja] *f.* Orgulho e arrogância. ▶ Soberba.

so.ber.bio, bia. [so'βerβjo] [so'βerβjo] *adj.* **1.** Que tem orgulho excessivo. ▶ Soberbo. **2.** *fig.* Que tem grandiosidade e magnificência. ▶ Soberbo.

so.bor.nar. [soβor'nar] [soβor'nar] *v.4.* Corromper alguém com dinheiro ou com dádivas para conseguir alguma coisa. ▶ Subornar.

so.bor.no. [so'βorno] [so'βorno] *m.* **1.** Ato de subornar. ▶ Suborno. **2.** Dinheiro ou coisa com que se suborna. ▶ Suborno.

so.bra. [so'βra] [so'βra] *f.* Diz-se do que resta depois de utilizar ou consumir algo, principalmente alimentos. ▶ Resto. ◆ **De sobra.** Que dá e sobra.

so.brar. [so'βrar] [so'βrar] *v.4.* **1.** Haver mais do que é necessário. ▶ Sobrar. **2.** Restar alguma coisa depois do consumo. ▶ Sobrar.

so.bre. ['soβre] ['soβre] *m.* **1.** ◻ Papel que serve para envolver carta, comunicado, cartão etc. e que se envia de uma parte a outra. ▶ Envelope. *prep.* **2.** Por volta de. ▶ Cerca de. *Salimos sobre las cuatro.* Saímos por volta das quatro horas. **3.** Em cima de. ▶ Sobre. *Estaban sobre la mesa.* Estavam sobre a mesa. **4.** Entre dois substantivos iguais, denota reiteração ou acumulação. ▶ E mais. *Robos sobre robos.* Roubos e mais roubos. ◆ **Sobre todo.** Sobretudo.

so.bre.ca.ma. [soβre'kama] [soβre'kama] *f.* Coberta de cama, geralmente usada por cima dos lençóis e cobertores. ▶ Colcha.

so.bre.car.ga. [soβre'karɣa] [soβre'karɣa] *f.* Excesso de carga. ▶ Sobrecarga.

so.bre.co.ger. [soβreko'xer] [soβreko'xer] *v.11.* **1.** Surpreender alguém desprevenido com algo que não era esperado. ▶ Sobressaltar. *v.p.* **2.** Surpreender-se, intimidar-se. ▶ Sobressaltar(-se).

so.bre.do.sis. [soβre'ðosis] [soβre'ðosis] *f. Med.* Dose muito forte de uma droga ou remédio, que pode levar à morte. ▶ *Overdose*.

so.bre.es.drú.ju.lo, la. [soβres'ðruxulo] [soβreh'ðruxulo] *adj. Ling.* Diz-se de palavra acentuada na sílaba anterior à antepenúltima. *U.t.c.s.*

so.bre.hu.ma.no, na. [soβreu'mano] [soβreu'mano] *adj.* Mais do que qualquer ser humano consegue fazer; diz-se principalmente de um esforço muito grande. ▶ Sobre-humano.

so.bre.ma.ne.ra. [soβrema'nera] [soβrema'nera] *adv.* Muito, em abundância. ▶ Sobremaneira.

□**so.bre.me.sa.** [soβre'mesa] [soβre'mesa] *f.* Conversa à mesa depois da refeição.

so.bre.na.tu.ral. [soβrenatu'ral] [soβrenatu'ral] *adj.* Diz-se das coisas estranhas que não são explicadas pelas leis da natureza. ▶ Sobrenatural.

□**so.bre.nom.bre.** [soβre'nombre] [soβre'nombre] *m.* Ver *apodo*. ▶ Apelido.

so.bren.ten.di.do, da. [soβrenten'diðo] [soβrenten'diðo] *adj.* **1.** Que se subentende. ▶ Subentendido. *m.* **2.** Algo que não está exposto com clareza, mas que pode ser deduzido do que foi dito. ▶ Subentendido.

so.bre.pa.sar. [soβrepa'sar] [soβrepa'sar] *v.4.* Exceder um limite. ▶ Ultrapassar.

so.bre.pe.so. [soβre'peso] [soβre'peso] *m.* Excesso de peso. ▶ Sobrepeso.

so.bre.po.ner. [soβrepo'ner] [soβrepo'ner] *v.40. v.p.* **1.** Colocar em cima de outra coisa. ▶ Sobrepor. **2.** Deixar de estar dominado por uma forte impressão, um sentimento, uma desgraça, uma situação adversa. ▶ Superar(-se).

so.bre.sa.lien.te. [soβresa'ljente] [soβresa'ljente] *adj.* **1.** Que se destaca. ▶ Sobressalente. *m.* **2.** Nota máxima conseguida em uma avaliação.

so.bre.sa.lir. [soβresa'lir] [soβresa'lir] *v.27.* Destacar-se perante os demais, chamar a atenção. ▶ Sobressair.

so.bre.sal.to. [soβre'salto] [soβre'salto] *m.* Sensação de susto ou temor que provém de um acontecimento imprevisto e súbito. ▶ Sobressalto.

so.bre.suel.do. [soβre'sweldo] [soβre'sweldo] *m.* Valor que se soma ao salário fixo. ▶ Bonificação.

so.bre.to.do. [soβre'toðo] [soβre'toðo] *m.* Tipo de casaco. ▶ Sobretudo.

so.bre.ve.nir. [soβreβe'nir] [soβreβe'nir] *v.42.* **1.** Acontecer uma coisa ao mesmo tempo ou depois de outra. ▶ Sobrevir. **2.** Vir de improviso. ▶ Sobrevir.

so.bre.vi.vir. [soβreβi'βir] [soβreβi'βir] *v.6.* **1.** Resistir à situação de risco. ▶ Sobreviver. **2.** Conseguir manter condições econômicas de subsistência. ▶ Sobreviver.

so.bri.no, na. [so'βrino] [so'βrino] *s.* Indivíduo em relação aos irmãos e irmãs de seus pais. ▶ Sobrinho.

so.brio, bria. ['soβrjo] ['soβrjo] *adj.* **1.** Que procede com moderação. ▶ Sóbrio. **2.** Que carece de enfeites supérfluos. ▶ Sóbrio. **3.** Diz-se da pessoa que não está alcoolizada. ▶ Sóbrio.

so.ca.rrón, rro.na. [soka'ron] [soka'ron] *adj.* Diz-se da pessoa que desdenha de alguma coisa parecendo falar seriamente. ▶ Gozador.

so.cia.ble. [so'θjaβle] [so'sjaβle] *adj.* **1.** Adaptado a viver em sociedade. ▶ Sociável. **2.** Que gosta da vida social. ▶ Sociável.

so.cial. [so'θjal] [so'sjal] *adj.* Relativo à sociedade. ▶ Social.

so.cia.lis.mo. [soθja'lismo] [sosja'lihmo] *m. Polít.* **1.** Tipo de regime econômico que defende uma sociedade sem classes. ▶ Socialismo. **2.** O conjunto dos partidários desse regime. ▶ Socialismo.

so.cie.dad. [soθje'ðaθ] [sosje'ðað] *f.* **1.** Modo de organização social dominante. ▶ Sociedade. **2.** Qualquer tipo de associação entre pessoas. ▶ Sociedade. **3.** Conjunto dos seres humanos de um lugar. ▶ Sociedade.

so.cio, cia. ['soθjo] ['sosjo] *s.* **1.** Pessoa associada com outra(s) para alguma finalidade. ▶ Sócio. **2.** Indivíduo de uma sociedade recreativa, esportiva etc. ou agrupamento de indivíduos associados sem finalidade determinada. ▶ Sócio.

so.cio.e.co.nó.mi.co, ca. [soθjoeko'nomiko] [sosjoeko'nomiko] *adj.* Que se refere à sociedade e à economia. ▶ Socioeconômico. *Nuestro país tiene problemas socioeconómicos.* Nosso país tem problemas socioeconômicos.

so.cio.lo.gí.a. [soθjolo'xia] [sosjolo'xia] *f.* Ciência que estuda as relações entre pessoas que vivem em sociedade. ▶ Sociologia.

so.co.rrer. [soko'reɾ] [soko'reɾ] *v.5.* Prestar ajuda, defender ou favorecer em um perigo ou uma necessidade. ▶ Socorrer.

so.co.rro. [so'koro] [so'koro] *m.* Ato de socorrer. ▶ Socorro. ♦ **¡Socorro!** Expressa pedido de ajuda. ▶ Socorro!

so.da. ['soða] ['soða] *f.* Bebida composta de água gaseificada e xarope de frutas. ▶ Refrigerante.

so.dio. ['soðjo] ['soðjo] *m. Quím.* Elemento químico metálico que, juntamente com o cloro, forma o sal comum. ▶ Sódio.

so.ez. [so'eθ] [so'es] *adj.* Que apresenta ou procede com grosseria. Grosseiro, vil. ▶ Soez.

so.fá. [so'fa] [so'fa] *m.* Móvel, geralmente estofado, com braços e encosto, que acomoda duas ou mais pessoas sentadas. ▶ Sofá. ♦ **Sofá cama.** Sofá-cama. ➡ *Muebles y electrodomésticos*

so.fis.ti.ca.do, da. [sofisti'kaðo] [sofihti'kaðo] *adj.* **1.** Que é elegante, refinado. ▶ Sofisticado. **2.** Muito complexo e perfeito. ▶ Sofisticado.

so.fo.ca.do, da. [sofo'kaðo] [sofo'kaðo] *adj.* **1.** Que sofre ou sofreu sufocamento. ▶ Sufocado. **2.** Diz-se de ambiente não arejado. ▶ Abafado.

so.fo.car. [sofo'kaɾ] [sofo'kaɾ] *v.7.* **1.** Causar ou sentir sufocação. ▶ Sufocar. **2.** Extinguir ou acabar algumas coisas. ▶ Sufocar.

so.fo.co. [so'foko] [so'foko] *m.* **1.** Asfixia, sensação de sufocamento. ▶ Sufoco. **2.** Sensação de queimação no rosto causada por vergonha ou calor. ▶ Enrubescimento.

software. *m. Inform.* Parte composta pelos programas instalados no computador. ▶ *Software*.

so.ga. ['soɣa] ['soɣa] *f.* Corda grossa de sisal. ▶ Corda. ♦ **Con la soga a la garganta/al cuello.** *fig.* Com a corda no pescoço. **Darle soga.** *fig.* e *fam.* Dar corda a alguém.

so.ja. ['soxa] ['soxa] *f. Bot.* Planta de cujo fruto se extrai óleo. ▶ Soja.

so.juz.gar. [soxuθ'ɣaɾ] [soxuh'ɣaɾ] *v.9.* Dominar com violência. Sujeitar. ▶ Subjugar.

sol. [sol] [sol] *m.* **1.** *n.p. Astr.* Astro luminoso, centro do sistema solar, em torno do qual giram os planetas e outros astros que dele recebem luz e calor. ▶ Sol. **2.** Qualquer estrela luminosa do universo. ▶ Sol. **3.** Luz, calor ou raio de sol. ▶ Sol. **4.** *Fin.* Antiga unidade monetária do Peru, que mudou para Novo Sol. ▶ Sol. **5.** *Mús.* Quinta nota musical. ▶ Sol. ♦ **Puesta del sol.** Pôr do sol.

so.la.men.te. [sola'mente] [sola'mente] *adv.* Indica referência exclusiva a uma pessoa, coisa ou ação. ▶ Somente. *Venga solamente usted.* Venha somente o senhor.

so.la.pa. [so'lapa] [so'lapa] *f.* **1.** Parte anterior e superior de um casaco voltada para fora. Gola. ▶ Lapela. **2.** Prolongamento da capa de um livro que se dobra para dentro e que contém resumos ou outros textos. ▶ Orelha.

so.la.par. [sola'paɾ] [sola'paɾ] *v.4.* **1.** ▢ Colocar lapela em alguma roupa. **2.** *fig.* Esconder algo intencionalmente. ▶ Ocultar.

so.lar. [so'laɾ] [so'laɾ] *adj.* **1.** Pertencente ou relativo ao Sol ou a seus raios. ▶ Solar. *m.* **2.** Terreno vazio no qual se pode construir. ▶ Lote.

so.lá.rium. [so'laɾiʊm] [so'laɾiʊm] *m.* Local destinado a tomar sol. Solarium. ▶ Solário.

so.la.zar. [sola'θaɾ] [sola'saɾ] *v.13.* Alegrar, divertir com brincadeiras ou jogos. ▶ Entreter.

sol.da.do. [sol'daðo] [sol'daðo] *m.* Pessoa que serve no exército. ▶ Soldado. ♦ **Soldado de plomo.** Soldadinho de chumbo.

sol.da.dor, do.ra. [solda'ðoɾ] [solda'ðoɾ] *s.* Profissional que se dedica a soldar. ▶ Soldador.

sol.da.du.ra. [solda'ðuɾa] [solda'ðuɾa] *f.* Ato de soldar a parte em que se juntam duas peças de metal. ▶ Solda.

sol.dar. [sol'daɾ] [sol'daɾ] *v.18.* Unir ou pregar com solda. ▶ Soldar.

so.le.a.do, da. [sole'aðo] [sole'aðo] *adj.* Que recebe sol. ▶ Ensolarado.

so.le.ar. [sole'aɾ] [sole'aɾ] *v.4.* Expor(-se) ao sol por algum tempo. ▶ Tomar sol. *U.t.c.v.p.*

so.le.dad. [sole'ðaθ] [sole'ðað] *f.* Qualidade de estar só, não ter companhia. ▶ Solidão.

so.lem.ne. [so'lemne] [so'lemne] *adj.* Que se faz publicamente com pompa e cerimônia. ▶ Solene.

so.ler. [so'leɾ] [so'leɾ] *v.19.* **1.** Ter por hábito. Acostumar. ▶ Costumar. **2.** Ser frequente, repetir-se um acontecimento ou fenômeno. Acostumar. ▶ Costumar. *Suele llover mucho en verano.* Costuma chover muito no verão.

sol.fa. ['solfa] ['solfa] *f.* **1.** *Mús.* Conjunto ou sistema de signos com que se escreve uma partitura. ▶ Solfa. **2.** *fig.* e *fam.* Castigo que se aplica dando golpes ao castigado. ▶ Sova.

sol.fe.ar. [solfe'ar] [solfe'ar] *v.4. Mús.* Cantar marcando compasso e pronunciando os nomes das notas. ▸ Solfejar.

sol.fe.o. [sol'feo] [sol'feo] *m. Mús.* **1.** Conjunto de conhecimentos para ler um texto musical. ▸ Solfejo. **2.** Estudo de música para aprender esses conhecimentos. ▸ Solfejo.

so.li.ci.tar. [soliθi'tar] [solisi'tar] *v.4.* Pedir com deferência. ▸ Solicitar.

so.lí.ci.to, ta. [so'liθito] [so'lisito] *adj.* Que é diligente e prestativo. ▸ Solícito.

so.li.ci.tud. [soliθi'tuθ] [solisi'tuð] *f.* **1.** Amabilidade ou cortesia. ▸ Solicitude. **2.** Ato de solicitar ou pedir. ▸ Solicitação. **3.** Documento para solicitar alguma coisa. ▸ Requerimento.

Solicitudes

> Perdón.
> ¿(Con) Permiso?
> Por favor.

so.li.da.ri.dad. [soliðari'ðaθ] [soliðari'ðað] *f.* Apoio que se dá a uma pessoa ou grupo em função de seus problemas, atividades ou ideias. ▸ Solidariedade.

so.li.da.rio, ria. [soli'ðarjo] [soli'ðarjo] *adj.* Que age com solidariedade. ▸ Solidário.

so.li.da.ri.zar. [soliðari'θar] [soliðari'sar] *v.13.* Tornar uma pessoa ou coisa solidária a outra. ▸ Solidarizar. *U.t.c.v.p.*

só.li.do, da. [so'liðo] ['soliðo] *adj.* **1.** Aplica-se a corpo duro, forte e firme. ▸ Sólido. **2.** *fig.* Diz-se de conclusão ou decisão estabelecida com razões fundamentais e verdadeiras. ▸ Sólido. *m.* **3.** *Geom.* Objeto material que tem três dimensões. ▸ Sólido.

so.lis.ta. [so'lista] [so'lihta] *com. Mús.* Pessoa que executa um solo de canto ou de instrumento em uma peça de música. ▸ Solista.

so.li.ta.rio, ria. [soli'tarjo] [soli'tarjo] *adj.* **1.** Deserto, sem habitantes ou pouco transitado. ▸ Ermo. **2.** Diz-se da pessoa que vive só ou da sua forma de viver. ▸ Solitário. *m.* **3.** Anel com um único brilhante. ▸ Solitário.

so.llo.zar. [soʎo'θar] [soʃo'sar] *v.13.* Chorar com soluços. ▸ Soluçar.

so.llo.zo. [so'ʎoθo] [so'ʃoso] *m.* Respiração curta com tremor corporal causado pelo choro ou por contração do diafragma. ▸ Soluço.

so.lo. ['solo] ['solo] *adv.* Indica referência exclusiva a uma pessoa, coisa ou ação. Só. ▸ Somente. *Este recinto es solo para niños.* Este local é somente para crianças.

so.lo, la. ['solo] ['solo] *adj.* **1.** Único na sua espécie. ▸ Único. **2.** Diz-se da pessoa que não tem companhia, temporária ou definitivamente. ▸ Sozinho. **3.** *Mús.* Composição ou parte dela executada por apenas uma pessoa. ▸ Solo. ◆ **A solas.** A sós.

so.lo.mi.llo. [solo'miʎo] [solo'miʃo] *m.* Músculo do boi, alongado e mole, localizado entre as costelas e o lombo. ▸ Filé mignon.

sols.ti.cio. [sols'tiθjo] [solh'tisjo] *m. Astr.* Período em que o Sol está no ponto mais afastado do equador. Costuma ocorrer entre os dias 21 e 23 de junho e 21 e 23 de dezembro, que coincidem com a mudança das estações do ano. ▸ Solstício.

sol.tar. [sol'tar] [sol'tar] *v.18. p.p. reg. soltado / irreg. suelto.* **1.** Deixar ir ou dar liberdade ao que estava detido ou preso. ▸ Soltar. **2.** Desatar o que estava amarrado. ▸ Soltar.

sol.te.ro, ra. [sol'tero] [sol'tero] *adj.* Que não está ou nunca foi casado. ▸ Solteiro. *U.t.c.s.*

sol.te.rón, ro.na. [solte'ron] [solte'ron] *adj.* Diz-se, em determinadas culturas, de pessoas que não se casaram na idade tida como própria para o casamento. ▸ Solteirão. *U.t.c.s.*

sol.tu.ra. [sol'tura] [sol'tura] *f.* **1.** Ato ou efeito de soltar. ▸ Soltura. **2.** Habilidade, graça e facilidade no que se faz ou diz. ▸ Soltura.

so.lu.ble. [so'luβle] [so'luβle] *adj.* **1.** Que se pode solver ou dissolver. ▸ Solúvel. **2.** *fig.* Que se pode resolver. ▸ Solúvel.

so.lu.ción. [solu'θjon] [solu'sjon] *f.* **1.** Ato de solucionar alguma coisa e maneira de fazê-lo. ▸ Solução. **2.** *Mat.* Resultado de uma operação matemática. ▸ Solução. **3.** *Quím.* Mistura obtida ao dissolver uma ou mais substâncias denominadas solutos. ▸ Solução.

so.lu.cio.nar. [soluθjo'nar] [solusjo'nar] *v.4.* Dar solução, resolver um assunto ou terminar um negócio. ▸ Solucionar.

sol.ven.cia. [sol'βenθja] [sol'βensja] *f.* **1.** Ato ou efeito de resolver. Solução. ▸ Solvência. **2.** Carência de dívidas ou capacidade para liquidá-las. ▸ Solvência.

sol.ven.te. [sol'βente] [sol'βente] *adj.* **1.** Que tem capacidade de dissolver. ▸ Solvente. **2.** Que tem capacidade econômica para saldar dívidas. ▸ Solvente.

som.bra. ['sombra] ['sombra] *f.* **1.** Espaço privado de luz ou menos claro. ▸ Sombra. **2.** Parte escura de um quadro ou de um desenho. ▸ Sombra. **3.** Projeção escura que um corpo

som.bre.a.do. [sombre'aðo] [sombre'aðo] *m.* Efeito de desenho que consiste em representar a variação da luz. ▶ Sombreado.

som.bre.ar. [sombre'ar] [sombre'aɾ] *v.4.* Dar sombreado a uma pintura ou a um desenho. ▶ Sombrear.

som.bre.ro. [som'brero] [som'brero] *m.* Cobertura de feltro, palha ou outra matéria com abas e copa para cobrir a cabeça. ▶ Chapéu. ◆ **Quitarse el sombrero.** Tirar o chapéu (no sentido literal e figurativo). **Sombrero de copa.** Cartola. ➡ *Ropa*

som.bri.lla. [som'briʎa] [som'briʃa] *f.* Pequeno guarda-sol. ▶ Sombrinha.

som.brí.o, a. [som'brio] [som'brio] *adj.* **1.** Diz-se do lugar em que não bate sol ou que tem pouca luz. ▶ Sombrio. **2.** De natureza ou em estado melancólico. ▶ Sombrio.

so.me.ter. [some'ter] [some'teɾ] *v.5.* **1.** Fazer alguém obedecer ou fazer o que lhe é ordenado utilizando a violência. ▶ Submeter. **2.** Apresentar algo ou apresentar-se ao exame ou à apreciação de alguém. ▶ Submeter. *v.p.* **3.** Obedecer ou fazer o que lhe é ordenado à força. ▶ Submeter-se.

so.mier. [so'mjer] [so'mjeɾ] *m.* Suporte com molas ou lâminas de madeira sobre o qual se coloca o colchão. ▶ Estrado.

som.ní.fe.ro, ra. [som'nifero] [som'nifero] *adj.* Diz-se da substância que causa sono. ▶ Sonífero. *U.t.c.s.*

som.no.len.cia. [somno'lenθja] [somno'lensja] *f.* Sensação de sono. ▶ Sonolência.

som.no.lien.to, ta. [somno'ljento] [somno'ljento] *adj.* Que sente sono. ▶ Sonolento.

son. ['son] ['son] *m.* **1.** Som agradável. **2.** (*Amér.*) Nome de diferentes ritmos. ▶ Gênero musical. ◆ **En son de.** Com intenção de. **Sin ton ni son.** Que não faz sentido.

so.nam.bu.lis.mo. [sonambu'lismo] [sonambu'lihmo] *m.* Ato de caminhar, falar ou fazer outras coisas durante o sono. ▶ Sonambulismo.

so.nám.bu.lo, la. [so'nambulo] [so'nambulo] *adj.* Diz-se da pessoa que sofre de sonambulismo. ▶ Sonâmbulo.

so.nar. [so'nar] [so'naɾ] *v.18.* **1.** Produzir som. ▶ Soar. **2.** *fig.* Vir à memória. ▶ Lembrar. *v.p.* **3.** Limpar o nariz. ▶ Assoar. *m.* **4.** Aparelho emissor de ondas usado para localizar submarinos e outros objetos que estejam sob as águas. ▶ Sonar. ◆ **Así/Tal como suena. 1.** Literalmente. **2.** Tal como se pronuncia.

son.da. ['sonda] ['sonda] *f.* **1.** Peça geralmente de chumbo presa a uma corda usada para determinar a profundidade das águas e explorar o fundo. Sonda. ▶ Prumo. **2.** *Mec.* Aparelho que serve para abrir perfurações de grande profundidade em terrenos. ▶ Sonda. **3.** *Med.* Tubo que se introduz no organismo para explorar cavidades. ▶ Sonda.

son.dar. [son'dar] [son'daɾ] *v.4.* **1.** Lançar à água a sonda para averiguar a profundidade e a qualidade do fundo. ▶ Sondar. **2.** Examinar a natureza do subsolo por meio de uma sonda. ▶ Sondar. **3.** *fig.* Examinar ou rastrear com cautela e dissimulação. ▶ Sondar. **4.** *Med.* Introduzir no corpo uma sonda. ▶ Sondar.

son.de.o. [son'deo] [son'deo] *m.* Ato de sondar. ▶ Sondagem.

so.ni.do. [so'niðo] [so'niðo] *m.* Efeito produzido no ouvido pelas vibrações dos corpos sonoros. ▶ Som.

so.no.ro, ra. [so'noro] [so'noro] *adj.* **1.** Que produz som. ▶ Sonoro. **2.** Que produz um som forte ou agradável. ▶ Sonoro.

son.re.ír. [sonre'ir] [sonre'iɾ] *v.36.* **1.** Fazer o gesto de rir sem produzir som. ▶ Sorrir. **2.** *fig.* Parecer bem. ▶ Sorrir.

son.rien.te. [son'rjente] [son'rjente] *adj.* Diz-se de quem sorri. ▶ Sorridente. *La sonriente muchacha nos atendió con mucha simpatía.* A sorridente moça nos atendeu com muita simpatia.

son.ri.sa. [son'risa] [son'risa] *f.* Expressão do rosto quando se ri levemente e sem ruído. ▶ Sorriso.

son.ro.jar. [sonro'xar] [sonro'xaɾ] *v.4.* Ficar vermelho de vergonha. ▶ Enrubescer.

so.ña.dor, do.ra. [soɲa'ðor] [soɲa'ðoɾ] *adj.* Termo habitualmente pejorativo, utilizado em referência a pessoas consideradas excessivamente idealistas. ▶ Sonhador.

so.ñar. [so'ɲar] [so'ɲaɾ] *v.18.* **1.** Visualizar imagens ou sucessos enquanto se dorme. ▶ Sonhar. **2.** *fig.* Dar por certo e seguro algum acontecimento venturoso que não é real. ▶ Sonhar. **3.** *fig.* Desejar ardentemente uma coisa. ▶ Sonhar. ◆ **Ni soñarlo.** Nem pensar.

so.ño.lien.to, ta. [soɲo'ljento] [soɲo'ljento] *adj.* Ver *somnoliento*. ▸ Sonolento.

so.pa. ['sopa] ['sopa] *f. Cul.* Caldo de massas, legumes, carnes etc. ▸ Sopa. ◆ **Como / Hecho una sopa.** *fig.* e *fam.* Ensopado, molhado.

so.pa.po. [so'papo] [so'papo] *m.* Golpe que se dá com a mão no rosto ou debaixo do queixo. Bofetão. ▸ Sopapo.

so.pe.ra. [so'peɾa] [so'peɾa] *f.* Vasilha funda em que se serve sopa. ▸ Sopeira.

so.pe.ro, ra. [so'peɾo] [so'peɾo] *adj.* **1.** Diz-se daquele que gosta de sopa. Sopista. ▸ Sopeiro. **2.** Próprio para servir sopas. Sopeira. ▸ Sopeiro.

▢ **so.pe.tón.** [sope'ton] [sope'ton] *m.* Golpe forte, súbito e de surpresa dado com a mão. ▸ Bofetão. ◆ **De sopetón.** Feito sem pensar, de improviso. ▸ De supetão.

so.plar. [so'plaɾ] [so'plaɾ] *v.4.* **1.** Soltar ar pela boca, colocando os lábios em forma de "u". ▸ Soprar. **2.** Soltar ar através de um instrumento. ▸ Soprar. **3.** *Meteor.* Passar o vento. ▸ Soprar. **4.** *fam.* Dizer disfarçadamente alguma coisa a alguém. ▸ Soprar.

so.pli.do. [so'pliðo] [so'pliðo] *m.* Ato de soprar pela boca. ▸ Sopro.

so.plo. ['soplo] ['soplo] *m.* **1.** Vento que se produz impelindo o ar com a boca. ▸ Sopro. **2.** Vento que se produz com um aparelho manual ou mecânico. ▸ Sopro. **3.** *fig.* Brevíssimo tempo. ▸ Instante.

so.plón, plo.na. [so'plon] [so'plon] *adj.* Diz-se da pessoa que, em anonimato, delata ou acusa alguém. ▸ Delator. ▸ Dedo-duro. *U.t.c.s.*

so.po.rí.fe.ro, ra. [sopo'ɾifeɾo] [sopo'ɾifeɾo] *adj.* **1.** Que causa sono. ▸ Soporífero. **2.** Que entedia. Maçante. ▸ Soporífero.

so.por.tar. [sopoɾ'taɾ] [sopoɾ'taɾ] *v.4.* **1.** Sustentar peso. ▸ Suportar. **2.** Aguentar alguma coisa ruim. ▸ Suportar.

so.por.te. [so'poɾte] [so'poɾte] *m.* Aquilo em que alguma coisa se firma ou assenta. ▸ Suporte.

so.pra.no. [so'prano] [so'prano] *s. Mús.* Cantor de música clássica que tem o tom de voz mais agudo. ▸ Soprano.

sor.ber. [soɾ'βeɾ] [soɾ'βeɾ] *v.5.* **1.** Beber um líquido aspirando-o através de um canudo. ▸ Sorver. **2.** *Biol.* Aspirar as secreções nasais. ▸ Fungar.

sor.be.te. [soɾ'βete] [soɾ'βete] *m.* Alimento doce pastoso, gelado, feito de água, açúcar e frutas. ▸ Sorvete.

sor.bo. ['soɾβo] ['soɾβo] *m.* **1.** Ato ou efeito de beber aspirando um líquido. ▸ Sorvo. **2.** Quantidade de líquido que se bebe de uma vez. ▸ Gole. **3.** *fig.* Quantidade pequena de uma bebida. ▸ Gole. ◆ **A sorbos.** Em pequenos goles.

sor.de.ra. [soɾ'ðeɾa] [soɾ'ðeɾa] *f.* Perda ou falta da audição. ▸ Surdez.

sór.di.do, da. ['soɾðiðo] ['soɾðiðo] *adj.* Muito desagradável. ▸ Sórdido.

sor.di.na. [soɾ'ðina] [soɾ'ðina] *f.* Cada uma das peças que, adaptadas aos instrumentos que correspondem, servem para modificar os efeitos dos sons produzidos. ▸ Surdina. ◆ **A la / Con sordina.** Na surdina.

sor.do, da. ['soɾðo] ['soɾðo] *adj.* **1.** Que não ouve ou que não ouve bem. ▸ Surdo. **2.** Que soa de forma pouco clara. ▸ Nebuloso. **3.** *fig.* Insensível às súplicas ou dores alheias. ▸ Surdo.

sor.do.mu.do, da. [soɾðo'muðo] [soɾðo'muðo] *adj.* Diz-se daquele que é, ao mesmo tempo, surdo e mudo. ▸ Surdo-mudo. *U.t.c.s.*

sor.na. ['soɾna] ['soɾna] *f.* **1.** Tom de gozação com que se diz uma coisa. ▸ Zombaria. **2.** Burla, ironia dissimulada. ▸ Zombaria.

sor.pren.der. [soɾpɾen'deɾ] [soɾpɾen'deɾ] *v.5.* **1.** Produzir surpresa. ▸ Surpreender. **2.** Pegar alguém desprevenido. ▸ Surpreender.

sor.pre.sa. [soɾ'pɾesa] [soɾ'pɾesa] *f.* Fato imprevisto que surpreende ou sobressalta. ▸ Surpresa. ◆ **De sorpresa.** De surpresa.

sor.te.ar. [soɾte'aɾ] [soɾte'aɾ] *v.4.* **1.** Determinar ou escolher por sorte. ▸ Sortear. **2.** *fig.* Evitar com manha um compromisso, risco ou dificuldade. ▸ Esquivar.

sor.te.o. [soɾ'teo] [soɾ'teo] *m.* Rifa de qualquer objeto por meio de bilhetes numerados. ▸ Sorteio.

sor.ti.ja. [soɾ'tixa] [soɾ'tixa] *f.* **1.** Aro que se leva por adorno nos dedos da mão. ▸ Anel. **2.** Ondulado natural ou artificial, em forma de anel, nos cabelos. ▸ Cacho.

sor.ti.le.gio. [soɾti'lexjo] [soɾti'lexjo] *m.* Adivinhação que se faz por meio de bruxarias ou outras superstições. ▸ Sortilégio.

so.sie.go. [so'sjeɣo] [so'sjeɣo] *m.* Tranquilidade e paz, sem brigas nem barulho. ▸ Sossego.

sos.la.yo(de). [sos'lajo] [soh'lafo] *loc.* De soslaio. ◆ **Mirar de soslayo.** Olhar de soslaio.

so.so, sa. ['soso] ['soso] *adj.* **1.** Que tem pouco ou nenhum sal. ▸ Insosso. **2.** *fig.* Diz-se

de pessoa que não tem graça nem vivacidade. ▸ Insosso. *U.t.c.s.*

sos.pe.char. [sospe'tʃar] [sohpe'tʃar] *v.4.* **1.** Imaginar uma coisa por conjecturas baseadas em aparências que parecem verdadeiras. ▸ Suspeitar. **2.** Desconfiar, duvidar de uma pessoa. ▸ Suspeitar.

sos.pe.cho.so, sa. [sospe'tʃoso] [sohpe'tʃoso] *adj.* **1.** Que tem aparência estranha ou levanta suspeita. ▸ Suspeito. *s.* **2.** *Dir.* Pessoa sobre a qual recaem as suspeitas de um crime. ▸ Suspeito.

sos.tén. [sos'ten] [soh'ten] *m.* **1.** Peça íntima feminina que abriga os seios. ▸ Sutiã. **2.** Ato de sustentar. ▸ Sustentação. **3.** Pessoa ou coisa que protege ou sustenta outras. ▸ Arrimo.

sos.te.ner. [soste'ner] [sohte'ner] *v.26.* **1.** Segurar alguma coisa para que ela não caia. ▸ Sustentar. **2.** Defender uma ideia. ▸ Sustentar.

sos.te.ni.bi.li.dad. [sosteniβili'ðaθ] [sohteniβili'ðað] *f.* Que pode se sustentar. ▸ Sustentabilidade.

sos.te.ni.ble. [soste'niβle] [sohte'niβle] *adj.* Que consegue manter-se por suas próprias forças ou recursos. ▸ Sustentável.

▫**só.ta.no.** ['sotano] ['sotano] *m.* Espaço no subsolo dos edifícios geralmente usado como depósito. ▸ Porão.

so.ta.ven.to. [sota'βento] [sota'βento] *m.* O lado para onde vai o vento. ▸ Sota-vento.

so.te.rrar. [sote'rar] [sote'rar] *v.15.* **1.** Pôr uma coisa embaixo da terra ou cobri-la com terra. ▸ Soterrar. **2.** *fig.* Esconder ou guardar uma coisa em lugar que não se possa achar. ▸ Soterrar.

so.vié.ti.co, ca. [so'βjetiko] [so'βjetiko] *adj.* Pertencente ou relativo à antiga União Soviética. ▸ Soviético. *U.t.c.s.*

so.ya. ['soja] ['soʃa] *f.* Ver *soja*. ▸ Soja.

spam. *m. Inform.* Mensagem de texto não desejada que se envia eletronicamente a um *e-mail* ou número de telefone. ▸ Spam. *Recibimos diariamente más spam que mensajes importantes.* Recebemos diariamente mais *spam* do que mensagens importantes.

su. [su] [su] *pron.* Corresponde à terceira pessoa do singular e do plural (*él, ella, usted, ellos, ellas* e *ustedes*) e antecede substantivos femininos e masculinos em singular indicando posse. O plural é *sus*. Forma apocopada de *suyo*. ▸ Seu / Sua / De você(s) / Do(s) senhor(es) / Da(s) senhora(s) / Dele(s) / Dela(s).

sua.ve. ['swaβe] ['swaβe] *adj.* **1.** Agradável a algum dos sentidos. ▸ Suave. **2.** Diz-se da obrigação que pode ser cumprida com tranquilidade. ▸ Leve. **3.** *fig.* Que apresenta meiguice. Doce, delicado. ▸ Suave.

sua.vi.zan.te. [swaβi'θante] [swaβi'sante] *adj.* **1.** Que suaviza. ▸ Suavizante. *m.* **2.** Produto utilizado na lavagem de roupas para deixá-las suaves e macias. ▸ Amaciante.

sua.vi.zar. [swaβi'θar] [swaβi'sar] *v.13.* Tornar suave. ▸ Suavizar.

su.bal.ter.no, na. [suβal'terno] [suβal'terno] *s.* Empregado subordinado a outro de acordo com uma hierarquia. ▸ Subalterno.

su.bas.ta. [su'βasta] [su'βahta] *f.* **1.** Venda pública de bens ou joias a quem oferecer o maior lance. ▸ Leilão. **2.** Adjudicação em ato público da contratação de uma obra ou serviço a quem oferecer melhores condições. ▸ Licitação.

su.bas.ta.dor, do.ra. [suβasta'ðor] [suβahta'ðor] *s.* Pessoa que dirige um leilão. ▸ Leiloeiro.

su.bas.tar. [suβas'tar] [suβah'tar] *v.4.* Vender objetos ou adjudicar a execução de obras ou serviços em leilão. ▸ Leiloar.

sub.con.cien.cia. [suβkon'θjenθja] [suβkon'sjensja] *f.* Consciência obscura ou semiconsciência. ▸ Subconsciência.

sub.cu.tá.ne.o, a. [suβku'taneo] [suβku'taneo] *adj. Anat.* Situado imediatamente embaixo da pele. ▸ Subcutâneo.

sub.de.sa.rro.lla.do, da. [suβðesaro'ʎaðo] [suβðesaro'ʃaðo] *adj.* **1.** Que não está suficientemente desenvolvido. ▸ Subdesenvolvido. **2.** Diz-se particularmente dos países que têm agricultura, indústria e transportes pouco desenvolvidos. ▸ Subdesenvolvido.

sub.de.sa.rro.llo. [suβðesa'roʎo] [suβðesa'roʃo] *m.* **1.** Efeito da falta de desenvolvimento. ▸ Subdesenvolvimento. **2.** Atraso de desenvolvimento de um país ou de uma região em nível econômico, social, cultural etc. ▸ Subdesenvolvimento.

súb.di.to, ta. ['suβðito] ['suβðito] *adj.* Que está sujeito à autoridade de um monarca e tem obrigação de obedecer. ▸ Súdito. *U.t.c.s. s.*

sub.di.vi.dir. [suβðiβi'ðir] [suβðiβi'ðir] *v.6.* Fazer uma divisão de algo que já foi dividido. ▸ Subdividir.

su.bi.do, da. [su'βiðo] [su'βiðo] *adj.* **1.** Muito elevado ou alto, que excede o nível normal.

▶ Elevado. **2.** Diz-se do que impressiona os sentidos fortemente, como uma cor, um odor etc. ▶ Forte. *f.* **3.** Ato ou efeito de subir. ▶ Subida. **4.** Lugar por onde se sobe. ▶ Subida.

su.bir. [su'βiɾ] [su'βiɾ] *v.6.* **1.** Passar de um lugar a outro superior ou mais alto. ▶ Subir. **2.** *fig.* Progredir financeira ou socialmente. ▶ Subir. **3.** Entrar em um veículo ou montar a cavalo. ▶ Subir. **4.** Atingir valor superior ao que tinha. ▶ Subir. ◆ **Subir algo a la web.** ▶ Publicar, postar. *Los usuarios del sitio desean subir las fotos de la velada de anoche.* Os usuários do *site* desejam publicar as fotos da noitada de ontem.

sú.bi.to, ta. ['suβito] ['suβito] *adj.* **1.** Que aparece ou ocorre sem ser previsto. ▶ Súbito. **2.** Que procede com impetuosidade e violência. ▶ Súbito. ◆ **De súbito.** De repente.

sub.je.ti.vo, va. [suβxe'tiβo] [suβxe'tiβo] *adj.* Relativo ao modo de pensar e sentir de cada pessoa. ▶ Subjetivo.

sub.jun.ti.vo. [suβxun'tiβo] [suβxun'tiβo] *adj. Ling.* Aplica-se ao modo verbal que expressa principalmente hipótese. ▶ Subjuntivo.

su.ble.var. [suβle'βaɾ] [suβle'βaɾ] *v.4.* **1.** Incitar à revolta ou motim. ▶ Sublevar. **2.** *fig.* Promover sentimento de protesto. ▶ Sublevar.

su.bli.mar. [suβli'maɾ] [suβli'maɾ] *v.4.* **1.** Tornar sublime, engrandecer, exaltar. ▶ Sublimar. **2.** Passar do estado sólido para o gasoso. ▶ Sublimar.

su.bli.me. [su'βlime] [su'βlime] *adj.* **1.** Que tem alto grau de perfeição. ▶ Sublime. **2.** Aplica-se a obras artísticas ou literárias de extraordinário valor. ▶ Sublime.

sub.ma.ri.no, na. [suβma'ɾino] [suβma'ɾino] *adj.* **1.** Que está no fundo do mar. ▶ Submarino. *m.* **2.** *Mar.* Embarcação de guerra que pode navegar submersa. ▶ Submarino. ➡ *Transporte*

sub.nor.mal. [suβnoɾ'mal] [suβnoɾ'mal] *adj.* Que apresenta características consideradas inferiores ao normal. ▶ Anormal.

su.bor.di.na.do, da. [suβoɾði'naðo] [suβoɾði'naðo] *adj.* Que responde, em um trabalho ou uma ocupação, a alguém com posição superior. ▶ Subordinado. *U.t.c.s.*

sub.pro.duc.to. [suβpɾo'ðukto] [suβpɾo'ðukto] *m.* Produto secundário obtido a partir da fabricação ou elaboração de outro principal. ▶ Subproduto.

sub.ra.ya.do, da. [suβɾa'jaðo] [suβɾa'ʃaðo] *adj.* **1.** Que se sublinhou. ▶ Sublinhado. *m.* **2.** Ato de sublinhar. ▶ Sublinhado. **3.** Letra, palavra ou frase sublinhada. ▶ Sublinhado.

su.bra.yar. [suβɾa'jaɾ] [suβɾa'ʃaɾ] *v.4.* **1.** Fazer uma linha embaixo de uma letra, palavra ou frase para destacá-la. Grifar. ▶ Sublinhar. **2.** *fig.* Destacar, frisar. ▶ Salientar.

sub.sa.nar. [suβsa'naɾ] [suβsa'naɾ] *v.4.* Remediar um defeito, ressarcir um dano. ▶ Corrigir.

subs.cri.bir. [suβskɾi'βiɾ] [suβhkɾi'βiɾ] *v.6. v.p.* **1.** Cadastrar-se para receber um jornal ou uma revista pagando pelo serviço. ▶ Assinar. **2.** *fig.* Estar de acordo com as ideias de outra pessoa. ▶ Concordar. **3.** Assinar no fim de um documento. ▶ Subscrever.

subs.crip.ción. [suβskɾip'θjon] [suβhkɾip'sjon] *f.* Ato ou efeito de contratar um serviço. ▶ Assinatura.

subs.crip.tor, to.ra. [suβskɾip'toɾ] [suβhkɾip'toɾ] *s.* Ver *abonado*[(2)]. ▶ Assinante.

sub.si.dia.rio, ria. [suβsi'ðjaɾjo] [suβsi'ðjaɾjo] *adj.* Que se dá em reforço ou socorro financeiro, pecuniário etc. de algo ou alguém. ▶ Subsidiário.

sub.si.dio. [suβ'siðjo] [suβ'siðjo] *m.* Ajuda ou auxílio econômico. Subvenção. ▶ Subsídio.

sub.si.guien.te. [suβsi'ɣjente] [suβsi'ɣjente] *adj.* Que segue imediatamente a algo. ▶ Subsequente. *U.t.c.s.*

sub.sis.ten.cia. [suβsis'tenθja] [suβsih'tensja] *f.* Ato de subsistir. ▶ Subsistência.

sub.sis.tir. [suβsis'tiɾ] [suβsih'tiɾ] *v.6.* **1.** Conservar força ou ação, permanecer. ▶ Subsistir. **2.** Manter a vida, continuar vivendo. ▶ Subsistir.

sub.sue.lo. [suβ'swelo] [suβ'swelo] *m.* **1.** Faixa de solo que fica abaixo da camada cultivável da terra. ▶ Subsolo. **2.** Construção feita abaixo do nível do chão. ▶ Subsolo.

sub.te. ['suβte] ['suβte] *m. (Arg.)* Forma reduzida de *subterráneo*. ▶ Metrô.

sub.ter.fu.gio. [suβteɾ'fuxjo] [suβteɾ'fuxjo] *m.* Evasiva, desculpa falsa e artificiosa. ▶ Subterfúgio.

sub.te.rrá.ne.o, a. [suβte'ɾaneo] [suβte'ɾaneo] *adj.* **1.** Que fica ou se realiza debaixo da terra. ▶ Subterrâneo. *m.* **2.** Compartimento no subsolo. ▶ Subterrâneo. *m.* **3.** Ver *metro*[(3)]. ▶ Metrô.

sub.ti.tu.lar. [suβtitu'laɾ] [suβtitu'laɾ] *v.4.*
1. Colocar um título embaixo de um outro.
▶ Subtitular. **2.** Fazer legenda para um filme.
▶ Legendar.

sub.tí.tu.lo. [suβ'titulo] [suβ'titulo] *m.* **1.**
Título colocado depois do título principal.
▶ Subtítulo. **2.** ▫ Legenda de um filme.
▶ Legenda.

su.bur.ba.no, na. [suβuɾ'βano]
[suβuɾ'βano] *adj.* **1.** Aplica-se à construção,
terreno ou campo próximo de uma cidade.
▶ Suburbano. *U.t.c.s.* **2.** Relativo a subúrbio.
▶ Suburbano.

su.bur.bio. [su'βuɾβjo] [su'βuɾβjo] *m.* Bairro ou arrabalde perto da cidade ou dentro da jurisdição do município. Periferia. ▶ Subúrbio.

sub.ven.ción. [suββen'θjon]
[suββen'sjon] *f.* Quantia em dinheiro
com que se ajuda uma pessoa ou entidade
a desenvolver algo útil a uma comunidade.
▶ Subvenção.

sub.ver.si.vo, va. [suββeɾ'siβo]
[suββeɾ'siβo] *adj.* Aplica-se a pessoa ou ato
que subverte a ordem. ▶ Subversivo.

sub.ver.tir. [suββeɾ'tiɾ] [suββeɾ'tiɾ] *v.22.*
Alterar a ordem estabelecida. ▶ Subverter.

sub.yu.gar. [suβju'ɣaɾ] [suβʃu'ɣaɾ] *v.9.*
Dominar, submeter pela força, avassalar.
▶ Subjugar.

suc.ción. [suk'θjon] [suk'sjon] *f.* Ato ou
efeito de sugar. ▶ Sucção.

su.ce.der. [suθe'ðeɾ] [suse'ðeɾ] *v.5.* **1.**
Uma pessoa ocupar o lugar que era de outra.
▶ Suceder. **2.** Proceder, descender de algo ou
de alguém. ▶ Suceder. **3.** Acontecer um fato,
ato ou evento qualquer. ▶ Suceder.

su.ce.si.vo, va. [suθe'siβo] [suse'siβo]
adj. Que vem depois ou em seguida. ▶ Sucessivo. ◆ **En lo sucesivo.** Daqui por diante.

su.ce.so. [su'θeso] [su'seso] *m.* **1.** Algo que
acontece ou sucede. Sucesso. ▶ Fato. **2.** Êxito
ou resultado satisfatório em um negócio ou em
qualquer outra atividade. ▶ Sucesso. ◆ **Crónicas de sucesos.** *(Esp.)* Coluna policial.

su.ce.sor, so.ra. [suθe'soɾ] [suse'soɾ]
adj. Que sucede a alguém ou ocupa seu
lugar para dar continuidade a uma atividade.
▶ Sucessor. *U.t.c.s.*

su.cie.dad. [suθje'ðaθ] [susje'ðað] *f.*
Estado daquilo que apresenta manchas ou
imundície. ▶ Sujeira.

su.cin.to, ta. [su'θinto] [su'sinto] *adj.*
Conciso, breve, que tem poucas palavras.
▶ Sucinto.

su.cio, cia. ['suθjo] ['susjo] *adj.* **1.** Carente
de limpeza, com manchas. ▶ Sujo. **2.** *fig.* Que
procede com desonestidade. ▶ Sujo.

su.cu.len.to, ta. [suku'lento] [suku'lento]
adj. **1.** Aplica-se à comida rica em nutrientes.
▶ Suculento. **2.** Aplica-se ao alimento que tem
muito suco. ▶ Suculento.

su.cum.bir. [sukum'biɾ] [sukum'biɾ] *v.6.*
1. Ceder, não ser capaz de vencer alguma coisa.
▶ Sucumbir. **2.** Morrer, falecer. ▶ Sucumbir.

su.cur.sal. [sukuɾ'sal] [sukuɾ'sal] *adj.*
Aplica-se a um estabelecimento que depende
de outro e está situado em lugar diferente.
▶ Sucursal. *U.t.c.f.*

su.da.de.ra. [suða'ðeɾa] [suða'ðeɾa] *f.*
Roupa utilizada para a prática de esportes.
▶ Agasalho.

su.da.fri.ca.no, na. [suðafri'kano]
[suðafri'kano] *adj.* **1.** Pertencente ou relativo ao sul da África. ▶ Sul-africano. *U.t.c.s.*
2. Pertencente ou relativo à África do Sul.
▶ Sul-africano. *s.* **3.** Natural ou habitante da
África do Sul. ▶ Sul-africano.

su.da.me.ri.ca.no, na. [suðameri'kano]
[suðameri'kano] *adj.* **1.** Pertencente ou
relativo à América do Sul. ▶ Sul-americano.
s. **2.** Natural ou habitante da América do Sul.
▶ Sul-americano.

su.da.nés, ne.sa. [suða'nes] [suða'nes]
adj. **1.** Pertencente ou relativo ao Sudão.
▶ Sudanês. *s.* **2.** Natural ou habitante desse
país do nordeste da África. ▶ Sudanês.

su.dar. [su'ðaɾ] [su'ðaɾ] *v.4.* **1.** Transpirar
o corpo exalando suor. ▶ Suar. **2.** *fig.* e *fam.*
Trabalhar com ardor. ▶ Suar.

su.des.te. [su'ðeste] [su'ðehte] *m.* **1.** Ponto
do horizonte entre o sul e o leste. ▶ Sudeste.
2. Lugar ou território situado nessa direção.
▶ Sudeste.

su.do.es.te. [suðo'este] [suðo'ehte] *m.* **1.**
Ponto do horizonte entre o sul e o oeste, situado à mesma distância dos dois. ▶ Sudoeste.
2. Lugar ou território situado nessa direção.
▶ Sudoeste.

su.do.ku. [su'ðoku] [su'ðoku] *m.* Jogo
japonês de raciocínio lógico que consiste
em completar com números de 01 a 09 cada
um dos espaços sem repetir os números na

mesma fileira ou coluna. ▶ *Sudoku*. *Sudoku es mi pasatiempo preferido*. Sudoku é meu passatempo preferido.

su.dor. [suˈðor] [suˈðor] *m.* Líquido claro e transparente que vem à superfície da pele por efeito do calor. ▶ Suor.

sue.co, ca. [ˈsweko] [ˈsweko] *adj.* **1.** Pertencente ou relativo à Suécia. ▶ Sueco. *s.* **2.** Natural ou habitante desse país. ▶ Sueco. *m.* **3.** *Ling.* O idioma falado nesse país. ▶ Sueco.

sue.gro, gra. [ˈsweɣro] [ˈsweɣro] *s.* Homem e mulher em relação à pessoa que se casou com seu filho ou sua filha. ▶ Sogro, sogra.

sue.la. [ˈswela] [ˈswela] *f.* Parte do calçado que fica em contato com o chão. ▶ Sola. ◆ **No llegarle a la suela del zapato.** *fig.* e *fam.* Não chegar aos pés.

suel.do. [ˈsweldo] [ˈsweldo] *m.* Pagamento que recebe uma pessoa pelo exercício de um cargo ou por seus serviços profissionais. ▶ Salário.

sue.lo. [ˈswelo] [ˈswelo] *m.* **1.** Solo ou terreno para cultivo. ▶ Solo. **2.** Parte da cidade, livre de construções, como calçadas, praças etc. ▶ Chão. **3.** Assoalho que se coloca como cobertura do piso nas casas. ▶ Piso. ◆ **Arrastrarse por el suelo.** *fig.* e *fam.* Humilhar-se. Arrastar-se pelo chão. **Tirar por el suelo.** Lançar por terra.

suel.to, ta. [ˈswelto] [ˈswelto] *adj.* **1.** Pouco compacto, dissociado, leve. ▶ Solto. **2.** Livre, que não está cativo. ▶ Solto. **3.** Que está separado, desprendido, desatado. Avulso. ▶ Solto. **4.** Aplica-se a dinheiro miúdo. ▶ Trocado. *U.t.c.m.*

sue.ño. [ˈsweɲo] [ˈsweɲo] *m.* **1.** Ato de dormir. ▶ Sono. **2.** Desejo ou necessidade de dormir. ▶ Sono. **3.** Fatos ou imagens vistos por uma pessoa enquanto dorme. ▶ Sonho. ◆ **Caerse de sueño.** *fig.* e *fam.* Cair de sono. **Coger el sueño.** Pegar no sono. **Quitar el sueño.** Tirar o sono. **Tener sueño.** Estar com sono.

sue.ro. [ˈswero] [ˈswero] *m.* **1.** *Biol.* A parte que permanece líquida após a coagulação do sangue. ▶ Soro. **2.** *Med.* Soro sanguíneo de pessoa ou animal imunizado para usos terapêuticos. ▶ Soro.

suer.te. [ˈswerte] [ˈswerte] *f.* **1.** Circunstância de ser, por simples casualidade, favorável ou não a pessoas ou coisas o que ocorre ou sucede. Acaso. ▶ Sorte. **2.** Aquilo que ocorre ou pode ocorrer para o bem ou para o mal.

Azar. ▶ Sorte. **3.** Gênero, espécie ou classe de algo. Categoria. ▶ Sorte. ◆ **Echar a la suerte.** Tirar a sorte.

suer.tu.do, da. [swerˈtuðo] [swerˈtuðo] *adj.* Diz-se daquele que tem boa sorte. ▶ Sortudo. *U.t.c.s.*

sué.ter. [ˈsweter] [ˈsweter] *m. (Amér.)* Ver *jersey*. ▶ Suéter. ➡ Ropa

su.fi.cien.te. [sufiˈθjente] [sufiˈsjente] *adj.* **1.** Que é o bastante para o que se necessita. ▶ Suficiente. **2.** Que satisfaz. ▶ Suficiente.

su.fi.jo. [suˈfixo] [suˈfixo] *m. Ling.* Elemento que se pospõe a uma palavra para formar outra nova. ▶ Sufixo.

su.fra.gar. [sufraˈɣar] [sufraˈɣar] *v.9.* **1.** Financiar alguma coisa para outro a fim de ajudá-lo ou favorecê-lo. ▶ Custear. **2.** Emitir voto. ▶ Votar.

su.fra.gio. [suˈfraxjo] [suˈfraxjo] *m.* **1.** Obra boa, ajuda ou socorro que se dá a outro. ▶ Apoio. **2.** Manifestação da vontade por meio do voto. ▶ Sufrágio. *pl.* **3.** Ato de piedade ou oração pelos mortos. ▶ Sufrágio.

su.fri.do, da. [suˈfriðo] [suˈfriðo] *adj.* Que sofreu muito. ▶ Sofrido.

su.frir. [suˈfrir] [suˈfrir] *v.6.* **1.** Sentir fisicamente um dano, dor, doença ou castigo. ▶ Sofrer. **2.** Ter um sentimento de dor moral por algo que afeta profundamente o espírito. ▶ Sofrer. **3.** Ser objeto de uma ação ou transformação. ▶ Sofrer.

su.ge.ren.cia. [suxeˈrenθja] [suxeˈrensja] *f.* **1.** Ato ou efeito de sugerir. ▶ Sugestão. **2.** Proposta que uma pessoa faz a outra sobre o que pode fazer ou dizer. ▶ Sugestão.

su.ge.rir. [suxeˈrir] [suxeˈrir] *v.17.* Propor ou insinuar a outro uma ideia com a intenção de que seja aceita. ▶ Sugerir.

su.ges.tión. [suxesˈtjon] [suxehˈtjon] *f.* **1.** Ato ou efeito de sugerir. ▶ Sugestão. **2.** Ação de sugestionar ou influenciar. ▶ Sugestão. *obs.:* É *p.us.* no sentido de sugerir, propor.

su.ges.tio.nar. [suxestjoˈnar] [suxehtjoˈnar] *v.4.* **1.** Influenciar o pensar ou o agir de alguém por meio de sugestão. ▶ Sugestionar. *v.p.* **2.** Ter uma obsessão ou não deixar de pensar em alguma coisa. ▶ Sugestionar-se.

su.ges.ti.vo, va. [suxesˈtiβo] [suxehˈtiβo] *adj. fig.* Que suscita emoção ou parece atraente. ▶ Sugestivo.

sui.ci.da. [swi'θiða] [swi'siða] *adj.* **1.** Relativo a suicídio. ▸ Suicida. **2.** Muito perigoso ou imprudente. ▸ Suicida. *com.* **3.** Pessoa que se suicidou ou tentou fazê-lo. ▸ Suicida.

sui.ci.dar. [swiθi'ðar] [swisi'ðar] *v.4. v.p.* Tirar a própria vida. ▸ Suicidar-se.

sui.ci.dio. [swi'θiðjo] [swi'siðjo] *m.* Ato de tirar a própria vida. ▸ Suicídio.

sui.zo, za. ['swiθo] ['swiso] *adj.* **1.** Pertencente ou relativo à Suíça. ▸ Suíço. *s.* **2.** Natural ou habitante desse país da Europa. ▸ Suíço.

su.je.ción. [suxe'θjon] [suxe'sjon] *f.* **1.** Ato ou efeito de sujeitar(-se). ▸ Sujeição. **2.** União a que uma coisa está sujeita de forma que não possa separar-se ou dividir-se. ▸ Sujeição.

su.je.ta.dor. [suxeta'ðor] [suxeta'ðor] *m.* Ver *sostén*[(1)]. ▸ Sutiã. ➡ *Ropa*

su.je.ta.pa.pe.les. [suxetapa'peles] [suxetapa'peles] *m.* Grampo ou objeto para prender papéis. Prendedor de papel. ▸ Clipe.

su.je.tar. [suxe'tar] [suxe'tar] *v.4. p.p. reg. sujetado / irreg. sujeto.* **1.** Reduzir à sujeição, dominar. ▸ Sujeitar. **2.** Pôr em alguma coisa um objeto para segurá-la ou fixá-la em um lugar. ▸ Sujeitar. **3.** Segurar alguma coisa com força. Pegar. Prender. ▸ Segurar. *v.p.* **4.** Deixar-se dominar. ▸ Sujeitar-se.

su.je.to, ta. [su'xeto] [su'xeto] *adj.* **1.** Que pode experimentar o que se indica. ▸ Sujeito. *El programa está sujeto a posibles cambios.* O programa está sujeito a possíveis mudanças. *m.* **2.** Indivíduo ou pessoa. ▸ Sujeito. **3.** *Ling.* Palavra ou conjunto de palavras que, dentro de uma frase, executa(m) ou sofre(m) a ação do verbo e concorda(m) em número e pessoa com ele. ▸ Sujeito.

sul.fu.rar. [sulfu'rar] [sulfu'rar] *v.4. v.p. fig.* Ficar muito bravo. ▸ Encolerizar-se.

sul.tán, ta.na. [sul'tan] [sul'tan] *s.* **1.** Imperador dos turcos. ▸ Sultão. **2.** Príncipe ou governador muçulmano. ▸ Sultão. *f.* **3.** Esposa do sultão. ▸ Sultana.

su.ma. ['suma] ['suma] *f.* **1.** Ato ou efeito de somar, acrescentar, agregar. ▸ Soma. **2.** *Mat.* Operação aritmética de somar. Adição. ▸ Soma.

su.ma.men.te. [suma'mente] [suma'mente] *adv.* Que ocorre em grau muito elevado. Extremamente. ▸ Sumamente.

su.mar. [su'mar] [su'mar] *v.4.* **1.** Acrescentar uma ou mais quantidades a outra para obter um resultado. ▸ Somar. **2.** *Mat.* Realizar um cálculo aritmético para determinar o resultado da adição de duas ou mais quantidades. ▸ Somar. *v.p.* **3.** Aderir a. ▸ Somar-se.

su.ma.rio, ria. [su'marjo] [su'marjo] *adj.* **1.** Reduzido, breve. ▸ Sumário. *m.* **2.** Resumo, síntese. ▸ Sumário.

su.mer.gir. [sumer'xir] [sumer'xir] *v.61.* Pôr uma coisa debaixo da água, afundar. ▸ Submergir. *U.t.c.v.p.*

su.mi.de.ro. [sumi'ðero] [sumi'ðero] *m.* Ralo e conduto por onde escoam as águas de um edifício. Escoadouro. ▸ Sumidouro.

su.mi.ller. [sumi'ʎer] [sumi'ʃer] *m.* Em restaurantes, pessoa especialista em vinhos. ▸ *Sommelier. El sumiller del nuevo restaurante nos enseñó la carta de vinos nacionales.* O *sommelier* do novo restaurante nos mostrou a carta de vinhos nacionais.

su.mi.nis.trar. [suminis'trar] [suminih'trar] *v.4.* Prover, suprir alguém daquilo que precisa. ▸ Fornecer.

su.mi.nis.tro. [sumi'nistro] [sumi'nihtro] *m.* Ato de fornecer e coisa fornecida. ▸ Fornecimento.

❑ **su.mir.** [su'mir] [su'mir] *v.6.* **1.** Afundar alguma coisa na água ou na terra. ▸ Afundar. *v.p.* **2.** *fig.* Mergulhar em um estado de tristeza, de concentração ou de pobreza. ▸ Afundar.

su.mi.sión. [sumi'sjon] [sumi'sjon] *f.* **1.** Sujeição de uma pessoa a outra. ▸ Submissão. **2.** Acatamento da vontade de outra pessoa. ▸ Submissão.

❑ **su.mi.so, sa.** [su'miso] [su'miso] *adj.* Que está subjugado, em posição inferior. ▸ Submisso.

su.mo, ma. ['sumo] ['sumo] *adj.* Que está no lugar mais elevado ou que não tem superior. Supremo. ▸ Sumo. ◆ **A lo sumo.** **1.** Ao máximo. **2.** Quando muito. **En suma.** Em suma.

sun.tuo.so, sa. [sun'twoso] [sun'twoso] *adj.* Que apresenta luxo, grandiosidade. Majestoso. ▸ Suntuoso.

❑ **su.pe.di.tar.** [supeði'tar] [supeði'tar] *v.4.* **1.** Oprimir com vigor ou violência. ▸ Subordinar. **2.** Condicionar uma coisa à realização de outra. ▸ Subordinar.

sú.per. ['super] ['super] *adj.* **1.** Muito bom. ▸ Super. *m.* **2.** Forma reduzida de *supermercado.* ▸ Mercado.

su.pe.rar. [supe'rar] [supe'rar] *v.4.* **1.** Ser superior em alguma coisa. ▶ Superar. **2.** Deixar para trás. ▶ Superar. *v.p.* **3.** Uma pessoa conseguir ser melhor do que já era. ▶ Superar(-se).

su.pe.rá.vit. [supe'raβit] [supe'raβit] *m.* **1.** Situação em que se ganha ou recebe mais dinheiro do que se gasta. ▶ Superávit. **2.** Estado ou situação de abundância. ▶ Superávit.

su.per.fi.cial. [superfi'θjal] [superfi'sjal] *adj.* **1.** Relacionado com a superfície ou que está na superfície. ▶ Superficial. **2.** Pouco profundo. ▶ Superficial. **3.** Pouco sério ou que não se preocupa com coisas importantes. ▶ Superficial.

su.per.fi.cie. [super'fiθje] [super'fisje] *f.* **1.** Extensão de terra. ▶ Superfície. **2.** Aspecto externo de uma coisa. ▶ Superfície. **3.** *Geom.* Área de uma figura plana. ▶ Superfície.

su.per.fluo, flua. [su'perflwo] [su'perflwo] *adj.* Que não é necessário. ▶ Supérfluo.

su.per.hé.roe. [super'eroe] [super'eroe] *m.* Que tem superpoderes ou realiza grandes feitos. ▶ Super-herói.

su.pe.rior. [supe'rjor] [supe'rjor] *adj.* **1.** Que está acima, elevado. ▶ Superior. **2.** Diz-se do melhor entre os de sua espécie. ▶ Superior.

su.pe.rior, rio.ra. [supe'rjor] [supe'rjor] *s.* **1.** Pessoa que exerce autoridade sobre outros. ▶ Superior. **2.** Pessoa que dirige ou governa uma comunidade ou congregação. ▶ Superior.

su.pe.rio.ri.dad. [superjori'ðaθ] [superjori'ðað] *f.* Primazia de uma pessoa ou coisa em relação a outra. ▶ Superioridade.

su.per.la.ti.vo, va. [superla'tiβo] [superla'tiβo] *adj.* **1.** Muito grande. ▶ Superlativo. *m.* **2.** *Ling.* Diz-se do grau do adjetivo e do advérbio que expressa uma maior intensidade no seu significado. ▶ Superlativo.

su.per.mer.ca.do. [supermer'kaðo] [supermer'kaðo] *m.* Loja muito grande, que oferece variedade de produtos. ▶ Supermercado.

su.per.po.ner. [superpo'ner] [superpo'ner] *v.40.* Colocar uma coisa sobre a outra. ▶ Sobrepor.

su.per.pro.duc.ción. [superproðuk'θjon] [superproðuk'sjon] *f.* **1.** Excesso na produção de alguma coisa. ▶ Superprodução. **2.** Filme de alto custo, que envolve inúmeros atores, cenários ricos e grandiosos, efeitos especiais, geralmente espetacular. ▶ Superprodução.

su.per.pues.to, ta. [super'pwesto] [super'pwehto] *adj.* Diz-se do que está posto em cima. ▶ Sobreposto. *Las hojas en blanco y las ya rellenadas estaban sobrepuestas.* As folhas em branco e as já preenchidas estavam sobrepostas.

su.per.só.ni.co, ca. [super'soniko] [super'soniko] *adj.* **1.** Diz-se da velocidade superior à do som. ▶ Supersônico. *m.* **2.** Avião que se movimenta a essa velocidade. ▶ Supersônico.

su.pers.ti.ción. [supersti'θjon] [supersti'sjon] *f.* Crença em fatos sobrenaturais, contrários à razão. ▶ Superstição.

su.per.va.lo.rar. [superβalo'rar] [superβalo'rar] *v.4.* Valorizar em excesso. ▶ Supervalorizar.

su.per.vi.sar. [superβi'sar] [superβi'sar] *v.4.* Acompanhar ou inspecionar atividades realizadas por outros. Supervisar. ▶ Supervisionar.

su.per.vi.sión. [superβi'sjon] [superβi'sjon] *f.* Ato ou efeito de supervisionar. ▶ Supervisão.

su.per.vi.ven.cia. [superβi'βenθja] [superβi'βensja] *f.* **1.** Qualidade ou estado de sobrevivente. ▶ Sobrevivência. **2.** Ato ou efeito de sobreviver. ▶ Sobrevivência.

su.per.vi.vien.te. [superβi'βjente] [superβi'βjente] *adj.* Que continua vivendo depois de alguma situação de risco. ▶ Sobrevivente.

su.plan.tar. [suplan'tar] [suplan'tar] *v.4.* Ocupar o lugar de outra pessoa ou coisa. ▶ Suplantar.

su.ple.men.ta.rio, ria. [suplemen'tarjo] [suplemen'tarjo] *adj.* Que serve para completar ou aumentar outra coisa, ou para utilizá-la no lugar de algo quando necessário. Suprir o que falta. Suprir. ▶ Suplementar. *U.t.c.s.*

su.ple.men.to. [suple'mento] [suple'mento] *m.* **1.** O que se acrescenta a uma coisa para completá-la. ▶ Suplemento. **2.** Caderno ou revista que se vende com outra publicação. ▶ Suplemento.

su.plen.te. [su'plente] [su'plente] *com.* **1.** Pessoa que substitui outra temporariamente.

▶ Suplente. **2.** Pessoa cuja função é substituir outra em caso de necessidade. ▶ Suplente.

su.ple.to.rio, ria. [suple'torjo] [suple'torjo] *adj.* **1.** Que supre. ▶ Supletivo. *m.* **2.** Aparelho telefônico conectado ao principal. ▶ Extensão.

sú.pli.ca. ['suplika] ['suplika] *f.* **1.** Ato ou efeito de suplicar. ▶ Súplica. **2.** Pedido feito com humildade, rogo. ▶ Súplica. **3.** *Dir.* Cláusula final de um escrito dirigido à autoridade, em que se solicita alguma coisa. ▶ Súplica.

su.pli.car. [supli'kaɾ] [supli'kaɾ] *v.7.* **1.** Implorar com oração ou reza. ▶ Suplicar. **2.** Rogar, pedir com humildade uma coisa. ▶ Suplicar.

su.pli.cio. [su'pliθjo] [su'plisjo] *m.* **1.** Lesão corporal ou morte aplicada como castigo. ▶ Suplício. **2.** *fig.* Grave tormento, dor física ou moral. ▶ Suplício.

su.plir. [su'plir] [su'plir] *v.6.* **1.** Remediar a falta de uma coisa. ▶ Suprir. **2.** Substituir uma coisa por outra. ▶ Suprir. **3.** Ocupar o lugar de alguém e realizar suas atividades. ▶ Suprir.

su.po.ner. [supo'neɾ] [supo'neɾ] *v.40. p.p. irreg. supuesto.* Considerar alguma coisa como se fosse verdade, mas sem ter muita certeza. ▶ Supor.

su.po.si.ción. [suposi'θjon] [suposi'sjon] *f.* **1.** Ato ou efeito de supor. ▶ Suposição. **2.** Aquilo que se supõe. ▶ Suposição.

su.po.si.to.rio. [suposi'torjo] [suposi'torjo] *m. Med.* Remédio feito de uma substância escorregadia, de forma alongada, terminando em ponta, para ser utilizado via anal. ▶ Supositório.

su.pre.mo, ma. [su'premo] [su'premo] *adj.* **1.** Que não tem superior na sua categoria. ▶ Supremo. **2.** Que está acima de tudo. ▶ Supremo. **3.** *Rel.* Relativo a Deus. ▶ Supremo.

su.pre.sión. [supre'sjon] [supre'sjon] *f.* Ato ou efeito de suprimir. ▶ Supressão.

su.pri.mir. [supri'mir] [supri'mir] *v.6. p.p. reg. suprimido / irreg. supreso.* Impedir que apareça ou fazer desaparecer. ▶ Suprimir.

su.pues.to. [su'pwesto] [su'pwehto] *adj.* **1.** Que se supôs. ▶ Suposto. **2.** Que se supunha verdadeiro sem o ser. Falso, fingido. ▶ Suposto. **3.** Coisa que se supõe. ▶ Suposto. ◆ **Por supuesto.** Com certeza.

sur. ['sur] ['sur] *m. n.p.* Ponto do horizonte situado às costas de uma pessoa que tem a sua direita o ponto do sol nascente. ▶ Sul.

su.ra.fri.ca.no, na. [surafri'kano] [surafri'kano] *adj. p.us.* Ver *sudafricano.* ▶ Sul-africano.

su.ra.me.ri.ca.no, na. [surameri'kano] [surameri'kano] *adj. p.us.* Ver *sudamericano.* ▶ Sul-americano.

sur.car. [sur'kar] [sur'kar] *v.7.* **1.** Fazer sulcos na terra com o arado. ▶ Sulcar. **2.** Cortar as águas (o navio) e o ar (o avião). Navegar. ▶ Sulcar.

sur.co. ['surko] ['surko] *m.* **1.** Linha profunda feita com o arado na terra. ▶ Sulco. **2.** Marca similar em outras coisas. ▶ Sulco.

sur.co.rea.no, na. [surkore'ano] [surkore'ano] *adj.* **1.** Pertencente ou relativo à Coreia do Sul. ▶ Sul-coreano. *s.* **2.** Natural ou habitante da Coreia do Sul. ▶ Sul-coreano.

su.res.te. [su'reste] [su'rehte] *m.* Ponto entre o sul e o leste. ▶ Sudeste.

sur.gir. [sur'xir] [sur'xir] *v.61.* **1.** Vir do fundo para a superfície, aparecer. ▶ Emergir. **2.** Aparecer, despontar, manifestar-se. ▶ Surgir.

su.ri.na.més, me.sa. [surina'mes] [surina'mes] *adj.* **1.** Pertencente ou relativo ao Suriname. ▶ Surinamês. *s.* **2.** Natural ou habitante desse país da América do Sul. ▶ Surinamês.

su.rre.a.lis.mo. [surea'lismo] [surea'lihmo] *m.* Movimento artístico originado no começo do século XX, caracterizado pela tentativa de reproduzir, na obra, o funcionamento do inconsciente. ▶ Surrealismo.

su.rre.a.lis.ta. [surea'lista] [surea'lihta] *adj.* **1.** Pertencente ou relativo ao surrealismo. ▶ Surrealista. *com.* **2.** Artista que produzia suas obras segundo os princípios do surrealismo. ▶ Surrealista.

sur.ti.do, da. [sur'tiðo] [sur'tiðo] *adj.* **1.** Aplica-se à mercadoria de diferentes tipos. ▶ Sortido. **2.** Que está misturado ou tem vários componentes. ▶ Sortido. *m.* **3.** Aquilo que serve de provisão. ▶ Sortimento.

sur.ti.dor. [surti'ðor] [surti'ðor] *m.* **1.** Construção que lança jatos de água. ▶ Chafariz. **2.** Equipamento utilizado para extrair líquido de um depósito, por exemplo, nos postos de gasolina. ▶ Bomba.

sur.tir. [sur'tir] [sur'tir] *v.6.* Dar provisões. Fornecer, abastecer. ▶ Sortir. ◆ **Surtir efecto.** Produzir o efeito esperado.

sus.cep.ti.ble. [susθep'tiβle] [susep'tiβle] *adj.* **1.** Que pode receber impressões ou modificações. ▸ Suscetível. **2.** Que se ofende ou se aborrece facilmente por motivos pouco importantes. Melindroso. ▸ Suscetível.

sus.ci.tar. [susθi'tar] [susi'tar] *v.4.* **1.** Fazer nascer, aparecer. ▸ Suscitar. **2.** Levantar ou promover uma questão, discussão ou dúvida. ▸ Suscitar.

sus.cri.bir. [suskri'βir] [suhkri'βir] *v.6. p.p. irreg. suscrito.* Ver *subscribir*(3). ▸ Subscrever.

sus.crip.ción. [suskrip'θjon] [suhkrip'sjon] *f.* Ver *subscripción*. ▸ Assinatura.

sus.crip.tor, to.ra. [suskrip'tor] [suhkrip'tor] *s.* Ver *subscriptor*. ▸ Assinante.

sushi. *m. Cul.* Prato típico japonês preparado à base de arroz cozido, enrolado em folhas de alga e recheado com peixes, verduras e outros ingredientes. ▸ Sushi. *A mi novia le encanta el sushi que ponen en aquel restaurante del centro.* A minha namorada adora o *sushi* que servem naquele restaurante do centro.

su.so.di.cho, cha. [suso'ðitʃo] [suso'ðitʃo] *adj.* Que foi dito ou citado anteriormente. ▸ Dito-cujo.

sus.pen.der. [suspen'der] [suhpen'der] *v.5.* **1.** Parar, deixar de fazer alguma coisa que estava prevista. ▸ Suspender. **2.** Pendurar alguma coisa em lugar alto. ▸ Suspender. **3.** *(Esp.)* Ser reprovado em alguma matéria escolar. ▸ Repetir.

sus.pen.di.do, da. [suspen'diðo] [suhpen'diðo] *adj.* **1.** Que se suspende. ▸ Suspenso. **2.** *(Esp.)* Que foi reprovado em alguma matéria escolar. ▸ Repetente.

sus.pen.se. [sus'pense] [suh'pense] *m. Lit.* **1.** Sensação de expectativa criada por uma situação real ou fictícia cujo final se desconhece. ▸ Suspense. **2.** Tipo de narração que explora essa sensação. ▸ Suspense.

sus.pen.sión. [suspen'sjon] [suhpen'sjon] *f.* **1.** Ato de suspender. ▸ Suspensão. **2.** Conjunto de peças de um veículo, entre a carroceria e o eixo das rodas, que faz com que se percebam menos as irregularidades do solo. ▸ Suspensão. **3.** Flutuação do pó ou de pequenas partículas no ar ou em um líquido. ▸ Suspensão.

sus.pen.si.vo, va. [suspen'siβo] [suhpen'siβo] *adj.* Que tem virtude ou força de suspender. ▸ Suspensivo. ◆ **Puntos suspensivos.** *Ling.* Reticências.

sus.pen.so, sa. [sus'penso] [suh'penso] *adj.* **1.** ☐ Aplica-se ao aluno que não passou na prova. ▸ Reprovado. **2.** *(Amér.)* Ver *suspense*. ▸ Suspense.

sus.pen.so.rio. [suspen'sorjo] [suhpen'sorjo] *adj.* Que serve para suspender no alto ou no ar. ▸ Suspensório.

sus.pi.caz. [suspi'kaθ] [suhpi'kas] *adj.* Que tem inclinação a conceber suspeitas. Suspicaz. ▸ Desconfiado.

sus.pi.rar. [suspi'rar] [suhpi'rar] *v.4.* Emitir suspiros. ▸ Suspirar.

sus.pi.ro. [sus'piro] [suh'piro] *m.* **1.** Ato de suspirar. ▸ Suspiro. **2.** *fam.* Período de tempo muito curto. ▸ Piscar de olhos.

sus.tan.cia. [sus'tanθja] [suh'tansja] *f.* **1.** Matéria das coisas. ▸ Substância. **2.** Elemento nutritivo dos alimentos. ▸ Substância.

sus.tan.ti.vo, va. [sustan'tiβo] [suhtan'tiβo] *adj.* **1.** Relacionado com a substância de algo. ▸ Substantivo. *m. 2. Ling.* Classe de palavras que nomeiam seres, objetos, lugares, ações, estados, qualidades etc. ▸ Substantivo.

sus.ten.tar. [susten'tar] [suhten'tar] *v.4.* **1.** Segurar algo para impedir que caia. ▸ Sustentar. **2.** Defender com razões uma ideia ou opinião. ▸ Sustentar.

sus.ten.to. [sus'tento] [suh'tento] *m.* **1.** Aquilo que serve de alimentação. ▸ Sustento. **2.** Aquilo que dá força e estabilidade. ▸ Sustento.

sus.ti.tu.ción. [sustitu'θjon] [suhtitu'sjon] *f.* Ato ou efeito de substituir. ▸ Substituição.

sus.ti.tuir. [susti'twir] [suhti'twir] *v.28. p.p. reg. sustituido / irreg. sustituto.* Colocar alguma coisa ou pessoa em lugar que era de outra. ▸ Substituir.

sus.ti.tu.to, ta. [susti'tuto] [suhti'tuto] *s.* Pessoa que substitui outra ou faz as vezes dela. Reserva. ▸ Substituto.

sus.to. ['susto] ['suhto] *m.* Impressão repentina causada por medo, espanto ou surpresa. ▸ Susto.

sus.tra.to. [sus'trato] [suh'trato] *m.* Camada, nível ou coisa que está embaixo de outra. ▸ Substrato.

su.su.rrar. [susu'rar] [susu'rar] *v.4.* **1.** Falar em voz baixa. ▸ Sussurrar. **2.** *fig.* Produzir ruído suave. ▶ Sussurrar. **3.** Espalhar uma notícia secreta. Cochichar. ▶ Sussurrar.

su.su.rro. [su'suro] [su'suro] *m.* **1.** Ato de sussurrar. ▶ Sussurro. **2.** Som de sussurro. ▶ Sussurro. **3.** Aquilo que se sussurra. Cochicho. ▶ Sussurro.

su.til. [su'til] [su'til] *adj.* **1.** Que é quase impalpável ou imperceptível. Tênue, fino. ▶ Sutil. **2.** Que tem perspicácia e engenhosidade. ▶ Sutil.

su.tu.rar. [sutu'raɾ] [sutu'raɾ] *v.4. Med.* Fazer sutura, cosendo as partes de uma ferida ou os lados de corte cirúrgico. ▶ Suturar.

su.yo, ya. ['sujo] ['suʃo] *pron.* Corresponde à terceira pessoa do singular e do plural (*él, ella, usted, ellos, ellas* e *ustedes*) e se pospõe a substantivos femininos e masculinos em singular indicando posse. O plural é *suyos, suyas.* ▶ Seu / Sua / De você(s) / Do(s) senhor(es) / Da(s) senhora(s) / Dele(s) / Dela(s). ♦ **De las suyas.** Das suas. **De suyo.** Por si mesmo. ▶ Por si só. ♦ **Los suyos.** Familiares, amigos próximos de alguém de quem se está falando.

T

t. [te] [te] *f.* Vigésima primeira letra do alfabeto espanhol. ▶ T.

ta.ba.ca.le.ro, ra. [taβaka'lero] [taβaka'lero] *adj.* **1.** Pertencente ou relativo ao cultivo, indústria ou comércio do tabaco. ▶ Tabaqueiro. **2.** Pessoa que cultiva tabaco ou trabalha em plantação de tabaco. ▶ Tabaqueiro.

ta.ba.co. [ta'βako] [ta'βako] *m. Bot.* **1.** Planta narcótica originária da América, de cheiro muito forte. ▶ Tabaco. **2.** A folha dessa planta. Fumo. ▶ Tabaco.

ta.ba.que.rí.a. [taβake'ria] [taβake'ria] *f.* Loja onde se vendem cigarros, charutos e artigos para fumantes. Charutaria. ▶ Tabacaria.

ta.ba.quis.mo. [taβa'kismo] [taβa'kihmo] *m.* Vício de fumar, cheirar ou mastigar tabaco. ▶ Tabagismo.

ta.bas.co. [ta'βasko] [ta'βahko] *m.* **1.** Pimenta vermelha muito picante, originária de Tabasco, no México. ▶ Pimenta de Tabasco. Pimenta tabasco. **2.** Molho vermelho feito com essa pimenta. ▶ Tabasco.

ta.ber.na. [ta'βerna] [ta'βerna] *f.* Estabelecimento onde se vende vinho e outras bebidas alcoólicas no varejo. Adega. ▶ Taberna.

ta.ber.ne.ro, ra. [taβer'nero] [taβer'nero] *s.* **1.** Dono de adega. Adegueiro. ▶ Taberneiro. **2.** Pessoa que vende vinho em adega. Adegueiro. ▶ Taberneiro.

ta.bi.que. [ta'βike] [ta'βike] *m.* **1.** Parede fina que serve para dividir o interior das casas. ▶ Divisória. **2.** Divisão plana e fina que separa duas cavidades. ▶ Divisória.

ta.bla. ['taβla] ['taβla] *f.* **1.** Peça lisa de madeira. ▶ Tábua. **2.** Ordenação de conteúdo em livros. ▶ Índice. **3.** *Mat.* Tabuada com as quatro operações básicas de aritmética. ▶ Tabuada. **4.** Tabela ou quadro com dados postos em ordem sucessiva ou relacionados entre si. ▶ Tabela. ◆ **Tabla de planchar.** Tábua de passar roupa. **Tabla de salvación.** Último recurso para sair de uma situação perigosa ou problema. ▶ Tábua de salvação. **Tabla de surf.** *Desp.* Prancha de surfe. **Tabla periódica.** *Quím.* Tabela periódica.

ta.bla.do. [ta'βlaðo] [ta'βlaðo] *m.* **1.** Piso plano formado por tábuas unidas pela borda. ▶ Tablado. **2.** *Teat.* Cenário. Palco. ▶ Tablado.

ta.bla.o. [ta'βlao] [ta'βlao] *m.* Palco no qual se apresentam espetáculos cênicos de canto e de dança flamencos. ▶ Tablado.

ta.ble.ro. [ta'βlero] [ta'βlero] *m.* **1.** Quadro de madeira com desenho próprio de um jogo, como xadrez, damas, etc. ▶ Tabuleiro. **2.** Mesa de trabalho, como a de desenhista ou alfaiate. ▶ Prancheta. **3.** Quadro de avisos (nas escolas). ▶ Mural. **4.** Superfície onde estão os indicadores ou controladores de um sistema. ▶ Painel. ◆ **Tablero de mando.** Painel de comando.

ta.ble.ta. [ta'βleta] [ta'βleta] *f.* **1.** Pastilha de alimento ou medicinal, plana e geralmente retangular. ▶ Tablete. **2.** *Inform.* Computador portátil de tamanho reduzido e de tela tátil. ▶ *Tablet. Los padres les regalaron tabletas a sus hijos estas Navidades.* Os pais deram *tablets* de presente a seus filhos nestas festas de fim de ano. ◆ **Tableta de chocolate.** Barra de chocolate.

ta.bli.lla. [ta'βliʎa] [ta'βliʃa] *f.* Tábua pequena para fixar anúncios, avisos e outros comunicados. Tabuleta. ▶ Quadro de avisos.

ta.bloi.de. [ta'βloiðe] [ta'βloiðe] *m. (Amér.)* Jornal impresso em folha de tamanho reduzido. ▶ Tabloide.

ta.blón. [ta'βlon] [ta'βlon] *m.* Tábua grossa. ◆ **Tablón de anuncios.** Quadro de avisos. ➡ *En el aula*

ta.bú. [ta'βu] [ta'βu] *m.* **1.** Instituição religiosa que atribui a uma pessoa ou objeto caráter sagrado e proíbe o contato com eles. ▶ Tabu. **2.** Proibição, em determinadas culturas, do consumo de certos alimentos ou bebidas, de tocar algum objeto ou realizar alguma ação. ▶ Tabu. *fig.* Proibição de falar ou mencionar alguma coisa. ▶ Tabu.

ta.bu.la.dor, do.ra. [taβula'ðoɾ] [taβula'ðoɾ] *adj.* **1.** Que tabula. ▸ Tabulador. **2.** *m. Inform.* Dispositivo dos computadores que permite formar colunas ou dispor a escrita de forma determinada. ▸ Tabulador.

ta.bu.lar. [taβu'laɾ] [taβu'laɾ] *v.4.* Expressar valores e outros dados em forma de tábua ou de tabela. ▸ Tabular.

ta.bu.re.te. [taβu'ɾete][taβu'ɾete] *m.* Assento para uma pessoa, sem apoio para os braços nem encosto. ▸ Banqueta. ➡ *Muebles y electro-domésticos*

ta.ca.ño, ña. [ta'kaɲo] [ta'kaɲo] *adj.* Que é mesquinho. ▸ Sovina. *U.t.c.s.*

ta.cha. ['tatʃa] ['tatʃa] *f.* **1.** Falta ou defeito que tem alguma coisa. ▸ Tacha. **2.** Prego pequeno de cabeça plana. ▸ Tacha.

ta.char. [ta'tʃaɾ] [ta'tʃaɾ] *v.4.* **1.** Rasurar o escrito riscando-o com traços. ▸ Riscar. **2.** Atribuir a algo ou alguém faltas ou defeitos. ▸ Tachar.

ta.chón. [ta'tʃon] [ta'tʃon] *m.* **1.** Linha traçada sobre o que está escrito para impedir sua leitura. ▸ Risco. **2.** Percevejo de cabeça grande, dourada ou prateada, que se usa para fixar adornos em sapatos, portas ou móveis. ▸ Tacha.

ta.chue.la. [ta'tʃwela] [ta'tʃwela] *f.* **1.** Prego curto de cabeça grande. Percevejo. ▸ Tachinha. **2.** *coloq. (Bol., Chile, Cuba, El Salv.* e *Hond.)* Pessoa muito baixa. ▸ Tampinha.

tá.ci.to, ta. [ta'θito] ['tasito] *adj.* **1.** Que não se expressa verbalmente. Calado, silencioso. ▸ Tácito. **2.** Que não se exprime por palavras, que é subentendido. ▸ Tácito.

ta.ci.tur.no, na. [taθi'turno] [tasi'turno] *adj.* Que fala pouco, tomado pela tristeza. Melancólico. ▸ Taciturno.

ta.co. ['tako] ['tako] *m.* **1.** Vara comprida de madeira com que se impelem as bolas no jogo de bilhar. ▸ Taco. **2.** ❏ *Cul.* Pedaço de presunto, queijo ou de outro alimento que serve de acompanhamento para uma bebida. ▸ Aperitivo. **3.** Pedaço de madeira preparada para cobrir o piso. ▸ Taco. **4.** ❏ Ver *palabrota*. ▸ Palavrão. **5.** Apoio traseiro dos sapatos. ▸ Salto. **6.** Cada uma das peças cónicas ou pontiagudas de alguns calçados esportivos. ▸ Trava. **7.** *Cul. (Méx.)* Salgado, recheado e apimentado, à base de farinha de milho. ◆ **Soltar un taco.** *fig.* e *fam.* Falar um palavrão.

ta.cón. [ta'kon] [ta'kon] *m.* Salto de calçado. ▸ Salto.

ta.co.ne.ar. [takone'aɾ] [takone'aɾ] *v.4.* Pisar forte fazendo barulho com os saltos dos sapatos. ▸ Sapatear.

tác.ti.ca. ['taktika] ['taktika] *f.* **1.** Arte bélica que trata da disposição e manobra prévias ao combate. ▸ Tática. **2.** Método ou sistema para executar planos com eficácia. ▸ Tática.

tác.til. ['taktil] ['taktil] *adj.* **1.** Relativo ao tato. ▸ Tátil. **2.** Que possui qualidades que se percebem pelo tato. ▸ Tátil. ◆ **Pantalla táctil.** Diz-se da tela de um dispositivo eletrônico que dispensa o uso de *mouse* e teclado e em seu lugar utilizam-se os dedos para dar os comandos. Tela sensível ao toque. ▸ *Touchscreen.*

tac.to. ['takto] ['takto] *m.* **1.** Sentido pelo qual se percebem as sensações de contato, de pressão, de calor e de frio. ▸ Tato. **2.** *fig.* Habilidade para tratar com acerto assuntos delicados. ▸ Tato.

ta.hi.tia.no, na. [tai'tjano] [tai'tjano] *adj.* Pertencente ou relativo ao Taiti. ▸ Taitiano.

tai.lan.dés, de.sa. [tailan'des] [tailan'des] *adj.* **1.** Pertencente ou relativo à Tailândia. ▸ Tailandês. *s.* **2.** O natural ou habitante desse país. ▸ Tailandês.

tai.ma.do, da. [tai'maðo] [tai'maðo] *adj.* Que procede com malícia e astúcia. ▸ Velhaco.

ta.ja.da. [ta'xaða] [ta'xaða] *f.* **1.** Porção ou pedaço que se corta de alguma coisa, como carne, melão, etc. Talhada. ▸ Fatia. **2.** *fam.* Ver *borrachera.* ▸ Bebedeira. *Tiene una tajada que no se mantiene en pie.* Tomou uma bebedeira tal que não consegue ficar de pé. ◆ **Sacar tajada.** Tirar vantagem. *Es muy listo y saca tajada de cualquier situación.* É muito esperto e tira vantagem de qualquer situação.

ta.jan.te. [ta'xante] [ta'xante] *adj.* Diz-se de decisão, atitude ou ato brusco, terminante e definitivo. ▸ Taxativo.

ta.jo. ['taxo] ['taxo] *m.* **1.** Golpe dado com o fio de instrumento cortante. ▸ Talho. **2.** *Geogr.* Escarpa muito íngreme. ▸ Alcantilado.

tal. ['tal] ['tal] *adj.* **1.** Que é igual ou semelhante, do mesmo feitio. ▸ Tal. *adv.* **2.** Assim, desta forma ou maneira. ▸ Tal. *pron.* **3.** Indica uma pessoa ou coisa indeterminada. ▸ Tal. ◆ **Con tal que.** Contanto que. **¿Qué tal?** Como vai? **Tal vez.** Talvez. **Tal y como.** Da forma como. *Se hará tal y como fue ordenado.* Será feito da forma como foi ordenado.

ta.la. [ˈtala] [ˈtala] f. **1.** Resultado de cortar árvores em excesso. ▶ Desmatamento. **2.** Defesa formada com árvores colocadas em forma de obstáculo. ▶ Barreira.

ta.la.dra.dor, do.ra. [talaðraˈðor] [talaðraˈðor] adj. **1.** Que faz furos. ▶ Furador. f. **2.** Máquina provida de broca para furar. ▶ Furadeira.

ta.la.drar. [talaˈðrar] [talaˈðrar] v.4. Furar algo com furadeira ou ferramenta semelhante. ▶ Perfurar.

ta.la.dro. [taˈlaðro] [taˈlaðro] m. Instrumento que serve para abrir furos em madeira. ▶ Broca.

ta.lan.te. [taˈlante] [taˈlante] m. **1.** Modo ou maneira de fazer as coisas. ▶ Estilo. **2.** Vontade, desejo ou gosto que cada um tem quando faz algo. Bel-prazer. ▶ Talante. ◆ **Buen / Mal talante.** Bom / Mau humor.

ta.lar. [taˈlar] [taˈlar] v.4. **1.** Cortar árvores pelo pé. ▶ Desmatar. **2.** Destruir, devastar campos, cidades, etc. ▶ Arrasar.

tal.co. [ˈtalko] [ˈtalko] m. **1.** Minério muito mole, de cor clara. ▶ Talco. **2.** Pó branco e suave que se extrai daquele minério e se usa para proteger a pele. ▶ Talco.

ta.len.to. [taˈlento] [taˈlento] m. **1.** Aptidão, capacidade para o desempenho de uma atividade. ▶ Talento. **2.** Inteligência, capacidade intelectual. ▶ Talento.

ta.lis.mán. [talisˈman] [talihˈman] m. Objeto ao qual se atribuem poderes mágicos. Amuleto. ▶ Talismã.

ta.lla. [ˈtaʎa] [ˈtaʃa] f. **1.** Obra de escultura, especialmente a que está feita em madeira. ▶ Talha. *En los museos de arte se exponen tallas antiguas de madera.* Nos museus de arte são expostas talhas antigas de madeira. **2.** Estatura de uma pessoa. ▶ Porte. **3.** Tamanho de roupa. ▶ Tamanho.

ta.llar. [taˈʎar] [taˈʃar] v.4. Dar forma ou trabalhar um material. Esculpir. ▶ Entalhar.

ta.lla.rín. [taʎaˈrin] [taʃaˈrin] m. *Cul.* Massa alimentícia feita com farinha de trigo amassada, que tem forma de tiras estreitas. ▶ Talharim.

ta.lle. [ˈtaʎe] [ˈtaʃe] m. **1.** Feitio do corpo humano. ▶ Talhe. **2.** *Anat.* Ver *cintura*[(1)]. ▶ Cintura. **3.** Medida para fazer uma peça do vestuário do pescoço à cintura. Tronco. ▶ Talhe.

❏ **ta.ller.** [taˈʎer] [taˈʃer] m. **1.** Local onde se fazem trabalhos manuais: mecânicos, de carpintaria, costura, etc. ▶ Oficina. **2.** Local de trabalho de pintor, fotógrafo, etc. ▶ Estúdio. ◆ **Taller mecánico.** Oficina mecânica.

ta.llo. [ˈtaʎo] [ˈtaʃo] m. *Bot.* Haste das plantas de onde brotam ramos, folhas, flores e frutos. Caule. ▶ Talo.

tal.men.te. [talˈmente] [talˈmente] adv. De tal maneira, em tal forma. ▶ Assim.

ta.lón. [taˈlon] [taˈlon] m. **1.** *Anat.* Parte posterior do pé humano. ▶ Calcanhar. **2.** Parte do calçado e da meia que cobre o calcanhar. ▶ Calcanhar. **3.** Folha de cheque ou de talão. ▶ Cheque. ◆ **Apretar los talones.** Sair correndo por algum imprevisto ou por pressa. ▶ Apertar o passo. **Pisarle los talones.** Seguir alguém de muito perto. **Talón de Aquiles.** *fig.* Parte vulnerável de uma coisa ou uma pessoa. ▶ Calcanhar de Aquiles.

ta.lo.na.rio. [taloˈnarjo] [taloˈnarjo] m. Bloco de folhas de papel, recibos, cheques e outros documentos. ▶ Talão.

ta.mal. [taˈmal] [taˈmal] m. *Cul.* Prato de origem indígena à base de massa de farinha de milho, que se prepara em folhas de bananeira ou de espiga de milho enroladas; pode ser feito no vapor ou no forno e recheado com diversos ingredientes. ▶ Tamal ou tamale.

ta.ma.ño, ña. [taˈmaɲo] [taˈmaɲo] adj. **1.** Tão grande ou notável. Considerável. ▶ Tamanho. *¡Nunca vi tamaño talento para la música!* Nunca vi tamanho talento para a música! m. **2.** Maior ou menor volume, longitude, altura ou largura de uma coisa. ▶ Tamanho.

ta.ma.rin.do. [tamaˈrindo] [tamaˈrindo] m. *Bot.* **1.** Árvore da família das leguminosas, cujo fruto é utilizado para fazer sucos. ▶ Tamarindo. **2.** Fruto dessa árvore. ▶ Tamarindo.

tam.ba.le.ar. [tambaleˈar] [tambaleˈar] v.4. **1.** Movimentar-se uma coisa de um lado para outro. ▶ Oscilar. **2.** Estar a ponto de perder o equilíbrio. ▶ Cambalear.

tam.bién. [tamˈbjen] [tamˈbjen] adv. Usa-se para expressar a igualdade, a relação ou a conformidade de uma coisa com outra já nomeada. ▶ Também.

tam.bor. [tamˈbor] [tamˈbor] m. **1.** *Mús.* Instrumento musical composto de uma caixa cilíndrica, com bases de pele tensa, em uma das quais se tange com baquetas. ▶ Tambor. **2.** Pessoa que toca o tambor. ▶ Tamborileiro.
➡ *Instrumentos musicales*

ta.miz. [ta'miθ] [ta'mis] *m.* Peneira muito fina. ▶ Tamis. ◆ **Pasar por el tamiz.** *fig.* e *fam.* Examinar com muito cuidado. Peneirar.

ta.mi.zar. [tami'θaɾ] [tami'saɾ] *v.13.* **1.** Passar algo pelo tamis. ▶ Peneirar. **2.** Eleger ou selecionar algo com cuidado. ▶ Crivar.

tam.po.co. [tam'poko] [tam'poko] *adv.* Negar uma coisa depois de ter sido negada outra. Também não. ▶ Tampouco.

tam.pón. [tam'pon] [tam'pon] *m.* Pequeno bastão de algodão para conter o fluxo menstrual. ▶ Tampão.

tan. ['tan] ['tan] *adj.* e *adv.* Forma reduzida de *tanto*, empregada diante de adjetivos e advérbios. ▶ Tão. ◆ **Tan pronto como.** Assim que, logo que. **Tan siquiera.** Pelo menos.

tan.da. ['tanda] ['tanda] *f.* **1.** Cada um dos grupos de pessoas que se revezam na execução de um trabalho. ▶ Turno. **2.** Cada um dos grupos de alunos em que se divide uma classe numerosa. ▶ Turma. **3.** Parte com que se cobre ou banha alguma coisa. ▶ Camada. **4.** Partida de jogo, especialmente bilhar. ▶ Rodada. ◆ **Por tandas.** Por etapas.

tán.dem. ['tandem] ['tandem] *m.* Bicicleta com dois assentos, um atrás do outro, e dois jogos de pedais. ▶ Tandem.

tan.ga. ['tanga] ['tanga] *m.* Peça de vestuário muito pequena que se usa na praia e para banhar-se. ▶ Tanga.

tan.gen.te. [tan'xente] [tan'xente] *adj.* Aplica-se às linhas ou superfícies que se tocam sem cortar-se. ▶ Tangente. ◆ **Salir por la tangente.** Servir-se de um subterfúgio para sair de uma situação difícil. ▶ Escapar pela tangente.

tan.gi.ble. [tan'xiβle] [tan'xiβle] *adj.* **1.** Que pode ser percebido de maneira precisa e clara. ▶ Tangível. **2.** Que pode ser tocado. ▶ Tangível.

tan.go. ['tango] ['tango] *m.* **1.** Dança argentina e uruguaia de grande variedade coreográfica. ▶ Tango. **2.** Música e canto dessa dança. ▶ Tango.

tan.que. ['tanke] ['tanke] *m.* **1.** *Mil.* Veículo de guerra blindado e provido de canhão e metralhadora de feitio apropriado para locomoção em terrenos acidentados. ▶ Tanque. **2.** Depósito de grande tamanho para estocar líquidos ou gases. ▶ Tanque. **3.** Depósito de água. ▶ Tanque.

tan.te.ar. [tante'aɾ] [tante'aɾ] *v.4.* **1.** Medir ou verificar se uma coisa se ajusta a outra ou a certos parâmetros. ▶ Avaliar (peso, valor). **2.** *fig.* Sondar com prudência uma pessoa ou coisa. ▶ Tatear.

tan.te.o. [tan'teo] [tan'teo] *m.* Número de pontos ou vantagens obtidos em um jogo. ▶ Placar.

tan.to, ta. ['tanto] ['tanto] *adj.* **1.** Quantidade ou intensidade de uma coisa indeterminada ou indefinida. ▶ Tanto. *m.* **2.** Quantidade determinada de uma coisa. ▶ Tanto. *adv.* **3.** Denota ideia de equivalência. ▶ Tanto. ◆ **Al tanto.** A par. *Todos están al tanto del nuevo sistema de producción.* Todos estão a par do novo sistema de produção. **Con tanto que.** Contanto que. **En tanto que.** Enquanto isso. **Entre / Mientras tanto.** Enquanto isso. *Yo voy a merendar, entre tanto vosotros vais a trabajar.* Eu vou lanchar, enquanto isso vocês vão trabalhar.

ta.ñer. [ta'ɲeɾ] [ta'ɲeɾ] *v.54.* **1.** *Mús.* Tocar um instrumento musical de percussão ou de corda. ▶ Tanger. *Los trovadores tañían su bandolina y cantaban para agradar a las damas.* Os trovadores tangiam seu bandolim e cantavam para agradar as damas. **2.** Tocar os sinos. ▶ Soar. *El sacristán tañe las campanas llamando a misa.* O sacristão toca os sinos chamando para a missa.

❏**ta.pa.** ['tapa] ['tapa] *f.* **1.** Peça que fecha pela parte superior um recipiente qualquer. ▶ Tampa. **2.** Pequena porção de alimentos que se serve para acompanhamento de uma bebida. ▶ Aperitivo. **3.** Ver *cubierta*. ▶ Capa.

ta.pa.de.ra. [tapa'ðeɾa] [tapa'ðeɾa] *f.* Peça que se ajusta na parte superior de um recipiente para abri-lo e fechá-lo. ▶ Tampa.

❏**ta.pa.do.** [ta'paðo] [ta'paðo] *m.* Ver *abrigo*. ▶ Sobretudo.

ta.par. [ta'paɾ] [ta'paɾ] *v.4.* **1.** Fechar ou cobrir um recipiente com sua tampa. ▶ Tampar. **2.** Cobrir alguma coisa para que não possa ser vista. Ocultar. ▶ Tapar.

❏**ta.pe.te.** [ta'pete] [ta'pete] *m.* Peça de tecido que se coloca em cima de mesas ou outros móveis como adorno ou proteção. ▶ Caminho de mesa. ◆ **Estar sobre el tapete.** *fig.* Estar em discussão.

ta.pia. ['tapja] ['tapja] *f.* **1.** Cada uma das partes de um muro que se faz de uma vez. Estuque. ▶ Taipa. **2.** Cerca que se faz com essas partes para isolar ou proteger um lugar descoberto. ▸ Tapume. ♦ **Ser más sordo que una tapia.** *fig.* e *fam.* Ser mais surdo que uma porta.

ta.pi.ce.rí.a. [tapiθe'ria] [tapise'ria] *f.* **1.** Jogo de tapetes. ▸ Tapeçaria. **2.** Ofício de fabricar tapetes. ▸ Tapeçaria. **3.** Loja onde se vendem tapetes. ▸ Tapeçaria.

ta.pi.ce.ro, ra. [tapi'θero] [tapi'sero] *s.* **1.** Pessoa que tece tapetes. ▸ Tapeceiro. **2.** Pessoa que coloca tapetes e cortinas, ou guarnece poltronas e sofás. ▸ Tapeceiro.

ta.pir. [ta'pir] [ta'pir] *m.* *Zool.* Animal mamífero herbívoro que vive na Ásia e na América do Sul. ▸ Anta.

ta.piz. [ta'piθ] [ta'pis] *m.* Tecido de lã ou seda no qual se copiam quadros, servindo de adorno. ▸ Tapeçaria.

ta.pi.zar. [tapi'θar] [tapi'sar] *v.13.* **1.** Cobrir com tapetes. ▸ Forrar. **2.** Revestir com tapetes as paredes, cadeiras, poltronas, etc. ▸ Forrar.

ta.pón. [ta'pon] [ta'pon] *m.* **1.** Peça com que se tampam as vasilhas. ▸ Tampa **2.** Acúmulo de qualquer coisa que obstrui a passagem normal por um lugar. ▸ Tampão.

ta.po.nar. [tapo'nar] [tapo'nar] *v.4.* **1.** Fechar com tampa um orifício qualquer. ▸ Tapar. **2.** Fechar ou impedir com obstáculo a passagem por um lugar. ▸ Obstruir.

ta.pu.jo. [ta'puxo] [ta'puxo] *m.* **1.** Pedaço de pano com que uma pessoa tapa seu rosto para não ser reconhecida. ▸ Disfarce. **2.** *fig.* Fingimento para esconder a verdade. Dissimulação. ▸ Disfarce.

ta.qui.car.dia. [taki'karðja] [taki'karðja] *f.* *Med.* Aumento do ritmo do batimento cardíaco. ▸ Taquicardia.

ta.qui.gra.fí.a. [takiɣra'fia] [takiɣra'fia] *f.* Sistema gráfico de signos e abreviaturas que permite escrever tão rápido como se fala. ▸ Taquigrafia.

ta.qui.lla. [ta'kiʎa] [ta'kiʃa] *f.* **1.** Móvel que se utiliza nos escritórios para guardar documentos classificados. ▸ Arquivo. **2.** Local onde se vendem bilhetes de teatro, metrô, etc. ▸ Bilheteria.

ta.qui.lle.ro, ra. [taki'ʎero] [taki'ʃero] *adj.* **1.** Aplica-se a peça ou filme com sucesso de público. ▸ Sucesso de bilheteria. *s.* **2.** Pessoa que vende ingressos ou bilhetes para a entrada em cinemas, estádios de futebol, metrô, lotérica, etc. ▸ Bilheteiro.

ta.ra. ['tara] ['tara] *f.* **1.** Peso da embalagem sem o seu conteúdo. ▸ Tara. **2.** Peso do veículo, sem carga, destinado ao transporte de mercadorias. ▸ Tara. **3.** *Med.* Defeito físico ou psíquico geralmente grave e hereditário. ▸ Tara.

▫**ta.ra.do, da.** [ta'raðo] [ta'raðo] *adj.* Ver *tonto*. Tonto, idiota. ▸ Bobo.

ta.rán.tu.la. [ta'rantula] [ta'rantula] *f.* *Zool.* Aranha venenosa que vive principalmente nos arredores de Tarento, na Itália. ▸ Tarântula.

ta.ra.re.ar. [tarare'ar] [tarare'ar] *v.4.* Cantar em voz baixa, sem pretensões artísticas. ▸ Cantarolar.

tar.dar. [tar'ðar] [tar'ðar] *v.4.* Levar mais tempo que o normal para fazer uma coisa. ▸ Demorar. ♦ **A más tardar.** No mais tardar.

tar.de. ['tarðe] ['tarðe] *f.* **1.** Tempo do meio-dia até a noite. ▸ Tarde. *adv.* **2.** Fora de tempo, depois do horário. ▸ Tarde.

tar.dí.o, a. [tar'ðio] [tar'ðio] *adj.* **1.** Aplica-se ao fruto que amadurece ao fim da estação. ▸ Tardio. **2.** Que vem fora do tempo esperado ou oportuno. ▸ Tardio.

tar.do, da. ['tarðo] ['tarðo] *adj.* **1.** Que demora em compreender ou entender. ▸ Lerdo. **2.** Que atua com lentidão. ▸ Lerdo.

ta.re.a. [ta'rea] [ta'rea] *f.* Trabalho que tem tempo limitado para sua conclusão. ▸ Tarefa.

ta.ri.fa. [ta'rifa] [ta'rifa] *f.* Tabela de taxas, impostos ou preços. ▸ Tarifa.

ta.ri.ma. [ta'rima] [ta'rima] *m.* **1.** Estrado ou pavimento um pouco mais alto que o restante. ▸ Tarima. **2.** Piso feito com placas grandes de madeira. ▸ Tarima.

tar.je.ta. [tar'xeta] [tar'xeta] *f.* Pequena folha de cartolina que tem um nome impresso e se usa para apresentação pessoal. ▸ Cartão de visita. ♦ **Tarjeta amarilla / roja.** *Desp.* Cartão amarelo / vermelho. **Tarjeta de crédito.** Cartão de crédito. **Tarjeta de identidad.** Carteira de identidade. **Tarjeta postal.** Cartão-postal.

ta.rot. [ta'rot] [ta'rot] *m.* Conjunto de setenta e oito cartas de baralho com diversas figuras estampadas, utilizado em cartomancia. ▸ Tarô.

ta.rro. ['taro] ['taro] *m.* Recipiente de vidro de forma cilíndrica. Pote. ▸ Frasco.

tar.ta. ['tarta] ['tarta] *f.* *Cul.* Bolo coberto de creme ou chocolate próprio para aniversário. Torta. ▸ Bolo.

tar.ta.je.ar. [tartaxe'ar] [tartaxe'ar] *v.4.* Ver *tartamudear*. ▶ Gaguejar.

tar.ta.mu.de.ar. [tartamuðe'ar] [tartamuðe'ar] *v.4.* Falar ou ler com dificuldade, repetindo as sílabas ou palavras. ▶ Gaguejar.

tar.ta.mu.do, da. [tarta'muðo] [tarta'muðo] *adj.* Que pronuncia com dificuldade certas palavras. Gago. ▶ Tartamudo. *U.t.c.s.*

tár.ta.ro. ['tartaro] ['tartaro] *m. Med.* Crosta que se forma na base dos dentes, junto à gengiva. ▶ Tártaro.

tar.te.ra. [tar'tera] [tar'tera] *f.* **1.** Recipiente para preparar no forno bolos, tortas, etc. ▶ Forma. **2.** Recipiente fechado que serve para levar comida. ▶ Marmita.

ta.ru.go. [ta'ruɣo] [ta'ruɣo] *m.* **1.** Pessoa pouco inteligente. ▶ Tolo. **2.** Pino de madeira ou plástico. ▶ Bucha.

❏**ta.sa.** ['tasa] ['tasa] *f.* **1.** Tributo que se paga pelo uso de alguns serviços. ▶ Taxa. **2.** Razão entre duas grandezas. Índice. ▶ Taxa.

ta.sa.ción. [tasa'θjon] [tasa'sjon] *f. Econ.* **1.** Ato ou efeito de taxar; incidência de contribuição monetária. ▶ Taxação; tributação. **2.** Ato de estimar ou cotar o valor de algo. ▶ Cotação. *El técnico calculó la nueva tasación de mi vivienda.* O técnico calculou a nova cotação do meu imóvel.

ta.sar. [ta'sar] [ta'sar] *v.4.* **1.** Avaliar ou limitar o valor ou preço das coisas. ▶ Taxar. **2.** Fixar o imposto. ▶ Taxar.

tas.ca. ['taska] ['tahka] *f.* Estabelecimento comercial popular no qual se vendem e consomem bebidas alcoólicas. ▶ Botequim.

ta.ta.mi. [ta'tami] [ta'tami] *m.* Tapete quadrado sobre o qual se praticam certas artes marciais orientais, como o judô e o caratê. ▶ Tatame.

ta.ta.ra.bue.lo, la. [tataraβ'welo] [tataraβ'welo] *s.* Indivíduo em relação ao(s) filho(s) de seu(s) bisneto(s). ▶ Tataravô.

ta.ta.ra.nie.to, ta. [tatara'njeto] [tatara'njeto] *s.* Indivíduo em relação aos pais de seus bisavós. ▶ Tataraneto.

ta.tua.je. [ta'twaxe] [ta'twaxe] *m.* Desenho feito na pele a partir de introdução de substâncias corantes sob a epiderme. ▶ Tatuagem.

ta.tuar. [ta'twar] [ta'twar] *v.4.* **1.** Fazer tatuagens no corpo de uma pessoa. ▶ Tatuar. **2.** *fig.* Marcar, deixar impressão em alguém ou algo. Assinalar. ▶ Tatuar.

tau.ri.no, na. [tau̯'rino] [tau̯'rino] *adj.* Relativo a touradas e touros. ▶ Taurino.

Tau.ro. ['tau̯ro] ['tau̯ro] *m. n.p.* O segundo signo zodiacal. ▶ Touro.

tau.ro.ma.quia. [tau̯ro'makja] [tau̯ro'makja] *f.* **1.** Arte ou técnica das touradas. ▶ Tauromaquia. **2.** Livro que trata desse assunto. ▶ Tauromaquia.

ta.xa.ti.vo, va. [taksa'tiβo] [taksa'tiβo] *adj.* Que não admite discussão. ▶ Taxativo.

ta.xi. ['taksi] ['taksi] *m.* Automóvel de aluguel com motorista, provido de aparelho que marca o valor do serviço. ▶ Táxi. ◆ **Andar / Ir en taxi.** Andar / Ir de táxi. ➠ *Transporte*

ta.xi.der.mia. [taksi'ðermja] [taksi'ðermja] *f.* Arte de empalhar animais para conservá-los com aparência de vivos. ▶ Taxidermia.

ta.xo.no.mí.a. [taksono'mia] [taksono'mia] *f. Biol.* Ciência que trata dos princípios da classificação científica das coisas. ▶ Taxonomia. *obs.:* É de ampla aplicação em Biologia.

❏**ta.za.** ['taθa] ['tasa] *f.* **1.** Vasilha pequena de porcelana ou metal, com asa, que se usa para tomar líquidos. ▶ Xícara. **2.** A peça do vaso sanitário. ▶ Bacia.

te. [te] [te] *f.* **1.** O nome da letra T. ▶ Tê. *pron. pess.* **2.** Corresponde à segunda pessoa do singular (*tú*) e exerce função de objeto direto e indireto. ▶ Te / a ti. *obs.:* Com a preposição *con*, varia para *contigo*.

té. ['te] ['te] *m. Bot.* **1.** Arbusto de cujas folhas se faz uma infusão. ▶ Chá. **2.** As folhas desse arbusto secas e tratadas para fazer a infusão. ▶ Chá. **3.** A infusão feita com as folhas. ▶ Chá.

te.a.tro. [te'atro] [te'atro] *m.* **1.** Local onde se representam obras dramáticas. ▶ Teatro. **2.** Arte de representar. ▶ Teatro. **3.** O conjunto de todas as produções dramáticas de uma época, de uma nação ou de um autor. ▶ Teatro.

te.be.o. [te'βeo] [te'βeo] *m.* (*Esp.*) Revista infantil, colorida, de histórias em quadrinhos. ▶ Gibi. ◆ **Estar más visto que el tebeo.** Ser muito conhecido.

te.cho. ['tetʃo] ['tetʃo] *m.* **1.** Parte superior de um edifício que o cobre e fecha. ▶ Teto. **2.** A parte superior interna de um aposento. ▶ Teto. **3.** *fig.* Moradia, habitação ou domicílio. ▶ Teto. **4.** Altitude máxima que um avião pode alcançar em determinadas condições de voo. ▶ Teto.

te.chum.bre. [te'tʃumbre] [te'tʃumbre] *f.* Parte externa da cobertura de uma edificação. ▶ Telhado.

te.cla. ['tekla] ['tekla] f. Cada uma das peças por meio das quais, pela pressão dos dedos, se põe em ação um mecanismo, como o piano, a máquina de escrever ou o teclado do computador. ▸ Tecla. ♦ **Dar en la tecla.** Acertar na forma de executar uma coisa. ▸ Acertar em cheio. *Dio en la tecla con la presentación de la oferta.* Acertou em cheio com a apresentação da oferta.

te.cla.do. [te'klaðo] [te'klaðo] m. **1.** *Mús.* Conjunto de teclas do piano e de outros instrumentos musicais. ▸ Teclado. **2.** Dispositivo de funcionamento dos diversos aparelhos ou máquinas que são acionados por botões de controle ou teclas. ▸ Teclado. ➡ *Instrumentos musicales*

te.cle.ar. [tekle'ar] [tekle'ar] v.4. Bater nas teclas de um instrumento ou aparelho. Digitar. ▸ Teclar.

téc.ni.ca. ['teknika] ['teknika] f. **1.** Ferramenta operativa de que se servem a ciência e a arte. ▸ Técnica. **2.** Habilidade ou perícia para usar essas ferramentas. ▸ Técnica.

tec.ni.cis.mo. [tekni'θismo] [tekni'sihmo] m. **1.** Cada um dos termos ou vocábulos técnicos próprios de uma arte, ciência, profissão, etc. ▸ Tecnicismo. **2.** O conjunto desses vocábulos. ▸ Tecnicismo.

téc.ni.co, ca. ['tekniko] ['tekniko] adj. **1.** Pertencente ou relativo à técnica e suas aplicações. ▸ Técnico. s. **2.** Profissional que tem conhecimentos relacionados com uma ciência, arte ou atividade. ▸ Técnico. ➡ *Profesiones*

tec.no.lo.gí.a. [teknolo'xia] [teknolo'xia] f. **1.** Conjunto de técnicas. ▸ Tecnologia. **2.** Conjunto dos instrumentos e procedimentos industriais de um determinado setor ou produto. ▸ Tecnologia.

Escanea este código QR para ver más sobre **tecnología**. www.santillana.com.br/4dstecnologia

te.dio. ['teðjo] ['teðjo] m. Sensação de fastio e monotonia. ▸ Tédio.

te.ja. ['texa] ['texa] f. Peça de barro cozido ou de outro material, que serve para a cobertura de edifícios. ▸ Telha.

te.ja.do. [te'xaðo] [te'xaðo] m. Parte superior do edifício, que geralmente se cobre com telhas. ▸ Telhado.

te.ja.no. [te'xano] [te'xano] m. **1.** Tecido forte de algodão, geralmente azul. ▸ *Jeans. m. pl.* **2.** Calças feitas com esse tecido. ▸ Calças *jeans*. ➡ *Ropa*

te.je.dor, do.ra. [texe'ðor] [texe'ðor] s. Pessoa que possui o ofício de tecer fios. ▸ Tecelão. *Mi padre fue tejedor en una importante firma del centro.* Meu pai foi tecelão em uma importante firma do centro.

te.je.ma.ne.je. [texema'nexe] [texema'nexe] m. **1.** *fam.* Conjunto de manobras pouco claras para conseguir alguma coisa. ▸ Artimanha. **2.** Ato de desenvolver muita atividade ou movimento para realizar algo. ▸ Destreza.

te.jer. [te'xer] [te'xer] v.5. **1.** Formar tela com o tear. ▸ Tecer. **2.** Entrelaçar fios ou outras fibras para fazer telas, tapetes e coisas semelhantes. ▸ Tecer. ➡ *Recreación*

te.ji.do. [te'xiðo] [te'xiðo] m. **1.** Qualquer material que se faz tecendo. ▸ Tecido. **2.** *Biol.* Cada um dos diversos conjuntos de células de mesma natureza que desempenham uma determinada função. ▸ Tecido.

te.jo. ['texo] ['texo] m. **1.** Pedra plana e redonda que as crianças usam para brincar. Conca. ▸ Malha. **2.** Jogo que se faz com a conca ou malha. ▸ Malha.

te.jón. [te'xon] [te'xon] m. *Zool.* Animal mamífero que vive em tocas profundas. ▸ Texugo.

te.la. ['tela] ['tela] f. **1.** Tecido de vários materiais. ▸ Tecido. **2.** *Anat.* Tecido fino que recobre alguns órgãos. ▸ Membrana. **3.** Conjunto de fios que produzem as aranhas. ▸ Teia. **4.** *fig.* Assunto complicado. ▸ Teia. **5.** Tecido próprio para pintura. ▸ Tela.

te.lar. [te'lar] [te'lar] m. **1.** Fábrica de tecidos. ▸ Tecelagem. **2.** Máquina para tecer. ▸ Tear.

te.la.ra.ña. [tela'raɲa] [tela'raɲa] f. Tecido que faz a aranha segregando um líquido que ao contato com o ar se transforma em fio. ▸ Teia de aranha. ♦ **Estar mirando las telarañas.** *fig.* e *fam.* Estar distraído. **Tener telarañas en los ojos.** *fig.* e *fam.* Não enxergar o que está perto. Não ver um passo à frente do nariz.

te.le. ['tele] ['tele] f. *fam.* Forma reduzida de *televisión*. ▸ Televisão.

te.le.a.dic.to, ta. [telea'ðikto] [telea'ðikto] adj. Dependente de ver televisão. ▸ Viciado em televisão. *La tele no puede ser el único pasatiempo de una persona, sino ella podrá volverse teleadicta.* A televisão não pode ser o único passatempo de uma pessoa, senão ela pode ficar viciada em televisão.

te.le.co.mu.ni.ca.ción. [telekomunika'θjon] [telekomunika'sjon] *f.* Comunicação a distância. ▸ Telecomunicação.

te.le.con.trol. [telekon'trol] [telekon'trol] *m.* Controle a distância de um aparelho, máquina ou sistema. ▸ Controle remoto.

te.le.dia.rio. [tele'ðjarjo] [tele'ðjarjo] *m.* Jornal diário veiculado por televisão. ▸ Telejornal.

te.le.fé.ri.co. [tele'feriko] [tele'feriko] *m.* Sistema de transporte no qual as cadeiras vão penduradas em um cabo. ▸ Teleférico.

te.le.fo.na.zo. [telefo'naθo] [telefo'naso] *m.* Chamada telefônica. ▸ Telefonema.

Telefonazo

No hay línea.
No contestan.
Está comunicando.
El número está correcto, pero esa persona no vive aquí.
En este momento / Ahora
no se puede poner.
Se ha equivocado de número.
No se escucha bien. / Hay ruido.

A larga distancia
A: Por favor, operadora, ¿me pone una conferencia con Francia? / Quisiera poner una conferencia con Francia.
Operadora: De acuerdo, dígame su número de teléfono y le llamo en un momento.

Ver *llamadas telefónicas*.

te.le.fo.ne.ar. [telefone'ar] [telefone'ar] *v.4.* **1.** Chamar alguém por telefone. ▸ Telefonar. **2.** Transmitir mensagens pelo telefone. ▸ Telefonar.

te.le.fo.ne.ma. [telefo'nema] [telefo'nema] *m.* Comunicação transmitida por telefone. ▸ Telegrama fonado.

te.le.fo.nis.ta. [telefo'nista] [telefo'nihta] *com.* Pessoa que trabalha nos serviços de telefones. ▸ Telefonista.

te.lé.fo.no. [te'lefono] [te'lefono] *m.* **1.** Conjunto de aparelhos e fios condutores de som que constituem um sistema de comunicação a longa distância. ▸ Telefone. **2.** Aparelho terminal desse sistema. ▸ Telefone. ▸ *Muebles y electrodomésticos*

Teléfono

A: ¿Qué teléfono tienes (tú) / tiene usted?
¿Cuál es tu / su (número de) teléfono?
B: No tengo teléfono.
Mi teléfono es el 546-2179.
Y tú / usted, ¿qué teléfono tienes / tiene?
A: El mío es el 971-2645.
¿Cuál es el (número de) teléfono de... (nombre de persona, empresa, etc.)?
B: Es el 256-9813.

obs.: Al decir un número de teléfono, no se usa la palabra *media* para referirse al número 6, como se suele hacer en portugués. Siempre se dice *seis*.

Ver *llamadas telefónicas*.

te.le.gra.fiar. [telegra'fjar] [telegra'fjar] *v.4.* Comunicar por meio de telégrafo. ▸ Telegrafar.

te.lé.gra.fo. [te'legrafo] [te'legrafo] *m.* Sistema de comunicação que transmite mensagens a longa distância mediante sinais. ▸ Telégrafo.

te.le.gra.ma. [tele'grama] [tele'grama] *m.* Mensagem que se transmite pelo telégrafo. ▸ Telegrama.

te.le.no.ve.la. [teleno'βela] [teleno'βela] *f.* Novela escrita ou adaptada para televisão, geralmente apresentada em capítulos diários. ▸ Telenovela.

te.le.ob.je.ti.vo. [teleoβxe'tiβo] [teleoβxe'tiβo] *m.* Lente ou conjunto de lentes que serve para tirar fotografias a distância. ▸ Teleobjetiva.

te.le.pa.tí.a. [telepa'tia] [telepa'tia] *f.* **1.** Coincidência de pensamentos ou sensações entre pessoas sem o concurso dos sentidos. ▸ Telepatia. **2.** Transmissão de pensamentos entre pessoas sem intervenção de agentes físicos conhecidos. ▸ Telepatia.

te.les.co.pio. [teles'kopjo] [teleh'kopjo] *m.* Instrumento formado por lentes de aproximação e de aumento, que servem para observar objetos distantes, especialmente corpos celestes. ▸ Telescópio.

te.le.si.lla. [tele'siʎa] [tele'siʃa] *f.* Sistema de transporte cujas cadeiras, para no máximo duas pessoas, vão penduradas em um cabo. ▸ Teleférico.

te.les.pec.ta.dor, do.ra. [telespekta'ðoɾ] [telehpekta'ðoɾ] *s.* Pessoa que assiste à televisão. ▸ Telespectador.

te.le.tra.ba.ja.dor, do.ra. [teletɾaβaxa'ðoɾ] [teletɾaβaxa'ðoɾ] *adj.* Profissional que realiza seu trabalho diário fora das dependências da empresa, porém conectado a recursos de telecomunicação, como telefones e computadores, para realizar seu trabalho. ▸ Trabalhador a distância.

te.le.vi.den.te. [teleβi'ðente] [teleβi'ðente] *com.* Aquele que vê televisão. ▸ Telespectador.

te.le.vi.sión. [teleβi'sjon] [teleβi'sjon] *f.* **1.** Técnica de transmissão de imagem e som a distância. ▸ Televisão. **2.** Aparelho que recebe as ondas emitidas pelas emissoras de televisão. ▸ Televisão.

te.le.vi.sor. [teleβi'soɾ] [teleβi'soɾ] *m.* Ver *televisión*[2]. ▸ Televisão. ➡ *Muebles y electrodomésticos*

te.lón. [te'lon] [te'lon] *m.* Peça grande de tecido, usada no teatro na frente do palco, para que se possa abrir ou fechar durante a apresentação de um espetáculo. Cortina de boca. ▸ Pano de boca. ◆ **Bajar el telón.** Descer o pano. *fig.* Interromper uma atividade. Fechar as portas.

te.lo.ne.ro, ra. [telo'neɾo] [telo'neɾo] *adj.* Diz-se do artista menos importante, que em representações artísticas atua antes da atração principal.

te.ma. ['tema] ['tema] *m.* **1.** Proposição que vai ser tratada ou demonstrada. ▸ Tema. **2.** Assunto que se expõe em discurso, livro, filme, peça, etc. ▸ Tema. **3.** Argumento de uma obra literária, filme, etc. ▸ Tema.

te.má.ti.co, ca. [te'matiko] [te'matiko] *adj.* **1.** Pertencente ou relativo a um tema. ▸ Temático. **2.** Arranjado, disposto conforme o tema. ▸ Temático.

tem.blar. [tem'blaɾ] [tem'blaɾ] *v.15.* **1.** Tiritar por causa do frio ou medo. ▸ Tremer. **2.** *fig.* Temer, ter muito medo, recear. ▸ Tremer de medo. **3.** Ter movimentos convulsivos. ▸ Tremer.

tem.blor. [tem'bloɾ] [tem'bloɾ] *m.* **1.** Efeito de tremer. ▸ Tremor. **2.** Terremoto de pouca intensidade. ▸ Tremor.

tem.blo.ro.so, sa. [temblo'roso] [temblo'roso] *adj.* Que padece de tremores. ▸ Trêmulo.

te.mer. [te'meɾ] [te'meɾ] *v.5.* **1.** Sentir ou ter receio ou temor. ▸ Temer. **2.** Recear, suspeitar. ▸ Temer.

te.me.ra.rio, ria. [teme'rarjo] [teme'rarjo] *adj.* **1.** Que enfrenta o perigo com imprudência ou sem necessidade. ▸ Temerário. **2.** Diz-se daquilo que é dito, feito ou pensado sem fundamento, razão ou motivo. ▸ Temerário.

te.me.ro.so, sa. [teme'roso] [teme'roso] *adj.* Que tem medo ou receia um dano. ▸ Temeroso.

te.mi.ble. [te'miβle] [te'miβle] *adj.* **1.** Que deve ser temido. ▸ Temível. **2.** Que causa temor. ▸ Temível.

te.mor. [te'moɾ] [te'moɾ] *m.* **1.** Medo ou receio de dano futuro. ▸ Temor. **2.** Estado de espírito que faz recusar as coisas que parecem arriscadas ou perigosas. ▸ Temor.

tém.pa.no. ['tempano] ['tempano] *m.* Bloco de gelo que se encontra flutuando no mar. ▸ *Iceberg*.

tém.pe.ra. ['tempeɾa] ['tempeɾa] *f.* Técnica de pintura em que as tintas são feitas com pigmentos, cola, gema de ovo e água. Têmpera. ▸ Pintura a têmpera.

tem.pe.ra.men.to. [tempeɾa'mento] [tempeɾa'mento] *m.* **1.** Caráter, maneira de ser e de agir. ▸ Temperamento. **2.** Vocação, aptidão particular para um ofício ou arte. ▸ Temperamento.

tem.pe.ra.tu.ra. [tempeɾa'tuɾa] [tempeɾa'tuɾa] *f. Meteor.* Grau ou nível térmico dos corpos ou do ambiente. ▸ Temperatura.

tem.pes.tad. [tempes'taθ] [tempeh'taθ] *f.* **1.** Agitação violenta da atmosfera, acompanhada de chuva, vento, trovões e outros fenômenos. ▸ Tempestade. **2.** *fig.* Agitação de ânimos. Desordem. ▸ Tempestade.

tem.pla.do, da. [tem'plaðo] [tem'plaðo] *adj.* **1.** Aplica-se a alguns materiais, como metal ou vidro, tratados para apresentar maior resistência. ▸ Temperado. **2.** Diz-se do clima que não é nem muito frio nem muito quente. ▸ Temperado.

tem.plar. [tem'plaɾ] [tem'plaɾ] *v.4.* **1.** Dar têmpera aos metais. ▸ Temperar. **2.** Suavizar a força de uma coisa. Temperar. ▸ Moderar.

tem.ple. ['temple] ['temple] *m.* **1.** Resultado de temperar o metal, o vidro ou outros materiais. ▸ Têmpera. **2.** *fig.* Fortaleza e serenidade para enfrentar dificuldades e riscos. ▸ Têmpera.

tem.plo. ['templo] ['templo] *m. Rel.* Edifício ou lugar destinado exclusivamente a um culto. ▸ Templo.

tem.po.ra.da. [tempo'raða] [tempo'raða] *f.* Época durante a qual se realiza habitualmente uma determinada atividade. ▸ Temporada. ♦ **Temporada de invierno/verano.** Temporada de inverno/verão. **Temporada de caza/pesca.** Temporada de caça/pesca. **Alta/Baja temporada.** Alta/Baixa temporada. **De temporada.** Que se dá ou se usa somente em certa época. Sazonal. ▸ De época.

tem.po.ral. [tempo'ral] [tempo'ral] *adj.* **1.** Que dura certo tempo. Provisório. ▸ Temporário. **2.** Que tem relação com o tempo. ▸ Temporal. **3.** Que passa com o tempo, que não é eterno. ▸ Temporário. *m.* **4.** Ver *tempestad*[(1)]. ▸ Temporal.

tem.po.ra.rio, ria. [tempo'rarjo] [tempo'rarjo] *adj.* **1.** Que não é definitivo. Provisório. ▸ Temporário. **2.** Aplica-se ao trabalhador sem contrato permanente. ▸ Temporário.

tem.pra.no, na. [tem'prano] [tem'prano] *adj.* **1.** Que acontece ou se apresenta antes do tempo habitual ou convencionado. ▸ Cedo. *adv.* **2.** Nas primeiras horas do dia ou da noite. ▸ Cedo.

te.na.ci.dad. [tenaθi'ðaθ] [tenasi'ðað] *f.* **1.** Qualidade de tenaz. ▸ Tenacidade. **2.** Vontade firme para alcançar um propósito. ▸ Tenacidade.

te.naz. [te'naθ] [te'nas] *adj.* **1.** Que se cola ou se prende firme a uma coisa. ▸ Tenaz. **2.** Que não quebra ou deforma. ▸ Tenaz. **3.** *fig.* Firme e persistente em um propósito. ▸ Tenaz.

te.na.za. [te'naθa] [te'nasa] *f.* Instrumento de ferro composto de dois braços unidos por um eixo, que serve para arrancar pregos, pegar brasas na lareira, entre outros usos. ▸ Alicate.

ten.de.de.ro. [tende'ðero] [tende'ðero] *m.* Fio suspenso e esticado para pendurar a roupa para secar depois de lavada. ▸ Varal.

ten.del. [ten'del] [ten'del] *m.* Corda estendida horizontalmente entre duas réguas verticais, para assentar com igualdade as filas de tijolos (quando se levanta uma parede). Nivelador. ▸ Nível.

ten.den.cia. [ten'denθja] [ten'densja] *f.* Inclinação nas pessoas ou nas coisas para determinadas finalidades. ▸ Tendência.

ten.den.cio.so, sa. [tenden'θjoso] [tenden'sjoso] *adj.* **1.** Que apresenta ou manifesta uma coisa parcialmente. ▸ Tendencioso. **2.** Que encerra alguma intenção oculta. ▸ Tendencioso.

ten.der. [ten'der] [ten'der] *v.16.* **1.** Esticar o que está amarrotado. ▸ Estender. **2.** Estender, ao ar ou ao sol, roupa molhada para que seque. ▸ Estender. **3.** Ter vocação ou propensão para algo determinado. ▸ Tender. **4.** Esticar o corpo horizontalmente. ▸ Estirar-se.

ten.de.re.te. [tende'rete] [tende'rete] *m.* Posto de venda ao ar livre. Barraca. ▸ Tenda.

ten.de.ro, ra. [ten'dero] [ten'dero] *s.* **1.** Dono de barraca. ▸ Barraqueiro. **2.** Pessoa que atende o público e vende em barraca. ▸ Barraqueiro.

ten.di.do, da. [ten'diðo] [ten'diðo] *adj.* **1.** Aplica-se ao galope mais rápido que faz o cavalo. ▸ Disparada. **2.** Diz-se da corrida desenfreada de uma pessoa ou animal. ▸ Disparada. *m.* **3.** Conjunto de fios para conduzir eletricidade. ▸ Rede elétrica. **4.** Ver *grada*. ▸ Arquibancada.

ten.di.ni.tis. [tendi'nitis] [tendi'nitis] *f.* Inflamação dos tendões, geralmente de origem traumática. ▸ Tendinite.

ten.dón. [ten'don] [ten'don] *m. Anat.* Tecido fibroso muito resistente que liga os músculos aos ossos. ▸ Tendão. ♦ **Tendón de Aquiles.** *Anat.* Tendão de Aquiles.

te.ne.bro.so, sa. [tene'βroso] [tene'βroso] *adj.* **1.** Escuro ou coberto de trevas. ▸ Tenebroso. **2.** Que é feito ocultamente e com intenções perversas. ▸ Tenebroso.

te.ne.dor, do.ra. [tene'ðor] [tene'ðor] *s.* **1.** Pessoa que possui legitimamente um título, como letra de câmbio, promissória, etc. ▸ Portador. *m.* **2.** Talher de três ou quatro dentes usado para espetar os alimentos. ▸ Garfo. ♦ **Tenedor de libros.** Guarda-livros.

te.nen.cia. [te'nenθja] [te'nensja] *f.* Ocupação e posse atual e material de uma coisa. ▸ Posse.

te.ner. [te'ner] [te'ner] *v.26.* **1.** Segurar nas mãos. ▸ Ter. **2.** Sentir, sofrer, experimentar algo corporalmente, como frio, calor, etc. ▸ Ter. **3.** Possuir alguma coisa material ou espiritual. ▸ Ter. **4.** Exercer domínio sobre. Deter, sujeitar. ▸ Ter. *v.p.* **5.** Manter-se sem reação. ▸ Aguentar-se. **6.** Considerar-se, julgar-se. ♦ **No tener dónde caerse muerto.** *fig.* e *fam.* Não ter onde cair morto. **No tener nada que perder.** Não ter nada a perder. **Tener en cuenta.** Levar em consideração. **Tener que ver.** Ter a ver.

te.nia. ['tenja] ['tɛnja] *f. Zool.* Verme parasita de cor branca. Solitária. ▸ Tênia.

te.nien.te, ta. [te'njente] [te'njente] *s. Mil.* Oficial do exército de hierarquia anterior ao capitão. ▸ Tenente.

te.nis. ['tenis] ['tɛnis] *m. Desp.* Esporte em que participam dois ou quatro jogadores, que consiste em impelir uma bola com raquetes, de um lado a outro de uma quadra dividida ao meio por uma rede. ▸ Tênis. ◆ **Tenis de mesa.** Pingue-pongue. ➡ *Deportes*

te.nor. [te'nor] [te'nor] *m.* **1.** ❑ Conteúdo literal de um escrito ou oração. ▸ Teor. **2.** ❑ Composição estável de uma coisa. ▸ Teor. **3.** *Mús.* Voz de homem mais aguda que a do barítono e o homem que tem essa voz. ▸ Tenor.

ten.sar. [ten'sar] [ten'sar] *v.4.* Tensionar ou estender alguma coisa. ▸ Esticar.

ten.sión. [ten'sjon] [ten'sjon] *f.* **1.** Rigidez de certas partes do corpo. ▸ Tensão. **2.** Força de expansão dos gases. ▸ Pressão. **3.** Voltagem com que se realiza a transmissão da energia elétrica. ▸ Tensão. **4.** Estado de oposição ou animosidade entre pessoas ou grupos. ▸ Tensão. **5.** Estado de exaltação física ou emocional. ▸ Tensão. ◆ **Bajo tensión.** Sob pressão. **Tensión arterial.** *Med.* Pressão arterial.

ten.so, sa. ['tenso] ['tenso] *adj.* **1.** Diz-se do corpo esticado pela ação de forças. Rígido. ▸ Tenso. **2.** Que está em estado de pressão moral ou espiritual. ▸ Tenso.

ten.ta.ción. [tenta'θjon] [tenta'sjon] *f.* **1.** Estímulo que induz a fazer uma coisa má. ▸ Tentação. **2.** Atração que exerce uma coisa à qual é difícil renunciar. ▸ Tentação.

ten.tá.cu.lo. [ten'takulo] [ten'takulo] *m. Anat.* Apêndice móvel, não articulado, que têm alguns animais, como o polvo. ▸ Tentáculo.

ten.ta.dor, do.ra. [tenta'ðor] [tenta'ðor] *adj.* Que provoca uma tentação. ▸ Tentador.

ten.tar. [ten'tar] [ten'tar] *v.15.* **1.** ❑ Exercitar o sentido do tato. ▸ Tatear. **2.** Induzir alguém a fazer alguma coisa que não deve fazer. Incitar. ▸ Tentar.

ten.ta.ti.va. [tenta'tiβa] [tenta'tiβa] *f.* Ato com que se intenta ou experimenta uma coisa. ▸ Tentativa.

ten.tem.pié. [tentem'pje] [tentem'pje] *m.* Refeição rápida, realizada entre o almoço e o jantar. ▸ Lanche.

ten.te.tie.so. [tente'tjeso] [tente'tjeso] *m.* Boneco de material leve que leva um contrapeso na base e sempre fica em pé. ▸ João-bobo.

te.nue. ['tenwe] ['tenwe] *adj.* **1.** Que é delicado, fino e fraco. ▸ Tênue. **2.** Que é de pouco valor e importância. ▸ Mixe.

te.ñir. [te'ɲir] [te'ɲir] *v.58. p.p. reg. teñido/ irreg. tinto.* Dar a uma coisa uma cor nova ou reavivar a que tinha. ▸ Tingir.

te.o.lo.gí.a. [teolo'xia] [teolo'xia] *f.* Estudo sobre Deus, seus atributos e sua natureza. ▸ Teologia.

te.o.re.ma. [teo'rema] [teo'rema] *m.* Proposição que afirma uma verdade que se pode demonstrar. ▸ Teorema.

te.o.rí.a. [teo'ria] [teo'ria] *f.* Sistema explicativo que sustenta uma prática científica. ▸ Teoria. ◆ **En teoría.** Em tese. ▸ Em teoria.

te.ó.ri.co, ca. [te'oriko] [te'oriko] *adj.* Diz-se da pessoa versada em teoria. ▸ Teórico. *U.t.c.s.*

te.o.ri.zar. [teori'θar] [teori'sar] *v.13.* Elaborar, expor ou explicar por meio de teorias. ▸ Teorizar.

te.qui.la. [te'kila] [te'kila] *m.* Bebida mexicana de alto teor alcoólico produzida por destilação do agave (sisal). ▸ Tequila.

te.ra.péu.ti.co, ca. [tera'peutiko] [tera'peutiko] *adj.* **1.** Que pertence ou que está relacionado com a terapêutica. *f. Med.* Tratamento de uma afecção ou doença. ▸ Terapêutica.

te.ra.pia. [te'rapja] [te'rapja] *f. Med.* Parte da Medicina que se ocupa do tratamento das doenças. Terapêutica. ▸ Terapia.

ter.cer. [ter'θer] [ter'ser] *núm.* Forma reduzida de *tercero*, empregada diante de substantivos masculinos no singular. ▸ Terceiro.

ter.ce.ro, ra. [ter'θero] [ter'sero] *núm.* Que segue em ordem ao segundo. ▸ Terceiro.

ter.ciar. [ter'θjar] [ter'sjar] *v.4.* **1.** Pôr em diagonal. ▸ Terçar. **2.** Dividir uma coisa em três partes. ▸ Terçar. **3.** Interpor-se e mediar alguma disputa ou discórdia. ▸ Arbitrar.

ter.cio. [ter'θjo] ['tersjo] *m.* Cada uma das três partes iguais em que se divide um todo. ▸ Terço.

ter.cio.pe.lo. [terθjo'pelo] [tersjo'pelo] *m.* Tipo de tecido felpudo e macio. ▸ Veludo.

ter.co, ca. ['terko] ['terko] *adj.* Que é obstinado, irredutível. ▸ Teimoso.

☐**ter.gi.ver.sar.** [terxiβer'sar] [terxiβer'sar] *v.4.* Dar uma interpretação forçada às palavras. Deturpar. ▶ Distorcer.

ter.mal. [ter'mal] [ter'mal] *adj.* Pertencente ou relativo às termas ou caldas. ▶ Termal.

ter.mas. ['termas] ['termas] *f. pl.* Fontes de água quente ou morna aproveitadas para balneários. ▶ Termas.

ter.mes. ['termes] ['termes] *m. Zool.* Inseto que rói madeira e outros materiais. ▶ Cupim.

tér.mi.co, ca. ['termiko] ['termiko] *adj.* **1.** Pertencente ou relativo ao calor ou à temperatura. ▶ Térmico. **2.** Que conserva a temperatura. ▶ Térmico.

ter.mi.na.ción. [termina'θjon] [termina'sjon] *f.* **1.** Parte final de uma obra ou coisa. ▶ Terminação. **2.** *Ling.* Parte final de uma palavra, em especial a que expressa a flexão gramatical. ▶ Desinência.

ter.mi.nal. [termi'nal] [termi'nal] *adj.* **1.** Que põe término ou dá fim a uma coisa. ▶ Terminal. *amb.* **2.** *Inform.* Cada um dos computadores de um sistema interligado. ▶ Terminal. **3.** Último estágio de uma doença. ▶ Terminal. *f.* **4.** Ponto final de uma linha de transporte público. ▶ Terminal.

ter.mi.nan.te. [termi'nante] [termi'nante] *adj.* Que é decisivo e não admite discussão. Categórico. ▶ Terminante.

ter.mi.nar. [termi'nar] [termi'nar] *v.4.* **1.** Pôr término a uma coisa, acabá-la. ▶ Terminar. **2.** Chegar algo a seu termo. Acabar-se. ▶ Terminar.

tér.mi.no. ['termino] ['termino] *m.* **1.** Ponto extremo até onde chega ou se estende uma coisa. ▶ Limite. **2.** Último momento da existência de uma coisa. ▶ Término. **3.** ☐ Palavra ou conjunto de sons que expressam uma ideia. ▶ Termo. *pl.* **4.** ☐ Forma de comportar-se ou falar. ▶ Modos. ◆ **En último término.** Em último caso. **Llevar a término.** Levar a termo. **Poner término.** Pôr um fim.

ter.mi.no.lo.gí.a. [terminolo'xia] [terminolo'xia] *f.* Conjunto dos termos ou palavras próprios de uma atividade, ciência, arte ou matéria. ▶ Terminologia.

ter.mi.ta. [ter'mita] [ter'mita] *f.* **1.** *Zool.* Ver *termes*. ▶ Cupim. **2.** Mistura de alumínio e óxido de outro metal usada em processos de solda. ▶ Termita.

☐**ter.mo.** ['termo] ['termo] *m.* Vasilha de metal ou vidro que isola o conteúdo do ambiente e conserva a temperatura. ▶ Garrafa térmica.

ter.mó.me.tro. [ter'mometro] [ter'mometro] *m.* Instrumento que serve para medir a temperatura. ▶ Termômetro.

ter.mo.nu.cle.ar. [termonukle'ar] [termonukle'ar] *adj. Fís.* Diz-se do processo de fusão de dois átomos a alta temperatura, com liberação de energia. ▶ Termonuclear.

ter.mo.si.fón. [termosi'fon] [termosi'fon] *m.* Aparelho que aquece por meio da circulação de água quente através de canos. ▶ Termossifão.

ter.mos.ta.to. [termos'tato] [termoh'tato] *m.* Aparelho que, em contato com uma fonte de calor, impede que a temperatura fique acima ou abaixo do grau conveniente. ▶ Termostato.

ter.ne.ro, ra. [ter'nero] [ter'nero] *s.* **1.** Cria da vaca que ainda não pasta. ▶ Vitelo. *f.* **2.** Carne da cria da vaca. ▶ Vitela. ➡ *Reino animal*

ter.ni.lla. [ter'niʎa] [ter'niʃa] *f. Anat.* Tecido branco, elástico, que recobre os ossos nas articulações. ▶ Cartilagem.

ter.nu.ra. [ter'nura] [ter'nura] *f.* **1.** Qualidade de terno. ▶ Ternura. **2.** Mimo ou carinho que se dá a uma pessoa ou animal de estimação. ▶ Ternura.

ter.que.dad. [terke'ðaθ] [terke'ðað] *f.* **1.** Qualidade de teimoso, obstinado. ▶ Teimosia. **2.** Disputa obstinada, teima exagerada. ▶ Teimosia.

te.rra.plén. [tera'plen] [tera'plen] *m.* **1.** Talude, terreno em declive. ▶ Escarpa. **2.** Monte de terra com que se enche um buraco ou se amontoa para qualquer finalidade. ▶ Aterro.

te.rra.ple.nar. [teraple'nar] [teraple'nar] *v.4.* Encher um buraco ou depressão com terra. ▶ Aterrar.

te.rrá.que.o, a. [te'rakeo] [te'rakeo] *adj.* Pertencente ou relativo ao globo terrestre. ▶ Terráqueo. ◆ **Globo terráqueo.** Globo terrestre.

te.rra.rio. [te'rarjo] [te'rarjo] *m.* Instalação especial para a criação de certos animais, como répteis, cobras e outros. ▶ Terrário.

te.rra.te.nien.te. [terate'njente] [terate'njente] *com.* Fazendeiro proprietário de grandes extensões de terras. ▶ Latifundiário.

te.rra.za. [te'raθa] [te'rasa] *f.* **1.** Lugar aberto de uma casa de onde se pode ver uma área extensa. Varanda. ▶ Terraço. **2.** Parte de um bar ou restaurante, ao ar livre, para servir aos clientes. ▶ Terraço. **3.** Terreno plano, disposto em degraus, em uma montanha. ▶ Terraço.

te.rre.mo.to. [tere'moto] [tere'moto] *m.* Tremor de terra produzido por forças que atuam no interior do globo. Abalo sísmico. ▸ Terremoto.

te.rre.nal. [tere'nal] [tere'nal] *adj.* Pertencente ou relativo à Terra. ▸ Terreal

te.rre.no. [tere'no] [tere'no] *adj.* **1.** Relativo à ou próprio da Terra. ▸ Terrestre. *m.* **2.** Espaço de terra para qualquer finalidade. ▸ Terreno. **3.** Porção de terra cultivável. ▸ Terreno. **4.** Âmbito de atividade. ▸ Terreno. **5.** *Geol.* Camada geológica de origem comum ou da mesma época. ▸ Terreno. ◆ **Estar en su propio terreno.** Dominar a situação. **Ganar terreno.** *fig.* Ganhar terreno. **Medir el terreno.** Avaliar a situação. **Perder terreno.** *fig.* Perder terreno. **Preparar el terreno.** *fig.* Preparar o terreno. **Saber el terreno que pisa.** *fig.* Saber onde pisa / com quem lida.

te.rres.tre. [te'restre] [te'rehtre] *adj.* **1.** Pertencente ou relativo à Terra. ▸ Terrestre. **2.** Que provém da terra, nasce dela ou vive nela. ▸ Terrestre.

te.rri.ble. [te'riβle] [te'riβle] *adj.* **1.** Que causa horror ou medo. ▸ Terrível. **2.** Que é difícil de suportar. ▸ Terrível.

te.rrí.co.la. [te'rikola] [te'rikola] *com.* Habitante da Terra. Terráqueo. ▸ Terrícola.

te.rri.to.rial. [terito'rjal] [terito'rjal] *adj.* Pertencente ou relativo ao território. ▸ Territorial.

te.rri.to.rio. [teri'torjo] [teri'torjo] *m.* **1.** Grande extensão de terra. ▸ Território. **2.** *Polít.* Área de um país, município, etc. ▸ Território. **3.** Circuito ou término correspondente a uma jurisdição. ▸ Limite.

te.rrón. [te'ron] [te'ron] *m.* **1.** Massa pequena de terra endurecida. ▸ Torrão. **2.** Pequeno cubo de massa feita com açúcar ou sal. ▸ Torrão.

te.rror. [te'ror] [te'ror] *m.* **1.** Qualidade de terrível. ▸ Terror. **2.** Medo intenso, pavor. ▸ Terror.

te.rro.rí.fi.co, ca. [tero'rifiko] [tero'rifiko] *adj.* Que infunde ou causa terror. ▸ Aterrorizante.

te.rro.ris.mo. [tero'rismo] [tero'rihmo] *m.* **1.** Domínio pelo terror. ▸ Terrorismo. **2.** Forma violenta de luta para infundir terror. ▸ Terrorismo.

te.rro.ris.ta. [tero'rista] [tero'rihta] *com.* **1.** Pessoa partidária do terrorismo ou que pratica o terrorismo. ▸ Terrorista. *adj.* **2.** Do terrorismo ou que tem relação com ele. ▸ Terrorista.

te.rru.ño. [te'ruɲo] [te'ruɲo] *m.* **1.** Região ou território, especialmente o país de nascimento. ▸ País natal. **2.** *fam.* Pequeno espaço de terra. ▸ Terreno.

ter.so, sa. ['terso] ['terso] *adj.* Sem rugas. ▸ Liso.

ter.tu.lia. [ter'tulja] [ter'tulja] *f.* Grupo de pessoas que habitualmente se reúnem em um local para conversar, ouvir música ou realizar outra atividade de agrado comum. Sarau. ▸ Tertúlia. ◆ **Estar de tertulia.** Conversar.

te.si.na. [te'sina] [te'sina] *f.* Trabalho escrito, exigido por algumas universidades para graus inferiores ao de doutor. Dissertação. ▸ Monografia.

te.sis. ['tesis] ['tesis] *f.* Estudo que os aspirantes ao título de doutor devem desenvolver, apresentar e defender. ▸ Tese.

▫**te.són.** [te'son] [te'son] *m.* Decisão e constância que se põem na execução de algo. Firmeza. ▸ Perseverança. *obs.*: Não possui conotação sexual ou vulgar.

te.so.re.rí.a. [tesore'ria] [tesore'ria] *f.* Nas empresas, seção encarregada de pagamentos e cobranças. Tesouraria. ▸ Departamento financeiro.

te.so.ro. [te'soro] [te'soro] *m.* **1.** Conjunto de dinheiro, valores e objetos preciosos reunidos e guardados. ▸ Tesouro. **2.** *fig.* Coisa ou pessoa de grande valor ou estima. ▸ Tesouro. **3.** Erário de uma nação. ▸ Tesouro.

test. ['test] ['teht] *m.* Prova para avaliar características ou capacidade. ▸ Teste.

▫**tes.ta.** ['testa] ['tehta] *f.* **1.** Ver *cabeza*[(1)]. ▸ Cabeça. **2.** Parte anterior de alguns objetos. ▸ Frente.

tes.ta.fe.rro. [testa'fero] [tehta'fero] *m.* Pessoa que empresta seu nome ou responde em qualquer contrato ou negócio de outrem. Laranja. ▸ Testa de ferro.

tes.ta.men.to. [testa'mento] [tehta'mento] *m.* **1.** Declaração que uma pessoa faz de sua última vontade. ▸ Testamento. **2.** Documento no qual consta de forma legal a vontade do testador. ▸ Testamento. ◆ **Antiguo / Viejo Testamento.** *Rel.* Antigo Testamento. **Nuevo Testamento.** *Rel.* Novo Testamento.

tes.tar. [tes'tar] [teh'tar] *v.4.* **1.** Fazer o próprio testamento. Legar. ▸ Testar. **2.** Garantir uma verdade. ▸ Atestar. **3.** Submeter a teste, aplicar teste. ▸ Testar.

tes.ta.ru.do, da. [testa'ruðo] [tehta'ruðo] *adj.* Diz-se de pessoa obstinada. ▸ Teimoso. *U.t.c.s.*

tes.tí.cu.lo. [tes'tikulo] [teh'tikulo] *m. Anat.* Glândula genital masculina que produz os espermatozoides. ▸ Testículo.

tes.ti.fi.car. [testifi'kaɾ] [tehtifi'kaɾ] *v.7.* Prestar depoimento como testemunha. ▸ Testemunhar.

tes.ti.go. [tes'tiɣo] [teh'tiɣo] *com.* **1.** Pessoa que presta depoimento sobre algo de que tem conhecimento certo e verdadeiro. ▸ Testemunha. *m.* **2.** Qualquer coisa sobre a qual está baseada a verdade de um fato. Prova. ▸ Testemunho. ◆ **Testigo de cargo / descargo.** *Dir.* Testemunha de acusação / defesa. **Testigo ocular / de vista.** *Dir.* Testemunha ocular.

tes.ti.mo.niar. [testimo'njar] [tehtimo'njar] *v.4.* Atestar ou servir de testemunha em certos atos autênticos ou solenes. ▸ Testemunhar.

tes.ti.mo.nio. [testi'monjo] [tehti'monjo] *m.* Declaração e justificação da verdade e certeza de uma coisa. ▸ Testemunho. ◆ **Falso testimonio.** *Dir.* Delito que comete a testemunha ou perito que falta à verdade em seu depoimento em juízo. ▸ Falso testemunho.

te.ta. ['teta] ['teta] *f. Anat.* **1.** Glândula mamária da mulher. ▸ Mama. **2.** Glândula mamária das fêmeas dos mamíferos. ▸ Úbere. ◆ **Dar la teta.** Amamentar. **De teta.** Lactente, que ainda mama. **Quitar la teta.** Desmamar.

té.ta.nos. ['tetanos] ['tetanos] *m. Med.* Doença grave que se produz pela infecção de feridas e ataca o sistema nervoso. ▸ Tétano.

te.te.ra. [te'teɾa] [te'teɾa] *f.* Vasilha de porcelana ou metal, geralmente de prata, para servir chá. ▸ Chaleira.

té.tri.co, ca. ['tetɾiko] ['tetɾiko] *adj.* **1.** Muito triste, fúnebre. ▸ Tétrico. **2.** Que é muito sério e grave. ▸ Tétrico.

tex.til. ['tekstil] ['tekstil] *adj.* **1.** Pertencente ou relativo aos tecidos. ▸ Têxtil. **2.** Diz-se da matéria convertida em fios e tecida. ▸ Têxtil. *U.t.c.s.*

tex.to. ['teksto] ['teksto] *m. Ling.* **1.** Qualquer escrito considerado individualmente. ▸ Texto. **2.** Conjunto das palavras escritas de uma obra literária, científica ou de qualquer natureza. ▸ Texto. ◆ **Libro de texto.** Livro didático.

tex.tual. [teks'twal] [teks'twal] *adj. Ling.* **1.** Relativo ao texto ou que está em um texto. ▸ Textual. **2.** Que está fielmente reproduzido ou fielmente citado. ▸ Textual.

tex.tu.ra. [teks'tuɾa] [teks'tuɾa] *f.* **1.** Disposição e ordem dos fios em um tecido. ▸ Textura. **2.** *fig.* Estrutura das partes de um corpo, de uma obra, etc. ▸ Textura.

tez. ['teθ] ['tes] *f.* Superfície do rosto das pessoas. ▸ Tez.

ti. [ti] [ti] *pron.pess.* Corresponde à segunda pessoa do singular (*tú*) e, antecedido de uma preposição, exceto *con*, exerce função de objeto. ▸ Ti / Você. *Ya te lo dije, estos libros son para ti.* Já te disse, estes livros são para você. *obs.:* Com a preposição *con*, varia para **contigo**.

ti.bia. ['tiβja] ['tiβja] *f.* **1.** *Mús.* Instrumento musical, flauta de pastor. ▸ Tíbia. **2.** *Anat.* Osso da frente da perna que se articula com o fêmur (osso da coxa), com o perônio (osso da perna) e com o astrágalo (osso do tarso). ▸ Tíbia.

ti.bio, bia. ['tiβjo] ['tiβjo] *adj.* **1.** Que tem pouco calor. Morno. ▸ Tíbio. **2.** *fig.* Que procede com indiferença e pouco afeto. Indolente. ▸ Tíbio.

ti.bu.rón. [tiβu'ron] [tiβu'ron] *m. Zool.* Tipo de peixe marinho. ▸ Tubarão. ➡ *Reino animal*

tic. ['tik] ['tik] *m.* Movimento convulsivo produzido pela contração involuntária e repetida de algum músculo do rosto. ▸ Tique nervoso.

tic.tac. [tik'tak] [tik'tak] *m.* Som regular e cadenciado que produz o relógio. ▸ Tique-taque.

tiem.po. ['tjempo] ['tjempo] *m.* **1.** Duração de algo. ▸ Tempo. **2.** Momento oportuno para fazer uma determinada coisa. ▸ Tempo. **3.** Cada um dos atos sucessivos de execução de algo. ▸ Tempo. **4.** *Meteor.* Estado atmosférico. Clima. ▸ Tempo. ◆ **Del tiempo.** À temperatura ambiente. **Despejarse el tiempo.** Limpar o céu. **De tiempo en tiempo.** De tempos em tempos. **Engañar / Matar el tiempo.** Matar o tempo. **Fuera de tiempo.** 1. Fora da época. 2. Intempestivamente. **Ganar / Perder el tiempo.** Ganhar / Perder tempo. **Con tiempo.** Sem pressa de realizar uma atividade. ▸ Com tempo. **Con el tiempo.** Com o passar do tempo. ▸ Com o tempo. **Hacer tiempo.** Aguardar um tempo. ▸ Fazer hora.

tien.da. ['txenda] ['txenda] *f.* **1.** Estabelecimento em que se vendem diversos artigos de consumo ou uso. ▸ Loja. **2.** Barraca de acampamento. ▸ Barraca. ◆ **Tienda de campaña.** Barraca de acampamento.

tien.to. ['tjento] ['tjento] *m.* **1.** Habilidade para tratar de um assunto ou para tratar com as pessoas. Tato. ▶ Cautela. **2.** Toque com a mão por meio do qual se percebem características de alguma coisa. ▶ Tato. **3.** Segurança e firmeza da mão para executar alguma coisa. ▶ Pulso. ◆ **A tiento / A tientas.** Tateando no escuro.

tier.no, na. ['tjerno] ['tjerno] *adj.* **1.** Que é macio ao tato ou ao paladar. ▶ Tenro. **2.** *fig.* Novo, recente. ▶ Tenro. **3.** *fig.* Que trata com carinho. Afetuoso. ▶ Terno.

tie.rra. ['tjera] ['tjera] *f.* **1.** *n.p. Geogr.* Planeta do Sistema Solar, o terceiro a partir do Sol. ▶ Terra. **2.** *Geogr.* Superfície sólida do planeta. ▶ Terra. **3.** *Agr.* Terreno cultivável. ▶ Terra. **4.** País, nação ou lugar de nascimento. ▶ Terra. ◆ **Caer a tierra.** *fig.* Cair por terra. **Echar por tierra.** *fig.* Fracassar. ▶ Botar a perder. **Ser buena tierra para sembrar nabos.** *fam.* Ser inútil (uma pessoa). ▶ Não prestar para nada. **Tomar tierra.** *fig.* Aterrissar, aportar.

tie.so, sa. ['tjeso] ['tjeso] *adj.* **1.** Teso, retesado, esticado. ▶ Teso. **2.** Grave, circunspecto. ▶ Teso. **3.** Duro de frio ou de susto. ▶ Teso. ◆ **Dejar tieso. 1.** Matar. **2.** Impressionar muito. **Quedarse tieso.** *fig.* Ficar duro de frio ou susto. ▶ Ficar paralisado.

ties.to. ['tjesto] ['tjehto] *m.* **1.** Pedaço de qualquer vasilha de barro. ▶ Caco. **2.** Vaso de barro para cultivar plantas. ▶ Vaso.

ti.fón. [ti'fon] [ti'fon] *m.* **1.** *Meteor.* Furacão do Mar da China. ▶ Tufão. **2.** Ver *tromba*⁽²⁾. ▶ Tufão.

ti.fus. ['tifus] ['tifus] *m. Med.* Gênero de doenças graves, infecciosas, que se manifestam com febre alta e delírio. ▶ Tifo.

ti.gre, gre.sa. ['tiɣre] ['tiɣre] *s.* **1.** *Zool.* Mamífero felino, feroz e carnívoro, de grande porte. ▶ Tigre. **2.** ☐ Ver *jaguar*. ▶ Jaguar. **3.** *fig.* Pessoa cruel e agressiva. ▶ Tigre.
➡ *Reino animal*

ti.je.ra. [ti'xera] [ti'xera] *f.* Instrumento composto de duas lâminas de aço com fios de um lado para cortar, unidas por um eixo. ▶ Tesoura. *U.t.c.f.pl.* ➡ *En el aula*

ti.je.re.ta.da. [tixere'taða] [tixere'taða] *f.* Ver *tijeretazo*. ▶ Tesourada.

ti.je.re.ta.zo. [tixere'taθo] [tixere'taso] *m.* Corte feito com um golpe de tesoura. ▶ Tesourada.

ti.la. ['tila] ['tila] *f.* Bebida calmante que se faz com a flor da tília em infusão de água quente. ▶ Chá de tília.

til.dar. [til'dar] [til'dar] *v.4.* **1.** *Ling.* Pôr acento nas letras que devem levá-lo segundo as regras da ortografia. ▶ Acentuar. **2.** *fig.* Atribuir a uma pessoa alguma má qualidade ou defeito. ▶ Tachar.

til.de. ['tilde] ['tilde] *f. Ling.* Signo ortográfico (´) que serve para denotar a pronúncia de uma letra ou sílaba. ▶ Acento agudo.

ti.ma.dor, do.ra. [tima'ðor] [tima'ðor] *adj.* Que engana para obter dinheiro ou alguma vantagem. ▶ Vigarista.

ti.mar. [ti'mar] [ti'mar] *v.4.* Tirar dinheiro dos outros enganando-os com contos e histórias. ▶ Enrolar.

tim.ba. ['timba] ['timba] *f. fam.* **1.** Casa de jogos. ▶ Cassino. **2.** Jogo no qual o ganho ou a perda dependem da sorte. ▶ Jogo de azar.

tim.bal. [tim'bal] [tim'bal] *m. Mús.* Tambor de caixa metálica semiesférica. ▶ Timbale.
➡ *Instrumentos musicales*

tim.ba.le.ro, ra. [timba'lero] [timba'lero] *s.* Pessoa que toca o timbale. ▶ Timbaleiro.

tim.brar. [tim'brar] [tim'brar] *v.4.* Marcar com carimbo, selar. Carimbar. ▶ Timbrar.

tim.bre. ['timbre] ['timbre] *m.* **1.** ☐ Selo aplicado em alguns documentos que indica o valor a ser pago como imposto. ▶ Selo. **2.** ☐ Dispositivo sonoro que se aciona para chamar, avisar, entre outras funções. ▶ Campainha. **3.** *Mús.* Qualidade que diferencia e caracteriza sons de mesma altura e intensidade. ▶ Timbre.

tí.mi.do, da. ['timiðo] ['timiðo] *adj.* **1.** Que tem temor. ▶ Tímido. **2.** Que procede com acanhamento. ▶ Tímido.

ti.món. [ti'mon] [ti'mon] *m.* **1.** Peça móvel do navio ou avião que serve para dirigi-los. Leme. ▶ Timão. **2.** *fig.* Direção ou governo de um negócio. ▶ Comando. **3.** *(Col.)* Ver *volante*⁽²⁾. ▶ Volante.

ti.mo.nel. [timo'nel] [timo'nel] *com. Mar.* Aquele que maneja o leme de um navio. ▶ Timoneiro.

tím.pa.no. ['timpano] ['timpano] *m. Anat.* Membrana no ouvido que vibra ao impacto das ondas sonoras e as transmite ao cérebro. ▶ Tímpano.

ti.na. ['tina] ['tina] *f.* Recipiente de madeira em forma de meio tonel. ▶ Tina.

ti.na.ja. [ti'naxa] [ti'naxa] *f.* Recipiente de barro com grande bojo que serve para armazenar água, azeite ou outros líquidos. ▶ Talha.

tin.gla.do. [tin'glaðo] [tin'glaðo] *m.* **1.** Pálio provisório, feito às pressas, que oferece pouca segurança. ▶ Palanque. **2.** *fig.* Assunto ou situação difícil ou complicada. Intriga. Maquinação. ▶ Trama.

ti.nie.bla. [ti'njeβla] [ti'njeβla] *f.* **1.** Falta de luz, escuridão. ▶ Treva. *U.t.c.f.pl.* **2.** *fig.* Ignorância por falta de conhecimento das coisas. ▶ Treva.

ti.no. ['tino] ['tino] *m.* **1.** Moderação, prudência e juízo na execução das coisas. ▶ Tino. **2.** Destreza para acertar no alvo. ▶ Pontaria.

tin.ta. ['tinta] ['tinta] *f.* **1.** Líquido de qualquer cor para escrever, pintar, tingir ou imprimir. ▶ Tinta. **2.** Cor que se dá a alguma coisa para cobrir a anterior. ▶ Tinta. ◆ **Medias tintas.** Meias palavras. **Tinta china.** Tinta nanquim.

tin.te. ['tinte] ['tinte] *m.* **1.** Ato ou efeito de tingir. ▶ Tingimento. **2.** Oficina ou lugar onde se limpam ou tingem roupas e outras coisas de tecido. ▶ Tinturaria. **3.** A substância usada para tingir ou escrever. ▶ Tinta. **4.** *fig.* Artifício que se usa para dar outra cor ou aspecto a uma coisa. ▶ Capa, verniz.

tin.te.ro. [tin'tero] [tin'tero] *m.* Recipiente onde se coloca a tinta de escrever. ▶ Tinteiro.

tin.ti.ne.ar. [tintine'ar] [tintine'ar] *v.4.* **1.** Produzir som de campainha. ▶ Tilintar. **2.** O som produzido por dois copos ao se chocarem. ▶ Tilintar.

tin.to. ['tinto] ['tinto] *adj.* **1.** Aplica-se ao vinho de cor vermelho-escura. ▶ Tinto. **2.** ☐ *(Col.)* Ver *café*[(2)]. ▶ Café (puro).

tin.to.re.rí.a. [tintore'ria] [tintore'ria] *f.* **1.** Ofício do tintureiro. ▶ Tinturaria. **2.** Oficina onde se tingem, lavam e passam roupas, objetos de tecido, artigos de couro, etc. ▶ Tinturaria.

tin.to.re.ro, ra. [tinto'rero] [tinto'rero] *s.* **1.** Pessoa que tem por ofício tingir. ▶ Tintureiro. **2.** Dono ou profissional que trabalha em uma tinturaria. ▶ Tintureiro.

tin.to.rro. [tin'toro] [tin'toro] *m.* Vinho tinto de má qualidade. ▶ Vinho de taberna.

tin.tu.ra. [tin'tura] [tin'tura] *f.* **1.** Substância com que se tinge. ▶ Tintura. **2.** Solução de uma substância medicinal em um líquido ao qual dá cor. ▶ Tintura.

tí.o, a. ['tio] ['tio] *s.* **1.** Indivíduo em relação ao(s) filho(s) de seu irmão ou de sua irmã. ▶ Tio. **2.** *fam.* (*Esp.*) Pessoa, indivíduo. ▶ Cara. ◆ **Tío abuelo / Tía abuela.** Tio-avô / Tia-avó.

tio.vi.vo. [tio'βiβo] [tio'βiβo] *m.* Brinquedo de parque de diversões que consiste em vários assentos colocados em uma plataforma que dá voltas. ▶ Carrossel.

ti.pe.ar. [tipe'ar] [tipe'ar] *v.4.* Escrever digitando. ▶ Digitar.

ti.pe.jo, ja. [ti'pexo] [ti'pexo] *s.* Pessoa de mau comportamento, que não hesita em causar dano. Mau-caráter. ▶ Patife.

tí.pi.co, ca. ['tipiko] ['tipiko] *adj.* **1.** Que é característico ou representativo de algum tipo. ▶ Típico. **2.** Peculiar de um grupo, país, época, etc. ▶ Típico.

ti.pi.fi.car. [tipifi'kar] [tipifi'kar] *v.7.* Acomodar várias coisas semelhantes a uma descrição comum. Classificar. ▶ Tipificar.

ti.ple. ['tiple] ['tiple] *s.* **1.** A voz feminina mais aguda. ▶ Soprano. **2.** Um dos registros de altura da voz. ▶ Soprano.

ti.po, pa. ['tipo] ['tipo] *s.* **1.** Forma, às vezes pejorativa, de referir-se a uma pessoa desconhecida ou que se quer indeterminar. ▶ Cara / Fulano. *m.* **2.** Modelo característico de alguma coisa. ▶ Tipo. **3.** Cada uma das classes de letra que se usa para escrever ou imprimir. ▶ Fonte. **4.** Figura de uma pessoa. Porte. ▶ Tipo físico. **5.** Classe, natureza das coisas. ▶ Tipo.

ti.po.gra.fí.a. [tipoɣra'fia] [tipoɣra'fia] *f.* **1.** Arte de imprimir. ▶ Tipografia. **2.** O conjunto de equipamentos e instalações onde se imprime. ▶ Tipografia.

ti.que. ['tike] ['tike] *m.* **1.** Comprovante de pagamento de alguma coisa pequena. ▶ Tíquete. **2.** Bilhete que dá o direito de utilizar uma série de serviços, como meios de transporte, cinemas, etc. Passagem. Ingresso. ▶ Entrada.

ti.ra. ['tira] ['tira] *f.* **1.** Fita longa e estreita de tecido, papel, couro ou outra coisa semelhante. ▶ Tira. **2.** (*Amér.*) Ver *policía*[(2)]. ▶ Policial. ◆ **La tira.** À beça. **Tira cómica.** Tirinha.

ti.ra.bu.zón. [tiraβu'θon] [tiraβu'son] *m.* **1.** Mecha de cabelo em forma de espiral. ▶ Cacho. **2.** Ver *sacacorchos*. ▶ Saca-rolhas. ◆ **Sacar con tirabuzón.** *fig.* e *fam.* Tirar com saca-rolhas.

ti.ra.chi.nas. [tira'tʃinas] [tira'tʃinas] *m.* Atiradeira feita com uma forquilha, duas tiras de elástico e um pequeno pedaço de couro usada para atirar coisas, especialmente pedras. ▶ Estilingue.

ti.ra.da. [ti'raða] [ti'raða] *f.* **1.** Comprimento que há de um lugar a outro. ▶ Distância. **2.** ❏ Ato ou efeito de imprimir. ▶ Impressão. **3.** Número de exemplares de que consta a edição de uma obra. ▶ Tiragem. ◆ **De una tirada.** De uma tacada.

ti.ra.do, da. [ti'raðo] [ti'raðo] *adj.* **1.** Que está jogado, caído. ▶ Estirado. **2.** Que está deitado. *El perro está tirado en el sillón.* O cachorro está deitado na poltrona.

ti.ra.dor, do.ra. [tira'ðor] [tira'ðor] *s.* **1.** Pessoa que atira com certa destreza. ▶ Atirador. *m.* **2.** Maçaneta que se puxa para abrir ou fechar uma porta, janela ou outra coisa. ▶ Puxador.

ti.ra.ní.a. [tira'nia] [tira'nia] *f.* **1.** *Polít.* Governo exercido por um tirano. ▶ Tirania. **2.** *fig.* Despotismo de qualquer poder, força ou superioridade. ▶ Tirania.

ti.rá.ni.co, ca. [ti'raniko] [ti'raniko] *adj.* **1.** Pertencente ou relativo à tirania. ▶ Tirânico. **2.** Que procede com tirania. Déspota. ▶ Tirânico.

ti.ra.ni.zar. [tirani'θar] [tirani'sar] *v.13.* Oprimir com rigor ou crueldade uma pessoa, povo ou nação. ▶ Tiranizar.

ti.ra.no, na. [ti'rano] [ti'rano] *adj.* Que abusa de sua autoridade, com injustiças e crueldades, visando manter-se no poder. ▶ Tirano. *U.t.c.s.*

ti.ran.te. [ti'rante] [ti'rante] *adj.* **1.** Que está esticado ou tenso. ▶ Teso. **2.** Diz-se das relações embaraçosas. ▶ Tenso. *m.* **3.** Cada uma das correias que servem para que as cavalarias puxem uma carruagem. ▶ Correia. **4.** ❏ Cada uma das duas tiras elásticas que, passando pelos ombros, segura as calças. ▶ Suspensório.

ti.rar. [ti'rar] [ti'rar] *v.4.* **1.** Atirar ou lançar algo em uma direção determinada. ▶ Atirar. **2.** Disparar uma arma de fogo. ▶ Atirar. **3.** ❏ Jogar fora qualquer coisa. ▶ Jogar. **4.** ❏ Esticar ou estender algo. ▶ Esticar. **5.** Desenhar linhas. ▶ Traçar. **6.** Mover alguma coisa arrastando--a. ▶ Puxar. **7.** ❏ Ver *inspirar*[(2)]. ▶ Inspirar. **8.** ❏ Inclinar-se. Tender. *v.p.* **9.** ❏ Deixar-se cair. ▶ Jogar-se.

ti.ri.ta. [ti'rita] [ti'rita] *f.* Fita adesiva pequena, com uma gaze no centro, que se cola cobrindo uma ferida para protegê-la. ▶ Curativo.

ti.ri.tar. [tiri'tar] [tiri'tar] *v.4.* Tremer de frio ou de medo. ▶ Tiritar.

ti.ro. ['tiro] ['tiro] *m.* **1.** Disparo de arma de fogo. ▶ Tiro. **2.** Conjunto de cavalos que puxam uma carruagem. ▶ Tiro. **3.** Lugar onde se pratica o esporte de tiro ao alvo. ▶ Tiro. **4.** Carreira de degraus. ▶ Lance de escada. ◆ **A tiro. 1.** Ao alcance da arma. **2.** *fig.* Que vem a calhar. **Ni a tiros.** *fig.* e *fam.* De maneira alguma. ▶ Nem morto. **Pegarse un tiro.** Cometer suicídio. **Tiro al blanco.** Tiro ao alvo. **Tiro de gracia.** Tiro de misericórdia.

ti.roi.des. [ti'roiðes] [ti'roiðes] *m. Anat.* Diz-se da glândula que está situada na parte superior e dianteira da traqueia e serve para regular o crescimento. ▶ Tireoide.

ti.rón. [ti'ron] [ti'ron] *m.* **1.** Ato de puxar com violência. ▶ Puxão. **2.** Ato de roubar empurrando a vítima e arrancando dela um objeto. Esbarrão, solavanco. ▶ Puxão. ◆ **De un tirón.** De uma tirada. *Si hacemos todo de un tirón, terminamos antes.* Se fizermos tudo de uma tacada só, terminaremos antes.

ti.ro.te.ar. [tirote'ar] [tirote'ar] *v.4.* Atirar repetidamente em arma de fogo. ▶ Disparar.

ti.ro.te.o. [tiro'teo] [tiro'teo] *m.* **1.** Fogo de fuzilaria em que os tiros são sucessivos. ▶ Tiroteio. **2.** Fogo de atiradores dispersos. ▶ Tiroteio. **3.** *fig.* Troca de impropérios entre pessoas que discutem. ▶ Tiroteio.

ti.rria. ['tirja] ['tirja] *f.* Má vontade contra algo ou alguém. ▶ Antipatia.

ti.sis. ['tisis] ['tisis] *f. Med.* Doença grave, contagiosa, que afeta algum órgão ou parte do corpo. Tísica. ▶ Tuberculose.

ti.tán. [ti'tan] [ti'tan] *m.* **1.** *fig.* Pessoa de força excepcional ou que se sobressai por alguma qualidade. ▶ Titã. **2.** *fig.* Aparelho para movimentar grandes pesos. ▶ Guindaste.

tí.te.re. ['titere] ['titere] *m.* **1.** Boneco de teatro de marionetes. ▶ Títere. **2.** *fig.* Pessoa que se deixa governar por outra. ▶ Fantoche. **3.** *fig. Polít.* Governo de um país, imposto e dirigido por outro mais poderoso. ▶ Fantoche.

ti.tí. [ti'ti] [ti'ti] *m. Zool.* Macaquinho da América do Sul. ▶ Sagui.

ti.ti.lar. [titi'lar] [titi'lar] *v.4.* **1.** Agitar-se com tremor leve um corpo ou parte dele. ▶ Palpitar. **2.** *Astr.* Reluzir um corpo luminoso ou uma estrela. ▶ Cintilar.

ti.ti.ri.te.ro, ra. [titiri'tero] [titiri'tero] *s.* Pessoa que maneja títeres. ▶ Titereiro.

ti.tu.be.ar. [tituβe'aɾ] [tituβe'aɾ] *v.4.* **1.** Hesitar na escolha de alguma coisa. ▸ Titubear. **2.** Oscilar, perder a estabilidade física ou emocional. ▸ Titubear.

ti.tu.be.o. [titu'βeo] [titu'βeo] *m.* Ato ou efeito de titubear. ▸ Titubeio.

ti.tu.la.ción. [titula'θjon] [titula'sjon] *f.* **1.** Ato ou efeito de titular. ▸ Titulação. **2.** Ato de obter um título acadêmico. ▸ Titulação.

ti.tu.lar. [titu'laɾ] [titu'laɾ] *v.4.* **1.** ▢ Atribuir título a alguma coisa. ▸ Intitular. *v.p.* **2.** Obter uma pessoa um título acadêmico. Diplomar-se. ▸ Titular-se. *adj.* **3.** Diz-se de quem tem estabilidade no cargo. ▸ Titular. **4.** ▢ Cada um dos títulos, em maior tamanho, de revista e jornal. ▸ Manchete.

tí.tu.lo. ['titulo] ['titulo] *m.* **1.** Inscrição colocada no princípio de um livro ou capítulo. ▸ Título. **2.** Documento que fundamento que torna autêntico um direito. ▸ Título. **3.** Instrumento que faculta o exercício de um emprego, dignidade ou profissão. ▸ Título. ♦ **A título de.** Na qualidade de.

ti.za. ['tiθa] ['tisa] *f.* Gesso, em formato cilíndrico, que se usa para escrever ou desenhar na lousa. ▸ Giz. ➥ *En el aula*

tiz.nar. [tiθ'naɾ] [tih'naɾ] *v.4.* Tornar escuro ou manchar com carvão ou fuligem. ▸ Tisnar.

ti.zón. [ti'θon] [ti'son] *m.* Pedaço de lenha ou carvão aceso ou meio queimado. ▸ Tição.

to.a.lla. [to'aʎa] [to'aʃa] *f.* Peça de algodão para enxugar as mãos ou qualquer parte do corpo. ▸ Toalha. ♦ **Tirar la toalla.** *fig.* Desistir, abandonar. ▸ Jogar a toalha.

to.a.lle.ro. [toa'ʎeɾo] [toa'ʃeɾo] *m.* Utensílio próprio para se pendurar toalhas de banho, de rosto ou de mãos. ▸ Toalheiro.

to.bi.lle.ra. [toβi'ʎeɾa] [toβi'ʃeɾa] *f.* Acessório que se prende ao tornozelo para protegê-lo, especialmente para a prática de alguns esportes. ▸ Tornozeleira.

to.bi.llo. [to'βiʎo] [to'βiʃo] *m. Anat.* Saliência óssea na articulação situada entre o pé e a perna, a externa correspondendo ao perônio e a interna à tíbia. ▸ Tornozelo. ➥ *Cuerpo humano*

to.bo.gán. [toβo'ɣan] [toβo'ɣan] *m.* **1.** Espécie de trenó baixo para deslizar nas encostas cobertas de neve. ▸ Tobogã. **2.** Pista feita na neve para deslizar a grande velocidade com esses trenós especiais. **3.** Grande rampa ondulada de parque de diversões. ▸ Tobogã. **4.** Brinquedo infantil para escorregar. ▸ Escorregador. ➥ *Deportes*

to.ca. ['toka] ['toka] *f.* Peça da vestimenta das freiras que cobre a cabeça, o pescoço e os ombros. ▸ Touca.

to.ca.dis.cos. [toka'ðiskos] [toka'ðihkos] *m.* Aparelho que reproduz o som gravado em discos. ▸ Toca-discos.

to.ca.do, da. [to'kaðo] [to'kaðo] *adj.* **1.** *fam.* Que está meio louco. ▸ Biruta. **2.** Diz-se de fruta ou qualquer outro alimento perecível que começa a apodrecer. ▸ Embolorado. **3.** Arranjo na cabeça ou nos cabelos da mulher. ▸ Toucado.

to.ca.dor. [toka'ðoɾ] [toka'ðoɾ] *m.* **1.** Móvel usado para toucador. ▸ Penteadeira. **2.** Aposento destinado para esse fim. ▸ Quarto (toucador). ➥ *Muebles y electrodomésticos*

to.car. [to'kaɾ] [to'kaɾ] *v.7.* **1.** Apalpar, ter contato, perceber com o tato. ▸ Tocar. **2.** *Mús.* Fazer soar um aparelho musical. ▸ Tocar. **3.** Ganhar um prêmio na loteria ou em qualquer sorteio. **4.** Produzir som batendo, golpeando. ▸ Tocar. **5.** Causar comoção, abalo. Sensibilizar. ▸ Tocar. **6.** *fig.* Chegar a vez de alguém fazer algo. ▸ Ser a vez de. *Hoy te toca a ti lavar los platos.* Hoje é sua vez de lavar os pratos. **7.** *fig.* Tratar muito superficialmente um assunto. ▸ Mencionar. ➥ *Recreación*

to.ca.ta. [to'kata] [to'kata] *f. Mús.* Peça de música para instrumentos de teclado. ▸ Tocata.

to.ca.te.ja(a). [toka'texa] [toka'texa] *loc.* Pagamento integral na hora da compra. ▸ À vista.

▢**to.ca.yo, ya.** [to'kajo] [to'kaʃo] *s.* Pessoa que possui o mesmo nome de batismo que outra. ▸ Xará.

to.ci.no. [to'θino] [to'sino] *m.* Gordura do porco, que fica debaixo da pele ou do couro. ▸ Toicinho.

▢**to.da.ví.a.** [toða'βia] [toða'βia] *adv.* Até um momento determinado. ▸ Ainda. *Mañana tenemos prueba y todavía no hemos estudiado.* Temos prova amanhã e ainda não estudamos.

to.do, da. ['toðo] ['toðo] *adj.* **1.** Que abrange a totalidade em número ou aspectos. ▸ Todo. *Hay hispanohablantes en todo el mundo.* Há falantes de espanhol no mundo inteiro. *m.* **2.** Conjunto que abarca a totalidade. ▸ Tudo. *adv.* **3.** Inteiramente, integralmente, por completo. ▸ Todo. *Volvió de la entrevista todo eufórico, pues fue nombrado director.* Ele voltou da entrevista todo eufórico, pois foi nomeado diretor. *pron.pl.* **4.** Faz referência a pessoas em número indeterminado. ▶ Todos. *¿Cómo están todos en casa?* Como estão todos em casa? ◆ **Ante todo.** Primeiramente. *Cuando llegues a casa, ante todo lávate las manos.* Quando você chegar em casa, primeiramente lave as mãos. **Así y todo.** Mesmo assim. **Del todo.** Completamente. **Jugar(se) el todo por el todo.** *fig.* Arriscar tudo ou nada. **Sobre todo.** Sobretudo, principalmente. **Todo el mundo.** Faz referência a pessoas ou coisas em número indeterminado. ▶ Todo mundo. *Todo el mundo conmemoró la victoria de Fernando.* Todo mundo comemorou a vitória de Fernando. **Y todo.** Até, também.

to.do.po.de.ro.so, sa. [toðopoðeˈroso] [toðopoðeˈroso] *adj.* **1.** Aplica-se àquele que tem muito poder por sua fortuna, inteligência, autoridade ou por qualquer outra circunstância. ▶ Todo-poderoso. *m.* **2.** *n.p. Rel.* Deus. ▶ Todo-poderoso.

tol.do. [ˈtoldo] [ˈtoldo] *m.* Tipo de cobertura usada em áreas exteriores e em pátios. ▶ Toldo.

to.le.rar. [toleˈrar] [toleˈrar] *v.4.* **1.** Suportar ou ter indulgência. ▶ Tolerar. **2.** Dar consentimento. Admitir. ▶ Tolerar.

to.ma. [ˈtoma] [ˈtoma] *f.* **1.** Ocupação militar de uma cidade, região ou qualquer outro lugar. Conquista. ▶ Tomada. **2.** Ocupação de um território ou prédio mediante uso da força. Tomada. ▶ Ocupação. ◆ **Toma de corriente.** Ponto por onde se deriva uma corrente de eletricidade. ▶ Tomada elétrica. **Toma de decisión.** Tomada de decisão. **Toma de posesión.** Tomada de posse. **Toma y daca.** Intercâmbio de favores. ▶ Toma lá, dá cá.

to.ma.du.ra. [tomaˈðura] [tomaˈðura] *f.* Ver *toma*(1). ▶ Tomada. ◆ **Tomadura de pelo.** *fig.* e *fam.* Conjunto de palavras ou atos, ditos ou feitos para enganar ou ridicularizar uma pessoa. ▶ Gozação.

to.mar. [toˈmar] [toˈmar] *v.4.* **1.** Pegar, apanhar alguma coisa. ▶ Tomar. **2.** Comer ou beber. ▶ Tomar. **3.** Ocupar ou conseguir pela força. ▶ Tomar. **4.** Providenciar medidas em relação a alguma coisa ou assunto. ▶ Tomar. **5.** Servir-se de um meio de transporte. ▶ Tomar. **6.** Considerar, interpretar. ▶ Tomar. **7.** Levar ou roubar. ▶ Tomar. **8.** Seguir uma direção, um rumo. ▶ Tomar. ◆ **Tomar el pelo.** *fig.* Tirar sarro. **Tomar en broma / en serio.** Levar na brincadeira / a sério. **Tomar (una cosa) por (otra).** Confundir-se.

to.ma.te. [toˈmate] [toˈmate] *m. Bot.* **1.** Fruto verde ou vermelho de pele lisa e brilhante que se prepara especialmente em molhos e saladas. ▶ Tomate. **2.** Planta que dá esse fruto. ▶ Tomateiro. ➠ *Vegetales*

tóm.bo.la. [ˈtombola] [ˈtombola] *f.* **1.** Sorteio ou rifa de objetos organizada para conseguir dinheiro, geralmente com fins beneficentes. Tômbola. ▶ Bingo. **2.** Local onde se realizam os sorteios. Tômbola. ▶ Bingo.

to.mi.llo. [toˈmiʎo] [toˈmiʃo] *m. Bot.* Tipo de planta silvestre florífera. ▶ Tomilho.

to.mo. [ˈtomo] [ˈtomo] *m.* **1.** Volume de obra impressa ou manuscrita. ▶ Tomo. **2.** Cada uma das partes de uma obra, encadernada separadamente. ▶ Tomo. ◆ **De tomo y tomo.** Coisa ou pessoa grande e pesada ou importante. ▶ De peso.

to.nel. [toˈnel] [toˈnel] *m.* **1.** Recipiente de madeira grande, redondo e bojudo, que serve para conter líquidos. ▶ Tonel. **2.** Pessoa muito gorda e barriguda. ▶ Botijão.

to.ne.la.da. [toneˈlaða] [toneˈlaða] *f.* Medida de peso igual a mil quilos. ▶ Tonelada.

tó.ni.co, ca. [ˈtoniko] [ˈtoniko] *adj.* **1.** Que é fortificante e dá energia ao organismo. ▶ Tônico. **2.** *Ling.* Aplica-se à vogal, palavra ou sílaba que se pronuncia com maior intensidade. ▶ Tônico.

to.no. [ˈtono] [ˈtono] *m.* **1.** Grau de intensidade, baixa ou alta, da voz. ▶ Tom. **2.** Modo de falar que denota a intenção daquele que fala. ▶ Tom. **3.** Força ou intensidade do som. ▶ Tom.

ton.te.rí.a. [tonteˈria] [tonteˈria] *f.* **1.** Obra ou dito de bobo. ▶ Bobagem. **2.** Assunto, proposta ou qualquer coisa sem importância. ▶ Bobagem.

ton.to, ta. [ˈtonto] [ˈtonto] *adj.* Que não tem entendimento nem razão. Bobo. ▶ Tonto. ◆ **A lo tonto.** Tolamente. **A tontas y a locas.** De forma desordenada, sem reflexão. **Hacer el tonto.** Fazer palhaçadas. **Hacerse el tonto.** Fazer-se de tonto. **Tonto de capirote / perdido / de remate.** *fam.* Toupeira.

to.pa.cio. [toˈpaθjo] [toˈpasjo] *m.* Pedra preciosa de cor amarela. ▶ Topázio.

to.par. [toˈpar] [toˈpar] *v.4.* **1.** Chocar com uma coisa. Tropeçar, colidir. ▶ Topar. **2.** Deparar, encontrar casualmente. ▶ Topar.

to.pe. ['tope] ['tope] *m.* **1.** Parte superior ou mais elevada de um mastro de navio, de uma montanha, de um edifício, etc. ▶ Topo. **2.** Choque, embate entre duas coisas. ▶ Encontrão. **3.** Aquilo que estorva algo. Obstáculo, impedimento. ▶ Bloqueio. ◆ **Hasta el tope.** *fig.* Completamente cheio. **Estar hasta los topes.** Estar saturado.

tó.pi.co, ca. ['topiko] ['topiko] *adj.* **1.** Que não é original, que é muito usado e repetido. ▶ Lugar-comum. ▶ Clichê. **2.** Tema, assunto. ▶ Tópico

to.po. ['topo] ['topo] *m. Zool.* Animal mamífero pequeno, que abre condutos na terra e se alimenta de insetos. ▶ Toupeira.

to.que. ['toke] ['toke] *m.* **1.** Contato com a mão ou de uma coisa com outra. ▶ Toque. **2.** Aviso que se dá com uma finalidade determinada. ▶ Toque. ◆ **Toque de queda.** Toque de recolher.

tó.rax. ['toraks] ['toraks] *m. Anat.* Parte do corpo humano e dos animais vertebrados, localizada entre o pescoço e o abdômen. ▶ Tórax.

tor.be.lli.no. [torβe'ʎino] [torβe'ʃino] *m.* **1.** Vento em espiral. ▶ Redemoinho. **2.** *fig.* Abundância de coisas que ocorrem ao mesmo tempo. ▶ Redemoinho. **3.** *fig.* e *fam.* Pessoa muito viva e inquieta. ▶ Serelepe.

tor.ce.du.ra. [torθe'ðura] [torse'ðura] *f.* **1.** Resultado de torcer. ▶ Torção. **2.** Dano que se produz nas partes moles que envolvem uma articulação. ▶ Torção.

tor.cer. [tor'θer] [tor'ser] *v.67. p.p. reg. torcido / irreg. tuerto.* **1.** Dobrar-se sobre si mesmo ou curvar alguma coisa. ▶ Torcer. **2.** Mudar de direção. ▶ Virar. *obs.*: Não se aplica a apoiar um time.

tor.ci.do, da. [tor'θiðo] [tor'siðo] *adj.* Que não é ou não está reto. ▶ Torto.

to.re.ar. [tore'ar] [tore'ar] *v.4.* **1.** Lidar com touros na arena da tourada. ▶ Tourear. **2.** *fig.* Esquivar algo incômodo ou desagradável. ▶ Driblar.

to.re.o. [to'reo] [to'reo] *m.* **1.** Ato de tourear. ▶ Tourada. **2.** Prática da luta com touros. ▶ Tourada.

to.re.ro, ra. [to'rero] [to'rero] *adj.* **1.** Pertencente ou relativo à tourada. ▶ Toureiro. *s.* **2.** Pessoa que lida em touradas. ▶ Toureiro.

tor.men.ta. [tor'menta] [tor'menta] *f.* **1.** Tempestade violenta no mar. ▶ Tormenta. **2.** Manifestação colérica de uma pessoa. ▶ Cólera. ➡ *Clima*

tor.men.to. [tor'mento] [tor'mento] *m.* **1.** Angústia ou dor física. ▶ Tormento. **2.** Dor física ou moral que se causa a uma pessoa para obrigá-la a fazer ou dizer alguma coisa. ▶ Tortura. **3.** Sofrimento moral, angústia, pena. ▶ Tormento.

tor.na.do. [tor'naðo] [tor'naðo] *m. Meteor.* Vento muito forte que avança girando velozmente. Furacão. ▶ Tornado ➡ *Clima*

tor.nar. [tor'nar] [tor'nar] *v.4.* **1.** Restituir uma coisa a quem a tinha anteriormente. ▶ Tornar. **2.** Voltar a colocar algo em seu lugar habitual. ▶ Tornar. **3.** Mudar a natureza ou estado de uma pessoa ou coisa. ▶ Tornar. ◆ **Tornar en sí.** Voltar a si.

tor.ne.ar. [torne'ar] [torne'ar] *v.4.* Lavrar e polir um objeto no torno. ▶ Tornear.

tor.ne.o. [tor'neo] [tor'neo] *m.* **1.** Competição esportiva entre várias equipes ou pessoas que vão sendo eliminadas até um encontro final no qual se define o vencedor. ▶ Torneio. **2.** Na Idade Média, combate com lança entre nobres montados a cavalo. ▶ Torneio.

tor.ni.llo. [tor'niʎo] [tor'niʃo] *m.* Pequena peça de metal cilíndrica ou cônica, com rosca helicoidal terminada em ponta, que serve para segurar uma coisa a outra. ▶ Parafuso. ◆ **Apretarle los tornillos.** *fig.* e *fam.* Dar uma prensa. **Faltarle un tornillo.** Faltar um parafuso.

tor.ni.que.te. [torni'kete] [torni'kete] *m.* **1.** Instrumento médico que, por compressão de veia ou artéria, impede o fluxo sanguíneo de um membro. ▶ Torniquete. **2.** Mecanismo que gira sobre um eixo, disposto em determinados locais, permitindo que as pessoas passem uma de cada vez. ▶ Catraca.

tor.no. ['torno] ['torno] *m.* Máquina que gira e faz girar um objeto sobre si mesmo para ser moldado ou lavrado. ▶ Torno. ◆ **En torno a / de.** A respeito de. *Estuvimos discutiendo en torno de la conveniencia de aplicar capital en una nueva empresa.* Estivemos discutindo a respeito da conveniência de investir capital em uma nova empresa.

to.ro. ['toro] ['toro] *m. Zool.* Animal mamífero, macho adulto, que tem a cabeça grande com dois chifres curvos e se alimenta de vegetais. ▶ Touro. ◆ **Coger el toro por los cuernos.** *fig.* Enfrentar uma dificuldade com resolução. ▶ Pegar o touro pelos chifres. **Toro corrido.** *fig.* Pessoa difícil de enganar porque já foi enganada outras vezes. ▶ Gato escaldado.

to.ron.ja. [to'ronxa] [to'ronxa] f. Fruta cítrica semelhante ao limão e à laranja. Toranja. *Grapefruit.* ▸ Pomelo. ➡ *Frutas*

tor.pe. ['torpe] ['torpe] *adj.* **1.** Que é lento e pesado, que tem dificuldade para se movimentar. ▸ Paquiderme. **2.** Que é lento em compreender. Rude. Tapado. ▸ Torpe.

tor.pe.do. [tor'peðo] [tor'peðo] *m. Mil.* Projétil que se movimenta sob a superfície da água, impulsionado por um motor elétrico, destinado a abater navios. ▸ Torpedo.

tor.por. [tor'por] [tor'por] *m.* Entorpecimento ou dificuldade de movimento de um membro ou qualquer parte do corpo. ▸ Torpor.

to.rre. ['tore] ['tore] *f.* Construção alta destinada a diversas finalidades, como campanário, observação, defesa, etc. ▸ Torre.

to.rren.te. [to'rente] [to'rente] *m.* **1.** Curso de água muito rápido e impetuoso. ▸ Torrente. **2.** *fig.* Multidão de pessoas que se encontram no mesmo lugar ou de coisas que acontecem ao mesmo tempo. ▸ Torrente.

to.rrez.no. [to'reθno] [to'rehno] *m.* Toucinho frito. ▸ Torresmo.

tó.rri.do, da. ['toriðo] ['toriðo] *adj.* **1.** Muito quente ou queimado. ▸ Tórrido. **2.** *Geogr.* Diz-se da zona quente da Terra compreendida entre os trópicos. ▸ Tórrido.

tor.so. ['torso] ['torso] *m.* Parte superior do corpo humano. ▸ Tronco.

tor.ta. ['torta] ['torta] *f.* **1.** *Cul.* Massa arredondada de farinha com recheio preparada ao forno. ▸ Torta. **2.** *Cul.* Massa doce feita no forno. ▸ Bolo. **3.** Golpe aplicado no rosto com a mão aberta. ▸ Bofetada. ◆ **Ni torta.** Nada, coisa alguma.

tor.ta.zo. [tor'taθo] [tor'taso] *m.* Golpe forte aplicado no rosto com a mão aberta. ▸ Bofetão.

tor.tí.co.lis. [tor'tikolis] [tor'tikolis] *m. Med.* Rigidez dolorosa dos músculos do pescoço originada por esforço muscular, deslocamento de disco ou reumatismo. ▸ Torcicolo.

tor.ti.lla. [tor'tiʎa] [tor'tiʃa] *f. Cul.* **1.** (*Esp.*) Comida feita com ovos batidos e outros ingredientes, como cebola, presunto, batata, queijo, ervilha, etc. ▸ Tortilha. **2.** (*Amér*) Rodela de farinha de milho achatada e assada. ▸ Tortilha. ◆ **Volverse la tortilla.** Mudar a sorte, para melhor ou para pior.

tor.tu.ga. [tor'tuɣa] [tor'tuɣa] *f. Zool.* Réptil que tem o corpo protegido por dois escudos ósseos. ▸ Tartaruga. ➡ *Reino animal*

tor.tuo.so, sa. [tor'twoso] [tor'twoso] *adj.* **1.** Que tem voltas e rodeios, altos e baixos. ▸ Tortuoso. **2.** *fig.* Que procede com cautela. ▸ Cauteloso.

tor.tu.ra. [tor'tura] [tor'tura] *f.* Dano físico que produz dor, aplicado com uma finalidade determinada, especialmente para conseguir uma confissão. Tormento. Suplício. ▸ Tortura.

tos. ['tos] ['tos] *f. Med.* Saída violenta do ar contido nos pulmões que, ao passar pelos brônquios e pela traqueia, produz ruído característico. ▸ Tosse. ◆ **Tos convulsa.** *Med.* Tosse convulsa, coqueluche. **Tos perruna.** Tosse de cachorro.

tos.ca.no. [tos'kano] [toh'kano] *m. Arg.* Ver *puro*[3]. ▸ Charuto.

tos.co, ca. ['tosko] ['tohko] *adj.* **1.** Que é grosseiro, malfeito ou sem acabamento. ▸ Tosco. **2.** Pessoa rude, inculta, pouco educada. ▸ Tosco.

to.ser. [to'ser] [to'ser] *v.5.* Ter tosse. ▸ Tossir.

tos.ta.do, da. [tos'taðo] [toh'taðo] *adj.* **1.** Que tem cor escura parecida ao marrom. ▸ Tostado. **2.** *Cul.* (*Amér.*) Sanduíche feito com pão de forma torrado. ▸ Misto-quente. *f.* **3.** Fatia de pão torrado. ▸ Torrada.

tos.ta.dor, do.ra. [tosta'ðor] [tohta'ðor] *adj.* **1.** Que tosta. ▸ Tostador. *s.* **2.** Aparelho que serve para tostar fatias de pão. ▸ Torradeira.

tos.tar. [tos'tar] [toh'tar] *v.18.* **1.** Torrar, queimar, aquecer demais um alimento ou outra coisa. ▸ Tostar. *v.p.* **2.** Curtir a pele. ▸ Bronzear-se.

▢**tos.tón.** [tos'ton] [toh'ton] *m.* Pessoa ou coisa que incomoda. ▸ Chato, chatice.

to.tal. [to'tal] [to'tal] *adj.* **1.** Que é geral, que compreende tudo. ▸ Total. *m.* **2.** Valor equivalente a duas ou mais quantidades homogêneas. Soma. ▸ Total. *adv.* **3.** Em resumo. ▸ Afinal. *Total, que llegué atrasado y no hice la prueba.* Afinal, cheguei atrasado e não fiz a prova. ◆ **En total.** Ao todo.

to.ta.li.dad. [totali'ðaθ] [totali'ðað] *f.* Conjunto dos elementos que formam um todo. ▸ Totalidade.

to.ta.li.ta.ris.mo. [totalita'rismo] [totalita'rihmo] *m. Polít.* Sistema político no qual o poder é exercido por único partido. ▸ Totalitarismo.

to.tal.men.te. [total'mente] [total'mente] *adv.* **1.** De maneira absoluta. ▸ Totalmente. **2.** Por inteiro. Completamente. ▸ Totalmente.

tó.tem. ['totem] ['totem] *m.* **1.** Objeto ou animal da natureza que alguns povos tomam como emblema sagrado e protetor. ▶ Totem. **2.** Imagem lavrada e pintada que representa o totem. ▶ Totem.

tó.xi.co, ca. ['toksiko] ['toksiko] *adj.* **1.** Que tem a propriedade de envenenar. ▶ Tóxico. **2.** Aplica-se às substâncias com essa propriedade. ▶ Tóxico. *U.t.c.m.*

to.xi.có.ma.no, na. [toksi'komano] [toksi'komano] *adj.* Diz-se de quem consome compulsivamente substâncias como o álcool e outras drogas. Farmacodependente. ▶ Toxicômano.

tra.ba. ['traβa] ['traβa] *f.* **1.** Qualquer coisa que impede a execução de outra. ▶ Entrave. **2.** Peça ou instrumento com que se une ou sujeita uma coisa a outra. ▶ Trava. ◆ **Poner trabas.** Colocar obstáculos.

tra.ba.ja.dor, do.ra. [traβaxa'ðor] [traβaxa'ðor] *adj.* **1.** Pessoa que trabalha em troca de um salário. ▶ Trabalhador. **2.** *fig.* Pessoa ativa e empreendedora. ▶ Trabalhador.

tra.ba.jar. [traβa'xar] [traβa'xar] *v.4.* Ocupar-se em um ofício ou profissão. ▶ Trabalhar.

tra.ba.jo. [tra'βaxo] [tra'βaxo] *m.* **1.** Atividade ou dedicação física ou mental. ▶ Trabalho. **2.** Ofício ou profissão. ▶ Trabalho. **3.** Operação de máquina, ferramenta ou utensílio. ▶ Trabalho.

tra.ba.jó.li.co, ca. [traβaxoa'ðikto] [traβaxoa'ðikto] *adj.* (*Chile*) Diz-se de quem tem o hábito patológico de trabalhar compulsivamente. Viciado em trabalho. ▶ *Workaholic.*

tra.bar. [tra'βar] [tra'βar] *v.4.* **1.** Encaixar uma coisa em outra. ▶ Travar. **2.** Impedir o desenvolvimento de algo ou de alguém. ▶ Travar. **3.** Iniciar discussão ou batalha. ▶ Travar.

tra.bi.lla. [tra'βiʎa] [tra'βiʃa] *f.* Tira de tecido ou de couro que se costura na cintura das roupas para passar o cinto. ▶ Passador.

trac.ción. [trak'θjon] [trak'sjon] *f.* **1.** Força que puxa uma coisa. ▶ Tração. **2.** Força que movimenta um veículo sobre uma superfície. ▶ Tração.

trac.tor. [trak'tor] [trak'tor] *m.* Veículo ou máquina de grande potência para trabalhos pesados, muito útil em atividades agrícolas ▶ Trator.

tra.di.ción. [traði'θjon] [traði'sjon] *f.* Transmissão de costumes, cultura, lendas, conhecimentos, etc. de geração em geração. ▶ Tradição.

tra.duc.ción. [traðuk'θjon] [traðuk'sjon] *f.* Expressão em uma língua daquilo que se disse ou escreveu em outra. ▶ Tradução. ◆ **Traducción directa.** Tradução direta. **Traducción inversa.** Versão. **Traducción libre / literaria.** Tradução livre. **Traducción literal.** Tradução literal. **Traducción simultánea.** Tradução simultânea.

tra.du.cir. [traðu'θir] [traðu'sir] *v.37. Ling.* Expressar em um idioma o que se disse ou escreveu em outro. ▶ Traduzir.

tra.duc.tor, to.ra. [traðuk'tor] [traðuk'tor] *s.* Pessoa que tem como profissão traduzir. ▶ Tradutor. ◆ **Traductor jurado.** Tradutor juramentado.

tra.er. [tra'er] [tra'er] *v.41.* **1.** Transportar para onde se está. ▶ Trazer. **2.** Causar, motivar, acarretar. ▶ Trazer. **3.** Derivar, proceder. ▶ Trazer. ◆ **Traer cola.** Ter consequências.

tra.fi.car. [trafi'kar] [trafi'kar] *v.7.* Negociar ilegalmente algo, especialmente produtos proibidos. ▶ Traficar.

trá.fi.co. ['trafiko] ['trafiko] *m.* **1.** Circulação de veículos por ruas, caminhos, estradas, etc. Trânsito. ▶ Tráfego. **2.** Movimentação e venda ilícita de mercadorias. ▶ Tráfico. ◆ **Señal de tráfico.** Sinal de trânsito. **Tráfico aéreo.** Tráfego aéreo.

tra.ga.luz. [traɣa'luθ] [traɣa'lus] *m.* Janela aberta no teto ou na parte alta da parede. ▶ Claraboia.

tra.ga.pe.rras. [traɣa'peras] [traɣa'peras] *f.* Máquina de jogo na qual se introduz uma ou mais moedas, com o objetivo de tentar ganhar um prêmio. ▶ Caça-níqueis.

tra.gar. [tra'ɣar] [tra'ɣar] *v.9.* Fazer ou deixar passar alimentos ou outra coisa da boca para o estômago. Tragar. ▶ Engolir. ◆ **No tragar a alguien.** *fig.* e *fam.* Não suportar alguém. **Tragar un sapo.** Engolir sapo.

tra.ge.dia. [tra'xeðja] [tra'xeðja] *f.* **1.** Acontecimento que provoca piedade ou terror. ▶ Tragédia. **2.** *Teat.* Peça teatral cujo desenlace é sempre triste. ▶ Tragédia.

trá.gi.co, ca. ['traxiko] ['traxiko] *adj.* **1.** Que tem relação ou é próprio da tragédia. ▶ Trágico. **2.** Que produz dor e tristeza. Funesto. ▶ Trágico. *m.* **3.** *Lit.* e *Teat.* Pessoa que escreve, cria ou representa tragédias. ▶ Trágico.

tra.go. ['traɣo] ['traɣo] *m.* **1.** Líquido que se bebe de um gole. Gole. ▶ Trago. *fig.* **2.** Sofrimento, situação desagradável. ▶ Desgraça. ◆ **Echarse un trago.** Tomar um trago. **Pasar un mal trago.** Passar um mau bocado.

trai.ción. [traiˈθjon] [traiˈsjon] *f.* Crime que se comete por quebra da fidelidade ou lealdade que se deve a algo ou a alguém. ▶ Traição. ◆ **A traición.** Pelas costas.

trai.cio.nar. [traiθjoˈnar] [traisjoˈnar] *v.4.* Não ser fiel, cometer traição, faltar à palavra dada. ▶ Trair.

❏**tra.í.do, da.** [traˈido] [traˈido] *adj.* Que se refere a uma roupa velha e usada. ▶ Puído.

trai.dor, do.ra. [traiˈðor] [traiˈðor] *adj.* **1.** Que comete traição fingindo amizade ou lealdade. Desleal. ▶ Traidor. **2.** Indivíduo que aproveita a confiança de outra pessoa para enganá-la. ▶ Traidor.

trái.ler. [ˈtrailer] [ˈtrailer] *m.* **1.** Reboque de um caminhão. ▶ *Trailer.* **2.** Cenas de um filme antes do lançamento. ▶ *Trailer.* ➡ *Transporte*

tra.je. [ˈtraxe] [ˈtraxe] *m.* Vestimenta completa de uma pessoa. ▶ Traje. ◆ **Traje de baño.** Ver *bañador*[(1)]. ▶ Traje de banho. **Traje de ceremonia / etiqueta.** Traje que se usa para assistir a atos solenes ou reuniões sociais. ▶ Traje a rigor. **Traje de luces.** Traje usado pelos toureiros. **Traje típico.** Traje regional, folclórico. ▶ Traje típico. ➡ *Ropa*

tra.ma. [ˈtrama] [ˈtrama] *f.* **1.** Conjunto de fios entrelaçados que formam um tecido. ▶ Trama. **2.** Artifício com o qual se prejudica alguém. ▶ Trama.

tra.mar. [traˈmar] [traˈmar] *v.4.* **1.** Preparar com astúcia e sorrateiramente uma traição. ▶ Tramar. **2.** Dispor com habilidade a execução de algo complicado ou difícil. ▶ Tramar. **3.** Preparar os fios no tear para tecer. ▶ Tramar.

trá.mi.te. [ˈtramite] [ˈtramite] *m.* **1.** Estado ou curso de um processo administrativo. ▶ Trâmite. **2.** Passagem de uma parte a outra. ▶ Transição.

tra.mo. [ˈtramo] [ˈtramo] *m.* Parte de um terreno, uma via, um caminho ou um conduto. ▶ Trecho.

tra.mo.ya. [traˈmoja] [traˈmoʃa] *f.* **1.** Máquina usada no teatro para mudar os cenários do palco. ▶ Tramoia. **2.** Maquinação com má intenção. Tramoia. ▶ Armação.

tram.pa. [ˈtrampa] [ˈtrampa] *f.* **1.** Artifício para caçar que se deixa oculto para pegar um animal. ▶ Armadilha. **2.** Plano que tem como finalidade enganar alguém para se obter um benefício. ▶ Fraude. ◆ **Caer en la trampa.** Ser enganado. ▶ Cair na armadilha. **Hacer trampa.** Trapacear.

tram.po.lín. [trampoˈlin] [trampoˈlin] *m.* **1.** Prancha inclinada que dá impulso ao acróbata para saltar. ▶ Trampolim. **2.** *Desp.* Tábua elástica para salto em piscina ou outro lugar com água. ▶ Trampolim.

tram.po.so, sa. [tramˈposo] [tramˈposo] *adj.* Que faz trapaças no jogo. ▶ Trapaceiro. *Nadie quiere jugar con él porque es un tramposo.* Ninguém quer jogar com ele porque é um trapaceiro.

tran.ca. [ˈtranka] [ˈtranka] *f.* **1.** Pau grosso com que se seguram portas e janelas fechadas. ▶ Tranca. **2.** ❏ Ver *borrachera*. ▶ Bebedeira. ◆ **A trancas y barrancas.** Com dificuldades, passando por cima de obstáculos. ▶ Aos trancos e barrancos.

tran.ce. [ˈtranθe] [ˈtranse] *m.* **1.** Momento crítico e decisivo pelo qual passa uma pessoa. ▶ Atoleiro. **2.** Estado mediúnico de uma pessoa. ▶ Transe. ◆ **A todo trance.** A qualquer custo.

tran.co. [ˈtranko] [ˈtranko] *m.* Passo comprido ou pulo que se dá abrindo muito as pernas. Passada. ▶ Passo longo.

tran.qui.li.dad. [trankiliˈðað] [trankiliˈðað] *f.* Sensação de sossego, de serenidade. ▶ Tranquilidade.

tran.qui.li.zan.te. [trankiliˈθante] [trankiliˈsante] *adj.* **1.** Que acalma ou tranquiliza. ▶ Tranquilizante. **2.** *Med.* Medicamento que acalma ou tranquiliza. Sedativo. ▶ Tranquilizante. *U.t.c.m.*

tran.qui.li.zar. [trankiliˈθar] [trankiliˈsar] *v.13.* Diminuir ou fazer desaparecer a excitação nervosa. Acalmar. ▶ Tranquilizar.

tran.qui.lo, la. [tranˈkilo] [tranˈkilo] *adj.* Que não apresenta movimento, agitação ou ruído. Sossegado. ▶ Tranquilo.

tran.sac.ción. [transakˈθjon] [transakˈsjon] *f.* **1.** Ato ou efeito de transigir. ▶ Transação. **2.** Resultado de se ter chegado a um acordo. ▶ Transação.

tran.sa.tlán.ti.co, ca. [transaˈtlantiko] [transaˈtlantiko] *adj.* **1.** Relativo às regiões que estão situadas do outro lado do Atlântico. ▶ Transatlântico. *m.* **2.** *Mar.* Navio de grande porte que faz a travessia do Atlântico ou de outro mar extenso. ▶ Transatlântico.

trans.bor.da.dor. [transβorðaˈðor] [tranhβorðaˈðor] *m.* Jangada de grande proporção utilizada na travessia de rios. ▶ Jangada. ▶ Balsa ➡ *Transporte*

trans.bor.dar. [transβor'ðar] [tranhβor'ðar] *v.4.* Transferir pessoas ou coisas de uma embarcação para outra. ▸ Transbordar. ▸ Baldear.

trans.bor.do. [trans'βorðo] [tranh'βorðo] *m.* Ato ou efeito de trasladar coisas ou pessoas de uma embarcação para outra. Baldeação. ▸ Transbordo.

trans.cen.der. [transθen'der] [transen'der] *v.16.* **1.** Começar a ser conhecido algo que estava oculto, encoberto. Transcender. ▸ Revelar. **2.** Passar os efeitos de uma coisa para outra. ▸ Transcender. **3.** Elevar-se, ir além dos limites. ▸ Superar; transcender.

trans.cri.bir. [transkri'βir] [tranhkri'βir] *v.6. p.p. transcrito.* Copiar com um sistema de caracteres o que foi escrito ou dito em outro. ▸ Transcrever.

trans.crip.ción. [transkrip'θjon] [tranhkrip'sjon] *f.* Ato ou efeito de transcrever ou passar um texto (ou gravação) para outro sistema de escrita. ▸ Transcrição.

trans.cu.rrir. [transku'rir] [tranhku'rir] *v.6.* Passar ou correr o tempo. ▸ Transcorrer.

trans.cur.so. [trans'kurso] [tranh'kurso] *m.* Passo ou decurso do tempo. ▸ Transcurso.

tran.se.ún.te. [transe'unte] [transe'unte] *adj.* **1.** Que passa por um lugar. Pedestre. ▸ Transeunte. *U.t.c.s.* **2.** Que está de passagem. ▸ Transeunte. *U.t.c.s.*

tran.se.xual. [transe'kswal] [transe'kswal] *adj.* Aplica-se a pessoa que tem inadaptação ao próprio gênero, podendo ou não passar por cirurgia para mudança de característica sexual. ▸ Transexual.

trans.fe.ren.cia. [transfe'renθja] [tranhfe'rensja] *f.* **1.** Operação bancária que consiste em passar dinheiro de uma conta-corrente para outra. ▸ Transferência. **2.** Ato de deixar a outra pessoa um cargo, poder ou conjunto de bens. ▸ Transferência.

trans.fe.rir. [transfe'rir] [tranhfe'rir] *v.22.* **1.** Mudar fundos de uma conta-corrente para outra. ▸ Transferir. **2.** Ceder uma coisa própria a outra pessoa. ▸ Transferir.

trans.for.mar. [transfor'mar] [tranhfor'mar] *v.4.* **1.** Fazer mudar de forma. ▸ Transformar. **2.** Transmudar uma coisa em outra. ▸ Transformar. **3.** *fig.* Fazer com que uma pessoa modifique o porte ou costumes. ▸ Transformar. *U.t.c.v.p.*

tráns.fu.ga. ['transfuɣa] ['tranhfuɣa] *com.* **1.** Pessoa que muda de uma ideologia para outra. ▸ Trânsfuga. **2.** Pessoa que abandona seu partido e passa para outro por conveniência. ▸ Trânsfuga.

trans.fu.sión. [transfu'sjon] [tranhfu'sjon] *f.* Transferência de um líquido de um lugar para outro. ▸ Transfusão. ♦ **Transfusión de sangre.** Operação pela qual se transfere sangue de uma pessoa para outra. ▸ Transfusão de sangue.

trans.gre.dir. [transɣre'ðir] [tranhɣre'ðir] *v.6.* Estar contra uma lei ou norma, ou não cumpri-la. Desrespeitar. ▸ Transgredir. *obs.:* Verbo defectivo.

trans.gre.sión. [transɣre'sjon] [tranhɣre'sjon] *f.* Ato de desobediência à lei; ato contra a lei. ▸ Transgressão.

tran.si.ción. [transi'θjon] [transi'sjon] *f.* Resultado de passar de um estado ou modo de ser a outro diferente. ▸ Transição.

tran.si.do, da. [tran'siðo] [tran'siðo] *adj.* Que perdeu o ânimo ou que está aflito por alguma angústia ou necessidade. Angustiado. ▸ Agoniado. ♦ **Transido de hambre.** Morto de fome.

tran.si.gir. [transi'xir] [transi'xir] *v.61.* Ceder em alguma coisa para facilitar um acordo. Conciliar. ▸ Transigir.

tran.sis.tor. [transis'tor] [transih'tor] *m.* **1.** Componente eletrônico essencial para o funcionamento de aparelhos eletroeletrônicos. ▸ Transistor. **2.** Pequeno aparelho de som que funciona com pilhas. ▸ Rádio de pilha.

trán.si.to. ['transito] ['transito] *m.* Movimento de pessoas ou veículos por uma via pública. Circulação. ▸ Trânsito.

trans.lú.ci.do, da. [trans'luθiðo] [tranh'lusiðo] *adj.* Matéria que deixa passar a luz, porém não permite ver o que há atrás dela. ▸ Translúcido.

trans.mi.sor, so.ra. [transmi'sor] [tranhmi'sor] *s.* Quem ou o que transmite. ▸ Transmissor.

trans.mi.tir. [transmi'tir] [tranhmi'tir] *v.6.* **1.** Difundir, uma emissora de rádio ou televisão, seus programas. ▸ Transmitir. **2.** Fazer chegar a alguém mensagens e notícias. ▸ Transmitir. **3.** Passar a outras pessoas uma enfermidade ou sentimento. ▸ Transmitir.

trans.pa.ren.cia. [transpa'renθja] [tranhpa'rensja] *f.* **1.** Qualidade de transparente. ▸ Transparência. **2.** Fotografia ou desenho feito sobre acetato para uso em retroprojetor. *Slide.* ▸ Transparência.

trans.pa.ren.te. [transpa'rente] [tranhpa'rente] *adj.* **1.** Diz-se do corpo que deixa passar a luz e permite a visão através dele. ▸ Transparente. **2.** *fig.* Que é claro e evidente e não dá lugar a dúvidas. ▸ Transparente.

trans.pi.rar. [transpi'rar] [tranhpi'rar] *v.4.* Passar o suor da parte interior à parte exterior do corpo através dos poros da pele. Suar. ▶ Transpirar.

trans.po.ner. [transpo'ner] [tranhpo'ner] *v.40.* **1.** Pôr uma coisa em lugar diferente daquele onde estava. ▶ Transpor. **2.** *fig.* Superar um obstáculo. ▶ Transpor.

trans.por.tar. [transpor'tar] [tranhpor'tar] *v.4.* Levar mercadorias ou pessoas de um lugar para outro. ▶ Transportar.

trans.por.te. [trans'porte] [tranh'porte] *m.* **1.** Operação de transportar, traslado de um lugar para outro. ▶ Transporte. **2.** Veículo que se usa para trasladar pessoas ou coisas. ▶ Transporte. ➡ *Transporte*

trans.por.tis.ta. [transpor'tista] [tranhpor'tihta] *com.* **1.** Profissional que faz transportes. ▶ Transportador. **2.** Empresa que atua na área de transportes. ▶ Transportadora.

trans.ver.sal. [transβer'sal] [tranhβer'sal] *adj.* Que leva a uma direção que corta outra. ▶ Transversal. ◆ **Temas transversales.** Conteúdos que não fazem parte obrigatória do currículo escolar, mas que podem ser explorados em sala de aula. ▶ Temas transversais.

tran.ví.a. [tram'bia] [tram'bia] *m.* Veículo para transporte público de pessoas que circula sobre trilhos em uma cidade. ▶ Bonde.

tra.pa.ce.rí.a. [trapaθe'ria] [trapase'ria] *f.* Artifício fraudulento com que se engana uma pessoa em uma transação ou acordo. ▶ Trapaça.

tra.pa.ce.ro, ra. [trapa'θero] [trapa'sero] *adj.* Que procura enganar, com astúcias e mentiras, para obter alguma vantagem. ▶ Trapaceiro. *U.t.c.s.*

tra.pe.ar. [trape'ar] [trape'ar] *v.4.* (*Amér.*) Esfregar o chão com um pano. Limpar. ▶ Passar um pano.

tra.pe.cio. [tra'peθjo] [tra'pesjo] *m.* **1.** Pau cilíndrico pendurado por duas cordas, uma em cada ponta, usado para fazer acrobacias. ▶ Trapézio. **2.** *Geom.* Figura geométrica plana de quatro lados, sendo dois paralelos de comprimento diferente e dois não paralelos. ▶ Trapézio. **3.** *Anat.* Pequeno osso do pulso. ▶ Trapézio. **4.** *Anat.* Músculo situado na parte superior das costas. ▶ Trapézio.

tra.pe.cis.ta. [trape'θista] [trape'sihta] *com.* **1.** Pessoa que faz acrobacias no trapézio. ▶ Trapezista. **2.** Artista de circo que trabalha nos trapézios. ▶ Trapezista. *La trapecista no alcanzó el trapecio y cayó en la red de protección.* A trapezista não alcançou o trapézio e caiu na rede de proteção.

tra.po. ['trapo] ['trapo] *m.* Pedaço de tecido que se usa para limpar. Pano. ▶ Trapo. ◆ **A todo trapo.** A toda velocidade. **Estar hecho un trapo.** Estar um trapo, arrasado. **Dejar como un trapo.** Humilhar, arrasar. **Trapo de piso.** Pano de chão.

trá.que.a. ['trakea] ['trakea] *f. Anat.* Parte do aparelho respiratório que leva o ar da laringe aos brônquios. ▶ Traqueia.

tras. ['tras] ['tras] *prep.* Indica posterioridade espacial ou temporal. Atrás, após. ▶ Detrás / Depois.

tra.se.gar. [trase'ɣar] [trase'ɣar] *v.45.* **1.** Mover, trocar, mudar de lugar as coisas. ▶ Transvasar. **2.** Passar um líquido de uma vasilha para outra. ▶ Transvasar.

tra.se.ro, ra. [tra'sero] [tra'sero] *adj.* **1.** Que está atrás. ▶ Traseiro. *m.* **2.** *Anat.* Parte posterior e inferior do corpo humano. Nádega. ▶ Traseiro.

tra.sie.go. [tra'sjeɣo] [tra'sjeɣo] *m.* Ato ou efeito de transvasar. ▶ Transvasamento.

tras.la.dar. [trasla'ðar] [trahla'ðar] *v.4.* **1.** Levar uma pessoa ou coisa de um lugar para outro. ▶ Trasladar. **2.** Mudar uma pessoa de um posto ou cargo para outro da mesma categoria. Transferir. ▶ Trasladar. **3.** Passar algo de uma língua para outra. ▶ Traduzir. **4.** Reproduzir um escrito. ▶ Transcrever.

tras.lu.cir. [traslu'θir] [trahlu'sir] *v.71.* Deixar entrever ou mostrar. ▶ Transparecer.

tras.luz. [tras'luθ] [trah'lus] *m.* Luz que passa através de um corpo. ▶ Translúcido. ◆ **Al trasluz.** À contraluz.

tras.no.char. [trasno'tʃar] [trahno'tʃar] *v.4.* Passar a noite ou grande parte dela sem dormir. ▶ Tresnoitar.

tras.pa.sar. [traspa'sar] [trahpa'sar] *v.4.* **1.** Passar na frente, para outra parte ou outro lado. ▶ Traspassar. **2.** Atravessar, passar além, deixar atrás. ▶ Traspassar. **3.** Atravessar alguma coisa com objeto penetrante. ▶ Traspassar. **4.** Transferir, ceder a outrem o direito de uma coisa. ▶ Legar.

tras.pa.so. [tras'paso] [trah'paso] *m.* **1.** Ato de mudar uma coisa de um lugar para outro. ▶ Traspasse. **2.** Cessão, a favor de outrem, da posse ou domínio de uma coisa. Transmissão. ▶ Legado.

tras.pié. [tras'pje] [trah'pje] *m.* **1.** Ato de bater com o pé em alguma coisa e cambalear. Escorregão. ▶ Tropeção. **2.** *fig.* Ato precipitado e pouco prudente. ▶ (Dar um) fora.

tras.plan.tar. [trasplan'tar] [trahplan'tar] *v.4.* **1.** Remover plantas do lugar em que estão enraizadas e plantá-las em outro. ▶ Transplantar. **2.** *Med.* Implantar em um ser humano um órgão ou parte dele doado por outra pessoa. ▶ Transplantar.

tras.plan.te. [tras'plante] [trah'plante] *m.* **1.** Ato de transferir plantas do lugar no qual estão arraigadas para outro. ▶ Transplante. **2.** *Med.* Substituição de um órgão de uma pessoa, ou parte dele, por outro de alguém que morreu. ▶ Transplante.

tras.qui.lar. [traski'lar] [trahki'lar] *v.4.* **1.** Cortar o pelo ou a lã de alguns animais. ▶ Tosquiar. **2.** Cortar o cabelo de uma pessoa sem ordem nem arte. ▶ Depenar.

tras.ta.da. [tras'taða] [trah'taða] *f. fam.* Ato que causa a uma pessoa dano ou prejuízo. ▶ Travessura

tras.te. ['traste] ['trahte] *m.* **1.** Filete de metal presente nos instrumentos de cordas dedilháveis. ▶ Traste. **2.** ☐ Nádegas.

tras.te.ro. [tras'tero] [trah'tero] *m.* Cômodo no qual se guardam coisas velhas e inúteis. ▶ Quarto de despejo.

tras.to. ['trasto] ['trahto] *m.* **1.** Cada um dos móveis ou utensílios de uma casa, quando são de pouco valor. ▶ Traste. **2.** Pessoa inútil, de mau caráter. ▶ Traste.

tras.to.car. [trasto'kar] [trahto'kar] *v.7. p.us.* Desordenar o que está ordenado. Revolver. ▶ Remexer.

tras.tor.no. [tras'torno] [trah'torno] *m.* Perturbação produzida por algo inesperado ou por uma doença. ▶ Transtorno.

tras.tro.car. [trastro'kar] [trahtro'kar] *v.7.* Modificar o estado de algo, alterar. *La contaminación está trastrocando el clima.* A poluição está alterando o clima.

tra.ta. ['trata] ['trata] *f.* Comércio ilegal que consiste em vender pessoas como escravos. ▶ Tráfico de pessoas.

tra.ta.do. [tra'taðo] [tra'taðo] *m.* Convênio sobre um negócio ou matéria depois de se ter chegado a um acordo sobre a questão. ▶ Tratado.

tra.ta.mien.to. [trata'mjento] [trata'mjento] *m.* **1.** Maneira de fazer ou tratar de uma coisa. ▶ Tratamento. **2.** Prescrição de remédios e conselhos que dá o médico para o doente. ▶ Tratamento. **3.** Maneira de dirigir-se a uma pessoa. ▶ Tratamento.

tra.tar. [tra'tar] [tra'tar] *v.4.* **1.** Escrever, discorrer sobre um assunto. Abordar. ▶ Tratar. **2.** Conferenciar, dialogar sobre um negócio. ▶ Tratar. **3.** Dar tratamento, cuidar de alguém. ▶ Tratar. **4.** Submeter uma substância à ação de outra. ▶ Tratar. **5.** Fazer uma tentativa. ▶ Tentar.

tra.to. ['trato] ['trato] *m.* **1.** Maneira de atuar em relação a uma pessoa; maneira de relacionar-se. ▶ Trato. **2.** Maneira de usar uma coisa. ▶ Trato. ♦ **Trato hecho.** Trato feito. / Negócio fechado. **Cerrar / Hacer un trato.** Fechar / Combinar um negócio. ▶ Fazer um trato.

trau.ma. ['trauma] ['trauma] *m. Med.* Distúrbio emocional ou físico. ▶ Trauma.

tra.vés. [tra'ßes] [tra'ßes] *m.* Inclinação de uma coisa para um lado determinado. ▶ Viés. ♦ **A través de.** Através de. **Mirar de través.** Olhar de soslaio.

tra.ve.sí.a. [traße'sia] [traße'sia] *f.* **1.** Rua pequena entre duas vias principais, geralmente só para pedestres. Viela. ▶ Travessa. **2.** Viagem longa de navio ou avião. ▶ Travessia.

tra.ves.ti. [tra'ßesti] [tra'ßehti] *com.* Pessoa que veste roupas próprias do sexo oposto. ▶ Travesti. *U.t. travestí.*

tra.ve.su.ra. [traße'sura] [traße'sura] *f.* Brincadeira de criança. ▶ Travessura.

tra.vie.so, sa. [tra'ßjeso] [tra'ßjeso] *adj.* Diz-se de pessoa, especialmente criança, buliçosa, irrequieta. ▶ Travesso.

tra.yec.to. [tra'jekto] [tra'ʃekto] *m.* Espaço que se percorre ou se pode percorrer de um ponto a outro. ▶ Trajeto.

tra.yec.to.ria. [trajek'torja] [traʃek'torja] *f.* **1.** Percurso ou linha entre dois pontos. ▶ Trajetória. **2.** Curso ou desenvolvimento de uma pessoa ou coisa através do tempo. ▶ Trajetória.

☐**tra.za.** ['traða] ['trasa] *f.* **1.** Figura ou aparência de uma coisa. ▶ Aspecto. **2.** Desenho de uma obra. ▶ Esboço.

tra.zar. [tra'θar] [tra'sar] *v.13.* **1.** Traçar ou desenhar a primeira planta de um edifício. ▶ Traçar. **2.** Fazer um traço. ▶ Traçar.

tra.zo. ['traθo] ['traso] m. **1.** Linha desenhada sobre uma superfície. ▸ Traço. **2.** Cada uma das partes das letras feitas à mão. ▸ Traço.

tré.bol. ['treβol] ['treβol] m. Bot. Planta herbácea, de folhas formadas por três partes. ▸ Trevo. *Está muy feliz porque encontró un trébol de cuatro hojas.* Ela está muito feliz porque achou um trevo de quatro folhas.

tre.ce. ['treθe] ['trese] núm. **1.** Quantidade que é uma unidade maior que 12. ▸ Treze. m. **2.** Número que representa essa quantidade. ▸ Treze. ◆ **Mantenerse en sus trece.** Sustentar a todo custo um paracer ou opinião. ▸ Fincar o pé.

tre.cho. ['tretʃo] ['tretʃo] m. Espaço de lugar ou tempo. ▸ Trecho.

tre.gua. ['treɣwa] ['treɣwa] f. **1.** Suspensão temporária de uma luta armada. ▸ Trégua. **2.** Pausa para descanso. ▸ Trégua.

trein.ta. ['treinta] ['treinta] núm. **1.** Quantidade que é uma unidade maior que 29. ▸ Trinta. m. **2.** Número que representa essa quantidade. ▸ Trinta.

tre.men.do, da. [tre'mendo] [tre'mendo] adj. **1.** Que é muito grande. ▸ Tremendo. *Pensar que la violencia se resuelve con violencia es un tremendo absurdo.* Pensar que a violência se resolve com violência é um tremendo absurdo. **2.** Que é difícil de suportar, que causa muito dano. ▸ Tremendo. *Me di un tremendo martillazo en el dedo.* Dei uma tremenda martelada no dedo.

tre.men.ti.na. [tremen'tina] [tremen'tina] f. Resina odorífera e de sabor picante que flui dos pinheiros e outras árvores, usada principalmente na fabricação de tintas e vernizes. ▸ Terebintina.

tre.mo.lar. [tremo'lar] [tremo'lar] v.4. Ondear as bandeiras, pendões ou estandartes movimentando-os no ar. Desfraldar. ▸ Tremular.

tré.mu.lo, la. ['tremulo] ['tremulo] adj. Que treme. ▸ Trêmulo.

tren. ['tren] ['tren] m. Meio de transporte que circula sobre trilhos para carga e passageiros, composto de vários vagões e uma locomotiva que os arrasta. ▸ Trem. ◆ **Estar como un tren.** Aplica-se a uma pessoa muito atrativa. ▸ Ser um avião. ➡ *Transporte*

tren.za. ['trenθa] ['trensa] f. **1.** Conjunto de três ou mais fios que se entrelaçam cruzando-se alternadamente. ▸ Trança. **2.** Penteado que se faz entrelaçando madeixas de cabelo. ▸ Trança.

tre.par. [tre'par] [tre'par] v.4. Subir por um caminho difícil a um lugar alto com ajuda dos pés e das mãos. Trepar. ▸ Galgar. obs.: Não possui conotação sexual.

tre.pi.dar. [trepi'ðar] [trepi'ðar] v.4. **1.** Fazer movimento convulsivo intenso. Tremer. ▸ Trepidar. **2.** Ter dúvidas, não ter certeza. ▸ Titubear.

tres. ['tres] ['tres] núm. **1.** Quantidade que é uma unidade maior que 2. ▸ Três. m. **2.** Número que representa essa quantidade. ▸ Três.

tres.cien.tos, tas. [tres'θjentos] [tres'sjentos] núm. **1.** Quantidade que é uma unidade maior que 299. ▸ Trezentos. m. **2.** Número que representa essa quantidade. ▸ Trezentos.

tre.si.llo. [tre'siʎo] [tre'siʃo] m. **1.** Conjunto de móveis composto de um sofá e duas poltronas. ▸ Jogo de sofá. **2.** Anel com três pedras preciosas.

tre.ta. ['treta] ['treta] f. Artifício sutil para conseguir alguma coisa. ▸ Mutreta.

tri.án.gu.lo. [tri'aŋgulo] [tri'aŋgulo] m. **1.** Geom. Figura geométrica plana de três lados. ▸ Triângulo. **2.** Mús. Instrumento musical percussivo de metal em formato triangular acompanhado de baqueta, também de metal, que, tocados sincronicamente, ressoam produzindo um som estridente. ▸ Triângulo.
➡ *Instrumentos musicales*

tri.bu. ['triβu] ['triβu] f. Coletividade formada por famílias que têm a mesma origem, religião, língua e costumes, e obedece a um chefe. ▸ Tribo. ◆ **Tribu urbana.** Grupo de jovens relacionados por gostos, moda e locais frequentados. ▸ Tribo urbana.

tri.bu.la.ción. [triβula'θjon] [triβula'sjon] f. **1.** Pena muito intensa; sofrimento ou aflição moral. ▸ Tribulação. **2.** Perseguição ou adversidade que sofre uma pessoa. ▸ Tribulação.

tri.bu.na. [tri'βuna] [tri'βuna] f. **1.** Plataforma elevada que se usa para falar ao público ou assistir a um espetáculo ou acontecimento. Palanque. ▸ Tribuna. **2.** Ver grada. ▸ Arquibancada.

tri.bu.nal. [triβu'nal] [triβu'nal] m. **1.** Conjunto de pessoas formado por juízes, magistrados ou ministros que administram a Justiça e pronunciam a sentença. ▸ Tribunal. **2.** Local onde se administra a Justiça. ▸ Tribunal. **3.** Conjunto de pessoas que examinam e julgam os candidatos em um concurso público. Banca. ▸ Tribunal.

tri.bu.tar. [triβu'tar] [triβu'tar] v.4. Contribuir o cidadão com a quantia que legalmente lhe corresponde para atender os gastos e as despesas públicas. ▸ Pagar impostos.

tri.bu.to. [tri'βuto] [tri'βuto] *m.* **1.** Impostos e contribuições pagos em dinheiro ao Governo para atender aos gastos públicos. ▶ Tributo. **2.** Homenagem ou manifestação que se oferece a uma pessoa em sinal de respeito ou admiração. ▶ Tributo.

trí.ceps. ['triθeps] ['triseps] *m. Anat.* Músculo que tem três ligações fibrosas em cada ponta. Tricípite. ▶ Tríceps.

tri.ci.clo. [tri'θiklo] [tri'siklo] *m.* **1.** Veículo de três rodas. ▶ Triciclo. **2.** Brinquedo infantil de três rodas que se movimenta com pedais. ▶ Triciclo. ➡ *Transporte*

tri.di.men.sio.nal. [triðimensio'nal] [triðimensio'nal] *adj.* Que tem três dimensões: altura, largura e comprimento. ▶ Tridimensional.

tri.ful.ca. [tri'fulka] [tri'fulka] *f.* Desordem e briga entre várias pessoas. ▶ Arruaça.

tri.gé.si.mo, ma. [tri'xesimo] [tri'xesimo] *núm.* Que segue em ordem ao vigésimo nono. ▶ Trigésimo.

tri.go. ['triɣo] ['triɣo] *m. Bot.* Planta gramínea cuja semente é moída para a produção de farinha, com a qual se faz pão e outros alimentos. ▶ Trigo. ♦ **No ser trigo limpio.** Não ser muito honesto um assunto ou pessoa.

tri.go.no.me.trí.a. [triɣonome'tria] [triɣonome'tria] *f. Mat.* Parte da Matemática que trata do cálculo dos elementos dos triângulos planos e esféricos. ▶ Trigonometria.

tri.gue.ño, ña. [tri'ɣeɲo] [tri'ɣeɲo] *adj.* Da cor do trigo, entre moreno e louro. ▶ Trigueiro.

tri.lin.güe. [tri'lingwe] [tri'lingwe] *adj.* **1.** Pessoa que fala três línguas. ▶ Trilíngue. **2.** Escrito composto em três línguas. ▶ Trilíngue.

tri.lla.do.ra. [triʎa'ðora] [triʃa'ðora] *f.* Máquina agrícola que serve para separar o grão da palha dos cereais. ▶ Debulhadora.

tri.llar. [tri'ʎar] [tri'ʃar] *v.4.* Despedaçar, quebrar a messe para separar o grão da palha. ▶ Debulhar.

tri.lli.zo, za. [tri'ʎiθo] [tri'ʃiso] *adj.* Criança ou filhote de animal que nasceu da mesma mãe ao mesmo tempo que outros dois. ▶ Trigêmeo.

tri.lo.gí.a. [trilo'xia] [trilo'xia] *f.* **1.** Poema dramático composto de três tragédias. ▶ Trilogia. **2.** *Lit.* Conjunto de três obras literárias do mesmo autor que formam uma unidade. ▶ Trilogia.

tri.mes.tre. [tri'mestre] [tri'mehtre] *m.* Período de três meses. ▶ Trimestre.

❏**trin.car.** [trin'kar] [trin'kar] *v.7.* Amarrar ou segurar alguém com os braços ou com as mãos. ▶ Prender.

trin.char. [trin'tʃar] [trin'tʃar] *v.4.* Cortar um alimento em fatias. Fatiar. ▶ Trinchar. *A Pedro le gusta trinchar la carne en lonchas finas.* Pedro gosta de trinchar a carne em fatias finas.

trin.che.ra. [trin'tʃera] [trin'tʃera] *f. Mil.* Escavação comprida e profunda feita na terra para que os soldados fiquem protegidos da vista e dos disparos do inimigo em um combate militar. ▶ Trincheira.

tri.ne.o. [tri'neo] [tri'neo] *m.* Veículo provido de esquis para deslizar sobre o gelo e a neve. ▶ Trenó. ➡ *Deportes*

trí.o. ['trio] ['trio] *m.* **1.** Conjunto de três pessoas ou coisas. ▶ Trio. **2.** *Mús.* Conjunto de três vozes ou instrumentos. ▶ Trio.

tri.pa. ['tripa] ['tripa] *f. Anat.* **1.** Conduto membranoso localizado dentro do abdômen. Intestino. ▶ Tripa. **2.** Parte externa do abdômen. ▶ Barriga. ♦ **Revolver las tripas.** *fig.* Causar desgosto ou repugnância. ▶ Embrulhar o estômago.

tri.ple. ['triple] ['triple] *núm.* **1.** O resultado de multiplicar um número ou quantidade por três. ▶ Triplo. *Nueve es el triple de tres.* Nove é o triplo de três. *m.* **2.** Quantidade três vezes maior que outra. ▶ Triplo. **3.** Conjunto de três unidades. ▶ Tríplice.

tri.pli.car. [tripli'kar] [tripli'kar] *v.7.* **1.** Tornar três vezes maior uma coisa ou uma quantidade. ▶ Triplicar. **2.** *Mat.* Multiplicar pelo fator três. ▶ Triplicar.

trí.po.de. ['tripoðe] ['tripoðe] *m.* **1.** Mesa, banco ou outro móvel de três pés. ▶ Tripé. **2.** Armação de três pés que serve para sustentar alguns aparelhos de medição, ópticos, fotográficos e outros. ▶ Tripé.

tri.pu.la.ción. [tripula'θjon] [tripula'sjon] *f.* Conjunto de pessoas que prestam serviço em um navio ou avião. ▶ Tripulação.

tris.te. ['triste] ['trihte] *adj.* **1.** Que não tem alegria. ▶ Triste. **2.** Que tem mágoa ou aflição. ▶ Triste. **3.** Que tem caráter melancólico. ▶ Triste.

tris.te.za. [tris'teθa] [trih'tesa] *f.* **1.** Sentimento de pena, falta de alegria. ▶ Tristeza. **2.** Fato triste ou desgraça. ▶ Tristeza.

tri.tu.ra.dor, do.ra. [tritura'ðor] [tritura'ðor] *adj.* **1.** Que tritura. ▸ Triturador. *f.* **2.** Utensílio de cozinha que serve para triturar. ▸ Triturador. *f.* Ver *machacadora*. ▸ Britadeira.

triun.far. [triu̯n'far] [triu̯n'far] *v.4.* Ser vitorioso na luta, nos esportes, na profissão. Vencer, ganhar. ▸ Triunfar.

triun.fo. ['triu̯nfo] ['triu̯nfo] *m.* Êxito em qualquer iniciativa ou empreendimento. Vitória. ▸ Triunfo. ♦ **Costar un triunfo.** Fazer um grande esforço para conseguir um resultado.

tri.vial. [tri'βjal] [tri'βjal] *adj.* **1.** Que é comum e conhecido por todos. ▸ Trivial. **2.** Que é ordinário e carece de importância. ▸ Trivial.

tri.za. ['triθa] ['trisa] *f.* Pedaço pequeno que resulta da quebra de uma coisa. ▸ Caco.

tro.car. [tro'kar] [tro'kar] *v.68.* **1.** Permutar uma coisa. ▸ Trocar. **2.** Equivocar, dizer uma coisa por outra. ▸ Trocar. *p.us.*

tro.cha. ['trotʃa] ['trotʃa] *f.* **1.** Vereda ou senda que serve para ir a algum lugar. ▸ Atalho. **2.** Caminho aberto no mato. ▸ Atalho. *Para cortar camino fuimos por una trocha que conocía el guía.* Para cortar caminho, fomos por um atalho que o guia conhecia.

tro.fe.o. [tro'feo] [tro'feo] *m.* **1.** Insígnia ou sinal de uma vitória. ▸ Troféu. **2.** Objeto que se recebe por ter vencido uma competição. ▸ Troféu. *Andrés, el capitán del equipo campeón, levantó orgulloso el trofeo.* Andrés, o capitão da equipe campeã, levantou orgulhoso o troféu.

tro.glo.di.ta. [troɣlo'ðita] [troɣlo'ðita] *adj.* **1.** Que vive debaixo da terra ou em cavernas. ▸ Troglodita. **2.** Aplica-se aos povos pré-históricos que habitavam as cavernas. ▸ Troglodita.

tro.le.bús. [trole'βus] [trole'βus] *m.* Ônibus elétrico dedicado ao transporte de pessoas na cidade. ▸ Trólebus.

trom.ba. ['tromba] ['tromba] *f.* **1.** Chuva muito intensa que dura pouco tempo. ▸ Tromba-d'água. *En las regiones tropicales son frecuentes las trombas de agua en verano.* Nas regiões tropicais são frequentes as trombas-d'água durante o verão. **2.** Coluna de água que se levanta no mar causada por vento forte. ▸ Tufão.

trom.bón. [trom'bon] [trom'bon] *m. Mús.* Instrumento musical de sopro, de metal e de som mais grave que a trombeta. ▸ Trombone. ♦ **Trombón de vara.** *Mús.* Instrumento musical de sopro que tem um tubo comprido que ao ser deslizado, produz diferentes sons. ▸ Trompete. ➡ *Instrumentos musicales*

trom.pa. ['trompa] ['trompa] *f.* **1.** *Mús.* Instrumento musical de sopro feito de metal, formado por um tubo enrolado estreito na entrada do ar e largo na saída. ▸ Trompa. **2.** *Anat.* Nariz prolongado de alguns animais. ▸ Tromba. **3.** Ver *borrachera*. ▸ Bebedeira. ♦ **Estar trompa.** Estar bêbado.

trom.pa.zo. [trom'paθo] [trom'paso] *m.* Qualquer golpe forte que dá uma pessoa contra uma coisa, ou duas pessoas ou duas coisas entre si. ▸ Trombada.

trom.pe.ta. [trom'peta] [trom'peta] *f. Mús.* Instrumento musical de sopro, feito de metal e que produz som agudo. ▸ Trompete. ➡ *Instrumentos musicales*

trom.pe.ti.lla. [trompe'tiʎa] [trompe'tiʃa] *f.* Aparelho de forma cônica que se coloca na orelha para ouvir melhor. ▸ Corneta acústica.

trom.po. ['trompo] ['trompo] *m.* Brinquedo em forma de cone, que possui uma ponta de ferro e se faz girar com uma corda. ▸ Pião.

tro.nar. [tro'nar] [tro'nar] *v.18.* **1.** Haver ou ressoar trovões. ▸ Trovejar. **2.** Causar um ruído muito forte. ▸ Trovejar.

tron.char. [tron'tʃar] [tron'tʃar] *v.4.* **1.** Partir ou quebrar uma coisa sem usar ferramentas. ▸ Romper. **2.** Não deixar fazer uma coisa. ▸ Impedir.

tron.cho. ['trontʃo] ['trontʃo] *m. Bot.* Talo das hortaliças. ▸ Talo.

tron.co. ['tronko] ['tronko] *m.* **1.** *Bot.* Caule de árvore ou planta. ▸ Tronco. **2.** *Anat.* Corpo humano sem considerar a cabeça, os braços e as pernas. ▸ Tronco. **3.** *fig.* Origem de família. ▸ Tronco. ♦ **Dormir como un tronco / Estar hecho un tronco.** Dormir como uma pedra.

tro.ne.ra. [tro'nera] [tro'nera] *f.* Abertura para disparar os canhões. ▸ Caçapa.

tro.no. ['trono] ['trono] *m.* Assento que usam os reis nas cerimônias oficiais. ▸ Trono.

tro.pa. ['tropa] ['tropa] *f. Mil.* Conjunto de militares formado por cabos e soldados. ▸ Tropa.

tro.pel. [tro'pel] [tro'pel] *m.* **1.** Multidão de pessoas que se movimentam em desordem e atropeladamente. ▸ Tropel. **2.** Conjunto de coisas mal-ordenadas. ▸ Tropel.

tro.pe.zar. [trope'θar] [trope'sar] *v.70.* **1.** Dar com o pé involuntariamente contra um obstáculo. ▸ Tropeçar. **2.** Encontrar um obstáculo inesperado. Tropeçar. ▸ Dar de cara.

tro.pe.zón, zo.na. [trope'θon] [trope'son] *adj.* **1.** Que tropeça muito. ▸ Tropeçador. *m.* **2.** Ato ou efeito de tropeçar. ▸ Tropeção. ◆ **A tropezones.** Aos trancos e barrancos.

tro.pi.cal. [tropi'kal] [tropi'kal] *adj. Geogr.* Relativo aos trópicos ou às regiões da zona tórrida. ▸ Tropical.

tró.pi.co. ['tropiko] ['tropiko] *m. Geogr.* Cada um dos dois círculos paralelos ao equador, um ao norte, trópico de Câncer, e outro ao sul, trópico de Capricórnio. ▸ Trópico.

tro.pie.zo. [tro'pjeθo] [tro'pjeso] *m.* **1.** Estorvo ou impedimento. ▸ Empecilho. **2.** Ato impróprio. ▸ Gafe. **3.** Ato de bater com o pé em alguma coisa. ▸ Tropeço.

tro.ta.mun.dos. [trota'mundos][trota'mundos] *com.* Pessoa que passa a vida viajando, que gosta de ver sempre algo novo. ▸ Viajante.

tro.tar. [tro'tar] [tro'tar] *v.4.* Andar ou cavalgar a trote. ▸ Trotar.

tro.te. ['trote] ['trote] *m.* Marcha do cavalo entre o passo e o galope, na qual o cavalo apoia alternando a pata dianteira e a traseira do lado contrário, com a pata dianteira e a traseira opostas. ▸ Trote.

tro.ve.ro, ra. [tro'βero] [tro'βero] *s.* Que faz trovas, poeta. ▸ Trovador. *p.us.*

▫**tro.zo.** ['troθo] ['troso] *m.* Parte de uma coisa em relação ao restante. ▸ Pedaço. *Quiero un trozo de pan dulce.* Quero um pedaço de panetone.

tru.cha. ['trutʃa] ['trutʃa] *f. Zool.* Tipo de peixe de água doce. ▸ Truta. ➡ *Reino animal*

tru.co. ['truko] ['truko] *m.* **1.** Manha que se adquire no exercício de uma arte ou profissão. ▸ Macete. **2.** Artimanha que usam os mágicos em suas apresentações. ▸ Truque. **3.** Artifício usado em fotografia e em cinematografia para conseguir determinados efeitos. ▸ Truque. **4.** Certo jogo de baralho. ▸ Truco.

true.no. ['trweno] ['trweno] *m.* Estrondo produzido nas nuvens por uma descarga elétrica. ▸ Trovão. ➡ *Clima*

true.que. ['trweke] ['trweke] *m.* Intercâmbio de uma coisa por outra. ▸ Troca.

tru.fa. ['trufa] ['trufa] *f.* **1.** *Bot.* Cogumelo subterrâneo comestível. ▸ Trufa. **2.** Doce feito com creme de chocolate e manteiga. ▸ Trufa.

truhan. ['trwan] ['trwan] *adj.* Que vive de enganos e trapaças. Enganador, trapaceiro. ▸ Truão. *U.t.c.s. U.t. tru.hán*

tru.ha.na. [tru'ana] [tru'ana] *adj.* Feminino de *truhan.* Ver *truhan.* ▸ Truã

trun.car. [trun'kar] [trun'kar] *v.7.* **1.** Cortar, separar parte de uma coisa. Truncar. ▸ Decepar. **2.** Deixar incompleta uma obra. Truncar. ▸ Interromper.

tu. [tu] [tu] *pron.* Corresponde à segunda pessoa do singular (*tú*) e antecede substantivos femininos e masculinos no singular indicando possessividade. ▸ Teu, tua / Seu, sua. Plural: *tus.*

tú. ['tu] ['tu] *pron.pess.* Designa a segunda pessoa do singular, nos gêneros masculino e feminino, para o tratamento informal. ▸ Você / Tu.

tu.ber.cu.lo.sis. [tuβerku'losis] [tuβerku'losis] *f. Med.* Doença grave, contagiosa, que afeta algum órgão ou parte do corpo. ▸ Tuberculose.

tu.be.rí.a. [tuβe'ria] [tuβe'ria] *f.* Encanamento ou conjunto de tubos para conduzir água, gases ou outros produtos. ▸ Tubulação.

tu.bo. ['tuβo] ['tuβo] *m.* **1.** Peça cilíndrica oca, que se destina à condução de fluidos ou líquidos. Cano. ▸ Tubo. **2.** Recipiente flexível cuja abertura se fecha com tampa removível e que serve para conter substâncias pastosas. ▸ Bisnaga.

tu.bu.lar. [tuβu'lar][tuβu'lar] *adj.* Que tem figura de tubo ou está formado por tubos. ▸ Tubular.

tu.cán. [tu'kan] [tu'kan] *m. Zool.* Ave da América do Sul de bico arqueado e muito grosso. ▸ Tucano.

tuer.ca. ['twerka] ['twerka] *f.* Peça de metal ou outro material duro com um furo no centro que se ajusta à rosca de um parafuso. ▸ Porca.

tuer.to, ta. ['twerto] ['twerto] *adj.* Pessoa ou animal que não vê por um olho ou que lhe falta um olho. ▸ Caolho.

tué.ta.no. ['twetano] ['twetano] *m.* **1.** *Anat.* Parte interior dos ossos. Tutano. ▸ Medula óssea. **2.** *Bot.* Parte interior de raiz ou talo de planta. ▸ Tutano. ◆ **Hasta los tuétanos.** Até os ossos.

tu.fo. ['tufo] ['tufo] *m.* **1.** ▫ Mau cheiro, odor incômodo e desagradável. ▸ Fedor. **2.** ▫ Soberba, arrogância que algumas pessoas mostram. ▸ Vaidade. **3.** Porção de cabelo. ▸ Tufo.

tul. ['tul] ['tul] *m.* Tecido fino, leve e transparente de seda ou algodão. ▸ Tule.

tu.li.pán. [tuli'pan] [tuli'pan] *m. Bot.* Tipo de flor. ▸ Tulipa.

tu.llir. [tu'ʎir] [tu'ʃir] *v.51.* Fazer perder o movimento do corpo ou de algum membro a uma pessoa ou animal. Paralisar. ▸ Tolher.

tum.ba. ['tumba] ['tumba] *f.* Escavação feita na terra ou em obra levantada para sepultar um cadáver. ▸ Tumba. ◆ **Ser una tumba.** Não revelar um segredo. ▸ Ser um túmulo.

tum.bar. [tum'baɾ] [tum'bar] *v.4.* **1.** Fazer cair uma pessoa ou coisa no chão ou em outro lugar. ▶ Derrubar. **2.** Fazer perder o sentido ou alguma faculdade. ▶ Tombar.

tum.bo. ['tumbo] ['tumbo] *m.* Queda violenta. ▶ Tombo.

tum.bo.na. [tum'bona] [tum'bona] *f.* Cadeira baixa com encosto reclinável. Espreguiçadeira. ▶ Cadeira de praia.

tu.mor. [tu'moɾ] [tu'mor] *m. Med.* Inchaço produzido pela reprodução anormal de células de um tecido que se forma em uma determinada parte do organismo. ▶ Tumor. ◆ **Tumor maligno / benigno.** *Med.* Tumor maligno / benigno.

tú.mu.lo. ['tumulo] ['tumulo] *m.* Lugar em que se enterram cadáveres. ▶ Túmulo.

tu.mul.to. [tu'multo] [tu'multo] *m.* Agitação desordenada e barulhenta que faz um grupo numeroso de pessoas. ▶ Tumulto.

tu.na. ['tuna] ['tuna] *f.* Orquestra de estudantes. ▶ Tuna. ◆ **Correr la tuna.** Tocar pelas ruas e fazer serenatas durante a noite.

tun.da. ['tunda] ['tunda] *f.* **1.** Castigo que se impõe dando uma surra. Surra, paulada. ▶ Tunda **2.** *fig.* Crítica severa por algo que não é correto. ▶ Reproche.

tú.nel. ['tunel] ['tunel] *m.* Passagem subterrânea aberta para comunicar dois lugares. ▶ Túnel.

tú.ni.ca. ['tunika] ['tunika] *f.* **1.** Vestimenta larga, comprida e sem mangas que usavam os antigos. ▶ Túnica. **2.** *Anat.* Membrana que cobre algumas partes do corpo. ▶ Túnica.

tu.pé. [tu'pe] [tu'pe] *m.* Ver *copete*[(1)]. ▶ Topete.

tur.bi.na. [tur'βina] [tur'βina] *f.* Máquina que transforma em movimento giratório a energia da pressão de um fluido. ▶ Turbina.

tur.bio, bia. ['turβjo] ['turβjo] *adj.* Que não está claro. ▶ Turvo.

tur.bu.len.cia. [turβu'lenθja] [turβu'lensja] *f.* **1.** Situação de tumulto e agressividade por parte das pessoas. ▶ Turbulência. **2.** Agitação no mar ou na atmosfera. ▶ Turbulência.

tur.co, ca. ['turko] ['turko] *adj.* **1.** Pertencente ou relativo à Turquia. ▶ Turco. *s.* **2.** O natural ou habitante desse país. ▶ Turco.

tu.ris.mo. [tu'rismo] [tu'rihmo] *m.* **1.** Gosto de viajar por lazer ou interesse em conhecer lugares ou países. ▶ Turismo. **2.** Conjunto de pessoas e meios relacionados com viagens de turismo. ▶ Turismo.

tu.ris.ta. [tu'rista] [tu'rihta] *com.* Pessoa que visita ou percorre um país ou lugar por prazer ou para conhecê-lo. ▶ Turista. *Los turistas tienen diferentes intereses en sus viajes: arte, gastronomía, cultura, naturaleza.* Os turistas têm diferentes interesses em suas viagens: arte, gastronomia, cultura, natureza.

tu.rís.ti.co, ca. [tu'ristiko] [tu'rihtiko] *adj.* **1.** Que tem relação com o turismo. ▶ Turístico. **2.** Que se refere a viagens realizadas por prazer. ▶ Turístico.

tur.nar. [tur'naɾ] [tur'nar] *v.4.* Alternar com uma ou mais pessoas, seguindo uma ordem sucessiva, a execução de um serviço ou o exercício de um cargo. ▶ Revezar. *U.t.c.v.p.*

tur.no. ['turno] ['turno] *m.* Revezamento que segue uma ordem para o desempenho de uma atividade ou função. ▶ Turno. ◆ **De turno.** Momento ou período em que uma pessoa realiza uma atividade. ▶ Plantão. **Por turnos. 1.** Em etapas. **2.** Um por vez.

tu.rrón. [tu'ron] [tu'ron] *m. Cul.* Doce à base de amêndoas ou outras frutas secas, açúcar ou mel, ovos e outros ingredientes, de acordo com o tipo. ▶ Torrone.

tu.te.ar. [tute'aɾ] [tute'ar] *v.4.* Tratar por tu. ▶ Tutear.

tu.te.la. [tu'tela] [tu'tela] *f. Dir.* Autoridade conferida por lei que determina uma pessoa adulta como responsável pelos interesses e ações de outra, uma vez que esta não pode fazê-lo por si mesma, sendo menor ou declarada incapaz por decisão judicial. ▶ Tutela.

tu.te.lar. [tute'laɾ] [tute'lar] *v.4.* **1.** Orientar, proteger alguém. ▶ Tutelar. **2.** Exercer tutela, cuidar dos assuntos, educação e assistência de um jovem ou de pessoa incapacitada para fazê-lo por si mesma. ▶ Tutelar. *adj.* **3.** Que cuida, ampara ou defende. ▶ Tutelar.

tu.te.o. [tute'o] [tute'o] *m.* Ação de tutear, indicando confiança e pouca formalidade. ▶ Tuteio.

tu.tor, to.ra. [tu'tor] [tu'tor] *s.* **1.** Pessoa que exerce a tutela de acordo e dentro dos limites previstos por lei. ▶ Tutor. **2.** Professor que orienta alunos. ▶ Orientador.

tu.to.rí.a. [tuto'ria] [tuto'ria] *f.* **1.** Função ou autoridade de tutor. ▶ Tutoria. **2.** Ação de proteger, amparar, acompanhar algo ou alguém. ▶ Tutoria.

tu.yo, ya. ['tujo] ['tuʃo] *pron.* Corresponde à segunda pessoa do singular (*tú*) e acompanha substantivos femininos e masculinos no singular indicando posse. ▶ Teu, tua / Seu, sua / De você. Plural: *tuyos / tuyas*.

U

u. [u] [u] *f.* **1.** Vigésima segunda letra do alfabeto espanhol. ▶ U. **2.** O nome dessa letra. ▶ U. *conj.* **3.** Variação da conjunção *o*, empregada diante de palavras iniciadas por *o* ou *ho*. ▶ Ou.

u.bi.ca.ción. [uβika'θjon] [uβika'sjon] *f.* Lugar onde está situada uma coisa ou pessoa. ▶ Localização.

> **Ubicación**
>
> ¿Dónde está / están...?
>
> Está / Están entre... y...
> al lado del / de...
> dentro / fuera de...
> detrás / delante de...
> cerca / lejos de...
> a la izquierda / a la derecha de...
> arriba (sobre) / abajo (bajo) de...
> debajo / encima de...

u.bi.car. [uβi'kaɾ] [uβi'kaɾ] *v.7.* **1.** Encontrar determinado espaço ou lugar. ▶ Localizar. *v.p.* **2.** Estar em determinado espaço ou lugar. ▶ Localizar-se. **3.** Instalar ou instalar-se em um determinado lugar. ▶ Situar-se. **4.** *fig.* Agir com consciência da situação em que se está. Posicionar-se. ▶ Situar-se.

u.bre. ['uβɾe] ['uβɾe] *f. Anat.* Glândula mamária das fêmeas dos mamíferos que produz o leite. Teta. ▶ Úbere.

u.cra.nia.no, na. [ukra'njano] [ukra'njano] *adj.* **1.** Pertencente ou relativo à Ucrânia. ▶ Ucraniano. *s.* **2.** O natural ou habitante desse país. ▶ Ucraniano.

uf. ['uf] ['uf] *interj.* Expressa cansaço, fadiga. ▶ Ufa!

u.fa.nar. [ufa'naɾ] [ufa'naɾ] *v.4. v.p.* Envaidecer-se, elogiar-se por toda e qualquer coisa. ▶ Vangloriar-se.

u.fa.no, na. [u'fano] [u'fano] *adj.* **1.** Que se orgulha de alguma coisa. ▶ Ufano. **2.** Jactancioso, satisfeito de si mesmo. ▶ Ufanista.

u.fo.lo.gí.a. [ufolo'xia] [ufolo'xia] *f.* Estudo dos fenômenos relacionados com objetos voadores não identificados ou óvnis. ▶ Ufologia.

úl.ce.ra. ['ulθeɾa] ['ulseɾa] *f.* **1.** *Med.* Chaga, ferida que se produz na superfície ou nos órgãos internos por diversas causas. ▶ Úlcera. **2.** *Bot.* Dano no caule das plantas com perda de seiva. ▶ Úlcera.

ul.te.rior. [ulte'ɾjoɾ] [ulte'ɾjoɾ] *adj.* **1.** Que se diz, acontece ou executa depois de outra coisa. Posterior. ▶ Ulterior. **2.** Que está além dos limites de um lugar ou território. ▶ Ulterior.

úl.ti.ma.men.te. [ultima'mente] [ultima'mente] *adv.* Nos últimos tempos. ▶ Ultimamente.

ul.ti.mar. [ulti'maɾ] [ulti'maɾ] *v.4.* **1.** Dar fim a uma coisa, concluí-la. ▶ Ultimar. **2.** *fig.* Ver *matar*. ▶ Matar.

ul.ti.má.tum. [ulti'matum] [ulti'matum] *m.* Resolução final e irrevogável comunicada por escrito. ▶ Ultimato.

úl.ti.mo, ma. ['ultimo] ['ultimo] *adj.* **1.** Que está ou vem depois de todos os outros. ▶ Último. **2.** O mais remoto, retirado ou escondido. Remoto. ▶ Último. ◆ **A la última moda.** Na última moda.

ul.tra.co.rrec.ción. [ultrakorek'θjon] [ultrakorek'sjon] *f.* Engano cometido na suposição de corrigir um erro. ▶ Ultracorreção.

ul.tra.jar. [ultra'xaɾ] [ultra'xaɾ] *v.4.* **1.** Insultar ou tratar com desprezo uma pessoa. ▶ Ultrajar. **2.** Ofender a dignidade de alguém com atos ou comportamento indignos. ▶ Ultrajar.

ul.tra.je. [ul'tɾaxe] [ul'tɾaxe] *m.* **1.** Ato de ultrajar. ▶ Ultraje. **2.** Afronta, injúria, difamação que se faz contra uma pessoa ou instituição. ▶ Ultraje.

ul.tra.jo.so, sa. [ultɾa'xoso] [ultɾa'xoso] *adj.* Que causa ultraje. ▶ Ultrajante.

ul.tra.ma.ri.no, na. [ultrama'rino] [ultrama'rino] *adj.* Que está ou procede do outro lado do mar. ▸ Ultramarino.

ul.tran.za(a). [ul'tranθa] [ul'transa] *loc.* **1.** Por cima de tudo e de todos. ▸ Resolutamente. **2.** Com total firmeza e convencimento. ▸ A ferro e fogo.

ul.tra.so.ni.do. [ultraso'niðo] [ultraso'niðo] *m.* Som de oscilação de alta frequência que não pode ser ouvido. ▸ Ultrassom.

ul.tra.vio.le.ta. [ultraβjo'leta] [ultraβjo'leta] *adj. Fís.* Relativo à parte invisível do espectro luminoso que se estende após a cor violeta. ▸ Ultravioleta.

u.lu.lar. [ulu'lar] [ulu'lar] *v.4.* **1.** Dar gritos ou lamentar-se ruidosamente. ▸ Lastimar. **2.** *fig.* Produzir som forte (o vento). ▸ Uivar.

um.bral. [um'bral] [um'bral] *m.* **1.** Parte inferior ou degrau na porta ou na entrada de uma casa. ▸ Soleira. **2.** *fig.* Estreia, primeiro passo, princípio de qualquer coisa. ▸ Limiar.

un. [un] [un] *núm.* Forma reduzida de *uno*, empregada diante de substantivos masculinos no singular. ▸ Um.

un, u.na. [un] [un] *art.* Indica indeterminação do nome que precede. A forma plural é *unos*, *unas*. ▸ Um, uma.

u.ná.ni.me. [u'nanime] [u'nanime] *adj.* **1.** Aplica-se à decisão ou conclusão tomada em conjunto e de acordo com todos. ▸ Unânime. **2.** Que tem o mesmo sentimento ou a mesma opinião de outro(s). ▸ Unânime.

u.na.ni.mi.dad. [unanimi'ðaθ] [unanimi'ðað] *f.* **1.** Qualidade de unânime. ▸ Unanimidade. **2.** Conformidade de voto ou de opinião. ▸ Unamimidade.

un.ción. [un'θjon] [un'sjon] *f. Rel.* Graça que cria virtude e alto sentimento religioso. ▸ Unção.

un.dé.ci.mo, ma. [un'deθimo] [un'desimo] *núm.* Que segue em ordem ao décimo. ▸ Décimo primeiro.

un.gir. [un'xir] [un'xir] *v.61.* **1.** Aplicar a uma coisa um óleo de maneira que cubra a superfície. ▸ Ungir. **2.** *Rel.* Persignar uma pessoa com óleos sagrados. ▸ Ungir.

un.güen.to. [un'gwento] [un'gwento] *m.* O que serve para ungir ou untar e tem propriedades medicinais. ▸ Unguento.

un.gu.la.do, da. [ungu'laðo] [ungu'laðo] *adj.* Diz-se dos animais mamíferos que têm casco. ▸ Ungulado. *U.t.c.s.*

ú.ni.ca.men.te. [unika'mente] [unika'mente] *adv.* De forma única, de um só modo. ▸ Unicamente.

u.ni.ce.lu.lar. [uniθelu'lar] [uniselu'lar] *adj. Biol.* Que é formado por uma só célula. ▸ Unicelular.

ú.ni.co, ca. ['uniko] ['uniko] *adj.* **1.** Que é só um. ▸ Único. **2.** Que se apresenta sozinho em sua espécie. ▸ Único. **3.** Que não apresenta igualdade com nada. Ímpar. ▸ Único.

u.ni.cor.nio. [uni'kornjo] [uni'kornjo] *m.* Animal mitológico com figura de cavalo e que possui um chifre reto na testa. ▸ Unicórnio.

u.ni.dad. [uni'ðaθ] [uni'ðað] *f.* **1.** Qualidade do que é um ou único. ▸ Unidade. **2.** Designação de uma peça ou elemento de um conjunto. ▸ Unidade. **3.** Igualdade de pensamento e intenção entre os membros de uma equipe que atuam em conjunto. ▸ Unidade. ◆ **Unidad de Vigilancia Intensiva (UVI). / Unidad de Cuidados Intensivos (UCI).** *Med.* Unidade de Terapia Intensiva (UTI). / Centro de Terapia Intensiva (CTI).

u.ni.fa.mi.liar. [unifami'ljar] [unifami'ljar] *adj.* Diz-se daquilo que corresponde a uma única família. ▸ Unifamiliar. *En mi barrio hay un proyecto que prevé la construcción de un bloque de viviendas unifamiliares.* No meu bairro há um projeto que prevê a construção de um bloco de residências unifamiliares.

u.ni.fi.car. [unifi'kar] [unifi'kar] *v.7.* **1.** Reunir em um todo ou em um só corpo. ▸ Unificar. **2.** Fazer convergir para uma única finalidade. ▸ Unificar.

u.ni.for.mar. [unifor'mar] [unifor'mar] *v.4.* **1.** Tornar uniformes, padronizar processos ou sistemas. ▸ Uniformizar. **2.** Vestir com roupa igual os indivíduos de um corpo ou comunidade. ▸ Uniformizar.

u.ni.for.me. [uni'forme] [uni'forme] *adj.* **1.** O que é igual ou semelhante em sua forma. ▸ Uniforme. *m.* **2.** Cada vestimenta de uma série feita conforme um modelo. ▸ Uniforme.

u.ni.for.mi.dad. [uniformi'ðaθ] [uniformi'ðað] *f.* **1.** Qualidade de uniforme. ▸ Uniformidade. **2.** Ato de conferir um padrão a uma série de coisas ou a procedimentos. ▸ Uniformidade.

u.ni.la.te.ral. [unilate'ral] [unilate'ral] *adj.* **1.** Diz-se do que se refere ou corresponde somente a uma parte ou a um aspecto de alguma coisa. ▸ Unilateral. **2.** Situado em um único lado. ▸ Unilateral.

u.nión. [u'njon] [u'njon] *f.* **1.** Ato ou efeito de unir(-se). ▶ União. **2.** Associação, confederação, aliança para um fim determinado. ▶ União. **3.** Aliança de vontades, interesses. Pacto. ▶ União.

u.ni.per.so.nal. [uniperso'nal] [uniperso'nal] *adj.* Relativo a uma só pessoa. ▶ Unipessoal.

u.nir. [u'nir] [u'nir] *v.6.* **1.** Juntar duas ou mais coisas para formar uma. ▶ Unir. **2.** Estabelecer comunicação entre dois pontos ou lugares. ▶ Unir.

u.ní.so.no, na. [u'nisono] [u'nisono] *adj.* Aplica-se a vozes e sons ditos ao mesmo tempo. ▶ Uníssono.

u.ni.ta.rio, ria. [uni'tarjo] [uni'tarjo] *adj.* **1.** Pertencente ou relativo à unidade. ▶ Unitário. **2.** Que toma por base uma unidade determinada. ▶ Unitário. **3.** *Polít.* Que é partidário da centralização política de um país, sem autonomia para suas regiões internas. ▶ Unitário. *U.t.c.s.*

u.ni.ver.sal. [uniβer'sal] [uniβer'sal] *adj.* **1.** Pertencente ou relativo ao Universo. ▶ Universal. **2.** Que abrange ou se estende a tudo o que existe. ▶ Universal.

u.ni.ver.sa.li.zar. [uniβersali'θar] [uniβersali'sar] *v.13.* Tornar uma coisa universal, generalizá-la. ▶ Universalizar.

u.ni.ver.si.dad. [uniβersi'ðaθ] [uniβersi'ðað] *f.* **1.** Instituição de ensino superior que compreende diversas faculdades, institutos e outros centros de pesquisa e divulgação do conhecimento. ▶ Universidade. **2.** Edifícios, instalações e espaço dedicado a centros de ensino superior. ▶ Universidade.

u.ni.ver.si.ta.rio, ria. [uniβersi'tarjo] [uniβersi'tarjo] *adj.* **1.** Pertencente ou relativo a tudo o que se refere ao ensino superior. ▶ Universitário. *s.* **2.** Professor, graduado ou aluno de uma universidade. ▶ Universitário.

u.ni.ver.so. [uni'βerso] [uni'βerso] *m.* **1.** Conjunto de todas as coisas existentes. Mundo. ▶ Universo. **2.** Conjunto de indivíduos ou elementos que são objeto de um determinado estudo. ▶ Universo.

u.ní.vo.co, ca. [u'niβoko] [u'niβoko] *adj.* **1.** Que só admite uma interpretação. ▶ Unívoco. **2.** Que tem igual natureza ou valor que outra coisa. ▶ Unívoco. *U.t.c.s.*

u.no, na. ['uno] ['uno] *adj.* **1.** Que não está dividido. ▶ Uno. **2.** Único na sua espécie. ▶ Uno. **3.** *fig.* Idêntico, muito semelhante. ▶ Um. *núm.* **4.** A menor unidade inteira. ▶ Um. *pron.* **5.** Refere-se indeterminadamente a uma pessoa ou a várias pessoas. ▶ A gente. *Uno nunca sabe qué hacer en esos momentos.* A gente nunca sabe o que fazer nessas horas. ◆ **No acertar una.** Não dar uma dentro. **Una de dos.** Das duas uma. *Una de dos: o repartimos las tareas o no podremos salir de casa.* Das duas uma: ou dividimos as tarefas ou não poderemos sair de casa. **Una que otra vez.** Uma vez ou outra. *No siempre tomamos vino en el almuerzo, solo una que otra vez.* Não é sempre que tomamos vinho no almoço, só uma vez ou outra. **Uno que otro.** Um ou outro. *La mayoría aprobó el proyecto, solo uno que otro lo reprobó.* A maioria aprovou o projeto, só um ou outro o reprovou. **Unos cuantos.** Alguns. *Unos cuantos nos retiramos antes de terminar la asamblea.* Alguns de nós nos retiramos antes de terminar a assembleia.

un.tar. [un'tar] [un'tar] *v.4.* **1.** Aplicar e estender óleo ou outra gordura sobre uma superfície. ▶ Untar. **2.** *fig.* e *fam.* Subornar ou corromper alguém com presentes ou dinheiro para obter alguma coisa que dele depende. ▶ Molhar a mão.

un.tuo.so, sa. [un'twoso] [un'twoso] *adj.* Que tem unto ou gordura. ▶ Gorduroso.

u.ña. ['uɲa] ['uɲa] *f. Anat.* **1.** Estrutura de queratina presente na ponta dos dedos. ▶ Unha. **2.** Casco dos animais ungulados que não têm dedos separados. ▶ Unha. **3.** Garra das feras. ▶ Unha. ◆ **Comerse las uñas.** *fig.* e *fam.* Roer as unhas. **Enseñar / Mostrar las uñas.** *fig.* Mostrar as garras. **Ser uña y carne.** Ser unha e carne. ➡ *Cuerpo humano*

U.ra.no. [u'rano] *m. Astr.* Planeta do sistema solar, muito maior que a Terra, que ocupa o sétimo lugar na ordem de afastamento do Sol. ▶ Urano.

ur.ba.ni.dad. [urβani'ðaθ] [urβani'ðað] *f.* Cortesia, atenção e educação no trato com os outros. ▶ Urbanidade.

ur.ba.nis.mo. [urβa'nismo] [urβa'nihmo] *m.* Estudo do planejamento, desenvolvimento, conservação da cidade. ▶ Urbanismo.

ur.ba.ni.za.ción. [urβaniθa'θjon] [urβanisa'sjon] *f.* **1.** Ato ou efeito de urbanizar. ▶ Urbanização. **2.** Núcleo residencial urbanizado. ▶ Condomínio.

ur.ba.ni.zar. [urβani'θar] [urβani'sar] *v.13.* Realizar obras de infraestrutura necessárias para o desenvolvimento de uma cidade. ▶ Urbanizar.

ur.ba.no, na. [urˈβano] [urˈβano] *adj.* Pertencente ou relativo à cidade. ▶ Urbano.

ur.be. [ˈurβe] [ˈurβe] *f.* **1.** Ver *ciudad*. Urbe. ▶ Cidade **2.** Cidade grande e populosa. ▶ Metrópole.

ur.dim.bre. [urˈðimbre] [urˈðimbre] *f.* **1.** Conjunto de fios que se colocam no tear para formar um tecido. ▶ Urdidura. **2.** *fig.* Trama ou intriga contra alguém. ▶ Urdidura. **3.** *fig.* Ver *trama*[2]. ▶ Trama.

ur.dir. [urˈðir] [urˈðir] *v.6.* **1.** Pôr em ordem ou dispor os fios para fazer o tecido. ▶ Urdir. **2.** *fig.* Maquinar alguma coisa contra alguém para conseguir um propósito. ▶ Tramar.

u.re.a. [uˈrea] [uˈrea] *f. Quím.* Substância orgânica que contém grande quantidade de nitrogênio e se encontra na urina. ▶ Ureia.

u.ré.ter. [uˈreter] [uˈreter] *m. Anat.* Conduto pelo qual desce a urina dos rins à bexiga. ▶ Ureter.

u.re.tra. [uˈretra] [uˈretra] *f. Anat.* Conduto pelo qual se elimina a urina contida na bexiga. ▶ Uretra.

ur.gen.cia. [urˈxenθja] [urˈxensja] *f.* **1.** Qualidade do que é urgente. ▶ Urgência. **2.** Necessidade imediata. ▶ Urgência. *pl.* **3.** Local onde se presta atendimento de emergência. ▶ Pronto-socorro.

ur.gen.te. [urˈxente] [urˈxente] *adj.* Que precisa ser feito com rapidez, imediatamente. ▶ Urgente.

ur.gir. [urˈxir] [urˈxir] *v.61.* Ser imediatamente necessário a um propósito, ser urgente. ▶ Urgir.

u.ri.na.rio, ria. [uriˈnarjo] [uriˈnarjo] *adj.* Da urina ou que tem relação com ela. ▶ Urinário.

ur.na. [ˈurna] [ˈurna] *f.* **1.** Caixa fechada e lacrada usada para depositar as cédulas de voto. ▶ Urna. **2.** Caixa de vidro para expor joias e outros objetos preciosos. ▶ Redoma.

u.ró.lo.go, ga. [uˈroloɣo] [uˈroloɣo] *s. Med.* Médico especialista em doenças das vias urinárias. ▶ Urologista.

u.rra.ca. [uˈraka] [uˈraka] *f.* **1.** *Zool.* Tipo de pássaro. ▶ Gralha. **2.** *fig.* e *fam.* Pessoa que fala muito e diz pouco. Prolixo. ▶ Gralha.

ur.ti.ca.ria. [urtiˈkarja] [urtiˈkarja] *f. Med.* Doença de pele que apresenta manchas vermelhas e coceira muito forte. ▶ Urticária.

u.ru.gua.yo, ya. [uruˈɣwajo] [uruˈɣwaʃo] *adj.* **1.** Pertencente ou relativo ao Uruguai. ▶ Uruguaio. *s.* **2.** O natural ou habitante desse país da América do Sul. ▶ Uruguaio.

u.sa.do, da. [uˈsaðo] [uˈsaðo] *adj.* **1.** Que não é novo. ▶ Usado. **2.** Que está gasto ou danificado pelo uso. ▶ Usado.

u.san.za. [uˈsanθa] [uˈsansa] *f.* **1.** Hábito de fazer alguma coisa. ▶ Costume. **2.** Aquilo que se está usando na atualidade ou se usou em outra época. ▶ Moda.

u.sar. [uˈsar] [uˈsar] *v.4.* **1.** Executar ou praticar alguma coisa por hábito ou costume. ▶ Usar. **2.** Trajar ou utilizar algo para uma finalidade. ▶ Usar. **3.** Empregar com alguma finalidade. Utilizar. ▶ Usar.

USB. [ˈuˈeseˈβe] [ˈuˈeseˈβe] *m. Inform.* Sigla de *Universal Serial Bus*. Conector universal de uso frequente nos computadores, aparelhos eletrônicos e celulares. ▶ *USB*. *Necesitaba un cable* USB *para pasar las fotos de mi antigua cámara a mi ordenador*. Eu precisava de um cabo *USB* para passar as fotos da minha antiga câmera fotográfica para o computador.

u.so. [ˈuso] [ˈuso] *m.* **1.** Ato ou efeito de usar. ▶ Uso. **2.** Hábito de fazer as coisas de uma determinada forma. ▶ Uso. ◆ **A / Al uso.** Conforme o uso. **Estar en buen uso.** Estar em bom estado.

us.ted. [usˈteθ] [uhˈteθ] *pron.pess.* **1.** Designa a 2ª pessoa do singular, nos gêneros masculino e feminino, para o tratamento formal ou de respeito. O plural é *ustedes*. ▶ O senhor, a senhora. **2.** Emprega-se também no tratamento informal em algumas regiões da América Hispânica, em parte da Andaluzia e nas ilhas Canárias. ▶ Você, tu.

u.sual. [uˈswal] [uˈswal] *adj.* Que é usado ou praticado frequentemente. ▶ Usual.

u.sua.rio, ria. [uˈswarjo] [uˈswarjo] *adj.* Que usa normalmente e de forma continuada. ▶ Usuário. *U.t.c.s.*

u.su.fruc.to. [usuˈfrukto] [usuˈfrukto] *m.* **1.** Direito de obter os frutos ou rendimentos de bens alheios com obrigação de conservá-los. ▶ Usufruto. **2.** Lucros, frutos ou rendas que se obtêm de alguma coisa. ▶ Usufruto.

u.su.ra. [uˈsura] [uˈsura] *f.* Empréstimo de dinheiro a juros superiores aos praticados pelas instituições financeiras oficiais. Agiotagem. ▶ Usura.

u.su.re.ro, ra. [usu'rero] [usu'rero] *s.* Pessoa que empresta dinheiro a juros muito altos. ▸ Agiota.

u.sur.par. [usuɾ'paɾ] [usuɾ'paɾ] *v.4.* **1.** Apropriar-se de um bem imóvel ou direito alheio. ▸ Usurpar. **2.** Tomar como seu o cargo ou emprego de outro. ▸ Usurpar.

u.ten.si.lio. [uten'siljo] [uten'siljo] *m.* **1.** Objeto ou aparelho de uso manual e frequente. ▸ Utensílio. *pl.* **2.** Conjunto de ferramentas ou instrumentos próprios de um profissional ou artista. ▸ Utensílios.

ú.te.ro. ['utero] ['utero] *m. Anat.* Órgão de reprodução das fêmeas dos mamíferos onde as crias se desenvolvem até nascer. ▸ Útero.

ú.til. ['util] ['util] *adj.* **1.** Que produz proveito, comodidade ou interesse. ▸ Útil. **2.** Que pode servir ou ser aproveitado de alguma forma. ▸ Útil. *m.pl.* **3.** Conjunto de ferramentas, aparelhos e máquinas de uma oficina ou escritório. Equipamento. ▸ Materiais.

u.ti.le.rí.a. [utile'ria] [utile'ria] *f.* **1.** Conjunto de ferramentas ou objetos que possuem determinada utilidade. ▸ Apetrecho. *Los buenos profesionales suelen tener su propia utilería.* Os bons profissionais costumam ter seus próprios apetrechos. **2.** Conjunto de objetos, instrumentos ou acessórios necessários à produção de uma obra teatral. ▸ Adereço. *Hemos decidido alquilar una parte de la utilería que necesitaremos para poner en escena la nueva obra de teatro.* Decidimos alugar uma parte dos adereços que precisaremos para montar a nova peça de teatro.

u.ti.li.dad. [utili'ðaθ] [utili'ðað] *f.* **1.** Qualidade de útil. ▸ Utilidade. **2.** Proveito, interesse ou fruto que se obtém de uma coisa. ▸ Utilidade.

u.ti.li.ta.rio, ria. [utili'tarjo] [utili'tarjo] *adj.* **1.** Que atende em primeiro lugar à utilidade. ▸ Utilitário. *m.* **2.** Pequeno veículo de carga. ▸ Utilitário.

u.ti.li.za.ción. [utiliθa'θjon] [utilisa'sjon] *f.* Uso que se faz de algo. ▸ Utilização.

u.ti.li.zar. [utili'θaɾ] [utili'saɾ] *v.13.* Aproveitar(-se) ou fazer uso de uma coisa. ▸ Utilizar.

u.to.pí.a. [uto'pia] [uto'pia] *f.* Ilusão de perfeição, que está além da realidade. ▸ Utopia. *U.t. u.to.pia.*

u.tó.pi.co, ca. [u'topiko] [u'topiko] *adj.* **1.** Pertencente ou relativo à utopia. ▸ Utópico. *U.t.c.s.* **2.** Aplica-se ao pensamento de Thomas More. ▸ Utópico.

u.va. ['uβa] ['uβa] *f. Bot.* Fruto da parreira. ▸ Uva. ➡ *Frutas*

u.ve. ['uβe] ['uβe] *f.* O nome da letra V. ▸ Vê. ◆ **Uve doble.** O nome da letra W. ▸ Dáblio.

ú.vu.la. ['uβula] ['uβula] *f. Anat.* Véu palatino. Popularmente conhecido como campainha. ▸ Úvula.

V

v. ['uβe] ['uβe] *f.* Vigésima terceira letra do alfabeto espanhol. ▸ V.

va.ca. ['baka] ['baka] *f.* **1.** *Zool.* Fêmea do touro. ▸ Vaca. **2.** Carne de qualquer bovino que se consome como alimento. ▸ Vaca. **3.** *fam.* Dinheiro reunido entre várias pessoas com uma finalidade comum. ▸ Vaquinha. ◆ **Vaca lechera.** Vaca leiteira. ➠ *Reino animal*

va.ca.ción. [baka'θjon] [baka'sjon] *f.* **1.** Descanso temporário em uma atividade habitual, trabalho ou estudo. ▸ Férias. **2.** Tempo que duram as férias. ▸ Férias. ◆ **Salir de vacaciones.** Sair em férias. *Us.* mais em pl.

va.can.cia. [ba'kanθja] [ba'kansja] *f.* Ver *vacante*(2). ▸ Vaga.

va.can.te. [ba'kante] [ba'kante] *adj.* **1.** Aplica-se ao cargo, emprego ou lugar vago. ▸ Desocupado. *f.* **2.** Cargo, emprego ou ocupação vaga. ▸ Vaga.

va.cia.do. [ba'θjaðo] [ba'sjaðo] *m.* Ato de despejar, em uma forma, metal derretido ou massa mole. ▸ Moldagem.

va.ciar. [ba'θjar] [ba'sjar] *v.4.* **1.** Tirar o conteúdo de um recipiente. ▸ Esvaziar **2.** *Arq.* Fazer um oco em alguma coisa. ▸ Vazar. **3.** Formar um objeto com molde. ▸ Fundir.

va.ci.lar. [baθi'lar] [basi'lar] *v.4.* **1.** Estar indeciso. ▸ Vacilar. **2.** Não estar firme ou cambalear. ▸ Vacilar. **3.** Fazer gozações, brincadeiras. ▸ Gozar.

va.cí.o, a. [ba'θio] [ba'sio] *adj.* **1.** Que não tem conteúdo. ▸ Vazio. **2.** Aplica-se a casas ou lugares onde não há nada nem pessoas. ▸ Vazio. *m.* **3.** Espaço vazio. ▸ Vão. **4.** *fig.* Falta, carência ou ausência de algo ou alguém. ▸ Vazio. **5.** Espaço que não contém ou do qual foi retirado o ar. ▸ Vácuo. ◆ **Al vacío.** A vácuo. **Caer en el vacío.** *fig.* Cair no vazio.

va.cu.na. [ba'kuna] [ba'kuna] *f.* Preparado com micro-organismos, aplica em pessoas ou animais para protegê-los de uma enfermidade determinada. ▸ Vacina.

va.cu.na.ción. [bakuna'θjon] [bakuna'sjon] *f. Med.* Ato ou efeito de vacinar. ▸ Vacinação. *La vacunación puede salvar la vida de muchos niños.* A vacinação pode salvar a vida de muitas crianças.

va.cu.nar. [baku'nar] [baku'nar] *v.4.* Introduzir em um ser vivo uma substância preventiva de uma doença. ▸ Vacinar.

va.cu.no, na. [ba'kuno] [ba'kuno] *adj.* Pertencente ao gado bovino. ▸ Vacum.

va.cuo, cua. [ba'kwo] [ba'kwo] *adj.* Desprovido de conteúdo. ▸ Vácuo.

va.de.ar. [baðe'ar] [baðe'ar] *v.4.* **1.** Atravessar a pé, pelo vau, um rio ou outra corrente de água. Andar. ▸ Vadear. **2.** *fig. p.us.* Vencer um grave inconveniente. ▸ Driblar.

va.do. ['baðo] ['baðo] *m.* Lugar pouco profundo em um rio pelo qual se pode passar a pé. ▸ Vau.

va.ga. ['baɣa] ['baɣa] *f.* Onda de grande amplitude. ▸ Vaga. *obs.*: Não se aplica a lugar vago.

va.ga.bun.de.ar. [baɣaβunde'ar] [baɣaβunde'ar] *v.4.* Vadiar de um lugar para outro, sem finalidade e sem necessidade. ▸ Vagabundear.

va.ga.bun.do, da. [baɣa'βundo] [baɣa'βundo] *adj.* **1.** Que anda errante de um lugar para outro. ▸ Vagabundo. *U.t.c.s.* **2.** Que não tem ofício nem domicílio determinado por escolha própria. ▸ Vagabundo. *U.t.c.s.*

va.gan.cia. [ba'ɣanθja] [ba'ɣansja] *f.* **1.** Preguiça, falta de vontade ou interesse em fazer qualquer coisa. ▸ Vadiagem. **2.** Ação de vagar. Ver *vagar*. ▸ Vagar.

va.gar. [ba'ɣar] [ba'ɣar] *v.9.* Andar ao acaso sem deter-se em lugar nenhum. ▸ Vagar.

va.gi.na. [ba'xina] [ba'xina] *f.* Conduto musculomembranoso nas fêmeas dos mamíferos, que vai do útero ao orifício externo do canal genital. ▸ Vagina.

va.go, ga. ['baɣo] ['baɣo] *adj.* **1.** ❑ Que não gosta de trabalhar. Preguiçoso. ▸ Vagabundo. **2.** Que não está claro. ▸ Vago.

va.gón. [ba'ɣon] [ba'ɣon] *m.* Compartimento para transporte de pessoas ou carga, puxado por uma locomotiva, em uma estrada de ferro. ▸ Vagão.

va.go.ne.ta. [baɣo'neta] [baɣo'neta] *f.* Vagão pequeno e descoberto. ▸ Vagonete.

va.gua.da. [ba'ɣeðaθ] [ba'ɣeðað] *f. Geogr.* Parte mais profunda de um vale por onde correm as águas. ▸ Leito.

va.gue.ar. [baɣe'ar] [baɣe'ar] *v.4.* Andar sem achar o caminho certo. ▸ Vaguear.

va.gue.dad. [baɣe'ðaθ] [baɣe'ðað] *f.* Falta de precisão ou de clareza. ▸ Vagueza.

va.hí.do. [ba'iðo] [ba'iðo] *m. Med.* Perturbação cerebral breve por alguma indisposição. ▸ Tontura.

va.ho. ['bao] ['bao] *m.* **1.** Fumaça que desprendem algumas substâncias em determinadas condições. ▸ Vapor. *pl.* **2.** Método medicinal que consiste em respirar vapor com alguma substância balsâmica. ▸ Inalação.

vai.na. ['baina] ['baina] *f.* **1.** Estojo no qual se introduz a lâmina de arma branca. ▸ Bainha. **2.** Casca tenra e comprida que envolve as sementes de alguns vegetais como a ervilha e o feijão. ▸ Vagem. **3.** *fam.* Assunto, coisa. ▸ Negócio.

vai.ni.lla. [bai'niʎa] [bai'niʃa] *f.* **1.** *Bot.* Planta originária da América cujas sementes se usam para aromatizar alimentos. ▸ Baunilha. **2.** Óleo essencial que se extrai dessa planta. ▸ Baunilha.

va.ji.lla. [ba'xiʎa] [ba'xiʃa] *f.* Conjunto de pratos, travessas e outros objetos que se usam para comer ou servir comidas. ▸ Baixela.

va.le. ['bale] ['bale] *m.* **1.** Documento representativo de dinheiro ou de artigos nele especificados. ▸ Vale. **2.** Entrada gratuita para um espetáculo. ▸ Ingresso *vip / gratuito*. *interj.* **3.** ▫ Expressão que denota aceitação ou conformidade com alguma coisa. ▸ De acordo. *¿Has dicho a las ocho, en la puerta del cine? ¡Vale!* Você disse às oito, na porta do cinema? Fechado!

va.le.de.ro, ra. [bale'ðero] [bale'ðero] *adj.* **1.** Que tem validade ou que deve valer por algum tempo. ▸ Válido. ▸ Vigente. **2.** Que é firme e seguro. ▸ Garantido.

va.len.tí.a. [balen'tia] [balen'tia] *f.* Decisão e coragem para realizar algo difícil e necessário. ▸ Valentia.

va.len.tón, to.na. [balen'ton] [balen'ton] *adj.* Que se gaba de ser valente. ▸ Valentão. *U.t.c.s.*

va.ler. [ba'ler] [ba'ler] *v.59.* **1.** Ter um preço determinado para compra ou venda. ▸ Valer. **2.** Ter uma qualidade que dá valor ou preço. ▸ Valer. **3.** Ter vigência ou validade de algo. ▸ Valer. **4.** Equivaler uma coisa a outra. ▸ Valer. *v.p.* **5.** Usar, recorrer a favor de outro. ▸ Valer-se. **6.** Lançar mão de. ▸ Valer-se. ♦ **Más vale...** É melhor... **No valer de nada.** Não adiantar nada.

va.le.ro.so, sa. [bale'roso] [bale'roso] *adj.* **1.** Que tem coragem. ▸ Valente. **2.** Que é estimado e muito apreciado. ▸ Valoroso.

va.lí.a. [ba'lia] [ba'lia] *f.* **1.** Valor inerente a um objeto. ▸ Valia. **2.** Qualidade de uma pessoa que se destaca por alguma coisa. ▸ Valia.

va.li.dar. [bali'ðar] [bali'ðar] *v.4.* **1.** Dar força ou firmeza legal a uma coisa, torná-la válida. ▸ Validar. **2.** Tornar algo legítimo ou legal. ▸ Validar.

va.li.dez. [bali'ðeθ] [bali'ðes] *f.* Qualidade de válido, de legítimo ou legal. ▸ Validade.

vá.li.do, da. [ba'liðo] [ba'liðo] *adj.* Que tem reconhecimento legal de valor. ▸ Válido.

va.lien.te. [ba'ljente] [ba'ljente] *adj.* Que procede com valentia. ▸ Valente.

va.li.ja. [ba'lixa] [ba'lixa] *f.* **1.** Saco de couro ou tecido forte para levar correspondência. ▸ Malote. **2.** *Polít.* Pasta fechada e lacrada que contém a correspondência entre um governo e seus agentes diplomáticos no estrangeiro. ▸ Valise. **3.** Mala ou carteira com documentos que se leva na mão. ▸ Bolsa. **4.** Mala de viagem. ▸ Mala.

va.lio.so, sa. [ba'ljoso] [ba'ljoso] *adj.* **1.** Que vale muito. ▸ Valioso. **2.** Que tem muita estima ou merecimento. ▸ Valioso.

va.lla. ['baʎa] ['baʃa] *f.* **1.** Divisória formada por tábuas para fechar ou isolar um lugar. ▸ Tapume. **2.** Painel situado nas ruas ou estradas com publicidade. ▸ *Outdoor.* **3.** *Desp.* Obstáculo que deve ser saltado pelos participantes de corridas ou hipismo. ▸ Barreira.

va.lla.do. [ba'ʎaðo] [ba'ʃaðo] *m.* Parapeito que se levanta e se forma com terra para defesa de um lugar. ▸ Valo.

va.llar. [ba'ʎar] [ba'ʃar] *v.4.* Fechar um lugar com cerca, muro ou valo. ▸ Cercar.

va.lle. ['baʎe] ['baʃe] *m. Geogr.* **1.** Extensão de terra, planície ou depressão entre montes. ▸ Vale. **2.** Bacia de um rio. ▸ Vale.

va.lor. [ba'lor] [ba'lor] *m.* **1.** Qualidade do espírito que dá força para enfrentar situações difíceis. ▸ Garra. **2.** Grau de utilidade ou aptidão das coisas. ▶ Valor. **3.** Em várias ciências, resultado da relação entre partes de um sistema. ▶ Valor. **4.** Alcance da importância de uma coisa, ato ou palavra. ▶ Valor. *pl.* **5.** *Fin.* Títulos. ▶ Valores.

va.lo.ra.ción. [baloraˈθjon] [baloraˈsjon] *f.* **1.** Ato ou efeito de valorar. ▶ Valorização. **2.** Estimação do valor ou preço de uma coisa. ▶ Valorização.

va.lo.rar. [baloˈrar] [baloˈrar] *v.4.* **1.** Reconhecer, estimar ou apreciar o valor ou mérito de uma pessoa ou coisa. ▶ Valorizar. **2.** Assinalar ou fixar preço de uma coisa. ▶ Valorar.

<u>**vals.**</u> [ˈbals] [ˈbals] *m.* Música e dança de origem alemã, tradicionalmente usada em algumas comemorações como aniversários e casamentos. ▶ Valsa.

<u>**val**</u>**.va.** [ˈbalβa] [ˈbalβa] *f. Zool.* Parte sólida que reveste o corpo de um molusco. ▶ Concha.

<u>**vál**</u>**.vu.la.** [ˈbalβula] [ˈbalβula] *f.* **1.** Peça que, em máquinas ou instrumentos, serve para abrir ou fechar a comunicação entre duas de suas partes ou com o exterior. ▶ Válvula. **2.** *Anat.* Dobra membranosa nos condutos do corpo dos animais que impede ou retarda o fluxo ou refluxo dos líquidos. ▶ Válvula.

vam.pi.<u>re</u>.sa. [bampiˈresa] [bampiˈresa] *adj.* Diz-se de mulher sedutora, provocativa e refinada. Mulher fatal. ▶ Vampe.

vam.<u>pi</u>.ro. [bamˈpiro] [bamˈpiro] *m.* **1.** Personagem que, segundo o imaginário popular, durante a noite sai de seu túmulo em busca de sangue do pescoço das pessoas. ▶ Vampiro. **2.** *Zool.* Animal que se alimenta de insetos e do sangue que chupa de animais que estão dormindo. ▶ Morcego.

va.na.<u>glo</u>.ria. [banaˈɣlorja] [banaˈɣlorja] *f.* **1.** Orgulho de si próprio. ▶ Vanglória. **2.** Presunção infundada. ▶ Vanglória.

va.na.glo.<u>riar</u>. [banaɣloˈrjar] [banaɣloˈrjar] *v.4. v.p.* Gabar-se de si mesmo. ▶ Vangloriar-se.

van.da.<u>lis</u>.mo. [bandaˈlismo] [bandaˈlihmo] *m.* Ato de vândalo. ▶ Vandalismo.

<u>**ván**</u>**.da.lo, la.** [ˈbandalo] [ˈbandalo] *adj.* **1.** Pertencente ou relativo a um povo bárbaro do norte da Europa dos séculos IV a VI, notável pela destruição que deixava por onde passava. ▶ Bárbaro. **2.** *fig.* Que destrói, sem respeito a coisa alguma. ▶ Vândalo. *U.t.c.s.*

van.<u>guar</u>.dia. [banˈgwarðja] [banˈgwarðja] *f.* **1.** Movimento artístico ou político renovador em relação às tendências de seu tempo. ▶ Vanguarda. **2.** *Mil.* Parte de um grupo militar que vai à frente da força principal. ▶ Vanguarda.

van.guar.<u>dis</u>.mo. [bangwarˈðismo] [bangwarˈðihmo] *m.* Nome comum a certas escolas ou tendências artísticas nascidas no século XX com intenção renovadora. ▶ Vanguardismo.

van.guar.<u>dis</u>.ta. [bangwarˈðista] [bangwarˈðihta] *adj.* **1.** Pertencente ao vanguardismo. ▶ Vanguardista. *U.t.c.s.* **2.** Partidário do vanguardismo. ▶ Vanguardista. *U.t.c.s.*

va.ni.<u>dad</u>. [baniˈðaθ] [baniˈðað] *f.* Arrogância e presunção para atrair a admiração dos outros. ▶ Vaidade.

va.ni.<u>do</u>.so, sa. [baniˈðoso] [baniˈðoso] *adj.* **1.** Que tem vaidade. ▶ Vaidoso. **2.** Que é fútil. ▶ Vaidoso.

<u>**va**</u>**.no, na.** [ˈbano] [ˈbano] *adj.* **1.** Que é fútil, sem fundamento. ▶ Vão. **2.** Vazio, sem conteúdo. ▶ Vão. *m.* **3.** *Arq.* Buraco, abertura para dar passagem. ▶ Vão. ◆ **En vano.** Em vão.

va.<u>por</u>. [baˈpor] [baˈpor] *m.* **1.** Estado gasoso de uma substância que na temperatura e pressão normal é sólida ou líquida. ▶ Vapor. **2.** *Mar.* Navio movido com caldeira de vapor de água. ▶ Vapor. ◆ **Buque de vapor.** Navio a vapor.

va.po.ri.za.<u>dor</u>. [baporiθaˈðor] [baporisaˈðor] *m.* Aparelho que serve para vaporizar líquidos. ▶ Vaporizador.

va.po.ri.<u>zar</u>. [bapoˈriθar] [bapoˈrisar] *v.13.* **1.** Converter um líquido em vapor pela ação do calor. ▶ Vaporizar. **2.** Borrifar um líquido em pequenas gotas. ▶ Vaporizar.

va.po.<u>ro</u>.so, sa. [bapoˈroso] [bapoˈroso] *adj.* **1.** Que é muito tênue e leve. ▶ Vaporoso. **2.** *fig.* Aplica-se aos tecidos transparentes, leves e muito finos. ▶ Vaporoso.

va.pu.le.<u>ar</u>. [bapuleˈar] [bapuleˈar] *v.4.* **1.** Golpear uma pessoa ou coisa. Açoitar. ▶ Vapular. **2.** *fig.* Criticar duramente uma pessoa. ▶ Repreender.

va.que.<u>rí</u>.a. [bakeˈria] [bakeˈria] *f.* Vacada, manada de gado vacum. ▶ Vacaria.

va.<u>que</u>.ro, ra. [baˈkero] [baˈkero] *adj.* **1.** Diz-se do pastor ou pastora de gado vacum. ▶ Vaqueiro. *m.pl.* **2.** Ver *tejano*[(2)]. ▶ Calças *jeans.* ➡ Ropa

<u>**va**</u>**.ra.** [ˈbara] [ˈbara] *f.* Ramo ou pau fino e comprido. ▶ Vara.

va.ria.ble. [ba'ɾjaβle] [ba'ɾjaβle] *adj.* **1.** Que varia ou pode variar. ▶ Variável. **2.** Inconstante, instável. ▶ Variável. *f.* **3.** Magnitude ou caracterísitca que pode variar em determinado conjunto (especialmente em pesquisa ou experimento). ▶ Variável.

va.ria.ción. [baɾja'θjon] [baɾja'sjon] *f.* Ato ou efeito de variar ou mudar. ▶ Variação.

va.ria.do, da. [ba'ɾjaðo] [ba'ɾjaðo] *adj.* **1.** Que tem variedade. ▶ Variado. **2.** Que apresenta diversidade. ▶ Diverso.

va.rian.te. [ba'ɾjante] [ba'ɾjante] *f.* **1.** Variedade ou diferença entre diversas classes ou formas de uma mesma coisa. ▶ Variante. **2.** Possibilidade diferente. ▶ Alternativa.

va.ri.ar. [ba'ɾjaɾ] [ba'ɾjaɾ] *v.4.* **1.** Mudar uma coisa de forma, propriedade ou estado. ▶ Variar. **2.** Ser uma coisa diferente de outra. ▶ Variar.

va.ri.ce. [ba'ɾiθe] [ba'ɾise] *f. Med.* Dilatação permanente de uma veia, causada pela acumulação de sangue em algum ponto de seu interior. ▶ Variz. *U.t. vá.ri.ce.*

va.rie.dad. [baɾje'ðað] [baɾje'ðað] *f.* **1.** Conjunto de coisas diversas. ▶ Variedade. **2.** Qualidade de diferente. Diversidade. ▶ Variedade.

va.ri.lla. [ba'ɾiʎa] [ba'ɾiʃa] *f.* Qualquer haste de metal, madeira ou outro material que é fina e comprida e se usa em estruturas. ▶ Vareta.

va.rio, ria. ['baɾjo] ['baɾjo] *adj.* **1.** Que tem variedade ou está composto de diversos tipos, aspectos ou elementos. ▶ Vário. *pl.* **2.** Alguns, uns quantos. ▶ Vários.

va.rio.pin.to, ta. [baɾjo'pinto] [baɾjo'pinto] *adj.* Diz-se do que se apresenta com diversas cores, formas, estilos. Variegado, diversificado, diferente. ▶ Variado. *Hay muchas ciudades variopintas en Sudamérica.* Há cidades muito diferentes na América do Sul.

va.ri.ta. [ba'ɾita] [ba'ɾita] *f.* Vara pequena que usam os prestidigitadores e mágicos atribuindo-lhe os resultados que surpreendem o público. ▶ Varinha. ◆ **Varita mágica.** Varinha de condão.

va.rón. [ba'ɾon] [ba'ɾon] *m.* **1.** Pessoa do sexo masculino. ▶ Varão. **2.** Homem de respeito, ilustre ou notável. ▶ Nobre. ◆ **Hijo varón.** Filho do sexo masculino. ▶ Filho varão.

va.ro.na. [ba'ɾona] [ba'ɾona] *f.* **1.** Pessoa do sexo feminino. ▶ Varoa. **2.** Mulher forte, firme. ▶ Varoa.

va.ro.nil. [baɾo'nil] [baɾo'nil] *adj.* Relativo a varão ou próprio dele. ▶ Varonil.

va.sa.lla.je. [basa'ʎaxe] [basa'ʃaxe] *m.* Vínculo de dependência e submissão que, na Idade Média, os servos tinham em relação aos senhores feudais. ▶ Vassalagem.

va.sa.llo, lla. [ba'saʎo] [ba'saʃo] *adj.* Que estava sujeito a um senhor feudal por vínculo de vassalagem. ▶ Vassalo.

vas.co, ca. ['basko] ['bahko] *adj.* **1.** Relativo ao País Basco, na Espanha. ▶ Basco. *s.* **2.** O natural ou habitante dessa região. ▶ Basco. *m.* **3.** *Ling.* A língua do povo basco. ▶ Basco.

vas.cuen.se. [bas'kwense] [bah'kwense] *m. Ling.* Ver *vasco.* ▶ Basco.

vas.cu.lar. [basku'laɾ] [bahku'laɾ] *adj. Biol.* Relativo aos vasos pelo qual circula a seiva, nas plantas, ou o sangue, nos animais. ▶ Vascular.

va.se.li.na. [base'lina] [base'lina] *f.* Substância gordurosa e transparente que se usa como lubrificante industrial e na composição de medicamentos. ▶ Vaselina.

va.si.ja. [ba'sixa] [ba'sixa] *f.* Recipiente côncavo para líquidos, geralmente alimentos, feito de barro ou porcelana. ▶ Vasilha.

va.so. ['baso] ['baso] *m.* **1.** ▢ Recipiente de metal, vidro ou outro material que serve para levar à boca líquidos que serão bebidos. ▶ Copo. **2.** Conduto pelo qual circula, nos vegetais, a seiva ou o látex. ▶ Vaso. **3.** *Anat.* Conduto pelo qual circula o sangue e a linfa no corpo dos animais. ▶ Vaso. ◆ **Ahogarse en un vaso de agua.** Fazer tempestade em um copo-d'água.

vás.ta.go. ['bastaɣo] ['bahtaɣo] *m.* **1.** Talo novo que brota de uma árvore ou outra planta. Broto. ▶ Muda. **2.** Pessoa descendente de outra. Rebento. ▶ Filho. **3.** Barra de metal que serve para unir duas peças de um mecanismo. ▶ Haste.

vas.to, ta. ['basto] ['bahto] *adj.* Dilatado, muito estendido ou muito grande. Amplo. ▶ Vasto.

vá.ter. ['bateɾ] ['bateɾ] *m.* Ver *inodoro*[(2)]. ▶ Vaso sanitário.

va.ti.ci.nar. [batiθi'naɾ] [batisi'naɾ] *v.4.* Prognosticar, adivinhar, predizer fatos que poderão acontecer no futuro. ▶ Vaticinar.

va.tio. ['batjo] ['batjo] *m.* Unidade de potência elétrica. ▶ Watt.

va.ya. ['baja] ['baja] *interj.* Expressa que algo satisfaz ou decepciona. ▶ Que. *¡Vaya problema nos ha creado ese niño!* Que problemão nos criou esse menino!

ve.ces(a). ['beθes] ['beseh] *loc.* Com certa frequência. De vez em quando. ▶ Às vezes.

ve.cin.dad. [beθin'daθ] [besin'dað] *f.* **1.** Conjunto de pessoas que moram próximo a alguém. ▶ Vizinhança. **2.** Lugares próximos de onde se está. Cercanías. ▶ Vizinhança.

ve.cin.da.rio. [beθin'darjo] [besin'darjo] *m.* Ver *vecindad*⁽¹⁾. ▶ Vizinhança.

ve.ci.no, na. [be'θino] [be'sino] *adj.* **1.** Que mora em determinada cidade ou região. ▶ Habitante, morador. *U.t.c.s.* **2.** *fig.* Que está junto ou perto. ▶ Vizinho. *U.t.c.s.*

ve.dar. [be'ðar] [be'ðar] *v.4.* **1.** Proibir por lei ou outro dispositivo legal. ▶ Vedar. **2.** Impedir, estorvar ou dificultar a execução de algo. ▶ Vedar.

ve.ga. ['beɣa] ['beɣa] *f.* Terreno cultivado, baixo, plano e fértil. ▶ Várzea.

ve.ge.ta.ción. [bexeta'θjon] [bexeta'sjon] *f.* Conjunto de vegetais e plantas de um lugar. ▶ Vegetação.

ve.ge.tal. [bexe'tal] [bexe'tal] *adj.* **1.** Pertencente ou relativo às plantas. ▶ Vegetal. *m.* **2.** *Biol.* Ser orgânico que cresce e vive, porém não muda de lugar por impulso próprio. ▶ Vegetal.

ve.ge.tar. [bexe'tar] [bexe'tar] *v.4.* **1.** Germinar, viver e desenvolver-se (as plantas). ▶ Vegetar. **2.** *fig.* Viver em inércia ou inativo. ▶ Vegetar.

ve.ge.ta.ria.no, na. [bexeta'rjano] [bexeta'rjano] *adj.* Que se alimenta de vegetais. ▶ Vegetariano. *U.t.c.s.*

ve.he.men.cia. [bee'menθja] [bee'mensja] *f.* **1.** Qualidade de veemente. ▶ Veemência. **2.** Impulso súbito da alma, impetuosidade. ▶ Veemência.

ve.he.men.te. [bee'mente] [bee'mente] *adj.* **1.** Que tem força impetuosa. ▶ Veemente. **2.** Diz-se da pessoa que age com ímpeto. ▶ Veemente.

ve.hí.cu.lo. [be'ikulo] [be'ikulo] *m.* **1.** Qualquer meio de transporte de pessoas ou coisas. ▶ Veículo. **2.** Tudo o que difunde, transmite ou conduz. ▶ Veículo. → *Transporte*

vein.te. ['bejnte] ['bejnte] *núm.* **1.** Quantidade que é uma unidade maior que 19. ▶ Vinte. *m.* **2.** Número que representa essa quantidade. ▶ Vinte.

vein.ti.cin.co. [bejnti'θinko] [bejnti'sinko] *núm.* **1.** Quantidade que é uma unidade maior que 24. ▶ Vinte e cinco. *m.* **2.** Número que representa essa quantidade. ▶ Vinte e cinco.

vein.ti.cua.tro. [bejnti'kwatro] [bejnti'kwatro] *núm.* **1.** Quantidade que é uma unidade maior que 23. ▶ Vinte e quatro. *m.* **2.** Número que representa essa quantidade. ▶ Vinte e quatro.

vein.ti.dós. [bejnti'ðos] [bejnti'ðos] *núm.* **1.** Quantidade que é uma unidade maior que 21. ▶ Vinte e dois. *m.* **2.** Número que representa essa quantidade. ▶ Vinte e dois.

vein.ti.nue.ve. [bejnti'nweβe] [bejnti'nweβe] *núm.* **1.** Quantidade que é uma unidade maior que 28. ▶ Vinte e nove. *m.* **2.** Número que representa essa quantidade. ▶ Vinte e nove.

vein.ti.o.cho. [bejnti'otʃo] [bejnti'otʃo] *núm.* **1.** Quantidade que é uma unidade maior que 27. ▶ Vinte e oito. *m.* **2.** Número que representa essa quantidade. ▶ Vinte e oito.

vein.ti.séis. [bejnti'sejs] [bejnti'sejs] *núm.* **1.** Quantidade que é uma unidade maior que 25. ▶ Vinte e seis. *m.* **2.** Número que representa essa quantidade. ▶ Vinte e seis.

vein.ti.sie.te. [bejnti'sjete] [bejnti'sjete] *núm.* **1.** Quantidade que é uma unidade maior que 26. ▶ Vinte e sete. *m.* **2.** Número que representa essa quantidade. ▶ Vinte e sete.

vein.ti.trés. [bejnti'tres] [bejnti'tres] *núm.* **1.** Quantidade que é uma unidade maior que 22. ▶ Vinte e três. *m.* **2.** Número que representa essa quantidade. ▶ Vinte e três.

vein.ti.ún. [bejnti'un] [bejnti'un] *núm.* Forma reduzida de *veintiuno*, empregada diante de substantivos masculinos em singular. ▶ Vinte e um.

vein.ti.u.no, na. [bejnti'uno] [bejnti'uno] *núm.* **1.** Quantidade que é uma unidade maior que 20. ▶ Vinte e um. *m.* **2.** Número que representa essa quantidade. ▶ Vinte e um.

ve.ja.men. [be'xamen] [be'xamen] *m.* Situação humilhante. ▶ Vexame.

ve.jar. [be'xar] [be'xar] *v.4.* Humilhar, perseguir, envergonhar ou fazer padecer uma pessoa. ▶ Vexar.

ve.ja.to.rio, ria. [bexa'torjo] [bexa'torjo] *adj.* Atitude ou dito de um indivíduo que faz alguém passar por uma situação vergonhosa ou de afronta. ▶ Vexatório.

ve.jez. [be'xeθ] [be'xes] *f.* **1.** Qualidade de velho. ▶ Velhice. **2.** Idade avançada. ▶ Velhice.

ve.ji.ga. [be'xiɣa] [be'xiɣa] *f.* **1.** *Anat.* Órgão muscular, em forma de bolsa, situado no abdome, no qual se vai depositando a urina

ve.la. ['bela] ['bela] *f.* **1.** *Mar.* Pano resistente que, cortado de forma adequada e colocado no mastro de uma embarcação, serve para impulsioná-la pela ação do vento. ▸ Vela. **2.** Peça cilíndrica feita com cera ou outra substância gordurosa combustível e com pavio no centro que, aceso, serve para fornecer luz. ▸ Vela. **3.** Tempo em que se vela (um defunto). ▸ Vigília. **4.** Tempo destinado ao trabalho no período noturno. ▸ Plantão noturno. ♦ **En vela.** Em vigília. ➡ *Deportes*

ve.la.da. [be'laða] [be'laða] *f.* **1.** Condição de quem está em vigilância. ▸ Vigília. **2.** Reunião de pessoas à noite. ▸ Noitada.

ve.la.dor. [bela'ðoɾ] [bela'ðoɾ] *m.* **1.** Mesa pequena, redonda, de um só pé, em que se põe um candeeiro. **2.** Pequena lâmpada com tela que se coloca do lado da cama, sobre o criado-mudo. ▸ Abajur.

ve.lar. [be'laɾ] [be'laɾ] *v.4.* **1.** Estar sem dormir o tempo destinado ao sono, passar a noite em claro. ▸ Velar. **2.** Cobrir com véu ou rede para esconder ou dissimular uma coisa. ▸ Ocultar. **3.** Observar com atenção para que uma tarefa ou um processo se desenvolva corretamente. ▸ Zelar, cuidar. **4.** *fig.* Não deixar ser percebido. ▸ Ocultar. **5.** Estar em um velório. ▸ Velar.

ve.la.to.rio. [bela'torjo] [bela'torjo] *m.* Lugar onde se vela o corpo de uma pessoa falecida. ▸ Velório.

ve.le.ro, ra. [be'lero] [be'lero] *s.* Barco que navega a vela. ▸ Veleiro. ➡ *Transporte*

ve.le.ta. [be'leta] [be'leta] *f.* **1.** Objeto em forma de seta que, colocado em lugar alto, serve para indicar de onde vem o vento. Tipo de cata-vento. ▸ Veleta. **2.** Brinquedo feito de um canudinho de plástico ou de madeira que tem na extremidade um papel em forma de velas de moinho, que gira com o vento. ▸ Cata-vento. **3.** *fig.* Pessoa inconstante. De veneta. ▸ De lua.

ve.llo. ['beʎo] ['beʃo] *m.* Pelo curto que cresce em algumas partes do corpo. ▸ Pelo.

ve.lo. ['belo] ['belo] *m.* **1.** Tecido transparente e fino usado para cobrir a cabeça, o rosto, etc. ▸ Véu. **2.** *fig.* Algo que se diz ou faz para encobrir ou abafar um fato, uma verdade. ▸ Véu.

ve.lo.ci.dad. [beloθi'ðaθ] [belosi'ðað] *f.* **1.** *Fís.* Relação entre o espaço percorrido por um corpo e uma medida de tempo. ▸ Velocidade. **2.** *fig.* Ligeireza e rapidez no movimento. ▸ Velocidade. **3.** Qualquer posição de velocidade em motores de veículos. ▸ Marcha. ♦ **Cambiar la velocidad.** Mudar a marcha.

ve.lo.cí.me.tro. [belo'θimetɾo] [belo'simetɾo] *m.* Aparelho que em um veículo indica a sua velocidade de deslocamento. ▸ Velocímetro.

ve.lo.cí.pe.do. [belo'θipeðo] [belo'sipeðo] *m.* Veículo composto de um cavalete e duas ou três rodas, que se movimenta com os pés por meio de pedais. ▸ Velocípede.

ve.ló.dro.mo. [be'loðromo] [be'loðromo] *m.* Pista ou lugar onde se realizam corridas de bicicletas. ▸ Velódromo.

ve.lón. [be'lon] [be'lon] *m.* Lâmpada de recipiente de metal, que contém azeite comum, composta de um ou vários bicos com pavios que se acendem para gerar luz. ▸ Candeia.

ve.lo.rio. [be'lorjo] [be'lorjo] *m.* Ver *velatorio.* ▸ Velório.

ve.loz. [be'loθ] [be'los] *adj.* Rápido no movimento e na execução das coisas. ▸ Veloz.

ve.na. ['bena] ['bena] *f.* **1.** *Biol.* Qualquer dos condutos ou vasos pelos quais volta ao coração o sangue que circulou pelas artérias. ▸ Veia. **2.** *Biol.* Cada uma das listras de cores diversas que têm algumas pedras e madeiras. ▸ Veio. **3.** *Geogr.* Conduto natural subterrâneo por onde circula água. ▸ Veio.

ve.na.blo. [be'naβlo] [be'naβlo] *m.* Pequena lança com ponta de metal. ▸ Dardo.

ve.na.do. [be'naðo] [be'naðo] *m.* *Zool.* Animal mamífero, ruminante, de chifres ramificados. Cervo. ▸ Veado.

ven.ce.dor, do.ra. [benθe'ðoɾ] [bense'ðoɾ] *adj.* Que vence. ▸ Vencedor. *U.t.c.s.*

ven.cer. [ben'θeɾ] [ben'seɾ] *v.12.* **1.** Superar as dificuldades lutando contra elas. ▸ Vencer. **2.** Derrotar o inimigo. ▸ Vencer. **3.** Prevalecer uma coisa sobre outra. ▸ Vencer. **4.** Expirar o prazo ou as condições para uma dívida ou obrigação. ▸ Vencer.

ven.ci.mien.to. [benθi'mjento] [bensi'mjento] *m.* **1.** Cumprimento do prazo de uma dívida ou obrigação. ▸ Vencimento. **2.** Inclinação, arqueamento ou torção de algo material. ▸ Torcedura.

ven.da. ['benda] ['benda] *f.* **1.** Faixa ou tira de gaze ou outro tecido para cobrir feridas ou segurar curativos. ▸ Atadura. **2.** Faixa de pano com a qual se cobrem os olhos. ▸ Venda. ◆ **Caérsele la venda de los ojos.** *fig.* Enxergar a verdade. **Tener una venda en los ojos.** *fig.* Não enxergar a verdade.

ven.da.val. [benda'βal] [benda'βal] *m.* Vento forte que sopra sempre na mesma direção. ▸ Vendaval.

ven.de.dor, do.ra. [bende'ðor] [bende'ðor] *s.* Profissional que se dedica a vendas. ▸ Vendedor. ◆ **Vendedor ambulante.** Camelô. Vendedor ambulante.

ven.der. [ben'der] [ben'der] *v.5.* **1.** Ceder a alguém, por um preço determinado, a propriedade de alguma coisa. ▸ Vender. **2.** Oferecer ao público mercadorias e artigos de comércio. ▸ Vender. *v.p.* **3.** Deixar-se subornar. ▸ Vender-se. ◆ **¿A mí que las vendos?** Expressa que se conhece o assunto e não se deixa enganar. Para cima de mim? **Estar vendido.** Estar acuado.

ven.di.mia. [ben'dimja] [ben'dimja] *f.* Colheita da uva que se faz ao final do verão. ▸ Vindima.

ven.di.miar. [bendi'mjar] [bendi'mjar] *v.4.* Ato de colher a uva. ▸ Vindimar.

ve.ne.no. [be'neno] [be'neno] *m.* Substância que produz a morte ou transtornos graves quando introduzida no corpo de um ser vivo. ▸ Veneno.

ve.ne.no.so, sa. [bene'noso] [bene'noso] *adj.* **1.** Que contém veneno. ▸ Venenoso. **2.** *fig.* Aplica-se a pessoa que tem má intenção no que faz ou no que fala. ▸ Venenoso. ◆ **Animal venenoso.** *Zool.* Animal peçonhento.

ve.ne.rar. [bene'rar] [bene'rar] *v.4.* **1.** Respeitar profundamente uma pessoa por suas virtudes. ▸ Venerar. **2.** *Rel.* Cultuar divindades. ▸ Venerar.

ve.né.re.o, a. [be'nereo] [be'nereo] *adj.* *Med.* Diz-se das doenças transmitidas sexualmente. ▸ Venéreo.

ve.ne.zo.la.no, na. [beneθo'lano] [beneso'lano] *adj.* **1.** Pertencente ou relativo à Venezuela. ▸ Venezuelano. *s.* **2.** O natural ou habitante desse país da América do Sul. ▸ Venezuelano.

ven.gan.za. [ben'ganθa] [ben'gansa] *f.* **1.** Satisfação que se toma por uma ofensa ou um dano recebido. ▸ Vingança. **2.** Ato ou efeito de vingar, desforra. ▸ Vingança.

ven.gar. [ben'gar] [ben'gar] *v.9.* Tirar satisfação da ofensa recebida, desforrar. ▸ Vingar. *U.t.c.v.p.*

ve.ni.de.ro, ra. [beni'ðero] [beni'ðero] *adj.* Que há de vir ou acontecer. ▸ Vindouro.

ve.nir. [be'nir] [be'nir] *v.42.* **1.** Chegar alguém ou algo, do ponto de vista de quem fala. ▸ Vir. **2.** Aproximar-se ou chegar o tempo em que algo há de acontecer. ▸ Vir. **3.** Ser uma coisa consequência de outra. ▸ Decorrer. **4.** Ajustar-se ou conformar-se uma coisa a outra. ▸ Cair. ◆ **¿A qué viene eso?** Por que isso? **Venir abajo.** Vir abaixo. ▸ Desmoronar. **Venir a menos.** Decair.

ven.ta. ['benta] ['benta] *f.* **1.** Ato de vender. ▸ Venda. **2.** Quantidade de coisas que se vendem. ▸ Venda. **3.** Pousada ou estalagem nas estradas onde se servem refeições e se dá hospedagem. ▸ Hospedaria. ◆ **En venta.** À venda. **Venta al contado / a plazos.** Venda à vista / a prazo.

ven.ta.ja. [ben'taxa] [ben'taxa] *f.* **1.** Superioridade de uma pessoa ou coisa em relação a outra. ▸ Vantagem. **2.** Qualidade do que está adiante. ▸ Vantagem. ◆ **Sacar ventaja.** Tirar vantagem.

ven.ta.jis.ta. [benta'xista] [benta'xihta] *adj.* Indivíduo aproveitador, que procura obter vantagens em tudo. ▸ Oportunista.

ven.ta.jo.so, sa. [benta'xoso] [benta'xoso] *adj.* Que tem ou dá vantagens ou lucros. ▸ Vantajoso.

ven.ta.na. [ben'tana] [ben'tana] *f.* **1.** Abertura que se faz na parede para ventilação e/ou iluminação de um local. ▸ Janela. **2.** Folha de madeira ou de vidro com que se fecha essa abertura. ▸ Janela. ◆ **Echar / Tirar por la ventana.** *fig.* Desperdiçar. ▸ Jogar pela janela.

ven.ta.nal. [benta'nal] [benta'nal] *m.* Janela de grande dimensão. ▸ Janela grande. *En el corredor había por lo menos dos ventanales.* No corredor havia pelo menos duas janelas grandes.

ven.ta.ni.lla. [benta'niʎa] [benta'niʃa] *f.* **1.** Abertura pequena na parede pela qual se atende o público em bancos, bilheterias, etc. ▸ Guichê. **2.** Janela dos carros, vagões de trem e outros veículos. Vidro. ▸ Janela. **3.** *Anat.* Cada um dos orifícios do nariz. ▸ Narina.

ven.ta.rrón. [benta'ron] [benta'ron] *m.* Vento contínuo que sopra com muita força. ▸ Ventania.

ven.te.ro, ra. [ben'teɾo] [ben'teɾo] *s.* Pessoa que tem a seu cargo uma venda ou estalagem. ▸ Dono. ▸ Estalajadeiro.

ven.ti.la.dor. [bentila'ðoɾ] [bentila'ðoɾ] *m.* **1.** Aparelho ou dispositivo para ventilar. ▸ Ventilador. **2.** Abertura para o exterior que se deixa em um local para ventilação. ▸ Ventilador.

ven.ti.lar. [benti'laɾ] [benti'laɾ] *v.4.* Renovar o ar de um local fechado, ventilar. ▸ Arejar.

ven.tis.ca. [ben'tiska] [ben'tihka] *f. Meteor.* Vento forte ao mesmo tempo em que cai neve. ▸ Nevasca.

ven.tis.que.ro. [bentis'keɾo] [bentih'keɾo] *m. Geogr.* Massa de neve ou gelo acumulada nas alturas das montanhas.

ven.to.le.ra. [bento'leɾa] [bento'leɾa] *f.* Golpe de vento forte e de pouco tempo. ▸ Rajada.

ven.to.sa. [ben'tosa] [ben'tosa] *f.* **1.** *Anat.* Órgão que têm alguns animais, como o polvo, para agarrar-se ou segurar suas presas. ▸ Ventosa. **2.** Peça de material elástico que adere a uma superfície lisa por pressão que produz vácuo. ▸ Ventosa.

ven.to.so, sa. [ben'toso] [ben'toso] *adj.* Que tem muito vento. ▸ Ventoso.

ven.trí.lo.cuo, cua. [ben'trilokwo] [ben'trilokwo] *adj.* Diz-se da pessoa que imita a voz de outras e sabe falar sem mover a boca. ▸ Ventríloquo. *U.t.c.s.*

ven.tu.ra. [ben'tuɾa] [ben'tuɾa] *f.* Felicidade, boa sorte, acontecimento feliz. ▸ Ventura. ◆ **A la ventura.** Ao acaso, sem nenhum planejamento. **Por ventura.** Porventura.

ver. ['beɾ] ['beɾ] *v.48. p.p. irreg. visto.* **1.** Perceber os objetos com o sentido da vista. ▸ Ver. **2.** Observar ou examinar com cuidado uma coisa. ▸ Ver. **3.** *fig.* Perceber com os sentidos ou a inteligência. ▸ Ver. **4.** Visitar uma pessoa. ▸ Ver. **5.** Investigar, descobrir. ▸ Ver. *v.p.* **6.** Encontrar-se com uma pessoa. ▸ Ver-se. ◆ **A ver.** Vamos ver. **¡Habráse visto!** Onde já se viu!

❑ **ve.ra.** ['beɾa] ['beɾa] *f.* Limite ou borda de alguma coisa. ▸ Beira. ◆ **A la vera de.** À beira de.

ve.ra.ne.an.te. [beɾane'ante] [beɾane'ante] *com.* Que viaja nas férias de verão. Turista. ▸ Veranista.

ve.ra.ne.ar. [beɾane'aɾ] [beɾane'aɾ] *v.4.* Passar as férias de verão em lugar diferente daquele onde se reside. ▸ Veranear.

ve.ra.nie.go, ga. [beɾa'njeɣo] [beɾa'njeɣo] *adj.* **1.** Pertencente ou relativo ao verão. **2.** Aplica-se aos costumes e roupas próprios do verão.

ve.ra.no. [be'ɾano] [be'ɾano] *m.* **1.** Estação do ano que antecede o outono e que se estende, em no hemisfério norte, de 21 de junho a 21 de setembro, e no hemisfério sul, de 21 de dezembro a 20 de março. ▸ Verão. **2.** Estio, época de calor. ▸ Verão. ➥ *Clima*

ve.ras(de). ['beɾaθ] ['beɾas] *loc.* Deveras, de verdade. *De veras te digo, o cumples con tu obligación o te echo a la calle.* De verdade lhe digo, ou você cumpre com a sua obrigação ou eu ponho você na rua. ◆ **¿De veras?** É mesmo?

ve.raz. [be'ɾaθ] [be'ɾas] *adj.* Que é seguramente verdadeiro. ▸ Veraz.

ver.bal. [beɾ'βal] [beɾ'βal] *adj.* **1.** Que se refere à palavra ou se serve dela. ▸ Verbal. **2.** Que é feito ou contratado somente de palavra, oral. ▸ Verbal. **3.** *Ling.* Pertencente ou relativo ao verbo. ▸ Verbal.

ver.be.na. [beɾ'βena] [beɾ'βena] *f.* **1.** Festa com música e dança que se celebra à noite ao ar livre. ▸ Luau. **2.** *Bot.* Tipo de planta silvestre florífera. ▸ Verbena. **3.** *fig.* Ver *juerga*. Divertimento. ▸ Farra.

ver.bo. ['beɾβo] ['beɾβo] *m. Ling.* Classe de palavras que, em espanhol ou em português, têm variação de número, pessoa, tempo e modo. ▸ Verbo.

ver.dad. [beɾ'ðaθ] [beɾ'ðað] *f.* **1.** Conformidade do que se diz com o que se sente e pensa. ▸ Verdade. **2.** Expressão clara, sem rodeios, disfarce ou dissimulação. ▸ Verdade. **3.** Juízo ou proposição que não se pode negar racionalmente. ▸ Verdade. **4.** Diz-se do que é real. ▸ Verdade. ◆ **Faltar a la verdad.** Faltar com a verdade.

ver.da.de.ro, ra. [beɾða'ðeɾo] [beɾða'ðeɾo] *adj.* **1.** Que encerra verdade. ▸ Verdadeiro. **2.** Que diz sempre a verdade. ▸ Verdadeiro.

ver.de. ['beɾðe] ['beɾðe] *adj.* **1.** Da cor que se obtém da mistura do azul com o amarelo. ▸ Verde. **2.** Diz-se da fruta que ainda não está madura. ▸ Verde. **3.** *fig.* Diz-se do assunto que não alcançou o grau de maturidade desejado ou adequado. ▸ Verde. *m.* **4.** O nome dessa cor. ▸ Verde. ◆ **Años verdes.** Anos dourados. **Chiste verde.** Piada suja. **Espacio verde.** Área verde.

ver.do.so, sa. [beɾ'ðoso] [beɾ'ðoso] *adj.* **1.** De cor semelhante ao verde. ▸ Esverdeado.

2. Diz-se do fruto não bem amadurecido. ▸ Verde.

ver.du.le.rí.a. [berðule'ria] [berðule'ria] *f.* Posto onde se vendem verduras e outros produtos do campo. ▸ Quitanda.

ver.du.le.ro, ra. [berðu'lero] [berðu'lero] *s.* **1.** Pessoa que cultiva verduras em uma horta. ▸ Verdureiro. **2.** Pessoa que faz comércio com verduras. ▸ Verdureiro.

ver.du.ra. [ber'ðura] [ber'ðura] *f. Bot.* Hortaliças, especialmente, aquelas de folhas verdes. ▸ Verdura.

ve.re.da. [be'reða] [be'reða] *f.* **1.** Trilha aberta pela passagem de pessoas e de gado. Senda. ▸ Vereda. **2.** Ver *acera*. ▸ Calçada.

ver.gel. [ber'xel] [ber'xel] *m.* Horta ou jardim com flores e árvores frutíferas. Jardim, horto. ▸ Vergel.

ver.gon.zo.so, sa. [berɣon'θoso] [berɣon'soso] *adj.* **1.** Que causa vergonha. ▸ Vergonhoso. **2.** Que se envergonha com facilidade. ▸ Envergonhado.

ver.güen.za. [ber'ɣwenθa] [ber'ɣwensa] *f.* **1.** Rubor que o pudor produz nas faces. ▸ Vergonha. **2.** Pundonor ou estima da própria honra. ▸ Vergonha. **3.** Timidez, acanhamento para executar uma coisa. ▸ Vergonha. ♦ **Caerse la cara de vergüenza.** *fig.* Cair a cara de vergonha. **Poca vergüenza.** Pouca-vergonha. **Sin vergüenza.** Sem-vergonha.

ve.ri.cue.to. [beri'kweto] [beri'kweto] *m.* **1.** Lugar alto e quebrado, por onde não é fácil andar. ▸ Precipício. *pl.* **2.** *fig.* Rodeios que se fazem em falas pouco diretas. ▸ Firula.

ve.ri.fi.ca.ción. [berifika'θjon] [berifika'sjon] *f.* Ato ou efeito de verificar. ▸ Verificação.

ve.ri.fi.car. [berifi'kar] [berifi'kar] *v.7.* Conferir a verdade de uma coisa. ▸ Verificar.

ver.ja. ['berxa] ['berxa] *f.* Cerca de proteção, geralmente de ferro, para impedir entrada ou passagem por um lugar. Porteira. ▸ Grade.

ver.mí.fu.go. [ber'mifuɣo] [ber'mifuɣo] *m. Med.* Medicamento para tratamento contra os vermes intestinais. ▸ Vermífugo.

ver.mú. [ber'mu] [ber'mu] *m.* **1.** Bebida licorosa que se faz com vinho branco e substâncias amargas e tônicas. ▸ Vermute. **2.** Sessão de cinema ou teatro à tarde. ▸ Matinê. *U.t. vermut.*

ver.ná.cu.lo, la. [ber'nakulo] [ber'nakulo] *adj.* **1.** *Ling.* Diz-se do idioma ou língua de um país. ▸ Vernáculo. **2.** Nativo da região. ▸ Vernáculo.

ve.ro.sí.mil. [bero'simil] [bero'simil] *adj.* Que parece ser verdade ou não apresenta nenhum sinal de falsidade. ▸ Verossímil.

ve.ro.si.mi.li.tud. [berosimili'tuθ] [berosimili'tuð] *f.* Qualidade do que é verossímil ou acreditável. ▸ Verossimilhança.

ve.rru.ga. [be'ruɣa] [be'ruɣa] *f. Med.* Pequena saliência na pele, geralmente redonda, rugosa e de cor escura. ▸ Verruga.

ver.sar. [ber'sar] [ber'sar] *v.4.* Tratar de uma matéria, um livro, um discurso ou conversação. ▸ Versar.

ver.sá.til. [ber'satil] [ber'satil] *adj.* **1.** De temperamento inconstante. ▸ Volúvel. **2.** ❑ Pessoa que consegue se safar de situações inusitadas e complexas. ▸ Versátil.

ver.sión. [ber'sjon] [ber'sjon] *f.* **1.** Ato ou efeito de traduzir de uma língua para outra. ▸ Versão. **2.** Estilo ou modo que cada um adota para relatar um único fato. ▸ Versão.

ver.so. ['berso] ['berso] *m. Lit.* **1.** Cada uma das linhas que formam um poema. ▸ Verso. **2.** Qualquer quadra ou estrofe de uma poesia e também a prosa completa. ▸ Verso.

vér.te.bra. ['berteβra] ['berteβra] *f. Anat.* Cada um dos ossos articulados que formam a espinha dorsal dos animais vertebrados. ▸ Vértebra.

ver.te.bra.do, da. [berte'βraðo] [berte'βraðo] *adj.* Diz-se dos animais que têm esqueleto com coluna vertebral, espinha dorsal. ▸ Vertebrado. *U.t.c.m.*

ver.te.de.ro. [berte'ðero] [berte'ðero] *m.* **1.** Lugar onde se amontoa o lixo de uma cidade. Lixeira. ▸ Lixão. **2.** Conduto para escoamento de águas e o lugar onde são vertidas. Vertedouro. ▸ Desaguadouro.

ver.ter. [ber'ter] [ber'ter] *v.16.* **1.** Despejar o conteúdo de uma vasilha, esvaziar o líquido que contém. ▸ Verter. **2.** Traduzir de uma língua para outra. ▸ Verter.

ver.ti.cal. [berti'kal] [berti'kal] *adj.* **1.** Aplica-se ao que é ou está perpendicular ao plano horizontal. ▸ Vertical. *f.* **2.** Linha reta ou plano, que é perpendicular a uma linha reta ou plano horizontal. ▸ Vertical.

ver.tien.te. [ber'tjente] [ber'tjente] *amb.* **1.** Declive ou lugar por onde corre ou pode correr água. ▸ Vertente. **2.** Encosta ou ladeira de montanha por onde derivam as águas pluviais. ▶ Vertente. *f.* **3.** *fig.* Aspecto, ponto de vista. ▶ Vertente. **4.** *Arq.* Cada lado do telhado. ▶ Água.

ver.ti.gi.no.so, sa. [bertixi'noso] [bertixi'noso] *adj.* Que produz vertigens. ▶ Vertiginoso.

vér.ti.go. ['bertiɣo] ['bertiɣo] *m.* Perturbação do senso de equilíbrio por medo de altura. ▶ Vertigem.

ves.per.ti.no, na. [besper'tino] [behper'tino] *adj.* **1.** Pertencente ou relativo à tarde. ▶ Vespertino. **2.** Diz-se de qualquer atividade que ocorre à tarde. ▶ Vespertino.

ves.tí.bu.lo. [bes'tiβulo] [beh'tiβulo] *m. Arq.* **1.** Espaço ou portal que está à entrada de um edifício, átrio. *Hall.* ▶ Vestíbulo. **2.** Peça que dá entrada aos diferentes aposentos de uma residência. ▶ Vestíbulo.

ves.ti.do. [bes'tiðo] [beh'tiðo] *m.* **1.** Peça ou conjunto de peças exteriores de vestuário com que se cobre o corpo. Vestimenta. ▶ Roupa. **2.** Traje inteiriço que usa a mulher. ▶ Vestido. ➡ *Ropa*

ves.ti.gio. [bes'tixjo] [beh'tixjo] *m.* **1.** Sinal que o ser humano ou animal deixa na terra por onde passa. Vestígio. **2.** *fig.* Sinal que fica de alguma coisa antiga que serve para estudos relacionados com o passado. ▶ Vestígio.

ves.tir. [bes'tir] [beh'tir] *v.53.* **1.** Cobrir ou adornar o corpo. ▶ Vestir. **2.** Dar vestido ou vestuário a alguém. ▶ Vestir. **3.** Fazer vestidos para outrem. ▶ Vestir. **4.** *fig.* Encobrir, dissimular uma coisa. ▶ Vestir. ♦ **De vestir.** Social (roupa).

ves.tua.rio. [bes'twarjo] [beh'twarjo] *m.* **1.** Conjunto de roupas que servem para vestir. ▶ Vestuário. **2.** Conjunto de roupas que se usam em um espetáculo ou representação. ▶ Figurino. **3.** Local destinado a trocar-se de roupa. ▶ Vestiário.

ve.ta. ['beta] ['beta] *f.* **1.** Listra de cor diferente que têm algumas pedras e madeiras. ▶ Veio. **2.** Veia metálica em rochas ou minas. ▶ Veio. **3.** Aptidão para uma ciência ou arte. Verve. ▶ Veia.

ve.tar. [be'tar] [be'tar] *v.4.* Opor-se, com poder de proibir, a uma proposição, um acordo ou uma medida. ▶ Vetar.

ve.te.ra.no, na. [bete'rano] [bete'rano] *adj.* **1.** Aplica-se a pessoa antiga e experimentada em qualquer profissão ou exercício. ▶ Veterano. **2.** Aplica-se àqueles que participaram de algum acontecimento importante, como a guerra. ▶ Veterano. *U.t.c.s.*

ve.te.ri.na.rio, ria. [beteri'narjo] [beteri'narjo] *s.* **1.** Pessoa que cursou os estudos de Veterinária e está legalmente autorizada a exercer essa profissão. ▶ Veterinário. *f.* **2.** Ramo da Medicina que cuida da saúde dos animais. ▶ Veterinária.

ve.to. ['beto] ['beto] *m.* Direito reconhecido em lei que tem uma corporação ou pessoa para proibir ou impedir uma coisa. ▶ Veto.

vez. [beθ] [bes] *f.* **1.** Tempo de fazer alguma coisa por turno. ▶ Vez. **2.** Momento oportuno para que algo seja feito. Oportunidade. ▶ Vez. ♦ **A la vez.** Ao mesmo tempo. **Hacer las veces de alguien.** Substituir alguém. **Una que otra vez.** Uma vez ou outra.

ví.a. ['bia] ['bia] *f.* **1.** Caminho ou lugar por onde se transita. ▶ Via. **2.** Meio ou modo para conseguir uma coisa. ▶ Via. **3.** *Biol.* Qualquer conduto do corpo ou organismo. ▶ Via. **4.** Espaço entre uma pista de rolamento e outra. ▶ Pista. **5.** Trilho para trens. ▶ Estrada de ferro.

via.ble. ['bjaβle] ['bjaβle] *adj. fig.* Diz-se do assunto ou da atividade que, por suas circunstâncias, pode ser levado adiante. ▶ Viável.

via.duc.to. [bja'ðukto] [bja'ðukto] *m.* Obra para ligar ou dar passagem a um caminho sobre a depressão de um terreno. ▶ Viaduto.

via.jar. [bja'xar] [bja'xar] *v.4.* Trasladar-se de um lugar para outro em qualquer meio de locomoção. ▶ Viajar. ➡ *Recreación*

via.je. ['bjaxe] ['bjaxe] *m.* **1.** Ato de ir de um lugar para outro. ▶ Viagem. **2.** Percurso que se faz entre dois pontos. Viagem. ▶ Trajeto. ♦ **¡Buen viaje!** Boa viagem!

via.je.ro, ra. [bja'xero] [bja'xero] *adj.* **1.** Que viaja. ▶ Viajante. *s.* **2.** Pessoa que se encontra viajando em um meio de transporte qualquer. ▶ Viajante.

vial. ['bjal] ['bjal] *adj.* Pertencente ou relativo a via. ▶ Viário. ♦ **Seguridad vial.** Segurança viária.

vian.da. ['bjanda] ['bjanda] *f.* Alimento que se serve à mesa. ▶ Vianda.

ví.bo.ra. ['biβora] ['biβora] *f.* **1.** Cobra venenosa. ▶ Víbora. **2.** *fig.* Pessoa de más intenções, que insulta e ofende. ▶ Víbora.

vi.bra.ción. [biβra'θjon] [biβra'sjon] *f.* Oscilação muito rápida de um corpo, do ar ou da voz. ▶ Vibração.

vi.bra.dor, do.ra. [biβra'ðor] [biβra'ðor] *adj.* **1.** Que vibra, vibratório. ▶ Vibrador. *m.* **2.** Aparelho que serve para transmitir vibrações elétricas. ▶ Vibrador.

vi.brar. [bi'βrar] [bi'βrar] *v.4.* **1.** Entrar em vibração, estremecer, tremular ▶ Vibrar. **2.** *fig.* Comover-se positivamente com algo. ▶ Vibrar.

vi.ca.rio, ria. [bi'karjo] [bi'karjo] *adj.* **1.** Que faz as vezes de outrem ou de outra coisa. ▶ Vicário. *m.* **2.** *Rel.* Sacerdote que substitui um prelado. ▶ Vigário. **3.** *Rel.* Designação que se dá ao pároco de algumas freguesias. ▶ Vigário.

vi.ce.cón.sul. [biθe'konsul] [bise'konsul] *com.* Pessoa que ocupa o cargo imediatamente inferior ao de cônsul e o substitui na sua ausência ou impedimento. ▶ Vice-cônsul.

vi.ce.go.ber.na.dor, do.ra. [biθeɣoβerna'ðor] [biseɣoβerna'ðor] *s. Polít.* Pessoa que ocupa o cargo imediatamente inferior ao de governador e o substitui na sua ausência ou impedimento de governar. ▶ Vice-governador.

vi.ce.pre.si.den.te, ta. [biθepresi'ðente] [bisepresi'ðente] *s. Polít.* Pessoa que ocupa o cargo imediatamente inferior ao presidente e o substitui na sua ausência ou impedimento. ▶ Vice-presidente.

vi.ce.ver.sa. [biθe'βersa] [bise'βersa] *adv.* Às avessas, em sentido contrário, reciprocamente. ▶ Vice-versa.

vi.ciar. [bi'θjar] [bi'sjar] *v.4.* **1.** Corromper física ou moralmente. ▶ Viciar. **2.** Misturar gêneros com outros de qualidade inferior. ▶ Adulterar. **3.** Falsificar um escrito ou documento mudando, suprimindo ou aumentando palavras, frases ou cláusulas. ▶ Falsificar.

vi.cio. [bi'θjo] [bi'sjo] *m.* **1.** Defeito ou imperfeição nas coisas. ▶ Imperfeição. **2.** Apetite excessivo por uma coisa que incita a usá-la em excesso e com frequência. ▶ Vício.

vi.cio.so, sa. [bi'θjoso] [bi'sjoso] *adj.* **1.** Que adquiriu vícios. ▶ Viciado. **2.** Que apresenta adulteração, falsificado. ▶ Vicioso.

vi.ci.si.tud. [biθisi'tuθ] [bisisi'tuð] *f.* **1.** Ordem sucessiva ou alternativa de alguma coisa. ▶ Vicissitude. **2.** Alternância de fatos prósperos e adversos. ▶ Vicissitude.

víc.ti.ma. ['biktima] ['biktima] *f.* Pessoa que sofre um mal ou dano por culpa de outro ou por causa fortuita. ▶ Vítima. ◆ **Hacerse la víctima.** Fazer-se de vítima.

vic.ti.ma.rio, ria. [bikti'marjo] [bikti'marjo] *adj.* Diz-se daquele que produz vítimas ou que provoca a morte de outro. Criminoso. ▶ Homicida. *Por suerte, los policías detuvieron a tiempo al victimario.* Por sorte, os policiais detiveram o criminoso a tempo.

vic.to.ria. [bik'torja] [bik'torja] *f.* **1.** Superioridade ou vantagem que se consegue sobre algum tipo de disputa. ▶ Vitória. **2.** Ato ou efeito de vencer o inimigo em uma batalha. ▶ Vitória.

vic.to.rio.so, sa. [bikto'rjoso] [bikto'rjoso] *adj.* **1.** Que alcançou vitória. ▶ Vitorioso. *U.t.c.s.* **2.** Aplica-se aos atos que levam à vitória. ▶ Vitorioso.

vi.cu.ña. [bi'kuɲa] [bi'kuɲa] *f.* **1.** *Zool.* Mamífero ruminante que vive nos Andes do Peru e da Bolívia. ▶ Vicunha. **2.** Tecido feito com a lã da vicunha. ▶ Vicunha.

vid. ['bið] ['bið] *f. Bot.* Arbusto originário da Ásia, cujo fruto é a uva. ▶ Videira.

vi.da. ['biða] ['biða] *f.* **1.** *Biol.* Estado de atividade funcional dos animais e dos vegetais. ▶ Vida. **2.** Espaço de tempo que transcorre entre o nascimento e a morte de qualquer ser vivo. ▶ Vida. **3.** *fig.* Duração das coisas inanimadas. ▶ Vida útil. **4.** Modo de viver das pessoas em qualquer aspecto. ▶ Vida. **5.** Uma pessoa ou ser humano. ▶ Vida. **6.** *fig.* Entusiasmo, animação, vivacidade de coisa ou pessoa. ▶ Vida. ◆ **Buscar(se) la vida.** Lutar para sobreviver. **De por vida.** Para sempre. **En la/mi/tu/su vida.** Nunca. *En tu vida digas "de esta agua no beberé".* Nunca diga "desta água não beberei". **Ganar(se) la vida.** Ganhar a vida. ▶ Trabalhar.

vi.den.te. [bi'ðente] [bi'ðente] *com.* Pessoa que supostamente tem o dom de profetizar. ▶ Vidente.

vi.de.o. [bi'ðeo] [bi'ðeo] *m.* Ver *vídeo*. ▶ Vídeo.

ví.de.o. ['bideo] ['bideo] *m.* **1.** Gravação feita em vídeo. ▶ Vídeo. **2.** Aparelho que grava e reproduz eletronicamente imagens e sons. ▶ Vídeo.

vi.de.o.cá.ma.ra. [biðeo'kamara] [biðeo'kamara] *f.* Câmara que capta e grava imagens para televisão. ▶ Filmadora.

vi.de.o.ca.se.te. [biðeoka'sete] [biðeoka'sete] *m.* **1.** Cassete cuja fita magnética registra e reproduz imagens e sons. ▶ Videocassete. **2.** Equipamento de reprodução de imagens gravadas de cassete. ▶ Videocassete.

vi.de.o.cin.ta. [biðeo'θinta] [biðeo'sinta] *f.* Fita magnética em que se registram imagens e sons. ▸ Fita VHS.

vi.de.o.clip. [biðeo'klip] [biðeo'klip] *m.* Curta-metragem que ilustra uma música ou apresenta um trabalho de um artista. ▸ Videoclipe.

vi.de.o.club. [biðeo'kluβ] [biðeo'kluβ] *m.* Local destinado especialmente à locação de obras gravadas em vídeo. ▸ Videolocadora.

vi.de.o.con.fe.ren.cia. [biðeokonfe'renθja] [biðeokonfe'rensja] *f. Inform.* Teleconferência interativa entre pessoas que estão em diferentes locais, em tempo real, a partir do uso de uma tela de vídeo, de um decodificador e um computador. ▸ Videoconferência. *Nos invitaron a participar de una videoconferencia el lunes al mediodía.* Fomos convidados a participar de uma videoconferência na segunda-feira, ao meio-dia.

vi.deo.con.so.la. [biðeokon'sola] [biðeokon'sola] *m.* Console para *videogame.* ▸ Console.

vi.de.o.dis.co. [biðeo'ðisko] [biðeo'ðihko] *m.* Ver *DVD.* ▸ *DVD.*

vi.de.o.jue.go. [biðeo'xweɣo] [biðeo'xweɣo] *m.* Simulador eletrônico de jogos. Videojogo. ▸ *Videogame.*

vi.drie.ra. [bi'ðrjera] [bi'ðrjera] *f.* **1.** Caixilhos de vidro para janela ou porta. ▸ Vidraça. **2.** Ver *escaparate.* ▸ Vitrine.

vi.drie.rí.a. [biðrje'ria] [biðrje'ria] *f.* Oficina onde se trabalha e corta o vidro. ▸ Vidraçaria.

vi.drie.ro, ra. [bi'ðrjero] [bi'ðrjero] *s.* Pessoa que trabalha com vidro ou que vende vidros. ▸ Vidraceiro.

vi.drio. ['biðrjo] ['biðrjo] *m.* Substância sólida transparente, dura e quebradiça, que se obtém com a fusão e a mistura de algumas matérias. ▸ Vidro.

vie.ra. ['bjeɪra] ['bjeɪra] *f. Zool.* Molusco marinho, comestível. ▸ Vieira.

vie.jo, ja. ['bjexo] ['bjexo] *adj.* **1.** Que tem bastante idade. ▸ Velho. *U.t.c.s.* **2.** Que é antigo ou do tempo passado. ▸ Velho. **3.** Que se estragou pelo uso. ▸ Velho.

vien.to. ['bjento] ['bjento] *m. Meteor.* Corrente de ar produzida na atmosfera por causas naturais. ▸ Vento. **2.** Sopro que se produz com um artefato ou aparelho. ▸ Vento. ♦ **Contra viento y marea.** Contra tudo e contra todos. **Instrumentos de viento.** *Mús.* Instrumentos de sopro. ➡ *Clima*

vien.tre. ['bjentre] ['bjentre] *m. Anat.* **1.** Cavidade do corpo do homem e dos animais vertebrados em que estão os aparelhos digestivo, reprodutor e urinário. ▸ Ventre. **2.** Conjunto das vísceras contidas nessa cavidade. ▸ Ventre. **3.** Parte do corpo entre o tórax e as pernas. ▸ Ventre.

vier.nes. ['bjernes] ['bjernes] *m.* Quinto dia da semana após o domingo. ▸ Sexta-feira.

vi.ga. ['biɣa] ['biɣa] *f.* Peça de madeira, ferro ou moldada em concreto na qual se apoiam as lajes de uma construção. ▸ Viga. ♦ **Viga maestra.** Viga mestra.

vi.gen.cia. [bi'xenθja] [bi'xensja] *f.* Tempo de duração ou validade de uma coisa. ▸ Vigência.

vi.gen.te. [bi'xente] [bi'xente] *adj.* **1.** Que está em vigor. ▸ Vigente. **2.** Aplica-se especialmente às leis e às ordens que estão em vigor. ▸ Vigente.

vi.gé.si.mo, ma. [bi'xesimo] [bi'xesimo] *núm.* Que segue em ordem ao décimo nono. ▸ Vigésimo.

vi.gí.a. [bi'xia] [bi'xia] *f.* **1.** Torre em que se situa uma pessoa para observar e dar aviso do que observa. ▸ Vigia. *com.* **2.** Pessoa encarregada de observar e dar alarme em caso necessário. ▸ Vigia. *U.t.c.m.*

vi.gi.lan.te. [bixi'lante] [bixi'lante] *adj.* Que vigia. ▸ Vigilante. *U.t.c.m.*

vi.gi.lar. [bixi'lar] [bixi'lar] *v.4.* Velar ou atender cuidadosamente uma pessoa ou coisa. ▸ Vigiar.

vi.gi.lia. [bi'xilja] [bi'xilja] *f.* **1.** Ato de estar acordado durante a noite. ▸ Vigília. **2.** *Rel.* Véspera de uma festividade religiosa. ▸ Vigília.

vi.gor. [bi'ɣor] [bi'ɣor] *m.* **1.** Energia ou atividade notável em pessoas, animais ou coisas. ▸ Vigor. **2.** Qualidade do que vigora. ▸ Vigência.

vi.go.ri.zar. [biɣori'θar] [biɣori'sar] *v.13.* Dar vigor. ▸ Fortalecer.

vi.go.ro.so, sa. [biɣo'roso] [biɣo'roso] *adj.* **1.** Que é robusto, enérgico e forte. ▸ Vigoroso. **2.** Que dá vigor e energia. ▸ Vigoroso.

vi.kin.go, ga. [bi'kingo] [bi'kingo] *adj.* Relativo ao povo escandinavo guerreiro e navegante que realizou incursões pelas ilhas do Atlântico e a Europa Ocidental entre os séculos VIII e XI. Viquingue. ▸ *Viking.*

vil. ['bil] ['bil] *adj.* **1.** Que é baixo, mesquinho e desprezível. ▸ Vil. **2.** Aplica-se à pessoa que trai. ▸ Vil.

vi.le.za. [bi'leθa] [bi'lesa] *m.* **1.** Qualidade de vil. Vileza. **2.** Ato indigno e infame. ▸ Vilania.

vi.lla. ['biʎa] ['biʃa] *f.* **1.** Casa de recreio, grande e confortável, situada no campo. ▸ Casa de campo. **2.** Designação oficial que se concede a uma cidade ou povoado por algum mérito ou fato notável. ▸ Vila. ◆ **Villa miseria.** *(Arg.)* Favela.

vi.llan.ci.co. [biʎan'θiko] [biʃan'siko] *m.* Canção popular de assunto religioso que se canta no Natal. ▸ Vilancico.

vi.lla.no, na. [bi'ʎano] [bi'ʃano] *adj.* **1.** Na Idade Média, dizia-se de habitante de uma vila que não era nobre nem fidalgo. ▸ Aldeão. *U.t.c.s.* **2.** *fig.* Aplica-se à pessoa indigna ou vil. ▸ Vilão.

vi.lo(en). ['bilo] ['bilo] *loc.* **1.** Sem apoio ou estabilidade. **2.** Com preocupação, sem tranquilidade.

vi.na.gre. [bi'naɣre] [bi'naɣre] *m.* **1.** Líquido azedo produzido pela fermentação ácida do vinho. ▸ Vinagre. **2.** *fig.* e *fam.* Pessoa de mau gênio e rude. ▸ Azedo.

vi.na.gre.ra. [bina'ɣrera] [bina'ɣrera] *f.* Vasilha para pôr vinagre para uso diário. ▸ Vinagreira.

vi.na.gre.ta. [bina'ɣreta] [bina'ɣreta] *f.* Molho composto de cebola, azeite, vinagre e sal. ▸ Vinagrete.

vin.cu.lar. [binku'lar] [binku'lar] *v.4.* **1.** Unir uma coisa a outra de maneira sólida e durável. ▸ Vincular. **2.** Fazer depender uma coisa de outra. ▸ Vincular.

vín.cu.lo. ['binkulo] ['binkulo] *m.* União de uma pessoa ou coisa com outra. ▸ Vínculo.

vin.di.car. [bindi'kar] [bindi'kar] *v.7.* Defender por escrito a quem foi injuriado ou injustamente acusado. ▸ Vindicar.

vi.ní.co.la. [bi'nikola] [bi'nikola] *adj.* Relativo à fabricação do vinho. ▸ Vinícola.

vi.ni.cul.tor, to.ra. [binikul'tor] [binikul'tor] *s.* Pessoa que se dedica à vinicultura. ▸ Vinicultor.

vi.ni.cul.tu.ra. [binikul'tura] [binikul'tura] *f.* Produção de vinho. ▸ Vinicultura.

vi.no. ['bino] ['bino] *m.* Bebida alcoólica que se faz com o suco da uva fermentado. ▸ Vinho. ◆ **Vino tinto / blanco / rosado.** Vinho tinto / branco / rosê.

vi.ña. ['biɲa] ['biɲa] *f.* Terreno plantado de videiras. ▸ Vinha.

vi.ñe.do. [bi'ɲeðo] [bi'ɲeðo] *m.* Grande quantidade de vinhas. ▸ Vinhedo.

vi.ñe.ta. [bi'ɲeta] [bi'ɲeta] *f.* **1.** Pequena estampa em um livro para ornato tipográfico. ▸ Vinheta. **2.** Cada um dos quadros das histórias em quadrinhos. ▸ Quadro. **3.** Desenho ou cena em livros, jornais, etc., geralmente de caráter humorístico, com ou sem texto. ▸ Tira.

vio.la. ['bjola] ['bjola] *f. Mús.* Instrumento musical de cordas fortes, um pouco maior que o violino. ▸ Viola. ➥ *Instrumentos musicales*

vio.lá.ce.o, a. [bjo'laθeo] [bjo'laseo] *adj.* Da cor da violeta. Arroxeado. ▸ Violáceo.

vio.lar. [bjo'lar] [bjo'lar] *v.4.* **1.** Transgredir uma norma. ▸ Violar. **2.** Obrigar uma mulher a ter contato sexual contra sua vontade. Violar, estuprar. ▸ Violentar. **3.** Quebrar uma fechadura, porta ou segredo. ▸ Arrombar.

vio.len.cia. [bjo'lenθja] [bjo'lensja] *f.* Agressão ou ato contra algo ou alguém. ▸ Violência.

vio.len.tar. [bjolen'tar] [bjolen'tar] *v.4.* **1.** Aplicar meios violentos a coisas ou pessoas para obter o que delas se quer. Forçar. ▸ Violentar. **2.** *fig.* Entrar em uma casa ou outro lugar contra a vontade de seu dono. ▸ Invadir.

vio.len.to, ta. [bjo'lento] [bjo'lento] *adj.* **1.** Que está com força extrema, fora de si. ▸ Violento. **2.** Aplica-se às pessoas coléricas, que se deixam levar facilmente pela ira. ▸ Violento.

vio.le.ta. [bjo'leta] [bjo'leta] *adj.* **1.** Da cor da violeta. ▸ Violeta. *m.* **2.** O nome dessa cor. ▸ Violeta. *f.* **3.** *Bot.* Tipo de planta florífera. ▸ Violeta. **4.** *Bot.* A flor dessa planta. ▸ Violeta.

vio.lín. [bjo'lin] [bjo'lin] *m. Mús.* Instrumento musical de arco e de quatro cordas. ▸ Violino. ➥ *Instrumentos musicales*

vio.li.nis.ta. [bjoli'nista] [bjoli'nihta] *com. Mús.* Pessoa que professa a arte de tocar o violino. ▸ Violinista.

❏**vio.lón.** [bjo'lon] [bjo'lon] *m. Mús.* Instrumento de corda, o maior de sua classe, de som muito grave. ▸ Contrabaixo.

vio.lon.ce.lo. [bjolon'θelo] [bjolon'selo] *m. Mús.* Instrumento musical de corda e arco, menor que o contrabaixo. ▸ Violoncelo. ➥ *Instrumentos musicales*

vi.ra.je. [bi'raxe] [bi'raxe] *m.* **1.** Mudança na direção da marcha de um veículo. ▸ Virada. **2.** *fig.* Mudança na orientação de ideias, conduta ou atitudes. ▸ Guinada.

vi.rar. [bi'rar] [bi'rar] *v.4.* Mudar a direção de um movimento (um veículo). ▶ Virar.

vir.gen. ['birxen] ['birxen] *adj.* **1.** Que não foi usado. ▶ Virgem. *com.* **2.** Pessoa que não teve relações sexuais. ▶ Virgem. *f.* **3.** *Rel.* Diz-se de Maria, mãe de Jesus Cristo. ▶ Virgem.

vir.gi.ni.dad. [birxini'ðað] [birxini'ðað] *f.* Estado de virgem. Castidade. ▶ Virgindade.

Vir.go. ['birγo] ['birγo] *m. n.p.* O sexto signo zodiacal. ▶ Virgem.

vi.rrei.na.to. [birej'nato] [birej'nato] *m. Polít.* **1.** Nos tempos coloniais da Hispano-América, cada um dos territórios em que a Colônia era dividida, governado por um vice-rei. ▶ Vice-reinado. **2.** Tempo que durava o mandato do vice-rei. ▶ Vice-reinado. **3.** Dignidade ou cargo de vice-rei. ▶ Vice-reinado.

vi.rrey. [bi'rej] [bi'rej] *m. Políc.* Pessoa que, na época colonial, governava um território no lugar ou em representação do rei, com as mesmas prerrogativas e autoridade. ▶ Vice-rei.

vir.tual. [bir'twal] [bir'twal] *adj.* **1.** Que tem existência aparente e não real. ▶ Virtual. **2.** Que pode vir a existir. Possível. ▶ Virtual.

vir.tud. [bir'tuθ] [bir'tuð] *f.* **1.** Capacidade ou força das coisas para produzir seus efeitos. ▶ Virtude. **2.** Qualidade considerada moral e meritória. ▶ Virtude. ♦ **En virtud de.** Em decorrência de. ▶ Em virtude de.

vir.tuo.so, sa. [bir'twoso] [bir'twoso] *adj.* **1.** Que procede com virtude. ▶ Virtuoso. *U.t.c.s.* **2.** Diz-se do artista que domina a técnica de seu instrumento. ▶ Virtuoso. *U.t.c.s.*

vi.rue.la. [bi'rwela] [bi'rwela] *f. Med.* Doença infecciosa, contagiosa e epidêmica, que se caracteriza pela erupção de bexigas vermelhas que deixam marca na pele. ▶ Varíola.

vi.ru.len.to, ta. [biru'lento] [biru'lento] *adj.* **1.** Que tem vírus ou veneno ou que é da natureza do vírus. ▶ Virulento. **2.** *fig.* Diz-se do estilo maligno e mordaz de alguns escritos ou discursos. ▶ Virulento.

vi.rus. ['birus] ['birus] *m.* **1.** *Biol.* O microrganismo mais simples que se conhece, capaz de produzir infecções muito graves. ▶ Vírus. **2.** *Inform.* Programa estranho a um sistema, computador ou rede, que causa danos nos arquivos, programas ou ainda em todo o sistema operacional. ▶ Vírus.

❑ **vi.ru.ta.** [bi'ruta] [bi'ruta] *f.* **1.** Tira fina e enrolada que sai da madeira. ▶ Serragem. **2.** Limalha de metal. ▶ Apara.

vi.sa. ['bisa] ['bisa] *amb.* **1.** Declaração de uma autoridade em um documento para que tenha validade. ▶ Visto. **2.** Autorização para estada temporária ou permanente de um estrangeiro em algum país. ▶ Visto.

vi.sa.do. [bi'saðo] [bi'saðo] *m.* Ato ou efeito de visar um documento. ▶ Visto.

vi.sar. [bi'sar] [bi'sar] *v.4.* Dar validade a um passaporte ou outro documento para um determinado uso. ▶ Visar.

vis.co.so, sa. [bis'koso] [bih'koso] *adj.* Que é espesso e pegajoso. ▶ Viscoso.

vi.se.ra. [bi'sera] [bi'sera] *f.* **1.** Parte da frente do capacete, que protege do sol. ▶ Viseira. **2.** Pala do boné que protege os olhos da luz do sol. ▶ Viseira.

vi.si.ble. [bi'siβle] [bi'siβle] *adj.* **1.** Que está à vista, que se pode ver. ▶ Visível. **2.** Que é certo e evidente. ▶ Visível.

vi.si.go.do, da. [bisi'γoðo] [bisi'γoðo] *adj.* Pertencente ao povo do norte da Europa que invadiu a Península Ibérica no século V d.C. e fundou o reino dos visigodos. ▶ Visigodo. *U.t.c.s.*

vi.sión. [bi'sjon] [bi'sjon] *f.* **1.** Ato, efeito ou capacidade de ver. ▶ Visão. **2.** Criação da imaginação que não tem realidade e se toma como verdadeira. ▶ Visão. *fig.* **3.** Ponto de vista particular sobre um assunto. ▶ Visão.

vi.sio.na.rio, ria. [bisio'narjo] [bisio'narjo] *adj.* **1.** Diz-se daquele que tem visões ou julga ver coisas que não existem. ▶ Visionário. *U.t.c.s.* **2.** Pessoa com ideias arrojadas. ▶ Visionário.

vi.sir. [bi'sir] [bi'sir] *m.* Ministro de um soberano muçulmano. ▶ Vizir.

vi.si.ta. [bi'sita] [bi'sita] *f.* **1.** Ato de visitar. ▶ Visita. **2.** Pessoa que visita. ▶ Visita. **3.** Contato de um profissional com alguém ou uma instituição, para receber atribuições. ▶ Visita. ♦ **Visita de médico.** *fig.* e *fam.* Visita rápida. Visita de médico.

vi.si.tar. [bisi'tar] [bisi'tar] *v.4.* **1.** Ir ver alguém na sua casa por amizade, cortesia ou qualquer outro motivo. ▶ Visitar. **2.** Ir conhecer uma região, sítio histórico, museu, teatro, templo ou qualquer outra coisa de interesse cultural. ▶ Visitar. **3.** Ir a autoridade ou profissional para reconhecer aquilo que é de seu cuidado. ▶ Visitar.

vis.lum.brar. [bislum'brar] [bihlum'brar] *v.4.* **1.** Ver as coisas confusamente pela distância ou por falta de luz. ▶ Vislumbrar. **2.** *fig.*

Conhecer alguma coisa por sinais ou indícios. ▶ Vislumbrar.

vi.so. [ˈbiso] [ˈbiso] *m.* **1.** Reflexo da luz que fere a vista. ▶ Reflexo. **2.** Forro colorido ou vestimenta que se põe debaixo de um vestido transparente. ▶ Anágua. **3.** *fig.* Aparência das coisas. ▶ Aspecto. ◆ **De viso.** Importante.

vi.sor. [biˈsor] [biˈsor] *m.* **1.** Dispositivo anexo à máquina fotográfica que serve para focar o objeto a ser fotografado. ▶ Visor. **2.** Dispositivo óptico para estabelecer a pontaria em algumas armas de fogo. ▶ Visor. **3.** Mostrador óptico em que se leem dados e informações em um aparelho (relógio, celular, etc.). ▶ Visor.

vís.pe.ra. [ˈbispeɾa] [ˈbihpeɾa] *f.* **1.** Dia imediatamente anterior a outro determinado. ▶ Véspera. **2.** Época ou tempo que antecede a certos acontecimentos. ▶ Véspera.

vis.ta. [ˈbista] [ˈbihta] *f.* **1.** Sentido com que se percebe o aspecto físico dos objetos. ▶ Visão. **2.** Paisagem, panorama, lugar extenso e agradável de ver. ▶ Vista. **3.** Conhecimento claro das coisas. ▶ Visão. **4.** Aparência ou disposição das coisas. ▶ Aspecto. ◆ **Corto de vista.** Míope. **Hacer la vista gorda.** *fam.* Fazer vista(s) grossa(s).

vis.ta.zo. [bisˈtaθo] [bihˈtaso] *m.* Exame ou reconhecimento superficial de uma coisa. ▶ Olhada. ◆ **Echar un vistazo.** Dar uma olhada.

vis.to, ta. [ˈbisto] [ˈbihto] *adj.* Que não está oculto. ▶ Aparente. ◆ **Estar muy visto. 1.** Ser muito conhecido. **2.** Passado de moda. ▶ *Démodé.*

vis.to.so, sa. [bisˈtoso] [bihˈtoso] *adj.* **1.** Que é agradável à vista. ▶ Vistoso. **2.** Que é muito colorido, chamativo e alegre. ▶ Vistoso.

vi.sual. [biˈswal] [biˈswal] *adj.* **1.** Relativo à vista ou à visão. ▶ Visual. *f.* **2.** Linha reta entre o olho do espectador e o objeto que se olha. ▶ Horizonte.

vi.sua.li.zar. [biswaliˈθaɾ] [biswaliˈsaɾ] *v.13.* **1.** Imaginar com traços visíveis algo que não se tem à vista. ▶ Visualizar. **2.** Tornar visível o que não se pode ver a olho nu. ▶ Visualizar.

vi.tal. [biˈtal] [biˈtal] *adj.* **1.** Que é muito importante para a vida. ▶ Vital. **2.** Que é transcendente. ▶ Vital. **3.** Que está dotado de grande energia para viver. ▶ Vital.

vi.ta.li.cio, cia. [bitaˈliθjo] [bitaˈlisjo] *adj.* **1.** Que dura enquanto dura a vida. ▶ Vitalício. *m.* **2.** Documento que garante a uma pessoa o pagamento periódico de uma quantidade a partir de uma determinada idade pelo resto de sua vida. ▶ Apólice de seguro de vida.

vi.ta.li.dad. [bitaliˈðaθ] [bitaliˈðað] *f.* **1.** Qualidade de ter vida. ▶ Vitalidade. **2.** Conjunto das funções orgânicas que dão força e energia. ▶ Vitalidade.

vi.ta.mi.na. [bitaˈmina] [bitaˈmina] *f.* Cada uma das substâncias orgânicas que existem nos alimentos e que são necessárias para o equilíbrio das diferentes funções vitais. ▶ Vitamina.

vi.tí.co.la. [biˈtikola] [biˈtikola] *adj.* **1.** Relativo à viticultura. Vinicultura. Ver *vinícola* ▶ Vinícola. *com.* **2.** Pessoa que conhece e se dedica à viticultura. Vinicultor. ▶ Vitícola.

vi.ti.cul.tor, to.ra. [bitikulˈtor] [bitikulˈtor] *s.* Pessoa que cultiva vinhas. Vinicultor. ▶ Viticultor.

vi.ti.cul.tu.ra. [bitikulˈtuɾa] [bitikulˈtuɾa] *f.* **1.** Cultivo da videira. Vinicultura. ▶ Viticultura. **2.** Arte de cultivar as videiras. Vinicultura. ▶ Viticultura.

vi.ti.vi.ni.cul.tor, to.ra. [bitiβinikulˈtor] [bitiβinikulˈtor] *s.* Pessoa que cultiva videiras e produz vinhos. ▶ Vinicultor.

vi.to.re.ar. [bitoɾeˈar] [bitoɾeˈar] *v.4.* Homenagear uma pessoa ou ação meritória com aplausos e aclamações. ▶ Aclamar. ▶ Vitoriar.

vi.tral. [biˈtral] [biˈtral] *m.* Vidraça colorida ou com pinturas sobre o vidro. ▶ Vitral.

ví.tre.o, a. [ˈbitɾeo] [ˈbitɾeo] *adj.* Feito de vidro ou que tem suas propriedades. ▶ Vítreo.

vi.tri.na. [biˈtɾina] [biˈtɾina] *f.* Armário ou caixa com portas ou tampa de vidro transparente para expor objetos de arte ou outras coisas de valor. ▶ Vitrine.

vi.tu.pe.rar. [bitupeˈrar] [bitupeˈrar] *v.4.* Censurar uma pessoa com dureza, repreendê-la, criticá-la. ▶ Vituperar.

viu.dez. [biuˈðeθ] [biuˈðes] *f.* Estado de viúvo. ▶ Viuvez.

viu.do, da. [ˈbiuðo] [ˈbiuðo] *s.* Pessoa cujo cônjuge morreu e que não voltou a casar-se. ▶ Viúvo.

vi.va.ci.dad. [biβaθiˈðaθ] [biβasiˈðað] *f.* **1.** Qualidade de vivaz. ▶ Vivacidade. **2.** Modo expressivo de falar ou manifestar-se. ▶ Vivacidade. **3.** Brilho ou esplendor de alguma coisa. ▶ Vivacidade.

vi.va.ra.cho, cha. [biβaˈratʃo] [biβaˈratʃo] *adj.* **1.** *fam.* Que é muito sagaz e esperto. ▶ Vivo. **2.** Que é alegre e gosta de divertir-se. ▶ Vivo.

vi.vaz. [bi'βaθ] [bi'βas] *adj.* Que compreende com facilidade e atua com rapidez. ▸ Vivaz.

vi.ven.cia. [bi'βenθja] [bi'βensja] *f.* O fato de viver ou experimentar algo. ▸ Vivência.

ví.ve.res. ['biβeɾes] ['biβeɾes] *m.pl.* Provisões necessárias para o alimento das pessoas. Gêneros alimentícios. ▸ Víveres.

vi.ve.ro. [bi'βeɾo] [bi'βeɾo] *m.* **1.** Lugar com água onde se criam peixes ou moluscos para reprodução. ▸ Viveiro. **2.** Terreno onde se plantam brotos de árvores. ▸ Viveiro. **3.** Loja onde se vendem plantas. **4.** *fig.* Origem de uma coisa. ▸ Viveiro.

vi.ve.za. [bi'βeθa] [bi'βesa] *f.* **1.** Atividade, força e vigor nas pessoas. ▸ Vivacidade. **2.** Energia e ardileza nas palavras. ▸ Vivacidade. **3.** Agudeza de espírito. ▸ Esperteza. **4.** Habilidade para enganar. ▸ Malícia.

vi.vi.do, da. [bi'βiðo] [bi'βiðo] *adj.* Diz-se daquele que viveu muito, que tem grande experiência de vida. ▸ Vivido.

ví.vi.do, da. ['biβiðo] ['biβiðo] *adj.* **1.** Que tem força e vivacidade. Vivaz. ▸ Vigoroso. **2.** De engenho agudo. ▸ Vívido.

vi.vi.dor, do.ra. [biβi'ðoɾ] [biβi'ðoɾ] *s.* Pessoa que gosta de viver bem, à custa dos outros. ▸ *Bon vivant.* *U.t.c.s.*

vi.vien.da. [bi'βjenda] [bi'βjenda] *f.* Residência, casa ou habitação de uma pessoa ou de uma família. ▸ Moradia.

Escanea este código QR para ver más sobre **vivienda** www.santillana.com.br/4dsvivienda

vi.vi.fi.car. [biβifi'kaɾ] [biβifi'kaɾ] *v.7.* **1.** Dar vida. ▸ Vivificar. **2.** Confortar, dar alento. ▸ Vivificar.

vi.vir. [bi'βiɾ] [bi'βiɾ] *v.6.* **1.** Ter vida. Existir. ▸ Viver. **2.** Habitar ou morar em um lugar ou país. ▸ Viver. **3.** Manter-se, sobreviver. ▸ Viver. **4.** Comportar-se, levar a vida de determinada forma. ▸ Viver. **5.** Experimentar a sensação produzida por um fato. ▸ Viver. ◆ **Vivir al día.** Viver com o (pouco) dinheiro de cada dia. ▸ Aproveitar a vida. **De mal vivir.** De má conduta.

vi.vo, va. ['biβo] ['biβo] *adj.* **1.** Que tem vida. ▸ Vivo. **2.** *fig.* Que aproveita as oportunidades e sabe atuar em benefício próprio. ▸ Vivo. **3.** Aplica-se ao fogo com chamas bem fortes. ▸ Vivo. ◆ **Al/En vivo.** Ao vivo. **Vivito y coleando.** *fig.* e *fam.* Vivinho da silva.

viz.con.de. [biθ'konde] [bih'konde] *m.* Título de nobreza superior ao barão e inferior ao conde. ▸ Visconde.

viz.con.de.sa. [biθkon'desa] [bihkon'desa] *f.* **1.** Esposa do visconde. ▸ Viscondessa. **2.** Mulher que tem esse título por direito próprio. ▸ Viscondessa.

vo.ca.blo. [bo'kaβlo] [bo'kaβlo] *m. Ling.* Som ou sons que formam uma palavra e expressam uma ideia. ▸ Vocábulo.

vo.ca.bu.la.rio. [bokaβu'laɾjo] [bokaβu'laɾjo] *m. Ling.* **1.** Conjunto de palavras de um idioma. ▸ Vocabulário. **2.** Conjunto de palavras específicas de uma atividade, profissão ou ciência com explicações sucintas. ▸ Vocabulário.

vo.ca.ción. [boka'θjon] [boka'sjon] *f.* Tendência ou inclinação que se sente por uma determinada atividade ou profissão. ▸ Vocação.

vo.cal. [bo'kal] [bo'kal] *adj.* **1.** Que se expressa com a voz. ▸ Oral. *f.* **2.** ▫ Cada uma das letras que representam os fonemas vocálicos. ▸ Vogal. *com.* **3.** ▫ Pessoa que tem voz em um conselho, congregação, etc. Vogal. ▸ Membro de um conselho.

vo.ca.lis.ta. [boka'lista] [boka'lihta] *com. Mús.* **1.** Artista que canta acompanhado de uma orquestra. ▸ Cantor. **2.** Cantor de um grupo musical. ▸ Vocalista.

vo.ca.li.zar. [bokali'θaɾ] [bokali'saɾ] *v.13.* Proferir com clareza as vogais, consoantes e sílabas das palavras diferenciando-as adequadamente. ▸ Vocalizar.

vo.ce.ar. [boθe'aɾ] [bose'aɾ] *v.4.* **1.** Dar vozes ou gritos. ▸ Gritar. **2.** Aplaudir ou aclamar com gritos. ▸ Aplaudir. **3.** Publicar ou manifestar com vozes uma coisa. ▸ Apregoar.

vo.ce.rí.o. [boθe'ɾjo] [bose'ɾjo] *m.* Confusão de vozes altas. Gritaria. ▸ Clamor.

vo.ce.ro, ra. [bo'θeɾo] [bo'seɾo] *s.* Pessoa que fala em nome de outra ou representa uma entidade ou corporação. ▸ Porta-voz.

vod.ka. ['boθka] ['bohka] *amb.* Bebida branca alcoólica muito forte originária da Rússia. ▸ Vodca. *U.t.* <u>vod</u>.ca.

vo.la.dor, do.ra. [bola'ðoɾ] [bola'ðoɾ] *adj.* **1.** Que voa. ▸ Voador. **2.** Suspenso no ar, à mercê do vento. ▸ Voador. **3.** Que vai muito rápido. ▸ Voador. *m.* **4.** Foguete que se lança no ar. ▸ Rojão.

vo.lan.te. [bo'lante] [bo'lante] *adj.* **1.** Que voa ou pode voar. ▸ Voador. *m.* **2.** Peça com que o motorista guia o automóvel. ▸ Volante. **3.** Folha de papel com publicidade ou propaganda política que é distribuída em grandes quantidades. ▸ Panfleto. **4.** Enfeite pregueado ou plissado das roupas. ▸ Babado. *com.* **5.** *(Arg.* e *Urug).* No futebol, jogador que se movimenta no meio-campo. Médio--volante. ▸ Volante.

vo.lar. [bo'laɾ] [bo'laɾ] *v.18.* **1.** Ir pelo ar sustentando-se com as asas como fazem as aves e muitos insetos. ▸ Voar. **2.** Elevar-se no ar e ir de um ponto a outro em um aparelho de aviação. ▸ Voar. **3.** *fig.* Caminhar ou fazer as coisas com rapidez. ▸ Voar. **4.** *fig.* Ir alguma coisa pelos ares após uma explosão. ▸ Voar.

vo.lá.til. [bo'latil] [bo'latil] *adj.* **1.** Que voa ou que pode voar. ▸ Volátil. *U.t.c.s.* **2.** *Quím.* Diz-se dos líquidos que, em contato com o ar, se convertem em gás ou vapor. ▸ Volátil. **3.** *fig.* Que apresenta inconstância. Mutável. ▸ Volúvel.

vol.cán. [bol'kan] [bol'kan] *m.* Elevação do terreno com uma abertura pela qual saem gases, chamas e matérias derretidas a altíssima temperatura. ▸ Vulcão.

vol.car. [bol'kaɾ] [bol'kaɾ] *v.68.* **1.** Tombar ou entornar uma coisa de modo que caia ou se derrame seu conteúdo. ▸ Derramar. **2.** Obrigar alguém a mudar de parecer ou de opinião. ▸ Persuadir. **3.** Tombar um veículo. ▸ Capotar.

vo.le.ar. [bole'aɾ] [bole'aɾ] *v.4. Desp.* Golpear ou rebater uma bola ou outra coisa no ar para impulsioná-la. ▸ Bater.

vo.lei.bol. [bolei'βol] [bolei'βol] *m. Desp.* Esporte praticado entre duas equipes de seis jogadores cada uma, que marcam pontos impulsionando a bola por cima da rede, especialmente com as mãos, de forma a fazê-la tocar o solo da quadra adversária. Vôlei. ▸ Voleibol.
➟ *Deportes*

vo.li.bol. [boli'βol] [boli'βol] *m. Desp.* Ver *voleibol.* ▸ Voleibol.

vol.ta.je. [bol'taxe] [bol'taxe] *m. Fís.* Diferença de potencial elétrico entre dois pontos de um condutor. ▸ Voltagem.

vol.te.ar. [bolte'aɾ] [bolte'aɾ] *v.4.* **1.** Fazer dar muitas voltas. ▸ Voltear. **2.** Dar voltas no ar por impulso e com arte, como se faz nos saltos de trampolim ou prancha. ▸ Voltear. **3.** Fazer ir ao chão. ▸ Derrubar.

vol.te.re.ta. [bolte'reta] [bolte'reta] *f.* Volta que se dá com o corpo de cabeça para baixo. ▸ Cambalhota.

vol.tio. ['boltjo] ['boltjo] *m. Fís.* Unidade de potencial elétrico. ▸ Volt.

vo.lu.ble. [bo'luβle] [bo'luβle] *adj.* **1.** De caráter inconstante, que muda com facilidade. ▸ Volúvel. **2.** *Bot.* Aplica-se à planta que cresce enroscando-se nos objetos próximos. ▸ Trepadeira.

vo.lu.men. [bo'lumen] [bo'lumen] *m.* **1.** Tamanho ou vulto de uma coisa. ▸ Volume. **2.** Livro considerado como unidade independentemente de seu conteúdo. ▸ Volume. **3.** Espaço que ocupa um corpo. ▸ Volume. **4.** Intensidade do som. ▸ Volume.

vo.lu.mi.no.so, sa. [bolumi'noso] [bolumi'noso] *adj.* Que tem muito volume ou vulto. Vultoso. ▸ Volumoso.

vo.lun.tad. [bolun'taθ] [bolun'tað] *f.* **1.** Decisão que move a fazer ou não fazer uma coisa sem interferência estranha. ▸ Vontade. **2.** Livre-arbítrio ou livre determinação. ▸ Vontade. ♦ **Buena/Mala voluntad.** Boa/Má vontade. **Voluntad de hierro.** Vontade de ferro.

vo.lun.ta.rio, ria. [bolun'tarjo] [bolun'tarjo] *adj.* **1.** Diz-se do ato que nasce da vontade, que não é uma obrigação. ▸ Voluntário. *s.* **2.** Pessoa que se oferece, livremente, para fazer uma coisa não obrigatória. ▸ Voluntário.

vol.ver. [bol'βeɾ] [bol'βeɾ] *v.56 p.p. irreg. vuelto.* **1.** Dar volta em uma coisa. ▸ Virar. **2.** Regressar ao lugar de origem ou passagem. ▸ Voltar. **3.** Tornar uma pessoa ou coisa ao lugar ou estado anterior. ▸ Voltar. *v.p.* **4.** Transformar-se em algo. Tornar-se. ▸ Virar. *Después de perderlo todo, se volvió creyente.* Depois de perder tudo, ela virou crente. ♦ **Volver en sí.** Voltar a si.

vo.mi.tar. [bomi'taɾ] [bomi'taɾ] *v.4.* **1.** Expelir pela boca algo que estava no estômago. ▸ Vomitar. **2.** *fig.* Proferir injúrias, maldições ou insultos. ▸ Vomitar.

vo.ra.ci.dad. [boraθi'ðaθ] [borasi'ðað] *f.* Sofreguidão no comer. ▸ Voracidade.

vo.rá.gi.ne. [bo'raxine] [bo'raxine] *f.* Redemoinho impetuoso que fazem as águas do mar, dos rios ou dos lagos. ▸ Voragem.

vo.raz. [bo'raθ] [bo'ras] *adj.* **1.** Que come muito e com avidez. ▸ Voraz. **2.** *fig.* Que destrói ou consome rapidamente. ▸ Voraz.

vos. ['bos] ['bos] *pron.* **1.** Usa-se para a segunda pessoa do singular no tratamento informal em diversas regiões da Hispano-América, substituindo a forma *tú* ou em alternância com ela. Tu. ▶ Você. **2.** *ant.* Tratamento de cortesia para a segunda pessoa do singular até o século XVI e que pode encontrar-se em poemas de clássicos espanhóis. ▶ Vós.

vo.se.ar. [bose'aɾ] [bose'aɾ] *v.4. Ling.* Dar às pessoas o tratamento informal de *vos* substituindo o pronome pessoal *tú.* ▶ Vosear.

vo.so.tros, tras. [bo'sotros] [bo'sotros] *pron.pess.* Designa a 2ª pessoa do plural, nos gêneros masculino e feminino, respectivamente. ▶ Vocês. *obs.:* Emprega-se para o tratamento informal na Espanha.

vo.ta.ción. [bota'θjon] [bota'sjon] *f.* **1.** Ato ou efeito de votar. ▶ Votação. **2.** Conjunto dos votos apurados. ▶ Votos computados.

vo.tar. [bo'taɾ] [bo'taɾ] *v.4.* **1.** Manifestar opinião ou declarar escolha por meio do voto. ▶ Votar. **2.** Aprovar ou eleger por votação. ▶ Votar.

vo.to. ['boto] ['boto] *m.* **1.** *Políṭ.* Participação em uma eleição pública ou plebiscito. ▶ Voto. **2.** Parecer expresso pelos membros de um órgão resolutivo. ▶ Voto. **3.** *Rel.* Promessa necessária para o exercício de um cargo. ▶ Voto.

voz. ['boθ] ['bos] *f.* **1.** Som ou conjunto de sons emitidos pelo aparelho fonador. ▶ Voz. **2.** Parecer ou opinião que alguém dá em uma junta ou ato público. Opinião. ▶ Voz. **3.** *fig.* Som que produzem algumas coisas inanimadas. ▶ Voz. **4.** *Ling.* Vocábulo. ▶ Voz. ♦ **Correr la voz.** Correr um boato. **En voz alta/baja.** Em voz alta/baixa. **Estar pidiendo a voces.** Necessitar algo com urgência. Pedir aos gritos. *El estado de esta casa está pidiendo a voces una buena reforma.* Esta casa está em ruínas e necessita com urgência de uma boa reforma.

vo.za.rrón. [boθa'ron] [bosa'ron] *m.* Voz muito forte e grossa. ▶ Vozeirão.

vu.dú. [bu'ðu] [bu'ðu] *m. Rel.* Culto religioso de origem africana. ▶ Vodu.

vuel.co. ['bwelko] ['bwelko] *m.* **1.** Movimento com o qual uma coisa fica virada de bruço. ▶ Emborco. **2.** Ato de sentir subitamente uma emoção. ▶ Sobressalto.

vue.lo. ['bwelo] ['bwelo] *m.* **1.** Ato de voar. ▶ Voo. **2.** Espaço que se percorre voando sem pousar. ▶ Voo. **3.** Parte da roupa que não se ajusta ao corpo, formando ondas. ▶ Babado. ♦ **Al vuelo.** Pronta e rapidamente. **Cogerlas al vuelo.** *fig.* e *fam.* Entender rapidamente as coisas que se dizem ou fazem de maneira velada. ▶ Pegar no ar.

vuel.ta. ['bwelta] ['bwelta] *f.* **1.** Giro, movimento circular. ▶ Volta. **2.** Passeio ou viagem curta a lugar próximo. ▶ Volta. **3.** Regresso ao ponto de partida. ▶ Volta. **4.** *Desp.* Em ciclismo e outros esportes, corrida em etapas em um país, região, etc. ▶ Circuito. **5.** Circunvoluções de uma coisa ao redor de outra. ▶ Volta. ♦ **A vuelta de ojo(s).** Em um piscar de olhos. **A la vuelta.** Na volta. **A la vuelta de la esquina.** *fig.* Virando a esquina. **No tener vuelta de hoja.** Não ter jeito de voltar atrás.

vuel.to. ['bwelto] ['bwelto] *m. (Amér.) Fin.* Dinheiro devolvido pelo vendedor a um comprador que pagou a compra com um valor superior ao preço combinado. ▶ Troco. *Siempre compruebo si está bien el vuelto que me trae el camarero.* Sempre confiro se está certo o troco que o garçom me traz.

vues.tro, tra. ['bwestro] ['bwehtro] *pron.* Corresponde à segunda pessoa do plural (*vosotros, vosotras*) e antecede ou segue substantivos femininos e masculinos no singular indicando posse. O plural é *vuestros, vuestras.* ▶ Seu, sua/de vocês.

vul.ca.ni.zar. [bulkani'θaɾ] [bulkani'saɾ] *v.13.* Combinar borracha com enxofre. ▶ Vulcanizar.

vul.gar. [bul'ɣaɾ] [bul'ɣaɾ] *adj.* Que tem caráter ordinário. ▶ Vulgar.

vul.ga.ri.dad. [bulɣari'ðaθ] [bulɣari'ðað] *f.* **1.** Qualidade de vulgar, pertencente ao vulgo. ▶ Vulgaridade. **2.** Dito ou fato vulgar que não tem importância nem fundamento. ▶ Vulgaridade.

vul.ga.ri.zar. [bulɣari'θaɾ] [bulɣari'saɾ] *v.13.* Tornar vulgar ou comum uma coisa. ▶ Vulgarizar.

vul.go. ['bulɣo] ['bulɣo] *m.* Classe popular da sociedade, plebe. ▶ Vulgo.

vul.ne.ra.ble. [bulne'raβle] [bulne'raβle] *adj.* **1.** Que tem pouca defesa ou está mal planejado. ▶ Vulnerável. **2.** Que pode ser ferido ou agredido física e moralmente. ▶ Vulnerável.

vul.ne.rar. [bulne'raɾ] [bulne'raɾ] *v.4.* **1.** Transgredir, violar uma lei ou preceito. ▶ Vulnerar. **2.** Danar, ferir ou prejudicar de alguma forma uma pessoa. ▶ Vulnerar.

W

w. [uβe'ðoβle] [doβle'βe] *f.* Vigésima quarta letra do alfabeto espanhol. ▶ W.

walkie-talkie. *m.* Do inglês. Aparelho portátil que emite e recebe sinais radiofônicos de aparelho igual, permitindo comunicação a certa distância. ▶ *Walkie-talkie.*

wá.ter. ['bateɾ] ['bateɾ] *m.* **1.** Ver *váter*. ▶ Vaso sanitário. **2.** Ver *baño*⁽⁴⁾. ▶ Banheiro.

watt. *m.* Unidade de potência na nomenclatura internacional. ▶ Watt. *U.t.* <u>va</u>-*tio*.

web. ['weβ] ['weβ] *f. Inform.* Ver *red*⁽³⁾. ▶ Web.

we.<u>be</u>.rio. [we'βeɾjo] [we'βeɾjo] *m.* Unidade de fluxo de indução magnética. ▶ Weber.

western. *m.* Gênero de filme. ▶ Bangue-bangue.

whisky. *m.* Bebida alcoólica que se obtém da fermentação e destilação de cereais. ▶ Uísque. *U.t.* <u>güis</u>.*qui.*

windsurf. *m. Desp.* Esporte aquático que se pratica de pé sobre uma prancha, impulsionada por uma vela. ▶ Windsurfe. *A mi tío le gusta practicar el* windsurf *en una playa que está cerca de aquí.* O meu tio gosta de praticar windsurfe em uma praia que fica perto daqui.

www. *ou* doble be, doble be, doble be *f. Inform.* Do inglês *World Wide Web.* Rede mundial de informações a qual se pode acessar e explorar o conteúdo mediante um navegador. ▶ www.

x. ['ekis] ['ekis] *f.* Vigésima quinta letra do alfabeto espanhol. ▶ X.

xe.no.fi.lia. [seno'filja] [seno'filja] *f.* **1.** Estima pelos estrangeiros. ▶ Xenofilia. **2.** Gosto pelo estudo e conhecimento da cultura e dos costumes de outros países. ▶ Xenofilia.

xe.nó.fi.lo, la. [se'nofilo] [se'nofilo] *adj.* Que sente simpatia pelos estrangeiros e seus costumes. ▶ Xenófilo.

xe.no.fo.bia. [seno'foβja] [seno'foβja] *f.* Hostilidade ou aversão pelas pessoas e coisas estrangeiras. ▶ Xenofobia.

xe.nó.fo.bo, ba. [se'nofoβo] [se'nofoβo] *adj.* Que sente aversão por estrangeiros e seus costumes. ▶ Xenófobo.

xe.ro.co.pia. [seɾo'kopja] [seɾo'kopja] *f.* Cópia fotográfica obtida por meio de xerografia. Xerocópia. ▶ Fotocópia.

xe.ro.co.piar. [seɾoko'pjaɾ] [seɾoko'pjaɾ] *v.4.* Reproduzir em cópia xerográfica. Xerocopiar. ▶ Fotocopiar.

xe.ró.fi.lo, la. [se'ɾofilo] [se'ɾofilo] *adj. Bot.* Aplica-se às plantas que se desenvolvem bem em terrenos e climas secos. ▶ Xerófilo.

xe.ro.fí.ti.co, ca. [seɾo'fitiko] [seɾo'fitiko] *adj. Bot.* Aplica-se aos vegetais adaptados aos meios secos e às temperaturas altas. ▶ Xerófito.

xi.ló.fa.go, ga. [si'lofaɣo] [si'lofaɣo] *adj. Zool.* Diz-se dos insetos que roem madeira. ▶ Xilófago. *U.t.c.s.*

xi.ló.fo.no. [si'lofono] [si'lofono] *m. Mús.* Instrumento musical de percussão formado por peças geralmente feitas de madeira ou metal percutidas com baquetas. ▶ Xilofone.
➡ *Instrumentos musicales*

xi.lo.gra.fí.a. [siloɣɾa'fia] [siloɣɾa'fia] *f.* **1.** Arte de gravar ou esculpir em madeira. ▶ Xilografia. **2.** Impressão tipográfica feita com pranchas de madeira gravadas. ▶ Xilografia.

xi.ló.gra.fo, fa. [si'loɣɾafo] [si'loɣɾafo] *s.* Pessoa que grava em madeira. ▶ Xilógrafo.

Y

y. ['je] ['ʃe] *f.* Vigésima sexta letra do alfabeto espanhol. ▸ Y.

y. ['i] ['i] *conj.* Indica união de dois elementos em conjunto afirmativo. ▸ E. *El padre y el hijo.* O pai e o filho. *obs.:* Quando antecede palavra começada por *i* ou *hi*, varia para *e*. *Padre e hijo.* Pai e filho. ♦ **Y eso que.** Embora. E olha que. *Dio su opinion y metió la pata, y eso que le advertimos que no abriera la boca.* Ele deu sua opinião e deu um fora, e olha que nós o avisamos que não abrisse a boca. **¿Y qué?** E daí?

ya. ['ja] ['ʃa] *adv.* **1.** Marca anterioridade em relação a outro momento. ▸ Já. *Cuando sonó la campanilla ya me estaba duchando.* Quando tocou a campainha, já estava tomando banho. **2.** Neste momento. Agora. ▸ Já. *Ya llegaron todos los invitados.* Já chegaram todos os convidados. *conj.* **3.** Indica alternativa ou disjunção entre duas frases, palavras ou ideias que antecede. ▸ Ora. *Las nubes destacan el sol, ya ocultándolo, ya mostrándolo.* As nuvens destacam o sol, ora ocultando-o, ora mostrando-o. ♦ **Ya mismo.** Agora mesmo. **Ya está.** Pronto, acabado. **Ya que.** Visto que. Dado que. Uma vez que. ▸ Já que.

ya.ca.ré. [jaka're] [ʃaka're] *m. Zool.* (*Amér.*) Réptil parecido com o crocodilo, porém um pouco menor. ▸ Jacaré. *Los niños querían ver al yacaré que había en el zoo.* As crianças queriam ver o jacaré que havia no zoológico.

ya.cer. [ja'θer] [ʃa'ser] *v.62.* **1.** Ação da pessoa estar deitada ou estendida. ▸ Deitar. **2.** Um cadáver sepultado. ▸ Jazer.

ya.ci.mien.to. [jaθi'mjento] [ʃasi'mjento] *m.* **1.** *Geol.* Lugar em que há minérios. ▸ Jazida. **2.** Mina que está em produção. ▸ Jazida.

yan.qui. ['janki] ['ʃanki] *adj.* Tratamento dirigido ao natural ou habitante de qualquer lugar dos Estados Unidos. ▸ Ianque.

yar.da. ['jarða] ['ʃarða] *f.* Medida inglesa de comprimento igual a 0,91 m que se usa nos Estados Unidos e também em outros países. ▸ Jarda.

ya.te. ['jate] ['ʃate] *m.* Embarcação para passeios, normalmente luxuosa. ▸ Iate.

yaz. ['jaθ] ['ʃas] *m. Mús.* Gênero de música derivado do ritmo e das melodias dos negros norte-americanos, hoje conhecido no mundo todo. ▸ *Jazz.* *U.t. jazz.*

ye.dra. ['jeðra] ['ʃeðra] *f. Bot.* Planta trepadeira de folhas sempre verdes e brilhantes. ▸ Hera.

ye.gua. ['jeɣwa] ['ʃeɣwa] *f. Zool.* Fêmea do cavalo. ▸ Égua.

ye.ís.mo. [je'ismo] [ʃe'ihmo] *m. Ling.* Hábito de pronunciar *ll* como *y*.

yel.mo. ['jelmo] ['ʃelmo] *m.* Parte da armadura que protege a cabeça e o rosto. ▸ Elmo.

ye.ma. ['jema] ['ʃema] *f.* **1.** Parte central do ovo das aves. ▸ Gema. **2.** *Bot.* Broto nas plantas no qual nascem os ramos, as folhas e as flores. ▸ Gema. **3.** *Cul.* Doce seco composto de gema e açúcar. ♦ **Yema del dedo.** *Anat.* A ponta do dedo oposta à unha.

ye.me.ní. [jeme'ni] [ʃeme'ni] *adj.* **1.** Pertencente ou relativo ao Iêmen. ▸ Iemenita. **2.** Natural ou habitante desse país da Arábia. ▸ Iemenita. *U.t.c.s.*

yen. ['jen] ['ʃen] *m. Fin.* Unidade monetária do Japão. ▸ Iene.

yer.ba. ['jerβa] ['ʃerβa] *f. Bot.* Planta sem caule cuja haste são folhas pequenas de cor verde que crescem em prados e jardins. ▸ Erva.

yer.ba.bue.na. [jerβa'βwena] [ʃerβa'βwena] *f. Bot.* Planta aromática, de sabor refrescante, muito utilizada como tempero ou base para chás e infusões. ▸ Hortelã. *Me gusta el té de yerbabuena.* Gosto do chá de hortelã.

yer.mo, ma. ['jermo] ['ʃermo] *adj.* **1.** Que não tem habitantes, despovoado. ▸ Ermo. *m.* **2.** Terreno desabitado e estéril. ▸ Ermo.

yer.no. ['jerno] ['ʃerno] *m.* Homem em relação aos pais da mulher com a qual se casou. ▸ Genro.

ye.rro. ['jero] ['ʃero] *m.* **1.** Falta cometida contra as leis ou regras sociais por ignorância ou malícia. ▸ Erro. **2.** Engano por descuido ou incompetência. ▸ Erro. ♦ **Yerro de imprenta.** Errata.

ye.so. [ˈjeso] [ˈʃeso] *m.* **1.** Mineral produzido a partir do aquecimento da gipsita. ▸ Gesso. **2.** Pó feito da pedra de gesso que, misturado com água, endurece rapidamente e é usado em construção e escultura. ▸ Gesso.

yo. [ˈjo] [ˈʃo] *pron.pess.* Designa a 1ª pessoa do singular nos gêneros masculino e feminino. ▸ Eu.

yo.do. [ˈjoðo] [ˈʃoðo] *m. Quím.* Elemento químico sólido de cor negro-brilhante que, dissolvido em um líquido, é usado como antisséptico. ▸ Iodo.

yo.ga. [ˈjoɣa] [ˈʃoɣa] *m.* Conjunto de disciplinas físico-mentais destinadas a conseguir a perfeição e a união espirituais. ▸ Ioga.

yo.gur. [joˈɣur] [ʃoˈɣur] *m.* Alimento que se obtém da fermentação do leite, reduzindo o volume deste por evaporação. ▸ Iogurte.

yó.quey. [ˈjokei̯] [ˈʃokei̯] *m.* Profissional que monta cavalos de corrida. ▸ Jóquei.

yo.yó. [joˈjo] [ʃoˈʃo] *m.* Brinquedo de origem chinesa feito com dois discos de madeira, metal ou plástico duro unidos no centro por um eixo ao qual se amarra uma corda, que se enrola e desenrola para fazê-lo subir e descer. ▸ Ioiô.

yu.ca. [ˈjuka] [ˈʃuka] *f. Bot.* Planta de raiz comestível originária da América tropical. ▸ Mandioca.

yu.do. [ˈjuðo] [ˈʃuðo] *m.* Arte marcial de origem japonesa praticada como esporte em muitos países. ▸ Judô.

yu.do.ca. [juˈðoka] [ʃuˈðoka] *com.* Pessoa que pratica judô esportivo. ▸ Judoca.

yu.go. [ˈjuɣo] [ˈʃuɣo] *m.* **1.** Instrumento de madeira ao qual se unem os bois, pela cabeça, para puxar o arado ou a carreta. ▸ Canga. **2.** Apreensão, servidão, tirania. ▸ Jugo.

yu.gos.la.vo, va. [juɣosˈlaβo] [ʃuɣohˈlaβo] *adj.* **1.** Pertencente ou relativo à antiga Iugoslávia. ▸ Iugoslavo. *s.* **2.** O natural desse país. ▸ Iugoslavo. *U.t. yu.go.es.la.vo.*

yu.gu.lar. [juɣuˈlar] [ʃuɣuˈlar] *f. Anat.* Cada uma das veias que passam pelos lados do pescoço. ▸ Jugular.

yun.que. [ˈjunke] [ˈʃunke] *m.* Bloco de ferro com uma ponta em um dos extremos e liso por cima, próprio para malhar metais com martelo. ▸ Bigorna.

yun.ta. [ˈjunta] [ˈʃunta] *f.* Parelha de bois, mulas ou outros animais que serve nos labores do campo. ▸ Junta.

yu.te. [ˈjute] [ˈʃute] *m. Bot.* Planta da qual se extrai uma fibra têxtil própria para tecidos fortes e resistentes. ▸ Juta.

yux.ta.po.ner. [jukstapoˈner] [ʃukstapoˈner] *v.40. p.p. irreg. yuxtapuesto.* Pôr uma coisa junto de outra ou imediata a ela. ▸ Justapor.

yux.ta.pues.to, ta. [jukstaˈpwesto] [ʃukstaˈpwehto] *adj.* Que está junto de alguma coisa ou em posição contígua. ▸ Justaposto.

Z

z. [ˈθeta] [ˈseta] *f.* Vigésima sétima letra do alfabeto espanhol. ▸ Z.

za.far. [θaˈfar] [saˈfar] *v.4. v.p.* **1.** Esconder-se para livrar-se de um encontro ou um perigo. ▸ Safar-se. **2.** Livrar-se de uma obrigação ou trabalho. ▸ Safar-se.

za.fio, fia. [ˈθafjo] [ˈsafjo] *adj.* Que procede com grosseria. ▸ Rústico.

za.fi.ro. [θaˈfiro] [saˈfiro] *m.* Pedra preciosa de cor azul ou incolor e transparente. ▸ Safira.

za.ga. [ˈθaɣa] [ˈsaɣa] *f.* **1.** Parte posterior de uma coisa. ▸ Traseira. **2.** *ant. Mil.* Retaguarda de um exército em marcha. ▸ Retaguarda.
   ◆ **A / A la / En zaga.** Atrás, detrás.

za.gal, ga.la. [θaˈɣal] [saˈɣal] *s.* Pessoa que tem pouca idade. Garoto. ▸ Adolescente.

za.guán. [θaˈɣwan] [saˈɣwan] *m.* Espaço coberto e com porta para a rua que serve de entrada para a casa. ▸ Saguão.

za.gue.ro, ra. [θaˈɣero] [saˈɣero] *adj.* **1.** Que vai, fica ou está atrás. ▸ Traseiro. *m.* **2.** *Desp.* Jogador que atua na defesa. ▸ Zagueiro.

za.he.rir. [θaeˈrir] [saeˈrir] *v.22.* Dizer ou fazer algo que causa desgosto ou dano moral. Ofender. ▸ Machucar.

zai.no, na. [ˈθaino] [ˈsaino] *adj.* Indivíduo traidor, em quem não se pode confiar. Ardiloso, astuto. ▸ Zaino.

za.la.me.rí.a. [θalameˈria] [salameˈria] *f.* Demonstração de carinho ou afeto exagerado. ▸ Bajulação.

za.la.me.ro, ra. [θalaˈmero] [salaˈmero] *adj.* Ver *adulón*. ▸ Bajulador.

za.ma.rra. [θaˈmara] [saˈmara] *f.* Blusão de pele forrado de lã ou com pelo que chega até os joelhos. ▸ Samarra.

zam.bo, ba. [ˈθambo] [ˈsambo] *adj.* Diz-se da pessoa que tem os joelhos juntos e as pernas abertas para fora. Cambaio. ▸ Zambeta.

zam.bom.ba. [θamˈbomba] [samˈbomba] *f. Mús.* Espécie de tambor rústico, aberto por um lado e forrado com pele muito tensa pelo outro. ▸ Zabumba.

zam.bom.ba.zo. [θambomˈbaθo] [sambomˈbaso] *m.* Pancada ou explosão com muito ruído e força. ▸ Estouro.

zam.bu.lli.da. [θambuˈʎiða] [sambuˈʃiða] *f.* Mergulho rápido.

zam.bu.llir. [θambuˈʎir] [sambuˈʃir] *v.54.* Submergir(-se) rapidamente na água. ▸ Mergulhar.

zam.par. [θamˈpar] [samˈpar] *v.4.* Comer ou beber muito e com pressa. Devorar. ▸ Zampar.

zam.pón, po.na. [θamˈpon] [samˈpon] *adj.* Que come muito e com grande rapidez. ▸ Comilão.

zam.po.ña. [θamˈpoɲa] [samˈpoɲa] *f. Mús.* Instrumento musical rústico composto por muitas flautas unidas umas às outras. ▸ Flauta de Pã.

za.na.ho.ria. [θanaˈorja] [sanaˈorja] *f. Bot.* **1.** Planta cuja raiz, de cor alaranjada, é usada como alimento. ▸ Cenoura. **2.** A raiz dessa planta. ▸ Cenoura. ➡ *Vegetales*

zan.ca. [ˈθanka] [ˈsanka] *f.* Pernas finas e compridas de algumas aves chamadas pernaltas. ◆ **Andar en zancas de araña.** *fig.* e *fam.* Empregar rodeios ou mentiras para fugir da realidade.

zan.ca.da. [θanˈkaða] [sanˈkaða] *f. fam.* Passo largo que se dá com movimento rápido ou por ter as pernas longas. ▸ Passada.

zan.ca.di.lla. [θankaˈðiʎa] [sankaˈðiʃa] *f.* Ato de alguém colocar um pé entre os pés de outrem para que perca o equilíbrio e caia. ▸ Rasteira. ◆ **Echar la zancadilla.** *fig.* e *fam.* Passar uma rasteira.

zan.co. [ˈθanko] [ˈsanko] *m.* Vara comprida com saliência para apoiar os pés e andar. ▸ Perna-de-pau.

zan.ga.ne.ar. [θanɡaneˈar] [sanɡaneˈar] *v.4.* Perder tempo indo de um lugar para outro sem fazer nada. Vadiar. ▸ Vagabundear.

zán.ga.no. [ˈθanɡano] [ˈsanɡano] *m.* **1.** Macho da abelha que não produz mel. ▸ Zangão. **2.** *fig.* e *fam.* Indivíduo que não trabalha e se sustenta com o que tira dos outros. ▸ Parasita.

zan.ja. ['θanxa] ['sanxa] *f.* Escavação comprida e estreita que se faz na terra com alguma finalidade. ▶ Valeta.

zan.jar. [θan'xar] [san'xar] *v.4.* **1.** Abrir valetas para assentar os alicerces de um edifício. ▶ Fundar. **2.** *fig.* Vencer uma dificuldade. ▶ Superar.

za.pa. ['θapa] ['sapa] *f.* Espécie de pá com uma base de ferro que se usa para cavar ou limpar um terreno. Picareta; enxada. ▶ Sapa. *Los obreros no tenían zapa para empezar a excavar la zanja.* Os operários não tinham enxada para começar a escavar a valeta.

za.pa.llo. [θa'paʎo] [sa'paʃo] *m. Bot.* (*Amér.*) Fruto que possui um formato de globo, tem muitas sementes e apresenta um tom entre o alaranjado e o vermelho. ▶ Abóbora. *Quería comer el dulce de zapallo que hace la abuela.* Eu queria comer o doce de abóbora que a avó faz.

za.pa.ta. [θa'pata] [sa'pata] *f.* **1.** Peça de um sistema de freio que encosta com força na roda ou no eixo que gira para impedir o movimento. ▶ Sapata. **2.** Peça plana que se coloca na ponta de uma coluna para sustentar uma estrutura superior. ▶ Sapata.

za.pa.ta.zo. [θapa'taθo] [sapa'taso] *m.* Golpe forte dado com um sapato. ▶ Sapatada. ◆ **Tratar a zapatazos.** Tratar a pontapés.

za.pa.te.a.do. [θapate'aðo] [sapate'aðo] *m.* Dança espanhola que se executa batendo ritmadamente no chão com os saltos e as pontas dos sapatos. ▶ Sapateado.

za.pa.te.ar. [θapate'ar] [sapate'ar] *v.4.* **1.** Golpear com um sapato. ▶ Sapatear. **2.** Dar golpes no chão com os pés calçados. ▶ Sapatear.

za.pa.te.rí.a. [θapate'ria] [sapate'ria] *f.* **1.** Lugar no qual os sapatos são feitos, consertados ou vendidos. ▶ Sapataria. **2.** Ofício de fazer sapatos. ▶ Sapataria.

za.pa.te.ro, ra. [θapa'tero] [sapa'tero] *adj.* **1.** Pertencente ou relativo a sapato. ▶ Sapateiro. *s.* **2.** Pessoa que faz sapatos, os conserta ou vende. ▶ Sapateiro. ◆ **Zapatero de viejo / remendón.** Aquele que conserta sapatos velhos. ▶ Sapateiro.

za.pa.ti.lla. [θapa'tiʎa] [sapa'tiʃa] *f.* **1.** Sapato leve e de sola muito fina. ▶ Sapatilha. **2.** Sapato confortável geralmente usado em casa. ▶ Chinelo. **3.** Sapato de sola emborrachada. ▶ Tênis.

za.pa.to. [θa'pato] [sa'pato] *m.* Calçado de couro ou pele que cobre o pé até o tornozelo. ▶ Sapato. ◆ **Cada cual sabe dónde le aprieta el zapato.** Cada um sabe onde o sapato aperta. **Estar como un niño con zapatos nuevos.** *fam.* Está feliz como uma criança. **No llegarle a la suela del zapato.** Não chegar aos pés de (alguém). **Zapato deportivo.** Tênis. **Zapato de tacón.** Sapato de salto. ➡ *Ropa*

za.pe.ar. [θape'ar] [sape'ar] *v.4.* Trocar o canal da televisão muitas vezes seguidas utilizando um controle remoto. ▶ Zapear. *Mi padre no consigue ver la tele sin zapear.* Meu pai não consegue ver televisão sem zapear.

za.ra.ban.da. [θara'βanda] [sara'βanda] *f.* **1.** Dança popular espanhola. ▶ Sarabanda. **2.** Qualquer coisa que causa tumulto, barulho incômodo ou confusão estrepitosa. Confusão. ▶ Baderna.

za.ran.da. [θa'randa] [sa'randa] *f.* Aro de madeira ou metal com fundo de fios entrelaçados para crivar. ▶ Peneira.

za.ran.de.ar. [θarande'ar] [sarande'ar] *v.4.* Passar pela peneira para limpar ou separar algumas coisas. ▶ Peneirar. *U.t. za.ran.dar.*

zar.pa. ['θarpa] ['sarpa] *f. Anat.* Pata de alguns animais com unhas compridas e afiadas em ponta, como o tigre, o leão e as aves de rapina. ▶ Garra.

zar.par. [θar'par] [sar'par] *v.4. Mar.* **1.** Levantar âncora. ▶ Zarpar. **2.** Partir ou sair um navio do lugar onde estava ancorado ou atracado para iniciar ou continuar viagem. ▶ Zarpar.

zar.pa.zo. [θar'paθo] [sar'paso] *m.* Golpe que o animal dá com a garra. ▶ Unhada.

za.rra.pas.tro.so, sa. [θarapas'troso] [sarapah'troso] *adj.* Sujo, sem asseio, coberto de andrajos. ▶ Maltrapilho. *U.t.c.s.*

zar.za. ['θarθa] ['sarsa] *f. Bot.* Arbusto da família das rosáceas de caules cilíndricos e lenhosos, com pequenos espinhos e flores brancas ou rosadas e frutos comestível. Japecanga. ▶ Zarza.

zar.za.mo.ra. [θarθa'mora] [sarsa'mora] *f. Bot.* Fruto comestível de cor violeta-escuro derivado de alguns arbustos silvestres. ▶ Amora.

zar.zue.la. [θar'θwela] [sar'swela] *f.* **1.** *Mús.* Gênero de opereta espanhola com música, canto e diálogo. ▶ Zarzuela. **2.** *Cul.* Prato à base de peixes e frutos do mar. ▶ Caldeirada.

zen. ['θen] ['sen] *m. Rel.* **1.** Escola budista que surgiu na China e é caracterizada pela busca da iluminação pessoal. ▶ Zen. *Empezamos a leer sobre el zen la semana pasada.* Começamos a ler sobre o zen na semana passada. *adj. e com.* **2.** Diz-se daquele que pertence a essa doutrina

ze.pe.lín. [θepe'lin] [sepe'lin] *m.* Dirigível com forma de fuso, de estrutura metálica e provido de leme e motores que movimentam hélices propulsoras. ▸ Zepelim.

ze.ta. ['θeta] ['seta] *f.* Nome da letra Z. ▸ Zê.

zig.zag. [θiɣ'θaɣ] [siɣ'saɣ] *m.* Linha quebrada que forma alternadamente ângulos salientes e reentrantes. ▸ Zigue-zague.

zinc. ['θink] ['sink] *m.* Quím. Metal abundante na crosta terrestre. ▸ Zinco.

zó.ca.lo. ['θokalo] ['sokalo] *m.* **1.** Arq. Faixa de madeira, mármore ou outro material que se coloca na parte baixa da parede para proteção ou acabamento. ▸ Rodapé. **2.** Arq. Parte inferior de uma construção que serve para elevar os alicerces à mesma altura. ▸ Pilar. **3.** Praça central ou ponto central de uma cidade. ▸ Praça central.

zo.ca.to, ta. [θo'kato] [so'kato] *adj. fam.* Que tem mais habilidade com os membros do lado esquerdo do corpo. ▸ Canhoto.

Zo.dia.co. [θo'ðjako] [so'ðjako] *m. Astr.* Faixa imaginária na esfera celeste de 16 graus de largura, oito a cada lado de seu círculo máximo, dividida em 12 partes iguais. ▸ Zodíaco. *U.t. Zo.dí.a.co.*

zom.bi. ['θombi] ['sombi] *m.* Personagem fantástico, revivido por magias, que vaga pela noite, invocado para assustar as pessoas. ▸ Zumbi.

zo.na. ['θona] ['sona] *f.* **1.** Área de terreno ou de superfície enquadrada dentro de determinados limites. ▸ Zona. **2.** Lugar ou extensão de terreno com algum privilégio político ou administrativo. ▸ Zona. ♦ **Zona de libre comercio.** Zona de livre-comércio. **Zona urbana.** Zona urbana.

zo.o. ['θoo] ['soo] *m.* Forma reduzida de *zoológico.* ▸ Zoo.

zo.o.lo.gí.a [θoolo'xia] [soolo'xia] *f.* Ciência que trata dos animais. ▸ Zoologia.

zo.o.ló.gi.co, ca. [θoo'loxiko] [soo'loxiko] *adj.* **1.** Pertencente ou relativo à Zoologia. ▸ Zoológico. *m.* **2.** Local destinado à exposição e estudo de grande número de animais de espécies diversas. ▸ Zoológico.

zo.ó.lo.go, ga. [θo'oloɣo] [so'oloɣo] *s.* Pessoa que se especializou em Zoologia; zoologista. ▸ Zoólogo.

zo.o.no.sis. [θoo'nosis] [soo'nosis] *f. Med.* Doença infecciosa ou parasitária própria dos animais e que é transmissível ao homem. ▸ Zoonose.

zo.o.tec.nia. [θoo'teknja] [soo'teknja] *f.* Ciência da criação e melhora dos animais domésticos. ▸ Zootecnia.

zo.pen.co, ca. [θo'penko] [so'penko] *adj.* Que é pouco inteligente, bobo. ▸ Tonto. *U.t.c.s.*

zo.pi.lo.te. [θopi'lote] [sopi'lote] *m. (Amér.) Zool.* Ave que se alimenta de carne em putrefação. ▸ Urubu.

zo.que.te. [θo'kete] [so'kete] *m.* **1.** Toco de madeira. ▸ Graveto. **2.** *fig.* e *fam.* Pessoa pouco inteligente, que não compreende. ▸ Lerdo.

zo.rre.rí.a. [θore'ria] [sore'ria] *f. fig.* e *fam.* Habilidade de uma pessoa para enganar ou não ser enganada. Matreirice. ▸ Malícia.

zo.rro, rra. ['θoro] ['soro] *s.* **1.** *Zool.* Animal mamífero carniceiro. ▸ Raposa. **2.** *fig.* e *fam.* Pessoa que em seu proceder reflete os hábitos astutos da raposa. ▸ Raposa.
➨ *Reino animal*

zor.zal. [θor'θal] [sor'sal] *m.* **1.** *Zool.* Tipo de pássaro canoro. ▸ Sabiá. **2.** *fig.* Homem astuto e sagaz. ▸ Esperto.

zo.zo.bra. [θo'θoβra] [so'soβra] *f.* **1.** *fig.* Inquietude ou aflição que se padece por um mal que se tem ou por um risco que ameaça. ▸ Soçobro. **2.** *Mar.* Estado do mar ou intensidade do vento que constitui uma ameaça para a navegação. ▸ Soçobro.

zo.zo.brar. [θoθo'βrar] [soso'βrar] *v.4.* **1.** Estar em perigo uma embarcação pelo estado do mar ou pela força do vento. ▸ Soçobrar. **2.** Afundar, naufragar uma embarcação. ▸ Soçobrar.

zue.co. ['θweko] ['sweko] *m.* Sapato de madeira. ▸ Tamanco.

zum. ['θum] ['sum] *m.* **1.** Teleobjetiva que permite tomar imagens a diferentes distâncias ou passar de uma distância para outra a mesma imagem. ▸ *Zoom.* **2.** Ampliação da imagem para visualização na tela do computador ou na tela da própria câmera. ▸ *Zoom. U.t.c. zoom.*

zum.bar. [θum'bar] [sum'bar] *v.4.* Produzir um som agudo e contínuo que parece soar especialmente no interior dos ouvidos. ▸ Zunir.

zum.bi.do. [θum'biðo] [sum'biðo] *m.* **1.** Efeito de zumbir. ▸ Zumbido. **2.** Ruído que fazem alguns insetos. ▸ Zumbido.

zum.bón, bo.na. [θum'bon] [sum'bon] *adj.* Diz-se de quem faz brincadeiras constantes ou tem um temperamento pouco sério. Brincalhão. ▶ Zombeteiro. *Mi hermano es muy zumbón.* Meu irmão é muito brincalhão.

zu.mo. [ˈθumo] [ˈsumo] *m.* Líquido de ervas, flores e frutas e que se extrai espremendo-as ou prensando-as. ▶ Suco.

zur.cir. [θurˈθir] [surˈsir] *v.52.* **1.** Costurar partes rasgadas de tecidos para uni-las de forma que sejam notadas o menos possível. ▶ Cerzir. **2.** *fig.* Unir ou juntar uma coisa com outra. ▶ Cerzir.

❏ **zur.do, da.** [ˈθurðo] [ˈsurðo] *adj.* **1.** Diz-se de quem tem a tendência natural a utilizar frequentemente a mão esquerda e o lado esquerdo do corpo. ▶ Canhoto. *f.* **2.** Extremidade que está do lado esquerdo. ▶ Esquerda.

zu.rra.pa. [θuˈrapa] [suˈrapa] *f.* Resíduos que estão nos recipientes e que aos poucos se vão assentando. ▶ Borra.

zu.rrar. [θuˈrar] [suˈrar] *v.4.* **1.** Preparar as peles tirando o pelo delas. ▶ Curtir. **2.** *fig.* e *fam.* Castigar alguém com dureza. ▶ Surrar.

zu.ta.no, na. [θuˈtano] [suˈtano] *s.* Alusão ou referência vaga a uma terceira pessoa hipotética ou indeterminada, empregada após menção de outras duas. ▶ Beltrano. ◆ **Fulano, mengano y zutano.** Fulano, sicrano e beltrano.

GLOSSÁRIO TEMÁTICO

Clima 601
Deportes 602
Recreación 604
Instrumentos musicales 605
Cuerpo humano 606
Ropa 607
En el aula 608
Profesiones 609
Transporte 610
Muebles y electrodomésticos 611
Reino animal 612
Frutas 615
Vegetales 616

Clima
Clima

escarcha geada

nube nuvem

aguacero aguaceiro
arcoíris arco-íris
atardecer entardecer
ciclón ciclone
contaminación poluição
depresión depressão
frente frío frente fria
granizo granizo
huracán furacão
inundación inundação
invierno inverno (**a**)
llovizna garoa
lluvia chuva
neblina neblina
niebla névoa
nieve neve
otoño outono (**b**)
primavera primavera (**c**)
relámpago relâmpago
rocío orvalho
sequía seca
torbellino redemoinho
tormenta tormenta
tormenta de arena tempestade de areia
tornado tornado
trueno trovão
vendaval vendaval
ventisca nevasca
verano verão (**d**)
viento vento

Deportes
Esportes

béisbol beisebol

alpinismo alpinismo
arco y flecha arco e flecha
atletismo atletismo
baloncesto basquete
balonmano handebol
balsismo *rafting* (a)
bicicleta de montaña bicicleta de montanha
bodyboard *body-board*
boxeo boxe (b)
boxeo tailandés *kickboxing* (c)
buceo mergulho (d)
buceo en apnea mergulho em apneia
cacería caçada
ciclismo ciclismo
ciclocrós *ciclocross*
equitación equitação
escalada escalada
esgrima esgrima
esquí acuático esqui aquático

esquí esqui

fútbol americano futebol americano
gimnasia ginástica
golf golfe

ala delta asa-delta

surf surfe

natación natação
patinaje sobre hielo patinação no gelo
pimpón pingue-pongue
polo acuático polo aquático
puentismo *bungee jumping*
rápel rapel
remo remo (b)
rugbi rúgbi
salto salto
salto alto salto em altura
salto con paracaídas paraquedismo
salto con pértiga salto com vara
softball *softball*
squash *squash*
surf de nieve *snowboard*
tenis tênis (c)
tobogán tobogã
triatlón triatlo
triple salto salto triplo
vela vela
voleibol vôlei
voleibol playero vôlei de praia

hockey sobre hielo hóquei sobre o gelo (a)
jabalina dardo
jóquey hóquei
judo judô
kayak caiaque
lacrosse lacrosse
levantamiento de pesos levantamento de peso
lucha luta
lucha grecorromana luta greco-romana
lucha libre luta livre
maratón maratona
montañismo montanhismo
motociclismo acuático *jet ski*

trineo *luge*

Recreación
Lazer

ajedrez xadrez
baile dança
billar bilhar
bolos boliche (a)
bordado bordado
buceo mergulho
campismo acampar
coleccionar colecionar
cometa pipa (b)
culinaria culinária
dados dados
damas jogo de damas
dardo dardos
dibujo desenho
dominó dominó

entrenamiento treinamento
excursionismo excursionismo
fotografía fotografia
juego de cartas jogo de cartas (c)
labor de punto tricô (d)
leer ler
naipes naipes
parchís ludo
pescar pescar
pintura pintura
piscina piscina
reunión reunião
tocar guitarra tocar violão
viajar viajar

patín *skate*

mochilear (mochileo) viajar com poucos recursos e pouca bagagem

Instrumentos musicales
Instrumentos musicais

órgano órgão

acordeón acordeão
armónica gaita, harmônica
arpa harpa (a)
balalaica balalaica
bandoneón bandônion
chelo violoncelo
clarinete clarinete
contrabajo contrabaixo (b)
corneta corneta
fagot fagote
flauta flauta
flauta dulce flauta doce
flautín flautim
gaita gallega gaita de foles (c)
guitarra violão
guitarra eléctrica guitarra
laúd alaúde
oboe oboé
piano piano
platillo prato
tambor tambor
teclado teclado
timbal timbale
triángulo triângulo
trombón trombone
trompeta trompete (d)
viola viola
violín violino
xilófono xilofone

saxofón saxofone

Cuerpo humano
Corpo humano

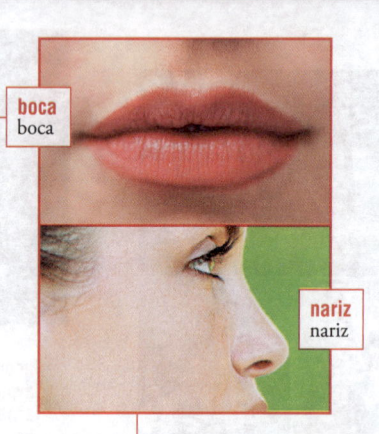

boca boca

barbilla queixo
brazo braço (a)
cabeza cabeça
codo cotovelo
cuello pescoço
dedo dedo
dedo del pie dedo do pé
diente dente
espalda costas
espinilla espinha
estómago estômago
frente testa
hombro ombro
labio lábio
mano mão
mejilla bochecha
muñeca pulso
muslo coxa
nalgas nádegas
ojo olho
oreja orelha (b)
pelo cabelo
pestaña cílio
pie pé (c)
pierna perna
rodilla joelho
seno seio
tobillo tornozelo
uña unha

nariz nariz

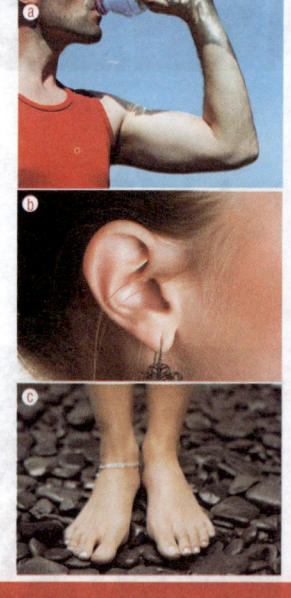

pulgar polegar

Ropa
Vestuário

capucha moletom com capuz

abrigo casaco
bermudas bermuda
blusa blusa
bolso bolsa
bragas calcinha
bufanda cachecol
calzoncillos cueca
camiseta camiseta
chaleco colete
chaqueta casaca, paletó
cinto cinto
cinturón cinto
corbata gravata (a)
falda saia (b)
gafas de sol óculos de sol
gorra de béisbol boné (c)
gorro de lana gorro de lã
guante luva
media panty meia-calça
medias meias
pantalón calça
pañuelo lenço
sombrero chapéu
suéter suéter
sujetador sutiã
traje terno
vaquero calça *jeans* (d)
vestido vestido
zapato sapato

bota bota

En el aula
Na sala de aula

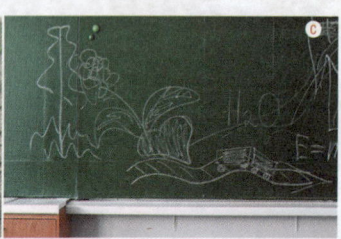

alumno aluno
bolígrafo caneta esferográfica
borrador apagador
calculadora calculadora
carpeta pasta
cartera pasta
cinta adhesiva fita adesiva
cuaderno caderno
cubo de la basura lata de lixo
estuche estojo
estudiante estudante
horario horário
lápiz lápis
libro de texto livro didático (a)
maestro professor
mapa mapa
marcador canetinha
mochila mochila escolar (b)
papelera lixeira
pegamento cola
pizarra lousa (c)
pizarra blanca quadro branco
pluma caneta
proyector projetor
regla régua
sello carimbo
tablón de anuncios quadro de avisos
tijeras tesoura
tiza giz

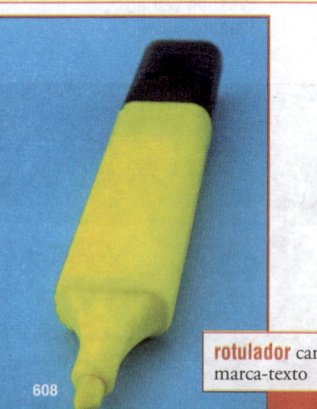

sacapuntas apontador

pupitre carteira

rotulador caneta marca-texto

Profesiones
Profissões

arquitecto/a arquiteto/a

abogado, da advogado(a) (**a**)
analista analista
aprendiz, za aprendiz
asesor, ra assessor(a)
auditor, ra auditor(a)
barbero, ra barbeiro(a)
carpintero, ra marceneiro(a)
cirujano, na cirurgião(ã)
contador, ra contador(a)
dependiente, ta balconista
director, ra diretor(a)
diseñador, ra *designer*
economista economista
electricista eletricista
empleado, da de banco bancário(a) (**b**)
enfermero, ra enfermeiro(a)
farmacéutico, ca farmacêutico(a)
fontanero, ra encanador(a)
gerente, ta gerente
ingeniero, ra engenheiro(a)
investigador, ra pesquisador(a)
mecánico, ca mecânico(a)
médico, ca médico(a) (**c**)
niñero, ra babá
panadero, ra padeiro(a)
peluquero, ra cabeleireiro(a)
programador, ra programador(a)
secretario, ria secretário(a)
técnico, ca técnico(a)

piloto piloto (de avião)

profesor/a professor/a

Transporte
Transporte

autobús ônibus
barco barco
bicicleta bicicleta
bote bote
buque petrolero petroleiro
camión caminhão
camión de bomberos carro de bombeiro
camión de la basura caminhão de lixo
camioneta caminhonete
carro, coche carro (a)
carroza carruagem
deportivo carro esportivo
furgoneta perua
helicóptero helicóptero (b)
hidroavión hidroavião
lancha lancha
metro metrô
motocicleta motocicleta
motonieve veículo de neve (c)
patinete patinete
piragua caiaque
planeador planador
submarino submarino
taxi táxi
tráiler reboque
transbordador jangada
transporte de pasajeros transporte de passageiros
triciclo triciclo
vehículo de paseo veículo de passeio

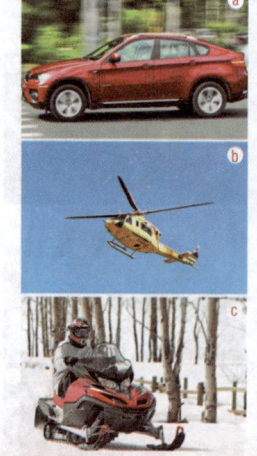

tren trem

velero veleiro

avión avião

Muebles y electrodomésticos
Móveis e eletrodomésticos

buró escrivaninha

mesa mesa

alfombra tapete
almohada travesseiro
aparador aparador
armario armário
barra balcão
butaca poltrona (**a**)
calefacción calefação
cama cama
cartel cartaz
clóset armário
cocina fogão
cojín almofada
cortina cortina
despensa despensa
diván divã
escritorio escrivaninha
espejo espelho
estante prateleira
fregadero pia
marco moldura
mesilla criado-mudo
microondas forno de micro-ondas (**b**)
nevera geladeira
radiador aquecedor (**c**)
silla cadeira
sillón poltrona
sofá sofá (**d**)
taburete banqueta
teléfono telefone
televisor aparelho de TV

Reino animal
Reino animal

chimpancé chimpanzé

alacrán escorpião
anguila enguia
ardilla esquilo
armadillo tatu
buey boi
búfalo búfalo
burro burro
caballo cavalo
caballito de mar cavalo-marinho
cabra cabra, bode (**a**)
cachorro filhote
caimán jacaré
calamar lula
camaleón camaleão (**b**)
camello camelo
cangrejo caranguejo
canguro canguru (**c**)
carpa carpa
cazón cação
cebra zebra
cebú zebu
cerdo porco
ciervo cervo
cobaya cobaia
cocodrilo crocodilo
conejo coelho

ballena baleia

coral coral
cordero cordeiro
culebra cobra
delfín golfinho
elefante elefante (**d**)
erizo de mar ouriço-do-mar
esponja esponja
estrella de mar estrela-do-mar

bisonte bisão

koala coala

foca foca
gallo galo
gamba camarão
gato gato
golondrina andorinha
gorila gorila
gusano verme
hámster *hamster*
hiena hiena
hipopótamo hipopótamo
jaguar onça-pintada
jirafa girafa
lagartija lagartixa
lagarto lagarto
langosta lagosta
llama lhama (**a**)
león leão

león marino leão-marinho
leopardo leopardo
liebre lebre
lobo lobo
medusa água-viva
mofeta gambá
mono macaco
mulo mula
murciélago morcego
nutria lontra
ornitorrinco ornitorrinco
oso urso
oso hormiguero tamanduá
panda panda
pantera pantera
pepino de mar pepino-do-mar
perro cachorro
pez de colores peixe-dourado (**b**)
poni pônei
potro potro
puma puma, onça-parda (**c**)
pulpo polvo (**d**)

oso polar urso-polar

tiburón tubarão

rata ratazana
ratón rato
rana rá
raya raia
reno rena (a)
rinoceronte rinoceronte
salmón salmão (b)
sapo sapo (c)
sardina sardinha
serpiente de mar cobra-do-mar
ternero vitelo
tigre tigre
tortuga tartaruga
tortuga de agua dulce tartaruga
trucha truta
vaca vaca

zorro raposa

Frutas
Frutas

albaricoque damasco

aguacate abacate
almendra amêndoa
avellana avelã
caqui caqui
castaña castanha (portuguesa)
cereza cereja
ciruela ameixa
coco coco
dátil tâmara
frambuesa framboesa
fresa morango (**a**)
grosella groselha
guayaba goiaba
limón limão-siciliano (**b**)
mandarina tangerina
mango manga
manzana maçã
melocotón pêssego
melón melão
mora amora
naranja laranja
nuez noz
nuez de Brasil castanha-do-pará (**c**)
papaya mamão (**d**)
pera pera
piña abacaxi
plátano banana
sandía melancia
toronja pomelo
uva uva

lima limão-taiti

615

Vegetales
Hortaliças

- **ajo** alho
- **apio** salsão
- **boniato** batata-doce
- **bróculi** brócolis
- **calabacín** abobrinha (a)
- **cebolla** cebola
- **champiñón** cogumelo
- **chayote** chuchu (b)
- **chícharo** ervilha
- **col** couve
- **coliflor** couve-flor
- **espárrago** aspargo
- **espinaca** espinafre
- **frijol** feijão
- **guisante** ervilha
- **hongo** cogumelo
- **judía** feijão
- **lechuga** alface (c)
- **lenteja** lentilha
- **mazorca de maíz** espiga de milho
- **patata** batata
- **pepino** pepino
- **perejil** salsinha
- **puerro** alho-poró
- **rábano** rabanete
- **remolacha** beterraba
- **repollo** repolho
- **tomate** tomate
- **zanahoria** cenoura

berenjena berinjela

calabaza abóbora

pimiento pimentão

PORTUGUÊS

ESPANHOL

A

a. *art.* **1.** La. *m.* **2.** A (la a). *prep.* **3.** A.
à. *contr.* A la.
aba. *f.* **1.** Ala. **2.** Faldón. **3.** Falda.
abacate. *m. Bot.* Aguacate; (*Amér.*) palta.
abacaxi. *m. Bot.* Piña; ananás; ananá.
ábaco. *m.* Ábaco.
abade. *m. Rel.* Abad.
abadessa. *f. Rel.* Abadesa.
abafado, da. *adj.* Sofocado.
abafar. *v.* Sofocar; asfixiar.
abaixar. *v.* Bajar; agachar; apear.
abaixo. *adv.* **1.** Abajo. *prep.* **2.** Bajo. ♦ **Abaixo (algo)!** ¡Abajo (algo)! **Abaixo de zero.** Bajo cero. **Vir abaixo.** Venir abajo.
abajur. *m.* **1.** Lámpara. **2.** Candelero.
abalar. *v.* Sacudir; estremecer; oscilar.
abalo. *m.* Temblor; sacudida; oscilación.
abanar. *v.* **1.** Abanicar. **2.** Sacudir; menear.
abandonar. *v.* Abandonar.
abandono. *m.* Abandono.
abano. *m.* Abanico.
abarrotar. *v.* Abarrotar; llenar.
abastado, da. *adj.* Adinerado; acaudalado.
abastecer. *v.* Abastecer; aprovisionar.
abastecimento. *m.* Abastecimiento; provisión. ♦ **Central de abastecimento.** Mercado de abastos.
abate. *m.* **1.** Matadero. **2.** Matanza.
abater. *v.* **1.** Abatir. **2.** Descontar.
abatimento. *m.* **1.** Desánimo; abatimiento. **2.** Descuento.
abdicar. *v.* Abdicar.
abdome. *m. Anat.* Abdomen.
abecedário. *m.* Abecedario; abecé.
abelha. *f. Zool.* Abeja.
abelhudo, da. *adj.* Curioso; indiscreto.
abençoar. *v.* Bendecir.
aberração. *f.* Aberración.
aberto, ta. *adj.* **1.** Abierto. **2.** Despejado. **3.** Amplio; sincero; extrovertido.
abertura. *f.* **1.** Abertura. **2.** Apertura.
abismo. *m.* **1.** *Geogr.* Abismo. **2.** *fig.* Abismo.
abjurar. *v.* Renegar.
abnegação. *f.* **1.** Desprendimiento; dedicación. **2.** Abnegación; sacrificio.
abóbada. *f. Arq.* Bóveda.
abóbora. *f. Bot.* Calabaza; (*Amér.*) zapallo; (*Méx.* e *Amér. Central*) ayote.
abobrinha. *f. Bot.* Calabacín; (*Méx.* e *Amér. Central*) chilacayote.
abolição. *f.* **1.** Abolición; liberación. **2.** Anulación.
abolir. *v.* **1.** Abolir; revocar. **2.** Suprimir.
abominar. *v.* Abominar; aborrecer.
abonado, da. *adj.* **1.** Digno de crédito; idóneo. **2.** Justificado; perdonado. **3.** Adinerado; acaudalado.
abonar. *v.* **1.** Acreditar; abonar. **2.** Afianzar. **3.** Perdonar; justificar.
abono. *m.* **1.** Fianza; garantía. **2.** Anticipo. **3.** Gratificación.
abordagem. *f.* Abordaje.
abordar. *v.* **1.** Abordar. **2.** Aproximarse. **3.** Enfocar; tratar; plantear.
aborrecer. *v.* **1.** Molestar; perturbar. **2.** Disgustar; enfadar.
aborrecido, da. *adj.* **1.** Molesto. **2.** Aburrido.
aborrecimento. *m.* **1.** Aburrimiento. **2.** Enfado. **3.** Aborrecimiento.
abotoaduras. *f.pl.* Gemelos; botonadura; mancuernillas.
abotoar. *v.* Abrochar; abotonar.
abraçadeira. *f.* Abrazadera.
abraçar. *v.* Abrazar.
abraço. *m.* Abrazo.
abrandar. *v.* Ablandar.
abrangente. *adj.* **1.** Amplio. **2.** De gran alcance.
abranger. *v.* Abarcar; incluir; contener.
abrasivo, va. *adj.* Abrasivo.
abreviar. *v.* Abreviar; acortar; apurar.

abreviatura. *f.* Abreviatura.
abricó. *m. Bot.* Albaricoque.
abridor. *adj.* **1.** Abridor. *m.* **2.** Abrebotellas. **3.** Abrelatas. ◆ **Abridor de garrafas.** Sacacorchos. Tirabuzón.
abrigar. *v.* Abrigar; resguardar; proteger.
abrigo. *m.* **1.** Abrigo; refugio; amparo. **2.** Albergue. ◆ **Abrigo nuclear.** Refugio atómico.
abril. *m.* Abril.
abrir. *v.* **1.** Abrir. **2.** Destapar. **3.** Inaugurar; instalar. ◆ **Abrir espaço.** Hacer un hueco. **Abrir o bico.** Abrir el pico. **Abrir passagem.** Abrir paso.
abrupto, ta. *adj.* Abrupto.
abrutalhado, da. *adj.* Zoquete.
absolto, ta. *adj.* Absuelto.
absolutamente. *adv.* **1.** En absoluto. **2.** Totalmente; enteramente.
absoluto, ta. *adj.* Absoluto.
absolver. *v.* Absolver.
absolvição. *f.* Absolución.
absolvido, da. *adj.* Absuelto.
absorto, ta. *adj.* Absorto; abstraído.
absorvente. *m.* Compresa higiénica.
absorver. *v.* Absorber; sorber.
abster. *v.p.* Abstenerse.
abstrair. *v.* **1.** Abstraer. **2.** Apartar; aislar. **3.** Prescindir; hacer caso omiso.
abstrato, ta. *adj.* Abstracto.
absurdo, da. *adj.* **1.** Absurdo; irracional. *m.* **2.** Disparate; contrasentido.
abundância. *f.* Abundancia; profusión. ◆ **Em abundância.** A chorros; a jarros; como agua.
abundante. *adj.* Abundante.
abusado, da. *adj.* **1.** Abusivo; atrevido. **2.** Aprovechado.
abusar. *v.* Abusar; pasarse; aprovecharse.
abuso. *m.* **1.** Abuso; desmán. **2.** Atropello.
abutre. *m. Zool.* Buitre; zanate.
acabamento. *m.* Acabado; terminación.
acabar. *v.* **1.** Acabar; terminar. **2.** Perfeccionar. *v.p.* **3.** Acabarse; extinguirse; agotarse. ◆ **Acabou-se o que era doce.** Se acabó lo que se daba.
academia. *f.* **1.** Academia. ◆ **Academia de ginástica.** Academia de gimnasia. **2.** Gimnasio.
acalmar. *v.* **1.** Calmar. *v.p.* **2.** Calmarse.
acampamento. *m.* Campamento. ◆ **Levantar acampamento.** Levantar campamento.

ação. *f.* Acción; obra. ◆ **Pôr em ação.** Poner en acción.
acarretar. *v.* **1.** Acarrear. **2.** Ocasionar.
acaso. *m.* **1.** Casualidad; azar; acaso. **2.** Destino; suerte. ◆ **Por acaso.** A la ventura; por acaso; por azar; de casualidad.
acatar. *v.* Acatar.
acebolado, da. *adj. Cul.* Condimentado con cebolla; encebollado.
aceitação. *f.* Aceptación.
aceitar. *v.* **1.** Aceptar; recibir. **2.** Admitir; aprobar.
aceite. *m.* Endoso; aceptación.
acelerado, da. *adj.* Acelerado; arrancada.
acelerador. *m.* Acelerador.
acelerar. *v.* Darse prisa; acelerar.
acelga. *f. Bot.* Acelga; bledo.
acenar. *v.* Gesticular; hacer ademanes.
acendedor. *m.* Encendedor; mechero.
acender. *v.* **1.** Encender; hacer arder. **2.** Prender; conectar. **3.** Entusiasmar; inflamar.
aceno. *m.* Ademán; gesto.
acento. *m. Ling.* **1.** Acento; tilde. **2.** Entonación; pronunciación.
acentuação. *f. Ling.* Acentuación.
acentuar. *v.* **1.** *Ling.* Acentuar; poner tilde. **2.** Destacar; señalar.
acercar. *v.* Aproximar; acercar.
acertar. *v.* **1.** Ajustar; regular. **2.** Hallar; encontrar; atinar. ◆ **Acertar em cheio.** Dar en el clavo / en la tecla. **Não acertar uma.** No acertar una; no dar palotada.
acerto. *m.* **1.** Ajuste; acuerdo. **2.** Respuesta correcta. **3.** Corrección; rectitud; acierto.
acervo. *m.* Acervo.
aceso, sa. *adj.* **1.** Encendido. **2.** Intenso; vivo.
acessar. *v.* Acceder.
acessível. *adj.* **1.** Accesible. **2.** Asequible.
acesso. *m.* **1.** Acceso; entrada. **2.** Camino; paso. **3.** Arranque; ataque.
acessório, ria. *adj.* e *m.* Accesorio.
achado, da. *adj.* **1.** Encontrado; hallado. *m.* **2.** Hallazgo.
achar. *v.* **1.** Encontrar; hallar. **2.** Creer; estimar; parecer.
achatar. *v.* Aplastar; achatar; aplanar.
acidentado, da. *adj.* Accidentado.
acidente. *m.* **1.** Accidente; contratiempo. **2.** Choque; colisión.

acidez. *f.* Acidez; acritud.
ácido, da. *adj.* **1.** Ácido. *m.* **2.** *Quím.* Ácido.
acima. *adv.* **1.** Arriba. **2.** Encima.
acinzentado, da. *adj.* Agrisado; pardo; grisáceo.
acionar. *v.* **1.** Accionar; activar. **2.** *Dir.* Demandar.
acionista. *adj.* Accionista. *U.t.c.com.*
aclamar. *v.* Aclamar; ovacionar; aplaudir.
aclimatar. *v.* Aclimatar.
aclive. *m.* Pendiente[(3)].
aço. *m. Quím.* Acero. ♦ **Aço inoxidável.** Acero inoxidable. **De aço.** De acero.
acobertado, da. *adj.* Encubierto.
açoite. *m.* Azote; látigo.
acolchoado, da. *adj.* Acolchado.
acolhedor, ra. *adj.* Acogedor.
acolher. *v.* Acoger; agasajar; hospedar.
acomodação. *f.* Aposento; alojamiento.
acomodado, da. *adj.* **1.** Acondicionado. **2.** Alojado. **3.** Resignado, conforme.
acomodar. *v.* **1.** Alojar. **2.** Acondicionar; acomodar.
acompanhado, da. *adj.* Acompañado.
acompanhamento. *m.* **1.** Acompañamiento; séquito. **2.** Supervisión; seguimiento.
acompanhar. *v.* **1.** Acompañar. **2.** Asistir. **3.** Supervisar; seguir.
aconchegante. *adj.* Acogedor.
aconchego. *m.* Confort; calor humano; ambiente acogedor.
acondicionar. *v.* Acondicionar; acomodar.
aconselhar. *v.* **1.** Aconsejar; recomendar. **2.** Asesorar.
acontecer. *v.* Suceder; ocurrir; pasar; tener lugar.
acontecimento. *m.* **1.** Suceso; evento; hecho. **2.** Accidente; acaso. **3.** Acontecimiento; gran evento.
acoplar. *v.* Unir; enganchar; acoplar.
acordar. *v.* **1.** Despertar. **2.** Acordar; entrar en acuerdo.
acorde. *adj.* **1.** Conforme; acorde. *m.* **2.** *Mús.* Acorde.
acordeão. *m. Mús.* Acordeón.
acordo. *m.* **1.** Acuerdo; pacto; resolución. **2.** Arreglo; conciliación. **3.** Conformidad. ♦ **De acordo com.** Acorde con; conforme; de acuerdo con; a la luz de. **(Não) Estar de acordo.** (No) Estar de acuerdo.

acorrentar. *v.* Encadenar.
acostamento. *m.* Arcén; (*Arg.* e *Urug.*) banquina.
acostumar. *v.* **1.** Acostumbrar; soler. *v.p.* **2.** Acostumbrarse.
acotovelar. *v.* Apretujar.
açougue. *m.* Carnicería; (*Col., C. Rica, Méx., Nicar.* e *Ven.*) pesa.
açougueiro, ra. *s.* Carnicero.
acovardar. *v.* Acobardar.
acre. *adj.* **1.** Ácido; agrio. *m.* **2.** *Agr.* Acre (medida).
acreditar. *v.* **1.** Creer. **2.** Abonar; acreditar.
acrescentar. *v.* **1.** Añadir; agregar. **2.** Aumentar.
acréscimo. *m.* **1.** Aumento; incremento. **2.** Aditamento; añadidura.
acrobacia. *f.* Acrobacia.
acrobata. *com.* Acróbata.
acuado, da. *adj.* Aculado. ♦ **Estar acuado.** Estar vendido.
acuar. *v.* **1.** Acorralar; arrinconar. **2.** Acosar; perseguir.
açúcar. *m.* Azúcar. ♦ **Açúcar cristal.** Azúcar cande / candi. **Açúcar mascavo.** Azúcar mascobado. **Açúcar refinado.** Azúcar blanco.
açucareiro, ra. *adj.* e *m.* Azucarero.
açude. *m.* Embalse; azud.
acudir. *v.* Acudir.
acumular. *v.* **1.** Acumular. **2.** Amontonar; aglomerar.
acúmulo. *m.* **1.** Cúmulo. **2.** Amontonamiento; aglomeración.
acusação. *f.* Acusación.
acusado, da. *adj.* **1.** Acusado. *s.* **2.** *Dir.* Reo.
acusar. *v.* **1.** Acusar; inculpar. **2.** Revelar; mostrar. **3.** Notificar. **4.** Achacar; tildar.
acústico, ca. *adj.* **1.** Acústico. *f.* **2.** *Fís.* Acústica.
adaptação. *f.* Adaptación.
adaptar. *v.* **1.** Adaptar; ajustar; acoplar. **2.** Adaptar, modificar, adecuar (obra, música).
adega. *f.* Bodega.
ademais. *adv.* **1.** Además. **2.** Más allá.
adendo. *m.* Aditamento; añadidura.
adentrar. *v.* Entrar; penetrar.
adepto, ta. *s.* **1.** Adepto; partidario. **2.** Adicto.
adequado, da. *adj.* Adecuado; conveniente.

adequar. *v.* Adecuar; apropiar.

adereços. *m.* Aderezo.

aderente. *adj.* **1.** Adherente; pegajoso. *m.* **2.** Adepto; partidario.

aderir. *v.* **1.** Adherir; unir; pegar. **2.** Filiarse; alinearse.

adesivo, va. *adj.* Adhesivo.

adestramento. *m.* Adiestramiento.

adestrar. *v.* **1.** Adiestrar; amaestrar. **2.** Capacitar; entrenar.

adeus. *interj.* **1.** Adiós. *m.* **2.** Adiós; despedida.

adiamento. *m.* Aplazamiento; prórroga; postergación.

adiantado, da. *adj.* Adelantado; avanzado.

adiantamento. *m.* Anticipo; adelanto.

adiantar. *v.* **1.** Adelantar; mover hacia adelante. **2.** Avanzar; progresar. ♦ **Não adiantar nada.** No valer / servir de nada.

adiante. *interj.* e *adv.* Adelante. ♦ **Levar adiante.** Llevar adelante.

adiar. *v.* Aplazar; postergar.

adição. *f.* **1.** Adición; suma. **2.** *Mat.* Adición; suma.

adicionar. *v.* **1.** Adicionar; sumar. **2.** Agregar; añadir.

adido, da. *s.* Agregado.

aditivo, va. *adj.* **1.** Añadido; agregado. *m.* **2.** Sustancia añadida; aditivo.

adivinhação. *f.* Acertijo; adivinanza.

adivinhar. *v.* Adivinar.

adjacência. *f.* Vecindad; cercanía; proximidad.

adjetivo. *m. Ling.* Adjetivo.

adjudicar. *v.* **1.** Conferir; adjudicar. **2.** Otorgar.

adjunto, ta. *adj.* **1.** Auxiliar; adjunto. *m.* **2.** Complemento; adjunto.

administração. *f.* **1.** Administración. **2.** Gestión; mandato. **3.** *Med.* Aplicación de medicamentos.

administrador, ra. *adj.* e *s.* Administrador.

administrar. *v.* Administrar.

admiração. *f.* **1.** Admiración; aprecio. **2.** Asombro; extrañeza.

admirar. *v.* **1.** Admirar; contemplar. **2.** Estimar. **3.** Asombrar.

admissão. *f.* **1.** Admisión; aceptación. **2.** Ingreso.

admitir. *v.* **1.** Admitir; aceptar. **2.** Recibir; dejar entrar. **3.** Tolerar; permitir.

admoestação. *f.* Amonestación.

adoçante. *m.* Edulcorante.

adoçar. *v.* **1.** Endulzar; edulcorar; dulcificar. **2.** Suavizar.

adocicado, da. *adj.* Dulzón; dulcificado; endulzado.

adoecer. *v.* Enfermar; adolecer.

adoentado, da. *adj.* **1.** Enfermo. **2.** Debilitado.

adoidado, da. *adj.* Alocado.

adolescente. *adj.* e *com.* Adolescente.

adorar. *v.* **1.** Adorar; venerar. **2.** Encantar; fascinar.

adormecer. *v.* **1.** Dormir; dormirse; adormecer. **2.** Entorpecer.

adorno. *m.* Adorno; ornato; aderezo; atavío.

adotar. *v.* Adoptar.

adquirir. *v.* Adquirir.

adstringente. *adj.* Astringente.

adubar. *v. Agr.* Abonar; fertilizar.

adubo. *m. Agr.* Abono; fertilizante.

adulterar. *v.* Adulterar; falsear; alterar; falsificar.

adulto, ta. *adj.* Adulto.

adutora. *f.* Acueducto.

advento. *m.* Advenimiento.

advérbio. *m. Ling.* Adverbio.

adversário, ria. *adj.* Adversario.

advertência. *f.* **1.** Amonestación. **2.** Advertencia; aviso.

advertir. *v.* **1.** Amonestar. **2.** Advertir; avisar. **3.** Advertir; observar; notar.

advocacia. *f.* Abogacía.

advogado, da. *s.* Abogado. ♦ **Advogado do diabo.** Abogado del diablo.

aéreo, rea. *adj.* Aéreo.

aeromoço, ça. *s.* Azafato; aeromozo.

aeronáutico, ca. *adj.* **1.** Aeronáutico. *f.* **2.** Aeronáutica.

aeronave. *f.* Aeronave.

aeroporto. *m.* Aeropuerto.

aerossol. *m.* Aerosol.

afã. *m.* Afán; empeño; ahínco.

afagar. *v.* Acariciar; mimar.

afamado, da. *adj.* Afamado; renombrado.

afago. *f.* **1.** Caricia. **2.** Halago.

afanar. *v.* **1.** Afanar; trabajar con afán. **2.** Robar; hurtar.

afastado, da. *adj.* **1.** Alejado. **2.** Apartado.

afastamento. *m.* **1.** Alejamiento; distancia. **2.** Separación. **3.** Aislamiento; retiro.

afastar. *v.* **1.** Alejar; apartar. **2.** Separar. **3.** Frustrar; desechar; rechazar.

afazeres. *m.pl.* Quehaceres; tareas.

afeição. *f.* Afecto; estima; cariño.

afeiçoar. *v.p.* Encariñarse; apegarse.

afegão, gã. *adj.* e *s.* Afgano.

aferidor. *m.* Galga; gálibo; plantilla.

aferir. *v.* **1.** Contrastar. **2.** Cotejar.

aferrar. *v.* **1.** Aferrar; sujetar; asir. **2.** Insistir.

afetar. *v.* **1.** Aparentar; afectar. **2.** Perturbar; molestar. **3.** Perjudicar; tener efecto; incidir sobre.

afeto. *adj.* **1.** Adicto; aficionado. *m.* **2.** Afecto; cariño.

afiado, da. *adj.* **1.** Agudo; aguzado. **2.** Con filo; afilado.

afiançar. *v.* **1.** Afianzar; abonar. **2.** Asegurar.

afiar. *v.* **1.** Afilar; amolar. **2.** Aguzar.

afilhado, da. *adj.* **1.** Ahijado. **2.** Protegido; favorito.

afiliar. *v.p.* Afiliar; inscribirse; adherir.

afim. *adj.* e *com.* Afín.

afinação. *f.* Temple.

afinal. *adv.* Al fin; por fin; total. ◆ **Afinal de contas.** A fin de cuentas.

afinar. *v.* **1.** Afinar; templar instrumentos. **2.** Reducir la espesura; hacer fino. **3.** Armonizarse; tener afinidad.

afinco. *m.* Ahínco.

afinidade. *f.* Afinidad.

afirmação. *f.* Afirmación; aseveración.

afirmar. *v.* **1.** Afirmar; afianzar. **2.** Fijar; asentar.

afixar. *v.* Fijar; pegar.

aflição. *f.* Aflicción; congoja. **2.** Inquietud.

afligir. *v.* **1.** Afligir; acongojar; abrumar. **2.** Atormentar.

aflito, ta. *adj.* **1.** Afligido. **2.** Ansioso.

afobação. *f.* **1.** Apuro; apremio. **2.** Agitación.

afobado, da. *adj.* **1.** Apurado. **2.** Atolondrado.

afogar. *v.* **1.** Ahogar; asfixiar. **2.** Anegar. **3.** Reprimir.

afoito, ta. *adj.* **1.** Precipitado. **2.** Valiente.

afora. *adv.* **1.** Afuera; hacia fuera. *prep.* **2.** Fuera; salvo; aparte; excepto.

afortunado, da. *adj.* Afortunado; dichoso.

afresco. *m.* Fresco.

afronta. *f.* Afrenta.

afrouxar. *v.* Aflojar.

afundamento. *m.* Hundimiento.

afundar. *v.* **1.** Ahondar. **2.** Hundir; anegar. **3.** Naufragar; hundir.

agachar. *v.p.* **1.** Agacharse. **2.** Humillarse.

agarrar. *v.* **1.** Agarrar; sujetar; atrapar. **2.** Agarrarse; aferrarse.

agasalhar. *v.* **1.** Abrigar; cubrir con ropa. **2.** Agasajar; acoger.

agasalho. *m.* Chándal; (*Amér.*) *jogging*.

agência. *f.* Agencia. ◆ **Agência de publicidade/viagens.** Agencia de publicidad / viajes.

agenda. *f.* Agenda.

agente. *adj.* Agente.

ágil. *adj.* **1.** Ágil. **2.** Rápido.

agilizar. *v.* **1.** Agilizar. **2.** Acortar; abreviar.

agiota. *adj.* Usurero.

agiotagem. *f.* Usura; agiotaje.

agir. *v.* Actuar; obrar.

agitação. *f.* **1.** Agitación; ajetreo. **2.** Tumulto; turbulencia.

agitar. *v.* Agitar; sacudir; alborotar.

agonia. *f.* Agonía.

agoniado, da. *adj.* Afligido.

agoniar. *v.* Afligir; agobiar.

agonizar. *v.* Agonizar.

agora. *adv.* **1.** Ahora; en este momento. **2.** Hoy día; actualmente. ◆ **Agora mesmo.** Ya mismo. **De... até agora.** De... acá. **Por agora.** De momento. / Por hoy.

agosto. *m.* Agosto.

agourento, ta. *adj.* De mal agüero.

agouro. *m.* Agüero; pronóstico.

agradar. *v.* **1.** Agradar; gustar. **2.** Satisfacer. **3.** Adular; halagar. ◆ **Agradar alguém (coisa ou pessoa).** Caerle bien (a alguien) una persona. / Saberle bien (algo) a uno.

agradável. *adj.* Agradable.

agradecer. *v.* Agradecer; dar las gracias.

agradecimento. *m.* Agradecimiento.

agrado. *m.* **1.** Agrado; afabilidad. **2.** Cariño; mimo; halago.

agrário, ria. *adj.* *Agr.* Agrario.

agravar. *v.* **1.** Agudizar; agravar; empeorar. **2.** Onerar; gravar; cargar.

agravo. *m.* Agravio.

agredir. *v.* **1.** Agredir; atacar. **2.** Provocar; hostilizar.
agregado, da. *adj.* **1.** Agregado. **2.** Allegado.
agregar. *v.* Agregar; añadir.
agressão. *f.* **1.** Agresión. **2.** Provocación; afrenta.
agrião. *m. Bot.* Berro.
agricultor, ra. *s. Agr.* Agricultor.
agricultura. *f. Agr.* Agricultura.
agronomia. *f. Agr.* Agronomía.
agropecuário. *adj. Agr.* Agropecuario.
agrupamento. *m.* Agrupación.
agrupar. *v.* Agrupar; reunir.
água. *f.* **1.** Agua. **2.** Vertiente. **3.** Lluvia. ♦ **Cristalino como água.** Tan claro como el agua. **Dar água na boca.** Hacerse agua la boca.
aguada. *f.* Abrevadero.
aguado, da. *adj.* **1.** Diluido; aguado. **2.** Insulso; soso.
aguar. *v.* Esparcir agua; regar.
aguardar. *v.* Aguardar; esperar.
aguardente. *f.* Aguardiente; cazalla.
aguçar. *v.* **1.** Aguzar. **2.** Afilar.
agudo, da. *adj.* Agudo.
aguentar. *v.* **1.** Aguantar; sostener. **2.** Soportar.
águia. *f. Zool.* Águila.
agulha. *f.* **1.** Aguja. **2.** Punzón; púa. **3.** Torre; campanario. **4.** Manecilla; manija; aguja del reloj. **5.** Carne del espinazo. ♦ **Procurar agulha em um palheiro.** Buscar aguja en un pajar.
agulhada. *f.* **1.** Pinchazo; punzada. **2.** Puntada.
ah. *interj.* Ah.
ai. *interj.* Ay.
aí. *adv.* Ahí. ♦ **Andar por aí.** Pajarear por ahí. **Por aí.** Por ahí.
aids. *f. Med.* Sida.
ainda. *adv.* **1.** Aún; todavía. **2.** Incluso. **3.** Aún. ♦ **Ainda por cima.** Por añadidura. **Ainda que.** Aunque.
aipo. *m. Bot.* Apio.
ajeitar. *v.* Arreglar; acomodar.
ajoelhar. *v.* Arrodillar.
ajuda. *f.* **1.** Ayuda; auxilio. **2.** Asistencia.
ajudante. *adj.* **1.** Ayudante. **2.** Asistente; auxiliar.
ajudar. *v.* **1.** Ayudar; auxiliar. **2.** Favorecer. **3.** Asistir.
ajuizado, da. *adj.* Cuerdo; juicioso.
ajustar. *v.* **1.** Apretar. **2.** Arreglar; acertar precios. **3.** Adaptar; amoldar.
ajuste. *m.* **1.** Ajuste; arreglo; pacto. **2.** Adaptación.
ala. *f.* **1.** Ala; flanco. **2.** Lateral. **3.** Facción.
alagar. *v.* Inundar; alagar; anegar.
alaranjado, da. *adj.* Anaranjado.
alarde. *m.* Alarde; (*Amér.*) alharaca. ♦ **Fazer alarde sobre.** Hacer alarde de.
alardear. *v.* **1.** Alardear. **2.** Vanagloriarse.
alargar. *v.* Dilatar; ensanchar.
alarido. *m.* **1.** Alarido; grito. **2.** Berrinche; lloriqueo.
alarmar. *v.* Alarmar; asustar.
alarme. *m.* Alarma. ♦ **Dar o alarme.** Dar la alarma. / Dar alerta.
alastrar. *v.* Difundir; propagar; diseminar.
alavanca. *f.* Palanca; alzaprima.
albanês, sa. *adj.* e *s.* Albanés.
albergar. *v.* **1.** Albergar; abrigar. **2.** Hospedar.
albergue. *m.* Albergue; mesón; refugio.
álbum. *m.* Álbum.
alça. *f.* **1.** Ala; empuñadura; tirador. **2.** Lazo; argolla. **3.** Tirantes.
alcachofra. *f. Bot.* Alcachofa; alcaucil.
alçada. *f.* **1.** Alcance; Fuero; jurisdicción; competencia.
alcançar. *v.* Alcanzar.
alcance. *m.* Alcance. ♦ **Fora de alcance.** Fuera de alcance.
alçapão. *m.* **1.** Escotilla; escotillón. **2.** Trampa.
alcaparra. *f.* Alcaparra.
alçar. *v.* Alzar; elevar.
alcatrão. *m. Quím.* Alquitrán.
álcool. *m. Quím.* Alcohol.
alcoólico, ca. *adj.* Alcohólico.
alcunha. *f.* Apodo; alias.
aldeia. *f.* Aldea.
aleatório, ria. *adj.* Aleatorio.
alegação. *f.* **1.** Alegación. **2.** Alegato.
alegar. *v.* Aducir; alegar; argumentar.
alegrar. *v.* Alegrar; poner contento.
alegre. *adj.* **1.** Alegre; contento; campante. **2.** Vivo; intenso.
alegria. *f.* Alegría.

aleijado, da. *adj.* Mutilado; contrahecho; deforme; minusválido.

aleijar. *v.* Mutilar; deformar.

além. *adv.* **1.** Más allá; más adelante. **2.** Allende; del otro lado. **3.** Allá. **4.** Aparte; además.

alemão, mã. *adj.* e *s.* Alemán, mana.

alento. *m.* **1.** Aliento; soplo; resuello. **2.** Estímulo; ánimo; vigor.

alergia. *f.* Alergia.

alerta. *adv.* Alerta. ♦ **Ficar / Deixar em alerta.** Poner en guardia.

alertar. *v.* **1.** Alertar; avisar. **2.** Advertir.

alfabetizado, da. *adj.* Alfabetizado.

alfabeto. *m.* Alfabeto; abecedario.

alface. *f. Bot.* Lechuga.

alfaiate. *m.* Sastre.

alfândega. *f.* Aduana.

alfandegário, ria. *adj.* Aduanero; arancelario.

alfazema. *f. Bot.* Lavanda.

alfinetada. *f.* Pinchazo; punzada.

alfinete. *m.* Alfiler.

alforriar. *v.* Libertar esclavos.

algarismo. *m.* Guarismo; numeración; número escrito.

algazarra. *f.* Algarabía; jaleo.

álgebra. *f. Mat.* Álgebra.

algema. *f.* Manilla; esposas.

algemar. *v.* Esposar.

algo. *pron.* **1.** Algo. *adv.* **2.** Algo; poco.

algodão. *m. Bot.* Algodón; hilo.

alguém. *pron.* **1.** Alguien; alguno. **2.** Individuo importante.

algum, ma. *pron.* e *s.* Alguno; algún. ♦ **Alguns.** Unos cuantos.

alheio, ia. *adj.* **1.** Ajeno. **2.** Extraño. **3.** Distraído; absorto.

alho. *m. Bot.* Ajo.

ali. *adv.* Allá; allí. ♦ **Logo ali.** Ahí mismo. / A la vuelta de la esquina.

aliança. *f.* **1.** Alianza; liga. **2.** Anillo; argolla. **3.** Anillo de boda.

aliar. *v.* Coligar; aliar.

aliás. *adv.* **1.** Mejor dicho; de otro modo. **2.** Dicho sea de paso; entre paréntesis. **3.** Por otra parte.

álibi. *m. Dir.* Coartada.

alicate. *m.* Alicate; pinza.

alicerce. *m.* **1.** Cimiento. **2.** Base; fundamento.

alienação. *f.* **1.** Enajenación. **2.** Alienación.

alienar. *v.* **1.** Enajenar. **2.** Alienar.

alimentação. *f.* Alimentación.

alimentar. *v.* **1.** Alimentar; nutrir. **2.** Abastecer. **3.** Fomentar.

alimento. *m.* **1.** Alimento. **2.** Pan; sustento.

alínea. *f.* Subdivisión de un artículo; sección; fracción; línea.

alinhado, da. *adj.* **1.** En línea; recto. **2.** Arreglado; bien vestido; bien apuesto.

alinhamento. *m.* Alineación.

alinhar. *v.* **1.** Alinear. *v.p.* **2.** Esmerarse; arreglarse.

alinhavar. *v.* Hilvanar.

alinhavo. *m.* Hilván.

alinho. *m.* Aseo; arreglo.

alisamento. *m.* Proceso químico para alisar el pelo.

alisar. *v.* **1.** Alisar. **2.** Estirar. **3.** Aplanar; nivelar.

alistar. *v.* Alistar; arrollar.

aliviar. *v.* **1.** Aligerar; aliviar. **2.** Aplacar; calmar.

alívio. *m.* **1.** Alivio; respiro; descanso. **2.** Consuelo.

alma. *f.* **1.** Alma; espíritu. **2.** Esencia; núcleo; parte principal. **3.** Entusiasmo. **4.** Sentimiento; corazón. ♦ **Alma penada.** Alma en pena.

almaço. *m.* Pliego de papel.

almanaque. *m.* **1.** Guía. **2.** Almanaque.

almeirão. *m. Bot.* Achicoria.

almejar. *v.* Aspirar; desear; anhelar.

almoçar. *v.* Almorzar; comer al mediodía.

almoço. *m.* Almuerzo; comida del mediodía.

almofada. *f.* **1.** Almohada. **2.** Almohadilla; cojín. **3.** Almohadón.

almôndega. *f. Cul.* Albóndiga.

almoxarifado. *m.* Depósito de existencias; almacén.

alô. *interj.* ¿Diga?; ¿dígame?; ¿sí?; ¡hola!

alojamento. *m.* Alojamiento; hospedaje.

alojar. *v.* Alojar.

alongamento. *m.* **1.** Alargamiento. *Desp.* **2.** Elongación.

alongar. *v.* **1.** Alargar; prolongar. **2.** Estirar.

alpargata. *f.* Alpargata.

alpendre. *m.* Alero; porche.

alqueire. *m. Agr.* Tipo de medida agraria.

alta. *f.* **1.** *Med.* Alta. **2.** *Fin.* Alza. ♦ **Dar alta.** *Med.* Dar de alta. **Estar em alta.** *Fin.* Estar en alza.

altar. *m.* Altar. ◆ **Levar ao altar.** Conducir / Llevar al altar.

alteração. *f.* **1.** Alteración; modificación. **2.** Molestia. **3.** Excitación; inquietud. **4.** Falsificación.

alterar. *v.* **1.** Alterar; modificar. **2.** Perturbar; afectar. **3.** Falsificar. **4.** Inquietar; intranquilizar.

altercação. *f.* Altercado.

alternador. *m.* Alternador.

alternar. *v.* Alternar.

alternativo, va. *adj.* **1.** Alternativo. *f.* **2.** Alternativa; opción.

altitude. *f.* Altitud.

altivo, va. *adj.* Altivo; altanero.

alto, ta. *adj.* **1.** Alto; elevado. **2.** Noble; ilustre. ◆ **Altos e baixos.** Altibajos. **De alto a baixo.** De arriba abajo. **Mãos para o alto.** Manos arriba. **Na parte mais alta.** Arriba del todo.

alto-falante. *m.* **1.** Altoparlante. **2.** Altavoz.

alto-mar. *m.* Alta mar; mar adentro.

alto-relevo. *m.* Alto relieve. ◆ **Em alto-relevo.** En altorrelieve.

altruísta. *adj.* Altruista.

altura. *f.* **1.** Alto; altura. **2.** Estatura. **3.** Elevación. ◆ **Nesta altura (dos acontecimentos).** A estas alturas.

alucinação. *f.* **1.** Desvarío. **2.** *Med.* Alucinación.

aludir. *v.* Aludir; referirse.

alugado, da. *adj.* Alquilado.

alugar. *v.* **1.** Alquilar; arrendar. **2.** Tomar en alquiler. ◆ **(Disponível) Para alugar.** En alquiler.

aluguel. *m.* Alquiler; arriendo.

alumínio. *m.* *Quím.* Aluminio.

aluno, na. *s.* Alumno.

alusão. *f.* Alusión.

alvará. *m.* Licencia; autorización de funcionamiento; patente; permiso.

alvejante. *m.* Blanqueador.

alvejar. *v.* **1.** Blanquear. **2.** Disparar al blanco.

alvenaria. *f.* Mampostería; albañilería.

alvo, va. *adj.* **1.** Blanco; claro. *m.* **2.** Diana; blanco. ◆ **Acertar no alvo.** Acertar el / Hacer blanco. **Atacar o alvo.** Disparar al blanco. **Tiro ao alvo.** Tiro al blanco.

alvorada. *f.* Alborada; alba.

alvorecer. *v.* e *m.* Amanecer.

alvoroçar. *v.* Alborotar; agitar.

alvoroço. *m.* Alboroto; tumulto; alharaca.

amaciar. *v.* Ablandar; suavizar.

amado, da. *adj.* Amado.

amadurecer. *v.* **1.** Madurar. **2.** Madurar; sazonar. **3.** Madurar; meditar.

amadurecido, da. *adj.* Maduro; juicioso.

amadurecimento. *m.* **1.** Maduración; madurez. **2.** Sazón.

amaldiçoar. *v.* Maldecir.

amamentar. *v.* Amamantar; dar la teta.

amanhã. *m.* **1.** Mañana. **2.** Mañana; futuro. *adv.* **3.** Mañana. ◆ **Amanhã de manhã / tarde / noite.** Mañana por la mañana / tarde / noche. **Depois de amanhã.** Pasado mañana.

amanhecer. *v.* e *m.* Amanecer.

amansar. *v.* **1.** Amansar; domesticar. **2.** Calmar; sofrenar.

amante. *adj.* **1.** Amante; apasionado. **2.** Amigo; aficionado.

amanteigado, da. *adj.* **1.** Mantecoso. *m.* **2.** Mantecado.

amapola. *f.* *Bot.* Amapola.

amar. *v.* Amar; querer.

amarelado, da. *adj.* Amarillento.

amarelinha. *f.* Rayuela; juego del infernáculo.

amarelo, la. *adj.* Amarillo.

amargo, ga. *adj.* **1.** Amargo. **2.** Doloroso; penoso.

amargurado, da. *adj.* Amargado.

amargurar. *v.* Amargar; afligir.

amarra. *f.* **1.** Amarra. **2.** Cuerda; cadena.

amarrado, da. *adj.* Atado; amarrado.

amarrar. *v.* **1.** Atar; amarrar. **2.** Fondear; atracar.

amarrotar. *v.* Estrujar; arrugar.

amassado, da. *adj.* **1.** Amasado. **2.** Abollado. **3.** Estrujado. **4.** Arrugado.

amassar. *v.* **1.** Amasar; apelmazar. **2.** Abollar. **3.** Estrujar. **4.** Arrugar.

amável. *adj.* **1.** Amable; afable. **2.** Atento.

ambição. *f.* **1.** Ambición; codicia. **2.** Aspiración. **3.** Apetencia; apetito.

ambientar. *v.* Ambientar; adaptar.

ambiente. *m.* Ambiente; medioambiente.

ambiguidade. *f.* Ambigüedad.

ambíguo, gua. *adj.* Ambiguo.

âmbito. *m.* Ámbito.

ambulatório. *m.* Dispensario.
ameaça. *f.* Amenaza; intimidación.
ameaçar. *v.* **1.** Amenazar; intimidar; desafiar. **2.** Prenunciar algo malo.
amedrontar. *v.* Amedrentar; atemorizar.
ameixa. *f. Bot.* Ciruela.
amém. *m.* Amén; así sea.
amêndoa. *f. Bot.* Almendra.
amendoim. *m. Bot.* Cacahuete (planta y fruto); maní (planta y fruto).
ameno, na. *adj.* Ameno; apacible.
ametista. *f.* Amatista.
amido. *m.* Almidón.
amigável. *adj.* Amigable; amistoso.
amigdalite. *f. Med.* Amigdalitis.
amigo, ga. *adj.* e *s.* **1.** Amigo. **2.** Amante; aficionado.
amistoso, sa. *adj.* **1.** Amistoso; amigable. **2.** *Desp.* Amistoso.
amiúde. *adv.* A menudo; con frecuencia.
amizade. *f.* Amistad.
amnésia. *f. Med.* Amnesia.
amo. *m.* **1.** Amo; patrón. **2.** Señor; dueño.
amolação. *f.* Aburrimiento; molestia; fastidio.
amolar. *v.* **1.** Amolar; afilar. **2.** Fastidiar; molestar.
amoldar. *v.* Amoldar.
amolecer. *v.* **1.** Ablandar. **2.** Aflojar. **3.** Enternecer; doblegar.
amontoar. *v.* **1.** Amontonar. **2.** Acumular.
amor. *m.* Amor. ♦ **Estar perdido de amor.** Estar perdido por alguien. **Fazer amor.** Hacer el amor. **Pelo amor de Deus.** Por amor de Dios.
amora. *f. Bot.* Mora.
amoroso, sa. *adj.* **1.** Amoroso; tierno. **2.** Afectuoso; cariñoso.
amortecedor. *m.* Amortiguador.
amortecer. *v.* **1.** Amortiguar. **2.** Menguar; debilitar.
amortizar. *v.* Amortizar.
amostra. *f.* Muestra.
amostragem. *f.* Muestreo.
amparar. *v.* **1.** Amparar; proteger. **2.** Sostener; apoyar; defender.
amparo. *m.* **1.** Amparo; protección. **2.** Arrimo. **3.** Refugio; defensa.
ampere. *m. Fís.* Amperio.
ampliar. *v.* Ampliar.
amplidão. *f.* Amplitud.

amplificador. *m.* Amplificador. ♦ **Amplificador de som.** Amplificador de sonido.
amplitude. *f.* **1.** Amplitud. **2.** Magnitud.
amplo, pla. *adj.* Amplio.
ampola. *f.* Ampolla.
ampulheta. *f.* Reloj de arena.
amputar. *v.* Amputar.
anágua. *f.* Enagua.
anais. *m.pl.* Anales.
analfabeto, ta. *adj.* e *s.* Analfabeto.
analgésico, ca. *adj.* e *s. Med.* Analgésico.
analisar. *v.* Analizar.
análise. *f.* **1.** Análisis; estudio; examen. **2.** Crítica; comentario.
analista. *com.* **1.** Analista. **2.** Psicoanalista.
analogia. *f.* Analogía.
anão, nã. *adj.* e *s.* Enano. ♦ **Branca de Neve e os sete anões.** *Lit.* Blancanieves y los siete enanos.
anarquia. *f. Polít.* Anarquía.
anatomia. *f.* Anatomía.
anca. *f. Anat.* Anca.
ancestral. *adj.* **1.** Ancestral; remoto. *m.pl.* **2.** Antiguos; antepasados.
anchova. *f. Zool.* Anchoa.
ancião, ã. *adj.* e *s.* Anciano.
ancinho. *m.* Rastrillo.
âncora. *f.* **1.** Ancla. **2.** Amparo; escudo.
ancoradouro. *m.* Atracadero; fondeadero.
andaime. *m.* Andamio.
andamento. *m.* **1.** Marcha; paso. **2.** Marcha; rumbo; seguimiento. ♦ **Estar em andamento.** Estar en marcha.
andança. *f.* Caminata.
andar. *v.* **1.** Andar; caminar. *m.* **2.** Piso; planta. ♦ **Andar térreo.** Planta baja. **Andar superior.** Piso alto. / Planta alta.
andorinha. *f. Zool.* Golondrina.
androide. *adj.* e *com.* Androide; autómata.
anedota. *f.* **1.** Chiste; broma. **2.** Anécdota.
anel. *m.* **1.** Anillo; argolla. **2.** Eslabón (de cadena). **3.** Rizo (de cabello).
anemia. *f. Med.* Anemia.
anestesia. *f. Med.* Anestesia.
anestesista. *com.* Anestesiólogo.
anexar. *v.* **1.** Adjuntar; acompañar. **2.** Anexar; incorporar; unir.
anexo, xa. *adj.* e *s.* Anexo; adjunto; agregado.

anfitrião, ã. *s.* Anfitrión.

angariar. *v.* **1.** Recaudar. **2.** Conseguir.

angolano, na. *adj.* e *s.* Angolano.

angra. *f. Geogr.* Ensenada.

ângulo. *m.* Ángulo.

angústia. *f.* Angustia; congoja; desconsuelo.

angustiar. *v.* Angustiar; acongojar; afligir; abrumar; apenar.

anil. *adj.* e *m.* Añil.

animação. *f.* Animación.

animado, da. *adj.* Animado. ♦ **Ser muito animado.** Llevar mucha marcha.

animador, ra. *adj.* **1.** Animador; estimulante. *s.* **2.** Presentador (de programas).

animal. *s.* Animal.

animar. *v.* **1.** Animar; avivar; alegrar. **2.** Estimular. **3.** Agitar; alborotar.

ânimo. *m.* Ánimo.

aniquilar. *v.* Aniquilar.

anistia. *f. Dir.* Amnistía.

aniversário. *m.* **1.** Cumpleaños (de personas). **2.** Aniversario (de hechos). ♦ **Feliz aniversário!** ¡Feliz cumpleaños!

anjo. *m.* **1.** Ángel. **2.** *fig.* Ángel (persona).

ano. *m.* Año. ♦ **Anos dourados.** Años verdes. **Pelos anos de.** Por los años de.

anoitecer. *v.* e *m.* Anochecer.

anomalia. *f.* Anomalía.

anonimato. *m.* Anonimato.

anônimo, ma. *adj.* **1.** Anónimo; incógnito. **2.** Desconocido; obscuro.

anormal. *adj.* Anormal.

anotação. *f.* Anotación; apunte; nota.

anotar. *v.* Apuntar; anotar.

anseio. *m.* **1.** Anhelo. **2.** Aspiración; ambición.

ânsia. *f.* **1.** Ansiedad; ansia. **2.** Estertor; náusea; basca.

ansiedade. *f.* **1.** Ansiedad; aflicción. **2.** Inquietud; impaciencia.

ante. *prep.* Ante; delante de.

antecedencia. *f.* Antelación; anticipación. ♦ **Com antecedência.** Con antelación.

antecedente. *adj.* **1.** Antecedente. *m.* **2.** Acción anterior; precedente.

antecessor, ra. *adj.* e *s.* **1.** Antecesor. **2.** Predecesor.

antecipação. *f.* **1.** Antelación; anticipación. **2.** Adelanto; anticipo.

antecipar. *v.* **1.** Anticipar. **2.** Adelantar; anticipar.

antena. *f.* Antena.

anteontem. *adv.* Anteayer.

antepassado, da. *adj.* e *s.* Antepasado; ascendiente; antecesor.

antepasto. *m.* Aperitivo.

antepor. *v.* **1.** Anteponer. **2.** Preferir.

anterior. *adj.* Anterior.

antes. *adv.* **1.** Antes; con antelación. **2.** Antiguamente. ♦ **Antes de mais nada.** Ante todo / Antes que nada.. **Antes de matar a onça, não se vende o couro. / Não conte com o ovo antes da galinha.** No vendas la piel antes de cazar al oso. **Quanto antes melhor.** Antes hoy que mañana.

anticorpo. *m. Biol.* Anticuerpo.

antigo, ga. *adj.* Antiguo.

antiguidade. *f.* **1.** Antigüedad. *pl.* **2.** Antigüedades.

antipatia. *f.* Antipatía; ojeriza; tirria. ♦ **Despertar antipatia.** Caerle mal una persona a otra.

antipático, ca. *adj.* Antipático.

antiquado, da. *adj.* **1.** Arcaico; obsoleto; antiguo. **2.** Chapado a la antigua.

antítese. *f. Ling.* Antítesis.

antologia. *f. col.* Antología.

antônimo. *adj. Ling.* Antónimo.

antro. *m.* Antro.

antropologia. *f.* Antropología.

anual. *adj.* Anual.

anuidade. *f.* Anualidad.

anular. *adj.* **1.** Anular. *m.* **2.** Anular (dedo). *v.* **3.** Anular; abolir; revocar.

anunciante. *adj.* e *com.* Anunciante.

anunciar. *v.* **1.** Anunciar; profetizar; predecir. **2.** Anunciar; divulgar; publicar; poner aviso.

anúncio. *m.* **1.** Anuncio; aviso; noticia. **2.** Anuncio; pronóstico; indicio. ♦ **Anúncio por palavras.** Anuncio por palabras.

ânus. *m. Anat.* Ano.

anzol. *m.* **1.** Anzuelo. **2.** Trampa.

ao. *contr.* Al.

aonde. *adv.* Adonde; adónde.

apadrinhar. *v.* Apadrinar.

apagador. *m.* Borrador.

apagar. *v.* **1.** Borrar. **2.** Apagar; desconectar. **3.** Extinguir.

apaixonado, da. *adj.* **1.** Enamorado. **2.** Apasionado.

apaixonar. *v.* **1.** Apasionar; sentir pasión. **2.** Encantar; fascinar; estar seducido.

apalpar. *v.* Palpar; tocar.

apanhar. *v.* **1.** Apañar; recoger; agarrar; tomar. **2.** Asir; sujetar. **3.** Contraer. **4.** Atrapar; capturar. **5.** Tomar. **6.** Robar. **7.** Llevar una paliza.

apara. *f.* Viruta.

aparador. *m.* Aparador; escaparate.

aparar. *v.* **1.** Recoger; aparar. **2.** Recortar; limar; desbastar.

aparato. *m.* Pompa; aparato.

aparecer. *v.* **1.** Aparecer; despuntar; asomarse. **2.** Concurrir; acudir.

aparelhagem. *f.* Aparato; instrumental.

aparelho. *m.* Aparato; utensilio; máquina. ◆ **Aparelho de som.** Equipo de sonido / música; (*Esp.*) cadena de sonido. **Aparelho de televisão.** Aparato de televisión. **Aparelhos de ginástica.** Aparatos de gimnasia.

aparência. *f.* Apariencia. ◆ **Pela aparência.** En apariencia.

aparentar. *v.* **1.** Aparentar; ostentar. **2.** Emparentar.

aparição. *f.* **1.** Aparecido; fantasma. **2.** Aparición; visión.

apartamento. *m.* Apartamento; piso; (*Amér.*) departamento.

apatia. *f.* Apatía.

apavorar. *v.* **1.** Aterrar; amedrentar. **2.** Sentir pánico / terror.

apaziguar. *v.* Apaciguar.

apedrejar. *v.* Apedrear.

apegar. *v.p.* Apegarse.

apego. *m.* Afición; inclinación; apego.

apelação. *f.* Apelación.

apelar. *v.* **1.** Interponer apelación. **2.** Apelar; recurrir. **3.** Aplicar golpes bajos; usar recursos engañosos.

apelido. *m.* Apodo; sobrenombre.

apelidar. *v.* Apodar.

apelo. *m.* Llamamiento; invocación; llamado.

apenas. *adv.* **1.** Solo; solamente. **2.** Apenas; casi no.

apendicite. *f. Med.* Apendicitis.

aperfeiçoar. *v.* Perfeccionar; mejorar.

aperitivo. *m. Cul.* Aperitivo; tapa; pincho; (*Méx. e Amér. Central*) boquita; taco; (*Arg.*) picada.

apertar. *v.* Apretar. ◆ **Apertar o cinto.** Apretarse el cinturón. **Apertar o passo.** Apretar los talones.

aperto. *m.* **1.** Apretón. **2.** Aprieto; apuro; ahogo. **3.** Aglomeración de gente. ◆ **Aperto de mãos.** Apretón de manos. **No aperto.** En calzas prietas. **Tirar do aperto.** Sacar de un apuro.

apesar de / disso. *adv.* **1.** A pesar de. **2.** A pesar de eso.

apetecer. *v.* Apetecer; antojarse.

apetite. *m.* Apetito.

apimentado, da. *adj.* Picante.

apitar. *v.* **1.** Silbar. **2.** Cortar el bacalao; mandar.

apito. *m.* **1.** Silbato; pito. **2.** Silbo; silbido.

aplacar. *v.* Aplacar; apaciguar; calmar.

aplainar. *v.* **1.** Desbastar; cepillar. **2.** Aplanar; nivelar; allanar.

aplaudir. *v.* Aplaudir.

aplauso. *m.* **1.** Aplauso. **2.** Aclamación.

aplicação. *f.* **1.** Aplicación; uso práctico. **2.** Aplicación; esmero; empeño. **3.** Aplicación; encaje.

aplicar. *v.* **1.** Aplicar; poner en práctica; utilizar. **2.** Aplicar; administrar. **3.** *Fin.* Invertir. *v.p.* **4.** Aplicarse; esmerarse; dedicarse.

aplique. *m.* **1.** Aplique. **2.** Embuste; fraude.

apocalipse. *m. n.p. Rel.* Apocalipsis.

apoderar. *v.p.* Apoderarse; adueñarse.

apodrecer. *v.* Pudrir; descomponerse.

apogeu. *m.* Apogeo.

apoiar. *v.* **1.** Apoyar; sostener. **2.** Animar. **3.** Aprobar; aplaudir.

apoio. *m.* **1.** Apoyo; soporte; sostén. **2.** Amparo; auxilio. **3.** Anuencia; aprobación.

apólice. *f.* Póliza.

apontador. *m.* **1.** Afilalápices; sacapuntas. **2.** Libro de apuntes.

apontar. *v.* **1.** Sacar punta; apuntar. **2.** Señalar; indicar; anotar. **3.** Apuntar; mirar al blanco. **4.** Mencionar; aludir.

apoquentar. *v.* Molestar; importunar.

após. *prep.* **1.** Tras; después de. *adv.* **2.** Enseguida; después; más tarde.

aposentadoria. *f.* Jubilación; retiro.

aposentar. *v.* **1.** Jubilar; retirar. **2.** Descartar; desechar. *v.p.* **3.** Jubilarse; retirarse.

apossar. *v.* **1.** Tomar o dar posesión. *v.p.* **2.** Apoderarse; adueñarse.

aposta. *f.* Apuesta.

apostar. *v.* Jugar; hacer apuestas. ◆ **Apostar tudo.** Jugarse hasta la camisa. **Aposto que...** ¿A qué no...? **Quanto você aposta que...?** ¿Qué te juegas a que...?

apostila. *f.* Apuntes de clase; cuaderno de resúmenes didácticos.
apóstolo. *m. Rel.* Apóstol.
apóstrofe. *f. Ling.* Apóstrofe.
apóstrofo. *m. Ling.* Apóstrofo (signo ortográfico).
apoteose. *f.* Apoteosis.
apreciar. *v.* **1.** Apreciar. **2.** Juzgar; evaluar. **3.** Estimar.
apreender. *v.* **1.** Aprehender; confiscar. **2.** Comprender; asimilar.
apreensão. *f.* **1.** Aprehensión. **2.** Aprensión; recelo; preocupación.
apreensivo, va. *adj.* Receloso; preocupado; aprensivo.
apregoar. *v.* Pregonar; predicar.
aprender. *v.* Aprender.
aprendiz, za. *s.* Aprendiz.
aprendizado. *m.* Aprendizaje.
aprendizagem. *f.* Aprendizaje.
apresentação. *f.* Presentación.
apresentador, ra. *s.* Presentador.
apresentar. *v.* Presentar.
apressar. *v.* **1.** Apresurar; apurar; darse prisa. **2.** Apremiar.
aprimorar. *v.* Perfeccionar; mejorar.
aprofundar. *v.* Profundizar; ahondar.
aprontar. *v.* **1.** Preparar; dejar listo. **2.** Hacer de las suyas. *v.p.* **3.** Prepararse; arreglarse.
apropriado, da. *adj.* Apropiado.
apropriar. *v.* **1.** Apropiar; adecuar. *v.p.* **2.** Apropiarse.
aprovação. *f.* **1.** Aprobación. **2.** Aceptación; aplauso.
aprovar. *v.* **1.** Aprobar; consentir; autorizar. **2.** Abonar; admitir. **3.** Ser aprobado; aprobar el curso; ganar año.
aproveitamento. *m.* **1.** Aprovechamiento. **2.** Avance; adelanto. **3.** Nota; calificación escolar.
aproveitar. *v.* **1.** Aprovechar. *v.p.* **2.** Aprovecharse; sacar provecho; abusar.
aproximação. *f.* Aproximación; acercamiento.
aproximar. *v.* Aproximar; acercar.
aptidão. *f.* Aptitud.
apto, ta. *adj.* Capaz; hábil.
apuração. *f.* **1.** Escrutinio. **2.** Verificación.
apurar. *v.* **1.** Apurar; purificar. **2.** Apurar; computar; contar; recabar. **3.** Apurar; averiguar; investigar. **4.** Apurar; recaudar; percibir.

apuro. *m.* **1.** Apuro; aprieto. **2.** Esmero; elegancia. ♦ **Estar em apuros.** Estar en aprietos.
Aquário. *m.* **1.** Acuario (signo). **2.** Pecera.
aquecedor. *m.* **1.** Calentador; calefactor; (*Arg.*) calefón. **2.** Calorífero; estufa.
aquecer. *v.* Calentar.
aquecimento. *m.* **1.** Calefacción. **2.** Calentamiento.
aquela. *pron.* Aquella.
aquele. *pron.* Aquel.
aquém. *adv.* Más acá; más abajo; inferior.
aqui. *adv.* Aquí; acá. ♦ **Aqui e ali.** Acá y allá.
aquilino, na. *adj.* Aquilino; aguileño.
aquilo. *pron.* Aquello.
aquisição. *f.* Adquisición.
ar. *m.* Aire; atmósfera; viento. ♦ **Ao ar livre.** Al aire libre. **De pernas para o ar.** Patas arriba. **Fazer castelos no ar.** Hacer castillos en el aire. **Mudar de ares.** Cambiar de aire. **Tomar um ar.** Tomar el aire / fresco.
árabe. *adj.* e *s.* **1.** Árabe. *m.* **2.** *Ling.* Árabe.
arame. *m.* Alambre. ♦ **Arame farpado.** Alambre de púa / espino.
aranha. *f. Zool.* Araña.
arapuca. *f.* **1.** Trampa. **2.** Antro; cueva. **3.** Emboscada; celada.
arar. *v. Agr.* Arar.
arara. *m.* **1.** Ara. **2.** Guacamayo.
arbitragem. *f.* Arbitraje.
arbitrário, ria. *adj.* Arbitrario.
arbítrio. *m.* Albedrío.
árbitro, tra. *s.* **1.** Árbitro. **2.** Juez.
arca. *f.* Arca.
arcabouço. *m.* **1.** *Anat.* Esqueleto; osamenta. **2.** Armadura.
arcar. *v.* **1.** Agobiar; curvar. **2.** Asumir la responsabilidad; hacerse cargo. **3.** Correr con los gastos; (*Arg.*) bancar.
arcebispo. *m. Rel.* Arzobispo.
arco. *m.* Arco.
ar-condicionado. *m.* Aire acondicionado.
arco-íris. *m.* Arcóíris.
arder. *v.* **1.** Arder. **2.** Tener sabor picante; picar. **3.** Escocer; picar.
ardido, da. *adj.* Picante.
ardósia. *f.* Pizarra.
árduo, dua. *adj.* Arduo.
área. *f.* **1.** Área; superficie. **2.** Área; sector. **3.** Espacio interno; atrio. ♦ **Área verde.** Espacio verde.

areia. *f.* Arena.
arejar. *v.* **1.** Ventilar; orear. **2.** Refrescarse; tomar el fresco.
arfar. *v.* Resoplar; jadear.
argamassa. *f.* Mezcla; lechada; mortero.
argentino, na. *adj.* e *s.* Argentino.
argila. *f.* Arcilla.
argola. *f.* Argolla.
argumentar. *v.* Argumentar; razonar.
argumento. *m.* **1.** Argumento; razonamiento. **2.** Asunto; trama.
árido, da. *adj.* Árido.
Áries. *m. n.p.* Aries (signo).
arisco, ca. *adj.* Arisco; huraño.
aristocracia. *f. Polít.* Aristocracia.
aristocrata. *adj. Polít.* Aristócrata.
aritmética. *f. Mat.* Aritmética.
arma. *f.* **1.** Arma. *pl.* **2.** *Mil.* Fuerzas Armadas. **3.** Armas; insignias.
armação. *f.* **1.** Armazón; armadura. **2.** Montura (de gafas). **3.** Trama; enredo.
armadilha. *f.* **1.** Trampa. **2.** Emboscada. ♦ **Cair na armadilha.** Pisar el palito. / Caer en la ratonera / trampa.
armadura. *f.* Armadura; vestidura de guerrero.
armar. *v.* Armar.
armarinho. *m.* Mercería.
armário. *m.* Armario. ♦ **Armário embutido.** Armario empotrado.
armazém. *m.* **1.** Almacén. **2.** Almacén; depósito.
armazenar. *v.* **1.** Almacenar. **2.** *Inform.* Almacenar; archivar.
armênio, nia. *adj.* e *s.* Armenio.
aro. *m.* Aro; argolla.
aroma. *m.* Aroma; fragancia.
arpão. *m.* Arpón.
arqueologia. *f.* Arqueología.
arquibancada. *f.* Tribuna; tendido.
arquipélago. *m. col.* Archipiélago.
arquitetar. *v.* **1.** Idear; planear. **2.** Maquinar; tramar; armar. **3.** Diseñar; trazar planos de una construcción.
arquiteto, ta. *s. Arq.* Arquitecto.
arquitetura. *f. Arq.* Arquitectura.
arquivar. *v.* **1.** Archivar; guardar en archivo. **2.** Archivar; concluir un proceso.
arquivo. *m.* **1.** Archivo. **2.** Legajo de documentos. **3.** *Inform.* Archivo.

arraigar. *v.* **1.** Arraigar; enraizar. **2.** Radicarse.
arrancar. *v.* **1.** Arrancar; quitar violentamente; desarraigar. **2.** Extorsionar. **3.** Separar; apartar. **4.** Conseguir; obtener. **5.** Poner en marcha.
arranca-rabo. *m.* Pelea; riña.
arranha-céu. *m.* Rascacielos.
arranhão. *m.* Arañazo; rasguño.
arranhar. *v.* **1.** Arañar; rasguñar. **2.** *Mús.* Rasguear la guitarra.
arranjar. *v.* **1.** Arreglar; componer. **2.** Conseguir; obtener.
arranjo. *m.* **1.** Arreglo. **2.** Orden; disposición.
arrasar. *v.* **1.** Allanar; arrasar. **2.** Aniquilar; arruinar. **3.** Humillar; postrar; aplastar.
arrastar. *v.* Arrastrar; tirar.
arrebentar. *v.* **1.** Reventar. **2.** Romper; destruir.
arrebitado, da. *adj.* Respingón.
arrecadação. *f.* Recaudación.
arrecadar. *v.* Recaudar.
arredio, dia. *adj.* Esquivo; huidizo.
arredondar. *v.* Redondear.
arredor. *adv.* Alrededor.
arredores. *m.pl.* Alrededores; cercanías; proximidades; afueras; aledaños.
arregaçar. *v.* **1.** Arremangar. *v.p.* **2.** Arremangarse.
arregalar. *v.* Abrir mucho los ojos por espanto o sorpresa.
arreganhar. *v.* **1.** Enseñar los dientes por enojo o burla; gruñir. **2.** Abrir de par en par.
arrematar. *v.* Rematar.
arremessar. *v.* Arrojar; lanzar.
arrendar. *v.* Arrendar; alquilar.
arrepender. *v.p.* Arrepentirse; pesarle en el alma.
arrependimento. *m.* Arrepentimiento.
arrepiar. *v.* Sentir escalofríos; estar con la piel de gallina; ponerse los pelos de punta.
arrepio. *m.* Escalofrío.
arriar. *v.* Apear.
arriscar. *v.* Arriesgar. ♦ **Arriscar tudo ou nada.** Jugar(se) el todo por el todo.
arrogância. *f.* Arrogancia.
arroio. *m.* Arroyo; regato.
arrojado, da. *adj.* Audaz; resuelto.
arrojar. *v.* Arrojar; lanzar.
arrombar. *v.* Romper; forzar; abrir a la fuerza.
arroz. *m. Bot.* Arroz. ♦ **Arroz branco.** *Cul.* Arroz hervido.

arroz-doce. *Cul.* Arroz con leche.
arruela. *f.* Arandela.
arruinar. *v.* **1.** Arruinar; llevar a la ruína. **2.** Arruinar; estropear; echar a perder.
arrumação. *f.* Arreglo; orden.
arrumadeira. *f.* Camarera.
arrumar. *v.* **1.** Arreglar; ordenar; acomodar. **2.** Conseguir; obtener. **3.** Reparar.
arsenal. *m.* Arsenal.
arte. *f.* **1.** Arte; actividad estética. **2.** Habilidad; maña. **3.** Travesura. ♦ **Artes marciais.** Artes marciales.
artefato. *m.* Artefacto.
artéria. *f.* **1.** *Anat.* Arteria; vaso. **2.** Arteria; camino.
arteriosclerose. *f. Med.* Arteriosclerosis.
artesanato. *m.* Artesanía.
artesão, sã. *s.* Artesano.
articulação. *f.* Articulación.
articular. *adj.* **1.** Articular. *v.* **2.** Unir. **3.** *Ling.* Pronunciar. **4.** Encadenar; enlazar.
artificial. *adj.* Artificial.
artifício. *m.* Artificio; astucia. ♦ **Fogos de artifício.** Fuegos artificiales.
artigo. *m.* Artículo.
artilheiro, ra. *adj.* e *s.* Artillero.
artimanha. *f.* Artimaña; argucia.
artista. *adj.* e *com.* Artista.
artrite. *f. Med.* Artritis.
árvore. *f. Bot.* Árbol. ♦ **Árvore genealógica.** Árbol genealógico.
as. *art.pl.* Las.
ás. *m.* **1.** As (de la baraja). **2.** As (del deporte).
asa. *f.* **1.** Ala. **2.** Empuñadura; asa; mango. ♦ **Asa delta.** *Desp.* Ala delta. **Cortar as asas.** Cortar/Quebrantar las alas. **Dar asas.** Dar alas.
ascendente. *adj.* **1.** Ascendente. **2.** Ascendiente; antepasado.
ascender. *v.* Ascender; subir.
ascensorista. *com.* Ascensorista.
asfaltar. *v.* Asfaltar.
asfalto. *m.* Asfalto.
asfixiar. *v.* Asfixiar; sofocar.
asilo. *m.* **1.** Asilo; refugio. **2.** Asilo; albergue de ancianos.
asneira. *f.* Idiotez; tontería.
asno. *m.* Asno.
aspargo. *m. Bot.* Espárrago.

aspas. *f.pl. Ling.* Comillas. ♦ **Entre aspas.** Entre comillas.
aspecto. *m.* **1.** Aspecto; apariencia; aire. **2.** Punto de vista.
áspero, ra. *adj.* Áspero.
aspirador. *m.* Aspirador; aspiradora.
aspirar. *v.* Aspirar.
assadeira. *f.* Fuente; molde de asar.
assadura. *f. Med.* Escozor; quemazón; (*Arg.*) raspadura.
assalariado, da. *adj.* Asalariado.
assaltante. *com.* Asaltante.
assaltar. *v.* **1.** Asaltar. **2.** Ocurrir; sobrevenir; asediar; hostigar.
assalto. *m.* Asalto; atraco.
assanhamento. *m.* **1.** Atrevimiento; audacia. **2.** Insinuación; provocación.
assar. *v.* Asar; hornear.
assassinar. *v.* Asesinar.
assassinato. *m.* Asesinato.
assassino, na. *adj.* e *s.* Asesino.
assear. *v.* Asear; limpiar.
assediar. *v.* **1.** Asediar; sitiar. **2.** Acosar.
assédio. *m.* **1.** Asedio. **2.** Acoso.
assegurar. *v.* Asegurar; garantizar.
asseio. *m.* Aseo.
assembleia. *f.* Asamblea.
assentar. *v.* **1.** Asentar; instalar. **2.** Aplicar golpe. **3.** Registrar; consignar.
assento. *m.* Asiento; butaca; sillón.
assessor, ra. *s.* Asesor.
assessoria. *f.* Asesoría; asesoramiento.
assim. *adv.* e *conj.* Así. ♦ **Assim mesmo.** Así y todo. **Assim ou assado.** Así o asá. **Assim que.** No bien./Tan pronto como.
assimilar. *v.* Asimilar.
assinalar. *v.* Señalar; indicar.
assinante. *adj.* **1.** Firmante. *com.* **2.** Suscriptor; abonado.
assinar. *v.* **1.** Firmar. **2.** Suscribir; abonarse.
assinatura. *f.* **1.** Firma. **2.** Suscripción; abono.
assistência. *f.* Asistencia.
assistir. *v.* **1.** Asistir; acompañar; asesorar; ayudar. **2.** Ver; presenciar.
assoalho. *m.* Suelo; parqué.
assobiar. *v.* Silbar.
assobio. *m.* Silbo; silbido.

associação. *f.* Asociación.
associar. *v.* Asociar.
assombração. *f.* Fantasma; aparecido.
assombrar. *v.* **1.** Espantar; asustar. **2.** Asombrar; admirar; extrañar.
assombro. *m.* Asombro.
assoprar. *v.* Soplar.
assumir. *v.* **1.** Asumir; hacerse cargo; responsabilizarse. **2.** Tomar posesión; incorporarse.
assunto. *m.* Asunto. ◆ **Assunto muito importante ou sério.** Algo gordo. **Ir direto ao assunto.** Ir al caso / grano.
assustado, da. *adj.* Asustado.
assustar. *v.* Asustar.
astro. *m. Astr.* Astro.
astronauta. *com.* Astronauta.
astronomia. *f.* Astronomía.
astuto, ta. *adj.* Astuto; vivo; listo. ◆ **Ser astuto.** Tener el colmillo retorcido.
ata. *f.* Acta. ◆ **Lavrar ata.** Levantar acta.
atacadista. *adj.* Mayorista.
atacante. *com. Desp.* Atacante; delantero.
atacar. *v.* **1.** Atacar; agredir. **2.** Atacar; acometer; asaltar. **3.** Atacar; criticar; ofender.
atadura. *f.* **1.** Atadura. **2.** Gasa para cuidado de herida.
atalho. *m.* Atajo; senda.
atapetar. *v.* Alfombrar.
ataque. *m.* **1.** Ataque; asalto. **2.** Agresión; acusación. ◆ **Ataque de nervos.** *m.* Ataque de nervios.
atar. *v.* Atar; liar.
atarraxar. *v.* Atornillar; rosquear.
atazanar. *v.* Molestar; importunar; atenezar.
até. *prep.* Hasta. ◆ **Até amanhã.** Hasta mañana. **Até logo / breve.** Hasta luego / pronto. **Até a morte.** A muerte. **Até não poder mais.** Hasta la saciedad. **Até os ossos.** Hasta los tuétanos. **Até que.** Hasta que.
ateliê. *m.* Estudio.
atemorizar. *v.* Atemorizar; amedrentar.
atenção. *f.* Atención. ◆ **Atrair / Chamar a atenção.** Llamar la atención. Dar la nota. **Com muita atenção.** Bajo palio. **Preste atenção.** Fíjate.
atenciosamente. *adv.* Atentamente.
atencioso, sa. *adj.* Atento; amable.
atendente. *com.* **1.** Auxiliar. **2.** Asistente. **3.** Encargado. **4.** Vendedor.
atender. *v.* **1.** Atender; acoger. **2.** Contestar. (teléfono). **3.** Satisfacer; cumplir. **4.** Escuchar; oír; seguir; hacer caso.
atendimento. *m.* Atención. ◆ **Atendimento ao público.** Atención al público.
atentado. *m.* Atentado.
atentar. *v.* **1.** Atentar. **2.** Tener en cuenta; ponderar.
atento, ta. *adj.* Atento.
atenuar. *v.* Atenuar; amortiguar.
ater. *v.p.* Atenerse.
aterrar. *v.* **1.** Aterrar; aterrorizar. **2.** Terraplenar. **3.** Aterrizar.
aterrissagem. *f.* Aterrizaje.
aterrissar. *v.* Aterrizar; tomar tierra.
aterro. *m.* Terraplén.
atestado. *m.* Constancia; certificado.
ateu, teia. *s.* Ateo.
atiçar. *v.* Atizar; avivar; instigar.
atingir. *v.* **1.** Alcanzar (un objetivo); lograr. **2.** Afectar. **3.** Alcanzar.
atirar. *v.* **1.** Tirar; arrojar. **2.** Tirar; disparar.
atitude. *f.* Actitud.
ativar. *v.* **1.** Activar; impulsar. **2.** Avivar; atizar el fuego.
atividade. *f.* Actividad.
ativo, va. *adj.* **1.** Activo; dinámico. *s.* **2.** Activo; haber. ◆ **Ser muito ativo.** Ser puro nervio.
atlas. *m. col.* Atlas.
atleta. *com. Desp.* Atleta.
atletismo. *m. Desp.* Atletismo.
atmosfera. *f. Meteor.* Atmósfera.
ato. *m.* Acto; acción.
atolar. *v.* Atascar[(2)].
atoleiro. *m.* Atolladero.
átomo. *m. Fís.* Átomo.
ator. *m.* Actor.
atormentar. *v.* Atormentar.
atracadouro. *m.* Atracadero.
atração. *f.* **1.** Atracción. **2.** Atractivo; encanto. **3.** Simpatía; afición.
atraente. *adj.* Atractivo; seductor.
atraiçoar. *v.* Traicionar.
atrair. *v.* **1.** Atraer. **2.** Encantar; fascinar; seducir.
atrapalhar. *v.* **1.** Estorbar; entorpecer. **2.** Confundir; aturdir; atolondrar. *v.p.* **3.** Hacerse un lío.

atrás. *adv.* **1.** Atrás; detrás. *prep.* **2.** Tras.
atrasar. *v.* **1.** Atrasar; retrasar; demorar. **2.** No avanzar; no evolucionar.
atraso. *m.* **1.** Atraso; retraso; demora. **2.** Subdesarrollo.
através. (de) *adv.* A través de; por medio de.
atravessador, ra. *adj.* Intermediario.
atravessar. *v.* **1.** Cruzar; atravesar. **2.** Obstruir; impedir; estorbar. **3.** Acaparar; monopolizar.
atrever. *v.p.* Atreverse; osar.
atrevido, da. *adj.* e *s.* **1.** Atrevido; osado; audaz. **2.** Insolente; abusivo.
atrevimento. *m.* Audacia; desplante; atrevimiento.
atribuição. *f.* Atribución.
atribuir. *v.* Atribuir; asignar.
atrito. *m.* **1.** Roce. **2.** Roce; discusión.
atriz. *f.* Actriz.
atrocidade. *f.* Atrocidad; barbaridad.
atrofia. *f. Med.* Atrofia.
atropelamento. *m.* Atropello.
atropelar. *v.* Atropellar.
atuação. *f.* Actuación; desempeño.
atual. *adj.* Actual.
atualidade. *f.* Actualidad.
atualizar. *v.* Actualizar; modernizar.
atum. *m. Zool.* Atún.
aturar. *v.* Aguantar; soportar.
aturdir. *v.* Aturdir.
au. *m.* Guau.
audácia. *f.* Audacia.
audição. *f.* Audición; oído.
audiência. *f.* **1.** Audiencia. **2.** Audiencia; público oyente.
audiovisual. *adj.* Audiovisual.
auditoria. *f.* Auditoría.
auditório. *m.* Auditorio.
auge. *m.* Auge; apogeo; cumbre.
aula. *f.* Clase; lección. ◆ **Sala de aula.** Aula.
aumentar. *v.* Aumentar; agrandar.
aumento. *m.* **1.** Aumento; incremento. **2.** Aumento; amplificación.
auréola. *f.* Aureola.
ausência. *f.* Ausencia.
ausentar. *v.p.* Ausentarse.
austeridade. *f.* Austeridad.

australiano, na. *adj.* e *s.* Australiano.
austríaco, ca. *adj.* e *s.* Austríaco.
autenticar. *v.* Autentificar; autenticar; legalizar.
autêntico, ca. *adj.* **1.** Auténtico; genuino. **2.** Auténtico; legal.
auto. *m.* **1.** Auto; automóvil. **2.** *Dir.* Auto.
autocontrole. *m.* Autocontrol.
autoescola. *f.* Autoescuela.
autoestrada. *f.* Autopista.
autógrafo. *m.* Autógrafo.
automação. *f.* Automación.
automatizar. *v.* Automatizar.
autômato. *m.* **1.** Autómata. **2.** Títere; marioneta.
automobilismo. *m.* Automovilismo.
automóvel. *m.* Automóvil.
autonomia. *f.* Autonomía.
autônomo, ma. *adj.* **1.** Autónomo. *s.* **2.** Trabajador independiente.
autopeça. *f.* Repuesto; pieza de recambio.
autor, ra. *s.* Autor.
autoridade. *f.* Autoridad.
autorização. *f.* Autorización; aval.
autorizar. *v.* Autorizar.
autuar. *v. Dir.* **1.** Levantar acta contra; actuar. **2.** Reunir en forma de proceso.
auxiliar. *v.* **1.** Auxiliar; ayudar. *adj.* **2.** Auxiliar; asistente.
auxílio. *m.* Auxilio; socorro.
avacalhar. *v.* Ridiculizar.
avalanche. *f.* Avalancha.
avaliação. *f.* **1.** Evaluación. **2.** Valoración. **3.** Calificación; evaluación escolar.
avaliador, ra. *s.* Evaluador.
avaliar. *v.* **1.** Evaluar; valorar. **2.** Evaluar; calificar.
avalista. *adj.* Avalista.
avançar. *v.* **1.** Avanzar; progresar. **2.** Adelantar. **3.** Acometer.
avanço. *m.* Avance.
avante. *adv.* **1.** Adelante. *interj.* **2.** Adelante.
avarento, ta. *adj.* Avaro; tacaño.
avaria. *f.* Avería.
avaro, ra. *adj.* Avaro.
ave. *f. Zool.* Ave.
aveia. *f. Bot.* Avena.
avelã. *f. Bot.* Avellana.

aveludado, da. *adj.* Aterciopelado.
avenida. *f.* Avenida.
avental. *m.* **1.** Guardapolvo. **2.** Delantal (de cocina).
aventura. *f.* Aventura.
aventureiro, ra. *adj.* Aventurero.
averiguar. *v.* Averiguar.
aversão. *f.* Aversión; animadversión.
avesso, ssa. *adj.* **1.** Contrario; opuesto. *s.* **2.** Revés; reverso. ◆ **Do avesso.** Al revés.
avestruz. *m. Zool.* Avestruz.
aviação. *f.* Aviación.
avião. *m.* Avión.
aviar. *v.* Preparar; alistar.
avícola. *f.* Pollería.
avisar. *v.* Avisar. ◆ **Quem avisa amigo é.** El que avisa no es traidor.
aviso. *m.* **1.** Aviso. **2.** Advertencia. ◆ **Quadro de avisos.** Tablón de anuncios.
avó. *f.* Abuela.
avô. *m.* Abuelo.
avoado, da. *adj.* Despistado.
avolumar. *v.* Abultar.
avulso, sa. *adj.* Suelto; separado.
axila. *f. Anat.* Axila.
azar. *m.* Mala suerte; infortunio; desdicha. ◆ **Jogos de azar.** Juegos de azar.
azarado, da. *adj.* Desafortunado.
azedo, da. *adj.* **1.** Agrio; ácido. **2.** Agrio; amargado.
azeitar. *v.* Lubricar.
azeite. *m. Bot.* e *Cul.* Aceite.
azeitona. *f. Bot.* Aceituna; oliva.
azia. *f. Med.* Acidez estomacal.
azucrinar. *v.* Molestar; fastidiar; dar la lata.
azul. *adj.* e *m.* Azul.
azulejo. *m.* Azulejo.

B

b. *m.* B (la be).
babá. *f.* Niñera.
babaca. *adj.* Infeliz; tonto.
babado. *m.* Volante; vuelo.
babador. *m.* Babero.
babar. *v.* **1.** Babear. **2.** Enamorarse.
baboseira. *f.* Majadería; tontería.
bacalhau. *m. Zool.* Bacalao.
bacana. *adj.* **1.** Bueno; bárbaro. **2.** Fino; elegante.
bacharel. *m.* Licenciado.
bacharelado. *m.* Licenciatura.
bacia. *f.* **1.** Palangana; vasija. **2.** *Geogr.* Cuenca. **3.** *Anat.* Pelvis.
baço. *m. Anat.* Bazo.
bactéria. *f. Biol.* Bacteria.
badalada. *f.* **1.** Golpe de badajo. **2.** Adulación.
badalar. *v.* **1.** Sonar la campana. **2.** Exhibirse; pavonearse. **3.** Adular.
baderna. *f.* Tumulto; desorden;*(Amér.)* relajo; bochinche.
badulaque. *m.* Bisutería.
bafo. *m.* **1.** Aliento; hálito. **2.** Vaho; bochorno.
baforada. *f.* **1.** Vaho; soplo de aire. **2.** Bocanada de humo de tabaco.
bagaço. *m.* **1.** Residuo de frutas. **2.** Bagazo. **3.** Cosa vieja.
bagageiro. *m.* **1.** Maletero. **2.** Portaequipaje.
bagagem. *f.* **1.** Equipaje. **2.** Caudal; riqueza intelectual.
bagana. *f.* Punta de cigarrillo; colilla.
bagatela. *f.* Baratija; chuchería; minucia.
bagulho. *m.* **1.** Trasto. **2.** Persona fea.
bagunça. *f.* Desorden; desbarajuste.
bagunçar. *v.* Alborotar.
baía. *f. Geogr.* Bahía; ensenada.
bailar. *v.* Bailar; danzar.
bailarino, na. *s.* Bailarín, rina; danzarín, rina.
baile. *m.* Baile. ♦ **Baile de máscaras.** Baile de máscaras. **Baile / Festa a fantasia.** Baile de trajes.

bainha. *f.* **1.** Vaina para armas. **2.** Dobladillo.
baioneta. *f.* Bayoneta.
bairro. *m.* Barrio;*(Méx.* e *Amér. Central)* colonia.
baixa. *f.* **1.** Bache; depresión. **2.** Disminución; rebaja de precios. **3.** Baja; pérdida de vida. **4.** Baja; dispensa. ♦ **Dar baixa.** Dar de baja.
baixada. *f.* **1.** Bajada; pendiente. **2.** *Geogr.* Planicie.
baixa-mar. *m.* Bajamar.
baixar. *v.* **1.** Bajar; apear. **2.** Bajar; reducir; rebajar los precios. **3.** *Inform.* Descargar. ♦ **Baixar a cabeça.** Besar el azote. / Bajar / Doblar la cerviz. **Baixar a crista.** Bajar el gallo.
baixaria. *f.* **1.** Grosería. **2.** Bajeza.
baixela. *f.* Vajilla.
baixo, xa. *adj.* **1.** Bajo; pequeño. **2.** Enano. **3.** Bajo; inferior; reducido. **4.** Bajo; vil. **5.** Bajo; sonido grave. ♦ **De alto a baixo.** De arriba abajo.
baixo-relevo. *m.* Bajo relieve; bajorrelieve.
bajulador, ra. *adj.* e *s.* Adulón, lona.
bajular. *v.* Adular;*(Arg.)* alisar.
bala. *f.* **1.** Caramelo; dulce. **2.** Bala; proyectil.
balaio. *m.* Canasta.
balança. *f.* Báscula; balanza.
balançar. *v.* **1.** Oscilar. **2.** Vacilar. **3.** Estremecer; hacer reflexionar.
balanço. *m.* **1.** Balance. **2.** Oscilación. **3.** Columpio. **4.** *Fin.* Balance.
balão. *m.* **1.** Globo. **2.** Balón.
balbuciar. *v.* **1.** Balbucir. **2.** Tartamudear; tartajear.
balcão. *m.* **1.** Balcón; barandilla. **2.** Mostrador (de tienda). **3.** Barra (de bar).
balconista. *com.* Dependiente.
balde. *m.* Cubo;*(Amér.)* balde.
baldeação. *f.* Transbordo.
baldio, a. *adj.* e *s.* Baldío; erial.
balear. *v.* Herir a bala; tirar; balear.
baleia. *f. Zool.* Ballena.
balística. *f.* Balística.

baliza. *f.* **1.** Baliza; boya. **2.** Señal luminosa para tren o avión.

balneário. *m.* Balneario.

balsa. *f.* Balsa; transbordador.

bálsamo. *m.* Bálsamo; linimento; ungüento.

baluarte. *m.* Baluarte; bastión.

bambu. *m. Bot.* Caña; bambú.

banana. *f.* **1.** *Bot.* Plátano; (*Amér.*) banana. **2.** Cartucho de dinamita.

banca. *f.* **1.** Mesa examinadora; tribunal. **2.** Quiosco (de venta de periódicos, revistas, cigarrillos, etc.).

bancada. *f.* Representación política; ala; facción; banda.

bancário, ria. *adj.* **1.** Bancario. *s.* **2.** Empleado de banco.

bancarrota. *f.* Bancarrota.

banco. *m.* **1.** Banco. **2.** *Fin.* Banco.

banda. *f.* **1.** Cinta; faja; listón. **2.** *Mús.* Banda. **3.** Lado; costado. **4.** Ala; flanco. ♦ **Banda larga.** Banda ancha.

bandagem. *f.* Compresa.

bandeira. *f.* Bandera; pendón. ♦ **Dar bandeira.** Hacer bandera. / Levantar la liebre.

bandeja. *f.* Bandeja. ♦ **Dar de bandeja.** Servir en bandeja (de plata).

bandido, da. *s.* Bandido; bandolero.

bando. *m. col.* **1.** Banda; pandilla. **2.** Bando; facción.

bandolim. *m. Mús.* Mandolina.

banguela. *adj.* e *com.* Desdentado (niño). ♦ **Na banguela.** Circular en punto muerto.

banha. *f.* Grasa; manteca; gordura.

banhar. *v.* **1.** Bañar; lavar. **2.** Regar; inundar.

banheira. *f.* Bañera; pila; tina; bañadera.

banheiro. *m.* (Cuarto de) Baño.

banho. *m.* Baño; ducha. ♦ **Tomar banho.** Tomar baño; bañarse; ducharse.

banho-maria. *m. Cul.* Baño (de) María.

banir. *v.* Desterrar; despedir; excluir.

banqueiro, ra. *s.* **1.** Banquero; dueño de banco. **2.** Banquero, que lleva la banca en el juego.

banquete. *m.* Banquete; comida espléndida.

bar. *m.* **1.** Bar; botillería. **2.** Taberna; (*Arg.*) boliche. **3.** Armario para bebidas.

baralho. *m.* Baraja; naipes.

barata. *f. Zool.* Cucaracha. ♦ **Ter sangue de barata.** Tener sangre fría / de horchata. No tener sangre en las venas.

baratear. *v.* Abaratar.

barato, ta. *adj.* Barato; que cuesta poco; a precio bajo.

barba. *f.* Barba. ♦ **Fazer barba / bigode.** Afeitarse la barba / el bigote.

barbante. *m.* Cordel; cordón.

barbaridade. *f.* Barbaridad; atrocidad.

bárbaro, ra. *adj.* e *s.* **1.** Bárbaro; salvaje; rudo. *interj.* **2.** Fantástico; espectacular.

barbatana. *f. Anat.* Aleta de ballena.

barbeador. *m.* Maquinilla.

barbear. *v.p.* Afeitarse; rasurarse. ♦ **Lâmina de barbear.** Lámina / Hoja de afeitar.

barbearia. *f.* Barbería.

barbeiro. *m.* Barbero.

barco. *m. Mar.* Barco; barca. ♦ **Barco a vela.** Barco de vela.

barganha. *f.* **1.** Cambio de cosas; permuta; cambalache. **2.** Negocio.

barra. *f.* **1.** Tableta; pastilla. **2.** Barra; lingote. ♦ **Barra fixa.** Barra fija.

barraca. *f.* **1.** Puesto en el mercado. **2.** Choza; barraca. ♦ **Barraca de acampamento.** Tienda de campaña.

barragem. *f.* Presa; embalse; pantano.

barranco. *m.* Barranco; despeñadero.

barrar. *v.* Cerrar; impedir el paso.

barreira. *f.* **1.** Barrera; obstáculo. **2.** *Mil.* Trinchera. **3.** Cordón policial.

barrento, ta. *adj.* e *s.* Barreño.

barrete. *m.* Birrete.

barrica. *f.* Barrica; bocoy; barril; pipa.

barriga. *f. Anat.* Abdomen; barriga; panza. ♦ **Barriga da perna.** Pantorrilla. **De barriga para baixo / cima.** Boca abajo / arriba.

barrigudo, da. *adj.* e *s.* Panzudo; barrigón.

barril. *m.* Barril; tonel; cuba.

barro. *m.* Barro; arcilla.

barulhento, ta. *adj.* Ruidoso.

barulho. *m.* Ruido; alboroto.

báscula. *f.* Báscula.

base. *f.* **1.** Base; apoyo; cimiento. **2.** Base; fundamento.

baseado, da. *adj.* Basado.

basear. *v.* Basar; fundamentar.

basquete. *m. Desp.* Básquet; baloncesto.

basta. *interj.* Basta.

bastante. *adj.* **1.** Bastante; suficiente. *adv.* **2.** Bastante; en gran número; mucho.

bastão. *m.* Bastón; palo.
bastar. *v.* Bastar; ser suficiente. ♦ **Basta de.** (Ya) No más.
bastião. *m.* Baluarte; fortaleza.
bastidor. *m.* **1.** Bastidor; armazón. *pl.* **2.** Bastidores. ♦ **Nos bastidores.** Entre bastidores.
batalha. *f.* **1.** Batalla; lucha; combate. **2.** Empeño.
batalhão. *m.* **1.** *Mil.* Batallón. **2.** Multitud.
batalhar. *v.* **1.** Luchar; combatir. **2.** Trabajar.
batata. *f. Bot.* Patata; *(Amér.)* papa. ♦ **Batata frita.** *Cul.* Patata / Papa frita. **Mandar plantar batatas.** Mandarle a freír espárragos.
batedeira. *f.* Batidora; batidor.
batel. *m.* Bote.
batente. *m.* Batiente; marco.
bate-papo. *m.* Charla; coloquio; chateo.
bater. *v.* **1.** Golpear; llamar. **2.** Golpear; pegar; fajar. **3.** Chocar; estrellar. **4.** Batir; vencer. **5.** Latir; palpitar; pulsar.
bateria. *f.* **1.** *Fís.* Batería. **2.** *Mil.* Batería. **3.** *Mús.* Batería.
batida. *f.* **1.** Golpe. **2.** Colisión; choque. **3.** *Biol.* Latido; pulsación. **4.** Razia (policíaca); redada. **5.** Registro policial. **6.** Exploración; rastreo. **7.** Cóctel de licor con frutas.
batido, da. *adj.* Gastado; machacado.
batina. *f.* Sotana; hábito religioso.
batismal. *adj.* Bautismal. ♦ **Pia batismal.** *Rel.* Pila bautismal.
batismo. *m. Rel.* Bautizo; bautismo.
batizado, da. *adj. Rel.* **1.** Bautizado. *m.* **2.** Bautizo.
batizar. *v.* **1.** *Rel.* Bautizar. **2.** Añadir agua al vino o a la leche; adulterar; falsificar.
batom. *m.* Lápiz de labios; barra de labios; pintalabios.
batucada. *f. Mús.* Ritmo brasileño de bombos y tambores.
batuta. *f. Mús.* Batuta.
baú. *m.* Baúl.
baunilha. *f.* Vainilla.
bazar. *m.* **1.** Tienda. **2.** Feria de beneficencia.
bê. *m.* Be (letra del alfabeto).
bêbado, da. *adj.* e *s.* Borracho; ebrio. ♦ **Estar bêbado.** Estar trompa / borracho / mamado.
bebê. *com.* Bebé; criatura; nene, na.
bebedeira. *f.* Borrachera; mona; curda.
beber. *v.* **1.** Beber; tomar (líquido). **2.** Emborracharse.
bebida. *f.* Bebida.

bebum. *adj.* Beberrón, beodo; borracho; *(Arg.)* mamón.
beco. *m.* Callejón. ♦ **Estar em um beco sem saída.** Estar en un callejón sin salida.
bedel. *m.* Bedel; conserje.
beduíno, na. *adj.* e *s.* Beduino; moro del desierto.
bege. *adj.* Beige; color crema.
beiço. *m. Anat.* Labio grueso; bezo.
beija-flor. *m. Zool.* Colibrí; picaflor.
beijar. *v.* Besar.
beijo. *m.* Beso.
beira. *f.* **1.** Borde. **2.** *Geogr.* Orilla; litoral; costa marítima. ♦ **À beira de.** Al borde de. / A la vera de.
beiral. *m. Arq.* Alero.
beira-mar. *f.* Marisma; orilla del mar.
beldade. *f.* Beldad; belleza.
beleza. *f.* **1.** Belleza; hermosura. **2.** Beldad; belleza.
belga. *adj.* e *com.* Belga.
beliche. *m.* Litera.
bélico, ca. *adj.* Bélico.
belicoso, sa. *adj.* e *s.* **1.** Belicoso. **2.** Agresivo; pendenciero.
beligerante. *adj.* e *com.* Beligerante.
beliscão. *m.* Pellizco.
beliscar. *v.* **1.** Pellizcar. **2.** Picar; picotear.
belo, la. *adj.* **1.** Bello; hermoso. *m.* **2.** Bello; belleza.
beltrano, na. *s.* Zutano. ♦ **Fulano, sicrano e beltrano.** Fulano, mengano y zutano.
bem. *adv.* Bien. ♦ **Nem bem.** No bien. **Por bem.** Por las buenas.
bem-estar. *m.* Bienestar.
bem-vindo, da. *s.* Bienvenido.
bem-humorado, da. *adj.* Bienhumorado.
bendito, ta. *adj.* Bendito; bendecido.
bendizer. *v.* **1.** Bendecir. **2.** Glorificar.
beneficiar. *v.* **1.** Beneficiar; favorecer. **2.** Mejorar; perfeccionar. **3.** Procesar; tratar industrialmente.
benefício. *m.* **1.** Beneficio; favor. **2.** Provecho; ventaja. **3.** Ganancia; utilidad. **4.** Mejora.
benfeitoria. *f.* Obra; mejora.
bengala. *f.* **1.** Bastón. **2.** *Cul.* Tipo de pan francés.
benigno, na. *adj.* Benigno; bondadoso.
benjamim. *m.* Enchufe múltiple para extensión; ladrón; triple.
bento, ta. *adj.* Bendito.

benzer. *v.* **1.** Bendecir. *v.p.* **2.** Persignarse; santiguarse.
berçário. *m.* Sala de cunas.
berço. *m.* Cuna.
berinjela. *f. Bot.* Berenjena.
berloque. *m.* Joya; colgante.
bermuda. *f.* Bermudas; pantalón corto.
berrar. *v.* **1.** Gritar. **2.** Aullar.
berreiro. *m.* **1.** Gritería; alboroto. **2.** Berrinche.
berro. *m.* **1.** Grito. **2.** Aullido.
besouro. *m. Zool.* Abejorro.
besta. *f.* **1.** Bestia; animal. *adj.* **2.** Bestia; estúpido; ignorante.
besteira. *f.* Tontería; disparate.
besteirada. *f.* Ridiculez.
bestial. *adj.* Bestial; irracional.
besuntar. *v.* Untar; pringar.
beterraba. *f. Bot.* Remolacha.
betume. *m.* Betún.
bexiga. *f.* **1.** *Anat.* Vejiga. **2.** Balón; globo.
bezerro, rra. *s.* Becerro; novillo.
bibliografia. *f.* Bibliografía.
biblioteca. *f. col.* Biblioteca; librería.
bica. *f.* Fuente; manantial.
bicada. *f.* Picada; picotazo; picadura.
bicar. *v.* Picotear.
bichano. *m.* Gato; minino.
bicho. *m.* Animal; bicho.
bicho-da-seda. *m. Zool.* Gusano de seda.
bicicleta. *f.* Bicicleta; bici. ◆ **Andar de bicicleta.** Andar / Montar en bicicleta / bici.
bico. *m.* **1.** *Anat.* Pico. **2.** Boquilla. **3.** Trabajo extra.
bicolor. *adj.* Bicolor; de dos colores.
bicudo, da. *adj. Anat.* Picudo.
bienal. *adj.* Bienal.
bife. *m. Cul.* Bistec.
bigamia. *f.* Bigamia.
bigode. *m.* Bigote, mostacho.
bigorna. *f.* Yunque.
bijuteria. *f.* Bisutería; de fantasía.
bilateral. *adj.* Bilateral.
bilhão. *m.* Mil millones; millardo.
bilhar. *m.* Billar.
bilhete. *m.* **1.** Billete; mensaje. **2.** Ingreso. **3.** Pasaje. **4.** Cédula de lotería.
bilheteria. *f.* Taquilla; ventanilla.

bilíngue. *adj.* e *com.* Bilingüe.
bimestre. *m.* Bimestre.
binóculo. *m.* Binóculo; gemelo.
biodegradável. *adj.* Biodegradable.
biografia. *f.* Biografía.
biologia. *f.* Biología.
biólogo, ga. *s.* Biólogo.
biombo. *m.* Biombo; mampara.
bípede. *adj.* e *m. Anat.* Bípedo.
biquíni. *m.* Bañador; traje de baño; biquini.
birra. *f.* Maña; berrinche; rabieta.
biruta. *adj.* **1.** Chiflado; tocado. *f.* **2.** Manga; indicador de viento; veleta.
bisavô. *m.* Bisabuelo.
bisavó. *f.* Bisabuela.
bisbilhoteiro, ra. *adj.* **1.** Fisgón. **2.** Cotilla.
biscoito. *m. Cul.* Galleta; bizcocho.
bisnaga. *f.* **1.** Tubo metálico o plástico para embalaje; pomo. **2.** *Cul.* Pan parisiense; *baguette.*
bisneto, ta. *s.* Bisnieto.
bispado. *m. Rel.* Obispado.
bispo. *m. Rel.* Obispo.
bisturi. *m. Med.* Bisturí.
bit. m. Inform. Bit.
bituca. *f.* Colilla; punta de cigarrillo.
blasfêmia. *f.* Blasfemia.
blindado, da. *adj.* e *s.* Blindado; acorazado.
bloco. *m.* **1.** Bloque; ladrillo de cemento. **2.** Bloque. **3.** Bloque; conjunto de casas. **4.** Bloque; comparsa.
blog. m. Inform. Blog; bitácora.
bloqueio. *m.* Bloqueo.
blusa. *f.* Blusa.
blusão. *m.* Chaqueta; *(Arg.* e *Chile)* campera.
boas-vindas. *f.pl.* Bienvenida.
boate. *f.* Bar nocturno.
boato. *m.* Rumor; murmuración. ◆ **Correr um boato.** Correr la voz.
bobagem. *f.* Tontería; majadería; necedad; *(Arg.)* pavada.
bobalhão, lhona. *adj.* Tonto; torpe; adoquín.
bobear. *v.* **1.** Equivocarse. **2.** Portarse de modo ingenuo.
bobina. *f.* **1.** Bobina. **2.** Carrete; bobina.
bobo, ba. *adj.* Tonto. ◆ **Fazer papel de bobo.** Hacer el canelo / el tonto.

boca. *f.* **1.** *Anat.* Boca. **2.** Boquilla; abertura; entrada. **3.** Quemador (de la cocina). **4.** *Geogr.* Desembocadura. ♦ **Boca de lobo.** Boca de alcantarilla; alcantarilla; sumidero. **Boca fechada.** Punto en boca. **Boca suja.** Mal hablado. **Fechar a boca.** Cerrar los labios. / Coser la boca. **Ir de boca em boca.** Ir en boca de todos. **Não abrir a boca.** No descoser / despegar los labios. **Tirar as palavras da boca.** Quitarle la(s) palabra(s) de la boca.

bocado. *m.* Bocado; pedazo.

bocejar. *v.* Bostezar.

bocejo. *m.* Bostezo.

bochecha. *f. Anat.* Mejilla; carrillo; cachete.

bochecho. *m.* Buche.

bode. *m. Zool.* Chivo.

boêmio, mia. *adj.* e *s.* **1.** Bohemio. *f.* **2.** Bohemia.

bofetada. *f.* Bofetada; cachete; tortazo.

bofetão. *m.* Bofetón.

boi. *m. Zool.* Buey.

boia. *f.* Boya; flotador.

boiada. *f.* Hato; rebaño; manada de bueyes.

boiar. *v.* **1.** Flotar. **2.** No entender nada.

boina. *f.* Boina; gorra.

bola. *f.* Balón; bola; pelota. ♦ **Bola / bolinha de gude.** Canica. **Passar a bola.** *fig.* e *fam.* Pasar la batuta / la posta.

bolacha. *f.* **1.** Galleta. **2.** Bofetada; cachete; tortazo.

bolada. *f.* **1.** Bolazo. **2.** Gran suma de dinero.

bolar. *v.* Idear; inventar; ingeniarse.

boleia. *f.* Cabina; pescante.

bolero. *m.* **1.** *Mús.* Bolero. **2.** Chaleco; bolero.

boletim. *m.* **1.** Boletín. **2.** Cédula de calificaciones escolares; papeleta. ♦ **Boletim médico.** *Med.* Parte médico.

bolha. *f.* **1.** Ampolla. **2.** Burbuja.

boliche. *m.* Boliche.

bolívar. *m.* Bolívar (moneda de Venezuela).

boliviano, na. *adj.* e *s.* Boliviano.

bolo. *m. Cul.* Bollo; pastel; torta; tarta.

bolor. *m.* Moho.

bolsa. *f.* **1.** Cartera; bolso. **2.** Beca (estudiantil).

bolsista. *adj.* Becario.

bolso. *m.* Bolsillo.

bom, boa. *adj.* **1.** Bueno; bondadoso. **2.** Rico; sabroso. **3.** Correcto; bien hecho. **4.** Bueno; sano; saludable. **5.** Bueno; en buenas condiciones. **6.** Bueno; considerable. **7.** Eficiente; competente. **8.** Bueno; agradable. *interj.* **9.** *(Méx.)* Chévere. ♦ **Que bom!** ¡Qué bien!

bomba. *f.* **1.** Bomba. **2.** Suceso fantástico. ♦ **Cair como uma bomba.** Caer como un palazo.

bomba-relógio. *f.* Bomba de relojería.

bombeiro, ra. *s.* **1.** Bombero. **2.** Plomero; fontanero.

bombilha. *f.* Bombilla.

bombom. *m.* Bombón.

bonde. *m.* Tranvía.

bondoso, sa. *adj.* Bondadoso. ♦ **Ser muito bondoso.** Ser todo corazón.

boné. *m.* Gorra; bombín.

boneca. *f.* Muñeca.

boneco. *s.* **1.** Maniquí. **2.** Muñeco. **3.** Títere; fantoche.

bonificação. *f.* Compensación; plus; bonificación.

bonito, ta. *adj.* Bonito; hermoso.

borboleta. *f. Zool.* Mariposa.

borbulha. *f.* Burbuja.

borbulhar. *v.* Borbotar.

borda. *f.* Borde.

bordado, da. *adj.* e *m.* Bordado.

bordão. *m.* Cayado (para conducir el ganado).

bordar. *v.* Bordar.

borracha. *f.* **1.** Goma de borrar; borrador. **2.** Caucho; *(Arg.)* goma.

borracharia. *f.* Taller de reparación de neumáticos; *(Arg.)* gomería.

borrar. *v.* **1.** Manchar; ensuciar; pringar. **2.** Pintarrajear.

borrasca. *f.* Borrasca; tormenta con lluvia y viento.

borrifar. *v.* Rociar; salpicar; esparcir.

bosque. *m.* Bosque; arboleda; floresta; foresta.

bosquejo. *m.* Esbozo (de una obra); bosquejo.

bosta. *f. vulg.* Estiércol; boñiga.

bota. *f.* Bota.

botânica. *f.* Botánica.

botão. *m.* **1.** Botón. **2.** *Bot.* Capullo (de flor).

botar. *v.* **1.** Poner; colocar. **2.** Vestir; ponerse.

bote. *m.* **1.** Bote; barca. **2.** Salto.

boteco. *m.* Taberna.

botequim. *m.* Bar; taberna.

botijão. *m.* Bombona; *(Amér.)* garrafa.

bovino, na. *adj.* e *s.* Vacuno.

boxe. *m.* **1.** *Desp.* Boxeo. **2.** Compartimiento; cubículo. **3.** Mampara para baño; cubículo de la ducha.

braçadeira. *f.* Abrazadera.

braço. *m.* Brazo. ♦ **De braços abertos.** Con los brazos abiertos. **Ficar de braços cruzados.** Cruzarse de brazos. **Sair no braço.** Tomarse a brazos. **Ser o braço direito.** Ser el brazo derecho.

bradar. *v.* Gritar; clamar.

brado. *m.* Grito.

braile. *m.* Braile.

bramido. *m.* Bramido.

branco, ca. *adj.* e *m.* Blanco.

brandir. *v.* Blandir; mover y amenazar con un arma.

brando, da. *adj.* **1.** Blando; suave; tierno. **2.** Blando; flojo.

branquear. *v.* Blanquear.

brasa. *f.* Brasa; candente.

brasão. *m.* Blasón; escudo de armas.

brasileiro, ra. *adj.* e *s.* Brasileño.

bravo, va. *adj.* e *s.* Enojado; furioso; nervioso.

bravura. *f.* Valentía.

brecar. *v.* Frenar.

brecha. *f.* **1.** Brecha; abertura. **2.** Laguna; claro. **3.** Ranura; grieta.

brejo. *m.* Pantano; ciénaga.

breque. *m.* Freno.

breve. *adj.* Breve; corto. ♦ **O mais breve possível.** A la (mayor) brevedad.

briga. *f.* **1.** Pelea; lucha; riña; refriega. **2.** Pleito; discusión.

brigar. *v.* Pelearse; reñir.

briguento, ta. *adj.* e *s.* Pendenciero; peleón.

brilhante. *adj.* e *m.* Brillante.

brilhar. *v.* Brillar; relucir.

brilho. *m.* Brillo.

brincadeira. *f.* **1.** Broma; chiste. **2.** Juego. ♦ **De brincadeira.** En broma. **Deixar de / Parar com a brincadeira.** Dejarse de bromas. **Levar na brincadeira.** Tomar a risa / en broma. **Não estar para brincadeiras.** No estar de / para gracias; no estar para fiestas.

brincalhão, lhona. *adj.* Bromista; juguetón.

brincar. *v.* **1.** Bromear; hacer chistes. **2.** Jugar. ♦ **Brincar de boneca.** Jugar con muñecas.

brincos. *m.pl.* **1.** Pendientes; aros; *(Amér.)* aretes. **2.** Zarcillos.

brindar. *v.* **1.** Brindar; beber a la salud de. **2.** Brindar; ofrecer.

brinde. *m.* **1.** Brindis. **2.** Regalo; ofrenda; cortesía. ♦ **De brinde.** De balde / cortesía.

brinquedo. *m.* Juguete. ♦ **Loja de brinquedos.** Juguetería.

brio. *m.* Valor; honra; gallardía.

brisa. *f.* Brisa; viento fresco y suave.

britadeira. *f.* Machacadora; trituradora.

broca. *f.* Taladro; barrena; berbiquí.

brocha. *f.* Pincel; brocha para pintar paredes.

broche. *m.* Broche; alfiler.

brócolis. *m.pl.* Brécol, brócoli.

bronca. *f.* Reprensión; bronca.

bronquite. *f. Med.* Bronquitis.

bronze. *m. Quím.* Bronce.

bronzeador. *m.* Bronceador.

bronzear. *v.* Broncear; tostar; asolear; solear.

brotar. *v.* Brotar; manar; surgir.

broto. *m.* **1.** Renuevo; retoño; pimpollo. **2.** Pimpollo; *(Col.)* joven.

browser. *m. Inform.* Navegador; *browser*.

bruma. *f.* Bruma; niebla.

brutalidade. *f.* Brutalidad; barbaridad.

bruto, ta. *adj.* e *s.* **1.** Bruto. **2.** Bruto; en estado natural. **3.** Bruto; sin descuento (peso).

bruxaria. *f.* Brujería; hechicería.

bruxo, xa. *s.* Brujo; hechicero.

bucal. *adj.* Bucal.

bucha. *f.* **1.** Estropajo. **2.** Taco; tarugo; clavija.

bucho. *m. Anat.* Buche; estómago; panza.

budismo. *m. Rel.* Budismo.

bueiro. *m.* Alcantarilla; sumidero.

bufê. *m.* **1.** Aparador. **2.** Cubierto; servicio de bufé.

bufo. *m.* Bufido.

bugiganga. *f.* Quincalla; objeto pequeño de poco valor; chuchería.

bujão. *m.* Bombona de gás en estado líquido.

bula. *f.* **1.** *Med.* Fórmula; receta; prospecto. **2.** *Rel.* Bula.

bule. *m.* Tetera; cafetera.

búlgaro, ra. *adj.* e *s.* Búlgaro.

bulha. *f.* Bulla; ruido.

bulir. *v.* Rebullir; hervir o agitarse un líquido.

bunda. *f. vulg.* Cola; trasero.

buquê. *m.* **1.** Ramo; ramillete de flores. **2.** Aroma; perfume.

buraco. *m.* **1.** Agujero; hoyo; orificio. **2.** Gruta; cueva.

burlar – buzinar

burlar. *v.* Burlar; hacer burla.
burocracia. *f.* Burocracia.
burocrata. *com.* Burócrata.
burrice. *f.* Idiotez; tontería; burrada.
burro. *m. Zool.* Burro.
busca. *f.* Búsqueda; investigación.

buscar. *v.* Buscar.
bússola. *f.* Brújula.
butique. *f.* Boutique.
buzina. *f.* Claxon; bocina eléctrica; bocina.
buzinada. *f.* Bocinazo.
buzinar. *v.* Bocinar.

C

c. *m.* C (la ce).

cá. *adv.* Aquí; acá.

cã. *f.* Cana.

cabaça. *f.* Calabaza.

cabal. *adj.* Cabal.

cabana. *f.* Cabaña.

cabeça. *f.* **1.** *Anat.* Cabeza. **2.** Cabeza; inteligencia; talento. **3.** Parte superior de un objeto. ◆ **Cair / Desabar o mundo sobre a cabeça.** Caérsele a uno el mundo encima. **De cabeça fria.** En frío. **De ponta cabeça.** Cabeza abajo. **Esquentar a cabeça.** Calentarse los sesos. **Falar o que vem à cabeça.** Decir lo que se le viene a la boca. **Não entrar na cabeça.** No entrarle a uno (algo). **Ter a cabeça no lugar.** Tener la cabeza sobre los hombros.

cabeçada. *f.* **1.** Cabezada; golpe con la cabeza. **2.** Cabezada; disparate; tontería.

cabeça-dura. *adj.* e com. Testarudo; terco.

cabeçalho. *m.* Encabezamiento.

cabecear. *v.* Cabecear.

cabeceira. *f.* **1.** Cabecera, parte principal. **2.** *Geogr.* Nacimiento de un río.

cabeçudo, da. *adj.* e s. Cabezudo; obstinado; terco.

cabedal. *m.* Caudal; hacienda; bienes.

cabeleira. *f.* Cabellera; melena.

cabeleireiro, ra. *s.* Peluquero.

cabelo. *m.* Cabello; pelo. ◆ **Queda de cabelos.** Caída de cabellos.

cabeludo, da. *adj.* e s. **1.** Cabelludo. **2.** Melenudo. **3.** *fig.* Difícil; complicado.

caber. *v.* **1.** Caber; tener espacio; entrar. **2.** Corresponder; tocar. **3.** Ser admisible; ser oportuno. ◆ **Não caber em si de contente.** No caber en sí de gozo.

cabide. *m.* Colgador; percha.

cabideiro. *m.* Perchero (de pared).

cabimento. *m.* Cabida; capacidad; cupo. ◆ **Ter cabimento.** Tener cabida.

cabine. *f.* Cabina. ◆ **Cabine telefônica.** Cabina de teléfono.

cabisbaixo, xa. *adj.* Cabizbajo.

cabo. *m.* **1.** Cabo; extremidad; manija. **2.** *Mil.* Cabo. **3.** Cable.

cabra. *f.* *Zool.* Cabra.

cabra-cega. *f.* Gallina ciega.

cabrito. *m.* Chivo.

cabular. *v.* Fumar[(2)]; pirarse; *(Arg.)* hacerse la rata.

caça. *f.* **1.** Caza; cacería. **2.** Animales cazados.

caçada. *f.* Cacería; montería.

caçador, ra. *adj.* e s. Cazador.

cação. *m.* *Zool.* Cazón.

caçapa. *f.* **1.** Tronera. **2.** Agujero en la mesa de billar para caer las bolas.

caçapo. *m.* *Zool.* Gazapo.

caçar. *v.* Cazar.

cacareco. *m.* **1.** Cosa vieja e inútil, cachivache. **2.** Adorno de mal gusto.

cacarejar. *v.* Cacarear; cloquear.

cacarejo. *m.* Cloqueo.

caçarola. *f.* Cacerola; cazuela.

cacau. *m.* *Bot.* Cacao.

cacetada. *f.* Porrazo; palotada; garrotazo.

cachaça. *f.* Aguardiente de caña.

cachalote. *m.* *Zool.* Cachalote.

cachecol. *m.* Bufanda.

cachemira. *f.* Cachemir; casimir.

cachimbo. *m.* Pipa; cachimba.

cacho. *m.* **1.** Racimo (de frutas). **2.** Rizo; bucle (de cabello).

cachoeira. *f.* *Geogr.* Cascada.

cachorro. *m.* *Zool.* Perro.

cachorro-quente. *m.* *Cul.* Perro caliente; pancho; perrito.

caçoada. *f.* Broma pesada; chirigota.

caçoar. *v.* Burlarse; bromear.

cacoete. *m.* Tic nervioso; mueca.

cacofonia. *f.* *Ling.* Cacofonía; disonancia.

cacto. *m. Bot.* Cacto.

caçula. *adj.* e *com.* Benjamín.

cada. *pron.* Cada. ♦ **Cada louco com sua mania.** Cada loco con su tema. **Cada macaco no seu galho. / Cada pardal / qual com seu igual.** Cada oveja con su pareja. / Cada loco con su tema y cada lobo por su senda. **Cada um na sua.** Cada uno por su lado. **Cada um sabe onde o sapato aperta.** Cada cual sabe dónde le aprieta el zapato.

cadarço. *m.* Cordón (de los zapatos).

cadastro. *m.* Padrón; registro.

cadeado. *m.* Candado.

cadeia. *f.* **1.** Cadena. **2.** Cárcel; prisión.

cadeira. *f.* **1.** Silla; asiento. **2.** Disciplina; asignatura; cátedra. ♦ **Cadeira de balanço.** Mecedora. **Cadeira de rodas.** Silla de ruedas.

cadela. *f. Zool.* Perra.

cadência. *f.* Cadencia.

caderneta. *f.* **1.** Libreta (de apuntes). **2.** Cartilla de ahorros.

caderno. *m.* Cuaderno.

cadete. *m. Mil.* Cadete.

caducar. *v.* Caducar; prescribir.

caduco, ca. *adj.* e *s.* Caduco; chocho.

cafajeste. *com.* Vil; bellaco; ordinario.

café. *m.* **1.** *Bot.* Café. **2.** Café (bebida). ♦ **Café americano.** Café ahogado. **Café da manhã.** Desayuno. **Café puro.** Café solo. / **Tinto. Pingado.** Cortado. / Café cortado.

cafeeiro. *m. Bot.* Cafeto.

cafeteira. *f.* Cafetera.

cafeteria. *f.* Café; cafetería.

cafezal. *m. Bot.* Cafetal.

cafona. *adj.* e *com.* De mal gusto; chabacano.

cafuné. *m.* Carantoña; caricia.

cágado. *m. Zool.* Galápago.

caiação. *f.* Blanqueo.

caiar. *v.* Blanquear; pintar con cal.

cãibra. *f.* Calambre.

caimento. *m.* Caída.

caipira. *adj.* e *com.* Provinciano; lugareño.

caipirinha. *f.* Aguardiente con limón.

cair. *v.* Caer. ♦ **Cair com tudo.** *fig.* e *fam.* Caer a plomo. **Cair de quatro.** Caerse de culo. **Cair de sono.** *fig.* e *fam.* Caerse de sueño. **Cair no ridículo.** Quedar en ridículo. **Cair (em uma mentira).** Tragarse la píldora. **Nessa eu não caio.** ¿A mí que las vendo?

cais. *m.* Muelle.

caixa. *f.* **1.** Caja; envase; estuche. **2.** Taquilla. *com.* **3.** Cajero. ♦ **Caixa de correio.** Buzón. **Caixa econômica.** Caja de ahorros.

caixão. *m.* Caja; ataúd.

caixinha. *f. fig.* Propina.

caixote. *m.* Cajón.

cajado. *m.* Cayado; báculo.

cal. *f.* Cal.

calafrio. *m.* Escalofrío.

calamidade. *f.* Calamidad.

calão. *m.* Jerga; caló.

calar. *v.* Callar. ♦ **Calar-se. / Guardar segredo.** No decir palabra. **Quem cala consente.** El que calla otorga.

calça. *f.* Pantalones; pantalón. ♦ **Calça boca de sino.** Pantalón acampanado. **Calça** *jeans.* Tejanos; vaqueros.

calçada. *f.* Acera; (*Amér.*) vereda.

calçadão. *m.* Calle peatonal.

calçado. *m.* Calzado; zapato.

calcanhar. *m.* Talón. ♦ **Calcanhar de aquiles.** Talón de Aquiles.

calcar. *v.* Calcar; hollar.

calcinha. *f.* Bragas; (*Amér.*) bombacha.

calculador, ra. *adj.* e *s.* **1.** Calculador. *f.* **2.** Calculadora.

calcular. *v.* Calcular; hacer números.

calculista. *adj.* e *com.* Calculador; interesado.

cálculo. *m.* Cálculo; cuenta.

calda. *f. Cul.* Almíbar.

caldo. *m.* **1.** *Cul.* Caldo; sopa. **2.** *Cul.* Caldo; salsa. **3.** Zumo.

calefação. *f.* Calefacción.

calendário. *m.* Calendario; almanaque.

calha. *f.* Bajante; bajada de aguas; canal; canalón.

calhambeque. *m.* Cafetera.

calhar. *v.* Ser oportuno. ♦ **A calhar.** A tiro.

calibre. *m.* Calibre.

cálice. *m.* Cáliz.

calma. *f.* Calma.

calmante. *adj.* e *com.* Calmante; sedante.

calmaria. *f.* Calma.

calmo, ma. *adj.* Calmo; calmoso; sereno.

calo. *m. Med.* Callo.

calor. *m.* Calor. ♦ **No calor da hora.** En caliente.

calorento, ta. *adj.* Caluroso.
caloria. *f. Fís.* Caloría.
caloroso, sa. *adj.* Caluroso.
calota. *f.* Tapacubos; plato de llanta.
calote. *m.* Deuda no paga; estafa.
caloteiro, ra. *adj.* e *s.* Estafador.
calouro, ra. *s.* **1.** Novato; nuevo; principiante. **2.** Alumno de primer año en una universidad.
calúnia. *f.* Calumnia.
calvo, va. *adj.* e *s.* Calvo.
cama. *f.* Cama; lecho (para dormir o descansar). ◆ **Armar uma cama de gato.** Hacer la petaca. **Cair de cama.** Caer en cama. / Caer enfermo. **Cama de casal.** Cama matrimonial / de matrimonio. **Fazer a cama.** Hacer la cama.
camada. *f.* Capa. ◆ **Camada de ozônio.** Capa de ozono.
camafeu. *m.* Camafeo.
câmara. *f.* **1.** Cámara (organismo público). **2.** Cámara (aparato óptico). **3.** Habitación; aposento; compartimiento.
camarada. *com.* Camarada; compañero.
camarão. *m. Zool.* Camarón; langostino.
camareiro, ra. *s.* Camarero.
camarim. *m.* Camerino.
camarote. *m.* **1.** Cabina. **2.** *Teat.* Palco.
cambalear. *v.* Menear; tambalear(se).
cambalhota. *f.* Voltereta; cabriola.
câmbio. *m. Fin.* Cambio.
camélia. *f. Bot.* Camelia.
camelo. *m. Zool.* Camello.
camelô. *com.* Vendedor ambulante.
câmera. *f.* Cámara. ◆ **Câmera lenta.** Cámara lenta.
caminhada. *f.* Caminata.
caminhão. *m.* Camión.
caminhar. *v.* Caminar.
caminho. *m.* Camino.
caminhonete. *f.* Furgón; camioneta.
camisa. *f.* Camisa. ◆ **Camisa de força.** Camisa de fuerza.
camiseta. *f.* Camiseta; (*Arg.*) remera. ◆ **Camiseta regata.** (*Arg.* e *Urug.*) Musculosa.
camisinha. *f. Med.* Preservativo; condón; goma.
camisola. *f.* Camisón de dormir.
campainha. *f.* **1.** Timbre. **2.** *Anat.* Úvula.
campanário. *s.* Campanario.
campanha. *f.* **1.** Campaña; campo. **2.** Campaña.
campeão, ã. *s.* Campeón.
campeonato. *m.* Campeonato.
campesino, na. *adj.* e *s.* Campesino.
campestre. *adj.* Campestre; pastoril.
campo. *m.* Campo.
camponês, sa. *adj.* e *s.* Campesino.
camuflar. *v.* Camuflar; disimular.
camundongo. *m. Zool.* Ratón.
camurça. *f.* Gamuza.
cana. *f.* **1.** Caña; tallo. **2.** Aguardiente. **3.** *fig.* Cárcel; prisión.
cana-de-açúcar. *f. Bot.* Caña de azúcar.
canadense. *adj.* e *com.* Canadiense.
canal. *m.* **1.** Canal; cauce de agua; acequia. **2.** *Geogr.* Canal; estrecho. **3.** Tubo; conducto. **4.** Canal (de televisión).
canalha. *adj.* Canalla; despreciable; vil.
canalização. *f.* Canalización.
canalizar. *v.* Canalizar; encauzar.
canapé. *m. Cul.* Aperitivo.
canário. *m. Zool.* Canario.
canção. *f.* Canción; canto. ◆ **Canção de ninar.** Canción de cuna.
cancelar. *v.* Cancelar; anular.
câncer. *m.* **1.** *Med.* Cáncer. **2.** *n.p.* Cáncer (signo).
candidato, ta. *s.* Candidato; pretendiente a un cargo o empleo.
cândido, da. *adj.* Cándido.
candomblé. *m.* Culto afrobrasileño.
caneca. *f.* Taza.
canela. *f.* **1.** *Anat.* Canilla. **2.** *Cul.* Canela. ◆ **Canela em pó / pau.** Canela en polvo / rama.
caneta. *f.* Pluma; bolígrafo; (*Arg.*) birome; (*Amér.*) lapicero; lapicera. ◆ **Caneta esferográfica.** Bolígrafo.
canetão. *m.* Rotulador; (*Amér.*) plumón.
canga. *f.* Pareo.
cangote. *m. Anat.* Pescuezo; cuello.
canguru. *m. Zool.* Canguro.
canhão. *m.* **1.** Cañón; arma de fuego. **2.** *Geogr.* Cañón; desfiladero.
canhoto, ta. *adj.* **1.** Zurdo; izquierdo. *f.* **2.** Zurda; mano izquierda.
canibal. *adj.* e *s.* Caníbal.
canil. *m.* Perrera.
canivete. *m.* Navaja.

canja. *f.* **1.** *Cul.* Caldo de pollo, arroz y legumbres. **2.** *fig.* Cosa fácil.
cano. *m.* Caño.
cansaço. *m.* Cansancio.
cansar. *v.* e *v.p.* **1.** Cansarse; fatigarse. **2.** Aburrirse.
cansativo, va. *adj.* Cansativo; pesado.
cantada. *f.* Piropo. ♦ **Dar uma cantada.** Echar un piropo.
cantão. *m.* *Polít.* Cantón.
cantar. *v. Mús.* **1.** Cantar. **2.** Cantar; canto; canción.
cântico. *m.* **1.** *Rel.* Cántico. **2.** *Lit.* Poema al que se adapta música.
cantiga. *f.* Canción. ♦ **Cantiga de ninar.** Canción de cuna.
cantil. *m.* Cantimplora.
cantina. *f.* Cantina.
canto. *m.* **1.** Canto; canción; copla. **2.** Canto; borde; filo. **3.** Rincón.
cantor, ra. *s. Mús.* Cantante; cantor; vocalista.
canudo. *m.* Canuto; tubo.
cão. *m.* Perro; can.
caolho, lha. *adj.* e *s.* Tuerto.
caos. *m.* Caos; confusión; desorden.
capa. *f.* **1.** Tapa; cubierta. **2.** Capa; manto. **3.** Forro. ♦ **Capa de chuva.** Gabardina; impermeable.
capacete. *m.* Casco.
capacho. *m.* **1.** Felpudo. **2.** Persona servil; secuaz.
capacidade. *f.* **1.** Capacidad. **2.** *Inform.* Capacidad.
capacitação. *f.* Capacitación; habilitación.
capacitar. *v.* Capacitar.
capanga. *m.* **1.** Matón; guardaespaldas. *f.* **2.** Bolso usado por hombres.
capataz. *m.* Mayoral; capataz.
capaz. *adj.* Capaz.
capela. *f.* Capilla.
capeta. *m.* **1.** Diablo. **2.** Chiquillo travieso.
capim. *m.* *Bot.* Hierba; pasto.
capital. *adj.* **1.** Capital. *m.* **2.** *Fin.* Capital.
capitalismo. *m.* *Fin.* Capitalismo.
capítulo. *m.* *Ling.* Capítulo.
capô. *m.* Capó.
capoeira. *f.* Especie de arte marcial afrobrasileña.
capota. *f.* Cubierta plegadiza.
capotar. *v.* **1.** Volcar. **2.** Adormecer profundamente.
caprichar. *v.* Esmerarse; aplicarse.
capricho. *m.* **1.** Capricho; antojo. **2.** Esmero; aliño.
Capricórnio. *m.* *n.p.* Capricornio (signo).
captar. *v.* Captar; notar; detectar; asimilar.
capturar. *v.* Capturar; prender.
capuz. *m.* Capucha.
caqui. *m.* *Bot.* Caqui.
cáqui. *adj.* e *m.* Caqui (color).
cara. *f.* **1.** Cara; rostro; semblante. **2.** Cara; lado. *m.* **3.** Tipo; tío. ♦ **Cara de poucos amigos.** Cara de pocos amigos. **Cara risonha e tranquila.** Cara de pascua. **Está na cara.** La cara se lo dice. **Fazer uma cara boa / feia.** Poner buena / mala cara. **Fechar a cara.** Arrugar la cara. **Ficar de cara amarrada.** Estar con tanta jeta. **Jogar na cara.** Echar en cara. **Quebrar a cara de.** Partirle / Romperle la cara a. **Ser a cara de.** Ser el vivo retrato / la viva imagen de. **Tenho cara de palhaço?** ¿Tengo monos en la cara? **Tirar no cara ou coroa.** Echar a cara o cruz.
carabina. *f.* Carabina.
caracol. *m.* **1.** *Zool.* Caracol. **2.** Bucle; rizo; cabello rizado.
característico, ca. *adj.* **1.** Característico; típico. *f.* **2.** Característica.
caracterizar. *v.* Caracterizar.
caramba. *interj.* Caramba.
caramelo. *m.* **1.** Caramelo. **2.** *Cul.* Almíbar quemado.
caramujo. *m.* *Zool.* Caracol.
caranguejo. *m.* *Zool.* Cangrejo.
carapaça. *f.* *Anat.* Caparazón.
carapuça. *f.* Caperuza.
caratê. *m.* Kárate.
caráter. *m.* **1.** Carácter; índole; personalidad; temple. **2.** Carácter; característica; particularidad.
carcaça. *f.* *Anat.* Esqueleto; armazón.
cárcere. *m.* Cárcel; prisión.
cardápio. *m.* Menú; carta. ♦ **Conforme cardápio.** A la carta.
cardeal. *m.* **1.** *Rel.* Cardenal (prelado). **2.** *Zool.* Cardenal (pájaro). **3.** Punto, número cardinal.
cardinal. *adj.* Cardinal; principal; fundamental.
cardiologista. *adj.* e *com.* *Med.* Cardiólogo.

cardume. *m.* **1.** *col.* Cardumen. **2.** (*Chile* e *Urug.*) Muchas cosas amontonadas sin orden.
careca. *f.* e *com.* Pelado[(2)]; calvo.
carecer. *v.* Carecer; faltar.
carência. *f.* **1.** Carencia; falta. **2.** Carencia.
careta. *f.* **1.** Mueca. **2.** Careta; máscara. *adj.* e *com.* **3.** Persona anticuada.
carga. *f.* **1.** Carga. **2.** Carga; capacidad. **3.** Peso. **4.** *Fís.* Carga.
cargo. *m.* Cargo; función.
cargueiro. *m.* Carguero.
caricatura. *f.* Caricatura.
carícia. *f.* Caricia.
caridade. *f.* **1.** Caridad; compasión. **2.** Caridad; limosna.
cárie. *f. Med.* Caries.
carimbar. *v.* Sellar; estampar un sello.
carimbo. *m.* Sello.
carinho. *m.* Cariño; afecto.
carinhoso, sa. *adj.* **1.** Afectuoso. **2.** Cariñoso.
carne. *f.* **1.** *Biol.* Carne. **2.** *Cul.* Carne. ◆ **Carne moída.** Carne picada. **Carne temperada.** Carne adobada. **Ser de carne e osso.** Ser de carne y hueso.
carnê. *m.* **1.** Carné; libreta de apuntes. **2.** Carné.
carneiro. *m. Zool.* Carnero.
carniceiro, ra. *adj.* Carnicero.
carnificina. *f.* Masacre; carnicería; matanza.
caro, ra. *adj.* **1.** Caro; costoso. **2.** Querido; estimado; caro.
caroço. *m.* Hueso de las frutas.
carona. *f. Autostop.* ◆ **Pedir carona.** (*Arg.*) Hacer dedo; (*Méx.*) pedir jalón.
carpa. *f. Zool.* Carpa.
carpete. *m.* Moqueta; alfombra.
carpintaria. *f.* Carpintería.
carpinteiro, ra. *s.* Carpintero.
carpir. *v.* Mondar; limpiar.
carranca. *f.* Carátula; mascarón de proa.
carrancudo, da. *adj.* Huraño.
carrapato. *m. Zool.* Garrapata.
carregador, ra. *adj.* **1.** Cargador. *m.* **2.** Maletero.
carregamento. *m.* Cargamento.
carregar. *v.* **1.** Cargar. **2.** *Inform.* Cargar.
carreira. *f.* **1.** Carrera; curso superior. **2.** Carrera; hilera. ◆ **Fazer carreira.** Hacer carrera.
carreta. *f.* **1.** Carretilla. **2.** Remolque; camión cisterna.
carretel. *m.* Carrete.
carreto. *m.* Acarreo; transporte.
carril. *m.* Raíl; carril de las vías férreas.
carro. *m.* Coche; automóvil; (*Amér.*) carro; auto. ◆ **Andar de carro.** Andar en coche. **Lavador de carro.** Lavacoche.
carroça. *f.* Carro.
carrocinha. *f.* Perrera.
carrossel. *m.* Tiovivo; carrusel.
carruagem. *f.* Carro.
carta. *f.* **1.** Carta. **2.** Carta; constitución; estatuto. **3.** Carta de navegar; mapa. **4.** Licencia; carné de conducir. ◆ **Carta registrada.** Carta certificada. **Dar carta branca.** Dar firma en blanco. **Ler cartas (para adivinhar o futuro).** Echar las cartas.
cartão. *m.* **1.** Tarjeta. **2.** Cartón. ◆ **Cartão amarelo / vermelho.** *Desp.* Tarjeta amarilla / roja. **Cartão de crédito.** *Fin.* Tarjeta de crédito. **Cartão de visita.** Tarjeta de visita.
cartão-postal. *m.* Tarjeta postal.
cartaz. *m.* **1.** Afiche; poster; cartel. **2.** Cartel; anuncio; letrero. ◆ **Em cartaz.** En cartel. / En cartelera. **Proibido colar cartazes.** Prohibido fijar anuncios.
carteira. *f.* **1.** Billetero; cartera. **2.** Bolso. **3.** Monedero; billetera. **4.** Pupitre (escolar). ◆ **Carteira de habilitação.** Carné de conducir. **Carteira de identidade.** Carné / Cédula / Tarjeta de identidad.
carteiro, ra. *s.* Cartero; correo.
cartela. *f.* Cartón numerado para el juego de la lotería.
cartilagem. *f.* Cartílago.
cartilha. *f.* Cartilla; abecedario.
cartola. *f.* Chistera; sombrero de copa.
cartolina. *f.* Cartulina.
cartório. *m.* **1.** Notaría. **2.** Archivo. **3.** Registro civil.
cartucheira. *f.* Cartuchera; canana.
cartucho. *m.* Cartucho.
carvalho. *m. Bot.* Roble.
carvão. *m.* Carbón.
casa. *f.* **1.** Casa; vivienda; residencia. **2.** Casa. **3.** Casa (de botón). *m.* **4.** Ojal. ◆ **Em casa de ferreiro, espeto de pau.** En casa de herrero, cuchillo de palo.
casaco. *m.* **1.** Chaqueta; (*Amér.*) saco. **2.** Abrigo; sobretodo; (*Amér.*) tapado.

casado, da. *adj.* e *s.* Casado. ◆ **Ser casado.** Estar casado.

casal. *m.* **1.** Pareja de macho y hembra. **2.** Pareja; matrimonio.

casamento. *m.* **1.** Boda; casamiento. **2.** *fig.* Enlace. ◆ **Anel de casamento.** Anillo de boda.

casar. *v.* Casar(-se). ◆ **Quem casa quer casa.** El casado casa quiere.

casarão. *m.* Caserón.

casario. *m.* Caserío.

casca. *f.* **1.** Cáscara; piel (de las frutas). **2.** Costra; corteza (del pan).

cascalho. *m.* Guijarro; cascajo.

cascata. *f. Geogr.* Cascada.

cascavel. *f.* Cascabel.

casco. *m.* **1.** Casco; envase. **2.** Casco (de barco). **3.** *Anat.* Cráneo; casco.

caseiro, ra. *adj.* e *s.* Casero.

caso. *m.* Caso; suceso. ◆ **Em caso de.** En caso de. **Em todo caso.** De todos modos. **Em último caso.** En último caso. **Para o caso de.** Por si acaso. **Vir ao caso.** Venir al caso / a cuento.

caspa. *f. Med.* Caspa.

cassar. *v.* Anular; retirar (un cargo, un poder).

cassete. *m.* Casete.

casta. *f.* Casta; clase; género.

castanha. *f. Bot.* Castaña.

castanholas. *f.pl. Mús.* Castañuelas.

castelhano, na. *adj.* e *s.* Castellano.

castelo. *m.* Castillo.

castiçal. *m.* Candelero; arandela.

castigar. *v.* Castigar.

castigo. *m.* Castigo.

castor. *m. Zool.* Castor.

casual. *adj.* Casual; incidental.

casualidade. *f.* Casualidad; acaso; accidente.

casulo. *m. Bot.* e *Zool.* Capullo.

cataclismo. *m. Geogr.* Cataclismo.

catalão, lã *adj.* e *s.* Catalán.

catalogar. *v.* Catalogar; clasificar.

catálogo. *m.* Catálogo.

catapulta. *f.* Catapulta.

catar. *v.* **1.** Buscar; registrar; catear. **2.** Recoger; levantar.

catarata. *f.* **1.** *Geogr.* Catarata; cascada; salto de agua. **2.** *Med.* Catarata.

catástrofe. *f.* Catástrofe.

cata-vento. *m.* Remolino de papel.

cátedra. *f.* Cátedra.

catedrático, ca. *adj.* e *s.* Catedrático.

categoria. *f.* Categoría.

catequese. *f. Rel.* Catequesis.

cativar. *v.* **1.** Cautivar. **2.** Cautivar; atraer; seducir.

cativeiro. *m.* Cautiverio.

cativo, va. *adj.* e *s.* **1.** Cautivo; prisionero. **2.** Cautivo.

catolicismo. *m. Rel.* Catolicismo.

católico, ca. *adj.* e *s. Rel.* Católico.

catorze. *núm.* e *m.* Catorce.

catre. *m.* Catre.

caução. *f.* Fianza; garantía; resguardo.

cauda. *f.* **1.** *Zool.* Cola; rabo. **2.** *Astr.* Cola (de cometa).

caudilho. *m.* Caudillo.

caule. *m. Bot.* Tallo.

causa. *f.* **1.** Causa; motivo; origen. **2.** Causa; ideal.

causar. *v.* Causar; suscitar; ocasionar; producir.

cautela. *f.* **1.** Cautela; precaución. **2.** Certificado; contraseña; resguardo.

cava. *f.* Sisa.

cavalaria. *f.* Caballería.

cavaleiro, ra. *adj.* e *m.* Jinete; caballero.

cavalgada. *f.* Cabalgada.

cavalete. *m.* Caballete.

cavalgadura. *f.* Caballería.

cavalheiro. *m.* Caballero.

cavalo. *m. Zool.* Caballo.

cavanhaque. *m.* Perilla.

cavar. *v.* **1.** Excavar. **2.** Conseguir; obtener con esfuerzo; recabar.

caveira. *f.* **1.** *Anat.* Calavera. **2.** *fig.* Persona flaca.

caverna. *f. Geogr.* Caverna; cueva; gruta.

caxias. *adj.* e *com.* **1.** Excesivamente dedicado a sus actividades. **2.** Empollón.

caxumba. *f. Med.* Papera; parotiditis.

CD. *m. Inform.* (Disco) Compacto; CD.

CD-ROM. *m. Inform.* CD-ROM.

cebola. *f. Bot.* Cebolla.

ceder. *v.* Ceder.

cedilha. *f.* Cedilla.

cedo. *adv.* Temprano.

cedro. *m.* **1.** *Bot.* Cedro. **2.** Madera del cedro.

cédula. *f.* **1.** Billete[(4)]. **2.** Billete[(2)]. ◆ **Cédula eleitoral.** Papeleta.

cegar. *v.* Cegar.

cego, ga. *adj.* e *s.* **1.** Ciego. **2.** Sin filo o corte. ◆ **Em terra de cego, quem tem olho é rei.** En el país de los ciegos el tuerto es el rey.

cegonha. *f. Zool.* Cigüeña.

ceia. *f.* Cena. ◆ **A Última Ceia.** *Rel.* La Última Cena.

cela. *f.* Celda.

celebrar. *v.* Celebrar.

célebre. *adj.* Célebre; afamado; famoso.

celebridade. *f.* Celebridad.

celeiro. *m.* Granero; silo.

celeste. *adj.* **1.** Celeste; celestial. **2.** Divino.

célula. *f. Biol.* Célula.

celular. *adj.* **1.** *Biol.* Celular. *m.* **2.** Teléfono celular / móvil.

celulite. *f. Med.* Celulitis.

cem. *núm.* e *m.* Cien.

cemitério. *m.* Cementerio; camposanto.

cena. *f.* **1.** *Teat.* Escena; escenario. **2.** *Teat.* Escena. **3.** Escenario; perspectiva. **4.** Escena; suceso; incidente.

cenário. *m.* **1.** Escenario. **2.** Panorama.

cenho. *m. Anat.* Ceño.

cenografia. *f.* Escenografía.

cenoura. *f. Bot.* Zanahoria.

censo. *m.* Censo.

censura. *f.* **1.** Censura. **2.** Crítica; reproche.

censurar. *v.* **1.** Censurar; condenar. **2.** Criticar; reprochar.

centavo. *m.* Céntimo. ◆ **Não ter nem um centavo.** *fig.* No tener ni un duro.

centeio. *m. Bot.* Centeno.

centelha. *f.* Centella; chispa.

centena. *f.* Centena.

centenário, ria. *num.* e *adj.* Centenario.

centímetro. *m.* Centímetro.

cento. *núm.* Ciento. ◆ **Por cento.** Por ciento.

centopeia. *f. Zool.* Ciempiés.

central. *adj.* **1.** Central; céntrico. **2.** Central; principal.

centralizar. *v.* **1.** Centrar. **2.** Acaparar; monopolizar.

centro. *m.* Centro.

cera. *f.* Cera.

cerâmica. *f.* Cerámica.

cerca. *f.* Cerca; valla; verja; alambrado; reja; enrejado. ◆ **Cerca de.** Cerca de.

cercar. *v.* **1.** Cercar. **2.** Cercar; asediar; sitiar.

cerco. *m.* **1.** Sitio. **2.** Bloqueo.

cerda. *f.* Cerda.

cereal. *m. Bot.* Cereal; grano; mies.

cérebro. *m.* **1.** *Anat.* Cerebro; seso. **2.** *fig.* Intelecto.

cereja. *f. Bot.* **1.** Cereza. **2.** Semilla madura del cafeto.

cerejeira. *f. Bot.* Cerezo.

cerimônia. *f.* **1.** Ceremonia. **2.** *Rel.* Ceremonia.

ceroula. *f.* Calzoncillos largos de la cintura al tobillo.

cerração. *f.* Bruma; niebla.

cerrado, da. *adj.* e *m.* Cerrado.

certeiro, ra. *adj.* Certero.

certeza. *f.* Seguridad; certidumbre; certeza. ◆ **Com (toda) certeza.** De fijo. / Con seguridad.

certidão. *f.* Partida; certificado.

certificado. *m.* Certificado.

certificar. *v.* **1.** Certificar; asegurar. **2.** Certificar; atestiguar.

certo, ta. *adj.* **1.** Cierto; correcto; verdadero. **2.** Puntual; cabal. **3.** Cierto; seguro. ◆ **Certo?** **1.** ¿Vale? **2.** ¿Correcto?

cerveja. *f.* Cerveza.

cervejaria. *f.* Cervecería.

cerviz. *f. Anat.* Cerviz.

cervo. *m. Zool.* Ciervo.

cerzir. *v.* Zurcir.

cesariana. *f. Med.* Cesárea.

cessão. *f.* **1.** Cesión. **2.** Transmisión.

cesta. *f.* Canasta.

cetim. *m.* Satén; raso.

céu. *m. Astr.* Cielo. ◆ **A céu aberto.** Al raso. / A la intemperie. **Desabar o céu sobre a cabeça.** Caérsele la casa a cuestas / encima. **Limpar o céu.** Despejarse el tiempo.

chá. *m.* Té; infusión.

chácara. *f.* Finca; chacra.

chacina. *f.* Masacre; matanza.

chacoalhar. *v.* Mecer; menear; sacudir; agitar.

chafariz. *m.* Chafariz; fuente.

chaga. *f.* Llaga.

chalé. *m.* Chalé; *chalet*.

chaleira. *f.* **1.** Tetera. **2.** Hervidor; (*Arg.* e *Par.*) pava.

chama. *f.* **1.** Llama; fuego. **2.** *fig.* Pasión.

chamada. *f.* **1.** Llamada. **2.** Comunicación telefónica.

chamar. *v.* **1.** Llamar; denominar; nombrar. **2.** Convocar. **3.** Llamar. **4.** Sonar el teléfono.

chamariz. *m.* Señuelo para atraer aves u otros animales a una trampa.

chamativo, va. *adj.* Llamativo; vivo; vistoso.

chaminé. *f.* Chimenea.

champanhe. *m.* Champán; champaña.

chance. *f.* Oportunidad; ocasión.

chantagem. *f.* Chantaje.

chantagista. *adj.* e *com.* Chantajista.

chão. *m.* Suelo; piso; tierra.

chapa. *f.* **1.** Chapa; placa. **2.** Lámina; hoja. **3.** Insignia. *com.* **4.** Camarada; amigo. ◆ **Na chapa.** A la plancha.

chapada. *f. Geogr.* Meseta.

chapéu. *m.* Sombrero.

chapista. *com.* **1.** Chapista; laminador. **2.** Funileiro.

charada. *f.* **1.** Acertijo; adivinanza. **2.** Enigma.

charanga. *f.* Charanga.

charme. *m.* Atractivo; encanto.

charmoso, sa. *adj.* **1.** Encantador. **2.** Hermoso.

charque. *m. Cul.* Chacina.

charutaria. *f.* Tabaquería; estanco.

charuto. *m.* Puro; cigarro; tabaco; (*Arg.*) toscano.

chassi. *m.* Chasis.

chateação. *f.* Aburrimiento; tabarra.

chatear. *v.* Molestar; dar la lata.

chatice. *f.* Lata; pesadez.

chato, ta. *adj.* e *m.* Latoso; pesado. ◆ **Ser muito chato.** Ser un rollo. / Ser muy pesado.

chavão. *m.* Cliché; frase hecha; muletilla.

chave. *f.* Llave. ◆ **Chave mestra.** Llave maestra. **Molho de chaves.** Manojo de llaves.

chavecar. *v.* Camelar; engañar adulando.

chaveiro. *m.* Llavero.

chavelho. *m. Anat.* Cuerno; antena.

chaveta. *f.* Chaveta.

checagem. *f.* Chequeo; puesta a punto.

checar. *v.* Comprobar; controlar; certificar.

checo, ca. *adj.* e *s.* Checo.

chefão. *m.* Mandamás; cacique.

chefatura. *f.* Jefatura.

chefe. *com.* Jefe; director; patrón.

chefiar. *v.* Mandar; dirigir; encabezar; liderar.

chega. *interj.* Basta.

chegada. *f.* Llegada; advenimiento.

chegar. *v.* **1.** Llegar. **2.** Lograr. **3.** Bastar; ser suficiente. ◆ **Já chega!** ¡Basta ya! **Não chegar aos pés de (alguém).** *fig.* e *fam.* No llegarle a la suela del zapato.

cheia. *f.* **1.** Crecida; inundación. **2.** *Astr.* Luna llena.

cheio, a. *adj.* **1.** Lleno; pleno. **2.** *fig.* Harto. ◆ **Em cheio.** De lleno. **Estar (de saco) cheio.** *fam.* Estar hasta el gorro / los cojones / los huevos / el tope. **Estar cheio (um lugar).** Estar hasta el tope / los topes.

cheirar. *v.* **1.** Oler; inspirar olor. **2.** Inhalar. **3.** Oler; exhalar olor. ◆ **Isso não está cheirando bem.** Esto no huele bien. **Nem cheirar nem feder.** Ni chicha ni cortar.

cheiro. *m.* Olor; aroma.

cheiroso, sa. *adj.* Oloroso.

cheiro-verde. *m. Bot.* Mezcla de perejil y cebollino.

cheque. *m. Fin.* Cheque; mandato escrito de pago. ◆ **Cheque ao portador.** Cheque al portador. **Cheque nominal.** Cheque nominativo.

chiar. *v.* **1.** Chillar; rechinar; producir chirrido. **2.** Chillar; rezongar; refunfuñar.

chiclete. *m.* Chicle.

chicotada. *f.* Latigazo.

chicote. *m.* Látigo; azote.

chifre. *m. Anat.* Cuerno. ◆ **Pegar o touro pelos chifres.** *fig.* Coger el toro por los cuernos. **Pôr chifre em.** *fig.* Poner / Meter los cuernos (a alguien con quien se tiene una relación amorosa).

chileno, na. *adj.* e *s.* Chileno.

chilique. *m.* Patatús; achaque.

chimarrão. *m.* Mate.

chinelo. *m.* Zapatilla; pantufla; chancleta.

chinês, sa. *adj.* e *s.* Chino.

chique. *adj.* Elegante; a la moda; chic.

chiqueiro. *m.* **1.** Chiquero. **2.** Pocilga; cuchitril.

chocalho. *m.* Cencerro.

chocar. *v.* **1.** Chocar; estrellarse. **2.** Incubar; empollar. **3.** Chocar; impresionar.

chocolate. *m.* Chocolate; tableta de chocolate; chocolatina.

chope. *m.* Caña; cerveza de barril.

choque. *m.* **1.** Choque; colisión. **2.** Conflicto; riña.

choradeira. *f.* Lamentación; gimoteo; lloriqueo.

choramingar. *v.* Gimotear; lloriquear.
choramingão, gona. *adj.* e *s.* Quejica.
chorão, rona. *adj.* e *s.* Llorón; chillón.
chorar. *v.* Llorar. ♦ **Chorar como criança.** Llorar a moco tendido. **Desabar a chorar.** Saltarle las lágrimas. **Quem não chora não mama.** El que no llora, no mama.
chorinho. *m.* **1.** *Mús.* Ritmo musical brasileño. **2.** Dosis extra de bebida.
choro. *m.* Llanto; lloro.
choupana. *f.* Choza.
chouriço. *m.* Morcilla.
chover. *v.* Llover. ♦ **Chover canivetes.** Llover a cántaros. **Chover no molhado.** Llover sobre mojado.
chuchu. *m.* *Bot.* Chayote; (*Méx.* e *Amér. Central*) güisquil.
chulé. *m.* Mal olor de los pies.
chumaço. *m.* Copo; mechón; grumo.
chumbar. *v.* Empotrar.
chumbo. *m.* **1.** *Quím.* Plomo. **2.** Perdigón; plomo.
chupar. *v.* Chupar; absorber.
chupeta. *f.* Chupete.
churrascaria. *f.* Restaurante que sirve carne asada; parrilla.
churrasco. *m.* *Cul.* Churrasco; parrilla; carne a la brasa; barbacoa; parrilla.
churrasqueira. *f.* Parrilla.
churro. *m.* *Cul.* Churro.
chutar. *v.* Patear; dar puntapiés; dar palos de ciego. ♦ **Com chutes.** A patadas.
chute. *m.* Puntapié.
chuteira. *f.* *Desp.* Bota.
chuva. *f.* Lluvia.
chuveiro. *m.* Ducha.
chuvisco. *m.* Llovizna; lluvia meona.
chuvoso, sa. *adj.* Lluvioso.
cibernético, ca. *adj.* **1.** Cibernético *f.* **2.** Cibernética.
cicatriz. *f.* Cicatriz.
cicatrizar. *v.* Cicatrizar.
ciclismo. *m.* *Desp.* Ciclismo.
ciclista. *com.* *Desp.* Ciclista.
ciclo. *m.* Ciclo.
ciclone. *m.* Ciclón.
cidadão, dã. *s.* Ciudadano.
cidade. *f.* **1.** Ciudad; población. **2.** Centro; núcleo urbano.
ciência. *f.* Ciencia.
ciente. *adj.* **1.** Enterado; consciente. **2.** Sabedor de sus deberes.
científico, ca. *adj.* Científico.
cientista. *com.* Científico.
cifra. *f.* **1.** Número; guarismo. **2.** Importe.
cigano, na. *s.* Gitano; cíngaro.
cigarra. *f.* *Zool.* Cigarra; chicharra.
cigarro. *m.* Cigarrillo; pitillo.
cilada. *f.* Trampa; emboscada.
cilindro. *m.* Cilindro.
cílio. *m.* *Anat.* Pestaña.
cima. *f.* Cima; cumbre. ♦ **Em cima.** Arriba; encima.
cimentar. *v.* Cimentar.
cimento. *m.* Cemento.
cimo. *m.* Cima; cumbre; cúspide; cabezo.
cinco. *núm.* e *m.* Cinco.
cindir. *v.* Escindir; separar.
cine. *m.* Cine.
cineasta. *com.* Cineasta.
cinema. *m.* Cine.
cinemática. *f.* *Fís.* Cinemática.
cingir. *v.* Ceñir; rodear; apretar.
cinquenta. *núm.* e *m.* Cincuenta.
cinta. *f.* Cinta; faja.
cinta-liga. *f.* Faja.
cintilante. *adj.* Brillante.
cinto. *m.* Cinturón. ♦ **Cinto de segurança.** Cinturón de seguridad.
cintura. *f.* Cintura.
cinza. *adj.* e *m.* **1.** Gris. *f.pl.* **2.** Cenizas. ♦ **Quarta-feira de cinzas.** *Rel.* Miércoles de Ceniza. **Reduzir a cinzas.** *fig.* Convertir en cenizas.
cinzeiro. *m.* Cenicero.
cipó. *m.* *Bot.* Liana.
circo. *m.* Circo.
circuito. *m.* **1.** Circuito; trayecto. **2.** Perímetro.
circulação. *f.* Circulación.
circular. *adj.* **1.** Circular. *m.* **2.** Autobús que vuelve al inicio del recorrido. *f.* **3.** Circular, memorando. *v.* **4.** Circular, transitar.
círculo. *m.* Círculo.
circunspecto, ta. *adj.* Circunspecto.

circunstância. *f.* Circunstancia.
cirrose. *f. Med.* Cirrosis.
cirurgia. *f. Med.* Cirugía.
cirurgião, ã. *s. Med.* Cirujano.
cirúrgico, ca. *adj.* e *s.* Quirúrgico.
cisão. *f.* División; escisión.
cisne. *m. Zool.* Cisne.
cisterna. *f.* **1.** Depósito; estanque; cisterna. **2.** Pozo.
citação. *f.* Cita.
citar. *v.* **1.** Citar; mencionar; aludir. **2.** Emplazar.
cítrico, ca. *adj.* Cítrico.
ciúme. *m.* Celos.
ciumento, ta. *adj.* e *s.* Celoso.
civil. *adj.* **1.** Civil. **2.** Urbano.
clã. *m.* Clan.
clamar. *v.* Clamar; pedir con vehemencia.
clandestino, na. *adj.* e *s.* Clandestino.
clara. *f.* Clara (de huevo).
claraboia. *f.* Claraboya.
clarão. *m.* Claridad; luz.
clarear. *v.* **1.** Aclarar; clarear. **2.** Blanquear.
clareza. *f.* Claridad.
claridade. *f.* Claridad; lumbre.
clarividente. *adj.* Clarividente.
claro, ra. *adj.* **1.** Claro; iluminado; nítido. *adv.* **2.** Claro; desde luego. ◆ **Deixar claro.** Aclarar.
classe. *f.* **1.** Clase; categoría; especie. **2.** Clase; grupo de alumnos. **3.** Aula. **4.** Clase; distinción.
clássico, ca. *adj.* Clásico.
classificação. *f.* Clasificación.
classificar. *v.* Clasificar.
clausura. *f.* Clausura; reclusión.
clave. *f.* **1.** Clave; código secreto. **2.** *Mús.* Señal para leer las notas musicales.
clavícula. *f. Anat.* Clavícula.
clemência. *f.* Clemencia.
clero. *m. Rel.* Clero.
clicar. *v. Inform.* Clicar; pulsar; hacer clic.
clichê. *m.* Clisé; cliché.
cliente. *com.* Cliente.
clima. *f. Meteor.* Clima.
clipe. *m.* Clip; prendedor.
clique. *m.* Clic.
cloro. *m. Quím.* Cloro.
clorofila. *f. Biol.* Clorofila.
clube. *m.* Club; círculo; sociedad.
coação. *f.* Coacción.
coador. *m.* Colador.
coagir. *v.* Coaccionar.
coagular. *v. Biol.* Coagular.
coala. *m. Zool.* Koala.
coar. *v.* Colar.
coberto, ta. *adj.* Cubierto.
cobertor. *m.* Manta; (*Amér.*) frazada.
cobertura. *f.* Capa.
cobiça. *f.* Codicia.
cobra. *f. Zool.* Serpiente; culebra.
cobrança. *f.* **1.** Cobro. **2.** Exigencia.
cobrar. *v.* **1.** Cobrar. **2.** Reclamar; exigir. ◆ **A cobrar (ligação telefônica).** A cobro revertido.
cobrir. *v.* **1.** Cubrir; tapar; abrigar. **2.** Cubrir; defender.
cocaína. *f.* Cocaína.
coçar. *v.* **1.** Rascar. **2.** Picar. ◆ **Ficar coçando.** *fam.* Rascarse la barriga.
cócegas. *f.pl.* Cosquillas.
coceira. *f.* Picazón.
cocheira. *f.* Establo.
cochichar. *v.* Murmurar; cuchichear.
cochicho. *m.* Murmullo.
coco. *m. Bot.* Coco.
cocô. *m. fam.* Caca; mierda.
código. *m.* **1.** Código. **2.** Código (sistema de signos). ◆ **Código de Endereçamento Postal (CEP).** Código postal.
codorna. *f. Zool.* Codorniz.
coelho. *m. Zool.* Conejo.
coesão. *f.* Cohesión.
cofre. *m.* **1.** Cofre; caja. **2.** Cofre fuerte; caja de caudales.
cogitar. *v.* Reflexionar.
cognome. *m.* Alias; apodo.
cogumelo. *m. Bot.* Seta.
coibir. *v.* Cohibir.
coisa. *f.* **1.** Cosa. **2.** Asunto. ◆ **Já é alguma coisa.** Algo es algo. **Mais alguma coisa?** ¿Algo más? **Não ser grande coisa.** No valer gran cosa. **Ter coisa.** Haber gato encerrado.
coitado, da. *adj., s.* e *interj.* Pobre. ◆ **Coitado de mim/você.** ¡Pobre de mí/ti!
cola. *f.* **1.** Pegamento. **2.** Acordeón; chuleta (en exámenes escolares).
colaboração. *f.* Colaboración.

colaborar. *v.* Colaborar.
colação. *f.* Colación.
colar. *v.* **1.** Pegar con cola. **2.** Copiar en un examen. *m.* **3.** Collar.
colarinho. *m.* Cuello (de una camisa). ◆ **Colarinho engomado.** Cuello duro.
colcha. *f.* Colcha.
colchão. *m.* Colchón. ◆ **Colchão de molas.** Colchón de muelles.
colchonete. *m.* Colchoneta.
coleção. *f.* Colección.
colecionar. *v.* Coleccionar.
colega. *com.* **1.** Compañero (de escuela); colega (de profesión). **2.** Amigo; camarada.
colegial. *adj.* **1.** Colegial. *com.* **2.** Alumno.
colégio. *m.* **1.** Colegio; escuela. **2.** *col.* Colegio; gremio.
coleira. *f.* Collar para animal.
cólera. *f.* **1.** Cólera; rabia; ira. **2.** *Med.* Cólera.
coleta. *f.* **1.** Recopilación; recolección. **2.** Recaudación; colecta. ◆ **Coleta seletiva.** Recogida selectiva.
cofrinho. *m.* Cofre.
colete. *m.* Chaleco. ◆ **Colete a prova de balas.** Chaleco a prueba de balas. **Colete salva-vidas.** Chaleco salvavidas.
coletivo, va. *adj.* **1.** Colectivo. *m.* **2.** Autobús; ómnibus.
colheita. *f. Agr.* Cosecha.
colher. *v.* **1.** *Agr.* Recolectar; hacer la cosecha. **2.** Reunir; recoger; juntar. *f.* **3.** Cuchara.
colherada. *f.* Cucharada.
colherinha. *f.* Cucharilla.
colibri. *m. Zool.* Colibrí.
cólica. *f. Med.* Cólico.
coligação. *f.* Liga.
colina. *f. Geogr.* Colina.
colisão. *f.* Colisión; choque.
colmeia. *f. col.* Colmena.
colo. *m.* **1.** *Anat.* Cuello. **2.** Regazo.
colocar. *v.* **1.** Poner; colocar. **2.** Disponer; ubicar. *v.p.* **3.** Asumir una postura.
colombiano, na. *adj.* e *s.* Colombiano.
colônia. *f.* **1.** Colonia; territorio colonizado. **2.** Colonia; extranjeros en un país. **3.** Colonia; perfume.
colono. *m.* **1.** Colono. **2.** Colono; poblador.
coloquial. *adj.* e *m.* Familiar; informal.

colóquio. *m.* Conversa informal entre dos o más personas.
colorido, da. *adj.* De colores.
colorir. *v.* Colorear.
colorista. *com.* Especialista en combinar y crear colores.
colossal. *adj.* Colosal; descomunal.
colosso. *m.* Coloso.
coluna. *f.* **1.** *Arq.* Columna; pilastra. **2.** División vertical de una página. ◆ **Coluna policial.** (*Esp.*) Crónicas de sucesos.
colunista. *com.* Columnista.
com. *prep.* Con.
coma. *m. Med.* Coma.
comandar. *v.* **1.** Comandar. **2.** Mandar; dirigir.
comando. *m.* **1.** Comando. **2.** Mando; gobierno. **3.** *Inform.* Comando.
comarca. *f.* **1.** Comarca. **2.** *Geogr.* Región; territorio.
combater. *v.* **1.** Combatir; luchar. **2.** Combatir.
combinação. *f.* Combinación; arreglo.
combinar. *v.* **1.** Componer. **2.** Ponerse de acuerdo. **3.** Armonizar; conciliar. ◆ **Combinado.** De acuerdo. / Vale.
comboio. *m.* Convoy.
combustível. *adj.* e *m.* Combustible.
começar. *v.* Empezar; comenzar.
começo. *m.* Comienzo; principio. ◆ **Do começo ao fim.** Del principio al fin. **No começo de.** A principios de. / Al principio de.
comédia. *f.* **1.** Comedia. **2.** Farsa.
comemoração. *f.* Conmemoración.
comemorar. *v.* Celebrar; festejar; conmemorar.
comentar. *v.* Comentar.
comentário. *m.* Comentario.
comer. *v.* Comer. ◆ **Comer muito rapidamente.** Comer en un bocado / dos bocados.
comercial. *adj.* Comercial.
comercialização. *f.* Comercialización.
comerciante. *adj.* e *com.* Comerciante; mercader; negociante.
comerciar. *v.* Negociar.
comércio. *m.* Comercio.
comestível. *adj.* Comestible.
cometa. *m. Astr.* Cometa.
cometer. *v.* Cometer; perpetrar.
comichão. *f.* Picazón.
comício. *m.* Mitin.

cômico, ca. *adj.* e *s.* Cómico.

comida. *f.* Comida; alimento.

comigo. *pron.* Conmigo.

comilão, lona. *adj.* e *s.* Glotón.

comissário, ria. *s.* Comissário ◆ **Comissário de bordo.** Auxiliar de vuelo, azafato; aeromozo.

comitiva. *f.* Comitiva.

como. *adv., prep.* e *conj.* **1.** Como. *adv.* **2.** Cómo. ◆ **Como ficamos?** ¿En qué quedamos? **Como se.** Como si. **Como se não fosse nada.** Como si nada. **Como vai você / o(a) senhor(a)?** ¿Cómo te / le va? **Como você está?** ¿Qué cuentas? / ¿Qué tal? **Mas, como?** ¿Pero, cómo?

comoção. *f.* Conmoción.

cômodo, da. *adj.* **1.** Cómodo; confortable. *m.* **2.** Aposento; habitación; pieza. *f.* **3.** Cómoda.

comover. *v.p.* Conmover(se).

compadecer. *v.p.* Compadecer; sentir la desgracia ajena.

compaixão. *f.* Compasión.

companheiro, ra. *adj.* e *s.* Compañero; camarada; compinche.

companhia. *f.* Compañía.

comparação. *f.* Comparación.

comparar. *v.* Comparar; confrontar.

comparecer. *v.* Comparecer; personarse.

comparecimento. *m.* Presencia; asistencia.

comparsa. *com.* Compinche.

compartilhar. *v.* Compartir.

compartimento. *m.* Compartimiento.

compasso. *m.* Compás.

compatriota. *adj.* e *com.* Compatriota.

compêndio. *m.* Compendio.

compenetrar. *v.p.* Concentrarse; compenetrarse.

compensação. *f.* Compensación. ◆ **Em compensação.** En cambio.

compensar. *v.* Compensar.

competência. *f.* Capacidad; habilidad; competencia.

competição. *f.* Competición.

competidor, ra. *s.* Adversario; competidor.

competir. *v.* Competir.

competitivo, va. *adj.* Competitivo.

compilar. *v.* Recopilar.

complementar. *adj.* **1.** Complementario. *v.* **2.** Completar.

completar. *v.* Completar. ◆ **Completar 10 anos.** Cumplir 10 años.

completo, ta. *adj.* **1.** Lleno. **2.** Cabal. ◆ **Por completo.** Del todo.

complexo, xa. *adj.* Complejo; complicado.

complicação. *f.* Complicación.

complicar. *v.* Complicar; dificultar.

complô. *m.* Complot.

componente. *adj.* e *com.* Componente.

compor. *v.* Componer.

comporta. *f.* Compuerta.

comportamento. *m.* Comportamiento.

comportar. *v.* Comportar.

compositor, ra. *s.* Compositor; músico.

composto, ta. *adj.* Compuesto.

compostura. *f.* **1.** Compostura. **2.** Seriedad.

compota. *f. Cul.* Compota; frutas cocidas con agua y azúcar.

compra. *f.* Compra.

comprador, ra. *adj.* e *s.* Comprador.

comprar. *v.* Comprar.

compreender. *v.* **1.** Comprender; entender. **2.** Comprender; abarcar.

compreensão. *f.* Comprensión.

compreensivo, va. *adj.* **1.** Comprensivo. **2.** Tolerante.

compressa. *f.* Compresa.

compressor, ra. *adj.* e *s.* Compresor.

comprido, da. *adj.* Largo.

comprimento. *m.* Largura; extensión; longitud.

comprimido. *m.* Píldora.

comprimir. *v.* Comprimir; prensar.

comprometer. *v.* **1.** Encargar. *v.p.* **2.** Asumir responsabilidad.

compromisso. *m.* Compromiso.

comprovante. *m.* Resguardo.

comprovar. *v.* Comprobar; confirmar; acreditar.

compulsivo, va. *adj.* Compulsivo.

computação. *f.* **1.** *Mat.* Computación. **2.** (*Amér.*) Computación; informática.

computador. *m. Inform.* Computador; ordenador.

computadorizar. *v.* Procesar información; computarizar.

computar. *v. Mat.* e *Inform.* Computar.

comum. *adj.* **1.** Común; general. **2.** Común; corriente. **3.** Común; ordinario. **4.** Común; frecuente. ◆ **Senso comum.** Sentido común.

comungar. *v.* Comulgar.

comunicação. *f.* Comunicación.

comunicar. *v.* **1.** Comunicar; informar. **2.** Transmitir.
comunidade. *f.* Comunidad.
comunitário, ria. *adj.* Colectivo.
conceber. *v.* Concebir.
conceder. *v.* Conceder; otorgar.
conceito. *m.* **1.** Concepto; opinión. **2.** Concepto; idea.
concentração. *f.* Concentración.
concentrar. *v.* **1.** Concentrar. *v.p.* **2.** Concentrarse; ponerse las pilas.
concernir. *v.* Concernir; atañer.
concertar. *v.* **1.** Concertar; componer; arreglar. **2.** Concertar; llegar a un acuerdo.
concerto. *m. Mús.* Concierto.
concha. *f.* **1.** *Anat.* Concha. **2.** Cucharón (de cocina).
conchavo. *m.* Componenda.
conciliar. *v.* Conciliar.
concílio. *m.* Conciliábulo.
conciso, sa. *adj.* Conciso; lacónico.
concluir. *v.* Concluir; terminar; finalizar.
conclusão. *f.* Conclusión; terminación; remate.
concordar. *v.* Estar de acuerdo; aceptar.
concórdia. *f.* Concordia.
concorrência. *f.* **1.** Competencia. **2.** Concurrencia. **3.** Licitación.
concorrer. *v.* **1.** Hacer competencia. **2.** Competir; disputar. **3.** Concurrir.
concretizar. *v.* Realizar; concretar.
concreto, ta. *adj.* **1.** Concreto. *m.* **2.** Hormigón armado.
concursar. *v.* **1.** Tomar parte en un concurso. **2.** Opositar a un cargo o empleo público.
concurso. *m.* **1.** Concurrencia; oposición. **2.** Concurso.
condenação. *f.* Condena; sentencia.
condenado, da. *adj.* Condenado; réprobo.
condenar. *v.* **1.** Condenar; penar. **2.** Condenar; reprobar.
condensar. *v.* Condensar.
condescendente. *adj.* Condescendiente.
condição. *f.* Condición.
condicionador, ra. *adj.* e *s.* Acondicionador.
condimentar. *v. Cul.* Condimentar.
condizer. *v.* Estar de acuerdo.
condoer. *v.p.* Compadecerse.
condomínio. *m.* **1.** Dominio de una cosa que pertenece en común a varias personas. **2.** (*Amér.*) Edificio de varios condóminos en régimen de propiedad horizontal.
condor. *m. Zool.* Cóndor.
conduta. *f.* Conducta. ♦ **De má conduta.** De mal vivir.
conduto. *m.* Conducto.
conduzir. *v.* **1.** Conducir; llevar. **2.** Conducir; transmitir calor.
cone. *m.* Cono. ♦ **Cone Sul.** Cono Sur.
conectar. *v.* Conectar.
conexão. *f.* Conexión.
confeitaria. *f.* Confitería.
confeito. *m.* Caramelo; bombón.
conferência. *f.* **1.** Conferencia; discurso. **2.** Conferencia; reunión internacional.
conferir. *v.* **1.** Confrontar; cotejar. **2.** Conferir; otorgar.
confessar. *v.* Confesar.
confiança. *f.* Confianza. ♦ **Ser de confiança.** Ser de fiar.
confidência. *f.* Confidencia.
confidente. *com.* Confidente.
confins. *m.pl.* Confín; límite; frontera.
confirmar. *v.* Confirmar.
confiscar. *v.* Confiscar.
confissão. *f.* Confesión.
conflito. *m.* **1.** Conflicto; pugna. **2.** Conflicto; guerra.
confluir. *v. Geogr.* Confluir.
conformação. *f.* **1.** Resignación. **2.** Conformación; configuración.
conformar. *v.* Quedar conforme.
conforme. *adj.* **1.** Conforme. *conj.* **2.** Según.
conformismo. *m.* Resignación.
confortável. *adj.* Confortable; cómodo.
conforto. *m.* **1.** Confort. **2.** Consuelo.
confraria. *f.* Hermandad.
confrontar. *v.* Confrontar.
confundir. *v.* Confundir; no distinguir.
confusão. *f.* Lío; caos; desbarajuste; rollo.
confuso, sa. *adj.* Confuso; desordenado.
congelar. *v.* Congelar.
congênere. *adj.* Congénere.
congênito, ta. *adj.* Congénito; de nacimiento.
congestão. *f. Med.* Congestión.
congestionamento. *m.* Embotellamiento.

congestionar. *v.* **1.** Embotellar. **2.** *Med.* Congestionar.
congolês, sa. *adj.* e *s.* Congoleño.
congratulação. *f.* Congratulación; felicitación.
congratular. *v.* Felicitar.
congresso. *m.* Congreso.
congruência. *f.* Congruencia.
conhaque. *m.* Coñac.
conhecedor, ra. *adj.* e *s.* Experto; conocedor.
conhecer. *v.* Conocer.
conhecido, da. *adj.* **1.** Conocido; consabido. *s.* **2.** Conocido; persona que se conoce superficialmente.
conhecimento. *m.* Conocimiento; saber.
conivência. *f.* Connivencia.
conjetura. *f.* Conjetura.
conjugação. *f. Ling.* Conjugación.
conjugar. *v.* Conjugar.
cônjuge. *m.* Cónyuge.
conjunção. *f.* **1.** Conjunción. **2.** *Ling.* Conjunción.
conjuntiva. *f. Anat.* Conjuntiva; membrana muy fina del interior de los párpados.
conjuntivite. *f. Med.* Conjuntivitis.
conjunto. *m.* Conjunto; juego.
conjuntura. *f.* Coyuntura.
conosco. *pron.* Con nosotros.
conquista. *f.* Conquista.
conquistar. *v.* Conquistar.
consciência. *f.* Conciencia. ♦ **Peso na consciência.** Gusano de la conciencia.
consciente. *adj.* Consciente.
conscientizar. *v.* e *v.p.* Tomar conciencia; concienciar.
consecução. *f.* Consecución.
consecutivo, va. *adj.* Consecutivo.
conseguir. *v.* Conseguir; lograr; obtener.
conselho. *m.* Consejo. ♦ **Dar conselhos em vão.** Predicar en desierto.
consentimento. *m.* Permiso; consentimiento.
consequência. *f.* Consecuencia; resultado; secuela. ♦ **Em consequência de.** A raíz de. **Ter consequências.** Traer cola.
consertar. *v.* **1.** Reparar. **2.** Corregir.
conserto. *m.* Reparación; arreglo; compostura.
conserva. *f.* Conserva.
conservar. *v.* Mantener; conservar.
consideração. *f.* Consideración; respeto; estima. ♦ **Levar em consideração.** Tener en cuenta.
considerar. *v.* **1.** Respetar. **2.** Reflexionar; hacer caso; considerar.
consignar. *v.* Consignar.
consigo. *pron.* Consigo.
consistência. *f.* Consistencia.
consistente. *adj.* Sólido; consistente.
consistir. *v.* Consistir.
consoante. *f.* Consonante.
consolar. *v.* Consolar.
console. *m.* Consola.
consolidar. *v.* Consolidar.
consolo. *m.* Consuelo.
consomê. *m.* Caldo.
consórcio. *m.* Consorcio.
consorte. *com.* Consorte.
conspirar. *v.* Conspirar.
constância. *f.* Persistencia; constancia.
constar. *v.* Constar.
constatar. *v.* Constatar.
constelação. *f. col. Astr.* Constelación.
constituição. *f.* **1.** Constitución; complexión. **2.** Constitución; carta de la nación. **3.** Constitución; institución de sociedad; empresa.
constituir. *v.* **1.** Constituir; componer. **2.** Constituir; instituir; fundar.
constranger. *v.* Constreñir.
constrangido, da. *adj.* Constreñido. ♦ **Ficar constrangido.** Quedar / Estar cortado.
construção. *f.* Construcción.
construir. *v.* Construir.
construtor, ra. *adj.* e *s.* Constructor.
cônsul. *m.* Cónsul.
consulado. *m.* Consulado.
consulesa. *f.* Consulesa.
consulta. *f.* Consulta.
consultar. *v.* **1.** Consultar; pedir opinión. **2.** Consultar; indagar.
consultório. *m.* Consultorio.
consumação. *f.* Consumición; consumo; gasto. ♦ **Sem consumação.** Barra libre.
consumar. *v.* Consumar.
consumidor, ra. *adj.* e *s.* Consumidor.
consumir. *v.* Gastar; agotar; consumir.
consumo. *m.* Consumo.

conta. *f.* Cuenta; cálculo. ◆ **Acertar as contas.** Ajustar las cuentas. **Lançar em conta corrente.** Abonar en cuenta corriente. **Não dar conta.** No dar abasto.

contabilista. *com.* Contable.

contador, ra. *s.* Contador; contable.

contagem. *f.* Recuento; escrutinio; conteo.

contagiar. *v.* Contagiar.

contagioso, sa. *adj.* Contagioso.

contaminado, da. *adj.* Impuro; contaminado.

contaminar. *v.* Contaminar.

contar. *v.* **1.** *Mat.* Contar; calcular. **2.** Contar; narrar. ◆ **Conta essa para outro!** ¡Cuéntaselo a tu abuela! / A otro perro con ese hueso. **Conta-se o milagre, mas não o santo.** Se dice el pecado, pero no el pecador. **Estar contado.** Ser habas contadas. **Saber com quem pode contar.** Saber con qué buey(es) ara.

contato. *m.* **1.** Contacto; roce. **2.** Contacto; relación. **3.** *Fís.* Contacto; ignición eléctrica.

contemporâneo, nea. *adj.* e *s.* Contemporáneo.

contentar. *v.* Contentar.

contente. *adj.* Contento; satisfecho; alegre.

conter. *v.* Contener.

contestação. *f.* Respuesta; réplica; contestación.

conteúdo. *m.* Contenido.

contexto. *m.* Contexto.

contido, da. *adj.* Contenido.

contigo. *pron.* Contigo.

contíguo, gua. *adj.* Contiguo; limítrofe.

continente. *adj.* e *m.* **1.** Continente; cosa que contiene otra. *m.* **2.** *Geogr.* Continente.

contingente. *adj.* **1.** Contingente. *m.* **2.** *Mil.* Conjunto de reclutas para el servicio militar; contingente.

continuação. *f.* Continuación; secuencia. ◆ **A continuação.** Acto seguido; a continuación.

continuar. *v.* Continuar; seguir.

contínuo, a. *adj.* **1.** Seguido; sin interrupción; continuo. *m.* **2.** Mensajero de oficina.

contista. *com. Lit.* Autor o autora de cuentos; cuentista.

conto. *m.* **1.** Cuento. **2.** Antigua moneda brasileña. **3.** Cuento; timo. ◆ **Contos de fadas.** *Lit.* Cuentos de hadas.

contorção. *f.* Contorsión.

contorcionista. *com.* Artista de circo que hace contorsiones; contorsionista.

contornar. *v.* Rodear; circundar.

contra. *prep.* **1.** Contra; en oposición. *m.* **2.** Contra; contrario. ◆ **Contra tudo e contra todos.** Contra viento y marea. **Ser contra.** Estar en contra de.

contrabaixo. *m.* Contrabajo.

contrabando. *m.* Contrabando.

contração. *f. Ling.* Contracción.

contradição. *f.* Contradicción.

contraditório, ria. *adj.* Contradictorio.

contrair. *v.* **1.** Contraer. **2.** Retraer. **3.** Asumir un compromiso.

contraluz. *f.* Contraluz. ◆ **À contraluz.** Al trasluz.

contramão. *f.* Dirección prohibida; contramano.

contramestre. *m.* Capataz; contramaestre.

contrapeso. *m.* Contrapeso.

contrário, ria. *adj.* **1.** Contrario; opuesto. *m.* **2.** Contrario; adversario. ◆ **Ao / Pelo contrário.** Al / Por el contrario.

contrastar. *v.* Formar contraste; contrastar.

contraste. *m.* Contraste.

contratar. *v.* Contratar.

contratempo. *m.* Contratiempo.

contrato. *m.* Contrato.

contribuição. *f.* Contribución; aportación.

contribuir. *v.* Aportar; contribuir.

controlar. *v.* Controlar.

controle. *m.* Control. ◆ **Controle remoto.** Mando a distancia; telecontrol.

controvérsia. *f.* Polémica; controversia.

contudo. *conj.* Sin embargo.

convenção. *f.* Pacto.

convencer. *v.* Convencer; persuadir.

convencido, da. *adj.* e *s.* **1.** Creído; engreído. **2.** Convencido.

convencionar. *v.* Pactar; convenir.

conveniente. *adj.* e *com.* Oportuno; cómodo.

convênio. *m.* Convenio; acuerdo.

convento. *m.* **1.** Monasterio. **2.** Residencia de religiosos; convento.

convergir. *v.* Afluir.

conversa. *f.* Conversación; plática; estar de tertulia.

conversar. *v.* (*Amér.*) Charlar; platicar; conversar.

conversível. *adj.* e *com.* Automóvil descapotable.

converter. *v.* Convertir.

convés. *m.* Cubierta superior de un navío.

convidado, da. *adj.* e *s.* Invitado.
convidar. *v.* Invitar.
convite. *m.* Invitación.
conviver. *v.* Convivir; vivir en común.
convocação. *f.* Convocatoria; llamamiento.
convocar. *v.* Convocar.
convosco. *pron.* Con vosotros; (*Amér.* e *Can.*) con ustedes.
cooperar. *v.* Prestar ayuda; cooperar.
cooperativa. *f.* Cooperativa.
coordenar. *v.* Coordinar.
copa. *f.* **1.** *Desp.* Copa; trofeo. **2.** *Bot.* Copa. *pl.* **3.** Naipe.
cópia. *f.* Copia; reproducción.
copiar. *v.* **1.** Copiar; reproducir. **2.** Copiar; imitar.
copiloto. *m.* Copiloto.
copioso, sa. *adj.* Copioso; abundante.
copista. *com.* Copista, persona que hace copias.
copla. *f.* Copla.
copo. *m.* Vaso.
coque. *m.* **1.** Carbón de hulla. **2.** Golpe dado en la cabeza con los nudillos; coscorrón. **3.** Moño.
coqueiro. *m.* *Bot.* Coco.
coquete. *adj.* e *com.* Coqueto.
coquetel. *m.* Cóctel.
cor. *f.* Color.
coração. *m.* Corazón. ◆ **Não ter coração.** *fig.* No tener alma. **Partir o coração.** Partir el alma. **Ter um grande coração.** Ser todo corazón.
corado, da. *adj.* **1.** Rojizo; colorado; encarnado. **2.** Colorado; avergonzado; de mejillas encendidas.
coragem. *f.* Coraje; valor; ánimo.
corajoso, sa. *adj.* e *s.* Intrépido; valiente; valeroso.
coral. *adj.* **1.** Coral. *m.* **2.** Coro (de voces). *f.* **3.** Coral (serpiente). **4.** Coral (marino).
corante. *adj.* Colorante.
corar. *v.* **1.** Colorear. **2.** Ponerse colorado; ruborizarse.
corcel. *m.* Corcel; caballo ligero de mucha alzada.
corcova. *f.* Joroba.
corcunda. *f.* e *adj.* Joroba. ◆ **O corcunda de Notre Dame.** *Lit.* El jorobado de Notre Dame.
corda. *f.* Cuerda; cordón. ◆ **Com a corda no pescoço.** Con la soga en la garganta / al cuello. **Cordas vocais.** *Anat.* Cuerdas vocales. **Dar corda.** Dar rienda suelta. **Dar corda a alguém.** Dar la soga. **Na corda bamba.** En la cuerda floja.
cordão. *m.* Cordel; cordón.
cordato, ta. *adj.* Cuerdo.
cordeiro. *m.* **1.** Cordero. **2.** Carnero joven.
cordial. *adj.* **1.** Cordial. **2.** Persona amable.
cordilheira. *f.* Cordillera.
coreano, na. *adj.* e *s.* Coreano.
corifeu, feia. *s.* El que dirigía el coro; corifeo.
corja. *f.* Gente de mal vivir; chusma.
corneta. *f.* *Mús.* Corneta.
coro. *m.* Coral; coro. ◆ **Fazer coro.** Hacer coro.
coroa. *f.* Corona.
coroca. *adj.* e *com.* Individuo viejo y feo.
coroinha. *m.* Monaguillo.
corpo. *m.* Cuerpo.
corporação. *f.* Corporación.
corporal. *adj.* Corporal.
corpulento, ta. *adj.* Fornido; de cuerpo grande.
correção. *f.* Corrección; enmienda.
corre-corre. *m.* Ajetreo.
corredor, ra. *adj.* e *s.***1.** *Desp.* Deportista que practica carreras pedestres. *m.* **2.** Pasillo.
correia. *f.* Correa.
correio. *m.* **1.** Correo. **2.** Correos; dependencia pública. ◆ **Caixa de correio.** Buzón. **Correio eletrônico.** Correo electrónico; *e-mail*.
corrente. *f.* **1.** Cadena. *adj.* **2.** Corriente; común.
correnteza. *f.* Torrente; corriente de agua.
correntista. *com.* *Fin.* Persona que tiene cuenta corriente en un banco.
correr. *v.* **1.** Correr; caminar rápido. **2.** Correr; fluir líquidos. **3.** Correr; circular moneda. **4.** Darse prisa.
correria. *f.* Ajetreo; a la carrera desordenada.
correspondência. *f.* Correspondencia; conjunto de cartas que se reciben o que se envían.
correspondente. *adj.* **1.** Correspondiente; respectivo. *s.* **2.** Corresponsal.
corresponder. *v.* Corresponder. ◆ **Não corresponder (às expectativas).** Salir calabaza.
correto, ta. *adj.* Correcto.
corretor, ra. *adj.* e *m.* **1.** Corredor, agente. *f.* **2.** Agencia de valores.
corrida. *f.* Carrera; competición deportiva. ◆ **Corrida com obstáculos.** Carrera de obstáculos.

corrigir. *v.* **1.** Corregir; rectificar. **2.** Corregir; castigar.
corrimão. *m.* Pasamano; baranda.
corriqueiro, ra. *adj.* Trivial; corriente; habitual.
corroborar. *v.* Corroborar; confirmar.
corromper. *v.* Corromper.
corrupção. *f.* Corrupción.
corsário. *m.* Corsario.
cortar. *v.* **1.** Cortar. **2.** Dividir.
corte. *m.* **1.** Corte. **2.** Tajo. *f.* **3.** Corte; residencia de soberano.
cortês. *adj.* Cortés; amable.
cortesia. *f.* Cortesía.
cortiça. *f.* Corcho.
cortiço. *m.* Casa de cuartos habitados por personas y/o familias diferentes, que no tienen relación entre sí; palomar.
cortina. *f.* Cortina.
coruja. *f. Zool.* Búho; lechuza.
corveta. *f.* Navío de guerra; fragata.
corvina. *f.* Pez marino parecido al atún; corvina.
corvo. *m. Zool.* Cuervo.
coser. *v.* Coser.
cosmético, ca. *adj.* e *m.* Cosmético.
cosmo. *m.* Cosmos; universo.
costa. *f.* **1.** *Geogr.* Costa; litoral. **2.** Cuesta. *pl.* **3.** *Anat.* Espalda. **4.** Verso; dorso. ♦ **Cair de costas.** *fig.* Caerse de espaldas. **Nas costas.** A cuestas. **Ter costas quentes / largas.** *fig.* Tener amarras. **Voltar as costas.** Volver la espalda.
costarriquenho, nha. *adj.* e *s.* Costarricense.
costela. *f. Anat.* Costilla.
costeleta. *f.* **1.** *Cul.* Chuleta de carne. **2.** Patilla; barba.
costumar. *v.* Soler; tener por costumbre.
costume. *m.* Costumbre.
costumeiro, ra. *adj.* Habitual.
costurar. *v.* **1.** Coser. **2.** Conducir un coche haciendo zigzag.
costureiro, ra. *s.* Modisto; modista.
cota. *f.* Cuota.
cotação. *f.* **1.** Cotización. **2.** Estima; renombre.
cotar. *v.* Cotizar.
cotidiano, na. *adj.* Cotidiano; diario.
cotonete. *m.* Hisopo.
cotovelada. *f.* Golpe dado con el codo; codazo.
cotovelo. *m. Anat.* Codo.
couraça. *f.* Coraza.
couro. *m.* Cuero. ♦ **Couro cabeludo.** *Anat.* Cuero cabelludo.
couve. *f. Bot.* Berza; col.
couve-flor. *f. Bot.* Coliflor.
cova. *f.* **1.** Cueva. **2.** Sepultura.
covarde. *adj.* e *s.* Cobarde.
covardia. *f.* Cobardía.
covil. *m.* Antro; madriguera.
covinha. *m.* Hoyuelo.
coxa. *f. Anat.* Muslo.
coxo, xa. *adj.* e *s.* Cojo.
cozer. *v.* Cocer.
cozido, da. *adj.* e *m.* Cocido.
cozinha. *f.* Cocina.
cozinhar. *v.* Cocinar.
cozinheiro, ra. *s.* Cocinero.
crânio. *m.* Cráneo.
crápula. *adj.* Crápula; canalla.
craque. *adj.* Lumbrera (en algún asunto).
cratera. *f.* Cráter.
cravar. *v.* Clavar; hincar.
cravo. *m.* **1.** *Bot.* Clavel. **2.** Grano; acné.
creche. *f.* Guardería infantil.
creditar. *v.* Acreditar; abonar a cuenta.
crédito. *f.* Crédito.
credor, ra. *adj.* e *s.* Acreedor.
creme. *m.* Crema
crença. *f.* Creencia.
crendice. *f.* Superstición.
crepúsculo. *m.* Crepúsculo.
crer. *v.* **1.** Creer; tener fe. **2.** Creer; confiar. **3.** Creer; estimar.
crescer. *v.* Crecer.
crespo, pa. *adj.* Rugoso; áspero.
crestar. *v.* Quemar un poco.
cretino, na. *adj.* e *s.* Que padece cretinismo.
cria. *f.* Cría; cachorro; animal joven.
criação. *f.* **1.** Cría; criadero. **2.** Crianza. **3.** Creación.
criadagem. *f.* Servidumbre.
criado, da. *adj.* e *s.* **1.** Creado. **2.** Criado.
criado-mudo. *m.* Mesa; mesilla; mesita de noche.
criador, ra. *adj.* **1.** Creador; inventor; autor. *m.* **2.** *n.p.* Dios; Creador.

criança. *f.* Niño; chiquillo; nene. ◆ **Estar feito criança.** *fig.* e *fam.* Estar como un niño con juguetes nuevos.

criar. *v.* **1.** Criar. **2.** Crear.

criatividade. *f.* Creatividad; capacidad de crear.

crime. *m.* Crimen.

criminoso, sa. *adj.* e *s.* Criminal.

crina. *f.* Crin.

crisálida. *f. Zool.* Crisálida.

crisântemo. *m. Bot.* Crisantemo.

crise. *f.* Crisis.

crista. *f.* Cresta.

cristal. *m.* Cristal.

cristaleira. *f.* Cristalera.

cristão, tã. *adj.* e *s. Rel.* Cristiano.

cristianismo. *m. Rel.* Cristianismo.

critério. *m.* Criterio.

crítico, ca. *adj.* e *s.* Crítico.

crivar. *v.* Acribillar.

crochê. *m.* Ganchillo.

crocodilo. *m. Zool.* Cocodrilo.

crônico, ca. *adj.* e *f.* Crónico.

croquete. *f.* Croqueta.

crosta. *f.* Costra.

cru, a. *adj.* Crudo; no cocido; no maduro.

crucifixo. *m.* Crucifijo.

cruel. *adj.* Cruel; desalmado.

crueldade. *f.* Crueldad; maldad.

crustáceo. *adj.* e *m.* Crustáceo.

cruz. *f.* **1.** Cruz. **2.** Cruz; suplicio.

cruzada. *f.* Cruzada.

cruzador. *m.* Crucero (buque de guerra).

cruzamento. *m.* **1.** Cruce; bocacalle. **2.** Lugar por donde se debe pasar de un lado a otro de una calle.

cruzar. *v.* Cruzar; atravesar.

cruzeiro. *m.* Crucero; paseo en barco.

cubano, na. *adj.* e *s.* Cubano.

cubículo. *m.* Cubículo; cuarto pequeño.

cubo. *m.* Cubo.

cuco. *m.* Reloj de cuco.

cueca. *f.* Calzoncillos.

cueiro. *m.* Pañal.

cuidado. *m.* Cautela; esmero.

cuidadoso, sa. *adj.* **1.** Diligente; esmerado; meticuloso. **2.** Ordenado.

cuidar. *v.* Cuidar. ◆ **Cuidar do que é meu / seu.** Cuidar a lo mío / tuyo.

cujo, ja. *pron.* Cuyo.

culatra. *f.* Culata.

culinária. *f.* Culinaria.

culminar. *v.* Culminar.

culpa. *f.* Culpa. ◆ **Jogar a culpa em.** Echarle la culpa / el muerto (a alguien).

culpado, da. *adj.* e *s.* Culpable.

culpar. *v.* Incriminar.

cultivar. *v.* Cultivar.

cultivo. *m.* Cultivo; plantío.

culto, ta. *adj.* **1.** Culto. *m.* **2.** Culto; ceremonia; rito religioso.

cultura. *f.* Cultura.

cumbuca. *f.* **1.** Calabaza seca y hueca. **2.** Vasija de barro.

cume. *m.* Cumbre; cima; la parte más alta de una montaña.

cúmplice. *adj.* e *com.* Cómplice.

cumprimentar. *v.* Cumplimentar; saludar; felicitar.

cumprimento. *m.* **1.** Cumplimiento. **2.** Cumplido; felicitación. **3.** Saludo.

cumprir. *v.* Cumplir.

cúmulo. *m.* Colmo. ◆ **Ser o cúmulo.** Ser el colmo.

cunhado, da. *s.* Cuñado.

cupim. *m.* **1.** Termita. **2.** Carne de la giba del cebú.

cupom. *m.* Cupón.

cúpula. *f.* **1.** *Arq.* Cúpula. **2.** Cumbre.

cura. *f.* Cura.

curandeiro, ra. *adj.* e *s.* Curandero.

curar. *v.* Curar; recuperar la salud.

curativo, va. *adj.* **1.** Medicinal. *m.* **2.** Cura; vendaje.

curinga. *m.* Comodín.

curiosidade. *f.* Curiosidad. ◆ **Despertar a curiosidad.** Hacerle cosquillas.

curioso, sa. *adj.* e *s.* **1.** Curioso; indiscreto. **2.** Curioso; extraño.

curral. *m.* Majada.

cursar. *v.* Cursar.

curso. *m.* Curso.

cursor. *m. Inform.* Cursor.

curta-metragem. *m.* Cortometraje.

curtir. *v.* **1.** Curtir, curar (carne, pele). **2.** Disfrutar.
curto, ta. *adj.* Corto.
curva. *f.* Curva; vuelta.
custar. *v.* **1.** Costar; tener precio. **2.** Costar trabajo; ser difícil. ♦ **Custar caro.** Costar un triunfo. **Custar os olhos da cara.** Costar un riñón.

custas. *f.pl. Dir.* **1.** Custos; honorários. **2.** Costes. ♦ **À custa de.** A costa de. / De gorra.
custo. *m.* Precio; coste. ♦ **Ajuda de custo.** Ayuda de costo. **A qualquer custo.** A toda costa. / A todo trance.
cútis. *f.* Cutis.
cutucar. *v.* **1.** Pinchar. **2.** Azuzar.

D

d. *m.* D (la de).
da. *contr.* De la.
dábliu. *m.* Uve doble; doble ve.
dádiva. *f.* Dádiva.
dadivoso, sa. *adj.* Dadivoso; generoso.
dado, da. *adj.* **1.** Dado; supuesto. **2.** Amigable; comunicativo. *m.* **3.** Dado; dato. **4.** *Inform.* Dato.
daí. *contr.* De ahí. ◆ **E daí?** ¿Y qué?
dália. *f. Bot.* Dalia.
dálmata. *com. Zool.* Dálmata.
dama. *f.* Dama.
damasco. *m. Bot.* Damasco; albaricoque.
danado, da. *adj.* e *s.* **1.** Damnificado. **2.** Vivo; listo.
danar. *v.* Dañar; perjudicar.
dança. *f.* Baile; danza.
dançar. *v.* Bailar; danzar.
dançarino, na. *s.* Danzarín, rina; bailarín, rina.
danificado, da. *adj.* Damnificado; estropeado.
danificar. *v.* Dañar; damnificar; echar a perder.
daninho, nha. *adj.* Dañino; nocivo.
dano. *m.* Daño; perjuicio.
dantesco, ca. *adj.* Dantesco.
dar. *v.* Dar; regalar; donar. ◆ **Dá-lhe.** Dale (que dale). **Dar certo / errado.** Salir bien / mal. **Dar na mesma.** Dar igual. / Ser lo mismo. / No dar frío ni calor. **Dar na telha.** Dar la gana. **Dar para trás.** Dar marcha atrás. **Dar-se mal / bem.** Llevarse mal / bien. **Dar uma mancada.** Meter la pata. **Dar tudo de si.** Sudar la gota gorda. **Dar zebra.** Salir rana. **Fazer o que dá na telha.** Hacer lo que le da la gana. **Não dá outra.** Eso está hecho. **Não dar uma dentro.** No dar pie con bola. / No dar una en el clavo.
dardo. *m.* Dardo.
data. *f.* Fecha.
datar. *v.* Fechar; poner la fecha.
datilografar. *v.* Escribir a máquina; mecanografiar.
datilógrafo, fa. *s.* Mecanógrafo; dactilógrafo.

de. *prep.* De.
deambular. *v.* Callejear; deambular.
debaixo. *adv.* **1.** Debajo; abajo. *prep.* **2.** Bajo. ◆ **Ficar debaixo da saia.** Meterse bajo el ala (de alguien).
debate. *m.* Debate.
debater. *v.* Debatir.
débil. *adj.* **1.** Débil. **2.** Flojo.
debilidade. *f.* Flaqueza; debilidad.
debilitar. *v.* Debilitar; enfermar.
débito. *m.* Débito.
debochar. *v.* Burlarse; hacer mofa de otro.
debutante. *adj.* e *com.* Que cumple 15 años (especialmente chicas).
debutar. *v.* Estrenar.
década. *f.* Década.
decadência. *f.* Decadencia; descenso.
decair. *v.* Decaer.
decalcar. *v.* Calcar.
decalque. *m.* Calco.
decente. *adj.* **1.** Decente; honesto. **2.** Decente; limpio; bien presentado.
decepção. *f.* Desilusión; decepción.
decidir. *v.* Decidir; acordar.
decifrar. *v.* Descifrar.
décimo, ma. *núm.* e *s.* Décimo. ◆ **Décimo nono.** Decimonoveno. **Décimo oitavo.** Decimoctavo. **Décimo primeiro.** Undécimo. **Décimo quarto.** Decimocuarto. **Décimo quinto.** Decimoquinto. **Décimo segundo.** Duodécimo. **Décimo sétimo.** Decimoséptimo. **Décimo sexto.** Decimosexto. **Décimo terceiro.** Decimotercero.
decisão. *f.* Decisión.
decisivo, va. *adj.* Decisivo.
declamar. *v.* Declamar; recitar.
declaração. *f.* **1.** Declaración; afirmación. **2.** Declaración; testimonio.
declarar. *v.* **1.** Declarar. **2.** Decir. **3.** Anunciar. **4.** Confesar.
declinação. *f.* Declinación.
declínio. *m.* Declinación.

declive. *m.* Declive.
decodificar. *v.* Descodificar.
decolagem. *f.* Despegue; partida de un avión.
decolar. *v.* Despegar; alzar vuelo.
decompor. *v.* Descomponer.
decomposição. *f.* Descomposición; deterioro.
decoração. *f.* Decoración; decorado.
decorador, ra. *s.* Decorador.
decorar. *v.* **1.** Decorar; adornar. **2.** Aprender de memoria.
decoro. *m.* Decoro; decencia.
decorrência. *f.* **1.** Decurso. **2.** Consecuencia.
decorrer. *m.* **1.** Transcurso. *v.* **2.** Transcurrir; pasar el tiempo. **3.** Derivar; resultar.
decotar. *v.* Escotar.
decote. *m.* Escote.
decrescente. *adj.* Decreciente.
decreto. *m.* Decreto.
decuplicar. *v.* Multiplicar por diez.
decurso. *m.* Decurso.
dedal. *m.* Dedal.
dedão. *m.* Pulgar; dedo gordo.
dedar. *v.* Soplar; cantar.
dedicação. *f.* Dedicación.
dedicado, da. *adj.* Dedicado; aplicado; adicto.
dedicar. *v.* Dedicar.
dedilhar. *v.* Rasguear; puntear; estilo de tocar la guitarra.
dedo. *m.* Dedo. ♦ **Dedão.** Dedo gordo. **Dedo indicador.** Dedo índice.
dedo-duro. *adj.* Chivato.
deduzir. *v.* Deducir.
defasado, da. *adj.* Desfasado.
defasagem. *f.* Desfase.
defeito. *m.* **1.** Defecto; falla. **2.** Avería; desperfecto.
defender. *v.* Defender; proteger.
defensivo, va. *adj.* Defensivo.
deferência. *f.* Deferencia; respeto.
defesa. *f.* Defensa.
deficiente. *adj.* Deficiente; fallo.
definição. *f.* Definición.
definido, da. *adj.* e *s.* Definido.
definir. *v.* **1.** Definir. **2.** Determinar.
definitivo, va. *adj.* Definitivo.
deflagrar. *v.* Deflagrar.
deformação. *f.* Deformación.
deformar. *v.* Deformar; perder la forma normal.
deforme. *adj.* Deforme; disforme.
defraudar. *v.* Defraudar.
defumar. *v.* **1.** Sahumar. **2.** Fumigar. **3.** Ahumar.
degelo. *m.* Deshielo.
degenerar. *v.* Degenerar; deteriorar.
deglutir. *v.* Deglutir; tragar.
degolar. *v.* Degollar.
degrau. *m.* Escalón; peldaño.
degustar. *v.* Probar.
deitar. *v.* **1.** Acostar; recostar. *vp.* **2.** Echarse en la cama; irse a la cama.
deixar. *v.* **1.** Dejar. **2.** Soltar. **3.** Abandonar. **4.** Permitir.
dejeto. *f.* **1.** Deyección. **2.** Residuo.
dela. *contr.* **1.** De ella. **2.** Su; suyo; suya.
delatar. *v.* Delatar; revelar.
dele. *contr.* **1.** De él. **2.** Su; suyo; suya.
delegacia. *f.* Comisaría; jefatura de policía.
delegado, da. *s.* **1.** Delegado. **2.** Comisario.
deliberar. *v.* Deliberar.
delicadeza. *f.* Delicadeza.
delicado, da. *adj.* **1.** Fino; muy educado. **2.** Delicado.
delícia. *f.* Delicia.
delicioso, sa. *adj.* **1.** Exquisito. **2.** Delicioso.
delinquente. *adj.* e *com.* Criminal.
delírio. *m.* Delirio; alucinación.
delito. *m.* Delito.
delivery. *m.* Envío a domicilio; *delivery*.
delonga. *f.* Demora.
demagogia. *f.* Demagogia.
demais. *adv.* **1.** Demasiado. *pron.* **2.** Demás; otros.
demanda. *f.* **1.** Demanda. **2.** Acción judicial.
demandar. *v.* Demandar.
demão. *f.* Mano de pintura.
demissão. *f.* Despido.
demitir. *v.* Echar; destituir; despedir.
democracia. *f. Polít.* Democracia.
democrata. *adj.* e *com. Polít.* Demócrata.
demolir. *v.* Demoler; derribar.
demônio. *m.* Demonio; diablo.
demonstração. *f.* Demostración.
demonstrar. *v.* Demostrar.

demora. *f.* Demora.
demorar. *v.* **1.** Tardar. **2.** Retrasarse.
denegação. *f.* Denegación.
denegar. *v.* Denegar.
denominado, da. *adj.* e *s.* Denominado; llamado.
denominar. *v.* Denominar.
denotação. *f.* Denotación.
denotar. *v.* Denotar.
densidade. *f.* Densidad. ◆ **Densidade demográfica.** *Geogr.* Densidad demográfica / de población.
denso, sa. *adj.* Denso; espeso.
dentada. *f.* Dentellada; mordisco.
dentadura. *f.* Dentadura.
dental. *adj.* Dental.
dente. *m. Anat.* Diente. ◆ **Dente do siso.** Muela del juicio; muela cordal. **Mostrar os dentes.** Enseñar los colmillos. **Pasta de dente.** Dentífrico; pasta dentífrica.
dentição. *f.* Dentición.
dentista. *com.* Dentista; odontólogo.
dentro. *adv.* Dentro.
denunciar. *v.* Denunciar; acusar.
deparar. *v.* **1.** Deparar; poner delante. **2.** Topar; encontrar.
departamento. *m.* Departamento; unidad. ◆ **Lojas de departamentos.** Grandes almacenes.
depenar. *v.* Pelar; desplumar.
dependência. *f.* Dependencia.
dependente. *com.* **1.** Dependiente. **2.** Persona mantenida por otra. **3.** Drogadicto; vicioso.
depender. *v.* Depender.
dependurar. *v.* Colgar; sujetar.
depilar. *v.* Depilar.
depoimento. *m.* Testimonio; declaración.
depois. *adv.* **1.** Después; tras. **2.** Luego.
depor. *v.* **1.** Deponer. **2.** Atestiguar; declarar.
deportar. *v.* Deportar.
depositar. *v.* Depositar.
depósito. *m.* **1.** Depósito. **2.** Silo; galpón. **3.** Cisterna.
depredação. *f.* Pillaje; depredación.
depredar. *v.* Depredar.
depressa. *adv.* Deprisa; rápido; ligero; a prisa.
depressão. *f.* Depresión.
depurar. *v.* Purificar.
deputado, da. *s.* Diputado.

deriva. *f.* Deriva. ◆ **À deriva.** A la deriva.
derivar. *v.* **1.** Derivar; resultar; provenir. **2.** Salir del camino.
dermatologista. *com. Med.* Dermatólogo.
derrama. *f.* Derrama.
derramamento. *m.* Derramamiento; esparcimiento.
derramar. *v.* Derramar.
derrame. *m. Med.* Derrame.
derrapar. *v.* Derrapar; patinar.
derreter. *v.* Derretir; licuar; fundir.
derrocar. *v.* Derrocar.
derrogar. *v.* Derogar; abolir.
derrota. *f.* Derrota.
derrotado, da. *adj.* e *s.* Derrotado.
derrotar. *v.* Derrotar; vencer.
derrotismo. *m.* Pesimismo.
derrubar. *v.* **1.** Derribar. **2.** Derrumbar.
desabafar. *v.* Desahogar.
desabafo. *m.* Desahogo.
desabamento. *m.* Derrumbe.
desabar. *v.* Derrumbarse; desplomarse.
desabitado, da. *adj.* Deshabitado; despoblado; desierto; yermo.
desabotoar. *v.* Desabrochar.
desabrochar. *v.* **1.** Florecer. **2.** Despuntar.
desacerto. *m.* Desacierto; equivocación; error.
desafiar. *v.* Desafiar; retar.
desafinar. *v.* Desafinar.
desafio. *m.* Desafío; reto.
desafogo. *m.* Desahogo.
desaforo. *m.* Atrevimiento; insolencia; descaro.
desafortunado, da. *adj.* e *s.* Desafortunado; que no tiene suerte; infeliz; desdichado.
desagradar. *v.* **1.** Desagradar; caerle mal (a alguien) una persona; saberle mal a uno. **2.** Descontentar; disgustar.
desagradável. *adj.* Desagradable; desapacible.
desagrado. *m.* Desagrado; disgusto.
desagravar. *v.* Desagraviar.
desagravo. *m.* Desagravio.
deságue. *m.* Desagüe; salida de agua.
desajustar. *v.* Desajustar; desacoplar.
desalentar. *v.* Desalentar; desanimar.
desalento. *m.* Desaliento.
desalmado, da. *adj.* e *s.* Desalmado.
desamparar. *v.* Desamparar.

desamparo. *m.* Desamparo.
desandar. *v.* **1.** Desandar. **2.** Estropearse.
desanimador, ra. *adj.* e *s.* Desalentador.
desanimar. *v.* Desanimar.
desânimo. *m.* Desánimo.
desaparecer. *v.* Desaparecer.
desaparecimento. *m.* Desaparecimiento.
desaparição. *f.* Desaparición.
desapertar. *v.* Aflojar.
desapropriação. *f.* Expropiación.
desaprovação. *f.* Desaprobación; reproche; reprobación.
dasaprovar. *v.* Reprobar.
desaquecer. *v.* Enfriar.
desarmado, da. *adj.* Desarmado.
desarmar. *v.* Desarmar.
desarraigar. *v.* Desarraigar.
desarranjo. *m.* Desarreglo.
desarrolhar. *v.* Descorchar.
desarrumar. *v.* Desarreglar.
desastre. *m.* **1.** Desastre; fracaso. **2.** Accidente; siniestro.
desatar. *v.* Desatar.
desatento, ta. *adj.* e *s.* Desatento.
desatinar. *v.* Desatinar.
desatino. *m.* Desatino.
desativar. *v.* Desactivar.
desavença. *f.* Desavenencia.
desavergonhado, da. *adj.* e *s.* Descarado; sinvergüenza.
desbocar. *v.* Desbocar.
desbotar. *v.* Desteñir; decolorar; descolorir.
desbravar. *v.* Desbravar.
descabelar. *v.* Desgreñar.
descalçar. *v.* Descalzar.
descalço, ça. *adj.* Descalzo.
descampado, da. *adj* e *m.* Descampado; campo abierto.
descansar. *v.* Descansar; reposar.
descanso. *m.* Descanso.
descarado, da. *adj.* e *s.* Descarado.
descarga. *f.* Descarga.
descaroçar. *v.* **1.** Despepitar. **2.** Deshuesar.
descarregar. *v.* Descargar.
descarrilar. *v.* Descarrilar.
descartar. *v.* Despreciar; desechar; menospreciar; tirar; descartar.

descartável. *adj.* Desechable.
descascado, da. *adj.* Pelado.
descascar. *v.* Pelar.
descendência. *f.* Descendencia.
descendente. *adj.* e *com.* Descendiente.
descender. *v.* Descender.
descer. *v.* **1.** Bajar; descender. **2.** Bajar; apearse.
descida. *f.* **1.** Bajada; declive. **2.** Caída; descenso.
desclassificar. *v.* **1.** Descalificar; desacreditar. **2.** Eliminar; reprobar.
descoberta. *f.* Descubrimiento; hallazgo.
descobridor, ra. *adj.* e *s.* Descubridor.
descobrimento. *m.* Descubrimiento; encuentro; hallazgo.
descobrir. *v.* **1.** Descubrir; destapar. **2.** Descubrir; encontrar; hallar. **3.** Descubrir; inventar.
descolar. *v.* Despegar; desprender.
descolorir. *v.* **1.** Descolorar. **2.** Desteñir.
descomedido, da. *adj.* Excesivo; descomedido.
descompor. *v.* Descomponer.
descomunal. *adj.* Descomedido; enorme; gigantesco.
desconectar. *v.* Desconectar.
desconfiado, da. *adj.* e *s.* Desconfiado; receloso.
desconfiança. *f.* Desconfianza; sospecha.
desconfiar. *v.* **1.** Desconfiar; sospechar; recelar. **2.** Desconfiar; dudar.
desconforme. *adj.* Disconforme.
descongelar. *v.* Descongelar.
desconhecido, da. *adj.* e *s.* Desconocido; anónimo.
desconhecimento. *m.* Desconocimiento; ignorancia.
desconsolo. *m.* Desconsuelo.
descontar. *v.* **1.** Descontar; deducir. **2.** Descontar; pagar documento contable.
descontentamento. *m.* Desagrado.
descontente. *adj.* Descontento; insatisfecho.
desconto. *m.* Descuento; rebaja.
descontrolar. *v.* e *v.p.* Descomponer(se); descontrolar(se).
desconversar. *v.* Cambiar de tema; hacerse el distraído.
descrédito. *m.* Descrédito.
descrever. *v.* Describir.
descrição. *f.* Descripción.

descuidado, da. *adj.* e *s.* **1.** Descuidado; falto de atención; negligente. **2.** Descuidado; desaliñado.
descuido. *m.* Descuido.
desculpa. *f.* Disculpa; excusa.
desculpar. *v.* Disculpar; dispensar; excusar.
desde. *prep.* Desde. ♦ **Desde que.** A condición de.
desdém. *m.* Desdén; desprecio.
desdenhoso, sa. *adj.* Desdeñoso.
desdentado, da. *adj.* e *s.* Desdentado.
desdita. *f.* Desdicha.
desdobrar. *v.* **1.** Desdoblar. **2.** Desplegar; abrir.
desejar. *v.* **1.** Desear; anhelar. **2.** Ambicionar.
desejo. *m.* **1.** Deseo; anhelo. **2.** Antojo; gana.
desembaraçado, da. *adj.* **1.** Desenredado. **2.** Desenvuelto.
desembaraçar. *v.* Desenredar.
desembarcar. *v.* Desembarcar.
desembocar. *v.* Desaguar.
desembrulhar. *v.* Desenvolver; desempacar.
desempenhar. *v.* **1.** Desempeñar; librar de empeño. **2.** Desempeñar; actuar.
desempenho. *m.* Desempeño.
desempregado, da. *adj.* e *s.* Desempleado; parado; desocupado. ♦ **Estar desempregado.** Estar en el paro.
desemprego. *m.* Desempleo; paro.
desencadear. *v.* Desencadenar.
desencontrar. *v.* **1.** No encontrarse; perderse. **2.** No concordar, discrepar.
desencorajar. *v.* Desanimar; quitar el ánimo.
desencostar. *v.* Quitar; apartar (de lo que se toca).
desenferrujar. *v.* Desoxidar.
desenfrear. *v.* Quitar el freno.
desengano. *m.* Desengaño; desilusión.
desenhar. *v.* Dibujar; delinear; diseñar.
desenhista. *com.* Dibujante.
desenho. *m.* Dibujo; diseño. ♦ **Desenhos animados.** (*Amér.*) Caricaturas; dibujos animados.
desenlace. *m.* Desenlace.
desenraizar. *v.* Desarraigar; arrancar de raíz.
desenredar. *v.* Desanudar; desenredar.
desentender. *v.p.* Pelearse.
desentendimento. *m.* Desavenencia.
desentortar. *v.* Enderezar; poner derecho.
desenvolto, ta. *adj.* Desenvuelto.

desenvolver. *v.* Desarrollar.
desenvolvimento. *m.* Desarrollo.
desequilibrar. *v.* Desequilibrar.
deserto, ta. *adj.* e *m.* Desierto.
desesperar. *v.* Desesperar.
desfaçatez. *f.* Desfachatez; poca vergüenza.
desfazer. *v.* Deshacer; destruir.
desfecho. *m.* Desenlace.
desfiar. *v.* Deshilar.
desfiladeiro. *m.* Desfiladero; cañón.
desfile. *m.* **1.** Parada militar. **2.** Desfile.
desfolhar. *v.* Deshojar (una planta).
desforra. *f.* Venganza; desquite.
desfrutar. *v.* Gozar; pasarlo bien; disfrutar.
desgalhar. *v.* Desgajar; podar.
desgastar. *v.* Desgastar.
desgostar. *v.* Disgustar; desagradar; enojar.
desgosto. *m.* Disgusto; desagrado.
desgostoso, sa. *adj.* **1.** Disgustado. **2.** Desagradable.
desgraça. *f.* Desgracia; calamidad.
designar. *v.* Designar; nombrar.
desigual. *adj.* Desigual.
desiludir. *v.* Desengañar; desilusionar.
desilusão. *f.* Desilusión.
desimpedir. *v.* Franquear.
desinchar. *v.* Deshinchar.
desinteressado, da. *adj.* Indiferente.
desinteresse. *m.* Desinterés.
desistir. *v.* Desistir.
desjejum. *m.* Desayuno.
deslealdade. *f.* Deslealtad; traición.
desleixado, da. *adj.* e *s.* Descuidado.
desligar. *v.* Apagar; desconectar.
deslizar. *v.* Resbalar; deslizar.
deslize. *m.* Desliz.
deslocado, da. *adj.* Desencajado; desplazado.
deslocar. *v.* **1.** Desplazar; trasladar; correr. **2.** Dislocar.
deslumbrante. *adj.* Deslumbrante; lujoso.
deslumbrar. *v.* Deslumbrar; maravillar.
desmaio. *m. Med.* Desmayo; vahído.
desmamar. *v.* Desmamar.
desmanchar. *v.* Deshacer.
desmando. *m.* Desmán.
desmascarar. *v.* Desenmascarar.
desmatamento. *m.* Desmonte.

desmatar. *v.* Talar.
desmerecido, da. *adj.* Inmerecido.
desmilitarizar. *v.* Desmilitarizar.
desmontar. *v.* Desarmar.
desmoronamento. *m.* Derrumbe.
desnatar. *v.* Desnatar.
desnível. *m.* Desnivel.
desnudar. *v.* Desnudar.
desnutrição. *f.* Desnutrición.
desobedecer. *v.* Desobedecer.
desobrigar. *v.* Liberar; eximir.
desocupado, da. *adj.* e *s.* Desocupado; ocioso.
desodorante. *adj.* e *m.* Desodorante.
desonestidade. *f.* Deshonestidad.
desonesto, ta. *adj.* e *s.* Deshonesto.
desonra. *f.* Deshonor.
desordem. *f.* Desorden; revoltijo; desbarajuste; lío.
desorganizado, da. *adj.* Desordenado; desorganizado.
desorientar. *v.* Despistar; desorientar.
desossar. *v.* Deshuesar.
desovar. *v.* Desovar.
despedaçar. *v.* Despedazar; destrozar.
despedida. *f.* Despedida.
despedir. *v.* **1.** Despedir. **2.** Echar; destituir. **3.** Despedir(se); decir adiós.
despejar. *v.* **1.** Verter; vaciar un líquido. **2.** Desahuciar; desalojar.
despejo. *m.* Desalojo; desahucio.
despenhadeiro. *m.* Despeñadero; precipicio.
despensa. *f.* Despensa.
despentear. *v.* Despeinar; desgreñar.
despercebido, da. *adj.* Desapercibido.
desperdiçar. *v.* Desperdiciar; derrochar; despilfarrar.
desperdício. *m.* Desperdicio; derroche; despilfarro.
despertador. *m.* Despertador.
despertar. *v.* Despertar.
despesa. *f.* Gasto.
despir. *v.* Desnudar; desarropar.
despistar. *v.* Despistar.
desplante. *m.* Desplante.
despontar. *v.* Despuntar; asomar.
desportista. *adj.* e *s. Desp.* Deportista; atleta.

desposar. *v.* e *vp.* Casar(se).
déspota. *adj.* e com. Déspota.
despovoado, da. *s.* Despoblado.
desprender. *v.* Desprender; soltar.
desprestigiar. *v.* Desprestigiar.
desprevenido, da. *adj.* Desprevenido.
desprezar. *v.* Desdeñar; menospreciar.
desprezível. *adj.* Despreciable; de mala muerte.
desprezo. *m.* Desprecio; menosprecio; desaire.
desproteger. *v.* Desamparar.
despudor. *m.* Impudor.
desregrado, da. *adj.* Desarreglado; descomedido.
destacamento. *m.* Destacamento.
destacar. *v.* **1.** Destacar; poner de relieve. *v.p.* **2.** Hacerse notar; llevarse la palma.
destampar. *v.* Destapar.
destemperar. *v.* Destemplar.
desterro. *m.* Destierro.
destilaria. *f.* Destilería.
destinar. *v.* Destinar.
destino. *m.* **1.** Destino; suerte; sino. **2.** Destino; rumbo; destinación. **3.** Destino; finalidad.
destituir. *v.* **1.** Destituir; dimitir; derrocar. **2.** Privar.
destoar. *v.* **1.** Disonar; discordar. **2.** Desentonar; salir de tono.
destra. *f.* Diestra.
destrancar. *v.* **1.** Desatrancar; sacar la traba. **2.** Abrir con la llave.
destravar. *v.* Destrabar; desbloquear.
destreza. *f.* Destreza.
destroçar. *v.* Destrozar.
destroço. *m.* Destrozo.
destruição. *f.* Destrucción.
destruidor, ra. *adj.* e *s.* Destructor.
destruir. *v.* Destruir.
desumano, na. *adj.* Inhumano.
desunião. *f.* Desunión; desenlace.
desvantagem. *f.* Desventaja.
desvão. *m.* Buhardilla.
desvario. *m.* Desvarío.
desvendar. *v.* Desentrañar.
desviar. *v.* Desviar; extraviar. ♦ **Desviar-se do assunto.** Irse / Andarse por las ramas.
desvio. *m.* Desvío.
detalhe. *m.* Detalle; menudencia.

detectar. *v.* Detectar; poner de manifiesto.
detenção. *f.* Arresto; aprehensión.
detento, ta. *adj.* e *s.* Detenido; prisionero; preso.
deter. *v.* Detener.
detergente. *adj.* e *m.* Detergente.
deterioração. *f.* Deterioro.
determinação. *f.* Determinación; decisión.
determinar. *v.* Determinar.
detestar. *v.* Detestar; aborrecer.
detetive. *m.* Detective.
detido, da. *adj.* e *s.* Detenido.
detonação. *f.* Detonación.
detonador. *m.* Detonador.
detrás. *adv.* Detrás.
deus. *m.* Dios.
devagar. *adv.* Despacio.
devedor, ra. *adj.* e *s.* Deudor.
dever. *v.* Deber.
devoção. *f.* Devoción.
devolução. *f.* Devolución.
devolver. *v.* Devolver; restituir.
devorar. *v.* Devorar.
dez. *núm.* e *m.* Diez.
dezembro. *m.* Diciembre.
dezenove. *núm.* e *m.* Diecinueve.
dezesseis. *núm.* e *m.* Dieciséis.
dezessete. *núm.* e *m.* Diecisiete.
dezoito. *núm.* e *m.* Dieciocho.
dia. *m.* Día. ◆ **Bom dia!** ¡Buenos días! / ¡Buen día! **Dia de São Nunca.** *fig.* e *fam.* La semana que no tenga viernes. **Dia dos Namorados.** Día de San Valentín. / Día de los Enamorados. **Dia útil.** Día laborable / hábil. **Em dia.** Al día. **Noite e dia.** Día y noche. **Todos os dias.** A diario.
diabo. *m.* Diablo. ◆ **Como / O que / Onde diabos...?** ¿Cómo / Qué / Dónde diablos...? **Pobre diabo.** Pobre diablo.
diabrura. *f.* Diablura.
diadema. *f.* Diadema.
diafragma. *m.* Diafragma.
diálogo. *m.* Diálogo.
diamante. *m.* Diamante.
diâmetro. *m.* Diámetro.
diante. *adv.* Delante. ◆ **Diante de.** Delante de. **Daqui por diante.** En adelante. / En lo sucesivo.
dianteira. *f.* Delantera. ◆ **Tomar a dianteira.** Coger / Tomar la delantera.

dianteiro, ra. *adj.* Delantero.
diapositivo. *m.* Diapositiva.
diário, ria. *adj.* e *m.* **1.** Diario. *f.* **2.** Jornal.
diarista. *adj.* Jornalero.
diarreia. *f. Med.* Diarrea.
dica. *f.* Indicio; señal; pista.
dicionário. *m.* Diccionario.
dieta. *f.* Dieta; régimen alimentario.
difamação. *f.* Difamación.
difamar. *v.* Difamar.
diferença. *f.* Diferencia; distinción.
diferencial. *m.* Diferencial.
diferenciar. *v.* Diferenciar; distinguir.
diferente. *adj.* Diferente.
difícil. *adj.* Difícil; complejo; complicado.
dificuldade. *f.* Dificultad. ◆ **Com dificuldade.** A contrapelo.
difundir. *v.* Difundir.
difusão. *f.* Difusión.
digestão. *f.* Digestión.
digital. *adj.* Digital; dactilar. ◆ **Impressão digital.** Huella dactilar / digital.
digitar. *v.* Digitar.
dignidade. *f.* Decoro; dignidad.
digno, na. *adj.* Digno; respetable.
dilapidar. *v.* Dilapidar.
dilatar. *v.* Dilatar.
dilema. *m.* Dilema.
dileto, ta. *adj.* Dilecto.
diligência. *f.* Diligencia.
diligente. *adj.* Diligente.
diluir. *v.* Diluir.
dilúvio. *m.* Diluvio.
dimensão. *f.* Dimensión.
diminuição. *f.* Disminución; reducción.
diminuir. *v.* **1.** Disminuir; reducir. **2.** Restar; deducir. **3.** Menguar.
diminutivo, va. *adj.* e *s.* Diminutivo.
dinamarquês, esa. *adj.* e *s.* Danés.
dinâmico, ca. *adj.* Dinámico.
dinastia. *f.* Dinastía.
dinheiro. *m.* Dinero; plata; metálico. ◆ **Dinheiro disponível.** Efectivo disponible. **Dinheiro vivo.** Dinero al contado. **Em dinheiro.** En efectivo. **Jogar dinheiro pela janela.** Echar / Tirar la casa por la ventana.
dinossauro. *m. Zool.* Dinosaurio.

diocese. *f.* Diócesis.
diploma. *m.* Diploma.
diplomacia. *f.* Diplomacia.
diplomata. *com.* Diplomático.
direção. *f.* **1.** Dirección; orientación; rumbo. **2.** Directorio. **3.** Manejo. **4.** Volante para guiar un vehículo.
direita. *f.* **1.** Derecha. *adv.* **2.** Derecha. ♦ **À direita.** A mano derecha./A la derecha. **De direita.** *Polít.* De derecha.
direito, ta. *adj.* **1.** Diestro. **2.** Derecho; recto. **3.** Honrado. *m.* **4.** Derecho ♦ **A torto e a direito.** A diestra y a siniestra.
direto, ta. *adj.* **1.** Directo; recto; inmediato. **2.** Claro.
diretor, ra. *s.* Director.
diretoria. *f.* Directorio; dirección.
diretriz. *f.* Directriz; directiva.
dirigir. *v.* **1.** Dirigir; regir. **2.** Manejar; guiar; pilotar; conducir.
discar. *v.* Marcar (un número de teléfono).
discernir. *v.* Discernir.
disciplina. *f.* **1.** Disciplina. **2.** Asignatura.
disco. *m.* Disco. ♦ **Disco rígido.** *Inform.* Disco duro. **Disco voador.** Platillo volador/volante.
discordar. *v.* Discordar; disentir.
discoteca. *f.* Discoteca.
discrepância. *f.* Discrepancia.
discreto, ta. *adj.* Discreto.
discrição. *f.* Discreción.
discriminação. *f.* Discriminación.
discriminar. *v.* **1.** Discriminar. **2.** Discernir.
discursar. *v.* Perorar; dar un discurso.
discursivo, va. *adj.* Discursivo.
discurso. *m.* Discurso.
discussão. *f.* **1.** Discusión. **2.** Agarrada. ♦ **Estar em discussão.** Estar sobre el tapete.
discutir. *v.* Discutir; debatir.
disfarçar. *v.* Disimular; mascar las agrias.
disfarce. *m.* Disfraz.
díspar. *adj.* Dispar.
disparar. *v.* Disparar.
disparate. *m.* Disparate.
disparo. *m.* Disparo.
dispêndio. *m.* Dispendio.
dispensar. *v.* Dispensar; eximir; rechazar.
dispersão. *f.* Dispersión.
dispersar. *v.* Dispersar.
displicente. *adj.* e *com.* Displicente.
disponível. *adj.* Disponible.
dispor. *v.* Disponer.
dispositivo. *m.* Dispositivo.
disputa. *f.* **1.** Disputa; altercado; contienda. **2.** Lucha; competición; refriega.
disputar. *v.* Disputar.
disquete. *m.* *Inform.* Disquete; disco flexible.
dissecar. *v.* Disecar.
dissertação. *f.* Disertación.
dissimular. *v.* Disimular; ocultar; fingir.
dissipar. *v.* Disipar.
disso. *contr.* De eso.
dissolver. *v.* Disolver.
dissuadir. *v.* Desaconsejar; disuadir.
distância. *f.* Distancia.
distanciar. *v.* Alejar; apartar; distanciar.
distante. *adj.* Distante; lejano; apartado.
distar. *v.* Distar.
distensão. *f.* Distensión.
distinção. *f.* **1.** Distinción. **2.** Diferencia.
distinguir. *v.* **1.** Distinguir. **2.** Discriminar.
distinto, ta. *adj.* **1.** Distinto; diferente. **2.** Distinguido (al tratar a alguien).
disto. *contr.* De esto.
distração. *f.* Descuido.
distraído, da. *adj.* Distraído.
distrair. *v.* Distraer; entretener.
distribuição. *f.* Distribución; reparto.
distribuir. *v.* Repartir; distribuir.
distrito. *m.* Distrito.
distúrbio. *m.* Disturbio; perturbación.
ditado. *m.* **1.** Dictado. **2.** Dicho; refrán; proverbio.
ditadura. *f.* Dictadura.
ditar. *v.* Dictar.
dito, ta. *adj.* **1.** Dicho. *m.* **2.** Dicho; refrán.
ditoso, sa. *adj.* Dichoso; feliz.
diurno, na. *adj.* Diurno.
divagação. *f.* Divagación.
divagar. *v.* Divagar; errar.
divergência. *f.* Divergencia; discrepancia.
divergente. *adj.* Divergente.
divergir. *v.* Divergir.
diversão. *f.* Diversión.

diversidade. *f.* Diversidad; variedad.
diverso, sa. *adj.* Diferente; diverso.
divertido, da. *adj.* Divertido; animado; gracioso.
divertir. *v.* Divertir; recrear.
dívida. *f.* Deuda. ◆ **Promessa é dívida.** Lo prometido es deuda.
dividir. *v.* Dividir.
divindade. *f.* Divinidad.
divinizar. *v.* Deificar.
divino, na. *adj.* Divino.
divisa. *f.* Divisa; frontera; linde.
divisão. *f.* División.
divisar. *v.* Divisar.
divulgar. *v.* Divulgar; promocionar.
dizer. *v.* Decir; contar; relatar; hablar. ◆ **É modo de dizer.** Es un decir. **Não me diga.** No me digas. **Quer dizer.** Es decir.
dizimar. *v.* Diezmar.
do. *contr.* Del.
dó. *m.* **1.** Lástima. **2.** *Mús.* Do, nota musical.
doação. *f.* Donación.
doador, ra. *adj.* e *s.* **1.** Donador. **2.** Donante.
doar. *v.* Donar.
dobradiça. *f.* Bisagra; gozne.
dobradinha. *f.* Callos; (*Amér.*) mondongo.
dobrar. *v.* **1.** Doblar. **2.** Duplicar. **3.** Plegar. **4.** Domar; doblegar; rendir.
dobro. *m.* Doble.
doce. *adj.* **1.** Dulce; dulzón. **2.** Dulce; suave. *m.* **3.** Golosina; caramelo; dulce. ◆ **Doce de leite.** Dulce de leche.
doceiro, ra. *s.* Pastelero; repostero.
docência. *f.* Docencia.
doceria. *f.* Confitería
dócil. *adj.* Dócil.
documental. *adj.* Documental.
documentário. *m.* Documental.
documento. *m.* Documento.
doença. *f.* Enfermedad; dolencia.
doente. *adj.* e *com.* Enfermo.
doer. *v.* **1.** Sentir dolor. **2.** Lastimar; causar dolor o disgusto.
doido, da. *adj.* e *s.* Loco; chiflado. ◆ **Doido varrido.** Loco de atar.
dois. *núm.* e *m.* Dos.

dois-pontos. *m.pl. Ling.* Dos puntos.
dólar. *m.* Dólar.
dolo. *m.* Dolo; mala fe.
dom. *m.* **1.** Don; dádiva. **2.** Don, señor.
domador, ra. *adj.* e *s.* Domador.
doméstico, ca. *adj.* **1.** Doméstico. *s.* **2.** Trabajador doméstico. ◆ **Trabalhos domésticos.** Labores domésticas.
domicílio. *m.* Domicilio.
dominador, ra. *adj.* e *s.* Dominador; déspota.
dominar. *v.* Dominar.
domingo. *m.* Domingo.
dominical. *adj.* Dominical.
dominicano, na. *adj.* e *s.* **1.** Dominicano. **2.** *Rel.* Dominico.
domínio. *m.* Dominio; propiedad.
dominó. *m.* Dominó.
dona. *f.* Doña; señora. ◆ **Dona de casa.** Ama de casa.
donativo. *m.* Regalo; dádiva; limosna.
dono, na. *s.* Dueño; propietario.
dor. *f.* Dolor.
doravante. *adv.* En adelante.
dorminhoco, ca. *adj.* e *s.* Dormilón.
dormir. *v.* Dormir. ◆ **Dormir com as galinhas.** Acostarse con las gallinas. **Dormir como uma pedra.** Dormir como un leño. / Dormir como un tronco. / Estar hecho un tronco.
dormitório. *m.* Dormitorio.
dorsal. *adj.* Dorsal.
dorso. *m.* Dorso.
dosar. *v.* Dosificar.
dose. *f.* Dosis.
dotação. *f.* Dotación; asignación.
dourado, da. *adj.* Dorado.
doutor, ra. *s.* Doctor.
doutrina. *f.* Doctrina.
doze. *núm.* e *m.* Doce.
drágea. *f.* Gragea.
drástico, ca. *adj.* e *s.* Drástico.
drive. *m. Inform.* Disquetera; *drive*.
droga. *f.* Droga. ◆ **Que droga!** ¡Qué lata! / ¡Vaya! **Ser uma droga.** Ser una lata.
drogado, da. *adj.* e *s.* Drogadicto.
drogaria. *f.* Droguería; farmacia.
dromedário. *m. Zool.* Dromedario.
dúbio, a. *adj.* Dubio.

dublagem. *f.* Doblaje.
dublê. *com.* Doble.
ducha. *f.* Ducha.
duelo. *m.* Duelo.
duende. *m.* Duende.
duodécimo, ma. *núm.* e *s.* Duodécimo.
dupla. *f.* Pareja. ◆ **Em dupla.** En pareja.
duplo, pla. *núm.* e *adj.* Doble.
duração. *f.* Vigencia; duración.
durante. *prep.* Durante; al mismo tiempo.
durável. *adj.* Durable; duradero.
dureza. *f.* Dureza.
duro, ra. *adj.* Duro; sólido.
dúvida. *f.* Duda. ◆ **Estar em dúvida.** Estar entre dos aguas. **Sem dúvida.** Sin duda. / Desde luego.
duvidar. *v.* Dudar; sospechar.
duzentos, tas. *núm.* e *s.* Doscientos.
dúzia. *f.* Docena; doce. ◆ **Meia dúzia.** Media docena; seis.

E

e. *m.* **1.** E (la e). *conj.* **2.** Y; e.
ebanista. *m.* Ebanista.
ébano. *m. Bot.* Ébano.
ébrio, a. *adj.* e *s.* Ebrio; borracho.
ebulição. *f.* Ebullición.
echarpe. *f.* Pañoleta; bufanda.
ecletismo. *m.* Eclecticismo.
eclipse. *m. Astr.* Eclipse.
eco. *m.* Eco.
ecoar. *v.* Hacer eco.
ecologia. *f.* Ecología.
ecologista. *com.* Ecologista.
economia. *f.* **1.** Economía; ciencia económica. **2.** Economía; ahorro.
econômico, ca. *adj.* Económico.
economizar. *v.* Ahorrar; economizar.
eczema. *m. Med.* Eccema.
edema. *m. Med.* Edema.
éden. *m.* Edén.
edição. *f.* Edición.
edificação. *f.* Edificación.
edificar. *v.* Edificar.
edifício. *m.* Edificio.
edil. *m.* Edil; concejal.
edital. *m.* Edicto.
editar. *v.* Editar.
editor, ra. *adj.* e *s.* Editor. ♦ **Editor de texto.** Procesador de texto.
editora. *f.* Editorial.
editorial. *m.* Artículo de fondo; editorial.
edredom. *m.* Edredón.
educação. *f.* Educación.
educador, ra. *adj.* e *s.* Educador; maestro; profesor; pedagogo.
educar. *v.* Educar.
efeito. *m.* Efecto; resultado. ♦ **Efeito estufa.** *Biol.* Efecto invernadero. **Surtir efeito.** Surtir efecto.
efemérides. *f.pl.* Efemérides.
efetivação. *f.* Efectividad.
efetivar. *v.* Efectuar.
efetivo, va. *adj.* e *s.* Efectivo.
efetuar. *v.* Efectuar; ejecutar.
eficácia. *f.* Eficacia.
eficaz. *adj.* Eficaz.
eficiência. *f.* Eficiencia.
efusão. *f.* Efusión.
egípcio, cia. *adj.* e *s.* Egipcio.
egoísmo. *m.* Egoísmo.
egoísta. *adj.* e *com.* Egoísta. ♦ **Ser egoísta.** No tener prójimo.
égua. *f. Zool.* Yegua.
eixo. *m.* Eje.
ejaculação. *f.* Eyaculación.
ela. *pron.* Ella.
elaborar. *v.* Elaborar; preparar; organizar; fabricar.
elástico, ca. *adj.* Elástico.
ele. *pron.* **1.** Él. *f.* **2.** Nombre de la letra *l.*
elefante. *m. Zool.* Elefante.
elegância. *f.* Elegancia.
elegante. *adj.* e *com.* Elegante.
eleger. *v.* Elegir.
elegia. *f.* Elegía.
eleição. *f.* **1.** Elección; votación. **2.** Elección; selección.
eleitorado. *m.* Electorado.
elementar. *adj.* Elemental; evidente; simple; sencillo.
elemento. *m.* Elemento.
elenco. *m.* Elenco; reparto.
eletricidade. *f.* Electricidad.
eletricista. *com.* Electricista.
elétrico, ca. *adj.* Eléctrico.
eletrizar. *v.* Electrizar.
eletrocardiograma. *m. Med.* Electrocardiograma.
eletrodoméstico. *adj.* e *m.* Electrodoméstico.
elétron. *m. Fís.* Electrón.

eletrônico, ca. *adj.* 1. Electrónico. *f.* 2. Electrónica.
elevação. *f.* Elevación.
elevado, da. *adj.* Elevado.
elevador. *m.* Ascensor.
elevar. *v.* 1. Elevar; levantar; subir. 2. Engrandecer.
eliminar. *v.* 1. Eliminar. 2. Suprimir; exterminar.
elite. *f.* Elite ou élite.
elo. *m.* 1. Nexo. 2. Eslabón.
elogiar. *v.* Elogiar; encomiar. ◆ **Elogiar-se a si mesmo.** No tener abuela.
elogio. *m.* Elogio.
eloquência. *f.* Elocuencia.
elucidar. *v.* Dilucidar; sacar a la luz.
em. *prep.* En.
emagrecer. *v.* Adelgazar.
e-mail. *m. Inform.* Correo electrónico; *e-mail; mail.*
emanar. *v.* Emanar.
emaranhar. *v.* Enredar; enmarañar.
embaçar. *v.* Empañar.
embaixada. *f.* Embajada.
embaixador, ra. *s.* Embajador.
embaixo. *adv.* Debajo; abajo.
embalagem. *f.* Envase; embalaje.
embalar. *v.* 1. Envolver ; embalar. 2. Acunar; mecer. 3. Acelerar; embalarse; tomar impulso.
embalo. *m.* Impulso.
embalsamar. *v.* Embalsamar; momificar.
embaraço. *m.* Embarazo; turbación.
embaralhar. *v.* Barajar.
embarcação. *f.* Embarcación.
embarcadouro. *m.* Embarcadero.
embarcar. *v.* Embarcar.
embargar. *v.* Embargar.
embarque. *m.* Embarque.
embate. *m.* Embate.
embebedar. *v.p.* Emborrachar(se).
embeber. *v.* Impregnar; embeber.
embelezar. *v.* Embellecer.
emblema. *m.* Emblema; insignia.
êmbolo. *m.* Pistón.
embora. *conj.* Aunque. ◆ **Ir embora.** Irse; marcharse.

emboscada. *f.* Emboscada.
embranquecer. *v.* Blanquear.
embriagado, da. *adj.* e *s.* Borracho; beodo; ebrio.
embriagar. *v.p.* Embriagar(se); emborrachar(se).
embrulhar. *v.* Envolver. ◆ **Embrulhar o estômago.** Revolver las tripas.
embrulho. *m.* Paquete.
embrutecer. *v.* Embrutecer.
emburrado, da. *adj.* e *s.* Enojado; de mal humor.
embuste. *m.* Embuste.
embutir. *v.* Embutir; incrustar.
emenda. *f.* Enmienda.
emendar. *v.* 1. Corregir; enmendar. 2. Hacer puente (en consecutivos días festivos).
emergência. *f.* Urgencia; emergencia.
emigrante. *adj.* e *com.* Emigrante.
emir. *m.* Emir.
emissário, ria. *s.* Emisario.
emissor, ra. *adj.* e *s.* 1. Emissor. *f.* 2. Emisora; difusora.
emitente. *com.* Remitente; emisor.
emitir. *v.* Emitir.
emoção. *f.* Emoción.
emocionar. *v.* Emocionar.
emolumento. *m.* Emolumento.
empacotar. *v.* Envolver; empaquetar.
empada. *f.* Empanada.
empalhador, ra. *s.* 1. Operario que trabaja con paja. 2. Taxidermista.
empalhar. *v.* Disecar.
empanturrar. *v.p.* Atiborrarse.
empapar. *v.* Empapar.
emparelhar. *v.* Emparejar.
empatar. *v.* Empatar.
empecilho. *m.* Impedimento; obstáculo.
empenho. *m.* Empeño; ahínco; afán.
empilhadeira. *f.* Apiladora.
empilhar. *v.* Apilar.
empinar. *v.* Empinar. ◆ **Empinar o nariz.** Levantar la cerviz.
emporcalhar. *v.* Ensuciar.
empório. *m.* Emporio; colmado.
empregado, da. *s.* Empleado; dependiente. ◆ **Trabalhador, ra doméstico, ca.** Sirviente; (*Arg.*) chica; (*Méx.*) muchacho, cha.

emprego. *m.* Empleo; trabajo; puesto; lugar de trabajo.
empreitada. *f.* Destajo. ◆ **Por empreitada.** A destajo.
empresa. *f.* Firma.
emprestar. *v.* Prestar.
empréstimo. *m.* Préstamo.
empunhadura. *f.* Empuñadura.
empurrão. *m.* Empujón.
empurrar. *v.* Empujar; impeler.
emudecer. *v.* Callar; enmudecer.
enaltecer. *v.* Enaltecer; elogiar.
encabeçar. *v.* Encabezar.
encadear. *v.* Engarzar; encadenar.
encaixar. *v.* Encajar.
encaixe. *m.* Encaje.
encalhar. *v.* Encallar.
encaminhar. *v.* Encaminar.
encanador, ra. *s.* Cañero; fontanero; (*Amér.*) plomero.
encanamento. *m.* Fontanería; cañería.
encantado, da. *adj.* e *s.* Encantado.
encantador, ra. *adj.* e *s.* Encantador.
encantamento. *m.* Hechicería.
encantar. *v.* Hechizar; fascinar.
encanto. *m.* Encanto.
encapar. *v.* Forrar.
encapuzar. *v.p.* Encapotarse.
encaracolado, da. *adj.* Enrollado; rizado.
encarapitar. *v.* Encaramar.
encarar. *v.* Encarar; afrontar.
encarcerado, da. *adj.* Prisionero; encarcelado.
encarcerar. *v.* Encarcelar.
encarnação. *f.* Encarnación.
encarregar. *v.* Encargar; incumbir.
encarrilhar. *v.* Encarrilar.
encarte. *m.* Separata; encarte.
encasquetar. *v.* Encasquetar; metérsele en los cascos.
encenação. *f.* **1.** Simulacro. **2.** Escenificación.
encenar. *v.* **1.** Escenificar; montar espectáculo. **2.** Simular.
enceradeira. *f.* Enceradora; aparato para encerar.
encerado, da. *adj.* **1.** Encerado; lustrado. *m.* **2.** Encerado; capa; lienzo; hule.
encerramento. *m.* Cierre; clausura.
encerrar. *v.* **1.** Encerrar; enjaular. **2.** Contener. **3.** Concluir; terminar; cerrar.
encharcar. *v.* Alagar; anegar.
enchente. *f.* Inundación; avenida; crecida.
encher. *v.* Llenar; abarrotar. ◆ **Encher a paciência.** Dar la lata.
enciclopédia. *f.* Enciclopedia.
enclausurar. *v.* Enclaustrar.
enclave. *m.* Enclave.
encobrir. *v.* **1.** Ocultar; esconder. *v.p.* **2.** Encapotarse.
encolerizar. *v.* Encolerizar; causar cólera; irritar.
encolher. *v.* **1.** Achicar; retraer; encoger. *v.p.* **2.** Hacerse un ovillo.
encomendar. *v.* Encargar.
encompridar. *v.* Alargar.
encontrar. *v.* **1.** Encontrar; hallar. **2.** Encontrar; dar con. ◆ **Encontrar a alma gêmea.** Encontrar (alguien) la horma de su zapato / su media naranja.
encontro. *m.* **1.** Encuentro. **2.** Cita. **3.** Encuentro; confluencia. **4.** Encuentro; hallazgo.
encorajar. *v.* Incitar; alentar.
encorpar. *v.* Engrosar.
encosta. *f.* Ladera; cuesta; repecho.
encostado, da. *adj.* e *s.* Apoyado.
encostar. *v.* **1.** Arrimar; apoyar. **2.** Acercar; tocar; rozar.
encosto. *m.* Espaldar.
encouraçado, da. *adj.* Acorazado.
encrenca. *f.* Lío; enredo.
encrencar. *v.* Enredar.
encruzilhada. *f.* Encrucijada.
encurralado, da. *adj.* **1.** Acorralado; arrinconado; cercado. **2.** Acorralado; acobardado.
encurralar. *v.* Acorralar.
encurtar. *v.* Acortar; disminuir.
endereçar. *v.* **1.** Poner la dirección. **2.** Enviar.
endereço. *m.* Dirección.
endinheirado, da. *adj.* Adinerado.
endireitar. *v.* Enderezar.
endividar-se. *v.* Endeudarse.
endoidar. *v.* Enloquecer.
endossar. *v.* Endosar.
endovenoso, sa. *adj.* Intravenoso.
endurecer. *v.* Endurecer.

energético, ca. *adj.* Energético.

energia. *f.* Energía; electricidad. ♦ **Gerador de energia.** Grupo electrógeno. **Queda de energia.** Caída de tensión.

enfadonho, nha. *adj.* Aburrido; fastidioso.

enfaixar. *v.* Fajar.

ênfase. *f.* Énfasis.

enfatizar. *v.* Enfatizar.

enfeitar. *v.* Aderezar; adornar.

enfeite. *m.* Adorno; aderezo.

enfeitiçar. *v.* Hechizar.

enfermeiro, ra. *s.* Enfermero.

enfermidade. *f.* Enfermedad.

enfermo, ma. *s.* Enfermo.

enfiada. *f.* Sarta.

enfiar. *v.* **1.** Meter; introducir. **2.** Enhebrar; ensartar.

enfileirar. *v.* Enfilar; alinear.

enforcar. *v.* Ahorcar.

enfraquecer. *v.* Debilitar.

enfrentar. *v.* Enfrentar; afrontar.

enfurecer. *v.* Enfurecer; encolerizar.

engaiolar. *v.* Enjaular.

enganação. *f.* Embaucamiento.

enganado, da. *adj.* **1.** Equivocado. **2.** Llevado en el cuento; engañado.

enganar. *v.* Engañar; ilusionar; mentir. ♦ **Se não me engano.** Si mal no me acuerdo. / Si no me equivoco.

enganchar. *v.* Enganchar.

engano. *m.* **1.** Equivocación. **2.** Engaño; fraude; engañifa.

engarrafamento. *m.* Embotellamiento.

engasgar. *v.* Atragantarse.

engate. *m.* Acoplamiento; enganche.

engatinhar. *v.* Gatear.

engendrar. *v.* Generar; engendrar.

engenharia. *f.* Ingeniería.

engenheiro, ra. *s.* Ingeniero.

engenho. *m.* **1.** Ingenio. **2.** Molienda.

engenhoso, sa. *adj.* Ingenioso.

engessar. *v.* Enyesar.

englobar. *v.* Englobar.

engolir. *v.* Tragar. ♦ **Engolir sapo.** Tragar un sapo.

engordar. *v.* Engordar; engrosar; cobrar carnes.

engraçado, da. *adj.* Gracioso; jocoso.

engrandecer. *v.* **1.** Engrandecer. **2.** Agrandar.

engraxar. *v.* **1.** Lustrar. **2.** Lubricar.

engraxate. *m.* Limpiabotas.

engrenagem. *f.* Engranaje.

engrenar. *v.* Engranar.

engrossar. *v.* Engrosar.

enigma. *m.* Enigma.

enjaular. *v.* Enjaular; encarcelar.

enjoado, da. *adj.* e *s.* **1.** Mareado. **2.** Antipático.

enjoativo, va. *adj.* Nauseabundo.

enjoo. *m.* **1.** Náusea. **2.** Mareo. **3.** Asco.

enlaçar. *v.* Enlazar.

enlouquecer. *v.* Enloquecer; volver loco.

enorme. *adj.* Enorme; colosal.

enquadrar. *v.* Poner en un cuadro o marco.

enquanto. *conj.* Mientras. ♦ **Enquanto isso.** Mientras tanto. / En tanto que. / Entre tanto. **Por enquanto.** Por ahora.

enraizar. *v.* Enraizar; arraigar.

enredar. *v.* **1.** Enredar. **2.** Intrigar; crear confusión.

enredo. *m.* Enredo.

enrolar. *v.* **1.** Arrollar. **2.** Rizar el pelo. **3.** Dar carrete.

enroscar. *v.* **1.** Enroscar. **2.** Enredarse.

enrugado, da. *adj.* Arrugado.

enrugar. *v.* Arrugar; fruncir.

ensaiar. *v.* Ensayar.

ensaio. *m.* Ensayo.

enseada. *f.* Rada; ensenada.

ensinamento. *m.* Enseñanza.

ensinar. *v.* Enseñar; instruir.

ensino. *m.* Enseñanza. ♦ **Ensino fundamental.** Enseñanza primaria. **Ensino médio.** Enseñanza secundaria. **Ensino superior.** Enseñanza superior.

ensolarado, da. *adj.* Soleado.

ensopado, da. *adj.* **1.** Mojado; empapado. *m.* **2.** Estofado. ♦ **Estar ensopado.** Estar calado / empapado hasta los huesos.

entabular. *v.* Entablar.

então. *adv.* Entonces.

entardecer. *v.* Atardecer.

ente. *m.* Ente.

enteado, da. *s.* Hijastro.

entediar. *v.* **1.** Aburrir; ser pesado. *v.p.* **2.** Aburrirse (como una ostra).
entender. *v.* **1.** Entender; comprender. *m.* **2.** Entender. ♦ **Como (alguém) bem entender.** Al aire de.
entendido, da. *adj.* e *s.* Entendido; experto.
entendimento. *m.* Entendimiento. ♦ **Ter pouco entendimento.** Tener pocas luces.
enternecer. *v.* Enternecer; ablandar.
enterrar. *v.* Enterrar; sepultar.
enterro. *m.* Entierro.
entidade. *f.* Entidad.
entoação. *f.* Entonación; tono.
entoar. *v.* Entonar.
entorpecer. *v.* Entorpecer.
entorse. *m.* Esguince.
entrada. *f.* **1.** Entrada. **2.** Entrada; billete. **3.** Entrada; primer plato.
entranha. *f.* Entraña.
entrar. *v.* **1.** Entrar; penetrar. **2.** Entrar; ingresar.
entre. *adv.* e *prep.* Entre. ♦ **Entre dizer e fazer, há muita diferença.** Del dicho al hecho hay mucho trecho. **Entre mortos e feridos.** Entre pitos y flautas. **Estar entre a cruz e a espada.** Estar entre dos fuegos.
entreato. *m.* Entreacto.
entrega. *f.* Entrega.
entregar. *v.* Entregar.
entregador, ra. *adj.* e *s.* **1.** Entregador. **2.** Repartidor.
entrelaçar. *v.* Enlazar.
entrementes. *adv.* Entretanto.
entretanto. *conj.* Sin embargo; pero.
entretenimento. *m.* Diversión; entretenimiento.
entreter. *v.* Entretener.
entrever. *v.* Entrever.
entrevista. *f.* Entrevista. ♦ **Entrevista coletiva.** Conferencia de prensa.
entristecer. *v.* Entristecer.
entrosar. *v.* Engranar.
entulho. *m.* Escombro.
entupir. *v.* Obstruir; atorar; atascar.
entusiasmar. *v.* Entusiasmar.
envelhecer. *v.* Envejecer.
envelope. *m.* Sobre.
envenenamento. *m.* Intoxicación; envenenamiento.
envenenar. *v.* Envenenar.
envergadura. *f.* Envergadura.
envergonhar. *v.* Avergonzar.
enviar. *v.* Enviar; remitir.
envilecer. *v.* Envilecer.
envio. *m.* Envío.
envolver. *v.* **1.** Envolver; arrollar. **2.** Involucrar, abarcar.
enxada. *f.* Azada.
enxaguar. *v.* Enjuagar.
enxaqueca. *f.* Jaqueca.
enxergar. *v.* Ver; tener buena vista.
enxerido, da. *adj.* e *s.* Entremetido; metido.
enxerto. *m.* Injerto.
enxofre. *m.* Azufre.
enxotar. *v.* Ahuyentar.
enxoval. *m.* Ajuar.
enxugar. *v.* Secar; enjugar.
epiceno. *m.* *Ling.* Epiceno.
épico, ca. *adj.* Épico.
epidemia. *f.* Epidemia.
epilepsia. *f.* Epilepsia.
epílogo. *m.* Epílogo.
episódio. *m.* Episodio.
epístola. *f.* Epístola.
epistolar. *adj.* Epistolar.
época. *f.* Época. ♦ **De época.** De temporada.
equânime. *adj.* Ecuánime.
equatoriano, na. *adj.* e *s.* Ecuatoriano.
equestre. *adj.* Ecuestre.
equilibrado, da. *adj.* Equilibrado.
equilibrar. *v.* Equilibrar.
equilíbrio. *m.* Equilibrio.
equino. *adj.* Equino.
equipamento. *m.* Equipo.
equipe. *f.* Equipo.
equitação. *f.* Equitación.
equivaler. *v.* Equivaler.
equívoco. *adj.* e *m.* Equívoco.
erguer. *v.* Alzar; levantar; erguir.
erigir. *v.* Erigir.
ermida. *f.* Ermita.
ermo. *adj.* Yermo.
erosão. *f.* Erosión.
errado, da. *adj.* e *s.* Incorrecto; errado.
errante. *adj.* Errante.

errar. *v.* Equivocarse; errar.
errata. *f.* Errata; error de imprenta.
erro. *m.* Error.
erudição. *f.* Erudición.
erva. *f.* Hierba.
ervilha. *f.* Guisante; (*Amér.*) arveja.
esbanjamento. *m.* Derroche.
esbanjar. *v.* Desperdiciar; malgastar; derrochar.
esbarrar. *v.* Encontrar por casualidad; dar con.
esboço. *m.* Esbozo.
escabroso, sa. *adj.* Escabroso.
escada. *f.* Escalera. ♦ **Escada em caracol.** Escalera de caracol. **Escada rolante.** Escalera mecánica.
escadaria. *f.* Escalinata.
escafandro. *m.* Escafandra.
escafeder. *v.p.* Escabullir(se).
escala. *f.* Escala.
escalada. *f.* Escalada.
escalão. *m.* **1.** Escalón. **2.** Escalafón.
escalar. *v.* Escalar.
escaldar. *v.* Escaldar.
escama. *f. Anat.* Escama.
escamotear. *v.* Escamotear.
escândalo. *m.* Escándalo.
escapamento. *m.* Escape; tubo de escape.
escapulir. *v.* Escabullirse; salir por la tangente.
escaravelho. *m.* Escarabajo.
escarlate. *adj.* e *m.* Escarlata.
escarmentar. *v.* Escarmentar.
escassear. *v.* Escasear.
escavar. *v.* Excavar; ahuecar.
esclarecer. *v.* Aclarar; dilucidar; esclarecer.
esclarecimento. *m.* Aclaración; esclarecimiento.
escoar. *v.* Escurrir.
escoicear. *v.* Cocear.
escola. *f.* Escuela; colegio.
escolar. *adj.* Escolar.
escolha. *f.* Elección; selección.
escolher. *v.* Elegir; seleccionar; escoger.
escolta. *f.* Escolta.
escombros. *m.pl.* Escombro.
esconde-esconde. *m.* Escondite. ♦ **Brincar de esconde-esconde.** Jugar al escondite.
esconder. *v.* **1.** Esconder. **2.** Tapar; ocultar.
esconderijo. *m.* Escondrijo; escondite.

escória. *f.* **1.** Escoria; residuo metálico. **2.** Escoria; gente de mal vivir.
escorpião. *m.* **1.** *Zool.* Alacrán; escorpión. **2.** Escorpio (signo).
escorredor. *m.* Escurridor.
escorregadio, dia. *adj.* Resbaladizo; escurridizo.
escorregador. *m.* Tobogán.
escorregão. *m.* Resbalón.
escorregar. *v.* Resbalar.
escorrer. *v.* Escurrir.
escova. *f.* Cepillo. ♦ **Escova de dentes.** Cepillo de dientes.
escovar. *v.* Cepillar. ♦ **Escovar os dentes.** Cepillarse los dientes.
escravidão. *f.* Esclavitud.
escravo, va. *adj.* e *s.* Esclavo.
escrever. *v.* Escribir.
escrito, ta. *adj.* e *m.* Escrito.
escritório. *m.* Oficina; despacho; agencia.
escritura. *f.* Escritura.
escrivaninha. *f.* Bufete; escritorio.
escrivão, vã. *s.* Notario; escribano.
escrúpulo. *m.* Escrúpulo.
escudo. *m.* Escudo.
esculpir. *v.* Labrar; cincelar; esculpir.
escultura. *f.* Escultura.
escumadeira. *f.* Espumadera; rasera.
escurecer. *v.* Oscurecer; obscurecer.
escuridão. *f.* Oscuridad.
escuro, ra. *adj.* e *s.* Oscuro; obscuro.
escuta. *f.* Escucha.
escutar. *v.* Escuchar; oír.
esfaquear. *v.* Acuchillar.
esfarelar. *v.* Hacerse migas.
esfarrapado, da. *adj.* Andrajoso.
esfera. *f.* Esfera; globo; bola.
esferográfica. *f.* Bolígrafo; (*Arg.*) birome.
esfinge. *f.* Esfinge.
esfomeado, da. *adj.* Hambriento; famélico.
esforço. *m.* Esfuerzo.
esfregão. *m.* Estropajo.
esfregar. *v.* Restregar; frotar; fregar.
esfriar. *v.* Enfriar.
esfumar. *v.* Esfumar; difuminar.
esgotamento. *m.* Agotamiento; extenuación.
esgotar. *v.* **1.** Agotar; vaciar. **2.** Agotar; extenuar.

esgoto. *m.* Cloaca; alcantarillado; alcantarilla.
esgrima. *f.* Esgrima.
esguicho. *m.* **1.** Chorro. **2.** Punta de manguera.
eslaide. *m.* Diapositiva.
eslogan. *m.* Eslogan.
esmagar. *v.* **1.** Machacar. **2.** Aplastar. **3.** Moler.
esmalte. *m.* **1.** Esmalte. **2.** Pintaúñas.
esmeralda. *f.* Esmeralda.
esmero. *m.* Esmero; primor.
esmiuçar. *v.* **1.** Explicar en detalle. **2.** Desmenuzar.
esmola. *f.* Limosna.
esmurrar. *v.* Pegar; golpear.
esnobar. *v.* Proceder como pedante; pavonear.
esoterismo. *m.* Esoterismo.
espaçar. *v.* Espaciar.
espaço. *m.* **1.** Espacio. **2.** Intervalo. ◆ **Criar espaço.** Hacer lugar.
espaçoso, sa. *adj.* Espacioso; amplio.
espada. *f.* Espada.
espaguete. *m.* Espagueti.
espalhar. *v.* Esparcir.
espanador. *m.* Plumero (para limpiar o sacudir el polvo).
espanhol, la. *adj.* e *s.* Español.
espantalho. *m.* Espantapájaros.
espantar. *v.* Espantar.
espanto. *m.* Espanto; susto; asombro.
esparadrapo. *m.* Esparadrapo.
espasmo. *m. Med.* Espasmo.
espatifar. *v.* Hacer pedazos; destrozar.
especial. *adj.* Especial.
especialista. *adj.* e *com.* Especialista.
especiaria. *f.* Especia.
espécie. *f.* Especie.
especificar. *v.* Especificar.
específico, ca. *adj.* Específico.
especular. *v.* Especular.
espelho. *m.* Espejo.
espelunca. *f.* Pocilga; antro.
espera. *f.* Espera.
esperança. *f.* Esperanza. ◆ **A esperança é a última que morre.** La esperanza es lo último que se pierde.
esperar. *v.* Esperar; aguardar.
espermatozoide. *m.* Espermatozoide.
espernear. *v.* Patalear.

espertalhão, lhona. *adj.* e *s.* Vivo.
esperteza. *f.* Viveza.
esperto, ta. *adj.* e *s.* Vivo; listo; águila. ◆ **Dar uma de esperto.** Pasarse de listo.
espessura. *f.* Grosor; espesor.
espetar. *v.* Pinchar; espetar; picar.
espetinho. *m. Cul.* Pincho; brocheta.
espeto. *m.* Espetón; asador.
espião, ã. *adj.* e *s.* Espía.
espiar. *v.* Espiar; acechar.
espiga. *f.* Espiga.
espinafre. *m. Bot.* Espinaca.
espinha. *f.* **1.** Espina; espinazo. **2.** Barro; acné; espinilla.
espinho. *m.* Espina; pincho; aguijón.
espionar. *v.* Espiar; acechar.
espiral. *adj.* e *f.* Espiral.
espírito. *m.* Espíritu; alma.
espirrar. *v.* Estornudar.
espirro. *m.* Estornudo.
esplêndido, da. *adj.* Espléndido.
espoleta. *f.* Espoleta.
esponja. *f.* Esponja.
espontâneo, nea. *adj.* Espontáneo.
espora. *f.* Espuela.
esporádico, ca. *adj.* Esporádico.
esporte. *m. Desp.* Deporte.
esportista. *adj.* e *com. Desp.* Deportista.
esposo, sa. *s.* Esposo; cónyuge.
espreguiçadeira. *f.* Silla perezosa; tumbona.
espreguiçar. *v.* Desperezarse.
espremedor. *m.* Exprimidor.
espremer. *v.* Exprimir; estrujar.
espuma. *f.* Espuma.
esquadra. *f.* Escuadra.
esquadrão. *m.* Escuadrón.
esquadrilha. *f.* Escuadrilla.
esquadro. *m.* Escuadra; cartabón.
esquecer. *v.* Olvidar.
esquecido, da. *adj.* e *s.* Olvidadizo.
esquecimento. *m.* Olvido.
esqueleto. *m.* **1.** Esqueleto. **2.** Armazón.
esquema. *m.* Esquema.
esquentamento. *m.* Caldeamiento.
esquentar. *v.* **1.** Calentar. **2.** Acalorar.

esquerdo, da. *adj.* e *f.* Izquierda. ◆ **À esquerda.** A la izquierda. / A mano izquierda. **De esquerda.** *Polít.* De izquierda.
esqui. *m. Desp.* Esquí.
esquilo. *m. Zool.* Ardilla.
esquimó. *adj.* e *com.* Esquimal.
esquina. *f.* Esquina; bocacalle.
esquisito, ta. *adj.* e *s.* Raro; extraño; excéntrico.
esquivar. *v.* Esquivar.
essa. *pron.* Esa.
esse. *pron.* Ese.
essência. *f.* Esencia.
esta. *pron.* Esta.
estabelecer. *v.* **1.** Establecer. *v.p.* **2.** Fijar(se), radicar(se).
estabilizar. *v.* Estabilizar; fijar.
estaca. *f.* Estaca.
estação. *f.* Estación. ◆ **Estação de metrô.** Estación del metro. **Estação de trem.** Estación de ferrocarril.
estacionamento. *m.* Aparcamiento; parqueamiento; estacionamiento.
estacionar. *v.* Aparcar; estacionar; parquear.
estádio. *m.* Estadio; cancha.
estado. *m.* **1.** Estado; condición. **2.** Estado; gobierno; poder público. **3.** Estado; división administrativa.
estafa. *f.* Agotamiento.
estagiário, ria. *adj.* e *s.* Pasante.
estágio. *m.* **1.** Período; etapa. **2.** Pasantía.
estalar. *v.* **1.** Crepitar. **2.** Estallar.
estaleiro. *m.* Astillero.
estampa. *f.* Estampa; grabado.
estancar. *v.* Detener.
estância. *f.* Estancia; estada.
estante. *f.* Estantería; librería.
estar. *v.* Estar. ◆ **Estar na lama / no fundo do poço.** Estar en un atolladero. **Estar um chuchu / brinco.** Estar hecho un bombón. **O que está acontecendo?** ¿Qué pasa?
estarrecer. *v.* Aterrar.
estático, ca. *adj.* Estático; firme.
estátua. *f.* Estatua.
estatura. *f.* Estatura.
estatuto. *m.* Estatuto.
este. *pron.* Este.
esteira. *f.* Estera; esterilla.

estelionatário, ria. *s.* Truhán; estafador.
estelionato. *m.* Estafa.
estender. *v.* Extender; ampliar; desdoblar; desplegar.
estepe. *f.* **1.** Estepa. **2.** Rueda de repuesto.
esterco. *m.* Estiércol.
estéreo. *m.* Estéreo.
esterilizar. *v.* Esterilizar.
estético, ca. *adj.* e *f.* Estético.
estetoscópio. *m.* Estetoscopio.
estiagem. *f.* Sequía.
esticado, da. *adj.* Tenso; estirado.
esticar. *v.* Tensar; estirar.
estilete. *m.* Estilete.
estilhaço. *m.* Astilla.
estilista. *com.* Modisto.
estilo. *m.* Estilo. ◆ **Em grande estilo.** A lo grande.
estima. *f.* Estima.
estimar. *v.* Estimar; apreciar.
estimativa. *f.* Valoración; estimación.
estimular. *v.* Impulsar; estimular.
estímulo. *m.* Estímulo; aliciente; acicate.
estio. *m.* Estío; verano.
estipular. *v.* Estipular.
estirpe. *f.* Ascendencia; linaje.
estival. *adj.* Estival.
estocar. *v.* Almacenar.
estojo. *m.* Estuche.
estoque. *m.* Existencias; acopio; *stock.*
estorvar. *v.* Estorbar.
estourar. *v.* Reventar; detonar; explotar.
estouro. *m.* **1.** Estruendo. **2.** Explosión.
estrada. *f.* Carretera; autopista.
estrado. *m.* Tarima.
estragar. *v.* Estropear; dañar; echar a perder; deteriorar.
estrago. *m.* Estrago; daño; avería.
estralar. *v.* Estallar.
estrangeiro, ra. *adj.* e *s.* Extranjero; foráneo.
estrangular. *v.* Ahorcar.
estranhar. *v.* Extrañar.
estranho, nha. *adj.* e *s.* Extraño.
estratagema. *m.* Estratagema.
estratégia. *f.* Estrategia.
estrato. *m.* Estrato.

estrear. *v.* Estrenar; inaugurar.
estrebaria. *f.* Establo.
estreia. *f.* Estreno.
estreitar. *v.* Estrechar.
estreito, ta. *adj.* **1.** Angosto; estrecho. *m.* **2.** Estrecho.
estrela. *f. Astr.* Estrella. ♦ **Estrela cadente.** *Astr.* Estrella fugaz.
estrela-do-mar. *f. Zool.* Estrella de mar.
estrelar. *v.* Estrellar.
estremecer. *v.* Estremecer; temblar.
estremecimento. *m.* Temblor.
estrépito. *m.* **1.** Estrépito. **2.** Estruendo; fragor.
estresse. *m.* Estrés.
estribeira. *f.* Estribo.
estribilho. *m.* Estribillo.
estribo. *m.* Estribo.
estridente. *adj.* Estridente.
estrito, ta. *adj.* Severo; estricto.
estrofe. *f.* Estrofa.
estrondo. *m.* Estruendo; fragor.
estrutura. *f.* **1.** Armazón. **2.** Estructura.
estruturar. *v.* Estructurar.
estuário. *m.* Estuario.
estudante. *com.* Estudiante.
estudar. *v.* Estudiar. ♦ **Estudar muito. / Rachar de estudar.** *fig.* Quemarse las pestañas / cejas.
estúdio. *m.* Estudio.
estudo. *m.* Estudio. ♦ **Pagar os estudos de alguém.** Dar carrera a alguien.
estufa. *f.* Estufa.
estupendo, da. *adj.* Estupendo.
estúpido, da. *adj.* e *s.* Estúpido.
esvaziar. *v.* Vaciar; agotar; despejar.
esverdeado, da. *adj.* e *m.* Verdoso.
etapa. *f.* Etapa. ♦ **Por etapas.** Por tandas.
etéreo, rea. *adj.* Etéreo.
eternidade. *f.* Eternidad.
eterno, na. *adj.* Eterno.
ético, ca. *adj.* **1.** Ético. *f.* **2.** Ética.
etimologia. *f.* Etimología.
etiqueta. *f.* Etiqueta.
etnia. *f.* Etnia.
eu. *pron.* Yo.
eucalipto. *m.* Eucalipto.
eufonia. *f.* Eufonía.
euforia. *f.* Euforia.
euro. *m.* Euro.
evadir. *v.* Evadir.
evangelho. *m.* Evangelio.
evaporar. *v.* Evaporar.
evasão. *f.* Evasión.
evento. *m.* Evento.
eventual. *adj.* Eventual.
evidência. *f.* Evidencia.
evidente. *adj.* Evidente. ♦ **Ser evidente.** Ser de cajón.
evitar. *v.* Evitar; eludir.
evocar. *v.* Evocar.
evolução. *f.* Evolución.
exagerar. *v.* Exagerar; abultar.
exaltar. *v.* Enaltecer; exaltar.
exame. *m.* Examen. ♦ **Exame médico.** *Med.* Análisis clínico. / Reconocimiento médico.
examinar. *v.* Examinar; pasar por el tamiz.
exatidão. *f.* Exactitud.
exaurir. *v.* Esquilmar; agotar.
exceção. *f.* Excepción.
exceder. *v.* **1.** Exceder. **2.** Pasarse de rosca.
excelência. *f.* Excelencia.
excelente. *adj.* Excelente; óptimo.
excêntrico, ca. *adj.* e *s.* Excéntrico; extravagante.
excepcional. *adj.* **1.** Excepcional. **2.** Insólito.
excessivo, va. *adj.* Excesivo; demasiado.
excesso. *m.* Exceso; abuso; desmán. ♦ **Em excesso.** De sobra / En demasía.
exceto. *prep.* Excepto; fuera de; salvo.
excetuar. *v.* Exceptuar; descontar.
excipiente. *m.* Excipiente.
excitação. *f.* Excitación.
excitado, da. *adj.* Excitado.
excitar. *v.* Excitar.
exclamação. *f.* Exclamación.
exclamar. *v.* Exclamar.
excluir. *v.* Excluir; eliminar.
exclusão. *f.* Exclusión.
exclusividade. *f.* Exclusividad; privilegio; monopolio.
exclusivo, va. *adj.* **1.** Exclusivo. *f.* **2.** Exclusiva.
excursão. *f.* Excursión; gira, *tour*.
execução. *f.* Ejecución; realización.
executar. *v.* **1.** Ejecutar. **2.** *Inform.* Ejecutar.
executivo, va. *adj.* e *s.* Ejecutivo.
exemplar. *adj.* Ejemplar.

exemplo. *m.* Ejemplo.
exercer. *v.* Ejercer.
exercício. *m.* Ejercicio.
exercitar. *v.* Ejercitar.
exército. *m.* Ejército.
exibição. *f.* Exhibición; ostentación; alarde.
exibir. *v.* Exhibir; ostentar.
exigência. *f.* Exigencia.
exigir. *v.* Exigir; reclamar.
exíguo, gua. *adj.* Exiguo.
exilar. *v.* Desterrar; exiliar.
exílio. *m.* Destierro; exilio.
eximir. *v.* Eximir; exentar.
existência. *f.* Existencia.
existir. *v.* Existir; haber.
êxito. *m.* Éxito. ◆ **Ter êxito / sucesso na vida.** Abrirse camino. / Salir adelante.
êxodo. *m.* Éxodo.
exorbitante. *adj.* Exorbitante.
exótico, ca. *adj.* Exótico.
expandir. *v.* Ampliar; expandir.
expansão. *f.* Expansión.
expatriar. *v.* Expatriar; desterrar.
expectativa. *f.* Expectativa.
expedição. *f.* Expedición.
expediente. *m.* Horario de atención.
expedir. *v.* Expedir; remitir.
experiência. *f.* Experiencia.
experimentar. *v.* Probar.
experimento. *m.* Experimento.
experto, ta. *adj.* e *s.* Experto.
expiar. *v.* Expiar.
expiatório, ria. *adj.* Expiatorio. ◆ **Bode expiatório.** Chivo expiatorio.
explicação. *f.* Explicación; aclaración.
explicar. *v.* Explicar.
explícito, ta. *adj.* Explícito.
explodir. *v.* Estallar; explotar; reventar. ◆ **Que se exploda!** ¡Joder!
exploração. *f.* **1.** Exploración. **2.** Explotación.
explorar. *v.* **1.** Explorar. **2.** Explotar.

explosão. *f.* Explosión.
explosivo, va. *adj.* Explosivo.
expoente. *m.* Exponente.
expor. *v.* Exponer.
exportar. *v.* Exportar.
exposição. *f.* Exposición.
expressão. *f.* Expresión.
expressar. *v.* Expresar.
expressivo, va. *adj.* Expresivo; significativo.
expulsar. *v.* Expulsar; echar a palos.
êxtase. *m.* Éxtasis.
extensão. *f.* Extensión.
extenso, sa. *adj.* Amplio; extenso.
extenuar. *v.* Extenuar.
exterior. *adj.* **1.** Exterior; afuera. **2.** Extranjero.
exterminar. *v.* Exterminar; aniquilar.
externo, na. *adj.* Externo; exterior.
extinguir. *v.* Extinguir.
extorsão. *f.* Extorsión.
extra. *adj.* Extra. ◆ **Salário extra.** Paga extraordinaria.
extração. *f.* **1.** Extracción. **2.** Extracción, sorteo de lotería.
extradição. *f.* Extradición.
extrair. *v.* Extraer.
extraordinário, ria. *adj.* Extraordinario.
extrapolar. *v.* Extrapolar.
extrato. *m.* Extracto.
extravagante. *adj.* e *com.* Extravagante; excéntrico.
extraviar. *v.* Extraviar.
extremamente. *adv.* Extremadamente.
extremidade. *f.* Extremidad.
extremo, ma. *adj.* **1.** Extremo. *m.* **2.** Extremo. ◆ **Até o extremo.** Hasta las cejas. **Extrema direita / esquerda.** *Polít.* Extrema derecha / izquierda.
exuberante. *adj.* Exuberante.
exultar. *v.* e *v.p.* Regocijar(se); exultar.

F

f. *m.* F (la efe).

fã. *com.* Fan; hincha.

fábrica. *f.* Fábrica.

fabricar. *v.* Fabricar; manufacturar.

fábula. *f.* Fábula; mito.

fabuloso, sa. *adj.* Fabuloso.

faca. *f.* Cuchillo; navaja. ♦ **Ter a faca e o queijo na mão.** Tener la sartén por el mango.

façanha. *f.* Hazaña; proeza; gesta.

facão. *m.* Machete.

facção. *f.* Facción.

face. *f.* Rostro; cara.

faceta. *f.* Faceta.

fachada. *f.* **1.** Fachada; frente. **2.** Apariencia; pantalla.

facho. *m.* Haz; hacho; antorcha; lumbre.

fácil. *adj.* Fácil. ♦ **Fácil, fácil.** Liso y llano.

facilidade. *f.* Facilidad.

facilitar. *v.* Facilitar.

facínora. *adj.* Facineroso.

fã-clube. *m.* Hinchada; club de fans.

fac-símile. *m.* Facsímile.

factível. *adj.* Factible.

faculdade. *f.* Facultad.

facultar. *v.* Facultar.

fada. *f.* Hada.

fadiga. *f.* Fatiga.

faina. *f.* Faena.

faísca. *f.* **1.** Chispa; centella. **2.** Rayo. ♦ **Soltar faíscas.** *fig.* Echar chispas.

faixa. *f.* Faja. ♦ **Faixa de pedestres.** Paso de peatones / cebra.

fajuto, ta. *adj.* Falso; falsificado.

fala. *f.* **1.** Habla; lenguaje. **2.** Discurso.

falácia. *f.* Falacia.

falador, ra. *adj.* Hablador; parlanchín.

falange. *f.* Falange.

falante. *adj.* **1.** Hablante. **2.** Parlanchín.

falar. *v.* Hablar. ♦ **Deixar falando.** Dejarle con la palabra en la boca. **Falar alto / baixo.** Hablar fuerte / bajo. **Falar claro.** Hablar en cristiano. **Falar como um papagaio.** Hablar como un papagayo / loro. **Falar demais.** Írsele la boca (a alguien). / Tener cuerda para rato. **Falar pelos cotovelos.** Hablar por los codos. **Falar por falar.** Decir por decir. / Hablar por hablar.

falatório. *m.* Habladuría.

falcão. *m. Zool.* Halcón.

falecer. *v.* Fallecer.

falência. *f.* Quiebra; bancarrota.

falha. *f.* Falla.

falhar. *v.* Fallar.

falir. *v.* Quebrar.

falsário, ria. *adj.* Falsario.

falsear. *v.* Falsear.

falsete. *m.* Falsete.

falso, sa. *adj.* Falso.

falta. *f.* Falta; privación; defecto. ♦ **Sem falta.** Sin falta. **Sentir falta. 1.** Echar en falta. **2.** Echar de menos.

faltar. *v.* Faltar. ♦ **Era só o que faltava!** ¡Faltaría más! **Faltar com o respeito.** Faltar el respeto. **Faltar pouco para (algo).** Faltar poco para (algo). **Faltar um parafuso.** *fig.* e *fam.* Faltarle un tornillo.

falto, ta. *adj.* Falto; necesitado.

fama. *f.* Fama; renombre. ♦ **Ter boa / má fama.** Tener buena / mala prensa.

família. *f.* Familia.

familiar. *adj.* Familiar.

familiarizar. *v.* Familiarizar.

faminto, ta. *adj.* Hambriento; famélico.

famoso, sa. *adj.* Afamado; famoso; célebre.

fanfarrão, ona. *adj.* Fanfarrón.

fanhoso, sa. *adj.* Gangoso.

fantasia. *f.* **1.** Fantasía; imaginación. **2.** Disfraz.

fantasiar. *v.* Fantasear.

fantasma. *m.* Fantasma.
fantoche. *m.* Fantoche; títere; marioneta.
faqueiro. *m.* Cubertería.
fardo. *m.* Paca; fardo.
farejar. *v.* Olfatear; husmear.
farelo. *m.* Salvado.
farinha. *f.* Harina.
farmacêutico, ca. *adj.* e *s.* Farmacéutico.
farmácia. *f.* Farmacia. ♦ **Farmácia de plantão / dia e noite.** Farmacia de guardia / día y noche.
farol. *m.* Faro.
farra. *f.* Farra; jarana; juerga; pachanga. ♦ **Andar de / Cair na farra.** Andar / Estar / Ir de pingo. **Participar de uma farra.** Correr(se) una juerga.
farrapo. *m.* Harapo.
farsa. *f.* Farsa.
farsante. *adj.* e *com.* Farsante.
farto, ta. *adj.* Harto.
fartura. *f.* Abundancia.
fascinar. *v.* Fascinar.
fase. *f.* Fase.
fatal. *adj.* Fatal.
fatia. *f.* Loncha; rebanada; tajada.
fatídico, ca. *adj.* Fatídico.
fato. *m.* Hecho. ♦ **De fato.** De hecho.
fator. *m.* Factor.
fatura. *f.* Factura.
faturar. *v.* Facturar.
fava. *f.* Haba.
favela. *f.* Chabola; (*Arg.*) villa miseria.
favor. *m.* Favor; obsequio. ♦ **A / Em favor de.** A / En favor de. **Por favor.** Por favor.
favorável. *adj.* Favorable.
favorecer. *v.* Favorecer.
favorito, ta. *adj.* Favorito.
fax. *m.* Fax.
faxina. *f.* Limpieza. ♦ **Fazer faxina.** Hacer la limpieza.
faxineiro, ra. *s.* **1.** Encargado de la limpieza. *f.* **2.** (*Amér.*) Muchacha.
fazenda. *f.* Hacienda; finca; estancia.
fazendeiro, ra. *adj.* e *s.* Propietario rural; terrateniente; estanciero.
fazer. *v.* Hacer; crear; ejecutar. ♦ **Aqui se faz, aqui se paga.** A lo hecho, pecho. / El que la hace, la paga. **Fazer as malas.** Hacer la maleta. **Fazer das suas.** Hacer de las suyas. **Fazer o mesmo.** Hacer otro tanto. **Fazer o quê?** ¿Qué remedio?
fé. *f.* Fe. ♦ **De boa / má fé.** De buena / mala fe.
febre. *f.* Fiebre.
fechado, da. *adj.* Cerrado.
fechadura. *f.* Cerradura.
fechamento. *m.* Cierre; encerramiento; clausura.
fechar. *v.* Cerrar.
fecho. *m.* Cierre.
fecundar. *v.* Fecundar.
fecundo, da. *adj.* Fecundo.
feder. *v.* Apestar; heder.
federação. *f.* Federación.
federal. *adj.* Federal.
fedido, da. *adj.* Maloliente; hediondo.
fedor. *m.* Pestilencia; hedor.
fedorento, ta. *adj.* Pestilente; fétido.
feição. *f.* **1.** Forma. **2.** Facción.
feijão. *m. Bot.* Alubia; judía; habichuela; frijol; (*Amér.*) poroto.
feio, a. *adj.* Feo.
feira. *f.* Feria.
feiticeiro, ra. *s.* Hechicero.
feitiço. *m.* Hechizo.
feitio. *m.* Hechura; forma.
feito, ta. *adj.* **1.** Hecho. *m.* **2.** Hecho; suceso. ♦ **Feito! / Combinado!** ¡Hecho!
feiura. *f.* Fealdad.
feixe. *m.* Haz.
felicidade. *f.* Felicidad. ♦ **Felicidades! / Parabéns!** ¡Felicidades!
felicitação. *f.* Felicitación. ♦ **Felicitações! / Parabéns!** ¡Felicitaciones!
felicitar. *v.* Felicitar; congratular.
feliz. *adj.* Feliz; dichoso. ♦ **Feliz aniversário!** ¡Feliz cumpleaños! **Feliz Natal!** ¡Feliz Navidad! **Feliz Páscoa!** ¡Felices Pascuas!
felpa. *f.* Felpa.
feltro. *m.* Fieltro.
fêmea. *f.* Hembra.
feminino, na. *adj.* Femenino.
fenda. *f.* Grieta; fisura.
fender. *v.* Hender.
feno. *m.* Heno.
fenômeno. *m.* Fenómeno.
fera. *f.* Fiera.

féria. *f.* Jornal.

feriado. *m.* Día festivo.

férias. *f.pl.* Vacaciones. ◆ **Sair em férias.** Salir de vacaciones.

ferida. *f.* **1.** Herida; lesión; lastimadura. **2.** Herida; daño moral.

ferimento. *m.* Herida; lesión; lastimadura.

ferir. *v.* **1.** Herir; lesionar. **2.** Herir; ofender.

fermento. *m.* Fermento.

feroz. *adj.* Feroz.

ferradura. *f.* Herradura.

ferragem. *f.* Herraje. ◆ **Loja de ferragens.** Ferretería.

ferramenta. *f.* Herramienta.

ferrão. *m.* Aguijón.

ferrar. *v.* **1.** Herrar **2.** *Col.* Fregar, jorobar.

ferrenho, nha. *adj.* Férreo.

ferro. *m. Quím.* Hierro. ◆ **A ferro e fogo.** A fuego y hierro / sangre; a punta de lanza. **Ferro de passar.** Plancha. **Vontade de ferro.** Voluntad de hierro.

ferrolho. *m.* Cerrojo.

ferrovia. *f.* Vía férrea; ferrocarril.

ferroviário, ria. *adj.* e *s.* Ferroviario.

ferrugem. *f.* Herrumbre.

fértil. *adj.* Fértil.

fertilizante. *m.* Abono; fertilizante.

ferver. *v.* Hervir.

fervor. *m.* **1.** Fervor. **2.** Hervor.

fervoroso, sa. *adj.* Fervoroso.

fervura. *f.* Ebullición; hervor.

festa. *f.* Fiesta. ◆ **Estar em festa.** Estar de fiesta. **Festa de arromba.** Fiesta rumbosa.

festejar. *v.* Festejar; celebrar.

festim. *m.* Festín.

festival. *m.* Festival.

festividade. *f.* Festividad.

festivo, va. *adj.* Festivo.

fetiche. *m.* Fetiche.

fevereiro. *m.* Febrero.

fiador, ra. *adj.* e *s.* Avalista; fiador.

fiança. *f.* Fianza; garantía.

fiar. *v.* **1.** Hilar. **2.** Fiar.

fiasco. *m.* Fiasco.

fibra. *f.* Fibra.

ficar. *v.p.* **1.** Quedarse; permanecer. *v.* **2.** Quedar; restar; sobrar. **3.** Enrollarse (con alguien). ◆ **Ficar alegre / contente / triste / irritado.** Ponerse alegre / contento / triste / enfadado. **Ficar bem / mal.** Quedar bien / mal. **Ficar louco.** Volverse loco. **Ficar para trás.** Quedarse atrás.

ficção. *f.* Ficción. ◆ **Ficção científica.** Ciencia ficción.

ficha. *f.* Ficha.

fichar. *v.* Fichar.

fictício, cia. *adj.* Ficticio.

fidalgo, ga. *m.* Hidalgo.

fidedigno, na. *adj.* Fidedigno.

fidelidade. *f.* Fidelidad.

fiel. *adj.* Fiel.

fígado. *m. Anat.* Hígado.

figo. *m. Bot.* Higo. ◆ **Figo-da-índia.** *Bot.* Higo chumbo. **Figo em passa.** *Bot.* Higo pasado.

figura. *f.* Figura.

figurado, da. *adj. Ling.* Figurado.

figurante. *adj.* Comparsa.

figurino. *m.* Figurín.

fila. *f.* Fila; cola. ◆ **Fila indiana.** Fila india.

filamento. *m.* Filamento.

filantropia. *f.* Filantropía.

filantropo, pa. *adj.* e *s.* Filántropo.

filão. *m.* Filón.

filatelia. *f.* Filatelia.

filé. *m.* Bistec; filete.

fileira. *f.* Fila; hilera.

filho, lha. *s.* Hijo.

filhote. *m.* Cachorro.

filial. *adj.* Filial.

filigrana. *f.* Filigrana.

filipino, na. *adj.* e *s.* Filipino.

filmadora. *f.* Cámara.

filmar. *v.* Filmar.

filme. *m.* Película. ◆ **Filme romântico / de ação / de suspense / de terror / de comédia / policial / clássico.** Película romántica / de acción / de suspense / de terror / de comedia / policial / clásica.

filologia. *f. Ling.* Filología.

filosofia. *f.* Filosofía.

filtração. *f.* Filtración.

filtrar. *v.* Filtrar.

filtro. *m.* Filtro. ◆ **Filtro de ar / óleo.** Filtro de aire / aceite.

fim. *m.* Fin; remate; término; final; extremo. ◆ **A fim de.** Con el fin de. **Ao fim de.** Al cabo de. **Fim de conversa.** *fam.* San se acabó. **Fim de semana.** Fin de semana. **No fim das contas.** Al fin y al cabo. **Por fim.** A la postre.

Pôr um fim. Poner coto / término. **Sem fim.** De nunca acabar. / Sin fin.

final. *adj.* **1.** Final; término. **2.** Final; límite. ♦ **No final de.** A fin / fines de. **No final das contas.** A la larga.

finalidade. *f.* Finalidad.

finalista. *com.* Finalista.

finalizar. *v.* Finalizar.

finalmente. *adv.* Finalmente; al fin.

finanças. *f.pl.* Finanzas.

financeiro, ra. *adj.* Financiero.

financiamento. *m.* Financiación.

financiar. *v.* Financiar.

fincar. *v.* Hincar.

fineza. *f.* Fineza.

fingido, da. *adj.* Falso; hipócrita.

fingir. *v.* Fingir; hacer la comedia. ♦ **Fingir que não vê.** *fam.* Hacer la vista gorda.

finito, ta. *adj.* Finito.

finlandês, sa. *adj.* e *s.* Finlandés.

fino, na. *adj.* Fino.

fio. *m.* **1.** Hilo; hebra. **2.** Cable; alambre. **3.** Filo; corte de lámina. ♦ **Fio de voz.** Hilo de voz.

firma. *f.* Firma.

firmamento. *m.* Firmamento; cielo.

firme. *adj.* Firme; fijo; sólido.

firmeza. *f.* Firmeza. ♦ **Com firmeza.** Sin miramientos.

fiscal. *adj.* e *com.* Fiscal.

fisgar. *v.* Fisgar.

física. *f.* Física.

físico, ca. *adj.* e *s.* Físico.

fisionomia. *f.* Fisonomía.

fisioterapia. *f.* Fisioterapia.

fissura. *f.* Fisura.

fita. *f.* Cinta; tira. ♦ **Fita isolante.** Cinta aislante. **Fita magnética.** Cinta magnética. **Fita métrica.** Cinta métrica.

fitar. *v.* Fijar los ojos; mirar.

fivela. *f.* Hebilla.

fixar. *v.* **1.** Fijar; clavar; establecer; memorizar. *v.p.* **2.** Radicarse; establecerse; echar raíces. **3.** Fijarse; afirmarse.

fixo, xa. *adj.* Fijo.

flagrante. *adj.* Flagrante.

flama. *f.* Flama.

flamenco. *m.* Flamenco.

flanco. *m.* Flanco.

flandrense. *adj.* e *com.* Flamenco.

flanela. *f.* Franela.

flauta. *f. Mús.* Flauta.

flecha. *f.* Flecha.

flechada. *f.* Flechazo.

flexão. *f.* Flexión.

flexibilidade. *f.* Flexibilidad.

flexionar. *v.* Flexionar.

flexível. *adj.* Flexible.

floco. *m.* Copo.

flor. *f.* Flor. ♦ **Nem tudo são flores.** No es orégano todo el monte.

flora. *f.* Flora.

florescer. *v.* Florecer.

floresta. *f.* Floresta; bosque.

florir. *v.* Florecer; echar flores.

fluência. *f.* Fluencia.

fluidez. *f.* Fluidez.

fluido, da. *adj.* **1.** Fluido. *m.* **2.** Fluido, sustancia líquida o gaseosa.

fluir. *v.* Fluir.

flutuar. *v.* Fluctuar.

fluvial. *adj.* Fluvial.

fluxo. *m.* Flujo.

fobia. *f.* Fobia.

foca. *f. Zool.* Foca.

focinho. *m. Anat.* Hocico.

foco. *m.* Foco.

fofoca. *f.* Chisme. ♦ **Revista de fofocas.** Revista de chismes / del corazón.

fogão. *m.* Cocina; fogón.

fogareiro. *m.* Hornillo.

fogo. *m.* Fuego. ♦ **Botar / Colocar fogo.** Prender fuego. **Brincar com fogo.** Jugar con fuego. **Em fogo brando.** *Cul.* A fuego lento. **Pegar fogo. Prenderse fuego. Pôr a mão no fogo por.** *fig.* Jugarse el pescuezo / el pellejo por. **Quem brinca com fogo sempre sai queimado.** El que juega con fuego siempre sale quemado. **Soltar fogo.** *fig.* Echar humo. **Soltar fogo pelas ventas.** *fig.* Echar rayos.

fogo-fátuo. *m.* Fuego fatuo.

fogueira. *f.* Fogata; hoguera. ♦ **Botar / Colocar / Pôr lenha na fogueira.** Echar aceite al fuego. Añadir / Echar leña al fuego.

foguete. *m.* Cohete.

foguista. *com.* Fogonero.

foice. *f.* Hoz; guadaña.

folclore. *m.* Folclore.

fole. *m.* Fuelle.

fôlego. *m.* Resuello; aliento. ◆ **De tirar o fôlego.** De quitar el hipo. **Ficar sem fôlego.** Quedarse sin aliento.

folga. *f.* **1.** Día franco. **2.** Descanso. **3.** Holgura.

folgado, da. *adj.* **1.** Ancho. **2.** Holgazán; gandul.

folha. *f.* Hoja. ◆ **Folha de papel.** Hoja de papel. **Folha de flandres.** Hojalata.

folhado, da. *adj.* Hojaldre.

folhagem. *f.* Follaje.

folhear. *v.* Hojear.

folhetim. *m.* Folletín.

folheto. *m.* Folleto.

fome. *f.* Hambre. ◆ **Matar a fome.** Matar el hambre. **Morto de fome.** Transido / muerto de hambre.

fomentar. *v.* Fomentar.

fone. *m.* **1.** Auricular. **2.** Teléfono.

fonética. *f. Ling.* Fonética.

fonte. *f.* Fuente.

fora. *adv.* **1.** Fuera. **2.** Afuera. ◆ **Dar um fora / uma mancada.** Meter la pata. **De fora.** Al margem. **Estar fora de si.** No estar en sus cabales. **Fora!** ¡Fuera! **Fora daqui!** ¡Largo de aquí! **Fora do tempo.** Fuera de tiempo. **Ir comer fora.** Ir a comer fuera / Salir a comer.

foragido, da. *adj.* e *s.* Forajido.

forasteiro, ra. *adj.* e *s.* Forastero.

forca. *f.* Horca.

força. *f.* Fuerza. ◆ **À força.** Por fuerza. **À força de.** A fuerza de. **Arrancar algo à força.** *fig.* e *fam.* Sacar con tirabuzón. **Com toda força.** Con (toda) el alma.

forçar. *v.* Forzar.

forçoso, sa. *adj.* Forzoso.

forçudo, da. *adj.* Forzudo.

forense. *adj.* Forense.

forjar. *v.* Forjar.

forma. *f.* **1.** Forma; figura. **2.** Forma; modo; manera. **3.** Horma; forma. ◆ **Da forma como.** Tal y como. **Da mesma forma.** Asimismo; así mismo. **De certa forma.** En cierto modo.

formação. *f.* Formación.

formal. *adj.* Formal.

formalidade. *f.* Formalidad.

formalizar. *v.* Formalizar.

formão. *m.* Formón.

formar. *v.* **1.** Formar. **2.** Criar. *v.p.* **3.** Graduarse.

formatar. *v.* **1.** Formatear. **2.** *Inform.* Formatear.

formidável. *adj.* Formidable.

formiga. *f.* Hormiga.

formosura. *f.* Hermosura.

fórmula. *f.* Fórmula.

formular. *v.* Formular.

formulário. *m.* Formulario.

fornada. *f.* Hornada.

fornecedor, ra. *adj.* e *s.* Proveedor.

fornecer. *v.* **1.** Suministrar; proveer. **2.** Abastecer.

forno. *m.* Horno. ◆ **Alto forno.** Alto horno. **Forno de micro-ondas.** Horno de microondas; microondas.

foro. *m.* Foro. ◆ **Foro íntimo.** Fuero interior / interno / de la conciencia.

forrar. *v.* Forrar.

forro. *m.* Forro; funda.

fortalecer. *v.* Fortalecer.

fortaleza. *f.* Fortaleza.

forte. *adj.* Fuerte; robusto; recio.

fortificar. *v.* Fortificar.

fortuito, ta. *adj.* Fortuito.

fórum. *m.* Foro.

fortuna. *f.* Fortuna.

fosforescente. *adj.* Fosforescente.

fósforo. *m.* Cerilla; fósforo.

fóssil. *m.* Fósil.

fosso. *m.* Foso.

foto. *f.* Foto.

fotografar. *v.* Fotografiar.

fotógrafo, fa. *s.* Fotógrafo.

fração. *f.* Fracción.

fracassar. *v.* Fracasar; echar por tierra; salir huero.

fracasso. *m.* Fracaso.

fracionar. *v.* Fraccionar.

fraco, ca. *adj.* Débil; endeble; frágil. ◆ **Estar muito fraco.** Estar / Ponerse / Quedarse en los huesos.

frade. *m. Rel.* Fraile.

fragata. *f.* Fragata.

frágil. *adj.* Frágil; débil.

fragmentar. *v.* Fraccionar; fragmentar.

fragmento. *m.* Fragmento.

fragor. *m.* Fragor.

fragrância. *f.* Aroma; fragancia.

fralda. *f.* Pañal.

framboesa. *f. Bot.* Frambuesa.

francês, sa. *adj.* e *s.* Francés.
franco, ca. *adj.* Franco.
frango. *m. Zool.* Pollo.
franja. *f.* Fleco; flequillo.
franzir. *v.* Fruncir.
fraquejar. *v.* Flaquear.
frasco. *m.* Frasco; pomo; envase.
frase. *f. Ling.* Frase.
fraterno, na. *adj.* Fraternal; fraterno.
fratura. *f.* Fractura.
fraude. *f.* Fraude; estafa.
freada. *f.* Frenazo.
frear. *v.* Frenar.
freguês, sa. *s.* Cliente.
freguesia. *f.* Parroquia; clientela. ◆ **Vá cantar em outra freguesia.** A otro perro con ese hueso.
freio. *m.* Freno.
freira. *f.* Monja.
frente. *f.* Frente. ◆ **À frente de. / Em frente a.** Enfrente de / Delante de.
frequência. *f.* Frecuencia. ◆ **Com frequência.** A menudo; (*Amér.*) seguido.
frequentar. *v.* Frecuentar.
frequente. *adv.* Frecuente.
fresa. *f.* Fresa; fresadora.
fresco, ca. *adj.* Fresco.
fresta. *f.* Rendija.
frete. *m.* Flete.
fricção. *f.* Fricción.
friccionar. *v.* Friccionar; restregar.
frieira. *f. Med.* Sabañón.
frieza. *f.* Frialdad.
frigideira. *f.* Sartén.
frigorífico, ca. *adj.* Frigorífico.
frio, a. *adj.* Frío. ◆ **Ficar frio / gelado.** Quedarse frío.
friorento, ta. *adj.* Friolero; friolento.
fritar. *v.* Freír.
frito, ta. *adj.* Frito. ◆ **Estar frito.** *fig.* Estar frito.
fritura. *f.* Frito; fritada.
frivolidade. *f.* Frivolidad.
frívolo, la. *adj.* Frívolo.
fronha. *f.* Funda.
fronteira. *f.* Frontera.
fronteiriço, ça. *adj.* Fronterizo; limítrofe.
frota. *f.* Flota.
frouxo, xa. *adj.* Flojo.
fruição. *f.* Fruición.
frustração. *f.* Frustración.
frustrar. *v.* Frustrar.
fruta. *f. Bot.* Fruta. ◆ **Fruta da época.** Fruta del tiempo / de la estación. **Fruta seca.** Fruto seco. **Salada de frutas.** *Cul.* Ensalada de frutas; macedonia.
fruteiro, ra. *s.* Frutero.
frutífero, ra. *adj.* Fructífero.
fruto. *m.* Fruto.
fubá. *m.* Harina de maíz.
fuga. *f.* Huida; fuga; evasión.
fugaz. *adj.* Fugaz.
fugir. *v.* Huir; fugarse.
fugitivo, va. *adj.* Fugitivo.
fulano, na. *adj.* Fulano. ◆ **Fulano, sicrano e beltrano.** Fulano, mengano y zutano.
fulgor. *m.* Fulgor.
fuligem. *f.* Hollín.
fulminar. *v.* Fulminar.
fulvo, va. *adj.* Leonado; ocre.
fumaça. *f.* Humareda; humo. ◆ **Cortina de fumaça.** Cortina de humo.
fumaceira. *f.* Humareda.
fumante. *adj.* Fumador.
fumar. *v.* Fumar.
fumigar. *v.* Fumigar.
fumo. *m.* Tabaco; tabaco negro.
função. *f.* Función.
funcionamento. *s.* Funcionamiento; marcha. ◆ **Pôr em funcionamento.** Poner en marcha.
funcionar. *v.* Funcionar.
funcionário, ria. *s.* Empleado. ◆ **Funcionário público.** Funcionario público.
funda. *f.* Honda.
fundação. *f.* Fundación; institución.
fundador, ra. *adj.* e *s.* Fundador.
fundamental. *adj.* Fundamental.
fundamentar. *v.* Fundamentar.
fundar. *v.* Fundar.
fundição. *f.* Fundición.
fundir. *v.* Fundir; derretir.
fundo, da. *adj.* Hondo; profundo. ◆ **A fundo.** A fondo.
funeral. *adj.* e *m.* Funeral.
funil. *m.* Embudo.

funileiro, ra. *adj.* e *s.* Chapista.
furacão. *m.* Huracán.
furar. *v.* Perforar.
furgão. *m.* Furgón.
fúria. *f.* Furia.
furibundo, da. *adj.* Furibundo.
furioso, sa. *adj.* Furioso.
furo. *m.* Agujero; orificio.
furtar. *v.* Hurtar.
furtivo, va. *adj.* Furtivo.
furto. *m.* Hurto.
fusão. *f.* Fusión.
fustigar. *v.* Fustigar.
futebol. *m. Desp.* Fútbol; balompié. ◆ **Jogar futebol.** Jugar al fútbol.
fútil. *adj.* Fútil.
futurismo. *m.* Futurismo.
futuro, ra. *adj.* **1.** Futuro. *m.* **2.** Futuro; porvenir.
futurologia. *f.* Futurología.
fuzil. *m.* Fusil.

G

g. *m.* G (la ge).
gabar. *v.p.* Vanagloriarse.
gabardine. *f.* **1.** Gabardina. *U.t.c.m.* **2.** Impermeable.
gabinete. *m.* Gabinete.
gado. *m.* Ganado. ♦ **Gado grosso / miúdo.** Ganado mayor / menor.
gafanhoto. *m. Zool.* Saltamontes; langosta.
gagá. *adj.* Chocho.
gago, ga. *adj.* e *s.* Tartamudo.
gaiola. *f.* Jaula.
gaita. *f.* Gaita. ♦ **Gaita galega.** *Mús.* Gaita gallega.
gaivota. *f. Zool.* Gaviota.
gala. *f.* Gala. ♦ **De gala.** De etiqueta. **Trajar gala.** Ir / Vestir de gala.
galã. *m.* Galán.
galanteio. *m.* Requiebro; piropo.
galão. *m.* Galón.
galardão. *m.* Galardón.
galáxia. *f.* Galaxia.
galeão. *m.* Galeón.
galego, ga. *adj.* e *s.* Gallego.
galera. *f.* **1.** Galera. **2.** Barra; pandilla; tanda.
galeria. *f.* Galería.
galês, sa. *adj.* e *s.* Galés.
galgo. *m.* Galgo.
galho. *m.* Rama. ♦ **De galho em galho.** De rama en rama.
galinha. *f. Zool.* Gallina.
galinheiro. *m.* Gallinero.
galo. *m.* **1.** *Zool.* Gallo. **2.** Chichón.
galocha. *f.* Chanclo.
galopar. *v.* Galopar.
galope. *m.* Galope.
galvanizar. *v.* Galvanizar.
gancho. *m.* Gancho.
gangorra. *f.* Balancín.
ganhar. *v.* **1.** Ganar. **2.** Cautivar; conquistar. ♦ **Ganhar na loteria.** Sacarse la lotería. **Ganhar / Perder tempo.** Ganar / Perder el tiempo.
ganho. *m.* Ganancia. ♦ **Ganhos e perdas.** *Fin.* Ganancias y pérdidas.
ganso. *m. Bot.* Ganso.
garagem. *f.* Cochera; garaje.
garantia. *f.* Garantía.
garantido, da. *adj.* Asegurado.
garantir. *v.* Asegurar; garantizar.
garbo. *m.* Garbo.
garçom. *m.* Camarero; mozo; (*Amér.*) mesero.
garçonete. *f.* Camarera; moza; (*Amér.*) mesera.
garfo. *m.* Tenedor.
gargalhada. *f.* Carcajada.
gargalo. *m.* Cuello de botella.
garganta. *f. Anat.* Garganta. ♦ **Nó na garganta.** *fig.* Nudo en la garganta.
gargantilha. *f.* Gargantilla.
gargarejo. *m.* Gárgara.
gari. *com.* Barrendero.
garimpo. *m.* Mina.
garoa. *f.* Llovizna; garúa; lluvia fina.
garotada. *f.* Pandilla de chicos.
garoto, ta. *s.* **1.** Chico; niño; muchacho. *f.* **2.** Novia.
garra. *f.* **1.** *Anat.* Uña; zarpa. **2.** Valor; coraje.
garrafa. *f.* Botella. ♦ **Fundo de garrafa.** Culo de botella. **Garrafa térmica.** Botella térmica; termo.
garrancho. *m.* **1.** Garabato. **2.** Rama retorcida de árbol.
garrote. *m.* Garrote.
garupa. *f.* **1.** Grupa. **2.** Paquete (en vehículo).
gás. *m.* Gas.
gasolina. *f.* Gasolina. ♦ **Posto de gasolina.** Gasolinera; estación de servicio.
gasoso, sa. *adj.* Gaseoso.

gastar. *v.* Gastar.
gasto, ta. *adj.* **1.** Gastado; raído. *m.* **2.** Gasto; coste. ♦ **Regular gastos.** Mirar la peseta.
gastrite. *f. Med.* Gastritis.
gastrônomo. *m.* Gastrónomo.
gatilho. *m.* Gatillo.
gato, ta. *s. Zool.* Gato. ♦ **A Gata Borralheira.** *Lit.* La Cenicienta. **Gato escaldado.** *fig.* Toro corrido. **O Gato de Botas.** *Lit.* El Gato con Botas. **Ser / Ter uns gatos pingados.** Ser / Haber cuatro gatos.
gaveta. *f.* Cajón; gaveta.
gavião. *m. Zool.* Gavilán.
gaze. *f.* Gasa.
geada. *f.* Helada.
gear. *v.* Helar.
gel. *m.* Gel.
geladeira. *f.* Frigorífico; nevera; heladera.
gelar. *v.* **1.** Helar; congelar. **2.** Ponerse duro de frío o de terror. Quedarse insensible / frío.
geleia. *f.* Mermelada; jalea.
geleira. *f.* Glaciar.
gelo. *m.* Hielo. ♦ **Gelo seco.** Hielo seco. **Quebrar o gelo.** *fig.* Romper el hielo.
gema. *f.* **1.** Yema de huevo. **2.** *Min.* Gema. ♦ **Gema do dedo.** *Anat.* Yema del dedo.
gemada. *f.* Dulce de yema.
gêmeo, a. *adj.* Gemelo; mellizo.
Gêmeos. *m. n.p.* Géminis (signo).
gemer. *v.* **1.** Gemir. **2.** Lamentarse.
gemido. *m.* Gemido; quejido; lamentación.
geminado, da. *adj.* **1.** Dispuesto a pares. **2.** Adosado (edificio o construcción).
gene. *m. Biol.* Gen.
genealogia. *f.* Genealogía.
genealógico, ca. *adj.* Genealógico.
general. *m.* General.
generalidade. *f.* **1.** Generalidad. *f.pl.* **2.** Principios elementales de una materia.
generalizar. *v.* Generalizar; vulgarizar.
genérico, ca. *adj.* e *s.* Genérico.
gênero. *m.* Género.
generosidade. *f.* Generosidad; bondad; liberalidad.
genética. *f.* Genética. ♦ **Herança genética.** *Biol.* Herencia genética.
genético, ca. *adj.* Genético.
gengibre. *m.* Jengibre.
gengiva. *f. Anat.* Encía.
gengivite. *f. Med.* Gingivitis.
genial. *adj.* Genial.
gênio, a. *adj.* e *s.* Genio.
genocídio. *m.* Genocidio.
genro. *m.* Yerno.
gentalha. *f. pej.* Gentuza; chusma; ralea.
gente. *f.* Gente. ♦ **A gente. 1.** Uno. **2.** Nosotros. **3.** La gente. **Gente de bem.** Gente de bien. **Ser boa gente.** Ser un pedazo de pan.
gentil. *adj.* Gentil; amable.
gentileza. *f.* Amabilidad; gentileza.
genuíno, na. *adj.* Genuino; legítimo.
geografia. *f.* Geografía.
geologia. *f.* Geología.
geometria. *f.* Geometría.
geração. *f.* Generación.
gerador, ra. *adj.* Generador.
geral. *adj.* General.
geralmente. *adv.* En general; por lo general; generalmente; por lo común; por lo regular.
gerânio. *m. Bot.* Geranio.
gerar. *v.* Generar.
gerência. *f.* Gerencia; gestión.
gerente. *com.* Gerente.
gergelim. *m.* Ajonjolí; sésamo.
germânico, ca. *adj.* e *s.* Germánico.
germe. *m.* Germen.
germinar. *v.* Germinar.
gerúndio. *m. Ling.* Gerundio.
gesso. *m.* Yeso.
gestação. *f.* Gestación.
gestão. *f.* Gestión.
gesto. *m.* Gesto.
gibi. *m.* Tebeo; colorín; revista infantil; cómic; historieta. ♦ **Não estar no gibi.** *fig.* No estar en la cartilla.
gigante. *adj.* e *com.* Gigante; titán.
gigolô. *m.* Rufián.
gim. *m.* Ginebra.
ginásio. *m.* **1.** Gimnasio. **2.** Escuela y curso de enseñanza media.
ginástica. *f.* Gimnasia. ♦ **Ginástica passiva.** Gimnasia pasiva.
gingar. *v.* Oscilar; mecer; balancear el cuerpo.
girafa. *f. Zool.* Jirafa.
girar. *v.* Girar.

girassol. *m. Bot.* Girasol.

gíria. *f.* Jerga; argot.

giro. *m.* Giro.

giz. *m.* Tiza. ♦ **Giz de cera.** Crayón de cera.

glândula. *f. Biol.* Glándula.

glicose. *f.* Glucosa.

global. *adj.* Global.

globo. *m.* **1.** Globo. **2.** Globo; la Tierra. ♦ **Globo terrestre.** Globo terráqueo.

glóbulo. *m. Biol.* Glóbulo.

glória. *f.* **1.** Gloria. **2.** Honor.

glosa. *f.* Glosa.

glossário. *m. Ling.* Glosario; vocabulario.

glutão, tona. *adj.* Glotón; comilón.

gnomo. *m.* Gnomo.

goela. *f. Anat.* Garganta.

goiaba. *f. Bot.* Guayaba.

goiabada. *f. Cul.* Dulce de guayaba.

gol. *m.* **1.** Portería; arco. **2.** Gol.

gola. *f.* Cuello (de camisa).

gole. *m.* Trago; sorbo. ♦ **Em pequenos goles.** A sorbos.

goleiro, ra. *s.* Portero; guardameta; cancerbero.

golfe. *m.* Golf.

golfinho. *m. Zool.* Delfín.

golfo. *m. Geogr.* Golfo.

golpe. *m.* Golpe. ♦ **Golpe baixo.** Golpe bajo. **Golpe de Estado.** *Polít.* Golpe de Estado.

golpear. *v.* Golpear.

goma. *f.* **1.** Goma. **2.** Almidón.

gomo. *m.* **1.** Gajo. **2.** Gomo; retoño.

gôndola. *f.* **1.** Góndola. **2.** Estantería de supermercado.

gordo, da. *adj.* e *s.* Gordo; grueso.

gorducho, cha. *adj.* e *s.* Rechoncho; regordete.

gordura. *f.* **1.** Grasa. **2.** Obesidad.

gorduroso, sa. *adj.* Grasiento.

gorila. *m. Zool.* Gorila.

gorjeta. *f.* Propina.

gororoba. *f.* Comistrajo.

gorro. *m.* Gorra; gorro.

gostar. *v.* Gustar.

gosto. *m.* Gusto. ♦ **Gosto não se discute.** Sobre gustos no hay nada escrito.

gostoso, sa. *adj.* **1.** Gustoso; sabroso; exquisito; rico. **2.** Agradable; suave; ameno; halagador; placentero. ♦ **Que gostoso!** ¡Qué rico / sabroso / exquisito!

gota. *f.* Gota. ♦ **Ser a gota-d'água.** Ser la última gota.

goteira. *f.* Gotera.

gotejamento. *m.* Goteo.

gotejar. *v.* Gotear.

governador, ra. *adj.* e *s.* Gobernador.

governamental. *adj.* Gubernamental.

governanta. *f.* Gobernanta; ama.

governante. *adj.* e *com.* Gobernante.

governar. *v.* Gobernar.

governo. *m.* Gobierno.

gozação. *f.* Burla; broma; mofa; tomadura de pelo.

gozador, ra. *adj.* e *s.* Burlón; bromista; guasón.

gozar. *v.* **1.** Gozar; disfrutar. **2.** Burlarse.

gozo. *m.* Gozo; fruición; regocijo; goce.

graça. *f.* **1.** Gracia; merced. **2.** Broma. **3.** Gracia; garbo. **4.** Nombre de pila.

gracioso, sa. *adj.* e *s.* Mono; saleroso; gracioso.

grade. *f.* Reja; enrejado; verja.

graduação. *f.* Graduación.

graduar. *v.* **1.** Graduar. **2.** Graduarse.

graduável. *adj.* Graduable.

grafia. *f.* Grafía.

gráfico, ca. *adj.* e *s.* Gráfico.

grafista. *com.* Grafista.

grafite. *m.* **1.** Grafito. **2.** Mina de lápiz. **3.** Pintada.

grafologia. *f.* Grafología.

grafologista. *com.* Grafólogo.

gralha. *f. Zool.* Urraca.

grama. *m.* **1.** *Bot.* Césped. **2.** Gramo (medida).

gramado. *m.* Campo cubierto de césped.

gramática. *f. Ling.* Gramática.

grampeador, ra. *s.* Grapadora; engrapadora.

grampear. *v.* **1.** Grapar; engrapar. **2.** Detener; meter preso. **3.** Poner escucha en teléfono.

grampo. *m.* **1.** Grapa. **2.** Horquilla (para recoger el pelo).

grana. *f.* China; metálico; parné; plata; pasta.

granada. *f.* Granada.

grandalhão, lhona. *adj.* e *s.* Grandullón.

grande. *adj.* Grande; gran.

granel. *m.* **1.** Granero. ♦ **A granel. 1.** A granel. **2.** A chorros.

granizo. *m.* Granizo.

granja. *f.* Granja.

granular. *v.* **1.** Granular. *adj.* **2.** Granular.
grão. *m.* **1.** Grano; semilla. **2.** Pequeña cantidad.
grão-de-bico. *m. Bot.* Garbanzo.
gratidão. *f.* Gratitud.
gratificação. *f.* Gratificación; plus.
gratificar. *v.* Gratificar.
grátis. *adv.* Gratis; gratuito; de balde.
grato, ta. *adj.* **1.** Agradecido. **2.** Grato; placentero.
gratuito, ta. *adj.* **1.** Gratuito; gratis. **2.** Gratuito; sin fundamento.
grau. *m.* Grado.
graúdo, da. *adj.* e *s.* **1.** Grande. **2.** Persona influyente.
gravação. *f.* Grabación.
gravador. *m.* Grabadora; magnetófono; casete.
gravar. *v.* **1.** Grabar; imprimir. **2.** Grabar; registrar sonidos. **3.** Filmar. **4.** Grabar; fijar en la memoria. **5.** *Inform.* Salvar.
gravata. *f.* Corbata.
gravável. *adj.* Que puede ser grabado.
grave. *adj.* Grave.
graveto. *m.* Palo; trozo de leño; tea.
grávida. *adj.* Embarazada; encinta; preñada.
gravidade. *f.* Gravedad.
gravidez. *f.* Embarazo; gravidez.
gravitar. *v.* Gravitar.
gravura. *f.* Grabado; ilustración.
graxa. *f.* **1.** Grasa. **2.** Betún (para calzados).
grego, ga. *adj.* e *s.* Griego.
gregoriano, na. *adj.* Gregoriano.
grei. *f.* Grey.
grelha. *f.* Parrilla.
grelhar. *v.* Asar a la parrilla.
grêmio. *m.* Gremio.
greve. *f.* Huelga; paro laboral. ♦ **Greve de fome.** Huelga de hambre. **Greve geral.** Huelga general.
grifar. *v.* Subrayar.
grifo. *m.* Subrayado.
grilo. *m.* **1.** *Zool.* Grillo. **2.** Terreno cuyo título de propiedad es falso. **3.** Obsesión.
grinalda. *f.* Guirnalda.
gringo, ga. *s.* Gringo.
gripe. *f. Med.* Gripe; resfriado; catarro.

grisalho, lha. *adj.* Canoso; cano.
gritar. *v.* Gritar; dar voces.
gritaria. *f.* Alarido; algarabía; guiriguay; grita; gresca; vocerío.
grito. *m.* Grito.
grogue. *adj.* Grogui.
grosseiro, ra. *adj.* e *s.* **1.** Grosero. **2.** Descortés. **3.** Burdo; tosco.
grosseria. *f.* Grosería.
grosso, ssa. *adj.* **1.** Grueso; denso. **2.** Áspero. **3.** Grotesco; grosero.
grossura. *f.* **1.** Grosor. **2.** Grosería.
grudar. *v.* Pegar (con goma o engrudo). ♦ **Grudar como carrapato.** *fig.* Pegarse como ladilla.
grude. *m.* Engrudo.
grunhir. *v.* Gruñir.
grupo. *m.* Grupo.
gruta. *f.* Gruta; cueva; caverna.
guarani. *adj.* e *com.* Guaraní.
guaraná. *f.* Guaraná; paulinia.
guarda. *f.* **1.** Guarda; tutela. **2.** Guarda; protección. **3.** Antepecho; baranda. *com.* **4.** Guardia.
guarda-chuva. *m.* Paraguas.
guarda-costas. *m.* Guardaespaldas.
guarda-costeira. *f.* Guardacostas.
guarda-florestal. *m.* Guardabosque; guardaparque.
guarda-livros. *m.* Tenedor de libros.
guarda-louça. *m.* Armario de vajilla.
guardanapo. *m.* Servilleta.
guardar. *v.* Guardar.
guarda-roupa. *m.* Guardarropa; ropero.
guarda-sol. *m.* Sombrilla.
guarida. *f.* Guarida.
guarita. *f.* Garita.
guarnição. *f.* Guarnición.
guatemalteco, ca. *adj.* e *s.* Guatemalteco.
guelra. *f. Anat.* Agalla.
guerra. *f.* Guerra.
guerrilha. *f.* Guerrilla.
gueto. *m.* Gueto.
guia. *f.* **1.** Guía; modelo. *com.* **2.** Guía.
guianense. *adj.* e *com.* Guayanés.
guiar. *v.* **1.** Guiar; orientar; dirigir. **2.** Conducir; manejar (vehículo).

guichê. *m.* Ventanilla; taquilla.
guidão. *m.* Manillar.
guinada. *f.* Vuelco; cambio de dirección, de opinión.
guincho. *m.* Grúa; guinche.
guindar. *v.* Levantar; alzar.
guindaste. *m.* Grúa.
guirlanda. *f.* Guirnalda.
guisado. *m. Cul.* Guisado; cocido.
guitarra. *f. Mús.* Guitarra eléctrica.

guizo. *m.* Cascabel.
gula. *f.* Gula.
gulodice. *f.* Glotonería.
guloseima. *f.* Golosina.
guloso, sa. *adj.* e *s.* Goloso; glotón.
gume. *m.* Corte; filo.
guri, ria. *adj.* e *s.* Chiquillo; nene; pibe; párvulo.
gustação. *f.* **1.** Gustación; gusto. **2.** Acto de probar vinos; enología.
gutural. *adj.* Gutural.

H

h. *m.* H (la hache).
habanera. *f.* Habanera.
hábil. *adj.* Hábil; habilidoso.
habilidade. *f.* Habilidad.
habilidoso, sa. *adj.* Habilidoso.
habilitação. *f.* Habilitación.
habilitado, da. *adj.* e *s.* Habilitado; capacitado.
habilitar. *v.* **1.** Capacitar; acreditar. **2.** Preparar; disponer.
habitação. *f.* **1.** Vivienda. **2.** Habitación.
habitante. *adj.* e *com.* Habitante.
habitar. *v.* Habitar; tener domicilio.
habite-se. *m.* Licencia para ocupar una casa.
hábito. *m.* **1.** Hábito; costumbre. **2.** Hábito. ◆ **O hábito não faz o monge.** El hábito no hace al monje. / Aunque la mona vista de seda, mona se queda.
habitual. *adj.* Habitual; frecuente.
habituar. *v.* Habituar; acostumbrar. ◆ **Estar habituado.** Estar hecho.
hacker. *com.* *Inform.* Pirata informático; *hacker.*
haitiano, na. *adj.* e *s.* Haitiano.
hall. **(de entrada)** *m.* *Hall*; recibidor.
hálito. *m.* Hálito; aliento.
haltere. *f.* Haltera; pesa.
halterofilismo. *m.* *Desp.* Halterofilia.
hambúrguer. *m.* *Cul.* Hamburguesa.
handebol. *m.* Balonmano.
hangar. *m.* Hangar.
hardware. *m.* *Inform.* Equipo; *hardware.*
harmonia. *f.* Armonía.
harmônica. *f.* **1.** Acordeón. **2.** Armónica.
harmônico, ca. *adj.* e *s.* Armónico.
harmonioso, sa. *adj.* **1.** Armónico; proporcionado. **2.** Armonioso; melodioso.
harmonizar. *v.* Armonizar.
harpa. *f.* *Mús.* Arpa.

haste. *f.* **1.** Vástago. **2.** *Bot.* Rabo; tallo (de planta). **3.** Punta de lanza. ◆ **A meia haste / meio pau.** A media asta.
haver. *v.* Haber. ◆ **Há... anos / meses / dias.** Hace... años / meses / días.
hebreu. *adj.* e *m.* Hebreo.
hebreia. *adj.* e *f.* Hebrea.
hectare. *m.* Hectárea.
hediondo, da. *adj.* Repugnante; horrible; espantoso.
hegemonia. *f.* Hegemonía.
hein. *interj.* Eh.
helênico, ca. *adj.* e *s.* Helénico.
hélice. *f.* Hélice.
helicóptero. *m.* Helicóptero.
heliporto. *m.* Helipuerto.
hematoma. *m.* *Med.* Hematoma.
hemisfério. *m.* *Geogr.* Hemisferio.
hemorragia. *f.* *Med.* Hemorragia.
hepatite. *f.* *Med.* Hepatitis.
herança. *f.* Herencia.
herbanário. *m.* Herbolario.
herbívoro, ra. *adj.* e *s.* *Biol.* Herbívoro.
herdar. *v.* Heredar.
herdeiro, ra. *s.* Heredero.
herege. *adj.* e *s.* *Rel.* Hereje.
heresia. *f.* *Rel.* Herejía.
hermético, ca. *adj.* e *s.* Hermético.
herói. *m.* Héroe.
heroína. *f.* Heroína.
herpes. *m.* *Med.* Herpes; herpe.
hesitação. *f.* Vacilación; titubeo; incertidumbre.
hesitar. *v.* Vacilar; titubear.
heterogêneo, nea. *adj.* Heterogéneo; mezclado.
hiato. *m.* **1.** *Ling.* Hiato. **2.** Hiato; intervalo.
hibernar. *v.* *Biol.* Hibernar.
híbrido, da. *adj.* e *s.* Híbrido.

hidratação. *f.* Hidratación.
hidratar. *v.* Hidratar.
hidráulico, ca. *adj.* e *s.* Hidráulico.
hidrelétrica. *f.* Hidroeléctrica.
hidrelétrico, ca. *adj.* Hidroeléctrico.
hidroavião. *m.* Hidroavión.
hidrofobia. *f.* Hidrofobia.
hidrogênio. *m.* Hidrógeno.
hidrologia. *f.* Hidrología.
hidrômetro. *m.* Hidrómetro.
hidróxido. *m.* Hidróxido.
hiena. *f. Zool.* Hiena.
hierarquia. *f.* Jerarquía.
hieróglifo. *m.* Jeroglífico.
hífen. *m.* Guion.
higiênico, ca. *adj.* Higiénico. ◆ **Papel higiênico.** Papel higiénico.
hilariante. *adj.* Hilarante; cómico.
hímem. *m. Anat.* Himen.
hinduísmo. *m. Rel.* Hinduismo.
hino. *m.* Himno.
hipérbole. *f. Ling.* Hipérbole.
hipertensão. *f. Med.* Hipertensión.
hipertrofia. *f. Med.* Hipertrofia.
hípico, ca. *adj.* **1.** Hípico. **2.** Hípica.
hipnose. *f.* Hipnosis.
hipnotizar. *v.* Hipnotizar.
hipocondríaco, ca. *adj.* e *s.* Hipocondríaco.
hipocorístico. *s.* Hipocorístico.
hipocrisia. *f.* Hipocresía.
hipócrita. *adj.* e *com.* Hipócrita.
hipódromo. *m.* Hipódromo.
hipopótamo. *m. Zool.* Hipopótamo.
hipoteca. *f.* Hipoteca.
hipotecar. *v.* Hipotecar.
hipótese. *f.* Hipótesis.
hipotético, ca. *adj.* Hipotético.
hispânico, ca. *adj.* e *s.* Hispánico.
hispano-americano, na. *adj.* e *s.* Hispano-americano.
histeria. *f.* Histeria.
história. *f.* Historia. ◆ **Deixar de histórias.** Dejarse de cuentos / historias. **História da carochinha.** Cuento de viejas. **História sem fim.** Cuento de nunca acabar. **História sem pé nem cabeça.** Cuento chino.
historiador, ra. *s. Hist.* Historiador.

histórico, ca. *adj.* e *s.* Histórico.
historieta. *f.* Historieta; cuento; anécdota.
hobby. *m.* Afición; pasatiempo favorito; *hobby.*
hoje. *adv.* Hoy. ◆ **Hoje em dia.** Hoy (en) día.
holandês, sa. *adj.* e *s.* Holandés.
holerite. *m.* Nómina; recibo de sueldo.
holofote. *m.* Farol de alcance.
homem. *m.* Hombre.
homenagear. *v.* Homenajear.
homeopata. *adj.* e *com.* Homeópata.
homeopatia. *f.* Homeopatía.
homicídio. *m.* Homicidio; asesinato.
homófono, na. *adj.* e *s.* Homófono.
homogêneo, nea. *adj.* Homogéneo.
homógrafo, fa. *adj.* e *s.* Homógrafo.
homologação. *f.* Homologación.
homônimo, na. *adj.* e *s.* Homónimo.
homossexual. *adj.* e *com.* Homosexual.
hondurenho, nha. *adj.* e *s.* Hondureño.
honestidade. *f.* Honestidad.
honesto, ta. *adj.* Honesto; honrado.
honorário, ria. *adj.* **1.** Honorario. *m.pl.* **2.** Honorarios.
honra. *f.* **1.** Honor; gloria. **2.** Honra; pudor.
honrado, da. *adj.* e *s.* Honrado; decente.
honrar. *v.* Honrar.
hora. *f.* Hora. ◆ **A que horas?** ¿A qué hora? **Às ... horas.** A las ... horas. **A toda hora.** A cada rato. **De uma hora para outra.** De un momento a otro. **Está na hora de.** Es hora de. **Fazer hora.** Hacer tiempo. **Que horas são?** ¿Qué hora es?
horário. *m.* Horario.
horizonte. *m.* Horizonte.
hormônio. *m. Biol.* Hormona.
horrendo, da. *adj.* Horrendo; espeluznante.
horrível. *adj.* Horrible; amedrentador.
horror. *m.* **1.** Horror; monstruosidad; barbaridad. **2.** Horror; miedo intenso.
horrorizar. *v.* Horrorizar.
horta. *f.* Huerto.
hortaliça. *f.* Hortaliza.
hortelã. *f. Bot.* Hierbabuena.
horticultor, ra. *s.* Hortelano.
hospedagem. *f.* Hospedaje; aposento.
hospedaria. *f.* Hospedería; hostería; albergue.
hóspede. *adj.* e *com.* Huésped.
hospício. *m.* Manicomio.

hospital. *m.* Hospital.
hospitalar. *adj.* Hospitalario.
hospitaleiro, ra. *adj.* Hospitalario; acogedor.
hostel. *m.* **1.** Albergue. *U.t.c.f.* **2.** Hostal.
hóstia. *f. Rel.* Hostia.
hostil. *adj.* Hostil.
hostilidade. *f.* Hostilidad.
hostilizar. *v.* Hostilizar.
hotel. *m.* Hotel.
hotelaria. *f.* Hostelería.
hoteleiro, ra. *s.* Hotelero.
humanidade. *f.* Humanidad.
humanista. *com.* Humanista.
humanitário, ria. *adj.* e *s.* Humanitario.
humanizar. *v.* Humanizar.
humano, na. *adj.* e *s.* **1.** Humano. *m.pl.* **2.** Humanos; humanidad.
humildade. *f.* Humildad.
humilde. *adj.* e *com.* Humilde; modesto.
humilhação. *f.* Humillación; vejación.
humilhar. *v.* **1.** Humillar; vejar; dejar como un trapo. *v.p.* **2.** Humillarse; arrastrarse por el suelo.
humor. *m.* Humor. ◆ **Bom / Mau humor.** Buen / Mal humor; buen / mal talante; buena / mala onda. **Estar de bom humor.** Estar de buena onda / buenas. **Senso de humor.** Sentido del humor. **Ser mal-humorado.** *fig.* e *fam.* Tener malas pulgas.
humorismo. *m.* Humorismo.
húmus. *m.* Humus.
húngaro, ra. *adj.* e *s.* Húngaro.

I

i. *m.* I (la i).
ianque. *adj.* Yanqui.
iate. *m.* Yate.
ibérico, ca. *adj.* e *m.* Ibérico.
ibero-americano, na. *adj.* e *m.* Iberoamericano.
içar. *v.* Izar; alzar; levantar.
iceberg. *m.* Iceberg; témpano.
ícone. *m.* Icono; ícono.
iconografia. *f.* Iconografía.
ida. *f.* Ida.
idade. *f.* Edad. ◆ **De idade.** Entrado en años. **Qual é a sua idade?** ¿Qué edad tienes/tiene?
ideal. *adj.* e *m.* Ideal.
idealizar. *v.* **1.** Idear. **2.** Idealizar; fantasear.
ideia. *f.* Idea. ◆ **Acostumar-se com a ideia.** Hacerse a la idea.
idêntico, ca. *adj.* Idéntico.
identidade. *f.* Identidad. ◆ **Carteira de identidade.** Cédula / Tarjeta / Carné de identidad.
identificação. *f.* Identificación.
identificar. *v.* Identificar.
ideografia. *f.* Ideografía.
ideologia. *f.* Ideología.
idílio. *m.* Idilio.
idioma. *m. Ling.* Idioma.
idiota. *adj.* Idiota; imbécil; tonto.
idiotice. *f.* Idiotez; estupidez; tontería.
ídolo. *m.* Ídolo.
idoneidade. *f.* Idoneidad.
idôneo, nea. *adj.* Idóneo.
idoso, sa. *adj.* e *s.* Anciano; señor mayor; persona de edad.
iglu. *m.* Iglú.
ignição. *f.* Ignición.
ignomínia. *f.* Ignominia.
ignorância. *f.* Ignorancia.
ignorante. *adj.* Ignorante.
ignorar. *v.* Ignorar.

igreja. *f.* Iglesia.
igual. *adj.* Igual. ◆ **Igual a.** Igual que.
igualdade. *f.* Igualdad.
iguana. *f. Zool.* Iguana.
iguaria. *f.* Exquisitez; manjar.
ilegal. *adj.* Ilegal.
ilegítimo, ma. *adj.* Ilegítimo.
ilegível. *adj.* Ilegible.
ileso, sa. *adj.* Ileso; indemne.
iletrado, da. *adj.* Iletrado.
ilha. *f. Geogr.* Isla.
ilhós. *m.* Ojal.
ilícito, ta. *adj.* Ilícito; inmoral.
ilimitado, da. *adj.* Ilimitado.
iludir. *v.* **1.** Ilusionar. *v.p.* **2.** Ilusionarse; hacerse ilusiones.
iluminação. *f.* **1.** Iluminación. **2.** Alumbrado.
iluminar. *v.* Iluminar; alumbrar.
ilusão. *f.* Ilusión.
ilusionista. *com.* Ilusionista; prestidigitador.
ilustração. *f.* Ilustración.
ilustrar. *v.* Ilustrar.
ilustre. *adj.* Ilustre; renombrado.
ímã. *m.* Imán.
imaculado, da. *adj.* Inmaculado; puro; limpio.
imagem. *f.* Imagen.
imaginação. *f.* Imaginación.
imaginar. *v.* **1.** Imaginar; idear. **2.** Imaginar; suponer.
imaginária. *f.* Imaginería.
imanização. *f.* Imantación.
imaterial. *adj.* Inmaterial; espiritual.
imaturidade. *f.* Inmadurez.
imaturo, ra. *adj.* Inmaduro; inexperto.
imbecil. *adj.* Imbécil; tonto; idiota.
imberbe. *adj.* Imberbe; lampiño.
imbuído, da. *adj.* **1.** Imbuido. **2.** Infundido.
imediações. *f.pl.* Alrededores; aledaños; cercanías; inmediaciones.

imediato, ta. *adj.* **1.** Inmediato. *m.* **2.** Primer oficial en un navío mercante, inmediatamente inferior al capitán; segundo de a bordo. ◆ **De imediato.** Sin demora; enseguida.
imemorial. *adj.* Inmemorial.
imensidão. *f.* Inmensidad.
imenso, sa. *adj.* Inmenso.
imergir. *v.* Zambullir.
imersão. *f.* Inmersión.
imerso, sa. *adj.* Inmerso; sumergido.
imigração. *f.* Inmigración.
imigrante. *adj.* e *com.* Inmigrante.
iminente. *adj.* Inminente.
imitação. *f.* Imitación.
imitar. *v.* Imitar; copiar.
imobiliário, ria. *adj.* **1.** Inmobiliario. *f.* **2.** Inmobiliaria.
imobilismo. *m.* Inmovilismo.
imobilizar. *v.* Inmovilizar.
imoral. *adj.* Inmoral; indecente.
imortal. *adj.* Inmortal.
imóvel. *adj.* **1.** Inmóvil; estático. *m.* **2.** Inmueble.
impaciência. *f.* Impaciencia; prisa.
impacto. *m.* Impacto.
ímpar. *adj.* Impar.
imparcial. *adj.* Imparcial; justo.
impasse. *m.* Situación crítica; atolladero; tope; atasco.
impassível. *adj.* Impasible.
impávido, da. *adj.* Impávido.
impecável. *adj.* Impecable; correcto; sin defectos.
impedido, da. *adj.* Impedido.
impedimento. *m.* Impedimento; obstáculo; traba. ◆ **Estar em impedimento.** *Desp.* Estar fuera de juego. **Impor impedimentos.** Ponerle chinas (a alguien). **Sem impedimentos.** Sin ataduras.
impedir. *v.* Impedir; obstar.
impelir. *v.* Impeler.
impenetrável. *adj.* Impenetrable.
imperador, triz. *s.* Emperador.
imperativo, va. *adj.* **1.** Imperativo; imperioso; forzoso. *m.* **2.** Imposición; exigencia. **3.** *Ling.* (Modo) Imperativo.
imperceptível. *adj.* Imperceptible.
imperdoável. *adj.* Imperdonable.
imperfeição. *f.* Imperfección.

imperfeito, ta. *adj.* **1.** Imperfecto; defectuoso. *m.* **2.** *Ling.* Pretérito imperfecto.
imperialismo. *m. Polít.* Imperialismo.
império. *m. Polít.* Imperio.
impermeabilização. *f.* Impermeabilización.
impermeável. *adj.* Impermeable.
impertinência. *f.* Impertinencia.
impessoal. *adj.* Impersonal.
ímpeto. *m.* Ímpetu; arranque.
impiedoso, sa. *adj.* Despiadado.
impingir. *v.* **1.** Imponer; infligir. **2.** Inculcar; imbuir ideas. **3.** Entrar; pasar mercancías.
implacável. *adj.* Implacable; insensible.
implantar. *v.* Implantar.
implementação. *f.* Implementación; puesta en práctica / en marcha.
implementar. *v.* Implementar; llevar a cabo; realizar; ejecutar.
implicância. *f.* **1.** Animosidad; animadversión; mala voluntad. **2.** Consecuencia; implicación.
implicar. *v.* **1.** Implicar; suponer. **2.** Implicar; involucrar; acarrear. **3.** Tener mala voluntad o antipatía.
implícito, ta. *adj.* Implícito.
implodir. *v.* Provocar una detonación / implosión desde dentro.
implorar. *v.* Implorar; suplicar; rogar.
implosão. *f.* Implosión.
impoluto, ta. *adj.* Impoluto; inmaculado.
imponente. *adj.* Imponente; majestuoso.
impopular. *adj.* Impopular.
impopularidade. *f.* Impopularidad.
impor. *v.* Imponer.
importação. *f.* Importación.
importador, ra. *adj.* Importador.
importância. *f.* **1.** Importancia. **2.** Importe; valor. ◆ **Coisa sem importância.** Agua de borrajas. **De importância / influência.** De peso. **De pouca importância.** De poca monta. **Não ter importância nenhuma.** *fig.* e *fam.* Importar un bledo / cuerno / pito / pepino / rábano. **Ter importância / valor.** No ser moco de pavo.
importante. *adj.* Importante; de viso.
importar. *v.* **1.** Importar. **2.** Importar; tener importancia. **3.** Importar; interesar. ◆ **Não importar nada.** *fig.* e *fam.* No importar / valer un bledo / cuerno / pito / pepino / rábano. **Sem se importar com o resultado.** *fig.* e *fam.* A lo que salga.

importunar. *v.* Fastidiar; molestar; importunar.
importuno, na. *adj.* Importuno; molesto.
imposição. *f.* **1.** Imposición; orden. **2.** Imposición; exigencia.
impossibilidade. *f.* Imposibilidad.
impossibilitar. *v.* Imposibilitar.
impossível. *adj.* Imposible; impracticable.
imposto, ta. *adj.* **1.** Impuesto; obligado. *m.* **2.** Impuesto; tarifa; tasa.
impostor, ra. *adj.* Farsante; impostor.
impostura. *f.* Impostura; hipocresía; mentira.
impraticável. *adj.* Impracticable; imposible.
impreciso, sa. *adj.* Impreciso; vago; confuso.
impregnar. *v.* Impregnar.
imprensa. *f.* **1.** Prensa. **2.** Imprenta (local y equipamiento). ♦ **Imprensa marrom.** Prensa amarilla.
imprescindível. *adj.* Imprescindible; imperativo; imperioso.
impressão. *f.* **1.** Impresión; sensación. **2.** Impresión; edición; estampa. **3.** Impresión; huella; señal.
impressionante. *adj.* Impresionante.
impressionar. *v.* Impresionar; dejar tieso.
impressionável. *adj.* Impresionable; susceptible.
impressionismo. *s.* Impresionismo.
impresso. *adj.* **1.** Impreso; estampado; hecho en imprenta. *m.* **2.** Folleto.
impressora. *f.* Impresora.
imprestável. *adj.* Inservible; inútil.
imprevisível. *adj.* Imprevisible.
imprevisto, ta. *adj.* Imprevisto; inesperado.
imprimir. *v.* **1.** Imprimir; estampar. **2.** Imprimir; editar.
improbabilidade. *f.* Improbabilidad.
improcedente. *adj.* Improcedente; sin fundamento.
improdutivo, va. *adj.* Improductivo; estéril.
impropério. *m.* Improperio.
impróprio, pria. *adj.* Impropio.
improvável. *adj.* Improbable.
improvisar. *v.* Improvisar.
improviso. *m.* Improviso. ♦ **De improviso.** De improviso.
imprudência. *f.* Imprudencia; inconsecuencia.

impulsionar. *v.* Impulsar; impeler.
impulsivo, va. *adj.* Impulsivo.
impulso. *m.* **1.** Impulso; empuje. **2.** Impulso; arrebato; arranque. ♦ **Tomar impulso.** Coger / Tener impulso.
impune. *adj.* Impune.
impunidade. *f.* Impunidad.
impureza. *f.* **1.** Impureza. **2.** Impureza; contaminación; suciedad.
imputar. *v.* Imputar.
imundície. *f.* Inmundicia; suciedad; mugre.
imunidade. *f.* Inmunidad.
imutável. *adj.* Inmutable; fijo.
inábil. *adj.* Inhábil; inepto.
inabitável. *adj.* Inhabitable.
inaceitável. *adj.* Inaceptable; inadmisible.
inacessível. *adj.* Inaccesible.
inacreditável. *adj.* Increíble; inverosímil.
inadequado, da. *adj.* Inadecuado; impropio.
inadiável. *adj.* Inaplazable; impostergable.
inadimplência. *f.* Falta de cumplimiento de una obligación de pago o de acuerdo; insolvencia.
inadmissível. *adj.* Inadmisible.
inalação. *f.* Inhalación.
inalar. *v.* Inhalar.
inalienável. *adj.* Inalienable.
inapto, ta. *adj.* Inepto; incapaz.
inatingível. *adj.* Inalcanzable.
inato, ta. *adj.* Innato; congénito.
inaudito, ta. *adj.* Inaudito; desconocido.
inaudível. *adj.* Inaudible.
inauguração. *f.* Inauguración; apertura.
incalculável. *adj.* Incalculable; inestimable; innumerable.
incansável. *adj.* Incansable; infatigable.
incapacitar. *v.* **1.** Decretar la falta de capacidad civil de personas mayores de edad. **2.** Inhabilitar.
incapaz. *adj.* Incapaz.
incendiar. *v.* Incendiar.
incêndio. *m.* Incendio.
incenso. *m.* Incienso.
incentivo. *m.* Estímulo; acicate; incentivo; aliciente.
incerteza. *f.* Incertidumbre; duda.
incerto, ta. *adj.* Incierto.

inchaço. *m. Med.* Hinchazón.
inchar. *v.* **1.** Hinchar. **2.** *fig.* Halagar; adular.
incidente. *m.* Incidente.
incidir. *v.* Incidir.
incinerador. *m.* Incinerador.
incipiente. *adj.* Incipiente; principiante.
incisão. *f.* Incisión; corte.
incisivo, va. *adj.* **1.** Incisivo; cortante. **2.** Punzante; mordaz. *m.* **3.** *Anat.* Diente incisivo.
incitante. *adj.* Incitante; estimulante.
incitar. *v.* Incitar; provocar; instigar; estimular; *v.p.* excitarse.
incivil. *adj.* Incivil.
inclemência. *f.* Inclemencia.
inclinação. *f.* Inclinación; propensión; afección.
inclinado, da. *adj.* **1.** Propenso; inclinado. **2.** Pendiente; oblicuo.
inclinar. *v.* Inclinar; reclinar.
incluir. *v.* Incluir; contener.
inclusive. *adv.* **1.** Inclusive; con inclusión. *prep.* **2.** Incluso; hasta.
incluso, sa. *adj.* Incluso; incluido.
incoerente. *adj.* Incoherente; sin lógica.
incógnito, ta. *adj.* Incógnito; ignorado; desconocido.
incolor. *adj.* **1.** Incoloro; descolorido. **2.** Indeciso.
incombustível. *adj.* Incombustible.
incomodar. *v.* Molestar; fastidiar; incomodar.
incômodo, da. *adj.* **1.** Incómodo. **2.** Molesto; inoportuno; embarazoso.
incomparável. *adj.* Incomparable; excepcional.
incompatível. *adj.* Incompatible; inconciliable; inadaptable.
incompetente. *adj.* Incapaz; incompetente; inepto.
incompleto, ta. *adj.* Incompleto.
incompreensível. *adj.* Incomprensible.
incomum. *adj.* Raro; insólito.
incomunicável. *adj.* Incomunicable.
inconcebível. *adj.* Inconcebible.
incluso, sa. *adj.* Incluso; inacabado.
inconcluso, sa. *adj.* Inconcluso; inacabado.
incondicional. *adj.* Incondicional.
inconformado, da. *adj.* Inconforme; disconforme.
incongruência. *f.* Incongruencia; incoherencia; incompatibilidad.

inconsciente. *adj.* **1.** Inconsciente; desmayado. **2.** Inconsciente; irresponsable. **3.** Inconsciente; automático; involuntario.
inconsequente. *adj.* Inconsecuente.
inconsistente. *adj.* Inconsistente.
inconsolável. *adj.* Inconsolable.
inconstante. *adj.* Inconstante.
inconstitucional. *adj.* Inconstitucional; ilegal.
incontável. *adj.* Incontable; innumerable.
incontrolável. *adj.* Incontrolable.
inconveniência. *f.* Inconveniencia.
inconveniente. *adj.* **1.** Inconveniente; inoportuno. *m.* **2.** Obstáculo; dificultad.
incorporar. *v.* **1.** Incorporar; integrar; reunir. **2.** Agrupar; fundir. **3.** Incorporar; materializar.
incorpóreo, rea. *adj.* Incorpóreo; inmaterial; espiritual.
incorreto, ta. *adj.* Incorrecto; equivocado.
incorrigível. *adj.* Incorregible.
incrementar. *v.* Incrementar.
incremento. *m.* Incremento.
increpar. *v.* Increpar; reprender.
incriminar. *v.* Incriminar; echar la culpa.
incrível. *adj.* **1.** Increíble. **2.** Extraordinario; fantástico.
incubadora. *f.* Incubadora.
inculcar. *v.* Inculcar.
inculpado, da. *adj.* Acusado; reo; inculpado; culpable.
inculto, ta. *adj.* Inculto; no cultivado.
incumbência. *f.* **1.** Incumbencia; competencia. **2.** Encargo; misión.
incursão. *f.* Incursión; invasión.
indagação. *f.* Indagación.
indagar. *v.* **1.** Indagar; inquirir; interrogar. **2.** Indagar; averiguar; investigar.
indecente. *adj.* Indecente; indecoroso.
indecisão. *f.* Indecisión; irresolución.
indeciso, sa. *adj.* Indeciso; perplejo.
indecoroso, sa. *adj.* Indecoroso; vergonzoso; indecente.
indefeso, sa. *adj.* Indefenso; desarmado.
indefinido, da. *adj.* Indefinido; indeterminado; incierto.
indeformável. *adj.* Indeformable.
indelével. *adj.* **1.** Indeleble; indestructible. **2.** Indeleble; imborrable.

indenização. *f.* Indemnización.
indenizar. *v.* Indemnizar; resarcir; compensar.
independência. *f.* Independencia; autonomía.
independente. *adj.* Independiente.
indesejável. *adj.* Indeseable; detestable.
indestrutível. *adj.* Indestructible.
indeterminado, da. *adj.* Indeterminado; indefinido; ambiguo; incierto.
indevido, da. *adj.* Indebido; inconveniente.
indexação. *f.* Indexación.
indexar. *v.* Indexar; hacer un índice.
indicação. *f.* Indicación.
indicador, ra. *adj.* **1.** Indicador. *m.* **2.** Dedo índice.
indicar. *v.* Indicar; apuntar; designar; señalar.
indicativo, va. *adj.* **1.** Indicativo; indicador. *m.* **2.** *Ling.* (Modo) Indicativo.
índice. *m.* **1.** Índice; tabla de contenido. **2.** Índice; lista.
indiciar. *v.* Someter a juicio; inculpar.
indício. *m.* Indicio; señal.
indiferente. *adj.* **1.** Indiferente; apático; desinteresado. **2.** Indiferente; indistinto.
indígena. *adj.* e *com.* Indígena; indio.
indigente. *adj.* Indigente; mendigo.
indigestão. *f.* Indigestión; empacho.
indignação. *f.* **1.** Indignación. **2.** Repulsión; aversión.
indignar. *v.* e *v.p.* Indignar(se).
indireto, ta. *adj.* Indirecto.
indisciplina. *f.* Indisciplina.
indiscrição. *f.* Indiscreción.
indiscutível. *adj.* Indiscutible; innegable; evidente.
indispensável. *adj.* Indispensable. ♦ **Ser indispensável.** Ser de rigor.
indispor. *v.* Indisponer.
indisposto, ta. *adj.* Indispuesto.
indistinto, ta. *adj.* Indistinto; vago; difuso.
individual. *adj.* **1.** Individual; personal; característico. **2.** Individual; particular.
individualista. *adj.* Individualista; personalista.
indivíduo. *m.* Individuo.
índole. *f.* Índole; naturaleza; carácter.
indolência. *f.* Indolencia.
indolor. *adj.* Indoloro.

indomável. *adj.* Indomable; indómito.
indubitável. *adj.* Indudable; incontestable.
indulgência. *f.* Indulgencia; tolerancia.
indumentária. *f.* Indumentaria; vestido.
indústria. *f.* **1.** Industria; fábrica. **2.** Industria; habilidad.
industrial. *adj.* e *com.* Industrial.
industrialização. *f.* Industrialización.
induzir. *v.* **1.** Inducir; instigar. **2.** Inferir; concluir.
inédito, ta. *adj.* Inédito; original.
ineficiente. *adj.* Ineficiente; inepto; inefectivo.
inegável. *adj.* Innegable; evidente.
inepto, ta. *adj.* Inepto; necio; torpe.
inércia. *f.* Inercia.
inerente. *adj.* Inherente.
inerte. *adj.* Inerte; inmóvil; inactivo.
inesgotável. *adj.* Inagotable.
inesperado, da. *adj.* Inesperado.
inesquecível. *adj.* Inolvidable.
inevitável. *adj.* Inevitable; fatal; inexorable.
inexequível. *adj.* Inasequible.
inexistência. *f.* Inexistencia.
inexperiência. *f.* Inexperiencia; impericia.
inexperiente. *adj.* Inexperto.
inexplicável. *adj.* Inexplicable.
infalível. *adj.* Infalible.
infame. *adj.* Infame; vil; despreciable.
infâmia. *f.* Infamia; deshonra.
infância. *f.* Infancia; niñez.
infantaria. *f.* Infantería.
infante. *m.* Infante.
infantilidade. *f.* Infantilidad; ingenuidad; puerilidad.
infecção. *f.* Infección; contaminación.
infeccionar. *v.* Infectar; contaminar.
infelicidade. *f.* Infelicidad; desdicha; infortunio.
infeliz. *adj.* Infeliz; desdichado; desafortunado.
inferior. *adj.* **1.** Inferior. **2.** Subalterno; subordinado.
inferioridade. *f.* Inferioridad.
inferir. *v.* Inferir; deducir.
infernizar. *v.* Atormentar; molestar.
inferno. *m.* Infierno. ♦ **Para o inferno!** ¡Al diablo!
infestar. *v.* **1.** Infestar. **2.** Contagiar; contaminar.

infiel. *adj.* **1.** Infiel; desleal; traidor. **2.** *Rel.* Infiel; pagano.

infiltração. *f.* Infiltración.

infiltrar. *v.* Infiltrar; penetrar.

ínfimo, ma. *adj.* Ínfimo; insignificante.

infinitivo, va. *adj.* **1.** Infinitivo. *m.* **2.** *Ling.* Infinitivo.

infinito, ta. *adj.* e *m.* Infinito.

inflação. *f.* **1.** Inflación. **2.** Soberbia; vanidad. **3.** *Fin.* Inflación.

inflacionário, ria. *adj.* Inflacionario.

inflamação. *f.* Inflamación; hinchazón.

inflamar. *v.* **1.** Inflamar. **2.** Enardecer; acalorar.

inflexão. *f.* **1.** Inflexión. **2.** Inflexión; tono de voz.

influência. *f.* Influencia; influjo. ♦ **Ter influência / prestígio.** Tener influencia. / Ser un pez gordo.

influenciar. *v.* **1.** Influir. *v.p.* **2.** Impresionarse; sufrir influencia.

influente. *adj.* Influyente.

influir. *v.* Influir.

informação. *f.* Información.

informal. *adj.* Informal.

informar. *v.* Informar; enterar; divulgar; hacer saber.

informática. *f.* Informática.

informativo, va. *adj.* Informativo.

informe. *adj.* **1.** Informe; deforme. *m.* **2.** Noticia; dato; aviso. **3.** Relato; reporte.

infração. *f.* Infracción; preferível: transgresión; falta.

infraestrutura. *f.* Infraestructura.

infravermelho, lha. *adj.* e *m.* Infrarrojo.

infrutífero, ra. *adj.* Infructífero; improductivo.

infundado, da. *adj.* Infundado; sin fundamento.

infundir. *v.* Infundir.

infusão. *f.* Infusión; té.

ingênuo, nua. *adj.* Ingenuo.

ingerir. *v.* Ingerir.

inglês, sa. *adj.* e *s.* Inglés.

ingratidão. *f.* Ingratitud.

ingrato, ta. *adj.* **1.** Ingrato; desagradecido; malagradecido; mal pago. **2.** Ingrato; desabrido.

ingrediente. *m.* Ingrediente.

ingressar. *v.* **1.** Ingresar. **2.** Afiliarse; darse de alta.

ingresso. *m.* **1.** Ingreso; entrada; acceso. **2.** Ingreso; admisión; incorporación. **3.** Entrada; boleto.

inibido, da. *adj.* Tímido; avergonzado.

inibir. *v.* **1.** Inhibir; reprimir; impedir. *v.p.* **2.** Avergonzarse; intimidarse.

iniciação. *f.* Iniciación.

inicializar. *v.* Inicializar.

iniciar. *v.* Iniciar; empezar.

iniciativa. *f.* **1.** Iniciativa. **2.** Iniciativa; diligencia.

início. *m.* Inicio; comienzo; principio. ♦ **Estar no início.** Estar en el comienzo / en pañales.

inimigo, ga. *adj.* e *s.* Enemigo.

inimizade. *f.* Enemistad.

ininterrupto, ta. *adj.* Ininterrumpido.

injeção. *f.* Inyección.

injetar. *v.* Inyectar.

injúria. *f.* Injuria; insulto; ofensa.

injustiça. *f.* Injusticia.

injusto, ta. *adj.* Injusto.

inocência. *f.* **1.** Inocencia; sencillez. **2.** Exención de culpa.

inocente. *adj.* **1.** Inocente; ingenuo. **2.** Inocente; no culpable.

inodoro, ra. *adj.* Inodoro; sin olor.

inoportuno, na. *adj.* Inoportuno; inconveniente.

inóspito, ta. *adj.* Inhóspito; hostil.

inovador, ra. *adj.* Innovador.

inovar. *v.* Innovar.

inoxidável. *adj.* Inoxidable.

inqualificável. *adj.* Incalificable.

inquérito. *m.* **1.** Información; examen. **2.** Averiguación, investigación.

inquietação. *f.* Inquietud; nerviosismo.

inquietar. *v.* Inquietar; perturbar; calentarle los cascos (a alguien).

inquilino, na. *s.* Inquilino.

inquisição. *f.* Inquisición.

insaciável. *adj.* Insaciable.

insalubridade. *f.* Insalubridad.

insatisfeito, ta. *adj.* Insatisfecho; descontento.

inscrever. *v.* **1.** Inscribir. *v.p.* **2.** Inscribirse; darse de alta.

inscrição. *f.* **1.** Inscripción; letrero. **2.** Inscripción; matrícula; registro; asiento; alta.

insegurança. *f.* Inseguridad.

insensato, ta. *adj.* Insensato.

insensível. *adj.* Insensible; impasible. ♦ **Ser insensível.** No tener corazón.

inseparável. *adj.* Inseparable.
inserir. *v.* Insertar.
inseticida. *adj.* Insecticida.
inseto. *m. Zool.* Insecto.
insígnia. *f.* Insignia.
insignificante. *adj.* Insignificante.
insinuação. *f.* Insinuación.
insinuar. *v.* Insinuar.
insípido, da. *adj.* Insípido; desabrido.
insistência. *f.* Insistencia.
insistir. *v.* Insistir; hacer hincapié.
insolação. *f.* Insolación.
insolente. *adj.* Insolente; atrevido.
insólito, ta. *adj.* **1.** Insólito; inusitado. **2.** Insólito; extraordinario.
insolúvel. *adj.* Insoluble.
insônia. *f.* Insomnio.
insosso, sa. *adj.* Insulso; desabrido.
inspeção. *f.* **1.** Inspección; revista. **2.** Oficina de inspección.
inspecionar. *v.* Inspeccionar; fiscalizar; registrar.
inspetor, ra. *s.* **1.** Inspector. **2.** Inspector; auditor.
inspiração. *f.* Inspiración.
inspirar. *v.* **1.** Inspirar; aspirar. **2.** Inspirar; infundir.
instabilidade. *f.* Inestabilidad; inconstancia.
instalação. *f.* Instalación.
instalar. *v.* Instalar.
instância. *f.* Instancia.
instantâneo, nea. *adj.* **1.** Instantáneo. **2.** Repentino; inesperado.
instante. *m.* Instante; rato; momento. ◆ **Em um instante.** *fig.* En un pensamiento/periquete.
instaurar. *v.* Instaurar; fundar; establecer; instituir.
instável. *adj.* Inestable.
instigar. *v.* Instigar; atizar.
instinto. *m.* Instinto.
instituição. *f.* Institución.
instituir. *v.* Instituir; fundar; establecer.
instituto. *m.* Instituto.
instrução. *f.* **1.** Instrucción. **2.** Instrucción; educación; enseñanza; cultura; erudición.
instruir. *v.* Instruir; educar.
instrumental. *adj.* Instrumental.
instrumento. *m.* Instrumento.

instrutivo, va. *adj.* Instructivo.
instrutor, ra. *adj.* e *m.* Instructor; educador; profesor; entrenador.
insubmisso, sa. *adj.* Insumiso; rebelde.
insubstituível. *adj.* Insustituible.
insular. *adj.* Insular.
insultar. *v.* Insultar; injuriar.
insulto. *m.* Insulto; injuria.
insumo. *m.* Insumo.
insuperável. *adj.* Insuperable.
insuportável. *adj.* Insoportable.
insurreição. *f.* Insurrección; alzamiento.
insustentável. *adj.* Insostenible.
intacto, ta. *adj.* Intacto.
integração. *f.* Integración.
integral. *adj.* Completo; integral. ◆ **Período integral.** Jornada completa.
integrar. *v.* **1.** Completar; enterar. **2.** Integrar; formar parte; componer.
íntegro, gra. *adj.* **1.** Completo; entero. **2.** Íntegro; idóneo.
inteirar. *v.* Enterar.
inteiro, ra. *adj.* Entero; completo.
intelectual. *adj.* e *s.* Intelectual.
inteligência. *f.* Inteligencia.
inteligente. *adj.* Inteligente; hábil; perspicaz.
inteligível. *adj.* Inteligible.
intempérie. Intemperie. ◆ **À intempérie.** A la intemperie.
intenção. *f.* Intención; intento; propósito. ◆ **Com intenção de.** En son de. **Descobrir as verdadeiras intenções.** *fig.* e *fam.* Vérsele el plumero. **Ter más intenções.** Tener mala leche.
intensidade. *f.* Intensidad.
intensificar. *v.* Intensificar.
intensivo, va. *adj.* Intensivo.
intenso, sa. *adj.* **1.** Intenso. **2.** Intenso; activo; enérgico; vehemente.
intentar. *v.* Intentar.
intentona. *f. Hist.* Intentona.
interação. *f.* Interacción.
intercalar. *v.* Intercalar; interponer; interpolar; entremeter.
intercâmbio. *m.* Intercambio.
interceder. *v.* Interceder.
interceptar. *v.* Interceptar; impedir; poner obstáculos.

interditar. *v.* Vedar; prohibir.
interessante. *adj.* Interesante; atractivo.
interessar. *v.* Interesar.
interesse. *m.* **1.** Interés; importancia; valor. **2.** Interés; conveniencia; provecho. **3.** Interés; empeño.
interesseiro, ra. *adj.* e *s.* Interesado; egoísta; ambicioso.
interferência. *f.* Interferencia.
interferir. *v.* Interferir.
interfone. *m.* Teléfono interno; intercomunicador; interfono.
interior. *adj.* e *m.* Interior.
interjeição. *f. Ling.* Interjección.
interlinear. *adj.* Interlineal.
interlocutor, ra. *s.* Interlocutor.
intermediário, ria. *adj.* **1.** Intermedio; intermediario. *m.* **2.** Intermediario; medianero; mediador. **3.** Intermediario; comisionista.
intermédio. *adj.* Intermedio; mediación.
internacional. *adj.* Internacional.
internar. *v.* **1.** Internar; adentrar; penetrar. **2.** Ingresar; hospitalizar.
internato. *m.* Internado. ♦ **Regime de internato.** Régimen de internado.
internauta. *s. Inform.* Internauta.
internet. *f. Inform.* Internet.
interno, na. *adj.* **1.** Interno; interior; de adentro. *m.* **2.** (Alumno) Interno.
interpor. *v.* Interponer; entremeter.
interpretar. *v.* **1.** Interpretar; explicar; traducir. **2.** Interpretar; actuar; representar.
intérprete. *com.* **1.** Intérprete; traductor. **2.** Intérprete (artista). **3.** Intérprete; comentarista.
interrogação. *f.* Interrogación; interrogante.
interrogar. *v.* Interrogar; interpelar.
interrogatório. *m.* Interrogatorio.
interromper. *v.* Interrumpir; bajar el telón; cortar el hilo; parar el golpe.
interruptor, ra. *adj.* **1.** Interruptor. *m.* **2.** Interruptor.
interurbano, na. *adj.* **1.** Interurbano. *m.* **2.** Conferencia interurbana.
intervalo. *m.* Intervalo.
intervenção. *f.* Intervención.
intervir. *v.* **1.** Intervenir; interceder; interponer. **2.** Intervenir; participar. **3.** Intervenir; interferir.

intestino. *m. Anat.* Intestino.
intimação. *f.* Intimación; citación; emplazamiento.
intimar. *v.* **1.** Citar; intimar. **2.** Ordenar; exigir.
intimidade. *f.* **1.** Intimidad; amistad íntima. **2.** Confianza; familiaridad.
intimidar. *v.* **1.** Intimidar. *v.p.* **2.** Achicar; acobardar.
íntimo, ma. *adj.* Íntimo.
intitular. *v.* Titular; intitular; nombrar.
intocável. *adj.* Intocable.
intolerância. *f.* Intolerancia; intransigencia.
intoxicar. *v.* Intoxicar; envenenar.
intraduzível. *adj.* Intraducible.
intragável. *adj.* **1.** Intragable; que no se puede tragar. **2.** Inaguantable; insoportable.
intransferível. *adj.* Intransferible.
intransitável. *adj.* Intransitable; impracticable.
intransitivo, va. *adj.* **1.** Intransitivo . *m.* **2.** *Ling.* Intransitivo (clasificación de ciertos verbos).
intratável. *adj.* Intratable; insociable.
intrépido, da. *adj.* Intrépido; atrevido.
intriga. *f.* **1.** Intriga; trama; maquinación. **2.** Intriga; trama; enredo.
intrigante. *adj.* Intrigante.
intrincado, da. *adj.* **1.** Enredado; enmarañado; intrincado. **2.** Complejo; difícil.
intrínseco, ca. *adj.* Intrínseco.
introdução. *f.* **1.** Introducción; ingreso; penetración. **2.** Introducción; prefacio. **3.** Introducción; iniciación.
introduzir. *v.* Introducir.
intrometer. *v.* **1.** Entrometer; entremeter; intercalar. *v.p.* **2.** Entremeterse; entrometerse.
intrometido, da. *adj.* Entrometido; fisgón.
intromissão. *f.* Intromisión; intervención.
introvertido, da. *adj.* Introvertido.
intruso, sa. *adj.* **1.** Intruso (en un lugar). **2.** Intruso; entrometido.
intuição. *f.* Intuición; presentimiento.
intuito. *m.* Intento; propósito; intención.
inumerável. *adj.* Innumerable; incontable.
inundação. *f.* Inundación; crecida; avenida.
inundar. *v.* Inundar; anegar; alagar.
inusitado, da. *adj.* Inusitado; insólito; extraordinario.
inútil. *adj.* **1.** Inútil; vano. **2.** Inútil; improductivo; ocioso. **3.** Inútil; inservible.

invadir. *v.* Invadir.
invalidar. *v.* Invalidar; anular.
inválido, da. *adj.* **1.** Inválido; nulo. *s.* **2.** Inválido; minusválido.
invariável. *adj.* Invariable.
invasão. *f.* Invasión.
invasor, ra. *adj.* e *s.* Invasor; enemigo.
inveja. *f.* Envidia; codicia.
invejar. *v.* Envidiar; codiciar.
invejoso, sa. *adj.* e *s.* Envidioso; codicioso.
invenção. *f.* **1.** Invento; invención. **2.** Cuento; mentira.
inventar. *v.* **1.** Inventar; crear; idear. **2.** Inventar; ingeniarse; fantasear.
inventário. *m.* Inventario; enumeración; relación.
invento. *m.* Invento; invención.
inventor, ra. *adj.* e *s.* Inventor; creador.
inverno. *m.* Invierno.
inverossimilhança. *f.* Inverosimilitud; incredibilidad.
inversão. *f.* Inversión; cambio; alteración.
inverso, sa. *adj.* e *m.* Inverso; contrario; opuesto; invertido.
invertebrado, da. *adj.* e *m.* Invertebrado.
inverter. *v.* Invertir; dar vuelta; girar; poner al revés.
invés. *m.* Revés. ♦ **Ao invés. 1.** Al revés. **2.** En vez de; en lugar de.
investidor, ra. *adj.* e *s.* Inversionista; inversor.
investigação. *f.* **1.** Investigación; búsqueda. **2.** Investigación; estudio.
investigador, ra. *adj.* e *s.* **1.** Investigador; pesquisador. **2.** Investigador (de polícia).
investigar. *v.* **1.** Investigar; averiguar. **2.** Investigar; estudiar.
investimento. *m.* Inversión.
investir. *v.* **1.** Acometer; atacar; embestir. **2.** Invertir (capital); echar caudal en.
inviável. *adj.* Inviable; impracticable; inasequible.
invicto, ta. *adj.* Invicto.
invisível. *adj.* Invisible.
invocar. *v.* Invocar.
invólucro. *m.* Envoltorio; envoltura; embalaje.
involuntário, ria. *adj.* Involuntario.
invulnerável. *adj.* Invulnerable; inexpugnable.
iodo. *m.* Yodo.
ioga. *f.* Yoga; yoguismo.
iogurte. *m.* Yogur; yogurt.
ioiô. *m.* Yoyo.
ir. *v.* Ir. ♦ **Vai!** ¡Anda! / ¡Vete! **Vá pentear macacos.** ¡Vete a pasear cabritas!
ira. *f.* Ira; cólera; rabia.
iraniano, na. *adj.* e *s.* Iraní.
iraquiano, na. *adj.* e *s.* Iraquí.
irascível. *adj.* Irascible.
íris. *m.* **1.** *Anat.* Iris; pupila. **2.** (Arco) Iris.
irlandês, sa. *adj.* e *s.* Irlandés.
irmandade. *f.* **1.** Hermandad; fraternidad. **2.** Hermandad; cofradía.
irmão, mã. *s.* **1.** Hermano. **2.** *Rel.* Religioso. ♦ **Irmão gêmeo.** Hermano gemelo. **Irmão mais velho / mais novo.** Hermano mayor / menor.
ironia. *f.* Ironía; burla disimulada.
irônico, ca. *adj.* Irónico.
irracional. *adj.* Irracional.
irradiante. *adj.* Radiante.
irradiar. *v.* Irradiar.
irreal. *adj.* Irreal; imaginario; fantástico.
irrecusável. *adj.* Irrecusable; incontestable.
irrefutável. *adj.* Irrefutable; irrebatible; evidente.
irregular. *adj.* Irregular; disconforme.
irrelevante. *adj.* Irrelevante.
irreparável. *adj.* Irreparable; irremediable.
irrequieto, ta. *adj.* Inquieto; agitado; bullicioso; turbulento.
irresistível. *adj.* Irresistible.
irresoluto, ta. *adj.* Irresoluto; indeciso; vacilante.
irrespirável. *adj.* Irrespirable; asfixiante.
irresponsável. *adj.* Irresponsable; negligente; incapaz.
irreverente. *adj.* Irreverente.
irrevogável. *adj.* Irrevocable.
irrigação. *f.* Riego. ♦ **Irrigação sanguínea.** *Biol.* Riego sanguíneo.
irrigar. *v.* Irrigar; regar.
irrisório, ria. *adj.* Irrisorio.
irritação. *f.* Irritación.
irritadiço, ça. *adj.* Enfadadizo.
irritado, da. *adj.* Enfadado; enojado. ♦ **Deixar alguém muito irritado.** Ponerle los nervios de punta.
irritante. *adj.* Irritante.

irritar. *v.* **1.** Irritar; enojar; molestar. **2.** Irritar; escocer; picar.

irromper. *v.* Irrumpir; brotar; surgir.

irrupção. *f.* Irrupción; invasión.

isca. *f.* Cebo; carnada.

isenção. *f.* Exención.

isentar. *v.* Eximir; dispensar; exentar.

isento, ta. *adj.* Exento; desobligado.

islamismo. *m. Rel.* Islamismo; mahometismo.

islandês, sa. *adj.* e *s.* Islandés.

isolação. *f.* Aislamiento.

isolamento. *m.* Aislamiento; separación; incomunicación; desamparo; alejamiento; encierro.

isolante. *adj.* Aislante.

isolar. *v.* Aislar; apartar; encerrar sola a una persona.

isopor. *m.* Espuma de poliestireno.

isqueiro. *m.* Encendedor; mechero.

israelense. *adj.* e *com.* Israelí.

isso. *pron.* Eso; ello. ♦ **E (o que tenho) eu com isso?** A mí, ¿qué me importa? **Por que isso?** ¿A qué viene eso?

istmo. *m. Geogr.* Istmo.

isto. *pron.* Esto.

italiano, na. *adj.* e *s.* Italiano.

itinerante. *adj.* Itinerante; viajante; caminante; ambulante.

itinerário. *m.* **1.** Itinerario; recorrido; trayecto; ruta. **2.** Guía (de viaje).

iugoslavo, va. *adj.* e *s.* Yugoslavo.

J

j. *m.* J (la jota).

já. *interj.* **1.** Ya. *conj.* **2.** Ya. *adv.* **3.** Ya; ahora mismo. ◆ **É para já.** Al instante. Ahora mismo. **Já que.** Ya que.

jacarandá. *m. Bot.* Jacarandá.

jacaré. *m. Zool.* Cocodrilo; caimán; yacaré.

jacente. *adj.* Yacente.

jactância. *f.* Jactancia; vanidad; ostentación; arrogancia.

jactar. *v.p.* Jactarse; vanagloriarse; pavonearse; presumir.

jade. *m.* Jade.

jaguar. *m. Zool.* Jaguar.

jagunço. *m.* Matón; guardaespaldas.

jamaicano, na. *adj.* e *s.* Jamaicano.

jamais. *adv.* Jamás; nunca; en ningún tiempo.

jamanta. *f.* Autocamión para transporte de carga compuesto de dos partes.

janeiro. *m.* Enero.

janela. *f.* Ventana. ◆ **Janela de ônibus / carro.** Ventanilla. **Jogar pela janela.** *fig.* Echar / Tirar por la ventana.

jangada. *f.* Balsa; armadía; jangada.

jangadeiro, ra. *s.* Balsero.

janta. *f.* Cena.

jantar. *m.* **1.** Cena. *v.* **2.** Cenar.

japona. *f.* Cazadora; campera; chumpa; chaquetón.

japonês, sa. *adj.* e *s.* Japonés.

jaqueta. *f.* Cazadora; *(Amér.)* saco; chaqueta; *(Arg.* e *Chile)* campera.

jararaca. *f. Zool.* Víbora.

jardim. *m.* Jardín. ◆ **Jardim de infância.** Jardín de infantes.

jardinagem. *f.* Jardinería.

jardineira. *f.* **1.** Macetero. **2.** Vestido con tirantes. **3.** Jardinera.

jardineiro, ra. *s.* Jardinero.

jargão. *m.* Jerga; argot.

jarra. *f.* Jarro; jarra.

jarro. *m.* Botija; jarra.

jasmim. *m. Bot.* Jazmín.

jato. *m.* Chorro. ◆ **Propulsão a jato.** Propulsión a chorro.

jaula. *f.* Jaula.

javali. *m. Zool.* Jabalí.

jazer. *v.* Yacer.

jazida. *f.* Yacimiento; mina.

jazigo. *m.* Sepultura.

jazz. *m. Mús.* Jazz.

jeans. *m.pl.* Tejanos; vaqueros; *jeans*.

jegue. *m. Zool.* Jumento.

jeito. *m.* **1.** Modo. **2.** Habilidad. **3.** Facciones. **4.** Ordenación. ◆ **De jeito nenhum.** De ninguna manera. / En absoluto. / Para nada. / ¡Qué va! **Não ter jeito.** No haber manera. / No haber vuelta de hoja. / No tener remedio.

jeitoso, sa. *adj.* **1.** Habilidoso. **2.** Garboso.

jejuar. *v.* Ayunar; no comer.

jejum. *m.* Ayuno. ◆ **Em jejum.** En ayuno / ayunas.

jérsei. *m.* Tejido de fibra artificial; poliéster.

jesuíta. *adj.* e *m.* Jesuita.

jiboia. *f. Zool.* Boa.

jipe. *m.* Todoterreno; *jeep*.

joalharia. *f.* Joyería.

joalheiro, ra. *s.* Joyero.

joalheria. *f.* Joyería.

joanete. *m.* Juanete.

joaninha. *f. Zool.* Mariquita.

joão-de-barro. *m. Zool.* Hornero.

joça. *f.* **1.** Cosa vieja. **2.** Cosa complicada.

jocosidade. *f.* Jocosidad.

joelheira. *f.* Rodillera.

joelho. *m. Anat.* Rodilla.

jogada. *f.* **1.** Jugada. **2.** Lance. **3.** Partido.

jogador, ra. *adj.* e *s.* Jugador.

jogar. *v.* **1.** Jugar. **2.** Tirar; echar; arrojar. **3.** Jugarse. ◆ **Jogar fora (uma coisa).** Echar por la borda. Tirar.

jogo. *m.* **1.** Juego. **2.** Juego; partido. ♦ **Jogo de prendas.** Pájara pinta. **Jogo da velha.** Tres en raya.

joguete. *m.* **1.** Juguete. **2.** Comidilla.

joia. *f.* Joya.

joio. *m.* Joyo.

jóquei. *m.* Yóquey.

jornada. *f.* Jornada. ♦ **Jornada contínua.** Jornada intensiva.

jornal. *m.* **1.** Periódico; diario. **2.** Noticiario.

jornaleco. *m.* Periodicucho.

jornaleiro, ra. *s.* Vendedor de periódicos.

jornalismo. *m.* Periodismo.

jornalista. *com.* Periodista; reportero.

jornalístico, ca. *adj.* Periodístico.

jorrar. *v.* Chorrear.

jorro. *m.* Chorro; borbotón.

jovem. *adj.* e *com.* Joven; chaval.

jovial. *adj.* Jovial; juguetón.

juba. *f.* Melena.

júbilo. *m.* Júbilo.

judaísmo. *m. Rel.* Judaísmo.

judicial. *adj.* Judicial.

judicialmente *adv.* Judicialmente.

judô. *m. Desp.* Yudo; judo.

judeu, dia. *adj.* e *s.* Judío.

jugo. *m.* Yugo.

jugular. *adj. Anat.* Yugular.

juiz, za. *s.* **1.** Juez; magistrado. **2.** *Desp.* Juez; árbitro.

juizado. *m.* Juzgado.

juízo. *m.* **1.** Juicio. **2.** Razón. **3.** Dictamen.

julgamento. *m.* **1.** Juicio. **2.** Decisión. **3.** Evaluación.

julgar. *v.* **1.** Juzgar. **2.** Estimar.

julho. *m.* Julio.

jumento. *m.* **1.** *Zool.* Burro. **2.** Persona grosera, bruta o ignorante.

junção. *f.* Junta; unión.

jungir. *v.* Uncir.

junho. *m.* Junio.

junta. *f.* **1.** Junta; articulación. **2.** Junta; reunión de miembros de una corporación.

juntar. *v.* **1.** Reunir. **2.** Acumular.

junto, ta. *adj.* **1.** Junto. *adv.* **2.** En conjunto; cerca de; delante de. ♦ **Junto com.** Junto con. **Tudo junto.** Todo junto.

jura. *f.* **1.** Juramento; jura. **2.** Maldición.

juramentado, da. *adj.* Jurado.

juramento. *m.* Juramento.

jurar. *v.* Jurar.

júri. *m.* Jurado.

jurisdição. *f.* Jurisdicción.

jurisperito. *m.* Jurisperito.

jurisprudência. *f.* Jurisprudencia.

jurista. *com.* Jurista.

juro. *m.* Interés; rédito.

jururu. *adj.* Mustio; triste.

justa. *f.* Justa.

justamente. *adv.* Justamente. **1.** Ni más ni menos. **2.** Con justicia.

justapor. *v.* Yuxtaponer.

justaposição. *f.* Yuxtaposición.

justaposto, ta. *adj.* Yuxtapuesto.

justiça. *f.* Justicia.

justiçado, da. *adj.* e *s.* Ajusticiado.

justiçar. *v.* Ajusticiar.

justiceiro, ra. *adj.* e *s.* Justiciero.

justificação. *f.* Justificación.

justificar. *v.* Justificar.

justificativa. *f.* Justificante.

justificativo, va. *adj.* Justificativo.

justificável. *adj.* Justificable.

justo, ta. *adj.* e *s.* Justo. ♦ **Não é justo!** ¡No hay derecho!

juta. *f.* Yute.

juvenil. *adj.* Juvenil.

juventude. *f.* Juventud.

K

k. *m.* K (la ka).
kaiser. *m.* Káiser.
kart. *m. Kart.*
ketchup. *m.* Kétchup.

kilt. *m.* Falda a cuadros de colores diferentes que usan los escoceses.
kitsch. *adj.* Vulgar; cursi; *kitsch.*
kiwi. *m. Bot.* Kiwi; quivi.

L

l. *m.* L (la ele).
lá. *adv.* Allí; allá.
lã. *f.* Lana.
labareda. *f.* Llama; llamarada; lengua de fuego.
lábia. *f.* Verborrea; labia; jarabe de pico.
lábil. *adj.* Lábil.
lábio. *m.* Labio.
labirinto. *m.* Laberinto.
labor. *m.* Labor.
laboratório. *m.* Laboratorio.
laborioso, sa. *adj.* Laborioso.
laçada. *f.* Lazada; lazo.
lacaio, ia. *s.* Lacayo.
laçar. *v.* Enlazar.
laceração. *f.* Laceración; herida.
laço. *m.* **1.** Lazo. **2.** Vínculo.
lacônico, ca. *adj.* e *s.* Lacónico.
lacrar. *v.* Lacrar.
lacre. *m.* Lacre.
lacrimal. *adj.* Lagrimal.
lacrimejar. *v.* Lagrimear.
lacrimogêneo, nea. *adj.* e *s.* Lacrimógeno.
lactação. *f.* Lactancia.
lactente. *adj.* Lactante; de teta.
lácteo, tea. *adj.* Lácteo; lechoso.
lacuna. *f.* Laguna; omisión; vacío.
lacustre. *adj.* Lacustre.
ladainha. *f.* Letanía.
ladeira. *f.* Cuesta; ladera. ♦ **Ir ladeira acima/abaixo.** Ir cuesta arriba/abajo.
ladino, na. *adj.* e *s.* Ladino.
lado. *m.* **1.** Lado; cara. **2.** Lado; costado. ♦ **Ao/Do lado.** Al lado. **Deixar de lado (uma pessoa).** Tirar por la borda. Dejar al margen. **De um lado para outro.** De acá para allá./De parte a parte. **Lado a lado.** Codo a codo.
ladrão, dra. *s.* Ladrón.
ladrar. *v.* Ladrar.
ladrilho. *m.* Ladrillo; baldosa.
lagarta. *f. Zool.* **1.** Oruga. **2.** Larva; gusano. **3.** Oruga.
lagartixa. *f. Zool.* Lagartija.
lagarto. *m. Zool.* Lagarto.
lago. *m. Geogr.* Lago.
lagoa. *f. Geogr.* Laguna.
lagosta. *f. Zool.* Langosta.
lagostim. *m.* Cigala; langostino.
lágrima. *f.* Lágrima.
laguna. *f.* Albufera.
laia. *f.* **1.** Laya. **2.** Especie. **3.** Gente de malvivir.
laico, ca. *adj.* e *s.* Laico.
laje. *f.* Losa; laja; pavimento.
lajota. *f.* Baldosín; ladrillo.
lama. *f.* Lodo; lama; cieno.
lamaçal. *m.* Lodazal.
lamber. *v.* Lamer.
lambiscar. *v.* Picotear; picar.
lambuja. *f.* **1.** Golosina. **2.** Pequeña ventaja o beneficio.
lamentação. *f.* Lamentación.
lamentar. *v.* Lamentar.
lâmina. *f.* **1.** Lámina. **2.** Hoja.
lâmpada. *f.* **1.** Lámpara. **2.** Bombilla; lámpara.
lampejo. *m.* **1.** Chispa. **2.** Idea súbita.
lampião. *m.* Farol; linterna.
lamúria. *f.* Lamentación.
lança. *f.* Lanza. ♦ **Estar com a lança em riste.** Estar con la lanza en ristre.
lançamento. *m.* **1.** Lanzamiento. **2.** Lance.
lançar. *v.* **1.** Arrojar; lanzar. **2.** Divulgar. **3.** Anotar una partida. **4.** Vaciar concreto.
lance. *m.* **1.** Lance. **2.** Jugada. **3.** Circunstancia.
lancha. *f.* Lancha.
lanchar. *v.* Merendar.
lanche. *m.* Refrigerio; *(Arg.)* merienda; *(Méx.)* taco.

lanchonete. *f.* Cafetería.
landa. *f.* Landa.
lantejoula. *f.* Lentejuela.
lanterna. *f.* **1.** Linterna. **2.** Luz de posición (en el coche).
lanterninha. *com.* **1.** Acomodador (de una sala de espectáculos). **2.** El último en una competición.
lanugem. *f.* **1.** Vello (del cuerpo). **2.** Pelusa (en frutos y tejidos).
lapela. *f.* Solapa.
lapidação. *f.* Lapidación.
lápide. *f.* Lápida.
lápis. *m.* Lápiz. ♦ **Lápis de cor.** Lápiz de color; pintura.
lapiseira. *f.* Lapicero; portaminas.
lapso. *m.* **1.** Lapso. **2.** Descuido. **3.** Engaño involuntario. **4.** Espacio de tiempo.
laquê. *m.* Laca.
lar. *m.* Hogar.
laranja. *f.* **1.** *Bot.* Naranja. *m.* **2.** Naranja. *adj.* **3.** Naranja. ♦ **Metade da laranja.** *fig.* Media naranja.
laranjada. *f.* Naranjada.
laranjeira. *f. Bot.* Naranjo.
lareira. *f.* Chimenea; hogar.
largada. *f.* Arrancada; partida.
largar. *v.* **1.** Soltar; largar. **2.** Abandonar. **3.** Partir.
largo, ga. *adj.* **1.** Ancho. **2.** Abundante.
largura. *f.* Ancho; anchura. ♦ **De largura.** De ancho. **Em toda a largura.** A lo ancho.
laringe. *f. Anat.* Laringe.
laringite. *f. Med.* Laringitis.
larva. *f.* Larva.
lasanha. *f. Cul.* Lasaña.
lasca. *f.* **1.** Lasca. **2.** Astilla. **3.** Esquirla; tajo.
lascar. *v.* Rajar; astillar.
laser. *m.* Láser.
lastimar. *v.* Lastimar.
lata. *f.* Lata.
latão. *m.* Latón.
lataria. *f.* **1.** Alimentos en lata. **2.** Chapa.
latejar. *v.* Pulsar; latir.
lateral. *adj.* Lateral; costado. ♦ **Lateral esquerdo / direito.** *Desp.* Extremo izquierdo / derecho.
laticínio. *m.* Industria de derivados de leche; lácteo.

latido. *m.* Ladrido.
latifúndio. *m.* Latifundio.
latim. *m. Ling.* Latín.
latino, na. *adj.* e *s.* Latino.
latino-americano, na. *adj.* e *s.* Latinoamericano.
latir. *v.* Ladrar.
latitude. *f.* Latitud.
latria. *f.* Latría.
lauda. *f.* Cuartilla; página.
laudo. *m.* Laudo; fallo.
lava. *f.* Lava.
lavabo. *m.* **1.** Lavabo. **2.** Pila. **3.** Lavatorio.
lavadeira. *f.* Lavandera.
lavadora. *f.* Lavadora.
lavadouro. *m.* Lavadero.
lavagem. *f.* **1.** Lavado. **2.** Afrecho; pienso para chanchos, puercos. ♦ **Lavagem cerebral.** Lavado de cerebro.
lava-louça. *f.* Friegaplatos; lavaplatos; lavavajillas.
lavanderia. *f.* **1.** Lavandería (establecimiento). **2.** Lavadero (dentro de la casa).
lava-pratos. *m.* Friegaplatos; lavavajillas; lavaplatos.
lavar. *v.* Lavar.
lavoura. *f.* **1.** Campo de cultivo. **2.** Labranza.
lavrador, ra. *adj.* e *s.* Labrador; labriego.
lavrar. *v.* Labrar.
lazer. *m.* Recreación; descanso.
lealdade. *f.* Lealtad.
leão, oa. *m. n.p.* **1.** Leo (signo). *m.* **2.** *Zool.* León. ♦ **Leão-marinho.** *Zool.* León marino.
lebre. *f. Zool.* Liebre.
lecionar. *v.* Enseñar; impartir clases.
legação. *f.* Legación.
legal. *adj.* **1.** Legal; legítimo. **2.** Bueno. **3.** Buena persona. *interj.* **4.** Chévere; macanudo.
legalização. *f.* Legalización.
legalizar. *v.* Legalizar; autentificar.
legenda. *f.* **1.** Leyenda; letrero. **2.** *Lit.* Leyenda; fábula. **3.** Leyenda; pie (en películas).
legião. *f.* Legión.
legislação. *f.* Legislación.
legislativo, va. *adj.* Legislativo.
legítimo, ma. *adj.* **1.** Legítimo; auténtico. *f.* **2.** *Dir.* Legítima.

legível. *adj.* Legible.
légua. *f.* Legua.
legume. *m.* Legumbre.
lei. *f.* Ley.
leigo, ga. *adj.* e *s.* Lego; laico.
leilão. *m.* Subasta; remate.
leitão, toa. *m.* Lechón.
leite. *m.* Leche. ♦ **Leite desnatado.** *Cul.* Leche descremada. **Leite em pó.** Leche en polvo. **Leite integral.** Leche entera. **Tirar leite de pedra.** Hacer de ese caldo tajadas. / Sacar agua de las piedras.
leiteiro, ra. *adj.* e *s.* Lechero.
leito. *m.* **1.** Lecho; cama. **2.** Lecho; cauce. ♦ **Leito de morte.** Lecho de muerte.
leitor, ra. *adj.* e *s.* Lector.
leitura. *f.* Lectura.
lema. *m.* **1.** Lema. **2.** Emblema. **3.** Sentencia.
lembrança. *f.* **1.** Recuerdo; reminiscencia. **2.** Regalo; *souvenir*.
lembrar. *v.* **1.** Recordar; acordarse; evocar; rememorar. **2.** Advertir. **3.** Hacer memoria.
leme. *m.* **1.** Timón. **2.** Dirección.
lenço. *m.* Pañuelo.
lençol. *m.* **1.** Sábana. **2.** *Geogr.* Yacimiento natural de agua en el subsuelo.
lenda. *f.* Leyenda; mito.
lenha. *f.* Leña. ♦ **Lenha seca e caída.** Leña muerta.
lenhador, ra. *s.* Leñador.
lenho. *m.* Leño.
lente. *f.* Lente.
lentidão. *f.* Lentitud.
lentilha. *f.* *Bot.* Lenteja.
lento, ta. *adj.* Lento. ♦ **Em marcha lenta.** A paso lento.
leonado. *adj.* Leonado.
leoneira. *f.* Leonera.
leonino, na. *adj.* Leonino.
leopardo. *m.* *Zool.* Leopardo.
leprosário. *m.* Leprosería.
leque. *m.* Abanico. ♦ **Em forma de leque.** En abanico.
ler. *v.* Leer.
lerdo, da. *adj.* Lerdo.
lesão. *f.* Lesión.
lesar. *v.* **1.** Lesionar. **2.** Perjudicar; defraudar.
lesivo, va. *adj.* Lesivo.

lesma. *f.* **1.** *Zool.* Babosa. **2.** *fig.* Lerdo.
leso, sa. *adj.* e *s.* Leso.
leste. *m.* Este; oriente.
letal. *adj.* Letal.
letargia. *f.* **1.** Letargo. **2.** Hibernación. **3.** Modorra; inercia.
letificar. *v.* Letificar; alegrar.
letivo, va. *adj.* Lectivo.
letra. *f.* Letra. ♦ **Letra bastão / de forma.** Letra de imprenta / de molde.
letrado, da. *adj.* e *s.* Letrado; erudito; literato.
letras. *f.pl.* Letras.
letreiro. *m.* Letrero; rótulo; tablón.
leucemia. *f.* *Med.* Leucemia.
levadiço, ça. *adj.* Levadizo.
levantamento. *m.* **1.** Levantamiento. **2.** Inventario; recuento. **3.** Insurrección.
levantar. *v.* **1.** Levantar; alzar; erguir; elevar. **2.** Edificar. **3.** Suscitar.
levante. *m.* **1.** Levante. **2.** Motín; rebelión.
levar. *v.* **1.** Llevar; conducir. **2.** Costar tiempo. **3.** Recibir una mala noticia; una agresión o un disgusto. ♦ **Levar a cabo.** Llevar a cabo. **Leva e traz.** *com.* Correveidile.
leve. *adj.* **1.** Leve; liviano. **2.** Insignificante. **3.** Ligero.
levedura. *f.* Levadura; fermento.
leviano, na. *adj.* Liviano.
levitar. *v.* Levitar.
léxico. *m.* *Ling.* Léxico.
lhama. *f.* *Zool.* Llama.
lhanura. *f.* **1.** Llanura. **2.** Franqueza.
lhe. *pron.* **1.** Le; a él; a ella; a usted. **2.** Te; a ti.
liana. *f.* Liana.
libelo. *m.* Libelo.
liberação. *f.* Liberación.
liberado, da. *adj.* Liberado.
liberal. *adj.* Liberal.
liberar. *v.* **1.** Liberar; libertar. **2.** Liberar; eximir. **3.** Desembarazar. **4.** Despedir.
liberdade. *f.* **1.** Libertad. **2.** Confianzas. ♦ **Liberdade condicional.** Libertad condicional. **Liberdade de imprensa.** Libertad de prensa.
libertação. *f.* Liberación.
libertado, da. *adj.* Liberado.
libertar. *v.* Libertar; dejar libre.
libertinagem. *f.* Libertinaje.
liberto, ta. *adj.* Liberto.

libra. *f.* **1.** Libra (peso). **2.** Libra (moneda). *m. n.p.* **3.** Libra (signo).

lição. *f.* **1.** Lección; enseñanza. **2.** Lección; amonestación. **3.** Tarea de casa.

licença. *f.* **1.** Licencia; permiso. **2.** Libertinaje. ♦ **(Com) Licença?** ¿(Con) Permiso? / ¿Se puede?

licenciado, da. *adj.* e *s.* **1.** Licenciado. **2.** Bacharel.

licenciatura. *f.* Licenciatura.

liceu. *m.* Liceo.

licitação. *f.* Licitación.

licitar. *v.* Licitar.

lícito, ta. *adj.* e *s.* Lícito.

licor. *m.* Licor.

licoreira. *f.* Licorera.

licoroso, sa. *adj.* Licoroso.

lida. *f.* Trajín.

lidar. *v.* **1.** Trabajar. **2.** Tratar con; alternar.

lide. *f.* **1.** Lid; lucha; contienda. **2.** Pleito judicial.

líder. *adj.* e *s.* Líder.

liderança. *f.* Liderazgo.

liderar. *v.* **1.** Liderar. **2.** Dirigir.

lido, da. *adj.* Leído.

liga. *f.* **1.** Liga; alianza. **2.** Liga; tirador de goma. **3.** Aleación.

ligação. *f.* **1.** Ligación; nexo; relación. **2.** Vínculo. **3.** Conexión eléctrica. **4.** Llamada telefónica.

ligado, da. *adj.* **1.** Ligado. **2.** Conectado. **3.** Espabilado; avispado.

ligar. *v.* **1.** Unir; juntar. **2.** Mezclar metales. **3.** Conectar; enchufar; prender.

ligeireza. *f.* Ligereza.

ligeiro, ra. *adj.* **1.** Ligero; rápido. **2.** Ligero; liviano.

lilás. *adj.* e *m.* Lila.

lima. *f. Bot.* **1.** Lima. **2.** Árbol que produce ese fruto. **3.** Escofina.

limão. *m. Bot.* Limón.

limar. *v.* Limar.

limbo. *m.* Limbo.

liminar. *adj.* Liminar.

limitação. *f.* Limitación.

limitado, da. *adj.* Limitado.

limitar. *v.* Limitar.

limitativo, va. *adj.* Limitativo.

limitável. *adj.* Limitable.

limite. *m.* Límite.

limítrofe. *adj.* Limítrofe.

limnologia. *f.* Limnología.

limo. *m.* Limo.

limonada. *f.* Limonada.

limpa-pés. *com.* Limpiabarros.

limpar. *v.* Limpiar.

limpeza. *f.* Limpieza.

límpido, da. *adj.* **1.** Límpido; limpio; nítido. **2.** Puro; ingenuo.

limpo, pa. *adj.* Limpio.

limusine. *f.* Limusina.

lince. *m. Zool.* Lince.

linchar. *v.* Linchar.

linde. *m.* Linde; frontera; límite.

lindeiro, ra. *adj.* Lindero.

lindo, da. *adj.* Lindo; hermoso; elegante.

linear. *adj.* Lineal.

lingerie. *f.* Lencería.

lingote. *m.* Lingote.

língua. *f. Anat.* Lengua. ♦ **Morder a língua (para não falar).** Morderse los labios. / Morderse la lengua. **Não ter papas na língua.** No tener frenillo / pelos en la lengua.

linguagem. *f. Ling.* Lenguaje.

linguarudo, da. *adj.* e *s.* Lenguaraz.

lingueta. *f.* Lengüeta.

linguiça. *f.* Longaniza.

linguística. *f. Ling.* Lingüística.

linguístico, ca. *adj. Ling.* Lingüístico.

linha. *f.* **1.** Hilo (de algodón, seda, lino, etc.). **2.** Línea; cable. **3.** Línea; raya. **4.** Tono (de teléfono). ♦ **Na linha.** A raya.

linhaça. *f.* Linaza.

linhagem. *f.* Linaje.

linhita. *f.* Lignito.

linho. *m.* Lino.

linimento. *m.* Linimento.

link. *m. Inform.* Enlace.

linóleo. *m.* Linóleo.

linotipo. *m.* Linotipia.

liofilizar. *v.* Liofilizar.

liquefazer. *v.* Licuar.

líquen. *m.* Liquen.

liquidação. *f.* Liquidación; rebajas. ♦ **Em liquidação.** De ocasión.

liquidar. *v.* **1.** Liquidar; saldar. **2.** Aniquilar.

liquidez. *f.* Liquidez; solvencia.

liquidificador. *m.* Licuadora.
líquido, da. *adj.* Líquido. ♦ **Peso líquido.** Peso neto.
lira. *f. Mús.* Lira.
lirismo. *m.* Lirismo.
liso, sa. *adj.* Liso.
lisonja. *f.* Lisonja.
lisonjear. *v.* Lisonjear.
lista. *f.* Lista.
listado, da. *adj.* Listado.
listagem. *f.* Listado.
listar. *v.* Listar.
listra. *f.* Lista; raya.
listrado, da. *adj.* **1.** Atigrado; listado. **2.** A rayas (especialmente ropas).
lisura. *f.* Lisura.
liteira. *f.* Litera.
literal. *adj.* Literal.
literário, a. *adj.* Literario.
literatura. *f.* Literatura.
litígio. *m.* Litigio.
litoral. *m. Geogr.* Litoral.
litorâneo, a. *adj.* Litoral.
litro. *m.* Litro.
liturgia. *f.* Liturgia.
lividez. *f.* Lividez.
lívido, da. *adj.* Lívido.
livrar. *v.* Librar.
livraria. *f.* Librería.
livre. *adj.* **1.** Libre; suelto. **2.** Vacío. **3.** Abierto. **4.** Desocupado; vago; sin quehaceres. ♦ **Livre de.** Libre de.
livre-arbítrio. *m.* Libre albedrío.
livreiro, ra. *s.* Librero.
livresco, ca. *adj.* Libresco.
livro. *m.* Libro. ♦ **Livro didático.** Libro de texto.
lixa. *f.* Lija; papel de lija.
lixadora. *f.* Lijadora.
lixeira. *f.* Basurero; cubo de basura.
lixeiro, ra. *s.* Basurero.
lixívia. *f.* Lejía.
lixo. *m.* **1.** Basura. **2.** Basurero (recipiente). ♦ **Lata de lixo.** Cubo de basura.
lobo, ba. *s. Zool.* Lobo. ♦ **Lobo-marinho.** *Zool.* Lobo marino.
locação. *f.* **1.** Implantación de un proyecto; ubicación. *m.* **2.** Alquiler; arriendo.

locadora. *f.* **1.** Tienda de vídeos; videoclub. **2.** Empresa que alquila coches.
local. *adj.* Local; propio del lugar.
localidade. *f.* Localidad; poblado.
localização. *f.* Localización; ubicación.
localizar. *v.* Localizar.
loção. *f.* Loción.
locar. *v.* Alquilar.
locatário, ria. *s.* Inquilino.
locomoção. *f.* Locomoción.
locomotiva. *f.* Locomotora.
locomover. *v.p.* Desplazarse; trasladarse; moverse.
locução. *f.* Locución.
locutor, ra. *s.* Locutor.
lodaçal. *m.* Lodazar.
lodo. *m.* Lodo; barro; cieno.
lógico, ca. *adj.* **1.** Lógico. *f.* **2.** Lógica.
logístico, ca. *adj.* **1.** Logístico. *f.* **2.** Logística.
logo. *adv.* **1.** Pronto; enseguida. **2.** Luego; más tarde. *conj.* **3.** Luego. ♦ **Até logo / breve.** Hasta luego / pronto.
logotipo. *m.* Logotipo.
lograr. *v.* **1.** Burlar; fraudar. **2.** Lograr. **3.** Tener efecto.
logro. *m.* **1.** Fraude. **2.** Fruición.
loiro, ra. *adj.* e *s.* Rubio.
loja. *f.* Tienda. ♦ **Lojas de departamento.** Grandes almacenes.
lojista. *com.* Tendero.
lombada. *f.* **1.** Loma. **2.** Lomo.
lombo. *m. Anat.* Lomo.
lombriga. *f. Zool.* Lombriz.
lona. *f.* Lona.
longa-metragem. *m.* Largometraje.
longe. *adj.* **1.** Lejano. *adv.* **2.** Lejos. ♦ **Ao longe.** A lo lejos. **De longe.** De lejos. **Ir longe demais. 1.** Ir demasiado lejos. **2.** Pasarse de la raya. **Longe de.** Lejos de.
longínquo, qua. *adj.* Lejano.
longo, ga. *adj.* Largo. ♦ **Ao longo de.** A lo largo de.
lontra. *f. Zool.* Nutria.
lorde. *m.* Lord.
lorota. *f.* Mentira; cuento.
lotação. *f.* Cabida.
lotado, da. *adj.* Lleno; atestado; hasta el tope. ♦ **Estar lotado.** Estar hasta el tope.

lotar. *v.* Llenar.
lote. *m.* **1.** Lote; parcela. **2.** Lote; partida.
loteria. *f.* Lotería.
louça. *f.* **1.** Loza. **2.** Vajilla.
louco, ca. *adj.* e *s.* Loco. ♦ **Como louco.** A lo grande; a lo loco. **Dar uma de louco.** Hacerse el loco. **Estar louco.** Estar como una cabra. **Ficar louco.** Perder la chaveta; volverse loco.
loucura. *f.* Locura. ♦ **Com loucura.** A lo loco. / Con locura.
loureiro. *m.* Laurel.
louro. *m.* Laurel; hoja del laurel.
lousa. *f.* Pizarra; pizarrón.
louvação. *f.* Alabanza.
louvar. *v.* **1.** Alabar. **2.** Encomiar; elogiar.
louvável. *adj.* Laudable; encomiable.
louvor. *m.* **1.** Loa; alabanza. **2.** Encomio.
lua. *f. Astr.* Luna. ♦ **Lua cheia.** *Astr.* Luna llena. ♦ **Lua de mel.** *f.* Luna de miel.
luar. *m.* Claro de luna; luz de la luna.
lubrificar. *v.* Lubricar.
lucidez. *f.* Lucidez.
lúcido, da. *adj.* Lúcido.
lucrar. *v.* Lucrar.
lucrativo, va. *adj.* Lucrativo.
lucro. *m.* Lucro. ♦ **Lucro líquido.** *Fin.* Beneficio neto.
ludibriar. *v.* Engañar; burlar.
ludíbrio. *m.* Ludibrio.
lúdico, ca. *adj.* Lúdico.
lufada. *f.* Ráfaga.
lugar. *m.* **1.** Sitio; lugar. **2.** Localidad. **3.** Lugar; posición. ♦ **Pôr (alguém) em seu lugar.** Poner en su sitio.
lugarejo. *m.* Aldea.
lugar-tenente. *m.* Lugarteniente.
lúgubre. *adj.* Lúgubre.
lula. *f. Zool.* Calamar.
lume. *m.* Lumbre.
luminária. *f.* Luminaria; lámpara; candela; flexo.
luminosidade. *f.* Luminosidad.
luminoso, sa. *adj.* Luminoso.
lunar. *adj. Astr.* Lunar.
lunático, ca. *adj.* e *s.* Lunático.
luneta. *f.* Luneta.
lupa. *f.* Lupa.
lustrador, ra. *s.* Pulidor.
lustrar. *v.* Lustrar; pulir.
lustre. *m.* **1.** Lustre; brillo. **2.** Araña; luminaria.
lustro. *m.* Lustro.
luta. *f.* Lucha; contienda. ♦ **Ir à luta.** Salir a / al campo.
lutador, ra. *adj.* e *s.* Luchador.
lutar. *v.* **1.** Luchar; pelear. **2.** Empeñarse.
luto. *m.* Luto. ♦ **Vestir luto.** Llevar / Ponerse el luto.
luva. *f.* **1.** Guante. **2.** Manguito. ♦ **Cair como uma luva.** Sentar como un guante. / Venir como un anillo al dedo.
luxar. *v.* Luxar.
luxo. *m.* **1.** Lujo; pompa. **2.** Melindre; afectación.
luxuoso, sa. *adj.* Lujoso.
luxúria. *f.* Lujuria.
luz. *f.* Luz; lumbre.
luzir. *v.* Lucir; brillar.

M

m. *m.* M (la eme).
maca. *f.* Camilla.
maça. *f.* Maza.
maçã. *f. Bot.* Manzana.
macabro, bra. *adj.* Macabro.
macacão. *m.* Entero; mono.
macaco, ca. *s.* **1.** *Zool.* Mono; simio. *m.* **2.** Gato (para automóvil).
maçaneta. *f.* Picaporte; manija; perilla de la cerradura; pomo.
maçante. *adj.* Aburrido; latoso.
macaquice. *f.* Monería.
maçarico. *m.* Soplete.
macarrão. *m.* Fideos; macarrones; pasta.
macela. *f. Bot.* Manzanilla.
macerar. *v.* Macerar.
macete. *m.* **1.** Mazo pequeño de madera que usan los escultores y los carpinteros **2.** *Col.* Artimaña.
machado. *m.* Hacha.
machão. *adj.* Machote.
machismo. *m.* Machismo.
macho. *m.* Macho.
machucado, da. *adj.* **1.** Lastimado. *m.* **2.** Lastimadura.
machucar. *v.* **1.** Machacar. **2.** Lastimar; herir; lesionar.
maciço, ça. *adj.* e *s.* **1.** Macizo. **2.** Masivo.
macieira. *f. Bot.* Manzano.
macilento, ta. *adj.* Macilento.
macio, a. *adj.* **1.** Sedoso; suave. **2.** Blando; tierno.
maço. *m.* **1.** Mazo. **2.** Cajetilla; paquete. **3.** Manojo. **4.** Ramo. ♦ **Maço de verduras.** Manojo de verduras.
maçonaria. *f.* Masonería.
maconha. *f.* Marihuana; mariguana.
macrobiótica. *f.* Macrobiótica.
macrocosmo. *m.* Macrocosmo.
macroeconomia. *f.* Macroeconomía.
mácula. *f.* Mácula.

macumba. *f.* **1.** *Rel.* Culto religioso afrobrasileño. **2.** Instrumento musical de origen africano.
madame. *f.* Señora; dama.
madeira. *f.* Madera. ♦ **Bater na madeira.** Tocar madera.
madeiramento. *m.* Maderamen; armadura.
madeireira. *f.* Aserradero.
madeixa. *f.* Madeja.
madrasta. *f.* Madrastra.
madre. *f. Rel.* Madre; monja.
madrepérola. *f.* Madreperla.
madrigal. *m.* Madrigal.
madrinha. *f.* Madrina.
madrugada. *f.* Madrugada.
madrugar. *v.* Madrugar.
madurar. *v.* Madurar.
maduro, ra. *adj.* Maduro.
mãe. *f.* Madre.
maestro, tra. *s.* **1.** Maestro. **2.** Compositor.
magia. *f.* **1.** Hechicería. **2.** Magia.
mágico, ca. *adj.* **1.** Mágico; fantástico. *s.* **2.** Mago. ♦ **Em um passe de mágica.** Por arte de magia.
magistério. *m.* Magisterio.
magistratura. *f.* Magistratura.
magnata. *m.* Magnate.
magnífico, ca. *adj.* Magnífico.
magnitude. *f.* Magnitud.
magnólia. *f. Bot.* Magnolia.
mágoa. *f.* Disgusto; pena.
magoar. *v.* Lastimar. ♦ **Estar magoado.** Tener la espina clavada.
magrelo, la. *adj.* Flacucho.
magreza. *f.* Delgadez.
magro, gra. *adj.* **1.** Delgado; flaco. **2.** Carne magra, sin grasa.
maia (povo). *adj.* Maya.
maio. *m.* Mayo.
maiô. *m.* Bañador; traje de baño; *(Arg.)* malla de baño.

maionese. *f.* Mayonesa.

maior. *adj.* e *s.* Mayor; más grande.

maioral. *com.* Mayoral; capataz.

maioria. *f.* Mayoría.

maioridade. *f.* Mayoría de edad; mayoridad.

mais. *adv.* Más. ◆ **A mais.** De más. **Mais cedo ou mais tarde.** A la corta o a la larga. **No mais tardar.** A más tardar. **O que mais você quer?** ¿Qué más quieres?

mais-valia. *f.* Plusvalía.

maiúsculo, la. *adj.* Mayúsculo.

majestade. *f.* Majestad.

majestoso, sa. *adj.* Majestuoso.

major. *m.* Comandante; mayor.

majoritariamente. *adv.* Mayormente.

majoritário, ria. *adj.* Mayoritario.

mal. *m.* **1.** Mal; maldad. *adv.* **2.** Mal. ◆ **Arrancar o mal pela raiz.** Cortar por lo sano. **Dar-se mal.** Ir por lana y volver trasquilado. **Ir de mal a pior.** Ir de rocín a ruin. **Menos mal.** Menos mal. **Pensar mal.** Pensar mal. **Ser mal-agradecido.** Ser mal pago.

mala. *f.* Maleta; valija.

malabar. *adj.* Malabar.

malabarista. *com.* Malabarista.

malandragem. *f.* Pillería.

malandro, dra. *s.* Vago; pícaro.

malária. *f. Med.* Malaria.

mal-assombrado, da. *adj.* Encantado.

malcheiroso, sa. *adj.* Maloliente.

malcriação. *f.* Mala educación; grosería.

malcriado, da. *adj.* Malcriado; maleducado.

malcriar. *v.* Malcriar.

maldade. *f.* **1.** Maldad; perversidad. **2.** Malicia.

maldição. *f.* Maldición.

maldito, ta. *adj.* Maldito. ◆ **Maldito seja!** ¡Maldito sea!

maldizer. *v.* Maldecir; criticar.

maldoso, sa. *adj.* Maldoso.

maleável. *adj.* Maleable.

maledicência. *f.* Maledicencia.

maleiro, ra. *s.* Maletero.

malfeitor, ra. *adj.* Malhechor; maleante.

malha. *f.* **1.** Malla. **2.** Jersey; *(Amér.)* suéter. **3.** Leotardo de gimnasia. **4.** Pulóver.

malhado, da. *adj.* Moteado.

malharia. *f.* Fábrica o venta de prendas de punto.

malícia. *f.* Malicia.

malicioso, sa. *adj.* Malicioso.

maligno, na. *adj.* **1.** Maligno; pernicioso. **2.** Malintencionado; malévolo.

maloca. *f.* Choza.

malograr. *v.* Malograr; frustrar.

malote. *m.* **1.** Maletín; valija. **2.** Valija; servicio particular de entrega de correspondencia.

malquisto, ta. *adj.* Malmirado.

maltrapilho, lha. *adj.* Andrajoso; zarrapastroso.

maltratar. *v.* Maltratar.

maluco, ca. *adj.* Chiflado.

maluquice. *f.* Disparate.

malvado, da. *adj.* Malvado.

malversação. *f.* Malversación.

malvisto, ta. *adj.* Mal considerado; de mala reputación.

mama. *f.* Mama.

mamadeira. *f.* Biberón; *(Amér.)* mamadera.

mamãe. *f.* Mamá.

mamão. *m. Bot.* Papaya.

mamar. *v.* **1.** Mamar. **2.** Chupar.

mamata. *f.* Negocio ilícito; fraude.

mamífero. *adj.* e *m.* Mamífero.

maná. *m.* Maná.

manada. *f.* Manada; hato.

manancial. *m.* Manantial.

mancada. *f.* Error; metida de pata.

mancar. *v.* Cojear.

mancebo. *m.* Mancebo.

mancha. *f.* Mancha. ◆ **Mancha de óleo.** Marea negra.

manchado, da. *adj.* Poluto; manchado.

manchar. *v.* **1.** Manchar. **2.** Macular.

manchete. *f.* Noticia; titular. ◆ **Manchete de jornal.** Primera plana.

manco, ca. *adj.* **1.** Cojo (a quien le falta un pie). **2.** Manco (a quien le falta una mano).

mandachuva. *com.* Mandamás.

mandado. *m.* **1.** Mandamiento; orden. **2.** Orden de prisión.

mandamento. *m.* Mandamiento.

mandão, dona. *adj.* Mandón.

mandar. *v.* **1.** Mandar; ordenar. **2.** Mandar; regir. **3.** Mandar; enviar; remitir. ◆ **Mandar embora.** Echar; expulsar.

mandarim. *m.* Mandarín.
mandato. *m.* Mandato.
mandíbula. *f. Anat.* Mandíbula.
mandioca. *f. Bot.* Yuca; mandioca.
mando. *m.* Mando.
maneira. *f.* Manera. ◆ **De maneira que.** De manera que. **De qualquer maneira.** De cualquier modo.
manejar. *v.* Manejar.
manequim. *com.* **1.** Maniquí (profesión). *m.* **2.** Maniquí (muñeco).
manga. *f.* **1.** Manga. **2.** *Bot.* Mango. ◆ **Ter algo escondido na manga.** Tener algo en la manga.
manganês. *m.* Manganeso.
mangue. *m.* Charco; pantano.
mangueira. *f.* **1.** Manguera. **2.** *Bot.* Mango.
manha. *f.* **1.** Maña. **2.** Berrinche; lloriqueo. **3.** Manía.
manhã. *f.* Mañana. ◆ **De manhã.** Por la mañana.
manhoso, sa. *adj.* **1.** Mañoso. **2.** Habilidoso. **3.** Sagaz.
mania. *f.* Manía.
maníaco, ca. *adj.* Maniático; maniaco.
manicômio. *m.* Manicomio.
manicure. *f.* Manicura.
manifestação. *f.* Manifestación.
manifestante. *com.* Manifestante.
manifestar. *v.* Manifestar.
manifesto. *adj.* Manifiesto.
manipulação. *f.* Manipulación.
manipular. *v.* Manipular.
maniqueísmo. *m.* Maniqueísmo.
manivela. *f.* Manubrio; manivela.
manjado, da. *adj.* Muy conocido; consabido.
manjedoura. *f.* Comedero.
manjericão. *m. Bot.* Albahaca.
manobra. *f.* Maniobra.
manobrar. *v.* Maniobrar.
manômetro. *m.* Manómetro.
manopla. *f.* Manopla.
mansão. *f.* Mansión.
manso, sa. *adj.* **1.** Manso; pacífico. **2.** Manso; domesticado.
manta. *f.* Manta.
manteiga. *f.* Mantequilla; *(Arg.)* manteca.
manter. *v.* Mantener.
mantido, da. *adj.* Mantenido.
mantilha. *f.* Mantilla.
mantimento. *m.* **1.** Mantenimiento. **2.** Provisiones.
manto. *m.* Manto.
manual. *adj.* **1.** Manual; hecho a mano. *m.* **2.** Manual.
manufatura. *f.* Manufactura.
manuscrito, ta. *adj.* e *m.* Manuscrito.
manusear. *v.* Manosear.
manuseio. *m.* Manoseo.
manutenção. *f.* Manutención; *(Amér.)* mantenimiento.
mão. *f.* Mano. ◆ **Cair das mãos.** Irse de la mano. **Dar uma mão.** Echar una mano. **De mãos dadas.** De la mano. **Descer a mão.** Dar una(s) de hostia(s). **Esfregar as mãos.** Frotarse las manos. **Estar com a faca e o queijo na mão.** Tener la sartén por el mango. **Lançar mão de.** Echar mano de. **Mãos ao alto!** ¡Manos arriba! **Ter (alguém) nas mãos.** Tener (a alguien) en el bolsillo.
mão-aberta. *com.* Manilargo.
mão-furada. *com.* Manirroto.
mão-leve. *com.* Mangante.
mapa. *m.* Mapa. ◆ **Mapa astral.** Carta astral.
maquete. *f.* Maqueta.
maquilagem. *f.* Maquillaje.
maquilar. *v.* Maquillar.
máquina. *f.* Máquina.
maquinação. *f.* Maquinación.
maquinal. *adj.* Maquinal.
maquinar. *v.* Maquinar; urdir.
maquinaria. *f.* Maquinaria.
maquinista. *com.* Maquinista.
mar. *m.* Mar. ◆ **Lançar-se ao mar.** Hacerse a la mar. **Mar de rosas.** Lecho de rosas.
maracujá. *m. Bot.* Maracuyá.
maracutaia. *f.* Martingala.
marajá. *m.* Rajá. ◆ **Ter vida de marajá.** Vivir como un rajá.
marasmo. *m.* Marasmo.
maratona. *f.* Maratón.
maravilha. *f.* Maravilla.
maravilhar. *v.* Maravillar.
maravilhoso, sa. *adj.* Maravilloso.
marca. *f.* Marca; señal. ◆ **De marca.** De marca.
marcado, da. *adj.* Marcado.
marcante. *adj.* Marcado.

marcar. *v.* Marcar. ♦ **Marcar uma entrevista (profissional).** Pedir hora.
marca-texto. *m.* Rotulador.
marcenaria. *f.* Ebanistería.
marcha. *f.* Marcha.
marchar. *v.* Marchar.
marcial. *adj.* Marcial.
marco. *m.* **1.** Hito. **2.** Punto crucial. **3.** Marco (de puerta o ventana).
março. *m.* Marzo.
maré. *f.* Marea.
marechal. *m.* Mariscal.
marejada. *f.* Marejada.
maresia. *f.* **1.** Marea. **2.** Oxidación causada por el agua del mar.
marfim. *m.* Marfil.
margarida. *f.* Margarita.
margarina. *f.* Margarina.
margem. *f.* **1.** Margen; borde. **2.** Orilla.
marginal. *adj.* e *s.* **1.** Marginal. *com.* **2.** Maleante.
marginalizado, da. *adj.* e *s.* Marginado.
marginalizar. *v.* Marginar; apartar.
marido. *m.* Marido.
marimbondo. *m. Zool.* Especie de avispa.
marinada. *f.* Escabeche.
marinha. *f.* **1.** Marina; flota de buques. **2.** Marinería. **3.** Orilla del mar.
marinheiro, ra. *s.* Marinero; marino.
marinho, nha. *adj.* Marino.
marionete. *f.* Marioneta.
mariposa. *f. Zool.* Mariposa de noche.
marisco. *m.* Marisco.
maritaca. *f. Zool.* Cotorra.
marital. *adj.* Marital.
marítimo, ma. *adj.* Marítimo.
marmelada. *f.* **1.** Dulce de membrillo. **2.** Fraude.
marmelo. *m. Bot.* **1.** Membrillo (fruto). **2.** Membrillero (arbusto).
marmita. *f.* Fiambrera.
mármore. *m.* Mármol.
maroto, ta. *adj.* Travieso.
marquês. *m.* Marqués.
marquesa. *f.* **1.** Marquesa. **2.** Tipo de sillón.
marquise. *f.* Marquesina.
marreta. *f.* Mazo.
marreteiro. *m.* Vendedor ambulante.
marrom. *adj.* e *m.* Marrón.
marroquino, na. *adj.* e *s.* Marroquí.
marsupial. *adj.* Marsupial.
martelada. *f.* Martillazo.
martelar. *v.* **1.** Martillear. **2.** Machacar; insistir.
martelo. *m.* Martillo.
mártir. *com.* Mártir.
martírio. *m.* Martirio.
marujada. *f.* Marinería.
marujo. *m.* Marinero.
mas. *conj.* Pero; sin embargo.
mascar. *v.* Mascar.
máscara. *f.* Máscara. ♦ **Tirar a máscara.** Quitarse la máscara.
mascarada. *f.* **1.** Mascarada. **2.** Baile de máscaras.
mascarão. *m.* Mascarón.
mascarilha. *f.* Mascarilla.
mascate. *m.* Vendedor ambulante.
mascote. *f.* Mascota.
masculino, na. *adj.* Masculino; varonil.
masmorra. *f.* Calabozo; mazmorra.
masoquista. *adj.* e *com.* Masoquista.
massa. *f.* **1.** Pasta; amasijo. **2.** Pastas; fideos; macarrones. **3.** Argamasa; masa. **4.** Masa; pueblo. **5.** Masa; cuerpo. ♦ **Massa de modelar.** Plastilina.
massacrar. *v.* Masacrar.
massacre. *m.* Masacre.
massagem. *f.* Masaje.
massagista. *com.* Masajista.
masseter. *m. Anat.* Masetero.
massificação. *f.* Masificación.
massificar. *v.* Masificar.
massinha. *f.* Plastilina.
mastigar. *v.* **1.** Masticar; triturar (con los dientes). **2.** Mascullar (pronunciar entre dientes).
mastim. *m.* Mastín.
mastodonte. *m.* Mastodonte.
mastro. *m.* **1.** Mástil (de barco). **2.** Asta; mástil (de bandera).
masturbação. *f.* Masturbación.
mata. *f.* Selva; bosque.
mata-borrão. *m.* Papel; secante.
matado, da. *adj.* Chapucero.

matadouro. *m.* Matadero.
matagal. *m.* Matorral.
matança. *f.* **1.** Matanza; carnicería. **2.** Matanza de ganado.
matar. *v.* Matar. ♦ **Matar dois coelhos com uma cajadada só.** Matar dos pájaros de una pedrada / un tiro. **Matar o tempo.** Engañar / Matar el tiempo.
mate. *m.* Mate.
matemática. *f.* Matemáticas.
matemático, ca. *adj.* e *s.* Matemático.
matéria. *f.* Materia. ♦ **Em matéria de.** En cuestión de.
material. *adj.* e *m.* Material.
materialismo. *m.* Materialismo.
maternidade. *f.* Maternidad.
materno, na. *adj.* Materno; maternal.
matilha. *f.* Jauría.
matinal. *adj.* Matinal.
matinê. *f.* Matiné.
matiz. *m.* **1.** Matiz. **2.** Color político.
matizado, da. *adj.* Matizado.
mato. *m.* Monte; maleza.
matorral. *m.* Matorral.
matraca. *f.* Matraca.
matreiro, ra. *adj.* Taimado.
matriarcado. *m.* Matriarcado.
matrícula. *f.* Matrícula.
matricular. *v.* Inscribir o ser inscrito en los registros de matrícula.
matrimônio. *m.* Boda; matrimonio.
matriz. *f.* Matriz.
maturidade. *f.* Madurez.
matusalém. *m.* Matusalén.
matutar. *v.* **1.** Cavilar; rumiar. **2.** Idear.
matutino, na. *adj.* Matutino.
mau, má. *adj.* Malo. ♦ **Mau-olhado.** Mal de ojo. **Mau humor.** Mal humor; malhumor. **De má vontade.** De mala gana.
mauricinho. *adj.* Lechuguino.
mausoléu. *m.* Mausoleo.
maxilar. *adj.* e *m.* *Anat.* Maxilar.
máxima. *f.* Máxima; proverbio.
máximo, ma. *adj.* e *m.* Máximo. ♦ **Ao máximo.** A lo sumo. / De lo lindo. **No máximo.** Como máximo.
me. *pron.* Me.

meada. *f.* Madeja.
meado. *adj.* Mediado. ♦ **Em meados de.** A mediados de.
meandro. *m.* Meandro.
mecânica. *f.* Mecánica.
mecânico, ca. *adj.* e *s.* Mecánico.
mecanismo. *m.* Mecanismo.
mecenas. *m.* Mecenas.
mecha. *f.* Mecha.
medalha. *f.* Medalla. ♦ **Medalha de honra.** Medalla de honor.
medalhão. *m.* Medallón.
média. *f.* **1.** Taza grande de café con leche. **2.** Promedio.
mediação. *f.* Mediación.
mediador, ra. *adj.* e *s.* Mediador; medianero.
mediano, na. *adj.* **1.** Mediano. **2.** Mediocre.
mediante. *prep.* Mediante.
mediar. *v.* Mediar.
mediato, ta. *adj.* Mediato.
medicamento. *m.* Medicamento; medicina.
medicar. *v.* Medicar.
medicina. *f.* Medicina.
médico, ca. *adj.* e *s.* Médico; doctor. ♦ **Médico de família.** Médico de cabecera.
médico-legista. *adj.* e *com.* *Med.* Médico forense.
medida. *f.* Medida. ♦ **À medida que.** A proporción que. **Pacote de medidas.** *Polít.* Paquete de medidas. **Sob medida.** A la medida.
medieval. *adj.* *Hist.* Medieval.
medievo. *m.* *Hist.* Medievo.
médio, a. *adj.* Medio; mediano.
medíocre. *adj.* Mediocre.
medir. *v.* Medir.
meditação. *f.* Meditación.
meditar. *v.* Meditar.
mediterrâneo. *adj.* Mediterráneo.
médium. *com.* Médium; medio.
medo. *m.* Miedo.
medonho, nha. *adj.* Horrendo; horrible.
medrar. *v.* Medrar.
medroso, sa. *adj.* Miedoso.
medula. *f.* *Anat.* Médula.
medular. *adj.* *Anat.* Medular.
medusa. *f.* Medusa.
mefítico, ca. *adj.* Mefítico.

megafone. *m.* Megáfono.
megalomania. *f.* Megalomanía.
megera. *f.* Malvada; mujer cruel.
meia. *f.* Media; *(Amér.)* calcetín. ◆ **Meia três quartos**. Media de tres cuartos.
meia-calça. *f.* Leotardo; panti.
meia-cana. *f.* Mediacaña.
meia-estação. *f.* Entretiempo.
meia-luva. *f.* Mitón.
meia-luz. *f.* Penumbra; media luz.
meia-noite. *f.* Las doce de la noche; medianoche.
meigo, ga. *adj.* Amable; amoroso; dulce.
meio, a. *adj.* **1.** Medio; mitad. **2.** Medio; central. *m.* **3.** Medio; recurso. **4.** Medio; núcleo. **5.** Medio ambiente. ◆ **Meio a meio.** A medias. / Mitad y mitad. **Meio de comunicação.** Medio de comunicación.
meio-campo (jogador). *com. Desp.* Centrocampista.
meio-dia. *m.* Las doce del día / de la mañana; mediodía.
meio-fio. *m.* Borde de la acera; cordón.
meio-irmão, mã. *s.* Medio hermano; hermanastro.
meio-tom. *m.* Semitono.
mel. *m.* Miel.
melaço. *m.* Melaza; miel de caña.
melado, da. *adj.* **1.** Melado. **2.** Empalagoso.
melancia. *f. Bot.* Sandía.
melancolia. *f.* Melancolía.
melancólico, ca. *adj.* Melancólico.
melão. *m. Bot.* Melón.
melar. *v.* **1.** Melar. **2.** *Col.* Frustrar; malograr.
melena. *f.* Melena.
melhor. *adv.* Mejor. ◆ **Cada vez melhor.** De bien en mejor. **É melhor...** Más vale... **Melhor ainda.** Tanto mejor.
melhora. *f.* Mejora.
melhorar. *v.* **1.** Mejorar; perfeccionar. **2.** Mejorar; restablecerse.
melhorável. *adj.* Mejorable.
melhoria. *f.* **1.** Mejora; mejoría. **2.** Cambio; adelanto.
melindre. *m.* Sensibilidad.
melodia. *f.* Melodía.
melódico, ca. *adj.* Melódico.
melodrama. *m.* Melodrama.
melômano, na. *adj.* Melómano.
meloso, sa. *adj.* Meloso.
melro. *m. Zool.* Mirlo.
membrana. *f. Biol.* Membrana.
membro. *m.* **1.** Miembro; apéndice. **2.** Miembro; integrante.
memorável. *adj.* Memorable.
memória. *f.* Memoria. ◆ **De memória.** De memoria.
memorial. *m.* Memorial.
memorião. *m.* Memorión.
memorizar. *v.* Memorizar.
menção. *f.* Mención.
mencionar. *v.* Mencionar. ◆ **Não mencionar mais.** Entregar al silencio.
mendigar. *v.* Mendigar.
mendigo, ga. *s.* Mendigo; pordiosero; *(Amér.)* limosnero.
menestrel. *m.* Trovador.
meninada. *f.* Chiquillería; niñería.
meningite. *f. Med.* Meningitis.
meninice. *f.* **1.** Infancia. **2.** Infantilidad; cosa de niños.
menino, na. *s.* Niño; chico; muchacho.
menor. *adj* e *s.* **1.** Menor; más pequeño. **2.** Menor de edad; más joven.
menoridade. *f.* Minoridad.
menos. *adv.* **1.** Menos; en menor cantidad. **2.** Menos; aparte. ◆ **A menos.** De menos. **Pelo menos.** Al / Por lo menos; tan siquiera.
menoscabar. *v.* Menoscabar.
menosprezar. *v.* Menospreciar.
menosprezo. *m.* Menosprecio; desprecio.
mensageiro, ra. *s.* Mensajero; recadero.
mensagem. *f.* Mensaje.
mensal. *adj.* Mensual.
mensalidade. *f.* Mensualidad.
mensurável. *adj.* Mensurable.
menta. *f.* **1.** Menta. **2.** *(Arg.)* Fama; reputación.
mental. *adj.* Mental.
mente. *f.* Mente. ◆ **Ter em mente.** Tener en mente.
mentecapto. *adj.* Mentecato.
mentir. *v.* Mentir. ◆ **Mentir na cara dura.** Mentir con toda la boca.
mentira. *f.* Mentira; cuento. ◆ **Parece mentira.** Parece mentira.
mentiroso, sa. *adj.* Mentiroso.

mentor, ra. *s.* Mentor.
menu. *m.* **1.** Menú; carta. **2.** *Inform.* Menú.
mequetrefe. *com.* Mequetrefe.
mercado. *m.* Mercado. ◆ **Mercado negro.** Mercado negro.
mercador, ra. *s.* Mercader.
mercadoria. *f.* Mercancía; mercadería.
mercante. *adj.* e *com.* Mercante.
mercantil. *adj.* Mercantil.
mercê. *f.* Merced. ◆ **À mercê de.** A merced de.
mercearia. *f.* Tienda de comestibles; *(Amér.)* almacén.
merceeiro, ra. *s.* Dueño de tienda de comestibles.
mercenário, ria. *adj.* Mercenario.
mercosul. *m. n.p.* Mercosur.
mercúrio. *m. Quím.* Mercurio; azogue.
merecedor, ra. *adj.* Merecedor.
merecer. *v.* Merecer.
merenda. *f.* Merienda.
merendar. *v.* Merendar.
mergulhador, ra. *s.* Buzo; hombre rana.
mergulhar. *v.* **1.** Zambullir. **2.** Bucear.
mergulho. *m.* **1.** Zambullida. **2.** Buceo.
meridional. *adj.* Meridional.
mérito. *m.* Mérito.
mês. *m.* Mes. ◆ **... vez / vezes por mês.** ... vez / veces al mes.
mesa. *f.* Mesa. ◆ **Mesa de centro.** Mesita. **Mesinha.** Mesilla.
mesa-redonda. *f.* Mesa redonda.
mescla. *f.* Mezcla.
mesclar. *v.* Mezclar.
meseta. *f.* Meseta.
mesmo. *adj.* Mismo. ◆ **Ficar na mesma.** Estar / Hallarse en las mismas. **Mesmo assim.** Aun así. **Mesmo quando.** Aún cuando.
mesocracia. *f.* Mesocracia.
mesquinharia. *f.* Mezquindad; avaricia.
mesquinho, nha. *adj.* Mezquino; avaro.
mesquita. *f.* Mezquita.
messe. *f.* Mies.
messias. *m.* Mesías.
mestiço, ça. *adj.* Mestizo.
mestrado. *m.* Maestría (enseñanza).
mestre, tra. *adj.* e *s.* **1.** Maestro; principal. **2.** Maestro; profesor. **3.** Maestro; perito. ◆ **Mestre de obras.** Maestro de obras.

mestre-cuca. *m.* Jefe de cocina.
mesura. *f.* Mesura; reverencia; cortesía.
meta. *f.* Meta.
metade. *f.* Mitad. ◆ **Pela metade.** A medias. **Pela metade do preço.** A mitad de precio.
metafísica. *f.* Metafísica.
metáfora. *f. Ling.* Metáfora.
metal. *m.* Metal.
metálico, ca. *adj.* Metálico.
metalífero, ra. *adj.* Metalífero.
metalizar. *v.* Metalizar.
metalurgia. *f.* Metalurgia.
metamorfose. *f.* Metamorfosis.
meteoro. *m.* Meteoro.
meteorologia. *f. Meteor.* Meteorología.
meter. *v.* **1.** Meter; poner. **2.** Meter; causar. ◆ **Meter o focinho.** Meter el hocico.
meticuloso, sa. *adj.* Meticuloso.
metido, da. *adj.* Metido.
metódico, ca. *adj.* Metódico.
método. *m.* Método.
metodologia. *f.* Metodología.
metonímia. *f. Ling.* Metonimia.
metragem. *f.* **1.** Metraje (medida). **2.** Metraje (de una película).
metralha. *f.* Metralla.
metralhadora. *f.* Ametralladora.
metralhar. *v.* Ametrallar.
metro. *m.* Metro.
metrô. *m.* Metro; metropolitano; *(Arg.)* subterráneo; subte.
metrópole. *f.* Metrópoli.
meu. *pron.* Mi; mío.
mexer. *v.* **1.** Menear; revolver. **2.** Menear; mecer.
mexerica. *f.* **1.** Mandarina. **2.** *(Can.)* Naranja de la China.
mexerico. *m.* Chisme; murmuración.
mexeriqueiro, ra. *adj.* Chismoso; cotilla.
mexicano, na. *adj.* e *s.* Mexicano.
mexido, da. *adj.* Revuelto. ◆ **Ovos mexidos.** *Cul.* Huevos revueltos.
mexilhão. *m. Zool.* Mejillón.
miado. *m.* Maullido.
miar. *v.* Maullar.
miasma. *m.* Miasma.
miau. *m.* Miau.

mico. *m.* Mico; mono.
micologia. *f.* Micología.
micose. *f. Med.* Micosis.
micróbio. *m. Biol.* Microbio.
microcomputador. *m.* Microordenador; *(Amér.)* microcomputadora.
microfilmar. *v.* Microfilmar.
microfone. *m.* Micrófono.
micro-onda. *f.* Microonda.
micro-ondas. *m.* Horno de microondas; microondas.
microprocessador. *m.* Microprocesador.
microscópio. *m.* Microscopio.
miga. *f.* Miga.
migalha. *f.* Migaja.
migração. *f.* **1.** Migración (de personas). **2.** Migración (de aves).
mil. *núm.* e *m.* Mil.
milagre. *m.* Milagro.
milanesa. *f. Cul.* Rebozado; *(Amér.)* empanado; milanesa.
milenar. *adj.* Milenario.
milênio. *m.* Milenio.
mil-folhas. *m.* Milhojas.
milha. *f.* Milla.
milhafre. *m.* Milano.
milhão. *núm.* e *m.* Millón.
milhar. *m.* Millar.
milharal. *m.* Maizal.
milho. *m. Bot.* Maíz; choclo.
milícia. *f. Mil.* Milicia.
miliciano, na. *adj.* e *s.* Miliciano.
milionário, ria. *adj.* e *s.* Millonario.
militante. *adj. Mil.* Militante.
militar. *adj.* e *com.* **1.** *Mil.* Militar. *v.* **2.** Militar; ser activista.
militarismo. *m. Mil.* Militarismo.
militarizar. *v. Mil.* Militarizar.
mim. *pron.* Mí.
mimado, da. *adj.* Mimado; regalón.
mimar. *v.* Mimar; regalar.
mimese. *f.* Mimesis.
mimetismo. *m.* Mimetismo.
mímica. *f.* Mímica.
mimo. *m.* Mimo; regalo.
mina. *f.* **1.** Mina; yacimiento. **2.** Fuente; manantial.
minar. *v.* **1.** Minar; excavar. **2.** Colocar minas explosivas.
mindinho. *adj.* e *s.* Meñique.
mineração. *f.* Minería.
mineral. *adj.* e *m.* Mineral.
minério. *m.* Mineral.
mingau. *m.* Papa; papilla; *(Can.)* natilla.
minguante. *adj.* Menguante.
minguar. *v.* Menguar.
minha. *pron.* **1.** Mi; mía. *pl.* **2.** Mis; mías.
minhoca. *f. Zool.* Gusano; lombriz.
miniatura. *f.* Miniatura. ♦ **Em miniatura.** En pequeño.
mínima. *f.* Mínima.
minimizar. *v.* Minimizar.
mínimo, ma. *adj.* Mínimo. ♦ **No mínimo.** Como mínimo.
minissaia. *f.* Minifalda.
ministério. *m. Polít.* e *Rel.* Ministerio.
ministro, tra. *s. Polít.* e *Rel.* Ministro.
minoria. *f.* Minoría.
minoritário, ria. *adj.* Minoritario.
minúcia. *f.* Pequeñez; sin importancia.
minúsculo, la. *adj.* **1.** Minúsculo; diminuto; muy pequeño. *f.* **2.** *Ling.* Minúscula.
minuta. *f.* Minuta; borrador.
minuto. *m.* Minuto.
miolo. *m.* **1.** Miga de pan. **2.** Meollo. **3.** Seso.
miopia. *f. Med.* Miopía.
mira. *f.* **1.** Mira; puntería. **2.** Mira; meta.
mirabolante. *adj.* Despampanante.
mirante. *m.* Mirador.
mirar. *v.* **1.** Mirar; fijar los ojos. **2.** Hacer blanco.
mirim. *adj.* Pequeño.
mirrado, da. *adj.* **1.** Mustio. **2.** Flaco; raquítico.
miserável. *adj.* e *com.* **1.** Miserable. **2.** Despreciable; vil; canalla.
miséria. *f.* Miseria. ♦ **Deixar na miséria.** Dejar sin camisa.
misericórdia. *f.* Misericordia.
misógino, na. *adj.* Misógino.
missa. *f.* Misa. ♦ **Celebrar missa.** *Rel.* Decir misa. **Não saber da missa a metade.** No saber la cartilla.
missão. *f.* Misión.

míssil. *m.* Misil.
missionário, ria. *adj.* e *s.* Misionero.
mister. *m.* **1.** Menester. **2.** Ocupación; empleo.
mistério. *m.* Misterio.
místico, ca. *adj.* **1.** Místico. *f.* **2.** Mística.
mistificar. *v.* Mistificar.
misto, ta. *adj.* Mixto; mezclado.
mistura. *f.* Mezcla.
misturar. *v.* Mezclar.
mitigar. *v.* Mitigar.
mito. *m.* Mito.
mitologia. *f.* Mitología.
mitra. *f.* Mitra.
miúdo, da. *adj.* **1.** Menudo. *m.* **2.** Dinero suelto.
mixar. *v.* Mezclar.
mnemônica. *f.* Mnemotécnica.
mobília. *f.* Mobiliario.
mobiliado, da. *adj.* Amueblado.
mobiliar. *v.* Amueblar.
mobilizar. *v.* Movilizar.
moçada. *f.* Muchachada.
moçambicano, na. *adj.* e *s.* Mozambiqueño.
moçambiquenho, nha. *adj.* e *s.* Mozambiqueño.
mochila. *f.* Mochila.
mocidade. *f.* Juventud; mocedad.
moço, ça. *s.* Muchacho; joven.
moda. *f.* Moda. ◆ **Estar na moda.** Estar de moda. / Estar hecho un figurín. **Na última moda.** A la última moda. **Sair de moda.** Pasar(se) de moda.
modal. *adj.* Modal.
modalidade. *f.* Modalidad; mocedad.
modelar. *adj.* **1.** Ejemplar; que sirve de modelo. *v.* **2.** Tallar; modelar.
modelista. *com.* Modelista.
modelo. *s.* **1.** Modelo; ejemplo. **2.** Modelo; molde. *com.* **3.** Modelo; maniquí.
modem. *m.* *Inform.* Módem.
moderação. *f.* Moderación.
moderado, da. *adj.* **1.** Moderado; comedido. **2.** Mediocre.
moderador, ra. *adj.* e *s.* Moderador.
moderar. *v.* **1.** Moderar. **2.** Moderar; acomodar.

modernismo. *m.* Modernismo.
modernista. *adj.* Modernista.
modernizar. *v.* Modernizar.
moderno, na. *adj.* Moderno.
modéstia. *f.* Modestia.
modesto, ta. *adj.* Modesto; sin ambiciones.
módico, ca. *adj.* Módico.
modificar. *v.* Modificar.
modificável. *adj.* Modificable.
modismo. *m.* Modismo.
modista. *f.* Modista.
modo. *m.* **1.** Modo; manera. **2.** Modo; modalidad. ◆ **Com maus modos.** De mala manera. **De qualquer modo.** Como quiera que.
modorra. *f.* Modorra.
modular. *v.* Modular.
moeda. *f.* Moneda. ◆ **Pagar na mesma moeda.** Pagar con / en la misma moneda.
moedor. *m.* Molinillo.
moela. *f.* *Anat.* Molleja.
moenda. *f.* Molienda.
moer. *v.* Moler; triturar; reducir a polvo.
mofa. *f.* Mofa.
mofado, da. *adj.* Mohoso.
mofar. *v.* **1.** Enmohecer; llenar de moho. **2.** Mofarse.
mofino, na. *adj.* **1.** Mohíno; infeliz; triste. **2.** Mohíno; indispuesto.
mofo. *m.* Moho.
moinho. *m.* Molino.
moita. *f.* Mata. ◆ **Agir na moita.** Matarlas callando.
mola. *f.* **1.** Resorte; muelle. **2.** Ballesta.
molambento, ta. *adj.* Harapiento.
molar. *m.* Muela.
moldar. *v.* Moldear; amoldar.
moldável. *adj.* Moldeable.
molde. *m.* Matriz; molde.
moldura. *f.* Marco.
mole. *adj.* **1.** Blando. **2.** Flojo. **3.** Fácil; sencillo. **4.** Lento; perezoso.
molecagem. *f.* Golfería.
molécula. *f.* Molécula.
moleira. *f.* Mollera.
moleiro, ra. *s.* Molinero.
molengo, ga. *adj.* Indolente; flojo.
moleque, ca. *s.* Chiquillo; muchacho.

moléstia. *f.* **1.** Molestia; enfado. **2.** Molestia; desazón.

molesto, ta. *adj.* Molesto.

molhar. *v.* Mojar.

molhe. *m.* Malecón.

molho. *m.* **1.** *Cul.* Salsa; *(Arg.)* tuco. **2.** Remojo (de ropas o tejidos). **3.** Manojo (de llaves). ♦ **Molho branco.** *Cul.* Salsa blanca. **Molho rosé.** *Cul.* Salsa rosa. **Molho tártaro.** *Cul.* Salsa tártara.

molinete. *m.* **1.** Molinete; renovador de aire. **2.** Torniquete; molinete. **3.** Carrete (de la caña de pescar).

molusco. *m.* *Zool.* Molusco.

momentâneo, a. *adj.* Momentáneo.

momento. *m.* Momento. ♦ **Naquele momento.** A la sazón. **No momento de.** A la hora de. **Um momento.** Un rato.

monarca. *m.* Monarca.

monarquia. *f. Polít.* Monarquía.

monastério. *m. Rel.* Monasterio.

monção. *f.* Monzón.

monetário, ria. *adj.* Monetario.

monge. *m.* Monje.

monitor, ra. *s.* **1.** Monitor. **2.** Instructor; consejero. *m.* **3.** *Inform.* Monitor.

monja. *f.* Monja.

mono. *m.* **1.** Mono; simio. **2.** Individuo feo y estúpido.

monocromático, ca. *adj.* Monocromático.

monogamia. *f.* Monogamia.

monografia. *f.* Monografía.

monograma. *m.* Monograma.

monólito. *m.* Monolito.

monólogo. *m.* Monólogo; soliloquio.

monomania. *f.* Monomanía.

monopólio. *m.* Monopolio.

monopolizar. *v.* Monopolizar.

monoteísmo. *m.* Monoteísmo.

monótono, na. *adj.* Monótono.

monsenhor. *m.* Monseñor.

monstrengo, ga. *adj.* e *s.* Esperpento.

monstro. *adj.* e *m.* Monstruo.

montado. *m.* **1.** Bosque de encinas donde pastan los cerdos. **2.** Preparado para ser usado.

montagem. *f.* Montaje.

montanha. *f.* Montaña.

montanhismo. *m. Desp.* Montañismo.

montante. *m.* **1.** Importe. **2.** Pleamar. **3.** Curso de las aguas.

montão. *m.* Montón; cúmulo.

montar. *v.* **1.** Montar; cabalgar. **2.** Instalar. **3.** Poner en escena.

montaria. *f.* Cabalgadura.

monte. *m.* **1.** Monte. **2.** Montón; pila. ♦ **Aos montes.** A montones.

montês. *adj.* Montés.

montoeira. *f.* Balumba.

monumento. *m.* Monumento.

moqueca. *f.* Guiso típico brasileño a base de pescado o camarón, leche de coco y aceite de palmera dendé.

moradia. *f.* Vivienda; morada; casa; piso o cualquier otro lugar donde se vive.

morador, ra. *adj.* e *s.* Que vive; que habita; que es vecino; habitante.

moral. *adj.* e *f.* Moral.

moralismo. *m.* Moralismo.

moranga. *adj.* Tipo de calabaza redonda; *(Méx. e Amér.Central)* ayote.

morango. *m. Bot.* Fresa; *(Arg., Chile e Uru.)* frutilla.

morar. *v.* Vivir; residir; habitar.

moratória. *f.* Moratoria.

mórbido, da. *adj.* Mórbido.

morcego. *m. Zool.* Murciélago.

morcela. *f.* Morcilla.

mordaça. *f.* Mordaza.

mordaz. *adj.* Mordaz.

morder. *v.* Morder.

mordida. *f.* Mordisco.

mordomia. *f.* Privilegio.

mordomo. *m.* Mayordomo.

moreno, na. *adj.* **1.** Moreno; morocho. **2.** Trigueño; moreno.

morfina. *f.* Morfina.

morgado. *m.* Mayorazgo.

moribundo, da. *adj.* e *s.* Moribundo.

moringa. *f.* Botijo.

mormaço. *m.* Bochorno.

morno, na. *adj.* Tibio; templado.

moroso, sa. *adj.* Moroso; lerdo.

morrer. *v.* Morir. ♦ **Morrer abandonado.** Morir como un perro. **Morrer de calor.** Ahogarse / Freírse de calor. **Morrer de rir.** *fig.* Morirse / Mearse / Partirse de risa. **Morrer de**

vergonha. *fig.* Caerse la cara de vergüenza. **Morrer de vontade (de).** *fig.* Estar muerto (por). / Morirse de ganas.
morrião. *m.* Morrión.
morro. *m.* Cerro.
morsa. *f.* Morsa.
morse. *f.* Morse.
mortadela. *f.* Mortadela.
mortalidade. *f.* Mortalidad.
mortandade. *f.* Mortandad.
morte. *f.* Muerte.
morteiro. *m.* Mortero.
mortiço, ça. *adj.* Mortecino.
mortífero, ra. *adj.* Mortífero.
mortificar. *v.* Mortificar.
morto, ta. *adj.* Muerto. ♦ **Não ter onde cair morto.** *fig.* e *fam.* No tener dónde caerse muerto.
mosaico. *m.* Mosaico.
moscardo. *m.* Moscardón.
mosquito. *m.* Mosquito; *(Amér.)* zancudo.
mostarda. *f.* Mostaza.
mosteiro. *m.* Monasterio.
mostra. *f.* **1.** Exposición; muestra. **2.** Indicio; muestra.
mostrador. *m.* **1.** Mostrador (del reloj). **2.** Mostrador (de tienda).
mostrar. *v.* **1.** Mostrar; exhibir. **2.** Mostrar; demostrar. **3.** Aparentar. **4.** Mostrar; enseñar.
mostruário. *m.* Muestrario.
mote. *m.* Mote; tema.
motejar. *v.* Motejar.
motim. *m.* Motín.
motivar. *v.* Motivar.
motivo. *m.* Motivo. ♦ **Com que motivo?** ¿A santo de qué?
moto. *f.* Moto.
motocicleta. *f.* Motocicleta.
motociclista. *com.* Motociclista.
motor, ra. *adj.* e *m.* Motor.
motorista. *com.* Conductor; chófer.
motorizar. *v.* Motorizar.
mourejado, da. *adj.* Que costó mucho trabajo.
mourisco, ca. *adj.* Morisco.
mouro, ra. *adj.* e *s.* Moro.
mouse. *m. Inform. Mouse*; ratón.
movediço, ça. *adj.* Movedizo.

móvel. *adj.* **1.** Móvil; inconstante. *m.* **2.** Mueble.
mover. *v.* **1.** Mover; desplazar; menear. **2.** Mover; inducir.
movimentação. *f.* Movimiento.
movimentar. *v.* **1.** Poner en movimiento; movilizar. **2.** Mover; poner en actividad.
movimento. *m.* **1.** Movimiento (de los cuerpos). **2.** Afluencia de personas a un local o lugar.
muamba. *f.* Contrabando.
mucosa. *f. Anat.* Mucosa.
muçulmano, na. *adj.* e *s. Rel.* Musulmán.
muda. *f.* **1.** Muda; brote; esqueje; hijuelo. **2.** Muda; ropa para cambiarse.
mudança. *f.* **1.** Cambio. **2.** Mudanza.
mudar. *v.* **1.** Cambiar; mudar. **2.** Trasladar; mudar. ♦ **Mudar a marcha.** Cambiar la velocidad. **Mudar de dono.** Cambiar de manos. **Mudar de opinião.** Cambiar de camisa / de opinión.
mudez. *f.* Mudez.
mudo, da. *adj.* Mudo.
mugido. *m.* Mugido.
mugir. *v.* Mugir.
muito, ta. *pron.* **1.** Mucho. *adv.* **2.** Mucho; muy. *adj.* **3.** Mucho. ♦ **Quem muito quer, nada tem.** El que mucho abarca poco aprieta. **Se muito.** Como mucho.
mula. *f.* Mula.
muleta. *f.* Muleta.
mulher. *f.* Mujer.
mulherengo. *adj.* e *s.* Mujeriego; faldero.
mulherio. *m.* Mujerío.
multa. *f.* Multa.
multar. *v.* Multar.
multicelular. *adj. Biol.* Pluricelular.
multicolor. *adj.* Policromo.
multidão. *f.* Muchedumbre; multitud.
multimilionário, ria. *adj.* e *s.* Multimillonario.
multinacional. *adj.* Multinacional.
multiplicação. *f.* **1.** Multiplicación. **2.** Reproducción.
multiplicar. *v. Mat.* Multiplicar.
múltiplo, pla. *adj.* Múltiple; vario.
múmia. *f.* Momia.
mundano, na. *adj.* Mundanal; mundano.
mundial. *adj.* Mundial.
mundo. *m.* Mundo. ♦ **Todo mundo.** Todo el mundo.
munheca. *f. Anat.* Pulso; muñeca.

munição. *f.* Munición.
municipal. *adj. Polít.* Municipal.
município. *m. Polít.* Municipio.
munir. *v.* **1.** Fortificar. **2.** Proveer.
muque. *m.* Fuerza muscular.
muquirana. *com.* Tacaño; avaro; mezquino.
mural. *adj.* e *m.* Mural.
muralha. *f.* Muralla.
murar. *v.* Amurallar.
murchar. *v.* Marchitar.
murcho, cha. *adj.* **1.** Marchito. **2.** Mustio.
mureta. *f.* Pretil.
muriçoca. *f. Zool.* Mosquito.
murmurar. *v.* **1.** Murmurar; susurrar; hablar quedo. **2.** Murmurar; rezongar.
murmúrio. *m.* Murmullo.
muro. *m.* Muro; pared. ◆ **Fica em cima do muro.** Ni va ni viene; ir por la calle del medio.
murro. *m.* Puñetazo.
músculo. *m.* Músculo.

museologia. *f.* Museología.
museu. *m.* Museo.
musgo. *m.* Musgo.
música. *f. Mús.* Música.
musical. *adj. Mús.* Musical.
musicalidade. *f. Mús.* Musicalidad.
músico, ca. *adj.* e *s. Mús.* Músico.
musicologia. *f. Mús.* Musicología.
musselina. *f.* Muselina.
mutação. *f.* Mutación.
mutante. *adj.* Cambiante; mutante.
mutável. *adj.* Mutable.
mutilado, da. *adj.* Mutilado.
mutilar. *v.* Mutilar.
mutirão. *m.* Trabajo manual en grupo.
mutismo. *m.* Mutismo.
mutreta. *f.* Treta.
mutualidade. *f.* Mutualidad.
mutuário, ria. *s.* Mutuario; mutualista.
mutuca. *f. Zool.* Moscardón; tábano.
mútuo, a. *adj.* Mutuo.

N

n. *m.* N (la ene).
nabo. *m. Bot.* Nabo.
nação. *f.* Nación.
nacional. *adj.* Nacional.
nacionalidade. *f.* Nacionalidad.
nacionalismo. *m.* Nacionalismo.
nacionalista. *adj.* **1.** Nacionalista. **2.** Patriótico; patriota.
nacionalizar. *v.* **1.** Nacionalizar; estatizar. **2.** Nacionalizar; naturalizar.
nada. *m.* **1.** Nada. *pron.* e *adv.* **2.** Nada. ◆ **Nada.** Lo más mínimo. / Ni pizca. / Ni torta. **Não entender / saber nada.** No entender / saber (ni) una jota. **Não servir para nada.** No servir de nada. **Não ter nada a ver.** Ser harina de otro costal / No tener nada que ver.
nadadeira. *f.* Aleta.
nadador, ra. *adj.* e *s.* Nadador.
nadar. *v.* Nadar.
nádega. *f. Anat.* Nalga.
nadir. *m.* Nadir.
nafta. *f.* Nafta; *(Arg.)* gasolina.
náilon. *m.* Nailon.
naipe. *m.* Naipe.
namorado, da. *s.* Novio; *(Chile)* pololo; *(Esp.)* chorbo; *(Méx.)* morro.
namorar. *v.* **1.** Galantear; enamorar. **2.** Desear.
namoro. *m.* Noviazgo; *(Chile)* pololeo.
nanico, ca. *adj.* e *s.* Pequeño.
nanismo. *m.* Nanismo.
nanquim. *m.* Tinta china.
não. *adv.* No. ◆ **Absolutamente náo.** Jamás de los jamases / En absoluto.
napa. *f.* Napa.
narcótico, ca. *adj.* e *m.* Narcótico.
narcotizar. *v.* Narcotizar.
narigão. *m.* Napias.
narigudo, da. *adj.* e *s.* Narizón; narigudo; narigón.

narina. *f. Anat.* Ventana de la nariz; fosa nasal; narina.
nariz. *m. Anat.* Nariz. ◆ **Meter o nariz.** Meter la cuchara. **Não enxergar um palmo à frente do nariz.** No ver un palmo delante de la nariz. **Nariz aquilino.** Nariz aguileña. **Nariz arrebitado.** Nariz respingona.
narração. *f.* Narración.
narrar. *v.* Narrar; referir.
narrativa. *f.* Narrativa.
narrativo, va. *adj.* Narrativo.
nasal. *adj.* Nasal.
nascença. *s.* Nacimiento.
nascente. *adj.* **1.** Naciente; incipiente. *m.* **2.** Levante; oriente. *f.* **3.** Nacimiento; manantial.
nascer. *v.* **1.** Nacer; venir al mundo. **2.** Nacer; aparecer. **3.** Nacer; provenir; proceder. **4.** Nacer; iniciar.
nascido, da. *adj.* Nacido.
nascimento. *m.* **1.** Nacimiento; parto. **2.** Nacimiento; origen. **3.** Nacimiento; principio.
nata. *f.* **1.** Nata; crema. **2.** Nata; flor; la mejor parte. ◆ **A nata.** La flor y nata.
natação. *f.* Natación.
natal. *adj.* **1.** Natal; nativo. *m. n.p. Rel.* **2.** Navidad. ◆ **Feliz Natal.** Feliz Navidad / Felices Pascuas.
natalício, cia. *adj.* e *s.* Natalicio.
natalidade. *f.* Natalidad.
natalino, na. *adj.* Navideño.
natatório, ria. *adj.* e *s* Natatorio.
nativo, va. *adj.* e *s.* Nativo.
nato, ta. *adj.* Nato; connatural; innato.
natural. *adj.* Natural. ◆ **Ao natural.** Al natural.
naturalidade. *f.* **1.** Naturalidad. **2.** Lugar de origen.
naturalismo. *m.* Naturalismo.
naturalista. *adj.* e *s.* Naturalista.
naturalização. *f.* Naturalización.
naturalizar. *v.* Nacionalizar; naturalizar.

natureza. *f.* Naturaleza.
naturismo. *m.* Naturismo.
nau. *f.* Nao; nave.
naufragar. *v.* **1.** Naufragar; hundirse. **2.** Naufragar; fracasar.
naufrágio. *m.* Naufragio.
náusea. *f.* **1.** Náusea. **2.** *fig.* Náusea; repugnancia; aversión.
náutica. *f.* Náutica.
naval. *adj.* Naval.
navalha. *f.* Navaja.
nave. *f.* **1.** Nave; embarcación; navío; buque. **2.** *Arq.* Nave. **3.** Nave espacial.
navegação. *f.* Navegación.
navegante. *adj.* e *s.* Navegante.
navegar. *v.* Navegar.
navegável. *adj.* Navegable.
navio. *m.* Navío; barco; buque. ◆ **Ficar a ver navios.** Quedarse con las ganas. **Navio cargueiro.** Buque de carga / carguero. **Navio de guerra.** *Mil.* Buque de guerra.
neblina. *f.* Niebla.
nebulosa. *f.* Nebulosa.
nebuloso, sa. *adj.* Cubierto de nubes; sombrío.
nécessaire. *m.* Neceser.
necessário, ria. *adj.* Necesario. ◆ **É necessário que.** Es necesario que. **(Não) Ser necessário.** (No) Hacer falta; (no) haber / ser menester.
necessidade. *f.* Necesidad. ◆ **De primeira necessidade.** De primera necesidad.
necessitado, da. *adj.* e *s.* Necesitado.
necessitar. *v.* Necesitar.
néctar. *m.* Néctar.
negação. *f.* Negación; negativa.
negar. *v.* Negar.
negativa. *f.* Negativa; negación.
negativismo. *m.* Negativismo.
negativista. *adj.* e *s.* Fatalista; negativo.
negativo, va. *adj.* Negativo.
negável. *adj.* Negable.
negligência. *f.* Negligencia; abandono.
negligenciar. *v.* Descuidar.
negligente. *adj.* e *s.* Negligente.
negociação. *f.* Negociación.
negociante. *com.* Negociante; mercader.
negociar. *v.* **1.** Negociar; tratar. **2.** Negociar; comerciar. **3.** *Polít.* Negociar por vías diplomáticas.
negociata. *f.* Negocio ilícito.
negociável. *adj.* Negociable.
negócio. *m.* Negocio. ◆ **Negócio da China.** Negocio redondo.
negro, gra. *adj.* e *s.* Negro.
nele, la. *contr.* En él.
nem. *adv.* **1.** Ni siquiera; no; ni. *conj.* **2.** Ni. ◆ **Nem morto.** Ni a tiros. **Nem pensar.** Ni pensarlo / soñarlo. **Nem sonhando.** Ni por imaginación.
nemoroso. *adj.* **1.** Relativo al bosque. **2.** Cubierto de árboles; arbolado.
nenê. *m.* **1.** Recién nacido; criatura; nene. *com.* **2.** Nene.
nenhum, ma. *pron.* Ningún; ninguno.
neoclássico, ca. *adj.* e *s.* Neoclásico.
neófito, ta. *s.* Neófito.
neolatino, na. *adj.* Neolatino.
nepotismo. *m.* Nepotismo.
nervo. *m.* *Anat.* Nervio.
nervosismo. *m.* Nerviosismo.
nervoso, sa. *adj.* e *s.* Nervioso.
nervura. *f.* **1.** Nervadura; filete; listón. **2.** Relieve (en libros encuadernados).
néscio, cia. *adj.* e *s.* Necio; tonto.
nêspera. *f.* *Bot.* Níspero.
nesse, sa. *contr.* En ese.
neste, ta. *contr.* En este.
neto, ta. *s.* Nieto.
neurastenia. *f.* *Med.* Neurastenia.
neurocirurgião, giã. *s.* Neurocirujano.
neurologia. *f.* *Med.* Neurología.
neurologista. *com.* *Med.* Neurólogo.
neurose. *f.* *Med.* Neurosis.
neurótico, ca. *adj.* e *s.* *Med.* Neurótico.
neutro, tra. *adj.* **1.** Neutral; imparcial. **2.** Neutro; indefinido.
nevada. *f.* Nevada.
nevar. *v.* Nevar.
neve. *f.* Nieve. ◆ **Floco de neve.** Copo de nieve.
névoa. *f.* Neblina.
nevoeiro. *m.* Niebla densa muy baja que oscurece la atmósfera, nebulosidad.
nhoque. *m.* *Cul.* Ñoqui.
nicaraguense. *adj.* e *com.* Nicaragüense.
nicotina. *f.* Nicotina.
niilismo. *m.* Nihilismo; negación.
nimbo. *m.* Nimbo.

nímio, mia. *adj.* Nimio.
ninar. *v.* Acunar.
ninguém. *pron.* Nadie.
ninhada. *f.* Cría; nidada.
ninharia. *f.* Nadería; *(Méx.)* chuchería.
ninho. *m.* Nido.
nipônico, ca. *adj.* e *s* Nipón.
níquel. *m. Quím.* Níquel.
nissei. *s.* Ciudadano americano hijo de japoneses.
nitidez. *f.* Nitidez.
nitrogênio. *m.* Nitrógeno.
nível. *m.* Nivel.
nivelação. *f.* Nivelación.
nivelamento. *m.* Nivelación.
nivelar. *v.* Nivelar; allanar; aplanar.
níveo, vea. *adj.* Níveo.
no, na. *contr.* En el.
nó. *m.* Nudo. ◆ **Ficar com / Ter um nó na garganta.** Hacerse / Tener un nudo en la garganta. **Nó cego.** Nudo ciego.
nobre. *adj.* e *com.* Noble.
nobreza. *f.* Nobleza.
noção. *f.* Noción.
nocautear. *v.* Noquear.
nocivo, va. *adj.* Nocivo.
noctâmbulo, la. *adj.* e *s.* Noctámbulo.
nódulo. *m.* Nódulo.
entanto (no). *loc.* Sin embargo.
nogueira. *f.* Nogal.
noitada. *f.* Velada.
noite. *f.* Noche. ◆ **Boa noite!** ¡Buenas noches! **Da noite para o dia.** De la noche a la mañana. **De noite.** Por la noche. **Passar a noite em claro.** Pasar la noche en blanco.
noivado. *m.* Noviazgo; compromiso.
noivo, va. *s.* Novio; prometido.
nojento, ta. *adj.* **1.** Repugnante. **2.** *fig.* Melindroso.
nojo. *m.* Asco. ◆ **Dar nojo.** Dar asco. **Que nojo!** ¡Qué asco!
nômade. *adj.* e *com.* Nómada.
nome. *m.* Nombre. ◆ **Em nome de.** En nombre de. **Nome de batismo.** Nombre de pila.
nomeação. *f.* Nombramiento.
nomeado, da. *adj.* Nombrado.
nomear. *v.* Nombrar.

nominal. *adj.* Nominal.
nono, na. *núm.* Noveno.
nora. *f.* Nuera.
nórdico, ca. *adj.* e *s.* Nórdico.
norma. *f.* Norma; regla.
normal. *adj.* Normal.
normalizar. *v.* Normalizar; regularizar.
norte. *m.* Norte.
nortear. *v.* Nortear.
nos. *pron.* Nos.
nós. *pron.* Nosotros.
nosologia. *f.* Nosología.
nossa. *interj.* ¡Hombre! ◆ **Minha Nossa Senhora!** ¡Madre de Dios!
nosso, ssa. *pron.* Nuestro.
nostalgia. *f.* Nostalgia.
nostálgico, ca. *adj.* e *s.* Nostálgico.
nota. *f.* Nota.
notabilidade. *f.* Notabilidad.
notar. *v.* **1.** Notar; advertir; percatarse; percibir. **2.** Poner señal o marca. **3.** Poner notas, advertencias o reparos a los escritos.
notariado. *m.* Notariado.
notário, ria. *s.* Notario.
notável. *adj.* Notable.
notícia. *f.* Noticia. ◆ **Notícias de última hora.** Noticias de último alcance.
noticiador, ra. *adj.* e *s.* Noticiero.
noticiar. *v.* Noticiar.
noticiário. *m.* Noticiario.
notificação. *f.* Notificación.
notificar. *v.* Notificar; enterar.
notório, ria. *adj.* Consabido; notorio.
noturno, na. *adj.* e *s.* Nocturno.
nova. **1.** *f. Astr.* Nueva (la luna). **2.** Noticia; novedad.
novato, ta. *adj.* Novato.
nove. *núm.* e *m.* Nueve.
novecentos, tas. *núm.* e *s.* Novecientos.
novela. *f.* **1.** Serial; novela; novelón. **2.** Cuento. **3.** Telenovela.
novelista. *com.* Novelista.
novelo. *m.* Ovillo.
novembro. *m.* Noviembre.
noventa. *núm.* e *m.* Noventa.
noviciado. *m.* Noviciado.
noviço, ça. *adj.* e *s.* Novicio.

novidade. *f.* Novedad.
novilho, lha. *s.* Novillo.
novo, va. *adj.* e *s.* **1.** Nuevo. **2.** Joven. **3.** Novedoso.
noz. *f.* Nuez.
nu, nua. *adj.* e *m.* Desnudo.
nuance. *f.* Matiz.
nublado, da. *adj.* Nublado.
nublar. *v.* Nublar.
nuca. *f. Anat.* Nuca.
núcleo. *m.* Núcleo.
nudez. *f.* Desnudez.
nulidade. *f.* Nulidad.
nulo, la. *adj.* Nulo.
num, ma. *contr.* En un.
numeração. *f.* Numeración.
numerar. *v.* Numerar.
numerário, ria. *adj.* e *m.* **1.** Numerario. **2.** Dinero en efectivo.
numérico, ca. *adj.* Numérico.
número. *m.* Número.
numeroso, sa. *adj.* Numeroso.
numismática. *f.* Numismática.
nunca. *adv.* Nunca. ◆ **No Dia de São Nunca.** *fig.* e *fam.* Cuando las ranas críen pelo. **Nunca!** ¡En la! / ¡mi! / ¡tu! / ¡su vida! / ¡Nunca, jamás!
nunciatura. *f.* Nunciatura.
nupcial. *adj.* Nupcial.
núpcias. *f.pl.* Nupcias.
nutrição. *f.* Nutrición.
nutricionismo. *m.* Dietética; nutricionismo.
nutricionista. *com.* Nutricionista; bromatólogo.
nutriente. *adj.* Nutriente.
nutrir. *v.* Nutrir.
nutritivo, va. *adj.* Nutritivo.
nutriz. *f.* Nodriza.
nuvem. *f.* Nube. ◆ **Andar nas nuvens.** *fig.* Estar / Vivir en las nubes.
nuvioso, sa. *adj.* Nublado.

O

o. *m.* **1.** O (la o). *art.* **2.** El. *pron.* **3.** Lo.

ó. *interj.* ¡Eh!

oásis. *m.* Oasis.

oba. *interj.* ¡Vaya! ¡Qué alegría!

obcecar. *v.* Obcecar; ofuscar.

obcecado, da. *adj.* e *s.* Obcecado.

obedecer. *v.* Obedecer; cumplir órdenes; someterse a la voluntad de.

obediência. *f.* Obediencia.

obediente. *adj.* Obediente.

obelisco. *m.* Obelisco.

obesidade. *f.* Obesidad.

obeso, sa. *adj.* e *s.* Obeso.

óbito. *m.* Óbito; defunción.

objeção. *f.* Objeción; reparo.

objetar. *v.* Objetar; contestar; refutar.

objetável. *adj.* Objetable.

objetivar. *v.* Pretender; tener por objeto.

objetividade. *f.* Objetividad.

objetivo, va. *adj.* **1.** Objetivo; real. **2.** Práctico; directo. *f.* **3.** Lente fotográfico. *m.* **4.** Objetivo; finalidad. ♦ **Com o objetivo de.** A fin de; con el objeto/propósito de.

objeto. *m.* **1.** Objeto; materia. **2.** Objeto; motivo; fin.

oblação. *f.* Oblación.

oblíquo, qua. *adj.* **1.** Oblicuo. **2.** Doble.

obliterar. *v.* Obliterar.

obnubilação. *f.* Obnubilación.

oboé. *m. Mús.* Oboe.

óbolo. *m.* **1.** Óbolo (moneda). **2.** Óbolo; limosna; donativo.

obra. *f.* **1.** Obra; producción. **2.** Obra; libro. **3.** Obra; edificio en construcción. ♦ **Publicar uma obra.** Dar a la prensa.

obra-prima. *f.* Obra maestra.

obrar. *v.* Actuar.

obrigação. *f.* **1.** Obligación; deber; compromiso. **2.** Obligación; título de deuda.

obrigado, da. *adj.* **1.** Grato. **2.** Impuesto; necesario. ♦ **(Muito) Obrigado.** (Muchas) Gracias. **Obrigado eu.** Gracias a ti/usted.

obrigar. *v.* Obligar.

obrigatório, ria. *adj.* Obligatorio.

obsceno, na. *adj.* Obsceno.

obscurantismo. *m.* Obscurantismo.

obscurecer. *v.* Oscurecer.

obscuro, ra. *adj.* **1.** Oscuro. **2.** *fig.* Obscuro; confuso.

obsequiar. *v.* Obsequiar.

obséquio. *m.* **1.** Favor; cortesía. **2.** Regalo; atención.

obsequioso, sa. *adj.* Obsequioso.

observação. *f.* Observación.

observador, ra. *adj.* e *s.* Observador.

observar. *v.* **1.** Observar; contemplar. **2.** Observar; notar; advertir.

observatório. *m.* **1.** *Astr.* Observatorio. **2.** Mirante; puesto de observación.

obsessão. *f.* Obsesión.

obsessivo, va. *adj.* e *s.* Obsesivo.

obsoleto, ta. *adj.* Obsoleto.

obstáculo. *m.* Obstáculo. ♦ **Colocar obstáculos.** Poner trabas.

obstetra. *com. Med.* Obstetra.

obstetrícia. *f. Med.* Obstetricia.

obstinado, da. *adj.* Obstinado.

obstinar. *v.p.* Obstinarse; perseverar.

obstrução. *f.* Obstrucción.

obstruir. *v.* Obstruir; atorar; atascar.

obtenção. *f.* Obtención.

obter. *v.* Obtener.

obturação. *f.* Obturación.

obturar. *v.* Obturar.

obtuso, sa. *adj.* **1.** Obtuso; romo. **2.** Falto de inteligencia.

óbvio, a. *adj.* Obvio; evidente.

ocarina. *f. Mús.* Ocarina.

ocasião. *f.* **1.** Ocasión; oportunidad. **2.** Ocasión; motivo.

ocasional. *adj.* Ocasional.

ocasionar. *v.* Ocasionar.

ocaso. *m.* **1.** Ocaso; decadencia. **2.** Ocaso; puesta del sol.

oceano. *m.* Océano.

oceanografia. *f.* Oceanografía.

ocelado, da. *adj.* Ocelado.

ocelo. *m. Zool.* Ocelo.

ocidental. *adj.* Occidental.

ocidente. *m.* Occidente.

ócio. *m.* Ocio; ociosidad.

ocioso, sa. *adj.* e *s.* Ocioso.

ocluir. *v.* Ocluir.

oco, ca. *adj.* Hueco; vacío.

ocorrência. *f.* **1.** Suceso; ocurrencia. **2.** Manifestación; incidencia.

ocorrente. *adj.* Que ocurre; que sucede.

ocorrer. *v.* **1.** Ocurrir; suceder; pasar. **2.** Ocurrirse; venir a la mente.

ocre. *adj.* e *com.* Ocre.

ocular. *adj.* Ocular.

oculista. *com. Med.* Oculista; oftalmólogo.

óculos. *m.pl. (Amér.)* Lentes; gafas. ♦ **Óculos de sol.** Gafas de sol; *(Amér.)* anteojos; *(Arg. e Urug.)* lunas.

ocultar. *v.* **1.** Ocultar; esconder; no revelar. **2.** Ocultar; tapar; encubrir a la vista.

ocultismo. *m.* Ocultismo.

oculto, ta. *adj.* Oculto.

ocupação. *f.* **1.** Ocupación. **2.** Profesión; oficio.

ocupar. *v.* **1.** Ocupar. **2.** Tomar; invadir.

odalisca. *f.* Odalisca.

odiar. *v.* Odiar; aborrecer; tener odio.

ódio. *m.* Odio; rencor; aversión.

odisseia. *f. Lit.* Odisea.

odontologia. *f. Med.* Odontología.

odontologista. *com. Med.* Odontólogo.

odor. *m.* **1.** Olor. **2.** Olor agradable; aroma; fragancia; perfume.

odorífero, ra. *adj.* Odorífero.

oeste. *m.* **1.** Oeste; occidente; poniente. **2.** *Meteor.* Viento que sopla desde este punto.

ofegar. *v.* Jadear.

ofender. *v.* Ofender; injuriar.

ofensa. *f.* Ofensa.

ofensivo, va. *adj.* **1.** Ofensivo. *f.* **2.** Ofensiva.

oferecer. *v.* Ofrecer.

oferecimento. *m.* Ofrecimiento.

oferenda. *f.* Ofrenda; oblata.

oferta. *f.* Oferta.

ofertar. *v.* Ofertar.

oficial. *adj.* **1.** Oficial; formal. *com.* **2.** Obrero especializado. **3.** Oficial militar o de una corporación pública.

oficialidade. *f.* Oficialidad.

oficializar. *v.* Formalizar; oficilizar.

oficiar. *v.* Oficiar.

oficina. *f.* Taller. ♦ **Oficina mecânica.** Taller mecánico.

ofício. *m.* **1.** Oficio; trabajo; profesión. **2.** Comunicación oficial escrita.

oftalmologia. *f. Med.* Oftalmología.

oftalmologista. *com. Med.* Oftalmólogo.

ofuscar. *v.* Ofuscar.

ogiva. *f.* Ojiva.

ogival. *adj.* Ojival.

ogro, gra. *s.* Ogro.

oh. *interj.* Oh.

oi. *interj.* Hola.

oitavo, va. *núm.* Octavo.

oitenta. *núm.* e *m.* Ochenta.

oito. *núm.* e *m.* Ocho.

ojeriza. *f.* Ojeriza.

olá. *interj.* Hola; buenas.

olaria. *f.* Alfarería.

oleáceas. *f.pl. Bot.* Oleáceas.

oleado, da. *s.* Encerado.

oleiro, ra. *s.* Alfarero.

óleo. *m.* **1.** Óleo. **2.** Aceite.

oleoduto. *m.* Oleoducto.

oleoso, sa. *adj.* Oleoso.

olfato. *m.* Olfato.

olhada. *f.* Ojeada; mirada; vistazo. ♦ **Dar uma olhada.** Dar / Echar una ojeada; Echar un vistazo / una mirada.

olhar. *v.* **1.** Mirar; ver; observar. **2.** Cuidar. *m.* **3.** Mirada. ♦ **E olha que.** Y eso que. **Olha.** Mira. **Olhar com o rabo dos olhos.** Mirar con el rabillo del ojo. / Mirar de reojo. **Olhar de lado.** Mirar de lado. **Olhar de soslaio / esghela.** Mirar de soslayo. **Olha só quem fala!** ¡Mira quién habla!

olheira. *f.* Ojera.

olho. *m. Anat.* Ojo. ♦ **Estar de olho.** Ver crecer la hierba. **Não pregar o olho.** No pegar (el) ojo. / No pegar pestaña. **Não tirar**

o olho. No quitar ojo. **Pelos seus lindos olhos.** Por su cara bonita. **Saltar aos olhos.** Saltar a la vista.

oligarquia. *f.* Oligarquía.

oligopólio. *m.* Oligopolio.

olimpíada. *f.* Olimpiada.

olimpo. *m.* Olimpo.

oliva. *f.* Oliva.

oliveira. *f.* Olivo.

olvidar. *v.* 1. Olvidar; no recordar; no acordarse de. 2. Olvidar; perder la memoria.

ombreira. *f.* 1. Hombrera. 2. Jamba.

ombro. *m. Anat.* Hombro. ◆ **Encolher os ombros.** Encogerse de hombros. **Olhar por cima dos ombros.** Mirar por encima del hombro.

omelete. *com. Cul.* Tortilla.

omissão. *f.* 1. Omisión. 2. Falta.

omitir. *v.* Omitir.

onça. *f.* 1. *Zool.* Jaguar; gatopardo. 2. Onza (medida).

onda. *f.* Ola. ◆ **Onda de calor / frio.** *Meteor.* Ola de calor / frío.

onde. *adv.* e *pron.* 1. Donde. 2. Dónde. ◆ **De onde.** De donde. **Onde já se viu!** ¡Habráse visto! **Para onde.** Hacia donde. **Por onde.** Por donde.

ondear. *v.* Ondear.

ondulação. *f.* Ondulación.

ondulado, da. *adj.* Ondulado.

onerar. *v.* 1. Cargar; imponer una obligación. 2. Hipotecar.

oneroso, sa. *adj.* Oneroso.

ônibus. *m.* Autobús; bus; (*Amér.*) ómnibus; (*Arg.* e *Urug.*) colectivo. ◆ **Andar de ônibus.** Andar en autobús. **Pegar o ônibus.** Tomar el autobús. **Ponto de ônibus.** Parada de autobús.

onipotente. *adj.* Omnipotente.

onipresente. *adj.* 1. Omnipresente. 2. Ubicuo.

onírico, ca. *adj.* Onírico.

onisciente. *adj.* Omnisciente.

ônix. *m. Min.* Ónix.

on-line. *adj.* 1. En línea. 2. Conectado.

onomástico, ca. *adj.* 1. Onomástico. *f.* 2. Onomástica.

onomatopeia. *f.* Onomatopeya.

ontem. *adv.* Ayer.

ontologia. *f.* Ontología.

ônus. *m.* Carga; gravamen.

onze. *núm.* e *m.* Once.

opaco, ca. *adj.* 1. Opaco; no transparente. 2. Turbio; oscuro.

opala. *f.* Ópalo.

opção. *f.* 1. Opción; libre elección. 2. Opción; alternativa.

opcional. *adj.* Opcional.

ópera. *f.* Ópera.

operação. *f.* Operación.

operacional. *adj.* Operacional; operativo.

operador, ra. *adj.* e *s.* Operador.

operar. *v.* Operar.

operário, ria. *s.* Operario; obrero.

operável. *adj.* Operable.

opinar. *v.* Opinar.

opinião. *f.* Opinión; juicio; parecer; modo de entender. ◆ **Sustentar uma opinião.** Mantenerse en sus trece.

opíparo, ra. *adj.* Opíparo.

oponente. *adj.* e *com.* Opositor; adversario.

opor. *v.* 1. Oponer. 2. Impugnar; estorbar.

oportunidade. *f.* 1. Oportunidad; conveniencia. 2. Oportunidad; ocasión. ◆ **Na primeira oportunidade.** A la primera de cambio.

oportuno, na. *adj.* 1. Oportuno. 2. Propio; cómodo.

oposição. *f.* 1. Oposición. 2. Impedimento.

opositor, ra. *adj.* e *s.* 1. Opositor; antagonista; impugnador. 2. Competidor; candidato; adversario.

oposto, ta. *adj.* e *m.* Opuesto; contrario.

opressão. *f.* 1. Opresión. 2. Tiranía. 3. Asfixia.

oprimir. *v.* 1. Oprimir. 2. Tiranizar.

opróbrio. *m.* Oprobio.

optar. *v.* Optar.

optativo, va. *adj.* Optativo.

óptico, ca. *adj.* 1. Óptico. *f.* 2. Óptica.

opulência. *f.* Opulencia; riqueza.

opúsculo. *m.* Opúsculo.

oração. *f.* 1. Oración; rezo. 2. Oración; frase.

oráculo. *m.* Oráculo.

orador, ra. *s.* Orador.

oral. *adj.* Oral.

orangotango. *m.* Orangután.

orar. *v.* Orar.

oratória. *f.* Oratoria.

órbita. *f.* Órbita.
orçamento. *m.* Presupuesto.
orçar. *v.* Presupuestar.
orchata. *f.* Horchata.
ordem. *f.* **1.** Orden; arreglo. **2.** Orden; mandato. **3.** Orden; disciplina. ◆ **Da ordem de.** Del orden de.
ordenado, da. *adj.* **1.** Ordenado. *m.* **2.** Sueldo; remuneración.
ordenar. *v.* **1.** Ordenar; arreglar. **2.** Ordenar; mandar. **3.** Ordenar(se).
ordenhar. *v.* Ordeñar.
ordinário, ria. *adj.* **1.** Ordinario; corriente. **2.** Ordinario; grosero.
orégano. *m. Bot.* Orégano.
orelha. *f.* **1.** *Anat.* Oreja. **2.** Solapa (de libro). ◆ **Deixar com a pulga atrás da orelha.** Dar (algo) a uno mala espina. **Puxão de orelhas.** Jalón / tirón de orejas.
orelhão. *m.* Cabina de teléfono en la vía o lugar público.
orfanato. *m.* Orfanato; hospicio.
orfandade. *f.* Orfandad.
órfão, fã. *adj.* e *s.* Huérfano.
orfeão. *m.* Orfeón.
orgânico, ca. *adj.* Orgánico.
organismo. *m.* Organismo.
organização. *f.* Organización.
organizar. *v.* Organizar.
organograma. *m.* Organigrama.
órgão. *m.* **1.** *Biol.* Órgano. **2.** Organismo; ente público. **3.** *Mús.* Órgano.
orgia. *f.* Orgía; bacanal.
orgulhar. *v.p.* Enorgullecer(se).
orgulho. *m.* Orgullo.
orgulhoso, sa. *adj.* e *s.* Orgulloso.
orientação. *f.* Orientación.
oriental. *adj.* Oriental.
orientar. *v.* Orientar; guiar; dirigir.
oriente. *m.* Oriente. ◆ **Extremo Oriente.** *Geogr.* Extremo Oriente.
orifício. *m.* Orificio; agujero.
origem. *f.* Origen.
original. *adj.* **1.** Original; oriundo. **2.** Original; inédito.
originar. *v.* Originar.
originário, ria. *adj.* Originario.

orixá. *com.* Divinidad de la religiosidad de matriz africana; oricha.
orla. *f.* **1.** Orilla. **2.** Borde; ribera.
ornamento. *m.* Ornamento.
ornato. *m.* Ornato; adorno; ornamento.
ornitologia. *f.* Ornitología.
orografia. *f.* Orografía.
orquestra. *f.* Orquesta.
orquestração. *f.* Orquestación; arreglo musical.
orquídea. *f. Bot.* Orquídea.
ortodontia. *f.* Ortodoncia.
ortodontista. *com.* Ortodoncista.
ortodoxo, xa. *adj.* e *s.* Ortodoxo.
ortografia. *f. Ling.* Ortografía.
ortopedia. *f. Med.* Ortopedia.
ortopedista. *com. Med.* Ortopedista.
orvalho. *m.* Rocío.
os. *art.pl.* **1.** Los. *pron.pess.pl.* **2.** Los.
oscilante. *adj.* Oscilante.
oscilar. *v.* Oscilar.
ossada. *f.* Osamenta.
osso. *m.* **1.** Hueso. *m.pl.* **2.** Restos mortales. ◆ **Ossos do ofício.** Gajes / Percances del oficio.
ossudo, da. *adj.* Huesudo.
ostentação. *f.* Ostentación.
ostentar. *v.* **1.** Ostentar; lucir; exhibir. **2.** Ostentar; revelar con orgullo.
osteologia. *f.* Osteología.
ostra. *f. Zool.* Ostra.
otário, ria. *adj.* e *s. pej.* Necio; imbécil.
ótica. *f.* Óptica.
otimista. *adj.* e *com.* Optimista.
otimização. *f.* Optimización.
otimizar. *v.* Optimizar.
ótimo, ma. *adj.* **1.** Óptimo. *interj.* **2.** Estupendo; fenomenal; chévere.
otite. *f. Med.* Otitis.
otomano, na. *adj.* e *s.* Otomano; turco.
otorrinolaringologista. *com. Med.* Otorrinolaringólogo.
ou. *conj.* O / u (delante de palabras empezadas por *o*). ◆ **Ou seja.** *conj.* O sea.
ouriço. *m.* **1.** *Zool.* Erizo. **2.** Corteza espinosa que envuelve la castaña.
ouriço-do-mar. *m. Zool.* Erizo de mar.
ourives. *com.* Orfebre; orive.

ourivesaria. *f.* Orfebrería.

ouro. *m. Min.* Oro. ♦ **Fechar com chave de ouro.** Cerrar con broche de oro. **Nem tudo o que reluz é ouro.** No es oro todo lo que brilla.

ousadia. *f.* Osadía.

ousado, da. *adj.* e *s.* Osado.

ousar. *v.* Osar; atreverse.

ousio. *m.* Osadía.

outdoor. *m.* Valla; *outdoor*.

outeiro. *m.* **1.** Otero; cerro. **2.** Puesto de observación.

outono. *m.* Otoño.

outorgar. *v.* Otorgar.

outrem. *pron.* Otra persona; otras personas.

outro, a. *adj.* e *pron.* Otro.

outrora. *adv.* Antaño; otrora; en otro tiempo; en tiempos pasados.

outrossim. *adv.* Asimismo; igualmente.

outubro. *m.* Octubre.

ouvido. *m. Anat.* Oído. ♦ **Abrir os ouvidos.** *fig.* Abrir / Aguzar los oídos.

ouvinte. *adj.* e *com.* Oyente; escucha.

ouvir. *v.* Oír; escuchar.

ova. *f.* Hueva.

ovacionar. *v.* Ovacionar; aclamar.

oval. *adj.* Ovalado; oval.

ovário. *m. Anat.* Ovario.

ovelha. *f. Zool.* Oveja. ♦ **Ovelha negra.** *fig.* Garbanzo negro; oveja negra.

overdose. *f.* Sobredosis.

ovino, na. *adj.* Ovino.

ovíparo, ra. *adj.* Ovíparo.

ovo. *m.* Huevo. ♦ **Fios de ovos.** *Cul.* Huevos hilados. **Ovo cozido.** *Cul.* Huevo duro. **Ovo frito.** *Cul.* Huevo estrellado / frito. **Ovo podre.** Huevo huero / podrido. **Ovos mexidos.** *Cul.* Huevos revueltos. **Pisando em ovos.** Con pies de plomo.

óvulo. *m. Biol.* Óvulo.

oxalá. *interj.* Ojalá.

oxidação. *f. Quím.* Oxidación.

oxidar. *v. Quím.* Oxidar.

oxidável. *adj. Quím.* Oxidable.

óxido. *m. Quím.* Óxido.

oxigênio. *m.* Oxígeno.

ozônio. *m. Quím.* Ozono.

P

p. *m.* P (la pe).

pá. *f.* **1.** Pala. **2.** Paleta; pala; ala (hélice). ◆ **Uma pá de gente.** Un montón de gente.

paciência. *f.* Paciencia. ◆ **Encher a paciência.** *fig.* e *fam.* Dar la lata; tener / traer a uno frito. **Fazer perder a paciência.** Sacar de quicio.

paciente. *adj.* e *com.* Paciente.

pacote. *m.* Paquete.

pacto. *m.* Pacto.

pactuar. *v.* Pactar; acordar.

padaria. *f.* Panadería.

paddle *m.* Paddle.

padecer. *v.* Padecer.

padeiro, ra. *s.* Panadero.

padiola. *f.* Parihuela.

padrão. *m.* **1.** Molde. **2.** Estampa. **3.** Estándar; modelo típico.

padrasto. *m.* Padrastro.

padre. *m. Rel.* Cura; sacerdote; padre.

padrinho. *m.* Padrino.

padroeiro, ra. *adj.* e *s.* Patrono.

padronizar. *v.* Normalizar; tipificar; uniformar; estandarizar.

pagamento. *m.* Pago; paga.

pagão, gã. *adj.* e *s.* Pagano.

pagar. *v.* Pagar. ◆ **Pagar na mesma moeda.** *fig.* Volver el recambio. **Pagar o pato.** Sufrir las consecuencias de algo malo, sin tener la culpa. **Você me paga!** ¡Me las vas a pagar!

página. *f.* Página.

pai. *m.* Padre; papá. ◆ **Tal pai, tal filho.** De tal palo tal astilla.

painel. *m.* **1.** Mural. **2.** Tablero. **3.** Cuadro; panel. ◆ **Painel de controle.** Tablero de control.

pai-nosso. *m. Rel.* Padrenuestro.

paio. *m.* Embutido de carne de cerdo.

paiol. *m.* **1.** Depósito. **2.** Arsenal.

país. *m.* País.

paisagem. *f.* Paisaje.

paixão. *f.* Pasión.

pala. *f.* **1.** Visera. **2.** Pala. **3.** Pata; golpe (en prendas de vestir).

palácio. *m.* Palacio.

paladar. *m.* **1.** Paladar; sabor. **2.** Paladar; cielo de la boca.

palafita. *f.* Palafito.

palanque. *m.* Palco; tribuna.

palato. *m. Anat.* Paladar; cielo de la boca.

palavra. *f.* Palabra. ◆ **Dar a (sua) palavra.** Dar su palabra. **Dar a última palavra.** Decir la última palabra. **Medir / Pesar as palavras.** Medir / Sopesar las palabras. **Meias palavras.** Medias palabras / tintas. **Não ter palavra.** No tener palabra. **Palavra de honra.** Palabra de honor. **Palavras cruzadas.** Crucigrama. **Para bom entendedor, meia palavra basta.** A buen entendedor, pocas palabras bastan.

palavrão. *m.* Palabrota; mala palabra; taco. ◆ **Falar um palavrão.** Soltar un taco.

palco. *m. Teat.* Escenario.

palerma. *adj.* e *com.* Tonto; idiota; imbécil.

palestino, na. *adj.* e *s.* Palestino.

palestra. *f.* Charla; conferencia; *(Amér.)* plática.

paletó. *m.* Chaqueta; americana; *(Amér.)* saco. ◆ **Abotoar o paletó.** Morir.

palha. *f.* Paja; pasto seco. ◆ **Fogo de palha.** *(Amér.)* Llamarada de tusa. **Não levantar / mover uma palha.** No dar un palo al agua. **Puxar uma palha.** Dormir.

palhaçada. *f.* Payasada. ◆ **Fazer palhaçadas.** Hacer el tonto.

palhaço, ça. *adj.* e *s.* Payaso.

paliativo, va. *adj.* e *s.* Paliativo.

pálido, da. *adj.* Pálido.

palito. *m.* Palillo; varita. ◆ **Palito de dentes.** Mondadientes; escarbadientes. **Palito de fósforo.** *(Esp.)* Cerilla; *(Amér.)* fósforo.

palma. *f.* **1.** *Bot.* Palma; palmera. **2.** Palma; parte interna de la mano. ◆ **Bater palmas.** Hacer / Batir palmas.

palmeira. *f. Bot.* Palmera.

palmilha. *f.* Plantilla. ◆ **Palmilha ortopédica.** Plantilla ortopédica.

palmito. *m. Bot.* Palmito.

palmo. *m.* Palmo. ◆ **Não enxergar um palmo diante do nariz. 1.** Ser muy corto de vista. **2.** Ser muy inocente.

pálpebra. *f. Anat.* Párpado.

palpitar. *v.* Palpitar; titilar.

palpite. *m.* **1.** Opinión. **2.** Corazonada; pálpito.

pamonha. *f.* **1.** *Cul.* Tarta de maíz cocido. *com.* **2.** *fig.* Torpe; lerdo.

panaca. *com.* Simplote; papanatas; *(R.P.)* pavo; *(Amér. Central)* asoleado.

panamenho, nha. *adj.* e *s.* Panameño.

pancada. *adj.* e *com.* **1.** Chiflado; tonto. *f.* **2.** Golpe; porrazo. ◆ **Pancada de chuva.** Chaparrón.

pâncreas. *m. Anat.* Páncreas.

pandeireta. *f. Mús.* Pandereta.

pandeiro. *m. Mús.* Pandero.

pane. *f.* Avería.

panela. *f.* Cacerola; olla. ◆ **Jogo de panelas.** Batería de cocina. **Panela de pressão.** Olla exprés / a presión.

panelinha. *f.* Piña.

panfleto. *m.* **1.** Volante (publicitario). **2.** Pasquín; panfleto (político).

pânico. *m.* Pánico.

pano. *m.* **1.** Paño; lienzo. **2.** Trapo. **3.** *Teat.* Telón. **4.** Trasfondo. ◆ **Pano de chão.** Trapo. **Pano de fundo. Pano de prato.** Paño de cocina; *(Amér.)* repasador. **Panos quentes.** Medias tintas. **Por baixo do pano.** Por lo bajo. / Bajo mano.

panorama. *m.* Panorama.

panqueca. *f. Cul.* Crepe; *(Amér.)* panqueque.

pântano. *m.* Pantano; ciénaga.

panteão. *m.* Panteón.

pantera. *f.* **1.** *Zool.* Pantera. **2.** *fig.* Mujer muy guapa. ◆ **Pantera negra.** *Zool.* Pantera negra.

panturrilha. *f. Anat.* Pantorrilla.

pão. *m.* **1.** *Cul.* Pan. **2.** *fig.* Hombre guapo. ◆ **Comer o páo que o diabo amassou.** *fig.* Vérselas negras. **Fatia de pão.** *Cul.* Rodaja de pan. **O páo nosso de cada dia.** *fig.* Cosa de todos los días. **Pão de fôrma.** *Cul.* Pan de molde. **Pão francês.** *Cul.* Panecillo. **Pão de ló.** *Cul.* Bizcochuelo. **Pão preto.** *Cul.* Pan negro.

pão-duro. *adj. fig.* Avaro; tacaño.

papa. *m.* **1.** *Rel.* Papa; pontífice. *f.* **2.** Papilla; gacha.

papagaio. *m.* **1.** *Zool.* Loro; papagayo. **2.** *fig.* Papagayo; parlanchín. **3.** Cometa; barrilete. ◆ **Falar como papagaio.** Hablar como loro / por los codos.

papai. *m.* Papá.

paparicar. *v.* **1.** Halagar; mimar. **2.** Pellizcar.

papel. *m.* **1.** Papel; hoja. **2.** *fig.* Papel; función. **3.** *Teat.* Papel; personaje; rol. ◆ **Cesto para papéis.** Papelera. **De papel passado.** Según la ley. **Folha de papel.** Pliego; hoja. **Papel almaço.** Pliego de papel. **Papel de embrulho.** Papel kraft / de envolver / de estraza. **Papel higiênico.** Papel higiénico. **Papel pautado.** Papel rayado. **Papel timbrado.** Papel membretado / sellado.

papelada. *f.* Papeleo; *(Amér.)* papelerío.

papel-alumínio. *m.* Papel de aluminio.

papelão. *m.* **1.** Cartón. **2.** Fiasco; ridículo; *(Arg.)* papelón.

papelaria. *f.* Papelería; *(Arg.)* librería.

papel-carbono. *m.* Papel carbón.

papel-jornal. *m.* Papel de periódico.

papel-manteiga. *m.* Papel de cera.

papel-moeda. *m.* Papel moneda.

papo. *m.* **1.** Buche. **2.** Charla; párrafo. **3.** Fanfarronada; fanfarronería; cuento. ◆ **Bater / Levar um papo.** Charlar; echar un párrafo. **De papo pro ar.** En total ociosidad. **E fim de papo.** Y sanseacabó.

papo-furado. *m.* Cuento; mentira.

paquerar. *v.* Ligar; coquetear; festejar; arrastrar el ala; flirtear; cortejar; *(Méx.* e *Amér. Central)* cantinear.

par. *adj.* **1.** Par; similar. **2.** *Mat.* Par. *m.* **3.** Par (dos cosas). **4.** Pareja (dos personas). **5.** Pareja; compañero (de baile). **6.** Igual; del mismo nivel. ◆ **Estar a par.** Estar al tanto / en antecedentes. **Par de brincos.** Par de aretes. **Par ou ímpar.** Pares o nones. **Tirar par ou ímpar.** Jugar a pares y nones.

para. *prep.* **1.** Para. **2.** A. **3.** Hacia. ◆ **Para que / quê.** Para que / qué.

parabenizar. *v.* Felicitar.

parabéns. *m. pl.* Felicitaciones; enhorabuena. ◆ **Dar os parabéns (por um êxito).** Dar la enhorabuena.

para-brisa. *m.* Parabrisas.

para-choque. *m.* Parachoques.

parada. *f.* **1.** Parada; interrupción. **2.** Parada; mansión. **3.** Parada; desfile. **4.** Parada (de ómnibus, taxi).

paradeiro. *m.* Paradero.

parado, da. *adj.* **1.** Parado; inmóvil. **2.** Parado; desempleado. ◆ **Parada dura.** Empresa/Tarea difícil.

paradoxo. *m.* Paradoja.

parafina. *f.* Parafina.

paráfrase. *f. Ling.* Paráfrasis.

parafusar. *v.* Atornillar.

parafuso. *m.* Tornillo. ◆ **Entrar em parafuso.** Estar/Quedarse desorientado. **Ter um parafuso frouxo/a menos.** Faltar(le) un tornillo.

paragem. *f.* Paraje; sitio.

parágrafo. *m. Ling.* Párrafo. ◆ **Ponto e parágrafo.** *Ling.* Punto y aparte.

paraguaio, a. *adj.* e *s.* Paraguayo.

paraíso. *m.* Paraíso.

para-lama. *m.* Guardabarros.

paralelepípedo. *m.* **1.** *Geom.* Paralelepípedo. **2.** *Arq.* Adoquín.

paralelo, la. *adj.* **1.** Paralelo. *m.* **2.** Parangón; paralelo. **3.** Paralelo; círculo terrestre. ◆ **(Rua) Paralela.** A vuelta de manzana.

paralisado, da. *adj.* Paralisado; de piedra.

paralisar. *v.p.* Paralizarse; quedarse tieso.

paralisia. *f. Med.* Parálisis. ◆ **Paralisia infantil.** *Med.* Parálisis infantil.

paraninfo, fa. *s.* Paraninfo.

paranoico, ca. *adj.* e *s. Med.* Paranoico.

paranormal. *adj.* e *com.* Paranormal.

parapeito. *m. Arq.* Parapeto.

paraplégico, ca. *adj.* e *s. Med.* Parapléjico.

parapsicologia. *f.* Parapsicología.

paraquedas. *m. Desp.* Paracaídas.

parar. *v.* Parar; interrumpir. ◆ **Parar com isso.** Cortarla.

para-raios. *m.* Pararrayos.

parasita. *adj.* e *m.* **1.** *Zool.* e *Bot.* Parásito. *com.* **2.** *fig.* Parásito; quien vive a costillas de otro.

parceiro, ra. *s.* **1.** Compañero; camarada. **2.** Pareja (de baile; juego). **3.** Socio.

parcela. *f.* **1.** Porción; parcela. **2.** *Fin.* Mensualidad; (*Méx.* e *Amér.Central*) abono.

parcelamento. *m.* División del pago en cuotas/plazos.

parceria. *f.* Sociedad; (*Arg.*) partido. ◆ **Fazer parceria com.** (*Amér.*) Formar partido con.

parcial. *adj.* Parcial.

pardal. *m. Zool.* Gorrión; pardillo.

pardo, da. *adj.* e *s.* Pardo.

parecer. *m.* **1.** Parecer; dictamen. *v.* **2.** Parecer; ser probable; estimar. **3.** Parecerse; ser similar; tener un aire de. ◆ **Algo parecido.** Algo por el estilo.

parecido, da. *adj.* **1.** Parecido. **2.** Semejante.

parede. *f.* Pared. ◆ **Encostar na parede.** *fig.* Estrechar a preguntas; apretar. **Estar contra a parede.** *fig.* Estar con la boca (pegada) a la pared. **Subir pelas paredes.** *fig.* Salirse por las paredes.

parente. *com.* Pariente; familiar.

parentesco. *m.* Parentesco.

parêntese. *m.* Paréntesis. ◆ **Abrir parêntese.** Abrir el paréntesis. **Entre parênteses.** Entre paréntesis.

páreo. *m.* **1.** *Desp.* Carrera de caballos. **2.** *fig.* Competición. ◆ **Não ser páreo para.** No dar el alto a.

parir. *v.* Parir.

parlamentar. *adj.* **1.** Parlamentario. *com.* **2.** Parlamentar; miembro del parlamento. *v.* **3.** Parlamentar; negociar.

parlamentarismo. *m. Polít.* Parlamentarismo.

parlamento. *m. Polít.* Parlamento.

pároco. *m. Rel.* Párroco.

paróquia. *f.* **1.** Parroquia (institución). **2.** *Rel.* Feligresía; parroquia; grey.

paroxítono, na. *adj. Ling.* Paroxítona; grave.

parque. *m.* Parque. ◆ **Parque de diversões.** Parque de diversiones.

parreira. *f. Bot.* Parra; vid.

parte. *f.* Parte. ◆ **À parte.** Aparte. **De minha parte.** Por mi parte. **Fazer parte de.** Formar parte de. **Tomar parte em.** Tener parte en.

parteiro, ra. *s.* Partero.

participação. *f.* Participación.

participar. *v.* **1.** Participar; tener parte; intervenir. **2.** Participar; comunicar.

particípio. *m. Ling.* Participio.

partícula. *f.* Partícula.

particular. *adj.* e *m.* **1.** Particular. *m.pl.* **2.** Detalles; minucias. ◆ **Em particular.** En particular. **Escola particular.** (*Méx.*) Colegio de paga.

partida. *f.* 1. Salida; partida. 2. Partida; lote (mercancías). 3. *Desp.* Partido; juego. 4. *Desp.* Mano; pasada (juego). 5. Arranque. ♦ **Dar partida.** Arrancar.

partido, da. *adj.* 1. Partido; fraccionado. *m.* 2. Partido; organización política. ♦ **Partido ao meio.** Abierto en dos. **Tirar partido/proveito.** Sacar partido/provecho.

partilha. *f.* Partición; (*Amér.*) reparto.

partir. *v.* 1. Partir; dividir. 2. Partir; repartir. 3. Partir; romper. 4. *fig.* Partir; basarse. 5. Partir; marcharse. *v.p.* 6. Partirse; romperse.

partitura. *f. Mús.* Partitura.

parto. *m.* Parto.

páscoa. *f. Rel.* Pascua.

pasmo, ma. *m.* Pasmo; asombro. ♦ **Ficar pasmo.** Quedar anonadado.

passa. *f.* Pasa. ♦ **Passa de uva/Uva-passa.** Pasa de uva/Uva pasa.

passado, da. *adj.* 1. Pasado; anterior. 2. *fig.* Mustio; pasado. 3. *fig.* Pasado; caduco. 4. Planchado. *m.* 5. Pasado; tiempo anterior. *f.* 6. Pasada; paso. 7. Repaso. ♦ **Dar uma passada.** Llegar y besar. **Dar uma passada em/por.** Darse una vuelta por.

passageiro, ra. *adj.* 1. Pasajero; efímero; provisional. *s.* 2. Pasajero; viajero.

passagem. *f.* 1. Paso. 2. Billete; pasaje; (*Amér.*) boleto (tren; avión). 3. Fragmento; pasaje (obra literaria, musical). 4. Suceso; evento. ♦ **Abrir passagem.** Abrirse paso. **(Estar) De passagem.** (Estar) De paso./De pasada. **Passagem de nível.** Paso a nivel. **Permitir/Impedir a passagem.** Ceder/Cerrar el paso.

passaporte. *m.* Pasaporte.

passar. *v.* 1. Pasar; atravesar. 2. Pasar; filtrar. 3. Expedir (documentos). 4. Pasar; introducir. 5. *fig.* Pasar; sufrir; padecer. 6. Pasar; no jugar. 7. Palpar. ♦ **Não passar de.** No ser más que. **Passar a limpo.** Escribir/Pasar/Poner en limpio. **Passar a trava.** Colocar el pasador. **Passar bem.** Estar bien; disfrutar de buena salud. 2. ¡Que le/te vaya bien! **Passar de ano.** Aprobar el año. **Passar desta para melhor.** Pasar a mejor vida. **Passar dos limites.** Pasar de la raya. **Passar longe.** Pasar de largo. **Passar o tempo.** Pasar el rato. **Passar por.** 1. Darse una vuelta por. 2. Hacerse; fingir. **Passar por cima.** Pasar por alto/encima. **Passar raspando.** 1. Aprobar por los pelos. 2. Pasar por sitio muy estrecho; pasar justito. **Passar roupa.** Planchar. **Passar uma rasteira.** *fig.* e *fam.* Echar la zancadilla. **Passar um mau bocado.** Pasar un mal trago.

passarela. *f.* Pasarela.

pássaro. *m. Zool.* Pájaro.

passatempo. *m.* Pasatiempo.

passe. *s.* 1. Pase; paso. 2. Billete. 3. *Desp.* Pase; lance. ♦ **Num passe de mágica.** Por arte de magia.

passear. *v.* Pasear.

passeata. *f.* Manifestación.

passeio. *m.* 1. Paseo; vuelta. 2. Paseo; alameda.

passivo, va. *adj.* 1. Pasivo; sumiso. *m.* 2. *Fin.* Capital pasivo. ♦ **Voz passiva.** *Ling.* Voz pasiva.

passo. *m.* Paso; pasada. ♦ **A dois passos de.** A dos dedos de.

pasta. *f.* 1. Pasta; crema. 2. Carpeta; cartapacio (de cartulina). 3. Portafolio; maletín (de cuero o similar). ♦ **Pasta dental.** Pasta dentífrica/de dientes.

pastel. *m. Cul.* Especie de empanada de hojaldre frito.

pastelaria. *f.* Venta de empanadas de hojaldre.

pastilha. *f.* 1. *Med.* Pastilla. 2. *Arq.* Pequeñas tabletas cerámicas usadas para revestimiento.

pasto. *m.* Hierba; pasto.

pastor, ra. *s.* 1. Pastor; ovejero. 2. *Rel.* Pastor; prelado.

pata. *f. Anat.* Pata.

patada. *f.* 1. Patada. 2. Mala jugada.

patamar. *m.* 1. Rellano. 2. *fig.* Nivel; altura.

patavina. *pron.* Ni palabra; nada de nada.

patê. *m. Cul.* Paté.

patente. *adj.* 1. Patente; evidente. *f.* 2. Patente (de invención). 3. *Mil.* Grado militar.

paterno, na. *adj.* Paterno.

pateta. *adj.* e *com.* Chiflado; idiota.

patentear. *v.* Patentar.

patife, fa. *adj.* e *s.* Sinvergüenza; maleante.

patim. *m.* Patín.

patinar. *v.* Patinar.

pátio. *m.* Patio.

pato. *s. Zool.* Pato. ♦ **Pagar o pato.** Pagar el pato/los platos rotos.

patogênico, ca. *adj. Med.* Patogénico.

patota. *f.* Pandilla; muchachada; (*Arg.*) barra.

patrão. *m.* 1. Dueño; (*Amér.*) patrón. 2. Jefe.

pátria. *f.* Patria.

patriarca. *m.* Patriarca.
patrimônio. *m.* Patrimonio.
pátrio. *adj.* Patrio.
patriota. *adj.* e *com.* Patriota.
patriotismo. *m.* Patriotismo.
patroa. *f.* **1.** Dueña; señora; patrona. **2.** Jefa.
patrocinador, ra. *adj.* e *s.* Patrocinador.
patrocínio. *m.* Auspicio; subsidio.
patrono, na. *s.* Patrono.
patrulha. *f.* **1.** Patrulla; ronda. **2.** Banda; cuadrilla.
patrulhar. *v.* Patrullar; vigilar.
pau. *m.* **1.** Palo; bordón. **2.** Modo de referirse a la moneda. *m. pl.* **3.** Bastos. ♦ **A dar com pau.** A montones; a patadas. **Baixar / Descer o pau em.** Moler a palos. **Levar / Tomar pau.** Suspender el año; dar calabazas. **Meter o pau.** Criticar; dar (con un) palo. **Pau a pau.** Mano a mano. **Pôr no pau.** Protestar (una letra). **Quebrar o pau.** Agarrarse; pelearse.
pau-d'água. *m.* Borracho; alcohólico.
pau de arara. *m.* **1.** Migrante. **2.** Cepo (instrumento de tortura).
paulada. *f.* Palo; porrazo.
pausa. *f.* Pausa.
pauta. *f.* **1.** Raya; pauta. **2.** *Mús.* Pauta; pentagrama. **3.** *fig.* Pauta; norma. **4.** Pautas; orden del día. ♦ **Dar a pauta.** Dictar la norma.
pavão, voa. *s.* **1.** *Zool.* Pavo real. **2.** *fig.* Tipo soberbio.
pavilhão. *m.* Pabellón.
pavimentação. *f.* Pavimentación.
pavimento. *m.* **1.** Pavimento. **2.** Piso; suelo; pavimento. **3.** Piso; nivel (de edificio).
pavor. *m.* Pavor.
paz. *f.* Paz. ♦ **Deixe-me em paz!** ¡Déjame en paz! **Fazer as pazes.** Hacer las paces.
pé. *m.* **1.** *Anat.* Pie. **2.** Pata (de mueble). **3.** *Bot.* Mata; pie. **4.** Pie (medida). ♦ **Andar na ponta dos pés.** Andar de puntillas. **Ao pé da letra.** Al pie de la letra; en forma textual. **Ao pé do ouvido.** Al oído. **A pé.** A pie; a pata. **Bater (o) pé.** Patalear. **Com o pé atrás.** Con desconfianza / recelo. **Com o pé direito / esquerdo.** Con buena / mala suerte. **Com o pé na cova.** Con un pie en el hoyo. **Com o(s) pé(s) nas costas.** Con mucha facilidad; con los ojos cerrados. **Da cabeça aos pés.** De pies a cabeza. **Dar no pé.** Marcharse; largarse. **Dar pé. 1.** Hacer pie; tocar fondo (mar). **2.** Ser posible / factible. **De pé.** En pie. **De pés juntos.** A pie juntillas. **Estar de pé. 1.** Estar en pie, parado. **2.** Estar firme lo convenido. **Ir num pé e voltar no outro.** Ir en una carrera. **Meter os pés pelas mãos. 1.** Confundirse; atolondrarse; azorarse. **2.** Ser inconveniente; meter la pata. **Não arredar pé. 1.** No moverse de un sitio. **2.** Empecinarse. **Não chegar aos pés de.** No dar el alto a. / No equipararse a. **Pé ante pé.** Despacito; sin hacer ruido. **Pé na bunda.** *vulg.* Patada en el culo. **Tirar o pé da lama.** Salir de una situación inferior. **Um pé no saco.** Muy aburrido; latoso; cargoso.
peão. *m.* Peón; obrero.
peça. *f.* **1.** Pieza. **2.** Pieza; obra (literaria / musical). **3.** Pieza de autos. **4.** Pieza (en juegos). ♦ **Peça de reposição.** Repuesto; pieza de recambio. **Peça de vestuário.** Prenda de vestir. **Pregar uma peça.** Jugar una mala pasada; armar una zancadilla. **Ser uma peça rara.** Tener / Ser una figura insólita.
pecado. *m.* Pecado.
pecador, ra. *adj.* e *s.* Pecador.
pechinchar. *v.* Regatear.
peçonhento, ta. *adj.* Venenoso. ♦ **Animal peçonhento.** Animal venenoso.
pecuária. *f.* Ganadería.
pecuarista. *adj.* e *com.* Ganadero.
peculiaridade. *f.* Peculiaridad; particularidad.
pedaço. *m.* Pedazo; trozo; cacho. ♦ **Caindo aos pedaços.** Muy viejo, destartalado. **Cair aos pedaços.** Caerse a pedazos. **Em pedaços.** A pedazos. **Estar em mil pedaços.** Estar hecho pedazos / añicos.
pedágio. *m.* Peaje.
pedagogia. *f.* Pedagogía.
pedagogo, ga. *s.* Pedagogo.
pé-d'água. *m.* Aguacero; palo de agua.
pedal. *m.* Pedal.
pedalar. *v.* Pedalear.
pedantismo. *m.* Pedantería.
pé de atleta. *f. Med.* Micosis en los pies.
pé de galinha. *m. Anat.* Pata de gallo.
pé-de-meia. *m.* Ahorro para la vejez.
pé de pato. *m. Desp.* Aleta; patas de rana.
pedestal. *m.* Pedestal.
pedestre. *adj.* e *com.* Peatón. ♦ **Passagem de pedestres.** Paso de peatones.
pé de vento. *m.* Ventolera; ráfaga.
pediatra. *com. Med.* Pediatra.

pediatria. *f. Med.* Pediatría.
pedido, da. *adj.* e *m.* Pedido.
pedinte. *adj.* e com. Mendigo; *(Amér.)* limosnero.
pedir. *v.* Pedir. ◆ **Pedir arrego.** Lanzar la toalla; rendirse. **Pedir emprestado.** Pedir prestado. **Pedir esmola.** Mendigar; pedir limosna.
pé-direito. *m. Arq.* Altura de piso.
pedra. *f.* **1.** Piedra; roca. **2.** Piedra; granizo. **3.** Pizarra; pizarrón. **4.** Pieza; ficha (en juegos). **5.** *Med.* Cálculo. ◆ **Atirar a primeira pedra.** Arrojar la primera piedra. **Não ficar pedra sobre pedra.** No dejar piedra sobre piedra; no haber/quedar lanza enhiesta. **Pedra preciosa.** Piedra preciosa. **Ser de pedra.** *fig.* Ser insensible.
pedrada. *f.* Pedrada.
pedra-pomes. *f.* Piedra pómez.
pedra-sabão. *f.* Piedra blanda; variedad de esteatita; jabón de sastre.
pedreiro, ra. *s.* Albañil.
pé-frio. *m.* Persona que tiene mala pata.
pegada. *f.* **1.** Huella; pisada. **2.** *fig.* Huella; vestigio.
pega-ladrão. *m.* Dispositivo de seguridad de cerradura.
pega-pega. *m.* Juego de niños.
pegar. *v.* **1.** *(Esp.)* Coger; *(Amér.)* agarrar. **2.** Atrapar. **3.** Contagiar(se); caer enfermo; agarrar/pescar (una enfermedad). **4.** Tomar; *(Amér.)* agarrar. **5.** Llegar a tiempo; alcanzar a estar/ver. **6.** Aceptar; tomar. **7.** Ir; seguir; agarrar. **8.** Penar; ser condenado. **9.** Prender; echar raíz. **10.** *fig.* Difundirse; pegar. **11.** *fig.* Captar la onda; cogerlas al vuelo. *v.p.* **12.** Pegarse; adherir. ◆ **Pegar bem/mal.** Ser bien/mal visto o aceptado. **Pegar fogo.** Prender fuego. **Pegar no ar.** Coger/Pillar al vuelo; captar la onda. **Pegar no sono.** Coger el sueño. **Pega pra capar.** Pelea; agarrada; refriega.
peito. *m.* **1.** *Anat.* Pecho. **2.** Pecho; seno. **3.** *fig.* Valor; osadía. ◆ **Amigo do peito.** Amigo del alma. **Bico do peito.** Pezón. **De peito aberto.** A pecho descubierto. **Levar a peito.** Tomar a pecho. **No peito e na raça.** Con vigor y energía. **Peito do pé.** Empeine.
peitoril. *m. Arq.* Parapeto; pretil.
peixaria. *f.* Pescadería.
peixe. *m.* **1.** *Zool.* Pez (vivo). **2.** *Cul.* Pescado (comestible). *pl.* **3.** Piscis (signo). ◆ **Filho de peixe, peixinho é.** De tal palo, tal astilla. **Peixe graúdo.** Pez gordo. **Vender o seu peixe.** Plantear un asunto con persuasión.

peixe-boi. *m. Zool.* Pez mujer.
peixe-espada. *m. Zool.* Pez espada.
peixe-voador. *m. Zool.* Pez volante.
pejorativo, va. *adj.* Despectivo; peyorativo.
pelado, da. *adj.* Desnudo.
pelagem. *f.* Pelaje.
pelanca. *f.* Piltrafa; piel flácida; pellejo.
pelar. *v.* Quemar; calentar. ◆ **De pelar.** *fig.* e *fam.* Que pela.
pele. *f.* **1.** Piel; pellejo. **2.** Piel; cuero. **3.** Piel; cáscara. ◆ **Arriscar a pele.** *fig.* e *fam.* Jugarse el pellejo. **Estar em pele e osso.** Estar piel y hueso. **Salvar a pele.** Salvar el pellejo.
pelicano. *m. Zool.* Pelícano.
película. *f.* Película; membrana.
pelo. *contr.* Por el; por lo. ◆ **Pelo contrário.** Al contrario. **Pelo que disse.** Por lo que dijo. **Pelo visto.** Por lo visto.
pelo. *m.* **1.** Vello; cabello (cuerpo humano). **2.** Pelaje; pelo; lana (animal). **3.** Vello; pelusa (frutas).
pelotão. *m.* Pelotón.
pelúcia. *f.* Felpa; peluche.
peludo, da. *adj.* Velludo; cabelludo.
pena. *f.* **1.** Pluma (aves). **2.** Lástima; pena. **3.** Pena; castigo. **4.** Pluma; plumilla (para escribir). ◆ **Dar pena.** Dar/Hacer lástima. **Que pena!** ¡Qué lástima! **Sob pena de.** So/Bajo pena de. **Valer a pena.** Merecer/Valer la pena.
penacho. *m.* Plumero; penacho.
penalizar. *v.* **1.** Compadecer(se). **2.** Penalizar; penar; castigar.
pênalti. *m. Desp.* Penalti; penal.
penca. *f.* Racimo. ◆ **Penca de chaves.** Manojo de llaves.
pendente. *adj.* **1.** Pendiente; colgado. **2.** *fig.* Pendiente; no resuelto.
pender. *v.* **1.** Pender; colgar. **2.** Tender; tirar.
pendurar. *v.* **1.** Colgar. **2.** *fig.* Dejar (el pago) pendiente. *v.p.* **3.** Colgarse.
peneira. *f.* Tamiz. ◆ **Tampar o sol com a peneira.** Ocultar algo patente; *(Méx.* e *Amér. Central)* tapar el sol con un dedo.
peneirar. *v.* **1.** Tamizar; cerner. **2.** *fig.* Seleccionar; clasificar.
penetra. *adj.* e *com.* Intruso; mogollón; pegadizo.
penetrar. *v.* **1.** Penetrar; atravesar. **2.** Penetrar; entrañarse. **3.** Entrar sin ser invitado y colarse.

penhasco. *m.* Peñasco; roca.
penhorar. *v.* **1.** Pignorar; empeñar. **2.** Obligar.
penicilina. *f. Med.* Penicilina.
penico. *m.* Orinal; bacín.
península. *f. Geogr.* Península.
pênis. *m. Anat.* Pene.
pensamento. *m.* Pensamiento.
pensão. *f.* **1.** Pensión; jubilación. **2.** Pensión; *(Arg.)* residencial. ◆ **Meia pensão.** Media pensión. **Pensão completa.** Pensión completa.
pensar. *v.* Pensar. ◆ **Nem pensar.** Ni hablar; ni soñarlo.
pensionato. *m.* Internado.
pensionista. *adj.* e *com.* **1.** Jubilado. **2.** Interno.
pentágono. *m. Geom.* Pentágono.
pentagrama. *m. Mús.* Pentagrama.
pente. *m.* Peine. ◆ **Pente-fino.** Rastreo.
penteadeira. *f.* Tocador; *(R.P.)* peinador.
penteado, da. *adj.* e *m.* Peinado.
pentear. *v.* e *v.p.* Peinar(se).
penúltimo, ma. *adj.* Penúltimo.
penumbra. *f.* Penumbra; media luz.
pepino. *m. Bot.* Pepino. ◆ **Pepino em conserva.** Pepinillo.
pequeno, na. *adj.* e *s.* Pequeño.
pé-quente. *m.* Persona que tiene buena pata.
pera. *f. Bot.* Pera.
perambular. *v.* Callejear.
perante. *prep.* Ante; delante de.
percalço. *m.* Percance.
perceber. *v.* Notar; advertir; darse cuenta; percatarse; percibir.
percepção. *f.* Percepción.
percevejo. *m.* Chinche (insecto).
percorrer. *v.* Recorrer.
percurso. *m.* Recorrido.
percussão. *f.* Percusión.
perda. *f.* Pérdida. ◆ **Ganhos e perdas.** *Fin.* Ganancias y pérdidas.
perdão. *m.* Perdón. ◆ **Com o perdão da palavra.** Con perdón. **Pedir perdão.** Pedir perdón.
perder. *v.* e *v.p.* Perder(se). ◆ **Não ter nada a perder.** No tener nada que perder. **Perder a fala.** Quedarse sin palabras. **Perder a paciência.** Cruzársele los cables. **Perder as estribeiras.** Perder los estribos. **Perder o fio da meada.** Perder el hilo. **Perder o juízo.** *fig.* Perder el seso. **Perder o rumo.** Perder la brújula. **Perder terreno.** *fig.* Perder terreno. **Pôr a perder.** Echar a perder. **Pôr-se a perder.** Echarse a perder.
perdição. *f.* Perdición.
perdoar. *v.* Perdonar.
perecer. *v.* Perecer.
perecível. *adj.* Perecedero.
peregrino, na. *adj.* e *s.* Peregrino.
perene. *adj.* Perenne.
perfeição. *f.* Perfección.
perfeito, ta. *adj.* **1.** Perfecto. *interj.* **2.** Perfecto.
pérfido, da. *adj.* Pérfido.
perfil. *m.* Perfil.
perfumar. *v.* e *v.p.* Perfumar(se).
perfumaria. *f.* Perfumería.
perfume. *m.* **1.** Perfume. **2.** Perfume; aroma; olor.
perfurar. *v.* Perforar; taladrar.
pergaminho. *m.* Pergamino.
pergunta. *f.* Pregunta.
perguntar. *v.* e *v.p.* Preguntar(se).
perícia. *f.* **1.** Pericia; destreza. **2.** Peritaje.
periculosidade. *f.* Peligrosidad.
periferia. *f.* Periferia.
perigo. *m.* Peligro. ◆ **Correr perigo.** Correr(se) peligro.
perímetro. *m.* Perímetro.
periódico, ca. *adj.* e *m.* Periódico.
período. *m.* Periodo.
periquito, ta. *s. Zool.* Periquito.
perito, ta. *adj.* **1.** Experto. *m.* **2.** Perito.
permanecer. *v.* Permanecer.
permanência. *f.* Radicación en un país; permanencia.
permissão. *f.* Permiso.
permitir. *v.* Permitir.
permuta. *f.* Permuta.
perna. *f. Anat.* Pierna. ◆ **Barriga da perna.** *Anat.* Pantorrilla.
pernil. *m. Anat.* Pata de cerdo.
pernilongo. *m. Zool.* Mosquito; *(Amér.)* zancudo.
pernoitar. *v.* Pernoctar.
peroba. *f. Bot.* Palo (de) rosa.
pérola. *f. Biol.* Perla.
perpétuo, tua. *adj.* Perpetuo.
perplexo, xa. *adj.* Perplejo.

perscrutar. v. Escudriñar.
perseguição. f. Persecución.
perseguir. v. Perseguir.
perseverança. f. Perseverancia.
persiana. f. Persiana.
persistência. f. Persistencia.
persistir. v. Persistir.
personagem. com. Personaje.
personalidade. f. Personalidad.
personalizar. v. Personalizar.
personificar. v. Personificar.
perspectiva. f. Perspectiva.
persuadir. v. e v.p. Persuadir(se).
persuasão. f. Persuasión.
pertencer. v. Pertenecer.
perto. adv. Cerca. ◆ **De perto.** De cerca. **Perto de (certo número).** Alrededor de. **Perto de (lugar).** Junto a. / Cerca de.
perturbação. f. Trastorno; perturbación.
perturbar. v. Perturbar.
peru. m. Zool. Pavo.
perua. f. 1. Zool. Pava (hembra del pavo). 2. Tipo de camioneta. 3. Mujer ridícula por exceso de coquetería.
peruano, na. adj. e s. Peruano.
peruca. f. Peluca.
perversão. f. Perversión.
perverter. v. e v.p. Pervertir(se).
pesadelo. m. Pesadilla.
pesado, da. adj. Pesado.
pêsames. m.pl. Pésame.
pesar. v. 1. Pesar. m. 2. Pesar; pesadumbre.
pesaroso, sa. adj. Pesaroso.
pesca. f. Pesca. ◆ **Pesca de arrasto.** Pesca de arrastre.
pescador, ra. s. Pescador.
pescar. v. Pescar.
pescoço. m. Anat. 1. Cuello (humano). 2. Pescuezo. ◆ **Estar até o pescoço.** Estar / Tener (hasta) por acá; estar hasta la coronilla. **Estar com a corda no pescoço.** fig. Tener el agua al cuello.
peso. m. 1. Peso. 2. Pesa (de balanza). 3. Peso (moneda). ◆ **Em peso.** En su totalidad; masivamente. **Peso galo.** Desp. Peso gallo. **Peso leve.** Desp. Peso leve. **Peso líquido / bruto.** Peso neto / bruto. **Peso mosca.** Desp. Peso pluma. **Peso na consciência.** fig. Cargo de conciencia; remordimiento.

pesquisa. f. 1. Investigación. 2. Encuesta; toma de datos. ◆ **Pesquisa de opinião.** Encuesta de opinión.
pesquisar. v. Investigar.
pêssego. m. Bot. Melocotón; (Amér.) durazno.
pessimista. adj. e com. Pesimista.
péssimo, ma. adj. Pésimo; fatal.
pessoa. f. Persona. ◆ **As pessoas (em geral).** La gente. **Em pessoa.** En persona.
pessoal. adj. 1. Personal. 2. Personal; singular. m. 3. Personal; cuadro de empleados. 4. Personas cercanas a uno.
pestana. f. Anat. Pestaña.
peste. f. 1. Med. Peste. 2. fig. Persona mala.
pétala. f. Bot. Pétalo.
petição. f. Petición. ◆ **Em petição de miséria.** En estado lastimable.
petisco. m. Aperitivo.
petróleo. m. Petróleo.
petroquímico, ca. adj. e s. Petroquímico.
petulante. adj. e com. Petulante.
pia. f. 1. Pila; lavamanos (en el baño). 2. Pila; pileta. ◆ **Pia batismal.** Rel. Pila bautismal. **Pia de cozinha.** Fregadero.
piada. f. Chiste; broma.
pianista. com. Mús. Pianista.
piano. m. Mús. Piano.
pião. m. Peonza; perinola.
piar. v. Piar.
picada. f. Picadura.
picadinho. m. Cul. Picadillo; estofado.
picanha. f. Cul. Tipo de carne de res.
pica-pau. m. Zool. Pájaro carpintero.
picar. v. Picar.
picareta. adj. e com. 1. Pícaro; embustero. f. 2. Zapapico; piqueta.
pícaro, ra. adj. Pícaro.
pichar. v. 1. Escribir pintadas (en paredes). 2. fig. Dar con un palo.
piche. m. Pez.
picles. m.pl. Cul. Legumbres curtidas en vinagre.
pico. m. Pico; cumbre.
picolé. m. Paleta.
picotar. v. Picar.
piedade. f. Piedad.
piegas. adj. e com. Persona o cosa excesivamente sentimental.

pifar. *v.* Romperse.

pigarro. *m. Med.* Carraspera.

pigmento. *m.* Pigmento.

pijama. *m.* Pijama; piyama.

pilar. *m.* Pilar; columna; pilastra.

pileque. *m.* Mona; borrachera.

pilha. *f.* **1.** Pila; batería. **2.** Pila; montón. ◆ **Uma pilha de nervos.** Con los nervios a flor de piel.

pilotar. *v.* Pilotar.

piloto. *adj.* e *m.* **1.** Piloto. **2.** Llama de gas.

pílula. *f.* Píldora. ◆ **Dourar a pílula.** Dorar la píldora. **Pílula anticoncepcional.** *Farm.* Píldora anticonceptiva.

pimenta. *f. Bot.* Pimienta; *(R.P.)* ají picante; *(Méx.* e *Amér.Central)* chile.

pimenta-do-reino. *f.* Pimienta negra.

pimentão. *m. Bot.* Pimiento; *(R.P.)* ají dulce; *(Méx.* e *Amér.Central)* pimiento.

pinça. *f.* Pinza; tenacillas.

pincel. *m.* Pincel.

pinga. *f.* Aguardiente de caña.

pingar. *v.* Echar en gotas.

pingente. *m.* Pendiente.

pingo. *m.* **1.** Gota. **2.** *fig.* Pizca. ◆ **Cair uns pingos de chuva.** Caer cuatro gotas.

pingue-pongue. *m. Desp.* Pimpón; tenis de mesa; ping-pong.

pinguim. *m. Zool.* Pingüino.

pinheiro. *m. Bot.* Pino.

pino. *m.* Pasador.

pinta. *f.* Lunar; pinta.

pintar. *v.* **1.** Pintar; cubrir con tinta. **2.** Teñir (el pelo). *v.p.* **3.** Pintarse.

pinto. *m. Zool.* Pollito.

pintor, ra. *s.* Pintor.

pintura. *f.* Pintura. ◆ **Pintura a óleo.** Pintura al óleo. **Pintura em tom pastel.** Pintura al pastel.

pio. *adj.* **1.** Pío; piadoso. *m.* **2.** Pío (voz de pollito). ◆ **Não dar um pio.** No chistar; no decir (ni) mu / pío.

piolho. *m. Zool.* Piojo.

pioneiro, ra. *adj.* e *s.* Pionero.

pior. *adj.* e *adv.* Peor.

piorar. *v.* Agudizar(se); agravar(se); empeorar. ◆ **E para piorar.** Y para colmo.

pipa. *f.* **1.** Tonel. **2.** Cometa; barrilete; pájara.

pipoca. *f. Cul.* Palomita; pochoclo; palomitas de maíz.

pique. *m.* **1.** Especie de punzón. **2.** Ganas; disposición. ◆ **A pique.** En picada. **A pique de.** A punto de. **Ir a pique.** Naufragar.

piquenique. *m.* Picnic.

piranha. *f. Zool.* Piraña.

pirar. *v.* Enloquecer.

pirata. *adj.* **1.** Pirata. *com.* **2.** Pirata; corsario.

pirataria. *f.* Piratería.

pires. *m.* Platillo; plato para taza.

pirraça. *f.* Lo que se hace adrede, solo por contrariar.

pirralho, lha. *s. pej.* Chiquillo.

pirueta. *f.* Pirueta.

pirulito. *m.* Pirulí.

pisar. *v.* **1.** Pisar. **2.** *fig.* Pisotear; pisar. ◆ **Pisar duro.** Mostrar irritación. **Pisar na bola.** Meter la pata. **Saber onde pisa / com quem lida.** *fig.* Saber el terreno que pisa.

piscar. *v.* **1.** Parpadear (los ojos). **2.** Guiñar (un ojo). **3.** Titilar (luz). *m.* **4.** Acción de parpadear. ◆ **Em um piscar de olhos.** En un santiamén. / En un abrir y cerrar de ojos.

piscina. *f.* Piscina; pileta.

piso. *m.* Piso; suelo.

pisotear. *v.* Pisotear.

pista. *f.* **1.** Pista. **2.** *fig.* Indicación. **3.** Pista (de carrera, vuelo, baile).

pistão. *m.* Pistón.

pistola. *f.* Pistola.

pitada. *f.* **1.** Pizca (aliño). **2.** Pitada.

pitoresco, ca. *adj.* e *s.* Pintoresco.

pizza. *f. Cul.* Pizza.

pizzaria. *f.* Pizzería.

placa. *f.* **1.** Lámina; placa. **2.** Matrícula (coche). **3.** Letrero; placa. ◆ **Placa de trânsito.** Señal de tráfico.

placar. *m.* **1.** *Desp.* Marcador de puntos. **2.** Recuento de puntos.

plágio. *m.* Plagio.

plaina. *f.* Cepillo.

planalto. *m. Geogr.* Meseta.

planar. *v.* Planear.

planejamento. *m.* Planificación.

planejar. *v.* Planificar; planear.

planeta. *m. Astr.* Planeta.

planície. *f. Geogr.* Llano; planicie.

plano, na. *adj.* **1.** Llano. *m.* **2.** Proyecto; diseño. **3.** *Arq.* Plano. **4.** Nivel.

planta. *f.* **1.** *Bot.* Planta; vegetal. **2.** *Arq.* Planta.

plantação. *f. Bot.* Plantación.

plantão. *m.* Turno. ♦ **De plantão.** De turno. **Horário de atendimento / de expediente.** Horario de atención.

plantar. *v.* Plantar. ♦ **Deixar plantado.** Plantar (a alguien). / Dar un plantón. / Dejar plantado. **Plantar bananeira.** Hacer el pino.

plantio. *m. Agri.* Siembra.

plástico, ca. *adj.* e m. **1.** Plástico. *f. Med.* **2.** Cirugía plástica.

plataforma. *f.* **1.** Andén (tren, ómnibus). **2.** Puerta (aeropuerto). **3.** Plataforma. **4.** *Polít.* Programa político.

plateia. *f. Teat.* Platea; patio de butacas.

platina. *f. Quím.* Platino.

plebiscito. *m.* Plebiscito.

pleitear. *v. Dir.* Litigar; pleitear.

pleno, na. *adj.* Pleno; lleno.

pleonasmo. *m. Ling.* Pleonasmo.

pluma. *f.* Pluma.

plural. *adj. Ling.* Plural.

pneu. *m.* **1.** Neumático. **2.** *Anat.* Michelín (en la región de la cintura).

pneumonia. *f. Med.* Neumonía.

pó. *m.* Polvo.

pobre. *adj.* e *com.* Pobre.

pobreza. *f.* Pobreza.

poça. *f.* Charco.

pocilga. *f.* Pocilga.

poço. *m.* Pozo.

podar. *v.* **1.** Podar; desmochar. **2.** Cortar.

pó de arroz. *m.* Polvo de arroz.

poder. *m.* Poder. ♦ **Poder Executivo.** *Polít.* Poder Ejecutivo. **Pode ser que.** Es capaz que. / Puede que.

podre. *adj.* Podrido.

podridão. *f.* Podredumbre.

poeira. *f.* **1.** Polvo. **2.** Polvareda.

poema. *m. Lit.* Poema.

poente. *m.* Poniente.

poesia. *f. Lit.* Poesía.

poeta, tisa. *s. Lit.* Poeta.

pois. *conj.* Pues. ♦ **Pois então.** De ser así. / En ese caso. **Pois não!** Sí. / Con mucho gusto. / ¡Cómo no! **Pois não?** A sus órdenes. / ¿Qué desea? **Pois sim!** ¡No faltaba más!

polaina. *f.* Polaina.

polar. *adj.* Polar. ♦ **Círculo polar.** *Geogr.* Casquete polar.

polegada. *f.* Pulgada.

polegar. *m.* Pulgar.

poleiro. *m.* Palo de gallinero.

polêmico, ca. *adj.* Polémico.

pólen. *m. Bot.* Polen.

polia. *f.* Polea.

polícia. *f.* Policía.

policial. *adj.* **1.** Policiaco. *com.* **2.** Agente de policía.

policiamento. *m.* Vigilancia policiaca.

poliesportivo, va. *adj.* Polideportivo.

poligamia. *f.* Poligamia.

poliglota. *adj.* e *com.* Políglota.

polígono. *m. Geom.* Polígono.

poliomielite. *f. Med.* Poliomielitis.

polir. *v.* e *v.p.* Pulir(se).

politécnico, ca. *adj.* **1.** Politécnico; politécnica. *f.* **2.** Escuela politécnica.

político, ca. *adj.* e *s.* **1.** Político. *f.* **2.** Política.

polo. *m.* **1.** Polo. **2.** *Desp.* Polo. ♦ **Polo aquático.** *Desp.* Polo acuático; *water polo*. **Polo norte / sul.** *Geogr.* Polo norte / sur.

polpa. *f.* Pulpa.

poltrona. *f.* **1.** Sillón. **2.** *Teat.* Butaca.

poluição. *f.* Polución.

poluir. *v.* Contaminar.

polvilhar. *v.* Espolvorear.

polvo. *m. Zool.* Pulpo.

pólvora. *f. Quím.* Pólvora.

pomada. *f.* Pomada.

pomar. *m.* Plantación de árboles frutales. ♦ **Pomar de laranjas.** Naranjal. **Pomar de maçãs.** Manzanar. **Pomar de uvas.** Viña.

pombo, ba. *s. Zool.* Paloma. ♦ **Os (dois) pombinhos.** Los novios.

pombo-correio. *m.* Paloma mensajera.

pomo-de-adão. *m. Anat.* Bocado / nuez / manzana de Adán.

pompa. *f.* Pompa.

ponche. *m.* Ponche.

poncho. *m.* Poncho.

ponderar. *v.* Ponderar.

ponta. *f.* **1.** Extremo; punta. **2.** Lengua de tierra. **3.** Principio o fin de una serie. **4.** *Teat.* Pequeña participación de un actor. *m.* **5.** *Desp.*

Delantero; puntero. ◆ **Aguentar / Segurar as pontas.** Soportar una situación difícil. **(Estar / Ter) Na ponta da língua.** (Estar / Tener) En la punta de la lengua. **Na ponta dos pés.** De puntillas.

ponta-direita. *com. Desp.* Delantero derecho.

ponta-esquerda. *com. Desp.* Delantero izquierdo.

pontalete. *m. Arq.* Puntal; pie derecho.

pontapé. *m.* Puntapié. ◆ **Tratar a pontapés.** Tratar a zapatazos / a patadas.

pontaria. *f.* Puntería. ◆ **Fazer pontaria.** Hacer mira.

ponte. *f.* Puente. ◆ **Fazer a ponte entre.** Establecer relación entre; atar cabos. **Ponte pênsil.** Puente colgante.

ponteiro. *m.* **1.** Aguja; manecilla (reloj). **2.** Pontera. ◆ **Acertar os ponteiros.** Ponerse de acuerdo.

ponto. *m.* **1.** Puntada (coser). **2.** Tanto (en juegos). **3.** Sitio. **4.** Materia de estudio; lección. **5.** Grado de consistencia. **6.** *Ling.* Señal gráfica. ◆ **Bater o ponto.** Fichar; marcar la entrada y la salida. **Dormir no ponto.** No actuar en el momento oportuno; *(R.P.)* parpadear; *(Amér. Central)* vacilar. **Em ponto.** En punto. **Entregar os pontos.** Rendirse; entregarse; darse por vencido. **Estar a ponto de.** Estar en un pelo. **Estar a ponto de acontecer.** Estar al caer. **Estar no ponto.** Estar en su punto. **Fazer ponto em.** Parar en. **Livro / Cartão de ponto.** Libro / Tarjeta de entrada y salida. **Não dar ponto sem nó.** Actuar con cálculo. **Ponto de ônibus.** Parada de ómnibus / autobús. **Ponto e parágrafo.** *Ling.* Punto y aparte. **Ponto final. 1.** *Ling.* Punto final. **2.** *fig.* Al agua patos. / Y sanseacabó. **Ponto / Sinal de exclamação.** *Ling.* Exclamación / Admiración. **Ponto / Sinal de interrogação.** *Ling.* Interrogación / Punto interrogante.

ponto e vírgula. *m. Ling.* Punto y coma.

pontuação. *f. Ling.* Puntuación. ◆ **Sinal de pontuação.** *Ling.* Signo de puntuación.

pontudo, da. *adj.* Puntiagudo.

popa. *f. Mar.* Popa.

população. *f.* Población.

popular. *adj.* e *com.* Popular.

por. *prep.* Por. ◆ **Por acaso.** De casualidad. **Por bem ou por mal.** Por las buenas o por las malas. **Por conseguinte.** Por consiguiente. **Por enquanto.** Por ahora; por lo pronto. **Por isso.** Por eso. **Por mais que.** Por más que. **Por muito que.** Por mucho que. **Por quê?** ¿Por qué? **Por via das dúvidas.** Por si las moscas. / Por las dudas. / Por si acaso.

pôr. *v.* **1.** Poner. **2.** Echar. *v.p.* **3.** Ponerse (el sol). ◆ **Pôr a perder.** Echar a perder. **Pôr em prática.** Llevar a cabo / efecto. **Pôr mãos à obra.** Arremangarse; acometer el trabajo. **Pôr na rua. 1.** Echar; despedir. **2.** Echar; sacar de un sitio.

porão. *m.* **1.** Sótano. **2.** *Mar.* Bodega.

porca. *f.* Tuerca.

porção. *f.* **1.** Porción; ración. **2.** *fig.* Sin número; porción.

porcaria. *f.* Porquería; cochinada.

porcentagem. *f. Mat.* Porcentaje.

porco, ca. *s. Zool.* Cerdo; cochino; marrano. ◆ **Banha de porco.** Manteca. **Espírito de porco.** Alma de caballo / cántaro.

porco-espinho. *m. Zool.* Puerco espín / espino.

pôr do sol. *m.* Puesta / Caída del sol; ocaso.

porém. *conj.* **1.** Sin embargo; pero. *m.* **2.** Pero (obstáculo).

pormenor. *m.* Pormenor; detalle.

pornografia. *f.* Pornografía.

poro. *m. Anat.* Poro.

porque. *conj.* Porque.

porquê. *m.* Motivo; razón; porqué. ◆ **Tudo tem um porquê.** Todo tiene un porqué.

porquinho-da-índia. *m.* Cobayo; conejillo de indias.

porrada. *f.* Porrazo.

porre. *m.* Borrachera.

porta. *f.* Puerta. ◆ **Às portas de.** Al borde de. **Bater a porta.** Dar un portazo. **Bater à porta.** Golpear la puerta. **Dar com a porta na cara.** Dar con la puerta en las narices. **Porta sanfonada.** Puerta de librillo / de acordeón / en fuelle. **Ser mais surdo que uma porta.** *fig.* e *fam.* Ser más sordo que una tapia. **Ser uma porta.** Ser corto de inteligencia.

porta-aviões. *m.* Portaaviones; portaviones.

porta-bagagem. *m.* Portaequipajes.

porta-bandeira. *com.* Portaestandarte; abanderado.

porta-estandarte. *com.* Portaestandarte; abanderado.

porta-joias. *m.* Joyero.

porta-luvas. *m.* Guantera.

porta-malas. *m.* Maletero; baúl; portaequipajes.

porta-níqueis. *m.* Monedero.

portanto. *conj.* Por (lo) tanto; por consiguiente; por ende; portanto.

portão. *m.* Portón.

porta-retratos. *m.* Portarretratos; marco.

portaria. *f.* **1.** Portería. **2.** *Dir.* Especie de decreto.

porta-voz. *com.* Vocero; portavoz.

porte. *m.* **1.** Porte. **2.** *fig.* Magnitud; porte.

porteiro, ra. *s.* Portero. ◆ **Porteiro eletrônico.** Portero automático / eléctrico.

porto. *m. Mar.* Puerto.

porto-riquenho, nha. *adj.* e *s.* Puertorriqueño.

português, sa. *adj.* e *s.* **1.** Portugués. *m.* **2.** *Ling.* Portugués.

porventura. *adv.* Acaso; por casualidad; tal vez.

porvir. *m.* Porvenir.

pose. *f.* Pose.

pós-escrito. *m.* Posdata.

pós-graduação. *f.* Posgrado.

posição. *f.* Posición.

posicionar. *v.* **1.** Poner en posición. *v.p.* **2.** Asumir una postura.

positivismo. *m.* Positivismo.

positivo, va. *adj.* e *s.* **1.** Positivo. *adv.* **2.** Sí.

posse. *f.* Posesión. ◆ **Tomar posse.** Tomar posesión.

possesso, sa. *adj.* e *s.* Poseso.

possibilitar. *v.* Posibilitar.

possível. *adj.* Posible.

possuidor, ra. *adj.* e *s.* Poseedor.

possuir. *v.* Poseer.

postal. *adj.* Postal. ◆ **Código de endereçamento postal.** Código postal. **Vale postal.** Giro postal.

poste. *m.* Puntal; poste. ◆ **Poste de luz.** Farola.

pôster. *m.* Póster.

posterior. *adj.* Posterior.

postiço, ça. *adj.* Postizo.

posto, ta. *adj.* **1.** Puesto. *m.* **2.** Puesto (cargo). **3.** Puesto; posición. ◆ **Estar a postos.** Estar en sus lugares; listos. **Posto de gasolina.** Estación de servicio; gasolinera. **Posto de saúde.** *Med.* Posta de salud / Casa de socorro. **Posto policial.** Jefatura de policía.

postulado, da. *adj.* **1.** Postulado. *m.* **2.** Postulado.

póstumo, ma. *adj.* Póstumo.

postura. *f.* Postura.

potássio. *m. Quím.* Potasio.

pote. *m.* Pote; tarro.

potência. *f.* Potencia.

potro, tra. *m. Zool.* Potro.

pouca-vergonha. *f.* Poca vergüenza; descaro.

pouco, ca. *adj.*, *adv.* e *pron.* Poco. ◆ **Aos poucos.** *fig.* e *fam.* A repelones. / De a poco. **Daqui a pouco.** Dentro de poco; en un rato. **... e pouco.** ... y pico. **Por pouco.** Por poco. **Pouco a pouco.** Poco a poco. / Gota a gota. **Tanto por tão pouco.** *fig.* e *fam.* Mucho ruido y pocas nueces. **Uns poucos.** Unos pocos; alguno que otro.

pouco-caso. *m.* Indiferencia; desinterés. ◆ **Fazer pouco-caso de.** Humillar; menospreciar.

poupança. *f.* Ahorro. ◆ **Caderneta de poupança.** Libreta de ahorro.

poupar. *v.* **1.** Ahorrar. **2.** *fig.* Ahorrar(se).

pousada. *f.* Posada; albergue.

pousar. *v.* **1.** Apoyar. *v.* **2.** Aterrizar; posar.

povo. *m.* Pueblo.

povoado, da. *adj.* **1.** Poblado. *m.* **2.** Pueblo; poblado.

povoar. *v.* e *v.p.* Poblar(se).

praça. *f.* **1.** Plaza. **2.** Mercado. **3.** *Mil.* Soldado raso.

praga. *f.* **1.** Plaga. **2.** Imprecación; maldición. **3.** Hierba dañina. **4.** Plaga; enfermedad epidémica. **5.** *fig.* Persona cargosa. ◆ **Rogar praga.** Echar pestes.

praguejar. *v.* Echar pestes.

praia. *f.* Playa.

prancha. *f.* Tablón. ◆ **Prancha de surfe.** *Desp.* Tabla de surf.

pranto. *m.* Llanto. ◆ **Afogar-se em prantos.** Anegarse en llanto.

prata. *f.* **1.** *Quím.* Plata. **2.** Plata (dinero).

prateleira. *f.* Repisa; estante; anaquel.

prática. *f.* **1.** Práctica; experiencia. **2.** Práctica; ejercicio.

praticar. *v.* Practicar.

prático, ca. *adj.* Práctico.

prato. *m.* **1.** Plato. **2.** *Mús.* Platillo. ◆ **Pôr em pratos limpos.** Sacar en claro. **Prato de sobremesa.** Plato de postre. **Prato fundo.** Plato sopero / hondo. **Prato principal / quente.** Plato fuerte. **Prato raso.** Plato llano / playo.

prazer. *m.* Placer. ◆ **Com muito prazer.** Con mucho gusto. **(Muito) Prazer.** Mucho gusto.

prazeroso, sa. *adj.* **1.** Placentero. **2.** Agradable.

prazo. *m.* Plazo.

preâmbulo. *m.* Preámbulo.

preaquecimento. *m.* Precalentamiento.

precário, ria. *adj.* Precario.

precaução. *f.* Precaución.

precaver. *v.p.* Precaver(se).

prece. *f.* Plegaria.

precedente. *adj.* e *m.* Precedente.

preceder. *v.* Preceder.

precipício. *m.* Precipicio.

precipitação. *f.* Precipitación.

precipitar. *v.* e *v.p.* Precipitar(se).

precisão. *f.* **1.** Precisión; exactitud. **2.** Necesidad. ◆ **Ter precisão (de).** Ser necesario. / Hacer falta que.

precisar. *v.* **1.** Necesitar; tener que. **2.** Necesitar; hacer falta. **3.** Precisar; fijar con precisión. **4.** Ser pobre, necesitado.

preciso, sa. *adj.* **1.** Preciso; exacto. **2.** Necesario. ◆ **Ser preciso.** Haber que.

preço. *m.* Precio. ◆ **A preço de banana.** Muy barato. **Subir o preço.** Alzar el precio.

precoce. *adj.* Precoz.

preconceito. *m.* **1.** Prejuicio. **2.** Preconcepto.

predador, ra. *adj.* e *s.* Predador.

predicado. *m. Ling.* Predicado.

predileto, ta. *adj.* e *s.* Predilecto.

prédio. *m.* Edificio.

predispor. *v.* e *v.p.* Predisponer(se).

predizer. *v.* Predecir.

predominar. *v.* Predominar.

preencher. *v.* Rellenar; completar (documentos).

prefácio. *m. Lit.* Prefacio.

prefeito, ta. *s.* Alcalde; *(Arg.)* intendente.

prefeitura. *f.* Alcaldía; *(Amér.)* intendencia; *(Esp.)* ayuntamiento.

preferência. *f.* Preferencia.

preferencial. *adj.* **1.** Preferente. *f.* **2.** Calle que tiene la vía, que no tiene que ceder el paso.

preferir. *v.* Preferir.

prefixar. *v.* Prefijar.

prefixo. *m. Ling.* Prefijo.

pregador, ra. *s.* Pinza; prendedor.

pregar. *v.* **1.** Predicar. **2.** Clavar (clavo). **3.** Coser (botón). ◆ **Estar / Ficar pregado.** *fig.* Estar agotado / rendido. **Pregar uma peça.** *fig.* Jugar una mala pasada.

prego. *m.* **1.** Clavo. **2.** Cansancio excesivo. ◆ **Estar no / num prego.** Estar rendido. **Pôr no prego.** Empeñar.

preguiça. *f.* **1.** Pereza. **2.** *Zool.* Perezoso. ◆ **Estar com preguiça.** Tener pereza.

preguiçoso, sa. *adj.* e *s.* Perezoso; haragán.

prejudicar. *v.* Perjudicar; lesionar.

prejuízo. *m.* Perjuicio; daño. ◆ **Dar prejuízo.** *Fin.* Dar pérdida.

preliminar. *adj.* e *s.* Preliminar.

prelo. *m. Tip.* Prensa. ◆ **No prelo.** En imprenta.

prelúdio. *m.* Preludio.

prematuro, ra. *adj.* e *s.* Prematuro.

premeditar. *v.* Premeditar.

premiação. *f.* Entrega de premios. *(Amér.)* premiación.

premiar. *v.* Premiar.

prêmio. *m.* Premio. ◆ **O maior prêmio da loteria.** Premio gordo.

premissa. *f. Fil.* Premisa.

prender. *v.* **1.** Atar; amarrar; prender. **2.** Meter preso; arrestar. **3.** *fig.* Cautivar. *v.p.* **4.** Atarse; unirse.

prensa. *f.* Prensa (máquina). ◆ **Dar uma prensa.** *fig.* e *fam.* Apretarle los tornillos.

preocupação. *f.* Preocupación.

preocupar. *v.* e *v.p.* Afligir(se); preocupar(se).

preparação. *f.* Preparación.

preparar. *v.* e *v.p.* Preparar(se). ◆ **Prepare(m)-se!** ¡Agárre(n)se! / ¡Agárrate!

preposição. *f. Ling.* Preposición.

prerrogativa. *f.* Prerrogativa.

presa. *f.* **1.** Presa. **2.** Presa; colmillo. **3.** Alimento de animal carnívoro.

prescindir. *v.* Prescindir.

prescrever. *v.* Prescribir.

presença. *f.* Presencia. ◆ **Marcar presença.** Hacerse presente. **Presença de espírito.** Presencia de ánimo.

presente. *adj.* **1.** Que asiste a algo o está en presencia de alguien. **2.** Presente; actual. *m.* **3.** Regalo. **4.** *Ling.* Presente (tiempo verbal).

presentear. *v.* Regalar.

presépio. *m.* Belén; nacimiento.
preservar. *v.* e *v.p.* Preservar(se).
preservativo, va. *adj.* **1.** Preservativo. *m.* **2.** Preservativo; goma; condón (para relación sexual).
presidência. *f.* Presidencia.
presidente. *adj.* e *com.* Presidente.
presidiário, ria. *adj.* e *s.* Presidiario; penado.
presídio. *m.* Cárcel; presidio.
presidir. *v.* Presidir.
presilha. *f.* Hebilla.
preso, sa. *adj.* **1.** Atado. *adj.* e *s.* **2.** Preso; prisionero.
pressa. *f.* Prisa; premura; *(Amér.)* apuro. ♦ **Às pressas.** A la ligera. **Não ter pressa.** No haber apuro. **Ter pressa.** Estar apresurado.
presságio. *m.* Presagio.
pressão. *f.* Presión. ♦ **Pressão arterial.** *Biol.* Presión / Tensión arterial. **Pressão atmosférica.** *Meteor.* Presión atmosférica. **Sob pressão.** Bajo tensión.
pressentimento. *m.* Presentimiento; corazonada; pálpito.
pressentir. *v.* Presentir.
pressionar. *v.* Coaccionar; hacer presión; presionar; aprensar.
pressuposto, ta. *adj.* e *m.* Presupuesto.
prestação. *f.* **1.** Prestación. **2.** Plazo; *(Méx. e Amér. Central)* abono. ♦ **Comprar à prestação / em prestações.** Comprar a plazos / en cuotas / por abonos.
prestar. *v.* **1.** Servir. **2.** Prestar (ayuda; servicio; declaración; atención). ♦ **Não prestar para nada.** *fam.* Ser buena tierra para sembrar nabos.
prestativo, va. *adj.* Solícito.
prestigiar. *v.* Prestigiar.
prestígio. *m.* Prestigio.
presumir. *v.* Presumir.
presunçoso, sa. *adj.* e *s.* Presumido; creído; engreído; presuntuoso.
presunto. *m.* **1.** Jamón. **2.** *fig.* Fiambre; cadáver. ♦ **Presunto cru.** Jamón serrano / de jabugo. **Presunto defumado.** Jamón ahumado.
pretendente. *adj.* e *com.* Pretendiente.
pretender. *v.* Pretender.
pretensão. *f.* Pretensión.
pretérito, ta. *adj.* **1.** Pretérito; pasado. *m.* **2.** *Ling.* Pretérito (tiempo verbal).

pretexto. *m.* Pretexto. ♦ **Sob pretexto de.** So pretexto de.
preto, ta. *adj.* e *s.* Negro.
prevalecer. *v.* **1.** Prevalecer. **2.** Aprovecharse; sacar partido.
prevenção. *f.* Prevención.
prevenir. *v.* e *v.p.* Prevenir(se).
prever. *v.* Prever.
previdência. *f.* Previsión. ♦ **Previdencia Social.** Seguridad / Previsión Social.
prévio, via. *adj.* Previo.
previsão. *f.* Pronóstico; previsión. ♦ **Sem previsão.** Sin previsión. / Sin definición.
prezar. *v.* Estimar; apreciar.
prima-dona. *f. Mús.* Prima donna.
primário, ria. *adj.* **1.** Primario. *m.* **2.** Primaria; curso primario.
primavera. *f.* Primavera.
primeiramente. *adv.* Ante todo; en primer lugar.
primeiro, ra. *núm., adj.* e *s.* Primero. ♦ **De primeira.** De primera calidad. **Primeira via (documento).** Original.
primitivo, va. *adj.* e *s.* Primitivo.
primo, ma. *adj.* **1.** *Mat.* Primo. *s.* **2.** Primo; hijo del tío.
primo-irmão. *m.* Primo hermano.
princesa. *f.* Princesa.
principal. *adj.* **1.** Principal. *m.* **2.** *Fin.* Capital prestado.
príncipe. *m.* Príncipe. ♦ **Príncipe encantado.** *fig.* Príncipe azul.
principiante. *adj.* e *com.* Principiante.
princípio. *m.* Principio.
prioridade. *f.* Prioridad.
prisão. *f.* Prisión; cárcel. ♦ **Prisão de ventre.** Estreñimiento. **Prisão domiciliar.** *Dir.* Arresto domiciliario. **Prisão perpétua.** Cadena perpetua.
prisioneiro, ra. *s.* Prisionero; recluso.
privacidade. *f.* Vida privada; privacidad.
privada. *f.* Retrete; inodoro; váter.
privado, da. *adj.* **1.** Privado; de pago. **2.** Privativo.
privar. *v.* Privar; despojar.
privatizar. *v.* Privatizar.
privilégio. *m.* Privilegio.
pró. *adv.* **1.** A favor de. *m.* **2.** Pro. ♦ **(Os) Prós e (os) contras.** Los pros y los contras.

proa. *f. Mar.* Proa.
problema. *m.* Problema. ♦ **Problema seu / dele / dela.** Allá tú / él / ella.
proceder. *v.* Proceder.
procedimento. *m.* Procedimiento. ♦ **Dar procedimento a.** Proceder a.
processamento. *m.* **1.** Proceso. **2.** *Inform.* Procesamiento.
processar. *v.* **1.** *Dir.* Procesar; formar causa. **2.** *Inform.* Tratar la información.
processo. *m.* **1.** *Dir.* Juicio. **2.** Proceso; técnica.
procissão. *f.* Procesión.
proclamar. *v.* Proclamar.
próclise. *f. Ling.* Próclisis.
procriar. *v.* Procrear.
procura. *f.* Búsqueda. ♦ **Ir à procura de.** Ir en búsqueda de.
procuração. *f. Dir.* Poder. ♦ **Por procuração.** Por poder.
procurador, ra. *s.* **1.** *Dir.* Apoderado. **2.** *Dir.* Procurador.
procurar. *v.* **1.** Buscar. **2.** Tratar de; procurar. ♦ **Quem procura acha.** El que busca encuentra.
prodígio. *m.* Prodigio.
produção. *f.* Producción.
produto. *m.* **1.** Producto; artículo. **2.** *fig.* Producto; fruto.
produtor, ra. *adj.* e *s.* Productor.
produzir. *v.* **1.** Producir; fabricar. **2.** Producir; crear.
proeza. *f.* Hazaña.
profanar. *v.* Profanar.
proferir. *v.* Proferir.
professar. *v.* Profesar.
professor, ra. *s.* Maestro; profesor; profe.
profeta. *m.* Profeta.
profilaxia. *f. Med.* Profilaxis.
profissão. *f.* Profesión.
profissional. *adj.* e *com.* Profesional.
profundo, da. *adj.* **1.** Hondo; profundo. **2.** *fig.* Profundo; intenso.
progenitor, ra. *s.* Progenitor.
prognóstico. *m.* Pronóstico.
programa. *m.* **1.** Programa. **2.** *Inform.* Programa.
programador, ra. *s.* Programador.
programar. *v.* **1.** Programar. **2.** *Inform.* Programar. *v.p.* **3.** Hacer planes.

progredir. *v.* Progresar.
progresso. *m.* Progreso; evolución.
proibição. *f.* Prohibición.
proibir. *v.* Prohibir; proscribir; vedar.
projeção. *f.* Proyección.
projetar. *v.* Proyectar.
projétil. *m. Mil.* Proyectil.
projeto. *m.* **1.** Proyecto; plan. **2.** *Arq.* Proyecto; diseño.
projetor. *m.* Proyector.
proletariado. *m.* Proletariado; clase obrera.
proletário, ria. *s.* Obrero.
proliferar. *v.* Proliferar.
prolixo, xa. *adj.* Prolijo.
prolongar. *v.* e *v.p.* Prolongar(se); alargar(se).
promessa. *f.* Promesa.
prometer. *v.* Prometer.
promissor, ra. *adj.* Prometedor.
promissória. *f. Fin.* Pagaré.
promoção. *f.* Promoción.
promotor, ra. *adj.* **1.** Promotor. *s.* **2.** Promotor; abogado de oficio. ♦ **Promotor de justiça.** *Dir.* Procurador de justicia. **Promotor público.** *Dir.* Fiscal.
promover. *v.* **1.** Promover; fomentar. **2.** Promover; promocionar; ascender a nivel superior. **3.** *Fin.* Aumentar las ventas.
promulgar. *v.* Promulgar.
pronome. *m. Ling.* Pronombre.
prontidão. *f.* Prontitud. ♦ **Estar / Ficar de prontidão.** Poner sobre aviso.
pronto, ta. *adj.* Listo; dispuesto; terminado; preparado. ♦ **Pronto!** ¡Listo!
pronto-socorro. *m. Med.* Urgencia; clínica de emergencias / de primeros auxilios.
pronúncia. *f.* Pronunciación; articulación.
pronunciamento. *m.* Pronunciamiento.
pronunciar. *v.* Pronunciar.
propaganda. *f.* **1.** Publicidad (comercial). **2.** Propaganda (política).
proparoxítono, na. *adj. Ling.* **1.** Proparoxítono. *f.* **2.** Esdrújula.
propenso, sa. *adj.* Propenso; afecto.
propício, cia. *adj.* Propicio.
propor. *v.* e *v.p.* Proponer(se).
proporção. *f.* Proporción. ♦ **Na proporção de.** A razón de.
proporcional. *adj.* Proporcionado.

proporcionar. *v.* Proporcionar.

proposição. *f. Ling.* e *Mat.* Proposición.

propósito. *m.* **1.** Propósito. **2.** Propósito; intención. ◆ **A propósito.** Hablando de eso. / A propósito. **A / De propósito.** A sabiendas; queriendo. **A propósito de.** A propósito de. **De propósito.** Adrede.

proposto, ta. *adj.* **1.** Propuesto. *f.* **2.** Propuesta.

propriedade. *f.* **1.** Propiedad. **2.** Propiedad; bien inmueble. ◆ **Com propriedade.** Con propiedad. **Propriedade rural.** Heredad; hacienda; finca.

proprietário, ria. *adj.* e *s.* Propietario.

próprio, pria. *adj.* Propio.

propulsão. *f.* Propulsión.

prorrogação. *f.* Prórroga.

prorrogar. *v.* Prorrogar.

prosa. *f.* **1.** *Lit.* Prosa. **2.** Charla. ◆ **Um dedo de prosa.** Una charla amigable.

proscrever. *v.* Proscribir.

prosopopeia. *f. Ling.* Prosopopeya.

prospecção. *f.* Prospección.

prospecto. *m.* Prospecto.

prosperar. *v.* Prosperar.

prosseguimento. *m.* Proseguimiento. ◆ **Dar prosseguimento.** Dar secuencia.

prosseguir. *v.* Proseguir; reanudar.

próstata. *f. Anat.* Próstata.

prostíbulo. *m.* Prostíbulo.

prostituição. *f.* Prostitución.

prostituir. *v.* e *v.p.* Prostituir(se).

prostituto, ta. *s.* Prostituto.

protagonista. *com.* Protagonista.

proteção. *f.* Protección.

proteger. *v.* **1.** Proteger; amparar; defender. *v.p.* **2.** Resguardar(se). **3.** Abrigar(se); cubrir(se).

proteína. *f. Biol.* Proteína.

prótese. *f. Med.* Prótesis.

protestantismo. *m. Rel.* Protestantismo.

protestar. *v.* **1.** Protestar; manifestar en público. **2.** *Fin.* Protestar un título. **3.** Protestar; reclamar.

protesto. *m.* **1.** Rechazo público. **2.** Protesta.

protetor, ra. *adj.* Protector. ◆ **Protetor de tela.** *Inform.* Salvapantallas.

protocolo. *m.* Protocolo.

protótipo. *m.* Prototipo.

prova. *f.* **1.** Prueba. **2.** Examen (escolar). **3.** Prueba; ensayo. **4.** *Desp.* e *Mat.* Prueba. ◆ **À prova de.** A prueba de. **Pôr à prova.** Poner a prueba.

provador. *m.* Probador.

provar. *v.* **1.** Probar; demostrar. **2.** Probar; degustar. **3.** Probar; someter a prueba.

provável. *adj.* Probable.

provedor. *m. Inform.* Proveedor.

proveito. *m.* Provecho. ◆ **Faça bom proveito!** ¡Qué se / te lo aproveche / aproveches! **Tirar proveito.** Sacar fruto / el jugo.

provento. *m.* Ganancia; utilidad.

prover. *v.* Proveer; suministrar.

provérbio. *m.* Proverbio.

providência. *f.* Providencia. ◆ **Tomar providências.** Tomar medidas.

providenciar. *v.* Proveer; disponer.

província. *f.* Provincia.

provir. *v.* Provenir.

provisão. *f.* Provisión.

provisório, ria. *adj.* Provisional.

provocar. *v.* Provocar.

próximo, ma. *adj.* **1.** Próximo. **2.** Próximo; el que sigue. **m. 3.** Prójimo.

prudência. *f.* Prudencia.

prumo. *m.* Plomo. ◆ **A prumo.** A plomo.

pseudônimo. *m.* Seudónimo.

psicanálise. *f.* Psicoanálisis; sicoanálisis.

psicologia. *f.* Psicología; sicología.

psicólogo, ga. *s.* Psicólogo; sicólogo.

psicopata. *adj.* e *com. Med.* Psicópata; sicópata.

psicose. *f. Med.* Psicosis; sicosis.

psicoterapia. *f. Med.* Psicoterapia; sicoterapia.

psiquiatra. *com. Med.* Psiquiatra; siquiatra.

psiquiatria. *f. Med.* Psiquiatría; siquiatría.

psiu. *interj.* **1.** Chit; chist (para llamar). **2.** Chito; chitón (para pedir silencio).

puberdade. *f. Biol.* Pubertad.

púbis. *m. Anat.* Pubis.

publicar. *v.* Publicar; dar al público. ◆ **Em público.** De / En público.

publicitário, ria. *adj.* e *s.* Publicitario.

público, ca. *adj.* e *s.* Público.

pudim. *m. Cul.* Flan.

pudor. *m.* Pudor; recato.

pular. *v.* Brincar. ◆ **Pular corda.** Jugar a la comba.

pulga. *f.* Pulga. ◆ **Estar com a pulga atrás da orelha.** Tener la pulga tras la oreja.

pulmão. *m. Anat.* Pulmón.

pulo. *m.* Brinco. ◆ **Aos pulos.** A saltos. **Dar um pulo a / até.** Acercarse a. / Darse una vuelta por.

pulôver. *m.* Jersey; suéter.

pulsação. *f.* Latido.

pulseira. *f.* Pulsera.

pulso. *m.* Pulso. ◆ **Tomar el pulso.** Medir el pulso.

pulverizar. *v.* **1.** Pulverizar. **2.** Pulverizar (líquido).

punhado. *m.* Puñado.

punhal. *m.* Puñal.

punhalada. *f.* Puñalada.

punho. *m.* **1.** Puño; mano cerrada. **2.** *Anat.* Muñeca. **3.** Puño (ropa). ◆ **De próprio punho.** De su puño y letra.

punir. *v.* Punir.

pupila. *f. Anat.* Pupila.

pureza. *f.* Pureza.

purgante. *m.* Purgante.

purgatório, ria. *adj.* e *s.* Purgatorio.

purificar. *v.* e *v.p.* Purificar(se).

puro, ra. *adj.* Puro.

puro-sangue. *m.* Caballo de raza; pura sangre.

pus. *m. Med.* Pus.

pusilânime. *adj.* e *com.* Pusilánime; cobarde.

puxa. *interj.* Caramba; jolines; pucha.

puxada. *f.* Tirón.

puxadinho. *m. Arq.* Prolongación de una casa.

puxado, da. *adj.* Difícil; costoso. ◆ **Olhos puxados.** Ojos achinados.

puxador. *m.* Manija.

puxão. *m.* Tirón.

puxar. *v.* Tirar. ◆ **Puxar conversa.** Meter plática. **Puxar o saco.** *vulg.* Adular; hacer la pelotilla; *(R.P.)* chupar las medias; *(Amér. Central)* chaquetear. *Obs.*: Son vocablos y expresiones vulgares.

puxa-saco. *com. vulg.* Adulón; adulador; lameculos; *(R.P.)* chupamedias; *(Amér. Central)* chaquetero. *Obs.*: Son vocablos y expresiones vulgares.

Q

q. *m.* Q (la cu).
quadra. *f.* **1.** *Desp.* Cancha. **2.** Cuadra; manzana. **3.** *Mús.* e *Lit.* Cuarteto; copla.
quadrado, da. *adj.* e *s.* **1.** Cuadrado. *m.* **2.** *Geom.* Cuadrado.
quadragenário, ria. *adj.* e *s.* Cuadragenario.
quadrangular. *adj.* Cuadrangular.
quadrângulo. *m.* Tetrágono.
quadrante. *m.* Cuadrante.
quadrar. *v.* Cuadrar.
quadriculado, da. *adj.* A cuadros; en ajedrez.
quadricular. *v.* Cuadricular.
quadril. *m. Anat.* Cadera.
quadrilátero, ra. *adj.* e *s.* Cuadrilátero.
quadrilha. *f.* Cuadrilla.
quadrinhos. *m.pl.* Tira cómica; tebeo; historietas.
quadro. *m.* **1.** Cuadro. **2.** Plantilla. ◆ **Quadro de avisos.** Tablón de anuncios.
quadro-negro. *m.* Pizarra; pizarrón.
quadrúpede. *adj.* e *s.* Cuadrúpedo.
quádruplo, pla. *núm.* e *s.* Cuádruple.
qual. *pron.* **1.** Cual; quien; que. **2.** Cuál.
qualidade. *f.* Calidad. ◆ **Da melhor qualidade.** En / De primera línea.
qualificação. *f.* Calificación.
qualificado, da. *adj.* Cualificado.
qualificar. *v.* **1.** Catalogar; tildar. **2.** Atribuir cualidades.
qualificativo, va. *adj.* Calificativo.
qualitativo, va. *adj.* Cualitativo.
qualquer. *pron.* Cualquier; cualquiera.
quando. *adv.* e *conj.* **1.** Cuando. **2.** Cuándo. ◆ **Quando menos se espera.** El día menos pensado.
quantia. *f.* Importe.
quantidade. *f.* Cantidad.
quantificar. *v.* Cuantificar.
quantitativo, va. *adj.* Cuantitativo.
quanto, ta. *pron.* e *adv.* **1.** Cuanto. **2.** Cuánto.
quarenta. *núm.* e *m.* Cuarenta.
quarentão, tona. *adj.* e *s.* Cuarentón.
quarentena. *f.* Cuarentena.
quaresma. *f.* Cuaresma.
quarteirão. *m.* Manzana; cuadra. ◆ **Dar uma volta no quarteirão.** Dar la vuelta a la manzana.
quartel. *m.* Cuartel.
quartelada. *f.* Cuartelada.
quartel-general. *m.* Cuartel general.
quarteto. *m. Mús.* Cuarteto.
quarto, ta. *m.* **1.** Dormitorio; cuarto (de dormir); aposento. **2.** *núm.* Cuarto. ◆ **Quarta de final.** *Desp.* Cuarto de final. **Quarta-feira.** Miércoles.
quartzo. *m. Geol.* Cuarzo.
quasar. *m.* Quásar; cuásar.
quase. *adv.* Casi. ◆ **Quase não.** Apenas si.
quati. *m.* Coatí.
quatorze. *núm.* e *m.* Catorce.
quatriênio. *m.* Cuatrienio.
quatro. *núm.* e *m.* Cuatro. ◆ **De quatro.** A cuatro patas.
quatrocentos, tas. *núm.* e *s.* Cuatrocientos.
quatro-olhos. *com.* Cuatro ojos.
que. *conj.* e *pron.* Que.
quebra. *f.* Quiebra; rotura.
quebra-cabeça. *m.* Rompecabezas.
quebrado, da. *adj.* **1.** Quebrado; roto. **2.** Sin dinero; cargado de deudas.
quebradura. *f.* Quebradura.
quebra-gelo. *m.* Rompehielos.
quebra-mar. *m.* Rompeolas.
quebra-nozes. *m.* Cascanueces.
quebrantar. *v.* **1.** Quebrantar. **2.** Quitar la energía; debilitar.
quebranto. *m.* **1.** Quebranto. **2.** Gran pérdida o daño.
quebrar. *v.* **1.** Romper; quebrar. **2.** Violar la ley o la palabra dada. **3.** Quebrar; quitar la fuerza o la salud.

quebrável. *adj.* Quebradizo; frágil.
quedo, da. *adj.* **1.** Quedo; quieto. *f.* **2.** Caída. **3.** Declinación.
queijo. *m.* Queso.
queima. *f.* **1.** Quema. **2.** Incendio; fuego.
queimado, da. *adj.* **1.** Quemado. **2.** *Desp.* Balón prisionero.
queimador, ra. *adj.* **1.** Quemador. **2.** Individuo que incendia maliciosamente; incendiario.
queimadura. *f.* Quemadura.
queimar. *v.* **1.** Quemar. **2.** Prender fuego; incendiar. **3.** Destruir moralmente. **4.** Vender por necesidad, a precio muy bajo.
queixa. *f.* **1.** Queja; lamentación. **2.** Queja; denuncia (a autoridades).
queixada. *f.* Quijada.
queixar. *v.p.* **1.** Quejarse. **2.** Quejarse; denunciar (a autoridades).
queixo. *m. Anat.* Barbilla; mentón. ♦ **De cair o queixo.** De quitar el hipo.
queixoso, sa. *adj.* e *s.* Quejoso.
queixume. *m.* Quejumbre.
quem. *pron.* **1.** Quien; el que; quienes; los que. **2.** Quienes. ♦ **Como quem não quer nada.** Como quien no dice nada. **Quem diria!** ¡Quién lo diría! **Quem gostaria (de falar)?** ¿De parte de quién? **Quem tem sede demais não escolhe a água que bebe.** A buen hambre no hay pan duro. **Quem tudo quer nada tem.** El que ambiciona lo ajeno pronto pierde lo propio.
quente. *adj.* Caliente; caluroso.
quentura. *f.* Calentura.
quepe. *m.* Quepis.
quer. *conj.* Así; o; ya sea que.
querela. *f.* Querella.
querença. *f.* Querencia.
querer. *m.* **1.** Querer. *v.* **2.** Querer; sentir afecto. ♦ **Querer é poder.** Querer es poder. **Quer queira, quer não.** Que quiera, que no quiera.
querido, da. *adj.* e *s.* Querido.
quermesse. *f.* Kermés.
querosene. *m. Quím.* Queroseno.
querubim. *m.* Querubín.
questão. *f.* **1.** Cuestión. **2.** Cuestión; interrogante. **3.** Pleito. ♦ **Questão de.** Cuestión de.
questionário. *m.* Cuestionario.
questionável. *adj.* Cuestionable.
quiçá. *adv.* Quizá; quizás.

quíchua. *adj.* Quechua.
quieto, ta. *adj.* Quieto.
quilate. *m.* Quilate.
quilha. *f.* Quilla.
quilograma. *m.* Kilogramo.
quilometragem. *f.* Kilometraje.
quilômetro. *m.* Kilómetro.
quilowatt. *m.* Kilovatio.
quimera. *f.* Quimera.
químico, ca. *adj.* e *s.* **1.** Químico. *f.* **2.** Química.
quimioterapia. *f. Med.* Quimioterapia.
quimono. *m.* Quimono.
quindim. *m. Cul.* Dulce típico brasileño hecho con coco, azúcar y yema.
quinhão. *m.* Porción.
quinquilharia. *f.* Quincallería.
quinta-essência. *f.* Quintaesencia.
quinta-feira. *f.* Jueves.
quintal. *m.* Patio.
quinteto. *m.* e *Mús.* Quinteto.
quinto, ta. *núm.* e *s.* Quinto.
quíntuplo, pla. *núm.* e *s.* Quíntuplo.
quinze. *núm.* e *m.* Quince.
quinzena. *f.* Quincena.
quiosque. *m.* Quiosco; kiosco.
quirófano. *m.* Quirófano.
quiromancia. *f.* Quiromancia.
quiromante. *adj.* e *com.* Quiromántico.
quisto. *m.* Quiste.
quitação. *f.* Finiquito.
quitanda. *f.* Verdulería; frutería.
quitar. *v.* Finiquitar; saldar.
quite. *adj.* **1.** Libre de deudas. **2.** A ellas; pagado. ♦ **Estar quite.** No deber nada.
quitinete. *f.* Estudio; habitación con cocina.
quitute. *m. Cul.* Comida selecta; manjar.
quixotesco, ca. *adj.* Quijotesco.
quociente. *m. Mat.* Cociente.
quorum. *m.* Quórum.
quota. *f.* **1.** Cuota; cupo. **2.** Cuota; división equitativa de gastos.

R

r. *m.* R (la erre).
rã. *f. Zool.* Rana.
rabada. *f.* **1.** Cuarto trasero de una res, ternera o cerdo. **2.** Trenza de cabello adornada con cintas. **3.** *Cul.* Plato preparado con rabo de vaca.
rabanada. *f. Cul.* Torrija.
rabanete. *m. Bot.* Rábano.
rabear. *v.* Rabear.
rabiscar. *v.* Garabatear; garrapatear.
rabisco. *m.* Garabato.
rabo. *m. Anat.* Rabo; cola. ◆ **Rabo de cavalo.** Coleta.
rabugento, ta. *adj.* Refunfuñón.
raça. *f.* Raza. ◆ **Cachorro de raça.** Perro de raza. **De raça.** De raza.
ração. *f.* **1.** Ración. **2.** Pienso para animales.
rachadura. *f.* Grieta; hendidura.
rachar. *v.* **1.** Rajar. **2.** Agrietar; hender; resquebrajar. **3.** Dividir gastos o beneficios; ratear.
raciocinar. *v.* Raciocinar; razonar.
raciocínio. *m.* Argumento; raciocinio.
racional. *adj.* Racional.
racionalismo. *m.* Racionalismo.
racionalizar. *v.* Racionalizar.
racionamento. *m.* Racionamiento.
racionar. *v.* Racionar.
racismo. *m.* Racismo.
radar. *m.* Radar.
radiação. *f.* Radiación.
radiador. *m.* Radiador.
radial. *adj.* Radial.
radiante. *adj.* Radiante. ◆ **Estar radiante.** Estar en la gloria.
radiar. *v.* Radiar.
radical. *adj. com.* e *m.* Radical.
radicar. *v.* **1.** Radicarse; arraigar; echar raíces. *u.p.* **2.** Radicarse; fijar residencia.
rádio. *m.* Radio.
radioamador, ra. *adj.* e *s.* Radioaficionado.
radioatividade. *f.* Radiactividad.
radiocomunicação. *f.* Radiocomunicación.
radiodifusão. *f.* Radiodifusión.
radioemissora. *f.* Estación radiofónica.
radiografia. *f.* Radiografía.
radiogravador. *m.* Radiocasete.
radiologia. *f.* Radiología.
radioterapia. *f.* Radioterapia.
radiouvinte. *adj.* Radioyente.
raia. *f.* Raya.
raiar. *v.* Amanecer el día.
rainha. *f.* Reina.
raio. *m.* **1.** Rayo. **2.** Radio (de la circunferencia). ◆ **Raio de ação.** Radio de acción. **Raio** *laser.* Rayo láser. **Raios X.** Rayos X.
raiva. *f.* Rabia. ◆ **Sentir raiva.** Rabiar; tener rabia.
raivoso, sa. *adj.* Rabioso; furioso.
raiz. *f.* Raíz. ◆ **Cortar o mal pela raiz.** *fig.* e *fam.* Cortar por lo sano. **Raiz cúbica.** *Mat.* Raíz cúbica. **Raiz quadrada.** *Mat.* Raíz cuadrada.
rajada. *f.* Ráfaga. ◆ **Rajada de metralhadora.** Ráfaga de ametralladora.
ralador. *m.* Rallador.
ralar. *v.* Rallar.
ralé. *f.* **1.** Ralea; populacho. **2.** *pej.* Gentuza.
ralo. *adj.* **1.** Poco espeso; claro. *m.* **2.** Rejilla; sumidero.
ramal. *m.* Ramal.
ramalhete. *m.* Ramillete.
ramificação. *f.* Ramificación.
ramificar. *v.* Ramificar.
ramo. *m.* **1.** Rama; gajo. **2.** Esfera de actividad.
rampa. *f.* Rampa.
rancho. *m.* Rancho.
rancor. *m.* Rencor.
rançoso, sa. *adj.* Rancio.

ranger. *v.* Crujir.
ranho. *m.* Moco.
ranhura. *f.* Ranura.
ranzinza. *adj.* Rezongón.
rapadura. *f.* Rapadura.
rapar. *v.* Rapar.
rapaz. *m.* Muchacho; varón.
rapé. *m.* Rapé.
rapidez. *f.* Rapidez.
rápido, da. *adj.* Rápido; ligero; veloz.
rapina. *f.* Rapiña.
raposa. *f. Zool.* Zorro.
rapper. *com. Mús.* Rapero.
rapto. *m.* Rapto.
raquete. *f.* Raqueta.
raquítico, ca. *adj.* Raquítico.
rarear. *v.* Enrarecer.
raridade. *f.* Rareza; cosa rara.
raro, ra. *adj.* Raro.
rasante. *adj.* Rasante.
rascadeira. *f.* Rasqueta.
rascunho. *m.* Borrador; minuta.
rasgar. *v.* Rasgar.
rasgo. *m.* **1.** Rasgón; roto. **2.** Rasgo.
raso, sa. *adj.* Rastrero; raso.
raspa. *f.* Raspa.
raspagem. *f.* Raspado.
raspão. *m.* Raspón.
raspar. *v.* Raspar; raer. ◆ **Raspando.** A ras. **Raspar a barba.** Afeitarse. **Raspar o pelo.** Raspar el pelo/el vello.
rasteira. *f.* Zancadilla.
rasteiro, ra. *adj.* Rastrero.
rastejar. *v.* **1.** Rastrear **2.** Arrastrarse.
rastelo. *m.* Rastro.
rastreamento. *m.* Rastreo.
rastrilho. *m.* Grada.
rastro. *m.* Rastro. ◆ **Ser um rastro de pólvora.** *fig.* Ser un reguero de pólvora.
rasura. *f.* Mancha; tachón.
rasurar. *v.* Borrar; tachar.
ratazana. *f. Zool.* Rata.
rateio. *m.* Rateo; vaca.
ratificar. *v.* Ratificar; confirmar.
rato. *m. Zool.* Ratón.
ravióli. *m. Cul.* Ravioles.

razão. *f.* Razón. ◆ **Ter razão.** Tener razón.
razoável. *adj.* Razonable.
ré. *f.* Popa. ◆ **Marcha à ré.** Marcha atrás.
reação. *f.* Reacción.
reacionário, ria. *adj.* e *s.* Reaccionario.
reafirmar. *v.* Reafirmar.
reagente. *adj.* Reactivo.
reagir. *v.* Reaccionar.
reajuste. *m.* Reajuste.
real. *adj.* Real.
realçar. *v.* Realzar.
realce. *m.* Relieve; realce.
realidade. *f.* Realidad. ◆ **Na realidade.** En realidad.
realização. *f.* Realización.
realizar. *v.* Realizar.
realizável. *adj.* Realizable.
realmente. *adv.* Realmente.
reanimar. *v.* Reanimar.
reaparecimento. *m.* Reaparición.
rearmamento. *m.* Rearme.
reatar. *v.* Reatar.
reativar. *v.* Reactivar.
reator. *m.* Reactor. ◆ **Reator nuclear.** Reactor nuclear.
reaver. *v.* Recobrar.
rebaixar. *v.* Rebajar.
rebanho. *m.* **1.** Rebaño; manada. **2.** Grey.
rebate. *m.* Alarma; rebato.
rebater. *v.* Rebatir.
rebelar. *v.p.* Rebelarse.
rebeldia. *f.* Rebeldía.
rebelião. *f.* Rebelión.
rebentação. *f.* Reventazón.
rebentar. *v.* Reventar.
rebento. *m.* Retoño.
rebite. *m.* Remache.
rebocador. *m.* Remolcador.
rebocar. *v.* Remolcar.
rebolar. *v.* Menear.
reboque. *m.* Remolque.
rebordo. *m.* Reborde.
rebuliço. *m.* Alboroto.
recado. *m.* Recado; mensaje.
recaída. *f.* Recaída.
recair. *v.* Recaer.

recalcado, da. *adj.* Acomplejado.
recalcar. *v.* Recalcar.
recanto. *m.* **1.** Retiro **2.** Rincón.
recapitular. *v.* Recapitular.
recarregar. *v.* Recargar.
recatado, da. *adj.* Recatado.
recato. *m.* Recato; reserva; modestia.
recauchutar. *v.* Recauchutar.
recear. *v.* Recelar; temer.
receber. *v.* Recibir.
recebimento. *m.* Recepción.
receio. *m.* Recelo; temor; aprensión.
receita. *f.* **1.** Recaudación. **2.** Receta.
receitar. *v.* Recetar; prescribir.
recém. *adv.* Recién.
recenseamento. *m.* Censo.
recente. *adj.* Reciente; del día.
receoso, sa. *adj.* Receloso.
recepção. *f.* Recepción.
recepcionar. *v.* Recepcionar; agasajar.
recepcionista. *com.* Recepcionista.
receptador, ra. *adj.* Receptador.
receptivo, va. *adj.* Receptivo.
receptor. *m.* Receptor.
recessão. *f.* Recesión.
recesso. *m.* Receso.
rechaçar. *v.* Rechazar.
rechear. *v.* Rellenar.
recheio. *m.* Relleno.
recibo. *m.* Recibo; factura.
reciclagem. *f.* Reciclaje.
recife. *m.* Arrecife.
recinto. *m.* Recinto.
recipiente. *m.* Recipiente.
recíproco, ca. *adj.* Recíproco; mutuo.
recital. *m.* Recital.
recitar. *v.* Recitar.
reclamação. *f.* Reclamación.
reclamar. *v.* Reclamar.
reclamo. *m.* Reclamo.
reclinar. *v.* Reclinar.
reclusão. *f.* Reclusión.
recobrar. *v.* Recobrar.
recobrir. *v.* Recubrir.
recolher. *v.* Recoger; recopilar.
recolhimento. *m.* Recogida.
recomeçar. *v.* Recomenzar.
recomeço. *m.* Recomienzo.
recomendação. *f.* Recomendación.
recomendar. *v.* Recomendar.
recomendável. *adj.* Recomendable.
recompensa. *f.* Recompensa.
recompor. *v.* Recomponer.
reconciliar. *v.* Reconciliar.
recôndito. *adj.* Recóndito.
reconduzir. *v.* Reconducir.
reconfortar. *v.* Reconfortar.
reconhecer. *v.* Reconocer.
reconhecimento. *m.* Reconocimiento.
reconquista. *f.* Reconquista.
reconsiderar. *v.* Reconsiderar.
reconstituinte. *adj.* Reconstituyente.
reconstituir. *v.* Reconstituir.
reconstruir. *v.* Reconstruir.
recontar. *v.* Recontar.
recopilação. *f.* Recopilación.
recopilar. *v.* Recopilar.
recordação. *f.* Recuerdo.
recordar. *v.* Recordar; evocar.
recorde. *m.* Récord.
recorrer. *v.* Recurrir; acudir.
recortar. *v.* Recortar.
recorte. *m.* Recorte.
recostar. *v.* Recostar.
recozimento. *m.* Recocido.
recrear. *v.* Recrear.
recreio. *m.* Recreo.
recriar. *v.* **1.** Recrear. **2.** Recriar
recriminar. *v.* Recriminar.
recrudescer. *v.* Recrudecer.
recruta. *m.* Recluta.
recrutamento. *m.* Recluta.
recrutar. *v.* Reclutar.
récua. *f.* Recua.
recuar. *v.* Retroceder; cejar; recular.
recuo. *m.* Retroceso.
recuperar. *v.* **1.** Recuperar. *v.p.* **2.** Recuperarse; reponerse.
recuperável. *adj.* Recuperable.
recurso. *m.* Recurso.
recusa. *f.* Rechazo.

recusar. *v.* Rechazar; recusar; rehusar; denegar.
redação. *f.* Redacción.
redada. *f.* **1.** Redada. **2.** Nidada.
redarguir. *v.* Redargüir.
redator, ra. *adj.* e *s.* Redactor.
rede. *f.* **1.** Red; malla para pescar. **2.** Hamaca. **3.** *Inform.* Red.
rédea. *f.* Rienda. ◆ **Tomar as rédeas.** Tomar las riendas.
redemoinho. *m.* Torbellino; remolino.
redenção. *f.* Redención.
redigir. *v.* Redactar.
redil. *m.* Redil.
redimir. *v.* Redimir.
redoma. *f.* Redoma.
redondeza. *f.* Alrededores; cercanías; proximidades; afueras; aledaños.
redondilha. *f.* Redondilla.
redondo, da. *adj.* Redondo.
redução. *f.* Reducción; disminución.
redundar. *v.* Redundar.
reduto. *m.* Reducto.
reduzir. *v.* Reducir; acortar; achicar.
reedição. *f.* Reedición.
reembolso. *m.* Reembolso; reintegro.
reencarnar. *v.* Reencarnar.
reencontro. *m.* Reencuentro.
reengajar. *v.* e *v.p.* Reenganchar(se).
reentrância. *f.* Entrante.
reestruturar. *v.* Reestructurar.
refazer. *v.* Rehacer; hacer de nuevo.
refeição. *f.* Comida; refacción.
refeitório. *m.* Comedor.
refém. *com.* Rehén.
referência. *f.* Referencia.
referendar. *v.* Refrendar.
referente. *adj.* Referente.
referir. *v.* Referir.
refinar. *v.* Refinar.
refinaria. *f.* Refinería.
refletir. *v.* Reflejar.
refletor. *adj.* Reflector.
reflexão. *f.* Reflexión.
reflexivo, va. *adj.* Reflexivo.
reflexo. *m.* Reflejo.
reflorestamento. *m.* Reforestación.

refluxo. *m.* Reflujo.
refogar. *v. Cul.* Rehogar; sofreír.
reforçar. *v.* Reforzar.
reforço. *m.* Refuerzo.
reforma. *f.* Reforma.
reformar. *v.* Reformar.
reformatório. *m.* Reformatorio.
refrão. *m.* **1.** Bordón. **2.** Refrán.
refratário, ria. *adj.* Refractario.
refrear. *v.* Refrenar.
refrega. *f.* Refriega.
refrescar. *v.* Refrescar. ◆ **Refrescar-se.** Tomar el fresco.
refresco. *m.* Refrigerio.
refrigeração. *f.* Refrigeración.
refrigerante. *adj.* **1.** Refrigerador. *m.* **2.** Gaseosa; refresco.
refrigério. *m.* Refrigerio.
refugiar. *v.* e *v.p.* Refugiar(se).
refúgio. *m.* Refugio.
refugo. *m.* Desecho.
refutar. *v.* Refutar.
rega. *f.* Riego.
regador. *m.* Regadera.
regalar. *v.* Regalar; disfrutar.
regalia. *f.* Regalía.
regar. *v.* Regar.
regata. *f.* Regata.
regato. *m.* Regato.
regência. *f.* Regencia.
regenerar. *v.* Regenerar.
regente. *adj.* e *com.* Regente.
reger. *v.* Regir.
regiamente. *adv.* Regiamente.
região. *f.* Región.
regime. *m.* **1.** Régimen. **2.** Régimen alimentario; dieta.
regionalismo. *m.* Regionalismo.
registrado, da. *adj.* Consignado; registrado.
registrar. *v.* **1.** Registrar. **2.** Certificar.
registro. *m.* **1.** Registro. **2.** Llave de paso (en una tubería de agua o gas).
regozijar. *v.* Regocijar.
regra. *f.* Regla. ◆ **Via de regra.** Por regla general.
regressão. *f.* Regresión; regreso.

regressar. *v.* Regresar.
regresso. *m.* Regreso; retorno.
régua. *f.* Regla.
regulador, ra. *adj.* e *m.* Regulador.
regulagem. *f.* Regulación.
regulamentar. *v.* 1. Reglamentar. *adj.* 2. Reglamentario.
regulamento. *m.* Reglamento.
regular. *v.* e *adj.* Regular.
regularidade. *f.* Regularidad.
regularizar. *v.* Regularizar.
regulável. *adj.* Regulable.
regurgitar. *v.* 1. Transbordar. 2. Regurgitar; vomitar.
rei. *m.* Rey.
reinado. *m.* Reinado.
reinar. *v.* Reinar.
reincidência. *f.* Reincidencia.
reincorporar. *v.* Reincorporar.
reiniciar. *v.* Reanudar.
reino. *m.* Reino.
reinstalar. *v.* Reinstalar.
reintegrar. *v.* Reintegrar.
reinvestir. *v.* Reinvertir.
reiterar. *v.* Reiterar; repetir.
reitor, ra. *s.* Rector.
reivindicação. *f.* Reivindicación.
reivindicar. *v.* Reivindicar.
rejeição. *f.* Rechazo.
rejeitar. *v.* Rechazar.
rejuntar. *v.* Rejuntar.
rejuvenescimento. *m.* Rejuvenecimiento.
relação. *f.* 1. Relación. 2. Descripción. ♦ **Em relação a.** Con respecto a.
relacionamento. *m.* Relación.
relacionar. *v.* 1. Relacionar; referir. 2. Relacionar; comparar.
relâmpago. *m.* Relámpago.
relampaguear. *v.* Relampaguear.
relatar. *v.* Relatar.
relativo, va. *adj.* Relativo.
relato. *m.* Relato.
relatório. *m.* Informe.
relaxamento. *m.* Relajación.
relaxar. *v.* Relajar.
relegar. *v.* Relegar.

reler. *v.* Releer.
reles. *adj.* Ordinario.
relevante. *adj.* Relevante.
relevo. *m.* 1. Relieve; realce. 2. Relieve; distinción.
religião. *f. Rel.* Religión.
religioso, sa. *adj. Rel.* 1. Religioso. *m.* 2. Religioso (de una orden religiosa).
relinchar. *v.* Relinchar.
relincho. *m.* Relincho.
relíquia. *f.* Reliquia.
relógio. *m.* Reloj. ♦ **Relógio de parede.** Reloj de pared. **Relógio de pulso.** Reloj de pulsera.
relojoaria. *f.* Relojería.
relutante. *adj.* Reluctante.
reluzente. *adj.* Reluciente.
reluzir. *v.* Relucir; brillar.
relva. *f.* Césped.
remada. *f.* Boga.
remanejar. *v.* Redistribuir; reacomodar.
remanescente. *m.* Remanente.
remar. *v.* Remar.
remarcar. *v.* 1. Marcar nuevamente. 2. Poner nuevos precios a las mercancías que se tienen en venta.
rematar. *v.* Rematar.
remate. *m.* Remate; terminación.
remediar. *v.* 1. Medicar. 2. Remediar; subsanar.
remédio. *m.* Remedio; medicina.
remela. *f. Biol.* Legaña.
remelento, ta. *adj.* Legañoso.
rememorar. *v.* Rememorar; recordar; evocar.
remendado, da. *adj.* 1. Remendado; recompuesto. 2. Listado.
remendar. *v.* Remendar.
remendo. *m.* Remiendo.
remessa. *f.* Remesa; envío.
remetente. *adj.* e *com.* Remitente; remite.
remeter. *v.* Remitir.
remexer. *v.* 1. Remecer. 2. Remecer; revolver.
reminiscência. *f.* Reminiscencia; recuerdo.
remissão. *f.* 1. Remisión; indulgencia; perdón. 2. Remisión; envío.
remisso, sa. *adj.* Remiso.
remo. *m.* Remo.
remoção. *f.* Remoción.

remodelar. *v.* **1.** Remodelar. **2.** Remodelar; rehacer.

remoer. *v.* **1.** Rumiar. **2.** Importunar con insistencia.

remontar. *v.* Remontar.

rêmora. *f. Zool.* Rémora.

remorso. *m.* Remordimiento.

remoto, ta. *adj.* Remoto.

remover. *v.* Remover.

removível. *adj.* Móvil; removible.

remuneração. *f.* Remuneración.

remunerar. *v.* Remunerar; pagar; recompensar.

renascença. *f.* Renacimiento.

renda. *f.* **1.** Renta. **2.** Puntilla; encaje.

render. *v.* **1.** Rendir; vencer. **2.** Rendir; producir ganancia; rentar.

rendição. *f.* Rendición.

rendimento. *m.* **1.** Rendimiento. **2.** Beneficio.

renegado, da. *adj.* Renegado.

renegar. *v.* Renegar.

renomado, da. *adj.* Renombrado.

renome. *m.* Renombre.

renovação. *f.* Renovación.

renovar. *v.* Renovar.

renovável. *adj.* Renovable.

rentável. *adj.* Rentable.

rente. *adj.* A ras.

renunciar. *v.* **1.** Renunciar. **2.** Renunciar; abandonar (cargo o empleo).

reorganização. *f.* Reorganización.

reorganizar. *v.* Reorganizar; reformar.

reparação. *f.* **1.** Reparación; restauración. **2.** Reparación; indemnización o satisfacción.

reparar. *v.* **1.** Reparar. **2.** Resarcir; reparar.

reparo. *m.* Reparo; objeción.

repartição. *f.* **1.** Reparto. **2.** Oficina pública.

repartir. *v.* Repartir; separar; dividir.

repasse. *m.* Repaso; objeción.

repatriar. *v.* Repatriar.

repelente. *adj.* e *m.* Repelente.

repente. *m.* Repente. ♦ **De repente.** De golpe./De pronto./De rebato./De súbito./En seco.

repentino, na. *adj.* Repentino.

repercussão. *f.* Repercusión.

repercutir. *v.* Repercutir.

repertório. *m.* Repertorio.

repeteco. *m.* Cantilena.

repetente. *adj.* Repitente (en la escuela).

repetidamente. *adv.* Repetidamente.

repetido, da. *adj.* Frecuente; repetido.

repetir. *v.* Repetir.

repicar. *v.* Repicar; sonar las campanas.

replantar. *v.* Replantar.

repleto, ta. *adj.* Repleto.

réplica. *f.* Réplica.

replicar. *v.* Replicar.

repolho. *m. Bot.* Repollo.

repor. *v.* Reponer; restituir.

reportagem. *f.* Reportaje.

reportar. *v.* Reportar; trasmitir.

repórter. *com.* Reportero.

reposição. *f.* Reposición. ♦ **De reposição.** De recambio.

repousar. *v.* Reposar.

repouso. *m.* Reposo.

repovoar. *v.* Repoblar.

repreender. *v.* Reprender; regañar.

repreensão. *f.* Reprimenda; reprensión.

represa. *f.* Embalse.

represália. *f.* Represalia; respuesta; venganza.

represamento. *m.* Encauzamiento.

representação. *f.* **1.** Representación. **2.** Representación; autoridad, dignidad o categoría de alguien.

representante. *adj.* e *com.* Representante.

representar. *v.* Representar.

representativo, va. *adj.* Representativo.

repressão. *f.* Represión; contención.

repressor, ra. *adj.* Represivo.

reprimir. *v.* Reprimir; contener; cohibir.

reprodução. *f.* **1.** Reproducción; procreación. **2.** Reproducción; copia.

reprodutor, ra. *adj.* e *s.* Reproductor.

reproduzir. *v.* **1.** Reproducir; sacar copias. **2.** Reproducir; repetir.

reprovado, da. *adj.* **1.** Reprobado. **2.** Reprobado; suspendido (en exámenes, en la escuela). ♦ **Ser reprovado (em um curso).** Perder año.

reprovar. *v.* Reprobar; rechazar; suspender. ♦ **Reprovar em um exame.** Dar calabazas.

reprovável. *adj.* Reprobable; reprochable.

réptil. *adj.* Reptil.

república. *f. Polít.* República.

republicano, na. *adj.* e *s. Polít.* Republicano.
repudiar. *v.* Repudiar; aborrecer.
repugnância. *f.* Repugnancia.
repugnante. *adj.* Repugnante.
repulsa. *f.* Repulsa; repugnancia.
reputação. *f.* Reputación.
reputar. *v.* Reputar.
repuxo. *m.* **1.** Acción y efecto de tirar hacia tras (la corriente, la marea). **2.** Chorro de agua.
requeijão. *m.* Requesón.
requentar. *v.* Recalentar.
requerer. *v.* Requerir; solicitar.
requerimento. *m.* Petición.
requinte. *m.* Esmero.
requisição. *f.* Petición.
requisitar. *v.* Requerir.
requisito. *m.* Requisito.
rês. *f.* Res.
rescaldo. *m.* Rescoldo.
rescindir. *v.* Rescindir.
rescisão. *f.* Rescisión.
resenha. *f.* Reseña.
reserva. *f.* Reserva; recato. ♦ **De reserva.** De repuesto. **Reserva de fundos.** Provisión de fondos.
reservado, da. *adj.* **1.** Reservado. *m.* **2.** Reservado; compartimento aislado.
reservar. *v.* Reservar.
reservatório. *m.* Depósito.
reservista. *com.* Reservista.
resfriado, da. *adj.* **1.** Resfriado. *m.* **2.** Resfriado; catarro.
resfriar. *v.* **1.** Enfriar. *v.p.* **2.** Resfriarse.
resgatar. *v.* Rescatar.
resgate. *m.* Rescate.
resguardar. *v.* Resguardar.
resguardo. *m.* Resguardo.
residência. *f.* Residencia; morada.
residencial. *adj.* Residencial.
residente. *adj.* e *com.* Residente.
residir. *v.* **1.** Residir. **2.** Radicar.
resíduo. *m.* Residuo.
resignação. *f.* Resignación.
resignar. *v.* e *v.p.* Resignar(se).
resina. *f.* Resina.
resistência. *f.* **1.** Resistencia; oposición. **2.** Resistencia; vigor; valor.
resistente. *adj.* Resistente.
resistir. *v.* Resistir.
resmungar. *v.* Rezongar; refunfuñar; mascullar.
resolução. *f.* **1.** Resolución; decisión. **2.** Resolución; acuerdo.
resolutamente. *adv.* Resueltamente.
resolutivo, va. *adj.* Resolutivo.
resolver. *v.* **1.** Resolver; decidir. **2.** Deliberar; resolver; acordar. ♦ **Não resolver nada.** No atar ni desatar.
resolvido, da. *adj.* Resuelto.
respaldar. *v.* **1.** Allanar. **2.** Respaldar; apoyar.
respaldo. *m.* Respaldo.
respectivo, va. *adj.* Respectivo.
respeitado, da. *adj.* Respetado.
respeitar. *v.* Respetar.
respeitável. *adj.* Respetable; honorable; de respeto.
respeito. *m.* Respeto; consideración. ♦ **A respeito de.** En torno a/de.
respeitoso, sa. *adj.* Respetuoso.
respingar. *v.* **1.** Salpicar. **2.** Crepitar.
respingo. *m.* Salpicadura.
respiração. *f.* Respiración.
respiradouro. *m.* Respiradero.
respirar. *v.* Respirar.
respirável. *adj.* Respirable.
respiro. *m.* **1.** Respiro; resuello. **2.** Alivio.
resplendor. *m.* Resplandor.
respondão, dona. *adj.* Respondón.
responder. *v.* Contestar; responder.
responsabilizar. *v.* Responsabilizar.
responsável. *adj.* Responsable.
responso. *m.* Responso.
resposta. *f.* Respuesta.
resquício. *m.* Resquicio.
ressaca. *f.* Resaca.
ressaltar. *v.* Resaltar; señalar; subrayar.
ressalva. *f.* Reserva; salvedad.
ressarcir. *v.* Resarcir.
ressarcível. *adj.* Subsanable.
ressecar. *v.* Resecar.
ressentimento. *m.* Resentimiento.
ressentir. *v.p.* **1.** Resentirse. **2.** Resentirse (moralmente); ofenderse. **3.** Empezar a flaquear o perder fuerzas.

ressoar. *v.* Resonar.
ressonância. *f.* Resonancia.
ressurreição. *f.* Resurrección.
ressuscitar. *v.* Resucitar.
restabelecer. *v.* Restablecer.
restabelecimento. *m.* Restablecimiento; restauración; recuperación.
restante. *adj.* e *m.* Restante.
restar. *v.* **1.** Restar; quedar. **2.** Restar; faltar.
restauração. *f.* Restauración.
restaurante. *m.* Restaurante; restorán.
restaurar. *v.* **1.** Restaurar; recuperar. **2.** Restaurar; restablecer.
réstia. *f.* Ristra.
restinga. *f.* Restinga.
restituição. *f.* Restitución.
restituir. *v.* Restituir; devolver; restablecer.
restituível. *adj.* Restituible.
resto. *m.* **1.** *Mat.* Resto; residuo. **2.** Resto; remanente.
restrição. *f.* Restricción; limitación.
restringir. *v.* Restringir; atenerse.
restrito, ta. *adj.* Restricto; limitado.
resultado. *m.* Resultado.
resultar. *v.* Resultar; provenir.
resumir. *v.* Resumir.
resumo. *m.* Resumen. ♦ **Em resumo.** En suma.
retábulo. *m.* Retablo.
retaguarda. *f.* Retaguardia.
retalho. *m.* Retal.
retangular. *adj.* Rectangular.
retângulo. *m. Geom.* Rectángulo.
retardar. *v.* Retardar; retrasar.
retardatário, ria. *adj.* e *s.* Retrasado.
retenção. *f.* Retención.
reter. *v.* Retener.
reticência. *f.* **1.** Reticencia. *f.pl.* **2.** *Ling.* Puntos suspensivos.
reticente. *adj.* Reticente.
retidão. *f.* Rectitud.
retífica. *f.* Rectificadora.
retificar. *v.* Rectificar.
retirada. *f.* Retirada.
retirado, da. *adj.* Retirado.
retirar. *v.* **1.** Retirar; sacar. **2.** Retirar; remover. **3.** Retirar; recoger.

retiro. *m.* Retiro.
reto, ta. *adj.* Recto.
retocar. *v.* Retocar.
retomar. *v.* Recobrar; reanudar.
retoque. *m.* Retoque.
retorcer. *v.* **1.** Retorcer. *v.p.* **2.** Contorsionarse.
retórica. *f.* Retórica.
retórico, ca. *adj.* Retórico.
retornar. *v.* Retornar; regresar.
retorno. *m.* Retorno.
retraído, da. *adj.* Retraído.
retrair. *v.* Retraer.
retransmissão. *f.* Retransmisión.
retransmitir. *v.* Retransmitir.
retrasado, da. *adj.* Retrasado.
retrasar. *v.* Retrasar; atrasar; postergar.
retratação. *f.* Retractación.
retratar. *v.* **1.** Retratar; sacar/tomar fotos. *v.p.* **2.** Retractarse.
retrato. *m.* Retrato.
retribuição. *f.* Retribución.
retribuir. *v.* Retribuir.
retroativo, va. *adj.* Retroactivo.
retroceder. *v.* **1.** Retroceder. **2.** Retroceder; regresar; retornar.
retrocesso. *m.* Retroceso; regresión.
retrospectiva. *f.* Retrospectiva.
retrospectivo, va. *adj.* Retrospectivo.
retrovisor. *adj.* e *m.* Retrovisor.
retrucar. *v.* Retrucar.
réu. *m.* Reo; acusado.
reumatismo. *m. Med.* Reumatismo.
reunião. *f.* Reunión. ♦ **Reunião de cúpula.** Conferencia cumbre.
reunir. *v.* Reunir.
revalidar. *v.* Revalidar.
revalorização. *f.* Revalorización.
revalorizar. *v.* Revalorizar.
revanche. *f.* Revancha.
réveillon. *f.* Nochevieja.
revelação. *f.* Revelación.
revelar. *v.* Revelar.
revelia. *f.* Rebeldía. ♦ **À revelia.** En rebeldía.
revendedor, ra. *adj.* e *s.* Revendedor.
revendedora. *f.* Reventa.

revender. *v.* Revender.

rever. *v.* Rever.

reverso. *m.* Reverso.

reverter. *v.* Revertir.

revés. *m.* Revés; contratiempo.

revestimento. *m.* Revestimiento.

revestir. *v.* **1.** Revestir. **2.** Imbuirse.

revezamento. *m.* Relevo.

revezar. *v.* Relevar.

reviravolta. *f.* Cambio brusco.

revisão. *f.* Revisión; repaso.

revisar. *v.* Revisar.

revista. *f.* Revista. ◆ **Revista de fofocas.** Revista de chismes./Revista del corazón.

revistar. *v.* Revistar.

reviver. *v.* Revivir.

revoada. *f.* **1.** Bando de pájaros. **2.** Revuelo.

revoar. *v.* Revolotear.

revogar. *v.* Revocar.

revogável. *adj.* Revocable.

revolta. *f.* Rebelión.

revoltar. *v.* Rebelar. ◆ **Ser revoltado.** Ser de la cáscara amarga.

revolto, ta. *adj.* Revuelto.

revolução. *f.* Revolución.

revolucionar. *v.* Revolucionar.

revolucionário, ria. *adj.* e *s.* Revolucionario.

revolver. *v.* Revolver.

revólver. *m.* Revólver.

revoo. *m.* Revuelo.

reza. *f.* Rezo; oración.

rezar. *v.* Rezar; orar.

riacho. *m.* Riacho; riachuelo.

ribeira. *f.* Ribera.

rícino. *m. Bot.* Ricino.

rico, ca. *adj.* e *s.* **1.** Rico; adinerado. **2.** Fértil.

ridicularizar. *v.* **1.** Ridiculizar. *v.p.* **2.** Caer en ridículo.

ridículo, la. *adj.* Ridículo.

rifa. *f.* Rifa; sorteo.

rifle. *m.* Rifle.

rígido, da. *adj.* Rígido.

rigor. *m.* **1.** Rigor; precisión. **2.** Rigor; severidad. **3.** Intensidad de frío o calor.

rigoroso, sa. *adj.* **1.** Riguroso; estricto. **2.** Riguroso; preciso. **3.** Riguroso; áspero.

rim. *m. Anat.* Riñón.

rima. *f.* Rima.

rimar. *v.* Rimar.

rimbombar. *v.* **1.** Rimbombar; resonar **2.** Retumbar (los truenos).

rímel. *m.* Rímel.

ringue. *m.* Ring.

rinha. *f.* Reñidero.

rinoceronte. *m. Zool.* Rinoceronte.

rio. *m.* Río.

ripa. *f.* Ripia.

riqueza. *f.* Riqueza.

rir. *v.* Reír. ◆ **Rebentar de rir.** *fig.* e *fam.* Reventar de la risa.

risada. *f.* Risotada; carcajada. ◆ **Conter a risada.** *fig.* e *fam.* Contener la risa.

risca. *f.* Raya.

riscar. *v.* **1.** Rayar. **2.** Rasguñar.

risco. *m.* **1.** Riesgo; peligro. **2.** Línea; raya.

risonho, nha. *adj.* Risueño.

risoto. *m. Cul.* Plato a base de arroz con legumbres y alguna carne o mariscos.

ritmo. *m.* Ritmo; cadencia; orden.

ritual. *adj.* **1.** Ritual. *m.* **2.** Ceremonial.

rivalidade. *f.* Rivalidad; antagonismo; antipatía.

rixa. *f.* Riña.

robô. *m.* Robot.

robusto, ta. *adj.* Robusto; fuerte; vigoroso.

roça. *f.* Campo; zona rural.

rocambole. *m. Cul.* Bizcocho arrollado con relleno.

roçar. *v.* **1.** Rozar. **2.** Rasar.

rocha. *f.* Roca.

rochedo. *m.* Risco.

roda. *f.* **1.** Rueda. **2.** Grupo.

rodada. *f.* Ronda.

rodagem. *f.* Rodaje.

rodapé. *m.* Zócalo; rodapié. ◆ **Nota de rodapé.** Nota al pie de página.

rodar. *v.* Rodar.

rodear. *v.* Rodear.

rodeio. *m.* Rodeo. ◆ **Falar com rodeios.** *fig.* e *fam.* Andar en jerigonzas./Andar en zancas de araña.

rodela. *f.* Rodaja.

rodízio. *m.* **1.** Rodillo **2.** Comida a precio fijo; tenedor libre.

rodopio. *m.* Pirueta.

rodoviária. *f.* Terminal de autobuses.

rodoviário, ria. *adj.* **1.** Relativo à rodovía. **2.** Carretero.

roedor. *adj. Zool.* Roedor.

roer. *v.* Roer.

rogar. *v.* Rogar; implorar.

roído, da. *adj.* Roído.

rojão. *m.* Cohete.

rolamento. *m.* Rodamiento.

rolar. *v.* Rodar; girar.

roldana. *f.* Garrucha.

roleta. *f.* Ruleta.

rolha. *f.* Corcho.

roliço, ça. *adj.* Rollizo.

rolo. *m.* Rodillo; rollo.

romã. *f. Bot.* Granada.

romance. *m.* **1.** *Lit.* Novela. **2.** Romance. **3.** *Ling.* Romance.

romântico, ca. *adj.* Romántico.

romantismo. *m.* Romanticismo.

romaria. *f.* Romería.

rombo. *m.* **1.** Agujero muy grande. **2.** Desfalco.

romeiro, ra. *adj.* Romero.

romper. *v.* **1.** Romper; hacer pedazos; quebrar. **2.** Romper; terminar o suspender una relación entre personas o entre naciones.

roncar. *v.* Roncar.

ronco. *m.* Ronquido.

ronda. *f.* Ronda.

rondar. *v.* Rondar; patrullar.

rosa. *f.* **1.** *Bot.* Rosa. *adj.* e *m.* **2.** Rosa. ♦ **Rosa dos ventos.** *Geogr.* Rosa de los vientos.

rosado, da. *adj.* Rosado.

rosário. *m.* Rosario.

rosca. *f.* **1.** *Cul.* Rosca; roscón. **2.** Rosca; espiral.

roseira. *f. Bot.* Rosal.

rosnar. *v.* Gruñir.

rosto. *m.* **1.** Rostro; cara. **2.** Cara de medalla.

rota. *f.* Ruta.

rotação. *f.* Rotación.

rotativo, va. *adj.* Rotativo.

rotatória. *f.* Rotonda.

roteiro. *m.* **1.** Itinerario. **2.** Guion; argumento (de pieza de teatro o de película).

rotina. *f.* Rutina.

rótula. *f.* **1.** *Anat.* Rótula. **2.** Rejilla.

rótulo. *m.* Rótulo; etiqueta; marbete.

roubalheira. *f.* Robo alevoso.

roubar. *v.* Robar.

roubo. *m.* Robo. ♦ **Roubo à máo armada.** Robo a mano armada.

rouco, ca. *adj.* Ronco.

roupa. *f.* Ropa. ♦ **Roupa íntima.** Ropa interior. **Roupa social.** Ropa de vestir.

roupagem. *f.* Ropaje.

roupão. *m.* Bata; albornoz.

rouquidão. *f.* Ronquedad.

rouxinol. *m.* Ruiseñor.

roxo, xa. *adj.* e *m.* Violeta.

rua. *f.* Calle.

rubéola. *f. Méd.* Rubéola.

rubi. *m.* Rubí.

rublo. *m.* Rublo.

rubor. *m.* Rubor.

ruborizar. *v.* **1.** Ruborizar. *v.p.* **2.** Ruborizarse; abochornarse.

rubrica. *f.* Rúbrica.

rubricar. *v.* Rubricar.

ruço, ça. *adj.* **1.** Rucio; de color pardo claro. **2.** Rucio; desteñido.

rude. *adj.* Rudo.

rudimentar. *adj.* Rudimentario.

rudimento. *m.* Rudimento.

ruela. *f.* Callejón.

rufar. *m.* Redoble.

ruga. *f.* **1.** Arruga (en la piel). **2.** Pliegue (en tela).

ruído. *m.* Ruido.

ruidoso, sa. *adj.* Ruidoso.

ruim. *adj.* Malo; ruin. ♦ **Muito ruim.** *fam.* De perro.

ruína. *f.* Ruina.

ruindade. *f.* Maldad; ruindad.

ruivo, va. *adj.* Pelirrojo.

rum. *m.* Ron.

ruminante. *adj. Zool.* Rumiante.

ruminar. *v.* Rumiar.

rumo. *m.* Rumbo.

rumor. *m.* Rumor.

rumorejar. *v.* Rumorearse; correr la voz.

runa. *f.* Runa.
rupestre. *adj.* Rupestre.
ruptura. *f.* Ruptura; quiebra.
rural. *adj.* Rural.
rush. *m.* Hora pico.
russo, sa. *adj.* e *s.* Ruso.
rusticidade. *f.* Rusticidad.
rústico, ca. *adj.* **1.** Rústico. **2.** Rudo.

S

s. *m.* S (la ese).
saariano, na. *adj.* e *s.* Sahariano.
sabá. *m.* **1.** Aquelarre. **2.** Sabbat.
sábado. *m.* Sábado.
sabão. *m.* Jabón. ♦ **Pedra de sabão.** Pastilla de jabón. **Sabão em pó.** Jabón en polvo.
sabático, ca. *adj.* Sabático.
sabedor, ra. *adj.* e *s.* Sabedor.
sabedoria. *f.* Sabiduría.
saber. *v.* Saber; tener conocimiento. ♦ **Sei lá.** Qué sé yo.
sabe-tudo. *com.* Sabelotodo.
sabiá. *m. Zool.* Tordo.
sabichão, chona. *adj.* e *s.* Sabelotodo.
sabido, da. *adj.* e *s.* Sabido.
sábio, bia. *adj.* e *s.* Sabio.
sabonete. *m.* Jaboncillo; jabón de olor; jabón de tocador.
saboneteira. *f.* Jabonera.
sabor. *m.* Sabor.
saborear. *v.* Saborear.
saboroso, sa. *adj.* Sabroso; gustoso; rico; exquisito.
sabotador, ra. *adj.* e *s.* Saboteador.
sabotagem. *f.* Sabotaje.
sabotar. *v.* Sabotear.
sabre. *m.* Sable.
sabugo. *m.* Mazorca; panoja.
sacada. *f.* Balcón.
sacado, da. *adj.* e *m.* Librado.
sacana. *adj.* e *s.* Pícaro.
sacanagem. *f.* Maldad.
sacar. *v.* **1.** Empuñar; sacar un arma. **2.** Retirar dinero; girar. **3.** Entender.
sacaria. *f.* Saquería; almacén.
sacarina. *f.* Sacarina.
saca-rolhas. *m.* Sacacorchos; tirabuzón; descorchador.
sacerdócio. *m.* Sacerdocio.
sacerdote. *m.* Sacerdote.
sacerdotisa. *f.* Sacerdotisa.
saciar. *v.* Saciar; hartar.
saciável. *adj.* Saciable.
sacola. *f.* Bolsa; alforja.
sacolão. *m.* Economato.
sacolejar. *v.* Bambolear; sacudir; menear.
sacramentado, da. *adj.* Sacramentado.
sacramentar. *v.* Sacramentar.
sacrificado, da. *adj.* Sacrificado.
sacrificar. *v.* Sacrificar.
sacrifício. *m.* Sacrificio; abnegación; oferta solemne.
sacrilégio. *m.* Sacrilegio.
sacristão, tã. *s. Rel.* Sacristán, sacristana.
sacro, cra. *adj.* Sacro.
sacrossanto, ta. *adj.* Sacrosanto; sagrado y santo.
sacudida. *f.* Sacudida.
sacudir. *v.* Sacudir; agitar.
sádico, ca. *adj.* e *s.* Sádico.
sadio, dia. *adj.* Saludable; sano.
safadeza. *f.* Bribonería; acto inmoral.
safado, da. *adj.* e *s.* Truhan; sinvergüenza.
safar. *v.* **1.** Librar; preservar de un mal o peligro. **2.** Evitar; dar esquinazo; excusarse. *v.p.* **3.** Zafarse; escaparse; esconderse.
safári. *m.* Safari.
safira. *f.* Zafiro.
safra. *f.* **1.** *Agr.* Cosecha. **2.** Época de la venta del ganado gordo. **3.** Bigornia.
saga. *f.* Saga.
sagacidade. *f.* Sagacidad; perspicacia.
sagaz. *adj.* **1.** Sagaz; perspicaz. **2.** Sagaz; experto.
Sagitário. *m.* **1.** *Astr.* Sagitario (constelación). *m.* **2.** *n.p.* Sagitario (signo).
sagração. *f.* Consagración.
sagrado, da. *adj.* Sagrado; sacro; venerable.
sagrar. *v.* Consagrar.

saguão. *m.* Atrio; zaguán; portal.

saia. *f.* Falda; *(Amér.)* pollera.

saia-calça. *f.* Falda pantalón.

saída. *f.* **1.** Salida. **2.** Sitio por donde se sale. **3.** Partida. **4.** Venta.

saído, da. *adj.* Salido; saliente.

saiote. *m.* Enagua.

sair. *v.* Salir. ◆ **Sair com o rabo entre as pernas.** Salir con el rabo entre las piernas. **Sair de fininho.** Hacer mutis por el forro./Salir a la chita callando. **Sair desfavorecido.** Ir servido. **Sair do sério.** Salir de sus casillas. **Sair do sufoco.** Salir del barranco. **Sair em férias.** Salir de vacaciones. **Sair para beber.** Irse de copas. **Sair (algo) perfeito.** Salir (algo) redondo. **Sair-se bem / mal.** Ir bien/mal. Quedar/salir bien/malparado.

sal. *m.* Sal.

sala. *f.* Sala; pieza. ◆ **Sala de aula.** Aula; clase; sala de clase. **Sala de cirurgia.** Quirófano. **Sala de estar.** Salón; sala de estar. **Sala de jantar.** Comedor. **Sala de jogos.** Sala de juegos.

salada. *f.* Ensalada. ◆ **Salada russa.** *f.* Ensaladilla.

saladeira. *f.* Ensaladera.

salamandra. *f.* Salamandra.

salame. *m.* Salamín; salami; *(Amér.)* salame.

salão. *m.* Salón. ◆ **Salão de festas.** Sala de fiestas.

salário. *m.* Salario. ◆ **Salário de fome.** Ración de hambre. **Salário extra.** Paga extraordinaria.

saldar. *v.* Saldar; liquidar; finiquitar.

saldo. *m.* Saldo. ◆ **Saldo credor.** Saldo acreedor. **Saldo devedor.** Saldo deudor.

saleiro. *m.* Salero.

salgadinho. *m.* Bocadillo de aperitivo; tapa.

salgado, da. *adj.* Salado.

salgar. *v.* Salar.

salgueiro. *m. Bot.* Sauce.

saliência. *f.* Relieve; saliente.

salientar. *v.* Resaltar.

salina. *f.* Salina.

salitre. *m.* Salitre.

saliva. *f. Biol.* Saliva.

salmão. *m. Zool.* Salmón.

salmo. *m. Rel.* Salmo.

salmoura. *f.* Salmuera.

salobre. *adj.* Salobre.

salpicar. *v.* **1.** Salpicar; salar; aliñar; aderezar. **2.** Salpicar; esparcir un líquido en gotas.

salsa. *f. Bot.* Perejil.

salsicha. *f. Cul.* Salchicha; salchichón.

salsicheiro. *m.* Charcutero.

salsinha. *f. Bot.* Perejil.

saltar. *v.* **1.** Saltar; brincar. **2.** Saltar; descender; bajar (de un vehículo).

saltimbanco. *m.* Saltimbanqui.

saltitante. *adj.* Saltarín.

salto. *m.* **1.** Salto; bote; brinco. **2.** Tacón (de calzado). ◆ **Salto em distância.** *Desp.* Salto de longitud.

salubre. *adj.* Salubre.

salubridade. *f.* Salubridad.

salvação. *f.* Salvación.

salvadorenho, nha. *adj.* e *s.* Salvadoreño.

salvadorense. *adj.* e *com.* Salvadoreño.

salvaguarda. *f.* Salvaguardia.

salvaguardar. *v.* Salvaguardar.

salvamento. *m.* Rescate; salvamento.

salvar. *v.* Salvar; librar. ◆ **A salvo.** A salvo. **Salve-se quem puder.** Sálvese el que pueda.

salva-vidas. *adj.* e *com.* Salvavidas; socorrista. ◆ **Bote salva-vidas.** Bote salvavidas.

salvo, va. *adj.* Salvo. ◆ **São e salvo.** Sano y salvo.

samambaia. *f. Bot.* Helecho.

samba. *f.* Ritmo de música brasileña de origen africano.

sambista. *com.* Bailarín o compositor de samba.

sanatório. *m.* Sanatorio.

sanção. *f.* Sanción.

sancionar. *v.* Sancionar.

sandália. *f.* Sandalia.

sanduíche. *m.* Sándwich; bocadillo; emparedado.

saneamento. *m.* Saneamiento.

sanfona. *f. Mús.* Instrumento de cuerdas, teclado y fuelle; acordeón.

sangramento. *m.* Sangría.

sangrar. *v.* Sangrar.

sangrento, ta. *adj.* **1.** Sangriento. **2.** *fig.* Sangriento; cruel; desalmado.

sangue. *m. Biol.* Sangre.

sanguessuga. *f. Zool.* Sanguijuela.

sanguíneo, nea. *adj. Biol.* Sanguíneo. ◆ **Tipo sanguíneo.** *Biol.* Grupo sanguíneo.

sanitário, ria. *adj.* e *m.* Sanitario.

sanitarista. *com.* Higienista.

sansei. *com.* Ciudadano americano nieto de japoneses.

santificar. *v.* Santificar; canonizar.
santo, ta. *adj.* e *s.* Santo.
são, sã. *adj.* **1.** Sano; saludable. *s.* **2.** Santo; san.
sapataria. *f.* Zapatería.
sapatear. *v.* **1.** Zapatear; taconear. **2.** *fig.* Patalear.
sapateiro, ra. *s.* Zapatero.
sapatilha. *f.* Zapatilla; escarpín.
sapato. *m.* Zapato. ♦ **Sapato de salto alto.** Zapato de tacón.
sapé. *m. Bot.* Tipo de junco.
sapear. *v.* Acechar.
sapiente. *adj.* e *com.* Sapiente.
sapo. *m.* **1.** *Zool.* Sapo. **2.** Persona que asiste a un juego de baraja sin jugar y hace comentarios sobre el juego.
sapólio. *m.* Jabón de pulir.
saque. *m.* **1.** Saqueo; pillaje. **2.** Orden de pago. **3.** *Desp.* Saque.
saquear. *v.* Saquear.
sarado, da. *adj.* Curado.
sarampo. *m. Med.* Sarampión.
sarar. *v.* Sanar; curarse.
sarcástico, ca. *adj.* Sarcástico.
sarda. *f.* Peca.
sardento, ta. *adj.* e *s.* Pecoso.
sardinha. *f. Zool.* Sardina.
sargaço. *m. Zool.* Sargazo.
sargento, ta. *s.* Sargento.
sarjeta. *f.* Bordillo; cuneta.
sarna. *f. Med.* Sarna.
sarnento, ta. *adj.* e *s.* Sarnoso.
sarraceno, na. *adj.* e *s.* Sarraceno.
sarrafo. *m.* Listón.
sarro. *m.* **1.** Borra. **2.** Broma. ♦ **Tirar sarro.** *fig.* Tomar el pelo.
satélite. *m.* Satélite. ♦ **Satélite artificial.** *Astr.* Satélite artificial.
sátira. *f.* Sátira.
satírico, ca. *adj.* e *s.* Satírico.
satisfação. *f.* Satisfacción; contento. ♦ **Tomar satisfação.** Deshacer agravios.
satisfazer. *v.* Satisfacer.
satisfeito, ta. *adj.* Satisfecho. ♦ **Estar (muito) satisfeito.** *fig.* e *fam.* Estar lleno.
saturar. *v.* Saturar. ♦ **Estar saturado.** Estar hasta los topes.
saudação. *f.* Saludo; salutación; salva.
saudade. *f.* Añoranza. ♦ **Ter saudade.** Echar de menos.
saudar. *v.* Saludar.
saudável. *adj.* Sano; saludable.
saúde. *f.* Salud; sanidad. ♦ **Saúde pública.** Sanidad pública.
sauna. *f.* Sauna; baño de vapor.
savana. *f.* Sabana.
saxofone. *m.* Saxofón.
sazonal. *adj.* Estacional.
se. *conj.* Si. ♦ **Se bem que.** Si bien.
sé. *f.* Sede.
sebo. *m.* **1.** Sebo; grasa. **2.** Local de venta de libros o discos usados.
seca. *f.* Sequía.
secador, ra. *adj.* **1.** Secador. *s.* **2.** *(Amér.)* Secador; secadora. ♦ **Secadora de roupas.** Secadora de ropas; secadora.
secagem. *f.* Secado.
secante. *adj.* Secante.
seção. *f.* **1.** Sección. **2.** Sección; departamento (en una empresa).
secar. *v.* Secar.
secessão. *f.* Secesión.
secionar. *v.* Seccionar.
seco, ca. *adj.* Seco.
secretar. *v.* Secretar.
secretariado. *s.* **1.** Secretariado (curso). **2.** Conjunto de secretarios de Estado.
secretário, ria. *adj.* Secretario. ♦ **Secretária eletrônica.** Contestador; contestador automático.
secreto, ta. *adj.* **1.** Secreto; sigiloso. *m.* **2.** Escondrijo (en algunos muebles).
sectarismo. *m.* Sectarismo.
secular. *adj.* Secular.
século. *m.* Siglo.
secundar. *v.* Secundar; apoyar.
secundário, ria. *adj.* Secundario; accesorio.
secura. *f.* Secura; sequedad.
seda. *f.* Seda.
sedar. *v.* Sedar.
sedativo, va. *adj.* Sedante.
sede. *f.* **1.** Sed. **2.** *fig.* Sed; deseo. **3.** Sede (de una empresa, institución).
sedentário, ria. *adj.* e *s.* Sedentario.
sedento, ta. *adj.* **1.** Sediento. **2.** *fig.* Sediento; deseoso.
sedição. *f.* Sedición.

sedimentar. *v.* **1.** Sedimentar. *adj.* **2.** Sedimentario.

sedimento. *m.* Sedimento.

sedução. *f.* Seducción; encanto.

seduzir. *v.* **1.** Seducir; cautivar. **2.** Seducir; persuadir con engaño.

segador, ra. *adj.* **1.** Segador. *f.* **2.** Segadora.

segar. *v.* Segar.

segmento. *m.* Segmento; fracción; porción.

segredo. *m.* Secreto. ♦ **Em segredo.** De incógnito. / De rebozo. / En oculto. / En secreto.

segregação. *f.* Segregación.

segregar. *v.* Segregar.

seguido, da. *adj.* **1.** Seguido. **2.** Prolongado.

seguidor, ra. *adj.* **1.** Seguidor. *m.* **2.** Seguidor; discípulo.

seguinte. *adj.* Siguiente.

seguir. *v.* Seguir. ♦ **A seguir.** A continuación.

segunda-feira. *f.* Lunes.

segundo, da. *adj.* **1.** Segundo; secundario; accesorio. *núm.* **2.** Segundo. *prep.* e *conj.* **3.** Según.

segurado, da. *adj.* e *s.* Asegurado.

segurador, ra. *adj.* e *s.* **1.** Asegurador. *f.* **2.** Aseguradora, compañía de seguros.

segurança. *f.* Seguridad. ♦ **Cinto de segurança.** Cinturón de seguridad. **Segurança viária.** Seguridad vial.

segurar. *v.* **1.** Asegurar. **2.** Sujetar; agarrar. ♦ **Segurar a onda.** *fig.* e *fam.* Parar el carro.

seguro, ra. *adj.* Seguro.

seguro-saúde. *m.* Seguro de enfermedad; seguro médico.

seio. *m.* **1.** Seno; curvatura; concavidad. **2.** Seno; cavidad en un hueso. **3.** *Anat.* Seno; busto femenino.

seis. *núm.* e *m.* Seis.

seiscentos, tas. *núm.* e *s.* Seiscientos.

seita. *f.* Secta; facción; partido.

seiva. *f.* Savia.

sela. *f.* Silla.

selado, da. *adj.* Ensillado.

selagem. *f.* Franqueo.

selar. *v.* **1.** Ensillar. **2.** Sellar. **3.** Sellar; rematar.

selaria. *f.* Guarnicionería.

seleção. *f.* **1.** Selección; elección. **2.** *Desp.* Selección.

selecionado, da. *adj.* Seleccionado.

selecionar. *v.* Seleccionar.

selenita. *adj.* Selenita.

selenografia. *f.* Selenografía.

seleta. *f.* Antología.

seletivo, va. *adj.* Selectivo.

seletor. *m.* Selector.

selo. *m.* **1.** Estampilla; sello de correos; *(Amér.)* timbre. **2.** Sello.

selva. *f.* Selva.

selvagem. *adj.* e *com.* Salvaje.

sem. *prep.* Sin. ♦ **Sem igual.** Sin par. **Sem mais nem menos.** Así como así. / De buenas a primeras. / Por las buenas. / Sin más ni más. / Sin qué ni para qué. **Sem sentido.** Sin ton ni son. **Sem tirar nem pôr** ou **botar.** Letra por letra.

semáforo. *m.* Semáforo.

semana. *f.* Semana. ♦ **Durante a semana.** Entre semana. **Fim de semana.** Fin de semana.

semanal. *adj.* Semanal.

semanário, ria. *adj.* **1.** Semanario; semanal. *m.* **2.** Semanario.

semântica. *f.* Semántica.

semblante. *m.* Semblante.

semeado, da. *adj.* Sembrado.

semeadura. *f.* Siembra.

semear. *v.* Sembrar.

semelhança. *f.* Similitud; parecido; semejanza.

semelhante. *adj.* **1.** Semejante; parecido; parejo. *m.* **2.** Semejante, prójimo.

semelhar. *v.* Semejar.

semente. *f.* **1.** Semilla; simiente. **2.** Pepita de fruta. **3.** Semilla; germen.

sementeira. *f.* Sementera.

semestral. *adj.* Semestral.

semestre. *m.* Semestre.

semideus. *m.* Semidiós; héroe divinizado.

semifinal. *adj.* Semifinal.

semimorto, ta. *adj.* Medio muerto; moribundo.

seminário. *m.* **1.** Seminario (establecimiento escolar). **2.** Congreso o centro de estudios.

seminarista. *adj.* e *com.* Seminarista.

seminu, nua. *adj.* **1.** Casi desnudo. **2.** Harapiento.

semita. *adj.* e *com.* Semita.

sêmola. *f.* Sémola.

sempre. *adv.* Siempre. ◆ **O de sempre.** Lo de siempre. **Para sempre.** Para / Por siempre; de por vida.

sem-vergonha. *adj.* Sinvergüenza.

senado. *m.* Senado.

senador, ra. *com.* Senador.

senão. *conj.* **1.** Sino. *m.* **2.** Pero; falla.

senda. *f.* Sendero.

senegalense. *adj.* e *com.* Senegalés.

senegalês, sa. *adj.* e *s.* Senegalés.

senha. *f.* **1.** Seña; señal. **2.** Contraseña.

senhor. *m.* **1.** Señor. **2.** Señor; dueño. **3.** *n.p.* Señor; Dios. ◆ **O senhor.** Usted. **Os senhores.** Ustedes.

senhora. *f.* **1.** Señora. **2.** Señora; dueña. **3.** Señora; esposa. **4.** Doña; señora. ◆ **A senhora.** Usted. **As senhoras.** Ustedes.

senhoria. *f.* Señoría.

senhorio. *m.* **1.** Propietario. **2.** Señorío.

senhorita. *f.* Señorita.

senilidade. *f.* Senilidad.

sensaboria. *f.* Que no tiene sabor; insípido.

sensação. *f.* Sensación.

sensacionalismo. *m.* Sensacionalismo.

sensatez. *f.* Sensatez.

sensato, ta. *adj.* Sensato; cuerdo.

sensibilizar. *v.* Sensibilizar.

sensitivo, va. *adj.* Sensitivo.

sensível. *adj.* Sensible.

senso. *m.* Sentido. ◆ **Senso de humor.** Sentido de humor.

sensorial. *adj.* Sensorial.

sentado, da. *adj.* Sentado.

sentar. *v.* **1.** Sentar. *v.p.* **2.** Tomar asiento.

sentença. *f.* **1.** Fallo; sentencia; resolución judicial. **2.** Sentencia; máxima.

sentencioso, sa. *adj.* Sentencioso.

sentido. *adj.* Sentido. ◆ **Duplo sentido.** Doble sentido. **Sentido!** *Mil.* ¡Firme!

sentimental. *adj.* **1.** Sentimental. **2.** Impresionable.

sentimento. *m.* **1.** Sentimiento. **2.** Sentimiento; sensibilidad.

sentinela. *f.* Centinela.

sentir. *v.* Sentir. ◆ **Sinto muito.** Lo siento (mucho). **Sem sentir / perceber.** Sin sentir / darse cuenta.

separação. *f.* Separación.

separado, da. *adj.* Separado.

separar. *v.* Separar.

separata. *f.* Separata.

separatismo. *m.* Separatismo.

separatista. *adj.* *Polít.* Separatista.

separável. *adj.* Separable.

sépia. *f.* **1.** *Zool.* Sepia. **2.** *adj.* e *com.* Sepia (color).

séptico, ca. *adj.* Séptico.

sepulcral. *adj.* Sepulcral.

sepultar. *v.* Sepultar.

sepultura. *f.* Sepultura.

sequela. *f.* Secuela.

sequência. *f.* Secuencia. ◆ **Na sequência.** A renglón seguido.

sequer. *adv.* Siquiera; aunque.

sequestrador, ra. *adj.* e *s.* Secuestrador.

sequestrar. *v.* Secuestrar.

sequestro. *m.* Secuestro.

sequioso, sa. *adj.* **1.** Sediento. **2.** Codicioso.

séquito. *m.* Séquito.

ser. *v.* **1.** Ser; existir; suceder. *m.* **2.** Ser; ente. ◆ **Seja o que for.** Sea lo que sea / fuere.

serafim. *m.* Serafín.

serão. *m.* **1.** Trabajo nocturno extraordinario. **2.** Lo que se paga por ese trabajo. **3.** Sobremesa o charla antes de dormir.

sereia. *f.* Sirena; ser mitológico.

sereno, na. *adj.* **1.** Sereno; calmo; sosegado. *m.* **2.** Rocío.

seresteiro. *m.* **1.** Cantor de serenatas. *m. pl.* **2.** Rondalla; *(Méx.)* mariachis.

serial. *adj.* Serial.

seriar. *v.* Seriar.

série. *f.* Serie.

seringa. *f.* **1.** Jeringa. **2.** Savia gomosa extraída del árbol del caucho.

seringueira. *f.* Árbol del caucho.

sério, ria. *adj.* **1.** Serio. **2.** Serio; formal. ◆ **Falando sério.** En serio. **Levar a sério.** Tomar a pecho. / Tomar en serio.

sermão. *m.* Sermón.

serpente. *f.* Serpiente.

serpentear. *v.* Serpentear.

serpentina. *f.* **1.** Serpentín. **2.** Serpentina.

serra. *f.* **1.** Sierra. **2.** Sierra; serrucho.

serrador, ra. *adj.* e *s.* Serrador.

serragem. *f.* Serrín.

serralharia. *f.* Herrería.
serrania. *f.* Serranía.
serrano, na. *adj.* e *s.* Serrano.
serrar. *v.* Serrar; cortar.
serraria. *f.* Aserradero.
serrote. *m.* Serrucho.
sertão. *m.* Páramo.
servente. *adj.* e *com.* **1.** Sirviente. **2.** Ayudante en trabajos manuales.
serventia. *f.* Utilidad.
serviçal. *adj.* **1.** Servicial. *s.* **2.** Criado.
serviço. *m.* Servicio; trabajo.
servidão. *f.* Servidumbre.
servidor. *m. Inform.* Servidor.
servil. *adj.* Servil.
servir. *v.* Servir; ser útil.
servo, va. *s.* Siervo.
servomotor. *m.* Servomotor.
sessão. *f.* Sesión. ♦ **Fechar a sessão.** Levantar la sesión.
sessenta. *núm.* e *m.* Sesenta.
sesta. *f.* Siesta.
seta. *f.* Saeta; flecha. ♦ **Dar seta (no tráfego).** Poner el intermitente.
sete. *núm.* e *m.* Siete. ♦ **Sete e meio.** Siete y media.
setecentos, tas. *núm.* e *s.* Setecientos.
seteira. *f.* Portillo.
setembro. *m.* Septiembre.
setenta. *núm.* e *m.* Setenta.
setentrional. *adj.* Septentrional.
sétimo, ma. *núm.* Séptimo.
setor. *m.* **1.** Sector; sección. **2.** Sector; área.
setorial. *adj.* Sectorial.
seu. *pron.* **1.** Su; suyo. *pl.* **2.** Sus; suyos.
severidade. *f.* Severidad.
severo, ra. *adj.* **1.** Severo; rígido; austero; grave. **2.** Severo; exacto; inflexible.
sevícias. *f.pl.* Sevicia.
sexagésimo, ma. *núm.* Sexagésimo.
sexo. *m.* Sexo.
sexta-feira. *f.* Viernes.
sextante. *m.* Sextante.
sexto, ta. *núm.* Sexto.
sexual. *adj.* Sexual.
shopping. *m.* Centro comercial; *shopping*.
si. *m.* Si (nota musical).

sibila. *f.* **1.** Sibila; profetisa. **2.** Sibila; bruja.
sibilante. *adj.* e *f.* Sibilante.
sicário, ria. *s.* Sicario.
sicrano, na. *s.* Mengano. ♦ **Fulano, sicrano e beltrano.** Fulano, mengano y zutano.
side-car. *m.* Sidecar.
siderurgia. *f.* Siderurgia.
siderúrgico, ca. *adj.* Siderúrgico.
sidra. *f.* Sidra.
sifão. *m.* Sifón.
sigilo. *m.* Sigilo.
sigla. *f.* **1.** Sigla. **2.** Sigla; monograma.
signatário, ria. *adj.* e *s.* Signatario.
significação. *f.* Significación.
significado. *m.* Significado.
significar. *v.* **1.** Significar; denotar. **2.** Significar; dar a entender.
signo. *m.* Signo.
sílaba. *f.* Sílaba. ♦ **Sílaba átona / tônica.** *Ling.* Sílaba átona / tónica.
silabar. *v.* Silabear.
silenciador. *m.* Silencioso.
silenciar. *v.* Silenciar.
silêncio. *m.* Silencio. ♦ **Em silêncio.** En silencio. **Silêncio!** ¡Calla!
silhueta. *f.* Silueta.
silicone. *m.* Silicona.
silo. *m.* Silo.
silogismo. *m.* Silogismo.
silvestre. *adj.* Silvestre.
silvícola. *adj.* Silvícola.
silvicultura. *f.* Silvicultura.
silvo. *m.* **1.** Silbido; pito. **2.** Silbido (de las serpientes).
sim. *adv.* Sí. ♦ **Mas sim.** Sino.
simbiose. *f.* Simbiosis.
simbólico, ca. *adj.* Simbólico.
símbolo. *m.* Símbolo.
simetria. *f.* Simetría.
simiesco, ca. *adj.* Simiesco.
similar. *adj.* Similar.
símile. *m.* Símil.
símio. *m. Zool.* Simio; mono.
simonia. *f.* Simonía.
simpatia. *f.* Simpatía.
simpático, ca. *adj.* Simpático.
simpatizar. *v.* Simpatizar.

simples. *adj.* **1.** Sencillo; simple. **2.** Simple; no compuesto. **3.** Sencillo; simple; humilde; llano.
simplicidade. *f.* Sencillez; simplicidad.
simplificar. *v.* Simplificar; reducir.
simplório, ria. *adj.* e *s.* Simplón.
simpósio. *m.* Simposio.
simulação. *f.* **1.** Simulacro. **2.** Simulación.
simulacro. *m.* Simulacro.
simulador, ra. *adj.* e *s.* Simulador.
simular. *v.* Simular; fingir; aparentar.
simultâneo, nea. *adj.* Simultáneo.
sina. *f.* Sino; destino.
sinagoga. *f.* Sinagoga.
sinal. *m.* Señal. ◆ **Comunicar-se por sinais.** Hablar por señas. **Dar sinais de.** Dar señales de. **Sinal de exclamação / interrogação.** *Ling.* Signo de admiración / interrogación. **Sinal de trânsito.** Señal de tráfico.
sinalização. *f.* Señalización.
sinalizar. *v.* Señalizar; señalar.
sincero, ra. *adj.* Sincero.
síncope. *f.* Síncope.
sincretismo. *m.* Sincretismo.
sincronizar. *v.* Sincronizar.
sindicalista. *adj.* e *com.* Sindicalista.
sindicalizar. *v.* Sindicalizar.
sindicância. *f.* Investigación.
sindicato. *m.* Sindicato.
síndico, ca. *s.* **1.** Síndico; persona que en una firma en quiebra es la encargada de liquidar el activo y el pasivo del deudor. **2.** Síndico; persona elegida por una comunidad o corporación para cuidar de sus intereses.
síndrome. *f. Med.* Síndrome.
sinfonia. *f.* Sinfonía.
singelo, la. *adj.* Sencillo; natural.
singular. *adj.* Singular.
singularizar. *v.* Singularizar.
sinistro, tra. *adj.* **1.** Siniestro; funesto. **2.** Siniestro; lado izquierdo; mano izquierda.
sino. *m.* Campana. ◆ **Dobrar os sinos.** Doblar las campanas.
sinônimo, ma. *adj.* e *m.* Sinónimo.
sinopse. *f.* Sinopsis; síntesis.
sinóptico, ca. *adj.* Sinóptico; resumido; conciso.
sintático, ca. *adj. Ling.* Sintáctico.
sintaxe. *f. Ling.* Sintaxis.
síntese. *f. Ling.* Síntesis.
sintético, ca. *adj.* Sintético.
sintoma. *m. Med.* Síntoma.
sintonia. *f.* Sintonía; sincronía; armonía.
sintonizar. *v.* Sintonizar.
sinuca. *f.* **1.** Variedad de billar. **2.** Lío; apuro.
sinuoso, sa. *adj.* Sinuoso.
sinusite. *f. Med.* Sinusitis.
sionismo. *m.* Sionismo.
sirene. *f.* Sirena.
siri. *m. Zool.* Cámbaro.
sisal. *m.* Sisal; pita; *(Méx.)* maguey.
sísmico, ca. *adj.* Sísmico.
sismo. *m.* Seísmo; sismo.
siso. *m.* **1.** Juicio. *f.* **2.** Muela del juicio.
sistema. *m.* Sistema.
sistematizar. *v.* Sistematizar.
sisudo, da. *adj.* **1.** Juicioso. **2.** Ceñudo.
site. *m. Inform.* Sitio.
sitiar. *v.* Sitiar.
sítio. *m.* **1.** Sitio; asedio. **2.** Quinta; finca. **3.** Sitio; lugar.
situação. *f.* Situación. ◆ **Ajeitar a situação.** Poner remedio. **Avaliar a situação.** Medir el terreno.
situar. *v.* Situar.
skate. *m.* Patín.
slide. *m.* Diapositiva.
só. *adj.* **1.** Solo; solitario; único. *adv.* **2.** Solo; solamente.
soar. *v.* Sonar.
sob. *prep.* Bajo; debajo de.
soberano, na. *adj.* e *s.* Soberano.
soberbo, ba. *adj.* e *s.* **1.** Soberbio; altanero. *f.* **2.** Soberbia; altanería.
sobra. *f.* Sobra; resto.
sobrado. *m.* Casa de dos pisos; chalet.
sobrancelha. *f. Anat.* Ceja. ◆ **Erguer as sobrancelhas.** Arquear las cejas.
sobrar. *v.* Sobrar; quedar.
sobre. *prep.* Sobre; encima de.
sobrecarga. *f.* Sobrecarga.
sobreloja. *f.* Entresuelo.
sobremesa. *f. Cul.* Postre.
sobrenatural. *adj.* e *m.* Sobrenatural.
sobrenome. *m.* Apellido.
sobrepeliz. *f.* Sobrepelliz.
sobrepor. *v.* **1.** Sobreponer. **2.** Sobreponer; superar.
sobreposto, ta. *adj.* Superpuesto; sobrepuesto.
sobrepujar. *v.* Sobrepujar.
sobressair. *v.* Sobresalir.

sobressalente. *adj.* **1.** Sobresaliente. **2.** Sobresaliente; de reserva.

sobressaltar. *v.* Sobresaltar; sobrecoger.

sobressalto. *m.* **1.** Sobresalto; inquietación. **2.** Acontecimiento imprevisto; inquietación.

sobretaxa. *f.* Recargo.

sobretudo. *m.* **1.** Sobretodo; abrigo. *adv.* **2.** Sobre todo; principalmente.

sobrevir. *v.* Sobrevenir.

sobrevivente. *adj.* e *com.* Superviviente; sobreviviente.

sobreviver. *v.* Sobrevivir. ♦ **Lutar para sobreviver.** Buscar(se) la vida.

sobrevoar. *v.* Sobrevolar.

sobrinho, nha. *s.* Sobrino.

sóbrio, a. *adj.* Sobrio.

socar. *v.* Majar; golpear.

social. *adj.* Social.

socializar. *v.* Socializar.

sociável. *adj.* Sociable.

sociedade. *f.* Sociedad.

sócio, a. *adj.* e *s.* Socio.

sociologia. *f.* Sociología.

soco. *m.* Puñetazo; golpe.

socorrer. *v.* Socorrer; proteger; auxiliar.

socorro. *m.* Socorro; auxilio. ♦ **Socorro!** ¡Socorro!

socrático, ca. *adj.* Socrático.

soda. *f.* **1.** Soda; refresco. **2.** Soda; sosa.

soer. *v.* **1.** Soler; tener la costumbre de. **2.** Adquirir la costumbre de; acostumbrar.

sofá. *m.* Sofá.

sofá-cama. *m.* Sofá cama.

sofisma. *m.* Sofisma.

sofisticar. *v.* Sofisticar.

sôfrego, ga. *adj.* **1.** Voraz. **2.** *fig.* Voraz; ambicioso; ansioso.

sofrer. *v.* **1.** Sufrir (dolor físico o moral). **2.** Sufrir; padecer o soportar con paciencia.

sofrimento. *m.* Sufrimiento; padecimiento.

sofrível. *adj.* **1.** Sufrible; soportable. **2.** Mediocre; banal.

sogro, gra. *s.* Suegro.

soja. *f.* Soja; soya.

sol. *m.* Sol.

sola. *f.* Suela.

solapar. *v.* Solapar.

solar. *v.* **1.** Poner suela en los zapatos. *adj.* **2.** Solar; del sol. *m.* **3.** Solar; mansión.

solavanco. *m.* Salto; bote.

solda. *f.* Soldadura.

soldado. *adj.* e *s.* Soldado. ♦ **Soldadinho de chumbo.** Soldado de plomo.

soldar. *v.* Soldar.

soleira. *f.* Umbral.

solene. *adj.* Solemne.

solenidade. *f.* Solemnidad.

soletrar. *v.* Deletrear.

solicitação. *f.* Solicitación; solicitud.

solicitar. *v.* Solicitar.

solícito, ta. *adj.* Solícito; diligente.

solicitude. *f.* Solicitud; celo.

solidão. *f.* Soledad.

solidariedade. *f.* Solidaridad.

solidário, ria. *adj.* Solidario.

solidez. *f.* **1.** Solidez. **2.** *fig.* Solidez; resistencia; durabilidad.

solidificar. *v.* **1.** Solidificar. **2.** Solidificar; robustecer; hacer estable o firme.

sólido, da. *adj.* Sólido. ♦ **Ser sólido.** Ser de cal y canto.

solista. *com. Mús.* Solista; concertista.

solitário, ria. *adj.* **1.** Solitario; solo. **2.** Solitario; desierto.

solo. *m.* Suelo; pavimento.

solstício. *m. Astr.* Solsticio.

soltar. *v.* **1.** Soltar; desatar. **2.** Soltar; emitir. **3.** Soltar; poner en libertad.

solteirão, rona. *adj.* e *s.* Solterón.

solteiro, ra. *adj.* Soltero.

solto, ta. *adj.* **1.** Suelto; desligado; no pegado. **2.** Suelto; libre.

soltura. *f.* **1.** Soltura. **2.** Excarcelación.

solução. *f.* Solución; resultado; resolución.

soluçar. *v.* **1.** Tener hipo. **2.** Sollozar; lloriquear.

solucionar. *v.* Solucionar.

soluço. *m.* Sollozo; hipo.

solúvel. *adj.* Soluble.

solvência. *f.* Solvencia.

solvente. *adj.* e *s.* Solvente.

som. *m.* **1.** Sonido. **2.** Aparato de sonido. ♦ **Aparelho de som.** *(Esp.)* Cadena de sonido; equipo de sonido / música.

soma. *f.* **1.** Suma. **2.** Importe.

somar. *v.* Sumar; adicionar; añadir.

somatologia. *f.* Somatología.

sombra. *f.* Sombra.

sombrear. *v.* Sombrear.

sombrinha. *f.* Sombrilla; quitasol.
sombrio, a. *adj.* Sombrío; lúgubre.
somente. *adv.* Solamente; solo; *(Amér.)* no/nada más.
sonâmbulo, la. *adj.* e *s.* Sonámbulo.
sonante. *adj.* **1.** Sonante. **2.** Paga en la hora y en dinero; al contado y en efectivo.
sonda. *f.* Sonda.
sondagem. *f.* Sondeo.
sondar. *v.* **1.** Sondar. **2.** Sondear; tantear.
soneca. *f.* Sueño corto. ◆ **Tirar uma soneca.** Echar(se) un sueñito / una dormidita.
sonegação. *f.* **1.** Sustracción. **2.** Fraude en el pago de impuestos. **3.** Evasión fiscal.
sonegar. *v.* **1.** Ocultar; omitir. **2.** Eludir; estafar.
soneto. *m. Lit.* Soneto.
songamonga. *adj.* e *com. pej.* Huevón; tardo.
sonhar. *v.* **1.** Soñar. **2.** *fig.* Soñar; hacerse ilusiones.
sonho. *m.* Sueño; ensueño.
sonífero, ra. *adj.* e *m.* Somnífero.
sono. *m.* Sueño. ◆ **Estar com sono.** Tener sueño.
sonolência. *f.* Somnolencia.
sonolento, ta. *adj.* Soñoliento.
sonorizar. *v.* Sonorizar.
sonoro, ra. *adj.* Sonoro.
sonso, sa. *adj.* e *s.* Tonto; simple.
sopa. *f.* Sopa.
sopapo. *m.* Sopapo; bofetón.
sopé. *m.* Falda de montaña.
sopeira. *f.* Sopera.
sopesar. *v.* Sopesar.
soprar. *v.* Soplar.
sopro. *m.* Soplo.
soquete. *m.* **1.** Soquete; *(Amér.)* calcetín corto. **2.** Casquillo; portalámpara.
sórdido, da. *adj.* Sórdido; vil.
soro. *m.* Suero.
sorrateiro, ra. *adj.* Traicionero; furtivo.
sorridente. *adj.* Sonriente.
sorrir. *v.* Sonreír.
sorriso. *m.* Sonrisa.
sorte. *f.* **1.** Suerte; sino. **2.** Suerte; fortuna. ◆ **Jogada de sorte.** Golpe de suerte. **Jogar na sorte.** Echar a la suerte. **Má sorte.** Mala pata. **Mudar a sorte.** Volverse la tortilla. **Por sorte.** Por fortuna. **Tentar a sorte.** Probar fortuna. **Ter boa / má sorte.** Tener una buena / mala estrella.
sortear. *v.* Sortear.
sorteio. *m.* Sorteo.
sortido, da. *adj.* Surtido; variado.
sortilégio. *m.* Sortilegio.
sortimento. *m.* **1.** Surtido; mezcla. **2.** Surtido; provisión.
sortudo, da. *adj.* Dichoso; afortunado.
sorvedouro. *m.* Tragadero.
sorver. *v.* Sorber.
sorvete. *m.* Helado; sorbete.
sorveteria. *f.* Heladería.
sorvo. *f.* Sorbo.
sósia. *com.* Sosia.
sossegar. *v.* Calmar; serenar; sosegar.
sossego. *m.* Sosiego; tranquilidad.
sótão. *m.* Desván; buhardilla; sobrado.
sotaque. *m. Ling.* Acento; deje.
soterrar. *v.* Soterrar.
sova. *f.* Zurra; paliza.
sovaco. *m.* Sobaco.
sovar. *v.* Apalear; zurrar.
sovina. *adj.* e *s.* Avaricioso; avaro; tacaño.
sozinho, nha. *adj.* Solo; solitario; solito.
sua. *pron.* **1.** Su; suya. *pl.* **2.** Sus; suyas.
suar. *v.* **1.** Sudar; transpirar. **2.** Trabajar con fatiga e intensamente. **3.** Adquirir con gran trabajo.
suave. *adj.* Suave; ameno.
suavizante. *m.* Suavizante.
suavizar. *v.* Suavizar; ablandar.
subalterno, na. *adj.* e *m.* **1.** Subalterno; subordinado. **2.** Secundario.
subalugar. *v.* Subarrendar.
subdesenvolvido, da. *adj.* e *s.* Subdesarrollado; atrasado.
subdiretor, ra. *s.* Subdirector.
subdividir. *v.* Subdividir.
subentender. *v.* Sobrentender.
subestimar. *v.* Subestimar.
subida. *f.* **1.** Subida; ascensión. **2.** Cuesta. **3.** Alza (de valores).
subir. *v.* **1.** Subir; ascender; ir hacia arriba. **2.** Montar (en caballo). **3.** Subir (en un vehículo). **4.** Subir; aumentar precio.
súbito, ta. *adj.* Súbito.
subjacente. *adj.* Subyacente.

subjetivo, va. *adj.* Subjetivo.
subjugar. *v.* Subyugar; sojuzgar; dominar.
subjuntivo, va. *adj.* e *m.* Subjuntivo.
sublevar. *v.* Sublevar.
sublime. *adj.* Sublime.
subliminar. *adj.* Subliminal.
sublinhar. *v.* **1.** Subrayar. **2.** Señalar.
sublocar. *v.* Subarrendar.
submarino, na. *adj.* e *m. Mar.* Submarino.
submergir. *v.* Sumergir.
submeter. *v.* Someter.
submissão. *f.* **1.** Sumisión; sujeción. **2.** Sumisión; obediencia.
submundo. *m.* Ambiente de gente de malvivir.
subnutrir. *v.* Subalimentar.
subordinado, da. *adj.* e *s.* Subordinado.
subornar. *v.* Sobornar; comprar; adobar los guantes; untar la mano.
suborno. *m.* Soborno; *(Amér.)* cohecho.
subproduto. *m.* Subproducto.
subscrever. *v.* Suscribir.
subscritar. *v.* Suscribir; firmar.
subsequente. *adj.* Subsiguiente.
subsidiário, ria. *adj.* Subsidiario.
subsídio. *m.* Subsidio.
subsistência. *f.* Subsistencia; sustento.
subsolo. *m.* Subsuelo.
substância. *f.* Sustancia.
substancioso, sa. *adj.* Sustancioso.
substantivo, va. *adj.* e *m.* Sustantivo.
substituição. *f.* Sustitución; reemplazo.
substituir. *v.* Sustituir; reemplazar; hacer las veces de alguien.
substituível. *adj.* Sustituible.
substituto, ta. *adj.* e *s.* Sustituto.
substrato. *m.* Sustrato.
subterfúgio. *m.* Subterfugio.
subterrâneo, nea. *adj.* Subterráneo.
subtração. *f.* **1.** Sustracción; desvío fraudulento. **2.** *Mat.* Resta.
subtrair. *v.* **1.** Sustraer; restar. **2.** Hurtar. **3.** *Mat.* Restar.
subúrbio. *m.* Suburbio.
subvenção. *f.* Subvención.
subversivo, va. *adj.* e *s.* Subversivo; revolucionario.
sucata. *f.* Chatarra.

sucção. *f.* Succión.
suceder. *v.* **1.** Suceder; seguir. **2.** Suceder; ocurrir.
sucessivo, va. *adj.* Sucesivo.
sucesso. *m.* **1.** Triunfo; éxito. **2.** Suceso; acontecimiento.
sucessor, ra. *adj.* e *s.* Sucesor.
sucinto, ta. *adj.* Sucinto; sintetizado.
suco. *m.* Zumo; jugo.
suculento, ta. *adj.* Suculento; jugoso.
sucumbir. *v.* Sucumbir.
sucursal. *f.* Sucursal.
sudanense. *adj.* e *com.* Sudanés.
sudanês, sa. *adj.* e *s.* Sudanés.
sudeste. *m.* Sudeste.
súdito, ta. *adj.* e *s.* Súbdito.
sudoeste. *m.* Sudoeste.
sueco, ca. *adj.* e *s.* Sueco.
suéter. *m.* Jersey; *(Amér.)* suéter.
suficiente. *adj.* Suficiente.
sufixo. *m. Ling.* Sufijo.
sufocante. *adj.* Sofocante; asfixiante.
sufocar. *v.* **1.** Sofocar; asfixiar. **2.** Reprimir; sofrenar.
sufoco. *m.* **1.** Sofoco; ahogo. **2.** Apuro; pena.
sufrágio. *m.* Sufragio.
sugar. *v.* Sorber.
sugerir. *v.* Sugerir.
sugestão. *f.* Sugerencia.
sugestionar. *v.* Sugestionar.
sugestivo, va. *adj.* Sugestivo.
suíço, ça. *adj.* e *s.* Suizo.
suíno, na. *adj.* e *s.* Porcino.
suíte. *f.* **1.** Suite; habitaciones de hotel comunicadas entre sí. **2.** Dormitorio con cuarto de baño exclusivo.
sujar. *v.* Ensuciar.
sujeição. *f.* **1.** Sujeción. **2.** Sujeción; dependencia; sumisión.
sujeira. *f.* **1.** Suciedad; porquería; mugre; *(Amér.)* cochambre. **2.** Procedimiento incorrecto.
sujeitar. *v.* Sujetar; someter.
sujeito, ta. *adj.* e *m.* **1.** Sujeto. *m.* **2.** *Ling.* Sujeto.
sujo, ja. *adj.* **1.** Sucio; mugriento; inmundo. **2.** Indecente. ♦ **Estar muito sujo.** Estar hecho un asco.
sul. *m.* Sur.

sul-africano, na. *adj.* e *s.* Sudafricano.
sulcar. *v.* Surcar.
sulco. *m.* Surco.
sulino, na. *adj.* e *s.* Sureño.
sultão, tana. *s.* Sultán.
sumário, ria. *adj.* e *m.* **1.** Sumario. *m.* **2.** Índice.
sumiço. *m.* Desaparición.
sumir. *v.* **1.** Desaparecer. **2.** Ocultar. **3.** Huir. ♦ **Suma!** ¡Piérdete!
sumo, ma. *adj.* Sumo, supremo.
sunga. *f.* Bañador; traje de baño.
suntuoso, sa. *adj.* Suntuoso; magnífico.
suor. *m.* Sudor; transpiración.
super. *m.* Súper.
superar. *v.* **1.** Superar. **2.** Superar; vencer.
superável. *adj.* Superable.
supercílio. *m. Anat.* Sobreceja.
superficial. *adj.* Superficial.
superfície. *f.* Superficie. ♦ **À superfície de.** A flor de agua / tierra.
supérfluo, a. *adj.* Superfluo.
superintendência. *f.* Superintendencia.
superior. *adj.* Superior.
superioridade. *f.* **1.** Superioridad. **2.** Superioridad; primacía; ascendencia.
supermercado. *m.* Supermercado; súper.
superpopulação. *f.* Superpoblación.
superposição. *f.* Superposición.
superprodução. *f.* Superproducción.
supersônico, ca. *adj.* Supersónico.
superstição. *f.* Superstición.
supervalorizar. *v.* Supervalorar.
supervisão. *f.* Supervisión.
supervisionar. *v.* Supervisar.
supino, na. *adj.* e *m.* Supino.
suplantar. *v.* **1.** Superar; vencer. **2.** Aventajar; ser superior.
suplementar. *adj.* Suplementario; adicional; complementario.
suplementar. *v.* Suplir.
suplemento. *m.* Suplemento.
suplência. *f.* Suplencia.
suplente. *adj.* e *com.* **1.** Suplente. **2.** Suplente; sustituto.
súplica. *f.* Súplica; ruego.
suplicar. *v.* Suplicar; rogar; implorar.

suplício. *m.* Suplicio; martirio.
supor. *v.* Suponer; presumir; imaginar.
suportar. *v.* Soportar. ♦ **Não suportar (alguém).** *fig.* e *fam.* No tragar (a alguien).
suportável. *adj.* Soportable.
suporte. *m.* **1.** Soporte; sostén. **2.** Soporte; base.
suposição. *f.* Suposición; conjetura.
suposto, ta. *adj.* Supuesto; presunto.
supremacia. *f.* Supremacía.
supremo, ma. *adj.* Supremo.
supressão. *f.* Supresión.
suprimento. *m.* **1.** Provisión. **2.** *Inform.* Material o pertrechos de informática.
suprimir. *v.* Suprimir. ♦ **Suprimida a causa, cessam os efeitos.** Muerto el perro, se acabó la rabia.
suprir. *v.* **1.** Suplir; abastecer. **2.** Suplir; reemplazar.
surdez. *f.* Sordera; sordez.
surdina. *f.* Sordina. ♦ **Na surdina.** A la / Con sordina.
surdo, da. *adj.* Sordo.
surgimento. *m.* Brote.
surgir. *v.* **1.** Surgir; aparecer; brotar. **2.** Surgir; asomarse; emerger.
surinamense. *adj.* e *com.* Surinamita.
surinamês, sa. *adj.* e *s.* Surinamita.
surpreendente. *adj.* Sorprendente.
surpreender. *v.* **1.** Sorprender. **2.** Pillar.
surpresa. *f.* Sorpresa. ♦ **De surpresa.** De sorpresa.
surra. *f.* Zurra. ♦ **Dar uma surra.** *fig.* e *fam.* Dar una paliza / caña.
surrar. *v.* **1.** Curtir las pieles. **2.** Golpear. **3.** Gastarse por el uso.
surtir. *v.* Surtir.
surto. *m.* **1.** Epidemia. **2.** Irrupción.
SUS (Sistema Único de Saúde). *m.* Seguridad Social; atención médica pública.
suscetível. *adj.* Susceptible.
suscitar. *v.* Suscitar; plantear.
suspeita. *f.* Sospecha.
suspeitar. *v.* Sospechar; desconfiar; dudar.
suspeito, ta. *adj.* e *s.* Sospechoso; dudoso.
suspender. *v.* **1.** Suspender; elevar. **2.** Suspender; interrumpir. **3.** Privar de algo. **4.** Anular.
suspensão. *f.* **1.** Suspensión; interrupción. **2.** Suspensión; privación.

suspense. *m.* Suspense.
suspensivo, va. *adj.* Suspensivo.
suspenso, sa. *adj.* Suspendido.
suspensório. *m.* Tirantes.
suspicácia. *f.* Suspicacia.
suspicaz. *adj.* Suspicaz.
suspirar. *v.* Suspirar.
suspiro. *m.* **1.** Suspiro; ansia; deseo. **2.** *Cul.* Merengue.
sussurrar. *v.* Susurrar; murmurar.
sussurro. *m.* Susurro; murmullo.
sustar. *v.* **1.** Suspender. **2.** Detener.
sustentação. *f.* Sustentación; sostén.
sustentar. *v.* **1.** Sostener; aguantar. **2.** Sostener; sustentar; mantener. **3.** *fig.* Sostener; apoyar.
sustento. *m.* Sustento; alimento.
suster. *v.* Sostener; mantener.
susto. *m.* Susto; pavor. ♦ **Ficar paralisado de susto.** Quedarse de hielo. **Levar um susto.** Helársele el corazón.
sutiã. *m.* Sostén; sujetador; (*Arg.*) corpiño.
sutil. *adj.* **1.** Sutil; tenue; fino. **2.** Perspicaz.
sutileza. *f.* **1.** Sutileza; delicadeza. **2.** Agudeza.
sutura. *f. Med.* Sutura.

T

t. *m.* T (la te).

tabacaria. *f.* Tabaquería; expendeduría; estanco.

tabaco. *m. Bot.* Tabaco.

tabaqueira. *f.* Tabaquera.

tabefe. *m.* Bofetón; bofetada.

tabela. *f.* **1.** Tabla; lista. **2.** Cuadro. **3.** Tablilla. ♦ **Tabela periódica.** *Quím.* Tabla periódica.

tabelamento. *m.* **1.** Control oficial de precios. **2.** Escandallo.

tabelião, ã. *adj.* e *s.* Notario.

tabelionato. *m.* Notaría.

taberna. *f.* Taberna; tasca.

tabernáculo. *m. Rel.* Tabernáculo.

tabique. *m.* Tabique.

tablado. *m.* Tablado.

tablete. *m.* Tableta.

tabu. *adj.* e *s.* Tabú.

tábua. *f.* **1.** Tabla. **2.** Tablón. **3.** Cuadro. ♦ **Tábua de passar.** Tabla de planchar. **Tábua de salvação.** Tabla de salvación.

tabuada. *f.* Tabla.

tabulador. *m.* Tabulador.

tabuleiro. *m.* Tablero.

tabuleta. *f.* Letrero.

taça. *f.* **1.** Copa. **2.** *Desp.* Trofeo.

tacada. *f.* Tacada.

tacanho, nha. *adj.* e *s.* Tacaño.

tacar. *v.* Pegar.

tachar. *v.* **1.** Tachar. **2.** Tildar; achacar.

tachinha. *f.* Tachuela.

tacho. *m.* Perol.

tácito, ta. *adj.* Tácito; implícito.

taciturno, na. *adj.* Taciturno.

taco. *m.* **1.** Taco; tarugo; calzo. **2.** Pequeña pieza de madera para cubrir pisos.

tacômetro. *m.* Taquímetro.

tafetá. *m.* Tafetán.

tagarela. *adj.* e *com.* Hablador.

tailandês, sa. *adj.* e *s.* Tailandés.

taipa. *f.* Tapia.

talão. *m. Anat.* Talón.

talco. *m.* Talco.

taleiga. *f.* Talega.

talento. *m.* Talento.

talha. *f.* **1.** Talla; escultura. **2.** Tinaja.

talha-mar. *m.* Tajamar.

talharim. *m. Cul.* Tallarín; macarrón.

talhe. *m.* Talle; constitución.

talher. *m.* Cubierto.

talho. *m.* Tajo.

talismã. *m.* Talismán.

talmude. *m. Rel.* Talmud.

talo. *m.* Tallo.

talude. *m.* Talud.

taludo, da. *adj.* e *s.* Talludo.

talvez. *adv.* Tal vez; quizás; a lo mejor; acaso.

tamanco. *m.* Zueco.

tamanduá. *m. Zool.* Oso hormiguero.

tamanho. *adj.* e *m.* Tamaño.

tâmara. *f. Bot.* Dátil.

tamareira. *f. Bot.* Palmera datilera.

também. *adv.* **1.** También. **2.** Asimismo; de la misma forma; del mismo modo. ♦ **Também não.** Tampoco.

tambor. *m. Mús.* Tambor; timbal.

tamborete. *m.* Taburete.

tamborim. *m. Mús.* **1.** Tamboril; pequeño tambor. **2.** Tamborino.

tamis. *m.* Tamiz.

tamisar. *v.* **1.** Tamizar. **2.** Depurar.

tampa. *f.* Tapa; tapón.

tampão. *m.* Tapón.

tampar. *v.* **1.** Tapar; taponar; obstruir. **2.** Poner tapa o tapadera.

tampinha. *com.* Retaco.

tampouco. *adv.* Tampoco.

tandem. *m.* Tándem.

tanga. *f.* Taparrabo.
tangente. *adj.* e *s.* Tangente.
tanger. *v.* Tañer; tocar.
tangerina. *f. Bot.* Mandarina.
tanoaria. *f.* Tonelería.
tanque. *m.* **1.** Estanque. **2.** Depósito; tanque. **3.** Pila; pileta.
tantã. *adj.* e *com.* Loco.
tanto, ta. *adj.* e *adv.* Tanto.
tão. *adv.* Tan.
tapa. *m.* Bofetón; bofetada.
tapado, da. *adj.* **1.** Zote; ignorante. **2.** Cerrado.
tapar. *v.* **1.** Tapar; cerrar; cubrir. **2.** Tapar; vendar.
tapear. *v.* Engañar.
tapete. *m.* Alfombra.
tapiz. *m.* Tapiz.
tapume. *m.* Tapia.
taquicardia. *f. Med.* Taquicardia.
taquigrafia. *f.* Taquigrafía.
tara. *f.* Tara.
tarado, da. *adj.* e *s.* Tarado.
taramela. *f.* Tarabilla.
tarar. *v.* Tarar.
tarde. *f.* **1.** Tarde. *adv.* **2.** Tarde.
tardinha. *f.* Tardecita.
tardio, dia. *adj.* Tardío.
tarefa. *f.* Tarea.
tarifa. *f.* Tarifa.
tarima. *f.* Tarima.
tarimbado, da. *adj.* Experto.
tarja. *f.* Orla; recuadro.
tarraxa. *f.* Terraja.
tártaro. *m.* Tártaro.
tartaruga. *f. Zool.* Tortuga.
tasca. *f.* Tasca.
tatear. *v.* **1.** Palpar. **2.** Tantear.
tático, ca. *adj.* **1.** Táctico. *f.* **2.** Táctica.
tato. *m.* Tacto.
tatu. *m. Zool.* Armadillo.
tatuagem. *f.* Tatuaje.
taumaturgo, ga. *adj.* e *s.* Taumaturgo.
taverna. *f.* Taberna.
taxa. *f.* Tasa; arancel.
taxar. *v.* Tasar.
taxativo, va. *adj.* Tajante.

táxi. *m.* Taxi. ◆ **Andar / Ir de táxi.** Andar / Ir en taxi.
taxidermia. *f.* Taxidermia.
taxionomia. *f.* Taxonomía.
tchau. *interj.* Adiós; hasta luego; chao.
te. *pron.* Te.
tear. *m.* Telar.
teatro. *m.* Teatro.
tecelagem. *f.* Fábrica de tejidos.
tecelão, lã. *s.* Tejedor.
tecer. *v.* **1.** Tejer. **2.** Urdir; tramar.
tecido. *m.* Tejido; tela. ◆ **Tecido de duas larguras.** Tela doble ancho.
tecla. *f.* Tecla.
teclado. *m.* Teclado.
teclar. *v.* **1.** Teclear. **2.** *Inform.* Chatear.
tecnicismo. *m.* Tecnicismo.
técnico, ca. *adj.* e *s.* Técnico.
tecnicolor. *m.* Tecnicolor.
tecnocrata. *com.* Tecnócrata.
tecnologia. *f.* Tecnología.
teco. *m.* Adarme; minucia.
tédio. *m.* Aburrimiento.
tedioso, sa. *adj.* Aburrido; fastidioso.
teia. *f.* Tela.
teimar. *v.* Obstinarse.
teimosia. *f.* Terquedad; obstinación.
teimoso, sa. *adj.* Terco; obstinado; testarudo; recalcitrante. ◆ **Ser teimoso.** Ser duro de mollera.
teísmo. *m. Rel.* Teísmo.
tela. *f.* **1.** Tela; cuadro. **2.** Pantalla (de televisión, cine o monitor.).
telecomando. *m.* Telemando.
teledifusão. *f.* Teledifusión.
teledirigido, da. *adj.* Teledirigido.
teleférico. *m.* Teleférico; telesilla.
telefonar. *v.* Llamar; telefonear.
telefone. *m.* Teléfono. ◆ **Telefone sem fio.** Teléfono inalámbrico.
telefonema. *m.* Llamada (telefónica); telefonazo.
telefônico, ca. *adj.* e *s.* Telefónico.
telefonista. *com.* Telefonista.
telegrafar. *v.* Telegrafiar.
telegráfico, ca. *adj.* Telegráfico.
telégrafo. *m.* Telégrafo.

telegrama. *m.* Telegrama; cablegrama.
telejornal. *m.* Telediario.
telenovela. *f.* Serial; teleteatro.
teleobjetiva. *f.* Teleobjetivo.
telepata. *adj.* e *com.* Telépata.
telepatia. *f.* Telepatía.
telescópio. *m.* Telescopio.
telespectador, ra. *adj.* e *s.* Telespectador.
televisão. *f.* **1.** Televisión. **2.** Aparato de televisión; televisor; tele. **3.** Estación o estudio transmisor.
televisionar. *v.* Televisar.
telex. *m.* Télex.
telha. *f.* Teja.
telhado. *m.* Tejado; techumbre.
telúrico, ca. *adj.* Telúrico.
tema. *m.* Tema; asunto.
temário. *m.* Temario.
temático, ca. *adj.* **1.** Temático. *f.* **2.** Temática.
temer. *v.* **1.** Temer. **2.** Recelar; sospechar.
temerário, ria. *adj.* Temerario.
temeroso, sa. *adj.* Temeroso.
temor. *m.* **1.** Temor; miedo. **2.** Sentimiento de respeto.
temperamento. *m.* Temperamento; carácter.
temperança. *f.* Templanza.
temperar. *v.* **1.** Condimentar; sazonar; adobar; aderezar. **2.** Templar. **3.** Moderar.
temperatura. *f.* Temperatura. ♦ **À temperatura ambiente.** Al tiempo.
tempero. *m.* Aderezo; aliño.
tempestade. *f.* Tempestad. ♦ **Depois da tempestade, vem a bonança.** Tras la tormenta viene la calma. **Fazer tempestade em copo d'água.** Ahogarse en un vaso de agua.
tempestuoso, sa. *adj.* Tempestuoso.
templo. *m. Rel.* Santuario; iglesia.
tempo. *m.* Tiempo. ♦ **Ao mesmo tempo.** A la vez. **Com o tempo.** Con el tiempo. **Com tempo.** Con tiempo. **Deixar de ver alguém por algum tempo.** *fig.* e *fam.* No vérsele el pelo. **De tempos em tempos.** De cuando en cuando. / De rato en rato. / De tiempo en tiempo. **Pouco tempo depois.** Al poco rato.
têmpora. *f. Anat.* Sien.
temporada. *f.* Temporada. ♦ **Alta / Baixa temporada.** Alta / Baja temporada.
temporal. *adj.* **1.** Temporal; pasajero. *m.* **2.** Temporal; tempestad.
temporão, rã. *adj.* e *s.* Temprano; tempranero.
temporário, ria. *adj.* Temporal; provisional.
tenacidade. *f.* Tenacidad.
tenaz. *adj.* **1.** Tenaz; pertinaz. *f.* **2.** Tenaza.
tenda. *f.* Tenderete.
tendência. *f.* Tendencia.
tender. *v.* Tender.
tenebroso, sa. *adj.* **1.** Tenebroso; oscuro. **2.** Tenebroso; malévolo.
tenente. *com.* Teniente.
tênia. *f. Zool.* Tenia.
tênis. *m. Desp.* Tenis; zapatilla; zapato deportivo.
tenista. *com. Desp.* Tenista.
tenor. *m. Mús.* Tenor.
tenro, ra. *adj.* Tierno.
tensão. *f.* **1.** Tensión; rigidez; fuerza. **2.** Tensión; voltaje. **3.** Tensión; concentración.
tensionar. *v.* Tensar.
tentação. *f.* Tentación.
tentáculo. *m. Zool.* Tentáculo.
tentar. *v.* Intentar; tentar; tratar de.
tentativa. *f.* Tentativa; intento.
tento. *m.* Tiento.
tênue. *adj.* **1.** Tenue; sutil. **2.** Tenue; poco importante.
teocracia. *f.* Teocracia.
teologia. *f. Rel.* Teología.
teor. *m.* Tenor.
teorema. *m.* Teorema.
teoria. *f.* Teoría. ♦ **Em teoria.** Teóricamente.
teórico, ca. *adj.* e *s.* Teórico.
teorizar. *v.* Teorizar.
teosofia. *f.* Teosofía.
tépido, da. *adj.* Tibio.
tequila. *f.* Tequila.
ter. *v.* **1.** Tener; poseer. **2.** Haber. ♦ **Ter a ver.** Tener que ver.
terapêutica. *f. Med.* Terapéutica.
terapia. *f.* Terapia.
teratologia. *f.* Teratología.
terça-feira. *f.* Martes.
terceiro, ra. *núm.* e *s.* Tercero.
terceto. *m.* Terceto.
terço. *m.* **1.** Tercio. **2.** *Rel.* Rosario.
terçol. *m.* Orzuelo.

termal. *adj.* Termal.

termas. *f.pl.* Termas.

térmico, ca. *adj.* Térmico.

terminação. *f.* **1.** Terminación; conclusión. **2.** *Ling.* Terminación.

terminal. *adj.* **1.** Terminal; final. *f.* **2.** Terminal; estación final.

terminante. *adj.* Terminante.

terminar. *v.* Terminar; acabar.

término. *m.* Término; fin.

térmita. *m. Zool.* Termita, termes.

termo. *m.* Término. ◆ **Levar a termo.** Llevar a término.

termodinâmico, ca. *adj.* **1.** Termodinámico. *f.* **2.** Termodinámica.

termografia. *f.* Termografía.

termologia. *f.* Termología.

termômetro. *m.* Termómetro.

termostato. *m.* Termostato.

terno, na. *adj.* **1.** Tierno. *m.* **2.** Traje.

ternura. *f.* Ternura.

terra. *f.* **1.** *n.p.* Tierra (planeta). **2.** Tierra; suelo. ◆ **Cair por terra.** *fig.* Caer a tierra. **Lançar por terra.** Tirar por el suelo.

terraço. *m.* Terraza.

terral. *adj.* Terral.

terraplenagem. *f.* Terraplenado.

terraplenar. *v.* Terraplenar.

terráqueo, quea. *adj.* **1.** Terráqueo. *m.* **2.** (Ser) Terrestre.

terremoto. *m.* Terremoto.

terreno. *adj.* **1.** Terrenal. *m.* **2.** Terreno. ◆ **Ganhar terreno.** *fig.* Ganar terreno. **Preparar o terreno.** *fig.* Prepararse / Allanar el terreno.

térreo, rea. *adj.* **1.** Casa de un solo piso. **2.** Que es de tierra. *m.* **3.** Planta baja de una casa de pisos; edificio.

terrestre. *adj.* Terrestre; terráqueo.

terrina. *f.* Terrina.

territorial. *adj.* Territorial.

território. *m.* Territorio.

terrível. *adj.* Terrible.

terror. *m.* Terror.

tertúlia. *f.* Tertulia.

tese. *f.* Tesis.

tesoura. *f.* Tijera.

tesouraria. *f.* Tesorería.

tesoureiro, ra. *s.* Tesorero.

tesouro. *m.* Tesoro.

tessitura. *f.* Tesitura.

testa. *f. Anat.* Frente. ◆ **Ter estampado / escrito na testa.** Traerlo escrito en la frente.

testamenteiro, ra. *adj.* e *s.* Albacea.

testamento. *m.* Testamento. ◆ **Antigo Testamento.** *Rel.* Antiguo / Viejo Testamento. **Novo Testamento.** *Rel.* Nuevo Testamento.

testante. *adj.* Testador.

testar. *v.* **1.** Probar. **2.** Testar; hacer testamento.

teste. *m.* **1.** Prueba; examen. **2.** Prueba, ensayo.

testemunha. *f.* Testigo. ◆ **Testemunha de acusação / defesa.** *Dir.* Testigo de cargo / descargo. **Testemunha ocular.** *Dir.* Testigo ocular / de vista.

testemunhar. *v.* Testificar; atestiguar; testimoniar.

testemunho. *m.* Testimonio. ◆ **Falso testemunho.** *Dir.* Falso testimonio.

testículo. *m. Anat.* Testículo.

tétano. *m. Med.* Tétanos.

teto. *m.* **1.** Techo. **2.** Tope.

tétrico, ca. *adj.* Tétrico.

teu, tua. *pron.* **1.** Tu; tuyo. *pl.* **2.** Tus; tuyos.

tevê. *f.* Tele; televisión; televisor.

têxtil. *adj.* e *s.* Textil.

texto. *m.* Texto.

textura. *f.* Textura.

ti. *pron.* Ti.

tiara. *f.* Tiara; diadema.

tifo. *m. Med.* Tifus.

tigela. *f.* Fuente.

tigre, sa. *s. Zool.* Tigre.

tijolo. *m.* Ladrillo; adobe.

til. *m. Ling.* Tilde.

tilintar. *v.* Tintinear.

timão. *m.* Timón.

timbaleiro, ra. *adj.* e *s.* Timbalero.

timbrar. *v.* Timbrar.

timbre. *m.* Timbre.

time. *m.* **1.** Equipo; grupo. **2.** *Desp.* Equipo.

timidez. *f.* Timidez.

tímido, da. *adj.* e *s.* Tímido.

tímpano. *m.* Tímpano.

tina. *f.* Tina.

tingir. *v.* Entintar; teñir.

tinir. *v.* Tintinear.

tino. *m.* **1.** Tino. **2.** Tacto.

tinta. *f.* Tinta; pintura.

tintim. *m.* Tintín.

tintura. *f.* **1.** Tintura. **2.** Tinte; máscara.

tinturaria. *f.* **1.** Tintorería; tinte. **2.** Lavandería.

tio, a. *s.* **1.** Tío. *f.* **2.** Profe; señorita.

tio-avô, tia-avó. *s.* Tío abuelo.

típico, ca. *adj.* Típico; característico.

tipo. *m.* Tipo. ◆ **De todo tipo.** De toda clase.

tipografia. *f.* Tipografía.

tipoia. *f.* Cabestrillo.

tipologia. *f.* Tipología.

tique. *m.* Tic.

tique-taque. *m.* Tictac; triquitraque.

tira. *f.* **1.** Tira; listón. **2.** Raya. **3.** Tira; policía.

tiracolo(a). *m.* Al hombro.

tirada. *f.* Ocurrencia; tirada.

tiragem. *f.* Tirada.

tirania. *f.* **1.** Tiranía. **2.** Dictadura.

tiranizar. *v.* Tiranizar; oprimir.

tirante. *adj.* e *s.* Tirante.

tirar. *v.* **1.** Quitar; sacar; extraer. **2.** Excluir. **3.** Deducir. ◆ **Ser tão fácil como tirar doce de uma criança.** *fig.* e *fam.* Ser pan comido. **Tirar a limpo.** Sacar en limpio. **Tirar da frente.** Quitar de en medio. **Tirar do sério.** Sacar (a alguien) de sus casillas. **Tirar o chapéu.** Quitarse el sombrero. **Tirar o sono.** Quitar el sueño. **Tirar par ou ímpar.** Jugar a pares y nones. **Tirar um sarro.** *fig.* e *fam.* Tomar el pelo. **Tirar pele / casca.** *v.* Pelar.

tireoide. *f. Anat.* Tiroides.

tirinha. *f.* Tira cómica.

tiritar. *v.* Tiritar.

tiro. *m.* Tiro. ◆ **Tiro de misericórdia.** Tiro de gracia.

tirotear. *v.* Tirotear.

tiroteio. *m.* Tiroteo.

tísico, ca. *adj.* Tísico.

tisnar. *v.* Tiznar; ennegrecer.

titã. *m.* Titán.

titio, a. *s.* Tío.

titubear. *v.* Titubear; vacilar.

titubeio. *m.* Titubeo.

titulado, da. *adj.* Titulado.

titular. *adj.* **1.** Titular. *v.* **2.** Intitular.

título. *m.* Título.

toadilha. *f. Mús.* Tonadilla.

toalete. *m.* **1.** Cuarto de baño; tocador. **2.** Traje femenino de gala.

toalha. *f.* **1.** Toalla. **2.** Mantel (para mesas).

toalheiro. *m.* Toallero.

tobogã. *m.* Tobogán.

toca. *f.* Cueva.

tocador, ra. *adj.* Tocador.

tocaia. *f.* Celada; trampa.

tocar. *v.* **1.** Tocar; palpar. **2.** Tocar; conmover. **3.** Tocar; corresponder en reparto. **4.** Sonar (el reloj, el timbre).

tocata. *f. Mús.* Tocata.

tocha. *f.* **1.** Hachón. **2.** Antorcha.

toco. *m.* **1.** Cepo; tronco. **2.** Palo. **3.** Colilla (de cigarrillo).

todavia. *conj.* Sin embargo; pero.

todo, da. *pron.* e *s.* **1.** Todo; entero; íntegro. **2.** Todo; cualquier; cada. *adj.* **3.** Todo. ◆ **Ao todo.** En total. **Todo o possível.** Todo lo posible.

toga. *f.* Toga.

toicinho. *m.* Tocino.

toldado, da. *adj.* Entoldado.

toldar. *v.* Entoldar.

toldo. *m.* Toldo.

tolerância. *f.* Tolerancia.

tolerar. *v.* **1.** Tolerar; soportar. **2.** Tolerar; consentir.

tolerável. *adj.* Tolerable.

tolher. *v.* Tullir; paralizar.

tolice. *f.* Tontería.

tolo, la. *adj.* Tonto.

tom. *m.* Tono.

tomada. *f.* **1.** Toma. **2.** Toma; conquista. ◆ **Tomada de decisão / posse.** Toma de decisión / posesión. **Tomada elétrica.** Toma de corriente; enchufe; tomacorriente.

tomar. *v.* Tomar. ◆ **Toma lá, dá cá.** *fam.* Toma y daca.

tomara. *interj.* Ojalá.

tomate. *m. Bot.* Tomate.

tomável. *adj.* Bebible.

tombar. *v.* **1.** Tumbar. **2.** Inventariar. **3.** Acoger al régimen de patrimonio histórico.

tombo. *m.* **1.** Tropezón. **2.** Inventario.

tômbola. *f.* Tómbola.

tomo. *m.* Tomo; volumen.

tomografia. *f.* Tomografía.

tonadilha. *f.* Tonadilla.
tonalidade. *f.* **1.** Tonalidad; tinte. **2.** Tonalidad; tono del sonido.
tonel. *m.* Tonel.
tonelada. *f.* Tonelada.
tônico, ca. *adj.* e *s.* Tónico.
tonsurar. *v.* Tonsurar.
tonto, ta. *adj.* e *s.* Mareado. ♦ **Completamente tonto.** *fam.* Tonto de capirote. / Perdido. **Fazer-se de tonto.** Hacerse el tonto.
tontura. *f.* Vértigo; mareo.
topada. *f.* Topada.
topar. *v.* **1.** Topar; encontrar. **2.** Aceptar; apuntarse.
topázio. *m.* Topacio.
topete. *m.* Tupé; copete.
tópico, ca. *adj.* e *m.* Tópico.
topo. *m.* Tope; cumbre; pico.
topografia. *f.* Topografía.
toponímia. *f.* Toponimia.
toque. *m.* **1.** Toque; contacto. **2.** Toque; sonido. ♦ **Toque-toque.** Tras, tras.
torção. *f.* Torsión.
torcedor, ra. *adj.* **1.** Fanático; aficionado; defensor. *adj.* e *com.* **2.** Hincha.
torcedura. *f.* Torcedura.
torcer. *v.* **1.** Torcer; dar vueltas; girar. **2.** Torcer; encorvar. **3.** Animar.
torcicolo. *m. Med.* Tortícolis.
torcida. *f.* Afición; hinchada.
tormenta. *f.* Tormenta; temporal.
tormento. *m.* **1.** Tormento; tortura. **2.** Tormento; desgracia.
tornado. *m.* Tornado; huracán.
tornar. *v.* **1.** Convertir. **2.** Contestar. *v.p.* **3.** Llegar a ser.
tornear. *v.* **1.** Tornear. **2.** Redondear; circundar.
torneio. *m.* Torneo.
torneira. *f.* Grifo; *(Arg.* e *Urug.)* canilla.
torniquete. *m.* Torniquete.
torno. *m.* Torno.
tornozelo. *m. Anat.* Tobillo.
toró. *m.* Chaparrón; aguacero; palo de agua.
torpedo. *m.* Torpedo.
torpor. *m.* Entorpecimiento; modorra.
torrada. *f.* Tostada.

torradeira. *f.* Tostadora.
torrado, da. *adj.* Tostado.
torrão. *m.* Terrón.
torrar. *v.* **1.** Tostar; achicharrar. **2.** Disipar. **3.** Dar la lata.
torre. *f.* Torre.
torrente. *f.* **1.** Torrente. **2.** Muchedumbre.
torresmo. *m.* Torrezno.
torta. *f.* **1.** Pastel salado; torta. **2.** Pastel dulce; tarta.
torto, ta. *adj.* e *s.* **1.** Torcido. **2.** Avieso. **3.** Persona errada.
tortuoso, sa. *adj.* Tortuoso; sinuoso.
tortura. *f.* Tortura.
torturar. *v.* Torturar.
torvelinho. *m.* Torbellino.
tosado, da. *adj.* Trasquilado.
tosador, ra. *s.* Esquilador.
tosadura. *f.* Esquila.
tosco, ca. *adj.* Tosco; rudo.
tosquiado, da. *adj.* Trasquilado.
tosquiar. *v.* Trasquilar; esquilar.
tosse. *f.* Tos. ♦ **Tosse convulsiva.** *Med.* Tos convulsa. **Tosse de cachorro.** Tos perruna.
tossir. *v.* Toser.
tostadeira. *f.* Tostador; tostadora.
tostão. *m.* Tostón.
tostar. *v.* Tostar; quemar.
total. *adj.* Total. ♦ **No total.** En junto. / En total.
totalidade. *f.* Totalidad.
totalitarismo. *m. Polít.* Totalitarismo; dictadura.
totalizar. *v.* Totalizar.
totem. *m.* Tótem.
touca. *f.* Toca; gorro.
toupeira. *f. Zool.* Topo.
Touro. *m.* **1.** *Zool.* Toro. **2.** Taurus (signo).
toxemia. *f.* Toxemia.
tóxico, ca. *adj.* e *m.* Tóxico.
toxicomania. *f.* Toxicomanía.
toxicômano, na. *adj.* e *s.* Toxicómano.
toxina. *f.* Toxina.
trabalhador, ra. *adj.* e *s.* Trabajador; hacendoso.
trabalhão. *m.* Ajetreo; trajín.
trabalhar. *v.* Trabajar.
trabalhista. *adj.* e *com.* Laboral.

trabalho. *m.* **1.** Trabajo; laburo. **2.** Trabajo; faena; labor. **3.** Trabajo; obra.

traça. *f. Zool.* Polilla.

traçado, da. *adj.* e *s.* Trazado.

tração. *f.* Tracción.

traçar. *v.* **1.** Trazar; delinear. **2.** Trazar; tramar.

traço. *m.* **1.** Trazo; raya. **2.** Vestigio. **3.** Perfil. **4.** Rasgo.

tradição. *f.* Tradición.

tradução. *f.* Traducción.

tradutor, ra. *s.* Traductor.

traduzir. *v.* Traducir.

tráfego. *m.* Tráfico. ◆ **Tráfego aéreo.** Tráfico aéreo.

traficante. *adj.* e *s.* Traficante; contrabandista.

tráfico. *m.* Tráfico.

tragada. *f.* **1.** Trago. **2.** Bocanada de humo de cigarrillo.

tragar. *v.* **1.** Tragar; ingerir. **2.** Aspirar humo de cigarrillo.

tragédia. *f.* Tragedia.

trágico, ca. *adj.* e *m.* Trágico.

trago. *m.* Trago; sorbo. ◆ **Tomar um trago.** Echarse un trago.

traição. *f.* Traición.

traiçoeiro, ra. *adj.* e *s.* Traicionero.

traidor, ra. *adj.* e *s.* Traidor.

trailer. *m.* **1.** Tráiler; avance de una película. **2.** Tráiler; remolque.

traineira. *f. Mar.* Trainera.

trair. *v.* Traicionar.

traje. *m.* Traje. ◆ **Traje a rigor.** Traje de ceremonia / etiqueta. **Traje de banho.** *m.* Traje de baño; bañador; *(Arg.)* malla de baño. **Traje típico.** Traje típico. **Traje de toureiro.** Traje de luces.

trajeto. *m.* Trayecto.

trajetória. *f.* Trayectoria.

tralha. *f.* **1.** Trasto. **2.** Pequeña red de pesca que puede ser lanzada por una persona.

trama. *f.* Trama; urdimbre; enredo.

tramar. *v.* Tramar; urdir.

trambique. *m.* Trampa.

trambiqueiro, ra. *adj.* e *s.* Chanchullero.

trambolho. *m.* Armatoste.

tramitar. *v.* Tramitar.

trâmite. *m.* Trámite.

tramoia. *f.* Tramoya.

trampa. *f.* Trampa; embuste.

trampolim. *m.* Trampolín.

tranca. *f.* Tranca.

trança. *f.* Trenza.

trancar. *v.* **1.** Atrancar. **2.** Encerrar.

tranco. *m.* **1.** Empujón. **2.** Sacudida. **3.** Tumbo. ◆ **Aos trancos e barrancos.** A trancas y barrancas.

tranqueira. *f.* **1.** Obstáculo. **2.** Trastos.

tranquilidade. *f.* Tranquilidad; serenidad.

tranquilizante. *adj.* **1.** Tranquilizador. *m.* **2.** Calmante.

tranquilizar. *v.* Tranquilizar.

tranquilo, la. *adj.* Tranquilo.

transação. *f.* Transacción.

transbordar. *v.* Transbordar.

transbordo. *m.* Transbordo; trasbordo.

transcender. *v.* Trascender.

transcorrer. *v.* Transcurrir.

transcrever. *v.* Transcribir.

transcrição. *f.* Transcripción.

transcurso. *m.* Transcurso.

transe. *m.* Trance.

transeunte. *adj.* e *com.* Transeúnte.

transferência. *f.* Transferencia.

transferidor, ra. *adj.* e *s.* Transferidor.

transferir. *v.* Transferir.

transferível. *adj.* Transferible.

transfigurar. *v.* Transfigurar.

transformação. *f.* Transformación.

transformador, ra. *adj.* e *s.* Transformador.

transformar. *v.* Transformar.

trânsfuga. *com.* Tránsfuga.

transfusão. *f.* Transfusión.

transgredir. *v.* Transgredir; infringir.

transgressor, ra. *adj.* e *s.* Infractor.

transição. *f.* Transición.

transigente. *adj.* e *com.* Transigente.

transigir. *v.* Transigir.

transistor. *m.* Transistor.

transitar. *v.* Transitar; circular.

transitável. *adj.* Transitable.

trânsito. *m.* Tránsito; tráfico.

transitório, ria. *adj.* Transitorio; pasajero; efímero.

translação. *f.* **1.** Traslado. **2.** Traslación.

translúcido, da. *adj.* Translúcido.

transmigrar. *v.* Transmigrar.
transmissão. *f.* Transmisión.
transmissível. *adj.* Trasmisible.
transmissor, ra. *adj.* e *s.* Transmisor.
transmitir. *v.* **1.** Transmitir; enviar. **2.** Transmitir; propagar. **3.** Transmitir; contagiar.
transparecer. *v.* Transparentar(se).
transparente. *adj.* Transparente.
transpassar. *v.* Traspasar.
transpirar. *v.* Transpirar; sudar.
transplantar. *v.* **1.** Trasplantar. **2.** Transferir.
transplante. *m.* Trasplante.
transpor. *v.* Transponer.
transportador, ra. *adj.* e *s.* **1.** Transportador. *f.* **2.** Empresa de transporte; transportista.
transportar. *v.* Transportar.
transporte. *m.* Transporte; porte.
transposição. *f.* Transposición.
transtornar. *v.* Trastornar.
transtorno. *m.* **1.** Trastorno; contratiempo. **2.** *Med.* Trastorno; perturbación mental.
transversal. *adj.* Transversal.
trapaça. *f.* Trapaza. ◆ **Fazer trapaça.** Hacer trampa.
trapaceiro, ra. *adj.* e *s.* Trapacero; tramposo.
trapalhão, lhona. *adj.* e *s.* Atolondrado.
trapézio. *m.* Trapecio.
trapo. *m.* Trapo. ◆ **Estar um trapo.** Estar hecho un trapo / una lástima / una pavesa.
traqueia. *f. Anat.* Tráquea.
traquejo. *m.* Práctica.
traquinas. *adj.* e *com.* Travieso.
trás. *prep.* Tras; detrás. ◆ **Pela parte de trás.** Por detrás.
traseiro, ra. *adj.* e *s.* Trasero.
traspassar. *v.* Traspasar.
traspasse. *m.* Traspaso.
traste. *m.* **1.** Trasto. **2.** Persona vil, despreciable.
tratado. *m.* Tratado.
tratamento. *m.* **1.** Tratamiento; medicación. **2.** Tratamiento; trato.
tratar. *v.* **1.** Tratar; curar; medicar. **2.** Tratar; versar. **3.** Tratar de; intentar.
trato. *m.* **1.** Trato; pacto. **2.** Tratamiento; trato. ◆ **Fazer um trato.** Cerrar / Hacer un trato. **Trato feito.** Trato hecho.
trator. *m.* Tractor.
trauma. *m.* **1.** Trauma. **2.** *Med.* Traumatismo.
trava. *f.* Traba; bloqueo.
travar. *v.* **1.** Trabar. **2.** Entablar conversación o amistad con otra persona.
trave. *f.* Trabe; larguero.
travessa. *f.* **1.** Traviesa. **2.** Travesía. **3.** Bandeja; fuente.
travessão. *m.* **1.** *Desp.* Travesaño; larguero. **2.** *Ling.* Guion.
travesseiro. *m.* Almohada.
travessia. *f.* Travesía.
travesso, sa. *adj.* Travieso.
travessura. *f.* Travesura.
travesti. *com.* Travestí; travesti.
travestir. *v.* Travestir.
trazer. *v.* Traer.
trecho. *m.* **1.** Tramo. **2.** Fragmento; trecho.
treco. *m.* **1.** Chisme; cachivache. **2.** Patatús.
trégua. *f.* Tregua; pausa.
treinado, da. *adj.* Adiestrado.
treinador, ra. *s.* Entrenador.
treinamento. *m.* **1.** Entrenamiento. **2.** Adiestramiento. ◆ **Treinamento militar.** *Mil.* Instrucción militar.
treinar. *v.* Entrenar.
trejeito. *m.* Ademán.
trem. *m.* Tren.
trema. *m. Ling.* Diéresis.
trem-bala. *m.* Talgo.
tremedeira. *f.* Temblor.
tremendo, da. *adj.* Tremendo.
tremer. *v.* Temblar; tiritar; titiritar.
tremor. *m.* Temblor.
tremular. *v.* Tremolar.
trenó. *m.* Trineo.
trepadeira. *f. Bot.* Trepadora.
trepidar. *v.* **1.** Trepidar; temblar (de miedo o susto). **2.** Trepidar; vacilar.
três. *núm.* e *m.* Tres.
tresnoitar. *v.* Trasnochar.
treta. *f.* Treta.
trevas. *f.pl.* Tinieblas.
trevo. *m. Bot.* Trébol.
treze. *núm.* e *m.* Trece.
trezentos, tas. *núm.* e *s.* Trescientos.
triagem. *f.* Tría.
triangular. *adj.* Triangular.
triângulo. *m.* Triángulo.

tribo. *f.* Tribu. ♦ **Tribo urbana.** Tribu urbana.
tribulação. *f.* Tribulación; adversidad.
tribuna. *f.* Tribuna; púlpito.
tribunal. *m.* Tribunal.
tributar. *v.* **1.** Tributar; tasar. **2.** Tributar; rendir tributo.
tributável. *adj.* Tributable.
tributo. *m.* Tributo.
tricô. *m.* Labor de punto.
tricolor. *adj.* Tricolor.
tricotar. *v.* Tricotar.
trigal. *m.* Trigal.
trigêmeo, mea. *adj.* e *s.* Trillizo.
trigo. *m. Bot.* Trigo.
trigonometria. *f.* Trigonometría.
trigueiro, ra. *adj.* e *s.* Trigueño.
trilha. *f.* **1.** Huella. **2.** Senda. ♦ **Trilha sonora.** Banda sonora.
trilhão. *núm.* e *m.* Billón.
trilhar. *v.* **1.** Trillar; separar con trilladora. **2.** Trillar; seguir.
trilho. *m.* **1.** Trillo; trilladora. **2.** Camino. **3.** Raíl de las vías férreas; riel.
trilogia. *f.* Trilogía.
trimestre. *m.* Trimestre.
trinca. *f.* **1.** Trinca. **2.** Tríada. **3.** Grieta. **4.** Grupo reducido de muchachos.
trincar. *v.* Trincar.
trinchante. *adj.* Trinchante.
trinchar. *v.* Trinchar.
trincheira. *f.* Trinchera.
trinco. *m.* Pestillo.
trino. *m.* Trino.
trinta. *núm.* e *m.* Treinta.
trio. *m.* Trío.
tripa. *f.* Tripa.
tripé. *m.* Trípode.
triplicar. *v.* Triplicar.
triplo. *núm.* e *m.* Triple.
tripulação. *f.* Tripulación.
tripular. *v.* Tripular.
triste. *adj.* Triste; mustio.
tristeza. *f.* Tristeza.
tristonho, nha. *adj.* Tristón.
triturar. *v.* Triturar.
triunfal. *adj.* Triunfal.
triunfar. *v.* **1.** Triunfar; vencer. **2.** Triunfar; alegrarse por un éxito propio.
triunfo. *m.* Triunfo.
triunvirato. *m.* Triunvirato.
trivial. *adj.* e *m.* Trivial; común.
troca. *f.* Cambio; canje. ♦ **Em troca de.** A cambio de. **Troca de prisioneiros.** Canje de prisioneros.
troça. *f.* Burla.
trocadilho. *m.* **1.** Juego de palabras. **2.** Expresión ambigua usada para confundir.
trocado. *m.* Suelto; *(Amér.)* sencillo.
trocar. *v.* **1.** Cambiar; mudar. **2.** Cambiar; permutar. **3.** Confundir.
troco. *m.* **1.** Vuelta; cambio; retorno. **2.** Suelto; *(Amér.)* sencillo. ♦ **Dar o troco.** Volver el recambio. Pagar con la misma moneda.
troço. *m.* Cosa; trasto.
troféu. *m.* Trofeo.
troglodita. *adj.* e *s.* Troglodita.
trólebus. *m.* Trolebús.
tromba. *f.* **1.** Trompa. **2.** Tromba. ♦ **Tromba-d'água.** Manga de agua.
trombada. *f.* Colisión; golpe.
trombadinha. *com.* Ladronzuelo.
trombone. *m. Mús.* Trombón.
trombose. *f. Med.* Trombosis.
trompa. *f.* Trompa.
trompete. *m.* Trompeta; trombón de vara.
trompetista. *com. Mús.* Trompetista.
trompista. *com. Mús.* Tocador de trompa.
tronar. *v.* **1.** Tronar. **2.** Dominar.
tronchar. *v.* Tronchar.
tronco. *m.* **1.** Tronco; leño; madero. **2.** *Anat.* Tronco.
trono. *m.* Trono.
tropa. *f.* Tropa.
tropeçar. *v.* Tropezar.
tropeço. *m.* **1.** Tropiezo; tropezón. **2.** Obstáculo.
tropel. *m.* Tropel.
trópico. *m.* Trópico.
trotador. *adj.* Trotador.
trote. *m.* **1.** Trote. **2.** Burla.
trouxa. *f.* **1.** Fardo; lío de ropa. **2.** Papanatas; otario.
trovador, ra. *s.* Trovador.
trovão. *m.* **1.** Trueno. **2.** Estruendo; ruido; estampido.
trovejar. *v.* **1.** Retumbar. **2.** Hablar con indignación y vehemencia. **3.** Tronar.

truco. *m.* Truco.
truncar. *v.* Truncar; tronchar.
truque. *m.* Truco.
truta. *f. Zool.* Trucha.
tu. *pron. pess.* Tú.
tubarão. *m.* Tiburón.
tuberculose. *f. Med.* Tuberculosis; tisis.
tubo. *m.* Tubo; canal.
tubulação. *f.* Tubería; cañería.
tubular. *adj.* Tubular.
tudo. *pron.* **1.** Todo; la totalidad. *m.* **2.** Todo.
tufão. *m.* Tifón.
tufo. *m.* Porción de cabellos, plumas, flores u otras cosas agrupadas en haz o manojo.
tule. *m.* Tul.
tulha. *f.* **1.** Lugar donde se pone la aceituna antes de molerla. **2.** Montón de cereales o de frutas secas.
tulipa. *f. Bot.* Tulipán; tulipa.
tumba. *f.* Tumba.
tumor. *m. Med.* Tumor. ♦ **Tumor maligno / benigno.** *Med.* Tumor maligno / benigno.
túmulo. *m.* Túmulo; mausoleo. ♦ **Ser um túmulo.** Ser una tumba.
tumulto. *m.* Tumulto; alboroto.
tumultuar. *v.* **1.** Tumultuar; alborotar. **2.** Tumultuar; levantar un motín.
tunda. *f.* Tunda.
tundra. *f.* Tundra.
túnel. *m.* Túnel.
tungstênio. *m. Quím.* Tungsteno.
túnica. *f.* Túnica.
turbante. *m.* Turbante.
turbina. *f.* Turbina.
turboélice. *m.* Turbohélice.
turborreator. *m.* Turborreactor.
turbulento, ta. *adj.* e *s.* Turbulento; bullicioso; tumultuoso.
turco, ca. *adj.* e *s.* Turco.
turismo. *m.* Turismo.
turista. *com.* Turista.
turma. *f.* **1.** Grupo de amigos; pandilla; tanda; barra. **2.** Alumnos de una clase.
turno. *m.* **1.** Período. **2.** Vez. **3.** Turno.
turquesa. *f.* Turquesa.
turrão, rona. *adj.* e *s.* Terco.
turvo, va. *adj.* e *s.* Turbio.
tutano. *m. Anat.* Tuétano; médula ósea.
tutela. *f.* Tutela.
tutor, ra. *s.* Tutor.

U

u. *m.* U (la u).
ubiquidade. *f.* Ubicuidad.
ucraniano, na. *adj.* e *s.* Ucraniano.
uf. *interj.* Uf.
ufa. *interj.* Ufa; uf.
ufanar. *v.p.* Ufanarse.
ufania. *f.* Ufanía; arrogancia.
ui. *interj.* Huy; uy.
uísque. *m. Whisky*, güisqui.
uivar. *v.* Aullar.
uivo. *m.* Aullido.
úlcera. *f. Med.* Úlcera.
ulterior. *adj.* Ulterior.
ultimar. *v.* Ultimar.
ultimato. *m.* Ultimátum.
último, ma. *adj.* e *s.* **1.** Último. **2.** Moderno; reciente.
ultracorreção. *f.* Ultracorrección.
ultraísmo. *m. Lit.* Ultraísmo.
ultrajante. *adj.* Ultrajoso.
ultrajar. *v.* Ultrajar; difamar.
ultramarino, na. *adj.* e *s.* Ultramarino.
ultrapassado, da. *adj.* Anticuado; obsoleto.
ultrapassar. *v.* Pasar; adelantar.
ultrassom. *m.* Ultrasonido.
ultravioleta. *adj.* e *s.* Ultravioleta.
um, uma. *núm.* e *art.* Un; uno. ◆ **Um ou outro.** Uno que otro.
umbanda. *f. Rel.* Culto religioso afrobrasileño.
umbigo. *m. Anat.* Ombligo.
umedecer. *v.* Humedecer.
umedecimento. *m.* Humedecimiento.
umidade. *f.* Humedad.
úmido, da. *adj.* Húmedo.
unanimidade. *f.* Unanimidad.
unguento. *m.* Ungüento.
unha. *f.* Uña. ◆ **Defender com unhas e dentes.** Defender a capa y espada. **Mostrar as unhas.** *fig.* Mostrar / Enseñar las uñas. **Roer as unhas.** *fig.* e *fam.* Comerse las uñas. **Ser unha e carne.** Ser uña y carne. **Unha de fome.** Avaro; mezquino; tacaño.
união. *f.* **1.** Unión; enlace. **2.** Unión; junción. **3.** Unión; asociación.
unicelular. *adj.* Unicelular.
único, ca. *adj.* **1.** Único; uno; solo. **2.** Único; sin par.
unicórnio. *m.* Unicornio.
unidade. *f.* Unidad.
unificação. *f.* Unificación.
unificar. *v.* Unificar.
uniforme. *adj.* **1.** Uniforme; regular. *m.* **2.** Uniforme.
uniformizar. *v.* Uniformar.
unilateral. *adj.* Unilateral.
unir. *v.* Unir; juntar.
unissex. *adj.* Unisex.
uníssono, na. *adj.* e *s.* Unísono.
unitário, ria. *adj.* e *s.* Unitario.
univalente. *adj.* Monovalente.
universal. *adj.* e *m.* Universal.
universidade. *f.* Universidad.
universitário, ria. *adj.* e *s.* Universitario.
universo. *m.* Universo; mundo.
unívoco, ca. *adj.* Unívoco.
untar. *v.* Untar; engrasar.
upa. *interj.* Aúpa; arre; upa.
urbanidade. *f.* Urbanidad.
urbanismo. *m.* Urbanismo.
urbanizar. *v.* Urbanizar.
urbano, na. *adj.* e *s.* Urbano.
urbe. *f.* Urbe.
urdir. *v.* **1.** Urdir; entretejer. **2.** Urdir; tramar.
urgência. *f.* Urgencia; *(Amér.)* apuro. ◆ **Necessitar algo com urgência.** Pedir / Estar pidiendo a voces / a gritos.
urgente. *adj.* Urgente. ◆ **Ser urgente.** Correr prisa.
urgir. *v.* Urgir.

urina. *f.* Orina.
urinar. *v.* Orinar; mear.
urna. *f.* Urna.
urologia. *f. Med.* Urología.
urologista. *com. Med.* Urólogo.
urro. *m.* Rugido.
urso. *m. Zool.* Oso. ♦ **Urso de pelúcia.** Oso / Osito de peluche.
urtiga. *f. Bot.* Ortiga.
urubu. *m. Zool. (Amér.)* Zope.
uruguaio, a. *adj.* e *s.* Uruguayo.
urze. *f. Bot.* Brezo.
usado, da. *adj.* **1.** Usado; de segunda mano. **2.** Deteriorado.
usar. *v.* **1.** Usar; utilizar. **2.** Soler. **3.** Usar; llevar.
usável. *adj.* Usable.
usina. *f.* Planta.
uso. *m.* **1.** Uso; utilización. **2.** Uso; hábito. ♦ **Conforme o uso.** A / Al uso.
usual. *adj.* Usual.
usuário, ria. *adj.* e *s.* Usuario.
usucapião. *m.* Adquisición de un derecho por su ejercicio pacífico en las condiciones previstas en ley.
usufruir. *v.* Usufructuar.
usufruto. *m.* Usufructo.
usura. *f.* Usura.
usurário, ria. *adj.* e *s.* Usurero.
usurpar. *v.* **1.** Usurpar; adueñarse. **2.** Ejercer indebidamente un cargo o empleo que corresponde legalmente a otro.
utensílio. *m.* Utensilio.
útero. *m. Anat.* Útero.
útil. *adj.* e *m.* Útil. ♦ **Dia útil.** Día laborable.
utilidade. *f.* Utilidad; provecho.
utilitário, ria. *adj.* e *s.* Utilitario.
utilitarismo. *m.* Utilitarismo.
utilização. *f.* Utilización.
utilizado, da. *adj.* **1.** Aprovechado. **2.** Utilizado, empleado.
utilizar. *v.* Utilizar.
utilizável. *adj.* Utilizable.
utopia. *f.* Utopía.
utópico, ca. *adj.* Utópico.
uva. *f. Bot.* Uva.

V

v. *m.* V (la uve; ve corta).

vaca. *f. Zool.* Vaca. ◆ **Vaca leiteira.** Vaca lechera.

vacância. *f.* Vacancia.

vacante. *adj.* Vacante.

vacaria. *f.* Vaquería.

vacilar. *v.* **1.** Vacilar; titubear; dudar. **2.** Vacilar; oscilar.

vacina. *f.* Vacuna.

vacinar. *v.* Vacunar.

vacum. *adj.* e *m.* Vacuno.

vácuo. *adj.* e *m.* Vacío. ◆ **A vácuo.** Al vacío.

vadiação. *f.* Callejeo.

vadiagem. *f.* Holgazanería.

vadiar. *v.* Vagabundear.

vadio, a. *adj.* e *s.* Holgazán; vago.

vaga. *f.* **1.** Ola grande del mar. **2.** Plaza; puesto; vacancia. **3.** Agitación o tumulto hecho por una multitud de personas.

vagalhão. *m.* Oleada.

vaga-lume. *m.* Luciérnaga.

vagamente. *adv.* Vagamente.

vagão. *m.* Vagón. ◆ **Vagão-leito.** Coche cama.

vagar. *v.* **1.** Deambular. **2.** Quedar vacío (lugar, plaza).

vagaroso, sa. *adj.* Lento; moroso.

vagem. *f. Bot.* Habichuela; judía verde.

vagina. *f. Anat.* Vagina.

vago. *adj.* **1.** Vago; ambiguo. **2.** Vacante; libre.

vagonete. *m.* Vagoneta.

vaia. *f.* Abucheo.

vaiar. *v.* Abuchear.

vaidade. *f.* Vanidad.

vaidoso, sa. *adj.* e *s.* Vanidoso; jactancioso.

vaivém. *m.* **1.** Vaivén; oscilación. **2.** Altibajo.

vala. *f.* **1.** Foso; zanja. **2.** Valla; meta.

vale. *m.* **1.** *Geogr.* Valle. **2.** Cuenca (de río). **3.** Vale.

valentão, tona. *adj.* e *s.* Valentón.

valente. *adj.* e *com.* Valiente. ◆ **Ser valente.** Ser de dura cerviz.

vale-postal. *m.* Giro postal.

valer. *v.* **1.** Valer; merecer. **2.** Valer; costar.

valeta. *f.* Cuneta.

valete. *m.* Valet; sota.

validade. *f.* Validez.

valido, da. *adj.* e *m.* Valido.

válido, da. *adj.* Válido.

valise. *f.* **1.** Valija; maletín. **2.** Cartera cerrada y precintada para transporte de documentos oficiales o diplomáticos.

valor. *m.* **1.** Valor; precio. **2.** Valor; importancia. **3.** Valor; coraje.

valorização. *f.* **1.** Valoración; estimación. **2.** Valoración; aumento de valor.

valorizar. *v.* **1.** Valorizar; reconocer el valor. **2.** Valorizar; aumentar el valor.

valoroso, sa. *adj.* Valeroso.

valsa. *f. Mús.* Vals.

válvula. *f.* Válvula.

vampirismo. *m.* **1.** Vampirismo. **2.** Codicia; ambición excesiva.

vampiresa. *f.* Vampiresa.

vampiro. *m.* Vampiro.

vandalismo. *m.* Vandalismo.

vândalo, la. *adj.* e *s.* Vándalo.

vangloriar. *v.p.* Vanagloriarse; ufanarse; jactarse.

vanguarda. *f.* Vanguardia; delantera.

vantagem. *f.* Ventaja. ◆ **Levar vantagem.** Estar en su propio terreno. / Hacer el agosto. **Tirar vantagem.** Sacar ventaja.

vão, vã. *adj.* **1.** Vano; fútil. *m.* **2.** Vano; abertura. ◆ **Em vão.** En vano.

vapor. *m.* Vapor. ◆ **Máquina a vapor.** Máquina de vapor. **Navio a vapor.** Barco / Buque de vapor.

vaporizador. *m.* Vaporizador.

vaquinha. *f.* Recolección de dinero; colecta; vaca.

vara. *f.* **1.** Vara. **2.** Jurisdicción. ◆ **Vara de pescar.** Caña de pescar.

varadouro. *m.* Varadero.

varal. *m.* Tendedero.

varanda. *f.* Balcón.

varão, roa. *s.* Varón.

varar. *v.* 1. Golpear o pegar con una vara. 2. Entrar una embarcación en varadero. 3. Traspasar.

varejista. *adj.* e *com.* Minorista.

varejo. *m.* Comercio minorista. ♦ **No varejo.** Al por menor.

vareta. *f.* Varilla; vástago.

variação. *f.* Variación.

variado, da. *adj.* Variado.

variante. *f.* 1. Variante. 2. Variante; diferencia. 3. Desviación.

variar. *v.* 1. Variar; diversificar. 2. Variar; cambiar.

variável. *adj.* e *s.* 1. Variable; inconstante. *f.* 2. Variable.

variedade. *f.* Variedad; diversidad.

varinha. *f.* Varita.

vário, ria. *adj.* Vario.

varíola. *f. Med.* Viruela.

variz. *f. Med.* Várice; variz; varice.

varredor, ra. *adj.* e *s.* Barrendero.

varrer. *v.* 1. Barrer. 2. Arrastrar. 3. Expulsar.

várzea. *f.* 1. Llanura extensa y cultivada. 2. Terreno bajo y plano al margen de los ríos.

vasco, ca. *adj.* e *s. Ling.* Vasco.

vasculhar. *v.* Investigar.

vasilha. *f.* Vasija.

vasilhame. *m.* Envase, botella; casco.

vaso. *m.* 1. Florero. 2. Maceta. ♦ **Vaso sanitário.** Inodoro; retrete; váter.

vassalagem. *f.* Vasallaje.

vassoura. *f.* Escoba.

vastidão. *f.* Vastedad.

vasto, ta. *adj.* Amplio; vasto; extenso.

vatapá. *m. Cul.* Plato típico de Bahia (Brasil).

vaticinar. *v.* Vaticinar.

vau. *m.* Vado.

vazadouro. *m.* Escombrera.

vazamento. *m.* 1. Pérdida. 2. Infiltración.

vazante. *f.* Bajamar.

vazão. *f.* 1. Salida. 2. Caudal (de río, cachoeira).

vazar. *v.* 1. Vaciar. 2. Escurrir, perder (líquido).

vazio, a. *adj.* e *s.* Vacío. ♦ **Cair no vazio.** Caer en el vacío.

veado. *m. Zool.* Venado.

vedação. *f.* 1. Sellado. 2. Veda; prohibición.

vedar. *v.* 1. Sellar. 2. Detener; impedir. 3. Vedar; prohibir.

veemente. *adj.* Vehemente; enérgico.

vegetação. *f.* Vegetación.

vegetal. *adj.* e *m.* Vegetal.

vegetar. *v.* Vegetar.

vegetariano, na. *adj.* e *s.* Vegetariano.

veia. *f.* 1. Vena. 2. Curso de agua. 3. Vocación. 4. Veta (de las plantas).

veicular. *v.* 1. Llevar; transportar. 2. Difundir.

veículo. *m.* 1. Vehículo (medio de transporte). 2. Vehículo (medio de comunicación).

veio. *m.* 1. Veta; filón. 2. Faja de tierra. 3. Fundamento.

vela. *f.* 1. *Mar.* Vela. 2. Vela; candela. 3. Bujía.

velado, da. *adj.* Velado; encubierto; oculto.

velar. *v.* 1. Velar; tapar. 2. Pasar la noche en velatorio. 3. Velar; cubrir con velo. 4. Vigilar.

veleiro. *m.* Velero; barco de vela.

velejar. *v.* Navegar a vela.

velhaco, ca. *adj.* e *s.* 1. Embustero; estafador. 2. Tramposo. 3. Libertino.

velharia. *f.* 1. Antigualla. 2. Arcaísmo.

velhice. *f.* Vejez; edad avanzada.

velho, lha. *adj.* e *s.* 1. Anciano. 2. Deslucido. 3. Viejo; antiguo.

velocidade. *f.* Velocidad. ♦ **A toda velocidade.** A todo correr / dar.

velocímetro. *m.* Velocímetro.

velocino. *m.* Vellón.

velódromo. *m.* Velódromo.

veludo. *m.* Terciopelo.

venal. *adj.* Venal.

vencer. *v.* 1. Vencer. 2. Ganar. 3. Superar.

vencido, da. *adj.* e *s.* Vencido.

vencimento. *m.* Vencimiento.

venda. *f.* 1. Venta. 2. Venda (en los ojos). ♦ **À venda.** En venta. **Venda à vista / a prazo.** Venta al contado / a plazos.

vendar. *v.* Vendar.

vendaval. *m.* Vendaval.

vender. *v.* Vender. ♦ **Vender tudo o que tem.** Vender hasta la camisa.

veneno. *m.* Veneno; ponzoña.

venerar. *v.* Venerar.
venerável. *adj.* Venerable.
veneta. *f.* **1.** Vena; capricho. **2.** Mala disposición.
veneziana. *f.* Rejilla.
venezuelano, na. *adj.* e *s.* Venezolano.
vênia. *f.* **1.** Venia. **2.** Licencia.
venial. *adj.* Venial.
venoso, sa. *adj.* Venoso.
ventania. *f.* Ventolera; ventarrón.
ventar. *v.* Ventear; soplar el viento.
ventilador. *m.* Ventilador. ♦ **Ventilador de teto.** Ventilador de techo.
ventilar. *v.* Ventilar.
vento. *m.* Viento. ♦ **Lufada de vento.** Bocanada de aire / viento.
ventoso, sa. *adj.* Ventoso.
ventral. *adj.* Ventral.
ventre. *m. Anat.* Vientre; barriga.
ventríloquo, qua. *adj.* e *s.* Ventrílocuo.
ventura. *f.* Ventura; fortuna; suerte. ♦ **Porventura.** Por ventura; por casualidad.
venturoso, sa. *adj.* Venturoso.
ver. *v.* Ver. ♦ **Vamos ver.** A ver. **Veja lá o que você vai fazer.** Mira lo que haces. **Veja só!** ¡Figúrate! **Ver tudo azul.** *fig.* Ver todo de color de rosa.
veracidade. *f.* Veracidad.
veranear. *v.* Veranear.
veraneio. *m.* Veraneo.
verão. *m.* Verano.
veraz. *adj.* Veraz; verdadero; verídico.
verba. *f.* **1.** Asignación. **2.** Cada una de las cláusulas de un documento o escritura.
verbete. *m.* **1.** Conjunto de las varias acepciones referentes a una palabra. **2.** Nota.
verbo. *m.* Verbo.
verborreia. *f.* Verborrea; verborragia; palabrerío.
verdade. *f.* Verdad. ♦ **Enxergar a verdade.** *fig.* Caerse la venda de los ojos. **Faltar com a verdade.** Faltar a la verdad. **Não enxergar a verdade.** *fig.* Tener una venda en los ojos. **Verdade?** ¿Verdad?
verdadeiro, ra. *adj.* e *s.* Verdadero; exacto; genuino.
verde. *adj.* e *m.* Verde.
verdear. *v.* Verdear.
verdejar. *v.* Verdecer; reverdecer.
verdete. *m.* **1.** Cardenillo. **2.** Hongo o seta de color verdoso.
verdura. *f.* **1.** Verdura; hortaliza. **2.** Verdor; verdura.
vereador, ra. *s.* Concejal.
vereda. *f.* Vereda; sendero.
veredito. *m.* **1.** Veredicto; sentencia. **2.** Opinión autorizada.
vergão. *m.* Verdugón.
vergonha. *f.* **1.** Vergüenza. **2.** Vergüenza; introversión; timidez.
vergonhoso, sa. *adj.* Vergonzoso; deshonroso.
verídico, ca. *adj.* Verídico.
verificação. *f.* **1.** Comprobación. **2.** Verificación.
verificar. *v.* Verificar; comprobar.
verismo. *m.* Verismo.
verme. *m.* **1.** *Zool.* Gusano. **2.** Lombriz parásita intestinal.
vermelho, lha. *adj.* e *s.* Rojo; encarnado; carmesí; púrpura; *(Arg.* e *Urug.)* colorado. ♦ **Chapeuzinho Vermelho.** *Lit.* Caperucita Roja. **Ficar vermelho.** Ponerse rojo.
vermute. *m.* Vermut; vermú.
vernáculo, la. *adj.* **1.** Vernáculo; genuino. *m.* **2.** *Ling.* Vernáculo; lenguaje correcto sin mezclas de extranjerismos.
verniz. *m.* **1.** Barniz. **2.** Charol.
verossímil. *adj.* Verosímil.
verruga. *f.* Verruga.
verrumar. *v.* Barrenar.
versado, da. *adj.* Versado.
versão. *f.* **1.** Versión. **2.** Traducción inversa.
versar. *v.* **1.** Versar; dar vueltas alrededor. **2.** Versar; tratar de.
versátil. *adj.* Versátil.
versículo. *m.* Versículo.
verso. *m.* **1.** Verso. **2.** Revés.
vértebra. *f. Anat.* Vértebra.
vertebrado, da. *adj.* e *s.* Vertebrado.
vertente. *f.* **1.** Vertiente; declive. **2.** Agua de tejado. **3.** Manantial.
verter. *v.* **1.** Verter; derramar. **2.** Verter; traducir.
vertical. *adj.* e *s.* Vertical.
vértice. *m.* **1.** Vértice. **2.** Cima.
vertigem. *f.* **1.** Vértigo. **2.** Vértigo; mareo; vahído.

vertiginoso, sa. *adj.* Vertiginoso.
vesânia. *f.* Vesania.
vesânico, ca. *adj.* Vesánico; maniático.
vesgo, ga. *adj.* e *s.* Bizco.
vespa. *f.* *Zool.* Avispa.
vespeiro. *m.* Avispero.
véspera. *f.* Víspera.
vestiário. *m.* Vestuario.
vestibular. *m.* Prueba de selectividad.
vestíbulo. *m.* Vestíbulo.
vestido, da. *adj.* **1.** Vestido. *m.* **2.** Vestido; ropa.
vestígio. *m.* **1.** Vestigio; huella. **2.** Residuo.
vestir. *v.* Vestir; ponerse; llevar.
vestuário. *m.* **1.** Vestuario; vestido; indumentaria. **2.** Vestido; traje.
vetar. *v.* **1.** Vetar; impedir. **2.** Vedar.
veterinário, ria. *adj.* e *s.* **1.** Veterinario. *f.* **2.** *Med.* Veterinária.
veto. *m.* Veto.
vetusto, ta. *adj.* Vetusto.
véu. *m.* Velo.
vexame. *m.* Vejación.
vexar. *v.* Vejar.
vez. *f.* **1.** Vez; ocasión. **2.** Turno. ♦ **Às vezes.** A ratos. / A veces. **De uma vez só.** De un tirón. / De una tirada. **Uma vez ou outra.** Una que otra vez.
via. *f.* **1.** Vía; camino; arteria. **2.** Copia de documento.
viabilidade. *f.* Factibilidad.
viaduto. *m.* Viaducto.
viagem. *f.* Viaje.
viajante. *adj.* e *com.* Viajero.
viajar. *v.* Viajar. ♦ **Viajar pelo mundo.** Correr mundo.
viandante. *adj.* e *com.* Viandante.
viário, ria. *adj.* Viario.
viável. *adj.* **1.** Transitable. **2.** Viable; factible.
víbora. *f.* **1.** *Zool.* Víbora; serpiente. **2.** Víbora; persona maldiciente.
vibração. *f.* Vibración; agitación.
vibrar. *v.* **1.** Vibrar. **2.** *fig.* Entusiasmarse.
vice-versa. *adv.* Viceversa.
viciado, da. *adj.* Viciado; adicto. ♦ **Viciado em drogas.** Drogadicto.
viciar. *v.* **1.** Viciar; enviciar. **2.** Viciar; adulterar.
vício. *m.* Vicio. ♦ **Vício em drogas.** *m.* Adicción a las drogas; drogadicción. **Vício em jogos de azar.** *m.* Adicción a los juegos de azar; ludopatía. **Vício em tecnologia.** *m.* Adicción a las nuevas tecnologías; nomofobia. **Vício em televisão.** *m.* Adicción a la televisión; teleadicción. **Vício em trabalho.** *m.* Adicción al trabajo; trabajo adicción.
vicioso, sa. *adj.* **1.** Vicioso. **2.** Defectuoso.
viço. *m.* Lozanía.
viçoso, sa. *adj.* Lozano.
vicunha. *f.* *Zool.* Vicuña.
vida. *f.* Vida. ♦ **Desfrutar a vida.** Pasarla bien. **Ganhar a vida.** Ganar(se) la vida. **Ir levando a vida.** Ir tirando. **Padrão de vida.** Estándar de vida. **Toda a vida.** Desde siempre. **Vida fácil.** Vida alegre.
vidão. *m.* Vidorra.
videira. *f.* *Bot.* Vid; parra.
vidente. *adj.* e *com.* Vidente.
vídeo. *m.* Vídeo; *(Amér.)* video.
videogame. *m.* Videojuego.
videolocadora. *f.* Tienda de videos.
vidraça. *f.* **1.** Ventanal. **2.** Vidriera para puertas o ventanas.
vidraçaria. *f.* Vidriería; cristalería.
vidro. *m.* Vidrio; cristal.
vidual. *adj.* Vidual.
viela. *f.* Callejón.
viés. *m.* Bies.
viga. *f.* Viga. ♦ **Viga mestra.** Viga maestra.
vigamento. *m.* Armadura; armazón.
vigário. *m.* Vicario.
vigarista. *adj.* **1.** Embustero; tratante. *com.* **2.** Aquel que se dedica a engañar y estafar.
vigente. *adj.* Vigente.
vigésimo, ma. *núm.* e *s.* Vigésimo.
vigia. *f.* **1.** Vigía; vigilancia. **2.** Mirilla. **3.** Centinela. *m.* **4.** Vigilante.
vigiar. *v.* Vigilar.
vigilância. *f.* Vigilancia; precaución.
vigilante. *adj.* e *com.* Vigilante.
vigor. *m.* **1.** Vigor; empuje. **2.** Vigor; vigencia.
vigorar. *v.* **1.** Vigorizar. **2.** Regir.

vil. *adj.* e *com.* **1.** Vil. **2.** Vil; mezquino.

vila. *f.* Villa. ◆ **Vila de trabalhadores.** Ciudad dormitorio.

vilão, lã. *adj.* e *s.* Malhechor; villano.

vime. *m.* Mimbre.

vinagre. *m.* Vinagre.

vinco. *m.* **1.** Doblez. **2.** Filo del pantalón.

vincular. *v.* Vincular.

vínculo. *m.* Vínculo.

vinda. *f.* **1.** Venida; llegada. **2.** Venida; regreso.

vindouro, ra. *adj.* Venidero.

vingança. *f.* Venganza. ◆ **Jurar vingança.** Jurársela.

vingar. *v.* **1.** Vengar. **2.** Prosperar. *v.p.* **3.** Vengarse.

vinha. *f. Bot.* Viña.

vinhedo. *m.* Viñedo.

vinheta. *f.* Viñeta.

vinho. *m.* Vino. ◆ **Vinho ordinário.** Vino peleón. **Vinho tinto / branco / rosé.** Vino tinto / blanco / rosado.

vinícola. *adj.* Vinícola.

vinte. *núm.* e *m.* Veinte. ◆ **Vinte e cinco.** Veinticinco. **Vinte e dois.** Veintidós. **Vinte e nove.** Veintinueve. **Vinte e oito.** Veintiocho. **Vinte e quatro.** Veinticuatro. **Vinte e seis.** Veintiséis. **Vinte e sete.** Veintisiete. **Vinte e três.** Veintitrés. **Vinte e um.** Veintiuno.

viola. *f.* Viola.

violáceo, cea. *adj.* e *s.* Violáceo.

violão. *m. Mús.* Guitarra.

violar. *v.* **1.** Violar; profanar. **2.** Violar; infringir.

violeiro, ra. *s.* Vihuelista.

violência. *f.* Violencia.

violentar. *v.* **1.** Violentar; forzar. **2.** Violar (sexualmente).

violento, ta. *adj.* Violento.

violeta. *adj.* e *m.* **1.** Violeta. *f.* **2.** *Bot.* Violeta.

violeteira. *f.* Violetera.

violino. *m. Mús.* Violín.

violoncelo. *m. Mús.* Violoncelo; violonchelo.

vir. *v.* Venir.

virada. *f.* **1.** Viraje. **2.** Mudanza de favorable para desfavorable o viceversa; vuelco.

virado. *m. Cul.* Plato típico de São Paulo (Brasil).

vira-lata. *m. (Méx.)* Chucho.

virar. *v.* **1.** Voltear. **2.** Doblar; girar. **3.** Tumbarse. **4.** Volver. ◆ **Saber virar-se sozinho na vida.** Nadar sin calabazas. **Virar a casaca.** Cambiar de chaqueta. **Virar a esquina.** Doblar la calle. **Virar-se.** Barajárselas.

virgem. *adj.* **1.** Virgen. *m.* **2.** *n.p.* Virgo (signo).

vírgula. *f. Ling.* Coma.

virilha. *f. Anat.* Ingle.

virologia. *f. Biol.* Virología.

virose. *f. Med.* Virosis.

virtual. *adj.* Virtual.

virtude. *f.* Virtud. ◆ **Em virtude de.** En virtud de.

virtuosismo. *m.* Virtuosismo.

vírus. *m.* **1.** *Biol.* Virus. **2.** *Inform.* Virus.

visão. *f.* **1.** Visión; vista. **2.** Visión; alucinación.

visar. *v.* **1.** Pretender; proponerse. **2.** Visar.

viscose. *f.* Viscosa.

viseira. *f.* Visera.

visigodo, da. *adj.* e *s.* Visigodo.

visita. *f.* Visita. ◆ **Visita rápida.** *fig.* e *fam.* Visita de médico.

visitante. *adj.* e *com.* Visitante.

visitar. *v.* **1.** Visitar. **2.** Inspeccionar.

visível. *adj.* Visible.

vislumbrar. *v.* Vislumbrar; conjeturar.

vislumbre. *m.* **1.** Vislumbre; reflejo de luz. **2.** Vislumbre; conjetura.

visom. *m. Zool.* Visón.

visor. *m.* Visor.

vista. *f.* Vista. ◆ **À vista.** En efectivo. **Fazer vista grossa.** *fig.* Hacer la vista gorda. **Pagar à vista.** Pagar al contado. **Ter em vista.** Tener en cartera.

visto. *m.* **1.** Visto. **2.** Vistazo. ◆ **Visto que.** Puesto que.

vistoria. *f.* Vista; inspección.

vistoriar. *v.* Registrar; inspeccionar.

vistoso, sa. *adj.* Vistoso.

visual. *adj.* Visual.

visualizar. *v.* Visualizar.

vitalício, cia. *adj.* Vitalicio.

vitalidade. *f.* Vitalidad.

vitamina. *f.* **1.** Vitamina. **2.** Batido de frutas.

vitela. *f.* Ternera (cachorra de vaca).

viticultor, ra. *adj.* e *s.* Viticultor.

vítima. *f.* Víctima. ◆ **Fazer-se de vítima.** Hacerse la víctima.
vitimar. *v.* Victimar.
vitivinicultura. *f.* Vitivinicultura.
vitória. *f.* Victoria; triunfo.
vitorioso, sa. *adj.* Victorioso.
vitral. *m.* Vitral.
vitrine. *f.* Escaparate; vidriera; aparador; *(Amér.)* vitrina.
vitrinista. *adj. e com.* Escaparatista.
vitrola. *f.* Tocadiscos.
vituperar. *v.* Vituperar; injuriar.
viúvo, va. *adj. e s.* Viudo.
viva. *interj.* Viva.
vivacidade. *f.* Viveza; vivacidad.
vivaldino. *m.* Vivales.
vivaz. *adj.* Vivaz.
viveiro. *m.* Vivero.
vivência. *f.* Vivencia.
vivente. *adj. e com.* Viviente.
viver. *v.* Vivir. ◆ **Viver como um marajá.** Vivir como un rajá. **Viver de brisa.** Vivir del aire. **Viver de glórias passadas.** Dormirse sobre/en los laureles. **Viver em seu mundinho.** Meterse en su concha. **Viver o momento.** Vivir al día.
víveres. *m.pl.* Víveres.
vivificar. *v.* 1. Vivificar. 2. Revivir.
vivíparo, ra. *adj. e s. Zool.* Vivíparo.
vivo, va. *adj. e s.* Vivo. ◆ **Ao vivo.** En vivo./En directo.
vizinhança. *f.* 1. Vecindad; vecindario. 2. Vecindad; cercanía.
vizinho, nha. *adj. e s.* 1. Vecino. 2. Limítrofe.
voador, ra. *adj. e s.* Volador.
voar. *v.* Volar.
vocabulário. *m. Ling.* 1. Vocabulario; léxico. 2. Vocabulario; lenguaje.
vocábulo. *m. Ling.* Vocablo; término.
vocação. *f.* Vocación.
vocal. *adj.* Vocal.
vocalista. *com. Mús.* Vocalista.
vocalizar. *v.* Vocalizar.
vocativo. *m.* Vocativo.
você. *pron.* Tú; *(Amér.)* vos.
vociferar. *v.* Vociferar.
voga. *f.* Boga.
vogal. *f.* Vocal.
voile. *m.* Cendal.

volante. *adj.* 1. Volante; volador. 2. Movedizo. *m.* 3. Volante; *(Col.)* timón.
volátil. *adj.* Volátil.
volatilizar. *v.* Volatilizar.
voleibol. *m. Desp.* Voleibol; balonvolea.
volição. *f.* Volición.
volta. *f.* 1. Giro; vuelta. 2. Vuelta; regreso. 3. Superar una dificultad.
voltar. *v.* 1. Volver; retornar. 2. Recomenzar. 3. Girar. ◆ **Voltar a si.** Volver en sí. **Voltar à tona.** Volver a la carga.
voltear. *v.* Voltear.
volteio. *m.* Volteo.
volume. *m.* 1. Volumen. 2. Volumen; tomo. 3. Volumen; bulto. 4. Volumen (intensidad de sonido).
volumoso, sa. *adj.* 1. Voluminoso. 2. Extenso.
voluntariado. *m.* Voluntariado.
voluntário, ria. *adj. e s.* Voluntario.
voluntarioso, sa. *adj. e s.* Voluntarioso.
voluta. *f.* Voluta.
volúvel. *adj.* Voluble; inestable.
volver. *v.* Volver; dar vuelta; hacer girar.
vomitar. *v.* 1. Vomitar; devolver. 2. Proferir.
vômito. *m.* Vómito.
vontade. *f.* 1. Voluntad; albedrío. 2. Voluntad; gana. ◆ **Boa/Má vontade.** Buena/Mala gana/voluntad. **Estar à vontade.** Estar a sus anchas. **(Não) Estar à vontade.** (No) Estar a gusto. **Ter vontade de.** Tener ganas de.
voo. *m.* Vuelo.
voracidade. *f.* Voracidad.
voragem. *f.* Vorágine.
voraz. *adj.* Voraz.
vos. *pron.* Os.
vós. *pron.* Vosotros.
vosso, sa. *pron.* Vuestro.
votante. *adj. e com.* Votante.
votar. *v.* Votar.
voto. *m.* 1. Voto; promesa. 2. Voto; deseo. 3. Voto.
vovô, vó. *s.* Abuelo.
voz. *f.* Voz. ◆ **Em voz alta/baixa.** En voz alta/baja.
vozear. *v.* Vocear.
vozeirão. *m.* Vozarrón.
vozerio. *m.* Vocerío; alboroto.
vulcanização. *f.* Vulcanización.
vulcanizar. *v.* Vulcanizar.

vulcão. *m.* Volcán.
vulgar. *adj.* **1.** Vulgar; común; corriente. **2.** Vulgar; ordinario.
vulgarismo. *m.* Vulgarismo.
vulgarizar. *v.* **1.** Vulgarizar. **2.** Vulgarizar; popularizar. **3.** Convertir en vulgar.

vulgo. *m.* Vulgo.
vulnerável. *adj.* Vulnerable.
vulto. *m.* **1.** Semblante. **2.** Bulto; cuerpo. **3.** Bulto; volumen.
vultoso, sa. *adj.* **1.** Relevante; considerable. **2.** Voluminoso.

W

w. *m.* W (la uve / ve doble).
walkie-talkie. *m. Walkie-talkie.*
walkman. *m. Walkman.*
watt. *m. Watt;* vatio.
web. *f. Inform. web;* rede.
www. *f. Inform. www.*

X

x. *m.* X (la équis).

xácara. *f.* Jácara.

xadrez. *m.* **1.** Ajedrez. **2.** A cuadros. **3.** Cárcel. ◆ **Jogar xadrez.** Jugar al ajedrez.

xale. *m.* Chal.

xampu. *m.* Champú.

xará. *com.* Tocayo.

xarope. *m. Med.* Jarabe.

xaxim. *m.* Maceta o tiesto de raíces de helechos.

xenofilia. *f.* Xenofilia.

xenofobia. *f.* Xenofobia.

xeque-mate. *m.* Jaque mate.

xereta. *adj.* e *s.* Curioso; fisgón.

xeretar. *v.* Husmear.

xerife. *m.* **1.** Título de príncipe mouro. **2.** Funcionario policial; *sheriff*.

xerocar. *v.* Fotocopiar; xerocopiar.

xerófilo, la. *adj. Bot.* Xerófilo.

xerografia. *f.* Xerografía.

xerox. *adj.* e *com.* **1.** Fotocopia; xerocopia. **2.** Sitio en donde se sacan fotocopias.

xícara. *f.* Taza.

xiita. *adj.* e *com. Rel.* Miembro de la secta musulmana que sigue la doctrina de Ali.

xilindró. *m.* Chirona.

xilófago, ga. *adj.* **1.** Xilófago. *m.* **2.** Insecto que roe madera.

xilofone. *m. Mús.* Xilófono.

xilogravura. *f.* Xilografía.

xingar. *v.* Insultar.

xis. *m.* La équis. ◆ **O xis da questão.** La madre del cordero. / El meollo de la cuestión.

xisto. *m.* Esquisto.

xixi. *m.* Orina; pipí; pis. ◆ **Fazer xixi.** Orinar; *fam.* mear; hacer pis.

xodó. *m.* **1.** Cariño. **2.** El preferido o predilecto de una familia o grupo.

xote. *m. Mús.* Chotis.

xucro, cra. *adj.* **1.** *pej.* Persona ignorante. *s.* **2.** Animal de ensillar no domesticado.

y. *m.* Y (la ye).

Z

z. *m.* Z (la zeta).
zabumba. *f. Mús.* Bombo.
zanga. *f.* Enojo; aborrecimiento.
zangado, da. *adj.* Enojado; enfadado.
zangão. *m. Zool.* Zángano.
zangar. *v.* Enojar.
zanzar. *v.* Vagabundear; vaguear.
zarpar. *v.* **1.** Zarpar. **2.** Escabullirse.
zás. *interj.* Zas.
zebra. *f. Zool.* Cebra.
zebu. *m. Zool.* Cebú.
zelador, ra. *s.* Celador; conserje.
zelar. *v.* Celar; velar.
zelo. *m.* Celo.
zênite. *m.* Cenit.
zé-povinho. *m. pej.* Populacho.
zero. *núm.* e *m.* Cero. ♦ **Ser um zero à esquerda.** Ser el último mono. / Ser un cero a la izquierda.
zigue-zague. *m.* Zigzag.
zinco. *m. Quím.* Cinc; zinc.
zíngaro, ra. *adj.* e *s.* Cíngaro.
zíper. *m.* Cremallera.
zodíaco. *m.* Zodiaco.
zoeira. *f.* Jolgorio.
zombador, ra. *adj.* e *s.* Zumbón.
zombar. *v.* Burlarse.
zombaria. *f.* Broma; mofa.
zona. *f.* Zona. ♦ **Zona de comércio livre.** Zona de libre comercio. **Zona urbana.** Zona urbana.
zoneamento. *m.* Zonificación.
zonear. *v.* Zonificar.
zonzo, za. *adj.* Tonto; mareado.
zoo. *m.* Zoo.
zoologia. *f.* Zoología.
zoológico, ca. *adj.* **1.** Zoológico. *m.* **2.** Zoológico; zoo.
zumbi. *m.* **1.** Líder negro del Quilombo de Palmares. **2.** Zombi; fantasma.
zumbir. *v.* Zumbar.
zum-zum. *m.* Murmuración.
zurro. *m.* Rebuzno.

APÊNDICES

Lista de países e nacionalidades 805
Números 813
Símbolos usados na Matemática 816
Abreviaturas 817
Comunicação escrita em espanhol .. 828
Mensagens de texto 831
Comunicação 832
Resumo gramatical 842
Verbos em espanhol 846

Lista de países e nacionalidades

Português	Espanhol	Nacionalidades em espanhol
Afeganistão	Afganistán	afgano/afgana
África do Sul	Sudáfrica	sudafricano/sudafricana
Albânia	Albania	albanés/albanesa
Alemanha	Alemania	alemán/alemana
Andorra	Andorra	andorrano/andorrana
Angola	Angola	angoleño/angoleña o angolano/angolana
Antígua e Barbuda	Antigua y Barbuda	antiguano/antiguana
Arábia Saudita	Arabia Saudí o Saudita	saudí o saudita
Argélia	Argelia	argelino/argelina
Argentina	Argentina	argentino/argentina
Armênia	Armenia	armenio/armenia
Austrália	Australia	australiano/australiana
Áustria	Austria	austriaco/austriaca
Azerbaijão	Azerbaiyán	azerbaiyano/azerbaiyana
Bahamas	Bahamas	bahameño/bahameña
Bangladesh	Bangladés	bangladesí
Barbados	Barbados	barbadense
Barein	Baréin	bareiní
Belarus	Bielorrusia	bielorruso/bielorrusa
Bélgica	Bélgica	belga
Belize	Belice	beliceño/beliceña
Benin	Benín	beninés/beninesa
Bolívia	Bolivia	boliviano/boliviana
Bósnia-Herzegóvina	Bosnia-Herzegovina	bosnio/bosnia o bosnioherzegovino/bosnioherzegovina
Botsuana	Botsuana	botsuano/botsuana

Brasil	Brasil	brasileño/brasileña o brasilero/brasilera
Brunei	Brunéi	bruneano/bruneana
Bulgária	Bulgaria	búlgaro/búlgara
Burkina Fasso	Burkina Faso	burkinés/burkinesa
Burundi	Burundi	burundés/burundesa
Butão	Bután	butanés/butanesa
Cabo Verde	Cabo Verde	caboverdiano/caboverdiana
Camarões	Camerún	camerunés/camerunesa
Camboja	Camboya	camboyano/camboyana
Canadá	Canadá	canadiense
Catar	Catar	catarí
Cazaquistão	Kazajistán	kazajo/kazaja
Chade	Chad	chadiano/chadiana
Chile	Chile	chileno/chilena
China	China	chino/china
Chipre	Chipre	chipriota
Cingapura	Singapur	singapurense
Colômbia	Colombia	colombiano/colombiana
Comores	Comoras	comorense
Congo	Congo	congoleño/congoleña
Coreia do Norte	Corea del Norte	norcoreano/norcoreana
Coreia do Sul	Corea del Sur	surcoreano/surcoreana
Costa do Marfim	Costa de Marfil	marfileño/marfileña
Costa Rica	Costa Rica	costarricense
Croácia	Croacia	croata
Cuba	Cuba	cubano/cubana
Dinamarca	Dinamarca	danés/danesa

Djibuti	Yibuti	yibutiano/yibutiana
Dominica	Dominica	dominiqués/dominiquesa
Egito	Egipto	egipcio/egipcia
El Salvador	El Salvador	salvadoreño/salvadoreña
Emirados Árabes Unidos	Emiratos Árabes Unidos	emiratounidense
Equador	Ecuador	ecuatoriano/ecuatoriana
Eritreia	Eritrea	eritreo/eritrea
Eslováquia	Eslovaquia	eslovaco/eslovaca
Eslovênia	Eslovenia	esloveno/eslovena
Espanha	España	español/española
Estados Unidos	Estados Unidos	estadounidense
Estônia	Estonia	estonio/estonia
Etiópia	Etiopía	etíope
Federação Russa	Federación de Rusia	ruso/rusa
Fiji	Fiyi	fiyiano/fiyiana
Filipinas	Filipinas	filipino/filipina
Finlândia	Finlandia	finlandés/finlandesa
França	Francia	francés/francesa
Gabão	Gabón	gabonés/gabonesa
Gâmbia	Gambia	gambiano/gambiana
Gana	Ghana	ghanés/ghanesa
Geórgia	Georgia	georgiano/georgiana
Granada	Granada	granadino/granadina
Grécia	Grecia	griego/griega
Guatemala	Guatemala	guatemalteco/guatemalteca
Guiana	Guyana	guyanés/guyanesa
Guiné	Guinea	guineano/guineana
Guiné-Bissau	Guinea-Bisáu	guineano/guineana

Guiné Equatorial	Guinea Ecuatorial	ecuatoguineano/ecuatoguineana
Haiti	Haití	haitiano/haitiana
Holanda – Países Baixos	Holanda – Países Bajos	neerlandés
Honduras	Honduras	hondureño/hondureña
Hungria	Hungría	húngaro/húngara
Iêmen	Yemen	yemení
Ilhas Marshall	Islas Marshall	marshalés/marshalesa
Ilhas Salomão	Islas Salomón	salomonense
Índia	India	indio/india
Indonésia	Indonesia	indonesio/indonesia
Irã	Irán	iraní
Iraque	Irak	iraquí
Irlanda	Irlanda	irlandés/irlandesa
Islândia	Islandia	islandés/islandesa
Israel	Israel	israelí
Itália	Italia	italiano/italiana
Jamaica	Jamaica	jamaiquino/jamaiquina o jamaicano/jamaicana
Japão	Japón	japonés/japonesa
Jordânia	Jordania	jordano/jordana
Kiribati	Kiribati	kiribatiano/kiribatiana
Kuwait	Kuwait	kuwaití
Laos	Laos	laosiano/laosiana
Lesoto	Lesoto	lesotense
Letônia	Letonia	letón/letona
Líbano	Líbano	libanés/libanesa
Libéria	Liberia	liberiano/liberiana
Líbia	Libia	libio/libia

Liechtenstein	Liechtenstein	liechtensteiniano/liechtensteiniana
Lituânia	Lituania	lituano/lituana
Luxemburgo	Luxemburgo	luxemburgués/luxemburguesa
Macedônia	Macedonia	macedonio/macedonia
Madagáscar	Madagascar	malgache
Malásia	Malasia	malasio/malasia
Malauí	Malaui	malauí
Maldivas	Maldivas	maldivo/maldiva
Mali	Mali o Malí	maliense o malí
Malta	Malta	maltés/maltesa
Marrocos	Marruecos	marroquí
Maurício	Mauricio	mauriciano/mauriciana
Mauritânia	Mauritania	mauritano/mauritana
México	México	mexicano/mexicana
Mianmar	Myanmar	myanma o birmano/birmana
Micronésia	Micronesia	micronesio/micronesia
Moçambique	Mozambique	mozambicano/mozambicana
Moldávia	Moldavia	moldavo/moldava
Mônaco	Mónaco	monegasco/monegasca
Mongólia	Mongolia	mongol/mongola
Namíbia	Namibia	namibio/namibia
Nauru	Nauru	nauruano/nauruana
Nepal	Nepal	nepalés/nepalesa o nepalí
Nicarágua	Nicaragua	nicaragüense
Níger	Níger	nigerino/nigerina
Nigéria	Nigeria	nigeriano/nigeriana

Noruega	Noruega	noruego/noruega
Nova Zelândia	Nueva Zelanda o Nueva Zelandia	neozelandés/neozelandesa
Omã	Omán	omaní
Palau	Palaos	palauano/palauana
Panamá	Panamá	panameño/panameña
Papua-Nova Guiné	Papúa Nueva Guinea	papú
Paquistão	Pakistán	pakistaní
Paraguai	Paraguay	paraguayo/paraguaya
Peru	Perú	peruano/peruana
Polônia	Polonia	polaco/polaca
Portugal	Portugal	portugués/portuguesa
Quênia	Kenia	keniano/keniana o keniata
Quirguistão	Kirguistán	kirguís o kirguiso/kirguisa
Reino Unido	Reino Unido	británico/británica
República Centro-Africana	República Centroafricana	centroafricano/centroafricana
República Democrática do Congo	República Democrática del Congo	congoleño/congoleña
República Dominicana	República Dominicana	dominicano/dominicana
República Tcheca	República Checa	checo/checa
Romênia	Rumanía	rumano/rumana
Ruanda	Ruanda	ruandés/ruandesa
Samoa	Samoa	samoano/samoana
San Marino	San Marino	sanmarinense
Santa Lúcia	Santa Lucía	santalucense
São Cristóvão e Névis	San Cristóbal y Nieves	sancristobaleño/sancristobaleña
São Tomé e Príncipe	Santo Tomé y Príncipe	santotomense

São Vicente e Granadinas	San Vicente y las Granadinas	sanvicentino/sanvicentina
Senegal	Senegal	senegalés/senegalesa
Serra Leoa	Sierra Leona	sierraleonés/sierraleonesa
Seicheles	Seychelles	seychellense
Síria	Siria	sirio/siria
Somália	Somalia	somalí
Sri Lanka	Sri Lanka	ceilanés/ceilanesa o ceilandés/ceilandesa o esrilanqués/esrilanquesa
Suazilândia	Suazilandia	suazi
Sudão	Sudán	sudanés/sudanesa
Suécia	Suecia	sueco/sueca
Suíça	Suiza	suizo/suiza
Suriname	Surinam	surinamés/surinamesa
Tadjiquistão	Tayikistán	tayiko/tayika
Tailândia	Tailandia	tailandés/tailandesa
Tanzânia	Tanzania	tanzano/tanzana
Timor Leste	Timor Oriental	timorense
Togo	Togo	togolés/togolesa
Tonga	Tonga	tongano/tongana
Trinidad e Tobago	Trinidad y Tobago	trinitense
Tunísia	Túnez	tunecino/tunecina
Turcomenistão	Turkmenistán	turcomano/turcomana o turkmeno/turkmena
Turquia	Turquía	turco/turca
Tuvalu	Tuvalu	tuvaluano/tuvaluana
Ucrânia	Ucrania	ucraniano/ucraniana
Uganda	Uganda	ugandés/ugandesa
Uruguai	Uruguay	uruguayo/uruguaya

Uzbequistão	Uzbekistán	uzbeko/uzbeka
Vanuatu	Vanuatu	vanuatuense
Venezuela	Venezuela	venezolano/venezolana
Vietnã	Vietnam	vietnamita
Zâmbia	Zambia	zambiano/zambiana
Zimbábue	Zimbabue	zimbabuense

Números

Cifra	Cardinais	Ordinais	Múltiplos
0	cero		
1	uno	primero	
2	dos	segundo	doble, duplo, dúplice
3	tres	tercero	triple, triplo, tríplice
4	cuatro	cuarto	cuádruple, cuádruplo
5	cinco	quinto	quíntuplo
6	seis	sexto, seiseno	séxtuplo
7	siete	sé(p)timo, se(p)teno	séptuplo
8	ocho	octavo	óctuple, óctuplo
9	nueve	no(ve)no	noveno
10	diez	décimo, deceno	décuplo
11	once	undécimo, onceno	undécuplo
12	doce	duodécimo, doceno	duodécuplo
13	trece	decimotercero	terciodécuplo
14	catorce	decimocuarto	
15	quince	decimoquinto	
16	dieciséis	decimosexto	
17	diecisiete	decimosé(p)timo	
18	dieciocho	decimoctavo	
19	diecinueve	decimono(ve)no	
20	veinte	vigésimo, veintésimo	
21	veintiuno	vigésimo primero	
22	veintidós	vigésimo segundo	
23	veintitrés	vigésimo tercero	
24	veinticuatro	vigésimo cuarto	
25	veinticinco	vigésimo quinto	
26	veintiséis	vigésimo sexto	

Números

27	veintisiete	vigésimo sé(p)timo	
28	veintiocho	vigésimo octavo	
29	veintinueve	vigésimo no(ve)no	
30	treinta	trigésimo, treinteno	
31	treinta y uno	trigésimo primero	
32	treinta y dos	trigésimo segundo	
40	cuarenta	cuadragésimo	
41	cuarenta y uno	cuadragésimo primero	
50	cincuenta	quincuagésimo	
60	sesenta	sexagésimo	
70	setenta	septuagésimo	
80	ochenta	octogésimo, ochenteno	
90	noventa	nonagésimo	
100	cien	centésimo, centeno	céntuplo
101	ciento uno	centésimo primero	
102	ciento dos	centésimo segundo	
200	doscientos	ducentésimo	
202	doscientos dos	ducentésimo segundo	
300	trescientos	tricentésimo	
400	cuatrocientos	cuadringentésimo	
500	quinientos	quingentésimo	
600	seiscientos	sexcentésimo	
700	setecientos	septingentésimo	
800	ochocientos	octingentésimo	
900	novecientos	noningentésimo	
1000	mil	milésimo	
2000	dos mil		

3000	tres mil		
4000	cuatro mil		
5000	cinco mil		
6000	seis mil		
7000	siete mil		
8000	ocho mil		
9000	nueve mil		
10 000	diez mil		
100 000	cien mil		
500 000	quinientos mil		
10^6	millón	millonésimo	
10^7	diez millones		
10^8	cien millones		
10^9	mil millones		
10^{10}	diez mil millones		
10^{11}	cien mil millones		
10^{12}	billón	billonésimo	
10^{18}	trillón	trillonésimo	
10^{24}	cuatrillón		

Símbolos usados na Matemática

π	número pi (*Mat.*)
Δ	variación (*Mat.*)
#	número [*Am.*]
+	más (*Mat.*)
−	menos (*Mat.*)
±	más menos (*Mat.*)
<	menor que (*Mat.*)
>	mayor que (*Mat.*)
=	igual a (*Mat.*)
≤	menor o igual que (*Mat.*)
≥	mayor o igual que (*Mat.*)
≠	no igual a (*Mat.*)
≡	semejante a (*Mat.*)
=>	implica (*Mat.*)
×	por, multiplicado por (*Mat.*)
÷	entre, dividido por (*Mat.*)
!	factorial (*Mat.*)
∫	integral (*Mat.*)
∅	conjunto vacío (*Mat.*)
∞	infinito (*Mat.*)
°	grado de ángulo
%	por ciento
‰	por mil
√	raíz (*Mat.*)

Abreviaturas

@	arroba
(a)	alias
A/A	a la atención
aa. vv.; AA. VV.	autores varios (*cf.* vv. aa., VV. AA.)
Abg.; Abg.^{do} (*fem.* Abg.^{da})	abogado, -da
a. C.	antes de Cristo (*también* a. de C.; *cf.* d. C.)
a/c	a cuenta
acept.	aceptación
A. D.	anno Dómini (*lat.:* "en el año del Señor")
a. de C.	antes de Cristo (*también* a. C.; *cf.* d. de C.)
a. de J. C.	antes de Jesucristo (*también* a. J. C.; *cf.* d. de J. C.)
a D. g.	a Dios gracias
admón.	administración
adm.^{or} (*fem.* adm.^{ora}); admr.	administrador, -ra
a/f	a favor
a. J. C.	antes de Jesucristo (*también* a. de J. C.; *cf.* d. de J. C.)
a. m.	ante merídiem (*lat.:* "antes del mediodía"; *cf.* m. *y* p. m.)
ap.	aparte
apdo.	apartado
A. R.	alteza real
Arq.	arquitecto, -ta
art.; art.º	artículo
A. T.	Antiguo Testamento
atte.	atentamente
atto. (*fem.* atta.)	atento
av.; avd.; avda.	avenida
Bco.	banco ("entidad financiera")

Bibl.	biblioteca
Bo.; B.º	barrio
Bs. As.	Buenos Aires (capital de la Argentina)
Bto. (*fem.* Bta.)	beato (*también* B.)
c.	calle (*también* c/ *y* cl.) ‖ capítulo (*también* cap. *y* cap.º) ‖ centavo (*también* cent.)
c/	calle (*también* c. *y* cl.) ‖ cargo (*también* cgo.) ‖ cuenta (*también* cta.)
C.ª	compañía (*también* Cía., C.ía *y* Comp.)
C. A.	compañía anónima ‖ comunidad autónoma [Esp.]
caj.	caja ‖ cajón
cap.	capítulo (*también* c. *y* cap.º)
Cap.	capital ‖ capitán
Cap. Fed.	capital federal (*también* C. F.)
cap.º	capítulo (*también* c. *y* cap.)
c. c.	cédula de ciudadanía
C. C.	casilla de correo
c/c	cuenta corriente (*también* cta. cte.)
Cdad.	ciudad
c. e.	correo electrónico
cent. (*pl. irreg.*: cts.)	centavo (*también* c., ctv. *y* ctvo.) ‖ centésimo
cént. (*pl. irreg.*: cts.)	céntimo
C. F.	capital federal (*también* Cap. Fed.)
cf.; cfr.	cónfer (*lat.*: "compara"; *también* cónf. *y* cónfr.; *equivale a* compárese, *cf.* cp.)
cgo.	cargo (*también* c/)
ch/	cheque
C. I.	cédula de identidad
Cía.; C.ía	compañía (*también* C.ª *y* Comp.)

cje.	corretaje
cl.	calle (*también* c. y c/)
Cmdt.; Cmte.	comandante (*también* Comte. y Cte.)
Cnel.	coronel (*también* Col.)
cód.	código
Col.	colegio ‖ coronel (*también* Cnel.)
com.ón	comisión
Comp.	compañía (*también* C.ª, Cía. y C.ía)
Comte.	comandante (*también* Cmdt., Cmte. y Cte.)
cónf.; cónfr.	cónfer (*lat.:* "compara"; *p. us.*; *también* cf. y cfr.; *equivale a* compárese, *cf.* cp.)
coord. (*fem.* coord.ª)	coordinador, -ra
cp.	compárese (*cf. cf.*, cfr., cónf. y cónfr.)
C. P.	código postal (*cf.* D. P.)
C. por A.	compañía por acciones
crec.	creciente
cta.	cuenta (*también* c/)
cta. cte.	cuenta corriente (*también* c/c)
Cte.	comandante (*también* Cmdt., Cmte. y Comte.)
ctv.; ctvo.	centavo (*también* c. y cent.)
c/u	cada uno
D.	don (*cf.* D.ª y Dña.)
D.ª	doña (*también* Dña.; *cf.* D.)
d. C.	después de Cristo (*también* d. de C.; *cf.* a. C.)
dcho. (*fem.* dcha.)	derecho
d. de C.	después de Cristo (*también* d. C.; *cf.* a. de C.)
d. de J. C.	después de Jesucristo (*también* d. J. C.; *cf.* a. de J. C.)
del.	delegación

D. E. P.	descanse en paz (*cf.* e. p. d., q. e. p. d. *y* R. I. P.)
depto.	departamento (*también* dpto.)
desct.º	descuento (*también* dto.)
D. F.	Distrito Federal
d/f	días fecha
diag.	diagonal ("calle") [Arg.]
dicc.	diccionario
Dir. (*fem.* Dir.ª)	director ‖ dirección
d. J. C.	después de Jesucristo (*también* d. de J. C.; *cf.* a. J. C.)
D. L.	depósito legal
Dña.	doña (*también* D.ª; *cf.* D.)
doc.	documento
D. P.	distrito postal (*cf.* C. P.)
dpto.	departamento (*también* depto.)
Dr. (*fem.* Dra., Dr.ª)	doctor, -ra
dto.	descuento (*también* desct.º)
dupdo.	duplicado
d/v	días vista
e/	envío
e. c.	era común
e/c	en cuenta
ed.	edición ‖ editorial (*también* edit.) ‖ editor, -ra
edit.	editorial (*también* ed.)
edo.	estado ("división territorial dentro de una nación")
EE. UU.	Estados Unidos
ef.	efectos
ej.	ejemplo ‖ ejemplar (*sustantivo masculino*)
entlo.	entresuelo

e. p. d.	en paz descanse (*cf.* D. E. P., q. e. p. d. *y* R. I. P.)
e. p. m.	en propia mano
e. s. m.	en sus manos
et ál.	et álii (*lat.:* "y otros")
etc.	etcétera
excl.	exclusive (*cf.* incl.)
f.	folio (*también* fol. *y* f.º)
f.ª	factura (*también* fra.)
fasc.	fascículo
F. C.	ferrocarril
fca.	fábrica
Fdo.	firmado
féc.	fécit (*lat.:* "hizo")
FF. AA.	Fuerzas Armadas
fig.	figura
f.º; fol.	folio (*también* f.)
fra.	factura (*también* f.ª)
Gdor. (*fem.* Gdora., Gdor.ª); Gob.	gobernador, -ra
g. p.; g/p	giro postal
Gral.	general
g. v.	gran velocidad (*cf.* p. v.)
H.; Hno. (*fem.* Hna.)	hermano, -na
I.	ilustre (*también* Il. *e* Iltre.)
ib.; ibíd.	ibídem (*lat.:* "en el mismo lugar")
íd.	ídem (*lat.:* "el mismo, lo mismo")
i. e.	id est (*lat.:* "esto es")
igl.ª	iglesia

Il.	ilustre (*también* I. e Iltre.)
Ilmo. (*fem.* Ilma.)	ilustrísimo
Iltre.	ilustre (*también* I. e Il.)
imp.	imprenta (*también* impr.)
impr.	imprenta (*también* imp.) ‖ impreso
impto.; imp.^{to}	impuesto
incl.	inclusive (*cf.* excl.)
Ing.	ingeniero, -ra
Inst.	instituto
izdo. (*fem.* izda.); izq.; izqdo. (*fem.* izqda.)	izquierdo, -da
J. C.	Jesucristo (*cf.* Jhs. y Xto.)
Jhs.	Jesús (*referido a Cristo*; *cf.* J. C. y Xto.)
JJ. OO.	Juegos Olímpicos
k. o.	*knock-out* (ingl.: "fuera de combate")
L/	letra (de cambio)
l. c.	loco citato (*lat.*: "en el lugar citado"; *también* loc. cit.)
Lcdo. (*fem.* Lcda.); Ldo. (*fem.* Lda.); Lic.	licenciado, -da
loc. cit.	loco citato (*lat.*: "en el lugar citado"; *también* l. c.)
Ltd.	*limited* (*ingl.*: "limitado, -da"; *cf.* Ltdo.)
Ltdo. (*fem.* Ltda.)	limitado (*cf.* Ltd.)
m.	meridies (*lat.*: "mediodía"; *cf.* a. m. y p. m.)
M.	majestad ‖ madre ("tratamiento religioso"; *también* M.^e)
máx.	máximo (*cf.* mín.)
mín.	mínimo (*cf.* máx.)
m. n.	moneda nacional
ms.	manuscrito

n.	nota
N. B.	nota bene (*lat.:* "observa bien"; *equivale a* nótese bien)
N. del T.	nota del traductor
n.º; nro.	número (*también* núm.)
N. S.	Nuestro Señor (*referido a Jesucristo; cf.* N. S. J. C.)
N. S. J. C.	Nuestro Señor Jesucristo (*cf.* N. S.)
Ntra. Sra.; Ntr.ª Sr.ª	Nuestra Señora (*referido a la Virgen; también* N.ª S.ª)
núm.	número (*también* n.º *y* nro.)
ob. cit.	obra citada (*cf.* óp. cit.)
óp. cit.	ópere citato (*lat.:* "en la obra citada"; *cf.* ob. cit.)
p.	página (*también* pg. *y* pág.)
P.	papa (*cf.* Pnt.) ‖ padre ("tratamiento religioso")
p. a.	por ausencia ‖ por autorización (*también* P. A.)
pág.	página (*también* p. *y* pg.)
párr.	párrafo
Pat.	patente
Pbro.	presbítero (*también* Presb.)
p. d.	porte(s) debido(s) (*cf.* p. p.)
P. D.	posdata (*cf.* P. S.)
pdo.	pasado
Pdte. (*fem.* Pdta.)	presidente
p. ej.	por ejemplo (*cf.* v. g. *y* v. gr.)
pg.	página (*también* p. *y* pág.)
p. k.	punto kilométrico
pl.; plza.	plaza (*también* pza.)
p. m.	post merídiem (*lat.:* "después del mediodía"; *cf.* a. m. *y* m.)
P. M.	policía militar
Pnt.	pontífice (*cf.* P.)

p. o.; P. O.; p/o	por orden
p.º	paseo
p. p.	por poder ‖ porte(s) pagado(s) (cf. p. d.)
ppal.; pral.	principal
Prof. (fem. Prof.ª)	profesor, -ra
pról.	prólogo
prov.	provincia
P. S.	post scríptum (lat.: "después de lo escrito"; cf. P. D.)
p. v.	pequeña velocidad (cf. g. v.)
P. V. P.	precio de venta al público
pza.	plaza (también pl. y plza.)
R.	reverendo, -da (también Rdo., Rev., Rvd. y Rvdo.)
R. D.	Real Decreto [Esp.] (cf. R. O.) ‖ República Dominicana
reg.	registro
Rep.	república
R. I. P.	requiéscat in pace (lat.: "descanse en paz"; cf. D. E. P., e. p. d. y q. e. p. d.)
r.º	recto
r. p. m.	revoluciones por minuto
RR. HH.	recursos humanos
Rte.	remitente
s.	siglo ‖ siguiente (también sig.)
S.	san (cf. Sto.)
s. a.; s/a	sin año [de impresión o de edición] (cf. s. d., s. e. y s. l.)
S.ª	señoría ‖ señora
S. A.	sociedad anónima (cf. S. L.) ‖ su alteza
s. c.	su casa
s/c	su cuenta

s. d.	sine data (*lat.:* "sin fecha [de edición o de impresión]"; *cf.* s. a., s. e. y s. l.)
Sdad.	sociedad (*también* Soc.)
s. e.; s/e	sin [indicación de] editorial (*cf.* s. a., s. d. y s. l.)
S. E.	su excelencia
Ser.mo (*fem.* Ser.ma)	serenísimo, -ma
s. e. u o.	salvo error u omisión
s. f.; s/f	sin fecha
Sgto.	sargento
S. I.	Societatis Iesu (*lat.:* "de la Compañía de Jesús"; *también* S. J.)
sig.	siguiente (*también* s.)
S. J.	Societatis Iesu (*lat.:* "de la Compañía de Jesús"; *también* S. I.)
s. l.; s/l	sin [indicación del] lugar [de edición] (*cf.* s. a., s. d. y s. e.)
S. L.	sociedad limitada (*cf.* S. A.)
S. M.	su majestad
s. n.; s/n	sin número (*referido al inmueble de una vía pública*)
Soc.	sociedad (*también* Sdad.)
S. P.	servicio público
Sr. (*fem.* Sra., Sr.ª, S.ª)	señor
S. R. C.	se ruega contestación
Srta.	señorita
s. s.	seguro servidor (*p. us.*; *cf.* s. s. s.)
s. s. s.	su seguro servidor (*p. us.*; *cf.* s. s.)
Sto. (*fem.* Sta.)	santo (*cf.* S.)
s. v.; s/v	sub voce (*lat.:* "bajo la palabra", *en diccionarios y enciclopedias*)
t.	tomo

tel.; teléf.	teléfono (*también* tfno.)
test.º	testigo
tfno.	teléfono (*también* tel. *y* teléf.)
tít.	título
trad.	traducción ‖ traductor, -ra
Tte.	teniente
U.; Ud. (*pl. irreg.*: Uds.)	usted (*también* V. *y* Vd.)
Univ.	universidad
v.	véase (*cf.* vid.) ‖ verso
V.	usted (*p. us.*; *también* U., Ud. *y* Vd.) ‖ venerable
v/	visto
V. B.	vuestra beatitud
Vd. (*pl. irreg.*: Vds.)	usted (*p. us.*; *también* U., Ud. *y* V.)
Vdo. (*fem.* Vda.)	viudo
V. E.	vuestra excelencia
v. g.; v. gr.	verbi gratia (*lat.:* "por ejemplo"; *cf.* p. ej.)
V. I.	usía ilustrísima (*cf.* V. S. I.)
vid.	vide (*lat.:* "mira"; *equivale a* véase, *cf.* v.)
V. M.	vuestra majestad
v.º	vuelto
V. O.	versión original (*cf.* V. O. S.)
V.º B.º	visto bueno
vol.	volumen
V. O. S.	versión original subtitulada (*cf.* V. O.)
V. P.	vuestra paternidad
vs.	versus (*lat.:* "contra")
V. S.	vuestra señoría

V. S. I.	vuestra señoría ilustrísima (*cf.* V. I.)
vto. (*fem.* vta.)	vuelto
vv. aa.; VV. AA.	varios autores (*cf.* aa. vv., AA. VV.)
W. C.	*water closet* (*ingl.*: "servicio, retrete")
Xto.	Cristo (*cf.* J. C. y Jhs.)

1 Esta lista contém as abreviaturas convencionais mais comuns em espanhol.
2 Quando uma abreviatura tem variação de gênero, depois da forma masculina aparece, entre parênteses, a forma do feminino.
3 Não são registradas as formas no plural, exceto as formas irregulares. São registradas as abreviaturas das expressões que são usadas somente no plural.
4 Quando uma abreviatura tem diferentes valores, estes são separados por meio de duas barras verticais (||).
5 Quando uma abreviatura é de uso geograficamente limitado, aparece entre colchetes a abreviatura do país correspondente.
6 As abreviaturas de uso atual pouco frequente tem, em itálico e entre parênteses, a marca p. us. (= pouco uso).

Comunicação escrita em espanhol

Saudação e despedida

Início e término

O registro de uma correspondência, ou seja, o nível de formalidade ou de informalidade, caracteriza as expressões de saudação e de despedida.

Início	Término
Sem identificação do destinatário: **Estimado señor** **Estimada señora**	**Lo saluda atentamente** **Atentamente** **Reciba un atento saludo de** **Reciba un respetuoso saludo de** **Sin otro particular**
Sem definição do gênero do destinatário: **Estimado(a) señor(a)**	
Organização ou empresa como destinatário: **Estimados señores** **Señores**	
Com identificação do destinatário: **Estimado señor Gutiérrez** **Estimada señora Batista** **Estimado doctor Castro**	**Reciba un cordial saludo de** **Saludos cordiales** **Lo saluda atentamente**
Antes do sobrenome, é possível o uso de abreviaturas: **Sr.** **Sra.**	
Amigo ou parente como destinatário: **Querido Javier** **Querida María** **Queridos Ricardo y Juana** **Queridos mamá y papá** **Mis queridos tíos** **Mi querido Pedro** **Mi queridísima Ana**	**Un cariñoso saludo** **Un abrazo de** Menos informal: **Con mucho cariño** **Muchos besos y abrazos de** Mais informal: **Un beso a todos** **Hasta pronto** **Saluda a Gabriela de mi parte** **Saludos a Gabriela** Mais formal: **Un saludo** **Saludos**

Mensagem formal

Estimado Sr. Gutiérrez: — A saudação inicial é seguida de dois-pontos.

Me dirijo a usted para informarle que a pesar del sobrehumano esfuerzo de nuestro equipo, este mes no podremos cumplir la meta de capturas de cien toneladas de camarones estipulada por la dirección de la empresa. El paso del huracán de julio pasado por la región menguó nuestro parque de redes de aguas profundas, averió la flota de barcos y destruyó el techo de uno de los almacenes refrigerados.

Ya hemos tomado las medidas pertinentes para evitar que esta desagradable situación se repita en septiembre.

Le agradeceré que me confirme que ha recibido este correo.

Sin más, quedo a la espera de su respuesta. — Expressão que precede o término da mensagem em contextos formais.

Saludos cordiales, — Depois da expressão de despedida, usa-se vírgula.

Cándido González Fabré — A assinatura fica posicionada ao final da mensagem.

Delegado regional

Mensagem informal

Queridos Ana y Juan:

¿Cómo están? ¿Cómo les va bajo tanto sol y ante tanta playa? Puedo apostar que no están tristes, a pesar del esfuerzo que demandan los toques finales a la nueva casa.

Ayer estuvimos en la casa vieja para mirarla con más calma y nos parece que va a ser complicado mudarnos este fin de semana. El olor de la pintura es demasiado fuerte y no queremos que el pintor se sienta presionado. También queremos discutir algunas cosas que vimos con más calma en esta última visita. Por ejemplo, la puerta que lleva al patio no cierra herméticamente. Los problemas del piso de cemento ahora se notan mucho más, y no tenemos muebles suficientes como para poder esconderlos. Otra cosa que me preocupa es que las escaleras no tienen pasamanos y como son tan inclinadas me parecen peligrosas para el bebé y algo incómodas para mí en los próximos meses.

Espero que no se asusten con tantas objeciones. Queremos resolverlo todo de la forma más conveniente. Por eso nos gustaría hablar con ustedes cuando vengan esta semana a São Paulo. Ya tenemos un modelo de contrato que nos puede servir: basta con ponerle los nombres de los interesados.

Bueno, espero que pronto nos veamos y esté todo arreglado.

Un abrazo,
Carlos

Mensagens de texto

0k – vale
1a – una
1kf? – ¿quedamos para tomar café?
1mmnt – un momento
5mentario – sin comentario
a-k – a menos que
a2 – adiós
a1q – aunque
a100d – haciendo
abcs – a veces
ablams – hablamos
ablr – hablar
abr – a ver / haber
acr – hacer
asc – al salir de clase
ak – acá
akba – acaba
aki – aquí
alg – algo
almjr – a lo mejor
amr – amor
anoxe – anoche
ants – antes
aora – ahora
aptc – apetece
asta – hasta
avcs – a veces
bbr – beber
bd – buenos días
bj – baja
bn – bien
bno – bueno
bnt – bonito
bok – boca
brda – verdad
bss – besos
bstnt – bastante
bus – autobús
cam – cámara
cc – centro comercial
cdo – cuando
cdt – cuídate
cmo – como
cnmigo – conmigo
crk – cerca
crñs@ – cariñoso/a

ctxt – contesta
da= – da igual
dam – dame
db – debe
dcir – decir
dd – donde
dics – dices
djam – déjame
dim – dime
dps – después
enorawena – enhorabuena
ers – eres
esk – es que
exo – hecho
eya – ella
fnd – fin de semana
ftbl – fútbol
fx – cine
gf – jefe
gnl – genial
grax – gracias
gsta – gusta
imxtant – importante
io – yo
Je je – risa
k – que
kbza – cabeza
kdams – quedamos
k tl? – ¿qué tal?
ls – los
lueg – luego
m – me
maburro – me aburro
mb – muy bien
mimir – dormir
mjor – mejor
ml – mal
mñn – mañana
mov – móvil
msj – mensaje
mxo – mucho
na – nada
nc – no sé
ncsito – necesito
nd – nada
nmo – no me olvides
npn – no pasa nada
ntncs – entonces

nxe – noche
ola – hola
peli – película
pf – por favor
pls – por favor
pueds – puedes
q – que
qndo – cuando
recuer2 – recuerdos
rk2 – recados
s3 – estrés
sabs – sabes
salu2 – saludos
stams – estamos
stas – estás
stoy – estoy
tas OK? – ¿estás bien?
tbo – te veo
td – todo
tedt – estoy enamorado de ti
tmb – también
tv – televisión
vacas – vacaciones
vams – vamos
vdd – verdad
vr – ver
vrt – verte
wap – guapa / guapo
warra – guarra
x – por
xfa – porfa
xoxo – besos y abrazos
xq – por qué
xx – chica
xy – chico
yks – yo que sé
Zzz – me duermo
$ – dinero
0 :) – angel
8-) – llevar lentes
:-D – sonriente
: - x – un beso

Comunicação

Expresiones básicas

Perdón, pero ¡no hablo muy bien español!

Bom dia!/Boa tarde!/Boa noite!	¡Buenos días!/¡Buenas tardes!/¡Buenas noches!
Olá! Tudo bem?	¡Hola! ¿Qué tal?
Sou brasileiro(a).	Soy brasileño(a)/brasilero(a).
Meu passaporte é... (número)	El número de mi pasaporte es...
Eu gostaria de…	Me gustaría…
Eu preciso (de)…	Necesito…
Desculpe-me, mas não falo espanhol muito bem!	Perdón, pero ¡no hablo muy bien español!
Um minuto, por favor!	¡Un momento, por favor!
Você/O sr./A sra. fala português ou espanhol?	¿Hablas/Habla portugués o español?
Até logo!/Tchau!/Adeus!	¡Hasta luego!/¡Chau!/¡Adiós!
Muito obrigado(a)!	¡Muchas gracias!

Llegada a un país extranjero

¡Se perdió mi equipaje!

Eu viajo sozinho(a).	Viajo solo(a).
Estamos viajando juntos(as).	Viajamos juntos(as).
Estou viajando com um amigo(a).	Viajo con un amigo(a).
Aqui está meu passaporte.	Aquí tiene mi pasaporte.
Somos quatro pessoas.	Somos cuatro personas.
A alfândega é logo ali.	La aduana está ahí al lado.
Viajo a negócios/por prazer.	Viajo por negocios/por placer.
Só tenho objetos pessoais em minha mala.	En la maleta solo tengo objetos personales.
Eu mesmo(a) fiz e fechei minha mala.	Yo mismo(a) hice mi maleta y la cerré.

Não tenho nada a declarar.	No tengo nada para declarar.
Tenho alguns artigos a declarar.	Tengo algunos artículos para declarar.
Esta é toda a bagagem que tenho.	Este es todo mi equipaje.
Com licença, por favor!	¡Con permiso, por favor!
Minha bagagem foi extraviada!	¡Se perdió mi equipaje!
Demora para eu recuperar minha bagagem?	¿Cuánto tiempo tengo que esperar para recuperar mi equipaje?
Meu voo era o W970.	Mi vuelo era el W970.
Onde fica o balcão de informações aos turistas?	¿Dónde queda la oficina de información al turista?
Onde fica o banheiro, por favor?	¿Dónde hay un baño, por favor?
Onde posso pegar um táxi?	¿Dónde puedo tomar un taxi?
Onde posso reservar um hotel?	¿Dónde puedo hacer una reserva en un hotel?
Este é o transporte para o hotel?	¿Este es el transporte que lleva al hotel?
Qual é o valor para cada volume de bagagem?	¿Cuánto cuesta llevar cada maleta?
Isso não me pertence.	Esto no es mío.
Qual a cotação do dólar/euro?	¿Cuál es la cotización del dólar/euro?
Eu gostaria de alugar um carro.	Me gustaría alquilar un coche.
Quanto lhe devo?	¿Cuánto le debo?
Desculpe-me, não entendi!	Perdón, no entendí.
Vou ficar no hotel Universal.	Me voy a quedar en el Hotel Universal.
Por favor, deixe-me no Hotel Universal.	Por favor, déjeme en el Hotel Universal.
Você pode levar minhas bagagens, por favor?	¿Puede llevar mi equipaje, por favor?
Por favor, leve-me até a Praça de Maio.	Por favor, lléveme a la Plaza de Mayo.
Quanto é a gorjeta por aqui normalmente?	¿Cuánto se deja normalmente de propina aquí?

En el hotel

Me gustaría una habitación con vista al mar.

Bom dia!/Boa tarde!/Boa noite! Tenho uma reserva.	¡Buenos días!/¡Buenas tardes!/¡Buenas noches! Tengo una reserva.
Está em nome de Elaine Silva.	Está en nombre de Elaine Silva.
O café da manhã está incluso na diária?	¿El desayuno está incluido en la diaria?
Gostaria de um quarto com vista para o mar.	Me gustaría una habitación con vista al mar.
A que horas tenho que deixar o quarto?	¿A qué hora debo dejar la habitación?
Vocês têm TV a cabo no quarto?	¿Hay televisión por cable en la habitación?
Como faço para telefonar do quarto?	¿Cómo hago para llamar por teléfono/hacer una llamada desde la habitación?
Quero deixar meus objetos de valor no cofre.	Quiero dejar mis objetos de valor en el cofre.

Quais são as melhores atrações locais?	¿Cuáles son los principales puntos de interés locales?
É seguro andar a pé por aqui?	¿Es seguro andar a pie por aquí?
Onde fica a estação de metrô mais próxima?	¿Dónde queda la estación de metro más cercana?
Onde fica o ponto de ônibus mais próximo?	¿Dónde queda la parada de autobús más cerca?
Onde posso comprar ingressos para o teatro?	¿Dónde puedo comprar entradas para el teatro?
Existe algum ônibus de turismo que circule pela cidade?	¿Hay algún autobús turístico que haga un recorrido por la ciudad?
Aqui é do quarto 68. Tenho um problema.	Llamo de la habitación 68. Tengo un problema.
Não tem água quente no chuveiro.	No hay agua caliente en la ducha.
O ralo da pia/do chuveiro está entupido.	El lavatorio/la rejilla de la ducha está tapado(a).
A TV/O ar-condicionado/O aquecedor não está funcionando.	La televisión/El aire acondicionado/La calefacción no está funcionando.
Tem algum recado para mim?	¿Hay algún mensaje para mí?
Eu quero fechar a conta, por favor.	Quiero cerrar la cuenta, por favor.
Vocês aceitam cartões de crédito/cheques de viagem?	¿Aceptan tarjetas de crédito/cheques de viajero?
Vocês poderiam, por favor, mandar alguém buscar minha bagagem?	Por favor, ¿podrían mandar a alguien a buscar mi equipaje?
Poderia me chamar um táxi, por favor?	¿Podría llamarme un taxi, por favor?

Salud

Tengo un dolor de cabeza terrible.

Você não parece estar bem.	Parece que no te estás/se está sintiendo bien.
O que você tem?	¿Qué tienes/tiene?
Como você está se sentindo?	¿Cómo te sientes/se siente?
Estou com uma dor de cabeça terrível.	Tengo un dolor de cabeza terrible.
Estou com dor de estômago.	Me duele el estómago.
Não estou me sentindo muito bem.	No me estoy sintiendo bien.
Minha garganta está inflamada.	Tengo la garganta inflamada.

Meus olhos estão irritados/inchados.	Tengo los ojos irritados/hinchados.
Acho que peguei um resfriado.	Me parece que me resfrié.
Meus pés estão doendo.	Me duelen los pies.
Preciso descansar.	Necesito descansar.
Estou gripado.	Tengo gripe.
Onde fica a farmácia mais próxima?	¿Dónde queda la farmacia más cercana?
Onde posso comprar remédios?	¿Dónde puedo comprar medicamentos?
Vocês têm aspirinas?	¿Tienen aspirinas?
Vocês têm agulhas/seringas descartáveis?	¿Tienen agujas/jeringas descartables?
Qual é o número da emergência?	¿Cuál es el número para llamar en caso de emergencia?
Como faço para chamar uma ambulância?	¿Cómo hago para llamar una ambulancia?
O hospital mais próximo é muito longe?	El hospital más cercano, ¿queda muy lejos?
Há algum médico de plantão?	¿Hay algún médico de guardia?
Você tem o telefone de algum médico?	¿Tiene el teléfono de algún médico?
Ajude-me, por favor! Ele teve um ataque cardíaco.	¡Por favor, ayúdeme! Tuvo un ataque al corazón.
Vocês têm um kit de primeiros socorros?	¿Tienen un botiquín de primeros auxilios?
Vocês podem preparar esta receita?	¿Me pueden preparar esta receta?
Vocês têm alguma coisa para picadas de insetos?	¿Tienen algo para picaduras de insectos?
Vocês têm protetor solar?	¿Tienen protector solar?

De compras

¿Tiene esta prenda en otro color?

Estou só olhando, obrigado(a)!	Estoy dando un vistazo, nada más. Gracias.
Isto está em promoção?	¿Esto está en liquidación / rebaja?
Isto não é o que está na vitrine.	Esto no es lo que está en la vidriera / el escaparate.
Por favor, poderia me mostrar essa peça?	Por favor, ¿me podría mostrar esa prenda?
Vocês têm esta peça em outras cores?	¿Tienen esta prenda en otros colores?
Vocês têm esta peça em tamanhos diversos?	¿Tienen esta prenda en otros tamaños?
Onde fica o setor de *CD* e *DVD*?	¿Dónde queda la sección de CD y DVD?

Posso enviar isso ao Brasil?	¿Puedo mandar esto a Brasil?
Isto é isento de impostos?	¿Esto está libre de impuestos?
Pode embrulhar para presente?	¿Puede empaquetarlo para regalo?
Este é o preço certo para este produto?	¿Esta mercadería vale este precio?
Você pode me dar um desconto?	¿Me puede dar un descuento?
Qual é o horário de funcionamento desta loja?	¿Qué horario tiene esta tienda?
Vocês abrem no fim de semana/domingo?	¿Abren los fines de semana/los domingos?
Vou ficar com este vestido/esta camisa.	Voy a llevar este vestido/esta camisa.
As meias estão muito baratas.	Los calcetines están muy baratos.
Pode trocar os produtos?	¿Se pueden cambiar los productos?
Onde está o caixa, por favor?	¿Dónde está la caja, por favor?
Preciso da nota fiscal/do recibo, por favor.	Necesito la factura/el recibo, por favor.
Onde é a seção de achados e perdidos?	¿Dónde queda la oficina de objetos perdidos?
Acho que esqueci minha bolsa aqui.	Creo que me olvidé la cartera aquí.
Você sabe se alguém a encontrou?	¿Sabe si alguien la encontró?
Por favor, onde fica a saída?	Por favor, ¿dónde está la salida?

En el restaurante

¿Hay que esperar para conseguir una mesa?

Mesa para dois, não fumantes, por favor.	Mesa para dos no fumadores, por favor.
Vamos ter de esperar?	¿Hay que esperar para conseguir una mesa?
Gostaria de uma mesa perto da janela / de frente para a rua.	Me gustaría una mesa cerca de la ventana / con vista a la calle.
Posso ver o cardápio, por favor?	¿Podría ver el menú, por favor?
Vou pedir frango / carne / massa.	Voy a pedir pollo / carne / pasta.
Por favor, poderia me trazer mais um garfo / uma faca / uma colher / um guardanapo?	Por favor, ¿me podría traer otro tenedor / otro cuchillo / otra cuchara / otra servilleta?
Duas cervejas, por favor.	Dos cervezas, por favor.
Posso ver a carta de vinhos, por favor?	¿Podría ver la carta de vinos, por favor?
De sobremesa, vou querer sorvete / fruta.	De postre, quiero helado / fruta.
Estava tudo delicioso, obrigado(a)!	Estaba todo delicioso, ¡gracias!
Poderia me trazer a conta, por favor?	¿Me podría traer la cuenta, por favor?
Aqui está, fique com o troco.	Aquí tiene. El vuelto es suyo.

Resumo gramatical

Sustantivos y adjetivos: género y número

- Los **sustantivos** y los **adjetivos** deben concordar entre sí en cuanto al género (masculino o femenino) y en cuanto al número (singular y plural).
- Normalmente son masculinos los sustantivos terminados en **-o**, como **el médico**, **el libro**, pero no siempre es así: por ejemplo, se dice **el clima**, **el león**, **el doctor**. Por otra parte, normalmente son femeninos los terminados en **-a**, como **la alumna**, **la profesora**, **la mesa**. Pero igualmente hay sustantivos femeninos terminados en **-o**, como **la mano** o **la radio**.

Formación del femenino (cuando el sustantivo así lo permite)

— Si el sustantivo termina en **-o**, hay que cambiarlo por **-a**. Ejemplos: **el muchacho → la muchacha**; **el gato → la gata**.

— Si el sustantivo termina en consonante, normalmente se le añade una **-a**. Ejemplos: **el doctor → la doctora**; **el director → la directora**.

— Existen los llamados **sustantivos comunes** en cuanto al género, o sea, que no sufren alteración en su forma. En estos casos, la determinación del género se da por el artículo o el adjetivo que los acompaña. Pueden terminar en **-sta** o **-nte**, como **el dentista → la dentista**; **el cantante → la cantante**. Hay también otras terminaciones, como **el joven → la joven**; **el rehén → la rehén**.

— Algunos sustantivos cambian completamente; es el caso de **el hombre → la mujer**; **el actor → la actriz**; **el rey → la reina**; **el padre → la madre**.

Formación del plural

— Si el sustantivo termina en vocal[*1], se le añade una **-s**. Ejemplos: **el dormitorio → los dormitorios**; **la dentista → las dentistas**.

— Si el sustantivo termina en consonante[*2], se le añade **-es**. Ejemplos: **el doctor → los doctores**; **la ciudad → las ciudades**; **el autobús → los autobuses**[*3].

— Hay sustantivos invariables en cuanto al número, como **el análisis → los análisis**; **la crisis → las crisis**; **el martes → los martes** (y todos los días de la semana, excepto sábado y domingo).

- Ojo: las mismas reglas de los sustantivos se aplican igualmente a los adjetivos.

[*1] Si el sustantivo termina en las vocales tónicas **-í**, **-ú**, admite el plural en **-es** o **-s**, aunque normalmente se prefiere, en la norma culta, la primera opción. Ejemplos: **el rubí → los rubíes** o **los rubís**; **el bambú → los bambúes** o **los bambús**; **el bisturí → los bisturíes** o **bisturís**.

[*2] Si el sustantivo termina en la consonante **-z**, además de añadirle **-es**, hay que cambiar la **-z** por la **-c**. Así, tenemos: **la luz → las luces**; **el lápiz → los lápices**; **el pez → los peces**.

[*3] Las palabras agudas (con la última sílaba tónica) pierden la tilde en plural, puesto que la sílaba tónica cambia de posición. Ejemplo: **el francés → los franceses**.

Artículos y contracciones (preposición + artículo)

- Los artículos anteceden el sustantivo, con el cual concuerdan en género y número, y pueden ser determinados o indeterminados:

	Determinados		Indeterminados	
	Masculino	**Femenino**	**Masculino**	**Femenino**
singular	el	la	un	una
plural	los	las	unos	unas

- Los artículos se usan:
  - Delante de las horas: Son **las** *ocho y media*.
  - Con los días de la semana y las fechas: **El** *lunes* tengo que trabajar. Cumplo años **el** *7 de junio*.
  - Delante de algunos nombres de ciudades: **La** *Habana*, **El** *Cairo*, **La** *Paz*.
  - Con nombres de ríos, montañas, mares y océanos: **el** *Amazonas*, **el** *Himalaya*, **el** *Cantábrico*, **el** *Pacífico*.
  - Delante de porcentajes: **el** *20% de la población* (cifra exacta); **un** *30% de las personas* (cifra aproximada).
- En general, en la lengua culta, no se usan artículos delante de nombres propios, aunque eso pueda ocurrir en algunos países, principalmente delante de nombres femeninos. No se suelen poner tampoco delante de los nombres de países y de empresas.
- Delante de sustantivos femeninos en singular que empiezan por el sonido /a/ tónico, se emplea el artículo en masculino. Ejemplo: **El** *agua* está fría. **Un** *hada* madrina ayudó a la princesa.
- Artículo neutro **lo**: es invariable y antecede adjetivos, participios y adverbios, sustantivándolos. Ejemplos: **Lo** *bueno* es que ya podemos salir. No era eso **lo** *pactado*. Ya sabes **lo** *mucho* que te quiero.

Contracciones (preposición + artículo)

En español, son posibles dos contracciones, no más: **al** (a + el) y **del** (de + el). En todos los demás casos, hay que escribir separadamente la preposición y el artículo. Ejemplo: Llego **del** trabajo *a las* 6. Voy **al** club después *de la* escuela.

Demostrativos

- Los **demostrativos** ubican el sustantivo en el espacio y/o en el tiempo, en relación al hablante o al oyente. Pueden ser adjetivos, cuando acompañan el sustantivo a que se refieren, o pronombres, cuando lo reemplazan.

	Masculino		Femenino		Neutro
	Singular	**Plural**	**Singular**	**Plural**	
próximo al hablante	este	estos	esta	estas	esto
próximo al oyente	ese	esos	esa	esas	eso
lejos del hablante y del oyente	aquel	aquellos	aquella	aquellas	aquello

Posesivos

- Los **posesivos** pueden ser adjetivos, cuando acompañan el sustantivo a que se refieren (Mi nombre es María), o pronombres, cuando lo reemplazan (Y el tuyo, ¿cuál es?).

Poseedor	Pronombres				Adjetivos	
	Masculino		Femenino			
	Singular	Plural	Singular	Plural	Singular	Plural
yo	mío	míos	mía	mías	mi	mis
tú/vos	tuyo	tuyos	tuya	tuyas	tu	tus
él/ella/Ud.	suyo	suyos	suya	suyas	su	sus
nosotros(as)*	nuestro	nuestros	nuestra	nuestras	nuestro(a)*	nuestros(as)*
vosotros(as)*	vuestro	vuestros	vuestra	vuestras	vuestro(a)*	vuestros(as)*
ellos/ellas/Uds.	suyo	suyos	suya	suyas	su	sus

*Ojo: **nuestro** y **vuestro**, con sus respectivos plurales, no cambian su forma.

Pronombres personales sujeto y formas de tratamiento

Los pronombres personales sujeto sustituyen el "sujeto" en una oración.

	Singular	Plural
1.ª persona	yo	nosotros(as)
2.ª persona	tú/vos/usted	vosotros(as)/ustedes
3.ª persona	él/ella	ellos(as)

- **Tú**: corresponde a la 2.ª persona del singular y es utilizado en situaciones informales, o sea, cuando hay intimidad entre los interlocutores. Ejemplo: Y tú, ¿a qué te dedicas?

- **Vos**: corresponde a la 2.ª persona del singular y es utilizado en lugar de **tú** en diversos países de Latinoamérica (como Argentina, Uruguay y parte de Bolivia, Chile, Colombia, Costa Rica, Cuba, Ecuador, El Salvador, Guatemala, Honduras, México, Nicaragua, Panamá, Paraguay, Perú y Venezuela). El uso de **vos** es conocido como **voseo**, y los verbos asumen formas especiales en presente de indicativo y en imperativo.

- **Usted**: corresponde a la 2.ª persona del singular, y se usa en lugar de tú en situaciones formales. Sin embargo, **usted** va con verbos y pronombres de 3.ª persona. Ejemplo: Y **usted**, ¿a qué *se dedica*? Puede abreviarse Ud. (más común actualmente) o Vd., y sus abreviaturas siempre deben ir en mayúsculas.

- **Vosotros(as)**: corresponde a la 2.ª persona del plural y se utiliza en situaciones informales, en España.

- **Ustedes (plural de Ud.):** es usado en situaciones formales y, en Latinoamérica, también en situaciones informales. Al igual que el singular, usa los elementos gramaticales de 3.ª persona.

Acentuación

En cuanto a la posición de la sílaba tónica, las palabras se clasifican en agudas (última sílaba más fuerte), graves o llanas (penúltima sílaba más fuerte), esdrújulas (antepenúltima sílaba más fuerte) o sobresdrújulas (la sílaba más fuerte es anterior a la antepenúltima). Reciben tilde (acento gráfico):

- **Agudas**: terminadas en **vocal**, **n** o **s**. Ejemplos: caf**é**, tambi**é**n, comp**á**s.
- **Graves o llanas**: terminadas en **consonante**, excepto **n** y **s**. Ejemplos: l**á**piz, dif**í**cil.
- **Esdrújulas**: siempre son acentuadas gráficamente. Ejemplos: m**é**dico, dem**ó**crata.
- **Sobresdrújulas**: siempre son acentuadas gráficamente. Ejemplos: entr**é**gamelo.

Acentos diacríticos (diferenciales): se usan en palabras con grafía igual pero con función gramatical y significado diferentes. Ejemplos: **él** (pronombre personal) – **el** (artículo); **tú** (pronombre personal) – **tu** (posesivo); **mí** (pronombre personal) – **mi** (posesivo); **sí** (adverbio y pronombre personal reflexivo) – **si** (conjunción y sustantivo); **té** (sustantivo) – **te** (pronombre personal); **sé** (verbos "saber" en presente y "ser" en imperativo) – **se** (pronombre personal).

Todos los adverbios formados con el sufijo **-mente** mantendrán la tilde de su adjetivo de origen, si es el caso. Ejemplos: ágil → ágilmente; fácil → fácilmente.

- Se acentúan gráficamente todos los pronombres interrogativos y exclamativos. Ejemplos: ¿Cu**á**ndo es tu cumpleaños? ¿D**ó**nde están mis llaves? ¿C**ó**mo se llama usted? ¡Qu**é** hermosa estás!
- Ojo: las oraciones interrogativas pueden ser indirectas, o sea, no llevar los signos de puntuación característicos de una pregunta (¿?). Aun así los pronombres siguen siendo interrogativos y deben llevar tilde. Ejemplo: No sé **dónde** dejé mis llaves. Dime **cómo** puedo ayudarte.

Conjunciones y locuciones conjuntivas

Las **conjunciones** y las **locuciones conjuntivas** unen elementos distintos de una misma oración o varias oraciones, estableciendo entre ellos algún tipo de nexo. En el siguiente cuadro se presentan algunas de ellas:

	Establece un nexo de	Ejemplos
y cambia para **e** delante de palabras que empiezan por el sonido /i/	adición	Ropas **y** zapatos. Padres **e** hijos. Museos **e** iglesias.
o cambia para **u** delante de palabras que empiezan por el sonido /o/	alternativa o separación	**O** esto **o** aquello. Pan **o** galleta. Plata **u** oro. Enfermerías **u** hospitales.
pero, sin embargo, a pesar de, sino, aunque...	oposición	Tengo hambre, **pero** no puedo comer. No quiero esto, **sino** aquello.
pues, porque, luego, por esto, por lo tanto...	consecuencia o motivo	No lo hice, **pues** no había entendido. Quiero irme **porque** tengo mucho trabajo.
mientras (tanto), cuando...	tiempo	Estudiaba **mientras** mis amigos paseaban.
aunque, a pesar de (que)	concesión	Tengo que terminar este informe, **aunque** no tenga mucho tiempo para dedicarme a él.
si, caso...	condición	**Si** no llueve, mañana voy a la playa.

Verbos em espanhol

Pronomes pessoais

1ª pessoa do singular	yo
2ª pessoa do singular	tú/vos
3ª pessoa do singular	él, ella, usted
1ª pessoa do plural	nosotros, nosotras
2ª pessoa do plural	vosotros, vosotras
3ª pessoa do plural	ellos, ellas, ustedes

Usted e *ustedes* não são pronomes de segunda pessoa, mas sim de terceira, ainda que o referente seja sempre de segunda pessoa, pois designa o interlocutor a quem se fala. (REAL Academia Española. *Diccionario panhispánico de dudas*. Disponível em: <http://lema.rae.es/dpd/?key=usted>. Acesso em: 29 abr. 2014. Adaptado.)

Pronomes pessoais com função de sujeito

Em espanhol, pode-se prescindir do pronome pessoal em posição de sujeito sempre que não haja problemas de compreensão da oração. Por exemplo:

Me llamo Martín y estudio por la mañana.

Sabemos que:

(yo) Me llamo Martín y (yo) estudio por la mañana.

Os pronomes devem ser empregados, entretanto, com função contrastiva, isto é, nos casos em que se faça necessário um contraste entre dois sujeitos diferentes em uma mesma frase[1] ou para evitar ambiguidade na detecção do sujeito[2]. Por exemplo:

[1]*Nunca deja la casa desarreglada pues, si la deja, tendrá mucho más trabajo.*
[2]*¡Siempre me trae regalos!*

No exemplo 1, a ausência dos pronomes indica que as orações têm o mesmo sujeito:

(ella) Nunca deja la casa desarreglada pues, si (ella) la deja (ella), tendrá mucho más trabajo.

Contudo, o sentido que deveria ser indicado pela frase é outro. Ela tem dois sujeitos a serem expressos:

<u>Ella</u> nunca deja la casa desarreglada, pues, si la deja, <u>la chica</u> tendrá mucho más trabajo.

No exemplo 2, o sujeito está previamente expresso pelo verbo conjugado, mas não é possível identificar o gênero, que pode ser *él*, *ella* ou *usted*. Portanto, para garantir a clareza, deve-se empregar o pronome:

¡Él siempre me trae regalos!

Orientações para consulta

- Cada forma verbal apresenta radical em preto e desinência em vermelho.
- As formas verbais que apresentam irregularidade, seja no radical, seja na desinência, estão impressas em itálico. P. ex.: *soy*.
- A conjugação de *vos*, apresentada no *Presente de Indicativo* e no *Imperativo Afirmativo,* está ao lado da conjugação de *tú*, separada por barra. Quando não há barra, a conjugação é a mesma para ambas as pessoas.
- Os modelos de formação dos tempos compostos não estão na própria página do modelo de conjugação. Eles estão listados na tabela a seguir.

Formação dos tempos compostos

Modo Indicativo

Pretérito perfecto compuesto
"Presente" do indicativo de *haber* + particípio do verbo a ser conjugado.

[1] Ser
he sido
has sido
ha sido
hemos sido
habéis sido
han sido

Pretérito pluscuamperfecto
"Pretérito imperfecto" do indicativo de *haber* + particípio do verbo a ser conjugado.

[5] Temer
había temido
habías temido
había temido
habíamos temido
habíais temido
habían temido

Pretérito anterior
"Pretérito perfecto simple" do indicativo de *haber* + particípio do verbo a ser conjugado.

[10] Distinguir
hube distinguido
hubiste distinguido
hubo distinguido
hubimos distinguido
hubisteis distinguido
hubieron distinguido

Futuro perfecto
"Futuro simple" do indicativo de *haber* + particípio do verbo a ser conjugado.

[15] Acertar
habré acertado
habrás acertado
habrá acertado
habremos acertado
habréis acertado
habrán acertado

Condicional compuesto
"Condicional simple" do indicativo de *haber* + particípio do verbo a ser conjugado.

[20] Adquirir
habría adquirido
habrías adquirido
habría adquirido
habríamos adquirido
habríais adquirido
habrían adquirido

Modo Subjuntivo

Pretérito perfecto compuesto
"Presente" do subjuntivo de *haber* + particípio do verbo a ser conjugado.

[25] Asir
haya asido
hayas asido
haya asido
hayamos asido
hayáis asido
hayan asido

Pretérito pluscuamperfecto
"Pretérito imperfecto" do subjuntivo de *haber* + particípio do verbo a ser conjugado.

[30] Caer
hubiera (o **hubiese**) caído
hubieras (o **hubieses**) caído
hubiera (o **hubiese**) caído
hubiéramos (o **hubiésemos**) caído
hubierais (o **hubieseis**) caído
hubieran (o **hubiesen**) caído

Futuro perfecto
"Futuro simple" do subjuntivo de *haber* + particípio do verbo a ser conjugado.

[35] Andar
hubiere andado
hubieres andado
hubiere andado
hubiéremos andado
hubiereis andado
hubieren andado

Modelos de conjugação – Índice

A. Verbos auxiliares

[1] Ser 849
[2] Estar 850
[3] Haber 851

B. Verbos regulares

[4] Amar – Modelo de 1.ª conjugación 852
[5] Temer – Modelo de 2.ª conjugación 853
[6] Vivir – Modelo de 3.ª conjugación 854

C. Verbos irregulares

[7] Tocar 855
[8] Delinquir 856
[9] Pagar 857
[10] Distinguir 858
[11] Coger 859
[12] Mecer 860
[13] Alzar 861
[14] Averiguar 862
[15] Acertar 863
[16] Entender 864
[17] Discernir 865
[18] Acordar 866
[19] Soler 867
[20] Adquirir 868
[21] Proseguir 869
[22] Sentir 870
[23] Dormir 871
[24] Parecer 872
[25] Asir 873
[26] Tener 874
[27] Salir 875
[28] Huir 876
[29] Decir 877
[30] Caer 878
[31] Agredir 879
[32] Atribuir 880
[33] Hacer 881
[34] Saber 882
[35] Andar 883
[36] Reír 884
[37] Conducir 885
[38] Caber 886
[39] Querer 887

[40] Poner 888
[41] Traer 889
[42] Venir 890
[43] Dar 891
[44] Oír 892
[45] Desplegar 893
[46] Leer 894
[47] Elegir 895
[48] Ver 896
[49] Erguir 897
[50] Errar 898
[51] Tullir 899
[52] Esparcir 900
[53] Pedir 901
[54] Gruñir 902
[55] Rogar 903
[56] Volver 904
[57] Ir 905
[58] Ceñir 906
[59] Valer 907
[60] Poder 908
[61] Dirigir 909
[62] Yacer 910
[63] Jugar 911
[64] Oler 912
[65] Roer 913
[66] Raer 914
[67] Cocer 915
[68] Volcar 916
[69] Forzar 917
[70] Empezar 918
[71] Lucir 919
[72] Bendecir 920

A. Verbos Auxiliares

[1] Ser

Modo Indicativo

Presente
soy
eres / sos
es
somos
sois
son

Pret. imperfecto / Copretérito
era
eras
era
éramos
erais
eran

Pret. perfecto simple / Pret. indefinido
fui
fuiste
fue
fuimos
fuisteis
fueron

Futuro simple / Futuro imperfecto
seré
serás
será
seremos
seréis
serán

Condicional simple / Pospretérito
sería
serías
sería
seríamos
seríais
serían

Modo Subjuntivo

Presente
sea
seas
sea
seamos
seáis
sean

Pret. imperfecto / Copretérito
fuera / fuese
fueras / fueses
fuera / fuese
fuéramos / fuésemos
fuerais / fueseis
fueran / fuesen

Futuro simple / Futuro imperfecto
fuere
fueres
fuere
fuéremos
fuereis
fueren

Modo Imperativo

Afirmativo
sé (tú / vos)
sed (vosotros)
sean (ustedes)

Negativo
no seas (tú)
no seáis (vosotros)
no sean (ustedes)

Formas no personales

Infinitivo
ser
haber sido

Participio
sido

Gerundio
siendo
habiendo sido

Obs.: Consulte os tempos compostos à p. 847.

[2] Estar

Modo Indicativo

Presente
estoy
estás
está
estamos
estáis
están

Pret. imperfecto/Copretérito
estaba
estabas
estaba
estábamos
estabais
estaban

Pret. perfecto simple/Pret. indefinido
estuve
estuviste
estuvo
estuvimos
estuvisteis
estuvieron

Futuro simple/Futuro imperfecto
estaré
estarás
estará
estaremos
estaréis
estarán

Condicional simple/Pospretérito
estaría
estarías
estaría
estaríamos
estaríais
estarían

Modo Subjuntivo

Presente
esté
estés
esté
estemos
estéis
estén

Pret. imperfecto/Copretérito
estuviera/estuviese
estuvieras/estuvieses
estuviera/estuviese
estuviéramos/estuviésemos
estuvierais/estuvieseis
estuvieran/estuviesen

Futuro simple/Futuro imperfecto
estuviere
estuvieres
estuviere
estuviéremos
estuviereis
estuvieren

Modo Imperativo

Afirmativo
está (tú/vos)
estad (vosotros)
estén (ustedes)

Negativo
no estés (tú)
no estéis (vosotros)
no estén (ustedes)

Formas no personales

Infinitivo
estar
haber estado

Participio
estado

Gerundio
estando
habiendo estado

Obs.: Consulte os tempos compostos à p. 847.

[3] Haber

Modo Indicativo

Presente
he
has
ha / hay
hemos
habéis
han

Pret. imperfecto / Copretérito
había
habías
había
habíamos
habíais
habían

Pret. perfecto simple / Pret. indefinido
hube
hubiste
hubo
hubimos
hubisteis
hubieron

Futuro simple / Futuro imperfecto
habré
habrás
habrá
habremos
habréis
habrán

Condicional simple / Pospretérito
habría
habrías
habría
habríamos
habríais
habrían

Modo Subjuntivo

Presente
haya
hayas
haya
hayamos
hayáis
hayan

Pret. imperfecto / Copretérito
hubiera / hubiese
hubieras / hubieses
hubiera / hubiese
hubiéramos / hubiésemos
hubierais / hubieseis
hubieran / hubiesen

Futuro simple / Futuro imperfecto
hubiere
hubieres
hubiere
hubiéremos
hubiereis
hubieren

Modo Imperativo

Afirmativo
he (tú / vos)

Negativo
(sin uso)

Formas no personales

Infinitivo
haber
haber habido

Participio
habido

Gerundio
habiendo
habiendo habido

Obs.: Consulte os tempos compostos à p. 847.

B. Verbos Regulares

[4] Amar

Modo Indicativo

Presente
amo
amas/amás
ama
amamos
amáis
aman

Pret. imperfecto/Copretérito
amaba
amabas
amaba
amábamos
amabais
amaban

Pret. perfecto simple/Pret. indefinido
amé
amaste
amó
amamos
amasteis
amaron

Futuro simple/Futuro imperfecto
amaré
amarás
amará
amaremos
amaréis
amarán

Condicional simple/Pospretérito
amaría
amarías
amaría
amaríamos
amaríais
amarían

Modo Subjuntivo

Presente
ame
ames
ame
amemos
améis
amen

Pret. imperfecto/Copretérito
amara/amase
amaras/amases
amara/amase
amáramos/amásemos
amarais/amaseis
amaran/amasen

Futuro simple/Futuro imperfecto
amare
amares
amare
amáremos
amareis
amaren

Modo Imperativo

Afirmativo
ama (tú)/amá (vos)
amad (vosotros)
amen (ustedes)

Negativo
no ames (tú)
no améis (vosotros)
no amen (ustedes)

Formas no personales

Infinitivo
amar
haber amado

Participio
amado

Gerundio
amando
habiendo amado

Obs.: Consulte os tempos compostos à p. 847.

[5] Temer

Modo Indicativo

Presente
temo
temes / temés
teme
tememos
teméis
temen

Pret. imperfecto / Copretérito
temía
temías
temía
temíamos
temíais
temían

Pret. perfecto simple / Pret. indefinido
temí
temiste
temió
temimos
temisteis
temieron

Futuro simple / Futuro imperfecto
temeré
temerás
temerá
temeremos
temeréis
temerán

Condicional simple / Pospretérito
temería
temerías
temería
temeríamos
temeríais
temerían

Modo Subjuntivo

Presente
tema
temas
tema
temamos
temáis
teman

Pret. imperfecto / Copretérito
temiera / temiese
temieras / temieses
temiera / temiese
temiéramos / temiésemos
temierais / temieseis
temieran / temiesen

Futuro simple / Futuro imperfecto
temiere
temieres
temiere
temiéremos
temiereis
temieren

Modo Imperativo

Afirmativo
teme (tú) / temé (vos)
temed (vosotros)
teman (ustedes)

Negativo
no temas (tú)
no temáis (vosotros)
no teman (ustedes)

Formas no personales

Infinitivo
temer
haber temido

Participio
temido

Gerundio
temiendo
habiendo temido

Obs.: Consulte os tempos compostos à p. 847.

[6] Vivir

Modo Indicativo

Presente
vivo
vives/vivís
vive
vivimos
vivís
viven

Pret. imperfecto/Copretérito
vivía
vivías
vivía
vivíamos
vivíais
vivían

Pret. perfecto simple/Pret. indefinido
viví
viviste
vivió
vivimos
vivisteis
vivieron

Futuro simple/Futuro imperfecto
viviré
vivirás
vivirá
viviremos
viviréis
vivirán

Condicional simple/Pospretérito
viviría
vivirías
viviría
viviríamos
viviríais
vivirían

Modo Subjuntivo

Presente
viva
vivas
viva
vivamos
viváis
vivan

Pret. imperfecto/Copretérito
viviera/viviese
vivieras/vivieses
viviera/viviese
viviéramos/viviésemos
vivierais/vivieseis
vivieran/viviesen

Futuro simple/Futuro imperfecto
viviere
vivieres
viviere
viviéremos
viviereis
vivieren

Modo Imperativo

Afirmativo
vive (tú)/viví (vos)
vivid (vosotros)
vivan (ustedes)

Negativo
no vivas (tú)
no viváis (vosotros)
no vivan (ustedes)

Formas no personales

Infinitivo
vivir
haber vivido

Participio
vivido

Gerundio
viviendo
habiendo vivido

Obs.: Consulte os tempos compostos à p. 847.

C. Verbos Irregulares

[7] Tocar

Modo Indicativo

Presente
toco
tocas / tocás
toca
tocamos
tocáis
tocan

Pret. imperfecto / Copretérito
tocaba
tocabas
tocaba
tocábamos
tocabais
tocaban

Pret. perfecto simple / Pret. indefinido
toqué
tocaste
tocó
tocamos
tocasteis
tocaron

Futuro simple / Futuro imperfecto
tocaré
tocarás
tocará
tocaremos
tocaréis
tocarán

Condicional simple / Pospretérito
tocaría
tocarías
tocaría
tocaríamos
tocaríais
tocarían

Modo Subjuntivo

Presente
toque
toques
toque
toquemos
toquéis
toquen

Pret. imperfecto / Copretérito
tocara / tocase
tocaras / tocases
tocara / tocase
tocáramos / tocásemos
tocarais / tocaseis
tocaran / tocasen

Futuro simple / Futuro imperfecto
tocare
tocares
tocare
tocáremos
tocareis
tocaren

Modo Imperativo

Afirmativo
toca (tú) / tocá (vos)
tocad (vosotros)
toquen (ustedes)

Negativo
no *toques* (tú)
no *toquéis* (vosotros)
no *toquen* (ustedes)

Formas no personales

Infinitivo
tocar
haber tocado

Participio
tocado

Gerundio
tocando
habiendo tocado

Obs.: Consulte os tempos compostos à p. 847.

[8] Delinquir

Modo Indicativo

Presente
delinco
delinques/delinquís
delinque
delinquimos
delinquís
delinquen

Pret. imperfecto/Copretérito
delinquía
delinquías
delinquía
delinquíamos
delinquíais
delinquían

Pret. perfecto simple/Pret. indefinido
delinquí
delinquiste
delinquió
delinquimos
delinquisteis
delinquieron

Futuro simple/Futuro imperfecto
delinquiré
delinquirás
delinquirá
delinquiremos
delinquiréis
delinquirán

Condicional simple/Pospretérito
delinquiría
delinquirías
delinquiría
delinquiríamos
delinquiríais
delinquirían

Modo Subjuntivo

Presente
delinca
delincas
delinca
delincamos
delincáis
delincan

Pret. imperfecto/Copretérito
delinquiera/delinquiese
delinquieras/delinquieses
delinquiera/delinquiese
delinquiéramos/delinquiésemos
delinquierais/delinquieseis
delinquieran/delinquiesen

Futuro simple/Futuro imperfecto
delinquiere
delinquieres
delinquiere
delinquiéremos
delinquiereis
delinquieren

Modo Imperativo

Afirmativo
delinque (tú) /delinquí (vos)
delinquid (vosotros)
delincan (ustedes)

Negativo
no delincas (tú)
no delincáis (vosotros)
no delincan (ustedes)

Formas no personales

Infinitivo
delinquir
haber delinquido

Participio
delinquido

Gerundio
delinquiendo
habiendo delinquido

Obs.: Consulte os tempos compostos à p. 847.

[9] Pagar

Modo Indicativo

Presente
pago
pagas / pagás
paga
pagamos
pagáis
pagan

Pret. imperfecto / Copretérito
pagaba
pagabas
pagaba
pagábamos
pagabais
pagaban

Pret. perfecto simple / Pret. indefinido
pagué
pagaste
pagó
pagamos
pagasteis
pagaron

Futuro simple / Futuro imperfecto
pagaré
pagarás
pagará
pagaremos
pagaréis
pagarán

Condicional simple / Pospretérito
pagaría
pagarías
pagaría
pagaríamos
pagaríais
pagarían

Modo Subjuntivo

Presente
pague
pagues
pague
paguemos
paguéis
paguen

Pret. imperfecto / Copretérito
pagara / pagase
pagaras / pagases
pagara / pagase
pagáramos / pagásemos
pagarais / pagaseis
pagaran / pagasen

Futuro simple / Futuro imperfecto
pagare
pagares
pagare
pagáremos
pagareis
pagaren

Modo Imperativo

Afirmativo
paga (tú) / pagá (vos)
pagad (vosotros)
paguen (ustedes)

Negativo
no *pagues* (tú)
no *paguéis* (vosotros)
no *paguen* (ustedes)

Formas no personales

Infinitivo
pagar
haber pagado / pago

Participio
pagado / pago

Gerundio
pagando
habiendo pagado / pago

Obs.: Consulte os tempos compostos à p. 847.

[10] Distinguir

Modo Indicativo

Presente
disting**o**
disting**ues**/distingu**ís**
disting**ue**
distingu**imos**
distingu**ís**
disting**uen**

Pret. imperfecto/Copretérito
distingu**ía**
distingu**ías**
distingu**ía**
distingu**íamos**
distingu**íais**
distingu**ían**

Pret. perfecto simple/Pret. indefinido
distingu**í**
distingu**iste**
distingu**ió**
distingu**imos**
distingu**isteis**
distingu**ieron**

Futuro simple/Futuro imperfecto
distingu**iré**
distingu**irás**
distingu**irá**
distingu**iremos**
distingu**iréis**
distingu**irán**

Condicional simple/Pospretérito
distingu**iría**
distingu**irías**
distingu**iría**
distingu**iríamos**
distingu**iríais**
distingu**irían**

Modo Subjuntivo

Presente
*disting*a
*disting*as
*disting*a
*disting*amos
*disting*áis
*disting*an

Pret. imperfecto/Copretérito
distingu**iera**/distingu**iese**
distingu**ieras**/distingu**ieses**
distingu**iera**/distingu**iese**
distingu**iéramos**/distingu**iésemos**
distingu**ierais**/distingu**ieseis**
distingu**ieran**/distingu**iesen**

Futuro simple/Futuro imperfecto
distingu**iere**
distingu**ieres**
distingu**iere**
distingu**iéremos**
distingu**iereis**
distingu**ieren**

Modo Imperativo

Afirmativo
disting**ue** (tú)/distingu**í** (vos)
distingu**id** (vosotros)
*disting*an (ustedes)

Negativo
no *disting*as (tú)
no *disting*áis (vosotros)
no *disting*an (ustedes)

Formas no personales

Infinitivo
distingu**ir**
haber distingu**ido**

Participio
distingu**ido**

Gerundio
distingu**iendo**
habiendo distingu**ido**

Obs.: Consulte os tempos compostos à p. 847.

[11] Coger

Modo Indicativo

Presente
cojo
coges/cogés
coge
cogemos
cogéis
cogen

Pret. imperfecto/Copretérito
cogía
cogías
cogía
cogíamos
cogíais
cogían

Pret. perfecto simple/Pret. indefinido
cogí
cogiste
cogió
cogimos
cogisteis
cogieron

Futuro simple/Futuro imperfecto
cogeré
cogerás
cogerá
cogeremos
cogeréis
cogerán

Condicional simple/Pospretérito
cogería
cogerías
cogería
cogeríamos
cogeríais
cogerían

Modo Subjuntivo

Presente
coja
cojas
coja
cojamos
cojáis
cojan

Pret. imperfecto/Copretérito
cogiera/cogiese
cogieras/cogieses
cogiera/cogiese
cogiéramos/cogiésemos
cogierais/cogieseis
cogieran/cogiesen

Futuro simple/Futuro imperfecto
cogiere
cogieres
cogiere
cogiéremos
cogiereis
cogieren

Modo Imperativo

Afirmativo
coge (tú)/cogé (vos)
coged (vosotros)
cojan (ustedes)

Negativo
no cojas (tú)
no cojáis (vosotros)
no cojan (ustedes)

Formas no personales

Infinitivo
coger
haber cogido

Participio
cogido

Gerundio
cogiendo
habiendo cogido

Obs.: Consulte os tempos compostos à p. 847.

[12] Mecer

Modo Indicativo

Presente
mezo
meces / mecés
mece
mecemos
mecéis
mecen

Pret. imperfecto / Copretérito
mecía
mecías
mecía
mecíamos
mecíais
mecían

Pret. perfecto simple / Pret. indefinido
mecí
meciste
meció
mecimos
mecisteis
mecieron

Futuro simple / Futuro imperfecto
meceré
mecerás
mecerá
meceremos
meceréis
mecerán

Condicional simple / Pospretérito
mecería
mecerías
mecería
meceríamos
meceríais
mecerían

Modo Subjuntivo

Presente
meza
mezas
meza
mezamos
mezáis
mezan

Pret. imperfecto / Copretérito
meciera / meciese
mecieras / mecieses
meciera / meciese
meciéramos / meciésemos
mecierais / mecieseis
mecieran / meciesen

Futuro simple / Futuro imperfecto
meciere
mecieres
meciere
meciéremos
meciereis
mecieren

Modo Imperativo

Afirmativo
mece (tú) / mecé (vos)
meced (vosotros)
mezan (ustedes)

Negativo
no mezas (tú)
no mezáis (vosotros)
no mezan (ustedes)

Formas no personales

Infinitivo	Participio	Gerundio
mecer	mecido	meciendo
haber mecido		habiendo mecido

Obs.: Consulte os tempos compostos à p. 847.

[13] Alzar

Modo Indicativo

Presente
alzo
alzas/alzás
alza
alzamos
alzáis
alzan

Pret. imperfecto/Copretérito
alzaba
alzabas
alzaba
alzábamos
alzabais
alzaban

Pret. perfecto simple/Pret. indefinido
alcé
alzaste
alzó
alzamos
alzasteis
alzaron

Futuro simple/Futuro imperfecto
alzaré
alzarás
alzará
alzaremos
alzaréis
alzarán

Condicional simple/Pospretérito
alzaría
alzarías
alzaría
alzaríamos
alzaríais
alzarían

Modo Subjuntivo

Presente
alce
alces
alce
alcemos
alcéis
alcen

Pret. imperfecto/Copretérito
alzara/alzase
alzaras/alzases
alzara/alzase
alzáramos/alzásemos
alzarais/alzaseis
alzaran/alzasen

Futuro simple/Futuro imperfecto
alzare
alzares
alzare
alzáremos
alzareis
alzaren

Modo Imperativo

Afirmativo
alza (tú)/alzá (vos)
alzad (vosotros)
alcen (ustedes)

Negativo
no alces (tú)
no alcéis (vosotros)
no alcen (ustedes)

Formas no personales

Infinitivo
alzar
haber alzado

Participio
alzado

Gerundio
alzando
habiendo alzado

Obs.: Consulte os tempos compostos à p. 847.

[14] Averiguar

Modo Indicativo

Presente
averiguo
averiguas / averiguás
averigua
averiguamos
averiguáis
averiguan

Pret. imperfecto / Copretérito
averiguaba
averiguabas
averiguaba
averiguábamos
averiguabais
averiguaban

Pret. perfecto simple / Pret. indefinido
averigüé
averiguaste
averiguó
averiguamos
averiguasteis
averiguaron

Futuro simple / Futuro imperfecto
averiguaré
averiguarás
averiguará
averiguaremos
averiguaréis
averiguarán

Condicional simple / Pospretérito
averiguaría
averiguarías
averiguaría
averiguaríamos
averiguaríais
averiguarían

Modo Subjuntivo

Presente
averigüe
averigües
averigüe
averigüemos
averigüéis
averigüen

Pret. imperfecto / Copretérito
averiguara / averiguase
averiguaras / averiguases
averiguara / averiguase
averiguáramos / averiguásemos
averiguarais / averiguaseis
averiguaran / averiguasen

Futuro simple / Futuro imperfecto
averiguare
averiguares
averiguare
averiguáremos
averiguareis
averiguaren

Modo Imperativo

Afirmativo
averigua (tú) / averiguá (vos)
averiguad (vosotros)
averigüen (ustedes)

Negativo
no *averigües* (tú)
no *averigüéis* (vosotros)
no *averigüen* (ustedes)

Formas no personales

Infinitivo
averiguar
haber averiguado

Participio
averiguado

Gerundio
averiguando
habiendo averiguado

Obs.: Consulte os tempos compostos à p. 847.

[15] Acertar

Modo Indicativo

Presente
acierto
aciertas / acertás
acierta
acertamos
acertáis
aciertan

Pret. imperfecto / Copretérito
acertaba
acertabas
acertaba
acertábamos
acertabais
acertaban

Pret. perfecto simple / Pret. indefinido
acerté
acertaste
acertó
acertamos
acertasteis
acertaron

Futuro simple / Futuro imperfecto
acertaré
acertarás
acertará
acertaremos
acertaréis
acertarán

Condicional simple / Pospretérito
acertaría
acertarías
acertaría
acertaríamos
acertaríais
acertarían

Modo Subjuntivo

Presente
acierte
aciertes
acierte
acertemos
acertéis
acierten

Pret. imperfecto / Copretérito
acertara / acertase
acertaras / acertases
acertara / acertase
acertáramos / acertásemos
acertarais / acertaseis
acertaran / acertasen

Futuro simple / Futuro imperfecto
acertare
acertares
acertare
acertáremos
acertareis
acertaren

Modo Imperativo

Afirmativo
acierta (tú) / acertá (vos)
acertad (vosotros)
acierten (ustedes)

Negativo
no aciertes (tú)
no acertéis (vosotros)
no acierten (ustedes)

Formas no personales

Infinitivo
acertar
haber acertado

Participio
acertado

Gerundio
acertando
habiendo acertado

Obs.: Consulte os tempos compostos à p. 847.

[16] Entender

Modo Indicativo

Presente
entiendo
entiendes / entendés
entiende
entendemos
entendéis
entienden

Pret. imperfecto / Copretérito
entendía
entendías
entendía
entendíamos
entendíais
entendían

Pret. perfecto simple / Pret. indefinido
entendí
entendiste
entendió
entendimos
entendisteis
entendieron

Futuro simple / Futuro imperfecto
entenderé
entenderás
entenderá
entenderemos
entenderéis
entenderán

Condicional simple / Pospretérito
entendería
entenderías
entendería
entenderíamos
entenderíais
entenderían

Modo Subjuntivo

Presente
entienda
entiendas
entienda
entendamos
entendáis
entiendan

Pret. imperfecto / Copretérito
entendiera / entendiese
entendieras / entendieses
entendiera / entendiese
entendiéramos / entendiésemos
entendierais / entendieseis
entendieran / entendiesen

Futuro simple / Futuro imperfecto
entendiere
entendieres
entendiere
entendiéremos
entendiereis
entendieren

Modo Imperativo

Afirmativo
entiende (tú) / entendé (vos)
entended (vosotros)
entiendan (ustedes)

Negativo
no entiendas (tú)
no entendáis (vosotros)
no entiendan (ustedes)

Formas no personales

Infinitivo
entender
haber entendido

Participio
entendido

Gerundio
entendiendo
habiendo entendido

Obs.: Consulte os tempos compostos à p. 847.

[17] Discernir

Modo Indicativo

Presente
discierno
disciernes / discernís
discierne
discernimos
discernís
disciernen

Pret. imperfecto / Copretérito
discernía
discernías
discernía
discerníamos
discerníais
discernían

Pret. perfecto simple / Pret. indefinido
discerní
discerniste
discernió
discernimos
discernisteis
discernieron

Futuro simple / Futuro imperfecto
discerniré
discernirás
discernirá
discerniremos
discerniréis
discernirán

Condicional simple / Pospretérito
discerniría
discernirías
discerniría
discerniríamos
discerniríais
discernirían

Modo Subjuntivo

Presente
discierna
disciernas
discierna
discernamos
discernáis
disciernan

Pret. imperfecto / Copretérito
discerniera / discerniese
discernieras / discernieses
discerniera / discerniese
discerniéramos / discerniésemos
discernierais / discernieseis
discernieran / discerniesen

Futuro simple / Futuro imperfecto
discerniere
discernieres
discerniere
discerniéremos
discerniereis
discernieren

Modo Imperativo

Afirmativo
discierne (tú) / discerní (vos)
discernid (vosotros)
disciernan (ustedes)

Negativo
no disciernas (tú)
no discernáis (vosotros)
no disciernan (ustedes)

Formas no personales

Infinitivo
discernir
haber discernido

Participio
discernido

Gerundio
discerniendo
habiendo discernido

Obs.: Consulte os tempos compostos à p. 847.

[18] Acordar

Modo Indicativo

Presente
*acuerd*o
*acuerd*as / acord*ás*
*acuerd*a
acord*amos*
acord*áis*
*acuerd*an

Pret. imperfecto / Copretérito
acord*aba*
acord*abas*
acord*aba*
acord*ábamos*
acord*abais*
acord*aban*

Pret. perfecto simple / Pret. indefinido
acord*é*
acord*aste*
acord*ó*
acord*amos*
acord*asteis*
acord*aron*

Futuro simple / Futuro imperfecto
acord*aré*
acord*arás*
acord*ará*
acord*aremos*
acord*aréis*
acord*arán*

Condicional simple / Pospretérito
acord*aría*
acord*arías*
acord*aría*
acord*aríamos*
acord*aríais*
acord*arían*

Modo Subjuntivo

Presente
*acuerd*e
*acuerd*es
*acuerd*e
acord*emos*
acord*éis*
*acuerd*en

Pret. imperfecto / Copretérito
acord*ara* / acord*ase*
acord*aras* / acord*ases*
acord*ara* / acord*ase*
acord*áramos* / acord*ásemos*
acord*arais* / acord*aseis*
acord*aran* / acord*asen*

Futuro simple / Futuro imperfecto
acord*are*
acord*ares*
acord*are*
acord*áremos*
acord*areis*
acord*aren*

Modo Imperativo

Afirmativo
*acuerd*a (tú) / acord*á* (vos)
acord*ad* (vosotros)
*acuerd*en (ustedes)

Negativo
no *acuerd*es (tú)
no acord*éis* (vosotros)
no *acuerd*en (ustedes)

Formas no personales

Infinitivo
acord*ar*
haber acord*ado*

Participio
acord*ado*

Gerundio
acord*ando*
habiendo acord*ado*

Obs.: Consulte os tempos compostos à p. 847.

[19] Soler

Modo Indicativo

Presente
suelo
sueles / solés
suele
solemos
soléis
suelen

Pret. imperfecto / Copretérito
solía
solías
solía
solíamos
solíais
solían

Pret. perfecto simple / Pret. indefinido
solí
soliste
solió
solimos
solisteis
solieron

Futuro simple / Futuro imperfecto
soleré
solerás
solerá
soleremos
soleréis
solerán

Condicional simple / Pospretérito*
solería
solerías
solería
soleríamos
soleríais
solerían

Modo Subjuntivo

Presente
suela
suelas
suela
solamos
soláis
suelan

Pret. imperfecto / Copretérito
soliera / soliese
solieras / solieses
soliera / soliese
soliéramos / soliésemos
solierais / solieseis
solieran / soliesen

Futuro simple / Futuro imperfecto*
soliere
solieres
soliere
soliéremos
soliereis
solieren

Modo Imperativo*

Afirmativo
suele (tú) / solé (vos)
soled (vosotros)
suelan (ustedes)

Negativo
no suelas (tú)
no soláis (vosotros)
no suelan (ustedes)

Nota.: Usado más en presente de indicativo y de subjuntivo y en pretérito imperfecto de indicativo.

Formas no personales

Infinitivo
soler

Participio
(sin uso)

Gerundio
soliendo

Nota.: Das formas compostas, somente se utiliza o *Pretérito Perfecto de Indicativo*.
Obs.: Consulte os tempos compostos à p. 847.

[20] Adquirir

Modo Indicativo

Presente
adquiero
*adquiere*s / adquirís
adquiere
adquirimos
adquirís
*adquiere*n

Pret. imperfecto / Copretérito
adquiría
adquirías
adquiría
adquiríamos
adquiríais
adquirían

Pret. perfecto simple / Pret. indefinido
adquirí
adquiriste
adquirió
adquirimos
adquiristeis
adquirieron

Futuro simple / Futuro imperfecto
adquiriré
adquirirás
adquirirá
adquiriremos
adquiriréis
adquirirán

Condicional simple / Pospretérito
adquiriría
adquirirías
adquiriría
adquiriríamos
adquiriríais
adquirirían

Modo Subjuntivo

Presente
adquiera
*adquiera*s
adquiera
adquiramos
adquiráis
*adquiera*n

Pret. imperfecto / Copretérito
adquiriera / adquiriese
adquirieras / adquirieses
adquiriera / adquiriese
adquiriéramos / adquiriésemos
adquirierais / adquirieseis
adquirieran / adquiriesen

Futuro simple / Futuro imperfecto
adquiriere
adquirieres
adquiriere
adquiriéremos
adquiriereis
adquirieren

Modo Imperativo

Afirmativo
adquiere (tú) / adquirí (vos)
adquirid (vosotros)
*adquiera*n (ustedes)

Negativo
no *adquiera*s (tú)
no adquiráis (vosotros)
no *adquiera*n (ustedes)

Formas no personales

Infinitivo
adquirir
haber adquirido

Participio
adquirido

Gerundio
adquiriendo
habiendo adquirido

Obs.: Consulte os tempos compostos à p. 847.

[21] Proseguir

Modo Indicativo

Presente
prosigo
prosigues / proseguís
prosigue
proseguimos
proseguís
prosiguen

Pret. imperfecto / Copretérito
proseguía
proseguías
proseguía
proseguíamos
proseguíais
proseguían

Pret. perfecto simple / Pret. indefinido
proseguí
proseguiste
prosiguió
proseguimos
proseguisteis
prosiguieron

Futuro simple / Futuro imperfecto
proseguiré
proseguirás
proseguirá
proseguiremos
proseguiréis
proseguirán

Condicional simple / Pospretérito
proseguiría
proseguirías
proseguiría
proseguiríamos
proseguiríais
proseguirían

Modo Subjuntivo

Presente
prosiga
prosigas
prosiga
prosigamos
prosigáis
prosigan

Pret. imperfecto / Copretérito
prosiguiera / prosiguiese
prosiguieras / prosiguieses
prosiguiera / prosiguiese
prosiguiéramos / prosiguiésemos
prosiguierais / prosiguieseis
prosiguieran / prosiguiesen

Futuro simple / Futuro imperfecto
prosiguiere
prosiguieres
prosiguiere
prosiguiéremos
prosiguiereis
prosiguieren

Modo Imperativo

Afirmativo
prosigue (tú) / proseguí (vos)
proseguid (vosotros)
prosigan (ustedes)

Negativo
no prosigas (tú)
no prosigáis (vosotros)
no prosigan (ustedes)

Formas no personales

Infinitivo
proseguir
haber proseguido

Participio
proseguido

Gerundio
prosiguiendo
habiendo proseguido

Obs.: Consulte os tempos compostos à p. 847.

[22] Sentir

Modo Indicativo

Presente
siento
sientes / sentís
siente
sentimos
sentís
sienten

Pret. imperfecto / Copretérito
sentía
sentías
sentía
sentíamos
sentíais
sentían

Pret. perfecto simple / Pret. indefinido
sentí
sentiste
sintió
sentimos
sentisteis
sintieron

Futuro simple / Futuro imperfecto
sentiré
sentirás
sentirá
sentiremos
sentiréis
sentirán

Condicional simple / Pospretérito
sentiría
sentirías
sentiría
sentiríamos
sentiríais
sentirían

Modo Subjuntivo

Presente
sienta
sientas
sienta
sintamos
sintáis
sientan

Pret. imperfecto / Copretérito
sintiera / sintiese
sintieras / sintieses
sintiera / sintiese
sintiéramos / sintiésemos
sintierais / sintieseis
sintieran / sintiesen

Futuro simple / Futuro imperfecto
sintiere
sintieres
sintiere
sintiéremos
sintiereis
sintieren

Modo Imperativo

Afirmativo
siente (tú) / sentí (vos)
sentid (vosotros)
sientan (ustedes)

Negativo
no sientas (tú)
no sintáis (vosotros)
no sientan (ustedes)

Formas no personales

Infinitivo
sentir
haber sentido

Participio
sentido

Gerundio
sintiendo
habiendo sentido

Obs.: Consulte os tempos compostos à p. 847.

[23] Dormir

Modo Indicativo

Presente
duermo
duermes / dormís
duerme
dormimos
dormís
duermen

Pret. imperfecto / Copretérito
dormía
dormías
dormía
dormíamos
dormíais
dormían

Pret. perfecto simple / Pret. indefinido
dormí
dormiste
durmió
dormimos
dormisteis
durmieron

Futuro simple / Futuro imperfecto
dormiré
dormirás
dormirá
dormiremos
dormiréis
dormirán

Condicional simple / Pospretérito
dormiría
dormirías
dormiría
dormiríamos
dormiríais
dormirían

Modo Subjuntivo

Presente
duerma
duermas
duerma
durmamos
durmáis
duerman

Pret. imperfecto / Copretérito
durmiera / durmiese
durmieras / durmieses
durmiera / durmiese
durmiéramos / durmiésemos
durmierais / durmieseis
durmieran / durmiesen

Futuro simple / Futuro imperfecto
durmiere
durmieres
durmiere
durmiéremos
durmiereis
durmieren

Modo Imperativo

Afirmativo
duerme (tú) / dormí (vos)
dormid (vosotros)
duerman (ustedes)

Negativo
no duermas (tú)
no durmáis (vosotros)
no duerman (ustedes)

Formas no personales

Infinitivo
dormir
haber dormido

Participio
dormido

Gerundio
durmiendo
habiendo dormido

Obs.: Consulte os tempos compostos à p. 847.

[24] Parecer

Modo Indicativo

Presente
parezco
pareces/parecés
parece
parecemos
parecéis
parecen

Pret. imperfecto/Copretérito
parecía
parecías
parecía
parecíamos
parecíais
parecían

Pret. perfecto simple/Pret. indefinido
parecí
pareciste
pareció
parecimos
parecisteis
parecieron

Futuro simple/Futuro imperfecto
pareceré
parecerás
parecerá
pareceremos
pareceréis
parecerán

Condicional simple/Pospretérito
parecería
parecerías
parecería
pareceríamos
pareceríais
parecerían

Modo Subjuntivo

Presente
parezca
parezcas
parezca
parezcamos
parezcáis
parezcan

Pret. imperfecto/Copretérito
pareciera/pareciese
parecieras/parecieses
pareciera/pareciese
pareciéramos/pareciésemos
parecierais/parecieseis
parecieran/pareciesen

Futuro simple/Futuro imperfecto
pareciere
parecieres
pareciere
pareciéremos
pareciereis
parecieren

Modo Imperativo

Afirmativo
parece (tú)/parecé (vos)
pareced (vosotros)
parezcan (ustedes)

Negativo
no parezcas (tú)
no parezcáis (vosotros)
no parezcan (ustedes)

Formas no personales

Infinitivo
parecer
haber parecido

Participio
parecido

Gerundio
pareciendo
habiendo parecido

Obs.: Consulte os tempos compostos à p. 847.

[25] Asir

Modo Indicativo

Presente
asgo
ases / asís
ase
asimos
asís
asen

Pret. imperfecto / Copretérito
asía
asías
asía
asíamos
asíais
asían

Pret. perfecto simple / Pret. indefinido
así
asiste
asió
asimos
asisteis
asieron

Futuro simple / Futuro imperfecto
asiré
asirás
asirá
asiremos
asiréis
asirán

Condicional simple / Pospretérito
asiría
asirías
asiría
asiríamos
asiríais
asirían

Modo Subjuntivo

Presente
asga
asgas
asga
asgamos
asgáis
asgan

Pret. imperfecto / Copretérito
asiera / asiese
asieras / asieses
asiera / asiese
asiéramos / asiésemos
asierais / asieseis
asieran / asiesen

Futuro simple / Futuro imperfecto
asiere
asieres
asiere
asiéremos
asiereis
asieren

Modo Imperativo

Afirmativo
ase (tú) / así (vos)
asid (vosotros)
asgan (ustedes)

Negativo
no asgas (tú)
no asgáis (vosotros)
no asgan (ustedes)

Formas no personales

Infinitivo
asir
haber asido

Participio
asido

Gerundio
asiendo
habiendo asido

Obs.: Consulte os tempos compostos à p. 847.

[26] Tener

Modo Indicativo

Presente
tengo
tienes / tenés
tiene
tenemos
tenéis
tienen

Pret. imperfecto / Copretérito
tenía
tenías
tenía
teníamos
teníais
tenían

Pret. perfecto simple / Pret. indefinido
tuve
tuviste
tuvo
tuvimos
tuvisteis
tuvieron

Futuro simple / Futuro imperfecto
tendré
tendrás
tendrá
tendremos
tendréis
tendrán

Condicional simple / Pospretérito
tendría
tendrías
tendría
tendríamos
tendríais
tendrían

Modo Subjuntivo

Presente
tenga
tengas
tenga
tengamos
tengáis
tengan

Pret. imperfecto / Copretérito
tuviera / tuviese
tuvieras / tuvieses
tuviera / tuviese
tuviéramos / tuviésemos
tuvierais / tuvieseis
tuvieran / tuviesen

Futuro simple / Futuro imperfecto
tuviere
tuvieres
tuviere
tuviéremos
tuviereis
tuvieren

Modo Imperativo

Afirmativo
ten (tú) / tené (vos)
tened (vosotros)
tengan (ustedes)

Negativo
no tengas (tú)
no tengáis (vosotros)
no tengan (ustedes)

Formas no personales

Infinitivo
tener
haber tenido

Participio
tenido

Gerundio
teniendo
habiendo tenido

Obs.: Consulte os tempos compostos à p. 847.

[27] Salir

Modo Indicativo

Presente
salgo
sales / salís
sale
salimos
salís
salen

Pret. imperfecto / Copretérito
salía
salías
salía
salíamos
salíais
salían

Pret. perfecto simple / Pret. indefinido
salí
saliste
salió
salimos
salisteis
salieron

Futuro simple / Futuro imperfecto
saldré
saldrás
saldrá
saldremos
saldréis
saldrán

Condicional simple / Pospretérito
saldría
saldrías
saldría
saldríamos
saldríais
saldrían

Modo Subjuntivo

Presente
salga
salgas
salga
salgamos
salgáis
salgan

Pret. imperfecto / Copretérito
saliera / saliese
salieras / salieses
saliera / saliese
saliéramos / saliésemos
salierais / salieseis
salieran / saliesen

Futuro simple / Futuro imperfecto
saliere
salieres
saliere
saliéremos
saliereis
salieren

Modo Imperativo

Afirmativo
sal (tú) / salí (vos)
salid (vosotros)
salgan (ustedes)

Negativo
no salgas (tú)
no salgáis (vosotros)
no salgan (ustedes)

Formas no personales

Infinitivo
salir
haber salido

Participio
salido

Gerundio
saliendo
habiendo salido

Obs.: Consulte os tempos compostos à p. 847.

[28] Huir

Modo Indicativo

Presente
hu*yo*
hu*yes* / hu*ís*
hu*ye*
huimos
hu*ís*
hu*yen*

Pret. imperfecto / Copretérito
huía
huías
huía
huíamos
huíais
huían

Pret. perfecto simple / Pret. indefinido
hu*í*
huiste
hu*yó*
huimos
huisteis
hu*yeron*

Futuro simple / Futuro imperfecto
huiré
huirás
huirá
huiremos
huiréis
huirán

Condicional simple / Pospretérito
huiría
huirías
huiría
huiríamos
huiríais
huirían

Modo Subjuntivo

Presente
hu*ya*
hu*yas*
hu*ya*
hu*yamos*
hu*yáis*
hu*yan*

Pret. imperfecto / Copretérito
hu*yera* / hu*yese*
hu*yeras* / hu*yeses*
hu*yera* / hu*yese*
hu*yéramos* / hu*yésemos*
hu*yerais* / hu*yeseis*
hu*yeran* / hu*yesen*

Futuro simple / Futuro imperfecto
hu*yere*
hu*yeres*
hu*yere*
hu*yéremos*
hu*yereis*
hu*yeren*

Modo Imperativo

Afirmativo
hu*ye* (tú) / hu*í* (vos)
huid (vosotros)
hu*yan* (ustedes)

Negativo
no hu*yas* (tú)
no hu*yáis* (vosotros)
no hu*yan* (ustedes)

Formas no personales

Infinitivo	Participio	Gerundio
huir	huido	hu*yendo*
haber huido		habiendo huido

Obs.: Consulte os tempos compostos à p. 847.

[29] Decir

Modo Indicativo

Presente
*dig*o
*dic*es / dec*ís*
*dic*e
dec*imos*
dec*ís*
*dic*en

Pret. imperfecto / Copretérito
dec*ía*
dec*ías*
dec*ía*
dec*íamos*
dec*íais*
dec*ían*

Pret. perfecto simple / Pret. indefinido
*dij*e
*dij*iste
*dij*o
*dij*imos
*dij*isteis
*dij*eron

Futuro simple / Futuro imperfecto
*d*iré
*d*irás
*d*irá
*d*iremos
*d*iréis
*d*irán

Condicional simple / Pospretérito
*d*iría
*d*irías
*d*iría
*d*iríamos
*d*iríais
*d*irían

Modo Subjuntivo

Presente
*dig*a
*dig*as
*dig*a
*dig*amos
*dig*áis
*dig*an

Pret. imperfecto / Copretérito
*dij*era / *dij*ese
*dij*eras / *dij*eses
*dij*era / *dij*ese
*dij*éramos / *dij*ésemos
*dij*erais / *dij*eseis
*dij*eran / *dij*esen

Futuro simple / Futuro imperfecto
*dij*ere
*dij*eres
*dij*ere
*dij*éremos
*dij*ereis
*dij*eren

Modo Imperativo

Afirmativo
di (tú) / dec*í* (vos)
dec*id* (vosotros)
*dig*an (ustedes)

Negativo
no *dig*as (tú)
no *dig*áis (vosotros)
no *dig*an (ustedes)

Formas no personales

Infinitivo
dec*ir*
haber *dicho*

Participio
dicho

Gerundio
*dic*iendo
habiendo *dicho*

Nota: A forma imperativa de *predecir*, na segunda pessoa do singular, é *predice*.

Obs.: Consulte os tempos compostos à p. 847.

[30] Caer

Modo Indicativo

Presente
caigo
caes / caés
cae
caemos
caéis
caen

Pret. imperfecto / Copretérito
caía
caías
caía
caíamos
caíais
caían

Pret. perfecto simple / Pret. indefinido
caí
caíste
cayó
caímos
caísteis
cayeron

Futuro simple / Futuro imperfecto
caeré
caerás
caerá
caeremos
caeréis
caerán

Condicional simple / Pospretérito
caería
caerías
caería
caeríamos
caeríais
caerían

Modo Subjuntivo

Presente
caiga
caigas
caiga
caigamos
caigáis
caigan

Pret. imperfecto / Copretérito
cayera / cayese
cayeras / cayeses
cayera / cayese
cayéramos / cayésemos
cayerais / cayeseis
cayeran / cayesen

Futuro simple / Futuro imperfecto
cayere
cayeres
cayere
cayéremos
cayereis
cayeren

Modo Imperativo

Afirmativo
cae (tú) / caé (vos)
caed (vosotros)
caigan (ustedes)

Negativo
no caigas (tú)
no caigáis (vosotros)
no caigan (ustedes)

Formas no personales

Infinitivo
caer
haber caído

Participio
caído

Gerundio
cayendo
habiendo caído

Obs.: Consulte os tempos compostos à p. 847.

[31] Agredir

Modo Indicativo

Presente
agredo
agredes/agredís
agrede
agredimos
agredís
agreden

Pret. imperfecto/Copretérito
agredía
agredías
agredía
agredíamos
agredíais
agredían

Pret. perfecto simple/Pret. indefinido
agredí
agrediste
agredió
agredimos
agredisteis
agredieron

Futuro simple/Futuro imperfecto
agrediré
agredirás
agredirá
agrediremos
agrediréis
agredirán

Condicional simple/Pospretérito
agrediría
agredirías
agrediría
agrediríamos
agrediríais
agredirían

Modo Subjuntivo

Presente
agreda
agredas
agreda
agredamos
agredáis
agredan

Pret. imperfecto/Copretérito
agrediera/agrediese
agredieras/agredieses
agrediera/agrediese
agrediéramos/agrediésemos
agredierais/agredieseis
agredieran/agrediesen

Futuro simple/Futuro imperfecto
agrediere
agredieres
agrediere
agrediéremos
agrediereis
agredieren

Modo Imperativo

Afirmativo
agrede (tú)/agredí (vos)
agredid (vosotros)
agredan (ustedes)

Negativo
no agredas (tú)
no agredáis (vosotros)
no agredan (ustedes)

Formas no personales

Infinitivo
agredir
haber agredido

Participio
agredido

Gerundio
agrediendo
habiendo agredido

Obs.: Consulte os tempos compostos à p. 847.

[32] Atribuir

Modo Indicativo

Presente
atribu*yo*
atribu*yes* / atribu*ís*
atribu*ye*
atribu*imos*
atribu*ís*
atribu*yen*

Pret. imperfecto / Copretérito
atribu*ía*
atribu*ías*
atribu*ía*
atribu*íamos*
atribu*íais*
atribu*ían*

Pret. perfecto simple / Pret. indefinido
atribu*í*
atribu*iste*
atribu*yó*
atribu*imos*
atribu*isteis*
atribu*yeron*

Futuro simple / Futuro imperfecto
atribu*iré*
atribu*irás*
atribu*irá*
atribu*iremos*
atribu*iréis*
atribu*irán*

Condicional simple / Pospretérito
atribu*iría*
atribu*irías*
atribu*iría*
atribu*iríamos*
atribu*iríais*
atribu*irían*

Modo Subjuntivo

Presente
atribu*ya*
atribu*yas*
atribu*ya*
atribu*yamos*
atribu*yáis*
atribu*yan*

Pret. imperfecto / Copretérito
atribu*yera* / atribu*yese*
atribu*yeras* / atribu*yeses*
atribu*yera* / atribu*yese*
atribu*yéramos* / atribu*yésemos*
atribu*yerais* / atribu*yeseis*
atribu*yeran* / atribu*yesen*

Futuro simple / Futuro imperfecto
atribu*yere*
atribu*yeres*
atribu*yere*
atribu*yéremos*
atribu*yereis*
atribu*yeren*

Modo Imperativo

Afirmativo
atribu*ye* (tú) / atribu*í* (vos)
atribu*id* (vosotros)
atribu*yan* (ustedes)

Negativo
no atribu*yas* (tú)
no atribu*yáis* (vosotros)
no atribu*yan* (ustedes)

Formas no personales

Infinitivo	Participio	Gerundio
atribu*ir*	atribu*ido*	atribu*yendo*
haber atribu*ido*		habiendo atribu*ido*

Obs.: Consulte os tempos compostos à p. 847.

[33] Hacer

Modo Indicativo

Presente
hago
haces / hacés
hace
hacemos
hacéis
hacen

Pret. imperfecto / Copretérito
hacía
hacías
hacía
hacíamos
hacíais
hacían

Pret. perfecto simple / Pret. indefinido
hice
hiciste
hizo
hicimos
hicisteis
hicieron

Futuro simple / Futuro imperfecto
haré
harás
hará
haremos
haréis
harán

Condicional simple / Pospretérito
haría
harías
haría
haríamos
haríais
harían

Modo Subjuntivo

Presente
haga
hagas
haga
hagamos
hagáis
hagan

Pret. imperfecto / Copretérito
hiciera / hiciese
hicieras / hicieses
hiciera / hiciese
hiciéramos / hiciésemos
hicierais / hicieseis
hicieran / hiciesen

Futuro simple / Futuro imperfecto
hiciere
hicieres
hiciere
hiciéremos
hiciereis
hicieren

Modo Imperativo

Afirmativo
haz (tú) / hacé (vos)
haced (vosotros)
hagan (ustedes)

Negativo
no hagas (tú)
no hagáis (vosotros)
no hagan (ustedes)

Formas no personales

Infinitivo
hacer
haber *hecho*

Participio
hecho

Gerundio
haciendo
habiendo *hecho*

Obs.: Consulte os tempos compostos à p. 847.

[34] Saber

Modo Indicativo

Presente
sé
sabes/sabés
sabe
sabemos
sabéis
saben

Pret. imperfecto/Copretérito
sabía
sabías
sabía
sabíamos
sabíais
sabían

Pret. perfecto simple/Pret. indefinido
supe
supiste
supo
supimos
supisteis
supieron

Futuro simple/Futuro imperfecto
sabré
sabrás
sabrá
sabremos
sabréis
sabrán

Condicional simple/Pospretérito
sabría
sabrías
sabría
sabríamos
sabríais
sabrían

Modo Subjuntivo

Presente
sepa
sepas
sepa
sepamos
sepáis
sepan

Pret. imperfecto/Copretérito
supiera/supiese
supieras/supieses
supiera/supiese
supiéramos/supiésemos
supierais/supieseis
supieran/supiesen

Futuro simple/Futuro imperfecto
supiere
supieres
supiere
supiéremos
supiereis
supieren

Modo Imperativo

Afirmativo
sabe (tú)/sabé (vos)
sabed (vosotros)
sepan (ustedes)

Negativo
no sepas (tú)
no sepáis (vosotros)
no sepan (ustedes)

Formas no personales

Infinitivo
saber
haber sabido

Participio
sabido

Gerundio
sabiendo
habiendo sabido

Obs.: Consulte os tempos compostos à p. 847.

[35] Andar

Modo Indicativo

Presente
ando
andas / andás
anda
andamos
andáis
andan

Pret. imperfecto / Copretérito
andaba
andabas
andaba
andábamos
andabais
andaban

Pret. perfecto simple / Pret. indefinido
anduve
anduviste
anduvo
anduvimos
anduvisteis
anduvieron

Futuro simple / Futuro imperfecto
andaré
andarás
andará
andaremos
andaréis
andarán

Condicional simple / Pospretérito
andaría
andarías
andaría
andaríamos
andaríais
andarían

Modo Subjuntivo

Presente
ande
andes
ande
andemos
andéis
anden

Pret. imperfecto / Copretérito
anduviera / anduviese
anduvieras / anduvieses
anduviera / anduviese
anduviéramos / anduviésemos
anduvierais / anduvieseis
anduvieran / anduviesen

Futuro simple / Futuro imperfecto
anduviere
anduvieres
anduviere
anduviéremos
anduviereis
anduvieren

Modo Imperativo

Afirmativo
anda (tú) / andá (vos)
andad (vosotros)
anden (ustedes)

Negativo
no andes (tú)
no andéis (vosotros)
no anden (ustedes)

Formas no personales

Infinitivo
andar
haber andado

Participio
andado

Gerundio
andando
habiendo andado

Obs.: Consulte os tempos compostos à p. 847.

[36] Reír

Modo Indicativo

Presente
río
ríes / reís
ríe
reímos
reís
ríen

Pret. imperfecto / Copretérito
reía
reías
reía
reíamos
reíais
reían

Pret. perfecto simple / Pret. indefinido
reí
reíste
rio
reímos
reísteis
rieron

Futuro simple / Futuro imperfecto
reiré
reirás
reirá
reiremos
reiréis
reirán

Condicional simple / Pospretérito
reiría
reirías
reiría
reiríamos
reiríais
reirían

Modo Subjuntivo

Presente
ría
rías
ría
riamos
riais
rían

Pret. imperfecto / Copretérito
riera / riese
rieras / rieses
riera / riese
riéramos / riésemos
rierais / rieseis
rieran / riesen

Futuro simple / Futuro imperfecto
riere
rieres
riere
riéremos
riereis
rieren

Modo Imperativo

Afirmativo
ríe (tú) / reí (vos)
reíd (vosotros)
rían (ustedes)

Negativo
no rías (tú)
no riais (vosotros)
no rían (ustedes)

Formas no personales

Infinitivo	Participio	Gerundio
reír	reído	riendo
haber reído		habiendo reído

Obs.: Consulte os tempos compostos à p. 847.

[37] Conducir

Modo Indicativo

Presente
conduzco
conduces / conducís
conduce
conducimos
conducís
conducen

Pret. imperfecto / Copretérito
conducía
conducías
conducía
conducíamos
conducíais
conducían

Pret. perfecto simple / Pret. indefinido
conduje
condujiste
condujo
condujimos
condujisteis
condujeron

Futuro simple / Futuro imperfecto
conduciré
conducirás
conducirá
conduciremos
conduciréis
conducirán

Condicional simple / Pospretérito
conduciría
conducirías
conduciría
conduciríamos
conduciríais
conducirían

Modo Subjuntivo

Presente
conduzca
conduzcas
conduzca
conduzcamos
conduzcáis
conduzcan

Pret. imperfecto / Copretérito
condujera / condujese
condujeras / condujeses
condujera / condujese
condujéramos / condujésemos
condujerais / condujeseis
condujeran / condujesen

Futuro simple / Futuro imperfecto
condujere
condujeres
condujere
condujéremos
condujereis
condujeren

Modo Imperativo

Afirmativo
conduce (tú) / conducí (vos)
conducid (vosotros)
conduzcan (ustedes)

Negativo
no conduzcas (tú)
no conduzcáis (vosotros)
no conduzcan (ustedes)

Formas no personales

Infinitivo
conducir
haber conducido

Participio
conducido

Gerundio
conduciendo
habiendo conducido

Obs.: Consulte os tempos compostos à p. 847.

[38] Caber

Modo Indicativo

Presente
quepo
cabes/cabés
cabe
cabemos
cabéis
caben

Pret. imperfecto/Copretérito
cabía
cabías
cabía
cabíamos
cabíais
cabían

Pret. perfecto simple/Pret. indefinido
cupe
cupiste
cupo
cupimos
cupisteis
cupieron

Futuro simple/Futuro imperfecto
cabré
cabrás
cabrá
cabremos
cabréis
cabrán

Condicional simple/Pospretérito
cabría
cabrías
cabría
cabríamos
cabríais
cabrían

Modo Subjuntivo

Presente
quepa
quepas
quepa
quepamos
quepáis
quepan

Pret. imperfecto/Copretérito
cupiera/cupiese
cupieras/cupieses
cupiera/cupiese
cupiéramos/cupiésemos
cupierais/cupieseis
cupieran/cupiesen

Futuro simple/Futuro imperfecto
cupiere
cupieres
cupiere
cupiéremos
cupiereis
cupieren

Modo Imperativo

Afirmativo
cabe (tú)/cabé (vos)
cabed (vosotros)
quepan (ustedes)

Negativo
no quepas (tú)
no quepáis (vosotros)
no quepan (ustedes)

Formas no personales

Infinitivo
caber
haber cabido

Participio
cabido

Gerundio
cabiendo
habiendo cabido

Obs.: Consulte os tempos compostos à p. 847.

[39] Querer

Modo Indicativo

Presente
quiero
quieres / querés
quiere
queremos
queréis
quieren

Pret. imperfecto / Copretérito
quería
querías
quería
queríamos
queríais
querían

Pret. perfecto simple / Pret. indefinido
quise
quisiste
quiso
quisimos
quisisteis
quisieron

Futuro simple / Futuro imperfecto
querré
querrás
querrá
querremos
querréis
querrán

Condicional simple / Pospretérito
querría
querrías
querría
querríamos
querríais
querrían

Modo Subjuntivo

Presente
quiera
quieras
quiera
queramos
queráis
quieran

Pret. imperfecto / Copretérito
quisiera / quisiese
quisieras / quisieses
quisiera / quisiese
quisiéramos / quisiésemos
quisierais / quisieseis
quisieran / quisiesen

Futuro simple / Futuro imperfecto
quisiere
quisieres
quisiere
quisiéremos
quisiereis
quisieren

Modo Imperativo

Afirmativo
quiere (tú) / queré (vos)
quered (vosotros)
quieran (ustedes)

Negativo
no quieras (tú)
no queráis (vosotros)
no quieran (ustedes)

Formas no personales

Infinitivo
querer
haber querido

Participio
querido

Gerundio
queriendo
habiendo querido

Obs.: Consulte os tempos compostos à p. 847.

[40] Poner

Modo Indicativo

Presente
pongo
pones / ponés
pone
ponemos
ponéis
ponen

Pret. imperfecto / Copretérito
ponía
ponías
ponía
poníamos
poníais
ponían

Pret. perfecto simple / Pret. indefinido
puse
pusiste
puso
pusimos
pusisteis
pusieron

Futuro simple / Futuro imperfecto
pondré
pondrás
pondrá
pondremos
pondréis
pondrán

Condicional simple / Pospretérito
pondría
pondrías
pondría
pondríamos
pondríais
pondrían

Modo Subjuntivo

Presente
ponga
pongas
ponga
pongamos
pongáis
pongan

Pret. imperfecto / Copretérito
pusiera / pusiese
pusieras / pusieses
pusiera / pusiese
pusiéramos / pusiésemos
pusierais / pusieseis
pusieran / pusiesen

Futuro simple / Futuro imperfecto
pusiere
pusieres
pusiere
pusiéremos
pusiereis
pusieren

Modo Imperativo

Afirmativo
pon (tú) / poné (vos)
poned (vosotros)
pongan (ustedes)

Negativo
no pongas (tú)
no pongáis (vosotros)
no pongan (ustedes)

Formas no personales

Infinitivo	Participio	Gerundio
poner	puesto	poniendo
haber puesto		habiendo puesto

Obs.: Consulte os tempos compostos à p. 847.

[41] Traer

Modo Indicativo

Presente
traigo
traes / traés
trae
traemos
traéis
traen

Pret. imperfecto / Copretérito
traía
traías
traía
traíamos
traíais
traían

Pret. perfecto simple / Pret. indefinido
traje
trajiste
trajo
trajimos
trajisteis
trajeron

Futuro simple / Futuro imperfecto
traeré
traerás
traerá
traeremos
traeréis
traerán

Condicional simple / Pospretérito
traería
traerías
traería
traeríamos
traeríais
traerían

Modo Subjuntivo

Presente
traiga
traigas
traiga
traigamos
traigáis
traigan

Pret. imperfecto / Copretérito
trajera / trajese
trajeras / trajeses
trajera / trajese
trajéramos / trajésemos
trajerais / trajeseis
trajeran / trajesen

Futuro simple / Futuro imperfecto
trajere
trajeres
trajere
trajéremos
trajereis
trajeren

Modo Imperativo

Afirmativo
trae (tú) / traé (vos)
traed (vosotros)
traigan (ustedes)

Negativo
no traigas (tú)
no traigáis (vosotros)
no traigan (ustedes)

Formas no personales

Infinitivo
traer
haber traído

Participio
traído

Gerundio
trayendo
habiendo traído

Obs.: Consulte os tempos compostos à p. 847.

[42] Venir

Modo Indicativo

Presente
vengo
vienes / venís
viene
venimos
venís
vienen

Pret. imperfecto / Copretérito
venía
venías
venía
veníamos
veníais
venían

Pret. perfecto simple / Pret. indefinido
vine
viniste
vino
vinimos
vinisteis
vinieron

Futuro simple / Futuro imperfecto
vendré
vendrás
vendrá
vendremos
vendréis
vendrán

Condicional simple / Pospretérito
vendría
vendrías
vendría
vendríamos
vendríais
vendrían

Modo Subjuntivo

Presente
venga
vengas
venga
vengamos
vengáis
vengan

Pret. imperfecto / Copretérito
viniera / viniese
vinieras / vinieses
viniera / viniese
viniéramos / viniésemos
vinierais / vinieseis
vinieran / viniesen

Futuro simple / Futuro imperfecto
viniere
vinieres
viniere
viniéremos
viniereis
vinieren

Modo Imperativo

Afirmativo
ven (tú) / vení (vos)
venid (vosotros)
vengan (ustedes)

Negativo
no vengas (tú)
no vengáis (vosotros)
no vengan (ustedes)

Formas no personales

Infinitivo
venir
haber venido

Participio
venido

Gerundio
viniendo
habiendo venido

Nota: As formas *imperativas* de *prevenir, provenir, reconvenir* e *sobrevenir*, na segunda pessoa do singular, são, respectivamente, *prevén, provén, reconvén* e *sobrevén*.

Obs.: Consulte os tempos compostos à p. 847.

[43] Dar

Modo Indicativo

Presente
doy
das
da
damos
dais
dan

Pret. imperfecto / Copretérito
daba
dabas
daba
dábamos
dabais
daban

Pret. perfecto simple / Pret. indefinido
di
diste
dio
dimos
disteis
dieron

Futuro simple / Futuro imperfecto
daré
darás
dará
daremos
daréis
darán

Condicional simple / Pospretérito
daría
darías
daría
daríamos
daríais
darían

Modo Subjuntivo

Presente
dé
des
dé
demos
deis
den

Pret. imperfecto / Copretérito
diera / diese
dieras / dieses
diera / diese
diéramos / diésemos
dierais / dieseis
dieran / diesen

Futuro simple / Futuro imperfecto
diere
dieres
diere
diéremos
diereis
dieren

Modo Imperativo

Afirmativo
da (tú / vos)
dad (vosotros)
den (ustedes)

Negativo
no des (tú)
no deis (vosotros)
no den (ustedes)

Formas no personales

Infinitivo
dar
haber dado

Participio
dado

Gerundio
dando
habiendo dado

Obs.: Consulte os tempos compostos à p. 847.

[44] Oír

Modo Indicativo

Presente
oigo
oyes/oís
oye
oímos
oís
oyen

Pret. imperfecto/Copretérito
oía
oías
oía
oíamos
oíais
oían

Pret. perfecto simple/Pret. indefinido
oí
oíste
oyó
oímos
oísteis
oyeron

Futuro simple/Futuro imperfecto
oiré
oirás
oirá
oiremos
oiréis
oirán

Condicional simple/Pospretérito
oiría
oirías
oiría
oiríamos
oiríais
oirían

Modo Subjuntivo

Presente
oiga
oigas
oiga
oigamos
oigáis
oigan

Pret. imperfecto/Copretérito
oyera/oyese
oyeras/oyeses
oyera/oyese
oyéramos/oyésemos
oyerais/oyeseis
oyeran/oyesen

Futuro simple/Futuro imperfecto
oyere
oyeres
oyere
oyéremos
oyereis
oyeren

Modo Imperativo

Afirmativo
oye (tú)/oí (vos)
oíd (vosotros)
oigan (ustedes)

Negativo
no oigas (tú)
no oigáis (vosotros)
no oigan (ustedes)

Formas no personales

Infinitivo
oír
haber oído

Participio
oído

Gerundio
oyendo
habiendo oído

Obs.: Consulte os tempos compostos à p. 847.

[45] Desplegar

Modo Indicativo

Presente
despliego
despliegas / desplegás
despliega
desplegamos
desplegáis
despliegan

Pret. imperfecto / Copretérito
desplegaba
desplegabas
desplegaba
desplegábamos
desplegabais
desplegaban

Pret. perfecto simple / Pret. indefinido
desplegué
desplegaste
desplegó
desplegamos
desplegasteis
desplegaron

Futuro simple / Futuro imperfecto
desplegaré
desplegarás
desplegará
desplegaremos
desplegaréis
desplegarán

Condicional simple / Pospretérito
desplegaría
desplegarías
desplegaría
desplegaríamos
desplegaríais
desplegarían

Modo Subjuntivo

Presente
despliegue
despliegues
despliegue
despleguemos
despleguéis
desplieguen

Pret. imperfecto / Copretérito
desplegara / desplegase
desplegaras / desplegases
desplegara / desplegase
desplegáramos / desplegásemos
desplegarais / desplegaseis
desplegaran / desplegasen

Futuro simple / Futuro imperfecto
desplegare
desplegares
desplegare
desplegáremos
desplegareis
desplegaren

Modo Imperativo

Afirmativo
despliega (tú) / desplegá (vos)
desplegad (vosotros)
desplieguen (ustedes)

Negativo
no despliegues (tú)
no despleguéis (vosotros)
no desplieguen (ustedes)

Formas no personales

Infinitivo
desplegar
haber desplegado

Participio
desplegado

Gerundio
desplegando
habiendo desplegado

Obs.: Consulte os tempos compostos à p. 847.

[46] Leer

Modo Indicativo

Presente
leo
lees/leés
lee
leemos
leéis
leen

Pret. imperfecto/Copretérito
leía
leías
leía
leíamos
leíais
leían

Pret. perfecto simple/Pret. indefinido
leí
leíste
leyó
leímos
leísteis
leyeron

Futuro simple/Futuro imperfecto
leeré
leerás
leerá
leeremos
leeréis
leerán

Condicional simple/Pospretérito
leería
leerías
leería
leeríamos
leeríais
leerían

Modo Subjuntivo

Presente
lea
leas
lea
leamos
leáis
lean

Pret. imperfecto/Copretérito
leyera/leyese
leyeras/leyeses
leyera/leyese
leyéramos/leyésemos
leyerais/leyeseis
leyeran/leyesen

Futuro simple/Futuro imperfecto
leyere
leyeres
leyere
leyéremos
leyereis
leyeren

Modo Imperativo

Afirmativo
lee (tú)/leé (vos)
leed (vosotros)
lean (ustedes)

Negativo
no leas (tú)
no leáis (vosotros)
no lean (ustedes)

Formas no personales

Infinitivo
leer
haber leído

Participio
leído

Gerundio
leyendo
habiendo leído

Nota: Poseer apresenta dois particípios passados: reg. poseído e irreg. poseso.

Obs.: Consulte os tempos compostos à p. 847.

[47] Elegir

Modo Indicativo

Presente
*eli*j*o*
*elig*es / *eleg*ís
*elig*e
elegimos
elegís
*elig*en

Pret. imperfecto / Copretérito
elegía
elegías
elegía
elegíamos
elegíais
elegían

Pret. perfecto simple / Pret. indefinido
elegí
elegiste
*elig*ió
elegimos
elegisteis
*elig*ieron

Futuro simple / Futuro imperfecto
elegiré
elegirás
elegirá
elegiremos
elegiréis
elegirán

Condicional simple / Pospretérito
elegiría
elegirías
elegiría
elegiríamos
elegiríais
elegirían

Modo Subjuntivo

Presente
*eli*j*a*
*eli*j*as*
*eli*j*a*
*eli*j*amos*
*elij*áis
*eli*j*an*

Pret. imperfecto / Copretérito
*elig*iera / *elig*iese
*elig*ieras / *elig*ieses
*elig*iera / *elig*iese
*elig*iéramos / *elig*iésemos
*elig*ierais / *elig*ieseis
*elig*ieran / *elig*iesen

Futuro simple / Futuro imperfecto
*elig*iere
*elig*ieres
*elig*iere
*elig*iéremos
*elig*iereis
*elig*ieren

Modo Imperativo

Afirmativo
*elig*e (tú) / *eleg*í (vos)
elegid (vosotros)
*eli*j*an* (ustedes)

Negativo
no *eli*j*as* (tú)
no *elij*áis (vosotros)
no *eli*j*an* (ustedes)

Formas no personales

Infinitivo
elegir
haber elegido

Participio
elegido

Gerundio
eligiendo
habiendo elegido

Obs.: Consulte os tempos compostos à p. 847.

[48] Ver

Modo Indicativo

Presente
veo
ves
ve
vemos
veis
ven

Pret. imperfecto/Copretérito
veía
veías
veía
veíamos
veíais
veían

Pret. perfecto simple/Pret. indefinido
vi
viste
vio
vimos
visteis
vieron

Futuro simple/Futuro imperfecto
veré
verás
verá
veremos
veréis
verán

Condicional simple/Pospretérito
vería
verías
vería
veríamos
veríais
verían

Modo Subjuntivo

Presente
vea
veas
vea
veamos
veáis
vean

Pretérito imperfecto
viera/viese
vieras/vieses
viera/viese
viéramos/viésemos
vierais/vieseis
vieran/viesen

Futuro simple/Futuro imperfecto
viere
vieres
viere
viéremos
viereis
vieren

Modo Imperativo

Afirmativo
ve (tú/vos)
ved (vosotros)
vean (ustedes)

Negativo
no veas (tú)
no veáis (vosotros)
no vean (ustedes)

Formas no personales

Infinitivo
ver
haber visto

Participio
visto

Gerundio
viendo
habiendo visto

Nota: A forma *imperativa* de *prever* com relação à pessoa *tú* é *prevé*.

Obs.: Consulte os tempos compostos à p. 847.

[49] Erguir

Modo Indicativo

Presente
yergo ou irgo
yergues ou irgues / erguís
yergue ou irgue
erguimos
erguís
yerguen ou irguen

Pret. imperfecto/Copretérito
erguía
erguías
erguía
erguíamos
erguíais
erguían

Pret. perfecto simple/Pret. indefinido
erguí
erguiste
irguió
erguimos
erguisteis
irguieron

Futuro simple/Futuro imperfecto
erguiré
erguirás
erguirá
erguiremos
erguiréis
erguirán

Condicional simple/Pospretérito
erguiría
erguirías
erguiría
erguiríamos
erguiríais
erguirían

Modo Subjuntivo

Presente
yerga ou irga
yergas ou irgas
yerga ou irga
yergamos ou irgamos
yergáis ou irgáis
yergan ou irgan

Pret. imperfecto/Copretérito
irguiera / irguiese
irguieras / irguieses
irguiera / irguiese
irguiéramos / irguiésemos
irguierais / irguieseis
irguieran / irguiesen

Futuro simple/Futuro imperfecto
irguiere
irguieres
irguiere
irguiéremos
irguiereis
irguieren

Modo Imperativo

Afirmativo
yergue ou irgue (tú) / erguí (vos)
erguid (vosotros)
yergan ou irgan (ustedes)

Negativo
no yergas ou irgas (tú)
no yergáis ou irgáis (vosotros)
no yergan ou irgan (ustedes)

Formas no personales

Infinitivo
erguir
haber erguido

Participio
erguido

Gerundio
irguiendo
habiendo erguido

Obs.: Consulte os tempos compostos à p. 847.

[50] Errar

Modo Indicativo

Presente
yerro ou erro
yerras ou erras/errás
yerra ou erra
erramos
erráis
yerran ou erran

Pret. imperfecto/Copretérito
erraba
errabas
erraba
errábamos
errabais
erraban

Pret. perfecto simple/Pret. indefinido
erré
erraste
erró
erramos
errasteis
erraron

Futuro simple/Futuro imperfecto
erraré
errarás
errará
erraremos
erraréis
errarán

Condicional simple/Pospretérito
erraría
errarías
erraría
erraríamos
erraríais
errarían

Modo Subjuntivo

Presente
yerre ou erre
yerres ou erres
yerre ou erre
erremos
erréis
yerren ou erren

Pret. imperfecto/Copretérito
errara/errase
erraras/errases
errara/errase
erráramos/errásemos
errarais/erraseis
erraran/errasen

Futuro simple/Futuro imperfecto
errare
errares
errare
erráremos
errareis
erraren

Modo Imperativo

Afirmativo
yerra ou erra (tú)/errá (vos)
errad (vosotros)
yerren (ustedes)

Negativo
no yerres (tú)
no erréis (vosotros)
no yerren (ustedes)

Formas no personales

Infinitivo	Participio	Gerundio
errar	errado	errando
haber errado		habiendo errado

Obs.: Consulte os tempos compostos à p. 847.

[51] Tullir

Modo Indicativo

Presente
tullo
tulles / tullís
tulle
tullimos
tullís
tullen

Pret. imperfecto / Copretérito
tullía
tullías
tullía
tullíamos
tullíais
tullían

Pret. perfecto simple / Pret. indefinido
tullí
tulliste
tulló
tullimos
tullisteis
tulleron

Futuro simple / Futuro imperfecto
tulliré
tullirás
tullirá
tulliremos
tulliréis
tullirán

Condicional simple / Pospretérito
tulliría
tullirías
tulliría
tulliríamos
tulliríais
tullirían

Modo Subjuntivo

Presente
tulla
tullas
tulla
tullamos
tulláis
tullan

Pret. imperfecto / Copretérito
tullera / tullese
tulleras / tulleses
tullera / tullese
tulléramos / tullésemos
tullerais / tulleseis
tulleran / tullesen

Futuro simple / Futuro imperfecto
tullere
tulleres
tullere
tulléremos
tullereis
tulleren

Modo Imperativo

Afirmativo
tulle (tú) / tullí (vos)
tullid (vosotros)
tullan (ustedes)

Negativo
no tullas (tú)
no tulláis (vosotros)
no tullan (ustedes)

Formas no personales

Infinitivo
tullir
haber tullido

Participio
tullido

Gerundio
tullendo
habiendo tullido

Obs.: Consulte os tempos compostos à p. 847.

[52] Esparcir

Modo Indicativo

Presente
esparzo
esparces/esparcís
esparce
esparcimos
esparcís
esparcen

Pret. imperfecto/Copretérito
esparcía
esparcías
esparcía
esparcíamos
esparcíais
esparcían

Pret. perfecto simple/Pret. indefinido
esparcí
esparciste
esparció
esparcimos
esparcisteis
esparcieron

Futuro simple/Futuro imperfecto
esparciré
esparcirás
esparcirá
esparciremos
esparciréis
esparcirán

Condicional simple/Pospretérito
esparciría
esparcirías
esparciría
esparciríamos
esparciríais
esparcirían

Modo Subjuntivo

Presente
esparza
esparzas
esparza
esparzamos
esparzáis
esparzan

Pretérito imperfecto
esparciera/esparciese
esparcieras/esparcieses
esparciera/esparciese
esparciéramos/esparciésemos
esparcierais/esparcieseis
esparcieran/esparciesen

Futuro simple/Futuro imperfecto
esparciere
esparcieres
esparciere
esparciéremos
esparciereis
esparcieren

Modo Imperativo

Afirmativo
esparce (tú)/esparcí (vos)
esparcid (vosotros)
esparzan (ustedes)

Negativo
no esparzas (tú)
no esparzáis (vosotros)
no esparzan (ustedes)

Formas no personales

Infinitivo
esparcir
haber esparcido

Participio
esparcido

Gerundio
esparciendo
habiendo esparcido

Obs.: Consulte os tempos compostos à p. 847.

[53] Pedir

Modo Indicativo

Presente
pido
pides / pedís
pide
pedimos
pedís
piden

Pret. imperfecto / Copretérito
pedía
pedías
pedía
pedíamos
pedíais
pedían

Pret. perfecto simple / Pret. indefinido
pedí
pediste
pidió
pedimos
pedisteis
pidieron

Futuro simple / Futuro imperfecto
pediré
pedirás
pedirá
pediremos
pediréis
pedirán

Condicional simple / Pospretérito
pediría
pedirías
pediría
pediríamos
pediríais
pedirían

Modo Subjuntivo

Presente
pida
pidas
pida
pidamos
pidáis
pidan

Pret. imperfecto / Copretérito
pidiera / pidiese
pidieras / pidieses
pidiera / pidiese
pidiéramos / pidiésemos
pidierais / pidieseis
pidieran / pidiesen

Futuro simple / Futuro imperfecto
pidiere
pidieres
pidiere
pidiéremos
pidiereis
pidieren

Modo Imperativo

Afirmativo
pide (tú) / pedí (vos)
pedid (vosotros)
pidan (ustedes)

Negativo
no pidas (tú)
no pidáis (vosotros)
no pidan (ustedes)

Formas no personales

Infinitivo
pedir
haber pedido

Participio
pedido

Gerundio
pidiendo
habiendo pedido

Obs.: Consulte os tempos compostos à p. 847.

[54] Gruñir

Modo Indicativo

Presente
gruño
gruñes / gruñís
gruñe
gruñimos
gruñís
gruñen

Pret. imperfecto / Copretérito
gruñía
gruñías
gruñía
gruñíamos
gruñíais
gruñían

Pret. perfecto simple / Pret. indefinido
gruñí
gruñiste
gruñó
gruñimos
gruñisteis
gruñeron

Futuro simple / Futuro imperfecto
gruñiré
gruñirás
gruñirá
gruñiremos
gruñiréis
gruñirán

Condicional simple / Pospretérito
gruñiría
gruñirías
gruñiría
gruñiríamos
gruñiríais
gruñirían

Modo Subjuntivo

Presente
gruña
gruñas
gruña
gruñamos
gruñáis
gruñan

Pret. imperfecto / Copretérito
gruñera / gruñese
gruñeras / gruñeses
gruñera / gruñese
gruñéramos / gruñésemos
gruñerais / gruñeseis
gruñeran / gruñesen

Futuro simple / Futuro imperfecto
gruñere
gruñeres
gruñere
gruñéremos
gruñereis
gruñeren

Modo Imperativo

Afirmativo
gruñe (tú) / gruñí (vos)
gruñid (vosotros)
gruñan (ustedes)

Negativo
no gruñas (tú)
no gruñáis (vosotros)
no gruñan (ustedes)

Formas no personales

Infinitivo	Participio	Gerundio
gruñir	gruñido	gruñendo
haber gruñido		habiendo gruñido

Obs.: Consulte os tempos compostos à p. 847.

[55] Rogar

Modo Indicativo

Presente
ruego
ruegas / rogás
ruega
rogamos
rogáis
ruegan

Pret. imperfecto / Copretérito
rogaba
rogabas
rogaba
rogábamos
rogabais
rogaban

Pret. perfecto simple / Pret. indefinido
rogué
rogaste
rogó
rogamos
rogasteis
rogaron

Futuro simple / Futuro imperfecto
rogaré
rogarás
rogará
rogaremos
rogaréis
rogarán

Condicional simple / Pospretérito
rogaría
rogarías
rogaría
rogaríamos
rogaríais
rogarían

Modo Subjuntivo

Presente
ruegue
ruegues
ruegue
roguemos
roguéis
rueguen

Pret. imperfecto / Copretérito
rogara / rogase
rogaras / rogases
rogara / rogase
rogáramos / rogásemos
rogarais / rogaseis
rogaran / rogasen

Futuro simple / Futuro imperfecto
rogare
rogares
rogare
rogáremos
rogareis
rogaren

Modo Imperativo

Afirmativo
ruega (tú) / rogá (vos)
rogad (vosotros)
rueguen (ustedes)

Negativo
no ruegues (tú)
no roguéis (vosotros)
no rueguen (ustedes)

Formas no personales

Infinitivo
rogar
haber rogado

Participio
rogado

Gerundio
rogando
habiendo rogado

Obs.: Consulte os tempos compostos à p. 847.

[56] Volver

Modo Indicativo

Presente
vuelvo
vuelves / volvés
vuelve
volvemos
volvéis
vuelven

Pret. imperfecto / Copretérito
volvía
volvías
volvía
volvíamos
volvíais
volvían

Pret. perfecto simple / Pret. indefinido
volví
volviste
volvió
volvimos
volvisteis
volvieron

Futuro simple / Futuro imperfecto
volveré
volverás
volverá
volveremos
volveréis
volverán

Condicional simple / Pospretérito
volvería
volverías
volvería
volveríamos
volveríais
volverían

Modo Subjuntivo

Presente
vuelva
vuelvas
vuelva
volvamos
volváis
vuelvan

Pret. imperfecto / Copretérito
volviera / volviese
volvieras / volvieses
volviera / volviese
volviéramos / volviésemos
volvierais / volvieseis
volvieran / volviesen

Futuro simple / Futuro imperfecto
volviere
volvieres
volviere
volviéremos
volviereis
volvieren

Modo Imperativo

Afirmativo
vuelve (tú) / volvé (vos)
volved (vosotros)
vuelvan (ustedes)

Negativo
no vuelvas (tú)
no volváis (vosotros)
no vuelvan (ustedes)

Formas no personales

Infinitivo	Participio	Gerundio
volver	vuelto	volviendo
haber *vuelto*		habiendo *vuelto*

Nota: O particípio dos verbos *llover*, *mover*, *promover* e *remover* se formam regularmente, ou seja, com radical + *-ido*.

Obs.: Consulte os tempos compostos à p. 847.

[57] Ir

Modo Indicativo

Presente
*v*oy
*v*as
*v*a
*v*amos
*v*ais
*v*an

Pret. imperfecto / Copretérito
*ib*a
*ib*as
*ib*a
*íb*amos
*ib*ais
*ib*an

Pret. perfecto simple / Pret. indefinido
*fu*i
*fu*iste
*fu*e
*fu*imos
*fu*isteis
*fu*eron

Futuro simple / Futuro imperfecto
iré
irás
irá
iremos
iréis
irán

Condicional simple / Pospretérito
iría
irías
iría
iríamos
iríais
irían

Modo Subjuntivo

Presente
*vay*a
*vay*as
*vay*a
*vay*amos
*vay*áis
*vay*an

Pret. imperfecto / Copretérito
*fu*era / *fu*ese
*fu*eras / *fu*eses
*fu*era / *fu*ese
*fu*éramos / *fu*ésemos
*fu*erais / *fu*eseis
*fu*eran / *fu*esen

Futuro simple / Futuro imperfecto
*fu*ere
*fu*eres
*fu*ere
*fu*éremos
*fu*ereis
*fu*eren

Modo Imperativo

Afirmativo
*v*e (tú) / *and*á (vos)
id (vosotros)
*vay*an (ustedes)

Negativo
no *vay*as (tú)
no *vay*áis (vosotros)
no *vay*an (ustedes)

Formas no personales

Infinitivo	Participio	Gerundio
ir	ido	*yendo*
haber ido		habiendo ido

Obs.: Consulte os tempos compostos à p. 847.

[58] Ceñir

Modo Indicativo

Presente
ciño
ciñes / ceñís
ciñe
ceñimos
ceñís
ciñen

Pret. imperfecto / Copretérito
ceñía
ceñías
ceñía
ceñíamos
ceñíais
ceñían

Pret. perfecto simple / Pret. indefinido
ceñí
ceñiste
ciñó
ceñimos
ceñisteis
ciñeron

Futuro simple / Futuro imperfecto
ceñiré
ceñirás
ceñirá
ceñiremos
ceñiréis
ceñirán

Condicional simple / Pospretérito
ceñiría
ceñirías
ceñiría
ceñiríamos
ceñiríais
ceñirían

Modo Subjuntivo

Presente
ciña
ciñas
ciña
ciñamos
ciñáis
ciñan

Pret. imperfecto / Copretérito
ciñera / ciñese
ciñeras / ciñeses
ciñera / ciñese
ciñéramos / ciñésemos
ciñerais / ciñeseis
ciñeran / ciñesen

Futuro simple / Futuro imperfecto
ciñere
ciñeres
ciñere
ciñéremos
ciñereis
ciñeren

Modo Imperativo

Afirmativo
ciñe (tú) / ceñí (vos)
ceñid (vosotros)
ciñan (ustedes)

Negativo
no ciñas (tú)
no ciñáis (vosotros)
no ciñan (ustedes)

Formas no personales

Infinitivo
ceñir
haber ceñido

Participio
ceñido

Gerundio
ciñendo
habiendo ceñido

Obs.: Consulte os tempos compostos à p. 847.

[59] Valer

Modo Indicativo

Presente
valgo
vales / valés
vale
valemos
valéis
valen

Pret. imperfecto / Copretérito
valía
valías
valía
valíamos
valíais
valían

Pret. perfecto simple / Pret. indefinido
valí
valiste
valió
valimos
valisteis
valieron

Futuro simple / Futuro imperfecto
valdré
valdrás
valdrá
valdremos
valdréis
valdrán

Condicional simple / Pospretérito
valdría
valdrías
valdría
valdríamos
valdríais
valdrían

Modo Subjuntivo

Presente
valga
valgas
valga
valgamos
valgáis
valgan

Pret. imperfecto / Copretérito
valiera / valiese
valieras / valieses
valiera / valiese
valiéramos / valiésemos
valierais / valieseis
valieran / valiesen

Futuro simple / Futuro imperfecto
valiere
valieres
valiere
valiéremos
valiereis
valieren

Modo Imperativo

Afirmativo
vale (tú) / valé (vos)
valed (vosotros)
valgan (ustedes)

Negativo
no valgas (tú)
no valgáis (vosotros)
no valgan (ustedes)

Formas no personales

Infinitivo
valer
haber valido

Participio
valido

Gerundio
valiendo
habiendo valido

Obs.: Consulte os tempos compostos à p. 847.

[60] Poder

Modo Indicativo

Presente
pued**o**
pued**es** / pod**és**
pued**e**
pod**emos**
pod**éis**
pued**en**

Pret. imperfecto / Copretérito
pod**ía**
pod**ías**
pod**ía**
pod**íamos**
pod**íais**
pod**ían**

Pret. perfecto simple / Pret. indefinido
pud**e**
pud**iste**
pud**o**
pud**imos**
pud**ísteis**
pud**ieron**

Futuro simple / Futuro imperfecto
pod**ré**
pod**rás**
pod**rá**
pod**remos**
pod**réis**
pod**rán**

Condicional simple / Pospretérito
pod**ría**
pod**rías**
pod**ría**
pod**ríamos**
pod**ríais**
pod**rían**

Modo Subjuntivo

Presente
pued**a**
pued**as**
pued**a**
pod**amos**
pod**áis**
pued**an**

Pret. imperfecto / Copretérito
pud**iera** / pud**iese**
pud**ieras** / pud**ieses**
pud**iera** / pud**iese**
pud**iéramos** / pud**iésemos**
pud**ierais** / pud**ieseis**
pud**ieran** / pud**iesen**

Futuro simple / Futuro imperfecto
pud**iere**
pud**ieres**
pud**iere**
pud**iéremos**
pud**iereis**
pud**ieren**

Modo Imperativo

Afirmativo
pued**e** (tú) / pod**é** (vos)
pod**ed** (vosotros)
pued**an** (ustedes)

Negativo
no pued**as** (tú)
no pod**áis** (vosotros)
no pued**an** (ustedes)

Formas no personales

Infinitivo
pod**er**
haber pod**ido**

Participio
pod**ido**

Gerundio
pud**iendo**
habiendo pod**ido**

Obs.: Consulte os tempos compostos à p. 847.

[61] Dirigir

Modo Indicativo

Presente
dirijo
diriges / dirigís
dirige
dirigimos
dirigís
dirigen

Pret. imperfecto / Copretérito
dirigía
dirigías
dirigía
dirigíamos
dirigíais
dirigían

Pret. perfecto simple / Pret. indefinido
dirigí
dirigiste
dirigió
dirigimos
dirigisteis
dirigieron

Futuro simple / Futuro imperfecto
dirigiré
dirigirás
dirigirá
dirigiremos
dirigiréis
dirigirán

Condicional simple / Pospretérito
dirigiría
dirigirías
dirigiría
dirigiríamos
dirigiríais
dirigirían

Modo Subjuntivo

Presente
dirija
dirijas
dirija
dirijamos
dirijáis
dirijan

Pret. imperfecto / Copretérito
dirigiera / dirigiese
dirigieras / dirigieses
dirigiera / dirigiese
dirigiéramos / dirigiésemos
dirigierais / dirigieseis
dirigieran / dirigiesen

Futuro simple / Futuro imperfecto
dirigiere
dirigieres
dirigiere
dirigiéremos
dirigiereis
dirigieren

Modo Imperativo

Afirmativo
dirige (tú) / dirigí (vos)
dirigid (vosotros)
dirijan (ustedes)

Negativo
no dirijas (tú)
no dirijáis (vosotros)
no dirijan (ustedes)

Formas no personales

Infinitivo
dirigir
haber dirigido

Participio
dirigido

Gerundio
dirigiendo
habiendo dirigido

Obs.: Consulte os tempos compostos à p. 847.

[62] Yacer

Modo Indicativo

Presente
yazco ou yazgo ou yago
yaces / yacés
yace
yacemos
yacéis
yacen

Pret. imperfecto / Copretérito
yacía
yacías
yacía
yacíamos
yacíais
yacían

Pret. perfecto simple / Pret. indefinido
yací
yaciste
yació
yacimos
yacisteis
yacieron

Futuro simple / Futuro imperfecto
yaceré
yacerás
yacerá
yaceremos
yaceréis
yacerán

Condicional simple / Pospretérito
yacería
yacerías
yacería
yaceríamos
yaceríais
yacerían

Modo Subjuntivo

Presente
yazca ou yazga ou yaga
yazcas ou yazgas ou yagas
yazca ou yazga
yazcamos ou yazgamos ou yagamos
yazcáis ou yazgáis ou yagáis
yazcan ou yazgan ou yagan

Pret. imperfecto / Copretérito
yaciera / yaciese
yacieras / yacieses
yaciera / yaciese
yaciéramos / yaciésemos
yacierais / yacieseis
yacieran / yaciesen

Futuro simple / Futuro imperfecto
yaciere
yacieres
yaciere
yaciéremos
yaciereis
yacieren

Modo Imperativo

Afirmativo
yace ou yaz (tú) / yacé (vos)
yaced (vosotros)
yazcan ou yazgan ou yagan (ustedes)

Negativo
no yazcas ou yazgas ou yagas (tú)
no yazcáis ou yazgáis ou yagáis (vosotros)
no yazcan ou yazgan ou yagan (ustedes)

Formas no personales

Infinitivo	Participio	Gerundio
yacer	yacido	yaciendo
haber yacido		habiendo yacido

Obs.: Consulte os tempos compostos à p. 847.

[63] Jugar

Modo Indicativo

Presente
juego
juegas / jugás
juega
jugamos
jugáis
juegan

Pret. imperfecto / Copretérito
jugaba
jugabas
jugaba
jugábamos
jugabais
jugaban

Pret. perfecto simple / Pret. indefinido
jugué
jugaste
jugó
jugamos
jugasteis
jugaron

Futuro simple / Futuro imperfecto
jugaré
jugarás
jugará
jugaremos
jugaréis
jugarán

Condicional simple / Pospretérito
jugaría
jugarías
jugaría
jugaríamos
jugaríais
jugarían

Modo Subjuntivo

Presente
juegue
juegues
juegue
juguemos
juguéis
jueguen

Pret. imperfecto / Copretérito
jugara / jugase
jugaras / jugases
jugara / jugase
jugáramos / jugásemos
jugarais / jugaseis
jugaran / jugasen

Futuro simple / Futuro imperfecto
jugare
jugares
jugare
jugáremos
jugareis
jugaren

Modo Imperativo

Afirmativo
juega (tú) / jugá (vos)
jugad (vosotros)
jueguen (ustedes)

Negativo
no juegues (tú)
no juguéis (vosotros)
no jueguen (ustedes)

Formas no personales

Infinitivo
jugar
haber jugado

Participio
jugado

Gerundio
jugando
habiendo jugado

Obs.: Consulte os tempos compostos à p. 847.

[64] Oler

Modo Indicativo

Presente
huelo
hueles/olés
huele
olemos
oléis
huelen

Pret. imperfecto/Copretérito
olía
olías
olía
olíamos
olíais
olían

Pret. perfecto simple/Pret. indefinido
olí
oliste
olió
olimos
olisteis
olieron

Futuro simple/Futuro imperfecto
oleré
olerás
olerá
oleremos
oleréis
olerán

Condicional simple/Pospretérito
olería
olerías
olería
oleríamos
oleríais
olerían

Modo Subjuntivo

Presente
huela
huelas
huela
olamos
oláis
huelan

Pret. imperfecto/Copretérito
oliera/oliese
olieras/olieses
oliera/oliese
oliéramos/oliésemos
olierais/olieseis
olieran/oliesen

Futuro simple/Futuro imperfecto
oliere
olieres
oliere
oliéremos
oliereis
olieren

Modo Imperativo

Afirmativo
huele (tú)/olé (vos)
oled (vosotros)
huelan (ustedes)

Negativo
no huelas (tú)
no oláis (vosotros)
no huelan (ustedes)

Formas no personales

Infinitivo
oler
haber olido

Participio
olido

Gerundio
oliendo
habiendo olido

Obs.: Consulte os tempos compostos à p. 847.

[65] Roer

Modo Indicativo

Presente
roo ou *roigo* ou *royo*
roes / roés
roe
roemos
roéis
roen

Pret. imperfecto / Copretérito
roía
roías
roía
roíamos
roíais
roían

Pret. perfecto simple / Pret. indefinido
roí
roíste
ro*yó*
roímos
roísteis
ro*yeron*

Futuro simple / Futuro imperfecto
roeré
roerás
roerá
roeremos
roeréis
roerán

Condicional simple / Pospretérito
roería
roerías
roería
roeríamos
roeríais
roerían

Modo Subjuntivo

Presente
roa ou *roiga* ou *roya*
roas ou *roigas* ou *royas*
roa ou *roiga* ou *roya*
roamos ou *roigamos* ou *royamos*
roáis ou *roigáis* ou *royáis*
roan ou *roigan* ou *royan*

Pret. imperfecto / Copretérito
ro*yera* / ro*yese*
ro*yeras* / ro*yeses*
ro*yera* / ro*yese*
ro*yéramos* / ro*yésemos*
ro*yerais* / ro*yeseis*
ro*yeran* / ro*yesen*

Futuro simple / Futuro imperfecto
ro*yere*
ro*yeres*
ro*yere*
ro*yéremos*
ro*yereis*
ro*yeren*

Modo Imperativo

Afirmativo
roe (tú) / roé (vos)
roed (vosotros)
roan ou *roigan* ou *royan* (ustedes)

Negativo
no roas ou *roigas* ou *royas* (tú)
no roáis ou *roigáis* ou *royáis* (vosotros)
no roan ou *roigan* ou *royan* (ustedes)

Formas no personales

Infinitivo
roer
haber roído

Participio
roído

Gerundio
ro*yendo*
habiendo roído

Obs.: Consulte os tempos compostos à p. 847.

[66] Raer

Modo Indicativo

Presente
*rai*g*o* ou *ray*o
ra*e*s / ra*é*s
ra*e*
ra*e*mos
ra*é*is
ra*e*n

Pret. imperfecto / Copretérito
ra*í*a
ra*í*as
ra*í*a
ra*í*amos
ra*í*ais
ra*í*an

Pret. perfecto simple / Pret. indefinido
ra*í*
ra*í*ste
ra*yó*
ra*í*mos
ra*í*steis
ra*yeron*

Futuro simple / Futuro imperfecto
ra*e*ré
ra*e*rás
ra*e*rá
ra*e*remos
ra*e*réis
ra*e*rán

Condicional simple / Pospretérito
ra*e*ría
ra*e*rías
ra*e*ría
ra*e*ríamos
ra*e*ríais
ra*e*rían

Modo Subjuntivo

Presente
*rai*ga ou *ray*a
*rai*gas ou *ray*as
*rai*ga ou *ray*a
*rai*gamos ou *ray*amos
*rai*gáis ou *ray*áis
*rai*gan ou *ray*an

Pret. imperfecto / Copretérito
ra*yera* / ra*yese*
ra*yeras* / ra*yeses*
ra*yera* / ra*yese*
ra*yéramos* / ra*yésemos*
ra*yerais* / ra*yeseis*
ra*yeran* / ra*yesen*

Futuro simple / Futuro imperfecto
ra*yere*
ra*yeres*
ra*yere*
ra*yéremos*
ra*yereis*
ra*yeren*

Modo Imperativo

Afirmativo
ra*e* (tú) / ra*é* (vos)
ra*ed* (vosotros)
*rai*gan ou *ray*an (ustedes)

Negativo
no *rai*gas ou *ray*as (tú)
no *rai*gáis ou *ray*áis (vosotros)
no *rai*gan ou *ray*an (ustedes)

Formas no personales

Infinitivo
raer
haber raído

Participio
raído

Gerundio
ra*yendo*
habiendo raído

Obs.: Consulte os tempos compostos à p. 847.

[67] Cocer

Modo Indicativo

Presente
cuezo
cueces / cocés
cuece
cocemos
cocéis
cuecen

Pret. imperfecto / Copretérito
cocía
cocías
cocía
cocíamos
cocíais
cocían

Pret. perfecto simple / Pret. indefinido
cocí
cociste
coció
cocimos
cocisteis
cocieron

Futuro simple / Futuro imperfecto
coceré
cocerás
cocerá
coceremos
coceréis
cocerán

Condicional simple / Pospretérito
cocería
cocerías
cocería
coceríamos
coceríais
cocerían

Modo Subjuntivo

Presente
cueza
cuezas
cueza
cozamos
cozáis
cuezan

Pret. imperfecto / Copretérito
cociera / cociese
cocieras / cocieses
cociera / cociese
cociéramos / cociésemos
cocierais / cocieseis
cocieran / cociesen

Futuro simple / Futuro imperfecto
cociere
cocieres
cociere
cociéremos
cociereis
cocieren

Modo Imperativo

Afirmativo
cuece (tú) / cocé (vos)
coced (vosotros)
cuezan (ustedes)

Negativo
no cuezas (tú)
no cozáis (vosotros)
no cuezan (ustedes)

Formas no personales

Infinitivo
cocer
haber cocido

Participio
cocido

Gerundio
cociendo
habiendo cocido

Obs.: Consulte os tempos compostos à p. 847.

[68] Volcar

Modo Indicativo

Presente
vuelco
vuelcas / volcás
vuelca
volcamos
volcáis
vuelcan

Pret. imperfecto / Copretérito
volcaba
volcabas
volcaba
volcábamos
volcabais
volcaban

Pret. perfecto simple / Pret. indefinido
volqué
volcaste
volcó
volcamos
volcasteis
volcaron

Futuro simple / Futuro imperfecto
volcaré
volcarás
volcará
volcaremos
volcaréis
volcarán

Condicional simple / Pospretérito
volcaría
volcarías
volcaría
volcaríamos
volcaríais
volcarían

Modo Subjuntivo

Presente
vuelque
vuelques
vuelque
volquemos
volquéis
vuelquen

Pret. imperfecto / Copretérito
volcara / volcase
volcaras / volcases
volcara / volcase
volcáramos / volcásemos
volcarais / volcaseis
volcaran / volcasen

Futuro simple / Futuro imperfecto
volcare
volcares
volcare
volcáremos
volcareis
volcaren

Modo Imperativo

Afirmativo
vuelca (tú) / volcá (vos)
volcad (vosotros)
vuelquen (ustedes)

Negativo
no vuelques (tú)
no volquéis (vosotros)
no vuelquen (ustedes)

Formas no personales

Infinitivo
volcar
haber volcado

Participio
volcado

Gerundio
volcando
habiendo volcado

Obs.: Consulte os tempos compostos à p. 847.

[69] Forzar

Modo Indicativo

Presente
fuerzo
fuerzas / forzás
fuerza
forzamos
forzáis
fuerzan

Pret. imperfecto / Copretérito
forzaba
forzabas
forzaba
forzábamos
forzabais
forzaban

Pret. perfecto simple / Pret. indefinido
forcé
forzaste
forzó
forzamos
forzasteis
forzaron

Futuro simple / Futuro imperfecto
forzaré
forzarás
forzará
forzaremos
forzaréis
forzarán

Condicional simple / Pospretérito
forzaría
forzarías
forzaría
forzaríamos
forzaríais
forzarían

Modo Subjuntivo

Presente
fuerce
fuerces
fuerce
forcemos
forcéis
fuercen

Pret. imperfecto / Copretérito
forzara / forzase
forzaras / forzases
forzara / forzase
forzáramos / forzásemos
forzarais / forzaseis
forzaran / forzasen

Futuro simple / Futuro imperfecto
forzare
forzares
forzare
forzáremos
forzareis
forzaren

Modo Imperativo

Afirmativo
fuerza (tú) / forzá (vos)
forzad (vosotros)
fuercen (ustedes)

Negativo
no fuerces (tú)
no forcéis (vosotros)
no fuercen (ustedes)

Formas no personales

Infinitivo
forzar
haber forzado

Participio
forzado

Gerundio
forzando
habiendo forzado

Obs.: Consulte os tempos compostos à p. 847.

[70] Empezar

Modo Indicativo

Presente
*empiez*o
*empiez*as / empez*ás*
*empiez*a
empez*amos*
empez*áis*
*empiez*an

Pret. imperfecto / Copretérito
empez*aba*
empez*abas*
empez*aba*
empez*ábamos*
empez*abais*
empez*aban*

Pret. perfecto simple / Pret. indefinido
*empec*é
empez*aste*
empez*ó*
empez*amos*
empez*asteis*
empez*aron*

Futuro simple / Futuro imperfecto
empez*aré*
empez*arás*
empez*ará*
empez*aremos*
empez*aréis*
empez*arán*

Condicional simple / Pospretérito
empez*aría*
empez*arías*
empez*aría*
empez*aríamos*
empez*aríais*
empez*arían*

Modo Subjuntivo

Presente
*empiec*e
*empiec*es
*empiec*e
*empec*emos
*empec*éis
*empiec*en

Pret. imperfecto / Copretérito
empez*ara* / empez*ase*
empez*aras* / empez*ases*
empez*ara* / empez*ase*
empez*áramos* / empez*ásemos*
empez*arais* / empez*aseis*
empez*aran* / empez*asen*

Futuro simple / Futuro imperfecto
empez*are*
empez*ares*
empez*are*
empez*áremos*
empez*areis*
empez*aren*

Modo Imperativo

Afirmativo
*empiez*a (tú) / empez*á* (vos)
empez*ad* (vosotros)
*empiec*en (ustedes)

Negativo
no *empiec*es (tú)
no *empec*éis (vosotros)
no *empiec*en (ustedes)

Formas no personales

Infinitivo
empez*ar*
haber empez*ado*

Participio
empez*ado*

Gerundio
empez*ando*
habiendo empez*ado*

Obs.: Consulte os tempos compostos à p. 847.

[71] Lucir

Modo Indicativo

Presente
luzco
luces/lucís
luce
lucimos
lucís
lucen

Pret. imperfecto/Copretérito
lucía
lucías
lucía
lucíamos
lucíais
lucían

Pret. perfecto simple/Pret. indefinido
lucí
luciste
lució
lucimos
lucisteis
lucieron

Futuro simple/Futuro imperfecto
luciré
lucirás
lucirá
luciremos
luciréis
lucirán

Condicional simple/Pospretérito
luciría
lucirías
luciría
luciríamos
luciríais
lucirían

Modo Subjuntivo

Presente
luzca
luzcas
luzca
luzcamos
luzcáis
luzcan

Pret. imperfecto/Copretérito
luciera/luciese
lucieras/lucieses
luciera/luciese
luciéramos/luciésemos
lucierais/lucieseis
lucieran/luciesen

Futuro simple/Futuro imperfecto
luciere
lucieres
luciere
luciéremos
luciereis
lucieren

Modo Imperativo

Afirmativo
luce (tú)/lucí (vos)
lucid (vosotros)
luzcan (ustedes)

Negativo
no luzcas (tú)
no luzcáis (vosotros)
no luzcan (ustedes)

Formas no personales

Infinitivo
lucir
haber lucido

Participio
lucido

Gerundio
luciendo
habiendo lucido

Obs.: Consulte os tempos compostos à p. 847.

[72] Bendecir

Modo Indicativo

Presente
bendigo
bendices / bendecís
bendice
bendecimos
bendecís
bendicen

Pret. imperfecto / Copretérito
bendecía
bendecías
bendecía
bendecíamos
bendecíais
bendecían

Pret. perfecto simple / Pret. indefinido
bendije
bendijiste
bendijo
bendijimos
bendijisteis
bendijeron

Futuro simple / Futuro imperfecto
bendeciré
bendecirás
bendecirá
bendeciremos
bendeciréis
bendecirán

Condicional simple / Pospretérito
bendeciría
bendecirías
bendeciría
bendeciríamos
bendeciríais
bendecirían

Modo Subjuntivo

Presente
bendiga
bendigas
bendiga
bendigamos
bendigáis
bendigan

Pret. imperfecto / Copretérito
bendijera / bendijese
bendijeras / bendijeses
bendijera / bendijese
bendijéramos / bendijésemos
bendijerais / bendijeseis
bendijeran / bendijesen

Futuro simple / Futuro imperfecto
bendijere
bendijeres
bendijere
bendijéremos
bendijereis
bendijeren

Modo Imperativo

Afirmativo
bendice (tú) / bendecí (vos)
bendecid (vosotros)
bendigan (ustedes)

Negativo
no bendigas (tú)
no bendigáis (vosotros)
no bendigan (ustedes)

Formas no personales

Infinitivo
bendecir
haber bendecido

Participio
bendecido

Gerundio
bendiciendo
habiendo bendecido

Obs.: Consulte os tempos compostos à p. 847.